Posser/Wolff
VwGO

VwGO

Kommentar

Herausgegeben von

Dr. Herbert Posser

Rechtsanwalt, Fachanwalt für Verwaltungsrecht, Düsseldorf

Prof. Dr. Heinrich Amadeus Wolff

Europa-Universität Viadrina Frankfurt (Oder)

Bearbeitet von

Prof. Dr. Uwe Berlit, Vors. Richter am Bundesverwaltungsgericht, Leipzig; *Andreas Berstermann*, Rechtsanwalt, Düsseldorf; *Dr. Günter Breunig*, Richter am VGH Baden-Württemberg a. D., Mannheim; *Dr. Stefan Brink*, Ministerialrat beim Landesdatenschutzbeauftragten Rheinland-Pfalz, Mainz; *Prof. Dr. Christoph Brüning*, Universitätsprofessor, Universität Kiel; *Dr. Andreas Decker*, Richter am Bundesverwaltungsgericht, Leipzig; *Dr. Claudia Garloff*, Richterin am VG Köln; *Prof. Dr. Hubertus Gersdorf*, Universitätsprofessor, Universität Rostock; *Dr. Ludger Giesberts LL.M.*, Rechtsanwalt, Köln; *Dr. Andreas Hartung*, Richter am Bundesverwaltungsgericht, Leipzig; *Prof. Dr. Jost Hüttenbrink*, Rechtsanwalt und Notar, Münster; *Prof. Dr. Marcel Kaufmann*, Rechtsanwalt, Berlin; *Dr. Christiane Kimmel*, Richterin am VG Köln; *Roland Kintz*, Richter am VG Neustadt, *Prof. Dr. Wolfgang Kuhla*, Rechtsanwalt, Berlin; *Dr. Wolfgang Kunze*, Ministerialrat, Justizministerium Baden-Württemberg, Baden-Württemberg; *Dr. Andreas Lambiris*, Richter am VG Hamburg; *Prof. Dr. Josef Franz Lindner*, Universitätsprofessor, Universität Augsburg; *Prof. Dr. Markus Möstl*, Universitätsprofessor, Universität Bayreuth; *Dr. Herbert Posser*, Rechtsanwalt, Düsseldorf; *Prof. Dr. Ekkehart Reimer*, Universitätsprofessor, Universität Heidelberg; *Prof. Dr. Wolfgang Roth LL.M.*, Rechtsanwalt, Bonn; *Hans-Hermann Schild*, Vors. Richter am VG Wiesbaden; *Dr. Thomas Schmidt-Kötters*, Rechtsanwalt, Düsseldorf; *Dr. Heribert Schmitz*, Ministerialrat, Bundesministerium des Innern, Berlin; *Prof. Dr. Joachim Suerbaum*, Universitätsprofessor, Universität Würzburg; *Prof. Dr. Heinrich Amadeus Wolff*, Universitätsprofessor, Universität Frankfurt/Oder; *Prof. Dr. Annette Zimmermann-Kreher*, Professorin, Hochschule für öffentliche Verwaltung und Finanzen, Ludwigsburg

2. Auflage 2014

C.H.BECK

www.beck.de

ISBN 978 3 406 59722 0

© 2014 Verlag C. H. Beck oHG
Wilhelmstraße 9, 80801 München
Druck: Beltz Bad Langensalza GmbH
Neustädter Straße 1–4, 99947 Bad Langensalza
Satz: Druckerei C. H. Beck Nördlingen

Gedruckt auf säurefreiem, alterungsbeständigem Papier
(hergestellt aus chlorfrei gebleichtem Zellstoff)

Vorwort

Das vorliegende Werk entstammt der Reihe der Beck'schen Online-Kommentare. Dem Reihenkonzept entsprechend sind alle Einzelkommentierungen nach dem gleichen Grobraster aufgebaut. Den Beginn bildet der jeweilige Gesetzestext. Dem schliesst sich ein Überblick an, der die wesentlichen Inhalte der nachfolgenden Ausführungen kurz zusammenfasst. Das „Herzstück" bildet sodann die eigentliche Kommentierung. Sie wird von einer – auch drucktechnisch hervorgehobenen – Detailebene ergänzt, die bei Bedarf einzelne Aspekte vertieft und auf abweichende Ansichten, ungeklärte Fragen oder sich abzeichnende Entwicklungen hinweist; sie stört dabei jedoch nicht den Lesefluss und die Fokussierung auf die maßgeblichen Grundlagen der jeweils erläuterten Vorschrift. Der Kommentar ist an den Bedürfnissen der Praxis ausgerichtet. Beabsichtigt ist, eine einfach zu handhabende Nutzung und schnelle Orientierung innerhalb des Gesamtwerks zu gewährleisten.

Die 1. Auflage der Druckfassung des Kommentars aus dem Jahr 2008 fand eine ausgesprochen wohlwollende Aufnahme. Die seitdem vergangene Zeitspanne von fünf Jahren führte nicht nur zu weiteren Konkretisierungen der bestehenden Normen durch Rechtsprechung und Literatur, sondern wiederum zu nicht unerheblichen Rechtsänderungen. Die Rechtsänderungen wurden für die vorliegende 2. Auflage der Druckfassung bis zum Stand 1. Juli 2013, teilweise auch darüber hinaus, eingearbeitet. Die Druckfassung entspricht damit der 26. Edition des BeckOK VwGO. Berücksichtigt sind bereits die Änderungen durch Art. 4 des Gesetzes zur Intensivierung des Einsatzes von Videokonferenztechnik in gerichtlichen und staatsanwaltschaftlichen Verfahren vom 25. April 2013, mit dem ein neuer § 102a VwGO eingefügt wird, die Aufhebung des § 59 VwGO durch Art. 2 Planfeststellungsverfahren-Vereinheitlichungsgesetz vom 31.5.2013, die Änderung des § 50 VwGO durch Art. 4 des zweiten Gesetzes über Maßnahmen zur Beschleunigung des Netzausbaus Elektrizitätsnetze vom 23. Juli 2013, die Änderungen der §§ 146, 166 durch Art. 12 des Gesetzes zur Änderung des Prozesskostenhilfe- und Beratungshilferechts vom 31.8.2013 sowie die Änderungen durch Art. 5 des Gesetzes zur Förderung des elektronischen Rechtsverkehrs mit den Gerichten vom 10.10.2013, mit dem unter anderem die neuen §§ 55c, 55d VwGO eingefügt werden.

Als neuer Autor ist *Hans-Hermann Schild,* Vors. Richter am Verwaltungsgericht Wiesbaden, mit der 2. Auflage hinzugetreten. Im Übrigen blieb der Autorenkreis im Vergleich zur 1. Auflage unverändert.

Ein besonderer Dank gilt Herrn *Lars Tölke,* der für die Aktualisierung des Sachverzeichnisses verantwortlich zeichnet.

Auch weiterhin gilt, dass die Herausgeber dankbar sind für jede Art von Anregungen und Kritik. Sie sind jederzeit ansprechbar unter den Adressen: Prof. Dr. Heinrich Amadeus Wolff, Wolff@europa-uni.de, Lehrstuhl für Öffentliches Recht, insbesondere Staatsrecht und Verfassungsgeschichte, Europa-Universität Viadrina, Große Scharrnstraße 59, 15230 Frankfurt (Oder), und Dr. Herbert Posser, Herbert.Posser@freshfields.com, Freshfields Bruckhaus Deringer, Feldmühleplatz 1, 40545 Düsseldorf.

Düsseldorf und Frankfurt (Oder),
im Oktober 2013

Herbert Posser
Heinrich Amadeus Wolff

Bearbeiterverzeichnis

Prof. Dr. Uwe Berlit .... Vorsitzender Richter am Bundesverwaltungsgericht, Leipzig

Andreas Berstermann .... Rechtsanwalt, Sozietät Heuking, Kühn, Lüer, Heussen & Wojtek, Düsseldorf

Dr. Günter Breunig .... Richter am Verwaltungsgerichtshof Baden-Württemberg a. D., Mannheim

Dr. Stefan Brink .... Ministerialrat beim Landesdatenschutzbeauftragten Rheinland-Pfalz, Mainz

Prof. Dr. Christoph Brüning ...... Universitätsprofessor, Universität Kiel

Dr. Andreas Decker .... Richter am Bundesverwaltungsgericht, Leipzig

Dr. Claudia Garloff .... Richterin am Verwaltungsgericht Köln

Prof. Dr. Hubertus Gersdorf ...... Universitätsprofessor, Universität Rostock

Dr. Ludger Giesberts LL. M. .... Rechtsanwalt, Sozietät DLA Piper UK LLP, Köln

Dr. Andreas Hartung .... Richter am Bundesverwaltungsgericht, Leipzig

Prof. Dr. Jost Hüttenbrink .... Rechtsanwalt und Notar, Münster

Prof. Dr. Marcel Kaufmann .... Rechtsanwalt, Sozietät Freshfields Bruckhaus Deringer, Berlin

Dr. Christiane Kimmel .... Richterin am Verwaltungsgericht Köln

Roland Kintz .... Richter am Verwaltungsgericht Neustadt

Prof. Dr. Wolfgang Kuhla .... Rechtsanwalt, Sozietät Raue L. L. P., Berlin

Dr. Wolfgang Kunze .... Ministerialrat, Justizministerium Baden-Württemberg, Stuttgart

Dr. Andreas Lambiris .... Richter am Verwaltungsgericht Hamburg

Prof. Dr. Josef Franz Lindner .... Universitätsprofessor, Universität Augsburg

Prof. Dr. Markus Möstl .... Universitätsprofessor, Universität Bayreuth

Dr. Herbert Posser .... Rechtsanwalt, Sozietät Freshfields Bruckhaus Deringer, Düsseldorf

Prof. Dr. Ekkehart Reimer .... Universitätsprofessor, Universität Heidelberg

Prof. Dr. Wolfgang Roth LL. M. Rechtsanwalt, Sozietät Redeker, Sellner, Dahs & Widmaier, Bonn

Hans-Hermann Schild .... Vorsitzender Richter am Verwaltungsgericht Wiesbaden

Dr. Thomas Schmidt-Kötters ..... Rechtsanwalt, Sozietät Hengeler Mueller, Düsseldorf

Dr. Heribert Schmitz .... Ministerialrat, Bundesministerium des Innern, Berlin

Prof. Dr. Joachim Suerbaum ...... Universitätsprofessor, Universität Würzburg

Prof. Dr. Heinrich Amadeus Wolff .... Universitätsprofessor, Universität Frankfurt/Oder

Prof. Dr. Annette Zimmermann-Kreher .... Professorin, Hochschule für öffentliche Verwaltung und Finanzen, Ludwigsburg

Inhaltsverzeichnis

Teil I Gerichtsverfassung (§§ 1–53)

1. Abschnitt Gerichte (§§ 1–14)

2. Abschnitt Richter (§§ 15–18)

3. Abschnitt Ehrenamtliche Richter (§§ 19–34)

Inhaltsverzeichnis

Teil II Verfahren (§§ 54–123)

Inhaltsverzeichnis

Inhaltsverzeichnis

Inhaltsverzeichnis

15. Abschnitt Wiederaufnahme des Verfahrens (§ 153)

Teil IV Kosten und Vollstreckung (§§ 154–172)

16. Abschnitt Kosten (§§ 154–166)

17. Abschnitt Vollstreckung (§§ 167–172)

Teil V Schluß- und Übergangsbestimmungen (§§ 173–195)

Inhaltsverzeichnis

Abkürzungsverzeichnis

aA	anderer Ansicht
aaO	am angegebenen Ort
AbfallR	Zeitschrift für Abfallrecht
abgedr	abgedruckt
ABl	Amtsblatt
Abs	Absatz
Abschn	Abschnitt
abw	abweichend
aE	am Ende
aF	alte Fassung
aF	alte(r) Fassung
AfP	Archiv für Presserecht (Zeitschrift)
AG	Amtsgericht (mit Ortsnamen); Ausführungsgesetz, Aktiengesellschaft
Ag	Antragsgegner(in)
AGB	Allgemeine Geschäftsbedingungen
AgrarR	Agrarrecht (Zeitschrift)
allg	allgemein
allgM	allgemeine Meinung
AllgV	Allgemeinverfügung
Alt	Alternative
aM	anderer Meinung
amtl	amtlich
amtl Begr	amtliche Begründung
ÄndG	Änderungsgesetz
ÄndRL	Änderungsrichtlinie
AnwBl	Anwaltsblatt (Zeitschrift)
ÄndG	Änderungsgesetz
Anh	Anhang
Anl	Anlage
Anm	Anmerkung
AöR	Archiv des öffentlichen Rechts (Zeitschrift)
ArbG	Arbeitsgericht (mit Ortsnamen)
Arg	Argument
Art	Artikel
AS	Amtliche Sammlung
Ast	Antragsteller(in)
Aufl	Auflage
ausf	ausführlich
Az	Aktenzeichen
BAG	Bundesarbeitsgericht
BAGE	Amtliche Sammlung der Entscheidungen des Bundesarbeitsgerichts
BauR	Baurecht (Zeitschrift)
Bay	Bayern
BayObLG	Bayerisches Oberstes Landesgericht
BayObLGZ	Amtliche Sammlung der Entscheidungen des Bayerischen Obersten Landesgerichts in Zivilsachen
BayVBl	Bayerische Verwaltungsblätter (Zeitschrift)
BayVerfGE	Amtliche Sammlung der Entscheidungen des Bayerischen Verfassungsgerichtshofes
BayVerfGH	Bayerischer Verfassungsgerichtshof
BB	Betriebs-Berater (Zeitschrift)
Bbg	Brandenburg
Bd	Band

Abkürzungsverzeichnis

Bearb	Bearbeiter; Bearbeitung
bearb	bearbeitet
BeckRS	Beck'sche Rechtsprechungssammlung (beck-online)
Begr	Begründung
Beschl	Beschluss
BFH	Bundesfinanzhof
BGBl I, II, III	Bundesgesetzblatt Teil I, Teil II, Teil III
BGH	Bundesgerichtshof
Bln	Berlin
BPatG	Bundespatentgericht
BR	Bundesrat
Brem	Bremen
BR-Drs	Drucksache des Deutschen Bundesrates
BSG	Bundessozialgericht
BSGE	Amtliche Sammlung der Entscheidungen des Bundessozialgerichts
BT	Bundestag
BT-Drs	Drucksache des Deutschen Bundestages
Buchholz	Sammlung der Rechtsprechung des Bundesverwaltungsgerichts
Buchst	Buchstabe
BVerfG	Bundesverfassungsgericht
BVerfGE	Amtliche Sammlung der Entscheidungen des Bundesverfassungsgerichts
BVerwG	Bundesverwaltungsgericht
BVerwGE	Amtliche Sammlung der Entscheidungen des Bundesverwaltungsgerichts
BW	Baden-Württemberg
bzw	beziehungsweise
ca	circa
CR	Computer und Recht (Zeitschrift)
ders	derselbe
dh .	das heißt
dies	dieselbe(n)
Diss	Dissertation
DJT	Deutscher Juristentag
DöD	Der öffentliche Dienst (Zeitschrift)
DÖV	Die öffentliche Verwaltung (Zeitschrift)
DuD	Datenschutz und Datensicherheit (Zeitschrift)
DVBl	Deutsches Verwaltungsblatt (Zeitschrift)
DVP	Deutsche Verwaltungspraxis (Zeitschrift)
E	Entwurf
eA	einstweilige Anordnung
EG	Europäische Gemeinschaft(en), Einführungsgesetz
EGMR	Europäischer Gerichtshof für Menschenrechte
EGV	Vertrag zur Gründung der Europäischen Gemeinschaft
Einf	Einführung
einhM	einhellige Meinung
EinigungsV	Einigungsvertrag
Einl	Einleitung
etc	et cetera
EU	Europäische Union
EuGH	Europäischer Gerichtshof
EuGHE	Amtliche Sammlung der Entscheidungen des Europäischen Gerichtshofs
EuG	Gericht erster Instanz der Europäischen Gemeinschaften
EGMR	Europäischer Gerichtshof für Menschenrechte
EuZW	Europäische Zeitschrift für Wirtschaftsrecht
eV	eingetragener Verein
evtl	eventuell
f, ff	folgend(e)
FG	Finanzgericht

Fn	Fußnote
FNA	Fundstellennachweis A, Beilage zum Bundesgesetzblatt Teil I
FS	Festschrift
G	Gesetz
GBl.	Gesetzblatt
GewArch	Gewerbearchiv (Zeitschrift)
GS	Gedächtnissschrift
gem	gemäß
GEMSOBG	Gemeinsamer Senat der obersten Gerichtshöfe des Bundes
ggf	gegebenenfalls
GMBl	Gemeinsames Ministerialblatt
grdlg	grundlegend
grds	grundsätzlich
GrS	Großer Senat
GVBl	Gesetz- und Verordnungsblatt
hA	herrschende Ansicht
Halbs	Halbsatz
Hdb	Handbuch
H	Hessen
hL	herrschende Lehre
hM	herschende Meinung
Hmb	Hamburg
Hrsg	Herausgeber
hins	hinsichtlich
hL	herrschende Lehre
hM	herrschende Meinung
Hrsg; hrsg	Herausgeber; herausgegeben
iA	im Allgemeinen
idF	in der Fassung
idR	in der Regel
idS	in diesem Sinne
iE	im Einzelnen
ieS	im engeren Sinne
IGH	Internationaler Gerichtshof
insbes	insbesondere
iS(d)	im Sinne (des; der)
IStGH	Internationaler Strafgerichtshof
iSv	im Sinne von
iÜ	im Übrigen
iVm	in Verbindung mit
iwS	im weiteren Sinne
iZw	im Zweifel
JA	Juristische Arbeitsblätter (Zeitschrift)
JR	Juristische Rundschau (Zeitschrift)
JURA	Juristische Ausbildung (Zeitschrift)
JuS	Juristische Schulung (Zeitschrift)
JZ	Juristenzeitung (Zeitschrift)
Kap	Kapitel
KG	Kammergericht; Kommanditgesellschaft
KGaA	Kommanditgesellschaft auf Aktien
KKZ	Kommunal-Kassen-Zeitschrift
Kl	Kläger(in)
kl	klagend(e)
KommJur	Kommunaljurist (Zeitschrift)
K&R	Kommunikation & Recht (Zeitschrift)
krit	kritisch

Abkürzungsverzeichnis

Abkürzungsverzeichnis

Sachs	Sachsen
SächsVBl	Sächsische Verwaltungsblätter (Zeitschrift)
SG	Sozialgericht (mit Ortsnamen)
SH	Schleswig-Holstein
Slg	Sammlung
SMBl	Sammlung des Ministerialblatts
sog	sogenannt
so	siehe oben
st	ständig
STGH	Staatsgerichtshof (mit Landesnamen)
str	streitig
su	siehe unten
SUP	Strategische Umweltprüfung
Thür	Thüringen
ThürVBl	Thüringer Verwaltungsblätter (Zeitschrift)
ua	unter anderem; und andere
uÄ	und Ähnliche(s)
UAbs	Unterabsatz
umstr	umstritten
unstr	unstreitig
unveröff	unveröffentlicht
UPR	Umwelt- und Planungsrecht (Zeitschrift)
usw	und so weiter
uU	unter Umständen
UVP	Umweltverträglichkeitsprüfung
v	vom; von
VA(e)	Verwaltungsakt(e)
VBI	Vertreter des Bundesinteresses
VblBW	Verwaltungsblätter für Baden-Württemberg (Zeitschrift)
Var	Variante
VerfGH	Verfassungsgerichtshof (mit Landesnamen)
VerwArch	Verwaltungsarchiv (Zeitschrift)
VG	Verwaltungsgericht (mit Ortsnamen)
VGH	Verwaltungsgerichtshof (mit Ortsnamen)
vgl	vergleiche
vH	von (vom) Hundert
VO	Verordnung
VöI	Vertreter des öffentlichen Interesses
Vorb	Vorbemerkung
VR	Verwaltungsrundschau (Zeitschrift)
VV	Verwaltungsvorschrift
VVDStRL	Veröffentlichungen der Vereinigung der Deutschen Staatsrechtslehrer
VzA	Anordnung der sofortigen Vollziehung
ZAR	Zeitschrift für Ausländerrecht und Ausländerpolitik
zB	zum Beispiel
ZBR	Zeitschrift für Beamtenrecht
ZfBR	Zeitschrift für deutsches und internationales Bau- und Vergaberecht
ZfW	Zeitschrift für Wasserrecht
Ziff.	Ziffer(n)
zit	zitiert
ZRP	Zeitschrift für Rechtspolitik
zT	zum Teil
zul	zuletzt
ZUM	Zeitschrift für Urheber- und Medienrecht
ZUR	Zeitschrift für Umweltrecht
zutr	zutreffend

Verzeichnis der abgekürzt zitierten Literatur

BeckOK VwVfG .... Bader/Ronellenfitsch, Beck'scher Online-Kommentar Verwaltungsverfahrensgesetz

B/F-K/S/vA .... Bader/Funke-Kaiser/Stuhlfauth/v. Albedyll, Verwaltungsgerichtsordnung,
Kommentar, 5. Aufl. 2011.

B/K/L .... Battis/Krautzberger/Löhr, Baugesetzbuch, Kommentar, 11. Aufl. 2009.

Beutling .... Beutling, Anwaltsvergütung in Verwaltungssachen 2004.

B/L/A/H .... Baumbach/Lauterbach/Albers/Hartmann, Zivilprozessordnung, Kommentar, 71. Aufl. 2013.

Bosch/Schmidt .... Bosch/Schmidt, Praktische Einführung in das verwaltungsgerichtliche Verfahren, 9. Aufl. 2012.

Brandt/Sachs .... Brandt/Sachs, Handbuch Verwaltungsverfahren und Verwaltungsprozess,
3. Aufl. 2009.

Bull/Mehde .... Bull/Mehde, Allgemeines Verwaltungsrecht mit Verwaltungslehre, 8. Aufl.
2009.

Dreier .... Dreier, Grundgesetz. Kommentar, 2. Aufl. 2004 ff.

Engelhardt/App .... Engelhardt/App, Verwaltungsvollstreckungsgesetz – Verwaltungszustellungsgesetz, Kommentar, 9. Aufl. 2011.

Erbguth .... Erbguth/Wagner, Öffentliches Baurecht, 5. Aufl. 2009.

Erichsen/Ehlers .... Erichsen/Ehlers, Allgemeines Verwaltungsrecht, 14. Aufl. 2010.

EUDUR I .... Rengeling, Handbuch zum europäischen und deutschen Umweltrecht,
2. Aufl. 2003.

Eyermann .... Eyermann, Verwaltungsgerichtsordnung, Kommentar, 13. Aufl. 2010.

E/Z/B/K .... Ernst/Zinkahn/Bielenberg/Krautzberger, Baugesetzbuch, Kommentar,
Loseblatt.

F/D/K .... Finkelnburg/Dombert/Külpmann, Vorläufiger Rechtsschutz im Verwaltungsstreitverfahren, 6. Auflage 2011.

Feldhaus .... Feldhaus, Bundesimmissionsschutzrecht, Kommentar, Loseblatt.

F/K/S .... Fehling/Kastner/Störmer, Verwaltungsrecht, Kommentar, 3. Aufl. 2013
(früher: Fehling/Kastner).

Gärditz .... Gärditz, Verwaltungsgerichtsordnung, Kommentar, 2013.

Gersdorf .... Gersdorf, Verwaltungsprozessrecht, 4. Aufl. 2009.

H-R/S-A/V .... Hoffmann-Riem/Schmidt-Aßmann/Voßkuhle, Grundlagen des Verwaltungsrechts, 1. Aufl. 2009 ff./2. Aufl. 2012 f.

Huber .... Huber, Allgemeines Verwaltungsrecht, 2. Aufl. 2008.

Huck/Müller .... Huck/Müller, Verwaltungsverfahrensgesetz, Beck'scher Kompakt-
Kommentar 2011.

Hufen/Siegel .... Hufen/Siegel, Fehler im Verwaltungsverfahren, 5. Aufl. 2013.
Hufen Verwaltungs-
prozessrecht .... Hufen, Verwaltungsprozessrecht, 8. Aufl. 2011.

Ipsen .... Ipsen, Allgemeines Verwaltungsrecht, 8. Aufl. 2012.

Jarass/Pieroth .... Jarass/Pieroth, Grundgesetz für die Bundesrepublik Deutschland; Kommentar, 12. Aufl. 2012.

Johlen Prozessformular-
buch .... Johlen, Münchener Prozessformularbuch Verwaltungsrecht, 3. Aufl. 2009 ff.

Johlen/Oerder .... Johlen/Oerder, Münchener Anwaltshandbuch Verwaltungsrecht, 3. Aufl.
2012.

Kintz .... Kintz, Öffentliches Recht im Assessorexamen, 7. Aufl. 2010.

Kloepfer .... Kloepfer, Umweltrecht, 3. Aufl. 2004.

Literaturverzeichnis

Knack/Hennecke	Knack/Henneke, Verwaltungsverfahrensgesetz (VwVfG), Kommentar, 9. Aufl. 2010.
Koch	Koch, Umweltrecht, 3. Aufl. 2010.
Kopp/Ramsauer	Kopp/Ramsauer, Verwaltungsverfahrensgesetz, Kommentar, 13. Aufl. 2012.
Kopp/Schenke	Kopp/Schenke, Verwaltungsgerichtsordnung, Kommentar, 19. Aufl. 2013.
Krautzberger	Krautzberger, Städtebauförderungsrecht, Loseblatt.
Kugele	Kugele, Verwaltungsgerichtsordnung, Kommentar, 2013.
Kuhla/Hüttenbrink	Kuhla/Hüttenbrink, Der Verwaltungsprozess, 3. Aufl. 2002.
Landmann/Rohmer GewO	Landmann/Rohmer, Gewerbeordnung, Kommentar, Loseblatt.
Landmann/Rohmer UmweltR	Landmann/Rohmer, Umweltrecht, Kommentar, Loseblatt.
M/S-B/K/B	Maunz/Schmidt-Bleibtreu/Klein/Bethge/Ulsamer, Bundesverfassungsgerichtsgesetz, Kommentar, Loseblatt.
Maunz/Dürig	Maunz/Dürig, Grundgesetz, Kommentar, Loseblatt.
Maurer	Maurer, Allgemeines Verwaltungsrecht, 18. Aufl. 2011.
Mutschler	Mutschler, Kostenrecht in öffentlich-rechtlichen Streitigkeiten, 2003.
Obermayer	Obermayer, Verwaltungsverfahrensgesetz, 3. Aufl. 1999.
Ossenbühl/Cornils	Ossenbühl/Cornils, Staatshaftungsrecht, 6. Aufl. 2013.
Pietzner/Ronellenfitsch ...	Pietzner/Ronellenfitsch, Das Assessorexamen im öffentlichen Recht, 12. Aufl. 2010.
R/M/G	Rengeling/Middeke/Gellermann, Handbuch des Rechtsschutzes in der Europäischen Union, 2. Aufl. 2003.
Ramsauer	Ramsauer, Die Assessorprüfung im öffentlichen Recht, 7. Aufl. 2010.
Redeker/v. Oertzen	Redeker/von Oertzen, Verwaltungsgerichtsordnung, Kommentar, 15. Aufl. 2010.
S/B/S	Stelkens/Bonk/Sachs, Verwaltungsverfahrensgesetz, Kommentar, 7. Aufl. 2008.
S/S/B	Schoch/Schneider/Bier, Verwaltungsgerichtsordnung, Kommentar, Loseblatt, (früher: Schoch/Schmidt-Aßmann/Pietzner)
Sachs	Sachs, Grundgesetz, Kommentar, 6. Aufl. 2011.
S-B/H/H	Schmidt-Bleibtreu/Hofmann/Hopfauf/Klein, Grundgesetz, Kommentar, 12. Aufl. 2010.
Schenke	Schenke, Verwaltungsprozessrecht, 13. Aufl. 2012.
Schliesky	Schliesky, Öffentliches Wirtschaftsrecht, 3. Aufl. 2008.
Schnellenbach	Schnellenbach, Beamtenrecht in der Praxis, 7. Aufl. 2011.
Schoch	Schoch, Besonderes Verwaltungsrecht, 15. Aufl. 2013.
SG/H	Schmitt Glaeser/Horn, Verwaltungsprozessrecht, 16. Aufl. 2008.
Sodan/Ziekow	Sodan/Ziekow, Verwaltungsgerichtsordnung, Kommentar, 3. Aufl. 2010.
Stern I	Stern, Das Staatsrecht der Bundesrepublik Deutschland (Bd I, 2. Aufl. 1984; Bd II, 1980; Bd III/1, 1988; Bd III/2, 1994; Bd IV/1, 2006; Bd IV/2, 2011; Bd V, 2000).
Stober AllgWVR	Stober, Allgemeines Wirtschaftsverwaltungsrecht, 17. Aufl. 2011.
Stober/Eisenmenger BesWVR	Stober/Eisenmenger, Besonderes Wirtschaftsverwaltungsrecht, 15. Aufl. 2011.
T/E/M	Tettinger/Erbguth/Mann, Besonderes Verwaltungsrecht, 11. Aufl. 2012.
Tettinger/Wahrendorf	Tettinger/Wahrendorf, Verwaltungsprozessrecht, 3. Aufl. 2005.
Troidl	Troidl, Akteneinsicht im Verwaltungsrecht, 2013
Ule/Laubinger Verwaltungsverfahrensrecht	Ule/Laubinger, Verwaltungsverfahrensrecht, 4. Aufl. 1995.
v. M/K/S	v. Mangoldt/Klein/Starck, Grundgesetz, Kommentar, 6. Aufl. 2010.
v. Münch/Kunig	v. Münch/Kunig, Grundgesetz-Kommentar, 6. Aufl. 2012.
Vierhaus	Vierhaus, Beweisrecht im Verwaltungsprozess, 2011.

W/B/S/K I .... Wolff/Bachof/Stober/Kluth, Verwaltungsrecht, 12. Auflage 2012.

Weides .... Weides, Verwaltungsverfahren und Widerspruchsverfahren, 3. Aufl. 1993.

Wolff/Decker .... Wolff/Decker, Studienkommentar VwGO/VwVfG, 3. Aufl. 2012.

Würtenberger .... Würtenberger, Verwaltungsprozessrecht, 3. Aufl. 2011.

Wysk .... Wysk, Verwaltungsgerichtsordnung, Beck´scher Kompakt-Kommentar, 2011.

Ziekow .... Ziekow, Verwaltungsverfahrensgesetz, 2. Aufl. 2010.

Verwaltungsgerichtsordnung (VwGO)

in der Fassung der Bekanntmachung vom 19. März 1991,

zuletzt geändert durch Art. 5 G zur Förderung des elektronischen Rechtsverkehrs mit den Gerichten vom 10.10.2013 (BGBl. I 3786)

Teil I Gerichtsverfassung (§§ 1–53)

1. Abschnitt Gerichte (§§ 1–14)

§ 1 [Unabhängigkeit der Verwaltungsgerichte]

Die Verwaltungsgerichtsbarkeit wird durch unabhängige, von den Verwaltungsbehörden getrennte Gerichte ausgeübt.

§ 1 VwGO stellt als einfachgesetzliche, Verfassungsrecht wiederholende und konkretisierende Norm klar, dass die Verwaltungsgerichtsbarkeit eine eigene Gerichtsbarkeit und somit Teil der rechtsprechenden Gewalt ist. Die Verwaltungsgerichtsbarkeit ist durch organisatorische Unabhängigkeit von der Exekutive und Legislative gekennzeichnet. Die Spruchtätigkeit wird durch sachlich und persönlich unabhängige Richter ausgeübt.

Übersicht

A. Allgemeines

Die Verwaltungsgerichtsbarkeit ist ein **Eckpfeiler des Rechtsstaats** (Hufen Verwaltungs- **1** prozessrecht § 1 Rn 5). Denn sie gewährleistet die Begrenzung und Bindung staatlicher Macht und verhilft auf diese Weise den grundrechtlichen Freiheiten der Bürger zur Verwirklichung.

Die Bedeutung der Norm ist untrennbar verbunden mit der Geschichte des Begriffs **2** Verwaltungsrechtspflege. Unter Verwaltungsrechtspflege ist die insbesondere in der ersten Hälfte des 19. Jahrhunderts praktizierte Form des Rechtsschutzes gegen Verwaltungshandeln durch Verwaltungsbehörden zu verstehen, die dadurch gekennzeichnet war, dass weder in organisatorischer noch in personeller eine Trennung zwischen Verwaltungsbehörde und Rechtsschutzinstanz bestand (**Administrativjustiz** oder **Kameraljustiz;** vgl Hufen Verwaltungsprozessrecht § 2 Rn 2). Zu dieser Zeit waren allein die Zivilgerichte unabhängige Gerichte iSd Gewaltenteilungsprinzips, worauf die bis heute gültige Bezeichnung der Zivilgerichtsbarkeit als ordentliche Gerichtsbarkeit beruht.

B. Normzweck

§ 1 VwGO ist die einfachgesetzliche Umsetzung und Konkretisierung der Art 19 Abs 4, **3** Art 20 Abs 2, Art 92, Art 97 GG (Eyermann/Geiger VwGO § 1 Rn 1). Demzufolge hat die Norm lediglich deklaratorischen Charakter. Sie verwirklicht den in Art 19 Abs 4 GG begründeten Rechtsanspruch des Einzelnen, sich gegen Akte der öffentlichen Gewalt **gerichtlich** zur Wehr setzen zu können (Fehling/Kastner VwGO § 1 Rn 1). Der früher praktizierten Funktionsunion von Verwaltung und gerichtlicher Kontrolle iSd Verwaltungsrechtspflege wird durch das Gewaltenteilungsprinzip (Art 20 Abs 2 GG) eine Absage erteilt. Die Art 92 und 97 GG bestimmen, dass die Rechtsprechung unabhängigen Richtern anvertraut ist.

C. Begrifflichkeiten

I. Verwaltungsgerichtsbarkeit

4   Die Verwaltungsgerichtsbarkeit iSd § 1 VwGO umfasst die „allgemeinen" Verwaltungsgerichte. Dass es sich um allgemeine Verwaltungsgerichte handeln muss, ergibt sich nicht aus der VwGO selbst, sondern aus den Vorschriften des § 1 FGO und § 1 SGG, in denen von besonderen Verwaltungsgerichten die Rede ist.

5   Allgemeine Verwaltungsgerichte sind nach der **kompetenziellen Zuordnung** alle auf dem nach § 40 VwGO eröffneten Rechtsweg entscheidenden Gerichte (S/S/B/Stelkens VwGO § 1 Rn 16; Eyermann/Geiger VwGO § 1 Rn 2). Somit sind die Gerichte nicht erfasst, für die besondere Verwaltungsrechtswege eröffnet sind, wie etwa für die Gerichte des Sozialrechtswegs nach § 33 SGG oder des Finanzrechtswegs nach § 51 FGO.

6   Nach **organisatorischem Verständnis** umfasst die Verwaltungsgerichtsbarkeit die Gerichte der Verwaltungsrechtsprechung sowie deren Justizverwaltung (Sodan/Ziekow/Kronisch VwGO § 1 Rn 33).

II. Gerichte

7   Gerichte sind zum einen staatliche Rechtsprechungsorganisationen, zum anderen Behörden der Gerichtsverwaltung. Als Rechtsprechungsorganisationen sind sie Instrumente, **durch** welche die Richter, die ihnen gem Art 92 GG übertragene Aufgabe der letztverbindlichen Klärung und Entscheidung der Rechtslage im Rahmen eines konkreten Streitfalls (Rechtsprechung) erfüllen. **Träger der Rechtsprechungsgewalt** sind gem Art 92 GG nicht die Gerichte, sondern die Richter (v Münch/Kunig/Meyer GG Art 92 Rn 9).

III. Unabhängigkeit

8   Die Unabhängigkeit iSd § 1 VwGO umfasst die organisatorische Unabhängigkeit der Verwaltungsgerichtsbarkeit sowie die persönliche, sachliche und innere Unabhängigkeit der Richter.

1. Organisatorische Unabhängigkeit der Verwaltungsgerichtsbarkeit

9   Unter die organisatorische Unabhängigkeit der Verwaltungsgerichte fällt zunächst die Trennung von den Behörden, womit auch jede Form der Ein- und Angliederung unzulässig ist (Eyermann/Geiger VwGO § 1 Rn 6). Dies ist auch durch das Gewaltenteilungsprinzip (Art 20 Abs 2 GG) verfassungsrechtlich abgesichert (Eyermann/Geiger VwGO § 1 Rn 6). Organisatorisch getrennt sind Gerichte und Behörden nur, wenn sich in persönlicher und sachlicher Ausstattung keine Überschneidungen ergeben und Gerichte außerhalb der Gerichtsverwaltung keine Verwaltungsaufgaben wahrnehmen (Kopp/Schenke VwGO § 1 Rn 5; S/S/B/Stelkens VwGO § 1 Rn 27 ff). So führt zB die Ausübung eines **Kommunalmandats** zur persönlichen Inkompatibilität, da dies die Wahrnehmung von exekutiver Hoheitsgewalt darstellt (Eyermann/Geiger VwGO § 1 Rn 6; aA Kopp/Schenke VwGO § 1 Rn 6).

10   Ferner umfasst die organisatorische Unabhängigkeit auch die Trennung von der Legislative, was zB in § 4 Abs 1 DRiG und Art 137 Abs 1 GG iVm § 36 Abs 2 DRiG Ausdruck gefunden hat.

11   Ob die organisatorische Trennung von anderen Gerichtsbarkeiten, wie sie derzeit einfachgesetzlich vorgeschrieben ist, auch verfassungsrechtlich abgesichert ist, wird uneinheitlich beurteilt. Es geht dabei um das Problem der **Einheitsgerichtsbarkeit**, bei welcher keine organisatorische Trennung mehr vorhanden ist, sondern nur noch unterschiedliche Spruch-

körper bestehen. Die Unzulässigkeit der Einheitsgerichtsbarkeit wird in Art 19 Abs 4 GG verortet (so wohl Hufen Verwaltungsprozessrecht § 4 Rn 4). Aus Art 19 Abs 4 GG lässt sich indes nur entnehmen, dass Verwaltungshandeln in rechtlicher und tatsächlicher Hinsicht vollständig gerichtlich überprüft wird, nicht jedoch, dass dies durch eine eigenständige Verwaltungsgerichtsbarkeit erfolgen muss (S/S/B/Stelkens VwGO § 1 Rn 9). Auch aus Art 95 Abs 1 GG lässt sich nichts Gegenteiliges entnehmen; denn diese Vorschrift untersagt nur die Existenz eines einheitlichen obersten Bundesgerichts (Sodan/Ziekow/Kronisch VwGO § 1 Rn 27).

2. Unabhängigkeit der Richter

Den Richtern ist durch Art 92 GG die Wahrnehmung der Rechtsprechung übertragen **12** worden. Sie sind somit verfassungsunmittelbare Organe und nicht nur bloße Amtswalter der Gerichte (Sachs/Detterbeck GG Art 92 Rn 24). Die rechtsprechende Tätigkeit des Richters wird nicht dem Gericht, sondern unmittelbar dem Staat als fiktivem Gerichtsträger zugerechnet. Die Stellung des Richters ist geprägt durch organisatorische Selbstständigkeit, persönliche und sachliche Unabhängigkeit sowie Neutralität und Distanz gegenüber allen Verfahrensbeteiligten (Jarass/Pieroth GG Art 92 Rn 7 mwN).

Die **persönliche Unabhängigkeit** des Richters garantiert dessen Unabsetzbarkeit sowie **13** Unversetzbarkeit (**Inamovibillität**). Abgesichert ist diese verfassungsrechtlich durch Art 97 Abs 2 GG und Art 33 Abs 5 GG (Sodan/Ziekow/Kronisch VwGO § 1 Rn 86 f) sowie einfachgesetzlich durch das DRiG und durch die Richtergesetze der Länder. Die derzeitige einfachgesetzlich geregelte Anstellung auf Lebenszeit (§ 10 DRiG) ist verfassungsrechtlich nicht garantiert. Die Beschränkung der richterlichen Unabhängigkeit der Richter auf Probe oder kraft Auftrages ist zur Erprobung der Tauglichkeit zulässig (Eyermann/Geiger VwGO § 1 Rn 7).

Unter der **sachlichen Unabhängigkeit** ist die Freiheit von allen **Einflussnahmen und 14 Weisungen** durch staatliche Stellen zu verstehen, welche die Bereiche beeinflussen, die dem Richter zur unabhängigen Wahrnehmung übertragen sind. Damit soll gewährleistet werden, dass der Richter sich in seiner Entscheidungsfindung allein an Recht und Gesetz orientiert. Dem weisungsresistenten Bereich unterfällt nicht nur die rechtsprechende Tätigkeit ieS, sondern zB auch die Geschäftsverteilung durch das Präsidium (Sodan/Ziekow/Kronisch VwGO § 1 Rn 67). Nicht dazu zählen Aufgaben der Gerichtsverwaltung (S/S/B/Stelkens VwGO § 1 Rn 34).

Die Differenzierung zwischen **Kernbereich und äußerem Ordnungsbereich** (stRspr **15** vgl BGHZ 93, 238, 243 f = NJW 1985, 1471), die der Abgrenzung zwischen unzulässigen und zulässigen Maßnahmen der Dienstaufsicht dient, ist in ihrer Leistungsfähigkeit beschränkt. So soll zum Kernbereich alles das gehören, was die eigentliche Rechtsprechung sowie die sie vor- und nachbereitenden Sach- und Verfahrensentscheidungen ausmacht. In den äußeren Ordnungsbereich soll alles das fallen, was der eigentlichen Rechtsprechung soweit entrückt ist, dass dafür die Garantie des Art 97 Abs 1 GG nicht in Anspruch genommen werden kann. Was zu klären ist, nämlich ob die Weisung in die sachliche Unabhängigkeit eingreift, wird als Prämisse vorausgesetzt. Die Argumentation der Rechtsprechung beruht daher auf einem Zirkelschluss (so auch Sodan/Ziekow/Kronisch VwGO § 1 Rn 69). Auf der Grundlage der Differenzierung der Rechtsprechung wurde zB die Organisation des Verhältnisses zwischen Richtern und nichtrichterlichen Kräften, die Einführung und die Verpflichtung zur Nutzung von PC sowie die Einführung und Verpflichtung zur Verwendung einheitlicher Formulare dem äußeren Ordnungsbereich zugerechnet (Sodan/Ziekow/Kronisch VwGO § 1 Rn 72). Hingegen gehört zB die richterliche Entscheidung über die Abfolge der Bearbeitung von Dienstgeschäften, die Terminierungspraxis sowie die Art und Weise der Verhandlungsführung zum weisungsresistenten Kernbereich (Sodan/Ziekow/Kronisch VwGO § 1 Rn 74).

Die im Rahmen der persönlichen Unabhängigkeit für zulässig erachtete Ausnahme für **16** Richter auf Probe oder kraft Auftrages kann auf die sachliche Unabhängigkeit nicht übertragen werden (Eyermann/Geiger VwGO § 1 Rn 8). Jede entscheidungslenkende Weisung würde einen nicht zu rechtfertigenden Verstoß gegen Art 97 Abs 1 iVm Art 20 Abs 3 GG darstellen.

17   Unter der **inneren Unabhängigkeit** des Richters versteht man die charakterliche Eignung für das Richteramt, die ihn erst zur Kontrolle staatlicher Gewalt befähigt (vgl Hufen Verwaltungsprozessrecht § 4 Rn 5). Sie zeigt sich darin, dass der Richter sich gegen jede Form von Einflussnahme durch staatliche Stellen, Medien oder Dritte immunisiert und sich auch von eigenen Wünschen und Motiven nicht leiten lässt (S/S/B/Stelkens VwGO § 1 Rn 35; Sodan/Ziekow/Kronisch VwGO § 1 Rn 64).

D. Prüfungsumfang der Gerichte

18   Der Prüfungsumfang ergibt sich unmittelbar aus der Bindung der Richter an **Recht und Gesetz** (Art 20 Abs 3 und Art 97 Abs 1 GG). Unter Gesetz sind alle gültigen Rechtssätze zu verstehen (v Münch/Kunig/Schnapp GG Art 20 Rn 43). Dies sind insbesondere die formellen und materiellen Gesetze des Bundes und der Länder, wie Parlamentsgesetze, Verordnungen, Satzungen. Keine Gesetze sind Verwaltungsvorschriften (S-B/H/H/Hofmann GG Art 20 Rn 97). Der Begriff des Rechts soll die Möglichkeit vor Augen führen, dass das positive Recht und elementare Gerechtigkeitsvorstellungen auseinander fallen können. Da die elementaren Gerechtigkeitsvorstellungen jedoch im GG – insbes über Art 1 Abs 1 iVm Art 79 Abs 3 GG – dauerhaft abgesichert sind, ist die Bedeutung der Bindung an das Recht iSd Art 20 Abs 3 GG eher als gering anzusehen.

19   Bei der Auslegung und Anwendung der Gesetze sind die grundgesetzlichen **Wertentscheidungen** zu beachten (Sachs/Sachs GG Vor Art 1 Rn 32 mwN). Kann mittels Auslegung kein dem GG entsprechender Regelungsgehalt aufgedeckt werden, stellt sich die Frage, wem die **Verwerfungskompetenz** zusteht. Wie sich aus Art 100 Abs 1 GG ergibt, kann die Verwerfung von formellen Gesetzen des Bundes nur durch das BVerfG erfolgen. Für vorkonstitutionelle formelle (vgl BVerfGE 2, 124) und materielle Gesetze haben die Verwaltungsgerichte die Verwerfungskompetenz.

20   Die Bindung an das Gesetz soll keine anpassungshemmende Wirkung erzeugen, die der Fortbildung des Rechts entgegensteht (vgl BVerfGE 71, 362). Dies ist der Vielgestaltigkeit der Lebenswirklichkeit und der Unzulänglichkeit umfassender – sinnvoller – Regulierung geschuldet, die es erforderlich machen, auch auf neuartige Probleme oder lückenhafte Gesetzeslagen zu reagieren; denn der Richter kann die Konfliktlösung nicht mit Hinweis auf diese Probleme verweigern. Die Grenze der richterlichen Rechtsfortbildung ist erst dann erreicht, wenn die auf diese Weise gewonnenen Erkenntnisse in Widerspruch zu den erkennbaren Wertungen des jeweiligen Rechtsgebiets stehen (S-B/H/H/Hopfauf GG Vorb v Art 92 Rn 13). Die Grenze der richterlichen Rechtsfortbildung wird also durch die innere Ordnung des jeweiligen Regelungsgebiets gezogen.

21   Die allgemeinen **völkerrechtlichen Regeln** sind als Bestandteil des Bundesrechts (Art 25 GG) vom Gericht zu berücksichtigen. Ist zweifelhaft, ob eine allgemeine Regel des Völkerrechts vorliegt, hat das Gericht eine Entscheidung des Bundesverfassungsgerichts gem Art 100 Abs 2 GG einzuholen.

22   Zum gerichtlichen Prüfungsmaßstab gehören auch die Normen der **europäischen Gemeinschaft**. Diese sind weder Bestandteil des bundesdeutschen noch des Völkerrechts, sondern Ausfluss einer eigenständigen Rechtsordnung (vgl BVerfGE 22, 293). Ihre innerstaatliche Verbindlichkeit ergibt sich aus Art 23 GG. Bei einer Kollision zwischen nationalem Recht und Gemeinschaftsrecht kommt dem Gemeinschaftsrecht **Anwendungsvorrang** zu; die Gemeinschaftsrecht entgegenstehende nationale Vorschrift bleibt unanwendbar. Dies prüft das Gericht selbstständig (Redeker/vOertzen/Redeker VwGO § 1 Rn 17).

§ 2 [Gerichte und Instanzen der Verwaltungsgerichtsbarkeit]

Gerichte der Verwaltungsgerichtsbarkeit sind in den Ländern die Verwaltungsgerichte und je ein Oberverwaltungsgericht, im Bund das Bundesverwaltungsgericht mit Sitz in Leipzig.

Die Norm legt den dreistufigen Aufbau der Verwaltungsgerichtsbarkeit fest, regelt die Errichtung und Einrichtung der Gerichte und bestimmt Leipzig als Standort für das Bundesverwaltungsgericht.

A. Dreistufiger Aufbau der Verwaltungsgerichtsbarkeit

In § 2 VwGO aF wurde der Begriff der **allgemeinen Verwaltungsgerichtsbarkeit** 1
verwendet. In der aktuellen Fassung ist hingegen die Rede von den „Gerichte(n) der
Verwaltungsgerichtsbarkeit". Gleichwohl ist inhaltlich keine Änderung eingetreten (vgl. S/S/
B/Stelkens/Clausing VwGO § 2 Rn 9). Nach wie vor regelt die Norm den Aufbau der
allgemeinen Verwaltungsgerichtsbarkeit, wogegen der Aufbau der besonderen Verwaltungsgerichtsbarkeit in der FGO und im SGG normiert ist.

Der Aufbau der Verwaltungsgerichtsbarkeit ist durch eine **Dreistufigkeit** gekennzeich- 2
net. Auf der ersten Stufe stehen die **Verwaltungsgerichte** der Länder. Aus § 2 VwGO folgt
die Verpflichtung der Länder, mindestens ein Verwaltungsgericht zu errichten (Kopp/Schen-
ke VwGO § 2 Rn 3). Der Begriff ist zum einen institutionell iSd unteren Gerichte der
allgemeinen Verwaltungsgerichtsbarkeit zu verstehen (Sodan/Ziekow/Kronisch VwGO § 2
Rn 12). Zum anderen vereinheitlicht er die vor Erlass der VwGO unterschiedlich verwendeten Bezeichnungen für die Verwaltungsgerichte (BT-Drs 3/55 Anl 1 S 27). Aus der Formulierung im Plural folgt nicht, dass mehr als ein Verwaltungsgericht je Bundesland errichtet
werden muss. Der Begriff bezieht sich auf die Bundesländer insgesamt (Sodan/Ziekow/
Kronisch VwGO § 2 Rn 12).

Auf der zweiten Stufe sind die **Oberverwaltungsgerichte** der Länder angesiedelt. Gem 3
§ 184 VwGO können die Länder bestimmen, dass die Gerichte unter der traditionellen
Bezeichnung „Verwaltungsgerichtshof" weitergeführt werden. Hiervon wurde in Baden-
Württemberg, Bayern und Hessen Gebrauch gemacht. Aus der Formulierung des § 2
VwGO „in den Ländern ... je ein Oberverwaltungsgericht" folgt das Verbot, mehr als ein
Oberverwaltungsgericht in einem Land zu errichten. Die Notwendigkeit hierfür ergibt sich
aus der landesrechtlichen Rechtsvereinheitlichungs- und Rechtsfortbildungsfunktion der
Oberverwaltungsgerichte (S/S/B/Stelkens/Clausing VwGO § 2 Rn 7, 11). Zulässig ist da-
gegen die Errichtung eines gemeinsamen Oberverwaltungsgerichtes mit einem oder mehreren anderen Ländern (vgl § 3 Abs 2 VwGO).

Die dritte Stufe bildet das **Bundesverwaltungsgericht**. Der Sitz des einzigen obersten 4
Bundesgerichts der allgemeinen Verwaltungsgerichtsbarkeit wurde mit dem Gesetz zur Ver-
lagerung des Sitzes des Bundesverwaltungsgerichts von Berlin nach Leipzig vom 21.11.1997
(BGBl I 1997 2742) bestimmt. Der Umzug erfolgte im August 2002. § 2 VwGO und § 49
VwGO sind die einfachrechtliche Umsetzung von Art 95 Abs 1 GG (Sodan/Ziekow/Kro-
nisch VwGO § 2 Rn 15).

B. Errichtung der Verwaltungsgerichte

Im Gegensatz zu § 2 VwGO aF („sind zu errichten") folgt aus § 2 VwGO der aktuellen 5
Fassung keine Verpflichtung zur **Errichtung** der Verwaltungsgerichte und Oberverwaltungsgerichte. Die Verpflichtung ergibt sich jedoch aus der Justizhoheit der Länder, welche
der Bundesgesetzgeber durch die §§ 1, 2, 5 und 9 VwGO konkretisiert hat. Aus den
genannten Normen folgt daher auch die Verpflichtung der Länder, die Funktionsfähigkeit
der Landesverwaltungsgerichte zu sichern, und das Verbot, diese Gerichte aufzulösen (S/S/
B/Stelkens/Clausing VwGO § 2 Rn 15), woraus sich jedoch keine Bestandsgarantie für den
Sitz einzelner Landesverwaltungsgerichte ableiten lässt (Eyermann/Geiger VwGO § 2
Rn 2).

C. Instanzenzug

Ein Instanzenzug wird mit der in § 2 VwGO geregelten Dreistufigkeit des Aufbaus der 6
Verwaltungsgerichte nicht gewährleistet (Kopp/Schenke VwGO § 2 Rn 1). Ein Anspruch
auf einen Instanzenzug kann auch nicht aus der Verfassung abgeleitet werden (BVerfGE 28,
21, 36 = NJW 1970, 851, 853). Ursprünglich war der dreistufige Instanzenzug in der
Verwaltungsgerichtsbarkeit die Regel. Durch die Verlagerung erstinstanzieller Zuständigkeiten auf die Oberverwaltungsgerichte (vgl §§ 47, 48 VwGO) bzw das Bundesverwaltungsgericht (vgl § 50 VwGO) und die Einschränkung der Rechtsmittelangriffsmöglichkeiten

bestimmter Entscheidungen ist der dreistufige Instanzenzug nur noch in wenigen Fällen gegeben (Eyermann/Geiger VwGO § 2 Rn 1).

§ 3 [Gerichtsorganisation]

(1) Durch Gesetz werden angeordnet

1. **die Errichtung und Aufhebung eines Verwaltungsgerichts oder eines Oberverwaltungsgerichts,**
2. **die Verlegung eines Gerichtssitzes,**
3. **Änderungen in der Abgrenzung der Gerichtsbezirke,**
4. **die Zuweisung einzelner Sachgebiete an ein Verwaltungsgericht für die Bezirke mehrerer Verwaltungsgerichte,**
4a. **die Zuweisung von Verfahren, bei denen sich die örtliche Zuständigkeit nach § 52 Nr. 2 Satz 1, 2 oder 4 bestimmt, an ein anderes Verwaltungsgericht oder an mehrere Verwaltungsgerichte des Landes,**
5. **die Errichtung einzelner Kammern des Verwaltungsgerichts oder einzelner Senate des Oberverwaltungsgerichts an anderen Orten,**
6. **der Übergang anhängiger Verfahren auf ein anderes Gericht bei Maßnahmen nach den Nummern 1, 3, 4 und 4a, wenn sich die Zuständigkeit nicht nach den bisher geltenden Vorschriften richten soll.**

(2) Mehrere Länder können die Errichtung eines gemeinsamen Gerichts oder gemeinsamer Spruchkörper eines Gerichts oder die Ausdehnung von Gerichtsbezirken über die Landesgrenzen hinaus, auch für einzelne Sachgebiete, vereinbaren.

§ 3 VwGO enthält die grundlegenden Entscheidungen zur Organisation der Verwaltungsgerichte in den Ländern. Diese sind durch (Landes-)Gesetze im formellen Sinne zu regeln.

A. Allgemeines

1   Die Vorschrift des § 3 VwGO entspricht den verfassungsrechtlichen Vorgaben des gesetzlichen Richters aus Art 101 Abs 1 S 2 GG und der richterlichen Unabhängigkeit aus Art 97 GG. Hieraus ergeben sich die Verpflichtung der Legislative, die fundamentalen Zuständigkeitsregeln zu erlassen und zugleich ein **Vorbehalt des förmlichen Gesetzes** (BVerfGE 2, 307, 319 f; 19, 52, 60). Es ist aber nicht erforderlich, dass der Gesetzgeber den gesetzlichen Richter stets endgültig bestimmen muss. Eine solche Regelung ist durch formelles Gesetz gar nicht möglich (BVerfGE 9, 223, 226). Die Gesetze finden ihre notwendigen Ergänzungen daher in den Geschäftsordnungen und den Geschäftsverteilungsplänen der Gerichte (BVerfGE 19, 52, 60). In Abweichung zu § 3 Abs 1 VwGO ermächtigt § 83 Abs 2 S 1 AsylVfG die Landesregierungen, durch Rechtsverordnung besondere Spruchkörper für asylrechtliche Streitigkeiten zu bilden.

2   Der Anwendungsbereich des § 3 VwGO umfasst nur die Organisationsregelungen der VG und OVG; er bezieht sich demzufolge nur auf die Gerichte der Länder (Kopp/Schenke VwGO § 3 Rn 1). Die Länder haben die Regelungen nach § 3 VwGO in den **Ausführungsgesetzen zur VwGO** oder aber in den allgemeinen Justizausführungs-, Gerichtsorganisations- bzw Gerichtsstrukturgesetzen umgesetzt. Die Vorschrift soll hierbei sicherstellen, dass das für die Einheitlichkeit auf Bundesebene unbedingt Notwendige in allen Bundesländern entsprechend geregelt wird (S/S/B/Stelkens/Clausing VwGO § 3 Rn 1, 4).

B. Errichtung und Aufhebung eines VG oder OVG, Verlegung eines Gerichtssitzes, Änderungen des Gerichtsbezirks (Abs 1 Nr 1, 2, 3)

3   Unter dem organisationsrechtlich zu verstehenden Begriff der **Errichtung** ist die Anordnung zu verstehen, dass und an welchem Sitz ein bestimmtes VG oder OVG entstehen soll und welcher Bezirk diesem Gericht zugewiesen sein soll (S/S/B/Stelkens/Clausing

VwGO $\S$ 3 Rn 5). Die genaue Anzahl der VG muss zwar vom Landesgesetzgeber bestimmt, jedoch nicht ausdrücklich genannt werden. Sie ergibt sich aus der Anzahl der errichteten VG (Sodan/Ziekow/Kronisch VwGO $\S$ 3 Rn 14). Die **Aufhebung** ist der zugehörige actus contrarius.

Der **Sitz** des Gerichts wird durch den Sitz des Amtspräsidenten bestimmt und ist der Ort 4 der politischen Gemeinde, in der das Gericht errichtet wird (S/S/B/Stelkens/Clausing VwGO $\S$ 3 Rn 6). Daher handelt es sich nicht um eine Verlegung eines Gerichtssitzes, wenn bei einem Umzug eines Gerichts die Gemeindegrenzen nicht überschritten werden.

Der **Gerichtsbezirk** ist der räumliche Bereich, in dem das Gericht seine Gerichtsgewalt 5 ausübt und auf den sich seine sachliche Zuständigkeit bezieht (S/S/B/Stelkens/Clausing VwGO $\S$ 3 Rn 7). Der Bezirk des OVG umfasst das gesamte Bundesland bzw im Falle des Abs 2 die an der Vereinbarung beteiligten Bundesländer. Der dem VG zugehörige Bezirk muss hingegen vom Gesetzgeber ausdrücklich bestimmt werden, sofern mehr als ein VG errichtet wird. Oftmals wird hierbei auf die Grenzen eines Verwaltungsbezirkes Bezug genommen. Ändern sich die Grenzen des Verwaltungsbezirkes, so sind die neuen Grenzen auch für den Gerichtsbezirk maßgeblich, sofern die Änderungen dem Gesetzesvorbehalt entsprechen (Eyermann/Geiger VwGO $\S$ 3 Rn 5, S/S/B/Stelkens/Clausing VwGO $\S$ 3 Rn 7; a A Sodan/Ziekow/Kronisch VwGO $\S$ 3 Rn 26).

C. Zuweisungen einzelner Sachgebiete an ein Verwaltungsgericht für die Bezirke mehrerer Verwaltungsgerichte (Abs 1 Nr 4)

Grundsätzlich ist für jedes VG eine umfassende sachliche Zuständigkeit in seinem Ge- 6 richtsbezirk gegeben. Nach Abs 1 Nr 4 VwGO kann der Landesgesetzgeber einzelne Sachgebiete an ein VG für die Bezirke mehrerer VG zuweisen. Hierdurch lässt sich eine größere Spezialisierung zB durch Fortbildung und Erfahrung der Richter oder den Ausbau der Bibliothek erreichen (S/S/B/Stelkens/Clausing VwGO $\S$ 3 Rn 9, 14). Eine solche Zuweisung hat zur Folge, dass der Gerichtsbezirk für dieses Sachgebiet von der sonst üblichen Bestimmung der Gerichtsbezirke der VG abweicht.

D. Dekonzentrationen (Abs 1 Nr 4a)

Für Anfechtungs- oder Verpflichtungsklagen gegen Bundesbehörden, bundesunmittelbare 7 Körperschaften, Anstalten oder Stiftungen ist gem $\S$ 52 Nr 2 VwGO das VG örtlich zuständig, in dessen Bezirk die Behörde oder juristische Person ihren Sitz hat. Dies führte an einzelnen VG zu überdurchschnittlichen Belastungen und langen Verfahrenslaufzeiten (BT-Drs 14/6854, S 1). Daher wurde den Ländern mit Nr 4a die Möglichkeit der Dekonzentration dieser Verfahren eröffnet.

E. Errichtung auswärtiger Kammern oder Senate (Abs 1 Nr 5)

Nr 5 ermöglicht die Errichtung einzelner Kammern oder Senate außerhalb des Gerichts- 8 sitzes. **An anderen Orten** meint eine andere politische Gemeinde als die des Sitzes, wobei sich der andere Ort im Gerichtsbezirk des VG oder OVG befinden muss (S/S/B/Stelkens/Clausing VwGO $\S$ 3 Rn 12). Aus der Formulierung **einzelne** Kammern oder Senate folgt, dass die überwiegende Zahl der Spruchkörper am Stammsitz verbleiben muss (Eyermann/Geiger VwGO $\S$ 3 Rn 7). Der auswärtige Spruchkörper bleibt organisatorisch Teil des Stammgerichts. Daher können **Rechtsmittel** sowohl dort als auch beim Stammgericht eingelegt werden (Eyermann/Geiger VwGO $\S$ 3 Rn 8).

Mit der Errichtung auswärtiger Kammern oder Senate muss die **Verbesserung der** 9 **Verwaltungsrechtspflege** bezweckt werden (Eyermann/Geiger VwGO $\S$ 3 Rn 7), z B im Interesse einer ortsnahen Rechtsprechung (S/S/B/Stelkens/Clausing VwGO $\S$ 3 Rn 10). Rein strukturpolitische Überlegungen sind hingegen nicht ausreichend (Eyermann/Geiger VwGO $\S$ 3 Rn 7; aA BayVerfGH NVwZ-RR 1996, 123, 124; BayVGH NVwZ-RR 1996, 300, 301; Sodan/Ziekow/Kronisch VwGO $\S$ 3 Rn 37).

F. Übergang anhängiger Verfahren (Abs 1 Nr 6)

10   Gem § 83 VwGO iVm § 17 GVG bliebe die Zuständigkeit der Gerichte für die bereits anhängig gewordenen Verfahren nach dem Grundsatz der perpetuatio fori unberührt, wenn eine der Maßnahmen nach Nr 1, 3, 4, 4a getroffen wird. Daher eröffnet Nr 6 die Möglichkeit, diese Verfahren auf ein anderes Gericht übergehen zu lassen.

G. Schaffung gemeinsamer Gerichte (Abs 2)

11   Abs 2 ermöglicht den Ländern die Schaffung gemeinsamer Gerichte, gemeinsamer Spruchkörper eines Gerichts sowie die Erweiterung eines Gerichtsbezirks über die Landesgrenzen hinaus. Die Ausdehnung der Gerichtsbezirke kann hierbei auch auf ein oder mehrere Sachgebiete beschränkt werden. Erforderlich ist der Abschluss eines Staatsvertrages zwischen den beteiligten Ländern. Da die zulässigen Vereinbarungen nach Abs 2 gegenständlich Anwendungsfälle des Abs 1 betreffen, ist zudem eine Umsetzung durch Landesgesetze notwendig. Seit dem 1.7.2005 besteht das gemeinsame OVG Berlin-Brandenburg mit Sitz in Berlin (§ 1 Abs 1 BerlAGVwGO, § 3 BbgVwGG).

§ 4 [Präsidium und Geschäftsverteilung]

[1] **Für die Gerichte der Verwaltungsgerichtsbarkeit gelten die Vorschriften des Zweiten Titels des Gerichtsverfassungsgesetzes entsprechend.** [2] **Die Mitglieder und drei Vertreter des für Entscheidungen nach § 99 Abs. 2 zuständigen Spruchkörpers bestimmt das Präsidium jeweils für die Dauer von vier Jahren.** [3] **Die Mitglieder und ihre Vertreter müssen Richter auf Lebenszeit sein.**

Die Vorschrift inkorporiert im Wege einer dynamischen Verweisung die Regelungen der §§ 21a ff GVG in deren jeweils geltender Fassung und übernimmt seit 1972 für die Verwaltungsgerichtsbarkeit die Präsidialverfassung. Die Präsidialverfassung hat ein von den Richtern gewähltes Präsidium geschaffen, das in richterlicher Unabhängigkeit als Selbstverwaltungsorgan die interne Organisation des Gerichts regelt. Das Präsidium ordnet die Richter den Spruchkörpern zu und verteilt die im Laufe eines Geschäftsjahres eingehenden Fälle auf diese, ohne dabei rechtsprechend tätig zu werden. Die Vorschrift sichert und stärkt die richterliche Unabhängigkeit gegenüber der Justizverwaltung und gewährleistet den gesetzlichen Richter gem Art 101 Abs 1 S 2 GG. Diesem Gesichtspunkt kommt bei der Auslegung und Anwendung der Vorschriften des Zweiten Teils des GVG sowie der Geschäftsverteilungspläne besondere Bedeutung zu.

Übersicht

A. Zweck der Vorschrift

§ 4 VwGO enthält eine dynamische Verweisung auf die §§ 21a bis 21i GVG und stellt **1** insoweit eine Norm dar, deren Zweck in der Vereinfachung der Gesetzgebung liegt. Die im Zweiten Teil des GVG geregelte Präsidialverfassung bildet ein Kernstück des Gerichtsverfassungsrechts im Rechtsstaat. Sie ist eine einfachgesetzliche Stütze für die Garantie des gesetzlichen Richters in Art 101 Abs 1 S 2 GG und das Verfassungspostulat der Unabhängigkeit der Richter in Art 97 Abs 1 GG. Durch die Präsidialverfassung werden die Besetzungen der Spruchkörper und die Geschäftsverteilung innerhalb der Gerichte geregelt. Regelmäßig bestimmt zwar die Justizverwaltung, wer bei den einzelnen Gerichten nach Maßgabe des Richterrechts als Richter eingesetzt wird. Auch die sachliche und örtliche Zuständigkeit der Gerichte ist in den Prozessordnungen geregelt. Zur Umsetzung der Verfassungsgarantie des gesetzlichen Richters bedarf es indes der konkreten Bestimmung, welcher Spruchkörper für welche anhängigen und eingehenden Verfahren zuständig ist und mit welchen Richtern die Spruchkörper besetzt sind (Sodan/Ziekow/Kronisch VwGO § 4 Rn 6). Als ergänzende Norm ist § 30 GVG anzusehen, der die Bestimmung, in welcher Reihenfolge die ehrenamtlichen Richter zu den Sitzungen heranzuziehen sind, dem Präsidium zuweist.

B. Einzelerläuterung

I. Entsprechende Anwendbarkeit des Zweiten Titels des GVG

Der Begriff „Gerichte der Verwaltungsgerichtsbarkeit" ist in § 2 VwGO definiert. Die **2** Normen des GVG gelten in ihrer jeweiligen Fassung. S 1 stellt eine umfassende Verweisung auf die Voraussetzungen und Rechtsfolgen der §§ 21a bis 21i GVG dar. Die lediglich entsprechende Anwendbarkeit schließt es aus, die in Bezug genommen Vorschriften als in die VwGO aufgenommen anzusehen. Die entsprechende Anwendbarkeit verlangt, etwaige Unterschiede zwischen den Sachverhalten zu berücksichtigen. Entsprechende Geltung bedeutet mithin, dass an die Stelle der ordentlichen Gerichte diejenigen der Verwaltungsgerichtsbarkeit treten (BVerwGE 44, 172, 174 = DÖV 1974, 96).

II. Das Präsidium als Selbstverwaltungsorgan und seine Besetzung

1. Funktion und Aufgaben (§ 21e GVG)

Das Präsidium ist ein eigenständiges, gewähltes, kollegial verfasstes, weisungsfreies Rechts- **3** pflegeorgan eigener Art mit gesetzlich begründeter und gesetzlich begrenzter Zuständigkeit, dessen Aufgabe in der Konkretisierung des gesetzlichen Richters besteht (B/F-K/K/v A/Funke-Kaiser VwGO § 4 Rn 2). Es dient der Repräsentation der Richterschaft, durch die es autonom und demokratisch legitimiert wird. Das Präsidium übt gegenüber den betroffenen Richtern insoweit Dienstherrenfunktionen aus, da es deren Dienstpflichten vor allem durch die Zuweisung zu einem bestimmten Spruchkörper mit bestimmten Zuständigkeiten konkretisiert (B/F-K/K/v A/Funke-Kaiser VwGO § 4 Rn 2; OVG Münster DÖD 1981, 46, 47). Die Notwendigkeit des Präsidiums ergibt sich aus der Tatsache, dass die Verfassungsgarantie des gesetzlichen Richters gem Art 101 Abs 1 S 2 GG und der richterlichen Unabhängigkeit gem Art 97 GG auf der Ebene eines jeden Gerichts eine von Einflüssen Dritter freie, an abstrakten Kriterien orientierte Bestimmung der für anhängige und eingehende Verfahren zuständigen Richter verlangen. Aufgabe des Präsidiums ist es daher, die Besetzung der Spruchkörper und die Verteilung der Rechtsprechungsaufgaben auf diese zu regeln. Die von Art 97 Abs 1 GG garantierte gesetzliche Unabhängigkeit gehört als weisungsfreie Aufgabe in die Richterschaft des jeweiligen Gerichts. Als von allen wahlberechtigten Mitgliedern des jeweiligen Gerichts gewähltes und zur Wahrnehmung dieser Aufgabe gesetzlich berufenes Gremium kann das Präsidium daher mit Recht als „zentrales Organ richterlicher Selbstverwaltung" bezeichnet werden (BT-Drs 6/557, 15).

2. Größe und Mitglieder des Präsidiums (§§ 21a, 21d GVG)

4   Die personelle Stärke des auf der Grundlage von § 21a Abs 1 GVG zwingend zu bildenden Präsidiums regeln die §§ 21a Abs 2, 21d GVG. Danach ist die Zahl der Mitglieder des Präsidiums abhängig von der Anzahl der Richterplanstellen des Gerichts an dem Tag, der dem Tag des Beginns des Geschäftsjahres um sechs Monate vorhergeht. Maßgeblich ist dabei die Anzahl der zugewiesenen, nicht der tatsächlich besetzten Planstellen. Als Geschäftsjahr gilt das Kalenderjahr (Eyermann/Geiger VwGO § 4 Rn 3). Maßgeblicher Stichtag ist mithin der 30. Juni eines jeden Jahres. Das Präsidium besteht nach § 21a Abs 2 GVG aus dem Präsidenten oder aufsichtsführenden Richter als Vorsitzenden und je nach Zahl der Richterplanstellen aus 10, 8, 6 oder 4 gewählten Richtern. Die Größe des Präsidiums wird auf maximal elf Mitglieder begrenzt. Das führt zwar zu einem geringeren Repräsentationsgrad der Richterschaft, ist aber im Interesse der effektiven Arbeit des Präsidiums geboten.

3. Wahl des Präsidiums (§§ 21b, 21c GVG)

5   Die maßgeblichen Wahlvorschriften enthalten § 21b GVG und die auf der Grundlage von § 21b Abs 5 GVG erlassene Wahlordnung vom 19.9.1972. Das Präsidium wird durch **Wahl** gebildet, wobei alle zwei Jahre Teilwahlen stattfinden. Für jeweils die Hälfte der Mitglieder gelten daher zeitlich versetzte Wahlperioden. Bestimmungen über die Wahl trifft § 21b GVG iVm der Wahlordnung für die Präsidien der Gerichte. Die in § 21b Abs 1 S 1 und 3 GVG geregelte **Wahlberechtigung** zieht sogleich eine **Wahlpflicht** nach. Die Teilnahme an der Wahl zählt zu den richterlichen Amtsgeschäften (BVerwGE 48, 251, 254 f). Die unentschuldigte Wahlverweigerung ist ein Dienstvergehen und rechtfertigt Maßnahmen der Dienstaufsicht (Kissel/Mayer GVG § 21b Rn 16). Die Verletzung der Wahlpflicht hat keine Auswirkungen auf die Wirksamkeit der Wahl (Kissel/Mayer GVG § 21b Rn 16). Durch die Wahl wird die Mitgliedschaft im Präsidium unmittelbar begründet. Eine Wahlannahme ist nicht erforderlich. Die Wahl kann nicht abgelehnt, die Zugehörigkeit zum Präsidium nicht aufgegeben werden (Kissel/Mayer GVG § 21a Rn 8).

6   Die **Wählbarkeit** regelt § 21b Abs 1 S 2 und 3 GVG. Der Präsident kann als geborenes Mitglied nicht gewählt werden (Eyermann/Geiger VwGO § 4 Rn 6), da sich die Bestimmungen nur auf die zu wählenden Richter, nicht aber auf den Präsidenten beziehen. Umstritten ist, ob der Vizepräsident gewählt werden kann. Nach einer Ansicht ist der Vizepräsident aufgrund der Vertretungsregelung des § 21c Abs 1 S 1 GVG ein geborenes Mitglied des Präsidiums (vgl Kissel/Mayer GVG § 21b Rn 11). Nach anderer Ansicht ist auch der Vizepräsident wählbar (B/F-K/K/v A/Funke-Kaiser VwGO § 4 Rn 7). Dafür spricht schon die in § 21c Abs 1 S 2 GVG enthaltene Formulierung „wenn er nicht selbst gewählt ist". Für die Wählbarkeit lässt sich weiter die Bestimmung des § 21b Abs 1 S 2 GVG anführen. Diese erklärt unter anderem Richter auf Lebenszeit für wählbar. Zu diesen gehört auch der Vizepräsident (vgl § 19a Abs 1 DRiG), so dass er wählbar sein muss. Der Vizepräsident wird erst kraft Gesetzes Mitglied und auch erst und nur so lange und soweit der Präsident als Vorsitzender des Präsidiums verhindert ist (Sodan/Ziekow/Kronisch VwGO § 4 Rn 21). Gewählt werden können auch die im Nebenamt oder im zweiten Hauptamt als Richter tätigen Professoren. Diese sind ebenfalls wahlberechtigt.

7   § 21b Abs 3 S 2 GVG sieht ein reines **Mehrheitswahlsystem als Wahlverfahren** vor. Gemäß § 21b Abs 3 S 3 GVG sind die Länder ermächtigt, andere Wahlverfahren, also insbes ein Verhältniswahlsystem, für die Wahl zum Präsidium durch Landesgesetz zu bestimmen.

8   Die **Anfechtung der Wahl** ist nach § 21b Abs 6 GVG mit der Behauptung einer objektiven Gesetzesverletzung möglich (BVerwGE 48, 251, 253 f = DVBl 1975, 727 f). Eine Anfechtungsfrist ist im Gesetz nicht genannt. Zuständig ist in Bezug auf das Präsidium eines VG oder des OVG ein Senat des OVG, in Bezug auf das BVerwG ein Senat des BVerwG. Für das Verfahren der Wahlanfechtung gelten gem § 21b Abs 6 S 4 GVG ergänzend die Vor-

schriften des FamFG sinngemäß, wobei eine Zulassungsrechtsbeschwerde (§ 70 FamFG) im Gegensatz zur vorherigen Rechtsprechung zulässig ist (Kissel/Mayer GVG § 21b Rn 20 mwN). Beteiligt sind der Anfechtende und das Präsidium, nicht der Wahlvorstand (BVerwGE 44, 172). Anfechtungsberechtigt sind nach § 21b Abs 6 S 1 GVG alle in § 21b Abs 1 S 1 GVG bezeichneten wahlberechtigten Richter. Davon erfasst sind auch die Richter, die nach § 21b Abs 1 S 3 GVG vom aktiven und passiven Wahlrecht ausgeschlossen, an eine Verwaltungsbehörde oder für mehr als drei Monate an ein anderes Gericht abgeordnet oder beurlaubt sind. Maßgeblich für das Bestehen des Anfechtungsrechts ist das Vorliegen der Voraussetzungen des § 21b Abs 1 S 1 GVG am Wahltag. Auch ein später versetzter Richter kann folglich anfechtungsberechtigt sein. Die Wahlanfechtung hat in der Sache **Erfolg**, wenn bei der Wahl ein Gesetz verletzt worden ist und die Verletzung das Wahlergebnis beeinflusst haben kann. In diesem Fall wird die Wahl mit der Folge der Notwendigkeit ihrer Wiederholung für ungültig erklärt. Eine rechtskräftige Ungültigkeitsvoraussetzung zieht die Auflösung des bisherigen Präsidiums nach sich. Bis zur Bildung eines neuen Präsidiums gilt dann die Notkompetenz des Präsidenten nach § 21i Abs 2 GVG.

Die Ungültigkeitserklärung der Wahl zum Präsidium führt gem § 21b Abs 6 S 3 GVG **9** nicht zur Aufhebung einer gerichtlichen Entscheidung unter dem Gesichtspunkt des Verstoßes gegen die Garantie des gesetzlichen Richters (Sodan/Ziekow/Kronisch VwGO § 4 Rn 30).

Steht das **Ausscheiden** eines Mitgliedes des Präsidiums an, tritt nach § 21c Abs 2 GVG **10** an seine Stelle der oder die durch die letzte Wahl Nächstberufene. Dabei kommt es stets auf die letzte Teilwahl an. Diese ist folglich auch dann maßgeblich, wenn das ausgeschiedene Mitglied in der der letzten Teilwahl vorangegangenen Teilwahl gewählt worden ist (BGHZ 112, 330, 335 f = NJW 1991, 1183, 1184).

4. Verfahren des Präsidiums

Das Präsidium entscheidet im Rahmen von **Sitzungen**, zu denen der Vorsitzende die **11** Mitglieder einlädt. Die Teilnahme an den Sitzungen gehört zu den **Dienstpflichten** der Richter. In dem Fall, dass die Beschlussfähigkeit des Präsidiums gefährdet ist, geht diese Pflicht zur Teilnahme allen anderen Dienstpflichten vor (vgl Kissel/Mayer GVG §§ 21a Rn 8, 21e Rn 18). Eine Präsidiumsentscheidung kann in geeigneten Fällen auch im Umlaufverfahren herbeigeführt werden (BVerwGE 88, 159, 160). Finden Sitzungen statt, wird Protokoll geführt. Dabei ist ein Ergebnisprotokoll ausreichend. Die Sitzungen sind in Bezug auf Beratung und Abstimmung grundsätzlich nicht öffentlich (Kopp/Schenke VwGO § 4 Rn 8). Dem Vorsitzenden obliegt die Leitung der Präsidiumssitzung (S/S/B/Stelkens/Clausing VwGO § 4 Rn 16). Die Mitglieder des Präsidiums können weder von der Mitwirkung ausgeschlossen noch können sie abgelehnt werden.

Das Präsidium entscheidet durch **Beschluss**. Nach § 21i Abs 1 GVG ist es beschlussfähig, **12** wenn mindestens die Hälfte seiner gewählten Mitglieder – also ohne den Präsidenten – anwesend sind. Beschlüsse werden mit Stimmenmehrheit der anwesenden Mitglieder gefasst.

Zu der Frage, ob **Stimmenthaltung** zulässig ist, haben sich unterschiedliche Ansichten **13** gebildet. Teilweise wird geltend gemacht, dass mit der Mitgliedschaft im Präsidium die Pflicht zur Ausübung des Amtes verbunden sei (Baumbach/Lauterbach/Albers/Hartmann/Albers ZPO, 70. Aufl 2012, GVG § 21e Rn 22; wN bei Kissel/Mayer GVG § 21e Rn 72). Stimmenthaltung sei daher nicht zulässig. Anderenfalls bestünde die Gefahr, dass eine Entscheidung nicht zustande komme. Aus der Pflicht zur Amtsausübung folgt jedoch kein Stimmenthaltungsverbot (Sodan/Ziekow/Kronisch VwGO § 4 Rn 41). Das Abstimmungsverweigerungsverbot des § 195 GVG findet auf die Abstimmung im Präsidium vielmehr keine Anwendung (B/F-K/K/v A/Funke-Kaiser VwGO § 4 Rn 17). Bei der Ermittlung der Mehrheit werden die Stimmenthaltungen nicht mitgezählt.

III. Geschäftsverteilung (§ 21e GVG)

1. Allgemeines

Hauptaufgabe des Präsidiums ist die Geschäftsverteilung. Deren Vornahme ist zwar **14** keine rechtsprechende, aber eine richterliche Tätigkeit, so dass die Unabhängigkeitsgarantie

des Art 97 Abs 1 GG gilt (BVerwG NJW 1987, 1215). Den Inhalt des Geschäftsverteilungsplans regelt § 21e Abs 1 S 1 GVG. Das Präsidium bestimmt danach die Besetzung der
Spruchkörper mit Berufsrichtern einschließlich ihrer Vertretung (sog personelle Geschäftsverteilung) und verteilt die Geschäfte (sachliche Geschäftsverteilung). Der Begriff „Geschäftsverteilung" ist dabei in einem umfassenden Sinn zu verstehen. Erfasst wird nicht nur die
Verteilung der Geschäfte im engeren Sinn, also die Zuständigkeit der einzelnen Spruchkörper für die anhängigen und eingehenden Verfahren, sondern auch die Besetzung der
Spruchkörper und die Regelung der Vertretung für den Fall der Verhinderung eines oder
mehrerer Mitglieder (Sodan/Ziekow/Kronisch VwGO § 4 Rn 45).

2. Abstraktionsprinzip

15   Art 101 Abs 1 S 2 GG verbietet es nicht nur, von Regelungen abzuweichen, die der
Bestimmung des gesetzlichen Richters dienen. Aus der Garantie des gesetzlichen Richters
folgt vielmehr auch, dass im Einzelnen bestimmt werden muss, wer gesetzlicher Richter im
Sinne dieser Vorschrift ist. „Gesetzlich" ist der Richter, der nicht in Ausübung eines
bestimmten Einzelfalls, sondern nach abstrakten Kriterien generell zuständig ist (Sodan/
Ziekow/Kronisch VwGO § 4 Rn 46). Ein Richter ist generell zuständig, wenn er für alle
Verfahren, die die formulierten Kriterien erfüllen, als zuständiger Richter bestimmt ist, so
dass die eingehenden Rechtssachen automatisch an ihn gelangen (BVerfGE 95, 322, 329).
Das darin liegende **Prinzip der abstrakt-generellen Vorausbestimmung** des zur Entscheidung berufenen Richters setzt einen Bestand von Normen voraus, die für den Streitfall
genau festlegen, welcher Richter für die Entscheidung zuständig ist. Art 101 Abs 1 S 2 GG
verpflichtet demnach dazu, Regelungen zu treffen, aus denen sich der gesetzliche Richter
ergibt (BVerfGE 95, 322, 327 f). Der Gesetzgeber ist dieser Verpflichtung nachgekommen,
indem er durch die Prozessgerichte festgelegt hat, welche Gerichte mit welchen Spruchkörpern sachlich, örtlich und instanziell zuständig sind. Die Geschäftsverteilungsregelungen der
Gerichte ergänzen diese Vorschriften (BVerfGE 95, 322, 328). Sie legen auf Ebene des
jeweiligen Gerichts im Einzelnen fest, welcher Spruchköper für welche Rechtssache zuständig ist und weisen den Spruchkörpern die erforderlichen Richter zu. Der gerichtliche
Geschäftsverteilungsplan ist folglich ein notwendiges Instrument zur **Konkretisierung des
gesetzlichen Richters** (BVerfG NJW 2005, 2689).

16   Der Geschäftsverteilungsplan unterliegt dem **Abstraktionsprinzip**. Die Zuständigkeit
der Spruchkörper muss sich im Voraus aus abstrakt-generellen Regeln bestimmen lassen.
Weiter müssen die Besetzung der Spruchkörper und die Vertretung im Vorfeld nach abstrakt-
generellen Regelungen festgelegt sein. Nach welchen Merkmalen die Verteilung der Streitsachen und die Zuweisung der Richter zu den Spruchkörpern erfolgt, liegt im pflichtgemäßen
Ermessen des Präsidiums. Statthaft ist eine Verteilung nach Sachgebieten, wohingegen eine
Verteilung nach Anfangsbuchstaben des Klägers zu Manipulationen führen kann und daher
unzulässig ist (LG Frankfurt NJW 1988, 70). Jedenfalls verlangt die Verteilung nach Kläger-
namen eine Regelung für die Fälle der subjektiven Klagehäufung, der Namen mit Adelstiteln,
der Namen von juristischen Personen und von Personengesellschaften. Statthaft ist auch die
Verteilung nach dem Namen des Beklagten, nach räumlichen Bezirken und die Verbindung
von verschiedenen Zuteilungskriterien. Eine Verteilung nach dem zeitlichen Eingang der
Rechtssache oder nach Aktenzeichenziffern genügt zwar dem Abstraktionsprinzip, verstößt
aber gegen den Grundsatz des gesetzlichen Richters, wenn für gleichzeitig eingehende Sachen
keine weiteren Zuteilungskriterien vorgesehen sind, die einen Einfluss auf die Verteilung der
Rechtssachen ausschließen (BVerwG Buchholz 310 § 133 VwGO Nr 14).

17   § 21e Abs 4 GVG normiert eine **Ausnahme** vom Abstraktionsprinzip. Nach dieser
Regelung kann das Präsidium für bereits anhängige Verfahren anordnen, dass ein Richter
oder Spruchkörper, der in einer Sache tätig geworden ist, für diese nach einer Änderung der
Geschäftsverteilung weiterhin zuständig bleibt.

3. Bestimmtheitsgebot

18   Die Verteilung der Streitsachen muss möglichst eindeutig, also hinreichend bestimmt sein.
Bei Zweifeln entscheidet das Präsidium (BGH NJW 1975, 1424, 1425). Da es sich bei einer

Entscheidung des Präsidiums letztlich um eine Einzelfallentscheidung über den zuständigen Richter handelt, verstößt ein Geschäftsverteilungsplan, der eine solche Einzelfallentscheidung unnötigerweise erforderlich macht, gegen Art 101 Abs 1 S 2 GG (BVerfGE 95, 322, 330). Auslegungsbedürftige oder unbestimmte Rechtsbegriffe stellen keinen Verstoß gegen Art 101 Abs 1 S 2 GG dar, wenn die einzelnen Regelungen so beschaffen sind, dass sachfremden Einflüssen generell vorgebeugt wird (BVerfGE 95, 322, 332). Zulässige unbestimmte Begriffe sind etwa „Verhinderung", „Schwerpunkt" oder „Sachzusammenhang" (BVerfGE 95, 322, 332).

4. Vollständigkeitsprinzip

Es sind sämtliche Streitsachen auf die Spruchkörper zu verteilen. Es dürfen weder einzelne **19** noch eine Gruppe von Streitsachen unverteilt bleiben. Dies gilt selbst dann, wenn es zu einer Überarbeitung der Spruchkörper kommt (Eyermann/Geiger VwGO § 4 Rn 18) oder absehbar ist, dass Streitsachen im laufenden Geschäftsjahr nicht entschieden werden können (vgl Zöller/Lückemann GVG § 21e Rn 12). Jeder dem Gericht zugewiesene Richter ist einem Spruchkörper zuzuteilen. Nach § 21e Abs 1 S 4 GVG können Richter zu ordentlichen Mitgliedern in mehreren Spruchkörpern bestimmt werden (BVerfGE 17, 294, 300). Die Verpflichtung zur Justizgewähr zwingt das Präsidium zur Einrichtung eines richterlichen Bereitschaftsdienstes für dienstfreie Tage (BVerfG InfAuslR 2002, 406).

5. Jährlichkeitsprinzip

Gem § 21e Abs 1 S 2 GVG trifft das Präsidium die Anordnungen vor Beginn des **20** Geschäftsjahres für dessen Dauer. Geschäftsjahr ist das jeweilige Kalenderjahr. Das in § 21e Abs 1 S 2 GVG normierte Jährlichkeitsprinzip bedeutet daher zunächst, dass der auf ein Geschäftsjahr bezogene Geschäftsverteilungsplan nach dessen Ablauf automatisch außer Kraft tritt. Das Jährlichkeitsprinzip verlangt daher, dass die mit Beginn des Geschäftsjahres noch anhängigen und künftig eingehenden Verfahren alljährlich auf die Spruchkörper verteilt werden (BVerwG DÖV 1979, 299).

6. Richterliche Aufgaben des Präsidenten

Gemäß § 21e Abs 1 S 3 GVG bestimmt der Präsident selbst über die von ihm aus- **21** zuführenden richterlichen Tätigkeiten. Zweck der Bestimmungsbefugnis des Präsidenten ist es, ihm die Entscheidung zu überlassen, welche Arbeitsbelastung durch richterliche Aufgaben sich mit Justizverwaltungsangelegenheiten und den Pflichten als Vorsitzender des Präsidiums vereinbaren lassen (Kissel/Mayer GVG § 21e Rn 126).

7. Änderungen während des Geschäftsjahres

Die Anordnungen nach § 21e Abs 1 GVG dürfen während des Geschäftsjahres nach **22** § 21e Abs 3 S 1 GVG nur geändert werden, wenn dies wegen Überlastung oder ungenügender Auslastung eines Richters oder Spruchkörpers oder infolge Wechsels oder dauernder Verhinderung einzelner Richter nötig wird. Indem das Gesetz von „den Anordnungen nach Abs 1" spricht, macht es deutlich, dass sich die notwendigen Änderungen auf die „Verteilung der Geschäfte" (im engeren Sinne) und auch auf die Besetzung der Spruchkörper oder die Regelung der Vertretung beziehen können (Sodan/Ziekow/Kronisch VwGO § 4 Rn 61).

Eine **Änderung** liegt vor, wenn einem Spruchkörper die Zuständigkeit für Verfahren **23** zugewiesen wird, für die er bisher nicht zuständig war, wenn ihm die Zuständigkeit entzogen wird, wenn ihm Richter zugewiesen werden, die bislang nicht Mitglied des betreffenden Spruchkörpers waren, wenn Richter den Spruchkörper verlassen oder wenn andere Richter als bisher zur Vertretung berufen werden (Sodan/Ziekow/Kronisch VwGO § 4 Rn 62). Klarstellungen, die das Präsidium zur Beseitigung von Auslegungszweifeln in den Geschäftsverteilungsplan aufnimmt, stellen keine Änderungen dar.

Das Präsidium muss pflichtgemäß beurteilen, ob eine **Überlastung** oder **mangelnde 24** **Auslastung** vorliegt. Die Beurteilung des Präsidiums muss sachlich vertretbar sein. Das ist der Fall, wenn nur auf diese Weise dem Verfassungsgebot einer Gewährleistung von Rechts-schutz innerhalb angemessener Zeit nachzukommen ist (BVerfG NJW 2005, 2689, 2690).

25   Ein **Wechsel** eines Richters liegt bei seinem Eintritt in den Ruhestand, Tod sowie bei sonstigem Ausscheiden, etwa im Wege der Versetzung, Beförderung oder Abordnung vor. Ein Wechsel liegt weiterhin vor, wenn ein weiterer Richter in das Gericht eintritt. Gleich-zustellen ist die Einrichtung eines weiteren Spruchkörpers, auch wenn dies nicht durch das Hinzukommen weiterer Richter oder Überlastung veranlasst ist (BGH NJW 1976, 60).

26   Die **dauernde Verhinderung** ist von der vorübergehenden Verhinderung abzugrenzen. Die dauernde Verhinderung muss tatsächlich vorliegen. Sie kann nicht lediglich vermutet oder konstruiert werden (Sodan/Ziekow/Kronisch VwGO § 4 Rn 65).

27   Die vom Präsidium als Reaktion auf das Vorliegen der Änderungsvoraussetzungen getrof-fenen Maßnahmen können lediglich auf **Willkür** überprüft werden (BGH BGHSt 22, 239).

IV. Vorsitz in den Spruchkörpern (§ 21 f GVG)

28   § 21 f Abs 1 GVG bestimmt, dass der Vorsitz in den Spruchkörpern durch den Prä-sidenten und die Vorsitzenden Richter geführt wird. Sind mehr Spruchkörper eingerichtet, als vorsitzende Richter vorhanden sind, kann einem Vorsitzenden der **gleichzeitige Vorsitz** in zwei oder mehreren Spruchkörpern zugewiesen werden (BGH NJW 1967, 1566). Dabei ist zu beachten, dass die Funktion des „richtungweisenden Einflusses auf Geschäftsgang und Rechtsprechung" (Sangmeister NJW 1998, 335, 336) ausgeführt werden kann. Aus dem Anspruch des statusrechtlichen Amtes und aus § 21 f GVG ergibt sich die **Verpflichtung** des Präsidiums, jedem Vorsitzenden Richter den Vorsitz in einem Spruchkörper zu übertragen (Sodan/Ziekow/Kronisch VwGO § 4 Rn 69). Für den Fall der **Verhinderung** des Vor-sitzenden ist in § 21 f Abs 2 S 1 GVG bestimmt, dass dann das vom Präsidium bestimmte Mitglied des Spruchkörpers den Vorsitz führt. Ist auch der Vertreter verhindert, so wird der Vorsitz nach § 21 f Abs 2 S 2 GVG durch das dienstälteste, bei gleichem Dienstalter durch das lebensälteste Mitglied des Spruchkörpers geführt. § 28 Abs 2 S 2 DRiG schränkt das Ermessen des Präsidiums dahin ein, dass den Vorsitz nur ein Richter auf Lebenszeit führen darf. Unter Beachtung des Art 101 Abs 1 S 2 GG ist der Vertretungsrichter für die gesamte Dauer der Vertretung Mitglied des Spruchkörpers, in dem er die Vertretung übernommen hat (BVerwG Buchholz 448.0 § 25 WPflG Nr. 105).

V. Spruchkörperinterne Geschäftsverteilung (§ 21g GVG)
1. Allgemeines

29   Seit der Änderung des § 21g GVG im Jahre 1999 ist die Kompetenz zur spruchkörper-internen Geschäftsverteilung mit Wirkung vom 30.12.1999 allen Mitgliedern des Spruch-körpers zur kollegialen Entscheidung in Beschlussform zugewiesen. Ziel der Reform war die Abschaffung eines Restbestandes an hierarchischen Strukturen innerhalb der Spruchkör-per.

2. Kollegialprinzip

30   Das Kollegialprinzip des § 21g Abs 1 S 1 GVG gilt für die „mit mehreren Richtern" besetzten Spruchkörper. Richter im Sinne dieser Bestimmung sind lediglich die Berufs-richter. Das Kollegialprinzip findet keine Anwendung auf Fachspruchkörper, die mit einem berufsrichterlichen Vorsitzenden und ehrenamtlichen Beisitzern besetzt sind. Vom Kollegial-prinzip ist zum einen die Entscheidung über die „Verteilung der Geschäfte" nach § 21g Abs 1 S 1 GVG erfasst und zum anderen diejenige über die Bestimmung der Grundsätze, nach denen die Mitglieder nach § 21g Abs 2 HS 1 GVG „an den Verfahren mitwirken". Beide Entscheidungen beziehen sich auf anhängige und anhängig werdende Streitsachen. Die Grundsätze, nach denen die dem Spruchkörper zugeteilten Richter an der Entscheidung mitwirken, sind allgemein und für die Dauer eines Geschäftsjahres schriftlich festzulegen (S/S/B/Stelkens/Clausing VwGO § 4 Rn 116).

3. Verfahren

Das Verfahren der Beschlussfassung ist in § 21g Abs 1 und 2 GVG nur am Rande geregelt. **31** Nach § 21g Abs 1 S 2 GVG entscheidet bei **Stimmengleichheit** das Präsidium. Die ausschlaggebende Stimme hat mithin nicht der Präsident. Das Stichentscheidungsrecht des Präsidiums gilt sowohl für die Verteilungsentscheidung nach Abs 1 als auch für die Entscheidung nach Abs 2. Falls eine Entscheidung des Präsidiums nicht rechtzeitig ergehen kann, steht dem Vorsitzenden nach § 21g Abs 5 GVG iVm § 21i Abs 2 GVG das **Eilentscheidungsrecht** zu (Sodan/Ziekow/Kronisch VwGO § 4 Rn 86). Eine einstimmige Beschlussfassung ist nicht notwendig (Eyermann/Geiger VwGO § 4 Rn 25). Es gilt das **Mehrheitsprinzip**. Ist ein Berufsrichter an der Beschlussfassung gehindert, tritt nach § 21g Abs 4 GVG der durch den Geschäftsverteilungsplan bestimmte Vertreter an seine Stelle. Nach § 21g Abs 6 GVG ist vor der Beschlussfassung den Berufsrichtern, die von dem Beschluss betroffen werden, Gelegenheit zur Äußerung zu geben.

4. Berichterstatterbestimmung und Mitwirkungsgrundsätze

Lange war strittig, ob die Verfassungsgarantie des gesetzlichen Richters Anforderungen an **32** die Bestimmung des Berichterstatters und/oder an die Grundsätze der Mitwirkung stellt. Da der Berichterstatter bis zum Inkrafttreten des 4. VwGOÄndG am 1.1.1991 keine nach außen wirkenden Entscheidungsbefugnisse hatte, war es üblich, dass der Vorsitzende den Berichterstatter ad hoc bestimmte, ohne dass ein spruchkörperinterner Geschäftsverteilungsplan existierte (Kopp NJW 1991, 1264). Es musste sich erst die Erkenntnis durchsetzen, dass der Berichterstatter im Fall des § 87a Abs 1 iVm Abs 3 VwGO und im Fall des § 87a Abs 2 VwGO abstrakt im Voraus bestimmt werden muss, da er der allein entscheidungszuständige Richter ist (Stelkens NVwZ 1991, 209, 215).

Ebenso wie beim gerichtlichen Geschäftsverteilungsplan liegt ein vermeidbarer Spielraum **33** für sich genommen nicht schon in der Verwendung **unbestimmter Rechtsbegriffe** (BVerfGE 95, 322, 330), weil solche durch Anwendung der allgemeinen Auslegungsmethoden bestimmt werden können. Eine fehlerhafte Auslegung stellt einen Fehler auf der Anwendungsebene dar, so dass sie weder zur Verfassungswidrigkeit der Regelung führt, noch einen Verstoß gegen die Garantie des gesetzlichen Richters begründet.

Eine Berichterstatterbestimmung nach Sachgebieten ist zulässig, auch wenn die Zuord- **34** nung nach dem Schwerpunkt erfolgt. Gleiches gilt für die Begründung der Zuständigkeit aufgrund „Sachzusammenhangs" oder für die Annahme des Verhinderungsfalls.

Knüpft der Mitwirkungsplan für einen übersetzten Spruchkörper an die Berichterstat- **35** terzuständigkeit an, ist dies nicht zu beanstanden, wenn die Berichterstatterzuständigkeit abstrakt-generell geregelt (vgl Rn 15 ff) und hinreichend bestimmt ist (vgl Rn 18; Sodan/ Ziekow/Kronisch VwGO § 4 Rn 100). Die Mitwirkungsregelung ist nicht ausreichend, wenn im Mitwirkungsplan nur geregelt ist, welche Richter an welchen Sitzungstagen mitzuwirken haben und erst die Terminierung der einzelnen Sache zu deren Zuordnung zur konkreten Sitzungsgruppe führt.

VI. Rechtsschutz gegen Maßnahmen der Geschäftsverteilung

1. Gerichtliche und spruchkörperinterne Geschäftsverteilung

Die Frage des Rechtsschutzes stellt sich zum einen für den gerichtlichen Geschäftsvertei- **36** lungsplan und zum anderen für die spruchkörperinterne Geschäftsverteilung. In der Vergangenheit konzentrierte sich die Diskussion auf den Rechtsschutz gegen den gerichtlichen Geschäftsverteilungsplan. Die spruchkörperinterne Geschäftsverteilung wurde als sich von der Dienstaufsicht ableitender Ausfluss der Organisationsgewalt verstanden (so noch Kissel/ Mayer/Kissel 1994 GVG, § 21g Rn 16). Rechtsschutzmöglichkeiten schienen ausgeschlossen (OVG Lüneburg NJW 1984, 627). Seit der Plenarentscheidung des BVerfG vom 8.4.1997 (BVerfGE 95, 322) lässt sich eine unterschiedliche Behandlung der Rechtsschutzfrage für den gerichtlichen Geschäftsverteilungsplan auf der einen Seite und den spruchkörperinternen Geschäftsverteilungsplan auf der anderen Seite nicht mehr rechtfertigen (Sodan/ Ziekow/Kronisch VwGO § 4 Rn 101). Aus der Entscheidung folgt, dass sowohl die gerichtliche als auch die spruchkörperinterne Geschäftsverteilung Teil des Systems der normativen Vorausbestimmung des für die Entscheidung zuständigen Richters sind (BVerfGE 95, 322). Einziges Unterscheidungsmerkmal zwischen dem gerichtlichen und dem spruchkörperinternen Geschäftsverteilungsplan ist das für den Erlass zuständige Organ der gerichtlichen Selbstverwaltung.

2. Mittelbare und unmittelbare Überprüfung

37   Maßnahmen der Geschäftsverteilung können in zweierlei Hinsicht Gegenstand einer gerichtlichen Überprüfung werden. Zum einen können die Beteiligten im Rahmen eines Prozesses behaupten, der Geschäftsverteilungsplan sei fehlerhaft mit der Folge, dass das zur Entscheidung berufene Gericht nicht ordnungsgemäß besetzt ist. Neben dieser **mittelbaren Überprüfung** der Geschäftsverteilungsmaßnahmen, etwa im Rahmen einer **Besetzungsrüge** (OVG Berlin NJW 1999, 594), kommt die **unmittelbare Anfechtung** der Maßnahme in Betracht.

38   Fehler bei der **Wahl** des Präsidiums führen gem § 21b Abs 6 S 3 GVG nicht und Verfahrensfehler bei der Beschlussfassung nur dann zur gesetzwidrigen Besetzung des Spruchkörpers, wenn der Fehler für den Inhalt der Entscheidung ursächlich war (BVerfGE 31, 47, 54). Ist der gerichtliche oder spruchkörperinterne Geschäftsverteilungsplan für sich genommen fehlerfrei, wird er jedoch **fehlerhaft angewendet**, führen diese Fehler nur dann zum Erfolg einer Besetzungsrüge, wenn die Fehler sachlich nicht mehr nachvollziehbar und daher als willkürlich anzusehen sind (BVerfGE 95, 322, 333; B/F-K/K/v A/Funke-Kaiser VwGO § 4 Rn 40).

39   **Materielle Fehler** der Geschäftsverteilungsregelung wirken sich unmittelbar auf die Besetzung der Spruchkörper aus. Unklar ist, unter welchen Voraussetzungen eine deswegen erhobene Besetzungsrüge erfolgreich ist. Nach einer Ansicht ist die Besetzung der Richterbank iSv § 138 Nr 1 VwGO nur dann nicht ordnungsgemäß, wenn die Entscheidung in Ansehung der verletzten Gesetzesvorschrift willkürlich erscheint (BVerwG NJW 1991, 1370, 1371). Nach der Gegenauffassung führen inhaltliche Mängel einer Geschäftsverteilungsregelung unmittelbar zu einer fehlerhaften Besetzung der Richterbank (BGH NJW 1986, 1884; Sangmeister JZ 1993, 736, 739).

3. Unmittelbare Anfechtung von Geschäftsverteilungsregelungen

40   Neben der mittelbaren Überprüfung von Geschäftsverteilungsregelungen kommt auch deren unmittelbare Überprüfung im Rahmen einer **Anfechtung** in Betracht. Zur unmittelbaren Rüge sind die **betroffenen Richter** befugt (Kissel/Mayer GVG § 21e Rn 121). Das gilt auch für ehrenamtliche Richter (VGH Kassel ESVGH 32, 303). Die **Beteiligten** des Prozesses können die Geschäftsverteilungsregelung allerdings nicht unmittelbar anfechten (BayVerfGH NJW 1986, 1673).

41   Umstritten ist, in welchem Verfahren Rechtsschutz erlangt werden kann. Die statthafte Klageart richtet sich nach der Rechtsnatur der **Geschäftsverteilungsregelungen im Verhältnis zu den betroffenen Richtern**. Die hM sieht in dem Geschäftsverteilungsplan einen multifunktionalen gerichtlichen Selbstverwaltungsakt „sui generis" zur Bestimmung des gesetzlichen Richters (vgl statt vieler Kissel/Mayer GVG § 21e Rn 105; Eyermann/ Geiger VwGO § 4 Rn 31; aA VG Schleswig NVwZ-RR 1992, 111, 112; Gloria NJW 1989, 445, 446; Sodan/Ziekow/Kronisch VwGO § 4 Rn 115 ff). Demzufolge wird mangels Qualifizierung des Geschäftsverteilungsplans als Verwaltungsakt die Feststellungsklage als statthafte Klageart angesehen (BVerwGE 50, 11, 18; B/F-K/K/v A/Funke-Kaiser VwGO § 4 Rn 42). Die hM verdient Zustimmung. Es ist bereits fraglich, ob der Geschäftsverteilungsplan von einer Behörde (im funktionellen Sinne) erlassen wird (verneinend VGH Kassel DRiZ 1984, 62, 63; Eyermann/Geiger VwGO § 4 Rn 31; Marquardt, Die Rechtsnatur präsidialer Geschäftsverteilungspläne gem § 21e GVG und der Rechtsschutz des Richters, 1998, 42 ff; bejahend Sodan/Ziekow/Kronisch VwGO § 4 Rn 115). In jedem Fall **fehlt** es an der den Verwaltungsaktsbegriff konstituierenden **Außenwirkung**. Zwar kann die durch Art 97 GG garantierte sachliche Unabhängigkeit des Richters beeinträchtigt und damit seine persönliche Rechtsstellung betroffen sein (vgl BVerwGE 50, 11, 13), wenn sachfremde,

insbes einzelfallbezogene Erwägungen oder Willkür die Geschäftsverteilungsentscheidung bestimmen (Sodan/Ziekow/Kronisch VwGO § 4 Rn 113). Derartige einzelfallbezogene sachwidrige Erwägungen vermögen jedoch nicht, das dem Verwaltungsaktsbegriff immanente Moment der **Finalität** zu begründen, das in § 35 VwVfG durch das Merkmal „gerichtet" zum Ausdruck kommt (zu dieser Voraussetzung des Verwaltungsaktsbegriffs vgl S/B/S/U. Stelkens VwVfG § 35 Rn 147). Geschäftsverteilungspläne sind ihrem objektiven Sinngehalt nach nicht zur Ausgestaltung des sachlichen Unabhängigkeitsstatus der Richter bestimmt. Sie bezwecken daher keine Außenwirkung iSd § 35 VwVfG, mögen sie sich im Einzelfall auch auf die persönliche Rechtsstellung des Richters auswirken. Dementsprechend sind auch **spruchkörperinterne Geschäftsverteilungsregelungen** nicht als Verwaltungsakte zu qualifizieren (aA Sodan/Ziekow/Kronisch VwGO § 4 Rn 116).

Ungeklärt ist, welche **Rechtsnatur Geschäftsverteilungsregelungen im Verhältnis** 42 **zur Allgemeinheit** haben. Der Geschäftsverteilungsplan ist insoweit weder Akt der Rechtsprechung noch Justizverwaltungsakt im Sinne von § 23 EGGVG (BayVerfGH NJW 1978, 1515; Marquardt, Die Rechtsnatur präsidialer Geschäftsverteilungspläne gem § 21e GVG und der Rechtsschutz des Richters 1998, 18, 36). Überwiegend wird davon ausgegangen, dass ein Geschäftsverteilungsplan im Verhältnis zur Allgemeinheit eine Rechtsnorm darstellt (vgl die Nachweise bei BayVerfGH NJW 1986, 1673, 1674 und Marquardt, Die Rechtsnatur präsidialer Geschäftsverteilungspläne gem § 21e GVG und der Rechtsschutz des Richters 1998, 23 Fn 65). Das BVerfG hebt in seiner Entscheidung zur spruchkörperinternen Geschäftsverteilung hervor, dass die richterliche Zuständigkeit „gesetzlich", dh in „Rechtssätzen bestimmt werde" (BVerfGE 95, 322, 328 f).

Der Geschäftsverteilungsplan ist eine abstrakt-generelle Regelung, die als Rechtsnorm zu 43 qualifizieren ist. Im Zeitpunkt des Erlasses ist nicht klar, wer Kläger, Beklagter oder sonstiger Beteiligter eines Prozesses werden wird. Die Eigenschaft als Verfahrensbeteiligter ist ein allgemeines Merkmal, das Personen ein- und ausschließt, da nur die Beteiligten eines bei dem betreffenden Gericht Verwaltungsprozesses betroffen sein können (Sodan/Ziekow/Kronisch VwGO § 4 Rn 126). Auch die Anzahl der Sachverhalte ist unbestimmt, da noch nicht feststeht, wie viele Verfahren bei Gericht anhängig werden. Hinsichtlich der in dem Geschäftsjahr eingehenden Verfahren ist der Geschäftsverteilungsplan Rechtsnorm (Sodan/Ziekow/Kronisch VwGO § 4 Rn 126).

Zweifel an der Einordnung als Rechtsnorm ergeben sich für **„Altverfahren".** Dabei 44 handelt es sich um die Verfahren, die im Zeitpunkt des Erlasses bereits anhängig sind und wegen des Jährlichkeitsprinzips vom Geschäftsverteilungsplan mit erfasst werden. Die Verteilung der „Altverfahren" betrifft zwar konkrete Fälle und Personen; sie erfolgt jedoch nach allgemeinen abstrakten Kriterien und nicht einzelfallbezogen (Sodan/Ziekow/Kronisch VwGO § 4 Rn 130), so dass der Geschäftsverteilungsplan auch insoweit abstrakt-generellen Regelungscharakter besitzt.

VII. Vertretung des Präsidenten (§ 21h GVG)

§ 21h S 1 GVG legt fest, dass der Präsident in seinen durch das GVG bestimmten 45 Geschäften, die nicht durch das Präsidium zu verteilen sind, durch seinen ständigen Vertreter, bei mehreren ständigen Vertretern durch den dienstältesten, bei gleichem Dienstalter durch den Lebensältesten vertreten wird. Ist ein Vertreter nicht bestellt oder ist dieser verhindert, so wird der Präsident nach § 21h S 2 GVG durch den dienstältesten Richter, bei gleichem Dienstalter durch den Lebensältesten vertreten.

C. Abweichungen

S 2 und 3 beziehen sich nur auf das OVG und das BVerwG. S 2 stellt eine spezialgesetzli- 46 che Abweichung vom Jährlichkeitsprinzip nach S 1 iVm § 21e Abs 1 GVG dar. S 3 schließt es aus, Richter, die nicht auf Lebenszeit ernannt sind, zu Mitgliedern eines für Entscheidungen nach § 99 Abs 2 VwGO zuständigen Spruchkörpers zu bestimmen.

§ 5 [Besetzung und Gliederung der Verwaltungsgerichte]

(1) Das Verwaltungsgericht besteht aus dem Präsidenten und aus den Vorsitzenden Richtern und weiteren Richtern in erforderlicher Anzahl.

(2) Bei dem Verwaltungsgericht werden Kammern gebildet.

(3) [1]Die Kammer des Verwaltungsgerichts entscheidet in der Besetzung von drei Richtern und zwei ehrenamtlichen Richtern, soweit nicht ein Einzelrichter entscheidet. [2]Bei Beschlüssen außerhalb der mündlichen Verhandlung und bei Gerichtsbescheiden (§ 84) wirken die ehrenamtlichen Richter nicht mit.

Abs 1 regelt die Besetzung des VG mit Berufsrichtern. Abs 2 legt das Kammerprinzip fest und bestimmt damit, dass bei den VG grundsätzlich in kollegialen Spruchkörpern entschieden wird. Abs 3 normiert, in welcher Zusammensetzung die Kammern die jeweiligen Entscheidungen zu treffen haben.

A. Berufsrichterliche Besetzung der Verwaltungsgerichte (Abs 1)

1   § 5 VwGO regelt nur die Besetzung der VG. Für die OVG und das BVerwG finden sich die entsprechenden Regelungen in §§ 9 und 10 VwGO. Das VG besteht aus seinem Präsidenten, den Vorsitzenden Richtern und weiteren Richtern. Unter Abs 1 werden nur die beamteten Richter erfasst, wie sich aus einem Vergleich zu Abs 3 ergibt. Hierzu gehören
 – Richter auf Lebenszeit (§ 15 Abs 1 VwGO),
 – Richter im Nebenamt (§ 16 VwGO),
 – Richter auf Probe oder Richter kraft Auftrags (§ 17 VwGO),
    nicht aber ehrenamtliche Richter (§§ 19 ff VwGO).

2   Der **Präsident** repräsentiert die Verwaltung des Gerichts. Ihm kommt daher eine Doppelstellung zu: Er ist Richter und zugleich Organ der Justizverwaltung (Sodan/Ziekow/Kronisch VwGO § 5 Rn 6). Der Präsident wird von einem **Vizepräsidenten** vertreten, auch wenn dieser in § 5 Abs 1 nicht genannt wird (Sodan/Ziekow/Kronisch VwGO § 5 Rn 6). **Vorsitzende Richter** sind die Richter, die den Vorsitz über eine Kammer ausüben, **weitere Richter** sind die beisitzenden Richter. Aus dieser Unterscheidung folgt bereits, dass die Aufgabe der Rechtsprechung an den VG grundsätzlich in Kollegialspruchkörpern wahrgenommen wird (Sodan/Ziekow/Kronisch VwGO § 5 Rn 4).

3   Das VG muss mit Richtern **in erforderlicher Anzahl** besetzt sein. Hieraus folgt für die Länder die Verpflichtung, die Anzahl von Planstellen zu schaffen und auch zu besetzen, die erforderlich ist, um dem aus Art 19 Abs 4 GG und Art 6 Abs 1 EMRK abzuleitendem Gebot der Herstellung und Sicherung ausreichender Kapazitäten der Gerichte und der Vermeidung einer Überlastung gerecht zu werden (BVerfGE 36, 264, 275; EGMR NJW 1997, 2809, 2810; Kopp/Schenke VwGO § 5 Rn 1). Sofern Richterstellen längere Zeit unbesetzt sind, kann dies dazu führen, dass die Kammern nicht ordnungsgemäß im Sinne von § 138 Nr 1 VwGO besetzt sind (BGH NJW 1985, 2337; NJW 1986, 1349; Kopp/Schenke VwGO § 5 Rn 1).

B. Das Kammerprinzip (Abs 2)

4   Das **Kollegialspruchkörperprinzip** folgt bereits aus Abs 1 (vgl Rn 2). Abs 2 ordnet die Bildung von Kammern an und legt damit die Bezeichnung der Spruchkörper an den VG fest. Damit wird der einheitliche Sprachgebrauch aller Prozessordnungen gewahrt, wenn man von der FGO absieht, in welcher die Spruchkörper der Eingangsgerichte als Senate bezeichnet werden (§ 5 Abs 2 FGO). Das Kammerprinzip wird nach wie vor als das geeignete Modell in der Verwaltungsgerichtsbarkeit angesehen. Die Vorteile liegen in der Ermöglichung einer ausgeglichenen, abgewogenen und stetigen Rechtsprechung, welche sowohl beim Bürger als auch in der Verwaltung eine höhere Akzeptanz als die Entscheidung durch Einzelrichter erzielt (vgl ausführlich S/S/B/Stelkens/Panzer VwGO § 5 Rn 21 mwN).

5   Abs 2 lässt offen, wer für die Bildung der Kammern **zuständig** ist. Diese Aufgabe nimmt in erster Linie die staatliche Gerichtsverwaltung wahr (Kopp/Schenke VwGO § 5 Rn 4).

Daher sind landesgesetzliche Regelungen über die Zuständigkeit bei der Kammerbildung zulässig. Nur wenn solche gesetzliche Bestimmungen fehlen, fällt die Aufgabe in entsprechender Anwendung von §§ 4, 21e GVG dem Präsidium des Gerichts zu (Kopp/Schenke VwGO § 5 Rn 4). In diesem Fall ist das Präsidium bei der Bestimmung der Zahl der Kammern aber an die haushaltsgesetzlichen Vorgaben gebunden (Eyermann/Geiger VwGO § 5 Rn 3). Das bedeutet, dass nur so viele Kammern gebildet werden dürfen, wie Richterstellen für die notwendige Besetzung ausgewiesen sind. Grundsätzlich bildet somit die Anzahl der Vorsitzenden Richter die Grenze für die mögliche Anzahl der zu bildenden Kammern. Es ist aber auch zulässig, dass ein Vorsitzender Richter den Vorsitz über mehr als eine Kammer übernimmt. Dies bietet sich insbes bei speziellen Fachkammern an, die nur eine begrenzte Anzahl von Verfahren zu bearbeiten haben (vgl Eyermann/Geiger VwGO § 5 Rn 3). Die Bestimmung der konkreten Besetzung und des sachlichen Aufgabenbereiches der einzelnen Kammern ist in jedem Fall eine Aufgabe der gerichtlichen Selbstverwaltung nach §§ 4, 21e GVG und steht daher dem Präsidium zu (Kopp/Schenke VwGO § 5 Rn 5).

C. Besetzung der Kammern bei Entscheidungen

In Abs 3 ist die Besetzung der Kammern bei den jeweiligen Entscheidungen des Gerichts **6** geregelt. **Grundsätzlich** ergehen die Entscheidungen gem Abs 3 S 1 Hs 1 in der Besetzung von drei Berufs- und zwei ehrenamtlichen Richtern. Befinden sich unter den Berufsrichtern Richter auf Probe, Richter kraft Auftrags oder abgeordnete Richter, so muss § 29 S 1 DRiG beachtet werden, wonach maximal ein solcher Richter an der Entscheidung mitwirken darf. Aus einem Vergleich zu Abs 1 und der in Abs 3 fehlenden Differenzierung zwischen dem Vorsitzendem Richter und den weiteren Richtern ergibt sich, dass die Mitwirkung des Vorsitzenden Richters der Kammer keine zwingende Voraussetzung ist (Sodan/Ziekow/Kronisch VwGO § 5 Rn 17), was insbes bei überbesetzten Kammern relevant ist.

Abs 3 S 1 Hs 2 enthält eine **Einschränkung** dieser Standardbesetzung für die Fälle der **7** Einzelrichterentscheidung. Hierzu zählen die Fälle, in denen die Entscheidung auf den Einzelrichter übertragen (zB §§ 6, 76 Abs 1 AsylVfG) oder ihm per (Spezial-)Gesetz (zB § 76 Abs 4 AsylVfG) zugewiesen wird. Daneben normiert die VwGO weitere Ausnahmen vom Kollegialprinzip. Zu nennen sind hier die Alleinzuständigkeit des Vorsitzenden bzw des Berichterstatters in § 87a VwGO und die ausschließliche Zuständigkeit des Vorsitzenden Richters in den dringenden Fällen des § 80 Abs 8 VwGO und des § 123 Abs 2 S 3 VwGO sowie in den Fällen der Vollstreckung nach § 169 Abs 1 S 2 VwGO. In diesen Fällen hat Abs 3 S 1 Hs 2 lediglich klarstellenden Charakter (Sodan/Ziekow/Kronisch VwGO § 5 Rn 21).

Abs 3 S 2 bestimmt, in welchen Fällen des Abs 3 S 1 Hs 1 die **ehrenamtlichen Richter** **8** nicht mitwirken. Bei Beschlüssen außerhalb der mündlichen Verhandlung und bei Gerichtsbescheiden nach § 84 VwGO wirken nur die drei Berufsrichter mit. Das bedeutet, dass die ehrenamtlichen Richter (unabhängig von der Durchführung einer mündlichen Verhandlung) an jedem Urteilsverfahren und an jedem Beschluss, der in oder aufgrund einer mündlichen Verhandlung ergeht, mitwirken. Bei Vorlagebeschlüssen nach Art 100 Abs 1 GG oder Art 267 AEUV müssen die ehrenamtlichen Richter auch dann mitwirken, wenn diese ohne mündliche Verhandlung ergehen (BVerfG NVwZ 2005, 801).

Liegt ein **Verstoß** gegen die Besetzungsregeln vor, so ist das VG nicht vorschriftsmäßig **9** besetzt, was einen wesentlichen Verfahrensmangel iSd § 138 Nr 1 und einen Wiederaufnahmegrund nach § 153 VwGO iVm § 579 Nr 1 ZPO darstellt. Ist die vorschriftswidrige Besetzung zudem willkürlich erfolgt, ist das Recht auf den gesetzlichen Richter aus Art 101 Abs 1 S 2 GG verletzt (S/S/B/Stelkens/Panzer VwGO § 5 Rn 30).

§ 6 [Übertragung auf Einzelrichter, Rückübertragung auf die Kammer]

(1) [1]**Die Kammer soll in der Regel den Rechtsstreit einem ihrer Mitglieder als Einzelrichter zur Entscheidung übertragen, wenn**

1. die Sache keine besonderen Schwierigkeiten tatsächlicher oder rechtlicher Art aufweist und

2. die Rechtssache keine grundsätzliche Bedeutung hat.

[2] Ein Richter auf Probe darf im ersten Jahr nach seiner Ernennung nicht Einzelrichter sein.

(2) Der Rechtsstreit darf dem Einzelrichter nicht übertragen werden, wenn bereits vor der Kammer mündlich verhandelt worden ist, es sei denn, daß inzwischen ein Vorbehalts-, Teil- oder Zwischenurteil ergangen ist.

(3) [1] Der Einzelrichter kann nach Anhörung der Beteiligten den Rechtsstreit auf die Kammer zurückübertragen, wenn sich aus einer wesentlichen Änderung der Prozeßlage ergibt, daß die Rechtssache grundsätzliche Bedeutung hat oder die Sache besondere Schwierigkeiten tatsächlicher oder rechtlicher Art aufweist. [2] Eine erneute Übertragung auf den Einzelrichter ist ausgeschlossen.

(4) [1] Beschlüsse nach den Absätzen 1 und 3 sind unanfechtbar. [2] Auf eine unterlassene Übertragung kann ein Rechtsbehelf nicht gestützt werden.

Durch § 6 VwGO werden die Kammern der Verwaltungsgerichte ermächtigt, rechtlich und tatsächlich einfach gelagerte Fälle zur Entscheidung auf den Einzelrichter zu übertragen. Der Einzelrichter wird nach der Übertragung selbstständig anstelle der Kammer tätig. Sollte sich nach der Übertragung herausstellen, dass die Rechtssache doch besondere Schwierigkeiten aufweist oder ihr grundsätzliche Bedeutung zukommt, sieht Abs 3 die Möglichkeit der Rückübertragung auf die Kammer vor. Weder der Übertragungs- noch der Rückübertragungsbeschluss können angefochten werden.

Übersicht

A. Allgemeines

I. Bedeutung der Vorschrift

1   Die Vorschrift wurde am 1.3.1993 mit dem Inkrafttreten des Rechtspflegeentlastungsgesetzes (Art 9 RPflEntlG, BGBl I 50) in die VwGO eingefügt. Der Kammer wird die Möglichkeit eingeräumt, einen bei ihr anhängigen Rechtsstreit durch Beschluss auf ein Mitglied der Kammer zur Entscheidung als Einzelrichter zu übertragen. Dies gilt jedoch nur für rechtlich und tatsächlich einfach gelagerte Fälle (vgl Rn 22 ff) in Rechtssachen ohne grundsätzliche Bedeutung (vgl Rn 28 ff). Liegen diese beiden Voraussetzungen vor, „soll" die Kammer die Entscheidung „in der Regel" auf den Einzelrichter übertragen. Hieraus lässt sich ein intendiertes Ermessen ableiten (vgl Rn 33 ff).

2   Die Aufnahme dieser Regelung in die VwGO führt nicht dazu, dass der Einzelrichter zum Eingangsgericht der Verwaltungsgerichtsbarkeit wird. Im Grundsatz wird nach wie vor am **Kammerprinzip** festgehalten. Das bedeutet, dass der Rechtsstreit bei der Kammer anhängig wird und erst durch Beschluss der Kammer auf den Einzelrichter übertragen werden kann (Eyermann/Geiger VwGO § 6 Rn 2). Der Einzelrichter kann demnach nur tätig werden, wenn die Kammer für den sachlichen Aufgabenbereich zuständig ist. Wenn er infolge der Übertragung tätig wird, handelt er selbstständig anstelle der Kammer (Kopp/Schenke VwGO § 6 Rn 1). Eine inhaltliche Beeinflussung seiner Entscheidung durch den

Vorsitzenden der Kammer ist nach der Übertragung nicht mehr zulässig (vgl BVerfG NJW 1996, 2149, 2151).

Als **Zweck der Vorschrift** lassen sich der Gesetzesbegründung zum einen die Entlastung 3 der Gerichte und die Beschleunigung der Verfahren (BT-Drs 12/1217, 54) und zum anderen die Ermöglichung der Freistellung von Richtern für den Aufbau der Verwaltungsgerichtsbarkeit in den neuen Bundesländern (BT-Drs 12/1217, 17) entnehmen, wobei der letztgenannte Grund seine Bedeutung mittlerweile verloren hat.

II. Systematik und Anwendungsbereich

Unter einem **Einzelrichter** iSd VwGO ist das Mitglied eines Spruchkörpers zu ver- 4 stehen, welches kraft Gesetzes oder durch Beschluss dazu bestimmt ist, anstelle des Spruchkörpers eine die Instanz abschließende Entscheidung zu treffen (Eyermann/Geiger VwGO § 6 Rn 1). Der Begriff muss vom **beauftragten** oder **ersuchten Richter** nach § 96 Abs 2 VwGO unterschieden werden. Beiden ist gemein, dass sie lediglich einzelne Beweise erheben und keine Entscheidung über den Rechtsstreit treffen. Auch die Befugnisse des Vorsitzenden bzw des Berichterstatters nach § 87 VwGO erstrecken sich nur auf einzelne vorbereitende Maßnahmen.

§ 6 VwGO enthält die **allgemeine Ermächtigung** der Kammer, einen Rechtsstreit 5 durch Beschluss auf eines seiner Mitglieder zur Entscheidung als Einzelrichter zu übertragen (Kopp/Schenke VwGO § 6 Rn 1). Vergleichbare Bestimmungen finden sich in §§ 348, 348a ZPO und § 6 FGO. § 76 AsylVfG beinhaltet eine spezialgesetzliche Befugnis zur Entscheidung durch den Einzelrichter in Asylverfahren.

Die ebenfalls zum Zwecke der Verfahrensbeschleunigung erlassene Regelung des § 84 6 **VwGO**, welche vergleichbare Voraussetzungen enthält, steht in Gesetzeskonkurrenz zu § 6 VwGO. Die Kammer hat ein Wahlrecht, ob sie durch Gerichtsbescheid ohne mündliche Verhandlung entscheidet oder die Entscheidung auf den Einzelrichter überträgt. Eine Kombinationsbefugnis steht der Kammer dagegen nicht zu, da dies zu einer Doppelreduzierung der Kontrollmechanismen führen würde (kritisch: B/F-K/K/v A/Funke-Kaiser VwGO § 6 Rn 5; aA Sodan/Ziekow/Kronisch VwGO § 6 Rn 89). Ist ein Rechtsstreit nach § 6 übertragen worden, gehen auch die Befugnisse nach **§ 87a Abs 1 VwGO** auf ihn über. Er entscheidet dann nicht als Berichterstatter, sondern als Einzelrichter (Sodan/Ziekow/Kronisch VwGO § 6 Rn 72). Für **§ 87a Abs 2 und 3 VwGO** bleibt nach der Übertragung kein Raum. Auch **§ 80 Abs 8 VwGO und § 123 Abs 2 S 2 VwGO iVm § 80 Abs 8 VwGO**, wonach der Vorsitzende in dringenden Fällen des einstweiligen Rechtsschutzes alleine entscheiden kann, greifen nach der Übertragung auf den Einzelrichter nicht mehr ein.

§ 6 VwGO betrifft nur **Rechtsstreitigkeiten vor dem VG**, nicht aber solche vor dem 7 OVG oder BVerwG. Dies folgt bereits daraus, dass „die Kammer" zur Übertragung ermächtigt wird. Als Kammern werden lediglich die Spruchkörper an den VG bezeichnet (vgl § 5 Abs 2 VwGO). Dies gilt auch, wenn das OVG oder das BVerwG in erster Instanz tätig werden.

Der Anwendungsbereich von § 6 VwGO ist nicht auf **Urteilsverfahren** beschränkt, 8 sondern umfasst auch die **Beschlussverfahren** (Kopp/Schenke VwGO § 6 Rn 2 mwN). Hierzu zählen zB Verweisungen an das zuständige Gericht gem §§ 173, 83 VwGO iVm § 17a Abs 2 GVG, Einstellungsbeschlüsse nach § 92 Abs 2 GG oder Kostenbeschlüsse nach § 161 Abs 2 VwGO. § 6 VwGO ist ebenso beim **verwaltungsgerichtlichen Vollstreckungsverfahren** anwendbar, es sei denn, es liegt ein Fall des § 169 VwGO vor, in dem der Vorsitzende Richter die Funktion des Vollstreckungsgerichts wahrnimmt (OVG Jena NVwZ-RR 1995, 480; S/S/B/Stelkens/Clausing VwGO § 6 Rn 19). Da das Erkenntnisverfahren gegenüber dem Vollstreckungsverfahren ein selbstständiges Verfahren darstellt, wirkt eine dort vorgenommene Einzelrichterübertragung nicht auf die Vollstreckung weiter (OVG Münster NVwZ-RR 1994, 619, 620; S/S/B/Stelkens/Clausing VwGO § 6 Rn 56; aA Eyermann/Geiger VwGO § 6 Rn 7; B/F-K/K/v A/Funke-Kaiser VwGO § 6 Rn 4).

Umfasst sind des Weiteren die Verfahren des **einstweiligen Rechtsschutzes** nach § 80 9 Abs 5 VwGO, § 80a Abs 3 VwGO und § 123 VwGO. Wird zuerst ein Eilantrag gestellt und das Eilverfahren gem § 6 VwGO auf den Einzelrichter übertragen, so ist das (spätere) Hauptsacheverfahren gleichwohl bei der Kammer anhängig. Das führt zu der Konsequenz, dass das Hauptsacheverfahren in Kammerbesetzung und das Eilverfahren durch Einzelrichter entschieden werden kann. Daher wird teilweise eine Übertragung auf den Einzelrichter vor Anhängigkeit der Hauptsache als unzulässig angesehen (Redeker/v Oertzen/Redeker VwGO § 6 Rn 11). Dem ist nicht zuzustimmen. In der VwGO lässt sich keine Vorschrift finden, nach welcher Hauptsache- und Eilverfahren zwingend in derselben Besetzung entschieden werden müssen (Eyermann/Geiger VwGO § 6 Rn 6). Zudem ist der Begriff „Gericht der Hauptsache" in den §§ 80 Abs 5 S 1 VwGO und 123 Abs 2 S 1 VwGO richtigerweise im Sinne der sachlichen, örtlichen und instanziellen Zuständigkeit zu verstehen (vgl Eyermann/Geiger VwGO § 6 Rn 6 und Sodan/Ziekow/Kronisch VwGO § 6 Rn 16). Die Besetzung ist hiervon nicht erfasst. Gericht der Hauptsache bleibt trotz Einzelrichterübertragung des Eilverfahrens die nach dem Geschäftsverteilungsplan zuständige Kammer. Es bedarf eines Beschlusses, wenn auch das Hauptsacheverfahren auf den Einzelrichter übertragen werden soll. Dies gilt ebenfalls in der umgekehrten Konstellation, wenn der Antrag auf einstweiligen Rechtschutz erst nach einer Übertragung des Hauptsacheverfahrens auf den Einzelrichter gestellt wird. Das Verfahren geht in diesem Fall nicht unmittelbar auf den Einzelrichter über (Sodan/Ziekow/Kronisch VwGO § 6 Rn 16; aA S/S/B/Stelkens/Clausing VwGO § 6 Rn 17).

III. Verfassungsrechtliche und praktische Bedenken

10   Die Vorschrift des § 6 VwGO wird teilweise als **verfassungsrechtlich bedenklich** angesehen (vgl Kopp/Schenke VwGO § 6 Rn 1 und S/S/B/Stelkens/Clausing VwGO § 6 Rn 14 jeweils mwN). Eine Verletzung der Gewährleistung des gesetzlichen Richters aus Art 101 Abs 1 S 2 GG liegt nicht vor, da das Gesetz mit hinreichender Genauigkeit bestimmt, unter welchen Voraussetzungen eine Übertragung auf den Einzelrichter erfolgen kann (Eyermann/Geiger VwGO § 6 Rn 3). Auch der Einsatz von Richtern auf Probe als Einzelrichter ist im Hinblick auf Art 97 Abs 2 GG und Art 6 EMRK zulässig. Es ist verfassungsrechtlich nicht erforderlich, dass nur Richter auf Lebenszeit entscheiden dürfen (Eyermann/Geiger VwGO § 6 Rn 3). Zudem sichert § 6 Abs 1 S 2 VwGO ab, dass nur Richter auf Probe als Einzelrichter eingesetzt werden dürfen, welche mindestens über eine einjährige richterliche Erfahrung verfügen (vgl auch BVerfG NJW 1984, 559; BFH NVwZ 1998, 661).

11   Seit ihrer Einführung begegnet die Norm erheblichen **praktischen Bedenken**, welche insbes darauf beruhen, dass der Vorteil der Freisetzung von Ressourcen durch Billigung der Gefahr einer Qualitätsbeeinträchtigung der Entscheidungen erkauft wird (vgl Eyermann/Geiger VwGO § 6 Rn 2; Kopp/Schenke VwGO § 6 Rn 1 und S/S/B/Stelkens/Clausing VwGO § 6 Rn 11 f, 82 jeweils mwN).

B. Zuständigkeit und Verfahren (Abs 1)

12   § 6 Abs 1 VwGO bestimmt, dass die **Kammer** für die Übertragungsentscheidung **zuständig** ist. Würde für diese Entscheidung eine Vorsitzenden- oder Berichterstatterkompetenz eingeräumt, stünde dies im Widerspruch zu dem aus § 5 VwGO folgenden Spruchkörperprinzip, wonach die Aufgabe der Rechtsprechung an den VG grundsätzlich in Kammern wahrgenommen wird (vgl § 5 VwGO Rn 2 und 4). Wenn sich aus dem Geschäftsverteilungsplan die Zuständigkeit der Kammer ergibt, folgt hieraus zwingend, dass nur die Kammer selbst ihre Kompetenz auf einen Einzelrichter übertragen kann (Sodan/Ziekow/Kronisch VwGO § 6 Rn 11). Erfolgt die Übertragung dagegen unzulässigerweise durch den Vorsitzenden oder Berichterstatter, kann dies mit einem Rechtsmittel gegen die abschließende Hauptsacheentscheidung angegriffen werden (vgl Rn 48). An dem Kammerbeschluss wirkt auch das Mitglied der Kammer mit, auf welches der Rechtsstreit zur Entscheidung als Einzelrichter übertragen werden soll (Kopp/Schenke VwGO § 6 Rn 17).

13   Ein Verstoß gegen das **Recht auf den gesetzlichen Richter** aus Art 101 Abs 1 S 2 GG liegt durch die Einzelrichterübertragung nicht vor, wenn sichergestellt ist, dass die einzelne Sache „blindlings" aufgrund allgemeiner, vorab festgelegter Merkmale an den entscheidenden Richter gelangt (BVerfGE 95, 322, 329). Die kammerinterne Verteilung muss daher

vorab aufgrund eines Verteilungsschlüssels bestimmt sein, der sich nach allgemeinen, abstrakten Kriterien richtet (Eyermann/Geiger VwGO § 6 Rn 5). Praktisch sinnvoll ist die Übertragung auf den in den Rechtsstreit bereits eingearbeiteten Berichterstatter. Hierbei muss sich bereits aus dem Mitwirkungsplan ergeben, welcher der Kammer angehörenden Richter für die anhängig werdende Sache als Berichterstatter bestimmt wird (vgl BVerfGE 95, 322, 330 f).

Abs 1 S 2 bestimmt, dass eine Übertragung nicht auf einen **Richter auf Probe** erfolgen **14** darf, sofern dieser sich noch im ersten Jahr nach seiner Ernennung befindet. Hierdurch soll sichergestellt werden, dass nur ein Richter mit hinreichender richterlicher Erfahrung die besonders verantwortungsvolle Tätigkeit des Einzelrichters ausübt (BVerfG NJW 1984, 559). Ändert sich der gerichtliche Geschäftsverteilungsplan dahingehend, dass eine auf einen Einzelrichter übertragene Rechtssache nunmehr in den Zuständigkeitsbereich eines Richters auf Probe im ersten Jahr fällt, liegt ein Fall der rechtlichen Verhinderung vor. An die Stelle des Proberichters tritt das Mitglied der Kammer, das nach dem kammerinternen Geschäftsverteilungsplan für die Vertretung im Fall der Verhinderung zuständig ist (VGH Kassel NVwZ-RR 1993, 332, 333; Sodan/Ziekow/Kronisch VwGO § 6 Rn 60; aA Eyermann/Geiger VwGO § 6 Rn 14, wonach die Übertragung in diesem Fall gegenstandslos würde).

Fraglich ist, ob die Beteiligten vor einer Übertragung der Sache auf den Einzelrichter **15** anzuhören sind. Für den Fall der Rückübertragung ordnet Abs 3 S 1 eine **Anhörung** explizit an. Aus dem Fehlen einer solchen Anordnung für den Fall der Übertragung in Abs 1 könnte man schlussfolgern, dass eine Anhörung hier entbehrlich sei (so zur parallelen Vorschrift des § 6 FGO Krävenheim, NJW 1993, 1372, 1373 mwN). Eine derartige Sichtweise wird aber der Bedeutung der Maßnahme im Hinblick auf das verfassungsmäßige Recht auf den gesetzlichen Richter (Art 101 Abs 1 GG) und dem Grundsatz des rechtlichen Gehörs (Art 103 Abs 1 GG) nicht gerecht (BVerwGE 110, 40, 45). Daher ist eine Anhörung vor der Entscheidung geboten (Kopp/Schenke VwGO § 6 Rn 19).

Unterbleibt die Anhörung, kann sie bis zur Entscheidung in der Sache nachgeholt und **16** der Gehörsverstoß dadurch geheilt werden (BVerwGE 110, 40, 45). **Heilung** tritt ebenfalls ein, wenn die Beteiligten durch rügelose Einlassung (§ 173 iVm § 295 ZPO) zu verstehen geben, dass sie gegen die erfolgte Übertragung keine Bedenken haben (BVerwG 110, 40, 45). Fraglich ist, ob die Anhörung nach der Übertragung auch vor dem Einzelrichter nachgeholt werden kann (so BVerwG 110, 40, 45 mit der Einschränkung, dass der Einzelrichter nach der Anhörung das Vorliegen der Voraussetzungen des § 6 Abs 1 S 1 erneut zu prüfen hat; Eyermann/Geiger VwGO § 6 Rn 12) oder ob sie zwingend von der für den Übertragungsbeschluss zuständigen Kammer durchgeführt werden muss (Kopp/Schenke VwGO § 6 Rn 19). Ergibt sich aus der nachgeholten Anhörung, dass die Rechtssache entgegen der ursprünglichen Annahme der Kammer doch grundsätzliche Bedeutung hat oder besondere Schwierigkeiten aufweist, so bietet Abs 3 S 1 auch dann die Möglichkeit der Rückübertragung, wenn sich eine objektive Veränderung der Sach- oder Rechtslage nicht ergeben hat (BVerwG 110, 40, 45).

Die Übertragung erfolgt durch **Kammerbeschluss**. Es muss nur die Tatsache der Über- **17** tragung genannt werden. Für den Namen des Richters ist es ausreichend, wenn sich dieser aus dem Geschäftsverteilungsplan ergibt (Redeker/v Oertzen/Redeker VwGO § 6 Rn 7). Da der Beschluss gem Abs 4 S 1 unanfechtbar ist (vgl Rn 46 ff), ergibt sich aus § 122 Abs 2 VwGO, dass es keiner **Begründung** bedarf. Eine Begründungspflicht stünde zudem im Widerspruch zu der mit § 6 Abs 1 VwGO bezweckten Verfahrensbeschleunigung, da dann die im Vorstadium aufgeworfenen Rechtsfragen und die gebotene Sachverhaltswürdigung bereits mehr oder weniger ausführlich dargelegt werden müssten (BVerwG NVwZ-RR 2002, 150, 151). Eine Begründung ist daher selbst dann nicht erforderlich, wenn sich die Betroffenen ausdrücklich gegen die Übertragung gewandt haben (BVerwG NVwZ-RR 2002, 150, 151; Eyermann/Geiger VwGO § 6 Rn 10 fordert dagegen aus prozessualer Fürsorge in diesem Fall eine knappe Begründung).

Die Übertragung wird mit der **Bekanntgabe** wirksam (BVerwG NVwZ-RR 2002, 150, **18** 151; B/F-K/K/v A/Funke-Kaiser VwGO § 6 Rn 12; aA OVG Saarlouis NVwZ 1998, 645 und Sodan/Ziekow/Kronisch VwGO § 6 Rn 83: Übergabe auf die Geschäftsstelle; VGH Mannheim ESVGH 44, 81, 82 und S/S/B/Stelkens/Clausing VwGO § 6 Rn 46: Aufgabe zur Post). Eine förmliche Zustellung ist nicht erforderlich (BVerwG NVwZ-RR 2002, 150,

151). Der Mangel einer fehlenden Bekanntgabe kann durch **Nachholung** geheilt werden (Eyermann/Geiger VwGO § 6 Rn 10).

19   Eine wirksame Übertragung kann nicht unter einem Vorbehalt oder einer Bedingung oder unter einer Befristung erfolgen (Sodan/Ziekow/Kronisch VwGO § 6 Rn 79). Fehlt ein Übertragungsbeschluss, zB weil der Einzelrichter unter irriger Annahme des Vorliegens eines solchen Beschlusses in der Sache entschieden hat, führt dies zu einer fehlerhaften Besetzung des Gerichtes (OVG Frankfurt/Oder NVwZ-RR 2001, 202).

C. Voraussetzungen für eine Übertragung (Abs 1 S 1 Nr 1 und Nr 2)

20   Eine Übertragung ist nur zulässig, wenn die Sache weder besondere Schwierigkeiten tatsächlicher oder rechtlicher Art aufweist (Abs 1 S 1 Nr 1) noch der Rechtssache grundsätzliche Bedeutung zukommt (Abs 1 S 1 Nr 1). Dass in Nr 1 von „Sache" und in Nr 2 von „Rechtssache" gesprochen wird, begründet keinen rechtserheblichen Unterschied (Sodan/Ziekow/Kronisch VwGO § 6 Rn 22). Da die Zuständigkeit für den Übertragungsbeschluss bei der Kammer liegt, obliegt die Prüfung dieser **kumulativ** vorzuliegenden Voraussetzungen ihr und nicht dem Einzelrichter (Eyermann/Geiger VwGO § 6 Rn 15). Der Kammer steht hierbei ein weitgehender Beurteilungsspielraum zu (BVerwG NVwZ-RR 2000, 257, 258), dessen Bedeutung sich allerdings aufgrund der Unanfechtbarkeit des Übertragungs- oder Rückübertragungsbeschlusses (vgl Rn 46 ff) in Grenzen hält (Kopp/Schenke VwGO § 6 Rn 5).

21   Der Begriff der besonderen Schwierigkeiten wird auch in **§ 84 Abs 1 VwGO** und **§ 124 Abs 2 Nr 2 VwGO** verwendet, der Begriff der grundsätzlichen Bedeutung in **§ 11 Abs 4, § 12 Abs 1 S 1 VwGO iVm § 11 Abs 4, § 124 Abs 2 Nr 3 VwGO** und **§ 132 Abs 2 Nr 1 VwGO**. Beide Begriffe finden sich zudem in **§ 76 AsylVfG** und im Zivilgerichtsverfahren (vgl **§§ 348, 348a ZPO**). Sofern bei der Bestimmung der Begriffe auf die Rechtsprechung und Literatur zu diesen Vorschriften zurückgegriffen wird (BT-Drs 12/1217 S 54), gilt es, den jeweiligen Funktionszusammenhang der Normen im Auge zu behalten (Kopp/Schenke VwGO § 6 Rn 9). Zudem muss beachtet werden, dass sich der Begriff der grundsätzlichen Bedeutung in §§ 11, 12 und 132 Abs 2 Nr 1 VwGO nur auf Rechts- nicht aber auch auf tatsächliche Fragen bezieht.

I. Keine besonderen Schwierigkeiten tatsächlicher oder rechtlicher Art (Abs 1 S 1 Nr 1)

22   Zunächst darf die Streitigkeit weder in tatsächlicher noch in rechtlicher Hinsicht besondere Schwierigkeiten aufweisen. Die **Bestimmung des Begriffes der besonderen Schwierigkeiten** ist noch nicht vollständig geklärt und wird in der Literatur uneinheitlich vorgenommen (vgl ausführlich zum Streitstand Sodan/Ziekow/Kronisch VwGO § 6 Rn 23 ff). Zum Teil wird die Abgrenzung nach dem **durchschnittlichen Schwierigkeitsgrad** vorgenommen, wobei die Fälle, welche einen erheblich höheren Schwierigkeitsgrad als die sonst bei der Kammer anhängigen Sachen aufweisen, nicht auf den Einzelrichter übertragbar seien (Eyermann/Geiger VwGO § 6 Rn 16). Einer anderen Auffassung zu Folge gehörten auch die durchschnittlichen Fälle nicht in die Zuständigkeit des Einzelrichters. Übertragbar seien nur die qualitativ einfachen Fälle, deren Schwierigkeitsgrad unterhalb des Durchschnitts liege (B/F-K/K/v A/Funke-Kaiser VwGO § 6 Rn 6). Die Abgrenzung nach dem durchschnittlichen Schwierigkeitsgrad wirft schon erhebliche Probleme bei der Bestimmung des Maßstabes auf (vgl Sodan/Ziekow/Kronisch VwGO § 6 Rn 25). Zudem würde hierdurch die Entscheidung des Gesetzgebers, grundsätzlich am Kammersystem festzuhalten (vgl § 5 VwGO Rn 2), torpediert, da in den meisten Fällen von der Einzelrichterübertragung Gebrauch gemacht werden müsste (vgl Eyermann/Geiger VwGO § 6 Rn 18 mit gleicher Intention im Hinblick auf die Ermessensausübung). Die Zuständigkeit des Einzelrichters bestimmt sich nicht nach dem gedachten „Normalfall" (B/F-K/K/v A/Funke-Kaiser VwGO § 6 Rn 6).

23   Richtigerweise ist daher bei der Bestimmung des Begriffes der besonderen Schwierigkeit nicht auf den Durchschnitt aller Fälle, sondern auf den **konkreten Einzelfall** abzustellen (B/F-K/K/v A/Funke-Kaiser VwGO § 6 Rn 6). Nur wenn in Abweichung zum Regelfall der

Kammerentscheidung eine kollegiale Erfüllung der Rechtsprechungsaufgabe nicht erforderlich ist, kann der Rechtsstreit auf den Einzelrichter übertragen werden. Das Kammerverfahren darf im konkreten Fall zum Zeitpunkt der Übertragungsentscheidung keine wesentlichen Vorteile gegenüber dem Einzelrichterverfahren erwarten lassen (Schnellenbach DVBl 1993, 230, 232 mwN).

Besondere Schwierigkeiten **tatsächlicher Art** beziehen sich auf den Sachverhalt, diejenigen **rechtlicher Art** auf die Anwendung der für den Fall einschlägigen Rechtsnormen. Einer Übertragung des Falles auf den Einzelrichter stehen **sowohl** tatsächliche **als auch** rechtliche besondere Schwierigkeiten entgegen. Es müssen also nicht kumulativ beide Arten von Schwierigkeiten vorliegen. **24**

Besondere Schwierigkeiten rechtlicher Art sind regelmäßig anzunehmen: **25**
- wenn die Entscheidung schwieriger, bisher in Rechtsprechung oder Literatur kaum erörterter Rechtsfragen ansteht (Kopp/Schenke VwGO § 6 Rn 6);
- wenn eine Kammerrechtsprechung erst gebildet werden muss, es sei denn, dass es sich um gänzlich einfache Fragen handelt (S/S/B/Stelkens/Clausing VwGO § 6 Rn 23);
- wenn sich die Gesetzeslage geändert hat (S/S/B/Stelkens/Clausing VwGO § 6 Rn 23), wobei auch hier die gänzlich einfachen Fälle auszuklammern sind;
- wenn sich die höchstrichterliche Rechtsprechung geändert hat und die Kammer vor der Frage steht, ob sie diese Änderung übernimmt (S/S/B/Stelkens/Clausing VwGO § 6 Rn 23);
- wenn Differenzen in der Rechtsprechung einzelner Kammern bestehen oder gegensätzliche Einzelrichterentscheidungen vorliegen (S/S/B/Stelkens/Clausing VwGO § 6 Rn 23);
- wenn die Kammer beabsichtigt, von der Rechtsprechung anderer Gerichte abzuweichen (S/S/B/Stelkens/Clausing VwGO § 6 Rn 27);
- wenn in größerem Umfang ausländisches Recht zur Anwendung kommt (Eyermann/Geiger VwGO § 6 Rn 16);
- wenn die Vorlage der Streitigkeit an ein Verfassungsgericht oder den EuGH ansteht (Schnellenbach DVBl 1993, 230, 232).

Vom Vorliegen **besonderer Schwierigkeiten tatsächlicher Art** ist grundsätzlich auszugehen: **26**
- wenn ein schwer überschaubarer Sachverhalt vorliegt, was zB aufgrund komplexer wirtschaftlicher, technischer oder wissenschaftlicher Zusammenhänge der Fall sein kann (Kopp/Schenke VwGO § 6 Rn 6);
- wenn der Ausgang des Rechtsstreits ungewöhnlich hohe wirtschaftliche Auswirkungen hat (Eyermann/Geiger VwGO § 6 Rn 16);
- wenn die Beweisaufnahme voraussichtlich zu widersprüchlichen Aussagen oder Gutachten führen wird (Kopp/Schenke VwGO § 6 Rn 6) oder eine komplexe Glaubwürdigkeitsprüfung erwarten lässt (Eyermann/Geiger VwGO § 6 Rn 16);

Keine besonderen Schwierigkeiten liegen dagegen allein deshalb vor, **27**
- weil sich die Streitigkeit als umfangreich gestaltet und einen bloßen Mehraufwand an Arbeit und Zeit erfordert (Redeker/v. Oertzen/Redeker VwGO § 6 Rn 5; einschränkend Eyermann/Geiger VwGO § 6 Rn 16, wonach eine ungewöhnlich umfangreiche Streitigkeit die besondere Schwierigkeit zu begründen vermag);
- weil die Streitigkeit ein entlegenes Rechtsgebiet betrifft (Schnellenbach DVBl 1993, 230, 232 mwN).

II. Keine grundsätzliche Bedeutung der Rechtssache (Abs 1 S 1 Nr 2)

In der Vielzahl der Fälle wird sich bereits aus einer Prüfung der Voraussetzungen der Nr 1 **28** ergeben, ob eine Streitigkeit auf den Einzelrichter überwiesen werden kann. Es gibt aber rechtlich und tatsächlich einfach gelagerte Fälle, deren Entscheidung trotzdem der Kammer vorbehalten bleiben soll. Daher wurde in Nr 2 bestimmt, dass Rechtssachen von grundsätzlicher Bedeutung einer Einzelrichterentscheidung entzogen sind. Die grundsätzliche Bedeutung kann sich hierbei sowohl aus rechtlichen als auch aus tatsächlichen Gründen ergeben (Eyermann/Geiger VwGO § 6 Rn 17).

Gersdorf

29   Der Begriff der Grundsätzlichkeit ist unter Berücksichtigung des Aufgabenbereiches eines erstinstanzlichen Gerichtes **weiter zu verstehen** als im Bereich der Berufungs- oder Revisionszulassung. Liegt ein Fall des § 124 Abs 2 Nr 3 VwGO oder des § 132 Abs 2 Nr 1 VwGO vor, so ist demnach die grundsätzliche Bedeutung im Sinne des § 6 Abs 1 S 1 Nr 2 VwGO zu bejahen (B/F-K/K/v A/Funke-Kaiser VwGO § 6 Rn 7). Daraus folgt des Weiteren, dass auch bei einer Abweichung von der Rechtsprechung eines der in § 124 Abs 2 Nr 4 VwGO genannten Gerichte die grundsätzliche Bedeutung anzunehmen ist (Sodan/Ziekow/Kronisch VwGO § 6 Rn 31).

30   Die **grundsätzliche Bedeutung** einer Rechtssache liegt vor, wenn die Entscheidung über den Einzelfall hinaus wirkt. Die Auswirkungen müssen sich in tatsächlicher, insbes wirtschaftlicher, politischer, gesellschaftlicher oder religiöser Hinsicht auf eine größere Anzahl von Verfahren oder die behördliche Verwaltungspraxis erstrecken (S/S/B/Stelkens/Clausing VwGO § 6 Rn 27). Bei der Bestimmung der **Anzahl** der Verfahren wird vorgeschlagen, auf § 93a VwGO zurückzugreifen, wonach ein Musterverfahren zugelassen wird, wenn die Rechtmäßigkeit einer behördlichen Maßnahme Gegenstand von mehr als zwanzig Verfahren ist. Gleiches solle gelten, wenn durch die Entscheidung mehr als zwanzig Personen betroffen seien (so S/S/B/Stelkens VwGO (21. Ergänzungslieferung, Stand: Juni 2011) § 6 Rn 28 zu § 93a VwGO aF, in welcher noch von einer Anzahl von fünfzig Verfahren ausgegangen wurde; geändert mit Wirkung zum 1.1.1997, BGBl I 1996, 1627). Die Zahl zwanzig mag zwar als Anhaltspunkt gelten, kann aber nicht als starre Grenze verstanden werden, da im Einzelfall ein lokaler Bezug einer Streitfrage schon bei einer geringeren Zahl von Verfahren die grundsätzliche Bedeutung zu begründen vermag (B/F-K/K/v A/Funke-Kaiser VwGO § 6 Rn 7).

31   Zu **bejahen** ist die grundsätzliche Bedeutung stets, wenn eine Vorlage an ein Landes- oder das BVerfG oder den EuGH in Betracht kommt (vgl BVerfG NJW 1999, 274). Eine Streitigkeit kann die Grundsätzlichkeit begründen, wenn von der bisherigen Kammerrechtsprechung abgewichen werden soll (Sodan/Ziekow/Kronisch VwGO § 6 Rn 33), ebenso, wenn von der Rechtsprechung eines anderen VG abgewichen werden soll und es noch keine Entscheidung des übergeordneten OVG gibt (B/F-K/K/v A/Funke-Kaiser VwGO § 6 Rn 7; aA S/S/B/Stelkens/Clausing VwGO § 6 Rn 27). In den genannten Fällen wird jedoch regelmäßig bereits die Voraussetzung der Nr 1 erfüllt sein, so dass es nicht entscheidend auf das Merkmal der grundsätzlichen Bedeutung ankommt.

32   Zu **verneinen** ist die grundsätzliche Bedeutung dagegen, wenn bereits eine Entscheidung des übergeordneten OVG über die Rechts- oder Tatsachenfrage vorliegt. Hierbei ist unerheblich, wenn dabei von der Rechtsprechung anderer OVG abgewichen wird (B/F-K/K/v A/Funke-Kaiser VwGO § 6 Rn 7). Die Grundsätzlichkeit ergibt sich aber nicht alleine aus dem Umstand, dass das übergeordnete OVG noch nicht entschieden hat (Sodan/Ziekow/Kronisch VwGO § 6 Rn 33).

D. Ermessen (Abs 1 S 1)

33   Liegen die negativ formulierten Voraussetzungen des Abs 1 S 1 Nr 1 und Nr 2 nicht vor, so „**soll**" die Kammer „**in der Regel**" den Rechtsstreit auf eines ihrer Mitglieder zur Einzelrichterentscheidung übertragen. Sowohl die Formulierung „soll" als auch „in der Regel" haben für sich genommen den gleichen Bedeutungsgehalt: Für den Regelfall ist eine Bindung vorgesehen, in atypischen Fällen wird die Behörde jedoch ermächtigt, nach pflichtgemäßem Ermessen von der für den Normalfall vorgesehenen Rechtsfolge abzuweichen (S/B/S VwVfG § 40 Rn 26 ff). Hätte der Gesetzgeber die Herbeiführung dieser Wirkung beabsichtigt, so würde die Formulierung eine überflüssige Doppelung darstellen. Teilweise wird vertreten, dass die Regelung grundsätzlich wie eine Mussvorschrift bindet, folglich eine stärkere Bindung als eine bloße „Sollvorschrift" aufweist (Kopp/Schenke VwGO § 6 Rn 10). Richtigerweise ist daraus aber abzuleiten, dass die Regelung zwischen einer „Kann-" und einer „Sollregelung" steht, also eine schwächere Bindung als eine bloße „Sollvorschrift" aufweist (Sodan/Ziekow/Kronisch VwGO § 6 Rn 44).

34   Das bedeutet, dass bei Vorlage der Voraussetzungen als erstes zu prüfen ist, ob ein **atypischer Fall** vorliegt. Wenn dem so ist, ist eine Übertragung unzulässig. Liegt dagegen ein **Normalfall** vor, besteht **keine bindende Verpflichtung**, in jedem erdenklichen Fall

auf den Einzelrichter zu übertragen. Ein darauf gerichteter Anspruch der Beteiligten besteht nicht (Eyermann/Geiger VwGO § 6 Rn 18). Vielmehr kann das Gericht auch bei normalen Fällen von einer Übertragung absehen, wenn es Gründe gibt, die hierfür sprechen (vgl näher B/F-K/K/v A/Funke-Kaiser VwGO § 6 Rn 8). Bei der Prüfung, ob ein atypischer Fall vorliegt, sind Gründe in der Sache zu berücksichtigen, während beim Verzicht der Übertragung eines Normalfalles auf den Einzelrichter vor allem personelle Gründe herangezogen werden können (S/S/B/Stelkens/Clausing VwGO § 6 Rn 32).

Unter dem Gesichtspunkt des **atypischen Falles** kann zB gegen eine Übertragung **35** sprechen:
– wenn auch bei gänzlich einfachen Fragen aufgrund der Funktion der Einheitlichkeit der Rechtsprechung eine Kammerentscheidung geboten ist, wobei die Wahrung der Einheitlichkeit der Rechtsprechung grundsätzlich höher zu werten ist, als der Gedanke der Verfahrensbeschleunigung (Eyermann/Geiger VwGO § 6 Rn 18);
– wenn der Beschleunigungseffekt wegen Entscheidungsreife leer läuft (S/S/B/Stelkens/ Clausing VwGO § 6 Rn 31);
– wenn die angegriffene Verwaltungsentscheidung in einem aufwendigen Verwaltungsverfahren unter Beteiligung einer Vielzahl fachkundiger Behörden ergangen ist, so dass es unangemessen erscheint, wenn nunmehr ein einzelner Richter anstelle des Kollegiums entscheiden würde (Kopp/Schenke VwGO § 6 Rn 11), wobei es zu berücksichtigen gilt, dass eine Entscheidung im kollegialen Spruchkörper leichter auf Akzeptanz der Betroffenen stößt als eine Einzelrichterentscheidung (vgl § 5 VwGO Rn 4).

Als **personelle Gründe** können gegen eine Übertragung zB herangezogen werden: **36**
– Rücksichtnahme auf die Belastung, spezielle Fähigkeiten, Kenntnisse und Erfahrungen einzelner Kammermitglieder (Eyermann/Geiger VwGO § 6 Rn 18; Kopp/Schenke VwGO § 6 Rn 11);
– wenn ein Kammermitglied von der Kammerlinie abweichen will oder schon abgewichen ist (B/F-K/K/v A/Funke-Kaiser VwGO § 6 Rn 8; aA Sodan/Ziekow/Kronisch VwGO § 6 Rn 47 f; S/S/B/Stelkens/Clausing VwGO § 6 Rn 33).

E. Umfang und Reichweite der Übertragung (Abs 1 S 1)

Nach der Übertragung handelt der Einzelrichter selbstständig anstelle der Kammer. Er ist **37** dann **allein entscheidender Einzelrichter** und Gericht erster Instanz im prozessualen Sinn (vgl S/S/B/Stelkens/Clausing VwGO § 6 Rn 62 ff) und wird damit zum gesetzlichen Richter, dem uneingeschränkt der Schutz der richterlichen Unabhängigkeit zusteht (Sodan/ Ziekow/Kronisch VwGO § 6 Rn 62). Eine Einflussnahme der Kammer ist nach dem Zeitpunkt der Übertragung unzulässig (vgl BVerfG NJW 1996, 2149, 2151). Der Einzelrichter ist folglich nicht mehr an die Kammerlinie gebunden (BVerwGE 121, 292, 294 f = NVwZ 2005, 98). Er übernimmt das Verfahren in dem Stand, den es vor der Kammer erreicht hat (B/F-K/K/v A/Funke-Kaiser VwGO § 6 Rn 15).

Der Rechtsstreit kann **nur im Ganzen** übertragen werden. Eine Beschränkung auf **38** einzelne abgegrenzte Teile ist nicht möglich. Zulässig ist dagegen die Übertragung eines nach § 93 VwGO abgetrennten Teils (Kopp/Schenke VwGO § 6 Rn 18). Macht der Einzelrichter von der auch ihm zustehenden Befugnis der Trennung nach § 93 VwGO Gebrauch, so bleibt er für den abgetrennten Teil ebenfalls zuständig (Sodan/Ziekow/Kronisch VwGO § 6 Rn 67). Seine Entscheidungsbefugnis umfasst alle **Neben- und Folgeentscheidungen** (Kopp/Schenke VwGO § 6 Rn 3). Zum Eilverfahren vgl Rn 9.

Ergibt sich aus einer **Veränderung der Geschäftsverteilung** die Zuständigkeit einer **39** anderen Kammer, so geht eine zur Einzelrichterentscheidung übertragene Rechtssache auf den bei der neuen Kammer zuständigen Einzelrichter über (Kopp/Schenke VwGO § 6 Rn 4 mwN; aA Eyermann/Geiger VwGO § 6 Rn 7). Wird dagegen **an ein anderes Gericht verwiesen**, so besteht keine Bindung des neuen Gerichts an die Übertragung, unabhängig davon, ob es sich um einen anderen Rechtsweg handelt oder ob nur ein Fall der Verweisung wegen sachlicher oder örtlicher Unzuständigkeit vorliegt (B/F-K/K/v A/Funke-Kaiser VwGO § 6 Rn 18; aA S/S/B/Stelkens/Clausing VwGO § 6 Rn 60 bzgl. Verweisung an ein anderes Verwaltungsgericht; Sodan/Ziekow/Kronisch VwGO § 6 Rn 69 mwN).

40   Wird eine Entscheidung des Einzelrichters durch das **Rechtsmittelgericht** aufgehoben und zurückverwiesen, so ist auch im zweiten Rechtsgang der Einzelrichter zuständig (BFHE 187, 206, 209; Eyermann/Geiger VwGO § 6 Rn 7; aA Kopp/Schenke VwGO § 6 Rn 4). Es handelt sich hierbei um die Fortsetzung des ursprünglichen Verfahrens. Beide Verfahren bilden eine Einheit (BFHE 187, 206, 209). Hat sich im Rechtsmittelverfahren herausgestellt, dass die Übertragungsvoraussetzungen nicht (mehr) vorliegen, kann das Rechtsmittelgericht das Verfahren auch direkt an die Kammer zurückverweisen. Ansonsten bleibt in diesem Fall die Möglichkeit der Rückübertragung gem Abs 3 (Eyermann/Geiger VwGO § 6 Rn 7).

F. Zeitpunkt der Übertragung (Abs 2)

41   Der Zeitpunkt der Übertragung steht grundsätzlich im **Ermessen** der Kammer (Kopp/Schenke VwGO § 6 Rn 15). Der **früheste Termin** wird im Gesetz nicht genannt. Unter Berücksichtigung des im Verwaltungsprozess herrschenden Amtsermittlungsgrundsatzes ergibt sich dieser Zeitpunkt aus dem Ermittlungsstand der Entscheidungsgrundlagen für eine Übertragung (S/S/B/Stelkens/Clausing VwGO § 6 Rn 34). Nur wenn die Kammer die Voraussetzungen für eine Übertragung hinreichend überblicken kann, kommt eine Übertragung in Betracht. Grundsätzlich müssen daher bereits die Verwaltungsvorgänge (§ 99 VwGO) und die Klageerwiderung eingegangen sein (Kopp/Schenke VwGO § 6 Rn 16).

42   Der **späteste Termin** ergibt sich aus § 6 Abs 2 VwGO, wonach eine Übertragung ausgeschlossen ist, wenn bereits vor der Kammer mündlich verhandelt worden ist, es sei denn, dass bereits ein Vorbehalts-, Teil- oder Zwischenurteil vorliegt. Maßgeblich ist hier der **Beginn der mündlichen Verhandlung**, der im Gegensatz zum Zivilprozess bereits mit dem Beginn des Sachvortrages nach § 103 Abs 2 VwGO eintritt (S/S/B/Stelkens/Clausing VwGO § 6 Rn 35 f; aA Sodan/Ziekow/Kronisch VwGO § 6 Rn 38, der auf die Stellung der Anträge abstellt). Keine mündliche Verhandlung sind ein vor der Kammer stattfindender Erörterungstermin oder andere Prozesshandlungen, wie zB ein Antrag auf Bewilligung von Prozesskostenhilfe (Sodan/Ziekow/Kronisch VwGO § 6 Rn 36 mit weiteren Beispielen).

43   Im **schriftlichen Verfahren** sieht das Gesetz keine zeitliche Beschränkung vor. Die Übertragung kann daher grundsätzlich bis zur Entscheidung selbst erfolgen (Kopp/Schenke VwGO § 6 Rn 15). Allerdings begrenzt der Zweck des § 6 VwGO die Übertragungsmöglichkeit, wenn sich die Kammermitglieder in den Fall eingearbeitet haben, so dass sie entscheidungsreif ist und demnach die Entlastungsfunktion nicht mehr zum Tragen kommt.

G. Rückübertragung (Abs 3)

44   Die Zuständigkeit des Einzelrichters endet, wenn dieser nach Abs 3 S 1 den Rechtsstreit an die Kammer zurückverweist. Eine erneute Übertragung auf den Einzelrichter ist dann gemäß Abs 3 S 2 ausgeschlossen. **Voraussetzung** für eine Rückübertragung ist eine wesentliche Änderung der Prozesslage, was eine **objektive Änderung der Sach- und Rechtslage** erfordert (BVerwGE 110, 40, 45 = NVwZ 2000, 1290, 1292). Eine solche kann sich zB bei einem nachträglichen wesentlichen neuen Parteivorbringen oder bei wesentlichen neuen, unerwarteten Beweisergebnissen ergeben (Kopp/Schenke VwGO § 6 Rn 22). Zur Möglichkeit der Rückübertragung für den Fall der vor dem Übertragungsbeschluss unterbliebenen Anhörung vgl Rn 16. Die weiteren Voraussetzungen des Abs 3 entsprechen den oben genannten Voraussetzungen (vgl Rn 20 ff). Im Gegensatz zur Übertragung nach Abs 1 ist für die Rückübertragung nach Abs 3 eine **Anhörungspflicht** explizit normiert.

45   Liegen die Rückübertragungsvoraussetzungen vor, steht die Entscheidung im **Ermessen** des Einzelrichters. Dies gilt auch dann, wenn die Änderung der Prozesslage bereits zum Zeitpunkt der Übertragung vorhersehbar war (Sodan/Ziekow/Kronisch VwGO § 6 Rn 93; aA Kopp/Schenke VwGO § 6 Rn 22). Die Rückübertragung erfolgt durch Beschluss, der gemäß Abs 4 unanfechtbar ist (vgl Rn 46 ff) und somit gem § 122 Abs 2 VwGO auch keiner Begründung bedarf. Übertragen werden kann wiederum nur der Rechtsstreit im Ganzen (vgl Rn 38). Die Kammer ist an die Entscheidung des Einzelrichters gebunden und kann weder eine Rückübertragung verlangen, noch diese verhindern (Kopp/Schenke VwGO § 6 Rn 21). Ergibt sich aus der Änderung der Prozesslage die Notwendigkeit einer Vorlage vor

ein Landes- oder das BVerfG bzw den EuGH, so reduziert sich das Rückübertragungsermessen auf Null (Eyermann/Geiger VwGO § 6 Rn 19).

H. Rechtsmittel (Abs 4)

Der Übertragungsbeschluss nach Abs 1 und der Rückübertragungsbeschluss nach Abs 3 **46** sind gemäß Abs 4 S 1 **unanfechtbar**. Das bedeutet, dass gegen die Übertragung bzw Rückübertragung kein Rechtsmittel zur Verfügung steht. Gegen die Entscheidung kann daher nicht eingewendet werden, dass die Beurteilung der Frage, ob die Sache besondere Schwierigkeiten rechtlicher oder tatsächlicher Art aufweist (vgl Rn 22 ff) oder ob ihr grundsätzliche Bedeutung zukommt (vgl Rn 28 ff), fehlerhaft war. Auch die in „greifbar gesetzeswidrigen" Fällen teilweise für zulässig erachtete **außerordentliche Beschwerde** (vgl Günther NVwZ 1998, 37, 38) kann hiergegen nicht eingelegt werden (vgl BVerwG NVwZ 2005, 232; Kopp/Schenke VwGO § 6 Rn 26). Dies würde im Widerspruch zum Willen des Gesetzgebers stehen. Zulässig ist in diesen Fällen aber, den Übertragungsbeschluss infolge einer **Gegenvorstellung** im Wege der Selbstkontrolle der Gerichte aufzuheben (BVerwG NJW 2002, 2657; B/F-K/K/v A/Funke-Kaiser VwGO § 6 Rn 22; S/S/B/Stelkens/Clausing VwGO § 6 Rn 77; weiterführend Sodan/Ziekow/Kronisch VwGO § 6 Rn 14 f).

Auch bei der Einlegung von Rechtsmitteln in der **Hauptsache** kann ein Verstoß gegen **47** § 6 Abs 1 oder Abs 3 VwGO grundsätzlich nicht geltend gemacht werden (Kopp/Schenke VwGO § 6 Rn 28; aA Eyermann/Geiger VwGO § 6 Rn 21). Zwar kann ein Verfahrensmangel, auf dem die Hauptsacheentscheidung beruht, einen zulässigen Berufungs- (§ 124 Abs 2 Nr 5 VwGO) bzw Revisionsgrund (§§ 137, 138 VwGO) darstellen. Gem § 173 S 1 VwGO iVm § 512 ZPO bzw § 557 Abs 2 ZPO unterliegen aber dem Endurteil vorausgegangene Entscheidungen nicht der Beurteilung des Berufungs- oder Revisionsgerichts, sofern es sich um unanfechtbare Entscheidungen handelt. Entsprechende Verfahrensrügen sind einer inhaltlichen Überprüfung demzufolge entzogen (BVerwG NVwZ-RR 2002, 150, 150 f).

Eine Ausnahme besteht dann, wenn die Verletzung von § 6 Abs 1 oder Abs 3 VwGO **48** zugleich einen Verstoß gegen den Grundsatz des rechtlichen Gehörs aus Art 103 Abs 1 GG oder das Recht auf den gesetzlichen Richter aus Art 101 Abs 1 S 2 GG beinhaltet. Dies ist nur anzunehmen, wenn **willkürliche** oder manipulative Erwägungen bestimmend gewesen sind (BVerwGE 110, 40, 44). Ein solcher Fall liegt zB vor, wenn der Vorsitzende oder der Berichterstatter den Einzelrichterübertragungsbeschluss anstelle der Kammer fasst und damit die der Kammer zustehende Übertragungskompetenz missachtet (Sodan/Ziekow/Kronisch VwGO § 6 Rn 13).

§ 6 Abs 4 S 2 VwGO stellt klar, dass ein Rechtsmittel auch nicht auf eine **unterlassene 49 Übertragung** oder Rückübertragung gestützt werden kann. Letztere stellt nur einen Unterfall der Übertragung dar und fällt somit ebenfalls unter diesen Begriff (Kopp/Schenke VwGO § 6 Rn 27; aA B/F-K/K/v A/Funke-Kaiser VwGO § 6 Rn 23).

§ 7 (weggefallen)

§ 7 VwGO enthielt Regelungen zum Vorsitz und der Geschäftsverteilung. Er wurde **1** durch Art V Nr 4 des Gesetzes zur Änderung der Bezeichnung der Richter und ehrenamtlichen Richter und der Präsidialverfassung vom 26.5.1972 (BGBl I 841) aufgehoben und durch § 4 VwGO iVm §§ 21e, 21 f GVG ersetzt.

§ 8 (weggefallen)

§ 8 VwGO enthielt Regelungen zur Verteilung der Geschäfte in der Kammer und wurde **1** durch Art V Nr 4 des Gesetzes zur Änderung der Bezeichnung der Richter und ehrenamtlichen Richter und der Präsidialverfassung vom 26.5.1972 (BGBl I 841) aufgehoben und durch § 4 VwGO iVm § 21g GVG ersetzt.

§ 9 [Besetzung und Gliederung der Oberverwaltungsgerichte]

(1) Das Oberverwaltungsgericht besteht aus dem Präsidenten und aus den Vorsitzenden Richtern und weiteren Richtern in erforderlicher Anzahl.

(2) Bei dem Oberverwaltungsgericht werden Senate gebildet.

(3) [1]Die Senate des Oberverwaltungsgerichts entscheiden in der Besetzung von drei Richtern; die Landesgesetzgebung kann vorsehen, daß die Senate in der Besetzung von fünf Richtern entscheiden, von denen zwei auch ehrenamtliche Richter sein können. [2]Für die Fälle des § 48 Abs. 1 kann auch vorgesehen werden, daß die Senate in der Besetzung von fünf Richtern und zwei ehrenamtlichen Richtern entscheiden. [3]Satz 1 Halbsatz 2 und Satz 2 gelten nicht für die Fälle des § 99 Abs. 2.

Abs 1 regelt die Besetzung des OVG mit Berufsrichtern. Die kollegialen Spruchkörper der OVG werden gem Abs 2 als Senate bezeichnet. Abs 3 normiert die Besetzung der Senate.

A. Systematik und Normzweck

1 § 9 VwGO normiert die Besetzung und Gliederung der OVG bzw der VGH, sofern diese Bezeichnung gem § 184 in den Ländern weitergeführt wird. Für die VG und das BVerwG finden sich entsprechende Regelungen in § 5 bzw § 10 VwGO. Gem Abs 1 dürfen zur Rechtsprechung an den OVG nur Berufsrichter eingesetzt werden. Aus der Unterscheidung zwischen Vorsitzenden und weiteren Richtern folgt, dass die Rechtsprechungsaufgaben an den OVG in kollegialen Spruchkörpern wahrgenommen werden, welche gem Abs 2 als Senate bezeichnet werden. Abs 3 S 1 Hs 1 sieht als **Regelbesetzung** drei Berufsrichter vor. Daneben sehen Abs 3 S 1 Hs 2 und S 2 im Gegensatz zu § 5 VwGO **Öffnungsklauseln** für eine abweichende Besetzung durch Landesgesetzgebung vor, welche jedoch gem S 3 nicht für die Fälle des § 99 Abs 2 VwGO gelten (Sodan/Ziekow/Kronisch VwGO § 9 Rn 15). Neben der allgemeinen Regelung des § 9 VwGO gibt es **besondere Besetzungsregelungen**, zB § 190 Abs 1 Nr 4 VwGO iVm § 139 FlurbG, § 190 Abs 1 Nr 5 VwGO iVm § 84 BPersVG und die auf Grundlage des § 187 VwGO ergangenen Regelungen.

2 Das OVG muss den **unterschiedlichen Funktionen**, die ihm zugeordnet sind, nachkommen können und dementsprechend organisiert und besetzt sein. Es muss die Aufgaben eines Berufungsgerichts, eines letztinstanzlichen Landesgerichts, eines einzigen Tatsachengerichts (§ 48 VwGO) sowie eines Normenkontrollgerichts (§ 47 VwGO) wahrnehmen können (S/S/B/Stelkens/Panzer VwGO § 9 Rn 5).

B. Berufsrichterliche Besetzung der Oberverwaltungsgerichte (Abs 1)

3 Das OVG besteht gem § 9 Abs 1 VwGO aus seinem Präsidenten und den zugehörigen Berufsrichtern. Der **Präsident** ist Richter und zugleich Organ der Justizverwaltung. Er übt nicht nur die Dienstaufsicht über die Richter, Beamten, Angestellten und Arbeiter des OVG aus, sondern ist gem § 38 Abs 2 VwGO zugleich die übergeordnete Dienstaufsichtsbehörde der Verwaltungsgerichte und somit für die Dienstaufsicht der bzw des Präsidenten der bzw des VG zuständig.

4 Unter den Richterbegriff des Abs 1 fallen **nur Richter auf Lebenszeit** (§ 15 Abs 1 VwGO) und **Richter im Nebenamt** (§ 16 VwGO). Aus dem Wortlaut des § 17 VwGO folgt, dass der Einsatz von Richtern auf Probe oder kraft Auftrags nur an den VG, nicht aber an den OVG oder am BVerwG zulässig ist. Insofern besteht eine Abweichung zur Regelung des § 5 Abs 1. Die Verwendung abgeordneter Richter ist nur in den engen Grenzen der §§ 29, 37 DRiG zulässig, insbes um die Befähigung der Richter zur Wahrnehmung der Rechtsprechungsaufgaben am OVG zu erproben (vgl S/S/B/Stelkens/Panzer VwGO § 9 Rn 7). Die **ehrenamtlichen Richter** werden von Abs 1 nicht erfasst. Ihre Mitwirkung ist gem Abs 3 nur auf Grundlage entsprechender landesgesetzlicher Regelungen statthaft (vgl Rn 7 f). Zur **erforderlichen Anzahl** der Richter vgl § 5 VwGO Rn 3.

C. Besetzung der Senate bei Entscheidungen (Abs 2 und 3)

Im Unterschied zu den VG werden an den OVG keine Kammern, sondern **Senate** 5 gebildet. Diese Bezeichnung legt Abs 2 fest und übernimmt damit die fast durchweg verwendete Bezeichnung der Spruchkörper an den obersten Landesgerichten (Ausnahme: an den Landesarbeitsgerichten wird gem § 35 ArbGG in Kammern entschieden). In der zweistufigen Finanzgerichtsbarkeit werden ausnahmsweise auch die Spruchkörper der Eingangsgerichte als Senate bezeichnet (vgl § 5 Abs 2 FGO).

§ 9 Abs 3 S 1 VwGO regelt drei verschiedene Möglichkeiten der Besetzung der Senate. 6 **Hs 1** legt die **Regelbesetzung** der Senate fest. Demnach entscheiden die Senate grundsätzlich in der Besetzung von drei Berufsrichtern (vgl Rn 4). Die Richterbank ist folglich geringer besetzt als in den Kammern der VG (vgl § 5 VwGO Rn 6). Unmittelbare Bedeutung kommt dieser Regelung nur zu, soweit die Länder die ihnen durch Abs 3 S 1 Hs 2 und S 2 eröffnete Möglichkeit einer abweichenden Besetzung nicht genutzt haben.

Nach **Abs 3 S 1 Hs 2** können die Länder die Besetzung auf fünf Richter erweitern, von 7 denen zwei Richter auch ehrenamtliche Richter sein können. Das bedeutet, dass eine Besetzung des Senates mit fünf Berufsrichtern oder aber mit drei Berufs- und zwei ehrenamtlichen Richtern durch Landesgesetz vorgesehen werden kann. Die Zahlen fünf und zwei sind hierbei feste Vorgaben. Es ist folglich nicht zulässig, die Besetzung um einen Berufs- und/oder einen ehrenamtlichen Richter zu erweitern (Kopp/Schenke VwGO § 9 Rn 4).

Für **technische Großvorhaben** im Sinne des § 48 VwGO eröffnet **Abs 3 S 2** eine 8 weitere Möglichkeit, die Besetzung der Senate zu erweitern. Es ist neben einer Erhöhung der Anzahl der Berufsrichter von drei auf fünf, welche schon nach Abs 3 S 1 Hs 2 zulässig ist, der zusätzliche Einsatz von zwei ehrenamtlichen Richtern erlaubt. Insgesamt besteht die Richterbank in diesem Fall aus sieben Richtern. Durch eine so große Anzahl von Richtern kann der Komplexität und besonderen Bedeutung von Entscheidungen über solche Vorhaben Rechnung getragen werden (Eyermann/Geiger VwGO § 9 Rn 8).

Hat ein VG fehlerhaft seine Zuständigkeit für ein Verfahren nach § 48 VwGO angenom- 9 men und in der Sache entschieden, so entscheidet das OVG in der Besetzung nach § 9 Abs 3 S 1 VwGO und nicht in der Besetzung für technische Großvorhaben nach Abs 3 S 2 (Eyermann/Geiger VwGO § 9 Rn 9; aA Kopp/Schenke VwGO § 9 Rn 7). Nach der gegenteiligen Auffassung sei das Urteil des VG durch das OVG in der Berufungsbesetzung aufzuheben und sodann an das OVG in der Besetzung nach Abs 3 S 2 abzugeben. Dem steht jedoch nach der Neufassung der Vorschriften über die sachliche Zuständigkeit die Vorschrift des § 17a Abs 5 GVG entgegen, welche über § 83 S 1 VwGO anwendbar ist. Danach steht es dem Rechtsmittelgericht nicht zu, die Zulässigkeit des beschrittenen Rechtswegs zu prüfen. Das Verfahren über ein technisches Großvorhaben wird in diesem Fall zu einem „normalen" Berufungsverfahren (Eyermann/Geiger VwGO § 9 Rn 9).

Letztlich hat es demnach der Landesgesetzgeber in der Hand, ob an dem OVG in der 10 Besetzung von drei oder fünf Berufsrichtern entschieden wird. Hier gilt es insbes den in Zeiten leerer Haushaltskassen zu berücksichtigenden Vorteil der Personalersparnis sowie den Beschleunigungseffekt gegen die Gefahr einer Qualitätsbeeinträchtigung und geringerer Akzeptanz der weit reichenden Entscheidungen der obersten Verwaltungsgerichte auf Landesebene abzuwägen (vgl S/S/B/Stelkens/Panzer VwGO § 9 Rn 9). Durch die Beteiligung ehrenamtlicher Richter wird eine Plausibilitätskontrolle ermöglicht und es soll ein höheres Maß an Ausgeglichenheit erzielt werden (Kopp/Schenke VwGO § 9 Rn 6). Gleichwohl wird in den Ländern zunehmend auf den Einsatz ehrenamtlicher Richter verzichtet (vgl S/S/B/Stelkens/Panzer VwGO § 9 Rn 9). Für einen Überblick über den Gebrauch der Ermächtigungen nach Abs 3 S 1 Hs 2 und S 2 vgl S/S-A/P/Stelkens/Panzer VwGO § 9 Rn 10 ff.

Gem § 189 VwGO müssen an den OVG für die Entscheidungen nach § 99 Abs 2 11 VwGO Fachsenate gebildet werden. Sinn und Zweck der Einrichtung dieser Fachsenate ist es, die Entscheidungen, die geheimhaltungsbedürftige Vorgänge zum Gegenstand haben, bei jeweils einem Senat des OVG und des BVerwG zu konzentrieren (BT-Drs 14/7474, 16). Durch § 9 Abs 3 S 3 VwGO wird die Anwendbarkeit der Öffnungsklauseln des Abs 3 S 1 Hs 2 und S 2 ausgeschlossen, womit sichergestellt wird, dass die Fachsenate zwingend mit nur drei Berufsrichtern besetzt werden (BT-Drs 14/7474, 14). Damit soll gewährleistet werden, dass der Kreis der Richter, die mit diesen brisanten Vorgängen in Kontakt kommen, so klein wie möglich gehalten wird.

12   Eine Entscheidung durch **Einzelrichter** ist an den OVG nur in den Fällen des § 87a VwGO (im Berufungsverfahren iVm § 125 Abs 1 S 1 VwGO) möglich (Eyermann/Geiger VwGO § 9 Rn 4). § 6 ist dem eindeutigen Wortlaut nach („Kammer") nur bei den VG anwendbar und kann daher auch nicht herangezogen werden, wenn das OVG in erster Instanz entscheidet. §§ 526 f ZPO sind über § 173 VwGO aufgrund speziellerer Normen im Verwaltungsprozess nicht anwendbar (Kopp/Schenke VwGO § 9 Rn 8).

§ 10 [Besetzung und Gliederung des Bundesverwaltungsgerichts]

(1) Das Bundesverwaltungsgericht besteht aus dem Präsidenten und aus den Vorsitzenden Richtern und weiteren Richtern in erforderlicher Anzahl.

(2) Bei dem Bundesverwaltungsgericht werden Senate gebildet.

(3) Die Senate des Bundesverwaltungsgerichts entscheiden in der Besetzung von fünf Richtern, bei Beschlüssen außerhalb der mündlichen Verhandlung in der Besetzung von drei Richtern.

Die Vorschrift regelt die Besetzung und Gliederung des BVerwG. In Abs 1 ist die Besetzung mit Berufsrichtern normiert. Aus Abs 3 ergibt sich die Zusammensetzung der kollegialen Spruchkörper bei den Entscheidungen, die gem Abs 2 als Senate bezeichnet werden.

A. Allgemeines

1   § 10 VwGO regelt die Besetzung und Gliederung des BVerwG als oberstes Bundesgericht der allgemeinen Verwaltungsgerichtsbarkeit (Art 95 Abs 1 GG). Für die VG und OVG bzw VGH finden sich entsprechende Regelungen in §§ 5 und 9 VwGO. Auf die Kommentierung dieser Normen wird verwiesen. Sitz des BVerwG ist gem § 2 VwGO Leipzig s § 2 VwGO Rn 4). Organisation und Besetzung müssen der Aufgabe des obersten Bundesgerichts als Revisions- und in Ausnahmefällen auch als Tatsachengericht und erstinstanzliches Gericht gerecht werden (S/S/B/Stelkens/Panzer VwGO § 10 Rn 3).

B. Berufsrichterliche Besetzung des Bundesverwaltungsgerichts (Abs 1)

2   Das BVerwG besteht aus seinem Präsidenten und den zugehörigen Berufsrichtern. Die Richter werden nach dem Richterwahlgesetz gewählt und nach Art 95 Abs 2 GG vom Bundesjustizminister gemeinsam mit dem Richterwahlausschuss **berufen**. Die **Ernennung** erfolgt anschließend gem Art 60 Abs 1 GG durch den Bundespräsidenten. Bei der Ernennung des Präsidenten, Vizepräsidenten und der Vorsitzenden Richter wirkt der Richterwahlausschuss nicht mit. Sie erfolgt durch den Bundesjustizminister (S/S/B/Stelkens/Panzer VwGO § 10 Rn 5).

3   Unter den Richterbegriff des Abs 1 fallen ausschließlich **Richter auf Lebenszeit** iSd § 15 Abs 1 VwGO. §§ 16 und 17 VwGO sind ihrem Wortlaut nach nicht auf das BVerwG anwendbar. Daher ist, wie schon bei den OVG (vgl § 9 VwGO Rn 4), der Einsatz von Richtern auf Probe oder kraft Auftrags unzulässig. Darüber hinaus dürfen aber auch keine Richter im Nebenamt oder abgeordnete Richter eingesetzt werden. Ein Einsatz abgeordneter Richter als wissenschaftliche Mitarbeiter am BVerwG ist dagegen möglich (S/S/B/ Stelkens/Panzer VwGO § 10 Rn 5). Gem § 15 Abs 3 VwGO müssen die Bundesverwaltungsrichter das 35. Lebensjahr vollendet haben. Da das BVerwG überwiegend revisionsrechtlich tätig wird, sind **ehrenamtliche Richter** in § 10 VwGO nicht vorgesehen (Kopp/ Schenke VwGO § 10 Rn 1; vgl aber Rn 6).

C. Besetzung der Senate bei Entscheidungen (Abs 2 und 3)

4   In Übereinstimmung mit der Terminologie an allen obersten Bundesgerichten werden die kollegialen Spruchkörper des BVerwG gem Abs 2 als Senate bezeichnet. Die Senate entscheiden in der **Standardbesetzung** von fünf Berufsrichtern (Abs 3 Hs 1) bzw bei

Beschlüssen außerhalb der mündlichen Verhandlung in der Besetzung von drei Berufs-richtern (Abs 3 Hs 2). Hierzu zählen zB die Entscheidung über die Nichtzulassungs-beschwerde gem § 133 Abs 5 VwGO, die Verwerfung der Revision als unzulässig gem § 144 Abs 1 VwGO oder die Verfahren des vorläufigen Rechtsschutzes, sofern nicht aufgrund mündlicher Verhandlung entschieden wird (B/F-K/K/v A/Funke-Kaiser VwGO § 10 Rn 4). Wird eine Nichtzulassungsbeschwerde gem § 139 Abs 2 S 1 VwGO als begründet erachtet, ergeht die anschließende Sachentscheidung in der Besetzung von fünf Richtern (BVerwGE 78, 305, 309). Welche Richter in den Fällen des Hs 2 entscheiden, folgt aus dem senatsinternen Geschäftsverteilungsplan (Sodan/Ziekow//Kronisch VwGO § 10 Rn 11).

Aufgrund der besonderen Bedeutung der **Vorlageverfahren** (Art 100 Abs 1 GG, 267 **5** AEUV, § 11 Abs 4 VwGO) entscheidet der Senat über die Vorlage abweichend von Abs 3 Hs 1 in der Besetzung von fünf Richtern (BVerwG NVwZ-RR 2002, 894; Kopp/Schenke VwGO § 10 Rn 1).

Einzelrichterentscheidungen sind grundsätzlich nicht möglich. § 6 VwGO ist seinem **6** eindeutigen Wortlaut nach („Kammer") nur auf VG, nicht aber auf OVG oder das BVerwG anwendbar. § 141 S 2 VwGO versperrt zudem die Einzelrichterbefugnisse nach § 87a VwGO, sofern das BVerwG als Revisionsgericht tätig wird. In erstinstanzlicher Zuständigkeit (§ 50 VwGO) ist § 87a VwGO dagegen theoretisch anwendbar (Eyermann/Geiger VwGO § 10 Rn 5).

Besonderheiten gelten für die Besetzung der in das BVerwG eingegliederten **Wehr- 7 dienstsenate.** Gem § 80 Abs 3 WDO entscheiden diese Senate in der Besetzung von drei Berufs- und zwei ehrenamtlichen Richtern. Bei Beschlüssen außerhalb der Hauptverhand-lung wirken die ehrenamtlichen Richter hingegen nicht mit.

Im Gegensatz zum BGH (vgl § 130 Abs 2 GVG) ist die Bildung **auswärtiger Senate 8** beim BVerwG nicht zulässig. § 3 Abs 1 Nr 5 VwGO lässt nur die Errichtung auswärtiger Kammern der VG oder auswärtiger Senate der OVG zu.

§ 11 [Großer Senat beim Bundesverwaltungsgericht]

(1) Bei dem Bundesverwaltungsgericht wird ein Großer Senat gebildet.

(2) Der Große Senat entscheidet, wenn ein Senat in einer Rechtsfrage von der Entscheidung eines anderen Senats oder des Großen Senats abweichen will.

(3) [1]Eine Vorlage an den Großen Senat ist nur zulässig, wenn der Senat, von dessen Entscheidung abgewichen werden soll, auf Anfrage des erkennenden Senats erklärt hat, daß er an seiner Rechtsauffassung festhält. [2]Kann der Senat, von dessen Entscheidung abgewichen werden soll, wegen einer Änderung des Geschäftsverteilungsplanes mit der Rechtsfrage nicht mehr befaßt werden, tritt der Senat an seine Stelle, der nach dem Geschäftsverteilungsplan für den Fall, in dem abweichend entschieden wurde, nunmehr zuständig wäre. [3]Über die Anfrage und die Antwort entscheidet der jeweilige Senat durch Beschluß in der für Urteile erforderlichen Besetzung.

(4) Der erkennende Senat kann eine Frage von grundsätzlicher Bedeutung dem Großen Senat zur Entscheidung vorlegen, wenn das nach seiner Auffassung zur Fortbildung des Rechts oder zur Sicherung einer einheitlichen Rechtsprechung erforderlich ist.

(5) [1]Der Große Senat besteht aus dem Präsidenten und je einem Richter der Revisionssenate, in denen der Präsident nicht den Vorsitz führt. [2]Legt ein anderer als ein Revisionssenat vor oder soll von dessen Entscheidung abgewichen werden, ist auch ein Mitglied dieses Senats im Großen Senat vertreten. [3]Bei einer Verhin-derung des Präsidenten tritt ein Richter des Senats, dem er angehört, an seine Stelle.

(6) [1]Die Mitglieder und die Vertreter werden durch das Präsidium für ein Ge-schäftsjahr bestellt. [2]Das gilt auch für das Mitglied eines anderen Senats nach Absatz 5 Satz 2 und für seinen Vertreter. [3]Den Vorsitz im Großen Senat führt der Präsident, bei Verhinderung das dienstälteste Mitglied. [4]Bei Stimmengleichheit gibt die Stimme des Vorsitzenden den Ausschlag.

(7) [1]Der Große Senat entscheidet nur über die Rechtsfrage. [2]Er kann ohne mündliche Verhandlung entscheiden. [3]Seine Entscheidung ist in der vorliegenden Sache für den erkennenden Senat bindend.

§ 11 VwGO regelt die obligatorische Einrichtung des Großen Senats des BVerwG. Der Große Senat kann sowohl mit Divergenzvorlagen (zwingende Vorlage im Sinne von § 11 Abs 2 VwGO) als auch mit Grundsatzvorlagen (fakultative Vorlage iSv § 11 Abs 4 VwGO) befasst werden.

A. Allgemeines

1   Die Vorschrift des § 11 VwGO hat ihre heutige Fassung durch Art 5 des Rechtspflege-Vereinfachungsgesetzes vom 17.12.1990 (BGBl I 2847) erhalten. Die Einrichtung des so genannten Großen Senats beim BVerwG dient der **institutionellen Sicherung einer einheitlichen Rechtsprechung** des BVerwG und der **geordneten Fortbildung des Rechts**. Die Vorschrift garantiert als Ausdruck des Rechtstaatsprinzips die institutionelle Existenz und die personelle Besetzung des Großen Senats. Sie statuiert eine Vorlagepflicht aller Senate des Gerichts zum Großen Senat bei Divergenz. Der Große Senat kann darüber hinaus auch mit Fragen grundsätzlicher Bedeutung befasst werden. Die Zuständigkeit für die Sachentscheidung verbleibt indes stets beim vorlegenden Senat, die Anrufung des Großen Senats löst vielmehr nur ein Zwischenverfahren mit interimistischem Charakter aus (Kopp/Schenke VwGO § 11 Rn 1). Entscheidungen des Großen Senats sind daher **grundsätzlich weder rechtsmittel- noch verfassungsbeschwerdefähig** (BVerfGE 31, 55, 56). Einzig eine willkürliche Verletzung der Vorlagepflicht begründet die Verfassungsbeschwerde wegen Verstoßes gegen Art 101 Abs 1 S 2 GG (Kopp/Schenke VwGO § 11 Rn 3). Für die Rechtsprechung der obersten Bundesgerichte erfüllt der Gemeinsame Senat der Obersten Gerichtshöfe des Bundes (vgl § 1 RsprEinhG), für das Landesrecht der Große Senat bei den Oberverwaltungsgerichten (vgl § 12 VwGO), eine vergleichbare Funktion.

B. Die Divergenzvorlage (§ 11 Abs 2 VwGO)

2   § 11 Abs 2 VwGO statuiert eine **Verpflichtung** jedes Senats des Bundesverwaltungsgerichtes, den Großen Senat anzurufen (obligatorische Vorlage), wenn er in einer (Bundes-) Rechtsfrage von einer Entscheidung eines **anderen** Senats des Gerichts oder des Großen Senats abweichen will. Bloße Zweifel an der Richtigkeit der vormaligen Entscheidung sind insofern nicht ausreichend (S/S/B/Pietzner VwGO § 11 Rn 15), um an das Verfahren für Abweichungen von früheren Entscheidungen des Großen Senats selbst keine gesteigerten Anforderungen zu stellen (S/S/B/Pietzner VwGO § 11 Rn 25). Ob es sich um den gleichen Senat handelt, ist nicht anhand dessen Bezeichnung zu ermitteln, sondern entscheidet sich nach der sachlichen Zuständigkeit (Eyermann/Geiger VwGO § 11 Rn 2).
3   Die Regelung des § 11 VwGO gilt nur im Hinblick auf **verfahrensabschließende**, auch unveröffentlichte **Entscheidungen** des BVerwG (Kopp/Schenke VwGO § 11 Rn 4). Die Abweichung muss sich auf die **tragenden Gründe** der Entscheidung beziehen und **entscheidungserheblich** sein (Zulässigkeitsvoraussetzung der Vorlage). Daher fällt eine Bemerkung, die nur in obiter dictum enthalten ist, nicht darunter (Eyermann/Geiger VwGO § 11 Rn 3; zur Kritik am Postulat der Entscheidungserheblichkeit und für eine Einbeziehung auch dieser Bemerkung vgl Sodan/Ziekow/Kronisch VwGO § 11 Rn 32 ff). Maßgeblich ist daher ausschließlich eine Abweichung im Ergebnis, auf die Leitsätze kommt es nicht an (Eyermann/Geiger VwGO § 11 Rn 3). Eine Abweichung liegt auch vor, wenn der gleiche in verschiedenen Gesetzen niedergelegte Rechtssatz unterschiedlich ausgelegt werden soll (aA S/S/B/Pietzner VwGO § 11 Rn 16, wonach es auf eine Abweichung bei Anwendung ein und derselben Rechtsnorm ankommen soll). Eine Vorlage an den Großen Senat ist ausgeschlossen, wenn die Klärung der Rechtsfrage einem anderen Gericht vorbehalten ist, so nach Art 100 Abs 1 GG für die Vorlage beim BVerfG sowie nach Art 267 Abs 3 AEUV für die Anrufung des EuGH (Sodan/Ziekow/Kronisch VwGO § 11 Rn 29).
4   Voraussetzung der Vorlage (§ 11 Abs 3 VwGO) ist, dass der Senat, von dessen Entscheidung abgewichen werden soll, auf Anfrage erklärt hat, an seiner **Rechtsauffassung**

festzuhalten. Die Vorlage entfällt, wenn der Senat der früheren Entscheidung seine Rechtsauffassung in einer neueren Entscheidung aufgegeben hat, die Rechtslage durch Gesetz zweifelsfrei geregelt wurde oder die Entscheidung auch auf andere sie allein tragende Gründe gestützt werden kann (Kopp/Schenke VwGO § 11 Rn 5). Sie entfällt weiterhin, wenn die Rechtsfrage zwischenzeitlich durch den Gemeinsamen Senat der Obersten Gerichtshöfe des Bundes, das BVerfG oder den EuGH entschieden wurde, wenn der Senat, von dessen Meinung abgewichen werden soll, nicht mehr besteht oder wenn der erkennende Senat selbst anstelle des anderen Senats zuständig geworden ist (Kopp/Schenke VwGO § 11 Rn 5).

C. Die Grundsatzvorlage (§ 11 Abs 4 VwGO)

Nach § 11 Abs 4 VwGO kann ein Senat den Großen Senat ebenfalls in Rechtsfragen von 5 **grundsätzlicher Bedeutung** anrufen (fakultative Vorlage), wenn dies nach seiner Auffassung zur Fortbildung des Rechts oder zur Sicherung einer einheitlichen Rechtsprechung erforderlich ist. Die Grundsatzvorlage ist gegenüber der Divergenzvorlage das allgemeinere Verfahren (S/S/B/Pietzner VwGO § 11 Rn 49). Sofern beide Verfahren Platz greifen, ist das Anfrageverfahren daher zwingend durchzuführen (Sodan/Ziekow/Kronisch VwGO § 11 Rn 48, aA BSGE 75, 159, 161). Ob der Rechtsfrage grundsätzliche Bedeutung zukommt, entscheidet der erkennende Senat; der Große Senat ist an die Entscheidung gebunden (für eine Prüfungskompetenz des Großen Senats auch für die grundsätzliche Bedeutung vgl Sodan/Ziekow/Kronisch VwGO § 11 Rn 60; S/S/B/Pietzner VwGO § 11 Rn 70). Der Große Senat selbst prüft nur die Entscheidungserheblichkeit (Eyermann/Geiger VwGO § 11 Rn 5; Redeker/v Oertzen/Redeker VwGO § 11 Rn 6). Grundsätzliche Bedeutung erlangt eine Rechtsfrage, wenn sie über den konkreten Einzelfall hinaus Bedeutung hat. In Betracht kommen dabei, neben umstrittenen Problemen des formellen und materiellen Rechts, Fragen, welche die Rechtsprechung mehrerer Senate berühren und einheitlich beantwortet werden sollen (S/S/B/Pietzner VwGO § 11 Rn 54).

D. Das Verfahren vor dem Großen Senat

Die **Anrufung** des Großen Senats erfolgt nach Anhörung der Beteiligten durch zu 6 begründenden Beschluss, der in der für das Urteilsverfahren vorgesehenen Besetzung zu fassen ist. Bei Änderung der Geschäftsverteilung tritt der nunmehr zuständige Senat im Vorlageverfahren an die Stelle des Senats, der die Sache vorgelegt hat (BFH NJW 1985, 93). Der Vorlage steht nicht entgegen, dass die gleiche Rechtsfrage vorgelegt wurde und insofern bereits anhängig ist. Die Verfahren sind sodann zu verbinden (vgl BFH NJW 1985, 93).

Der Vorlagebeschluss kann jederzeit **zurückgenommen** werden, sofern eine Vorlage- 7 voraussetzung entfallen ist (Sodan/Ziekow/Kronisch VwGO § 11 Rn 58). Von der Erledigung lediglich des Vorlageverfahrens ist die Erledigung des Streitverfahrens zu unterscheiden, bei der etwa wegen Klagerücknahme, Verzicht, Anerkenntnis oder Vergleich zugleich Erledigung des Vorlageverfahrens eintritt. Der vorlegende Senat muss den Beschluss zurücknehmen bzw der Große Senat das Vorlageverfahren für erledigt erklären, wenn die Gründe für die Vorlage nachträglich entfallen sind (aA BAG NJW 1988, 990 für den Fall, dass es wegen eines prozessualen Ereignisses nicht mehr auf die Sachprüfung ankommt).

Der Große Senat ist grundsätzlich **an den Vorlagebeschluss gebunden** und muss über 8 die vorgelegte Frage entscheiden, sofern die Anrufungsvoraussetzungen nicht offensichtlich fehlen (Kopp/Schenke VwGO § 11 Rn 8, die Bindungswirkung ablehnend: S/S/B/Pietzner VwGO § 11 Rn 65). Die Beteiligten am Ausgangsverfahren haben auch vor dem Großen Senat **Anspruch auf rechtliches Gehör**. Der Große Senat entscheidet nur über die ihm vorgelegten Rechtsfragen, eine differenzierte Antwort ist ihm indes im Interesse der Fortbildung des Rechts nicht verwehrt (Kopp/Schenke VwGO § 11 Rn 9). Der Große Senat entscheidet durch Beschluss, welcher in der entschiedenen Rechtsfrage den vorlegenden Senat bindet (Abs 7). Bei **Stimmengleichheit** gibt die Stimme des Vorsitzenden den Ausschlag.

E. Die Zusammensetzung des Großen Senats (§ 11 Abs 5 VwGO)

9   Der Große Senat besteht gem § 11 Abs 5 S 1 VwGO aus dem Präsidenten des BVerwG und je einem Richter der Revisionssenate, in denen der Präsident nicht den Vorsitz führt. Ist der Präsident verhindert, tritt ein Mitglied des Senats, in dem der Präsident den Vorsitz führt, an seine Stelle. Es gilt das **Prinzip der Gesamtrepräsentation** (Sodan/Ziekow/Kronisch VwGO § 11 Rn 15). Legt ein anderer als ein Revisionssenat vor (Disziplinarsenate oder Wehrdienstsenate) oder soll von einer Entscheidung eines solchen Senats abgewichen werden, ist auch ein Mitglied dieses Senats vertreten. In zeitlicher Hinsicht ist für die Zahl der Mitglieder des Großen Senats der Zeitpunkt seiner Entscheidung maßgeblich (Sodan/Ziekow/Kronisch VwGO § 11 Rn 20). Die Mitglieder des Großen Senats und ihre Vertreter werden durch das Präsidium für ein Geschäftsjahr bestellt. Den Vorsitz führt der Präsident des BVerwG, bei dessen Verhinderung das dienstälteste Mitglied (Abs 6 S 3).

§ 12 [Großer Senat beim Oberverwaltungsgericht]

(1) [1]Die Vorschriften des § 11 gelten für das Oberverwaltungsgericht entsprechend, soweit es über eine Frage des Landesrechts endgültig entscheidet. [2]An die Stelle der Revisionssenate treten die nach diesem Gesetz gebildeten Berufungssenate.

(2) Besteht ein Oberverwaltungsgericht nur aus zwei Berufungssenaten, so treten an die Stelle des Großen Senats die Vereinigten Senate.

(3) Durch Landesgesetz kann eine abweichende Zusammensetzung des Großen Senats bestimmt werden.

Die Vorschrift regelt die Einrichtung des Großen Senats bzw der Vereinigten Senate an den OVG, welche die Aufgabe der Rechtsvereinheitlichungs- und Rechtsfortbildungsfunktion auf dem Gebiet des Landesrechts wahrnehmen. Gem Abs 1 S 1 werden die Regelungen des § 11 VwGO entsprechend für anwendbar erklärt. Daher wird auch auf die Kommentierung dieser Norm verwiesen.

A. Systematik und Normzweck

1   § 12 VwGO nimmt auf § 11 VwGO Bezug und erklärt die dort für den Großen Senat des BVerwG getroffenen Regelungen auch für die OVG der Länder anwendbar. Abs 1 S 1 legt als Voraussetzung für die Anwendbarkeit des § 11 VwGO fest, dass es um die endgültige Entscheidung einer Frage des Landesrechts gehen muss. Durch die Regelung des Abs 1 S 2 treten die Berufungssenate der OVG an die Stelle der Revisionssenate des BVerwG. Sofern ein OVG nur zwei Berufungssenate hat, wird kein Großer Senat gebildet. Stattdessen sind die Vereinigten Senate gem Abs 2 zuständig. Abs 3 eröffnet dem Landesgesetzgeber die Möglichkeit, eine von § 11 VwGO abweichende Zusammensetzung des Großen Senats zu bestimmen.

2   Dem OVG kommt auf dem **Gebiet des Landesrechts** eine **Rechtsvereinheitlichungs- und Rechtsfortbildungsfunktion** zu (S/S/B/Stelkens/Panzer VwGO § 12 Rn 3). Die Großen Senate bzw die Vereinten Senate kommen dieser Funktion nach. Die Norm hat demnach ihre Berechtigung, auch wenn die praktische Bedeutung dieser Senate eher als gering einzustufen ist (S/S/B/Stelkens/Panzer VwGO § 12 Rn 3). Im Unterschied zu den obersten Gerichtshöfen des Bundes (Art 95 Abs 3 GG iVm Gesetz zur Wahrung der Einheitlichkeit der Rechtsprechung der Obersten Gerichtshöfe des Bundes) gibt es keinen Gemeinsamen Senat auf Landesebene.

3   Auch wenn § 12 Abs 1 S 1 VwGO dem Wortlaut nach vermuten lässt, dass alle Regelungen des § 11 VwGO nur gelten, soweit das OVG eine endgültige Entscheidung über eine Frage des Landesrechts trifft, so sind die Vorschriften über die Bildung des Großen Senats, dessen regelmäßige Zusammensetzung und die Bestellung der Mitglieder durch das Präsidium stets anwendbar (Sodan/Ziekow/Kronisch VwGO § 12 Rn 10). Die institutionelle Existenz und Besetzung der Großen Senate der OVG ist wie beim Großen Senat des

BVerwG obligatorisch (vgl § 11 VwGO Rn 1). Eine Einschränkung besteht nur im Fall des § 12 Abs 2 VwGO, wenn an die Stelle des Großen Senats die Vereinigten Senate treten (Sodan/Ziekow/Kronisch VwGO § 12 Rn 10).

B. Zuständigkeit des Großen Senats am Oberverwaltungsgericht

Eine Vorlage nach § 12 VwGO iVm § 11 Abs 2 oder 4 VwGO muss sich auf eine Frage **4** des **Landesrechts** beziehen, über welche das OVG endgültig entscheidet. Dabei muss der vorlegende Senat von der Rechtsprechung eines anderen Senats oder des Großen Senats abweichen wollen (vgl § 11 VwGO Rn 2 ff). Die Aufgabe der Auslegung von Bundesrecht kommt dagegen dem BVerwG zu. Möchte ein Senat daher abweichend von einem anderen Senat über die Auslegung von Bundesrecht entscheiden, so ist eine Vorlage an den Großen Senat des OVG unstatthaft (Eyermann/Geiger VwGO § 12 Rn 2). Für den Fall, dass umstritten ist, ob es sich um eine bundes- oder landesgesetzliche Norm handelt, ist die Vorlage an den Großen Senat des OVG solange zulässig, bis das BVerwG die Rechtsfrage dem betreffenden OVG gegenüber als Bundesrecht zuordnet (Sodan/Ziekow/Kronisch VwGO § 12 Rn 11). Ebenfalls nicht ausreichend ist eine Abweichung von der Rechtsprechung anderer OVG, des BVerfG, des BVerwG oder anderer oberster Bundes- oder Landesgerichte (vgl S/S/B/Stelkens/Panzer VwGO § 12 Rn 6). Unter Umständen kommt hier eine Vorlage wegen Grundsätzlichkeit der Sache in Betracht (Eyermann/Geiger VwGO § 12 Rn 3).

Wegen mangelnder **Endgültigkeit** der Entscheidungen des OVG kommt eine Vorlage an **5** den Großen Senat des OVG auch bei revisiblem Landesrecht nicht in Betracht. Das betrifft die Fälle, in denen eine Revision zum BVerwG in Abweichung vom Regelfall nicht nur auf eine Verletzung von Bundes-, sondern auch auf die Verletzung von Landesrecht gestützt werden kann, vgl Art 99 GG, § 191 Abs 2 VwGO iVm § 127 Nr 2 BRRG, § 137 Abs 1 Nr 2 VwGO (Sodan/Ziekow/Kronisch VwGO § 12 Rn 12).

Uneinigkeit herrscht bei der Frage, ob die **Rechtskraft** der früheren Entscheidung **6** Voraussetzung für eine Vorlage ist. Dies wird teilweise bejaht (Eyermann/Geiger VwGO § 12 Rn 2; S/S/B/Stelkens/Panzer VwGO § 12 Rn 15). Zwar sei das BVerwG gem § 173 VwGO iVm § 562 ZPO grundsätzlich an die Auslegung des Landesrechts durch das OVG gebunden. Es sei jedoch nicht daran gehindert, eigenständig zu prüfen, ob durch die Entscheidung revisibles Recht verletzt sei, zB weil durch die Auslegung und Anwendung von Landesrecht revisibles Bundesrecht verletzt wird. Um eine Divergenz zwischen dem Großen Senat und dem BVerwG in jedem Fall auszuschließen, müsse die Rechtskraft abgewartet werden. Richtigerweise kommt es nicht darauf an, ob die Entscheidung, von der abgewichen werden soll, bereits rechtskräftig geworden ist (B/F-K/K/v A/Funke-Kaiser VwGO § 12 Rn 3; Kopp/Schenke VwGO § 12 Rn 1; Sodan/Ziekow/Kronisch VwGO § 12 Rn 16). Denn selbst für den Fall, dass das BVerwG eine vom Großen Senat des OVG abweichende Entscheidung trifft, besteht die Gefahr einer Rechtsunsicherheit nach dem Divergenzverständnis der §§ 11, 12 VwGO nicht, weil dann die Rechtsauffassung des BVerwG gilt und sich die Rechtsauffassung des Großen Senats des OVG damit erledigt hat (Sodan/Ziekow/Kronisch VwGO § 12 Rn 16).

Kommt es zu einer willkürlichen **Verletzung der Vorlagepflicht**, so wird gegen die **7** Garantie des gesetzlichen Richters (Art 101 Abs 1 S 2 GG) verstoßen. Dies ist ein Verfahrensmangel iSd § 132 Abs 2 Nr 3 VwGO, der zu einer Revisionszulassung führt (Kopp/Schenke VwGO § 12 Rn 2; Sodan/Ziekow/Kronisch VwGO § 12 Rn 17; S/S/B/Stelkens/Panzer VwGO § 12 Rn 11; aA Eyermann/Geiger VwGO § 12 Rn 4; offen gelassen BVerwG NVwZ 1998, 952, 953).

C. Zusammensetzung des Großen Senats am Oberverwaltungsgericht

Die Zusammensetzung des Großen Senats bestimmt sich nach § 12 Abs 1 iVm § 11 **8** Abs 5 VwGO. Der Große Senat besteht demnach aus dem Präsidenten und je einem Richter der Berufungssenate (§ 12 Abs 1 S 2 VwGO), in denen der Präsident nicht den Vorsitz führt. **Berufungssenate** iSd Vorschrift sind dem Wortlaut nach nur die „nach diesem Gesetz" also auf Grundlage der VwGO gebildeten Berufungssenate. Hierzu zählen die Fachsenate nach

§ 188 S 1 VwGO und § 83 Abs 1 AsylVfG, da sie gemäß § 9 Abs 2 VwGO gebildet werden, nicht aber die Fachsenate nach den Personalvertretungsgesetzen, die Disziplinarsenate und die Senate nach dem FlurbG (Sodan/Ziekow/Kronisch VwGO § 12 Rn 19 f). Sofern Senate am OVG ausschließlich für erstinstanzielle Verfahren zuständig sind, sind diese nicht im Großen Senat vertreten (Eyermann/Geiger VwGO § 12 Rn 7). Die Mitglieder und Vertreter des Großen Senats werden gemäß § 12 Abs 1 iVm § 11 Abs 6 VwGO vom Präsidium für ein Geschäftsjahr bestellt.

9   **§ 12 Abs 3 VwGO** ermöglicht eine **abweichende Besetzungsregelung nach Landesrecht**. Von der Ermächtigung wurde bislang in Baden-Württemberg (§ 6 BWAG-VwGO), Bayern (Art 7 BayAGVwGO) und Nordrhein-Westfalen (§ 109 Abs 3 JustG NRW) Gebrauch gemacht. Hierdurch soll sichergestellt werden, dass der Große Senat auch an den größeren OVG mit einer entsprechend großen Anzahl an Berufungssenaten handlungsfähig bleibt (Sodan/Ziekow/Kronisch VwGO § 12 Rn 22). Die Ermächtigung begrenzt sich nicht auf eine abweichende Bestimmung der Anzahl der Mitglieder des Großen Senats. Der Landesgesetzgeber kann auch bestimmen, dass Mitglieder von Senaten berufen werden, die keine Berufungssenate sind (S/S/B/Stelkens/Panzer VwGO § 12 Rn 18; Sodan/Ziekow/Kronisch VwGO § 12 Rn 23; aA Eyermann/Geiger VwGO § 12 Rn 9). Die Mitwirkung ehrenamtlicher Richter kann ebenfalls vorgesehen werden (S/S/B/Stelkens/Panzer VwGO § 12 Rn 19).

D. Vereinigte Senate (Abs 2)

10   Sofern ein OVG nur über zwei Berufungssenate verfügt, werden anstelle des Großen Senats die Vereinigten Senate eingerichtet, denen alle **Berufsrichter** der beiden Senate angehören (S/S/B/Stelkens/Panzer VwGO § 12 Rn 20). Wenn über eine Regelung nach § 9 Abs 3 in den Berufungssenaten **ehrenamtliche Richter** mitwirken, gehören diese ebenfalls den Vereinigten Senaten an (Sodan/Ziekow/Kronisch VwGO § 12 Rn 26; Redeker/v Oertzen/Redeker VwGO § 12 Rn 3; aA Eyermann/Geiger VwGO § 12 Rn 8; S/S/B/Stelkens/Panzer VwGO § 12 Rn 21). Die Ermächtigung des § 12 Abs 3 VwGO ist nicht auf die Vereinigten Senate nach Abs 2 anwendbar. Eine abweichende Besetzung der Vereinigten Senate durch Landesgesetz ist demnach nicht möglich (Sodan/Ziekow/Kronisch VwGO § 12 Rn 22; aA S/S/B/Stelkens/Panzer VwGO § 12 Rn 12).

§ 13 [Geschäftsstelle]

¹Bei jedem Gericht wird eine Geschäftsstelle eingerichtet. ²Sie wird mit der erforderlichen Anzahl von Urkundsbeamten besetzt.

Die Norm regelt die Einrichtung einer Geschäftsstelle sowie die Besetzung mit Urkundsbeamten und bestimmt deren Aufgabenkreis.

A. Allgemeines

1   Die Vorschrift sieht zur **Gewährleistung eines ordnungsgemäßen Geschäftsbetriebs** des Gerichts die Einrichtung einer Geschäftsstelle sowie deren Besetzung mit Urkundsbeamten vor (Redeker/v Oertzen/Redeker VwGO § 13 Rn 1). Die **Arbeit der Richter** soll **ergänzt** und die Aufgaben, die von der VwGO vorgesehen sind, erfüllt werden (Kopp/Schenke VwGO § 13 Rn 2). Einzelheiten regeln die Länder für ihre Gerichte und der Bund für das BVerwG (S/S/B/Stelkens/Panzer VwGO § 13 Rn 2). Die Norm ist Teil der Gerichtsverfassung, zu deren Regelung der Bund gemäß Art 74 Abs 1 Nr 1 iVm Art 72 GG die Gesetzgebungskompetenz besitzt (Sodan/Ziekow/Kronisch VwGO § 13 Rn 2).

B. Begriff und Aufgaben der Geschäftsstelle

2   Die Geschäftsstelle, an dessen Spitze der Geschäftsleiter steht, ist der **organisatorische Teil** eines Gerichts, der personell und sächlich eingerichtet ist und der alle rechtspflegerischen Aufgaben, für die der Richter nicht zuständig ist, wahrnimmt (Eyermann/Geiger

VwGO § 13 Rn 2). Eingerichtet wird sie durch den Präsidenten, der für den organisatorischen Aufbau des Gerichts verantwortlich ist (S/S/B/Stelkens/Panzer VwGO § 13 Rn 5). Bei jedem Verwaltungsgericht (VG, OVG und BVerwG) ist eine solche Stelle einzurichten (Sodan/Ziekow/Kronisch VwGO § 13 Rn 5).

Es ist auch denkbar, dass mehrere Gerichte eine **gemeinsame Geschäftsstelle** haben. 3 Der Wortlaut des § 13 VwGO steht dem nicht entgegen. Jedoch ist es nicht möglich, die Geschäftsstelle eines anderen Gerichts in Anspruch zu nehmen, wenn eine gemeinsame Geschäftsstelle nicht eingerichtet wurde. Weiter ergibt sich aus der Aufnahme des § 13 VwGO in den 1. Abschnitt, dass die Regelung des § 1 VwGO („von den Verwaltungsbehörden getrennte Gerichte") auch für die Geschäftsstellen gilt. Demnach ist eine gemeinsame Geschäftsstelle zwischen einem Verwaltungsgericht und einer Behörde nicht zulässig (S/S/B/Stelkens/Panzer VwGO § 13 Rn 4).

Die Tätigkeit der Geschäftsstelle ist der Verwaltung zuzuordnen (Sodan/Ziekow/Kronisch 4 VwGO § 13 Rn 4). Bei größeren Gerichten gibt es oft mehrere Abteilungen, die wiederum verschiedene Untereinheiten besitzen (Eyermann/Geiger VwGO § 13 Rn 2). Die **Aufgaben** der Geschäftsstelle sind sehr umfangreich, eine Begrenzung gibt es nicht (Eyermann/Geiger VwGO § 13 Rn 3). Hierzu gehören insbes die Akten- und Registerführung, die Bewirkung von Ladungen, die Protokollführung, die Entgegennahme von Klagen, Anträgen und sonstigen Erklärungen, die Festsetzung von Gerichtskosten sowie die Zeugen- und Sachverständigenentschädigung (vgl S/S/B/Stelkens/Panzer VwGO § 13 Rn 8).

C. Begriff und Aufgaben des Urkundsbeamten

Die Geschäftsstelle muss mit einer angemessenen Anzahl von **Urkundsbeamten** besetzt 5 sein. Die Festlegung dieser Zahl ist Aufgabe der jeweiligen Justizverwaltung (Sodan/Ziekow/Kronisch VwGO § 13 Rn 6). Der Begriff des Urkundsbeamten ist nicht beamtenrechtlich, sondern prozessrechtlich zu verstehen. Somit muss es sich auch nicht um einen Beamten iSd Beamtenrechts handeln (Sodan/Ziekow/Kronisch VwGO § 13 Rn 6, 7). Der Urkundsbeamte erfüllt sowohl **administrative Hilfsfunktionen** (zB Akten- und Registerführung, Ausfertigung und Zustellung der Ladungen) als auch **prozessuale Aufgaben** (zB die Aufnahme von Anträgen zu Protokoll, vgl Kopp/Schenke VwGO § 13 Rn 4). Hinsichtlich Letzterem handelt er selbstständig und ist nicht weisungsgebunden. Außerdem kann er gem § 54 VwGO wie ein Richter ausgeschlossen und abgelehnt werden.

Rechtsmittel gegen die Entscheidungen des Urkundsbeamten ist die Erinnerung nach 6 § 151 (Eyermann/Geiger VwGO § 13 Rn 4). Werden jedoch administrative Hilfsfunktionen ausgeführt, richtet sich der Rechtsbehelf gegen die dahinter stehende Entscheidung des Vorsitzenden bzw des beauftragten Richters nach den §§ 146, 151 VwGO (Kopp/Schenke VwGO § 13 Rn 4).

Ein Urkundsbeamter muss bestimmte **Qualifikationen** aufweisen, um die ihm obliegen- 7 den Aufgaben wahrnehmen zu können. Beispielsweise ist die Festlegung der Gerichts- und Anwaltskosten grundsätzlich Beamten des höheren Dienstes anvertraut. Ebenso gilt dies für Fragen in der Rechtsantragsstelle, für deren Beantwortung die Kenntnis juristischer Grundlagen erforderlich ist (Eyermann/Geiger VwGO § 13 Rn 4).

§ 14 [Rechts- und Amtshilfe]

Alle Gerichte und Verwaltungsbehörden leisten den Gerichten der Verwaltungsgerichtsbarkeit Rechts- und Amtshilfe.

§ 14 VwGO verpflichtet sämtliche Gerichte und Verwaltungsbehörden ein Hilfe ersuchendes Verwaltungsgericht im Rahmen der Rechts- und Amtshilfe zu unterstützen. Eine solche Verpflichtung besteht schon verfassungsunmittelbar aus Art 35 Abs 1 GG, wobei zu beachten ist, dass der Behördenbegriff des Art 35 Abs 1 GG nach einhelliger Meinung auch die Gerichte umfasst. Weder Art 35 Abs 1 GG noch § 14 VwGO regeln jedoch näher, unter welchen Voraussetzungen dies zu erfolgen hat. Diese Regelungslücke ist durch analoge Anwendung der §§ 156 GVG ff für die Rechtshilfe und der §§ 4 ff VwVfG für die Amtshilfe zu schließen. Ergänzend sind die für Art 35 Abs 1 GG entwickelten allgemeinen Grundsätze heranzuziehen.

A. Normzweck

1   § 14 VwGO ist die einfachgesetzliche Konkretisierung des Art 35 Abs 1 GG, der die Einheit der Staatsgewalt zu sichern sucht (Sachs/Erbguth GG Art 35 Rn 2). Er soll sicherstellen, dass zwei grundlegende Prinzipien des GG, Föderalismus und Gewaltenteilung, nicht die Funktionsfähigkeit der Staatsgewalt im Gesamtstaat beeinträchtigen (v Münch/Kunig/ Gubelt GG Art 35 Rn 1). § 14 VwGO bestimmt daher, dass Verwaltungsgerichte andere Gerichte und Verwaltungsbehörden um Hilfe ersuchen können, wenn sie diese zum Zweck der Erfüllung der ihnen übertragenen Aufgaben benötigen.

2   Entgegen Art 35 Abs 1 GG stellt § 14 VwGO auf eine einseitige, nicht auf gegenseitige Verpflichtung zur Amts- und Rechtshilfe ab. Die Verpflichtung der Verwaltungsgerichte zur Amts- und Rechtshilfe hat ihre Grundlage unmittelbar in Art 35 Abs 1 GG. Hierbei ist jedoch zu berücksichtigen, dass die Amtsgerichte zu den allgemeinen Rechtshilfegerichten bestimmt worden sind (§ 5 Abs 2 S 3 SGG, § 155 FGO, § 157 GVG). Somit sind die Verwaltungsgerichte als ersuchte Stelle in Rechtshilfeangelegenheiten grundsätzlich unzuständig. Sie haben jedoch ggf in analoger Anwendung des § 158 Abs 2 S 2 iVm § 173 VwGO an das zuständige Gericht zu verweisen.

B. Amtshilfe

I. Allgemeines

3   Eine Definition des Begriffs Amtshilfe enthält § 14 VwGO nicht. Gleichwohl kann zu dessen Bestimmung auf die Legaldefinitionen in § 4 Abs 1 VwVfG und § 3 Abs 1 SGB X zurückgegriffen werden. Danach ist Amtshilfe die **ergänzende Hilfe** einer Behörde aufgrund des Ersuchens einer anderen Behörde. Dass Amtshilfe nicht nur durch Behörden, sondern auch durch Gerichte möglich ist, ergibt sich aus § 111 Abs 1 AO. Amtshilfe iSd § 14 VwGO ist somit jede ergänzende Hilfe, welche **nicht** in der Vornahme einer richterlichen Handlung besteht und die eine Behörde oder ein Gericht auf Ersuchen eines Verwaltungsgerichts leistet. Die Hilfeleistung besteht in Handlungen tatsächlicher oder rechtlicher Art.

4   In § 99 Abs 1 S 1 VwGO ist als lex specialis zu § 14 VwGO die Amtshilfe bezüglich der Vorlage von Urkunden oder Akten, der Übermittlung elektronischer Dokumente und die Auskunftpflicht geregelt. Des Weiteren finden sich in den §§ 169 ff VwGO spezielle Amtshilferegelungen im Zusammenhang mit der Vollstreckung von Urteilen.

5   In § 14 VwGO sind die Voraussetzungen der Amtshilfe nicht geregelt. Diese Lücke ist durch analoge Anwendung der **§§ 4 ff VwVfG** bzw der entsprechenden landesrechtlichen Vorschriften zu schließen.

6   Abzugrenzen ist die Amtshilfe von anderen organisationsrechtlichen Verknüpfungen zwischen zwei Stellen; diese gehen der Amtshilfe vor. So handelt es sich nicht um Amtshilfe, wenn die Hilfeleistung im Rahmen eines **Weisungsverhältnisses** erfolgt (vgl § 4 Abs 2 VwVfG) oder es sich um einen Fall der **Organleihe** handelt. Eine Organleihe liegt vor, wenn die ergänzende Hilfe nicht nur im Einzelfall zu leisten ist, sondern das trägerfremde Organ aufgrund einer allgemeinen Regelung die Aufgabe ständig wahrzunehmen hat (v Münch/Kunig/Gubelt GG Art 35 Rn 6). Ebenso handelt es sich nicht um Amtshilfe, wenn die Handlungen dem Ersuchten als **eigene Aufgaben** obliegen (Eyermann/Geiger VwGO § 14 Rn 3).

II. Verfahren

7   **Zuständig** für das Ersuchen um Amtshilfe ist im vorbereitenden Verfahren gem § 87 VwGO der Vorsitzende oder der Berichterstatter sowie der Urkundsbeamte, soweit dessen Aufgaben betroffen sind. Jede Amtshilfe setzt ein **Ersuchen** voraus. Jedwede Form aufgedrängter Amtshilfe stellt einen unzulässigen Eingriff in die Pflicht der eigenverantwortlichen Aufgabenerfüllung der unterstützten Behörde dar (Sachs/Erbguth GG Art 35 Rn 15). Auch die so genannte **Spontanhilfe** ist keine Form der Amtshilfe, sondern kann allenfalls unter dem Gesichtspunkt einer öffentlich-rechtlichen GoA gerechtfertigt sein (v Münch/ Kunig/Gubelt GG Art 35 Rn 7; grds krit Sachs/Erbguth GG Art 35 Rn 16). Im Interesse

der Rechtsklarheit bedarf das Ersuchen regelmäßig der **Schriftform** (Eyermann/Geiger VwGO § 14 Rn 12; aA Sodan/Ziekow/Kronisch VwGO § 14 Rn 10). Von diesem Erfordernis kann nur in Fällen besonderer Dringlichkeit abgewichen werden. Das Ersuchen hat alle erforderlichen **Angaben** zu enthalten, welche die ersuchte Stelle in die Position versetzen, die begehrte Handlung vorzunehmen. Dazu gehört unter anderem, dass Art und Ziel der Maßnahme und die ersuchte Tätigkeit so konkret umrissen sind, dass die ersuchte Stelle ohne wesentliche Nachforschungen und eingehende Befassung mit der Sach- und Rechtslage das Hilfeersuchen erledigen kann.

III. Umfang der Amtshilfe

Ein Amtshilfeersuchen setzt voraus, dass das Verwaltungsgericht die vorzunehmende **8** Handlung **nicht selbst vornehmen kann** oder die Vornahme **unzweckmäßig** ist. Die Art und Weise der Erledigung der Amtshilfe richtet sich in entsprechender Anwendung des § 7 Abs 1 VwGO nach dem Recht, welches die ersuchte Behörde oder das ersuchte Gericht anzuwenden hat (BVerwG NVwZ 1986, 467, 468). Somit erweitert § 14 VwGO nur die Zuständigkeit, stellt selbst aber keine Ermächtigungsgrundlage dar (Kopp/Schenke VwGO § 14 Rn 2). Die Amtshilfe **ist** zu verweigern, wenn rechtliche Gründe entgegenstehen (vgl § 5 Abs 2 Nr 1 VwVfG) oder das Wohl des Bundes oder eines Landes dies erfordern (vgl § 5 Abs 2 Nr 2 VwVfG). Des Weiteren sind in entsprechender Anwendung des § 5 Abs 3 VwVfG **fakultative** Versagensgründe gegeben, auf welche sich die ersuchte Stelle nach Ausübung pflichtgemäßen Ermessens berufen kann. Über den abschließenden Katalog des § 5 Abs 3 VwVfG hinaus wird angenommen, dass die ersuchte Stelle die Amtshilfe auch verweigern kann, wenn die Maßnahme, der die Amtshilfe dient, offensichtlich rechtswidrig ist (Kopp/Ramsauer VwVfG § 5 Rn 28). Aus reinen **Zweckmäßigkeitserwägungen** darf die ersuchte Stelle aber die Amtshilfe nicht verweigern (vgl § 5 Abs 4 VwGO).

IV. Rechtsbehelf

Wird einem berechtigten Ersuchen auf Amtshilfe nicht entsprochen, so ist kein Rechts- **9** mittel, sondern die **Dienstaufsichtsbeschwerde** zulässig (vgl § 5 Abs 5 S 2 VwVfG), es sei denn, die Ablehnung stellt gegenüber einem Beteiligten (§ 63 VwGO) einen Justiz-VA dar. In diesem Fall richtet sich der begehrte Rechtsschutz nach den §§ 23 ff EGGVG (vgl Kopp/Schenke VwGO § 14 Rn 3).

V. Kosten

Die Erhebung einer Gebühr für das Tätigwerden ist in entsprechender Anwendung des **10** § 8 Abs 1 S 1 VwVfG nicht zulässig. Zu erstatten sind jedoch die notwendigen Auslagen der ersuchten Stelle, wenn diese 35 Euro übersteigen (vgl § 8 Abs 1 S 2 VwVfG). Dies setzt ein entsprechendes Verlangen der ersuchten Stelle voraus.

C. Rechtshilfe

I. Allgemeines

Auch die Rechtshilfe ist nicht in § 14 VwGO legaldefiniert. Jedoch ist allgemein an- **11** erkannt, dass hierunter die Vornahme einer genuin **richterlichen Amtshandlung** durch ein Gericht auf Ersuchen des Prozessgerichts oder einer Verwaltungsbehörde (vgl § 180, § 4 II VereinsG) zu verstehen ist (S/S/B/Stelkens/Panzer VwGO § 14 Rn 3). Die typische Rechtshilfe besteht in der Zeugenvernehmung. Die Rechtshilfe auf Ersuchen eines Prozessgerichts wird **Gerichtshilfe** genannt. Eine spezielle Regelung über die Rechtshilfe zum Zweck der Beweisaufnahme ist in § 96 Abs 2 VwGO enthalten. Ansonsten enthält die VwGO selbst keine allgemeinen Regelungen über den Umfang der Rechtshilfe. Deshalb sind die Vorschriften des GVG über die Rechtshilfe (§§ 156 ff GVG) gem § 173 VwGO analog heranzuziehen, soweit sich aus den Besonderheiten der ordentlichen Gerichtsbarkeit nichts Abweichendes ergibt (vgl Kopp/Schenke VwGO § 14 Rn 2).

II. Verfahren

12   Im Allgemeinen ist für das Ersuchen das Prozessgericht zuständig, welches auch der Einzelrichter (§ 6 VwGO) oder der Berichterstatter (§ 87a Abs 3 VwGO) sein kann. Im vorbereitenden Verfahren (§ 87 VwGO) kann auch der Vorsitzende, der Berichterstatter oder ggf der Urkundsbeamte (§ 164 VwGO) die Rechtshilfe initiieren. Als Adressat der Rechtshilfe kommen grundsätzlich nur die Gerichte der allgemeinen Verwaltungsgerichtsbarkeit in Betracht. Vorrangig einzuschalten ist das VG, es sei denn die begehrte Rechtshilfe ist durch dieses nicht zu erlangen. In diesem Fall sind das OVG bzw das BVerwG taugliche Adressaten der Rechtshilfe (vgl B/F-K/K/v A/Funke-Kaiser VwGO § 14 Rn 8). Ist die begehrte Rechtshilfe durch die allgemeine Verwaltungsgerichtsbarkeit nicht zu erreichen, so sind die Amtsgerichte gem § 173 VwGO iVm § 157 GVG als allgemeines Rechtshilfegericht heranzuziehen. Wird ein unzuständiges Gericht um Rechtshilfe ersucht, hat es an das zuständige Gericht zu verweisen (§ 173 VwGO iVm § 158 Abs 2 S 2 GVG ggf analog). Wie bei der Amtshilfe so ist auch bei der Rechtshilfe aus Gründen der Rechtssicherheit und Rechtsklarheit im Regelfall ein **schriftliches Ersuchen** zu fordern (vgl BFHE 142, 7). Dieses hat die erbetene Maßnahme und deren Ziel konkret zu bezeichnen. Besteht die Rechtshilfe in einer **Zeugen-** oder **Sachverständigenvernehmung**, so muss das Prozessgericht im Beweisbeschluss die zu stellenden Fragen vorformulieren und erklären, ob eine Beeidigung erfolgen soll (vgl § 98 VwGO iVm § 359 ZPO).

III. Umfang der Rechtshilfe

13   Ebenso wie bei der Amtshilfe kommt auch bei der Rechtshilfe ein Ersuchen nur in Betracht, wenn die Vornahme durch das Prozessgericht **unmöglich** oder **unzweckmäßig** ist. Dabei ist zu berücksichtigen, dass die notwendigen Verfahrenshandlungen vom Prozessgericht regelmäßig selbst durchzuführen sind. Nur wenn das Prozessgericht hierzu nicht in der Lage ist, kann ausnahmsweise um Rechtshilfe ersucht werden.

14   Grundsätzlich darf das ersuchte Gericht die Rechtshilfe nicht ablehnen (§ 173 VwGO iVm § 158 Abs 1 GVG). Eine **Ablehnung** der begehrten Rechtshilfe ist rechtens, wenn die Prozess- oder Verfahrensordnung des **ersuchten Gerichts** eine Vornahme der entsprechenden Handlung verbietet (§ 158 Abs 2 S 1 GVG) oder nicht vorsieht (Eyermann/Geiger VwGO § 14 Rn 8) sowie wenn gegen **rechtsstaatliche Grundsätze** oder **Grundrechte** verstoßen wird. Unzulässig sind rechtsmissbräuchliche Rechtshilfeersuchen, wie zB das Ersuchen, eine bereits erfolgte Vornahme zu wiederholen, ohne dass ein Wiederholungsinteresse besteht. Auch ein nicht hinreichend konkretes Ersuchen kann abgelehnt werden (BAG NJW 1991, 1252).

IV. Rechtsbehelf

15   Wird die erbetene Rechtshilfe zu Unrecht abgelehnt, so kann das ersuchende Gericht eine Entscheidung durch das im Rechtszug übergeordnete Gericht herbeiführen (vgl § 159 GVG). Fraglich ist, ob die Entscheidung des OVG mittels einer **Beschwerde** vor dem BVerwG angegriffen werden kann (ablehnend S/S/B/Meyer-Ladewig/Rudisile VwGO § 152 Rn 5; Eyermann/Happ VwGO § 152 Rn 1; bejahend Redeker/v Oertzen/Redeker VwGO § 152 Rn 3). § 152 Abs 1 VwGO bestimmt, dass nur in den dort geregelten Fällen Entscheidungen des OVG vor dem BVerwG mittels Beschwerde angefochten werden können. In dieser Vorschrift findet sich keine Bezugnahme auf § 159 Abs 1 S 2, 3 GVG (Sodan/Ziekow/Guckelberger VwGO § 152 Rn 8), so dass dem Wortlaut nach eine Beschwerde vor dem BVerwG nicht statthaft ist. Gegen dieses Auslegungsergebnis lässt sich mit Erfolg auch nicht anführen, dass der auf eine bundeseinheitliche Rechtsanwendung gerichtete Normzweck des § 159 GVG (vgl BFHE 142, 17) nicht erreicht werden kann, wenn die Anrufung des BVerwG ausgeschlossen ist. Denn § 152 Abs 1 VwGO bildet eine spezielle verfahrensrechtliche Regelung iSd § 173 VwGO, welche eine (entsprechende) Anwendbarkeit des § 159 Abs 1 S 2, 3 GVG sperrt.

V. Kosten

Die Kosten werden von dem ersuchten Gericht getragen (§ 173 VwGO iVm § 164 **16** GVG). Die Erstattung der anfallenden Kosten durch das ersuchende Verwaltungsgericht ist gesetzlich nicht vorgesehen. Dies gilt selbst dann, wenn es zu beträchtlichen Ausgaben gekommen ist. Für eine analoge Anwendung des **Justizvergütungs-** und **Entschädigungsgesetzes** ist kein Raum, da es an einer vergleichbaren Interessenlage als Voraussetzung für eine Analogiebildung fehlt. Denn die ersuchten Stellen werden nicht wie Zeugen oder Sachverständige tätig (Eyermann/Geiger VwGO § 14 Rn 14; aA Kopp/Schenke VwGO § 14 Rn 4).

D. Internationale Amts- und Rechtshilfe

§ 14 VwGO bindet als Bundesgesetz nur die deutschen Gerichte und Verwaltungsbehör- **17** den. Wird von einer ausländischen Stelle Amts- oder Rechtshilfe begehrt, besteht eine Verpflichtung dieser Stellen nur im Rahmen **völkerrechtlicher Vereinbarungen**. Sind keine verbindlichen Übereinkommen vorhanden, ist die Gewährung nur im Wege völkerrechtlicher Höflichkeit („Courtoisie") zu erlangen, woraus sich jedoch kein Rechtsanspruch ergibt (BVerwG DVBl 1983, 1001). Dies erfolgt auf dem **diplomatischen Weg** durch Vermittlung der obersten Dienstbehörde und des Auswärtigen Amtes über die deutschen Auslandsvertretungen (Kopp/Schenke VwGO § 14 Rn 5). Für Verwaltungssachen entsprechend anwendbar sind die **Haager Zivilprozessabkommen** vom 17.7.1905 (RGBl 1909 409) und vom 1.3.1954 (BGBl 1958 II 576). Zur gegenseitigen Amtshilfe in verwaltungsrechtlichen und verwaltungsgerichtlichen Angelegenheiten verpflichtet das Europäische Übereinkommen vom 24.11.1977 über die **Zustellung von Schriftstücken** in Verwaltungssachen im Ausland (BGBl 1981 II 535) und das Europäische Übereinkommen vom 15.3.1978 über die Erlangung von **Auskünften** und **Beweisen** in Verwaltungssachen im Ausland (BGBl 1981 II 533).

Gemeinschaftsrechtlich ist der Grundsatz gemeinschaftsfreundlichen Verhaltens (Art 4 **18** Abs 3 UAbs 1 EUV) zu beachten. Dieser berechtigt und verpflichtet die Organe der EU und den EuGH zur Rechts- und Amtshilfe (EuGH NJW 1991, 2409). Dieser Anspruch besteht jedoch nur, soweit dadurch die Funktionsfähigkeit und Unabhängigkeit der EU nicht beeinträchtigt wird (Kopp/Schenke VwGO § 14 Rn 7 mwN).

2. Abschnitt Richter (§§ 15–18)

§ 15 [Hauptamtliche Richter]

(1) Die Richter werden auf Lebenszeit ernannt, soweit nicht in §§ 16 und 17 Abweichendes bestimmt ist.

(2) (weggefallen)

(3) Die Richter des Bundesverwaltungsgerichts müssen das fünfunddreißigste Lebensjahr vollendet haben.

§ 15 Abs 1 VwGO bestimmt in Übereinstimmung mit § 28 DRiG, dass die hauptamtlichen Richter bei den Gerichten der allgemeinen Verwaltungsgerichtsbarkeit – für die ehrenamtlichen Richter gilt die Vorschrift nicht – grundsätzlich auf Lebenszeit ernannt werden (Rn 1). Dies dient der Wahrung der in Art 97 GG garantierten Unabhängigkeit der Richter sowie der daraus resultierenden Unabhängigkeit der Gerichte (Rn 4). Ausnahmen von der Ernennung auf Lebenszeit sind nur zulässig, soweit sie in § 16 VwGO und § 17 VwGO durch das Gesetz selbst vorgesehen sind (Rn 3). Für die Richter des Bundesverwaltungsgerichts schreibt § 15 Abs 3 VwGO ein Mindestalter von 35 Jahren vor.

A. Die Berufung in das Richterverhältnis auf Lebenszeit

1 Hinsichtlich der Berufung in das Richterverhältnis auf Lebenszeit enthält die VwGO keine speziellen Regelungen. Zurückzugreifen ist daher auf die allgemeinen Vorschriften im DRiG und in den Richtergesetzen der Länder. Danach erfolgt die Ernennung durch **Aushändigung einer Urkunde** und **Einweisung in eine Planstelle** bei einem bestimmten Gericht (§ 17 Abs 1 DRiG). Voraussetzung für eine Ernennung auf Lebenszeit ist – neben den in § 9 DRiG genannten allgemeinen Voraussetzungen (Deutscheneigenschaft im Sinne des Art 116 GG; Befähigung zum Richteramt; Gewähr des Eintretens für die freiheitliche demokratische Grundordnung; soziale Kompetenz) – eine mindestens dreijährige Tätigkeit im richterlichen Dienst (§ 10 DRiG).

2 Ist die **Ernennung** aus einem der in § 18 DRiG abschließend aufgezählten Gründe (ausnahmsweise) **nichtig**, so ist das Gericht nicht vorschriftsmäßig besetzt. Dies kann im Revisionsverfahren gerügt werden (absoluter Revisionsgrund gem § 138 Nr 1 VwGO) sowie Grund für ein Wiederaufnahmeverfahren sein (§ 153 Abs 1 VwGO iVm § 579 Abs 1 Nr 1 ZPO). Im Berufungs(zulassungs)verfahren kann es als Verfahrensmangel gerügt werden (§ 124 Abs 2 Nr 5 VwGO) (Sodan/Ziekow/Seibert VwGO § 124 Rn 195; Wysk/Wysk VwGO § 15 Rn 5). Gleiches gilt wegen der ex-tunc-Wirkung der Rücknahme, wenn die Ernennung gem § 19 DRiG rücknehmbar ist (Schmidt-Räntsch DRiG § 19 Rn 24; Eyermann/Geiger VwGO § 15 Rn 3; aA Redeker/v Oertzen/M. Redeker VwGO § 15 Rn 2).

B. Ausnahmen von der Ernennung zum Richter auf Lebenszeit

3 § 16 VwGO und § 17 VwGO sehen als Ausnahmen vom Grundsatz des Tätigwerdens von Lebenszeitrichtern des angerufenen Gerichts die Verwendung von **Richtern im Nebenamt** sowie von **Richtern auf Probe** und **Richtern kraft Auftrags** vor. Diese Ausnahmen gelten für die Verwaltungsgerichte sowie – betreffend die Richter im Nebenamt – für die Oberverwaltungsgerichte, nicht hingegen für das Bundesverwaltungsgericht. Darüber hinaus ermöglicht § 37 DRiG bei den Verwaltungs- und Oberverwaltungsgerichten den Einsatz von Lebenszeitrichtern eines anderen Gerichts, die (zeitlich befristet) an das betreffende Gericht abgeordnet sind (vgl Sodan/Ziekow/Kronisch VwGO § 15 Rn 5). Beim Bundesverwaltungsgericht können abgeordnete Richter demgegenüber nur als wissenschaftliche Mitarbeiter eingesetzt werden. Von der in § 11 DRiG unter bestimmten Voraussetzungen des weiteren zugelassenen Ernennung von Richtern auf Zeit hat die VwGO keinen Gebrauch gemacht.

4 Im Gegensatz zu den auf Lebenszeit ernannten Richtern genießen die Richter auf Probe und die Richter kraft Auftrags zwar die uneingeschränkte sachliche, nicht jedoch die volle persönliche **Unabhängigkeit** iSd Art 97 Abs 2 GG, da sie auch gegen ihren Willen versetzt oder abgeordnet (§ 13 DRiG, § 16 Abs 2 DRiG) sowie unter erleichterten Bedingungen entlassen werden können (§ 22 DRiG, § 23 DRiG). Die Ausübung der Rechtsprechung durch Richter auf Probe und Richter kraft Auftrags muss daher die Ausnahme sein.

§ 16 [Richter im Nebenamt]

Bei dem Oberverwaltungsgericht und bei dem Verwaltungsgericht können auf Lebenszeit ernannte Richter anderer Gerichte und ordentliche Professoren des Rechts für eine bestimmte Zeit von mindestens zwei Jahren, längstens jedoch für die Dauer ihres Hauptamts, zu Richtern im Nebenamt ernannt werden.

§ 16 VwGO sieht als Ausnahme vom Grundsatz des § 15 VwGO (Tätigwerden von Lebenszeitrichtern des angerufenen Gerichts) die Ernennung von Lebenszeitrichtern anderer Gerichte (Rn 7) sowie von ordentlichen Professoren des Rechts (Rn 5) zu Richtern im Nebenamt (Rn 2) vor. Allerdings besteht diese Möglichkeit nach dem Gesetz nur bei den Verwaltungsgerichten und den Oberverwaltungsgerichten, nicht hingegen beim Bundesverwaltungsgericht. Die Ernennung muss für eine bestimmte Zeit (Rn 3) von mindestens zwei Jahren erfolgen; dies dient der Wahrung der richterlichen Unabhängigkeit der Richter im Nebenamt. Wegen der Bindung des Nebenamtes an das Hauptamt (Rn 9) endet das

Richterverhältnis jedoch vor Ablauf der bestimmten Zeit, wenn das Hauptamt vor diesem Zeitpunkt endet.

A. Allgemeines

I. Zweck und praktische Bedeutung der Vorschrift

Die Möglichkeit der Ernennung von Richtern im Nebenamt, die eine Besonderheit der 1 VwGO gegenüber den anderen Prozessordnungen darstellt, sollte zum einen ursprünglich dazu dienen, den Personalbedarf der Verwaltungsgerichte zu decken (vgl BT-Drs 3/55, 28). Zum anderen verfolgte man das Ziel, Spezialisten für einzelne Rechtsgebiete zu gewinnen. In beiden Zielrichtungen ist die Vorschrift heute indessen weitgehend überholt und ihre **praktische Bedeutung** daher **gering**. Denn der Personalbedarf der Verwaltungsgerichte wird durch die Einstellung von Richtern auf Probe gedeckt, und das nötige Fachwissen erwerben die hauptamtlichen Richter selbst durch die jedenfalls bei größeren Gerichten übliche Geschäftsverteilung auf die einzelnen Spruchkörper nach Sachgebieten. Aus diesem Grunde sind etwa in Nordrhein-Westfalen gegenwärtig keine Richter im Nebenamt in den allgemeinen Kammern und Senaten der Verwaltungsgerichte und des Oberverwaltungsgerichts (mehr) tätig.

II. Verhältnis zu § 8 DRiG

Unabhängig von ihrer geringen praktischen Bedeutung stellt sich zudem die Frage, ob die 2 Vorschrift des § 16 VwGO nach Inkrafttreten des DRiG im Jahre 1962 überhaupt noch Gültigkeit hat. Denn § 8 DRiG sieht vor, dass Richter nur als Richter auf Lebenszeit, auf Zeit, auf Probe oder kraft Auftrags berufen werden können; der Richter im Nebenamt findet demgegenüber keine Erwähnung. Daraus wird zum Teil der Schluss gezogen, dass es seit Inkrafttreten des DRiG den Richter im Nebenamt nicht mehr gebe (Schmidt-Räntsch DRiG § 8 Rn 8 ff). Die Rechtsprechung und die überwiegende Meinung in der Literatur nehmen hingegen zu Recht an, dass der Richter im Nebenamt weiterhin eine zulässige Rechtsform in der Verwaltungsgerichtsbarkeit darstellt (vgl VGH Mannheim DÖV 1963, 888; S/S/B/Stelkens/Panzer VwGO § 16 Rn 4; Kopp/Schenke VwGO § 16 Rn 1). Dies folgt bereits daraus, dass der Gesetzgeber in der Überleitungsvorschrift des § 89 Nr 3 DRiG (BGBl 1961 I 1665, 1678) § 16 VwGO unberührt gelassen, die im gleichen Abschnitt befindliche Regelung des § 18 VwGO unter ausdrücklicher Einbeziehung der Richter im Nebenamt hingegen geändert hat. Zudem hat er den Richter im Nebenamt bei der Aufhebung des § 18 VwGO durch das Rechtspflegeentlastungsgesetz vom 15.1.1993 (BGBl I 50) nochmals explizit erwähnt (BT-Drs 12/1217, 55). Aus diesem Grunde ist **§ 16 VwGO** als **lex specialis zu § 8 DRiG** anzusehen (Eyermann/Geiger VwGO § 16 Rn 1; Redeker/ v Oertzen/M. Redeker VwGO § 16 Rn 1). Eine Ernennung der Richter im Nebenamt zu Richtern auf Zeit ist daher – entgegen der Auffassung eines Teils der herrschenden Meinung (vgl Redeker/v Oertzen/M. Redeker VwGO § 16 Rn 3) – nicht erforderlich, auch wenn der Status der Richter im Nebenamt demjenigen der (hauptamtlichen) Richter auf Zeit im Sinne des § 11 DRiG weitgehend angenähert ist.

B. Ernennung der Richter im Nebenamt

I. Allgemeines

Ausgehend von der Spezialität des § 16 VwGO werden die Richter im Nebenamt 3 ausdrücklich als solche ernannt. Es handelt sich hingegen auch bei der Ernennung eines Lebenszeitrichters eines anderen Gerichts nicht um die Übertragung eines weiteren (konkreten) Richteramtes im Sinne des § 27 Abs 2 DRiG. Durch die Ernennung wird vielmehr ein neues Richterverhältnis begründet, das in vollem Umfang von Art 97 GG geschützt ist. In die Ernennungsurkunde ist der bestimmte Zeitraum aufzunehmen, für den das Amt ausgeübt werden soll.

Bei einem **Verstoß gegen § 16 VwGO**, etwa bei einer Ernennung auf unbestimmte Zeit 4 oder für einen kürzeren Zeitraum als zwei Jahren, ist das Gericht nicht vorschriftsmäßig besetzt. Dies kann sowohl im Revisionsverfahren als auch im Wiederaufnahmeverfahren geltend gemacht werden (vgl § 15 VwGO Rn 2)

II. Ordentliche Professoren des Rechts

5   Als „ordentlicher" Professor im Sinne der Vorschrift wurde unter dem früher geltenden Hochschulrahmen- und -besoldungsrecht nur angesehen, wer ein Amt der **Besoldungsgruppe C 4** an einer wissenschaftlichen Hochschule innehatte (vgl S/S/B/Stelkens/Panzer VwGO § 16 Rn 8). Nach Abschaffung des „ordentlichen" Professors durch das HRG und Einführung der **Besoldungsgruppe W** durch das Gesetz zur Reform der Professorenbesoldung vom 16.2.2002 (BGBl I 686) spricht jedoch vieles dafür, nunmehr Professoren der Besoldungsgruppen W 2 und W 3 unter den Begriff des „ordentlichen" Professors im Sinne des § 16 VwGO zu fassen (S/S/B/Stelkens/Panzer VwGO § 16 Rn 8; aA Wysk/Wysk VwGO § 16 Rn 3). Nicht erforderlich ist, dass der Professor als Beamter auf Lebenszeit ernannt wurde; ausreichend ist vielmehr auch eine Ernennung zum Beamten auf Zeit (Sodan/Ziekow/Kronisch VwGO § 16 Rn 8; aA S/S/B/Stelkens/Panzer VwGO § 16 Rn 8). **Ausgeschlossen** sind jedoch auch weiterhin **außerplanmäßige Professoren, Honorarprofessoren** und **Privatdozenten** sowie der durch das 5. HRGÄndG vom 16.2.2002 (BGBl I 693) eingeführte **Juniorprofessor** (ebenso Sodan/Ziekow/Kronisch VwGO § 16 Rn 8; Wysk/Wysk VwGO § 16 Rn 3). Ebenfalls nach wie vor ausgeschlossen sind Professoren, die nicht an einer Universität oder einer sonstigen anerkannten wissenschaftlichen Hochschule, an der ein rechtswissenschaftliches Studium möglich ist, tätig sind, sondern an **Fachhochschulen** oder **Technischen Hochschulen** (vgl BVerfG NJW 1975, 2340; BVerwG NJW 1975, 1899; NJW 1979, 1174; NJW 1997, 2399).

6   Die Ernennung eines Professors zum Richter im Nebenamt kann nur mit dessen **Zustimmung** erfolgen (Eyermann/Geiger VwGO § 16 Rn 3).

III. Lebenszeitrichter anderer Gerichte

7   Neben Professoren können auch auf Lebenszeit ernannte Richter anderer Gerichte, nicht jedoch Richter auf Probe und Richter kraft Auftrags, zu Richtern im Nebenamt ernannt werden. Unerheblich ist dabei, welchem Gerichtszweig der Lebenszeitrichter angehört. Auch wird es als zulässig angesehen, einen Richter erster Instanz zum Richter im Nebenamt beim Oberverwaltungsgericht zu ernennen (S/S/B/Stelkens/Panzer VwGO § 16 Rn 7; Eyermann/Geiger VwGO § 16 Rn 2; aA Schmidt-Räntsch DRiG § 27 Rn 21).

8   Im Gegensatz zum Professor ist der Lebenszeitrichter **zur Übernahme** des Nebenamtes aufgrund von § 42 DRiG **verpflichtet** (Eyermann/Geiger VwGO § 16 Rn 2; aA S/S/B/ Stelkens/Panzer VwGO § 16 Rn 5).

C. Rechtsstellung der Richter im Nebenamt
I. Abhängigkeit des Nebenamtes vom Hauptamt

9   § 16 VwGO bestimmt ausdrücklich, dass das Nebenamt nicht länger dauert als das Hauptamt (**„längstens für die Dauer ihres Hauptamts"**). Daher endet das Richterverhältnis im Nebenamt, sobald der nebenamtliche Richter aus seinem Hauptamt ausscheidet. Aus Gründen der Rechtsklarheit sollte dies von der Ernennungsbehörde schriftlich festgestellt werden (Eyermann/Geiger VwGO § 16 Rn 4).

10   Wird einem Lebenszeitrichter die Führung der Amtsgeschäfte gemäß § 35 DRiG vorläufig untersagt oder wird er im Rahmen eines Disziplinarverfahrens vorläufig des Dienstes enthoben oder wird er nach § 36 DRiG beurlaubt, so gilt dies auch für das Nebenamt (Eyermann/Geiger VwGO § 16 Rn 4; S/S/B/Stelkens/Panzer VwGO § 16 Rn 9). Ohne Einfluss auf das Nebenamt dürfte es demgegenüber sein, wenn ein Professor einen Ruf an die Hochschule eines anderen Bundeslandes annimmt (vgl für den Fall der Wahrnehmung des Richteramtes im zweiten Hauptamt OLG Frankfurt NJW 1988, 1392; HessDGH MDR 1988, 111; außerdem Kopp/Schenke VwGO § 16 Rn 1; Eyermann/Geiger VwGO § 16 Rn 4). Ebenfalls unschädlich ist es, wenn das Hauptamt nur noch selten ausgeübt wird.

II. Besetzung der Spruchkörper mit Richtern im Nebenamt

1. Führung des Vorsitzes (§ 28 Abs 2 S 2 DRiG)

Tagt das Gericht in der Besetzung mit mehreren Richtern, so ist gem § 28 Abs 2 S 2 **11** DRiG ein **Lebenszeitrichter** eines anderes Gerichts – anders als ein zum Richter im Nebenamt ernannter Professor – berechtigt, den Vorsitz zu führen (vgl Kopp/Schenke VwGO § 16 Rn 2; S/S/B/Stelkens/Panzer VwGO § 16 Rn 10; aA Eyermann/Geiger VwGO § 16 Rn 5). § 28 Abs 2 S 2 DRiG verlangt nämlich nicht, dass der den Vorsitz führende Lebenszeitrichter sein Lebenszeitamt gerade bei dem betreffenden Gericht innehat. Diese Erwägung lag auch der Streichung des § 18 VwGO im Jahre 1993 zugrunde, der noch ausdrücklich vorgesehen hatte, dass Richter im Nebenamt nicht den Vorsitz führen können (vgl S/S/B/Stelkens/Panzer VwGO § 16 Rn 10 und § 18 Rn 2 f).

2. Keine zahlenmäßige Beschränkung gemäß § 29 S 1 DRiG

Ebenfalls seit der Streichung des § 18 VwGO, der des weiteren bestimmt hatte, dass nicht **12** mehr als ein Richter im Nebenamt an einer Kollegialentscheidung mitwirken darf, besteht für die Mitwirkung von Richtern im Nebenamt keine zahlenmäßige Beschränkung mehr (vgl Kopp/Schenke VwGO § 16 Rn 2; S/S/B/Stelkens/Panzer VwGO § 16 Rn 11; aA Redeker/v Oertzen/M. Redeker VwGO Anh § 18 Rn 4). Die Vorschrift des § 29 S 1 DRiG gilt vielmehr ausdrücklich nur für Richter auf Probe, Richter kraft Auftrags und abgeordnete Richter.

3. Einzelrichtertätigkeit

Richter im Nebenamt dürfen auch als Einzelrichter tätig werden, ohne dass sie dabei der **13** „Sperrfrist" von einem Jahr nach § 6 Abs 1 S 2 VwGO unterliegen.

§ 17 [Richter auf Probe, Richter kraft Auftrags]

Bei den Verwaltungsgerichten können Richter auf Probe oder Richter kraft Auftrags verwendet werden.

Als weitere Ausnahme vom Grundsatz des § 15 VwGO sieht § 17 VwGO die Möglichkeit der Verwendung von Richtern auf Probe (Rn 1) und Richtern kraft Auftrags (Rn 6) vor. Dabei ist die im Gesetz verwendete Konjunktion „oder" nicht dahingehend zu verstehen, dass bei einem Gericht nur die Verwendung entweder von Richtern auf Probe oder von Richtern kraft Auftrags zulässig ist. Allerdings besteht die Möglichkeit der Verwendung von Proberichtern und Richtern kraft Auftrags nur bei den Verwaltungsgerichten, nicht hingegen beim Bundesverwaltungsgericht und – anders als für die in § 16 VwGO geregelten Richter im Nebenamt – auch nicht bei den Oberverwaltungsgerichten. Die Ernennung von Richtern auf Probe und Richtern kraft Auftrags erfolgt mit dem Ziel einer späteren Ernennung zum Richter auf Lebenszeit. Bis dahin genießen sie zwar die volle sachliche, jedoch nur eine eingeschränkte persönliche Unabhängigkeit iSd Art 97 GG (Rn 2).

A. Richter auf Probe

I. Ernennung

Die Ernennung zum Richter auf Probe erfolgt gem § 12 Abs 1 DRiG im Hinblick auf **1** eine **spätere Ernennung zum Richter auf Lebenszeit.** Denn die Ernennung zum Richter auf Lebenszeit setzt nach § 10 Abs 1 DRiG eine mindestens dreijährige Tätigkeit im richterlichen Dienst voraus; die Anrechnung bestimmter Tätigkeiten auf die Probezeit ist dabei gem § 10 Abs 2 DRiG möglich. Demgegenüber ist die Berufung von Proberichtern kein zulässiges Instrument, um einen nur vorübergehenden Personalbedarf zu decken und Haushaltsmittel einzusparen (BVerfGE 14, 156, 164 f; BGH NJW 1985, 2336; Kopp/Schenke VwGO § 17 Rn 1). Die Probezeit endet gem § 12 Abs 2 DRiG spätestens nach 5 Jahren. Liegt bis zu diesem Zeitpunkt kein Entlassungsgrund vor, so hat der Richter auf

Probe einen – einklagbaren – Anspruch auf Ernennung zum Richter auf Lebenszeit (Eyermann/Geiger VwGO § 17 Rn 2).

II. Einschränkung der persönlichen Unabhängigkeit durch die Regelungen über Verwendung und Entlassung

2   Im Unterschied zum Richter auf Lebenszeit und zum Richter im Nebenamt genießt der Richter auf Probe **noch nicht** die **volle persönliche Unabhängigkeit** iSd Art 97 Abs 2 GG.

1. Verwendung

3   Dies zeigt sich zum einen darin, dass ihm mit seiner Ernennung noch **kein Richteramt an einem bestimmten Gericht** zugewiesen wird. Vielmehr erhält er jeweils für eine bestimmte Zeit einen **Beschäftigungsauftrag** bei einem Gericht (oder einer Staatsanwaltschaft oder einer Behörde der Gerichtsverwaltung) **gem § 13 DRiG**, der ohne seine Zustimmung geändert werden darf. Zustimmungspflichtig sind demgegenüber Abordnungen, die nicht mehr von § 13 DRiG erfasst sind, beispielsweise die Abordnung an ein Ministerium oder an eine Verwaltungsbehörde. **Verfassungsrechtliche Bedenken** gegen die Regelung des § 13 DRiG und die daraus resultierende eingeschränkte persönliche Unabhängigkeit bestehen **im Ergebnis nicht**, da die Möglichkeit unterschiedlicher Verwendungen durch das Interesse an einer umfassenden Ausbildung der Proberichter gerechtfertigt ist (Eyermann/Geiger VwGO § 17 Rn 1; Schmidt-Räntsch DRiG § 13 Rn 2). Ebenfalls keine Bedenken bestehen im Hinblick auf Art 6 EMRK (vgl im Einzelnen S/S/B/Stelkens/Panzer VwGO § 17 Rn 2).

2. Entlassung

4   Ausdruck der nur eingeschränkten persönlichen Unabhängigkeit ist zum anderen die Vorschrift des **§ 22 DRiG**. Danach kann ein Richter auf Probe in den ersten beiden Jahren zu bestimmten Zeitpunkten, nämlich zum Ablauf des sechsten, zwölften, achtzehnten und vierundzwanzigsten Monats, aus jedem sachlichen Grund entlassen werden (§ 22 Abs 1 DRiG). Auch im dritten und vierten Jahr der Probezeit ist eine Entlassung noch möglich, wenn der Richter auf Probe für das Richteramt ungeeignet ist oder wenn ein Richterwahlausschuss seine Übernahme in das Richterverhältnis auf Lebenszeit oder auf Zeit ablehnt (§ 22 Abs 2 DRiG). Schließlich kann ein Proberichter bei einem Verhalten entlassen werden, das bei einem Richter auf Lebenszeit eine im gerichtlichen Disziplinarverfahren zu verhängende Disziplinarmaßnahme zur Folge hätte (§ 22 Abs 3 DRiG). Die Fristen der Abs 1 und 2 verlängern sich dabei um Zeiten, in denen der Proberichter ohne Bezüge beurlaubt war (zB Elternzeit) (§ 22 Abs 4 DRiG).

III. Rechtsstellung im Übrigen

5   Auch im Übrigen weist die Rechtsstellung eines Richters auf Probe einige Besonderheiten gegenüber derjenigen eines Richters auf Lebenszeit auf:
- Der Richter auf Probe ist gem **§ 29 S 2 DRiG** als solcher im **Geschäftsverteilungsplan** kenntlich zu machen; er führt die Dienstbezeichnung „Richter".
- Bei den **Wahlen zum Präsidium** ist er lediglich aktiv, nicht jedoch passiv wahlberechtigt (§ 21b Abs 1 S 1 und 2 GVG).
- An einer **Kollegialentscheidung** des Gerichts darf gem **§ 29 S 1 DRiG** nicht mehr als ein Richter auf Probe oder ein Richter kraft Auftrags oder ein abgeordneter Richter mitwirken.
- In Verfahren nach dem AsylVerfG darf ein Richter auf Probe im ersten halben Jahr, in aller anderen verwaltungsgerichtlichen Streitigkeiten im ersten Jahr nach seiner Ernennung nicht **Einzelrichter** sein (§ 76 Abs 5 AsylVerfG; § 6 Abs 1 S 2 VwGO).

B. Richter kraft Auftrags

I. Ernennung

Zu Richtern kraft Auftrags können gemäß § 14 DRiG Beamte auf Lebenszeit und **6**
Beamte auf Zeit ernannt werden, wenn sie später als Richter auf Lebenszeit verwendet
werden sollen; eine Ernennung zum Richter auf Lebenszeit muss dabei spätestens nach zwei
Jahren erfolgen (§ 16 Abs 1 S 1 DRiG). Es handelt sich um eine **besondere Übergangs-
form vom Beamten- in das Richterverhältnis**, die das Ziel verfolgt, Beamte mit Ver-
waltungserfahrung für den Richterdienst zu gewinnen. Die praktische Bedeutung des § 14
DRiG ist allerdings gering.

II. Rechtsstellung

Bis zu seiner Ernennung zum Richter auf Lebenszeit hat der Richter kraft Auftrags einen **7**
Doppelstatus inne. Einerseits behält er nach § 15 Abs 1 S 1 und 2 DRiG sein bisheriges
Amt, nach dem sich auch seine Besoldung und Versorgung weiterhin bestimmen. Andererseits ruhen für die Dauer des Richterverhältnisses kraft Auftrags gem § 15 Abs 1 S 3 DRiG
die Rechte und Pflichten aus dem Beamtenverhältnis (mit Ausnahme der Pflicht zur Amtsverschwiegenheit und des Verbots der Annahme von Geschenken); an ihre Stelle treten die
Rechte und Pflichten aus dem Richterverhältnis.

Ebenso wie beim Richter auf Probe ist die **persönliche Unabhängigkeit** des Richters **8**
kraft Auftrags jedoch **eingeschränkt**; die Vorschriften über die Verwendung und Entlassung
von Proberichtern gelten gem § 16 Abs 2 DRiG, § 23 DRiG entsprechend für den Richter
kraft Auftrags. Auch die Regelungen über die Kenntlichmachung im Geschäftsverteilungsplan, die Gerichtsbesetzung bei Kollegialentscheidungen und das (passive) Wahlrecht zum
Präsidium (vgl oben Rn 5) finden auf Richter kraft Auftrags gleichermaßen Anwendung.
Allerdings führt der Richter kraft Auftrags im Unterschied zum Proberichter die Dienstbezeichnung „Richter am …" (§ 19a Abs 2 DRiG). Der Sperrfrist für den Einzelrichter-
einsatz unterliegt der Richter kraft Auftrags – anders als der Proberichter – nach dem
ausdrücklichen Wortlaut des § 6 Abs 1 S 2 VwGO hingegen nicht (Eyermann/Geiger
VwGO § 17 Rn 5; Wysk/Wysk VwGO § 6 Rn 15).

§ 18 [aufgehoben]

§ 18 VwGO wurde durch Gesetz vom 11.1.1993 (BGBl I 50) aufgehoben.

3. Abschnitt Ehrenamtliche Richter (§§ 19–34)

§ 19 [Aufgaben]

**Der ehrenamtliche Richter wirkt bei der mündlichen Verhandlung und der
Urteilsfindung mit gleichen Rechten wie der Richter mit.**

Die Vorschrift regelt die Mitwirkung der ehrenamtlichen Richter in der Verwaltungsgerichtsbarkeit. Ehrenamtliche Richter werden tätig bei den Verwaltungsgerichten und bei
Vorliegen einer entsprechenden Bestimmung im Landesrecht bei den Oberverwaltungsgerichten (§§ 9 Abs 3, 34 VwGO). Die ehrenamtlichen Richter sind innerhalb ihres Mit-
wirkungsbereichs hinsichtlich ihrer Rechte (Rn 1) den Berufsrichtern grundsätzlich gleichgestellt. Sie sind also insbes unabhängig (Art 97 GG, § 45 Abs 1 S 1 DRiG). Daneben
ergeben sich aus ihrer Amtsstellung bestimmte Verpflichtungen (Rn 4) sowohl im Hinblick
auf die Übernahme des Amtes als auch auf die ordnungsgemäße Wahrnehmung des Amtes.

Die Vorschriften des DRiG gelten gemäß § 2 DRiG grundsätzlich nur für die Berufsrichter, in §§ 44 bis 45a DRiG sind jedoch besondere Regelungen für die ehrenamtlichen
Richter vorgesehen.

Die praktische Bedeutung des Einsatzes ehrenamtlicher Richter in der Verwaltungsgerichtsbarkeit ist zurückgegangen, da die überwiegende Zahl erstinstanzlicher Verfahren
inzwischen durch den Einzelrichter (§ 6 VwGO) entschieden wird.

A. Rechte

1   Das in § 19 VwGO geregelte Mitwirkungsrecht der ehrenamtlichen Richter erstreckt sich
auf die **mündliche Verhandlung** und die **Urteilsfindung**. Erfasst sind auch Entscheidungen durch Urteil ohne mündliche Verhandlung, § 101 Abs 2 VwGO. Bei der schriftlichen
Urteilsabfassung wirken die ehrenamtlichen Richter dagegen nicht mit, das Urteil ist auch
nicht von ihnen zu unterschreiben, § 117 Abs 1 S 4 VwGO. In einem Verkündungstermin
müssen sie nicht anwesend sein, da dieser nicht mehr Teil der mündlichen Verhandlung ist
(Eyermann/Geiger VwGO § 19 Rn 2). Ebenso wenig wirken sie bei Beschlüssen außerhalb
der mündlichen Verhandlung und bei Gerichtsbescheiden mit, § 5 Abs 3 S 2 VwGO. Bei
der Beratung und Abstimmung sind sie in derselben Weise stimmberechtigt wie die Berufsrichter; in der Reihenfolge stimmen sie vor den Berufsrichtern ab, der jüngere vor dem
älteren (§ 55 VwGO, § 197 S 2 GVG).

2   Die ehrenamtlichen Richter sollen sich ihre Überzeugung in der mündlichen Verhandlung bilden, wenn eine solche stattfindet (BVerwG Beschl v 14.4.2011 – 3 B 4.11). In der
mündlichen Verhandlung wird durch den Vortrag des wesentlichen Inhalts der Akten (§ 103
Abs 2 VwGO) und durch die tatsächliche und rechtliche Erörterung der Sache (§ 104 Abs 1
VwGO) sichergestellt, dass die ehrenamtlichen Richter über den Streitstand **informiert** sind
(OVG Münster NVwZ-RR 1990, 381). Sachgerecht – aber nicht zwingend – ist es darüber
hinaus, die ehrenamtlichen Richter bereits im Vorfeld der mündlichen Verhandlung in einer
auch für den juristischen Laien verständlichen Art und Weise sowohl über den Sachstand als
auch über die Rechtsprobleme zu informieren. Ferner dürfen auch die ehrenamtlichen
Richter in der mündlichen Verhandlung **sachdienliche Fragen** stellen, § 104 Abs 2 S 1
VwGO, auch an Zeugen und Sachverständige (§ 98 VwGO, §§ 396 Abs 2, 402 ZPO).
Die ehrenamtlichen Richter dürfen schließlich – entgegen der teilweise im Strafprozess
aufgrund des Mündlichkeitsgrundsatzes vertretenen Ansicht – auch Einsicht in die Akten
nehmen (Eyermann/Geiger VwGO § 19 Rn 3); auch die Vorabübersendung eines Sachbe-
richtes oder schriftlichen Votums ist zulässig (B/F-K/S/vA/Funke-Kaiser VwGO § 19
Rn 3). Einen über § 103 Abs 2 VwGO hinausgehenden **Informationsanspruch**, zB auf
Übersendung der Verwaltungsvorgänge, haben die ehrenamtlichen Richter jedoch nicht
(Eyermann/Geiger VwGO § 19 Rn 3).

3   Eine über den Bereich der mündlichen Verhandlung und der Urteilsfindung hinausgehende Gleichstellung mit den Berufsrichtern ist nicht vorgesehen. So können ehrenamtliche Richter zB nicht den Vorsitzenden vertreten oder als beauftragte oder ersuchte
Richter iSd § 96 Abs 2 VwGO eingesetzt werden. Zum Anspruch auf Entschädigung vgl
§ 32 VwGO Rn 2.

3a   Berufliche Nachteile dürfen einem ehrenamtlichen Richter durch die Wahrnehmung des
Richteramtes nicht entstehen. Er ist gem § 45 Abs 1a DRiG für die Zeit seiner Amtstätigkeit
von der Arbeitsleistung freizustellen; ferner ist die Kündigung seines Arbeitsverhältnisses
wegen der Übernahme oder der Ausübung des Amtes unzulässig (vgl auch OVG Saarland
NVwZ-RR 2011, 348).

B. Verpflichtungen

4   Die ehrenamtlichen Richter sind verpflichtet, ihr **Amt zu übernehmen**, wenn nicht
besondere Ausschluss-, Hinderungs- oder Ablehnungsgründe (§§ 21 bis 23 VwGO) vor-
liegen. Vor ihrer ersten Mitwirkung müssen die ehrenamtlichen Richter in öffentlicher
Sitzung einen **Amtseid** leisten (§ 45 Abs 2 DRiG) bzw ein Gelöbnis abgeben (§ 45 Abs 4
DRiG). Die Eidesformel ergibt sich aus § 45 Abs 3 bzw Abs 4 DRiG. Inhaltlich ist dort die
Verpflichtung der ehrenamtlichen Richter niedergelegt, ihre Pflichten getreu dem Grund-
gesetz und dem Gesetz zu erfüllen, nach bestem Wissen und Gewissen ohne Ansehen der
Person zu urteilen und nur der Wahrheit und Gerechtigkeit zu dienen. Wirkt ein nicht

vereidigter ehrenamtlicher Richter mit, ist das Gericht nicht vorschriftsmäßig besetzt (BVerwGE 73, 78; Eyermann/Geiger VwGO § 31 Rn 4 mwN).

Die ehrenamtlichen Richter müssen ihr Richteramt **ordnungsgemäß wahrnehmen.** 5 Zu den damit verbunden Pflichten gehört es, nach entsprechender Ladung rechtzeitig zu den Sitzungen zu erscheinen, wenn nicht triftige Hinderungsgründe vorliegen (§ 33 VwGO). Das Beratungsgeheimnis ist zu wahren (§§ 45 Abs 1 S 2, 43 DRiG), auch nach Beendigung des Ehrenamtes. Die ehrenamtlichen Richter sind ebenso wie die Berufsrichter zur Unparteilichkeit verpflichtet; Interessenkollisionen im Einzelfall wird durch § 54 VwGO Rechnung getragen. Auch **außerhalb ihres Amtes** haben sich ehrenamtliche Richter so zu verhalten, dass das Ansehen des Gerichts in der Öffentlichkeit und das Vertrauen in eine einwandfreie Amtsführung nicht geschädigt wird (OVG Lüneburg OVGE 38, 358; Kopp/Schenke VwGO § 19 Rn 3); da die besonderen außerdienstlichen Verhaltensanforderungen des DRiG für Berufsrichter jedoch nicht gelten, ist hier insgesamt bei der Annahme von Verstößen Zurückhaltung zu wahren; bejaht wird sie zB bei häufiger Trunkenheit in der Öffentlichkeit, wenn ein Bezug zum Richteramt hergestellt werden kann (B/F-K/S/vA/Funke-Kaiser VwGO § 19 Rn 4).

Bei Verletzung der prozessualen Mitwirkungspflichten können **Sanktionen** nach § 33 6 VwGO verhängt werden. Bei Vorliegen grober Pflichtverletzungen kann der ehrenamtliche Richter darüber hinaus gemäß § 24 Abs 1 Nr 2 VwGO von seinem Amt entbunden werden.

§ 20 [Voraussetzungen der Berufung]

[1]Der ehrenamtliche Richter muß Deutscher sein. [2]Er soll das 25. Lebensjahr vollendet und seinen Wohnsitz innerhalb des Gerichtsbezirks haben.

Die Vorschrift sieht als zwingende positive Voraussetzung für die Berufung zum ehrenamtlichen Richter lediglich vor, dass der Betroffene Deutscher ist. Die weiteren Voraussetzungen des § 20 VwGO, Mindestalter und Wohnsitzerfordernis, sind als Sollbestimmungen ausgestaltet, in Sonderfällen können hiervon also Ausnahmen zugelassen werden. Negative Voraussetzungen, deren Vorliegen eine ehrenamtliche Richtertätigkeit ausschließt bzw hindert, ergeben sich aus den §§ 21 und 22 VwGO. Die Voraussetzungen für die Berufung sind in der VwGO abschließend geregelt, ein Rückgriff auf §§ 32 ff GVG ist nicht zulässig (B/F-K/S/vA/Funke-Kaiser VwGO § 20 Rn 1 Fn 1).

A. Eigenschaft als Deutscher

Erforderlich ist nicht die deutsche Staatsangehörigkeit, sondern es kommt auf die **Eigen-** 1 **schaft als Deutscher iSd Art 116 GG** an. Die Beherrschung der deutschen Sprache ist keine gesetzliche Voraussetzung; notfalls ist ein Dolmetscher zu laden. Die mangelnden Sprachkenntnisse können allerdings ggf bei der Auswahl berücksichtigt werden (S/S/B/Stelkens/Panzer VwGO § 20 Rn 4 mwN).

B. Sollvoraussetzungen

Um über ausreichende Lebenserfahrung zu verfügen, soll der ehrenamtliche Richter 2 **mindestens 25 Jahre** alt sein. Eine **Altershöchstgrenze** ist dagegen nicht vorgesehen (BVerwG, Buchholz 310 § 20 VwGO Nr 1), nach dem Eintritt des 65. Lebensjahres darf der Betroffene jedoch das Amt ablehnen, §§ 23 I Nr 6, 24 Abs 1 Nr 3 VwGO. Da es sich bei dem Mindestalter um eine Sollbestimmung handelt, sind Ausnahmen möglich (zB wenn nicht genug Bewerber mit höherem Lebensalter zur Verfügung stehen, Eyermann/Geiger VwGO § 20 Rn 3).

Des Weiteren soll der ehrenamtliche Richter seinen **Wohnsitz** iSd § 7 BGB innerhalb 3 des Gerichtsbezirks haben; ausreichend ist auch ein Nebenwohnsitz (Eyermann/Geiger VwGO § 20 Rn 4; S/S/B/Stelkens/Panzer VwGO § 20 Rn 5). Hierdurch soll sichergestellt werden, dass der ehrenamtliche Richter einen gewissen Bezug zu den örtlichen Verhältnissen hat. Eine Ausnahme von dieser Vorschrift kann zB gerechtfertigt sein, wenn der ehrenamtliche Richter ständig im Gerichtsbezirk beruflich tätig ist (OVG Münster OVGE MüLü 41, 173, 174).

C. Fehlerfolgen

4 Liegt eine der Voraussetzungen bei der Wahl nicht vor oder fällt später weg, so führt dies nicht automatisch zu einer fehlerhaften Besetzung der Richterbank. Eine **vorschriftswidrige Besetzung** liegt erst dann vor, wenn das konstitutive Entbindungsverfahren iSd § 24 VwGO durchgeführt worden ist (Eyermann/Geiger VwGO § 20 Rn 5; B/F-K/S/vA/ Funke-Kaiser VwGO § 20 Rn 7; OVG Hamburg NJW 1985, 2354; aA Redeker/von Oertzen/Redeker VwGO § 20 Rn 2 wegen § 18 Abs 2 Nr 1 DRiG hinsichtlich der Eigenschaft als Deutscher). Ein einmal vorliegender Mangel kann nicht geheilt werden (OVG Münster NVwZ-RR 1999, 279 mwN).

5 Bei einem **Verstoß gegen S 1** ist das Entbindungsverfahren zwingend durchzuführen. **Verstöße gegen S 2** liegen nur vor, wenn eine Ausnahme von der Sollbestimmung nicht in Betracht kommt oder wenn der Wohnsitz aufgegeben wird. Fehlt es in diesen Fällen an einer Ausnahmesituation oder wird ein Antrag nach § 24 Abs 1 Nr 5 VwGO gestellt, ist das Entbindungsverfahren ebenfalls zwingend durchzuführen (OVG Münster OVGE MüLü 41, 173; B/F-K/S/vA/Funke-Kaiser VwGO § 20 Rn 7; S/S/B/Stelkens/Panzer VwGO § 20 Rn 9).

§ 21 [Ausschluss vom Ehrenamt]

(1) Vom Amt des ehrenamtlichen Richters sind ausgeschlossen

1. **Personen, die infolge Richterspruchs die Fähigkeit zur Bekleidung öffentlicher Ämter nicht besitzen oder wegen einer vorsätzlichen Tat zu einer Freiheitsstrafe von mehr als sechs Monaten verurteilt worden sind,**
2. **Personen, gegen die Anklage wegen einer Tat erhoben ist, die den Verlust der Fähigkeit zur Bekleidung öffentlicher Ämter zur Folge haben kann,**
3. **Personen, die nicht das Wahlrecht zu den gesetzgebenden Körperschaften des Landes besitzen.**

(2) Personen die in Vermögensverfall geraten sind, sollen nicht zu ehrenamtlichen Richtern berufen werden.

Die Vorschrift enthält Ausschlussgründe, die an ein persönliches Verhalten oder an persönliche Verhältnisse anknüpfen. Damit sollen ungeeignete Personen vom Richteramt ausgeschlossen werden. Zu unterscheiden sind die zwingenden Ausschlussgründe (Rn 1) des Abs 1 und der Sollausschlussgrund (Rn 4) des Abs 2. Die Vorschrift ist abschließend (Eyermann/Geiger VwGO § 21 Rn 1).

A. Zwingende Ausschlussgründe

1 Ausgeschlossen nach Abs 1 Nr 1 **Alt 1** ist, wer infolge eines **Ausspruchs durch ein Strafgericht** gem § 45 StGB die Fähigkeit zur Bekleidung öffentlicher Ämter verloren hat. Der Ausschluss beginnt mit Rechtskraft des Urteils (§ 45a Abs 1 StGB); die bloße Anklage genügt nicht, wie sich aus einem Rückschluss aus Nr 2 und aufgrund der fehlenden Möglichkeit einer Rehabilitierung wie in § 24 Abs 5 VwGO ergibt (OVG Berlin-Brandenburg, Beschl v 13.8.2012 – OVG 4 E 11.12). Der Ausschluss endet mit Ablauf der Fristen des § 45 Abs 1 und Abs 2 StGB oder mit Wiederverleihung nach § 45b Abs 1 StGB.

2 Ausgeschlossen nach Abs 1 Nr 1 **Alt 2** ist derjenige, der wegen einer vorsätzlichen Tat zu einer **Freiheitsstrafe von mehr als sechs Monaten** verurteilt wurde, auch wenn diese zur Bewährung ausgesetzt wurde. Auch hier gilt der Ausschluss ab Rechtskraft des Strafurteils. Er endet mit der Tilgung der Strafe im Bundeszentralregister (Eyermann/Geiger VwGO § 21 Rn 2).

3 Der Ausschlussgrund des Abs 1 Nr 2 ist erfüllt bei einer **Anklageerhebung**, die abstrakt einen Ausspruch nach § 45 Abs 1, 2 StGB nach sich ziehen kann, also bei Anklage wegen

eines Verbrechens und zu erwartender Freiheitsstrafe von mindestens einem Jahr (§ 45 Abs 1 StGB) oder wenn das Gesetz ausdrücklich den Verlust als Nebenfolge vorsieht (§ 45 Abs 2 StGB). Wird der Betroffene verurteilt, gilt § 21 Nr 1 VwGO. Erfolgt ein Freispruch oder eine Einstellung des Verfahrens, so entfällt der Ausschlussgrund; eine bereits erfolgte Entbindung vom Amt ist auf Antrag gem § 24 Abs 5 VwGO aufzuheben.

Wann das **(aktive) Wahlrecht** zu den gesetzgebenden Körperschaften eines Landes nicht **4** besteht, richtet sich nach den landesrechtlichen Bestimmungen (zB für Personen, die unter ständiger Betreuung stehen). Der Ausschlussgrund greift auch, wenn entgegen einer Regelung im Landeswahlrecht kein Wohnsitz im Land besteht; § 20 S 2 VwGO trifft eine Regelung nur für den Wohnsitz im Gerichtsbezirk und ist daher nicht lex specialis (OVG Münster NVwZ-RR 1994, 60; OVG Hamburg NVwZ-RR 2002, 552; aA Eyermann/ Geiger VwGO § 21 Rn 4). Zum Verlust des Wahlrechts führt auch eine Entscheidung des BVerfG gem § 39 Abs 2 BVerfGG.

B. Sollausschlussgrund, Abs 2

Die Vorschrift wurde mit Inkrafttreten der Insolvenzordnung eingefügt. Der Begriff des **5** Vermögensverfalls wird nicht näher definiert. Da die Vorschrift dazu dient, ungeeignete Personen vom Amt des ehrenamtlichen Richters fernzuhalten, kann es nicht auf das förmliche Kriterium der Eröffnung des Insolvenzverfahren ankommen, sondern es genügt, dass objektiv Gründe für die Eröffnung vorliegen (Eyermann/Geiger VwGO § 21 Rn 5; aA Redeker/von Oertzen/Redeker VwGO § 21 Rn 4). Eine Ausnahme ist zB möglich, wenn die Notlage unverschuldet war oder eine Restschuldbefreiung zu erwarten ist (Kopp/Schenke VwGO § 21 Rn 3; B/F-K/S/vA/Funke-Kaiser VwGO § 21 Rn 6).

C. Fehlerfolgen

Eine unter Verstoß gegen § 21 VwGO erfolgte Wahl führt nicht zu einer fehlerhaften **6** Besetzung der Richterbank, da die Berufung bis zum Abschluss des Entbindungsverfahrens wirksam ist (Eyermann/Geiger VwGO § 21 Rn 6). Ein Entbindungsverfahren iSd § 24 VwGO ist durchzuführen, wenn die Voraussetzungen des Abs 1 fehlen oder eine Ausnahme vom Sollausschlussgrund des Abs 2 nicht in Betracht kommt (vgl bereits § 20 VwGO Rn 5).

§ 22 [Hinderungsgründe für Laienbeisitzer]

Zu ehrenamtlichen Richtern können nicht berufen werden
1. **Mitglieder des Bundestages, des Europäischen Parlaments, der gesetzgebenden Körperschaften eines Landes, der Bundesregierung oder einer Landesregierung,**
2. **Richter,**
3. **Beamte und Angestellte im öffentlichen Dienst, soweit sie nicht ehrenamtlich tätig sind,**
4. **Berufssoldaten und Soldaten auf Zeit,**
4a. *aufgehoben*
5. **Rechtsanwälte, Notare und Personen, die fremde Rechtsangelegenheiten geschäftsmäßig besorgen.**

Die Aufzählung von Hinderungsgründen ist abschließend. Gewährleistet wird durch die Vorschrift vor allem die Gewaltenteilung und damit die Unabhängigkeit der Verwaltungsgerichte. Daneben dient die Vorschrift der Vermeidung von generellen Pflichtenkollisionen. Gemeint sind vor diesem Hintergrund nur Personen, die die jeweilige Tätigkeit noch ausüben; Beamte, Richter und Soldaten im Ruhestand sind nicht erfasst (BVerwG DVBl 1957, 324; Kopp/Schenke VwGO § 22 Rn 1).

Sofern die genannten Hinderungsgründe nicht einschlägig sind und individuelle Pflichtenkollisionen bestehen, wird dem über § 54 VwGO Rechnung getragen.

A. Abgeordnete und Regierungsmitglieder

1   Nicht berufen werden können Mitglieder des Bundestages, der gesetzgebenden Körperschaften der Länder und des Europäischen Parlamentes, ferner die Mitglieder der Regierungen. Mitglieder der Bundesregierung sind der Bundeskanzler und die Bundesminister, Art 62 GG; die Mitglieder der Landesregierungen werden durch die jeweilige Landesverfassung bestimmt. Mitglieder anderer Körperschaften, insbesondere der Gemeinde- und Stadträte, werden von der Regelung nicht erfasst.

B. Richter

2   Gemeint sind alle Berufsrichter, unabhängig von der Gerichtsbarkeit, in der sie tätig sind. Kein Hinderungsgrund besteht für ehrenamtliche Richter einer anderen Gerichtsbarkeit oder eines anderen Gerichts der Verwaltungsgerichtsbarkeit, diese haben aber ein Ablehnungsrecht nach § 23 Abs 1 Nr 2 VwGO (OVG Münster OVGE MüLü 33, 185).

C. Beschäftigte im öffentlichen Dienst

3   Erfasst sind zunächst **Beamte im statusrechtlichen Sinne.** Bei den übrigen **Beschäftigten** ist (nachdem die Differenzierung zwischen Angestellten und Arbeitern entfallen ist) darauf abzustellen, ob der Betreffende ein besonderes **Näheverhältnis** zu einem öffentlichen Dienstherrn aufweist, so dass sein Handeln aus Sicht des Rechtsschutz suchenden Bürgers typischerweise als Äußerung der Verwaltung aufgefasst werden muss (OVG Münster NVwZ-RR 2009, 530: verneint für Hilfskraft in der Lehrbuchsammlung einer Hochschulbibliothek; OVG Münster Beschl v 25.2.2010 – 16 F 11/10: verneint für Krankenpflegehelferin in geringfügigem Beschäftigungsverhältnis). Nicht erfasst werden Personen, die in der öffentlichen Verwaltung **ehrenamtlich** tätig sind (BVerwGE 44, 215); eine Ausnahme gilt insofern gem § 186 VwGO für Berlin, Hamburg und Bremen. Ausgeschlossen sind ferner Beamte im **Nebenamt** (OVG Lüneburg DVBl 1961, 526).

4   Der **Begriff des öffentlichen Dienstes** ist **weit auszulegen** (OVG Münster NVwZ-RR 1994, 62) und zu bejahen, wenn der Arbeitgeber als **juristische Person des öffentlichen Rechts** organisiert ist (S/S/B/Stelkens/Panzer VwGO § 22 Rn 8), so zB im Falle der Industrie- und Handelskammern (OVG Lüneburg DÖV 1961, 910), der Universitäten (VGH Kassel NVwZ-RR 1998, 324; zur Stellung als Hausmeister vgl jedoch oben Rn 3), der Parlamentsverwaltungen. Nach hM sind auch die Angestellten einer Fraktion als öffentlich-rechtlichem Teilglied des Organs erfasst (OVG Münster, NVwZ 1989, 1192 (Leitsatz); OVG Bremen DÖV 1973, 681; aA Eyermann/Geiger VwGO § 22 Rn 6).

4a   Gemeint sind aufgrund des Sinn und Zwecks der Norm grundsätzlich nur **deutsche** juristische Personen des öffentlichen Rechts. Tätigkeiten bei einer Institution der Europäischen Gemeinschaften, zB der Kommission, werden nicht erfasst, da eine verwaltungsgerichtliche Kontrolle insofern kaum denkbar ist (OVG Thüringen Beschl v 27.6.2007, 2 SO 412/07).

4b   Bei einer **privatrechtlichen Organisation des Arbeitgebers** kann öffentlicher Dienst nur **ausnahmsweise** bejaht werden, so bei Angestellten von privatrechtlich organisierten **Spitzenverbänden** der öffentlich-rechtlichen Körperschaften (OVG Münster NVwZ 1984, 593). Ist die öffentliche Hand mehrheitlich an einem privatrechtlich organisierten Unternehmen beteiligt, so liegt mangels öffentlich-rechtlicher Rechtsform und damit **fehlender Interessenkollision** mit der verwaltungsgerichtlichen Kontrolle idR kein öffentlicher Dienst vor (VGH München Beschl v 31.3.2010 –5 S 10.330 und 5 S 10.353, OVG Saarlouis NVwZ-RR 2002, 7; OVG Bautzen NVwZ-RR 1998, 324; OVG Berlin-Brandenburg, Beschl v 8.1.2009, Az.: 4 E 19.08; anders für leitende Angestellte OVG Münster NVwZ 2002, 234 und Schnellenbach NVwZ 1988, 703; generell aA, da ein Interessenkonflikt in diesen Fällen regelmäßig nicht ausgeschlossen werden könne, S/S/B/Stelkens/Panzer VwGO § 22 Rn 3; Eyermann/Geiger VwGO § 22 Rn 6; OVG Bremen Beschl v 23.4.2009, Az.: 2 S 143/09 BeckRS 2009, 33727). Ist dagegen ein **Privatunternehmen mit hoheitlichen Aufgaben beliehen**, kann es im Rahmen der verwaltungsgerichtlichen Kontrolle zu Interessenkollisionen kommen, so dass in diesem Fall die Angestellten einen

Dienst ausüben, der materiell-rechtlich als öffentlicher Dienst anzusehen ist (OVG Berlin-Brandenburg Beschl v 8.1.2009, Az.: 4 E 19.08).

Nicht zum Bereich des öffentlichen Dienstes gehören die **Kirchen und Religions-** 4c **gemeinschafen** (BVerwG DÖV 1973, 282; Eyermann/Geiger VwGO § 22 Rn 7 mwN).

D. Soldaten

Nr 4 erfasst Berufssoldaten und Soldaten auf Zeit (§§ 37 ff SoldG). 5

E. Rechtsanwälte und Notare

An der Wahrnehmung des Amtes gehindert sind **Rechtsanwälte**, solange sie als solche 6 zugelassen sind, **Notare** und Notarassessoren (Eyermann/Geiger VwGO § 22 Rn 9). Ferner Personen, die geschäftsmäßig fremde Rechtsangelegenheiten besorgen und dabei eine **weisungsunabhängige, selbständige Tätigkeit** ausführen (BVerwG DVBl 1970, 283; Schnellenbach NVwZ 1988, 703, 705), also etwa Steuerberater und Steuerbevollmächtigte, Wirtschafts- und Buchprüfer, zugelassene Rechtsbeistände, nicht aber Vertreter von Verbänden wie zB Gewerkschaftssekretäre (Schnellenbach NVwZ 1988, 703, 705; aA Eyermann/Geiger VwGO § 22 Rn 9).

F. Fehlerfolgen

Zu den Folgen eines Verstoßes vgl § 20 VwGO Rn 4. Der Betroffene ist auf Antrag des 7 Präsidenten vom Amt zu entbinden, § 24 Abs 1 Nr 1, Abs 3 VwGO.

§ 23 [Ablehnungsrecht]

(1) Die Berufung zum Amt des ehrenamtlichen Richters dürfen ablehnen
1. **Geistliche und Religionsdiener,**
2. **Schöffen und andere ehrenamtliche Richter,**
3. **Personen, die zwei Amtsperioden lang als ehrenamtliche Richter bei Gerichten der allgemeinen Verwaltungsgerichtsbarkeit tätig gewesen sind,**
4. **Ärzte, Krankenpfleger, Hebammen,**
5. **Apothekenleiter, die keinen weiteren Apotheker beschäftigen,**
6. **Personen, die die Regelaltersgrenze nach dem Sechsten Buch Sozialgesetzbuch erreicht haben.**

(2) In besonderen Härtefällen kann außerdem auf Antrag von der Übernahme des Amtes befreit werden.

Die Vorschrift enthält eine abschließende Aufzählung von Ablehnungsgründen (Rn 1). Diese Gründe stellen Ausnahmen von der grundsätzlichen Pflicht dar, das Ehrenamt zu übernehmen. Absatz 2 bietet die Möglichkeit der Befreiung vom Ehrenamt in besonderen Härtefällen (Rn 8).

Der ehrenamtliche Richter muss sich auf die Ablehnungsgründe berufen, sie werden nicht von Amts wegen geprüft. Die Vorschrift dient der Wahrung des Verhältnismäßigkeitsgrundsatzes, insbes dem Schutz vor Überlastung bei bestimmten Personenkreisen.

A. Ablehnungsgründe

I. Geistliche und Religionsdiener

Gemeint sind Personen, die **hauptamtlich und auf Dauer** Tätigkeiten ausüben, die 1 **führenden, betreuenden, religiös unterweisenden oder auf Kulthandlungen ausgerichteten** Charakter haben (VGH Kassel NVwZ 1988, 161; OVG Münster NVwZ-RR 2002, 325; Eyermann/Geiger VwGO § 23 Rn 2). Nicht anwendbar ist die Regelung auf weltliche Bedienstete von Religionsgemeinschaften.

2   **Religionsgemeinschaften** sind nicht nur die christlichen, sondern auch andere Religionsgemeinschaften, ohne dass diese den Status einer öffentlich-rechtlichen Körperschaft haben müssten (Sodan/Ziekow VwGO § 23 Rn 5; zur Gleichstellung von Weltanschauungsgemeinschaften vgl Sodan/Ziekow VwGO § 23 Rn 5, B/F-K/S/vA/Funke-Kaiser VwGO § 23 Rn 1 sowie BVerwGE 61, 152).

II. Schöffen und ehrenamtliche Richter

3   Die Regelung beugt unzumutbarer Belastung durch Mehrfachverpflichtungen vor. Unter den Begriff fallen nicht nur ehrenamtliche Richter anderer Gerichtsbarkeiten, sondern auch ehrenamtliche Richter, die in der Verwaltungsgerichtsbarkeit an zwei Gerichten (OVG und VG) tätig sind. In letzterem Fall besteht ein Wahlrecht, welches der beiden Ämter abgelehnt wird (OVG Münster OVGE MüLü 36, 210). Die Regelung ist auf andere ehrenamtliche Tätigkeiten nicht übertragbar, bei diesen besteht nur die Möglichkeit einer Härtefallregelung nach Abs 2.

III. Ehrenamtliche Verwaltungsrichter

4   Die Vorschrift ist unabhängig davon einschlägig, ob die Tätigkeit beim VG oder beim OVG ausgeübt worden ist und ob die Amtsperioden unmittelbar zusammenhingen oder vorangingen. In anderen Gerichtsbarkeiten tätige ehrenamtliche Richter sind nicht erfasst, bei diesen besteht nur die Möglichkeit einer Härtefallregelung nach Abs 2.

IV. Ärzte, Krankenpfleger und Hebammen

5   Die Vorschrift wird weit ausgelegt, um diejenigen Personen zu schützen, die im Interesse einer ordnungsgemäßen Gesundheitspflege tätig werden. Erfasst sind **alle staatlich approbierten Heilberufe** und **staatlich anerkannten Heilhilfsberufe**, also zB Ärzte, Zahnärzte, Krankenschwestern, Krankengymnasten; nicht erfasst sind Heilpraktiker und Hilfskräfte im pflegerischen Bereich (S/S/B/Stelkens/Panzer VwGO § 23 Rn 6; Eyermann/Geiger VwGO § 23 Rn 5). Ebenfalls nicht erfasst sind Tierärzte.

V. Apothekenleiter

6   Apothekenleiter, die keinen weiteren Apotheker beschäftigen, können das Amt auch dann ablehnen, wenn sonstige Gehilfen vorhanden sind.

VI. Personen nach Vollendung der Regelaltersgrenze des SGB VI

7   Da kein Höchstalter für die Tätigkeit als ehrenamtlicher Richter vorgesehen ist, können Personen, die im Zeitpunkt der Wahl bereits die Regelaltersgrenze nach dem Sechsten Buch Sozialgesetzbuch erreicht haben, das Ehrenamt ablehnen. Personen, die die Regelaltersgrenze erst später erreichen, steht das Recht nach § 24 Abs 1 Nr 3 VwGO zu.

B. Befreiungsgrund der besonderen Härte

8   Durch den Begriff der besonderen Härte werden **atypische Ausnahmesituationen** erfasst. Dieser Befreiungsgrund ist daher eng auszulegen. Bei der Auslegung ist zu berücksichtigen, dass die Regelung ebenso wie Abs 1 der Vorschrift der Wahrung des Verhältnismäßigkeitsgrundsatzes dient. Eine besondere Härte liegt vor diesem Hintergrund nur vor, wenn die Ausübung des Amtes den ehrenamtlichen Richter seelisch oder körperlich unzumutbar belasten würde (OVG Greifswald NVwZ-RR 1998, 784). Dies ist anerkannt bei **dauerhaften Krankheiten** oder Gebrechen sowie bei **außerordentlicher, nicht nur vorübergehender beruflicher oder familiärer Beanspruchung** (VGH Kassel NVwZ 1988, 161; OVG Lüneburg NVwZ-RR 2004, 84; VGH München NVwZ 1984, 593; nicht aber, wenn für ein Kind bereits eine Betreuungsmöglichkeit besteht, OVG Sachsen NJW 2009, 2473), nicht aber schon bei jeder starken beruflichen Inanspruchnahme (OVG Münster NVwZ-RR 1994, 62), ausnahmsweise auch bei zwingenden religiösen oder **Gewissensgründen** (VGH Kassel NVwZ 1988, 161 für Zeugen Jehovas; Sodan/Ziekow VwGO § 23

Rn 14; B/F-K/S/vA/Funke-Kaiser VwGO § 23 Rn 7; aA VGH München NVwZ 1984, 593; zu nicht ausreichenden „Gewissensgründen" vgl OVG Hamburg NJW 1998, 774; OVG Greifswald NVwZ-RR 1998, 784).

C. Verfahren

Das Vorliegen von Befreiungsgründen wird **nicht von Amts wegen** geprüft, sondern der **9** ehrenamtliche Richter muss einen entsprechenden Antrag stellen. Der Antrag ist nicht fristgebunden. Eine antragsgemäße Entbindung hat konstitutive Wirkung; bis eine solche Entscheidung vorliegt, muss der ehrenamtliche Richter sein Amt wahrnehmen (BVerwG NJW 1963, 1219).

Liegt ein Ablehnungsgrund im Sinne des Absatz 1 vor, ist dem Entbindungsantrag zu **10** entsprechen. Liegt dagegen ein Befreiungsgrund im Sinne des Absatz 2 vor, so besteht nach dem Wortlaut der Vorschrift Ermessen des zuständigen OVG-Senats, § 24 Abs 3, 4 VwGO. Wird das Vorliegen einer besonderen Härte tatbestandlich bejaht, so dürfte in der Regel auch eine entsprechende Ausübung des Ermessens vorgezeichnet sein (B/F-K/S/vA/Funke-Kaiser VwGO § 23 Rn 8).

§ 24 [Entbindung vom Ehrenamt]

(1) Ein ehrenamtlicher Richter ist von seinem Amt zu entbinden, wenn er

1. nach §§ 20 bis 22 nicht berufen werden konnte oder nicht mehr berufen werden kann oder

2. seine Amtspflichten gröblich verletzt hat oder

3. einen Ablehnungsgrund nach § 23 Abs. 1 geltend macht oder

4. die zur Ausübung seines Amtes erforderlichen geistigen oder körperlichen Fähigkeiten nicht mehr besitzt oder

5. seinen Wohnsitz im Gerichtsbezirk aufgibt.

(2) In besonderen Härtefällen kann außerdem auf Antrag von der weiteren Ausübung des Amtes entbunden werden.

(3) [1] Die Entscheidung trifft ein Senat des Oberverwaltungsgerichts in den Fällen des Absatzes 1 Nr. 1, 2 und 4 auf Antrag des Präsidenten des Verwaltungsgerichts, in den Fällen des Absatzes 1 Nr. 3 und 5 und des Absatzes 2 auf Antrag des ehrenamtlichen Richters. [2] Die Entscheidung ergeht durch Beschluß nach Anhörung des ehrenamtlichen Richters. [3] Sie ist unanfechtbar.

(4) Absatz 3 gilt entsprechend in den Fällen des § 23 Abs. 2.

(5) Auf Antrag des ehrenamtlichen Richters ist die Entscheidung nach Absatz 3 von dem Senat des Oberverwaltungsgerichts aufzuheben, wenn Anklage nach § 21 Nr. 2 erhoben war und der Angeschuldigte rechtskräftig außer Verfolgung gesetzt oder freigesprochen worden ist.

Gegenstand der Regelung ist die Entbindung des ehrenamtlichen Richters von seinem Amt. Voraussetzungen und Verfahren der Entbindung müssen dem Grundsatz des gesetzlichen Richters und der Unabhängigkeit des Richters gerecht werden. Die in § 24 VwGO genannten Gründe für eine Entbindung (Rn 1) sind daher abschließend; eine Entbindung kann ferner nur durch eine gerichtliche Entscheidung (Rn 2) erfolgen.

Sind den Verwaltungsgerichten kraft Landesrechts gemäß § 187 VwGO Aufgaben der Disziplinar-, Personalvertretungs- und Berufsgerichtsbarkeit zugewiesen, so kann auf dort geltende spezielle Anforderungen an die Berufung ehrenamtlicher Richter § 24 VwGO entsprechende Anwendung finden (vgl Eyermann/Geiger VwGO § 24 Rn 12; vgl zur Anwendbarkeit auf Beamtenbeisitzer zB VGH Mannheim DÖV 2003, 341, VGH München Beschl v 29.3.2010 – 5 S 10.599).

A. Entbindungsgründe

I. Fehlen der Voraussetzungen nach §§ 20 bis 22 VwGO

1   Zu den **Voraussetzungen** vgl die Kommentierung zu §§ 20, 21, 22 VwGO. Der ehren-amtliche Richter ist vom Amt zu entbinden, wenn die Tatbestände der §§ 20 bis 22 VwGO bei der Wahl gegeben waren oder später eingetreten sind. Ein späteres Entfallen der Voraus-setzungen führt nicht zur Heilung (OVG Münster NVwZ-RR 1999, 279 mwN). Die Entbindung ist **verpflichtend**; dies gilt auch im Fall des § 20 S 2 VwGO, wenn keine Atypik vorliegt, vgl § 20 VwGO Rn 5.

II. Gröbliche Amtspflichtverletzung

2   Zu den **Pflichten** des ehrenamtlichen Richters vgl § 19 VwGO Rn 4 f. Eine **gröbliche Pflichtverletzung** liegt nur vor, wenn es sich um eine **besonders schwerwiegende** Ver-letzung einer Amtspflicht handelt oder wenn – trotz entsprechender Abmahnung – **immer wieder** Verstöße begangen werden, zB eine wiederholte Verletzung des Beratungsgeheim-nisses (Eyermann/Geiger VwGO § 24 Rn 4). Ein Verschulden im strafrechtlichen Sinne ist nicht erforderlich, der Verstoß muss aber **vorwerfbar** sein (Eyermann/Geiger VwGO § 24 Rn 4). Bei Vorliegen der Voraussetzungen ist die Entbindung zwingend.

III. Ablehnungsgrund nach § 23 Abs 1 VwGO

3   Zu den einzelnen Ablehnungsgründen vgl § 26 VwGO Rn 1 f. Die Entbindung ist zwingend.

IV. Fehlende geistige und körperliche Fähigkeiten

4   Die Einschränkung muss so schwerwiegend sein, dass sie die Ausübung des Amtes unmöglich macht (OVG Greifswald NVwZ-RR 1998, 784); Fälle der Unzumutbarkeit werden von Absatz 2 erfasst (B/F-K/S/vA/Funke-Kaiser VwGO § 24 Rn 6). Darüber hinaus muss der Verlust der körperlichen oder geistigen Fähigkeiten dauerhaft sein, eine vorübergehende Einschränkung reicht nicht aus (Eyermann/Geiger VwGO § 24 Rn 5). Es genügt Glaubhaftmachung, zB durch Vorlage eines ärztlichen Attests (Eyermann/Geiger VwGO § 24 Rn 5).

V. Verlegung des Wohnsitzes

5   Gemeint ist nur die **nachträgliche** Verlegung des Wohnsitzes iSd § 7 BGB (vgl § 20 VwGO Rn 3), bei anfänglichem Fehlen gelten §§ 24 Abs 1 Nr 1, 20 S 2 VwGO. Der Wohnsitzwechsel muss bereits erfolgt sein, beabsichtigter Umzug genügt nicht (OVG Greifs-wald NVwZ-RR 1998, 784).

VI. Besondere Härte, § 24 Abs 2 und 4 VwGO

6   § 24 Abs 2 VwGO meint einen **während der Amtszeit** eintretenden Härtefall. Lag die Härte schon bei der Wahl vor, gilt § 24 Abs 4 VwGO iVm § 23 Abs 2 VwGO (OVG Saarland NVwZ-RR 2011, 348). Zu den Voraussetzungen, unter denen eine besondere Härte begründet ist, vgl § 23 VwGO Rn 8. Anders als bei den zwingenden Entbindungs-gründen des § 24 Abs 1 VwGO besteht im Fall der besonderen Härte ein Ermessen; wird das Vorliegen einer besonderen Härte tatbestandlich bejaht, dürfte allerdings in der Regel auch eine entsprechende Ausübung des Ermessens vorgezeichnet sein.

B. Verfahren

I. Antragsbefugnis, § 24 Abs 3 VwGO

7   Das Entbindungsverfahren setzt zwingend einen einleitenden **Antrag** voraus. In den Fällen des § 24 Abs 1 Nr. 1, 2 und 4 VwGO kann nur der **Präsident** des Gericht, dem bei

Vorliegen der Voraussetzungen kein Ermessen zusteht, den Antrag auf Entbindung stellen. Der ehrenamtliche Richter hat zwar nach dem Wortlaut keine Antragsbefugnis, da es sich um zwingende Entbindungsgründe handelt, es besteht jedoch ein Recht auf Entbindung (Kopp/Schenke VwGO § 24 Rn 2; S/S/B/Stelkens/Panzer VwGO § 24 Rn 3). Umgekehrt kann in den Fällen der § 24 Abs 1 Nr 3, 5 und Abs 2 VwGO lediglich der **ehrenamtliche Richter** den Antrag stellen; in diesen Fällen kann eine Entbindung also nicht gegen den Willen des ehrenamtlichen Richters erfolgen. Dasselbe gilt für ein Verfahren nach § 24 Abs 4 VwGO (Eyermann/Geiger VwGO § 24 Rn 8).

II. Entscheidung des OVG

Die Entscheidung trifft ein durch den Geschäftsverteilungsplan bestimmter (Redeker/von **8** Oertzen/Redeker VwGO § 24 Rn 2) Senat des Oberverwaltungsgerichts durch unanfechtbaren (und damit grundsätzlich nicht begründungspflichtigen, § 122 Abs 2 S 1 VwGO) Beschluss, § 24 Abs 3 S 3 VwGO. Der ehrenamtliche Richter ist zuvor anzuhören, § 24 Abs 3 S 2 VwGO. Der Beschluss ergeht in der Regel ohne mündliche Verhandlung und ist formlos bekanntzumachen (S/S/B/Stelkens/Panzer VwGO § 24 Rn 13). Abgeändert werden kann der Beschluss nur im Fall des § 24 Abs 5 VwGO (Redeker/von Oertzen/Redeker VwGO § 24 Rn 2), im Übrigen ist eine Aufhebung unzulässig (S/S/B/Stelkens/Panzer VwGO § 24 Rn 13).

III. Folgen der Entscheidung

Erst mit Ergehen der gerichtlichen Entscheidung endet das Amt des ehrenamtlichen **9** Richters, der Beschluss wirkt also konstitutiv (Eyermann/Geiger VwGO § 24 Rn 10; S/S/ B/Stelkens/Panzer VwGO § 24 Rn 14). Eine vorläufige Amtsenthebung, wie sie für Berufsrichter gem § 35 DRiG gilt, ist nicht vorgesehen (OVG Berlin-Brandenburg, Beschl v 13.8.2012 – OVG 4 E 11.12; Eyermann/Geiger VwGO § 24 Rn 11; aA Redeker/von Oertzen/Redeker VwGO § 24 Rn 4; Kopp/Schenke VwGO § 24 Rn 5).

§ 25 [Wahlperiode]

Die ehrenamtlichen Richter werden auf fünf Jahre gewählt.

Die Vorschrift regelt die Wahlperiode der ehrenamtlichen Richter. Diese beginnt mit der **1** Wahl durch den Wahlausschuss, § 29 Abs 1 VwGO, und damit für alle ehrenamtlichen Richter zum gleichen Zeitpunkt. Sie endet mit dem Ablauf von fünf Jahren nach der Wahl. Die Amtszeit kann sich gem § 29 Abs 2 VwGO verlängern, wenn bis zu ihrem regulären Ende noch keine Neuwahl stattgefunden hat. Eine Beendigung des Amtes vor Ablauf der Wahlperiode ist nur bei Umständen im Sinne des § 24 Abs 1 und Abs 2 VwGO möglich. Zur Zulässigkeit einer Ergänzungswahl vgl § 29 VwGO Rn 6.

§ 26 [Wahlausschuss]

(1) Bei jedem Verwaltungsgericht wird ein Ausschuß zur Wahl der ehrenamtlichen Richter bestellt.

(2) [1]Der Ausschuß besteht aus dem Präsidenten des Verwaltungsgerichts als Vorsitzendem, einem von der Landesregierung bestimmten Verwaltungsbeamten und sieben Vertrauensleuten als Beisitzern. [2]Die Vertrauensleute, ferner sieben Vertreter werden aus den Einwohnern des Verwaltungsgerichtsbezirks vom Landtag oder von einem durch ihn bestimmten Landtagsausschuß oder nach Maßgabe eines Landesgesetzes gewählt. [3]Sie müssen die Voraussetzungen zur Berufung als ehrenamtliche Richter erfüllen. [4]Die Landesregierungen werden ermächtigt, durch Rechtsverordnung die Zuständigkeit für die Bestimmung des Verwaltungsbeamten abweichend von Satz 1 zu regeln. [5]Sie können diese Ermächtigung auf oberste Landesbehörden übertragen. [6]In den Fällen des § 3 Abs. 2 richtet sich die Zuständigkeit für die Bestellung des Verwaltungsbeamten sowie des Landes für die Wahl der Vertrauensleute nach dem Sitz des Gerichts. [7]Die Landesgesetzgebung kann in

diesen Fällen vorsehen, dass jede beteiligte Landesregierung einen Verwaltungsbeamten in den Ausschuss entsendet und dass jedes beteiligte Land mindestens zwei Vertrauensleute bestellt.

(3) Der Ausschuß ist beschlußfähig, wenn wenigstens der Vorsitzende, ein Verwaltungsbeamter und drei Vertrauensleute anwesend sind.

Die Vorschrift regelt die Zusammensetzung des für die Wahl der ehrenamtlichen Richter zuständigen Ausschusses. Ein Wahlausschuss ist bei jedem Verwaltungsgericht und, sofern das Landesrecht ehrenamtliche Richter beim Oberverwaltungsgericht vorsieht (§ 9 Abs 3 VwGO), auch beim Oberverwaltungsgericht zu bilden, § 34 VwGO. Gemeinsame Ausschüsse für mehrere Gerichte sind unzulässig. Die Tätigkeit des Wahlausschusses gehört trotz der Mitwirkung gerichtsfremder Personen zur Justiz- und Gerichtsverwaltung (Eyermann/ Geiger VwGO § 26 Rn 2; S/S-A/P/Stelkens VwGO § 26 Rn 2). Landesrechtliche ergänzende Bestimmungen finden sich in den jeweiligen Ausführungsgesetzen zur VwGO.

A. Zusammensetzung

1   Mitglied des Wahlausschusses ist zunächst der **Präsident** des Verwaltungsgerichts oder der Vizepräsident als sein Vertreter. Weiteres Mitglied ist ein durch die Landesregierung oder die von ihr ermächtigte Stelle bestimmter **Verwaltungsbeamter**, § 26 Abs 2 S 4, 5 VwGO, der entweder namentlich oder als Amtsträger bezeichnet werden kann (Eyermann/Geiger VwGO § 26 Rn 3); besondere Anforderungen an seine Qualifikation sieht das Gesetz nicht vor. Schließlich gehören zum Wahlausschuss als Beisitzer **sieben Vertrauensleute**, die Einwohner des Gerichtsbezirks sein müssen. Diese Vertrauensleute sowie sieben Vertreter werden gemäß § 26 Abs 2 S 2 VwGO vom Landtag, einem von ihm bestimmten Ausschuss oder einer hierzu bestimmten Stelle gewählt. Sie müssen gemäß § 26 Abs 2 S 3 VwGO die Voraussetzungen der §§ 20 bis 22 VwGO erfüllen. Ihre Entschädigung richtet sich nach § 32 VwGO.

2   Eine bestimmte **Amtsdauer** sieht die VwGO nicht vor. Sie kann landesrechtlich geregelt werden. Fehlt eine Regelung, so deckt sich die Amtsdauer mit der Wahlperiode des wählenden Organs (Landtag, Ausschuss), sonst mit der Wahlperiode gemäß § 25 VwGO (B/ F-K/S/vA/Funke-Kaiser VwGO § 26 Rn 2). § 29 Abs 2 VwGO ist entsprechend anwendbar, wenn neue Vertrauensleute nicht rechtzeitig vor dem Beginn der neuen Amtsperiode bestellt werden.

3   **Beschlussfähig** ist der Ausschuss gemäß § 26 Abs 3 VwGO, wenn mindestens der Präsident, der Verwaltungsbeamte und drei Vertrauensleute bzw deren jeweilige Vertreter anwesend sind.

B. Fehlerfolgen

4   Verstöße bei der Bestellung der Mitglieder betreffen lediglich die Vorbereitung der Wahl der ehrenamtlichen Richter und führen daher grundsätzlich nicht zu einem Verstoß gegen den Grundsatz des gesetzlichen Richters. Eine Ausnahme gilt nur bei besonders schwerwiegenden Verstößen, die zur Nichtigkeit der Wahl führen, vgl § 29 VwGO Rn 5. Eine Ungültigkeit der Wahl ist bejaht worden, wenn im Ausschuss nicht alle gesetzlich vorgesenen Mitglieder vertreten sind (BVerfGE 31, 181) oder wenn Mitglieder durch ein unzuständiges Gremium bestellt worden sind (BGHSt 20, 37 = NJW 1964, 2432; BayObLG BayVBl 1988, 27).

§ 27 [Zahl der ehrenamtlichen Richter]

Die für jedes Verwaltungsgericht erforderliche Zahl von ehrenamtlichen Richtern wird durch den Präsidenten so bestimmt, daß voraussichtlich jeder zu höchstens zwölf ordentlichen Sitzungstagen im Jahr herangezogen wird.

Die Vorschrift normiert die Anzahl der erforderlichen ehrenamtlichen Richter.

Einzelkommentierung

Maßstab für die erforderliche Zahl ehrenamtlicher Richter ist die Anzahl der voraussicht- **1** lichen Kammersitzungen. Es müssen so viele ehrenamtliche Richter bestellt werden, dass der einzelne ehrenamtliche Richter voraussichtlich zu höchstens zwölf ordentlichen Sitzungstagen im Jahr herangezogen wird. Dadurch sollen unzumutbare Belastungen für den einzelnen ehrenamtlichen Richter verhindert werden. Der Präsident trifft diese prognostische Entscheidung aufgrund der Erfahrungswerte der letzten Jahre und der zu erwartenden Geschäftsentwicklung (S/S/B/Stelkens/Panzer VwGO § 27 Rn 2, 4). Zu berücksichtigen ist bei der Festlegung der Zahl sowohl der unter Umständen durch die Aufstellung einer Hilfsliste gem § 30 Abs 2 VwGO entstehende Bedarf als auch der Umstand, dass ehrenamtliche Richter im Fall von Ablehnungen nach § 23 VwGO oder aus sonstigen Gründen ausscheiden können. Die Berücksichtigung einer gewissen „Reserve" ist vor allem deswegen sinnvoll, weil eine Ergänzungswahl grundsätzlich nicht vorgesehen ist, vgl § 29 VwGO Rn 6.

Die Vorschrift gewährt dem einzelnen ehrenamtlichen Richter kein eigenes subjektives **2** Recht, an nicht mehr als zwölf Sitzungstagen herangezogen zu werden (Kopp/Schenke VwGO § 27 Rn 2); eine entsprechende Teilnahmeverweigerung würde eine Pflichtverletzung darstellen. Auf die ordnungsgemäße Besetzung des Gerichts wirkt sich eine höhere Zahl von tatsächlich stattfindenden Sitzungstagen nicht aus (Sodan/Ziekow/Ziekow VwGO § 27 Rn 3).

§ 28 [Vorschlagsliste]

¹Die Kreise und kreisfreien Städte stellen in jedem fünften Jahr eine Vorschlagsliste für ehrenamtliche Richter auf. ²Der Ausschuß bestimmt für jeden Kreis und für jede kreisfreie Stadt die Zahl der Personen, die in die Vorschlagsliste aufzunehmen sind. ³Hierbei ist die doppelte Anzahl der nach § 27 erforderlichen ehrenamtlichen Richter zugrunde zu legen. ⁴Für die Aufnahme in die Liste ist die Zustimmung von zwei Dritteln der anwesenden Mitglieder der Vertretungskörperschaft des Kreises oder der kreisfreien Stadt, mindestens jedoch die Hälfte der gesetzlichen Mitgliederzahl erforderlich. ⁵Die jeweiligen Regelungen zur Beschlussfassung der Vertretungskörperschaft bleiben unberührt. ⁶Die Vorschlagslisten sollen außer dem Namen auch den Geburtsort, den Geburtstag und Beruf des Vorgeschlagenen enthalten; sie sind dem Präsidenten des zuständigen Verwaltungsgerichts zu übermitteln.

Die Vorschrift trifft nähere Bestimmungen über das vorbereitende Verfahren für die Wahl der ehrenamtlichen Richter, indem sie die Aufstellung der Vorschlagslisten durch die Kreise und kreisfreien Städte regelt.

A. Verfahren

Eingeleitet wird das Verfahren, indem der **Wahlausschuss** iSd § 26 VwGO die **Zahl der** **1** **Personen** bestimmt, die von jedem Kreis und jeder kreisfreien Stadt in die jeweilige Vorschlagsliste aufzunehmen sind, § 28 S 2, 3 VwGO; der von dieser Zahl auf jeden Kreis entfallende Anteil ist sinnvollerweise nach dem Verhältnis der Einwohnerzahlen zu bestimmen, vgl. § 36 Abs 4 S 2 GVG.

Im zweiten Verfahrensschritt stellen die **Kreise und kreisfreien Städte die Vorschlags- 2 listen** auf, § 28 S 1 VwGO. **Zuständig** für die Entscheidung der Kreise und kreisfreien Städte sind die jeweiligen **Vertretungskörperschaften**, § 28 S 4 VwGO, also die Kreistage und Stadträte bzw. in Berlin und Hamburg die Bezirke, § 185 Abs 1 VwGO. Keine Regelung ist darüber vorgesehen, wie die für die Entscheidung zuständigen Vertretungskörperschaften die **Vorschlagslisten vorbereiten**; der Vertretungskörperschaft steht insofern ein weites Ermessen zu, welche Vereinigungen und Institutionen sie einbezieht und inwiefern sie Vorschläge von Bürgern aufgreift. Bereits als ehrenamtliche Richter tätige Personen können erneut berücksichtigt werden (BVerwG Buchholz 310 § 28 VwGO Nr 2).

Das von der Vertretungskörperschaft bei der Wahl zu beachtende **Verfahren** ergibt sich aus dem Landesrecht (Gemeindeordnung, Kreisordnung), § 28 S 5 VwGO, die VwGO trifft nur insofern eine Regelung, als gemäß § 28 S 4 VwGO eine Zweidrittelmehrheit der anwesenden Mitglieder, mindestens jedoch die Hälfte der gesetzlichen Mitglieder des Gremiums zustimmen muss. Kommt die erforderliche Mehrheit nicht zustande, bleibt der Kreis bei der Wahl unberücksichtigt (B/F-K/S/vA/Funke-Kaiser VwGO § 28 Rn 5).

3   Abschließend wird die Vorschlagsliste mit den Angaben nach § 28 S 6 Hs 1 VwGO (und zusätzlich der Adresse) dem Präsidenten des Verwaltungsgerichts übersandt, § 28 S 6 Hs 2 VwGO; weitere Hinweise zu den Voraussetzungen der §§ 20 bis 23 VwGO sind zulässig. Unzulässig sind dagegen Hinweise auf die Religions- oder Parteizugehörigkeit der Vorgeschlagenen (Schnellenbach NVwZ 1988, 703).

4   Das weitere Verfahren, dh die Wahl durch den Ausschuss, ergibt sich aus § 29 VwGO. Das Verfahren ist alle fünf Jahre durchzuführen.

B. Entscheidung über die Aufnahme

5   Die zu treffende **Entscheidung** (vgl § 29 VwGO Rn 2) über die Aufnahme einer Person in die Liste steht im **Ermessen** der jeweiligen Vertretungskörperschaft; Kriterien wie in § 36 Abs 2 S 1 GVG sind nicht ausdrücklich vorgesehen. Nicht aufzunehmen sind Personen, bei denen Ausschluss- oder Hinderungsgründe nach §§ 20 bis 22 VwGO vorliegen; bei Personen, die verbindlich erklärt haben, von ihrem Ablehnungsrecht gemäß § 23 VwGO Gebrauch machen zu wollen, kann eine Aufnahme unterbleiben, eine dennoch erfolgte Aufnahme ist jedoch nicht rechtswidrig (Eyermann/Geiger VwGO § 28 Rn 3; S/S/B/Stelkens/Panzer VwGO § 28 Rn 9; Schnellenbach NVwZ 1988, 703). Vor diesem Hintergrund sollten vorgeschlagene Personen, die sich nicht bereits einverstanden erklärt haben, vor der Aufnahme in die Liste angehört werden (B/F-K/S/vA/Funke-Kaiser VwGO § 28 Rn 2). Kein sachgerechtes Kriterium ist die Anknüpfung an Partei- oder Ratszugehörigkeit (S/S/B/Stelkens/Panzer VwGO § 28 Rn 4).

6   Die Aufnahme in die Liste ist ebenso wie die Ablehnung **kein Verwaltungsakt**, da keine Regelung mit Außenwirkung vorliegt, sondern nur eine vorbereitende Verfahrenshandlung (S/S/B/Stelkens/Panzer VwGO § 28 Rn 9; B/F-K/S/vA/Funke-Kaiser VwGO § 28 Rn 8; Eyermann/Geiger VwGO § 28 Rn 5, 8; aA Kopp/Schenke VwGO § 28 Rn 3 mwN). Ein übergangener Bewerber hat keinen Anspruch auf Aufnahme in die Vorschlagsliste, sondern allenfalls darauf, nicht willkürlich vom Amt ausgeschlossen zu werden (VG Stuttgart DÖV 2001, 433; Eyermann/Geiger VwGO § 28 Rn 5).

C. Fehlerfolge

7   Die Wahl unterliegt der **Überprüfung** durch die Kommunalaufsicht. Bei ersichtlichen Fehlern der Vorschlagsliste oder des Wahlverfahrens kann der Präsident des Gerichts die Vertretungskörperschaft oder die Aufsichtsbehörde benachrichtigen, nicht aber selbst die Vorschlagsliste beanstanden (S/S/B/Stelkens/Panzer VwGO § 28 Rn 11).

8   Da **Verstöße** gegen Vorschriften des § 28 VwGO nur das vorbereitende Verfahren betreffen, führen sie idR nicht zu einer Nichtigkeit der Wahl und damit auch nicht zu einer fehlerhaften Besetzung der Richterbank; vgl § 29 VwGO Rn 5. Unbeachtlich unter dem Gesichtspunkt des gesetzlichen Richters sind daher zB unzulässige Zusätze auf den Vorschlagslisten (BVerwG NJW 1988, 219) oder das Fehlen von Vorschlagslisten für einen Kreis (BVerfG NVwZ 1996, 160; BGH NJW 1986, 1356). Eine Manipulation der Auswahl der ehrenamtlichen Richter ist in derartigen Fällen nicht zu erkennen.

§ 29 [Wahlverfahren]

(1) Der Ausschuß wählt aus den Vorschlagslisten mit einer Mehrheit von mindestens zwei Dritteln der Stimmen die erforderliche Zahl von ehrenamtlichen Richtern.

(2) Bis zur Neuwahl bleiben die bisherigen ehrenamtlichen Richter im Amt.

Abs 1 enthält Vorschriften über die Wahl der ehrenamtlichen Richter (Rn 1) durch den Wahlausschuss. Abs 2 (Rn 7) stellt sicher, dass ehrenamtliche Richter auch dann zur Verfügung stehen, wenn die Neuwahl nicht rechtzeitig durchgeführt werden kann.

A. Wahlverfahren

Erforderlich ist für die Wahl der ehrenamtlichen Richter eine **Zweidrittelmehrheit** der 1 anwesenden – nicht der gesetzlichen – Mitglieder des Wahlausschusses (Eyermann/Geiger VwGO § 29 Rn 4). Weitere Verfahrensbestimmungen sieht die VwGO nicht vor. Die Abstimmung muss daher **nicht geheim** erfolgen (S/S/B/Stelkens/Panzer VwGO § 29 Rn 2). Über die Wahl ist jedoch zweckmäßigerweise zum Beleg der ordnungsgemäßen Durchführung des Wahlverfahrens im Falle einer Wahlanfechtung oder einer Besetzungsrüge eine Niederschrift zu fertigen (Eyermann/Geiger VwGO § 29 Rn 5). Die Zahl der zu wählenden ehrenamtlichen Richter richtet sich nach der vom Präsidenten gemäß § 27 VwGO bestimmten Zahl. Bei der Wahl ist nicht zwischen Haupt- und Hilfsliste zu differenzieren, da die Hilfsliste gem § 30 Abs 2 VwGO erst durch das Präsidium aufgestellt wird.

Der Ausschuss muss eine **Wahlentscheidung** treffen. Eine Auslosung ist keine Wahl und 2 damit unzulässig (BGH NJW 1984, 2839; offen gelassen von BVerwG Buchholz 310 § 29 VwGO Nr 2). Bejaht worden ist eine Wahlentscheidung, wenn zB generell jede zweite Person von der Liste gestrichen wird (BVerwG Buchholz 310 § 29 Nr 2; OVG Hamburg NJW 1985, 2354). Inhaltlich ist eine **Ermessensentscheidung** zu treffen. Personen, bei denen Gründe nach §§ 20 oder 21 VwGO vorliegen, dürfen nicht gewählt werden; Personen, die ein Ablehnungsrecht nach § 23 VwGO haben, können bei der Wahl generell unberücksichtigt bleiben (BVerwG Buchholz § 29 VwGO Nr 2). Sachgerecht ist es ferner, bereits als ehrenamtliche Richter tätig gewesene Personen wiederzuwählen oder aber solche ehrenamtlichen Richter, die gegen ihre Pflichten verstoßen haben, nicht wiederzuwählen (OVG Hamburg NJW 1985, 2354). Unzulässig sind sachfremde Erwägungen, insbesondere das Anknüpfen an die politische oder religiöse Einstellung der Kandidaten.

B. Rechtsnatur des Wahlakts und Fehlerfolgen

Da durch die Wahl das Amt des ehrenamtlichen Richters begründet wird, stellt sie einen 3 **Verwaltungsakt** dar (Sodan/Ziekow/Ziekow VwGO § 29 Rn 6; Eyermann/Geiger VwGO § 29 Rn 6; OVG Hamburg NJW 1985, 2354; aA Schnellbach NVwZ 1988, 703). Die Wahl ist daher wirksam, solange sie nicht infolge Anfechtung aufgehoben wurde; nur schwerwiegende, offensichtliche Fehler führen zur Nichtigkeit. Eine besondere Annahmeerklärung durch den ehrenamtlichen Richter ist nicht vorgesehen (OVG Sachsen NJW 2009, 2474); im Gegenteil ist dieser verpflichtet, das Amt zu übernehmen (§ 19 VwGO Rn 4).

Ein **Anfechtungsrecht** steht nur dem gewählten oder nicht gewählten Betroffenen zu. 4 **Gewählte Personen**, die das Vorliegen von Gründen iSd §§ 20 bis 23 VwGO geltend machen, müssen vorrangig vor einer Anfechtungsklage das Verfahren auf Entbindung vom Amt gemäß § 24 VwGO betreiben. Bis zu dessen Abschluss bleibt die Wahl wirksam. **Nichtberücksichtigte Bewerber** haben lediglich einen Anspruch auf ermessensfehlerfreie Entscheidung und auf Teilnahme an einer ordnungsgemäß durchgeführten Nachholwahl (Eyermann/Geiger VwGO § 29 Rn 6); zur Zulässigkeit einzelner Auswahlkriterien vgl VG Karlsruhe Urt v 18.2.2011 – 1 K 1569/10 – = NVwZ-RR 2011, 990 (nur Leitsatz). Durch die Anfechtungsklage kann überprüft werden, ob ein **ordnungsgemäßes Verfahren** bei der Aufstellung der Vorschlagsliste und bei der Wahl durch den Wahlausschuss vorlag; zur Aufhebung der Wahl führt nur ein Fehler, der sich auf das Wahlergebnis ausgewirkt haben kann (Eyermann/Geiger VwGO § 29 Rn 6). Bis zur Aufhebung der Wahl ist die Richterbank ordnungsgemäß besetzt (BVerwG Buchholz 310 § 28 Nr 2).

Die **Beteiligten des Rechtsstreits** haben kein Anfechtungsrecht. Sie können lediglich 5 durch **Rechtsmittel** einen Verstoß gegen den Grundsatz des gesetzlichen Richters geltend machen (B/F-K/S/vA/Funke-Kaiser VwGO § 29 Rn 3). Dies ist nicht bei jedem Mangel der Wahl der Fall, sondern lediglich bei **besonders schwerwiegenden offensichtlichen Fehlern** oder bei solchen, die im Einzelfall auf die Besetzung der Richterbank von Einfluss gewesen sein können, insbesondere wenn eine **Manipulation der Spruchkörperbeset-**

zung ermöglicht wird (BVerfG NVwZ 1996, 160; BVerwG NJW 1988, 219). Zur Kasuistik vgl Rn 5.1 ff.

5.1   Schwere, die Nichtigkeit der Wahl und damit eine fehlerhafte Besetzung der Richterbank begründende Fehler liegen vor, wenn
- ehrenamtliche Richter ausgelost werden (BGH NJW 1984, 2839; NJW 1985, 2341); anders dagegen, wenn die generelle Entscheidung getroffen wird, jede zweite Person von der Liste zu streichen (BVerwG Buchholz 310 § 29 Nr 2);
- Mitglieder des Ausschusses durch ein unzuständiges (BGHSt 20, 37 = NJW 1964, 2432; Bay-ObLG BayVBl 1988, 27) oder nicht beschlussfähiges (B/F-K/S/vA/Funke-Kaiser VwGO § 29 Rn 4) Gremium gewählt worden sind;
- wenn die Entscheidung eines anderen Gremiums übernommen wird (BGH NJW 1988, 3164).

5.2   Nicht zur Nichtigkeit führende Verfahrensmängel liegen vor, wenn
- der Präsident im Ausschuss vertreten wird, ohne dass ein Fall der Verhinderung gegeben ist (BVerwG NJW 1988, 219);
- unzulässige Angaben auf der Vorschlagsliste vorhanden sind (BVerwG NJW 1988, 219);
- eine Person gewählt wird, die vom Amt des ehrenamtlichen Richters ausgeschlossen ist (BVerwG Buchholz 310 § 28 Nr 2), da bis zu einer Entbindung vom Amt keine fehlerhafte Besetzung vorliegt;
- eine Vorschlagsliste aus einem Kreis fehlt (BGH NJW 1986, 1356).

C. Nach- oder Ergänzungswahl

6   Eine Nach- oder Ergänzungswahl während der Wahlperiode ist in der VwGO nicht vorgesehen und damit – abgesehen von Notstandssituationen – **grundsätzlich unzulässig** (Eyermann/Geiger VwGO § 29 Rn 9). Eine Ausnahme kommt nur in Betracht, wenn eine geordnete Rechtsprechungstätigkeit wegen der zu geringen Zahl ehrenamtlicher Richter nicht mehr möglich ist.

D. Verlängerung der Amtszeit, Abs 2

7   Durch die Regelung des Abs 2 wird sichergestellt, dass ehrenamtliche Richter auch dann zur Verfügung stehen, wenn eine Neuwahl nicht rechtzeitig durchgeführt werden kann.

§ 30 [Heranziehung zu Sitzungen, Vertreter]

(1) Das Präsidium des Verwaltungsgerichts bestimmt vor Beginn des Geschäftsjahres die Reihenfolge, in der die ehrenamtlichen Richter zu den Sitzungen heranzuziehen sind.

(2) Für die Heranziehung von Vertretern bei unvorhergesehener Verhinderung kann eine Hilfsliste aus ehrenamtlichen Richtern aufgestellt werden, die am Gerichtssitz oder in seiner Nähe wohnen.

Die Vorschrift regelt die Heranziehung der ehrenamtlichen Richter zu den Sitzungen. Sie ist Ausfluss des Grundsatzes des gesetzlichen Richters. Absatz 1 sieht die Aufstellung einer Hauptliste (Rn 1) für jede Kammer vor, aus der sich die Reihenfolge der Heranziehung der ehrenamtlichen Richter ergibt. Absatz 2 sieht die Möglichkeit vor, für Fälle unvorhergesehener Verhinderung eine Hilfsliste (Rn 9) mit ehrenamtlichen Richtern zu bilden, die aufgrund ihres nahe gelegenen Wohnsitzes voraussichtlich auch kurzfristig zu Sitzungen geladen werden können.

A. Hauptliste

I. Zuständigkeit

1   Zuständig für die Festlegung der Reihenfolge der Heranziehung und die Verteilung der ehrenamtlichen Richter auf die einzelnen Kammern ist das **Präsidium**, das diese Aufgabe jeweils vor Beginn des Geschäftsjahres im Rahmen des Geschäftsverteilungsplans wahrzuneh-

men hat. Für das Verfahren gelten die Grundsätze der §§ 21e ff GVG. Bei der Entscheidung über die Verteilung der ehrenamtlichen Richter auf die einzelnen Spruchkörper besteht weites **Ermessen**. Besondere Sachkunde oder Fachkenntnis einzelner ehrenamtlicher Richter kann berücksichtigt werden, verpflichtend ist dies jedoch nicht (BVerwG Buchholz 310 § 30 VwGO Nr 11).

II. Reihenfolge der Heranziehung

Die **Reihenfolge der Heranziehung** muss, um dem Gebot des gesetzlichen Richters zu **2** genügen, eindeutig festgelegt sein; Manipulationen müssen weitestgehend ausgeschlossen sein (BVerwGE 88, 159 = NJW 1992, 254). Dies setzt einerseits voraus, dass die Namen der ehrenamtlichen Richter in einer bestimmten Reihenfolge geordnet werden. Darüber hinaus muss eine Bestimmung getroffen werden, ob die Reihenfolge der Heranziehung sich nach dem Zeitpunkt der Terminsverfügung oder nach dem Zeitpunkt der Sitzungen richtet; beide Regelungen sind zulässig (BVerwG NJW 1992, 254). In der Praxis ist die erste Alternative vorzugswürdig, da dann bei nachträglicher Anberaumung einer früher stattfindenden Sitzung keine Umladungen ehrenamtlicher Richter erfolgen müssen.

Formelle **Anforderungen an die Ladung** der ehrenamtlichen Richter existieren nicht. **3** Die Ladung kann auch telefonisch erfolgen. Grundsätzlich sollten reguläre Ladungen jedoch schriftlich und so rechtzeitig erfolgen, dass ausreichend Zeit besteht, sich auf den Termin einzustellen und Terminskollisionen zu verhindern (Eyermann/Geiger VwGO § 30 Rn 11).

III. Vertretung

Das Präsidium muss eine Regelung für den Fall der **Verhinderung** eines ehrenamtlichen **4** Richters treffen. Zulässig ist zB eine Regelung, nach der der jeweils nächste noch nicht geladene ehrenamtlichen Richter heranzuziehen ist (BVerwG NVwZ 1986, 1010).

Die **Hilfsliste** dient demgegenüber nicht der Regelung der regulären Vertretung, son- **5** dern nur für Fälle **unvorhergesehener Verhinderung** (BVerwG Buchholz 310 § 54 VwGO Nr 35). Auf sie darf daher nicht bei jedem Vertretungsfall zurückgegriffen werden.

IV. Vorliegen eines Verhinderungsgrundes

Der gesetzlich nicht definierte **Begriff der Verhinderung** kann – muss aber nicht – im **6** Geschäftsverteilungsplan näher bestimmt werden (BVerwG NJW 1992, 254). Nach der Rechtsprechung ist ein ehrenamtlicher Richter verhindert, wenn er nachvollziehbar darlegen kann, dass ihm die Teilnahme an der Sitzung aus beruflichen oder privaten Gründen nicht möglich oder nicht zuzumuten ist (BVerwG Beschl v 9.8.2010 – 2 B 36.10 = Buchholz 310 § 30 VwGO Nr 26. Folgende **Gründe** sind für eine Verhinderung anerkannt worden:

- Erkrankung (BVerwG Buchholz 310 § 30 VwGO Nr 3);
- (Geplanter) Urlaub (BVerwG Buchholz 310 § 30 VwGO Nr 4, 13) oder Ortsabwesenheit (BVerwG NVwZ 1984, 580);
- Dringende berufliche Inanspruchnahme (BVerwG Buchholz 310 § 30 VwGO Nr 3; NVwZ 1986, 1010), dh wenn Angelegenheiten erledigt werden müssen, die nicht ohne erheblichen Schaden aufgeschoben werden können und bei denen der ehrenamtliche Richter sich auch nicht durch einen anderen vertreten lassen kann; aus dem Rahmen fallende Kosten für eine Vertretung können ebenfalls einen Verhinderungsgrund darstellen (OVG Hamburg NVwZ-RR 2006, 446);
- Anderweitige ehrenamtliche Inanspruchnahme (BVerwGE 44, 215);
- Beerdigung eines Arbeitskollegen (BVerwG NVwZ 1984, 580);
- Defektes Auto, wenn nicht ohne Weiteres auf andere Beförderungsmittel zurückgegriffen werden kann (OVG Münster Beschl v 18.11.2008, Az.: 7 A 103/08 BeckRS 2009 31030);
- Unerreichbarkeit (B/F-K/S/vA/Funke-Kaiser VwGO § 30 Rn 4; Kopp/Schenke VwGO § 30 Rn 6);
- Pflegebedürftigkeit eines Familienangehörigen oder Betreuungsbedürftigkeit eines kleinen Kindes, wenn keine andere Person verfügbar ist (Eyermann/Geiger VwGO § 30 Rn 5).

7   **Nicht ausreichen** soll die Verweigerung des Amtsantritts (BVerwG NJW 1963, 1219). Der ehrenamtliche Richter muss vielmehr in diesem Fall zunächst geladen werden und erst bei seinem Nichterscheinen darf der Vertreter herangezogen werden.

8   **Angaben** des ehrenamtlichen Richters über eine Verhinderung **müssen nicht nachgeprüft** werden (BVerwG NVwZ 1986, 1010), es sei denn, es liegen Anhaltspunkte für ein pflichtwidriges Fernbleiben vor (BVerwG NVwZ 1984, 579). Die Entscheidung über das Vorliegen einer Verhinderung trifft der **Vorsitzende**; dieser darf jedoch die Geschäftsstelle generell ermächtigen, den Vertreter zu laden, wenn sich ein als zuverlässig bekannter ehrenamtlicher Richter für verhindert erklärt (BVerwGE 44, 215; BVerwG NVwZ 1984, 579). Der Grund für die Heranziehung eines Vertreters sollte in geeigneter Form schriftlich festgehalten werden; zwar existiert insofern keine gesetzliche Verpflichtung (BVerwG NVwZ 1984, 579), andernfalls besteht aber die Gefahr der Rüge einer unrichtigen Besetzung des Gerichts, ohne dass diese zuverlässig aufgeklärt werden könnte.

B. Hilfsliste

I. Anforderungen und Funktion der Hilfsliste

9   Die Hilfsliste dient der Regelung **unvorhergesehener Vertretungsfälle**. Die Entscheidung, ob eine Hilfsliste aufgestellt wird, liegt im **Ermessen des Präsidiums** (BVerwGE 13, 147). Die Hilfsliste unterliegt nicht denselben Anforderungen wie die Hauptliste und muss nicht für jede Kammer aufgestellt werden. Die Höchstzahl von Sitzungen gemäß § 27 VwGO ist jedoch zu berücksichtigen. Damit der Grundsatz des gesetzlichen Richters gewahrt bleibt, ist die Reihenfolge der Heranziehung der ehrenamtlichen Richter von der Hilfsliste festzulegen. So kann zB bestimmt werden, dass die Hilfsliste nach der Reihenfolge abgearbeitet und derjenige von der Liste herangezogen wird, der als erster für die Sitzungsteilnahme zur Verfügung steht; jedenfalls in eiligen Fällen genügt ein einmaliger Versuch eines Telefonanrufs (BVerwG Beschl v 9.8.2010 – 2 B 36.10 = Buchholz 310 § 30 VwGO Nr 26).

10   Die Hilfsliste besteht aus Richtern, die **am Gerichtssitz oder in seiner Nähe wohnen**. Dadurch wird gewährleistet, dass diese Richter auch bei kurzfristigem Eintreten eines Vertretungsfalles noch erreichbar sind. Ehrenamtliche Richter können sowohl in die Hauptliste als auch in die Hilfsliste aufgenommen werden (S/S/B/Stelkens/Panzer VwGO § 30 Rn 13).

II. Unvorhergesehene Verhinderung

11   Es ist nicht zwingend (aA B/F-K/S/vA/Funke-Kaiser VwGO § 30 Rn 8), aber sinnvoll, im **Geschäftsverteilungsplan** eine **Regelung** aufzunehmen, unter welchen Voraussetzungen eine **unvorhergesehene Verhinderung** anzunehmen ist. So kann zB die Heranziehung der ehrenamtlichen Richter von der Hilfsliste dann ermöglicht werden, wenn eine Verhinderung erst innerhalb einer bestimmten Zahl von Tagen vor der Sitzung entsteht. Zulässig ist aber auch eine großzügige Regelung, wonach eine unvorhergesehene Verhinderung immer dann vorliegt, wenn dem Gericht erst nach Absendung der Ladung an den turnusmäßig berufenen ehrenamtlichen Richter bekannt wird, dass dieser an der Sitzungsteilnahme verhindert ist (BVerwG NJW 1992, 254). Es kann ferner bestimmt werden, dass nur zur Verfügung stehende ehrenamtliche Richter von der Hilfsliste geladen werden (BVerwG NVwZ 1984, 579). **Fehlen Regelungen** im Geschäftsverteilungsplan, so bestimmt sich das Vorliegen einer unvorhergesehenen Verhinderung nach der **Übung des Gerichts** (BVerwGE 44, 215). In jedem Fall ist eine unvorhergesehene Verhinderung dann anzunehmen, wenn bei normalen Verhältnissen eine Ladung des regulären Vertreters von der Hauptliste nicht mehr möglich ist (BVerwG Buchholz 310 § 30 VwGO Nr 26; Eyermann/Geiger VwGO § 30 Rn 8), also zB immer dann, wenn ein ordnungsgemäß geladener ehrenamtlicher Richter unentschuldigt nicht erscheint (BVerwG Buchholz 310 § 30 VwGO Nr 10). Zum Verfahren und zur Entscheidung durch den Vorsitzenden vgl oben Rn 8; zur Ladung vgl Rn 3.

Ist kein ehrenamtlicher Richter von der Hilfsliste erreichbar, muss der anstehende Termin **12** aufgehoben und neu geladen werden; es kann nicht auf die Hauptliste zurückgegriffen werden (Eyermann/Geiger VwGO § 30 Rn 10).

C. Fehlerfolgen

Fehlt es an einer ordnungsgemäßen Aufstellung der Listen, so ist die Richterbank nicht **13** ordnungsgemäß besetzt (Eyermann/Geiger VwGO § 30 Rn 12). Ist dagegen der Geschäfts-verteilungsplan ordnungsgemäß aufgestellt worden, so ist die auf seiner Grundlage erfolgte **irrtümliche fehlerhafte Heranziehung** (zB irrtümliche Annahme einer Verhinderung; Irrtum der Geschäftsstelle über die Reihenfolge) unbeachtlich; nur so kann im Interesse der Rechtssicherheit verhindert werden, dass eine fehlerhafte Heranziehung wegen der damit verbundenen „Verschiebung" in der Reihenfolge der ehrenamtlichen Richter auch in allen nachfolgenden Verfahren zu einer fehlerhaften Besetzung des Gerichts führt (OVG Münster NVwZ-RR 2009, 364). Lediglich bei Willkür (zB Fehlen eines Verhinderungsgrundes, BVerwGE 44, 215) liegt eine fehlerhaft besetzte Richterbank vor (BVerwG Buchholz 310 § 133 Nr 62; S/S/B/Stelkens/Panzer VwGO § 30 Rn 17).

§ 31 (weggefallen)

§ 31 VwGO wurde durch Art 8 des Gesetzes zur Ergänzung des 1. StVRG v 20.12.1974 (BGBl I 3686) aufgehoben. An seine Stelle trat der § 45 DRiG.

§ 32 [Entschädigung]

Der ehrenamtliche Richter und der Vertrauensmann (§ 26) erhalten eine Entschädigung nach dem Justizvergütungs- und -entschädigungsgesetz.

Die ehrenamtlichen Richter bekommen kein Gehalt, sondern eine Entschädigung, die für alle ehrenamtlichen Richter der Gerichtsbarkeit gemeinsam geregelt ist.

Einzelkommentierung

Die Vorschrift verweist für die Entschädigung des ehrenamtlichen Richters auf das Justiz- **1** vergütungs- und Entschädigungsgesetz (JVEG) vom 5.5.2004, BGBl I 776, zuletzt geändert durch Gesetz v 23.7.2013, BGBl I 2586.

Die einschlägigen Vorschriften des **JVEG** lauten: **1.1**
§ 1 JVEG Geltungsbereich und Anspruchsberechtigte
(1) Dieses Gesetz regelt (…)
2. die Entschädigung der ehrenamtlichen Richterinnen und Richter bei den ordentlichen Gerichten und den Gerichten für Arbeitssachen sowie bei den Gerichten der Verwaltungs-, der Finanz- und der Sozialgerichtsbarkeit mit Ausnahme der ehrenamtlichen Richterinnen und Richter in Handelssachen, in berufsgerichtlichen Verfahren oder bei Dienstgerichten (…)
(4) Die Vertrauenspersonen in den Ausschüssen zur Wahl der Schöffen und die Vertrauensleute in den Ausschüssen zur Wahl der ehrenamtlichen Richter bei den Gerichten der Verwaltungs- und der Finanzgerichtsbarkeit werden wie ehrenamtliche Richter entschädigt.
§ 2 JVEG Geltendmachung und Erlöschen des Anspruchs, Verjährung
(1) Der Anspruch auf Vergütung oder Entschädigung erlischt, wenn er nicht binnen drei Monaten bei der Stelle, die den Berechtigten herangezogen oder beauftragt hat, geltend gemacht wird; hierüber und über den Beginn der Frist ist der Berechtigte zu belehren. Die Frist beginnt (…)
4. in den Fällen des § 23 mit Beendigung der Maßnahme und
(…) Die Frist kann auf begründeten Antrag von der in Satz 1 genannten Stelle verlängert werden; lehnt sie eine Verlängerung ab, hat sie den Antrag unverzüglich dem nach § 4 Abs. 1 für die Festsetzung der Vergütung oder Entschädigung zuständigen Gericht vorzulegen, das durch unanfechtbaren Beschluss entscheidet. Weist das Gericht den Antrag zurück, erlischt der Anspruch, wenn die Frist nach Satz 1 abgelaufen und der Anspruch nicht binnen zwei Wochen ab Bekanntgabe der Entscheidung bei der in Satz 1 genannten Stelle geltend gemacht worden ist.
(2) War der Berechtigte ohne sein Verschulden an der Einhaltung einer Frist nach Absatz 1 gehindert, gewährt ihm das Gericht auf Antrag Wiedereinsetzung in den vorigen Stand, wenn er

innerhalb von zwei Wochen nach Beseitigung des Hindernisses den Anspruch beziffert und die Tatsachen glaubhaft macht, welche die Wiedereinsetzung begründen. (…) Nach Ablauf eines Jahres, von dem Ende der versäumten Frist an gerechnet, kann die Wiedereinsetzung nicht mehr beantragt werden. Gegen die Ablehnung der Wiedereinsetzung findet die Beschwerde statt. (…)

(3) Der Anspruch auf Vergütung oder Entschädigung verjährt in drei Jahren nach Ablauf des Kalenderjahrs, in dem der nach Absatz 1 Satz 2 Nr. 1 bis 4 maßgebliche Zeitpunkt eingetreten ist. Auf die Verjährung sind die Vorschriften des Bürgerlichen Gesetzbuchs anzuwenden. Durch den Antrag auf gerichtliche Festsetzung (§ 4) wird die Verjährung wie durch Klageerhebung gehemmt. Die Verjährung wird nicht von Amts wegen berücksichtigt.

(4) Der Anspruch auf Erstattung zu viel gezahlter Vergütung oder Entschädigung verjährt in drei Jahren nach Ablauf des Kalenderjahrs, in dem die Zahlung erfolgt ist. § 5 Abs. 3 des Gerichtskostengesetzes gilt entsprechend.

§ 3 JVEG Vorschuss

Auf Antrag ist ein angemessener Vorschuss zu bewilligen, wenn dem Berechtigten erhebliche Fahrtkosten oder sonstige Aufwendungen entstanden sind oder voraussichtlich entstehen werden oder wenn die zu erwartende Vergütung für bereits erbrachte Teilleistungen einen Betrag von 2000 Euro übersteigt.

§ 4 JVEG Gerichtliche Festsetzung und Beschwerde

(1) Die Festsetzung der Vergütung, der Entschädigung oder des Vorschusses erfolgt durch gerichtlichen Beschluss, wenn der Berechtigte oder die Staatskasse die gerichtliche Festsetzung beantragt oder das Gericht sie für angemessen hält. Zuständig ist
1. das Gericht, (…) bei dem er [der Berechtigte] als ehrenamtlicher Richter mitgewirkt hat (…).

(3) Gegen den Beschluss nach Absatz 1 können der Berechtigte und die Staatskasse Beschwerde einlegen, wenn der Wert des Beschwerdegegenstandes 200 Euro übersteigt oder wenn sie das Gericht, das die angefochtene Entscheidung erlassen hat, wegen der grundsätzlichen Bedeutung der zur Entscheidung stehenden Frage in dem Beschluss zulässt.
(…)

§ 5 JVEG Fahrtkostenersatz

(1) Bei Benutzung von öffentlichen, regelmäßig verkehrenden Beförderungsmitteln werden die tatsächlich entstandenen Auslagen bis zur Höhe der entsprechenden Kosten für die Benutzung der ersten Wagenklasse der Bahn einschließlich der Auslagen für Platzreservierung und Beförderung des notwendigen Gepäcks ersetzt.

(2) Bei Benutzung eines eigenen oder unentgeltlich zur Nutzung überlassenen Kraftfahrzeugs werden (…)
2. den in § 1 Abs. 1 Satz 1 Nr. 1 und 2 genannten Anspruchsberechtigten zur Abgeltung der Anschaffungs-, Unterhaltungs- und Betriebskosten sowie zur Abgeltung der Abnutzung des Kraftfahrzeugs 0,30 Euro

für jeden gefahrenen Kilometer ersetzt zuzüglich der durch die Benutzung des Kraftfahrzeugs aus Anlass der Reise regelmäßig anfallenden baren Auslagen, insbesondere der Parkentgelte. Bei der Benutzung durch mehrere Personen kann die Pauschale nur einmal geltend gemacht werden. Bei der Benutzung eines Kraftfahrzeugs, das nicht zu den Fahrzeugen nach Absatz 1 oder Satz 1 zählt, werden die tatsächlich entstandenen Auslagen bis zur Höhe der in Satz 1 genannten Fahrtkosten ersetzt; zusätzlich werden die durch die Benutzung des Kraftfahrzeugs aus Anlass der Reise angefallenen regelmäßigen baren Auslagen, insbesondere die Parkentgelte, ersetzt, soweit sie der Berechtigte zu tragen hat.

(3) Höhere als die in Absatz 1 oder Absatz 2 bezeichneten Fahrtkosten werden ersetzt, soweit dadurch Mehrbeträge an Vergütung oder Entschädigung erspart werden oder höhere Fahrtkosten wegen besonderer Umstände notwendig sind.

(4) Für Reisen während der Terminsdauer werden die Fahrtkosten nur insoweit ersetzt, als dadurch Mehrbeträge an Vergütung oder Entschädigung erspart werden, die beim Verbleiben an der Terminsstelle gewährt werden müssten.

(5) Wird die Reise zum Ort des Termins von einem anderen als dem in der Ladung oder Terminsmitteilung bezeichneten oder der zuständigen Stelle unverzüglich angezeigten Ort angetreten oder wird zu einem anderen als zu diesem Ort zurückgefahren, werden Mehrkosten nach billigem Ermessen nur dann ersetzt, wenn der Berechtigte zu diesen Fahrten durch besondere Umstände genötigt war.

§ 6 JVEG Entschädigung für Aufwand

(1) Wer innerhalb der Gemeinde, in der der Termin stattfindet, weder wohnt noch berufstätig ist, erhält für die Zeit, während der er aus Anlass der Wahrnehmung des Termins von seiner Wohnung und seinem Tätigkeitsmittelpunkt abwesend sein muss, ein Tagegeld, dessen Höhe sich nach § 4 Abs. 5 Satz 1 Nr. 5 Satz 2 des Einkommensteuergesetzes bestimmt.

(2) Ist eine auswärtige Übernachtung notwendig, wird ein Übernachtungsgeld nach den Bestimmungen des Bundesreisekostengesetzes gewährt.

§ 7 JVEG Ersatz für sonstige Aufwendungen

(1) Auch die in den §§ 5, 6 und 12 nicht besonders genannten baren Auslagen werden ersetzt, soweit sie notwendig sind. Dies gilt insbesondere für die Kosten notwendiger Vertretungen und notwendiger Begleitpersonen.

(2) Für die Anfertigung von Kopien und Ausdrucken werden ersetzt

1. bis zu einer Größe von DIN A3 0,50 Euro je Seite für die ersten 50 Seiten und 0,15 Euro für jede weitere Seite,

2. in einer Größe von mehr als DIN A3 3 Euro je Seite und

3. für Farbkopien und -ausdrucke jeweils das Doppelte der Beträge nach Nummer 1 oder Nummer 2.

Die Höhe der Pauschalen ist in derselben Angelegenheit einheitlich zu berechnen. Die Pauschale wird nur für Kopien und Ausdrucke aus Behörden- und Gerichtsakten gewährt, soweit deren Herstellung zur sachgemäßen Vorbereitung oder Bearbeitung der Angelegenheit geboten war, sowie für Kopien und zusätzliche Ausdrucke, die nach Aufforderung durch die heranziehende Stelle angefertigt worden sind. Werden Kopien oder Ausdrucke in einer Größe von mehr als DIN A3 gegen Entgelt von einem Dritten angefertigt, kann der Berechtigte anstelle der Pauschale die baren Auslagen ersetzt verlangen.

(3) Für die Überlassung von elektronisch gespeicherten Dateien anstelle der in Absatz 2 genannten Kopien und Ausdrucke werden 1,50 Euro je Datei ersetzt. Für die in einem Arbeitsgang überlassenen oder in einem Arbeitsgang auf denselben Datenträger übertragenen Dokumente werden höchstens 5 Euro ersetzt.

§ 15 JVEG Grundsatz der Entschädigung

(1) Ehrenamtliche Richter erhalten als Entschädigung

1. Fahrtkostenersatz (§ 5),

2. Entschädigung für Aufwand (§ 6),

3. Ersatz für sonstige Aufwendungen (§ 7),

4. Entschädigung für Zeitversäumnis (§ 16),

5. Entschädigung für Nachteile bei der Haushaltsführung (§ 17) sowie

6. Entschädigung für Verdienstausfall (§ 18).

(2) Soweit die Entschädigung nach Stunden bemessen ist, wird sie für die gesamte Dauer der Heranziehung einschließlich notwendiger Reise- und Wartezeiten, jedoch für nicht mehr als zehn Stunden je Tag, gewährt. Die letzte bereits begonnene Stunde wird voll gerechnet.

(3) Die Entschädigung wird auch gewährt,

1. wenn ehrenamtliche Richter von der zuständigen staatlichen Stelle zu Einführungs- und Fortbildungstagungen herangezogen werden,

2. wenn ehrenamtliche Richter bei den Gerichten der Arbeits- und der Sozialgerichtsbarkeit in dieser Eigenschaft an der Wahl von gesetzlich für sie vorgesehenen Ausschüssen oder an den Sitzungen solcher Ausschüsse teilnehmen (§§ 29, 38 des Arbeitsgerichtsgesetzes, §§ 23, 35 Abs. 1, § 47 des Sozialgerichtsgesetzes).

§ 16 JVEG Entschädigung für Zeitversäumnis

Die Entschädigung für Zeitversäumnis beträgt 6 Euro je Stunde.

§ 17 JVEG Entschädigung für Nachteile bei der Haushaltsführung

Ehrenamtliche Richter, die einen eigenen Haushalt für mehrere Personen führen, erhalten neben der Entschädigung nach § 16 eine zusätzliche Entschädigung für Nachteile bei der Haushaltsführung von 14 Euro je Stunde, wenn sie nicht erwerbstätig sind oder wenn sie teilzeitbeschäftigt sind und außerhalb ihrer vereinbarten regelmäßigen täglichen Arbeitszeit herangezogen werden. Ehrenamtliche Richter, die ein Erwerbsersatzeinkommen beziehen, stehen erwerbstätigen ehrenamtlichen Richtern gleich. Die Entschädigung von Teilzeitbeschäftigten wird für höchstens zehn Stunden je Tag gewährt abzüglich der Zahl an Stunden, die der vereinbarten regelmäßigen täglichen Arbeitszeit entspricht. Die Entschädigung wird nicht gewährt, soweit Kosten einer notwendigen Vertretung erstattet werden.

§ 18 JVEG Entschädigung für Verdienstausfall

Für den Verdienstausfall wird neben der Entschädigung nach § 16 eine zusätzliche Entschädigung gewährt, die sich nach dem regelmäßigen Bruttoverdienst einschließlich der vom Arbeitgeber zu tragenden Sozialversicherungsbeiträge richtet, jedoch höchstens 24 Euro je Stunde beträgt. Die Entschädigung beträgt bis zu 46 Euro je Stunde für ehrenamtliche Richter, die in demselben Verfahren an mehr als 20 Tagen herangezogen oder innerhalb eines Zeitraums von 30 Tagen an mindestens sechs Tagen ihrer regelmäßigen Erwerbstätigkeit entzogen werden. Sie beträgt bis zu 61 Euro je Stunde für ehrenamtliche Richter, die in demselben Verfahren an mehr als 50 Tagen herangezogen werden.

2   Entschädigt werden im Wesentlichen Zeitversäumnis, Verdienstausfall, Fahrtkosten und
sonstiger Aufwand, vgl § 15 JVEG; auch die Kosten notwendiger Vertretung sind zu
ersetzen, allerdings muss der ehrenamtliche Richter das Gericht auf aus dem Rahmen
fallende Kosten hinweisen (OVG Hamburg NVwZ-RR 2006, 446). Eine Entschädigung ist
grundsätzlich nur für die Mitwirkung in der mündlichen Verhandlung und bei der Urteilsfindung vorgesehen, nicht aber auch für eine gesonderte Anreise zum Zwecke der Akten-
einsichtnahme (OVG Münster NVwZ-RR 1990, 381). Zur Entschädigung der Vertrauensleute vgl § 1 Abs 4 JVEG.

§ 33 [Ordnungsgeld]

(1) [1]**Gegen einen ehrenamtlichen Richter, der sich ohne genügende Entschuldigung zu einer Sitzung nicht rechtzeitig einfindet oder der sich seinen Pflichten auf
andere Weise entzieht, kann ein Ordnungsgeld festgesetzt werden.** [2]**Zugleich können ihm die durch sein Verhalten verursachten Kosten auferlegt werden.**

(2) [1]**Die Entscheidung trifft der Vorsitzende.** [2]**Bei nachträglicher Entschuldigung kann er sie ganz oder zum Teil aufheben.**

Die Vorschrift stellt die ordnungsgemäße Tätigkeit des Gerichts sicher, indem sie dem
Vorsitzenden die Befugnis verleiht, Pflichtverstöße (Rn 1) des ehrenamtlichen Richters mit
einer Ordnungsstrafe (Rn 3) zu sanktionieren und ihm durch sein Verhalten entstandene
Kosten aufzuerlegen.

A. Voraussetzungen der Sanktion

1   Voraussetzung für die Verhängung einer Sanktion ist ein **Pflichtverstoß**. Das Gesetz nennt
beispielhaft das unentschuldigte, nicht rechtzeitige Einfinden zu einer Sitzung. Darüber hinaus
entzieht sich ein ehrenamtlicher Richter seinen Pflichten iSd § 33 Abs 1 VwGO nicht bereits
bei jeder Obliegenheitsverletzung, sondern erst dann, wenn er konkreten **prozessualen Mitwirkungspflichten** nicht nachkommt (Eyermann/Geiger VwGO § 33 Rn 2; aA B/F-K/S/
vA/Funke-Kaiser VwGO § 33 Rn 2). Hierzu zählt zB die unberechtigte Weigerung, sein
Amt anzutreten, den Amtseid abzuleisten oder abzustimmen (Redeker/von Oertzen VwGO
§ 33 Rn 1; Kopp/Schenke VwGO § 33 Rn 2), vgl § 19 VwGO Rn 4.

2   Sanktionen können nur bei **schuldhaftem vorwerfbaren Verhalten** verhängt werden.
Eine Entschuldigung kann auch nachträglich erfolgen, § 33 Abs 2 VwGO. Bei einer Ver-
weigerung des Amtsantritts oder des Amtseides aus ernsthaften Gewissensgründen ist kein
Ordnungsgeld festzusetzen, sondern es hat eine Entbindung vom Amt gem § 23 Abs 2
VwGO zu erfolgen (VGH Kassel NVwZ 1988, 161 für Zeugen Jehovas).

B. Mögliche Sanktionen

3   Das **Ordnungsgeld** beträgt gem Art 6 Abs 1 EGStGB mindestens 5 Euro und höchstens
1000,- EUR. Bei der Festsetzung sind die Schwere des Verstoßes und die wirtschaftliche
Situation des betroffenen ehrenamtlichen Richters zu berücksichtigen (Eyermann/Geiger
VwGO § 33 Rn 4). Ersatzordnungshaft ist nicht zulässig, Art 6 Abs 2 EGStGB.

4   Nach § 33 Abs 1 S 2 VwGO können dem ehrenamtlichen Richter neben dem Ord-
nungsgeld – also nicht isoliert – die durch sein Verhalten verursachten **Kosten** (§ 162
VwGO) auferlegt werden, vor allem also die bei einer Neuterminierung entstehenden
Kosten (S/S/B/Stelkens/Panzer VwGO § 33 Rn 8).

5   Bei gröblichen Pflichtverletzungen kommt eine **Entbindung vom Amt** in Betracht.
Dies gilt auch bei beharrlicher und endgültiger Verweigerung des Amtsantritts oder des
Amtseides, wenn eine erzieherische Einwirkung durch Ordnungsgeld aussichtslos erscheint
(OVG Berlin NJW 1979, 1175). Diese Maßnahme muss aber **letztes Mittel** bleiben, damit
sich der ehrenamtliche Richter nicht auf diese Weise dem Ehrenamt entziehen kann (B/F-
K/S/vA/Funke-Kaiser VwGO § 33 Rn 1). In der Regel wird daher eine endgültige Ver-
weigerung häufig erst dann anzunehmen sein, wenn sie trotz bereits erfolgter Ordnungsgeld-
festsetzung fortgesetzt wird (Sodan/Ziekow/Ziekow VwGO § 33 Rn 2).

C. Verfahren

Über die Festsetzung des Ordnungsgeldes und die Auferlegung der Kosten entscheidet **6**
der **Vorsitzende**, § 33 Abs 2 S 1 VwGO, nach **pflichtgemäßem Ermessen** durch begründeten **Beschluss**; der betroffene ehrenamtliche Richter ist zuvor anzuhören. Auf die
Verhängung eines Ordnungsgeldes kann verzichtet werden, wenn davon auszugehen ist, dass
eine Ermahnung ausreicht, um künftige Verstöße zu verhindern (Eyermann/Geiger VwGO
§ 33 Rn 6; B/F-K/S/vA/Funke-Kaiser VwGO § 33 Rn 7). Umgekehrt kann bei der Festsetzung des Ordnungsgeldes aber auch berücksichtigt werden, ob die Verhängung des Ordnungsgeldes von vornherein aussichtslos erscheint; denn durch das Ordnungsgeld soll nicht
in erster Linie eine Rechtsverletzung geahndet werden, sonder der ehrenamtliche Richter
soll zur gewissenhaften Erfüllung seiner Amtspflichten angehalten werden (OVG Sachsen-
Anhalt LKV 2011, 570). Unzulässig sind generalpräventive Erwägungen (Sodan/Ziekow/
Ziekow VwGO § 33 Rn 8).

Bei nachträglicher Entschuldigung ist der Beschluss aufzuheben, § 33 Abs 2 S 2 VwGO.
Als Rechtsmittel gegen den Beschluss ist die Beschwerde gegeben, § 146 Abs 1 VwGO; ein
Beschluss des Oberverwaltungsgerichts ist unanfechtbar, § 152 Abs 1 VwGO. Der Beschluss
ist Vollstreckungstitel, § 168 Abs 1 Nr 1 VwGO und wird gem § 169 VwGO durch den
Vorsitzenden vollstreckt.

§ 34 [Ehrenamtliche Richter beim Oberverwaltungsgericht]

**§§ 19 bis 33 gelten für die ehrenamtlichen Richter bei dem Oberverwaltungs-
gericht entsprechend, wenn die Landesgesetzgebung bestimmt hat, daß bei diesem
Gericht ehrenamtliche Richter mitwirken.**

Beim Oberverwaltungsgericht werden ehrenamtliche Richter nur tätig, wenn der Landes- **1**
gesetzgeber von der Ermächtigung des § 9 Abs 3 VwGO Gebrauch gemacht hat. Für ihre
Tätigkeit gelten die §§ 19 bis 33 VwGO entsprechend. Entscheidungen nach § 24 VwGO
trifft der im Geschäftsverteilungsplan des Oberverwaltungsgerichts hierfür vorgesehene Senat
(Kopp/Schenke VwGO § 34 Rn 1 mwN).

4. Abschnitt Vertreter des öffentlichen Interesses (§§ 35–37)

§ 35 [Vertreter des Bundesinteresses beim Bundesverwaltungsgericht]

**(1) [1]Die Bundesregierung bestellt einen Vertreter des Bundesinteresses beim
Bundesverwaltungsgericht und richtet ihn im Bundesministerium des Innern ein.
[2]Der Vertreter des Bundesinteresses beim Bundesverwaltungsgericht kann sich an
jedem Verfahren vor dem Bundesverwaltungsgericht beteiligen; dies gilt nicht für
Verfahren vor den Wehrdienstsenaten. [3]Er ist an die Weisungen der Bundesregierung gebunden.**

**(2) Das Bundesverwaltungsgericht gibt dem Vertreter des Bundesinteresses beim
Bundesverwaltungsgericht Gelegenheit zur Äußerung.**

§§ 35 bis 37 VwGO regeln die Vertreter des öffentlichen Interesses bei den Verwaltungsgerichten. Während der Vertreter des Bundesinteresses beim Bundesverwaltungsgericht (VBI)
zwingend zu bestellen ist, steht die Bestellung eines Vertreters des öffentlichen Interesses
(VÖI) bei den OVG und VG im Ermessen der jeweiligen Landesregierung. Die Aufnahme
dieser Vorschriften in einen eigenen Abschnitt im Teil I der VwGO zur Gerichtsverfassung
dokumentiert die Unabhängigkeit (Rn 3) von VBI und Völ gegenüber dem Gericht, betont
aber auch – im Vergleich zu Regelungen mit ähnlicher Funktion (§ 122 Abs 2 FGO
[Beitrittsrecht des Bundesministers der Finanzen in Verfahren vor dem Bundesfinanzhof],
§ 75 Abs 1 S 2 SGG [Beiladung der Bundesrepublik Deutschland in Kriegsopferversor-
gungsfällen]) – ihre Nähe zum Gericht und begründet eine gewisse Mitverantwortung am
Gerichtsgeschehen. VBI und VÖI können sich als Verfahrensbeteiligte (§ 63 Nr 4 VwGO;

Rn 6) zur Sache äußern und – mit Einschränkungen – auch Anträge stellen oder Rechtsmittel einlegen.

A. Allgemeines

1   §§ 35 und 37 wurden durch das Gesetz zur Neuordnung des Bundesdisziplinarrechts (9.7.2001, BGBl I 1510) mit Wirkung vom 1.1.2002 neu gefasst. Der vorherige Oberbundesanwalt beim Bundesverwaltungsgericht (OBA) wurde durch den Vertreter des Bundesinteresses beim Bundesverwaltungsgericht (VBI) ersetzt (hierzu Schnapauff, FG 50 Jahre BVerwG, 2003, 185 ff; ferner www.vbi.eu). Die **Bestellung** des VBI erfolgt durch Kabinettbeschluss. Der VBI ist nicht nur als Einzelamt, sondern zugleich als Behördenbezeichnung zu verstehen. Ohne durch Kabinettbeschluss wirksam bestellten VBI fehlt auch den Mitarbeitern der Einrichtung die Postulationsfähigkeit (vgl § 37 VwGO Rn 2). Die Bestellung des VBI ist anders als die eines Vertreters des öffentlichen Interesses nach § 36 VwGO durch die Länder **zwingend.**

2   Während der frühere OBA eine selbstständige Behörde im Geschäftsbereich des Bundesministeriums des Innern war, wurde der VBI aus Kostenerwägungen organisatorisch in die Verwaltung des Ministeriums eingegliedert. Funktional ist der VBI als **eigenständige Bundesbehörde** ein selbstständiges Organ der Rechtspflege (S/B/S/Schmitz VwVfG § 1 Rn 250; Eyermann/Geiger VwGO § 35 Rn 2; Gärditz/Wittreck VwGO § 35 Rn 3 f; Wysk/Wysk VwGO § 35 Rn 2; aA Kopp/Schenke VwGO § 35 Rn 3). Der VBI führt die Aufgabe des OBA, die öffentlichen Interessen des Bundes in Verfahren vor dem BVerwG zu vertreten, inhaltlich unverändert fort, da der Gesetzgeber dies zu Recht für weiterhin unverzichtbar hielt. Im Zusammenhang mit der Auflösung des OBA war zwar eine unmittelbare Interessenvertretung durch das im Einzelfall betroffene Ressort diskutiert, aber wieder verworfen worden. Mit dieser Lösung hätte die Einrichtung zumindest einer Koordinierungsstelle nicht vermieden werden können, weil im Einzelfall häufig mehrere Ressorts zu beteiligen sind. Andererseits hätten Stellungnahmen einer bloßen „Briefträgereinrichtung" vor dem BVerwG naturgemäß nicht das gleiche Gewicht gehabt wie die eines eigenen VBI mit hauptamtlichen Mitarbeitern, die über hinreichende forensische Erfahrung verfügen (S/S/B/Gerhardt/Olbertz VwGO § 35 Rn 2). So sah auch das BVerwG schon den OBA nicht als Sprachrohr der Verwaltung, sondern als qualifizierte Einrichtung der Rechtspflege an (BVerwGE 18, 205, 207 = NJW 1965, 66).

B. Rechtsstellung

3   Die VwGO umschreibt die Aufgaben des Vertreters des Bundesinteresses nur ganz allgemein damit, dass er das Bundesinteresse zu wahren hat. Der Vertreter des Bundesinteresses ist ein grundsätzlich **unabhängiges Organ der Rechtspflege.** Er wird „beim Bundesverwaltungsgericht" bestellt. Fachlich ist er **lediglich Weisungen der Bundesregierung als Kollegium** unterworfen, nicht denen eines einzelnen Ministers oder des Bundeskanzlers. Das Weisungsrecht der Bundesregierung kann nicht delegiert werden, weder generell noch im Einzelfall; erforderlich ist stets ein Mehrheitsbeschluss des Kabinetts. Im Übrigen unterliegt er der uneingeschränkten Dienstaufsicht des BMI.

4   Eine Dienstanweisung der Bundesregierung bestimmt insbes das Verfahren zwischen dem VBI und den obersten Bundesbehörden.

4.1   **Allgemeine Verwaltungsvorschrift zu § 35 der Verwaltungsgerichtsordnung (VwGO) – Dienstanweisung für den Vertreter des Bundesinteresses beim Bundesverwaltungsgericht**
– in der Fassung der Bekanntmachung vom 31.1.2002 (GMBl S 132)
§ 1 Aufgaben des Vertreters des Bundesinteresses
(1) [1]Der Vertreter des Bundesinteresses hat in den Verfahren vor dem Bundesverwaltungsgericht das öffentliche Interesse zu wahren und dadurch zur Verwirklichung des Rechts beizutragen. [2]Die Vertretung der Bundesrepublik Deutschland kann ihm nicht übertragen werden.
(2) [1]Zur Durchführung seiner Aufgaben kann sich der Vertreter des Bundesinteresses an jedem vor dem Bundesverwaltungsgericht anhängigen Verfahren beteiligen (§ 35 Abs. 1 Satz 2 VwGO).
[2]Im Falle seiner Beteiligung äußert er sich schriftlich gegenüber den Senaten und dem Großen Senat und legt in der mündlichen Verhandlung seine Auffassung dar.

(3) Der Vertreter des Bundesinteresses kann ferner die Nichtigkeitsklage und die Restitutionsklage erheben (§ 153 Abs 2 VwGO).

§ 2 Beteiligung am Verfahren

(1) Der Vertreter des Bundesinteresses beteiligt sich am Verfahren, wenn er eine Beteiligung zur Wahrung des öffentlichen Interesses für erforderlich hält.

(2) Der Vertreter des Bundesinteresses beteiligt sich ferner auf Weisung der Bundesregierung (§ 6).

§ 3 Unterrichtung oberster Bundesbehörden

(1) [1] Der Vertreter des Bundesinteresses hat in allen Fällen seiner Beteiligung die fachlich zuständige oberste Bundesbehörde zu unterrichten, damit diese Stellung nehmen kann. [2] Er gibt eine Sachäußerung gegenüber dem Bundesverwaltungsgericht erst ab, nachdem die fachlich zuständige oberste Bundesbehörde Stellung genommen oder sich innerhalb einer angemessenen Frist seit ihrer Unterrichtung bei Berücksichtigung des Standes des Rechtsstreits nicht geäußert hat.

(2) [1] Beteiligt sich der Vertreter des Bundesinteresses an einem Verfahren, an dem auch der Bund beteiligt ist und durch eine oberste Bundesbehörde vertreten wird, so übersendet er dieser eine Abschrift der Unterrichtung nach Absatz 1 Satz 1. [2] Die fachlich zuständige oberste Bundesbehörde übersendet der den Bund vertretenden obersten Bundesbehörde eine Abschrift ihrer Stellungnahme.

§ 4 Allgemeiner Verzicht auf Beteiligung

(1) [1] Der Vertreter des Bundesinteresses kann mit Zustimmung des Bundesministeriums des Innern und der fachlich zuständigen obersten Bundesbehörde auf bestimmten Rechtsgebieten oder bei bestimmten Arten von Verfahren allgemein auf seine Beteiligung verzichten, wenn dadurch die ihm nach § 1 Abs. 1 Satz 1 obliegende Aufgabe nicht beeinträchtigt wird. [2] Wird die Zustimmung nicht erteilt, so kann der Vertreter des Bundesinteresses die Entscheidung der Bundesregierung herbeiführen.

(2) [1] Die Kabinettvorlage zur Herbeiführung der Entscheidung der Bundesregierung nach Absatz 1 Satz 2 wird durch die fachlich zuständige oberste Bundesbehörde vorbereitet, die hierzu die Stellungnahme des Vertreters des Bundesinteresses einholt. [2] In der Kabinettvorlage sind die Auffassungen der beteiligten obersten Bundesbehörden und des Vertreters des Bundesinteresses darzustellen.

§ 5 Anzeige und Aufgabe der Beteiligung

(1) [1] Will sich der Vertreter des Bundesinteresses an dem Verfahren beteiligen, so hat er dies dem Bundesverwaltungsgericht anzuzeigen. [2] Er kann seine Beteiligung an Verfahren jederzeit für beendet erklären.

(2) [1] Hat eine oberste Bundesbehörde die Beteiligung des Vertreters des Bundesinteresses an einem Verfahren für erforderlich gehalten, so kann dieser seine Beteiligung nur nach vorheriger Verständigung mit der obersten Bundesbehörde aufgeben. [2] Kommt eine Verständigung nicht zustande, so kann die oberste Bundesbehörde innerhalb einer dem Stand des Rechtsstreits angemessenen Frist die Entscheidung der Bundesregierung herbeiführen. [3] Für die Vorbereitung der Kabinettvorlage gilt § 4 Abs. 2 entsprechend. [4] Bis zur Entscheidung der Bundesregierung darf der Vertreter des Bundesinteresses seine Beteiligung nicht aufgeben.

§ 6 Weisungen der Bundesregierung

(1) [1] Der Vertreter des Bundesinteresses ist an die Weisungen der Bundesregierung gebunden (§ 35 Abs. 1 Satz 3 VwGO). [2] Er kann in Fragen von besonderer Bedeutung die Weisung der Bundesregierung einholen. [3] Die Kabinettvorlage wird durch die fachlich zuständige oberste Bundesbehörde vorbereitet.

(2) [1] Will der Vertreter des Bundesinteresses der Ansicht einer obersten Bundesbehörde nicht folgen, so hat er im Verhandlungswege einen Ausgleich zu suchen. [2] Lässt sich dieser nicht erzielen und erklärt der Vertreter des Bundesinteresses, dass er an seiner Auffassung festhalte, so kann die oberste Bundesbehörde innerhalb einer dem Stand des Rechtsstreits angemessenen Frist die Entscheidung der Bundesregierung herbeiführen. [3] In diesem Falle hat sich der Vertreter des Bundesinteresses einer Sachäußerung gegenüber dem Bundesverwaltungsgericht zu enthalten, bis die Bundesregierung entschieden hat. [4] Für die Vorbereitung der Kabinettvorlage gilt § 4 Abs. 2 entsprechend.

(3) [1] Sieht die oberste Bundesbehörde davon ab, die Entscheidung der Bundesregierung nach Absatz 2 Satz 2 herbeizuführen, so teilt sie dies dem Vertreter des Bundesinteresses mit. [2] Dieser gibt in solchen Fällen dem Bundesverwaltungsgericht neben seiner eigenen Stellungnahme auch die Ansicht der obersten Bundesbehörde bekannt.

§ 7 Auftreten vor dem Bundesverwaltungsgericht

(1) [1] Die Aufgaben des Vertreters des Bundesinteresses im Verfahren vor dem Bundesverwaltungsgericht können auch von Personen wahrgenommen werden, die er allgemein oder im Einzelfall mit

seiner Vertretung beauftragt. ²Die für den Vertreter des Bundesinteresses auftretenden Personen müssen die Befähigung zum Richteramt nach dem Deutschen Richtergesetz besitzen.

(2) Liegen bei dem Vertreter des Bundesinteresses oder den sonst in Absatz 1 genannten Personen Tatsachen vor, die bei einer Gerichtsperson die Ausschließung oder Ablehnung nach § 54 der Verwaltungsgerichtsordnung zur Folge haben würden, so hat sich der Betreffende in diesem Verfahren jeder Tätigkeit zu enthalten.

§ 8 Äußerung gegenüber dem Bundesverwaltungsgericht

(1) ¹Der Vertreter des Bundesinteresses hat im Falle seiner Beteiligung seine Auffassung gegenüber dem Bundesverwaltungsgericht regelmäßig schriftlich zu begründen. ²Er soll seine Äußerung so rechtzeitig abgeben, dass sie von den übrigen Beteiligten und bei der Vorbereitung der Entscheidung durch das Gericht berücksichtigt werden kann.

(2) Der Vertreter des Bundesinteresses soll nach Möglichkeit an der mündlichen Verhandlung teilnehmen.

§ 9 Zusammenarbeit mit Behörden unabhängig von einer Beteiligung

(1) Der Vertreter des Bundesinteresses unterrichtet die fachlich zuständigen obersten Bundes- und Landesbehörden, wenn sich nach seiner Auffassung aus der Rechtsprechung des Bundesverwaltungsgerichts ein Bedürfnis für eine Änderung oder Ergänzung von Gesetzen, Rechtsverordnungen, allgemeinen Verwaltungsvorschriften oder Satzungen ergibt.

(2) Der Vertreter des Bundesinteresses kann die aus der Rechtsprechung des Bundesverwaltungsgerichts gewonnenen Erfahrungen den fachlich berührten obersten Bundes- und Landesbehörden mitteilen und Anregungen für die Verwaltungspraxis geben.

§ 10 Zusammenarbeit mit dem Vertreter der Interessen des Ausgleichsfonds
(obsolet)

§ 11 Dienstaufsicht

(1) Die Dienstaufsicht über den Vertreter des Bundesinteresses beim Bundesverwaltungsgericht führt das Bundesministerium des Innern.

(2) Der Vertreter des Bundesinteresses berichtet nach Ablauf jedes Jahres dem Bundesministerium des Innern über den Geschäftsstand und über wichtigere Vorkommnisse in seinem Geschäftsbereich.

§ 12 (Inkrafttreten)

5 Aufgrund einer Organisationsverfügung des BMI v 1.9.2001 (GMBl 790) wird das Amt des VBI regelmäßig von einem Unterabteilungsleiter (Ministerialdirigenten) wahrgenommen und entspricht damit der Ebene eines Bundesrichters. Welche rechtlichen Voraussetzungen die hauptamtlichen Mitarbeiter des Vertreters des Bundesinteresses beim Bundesverwaltungsgericht erfüllen müssen, ergibt sich aus § 37 Abs 1 VwGO. Der VBI ist, wie es in der Begründung zu Art 14 BDiszNOG (BGBl 2001 I 1510) heißt, „zentrale Organisationseinheit für die Bundesregierung".

6 Für den VBI gelten bestimmte Vorschriften für Staatsanwälte und Richter entsprechend: Er darf außerdienstlich weder Rechtsgutachten erstatten noch entgeltlich Rechtsauskünfte erteilen (§ 122 Abs 5 DRiG iVm § 122 Abs 3 DRiG, § 41 Abs 1 DRiG); für ein gerichtliches Disziplinarverfahren wären die Dienstgerichte für Richter zuständig.

C. Aufgabe

7 Der VBI ist nicht an die Positionen von Kläger-, Beklagten- oder Beigeladenenseite gebunden; durch seine Tätigkeit soll er das Gericht bei der Rechtsfindung unterstützen. Er wirkt nach seinem Ermessen als Verfahrensbeteiligter (§ 63 Nr 4 VwGO) an der Rechtsfindung mit, indem er den Prozessstoff in rechtlicher wie tatsächlicher Hinsicht um Aspekte anreichert, die über das Interesse der streitenden Parteien an der Entscheidung im Einzelfall hinaus die Allgemeinheit berühren. Seine Funktion ist eher beratend und der Objektivität verpflichtet, die eines „Mittlers" (so BVerwGE 96, 258, 262 = NVwZ 1995, 999; BVerwGE 128, 155, 160 = LKV 2008, 27, 28).

8 Der VBI hat die Aufgabe, übergeordnete Interessen des Gemeinwohls gegenüber dem BVerwG zur Geltung zu bringen. § 35 Abs 1 S 1, 2 begrenzt den Funktionsbereich des VBI auf das BVerwG. Der **Begriff des „öffentlichen Interesses"** in § 35 Abs 1 S 2 gewinnt seinen Inhalt aus der Stellung des VBI als Institution der Rechtspflege und zugleich als gegenüber Weisungen der Bundesregierung gebundener Behörde her. Ausweislich der Gesetzesmaterialien (s Begründung zu Art 14 BDiszNOG, BGBl 2001 I 1510) ist die Vertretung des öffentlichen Interesses des Bundes in einem übergreifenden, unparteiischen Sinn zu

verstehen (ausführlich Schnapauff, FS 50 Jahre BVerwG, 2003, 185, 187 ff). Gemeint sind danach die **gesamtstaatlichen Belange des Bundes**, welche die Belange der Länder und Kommunen ebenso einschließen wie die des einzelnen Bürgers. Der VBI ist „eine qualifizierte Einrichtung der Rechtspflege und nicht ein Sprachrohr der Verwaltung" (so BVerwGE 18, 205, 207 = NJW 1965, 66; NVwZ 1995, 999 zum OBA). Er vermittelt in Abstimmung mit den Bundesbehörden dem BVerwG fallübergreifende **Informationen** zu Entstehungsgeschichte von Normen, Gesetzesvorhaben, Verwaltungspraxis, transnationalen Bezügen und möglichen Auswirkungen von Entscheidungsalternativen und bringt ergänzend Rechtsstandpunkte und Konkretisierungsvorschläge aus der Sicht der Bundesverwaltung vor (F/K/S/ Kastner VwGO § 35 Rn 5; Gärditz/Wittreck VwGO § 35 Rn 6). Der Bund hat ein erhebliches Interesse, in Verfahren vor dem BVerwG seine Rechtsauffassung auch dann mitteilen zu können, wenn er nicht selbst Partei des Rechtsstreits ist; dies betrifft ca 80 % der Revisionsverfahren (Schnapauff, FS 50 Jahre BVerwG, 2003, 185, 193). Daneben wirkt er aus der durch Nähe zum BVerwG gewonnenen Sichtweise heraus auf die Parteien im Sinne einer **Streitschlichtung** ein. Außerdem stellt er den Informationsfluss vom BVerwG zu den Bundesbehörden sicher, hat diese also einzelfallbezogen, aber auch generell zu beraten. 2012 hat sich der VBI an 100 Revisionsverfahren beteiligt (2011: 125; 2010: 108).

Der VBI kann nicht mit der Vertretung von Bundesbehörden beauftragt werden (arg § 36 **9** Abs 1 S 2 VwGO) oder den VöI eines Landes beim BVerwG vertreten. Um die forensische Erfahrung des VBI auch anderweitig zu nutzen und ihn mit der Prozessvertretung der Bundesministerien von dem BVerwG, möglicherweise auch vor dem EuGH zu betrauen, wäre eine gesetzliche Änderung erforderlich.

Der Begriff des „öffentlichen Interesses" in § 35 Abs 1 S 2 enthält keine inhaltlichen **10** Vorgaben für das Tätigwerden des VBI im Einzelfall, sondern erschöpft sich in vorstehender Aufgabenumschreibung. Der VBI ist mithin von Gesetzes wegen frei, ob er sich beteiligt und was er zum Verfahren beiträgt. Dies bedeutet gegenüber dem Gericht und den übrigen Verfahrensbeteiligten, dass das Tätigwerden des VBI gerichtlicher Kontrolle nicht unterliegt. Weisungen der Bundesregierung kann der VBI jedoch nicht entgegenhalten, sie stünden mit dem öffentlichen Interesse nicht in Einklang. Vielmehr verpflichtet ihn diese Weisungsbefugnis inhaltlich darauf, generell hinreichend konkrete Auffassungen der Bundesregierung zu berücksichtigen.

Der VBI ist nur an die Weisungen der Bundesregierung (Art 62 GG), nicht von Bundes- **11** ministern oder anderen Bundesbehörden gebunden (§ 35 Abs 1 S 3). Eine Rechtspflicht des VBI, Divergenzen mit diesen aufzulösen, indem er eine Weisung der Bundesregierung herbeiführt, besteht nicht. Stattdessen kann er dem BVerwG zusätzlich zur Ansicht der jeweiligen obersten Bundesbehörde eine eigene abweichende Stellungnahme übermitteln (Vgl § 6 der DA für den VBI, Rn 4.1).

D. Prozessuale Befugnisse

Der VBI kann sich an allen beim **BVerwG** anhängigen Verfahren mit Ausnahme der vor **12** den Wehrdienstsenaten beteiligen (§ 35 Abs 1 S 2 Hs 2). Bei Verfahren beim Großen Senat (§ 11 VwGO) und vor dem Gemeinsamen Senat der obersten Gerichtshöfe des Bundes (§ 1 RsprEinhG) setzt sich die Beteiligung des VBI am Verfahren des vorlegenden Senats (§ 13 Abs 1 RsprEinhG) fort; im Übrigen kann er seine Beteiligung gegenüber dem Großen Senat (§ 35 Abs 1 S 2) oder dem Gemeinsamen Senat (§ 13 Abs 2–4 RsprEinhG) erklären; dies gilt auch, wenn ein Wehrdienstsenat in das Vorlageverfahren einbezogen ist (S/S/B/Gerhardt/Olbertz VwGO § 35 Rn 12). Hat sich der VBI beim BVerwG beteiligt, hat er im Verfahren der konkreten Normenkontrolle vor dem **BVerfG** das Recht zur Äußerung (§ 82 Abs 3 BVerfGG), in Verfassungsbeschwerdeverfahren wird ihm – kraft Gerichtsübung – Gelegenheit hierzu gegeben (vgl § 94 Abs 2, 3 BVerfGG). Holt das BVerwG eine Vorabentscheidung des **EuGH** gemäß Art 234 EGV ein, hat der VBI als Beteiligter des Verfahrens vor dem BVerwG die Stellung einer Partei vor dem EuGH (Art 20 Abs 1 S 2 EuGH-Satzung). Eine erstmalige Beteiligung des VBI sehen die Verfahrensordnungen des BVerfG und des EuGH nicht vor.

Bis zur Entscheidung des VBI über eine **Verfahrensbeteiligung** gibt ihm das BVerwG **13** Gelegenheit zur Äußerung (§ 35 Abs 2 VwGO), indem es ihm denselben Informationsstand wie einem Beteiligten durch Zuleitung der Schriftsätze, Verfügungen, Ladungen etc. vermittelt; insoweit gilt der VBI als „Beteiligter" iSv § 81 Abs 2 VwGO, § 102 Abs 1 S 1 VwGO sowie – im erstinstanzlichen Verfahren – § 84 Abs 1 S 2 VwGO, § 87 VwGO. Erklärt der VBI seine Beteiligung, wird er Beteiligter (§ 63 Nr 4 VwGO; s § 63 VwGO Rn 6). Die Unterrichtungspflicht nach § 35 Abs 2 VwGO endet, wenn der VBI seine Nichtbeteiligung erklärt hat (S/S/B/Gerhardt/Olbertz VwGO § 35 Rn 13; aA Kopp/ Schenke VwGO § 35 Rn 4).

14   Der VBI entscheidet vorbehaltlich einer Weisung der Bundesregierung über seine Beteiligung nach Ermessen. Er zeigt seine Beteiligung dem BVerwG an. Einwände gegen eine allgemeine Beteiligungserklärung für bestimmte Fallgruppen bestehen nicht; zwar müssen Prozesshandlungen bestimmt und unbedingt sein, der Zweck dieses – Ausnahmen zulassenden – Grundsatzes wird durch eine vorweggenommene Beteiligungsanzeige indes nicht berührt, zumal sie für das konkrete Verfahren zunächst ohne spürbare Folgen bleibt; im Gegensatz zum Regelfall des Zivilprozesses ist das Prozessrechtsverhältnis in allgemeinen Verwaltungsstreitsachen kraft Gesetzes auf den VBI als zunächst „passiven" Beteiligten erstreckt (§ 35 Abs 2 VwGO) und steht von vornherein unter dem Vorbehalt einer Erweiterung um dessen „aktive" Beteiligung (S/S/B/Gerhardt/Olbertz VwGO § 35 Rn 14).

15   Seine Beteiligung kann der VBI jederzeit für beendet erklären. Ein genereller **Verzicht** in bestimmten Rechtsgebieten oder Verfahrensarten ist zulässig (vgl § 4 Abs 1 der DA für den VBI, Rn 4.1; Wysk/Wysk VwGO § 35 Rn 3; aA Eyermann/Geiger VwGO § 35 Rn 6); allerdings muss er den jeweiligen Bereich beobachten, um im Einzelfall eine Beteiligungsentscheidung treffen zu können.

16   Das Prozessrechtsverhältnis des VBI weist im Vergleich zu den anderen Beteiligten keine durchgreifenden Besonderheiten auf. § 54 VwGO (Ausschließung und Ablehnung wegen Befangenheit) gilt für ihn nicht; er ist keine Gerichtsperson. Er kann im Wege der Amtshilfe (Art 35 GG) Behördenvertreter als Beistände (§ 67 Abs 2 S 1 VwGO) beiziehen. Der VBI nimmt an der mündlichen Verhandlung teil; ohne mündliche Verhandlung kann nur mit seinem Einverständnis entschieden werden (§ 101 Abs 2 VwGO). Er kann sich schriftsätzlich und in der Verhandlung äußern und beanspruchen, gehört zu werden. Der VBI ist berechtigt, ohne Bindung an das Begehren der Hauptbeteiligten oder anderer Vertreter öffentlicher Interessen **Anträge** zu stellen. **Weder** zur **Einlegung einer Revision** (BVerwG GrS BVerwGE 25, 170, 174 f = NJW 1967, 644, 645) **noch** zur **Einlegung einer – unselbständigen – Anschlussrevision** (BVerwGE 96, 258, 261 = NVwZ 1995, 999; Kopp/Schenke VwGO § 35 Rn 4; Eyermann/Geiger VwGO § 35 Rn 7; aA S/S/B/ Gerhardt/Olbertz VwGO § 35 Rn 15) ist er **berechtigt**. Er ist auch **nicht ermächtigt**, **anstelle der Parteien Verfahrenshandlungen** (zB Verfahrensrüge iSv § 137 Abs 2 Nr 3 VwGO) vorzunehmen (BVerwGE 128, 155, 160 = LKV 2008, 27, 28). Zum Einwilligungserfordernis in Klageänderung (in erstinstanzlichen Verfahren, § 142 Abs 1 S 1 VwGO) sowie Zurücknahme von Klage und Revision s § 91 Abs 1 VwGO, § 92 Abs 1 S 2 VwGO und § 140 Abs 1 S 2 VwGO; die Verfahrensbeendigung durch Vergleich (§ 106 VwGO) oder übereinstimmende Erklärungen (§ 161 Abs 2 VwGO) ist nicht von der Zustimmung des VBI abhängig, da er kein Hauptbeteiligter ist. Verfahrenskosten trägt der VBI nur als Rechtsmittelführer (§ 154 Abs 2 VwGO) oder als Wiederaufnahmekläger (§ 154 Abs 1, 4 VwGO). Aus seiner prozessübergreifenden Aufgabe und der auf den Beigeladenen beschränkten Regelung der § 154 Abs 3 VwGO und § 162 Abs 3 VwGO folgt, dass der VBI – auch wenn er Anträge stellt – **Kosten** nicht zu tragen hat und seine Kosten nicht erstattungsfähig sind (S/S/B/Olbertz VwGO § 154 Rn 9). Mit der prozessrechtlichen Stellung des VBI nicht vereinbar ist, dass das BVerwG diesen in jüngster Zeit zur Zahlung von Auslagen für die Übersendung von Akten heranzieht, die der VBI benötigt, um über seine Beteiligung am Verfahren entscheiden zu können (BVerwG 5 KSt 2.08 v 22.1.2009 BeckRS 2009, 31219). Der VBI kann in erstinstanzlichen Verfahren vor dem BVerwG die Wiederaufnahme des Verfahrens betreiben (§ 153 Abs 2 VwGO); diese Regelung soll VBI und VöI das Wiederaufnahmeverfahren unabhängig von ihrer Beteiligung im Vorprozess eröffnen.

§ 36 [Vertreter des öffentlichen Interesses]

(1) ¹Bei dem Oberverwaltungsgericht und bei dem Verwaltungsgericht kann nach Maßgabe einer Rechtsverordnung der Landesregierung ein Vertreter des öffentlichen Interesses bestimmt werden. ²Dabei kann ihm allgemein oder für bestimmte Fälle die Vertretung des Landes oder von Landesbehörden übertragen werden.

(2) § 35 Abs. 2 gilt entsprechend.

Ein Vertreter des öffentlichen Interesses (VöI) ist nur noch eingerichtet (Rn 3) in Bayern, Rheinland-Pfalz und Thüringen (§ 36 Abs 1 S 1). In Bayern ist ihm auch die Prozessvertretung – idR nur vor dem VGH – übertragen (§ 36 Abs 1 S 2; Rn 6).

A. Allgemeines

Die Einrichtung des VöI ist nicht obligatorisch, sondern den Ländern überlassen. Diesen **1** ist zudem ein erheblicher Gestaltungsspielraum eingeräumt. Die Länder können dem VöI Aufgaben übertragen, die denen des VBI (§ 35 VwGO) entsprechen (Abs 1 S 1); sie können ihm – anders als beim VBI – auch die Prozessvertretung übertragen (Abs 1 S 2). Zu Qualifikation und dienstrechtlichem Status der Landesanwälte und der die Aufgaben des VöI wahrnehmenden Landesbediensteten s § 37 VwGO.

Die Einrichtung des VöI ist immer wieder kontrovers diskutiert worden, zuletzt auch bei **2** der Einrichtung der Verwaltungsgerichtsbarkeit in den neuen Bundesländern, ohne dass dies neue Erkenntnisse erbracht hätte. In vielen Ländern ist der VöI ganz oder – wie auf Bundesebene der OBA (s § 35 VwGO Rn 1 f) – jedenfalls als selbständige Behörde abgeschafft worden. Dagegen ist im kontinentaleuropäischen ebenso wie im anglo-amerikanischen Rechtskreis die Einrichtung eines VöI, der den Staat meist auch bei den Verwaltungsgerichten vertritt, selbstverständlich (S/S/B/Gerhardt/Olbertz VwGO § 36 Rn 16). Der VöI in Deutschland existiert als Landesanwaltschaft nur noch in Bayern und ist in weiteren zwei Ländern (Rheinland-Pfalz und Thüringen) in der Ministerialverwaltung eingerichtet worden. Den VöI abgeschafft haben Baden-Württemberg (1977), Mecklenburg-Vorpommern (2004), Nordrhein-Westfalen (2008) und Schleswig-Holstein (1997).

B. Rechtsstellung

Die **Länder** sind **in der Ausgestaltung der Institution weitgehend frei**. Insbes muss **3** der VöI nicht als selbständige Behörde konzipiert und gegenüber Ressortinteressen nicht ein Mindestmaß an (Weisungs-) Freiheit besitzen. Sein Tätigkeitsbereich kann näher bestimmt werden (Ausschluss bestimmter Verfahrensarten und Rechtsmaterien; Zuordnung zum OVG und/oder VG). **Verschiedene Modelle** sind möglich:
- Mit der Wahrnehmung der Aufgaben des VöI wird ein Beamter betraut, der in die Verwaltungshierarchie eingeordnet bleibt und die Aufgabe gegebenenfalls neben anderen erfüllt („**unselbständiger VöI**"): Rheinland-Pfalz (Rn 3.1) und und Thüringen (Rn 3.2).
- Der VöI wird als selbständige Behörde beim OVG ohne ständige Repräsentanz bei den VG eingerichtet („**Aufsichts-VöI**"): frühere Regelung in Baden-Württemberg.
- Der VöI wird nach Art der Staatsanwaltschaft bei der Verwaltungsgerichtsbarkeit mit eigenständigem Behördenaufbau eingerichtet („**Landesanwaltschaft**"): Bayern (Rn 3.3; www.landesanwaltschaft.bayern.de).

Rheinland-Pfalz: VO v 18.10.1960, GVBl 255. Der VöI ist im Justizministerium angesiedelt **3.1** und nimmt die Aufgabe nebenamtlich wahr. Er untersteht der Dienstaufsicht des Ministerpräsidenten und den Weisungen der Landesregierung. Die Beteiligungsbefugnis erstreckt sich auf alle vor dem Oberverwaltungsgericht oder den Verwaltungsgerichten anhängigen Verfahren.

Thüringen: VO v 2.11.2000, GVBl 344. Der VöI ist beim Innenministerium eingerichtet und **3.2** untersteht dessen Dienstaufsicht. Er kann sich an jedem vor dem Oberverwaltungsgericht oder den

Verwaltungsgerichten anhängigen Verfahren beteiligen. Weisungen kann ihm nur die Landesregierung erteilen.

3.3   **Bayern**: VO v 29.7.2008, GVBl 554 (LABV) und Vollzugsbek v 10.9.2009, AllMBl 304 (Vollz-BekLABV). Der Landesanwaltschaft obliegt in Verfahren vor dem BayVGH und dem BVerwG die Funktion des VöI und idR die Vertretung des Freistaats. Der Generallandesanwalt ist Dienstvorgesetzter, sachweisungsbefugt und kann jedes Geschäft der Landesanwaltschaft selbst wahrnehmen; er unterliegt der Dienstaufsicht des Staatsministers des Innern. Als VöI wirkt die Landesanwaltschaft mit, dass „das Recht sich durchsetzt und das Gemeinwohl keinen Schaden leidet"; sie ist hierbei nur an Weisungen der Staatsregierung gebunden (§ 5 Abs 2 LABV). Die Beteiligung ist auf Rechtsgebiete und Verfahren beschränkt, in denen die Wahrnehmung dieser Aufgabe von besonderem öffentlichen Interesse ist (§ 5 Abs 3 LABV). Ihre Vertretungsaufgabe nimmt die Landesanwaltschaft im Benehmen mit den beteiligten Behörden wahr und hat grundsätzlich deren „Instruktionen" zu entsprechen; lassen sich Meinungsverschiedenheiten zwischen Staatsministerien und der Landesanwaltschaft nicht ausgleichen, entscheidet die Staatsregierung (§ 3 Abs 7 LABV).

4   Für die Landesanwälte gelten wie für den VBI bestimmte Vorschriften für Staatsanwälte entsprechend; vgl § 35 VwGO Rn 6.

C. Aufgabe

5   Die Aufgabe des entspricht grundsätzlich der des VBI (§ 35 VwGO Rn 8). Soll der VöI als „echter" Beteiligter Verfahren, in denen Landesbehörden nicht Partei sind, um die Aspekte anreichern, die für die Landesregierung und die Aufsichts- und Widerspruchsbehörden maßgeblich sind und über den Fall hinaus erheblich sein können, sollte er auch eine dem VBI vergleichbare Unabhängigkeit besitzen. Prozessrechtskenntnis und Prozessführungspraxis, Objektivität und Distanz zu Behördenegoismen, damit höhere Befähigung zum Einlenken und zu gütlicher Streitbeilegung, **fallübergreifende Vermittlung von Rechtsstandpunkten und sonstigen Kriterien der Normkonkretisierung** sind Voraussetzung dafür, dass er in geeigneten Fällen das Gericht entlasten und vermittelnd tätig sein kann (S/S/B/Gerhardt/Olbertz VwGO § 36 Rn 16 mwN).

6   Von der Option des § 36 Abs 1 S 2, dem VöI die **Vertretung des Landes** zu übertragen, macht nur noch Bayern Gebrauch. Die Vertretungsfunktion unterscheidet sich von der Aufgabenstellung des VöI; dem Behördenvertreter ist eine andere Rolle bei der Konkretisierung des Gemeinwohls im gerichtlichen Verfahren als dem auf das gleiche (materielle) Ziel verpflichteten VöI zugewiesen; die Wahrnehmung von Parteiinteressen ist nicht mit der – jedenfalls definitionsgemäß – übergeordneten Sicht des VöI vereinbar, was auch in der unterschiedlichen Weisungsabhängigkeit zum Ausdruck kommt. Demzufolge gibt es **keine Doppelzuständigkeit** in einem konkreten Verfahren; der Doppelfunktion des VöI entspricht keine Doppelstellung im Prozess. Ist das Land Partei oder beigeladen und wird es durch den VöI vertreten, findet eine Beteiligung des VöI nach § 36 Abs 1 S 1, § 63 Nr 4 nicht statt. Ein Rollenwechsel innerhalb eines Verfahrens ist denkbar (OVG Weimar ThürVBl 1999, 40; Kopp/Schenke VwGO § 36 Rn 4; aA S/S/B/Gerhardt/Olbertz VwGO § 36 Rn 4).

D. Prozessuale Befugnisse

7   Der VöI kann sich im Rahmen der ihm zugewiesenen Funktion (VG/OVG) vorbehaltlich landesrechtlicher Beschränkungen an allen Verfahren beteiligen. Für das Verfahren im Einzelfall, ua die Unterrichtung des VöI (§ 36 Abs 2 VwGO iVm § 35 Abs 2 VwGO) und die Beteiligungserklärung gelten die Ausführungen zum VBI entsprechend (ergänzend zur Berufungsrücknahme § 126 Abs 1 S 2 VwGO, zur Reichweite des Wiederaufnahmebegehrens § 153 Abs 2 VwGO).

8   Die mit der **Beteiligungsanzeige** erworbene Beteiligtenstellung (§ 63 Nr 4 VwGO) besteht auch durch weitere Instanzen bis zu einem Beteiligungsverzicht. Dies gilt auch, wenn gesonderte VöI beim VG und beim OVG bestimmt sind; insoweit ist der VöI als prozessrechtliche Einheit mit lediglich unterschiedlichen Wahrnehmungszuständigkeiten anzusehen. Die Beteiligung des VöI wirkt insbes bis in die Rechtsmittelverfahren vor dem BVerwG hinein fort. Auch der VBI verdrängt ihn dort nicht; beide können nebeneinander mit uU

verschiedener Zielsetzung auftreten. Wer die Aufgaben des VöI vor dem BVerwG wahrnimmt, bestimmt das Landesrecht; eine generelle Zuständigkeit des VöI beim OVG (also auch bei Sprungrevisionen) ist zu vermuten (S/S/B/Gerhardt/Olbertz VwGO § 36 Rn 15).

Der VöI kann **Rechtsmittel** einlegen, auch wenn er nicht beschwert ist. Die Beteiligung **9** kann erstmalig (auch nach Zustellung des Urteils) zum Zweck der Rechtsmitteleinlegung (und in dieser Form) unter Wahrung der Rechtsmittelfrist für die anderen Beteiligten (BVerwG BVerwGE 94, 269 = NJW 1994, 3024) erklärt werden, solange also der Rechtsstreit noch in der bisherigen Instanz anhängig ist. Hat ein anderer Prozessbeteiligter Revision eingelegt, setzt sich seine Beteiligung im Revisionsverfahren fort. Für einen Antrag auf Zulassung der Berufung nach § 124a Abs 1 S 2 VwGO ist der VöI beim VG zuständig, für die Begründung der Berufung nach § 124a Abs 3 S 2 VwGO der VöI beim OVG. Nach Abschluss der Instanz (Ablauf aller Rechtsmittelfristen) kann nur noch der der nächsten Instanz zugeordnete Vertreter des öffentlichen Interesses tätig werden (S/S/B/Gerhardt/Olbertz VwGO § 36 Rn 15 mwN). Für die unselbständige Anschlussberufung oder -beschwerde ist dies der VöI beim OVG; Anschlussrevision nach Ablauf der Revisionsfrist kann der VöI, der sich nicht zuvor beteiligt hat, nicht einlegen, weil auch dies eine vorherige Beteiligung voraussetzt; gleiches gilt für eine Nichtzulassungsbeschwerde (BVerwG BVerwGE 90, 337, 339 f = NVwZ 1993, 182; NVwZ 1997, 519). Eine von der Einlegung eines Rechtsmittels unabhängige Beteiligungsmöglichkeit des VöI besteht in diesen Fällen ebenfalls nicht. Eine Wiedereinsetzung in den vorigen Stand kommt grundsätzlich nicht in Betracht, anders kann es im Einzelfall sein, wenn der VöI bereits in der Vorinstanz beteiligt war (S/S/B/Gerhardt/Olbertz VwGO § 36 Rn 15 mwN). Der außerordentliche Rechtsbehelf der **Anhörungsrüge** nach § 152a VwGO steht dem VöI nicht zu (VGH München NVwZ-RR 2013, 438, 439).

Ist der VöI Prozessvertreter, hat er das sog **Behördenprivileg** (§ 67 Abs 4 S 4 iVm § 37 **10** Abs 2; Wysk/Wysk VwGO § 36 Rn 5).

§ 37 [Befähigung zum Richteramt]

(1) Der Vertreter des Bundesinteresses beim Bundesverwaltungsgericht und seine hauptamtlichen Mitarbeiter des höheren Dienstes müssen die Befähigung zum Richteramt haben oder die Voraussetzungen des § 110 Satz 1 des Deutschen Richtergesetzes erfüllen.

(2) Der Vertreter des öffentlichen Interesses bei dem Oberverwaltungsgericht und bei dem Verwaltungsgericht muß die Befähigung zum Richteramt nach dem Deutschen Richtergesetz haben; § 174 bleibt unberührt.

Die Vorschrift regelt die Qualifikation von VBI (§ 35 VwGO) und VöI (§ 36 VwGO). Diese müssen grundsätzlich die Befähigung zum Richteramt (§§ 5 – 7 DRiG; Rn 1) haben.

A. Tatbestandsvoraussetzungen

Grundsätzlich müssen der VBI, dessen hauptamtliche Mitarbeiter und die VöI die **Be- 1** **fähigung zum Richteramt** haben. Prozessualer Zweck der Vorschrift ist, die Rechtsfindung durch dazu Qualifizierte zu fördern. Die Alternative des Abs 1 iVm § 110 S 2 DRiG (Befähigung zum höheren Verwaltungsdienst nach mindestens dreijährigem Studium der Rechtswissenschaft an einer Universität, dreijähriger Ausbildung im öffentlichen Dienst und Ablegen der gesetzlich vorgeschriebenen Prüfungen) ist für den VBI obsolet, da diese Befähigung vor dem 1.7.1962 (Inkrafttreten des DRiG) erworben sein musste. Für den VöI kann diese Alternative gem Abs 2 Hs 2 iVm § 174 Abs 1 VwGO noch Bedeutung haben; es sei denn, er hat den Status eines Staats- oder Landesanwalts, für die § 122 Abs 5 DRiG iVm § 122 Abs 1 DRiG die Befähigung zum Richteramt verlangt (vgl § 174 VwGO Rn 2).

B. Verletzungsfolgen

Bei einem **Verstoß gegen § 37 VwGO** fehlt dem VBI oder dem VöI die Postulations- **2** fähigkeit. Prozesshandlungen wären unwirksam, verfahrensbestimmende Anträge wie etwa

Rechtsmittel unzulässig. Wird die prozessuale Stellung der Hauptbeteiligten durch Anträge betroffen, können sie deren Unzulässigkeit rügen (S/S/B/Gerhardt/Olbertz VwGO § 37 Rn 3; Kopp/Schenke VwGO § 37 Rn 2). Die Nichtbeachtung dienstrechtlicher Vorschriften wirkt nicht in das gerichtliche Verfahren hinein; insbes begründet die fehlende Postulationsfähigkeit nicht den absoluten Revisionsgrund des § 138 Nr 4 VwGO (vgl Sodan/Ziekow/Neumann VwGO § 138 Rn 193; S/S/B/Eichberger VwGO § 138 Rn 109, 115).

5. Abschnitt Gerichtsverwaltung (§§ 38, 39)

§ 38 [Dienstaufsicht]

(1) Der Präsident des Gerichts übt die Dienstaufsicht über die Richter, Beamten, Angestellten und Arbeiter aus.

(2) Übergeordnete Dienstaufsichtsbehörde für das Verwaltungsgericht ist der Präsident des Oberverwaltungsgerichts.

§ 38 Abs 1 VwGO weist die Dienstaufsicht über die Richter, Beamten, Angestellten und Arbeiter eines Gerichts dem jeweiligen Präsidenten als (unterer) Dienstaufsichtsbehörde zu; den Präsidenten des Oberverwaltungsgerichts bestimmt § 38 Abs 2 VwGO für die Verwaltungsgerichte zur übergeordneten Dienstaufsichtsbehörde (Rn 19). Die Kompetenz des Bundes zum Erlass dieser Zuständigkeitsregelung ergibt sich aus ihrer Zugehörigkeit zum Recht der Gerichtsverfassung (Art 74 Abs 1 Nr 1 GG). Aus Kompetenzgründen ungeregelt bleiben musste in der VwGO demgegenüber, wer innerhalb der einzelnen Bundesländer die oberste Dienstaufsicht ausübt; dies obliegt als Bestandteil des Landesorganisationsrechts vielmehr dem jeweiligen Landesgesetzgeber. Unter Dienstaufsicht iSd § 38 VwGO ist, wie sich aus der unmittelbaren Bezugnahme der Vorschrift auf die Personenkreise der Richter, Beamten, Angestellten und Arbeiter ergibt, allein die personelle Dienstaufsicht (Rn 1) zu verstehen, nicht hingegen die organisatorische Dienstaufsicht und ohnehin nicht die Fachaufsicht. Problematisch ist dabei im Hinblick auf die in Art 97 GG garantierte richterliche Unabhängigkeit die Ausübung der Dienstaufsicht über die Richter (Rn 6). Sie ist gemäß § 26 Abs 1 DRiG nur zulässig, soweit die Unabhängigkeit nicht beeinträchtigt wird. Die Rechtsprechung differenziert insoweit zwischen dem Kernbereich richterlicher Tätigkeit, in dem eine Dienstaufsicht unzulässig ist (Rn 7), und dem äußeren Ordnungsbereich, in dem dienstaufsichtliche Maßnahmen getroffen werden können (Rn 10). Fühlt sich der Richter durch eine Maßnahme der Dienstaufsicht in seiner Unabhängigkeit beeinträchtigt, so steht ihm gemäß § 26 Abs 3 DRiG der Rechtsweg zu den Richterdienstgerichten offen (Rn 13).

Übersicht

A. Begriff und Funktion der Dienstaufsicht iSd § 38 VwGO

I. Personelle und organisatorische Dienstaufsicht

Allgemein versteht man unter Dienstaufsicht die Leitung, Organisation und Überwachung **1** des Gerichtsbetriebes (organisatorische Dienstaufsicht) sowie der ordnungsgemäßen Führung der Amtsgeschäfte (personelle Dienstaufsicht). Regelungsgegenstand des § 38 VwGO ist indessen, wie sich der unmittelbaren Bezugnahme des Abs 1 auf die vier Personengruppen der Richter, Beamten, Angestellten und Arbeiter entnehmen lässt, allein die **personelle Dienstaufsicht**. Insoweit bestimmt § 38 VwGO, dass sich die personelle Dienstaufsicht ohne Rücksicht auf das Beschäftigungsverhältnis auf alle beim Gericht tätigen Personen erstreckt; hierzu gehören die ehrenamtlichen Richter mangels eines Beschäftigungsverhältnisses nicht. Bei der Ausübung der Dienstaufsicht über die Richter ist allerdings – wie § 26 Abs 1 DRiG klarstellt – deren grundgesetzlich garantierte Unabhängigkeit zu berücksichtigen, die nicht beeinträchtigt werden darf. Die in § 38 VwGO nicht geregelte **organisatorische Dienstaufsichtsbefugnis** steht dem Präsidenten ohnehin in seiner Funktion als Behördenleiter zu (Eyermann/Geiger VwGO § 38 Rn 2).

II. Funktion der personellen Dienstaufsicht

Die personelle Dienstaufsicht dient dazu, die Einhaltung der Dienstpflichten durch die bei **2** Gericht beschäftigten Personen sicherzustellen; ihr kommt insoweit eine **Beobachtungs- und** eine **Berichtigungsfunktion** zu (vgl Achterberg NJW 1985, 3041, 3042). Zugleich trägt die personelle Dienstaufsicht damit zur Realisierung der **Justizgewährleistungspflicht** des Staates bzw des **Justizgewährleistungsanspruchs** des Bürgers bei. Aus diesem Grunde ist sie auch Richtern gegenüber nicht grundsätzlich unzulässig, denn die ihnen grundgesetzlich garantierte Unabhängigkeit besteht nicht im Interesse des einzelnen Richters, sondern im Interesse einer unabhängigen, nur Recht und Gesetz verpflichteten Rechtsprechung (vgl Papier NJW 1990, 8, 9).

B. Dienstaufsicht über Beamte, Arbeiter und Angestellte

Die Dienstaufsicht über die Beamten, Angestellten und Arbeiter des Gerichts richtet sich **3** nach den allgemeinen Regeln des **Beamtenrechts** bzw. des **Arbeits- und Tarifrechts**. Ebenfalls uneingeschränkt anwendbar ist das Beamtenrecht auf diejenigen Richter, die Aufgaben der **Gerichtsverwaltung** iSd § 39 VwGO wahrnehmen und in dieser Funktion weisungsgebunden sind (vgl § 39 Rn 2).

C. Dienstaufsicht über Richter

Aus Gründen der richterlichen Unabhängigkeit unterliegt die Ausübung der Dienstauf- **4** sicht über Richter demgegenüber Einschränkungen.

I. Nichtrichterliche Tätigkeit

Uneingeschränkt zulässig sind dienstaufsichtliche Maßnahmen, soweit sie die Tätigkeit des **5** Richters **außerhalb der rechtsprechenden Tätigkeit** betreffen (zB Nebentätigkeit, Tätigkeit in der Gerichtsverwaltung). Beanstandet werden darf dabei auch das außerdienstliche Verhalten des Richters, da er gem § 39 DRiG verpflichtet ist, sich innerhalb wie außerhalb seines Amtes so zu verhalten, dass das Vertrauen in seine Unabhängigkeit nicht gefährdet wird. Anlass zu Konflikten gibt in diesem Zusammenhang namentlich eine **politische Betätigung** des Richters. Hier darf der Richter der Rechtsprechung zufolge sein Amt nicht dazu einsetzen, um seiner Meinung in der politischen Auseinandersetzung mehr Nachdruck zu verleihen und eigene politische Auffassungen wirksamer durchzusetzen (BVerwG NJW 1988, 1748, 1749).

II. Richterliche Tätigkeit

6   Die eigentliche richterliche, dh rechtsprechende Tätigkeit des Richters ist der Dienstaufsicht ebenfalls nicht vollständig entzogen, unterliegt mit Blick auf die richterliche Unabhängigkeit jedoch nicht unerheblichen Einschränkungen. **§ 26 Abs 1 DRiG** bringt dies mit der Formulierung zum Ausdruck, dass der Richter einer Dienstaufsicht nur untersteht, soweit nicht seine Unabhängigkeit beeinträchtigt wird. Wann die Grenze zur Beeinträchtigung der richterlichen Unabhängigkeit überschritten und die Ausübung der Dienstaufsicht damit unzulässig wird, ist seit jeher umstritten. Die Rechtsprechung differenziert insoweit zwischen dem der Dienstaufsicht entzogenen **Kernbereich** richterlicher Tätigkeit und dem sog **äußeren Ordnungsbereich**, der dem Schutz des Art 97 GG so weit entrückt ist, dass dienstaufsichtliche Maßnahmen getroffen werden dürfen. Darüber hinaus hält die Rechtsprechung auch im Kernbereich die Ausübung der Dienstaufsicht im Falle **offensichtlich fehlerhafter Amtsausübung** für zulässig. Bestehen Zweifel, ob eine Tätigkeit noch zum Kernbereich oder schon zum äußeren Ordnungsbereich gehört oder ob es sich schon um eine offensichtliche Fehlleistung handelt, so müssen dienstaufsichtliche Maßnahmen im Interesse der richterlichen Unabhängigkeit unterbleiben (BGHZ 67, 184, 188 = NJW 1977, 437; BGHZ 76, 288, 291 = NJW 1980, 1850, 1851; S/S/B/Stelkens VwGO § 38 Rn 20).

1. Kernbereich

7   Zum Kernbereich richterlicher Tätigkeit zählt in erster Linie der **Rechtsspruch**, und zwar sowohl die eine Instanz abschließende Entscheidung (Urteil bzw Beschluss) als auch sonstige Entscheidungen (zB im Prozesskostenhilfeverfahren). Unzulässig ist daher jede dienstaufsichtliche Maßnahme, die den Inhalt einer richterlichen Entscheidung betrifft, etwa der Hinweis des Dienstvorgesetzten auf eine etwaige Gesetzesverletzung (Eyermann/Geiger VwGO § 38 Rn 7).

8   Zum Kernbereich richterlicher Tätigkeit gehören des Weiteren alle **mit der Entscheidungsfindung in unmittelbarem Zusammenhang stehenden oder ihr mittelbar dienenden Tätigkeiten** (zu Beispielen s Rn 8.1).

8.1   Als Beispiele sind insoweit zu nennen:

– Vorbereitung und Durchführung der mündlichen Verhandlung. Unzulässig sind daher etwa Ermahnungen zu einer strafferen Prozessführung (BGHZ 90, 41, 46 = NJW 1984, 2531, 2532) oder der Vorwurf, dass die Ermittlungen vor der mündlichen Verhandlung zur Feststellung und Beurteilung des Sachverhalts bisweilen in größerem Umfang gepflogen werden sollten (BGH NJW 1984, 2535, 2536).

– Vereidigung ehrenamtlicher Richter (HessDGH DRiZ 1980, 469).

– Handhabung der Sitzungspolizei (BGHZ 67, 184, 189 = NJW 1977, 437).

– Inhalt sowie Art und Weise der Protokollführung (BGH DRiZ 1978, 281; vgl auch Wysk/Wysk VwGO § 38 Rn 4). Verlangt werden kann daher die Stellung eines Protokollführers, allerdings nicht einer bestimmten Person als Protokollführer (BGH NJW 1988, 417).

– Inhalt einer Beweisanordnung (BGHZ 76, 288, 291 = NJW 1980, 1850, 1851).

– Einholung von Auskünften.

– Förderung von Vergleichsverhandlungen.

– Bestimmung der Reihenfolge der Terminierung bzw Erledigung anhängiger Streitsachen (BGH NJW 1987, 1197, 1198) sowie der Anzahl der Sitzungstage (BGH NJW 1988, 421, 422). Unzulässig ist daher ein Ersuchen des Dienstvorgesetzten, bestimmte Streitsachen umgehend oder vorrangig zu bearbeiten (BGH NJW 1987, 1197, 1198) oder die Aufforderung, mehr als einen Sitzungstag pro Woche abzuhalten (BGH NJW 1988, 421, 422). Zulässig sind demgegenüber Äußerungen über zu hohe Rückstände im Allgemeinen, da darin dem Richter weder die Ausübung seines Amtes in einer bestimmten Richtung noch eine bestimmte Art der Bearbeitung nahegelegt wird (BGH NJW 1988, 419, 420). Entsprechendes gilt für den Vorhalt, der Richter bringe die Verfahren nicht mit der gebotenen Beschleunigung zum Abschluss. Ebenfalls zulässig ist ein Einschreiten der Dienstaufsichtsbehörde, wenn die Verlegung eines anberaumten Termins mit der Rechtsfindung in keinem Zusammenhang steht, dh aus einem Grund erfolgt, der mit der Rechtsprechungstätigkeit in der Sache nichts zu tun hat (BGHZ 51, 280, 287 = NJW 1969, 2199, 2201; BGHZ 85, 145, 162).

– Gewährung von Rechts- und Amtshilfe im Zusammenhang mit einem anhängigen Verfahren (BGHZ 51, 193, 197).
– Dienstliche Äußerung im Ablehnungsverfahren nach § 54 (BGHZ 77, 70, 72 = NJW 1980, 2530, 2531; DRiZ 1974, 130, 131).

Ebenfalls zum Kernbereich richterlicher Tätigkeit zählt schließlich die Tätigkeit im **9** **Präsidium** (BGHZ 46, 147; NJW 1991, 423, 424).

2. Äußerer Ordnungsbereich

Dem sog äußeren Ordnungsbereich ordnet die Rechtsprechung demgegenüber diejeni- **10** gen richterlichen Tätigkeiten zu, die dem Kernbereich so weit entrückt sind, dass die Garantie des **Art 97 GG** für sie **nicht mehr in Anspruch genommen** werden kann mit der Folge, dass dienstaufsichtliche Maßnahmen nunmehr zulässig sind.

Beispielhaft seien genannt: **10.1**

– Verpflichtung zum Beschaffen und Tragen einer Robe (BVerwGE 67, 222, 228).
– Zuteilung von Sitzungssälen und -tagen.
– Aufforderung zum pünktlichen Sitzungsbeginn (BGH DRiZ 1997, 467, 468).
– Fragen der Terminierungsdauer und der Einhaltung von Absetzungsfristen (BGHZ 90, 41, 46 = NJW 1984, 2531, 2532).
– Verpflichtung zur Verwendung von Formblättern, sofern durch diese nicht auf die richterliche Entscheidungsfreiheit eingewirkt wird (Eyermann/Geiger VwGO § 38 Rn 8).
– Aufforderung zur Auflistung der am Jahresende noch anhängigen Verfahren einschließlich einer kurzen Angabe der Gründe, die ihrer Erledigung entgegenstehen (BGH NJW 1991, 421; BGH DRiZ 1978, 185).
– Routinemäßige Geschäftsprüfung der Richterdezernate, auch ohne vorherige Ankündigung (BGH NJW 1988, 418).
– Vergleich von Erledigungszahlen. Zulässig ist dabei auch eine Aufgliederung nach Erledigungsarten. Unzulässig ist jedoch der Versuch des Dienstvorgesetzten, einen Richter dazu zu veranlassen, vermehrt oder verstärkt eine bestimmte Art der Prozesserledigung anzustreben (BGHZ 69, 309, 313 = NJW 1978, 760).
– Zuweisung eines Dienstzimmers sowie dessen Ausstattung.
– Anordnung der automatischen Registrierung der Telefonnummern bei dienstlichen Gesprächen (BGH NJW 1995, 731, 732).
– Versagung der Genehmigung des Dienstvorgesetzten zu einer Dienstreise zur Durchführung einer Beweisaufnahme im Ausland (BGH NJW 1978, 1425; dazu auch BVerfG DRiZ 1979, 219).
– Ermahnung des Richters zu angemessenem Verhalten gegenüber den Parteien, Prozessbevollmächtigten, Zeugen und anderen Beteiligten.
– Verpflichtung zur Ausbildung von Referendaren (BGH NJW 1991, 426, 427).

3. Offensichtliches Fehlverhalten

Zulässig sind dienstaufsichtliche Maßnahmen nach der – freilich nicht unbestrittenen – **11** Rechtsprechung auch dann, wenn der Richter bei einer eigentlich dem Kernbereich zuzurechnenden Tätigkeit einen offensichtlichen Fehlgriff begeht. Einen offensichtlichen Fehlgriff darf der Dienstvorgesetzte allerdings nicht schon dann als gegeben ansehen, wenn er lediglich die Rechtsanwendung für fehlerhaft hält oder das Verfahren als nicht im Einklang mit dem Gesetz stehend ansieht. Er ist vielmehr erst dann berechtigt, im Rahmen seiner Dienstaufsicht tätig zu werden, wenn es sich um einen offensichtlichen, jedem Zweifel entrückten Fehlgriff handelt (vgl etwa BGH DRiZ 1996, 371, 372), der ohne tiefergehende rechtliche Prüfung auch dem nicht mit der jeweiligen Materie Vertrauten sofort als grober Missgriff auffällt (Eyermann/Geiger VwGO § 38 Rn 9). Liegt ein solcher offensichtlicher Fehler unzweifelhaft vor, so darf der Dienstvorgesetzte dem Richter vorhalten, dass er sich nicht gesetzestreu verhalten habe (BGH DRiZ 1996, 371, 372; BGHZ 67, 184, 188 = NJW 1977, 437). Bestehen demgegenüber Zweifel, ob ein Fehler schon offensichtlich ist, so haben dienstaufsichtliche Maßnahmen zum Schutz der richterlichen Unabhängigkeit zu unterbleiben.

III. Zulässige dienstaufsichtliche Maßnahmen

12   Als zulässige Maßnahmen der Dienstaufsicht über Richter nennt § 26 Abs 2 DRiG ausdrücklich den **Vorhalt** der ordnungswidrigen Führung der Amtsgeschäfte, dh die Feststellung von Tatsachen und ihre sachbezogene Wertung (BGH DRiZ 1997, 467, 470), sowie die **Ermahnung** zur ordnungsgemäßen und unverzögerten Erledigung der Amtsgeschäfte, die sich auf das künftige Verhalten des Richters bezieht und vom Einzelfall losgelöst ist (Sodan/Ziekow/Guckelberger VwGO § 38 Rn 29). Darüber hinaus dürfen auch **mildere** als die beiden genannten **Maßnahmen** (zB Hinweise, kollegiale Gespräche, Informationen) ergriffen werden (BGHZ 47, 275, 285 = NJW 1967, 2054, 2056) sowie zu ihrer Vorbereitung **Beobachtungsmaßnahmen** getroffen werden (BGH NJW 1991, 421, 422). Gemeinsam ist sämtlichen zulässigen dienstaufsichtlichen Maßnahmen, dass sie im Hinblick auf das in Rede stehende Verhalten des Richters **sachbezogen** sind. Unzulässig sind demgegenüber **personenbezogene** Maßnahmen wie Missbilligung, Beanstandung, Rüge oder Tadel, die ein Werturteil über die Person des Richters oder einen Schuldvorwurf ihm gegenüber beinhalten (BGHZ 47, 275, 285 = NJW 1967, 2054, 2056; BGHZ 51, 280, 286 = NJW 1969, 2199; BGHZ 90, 34, 39 = NJW 1984, 2534, 2535). Dies gilt der Rechtsprechung zufolge auch dann, wenn sich die Maßnahmen nicht auf die rechtsprechende, sondern auf die nichtrichterliche Tätigkeit des Richters beziehen (BGHZ 90, 34, 39 = NJW 1984, 2534, 2535; ebenso Sodan/Ziekow/Guckelberger VwGO § 38 Rn 29; aA Schmidt-Räntsch DRiG § 26 Rn 35; S/S/B/Stelkens VwGO § 38 Rn 22). Hält der Dienstvorgesetzte die zulässigen dienstaufsichtlichen Maßnahmen für unzulänglich, so muss er deshalb ein Disziplinarverfahren einleiten (BGHZ 51, 280, 286 = NJW 1969, 2199).

IV. Rechtsweg

13   Gem **§ 26 Abs 3 DRiG** steht einem Richter, der sich durch eine Maßnahme der Dienstaufsicht in seiner Unabhängigkeit beeinträchtigt fühlt, der **Rechtsweg zu den Richterdienstgerichten** offen. Voraussetzung für die Zulässigkeit einer solchen Klage ist einerseits das Vorliegen einer dienstaufsichtlichen Maßnahme sowie andererseits die Behauptung, dass durch diese Maßnahme die Unabhängigkeit beeinträchtigt sei (BGH DRiZ 1994, 141). Erfolg hat die Klage, wenn die richterliche Unabhängigkeit durch die angegriffene Maßnahme tatsächlich verletzt ist.

14   Das **Verfahren** vor den Richterdienstgerichten richtet sich gem §§ 62 Abs 1 Nr 4 lit e, 66 Abs 1 S 1 DRiG nach den Regeln der VwGO. Dabei ist gem § 66 Abs 2 DRiG vor Erhebung der Klage ein Vorverfahren iSd § 68 VwGO ff durchzuführen, und zwar auch dann, wenn es sich bei der angegriffenen Maßnahme nicht um einen Verwaltungsakt handelt (Eyermann/Geiger VwGO § 38 Rn 12).

1. Begriff der „Maßnahme der Dienstaufsicht" iSd § 26 DRiG

15   In einer **weiten Auslegung** des Begriffs zählt die Rechtsprechung zur Dienstaufsicht iSd § 26 DRiG jede Maßnahme oder Meinungsäußerung der dienstaufsichtführenden Stelle, die einen **sachlichen Bezug** zur Tätigkeit des Richters aufweist und geeignet ist, diese unmittelbar oder mittelbar zu **beeinflussen** (st Rspr; vgl nur BGHZ 47, 275, 282 = NJW 1967, 2054, 2056; NJW 1984, 2471, 2472; BGHZ 93, 238, 241 = NJW 1985, 1471, 1472). Entscheidend ist nach dieser Rechtsprechung, dass ein **Konfliktfall zwischen der Justizverwaltung und dem Richter** vorliegt und diese sich in irgendeiner Weise kritisch mit dem Verhalten des Richters befasst oder zumindest geeignet ist, sich in einer bestimmten Richtung auf das künftige Verhalten des Richters auszuwirken (BGHZ 61, 374, 378 = NJW 1974, 799; NJW 1984, 2471, 2472; BGHZ 100, 271, 275 = NJW 1987, 2441)

16   Mangels Vorliegens der beschriebenen Konfliktlage zwischen Justizverwaltung und Richter fallen hierunter daher beispielsweise nicht eine allgemein gehaltene ministerielle Bekanntmachung über die politische Betätigung von Richtern oder die Meinungsäußerung der dienstaufsichtführenden Behörde zu einer bestimmten Rechtsfrage (BGHZ 61, 374, 378 = NJW 1974, 799). Keine Maßnahmen der Dienstaufsicht sind auch die die **Geschäftsverteilung** innerhalb des Gerichts betreffenden Entscheidungen des Präsidiums (BGH NJW 1991, 425). Dies ergibt sich bereits daraus, dass es sich dabei nicht um Entscheidungen des Dienst-

vorgesetzten handelt. Hinzu kommt, dass dienstaufsichtliche Maßnahmen das Verhalten eines bestimmten Richters oder eine Gruppe von Richtern betreffen und einen konkreten Bezug zur richterlichen Tätigkeit aufweisen müssen; dies ist bei den Entscheidungen des Präsidiums über die Geschäftsverteilung indessen nicht der Fall (BGH DRiZ 1981, 426, 427). Sie können daher auch nicht vor dem Richterdienstgericht mit der Begründung angegriffen werden, dass die richterliche Unabhängigkeit beeinträchtigt sei.

2. Abgrenzung der Zuständigkeiten zwischen Richterdienstgericht und Verwaltungsgericht

Wie sich der Vorschrift des § 26 Abs 3 DRiG entnehmen lässt, prüfen die **Richterdienst-** 17 **gerichte** nur, ob die angegriffene Maßnahme der Dienstaufsicht die richterliche **Unabhängigkeit verletzt.** Demgegenüber liegt es nicht in ihrer Zuständigkeit zu prüfen, ob sich die Dienstaufsichtsmaßnahme möglicherweise **aus einem anderen Grunde** als **rechtswidrig** darstellt und den Richter in anderen subjektiven Rechten verletzt (BGHZ 90, 41, 48 ff = NJW 1984, 2531; DRiZ 1997, 467, 468). Dies ist vielmehr Sache der **Verwaltungsgerichte** (vgl § 71 DRiG iVm § 54 BeamtStG), die ihrerseits jedoch nicht prüfen dürfen, ob und inwieweit die angegriffene Maßnahme die richterliche Unabhängigkeit beeinträchtigt (BVerwGE 67, 222, 224; BGHZ 90, 41, 48 ff = NJW 1984, 2531). Richterdienstgerichte und Verwaltungsgerichte haben mithin über unterschiedliche Streitgegenstände zu urteilen, so dass die Gefahr divergierender Entscheidungen im Ergebnis als gering zu bewerten ist. Erhebt ein Richter dennoch sowohl Klage vor dem Richterdienstgericht als auch vor dem Verwaltungsgericht, so dürfte es sich aus praktischen Gründen gleichwohl anbieten, eines der beiden Verfahren bis zur Entscheidung des anderen Verfahrens auszusetzen.

3. Beurteilungsstreitigkeiten

Seine dienstliche Beurteilung hat ein Richter **grds** im **Verwaltungsrechtsweg** und nicht 18 vor den Richterdienstgerichten anzufechten (Kopp/Schenke VwGO § 38 Rn 4). Etwas anderes gilt nur dann, wenn der Richter **lediglich einzelne Formulierungen** aus der Beurteilung angreift mit der Begründung, dass sie seine Unabhängigkeit verletzten; in diesen Fällen ist der Rechtsweg zu den **Richterdienstgerichten** eröffnet (BGHZ 90, 41, 48 ff = NJW 1984, 2531). Welche Formulierungen in einer dienstlichen Beurteilungen vor dem Hintergrund der zu respektierenden richterlichen Unabhängigkeit zulässig sind, richtet sich dabei nach den oben (Rn 6 ff) dargelegten Grundsätzen.

D. Dienstaufsichtsbehörde

Zuständige **(untere) Dienstaufsichtsbehörde** ist gem § 38 Abs 1 VwGO der Präsident 19 des jeweiligen Gerichts (VG, OVG, BVerwG). Für die Verwaltungsgerichte fungiert der Präsident des Oberverwaltungsgerichts gem § 38 Abs 2 VwGO als **übergeordnete Dienstaufsichtsbehörde.** Wer **oberste Dienstaufsichtsbehörde** ist, bestimmt die bundesgesetzliche Vorschrift des § 38 VwGO aus Kompetenzgründen nicht; dies obliegt vielmehr dem jeweiligen **Landesgesetzgeber** im Rahmen des Landesorganisationsrechts. In den meisten Bundesländern wurde der Justizminister zur obersten Dienstaufsichtsbehörde bestimmt; eine abweichende Regelungen hat lediglich Bayern (Innenminister) getroffen (vgl Redeker/v Oertzen/M. Redeker VwGO § 38 Rn 2). Übergeordnete Dienstaufsichtsbehörde für den Präsidenten des Bundesverwaltungsgerichts ist der Bundesminister der Justiz.

Da es sich bei der Ausübung der Dienstaufsicht um eine **Aufgabe der Gerichtsver-** 20 **waltung** iSd § 39 VwGO handelt, sind die nachgeordneten Dienstaufsichtsbehörden gegenüber den jeweils übergeordneten Dienstaufsichtsbehörden **weisungsgebunden.** Auch dürfen sich die für die Dienstaufsicht zuständigen Gerichtspräsidenten gem § 42 DRiG bei ihrer Ausübung der Mithilfe von Richtern bedienen (Kopp/Schenke VwGO § 38 Rn 1).

§ 39 [Verwaltungsgeschäfte]

Dem Gericht dürfen keine Verwaltungsgeschäfte außerhalb der Gerichtsverwaltung übertragen werden.

§ 39 VwGO verbietet die Übertragung allgemeiner Verwaltungsgeschäfte auf die Verwaltungsgerichte. Die Vorschrift ergänzt damit den in § 1 VwGO verankerten Grundsatz der organisatorischen Trennung von Verwaltungsgerichtsbarkeit und Exekutive und dient der Wahrung der Unabhängigkeit der Gerichte. Für den einzelnen Richter findet sich eine entsprechende Regelung in § 4 DRiG. Nicht von dem Verbot erfasst sind Geschäfte der Gerichtsverwaltung (Rn 1) sowie der richterlichen Selbstverwaltung (Rn 3). Auch ist es trotz § 39 VwGO zulässig, durch Gesetz bestimmtes Verwaltungshandeln von einer vorherigen richterlichen Anordnung abhängig zu machen (sog Richtervorbehalt Rn 4).

A. Geschäfte der Gerichtsverwaltung

I. Begriff

1   Als Geschäfte der Gerichtsverwaltung sind sämtliche Verwaltungsangelegenheiten anzusehen, die einen **sachlichen Zusammenhang zur rechtsprechenden Tätigkeit** aufweisen. Die Erledigung dieser Verwaltungsangelegenheiten durch die Gerichte selbst ist verfassungsrechtlich unbedenklich, da sie letztlich ihrer Selbständigkeit und Unabhängigkeit dient (BVerfGE 4, 331, 347). Zu den Geschäften der Gerichtsverwaltung zählt in erster Linie die Bereitstellung der für den Gerichtsbetrieb notwendigen sachlichen und personellen Mittel, ferner das gesamte sonstige Haushalts- und Kostenwesen, die Ausbildung des juristischen Nachwuchses sowie die Ausübung der Dienstaufsicht im Sinne des § 38 VwGO. Schließlich wird auch die Abgabe von **Stellungnahmen im Rahmen eines Gesetzgebungsverfahrens** noch als in engem Zusammenhang zur rechtsprechenden Tätigkeit stehend und daher zulässig angesehen. Unzulässig ist demgegenüber zur Wahrung der Gewaltenteilung und der Unabhängigkeit der Gerichte etwa die Erstellung eines Gutachtens für eine Behörde in einem laufenden Verwaltungsverfahren (Sodan/Ziekow/Guckelberger VwGO § 39 Rn 11).

II. Zuständige „Behörde"

2   Die Wahrnehmung der Geschäfte der Gerichtsverwaltung obliegt dem **Präsidenten** kraft seines Amtes. Will er neben Beamten, Angestellten und Arbeitern auch Richter mit Aufgaben der Gerichtsverwaltung betrauen und deshalb ganz oder teilweise von der Rechtsprechungstätigkeit freistellen, so ist gem § 21e Abs 6 GVG zuvor das Präsidium zu hören. Die Richter sind gem § 42 DRiG zur Übernahme einer (Neben-)Tätigkeit in der Gerichtsverwaltung verpflichtet und im Rahmen dieser Verwaltungstätigkeit weisungsgebunden.

B. Richterliche Selbstverwaltung

3   Nicht erwähnt sind in § 39 VwGO die Aufgaben der richterlichen Selbstverwaltung (zB Tätigkeit des Präsidiums). Dass sie nur von den Gerichten und den einzelnen Richtern selbst wahrgenommen werden können, ergibt sich jedoch bereits aus der verfassungsrechtlich garantierten richterlichen Unabhängigkeit, die ein Tätigwerden Dritter in diesem Bereich verbietet (Eyermann/Geiger VwGO § 39 Rn 1).

C. Richtervorbehalte

4   Von sog Richtervorbehalten spricht man, wenn ein Gesetz behördliches Handeln von einer vorherigen richterlichen Anordnung abhängig macht (zB Art 13 Abs 2 GG für die Wohnungsdurchsuchung; § 4 Abs 4 VereinsG für Beschlagnahmen im vereinsrechtlichen Ermittlungsverfahren). Ist ein solcher Richtervorbehalt in einem **Bundesgesetz** enthalten, so steht nach einhelliger Meinung in Rechtsprechung und Literatur die Vorschrift des § 39 VwGO nicht entgegen. Vielmehr stellen bundesgesetzliche Richtervorbehalte insoweit Spezialregelungen dar, die § 39 VwGO vorgehen. Umstritten und problematisch ist demgegenüber, ob auch der **Landesgesetzgeber** Richtervorbehalte vorsehen kann, ohne gegen § 39 VwGO zu verstoßen. Richtigerweise ist dies zu bejahen, da die Öffnungsklausel des § 4 Abs 2 Nr 2 DRiG, wonach ein Richter außer Aufgaben der rechtsprechenden Gewalt auch andere Aufgaben wahrnehmen darf, die Gerichten oder Richtern aufgrund eines Gesetzes

zugewiesen sind, für den Bundes- wie den Landesgesetzgeber gilt; § 39 VwGO wird durch die spätere erlassene Vorschrift des § 4 Abs 2 Nr. 2 DRiG insoweit ergänzt (Sodan/Ziekow/ Guckelberger VwGO § 39 Rn 9; Schmidt-Räntsch DRiG § 4 Rn 32; aA Kopp/Schenke VwGO § 39 Rn 3; S/S/B/Stelkens VwGO § 39 Rn 2: Zulässigkeit landesgesetzlicher Richtervorbehalte nur, wenn es sich dabei nicht um Verwaltungstätigkeit iSd § 39 VwGO handelt). Da die Ausnahmen des § 4 Abs 2 DRiG im Interesse der richterlichen Unabhängigkeit jedoch eng begrenzt und abschließend sind, ist Voraussetzung für die Zulässigkeit eines Richtervorbehalts stets, dass die zugewiesene Aufgabe eine sachliche Nähe zur richterlichen Tätigkeit aufweist und der Richter beruflich erworbene und für die Tätigkeit erwünschte Voraussetzungen in Form von Erfahrungen und Sachverstand mitbringt (BVerwG DVBl 1985, 452).

6. Abschnitt Verwaltungsrechtsweg und Zuständigkeit (§§ 40–53)

§ 40 [Zulässigkeit des Verwaltungsrechtsweges]

(1) [1]Der Verwaltungsrechtsweg ist in allen öffentlich-rechtlichen Streitigkeiten nichtverfassungsrechtlicher Art gegeben, soweit die Streitigkeiten nicht durch Bundesgesetz einem anderen Gericht ausdrücklich zugewiesen sind. [2]Öffentlich-rechtliche Streitigkeiten auf dem Gebiet des Landesrechts können einem anderen Gericht auch durch Landesgesetz zugewiesen werden.

(2) [1]Für vermögensrechtliche Ansprüche aus Aufopferung für das gemeine Wohl und aus öffentlich-rechtlicher Verwahrung sowie für Schadensersatzansprüche aus der Verletzung öffentlich-rechtlicher Pflichten, die nicht auf einem öffentlich-rechtlichen Vertrag beruhen, ist der ordentliche Rechtsweg gegeben; dies gilt nicht für Streitigkeiten über das Bestehen und die Höhe eines Ausgleichsanspruchs im Rahmen des Artikels 14 Abs. 1 Satz 2 des Grundgesetzes. [2]Die besonderen Vorschriften des Beamtenrechts sowie über den Rechtsweg bei Ausgleich von Vermögensnachteilen wegen Rücknahme rechtswidriger Verwaltungsakte bleiben unberührt.

Die sog verwaltungsgerichtliche Generalklausel des § 40 VwGO ist das Herzstück des 6. Abschnitts von Teil I. Die Vorschrift kodifiziert die positiven und negativen Voraussetzungen für die Eröffnung des Verwaltungsrechtswegs und die ihm vorgeschalteten außergerichtlichen Rechtsbehelfe. § 40 VwGO bildet damit – noch vor den auf einzelne Klagearten bezogenen Zulässigkeitsvoraussetzungen (§§ 42–44a VwGO) und den Zuständigkeitsnormen ieS (§§ 45–53 VwGO) – die erste Weichenstellung für gerichtlichen oder außergerichtlichen Rechtsschutz auf dem Gebiet des öffentlichen Rechts.

Erste Voraussetzung für die Eröffnung des Verwaltungsrechtswegs ist dabei die **internationale (Rn 10) und gemeinschaftsrechtliche (Rn 22) Zuständigkeit** der Bundesrepublik Deutschland nach außen und die **Zuständigkeit** des Staates gegenüber den ebenfalls öffentlich-rechtlich verfassten **Religionsgesellschaften** nach innen.

Auf dieser Grundlage leistet § 40 VwGO im Verbund mit einer Reihe weiterer Vorschriften zunächst die **Abgrenzung zur ordentlichen Gerichtsbarkeit** (Zivil- und Strafsachen), der daraus verselbständigten Arbeitsgerichtsbarkeit und der traditionell der ordentlichen Gerichtsbarkeit zugeordneten Patentgerichtsbarkeit, sodann eine Reihe von **Abgrenzungen innerhalb der öffentlichen Gerichtsbarkeiten** ieS: zur Verfassungsgerichtsbarkeit (Rn 90), zur Finanzgerichtsbarkeit (Rn 183), zur Sozialgerichtsbarkeit (Rn 188) und zu den Dienst- und Disziplinargerichten (Rn 199). Normtechnisch enthält § 40 VwGO lediglich **abdrängende**, dh den Zugang zu den Verwaltungsgerichten ausschließende Sonderzuweisungen. In (Bundes-)Spezialgesetzen außerhalb der VwGO finden sich daneben aber auch **aufdrängende Sonderzuweisungen**, die den Zugang zu den Verwaltungsgerichten auch in Fällen eröffnen, die durch § 40 VwGO an sich nicht erfasst sind.

Übersicht

A. Bedeutung, Stellung und Auslegung von Rechtswegbestimmungen

I. Verwaltungsrechtliche Generalklausel als historische Errungenschaft

§ 40 VwGO ist das öffentlich-rechtliche Gegenstück zu § 13 GVG. Beide Normen **1** enthalten Generalklauseln, die im Hinblick auf die Art einer Streitigkeit (Rn 32) über die Eröffnung eines Rechtswegs, dh der abstrakten, noch nicht gerichtsscharfen sachlichen Zuständigkeit bestimmen. Sie garantieren zugleich, dass für jede Streitigkeit, die die Tatbestandsvoraussetzungen der Rechtswegklausel erfüllt, auch ein statthafter Rechtsbehelf zur Verfügung steht.

Historisch sind derartige abstrakte Rechtswegbestimmungen keine Selbstverständlichkeit. **2** Für einige Gerichtsbarkeiten fehlen sie bis heute. So enthalten zB § 13 BVerfGG, §§ 2–3

ArbGG als funktionales Äquivalent lediglich enumerative Kataloge spezieller Zuständigkeiten.

2.1   Nichts anderes galt für die Verwaltungsprozessrechtsordnungen des späten 19. Jahrhunderts (vgl zB Art 8 ff des Bay Gesetzes betreffend die Errichtung eines Verwaltungsgerichtshofs und das Verfahren in Verwaltungsrechtssachen v 8.8.1878, GVBl 369). In der Staatsrechtslehre ist die verwaltungsgerichtliche Generalklausel aber bereits in der Weimarer Zeit gefordert worden (zB Jellinek, VVDStRL Bd. 2 (1925), 58 f m Nachweisen aus den Ländern). § 22 des Verwaltungsgerichtsgesetzes v 27.9.1946 (GVBl 291), die umfassenden landesverfassungsrechtlichen Rechtsweggarantien der Nachkriegszeit (vgl etwa Art 93 BV) und in ihrer Folge auch Art 19 Abs 4 GG haben dann den Weg für § 40 VwGO bereitet.

3   Seit der Einführung von § 40 VwGO hat die Auffangzuständigkeit der ordentlichen Gerichte für den Individualrechtsschutz gegen Rechtsverletzungen durch die öffentliche Gewalt (Art 19 Abs 4 S 2 GG) keine praktische Bedeutung mehr (vgl Schmidt-Bleibtreu/Klein GG, 9. Aufl (1999), Art 19 Rn 27 mwN).

II. Funktionen der Rechtswegbestimmung

4   Der primäre Sinn der verwaltungsgerichtlichen Generalklausel liegt in der Garantie, dass Grundrechtsberechtigte auch dann Rechtsschutz gegen Akte der deutschen öffentlichen Gewalt erlangen können, wenn im Einzelfall kein spezifischer Rechtsbehelf normiert ist. Historisch liegt darin eine Ausweitung des Rechtsschutzes vor allem um Realakte, mit Einschränkungen aber auch um das sog. informelle Verwaltungshandeln. Dass sie einer gerichtlichen Überprüfung zugänglich gemacht werden, liegt zunächst im Interesse des rechtsschutzsuchenden Bürgers.

5   Die verwaltungsgerichtliche Generalklausel hat daneben aber auch eine objektive, auf den Rechtsstaat als solchen bezogene Funktion, die auch zu Verschiebungen zwischen den drei Gewalten führt: Durch die umfassende Eröffnung des Verwaltungsrechtswegs wird die Exekutive umfassender kontrolliert, damit besser an die Legislative zurückgebunden (Art 20 Abs 3 GG). Die Steuerungskraft des Parlamentsgesetzes wird gestärkt. Zudem garantiert der hierarchische Gerichtsaufbau eine Einheitlichkeit der Rechtsanwendung, die die Verwaltung allein (insbes im Fall des Art 83 GG) nicht gewährleisten könnte. In gesteigertem Maße gilt das dort, wo die Garantie nationalen Gerichtsschutzes sich auf Gemeinschaftsangelegenheiten bezieht (S/S-A/P/Schmidt-Aßmann VwGO Einleitung Rn 109 aE).

6   Neben dieser externen, dh die (Rechts-)Wirklichkeit prägenden, Funktion hat die verwaltungsgerichtliche Generalklausel daneben aber auch eine besondere rechtsimmanente und dogmatische Bedeutung. Weil sich aus § 40 VwGO die Anfechtbarkeit von Verwaltungsmaßnahmen (und -unterlassungen) aller Handlungsformen einschließlich der Realakte ergibt, hat die Vorschrift viel zur Entlastung des Verwaltungsaktsbegriffs beigetragen. Sie entlastet zudem die Vorschriften über die Statthaftigkeitsvoraussetzungen einzelner Rechtsbehelfe um Rechtswegfragen, insbes um die Regelung von Sonderzuweisungen an die öffentlich-rechtlichen Spezialgerichtsbarkeiten.

III. Auslegungsmethoden

7   Wie alle Zuständigkeitsnormen für den Bereich der Judikative unterliegt auch § 40 VwGO dem Erfordernis verfassungskonformer Auslegung. Anders als zB bei § 17a Abs 2 S 3 GVG (Rn 234) führt das bei § 40 VwGO zwar nicht dazu, dass Sachverhalte, die ihrem Wortlaut nach den Tatbestand der Norm erfüllen, zB wegen Art 14 Abs 3 S 4 GG oder Art 34 S 3 GG aus dem Tatbestand von § 40 VwGO auszunehmen wären.

8   Namentlich das Recht auf den gesetzlichen Richter (Art 101 Abs 1 S 2 GG), daneben aber auch das Rechtsstaatsprinzip insgesamt prägen die Methodik der Gesetzesauslegung: Sie verlangen ein besonders hohes Maß an Vorhersehbarkeit und Verlässlichkeit der einfachgesetzlichen Rechtswegzuweisungen. Methodisch gibt das der grammatikalischen Auslegung besondere Autorität; Wertungsgesichtspunkte und teleologische Argumente sind nur ausnahmsweise und nur im Rahmen der Wortlautgrenzen zuzulassen.

B. Staatsexterne Zuständigkeitsabgrenzung

Den positiven Tatbestandsmerkmalen des § 40 VwGO sind eine Reihe von ungeschrie- **9** benen Merkmalen vorgelagert.

I. Abgrenzung zur Gerichtsbarkeit anderer Staaten

Der Rechtsschutz vor den deutschen Verwaltungsgerichten reicht grundsätzlich so weit **10** wie der Einflussbereich der deutschen Staatlichkeit. Dabei sind im Zusammenhang mit der Rechtswegeröffnung nur die prozessualen Aspekte zu behandeln; sie stehen eigenständig neben den auf das materielle Recht zurückgehenden Begrenzungen, auch wenn diese teilweise ebenfalls die Zulässigkeit eines verwaltungsgerichtlichen Rechtsbehelfs betreffen.

Die materiellrechtlichen Fragen werden erstmals bei der Prüfung der Klagebefugnis, sodann va in **10.1** der Begründetheit relevant. Die Klagebefugnis (und damit das Prozessrecht) folgt grundsätzlich dem materiellen Recht. Die Verwaltungsgerichte können daher überall dort entscheiden, wo in Sachverhalten mit Auslandsbezügen in der Sache Verletzungen deutschen (öffentlichen) Rechts in Rede stehen. Dabei wird der Zugang zu den Verwaltungsgerichten allerdings nicht durch die (positiven) Eingriffsnormen des materiellen Rechts, sondern vielmehr durch die (negativen) Abwehrrechte markiert. Rechtsschutz vor deutschen Gerichten kann damit immer schon dann erlangt werden, wenn ein deutscher Amtsträger (Grundrechtsverpflichteter) im Ausland faktisch gehandelt hat, auch wenn er nach Maßgabe des deutschen Rechts dazu an sich gar nicht befugt gewesen wäre. Insofern geht der Rechtsschutz auch territorial über die Grenzen der Befugnisnormen hinaus.

Problematisch sind va die Fälle, in denen ein deutscher Amtsträger auf der Grundlage auslän- **10.2** dischen oder supranationalen Rechts gehandelt hat. Soweit das dazu führt, dass sein Handeln nicht mehr einem Träger deutscher öffentlicher Gewalt (einer deutschen Gebietskörperschaft, einer anderen nach deutschem Recht begründeten Körperschaft oder Anstalt des öffentlichen Rechts oder einem mit der Ausübung deutscher Hoheitsgewalt beliehenen Rechtsträger) zuzurechnen ist, sondern einem externen Zurechnungssubjekt (einem ausländischen Staat, einer internationalen Organisation etc), entfallen die Bindungen an die Vorgaben des deutschen Rechts und damit zugleich die Nachprüfbarkeit ihrer Beachtung durch deutsche Gerichte. Den Streit darüber, ob ein solcher Fall vorliegt, können deutsche Gerichte allerdings in jedem Fall entscheiden (Antrag zulässig).

Spezifisch prozessual ist die Frage, ob der Streitgegenstand deutschen Gerichten zur **11** Entscheidung anvertraut ist. Hier überlagern sich völkerrechtliche und innerstaatliche Maßstäbe.

1. Deutsche Gerichtsbarkeit als völkerrechtlicher Rahmen

Aus Sicht der allgemeinen Grundsätze des Völkerrechts, die wegen Art 25 GG auch **12** innerstaatlich bindend sind und den Regelungen der VwGO vorgehen, liegt die zentrale Voraussetzung darin, dass der Streitgegenstand einen **genuine link** zum Territorium der Bundesrepublik Deutschland (Territorialitätsprinzip) oder zu einem Handeln deutscher Amtsträger aufweist (Personalitätsprinzip; s Kopp/Schenke VwGO § 1 Rn 24). Wenn diese Vorfrage zu bejahen ist, unterliegt der Streitgegenstand grundsätzlich der deutschen Gerichtsbarkeit. Damit kann Deutschland seine Gerichtsbarkeit nach allgemeinem Völkerrecht insbes für den Fall annehmen, dass deutsche Hoheitsträger als solche gehandelt haben.

Schon auf dieser völkerrechtlich geprägten ersten Ebene bestehen aber in beide Richtun- **13** gen Ausnahmen: Trotz Fehlens eines **genuine link** kann die deutsche Gerichtsbarkeit zur Streitentscheidung befugt sein, wenn völkerrechtliche Verträge dies vorsehen (der Beklagte sich der deutschen Gerichtsbarkeit unterworfen hat). Und umgekehrt können das Personalitäts- und selbst das Territorialitätsprinzip durchbrochen sein, wenn völkerrechtliche Regelungen dies bestimmen.

Soweit (zB durch bilaterale Abkommen) Hoheitsrechte auf ausländische Staaten über- **14** tragen wurden, unterliegen auch deren Handlungen nicht mehr der deutschen Verwaltungsgerichtsbarkeit; vielmehr wird idR auch der Rechtsschutz auf Gerichte des Staates übertragen, dessen Organe tätig werden (Groß JZ 1994, 603; Rauser, Die Übertragung von Hoheitsrechten auf andere Staaten, 1991).

15   Für einen Streit darüber, ob die vorgenannten Voraussetzungen der deutschen Gerichtsbarkeit vorliegen, sind die deutschen Gerichte stets zuständig.

2. Internationale Zuständigkeit als innerstaatliche Ausfüllung dieses Rahmens

16   Wenn eine Streitigkeit nach Maßgabe des Völkerrechts (vorstehend Rn 12) der deutschen Gerichtsbarkeit unterliegt, bedeutet das zunächst nur, dass der Bundesgesetzgeber frei ist, innerhalb dieses Rahmens die Zuständigkeit der deutschen Gerichte auch positiv zu begründen. Der Gesetzgeber hat die internationale Zuständigkeit deutscher Verwaltungsgerichte allerdings nirgends zusammengefasst kodifiziert. Vielmehr ergibt sie sich nur aus einer Zusammenschau verschiedener Normen unter Einschluss des materiellen Rechts.

17   Ausgangspunkt ist Art 19 Abs 4 GG, der im Schwerpunkt dem Personalitätsprinzip folgt. Danach ist wie folgt zu differenzieren:

18   Für alle Streitigkeiten aus oder über **Maßnahmen der deutschen öffentlichen Gewalt** sind deutsche Verwaltungsgerichte zuständig. Deutsche öffentliche Gewalt wird ausgeübt, wenn natürliche Personen in ihrer Eigenschaft als deutsche Amts- oder Mandatsträger handeln. Das ist nicht der Fall, wenn die natürliche Person für ein anderes Völkerrechtssubjekt oder für einen nach dessen Recht gegründeten Rechtsträger tätig geworden ist. Supranationale und internationale Organisationen sind auch dann ein anderes Völkerrechtssubjekt (entfalten also Abschirmwirkung), wenn die Bundesrepublik oder ein Land an ihrer Gründung mitgewirkt hat, es sich also um übertragene Hoheitsbefugnisse iSd Art 24 GG handelt. Die Ausübung deutscher öffentlicher Gewalt ist dagegen zu bejahen, wenn die unmittelbar handelnde Person oder Behörde nur Amtshilfe für einen ausländischen Staat oder für eine supranationale oder internationale Organisation leistet (zB Vollstreckung ausländischer Entscheidungen; Auslieferungen ins Ausland) und keinen eigenen Entscheidungsspielraum hat. Es ist dagegen zu verneinen, wenn es ausnahmsweise zu einer Organleihe gekommen ist; in diesem Fall wird das Handeln unmittelbar dem externen Rechtsträger zugerechnet.

19   Dagegen soll die internationale Zuständigkeit deutscher Verwaltungsgerichte **Maßnahmen ausländischer Hoheitsträger** selbst dann nicht erfassen, wenn sie sich auf dem Territorium der Bundesrepublik Deutschland auswirken oder sogar dort ausgeführt worden sind (Kopp/Schenke VwGO § 1 Rn 24 mwN). Etwas anderes kann wiederum im Fall der Organleihe gelten, die zur Zuständigkeit deutscher Verwaltungsgerichte führt, wenn ausländische Amtsträger unmittelbar in die deutsche Verwaltungsorganisation eingegliedert sind. Weitere Ausnahmen ergeben sich aus völkerrechtlichen Verträgen, die nach Art 59 Abs 2 GG mit innerstaatlichem Anwendungsbefehl ausgestattet worden sind.

20   Ist neben der deutschen Gerichtsbarkeit auch die internationale Zuständigkeit Deutschlands zu bejahen, sind die deutschen Gerichte grundsätzlich befugt, in die Prüfung der Zulässigkeit und Begründetheit eines Rechtsbehelfs nach Maßgabe des deutschen innerstaatlichen Rechts einzutreten.

21   Für einen Streit darüber, ob die vorgenannten Voraussetzungen der internationalen Zuständigkeit deutscher Gerichte vorliegen, sind diese stets zuständig.

II. Abgrenzung zu Individualrechtsschutz vor EuGH und EuG

22   Aus den oben (Rn 16 ff) genannten Gründen und der europäischen Rechtsschutzgarantie (Art 6 und 13 EMRK; vgl EuGH, Slg 1986, 1651 – „Johnston", Rn 18) ist der deutsche Verwaltungsrechtsweg auch dann eröffnet, wenn sich der Antrag zwar gegen den Akt einer deutschen Behörde richtet, der angegriffene Akt aber mittelbar (weil harmonisiertes innerstaatliches Recht angewandt wird) oder sogar unmittelbar (weil die Behörde zB eine EG-Verordnung anwendet) auf Gemeinschaftsrecht beruht (sog indirekter Vollzug von Gemeinschaftsrecht; zur Rechtswegeröffnung in diesen Fällen Burgi DVBl 1995, 772; Classen NJW 1995, 2457; Kopp/Schenke VwGO § 1 Rn 27). Die notwendige Rechtseinheit in der EG wird in diesen Fällen durch das Ineinandergreifen zweier Rechtsinstitute gewahrt: Erstens der gemeinschaftsrechtlichen Befugnis bzw – beim letztinstanzlichen innerstaatlichen Gericht – der Pflicht mitgliedstaatlicher Gerichte zur Einleitung eines Vorabentscheidungsverfahrens gem Art 234 EG; zweitens der innerstaatlichen Verfassungsbeschwerde, die auf Art 101

Abs 1 S 2 GG gestützt werden kann, wenn das letztinstanzliche nationale Gericht seine Vorlagepflicht aus Art 234 UAbs 3 EG verletzt.

Entscheidungen der Gemeinschaftsorgane (direkter Vollzug von Gemeinschaftsrecht) un- **23** terliegen dagegen dann nicht der deutschen Gerichtsbarkeit, wenn gegen diese Entscheidungen Individualrechtsschutz vor dem Europäischen Gericht erster Instanz (EuG) gewährt wird. Ist gemeinschaftsrechtlicher Rechtsschutz nicht zu erlangen, lebt die Gerichtsbarkeit der Mitgliedstaaten allerdings wieder auf (Art 240 EG; vgl auch Art I-29 Abs 1 UAbs 2 VV (E)). Angesichts der ausgreifenden Kompetenzzuweisungen zu Gunsten der Europäischen Gerichte im Bereich hoheitlicher Entscheidungen und der gängigen Praxis der Kommission, auch privatrechtliche Streitigkeiten kraft besonderer Schiedsklauseln dem EuGH zuzuführen, dürfte dieser mitgliedstaatliche Rechtsschutz gegenüber EG-Organen heute nur noch für kleinere privatwirtschaftliche Tätigkeiten der Gemeinschaft in den Mitgliedstaaten, zB im Rahmen fiskalischer Hilfsgeschäfte, Bedeutung haben (Groeben/Thiesing/Ehlermann/ Krück, EU-/EG-Vertrag, 2004, Art 240 Rn 9; Sch/S-A/P/Schmidt-Aßmann VwGO Einl Rn 103; Streinz /Ehricke, EUV/EGV Art 240 Rn 5 f.).

III. Abgrenzung zu supranationalen Wegen der Streitbeilegung

Der Verwaltungsrechtsweg ist auch dann nicht eröffnet, wenn die Streitigkeit den Akt **24** einer supranationalen Organisation betrifft. Für derartige Streitigkeiten gibt es zT sog „internationale Verwaltungsgerichte" (vgl *Prieß*, Internationale Verwaltungsgerichte und Beschwerdeausschüsse (1989); Kopp/Schenke VwGO § 1 Rn 24 aE). Wenn sie dagegen fehlen und auch kein näher liegender Rechtsschutz vor ausländischen Gerichten (zB den Gerichten des Sitzstaats einer internationalen Organisation) zu erlangen ist, gebietet Art 19 Abs 4 GG die Eröffnung des innerstaatlichen Rechtsschutzsystems, mithin grundsätzlich des Verwaltungsrechtswegs.

IV. Abgrenzung zum Rechtsschutz vor kirchlichen Gerichten

Der Anwendung des § 40 VwGO vorgelagert ist auch die Abgrenzung staatlichen **25** Rechtsschutzes gegen den internen Rechtsschutz von anderen Körperschaften des öffentlichen Rechts. Nach dem Wegfall einer eigenen Gerichtsbarkeit der Universitäten ist diese Abgrenzung heute va im Verhältnis zu den öffentlich-rechtlich verfassten Religionsgesellschaften (Kirchen, israelitischen Kultusgemeinden) von Bedeutung. Sie wird relevant, wenn beide Prozessbeteiligten der Religionsgesellschaft angehören und im Kern um die Anwendung innerkirchlichen Rechts streiten. In ihren Einzelheiten ist die Abgrenzung in hohem Maße umstritten.

s statt aller von Campenhausen, AöR 1987, 623; Kirchberg, NVwZ 1999, 734; Heckel, Der **25.1** Rechtsschutz in Kirchensachen, NVwZ 2004, 564; Goos, ZBR 2004, 159; Grzeszick, AöR 2004, 168.

Unstreitig ist allerdings der Ausgangspunkt: Die Fragen sind am Maßstab des staatlichen **26** (Verfassungs-)Rechts zu lösen. Dieses ist durch die Spannung zwischen kirchlichem Selbstverwaltungsrecht (Art 140 GG iVm Art 137 WRV) und staatlicher Justizgewährleistungspflicht (Art 19 Abs 4 GG, Art 2 Abs 1 GG iVm dem Rechtsstaatsprinzip, Art 92 GG) geprägt; es bleibt aber staatliches Recht. Seine Auslegung ist Sache der staatlichen (Verwaltungs- und Verfassungs-)Gerichte. Daher sind insbes Streitigkeiten zwischen Staat und Kirche über die Reichweite des kirchlichen Selbstverwaltungsrechts öffentlich-rechtliche Streitigkeiten. Soweit es nicht um die Auslegung von Völkerrecht (zB Konkordaten mit dem Heiligen Stuhl) geht, unterliegen sie deshalb in vollem Umfang einer Überprüfung durch staatliche Gerichte.

Zugleich steht aber auch fest, dass das Selbstverwaltungsrecht der Religionsgesellschaften **26a** nicht nur die Rechtssetzungsebene, sondern prinzipiell im selben Umfang auch die Rechtsanwendungsebene betrifft (arg Art 137 Abs 3 S 1 WRV: „ordnet und verwaltet"). Daher bedarf jede Lösung, die den staatlichen Gerichten eine umfassende Entscheidungsbefugnis zubilligen und das Selbstbestimmungsrecht der Religionsgesellschaften erst in der Begründetheitsprüfung berücksichtigen, die staatlichen Gerichte also am Maßstab kirchlichen Innenrechts entscheiden lassen will, erhöhter Rechtfertigung (s Rn 28.3). Regelmäßig ist das Problem daher weiterhin auf der Ebene der Sachentscheidungsvoraussetzungen (Zulässigkeit iwS) zu lösen.

1. Traditionelle Abgrenzungen

27   Rein innerkirchliche Streitigkeiten sind nach traditioneller Rechtsprechung auch dann keiner Entscheidung durch die staatliche Verwaltungsgerichtsbarkeit zugänglich, wenn die Religionsgesellschaft den Status einer Körperschaft des öffentlichen Rechts nach Art 140 GG, Art 137 Abs 5 WRV hat und die Streitigkeit daher – jedenfalls aus Sicht des Staates – als „öffentlich-rechtlich" anzusehen ist. Streitigkeiten sollen nach der sog. **Bereichslehre** dann als „rein innerkirchlich" zu qualifizieren sein, wenn sie „materiell, der Natur der Sache oder Zweckbeziehung nach als eigene Angelegenheiten der Kirchen oder Religionsgemeinschaften anzusehen" sind. Dagegen sei der Verwaltungsrechtsweg eröffnet, wenn es um kirchliche Maßnahmen geht, „die unmittelbare Wirkung in dem vom Staat zu ordnenden Bereich haben" (BVerwGE 117, 145, 147 f; ausführliche Nachweise bei Sch/S-A/P/Ehlers VwGO § 40 Rn 111 ff).

Noch weniger trennscharf ist die neuere **Abwägungslehre** (Sch/S-A/P/Ehlers VwGO § 40 Rn 118 ff; Sodan/Ziekow/Sodan VwGO § 40 Rn 470; vgl auch BVerfG NJW 1999, 350). Sie stellt darauf ab, ob nach Maßgabe einer freien Wertung (Abwägung) der Rückzug des Staats rechtsstaatlich noch vertretbar ist oder ob die Justizgewährleistungspflicht überwiegt. In den Ergebnissen ergeben sich allerdings kaum Unterschiede zwischen beiden Ansätzen (Fehling/Kastner/Wahrendorf/Unruh Hk-VerwR/VwGO § 40 Rn 84).

27.1   Dem kirchlichen Innenbereich sind zugeordnet:
– Fragen des Bekenntnisses (Glaubens- und Sittenlehre) und die Rechtsfragen, für die diese Bekenntnisfragen als zentrale Vorfragen anzusehen sind (z. B. Verleihung und Entzug der kirchlichen Lehrbefugnis, Nihil-obstat-Erklärungen);
– theologische und pastorale Prüfungen;
– liturgische Fragen (Gottesdienstgestaltung).

27.2   Demgegenüber fallen in den Außenbereich:Fragen der Kirchensteuer;
– Fragen des kirchlichen Stiftungsrechts;
– Fragen von Eigentum, Besitz und Umgang mit Sachen, und zwar auch der res sacrae einschließlich der Kirchenbauten, der Kirchenglocken (soweit sie überhaupt liturgisch läuten; im Übrigen handelt der Grundeigentümer als solcher, so dass i. d. R. der Rechtsweg zu den ordentlichen Gerichten eröffnet ist: BVerwG NJW 1994, 956; s auch Kopp/Schenke VwGO § 40 Rn 40 mwN);
– Zugang und Benutzung kirchlicher Kindergärten, Schulen, Sozialstationen, Krankenhäuser, Altenheime und Friedhöfe.

27.3   Offen ist, inwieweit das Amtsrecht der Geistlichen und der sonstigen Mitarbeiter einschließlich des Wahl- und Ernennungsrechts, des gesamten Dienstrechts und des Versorgungsrechts (vgl BVerwGE 66, 241, 242 ff; BVerwGE 117, 145 ff) der Verwaltungsgerichtsbarkeit entzogen ist. Während die Bereichslehre für diese Fragen von einer exklusiven Kompetenz der kirchlichen Behörden und Gerichte ausgeht, nimmt die Abwägungslehre einen zumindest subsidiären Fortbestand der staatlichen Justizgewährleistungspflicht an (vgl Fehling/Kastner/Wahrendorf/Unruh Hk-VerwR/VwGO § 40 Rn 84; Kopp/Schenke, § 40 Rn 40 Abschn. c mwN).

2. Neuere Tendenzen

28   Die Rechtsprechung folgt im Grundsatz weiterhin der Bereichslehre. Insbes hält sie an der Gewährung staatlichen Rechtsschutzes in Fragen, die den sog Außenbereich betreffen, in vollem Umfang fest. Darüber hinaus dehnt sie die Zuständigkeit der staatlichen (Verwaltungs-)Gerichte aber neuerdings auch auf bestimmte Fragen des Innenverhältnisses zwischen der Religionsgesellschaft und ihren Mitgliedern oder Mitarbeitern aus. Für die Eröffnung des Verwaltungsrechtswegs soll es genügen, wenn staatliches Recht mitberührt wird (Hierzu ausführlich Sodan/Ziekow/Sodan § 40 Rn 467 ff; Fehling/Kastner/Wahrendorf/Unruh Hk-VerwR/VwGO § 40 Rn 81 ff; Sachs JuS 2003, 1123; kritisch zu den neueren Entwicklungen Grzeszick, AöR 2004, 168).

Dem lässt sich eine behutsame Öffnung der Rechtsprechung zur Abwägungslehre entnehmen. **28.1**
Wegen der Konturenlosigkeit der Abwägungslehre und dem hohen Gewicht der kirchlichen Selbst-
verwaltungsautonomie ist hier allerdings Zurückhaltung geboten. Sinnvoll und m. E. konturenschär-
fer ist eine Kombination aus drei Alternativmerkmalen:

Erstens ist zu fragen, ob die streitentscheidenden innerkirchlichen Normen an die Stelle staatli- **28.2**
cher Normen treten oder Fragen betreffen, die das staatliche Recht ansonsten – d. h. für den nicht-
kirchlichen Bereich – ungeregelt lässt (**Substitutionsgedanke**). Im ansonsten ungeregelten Bereich
kommt eine Zuständigkeit der Verwaltungsgerichte von vornherein nicht in Betracht.

Innerhalb des Substitutionsbereichs ist – zweitens – zu fragen, ob **fundamentale Verfassungs- 28.3**
güter auf dem Spiel stehen, die das GG auch im Innenbereich der Religionsgesellschaften zur
Geltung bringen will und für die daher eine **staatliche Schutzpflicht** besteht (vgl Grzeszick, AöR
2004, 168, 210 ff). Hierzu zählen v. a. das Recht des Einzelnen, aus einer Religionsgemeinschaft
auszutreten oder seine Nichtmitgliedschaft feststellen zu lassen, ferner das Recht auf Leben und
körperliche Unversehrtheit. Sobald der verfügbare und zumutbare Binnenrechtsschutz vor kirchlichen Gerichten erschöpft wurde (vgl BGH NJW 2003, 2099) und die Verletzung derartiger verfassungsrechtlicher Fundamentalgewährleistungen zumindest nicht von vornherein ausgeschlossen
ist, müssen die Parteien über diese Frage vor staatlichen Gerichten streiten können. Der Verwaltungsrechtsweg ist dann eröffnet. Wie weit die verfassungsrechtlichen Gewährleistungen in der
Sache reichen, ist eine Frage der Begründetheit, die das Verwaltungsgericht unter Berücksichtigung
von Art 140 GG iVm Art 137 Abs 3 WRV zu entscheiden hat.

Drittens können die Verwaltungsgerichte m. E. über Fragen entscheiden, die das Kirchenrecht in **28.4**
bewusster Übernahme staatlichen öffentlichen Rechts geregelt hat (vgl exemplarisch § 135
S 2 BRRG). Insoweit ist keine Verletzung des Selbstverwaltungsrechts der Kirchen und Religionsgemeinschaften zu befürchten. Im Gegenteil kommt es zu der von den Kirchen und Religionsgemeinschaften intendierten Gleichbehandlung mit außerkirchlichen Sachverhalten (Rechtsgedanke
des § 137 Abs 1 Satz 2 VwGO; **Wahrung der Rechtseinheit**; vgl – auch für den umgekehrten Fall
einer Rezeption kirchenrechtlicher Begriffe durch das Bundesrecht – Sch/S-A/P/Eichberger
VwGO § 137 Rn 78 mwN).

V. Abgrenzung zu außergerichtlicher Streitbeilegung im Inland

Der Prüfung und Anwendung der positiven Merkmale von § 40 VwGO ist schließlich **29**
noch eine weitere Frage vorgelagert: die Abgrenzung des Rechtsschutzes vor staatlichen
(Verwaltungs-)Gerichten gegen unterschiedliche Formen außergerichtlicher Streitbeilegung.
Damit ist nicht behördlicher Rechtsschutz zB im Rahmen des Vorverfahrens (§§ 68 Ff
VwGO) oder im Rahmen informeller Rechtsbehelfe wie zB der Gegenvorstellung oder
anderer Aufhebungs- und Änderungsanträge gemeint. Zu erörtern ist vielmehr, ob der
Verwaltungsrechtsweg durch die Schiedsgerichtsbarkeit ausgeschlossen werden kann. Die
Antwort hängt von der Rechtsnatur des Schiedsgerichts ab (näher Sch/S-A/P/Ehlers VwGO
§ 40 Rn 718 ff):

Echte Schiedsgerichte, deren Befassung auf dem Willen der Parteien beruht (§ 173 **30**
VwGO iVm §§ 1025 ZPO ff), schließen die Eröffnung des Verwaltungsrechtswegs nicht aus.
Die staatliche Gerichtsbarkeit und damit die allgemeine Verwaltungsgerichtsbarkeit bleiben
vielmehr zur Missbrauchskontrolle im Rahmen der §§ 1025 ZPO ff erhalten. (Sch/S-A/P/
Stelkens VwGO § 1 Rn 20 f). Erst recht gilt dies für bloße Schiedsgutachten und für
Schiedsvereinbarungen (vgl § 62 S 2 VwVfG, §§ 317 BGB ff).

Dagegen soll die Zuständigkeit sog unechter Schiedsgerichte, die gesetzlich vorgeschrie- **31**
ben sind, dem Zugang zu den Verwaltungsgerichten generell entgegenstehen (zB § 187
Abs 1 Alt 2 VwGO; s ergänzend Woltereck, DÖV 1966, 323, 324 mit Fn 7 und 12; Menger,
System des verwaltungsgerichtlichen Rechtsschutzes (1954), 253). Dies gilt unabhängig
davon, ob das unechte Schiedsgericht als (besonderes) Verwaltungsgericht oder aber als
Behörde anzusehen ist (Sch/S-A/P/Stelkens § 1 Rn 22).

C. Positive Merkmale des § 40 Abs 1 S 1 VwGO

I. „Streitigkeit"

Streitigkeit ist jede Meinungsverschiedenheit zwischen Rechtsträgern (auch: Organen **32**
innerhalb einer juristischen Person des öffentlichen Rechts), die nach Auffassung mindestens

einer Partei (regelmäßig des Klägers oder Antragstellers im erstinstanzlichen Verfahren) gerichtlicher Entscheidung bedarf. Auch innerhalb ein und derselben juristischen Person können unterschiedliche Organe Beteiligte einer Streitigkeit sein (vgl Erichsen, FS Menger (1985), 211; Bauer/Krause, JuS 1996, 411 und 512).

33   Das gilt auch im früher sog besonderen Gewaltverhältnis (heute teils als Sonderstatus-verhältnis bezeichnet), selbst wenn die Meinungsverschiedenheiten das sog Betriebsverhältnis betreffen und grundsätzlich keine subjektivrechtliche Relevanz aufweisen (Kopp/Schenke, § 40 Rn 5c mwN; Sodan/Ziekow/Sodan VwGO § 40 Rn 169). Der Verwaltungsrechtsweg ist auch in diesem Fall eröffnet. Ob ein Antrag zulässig ist, hängt va von der Möglichkeit einer Verletzung des Antragstellers in eigenen Rechten ab (§ 42 VwGO).

34   Auch Meinungsverschiedenheiten über **Gnadenentscheidungen** (des Bundespräsiden-ten oder eines Ministerpräsidenten) und andere Maßnahmen, deren Rechtsqualität unklar ist oder bei denen die Rechtsqualität sogar eindeutig fehlt, sind Streitigkeiten. Inwieweit sie justiziabel sind, ist eine Frage des materiellen Rechts. Auch diese Frage betrifft nicht die Rechtswegeröffnung (§ 40 VwGO), sondern erst die Klage-/Antragsbefugnis (vgl BVerfGE 25, 352, 358 = NJW 1969, 1895; BVerfGE 30, 308 ff = NJW 1971, 1255; BVerfG NJW 1983, 187 f; s auch Rn 52).

35   Dem Merkmal „Streitigkeit" kommt daher **keine substanzielle Filterfunktion** zu. Es beschreibt aber das maßgebliche **Zurechnungsobjekt** und weist damit engste Bezüge zum prozessualen Streitgegenstand auf.

II. Hauptsache und Nebenentscheidungen

36   Die Qualifikation der **Hauptsache** als öffentlich-rechtlich (unten Rn 39) teilt sich auch allen **Nebenentscheidungen** mit, die das Prozessrecht der jeweiligen Hauptsache zuordnet. Für unselbständige Nebenentscheidungen versteht sich das von selbst. Eigenständige Bedeu-tung hat die Prüfung des § 40 VwGO dagegen im Hinblick auf Anträge, die auch unabhän-gig von der Hauptsache gestellt werden können.

37   Hierzu gehören va:
* Anträge auf die Gewährung **einstweiligen Rechtsschutzes** (§§ 47 Abs 6, 80 Abs 5, 123 VwGO bzw §§ 916 ff, 935 ZPO ff etc);
* Auskunftsanträge und Anträge auf Rechnungslegung;
* Anträge auf Abgabe einer eidesstattlichen Erklärung.

38   Für ihre Beurteilung (als öffentlich-rechtlich etc) kommt es nach Auffassung der Rspr und der hM auf die Attribute der Hauptsache (als öffentlich-rechtlich etc) an (BGHZ 78, 274, 277 f = NJW 1981, 675; BVerwGE 37, 231, 236 f = NJW 1971, 1053; BVerwGE 40, 254, 255 f). Das ergibt sich allerdings nicht schon aus § 17 Abs 2 GVG (weil es an einer Identität des Streitgegenstands fehlt), sondern aus wertenden prozessökonomischen Erwägungen. Eine Gegenansicht, die sich va auf das Erfordernis eindeutiger gesetzlicher Regeln beruft, will dagegen derartige Nebenanträge de lege lata (notgedrungen) von der Hauptsache abspalten (Sch/S-A/P/Ehlers VwGO § 40 Rn 556; Sodan/Ziekow/Sodan VwGO § 40 Rn 495).

III. „Öffentlich-rechtlich"

39   Ob eine Streitigkeit öffentlich-rechtlich ist, richtet sich für Leistungs-, Feststellungs- und Gestaltungsanträge zunächst nach je unterschiedlichen Obersätzen.

39.1   Leistungsanträge (Verpflichtungsklage, allgemeine Leistungsklage) sind öffentlich-rechtlich, wenn sich der Kläger/Antragsteller auf eine Anspruchsgrundlage (Regelung) beruft, die dem öffentlichen Recht zuzuordnen ist. Feststellungsklagen sind öffentlich-rechtlich, wenn Gegenstand der Feststel-lung ein öffentlich-rechtliches Rechtsverhältnis ist. Bei negativen Feststellungsklagen kommt es auf das Rechtsverhältnis an, das der Beklagte geltend macht (Sodan/Ziekow/Sodan VwGO § 40 Rn 268). Gestaltungsklagen (Anfechtungsklagen, Normenkontrollanträge) sind öffentlich-rechtlich, wenn ein öffentlich-rechtliches Rechtsverhältnis umgestaltet werden soll. Rechtsverhältnisse sind öffentlich-rechtlich, wenn sie sich aus einer öffentlich-rechtlichen Regelung ergeben.

40   In allen Varianten kommt es aber auf die Qualifikation der Regelung an (Rn 41), die dem Rechtsstreit unmittelbar zugrunde liegt (Rn 42): Diese Regelung muss dem öffent-

lichen Recht zuzuordnen sein (Rn 45). Nicht entscheidend ist dagegen die Einordnung der Maßnahme, die durch die Klage/den Antrag erstritten werden soll.

1. Art der streitentscheidenden Regelung

Regelung kann dabei eine Norm, eine hoheitliche Maßnahme im Einzelfall oder auch **41** eine vertragliche Absprache sein. Bei Normen ist nicht auf das Gesetz in toto abzustellen, sondern möglichst punktgenau auf die konkret streitentscheidende Vorschrift. Ob sie wirksam, dh mit höherrangigem Recht vereinbar ist, ist für die Anwendung von § 40 VwGO irrelevant; darüber muss in der Sache gestritten werden (BVerfG NJW 1986, 1383). Wo dieser Streit prinzipal geführt wird (abstrakte Normenkontrolle), liegt jedenfalls eine öffentlich-rechtliche Streitigkeit vor (Rn 56).

2. Maßgeblichkeit der Anspruchsgrundlage

Eine Regelung **liegt dem Rechtsstreit unmittelbar zugrunde**, wenn sie den Einstieg **42** in das Prüfprogramm bildet, d. h. wenn aus ihr der Klageanspruch hergeleitet wird (vgl VGH München, 11.10.2006, 7 C 06.2410). Irrelevant ist, nach welchem Regime Vorfragen zu beantworten sind (Sodan/Ziekow/Sodan VwGO § 40 Rn 274 ff).

> **Beispiele:** Die Verwaltungsrechtsakzessorietät nebenstrafrechtlicher Normen macht Streitigkei- **42.1**
> ten um die Strafbarkeit nicht zu öffentlich-rechtlichen Streitigkeiten; und umgekehrt führen zivil-
> rechtliche Vorfragen nicht dazu, dass abgabenrechtliche Streitigkeiten ihren Charakter als öffentlich-
> rechtlich verlieren. Dies gilt selbst dann, wenn sich die Meinungsverschiedenheiten der Parteien
> faktisch nur auf diese Vorfragen beziehen, der Rechtsstreit also ausschließlich wegen der inzident zu
> prüfenden Vorfrage geführt wird und von der Entscheidung dieser Frage abhängt. Etwas anderes gilt
> allenfalls in Fällen einer missbräuchlichen Rechtswegerschleichung (vgl. Sch/S-A/P/Ehlers VwGO
> § 40 Rn 211; Sodan/Ziekow/Sodan VwGO § 40 Rn 274 aE).

Insofern ist die häufig verwendete Formulierung, es komme auf die Zuordnung der **43** „Hauptfrage" an, irreführend. Anzuknüpfen ist immer an die jeweilige Anspruchsgrundlage, auch wenn die eigentlich streitigen Rechtsprobleme an anderer Stelle liegen und daher nur inzident zu prüfen sind.

Bei Kassationsansprüchen ist ferner irrelevant, ob der beklagten Körperschaft oder Behör- **44** de die gewählte Handlungsform tatsächlich zur Verfügung stand. Hat die Behörde einen Verwaltungsakt erlassen, obwohl sie in der Sache nur privatrechtlich hätte handeln dürfen, ist der Streit um die Rechtmäßigkeit dieses Verwaltungsakte dennoch öffentlich-rechtlich (Schenke, Rn 113; Sodan/Ziekow/Sodan VwGO § 40 Rn 382 ff mwN).

3. Ansätze zur Abgrenzung von öffentlichem Recht und Privatrecht

Regelungen sind **öffentlich-rechtlich**, wenn sie Sonderrechte oder -pflichten des Staates **45** oder anderer Träger öffentlicher Gewalt begründen (Sonderrechtstheorie). Die Sonderrechtstheorie wird weiterhin durch ältere und jüngere Kriterien und Theorien ergänzt und flankiert, denen allerdings geringere Überzeugungskraft zukommt.

> Nach der **Interessentheorie** (Ulpian, D. 1, 1, 1, 2.) ist zu berücksichtigen, ob die Norm **45.1**
> öffentlichen Aufgaben oder privatem Nutzen dient. Diese Abgrenzung ist aber beiderseits unzuver-
> lässig: Einerseits besteht vielfach ein öffentliches Interesse an privatem Wohlergehen (Sozialhilferecht
> als öffentliches Recht), andererseits können sowohl Staat als auch Private Gemeinwohlaufgaben mit
> den Mitteln des Privatrechts erfüllen (ausführlich Sodan/Ziekow/Sodan VwGO § 40 Rn 290 ff).
> Die **formale Subjektstheorie** stellt darauf ab, ob eine öffentlich-rechtlich verfasste juristische **45.2**
> Person (Körperschaft, Stiftung, Anstalt) gehandelt hat (s näher Sodan/Ziekow/Sodan VwGO § 40
> Rn 300 f). Auch dieser Ansatz ist in seiner klassischen Form untauglich. Einerseits ist die Zulässigkeit
> verwaltungsprivatrechtlichen Handelns und fiskalischer Hilfsgeschäfte anerkannt; Streitigkeiten hie-
> rüber sind – sachnah – vor den ordentlichen Gerichten anhängig zu machen (Rn 195). Andererseits
> gibt es mit Hoheitsbefugnissen beliehene Private, gegen deren Handeln Rechtsschutz zweckmäßi-
> gerweise durch dieselben Gerichten zu gewähren ist, die auch das Handeln des Staates und seiner
> Organe überprüfen.

45.3   Die **Subordinationstheorie** knüpft an das Bestehen eines faktischen Über-Unterordnungsverhältnisses an (s etwa BVerfGE 7, 342, 355 = NJW 1958, 1179; BVerwGE 37, 243, 245; GmSOGB BGHZ 97, 312, 314 = NJW 1987, 1472 und BGHZ 108, 284, 286 = NJW 1990, 1527; weitere Nachweise bei Sodan/Ziekow/Sodan VwGO § 40 Rn 293 ff). Der Staat handelt aber auch im Kernbereich des Verwaltungsrechts keineswegs immer im Subordinationsverhältnis (vgl §§ 54 VwVfG ff), und umgekehrt ist auch der Privatrechtsverkehr reich an Machtasymmetrien.

45.4   Auch die **Sonderrechtstheorie** kann aber nur sinnvoll anwenden, wer bereits ein Vorverständnis über die Art des Sonderrechts hat, auf das abzustellen ist; das Sonderrecht der Vermieter, der Arbeitgeber, der Abzahlungsgläubiger etc wird in einem Akt wertender Erkenntnis nur deshalb ausgeblendet, weil es keinen spezifischen Staatsbezug aufweist. Damit stellt sich die Sonderrechtstheorie als Fortentwicklung der alten Subjektstheorie, als **modifizierte Subjektstheorie** dar. Als solche bleibt sie darauf angewiesen, den Kreis der mit besonderen Rechten oder Pflichten ausgestatteten staatlichen oder staatsnahen Rechtsträger zu identifizieren, die mit „Sonderrechten" ausgestattet werden.

45.5   Neuere Unterscheidungskriterien (zB Püttners **Traditionstheorie**, die von Gern formulierte **Kompetenztheorie** oder eine ebenfalls auf Püttner zurückgehende **Wichtigkeitstheorie**) treten hinzu (vgl Hufen, Verwaltungsprozessrecht, § 11 Rn 25 mwN).

45.6   Insgesamt gehört die Abgrenzung öffentlich-rechtlicher Streitigkeiten von anderen (va von den privatrechtlichen) zu den schwierigsten Einzelfragen von Prozessrecht und materiellem Recht. Dessen war sich auch der Gesetzgeber bewusst (vgl BT-Drs III/55 S. 30).

46   Grundsätzlich werden damit alle Teilgebiete des öffentlichen Rechts iwS (mithin auch das Strafrecht, das Sozialrecht, das Steuerrecht, die Prozessordnungen und das Gerichtsverfassungsrecht) von § 40 Abs 1 S 1 VwGO erfasst. Auszusondern sind sie erst kraft abdrängender Sonderzuweisungen (Rn 141 ff).

IV. Einzelfälle (alphabetisch)

1. Abgabenrecht

47   Der Streit um öffentliche Abgaben (Steuern, Gebühren, Beiträge, Sonderabgaben) hat stets öffentlich-rechtlichen Charakter. Zu den partiellen (nicht vollständigen) Sonderzuweisungen von Streitigkeiten an die Finanzgerichtsbarkeit s Rn 183.

2. Aufrechnung

48   Der Verwaltungsrechtsweg ist eröffnet, wenn der Streit um die Hauptforderung nach den oben skizzierten Regeln als öffentlich-rechtlich zu qualifizieren ist. Erklärt der Beklagte dann im Prozess die Aufrechnung, ist zu unterscheiden: Handelt es sich um eine öffentlich-rechtliche Gegenforderung, für die bei isolierter Betrachtung ebenfalls der Verwaltungsrechtsweg eröffnet wäre, kann das Verwaltungsgericht unproblematisch auch über die Wirksamkeit dieser Aufrechnung entscheiden. Umstritten ist dagegen die prozessuale Zulässigkeit der Aufrechnung mit einer rechtswegfremden Gegenforderung (s Rn 245).

3. Auftragsvergabe

48a   Das Ob und Wie einer Ausschreibung sowie andere behördliche Verfahrenshandlungen und Entscheidungen im Rahmen öffentlicher Vergabeverfahren sind nicht in vollem Umfang einer gerichtlichen Überprüfung zugänglich (dazu BVerfGE 116, 135 = NJW 2006, 3701; und Widmann, Vergaberechtsschutz im Unterschwellenbereich (2009)). Unbeschadet dieser Kontrolldefizite sind vergaberechtliche Streitigkeiten früher zT als öffentlich-rechtliche Streitigkeiten behandelt worden, wenn besondere Einzelnormen aus dem Bereich des öffentlichen Rechts die Bevorzugung bestimmter Personenkreise bei der Auftragsvergabe vorschrieben (Beispiele bei Sch/S-A/P/Ehlers VwGO § 40 Rn 250; für ein Gegenbeispiel s BVerwG 14, 65 (66) = NJW 1962, 1535). Wegen der abdrängenden Sonderzuweisung an die ordentliche Gerichtsbarkeit für alle Fälle öffentlicher Aufträge oberhalb der Schwellenwerte (§§ 97 ff, 100 Abs 1, 116 Abs 3 GWB) kam der Verwaltungsrechtsweg allerdings von vornherein nur für sog unterschwellige Vergabestreitigkeiten in Betracht.

48b   Das BVerwG (BVerwGE 129, 9 = NVwZ 2007, 820) sieht nunmehr aber (ebenso wie der GmS-OGB und der BGH; s GmS-OGB, Beschl v 10.4.1986, GmS-OGB 1/85; BGH NJW

1967, 1911) auch für unterschwellige Vergabestreitigkeiten nicht länger den Rechtsweg zu den Verwaltungsgerichten, sondern grundsätzlich den ordentlichen Rechtsweg als gegeben an. Ob für privilegierte Bietergruppen weiterhin der Verwaltungsrechtsweg eröffnet ist, bedarf aber in der Rechtsprechung noch weiterer Klärung (BVerwG aaO; aktuelle Aufbereitung bei Druschel JA 2008, 514 ff).

4. Auslieferungen

Gegen Auslieferungsanordnungen ist grundsätzlich der Rechtsweg zu den ordentlichen **48c** Gerichten (idR OLG) eröffnet. Hiervon hat die Rspr aber einige Ausnahmen gemacht. Insbes Nebenentscheidungen und vorbereitende Entscheidungen (zB Auslieferungsbewilligungen der Bundesregierung) sind zT vor den Verwaltungsgerichten anzufechten (s Kopp/Schenke VwGO $\S$ 40 Rn 49b mwN).

5. Beliehene

Beliehene sind Privatrechtssubjekte, die – im Unterschied zu bloßen Verwaltungshelfern **49** (Rn 80) – durch Gesetz oder aufgrund eines Gesetzes mit öffentlich-rechtlichen Handlungsbefugnissen, va der Verwaltungsaktbefugnis ausgestattet sind (BVerwG NVwZ 1990, 754; NVwZ 1991, 59; BGH NJW 2000, 1042 f; NVwZ 2003, 506 f).

Soweit sie davon Gebrauch machen, dh in ihrem Status als Beliehene handeln, sind damit verknüpfte Streitigkeiten öffentlich-rechtlich. Streitigkeiten aus verwaltungsprivatrechtlichem Handeln gehören dagegen auch bei Beliehenen vor die ordentlichen Gerichte.

Beispiele: Bezirksschornsteinfegermeister, Feld- und Forstaufseher, Fischerei- und Jagdaufseher, **49.1** die Deutsche Flugsicherungs-GmbH, Flugkapitäne, freiwillige Feuerwehren, Kfz-Sachverständige, Kfz-Werkstätten bei der Vornahme von Abgasuntersuchungen, Notare, Postunternehmen, Schiffskapitäne, Sicherheitsdienste zur Personen- und Gepäckkontrolle an Flughäfen, die TÜV (str, vgl BVerfG NJW 1987, 2501, 2502; BGH NVwZ-RR 2001, 147; NVwZ-RR 2003, 543 f), Vermessungsingenieure mit öffentlicher Bestellung, Versicherungsvereine als Träger der betrieblichen Altersvorsorge.

6. Durchsuchungen

Durchsuchungen bedürfen auch im polizeilich-präventiven Bereich grundsätzlich vor- **50** heriger richterlicher Anordnung (Art 13 Abs 2 GG); sie ist Sache der ordentlichen Gerichte (Amtsgerichte; s $\S$ 46 Abs 1 BGSG, $\S$ 31 Abs 5 PolG BW, Art 24 Abs 1 BayPAG, $\S$ 37 Abs 1 BlnASOG, $\S$ 24 Abs 1 PolG Bbg, $\S$ 22 Abs 1 PolG Brem, $\S$ 16a Abs 1 HmbSOG, $\S$ 39 Abs 1 HessSOG, $\S$ 59 Abs 5 SOG M-V, $\S$ 25 Abs 1 NdsGefAbwG, $\S$ 42 Abs 1 PolG NRW, $\S$ 21 Abs 1 POG RP, $\S$ 20 Abs 1 SaarlPolG, $\S$ 25 Abs 5 SächsPolG, $\S$ 44 Abs 1 SOG LSA, $\S$ 26 Abs 1 ThürPAG). Anders als bei Freiheitsentziehungen (Rn 50b) ist die nachträgliche Kontrolle einer bei Gefahr im Verzug ohne richterlichen Durchsuchungsbeschluss vorgenommenen Durchsuchung dagegen nicht den ordentlichen Gerichten zugewiesen; insoweit bleibt es vielmehr bei einer verwaltungsgerichtlichen Überprüfung (Sodan/Ziekow/Sodan VwGO $\S$ 40 Rn 642 mwN).

7. Einrichtungen, öffentliche

Streitigkeiten um den Zugang zu öffentlichen Einrichtungen sind öffentlich-rechtlicher **50a** Art. Die Ausgestaltung des Zugangs kann aber (verwaltungs-)privatrechtlich geregelt sein; in diesem Fall gehören Streitigkeiten um das Wie des Zugangs vor die ordentlichen Gerichte (Zwei-Stufen-Theorie).

8. Freiheitsentziehungen

Öffentlich-rechtlich sind Streitigkeiten über präventiv-polizeiliche Freiheitsentziehungen **50b** und die mit derartigen Freiheitsentziehungen verbundene Maßnahmen. Allerdings treffen die Polizeigesetze der Länder vielfach abweichende Regelungen (s Rn 202 f). Freiheitsentziehungen im Rahmen der Strafverfolgung (s auch $\S\S$ 109 Abs 1, 110 StrVollzG) und der

Verfolgung von Ordnungswidrigkeiten unterliegen dagegen stets der Anordnung bzw. Kontrolle durch die ordentlichen Gerichte (s Kopp/Schenke VwGO § 40 Rn 49b).

9. Geschäftsführung ohne Auftrag

51   Streitigkeiten über die Zulässigkeit oder die Folgen einer Geschäftsführung ohne Auftrag (GoA) können öffentlich-rechtlich oder privatrechtlich sein. Maßgeblich ist der Inhalt des Geschäfts, das in GoA vorgenommen oder ausgeübt worden ist. Im Zweifel ist die GoA als öffentlich-rechtlich zu qualifizieren (teilw. kritisch hierzu Sodan/Ziekow/Sodan VwGO § 40 Rn 449 f.).

10. Gnadenentscheidungen

52   Auf eine Gnadenentscheidung besteht kein Anspruch. Wenn aber eine Gnadenentscheidung ergangen ist, liegt darin ein Rechtsakt (s Rn 34); der Streit über ihn (insbes die Zulässigkeit einer Aufhebung der Begnadigung) ist öffentlich-rechtlich (vgl BVerfGE 25, 352, 361; Sodan/Ziekow/Sodan VwGO § 40 Rn 170 f; Würtenberger, Verwaltungsprozessrecht, 2. Aufl, 2006, Rn 201 f).

11. Hausverbote

53   Während Privatrechtssubjekte (auch Beliehene) ein ihnen zustehendes Hausrecht privatrechtlich ausüben, können Behörden und deren Träger die Erteilung eines Hausverbots auch auf ihre öffentlich-rechtliche Sachherrschaft stützen. Ihnen steht damit nach hM ein Wahlrecht zwischen öffentlich- und privatrechtlichem Handeln zu (Einzelheiten und zutr Kritik bei Sodan/Ziekow/Sodan VwGO § 40 Rn 388 f).

12. Informationen

54   s Realakte (Rn 68).

13. Justizverwaltungsakte

54a   Die Abgrenzung zwischen ordentlichem Rechtsweg (Zuständigkeit der Strafgerichte) und Verwaltungsrechtsweg bei der Anfechtung von JustizVAen richtet sich primär nach § 23 EGGVG, mit denen auch Zuständigkeiten kraft Sachzusammenhangs verbunden sind (Kopp/Schenke VwGO § 40 Rn 49b).

14. Kommunalaufsicht

55   Die Wahrnehmung der Kommunalaufsicht durch die Länder ist – unabhängig von der Frage, ob das aufsichtliche Handeln in Fällen der Fachaufsicht Verwaltungsaktsqualität hat (vgl etwa VGH Mannheim DVBl 1994, 348, 349) – als öffentlich-rechtlich einzustufen.

15. Normenkontrollen

56   Die prinzipale (dh nicht nur inzidente) Überprüfung von Gesetzen, Rechtsverordnungen und Satzungen am Maßstab höherrangigen Rechts hat stets öffentlich-rechtlichen Charakter (Rn 41), weil die Normsetzung (s Rn 57) Sonderrecht des Staates ist.

16. Normsetzung

57   Die Normsetzungstätigkeit der Verwaltung ist – unabhängig vom Inhalt und der Zuordnung der erlassenen Norm zum öffentlichen oder privaten Recht – zwingend öffentlich-rechtlicher Natur. Gleiches gilt für die Allgemeinverbindlicherklärung von Tarifverträgen.

58   Abzugrenzen ist die Normsetzungstätigkeit (Vorbereitung und Erlass abstrakt-genereller Regelungen mit Außenwirkung) gegenüber der Ausarbeitung und Verwendung Allgemeiner Geschäftsbedingungen (AGB) im Rahmen verwaltungsprivatrechtlichen Handelns; diese sind privatrechtlicher Natur.

17. Öffentliche Einrichtungen

S Einrichtungen, öffentliche (Rn 50a). **59**

18. Öffentlicher Dienst

Arbeitsrechtliche Streitigkeiten werden nicht dadurch zu öffentlich-rechtlichen Streitig- **60** keiten, dass der Arbeitgeber eine Gebietskörperschaft, eine sonstige juristische Person des öffentlichen Rechts oder ein Träger hoheitlicher Gewalt ist. Vielmehr sind und bleiben Streitigkeiten der Arbeiter und Angestellten im öffentlichen Dienst bürgerlichrechtliche und damit wegen § 2 ArbGG arbeitsrechtliche Streitigkeiten. Hier besteht kein Konflikt mit § 40 VwGO (s näher Kopp/Schenke VwGO § 40 Rn 49c).

Umgekehrt gehören öffentlich-rechtliche Streitigkeiten auch dann auf den Verwaltungs- **61** rechtsweg, wenn an ihnen Arbeiter oder Angestellte im öffentlichen Dienst in dieser Eigenschaft beteiligt sind. Entsprechendes gilt für öffentlich-rechtliche Verträge mit Beamten (BVerwGE 91, 201 = NVwZ 1993, 1193) einschließlich sog Ausbildungsvereinbarungen, die in Verbindung mit der Zusage eines späteren Eintritts in das Beamtenverhältnis abgeschlossen werden (BVerwGE 30, 68; BVerwGE 74, 80; Sch/S-A/P/Ehlers VwGO § 40 Rn 324; Kopp/Schenke VwGO § 40 Rn 49c).

19. Orden

S Titel, Orden und Ehrenzeichen (Rn 72) **62**

20. Ordnungswidrigkeiten

Grundsätzlich gehören alle Streitigkeiten im Umfeld von Ordnungswidrigkeiten auf den **62a** ordentlichen Rechtsweg (Zuständigkeit der Strafgerichte: § 68 iVm §§ 62 Abs 2, 104 OWiG). Das schließt Maßnahmen im Vorfeld eines Bußgeldbescheids/Urteils wie insbes Hausdurchsuchungen (VGH Mannheim NJW 1986, 1190), Beschlagnahmeanordnungen, körperliche Untersuchungen etc ein. Allerdings ist Primärrechtsschutz gegen hoheitliche Anordnungen auch dann vor den Verwaltungsgerichten zu suchen, wenn die Nichtbefolgung der Anordnung straf- oder bußgeldbewehrt ist (Kopp/Schenke VwGO § 40 Rn 49b). Auch vorbeugende Feststellungs- oder Unterlassungsklagen gegen den erstmaligen Erlass eines Bußgeldbescheids durch eine Verwaltungsbehörde sind öffentlich-rechtliche Streitigkeiten (Kopp/Schenke VwGO § 40 Rn 49b; aA Lässig NVwZ 1988, 411).

21. Parteien

Parteien sind zunächst Privatrechtssubjekte; daher gelten für sie grundsätzlich die all- **63** gemeinen Regeln zur Abgrenzung von öffentlich- und privatrechtlichen Streitigkeiten. Zugleich nehmen sie aber eine Mittelstellung zwischen Staat und Gesellschaft ein. Die Parteien sind zwar keine Staatsorgane, wohl aber Organe des Verfassungslebens (vgl BVerfGE 1, 208, 225; BVerfGE 20, 56, 101; st Rspr). Daher ist zu unterscheiden:

Öffentlich-rechtliche Streitigkeiten sind außer den verfassungsrechtlichen Streitigkeiten, **64** für die der Verwaltungsrechtsweg nicht eröffnet ist (Rn 89 ff), alle Streitigkeiten, für die auch bei anderen privaten Vereinigungen der Verwaltungsrechtsweg eröffnet ist.

Privatrechtliche Streitigkeiten sind dagegen alle innerparteilichen Streitigkeiten, die das **65** Verhältnis der Partei zu ihren Mitgliedern oder ihren Mitarbeitern betrifft (statt aller, v. Mangoldt/Klein/Starck/Streinz GG Art 21 Rn 157 f.). Auch innerparteiliche Wahlen und Abstimmungen sind keine öffentlich-rechtlichen Akte; vielmehr gehören auch sie (nach Durchlaufen des parteigerichtlichen Instanzenzugs; s Sodan DÖV 1988, 828, 829 f) vor die ordentlichen Gerichte (Einzelheiten: Sodan/Ziekow/Sodan VwGO § 40 Rn 463 ff).

22. Polizei- und Sicherheitsrecht

Das Polizei- und Sicherheitsrecht gehört mit seinen ausdifferenzierten Teilgebieten (Bau- **66** ordnungsrecht, Straßenverkehrsrecht, Versammlungsrecht, Aufenthaltsrecht) sowohl in der abwehrrechtlichen als auch in der leistungsrechtlichen Dimension zum Kernbestand des öffentlichen Rechts. Abzugrenzen ist das öffentliche Baurecht gegen das private Baurecht, va das Baunachbarrecht.

23. Prüfungsentscheidungen

67   Meinungsverschiedenheiten um Existenz und Reichweite von prüfungsrechtlichen Einschätzungs- und Beurteilungsspielräumen sind Streitigkeiten iSd § 40 Abs 1 VwGO. Sie sind öffentlich-rechtlich, wenn auf die Rechtsnorm, in der die prüfungsrechtlichen Beziehungen der am Prüfungsverfahren Beteiligten wurzeln, dem öffentlichen Recht zuzuordnen ist (vgl BVerwG DÖV 1981, 678, 679). Das kann bei staatlichen Verwaltungsschulen, die Angehörige des öffentlichen Dienstes aus- und fortbilden, auch dann zu bejahen sein, wenn der Betroffene nicht Beamter, sondern lediglich Angestellter der entsendenden Anstellungskörperschaft ist (VGH München Urt v 11.10.2006 – 7 C 06.2410 BeckRS 2006, 26832). Maßgeblich sind Rechtsgrundlagen und Ausgestaltung des zugrunde liegenden Ausbildungsverhältnisses (Einzelheiten: VGH München Urt v 11.10.2006 – 7 C 06.2410 BeckRS 2006, 26832).

24. Realakte

68   Realakte (schlichtes/faktisches Verwaltungshandeln) sind grundsätzlich öffentlich-rechtlich, wenn ein Träger öffentlicher Gewalt (Behörde, Beliehener) gehandelt hat und anzunehmen ist, dass er damit öffentliche Aufgaben erfüllen wollte. Das ist namentlich für sog normgeleitete Realakte zu bejahen (Handeln im Rahmen der Verwaltungsvollstreckung oder der unmittelbaren Ausführung einer polizeirechtlichen Maßnahme; s ausführlich Sodan/Ziekow/Sodan VwGO § 40 Rn 411). Aber auch staatliches Informationshandeln (durch Appelle, Beratungen, Warnhinweise) ist grundsätzlich als öffentlich-rechtlich zu qualifizieren (differenzierend Sodan/Ziekow/Sodan VwGO § 40 Rn 421 ff).

69   Unter den gleichen Voraussetzungen sind auch der Streit um schädigende Handlungen eines Trägers öffentlicher Gewalt (zB Lärm- oder Schallemissionen) oder um die Verursachung und Folgen von Unfällen (s näher Rn 74) als öffentlich-rechtlich zu qualifizieren.

70   Etwas anderes gilt dagegen, wenn der Realakt im Sachzusammenhang mit einer privatrechtlichen Tätigkeit der Behörde (Verwaltungsprivatrecht, fiskalische Hilfsgeschäfte) steht. In diesem Fall sind auch Streitigkeiten über Realakte privatrechtliche Streitigkeiten.

25. Rundfunk

71   Mit Ausnahme fiskalischer Hilfsgeschäfte, die bis zum Erwerb von Urheberrechten reichen, ist grundsätzlich das gesamte Handeln öffentlich-rechtlich verfasster Rundfunkanstalten seinerseits als öffentlich-rechtlich zu qualifizieren. Daher sind nach zutreffender Auffassung auch Abwehr- und Beseitigungsansprüche von Dritten, die sich durch Sendungen in ihren Rechten verletzt sehen, als öffentlich-rechtliche Ansprüche anzusehen (Sodan/Ziekow/Sodan VwGO § 40 Rn 459 f, 378 f; **anders** aber überwiegend die Rspr, zB BVerwG NJW 1994, 2500).

26. Titel, Orden und Ehrenzeichen

72   Die Verleihung von staatlichen Titeln, Orden und Ehrenzeichen ist eine rechtserhebliche Maßnahme (Sodan/Ziekow/Sodan VwGO § 40 Rn 176) auf dem Gebiet des öffentlicher Rechts. Für Streitigkeiten hierüber ist der Verwaltungsrechtsweg eröffnet.

27. Staatshaftung

73   S Unfälle und Unfallfolgen (Rn 74). Für die Subdifferenzierung innerhalb der öffentlich-rechtlichen Streitigkeiten s den Überblick zu § 40 Abs 2 VwGO (Rn 150).

28. Unfälle und Unfallfolgen

74   Für Zwecke der Regulierung von Schäden bei Unfällen, die auf das (Mit-)Verschulden von Amtsträgern zurückgehen, hängt die Zuordnung zum öffentlichen Recht oder zum

bürgerlichen Recht davon ab, in welcher Funktion/Situation der Amtsträger der jeweiligen (Haupt-)Tätigkeit nachgegangen ist (s auch Rn 68 – Realakte). So unterliegen Unfälle auf Dienstfahrten von öffentlichen Bediensteten grundsätzlich einem öffentlich-rechtlichen Haftungsregime; allerdings sind die abdrängenden Sonderzuweisungen des § 839 BGB zu beachten.

Dagegen sind Unfälle, die ein Amtsträger verursacht, als privatrechtlich zu qualifizieren, **75** wenn der Amtsträger eine unzulässige Privatfahrt unternommen hat oder wenn die Fahrt in unmittelbarem Zusammenhang mit einem privatrechtlichen, insbes fiskalischen Handeln der Behörde stand (str; s im Einzelnen Sodan/Ziekow/Sodan VwGO § 40 Rn 435 ff.).

29. Vergaberecht

S Auftragsvergabe (Rn 48a)   **75a**

30. Vergleiche

Für Streitigkeiten über die Wirksamkeit außergerichtlicher Vergleiche und für Streitig- **75b** keiten aus solchen Vergleichen kommt es grundsätzlich auf das dem Vergleich zugrunde liegende Verhältnis an (Sch/S-A/P/Ehlers VwGO § 40 Rn 855 mwN). Für Prozessvergleiche kommt es auf die Gerichtsbarkeit an, in der der Vergleich abgeschlossen wurde. Daher sind Streitigkeiten über und aus verwaltungsgerichtlichen Vergleiche stets öffentlichrechtliche Streitigkeiten (Sch/S-A/P/Ehlers VwGO § 40 Rn 25).

31. Verträge

Ansprüche aus Verträgen sind öffentlich-rechtlich, wenn es sich bei dem Vertrag um einen **76** öffentlich-rechtlichen Vertrag iSd §§ 54 ff VwVfG handelt (Einzelheiten: Haratsch ThürVBl 2004, 101; speziell zu Schadensersatzansprüchen aus der Verletzung öffentlich-rechtlicher Verträge außerdem unten Rn 166 ff). Dagegen ist der ordentliche Rechtsweg für alle Streitigkeiten aus privatrechtlichen Verträgen (§§ 145 BGB ff) gegeben.

Die Abgrenzung folgt nach überwiegender Auffassung (Rspr, hL) primär dem Vertrags- **77** gegenstand. Danach liegt ein öffentlich-rechtlicher Vertrag vor, wenn sein Gegenstand einem vom öffentlichen Recht geregelten Sachbereich zuzuordnen ist. Das ist namentlich dann zu bejahen, wenn eine öffentlich-rechtliche Norm den Verwaltungsträger zum Abschluss dieses Vertrags berechtigt (Sch/S-A/P/Ehlers VwGO § 40 Rn 307; Sodan/Ziekow/Sodan VwGO § 40 Rn 392 ff, 407 ff). Denkbar sind nach diesem Obersatz aber auch öffentlich-rechtliche Verträge zwischen zwei Privaten; hier soll aber zusätzlich eine öffentlich-rechtliche Dispositionsbefugnis der Beteiligten zu fordern sein (Sodan/Ziekow/Sodan VwGO § 40 Rn 404). Daher sind zB Studienplatztauschverträge (OLG München NJW 1978, 701) oder Verträge über eine von den öffentlich-rechtlichen Abstandsvorschriften abweichende Grenzbebauung (BGH NJW 1978, 695) privatrechtlicher Natur.

Streng von den Ansprüchen aus Verträgen zu trennen sind die Ansprüche auf Abschluss **78** eines Vertrags. Diese können nach der **Zwei-Stufen-Lehre** auch dann öffentlich-rechtlichen Charakter haben, wenn Inhalt des behaupteten Anspruchs der Abschluss eines privatrechtlichen Vertrags ist (s Sodan/Ziekow/Sodan VwGO § 40 Rn 327 ff.).

32. Verwaltungsakte (VAe)

Streitigkeiten aus oder über Verwaltungsakte(n) sind stets öffentlich-rechtlicher Natur. Das **79** gilt auch für **privatrechtsgestaltende VAe** wie Entscheidungen der Genehmigungsbehörden in Grundstücksverkehrssachen (zB nach § 2 GrdstVG), die Ausübung des gemeindlichen Vorkaufsrechts (§§ 24 BauGB ff), der behördlichen Zustimmung zur Kündigung in Fällen des § 9 MuSchG (BVerwGE 54, 276, 277 ff), der Zustimmung der Hauptfürsorgestelle zur Kündigung des Arbeitsverhältnisses eines Schwerbehinderten (BVerwGE 91, 7, 9 f = NVwZ 1993, 272), der behördlichen Genehmigung von Strom-, Wasser-, Versicherungs- oder Taxitarifen (Sodan/Ziekow/Sodan VwGO § 40 Rn 386 mwN) oder der Festsetzung von Krankenhauspflegesätzen.

33. Verwaltungshelfer

80   Anders als Beliehene (Rn 49) werden Verwaltungshelfer nicht selber hoheitlich tätig. Ihr Handeln wird vielmehr der Verwaltung zugerechnet und weist dann keine Besonderheiten auf. Verselbständigt sich dagegen das Handeln des Verwaltungshelfers, ist es stets privatrechtlicher Natur (s im Einzelnen Sodan/Ziekow/Sodan VwGO § 40 Rn 365 ff).

34. Verwaltungsprivatrecht

81   Verwaltungsprivatrecht ist Privatrecht, das partiell durch öffentlich-rechtliche Normen überlagert wird. Wenngleich die privatrechtlich handelnde Verwaltung doch weiterhin Verwaltung im materiellen Sinne ausübt, hängt der Rechtsweg allein vom Handlungsregime ab. Verwaltungsprivatrechtliche Streitigkeiten gehören daher vor die ordentlichen Gerichte (§ 13 GVG; s etwa Sodan/Ziekow/Sodan VwGO § 40 Rn 316 f).

35. Warnungen

82   S Realakte (Rn 68).

36. Weisungen

83   **Eigengesellschaften:** Weisungen, die eine Behörde gegenüber einer von ihr beherrschten privatrechtlich verfassten Gesellschaft (Eigengesellschaft) erteilt, sind privatrechtlicher Natur.

84   **Kommunalaufsicht:** s dort (Rn 55).

85   **Recht des öffentlichen Dienstes:** Weisungen können im Einzelfall privatrechtlicher Natur sein (zB die Ausübung des arbeitsrechtlichen Direktionsrechts im Verhältnis des Behördenleiters zu Angestellten im öffentlichen Dienst). Weisungen gegenüber Beamten sind dagegen stets öffentlich-rechtlich.

86   **Zwischenbehördliche Weisungen** sind immer öffentlich-rechtlicher Natur (s. Sodan/Ziekow/Sodan VwGO § 40 Rn 390). Gleiches gilt für Weisungen, die eine Behörde im Verhältnis zu einem Beliehenen vornimmt.

37. Widerklage

87   Ob der Verwaltungsrechtsweg eröffnet ist, ist für Klage und Widerklage getrennt zu beurteilen. Einzelheiten: Kissel, GVG § 17 Rn 38; Sch/S-A/P/Ehlers VwGO § 40 Rn 206.

38. Wirtschaftliche Betätigung der öffentlichen Hand

88   Streitigkeiten über das Wie einer erwerbswirtschaftlichen Betätigung der öffentlichen Hand haben stets privatrechtlichen Charakter. Dagegen kann die Frage, ob die Verwaltung erwerbswirtschaftlich tätig werden darf, nur nach Sonderrecht des Staates entschieden werden. Namentlich die von privaten Konkurrenten geltend gemachten Abwehransprüche haben daher öffentlich-rechtlichen Charakter (Einzelheiten bei Sodan/Ziekow/Sodan VwGO § 40 Rn 454 ff).

D. Ausschluss verfassungsrechtlicher Streitigkeiten (§ 40 Abs 1 S 1 VwGO)

89   Die verwaltungsgerichtliche Generalklausel erstreckt sich nicht auf verfassungsrechtliche Streitigkeiten. § 40 Abs 1 S 1 VwGO schließt verfassungsrechtliche Streitigkeiten allerdings nicht von vornherein aus; Sonderzuweisungen bleiben möglich (aA Kraayvanger, Der Begriff der verfassungsrechtlichen Streitigkeit iSd § 40 Abs. 1 Satz 1 VwGO, 2004, 13).

I. Begriff der verfassungsrechtlichen Streitigkeit

90   Der Begriff der verfassungsrechtlichen Streitigkeit ist umstritten; in Rechtsprechung und Literatur sind unterschiedliche Ansätze zu seiner Klärung unternommen worden.

1. Formeller, gemischter und materieller Ansatz

Teilweise sind nur diejenigen Streitigkeiten als „verfassungsrechtlich" angesehen worden, **91** für die der Rechtsweg zum Bundesverfassungsgericht oder einem Landesverfassungsgericht eröffnet ist. Dieser **formelle Ansatz**, der heute nicht mehr vertreten wird, ging von den verfassungsgerichtlichen Prozessordnungen (va dem BVerfGG aus) und legte § 40 Abs 1 S 1 VwGO komplementär zu den dort enumerativ niedergelegten Zuständigkeiten der Verfassungsgerichte aus (Nachweise bei Kraayvanger, Der Begriff der verfassungsrechtlichen Streitigkeit im Sinne des § 40 Abs. 1 Satz 1 VwGO, 2004, 17; Sodan/Ziekow/Sodan VwGO § 40 Rn 187 f). Dieser Ansatz hat den Vorteil, dass er den Anforderungen der Art 19 Abs 4 GG und Art 101 Abs 1 S 2 GG am besten entspricht, weil er gleichermaßen Lücken im Rechtsschutz und sich überschneidende Rechtswegeröffnungen vermeidet, die sich im Verhältnis der Verwaltungsgerichtsbarkeit zu den Verfassungsgerichten andernfalls ergeben könnten. Gegen die mit dem formellen Ansatz verbundene Gleichsetzung von „verfassungsrechtlichen" mit „verfassungsgerichtlichen" Streitigkeiten spricht aber, dass sie bewusste Entscheidungen des Gesetzgebers überspielt, der bestimmte (materiell) verfassungsrechtliche Streitigkeiten für nicht justiziabel erklären wollte. Auch kann der formelle Ansatz nicht erklären, warum es angesichts des ohnehin ausdrücklich angeordneten Vorrangs von Sonderzuweisungen (§ 40 Abs 1 S 1 aE und S 2 VwGO) überhaupt des Merkmals „nichtverfassungsrechtlicher Art" bedurfte.

Dem begegnet Schenke mit einem **gemischten Ansatz**, der eine Streitigkeit dann als **92** „verfassungsrechtlich" ansieht, wenn sie aufgrund verfassungs- oder einfachgesetzlicher Rechtsvorschriften in die Kompetenz der Verfassungsgerichte fiele, sofern man ihre Justiziabilität unterstellt (Kopp/Schenke VwGO § 40 Rn 32a; Schenke Verfassungsprozessrecht, Rn 129). Für diese Auffassung spricht zunächst der auffällige Wortlaut des § 40 Abs 1 S 1 VwGO mit der Verwendung des Substantivs „Art" (statt eines einfachen Adjektivattributs), sodann aber auch die Möglichkeit einer überschneidungsfreien Abgrenzung des Verwaltungsrechtswegs von der Zuständigkeit der Verfassungsgerichte.

Demgegenüber geht die heute hM von einem rein **materiellen Ansatz** aus. Hier sind **93** allerdings unterschiedliche Schattierungen anzutreffen. Umstritten ist dabei va die Frage, ob es dabei nur auf die Zuordnung der streitentscheidenden Normen ankommt oder ob zusätzlich zu verlangen ist, dass auch die am Streit beteiligten Personen oder Rechtsträger den Status von Beteiligten des Verfassungslebens haben und in diesem Status betroffen sind (materielle Subjektstheorie; Sodan/Ziekow/Sodan VwGO § 40 Rn 210 ff).

Das **BVerwG** stellt darauf ab, wo der **Kern der Streitigkeit** liegt (BVerwGE 24, 272; **94** BVerwGE 36, 218), und knüpft damit primär an die Zuordnung der streitentscheidenden Normen an. In seiner früheren Rspr. hatte das BVerwG hier noch Raum für verfassungsrechtliche Streitigkeiten im Staat-Bürger-Verhältnis gesehen. Von dieser Sicht ist das BVerwG später teils apodiktisch, teils im Sinne eines Grundsatzes abgerückt (BVerwGE 36, 218, 228; ebenso BVerwG NJW 1976, 637, 638 und BVerwGE 51, 69, 71 = NJW 1976, 1648;). In abgeschwächter Formulierung („grundsätzlich": BVerwGE 80, 355, 358) ist es dabei bis heute geblieben (OVG Münster, NJW 1974, 1671 mit grundsätzlich zust Anm. Bethge, NJW 1975, 77; VGH München NVwZ 1991, 386; Redeker/v. Oertzen VwGO, § 40 Rn 3; Eyermann/Rennert VwGO § 40 Rn 89; Tschira/Schmitt-Glaeser Verwaltungsprozessrecht, 15. Aufl, 2000, 34; Ule Verwaltungsprozessrecht, 9. Aufl, 1987, 48).

Demgegenüber ist zB der VGH München nach wie vor der Auffassung, dass eine ver- **95** fassungsrechtliche Streitigkeit auch bei Auseinandersetzungen im Staat-Bürger-Verhältnis angenommen werden könne, wenn der Einzelne selbst am Verfassungsleben teilnimmt, das Verfassungsrecht ihm also eine entsprechende Rechtsposition zuweise (VGH München NVwZ 1991, 386). Das wird insbes dann relevant, wenn Bürger (zB im Rahmen der Volksgesetzgebung; s Rn 112) elementare Staatsfunktionen wahrnehmen.

Den Obersatz bildet aber in der Rechtsprechung nach wie vor die Frage, ob das streitige **96** Rechtsverhältnis entscheidend vom Verfassungsrecht geformt und geprägt ist (st Rspr seit BVerwGE 3, 159; in diesem Sinne zB BVerwGE 24, 272, 279; BVerwGE 50, 124, 130; BVerwG, NJW 1985, 2344; VGH München NVwZ 1991, 386; vgl auch OVG Münster, NJW 1980, 137).

In der **Literatur** wird das Merkmal „verfassungsrechtlich" überwiegend anhand des **97** Erfordernisses einer sog **doppelten Verfassungsunmittelbarkeit** bestimmt. Danach ist eine

Streitigkeit „verfassungsrechtlicher Art", wenn beide Parteien unmittelbar am Verfassungsleben beteiligt sind und sich die Streitigkeit zugleich auf Rechte oder Pflichten bezieht, die
sich unmittelbar aus der Verfassung ergeben (statt aller Hufen, Verwaltungsprozessrecht 6.
Aufl, 2005, § 11 Rn 69 f). Dieser Auffassung hat sich (möglicherweise unreflektiert; vgl
Kraayvanger, Der Begriff der verfassungsrechtlichen Streitigkeit im Sinne des § 40 Abs. 1
Satz 1 VwGO, 2004, 25) auch das BVerfG angeschlossen (BVerfG NVwZ 1988, 817). Aus
ihr ergibt sich schon begrifflich, dass Streitigkeiten im Staat-Bürger-Verhältnis niemals spezifisch „verfassungsrechtlicher Art" sein können.

98   **Eigener Ansatz.** Operationalisierbar werden die Anforderungen an den Ausschluss verfassungsrechtlicher Streitigkeiten, wenn man in drei Schritten vorgeht: Zunächst ist auszuschließen, dass es sich im konkreten Fall um eine verfassungs**gerichtliche** Streitigkeit
handelt (Rn 99). Sodann kommt es primär auf das Wesen der unmittelbar streitentscheidenden Norm (der Anspruchsgrundlage, Rn 100), sekundär auf den Status der Beteiligten (als
Verbände oder Organe des Verfassungslebens, Rn 102) an. Die beiden letztgenannten Kriterien sind aber nur typologische Kriterien, die eine wertungsmäßige Orientierung ermöglichen. Auch wenn eines von ihnen nicht erfüllt ist, kann dennoch eine verfassungsrechtliche
Streitigkeit vorliegen. Wegen Art 19 Abs 4 GG ist aber in Fällen, in denen kein verfassungsgerichtlicher Rechtsbehelf zur Verfügung steht und ein Beteiligter des Verfassungslebens in
subjektiven Rechten (nicht bloß statusbezogenen Kompetenzen) betroffen sein kann, im
Zweifel die Eröffnung des Verwaltungsrechtswegs anzunehmen.

2. Ausschluss verfassungsgerichtlicher Streitigkeiten

99   Eine Streitigkeit (Rn 32) ist jedenfalls dann verfassungsrechtlicher Art, wenn für sie im
konkreten Fall ein verfassungsgerichtlicher Rechtsbehelf gegeben ist, der über die bloße
Verfassungsbeschwerde hinaus geht. Maßgeblich sind hierfür einerseits Verfassungsnormen
(auf Bundesebene Art 18 GG, 21 Abs 2 GG, 41 Abs 2 GG, 61 GG, 93 GG, 98 Abs 2 und
Abs 5 GG, 99 GG, 100 GG und 126 GG), anderseits die Normen der Prozessordnungen (va
§ 13 BVerfGG) und einzelne spezialgesetzliche Normen, die als abdrängende Sonderzuweisungen anzusehen sind (zB § 36 Abs 2 PUAG).

3. Primäre Maßgeblichkeit des Charakters der Anspruchsgrundlage

100   Fehlt es daran, ist der Gehalt des Begriffs „verfassungsrechtliche Streitigkeit" nach materiellen Kriterien zu bestimmen. Hier ist mit dem BVerwG zwar vor allem auf den Charakter
und die Zuordnung der Anspruchsgrundlage für den konkreten Prozess abzustellen. Gehört
sie schon nicht zum Verfassungsrecht, ist die Streitigkeit in jedem Fall „nichtverfassungsrechtlicher Art". „Verfassungsrecht" im Sinne dieser Definition sind jedenfalls die Verfassungen
von Bund und Ländern (Verfassungsrecht im formellen Sinn). Weiterer Klärung bedarf, ob
auch diejenigen Gesetze, autonomen Satzungen und Geschäftsordnungen zum Verfassungsrecht gehören, die formell zwar nicht „Verfassung" sind, materiell aber zum Staatsrecht
zählen (Verfassungsrecht im materiellen Sinne).

100.1   **Beispiele:** Die Vorschriften des AbgG (vgl iE Rn 105), des BMinG (vgl Eyermann/Rennert
VwGO § 40 Rn 164), des BWahlG, des PartG, des PUAG (vgl aber Rn 99, 134 f, 140).

101   Richtigerweise liegt jedenfalls insoweit eine Streitigkeit verfassungsrechtlicher Art vor, als
sich die streitentscheidende Einzelnorm (vgl Rn 42 ff) in einem dieser Gesetze als bloße
Verfassungskonkretisierung darstellt. Soweit staatsrechtliche Gesetze dagegen eigenständige
Regelungen und Regelungsmechanismen enthalten, die nicht schon in der Verfassung
angelegt sind, sind hierauf bezogene Streitigkeiten „nichtverfassungsrechtlicher Art" (zu den
Anforderungen an die verfassungsrechtliche Vorprägung zB VGH München NVwZ 1991,
386).

4. Status der Beteiligten als sekundärer Filter

102   Mit der Lehre von der sog doppelten Verfassungsunmittelbarkeit ist aber zusätzlich zu
fordern, dass es sich bei den Beteiligten des Rechtsstreits um Staatsorgane oder -verbände

handelt. Streitigkeiten, an denen ein Privater als solcher beteiligt ist, sind dagegen nichtverfassungsrechtlicher Art.

Andernfalls wäre der Verwaltungsrechtsweg zB nicht eröffnet, wenn ein Bürger die **103** Kassation eines ihn belastenden Verwaltungsakts mit der Begründung verlangt, für diesen Verwaltungsakt seien von vornherein keine gesetzliche Grundlage ersichtlich. Denn in diesem Fall beruft er sich ausschließlich auf verfassungsrechtliche Garantien (grundrechtlicher und/oder rechtsstaatlicher Vorbehalt des Gesetzes); in Ermangelung einer zumindest potenziell einschlägigen einfachgesetzlichen Grundlage beschränkt sich der Einfluss des Verfassungsrechts auf die Entscheidung des Rechtsstreits insbes nicht auf das Erfordernis einer verfassungskonformen Auslegung einfachen Rechts. Nur die Lehre von der doppelten Verfassungsunmittelbarkeit macht deutlich, dass in diesem Fall trotzdem der Verwaltungsrechtsweg eröffnet ist.

5. Alleinentscheidungskompetenz des angerufenen Verwaltungsgerichts

Ob eine verfassungsrechtliche Streitigkeit vorliegt, die den Antrag vor den Verwaltungs- **104** gerichten unzulässig macht, entscheidet das angerufene Verwaltungsgericht allein. Die VwGO kennt insbes keine dem § 39 Abs 2 S 2 SGG entsprechende Vorschrift, wonach diese Frage in bestimmten Fällen durch Vorlage des BSG an das BVerfG einer Entscheidung durch das BVerfG zugeführt wird, die dann die Fachgerichte bindet (§ 39 Abs 2 S 3 SGG).

II. Einzelfälle (alphabetisch)
1. Abgeordnete

Angelegenheiten der Mitglieder des Deutschen Bundestages und der Landtage im Ver- **105** hältnis zum jeweiligen Gesamtorgan (Bundestag, Landtag) bzw dem zu dessen Vertretung berechtigten Präsidenten sind grundsätzlich verfassungsrechtliche Streitigkeiten. Das gilt auch dann, wenn die unmittelbar einschlägige Rechtsnorm im Rang unter der Verfassung steht, im Kern aber um die Vereinbarkeit dieser Norm mit der Verfassung gestritten wird. Konzentriert sich der Rechtsstreit dagegen auf die Frage, ob das einfache Recht richtig angewandt wurde (zB Streit um Gewährung und Berechnung der Abgeordnetenentschädigung nach § 11 AbgG, der Aufwandsentschädigung nach § 12 AbgG oder einer Altersentschädigung nach § 19 AbgG), soll die Streitigkeit nichtverfassungsrechtlicher Art sein, so dass insoweit der Verwaltungsrechtsweg eröffnet ist (exekutivisches Handeln des Parlamentspräsidenten; vgl VG Stuttgart 8.4.2003, 3 K 4984/02; VG Regensburg 9.11.2005, RO 3 K 04.02437; Sodan/Ziekow/Sodan VwGO § 40 Rn 229 f).

Streitigkeiten von Abgeordneten über ihre Fraktionszugehörigkeit sind dagegen – wenn **106** es sich überhaupt um öffentlich-rechtliche Streitigkeiten handelt (vgl Jörn Ipsen, NVwZ 2005, 361 ff) – verfassungsrechtlicher Art (s Rn 114a; anders bei kommunalen Mandatsträgern, s Rn 116). Gleiches gilt für die Ausübung des Hausrechts und der Polizeigewalt durch den Parlamentspräsidenten auf der Grundlage der Geschäftsordnung, soweit es um Maßnahmen gegenüber Abgeordneten oder Mitgliedern anderer Staatsorgane geht (Sodan/ Ziekow/Sodan VwGO § 40 Rn 70), und für Immunitätsentscheidungen (Rn 121).

2. Beamtenernennung

Die Ernennung von Beamten ist keine verfassungsrechtliche Streitigkeit. **107**

3. Bundespräsident

Maßnahmen des Bundespräsidenten sind verfassungsrechtlicher Art, wenn sie im Ver- **108** hältnis zu einem anderen Bundesorgan oder Organteil ergehen und/oder eine andere Gebietskörperschaft und deren Organ(teile) betreffen. Dagegen sind Auseinandersetzungen um Gnadenentscheidungen, soweit sie überhaupt „Streitigkeiten" bilden (Rn 34), nichtverfassungsrechtlicher Art.

4. Bürgerbegehren, Bürgerentscheid

109   S Direkte Demokratie (Rn 112).

5. Datenschutzbeauftragter

110   Rechtsstreitigkeiten, die einen Auskunftsanspruch des Bundes- oder Landesdatenschutzbeauftragten gegenüber der jeweiligen Regierung betreffen, sollen ebenfalls nichtverfassungsrechtlicher Art sein (OVG Bautzen NJW 1999, 2832).

6. Diplomatischer Schutz

111   Der Umstand, dass der Anspruch auf diplomatischen Schutz ein Ausfluss der Staatsangehörigkeit ist, verleiht darauf bezogenen Streitigkeiten nicht den Charakter verfassungsrechtlicher Streitigkeiten. Vielmehr ist der Verwaltungsrechtsweg eröffnet (Sodan/Ziekow/Sodan
VwGO § 40 Rn 221).

7. Direkte Demokratie

112   Streitigkeiten um Volksbegehren und Volksentscheid sind verfassungsrechtlicher Art,
wenn die gesuchte Rechtsfolge mit hinreichender Bestimmtheit bereits der jeweiligen
Landesverfassung zu entnehmen ist. Entsprechendes gilt für die Partikularreferenden nach
Art 29 GG und Art 118a GG. Das ist va dann der Fall, wenn Rechtsschutz gegen eine
Regierung oder ein Parlament gesucht wird und es in der Sache um die Zulässigkeit oder das
Ergebnis eines Volksbegehrens oder Volksentscheids geht (vgl Sch/S-A/P/Ehlers VwGO
§ 40 Rn 198; Sodan/Ziekow/Sodan VwGO § 40 Rn 257 f mwN).

113   Umstritten ist die Eröffnung des Verwaltungsrechtswegs für Rechtsstreitigkeiten, die
ihrem Inhalt nach Verfassungsfragen betreffen oder berühren, bei denen der Antragsgegner
aber nicht oberste Staatsorgane, sondern Verwaltungsbehörden sind. Das gilt gleichermaßen
für Maßnahmen mit Regelungswirkung (Anordnungen zum Modus von Vorbereitung und
Durchführung eines Volksbegehrens einschließlich der Festsetzung der Eintragungsfrist) und
mittelbar-faktische Eingriffe (zB behördliche Abstimmungsbeeinflussungen). Während die
Literatur hier überwiegend die Eröffnung des Verwaltungsrechtswegs annimmt (Sodan/
Ziekow/Sodan VwGO § 40 Rn 257 mwN), tendiert die obergerichtliche Rechtsprechung
– mE überzeugend – zur Annahme verfassungsrechtlicher Streitigkeiten (OVG Münster
NJW 1974, 1671; VGH München NVwZ 1991, 386).

114   Demgegenüber sind die Rechtsfragen, die sich aus **Bürgerbegehren** und **Bürgerentscheid** ergeben, unstreitig der Verwaltungsgerichtsbarkeit vorbehalten. Da sie ihre Rechtsgrundlage in den Gemeinde- und Landkreisordnungen finden, werfen sie keine „verfassungsrechtlichen Streitigkeiten" iSv § 40 Abs 1 S 1 VwGO auf.

8. Fraktionen

114a   Soweit Streitigkeiten, an denen Parlamentsfraktionen beteiligt sind, überhaupt öffentlich-
rechtlicher Art sind (s Ziekow, NWVBl 1998, 297, 299; für die Parlamente aber zu bejahen,
s Sodan/Ziekow/Sodan VwGO § 40 Rn 235; vgl Ipsen NVwZ 2005, 361 ff), handelt es sich
idR um verfassungsrechtliche Streitigkeiten (BVerwG 11.7.1985, 7 C 59/84; ebenso zuvor
das VG Berlin 11.4.1984, 1 A 27.83). Das soll selbst dann gelten, wenn die dann einschlägige
Prozessordnung für den jeweiligen Rechtsstreit keinen Rechtsbehelf bereithält, so dass im
Ergebnis kein Rechtsweg eröffnet ist (BVerwG 11.7.1985, 7 C 59/84: Rückforderung
staatlicher Zuschüsse, die eine Parlamentsfraktion zur Durchführung ihrer Aufgaben erhalten
hat; m. E. zweifelhaft, s Rn 98). Nichtverfassungsrechtlicher Art sind dagegen Rechtsfragen
um die Stellung der Fraktionen in den Kommunalvertretungsorganen (s Rn 116).

9. Gemeinderat/Stadtrat

115   s Kommunalverfassungsstreit (Rn 116).

10. Kommunalverfassungsstreit

Alle Fragen des sog Kommunalverfassungsstreits sind nichtverfassungsrechtlicher Art; sie **116** sind daher der Verwaltungsgerichtsbarkeit zugewiesen. Das gilt auch für die Rechtsstellung der Mitglieder der Kommunalvertretungsorgane (Gemeinderat, Stadtrat), selbst wenn diese im Grundverhältnis betroffen sind (vgl Ziekow NWVBl 1998, 297, 299; Sodan/Ziekow/ Sodan VwGO § 40 Rn 249), und für Streitigkeiten über Fraktionszugehörigkeit und Fraktionsausschluss auf kommunaler Ebene (Ziekow NWVBl 1998, 297, 299).

11. Konsularischer Schutz

s diplomatischer Schutz (Rn 111).   **117**

12. Militärische Fragen

Entscheidungen des Bundesministeriums der Verteidigung und der Amtsträger der Bun- **118** deswehr sind grundsätzlich nichtverfassungsrechtlicher Art. Dies gilt auch für die Heranziehung zu Wehrübungen einschließlich der Anordnung von militärischem Bereitschaftsdienst gem § 6 Abs 6 WPflG (**aA** BVerwGE 15, 63, 64).

13. Normenkontrolle

Die inzidente Normenkontrolle wirft als solche keine Rechtswegfragen auf, da es immer **119** nur auf den prinzipalen Prüfungsmaßstab (die Anspruchsgrundlage) ankommt. Soweit Rechtsvorschriften dagegen eine prinzipale Normenkontrolle zulassen, ist nach dem Prüfungsmaßstab zu unterscheiden: Wenn als einziger Prüfungsmaßstab die Verfassung in Betracht kommt, ist die Streitigkeit verfassungsrechtlicher Art. Das gilt auch im Fall vorkonstitutioneller Gesetze. Richtet sich die Normenkontrolle dagegen gegen eine untergesetzliche Norm (zB eine Rechtsverordnung oder eine Satzung), ist die Normenkontrolle keine verfassungsrechtliche Streitigkeit. Vielmehr ist nach § 47 VwGO der Verwaltungsrechtsweg eröffnet.

14. Orden

S Rn 133 (Titel, Orden und Ehrenzeichen).   **120**

15. Parlamentsbeschlüsse

Beschlüsse des Deutschen Bundestages und der Landtage sind grundsätzlich verfassungs- **121** rechtlicher Art. Dies gilt gleichermaßen für Personalentscheidungen (zB Aufhebung der Immunität eines Abgeordneten, s Rn 106) und für Sachentscheidungen (zB Gesetzesbeschlüsse, Beschlüsse iSv § 3 Abs 3, § 4 oder § 5 ParlBG, Haushaltsbeschlüsse; s Sch/S-A/ P/Ehlers VwGO § 40 Rn 172 und 186). Allerdings hat die Rechtsprechung teilweise Ausnahmen von diesem Grundsatz angenommen (vgl auch Sodan/Ziekow/Sodan VwGO § 40 Rn 238 ff).

16. Parteien

Da die politischen Parteien zwar Organe des Verfassungslebens, aber keine Staatsorgane **122** sind (Rn 63 ff), ist zu unterscheiden:

Von vornherein außer Betracht bleiben alle diejenigen Streitigkeiten, die ohnehin pri- **123** vatrechtlicher Art sind (Rn 45 ff, 65). Sofern aber eine öffentlich-rechtliche Streitigkeit vorliegt, die parteienspezifisch ist, handelt es sich idR auch um eine verfassungsrechtliche Streitigkeit.

Verfassungsrechtlicher Art sind demnach va diejenigen Streitigkeiten, die die Parteien in **124** ihrem Status unmittelbar aus Art 21 GG betreffen. Hierzu zählen Verfahren, die das Verhältnis der Parteien zu anderen Verfassungsorganen und ihre Stellung im politischen Leben betreffen: Parteiverbotsverfahren, Streitigkeiten der Parteien mit dem Bundeswahlleiter über die Zulassung, Durchführung und die Ergebnisse von Wahlen sowie Streitigkeiten über die

Parteien- und Wahlkampffinanzierung im Verhältnis der Partei zum Präsidenten des Deutschen Bundestages. Eine verfassungsrechtliche Streitigkeit liegt aber auch vor, wenn zwei oder mehr Parteien um Bestand oder Auslegung einer zwischen ihnen getroffenen politischen Vereinbarung, insbes eines Koalitions- oder Tolerierungsvertrags streiten (Sodan/Ziekow/Sodan VwGO § 40 Rn 261).

125   Nichtverfassungsrechtlicher Art sind dagegen alle Auseinandersetzungen, in denen die Partei (sieht man von ermessenslenkenden Gesichtspunkten ab, die sich aus ihrem Anspruch auf formale Gleichbehandlung mit anderen Parteien ergeben können, Art 21 GG) nach Status und Anspruchsgrundlage ein Jedermanns-Recht in Anspruch nimmt.

126   Vor die Verwaltungsgerichte gehören demnach zB Streitigkeiten um den Zugang zu öffentlichen Einrichtungen (sei es auch zu politischen Zwecken) oder um Baugenehmigungen. Vor die Finanzgerichte gehören Fragen der Besteuerung der Parteien und ihrer Untergliederungen einschließlich aller Auseinandersetzungen um parteienspezifische Steuerbefreiungen.

17. Rechnungshöfe

127   Bundesrechnungshof: Sowohl der Bundesrechnungshof als auch die (obersten) Rechnungshöfe aller 16 Bundesländer sind oberste Staatsorgane und zugleich Verfassungsorgane.

127.1   Die Stellung der Rechnungshöfe als Verfassungsorgane ist umstritten (abl zB Sodan/Ziekow/Sodan VwGO § 40 Rn 262 mwN), ergibt sich aber eindeutig aus Art 114 Abs 2 GG und den entsprechenden Vorschriften der Landesverfassungen (Baden-Württemberg: Art 83 Abs 2 BW LV; Bayern: Art 80 BayVerf; Berlin: Art 95 BlnVerf; Brandenburg: Art 107 BbgVerf; Bremen: Art 133a BremVerf; Hamburg: Art 71 HmbVerf; Hessen: Art 144 HV; Mecklenburg-Vorpommern: Art 67 Verf M-V f; Niedersachsen: Art 70 NVerf; Nordrhein-Westfalen: Art 86 NRW Verf f; Rheinland-Pfalz: Art 120 Abs 2 RhPfVerf; Saarland: Art 106 SLVerf; Sachsen: Art 100 SächsVerf; Sachsen-Anhalt: Art 98 Verf LSA; Schleswig-Holstein: Art 57 Verf SH; Thüringen: Art 102 ThürVerf f).

128   Soweit um die Organstellung und diejenigen Organkompetenzen der Rechnungshöfe gestritten wird, die sich unmittelbar aus der Verfassung ergeben, liegt eine verfassungsrechtliche Streitigkeit vor, die der Jurisdiktion der Verwaltungsgerichtsbarkeit entzogen ist.

129   Im Übrigen sind Auseinandersetzungen um die Stellung und Befugnisse, aber auch um ihre innere Organisation und die Rechtsstellung ihrer Mitglieder und Mitarbeiter grundsätzlich nichtverfassungsrechtlicher Art. Das gilt insbes für Rechtsschutz gegen die Prüftätigkeit der Rechnungshöfe sowie gegen Veröffentlichung und Inhalt ihrer Berichte (BVerwG DÖV 1986, 518; OVG Lüneburg DVBl. 1984, 837 = NJW 1984, 2652; OVG Münster NJW 1980, 137, 138; VGH Kassel NVwZ-RR 1994, 511, 512; siehe auch Haverkate AöR 107 (1982), 539, 557 ff; Sodan/Ziekow/Sodan VwGO § 40 Rn 262).

18. Referendum

130   S Rn 112 (Direkte Demokratie).

19. Sektenwarnungen

131   S Rn 137 (Warnungen).

20. Staatsangehörigkeitsrecht

131a   Trotz der materiellen Zugehörigkeit des Staatsangehörigkeitsrechts zum Staatsrecht ist für Individualstreitigkeiten über Fragen der Staatsangehörigkeit (wenn es sich überhaupt um den prinzipalen Gegenstand eines Rechtsstreits handelt) der Verwaltungsrechtsweg eröffnet.

21. Tarifverträge

132   Die Allgemeinverbindlicherklärung eines Tarifvertrags ist zwar durch Art 9 Abs 3 GG geschützt, beruht aber primär auf § 5 TVG. Sie ist damit nichtverfassungsrechtlicher Art (Sodan/Ziekow/Sodan VwGO § 40 Rn 218).

22. Titel, Orden und Ehrenzeichen

Die Verleihung von Titeln, Orden und anderen Ehrenzeichen ist kein verfassungsrecht- **133** licher Vorgang. Für darauf bezogene Streitigkeiten ist mithin der Verwaltungsrechtsweg eröffnet (Sodan/Ziekow/Sodan VwGO § 40 Rn 228). Für einzelne Arten von Streitigkeiten wird dies durch § 4 Abs 1 S 2 OrdenG ausdrücklich klargestellt.

23. Untersuchungsausschüsse

Der Rechtsschutz gegen Maßnahmen der parlamentarischen Untersuchungsausschüsse ist **134** dreifach gespalten. Der Beschluss, mit dem der Abschlussbericht angenommen wird, ist jeder richterlichen Erörterung entzogen (Art 44 Abs 4 S 1 GG; verfassungspolitisch bedenklich; s Di Fabio Rechtsschutz im parlamentarischen Untersuchungsverfahren, 1987; Kästner NJW 1990, 2649; Richter Privatpersonen im parlamentarischen Untersuchungsausschuß, 1991; Würtenberger Verwaltungsprozessrecht, 2. Aufl, 2006, Rn 198). Alle anderen Entscheidungen sind dagegen justiziabel.

Dem steht Art 44 Abs 4 S 1 GG nicht entgegen. Denn dass Beschlüsse und Maßnahmen eines **134.1** Untersuchungsausschusses (UA) gerichtlich auf ihre Vereinbarkeit mit formellem Recht hin über- prüft werden können, ergibt sich schon aus Art. 44 Abs 4 S 2 GG, aus dem sich auch der eigentliche Sinn von Art 44 Abs 4 S 1 GG erschließt. Satz 2 stellt klar, dass die Gerichte (va die Strafgerichte, aber auch die ordentlichen Gerichte zB bei Klagen aus § 839 BGB) nicht an die Feststellungen und Würdigungen des Sachverhalts durch den UA gebunden sein sollen. Insofern präzisiert Satz 2 die Aussage des Satzes 1 und schränkt sie zugleich ein. Beide Sätze erschöpfen sich darin, eine Trenn- wand zwischen erster und dritter Gewalt im Hinblick auf den Inhalt der jeweiligen Feststellungen zu errichten.

Auch bei historischer Betrachtung zeigt sich, dass die Norm der Intention des Parlamentarischen **134.2** Rates nicht dazu dienen sollte, die prinzipielle Frage richterlichen Schutzes gegen Rechtsbeein- trächtigungen im Verlaufe eines Untersuchungsverfahrens (negativ) zu beantworten. Dass ein Bedürfnis für Gerichtskontrolle und Gerichtsschutz auch in diesem Kontext besteht, wurde vielmehr – freilich unter Begrenzung auf das BVerfG – bereits in den Beratungen und im Entwurf des Verfassungskonvents auf Herrenchiemsee bekräftigt. Der Verfassungskonvent schlug dann folgende Regelung vor: „Wer durch die Feststellungen des Ausschusses in seiner Ehre betroffen ist, kann das Bundesverfassungsgericht anrufen, wenn er die Mindestgrundsätze eines geordneten Verfahrens, namentlich sein Recht auf Gehör, verletzt glaubt. Ist die Beschwerde begründet, so erkennt das Gericht, dass die Feststellungen des Ausschusses nicht nach Vorschrift der Gesetze getroffen sind." Diese Rechtswegregelung wurde nach wechselvollem Weg in den verschiedenen Ausschüssen im Hauptausschuss des Parlamentarischen Rates zwar letztlich mit ganz knapper Mehrheit (10 gegen 9 Stimmen) verworfen; dies aber nicht deshalb , weil man die sachliche Berechtigung einer solchen Norm bezweifelte, sondern weil man aus der damaligen Perspektive davon ausging, es werde sich beim Bedürfnis nach gerichtlichem Schutz nur um wenige Ausnahmefälle handeln, für die die Aufnahme einer besonderen Verfassungsvorschrift unangemessen sei. Die Einfügung des Art 44 Abs 4 GG wurde durch den Hauptausschuss des Parlamentarischen Rates ebenfalls zunächst mehr- mals abgelehnt und erfolgte erst relativ spät auf Vorschlag des Fünferausschusses. Im gesamten Verlauf der Beratungen stand aber nicht die allgemeine Frage der Justiziabilität im Vordergrund; vielmehr sollte die Vorschrift dem Schutz von Untersuchungsausschüssen vor Kritik an seinen sachlichen Feststellungen in parallel laufenden Gerichtsverfahren mit gleicher Sachgrundlage, zugleich aber auch der Wahrung der richterlichen Unabhängigkeit in solchen Prozessen dienen (Kästner NJW 1990, 2649 (2653)).

Erst recht ist dort, wo die Gerichte nicht prinzipal gegen Maßnahmen des UA, sondern vielmehr **134.3** von diesem selber angerufen werden (z. B. zum Zweck einer Beweiserhebung, des Erlasses einer richterlichen Anordnung etc.), mindestens eine inzidente Rechtmäßigkeitskontrolle des Handelns des UA möglich (BVerfG NJW 1988, 890 (891)).

Im Verhältnis des Ausschusses zum Gesamtorgan Bundestag bzw Landtag, aber auch zu **135** seinen Mitgliedern, zu den Fraktionen und zu den übrigen Staatsorganen (va der Bundes- regierung und ihren Mitgliedern) sind alle Streitigkeiten verfassungsrechtlicher Art (vgl exemplarisch § 2 Abs 3 S 2 PUAG, § 18 Abs 3 Hs 1 PUAG). Gleiches gilt für die Über- prüfung des Einsetzungsbeschlusses (§ 36 Abs 2 PUAG).

135.1   Demgegenüber handelt der Untersuchungsausschuss insoweit, als er zur Sachverhaltsermittlung Zeugen lädt, Sachverständige anhört oder andere Beweise erhebt, nicht unmittelbar auf der Grundlage verfassungsrechtlicher Normen. Insoweit sind Streitigkeiten daher nichtverfassungsrechtlicher Art. Für sie bestehen teilweise abdrängende Sonderzuweisungen zum Ermittlungsrichter des BGH (§ 17 Abs 4 PUAG, § 18 Abs 3 Hs 2 PUAG, § 18 Abs 4 S 2 PUAG), im Übrigen eine subsidiäre Sonderzuweisung zum BGH (§ 36 Abs 1 PUAG).

24. Volksbegehren, Volksentscheid

136   S Rn 112 (Direkte Demokratie).

25. Warnungen

137   Sektenwarnungen, Produktwarnungen sowie die gesamte auf Aufklärung und Beratung der Öffentlichkeit abzielende Regierungs- und Verwaltungstätigkeit sind nichtverfassungsrechtlicher Art. Streitigkeiten über diese Realakte gehören daher regelmäßig vor die Verwaltungsgerichte (BVerwGE 87, 37 ff = NJW 1991, 1766; OVG Münster, NJW 1986, 2873; mwN auch Sodan/Ziekow/Sodan VwGO § 40 Rn 224).

III. Rechtsfolgen
1. Grundsatz

138   § 40 Abs 1 S 1 VwGO sagt nur, dass für verfassungsrechtliche Streitigkeiten der Verwaltungsrechtsweg nicht eröffnet ist. Diese rein negative Festlegung begründet keine subsidiäre allgemeine Eröffnung des Zugangs zu den Verfassungsgerichten des Bund oder (soweit vorhanden) der Länder. Vielmehr sind dazu eigenständige Rechtswegvorschriften erforderlich.

139   Im Unterschied zum Verwaltungsrechtsweg (§ 40 VwGO) fehlt hier idR eine Generalklausel; teilweise existieren überhaupt keine gesonderten Rechtswegvorschriften. Daher hängt der Zugang zu den Verfassungsgerichten ausschließlich von der Erfüllung der Statthaftigkeitsvoraussetzungen der einzelnen Verfahrensarten ab. Liegen die Statthaftigkeitsvoraussetzungen einer verfassungsgerichtlichen Verfahrensart vor, steht damit zugleich die Eröffnung des Rechtswegs zu dem jeweiligen Verfassungsgericht fest. Andernfalls ist zu prüfen, ob eine verfassungskonforme einschränkende Auslegung des Merkmals „nichtverfassungsrechtlicher Art" in § 40 Abs 1 VwGO möglich ist (Rn 98), so dass die Verwaltungsgerichtsbarkeit (subsidiär) zuständig wird. Ist auch das zu verneinen, kann der Betroffenen keinen gerichtlichen Rechtsschutz vor den nationalen Gerichten erlangen.

2. Sonderregelungen

140   Nach § 36 Abs 1 PUAG sind Streitigkeiten um Befugnisse und Verfahren parlamentarischer Untersuchungsausschüsse grundsätzlich der ordentlichen Gerichtsbarkeit zugewiesen; die sachliche Zuständigkeit liegt beim Bundesgerichtshof. Dies gilt nicht für diejenigen Fragen, die Art 93 GG oder § 36 Abs 2 PUAG iVm § 13 Nr 11a BVerfGG dem Bundesverfassungsgericht zuweisen (Einzelheiten: DVBl 2003, 1418 ff und oben Rn 134 ff).

E. Abdrängende Sonderzuweisungen

141   Der Verwaltungsrechtsweg ist nicht eröffnet, wo Rechtsvorschriften etwas anderes bestimmen. Derartige anderweitige Bestimmungen sind teils im GG, teils in § 40 Abs 2 VwGO und teils in anderen (formellen Parlaments-)Gesetzen enthalten, auf die § 40 Abs 1 S 1 und 2 VwGO verweisen.

I. Verfassungsrechtliche Zuweisungen zu den ordentlichen Gerichten

142   Von zentraler Bedeutung sind die abdrängenden Sonderzuweisungen der Art 14 Abs 3 S 4 GG und Art 34 S 3 GG.

1. Enteignungsentschädigungen

Nach Art 14 Abs 3 S 4 GG ist die Entscheidung über Entschädigungen für zielgerichtete **143** Enteignungen Sache der ordentlichen Gerichte. Die Klausel wirft allerdings eine Reihe von Streitfragen auf.

Unstreitig ist zunächst nur, dass Art 14 Abs 3 S 4 GG nicht den Primärrechtsschutz gegen **144** die Enteignung als solche betrifft.

Auch kommt es für die Rechtswegbestimmung nicht darauf an, ob die Enteignung **145** rechtmäßig war; diese Frage ist vielmehr ein Problem der Begründetheit (materieller Vorrang des Eingriffsabwehrrechts, grundsätzlich keine Enteignungsentschädigung bei rechtswidriger Enteignung). S Sodan/Ziekow/Sodan VwGO § 40 Rn 506 f.

Problematisch ist aber die Reichweite des Art 14 Abs 3 S 4 GG insoweit, als diese **146** verfassungsrechtliche Garantie ausweislich ihres klaren Wortlauts auf Streitigkeiten „wegen der Höhe der Entschädigung" begrenzt ist; das Ob einer Entschädigungspflicht (Streit um die Enteignungsentschädigung dem Grunde nach) wird von Art 14 Abs 3 S 4 GG nicht erfasst. Daher verlangt die Rspr von BVerwG (BVerwGE 77, 295, 296 f = NJW 1987, 2884) und BGH (BGHZ 99, 256, 261 = NJW 1987, 2747) für Streitigkeiten, die nicht die „**Höhe der Entschädigung**" (Art 14 Abs 3 S 4 GG), sondern das **Bestehen einer Entschädigungspflicht** iSd Art 14 Abs 3 S 2 ff GG) **dem Grunde nach** betreffen, zunächst eine verwaltungsgerichtliche Klärung. Ggf soll erst in einem zweiten Verfahren, das dann den ordentlichen Gerichten vorbehalten ist, über die Höhe der Entschädigung entschieden werden. Die herrschende Lehre favorisiert dagegen – in Übereinstimmung mit der früheren höchstrichterlichen Judikatur – eine Einheitslösung, wonach die ordentlichen Gerichte auch über das Ob der Entschädigungspflicht zu entscheiden haben.

Mit Art 14 Abs 3 S 4 GG stehen beide Auffassungen in Einklang; die Rspr kann **147** immerhin für sich in Anspruch nehmen, dass sie den (isoliert betrachteten) Anforderungen des Art 14 Abs 3 S 4 GG wortlautnah gerecht wird.

Anderseits ist zu berücksichtigen, dass Art 14 Abs 3 S 4 GG einer Übertragung von **148** Streitigkeiten über das Ob einer Entschädigung auf die ordentlichen Gerichte zumindest nicht entgegensteht. Bezieht man daher die einfachgesetzlichen Bestimmungen des § 40 Abs 2 S 1 Hs 1 VwGO ein, der mit der Anknüpfung an die „Aufopferung für das gemeine Wohl" nicht nur die gewohnheitsrechtlichen Staatshaftungsansprüche bei der Verletzung immaterieller Rechtsgüter, sondern durchaus (iSv „Sonderopfer") auch gezielte Eigentumsverletzungen umfasst, spricht das für die traditionelle Einheitslösung, nach der auch der Streit über das Ob einer Entschädigungspflicht den ordentlichen Gerichten zuweist (in diesem Sinne auch Sodan/Ziekow/Sodan VwGO § 40 Rn 511 ff.). Die neuere Rechtsprechung kann auch nicht erklären, warum für die anderen in § 40 Abs 2 S 1 Hs 1 VwGO genannten Ansprüche (aus öffentlich-rechtlicher Verwahrung, aus § 839 BGB, aus öffentlich-rechtlicher pVV etc.) auch der Streit über das Bestehen eines Anspruchs dem Grunde nach den ordentlichen Gerichten zugewiesen ist, während gerade die von Art 14 Abs 3 GG als besonders schutzwürdig angesehenen Entschädigungsansprüche aufzuspalten sind.

2. Amtspflichtverletzung

Ferner garantiert Art 34 S 3 GG den Rechtsweg zu den ordentlichen Gerichten für alle **149** Streitigkeiten, die sich daraus ergeben, dass jemand in Ausübung eines ihm anvertrauten öffentlichen Amtes die ihm einem Dritten gegenüber obliegende Amtspflicht verletzt. Diese verfassungsrechtliche Garantie hat unmittelbare Wirkung. § 40 Abs 2 S 1 Var 3 VwGO hat damit im Kern zwar nur deklaratorische Bedeutung (Sodan/Ziekow/Sodan VwGO § 40 Rn 528 mwN, auch zur Gegenansicht, und ebd, Rn 564), konkretisiert und begrenzt die verfassungsrechtliche Garantie aus Art 34 S 3 GG aber in zulässiger Weise (Einzelheiten: Rn 162 ff).

II. Zuweisungen in § 40 Abs 2 VwGO

1. Rechtsweg für staatshaftungsrechtliche Streitigkeiten im Überblick

Nicht ausschließlich, aber im Schwerpunkt betreffen die abdrängenden Sonderzuweisun- **150** gen in § 40 Abs 2 VwGO staatshaftungsrechtliche Ansprüche.

151   Im Zusammenspiel mit den weiteren einschlägigen Normen ergeben sich daraus folgende Ergebnisse:

- Amtshaftungsansprüche und übergeleitete Staatshaftungsansprüche: ordentliche Gerichte (Rn 162 ff), außer bei Verletzung von Primär- oder Sekundärpflichten aus öffentlich-rechtlichen Verträgen: dann idR Verwaltungsgerichte (Rn 166 ff)
- Aufopferungsansprüche: ordentliche Gerichte (Rn 153 ff, va Rn 153c)
- Aufwendungsersatzansprüche: Verwaltungsgerichte (Rn 155)
- Ausgleichsansprüche zur Wahrung der Verhältnismäßigkeit einer Inhalts- und Schrankenbestimmung iRv Art 14 Abs 1 S 2 GG: Verwaltungsgerichte (Rn 155 f, 171),
- Enteignungsentschädigungen nach Grund (str) und Höhe (unstr): ordentliche Gerichte (Rn 143 ff)
- Entschädigungsansprüche aus enteignendem Eingriff: idR Verwaltungsgerichte (str; Rn 153a und Rn 171 ff)
- Entschädigungsansprüche aus enteignungsgleichem Eingriff: ordentliche Gerichte (Rn 153b und Rn 168)
- Entschädigungsansprüche aus § 74 Abs 2 S 3 VwVfG oder § 75 Abs 2 S 2 VwVfG: Verwaltungsgerichte (Rn 155 f)
- Erstattung rechtsgrundlos erlangter Vorteile: Verwaltungsgerichte (Rn 155 f)
- Folgenbeseitigung: Verwaltungsgerichte (Rn 155 f, 165)
- Schadensersatz wegen Nichterfüllung eines öffentlich-rechtlichen Vertrags: Verwaltungsgerichte (Rn 76 f, 166 ff)
- Unterlassung: Verwaltungsgerichte (Rn 155 f)

152   Zu möglichen Rechtswegkonkurrenzen, die dem Kläger/Antragsteller unter bestimmten Voraussetzungen ein Rechtswegwahlrecht verschaffen, s Rn 237 ff.

2. Vermögensrechtliche Ansprüche aus Aufopferung für das gemeine Wohl (§ 40 Abs 2 S 1 Hs 1 Alt 1 VwGO)

153   Der Begriff der „vermögensrechtlichen Ansprüchen aus Aufopferung für das gemeine Wohl" (§ 40 Abs 2 S 1 Hs 1 Alt 1 VwGO) ist an sich weit zu verstehen. Er umfasst neben den Enteignungsentschädigungen (Art 14 Abs 3 S 4 GG; s Rn 143 ff), für die er wegen des Vorrangs der Verfassung nur deklaratorisch ist, vor allem die **Ansprüche aus Aufopferung ieS.**

153a   Ob er darüber hinaus zumindest tatbestandlich auch Ansprüche aus enteignendem Eingriff und aus enteignungsgleichem Eingriff abdeckt, kann in den meisten Fällen offen bleiben: Denn im Hinblick auf **Ansprüche aus enteignendem Eingriff** greift vielfach die konstitutive Rückausnahme des § 40 Abs 2 S 1 Hs 2 VwGO für verhältnismäßigkeitswahrende Ausgleichsansprüche im Rahmen von Art 14 Abs 1 S 2 GG ein, die es für Streitigkeiten über diese Ausgleichsansprüche bei der Eröffnung des Verwaltungsrechtswegs (§ 40 Abs 1 S 1 Hs 1 VwGO) belässt (str; Einzelheiten: s Rn 171 ff).

153b   **Ansprüche aus enteignungsgleichem Eingriff** setzen demgegenüber ein rechtswidriges Handeln voraus. Sie gehören jedenfalls wegen § 40 Abs 2 S 1 Alt 3 VwGO vor die ordentlichen Gerichte (s Rn 163 und 168).

153c   Daher erschöpft sich die heutige Bedeutung der abdrängenden Sonderzuweisung in § 40 Abs 2 S 1 Hs 1 Alt 1 VwGO im Ergebnis auf Aufopferungsansprüche ieS, also auf diejenigen Ersatzansprüche, die Privaten wegen einer (idR rechtswidrigen) Kollateralschädigung in nichtvermögensrechtlichen Positionen (insbes in Leib und Leben, ihrer persönlichen Freiheit oder ihrer persönlichen Ehre) zustehen (s näher Sch/S-A/P/Ehlers VwGO § 40 Rn 522 ff.; Kopp/Schenke VwGO § 40 Rn 61 aE).

154   Der Vorbehalt des § 40 Abs 2 S 1 Hs 1 Alt 1 VwGO betrifft nur die Ebene des Staatshaftungsrechts (den Sekundärrechtsschutz). Dagegen sind Anträge auf Eingriffsabwehr (der Primärrechtsschutz ex ante oder ex post) der Entscheidung durch die Verwaltungsgerichte vorbehalten.

155   **Nicht von § 40 Abs 2 S 1 Hs 1 VwGO umfasst** sind öffentlich-rechtliche Ansprüche auf

- Aufwendungsersatz (vgl BVerwG NVwZ 1992, 264; VG Hannover, NdsVBl 1996, 167; VG Gießen NVwZ-RR 1995, 144; Sch/S-A/P/Ehlers VwGO § 40 Rn 1726; Kopp/Schenke VwGO § 40 Rn 71), zB aus öffentlich-rechtlichem Auftrag (analog § 670 BGB)

oder aus öffentlich-rechtlicher Geschäftsführung ohne Auftrag (GoA) analog § 683 S 1 BGB iVm § 670 BGB,

- Ausgleich in Geld zur Wahrung der Verhältnismäßigkeit einer Inhalts- und Schrankenbestimmung iRv Art 14 Abs 1 S 2 GG (s Rn 171 ff),
- Entschädigung aus enteignendem Eingriff, dh die Entschädigung für eine rechtmäßige, aber als Sonderopfer anzusehende Kollateralbeeinträchtigung von eigentumsrechtlich geschützten Positionen unterhalb der Schwelle der Formalenteignung (Art 14 Abs 3 GG). Zumindest das Gros der Streitigkeiten über Grund und Höhe dieser Entschädigungen gehört nach umstrittener, aber zutr Ansicht vor die Verwaltungsgerichte (Einzelheiten: Rn 172.1 f)
- Entschädigung aus § 74 Abs 2 S 3 VwVfG oder aus § 75 Abs 2 S 2 VwVfG (BVerwGE 77, 295 = NJW 1987, 2884; BVerwGE 87, 335),
- Erstattung rechtsgrundlos erlangter Vorteile (BVerwG NVwZ 1983, 972),
- Folgenbeseitigung,
- Unterlassung.

Das ergibt sich unmittelbar aus § 40 Abs 2 S 1 Hs 2 VwGO, wenn man diese Entschädigungen als **155.1** Ausgleichsansprüche im Rahmen der Inhalts- und Schrankenbestimmung (Art 14 Abs 1 S 2 GG) ansieht. Wer dem nicht folgt, sollte es **historisch** aus dem engen Verständnis des Gesetzgebers von 1960, der Entschädigung aus enteignendem Eingriff als von Art 34 Abs 3 S 4 GG erfasst ansah (so überzeugend Sch/S-A/P/Ehlers VwGO § 40 Rn 526), und **teleologisch** aus der Überlegung ableiten, dass es nicht zu einer Aufspaltung des Rechtsweg für Zahlungsansprüche aus enteignendem Eingriff einerseits und Ansprüche auf anderweitige Entschädigungen aus enteignendem Eingriff anderseits (die schon tatbestandlich nicht unter § 40 Abs 2 S 1 Hs 1 Alt 1 VwGO fallen) kommen sollte.

3. Vermögensrechtliche Ansprüche aus öffentlich-rechtlicher Verwahrung (§ 40 Abs 2 S 1 Hs 1 Alt 2 VwGO)

Streitigkeiten über Ansprüche aus öffentlich-rechtlicher Verwahrung sind wegen § 40 **156** Abs 2 S 1 Alt 2 VwGO durch die ordentlichen Gerichte zu entscheiden. Der Hintergrund dieser abdrängenden Sonderzuweisung war die (in der Zeit vor Inkrafttreten von § 17 Abs 2 GVG rechtspolitisch überzeugende) pragmatische Überlegung, dass diese Ansprüche oftmals mit Amtshaftungsansprüchen iSd § 839 BGB, Art 34 Abs 3 GG zusammentreffen.

Verwahrung ist die In-Obhut-Nahme einer Sache durch eine Behörde für den Eigentü- **157** mer/Besitzer im Rahmen der Erfüllung öffentlicher Aufgaben (vgl. BGHZ 21, 219; OLG Köln NVwZ 1994, 618; Kopp/Schenke VwGO § 40 Rn 65).

Hierzu zählen namentlich Beschlagnahme und Sicherstellung, aber auch die Inbesitz- **158** nahme aufgrund einer dem Verwaltungsvollstreckungsrecht unterliegenden Pfändung.

Dagegen sollen die Einziehung eines Führerscheins, die bloße Bereitstellung einer Auf- **159** bewahrungsmöglichkeit (zB durch eine entsprechende Widmung von Schließfächer, Spinden etc) oder die treuhänderische Übernahme von Forderungen und anderen Rechten keine Verwahrung iSd § 40 Abs 2 S 1 Alt 2 VwGO sein.

Ob die Verwahrung als **öffentlich-rechtlich** zu qualifizieren ist, richtet sich nach den **160** allgemeinen Regeln (Rn 39 ff).

Umstritten ist die Frage, ob § 40 Abs 2 S 1 Alt 2 VwGO nur für Ansprüche des Bürgers **161** (Eigentümers/Besitzers) gegen die Behörde bzw ihren Träger gilt oder ob sich die abdrängende Sonderzuweisung auch auf **Ansprüche in Gegenrichtung** (zB Aufwendungsersatzansprüche der öffentlichen Hand gegen den Eigentümer/Besitzer) erstreckt. Der Wortlaut, dem entscheidende Bedeutung zukommt (Rn 8), spricht hier für eine unterschiedslose, mithin bidirektionale Anwendung von § 40 Abs 2 S 1 Alt 2 VwGO (s zum Streitstand Kopp/Schenke VwGO § 40 Rn 67 mwN).

4. Schadensersatzansprüche aus der Verletzung nichtvertraglicher öffentlich-rechtlicher Pflichten (§ 40 Abs 2 S 1 Hs 1 Var 3 VwGO)

Weitaus bedeutender ist die abdrängende Zuweisung für alle Schadensersatzansprüche aus **162** der Verletzung nichtvertraglicher öffentlich-rechtlicher Pflichten (§ 40 Abs 2 S 1 Hs 1 Var 3 VwGO).

163　　**Schadensersatzansprüche** sind nicht nur die starken Ansprüche, deren Rechtsfolgen ausdrücklich oder kraft gewohnheitsrechtlicher Anerkennung den §§ 249 BGB ff folgen und damit für einen punktgenauen Ausgleich materieller Schäden unter Einschluss entgangenen Gewinns sorgen. Vielmehr müssen auch bloße **Entschädigungsansprüche**, die in ihren Rechtsfolgen regelmäßig hinter den Schadensersatzansprüchen ieS zurückbleiben, als Anwendungsfälle von § 40 Abs 2 S 1 Alt 3 VwGO angesehen werden (Schoch, FS Menger, 305, 335); Eyermann/Rennert VwGO § 40 Rn 545; Sodan/Ziekow/Sodan VwGO § 40 Rn 563; Sch/S-A/P/Ehlers VwGO § 40 Rn 547; **aA** Kopp/Schenke VwGO § 40 Rn 70), da sie ein bloßes Minus gegenüber Schadensersatzansprüchen sind.

164　　**Vermögensrechtlich** sind Schadensersatzansprüche, wenn sie auf eine Geldzahlung gerichtet sind; Güter in Geldes Wert genügen dagegen nicht.

165　　**Nicht** unter § 40 Abs 2 S 1 Alt 3 VwGO fallen daher der gesamte **Primärrechtsschutz** (Erfüllungsansprüche bzw Eingriffsabwehransprüche) sowie aus dem Bereich des Sekundärrechtsschutzes (des Staatshaftungsrechts) die nichtvermögensrechtlichen Ansprüche, insbes der öffentlich-rechtliche **Folgenbeseitigungsanspruch**, der öffentlich-rechtliche **Erstattungsanspruch** und der nicht auf eine Geldzahlung gerichtete Anspruch auf Schadensersatz durch **Naturalrestitution**.

166　　Die abdrängende Sonderzuweisung zu den ordentlichen Gerichten gilt **nicht, wenn** sich der Schadensersatzanspruch aus der Verletzung einer Pflicht ergibt, die auf einem **öffentlich-rechtlichen Vertrag** beruht (Relativsatz in § 40 Abs 2 S 1 Hs 1 Var 3 VwGO).

166.1　　Wann ein Vertrag **öffentlich-rechtlich** ist, richtet sich nach den allgemeinen Regeln (Rn 39 ff, 76).

166.2　　Eine Streitigkeit **beruht** (§ 40 Abs 2 S 1 Hs 1 Alt 3 VwGO) auf dem öffentlich-rechtlichen Vertrag, wenn der Vertrag als solcher eine mögliche Anspruchsgrundlage für den Rechtsstreit bildet (Rn 42 ff). Das ist unproblematisch, wenn um die Vertragserfüllung gestritten wird. Aber auch vorvertragliche Ansprüche (culpa in contrahendo bei Anbahnung von Vertragsverhältnissen), nachvertragliche Ansprüche (Rückabwicklung des wirksamen, aber gescheiterten Vertrags) und Ansprüche im Fall der Leistungsstörung „beruhen" in einem weiteren Sinne auf dem Vertrag; für sie ist daher ebenfalls der Verwaltungsrechtsweg eröffnet (Einzelheiten: Sodan/Ziekow/Sodan VwGO § 40 Rn 566 ff).

167　　Dass § 40 Abs 2 S 1 Alt 3 VwGO Schadensersatzansprüche aus der Verletzung von Pflichten aus **öffentlich-rechtlichen Verträgen** (§§ 54 VwVfG ff) ausdrücklich ausklammert, heißt nur (negativ), dass insoweit der ordentliche Rechtsweg nicht eröffnet ist. § 40 Abs 2 S 1 Alt 3 VwGO enthält aber keine positive Festlegung auf den Verwaltungsrechtsweg (zutr Sch/S-A/P/Ehlers VwGO § 40 Rn 37). Welcher Rechtsweg stattdessen eröffnet ist, bestimmt sich vielmehr nach den allgemeinen Vorschriften (oben Rn 39 ff). Damit können Streitigkeiten aus öffentlich-rechtlichen Verträgen – je nach ihrem Gegenstand – der Verwaltungs-, der Sozial- oder aber der Finanzgerichtsbarkeit zugewiesen sein (s Rn 181 ff).

168　　§ 40 Abs 2 S 1 Hs 1 Var 3 VwGO erfasst damit
- Ansprüche aus **Amtshaftung** (§ 839 BGB), auch in ihrer Überleitung auf die Anstellungskörperschaft (Art 34 Abs 3 GG); insoweit ist § 40 Abs 2 S 1 Alt 3 VwGO aber wegen Art 34 S 3 GG im Kern nur deklaratorisch (Rn 149);
- Ansprüche aus **öffentlich-rechtlicher pVV** (analog § 280 Abs 1 BGB; **str**, vgl zur Gegenansicht BVerwGE 37, 238 = NJW 1971, 1053; BVerwG NJW 1976, 1468; OVG Hamburg NVwZ-RR 1995, 369; wie hier dagegen VGH Mannheim DVBl. 1981, 266; Sch/S-A/P/Ehlers VwGO § 40 Rn 544; Kopp/Schenke VwGO § 40 Rn 72). Dazu zählen Schadensersatzansprüche wegen der Verletzung einer Räum- und Streupflicht, einer sonstigen straßen- und wegerechtlichen Unterhaltungspflicht, einer öffentlich-rechtlichen Verkehrssicherungspflicht ua (s etwa Kopp/Schenke VwGO § 40 Rn 70 mwN);
- Ansprüche auf **Entschädigung aus enteignungsgleichem Eingriff**. Der enteignungsgleiche Eingriff (rechtswidrige Kollateralbeeinträchtigung von eigentumsrechtlich geschützten Positionen) findet seine Rechtsgrundlage in den Grundrechten und im Gewohnheitsrecht, aber weder in Art 14 Abs 1 S 2 noch in Art 14 Abs 3 GG. Ob er bereits als Anspruch aus Aufopferung iwS anzusehen ist (daher schon wegen § 40 Abs 2 S 1 Alt 1

VwGO der ordentlichen Gerichtsbarkeit unterliegt; so zB Kopp/Schenke VwGO § 40 Rn 61 mwN) kann mithin offen bleiben.

Gegenrichtung: Auch § 40 Abs 2 S 1 Alt 3 VwGO erfasst (wie § 40 Abs 2 S 1 Alt 2 **169** VwGO; s Rn 156 ff) nach hM nur Ansprüche Privater gegen den Staat, da nur sie die erforderliche Nähe zu § 839 BGB aufweisen (Kopp/Schenke VwGO § 40 Rn 73 mwN in Fn 352).

Normkonkurrenzen: Aufdrängende Sonderzuweisungen zu den besonderen öffentlich- **170** rechtlichen Gerichtsbarkeiten (§ 33 FGO, § 51 SGG) sollen – soweit Verfassungsrecht nicht entgegensteht – der abdrängenden Sonderzuweisung in § 40 Abs 2 S 1 Alt 3 VwGO auch dann vorgehen (Kopp/Schenke VwGO § 40 Rn 69 mwN), wenn dies nicht (wie in § 40 Abs 2 S 2 VwGO, s Rn 173 ff) ausdrücklich gesetzlich angeordnet wird.

5. Rückausnahme: Ausgleichsansprüche iRd Art 14 Abs 1 S 2 GG (§ 40 Abs 2 S 1 Hs 2 VwGO)

Bestimmungen zur Konkretisierung und Beschränkung der Eigentumsfreiheit (Art 14 **171** Abs 1 S 2 GG) sind nur verfassungsmäßig, wenn sie verhältnismäßig sind. Das setzt insbes voraus, dass ihre Abweichung vom (teils gesetzlich vorgeprägten, teils iSd genuin verfassungsrechtlichen Vorverständnisses zu fixierenden) Leitbild der Freiheit von Eigentum und Erbrecht nicht außer Verhältnis zu dem damit verfolgten Sachzweck liegt. Zur Wahrung der Verhältnismäßigkeit kann der Gesetzgeber (und nur er) zugunsten des Eigentümers einen Ausgleich in Geld oder in Geldes Wert vorsehen. Dieser Ausgleichsanspruch ist seit BVerfGE 58, 300 streng von der Enteignungsentschädigung (Art 14 Abs 3 S 2 GG) zu trennen.

Während zumindest der Streit um die Höhe der Enteignungsentschädigung der aus- **172** schließlichen Entscheidungskompetenz der ordentlichen Gerichte überantwortet ist (Rn 143 ff), ist für Streitigkeiten über Grund und Höhe von Ausgleichsansprüchen iSd Art 14 Abs 1 S 2 GG der Verwaltungsrechtsweg eröffnet (§ 40 Abs 1 S 1 VwGO). Das stellt die Ergänzung von § 40 Abs 2 S 1 VwGO um einen zweiten Halbsatz durch das RmBereinG (BGBl 2001 I 3987) ausdrücklich klar. Die Regelung findet ihre innere Rechtfertigung darin, dass Ansprüche auf die Zahlung eines derartigen Ausgleichs aufs Engste mit der Rechtmäßigkeit der Primärmaßnahme (der Inhalts- und Schrankenbestimmung und ihrer Anwendung im Einzelfall) verknüpft sind und daher – wie der Streit um die Primärmaßnahme – vor die Verwaltungsgerichte gehören.

Soweit der klassische enteignende Eingriff heute von der Figur der Ausgleichsansprüche iSv **172.1** Art 14 Abs 1 S 2 GG, § 40 Abs 2 S 1 Hs 2 VwGO abgedeckt ist (s Kopp/Schenke VwGO § 40 Rn 61; Maurer, Allgemeines Verwaltungsrecht § 27 Rn 107 ff und Rn 117), ist für **Ansprüche aus enteignendem Eingriff** der Verwaltungsrechtsweg eröffnet (str, **aA** BGHZ 102, 350, 357; BGHZ 111, 349, 352; BGHZ 136, 182, 186; BGHZ 140, 285, 302; BGH NJW 1995, 964, 965; Rinne DVBl 1994, 23, 25 f; Schenke NJW 1995, 3145 f; Steinberg/Lubberger Staatshaftung, 1991, 232; Sodan/Ziekow/Sodan VwGO § 40 Rn 539, die sämtliche Ansprüche aus enteignendem Eingriff weiterhin den ordentlichen Gerichten zuweisen; **wie hier** dagegen BVerwGE 94, 1, 2 ff = NJW 1993, 2949; vgl auch BVerwG NJW 1996, 409; aus der Literatur va Maurer DVBl 1991, 781, 785 f; Melchinger NJW 1991, 2524, 2532; Heinz/Schmitt NVwZ 1992, 513, 521 f; Schoch JZ 1995, 768, 771; Lege NJW 1995, 2745 ff; Maurer, Allgemeines Verwaltungsrecht § 27 Rn 107 ff, 115 ff; Sch/S-A/P/Ehlers VwGO § 40 Rn 526).

Noch nicht geklärt ist, ob das Institut des enteignenden Eingriffs im Übrigen (dh außerhalb **172.2** seines durch der Ausgleichsansprüche iSv Art 14 Abs 1 S 2 GG, § 40 Abs 2 S 1 Hs 2 VwGO markierten Kerns) entbehrlich oder noch sinnvoll ist. Das BVerwG hat einen **eigenständigen Restanwendungsbereich** angenommen, für den dann – als „Aufopferung" iSv § 40 Abs 2 S 1 Hs 1 Alt 1 VwGO – der Rechtsweg zu den ordentlichen Gerichten eröffnet sein soll (BVerwGE 94, 1, 8 = NJW 1993, 2949). Bedeutung hat diese Rspr für ex ante nicht vorhersehbare Kollateralschäden eines an sich rechtmäßigen Eigentumseingriffs. Folgt man dieser Judikatur, deckt § 40 Abs 2 S 1 Hs 2 VwGO im Ergebnis nicht sämtliche Ansprüche aus enteignendem Eingriff ab.

6. Vorbehalt zu Gunsten des Beamtenrechts (§ 40 Abs 2 S 2 Alt 1 VwGO)

Allerdings ordnet § 40 Abs 2 S 2 VwGO an, dass bestimmte besondere Vorschriften **173** unberührt bleiben. Diese Formulierung schränkt zunächst nur die Reichweite von § 40

Abs 2 S 1 VwGO ein, trifft aber selber keine positive Regelung zu Gunsten des Verwaltungsrechtswegs.

174   In ihrer ersten Alternative (besondere Vorschriften des Beamtenrechts) ist sie sogar rein
deklaratorisch (Würtenberger Verwaltungsprozessrecht, 2. Aufl, 2006, Rn 188). Denn soweit
keine verfassungsrechtliche Garantie der Eröffnung des ordentlichen Rechtswegs eingreift,
sind für beamtenrechtliche Streitigkeiten ohnehin die Verwaltungsgerichte zuständig (§ 126
BRRG, s Rn 209; § 59 SoldG, s Rn 221; § 43 ZivSchKG). Das stellt § 40 Abs 2 S 2 Alt 1
VwGO ausdrücklich klar und entscheidet die **Normkonkurrenz** zwischen abdrängender
(§ 40 Abs 2 S 1 VwGO) und aufdrängender (§ 126 BRRG) Sonderzuweisung zu Gunsten
letzterer (s aber Rn 177).

175   **Persönlicher Anwendungsbereich.** Beamte iSd § 40 Abs 2 S 2 Alt 1 VwGO sind
neben Beamten im statusrechtlichen Sinne auch Richter, Berufs- und Zeitsoldaten, Wehr-
und Zivildienstleistende. Nicht umfasst sind dagegen die beamtenähnlichen öffentlich-rechtliche Dienst- und Treueverhältnisse der Lehrbeauftragte an staatlichen Hochschulen, der
Notare oder der Privatdozenten (Kopp/Schenke VwGO § 40 Rn 75 aE).

176   **Sachlicher Anwendungsbereich.** In sachlicher Hinsicht zählen zu den beamtenrechtlichen Streitigkeiten grundsätzlich alle Streitigkeiten (Rn 32 ff) aus dem Beamten-, Richter-
und Soldatenverhältnis einschließlich seines Vor- und Nachstadiums, über das Bestehen oder
Nichtbestehen eines solchen Dienstverhältnisses oder über den Anspruch auf Begründung
oder Beendigung eines solchen Dienstverhältnisses. Insbes gilt § 40 Abs 2 S 2 Alt 1 VwGO–
ebenso wie § 126 BRRG – grundsätzlich **bidirektional**, also sowohl für Klagen des
(potenziellen) Beamten als auch für Klagen gegen diesen.

177   **Ausnahmen:** Für Rückgriffsklagen des Dienstherrn gegen den Beamten in Fällen der
§ 839 BGB, Art 34 S 2 GG ist wegen Art 34 S 3 Alt 2 GG ausschließlich der Rechtsweg zu
den ordentlichen Gerichten eröffnet. Daneben gibt es weitere Fälle, in denen sich Beamter
und Anstellungskörperschaft außerhalb des Beamtenverhältnisses ieS begegnen und für die
aus diesem Grund – im Wege einer restriktiven Auslegung – §§ 126 BRRG und § 40 Abs 2
S 2 VwGO nicht gelten sollen.

177.1   Dies gilt für Streitigkeiten zwischen Rechtsreferendaren und Land über das Bestehen der
Zweiten Juristischen Staatsprüfung und andere Prüfungen, die nicht nur im Hinblick auf die Übernahme in ein späteres Beamten- oder Richterverhältnis auf Lebenszeit durchgeführt werden,
außerdem für Streitigkeiten um Bedienstetendarlehen, die im Rahmen der Wohnungsfürsorge
gewährt werden, oder für Streitigkeiten über Kindergeld (s. statt aller Kopp/Schenke VwGO § 40
Rn 76 f).

7. Vorbehalt zu Gunsten des Ausgleichs von Vermögensnachteilen wegen Rücknahme rechtswidriger Verwaltungsakte (§ 40 Abs 2 S 2 Alt 2 VwGO)

178   Der zweite Vorbehalt, den § 40 Abs 2 S 2 VwGO macht, betrifft den Ausgleich von
Vermögensnachteilen wegen Rücknahme rechtswidriger Verwaltungsakte. Er zielte auf die
frühere Regelung des § 48 Abs 6 VwVfG ab, die durch Gesetz vom 2.5.1996 (BGBl I 657)
aufgehoben wurde.

178.1   Zur Rechtslage bis dahin s. Eyermann/Rennert VwGO § 40 Rn 169 ff.

179   Entschädigungen im Zusammenhang mit dem Widerruf rechtmäßiger Verwaltungsakte
(§ 49 VwVfG) werden von § 40 Abs 2 S 2 Alt 2 VwGO nicht erfasst; insoweit ordnet § 49
Abs 6 S 3 VwVfG die Eröffnung des Rechtswegs zu den ordentlichen Gerichten an (rechtspolitisch problematisch; s Rn 196).

180   Damit ist § 40 Abs 2 S 2 Alt 2 VwGO heute zumindest im Hinblick auf das BVwVfG
vollständig gegenstandslos geworden (Kopp/Schenke VwGO § 40 Rn 79).

III. Zuweisungen in anderen Bundesgesetzen (§ 40 Abs 1 S 1 VwGO)
1. Überblick

181   Eine Reihe von öffentlich-rechtlichen Streitigkeiten sind durch abdrängende Sonderzuweisung in Spezialgesetzen anderen Gerichtsbarkeiten zugewiesen. Innerhalb der öffent-

lich-rechtlichen Gerichtsbarkeiten enthalten § 33 FGO (Rn 183 ff), § 51 SGG (Rn 188 ff) und patentrechtliche Vorschriften (Rn 198) Sonderzuweisungen. Zu **landesgesetzlichen Zuweisungen** s § 40 Abs 1 S 2 VwGO (Rn 201).

Diese anderweitigen Zuweisungen derogieren den Grundtatbestand des § 40 Abs 1 S 1 **182** VwGO allerdings nur insoweit, als sie ebenfalls öffentlich-rechtliche Streitigkeiten betreffen. Soweit sie in den Bereich bürgerlichrechtlicher Streitigkeiten reichen, fungieren sie dagegen nicht als Sonderzuweisungen iSd § 40 Abs 1 S 1 VwGO, sondern als Spezialzuweisungen iSd § 13 Hs 2 GVG.

Beispiele: berufsrechtliche Streitigkeiten der Steuerberater (§ 33 Abs 1 Nr 3 FGO); privatrecht- **182.1** liche Angelegenheiten der gesetzlichen Krankenversicherung (§ 51 Abs 2 S 1 SGG), privatrechtliche Angelegenheiten der gesetzlichen und privaten Pflegeversicherungen (§ 51 Abs 2 S 3 SGG).

2. Finanzgerichte

Für Abgabenangelegenheiten (§ 33 Abs 2 FGO) ist der Rechtsweg zu den Finanzge- **183** richten (FG, BFH) gegeben, soweit die Abgaben der Gesetzgebung des Bundes unterliegen und durch Bundesfinanzbehörden oder Landesfinanzbehörden verwaltet werden (§ 33 Abs 1 Nr 1 FGO; s Leist ThürVBl 2004, 252). Dies gilt gleichermaßen für Streitigkeiten im Vorfeld des Erlass eines Verwaltungsakts und für seine Vollziehung einschließlich der Vollstreckung.

Ausgenommen sind Streitigkeiten im darauf bezogenen Straf- und Bußgeldverfahren (§ 33 Abs 3 **183.1** FGO); hier bleibt es bei der durch § 13 GVG, § 68 iVm §§ 62 Abs 2, 104 OWiG begründeten Zuständigkeit der ordentlichen Gerichte. Daher unterliegen namentlich Maßnahmen der **Steuerfahndungsstellen** der Finanzämter teilweise der finanzgerichtlichen Überprüfung (soweit die Steuerfahndung als Steuerermittlungsbehörde tätig geworden ist), teilweise ist Rechtsschutz vor den ordentlichen Gerichten zu suchen (in Straf- und Bußgeldsachen). Zur Abgrenzung s BFHE 194, 26 = BStBl II 2001, 306 = NJW 2001, 2573 = DStR 2001, 350 mwN (Finanzrechtsweg eröffnet für die Klage einer Bank, gegen deren Mitarbeiter ermittelt wurde, auf Nichtweitergabe von Kundendaten an die Wohnsitzfinanzämter).

Nicht unter § 33 Abs 1 Nr 1 FGO fällt auch die Erhebung landesgesetzlich geregelter Steuern, **183.2** zB der Kirchensteuer (s auch unten Rn 187).

Beschränkt auf die Vollziehung von Verwaltungsakten ist der Finanzrechtsweg zusätzlich **184** in anderen öffentlich-rechtlichen Streitigkeiten gegeben, soweit die Verwaltungsakte durch Bundesfinanzbehörden oder Landesfinanzbehörden nach den Vorschriften der Abgabenordnung zu vollziehen sind (§ 33 Abs 1 Nr 2 FGO). Wichtigster Anwendungsfall sind die von den kommunalen Gebietskörperschaften festgesetzten Abgaben, soweit die Kommunalabgabengesetze der Länder die AO für anwendbar erklären (siehe zB § 3 BW KAG, Art 13 BayKAG, § 4 H KAG, § 12 NRW KAG etc).

Die Rechtswegzuständigkeit der Finanzgerichte erstreckt sich ferner auf viele Streitig- **185** keiten über Auslegung und Anwendung des StBerG; dies schließt namentlich öffentlich-rechtliche Streitigkeiten ein (§ 33 Abs 1 Nr 3 FGO).

Schließlich kann der Finanzrechtsweg kraft spezialgesetzlicher Zuweisungen auch für **186** weitere öffentlich-rechtliche Streitigkeiten beschritten werden. § 33 Abs 1 Nr 4 FGO begründet eine Kompetenz auch des Landesgesetzgebers zur Regelung derartiger spezieller Sonderzuweisungen.

Die meisten Landesgesetzgeber haben von dieser Ermächtigung Gebrauch gemacht und weisen **186.1** grundsätzlich auch alle öffentlich-rechtlichen Streitigkeiten über Abgabenangelegenheiten, in denen Landesfinanzbehörden Abgaben verwalten, die nicht der Gesetzgebung des Bundes unterliegen, den Finanzgerichten zu (§ 4 BWAGFGO, Art 5 BayAGFGO, § 5 Abs 1 HbgAGFGO, § 6 NdsAGFGO, § 4 RPAGFGO, § 5 SaarAGFGO). Für das Land Bremen gilt das nur mit Einschränkungen (für nichtsteuerliche Abgaben bleibt es dort grds bei der Eröffnung des Verwaltungsrechtswegs: Art 6 BrAGFGO).

Soweit für eine öffentlich-rechtliche Streitigkeit (Rn 32 ff) nichtverfassungsrechtlicher Art **187** (Rn 89 ff) die Voraussetzungen des § 33 FGO nicht vorliegen, ist der Verwaltungsrechtsweg eröffnet.

187.1   Dieses Regel-Ausnahme-Geflecht wird insbes für **Kirchensteuersachen** durch das Landesrecht noch weiter verfeinert. Im Ergebnis ist für Streitigkeiten über Kirchensteuer, Kirchgeld und darauf bezogene Umlagen teilweise der Finanzrechtsweg, teilweise der Verwaltungsrechtsweg eröffnet. Dafür kann es darauf ankommen,
- auf welches Bundesland (zT auch auf welchen Landesteil),
- auf welche Religionsgemeinschaft und
- auf welche Abgabeform

sich die Streitigkeit bezieht. Unterschiede können sich ferner daraus ergeben, ob der Vollzug des Kirchensteuerrechts
- kirchlichen Behörden,
- den staatlichen Finanzbehörden oder
- den Gemeinden

obliegt.

187.2   Teilweise sind Kirchensteuersachen ausdrücklich aus den landesrechtlichen Verweisungsnormen zu Gunsten der Finanzgerichtsbarkeit (vgl § 33 Abs 1 Nr 4 FGO und oben Rn 186) ausgenommen. Dies gilt für
- **Berlin**: § 9 BlnKiStG,
- **Brandenburg**: § 10 Abs 1 BbgKiStG,
- **Hessen**: § 13 Abs 1 HKiStG,
- **Niedersachsen**: 10 Abs 2 NdsKiStRG, § 10 Abs. 2 des NdsKirchensteuerrahmengesetzes v 10.2.1972 (Nieders. GVBl. S. 109); siehe zB VG Osnabrück NJW 2006, 3158 (Abgabe von Einsprüchen gegen die Festsetzung und Erhebung von Kirchensteuer von den staatlichen Finanzämtern an die zuständigen kirchlichen Stellen),
- **Rheinland-Pfalz**: § 13 Abs 1 RPKiStG,
- **Sachsen-Anhalt**: § 9 Abs 1 KiStG LSA,
- **Schleswig-Holstein**: § 10 Abs 1 KiStG SH.

Da dann auch keiner der anderen Tatbestände von § 33 FGO eingreift, ist in diesen Ländern der **Verwaltungsrechtsweg** eröffnet (Meyer, Kirchensteuerübersicht 1994, NWB Fach 12, S 1383 ff; Giloy/König, KirchensteuerR in der Praxis, 1993, S 112 ff; Hollerbach, in: Hdb. des katholischen KirchenR, 1983, S 898; Gehm LKV 2000, 173).

187.3   Entsprechendes gilt, wenn das Landesrecht an anderer Stelle – va in den Kirchensteuergesetzen – einen Vorbehalt enthält, nach dem für Streitigkeiten über die Kirchensteuer und ähnliche Abgaben der Verwaltungsrechtsweg eröffnet ist, so zB in **Bremen** für den Fall der Verwaltung der Kirchensteuer durch die Kirchen selber (§ 8 Abs 3 BremKiStG).

187.4   In **Baden-Württemberg** eröffnet das Landesrecht für den Fall der Verwaltung der Kirchensteuer durch die Religionsgemeinschaften den Verwaltungsrechtsweg (§ 14 Abs 1 BWKiStG). Für den Fall der Verwaltung durch die Gemeinden wird ausdrücklich auf diese Regelung verwiesen (§ 16 Abs 2 BWKiStG). Dagegen sollen Streitigkeiten im Fall der Verwaltung der Kirchensteuer durch die Landesfinanzbehörden, für den das BWKiStG keine eigenständige Regelung trifft, auf dem Finanzrechtsweg zu verfolgen sein, weil insoweit – subsidiär – der landesrechtliche Grundsatz des § 4 BWAGFGO eingreift (so der Erste Senat des BFH, NVwZ 1998, 325 gegen die frühere Rspr des Siebten Senats des BFH im Beschl. v. 26.4.1977, VIII S 5/76). Die Möglichkeit einer Eröffnung des Finanzrechtswegs in Kirchensteuerangelegenheiten wird mittelbar durch § 3 BWAGFGO bestätigt, wonach das FG in kirchenrechtlichen Abgabenangelegenheiten diejenige Religionsgesellschaft beizuladen hat, deren rechtliche Interessen durch die Entscheidung als Abgabenberechtigte unmittelbar berührt werden (BFH NVwZ 1998, 325).

187.5   Eine ähnliche Differenzierung gilt im **Saarland**. Hier ist für Streitigkeiten um die Festsetzung und Erhebung der Kirchensteuer durch Landesfinanzbehörden oder die Kirchen selber der Finanzrechtsweg, bei einer Festsetzung und Erhebung durch die Gemeinden dagegen der Verwaltungsrechtsweg eröffnet (§ 16 S KiStG).

187.6   In
- **Bayern**: Art 5 S 1 Nr 3 BayAGFGO,
- **Berlin**: § 9 Abs 1 BlnKiStG,
- **Hamburg**: § 5 Abs 2 HbgAGFGO,
- **Mecklenburg-Vorpommern**: Art 3 Gerichtsorganisationsgesetz MV v. 2.6.1992,
- **Nordrhein-Westfalen**: § 14 Abs 4 S 1 KiStG_NW,
- **Sachsen**: § 32 Nr 2 SächsJuStSG,
- **Thüringen**: § 4 Nr 3 ThürAGFGO

ist der Rechtsweg zu den Finanzgerichten dagegen für alle Streitigkeiten über Kirchensteuern (Kirchenumlagen) und ggf auch das Kirchgeld eröffnet.

3. Sozialgerichte

Anders als § 40 Abs 1 Nr 1 VwGO und § 33 Abs 1 Nr 1 FGO enthält § 51 SGG **188** lediglich eine kleine Generalklausel. Diese ist in einen äußerlich dem Enumerativprinzip folgenden Katalog diverser Einzelzuständigkeiten eingebettet (§ 51 Abs 1 Nr 5 SGG) und bezieht sich nur auf die Angelegenheiten der Sozialversicherung. Die Generalklausel umfasst insbes die Entscheidungen

- in Angelegenheiten der gesetzlichen Rentenversicherung einschließlich der Alterssicherung der Landwirte (§ 51 Abs 1 Nr 1 SGG),
- in Angelegenheiten der gesetzlichen Krankenversicherung, der sozialen Pflegeversicherung und der privaten Pflegeversicherung (SGB XI), auch soweit durch diese Angelegenheiten Dritte betroffen werden (§ 51 Abs 1 Nr 2 SGG; zur Reichweite dieser Klausel zB Kopp/Schenke VwGO § 40 Rn 49d). Dies gilt nicht für Streitigkeiten in Angelegenheiten nach § 110 SGB V aufgrund einer Kündigung von Versorgungsverträgen, die für Hochschulkliniken oder Plankrankenhäuser (§ 108 Nr 1 und 2 SGB V) gelten (§ 51 Abs 1 Nr 2 S 2 SGG),
- in Angelegenheiten der gesetzlichen Unfallversicherung mit Ausnahme der Streitigkeiten aufgrund der Überwachung der Maßnahmen zur Prävention durch die Träger der gesetzlichen Unfallversicherung (§ 51 Abs 1 Nr 3 SGG).

Daneben entscheiden die Gerichte der Sozialgerichtsbarkeit **189**

- in Angelegenheiten der Arbeitsförderung einschließlich der übrigen Aufgaben der Bundesagentur für Arbeit (§ 51 Abs 1 Nr 4 SGG),
- in Angelegenheiten der Grundsicherung für Arbeitsuchende („Hartz IV", § 51 Abs 1 Nr 4a SGG),
- in Angelegenheiten des sozialen Entschädigungsrechts mit Ausnahme der Streitigkeiten aufgrund der §§ 25 bis 27j BVG (Bundesversorgungsgesetzes – Kriegsopferfürsorge), auch soweit andere Gesetze die entsprechende Anwendung dieser Vorschriften vorsehen (§ 51 Abs 1 Nr 6 SGG),
- in Angelegenheiten der Sozialhilfe und des Asylbewerberleistungsgesetzes (§ 51 Abs 1 Nr 6a SGG; vgl aber § 50a S 1 Nr 1 SGG iVm § 52 SGG),
- in Streitigkeiten bei der Feststellung von Behinderungen und ihrem Grad sowie weiterer gesundheitlicher Merkmale, ferner der Ausstellung, Verlängerung, Berichtigung und Einziehung von Ausweisen nach § 69 SGB IX (§ 51 Abs 1 Nr 7 SGG),
- in Streitigkeiten, die aufgrund des Aufwendungsausgleichsgesetzes entstehen (§ 51 Abs 1 Nr 8 SGG),
- in Streitigkeiten, für die durch Rechtsverordnung die Zuständigkeit der früheren Versicherungsbehörden oder Versorgungsgerichte begründet worden war (§ 204 SGG).

§ 51 Abs 1 Nr 10 SGG weist daneben – deklaratorisch – auf die Möglichkeit aufdrängen- **190** der **Sonderzuweisungen an die Sozialgerichtsbarkeit** hin, die eines förmlichen Gesetzes bedürfen.

Ferner ist der Sozialrechtsweg für **privatrechtliche Streitigkeiten** in Angelegenheiten **191** der gesetzlichen Krankenversicherung eröffnet. Dies gilt auch, soweit durch diese Angelegenheiten Dritte betroffen werden (§ 51 Abs 2 S 1 SGG). Eine entsprechende Regelung betrifft die soziale und die private Pflegeversicherung nach SGB XI (§ 51 Abs 2 S 3 SGG).

Für alle anderen Fragen sozialrechtlicher Art ist dagegen der **Verwaltungsrechtsweg** **192** eröffnet. Dies gilt namentlich für die Grundsicherung für Arbeitsuchende nach dem SGB II (VG Greifswald NVwZ-RR 2005, 338) mit Ausnahme des Regresses des Leistungsträgers gegen Dritte, die dem Leistungsempfänger gegenüber unterhaltspflichtig sind (§ 33 Abs 4 S 3 SGB II). Vor die Verwaltungsgerichte gehören ferner Streitigkeiten über Umlagebescheide der Landeswohlfahrtsverbände (VGH Mannheim NVwZ-RR 1999, 38) oder über die Investitionsförderung für Pflegeeinrichtungen (BVerwG NVwZ-RR 1999, 316).

Teilweise werden einzelne Sachbereiche, die der **Sozialgerichtsbarkeit** erst im Rahmen **193** der sog Hartz-IV-Reformen zugewachsen sind, auf Landesebene übergangsweise weiterhin **durch die Verwaltungsgerichte** bzw Oberverwaltungsgerichte/Verwaltungsgerichtshöfe **ausgeübt** (§ 50a iVm § 52 SGG und entsprechenden Anordnungen des Landesrechts).

Darin liegt aber keine Sonderregelung des Rechtswegs, sondern lediglich die befristete **194** Anordnung einer besonderen sachlichen Zuständigkeit. Die Verwaltungsgerichte fungieren in diesen Fällen bereits heute als materieller Teil der Sozialgerichtsbarkeit; insbes verfahren sie (nach näherer Maßgabe von § 206 SGG) nach dem SGG, nicht nach der VwGO.

4. Ordentliche Gerichte

195   Neben den im GG (Rn 142) oder § 40 VwGO selber (Rn 150 ff) geregelten Fällen kommt es vereinzelt auch in anderen Fällen zur Eröffnung des Rechtswegs zu den ordentlichen Gerichten. Voraussetzung ist wegen Art 101 Abs 1 S 2 GG dabei jeweils eine spezialgesetzliche Zuweisung.

196   Zu nennen sind exemplarisch (alphabetisch nach Rechtsgrundlage)
- § 56 BDSG
- § 23 EGGVG (hierzu zB Kopp/Schenke VwGO § 40 Rn 49b)
- §§ 63 GWB ff
- § 68 Abs 1 IfSG
- § 23 Abs 1 S 1 InVorrG
- §§ 45, 104 OWiG
- § 13 Abs 3 S 2 PatG
- § 36 Abs 1 PUAG (s Rn 99, 134 f, 140)
- § 9 Abs 3 VerkPBG (hierzu BVerwG NVwZ-RR 1999, 485; BVerwG DVBl 2000, 1462)
- § 49 Abs 6 S 3 VwVfG (Rn 179; zutreffende Kritik an dieser Vorschrift de lege ferenda bei Sodan/Ziekow/Sodan VwGO § 40 Rn 580 ff)

5. Arbeitsgerichte

197   Keine abdrängenden Sonderzuweisungen enthalten dagegen die Normen der §§ 2 ArbGG ff.

6. Bundespatentgericht

198   Der Bundesgesetzgeber hat nach Art 96 GG die Kompetenz zur Einrichtung eines Bundesgerichts für Angelegenheiten des gewerblichen Rechtsschutzes. Von dieser Kompetenz hat er durch §§ 13 Abs 2, 65 Abs 1 PatG Gebrauch gemacht. Die Zuständigkeit des Bundespatentgerichts erstreckt sich auf Maßnahmen des Bundespatentamts in Patent-, Gebrauchs- und Geschmacksmustersachen (§§ 65 Abs 1 PatG, 18 GebrMG, 4 HalbleiterschutzG), auf Maßnahmen des Bundessortenamts in Sortenschutzsachen (§ 34 Abs 1 SortenschutzG) und auf Patentnichtigkeitsklagen gegen den Inhaber eines Patents (§§ 65, 22, 24, 81 PatG).

7. Berufs- und Disziplinargerichte

199   Weitere abdrängende Sonderzuweisungen betreffen Richterdienstgerichte (§§ 61 Abs 1, 77 Abs 1 DRiG), Truppendienstgerichte, Disziplinargerichte des Bundes und der Länder (Einzelheiten: Sodan/Ziekow/Sodan VwGO § 40 Rn 103 ff) und andere Dienst- und Berufsgerichte. Diese Gerichte können eigene kleine Gerichtsbarkeiten bilden.

200   Streng hiervon zu trennen ist aber wiederum (zu §§ 50a SGG ff s bereits oben Rn 194) die Frage, welcher Spruchkörper die Aufgaben dieser Berufs- und Disziplinargerichte wahrnimmt. Hier ist zu unterscheiden:
- Teilweise sind die kleinen Berufsgerichtsbarkeiten auch organisatorisch verselbständigt und werden durch die berufsständischen Kammern getragen (Beispiel: Berufsgerichte der Apotheker im Fall des § 2 Abs 1 Nr 4 BW KammerG; Berufsgerichte der Heilberufe in Baden-Württemberg nach §§ 60 ff HBKG BW).
- Überwiegend sind sie dagegen organisatorisch nicht verselbständigt. Ihre Aufgaben werden dann durch besondere Spruchkörper der großen Gerichtsbarkeiten wahrgenommen. Als Berufsgerichte fungieren dabei teilweise (zB bei den Berufsgerichten der Heilberufe in Rheinland-Pfalz nach § 48 Abs 1 RhPf HeilberG; Meyer-Hentschel, DVBl 1964, 55 ff; und Sodan, Freie Berufe als Leistungserbringer im Recht der gesetzlichen Krankenversicherung, 1997, S 34, 92 f, 153 f) die Verwaltungsgerichte, überwiegend aber die ordentlichen Gerichte (Beispiele: § 100 BRAO, §§ 95 StBerG ff, Art 57 BayKammerG).

IV. Anderweitige landesgesetzliche Zuweisungen (§ 40 Abs 1 Satz 2 VwGO)

Der (förmliche) Landesgesetzgeber kann Rechtswegregelungen nur für landesrechtliche **201** Streitigkeiten treffen, die nach § 40 Abs 1 S 1 VwGO (nicht aber nach aufdrängenden bundesrechtlichen Sonderzuweisungen, Rn 208 ff) an sich vor die Verwaltungsgerichte gehören. Diese Kompetenz hat der Landesgesetzgeber auch insoweit, als landesrechtliche Anspruchsgrundlagen neben gleichgerichteten bundesrechtlichen stehen; trifft er hier eine abdrängende Sonderzuweisung, kann es uU zur parallelen Eröffnung zweier Rechtswege kommen, auf denen dann der geltend gemachte Anspruch jeweils unter sämtlichen (bundes- und landesgesetzlichen) Anspruchsgrundlagen geprüft werden muss (§ 17 Abs 2 GVG).

1. Überprüfung von Freiheitsentziehungen

Landesrechtliche Normen begründen in weitem Umfang die Eröffnung des Rechtswegs **202** zu den ordentlichen Gerichten für Entscheidungen über Zulässigkeit und Fortdauer von Freiheitsentziehungen (zB Art 18 Abs 2 S 1 BayPAG, § 31 Abs 2 BerlASOG, § 16 Abs 3 BremPolG, § 20 Abs 2 ThürPAG). Diese Rechtswegbestimmungen sollen nicht nur die nachträgliche richterliche Bestätigung einer bei Gefahr im Verzug behördlichen angeordneten Freiheitsentziehung betreffen, sondern ebenso die anfängliche richterliche Anordnung der Freiheitsentziehung im Rahmen der polizeilichen Gefahrenabwehr (Sodan/Ziekow/ Sodan VwGO § 40 Rn 629 ff). In den meisten Bundesländern bleiben die Verwaltungsgerichte allerdings für Fortsetzungsfeststellungsklage nach beendeter Freiheitsentziehung zuständig, wenn die Beendigung auf einer behördlichen Entscheidung (und nicht etwa auf einem Beschluss des zuständigen Haftrichters beim Amtsgericht) beruht (hierzu iE Sodan/ Ziekow/Sodan VwGO § 40 Rn 636 ff). Ausnahmen gelten kraft besonderer landesgesetzlicher Anordnung für Bayern (Art 18 Abs 2 S 2 BayPAG), Berlin (§ 31 Abs 2 und Abs 3 S 1 BlnASOG) und Niedersachsen (§ 19 Abs 1 S 2 und Abs 2 NdsGefAbwG).

Demgegenüber sind die Zuständigkeiten in Strafvollzugssachen bundesgesetzlich geregelt; **203** s §§ 109, 110 StrVollzG.

2. Polizei- und sicherheits- bzw. ordnungsrechtliche Entschädigungsansprüche

Traditionell werden den ordentlichen Gerichten Entschädigungsansprüche Privater nach **204** den Polizeigesetzen und nach den Sicherheits- bzw Ordnungs(behörden)gesetzen zugewiesen. Für Ansprüche des Staates ist dagegen idR der Verwaltungsrechtsweg eröffnet (Sch/S-A/ P/Ehlers VwGO § 40 Rn 33 mwN; Sodan/Ziekow/Sodan VwGO § 40 Rn 583).

Derartige Regelungen finden sich in Baden-Württemberg (§ 58 BW PolG), Bayern (Art 73 **204.1** BayPAG), Berlin (§ 65 ASOG Bln), Brandenburg (§ 42 OBG Bbg, § 70 PolG Bbg), Bremen (§ 62 PolG Brem), Hessen (§ 70 HessSOG), Mecklenburg-Vorpommern (§ 77 SOG M-V), Niedersachsen (§ 86 NdsGefAbwG), Nordrhein-Westfalen (§ 43 OBG NRW, § 67 PolG NRW), Rheinland-Pfalz (§ 77 POG RP), dem Saarland (§; 74 SaarlPolG), Sachsen (§ 58 SächsPolG), Sachsen-Anhalt (§ 75 SOG LSA), Schleswig-Holstein (§ 192 LVG SH) und Thüringen (§ 74 ThürPAG).

3. Kirchensteuer und Kirchgeld

In vielen Bundesländer hat der Landesgesetzgeber für Streitigkeiten über die Kirchen- **205** steuer (Kirchenumlagen) und ggf. das Kirchgeld den Rechtsweg zu den Finanzgerichten eröffnet (s Rn 187.1 ff).4. Regelungen aus der Zeit vor 1960

Grundsätzlich erfasst der Vorbehalt des § 40 Abs 1 S 2 VwGO nur diejenigen abdrängen- **206** den landesrechtlichen Sonderzuweisungen, die nach dem Erlass der VwGO am 21.1.1960 verabschiedet worden sind (Einzelheiten: Sodan/Ziekow/Sodan VwGO § 40 Rn 499).

Diese Voraussetzung erfüllen aber die Fortgeltungsanordnungen in den AGVwGO der **207** Länder (§ 10 BW AGVwGO, Art 13 BayAGVwGO, Art 6 AGVwGO Bremen, § 5 AGVwGO Hamburg, § 19 Nr 1 HAGVwGO, § 21 Nr 1 SAGVwGO; s auch Sodan/ Ziekow/Sodan VwGO § 40 Rn 499).

F. Aufdrängende Sonderzuweisungen

208   Nicht in § 40 VwGO angelegt sind dagegen die sog. aufdrängenden Sonderzuweisungen, durch die bestimmte Streitigkeiten unabhängig von ihrer Art und damit unabhängig von der Erfüllung der positiven und negativen Voraussetzungen des § 40 VwGO der Verwaltungsgerichtsbarkeit unterstellt werden.

I. Bundesrecht

1. § 126 BRRG

209   Die wichtigste aufdrängende Sonderzuweisung ist § 126 BRRG. Für diese Sonderzuweisung öffnet sich § 40 Abs 2 S 2 VwGO ausdrücklich. Damit ist zugleich klar, dass § 126 BRRG der in § 40 Abs 2 S 1 VwGO geregelten abdrängenden Sonderzuweisung vorgeht (BVerwGE 18, 181, 184; B/F-K/K/von Albedyll, VwGO § 40 Rn 118).

210   § 126 Abs 1 und Abs 2 BRRG schreibt vor, dass der Verwaltungsrechtsweg für alle Klagen des Beamten und des Dienstherrn aus dem Beamtenverhältnis gegeben ist.

211   **Persönlicher Anwendungsbereich.** Beamter iSd § 126 BRRG ist jeder Bundes-, Landes- oder Kommunalbeamte, außerdem jeder sonstige Beamte. Zu Kirchenbeamten s § 135 BRRG und oben Rn 25 ff. Unerheblich ist, ob der Beamte auf Lebenszeit oder nur auf Zeit, auf Widerruf oder auf Probe ernannt ist.

212   Keine Beamten sind dagegen Referendare im Angestelltenverhältnis (vgl BVerwGE 90, 147) oder in einem besonderen öffentlich-rechtlichen Ausbildungsverhältnis, freiberufliche Tierärzte, die nebenberuflich Fleischbeschauer sind (Bh 418.5 Nr. 4), Privatdozenten (BVerwGE 96, 136 = NVwZ 1995, 489), Beliehene oder Minister (Eyermann/Rennert, VwGO § 40 VwGO Rn 164).

213   § 126 BRRG deckt zusätzlich aber auch bestimmte Klagen von oder gegen Nichtbeamten ab. Dies gilt etwa für Klagen eines Nichtbeamten auf Begründung eines Beamtenverhältnisses, für Klagen des Dienstherrn auf Schadensersatz gegen Mitarbeiter aus einem von beiden Seiten gewollten und zunächst als bestehend angesehenen, rechtlich aber nicht zustande gekommenen Beamtenverhältnis (BVerwGE 100, 280 = NVwZ 1996, 1027) sowie für andere Streitigkeiten vor- oder nachbeamtlicher Art (zB BVerwGE 30, 65, BVerwGE 50, 301, BVerwG NJW 1991, 943).

214   **Sachlicher Anwendungsbereich.** Der Begriff der beamtenrechtlichen Streitigkeit ist weit auszulegen. Die Nennung möglicher Klagen in § 126 BRRG ist nicht abschließend. Der Verwaltungsrechtsweg ist auch für Klagen wegen einer Verletzung der Fürsorgepflicht eröffnet (BGH NVwZ 1990, 1103). Das gilt selbst dann, wenn dem Beamten parallel auch ein Amtshaftungsanspruch zusteht (BVerwGE 13, 17 = NJW 1961, 2364). § 40 Abs 2 S 2 VwGO und § 126 BRRG sind außerdem anwendbar auf die Klage eines Soldaten auf Einsicht in seine Sicherheitsakte (BVerwGE 113, 116 = NVwZ-RR 1998, 184), auf Einweisung in eine Planstelle, auf Beförderung, gegen Verwendungsentscheidungen oder gegen die Beendigung der Dienstzeit.

215   Nicht zu den beamtenrechtlichen Streitigkeiten gehören dagegen Prüfungsanfechtungen im Rahmen der Zweiten Juristischen Staatsprüfung (BVerwG 29.7.1960, VII B 35.60; BayVBl 1961, 280; BVerwGE 30, 172, 174; BVerwGE 38, 105, 106) oder Auseinandersetzungen um Schadensersatz oder Entschädigungen für immaterielle Schäden, die der Beamte in Ausübung seines Dienstes erlitten hat (BGH NJW 1965, 199). Konkurrentenklagen eines Angestellten fallen nicht schon deshalb unter § 126 BRRG, weil der bevorzugte Bewerber auf seinem früheren Dienstposten bereits verbeamtet war (str; s mwN B/F-K/K/v Albedyll VwGO § 40 Rn 144).2. § 54 Abs 1 BAföG

215a   Für Streitigkeiten über die Anwendung des BAföG greift die Spezialzuweisung zu den Sozialgerichten nach § 51 SGG schon tatbestandlich nicht ein; vielmehr ist für diese Streitigkeiten allein der Grundtatbestand von § 40 Abs 1 S 1 VwGO erfüllt, so dass der Verwaltungsrechtsweg eröffnet ist. § 53 Abs 1 BAföG stellt das ausdrücklich klar (Roth NJW 2006, 1707).

3. §§ 83 Abs 1, 106 BPersVG

Ebenfalls von § 40 Abs 2 S 2 VwGO abgedeckt sind bestimmte bundespersonalvertre- 216
tungsrechtliche Streitigkeiten, soweit die §§ 83, 106 BPersVG für sie den Verwaltungsrechtsweg eröffnen (näher Sch/S-A/P/Ehlers VwGO § 40 Rn 63 ff; Sodan/Ziekow/Sodan
VwGO § 40 Rn 133 und 138). Für diese Streitigkeiten sind bei VG und OVG/VGH
besondere Fachkammern bzw Fachsenate zu bilden (§ 84 BPersVG).

4. § 8 Abs 1 ErstG

Bis heute umstritten ist der Rechtsweg für Klagen von Arbeitern und Angestellten im 217
öffentlichen Dienst gegen Erstattungsbeschlüsse des Arbeitgebers nach dem ErstG, wenn
diese Beschlüsse in Form eines Verwaltungsaktes ergehen.

In der Literatur wird unter Hinweis auf § 8 Abs 1 ErstG und auf den öffentlich-recht- 218
lichen Charakter der Streitigkeit, der in der Handlungsform zum Ausdruck kommt, die
Eröffnung des Verwaltungsrechtswegs angenommen (so va Sch/S-A/P/Ehlers VwGO § 40
Rn 657; Eyermann/Rennert VwGO § 40 Rn 138; Kopp/Schenke VwGO § 40 Rn 49c
mwN in Fn 301).

Demgegenüber geht die Rechtsprechung überwiegend von der Eröffnung des Rechts- 219
wegs zu den Arbeitsgerichten aus (BVerwGE 38, 3; BAGE 19,1 = NJW 1966, 2185; BAGE
21, 65). Sie stützt sich dabei traditionell auf § 13 ErstG. Diese überkommene Begründung ist
aber spätestens mit Inkrafttreten der VwGO am 1.4.1960 obsolet geworden (Kopp/Schenke
VwGO § 40 Rn 49c).

5. § 8 Abs 4, 12, 112 HandwO

Durch mehrere aufdrängende Sonderzuweisungen zu Gunsten der allgemeinen Verwal- 220
tungsgerichtsbarkeit gelangen auch handwerksrechtliche Streitigkeiten vor die Verwaltungsgerichte. Dies gilt namentlich für Streitigkeiten um die Eintragung in die Handwerksrolle
(§ 8 Abs 4 HandwO, § 12 HandwO), aber auch für die Überprüfung einer Androhung und
Festsetzung von Ordnungsgeld durch die Handwerkskammer (§ 112 HandwO).

6. § 59 SoldG

Streitigkeiten von und gegen Soldaten im Zusammenhang mit dem Dienstverhältnis 221
gehören teilweise vor die Wehrdienstgerichte (Truppendienstgerichte, Wehrdienstsenat beim
BVerwG), teilweise unterliegen sie kraft aufdrängender Sonderzuweisung in § 59 SoldG aber
auch der allgemeinen Verwaltungsgerichtsbarkeit. Das gilt namentlich für Streitigkeiten um
die Rechtsstellung des Soldaten zu seinem Dienstherrn, dh für Streitigkeiten, die das allgemeine Dienstverhältnis betreffen (vgl BVerwGE 33, 307, 308; BVerwGE 63, 139, 140;
Sodan/Ziekow/Sodan VwGO § 40 Rn 109 und Rn 154 f), zB für statusrechtliche Fragen.

7. § 32 WPflG

Für Wehrpflichtige gelten zwar auch die Regelungen des § 59 SoldG (vgl § 1 Abs 1 222
SoldG). Zusätzlich enthält aber auch § 32 WPflG die Anordnung, dass in Rechtsstreitigkeiten um die Ausführung des WpflG der Rechtsweg zu den allgemeinen Verwaltungsgerichten gegeben ist. Diese aufdrängende Sonderzuweisung betrifft zB Klagen über die
Einberufung zum Wehrdienst, Klagen über das Ergebnis der Musterung oder über eine
(unterbliebene) Befreiung oder Zurückstellung vom Wehrdienst. Klagen aus dem durch die
Wehrpflicht begründeten Wehrdienstverhältnis unterliegen dagegen der Rechtswegzuweisung aus § 59 SoldG.

II. Landesrecht

Außerdem gibt es landesrechtliche Vorschriften, die den Verwaltungsrechtsweg für er- 223
öffnet erklären.

223.1   **Baden-Württemberg:** § 31 Abs 3 BW KomWG, § 8 Abs 2 BW IngKaG, § 14 Abs 1 BW KiStG, § 7 Abs 1 S 3 BW LKHG, § 28 Abs 4 S 2 BW RDG
       Bayern: Art 83 Abs 5 BayVerf, Art 73 Abs 2 BayPAG, Art 52 Abs 1 BayGLKrWG
       Berlin: § 65 Hs 2 BlnASOG
       Brandenburg: § 42 Abs. 2 OBG Bbg
       Hessen: § 27 HKWG, § 70 Hs 2 HSOG, § 13 Abs 1 HKiStG
       Mecklenburg-Vorpommern: § 99 SOG M-V, § 45 Abs 2 KWG M-V
       Niedersachsen: § 49 Abs 2 S 1 NKWG
       Nordrhein-Westfalen: § 43 Abs 2 OBG NRW
       Rheinland-Pfalz: § 51 S 1 KWG RP
       Saarland: § 48 Abs 5 KWG Saarl
       Sachsen: § 74 Hs 2 SPolG
       Sachsen-Anhalt: § 75 Hs 2 SOG LSA, § 14 Abs 1 S 1 KiStG LSA
       Thüringen: § 74 Hs 2 ThürPAG

224   Für alle diese Vorschriften gilt aber, dass dem Landesgesetzgeber insoweit die Gesetzgebungskompetenz fehlt.

224.1   S Art 72 Abs 1 GG iVm Art 74 Abs 1 Nr 1 GG. Dass § 40 VwGO in diesem Punkt abschließend ist, ergibt sich daraus, dass § 40 Abs 1 S 2 VwGO den Ländern die Befugnis zu abdrängenden Sonderzuweisungen ausdrücklich einräumt. Im Umkehrschluss lässt sich dieser Regelung entnehmen, dass der Bundesgesetzgeber ihnen außerhalb der Fälle des § 40 Abs 2 S 2 GG keine Kompetenz zum Erlass aufdrängender Sonderzuweisungen belassen hat (B/F-K/K/v. Albedyll VwGO § 40 Rn 120; vermittelnd Sodan/Ziekow/Sodan VwGO § 40 Rn 131 f und Rn 140).

225   Die aufdrängenden Sonderzuweisungen des Landesrechts können daher allenfalls deklaratorischen Charakter haben (B/F-K/K/v. Albedyll VwGO § 40 Rn 120; aA Sodan/Ziekow/Sodan VwGO § 40 Rn 140).

226   Etwas anderes gilt nur dort, wo sich (auch) landesrechtliche Vorschriften auf §§ 187 Abs 2 oder § 40 Abs 2 S 2 VwGO stützen können.

G. Rechtsfolgen

I. Bei Eröffnung nur des Verwaltungsrechtswegs

227   Ist der Verwaltungsrechtsweg eröffnet, so ist das Gericht (wenn auch die sonstigen Zulässigkeitsvoraussetzungen erfüllt sind) grundsätzlich zu einer umfassenden Prüfung des Rechtsschutzbegehrens berechtigt und verpflichtet. Das schließt die Kompetenz zur Entscheidung von Vorfragen (nachfolgend Rn 228 ff) ebenso ein wie die Kompetenz zur Prüfung aller denkbaren Anspruchsgrundlagen (§ 173 VwGO, § 17 Abs 2 GVG; unten Rn 234 ff).

1. Kompetenz zur Entscheidung von Vorfragen

228   Das Verwaltungsgericht ist nach § 17 Abs 2 GVG grundsätzlich befugt, die für den Rechtsstreit entscheidenden Vorfragen auch dann zu beantworten, wenn diese bei isolierter Betrachtung nicht die Voraussetzungen des § 40 VwGO erfüllen, weil es sich zB um bürgerlichrechtliche, abgabenrechtliche oder sozialrechtliche Vorfragen handelt (rechtswegfremde Vorfragen).

229   Vorfragen sind die Fragen der Auslegung und Anwendung aller derjenigen Normen, die nicht die im konkreten Fall einschlägige Anspruchsgrundlage oder Hauptnorm sind (oben Rn 42).

230   Ausnahmen von diesem Grundsatz bestehen zunächst dort, wo die Verwaltungsgerichte nach Maßgabe des materiellen Rechts an die Entscheidungen anderer Gerichte oder an behördliche Entscheidungen gebunden sind.

231   Eine Bindung an Entscheidungen anderer Gerichte ist insbes insoweit anzunehmen, als bestimmte Vorfragen zwischen den Beteiligten bereits rechtskräftig entschieden worden sind.

232   Eine Bindung an behördliche Entscheidungen tritt va kraft der materiellen Bestandskraft eines Verwaltungsakts und der mit ihr verbundenen Tatbestandswirkung ein (§ 43 Abs 2 VwVfG). Sie besteht ferner dort, wo sich aus der Natur der Sache eine nur eingeschränkte

Nachprüfungsmöglichkeit des Gerichts ergibt (Beispiel: pädagogische Prüfungsbewertungen, BVerwGE 92, 133). In diesen Fällen muss das Gericht den Antragsteller uU auf die Möglichkeit eines prüfungsrechtlichen Nachverfahrens hinweisen (§ 86 Abs 3 VwGO).

Prozessrechtlich begründete Ausnahmen vom Grundsatz der Mitentscheidung von Vorfragen ergeben sich aus der Möglichkeit zur Aussetzung des Verfahrens (§§ 93a, 94 VwGO). **233** Trifft das Gericht nach pflichtgemäßem Ermessen eine Aussetzungsentscheidung, (Ermessensentscheidung; uU Ermessensreduzierung auf null), ist es an diese Aussetzungsentscheidung gebunden, solange diese nicht aufgehoben ist. Sobald das andere Gericht die Vorfrage rechtskräftig entschieden hat, ist diese Entscheidung inter partes bindend; damit hat auch das Verwaltungsgericht sie bei der Fortsetzung des Verfahrens zu beachten.

2. Prüfung unter allen Gesichtspunkten (§ 173 VwGO iVm § 17 Abs 2 GVG)

Das Gericht des zulässigen Rechtswegs entscheidet den Rechtsstreit unter allen in Betracht kommenden rechtlichen Gesichtspunkten (§ 17 Abs 2 S 1 GVG). Diese Regel hat **234** einen doppelten Gehalt:

Erstens umfasst die Entscheidung des Rechtsstreits die inzidente Klärung aller Vorfragen. **235** Das gilt auch für diejenigen Vorfragen, zu deren prinzipaler Klärung ausschließlich Gerichte einer anderen Gerichtsbarkeit berufen wären. Die Kompetenz zur Klärung der Vorfragen ist umfassend; der Vorbehalt in § 17 Abs 2 S 2 GVG (Fälle der Art 14 Abs 3 S 4 und Art 34 S 3 GG) hat für sie keine Bedeutung.

Zweitens erlaubt die Entscheidung „unter allen in Betracht kommenden rechtlichen **236** Gesichtspunkten" zusätzlich eine prinzipale Prüfung rechtswegfremder Anspruchsgrundlagen. Dieser Regelungsgehalt des § 17 Abs 2 S 1 GVG betrifft Konkurrenzen mehrerer Anspruchsgrundlagen, die je für sich geeignet sind, die eingeklagte Rechtsfolge zu liefern, von denen aber nicht alle – bei isolierter Betrachtung – auf den Verwaltungsrechtsweg gehören. Die Bündelungswirkung, die § 17 Abs 2 S 1 GVG hier entfaltet, steht von Verfassungs wegen unter dem Vorbehalt des § 17 Abs 2 S 2 GVG.

II. Bei Eröffnung mehrerer Rechtswege

In zahlreichen Fällen führt das Nebeneinander mehrerer Anspruchsgrundlagen mit glei- **237** chem oder jedenfalls gleichgeartetem Anspruchsinhalt zur Eröffnung mehr als eines Rechtswegs (s Aufzählung bei Sch/S-A/P/Ehlers GVG § 17 Rn 37). Damit kommt es insbes zu einem Nebeneinander von Verwaltungsrechtsweg und dem Rechtsweg zu den ordentlichen Gerichten. Hier gibt es mehr als einen gesetzlichen Richter; damit besteht ein Wahlrecht des Klägers. Seine Ausübung wird sich primär an prozesstaktischen und prozessökonomischen Erwägungen ausrichten.

Rechtlich ist zu beachten: Das Gericht der angerufenen Gerichtsbarkeit darf und muss das **238** Bestehen des eingeklagten Anspruchs grundsätzlich auch am Maßstab rechtswegfremder Anspruchsgrundlagen prüfen (§ 17 Abs 2 S 1 GVG). Etwas anderes gilt nur für diejenigen Anspruchsgrundlagen, die durch Art 14 Abs 3 S 4 GG bzw durch Art 34 S 3 GG einer Entscheidung durch die Verwaltungsgerichtsbarkeit entzogen sind (§ 17 Abs 2 S 2 GVG).

Wenn zB ein Amtshaftungsanspruch (§ 839 BGB) mit einem Anspruch wegen positiver Vertrags- **238.1** verletzung eines öffentlich-rechtlichen Vertrages oder der beamtenrechtlichen Fürsorgepflicht konkurriert, haben die ordentlichen Gerichte auch über die rechtswegfremden Ansprüche zu entscheiden. Die Verwaltungsgerichte müssen sich dagegen auf die Prüfung der öffentlich-rechtlichen pVV beschränken; der Kläger hat die Möglichkeit, einen zweiten Prozess vor den ordentlichen Gerichten zu führen (Sch/S-A/P/Ehlers GVG § 17 Rn 37 ff).

III. Bei irrtümlicher Beschreitung des Verwaltungsrechtswegs

Beschreitet der Kläger/Antragsteller den Verwaltungsrechtsweg, obwohl dieser nach Maß- **239** gabe von § 40 VwGO und den auf- oder abdrängenden Spezialnormen nicht eröffnet ist, hat das angerufene Verwaltungsgericht den Rechtsstreit nach § 17a Abs 2 GVG die Parteien darauf hinzuweisen und sie anzuhören; sodann wird der Rechtsstreit an das zuständige Gericht einer anderen Gerichtsbarkeit verwiesen. Dies gilt allerdings nur innerhalb Deutschlands und auch hier nur innerhalb der staatlichen Gerichtsbarkeiten. Verweisungen an kirchliche Gerichte sind von § 17a Abs 2 GVG nicht gedeckt (VGH München NJW 1999, 378).

239a   Hinsichtlich des Rechtswegs (nicht aber hinsichtlich der sachlichen und örtlichen Zuständigkeit) ist die Verweisung für das Gericht, an das der Rechtsstreit verwiesen wird, grundsätzlich bindend. Zu fehlerhaften Verweisungen s Rn 243 f.

IV. Bei fehlerhafter gerichtlicher Entscheidung über den Rechtsweg

1. Fehlerhafte Annahme der eigenen Zuständigkeit

240   Nimmt ein Gericht des falschen Rechtsweg fehlerhaft, aber (formell) rechtskräftig seine Zuständigkeit an, sind die anderen Gerichte an diese Entscheidung gebunden (§ 17a Abs 1 GVG). Das gilt selbst dann, wenn das Verfahren vor dem anderen Gericht als erstes rechtshängig gemacht worden ist.

241   Entscheidungen im Eilverfahren und Prozesskostenhilfeverfahren haben keine Bindungswirkung für das Hauptsache- bzw. Eil- und Hauptsacheverfahren (Sch/S-A/P/Ehlers GVG § 17a Rn 2).

242   Eine Bindungswirkung ist aber auch dann abzulehnen, wenn ein Gericht einer öffentlich-rechtlichen Gerichtsbarkeit seine Zuständigkeit unter Verstoß gegen Art 14 Abs 3 S 4 GG oder gegen Art 34 S 3 GG bejaht hat.

2. Fehlerhafte Verweisung

243   Nimmt ein Gericht die Zuständigkeit einer anderen Gerichtsbarkeit an, sind die Parteien nach § 17a Abs 4 S 3 GVG ff zur sofortigen Beschwerde berechtigt. Über sie entscheidet das Beschwerdegericht des Ausgangsrechtswegs (also zB das OVG/der VGH, wenn das VG den Rechtsstreit an ein ordentliches Gericht verwiesen hat). Das Beschwerdegericht hat gem. § 17a Abs 3 GVG auszusprechen, welcher Rechtsweg gegeben ist, erforderlichenfalls eine abweichende erstinstanzliche Entscheidung aufzuheben und erforderlichenfalls die Verweisung vorzunehmen. Zudem muss das Beschwerdegericht entscheiden, ob es die weitere Beschwerde zulässt (im obigen Beispiel: weitere Beschwerde zum BVerwG). Das ist dann und nur dann möglich, wenn die Voraussetzungen des § 17a Abs 4 S 5 GVG vorliegen. Andernfalls hat das Beschwerdegericht auszusprechen, dass die weitere Beschwerde nicht zugelassen wird.

244   Wird der Verweisungsbeschluss nicht angefochten, ist die Verweisung nach § 17a Abs 2 S 3 GVG für das Gericht, an das verwiesen wird, hinsichtlich des Rechtswegs bindend. Sobald der Verweisungsbeschluss rechtskräftig wird, treten die Rechtsfolgen des § 17b GVG ein. Etwas anderes gilt nur für Ansprüche auf Enteignungsentschädigung (Art 14 Abs 3 S 4 GG) und für Amtshaftungsansprüche aus § 839 BGB (Art 34 S 3 GG). Dies ergibt sich aus einer verfassungskonformen (einschränkenden) Auslegung des § 17a Abs 2 S 3 GVG. In diesen Fällen kann und muss das Gericht, an das verwiesen wurde, den Rechtsstreit insoweit an die ordentlichen Gerichte (zurück- oder weiter-)verweisen, als sich der eingeklagte prozessuale Anspruch materiellrechtlich als Enteignungsentschädigung bzw Schadensersatz aus Amtshaftung darstellt (Einzelheiten: Sch/S-A/P/Ehlers GVG § 17 GVG Rn 40 mwN).

V. Aufrechnung im Prozess

245   Aufrechnungen mit Forderungen, für deren prinzipale Geltendmachung ebenfalls der Verwaltungsrechtsweg eröffnet wäre, sind prozessrechtlich unproblematisch zulässig; hier kommt es nur auf die materiellrechtliche Zulässigkeit an.

246   Aufrechnungen mit Forderungen, die kraft verfassungsrechtlicher Anordnung von den Gerichten der öffentlich-rechtlichen Gerichtsbarkeiten nicht prinzipal geprüft werden dürfen (Art 14 Abs 3 S 4 GG, Art 34 S 3 GG), sind vor diesen Gerichten dagegen schon prozessrechtlich unzulässig.

247   Umstritten ist der breite Zwischenbereich. Nach hM darf das Verwaltungsgericht selbst dann nicht über die Aufrechnung mit einer rechtswegfremden Gegenforderung entscheiden,

wenn diese Aufrechnung (was der Normalfall ist) materiellrechtlich zulässig ist und die Gegenforderung nicht unter Art 14 Abs 3 S 4 GG bzw Art 34 S 3 GG fällt (ausf Nachw bei Sch/S-A/P/Ehlers GVG § 17 GVG Rn 28 ff; s auch Sodan/Ziekow/Sodan VwGO § 40 Rn 278 f). Eine beachtliche Gegenmeinung will die Aufrechnung in diesen Fällen dagegen prozessrechtlich zulassen. Normativ stehen sich ein (enges) Verständnis des Tatbestandsmerkmals „Rechtsstreit" (§ 17 Abs 2 S 1 GVG) iSv „prozessualer Anspruch" und das Bemühen um Gleichbehandlung von Prozessaufrechnung und Widerklage einerseits und eine (weite) Wertungserwägung andererseits gegenüber, nach der Rechtswegspaltungen wo immer möglich vermieden werden sollen. Vorzug verdient die Einheitslösung, nach der prozessual Aufrechnungen mit rechtswegfremden Forderungen außerhalb der Vorbehalte der Art 14 Abs 3 S 4 GG und Art 34 S 3 GG möglich sind.

§ 41 (weggefallen)

§ 41 VwGO enthielt Regelungen zur Entscheidung über den Rechtsweg und zur **1** Rechtswegverweisung. Zusammen mit § 90 Abs 2 und Abs 3 VwGO sowie § 155 Abs 4 VwGO wurde er durch Art 1 Nr 3, Nr 19 und Nr 42 des 4. VwGOÄndG v 17.12.1990 (BGBl I 2809) aufgehoben und über die Verweisungsnorm des § 173 gem Art 2 4. VwGO-ÄndG durch die §§ 17 bis 17b GVG ersetzt. S hierzu die Kommentierung bei § 40 VwGO Rn 239 ff.

§ 42 [Anfechtungs- und Verpflichtungsklage]

(1) Durch Klage kann die Aufhebung eines Verwaltungsakts (Anfechtungsklage) sowie die Verurteilung zum Erlass eines abgelehnten oder unterlassenen Verwaltungsakts (Verpflichtungsklage) begehrt werden.

(2) Soweit gesetzlich nichts anderes bestimmt ist, ist die Klage nur zulässig, wenn der Kläger geltend macht, durch den Verwaltungsakt oder seine Ablehnung oder Unterlassung in seinen Rechten verletzt zu sein.

§ 42 VwGO ist eine der zentralen Vorschriften für den verwaltungsgerichtlichen Rechtsschutz. Die Vorschrift regelt für die Hauptanwendungsfälle der Gestaltungs- bzw der Leistungsklagen, nämlich die Anfechtungs- und die Verpflichtungsklage, zwei wichtige Sachurteilsvoraussetzungen (Prozessvoraussetzungen), die vom Gericht von Amts wegen zu prüfen sind. § 42 Abs 1 VwGO charakterisiert die beiden zentralen Klagearten im Bereich der Hoheitsverwaltung durch die Forderung, dass diese sich auf einen Verwaltungsakt beziehen müssen. Die Bestimmung in Abs 1 enthält die Regelung der Statthaftigkeit von Anfechtungs- und Verpflichtungsklage. Sie bestimmt (gemeinsam mit § 43 VwGO) den Katalog der Klagearten nicht abschließend. Statthaft ist deshalb insbes auch die nicht ausdrücklich in der VwGO geregelte allgemeine Leistungsklage. § 42 Abs 2 VwGO regelt die Befugnis, diese Klagen in zulässiger Weise erheben zu können. Durch die Bestimmung in Abs 2 wird die Schutznormlehre kodifiziert, nach der Rechtsschutz, von gesetzlichen Sonderregelungen abgesehen, nur in Form von Individualrechtsschutz zulässig ist. Das Erfordernis besonderer Klagebefugnis soll vor allem Popularklagen ausschließen. § 42 VwGO enthält zentrale Grundfestlegungen für die Klage im Bereich der verwaltungsaktbezogenen Verwaltung. § 42 Abs 1 VwGO legt mit dem Bezug auf Verwaltungsakte den Anwendungsbereich von Anfechtungs- und Verpflichtungsklage fest (sog Statthaftigkeit). Es handelt sich um die zentrale Vorschrift über die Klage, neben ihr sind nur die Feststellungsklage (§ 43 VwGO) und der von der Struktur her abweichende Normenkontrollantrag (§ 47 VwGO), ausdrücklich geregelt. Die der Anfechtungsklage näher stehende allgemeine Leistungsklage wird deshalb unter § 42 Abs 1 VwGO mit behandelt. § 42 Abs 2 VwGO bestimmt als grundlegende Prozessvoraussetzung für diese Klagen das grundsätzliche Erfordernis einer vom Kläger behaupteten Beschwer, dh der Verletzung in eigenen Rechten (sog Klagebefugnis).

Übersicht

A. § 42 Abs 1 VwGO

I. Grundlagen

1. Statthaftigkeit

1   Die Statthaftigkeit der Klage beschreibt das Verhältnis von Klageart und Klage. Der Kläger erhebt eine Klage, deren Gegenstand er durch das im Wesentlichen im Klageantrag zum Ausdruck kommende Klagebegehren gegenständlich bestimmt wird. Für den so geltend gemachten materiellen Anspruch ist dann eine bestimmte Klageart statthaft (vgl BVerwG NVwZ-RR 2000, 396; Eyermann/Happ VwGO § 42 Rn 1; B/F-K/S/vA/v Albedyll VwGO Vor §§ 42 ff Rn 2).

2. Klagearten

2   Die VwGO kennt drei Grundtypen von Klagen, denen einzelne Klagearten zugeordnet sind. Bei der **Gestaltungsklage** zielt die Klage auf eine unmittelbare Gestaltung der Rechtslage durch das Gericht. Die richterliche Entscheidung begründet unmittelbar ein Rechtsverhältnis, ändert es oder hebt es auf. Hauptanwendungsfall des Typus der Gestaltungsklage ist die Klageart der Anfechtungsklage, die unmittelbar auf Kassation des Verwaltungsaktes (VA) führt. Der zweite Grundtyp ist die **Leistungsklage**, die auf Verurteilung zu einem

bestimmten Tun, Dulden oder Unterlassen zielt. Im Unterschied zur Gestaltungsklage tritt die Rechtsänderung erst durch Umsetzung der richterlichen Entscheidung ein. Anwendungsfälle der Leistungsklagen sind die Verpflichtungsklage und die allgemeine Leistungsklage. Der dritte Grundtyp ist die **Feststellungsklage**, bei der die richterliche Entscheidung eine rechtlich maßgebliche Feststellung ausspricht. Hierzu zählen als Klagearten die allgemeine Feststellungsklage mit den Sonderformen der vorbeugenden, der Zwischen- sowie der Fortsetzungsfeststellungsklage.

Alle Klagearten lassen sich diesen Grundtypen zuordnen. Allerdings sind Mischformen **3** denkbar. Unterschiedliche Auffassungen gibt es dazu, ob mit den Klagearten Anfechtungsklage, Verpflichtungsklage, allgemeine Leistungsklage und Feststellungsklage sowie der in § 47 VwGO geregelten Sonderform des Normenkontrollantrags die Klagearten abschließend beschrieben sind. Zum einen sind über den Verweis in § 153 VwGO auf die Vorschriften der ZPO weitere besondere Klagearten möglich (zB die Gestaltungsklagen Nichtigkeits- und Restitutionsklage) sowie besondere Klagearten bei der Vollstreckung. Umstritten ist, ob darüber hinaus eine **allgemeine Gestaltungsklage** statthaft sein kann, die auf eine Rechtsgestaltung durch das Gericht in besonderen, durch die übrigen Klagearten nicht erfassten Fälle gerichtet ist. Hierunter werden beispielsweise gefasst Klagen gegen abstrakt-generelle Regelungen ohne Außenrechtsqualität, Anordnungen im Innenbereich der Verwaltung, denen aber Außenwirkung zukommt. Zum Teil besteht, gestützt auf frühere Rechtsprechung zum Kommunalverfassungsstreit (OVG Münster OVGE 17, 261, 263 ff; VGH München BayVBl 1968, 324), die Auffassung, es gebe **weitere Klagearten sui generis** (vgl ausführlich S/S/B/Pietzcker VwGO Vor § 42 Abs 1 Rn 15 ff, 18 mN). Pietzcker weist zutreffend darauf hin, dass der Kommunalverfassungsstreit eben so wie andere Organstreitverfahren keine eigenständige Klageart darstellt, sondern den bestehenden Klagearten zuzuordnen ist (S/S/B/Pietzcker VwGO Vor § 42 Abs 1 Rn 18 mN; Hufen § 22 Rn 2 f).

Zum Streitstand der allgemeinen Gestaltungsklage vgl Eyermann/Happ VwGO § 42 Rn 70 – **3.1** vorsichtig zustimmend ; Pietzner/Ronnellenfitsch § 9 Rn 2 ff; Hufen Verwaltungsprozessrecht § 21 Rn 16; vgl ausf S/S/B/Pietzcker VwGO Vor § 42 Abs 1 Rn 19 – abl ; Schenke Rn 370 ff)

3. Rechtsschutz gegen Normen

Die VwGO kennt einen unmittelbar gegen Rechtsnormen gerichteten Rechtsschutz nur **4** in den von § 47 VwGO erfassten Fällen zu. Eine darüber hinausgehende allgemeine abstrakte Normenkontrolle gibt es im Verwaltungsprozessrecht nicht. Zum Teil wird die Statthaftigkeit einer Klage auf Verpflichtung zur Normaufhebung als Anwendungsfall der allgemeinen Leistungsklage diskutiert.

4. Klagebegehren – Sachurteilsvoraussetzungen

Sachlicher Gegenstand der Klage ist der Streitgegenstand. Dieser richtet sich nach dem im **5** Klageantrag und im gesamten Klagevorbringen zum Ausdruck kommenden **Klagebegehren**. An das Klagebegehren ist das Gericht aufgrund der Dispositionsmaxime gebunden (vgl § 88 VwGO). Welche Klageart sich aus dem Klagebegehren ableiten lässt, wird vom Gericht durch Auslegung ermittelt (BVerwGE 24, 253, 259; 60, 149 = NJW 1981, 67; NVwZ 1993, 781). Dabei ist auch das eigentliche Klagebegehren in einer am Rechtsschutzziel des Klägers orientierten Auslegung zu ermitteln (vgl die Beispiele bei S/S/B/Pietzcker VwGO Vor § 42 Abs 1 Rn 29; aus der Rechtsprechung zB BVerwGE 52, 167; 60, 149; NVwZ-RR 1992, 423; NVwZ-RR 2000, 396). Auf die gewählten Bezeichnungen kommt es nicht an. Das Gericht kann den Klageantrag, am Rechtsschutzziel des Klägers orientiert, auch umdeuten.

Eine Grenze für Auslegung und Umdeutung des Klageantrags bilden die **Sachurteils-** **6** **voraussetzungen**, zu denen auch die Statthaftigkeit der Klageart zählt mit der Folge, dass die mit der falschen Klageart erhobene Klage unzulässig ist (vgl BVerwG NVwZ 1992, 889; ausf S/S/B/Pietzcker VwGO Vor § 42 Abs 1 Rn 29 ff).

In diesem Zusammenhang ist auch die Frage einzuordnen, welche Auswirkung der sog **7** **Formenmissbrauch** hat. Hierunter zählt die Wahl einer Handlungsform durch die Verwaltung, die ihr im konkreten Fall rechtlich verwehrt ist. Für die statthafte Klageart ist in diesen Fällen die von der Verwaltung gewählte Form maßgeblich (so die hM, BVerwGE 18, 1; NVwZ 1985, 264; OVG Münster NJW 1990, 2901 ebenso S/S/B/Pietzcker VwGO Vor § 42 Abs 1 Rn 32). Es kommt daher für die Statthaftigkeit der Anfechtungsklage darauf an, ob objektiv ein Verwaltungsakt erlassen wurde, nicht ob die Behörde einen solchen hätte erlassen dürfen (ebenso Eyermann/Happ VwGO § 42 Rn 6).

II. Anfechtungsklage

1. Klagetyp

8   Die Anfechtungsklage ist eine **Gestaltungsklage**. Das Anfechtungsurteil beseitigt den angegriffenen Verwaltungsakt mit Rechtskraft unmittelbar, eine Vollstreckung ist nicht erforderlich. Damit handelt es sich um die klassische Klageart im Bereich der Eingriffsverwaltung.

9   Ein Sonderfall ist § 113 Abs 2 VwGO: Bei Geldverwaltungsakten können das Klagebegehren und die gerichtliche Entscheidung statt auf Teilaufhebung auf Änderung des Verwaltungsaktes zielen. Auch diese sog „**ergänzte Anfechtungsklage**" (Kopp/Schenke VwGO § 113 Rn 149) stellt der Sache nach eine Gestaltungsklage dar, verbunden allerdings mit einer feststellenden Entscheidung (vgl BVerwGE 55, 178 = NJW 1978, 2164; Kopp/ Schenke VwGO § 113 Rn 149). Weitere Unterfälle der Anfechtungsklage sind die **isolierte Anfechtungsklage** (s Rn 44) sowie die zwischen Leistungsklage und Anfechtungsklage stehende Klage auf Beseitigung der Vollzugsfolgen gem § 113 Abs 1 S 2 VwGO. Keine Anfechtungsklage, aber mit ihr verwandte Klagearten sind die **Fortsetzungsfeststellungsklage** gem § 113 Abs 1 S 4 VwGO, der Klageart nach eine aus einer Anfechtungslage entstandene Feststellungsklage (auch als „amputierte Anfechtungsklage" bezeichnet, vgl Kopp/Schenke VwGO § 42 Rn 5). Das gleiche gilt für die in entsprechender Anwendung von § 113 Abs 1 S 4 VwGO statthafte Feststellungsklage, wenn trotz subjektiver Rechtsverletzung materiell ein Aufhebungsanspruch ausscheidet (Kopp/Schenke VwGO § 42 Rn 5). Ebenfalls um eine Feststellungsklage handelt es sich bei Klagen auf Feststellung der Rechtswidrigkeit eines Planfeststellungsbeschlusses und seiner Nichtvollziehbarkeit bis zur Behebung des Mangels (BVerwGE 100, 370 = NVwZ 1996, 1016; Kopp/Schenke VwGO § 42 Rn 32).

2. Verwaltungsakt (VA) als Gegenstand der Anfechtungsklage

10   Gegenstand der Anfechtungsklage ist ein Verwaltungsakt (VA). Die Anfechtungsklage zielt auf Aufhebung des VA. Die traditionelle Zuordnung dieser Klageart zur Eingriffsverwaltung entspricht nicht mehr der heute vielschichtigen Differenzierung der Klagearten (ebenso S/S/ B/Pietzcker VwGO § 42 Abs 1 Rn 4).

11   **a) Verwaltungsakt.** Der **Begriff des Verwaltungsaktes** wird in § 42 VwGO nicht eigenständig definiert, sondern vorausgesetzt. Er richtet sich nach den maßgeblichen Bestimmungen im Verwaltungsverfahrensrecht. Es kommt dabei auf die jeweils anwendbaren Regelungen des Verwaltungsverfahrensrechts an, neben der Legaldefinition in § 35 VwVfG können also auch die entsprechenden Legaldefinitionen der Verwaltungsverfahrensgesetze der Länder, des § 31 SGB X oder des § 118 AO maßgeblich sein (wie hier Eyermann/Happ VwGO § 42 Rn 4; BVerwGE 99, 158, 161 = NJW 1996, 1977; VGH Mannheim NVwZ-RR 1996, 306; aA Sodan/Ziekow/Sodan VwGO § 42 Rn 99 f; Schenke VerwArch 72 (1981), 185, 197; Müller-Franken VerwArch 90 (1999), 552; B/F-K/S/vA/v Albedyll VwGO § 42 Rn 7; Kopp/Schenke VwGO Anh § 42 Rn 2).

12   Da die Anfechtungsklage und die mit ihr korrespondierenden Regelungen der VwGO an die besonderen Eigenschaften und Wirkungen des Verwaltungsaktes anknüpfen, ist maßgebend für die Statthaftigkeit der Verwaltungsklage, ob es sich bei der angegriffenen Maßnahme **objektiv** um einen Verwaltungsakt handelt, nicht dagegen, ob der Kläger die Maßnahme subjektiv für einen solchen hält (BVerwGE 30, 287; NVwZ 1982, 103; S/S/B/ Pietzcker VwGO § 42 Abs 1 Rn 19). Auch die unzutreffende Einordnung einer Maßnahme als Verwaltungsakt durch die Widerspruchsbehörde ist für die Statthaftigkeit der Anfechtungsklage ohne Belang (ebenso Eyermann/Happ VwGO § 42 Rn 4; aA BVerwGE 78, 3 =

NVwZ 1988, 51). Ebenso wenig wie es für die Statthaftigkeit der Anfechtungsklage auf die subjektive Einordnung der Maßnahme durch den Kläger ankommt, spielt es eine Rolle, welche Handlungsform und Maßnahme die Behörde wählen wollte. Es ist ohne Belang, ob die Behörde eine Maßnahme als Verwaltungsakt erlassen wollte oder nicht. Es ist ebenso ohne Bedeutung, ob die Behörde überhaupt befugt war, in der Rechtsform des Verwaltungsaktes zu handeln bzw den konkreten Verwaltungsakt erlassen durfte (BVerwG NVwZ 1985, 264; Eyermann/Happ VwGO § 42 Rn 6; Kopp/Schenke VwGO Anh § 42 Rn 5). Es kommt allein darauf an, ob es sich bei der getroffenen Maßnahme materiell um die Rechtsform des Verwaltungsaktes handelt.

Grund dafür, dass der objektive Erklärungsinhalt maßgeblich ist, sind die Kriterien der **13** **Rechtssicherheit** und des **Vertrauensschutzes** in das Handeln der Verwaltung. Der Einzelne soll als Empfänger einer nach ihrem objektiven Inhalt missverständlichen Willensäußerung der Verwaltung nicht benachteiligt werden (BVerwGE 41, 305, 306; 78, 3, 4 = NVwZ 1988, 51). Dem Einzelnen soll nicht das Risiko einer möglichen Bestandskraft des VA bei Wahl einer anderen Klageart aufgebürdet werden.

Damit ist eine Anfechtungsklage statthaft gegen eine Kündigung eines privatrechtlichen Miet- **13.1** vertrages durch VA (OVG Münster OVGE 30, 138), gegen die durch VA erfolgte Abberufung eines im Angestelltenverhältnis stehenden Rechnungsprüfers (BVerwG NVwZ 1985, 264), gegen eine durch VA erfolgte interne Behördenmitwirkung (BVerwGE 16, 116), gegen eine als VA erlassene Maßnahme, die nur als abstrakt-generelle Regelung hätte getroffen werden dürfen (vgl hierzu BVerwGE 18, 1; VGH München NVwZ-RR 1995, 14; B/F-K/S/vA/v Albedyll VwGO § 42 Rn 8; Sodan/Ziekow/Sodan VwGO § 42 Rn 18; Schenke NVwZ 1990, 1009, 1013). Umgekehrt ist damit unstatthaft eine Anfechtungsklage gegen eine Rechtsnorm, die richtigerweise materiell als VA hätte erlassen werden müssen (VGH München NVwZ-RR 1995, 114; Eyermann/Happ VwGO § 42 Rn 6). Ebenso ist die Anfechtungsklage statthaft gegen die durch VA erfolgte Rückforderung einer durch zivilrechtlichen Vertrag gewährten Staatlichen Beihilfe (vgl OVG Berlin-Brandenburg NVwZ 2006, 104 ff).

Damit ist eine Anfechtungsklage nicht statthaft, wenn es sich bei der Maßnahme objektiv **14** nicht um einen VA handelt (Eyermann/Happ VwGO § 42 Rn 7; Hufen § 14 Rn 1), so bspw bei dem behördlichen Ersuchen um Vornahme von Vollstreckungshandlungen durch eine andere Behörde (OVG Magdeburg NVwZ-RR 2009, 410).

Unbeachtlich ist, in welcher **Form** der VA erlassen wurde (mündlich, schriftlich, kon- **15** kludent, elektronisch). Zu den Anforderungen an die Bejahung der Verwaltungsaktqualität einer schriftlichen behördlichen Maßnahme, wenn die typischen äußeren Merkmale eines VA (wie Unterteilung in Tenor und Gründe, Beifügung einer Rechtsbehelfsbelehrung etc) fehlen, vgl VGH Mannheim VBLBW 2012, 149 = BeckRS 2011, 55557. Auch der Widerspruchsbescheid ist ein VA, seine isolierte Anfechtung richtet sich nach § 79 Abs 1 Nr 2, Abs 2 VwGO (s § 79 VwGO Rn 1). Zur Verwaltungsaktqualität, wenn die betreffende Maßnahme von einem privaten Geschäftsbesorger getroffen wurde, vgl BVerwG DVBl 2012, 49; BeckRS 2006, 25554.

b) Verwaltungsakt dem Kläger gegenüber. Der Maßnahme muss nach der Recht- **16** sprechung des BVerwG Verwaltungsaktqualität gerade dem Kläger gegenüber zukommen (BVerwGE 74, 124; 82, 17; NVwZ 1994, 784). Diese Auffassung ist missverständlich, da sie von der Möglichkeit eines „relativen" VA ausgeht, den es in dieser Form nicht gibt (so zutr Eyermann/Happ VwGO § 42 Rn 9; Geier BayVBl 1987, 106; Laubinger VerwArch 77 (1986), 421; VGH Mannheim NVwZ 1998, 416; Kopp/Schenke VwGO Anh § 42 Rn 8 ff). Die Auffassung, es könne hoheitliche Maßnahmen geben, denen eine Doppelnatur zukommt, ist abzulehnen. Hoheitliche Maßnahmen können nicht gegenüber dem einen rechtswirksam, gegenüber dem anderen dagegen nichtig sein. Aus diesem Grund ist gegen die Genehmigung einer Satzung die Anfechtungsklage eines Dritten statthaft. Sie ist allerdings gleichwohl unzulässig, da es an der Klagebefugnis fehlt (ebenso Kopp/Schenke VwGO Anh § 42 Rn 10, 84; Eyermann/Happ VwGO § 42 Rn 9).

Damit ist die Anfechtungsklage eines Grundstückseigentümers gegen die Bezeichnung eines **16.1** Verteidigungsvorhabens nach § 1 Abs 3 LBeschG ebenso wie die von der Gemeinde hiergegen erhobene Klage statthaft, aber mangels Klagebefugnis unzulässig (Schenke JZ 1996, 1008, 1059;

Kopp/Schenke VwGO Anh § 42 Rn 84; Laubinger VerwArch 77 (1986), 421, 431; offen BVerwG NVwZ 1990, 261; aA BVerwGE 74, 126).

16.2   Auch die Klage eines Dritten gegen die luftverkehrsrechtliche Genehmigung nach § 6 LuftVG ist statthaft, auch wenn sie noch keine Rechte Dritter zu verletzen vermag (OVG Hamburg NVwZ-RR 1997, 619; Kopp/Schenke VwGO § 42 Rn 73). Das Gleiche gilt für eine Anfechtungsklage eines Dritten gegen eine raumordnerische Genehmigung einer Hochspannungsleitung (VGH Mannheim NVwZ 1998, 416).

17   Ob der VA **belastende Wirkung** hat, spielt für die Statthaftigkeit der Anfechtungsklage jedenfalls keine Rolle. Auch dies ist eine Frage der Klagebefugnis oder der Begründetheit der Klage.

18   Statthaft ist auch eine Anfechtungsklage gegen **feststellende VA** (BVerwGE 84, 314 = NVwZ 1990, 668; 72, 265; zu den Anforderungen an feststellende Verwaltungsakte vgl BVerwG NVwZ 2010, 133). Abzugrenzen ist der feststellende VA von einem bloßen Hinweis auf die Rechtsfolge oder einer schlichten Auskunft ohne Regelungscharakter (OVG Münster PharmR 2010, 534; vgl auch Schoch/Schmidt-Aßmann/Pietzner VwGO § 42 Abs 1 Rn 26). Keine Rolle spielt es für die Statthaftigkeit, ob der VA noch anfechtbar ist. Gegen einen dem Kläger gegenüber bestandskräftig gewordenen VA ist die Anfechtungsklage statthaft, allerdings verfristet. Ob der VA einem Dritten gegenüber bestandskräftig ist, ist für die Statthaftigkeit (und Zulässigkeit) der Klage ohne Belang (BVerwGE 102, 12 = NVwZ 1997, 1116).

19   **c) Wirksamkeit des VA.** Der VA muss wirksam sein. Damit ist die **äußere Wirksamkeit** des VA gemeint. Diese tritt mit der Bekanntgabe des VA ein, § 43 Abs 1 VwVfG. Mit der Bekanntgabe ist der VA rechtlich existent. Bekanntgabe setzt voraus, dass der VA von der Behörde, die ihn erlassen hat, wissentlich und willentlich dem Betroffenen eröffnet wurde (BVerwGE 22, 14). In welcher Form diese Bekanntgabe erfolgt ist, spielt keine Rolle, insbes ist unbeachtlich, ob eine etwa erforderliche Zustellung durchgeführt wurde (BVerwG NVwZ 1992, 565). Eine Bekanntgabe gerade gegenüber dem Kläger ist nicht erforderlich (Hufen § 14 Rn 10). Bei einem an mehrere gerichteten VA genügt die Bekanntgabe an einen der Betroffenen (BVerwG NVwZ 1991, 1182; BVerwGE 44, 294; Eyermann/Happ VwGO § 42 Rn 11). Sind derjenige, gegen den sich der VA inhaltlich richtet (Inhaltsadressat), und derjenige, dem der VA bekanntzugeben ist (Bekanntgabeadressat), ausnahmsweise nicht identisch, so muss der Bescheid jedenfalls erkennen lassen, wer die Verpflichtung schuldet (OVG Weimar NVwZ-RR 2000, 818, 819). Sein objektiv erklärter Inhalt kann sich aber nicht dadurch ändern, dass die den Bescheid erlassende Behörde übereinstimmend mit einem Dritten meint, dieser Dritte sei Adressat (OVG Münster NVwZ-RR 2006, 521). Ob die Rechtswirkungen des VA bereits eingetreten sind, ist für die Frage der Statthaftigkeit der Anfechtungsklage ohne Bedeutung. So ist eine Anfechtungsklage gegen einen aufschiebend bedingten VA zulässig, bevor die Bedingung eingetreten ist. Gegen einen noch nicht bekannt gegebenen VA (einen Nicht-Akt) ist eine Anfechtungsklage unstatthaft (BVerwG NVwZ 1987, 330; OVG Münster NVwZ-RR 2006, 521, 522; vgl. Kopp/Schenke VwGO § 42 Rn 4; Eyermann/Happ VwGO § 42 Rn 11; B/F-K/S/vA/v Albedyll VwGO § 42 Rn 9).

20   **Fingierte Verwaltungsakte** werden nicht bekannt gegeben, sie entfalten rechtliche Wirksamkeit mit Eintritt der Fiktion (vgl Caspar AÖR 125 (2000), 131; Eyermann/Happ VwGO § 42 Rn 12). Der im Zuge der Umsetzung der Dienstleistungsrichtlinie (DLRL) 2006/123/EG vom 12.12.2006 (ABl EG Nr L 376 S 36) neu eingefügte § 42a VwVfG nF legt allgemeine Grundsätze der Fiktion einer Genehmigung infolge Zeitablaufs fest, vgl dazu Jäde UPR 2009, 169; Bernhardt GewA 2009, 100; Haake/Lemor EuZW 2009, 65; Guckelberger DÖV 2010, 100; Reichelt LKV 2010, 97. Bislang kannte das VwVfG das Institut der Genehmigungsfiktion nicht. In einzelnen Fachgesetzen sind Genehmigungsfiktionen bereits seit Jahren anerkannt (zB § 57 Abs 2 S 3 HBO zum vereinfachten Baugenehmigungsverfahren, dazu Hullmann/Zorn NVwZ 2009, 756; zum behördeninternen Einvernehmen § 36 Abs 2 S 2 BauGB). Die Genehmigungsfiktion tritt vollständig an die Stelle einer nach Durchführung des regulären Genehmigungsverfahrens ausdrücklich erlassenen Genehmigung vgl Ziekow WiVerw 2008, 176. Deshalb ist gegen eine fingierte Genehmigung die Anfechtungsklage statthaft (BVerwGE 91, 7, 9 = NVwZ 1993, 272). Zur Problematik der Drittanfechtung in dieser Konstellation (Ziekow WiVerw 2008, 176; Caspar AÖR 125

(2000), 131). Demgegenüber scheidet eine Anfechtungsklage in den Fällen der **Freistellung** von einer Genehmigungspflicht aus. In Fällen der Freistellung von einer Genehmigungspflicht, die insbes aus Beschleunigungsgründen im Anlagenzulassungsrecht geschaffen wurden, fehlt ein Genehmigungserfordernis. Liegen die Voraussetzungen der Freistellung nicht vor, kommt eine Verpflichtungsklage auf Einschreiten der Aufsichtsbehörde (BVerwG NJW 1997, 2063; Seidel NVwZ 2004, 139; Caspar AÖR 125 (2000), 131; Borges DÖV 1997, 900; Uechtritz NVwZ 1996, 640; Hufen § 14 Rn 10), in Ausnahmefällen auch eine Leistungsklage in Betracht.

Nach hA ist eine Anfechtungsklage auch gegen **nichtige Verwaltungsakte** statthaft **21** (BVerwGE 18, 154, 155; 35, 334, 335; OVG Weimar NVwZ-RR 2000, 818, 819). Streitig ist dabei, ob die Statthaftigkeit der Klage auch das Ziel der Aufhebung des VA erfasst (so zutreffend Eyermann/Happ VwGO § 42 Rn 15; Würtenberger Rn 272; Schenke Rn 183; Kopp/Schenke VwGO § 113 Rn 4; Ehlers NVwZ 1990, 108; BSG NVwZ 1989, 902) oder lediglich die darin als Minus liegende Feststellung der Nichtigkeit (so VGH München NJW 1984, 626; Hufen § 14 Rn 11; Sodan/Ziekow/Sodan VwGO § 42 Rn 23; Redeker/v Oertzen/v Nicolai VwGO § 42 Rn 4; SG/H, 139). Die Statthaftigkeit der Anfechtungsklage wird von der Rechtsprechung bereits aus dem Grund bejaht, weil die Frage der Rechtswidrigkeit oder Nichtigkeit des angegriffenen VA in der Regel erst mit der gerichtlichen Entscheidung beantwortet wird und dem Kläger nicht das Risiko einer unstatthaften Klage auferlegt werden soll. Dem Kläger wird auf diese Weise das Recht zugebilligt, die Beseitigung des von dem nichtigen VA erzeugten Rechtsscheines zu verlangen (BVerwGE 35, 334, 335; BSG NVwZ 1989, 902). Die Anfechtungsklage setzt allerdings voraus, dass die übrigen Zulässigkeitsvoraussetzungen (§ 68 VwGO ff, § 74 VwGO) gewahrt sind (BFH NVwZ 1987, 359; OVG Koblenz NVwZ 1999, 198; VGH Mannheim VRspr 13, 236; Redeker/v Oertzen/v Nicolai VwGO § 42 Rn 4). Die formelle Umstellung des Klagebegehrens von der Aufhebung der Maßnahme auf die Nichtigkeitsfeststellung stellt keine Klageänderung dar, dürfte aber auf einen Hinweis des Vorsitzenden nach § 86 Abs 3 VwGO erforderlich sein (ebenso Sodan/Ziekow/Sodan VwGO § 42 Rn 23; Hufen § 14 Rn 11).

Bei einer Maßnahme, die in der Rechtsform eines VA erlassen wurde, materiell aber nicht **22** die Voraussetzungen eines VA erfüllt, wird von einem **Nicht-VA** bzw **Schein-VA** gesprochen (zur Abgrenzung von einem VA, wenn die betreffende Maßnahmen von einem privaten Geschäftsbesorger getroffen wurde, BVerwG DVBl 2012, 49; BeckRS 2006, 25554). In diesem Fall liegt an sich kein VA vor. Die Situation ist ähnlich wie beim nichtigen VA. Auch hier ist die Statthaftigkeit der Anfechtungsklage fraglich (abl VGH Mannheim NVwZ 1991, 1195; Eyermann/Happ VwGO § 42 Rn 16; B/F-K/S/vA/v Albedyll VwGO § 42 Rn 13; Kopp/Schenke VwGO § 42 Rn 4). Dem ist zu folgen. Die Rechtsprechung bejaht jedoch teilweise die Statthaftigkeit der Anfechtungsklage aufgrund des Bedürfnisses, den Rechtsschein eines solchen vermeintlichen VA zu beseitigen (BVerwG NVwZ 1987, 330; DÖV 1962, 907). Der Rechtsschein wird allerdings nicht durch Aufhebung beseitigt, vielmehr ergeht ein Feststellungsurteil. In Zweifelsfällen empfiehlt sich auch hier die Erhebung einer Anfechtungsklage, verbunden mit einem hilfsweise gestellten Antrag auf Feststellung des Nichtbestehens eines VA (Eyermann/Happ VwGO § 42 Rn 16).

Der Verwaltungsakt ist nicht mehr wirksam, wenn er sich **erledigt** hat (§ 43 Abs 2 **23** VwVfG). Eine Anfechtungsklage ist in diesem Fall nicht mehr statthaft. Ein solcher Fall liegt zB vor, wenn der VA aufgehoben wurde oder der VA aus anderen Gründen erloschen ist (zum Begriff der Erledigung vgl § 113 VwGO Rn 84; Kopp/Schenke VwGO § 113 Rn 101 ff; zur besonderen Situation der Erledigung eines VA durch einen angefochtenen Änderungsbescheid BVerwG NVwZ 2009, 530) oder sich durch Zeitablauf (zB durch Eintritt einer auflösenden Bedingung) erledigt hat. Ist die Erledigung eingetreten, besteht für den Kläger nur noch die Möglichkeit einer Fortsetzungsfeststellungsklage nach § 113 Abs 1 S 4 VwGO. Ist die Erledigung bereits vor Erhebung der Anfechtungsklage eingetreten, gilt § 113 Abs 1 S 4 VwGO analog (Sodan/Ziekow/Sodan VwGO § 42 Rn 24, 67 f; Kopp/Schenke VwGO § 42 Rn 58). Nach richtiger Ansicht setzt eine Erledigung eines VA regelmäßig voraus, dass seine Aufhebung sinnlos geworden ist (so Kopp/Schenke VwGO § 42 Rn 58, § 113 Rn 102; B/F-K/S/vA/v Albedyll VwGO § 42 Rn 17; Sodan/Ziekow/Sodan VwGO § 42 Rn 24; vgl auch BVerwG NVwZ 1998, 729: VA aufgrund Wegfalls der Geschäftsgrundlage obsolet; keine Erledigung des Grund-VA bei Vollstreckung durch Ersatz-

vornahme, da von dem Grund-VA weiterhin Rechtswirkungen für das Vollstreckungsverfahren ausgehen, BVerwG BayVBl 2009, 184; zu den Folgen des Urteils für die Effektivität
des Rechtsschutzes gem Art 19 Abs 4 GG s Labrenz NVZ 2010, 22 ff; auch die Vollziehung
einer baurechtlichen Beseitigungsanordnung führt grundsätzlich nicht zu deren Erledigung,
OVG Koblenz NVwZ 1997, 1009). Ein VA, der nicht aufgehoben wurde und nicht
erloschen ist, aber vollzogen wurde, hat sich nicht zwangsläufig erledigt. Dies folgt bereits aus
§ 113 Abs 1 S 2 VwGO, der dem Gericht die Möglichkeit einräumt anzuordnen, dass die
Vollziehung rückgängig zu machen ist. Zur Fortsetzungsfeststellungsklage vgl § 43 VwGO
Rn 24; § 113 VwGO Rn 78 ff.

3. Teilanfechtung

24   Hat der VA einen teilbaren Inhalt, ist eine **Teilanfechtung** des VA statthaft. Dies ergibt
sich aus § 113 Abs 1 S 1 VwGO, danach erfolgt die Aufhebung der angefochtenen Maßnahme, „soweit" der VA rechtswidrig ist und dadurch Rechte des Klägers verletzt sind. Darf
und muss das Gericht die Kassation insoweit beschränken, so ist auch eine entsprechende
Beschränkung der Anfechtungsklage durch den Kläger statthaft (BVerwGE 55, 135, 136; 60,
271; OVG Münster NVwZ 1984, 804; Paetow DVBl 1985, 369; Kopp/Schenke VwGO
§ 42 Rn 21; Eyermann/Happ VwGO § 42 Rn 17; Sodan/Ziekow/Sodan VwGO § 42
Rn 19).

25   Die Möglichkeit einer Teilanfechtung setzt voraus, dass der VA **objektiv abgrenzbare
Teile** aufweist, die isoliert der Aufhebung zugänglich sind. Teilweise wird als Voraussetzung
der Statthaftigkeit auch gefordert, dass der nicht angefochtene (Teil)VA selbständig fort-
bestehen kann, ohne dass aus ihm durch die Aufteilung ein aliud wird (BVerwGE 90, 42, 50
= NVwZ 1993, 366; BVerwG NVwZ-RR 1993, 225; BGH NVwZ 2006, 734, 735). Im
letzteren Fall kommt statt der Teilanfechtung nur eine Verpflichtungsklage in Betracht
(Eyermann/Happ VwGO § 42 Rn 17; Kopp/Schenke VwGO § 42 Rn 21). Ob der Rest-
VA als Folge der Teilanfechtung selbständig bestehen bleiben könnte, ohne einen anderen
Sinn oder Inhalt zu erhalten, ist indes eine Frage der Begründetheit. Im Hinblick auf die
Statthaftigkeit der Teilanfechtung kommt es allein auf den abgeteilten Teil an (ebenso Kopp/
Schenke VwGO § 42 Rn 21). Dieser Teil muss, um als gesonderter Streitgegenstand einer
Anfechtungsklage in Betracht zu kommen, selbst VA sein können (BVerwG NVwZ-RR
1994, 582; Eyermann/Happ VwGO § 42 Rn 17). Im Einzelfall ist die Frage der Teilbarkeit
eines VA schwierig zu entscheiden. Dies gilt namentlich in komplexen Zulassungsverfahren,
so im Planfeststellungsrecht (vgl dazu Paetow DVBl 1985, 369; BVerwGE 90, 43, 50;
BVerwG NVwZ-RR 1993, 225; unrichtig zur räumlichen Teilbarkeit einer DDR-Geneh-
migung zur Vermittlung von Sportwetten OVG Münster NVwZ-RR 2004, 653, 654) und
bei der Anfechtung von Neben- und Inhaltsbestimmungen (s im Folgenden sowie Rn 69 ff).

26   Im Falle einer Teilanfechtung ist allerdings der Streitgegenstand auf den angefochtenen
Teil beschränkt. Ist der VA tatsächlich teilbar, kann die Klage anschließend – nach Ablauf der
Klagefrist – nicht mehr auf den nicht angefochtenen Teil ausgedehnt werden (VGH Mün-
chen BayVBl 1972, 274; Kopp/Schenke VwGO § 42 Rn 26), es sei denn der ursprüngliche
Teilanfechtungsantrag ist so auszulegen oder umzudeuten, dass er den gesamten VA von
Beginn an erfasst hat.

27   Auch die Teilanfechtung kann sich nur gegen einen VA richten. Schon deshalb scheidet
eine Anfechtung von **Hinweisen** in einer Genehmigung aus (Kopp/Schenke VwGO § 42
Rn 23; Beckmann VR 2003, 151). In der Verwaltungspraxis lassen sich sehr häufig Kataloge
von Nebenbestimmungen finden, die mit „Auflagen und Hinweise" oder „Bedingungen
und Auflagen" überschrieben sind, zum Teil sind diese einfach aus fachbehördlichen Stellungnahmen übernommen. Solche Überschriften sind nicht maßgeblich. Es muss in jedem
Einzelfall geprüft werden, ob eine Teilregelung überhaupt Verwaltungsaktcharakter besitzt.
Bei Hinweisen, die keine rechtsverbindliche Regelung enthalten, ist das nicht der Fall.

4. Anfechtung von Nebenbestimmungen und Inhaltsbestimmungen

28   In welchem Umfang und mit welcher Klageart Nebenbestimmungen und Inhaltsbestimmungen eines VA angefochten werden können, ist seit langem umstritten.

a) Anfechtbarkeit von Nebenbestimmungen. Die **frühere Rechtsprechung** unter- 29
schied bei der Frage der Anfechtbarkeit von Nebenbestimmungen nach deren Rechtsnatur.
Auflagen sollten als selbständig abtrennbarer Teil eines VA auch selbständig durch Anfechtungsklage angefochten werden können (BVerwGE 90, 42, 43; 85, 24 = NJW 1991, 651; 65, 139 = NJW 1982, 2269; BVerwG NVwZ 1990, 855; OVG Lüneburg NVwZ 1992, 387). Demgegenüber wurden Anfechtungsklagen gegen sonstige Nebenbestimmungen als unstatthaft beurteilt (BVerwGE 29, 261, 264 = NJW 1968, 1842). Ein Teil des Schrifttums folgt dieser Auffassung (Eyermann/Happ VwGO § 42 Rn 45, 49; S/S/B/Pietzcker VwGO § 42 Abs 1 Rn 137; Pietzcker NVwZ 1995, 15; Stelkens NVwZ 1985, 469; Störmer DVBl 1996, 81).

Demgegenüber ist nach der **heute herrschenden Meinung**, der die Rechtsprechung des 30
BVerwG seit der klarstellenden Entscheidung vom 22.11.2000 (BVerwGE 112, 221 = NVwZ 2001, 429) folgt, die Anfechtung einer belastenden Nebenbestimmung eines VA durch Anfechtungsklage grundsätzlich statthaft. Ob die Gesamtregelung von der angefochtenen Nebenbestimmung Bestand haben kann oder gegenüber der ursprünglichen Regelung zu einem aliud wird, ist danach eine Frage der Begründetheit, soweit nicht eine isolierte Aufhebbarkeit offenkundig von vornherein ausscheidet (BVerwGE 112, 221, 224 = NVwZ 2001, 429; vgl auch BVerwGE 100, 325, 327 f; 81, 185, 186 = NVwZ 1989, 864; BVerwGE 60, 269, 274 = NJW 1980, 2773; Brüning NVwZ 2002, 1081; Kopp/Schenke VwGO § 42 Rn 22m umf N zum früheren Meinungsstand in Rechtsprechung und Schrifttum; Sodan/Ziekow/ Sodan VwGO § 42 Rn 20; Schmidt VBlBW 2004, 81; Hufen § 14 Rn 55 ff; W/B/S, I § 47 Rn 24; ausf auch Labrenz NVwZ 2007, 161). Maßgebend ist damit die (objektive) Form der Teilregelung (vgl Rn 12, 25). Um welche Art von Nebenbestimmung es sich handelt, spielt dabei keine Rolle. Ebenso wie die Anfechtung einer nachträglich einer Genehmigung beigefügten Auflage, Bedingung, Befristung oder einer anderen Nebenbestimmung statthaft ist, kann eine solche Nebenbestimmung auch angegriffen werden, wenn sie bereits ursprünglich Bestandteil des VA war (Kopp/Schenke VwGO § 42 Rn 22). Eine Ausnahme soll nach der Rechtsprechung nur dann gelten, wenn eine isolierte Aufhebbarkeit „offenkundig von vornherein ausscheidet" (BVerwGE 112, 221 = NVwZ 2001, 429). Teilweise wird weitergehend die Statthaftigkeit einer solchen Teilanfechtung verneint, wenn zwischen dem VA und der Nebenbestimmung ein „untrennbarer innerer Zusammenhang" besteht (so OVG Berlin NVwZ 1997, 1005; vgl auch OVG Berlin NVwZ 2001, 1059 f).

Nach der heute herrschenden Auffassung hat auch die früher umstrittene Frage an 31
Bedeutung verloren, ob bei **Ermessensentscheidungen** die gesonderte Anfechtbarkeit von Nebenbestimmungen aufgrund der häufig bestehenden inneren Verknüpfung mit der Ermessensbetätigung ausscheidet. In diesen Fällen wurde früher die isolierte Anfechtung von Nebenbestimmungen, auch von Auflagen, teilweise mit der Begründung abgelehnt, der Kläger könne andernfalls im Erfolgsfall eine Vergünstigung erhalten, die die Behörde ermessensfehlerfrei hätte ablehnen können (so noch BVerwGE 55, 135 = NJW 1978, 1018; ausdrücklich anders jedoch BVerwGE 65, 139 = NJW 1982, 2269; Redeker/v. Oertzen/M. Redeker VwGO § 113 Rn 14; S/S/B/Pietzcker VwGO § 42 Abs 1 Rn 134; W/B/S 2 § 47 Rn 22 f). Zum Teil wird auch bereits bei der Frage der Statthaftigkeit der Anfechtungsklage zusätzlich darauf abgestellt, welcher Wille der Behörde dem Erlass der Nebenbestimmung zugrunde lag (so VGH Mannheim NVwZ-RR 1997, 679).

Im Unterschied zu diesen beiden Auffassungen ist die Ansicht vereinzelt geblieben, eine 32
isolierte Anfechtung von Nebenbestimmungen sei generell unstatthaft, Klageziel sei immer die Erteilung einer Genehmigung ohne die nicht gewollte Nebenbestimmung, allein zulässige Klageart damit eine Verpflichtungsklage (so Stadie DVBl 1991, 613; Fehn DÖV 1988, 212).

Im Ergebnis geht es bei all diesen Fragen der Abgrenzung zwischen Nebenbestimmungen 33
und restlichem Verwaltungsakt darum,
- nach welchen Kriterien und innerhalb welcher Kategorien materiellrechtlich zu entscheiden ist, ob der bei Aufhebung der Nebenbestimmung verbleibende restliche VA abtrennbar ist und er isoliert bestehen bleiben kann und ob ein Anspruch auf einen solchen isolierten Rest-VA besteht,
- wo diese Frage prozessual zu verorten ist und
- welche prozessualen und materiell-rechtlichen Folgen je nach Beantwortung dieser Fragen zu berücksichtigen sind.

34   Die prozessualen Folgen einer Teilanfechtung von Nebenbestimmungen hängen einerseits mit dem mit der Klage verbundenen **Suspensiveffekt**, andererseits mit dem Eintritt der **Bestandskraft** zusammen. Auch zu diesen Fragen bestand in der Vergangenheit wie zu der Zulässigkeit einer Teilanfechtung von Nebenbestimmungen ein breites Meinungsspektrum. Mit der isolierten Anfechtung einer Nebenbestimmung sollte die aufschiebende Wirkung der Klage nach einer Auffassung überhaupt nicht (so VGH München BayVGHE 23, 97), nach einer anderen Auffassung lediglich beschränkt auf die angefochtene Nebenbestimmung eintreten (so Schoch Vorläufiger Rechtsschutz, 1988, 1111; vgl auch Dolde NJW 1979, 889, 899; S/S/B/Pietzcker VwGO § 42 Abs 1 Rn 136; wN bei S/S/B/Pietzcker VwGO § 42 Abs 1 Rn 128), nach einer dritten Auffassung sollte der Suspensiveffekt der Teilanfechtung trotz der Beschränkung auf die Nebenbestimmung den gesamten VA erfassen (so zB Schenke Rn 298). Ebenso war umstritten, ob bei einer isolierten Anfechtung einer Nebenbestimmung der nicht angefochtene Teil des VA bestandskräftig wird (vgl zum Meinungsstand S/S/B/Pietzcker VwGO § 42 Abs 1 Rn 128).

35   Auf der Grundlage der heute herrschenden Auffassung zur Anfechtung von Nebenbestimmungen durch Anfechtungsklage lassen sich beide Folgen einfach ableiten. Folge der Anfechtung lediglich einer Nebenbestimmung durch Anfechtungsklage ist eine entsprechende Beschränkung des Streitgegenstandes, mit der Folge dass auch der mit der Klage verbundene Suspensiveffekt auf die angefochtene Nebenbestimmung beschränkt ist. Der Verwaltungsakt im Übrigen wird, da er von der Anfechtung nicht erfasst ist, bestandskräftig. Er kann in seinem nicht angefochtenen Teil vollzogen werden, da sich die aufschiebende Wirkung der Klage nicht auf ihn erstreckt. Der Kläger vermeidet damit auch die aus § 113 Abs 1 S 1 VwGO ableitbare Folge einer Teilabweisung der Klage. Will die Behörde den Vollzug und die Bestandskraft des nicht angefochtenen Teils des VA ohne die Nebenbestimmung verhindern, hat sie die Möglichkeit, den Sofortvollzug der angefochtenen Nebenbestimmungen anzuordnen (Schmidt VBlBW 2004, 81; Eyermann/Happ VwGO § 42 Rn 46).

36   Folge der weiten Möglichkeit der Teilanfechtung von Nebenbestimmungen nach heute herrschender Auffassung ist damit eine **Stärkung der Rechtsposition des Klägers** (so zutreffend Schmidt VBlBW 2004, 81; zurückhaltender Eyermann/Happ VwGO § 42 Rn 46). Diese Rechtsstellung des Klägers entspricht indes der typischen Wirkung der Anfechtung belastender Verwaltungsakte. Wegen § 113 Abs 1 S 1 VwGO liegt die Begrenzung der Anfechtung auf den belastenden Teil im rechtlich gebotenen Interesse des Klägers.

37   Die heutige herrschende Auffassung löst allerdings naturgemäß nicht das nunmehr in die Begründetheit der Klage verschobene **Wertungsproblem**, ob der Rest-VA ohne die angefochtene Nebenbestimmung isoliert sinnvoller- und rechtmäßigerweise bestehen bleiben kann (BVerwGE 112, 221, 263).

38   **b) Modifizierende Auflagen.** Um die beschriebenen materiell-rechtlichen und prozessualen Folgen systematisch zu erfassen, verwendete in den 60er Jahren zunächst Weyreuther, ihm dann folgend das BVerwG die Rechtsfigur der modifizierenden Auflage (Weyreuther DVBl 1969, 232; DVBl 1969, 295; BVerwG DÖV 1974, 380; NVwZ 1984, 366; BVerwGE 69, 37, 39; 85, 24, 26; VGH München BayVBl 1994, 567; VGH Mannheim VBlBW 1994, 449; vgl ausf zur modifizierenden Auflage Eyermann/Happ VwGO § 42 Rn 43 f). Die Rechtsfigur der modifizierenden Auflage knüpfte ursprünglich an Nebenbestimmungen an, durch die in Anlagenzulassungsverfahren die erteilte Genehmigung mit einem vom Antrag abweichenden Inhalt erteilt wurde (Beispiel: Auflage, nach der das Bauvorhaben statt mit dem beantragten Flachdach („nur") mit einem Giebeldach genehmigt wurde; Genehmigung eines zweigeschossigen statt des beantragten viergeschossigen Gebäudes). Mit der modifizierenden Auflage sollte eine Genehmigung erteilt werden, die gegenüber dem Antrag ein aliud zum Gegenstand hatte. Welche Rechtsfolgen dies für die isolierte Anfechtbarkeit der modifizierenden Auflage und für die Rechtsfolgen bei Verstößen gegen eine modifizierende Auflage haben sollte, blieb umstritten (für selbständige Anfechtbarkeit: BVerwG NVwZ 1984, 366; NVwZ-RR 1997, 317; Kopp/Schenke VwGO § 42 Rn 23; aA BVerwGE 60, 269, 274 = NJW 1980, 2773; VGH Mannheim NVwZ-RR 1999, 432; OVG Münster NWVBL 1994, 24; OVG Berlin NVwZ 1997, 1005; Brüning NVwZ 2002, 1082). In der Praxis führte die modifizierende Auflage zu mehr Verwirrung als Nutzen. Ein sachliches Erfordernis für die Rechtsfigur besteht nicht. In der entscheidenden Frage, welches

materiell-rechtliche Verhältnis zwischen der Nebenbestimmung und dem übrigen Verwaltungsakt besteht, gibt die Rechtsfigur keine klare Antwort (ebenso Eyermann/Happ VwGO § 42 Rn 43; Hufen § 14 Rn 60).

c) Anfechtbarkeit von Inhaltsbestimmungen. In der Sache geht es um die Abgren- **39** zung der Nebenbestimmungen von solchen **Regelungen** in einer Genehmigung, **die Inhalt und Umfang** der Genehmigung **bestimmen**. Es handelt sich bei solchen Regelungen nicht im eigentlichen Sinn um Nebenbestimmungen, sondern um prägende Bestandteile der Genehmigung, um Inhaltsbestimmungen, die die beantragte Genehmigung zu einem aliud machen. Auch für solche Inhaltsbestimmungen ist umstritten, ob sie isoliert anfechtbar sind (ablehnend: Eyermann/Happ VwGO § 42 Rn 42 mN; Sodan/Ziekow/Sodan VwGO § 42 Rn 21; bejahend: Kopp/Schenke VwGO § 42 Rn 23 f). Nach zutreffender Auffassung gilt auch für die Inhaltsbestimmungen, soweit sie in die Form von Nebenbestimmungen gekleidet sind, dass die isolierte Anfechtung mit der Anfechtungsklage statthaft ist, solange nicht vollständig ausgeschlossen ist, dass eine isolierte Aufhebung in Betracht kommt (BVerwG NVwZ 2001, 429 mN; NVwZ 1989, 864). Ob eine isolierte Aufhebung möglich ist, hängt nicht vom Charakter der einschränkenden Regelung ab, sondern allein davon, ob materiellrechtlich der rechtswidrige Teil des VA in der Weise vollständig abtrennbar ist, dass der nicht aufgehobene Teil ohne Änderung seines Inhalts sinnvoller- und rechtmäßigerweise bestehen bleiben kann. Es kommt mit anderen Worten darauf an, ob die Genehmigung mit einem Inhalt fortbestehen kann, der der Rechtsordnung entspricht (BVerwG NVwZ 1984, 366 f; unzutr demgegenüber VGH Mannheim NVwZ-RR 1999, 431; OVG Berlin NVwZ 1987, 1005, die bei ihrer Bezugnahme auf die Rechtsprechung des BVerwG die Frage der zulässigen Klageart mit dem materiell-rechtlichen Anspruch auf isolierte Aufhebung vermischen). Soweit damit begünstigende Verwaltungsakte Regelungen enthalten, die den Inhalt der begünstigenden Regelung maßgeblich bestimmen, handelt es sich materiell nicht um Nebenbestimmungen iSv § 36 VwVfG, sondern um einen Teil der Hauptbestimmung. Eine solche Inhaltsbestimmung stellt beispielsweise eine Kapazitätsbeschränkung in einer Genehmigung dar (vgl zu solchen Inhaltsbestimmungen Eyermann/Happ VwGO § 42 Rn 42; Fluck DVBl 1992, 862; Rumpel BayVBl 1987, 577). In einem solchen Fall wäre eine Anfechtungsklage dann unstatthaft, wenn die Genehmigungsfähigkeit des Vorhabens von der Beachtung einer klaren Kapazitätsgrenze gesteuert wäre. Demgegenüber sind Festsetzungen von Emissionsbegrenzungen bzw. Immissionsgrenzwerten im Rahmen von Anlagengenehmigungen nicht generell als Inhaltsbestimmung zu qualifizieren. Hier muss vielmehr im Einzelfall beurteilt werden, welche Bedeutung der Festsetzung für die Genehmigung im Ganzen zukommt.

Die **Abgrenzung zwischen Nebenbestimmung und Inhaltsbestimmung** bei Ge- **40** nehmigungen erscheint zunächst einfach. In der Praxis gibt es gleichwohl eine Vielzahl von Fällen, die nur im Einzelfall wertend zu entscheiden sind. Die Beantwortung ist eine Frage des Regelungsinhalts des VA. Oftmals geben aber unklare Regelungstechnik der Verwaltung und sprachliche Ungenauigkeiten den Anlass für Auslegungsschwierigkeiten des Regelungsinhalts eines VA. Dies gilt im Übrigen nicht nur für die sprachlich oft nachlässige Verwendung von einzelnen Bestimmungen einer Genehmigung als „Auflage" oder „Bedingung", sondern auch im Hinblick auf die oft undifferenzierte Verwendung der Begriffe „Auflagen" und „Hinweise".

Im **Ergebnis** ist nach alledem der neueren Rechtsprechung des BVerwG zu folgen. Von **41** Fällen abgesehen, in denen der Rest-VA offenkundig nicht ohne die angefochtene Nebenbestimmung bestehen bleiben kann, ist die Anfechtung einer Nebenbestimmung wie einer Inhaltsbestimmung einer Genehmigung durch Anfechtungsklage statthaft (BVerwGE 112, 221 = NVwZ 2001, 429; 88, 348, 349 = NVwZ-RR 1992, 470; wie hier auch Schmidt VBlBW 2004, 81). Dies gilt auch bei einheitlichen Ermessensentscheidungen (BVerwGE 65, 139, 141). Bewirkt die isolierte Anfechtung eine von der Behörde nicht gewollte Ermessens(rest)entscheidung, so ist die Behörde auf die Möglichkeit des Widerrufs nach § 49 Abs 2 Nr 2 VwVfG verwiesen (BVerwGE 65, 139, 141).

d) Zweitbescheid, wiederholende Verfügung. Erlässt die Behörde im Rahmen des **42** § 51 VwVfG einen Zweitbescheid, so liegt ein neuer VA vor, gegen den eine Anfechtungsklage statthaft ist. Die Unanfechtbarkeit des Ursprungsbescheides steht dem nicht entgegen (Sodan/Ziekow/Sodan VwGO § 42 Rn 25). Dies gilt auch dann, wenn die Behörde aufgrund der erneuten Prüfung zu keinem anderen Ergebnis kommt als der ursprüngliche VA. Der neue VA tritt insoweit an die Stelle des ursprünglichen VA (Kopp/Ramsauer VwVfG § 51 Rn 22, 53; Redeker/v Oertzen/v Nicolai VwGO § 42 Rn 7; vgl auch BVerwGE 13, 99). Demgegenüber ist die Anfechtungsklage gegen eine wiederholende Verfügung, die gerade keine eigenständige Regelung enthält, nicht statthaft (BVerwGE 13, 99).

5. Untätigkeitsklage

43   Nach § 75 VwGO kann auch die Untätigkeitsklage als Anfechtungsklage erhoben werden, wenn über einen Widerspruch ohne zureichenden Grund innerhalb angemessener Frist sachlich nicht entschieden wurde. § 75 VwGO entbindet insoweit von der vollständigen Durchführung eines Vorverfahrens nach Maßgabe der §§ 68 ff VwGO.

6. Isolierte Anfechtungsklage

44   Unter einer „isolierten Anfechtungsklage" wird die Klage gegen einen Bescheid verstanden, der den Erlass eines beantragten Verwaltungsaktes ablehnt, ohne dass gleichzeitig die Verpflichtung zum Erlass des beantragten VA (Verpflichtungsklage) oder zumindest die Neubescheidung (Bescheidungsklage) angestrebt wird (vgl ausf Sodan/Ziekow/Sodan VwGO § 42 Rn 337 ff; Eyermann/Happ VwGO § 42 Rn 18; Hufen § 14 Rn 91). Es handelt sich um einen anderen Fall als den der isolierten Anfechtung von Nebenbestimmungen. Während bei der isolierten Anfechtung von Nebenbestimmungen die Teilbarkeit des VA in Frage steht, geht es bei der Zulässigkeit der isolierten Anfechtungsklage um die **Teilbarkeit des Klageziels**.

45   Eine isolierte Anfechtungsklage ist grundsätzlich **statthaft**, da der mit ihr angegriffene Versagungsbescheid Verwaltungsaktqualität besitzt (Eyermann/Happ VwGO § 42 Rn 18). Die Statthaftigkeit ist nicht aus systematischen Gründen des § 42 VwGO zu verneinen, der Anfechtungsklage kommt im Verhältnis zur Verpflichtungsklage auch weder ein subsidiärer Charakter zu ähnlich wie der Feststellungs- im Verhältnis zur Leistungsklage (BVerwGE 38, 99, 101; Sodan/Ziekow/Sodan VwGO § 42 Rn 339; so auch Redeker/v Oertzen/v Nicolai VwGO § 42 Rn 3, der die Zulässigkeit der isolierten Anfechtungsklage aber gleichwohl ablehnt). Auch handelt es sich bei der Verpflichtungsklage nicht um die im Verhältnis zur (isolierten) Anfechtungsklage speziellere Klageart (so zutr Eyermann/Happ VwGO § 42 Rn 21; Sodan/Ziekow/Sodan VwGO § 42 Rn 339; aA S/S/B/Pietzcker VwGO § 42 Abs 1 Rn 110; Kopp/Schenke VwGO § 42 Rn 30; Redeker/v Oertzen/v Nicolai VwGO § 42 Rn 3), da Klageziel und Prüfungsmaßstab bei den beiden Klagearten unterschiedlich ist.

46   Entscheidend ist, ob für die isolierte Anfechtungsklage ein **Rechtsschutzbedürfnis** vorliegt. Dies ist umstritten. Zum Teil wird die Auffassung vertreten, die Verpflichtungsklage sei regelmäßig die rechtsschutzintensivere Klageart, die isolierte Anfechtungsklage daher regelmäßig unzulässig (Hufen § 14 Rn 21; Ehlers Jura 2004, 33; BVerwGE 25, 357, 358; VGH München BayVBl 1984, 18, 20). Zutreffend ist, dass für die isolierte Anfechtungsklage nicht allgemein ein Rechtsschutzbedürfnis besteht. Im Hinblick auf das Klageziel, den Erlass eines angestrebten VA zu erreichen, gibt es keinen erkennbaren Unterschied zur Bescheidungsklage (anders aber wohl Sodan/Ziekow/Sodan VwGO § 42 Rn 346). Vielmehr besteht bei unverändertem Klageziel kein Rechtsschutzbedürfnis, an Stelle der Verpflichtungs- bzw Bescheidungsklage die isolierte Anfechtungsklage zu wählen (ebenso Kopp/Schenke VwGO § 42 Rn 30; Eyermann/Happ VwGO § 42 Rn 19, 21). Dies kann aber anders sein, wenn der isolierten Anfechtungsklage ein anderes Klagebegehren zugrunde liegt, hierfür also ein besonderes Rechtsschutzbedürfnis zu bejahen ist. Auch die Rechtsprechung geht im Ergebnis zutreffend davon aus, dass grundsätzlich für eine isolierte Anfechtungsklage kein Rechtsschutzbedürfnis besteht, die Klage bei verändertem Klageziel aber zulässig sein kann (vgl BVerwGE 78, 93, 96; 88, 111, 114; im Ansatz auch BVerwGE 38, 99, 101; BVerwG NVwZ 1999, 641; OVG Münster NVwZ-RR 2003, 615 f; vgl die umf Nachw bei Sodan/Ziekow/Sodan VwGO § 42 Rn 342 f). Zur Unzulässigkeit einer isolierten Anfechtungsklage neben einer zuvor eingelegten Feststellungsklage vgl OVG Lüneburg BeckRS 2011, 49471.

Ein **besonderes Rechtsschutzbedürfnis** für die isolierte Anfechtungsklage ist zu beja- 47
hen, wenn der Kläger das Interesse an einer weitergehenden Klage verloren hat. In diesem
Fall begründet das Ziel, die Bestandskraft des Versagungsbescheids zu verhindern, ein selbständiges Rechtsschutzbedürfnis (Eyermann/Happ VwGO § 42 Rn 19). Ein besonderes
Rechtsschutzbedürfnis besteht auch, wenn die Ablehnung des beantragten VA über die
Ablehnung hinaus weitergehende Wirkungen zeigt (BVerwGE 88, 111, 113 f; VGH Mannheim ESVGH 46, 309, 310; BVerwGE 55, 355, 356 f; 40, 205 ff; 41, 34; 88, 111, 113; vgl
auch die Beispiele bei Kopp/Schenke VwGO § 42 Rn 30 zum Ausländerrecht). Ein besonderes Rechtsschutzinteresse liegt weiter dann vor, wenn die beantragte Genehmigung
nicht mehr erforderlich ist (BVerwGE 54, 54, 55 f; Eyermann/Happ VwGO § 42 Rn 19)
oder sie wegen des Wechsels der für die Genehmigung zuständigen Behörde aufgrund § 78
VwGO nicht mehr erteilt werden kann (BVerwG NVwZ-RR 1997, 388). Nicht begründet
ist allerdings die Auffassung, ein besonderes Rechtsschutzbedürfnis könne sich bereits daraus
ergeben, dass bei der öffentlichen Hand zu erwarten sei, dass sie der Aufhebungsentscheidung
auch ohne Vollstreckungsdruck folgen (so aber BVerwGE 38, 99, 103 f; ähnlich OVG
Münster NWVBl 1990, 155 f; wie hier Eyermann/Happ VwGO § 42 Rn 21). Ein besonderes Rechtsschutzbedürfnis für die isolierte Anfechtungsklage kann auch dann nicht bestehen,
wenn die Behörde im Rahmen ihrer Entscheidung ohnehin über keinen Ermessens- oder
Beurteilungsspielraum verfügt (BVerwG NVwZ 1990, 641).

Gegen die **Zurückstellung von Baugesuchen** nach § 15 BauGB ist die Anfechtungs- 48
klage zulässig. Es handelt sich hierbei nicht um einen Fall der isolierten Anfechtungsklage,
auch ist der Bauherr nicht auf eine Inzidentprüfung der Zurückstellung im Rahmen einer
Verpflichtungsklage auf Erteilung der Baugenehmigung verwiesen (so zu Unrecht VGH
Mannheim VBlBW 1999, 216; NVwZ-RR 2003, 333; wie hier OVG Koblenz NVwZ-RR
2002, 708; OVG Berlin NVwZ 1995, 399; OVG Lüneburg BRS 49 Nr 156; Kopp/Schenke
VwGO § 42 Rn 30; Eyermann/Happ VwGO § 42 Rn 60a; Rieger BauR 2003, 1512).
Der Zurückstellungsbescheid hat einen anderen Regelungsinhalt als der Versagungsbescheid
über den Bauantrag, das Anfechtungsziel unterscheidet sich von dem Ziel einer gegen die
Versagung gerichteten Klage.

Richtet sich die Klage gegen die **förmliche Ablehnung eines Realaktes**, so ist die 49
Anfechtungsklage gegen die Ablehnungsentscheidung statthaft. Auch hierin liegt kein Fall
der isolierten Anfechtungsklage. Der Statthaftigkeit einer allein erhobenen Anfechtungsklage
steht nicht entgegen, dass der Kläger die Anfechtungsklage gem § 113 Abs 4 VwGO mit
einer allgemeinen Leistungsklage verbinden könnte (ebenso Kopp/Schenke VwGO § 42
Rn 30; § 113 Rn 172).

7. Sachurteilsvoraussetzungen

Zu den besonderen Sachurteilsvoraussetzungen der Anfechtungsklage gehören die Durch- 50
führung des Vorverfahrens, §§ 68 VwGO ff, die Klagefrist nach § 74 Abs 1 VwGO sowie
die Klagebefugnis, § 42 Abs 2 VwGO. Wird der Widerspruchsbescheid angefochten, ist
zusätzlich § 79 VwGO zu beachten.

Für die Frage, ob die Sachurteilsvoraussetzungen vorliegen, ist der Zeitpunkt der letzten 51
mündlichen Verhandlung maßgebend (BVerwG NVwZ 1998, 1295, 1296; Eyermann/Happ
VwGO § 42 Rn 23). Wird im schriftlichen Verfahren entschieden, kommt es auf den Zeitpunkt der letzten gerichtlichen Entscheidung an.

III. Verpflichtungsklage

1. Klagetyp

Bei der Verpflichtungsklage handelt es sich um eine **Leistungsklage**. Das Klageziel ist 52
darauf gerichtet, die beklagte Behörde zu verpflichten, den begehrten Verwaltungsakt zu
erlassen bzw neu über den Antrag des Klägers zu entscheiden, nicht dagegen – gestaltend –
die Handlung der beklagten Behörde zu ersetzen. Streitgegenstand ist der materielle Anspruch auf den Erlass des beantragten VA bzw Bescheidung. Der Anwendungsbereich der
Verpflichtungsklage ist nicht auf die Leistungsverwaltung beschränkt (so Redeker/v Oert-
zen/v Nicolai VwGO § 42 Rn 25). Verpflichtungsklagen kommt auch im Bereich der

Eingriffsverwaltung große Bedeutung zu, so zB bei Drittschutzklagen, die auf den Erlass von Schutzauflagen gerichtet sind.

53   Bei der Verpflichtungsklage wird unterschieden zwischen der auf den Erlass eines VA gerichteten sog **Vornahmeklage** und der **Bescheidungsklage**, die darauf gerichtet ist, bei fehlender Spruchreife den Beklagten zur (Neu)Bescheidung in einem dem Klagebegehren entsprechenden Sinne unter Beachtung der Rechtsauffassung des Gerichts zu verpflichten (BVerwG NVwZ 2007, 104). Beide werden auch als sog Versagungsgegenklage bezeichnet. Daneben gibt es weitere Unterarten oder mit der Verpflichtungsklage verwandte Klagearten, so im Gegensatz zu den beiden Versagungsgegenklagen die **Untätigkeitsklage** und die sog **(Verpflichtungs)Fortsetzungsfeststellungsklage** (entspr § 113 Abs 5, Abs 1 S 4 VwGO).

53.1   Bei der Bescheidungsklage handelt es sich um eine Teilmenge der Verpflichtungsklage. Der Streitgegenstand der Verpflichtungsklage und der Bescheidungsklage decken sich im Wesentlichen, der Bescheidungsantrag ist regelmäßig in der in dieselbe Richtung weisenden Verpflichtungsklage enthalten, er bleibt nur inhaltlich hinter dem Antrag auf Verpflichtung zurück (BVerwGE 120, 263, 275 f = NVwZ 2004, 1365; NVwZ 2007, 104, 105 f).

2. VA als Gegenstand der Verpflichtungsklage

54   Die Verpflichtungsklage hat als Gegenstand eine Verwaltungsaktslage. Das Klageziel ist auf den Erlass eines beanspruchten VA gerichtet. Streitgegenstand ist der prozessuale Anspruch, mit dem der Kläger auf die Durchsetzung seines materiell-rechtlichen Anspruchs auf Erlass eines VA zielt (BVerwG NVwZ 2007, 104, 106). Eine statthafte Verpflichtungsklage setzt damit voraus, dass die begehrte Amtshandlung **objektiv** ein **Verwaltungsakt** ist, auf die subjektive Einschätzung des Klägers kommt es nicht an (Eyermann/Happ VwGO § 42 Rn 25). In diesem Sinne ist auch § 113 Abs 5 VwGO zu verstehen, der von „Amtshandlung" spricht (S/S/B/Pietzcker VwGO § 42 Abs 1 Rn 94; BVerwGE 31, 301). Ein hierfür ausreichender VA ist auch der Widerspruchsbescheid selbst, so dass eine Verpflichtungsklage auf Erlass eines Widerspruchsbescheides statthaft ist (Eyermann/Happ VwGO § 42 Rn 25). Ihr dürfte aber im Regelfall das Rechtsschutzbedürfnis fehlen. Welcher Art der erstrebte VA ist, spielt keine Rolle. Ebenso wenig kommt es darauf an, ob der Erlass des VA einen Antrag voraussetzt oder er von Amts wegen ergehen muss. Ein Erlass des begehrten VA ist damit materiell-rechtlich keine Voraussetzung für die Statthaftigkeit der Verpflichtungsklage, allerdings, soweit es sich um einen mitwirkungsbedürftigen VA handelt, materiell-rechtlich von Bedeutung. Prozessual gilt für die Verpflichtungsklage – als Sachurteilsvoraussetzung – allerdings ein Antragserfordernis selbst dann, wenn der VA materiell-rechtlich von Amts wegen ergehen könnte oder müsste (BVerwGE 99, 158, 160; VGH Mannheim NVwZ 2001, 101; VGH München NVwZ-RR 1990, 553; Eyermann/Happ VwGO § 42 Rn 36; Eyermann/Rennert VwGO § 68 Rn 22; Kopp/Schenke VwGO § 75 Rn 7 mN; S/S/B/ Pietzcker VwGO § 42 Abs 1 Rn 96, der das Erfordernis allerdings dem Rechtsschutzbedürfnis zuordnet; aA BVerwGE 69, 198, 200). Unklar ist, ob der Antrag bis zum Schluss der mündlichen Verhandlung noch nachgeholt werden kann (abl VGH Mannheim NVwZ 2001, 101; Eyermann/Happ VwGO § 42 Rn 36). Auch in der Klageerhebung oder einer anderen Form der prozessualen Geltendmachung liegt nicht der prozessual geforderte Antrag auf Vornahme des VA (BVerwGE 99, 158, 160; Eyermann/Happ VwGO § 42 Rn 37; großzügiger in der Auslegung allerdings BVerwG NVwZ 1995, 75).

55   Da die Verpflichtungsklage nur statthaft ist, wenn das Klageziel objektiv ein VA ist, kann eine Verpflichtungsklage dann nicht statthaft sein, wenn das Klageziel auf Erbringung einer **schlicht hoheitlichen Leistung** gerichtet ist, selbst wenn diese durch VA abgelehnt wurde. Statthaft ist in diesem Fall nur eine Leistungsklage (VGH Mannheim NJW 1991, 2786). Ebenso ist eine Verpflichtungsklage nicht statthaft, wenn im Verfahren auf Erteilung einer Genehmigung festgestellt wird, dass das beantragte Vorhaben genehmigungsfrei ist (vgl BVerwGE 39, 135 f; S/S/B/Pietzcker VwGO § 42 Abs 1 Rn 37).

56   Mit dem prozessualen Erfordernis eines Antrags ist der Grundsatz verbunden, dass vor Klageerhebung grundsätzlich ein **Verwaltungsverfahren** erfolglos **durchlaufen** sein muss. Dieses Erfordernis kommt in §§ 42, 68 Abs 2, 75 VwGO zum Ausdruck. Es kennzeichnet den Grundsatz der Gewaltenteilung (Sodan/Ziekow/Sodan VwGO § 42 Rn 37 mN; vgl

BVerwGE 31, 301, 303, 60, 144, 150; 77, 268, 275). Die Verpflichtungsklage soll ohne vorherige Einleitung des Verwaltungsverfahrens selbst dann unzulässig sein, wenn sich die Behörde zur Sache eingelassen hat (OVG Koblenz NJW 1967, 2329). Anderes gilt in Fällen unwesentlicher Änderungen (VGH München BayVBl 1980, 296, 297; OVG Münster OVGE 41, 178, 181).

Wird der Antrag auf Erlass eines VA von der Verwaltung abgelehnt, so bedarf es im **57** Rahmen der Verpflichtungsklage **keines** ausdrücklichen **Antrags auf Aufhebung der Ablehnungsentscheidung** (zutr VGH Mannheim NVwZ 1990, 985, 986; S/S/B/Pietzcker VwGO § 42 Abs 1 Rn 96), ebenso wenig einer Aufhebung der Ablehnung durch das der Klage stattgebende Gericht, wenngleich eine solche Aufhebung im Urteilstenor üblich und aus Gründen der Rechtsklarheit sinnvoll ist (S/S/B/Pietzcker VwGO § 42 Abs 1 Rn 96; ähnlich Eyermann/Happ VwGO § 42 Rn 33). Entbehrlich ist eine ausdrückliche Anfechtung der Antragsablehnung allerdings nur dann, wenn die Ablehnungsentscheidung sich gegenständlich mit dem abgelehnten Antrag deckt. Insbes im Fall von Konkurrenten-klagen bzw in sonstigen Fällen kontingentierter Rechte, zum Teil auch in anderen Fällen mehrpoliger Rechtsverhältnisse ist eine Ablehnung des Antrags häufig mit einer drittbegünstigenden Regelung verbunden. Hier setzt die erfolgreiche Verpflichtungsklage voraus, dass zuvor die abweichend erteilte Genehmigung aufgehoben wird (vgl S/S/B/Pietzcker VwGO § 42 Abs 1 Rn 96). Entsprechendes gilt in Regulierungsverfahren, in denen statt des beantragten Entgeltes ein anderes Entgelt genehmigt wird, sowie in vergleichbaren anderen Fällen der Wirtschaftsaufsicht (vgl BVerwG NJW 1993, 2391 zur Genehmigung eines anderen als des vereinbarten Krankenhauspflegesatzes).

Die Verpflichtungsklage zielt auf Erlass eines VA. Wird mit dem VA über die Bewilligung **58** einer Leistung (zB einer Subvention) entschieden, beschränkt sich der Streitgegenstand auf den begehrten Erlass des Bewilligungsbescheides. Mit dem Verpflichtungsantrag kann nicht zugleich auch über die nachfolgende Ausführung der im Bewilligungsbescheid festgelegten Leistungsansprüche entschieden werden. Unterbleibt auch den Verpflichtungsausspruch des Gerichts die Umsetzung der Leistung, muss erneut Klage – als Leistungsklage – erhoben werden (vgl BVerwG NJW 1995, 3135; VGH München NVwZ 1995, 812; S/S/B/Pietzcker VwGO § 42 Abs 1 Rn 95).

Ohne Belang ist, auf welche rechtliche Grundlage sich der Anspruch auf Erlass eines VA **59** richtet. Auch im Falle eines vertraglichen Anspruchs ist die Verpflichtungsklage die richtige Klageart (S/S/B/Pietzcker VwGO § 42 Abs 1 Rn 99).

3. Bescheidungsklage

Die Bescheidungsklage ist eine besondere Form der Verpflichtungsklage. Bei der Ver- **60** pflichtungsklage zielt der Klageantrag auf die Verpflichtung des Beklagten, den beantragten VA vorzunehmen. Fehlt es an der **Spruchreife**, zielt der Antrag darauf, den Beklagten zu verpflichten, den Kläger unter Beachtung der Rechtsauffassung des Gerichts neu zu bescheiden (§ 113 Abs 5 S 1, 2 VwGO).

An der **Spruchreife** fehlt es, wenn der Behörde im Rahmen ihrer Entscheidung ein **61** Ermessens oder Beurteilungsspielraum zusteht oder wenn im Rahmen der gebundenen Verwaltung das erkennende Gericht ausnahmsweise die vollständige Sachverhaltsaufklärung nicht selbst vornehmen muss (vgl im Einzelnen § 113 VwGO Rn 73; zur Zulässigkeit des Bescheidungsurteils im Rahmen der gebundenen Verwaltung Kopp/Schenke VwGO § 113 Rn 197 ff; BVerwG NVwZ-RR 1999, 74; BVerwGE 90, 24 = NVwZ-RR 1993, 69).

Der Bescheidungsantrag ist keine Unterart des Verpflichtungsantrags, sondern lediglich **62** ein im Verpflichtungsantrag enthaltenes Minus (BVerwGE 120, 263, 275 f = NVwZ 2004, 1365; NVwZ 2007, 104, 105 f). Es besteht daher kein Erfordernis, einen solchen Antrag hilfsweise neben dem Verpflichtungsantrag zu stellen (BVerwG NVwZ-RR 1997, 271, 273), wenngleich ein solcher Hilfsantrag üblich ist. Aus diesem Grunde führt ein Bescheidungsurteil, das auf einen Verpflichtungsantrag hin ergeht, zwangsläufig zu einer Teilabweisung der Klage (BVerwGE 37, 57, 61). Demgegenüber wird von einer Mindermeinung vertreten, das Bescheidungsurteil habe ähnlichen Charakter wie die Zurückweisung durch die Rechts-mittelinstanz, deshalb sei weder ein eigenständiger Bescheidungsantrag möglich noch sei im

Falle eines Bescheidungsurteils eine Teilabweisung der Klage möglich (vgl Czermak BayVBl 1981, 427).

63   Wechselt der Kläger zwischen Verpflichtungs- und Bescheidungsantrag, so liegt eine Klagebeschränkung bzw -erweiterung vor, es handelt sich **nicht** um eine **Klageänderung** (BVerwG NVwZ 2007, 104, 106; Kopp/Schenke VwGO § 91 Rn 9; S/S/B/Pietzcker VwGO § 42 Abs 1 Rn 103).

64   Der Bescheidungsantrag muss ebenso wie der Verpflichtungsantrag ein **bestimmtes** Klageziel haben. Der Antrag auf „Verbescheidung schlechthin" ist nicht zulässig (ebenso Eyermann/Happ VwGO § 42 Rn 33).

4. Untätigkeitsklage

65   Die Verpflichtungsklage ist, wenn ein Ablehnungsbescheid – bzw. ein Widerspruchsbescheid – nicht ergangen ist, als Untätigkeitsklage statthaft. Die Untätigkeitsklage zielt in diesem Fall auf den Erlass eines unterlassenen VA. Zur Sonderkonstellation der Untätigkeitsklage, mit der der durch einen Bauvorbescheid Begünstigte die Zurückweisung eines Nachbarwiderspruchs anstrebt (VGH Kassel UPR 2009, 115).

66   Auch in diesem Fall muss der **Antrag** auf Erlass des VA gestellt worden sein. Andernfalls fehlt es an der erforderlichen Klagevoraussetzung, die Untätigkeitsklage ist dann unzulässig. Ob der fehlende Antrag nach Klageerhebung (bis zum Schluss der mündlichen Verhandlung) noch nachgeholt werden kann, ist umstritten. Zum Teil wird die Möglichkeit der **Nachholung des Antrags nach Klageerhebung** unter Hinweis auf § 45 Abs 1 Nr 1, Abs 2 VwVfG bejaht (Redeker/v Oertzen/v Nicolai VwGO § 42 Rn 8). Geht man davon aus, so kommt bei Fehlen des Antrags ein Hinweis nach § 86 Abs 3 VwGO mit dem Ziel in Betracht, den Antrag nachzuholen. Nach anderer Auffassung ist eine Nachholung des Antrags nach Klageerhebung ausgeschlossen, da das prozessuale Antragserfordernis des § 75 VwGO nicht mit dem verwaltungsverfahrensrechtlichen Antragserfordernis gleichzusetzen sei und der Antrag eine Klagevoraussetzung, nicht eine bloße Sachurteilsvoraussetzung darstellt (BVerwGE 57, 204, 210; 99, 158, 160; VGH Mannheim NVwZ 2001, 101; 2000, 106; Eyermann/Happ VwGO § 42 Rn 36). Für diese Auffassung spricht, dass das prozessuale Antragserfordernis des § 75 VwGO mit dem – ohnehin nicht zwingenden – materiell-rechtlichen Antragserfordernis nach VwVfG nicht identisch ist. S auch § 75 VwGO Rn 5.

5. Sachurteilsvoraussetzungen

67   Bei den besonderen Sachurteilsvoraussetzungen der Verpflichtungsklage muss zwischen der sog Versagungsgegenklage und der Untätigkeitsklage unterschieden werden.

68   Besondere Sachurteilsvoraussetzungen der **Versagungsgegenklage** sind die Durchführung des Vorverfahrens, §§ 68 VwGO ff, die Klagefrist nach § 74 Abs 2 VwGO sowie die Klagebefugnis, § 42 Abs 2 VwGO.

69   Bei der **Untätigkeitsklage** muss als besondere Sachurteilsvoraussetzung die Sperrfrist von drei Monaten (§ 75 S 2 VwGO) beachtet werden. Auch für die Untätigkeitsklage als Unterart der Verpflichtungsklage (VGH München BayVBl 1968, 251) gilt das Erfordernis der Klagebefugnis nach § 42 Abs 2 VwGO. Zudem ist prozessuale Voraussetzung für die Untätigkeitsklage ein Antrag auf Vornahme des VA, § 75 S 1, 2 VwGO (BVerwGE 99, 158). Es handelt sich um ein prozessuales Antragserfordernis, das selbst dann erfüllt sein muss, wenn materiell-rechtlich die Entscheidung von Amts wegen ergehen könnte (BVerwGE 99, 158, 160; Eyermann/Happ VwGO § 42 Rn 36; Kopp/Schenke VwGO § 75 Rn 7). Eine Nachholung des Antrags nach Klageerhebung scheidet aus (VGH Mannheim NVwZ 2001, 101).

70   Für die Frage, ob die Sachurteilsvoraussetzungen vorliegen, ist der **Zeitpunkt** der letzten mündlichen Verhandlung maßgeblich. Wird im schriftlichen Verfahren entschieden, kommt es auf den Zeitpunkt der gerichtlichen Entscheidung an.

IV. Abgrenzung zwischen Anfechtungs und Verpflichtungsklage

1. Allgemeines

Im Grundsatz scheint die Abgrenzung zwischen den beiden Klagearten einfach. Das in **71** § 42 Abs 1 VwGO unterschiedlich ausgedrückte Klagebegehren bestimmt die Klageart. Es gibt allerdings bestimmte besondere Fallgruppen, bei denen die Abgrenzung Schwierigkeiten bereitet. Den Grund hierfür bieten nicht immer prozessuale, am Klageziel hängende Gründe, sondern materiell-rechtliche Fragen. Bestimmte Grundkonstellationen sind innerhalb einiger der typischen Fallgruppen seit langem umstritten und von einem Wandel der Auffassungen geprägt. Dies gilt namentlich im Bereich der Abgrenzung zwischen Anfechtungs- und Verpflichtungsklage bei Klagen gegen belastende Nebenbestimmungen bzw Inhaltsbestimmungen (s Rn 28 ff). In der Praxis wird die Entscheidung über die richtige Klageart in den meisten Fällen durch richterliche Hinweise nach § 86 Abs 3 VwGO bzw durch Auslegung oder Umdeutung des gestellten Antrages gelöst.

Von besonderer Bedeutung bei der Abgrenzung zwischen den beiden Klagearten sind die **72** folgenden **Fallgruppen**:

- Klagen gegen belastende Nebenbestimmungen bzw Inhaltsbestimmungen
- Klagen wegen unzureichender Begünstigung
- Klagen im Zusammenhang mit drittwirkenden Verwaltungsakten, insbes Rechtsschutz im Planfeststellungsverfahren
- Konkurrentenklagen und Klagen im Zusammenhang mit kontingentierten Rechten

Daneben gibt es kleinere Fallgruppen, die meist auf einzelne Rechtsbereiche beschränkt sind.

2. Klage gegen belastende Nebenbestimmungen

Über die Abgrenzung von Anfechtungs- und Verpflichtungsklage bei der Anfechtung von **73** Nebenbestimmungen und Inhaltsbestimmungen herrscht seit Jahrzehnten Streit (s Rn 28 ff). Dieser Meinungsstreit hängt zunächst damit zusammen, dass die Abgrenzung zwischen den beiden Klagearten in § 42 Abs 1 VwGO nicht zu dem Verhältnis der verschiedenen Nebenbestimmungen in § 36 VwVfG sowohl untereinander als auch gegenüber dem Rest-VA passt. Vor allem aber lässt sich weder durch das Verwaltungsverfahrensrecht noch durch § 42 Abs 1 VwGO die Schwierigkeit auflösen, dass die Qualifizierung einer Teilregelung in einem Verwaltungsakt als Nebenbestimmung, Inhaltsbestimmung, Hauptbestimmung, modifizierender Regelung oder nach anderen Kategorien immer von materiell-rechtlichen Wertungen abhängt. Da als Ausgangspunkt das Klageziel steht, nur den belastenden Teil des VA zu korrigieren, sind mit der prozessualen Wahl der Klageart zwangsläufig auch (vorwiegend prozessuale) Folgen verbunden, die auch den begünstigenden Teil des VA erfassen (zB die Reichweite des Suspensiveffekts und der Bestandskraft). Die für die Abgrenzung von Anfechtungs- und Verpflichtungsklage maßgebliche Frage ist, ob die Gesamtregelung mit der belastenden Teilregelung überhaupt **prozessual teilbar** ist. Diese Frage ist nicht gleichzusetzen mit der Frage nach der materiellen Abtrennbarkeit der belastenden Teilregelung vom Rest des VA. Sie hängt aber damit zusammen, ob die Klärung dieser letzteren Frage in die Zulässigkeit der Klage gehört und die Abgrenzung zwischen Anfechtungs- und Verpflichtungsklage bestimmt oder erst in der Begründetheit zu prüfen ist (vgl dazu BVerwGE 112, 121 = NVwZ 2001, 429; Schmidt VBlBW 2004, 81).

a) Selbständige Regelung. Die Teilbarkeit ist dann zu bejahen, wenn es sich bei der **74** belastenden Teilregelung um eine **selbständige Regelung** handelt, die vom VA im Übrigen unabhängig ist. In diesem Fall liegen zwei (oder mehrere) Hauptbestimmungen vor. Diese sind zweifellos prozessual teilbar und selbständig durch Anfechtungsklage angreifbar. Ob ein solcher Fall vorliegt, richtet sich nach materiellem Recht. Entscheidend ist die objektive Beurteilung der Regelung(en), wenngleich der Behördenwille dabei mit zu berücksichtigen ist (etwas anders Eyermann/Happ VwGO § 42 Rn 40).

Ein Beispiel, das oftmals Anlass zu dieser Abgrenzung bietet, bildet die Verknüpfung einer **74.1** Änderungsgenehmigung nach § 16 BImSchG mit einer nachträglichen Anordnung nach § 17 BImSchG. Werden im Zuge eines Änderungsvorhabens in Bezug auf eine bestehende Anlage in die

Änderungsgenehmigung Anforderungen aufgenommen, die sich auf nicht geänderte und nicht von der Änderung betroffene Teile der Anlage beziehen, zB strengere Emissionswerte in Bezug auf nicht von der Änderung betroffenen Emissionsquellen, so handelt es sich nicht um Nebenbestimmungen zur Änderungsgenehmigung, sondern um eine eigenständige nachträgliche Anordnung nach § 17 BImSchG. Es liegen streng genommen zwei Verwaltungsakte vor.

74.2   Eine solche selbständige Regelung kann auch vorliegen bei einer räumlichen Beschränkung einer Aufenthaltsgenehmigung nach § 12 Abs 1 S 2 AuslG 1990 (BVerwGE 335, 337 f).

75   **b) Form der belastenden Teilregelung.** Handelt es sich nicht um eine selbständige Regelung, finden sich zwei unterschiedliche Ansätze. Zum Teil wird auf die Form der belastenden Teilregelung abgestellt.

76   (aa) Teilweise wird ausschließlich nach der Form der Teilregelung differenziert, wobei in erster Linie auf § 36 VwVfG abgestellt wird. Die **frühere Rechtsprechung** hielt auf dieser Grundlage gegen Auflagen die Anfechtungsklage für statthaft, demgegenüber sollte gegen sonstige Nebenbestimmungen Verpflichtungsklage auf Erlass des Gesamt-VA ohne die Nebenbestimmung erhoben werden (BVerwGE 65, 139 = NJW 1982, 2269; BVerwGE 29, 261, 264 = NJW 1968, 1842; vgl auch Eyermann/Happ VwGO § 42 Rn 45, 49; S/S/B/ Pietzcker VwGO § 42 Abs 1 Rn 137).

77   (bb) Nach anderer Auffassung sollte in allen Fällen belastender Nebenbestimmungen generell die Verpflichtungsklage statthaft sein (Stadie DVBl 1991, 613).

78   (cc) Nach heute **überwiegender Auffassung**, der auch die Rechtsprechung folgt, ist demgegenüber gegen belastende Nebenbestimmungen eines VA unabhängig von deren Einordnung nach § 36 VwVfG grundsätzlich die Anfechtungsklage statthaft, es sei denn, eine isolierte Aufhebbarkeit scheidet offenkundig von vornherein aus (s Rn 30; BVerwGE 112, 221 = NVwZ 2001, 429; Kopp/Schenke VwGO § 42 Rn 22 mN; Hellriegel/Malmendier DVBl 2010, 486). Nach der heute herrschenden Auffassung spielt für die Abgrenzung die Einordnung als gebundene Entscheidung oder Ermessensentscheidung keine Rolle (s Rn 31).

79   **c) Inhalt der Regelung.** Soweit nicht auf die Form, sondern auf den Inhalt der Regelung abgestellt wird, ebenso soweit zwischen Auflage und sonstigen Nebenbestimmungen unterschieden wird, werden bei der Frage der Teilbarkeit Kategorien wie Inhalts- und Nebenbestimmung, modifizierte Genehmigung, modifizierende Auflage oder modifizierende Gewährung herangezogen. Dabei hat sich die Abgrenzung nach den Kriterien der **modifizierenden Auflage,** modifizierenden Gewährungen bzw modifizierten Genehmigung nicht durchgesetzt (vgl Rn 38; Eyermann/Happ VwGO § 42 Rn 43 f; Hufen § 14 Rn 60; Kopp/Schenke VwGO § 42 Rn 23). Überwiegend wurde dabei vertreten, dass bei solchen modifizierenden Auflagen bzw Gewährungen eine selbständige Anfechtbarkeit ausscheiden und eine Verpflichtungsklage in Betracht kommen sollte (BVerwGE 60, 269, 274 = NJW 1980, 2773; VGH Mannheim NVwZ-RR 1999, 432; OVG Münster NWVBL 1994, 24; OVG Berlin NVwZ 1997, 1005; Brüning NVwZ 2002, 1082; aA BVerwG NVwZ 1984, 366; NVwZ-RR 1997, 317; Kopp/Schenke VwGO § 42 Rn 23). Letztlich haben diese Kategorien keine Klarheit, sondern zusätzliche Verwirrung geschaffen. Regelungen, die den Inhalt und Umfang des VA bestimmen, ihn so prägen, dass der Wegfall der Teilregelung den verbleibenden Teil zu einem aliud macht, werden überwiegend als **Inhaltsbestimmungen** dargestellt. Ihre isolierte Aufhebung setzt voraus, dass die Regelung in der Weise vollständig abtrennbar ist, dass der nicht aufgehobene Teil ohne Inhaltsänderung sinnvoller- und rechtmäßigerweise bestehen bleiben kann. Damit ist indes die Frage nicht beantwortet, ob diese Unterscheidung bei der Wahl der Klageart oder in der Begründetheit der Klage zu treffen ist.

80   Unabhängig davon, welche dieser Abgrenzungskriterien man heranzieht, muss die Abgrenzung zwischen Nebenbestimmung und Inhaltsbestimmung in jedem Fall anhand einer **wertenden Beurteilung** des Regelungsinhalts des VA und der betroffenen Teilregelung erfolgen. Deshalb ersetzen die Kriterien nicht eine solche wertende Zuordnung im Einzelfall. Die Wahl zwischen Anfechtungsklage und Verpflichtungsklage hat dabei Auswirkungen auf den Umfang des mit der Klage verbundenen Suspensiveffekts und mit dem Umfang der Bestandskraft. S im Einzelnen Rn 34.

81   Im Ergebnis überzeugt die neuere Rechtsprechung des BVerwG. Danach ist gegen belastende Nebenbestimmungen regelmäßig die Anfechtungsklage, nicht die Verpflichtungs-

klage statthaft, es sei denn der Rest-VA kann offenkundig nicht ohne die angefochtene Nebenbestimmung bestehen bleiben, weil er entweder nicht der Rechtsordnung entspräche oder sinnlos würde. Auch in diesen Fällen muss allerdings eine eindeutig als Auflage oder Befristung gefasste Nebenbestimmung, die für sich gesehen rechtswidrig ist, aufhebbar sein. Das Gleiche gilt für Inhaltsbestimmungen, die in der Form von Nebenbestimmungen nach $\S$ 36 VwVfG gefasst sind. Deshalb ist unabhängig von der Einordnung als Nebenbestimmung oder Inhaltsbestimmung die Anfechtungsklage die richtige Klageart gegen als Auflagen gefasste Emissions- und Immissionsbegrenzungen in Genehmigungsbescheiden (s auch Rn 41). In all diesen Fällen stellt sich die Frage der Abtrennbarkeit der angefochtenen Neben- bzw Inhaltsbestimmung vom restlichen Teil des VA erst bei der Begründetheit der Klage. Zu **Einzelfällen**, die diese Abgrenzungsschwierigkeiten veranschaulichen, vgl Rn 81.1 ff.

Kapazitätsbeschränkung im Tenor einer Genehmigung: Es handelt sich um eine Inhalts- **81.1** bestimmung, richtige Klageart ist die Verpflichtungsklage.

Emissions- und Immissionsschutzauflagen bei Industrieanlage: Es handelt sich nach den **81.2** klaren Regelungen in der Praxis regelmäßig jedenfalls der Form nach, in aller Regel auch in der Sache um Nebenbestimmungen. Richtige Klageart ist die Anfechtungsklage, nicht die Verpflichtungsklage (So wohl auch Kopp/Schenke, VwGO, $\S$ 42 Rn 22; BVerwGE 112, 121 = NVwZ 2001, 429; aA BVerwG DÖV 1974, 380; Hufen $\S$ 14 Rn 60; vgl auch BVerwGE 69, 37 = NVwZ 1984, 371 – Schweres Heizöl; VGH München BayVBl 1985, 149). Deshalb liegt im Übrigen bei Verstößen gegen eine Lärmschutzauflage nach richtiger Auffassung auch bei Anlagen nach $\S\S$ 4 ff BImSchG kein nach $\S$ 327 StGB strafbares Betreiben einer Anlage ohne die erforderliche Genehmigung vor (str).

Auflage in einer Baugenehmigung, eine Pipeline auf einem Nachbargrundstück feuerhem- **81.3** mend zu ummanteln: Nebenbestimmung, Anfechtungsklage (BVerwG NVwZ 1984, 366 f).

Erteilung einer Güterverkehrsgenehmigung unter **auflösender Bedingung**: Die Bedingung ist **81.4** als Nebenbestimmung mit der Anfechtungsklage anzugreifen (OVG Münster NVwZ 1993, 488; BVerwGE 78, 114; für Anfechtungsklage auch OVG Münster DVBl 1992, 920). Das Klageziel ist auf die Aufhebung der Bedingung gerichtet mit der Folge, dass die Genehmigung unbedingt erteilt ist.

Erteilung eines VA unter **aufschiebender Bedingung**: Auch hier handelt es sich im Regelfall **81.5** um eine Nebenbestimmung, gegen die die Anfechtungsklage statthaft ist (Kopp/Schenke, VwGO, $\S$ 42 Rd 22; Schenke Rn 295; aA Hufen $\S$ 14 Rn 61; Hufen/Bickenbach JuS 2004, 867, 871; für Verpflichtungsklage auch BVerwGE 29, 261, 264 f = NJW 1968, 1842; OVG Münster NVwZ 1990, 669). Mit dem Wegfall der Bedingung entfällt das Wirksamkeitshindernis für den VA (unzutreffend daher Hufen $\S$ 14 Rn 61).

Gleiches gilt für **Befristungen**. So ist gegen eine entgegen $\S$ 12 BImSchG in eine Genehmigung **81.6** aufgenommene Befristung die Anfechtungsklage statthaft. Zu Befristungen in einer lotterierechtlichen Erlaubnis VG Regensburg U v 21.10.2010 RO 5 K 10.31 Rn 49: Anfechtungsklage statthaft.

Auch **Inhaltsbestimmungen**, die **in die Form von Nebenbestimmungen** gekleidet sind, **81.7** also als Auflage gefasst oder als Maßgaben in der Genehmigung beigefügten Katalogen von Nebenbestimmungen bzw „Auflagen und Hinweisen" enthalten sind, können mit der Anfechtungsklage angegriffen werden.

3. Klage wegen unzureichender Begünstigung

Zu dieser Fallgruppe zählen zB Fälle, in denen eine beantragte Subvention zu niedrig **82** gewährt wurde, einem Antrag auf Wohngeld oder Ausbildungsförderung nur teilweise stattgegeben wurde, Einzelnoten oder die Gesamtnote bei Prüfungen angegriffen werden oder die Festsetzung eines zu geringen Besoldungsdienstalters angegriffen wird.

In diesen Fällen geht es nicht um eine Teilanfechtung, sondern um das spiegelbildliche **83** Problem der **Teilverpflichtung**. Hier kann der Kläger die Klage lediglich auf die Anfechtung der Ablehnung, verbunden mit der Verpflichtungsklage auf die nicht gewährte zusätzlich erstrebte Vergünstigung beschränken. Im Grundsatz gelten dieselben Grundsätze wie bei den Teilanfechtungen. Das Interesse des Klägers geht dahin, eine Teilabweisung hinsichtlich der schon erhaltenen teilweisen Vergünstigung zu verhindern und insoweit die bereits erhaltene Vergünstigung zu sichern und sie vor einer reformatio in peius zu schützen.

84   Soweit die gewährte Teilregelung einen quantitativ, sachlich oder räumlich abgrenzbaren Teil der begehrten Regelung darstellt, ist eine Teilverpflichtungsklage, bezogen auf den nicht gewährten überschießenden Teil statthaft. Hierunter fallen zB die Bewilligung einer niedrigeren Subvention als beantragt, die Erteilung einer Ausnahme vom Sonntagsarbeitszeitverbot für nur vier statt wie beantragt acht Stunden oder die Erteilung eines Führerscheins nur für eine statt der beantragten zwei Klassen (vgl auch die Beispiele bei Kopp/Schenke VwGO § 42 Rn 28; S/S/B/Pietzcker, VwGO § 42 Abs 1 Rn 119).

85   Soweit es um qualitative Einschränkungen geht, muss im Ergebnis Entsprechendes gelten. In diesem Zusammenhang gehören die **prüfungsrechtlichen Verbesserungsklagen**, die die Benotung von Prüfungen oder Prüfungsteilen zum Gegenstand haben. Dass bei einem Zeugnis auch eine einzelne Zeugnisnote Gegenstand einer prüfungsrechtlichen Verbesserungsklage sein kann, ergibt sich bereits aus der sachlichen Teilbarkeit des Gesamtzeugnisses. Der Einzelne muss nicht das Gesamtzeugnis angreifen, wenn er die Verbesserung einer einzelnen Note anstrebt, auch wenn sich im Ergebnis bei Verbesserung der Einzelnote eine neue Gesamtdurchschnittsnote ergibt. In diesem Fall kann mit der Teilverpflichtungsklage – als Stufenklage – auch die Verpflichtung zur Anpassung der Gesamtprüfungsnote beantragt werden (Kopp/Schenke VwGO § 42 Rn 28). Die Notenverbesserung selbst zielt dagegen auf eine qualitative Veränderung. Streng genommen stellt die bessere Note ein aliud dar, in der nicht die erteilte Note als Minus enthalten ist. Gleichwohl wird dieser Fall im Ergebnis ebenso behandelt wie die Teilverpflichtungsklagen. Allerdings ist zweifelhaft, ob die Teilverpflichtungsklage in einem solchen Fall statthaft ist (so offenbar Kopp/Schenke VwGO § 42 Rn 28). Denn dies hätte ungewünschte Folgen für die Bestandskraft des Gesamtergebnisses der Prüfung. Deshalb geht die Rechtsprechung offenbar davon aus, dass insgesamt Verpflichtungsklage erhoben werden muss, der Kläger es aber in der Hand hat, sein Rechtsschutzinteresse und damit den Gegenstand der gerichtlichen Überprüfung durch Substantiierung seines Klageziels zu beschränken (BVerwG NVwZ-RR 1994, 582). Ähnlich liegt die Frage, wenn die Gewährung einer weitergehenden Vergünstigung beantragt wird, die Entscheidung darüber aber von einer neuen Ermessensentscheidung, Abwägung oder Beurteilung der Gesamtumstände abhängt. Im Ergebnis ist bei der prüfungsrechtlichen Verbesserungsklage anerkannt, dass die bereits gewährte Vergünstigung durch die (Teil-)Verpflichtungsklage auf „Verbesserung" nicht mehr verschlechtert werden kann (Kopp/Schenke VwGO § 42 Rn 28; S/S/B/Pietzcker VwGO § 42 Abs 1 Rn 119). Nach der Rechtsprechung ist in solchen Fällen deshalb nur der mangelbehaftete Prüfungsteil selbständig neu zu bewerten (BVerwG NVwZ 2002, 1375; vgl auch BVerwG NVwZ 1993, 686, 688; OVG Münster DVBl 1993, 63).

85.1   Greift der Prüfling die Bewertung einzelner Bestandteile der Prüfung an, so führt dies zur Aufhebung des Prüfungsbescheids insgesamt, wenn die Prüferbewertung an einem wesentlichen Rechtsmangel leidet und wenn nicht ausgeschlossen werden kann, dass dieser Fehler Einfluss auf das Gesamtergebnis hat. In diesem Falle macht die fehlerhafte Bewertung einer einzelnen Arbeit das Prüfungsergebnis insgesamt rechtswidrig. Der betroffene Prüfling bestimmt, gegen welche Teile der Prüfung er mit substantiierten Einwendungen vorgehen will und welche er akzeptiert; damit grenzt er sein Rechtsschutzinteresse an der gerichtlichen Überprüfung der Bewertung einzelner Prüfungsarbeiten ein (BVerwG NVwZ-RR 1994, 582; vgl auch BVerfGE 84, 34 (55) = NJW 1991, 2005; BVerwGE 91, 262 = NVwZ 1993, 678).

86   Ebenso kommt eine Teilverpflichtungsklage bei der **Ersetzung belastender Nebenbestimmungen** durch andere Nebenbestimmungen in Betracht.

4. Drittbelastende Verwaltungsakte – Drittschutzklagen

87   Eine Vielzahl von begünstigenden Verwaltungsakten, namentlich im Anlagenzulassungsrecht, tragen den Charakter von Verwaltungsakten mit Drittwirkung bzw Doppelwirkung. Die Begünstigung des einen Beteiligten geht einher mit der Belastung des anderen. Die Behörde erlässt entweder den Genehmigungsbescheid bzw Planfeststellungsbeschluss zu Lasten der Drittbetroffenen oder sie versagt die Genehmigung und begünstigt dadurch die betroffenen Dritten. Welche Klageart in diesem Fall statthaft ist, lässt sich nur in einem der beiden Fälle eindeutig beantworten. Der Antragsteller einer Genehmigung muss im Fall der

Ablehnung Verpflichtungsklage erheben. Differenzierter stellt sich jedoch die Rechtsschutzsituation für den Drittbetroffenen dar. Nur im Grundsatz gilt, dass für diesen die Anfechtungsklage die richtige Klageart ist.

Der **Rechtsschutz des Drittbetroffen** richtet sich bei einem VA mit belastender **88** Drittwirkung unmittelbar gegen die begünstigende Regelung. Eine Verpflichtungsklage gegen die Behörde mit dem Ziel, diese zur Aufhebung des begünstigenden VA zu verpflichten, ist nicht erforderlich, sie scheidet aus (allg Auffassung, S/S/B/Pietzcker VwGO § 42 Abs 1 Rn 117).

Schwieriger ist die Frage zu beantworten, in welchen Fällen der Drittbetroffene sein **89** Klageziel mit der **Anfechtung** der erteilten Genehmigung erreichen kann und wann stattdessen oder zusätzlich eine Verpflichtungsklage auf Erlass ergänzender (schützender) Nebenbestimmungen statthaft ist (sog **Klage auf Schutzauflagen**). Die Klage auf Schutzauflagen spielt vor allem im Rahmen des Planfeststellungsrechts eine Rolle, hier haben sowohl die Rechtsprechung als auch eine Reihe von Fachplanungsgesetzen den Umfang zulässigen Rechtsschutzes von Drittbetroffenen beschränkt (vgl § 17 Abs 6c S 2 FStrG; § 75 Abs 1a S 2 VwVfG). Solche Einschränkungen zielen auf eine Beschränkung des materiellen Anspruchs des Drittbetroffenen. Sie sind daher in der Begründetheit der Klage zu behandeln. Für die Statthaftigkeit der Anfechtungsklage gegen eine rechtswidrige, den Dritten belastende Anlagenzulassungsentscheidung spielt eine solche Beschränkung auf Schutzauflagen bzw Planergänzungen keine Rolle (so zu Recht Eyermann/Happ VwGO § 42 Rn 56; Kopp/Schenke VwGO § 42 Rn 32; S/S/B/Pietzcker VwGO § 42 Abs 1 Rn 139; VGH München NVwZ 1994, 706; aA wohl BVerwG NVwZ 1988, 535). Es geht um die materiell-rechtliche Frage, ob ein Anspruch auf volle oder teilweise Aufhebung der Genehmigungs bzw Planfeststellungsentscheidung besteht – dann ist die Anfechtungsklage die richtige Klageart – oder ob die Rechtsverletzung bereits durch schützende Nebenbestimmungen oder eine Änderung/Ergänzung der Genehmigungsentscheidung ausgeräumt werden kann – dann ist es denkbar, dass die Aufhebung der Entscheidung nach § 113 Abs 1 VwGO zu weitgehend und daher unbegründet ist – auch wenn die Klage statthaft ist.

Im **Planfeststellungsrecht** hat das BVerwG seit langem einen Anspruch des Drittbetrof- **90** fenen auf Ergänzung des Planfeststellungsbeschlusses um Schutzauflagen anerkannt. Dabei ging die Rechtsprechung zunächst von einem Wahlrecht des Drittbetroffenen aus (BVerwGE 41, 180; 51, 121 f, zu § 17 Abs 4 FStrG aF). Die spätere Rechtsprechung schränkte den Anspruch auf Aufhebung des Planfeststellungsbeschlusses ein. Sie stellte dabei auf das Gewicht des Rechtsmangels der Entscheidung sowohl in Bezug auf den betroffenen Kläger als auch auf die Gesamtentscheidung ab (BVerwGE 56, 133; 51, 160; NVwZ 1993, 362, 363; NVwZ 1996, 905; vgl auch Paetow DVBl 1985, 369; S/S/B/Pietzcker VwGO § 42 Abs 1 Rn 139; Kopp/Schenke VwGO § 42 Rn 32 mN). Danach besteht ein im Wege der Anfechtungsklage durchsetzbarer Aufhebungsanspruch nur noch bei Vorliegen erheblicher Abwägungsmängel, die zu einer Rechtswidrigkeit des Beschlusses führen und die nicht durch Schutzauflagen oder andere Planergänzungen behoben werden können. Solche Schutzauflagen bzw Planergänzungen sind im Wege der Verpflichtungsklage durchsetzbar (vgl zu dieser Differenzierung zuletzt BVerwGE 101, 73; BVerwG 16.3.2006, Az: 4 A 1078/04 BeckRS 2006 23923 – Flughafen Schönefeld, zur luftverkehrsrechtlichen Genehmigung; ebenso BVerwGE 125, 116 = Beck RS 2006 23694).

Klagen Drittbetroffener gegen **Anlagengenehmigungen**, insbes gegen immissions- **91** schutzrechtliche Genehmigungen unterliegen nicht den von der Rechtsprechung zum Planfeststellungsrecht gemachten Einschränkungen. Bei Drittschutzklagen ist die Anfechtungsklage statthaft. Sie korrespondiert mit einem Anspruch auf Aufhebung, nicht nur auf ergänzende Auflagen (BVerwGE 85, 378; Kopp/Schenke VwGO § 42 Rn 33; S/S/B/Pietzcker VwGO § 42 Abs 1 Rn 140; aA Eyermann/Happ VwGO § 42 Rn 57, der aus § 113 VwGO eine dem Planfeststellungsrecht vergleichbare Einschränkung des materiellen Aufhebungsanspruchs ableitet; vgl auch VGH München BayVBl 1992, 632). Wenn das Klageziel des Dritten auf die Ergänzung um Schutzauflagen gerichtet ist, ist alternativ die Verpflichtungsklage statthaft (Schenke Rn 271; Eyermann/Happ VwGO § 42 Rn 57; Kopp/Schenke VwGO § 42 Rn 33).

Die für das Planfeststellungsrecht entwickelten Grundsätze sind allerdings wegen des ver- **92** gleichbaren planungsrechtlichen Charakters auf die **luftverkehrsrechtliche Genehmigung** übertragbar (BVerwG 6.3.2006, Az: 4 A 1078/04, BeckRS 2006 23923 – Flughafen Schöne-feld; in diesem Sinne BVerwG NuR 2009, 334; BVerwGE 125, 116 = BeckRS 2006 23694; OVG Bremen NVwZ-RR 1997, 214; Kopp/Schenke VwGO § 42 Rn 33).

5. Konkurrentenklagen – Kontingentierte Rechte

93   Unter der Bezeichnung Konkurrentenklagen werden Klagen auf Gewährung von Rech-ten erfasst, die kontingentiert sind und durch die Verwaltung an eine begrenzte Zahl von um die Gewährung der Vergünstigung konkurrierenden Bewerbern vergeben werden. Die Kon-kurrentenklage ist die verfahrensrechtliche Kategorie im „Wettbewerb um knappe Güter" (S/S/B/Pietzcker VwGO § 42 Abs 1 Rn 141). Es gibt Konstellationen für Konkurrenten-klagen in unterschiedlichen Rechtsbereichen, allerdings keinen einheitlichen Typus der Kon-kurrentenklage, keine einheitlichen Verfahren für die Verteilung der knappen Güter und auch keine einheitlichen Rechtsschutzregelungen.

94   Welche Klageart bei der Konkurrentenklage zu wählen ist, hängt von dem jeweiligen **Klageziel** ab. Insoweit sind drei verschiedene Grundvarianten zu unterscheiden: Positive Konkurrentenklage, defensive Konkurrentenklage und Mitbewerberklage (verdrängende Konkurrentenklage).

95   Bei der **positiven Konkurrentenklage** macht ein Wettbewerber einen entsprechenden Anspruch wie der Mitbewerber neben ihm geltend. Sie setzt einen eigenen Anspruch des Wettbewerbers auf die angestrebte Vergünstigung voraus, sie betrifft nicht den Rechtsschutz des Wettbewerbers gegen die Vergünstigung eines Dritten, sondern den Rechtsschutz zur Durchsetzung eines eigenen Anspruchs (Kopp/Schenke VwGO § 42 Rn 142; S/S/B/Wahl/ Schütz VwGO § 42 Abs 2 Rn 288). Im Fall der positiven Konkurrentenklage strebt der Kläger für sich die gleiche Begünstigung an wie sie der Konkurrent erhalten hat. Hier ist die Verpflichtungsklage die statthafte Klageart, wenn die Vergünstigung durch VA erteilt wird. Die Verpflichtungsklage ist auch statthaft, wenn es dem Kläger darum geht, für einen Konkurrenten die gleiche Belastung durchzusetzen wie sie ihn selbst trifft.

96   Zweitens die negative oder die **defensive Konkurrentenklage**, bei der sich der Wett-bewerber gegen eine einem anderen gewährte Vergünstigung wendet mit dem Ziel deren Beseitigung. Dieses Klageziel ist regelmäßig mit der Anfechtungsklage zu erreichen. Im Grundsatz liegt eine normale Drittschutzsituation vor. Die Klage des Wettbewerbers zielt auf Wiederherstellung des status quo ex ante. Beispielsfälle bilden die Anfechtung einer einem Konkurrenten erteilten Taxikonzession (BVerwGE 82, 302), eines Subventionsbescheides (BVerwGE 30, 191 = NJW 1969, 522) oder einer Fangerlaubnis nach dem Seefischereigesetz (BVerwG NVwZ 2011, 955). Differenzierend bei der Aufnahme eines Konkurrenten in den Krankenhausplan eines Landes, hier soll die Klagebefugnis nur dann vorliegen, wenn die Neuaufnahme eines Krankenhauses in den Plan unmittelbar mit rechtlichen Nachteilen für den Kläger verbunden ist (BVerwG DVBl 2009, 44; dazu Steiner NVwZ 2009, 486). Dagegen kann sich ein Wettbewerber nicht mit der Anfechtungsklage gegen Verschonungen eines Dritten von Belastungen wenden. Zur Klagebefugnis bei der defensiven Konkurrenten-klage s Rn 204. Einen Sonderfall der „vorbereitenden" defensiven Konkurrentenklage stellt der vom BFH im Anschluss an das Urteil des EuGH vom 8.6.2006 (EuGH DStR 2006, 1082 – Feuerbestattungsverein Halle) bejahte Anspruch auf Auskunft über die steuerliche Behand-lung des (öffentlich-rechtlichen) Konkurrenten dar (BFH DStR 2006, 2310; dazu Kronthaler DStR 2007, 227). Hier ist die Verpflichtungsklage statthaft. Im Falle einer fortbestehenden Konkurrenzsituation und einer unbestimmten Zahl künftiger Zulassungsentscheidungen ist die Feststellungsklage statthaft (BVerwG NVwZ 2011, 955).

97   Drittens die **Mitbewerberklage** (verdrängende Konkukurrentenklage), bei der es um die Vergabe der Zahl nach geringerer Vergünstigung geht als Bewerber vorhanden sind (grds Kopp/Schenke VwGO § 42 Rn 48 ff, 147 ff; Würtenberger Rn 330). Letztere sind nament-lich in neu regulierten Rechtsbereichen geschaffen worden, zB bei der Zulassung privater Rundfunkveranstalter bzw bei Kabelbelegungsentscheidungen der Landesmedienanstalten oder den Frequenzzuteilungen im Telekommunikationsrecht. Sie sind auch dort möglich, wo der Gesetzgeber die Wettbewerbsbedingungen in einem kontingentierten Markt festlegt. Hier kann jeder Mitbewerber ihre Einhaltung verlangen, soweit seine grundrechtlich ge-schützten beruflichen (Erwerbs)interessen berührt sind (BVerwG NVwZ 2011, 955 zu EU-

rechtlich kontingentierten Fangquoten; BVerwGE 132, 64 Rn 30 f = NVwZ 2009, 525, 529).

Bei den Mitbewerberklagen stellen sich die meisten Fragen. Typisch ist die Konstellation, **98** bei der die zu vergebenden Vergünstigungen (Genehmigungen, Zulassungen) beschränkt sind und der Kreis der Bewerber die Zahl der kontingentierten Vergünstigungen übersteigt. Als statthafte Klageart kommt in einem solchen Fall eine Kombination von Anfechtungsklage und Verpflichtungsklage in Betracht (hM, vgl VGH Mannheim NVwZ-RR 1993, 291; VGH München NJW 1984, 680; BVerwG NVwZ 1995, 478; DVBl 2000, 1614; Schmidt-Preuß Kollidierende Privatinteressen im Verwaltungsrecht 2005, 580 ff; S/S/B/Pietzcker VwGO § 42 Abs 1 Rn 145; Würtenberger Rn 330). Um eine Mitbewerberklage handelt es sich zB bei Klage von Mitbietern an öffentlich-rechtlichen Auktionen und beschränkten Vergabeverfahren im Telekommunikationsrecht (§ 61 TKG 2004 bzw §§ 10 ff TKG 1996; vgl Trute/Spoerr/Bosch/Spoerr Telekommunikationsgesetz mit FTEG 2001, TKG § 11 Rn 26 ff, 68 ff). Die Anfechtungsklage dient in diesem Fall dazu, der Verwaltung die Möglichkeit zu sichern, über die Vergünstigung noch zu verfügen (so OVG Lüneburg NJW 1992, 1979 f; OVG Magdeburg DVBl 1996, 162). Zur Vermeidung einer unzumutbaren Erschwerung des Rechtsweges kann im Einzelfall allein die Verpflichtungsklage ausreichend sein (BVerwGE 80, 270 = NJW 1989, 1749 für den Fall einer Hunderten von Mitbewerbern erteilten Güterfernverkehrsgenehmigung; Schenke NVwZ 1993, 718 ff; Kopp/Schenke VwGO § 42 Rn 48; Eyermann/Happ VwGO § 42 Rn 54). Eine Anfechtungsklage ist danach nur dann erforderlich, wenn dem Mitbewerber die dem Begünstigten gegenüber ergangenen VA mitgeteilt werden, zwingend nur dann, wenn der Konkurrent auf Verpflichtung zur Gewährung der kontingentierten, derzeit aber (unstreitig) erschöpften Leistungen klagt (VGH München NJW 1984, 680; in diese Richtung auch BVerwGE 80, 270 = NJW 1989, 1749). Die Anfechtungsklage soll in diesem Fall jedenfalls statthaft sein, ggf aber an der Klagebefugnis scheitern. In der Praxis wird eine Verpflichtungsklage in vielen Fällen so ausgelegt werden können, dass in ihr auch konkludent die Anfechtungsklage enthalten ist.

Bei der **beamtenrechtlichen Konkurrentenklage** steht dem Mitbewerber ein Recht **99** auf beurteilungs- und ermessensfehlerfreie Entscheidung zu (BVerwGE 68, 110; Kopp/Schenke VwGO § 42 Rn 49). Daraus wird teilweise ein Anspruch des geeignetsten Bewerbers auf Ernennung abgeleitet (Kopp/Schenke VwGO § 42 Rn 49). Mit der Ernennung eines Bewerbers entfällt unabhängig von der Rechtmäßigkeit der Änderung die Disposition über die Stelle. Eine Anfechtung der Ernennung des Mitbewerbers mit dem Ziel der Aufhebung (sog direkte Konkurrentenklage) war im Hinblick auf den Grundsatz der Ämterstabilität und des Vertrauensschutzes bisher in der Regel ausgeschlossen (BVerwGE 80, 127; VGH Mannheim NVwZ 1983, 41; OVG Münster DVBl 2003, 1558; vgl aber die Sonderfälle BVerwG NVwZ 2002, 604; DVBl 2004, 317; OVG Münster NVwZRR 2003, 881; DVBl 2003, 1558; BVerfG NVwZ 2004, 95). Nach dem Urteil des BVerwG vom 4.11.2010 (BVerwG NVwZ 2011, 358; dazu Schenke NVwZ 2011, 324; Wieland/Seuler DöD 2011, 69) kommt eine solche direkte Konkurrentenklage im Falle einer Vereitelung des effektiven Rechtsschutzes im Bewerbungsverfahren durch den Dienstherrn auch nach der Ernennung des Konkurrenten noch in Betracht, begleitet von einer Verpflichtungsklage auf eigene Ernennung (Kopp/Schenke VwGO § 42 Rn 49). Das BVerwG bejaht dabei erstmals und unter ausdrücklicher Aufhebung seiner bisherigen Rechtsprechung die Drittwirkung des Ernennungsverwaltungsaktes für die unterlegenen Bewerber als Voraussetzung der Klagebefugnis gem § 42 Abs 2 VwGO (BVerwG NVwZ 2011, 358, 360 Rz 28; zur Beurteilung der Rechtsnatur der Auswahlentscheidung sowie des Rechtsschutzes gegen diese vgl OVG Lüneburg NVwZ 2011, 891).

Wahl/Schütz gehen in S/S/B VwGO § 42 Abs 2 Rn 327 davon aus, dass die auf **99.1** Aufhebung der Ernennung des Mitbewerbers gerichtete Anfechtungsklage, verbunden mit der Verpflichtungsklage auf eigene Ernennung, zwar statthaft, nach Ernennung des Mitbewerbers allerdings unbegründet sei (ebenso S/S/B/Pietzcker VwGO § 42 Abs 1 Rn 144).

Im Unterschied zur Konkurrentensituation um die beamtenrechtliche Ernennung wird **100** eine gegen die Besetzung eines höherwertigen Dienstpostens gerichtete Klage ganz überwiegend als zulässig angesehen. Insoweit kommt wiederum die Verpflichtungsklage, ggf verknüpft mit einer Anfechtungsklage in Betracht (Kopp/Schenke VwGO § 42 Rn 50).

101   Konkurrentenklagen um die Zulassung zu Volksfesten oder Märkten sind im Wege der Verpflichtungsklage geltend zu machen (BVerwG NVwZ 1984, 507; BVerwGE 80, 270, 273 = NJW 1989, 1749 – im Einzelfall keine Notwendigkeit, gleichzeitig Anfechtungsklage zu erheben). Das Gleiche gilt bei der Mitbewerberklage im Bereich der Studienplatzvergabe.

102   Die Erhebung einer Anfechtungsklage, um Mitbewerbern keine bestandskräftige eigene Zuweisung einer Vergünstigung zu ermöglichen und damit das Kontingent für den eigenen Verpflichtungsanspruch zu begrenzen, scheitert häufig schon praktisch an der großen Zahl von Genehmigungen. Hierauf hat das BVerwG ausdrücklich hingewiesen (BVerwGE 80, 270 = NJW 1989, 1749; hierzu kritisch S/S/B/Pietzcker VwGO § 42 Abs 1 Rn 145).

6. Sonstige Abgrenzungsfragen

103   **a) Bestandskräftige Verwaltungsakte.** Eine Anfechtung bestandskräftiger VA ist nicht möglich, hier kommt nur ein Verpflichtungsanspruch auf Aufhebung bzw Wiederaufgreifen in Betracht (vgl BVerwG NVwZ 1991, 272; VGH München BayVBl 1984, 405).

104   **b) Versagung von Sozialleistungen.** Die Versagung von Sozialleistungen nach § 66 SGB I ist durch Besonderheiten gekennzeichnet. Wird ein Anspruch auf Gewährung von Sozialleistungen geltend gemacht, muss im Falle der auf § 66 SGB I gestützten Versagung erst die unterlassene Mitwirkung bei der Sachverhaltsaufklärung nachgeholt werden. Deshalb führt die Verpflichtungsklage nicht zum Erfolg, wenngleich sie statthaft ist, stattdessen muss die Versagung angefochten werden (BVerwGE 71, 8, 11; Eyermann/Happ VwGO § 42 Rn 58).

105   **c) Zurückstellung von Baugesuchen.** Bei der Zurückstellung von Baugesuchen nach § 15 BauGB ist nach zutreffender Auffassung die Anfechtungsklage zulässig (s Rn 48).

106   **d) Steuer- und Abgabenrecht.** Im Steuer- und Abgabenrecht besteht oftmals die Konkurrenz zwischen der Anfechtung eines Abgabenbescheides und einem in diesem Zusammenhang erhobenen Anspruch auf Billigkeitserlass. Das BVerwG geht auf der Grundlage der gesetzlich unterschiedlichen Zielrichtung davon aus, dass der Abgabenbescheid einschließlich der Nichtberücksichtigung der Billigkeitsentscheidung einheitlich anzufechten ist, wenn über die Frage der Billigkeit bereits beim Erlass des Abgabenbescheides mit zu entscheiden ist, andernfalls müssen Abgabenbescheid und Ablehnung einer Billigkeitsentscheidung gesondert durch Anfechtungsklage einerseits und Verpflichtungsklage andererseits angegriffen werden (BVerwGE 68, 121 = NVwZ 1984, 173; BVerwGE 70, 96 = NVwZ 1985, 277 zum Erschließungsbeitragsrecht; Eyermann/Happ VwGO § 42 Rn 60; Kopp/Schenke VwGO § 42 Rn 37).

107   **e) Genehmigungen im gestuften Verfahren.** Werden in einem Verfahren aufeinander stufend mehrere Genehmigungen erteilt, kann sich die Frage nach der richtigen Klageart bezogen auf die einzelnen Stufen unterschiedlich darstellen. Gestufte Genehmigungsverfahren gibt es vor allem im Anlagenzulassungsrecht, hier wird die Genehmigung häufig durch eine Kombination von Vorbescheid und einer Vielzahl von Teilgenehmigungen erteilt. Auch solche Genehmigungen werden durch Drittbetroffene im Wege der Anfechtungsklage angegriffen, wobei je nach Verfahren und Regelungsgehalt der Teilgenehmigungen der Kläger entweder bereits bestimmte Anfangsentscheidungen angreifen muss, um sich nicht der Gefahr der Bindungswirkung dieser Teilgenehmigungen für die nachfolgenden hierauf aufsetzenden Genehmigungen auszusetzen. Umgekehrt muss der Drittbetroffene, wenn er sich gegen die grundsätzliche Zulässigkeit des Vorhabens wendet, nicht jede Teilgenehmigung angreifen, er kann sich auf die Anfechtung der ersten Teilgenehmigung beschränken (BVerwGE 92, 190 = NVwZ 1993, 580). Entstehen Einwendungen gegen eine frühere Teilgenehmigung, die bereits bestandskräftig ist, so ist hiergegen nur eine Verpflichtungsklage mit dem Ziel der Rücknahme der früheren Teilgenehmigung statthaft, in späteren Teilgenehmigungen lassen sich solche Einwendungen nicht geltend machen (BVerwG VBlBW 1997, 257; vgl zu den verschiedenen Fallkonstellationen ausführlich Kopp/Schenke VwGO § 42 Rn 53 mN).

B. § 42 Abs 2 VwGO
I. Grundlagen
1. Klagebefugnis

§ 42 Abs 2 VwGO fordert bei Anfechtungs- und Verpflichtungsklagen (zur Geltung bei **108** anderen Klagearten s Rn 128) die Geltendmachung einer Verletzung eigener Rechte des Klägers durch den angefochtenen VA bzw durch die Ablehnung oder Unterlassen des begehrten VA. Es handelt sich um eine besondere **Sachurteilsvoraussetzung**. Sie wird als **Klagebefugnis** bezeichnet. Die Klagebefugnis beruht auf einer grundrechtsintendierten Systementscheidung (s Rn 190 ff). Das Erfordernis der Klagebefugnis führt mit dem Bezug auf subjektive Rechte des Klägers als Folge der Rechtsschutzgarantie des Art 19 Abs 4 GG eine materiell-rechtliche Position des Klägers in die Zulässigkeitsprüfung ein. Ob die geltend gemachte Verletzung eigener Rechte tatsächlich besteht, ist allerdings nicht Gegenstand der Zulässigkeitsprüfung, sondern ist bei der Begründetheit der Klage zu behandeln (zum materiell-rechtlichen Gehalt dieser Zulässigkeitsvoraussetzung vgl S/S/B/Wahl/Schütz VwGO Vorb § 42 Abs 2 Rn 1).

Der mit der Klagebefugnis geschaffene subjektiv-rechtlich ausgeprägte Individualrechts- **109** schutz ist historisch aus der auch aktuell gerade unter dem Einfluss der Europäisierung des Verwaltungsrechtsschutzes wieder in den Vordergrund gerückten Auseinandersetzung mit dem Gegenkonzept einer objektiven Rechtmäßigkeitskontrolle entstanden. Das Konzept der individuellen verletzten Klage setzte sich erst gegen Ende des 19. Jahrhunderts in der Verwaltungsgerichtsbarkeit durch. Maßgeblicher Grund für dieses Konzept des Individualrechtsschutzes war und ist heute die **Verhinderung von Popularklagen**, bei der der Einzelne („quivis ex populo") als Anwalt für die Durchsetzung des Rechts auftritt (vgl schon BVerwGE 17, 27, 91; Hufen § 14 Rn 67, 69; zur Entstehung vgl S/S/B/Wahl Vorb § 42 Abs 2 Rn 11 ff mN).

Maßgebliche **Grundnorm** für die Klagebefugnis ist **Art 19 Abs 4 GG** (BVerfGE 92, **110** 263, 264; Eyermann/Happ VwGO § 42 Rn 72). Die Rechtsschutzgarantie schließt die Begrenzung des Rechtsschutzes auf eine objektive Rechtmäßigkeitskontrolle innerhalb ihres Schutzbereiches aus. Verfassungsrechtlich garantierter Rechtsschutz ist nicht lediglich auf eine Berechtigung zum Anstoß einer objektiven Rechtmäßigkeitskontrolle beschränkt. Darin liegt einerseits eine Gewährleistung echter Schutzansprüche. Die Rechtsschutzgarantie zielt auf eine – entspr der weiten Grundrechtsgeltung – weite Kontrolle der Exekutive. Damit verbunden ist aber auch eine entscheidende Verengung: Der aus Art 19 Abs 4 GG abgeleitete Individualrechtsschutz ist auf den Kreis derjenigen Personen, die im Schutzbereich der jeweils maßgeblichen Normen stehen, und auf den Umfang dieses individuell ausgerichteten Schutzbereichs beschränkt. Die Rechtsschutzgarantie verleiht aber keine derartigen Individualrechte (BVerfG NVwZ-RR 2010, 555 – Klage von Fischern gegen Offshore-Windpark). Der Rechtsweg ist zudem nur für denjenigen eröffnet, der durch die öffentliche Gewalt in seinen Rechten verletzt ist. Hierfür reichen eine Verletzung bloß wirtschaftlicher Interessen sowie reine Reflexwirkungen nicht aus (BVerwG NVwZ 2009, 1426 – Klage Busunternehmen gegen Einziehung einer Straße). Mit dieser prozessualen und der in § 113 VwGO weiter ausgeformten Eingrenzung besteht damit ein Korrektiv zu § 40 Abs 1 VwGO (Eyermann/Happ VwGO § 42 Rn 72).

Das Abgrenzungspaar bilden der **subjektive Rechtsschutz** und die **objektive Recht- 111 mäßigkeitskontrolle**. Im Rahmen einer objektiven Rechtmäßigkeitskontrolle sind zwar Anfechtungs- und Feststellungsklage denkbar, hier ist aber die Verpflichtungsklage fremd (vgl S/S/B/Wahl Vorb § 42 Abs 2 Rn 8). Auch einstweiliger Rechtsschutz lässt sich, soweit er auf die betroffenen individuellen Belange abstellt, mit einem System objektiver Rechtmäßigkeitskontrolle schwer vereinbaren (vgl S/S/B/Wahl Vorb § 42 Abs 2 Rn 9). Dies zeigt der nur eingeschränkt bestehende einstweilige Rechtsschutz in Verfahren vor den europäischen Gerichten.

Die Reichweite der Klagebefugnis kann – bezogen auf den Kreis der zur Klageerhebung **112** Befugten – auf den Verletzten beschränkt sein, einen weiteren Kreis von faktisch Betroffenen oder Berührten (Interessenklage) oder nach Gruppeninteressen ausgewählten (Verbandsklage) Personenkreis einbeziehen oder keine Einschränkungen vorsehen (Popularklage). Diese

Differenzierung ist in Verwaltungsverfahren bekannt, hier gibt es alle vier Varianten (vgl S/S/ B/Wahl Vorb § 42 Abs 2 Rn 10).

113   In engem Zusammenhang mit der Entscheidung zwischen subjektiver und objektiver Rechtmäßigkeitskontrolle steht die Frage nach der **gerichtlichen Kontrolldichte**. Ein an subjektiven Rechten ausgerichteter Individualrechtsschutz setzt bedingt eine gerichtliche Kontrolle nach Maßgabe des gesetzlichen Entscheidungsprogramms voraus (BVerfGE 84, 34, 49 = NJW 1991, 2005; Eyermann/Happ VwGO § 42 Rn 73). Über den Umfang der gerichtlichen Kontrolldichte entscheidet das materielle Recht. Darüber erlangt auch die Beachtung von Verfahrensrechten als Instrument zur Gewährleistung rechtmäßiger Entscheidungen Bedeutung. Zu Recht wird darauf hingewiesen, dass eine Relativierung des Verfahrensrechts wie bei § 46 VwVfG zwangsläufig die Frage nach einer Intensivierung der Kontrolldichte aufwerfen muss. Das Gegenteil ist der Fall (vgl Eyermann/Happ VwGO § 42 Rn 73a, der zu Recht von einem „verfassungswidrigen Spagat" spricht; Schoch NVwZ 1999, 457).

2. Prozessführungsbefugnis

114   § 42 Abs 2 VwGO enthält im strengen Sinne zwei prozessuale Sachurteilsvoraussetzungen. Neben der Klagebefugnis stellt die Forderung nach einem **eigenen** Recht des Klägers gleichzeitig eine Form der in der VwGO nicht ausdrücklich geregelten **aktiven Prozessführungsbefugnis** dar (Eyermann/Happ VwGO § 42 Rn 71, 76; Kopp/Schenke VwGO § 42 Rn 60. Darunter versteht man die Berechtigung, den prozessualen Anspruch in eigenem Namen geltend zu machen (zur Problematik der Prozessführungsbefugnis in der ungeteilten Erbengemeinschaft und zur Abgrenzung zwischen Klagebefugnis und Prozessführungsbefugnis BayVGH BayVBl 2008, 405). Klagen, bei denen der Kläger sich auf Dritten zustehende Rechte beruft, sind unzulässig. Hierunter fällt insbes die sog Popularklage. Daraus sind weitere prozessuale Folgen abzuleiten. So ist die **gewillkürte Prozessstandschaft** ausgeschlossen (BVerwG NVwZ-RR 1996, 537 (zur Anfechtungsklage); VG Köln BeckRS 2011, 55285;Eyermann/Happ VwGO § 42 Rn 76; Kopp/Schenke VwGO § 42 Rn 60; S/S/B/Wahl/Schütz VwGO § 42 Abs 2 Rn 37; Redeker/v Oertzen/v Nicolai VwGO § 42 Rn 26). Zulässig ist allerdings die gesetzliche Prozessstandschaft.

115   Rechte, die nicht einem Einzelnen, sondern **Gemeinschaften** zustehen, können auch nur von allen Rechtsinhabern gemeinsam geltend gemacht werden.

115.1   Dies gilt für die Eigentümergemeinschaft nach WEG, soweit es nicht um dem Einzelnen zustehendes Sondereigentum geht (vgl VGH München NVwZ-RR 2006, 430 unter Abweichung von seiner früheren Rspr VGH München NVwZ-RR 2004, 248 – offen gelassen für Sondereigentum; BGH NJW 1993, 727; NJW 2005, 2061). Zur Erbengemeinschaft vgl BVerwG NVwZ 2005, 810; VGH München BayVBl 2000, 182). Zur Anfechtung beim Verbot einer Vereinigung vgl BVerwG NVwZ 2011, 372. Hiernach kann ausnahmsweise neben der Vereinigung auch der Einzelne anfechten, wenn er geltend macht, dass die Existenz des Vereins von vornherein ausgeschlossen sei und die Verbotsverfügung die persönliche Rechtsstellung betreffe (Rn 14). Das Elternrecht aus Art 6 GG kann bei gemeinsamem Sorgerecht nur einvernehmlich geltend gemacht werden (vgl OVG Berlin-Brandenburg NVwZ-RR 2011, 983).

116   Die Prozessführungsbefugnis ist von der **Aktivlegitimation** zu unterscheiden. Diese betrifft die materielle Frage, ob der Kläger tatsächlich Inhaber des Rechtes ist, das er geltend macht. Die Aktivlegitimation ist daher nur für die Begründetheit der Klage von Belang (S/S/ B/Wahl/Schutz VwGO § 42 Abs 2 Rn 19).

117   § 42 Abs 2 VwGO ist keine Regelung, die das **Rechtsschutzbedürfnis** des Klägers betrifft (S/S/B/Wahl/Schütz VwGO § 42 Abs 2 Rn 14).

3. Rechtsnachfolge und Pflichtennachfolge

118   Die aktive Prozessführungsbefugnis kann in Fällen der Rechtsnachfolge in Frage gestellt sein oder entfallen. Ob eine **Rechtsnachfolge** in öffentlich-rechtliche Rechtspositionen oder eine Nachfolge in öffentlich-rechtliche Pflichtenstellungen (**Pflichtennachfolge**) möglich ist, richtet sich nach den allgemeinen hierfür geltenden Grundsätzen. Diese Grundsätze sind im Hinblick auf die vielfältigen Formen der Einzel- bzw. Gesamtrechtsnachfolge nicht

in allen Fällen eindeutig, sie stehen zudem teilweise im Konflikt mit handels-, gesellschafts-
rechtlichen und umwandlungsrechtlichen Grundsätzen und Rechtsnormen (vgl zur Rechtsnachfolge allg Dietlein, Rechtsnachfolge im Öffentlichen Recht, 1999; Kopp/Schenke
VwGO § 42 Rn 174; Rumpf VerwArch 1987, 269; Schlabach/Simon NVwZ 1992, 143;
Stadie DVBl 1990, 501; Gaiser DB 2000, 361). Allgemein gilt, dass der Rechtsnachfolger
dann klagebefugt gegen den gegenüber dem Rechtsvorgänger ergangene VA ist, wenn und
soweit der VA bzw dessen Ablehnung oder Unterlassung auch ihm gegenüber Rechtswirkungen hat (BVerwGE 70, 157; Kopp/Schenke VwGO § 42 Rn 174).

a) Rechtsnachfolge in öffentlich-rechtliche Rechtspositionen. Höchstpersönliche **119**
Rechte sind nicht rechtsnachfolgefähig. Sie gehen daher weder im Fall einer Einzelrechtsnachfolge noch einer Gesamtrechtsnachfolge auf den Rechtsnachfolger über. Die öffentlich-
rechtliche Rechtsposition verbleibt entweder beim bisherigen Rechtsträger oder die Rechtsnachfolge führt zum Erlöschen des Rechts mit der Folge, dass die Erledigung des Rechtsstreits eintritt. Im Übrigen ist zwischen Personalgenehmigungen und Sachgenehmigungen
zu unterscheiden. Es gibt teilweise Mischformen mit sowohl dinglichen als auch personalen
Elementen. Die Abgrenzung ist in der Praxis oftmals schwierig.

Personale Genehmigungen gehen nicht automatisch auf den Rechtsnachfolger über. **120**
Soweit sie keinen höchstpersönlichen Charakter tragen, können sie aber übertragen werden.
Prozessual stellt sich die Frage der Fortführung des Rechtsstreits damit nicht. Der Kläger
bleibt Genehmigungsinhaber. Es kann aber im Einzelfall sein, dass als Folge des durch die
Rechtsnachfolge eingetretenen Rechtsverlustes beim Kläger nunmehr die materielle Rechts-
position und damit auch die Klagebefugnis entfallen ist.

Beispiele für **höchstpersönliche öffentlich-rechtliche Rechte** sind etwa die Fahrerlaubnis, **120.1**
der Waffenschein, die Erlaubnis zum Geschäftsbetrieb nach § 32 KWG für Banken und Finanz-
dienstleistungsinstitute und für § 5 VAG für Versicherungsunternehmen, die Erlaubnis zum gewerblichen Güterkraftverkehr nach § 3 GüKG, die Gaststättenkonzession nach § 2 GastG, die Erlaubnis
zum selbständigen Betrieb eines Handwerks nach § 1 HandwO, die Erlaubnisse nach den verbliebenen Genehmigungstatbeständen der GewO (§§ 33c, 33i, 34 bis 34c) etwa für Spielhallen-
betreiber, Pfandleiher, Versteigerer, Makler, Bauträger und Baubetreuer. Auch der klassische Bei-
spielsfall der Taxikonzession (§§ 1, 3, 19 PBefG) gehört hierher.

Ein Beispiel für eine **übertragbare personale Genehmigung** ist die Frequenzzuteilung nach **120.2**
§ 55 Abs 7 TKG 2004 (ebenso die Lizenz nach § 9 TKG 1996). Um eine gemischte Genehmigung
mit teils personalen, teils sachbezogenen Elementen handelt es sich bei der atomrechtlichen Genehmigung (BVerwG NVwZ 1990, 858) – das BVerwG verlangt eine Übertragung der Genehmigung
hinsichtlich ihres personalen Teils (offen gelassen für den Fall der Gesamtrechtsnachfolge).

Sachgenehmigungen bzw sachbezogene Rechte sind dagegen rechtsnachfolgefähig. **121**
Die große Mehrzahl der Anlagenzulassungen hat einen solchen Charakter. Auch die Rechtsstellung des Nachbarn in den typischen Anlagenzulassungsverfahren ist sachbezogen. Mit
einem Betreiberwechsel gilt die Genehmigung automatisch zugunsten des neuen Betreibers.
Umstritten ist, ob prozessual in einem solchen Fall § 265 Abs 2 S 1 ZPO Anwendung findet
mit der Folge, dass bei einer durch Verfügung über den Streitgegenstand eintretenden Einzel-
rechtsnachfolge die Prozessführungsbefugnis weiter beim bisherigen Rechtsinhaber liegt (so
BVerwG und die hM), oder nach § 239 ZPO eine Unterbrechung des Verfahrens eintritt
und der Rechtsnachfolger das Verfahren aufnehmen kann. Im Falle der Veräußerung eines
Grundstücks gilt die Sonderregelung des § 266 ZPO. Danach ist der Rechtsnachfolger zur
Übernahme des Rechtsstreits berechtigt (vgl VGH München NVwZ-RR 1990, 172; VGH
Mannheim NVwZ 1998, 975; VGH Kassel NVwZ 1998, 1315; Baumbach/Lauterbach/
Albers/Hartmann ZPO, § 266 Rn 11). Bei dinglichen VA und auf Nachbarklagen bei
Anlagengenehmigungen wendet die überwiegende Rechtsprechung § 266 ZPO entspre-
chend an. Danach kann der Erwerber eines Nachbargrundstücks, dessen Eigentümer als
Nachbar gegen eine Anlagengenehmigung klagt, den Rechtsstreit übernehmen, er ist inso-
weit klagebefugt.

Für die Anwendung des **§ 265 Abs 2 S 1 ZPO** sind Rechtsprechung und hM (BVerwGE 121, **121.1**
182; NVwZ 2001, 1282; Eyermann/Happ VwGO § 42 Rn 78): Die Folge ist, dass bei einer durch
Verfügung über den Streitgegenstand eintretenden Einzelrechtsnachfolge die Prozessführungsbefugnis weiter beim bisherigen Rechtsinhaber liegt und dieser als Folge von § 173 VwGO, § 265 Abs 2

S 1 ZPO bei allen Leistungsklagen den Antrag auf Leistung an den Rechtsnachfolger umstellen muss. Auch bei Anwendung des § 265 ZPO ist der Rechtsnachfolger notwendig beizuladen (BVerwG DVBl 1988, 738; NJW 1993, 79; NJW 1985, 281; aA Kopp/Schenke VwGO § 65 Rn 20).

121.2   Nach aA soll als sachgerechte prozessuale Folge in solchen Fällen § 173 VwGO iVm **§ 239 ZPO** eine Unterbrechung des Verfahrens bewirken, um dem Rechtsnachfolger die Aufnahme des Verfahrens zu ermöglichen (Spannowsky NVwZ 1992, 426, 429; S/S/B/Wahl/Schütz VwGO § 42 Abs 2 Rn 108).

121.3   Die Rechtsprechung wendet überwiegend **§ 266 ZPO entsprechend** auf **dingliche Verwaltungsakte und auf Nachbarklagen bei Anlagengenehmigungen** an (BVerwG NJW 1985, 281; VGH Kassel NVwZ 1998, 1315 mN; VGH München NVwZ-RR 1990, 173; OVG Münster NJW 1981, 598; BVerwG DÖV 2002, 128 – zur Normenkontrolle; OVG Berlin NVwZ 1997, 506 – zur Normenkontrolle; VGH München NVwZ 1996, 490 – zur Planfeststellung; aA bei Planfeststellung OVG Münster NWVBl 1992, 139). Der Einzelrechtsnachfolger kann das gegen einen auf ihn übergegangenen dinglichen Verwaltungsakt gerichtete Verwaltungsstreitverfahren in entsprechender Anwendung des § 266 Abs 1 ZPO iVm § 173 VwGO ohne Zustimmung des bisherigen Rechtsinhabers und ohne Zustimmung des Verfahrensgegners im jeweiligen Verfahrensstadium übernehmen; andernfalls ist das Rechtsmittel des bisherigen Rechtsinhabers mangels Klagebefugnis zurückzuweisen mit der Folge, dass der Einzelrechtsnachfolger die Bestandskraft des auf ihn übergegangenen Verwaltungsaktes entsprechend § 121 VwGO gegen sich gelten lassen muss (VGH Kassel NVwZ 1998, 1315).

122   Es entspricht der Verfahrensökonomie und dem Gebot effektiven Rechtsschutzes, dass der Erwerber des die Klagebefugnis vermittelnden Gegenstandes bei Erwerb vor Rechtshängigkeit, also zB während des Vorverfahrens, auch in die darauf bezogene **Verfahrensposition** des bisherigen Eigentümers eintritt, es sei denn, die maßgebliche Verfahrensordnung enthält Regelungen, die es dem Veräußerer erlauben, das auf den Verkaufsgegenstand bezogene Verfahren fortzusetzen (BVerwG NVwZ 2006, 1072; VGH Kassel NVwZ-RR 2011, 437). Letzteres ist bei Veräußerung einer streitbefangenen Sache nach Rechtshängigkeit in § 265 Abs 2 ZPO iVm § 173 VwGO vorgesehen. Der Erwerber rückt insoweit auch in dessen Verfahrensposition ein.

123   **b) Pflichtennachfolge.** Von der Rechtsnachfolge in öffentlich-rechtliche Rechtspositionen ist die Nachfolge in öffentlich-rechtliche Pflichten (Pflichtennachfolge) zu unterscheiden.

124   Bei **höchstpersönlichen** (nicht vertretbaren) **Pflichten** (personenbezogenen Pflichten) scheidet eine Rechtsnachfolge per se aus (BVerwG DVBl 2006, 1114, 1117). Dies gilt auch dann, wenn die Pflicht durch VA konkretisiert wurde. Darunter fallen zB die Ausweisungsverfügung, die Untersagung des Betriebs eines Bordells (VGH Kassel NVwZ-RR 1993, 502),

125   Bei den materiellen wie den (durch VA) konkretisierten **Polizeipflichten** muss unterschieden werden zwischen sachbezogenen Pflichten und personenbezogene Pflichten.

126   **Sachbezogene Polizeipflichten** umfassen zum einen die durch VA konkretisierte Zustandsverantwortlichkeit, zum anderen die konkretisierte Verhaltensverantwortlichkeit in Bezug auf Sachen („sachbezogene Verhaltenspflichten", BVerwG DVBl 2006, 1114, 1117). Seit der Grundsatzentscheidung des BVerwG aus dem Jahr 1971 (BVerwG NJW 1971, 1624, 1625) geht die Rspr ganz überwiegend davon aus, dass diese Pflichten einzel- und gesamtrechtsnachfolgefähig sind (kritisch dagegen Kopp/Schenke VwGO § 42 Rn 174).

126.1   Treffend ist die Formulierung des VGH Kassel (NVwZ 1998, 1315), wonach „nicht nur bauordnungsrechtliche Beseitigungsanordnungen und Nutzungsverbote, sondern auch andere grundstücks- und anlagenbezogene Ordnungsverfügungen, die (im wesentlichen) ungeachtet personenbezogener Umstände zustandsregelnd auf den Bestand oder die Benutzung von Grundstücken, Gebäuden, ortsfesten Anlagen etc. einwirken, also deren öffentlichrechtlichen Status regeln und deren jeweilige Besitzer oder/und Eigentümer nur quasi als deren handlungsfähige Vertreter aufgrund ihrer Zustandshaftung in Anspruch nehmen, als sog dingliche Verwaltungsakte fortwirkende Rechtswirkungen nicht nur gegenüber einem Gesamtrechtsnachfolger, sondern grundsätzlich auch gegenüber einem Einzelrechtsnachfolger entfalten" (VGH Kassel NVwZ 1998, 1315, 1316m umfangr N; in der Sache ebenso BVerwG DVBl 2006, 1114, 1117; VGH München NJW-RR 2005, 829, 830; OVG Bautzen LKV 1998, 62; aA Kopp/Schenke VwGO § 42 Rn 174; OVG Hamburg NVwZ-

RR 1997,11; auch die frühere RSpr des VGH Kassel, vgl VGH Kassel BRS 39 Nr 221; NVwZ 1985, 281; NJW 1977, 1910).

Dies gilt für die in der **Zustandsverantwortlichkeit** wurzelnden Pflichten, deshalb **127** handelt es sich zB bei einer an den Grundstückseigentümer gerichteten Beseitigungsanordnung (OVG Koblenz NVwZ 1985, 432) um eine sachbezogene Pflicht, die den Grundstückserwerber wie den Gesamtrechtsnachfolger bindet und auf die über § 173 VwGO § 266 ZPO Anwendung findet. Der Rechtsnachfolger kann den Prozess übernehmen, er ist klagebefugt. Dies gilt genauso auch für die in der **Verhaltensverantwortlichkeit** zB als Verursacher von Altlasten oder in der **Betreiberverantwortlichkeit** als Anlagenbetreiber wurzelnden sachbezogenen Verhaltenspflichten: auch diese sind einzelrechtsnachfolgefähig (VGH Kassel NVwZ 1998, 1315) und gesamtrechtsnachfolgefähig (BVerwG DVBl 2006, 1114, 1117), binden den Rechtsnachfolger, geben diesem über § 266 ZPO die Möglichkeit, den Prozess zu übernehmen. Der Rechtsnachfolger kann alle Einwendungen des Vorgängers nutzen, unterliegt aber auch bestehenden Beschränkungen wie zB Präklusionswirkungen (BVerwG NVwZ 1989, 967; Kopp/Schenke VwGO § 42 Rn 174).

Die weitgehende neue Grundsatzposition des BVerwG in der Entscheidung vom 16.3.2006 **127.1** betrifft die zur materiellen Polizeipflicht aufgestellten Grundsätze: Der Gesamtrechtsnachfolger des Verursachers einer Gefahr soll nach der Entscheidung des BVerwG (DVBl 2006, 1114) auch in alle noch nicht durch VA konkretisierten öffentlich-rechtlichen Pflichten des Verursachers, also in dessen **materielle Polizeipflicht** eintreten. Er kann sich aber auch auf alle Einwendungen seines Rechtsvorgängers berufen (BVerwG DVBl 2006, 1114, 1117). Dies soll nicht nur aufgrund § 4 Abs 3 BBodSchG gelten, sondern folge – auch für die Vergangenheit – aus dem allgemeinen Grundsatz des Verwaltungsrechts, dass sachbezogene Verhaltenspflichten den zivilrechtlichen Bestimmungen des Erbrechts (§§ 1922, 1967 BGB) und des Umwandlungsrechts (§§ 20 Abs 1, 174 UmwG 1995) folgend rechtsnachfolgefähig sind. Demgegenüber lehnt das BVerwG eine Rechtsnachfolge in die sachbezogene Polizeipflicht ab, wenn im Zeitpunkt des Rechtsübergangs noch keine materielle Polizeipflicht bestand, also noch keine konkrete Gefahrenlage vorlag, die Maßnahmen zur Gefahrenabwehr gerechtfertigt hätte (BVerwG DVBl 2006, 1114, 1117).

Ebenso war das BVerwG im Jahr 2005 davon ausgegangen, dass die Bundesrepublik als Rechts- **127.2** nachfolgerin des Deutschen Reiches in dessen materielle Polizeipflichten als Verhaltensverantwortlicher einzustehen hätte, wenn nicht die Erlöschensregelung in § 1 Abs 1 Nr 1 des Allgemeinen Kriegsfolgengesetzes auch Forderungen aus der materiellen Polizeipflicht erfasste (BVerwG NuR 2006, 433; DVBl 2006, 1114, 1116; vgl auch BVerwG Buchholz 445.3 Landeswasserrecht Nr 3).

Grundsätzlich restriktiver allerdings VGH München NVwZ-RR 2004, 648: Keine Gesamt- **127.3** rechtsnachfolge in die abstrakte Verhaltensverantwortlichkeit iZm Altlasten bei Nachfolgevorgängen der Jahre 1971 und 1982.

4. Anwendungsbereich

§ 42 Abs 2 VwGO gilt zunächst für die Anfechtungs- und die Verpflichtungsklage. **128**
Es entspricht ständiger Rechtsprechung des BVerwG, welcher die Instanzgerichte gefolgt **129** sind, dass § 42 Abs 2 VwGO sinngemäß für sämtliche Klagearten, insbes auch für die in der VwGO nicht ausdrücklich geregelte allgemeine Leistungsklage gilt.

Bei der **Fortsetzungsfeststellungsklage** wird die Klagebefugnis für den Zeitraum vor **130** der Erledigung vorausgesetzt (BVerwG NJW 1982, 2513, 2514; NJW 1994, 2037, 2038; S/ S/B/Wahl/Schütz VwGO § 42 Abs 2 Rn 22; Sodan/Ziekow/Sodan VwGO § 42 Rn 375).

Gleiches gilt für die **Feststellungsklage** nach § 43 VwGO (BVerwGE 100, 262, 271 = **131** NJW 1996, 2046; BVerwGE 99, 64, 66; 111, 276, 279; 114, 356, 360; NVwZ 2004, 1229, 1230; OVG Koblenz NVwZ-RR 2000, 371, 373; OVG Münster NWVBl 1997, 232; VGH Mannheim VBlBW 2004, 185, 186; NVwZ 1991, 470; NVwZ 1991, 184, 185; ausf Laubinger VerwArch 82 (1991), 459, 460). Im Schrifttum wird demgegenüber teilweise nach einzelnen Feststellungsklagen differenziert, teilweise die entsprechende Anwendung insgesamt abgelehnt (differenzierend: Hufen § 18 Rn 26; S/S/B/Wahl/Schütz VwGO § 42 Abs 2 Rn 24 ff; insgesamt abl Schoch JuS 1987, 783, 790; Kopp/Schenke VwGO § 42 Rn 63; abl wohl auch Sodan/Ziekow/Sodan VwGO § 42 Rn 374).

132   Auch bei der **allgemeinen Leistungsklage** findet § 42 Abs 2 VwGO entsprechend Anwendung (BVerwG NVwZ-RR 1992, 371; BVerwGE 100, 262, 271; 101, 157, 159 = NVwZ 1997, 276; NVwZ 1994, 999; NJW 1996, 2521; Sodan/Ziekow/Sodan VwGO § 42 Rn 371; Eyermann/Happ VwGO § 42 Rn 80; Kopp/Schenke VwGO § 42 Rn 62; B/F-K/S/vA/v Albedyll VwGO § 42 Rn 118; Redeker/v Oertzen/v Nicolai VwGO § 42 Rn 46; Erichsen DVBl 1982, 95, 100; Schoch JuS 1987, 783, 790).

133   Darüber gilt das Erfordernis des § 42 Abs 2 VwGO in entsprechender Anwendung auch für das Vorverfahren als „Antragsbefugnis". Einen „Popularwiderspruch" kennt das Verwaltungsverfahrensrecht nicht (Eyermann/Happ VwGO § 42 Rn 80).

134   § 42 Abs 2 VwGO findet entsprechende Anwendung im **einstweiligen Rechtsschutzverfahren**. Unabhängig von der Klageart ist auch für die Antragsbefugnis bei Anträgen auf Gewährung vorläufigen Rechtsschutzes sowohl nach § 80 Abs 5 VwGO als auch nach § 123 VwGO die Geltendmachung einer Verletzung in eigenen Rechten erforderlich (BVerwG NVwZ 1994, 370; NVwZ 1994, 1001; OVG Berlin OVGE 14, 98, 100 f = NJW 1977, 2283; OVG Magdeburg NVwZ 1999, 93; Sodan/Ziekow/Sodan VwGO § 42 Rn 376).

135   Auch im **Widerspruchsverfahren** ist § 42 Abs 2 VwGO entsprechend anzuwenden. Das Verfahren dient in erster Linie der Verteidigung subjektiver Rechte, in zweiter Linie lässt es daneben – bei Ermessensentscheidungen – allerdings auch die Überprüfung der Zweckmäßigkeit zu. Bei der Widerspruchsbefugnis ist insoweit auch darauf abzustellen, dass die Behörde möglicherweise unzweckmäßig gehandelt hat (vgl VGH München NVwZ 1994, 716, 717; NVwZ 2001, 339, 340; Sodan/Ziekow/Sodan VwGO § 42 Rn 377)

135.1   Wird der Widerspruch ohne Vorliegen einer Widerspruchsbefugnis eingelegt, ist die Widerspruchsbehörde gehindert, eine **Abhilfeentscheidung** zu treffen. Eine solche Entscheidung nach § 72 VwGO setzt – außer der Rechtswidrigkeit des angefochtenen Verwaltungsaktes – die Zulässigkeit des eingelegten Widerspruchs voraus (allg. Auffassung, vgl zB BVerwGE 101, 64, 67 = NVwZ 1997, 272; NVwZ 2000, 165).

136   Im **Verwaltungsverfahren** gelten diese Anforderungen in abgeschwächter Form. Hier kommt es nicht bei § 42 Abs 2 VwGO auf die Frage einer Rechtsverletzung an, sondern lediglich auf die rechtliche Betroffenheit (Kopp/Ramsauer VwVfG § 22 Rn 44 f; S/B/S/ Stelkens/Schmitz VwVfG § 22 Rn 63). Bei Drittklagen kommt es darauf an, ob und in welchem Umfang die maßgebliche Rechtsnorm drittschützende Wirkungen erzeugt (Schutznormtheorie).

5. Adressatenschutz und Drittschutz

137   Ausgangspunkt für die Beurteilung des Anwendungsbereichs der Klagebefugnis ist das **vertikale** Verhältnis zwischen dem Einzelnen und der Behörde. Dies gilt grundsätzlich für alle verwaltungsgerichtlichen Klagen einschließlich der Klagen bei Verwaltungsakten mit Drittwirkung. Die subjektive Rechtsposition, auf die sich der Kläger beruft, ist immer eine solche im Bürger-Staat-Verhältnis. Der Grundrechtsbezug der Rechtsschutzgarantie des Art 19 Abs 4 GG bewirkt, dass der Adressat einer belastenden hoheitlichen Maßnahme nahezu regelmäßig klagebefugt ist (zur Adressatentheorie s Rn 173). Dies folgt allerdings nicht aus der Adressatenstellung an sich, sondern aus der darin begründeten grundrechtlichen Kollisionslage. So folgt aus der Adressatenstellung einer den Antragsteller belastenden Ablehnung eines beantragten begünstigenden VA noch keine Klagebefugnis (Kopp/Schenke VwGO § 42 Rn 69; Hufen § 14 Rn 79).

138   In diesem Verständnis begründet sich auch der Grundansatz des Drittschutzes. Zunächst steht auch der Dritte in einem vertikalen Verhältnis zur Behörde. Das im Rahmen des Drittschutzes bestehende **horizontale Verhältnis** zwischen verschiedenen Privaten ist im öffentlichen Recht durch die jeweiligen Vertikalverhältnisse zur Behörde vermittelt. Aus diesem Grunde ist die Behörde in Drittschutzklagen immer prozessual beteiligt, unmittelbare Klagen des Dritten gegen den Genehmigungsinhaber sind dem geltenden System fremd. Im Unterschied zu der Rechtsstellung des Adressaten – Wahl spricht zutreffend vom „Ersten" (S/S/B/Wahl Vorb § 42 Abs 2 Rn 66) – beruht auch die potentielle Grundrechtskollision beim Dritten nicht auf einer unmittelbar diesen belastenden hoheitlichen Maßnahme, sondern ist durch die dem „Ersten" erteilte Genehmigung vermittelt. Erst durch deren

Ausnutzung tritt der Konflikt im horizontalen Verhältnis zwischen den beiden Privaten ein. Anderes gilt allerdings, wenn die dem Ersten erteilte Genehmigung eine unmittelbar den Dritten verpflichtende Duldungsanordnung enthält. In diesem Fall liegen aber streng genommen zwei Regelungen vor, die Duldungsverpflichtung wird dem Dritten gegenüber angeordnet, dieser ist damit insoweit Adressat, das Verhältnis zwischen Erstem und Dritten ist hier umgedreht.

Auch die Rechtsposition des Dritten ist **grundrechtsbegründet** und ausgeformt. Inso- **139** weit müssen die Grundrechte im Rahmen der einfachen Rechtsordnung bei der Ausformung subjektiver öffentlicher Rechte Beachtung finden (s Rn 190 ff). Ebenso verlangen die Grundrechte aber auch die Ausformung der Drittrechtsposition. Der Gesetzgeber muss bei Regelungen im Rahmen von Art 14 Abs 1, Abs 2 S 2 GG beiden Seiten dieser Grundrechtskollision Rechnung tragen, die schutzwürdigen Interessen der Beteiligten in einen gerechten Ausgleich und in ein ausgewogenes Verhältnis bringen (BVerfGE 52, 1, 29 = NJW 1980, 985).

6. Erforderlichkeit der Sachurteilsvoraussetzung

Das Erfordernis einer Klagebefugnis im Rahmen der Zulässigkeitsvoraussetzungen hat **140** seine **eigenständige Berechtigung**, es ist nicht wegen der durch § 113 Abs 1, 5 VwGO geforderten Prüfung in der Begründetheit entbehrlich (S/S/B/Wahl/Schütz VwGO § 42 Abs 2 Rn 20; Eyermann/Happ VwGO § 42 Rn 79). Neben den aus der Systementscheidung für den subjektiv-rechtlichen Individualrechtsschutz abzuleitenden rechtstheoretischen Gründen sprechen hierfür auch praktische prozessuale Gründe:

Der in § 80 Abs 1 VwGO verankerte **Grundsatz der aufschiebenden Wirkung** als ein **141** Mittel des vorläufigen Rechtsschutzes setzt voraus, dass hinsichtlich des eingelegten Rechtsmittels eine Widerspruchs- bzw Klagebefugnis vorliegen muss (BVerwG NJW 1993, 16, 111; OVG Greifswald DVBl 2000, 1074; VGH Mannheim VBlBW 1988, 147; Kopp/Schenke VwGO § 80 Rn 50; Eyermann/Happ VwGO § 42 Rn 79). Rechtsmitteln, denen die Klagebefugnis fehlt, kommt mithin kein Suspensiveffekt zu.

Das Erfordernis der Klagebefugnis als Sachurteilsvoraussetzung hat Auswirkungen auf die **142** Verteilung der **Darlegungslast** im Prozess. Insoweit schränkt § 42 Abs 2 VwGO den Amtsermittlungsgrundsatz ein (s Rn 210; BVerwGE NVwZ 1993, 63; Eyermann/Happ VwGO § 42 Rn 79, 99).

II. Individualrechtsschutz und Schutznormlehre

1. Subjektive (öffentliche) Rechte

a) Subjektive Rechte. Nach § 42 Abs 2 VwGO muss der Kläger die Verletzung eines **143** subjektiven Rechts geltend machen. Um subjektive Rechte handelt es sich, wenn sie einer Person eine Rechtsposition einräumen, die die rechtliche Möglichkeit gewährt, von einem anderen ein bestimmtes Tun, Dulden oder Unterlassen zu fordern. Zu den Rechtsnormen, die solche subjektiven Rechte einräumen können, zählen alle in Deutschland unmittelbar anwendbaren formellen und materiellen Gesetze, primäres und sekundäres Gemeinschaftsrecht, organschaftliches Binnenrecht, organschaftliches Recht und mit diesen vergleichbare Rechtspositionen und ebenso auch die auf Rechtsnormen beruhenden im Einzelfall eingeräumten Rechtspositionen, sei es durch Vertrag, durch Verwaltungsakt oder in anderer rechtlich beachtlicher Form (Eyermann/Happ VwGO § 42 Rn 83; Kopp/Schenke VwGO § 42 Rn 78). Im Vordergrund stehen durch die Verfassung, insbes die Grundrechte sowie durch einfach gesetzliche Vorschriften begründete subjektive Rechte. Zu den verfassungsrechtlich geschützten Rechtspositionen zählen auch die kommunale Selbstverwaltungsgarantie (vgl ausf Kopp/Schenke VwGO § 42 Rn 137; zu deren Grenzen VG Oldenburg NuR 2009, 145) und der Grundsatz der Eigenstaatlichkeit der Länder (vgl Kopp/Schenke VwGO § 42 Rn 141). Zu den Grundsätzen des ungeschriebenen Rechts gehören insbes der im Rechtsstaatsprinzip begründete Grundsatz des Vertrauensschutzes (BVerwGE 30, 101). Der Begriff des subjektiven Rechts ist als Oberbegriff für Rechte im engeren Sinne und rechtlich geschützte Interessen bzw Rechtspositionen zu verstehen (BVerwG NJW 1987, 857; Kopp/Schenke VwGO § 42 Rn 78). Deshalb fällt jedes von der Rechtsordnung als schutzwürdig anerkannte Individualinteresse unter die geschützten (subjektiven) Rechte (Redeker/v Oertzen/v Nicolai VwGO § 42 Rn 51; Kopp/Schenke VwGO § 42 Rn 78). Kein einklagbares subjektives Recht soll grds auf den Erlass eines Widerspruchsbescheids bestehen, anders bei Anspruch auf einen den Nachbarwiderspruch zurückweisenden Widerspruchsbescheid (VGH Kassel UPR 2009, 115).

144 **b) Des öffentlichen Rechts.** Erfasst werden nur Rechte aus dem Bereich des öffentlichen Rechts. Insoweit ist die Bezeichnung subjektiv-öffentliches Recht nicht ohne Bedeutung. Es entspricht der herrschenden Auffassung, dass sich das subjektive Recht aus einer dem öffentlichen Recht zuzuordnenden Rechtsposition ergeben muss, eine Beeinträchtigung lediglich privater Rechte oder privatrechtlicher Rechtspositionen genügen nicht (BVerwG NVwZ 1994, 682; NVwZ 1999, 413; Kopp/Schenke VwGO § 42 Rn 81; S/S/B/Wahl/Schütz VwGO § 42 Abs 2 Rn 43; Sodan/Ziekow/Sodan VwGO § 42 Rn 382; Hufen § 14 Rn 96; aA Eyermann/Happ VwGO § 42 Rn 83b ff).

145 **c) Interessen und Belange.** Zu den subjektiv-öffentlichen Rechten zählen auch **rechtlich geschützte Interessen und Belange** (Eyermann/Happ VwGO § 42 Rn 84; Kopp/Schenke VwGO § 42 Rn 78). Bedeutung hat der Begriff der geschützten Interessen und Belange bei der rechtlich vorgegebenen Interessenwahrung im Bereich von Abwägungs- und Ermessenentscheidungen. Letztlich liegen der Pflicht zur Berücksichtigung von Belangen des Einzelnen Rechtsnormen zu Grunde, aus denen sich Entscheidungsvorgaben unter Einbeziehung dieser Belange ergeben. Den rechtlichen Schutz erlangen tatsächlich Interessen und Belange des Einzelnen erst durch solche Rechtsnormen (zB § 1 Abs 7 BauGB). Interessen und Belange an sich sind damit keine subjektiven Rechte, sie bedürfen einer Rechtsnorm, die den rechtlichen Schutz der Interessen bzw Belange herstellt (ebenso BVerwG NVwZ-RR 1996, 557; Eyermann/Happ VwGO § 42 Rn 84). Der Rechtsschutz wird deshalb auch nicht in erster Linie durch das Gewicht des Interesses/Belangs geleitet, sondern durch die Rechtsnorm, die die Beachtens- bzw Berücksichtigungspflicht schafft. Diese Norm entscheidet darüber, ob und in welchem Umfang ein Recht auf Abwägung oder materielle Beachtung besteht.

146 Liegt eine solche materiell-rechtliche Pflicht zur Behandlung bzw Berücksichtigung v Interessen/Belangen vor, spielt es für die Einbeziehung in die für § 42 Abs 2 VwGO maßgeblichen subjektiven Rechte grundsätzlich keine Rolle, welches Gewicht das Interesse besitzt, ob Anknüpfungspunkte wirtschaftliche, ästhetische, rechtlich beachtenswerte Bedeutung haben. Nur solche Interessen und Belange spielen keine Rolle, denen die Rechtsnorm generell kein subjektiv-rechtliches Gewicht zubilligt, die damit unter keinen denkbaren Umständen rechtlich schützenswert sein können. Das Interesse eines Grundstückseigentümers an einer ästhetischen Umgebung scheidet danach nicht aus den potentiell schützenswerten Belangen aus (vgl aber so Eyermann/Happ VwGO § 42 Rn 85), wohl aber das allgemeine Interesse an Konkurrenzschutz oder unerlaubten Nutzungen (Kopp/Schenke VwGO § 42 Rn 78, 89; OVG Koblenz BRS 39 Nr 185). **Keine rechtlich geschützten Belange** sind bloße Annehmlichkeiten bzw der Schutz vor bloßen Unannehmlichkeiten, bloße Erwerbschancen, politische und ideelle Interessen (Hufen § 14 Rn 82). Nicht schutzwürdig sind Interessen und Belange, auf die der Betroffene zuvor verzichtet hat, deren Geltendmachung eine unzulässige Rechtsausübung darstellt oder weil die Rechtsposition bzw ihre Geltendmachung präkludiert ist (vgl Kopp/Schenke VwGO § 42 Rn 89).

146.1 Beispiele sind: Anspruch eines Rundfunkteilnehmers auf eine bestimmte Sendung bzw Nichtsendung (VGH München BayVBl 1991, 689); Lage eines bestimmten Taxenstandes (OVG Koblenz NJW 1986, 2845); weitere Beispiele bei Hufen § 14 Rn 80 ff.

147 Zu den nicht schutzwürdigen Belangen können auch die Fälle zählen, in denen eine Rechtsposition durch Erwerb eines „**Sperrgrundstücks**" begründet wurde (OVG Münster NVwZ 1991, 387; VGH München NVwZ 1989, 684; Harings NVwZ 1997, 493 f; vgl auch Kopp/Schenke VwGO § 42 Rn 89). Die Rechtsprechung hierzu ist uneinheitlich. Während das BVerwG bei einer solchen Konstellation ursprünglich die Klagebefugnis bejaht hatte, allerdings die Möglichkeit einräumte, dem Kläger den Einwand rechtsmissbräuchlicher Prozessführung entgegenzuhalten (BVerwGE 72, 16 = NVwZ 1985, 736), verneint es in solchen Fällen neuerdings wegen rechtsmissbräuchlicher Begründung der Eigentümerstellung die Schutzwürdigkeit des Eigentums und als Konsequenz auch die Klagebefugnis (BVerwGE

112, 135 = NVwZ 2001, 427, 428; vgl auch BVerwGE 107, 215 = NJW 1999, 592 = NVwZ 1999, 414 L). Wird die dringliche Rechtsstellung letztlich nur vorgeschoben, um der Sache nach im Wege der Prozessstandschaft fremde Abwehrrechte zu verteidigen, so erschöpft sich ihr materieller Gehalt in einer bloßen Scheinsposition. Das ist der Fall, wenn sich aus konkreten Umständen ohne weiteres ergibt, dass an der erworbenen Rechtsstellung, welche die Klagebefugnis vermitteln soll, kein über das Führen eines erwarteten Rechtsstreits hinausgehendes Interesse besteht (BVerwGE 112, 135 = NVwZ 2001, 427, 428).

Ebenfalls nicht schutzwürdig sind rein tatsächliche **Rechtsreflexe** ohne normativ gewollte Wirkung (Eyermann/Happ VwGO § 42 Rn 85; BVerwGE 81, 149; BVerfGE 83, 182, 194; BVerfG NVwZ 2009, 1426).   **148**

d) Organrechte. Organschaftliche Rechte zählen ebenfalls zu den subjektiven öffentlichen Rechten. Darunter werden Rechte verstanden, die natürlichen oder juristischen Personen oder sonstigen Vereinigungen von der Rechtsordnung zur Wahrung ihrer persönlichen oder funktionalen Interessen eingeräumt sind. Dass es sich hierbei nicht um Rechte eines Privaten, sondern um eine Rechtsposition aus öffentlichem Interesse handelt, steht der Anerkennung als Recht iSv § 42 Abs 2 nicht entgegen (Schenke Rn 387). Als solche Rechte werden anerkannt bestimmte Rechte v Gemeinderatsmitgliedern, zB auf Teilnahme an den Sitzungen (OVG Koblenz NVwZ 1985, 283), wobei der Umfang solcher mitgliedschaftlicher Rechte im Einzelnen umstr ist (vgl VGH Mannheim NVwZ-RR 1992, 373; BVerwG DVBl 1988, 792; VGH Mannheim VBlBW 1999, 304; OVG Münster DVBl 2001, 1281). Vgl zB zur Klagebefugnis einer Ratsfraktion aufgrund ihres Rechts auf angemessene Unterrichtung gegenüber dem Oberbürgermeister OVG Koblenz KommJur 2012, 54. Auch für die Innenrechtsbereiche innerhalb der Verwaltung werden teilweise „wehrfähige" Innenrechtspositionen als Rechte iSv § 42 Abs 2 VwGO anerkannt (vgl Kopp/Schenke VwGO § 42 Rn 80). Organschaftliche Rechte sind generell nicht geeignet, den durch sie vermittelten Schutz nach außen gegenüber Dritten einzuräumen.   **149**

Auch der **Kommunalverfassungsstreit** ist kein Instrument der allgemeinen Rechtmäßigkeitskontrolle (BVerfG NVwZ 1990, 355 f; NVwZ-RR 1994, 352 f; vgl S/S/B/Wahl/ Schütz VwGO § 42 Abs 2 Rn 97 ff mwN; zum Hochschulverfassungsstreit vgl BVerwG NVwZ 1985, 112).   **150**

2. Schutznormlehre

a) Inhalt. Nach herrschender Auffassung richtet sich die Subjektivierung des Rechtsschutzes nach der Schutznormlehre. Die übliche Formel lautet, dass die maßgebliche Rechtsnorm ausschließlich oder zumindest neben dem öffentlichen Interesse auch Individualinteresse zu dienen bestimmt ist und die Rechtsmacht verleiht, das Individualinteresse durchzusetzen (so zB BVerwG NJW 1996, 1297; BVerwGE 94, 151, 158; BVerwGE 92, 313, 317; 82, 344; 81, 334; BVerwGE 27, 307; Eyermann/Happ VwGO § 42 Rn 86; S/S/B/Wahl/ Schütz VwGO § 42 Abs 2 Rn 45; Kopp/Schenke VwGO § 42 Rn 71; Sodan/Ziekow/ Sodan VwGO § 42 Rn 386 ff).   **151**

Bei der Bestimmung der Schutznormlehre haben die im Rahmen der Klagebefugnis verwendeten gängigen Theorien wie Adressatentheorie oder Möglichkeitstheorie (s Rn 173 ff) keine Relevanz. Diese behandeln die Frage, in welchem Umfang die Verletzung in subjektiven Rechten zur Begründung der Klagebefugnis geltend gemacht werden muss. Sie setzen auch die Unterschiede zwischen Anfechtungs- und Verpflichtungsklage auf. Demgegenüber gilt die Schutznormlehre zur Bestimmung des erforderlichen subjektiven Gehalts der maßgeblichen Rechtsnorm generell. Sie ist Ausfluss und Ausdruck der Systementscheidung für den subjektiv-rechtlichen Individualrechtsschutz. Ganz überwiegend findet heute im Rahmen der Schutznormlehre eine dreistufige **Prüfung des subjektiv-rechtlichen Gehalts** der Rechtsnorm statt: **152**

- Die Rechtsnorm muss erstens überhaupt einen **objektiv-rechtlichen Schutz** enthalten, der entweder im vertikalen Verhältnis oder im horizontalen Ausgleichsverhältnis zwischen Privaten eine rechtsstaatliche Inpflichtnahme entfaltet.
- Diese zunächst objektiv-rechtliche Schutznorm muss zweitens nach ihrem **sachlichen Schutzzweck** eine besondere rechtliche Schutzwürdigkeit begründen. Der sachliche

Schutzzweck kann je nach Regelungs- und Rechtsbereich unterschiedlich ausgestaltet sein.

- Die Rechtsnorm muss drittens darüber hinaus nach ihrem **personellen Schutzzweck** einen abgrenzbaren Bereich von normativ geschützten Personen in der Schutzwirkung herausheben.

Die Rechtsprechung hat diese drei Kriterien im Zusammenhang mit der Bestimmung der Reichweite des Drittschutzes in die **Formel** gefasst, dass bei Rechtsnormen, die objektiv-rechtlichen Schutz enthalten, die Drittgerichtetheit voraussetzt, dass **in qualifizierter und zugleich individualisierter Weise** auf **schutzwürdige Interessen eines erkennbar abgegrenzten Kreises Dritter** Rücksicht zu nehmen ist (BVerwGE 52, 122; 67, 334; 82, 343; BVerwG NJW 1984, 138; ebenso BGHZ 92, 34, 52 = NJW 1984, 2516; 106, 323 = NJW 1989, 976).

153   **b) Drittschutz.** Die Hauptschwierigkeit bei der Bestimmung des subjektiven Gehalts von Rechtsnormen besteht heute nicht im Rahmen des vertikalen Verhältnisses des Bürgers zum Staat, sondern im Drittschutzbereich bei der grundrechtsgeprägten Ausgestaltung des horizontalen Konfliktverhältnisses zwischen Privaten.

154   Im Bereich des Drittschutzes muss sich, um den Drittschutzcharakter der Norm zu bejahen, „aus individualisierenden Tatbestandsmerkmalen der Norm ein **Personenkreis** entnehmen (lassen), **der sich von der Allgemeinheit unterscheidet**" (BVerwGE 50, 282, 286; DÖV 1987, 296, 297; VG Frankfurt ZIP 2002, 1446, 1447). Auf eine erkennbar zahlenmäßige Begrenzung der Berechtigten kommt es unmittelbar nicht an; die notwendige Eingrenzung der Anspruchsberechtigten ist vielmehr aus dem Normzweck und der spezifischen Situation abzuleiten. Dass sich aus der einzelnen Rechtsvorschrift der Kreis der geschützten Dritten unmittelbar ergibt, ist nicht gefordert. Es muss jedoch „in qualifizierter und zugleich individualisierter Weise auf schutzwürdige Interessen eines erkennbar abgegrenzten Kreises Dritter Rücksicht zu nehmen" sein (BVerwG NJW 1984, 138, 139; DVBl 1977, 722; BVerwGE 52, 122, 130, jeweils zum „Gebot der Rücksichtnahme"). Subjektiv-rechtlicher Drittschutz ist danach in **drei Stufen** zu prüfen:

- Gibt es überhaupt einen objektiv-rechtlichen Schutz der Norm, der sich nicht im vertikalen Verhältnis erschöpft, sondern – über bloße Reflexwirkungen hinaus – auch einen Interessenausgleich im horizontalen Verhältnis kollidierender Privatinteressen bezweckt? Vereinfacht ist dies die Frage danach, ob die Norm überhaupt – objektiv-rechtlich – einen Drittbezug aufweist.
- Zweitens ist zu fragen, was der qualifizierte sachliche Schutzzweck dieses objektiv-rechtlichen Schutzes ist. Mit anderen Worten ist zu prüfen, worin die über die objektiv-rechtliche Regelung hinausgehende subjektiv-rechtliche Komponente in sachlicher Hinsicht liegt.
- Schließlich ist drittens zu prüfen, ob ein besonderer personaler Schutzzweck vorliegt, der einen abgrenzbaren Personenkreis hervorhebt

(vgl zu diesen Kriterien allgemein S/S/B/Wahl VwGO Vorb § 42 Abs 2 Rn 110, 114).

155   **c) Auslegung.** Wann eine Rechtsnorm den qualifizierten Schutz privater Interessen bezweckt, ist durch Auslegung zu ermitteln. Maßgeblich ist der **objektive Gehalt** der Norm (Kopp/Schenke VwGO § 42 Rn 83; Sodan/Ziekow/Sodan VwGO § 42 Rn 391); dabei gelten die allgemeinen Auslegungsmethoden unter Beachtung der für die Auslegung und Ausfüllung von Lücken geltenden Regeln. Gegenüber der früher vertretenen Auffassung spielt der Wille des historischen Gesetzgebers dabei keine herausgehobene Rolle. Im Rahmen der gängigen Auslegungsmethoden ist der Grundrechtsbezug der jeweiligen Regelung zunächst im vertikalen Verhältnis des Einzelnen zum Staat zu berücksichtigen (zu dieser norminternen Wirkung der Grundrechte vgl S/S/B/Wahl/Schütz VwGO § 42 Abs 2 Rn 97 ff; Kopp/Schenke VwGO § 42 Rn 83). Besondere Bedeutung hat diese Auslegungsregel im Bereich des Drittschutzes. Hier spielt neben dem vertikalen Verhältnis des Einzelnen zur Verwaltung das horizontale Konfliktverhältnis zwischen dem Privaten eine herausragende Rolle. Beide Positionen im horizontalen Konfliktverhältnis sind grundrechtsbezogen. Daher geht es bei der Auslegung in diesen Fällen nicht nur um die verfassungskonforme Auslegung des einfachen Gesetzes, sondern um die Umsetzung grundrechtlicher Wertgehalte (Kopp/Schenke VwGO § 42 Rn 83, S/S/B/Wahl/Schütz VwGO § 42 Abs 2 Rn 58 f).

d) Sachlicher und personaler Schutzzweck – Kategorien und Typisierung. Wei- **156** tergehende allgemein gültige Kriterien, die die Anwendung der Schutznormtheorie näher bestimmen, lassen sich kaum aufstellen. Die Ausfüllung der Schutznormtheorie erfolgt heute überwiegend durch Richterrecht. Dabei lassen sich verschiedene Kategorien typisierend unterscheiden. Die Ausformungen der Schutznormlehre sind im Bereich einzelner Rechtsgebiete fallbezogen inzwischen außerordentlich detailliert, in anderen dagegen erst rudimentär entwickelt. Im Bereich des öffentlichen Baurechts ist der Drittschutz im Wesentlichen durch den Begriff des Nachbarschutzes gekennzeichnet. Für ihn hat die Rechtsprechung in den vergangenen Jahrzehnten ein komplexes System zur Bestimmung subjektiver Rechte entwickelt. Im Wirtschaftsverwaltungsrecht, stehen je nach Sachgebiet Kriterien wie Chancengleichheit im Wettbewerb, Kontrolle von Marktmacht oder ähnliches im Vordergrund. Solche Kriterien haben zB in den erst in den letzten Jahren regulierten Märkten wie Telekommunikation oder Energie Gewicht.

Der früher geforderte besondere räumliche Bezug (zB durch Bezeichnung eines Gebietes) **157** ist nicht erforderlich. Das **Kriterium der räumlichen Nähe** kann jedoch je nach sachlichem Schutzzweck der Rechtsnorm eine Bedeutung haben (insbes im Umweltrecht). So ergibt sich in Rechtsbereichen, in denen der Situationsbezug eine größere Rolle spielt (zB im Umweltrecht und in Anlagengenehmigungsverfahren), der besondere personale Bezug aus einer engen räumlichen und zeitlichen Beziehung zum Genehmigungsgegenstand (BVerwG NJW 1983, 1507; Eyermann/Happ VwGO § 42 Rn 86; ähnlich S/S/B/Wahl VwGO Vorb § 42 Abs 2 Rn 106 ff). Dies findet seinen Ausdruck in der Kategorie des Nachbarschutzes.

Im **Bauordnungsrecht** finden sich die klassischen Anwendungsfälle des Drittschutzes, so die **157.1** Abstandsflächenvorschriften, Brandschutzbestimmungen oder immissionsschutzrechtliche Maßgaben. Zur Klagebefugnis Dritter gegen eine Bauordnungsverfügung vgl OVG Münster BauR 2011, 1793 = BeckRS 2011, 51126.

Rechtsnormen des **Bauplanungsrechts** dienen im Grundsatz zunächst dem öffentlichen Inte- **157.2** resse an der städtebaulichen Bodenordnung und Gestaltung. Die Bestimmungen der §§ 30 ff BauGB vermitteln nur in besonderen Fällen Nachbarschutz, wobei die Rechtsprechung in langjähriger Entscheidungspraxis sehr detaillierte Kategorien zur Abgrenzung entwickelt hat. Im Bereich der §§ 30, 31 BauGB iVm Aufstellung und Inhalt von Bauleitplänen räumt die Rechtsprechung in differenzierter Form, grundsätzlich allerdings zurückhaltend Nachbarschutz ein. Ansätze für nachbarschützende Regelungen können im Bereich der Festsetzung von Baugebieten (BVerwGE 94, 151 = NJW 1994, 1546) oder Einzelfestsetzungen wie Baugrenzen, Baulinien oder immissionsschutzrechtlicher Inhaltsbestimmungen liegen. Im Bereich des § 34 BauGB wurde der Nachbarschutz über lange Zeit von der Rechtsprechung im Zusammenhang mit dem Gebot der Rücksichtnahme behandelt (BVerwGE 32, 173, 175; NJW 1981, 1973), in jüngerer Zeit allerdings der Drittschutz ähnlich wie in § 30 BauGB auch auf den Gebietserhaltungsanspruch gestützt (BVerwGE 94, 151 = NJW 1994, 1546; NVwZ 1996, 787; BVerwGE 89, 78), das Rücksichtnahmegebot hat gegenüber im Bauplanungsrecht an Bedeutung verloren (vgl BVerwG NVwZ 1999, 879; s allerdings zur Anwendung des Rücksichtnahmegebots bei der Berücksichtigung von Störfallrisiken aufgrund Art. 12 Seveso II-RL BVerwG ZfBR 2010, 262; VG Düsseldorf BeckRS 2012, 45810; 2012, 46775). Keinen Nachbarschutz gewähren Vorschriften im Rahmen städtebaulicher Entwicklungs und Sanierungsmaßnahmen (BVerwG NVwZ 1997, 991); ebenso wenig dem „Millieuschutz" zuzuordnende Normen (OVG Greifswald NVwZ-RR 2001, 719 zu § 172 BauGB). Zum Rechtsschutz von Nachbargemeinden vgl Schenke VerwArch 2007, 561; ebenso OVG Lüneburg ZfBR 2007, 1567.

Zum drittschützenden **Gebot der Rücksichtnahme** vgl BVerwG NVwZ 1999, 879; NJW **157.3** 1990, 1193; NJW 1994, 1546; NVwZ 1999, 879; NVwZ 2002, 1384; instruktiv Hufen § 14 Rn 104 ff). Das drittschützende Gebot der Rücksichtnahme war der sachliche Bezug für die vom BVerwG entwickelte, die Kriterien eines subjektiven Drittschutzes beschreibende Formel von der qualifizierten und zugleich individualisierten Rücksichtnahme auf schutzwürdige Interessen eines erkennbar abgegrenzten Kreises Dritter. Zum baurechtlichen Drittschutz vgl weiter Jäde ZfBR 2007, 751. Das Gebot der Rücksichtnahme kann auch Drittschutz verleihen bei Nichteinhaltung von Anforderungen an den Störfallschutz aus der Seveso II-RL, vgl auch OVG Münster BeckRS 2012, 47637; s BeckOK UmwR/Schmidt-Kötters BImSchG § 5 Rn 82.

Zum umstrittenen Drittschutz **denkmalschutzrechtlicher Vorschriften** zuletzt BVerwG **157.4** NVwZ 2009, 1231. Das Gericht erkennt den drittschützenden Charakter denkmalschutzrechtlicher

Vorschriften zugunsten des Eigentümers eines geschützten Kulturdenkmals jedenfalls dann an, wenn das angegriffene Vorhaben die Denkmalwürdigkeit seines Anwesens möglicherweise beeinträchtigt. Im Anschluss an das BVerwG vgl OVG Münster BeckRS 2011, 45629 mwN; VGH Kassel BeckRS 2010, 48970; OVG Saarlouis BeckRS 2009, 41481; VGH München v 4.8.2011, Az. 2 CS 11.997; 11.10.2011 Az 1 ZB 10.2060; s auch OVG Bautzen BeckRS 2011, 54984; s ferner Hornmann NVwZ 2011, 1235. Zu den Abwehrrechten des Denkmaleigentümers gegen Solaranlagen vgl auch Schulte NWVBl 2008, 1.

157.5   Zum umstrittenen Drittschutz **bergrechtlicher** Betriebsplanzulassungen OVG Lüneburg ZfB 2008, 257; OVG Saarbrücken ZfB 2008, 270; zum Drittschutz im Bergrecht s ferner Frenz NVwZ 2011, 86.

157.6   Zum Drittschutz im **Straßenverkehrsrecht** OVG Koblenz NJW 2009, 695; VG Stade NJW 2009, 693.

157.7   Zum Drittschutz **atomrechtlicher** Transportgenehmigungen vgl BVerfG NVwZ 2009, 515; OVG Lüneburg DVBl 2011, 1487 = BeckRS 2011, 53712: kein Klagerecht Dritter gegen Kernbrennstoff-Transporte, s auch Roller, NVwZ 2010, 990, 993.

157.8   Zum Drittschutz im **Wasserrecht** vgl VGH Kassel NuR 2012, 63 = BeckRS 2011, 53793; OVG Bautzen NVwZ-RR 2011, 937: baurechtliches Gebot der Rücksichtnahme umfasst nicht den vorbeugenden Hochwasserschutz; Reinhardt DÖV 2011, 135; Elgeti/Lambers BauR 2011, 204; Faßbender/Gläß NVwZ 2011, 1094.

157.9   Gegen die Genehmigung eines **Offshore Windparks** nach der SeeAnlV (zukünftig Planfeststellung) besitzen weder Hochseefischer noch Inselgemeinden (BVerfG BVerfGK 16, 396; OVG Hamburg NVwZ 2005, 347; OVG Lüneburg ZfBR 2010, 793) noch Inselbewohner eine Klagebefugnis (OVG Hamburg UPR 2005, 155; BVerfG NVwZ-RR 2010, 555). Auch die Prioritätsregelung in § 5 SeeAnlV aF gewährte konkurrierenden Antragstellern keinen Drittschutz (VG Hamburg BeckRS 2010, 47473). Dagegen können Betreiber benachbarter (genehmigter) Windparks klagebefugt sein.

157.10   Der subjektiv-rechtliche Schutz einer Rechtsnorm endet nicht notwendigerweise an staatlichen Grenzen (BVerwG DVBl 2009, 315 zu grenzüberschreitenden Lärmimmissionen; BVerwG NJW 1987, 1154 zum Atomrecht).

157.11   Zum Drittschutz gegen die **Festlegung von Flugrouten** in Form von Rechtsverordnungen des Bundesaufsichtsamtes für Flugsicherung nach § 27a LuftVO vgl BVerfG NVwZ 2004, 473; BVerwG NJW 2000, 3584; BVerwG NVwZ 2004, 1229; Ziekow, FS Rolf-Rüdiger Schenke, 2011, 1325. Bei der gegen die Festlegung von Flugrouten statthaften Feststellungsklage sind betroffene Anwohner klagebefugt, die bei der Abwägungsentscheidung zu beachtenden Lärmschutzvorschriften gewähren dabei Drittschutz (BVerwG NVwZ 2004, 1229). Ähnliches gilt für die Festlegung von An- und Abflugverfahren für Flüge von oder zu ausländischen Flughäfen (BVerwG NVwZ 2005, 1061). Dagegen besteht kein subjektiver Rechtsschutz gegen sonstige Lärmauswirkungen im Nahbereich eines grenznahen, im Ausland belegenen Flughafens (VGH Mannheim DÖV 2006, 608).

157.12   Zum Drittschutz gegen **Castor-Transporte** durch Anwohner nach § 4 Abs 2 Nr 3 und § 5 AtG vgl. BVerwG 14.3.2013 7 C 34.11, BVerwG C 35.11: § 4 Abs 2 Nr 3 AtG ist drittschützend. Der generelle Zweck des Atomgesetzes, die Individualrechtsgüter und Leben zu schützen, sowie die Grundrechtsrelevanz der Schutzbestimmungen gebietet die Klagebefugnis für Personen, die im Einwirkungsbereich einer in aller Regel genutzten Transportstrecke wohnen.

158   Demgegenüber ist im Bereich des **Wirtschaftsverwaltungsrechts** nicht der räumliche Situationsbezug von Gewicht, stattdessen können wettbewerbsbezogene Kriterien eine Rolle spielen.

158.1   So können Drittschutzfragen im **Energierecht** eine Rolle spielen, sie stellen sich aber neben den unmittelbaren Anknüpfungsbereichen (zB Zugangsregelungen) kaum bei Themen wie dem Unbundling oder der Anreizregulierung. Vgl § 75 Abs 2 EnWG, der nach dem Vorbild des § 63 Abs 2 GWB für das Beschwerdeverfahren gegen Entscheidungen der Bundesnetzagentur die Beschwerdebefugnis an die Beteiligtenstellung knüpft. Zu § 63 Abs 2 GWB hat die Rspr seit jeher eine materielle Beschwer gefordert, die der Klagebefugnis vergleichbar ist (vgl Salje EnWG § 75 Rn 23 ff; BGHZ 41, 61, 65 – Zigaretten; WuW/E BGH 2077, 2079 – Coop-Supermagazin). Gegen die drittschützende Wirkung der Bestimmungen des EnWG über die Entgeltregulierung vgl Sauerland RdE 2007, 153.

158.2   Im **Telekommunikationsbereich** und anderen **regulierten Bereichen** hat die Drittschutzdiskussion in den vergangenen Jahren vor allem den Bereich der Entgeltregulierung betroffen. Der Drittschutz wurde in der Rspr zunächst weitgehend abgelehnt, so etwa vom BVerwG bei einer

Klage der Rundfunkanstalten gegen eine Entscheidung der Regulierungsbehörde über Einspei-
seentgelte (BVerwG MMR 2003, 241; VG Köln MMR 2004, 279; Drittschutz sei weder den
allgemeinen Zwecken des TKG 1996 noch den Zielen der in §§ 23 TKG 1996 ff geregelten
Entgeltregulierung zu entnehmen) und vom OVG Münster bei einer Klage eines Postzustellerver-
bandes gegen eine Price-Cap-Entscheidung der heutigen Bundesnetzagentur über die Zusammenfassung von Dienstleistungen und die Vorgabe von Maßgrößen für Postsendungen (OVG Münster
NVwZ 2009, 1381; vom BVerfG durch Beschl v 22.8.2011 wegen Verstoß gegen Art 19 Abs 4 GG
aufgehoben, BVerfG NVwZ-RR 2011, 963). Mittlerweile wird der Drittschutz für den sog KeL-
Maßstab des jetzigen § 32 TKG (zuvor § 31 TKG 2004) und § 28 Abs 1 Nr 2 und 3 TKG im
Bereich der Vorleistungsentgelte bejaht. Bzgl § 32 TKG ist der Drittschutz unionsrechtlich indiziert.
Dies folgt laut der Rspr des EuGH aus Art 4 der Rahmen-RL 2002/21/EG. Vgl EuGH Urt v
21.2.2008, C-426/05, Rn 30; VG Köln Urt v 27.9.2009, 1 K 3481/01, Rn 1; BVerwG Urt v
23.11.2011, 6 C 13/10, allerdings alle noch zu der Vorgängerregelungen des § 24 Abs 1 S 1 TKG
1996 iVm § 3 Abs 2 TEntgV. Bzgl der Regelungen des § 28 Abs 1 S 2 Nr 2 und 3 TKG wurde
vom BVerwG der Drittschutz für die Wettbewerber anerkannt (BVerwG NVwZ 2011, 623 ff;
ausführliche Darstellung des Streitstandes bei Radtke, Materielle Maßstäbe der telekommunikations-
rechtlichen ex ante Vorleistungsentgeltkontrolle, 127 ff und 211 ff). Ferner sind laut BVerwG die
Verpflichtungen zur Zugangsgewährung (§ 21 TKG), zur Herstellung von Transparenz (§ 20 TKG)
und zur getrennten Rechnungsführung (§ 24 TKG) auch dem Schutz von Wettbewerbern zu
dienen bestimmt; ein Wettbewerbsunternehmen kann daher mit dem Ziel klagebefugt sein, die
Auferlegung weitergehender Regulierungsverpflichtungen durch die Bundesnetzagentur gegenüber
einem Unternehmen zu erstreiten, das auf einem nach §§ 10, 11 TKG regulierungsbedürftigen
Markt über beträchtliche Marktmacht verfügt, vgl BVerwG NVwZ 2008, 575. Zum Drittschutz
durch § 55 I TKG für Mitbewerber bei der Frequenzvergabe vgl BVerwG NVwZ 2009, 1558;
NVwZ 2011, 613. Allgemein zum Drittschutz unter dem TKG 2004 vgl ferner Windthorst WiVerw
2011, 196.

Umweltverbänden räumt das Umwelt-Rechtsbehelfsgesetz die Klagebefugnis bei Klagen gegen **158.3**
Entscheidungen ein, denen eine Umweltverträglichkeitsprüfung vorausgegangen ist, wie auch gegen
bestimmte immissionsschutzrechtliche und wasserrechtliche Genehmigungen und Erlaubnisse. Die
Verbandsklage ist Vereinigungen eingeräumt, die zuvor ein behördliches Anerkennungsverfahren
durchlaufen haben. Bereits anerkannte Naturschutzverbände gelten auch nach diesem Recht als
anerkannt. Mit Inkrafttreten der Novelle des Umwelt-Rechtsbehelfsgesetzes wurde die europa-
rechtswidrige Beschränkung der Klagebefugnis aufgehoben. Nach § 2 Abs 5 S 1 Nr 1 aF UmwRG
war die Klagebefugnis auf die Verletzung solcher Vorschriften beschränkt, die dem Umweltschutz
dienen und die Rechte Einzelner begründen (Stüer DVBl 2006, 1579). Diese Beschränkung auf die
Rechte Einzelner verstieß nach der Entscheidung des EuGH vom 12.5.2011 (EuGH Rs C-115/09
–Trianel, EuZW 2011, 510) gegen Art 10a der UVP-RL 85/337/EWG. Der Gesetzgeber entschied
sich mit der Novelle für eine große Lösung, nach welcher nicht nur auf EU-Rechtsakte beruhende
Gesetze, sondern auch Normen rein nationalen Ursprungs uneingeschränkt rüge- und klagefähig
sind (vgl Schlacke ZUR 2013, 195). Das BVerwG hatte dies in der Trianel-Entscheidung noch
explizit offen gelassen (BVerwG NuR 2012, 119 – BeckRS 2011, 56824). Zur Trianel-Entscheidung des EuGH vgl die Anmerkungen von Stüer/Stüer DVBl 2012, 244; Greim UPR 2011, 271
mN; Schlacke ZUR 2011, 312; Appel NuR 2011, 414; Henning NJW 2011, 2765; Müller EurUP
2011, 166; Fellenberg/Schiller UPR 2011, 321; Leidinger NVwZ 2011, 1345; Murswiek JuS 2011,
1147; Wegener ZUR 2011, 363. Die Entscheidung gilt nur für die unter die UVP-RL fallenden
Anlagen, auf Individualklagen hat sie keinen Einfluss (so ausdrücklich BVerwG BeckRS 2012,
48061). Zum Prüfungsumfang vgl Fahrbach AbfallR 2011, 180, 181; Bunge NuR 2011, 605, 608).
Zur Verbandsklage gegen Bebauungspläne nach dem UmwRG vgl Spinner NuR 2011, 335.

Im **Immissionsschutzrecht** ist die Diskussion um den Drittschutz maßgeblich geprägt **159**
vom Gegensatzpaar Schutzpflicht und Vorsorgepflicht. Während die Schutzpflichten des § 5
Abs 1 S 1 Nr 1 BImSchG drittschützend sind (vgl BVerwG NVwZ 2004, 610, 611; Beck-
OK Giesberts/Reinhardt/Schmidt-Kötters BImSchG § 5 Rn 88 ff), wird Drittschutz im
Bereich der Vorsorgepflicht abgelehnt (BVerwGE 65, 313, 320 = NVwZ 1983, 23; NVwZ
2000, 440; 2201, 1565; Sellner NJW 1980, 1255, 1261; Roller NVwZ 2010, 990, 994 f mit
Hinweis auf Gegenstimmen in Literatur und früherer Rechtsprechung; BeckOK UmwR/
Schmidt-Kötters BImSchG § 5 Rn 121 ff). Demgegenüber wird im Atomrecht die dritt-
schützende Wirkung bestimmter Vorsorgeregelungen (der Dosisgrenzwerte) bejaht (vgl
BVerwG NVwZ 2005, 817, 818; NVwZ 1997, 161, 162; s auch Roller NVwZ 2010, 990,
991 ff). Insbes im Immissionsschutzrecht wird der Einfluss des Gemeinschaftsrechts besonders

heftig diskutiert. Hier spielt die Frage der Reichweite des gemeinschaftsrechtlich beeinflussten Individualrechtsschutzes vor allem im Zusammenhang mit der sog Feinstaubproblematik sowie den Rechtsschutzforderungen im Zusammenhang mit der Umsetzung der Aarhus-Konvention sowie der Richtlinie 2003/35/EG (26.5.2003, ABl L 156, 17) eine Rolle (s unten Rn 165 ff). Zum Drittschutz iRd Seveso II-RL als Folge der Entscheidung des EuGH v 15.9.2011 (EuGH EuZW 2011, 873) vgl OVG Münster BeckRS 2012, 47637; s auch BeckOK UmwR/Schmidt-Kötters BImSchG § 5 Rn 82; s Rn 157.3.

159.1   Bei der **Feinstaubproblematik** geht es um die Reichweite des Rechtsschutzes bei der Umsetzung der sog Luftqualitätsrichtlinien der EG über die Grenzwerte für Schwefeldioxid, Stickstoffoxide, Partikel und Blei durch § 47 BImSchG iVm den Vorschriften der ehemals 22. BImSchV, seit 6.8.2010 39. BImSchV. Im Zusammenhang mit den Verfahrensbestimmungen in § 47 BImSchG zeigt die inzwischen hierzu ergangene Rechtsprechung in exemplarischer Weise die Schwierigkeiten, die Anforderungen des gemeinschaftsrechtlichen Rechtsschutzes mit dem System des Individualrechtsschutzes in Deutschland zu harmonisieren. Vgl dazu EuGH Rs C-237/07 – Janecek, GewArch 2008, 411; BVerwG NVwZ 2007, 1425; NVwZ 2007, 695; NVwZ 2005, 810; NVwZ 2005, 808; NVwZ 2005, 803; NVwZ 2005, 442; NVwZ 2004, 1237; VGH München NVwZ 2007, 730; NVwZ 2007, 733; NVwZ 2005, 1094; VG München NVwZ 2005, 1219; Fonk NVwZ 2009, 69; Couzinet DVBl 2008, 754; Calliess NVwZ 2006, 1; zur Feinstaubproblematik vgl BeckOK Giesberts/Reinhardt/Schmidt-Kötters BImSchG § 5 Rn 124 ff.

159.2   Die RL 2003/35/EG dient der Umsetzung der Vorgaben des „UN ECE-Übereinkommens über den Zugang zu Informationen, die Öffentlichkeitsbeteiligung an Entscheidungsverfahren und den Zugang zu Gerichten in Umweltangelegenheiten" (sog **Aarhus-Konvention**) in Gemeinschaftsrecht (vgl zur Aarhus-Konvention und zu ihrer Umsetzung in eine spezifisch gemeinschaftsrechtliche Klagebefugnis von Danwitz NVwZ 2004, 272; Ziekow NVwZ 2005, 263; Ekardt/Pöhlmann NVwZ 2005, 532; Gellermann NvwZ 2006, 7; Ekardt NVwZ 2006, 55; Schmidt-Preuß NVwZ 2005, 489; Calliess NVwZ 2006, 1; Seelig/Gründling NVwZ 2002, 1033; Berkemann DVBl 2011, 1253).

159.3   Mit der Umsetzung der RL 2003/35/EG durch das **Umwelt-Rechtsbehelfsgesetz** vom 7.12.2006 (BGBl I 2816) hat der nationale Gesetzgeber die Möglichkeiten einer Vereins- bzw Verbandsklage für umweltrechtliche Zulassungsentscheidungen für Industrieanlagen und Infrastrukturmaßnahmen ausgeweitet. Nach § 3 UmwRG anerkannten Vereinigungen wird danach ein besonderes Verbandsrüge- und Verbandsklagerecht eingeräumt. Seit Inkrafttreten der Novelle zum UmwRG besteht keine Beschränkung mehr auf Rechtsvorschriften, die dem Umweltschutz dienen, Rechte Einzelner begründen und für die Entscheidung im Zulassungsverfahren von Bedeutung sein können (vgl dazu auch oben Rn 158.3). Der Verband muss zudem in seinem satzungsgemäßen Aufgabenbereich berührt sein. Rügerecht und Klagerecht sind materiell präkludiert, soweit der Verband von seinem Mitwirkungsrecht im Verfahren keinen Gebrauch gemacht hat oder er die Einwendungen im Verwaltungsverfahren bereits hätte geltend machen können. Die gerichtliche Prüfbefugnis ist dem Nomtext nach auf subjektiv-öffentliche Rechte Dritter beschränkt (§ 2 Abs 5 UmwRG). Die erhöhten Anforderungen an die Substantiierung und die Präklusionsvorschriften blieben von der Trianel-Entscheidung unberührt (BVerwG NuR 2012, 119 = BeckRS 2011, 56824).

160   Durch den Einfluss ausdrücklicher **gesetzgeberischer Vorgaben** ist der Drittschutz in Grenzen steuerbar. Durch den ausdrücklichen Ausschluss eines Drittschutzes kann die Drittbetroffenheit auf eine Betroffenheit lediglich objektiver „typisierter Gruppeninteressen" begrenzt sein. Dadurch wird kein Drittschutz begründet. Die Berücksichtigung von Einzelinteressen kann dann nur durch Beachtung des Gruppeninteresses mit der Sicht auf das Allgemeininteresse erfolgen (vgl BVerwG ZLW 1978, 79). Dieses Verständnis liegt beispielsweise dem Versicherungsaufsichtsrecht zugrunde, das den Schutz der Versichertengemeinschaft vor Schädigungen durch den Missbrauch des Versicherungswesens, nicht aber den Schutz einzelner Versicherter betrifft. Ähnlich hat das BVerwG die Drittgerichtetheit des § 43 Abs 1 LuftVZO verneint (BVerwG ZLW 1978, 49). Auch für weite Teile der Finanzdienstleistungsaufsicht (vgl zB § 4 Abs 2 WpÜG) soll der Schutz Dritter auf die Beachtung öffentlicher Interessen beschränkt sein (vgl KK-WpÜG/Giesberts WpÜG § 4 Rn 59 ff; OLG Frankfurt NJOZ 2003, 2180; NJOZ 2004, 2327; DB 2003, 1371 mAnm Zschoke/Rahlf; BVerfG NJW 2003, 501). Umgekehrt können gesetzgeberische Vorgaben auch aus-

drücklich vom Erfordernis der Geltendmachung einer eigenen Rechtsverletzung entbinden. § 42 Abs 1 VwGO enthält insoweit eine ausdrückliche Abweichensregel (s Rn 213 ff).

Wesentlicher Einfluss auf den Umfang des Drittschutzes kann sich aus der **Struktur des** 161 **horizontalen Interessenverhältnisses** zwischen den Beteiligten ergeben. Hieraus folgen Maßgaben vor allem im Zusammenhang mit der Wettbewerbssituation um kontingentierte Rechte bzw im Rahmen von öffentlich-rechtlich geprägten Konkurrenzverhältnissen (s Rn 204 ff). Eine ähnliche Situation besteht im Bereich der Staatlichen Beihilfen, der aber in besonderer Form durch die Drittschutz vermittelnde Norm des Art 108 Abs 3 S 3 AEUV geprägt ist (vgl Soltesz EuR 2012, 60; Rennert EuZW 2011, 576; Heidenhain Hdb d EU-Beihilfenrechts/Schmidt-Kötters 2003 § 57 Rn 18 ff). Zur Klagebefugnis eines Apothekers bei Anfechtung einer einem Konkurrenten erteilten Erlaubnis zum Versand apothekenpflichtiger Arzneimittel BVerwG GRURPrax 2012 = BeckRS 2012, 47534 (nur ausnahmsweise Drittschutz aus § 11a ApoG); dazu Liebler juris PR-BVerwG 7/2012 Anm 6. Demgegenüber besteht ein erhöhter Drittschutz dort, wo staatliche Planung und/oder Verteilung staatlicher Mittel in staatlich regulierten Märkten erfolgen. Hier kann sich aus der Möglichkeit von Wettbewerbsveränderungen innerhalb horizontaler Interessenverhältnisse ein erhöhter Drittschutz ergeben (so im Bereich der Krankenhausplanung und -finanzierung, BVerfG NJW 1990, 2306; NVwZ 2009, 977) und im System des Vertragsarztrechts (vgl BVerfG NJW 2005, 273; BSGE 98, 98 = NZS 2008, 105).

Eine Vorschrift hat nicht bereits dann drittschützenden Charakter, wenn sie ausdrücklich 162 **Verfahrensrechte** zur Beteiligung Dritter vorsieht. Dementsprechend lässt sich der subjektiv-rechtliche Charakter einer verletzten Norm nicht bereits daraus ableiten, dass der Kläger an dem vorausgegangenen Verwaltungsverfahren bzw Widerspruchsverfahren beteiligt war. Genauso wenig spielt es eine Rolle, ob der angefochtene VA ihm gegenüber als auch ihn betreffend bekannt gegeben wurde (BVerwGE NVwZ 1983, 672; NJW 1987, 1154; NVwZ 1993, 1105; OVG Koblenz NVwZ 1987, 239; Kopp/Schenke VwGO § 42 Rn 72). Umgekehrt ist eine solche Beteiligung an vorausgegangenen Verwaltungsverfahren kein Erfordernis für die Bejahung eines drittschützenden Charakters. Besondere Regelungen gelten insoweit allerdings im Zusammenhang mit den bestehenden naturschutzrechtlichen Verbandsklagen. Zum Drittschutz lärmbetroffener Anwohner bei unterlassener UVP-Prüfung im Rahmen einer Konversionsgenehmigung eines Militärflugplatzes (BVerwG NuR 2009, 334; allgemein zu Umfang und Grenzen der Einklagbarkeit von UVP-Fehlern nach dem UmwRG Spieth/Appel NuR 2009, 312). Da der Drittschutz einer Norm nicht verfahrensbegründet ist, liegt auch eine Verletzung in drittschützenden Normen durch eine Baugenehmigung nicht schon deshalb vor, weil das Bauvorhaben ohne die vorherige, objektiv-rechtlich erforderliche Aufstellung eines Bebauungsplanes verwirklicht wird (OVG Münster NVwZ-RR 2006, 306 für den Fall der Nichtigkeit eines Bebauungsplanes für ein Fußballstadion).

e) Kritik. Ein Teil des Schrifttums übt Kritik an der Schutznormlehre mit Begründun- 163 gen, die auf die inzwischen uferlose Kasuistik, Anwendungsunsicherheiten im Einzelfall und ähnliche Kriterien abstellen (vgl die Zusammenstellung bei Sodan/Ziekow/Sodan VwGO § 42 Rn 390). Diese Kritik übersieht, dass Konkretisierungen zur Ausfüllung der Schutznormlehre erforderlich sind. Unschärfen werden in den modernen Ansätzen dieser Lehre aufgefangen oder zur Weiterentwicklung der Schutznormlehre genutzt. Angesichts der starken Unterschiede in den betroffenen Tatsachenbereichen sind vielfältige Untergliederungen, Ausformungen und Kategorisierungen mit jeweils angepassten Maßstäben zur Ausfüllung der Schutznormlehre unvermeidbar.

Soweit **grundsätzliche** Kritik an dem deutschen System des Individualrechtsschutzes 164 geübt und stattdessen Alternativmodelle gefordert werden, entspringt diese Kritik zwei unterschiedlichen Richtungen. Die Forderungen nach Einführung alternativer Rechtsschutzsysteme wie der Rechtsverhältnislehre (vgl H. Bauer AÖR 113 (1998), 582, 610 ff; zum Ganzen Sodan/Ziekow/Sodan VwGO § 42 Rn 390) sind von geringer Bedeutung für die Praxis, ihr Schwerpunkt liegt in der akademischen Auseinandersetzung. Soweit demgegenüber rechtspolitische oder auf gemeinschaftsrechtliche Vorgaben gestützte Forderungen nach einer starken Ausweitung des Drittschutzes mit der Kritik an der Schutznormlehre einhergehen, sind die Ansätze häufig interessengeleitet. Das ist gerade im Zusammenhang mit der Diskussion um den gemeinschaftsrechtlichen Einfluss auf das Rechtsschutzsystem im

Rahmen des Umweltrechts erkennbar (vgl Calliess NVwZ 2006, 1, Schoch NVwZ 1999, 457).

3. Europäisierung des Individualrechtsschutzes

165   Die Diskussion um die subjektiven öffentlichen Rechte ist in den letzten Jahren durch den **Einfluss des Gemeinschaftsrechts** geprägt. Im gemeinschaftsrechtlichen Rechtsschutz vor den europäischen Gerichten gibt es eigene Kriterien, die den mitgliedsstaatlichen Rechtsschutz beeinflussen. Diese Maßstäbe beeinflussen den Umfang des mitgliedsstaatlichen Rechtsschutzes. Zudem nimmt die europäische Rechtssetzung im sekundären Gemein- schaftsrecht sowie die Rechtsprechung der europäischen Gerichte zur Umsetzung des Ge- meinschaftsrechts in den Mitgliedsstaaten Einfluss auf den nationalen Rechtsschutzrahmen. Die gemeinschaftsrechtlichen Einflüsse stützen sich dabei auf Ansätze, die vom deutschen System des Individualrechtsschutzes abweichen und die über den Rechtsgrundsatz des Anwendungsvorrangs des Gemeinschaftsrechts und des Grundsatzes des effet utile unmittel- bar Eingang in das deutsche Rechtsschutzsystem erhalten. Dabei gibt es keinen eindeutigen Befund, was die das nationale Recht prägende Vorgaben eigentlich sind und welche Anpas- sungen des deutschen Konzepts des Individualrechtsschutzes gefordert sind. Hierüber besteht nach Inhalt und Umfang Streit (vgl S/S/B/Wahl VwGO Vorb § 42 Abs 2 Rn 127 f; instruktiv Dolde NVwZ 2006, 857, 859; Calliess NVwZ 2006, 1; Schoch NVwZ 1999, 457; EUDUR/Moench/Sandner § 46 Rn 65 ff; Lecheler NVwZ 2005, 1156, 1157; Ziekow NVwZ 2005, 263; ders NVwZ 2007,259; ders NVwZ 2010, 793; Steinbeiß-Winkelmann NJW 2010, 1233; Frenz VerwArch 2011, 134, Berkemann DVBl 2011, 1253, jeweils mit umfangreichen Nachweisen).

166   Diese allgemeinen gemeinschaftsrechtlichen Einflüsse haben sich in den letzten Jahren im Zusammenhang mit gemeinschaftsrechtlichen Bestrebungen verstärkt, bei der Beteiligung und Kontrolle v Entscheidungen auf dem Gebiet der Umweltpolitik eine breitere Öffent- lichkeitsbeteiligung zu sichern (vgl Dolde NVwZ 2006, 857, 860). Zum Teil bestimmt das **sekundäre Gemeinschaftsrecht** über Richtlinien nach gemeinschaftsrechtlichen Grund- sätzen, wann sich aus dem Gemeinschaftsrecht eine eigene, klagefähige Rechtsposition ergibt oder die Mitgliedsstaaten verpflichtet sind, im Wege der Durchführung oder Umsetzung des Gemeinschaftsrechtes solchen Rechtsschutz zu schaffen. Ein Beispiel hierfür bildet die **RL 2003/35/EG** über die Beteiligung der Öffentlichkeit bei der Ausarbeitung bestimmter umweltbezogener Pläne und Programme (26.5.2003, ABl L 156, 17), die ua zur Ergänzung bzw Schaffung von Rechtsschutzmöglichkeiten, auch für Vereinigungen, bei Zulassungsent- scheidungen für Industrieanlagen und Infrastrukturmaßnahmen nach der UVP-Richtlinie und der IVU-Richtlinie verpflichtet (vgl Art 10a UVP-RL 85/337/EWG). Durch diese RL werden ua die Vorgaben der sog **Aarhus-Konvention** umgesetzt (UN/ECE-Übereinkom- men über den Zugang zu Informationen, die Öffentlichkeitsbeteiligung an Entscheidungs- verfahren und den Zugang zu Gerichten in Umweltangelegenheiten). Der deutsche Gesetz- geber hat diese Vorgaben mit dem Öffentlichkeitsbeteiligungsgesetz v 9.12.2006 (BGBl I 2819) und dem Umwelt-Rechtsbehelfsgesetz v 7.12.2006 (BGBl I 2816) umgesetzt. Nach der **Trianel-Entscheidung** des EuGH vom 12.5.2011 (EuGH Rs C-115/09 EuZW 2011, 510) ist die im UmwRG angelegte Beschränkung auf den Individualrechtsschutz auch bei Rechtsbehelfen von Umweltverbänden nicht mit Art 10a Abs 3 S 3 der UVP-RL 85/337/ EWG vereinbar, soweit es um die Verletzung von unmittelbar anwendbarem EU-Umwelt- recht und von nationalen Rechtsnormen geht, die Unionsrecht im Bereich s Umwelt- schutzes umsetzen. Das BVerwG hat in der Folge insoweit ein Klagerecht von Umwelt- verbänden unmittelbar aus Art 10a Abs 3 S 3 der UVP-RL 85/337/EWG abgeleitet (BVerwG BeckRS 2011, 56824; s dazu ausführlich Rn 158.3, 159.2). Nach der Trianel- Entscheidung wurde mittels Novellierung des UmwRG eine unionsrechtskonforme Rege- lung geschaffen, die eine derartige Beschränkung der Klagebefugnis nicht mehr vorsieht. Die Neuregelung sieht auch keinen Unterschied von auf EU-Rechtsakten fußenden oder im nationalen Recht wurzelnden Normen mehr vor.

167   Der **Individualrechtsschutz vor den europäischen Gerichten** setzt eine unmittelbare und individuelle Betroffenheit des Klägers voraus (Art 263 Abs 4 AEUV). Die Ausformung dieser Kriterien weist größere Nähe zur Interessentenklage auf als zur Klagebefugnis nach

§ 42 Abs 2 VwGO (S/S/B/Wahl VwGO Vorb § 42 Abs 2 Rn 122). Die Rechtsprechung der europäischen Gerichte hat in der Ausformung dieser Voraussetzungen den strukturellen Unterschieden zwischen Interessentenklage und Verletztenklage dabei keine besondere Aufmerksamkeit geschenkt und häufig aus Durchsetzungsgründen des Gemeinschaftsrechts in den Mitgliedsstaaten eine individuelle Durchsetzbarkeit vor nationalen Gerichten bejaht (vgl Ruffert DVBl 1998, 69; Kopp/Schenke VwGO § 42 Rn 152; Eyermann/Happ VwGO § 42 Rn 74; v Danwitz DÖV 1996, 481; Schmidt-Preuß NVwZ 2005, 489, 493). Im Gegensatz zum Individualrechtsschutz in § 42 Abs 2 VwGO hat demgegenüber die Verfahrensposition des Betroffenen, besonders in der Rechtsprechung zum Kartellrecht und Beihilferecht, eine andere Funktion als im deutschen Verwaltungsrecht, sie wirkt im Unterschied zu nationalen Verfahrensregelungen eher einschränkend, teilweise präklusionsähnlich (S/S/B/Wahl VwGO Vorb § 42 Abs 2 Rn 125). Im Übrigen wirkt auch als Korrektiv, dass die Klagen nach Art 263 Abs 4 AEUV grundsätzlich keine aufschiebende Wirkung haben (Art 278 AEUV; hierauf weist auch S/S/B/Wahl VwGO Vorb § 42 Abs 2 Rn 126 hin). S zum Individualrechtsschutz vor europäischen Gerichten zuletzt EuGH v 24.3.2011, Rs T-443/08, BeckRS 2011, 80305; Soltesz EuZW 2012, 174.

Die Einflüsse des Gemeinschaftsrechts müssen an den **Systemmerkmalen des Indivi-** **168** **dualrechtsschutzes** gemessen werden. Dieses System ist nach Maßgabe einzelner Rechtsnormen des sekundären Gemeinschaftsrechts zu verändern (so zutr Eyermann/Happ VwGO § 42 Rn 74). Mit der Ausweitung der Rechtsschutzmöglichkeiten iS einer Interessentenklage ist damit noch keine Aussage getroffen, ob damit eine dem deutschen Individualrechtsschutz vergleichbare Kontrolldichte verbunden ist (zutr Eyermann/Happ VwGO § 42 Rn 74; S/S/B/Wahl VwGO Vorb § 42 Abs 2 Rn 127 f).

Im Ergebnis geht die überwiegende Auffassung heute davon aus, dass das Gemeinschafts- **169** recht im Bereich europarechtlich vorgegebener allgemeiner Standards, namentlich im Umweltbereich, in Teilbereichen eine Ausweitung des Individualrechtsschutzes fordert. Dies hat der Gerichtshof in der Trianel-Entscheidung (EuGH EuZW 2011, 510) bestätigt (hierzu ausführlich Rn 158.3, Rn 159.2, Rn 181.

Eine allgemeine **Ausdehnung des Drittschutzes iS einer Interessentenklage** unter **170** Beibehaltung der Grundsätze des verwaltungsgerichtlichen Rechtsschutzes im Übrigen ist **abzulehnen** (ebenso Schoch NVwZ 1999, 457, 464 ff; Calliess NVwZ 2006, 1, 6 f; S/S/B/ Wahl VwGO Vorb § 42 Abs 2 Rn 128; Kopp/Schenke VwGO § 42 Rn 154; vgl auch Ruffert DVBl 1998, 74; EUDUR/Moench/Sandner § 46 Rn 72; zurückhaltend auch Steinbeiß-Winkelmann NJW 2010, 1233; weitergehend zB Lübbe-Wolff ZAU 1998, 43, 53; Ziekow NVwZ 2005, 263; Ziekow NVwZ 2010, 793, der aber davon ausgeht, dass der nationale verwaltungsgerichtliche Rechtsschutz in der Lage ist, den unionsrechtlichen Anforderungen zu genügen; Ekardt/Pöhlmann NVwZ 2005, 532, 534). Dem ist zuzustimmen. Zum einen unterscheidet auch die Rechtsprechung des EuGH zwischen Rechten Dritter und bloßen negativen Auswirkungen auf Dritte, wobei Letztere keinen Anspruch auf Rechtsschutz einräumen (EuGH Rs C-201/02 – Wells, NVwZ 2004, 593 Rn 56, 57). Unbeschränkter Drittschutz wird durch das Gemeinschaftsrecht nicht eingeräumt, weder im Hinblick auf den individualschützenden Gehalt des materiellen Rechts noch auf die Klagebefugnis Einzelner. Auch aus der Trianel-Entscheidung des EuGH lässt sich dies nicht verallgemeinernd ableiten. Eine Festlegung auf ein von der Schutznormlehre abweichendes Rechtsschutzmodell entspr einer allgemeinen Interessentenklage enthält das Gemeinschaftsrecht nicht (ebenso Schoch NVwZ 1999, 457, 464; Calliess NVwZ 2006, 1, 6; Dolde NVwZ 2006, 857, 861; von Danwitz NVwZ 2004, 272, 278; EUDUR/Moench/Sandner § 46 Rn 66 ff, 72 ff; weitergehend Bunge NuR 2011, 605, 609, der nach der Trianel-Entscheidung die Schutznormtheorie für Verbandsklagen aufgrund des UmRG für bedeutungslos hält). Zum anderen verkennt die Forderung nach einer undifferenzierten Ausdehnung des Individualrechtsschutzes, dass auch in den als Beispiele für die Interessentenklage angeführten Fällen ein Zusammenhang zwischen Klagebefugnis und gerichtlicher Kontrolldichte besteht (vgl Schoch NVwZ 1999, 457, 464 f; ebenso Eyermann/Happ VwGO § 42 Rn 74; Redeker NJW 1997, 373, 374; vgl auch Stüer DVBl 2006, 1570, 1572 ff).

Im Übrigen gelten für die Beurteilung eines erweiterten Individualrechtsschutzes aufgrund **170.1** gemeinschaftsrechtlicher Vorgaben strukturell die gleichen Anforderungen bei der Ermittlung des individualschützenden Gehalts der gemeinschaftsrechtlichen Norm (üblicherweise der RL) sowie der deutschen Umsetzungsnorm. Deren Reichweite muss personell wie räumlich im Einzelfall bestimmt werden (EUDUR/Moench/Sandner § 46 Rn 72; Calliess NVwZ 2006, 1, 6; ähnlich Schoch NVwZ 1999, 457, 464 ff). Die Kriterien, die für eine solche Prüfung im Rahmen der Schutznormtheorie herangezogen werden, lassen sich auch unter Berücksichtigung der gemeinschaftsrechtlichen Maßstäbe an die individuelle und unmittelbare Betroffenheit nach Art 263 Abs 4 AEUV bestimmen. Danach muss es sich erstens um objektiv verbindlich normierte Rechte handeln, nicht etwa um bloße Programmsätze oder erst noch der Konkretisierung vorbehaltene Vorgaben. Die Regelungen müssen zweitens einen subjektiv personalen Bezug aufweisen, dh Individualinteressen wie die Gesundheit des Einzelnen schützen. Der Dritte muss drittens im Hinblick auf diese Rechtsposition auch tatsächlich betroffen sein. Dies entspricht weitgehend den Grundsätzen, die die Rechtsprechungen des BVerwG und des BGH bei der Abgrenzung von objektiv-rechtlichen Normen gegenüber drittschutzvermittelnden subjektiven Rechten Einzelner entwickelt haben.

171 Auch aus der **Aarhus-Konvention** und der **RL 2003/35/EG** ergibt sich keine grundsätzliche Infragestellung des deutschen Individualrechtsschutzsystems. Richtlinie und Konvention lassen den Mitgliedstaaten ausdrücklich die Wahl zwischen dem Modell des Individualrechtsschutzes, wie es dem herkömmlichen System entspricht, und dem Modell der Interessentenklage (ebenso Dolde NVwZ 2006, 857, 861; Lecheler NVwZ 2005, 1156, 1157; ders DVBl 2005, 1533, 1540; Schmidt-Preuß NVwZ 2005, 489, 494 f; von Danwitz NVwZ 2004, 272, 278). Die zwingend geforderte Verbandsklage führt zu einer Ausweitung der Initiativrechte und damit des Zutritts zu nationaler gerichtlicher Kontrolle, nicht aber zu einer Regelung, die bei Verfahrensfehlern oder objektiver Rechtswidrigkeit zwingend zur Aufhebung der Entscheidung führt (ebenso Dolde NVwZ 2006, 857, 861). Unmittelbare Wirkung kommt Art 9 Abs 3 Aarhus-Konvention weder im Unionsrecht noch im nationalen Recht zu (vgl EuGH Rs C-240/09, NVwZ 2011, 673).

III. Geltendmachung

1. Umfang der Verletzung in subjektiven Rechten

172 **a) Allgemeines.** Für die Bestimmung des Umfangs der Geltendmachung einer Rechtsverletzung verwendet die Rechtsprechung seit langem eine **Formel**. Voraussetzung der Klagebefugnis ist danach, dass eine Verletzung der Rechte des Klägers durch den angefochtenen VA oder durch Ablehnung oder Unterlassung des beantragten VA jedenfalls nicht offensichtlich und eindeutig nach jeder denkbaren Betrachtungsweise unmöglich erscheint, dh wenn nicht offensichtlich und eindeutig nach keiner Betrachtungsweise die vom Kläger behaupteten Rechte nicht bestehen oder ihm nicht zustehen können (BVerwGE 92, 316; 81, 330; NVwZ 1993, 884; NVwZ 1991, 575; VGH Mannheim NVwZ-RR 1993, 445; VGH München NVwZ 1984, 816; Kopp/Schenke VwGO § 42 Rn 65). Es genügt nicht die bloße Behauptung der rechtlichen Betroffenheit, Umgekehrt sind an die Geltendmachung der Rechtsverletzung keine überhöhten Anforderungen zu stellen. Ob tatsächlich eine Rechtsverletzung vorliegt, ist erst Gegenstand der Prüfung der Begründetheit der Klage (Kopp/Schenke VwGO § 42 Rn 68).

173 **b) Adressatentheorie.** Im vertikalen Rechtsverhältnis zwischen dem Einzelnen und der Verwaltung wird auf die Adressatentheorie abgestellt. Danach ist der **Adressat eines belastenden VA stets klagebefugt** (BVerwG NVwZ 1993, 884; NJW 1988, 2752, 2753). Hintergrund dieser Auffassung ist die Rechtsprechung des BVerfG zur allgemeinen Handlungsfreiheit (Art 2 Abs 1 GG), die dem Einzelnen einen umfassenden Schutz seiner Freiheitssphäre zubilligt (Elfes-Rechtsprechung, BVerfGE 6, 32, 41 = NJW 1957, 297; 9, 83, 88 = NJW 1959, 523; 42, 20, 27 = NJW 1976, 1835). Dieser Auffassung liegt im Ergebnis eine umfassende Bejahung der Klagebefugnis im vertikalen Rechtsverhältnis auf der Grundlage des formalen Kriteriums des Adressaten zugrunde. Dabei ist mit dem Adressaten der Adressat des Normbefehls, nicht der Adressat der Bekanntgabe gemeint (Eyermann/Happ VwGO § 42 Rn 88; BVerwG NVwZ 1991, 1182; vgl OVG Münster NVwZ-RR 2006, 521; OVG Magdeburg BeckRS 2010, 48753). Teilweise wird dabei angenommen, dass der Adressat des belastenden VA immer klagebefugt ist, entweder aus Art 2 Abs 1 GG oder aus Sondergrundrechten, zB bei Kommunen der Selbstverwaltungsgarantie, Art 28 Abs 2 GG (so Hufen § 14 Rn 76). Diese Einordnung verkennt, dass die Adressatentheorie im Ergebnis ein Hilfsmittel

zur Bestimmung der materiellen Beeinträchtigung ist, aber nicht unabhängig davon gilt. Gleichzeitig wird aber eingeräumt, dass im vertikalen Rechtsverhältnis nahezu alle Rechtsregeln tatsächlich subjektiv-rechtlichen Charakter haben und deshalb eine Adressierung eines VA eine Vermutung für einen Rechtseingriff darstellt (so S/S/B/Wahl VwGO Vorb § 42 Abs 2 Rn 116; Kopp/Schenke VwGO § 42 Rn 69; im Ergebnis auch Eyermann/Happ VwGO § 42 Rn 89 f).

Aus dem Grundansatz der Adressatentheorie ergibt sich, dass ihr Anwendungsbereich auf **174** den Rechtsschutz gegen belastende Verwaltungsakte im vertikalen Verhältnis des Einzelnen zur Verwaltung beschränkt ist. Die Adressatentheorie spielt daher nur eine Rolle bei der **Anfechtungsklage**. Sie ist nicht anwendbar in Drittschutzklagen.

c) Möglichkeitstheorie. Nach der von der Rechtsprechung und der herrschenden **175** Lehre vertretenen Möglichkeitstheorie muss die geltend gemachte **Rechtsverletzung aus rechtlichen oder tatsächlichen Gründen möglich sein**. Der Kläger muss in substantiierter Form Tatsachen vortragen, nach denen es möglich ist, dass der Kläger durch den angefochtenen VA in seinen Rechten verletzt ist (BVerwGE 60, 154 = NJW 1980, 2764). Voraussetzung ist, dass eine Verletzung von Rechten möglich ist, die (abstrakt) auch dem Schutz Dritter in der Situation des Klägers zu dienen bestimmt sind (Kopp/Schenke VwGO § 42 Rn 66; ähnlich B/F-K/S/vA/v Albedyll VwGO § 42 Rn 100; BVerwG NVwZ 1993, 884 f; VGH Mannheim NVwZ-RR 1995, 323; S/S/B/Wahl/Schütz VwGO § 42 Abs 2 Rn 67; Sodan/Ziekow/Sodan VwGO § 42 Rn 379). Die Klagebefugnis liegt danach nicht vor, wenn offensichtlich und eindeutig nach keiner Betrachtungsweise die vom Kläger behaupteten Rechte bestehen oder ihm (als subjektives Recht) zustehen können (vgl BVerwGE 75, 147, 154 = NJW 1987, 1837; 81, 329, 330 = NVwZ 1989, 1157; 92, 313, 315 f = NJW 1994, 1604; 95, 333, 335 = NVwZ 1995, 165; 96, 302, 305 = NVwZ 1995, 478; BayVGH BayVBl 2008, 413).

Danach verlangt die Möglichkeitstheorie, dass erstens bezogen auf den geltend gemachten **176** Anspruch öffentliche Rechtssätze Anwendung finden, die subjektiv-rechtlichen Charakter tragen, also zumindest auch dem Schutz der Interessen von Dritten in der Situation des Klägers zu dienen bestimmt sind, dass zweitens die Möglichkeit besteht, dass der Kläger von dem VA, um den es geht, tatsächlich in der geschützten Rechtsposition betroffen ist, sowie drittens zumindest die konkrete Möglichkeit besteht, dass dadurch Rechte des Klägers verletzt werden (vgl Kopp/Schenke VwGO § 42 Rn 71). Deshalb ist im Rahmen der Möglichkeitstheorie **bei Drittschutzklagen**, die das horizontale Konfliktverhältnis zwischen den betroffenen Privaten betreffen, bereits im Zusammenhang **mit der Klagebefugnis** abschließend **zu prüfen**, ob eine der im konkreten Fall anwendbaren Normen überhaupt **drittschützende (subjektiv-rechtliche) Wirkung** zugunsten des Klägers begründen kann (BVerwGE 61, 261; 72, 226; 75, 147; 95, 133; Kopp/Schenke VwGO § 42 Rn 66).

Die Möglichkeitstheorie dient zur Beurteilung der Klagebefugnis in allen Fällen, sowohl **177** im vertikalen Rechtsverhältnis als auch bei Drittschutzklagen. Sie ist klageartunabhängig. Bei der **Anfechtungsklage** im vertikalen Rechtsverhältnis wird die Möglichkeitstheorie allerdings in der Praxis durch die **Adressatentheorie** ausgeformt, da die Adressatentheorie mindestens die Vermutung für eine materielle Beeinträchtigung enthält (Kopp/Schenke VwGO § 42 Rn 69; S/S/B/Wahl/Schütz VwGO § 42 Abs 2 Rn 70). Bei der **Verpflichtungsklage** findet die Möglichkeitstheorie Anwendung, wobei die Möglichkeit einer Verletzung in eigenen (subjektiven) Rechten in der Ablehnung oder Unterlassung des VA liegen und nach dem klägerischen Vortrag eine Verletzung dieser Rechte möglich sein muss (BVerwGE 98, 118 = NVwZ 1995, 200; B/F-K/S/vA/v Albedyll VwGO § 42 Rn 112). An die Stelle der durch den VA verletzten Rechtsnorm tritt damit die Norm, auf die sich der geltend gemachte Anspruch stützt (S/S/B/Wahl/Schütz VwGO § 42 Rn 71). Das subjektive öffentliche Recht ist damit Anspruchsgrundlage. Beruft sich der Kläger nicht auf eine drittschützende Norm, so scheidet die mögliche Verletzung in eigenen Rechten aus. Das Gleiche gilt, wenn das behauptete Recht offensichtlich nicht dem Kläger, sondern einem Dritten zusteht, ebenso schließlich, wenn die in Betracht kommenden (subjektiven) Rechtssätze offensichtlich nicht verletzt sind (vgl B/F-K/S/vA/v Albedyll VwGO § 42 Rn 113 ff). Schließlich kann auch der Eigentümer und Vermieter eines Grundstücks nicht geltend machen, durch eine dem Mieter erteilte Baugenehmigung in subjektiv-öffentlichen

Rechten verletzt zu sein; er ist nicht klagebefugt iS des § 42 Abs 2 VwGO (VGH München NVwZ-RR 2006, 303). Subjektive öffentliche Rechte existieren nicht im Verhältnis zwischen Eigentümer und obligatorisch Nutzungsberechtigtem desselben Eigentums, in diesem Verhältnis ist der Eigentümer nicht Dritter (VGH München NVwZ-RR 2006, 303, 304; NVwZ-RR 2004, 20; BayVBl 1993, 373; vgl auch OVG Weimar BRS 57 Nr 208).

178   Sonstige in der Vergangenheit vertretene Theorien zur Bestimmung der Klagebefugnis sind vereinzelt geblieben und haben sich nicht durchgesetzt (zur **Schlüssigkeitstheorie** vgl Kopp/Schenke VwGO § 42 Rn 67; zur **Antragstheorie** vgl S/S/B/Wahl/Schütz VwGO § 42 Abs 2 Rn 71).

179   **d) Allgemeinverfügung.** Richtet sich die Klage gegen eine **Allgemeinverfügung**, muss geltend gemacht werden, dass der Kläger durch sie in seinen Rechten nach § 42 Abs 2 VwGO verletzt ist. Auch hier genügt es nach der Rechtsprechung, wenn unter Zugrundelegung des (substantiierten) Vorbringens des Klägers offensichtlich und eindeutig nach keiner Betrachtungsweise subjektive Rechte des Klägers verletzt sein können (BVerwG NJW 2004, 698; NVwZ 2001, 322). Das BVerwG hat im Zusammenhang mit einer gegen ein Verkehrszeichen gerichteten Klage (zur Qualifizierung von Verkehrszeichen als Allgemeinverfügung vgl BVerwG NJW 2004, 698; BVerwGE 97, 323, 326, 328 = NJW 1995, 1977) ausdrücklich weitergehende Anforderungen wie eine Nachhaltigkeit oder Regelmäßigkeit der Rechtsverletzung als mit Art 19 Abs 4 GG nicht vereinbar abgelehnt (BVerwG NJW 2004, 698; aA die Vorinstanz OVG Hamburg NZV 2003, 351; B/F-K/S/vA/v Albedyll VwGO § 42 Rn 111).

180   **e) Verbandsklage.** Bei der bisher schon bestehenden naturschutzrechtlichen Verbandsklage können sich anerkannte Verbände neben der Klagebefugnis aus eigenem Recht – zB als Eigentümer betroffener Grundstücke – auch auf die Verletzung öffentlicher Interessen berufen **(altruistische Verbandsklage)**, wenn und soweit hierzu unter Anwendung der Abweichensregelung in § 42 Abs 2 VwGO ausdrückliche Befugnisse eingeräumt sind. Solche Befugnisse gab es bereits in der Vergangenheit in einzelnen Ländern für anerkannte Naturschutzverbände sowie auf der Grundlage des § 64 BNatSchG, allerdings beschränkt auf die mit dem Vorhaben verbundenen Eingriffe in Natur und Landschaft (vgl dazu BVerwG NVwZ 2003, 1120). Die Neufassung des BNatSchG stellt nunmehr – entgegen der bisher von der Rechtsprechung vertretenen Meinung (vgl VGH München NuR 2009, 434, 436 = BeckRS 2009, 33756 Tz 23, OVG Greifswald, NuR 2003, 34) – in § 64 Abs 1 iVm § 63 Abs 1 Nr 2, Abs 2 BNatSchG klar, dass die naturschutzrechtlichen Verbandsklage auch u a im immissionsschutzrechtlichen Genehmigungsverfahren anwendbar ist, was der Klage einen erheblichen praktischen Bedeutungszuwachs verschaffen könnte. Zur Grenze des naturschutzrechtlichen Verbandsklagerechts in Bezug auf die Planrechtfertigung vgl OVG Lüneburg BeckRS 2008, 33830.

181   Das am 15.12.2006 in Kraft getretene **Umwelt-Rechtsbehelfsgesetz** v 7.12.2006 (BGBl I 2816), mit dem die Aarhus-Konvention und die Richtlinie 2003/35/EG vom 26.5.2003 (ABl L156, 17) in deutsches Recht umgesetzt werden, schafft ein weitergehendes Verbandsklagerecht für umweltrechtliche Zulassungsentscheidungen bei Industrieanlagen und Infrastrukturvorhaben. Die **Trianel-Entscheidung** des **EuGH** (EuGH Rs C-115/09 – Trianel, EuZW 2011, 510) führte zu einer Gesetzesänderung des UmRG, die am 29.1.2013 in Kraft getreten ist. Beschränkungen der Klagebefugnis der nach Maßgabe des Umwelt-Rechtsbehelfsgesetzes anerkannten Vereinigungen auf die Geltendmachung subjektiver Rechte (§ 2 Abs 1 Nr 1, Abs 5 Nr 1 UmRG aF) sind entfallen. Vgl dazu ausführlich Rn 158.3, Rn 159.2.

182   Für **Verfahrensfehler** sieht § 4 des Gesetzes eine Sonderregelung vor, danach kann in bestimmten, Verfahrenspflichten nach dem UVPG betreffenden Fällen in Abweichung von § 46 VwVfG ein Verfahrensfehler zur Aufhebung der Entscheidung führen. Die bisherige Rechtsprechung des BVerwG zu den Rechtsfolgen bei unterlassener UVP oder unterlassener UVP-Vorprüfung (BVerwGE 100, 238, 250 = NVwZ 1996, 788; NVwZ 1999, 67) soll danach in den Fällen des UmRG keine Anwendung mehr finden (BT-Drucks 16/2931, S 8; Schlacke NuR 2007, 8, 13; vgl zur Klagebefugnis aus Verfahrensfehlern unten Rn 195).

183   derzeit nicht belegt.

2. Gestufte Verwaltungsverfahren

In gestuften Verfahren kann in Frage stehen, ob der Kläger im Hinblick auf den **184** Regelungsgehalt der Entscheidung **auf der jeweiligen Verfahrensstufe klagebefugt** ist. Ihre Beantwortung hängt nicht nur davon ab, ob dem Kläger das behauptete Recht als drittschützendes Recht zusteht, sondern auch, ob der VA auf der jeweiligen Stufe Feststellungen trifft, die diese subjektiven öffentlichen Rechte berühren. Daran kann es fehlen, weil solche Regelungen erst auf einer nachfolgenden Stufe getroffen werden. Umgekehrt können solche Festlegungen auch bereits auf einer vorangegangenen Verfahrensstufe getroffen worden sein und für den Kläger bindende Vorwirkungen auf den nachfolgenden Stufen entfalten.

Verfahrensstufungen gibt es in verschiedener Form. Eine typische Ausformung des gestuf- **185** ten Verwaltungsverfahrens im Anlagenzulassungsrecht bilden die **Vorbescheide** und **Teilgenehmigungen** (vgl zB §§ 8, 11 BImSchG, § 7b AtG, § 52 Abs 2b BBergG). Hier tritt die Bindung aus vorangegangenen VA in nachfolgenden Stufen nach Maßgabe des materiellen Rechts ein. Der Dritte kann und muss schon gegen den Vorbescheid und gegen Teilgenehmigungen vorgehen und deren Bestandskraft verhindern, soweit darin Regelungen getroffen werden, die den Drittschutz betreffen (BVerwGE 72, 300, 310 = NVwZ 1986, 208; 92, 185, 193 = NVwZ 1993, 578). Tut er dies, muss er nicht auch noch auf nachfolgenden Verfahrensstufen Rechtsmittel einlegen, soweit auf diesen Verfahrensstufen Festlegungen mit Drittschutzbezug aus den vorangegangenen Verfahrensstufen verfestigt werden (BVerwGE 92, 185, 193 = NVwZ 1993, 578; Eyermann/Happ VwGO § 42 Rn 103; vgl auch zu § 8 BImSchG Jarass BImSchG § 8 Rn 26 ff, § 9 Rn 16 ff; OVG Münster NWVBl 1990, 92; Kopp/Schenke VwGO § 42 Rn 74).

Unklar ist, ob diese Grundsätze auch für gestufte Verfahren im Rahmen **bergrechtlicher** **186** **Rahmenbetriebsplanzulassungen** und für das Verhältnis solcher Zulassungen zu nachfolgenden Hauptbetriebsplanzulassungen gelten. Der Zulassung eines fakultativen Rahmenbetriebsplans iSv § 52 Abs 2 BBergG misst das BVerwG keine abschließende und verbindliche Entscheidung über das Vorliegen einzelner Zulassungsvoraussetzungen bei, die Zulassungsentscheidung hat nach der Rechtsprechung nicht die Funktion eines Konzept- oder Standortvorbescheids, ebenso wenig die Funktion eines vorläufigen positiven Gesamturteils für das bergbauliche Gesamtvorhaben (BVerwGE 89, 24 = NVwZ 1992, 980; BVerwGE 89, 246, 253 f; BVerwG 21.11.2005, Az: 7 B 26/05 BeckRS 2005 31477). Ungeachtet dieser für den Bergwerksunternehmen schwach ausgeprägten Bindungswirkung der Zulassung für die nachfolgenden Verfahren steht den betroffenen Eigentümern, deren Grundstücke durch das Bergbauvorhaben unmittelbar in Anspruch genommen werden sollen, schon gegen die Rahmenbetriebsplanzulassung die Klagebefugnis zu (BVerwG NVwZ 2006, 1173; aA noch BVerwG NVwZ 1991, 992). Mit dieser Anerkennung der Klagebefugnis ist auch eine Abstufung des Rechtsschutzes verbunden. Die Zulassung des Rahmenbetriebsplanes enthält die Feststellung, dass die beabsichtigte Gewinnung von Bodenschätzen nicht aus Gründen des Eigentumsschutzes zu beschränken oder zu untersagen ist. Insoweit bindet die Zulassung auf den nachfolgenden Verfahrensstufen.

Eine Bindungswirkung von festgestellten, zugelassenen oder genehmigten Plänen hat **187** auch **enteignungsrechtliche Vorwirkung**, die im nachfolgenden Enteignungs- bzw Grundabtretungsverfahren bindet. Um eine besondere Form gestufter Verfahren handelt es sich bei dem Verhältnis von Grundverwaltungsakt zu nachfolgenden Vollstreckungsakten, Einwendungen gegen den der Vollstreckung zugrunde liegenden VA können deshalb grundsätzlich im Vollstreckungsverfahren nicht mehr geltend gemacht werden (BVerwGE 54, 314; NJW 1978, 335).

Der **Zulassung des vorzeitigen Beginns** (vgl zB § 8a BImSchG, § 9a WHG) kommt **188** keine Bindungswirkung für die nachfolgenden Verfahren zu, daher besteht regelmäßig keine Klagebefugnis Dritter gegen eine solche Zulassung (VGH München NVwZ 1990, 990). Teilweise wird die Bindungswirkung in gestuften Verfahren auch als eine besondere Form der **Tatbestandswirkung** von VA bezeichnet (Eyermann/Happ VwGO § 42 Rn 109 ff).

Ohne Auswirkung auf den Rechtsschutz bleiben auch **verwaltungsinterne Zwischen-** **189** **entscheidungen**, die durch VA ergehen. Um ein solches handelt es sich zB bei der Entscheidung über eine Freistellung vom luftverkehrsrechtlichen Planfeststellungsverfahren nach

§ 10 Abs 1 S 3 LuftVG (BVerwG NVwZ 2002, 346, 348; BVerwGE 85, 291 = NVwZ 1991, 66), anders dagegen bei vergleichbaren Zwischenentscheidungen iRv § 28 PBefG (BVerwG Buchholz 442.01 § 28 PBefG Nr 3).

3. Klagebefugnis aus Grundrechten

190   Grundrechte sind grundsätzlich drittschützend. Dies folgt aus der Schutznormlehre. Das Individualrechtsschutzkonzept ist vom Grundsatz her grundrechtsintendiert, auch wenn es durch einfachgesetzliche Normen konkretisiert und ausgestaltet ist. Bei der Frage, ob Grundrechte als subjektive öffentliche Rechte die Klagebefugnis unmittelbar begründende drittschützende Normen darstellen können, ist zwischen der norminternen und der normexternen Wirkung zu unterscheiden.

191   **Normintern** strahlen die Grundrechte auf das einfache Recht aus. Sie werden in einfachgesetzlichen Rechtsnormen konkretisiert, beeinflussen aber die Auslegung des einfachen Rechts und sind in der Lage, deren grundrechtlich geschützten Gehalt zu bestimmen und können in Einzelfällen den Norminhalt des einfachen Rechts auch erweitern. Die Bestimmung des grundrechtsbeeinflussten Gehalts der einfachgesetzlichen Rechtsnormen ist durch Auslegung zu bestimmen. Bei Konflikten zwischen der Norm und Grundrechten muss versucht werden, den Konflikt durch verfassungskonforme Auslegung zu lösen und den Inhalt der einfachgesetzlichen Norm mit den Grundrechtsvorgaben in Einklang zu bringen. Dadurch kann im Einzelfall eine Rechtsnorm auch gegen den Willen des einfachen Gesetzgebers einen subjektiv rechtlichen Gehalt bekommen (so zutr Kopp/Schenke VwGO § 42 Rn 119).

192   Von der **normexternen Wirkung** der Grundrechte wird gesprochen, soweit Ansprüche durch direkten Rückgriff auf die Grundrechte begründet werden (vgl S/S/B/Wahl/Schütz VwGO § 42 Abs 2 Rn 58; Kopp/Schenke VwGO § 42 Rn 121). Es ist umstritten, ob und in welchem Umfang eine normexterne Wirkung der Grundrechte existiert. Zum Teil wird die Auffassung vertreten, ein unmittelbarer Rückgriff auf Grundrechte sei dann zulässig, wenn eine einfachgesetzliche Norm zur Schaffung eines verfassungsrechtlichen Mindestschutzes von Grundrechte fehle und auch eine verfassungskonforme Auslegung ausscheide (Kopp/Schenke VwGO § 42 Rn 121; ebenso Maunz/Dürig/Schmidt-Aßmann GG Art 19 Abs 4 Rn 122, 125; Schliesky DVBl 1999, 85; SG/H Rn 157; Würtenberger Rn 279; Schmidt-Preuß Kollidierende Privatinteressen im Verwaltungsrecht 2. Aufl, 2005, 566; Hufen § 14 Rn 109, 111 (zu Art 14)). Nach aA soll dagegen im horizontalen Rechtsverhältnis ein direkter Rückgriff auf Grundrechte ausscheiden. In Fällen, in denen das einfache Gesetz grundrechtlichen Mindeststandards nicht genügt, erweise sich dies als verfassungswidrig. Anders als bei der Abwehr eines hoheitlichen Eingriffes sei bei der Geltendmachung mangelnden gesetzlichen Schutzes gegen Beeinträchtigungen durch Private im Horizontalverhältnis ein Durchgriff auf die Grundrechte ausgeschlossen (S/S/B/Wahl/Schütz VwGO § 42 Abs 2 Rn 61). Ebenso lehnen Wahl/Schütz einen direkten Rückgriff auf Grundrechte als Leistungsrechte im derivativen Teilhabeanspruch ab (S/S/B/Wahl/Schütz VwGO § 42 Abs 2 Rn 63; vgl demgegenüber aber BVerwGE 27, 360, 362 = NJW 1968, 613; 79, 154, 156 = NVwZ 1988, 930 – Private Ersatzschulen). Im Eingriffsverhältnis hat eine normexterne Wirkung der Grundrechte Bedeutung sowohl bei direkten Eingriffen in einzelne Grundrechte außerhalb bestehender Regelungen als auch im Anwendungsfall der faktischen (mittelbaren) Grundrechtsbeeinträchtigungen (s Rn 203).

193   In Ausnahmefällen hat die Rechtsprechung Ansprüche aus einer Aktivierung grundrechtlicher Schutzpflichten für den Einzelnen aktiviert (vgl BVerwGE 62, 11; BVerfGE 55, 349 – Anspruch auf diplomatischen Schutz im Ausland; vgl auch Kopp/Schenke VwGO § 42 Rn 120). Auch der vom BFH im Anschluss an das Urteil des EuGH vom 8.6.2006 (EuGH DStR 2006, 1082 – Feuerbestattungsverein Halle) bejahte Anspruch auf Auskunft über die steuerliche Behandlung des (öffentlich-rechtlichen) Konkurrenten (BFH DStR 2006, 2310; dazu Kronthaler DStR 2007, 227) wurde unmittelbar auf Grundrechte gestützt.

194   Die normexterne Wirkung von Grundrechten hat im Bereich einzelner Grundrechte eine typisierte Ausformung erfahren. So hat die Rechtsprechung im Bereich des **Eigentumsschutzes, Art 14 GG**, direkte Eingriffe in den Schutzbereich – insbes durch Enteignungsmaßnahmen – eine unmittelbar auf Art 14 GG gestützte Ausweitung der Klagebefugnis mit der Wirkung begründet, die dem Eingriff zugrunde liegende Entscheidung – in der Regel

eine Abwägungsentscheidung im Planfeststellungsverfahren – auf objektive Rechtmäßigkeit zu überprüfen, dh vermittelt durch Art 14 auch die Verletzung objektiven Rechts geltend zu machen (BVerwGE 67, 78; 74, 109; BVerwG NVwZ 1999, 528; vgl aber BVerwG NVwZ 1994, 688; NVwZ 1996, 1011; auf Existenzgefährdung beschränkt in Bezug auf Fischfang-gründe OVG Lüneburg BeckRS 2010, 49117). Überwiegend ist der Grundrechtsschutz des **Rechts am eingerichteten und ausgeübten Gewerbebetrieb** über Art 14 GG anerkannt (Hufen § 14 Rn 111; offen gelassen BVerfGE 51, 193, 221; Kammer NJW 2005, 589). Die Rechtsprechung hat im Rahmen dieses Rechts im Falle wirtschaftlicher Existenzgefährdung, zur Begründung des Anliegergebrauchs an einer öffentlichen Straße, insbes der Zugangs-sicherung (BVerwGE 54, 1 = NJW 1977, 1789; vgl weitere Fälle bei Kopp/Schenke VwGO § 42 Rn 135) oder der Schädigung geschäftlicher Interessen (VGH München NVwZ-RR 1999, 549) bejaht. Demgegenüber wird von der Rechtsprechung heute ein überwirkender Bestandsschutz im Bereich des Grundstückseigentums in Frage gestellt (BVerwGE 106, 228 = NVwZ 1998, 842, 844 f; BVerwG NJW 1991, 3293; s auch Dolde/Menke NJW 1996, 2905, 2910; Ortloff NVwZ 1997, 333, 342; anders noch BVerwGE 72, 362 = NJW 1986, 2126). Über die Schutznormlehre hinaus haben daneben Grundrechtspositionen aus Art 2 Abs 1 GG (**allgemeine Handlungsfreiheit**) und aus Art 19 Abs 4 GG (**Gebot effektiven Rechtsschutzes**) eine normexterne Wirkung erlangt. Solche Ansprüche sind allerdings bisher vereinzelt geblieben.

Hierzu zählen auf Art 2 Abs 1 GG gestützte Ansprüche der (Zwangs)Mitglieder öffentlich-recht- **194.1** licher Körperschaften bei **Überschreitung der Verbandskompetenz (ultra vires)**, so im Zu-sammenhang mit dem allgemeinpolitischen Mandat (BVerwGE 64, 115, 117; NVwZ 2000, 318).

Auch die durch Art 2 Abs 1, 12 Abs 1 GG gestützte wirtschaftliche Betätigungsfreiheit eines **194.2** Klägers kann – in ihrer speziellen Ausprägung der **Wettbewerbsfreiheit** – grundsätzlich eine Klagebefugnis begründen (BVerwGE 30, 191, 197; 65, 167; 66, 307; 71, 183; OVG Münster NVwZ 1984, 522, 525). Es genügt dazu allerdings nicht, dass einem Wettbewerber durch staatliche Beihilfen Vorteile gewährt werden und dem Kläger dadurch eine größere Konkurrenz entsteht, die für ihre Marktstellung nachteilig ist. Insoweit ist von den lediglich reflexhaften Auswirkungen staatlicher Beihilfen abzugrenzen. Es handelt sich hier um eine Ausformung des Problems faktischer mittelbarer Grundrechtsbeeinträchtigungen. Die Rechtsprechung hielt solche Beeinträchtigungen zunächst nur für möglich, soweit die Wettbewerbsfreiheit in einem für den Kläger ganz erheblichen (unerträg-lichen) Maß eingeschränkt und der Kläger als Wettbewerber in seinen Wettbewerbsmöglichkeiten unzumutbar geschädigt war (BVerwGE 30, 191, 198; 65, 167). Die dazu verwendeten Formen variieren. Die Teilnahme am Wettbewerb soll für den Konkurrenten so eingeschränkt sein müssen, dass eine Möglichkeit, sich als verantwortlicher Unternehmer wirtschaftlich zu betätigen, beein-trächtigt wird (BVerwG GewArch 1982, 341, 343; OVG Münster 1984, 522, 524 f). In jüngerer Zeit hat es zunehmend Fälle grundrechtlichen Konkurrentenschutzes gegeben, die sich nur begrenzt durch Kategorien erfassen lassen (vgl die Fälle bei Kopp/Schenke VwGO § 42 Rn 122 mN, 142 ff; S/S/B/Wahl/Schütz VwGO § 42 Abs 2 Rn 287 ff, 297 ff; vgl aus der neueren Rspr OVG Magde-burg GewArch 2011, 73 = BeckRS 2010, 56228 zur Klagebefugnis aus Art 12 Abs 1, Art 3 GG bei der Drittanfechtung einer Versandapothekenerlaubnis). Im Rahmen der Gewährung staatlicher Bei-hilfen wirkt Gemeinschaftsrecht unmittelbar auf den Rechtsschutz vor nationalen Gerichten ein. Art 108 Abs 3 S 3 AEUV ist in diesem Zusammenhang Schutznorm zugunsten der Wettbewerber iSv § 42 Abs 2 VwGO (vgl ausf Heidenhain Hdb d EU-Beihilfenrechts/Schmidt-Kötters 2003 § 57 Rn 18 ff, 26; S/S/B/Wahl/Schütz VwGO § 42 Abs 2 Rn 302; Rennert EuZW 2011, 576; Martin-Ehlers EuZR 2011, 583; Pechstein EuZW 1998, 671, 672; Soltèsz EuZW 2001, 202, 205).

Unter Berufung auf **Art 19 Abs 4 GG** iVm dem zugrunde liegenden materiellen Recht wird **194.3** bei Zulassungsentscheidungen mit Drittwirkung ein einklagbares Recht des Begünstigten auf Erlass eines Widerspruchsbescheids bejaht, wenn die Widerspruchsbehörde über das eingelegte Rechts-mittel eines Dritten nicht entscheidet, die angefochtene Entscheidung aber vor Unanfechtbarkeit nicht ausgenutzt werden kann (VGH Kassel BeckRS 2009, 31113; VGH Mannheim NVwZ 1995, 280; Eyermann-Rennert VwGO § 73 Rn 18).

4. Klagebefugnis durch Verfahrensnormen

Aus Verfahrensnormen kann eine Klagebefugnis nur in Ausnahmefällen abgeleitet wer- **195** den. Dabei unterscheiden Rechtsprechung und herrschende Lehre zwischen absoluten und relativen Verfahrensrechten.

196   **Absolute Verfahrensrechte** sind subjektive öffentliche Rechte, sie räumen eine selbständige Klagebefugnis unabhängig von einer Verletzung des materiellen Rechts ein (S/S/B/
Wahl/Schütz VwGO § 42 Abs 2 Rn 73). Absolute Verfahrensrechte haben damit keine für
das materielle Recht dienende Funktion (Schmidt-Preuß NVwZ 2005, 489, 493; Dolde
NVwZ 2006, 857, 858). Hierzu zählen bestimmte Verfahrensrechte im Enteignungsverfah-
ren, die Beteiligung der Gemeinden im luftverkehrsrechtlichen Genehmigungsverfahren
(BVerwGE 81, 95, 106 = NVwZ 1989, 750; Buchholz 442.40 § 6 LuftVG Nr 11, 21, 27;
OVG Koblenz NVwZ-RR 1998, 221, 224; vgl Quaas NVwZ 2003, 649, 650 f). Auch die
früheren Beteiligungsrechte anerkannter Naturschutzverbände fielen unter diese Kategorie
(BVerwGE 87, 62 = NVwZ 1991, 162; OVG Schleswig NVwZ 1994, 590, 591). Mit der
Einführung der Verbandsklage durch das Umwelt-Rechtsbehelfsgesetz wird dies allerdings
nicht aufrechterhalten.

197   **Relativen Verfahrensrechte** kommt demgegenüber nur eine dienende Funktion zu
(BVerwGE 105, 348, 354 = NVwZ 1998, 395; 92, 258, 261 = NVwZ 1993, 890). Materiell
rechtmäßige Entscheidungen können nicht allein aufgrund eines solchen Verfahrensfehlers
aufgehoben werden. Die Bedeutung von Verfahrensfehlern steht in diesem Fall in Abhängigkeit einer Kausalität für ein materiell rechtsfehlerhaftes Ergebnis. Relative Verfahrensfehler
können daher nur dann drittschützende Wirkung haben, wenn sich ihre Verletzung auf die
materiell-rechtliche Rechtsposition ausgewirkt haben könnte (BVerwGE 61, 256, 275 =
NJW 1983, 1507, 1508). Damit muss jedenfalls auch die Verletzung materieller drittschützender Vorschriften geltend gemacht werden. Allerdings sind die Anforderungen an die
substantiierte Darlegung materieller drittschützender Rechte geringer.

198   Relative Verfahrensrechte hat die **Rechtsprechung** im atomrechtlichen und im förmlichen immissionsschutzrechtlichen Genehmigungsverfahren anerkannt (BVerwGE 53, 30,
59 f; BVerwGE 60, 297, 307 = NJW 1981, 359; BVerwGE 61, 256, 275 = NJW 1981, 1393;
85, 368, 374 = NVwZ 1991, 369; VGH Kassel NVwZ-RR 1997, 406; vgl Jarass BImSchG
§ 10 Rn 130 ff). Auch im Planfeststellungsrecht können formelle Mängel des Planfeststellungsbeschlusses dann zu seiner Aufhebung führen, wenn die konkrete Möglichkeit besteht,
dass ohne den Verfahrensfehler anders entschieden worden wäre (BVerwGE 100, 238, 252 =
NVwZ 1996, 788; NVwZ 2002, 1103, 1105). Ähnliches gilt bei Fehlern im Bereich der
Umweltverträglichkeitsprüfung (BVerwGE 100, 238, 252 = NVwZ 1996, 788; 122, 207 =
NVWZ 2005, 242; aA OVG Koblenz NVwZ 2005, 1208, 1210; BVerwG BeckRS 2005
31477; hierzu Spieth/Appel NuR 2009, 312; Ziekow NVwZ 2005, 263, 266; Scheidler
NVwZ 2005, 863, 866).

199   Das Schrifttum fordert demgegenüber zum Teil einen weitergehenden Drittschutz von
Verfahrensnormen (vgl zB Hufen § 14 Rn 119; Schmidt-Preuß Kollidierende Privatinteressen 2. Aufl 2005, 520 ff).

200   Einem direkten Rechtsschutz im Zusammenhang mit Verfahrensfehlern steht in den
meisten Fällen **§ 44a VwGO** entgegen (s § 44a VwGO Rn 14 ff). Auch Verfahrensfehler,
die in der Wahl der richtigen Verfahrensart liegen, sind nach hA nicht drittschützend
(BVerwG NJW 1983, 92; NVwZ 1991, 369; VGH München v 3.11.2011, Az 14 ZB
11.2241, der darüber hinaus einen Anspruch auf Durchführung eines Verfahrens überhaupt
ablehnt; aA Hufen § 14 Rn 118; wohl auch v Danwitz DVBl 1993, 422; abweichend von
diesem Grundsatz im Rahmen der UVP-Pflicht OVG Lüneburg NVwZ-RR 2009, 412).

5. Präklusion

201   Eine große Zahl von Vorhabens- und Plangenehmigungsverfahren enthält Regelungen,
nach denen Betroffene mit ihrem Vorbringen **materiell präkludiert** sind. Beispiele hierfür
sind § 73 Abs 4 S 3 VwVfG, § 10 Abs 3 S 3 BImSchG, § 7 Abs 1 S 2 AtVfV, § 17 Abs 4
FStrG, § 10 Abs 4 S 1 LuftVG, § 2 Abs 3 UmwRG. Dieser Einwendungsausschluss erstreckt
sich auch auf das gerichtliche Verfahren (BVerwGE 61, 82, 109 ff = NJW 1982, 2173 =
NVwZ 1982, 554; BVerwGE 66, 99 = NJW 1984, 1250; BVerwGE 60, 297, 301 ff = NJW
1981, 359; NVwZ 1997, 171). Die Rechtsprechung sieht darin einen eigenständigen verfahrensrechtlichen Hinderungsgrund, keinen Ausschluss der Klagebefugnis (BVerwG NVwZ
1997, 171). Nicht rechtzeitig erhobenen und damit präkludierten Einwendungen stehen
nicht hinreichend konkrete Einwendungen gleich (BVerwG NVwZ 2004, 861; vgl auch

NVwZ 2004, 986; ebenso Eyermann/Happ VwGO § 42 Rn 106). Die Präklusionswirkung erstreckt sich auch auf den Rechtsnachfolger (gilt allerdings nicht für die Nichtigkeitsklage, BVerwGE 60, 297, 308, 315).

Die Klagebefugnis entfällt, wenn sich der VA erledigt hat. Dem steht nicht die Möglich- **202** keit einer Fortsetzungsfeststellungsklage nach § 113 Abs 1 S 4 VwGO entgegen (BVerwG NVwZ 1991, 570, 571; aA Kopp/Schenke VwGO § 42 Rn 178). Dagegen hat der **Verzicht** auf den materiellen Anspruch keine Auswirkungen auf die Klagebefugnis, sondern ist Gegenstand der Begründetheitsprüfung. Die Klagebefugnis entfällt auch nicht aus Gründen, die Gegenstand selbständiger Sachurteilsvoraussetzungen sind (zB Versäumung der Klagefrist). Ob eine Heilung nach § 46 VwVfG eingetreten ist, betrifft ebenfalls die Begründetheit der Klage, nicht die Klagebefugnis (Kopp/Schenke VwGO § 42 Rn 179). Zu **Sperrgrundstücken** s Rn 147. Zur **Bindungswirkung im gestuften Verfahren** s Rn 184.

6. Faktische (mittelbare) Beeinträchtigungen

Die Kategorie der faktischen (mittelbaren) Beeinträchtigungen zielt auf Fälle, in denen **203** staatliches Handeln nicht zielgerichtet und nicht unmittelbar zu Beeinträchtigungen von Grundrechtspositionen führen. Eine solche Konstellation ist im Bereich der Anfechtungs- und Verpflichtungsklage kaum denkbar. Soweit es um staatliches Handeln in der Form eines VA geht, stellt sich die Frage nach der mittelbaren Betroffenheit des Dritten. Diese kann sich aus lediglich mittelbaren faktischen Beeinträchtigungen ergeben(vgl zu den Fällen zB BVerwG NVwZ 1998, 1180). Vor allem liegen die Anwendungsfälle allerdings im Bereich der allgemeinen Leistungsklage/Unterlassungsklage, bei der es um Rechtsschutz gegen schlicht hoheitliches Handeln des Staates geht (BVerwG NJW 2006, 1303; NJW 1998, 2919; NJW 1985, 2774; NJW 1987, 315; vgl auch BVerfG NJW 2002, 2621; NJW 2002, 2626). Inhaltlich sind grundrechtsrelevante faktische Beeinträchtigungen abzugrenzen von den bloßen Rechtsreflexen (vgl allg Murswiek NVwZ 2003, 1).

7. Konkurrentenklagen

Konkurrentenklagen sind in verschiedenen Konstellationen denkbar (s auch oben **204** Rn 93 ff). Bei der **negativen** bzw **defensiven Konkurrentenklage** zielt die Klage auf Wiederherstellung des status quo ex ante. Klageziel ist es, die einem Wettbewerber gewährte Vergünstigung rückgängig zu machen. Im Fall der **positiven Konkurrentenklage** strebt der Kläger für sich neben seinem Konkurrenten die gleiche Begünstigung an wie dieser sie erhalten hat. Bei der **verdrängenden Konkurrentenklage** (**Mitbewerberklage**) ist das Klageziel, an Stelle des Konkurrenten, diesen verdrängend, die ihm gewährte bzw für ihn vorgesehene Vergünstigung zu erhalten. Die verdrängende Konkurrentenklage kommt nur dort vor, wo im Zusammenhang mit Kontingentierungen oder Vergaben Vergünstigungen fließen. Ein Sonderfall der verdrängenden Konkurrentenklage sind die beamtenrechtlichen Konkurrentenklagen, die aufgrund der Grundsätze der Ämterstabilität und des Vertrauensschutzes spezifische Besonderheiten enthalten (BVerwGE 80, 127; Kopp/Schenke VwGO § 42 Rn 49 – Einzelheiten sind umstritten). Im Rahmen von Vorhabens- bzw Plangenehmigungsverfahren sind Drittschutzansprüche von Wettbewerbern unter Berufung auf die wirtschaftliche Betätigungsfreiheit, Art 2 Abs 1, 12, 14 GG, grundsätzlich ausgeschlossen. Weder im Rahmen der Auslegung von Genehmigungsvoraussetzungen noch als unmittelbar aus den Grundrechten abzuleitender Rechtsposition lässt sich grundsätzlich ein Anspruch auf Schutz vor Konkurrenz begründen (BVerfGE 11, 188 f). Diesen Grundsatz hat die Rspr in einer Vielzahl von Einzelentscheidungen bekräftigt.

Beispiele **204.1**
- Taxigewerbe: BVerwGE 82, 302; VGH München NJW 1985, 758; NJW 1985, 785;
- Rundfunkveranstalter: VGH Mannheim NVwZRR 1990, 580;
- Gaststättenerlaubnis: OVG Koblenz NJW 1982, 1301;
- Privatschule: VGH Mannheim NVwZ 1984, 124;
- Einzelhandel: VGH Mannheim NVwZ 1990, 575;
- Ausnahme nach der Arbeitszeitordnung vom Beschäftigungsverbot an Sonn- und Feiertagen: OVG Koblenz NVwZ 1993, 699; vgl auch OVG Lüneburg NJW 1990, 1685;

- Handwerksordnung: BVerwG NVwZ 1984, 307;
- Kassenarzt: BSG NJW 1991, 2989 f;
- Pflanzenschutzhersteller: VG Braunschweig NJW 1985, 83;
- Apotheker: OVG SaarlandNVwZ-RR 2008, 95 – Doc Morris.

205   In bestimmten Bereichen hat der Gesetzgeber allerdings entweder ausdrücklich oder durch wettbewerbsrelevante Regulierung **Sonderregelungen** geschaffen, die einen weitergehenden Schutz ermöglichen. Dies gilt namentlich dort, wo iZm staatlicher Planung und/ oder der Verteilung staatlicher Mittel Wettbewerbsverhältnisse reguliert werden (BVerfG NVwZ 2009, 977; NJW 2005, 273; BVerwG BeckRS 2012, 47534).

205.1   So kann sich aus § 13 Abs 2 PBefG die Klagebefugnis eines Altunternehmers im **Linienverkehr** gegen die Zulassung eines Konkurrenten ergeben (BVerwGE 30, 348; S/S/B/Wahl/Schütz VwGO § 42 Abs 2 Rn 315 f; Kopp/Schenke VwGO § 42 Rn 146). Auch aus § 20 PBefG kann sich in vergleichbarer Weise eine Klagebefugnis ergeben (OVG Greifswald NVwZ-RR 1997, 139). Demgegenüber hat der VGH München zu § 13 Abs 2 Nr 2 PBefG entschieden, dass einem Linienverkehrsunternehmen die Klagebefugnis für eine Anfechtung der Genehmigung von „Hop-on-hop-off"-Stadtrundfahrten fehle, wenn es keine dem Bereich der Daseinsvorsorge zuzurechnende Leistung erbringt (BeckRS 2011, 52843).

205.2   Eine Klagebefugnis wird weitergehend bejaht im Bereich der **Krankenhausplanung und -finanzierung** (vgl BVerfGE 82, 209 = NJW 1990, 2306; NVwZ 2009, 377) und im System des **Vertragsarztrechts** (BVerfG NJW 2005, 273).

205.3   Ein **Apotheker**, der Rechtsmittel gegen eine einem anderen Apotheker erteilte Erlaubnis zum Versand apothekenpflichtiger Arzneimittel nach § 11a ApoG einlegt, ist klagebefugt nur dann, wenn er durch den Versandhandel des Konkurrenten unzumutbare tatsächliche Wettbewerbsnachteile erleidet (BVerwG BeckRS 2012, 47534). Ob im Rahmen der Erteilung einer Apothekenbetriebserlaubnis nach § 1 Abs 2 ApoG Altapothekern eine Klagebefugnis eingeräumt sein kann, war insbes angesichts der Diskussion um eine Europarechtswidrigkeit des bestehenden Fremdbesitzverbots (§§ 1 Abs 2, 2 Abs 1, 8 ApoG) und des Mehrbetriebsverbotes (§§ 1 Abs 2, 2 Abs 4 ApoG) umstritten und ist nicht abschließend geklärt.

206   In der Vergangenheit hat die Rspr das Grundrecht der **Wettbewerbsfreiheit** nur restriktiv als Grundlage für Konkurrentenklage akzeptiert und den Schutz auf eine willkürliche Bevorzugung eines Konkurrenten beschränkt (BVerfGE 30, 197; Kopp/Schenke VwGO § 42 Rn 144). Darüber hinaus hat das BVerfG in zwei neueren Entscheidungen den Rechtsschutz von Konkurrenten deutlich ausgeweitet (BVerfG NJW 2005, 273; NZS 2004, 199). Danach ist es mit der in Art 12 GG verankerten Berufsfreiheit nicht zu vereinbaren, wenn Konkurrenten Abwehrklagen ausschließlich bei besonders schweren materiellen Begründetheitsmängeln einer angefochtenen Entscheidung und damit nur nach Maßgabe einer „Willkürkontrolle" zugelassen würden (BVerfG NJW 2005, 273, 274). Auch wenn ein Schutz vor Konkurrenz oder eine Veränderung der Marktverhältnisse verfassungsrechtlich nicht bestehe, kann eine Wettbewerbsveränderung durch Einzelakt, die erhebliche Konkurrenznachteile zur Folge hat, gegen Art 12 GG verstoßen, wenn sie im Zusammenhang mit staatlicher Planung und Verteilung staatlicher Mittel steht. Daraus und aus Art 19 Abs 4 GG kann eine Klagebefugnis für Dritte folgen. Das BVerfG hat dies für den Rechtsschutz des Konkurrenten bei der Aufnahme in den Krankenhausplan bejaht (BVerfG NZS 2004, 199, 201; bestätigt in BVerfG NVwZ 2009, 977).

207   Gegen die **Subventionierung** eines Konkurrenten wird die Klagebefugnis einer negativen Konkurrentenklage weitergehend bejaht. Danach soll es genügen, dass die wirtschaftliche Betätigung eines Unternehmens nicht nur unerheblich beeinträchtigt wird (Kopp/Schenke VwGO § 42 Rn 145 mN; vgl auch Ehlers DVBl 1998, 502; Schliesky DVBl 1999, 82). Soweit es um nach Art 107, 108 AEUV notifizierungspflichtige staatliche Beihilfen geht, ergibt sich die Klagebefugnis eines Wettbewerbers bereits aus Art 108 Abs 3 S 3 AEUV. Diese Vorschrift ist nicht bloß prozessuale Ordnungsvorschrift, sondern Schutznorm zugunsten der Wettbewerber iSv § 42 Abs 2 VwGO (Heidenhain Hdb d Europäischen Beihilferechts/Schmidt-Kötters 2003 § 57 Rn 26; Rennert EuZW 2011, 576; Pechstein EuZW 1998, 671, 672; S/S/B/Wahl/Schütz VwGO § 42 Abs 2 Rn 302). Allerdings lässt sich daraus nicht für alle Wettbewerber eine Klagebefugnis ableiten, die – bundesweit – auf dem jeweils gleichen oder gleichartigen Markt wie der Beihilfeempfänger tätig sind. Vielmehr muss ein konkretes Wettbewerbsverhältnis vorliegen (Individualisierung) und es müssen spürbare wirtschaftliche Nachteile zu erwarten sein (Qualifizierung). Eine besondere räumliche Nähe für die Individualisierung und Qualifizierung ist nicht erforderlich, eine spürbare Beeinträchtigung kann je nach betroffenem Markt auch räumlich weit wirken (vgl EuGH Rs 169/84 Slg 1986, 391 – Cofaz/Kommission = DVBl 1986, 553; Heidenhain Hdb d Europäischen Beihilfenrechts/Schmidt-Kötters 2003 § 57 Rn § 34). Tatsächlich finden sich allerdings in der Rechtspraxis nur wenige Entscheidungen, die die Umsetzung des Art 108 Abs 3 S 3 AEUV in Konkurrentenklagen vor den Verwaltungsgerichten betreffen.

Vgl hierzu OVG Münster EuZW 1992, 286; VG Magdeburg EuZW 1998, 669. Vgl ausf zur **207.1** Rspr im Rahmen beihilferechtliche Konkurrentenklagen Heidenhain Hdb d Europäischen Beihilfenrechts/Schmidt-Kötters 2003, § 56 Rn 63 ff.

Im Bereich der **verdrängenden Konkurrentenklage (Mitbewerberklage)** wird die **208** Klagebefugnis des Konkurrenten durchweg bejaht. Dies betrifft alle Fallgestaltungen, bei denen es um kontingentierte Rechte geht. Dies gilt jedenfalls dann, wenn durch die Zulassung des Mitbewerbers eine Erschöpfung des zur Verfügung stehenden Kontingents droht (vgl aber OVG Münster BeckRS 2010, 45025 – Krankenhausplanaufnahme. Hier hängt die Klagebefugnis von einem zuvor gestellten Antrag ab). Kontingentierte Rechte gibt es zB bei der Güterverkehrsgenehmigung, den Taxikonzessionen, der Vergabe von Frequenzen im Telekommunikationsrecht, bei der Kabelbelegung in den Landesmediengesetzen, bei Marktzulassungen, Spielbankerlaubnissen oder in den Sonderfällen der beamtenrechtlichen Mitbewerberklagen (vgl zu Rechtsprechungsnachweisen Kopp/Schenke VwGO § 42 Rn 147 f). Für den Fall der Verteilung der kontingentierten Güter durch formalisierte Vergaben der öffentlichen Hand bildet das Vergaberecht einen Sonderfall für die gesetzlich ausgestaltete Mitbewerberklage.

Im Bereich des Konkurrentenschutzes gegen die **wirtschaftliche Betätigung der öf-** **209** **fentlichen Hand** steht die Zulässigkeit der verwaltungsgerichtlichen Konkurrentenklage in der Rspr seit vielen Jahren in Konkurrenz zum wettbewerblichen Rechtsschutz auf der Grundlage von § 1 UWG. Bei den Zulässigkeitsnormen des kommunalen Wirtschaftsrechts wurde von den Verwaltungsgerichten traditionell Rechtsschutz für den privaten Wettbewerber auf der Grundlage des § 42 VwGO mit dem Argument abgelehnt, die Zulässigkeitsnormen des kommunalen Wirtschaftsrechts verfolgten keine Konkurrenzschutz (BVerwGE 39, 329, 336 f; vgl zur verwaltungsgerichtlichen Rechtsprechung den Meinungsstand Diefenbach WiVerw 2003, 115, 116 ff; Jörn Ipsen ZHR 179 (2006), 422, 436 ff). Nachdem die Zivilgerichte Ansprüche auf der Grundlage von § 1 UWG überwiegend verneinen (vgl vor allem BGH GewArch 2002, 322; NVwZ 2003, 246), wird in der Literatur eine Überprüfung der ablehnenden Haltung der Verwaltungsgerichte zur Frage des Drittschutzes gefordert (Diefenbach WiVerw 2003, 115, 125 ff; Ehlers JZ 2003, 318, 320; Pieroth/Hartmann DVBl 2002, 421 ff; Hennecke DVBl 2000, 999; Schenke Rn 523; wohl auch Kopp/Schenke VwGO § 42 Rn 151). Gegenüber der früheren Beschränkung, ein Grundrechtsschutz des Wettbewerbers setze voraus, dass durch die Tätigkeit der öffentlichen Hand die private wirtschaftliche Betätigung unmöglich gemacht oder mindestens unzumutbar eingeschränkt werde oder zu einer Monopolstellung führe (BVerwGE 39, 336 f), wird neuerdings teilweise auf das Subsidiaritätskriterium in den kommunalrechtlichen Zulässigkeitsvoraussetzungen abgestellt (VerfGH Rheinland-Pfalz DVBl 2000, 992; OVG Münster DVBl 2004, 133; zust Grooterhorst/Törnig DÖV 2004, 687; Kopp/Schenke VwGO § 42 Rn 151). Dem Konkurrentenschutz gegen die wirtschaftliche Betätigung der öffentlichen Hand dient auch der vom BFH im Anschluss an das Urteil des EuGH vom 8.6.2006 (EuGH DStR 2006, 1082 – Feuerbestattungsverein Halle) bejahte Anspruch auf Auskunft über die steuerliche Behandlung des (öffentlich-rechtlichen) Konkurrenten dar (BFH DStR 2006, 2310; dazu Kronthaler DStR 2007, 227).

8. Darlegungslast

Worauf sich die Verpflichtung zur Geltendmachung in § 42 Abs 2 VwGO konkret **210** bezieht, muss nach dem Maßstab der den Umfang der Geltendmachung beschreibenden Theorien ermittelt werden. Im vertikalen Rechtsverhältnis zwischen Einzelnem und Verwaltung sind die aus der Adressatentheorie folgenden Anforderungen an die Darlegungslast nur gering, sie entfallen allerdings auch hier nicht. Im Rahmen der Möglichkeitstheorie ist eine stärkere Substantiierung gefordert. Bei den Darlegungsanforderungen geht es dabei nicht um die rechtliche Begründung der Klagebefugnis (vgl BVerwGE 95, 133; 104, 115; 118; Eyermann/Happ VwGO § 42 Rn 94). Der Kläger muss hingegen die **Tatsachen**, die eine Rechtsverletzung möglich sein lassen, so substantiiert darlegen, dass es dem Gericht möglich ist zu klären, ob ein subjektives Recht des Klägers im konkreten Rechtsstreit einschlägig sein kann (BVerwG NVwZ 1997, 994; BVerwGE 107, 215, 217; Eyermann/Happ VwGO § 42 Rn 95). Laut BVerwG (BeckRS 2010, 47285) ist es erforderlich, aber auch ausreichend, dass der Kläger die Tatsachen vorträgt, die es denkbar und notwendig erscheinen lassen, dass er in einer eigenen rechtlichen Position beeinträchtigt ist. Im Rahmen der Drittschutzklagen gehört hierzu auch, dass die Anwendung der Rechtsnormen, auf die sich der Kläger als subjektives Recht beruft, tatsächlich überhaupt in Betracht kommen (BVerwGE 61, 256, 261; 70, 365, 368; 101, 347, jew zum Atomrecht; BVerwGE NJW 1983, 1507 zum Immissionsschutzrecht). Ausreichend ist es laut VGH München (BeckRS 2011, 53101), wenn der Vortrag bezüglich der möglichen Rechtsverletzung erst im Laufe des Klageverfahrens erfolgt ist.

211   Der Umfang der Darlegungslast ist auch davon abhängig, dass dem Kläger im Verwaltungsverfahren ausreichend **Gelegenheit zur Information** über das Vorhaben gegeben wurde, Verletzungen von Informationspflicht im Verwaltungsverfahren können zu einer Reduzierung der Darlegungslast führen (BVerwGE 75, 285, 290 ff; Eyermann/Happ VwGO § 42 Rn 98).

212   Hat der Kläger seiner Darlegungslast nicht genügt, ist das Gericht gehindert, den darzulegenden Sachverhalt selbst zu ermitteln (BVerwG NVwZ 1993, 63).

IV. Abweichende gesetzliche Regelungen

213   § 42 Abs 2 VwGO lässt **Ausnahmen** vom Erfordernis einer Verletzung in eigenen Rechten aufgrund gesetzlicher Regelung zu. Dadurch können Klagen zulässig werden, die sich auf die Verletzung objektiven Rechts stützen. Es gibt, von den gemeinschaftsrechtlichen Vorgaben abgesehen (s Rn 165 ff), keine Verpflichtung, solche Ausnahmen zuzulassen (BVerwGE 101, 73, 83). Die Abweichung kann ausdrücklich bestimmt sein oder sich aus Sinn und Zweck der gesetzlichen Regelung ergeben (BVerwGE 28, 63, 75). Auch Landesgesetze können solche Ausnahmen vorsehen (BVerwGE 92, 263, 264 = NVwZ 1993, 892). Für Bundesbehörden kann allerdings allein der Bundesgesetzgeber Ausnahmen festlegen (BVerwGE 92, 263, 265 = NVwZ 1993, 892; 104, 367, 369). Die Abweichung kann auf bestimmte Rechtsbereiche beschränkt werden, wobei nicht maßgebend ist, ob es sich hierbei materiell um Bundes- oder Landesrecht handelt (BVerwGE 78, 347, 349 f). Sie kann auch auf einzelne Klagegründe beschränkt werden (BVerwG DÖV 1999, 349).

214   Die weitreichendste Abweichung findet sich im Bereich der bestehenden **naturschutzrechtlichen Verbandsklage nach § 64 BNatSchG** (vgl zum Klagerecht nach dem BNatSchG 2009 Fischer-Hüftle NuR 2011, 237; vgl Calliess NJW 2003, 97; Stüer NuR 2002, 708; Seelig/Gründling NVwZ 2002, 1033). Die naturschutzrechtliche Verbandsklage gewährt anerkannten Naturschutzverbänden über ein Beteiligungsrecht hinaus die Möglichkeit, die Verletzung objektiven Rechts geltend zu machen, dies auch wenn die Behörde ein beteiligungspflichtiges Verfahren nicht durchführt und durch tatsächliches Handeln vollendete Tatsachen schafft (OVG Lüneburg NVwZ-RR 2009, 412). Die Möglichkeit ist allerdings auf den durch die Rechtstellung aus §§ 63, 42 BNatSchG, 61 BNatSchG geschaffenen Rahmen beschränkt (VGH München BayVBl 2004, 343 zum BNatSChG 2002; Kopp/Schenke VwGO § 42 Rn 180).

215   Das **Umwelt-Rechtsbehelfsgesetz** hat Regelungen über eine Verbandsklage in den zentralen umweltrechtlichen Verfahren geschaffen (s zu den Entwicklungen seit der Trianel-Entscheidung des EuGH Rn 159, Rn 165, Rn 180 ff).

216   **Weitere Abweichensregelungen** gibt es im Übrigen vorwiegend zugunsten einzelner Behörden bzw Funktionsträger, so in § 6 Abs 2 S 3 AsylVfG (BVerwG BayVBl 1997, 598; VGH Mannheim NVwZ-RR 1993, 383), in §§ 8 Abs 4, 12, 16 HandwO oder in § 97

SGB VIII; sog Behindertenverbandsklage gem § 13 Abs 1 BGG (vgl BVerwG NVwZ 2006, 817; VGH Mannheim BeckRS 2010, 47671, wobei hier die Klagebefugnis verneint wird).

§ 43 [Feststellungsklage]

(1) Durch Klage kann die Feststellung des Bestehens oder Nichtbestehens eines Rechtsverhältnisses oder der Nichtigkeit eines Verwaltungsakts begehrt werden, wenn der Kläger ein berechtigtes Interesse an der baldigen Feststellung hat (Feststellungsklage).

(2) ¹Die Feststellung kann nicht begehrt werden, soweit der Kläger seine Rechte durch Gestaltungs- oder Leistungsklage verfolgen kann oder hätte verfolgen können. ²Dies gilt nicht, wenn die Feststellung der Nichtigkeit eines Verwaltungsakts begehrt wird.

Die besondere Funktion der in § 43 Abs 1 Alt 1, Abs 2 S 1 VwGO geregelten allgemeinen Feststellungsklage (Rn 1) wird bereits durch ihre beiden Statthaftigkeitsvoraussetzungen – das denkbar weite Klageziel der Feststellung des Bestehens oder Nichtbestehens eines Rechtsverhältnisses (Rn 1) einerseits sowie die Subsidiarität (Rn 11) der Feststellungsklage andererseits – angezeigt: Die allgemeine Feststellungsklage ist im Konzert der Klagearten ein vielseitig einsetzbarer Auffangrechtsbehelf, der in besonderer Weise sowohl dem Rechtsschutzgebot des Art 19 Abs 4 GG als auch der Systementscheidung der VwGO Rechnung trägt, dass für jede Streitigkeit, für die der Verwaltungsrechtsweg eröffnet ist, auch eine statthafte Klageart zur Verfügung stehen muss. Dementsprechend vielgestaltig ist die Reihe besonderer Klagekonstellationen, die unter dem Dach der Feststellungsklage verortet werden: Klagen bzgl erledigter Rechtsverhältnisse (jenseits § 113 Abs 1 S 4 VwGO; Rn 24), vorbeugende Feststellungsklagen (Rn 26), Innenrechtsstreitigkeiten (Rn 28), Normenkontrollklagen (jenseits § 47 VwGO; Rn 29), Normerlassklagen (Rn 33). Als einzige besondere Sachurteilsvoraussetzung normiert § 43 Abs 1 VwGO das Erfordernis eines berechtigten Interesses an der baldigen Feststellung (Rn 16); die genaue Bedeutung dieses Erfordernisses sowie die Frage, inwieweit daneben auch noch eine Klagebefugnis (Rn 20) zu fordern ist, gehört zu den umstrittenen Strukturfragen der Feststellungsklage (Verletzten- oder Interessentenklage?). Gesondert ausgestaltet findet sich in § 43 Abs 1 Alt 2, Abs 2 S 2 VwGO die Nichtigkeitsfeststellungsklage (Rn 35) die auf die Feststellung der Nichtigkeit eines Verwaltungsakts gerichtet ist; von der allgemeinen Feststellungsklage unterscheidet sie sich dadurch, dass das Feststellungsbegehren nicht auf ein Rechtsverhältnis gerichtet ist und die Subsidiarität entfällt.

Übersicht

A. Statthaftigkeit der allgemeinen Feststellungsklage

I. Feststellungsfähiges Rechtsverhältnis

1 Die allgemeine Feststellungsklage ist auf Feststellung des Bestehens (**positive Feststellungsklage**) oder des Nichtbestehens (**negative Feststellungsklage**) eines Rechtsverhältnisses gerichtet. Der Begriff des **Rechtsverhältnisses** ist weit; nach gängiger Definition versteht man darunter die sich aus einem konkreten Sachverhalt ergebende öffentlich-rechtliche Beziehung einer Person zu einer anderen Person oder zu einer Sache (zB BVerwG NJW 1996, 2046; NVwZ-RR 2004, 253, 254; Kares, Das Rechtsverhältnis iSv § 43 Abs 1 Alt 1 VwGO, 2011). Die an sich zutreffende Klarstellung, dass mit der verkürzten Rede von der rechtlichen Beziehung einer Person zu einer Sache tatsächlich rechtliche Beziehungen zwischen Personen in Bezug auf diese Sache gemeint seien (Kopp/Schenke VwGO § 43 Rn 11), ist für die Praxis weniger bedeutsam. Entscheidend für eine zu einem Rechtsverhältnis verdichtete rechtliche Beziehung zwischen Personen ist es, dass im wechselseitigen Verhältnis subjektive Rechte oder Pflichten bestehen (zum Streit, ob Rechtsverhältnisse auch allein durch Pflichten begründet werden können oder zwingend ein korrespondierendes subjektives Recht voraussetzen: Schenke, Rn 387; Sodan/Ziekow/Sodan VwGO § 43 Rn 9 f). Der so umrissene, sehr weite Begriff des Rechtsverhältnisses bedarf in verschiedener Hinsicht der Präzisierung und Eingrenzung:

1.1 Praktisch spielt die Unterscheidung zwischen positiver und negativer Feststellungsklage keine große Rolle; auch die Beweislast darf nicht von der – positiven oder negativen – sprachlichen Einkleidung des Begehrens abhängen (S/S/B/Pietzcker VwGO § 43 Rn 6; Kares BayVBl 2009, 718; aA SG/H, 212).

1.2 Die vollständige Definition des „feststellungsfähigen Rechtsverhältnisses" in der Rspr des BVerwG lautet: Unter einem feststellungsfähigen Rechtsverhältnis sind „die rechtlichen Beziehungen zu verstehen, die sich aus einem konkreten Sachverhalt auf Grund einer öffentlich-rechtlichen Norm für das Verhältnis von (natürlichen oder juristischen) Personen untereinander oder einer Person zu einer Sache ergeben, kraft derer eine der beteiligten Personen etwas Bestimmtes tun muss, kann oder darf oder nicht zu tun braucht" (BVerwG NVwZ-RR 2004, 253, 254; BVerwGE 140, 267, 270).

1. Feststellungsfähiges Rechtsverhältnis oder unselbstständiger Teil eines solchen?

2 Ein Rechtsverhältnis kann sich in einem **einzigen subjektiven Recht/einer einzigen Pflicht** erschöpfen oder aber aus einem ganzen **Bündel** solcher Rechte und Pflichten bestehen. Ob ein ganzes Bündel von Rechten und Pflichten, dh ein umfassendes Rechtsverhältnis (zB Kammermitgliedschaft) zum Gegenstand der Feststellungsklage gemacht werden darf oder aber sich die Feststellungsklage auf einzelne Berechtigungen oder Verpflichtungen hieraus (dh auf einen Ausschnitt aus dem umfassenderen Rechtsverhältnis, zB die aus der Kammermitgliedschaft folgende Beitragspflicht) zu beschränken hat, ist keine Frage der Statthaftigkeit (beides sind feststellungsfähige Rechtsverhältnisse), sondern eine Frage des berechtigten Feststellungsinteresses, dh des jeweils bestehenden Klärungsbedarfs (S/S/B/Pietzcker VwGO § 43 Rn 8). Die in diesem Zusammenhang übliche Formulierung der Rspr, auch selbstständige „Teile" umfassenderer Rechtsverhältnisse, dh einzelne Berechtigungen und Verpflichtungen hieraus, seien feststellungsfähig (BVerwGE 36, 218, 225 f; BVerwGE 92, 172, 174), ist im Ergebnis richtig, allerdings insofern missverständlich und ohne besonderen Erkenntniswert, als in den betreffenden Fällen auch der so genannte „Teil" eines umfassende-

ren Rechtsverhältnisses für sich genommen voll und ganz der Definition eines Rechtsverhältnisses genügt, dh selbst Rechtsverhältnis ist, und seine Feststellungsfähigkeit so gesehen ganz selbstverständlich ist (Sodan/Ziekow/Sodan VwGO § 43 Rn 27).

Streng abzugrenzen hiervon sind solche unselbstständigen **Teile, Elemente und Vor-** 3 **fragen** eines Rechtsverhältnisses, die von der Rechtsprechung nicht als feststellungsfähig angesehen werden (BVerwGE 24, 355, 358; BVerwGE 90, 220, 228; NVwZ-RR 2004, 253, 254; zu vorbereitenden Akten in einem mehrphasigen Verfahren Gärditz/Glaser § 43 Rn 57). Gemeint sind insbes einzelne Tatbestandsmerkmale eines Rechtsverhältnisses, die nicht unmittelbar Rechte und Pflichten begründen, sondern nur Voraussetzungen solcher Rechte und Pflichten sind. Dies gilt etwa für rechtserhebliche Eigenschaften einer Person oder Sache, die regelmäßig nicht feststellungsfähig sein sollen; im Einzelnen ist die Abgrenzung schwierig und umstritten. Der Streit um die richtige Abgrenzung wird in seiner Bedeutung dadurch gemindert, dass es in aller Regel möglich sein wird, ein Klagebegehren, bei dem es im Kern auf das Vorliegen einer nichtfeststellungsfähigen Eigenschaft ankommt, entweder von vornherein so zu fassen, dass auf dasjenige feststellungsfähige Rechtsverhältnis abgestellt wird, für das die Eigenschaft Vorfrage ist, oder aber einen fehlerhaft allein auf die Eigenschaft abstellenden Antrag nachträglich nach § 88 VwGO in diesem Sinne auszulegen (Sodan/Ziekow/Sodan VwGO § 43 Rn 36; zB BVerwGE 16, 92, wo ein Antrag auf Feststellung der fehlenden Handwerkseigenschaft als Antrag auf Feststellung, dass das Gewerbe auch ohne Handwerksrolleneintragung ausgeübt werden darf, verstanden wurde).

> Zur schwierigen und strittigen Abgrenzung bzgl rechtserheblicher Eigenschaften: S/S/B/Pietz- 3.1
> cker VwGO § 43 Rn 14; Sodan/Ziekow/Sodan VwGO § 43 Rn 31 ff; Kopp/Schenke VwGO
> § 43 Rn 13. Grundsätzlich nicht feststellungsfähig sind Eigenschaften einer Person (zB Zuverlässig-
> keit, Sachkunde). Eine Ausnahme wird jedoch gemacht für Eigenschaften einer Person, mit denen
> Statusrechte unmittelbar einhergehen, die also gleichsam nur ein Sammelname für vielerlei unmittel-
> bar aus dem Status folgende Rechte und Pflichten sind (Beamteneigenschaft, Staatsangehörigkeit,
> Kammermitgliedschaft). Ähnliches gilt für Eigenschaften einer Sache, die grundsätzlich nicht fest-
> stellungsfähig sind (Bebaubarkeit, Arzneimitteleigenschaft, Abfalleigenschaft), bzgl derer jedoch
> einzelne Ausnahmen anerkannt wurden, soweit unmittelbar aus der Eigenschaft Rechte und Pflich-
> ten resultieren (erneut geht es um statusähnliche Eigenschaften, an deren Vorliegen ein Bündel von
> Rechtsverhältnissen geknüpft ist, zB Eigenschaft als öffentliche Sache, OVG Münster DÖV 1959,
> 876, 877; Denkmaleigenschaft, VG Dessau LKV 2000, 268).

Ähnliches gilt für Klagebegehren, die auf die Feststellung der **Rechtswidrigkeit**, der 4 **Unwirksamkeit, Nichtigkeit** etc eines bestimmten Verwaltungshandelns abzielen. Hierbei geht es um die rechtliche Qualifikation, dh um Eigenschaften von Verwaltungsmaßnahmen, die für sich genommen kein Rechtsverhältnis darstellen und als solche nicht Gegenstand der Feststellungsklage sein können (daher auch die Notwendigkeit der gesonderten Normierung der Nichtigkeitsfeststellungsklage; Sodan/Ziekow/Sodan VwGO § 43 Rn 35). Auf einem anderen Blatt steht es, dass es auch in derartigen Fällen regelmäßig möglich sein wird, das Klagebegehren so zu fassen bzw so auszulegen, dass auf ein feststellungsfähiges Rechtsverhältnis abgestellt wird, etwa indem zum Streitgegenstand gemacht wird, ob die Verwaltung zum Erlass der (nach der Klägerbehauptung rechtswidrigen) Maßnahme berechtigt ist/war oder ob aus der streitigen (nach der Klägerbehauptung unwirksamen) Maßnahme für den Kläger Rechtsfolgen erwachsen etc (Kopp/Schenke VwGO § 43 Rn 13). Namentlich bei Normenkontrollkonstellationen spielt dies eine Rolle (s Rn 29 ff).

2. Konkretes und streitiges Rechtsverhältnis

Feststellungsfähig ist nach stRspr nur ein hinreichend **konkretes** und **streitiges Rechts-** 5 **verhältnis** (BVerwGE 14, 235, 236 = NJW 1962, 1690; BVerwGE 89, 327, 329; Gärditz/ Glaser § 43 Rn 36 ff). Mit dem Erfordernis hinreichender Konkretheit soll verhindert werden, dass die Gerichte ohne ausreichenden Fallbezug zu abstrakten Rechtsfragen Stellung nehmen müssen. Besondere Bedeutung erlangt das Merkmal der Konkretheit auch bei vorbeugenden oder auf zukünftige Rechtsverhältnisse bezogenen Feststellungsklagen (s Rn 8). Gefordert ist, dass das Feststellungsbegehren auf einen hinreichend bestimmten, bereits überschaubaren, dh nicht nur gedachten und als möglich vorgestellten Sachverhalt bezogen ist. Das Kriterium des „streitigen" Rechtsverhältnisses hat in erster Linie die Bedeutung zu veranschaulichen, was mit Konkretheit des Rechtsverhältnisses gemeint ist, denn regelmäßig ist gerade der Umstand, dass es zwischen den Parteien bereits zum Streit iSv Meinungsverschiedenheiten gekommen ist, untrügliches Zeichen dafür, dass sich die Rechtsbeziehungen zwischen den Parteien bereits so verdichtet haben, dass es eben nicht mehr um eine bloß abstrakte, nur gedachte Rechtsfrage geht, sondern dass bereits von einem hinreichend konkretisierten Rechtsverhältnis gesprochen werden kann. Als sehr zweifelhaft muss es dagegen angesehen werden, ob dem Kriterium des „streitigen" Rechtsverhältnisses eine eigenständige Bedeutung dahin zugesprochen werden kann, dass ein Rechtsverhältnis stets nur dann feststellungsfähig ist, wenn bereits ernstliche Meinungsverschiedenheiten zwischen den Parteien nachweisbar sind. Es geht insoweit um Fragestellungen wie, inwieweit die Behörde – in Bezug auf einen konkreten Sachverhalt – bereits Beanstandungen ausgesprochen oder Maßnahmen angedroht haben muss, um von einem feststellungsfähigen Rechtsverhältnis ausgehen zu können (BVerwGE 77, 207, 211 f; BVerwG NVwZ 2009, 1170), oder was passiert, wenn eine Behörde sich weigert, ihre Rechtsauffassung verbindlich kundzutun. Richtig betrachtet geht es bei diesen Fragen nicht um ein Problem des feststellungsfähigen Rechtsverhältnisses, sondern um ein Problem des Feststellungsinteresses iS eines ausreichenden Klärungsbedarfs (BVerwGE 61, 145, 148 f; Sodan/Ziekow/Sodan VwGO § 43 Rn 54 ff; Kopp/Schenke VwGO § 43 Rn 19; s Rn 19.2).

3. Die zeitliche Dimension: gegenwärtige, vergangene und zukünftige Rechtsverhältnisse

6   Das Rechtsverhältnis, dh die Rechte und Pflichten, auf deren Feststellung sich das Klagebegehren bezieht, muss nicht ein gegenwärtiges sein, vielmehr kann es auch in der Vergangenheit oder in der Zukunft liegen. Weder lässt der Wortlaut des § 43 VwGO insoweit eine zeitliche Einschränkung erkennen, noch wäre eine solche Einschränkung in der Sache berechtigt (Sodan/Ziekow/Sodan VwGO § 43 Rn 15 ff; Schenke, Rn 405 ff; Gärditz/Glaser § 43 Rn 61 ff).

7   Anerkannt und ständige Praxis ist es, dass auch **vergangene Rechtsverhältnisse** feststellungsfähig sein können (BVerwGE 2, 229, 230; BVerwGE 92, 172, 174; BVerwG NJW 1997, 2534; Sodan/Kluckert VerwA 2003, 3 ff). Unter einem vergangenen Rechtsverhältnis sind dabei solche Rechtsbeziehungen zu verstehen, die sich im Zeitpunkt der gerichtlichen Entscheidung bereits erledigt haben (Eyermann/Happ VwGO § 43 Rn 18), sei es dass die Erledigung bereits vor Klageerhebung oder erst während des Prozesses eingetreten ist. Für Fallkonstellationen, die nicht von § 113 Abs 1 S 4 VwGO erfasst werden, dh für hoheitliches Handeln ohne Verwaltungsaktcharakter (insbes bei erledigten Leistungsansprüchen auf Verwaltungsrealakte oder erledigten Rechtseingriffen durch Verwaltungsrealakte), vermag die allgemeine Feststellungsklage folglich diejenige Funktion wahrzunehmen, wie sie ansonsten (in Bezug auf Verwaltungsakte) die Fortsetzungsfeststellungsklage einnimmt (näher dazu, auch zur Abgrenzung von § 43 und § 113 Abs 1 S 4 VwGO unten Rn 24 ff). Es ist angesichts dieser Funktionsgleichheit nur folgerichtig, dass auch bei der auf vergangene Rechtsverhältnisse bezogenen allgemeinen Feststellungsklage qualifizierte Anforderungen an das Feststellungsinteresse gestellt werden, wie sie von der Fortsetzungsfeststellungsklage her bekannt sind (Wiederholungsgefahr, Rehabilitationsinteresse etc, Wolff/Decker/Wolff VwGO § 43 Rn 38, näher s Rn 25). In diesem Zusammenhang wird auch deutlich, wie die bisweilen gemachte Einschränkung zu verstehen ist, vergangene Rechtsverhältnisse dürften nur dann zum Gegenstand der Feststellungsklage gemacht werden, wenn sie sich noch auf die Gegenwart auswirken (BVerwGE 61, 164, 169). Richtig betrachtet geht es bei dieser Einschränkung um eine Erwägung des Feststellungsinteresses (auch hier ist das Erfordernis anhaltender Wirkungen nach neuerer Sicht indes nicht stets zwingend), nicht aber um eine eigenständige Statthaftigkeitsvoraussetzung (Sodan/Ziekow/Sodan VwGO § 43 Rn 18 f).

8   Auch **zukünftige Rechtsverhältnisse**, dh Streitigkeiten um künftige Rechte und Pflichten, können zum Gegenstand einer Fortsetzungsfeststellungsklage gemacht werden. Folgende Fallgruppen sind zu unterscheiden: Anerkannt ist erstens die Feststellungsfähigkeit aufschiebend bedingter Rechtsverhältnisse (BVerwGE 38, 346, 347), wobei solche teilweise als zukünftige, teilweise auch als gegenwärtige Rechtsverhältnisse qualifiziert werden. Für die

allgemeine Feststellungsfähigkeit zukünftiger Rechtsverhältnisse ist die unbestrittene Statthaftigkeit der Feststellung aufschiebend bedingter Rechtsverhältnisse jedenfalls deswegen von Bedeutung, weil zukünftige Rechtsfragen zumeist auch in Gestalt einer aufschiebenden Bedingung formuliert werden können (Sodan/Ziekow/Sodan VwGO § 43 Rn 23). Anerkannt ist zweitens die grundsätzliche Statthaftigkeit **vorbeugender Feststellungsklagen**, bei denen es um die vorbeugende Abwendung künftiger Rechtseingriffe geht (BVerwGE 51, 69, 74, näher zu dieser Fallgruppe unten Rn 26 f). Ob der Gegenstand der vorbeugenden Feststellungsklage hierbei als zukünftiges Rechtsverhältnis (Wolff/Decker/Wolff VwGO § 43 Rn 20, wegen der Künftigkeit der abzuwehrenden Handlung) oder als gegenwärtiges Rechtsverhältnis (Sodan/Ziekow/Sodan VwGO § 43 Rn 20, 104: Streit um die Ausübung eines bereits gegenwärtigen Eingriffsrechts) qualifiziert wird, ist eine zweitrangige Frage. Auch dass die vorbeugende Feststellungsklage namentlich bei der Abwehr von künftigen Verwaltungsakten nicht anders als die vorbeugende Unterlassungsklage an ein qualifiziertes Rechtsschutzbedürfnis zu binden ist, ist keine Frage der Statthaftigkeit, sondern eine Frage des Feststellungsinteresses. Über die bisherigen Fallgruppen im Grenzbereich von gegenwärtigem und zukünftigem Rechtsverhältnis hinaus befürwortet drittens sowohl die überwiegende Literatur (Sodan/Kluckert, VerwA 2003, 3, 6 ff; Schenke, Rn 406) als auch hat die Rspr wiederholt anerkannt (VG Düsseldorf NVwZ 2002, 1269 mwN), dass auch unstreitig künftige Rechtsverhältnisse feststellungsfähig sein können.

Von besonderer eingrenzender Bedeutung ist bei künftigen Rechtsverhältnissen freilich das **8.1** Erfordernis der hinreichenden Konkretheit des Rechtsverhältnisses (s Rn 5), dh die Anforderung, das das Rechtsverhältnis sich auf einen bereits bestimmten, überschaubaren Sachverhalt beziehen muss (Sodan/Ziekow/Sodan VwGO § 43 Rn 22), also nicht einen nur theoretischen, erdachten oder unwahrscheinlichen Geschehensverlauf betrifft (BVerwG NJW 1990, 1866). Teilweise findet sich auch die Formulierung, es müssten bereits die tatsächlichen und rechtlichen Grundlagen für das künftige Rechtsverhältnis gelegt sein (S/S/B/Pietzcker VwGO § 43 Rn 21). Einhellig bejaht wird die Feststellungsbedürftigkeit künftiger Rechtsverhältnisse insbes dann, wenn bereits in der Gegenwart Dispositionen des Klägers von der verbindlichen Feststellung des künftigen Rechtsverhältnisses abhängen.

4. Die Beteiligten des Rechtsverhältnisses

Das festzustellende Rechtsverhältnis muss nach ständiger Rechtsprechung nicht zwischen **9** Kläger und Beklagtem bestehen, sondern kann auch zwischen dem Beklagten und einem **Dritten** (BVerwG NVwZ 1985, 112, 113; BayVGH BayVBl 2006, 47, 48), zwischen dem Kläger und einem Dritten (OVG Münster NWVBl 1993, 262, 263 f) und uU sogar nur zwischen Dritten (Kopp/Schenke VwGO § 43 Rn 16) bestehen. Es liegt auf der Hand, dass die Feststellungsklage – in Abkehr von der grundsätzlichen Orientierung des deutschen Verwaltungsprozessrechts an der Verletztenklage – damit das Potential dazu hat, unabhängig von der eigenen Betroffenheit umfassend die Rechtmäßigkeit staatlichen Handelns (in Bezug auf Dritte) zur gerichtlichen Prüfung stellen zu können. So verwundert es nicht, dass die Bemühungen von Literatur und Rechtsprechung dahin gehen auszuloten, wie dieses Potential anderweitig eingegrenzt werden kann. Unbestritten ist, dass zumindest das Feststellungsinteresse des Klägers gerade gegenüber dem Beklagten bestehen muss (BVerwG NJW 1997, 3257; BVerwGE 117, 93, 116 f); die Feststellungsklage ist, wenn nicht Verletztenklage, jedenfalls Interessentenklage, nicht aber Popularklage. Darüber hinaus geht der Streit, inwieweit eine subjektivrechtliche Anbindung, dh eine Betroffenheit subjektiver Rechte des Klägers zu fordern ist (S/S/B/Pietzcker VwGO § 43 Rn 29 f; aA Sodan/Ziekow/Sodan VwGO § 43 Rn 40 f; s Rn 20 ff). Rechtsprechung und überwiegende Literatur verwenden die Formel, dass von dem festzustellenden Rechtsverhältnis jedenfalls eigene Rechte des Klägers abhängen müssen, wobei ungeklärt ist, inwieweit diese Anforderung Element einer zu fordernden Klagebefugnis gemäß § 42 Abs 2 VwGO analog ist (BVerwG NVwZ 1991, 470, 471; BVerwGE 100, 262, 271; BVerwG DVBl 2009, 1382) oder aber zum Themenkreis Feststellungsinteresse zu rechnen ist (BVerwG NVwZ 1985, 112, 113; Kopp/Schenke VwGO § 43 Rn 16, stellt auf die Teleologie der Feststellungsklage ab, die nur, soweit eigene Rechte vom festzustellenden Rechtsverhältnis abhängen, Befriedungsfunktion entfalten könne). Zu beachten ist, dass viele (fordert man eine echte Klagebefugnis, sogar alle) auf die Feststellung von Drittrechtsverhältnissen bezogenen Klagebegehren bei genauerer Betrachtung auch so formuliert und ausgelegt werden können, dass sie tatsächlich ein (von dem Drittrechtsverhältnis abhängiges) Rechtsverhältnis zwischen Kläger und Beklagten den Streitgegenstand bilden (BVerwGE 114, 356, 358 f; S/S/B/Pietzcker VwGO § 43 Rn 23; Sodan/Ziekow/Sodan VwGO § 43 Rn 42). Nicht statthaft sind nach BVerwGE 140, 267 = BeckRS 2011, 55446 Feststellungsanträge, bei denen das feststellungsfähige Rechtsverhältnis nicht – wie behauptet – zum Beklagten, sondern in Wirklichkeit zu einem Dritten besteht (falscher Beklagter).

5. Außen- und Innenrechtsstreitigkeiten

10   Es ist allgemein anerkannt, dass nicht nur Außen-, sondern auch **Innenrechtsverhältnisse** „Rechtsverhältnisse" im Sinne des § 43 VwGO sind und daher zum Gegenstand einer Feststellungsklage gemacht werden können, so dass sich die Feststellungsklage als Klageart für Innenrechtsstreitigkeiten zwischen Organen und Organteilen, namentlich für den Kommunalverfassungsstreit eignet (s Rn 28; S/S/B/Pietzcker VwGO § 43 Rn 26). Die Definition des Rechtsverhältnisses als öffentlich-rechtliche Beziehung zwischen Personen (oben Rn 1) bedarf insofern der Präzisierung dahingehend, dass mit „Personen" nicht nur natürliche und juristische Personen, sondern auch mit eigenen Rechten ausgestattete Teile (Organe und Organteile) juristischer Personen sein können.

II. Subsidiarität

1. Grundsätzliches

11   Die Feststellung kann gemäß der Regelung des § 43 Abs 2 S 1 VwGO nicht begehrt werden, soweit der Kläger seine Rechte durch Gestaltungs- oder Leistungsklage verfolgen kann oder hätte verfolgen können. Normiert wird insoweit die **Subsidiarität** der Feststellungsklage namentlich im Verhältnis zur Anfechtungsklage (**Gestaltungsklage**) sowie zur Verpflichtungsklage und allgemeinen Leistungsklage (**Leistungsklage**). Für Nichtigkeitsfeststellungsklagen gilt die Subsidiaritätsklausel gemäß § 43 Abs 2 S 2 VwGO ausdrücklich nicht. Das Verhältnis der Feststellungsklage zur **Normenkontrolle** nach § 47 VwGO (die ihrerseits feststellenden Charakter hat, nicht aber Leistungs- oder Gestaltungsklage ist), wird von der Subsidiaritätsklausel des § 43 Abs 2 S 1 VwGO nicht erfasst und geregelt. Da der Normenkontrollantrag nach § 47 VwGO einen von der „heimlichen Normenkontrolle" nach § 43 VwGO unterschiedenen Streitgegenstand hat (die bei § 47 VwGO streitgegenständliche Gültigkeit oder Nichtigkeit einer Norm ist für sich genommen kein Rechtsverhältnis, während die „Normenkontrolle" nach § 43 VwGO immer nur das Bestehen oder Nichtbestehen eines Rechtsverhältnisses, dh typischerweise das Bestehen bestimmter Rechte oder das Nichtbestehen bestimmter Pflichten infolge der der behaupteten Nichtigkeit der zugrunde liegenden Rechtsnorm zum Gegenstand haben kann), kann § 47 VwGO auch nicht aus allgemeinen Prinzipien als „speziell" gegenüber § 43 angesehen werden. Dass § 47 VwGO insoweit keine „Sperrwirkung" gegenüber einer „Normenkontrolle" nach § 43 VwGO entfaltet, hat auch das BVerwG klargestellt (BVerwGE 111, 276, 278 = BVerwG NJW 2000, 3584; BVerfG NVwZ 2006, 922, 924; Hufen Verwaltungsprozessrecht § 18 Rn 8; S/S/B/Pietzcker VwGO § 43 Rn 25, 52; Gärditz/Glaser § 43 Rn 46; näher unten Rn 29 ff).

12   Die Subsidiarität der Feststellungsklage ist vom Gesetz als Teilaspekt der **Statthaftigkeit** ausgestaltet und auch als solcher zu prüfen, obwohl sie ihren tragenden Grund in Überlegungen findet, die einen engen Bezug zu Fragen des Rechtsschutzbedürfnisses und Feststellungsinteresses aufweisen (Hufen Verwaltungsprozessrecht § 18 Rn 5; Sodan/Ziekow/Sodan VwGO § 43 Rn 112). Vor allem zwei Gründe sind es, die die **ratio der Subsidiaritätsklausel** ausmachen (Wolff/Decker/Wolff VwGO § 43 Rn 56; Kopp/Schenke VwGO § 43 Rn 26): Zum einen Gründe der **Prozessökonomie** und der Rechtsschutzintensität: Soweit der Kläger sein Klageziel mittels Gestaltungsklage oder Leistungsklage erreichen kann, soll er auch diese sachnäheren und effektiveren Klagearten wählen und nicht auf die weniger rechtsschutzintensive Feststellungsklage ausweichen, die weder Gestaltungswirkung hat noch

einen Vollstreckungstitel vermittelt. Zum anderen Gründe der inneren Systematik und **Abgrenzung der Klagearten** der VwGO: Die besonderen Sachurteilsvoraussetzungen der Gestaltungs- und Leistungsklagen (namentlich der Anfechtungs- und Verpflichtungsklagen) dürfen nicht mithilfe der Feststellungsklage unterlaufen und umgangen werden. Da jede Streitigkeit in die Gestalt eines Feststellungsantrags gegossen werden könnte und die Feststellungsklage so gesehen ein universal einsetzbarer Auffangrechtsbehelf ist, bedarf sie einer Abgrenzung zu den anderen, jeweils über einen engeren Anwendungsbereich verfügenden Klagearten, die deren Vorrang wahrt und sicherstellt, dass deren speziellen Voraussetzungen auch beachtet werden. Die Subsidiaritätsklausel leistet dies. Besonders betont wird zumeist, die besonderen **Frist- und Vorverfahrenserfordernisse** der Anfechtungs- und Verpflichtungsklage dürften nicht unterlaufen werden; wenn Anfechtungs- oder Verpflichtungsklage wegen verspäteter Widerspruchseinlegung oder Klageerhebung unzulässig seien, dürfe der Kläger nicht auf dem Umweg über die Feststellungsklage noch zum Ziel kommen (das Gesetz drückt dies mit der Formulierung „oder hätte verfolgen können" aus). Ebenso wichtig erscheint – dies wird seltener gesagt –, dass auch das Erfordernis der **Klagebefugnis**, das für Gestaltungs- und Leistungsklagen ausnahmslos gefordert ist (§ 42 Abs 2 VwGO direkt oder analog), durch die Feststellungsklage nicht unterlaufen werden darf. Wenn eine statthafte Leistungs- oder Gestaltungsklage an fehlender eigener Beschwer scheitert, darf der Kläger nicht mit der Feststellungsklage noch zum Ziel kommen, die eine Klagebefugnis nicht ausdrücklich verlangt (zutreffend OVG Koblenz NJW 1976, 1163). Der Wortlaut der Subsidiaritätsklausel bringt dies nur sehr unvollkommen zum Ausdruck, da er mit der Formulierung „seine Rechte" quasi schon unterstellt, dass der Kläger eigene Rechte geltend machen kann. Und dennoch besteht nach hier vertretener Ansicht, wenn die Subsidiaritätsklausel allgemein die Funktion hat, einer Umgehung der besonderen Sachurteilsvoraussetzungen der Gestaltungs- und Leistungsklagen entgegenzuwirken, kein Grund, die besondere Sachurteilsvoraussetzung der Klagebefugnis hiervon auszunehmen. Vielmehr genügt es für die Auslösung der Subsidiaritätsklausel bereits, dass eine vorrangige Klageart auch nur statthaft ist (Sodan/Ziekow/Sodan VwGO § 43 Rn 116). In dem Maße, in dem ein Unterlaufen des Klagebefugniserfordernisses bereits durch die Subsidiaritätsklausel verhindert wird, verliert auch der Streit, inwieweit in § 43 VwGO das Erfordernis einer Klagebefugnis zusätzlich hineingelesen werden muss (s Rn 20 ff), an Schärfe.

Die Frage der Subsidiarität gegenüber Gestaltungs- und Leistungsklagen ist nach der Recht- **12.1** sprechung rechtswegübergreifend zu ermitteln (BVerwG NJW 1986, 1826, 1829; BVerwGE 111, 306, 308 f; BVerwG BeckRS 2010, 48673, Abs-Nr 40; die Subsidiaritätsklausel greift indes auch hier nicht, soweit die Feststellungsklage effektiveren Rechtsschutz bietet). Speziell die Frage, inwieweit bei Erledigung des streitigen Rechtsverhältnisses vor Klageerhebung die Feststellungsklage zulässig oder aber unmittelbar ein Amtshaftungsprozess vor den ordentlichen Gerichten anzustrengen ist, wird indes – analog zur entsprechenden Fallgruppe bei der Fortsetzungsfeststellungsklage – häufig als Problem des hinreichenden Feststellungsinteresses aufgefasst (BVerwGE 111, 306, 308 ff; dagegen Sodan/Ziekow/Sodan VwGO § 43 Rn 93 ff).

Es ist umstritten, ob eine zulässigerweise erhobene Feststellungsklage zulässig bleibt (oder aber auf **12.2** eine Anfechtungsklage umzustellen ist), wenn die Statthaftigkeit einer vorrangigen Klageart erst nachträglich eintritt, zB wenn zum Streitgegenstand nachträglich ein Verwaltungsakt erlassen wird (vgl Hufen Verwaltungsprozessrecht § 18 Rn 7; SG/H, 218; BVerwGE 54, 177). Zum umgekehrten Fall der nachträglichen Zulässigkeit einer Feststellungsklage, der ursprünglich deren Subsidiarität entgegenstand: BVerwG NVwZ 2007, 1311.

Die enge Wechselbeziehung von Subsidiarität einerseits mit Erwägungen des Rechts- **13** schutzbedürfnisses und der Effektivität andererseits (s Rn 12) determiniert zugleich, in welchen Fällen die Subsidiaritätsklausel ausnahmsweise nicht greift – immer dann nämlich, wenn die Feststellungsklage ausnahmsweise im Vergleich zu Gestaltungs- und Leistungsklagen (für die das Rechtsverhältnis Vorfrage ist) den **effektiveren Rechtsschutz** bietet (BVerwGE 121, 152, 156; HessVGH BeckRS 2011, 53793; Kopp/Schenke VwGO § 43 Rn 29; Sodan/Ziekow/Sodan VwGO § 43 Rn 122 ff).

Dies ist etwa der Fall, wenn ein grundsätzliches Rechtsverhältnis mittels Feststellungsklage **13.1** abschließend geklärt werden kann, während Gestaltungs- oder Leistungsklagen nur einen Teilausschnitt aus diesem Rechtsverhältnis klären könnten (BVerwG NJW 1983, 2208; 1997, 2534, 2235) oder eine Vielzahl von Gestaltungs- oder Leistungsklagen zu erheben wäre (BVerwG NVwZ-RR 1998, 302, 303; BVerwGE 121, 152, 156). Ähnliches gilt, wenn eine Leistungsklage noch nicht oder nur teilweise beziffert werden kann (BVerwGE 112, 253, 236; BVerwG NVwZ-RR 1998, 302, 303). Nicht auf eine Verpflichtungsklage auf Erlaubniserteilung kann verwiesen werden, wer Erlaubnisfreiheit behauptet (BVerwG GewA 2001, 65), nicht auf Leistungsklage auf Rückzahlung von Kosten, wer Kostenfreiheit behauptet (BVerwGE 37, 243, 247).

2. Subsidiarität zu Anfechtungs- und Verpflichtungsklagen

14   Im Verhältnis zu Anfechtungs- und Verpflichtungsklagen ist die Subsidiaritätsklausel, da hier die Gefahr einer **Umgehung der besonderen Sachurteilsvoraussetzungen** dieser Klagearten besonders offensichtlich ist, grundsätzlich strikt zu handhaben. Nicht von der Anfechtungsklage erfasst und daher einer Feststellungsklage zugänglich sind im Falle eines bereits erlassenen Verwaltungsakts allerdings Klagen auf Feststellung, ob ein Verwaltungsakt wirksam bekannt gegeben wurde (BVerwG NVwZ 1987, 330), welchen Inhalt er hat und wie er auszulegen ist (BVerwG NJW 2004, 1815) und ob er sich erledigt hat (OVG Lüneburg NVwZ 1993, 1214). Schwierigkeiten bereiten kann das Verhältnis von Feststellungsklage und Anfechtungs- bzw Verpflichtungsklagen in Bezug auf feststellende Verwaltungsakte. Ist ein feststellender Verwaltungsakt ergangen, ist eine Feststellungsklage in Bezug auf das durch Verwaltungsakt festgestellte Rechtsverhältnis unstatthaft (BVerwGE 117, 322, 325). Strittig ist, inwieweit die Feststellungsklage ausscheidet, weil ggf eine Verpflichtungsklage auf Erlass eines feststellenden Verwaltungsakts in Betracht kommt. Subsidiär kann eine Feststellungsklage hier allenfalls sein, soweit ein feststellender Verwaltungsakt überhaupt rechtlich zulässig ist und darüber hinaus ein Anspruch auf seinen Erlass besteht (Sodan/Ziekow/Sodan VwGO § 43 Rn 132 ff; Kopp/Schenke VwGO § 43 Rn 2). Zum Verhältnis der Feststellungsklage zu zukünftigen Anfechtungsklagen (vorbeugende Feststellungsklage) s Rn 26 f.

3. Die praktische Austauschbarkeit von Feststellungs- und allgemeiner Leistungsklage bei gegen Hoheitsträger gerichteten Klagen

15   Eine **Ausnahme** von der in § 43 Abs 2 S 1 VwGO angeordneten Subsidiarität der Feststellungsklage macht die Rechtsprechung – im Wege der teleologischen Reduktion –, soweit es um Klagen gegen **Hoheitsträger** sowie um das Verhältnis von **Feststellungs- und allgemeiner Leistungsklage** geht (BVerwGE 36, 179, 182; 114, 61, 63). Im Ergebnis sind Feststellungs- und allgemeine Leistungsklage im Regelfall von gegen den Staat oder andere Verwaltungsträger gerichteten Bürgerklagen damit praktisch austauschbar und es besteht ein echtes Wahlrecht (Wolff/Decker/Wolff VwGO § 43 Rn 65; Gärditz/Glaser § 43 Rn 76). Gleiches gilt für das Verhältnis von **vorbeugender** Unterlassungs- und Feststellungsklage sowie im Rahmen von **Innenrechtsstreitigkeiten**. Insbes zwei Gründe führt die Praxis für diese Einschränkung der Subsidiaritätsklausel an (vgl Hufen Verwaltungsprozessrecht § 18 Rn 6): Zum einen könne damit gerechnet werden, dass sich Behörden rechtstreu verhalten und sich auch ohne vollstreckbaren Leistungstitel an das Feststellungsurteil halten würden, so dass der Rückgriff auf die grundsätzlich rechtsschutzintensivere Leistungsklage entbehrlich sei (ein Argument, das ursprünglich aus der Zivilrechtsprechung stammt). Zum anderen bestehe bei der allgemeinen Leistungsklage nicht die Gefahr einer Umgehung der besonderen Sachurteilsvoraussetzungen von Anfechtungs- und Verpflichtungsklage (namentlich der Vorverfahrens- und Fristerfordernisse). Die Literatur hat sich dieser Sichtweise weit überwiegend nicht angeschlossen (Hufen Verwaltungsprozessrecht § 18 Rn 6; Schenke, Rn 420; Sodan/Ziekow/Sodan VwGO § 43 Rn 121; vereinzelt auch die Rspr, so VG Stuttgart BeckRS 2004, 22971). Sie verweist auf den eindeutigen Wortlaut der Subsidiaritätsregel, auf das faktische Leerlaufen der ausdrücklich angeordneten Subsidiarität gegenüber der Leistungsklage im Standardfall einer gegen den Staat gerichteten Klage, auf die Nichtübertragbarkeit zivilprozessrechtlicher Argumentationen (wo es an einer ausdrücklichen Subsidiaritätsklausel fehle) sowie auf § 172 VwGO, der die Vollstreckung gegen Behörden sogar ausdrücklich regle und damit die „Ehrenmanntheorie" in Frage stelle. Diese durchaus gewichtigen Einwände haben an der ständigen Praxis bislang nichts geändert. Zuzugeben ist, dass der Streit um die Leistungs- oder die Feststellungsklage jedenfalls dann, wenn man (wie

dies die Praxis tut) in den Fällen einer an die Stelle der Leistungsklage getretenen Feststellungsklage eine Klagebefugnis fordert (s Rn 23), ohne praktische Relevanz ist, weil die Zulässigkeitsvoraussetzungen dann völlig synchron laufen. Für die Praxis ist daher bis auf weiteres von der praktischen Austauschbarkeit von Feststellungs- und allgemeinen Leistungsklagen bei Klagen gegen Verwaltungträger auszugehen.

B. Die besonderen Sachurteilsvoraussetzungen der allgemeinen Feststellungsklage, insbesondere das Feststellungsinteresse – Erforderlichkeit einer Klagebefugnis?

Das Vorliegen eines „berechtigte(n) Interesse(s) an der baldigen Feststellung" (Feststellungsinteresse, § 43 Abs 1 VwGO) ist die einzige besondere Sachurteilsvoraussetzung der allgemeinen Feststellungsklage, die § 43 VwGO ausdrücklich normiert. Die Feststellungsklage kennt – vorbehaltlich spezialgesetzlicher Regelung (zB § 54 Abs 2 BeamtStG) – insbes weder das Erfordernis eines Vorverfahrens noch ist sie an besondere Fristen gebunden. **16**

I. Feststellungsinteresse

Das in § 43 Abs 1 VwGO normierte Erfordernis eines hinreichenden **Feststellungs-** **17** **interesses** zerfällt in eine **sachlich-subjektive** („berechtigtes Interesse") und eine **zeitliche** („baldige Feststellung") **Komponente** (Hufen Verwaltungsprozessrecht § 18 Rn 12). Beide Komponenten können jeweils näher konkretisiert und definiert werden. So versteht man unter einem berechtigten Interesse laut gängiger Definition jedes anzuerkennende schutzwürdige Interesse rechtlicher, wirtschaftlicher oder ideeller Art (BVerwGE 74, 1, 4; Kopp/Schenke VwGO § 43 Rn 23, näher s Rn 19). Die zeitliche Komponente kann dahin näher bestimmt werden, dass das Feststellungsinteresse gerade im Zeitpunkt des Urteils bestehen muss und die Feststellung keinen Aufschub duldet (Hufen Verwaltungsprozessrecht § 18 Rn 15). Beide Komponenten dürfen indes nicht dahin missverstanden werden, als ließen sie sich trennscharf voneinander abgrenzen und getrennt prüfen. Sie hängen vielmehr untrennbar miteinander zusammen; die Frage, ob ein hinreichendes Feststellungsinteresse iS eines berechtigten Interesses an baldiger Feststellung besteht, lässt sich letztlich nur einheitlich beantworten.

Nicht leicht zu beantworten ist die Frage nach der **rechtlichen Einordnung** des **18** Erfordernisses eines hinreichenden Feststellungsinteresses. Handelt es sich bei ihm nur um das allgemeine Rechtsschutzbedürfnis, das ohnehin stets gegeben sein muss (S/S/B/Pietzcker VwGO § 43 Rn 39)? Handelt es sich um eine spezielle Ausformung des allgemeinen Rechtsschutzbedürfnisses (Sodan/Ziekow/Sodan VwGO § 43 Rn 73) oder um ein zusätzliches besonderes Feststellungsinteresse (Redeker/v. Oertzen/v. Nicolai VwGO § 43 Rn 19)? Inwieweit kann und muss das Feststellungsinteresse allgemein oder in bestimmten Fallgruppen mit Elementen der Klagebefugnis (also einer subjektiven Rechtsbetroffenheit) aufgeladen werden (zB BVerwG NVwZ 1985, 112, 113; Rechtsprechungsübersicht bei S/S/B/Pietzcker VwGO § 43 Rn 29)? Alle diese Fragen hängen untrennbar mit der Hauptstreitfrage zu § 43 VwGO zusammen, inwieweit nämlich bei der Feststellungsklage zusätzlich zum Feststellungsinteresse noch eine Klagebefugnis (§ 42 Abs 2 VwGO analog) zu fordern ist bzw inwieweit die Feststellungsklage **Interessenten- oder Verletztenklage** ist (s dazu unten II. Rn 20 ff). Jedenfalls soweit eine subjektivrechtliche Anbindung der Feststellungsklage nicht ohnehin über ein gesondertes Klagebefugnis-Erfordernis postuliert wird, wird dem Kriterium des Feststellungsinteresses üblicherweise die Funktion zugesprochen, einen konkreten individuellen Bezug zum Kläger herzustellen und auf diese Weise jedenfalls Popularklagen auszuschließen (Sodan/Ziekow/Sodan VwGO § 43 Rn 73).

Die nähere Bestimmung des Kriteriums „**berechtigtes Interesse**" nimmt seinen Aus- **19** gangspunkt zumeist in der Feststellung, es sei weiter zu verstehen als das „rechtliche Interesse" iSv § 256 ZPO und auch weiter als das subjektive „Recht" iSv § 42 Abs 2 VwGO. Die gängige Definition lautet: „jedes nach Lage des Falles anzuerkennende schutzwürdige Interesse, sei es **rechtlicher**, **wirtschaftlicher** oder **ideeller Art**" (zT mit dem Zusatz: „das hinreichend gewichtig ist, um die Position des Betroffenen zu verbessern; BVerwGE 74, 1, 4; NVwZ 1991, 471; Kopp/Schenke VwGO § 43 Rn 23). Festzuhalten ist hierbei, dass das schutzwürdige Interesse nicht unbedingt selbst ein subjektives Recht zu sein hat, wenngleich die Frage, ob das Interesse schutzwürdig ist, regelmäßig nur unter Rückgriff auf Wertungen des Rechts zu beantworten sein wird (Grundrechtsbezogenheit ideeller Interessen; Feststellungsinteresse infolge tief greifender Grundrechtsbeeinträchtigung etc; BVerwG NJW 1997, 2534 f; Sodan/Ziekow/Sodan VwGO § 43 Rn 78). Letztlich wird es zumeist weniger auf die Art des schutzwürdigen Interesses (rechtlich, wirtschaftlich, ideell), sondern darauf ankommen, dass im zu entscheidenden Fall ein **konkreter Klärungsbedarf** besteht (Hufen Verwaltungsprozessrecht § 18 Rn 14), dh dass zwischen den Parteien in Bezug auf einen konkreten Sachverhalt Meinungsverschiedenheiten bestehen, bezüglich derer ein Feststellungsurteil Befriedungswirkung verspricht (die Abgrenzung zum Prüfungspunkt „konkretes und streitiges Rechtsverhältnis" ist hierbei nicht einfach, s Rn 5). Zu bejahen ist ein konkreter Klärungsbedarf insbes, wenn zwischen Bürger und Behörde Meinungsverschiedenheiten über Rechte und Pflichten bestehen und der Bürger bevorstehende oder angedrohte nachteilige Maßnahmen der Behörde oder Sanktionen vermeiden will (die Frage, wie konkret zu befürchten solche Maßnahmen oder Sanktionen zu sein haben und ob das Feststellungsinteresse entfällt, wenn die Behörde erklärt, keine rechtlichen Konsequenzen ziehen zu wollen, ist strittig, s Rn 19.1 ff) oder wenn von der Streitfrage bereits jetzt Dispositionen des Bürgers abhängen (Beispiele bei Kopp/Schenke VwGO § 43 Rn 24). Das Feststellungsinteresse muss bei **Drittfeststellungsklagen** gerade gegenüber dem Beklagten, und nicht nur gegenüber dem Beigeladenen, bestehen (s bereits Rn 9). Für Sonderfallgruppen der Feststellungsklage, namentlich für die **vorbeugende** Feststellungsklage und Feststellungsklagen bzgl **vergangener** Rechtsverhältnisse bestehen besondere Anforderungen an das Feststellungsinteresse (zu den Fallgruppen s Rn 25, 27).

19.1   Immer wieder wird versucht, das Erfordernis eines Feststellungsinteresses bei § 43 VwGO durch einen Vergleich mit dem wortgleich formulierten „berechtigten Interesse" bei § 113 Abs 1 S 4 VwGO näher zu bestimmen, wobei über die Frage, ob gleiche oder unterschiedliche Anforderungen gemeint sind, Uneinigkeit herrscht (BVerwGE 81, 226, 228; Sodan/Ziekow/Sodan VwGO § 43 Rn 82 ff; Schenke, Rn 571 ff). Nach hier vertretener Ansicht ist ein Vergleich nur bzgl derjenigen Fallgruppe angebracht, in denen Fortsetzungsfeststellungsklage und allgemeine Feststellungsklage (ausnahmsweise) eine identische Funktion wahrnehmen, nämlich bei Feststellungsklagen bzgl vergangener/erledigter Rechtsverhältnisse (s Rn 7). Hier liegt es nahe, den wortgleichen Formulierungen des „berechtigten Interesses" auch tatsächlich die gleiche Bedeutung beizumessen, dh das Feststellungsinteresse bei der vergangenheitsbezogenen allgemeinen Feststellungsklage von den gleichen Fallgruppen abhängig zu machen, wie sie von der Fortsetzungsfeststellungsklage her bekannt sind (Wiederholungsgefahr, Rehabilitationsinteresse etc; näher unten Rn 25; Kopp/Schenke VwGO § 43 Rn 25). Da die Fortsetzungsfeststellungsklage in analoger Anwendung des § 113 Abs 1 S 4 VwGO auch bei Erledigung vor Klageerhebung in Betracht kommt, ist es nicht allgemein richtig, an das Feststellungsinteresse bei § 113 Abs 1 S 4 deswegen geringere Anforderungen zu stellen, weil hier ein bereits betriebener Prozessaufwand zu Buche schlage. Außerhalb der Sonderfallgruppe „vergangene Rechtsverhältnisse" sind die Fallgestaltungen der allgemeinen Feststellungsklage ohnehin zu vielfältig, um mit der ganz besonderen Klagekonstellation der Fortsetzungsfeststellungsklage sinnvoll verglichen werden zu können.

19.2   Typischer Fall eines Feststellungsinteresses ist es, dass der Kläger bei Streitigkeiten über seine Rechte und Pflichten bevorstehende oder angedrohte Sanktionen – insbes ein Straf- oder Bußgeldverfahren – vermeiden will. Es ist ihm in solchen Fällen nicht zuzumuten, die Klärung der Streitfrage gleichsam „auf der Anklagebank" zu erleben (BVerwGE 4, 363, 364); er hat Anspruch auf verwaltungsgerichtliche Klärung. Strittig ist, ob dies auch gilt, wenn eine Behörde dem Kläger zwar einen Rechtsverstoß vorwirft, aber erklärt, diesen dulden und keine Konsequenzen ziehen zu wollen. Die Rechtsprechung hat in solchen Fällen das Feststellungsinteresse verneint (BVerwGE 77, 207, 213; 89, 327, 331; NVwZ 1986, 35; 2009, 1170); die Literatur hält, wenn ein objektives Verfolgungsrisiko besteht (namentlich bei verwaltungsrechtsakzessorischer Strafbewehrung) das Feststellungsinteresse unabhängig von vorherigen Androhungen für gegeben (Kopp/Schenke VwGO § 43 Rn 24; Hufen Verwaltungsprozessrecht § 18 Rn 14); auch darf sich eine Behörde einer Feststellungsklage nicht dauerhaft dadurch entziehen, dass sie sich zu einem in ihren Aufgabenbereich fallenden Streitfall keine Meinung bildet und sich zu keinem Einschreiten durchringt (Sodan/Ziekow/Sodan VwGO § 43 Rn 89; ebd Rn 88 zur Frage, welche Auswirkungen der Verfahrensstand des Bußgeld- oder Strafverfahrens auf das Feststellungsinteresse hat).

Streitig ist, ob der Verwaltung das berechtigte Interesse an einer gerichtlichen Feststellung **19.3** abzuerkennen ist, wenn sie in der Lage ist, das streitige Rechtsverhältnis durch feststellenden Verwaltungsakt zu klären (Wolff/Decker/Wolff VwGO § 43 Rn 28; Sodan/Ziekow/Sodan VwGO § 43 Rn 111).

II. Klagebefugnis?

Die Frage, ob bei der Feststellungsklage zusätzlich zum Erfordernis eines hinreichenden **20** Feststellungsinteresses auch noch eine **Klagebefugnis** (§ 42 Abs 2 VwGO analog) zu fordern ist, ist **umstritten** und noch nicht geklärt. Auf der einen Seite steht die Ansicht, auch bei der Feststellungsklage bestehe – nicht anders als bei den anderen Klagearten und im Einklang mit der Grundentscheidung der VwGO zugunsten der Verletztenklage – die Notwendigkeit einer subjektivrechtlichen Anbindung (S/S/B/Pietzcker VwGO § 43 Rn 28 ff); auf der anderen Seite wird geltend gemacht, der Gesetzgeber habe die Feststellungsklage bewusst als Interessentenklage ausgestaltet, so dass es nicht angehe, das ausdrücklich nicht vorgesehene Erfordernis einer Klagebefugnis in § 43 VwGO hineinzulesen, und es auch an einer durch Analogie schließbaren Regelungslücke fehle (Sodan/Ziekow/Sodan VwGO § 43 Rn 72, 74 ff; Gärditz/Glaser § 43 Rn 84 ff). Die **Rechtsprechung** neigt vermehrt der Annahme eines Klagebefugnis-Erfordernisses zu und hat zum Teil in sehr grundsätzlicher Weise formuliert, bei der Feststellungsklage sei nicht anders als bei der allgemeinen Leistungsklage eine Klagebefugnis zu fordern (BVerwG NVwZ 1991, 470, 471; BVerwGE 100, 262, 271; BVerwGE 111, 276, 279; BVerwG DVBl 2009, 1382; HessVGH BeckRS 2011, 53793; Rechtsprechungsübersicht bei S/S/B/Pietzcker VwGO § 43 Rn 29, auch zum Folgenden), wobei es dann zum Teil – unscharf – für ausreichend erachtet wird, dass von dem streitigen Rechtsverhältnis eigene Rechte abhängen (was großzügiger sein dürfte als ein echtes Klagebefugniserfordernis). Genau besehen geht es hauptsächlich um einige besondere Fallgruppen, in denen die Frage nach der Klagebefugnis relevant wird:

– Erstens die **Drittfeststellungsklage** (s Rn 9); hier ist die Gefahr besonders offensichtlich, dass eine als bloße Interessentenklage ausgestaltete Feststellungsklage zum Vehikel werden könnte, auch nicht in eigenen Rechten betroffenen Dritten die Möglichkeit zu eröffnen, umfassend die Rechtmäßigkeit staatlichen Handelns (in Bezug auf andere) zur gerichtlichen Überprüfung zu stellen.

– Zweitens die **Nichtigkeitsfeststellungsklage**, wo die Feststellungsklage gleichsam neben und an die Stelle der Anfechtungsklage tritt, die ihrerseits eine Klagebefugnis voraussetzen würde.

– Drittens **Innenrechtsstreitigkeiten**, bei denen nicht einzusehen ist, warum Organe andere Rechtsfragen als ihre eigenen subjektiven Organrechte zum Streitgegenstand sollten machen können.

Im **Regelfall** der Feststellungsklage, in dem ein Rechtsverhältnis (dh wechselseitige subjektive Rechte und Pflichten) zwischen Kläger und Beklagtem im Streit stehen, spielt das Erfordernis einer Klagebefugnis keine besondere Rolle bzw. ist es unproblematisch erfüllt (weil bereits der Rechtsverhältnisbegriff auf subjektive Rechte abstellt, s Rn 1; Gärditz/Glaser § 43 Rn 42; s auch BVerwG BeckRS 2010, 48674, AbsNr 36); speziell bei der Drittfeststellungsklage kann man sich auch mit einer entsprechenden Auslegung des Feststellungsinteresses behelfen (s Rn 9). Dementsprechend lehnen es weite Teile der Literatur auch ab (abgesehen von einigen Sonderfallgruppen) generell ein zusätzliches Klagebefugnis-Erfordernis in § 43 VwGO hineinzulesen (Hufen Verwaltungsprozessrecht § 18 Rn 17; Schenke, Rn 433), wenn nicht sogar dezidiert eine Interessentenklage befürwortet wird (Sodan/Ziekow/Sodan VwGO § 43 Rn 72 ff).

Die Diskussion um die Klagebefugnis leidet nach hier vertretener Ansicht darunter, dass **21** zu wenig der enge Wechselbezug von **Subsidiarität** und **Klagebefugnis** bedacht wird, in dem gleichsam der **Schlüssel zur Lösung** des Streits um die Notwendigkeit einer Klagebefugnis zu finden ist. Im Ausgangspunkt muss man vorsichtig damit sein, die in § 43 VwGO im einzelnen ausdrücklich normierte Klageart der Feststellungsklage an zusätzliche ungeschriebene Voraussetzungen zu binden, zumal mit dem Erfordernis des Feststellungsinteresses bereits eine ausdrücklich normierte Voraussetzung existiert, die einen individuellen

Bezug zum Kläger herstellt, Popularklagen ausschließt und insofern bereits genau die Funktion besetzt, die auch der Klagebefugnis zukäme (wenn auch – offenbar bewusst – mit anderem Inhalt, indem eben nicht ein subjektives Recht, sondern nur ein berechtigtes Interesse gefordert ist). Die Situation ist insofern eine andere als bei der allgemeinen Leistungsklage, die insgesamt ungeschrieben ist und bei der es folglich ein Leichtes ist, die den Klägerbezug betreffende Regelungslücke mit § 42 Abs 2 VwGO zu schließen. Auf der anderen Seite kann nicht bestritten werden, dass alle anderen Klagearten und damit die VwGO insgesamt in der Tat von der Idee der Verletztenklage und der Notwendigkeit einer subjektivrechtlichen Anbindung geprägt sind und dass man nicht leicht wird annehmen können, dass diese Grundentscheidung mithilfe der Feststellungsklage in Frage gestellt und untergraben werden soll. Es ist – so die hier vertretene These – die Subsidiaritätsklausel des § 43 Abs 2 VwGO, die geschaffen und geeignet dafür ist, genau dieser Gefahr der Unterminierung der Grundentscheidung für die Verletztenklage hinreichend zu begegnen; und in dem Maße, in dem das ausdrücklich normierte Subsidiaritätserfordernis dies zu leisten imstande ist, besteht kein Anlass, auf das ungeschriebene Erfordernis der Klagebefugnis zurückzugreifen.

22   Es ist bereits oben in Rn 12 dargelegt worden, dass die Subsidiaritätsklausel auch die Funktion hat zu verhindern, dass das bei Leistungs- und Gestaltungsklagen geltende Erfordernis der Klagebefugnis unterlaufen wird. Soweit eine Leistungs- oder Gestaltungsklage an fehlender Klagebefugnis scheitert, soll der Kläger nicht auf dem Umweg der Feststellungsklage noch zum Ziel kommen können (OVG Koblenz NJW 1976, 1163, 1165). Wenn etwa eine von einem interessierten Verein erhobene Anfechtungsklage gegen eine Vorhabengenehmigung mangels eigener Rechtsbetroffenheit des Vereins unzulässig ist, kann der Verein trotz allen vielleicht berechtigten Interesses auch nicht über eine Feststellungsklage die Überprüfung der Rechtmäßigkeit der Genehmigung erreichen. Der potentielle Anwendungsbereich der Feststellungsklage als Interessentenklage wird dadurch stark eingeschränkt – und zwar allein unter Rückgriff auf das ausdrücklich normierte Subsidiaritätskriterium und **ohne Hineinlesen** einer zusätzlichen Klagebefugnis. Viele der in Bezug auf die Klagebefugnis streitigen Fälle (namentlich Drittfeststellungsklagen) dürften sich dabei besehen als verkappte Leistungs- und Anfechtungsbegehren entpuppen, bei denen das Subsidiaritätskriterium völlig ausreicht, um ein Unterminieren der Grundentscheidung für die Verletztenklage zu verhindern (BVerwG NVwZ 1991, 470; OVG Koblenz NJW 1976, 1163).

23   Das Subsidiaritätskriterium ist zugleich Richtschnur dafür, wann **ausnahmsweise** doch eine Klagebefugnis entsprechend § 42 Abs 2 VwGO analog gefordert werden kann und muss – immer dann nämlich, wenn aus welchen Gründen auch immer die Subsidiaritätsklausel nicht greift oder leer läuft und die Feststellungsklage daher in der Lage ist, an die Stelle einer Klageart zu treten, die ihrerseits eine Klagebefugnis voraussetzt. Hier fordert es das Gebot der inneren Konsistenz der VwGO und ihres Klageartensystems, auch für die Feststellungsklage eine Klagebefugnis zu fordern. Folgende Konstellationen sind zu unterscheiden:

– Paradefall ist erstens die **Nichtigkeitsfeststellungsklage**, bei die Subsidiaritätsklausel kraft § 43 Abs 2 S 2 VwGO ausdrücklich nicht gilt und die Feststellungsklage daher neben und an die Stelle einer Anfechtungsklage treten kann und mit ihr austauschbar wird. Es ist nur folgerichtig, dass auch die Nichtigkeitsfeststellungsklage an eine Klagebefugnis gebunden wird (BVerwG NJW 1982, 2205).

– Gleiches hat zweitens zu gelten für diejenige umfangreiche Fallgruppe, in der die Rechtsprechung annimmt, dass die Subsidiaritätsklausel bei **gegen Hoheitsträger** gerichteten Klagen im Verhältnis zur allgemeinen Leistungsklage praktisch nicht gilt, so dass allgemeine Leistungs- und Feststellungsklage bei Klagen gegen Verwaltungsträger weitgehend austauschbar geworden sind (s Rn 15). Konsequenz ist, dass auch die Sachurteilsvoraussetzungen übereinstimmen müssen und so auch bei Feststellungsanträgen (die auch als Leistungsanträge hätten formuliert werden können), eine Klagebefugnis zu fordern ist. Dies gilt auch für **Innenrechtsstreitigkeiten** (BVerwG NVwZ 1989, 470).

– Zu fordern ist eine Klagebefugnis (nicht anders als bei der funktionsgleichen Fortsetzungsfeststellungsklage) auch bei auf **vergangene**/erledigte Rechtsverhältnisse bezogenen Feststellungsklagen. Hier greift die Subsidiaritätsklausel deswegen nicht, weil die zunächst (vor Erledigung) statthafte Leistungsklage/Unterlassungsklage (die eine Klagebefugnis vorausgesetzt hätte) aufgrund Erledigung unzulässig geworden ist und daher die Feststellungsklage in die Lage kommt, an ihre Stelle zu treten und die ursprüngliche Leistungsklagenkonstellation „fortzusetzen" (sei es im Wege der Klageänderung oder der erstmaligen Klageerhebung nach Erledigung). Es kann aber nicht angehen, dass eine ursprünglich mangels Klagebefugnis unzulässige Leistungsklage erfolgreich mittels Feststellungsklage fortgesetzt werden kann.

– Zu fordern sein wird eine Klagebefugnis auch bei einer „heimlichen **Normenkontrolle**" mittels Feststellungsantrags (s Rn 31) Das Verhältnis der Feststellungsklage zu § 47 VwGO, der eine Antragsbefugnis verlangt, wird durch die Subsidiaritätsklausel nicht erfasst (s Rn 11), so dass diese auch ihre klagebefugnissichernde Funktion nicht erfüllen kann. Zudem ist die Zulässigkeit einer „heimlichen Normenkontrolle" über § 43 VwGO letztlich ein Gebot des Art 19 Abs 4 GG, der verlangt, die durch § 47 VwGO belassenen Rechtsschutzlücken in Normenkontrollsachen zu schließen (BVerfG NVwZ 2006, 922, 924; Hufen Verwaltungsprozessrecht § 18 Rn 8); eine Interessentenklage indes würde über Art 19 Abs 4 GG weit hinausschießen.

C. Besondere Fallgruppen der allgemeinen Feststellungsklage

I. Feststellungsklagen bzgl vergangener Rechtsverhältnisse

Es ist anerkannt, dass auch **vergangene**, dh **erledigte** Rechtsverhältnisse Gegenstand **24** einer Feststellungsklage sein können (s Rn 7). Die Feststellungsklage nach § 43 VwGO vermag insoweit im Allgemeinen genau jene Funktion einzunehmen, die speziell für verwaltungsaktsbezogene Fallkonstellationen der **Fortsetzungsfeststellungsklage** nach § 113 Abs 1 S 4 VwGO zukommt. Die **Abgrenzung** zwischen allgemeiner und Fortsetzungsfeststellungsklage (hierzu Sodan/Ziekow/Sodan VwGO § 43 Rn 140 ff) wird von der ständigen Praxis so vorgenommen, dass die spezielle Fortsetzungsfeststellungsklage über ihren Wortlaut hinaus in analoger Anwendung für alle verwaltungsaktsbezogenen Fallkonstellationen greift, dh auch für Verpflichtungskonstellationen sowie bei Erledigung vor Klageerhebung („nachgezogene" Fortsetzungsfeststellungsklage). § 43 VwGO tritt insoweit zurück und greift in den restlichen Konstellationen, dh insbes in Bezug auf Verwaltungsrealakte. Diese eingespielte Unterscheidung ist durch ein obiter dictum des BVerwG in Frage gestellt worden (BVerwGE 109, 203, 209; dazu Seidel/Reimer/Möstl/Möstl, Besonderes Verwaltungsrecht, 3. Aufl 2009, 198 f; Schenke JuS 2007, 697, 699 ff; Heinze/Sahan JA 2007, 805; F/K/S/ Terhechte § 43 Rn 12). Für die nach Erledigung erhobene analoge Fortsetzungsfeststellungsklage hatte das Gericht die Frage aufgeworfen, ob angesichts des Umstandes, dass die besonderen verwaltungsaktstypischen Klagevoraussetzungen (Vorverfahren, Klagefrist) bei der analogen Fortsetzungsfeststellungsklage letztlich ohnehin nicht griffen, nicht von vornherein besser direkt auf § 43 VwGO abgestellt werden sollte, der diese Voraussetzungen nicht kennt. Diese Einlassungen sind teilweise als „Abschied" von der analogen Fortsetzungsfeststellungsklage gedeutet worden (dazu Wehr DVBl 2001, 785; Weber BayVBl 2003, 488). Eine veränderte Praxis lässt sich auch mehrere Jahre nach der Entscheidung des BVerwG nicht nachweisen (Hufen/Bickenbach DV 2006, 525, 544; zB BayVGH NVwZ-RR 2003, 771; VGH BW NVwZ-RR 2004, 572; BayVGH BayVBl 2009, 432; VGH BW BeckRS 2012, 54932; aus BVerwG NVwZ 2007, 1311 dürfte nichts anderes folgen; aA Glaser NJW 2009, 1043; offen gelassen in BVerwG NJW 2012, 2678) – mit gutem Grund: Das Klageartensystem der VwGO trennt relativ scharf zwischen verwaltungsaktsbezogenen und sonstigen Rechtsbehelfen; es erscheint vor diesem Hintergrund sachnäher, die Konstellation eines vor Klageerhebung erledigten Verwaltungsakts der Fortsetzungsfeststellungsklage zuzuordnen (zum Vorrang des § 113 Abs 1 S 4 vor § 43 in anderem Kontext auch OVG Lüneburg BeckRS 2009, 34095), zumal eine Zuordnung zu § 43, was die Formulierung des Antrags anbelangt, ohnehin nicht bruchlos möglich wäre (die Rechtswidrigkeit des erledigten VA ist als solche kein Rechtsverhältnis; insofern müsste der Klageantrag erst umgedeutet werden, s Rn 4).

Bei auf vergangene Rechtsverhältnisse bezogenen Feststellungsklagen wird ein besonderes, **25** **qualifiziertes Feststellungsinteresse** gefordert. Es kann insoweit auf die Kriterien zurückgegriffen werden, die von der Fortsetzungsfeststellungsklage her bekannt sind (Wolff/Decker/Wolff VwGO § 43 Rn 38; Kopp/Schenke VwGO § 43 Rn 25; Schenke JZ 2010, 1046, 1048; dazu, dass nicht etwa grundsätzlich erhöhte Anforderungen gestellt werden dürfen s Rn 19.1). Dies gilt insbes für die Fallgruppen Wiederholungsgefahr und Rehabilitationsinteresse (zu letzterem: OVG Münster BeckRS 2011, 49617). Was die Präjudizwirkung für Staatshaftungsprozesse anbelangt, so begründet diese – wie bei § 113 Abs 1 S 4 VwGO auch – ein berechtigtes Interesse nur dann, wenn die Erledigung nach Klageerhebung eingetreten ist; ansonsten ist unmittelbar vor den ordentlichen Gerichten zu klagen (dies kann auch als Frage der Subsidiarität aufgefasst werden, s Rn 12.1). Weitgehend durchgesetzt hat sich mittlerweile auch die Fallgruppe des tief greifenden Grundrechtseingriffs bei sich typischerweise schnell erledigenden Maßnahmen, wo letztlich Art 19 Abs 4 GG verlangt, dass ein effektiver Hauptsacherechtsbehelf zur Verfügung steht (BVerwG NJW 1997, 2534; VGH BW DVBl 1998, 835, 837; BayVGH BayVBl 2012, 654, 658; Sodan/Ziekow/Sodan VwGO § 43 Rn 98 ff). In solchen Konstellationen ist ein Feststellungsinteresse zu bejahen, obwohl das erledigte Rechtsverhältnis keine anhaltenden abträglichen Wirkungen mehr zeitigt. Die frühere Formel der Rechtsprechung, dass Feststellungsklagen bzgl vergangener Rechtsverhältnisse ebensolche anhaltenden Wirkungen voraussetzten (BVerwGE 61, 164, 169), bedarf insoweit der Korrektur. Zur Frage einer zu fordernden Klagebefugnis s Rn 23.

II. Vorbeugende Feststellungsklage

26   Die Statthaftigkeit vorbeugender Feststellungsklagen ist nicht in erster Linie davon abhängig, ob man bei ihnen das festzustellende Rechtsverhältnis als gegenwärtig oder zukünftig einstuft, weil auch zukünftige Rechtsverhältnisse feststellungsfähig sind, sofern sie nur konkret und bereits hinreichend überschaubar sind (s Rn 8). Da die meisten vorbeugenden Feststellungsbegehren in der Sache Unterlassungsbegehren darstellen, müsste die Feststellungsklage, nähme man die Subsidiaritätsklausel des § 43 Abs 2 S 1 VwGO beim Wort, regelmäßig hinter eine vorrangig zu erhebende vorbeugende Unterlassungsklage zurücktreten. Dass vorbeugende Unterlassungs- und Feststellungsklagen in der Praxis dennoch als weitgehend austauschbar angesehen werden, hängt mit dem allgemeinen Leerlaufen der Subsidiaritätsklausel zusammen, das die Rechtsprechung bei Klagen gegen Hoheitsträger im Verhältnis zur allgemeinen Leistungsklage befürwortet (s Rn 15; dagegen zB Hufen Verwaltungsprozessrecht § 18 Rn 23). Folgt man dieser weitgehenden Austauschbarkeit, ist es nur konsequent, auch für vorbeugende Feststellungsklagen eine Klagebefugnis zu verlangen (s Rn 23).

27   Hinsichtlich der Anforderungen an das **Feststellungsinteress**e ist zu differenzieren (Wolff/Decker/Wolff VwGO § 43 Rn 31 ff). Keine besonderen Hürden bestehen bei der vorbeugenden Abwehr von Realakten; das Erfordernis, dass diese sich konkret abzeichnen und mit gewisser Wahrscheinlichkeit zu befürchten sein müssen (zur vorbeugenden Unterlassungsklage Wolff/Decker/Wolff VwGO Anhang zu § 43 Rn 30 f; dort uU Frage des Rechtsschutzbedürfnisses) ergibt sich bei der Feststellungsklage bereits aus der Statthaftigkeitsvoraussetzung eines hinreichend konkreten und bereits überschaubaren Rechtsverhältnisses (vgl VG Regensburg BayVBl 2013, 313). Anderes gilt, wenn es um die vorbeugende Abwehr förmlicher Rechtsakte, namentlich zukünftiger **Verwaltungsakte** oder administrativer **Normsetzungsakte** geht. Für den Rechtsschutz gegen Verwaltungsakte und Normen stellt die VwGO spezielle Klagearten (für Verwaltungsakte namentlich die Anfechtungsklage, für Normen § 47 VwGO bzw. hilfsweise die „heimliche Normenkontrolle" über die allgemeine Feststellungsklage), jeweils einschließlich umfassender Instrumente einstweiligen Rechtsschutzes (§§ 80, 47 Abs 6, 123 VwGO) zur Verfügung, die sich auch unter Gewaltenteilungsgesichtspunkten zu einem Grundsatz des **Vorrangs repressiven Rechtsschutzes** verdichten (Schenke, Rn 421). Hinsichtlich der vorbeugenden Abwehr von Verwaltungsakten und Normen ist ein hinreichendes Feststellungsinteresse daher nur dann anzuerkennen, wenn ein Abwarten repressiven Rechtsschutzes (auch unter Berücksichtigung der Möglichkeiten einstweiligen Rechtsschutzes) ausnahmsweise nicht zumutbar ist (BVerwGE 40, 323, 326; NVwZ 1991, 580). Ein solches **qualifiziertes Feststellungsinteresse** kann bejaht werden, wenn ein mit Anfechtungsklage nicht mehr ausräumbarer oder sonst nicht mehr wieder gutzumachender Schaden droht, wenn eine Vielzahl gleichartiger Rechtsakte abzuwehren wäre oder bereits jetzt Dispositionen zu treffen sind (Sodan/Ziekow/Sodan

VwGO § 43 Rn 105 f; Gärditz/Glaser § 43 Rn 80; BayVGH BayVBl 2011, 214 = BeckRS 2010, 56426)).

III. Innenrechtsstreitigkeiten, namentlich der Kommunalverfassungsstreit

Da auch **Innenrechtsverhältnisse** Rechtsverhältnisse iSv § 43 VwGO sind (s Rn 10), ist **28** die Feststellungsklage eine für Klagen zwischen Organen und Organteilen, namentlich den **Kommunalverfassungsstreit** in Betracht kommende Klageart (Gärditz/Glaser § 43 Rn 531 f). Weil Verwaltungsakte zumeist nicht im Raum stehen, greift die Subsidiaritätsklausel des § 43 Abs 2 S 1 VwGO regelmäßig nicht. Dass die Feststellungsklage auch gegenüber der allgemeinen Leistungsklage in der Praxis nicht stärker zurücktritt, hängt erneut mit der auch bei Innenrechtsstreitigkeiten greifenden Rechtsprechung zur weitgehenden Austauschbarkeit dieser Klagearten zusammen (oben Rn 15). Konsequenterweise wird stets eine Klagebefugnis gefordert (BVerwG NVwZ 1989, 470; OVG Koblenz BeckRS 2009, 32626; S/S/B/Pietzcker VwGO § 43 Rn 29 mwN).

IV. Normenkontrolle

Die Frage, inwieweit § 43 VwGO als eine Art „**heimliche Normenkontrollklage**" **29** (Hufen Verwaltungsprozessrecht § 18 Rn 8) fungieren kann (dazu F/K/S/Terhechte § 43 Rn 18 ff mwN; Geis 708 und Hufen 803 beide in FS Schenke 2011), obwohl die Rechtswidrigkeit/Nichtigkeit einer Norm als solche kein feststellungsfähiges Rechtsverhältnis ist (s Rn 4) und obwohl mit § 47 VwGO eine spezielle Antragsart zur Verfügung steht, die allerdings nur einen sehr begrenzten Anwendungsbereich hat (was die Frage einer Sperrwirkung aufwirft, s Rn 11), kann nicht ohne Rücksicht auf die verfassungsrechtliche Fragestellung beantwortet werden, inwieweit **Art 19 Abs 4 GG** effektiven Rechtsschutz gegen Normen zwingend verlangt. Im Ausgangspunkt kann hierbei nicht streitig sein, dass der Rechtsschutz gegen administrative Normen (Rechtsverordnungen und Satzungen) von der Gewährleistung des Art 19 Abs 4 GG uneingeschränkt erfasst wird (S/S/B/Schmidt-Aßmann/Schenk VwGO Einl Rn 11; anders der unmittelbar gegen Parlamentsgesetze und den parlamentarischen Gesetzgeber gerichtete Rechtsschutz, bei dem im Übrigen – wegen verfassungsrechtlicher Streitigkeit – auch bereits der Verwaltungsrechtsweg nicht eröffnet wäre, S/S/B/Ehlers VwGO § 40 Rn 154; fragwürdig insoweit BVerwG NVwZ 2008, 1129, 1131: Feststellungsklage des Beamten wegen Verletzung der Alimentationspflicht durch den Landesgesetzgeber). Umgekehrt ist ebenso klar, dass in Bezug auf administrative Normen Art 19 Abs 4 GG nicht unbedingt ein spezielles prinzipales Normenkontrollverfahren in der Art des § 47 VwGO verlangt, der die subjektiven Rechtsschutzanforderungen des Art 19 Abs 4 GG in verschiedener Hinsicht überschreitet (objektives Beanstandungsverfahren in der Begründetheit; Allgemeinverbindlichkeit des Nichtigkeitsausspruchs; s S/S/B/Gerhardt/Bier VwGO Vorb § 47, Rn 8, § 47, Rn 10). Völlig ausreichend ist im Regelfall, dass eine **Inzidentprüfung** von Normen in Klagen gegen behördliche Vollzugsakte jederzeit möglich ist. Effektiven Rechtsschutz verlangt Art 19 Abs 4 GG allerdings auch dann, wenn eine Norm „self-executing" ist, dh keinen Vollzugsakt voraussetzt und den Normadressaten unmittelbar beschwert (Gärditz/Glaser § 43 Rn 19; Pils JA 2011, 113; BVerwGE 111, 276, 278; OVG Münster NVwZ-RR 2012, 510; OVG Münster BeckRS 2011, 46709; BVerfG NVwZ 2006, 922 zur weiter gehenden Fallgruppe, dass eine Inzidentprüfung zwar möglich ist, aber nicht zur Beseitigung der Grundrechtsverletzung führt; dazu auch Fellenberg/Karpenstein NVwZ 2006, 1133). § 47 VwGO ist nur sehr beschränkt in der Lage, diesem verfassungsrechtlichen Gebot gerecht zu werden, da er einen stark begrenzten Anwendungsbereich hat; eine **Rechtsschutzlücke** verbleibt insbes gegenüber bundesrechtlichen Verordnungen und Satzungen, sowie bei untergesetzlichen Normen des Landesrechts (außerhalb des BauGB), soweit das Land von der Ermächtigung des § 47 Abs 1 Nr 2 VwGO nicht Gebrauch gemacht hat. Eben diese Lücke, in der von Verfassungs wegen Rechtsschutz unabdingbar ist, aber von § 47 VwGO nicht geleistet wird, ist es, bzgl derer sich die Frage stellt, ob § 43 VwGO lückenfüllend und quasi behelfsmäßig als „heimliche Normenkontrolle" fungieren kann (Hufen Verwaltungsprozessrecht § 18 Rn 8).

30   § 43 VwGO ist in der Lage, die verfassungsrechtlich gebotene **Lückenschließung** zu leisten. Freilich ist es hierzu notwendig, das gegen die keinen Vollzugsakt voraussetzende Norm gerichtete **Rechtsschutzbegehren** so zu fassen, dass auf die Feststellung eines Rechtsverhältnisses und nicht unmittelbar auf die Rechtswidrigkeit/Nichtigkeit der Norm abgestellt wird. Das BVerfG (NVwZ 2005, 79) formuliert das auf Prüfung einer bundesrechtlichen Rechtsverordnung abzielende Feststellungsbegehren dahin, „dass ein zwischen Kläger und Hoheitsträger bestehendes Rechtsverhältnis von der für nichtig gehaltenen Rechtsverordnung nicht bestimmt wird"; zu Möglichkeiten, den Antrag zu fassen auch Gärditz/Glaser § 43 Rn 45. Fraglich ist, **gegen wen** ein derartiger Antrag zu richten ist (S/S/B/Pietzcker VwGO § 43 Rn 25a). Formulierungen in Literatur und Rspr, es gehe um die Feststellung des Bestehens von Rechten und Pflichten, die aus der behaupteten Nichtigkeit der Norm resultieren (Nachweise bei S/S/B/Pietzcker VwGO § 43 Rn 25, 52), könnten so verstanden werden, als gehe es stets um die Feststellung des Nichtbestehens der in der Norm geregelten Pflichten im Verhältnis zu dem mit dem Vollzug der Norm betrauten Verwaltungsträger, der diese Pflichten ggf mit präventiven oder repressiven Verwaltungsmaßnahmen durchsetzen könnte (Normgeber und betrauter Verwaltungsträger können ja sehr wohl auseinander fallen, zB bei einer durch Landesbehörden zu vollziehenden Bundesverordnung). Häufig wird dies in der Tat so sein, dass bereits konkrete Meinungsverschiedenheiten mit der zuständigen Verwaltungsbehörde (drohende Eingriffsmaßnahmen oder Sanktionen) bestehen, bei deren Klärung die Norm inzident überprüft werden kann. Indes wird man es – jedenfalls unter Umständen – auch als zulässig ansehen müssen, die Feststellungsklage unmittelbar gegen den Normgeber, und nicht gegen den vollziehenden Verwaltungsträger zu richten (also zB gegen den Bund und nicht das Land bei einer durch Landesbehörden zu vollziehenden Bundesverordnung). Denn wenn Normerlassklagen gegen den Normgeber als statthaft angesehen werden, bei denen es um die Feststellung eines Normerlassanspruchs geht (s Rn 33), so muss es umgekehrt auch möglich sein, die Rechtmäßigkeit einer bereits erlassenen Norm unmittelbar im Rechtsverhältnis zum Normgeber klären zu lassen. Zwar hatte sich das BVerwG NVwZ 2007, 1311 (s auch Weidemann VerwArch 2007, 523) zwischenzeitlich ablehnend zur Zulässigkeit von unmittelbar gegen den Normgeber gerichteten „atypischen" Feststellungsklagen geäußert. In seiner Entscheidung v 28.1.2010 (BeckRS 2010, 48673 = NVwZ 2010, 1300) hat das BVerwG indes klargestellt, dass eine Feststellungsklage unmittelbar gegen den Normgeber allenfalls im Regelfall ausscheide – dann nämlich, wenn die Frage der Rechtmäßigkeit der Norm problemlos im Rahmen der gegen die Vollzugsbehörde gerichteten Feststellungsklage als inzident zu prüfende Vorfrage geklärt werden kann; eine gegen den Normgeber gerichtete Feststellungsklage komme jedoch immer dann in Betracht, wenn die Norm unmittelbar Rechte und Pflichten der Betroffenen begründet, ohne dass eine Konkretisierung oder Individualisierung der rechtlichen Beziehungen zwischen Normgeber und Normadressat durch Verwaltungsvollzug erforderlich ist. Der Formulierungsvorschlag des BVerfG, dass das festzustellende Rechtsverhältnis durch die angegriffene Norm „nicht bestimmt wird", ist dann so zu verstehen, dass entweder festgestellt werden soll, dass der Normgeber mit seiner (nichtigen) Norm wirksame Pflichten des Klägers nicht zu begründen vermochte (wichtig ist freilich, dass es um Pflichten in Bezug auf einen konkreten Sachverhalt und nicht um eine abstrakte Überprüfung der Norm geht, s BVerwGE 111, 276, 278), oder dass er mit seiner Norm Rechte des Klägers verletzt hat (so BVerfG NVwZ 2006, 922, 924) und daher zum Normerlass nicht berechtigt war, oder aber dass er zur (klarstellenden) Normaufhebung verpflichtet ist (Sodan/Ziekow/Sodan VwGO § 43 Rn 58). Soweit eine unmittelbar gegen den Normgeber gerichtete Feststellungsklage statthaft ist, kann es einer parallelen oder alternativen Feststellungsklage gegen die Vollzugsbehörde bzw ihren Träger am Rechtsschutzbedürfnis fehlen (Fellenberg/Karpenstein, NVwZ 2006, 1133, 1135). Zur Zulässigkeit von Klagen „gegen" eine Allgemeinverbindlicherklärung von Tarifverträgen, Krumm DVBl. 2011, 1008.

31   Soweit § 43 VwGO die von **§ 47 VwGO** belassene Rechtsschutzlücke, die von Verfassungs wegen zu schließen ist, schließt, steht ihm **keine „Sperrwirkung"** des § 47 VwGO entgegen (BVerwGE 111, 276, 278; Gärditz/Glaser § 43 Rn 46). Hierfür sind verschiedene Gründe maßgeblich: Erstens kann das Argument, die klare Regelung des § 47 VwGO mit seiner bewussten Begrenzung der Normenkontrollmöglichkeiten werde unterlaufen, vor der Verfassung keinen Bestand haben, soweit diese Rechtsschutz erfordert. § 47 VwGO als ein bei einem besonderen Gericht (OVG) konzentriertes objektives Beanstandungsverfahren mit Allgemeinverbindlichkeit ist eine auch im objektiven Interesse und nicht allein aus Rechtsschutzgründen bestehende Sonderform der Normenkontrolle, die nicht die Funktion hat, den nach Art 19 Abs 4 GG unerlässlichen subjektiven Rechtsschutz gegen Normen über die gewöhnlichen Klagearten unmöglich zu machen. Hinzu kommt zweitens, dass die Anträge nach § 47 VwGO und nach § 43 VwGO genau betrachtet unterschiedliche Streitgegenstände betreffen und die Subsidiaritätsklausel des § 43 Abs 2 S 1 VwGO das Verhältnis zu § 47 VwGO nicht erfasst (s Rn 11). Auch gegenüber einem theoretisch denkbaren Leistungsantrag (zB auf Aufhebung der Norm) tritt die Feststellungsklage nach der Rspr des BVerwG (BVerwGE 111, 276, 278 f) nicht zurück. Dies liegt zum einen an dem allgemeinen Leerlaufen der Subsidiaritätsklausel im Verhältnis zu gegen Hoheitsträger gerichteten allgemeinen Leistungsklagen (s Rn 15) sowie zum anderen daran, dass eine Klage auf Aufhebung bei einer ohnehin nichtigen Norm ins Leere laufen würde und auch der Normenkontrollantrag nach § 47 VwGO seiner Natur nach ein Feststellungsantrag ist. Nicht maßgeblich sind dagegen Gewaltenteilungsgesichtspunkte, da die ex-post-Kontrolle von – auch normativen – Administrativakten nichts Ungewöhnliches ist (anders die Normerlassklagen, s Rn 34). Die „heimliche Normenkontrolle" nach § 43 VwGO setzt nach der Rspr zwingend eine Klagebefugnis voraus (BVerwGE 111, 276, 279 f; s Rn 23).

Lückenfüllender Rechtsschutz über § 43 VwGO kommt auch bei Klagen gegen unmit- **32** telbar beschwerende, dh keinen Vollzugsakt voraussetzende **EU-Verordnungen** in Betracht (Lenz/Staeglich NVwZ 2004, 1421; Gärditz/Glaser § 43 Rn 32 ff). Europäischer Rechtsschutz nach Art 230 Abs 4 EG aF scheiterte regelmäßig an fehlender individueller Betroffenheit (EuGH NJW 2004, 2006). Der durch den Vertrag von Lissabon neu gefasste Art 263 Abs 4 AEUV, der das Klagerecht von natürlichen und juristischen Personen auf „Rechtsakte mit Verordnungscharakter, die sie unmittelbar betreffen und keine Durchführungsmaßnahmen nach sich ziehen", erstreckt (dazu Herrmann NVwZ 2011, 1352), hat den Bedarf an nationaler Lückenschließung erheblich vermindert, nicht jedoch beseitigt, da in einem Gesetzgebungsverfahren erlassene Verordnungen mit Gesetzescharakter nach wie vor nicht erfasst werden. Den Mitgliedstaaten bleibt es unbenommen, nationale Rechtsbehelfe vorzusehen, in deren Rahmen dann die Frage der Gültigkeit der EU-Verordnung dem EuGH vorgelegt werden kann. Nur § 43 VwGO kann gegenwärtig diese Funktion erfüllen. Die Feststellungsklage ist allerdings stets gegen den mit dem Vollzug der Verordnung betrauten nationalen Verwaltungsträger, nicht jedoch unmittelbar gegen die Union zu richten.

V. Normerlassklagen

Die Zulässigkeit von **Normerlassklagen**, mit denen die Feststellung eines Anspruchs auf **33** Erlass einer untergesetzlichen Norm begehrt wird, ist in der Literatur nach wie vor umstritten (zum Streitstand: Hufen Verwaltungsprozessrecht § 20 Rn 1 ff, 6; FS Würtenberger, 2013, 873; Kopp/Schenke VwGO § 43 Rn 8j), die Rechtsprechung lässt indes eine relativ klare Linie erkennen (zum folgenden BVerwGE 80, 355 ff; NVwZ 2002, 1505 f; NVwZ 2008, 423): Danach sind Streitigkeiten über den Erlass untergesetzlicher Normen (anders bei Normerlassklagen gegen den parlamentarischen Gesetzgeber) erstens keine verfassungsrechtlichen Streitigkeiten; der Verwaltungsrechtsweg ist damit eröffnet. Zweitens ist mit der Feststellungsklage nach § 43 VwGO auch eine statthafte Klageart gegeben; der Anspruch auf Normerlass ist ein feststellungsfähiges Rechtsverhältnis. Beides – Eröffnung des Verwaltungsrechtswegs und Gegebensein einer statthaften Klageart – ist letztlich Ausfluss des Verfassungsgebotes, dass, soweit materiellrechtliche Ansprüche auf Normerlass bestehen können, nach Art 19 Abs 4 GG auch geeigneter Rechtsschutz zur Durchsetzung dieses Anspruchs gegeben sein muss. Aus diesem Grunde kann erneut § 47 VwGO keine Sperrwirkung entfalten, ganz abgesehen davon, dass es § 47 mit seinen besonderen Voraussetzungen und Rechtswirkungen, wie bereits gesehen, generell nicht darum gehen kann, subjektiven Rechtsschutz in Bezug auf Rechtsetzungsakte mittels der gewöhnlichen Klagearten auszuschließen.

Da es bei Normerlassklagen in der Sache um Leistungsbegehren geht, müsste aufgrund **34** der Subsidiaritätsklausel des § 43 Abs 2 S 1 VwGO an sich die allgemeine Leistungsklage vorrangig sein (VGH Mannheim NVwZ-RR 2000, 701). Dass nach der überwiegenden Rechtsprechung dennoch die Feststellungsklage statthaft ist, liegt erstens erneut an dem

Leerlaufen der Subsidiaritätsklausel im Verhältnis zu allgemeinen Leistungsklagen gegen Hoheitsträger (Rn 15) und wird zweitens damit begründet, dass ein auf bloße Feststellung der Rechtswidrigkeit des Unterlassens des Normerlasses gerichteter Ausspruch dem **Gewaltenteilungsprinzip** besser entspreche als eine Verurteilung zum Normerlass. In dem Maße, in dem trotz an sich gegebener Leistungskonstellation die Subsidiaritätsklausel nicht greift, macht es Sinn eine **Klagebefugnis** zu fordern (oben Rn 23; Hufen Verwaltungsprozessrecht § 18 Rn 17). Abzugrenzen ist die Normerlassklage nach § 43 VwGO von einer auch nach § 47 VwGO möglichen Rüge sog. „unechten Unterlassens" im Sinne einer gleichheitswidrigen Nichtberücksichtigung einer bestimmten Fallkonstellation (Hufen Verwaltungsprozessrecht § 20 Rn 1; zur Frage eines Antrags auf Normergänzung nach § 47 VwGO bei unechtem Unterlassen: BayVGH BayVBl 2003, 433; Grünebaum BayVBl 2005, 11; aA Würtenberger Rn 698).

D. Die Nichtigkeitsfeststellungsklage

35   Die auf die Feststellung der Nichtigkeit eines Verwaltungsakts gerichtete **Nichtigkeitsfeststellungsklage** ist in § 43 Abs 1 Alt 2, Abs 2 S 2 VwGO gesondert geregelt. Die nach § 43 Abs 1 Alt 1 VwGO im Rahmen der allgemeinen Feststellungsklage bestehenden Klagemöglichkeiten werden durch die Regelung des § 43 Abs 1 Alt 2 VwGO zur Nichtigkeitsfeststellungsklage erweitert (und nicht nur klargestellt), weil die Nichtigkeit eines VA für sich genommen kein feststellungsfähiges Rechtsverhältnis ist (s Rn 4; S/S/B/Pietzcker VwGO § 43 Rn 27) – wenngleich es freilich ohne weiteres möglich wäre, im Rahmen einer allgemeinen Feststellungsklage feststellen zu lassen, dass durch den nichtigen Verwaltungsakt kein Rechtsverhältnis begründet wurde; allein mit der Nichtigkeitsfeststellungsklage indes lässt sich unmittelbar die rechtskräftige Feststellung der Nichtigkeit des VA selbst erreichen und damit sein Rechtsschein eindeutiger beseitigen (Schenke, Rn 411). § 43 Abs 2 S 2 VwGO macht eine **Ausnahme von der** ansonsten bestehenden **Subsidiaritätsregelung**. Rechnung getragen wird damit insbes dem Umstand, dass typischerweise unsicher ist, ob ein VA nichtig oder nur rechtswidrig ist, und dass es deswegen auch bei einem tatsächlich nichtigen VA möglich sein muss, zunächst Anfechtungsklage zu erheben. § 43 Abs 2 S 2 VwGO stellt vor diesem Hintergrund klar, dass die bloße Möglichkeit einer solchen Anfechtungsklage einer sofortigen Nichtigkeitsfeststellungsklage nicht im Wege steht (Sodan/Ziekow/Sodan VwGO § 43 Rn 3, 68).

36   Geht es nicht um die Feststellung der Nichtigkeit, sondern der anderweitigen **Unwirksamkeit des VA** (zB wegen Bekanntgabemangels – Nichtakt), ist nicht die Nichtigkeitsfeststellungsklage, sondern die allgemeine Feststellungsklage, gerichtet auf Feststellung, dass durch den Nichtakt kein Rechtsverhältnis begründet wurde bzw dass der VA nicht wirksam geworden ist und daher die mit ihm beabsichtigte Regelung nicht erreicht hat, statthaft (BVerwG NVwZ 1987, 330; BayVGH NVwZ-RR 2013, 169; aA Hufen Verwaltungsprozessrecht § 18 Rn 35). Geht der Kläger von dem Begehren, die Nichtigkeit eines VA nach § 43 Abs 1 Alt 2 VwGO festzustellen, über auf den Antrag, nach § 43 Abs 1 Alt 1 VwGO festzustellen, dass bereits kein VA vorliegt, so liegt darin mangels Änderung des Klagegrundes keine Klageänderung (VGH Mannheim BeckRS 2009, 39741). Nicht statthaft ist eine umgekehrte Anwendung der Nichtigkeitsfeststellungsklage dahin, dass in Zweifelsfällen die Wirksamkeit (iSv Nicht-Nichtigkeit) eines VA festgestellt werden kann; hier genügt eine einfache Feststellungsklage bzgl des durch den wirksamen VA begründeten Rechtsverhältnisses; ein Rechtsschein muss nicht beseitigt werden (Sodan/Ziekow/Sodan VwGO § 43 Rn 63; aA Kopp/Schenke VwGO § 43 Rn 7b). Nicht möglich ist schließlich eine analoge Anwendung in Bezug auf die Feststellung der Nichtigkeit von Normen (BVerwG NVwZ-RR 1993, 513, 514); hier greift § 47 VwGO oder die allgemeine Feststellungsklage nach den unter Rn 29 ff dargestellten Grundsätzen.

37   **Statthaft** ist die Nichtigkeitsfeststellungsklage, wenn objektiv ein wirksam bekannt gegebener Verwaltungsakt vorliegt (BVerwGE 74, 1, 3; Sodan/Ziekow/Sodan VwGO § 43 Rn 64, auch zum folgenden). Die Nichtigkeit selbst ist reine Begründetheitsfrage. Soweit gefordert wird, der Kläger müsse Tatsachen vortragen, die auf einen Nichtigkeitsgrund schließen lassen, so ist diese Voraussetzung für eine Statthaftigkeitsprüfung ungewöhnlich; der Sache nach scheint diese Plausibilitäts-Vorprüfung von Begründetheitsfragen eher zu den

Prüfungspunkten Klagebefugnis oder Feststellungsinteresse zu passen. Subsidiaritätsfragen sind nicht zu prüfen (§ 43 Abs 2 S 2 VwGO).

Wegen der typischen Unsicherheit über die Nichtigkeit oder Rechtswidrigkeit eines VA **38** kann auch gegen einen tatsächlich nichtigen Verwaltungsakt **Anfechtungsklage** erhoben werden. Stellt sich im Prozess die Nichtigkeit heraus, stellt das Gericht – ggf nachdem die Klage auf einen gerichtlichen Hinweis nach § 86 Abs 3 VwGO hin umgestellt wurde – die Nichtigkeit des VA fest (Sodan/Ziekow/Sodan VwGO § 43 Rn 68; Hufen Verwaltungsprozessrecht § 18 Rn 27 ff), wenn nicht sogar eine klarstellende Aufhebung des nichtigen VA möglich ist (strittig, Wolff/Decker/Wolff VwGO § 42 Rn 10 f). Da es keine Subsidiarität der Nichtigkeitsfeststellungs- zur Anfechtungsklage gibt (§ 43 Abs 2 S 2 VwGO), kann umgekehrt auch sogleich Nichtigkeitsfeststellungsklage erhoben werden; auch hier ist eine Umstellung zur Anfechtungsklage während des Prozesses möglich, wobei allerdings die besonderen Sachurteilsvoraussetzungen der Anfechtungsklage (Vorverfahren, Frist) nicht umgangen werden dürfen (Hufen Verwaltungsprozessrecht § 18 Rn 28). Auch Umdeutungen von der Anfechtungs- in die Nichtigkeitsfeststellungsklage und umgekehrt werden für möglich angesehen (Kopp/Schenke VwGO § 43 Rn 7; S/S/B/Pietzcker VwGO § 43 Rn 27). Im Ergebnis besteht so eine – angesichts der typischen Unsicherheit über Rechtswidrigkeit oder Nichtigkeit sachgerechte – weitgehende **Wahlfreiheit** des Klägers bzgl der (zunächst) zu beschreitenden Verfahrensart. Möglich und üblich ist es auch, beide Anträge im Wege der Eventualklagehäufung zu verbinden; unzulässig ist hingegen eine kumulative Geltendmachung (Kopp/Schenke VwGO § 43 Rn 7). Sollte eine Versagungsgegenklage auf behördliche Feststellung der Nichtigkeit nach § 44 Abs 5 VwVfG überhaupt zulässig sein (nach aA ist die unmittelbare Nichtigkeitsfeststellungsklage vorrangig und fehlt der Verpflichtungsklage so das Rechtsschutzbedürfnis, Sodan/Ziekow/Sodan VwGO § 43 Rn 70), so steht dies – aufgrund fehlender Subsidiarität – einer unmittelbaren Nichtigkeitsfeststellungsklage jedenfalls nicht in Wege.

Aufgrund der weitgehenden Austauschbarkeit von Anfechtungs- und Nichtigkeitsfest- **39** stellungsklage (s Rn 38) und der ausdrücklichen Nichtgeltung der Subsidiaritätsklausel erscheint es um der inneren Stimmigkeit der austauschbaren Rechtsbehelfe wegen sinnvoll, für die Nichtigkeitsklage eine **Klagebefugnis** analog § 42 Abs 2 VwGO zu verlangen (s Rn 23; BVerwG NJW 1982, 2205; Hufen Verwaltungsprozessrecht § 18 Rn 31). Nach aA ist eine unmittelbare Beschwer in eigenen Rechten nicht erforderlich. Vielmehr reiche es aus, dass der VA für ein Rechtsverhältnis, an dem der Kläger beteiligt ist, präjudiziell sei (Schenke, Rn 414). Soweit man die plausible Geltendmachung von Nichtigkeitsgründen verlangt (s Rn 37), scheint dieses Erfordernis bei der Klagebefugnis gut aufgehoben. Das **Feststellungsinteresse** ist gegeben, wenn die Beseitigung des Rechtsscheins des nichtigen VA die Position des Klägers in rechtlicher, wirtschaftlicher oder ideeller Hinsicht zu verbessern geeignet ist (BVerwGE 74, 1, 4; NJW 1990, 1804, 1805). Der Zusatz, dass der VA die Rechtsstellung des Klägers zumindest berühren können müsse, ist bereits durch das Erfordernis der Klagebefugnis abgedeckt. Das Feststellungsinteresse entfällt nicht allein deswegen, weil ein Antrag auf behördliche Nichtigkeitsfeststellung nach § 44 Abs 5 VwVfG möglich ist; alles andere liefe auf die Postulierung eines so nicht normierten Vorverfahrenserfordernisses hinaus (Schenke Rn 576, aA Hufen Verwaltungsprozessrecht § 18 Rn 32); ist die Nichtigkeit indes bereits behördlich festgestellt, besteht für eine Klage kein Grund mehr.

E. Zwischenfeststellungsklage

Auch im Verwaltungsprozess ist gemäß § 173 VwGO iVm § 256 Abs 2 ZPO eine **40** **Zwischenfeststellungsklage** zur Feststellung eines für die Entscheidung vorgreiflichen Rechtsverhältnisses möglich (BVerwG NVwZ 2011, 509).

§ 44 [Objektive Klagehäufung]

Mehrere Klagebegehren können vom Kläger in einer Klage zusammen verfolgt werden, wenn sie sich gegen denselben Beklagten richten, im Zusammenhang stehen und dasselbe Gericht zuständig ist.

§ 44 VwGO normiert die sog objektive Klagenhäufung (Klagenverbindung). Diese liegt bei der Verbindung (Rn 4) mehrerer Klagebegehren (Rn 5) vor, dh mehrerer prozessualer Ansprüche (Streitgegenstände) eines Klägers gegen denselben Beklagten (Rn 9).

A. Allgemeines

1   § 44 VwGO entspricht der Fassung des Entwurfs der Bundesregierung und ist seit Inkrafttreten unverändert. § 44 VwGO will ein Instrument einer umfassenden Streitbereinigung sein und dient der **Prozessökonomie**. Zusätzlich wirkt er der Gefahr sich widersprechenden Entscheidungen bzgl desselben Sachkomplexes entgegen. § 44 VwGO regelt nur die Zulässigkeit einer objektiven Klagenhäufung. Die Zulässigkeit der einzelnen Klagebegehren als solche, richtet sich nach den jeweils einschlägigen Zulässigkeitsanforderungen (BVerwG DÖV 1965, 350). Der Beklagte kann, sofern die Voraussetzungen des § 44 VwGO vorliegen, seinerseits den zweiten Streitgegenstand gem § 89 VwGO mit der Widerklage anhängig machen.

B. Tatbestandsvoraussetzungen
I. Übersicht

2   § 44 VwGO nennt vier Voraussetzungen für die Zulässigkeit einer Klagenhäufung. Es muss sich um mehrere Klagebegehren handeln. Diese müssen im Zusammenhang stehen, sich gegen den gleichen Beklagten richten und die Zuständigkeit desselben Gerichts begründen.

3   § 44 VwGO bezieht sich auf die **Klagenhäufung bei Klageerhebung**. Bei der nachträglichen Klagenhäufung sind seine Voraussetzungen ebenfalls zu erfüllen, darüber hinaus aber auch noch die des § 91 VwGO. Die Zulässigkeit der Klagenhäufung gem. § 44 VwGO ist unabhängig von der Möglichkeit des Gerichts, mehrere Verfahren nach § 93 VwGO zu verbinden. Die sog subjektive Klagenhäufung mehrerer Kläger ist ein Fall der Streitgenossenschaft und richtet sich nach § 64 VwGO. Auch im einstweiligen Rechtsschutzverfahren können mehrere Anträge miteinander verbunden werden, § 44 analog.

II. Mehrere Klagebegehren
1. Verbindung

4   § 44 VwGO normiert die so genannte **objektive Klagenhäufung** (Klagenverbindung). Man unterscheidet folgende Arten von (objektiver) Klagenhäufung:
– Die **kumulative Klagenhäufung**: Es werden verschiedene Ansprüche nebeneinander geltend gemacht.
– Die **eventuelle Klagenhäufung**: Neben dem Hauptantrag wird für den Fall, dass dieser unzulässig oder unbegründet (je nach Antrag) ist, ein Eventualantrag (Hilfsantrag) gestellt. Während der Hilfsantrag bedingt ist, wird der Hauptantrag ohne Bedingung gestellt. Die Bedingung ist „ein innerprozessuales Ereignis", das der Einflussnahme des Klägers entzogen ist, und keine Unsicherheit über die Frage der Rechtshängigkeit der einzelnen Klagegegenstände bewirkt.
– Die **Stufenklage**, nach der ein zweiter Antrag nur für den Fall gestellt wird, dass das Gericht dem zunächst gestellten, ersten Antrag stattgibt (OVG Münster NVwZ-RR 2003, 532).
– Eine **alternative Klagenhäufung**, bei der der Kläger dem Gericht die Wahl zwischen dem einen oder dem anderen Anspruch lässt, wäre zwar auch eine objektive Kalgenhäufung, sie ist aber wegen Verstoßes gegen das Bestimmtheitsgebot von Prozesserklärungen unzulässig (Sodan/Ziekow/Sodan VwGO § 44 Rn 5).

2. Begriff des Klagebegehrens

5   Es muss für § 44 VwGO die Erhebung **gesonderter Klagebegehren** vorliegen. Ein Klagebegehren wird jeweils durch einen **Streitgegenstand** gebildet (vgl § 121 VwGO

Rn 16 ff). Eine Klagenhäufung liegt demnach vor, wenn der Kläger mit mehreren Anträgen auch sachlich mehrere Streitgegenstände begründet (Sodan/Ziekow/Sodan VwGO § 44 Rn 8). Der Streitgegenstand wird durch den Antrag, dh durch das Begehren um Rechtsschutz (Klageanspruch) und durch den konkreten Sachverhalt, auf dem der Streit beruht (Klagegrund), gebildet (zweigliedriger Streitgegenstandsbegriff – BVerwGE 96, 24, 25 f = NVwZ 1994, 1115, s im Einzelnen § 90 VwGO Rn 9). Der prozessuale Anspruch, der den Streitgegenstand bildet, ist vom materiellen Anspruch zu unterscheiden, der durch die Anspruchsgrundlage gebildet wird. Verschiedene materielle Anspruchsgrundlagen für das gleiche Geschehen bilden in der Regel nur einen Streitgegenstand (s ausführlicher § 90 Rn. 9).

§ 44 VwGO grenzt die gemeinsam verfolgbaren Klagebegehren nicht ein. Daher ist „die 6 Verbindung von Klagebegehren jeglicher Art" prinzipiell zulässig (s zB Verpflichtungs- und Anfechtungsklage, BVerwGE 98, 302 = NVwZ 1995, 478; Anfechtungs- und Feststellungsklagen, BVerwG DÖV 1965, 350; zwei Normenkontrollanträge miteinander, VGH Mannheim NVwZ 1985, 351). Unzulässig ist nach überwiegender Ansicht aber eine Verbindung eines Normenkontrollantrags mit einer Klage (VGH Mannheim VBlBW 1992, 259, 260; Eyermann/Rennert VwGO § 44 Rn 2).

III. Sachlicher Zusammenhang

Der gem § 44 VwGO erforderliche **sachliche Zusammenhang** bildet jede innere Ver- 7 bindung der beiden Streitgegenstände. Sie kann sowohl rechtlicher als auch tatsächlicher Natur sein. Ausreichend ist, wenn die geltend gemachten Klagebegehren nach der allgemeinen Lebensanschauung rein **tatsächlich einem einheitlichen Lebensvorgang** zuzurechnen sind. Die gleiche Klageart muss nicht gegeben sein.

IV. Zuständigkeit desselben Gerichts

Es muss sachlich und örtlich dasselbe Gericht für alle Klageansprüche zuständig sein. Fehlt 8 die Zuständigkeit für einen Streitgegenstand, ist bei kumulativen Klagenhäufung dieser gem § 83 VwGO an das zuständige Gericht zu verweisen, bei eventueller Klagenhäufung ist bei Unzuständigkeit des Gerichts für den Hauptantrag dieser zusammen mit dem Hilfsantrag an das zuständige Gericht zu verweisen und bei Unzuständigkeit nur für den Hilfsantrag ist zunächst über den Hauptantrag zu entscheiden, auf den Hilfsantrag dann ggf zu verweisen. Bei verschiedener örtlicher Zuständigkeit kann ggf. mit § 53 Abs 1 Nr 3 VwGO geholfen werden. Eine Anfechtungsklage, die sich bereits in der Berufungsinstanz befindet, kann nicht mit einem neu erhobenen Klagebegehren auf Aufhebung eines weiteren Verwaltungsakts nach § 44 VwGO verbunden werden (BVerwG NJW 1972, 1292).

V. Derselbe Beklagte

Für alle Klagebegehren muss der gleiche Beklagte verklagt sein. Wer beklagt ist, richtet 9 sich nach §§ 63 Nr 2, 61 Nr 1 VwGO. Nicht entscheidend für die Zulässigkeit der Klagenhäufung (sondern nur für die Begründetheit des einen Teils der Klage) ist, dass der jeweilige Beklagte auch jeweils der richtige Beklagte im Sinne der Sachlegitimation ist (aA offenbar Sodan/Ziekow/Sodan VwGO § 44 Rn 9 und Schoch/Schneider/Bier/Rudisile VwGO § 190 Rn 6).

C. Rechtsfolge: Wirkung der Klagenhäufung
I. Möglichkeit der Verbindung in einer Klage

Liegen die Voraussetzungen des § 44 VwGO vor, kann der Kläger die verschiedenen 10 Streitgegenstände **gemeinsam in einer Klage** geltend machen. Er ist dazu aber nicht verpflichtet. Er kann vielmehr auch die einzelnen Klagebegehren durch getrennte Klagen geltend machen mit der Folge, dass das Gericht diese Klagen nach § 93 VwGO verbinden kann, aber nicht muss.

II. Folgen einer zulässigen Klagenhäufung

11   Bei einer zulässigen Klagenhäufung verhandelt und entscheidet das Gericht **über sämtliche geltend** gemachten **Klagebegehren** zusammen. Es kann aber auch die Verfahren nach § 93 S 2 VwGO **trennen** oder durch **Teilurteil** nach § 110 VwGO über einzelne Ansprüche vorweg entscheiden. Der Beschluss über die Trennung und der Erlass eines Teilurteils ergehen jeweils nach pflichtgemäßem Ermessen des Gerichts. Übergeht das Gericht einen der Anträge, die im Wege der objektiven Klagenhäufung geltend gemacht wurden, greift § 120 Abs 1 VwGO.

12   Besonderheiten gelten bei einer **eventuellen Klagenhäufung.** Bei dieser darf über den Eventualantrag erst entschieden werden, wenn der Ausgang des Hauptantrags geklärt ist. Wird der Hauptanspruch zuerkannt, entfällt rückwirkend die Rechtshängigkeit des Hilfsantrags (vgl VGH Mannheim NVwZ 1985, 351). Eine Trennung, nicht dagegen das Teilurteil scheidet aus (VGH München BayVBl 1979, 187). Besteht bei der eventuellen Klagenhäufung kein sachlicher Zusammenhang oder sind die Beklagten nicht identisch, ist die eventuelle Klagenhäufung nicht zulässig und somit der Hilfsantrag unzulässig (Sodan/Ziekow/Sodan VwGO § 44 Rn 17). Hatte der Kläger bei einer eventuellen Klagenhäufung in der ersten Instanz mit seinem Hauptantrag Erfolg, muss das Berufungsgericht (auch ohne entsprechenden Antrag) auch über den Hilfsantrag entscheiden, wenn es die vorinstanzliche Entscheidung aufhebt und die darin für begründet erachtete Klage abweist (vgl. BVerwGE 104, 260, 263 f = NVwZ 1997, 1132). Gleiches gilt für die Revision beim BVerwG (Sodan/Ziekow/Sodan VwGO § 44 Rn 16). Hatte der Kläger hingegen in der ersten Instanz lediglich mit seinem Hilfsantrag Erfolg, wird der Hauptanspruch nur dann Gegenstand des Berufungsverfahrens, wenn der Kläger selbst Berufung oder Anschlussberufung nach § 127 VwGO einlegt (Sodan/Ziekow/Sodan VwGO § 44 Rn 15). Der Berufung eines Klägers, der seinen in der ersten Instanz erfolglos gebliebenen Hauptantrag weiterverfolgt, steht nicht die Rechtskraft der Entscheidung entgegen, mit der das Verwaltungsgericht dem Hilfsantrag des Klägers stattgegeben hat (BVerwG DVBl 1980, 597).

III. Folgen einer unzulässigen Klagenhäufung

13   Ist die objektive Klagenhäufung unzulässig, ist dies vom Gericht **von Amts wegen** zu beachten. Ist lediglich die Zusammenfassung der verschiedenen Klagebegehren unzulässig und die Klagen als solche nach ihrer Trennung (selbständig) zulässig, muss das Gericht die Verfahren nach § 93 VwGO trennen. Eine Klageabweisung wäre unzulässig (Sodan/Ziekow/Sodan VwGO § 44 Rn 17). Ein Eventualantrag ist, sofern über ihn zu entscheiden ist, dagegen als unzulässig abzuweisen, wenn er in keinem Zusammenhang mit dem Hauptantrag steht (VGH München BayVBl 1978, 305, 308).

§ 44a [Rechtsbehelfe gegen behördliche Verfahrenshandlungen]

[1]**Rechtsbehelfe gegen behördliche Verfahrenshandlungen können nur gleichzeitig mit den gegen die Sachentscheidung zulässigen Rechtsbehelfen geltend gemacht werden.** [2]**Dies gilt nicht, wenn behördliche Verfahrenshandlungen vollstreckt werden können oder gegen einen Nichtbeteiligten ergehen.**

§ 44a VwGO wurde im Zusammenhang mit der Kodifizierung des VwVfG eingeführt. Im Verbund mit §§ 45, 46 VwVfG soll die Vorschrift einen prozessualen Ausgleich zu den durch das VwVfG erweiterten Beteiligungs- und Verfahrensrechten schaffen. Durch den Ausschluss isolierter Rechtsbehelfe gegen einzelne Verfahrenshandlungen soll der ungehinderte Gang des Verwaltungsverfahrens ermöglicht und zugleich eine Zersplitterung des gerichtlichen Rechtsschutzes vermieden werden; § 44a VwGO dient damit zugleich der Verfahrens- wie der Prozessökonomie. Eine verfassungsrechtliche Grenze wird durch den Anspruch auf effektiven gerichtlichen Rechtsschutz gem Art 19 Abs 4 GG gesetzt. Demgemäß schließt § 44a VwGO Rechtsschutz gegen Verfahrenshandlungen nicht dauerhaft aus, sondern gibt nur zeitliche Beschränkungen vor. Darüber hinaus hat der Gesetzgeber die Norm um die Ausnahmetatbestände des S 2 erweitert; bei deren verfassungskonformer Auslegung steht die Regelung im Einklang mit dem Grundgesetz. Der gesamte Tatbestand des § 44a VwGO ist im Lichte dieser beiden Pole – der Verfahrens- und Prozessökonomie einerseits und dem verfassungsrechtlichen Anspruch auf gerichtlichen Rechtsschutz andererseits – auszulegen und anzuwenden.

Übersicht

A. Allgemeines

I. Entstehungsgeschichte

§ 44a VwGO wurde durch **§ 97 VwVfG** mit Wirkung zum 1.1.1977 in die VwGO **1** eingefügt, um diese an das zu jenem Zeitpunkt in Kraft getretene VwVfG anzupassen.

§ 97 VwVfG wurde mit Wirkung zum 14.8.1998 gestrichen. Hierdurch wurde eine **2** Diskussion um die Fortgeltung des § 44a VwGO ausgelöst.

Zum Teil wurde gefolgert, der Gesetzgeber habe hiermit – versehentlich – zugleich § 44a **2.1** VwGO aufgehoben (Tiedemann NJW 1998, 3475, 3475). Das BVerwG hat jedoch unter Hinweis auf das der Aufhebung zugrunde liegende Gesetzgebungsverfahren klargestellt, dass der Gesetzgeber keine materielle Rechtsänderung, sondern lediglich eine Bereinigung des VwVfG bezweckt hatte; außerdem liege unter den § 44a einschließenden Neubekanntmachung der VwGO – BGBl I 1991, 686 ff – eine hinreichende formelle Grundlage vor (BVerwG NJW 1999, 1729, 1730; dem zu Recht folgend S/B/S/Kallerhoff VwVfG § 97 Rn 1; B/F-K/S/A/vAlbedyll VwGO § 44a Rn 1).

II. Systematische Stellung, Normzweck

Mit der Kodifizierung des VwVfG wurden die **Beteiligungs- und Verfahrensrechte** **3** der Bürger am Verwaltungsverfahren deutlich gestärkt (zB §§ 25, 28, 29 VwVfG). Um das Verwaltungsverfahren aber nicht durch zu hohe formelle Anforderungen zu hemmen und um die Maßgeblichkeit der materiellen Gesichtspunkte herauszustellen, wurden die erstarkten Verfahrensrechte durch ein besonderes **Fehlerfolgenregime** wieder relativiert (vgl S/S/B/Stelkens VwVfG § 44a Rn 2; Stelkens NJW 1982, 1137, 1137; Eichberger Die Einschränkung des Rechtsschutzes gegen behördliche Verfahrenshandlungen, 1986, 22). Insbesondere die §§ 45, 46 VwVfG tragen dem Rechnung, indem sie die Heilbarkeit bzw Unbeachtlichkeit bestimmter Verfahrens- und Formfehler anordnen.

Ein ähnliches Ziel verfolgt § 44a VwGO, setzt jedoch an anderer Stelle an. Während sich **4** die Regelungen der §§ 45, 46 VwVfG auf die Begründetheit einer Klage beziehen, betrifft § 44a VwGO deren Zulässigkeit. Die Norm bestimmt das Verhältnis materieller und formeller Aspekte im verwaltungsgerichtlichen Rechtsschutz; sie **reduziert** das **eigenständige prozessuale Gewicht formeller Mängel** des Verwaltungsverfahrens **gegenüber** der

materiellen Sachentscheidung (S/S/B/Stelkens VwGO § 44a Rn 3; Gärditz VwGO·
§ 44a Rn 3) und konkretisiert damit die „dienende Funktion" des Verwaltungsverfahrens,
wie sie in der grundsätzlichen Relativität von Verfahrensfehlern zum Ausdruck kommt
(BVerwGE 117, 93, 104; Wysk VwGO § 44a Rn 2). Zwar schränkt § 44a VwGO den
Rechtsschutz anders als §§ 45, 46 VwVfG nicht inhaltlich – und damit dauerhaft – ein,
doch verhindert er die isolierte Geltendmachung von Verfahrensmängeln vor dem Abschluss
des gesamten Verwaltungsverfahrens (zum insoweit benutzten Begriff der „Interklusion" vgl
Eichberger Die Einschränkung des Rechtsschutzes gegen behördliche Verfahrenshandlungen, 1986, 75); an der inhaltlich vollständigen Kontrolle des Verfahrens ändert dies nichts,
so dass Verfahrensfehler nach wie vor zur Rechtswidrigkeit der Sachentscheidung führen
können.

5   Durch diese lediglich zeitliche Komponente **knüpft § 44a VwGO** auch **konzeptionell
an §§ 45, 46 VwVfG an** (vgl Sodan/Ziekow/Ziekow VwGO § 44a Rn 8). Denn erst
durch den von § 44a VwGO verzögerten und vereinheitlichten Rechtsschutz gegen die
abschließende Sachentscheidung kommen die in diesen Vorschriften enthaltenen inhaltlichen
Beschränkungen zur vollen Geltung. Durch den Zeitgewinn bis zur möglichen Geltendmachung eines Rechtsbehelfs wird es der Behörde erleichtert, eine Heilung von Verfahrensfehlern iSd § 45 VwVfG vorzunehmen; zugleich gestattet nur eine Berücksichtigung der
abschließenden Sachentscheidung eine Beurteilung der für § 46 VwVfG bedeutsamen Frage,
ob der Verfahrensfehler die Entscheidung in der Sache beeinflusst hat.

      Im Ergebnis dient § 44a VwGO sowohl der **Verfahrensökonomie**, indem er eine
Verzögerung des Verwaltungsverfahrens durch einen isolierten Rechtsstreit über mögliche
Verfahrens- und Formfehler ausschließt, als auch der **Prozessökonomie**, indem eine Zer-
splitterung des Rechtsschutzes vermieden wird (vgl OVG Münster DVBl 2000, 573; Kopp/
Schenke VwGO § 44a Rn 1; Eyermann/Geiger VwGO § 44a Rn 1). Allerdings bleibt
rechtspolitisch zu bedenken, dass eine Rechtsschutzkonzentration auf eine nachgelagerte
Ebene auch zu einem gegenläufigen Effekt führen kann. Denn wenn erst in einem späteren
Stadium der entsprechende Verfahrenshandlungsfehler gerügt werden darf, kann es sein, dass
eine Kassation der Sachentscheidung wegen dieses Mangels eine erhebliche Verzögerung
aufgrund der Wiederholung aufwändiger Verfahrens- und Prüfschritte eintritt. Insofern
bliebe zu erwägen, eine (begrenzte) Angriffsmöglichkeit zu schaffen, die aber mangels
aufschiebender Wirkung nicht den weiteren Verfahrensfortgang aufhält; im Gegenteil könnten die noch ausstehenden Prüfungsebenen dann genutzt werden, etwaige im Anfechtung-
prozess (gerichtlich) erkannten Mängel zu beheben. Insbes bei langwierigen Großprojekten
kann dies zu einem Effizienzgewinn und – im Ergebnis – einer erheblichen Zeitersparnis
führen.

6   Während die Norm früher insbesondere mit Blick auf **Art 19 Abs 4 GG** Bedenken
ausgesetzt war (vgl Plagemann NJW 1978, 2261, 2261 f; Pagenkopf NJW 1979, 2382,
2382 f; Redeker NJW 1980, 1593, 1597), ist die Kritik mittlerweile weitgehend verstummt
(vgl S/S/B/Stelkens VwGO § 44a Rn 5; Kopp/Schenke VwGO § 44a Rn 1; Eyermann/
Geiger VwGO § 44a Rn 5; Obermayer/Tiedemann VwVfG § 97 Rn 5; kritisch allerdings
Sodan/Ziekow/Ziekow VwGO § 44a Rn 2). Dem Anspruch auf gerichtlichen Rechtsschutz wird in § 44a VwGO durch die Ausnahmeregelung des S 2 und deren verfassungskonformer Auslegung in ausreichendem Maße **Genüge getan**.

III. Prozessuale Wirkung des § 44a VwGO

7   § 44a VwGO ist als **negatives Zulässigkeitskriterium** ausgestaltet, das für sämtliche
ordentlichen verwaltungsprozessualen Rechtsbehelfe einschlägig ist (vgl unten, Rn 8). Liegen die Tatbestandsvoraussetzungen der Norm vor, ist der Rechtsbehelf unzulässig.

7.1   Umstritten ist dabei, ob § 44a VwGO als Bestandteil des Rechtsschutzbedürfnisses (VG Stade
       NVwZ 1994, 201, 201 f; Sodan/Ziekow/Ziekow VwGO § 44a Rn 14; B/F-K/S/A/vAlbedyll
       VwGO § 44a Rn 2) oder als selbständige negative Sachentscheidungsvoraussetzung (S/S/B/Stelkens
       VwGO § 44a Rn 24; Kopp/Schenke VwGO § 44a Rn 1; Eyermann/Geiger VwGO § 44a Rn 1;
       F/K/S/Terhechte VwGO § 44a Rn 8) aufzufassen ist. Für das Ergebnis ist der Streit indes ohne
       Bedeutung.

IV. Anwendungsbereich

§ 44a VwGO ist auf sämtliche behördliche Verfahrenshandlungen anwendbar, für die der **8** **Verwaltungsrechtsweg** gem § 40 VwGO **eröffnet** ist, **sofern** auch die spätere **Sachentscheidung Gegenstand** eines **verwaltungsgerichtlichen Prozesses** sein kann (B/F-K/S/ A/vAlbedyll VwGO § 44a Rn 2).

Umstritten ist, ob § 44a VwGO einen ohnehin allgemeingültigen Grundsatz der Prozessöko- **8.1** nomie kodifiziert, der als solcher – ohne gesetzliche Normierung – auch für Gerichtsverfahren außerhalb des Regelungsbereiches von § 40 VwGO – etwa Verfahren gem SGG oder FGO – einschlägig ist (so zu Recht die hM BVerwG BayVBl 1978, 444, 444 f; OVG Münster NVwZ-RR 1995, 703, 703; OVG Bremen NJW 1976, 770, 770; VG Köln NJW 1978, 1397; OLG Düsseldorf RdE 2009, 382; Eyermann/Geiger VwGO § 44a Rn 1; aA Sodan/Ziekow/Ziekow VwGO § 44a Rn 5; Eichberger Die Einschränkung des Rechtsschutzes gegen behördliche Verfahrenshandlungen, 1986, 55 ff; B/F-K/S/A/vAlbedyll VwGO § 44a Rn 2, da es für eine Einschränkung des umfassenden Rechtsschutzanspruchs stets einer gesonderten gesetzlichen Grundlage bedürfe).

Vom Anwendungsbereich des § 44a VwGO sind Inter- und Intraorganstreitverfahren **9** wegen ihrer besonderen Interessenlage ausgenommen (VGH Mannheim NVwZ-RR 1990, 369, 369 f; S/S/B/Stelkens VwGO § 44a Rn 29; aA Eyermann/Geiger VwGO § 44a Rn 12; F/K/S/Terhechte VwGO § 44a Rn 11). Der Tatbestand des § 44a S 1 VwGO ist auch nicht eröffnet, wenn sich der Betroffene nicht gegen die Verfahrenshandlung, sondern gegen die aus ihr folgenden mittelbaren Rechtsverletzungen zur Wehr setzt; insofern handelt es sich schon um einen anderen Streitgegenstand (B/F-K/S/A/vAlbedyll VwGO § 44a Rn 13; Kopp/Schenke VwGO § 44a Rn 10).

B. Behördliche Verfahrenshandlung (S 1)

I. Verfahren iSd § 44a VwGO

Trotz der Ursprünge im VwVfG ist eine Beschränkung auf Verfahren iSd VwVfG nicht **10** angezeigt (S/S/B/Stelkens VwGO § 44a Rn 6). Auch auf anderen Rechtsgrundlagen beruhende Verfahren fallen in das Regelungsregime des § 44a VwGO, sofern sie auf eine abschließende Sachentscheidung gerichtet sind (näher zur Sachentscheidung unten, Rn 19).

Eine Einschränkung ergibt sich jedoch daraus, dass unter einem Verfahren iSd § 44a S 1 VwGO **ausschließlich Verwaltungsverfahren** zu verstehen sind; nicht erfasst sind dagegen gerichtliche Verfahren, in denen eine Behörde etwa als Beteiligte auftritt (S/S/B/Stelkens VwGO § 44a Rn 8).

Anwendung findet die Regelung auch auf das Widerspruchsverfahren gem §§ 68 VwGO **11** ff; hier ergeht die Sachentscheidung in Form des Widerspruchsbescheids (vgl S/S/B/Stelkens VwGO § 44a Rn 33; Redeker/v Oertzen/v Nicolai VwGO § 44a Rn 6).

II. Begriffsdefinition Verfahrenshandlung

Behördliche Verfahrenshandlung ist **jede Maßnahme** einer Behörde, die **im Laufe eines** **12** **Verwaltungsverfahrens** ergeht und zu dessen Förderung geeignet ist, **ohne** das Verfahren jedoch selbst **abzuschließen** (VGH München NVwZ 1988, 742; OVG Münster, DVBl 2000, 572, 573; S/S/B/Stelkens VwGO § 44a Rn 8; Kopp/Schenke VwGO § 44a Rn 3).

Nicht erheblich ist, ob die Verfahrenshandlung bei der gerichtlichen Überprüfung der **13** Sachentscheidung eine Rolle spielen kann (Eyermann/Geiger VwGO § 44a Rn 4). Auch konkludente oder unterlassene Maßnahmen können eine Verfahrenshandlung darstellen (Kopp/Schenke VwGO § 44a Rn 3). Verfahrenshandlungen sind insbesondere solche Entscheidungen, die den äußeren Gang des Verfahrens – dh Einleitung und Fortgang – betreffen (Kopp/Schenke VwGO § 44a Rn 5; Sodan/Ziekow/Ziekow VwGO § 44a Rn 44; vgl unten, Rn 21). Liegt ein laufendes Verwaltungsverfahren vor, ist ohne Relevanz, ob die Verfahrenshandlung von derselben Behörde vorgenommen wird, die auch die Sachentscheidung erlässt; auch die Verfahrenshandlung einer um Amtshilfe ersuchten Behörde fällt in den Regelungsbereich des § 44a VwGO (VGH München NVwZ 1988, 742; NVwZ 1987, 613, 614; Eyermann/Geiger VwGO § 44a Rn 6).

13.1   Darüber hinaus muss die behördliche Maßnahme der Förderung des Verfahrens dienen; führt sie statt dessen zu einer Verzögerung des Verfahrens zu Lasten des Bürgers, so findet § 44a VwGO keine Anwendung (Sodan/Ziekow/Ziekow VwGO § 44a Rn 40; aA Eichberger Die Einschränkung des Rechtsschutzes gegen behördliche Verfahrenshandlungen, 1986, 159). Dieses Problem kann zum einen auftreten, wenn die Behörde verfahrensrechtlichen Pflichten nicht nachkommt (dazu gehört allgemein die Durchführung eines Anhörungsverfahrens; zunehmend detaillierter werden Verfahrenspflichten der Behörde insbesondere im Rahmen von Infrastrukturplanungsverfahren statuiert). Zum anderen kann das Phänomen in Rede stehen, wenn die Behörde Anträge ablehnt und dadurch das Verfahren verzögert. Eine Klage auf Vornahme der Verfahrensschritte ist dem Wortlaut der Vorschrift nach in diesen Fällen nicht möglich, da auch Unterlassungen vom Begriff der Verfahrenshandlungen erfasst sind. Ein Ausschluss iSv § 44a VwGO ist aber dann nicht berechtigt, wenn die Anwendung der Vorschrift den Zweck konterkariert, dh eine Klage auf Vornahme der Verfahrensschritte der Beschleunigung des Verfahrens dienen würde. Die Vorschrift ist in diesen Fällen teleologisch zu reduzieren (vgl OVG Koblenz NJW 1997, 2342). Ob eine Verfahrensverzögerung seitens der Behörde vorliegt, die eine teleologische Restriktion des § 44a VwGO erfordert, ist im Einzelfall zu ermitteln. Sie ist nicht bei jeder Zurückweisung eines Antrags durch die Behörde begründet (vgl Sodan/Ziekow/Ziekow VwGO § 44a Rn 40).

13.2   Dasselbe gilt im Ergebnis auch bei Klagen auf Beteiligung, wenn und soweit Gesetz oder Rspr eine entsprechende Partizipationserzwingung gerade zulassen (etwa bei anerkannten Naturschutzvereinigungen, s Rn 35.2). Hier würde ein Vorgehen lediglich gegen die Sachentscheidung, sofern überhaupt ein Klagerecht besteht, zwar möglich sein, für die Beteiligung wegen des Verfahrensabschlusses aber zu spät kommen. Im Interesse der Effektuierung von Beteiligungsrechten ist deshalb eine isolierte Partizipationserzwingungsklage zulässig.

13.3   Da ein gerichtliches Verfahren nicht in den Regelungsbereich der Norm fällt, sind die Handlungen der Behörde in einem gerichtlichen Verfahren keine Verfahrenshandlungen iSd § 44a VwGO. Einen Grenzfall stellt das Nachschieben von Gründen im Prozess dar; es ist jedoch keine reine Verwaltungsverfahrenshandlung mehr und damit auch nicht Gegenstand des § 44a VwGO (vgl BVerwG NVwZ 1993, 678, 681).

III. Abgrenzungen zur Verfahrenshandlung

14   **Nicht** erfasst sind solche behördlichen Maßnahmen, die **außerhalb** (VG Berlin NVwZ 1982, 576, 577; S/S/B/Stelkens VwGO § 44a Rn 18; Kopp/Schenke VwGO § 44a Rn 4a; Sodan/Ziekow/Ziekow VwGO § 44a Rn 37) oder **nach Abschluss** eines **Verwaltungsverfahrens** ergehen (BVerwG NJW 1982, 120; B/F-K/S/A/vAlbedyll VwGO § 44a Rn 2; Obermayer/Tiedemann VwVfG § 97 Rn 10; Eichberger Die Einschränkung des Rechtsschutzes gegen behördliche Verfahrenshandlungen, 1986, 95 ff; aA Kopp/Schenke VwGO § 44a Rn 12). Jedoch entfaltet § 44a VwGO für bereits abgeschlossene Verwaltungsverfahren **fortdauernde Wirkung**; auch insofern können Verfahrenshandlungen, die im Rahmen dieses Verfahrens getätigt worden sind, nur gleichzeitig mit der Sachentscheidung angegriffen werden (OVG Münster DVBl 2000, 572, 573). Ebenso betrifft § 44a VwGO auch **künftige Verfahrenshandlungen** in noch nicht anhängigen Verwaltungsverfahren (OVG Münster DVBl 2000, 572, 573 f; Kopp/Schenke VwGO § 44a Rn 12; Gärditz VwGO § 44a Rn 10).

15   Verfahrenshandlungen sind ferner von materiellen Sachentscheidungen abzugrenzen, gleich ob diese wie die Zusicherung (§ 38 VwVfG) im Verfahrensrecht geregelt sind oder ob es sich um spezialgesetzliche Maßnahmen handelt. Solche **materiellen Handlungen** fallen **nicht** in den Anwendungsbereich des § 44a VwGO, da sie keine abschließende Entscheidung vorbereiten, sondern vielmehr selbst eine solche sind (Sodan/Ziekow/Ziekow VwGO § 44a Rn 41; S/S/B/Stelkens VwGO § 44a Rn 8/18; Kopp/Schenke VwGO § 44a Rn 4a). Ebenfalls **nicht** von § 44a VwGO erfasst sind Entscheidungen über die vom Betroffenen geltend gemachten **materiell eigenständigen Rechtspositionen** – etwa Informationsansprüche aus dem UIG oder IFG (vgl S/S/B/Stelkens VwGO § 44a Rn 18; Sodan/Ziekow/Ziekow VwGO § 44a Rn 47 f; F/K/S/Terhechte VwGO § 44a Rn 23 f); auch sie schließen ein eigenständiges Verwaltungsverfahren ab (vgl S/S/B/Stelkens VwGO § 44a Rn 9; Kopp/Schenke VwGO § 44a Rn 4a).

16   Zudem ist zwischen einer Verfahrenshandlung und einer ggf damit einhergehenden **Gebührenfestsetzung** zu unterscheiden; während die Verfahrenshandlung in den Regelungsbereich des § 44a S 1 VwGO fällt, kann die Gebührenfestsetzung unmittelbar und isoliert angefochten werden (B/F-K/S/A/vAlbedyll VwGO § 44a Rn 9; Eyermann/Geiger VwGO § 44a Rn 13).

Bleibt eine anfechtbare Sachentscheidung aus und ist das Begehren gerade auf den Erlass   **17** einer Sachentscheidung gerichtet, so steht § 44a VwGO dem Rechtsschutzbegehren nicht entgegen; hier kann etwa der Weg über die **Untätigkeitsklage** gem § 75 VwGO beschritten werden (VGH München DÖV 1980, 54, 54 f; OVG Saarlouis NVwZ-RR 1992, 382, 384; B/F-K/S/A/vAlbedyll VwGO § 44a Rn 6; Redeker/v Oertzen/v Nicolai VwGO § 44a Rn 2). Aus den gleichen Erwägungen kann eine **vorbeugende Unterlassungsklage** von § 44a VwGO unberührt bleiben (S/S/B/Stelkens VwGO § 44a Rn 14; B/F-K/S/A/ vAlbedyll VwGO § 44a Rn 6).

IV. Rechtsnatur der Verfahrenshandlung

Uneinheitlich wird die Frage beantwortet, ob die Verfahrenshandlung einer bestimmten   **18** Rechtsnatur bedarf, um in das Regelungsregime des § 44a VwGO zu fallen. Während teilweise nur Vorbereitungshandlungen ohne Verwaltungsakts-Qualität (so wohl BVerwG NJW 1982, 120; NVwZ-RR 1993, 252, 252) oder im Gegensatz dazu gerade nur Verfahrensverwaltungsakte (Redeker/v Oertzen/v Nicolai VwGO § 44a Rn 1) als Gegenstand des § 44a VwGO angesehen werden, will die **herrschende Auffassung** die Norm zu Recht auf **jede** der Vorbereitung einer abschließenden Entscheidung dienende **Verfahrenshandlung ungeachtet** ihrer **Rechtsnatur** anwenden (VGH München NVwZ 1988, 742; VGH München NVwZ 1988, 1054, 1054; OVG Koblenz NVwZ-RR 1998, 445; OVG Bautzen NVwZ-RR 1999, 209, 209; S/S/B/Stelkens VwGO § 44a Rn 16; Sodan/Ziekow/Ziekow VwGO § 44a Rn 38; Gärditz, VwGO § 44a Rn 9).

Dem Streit kommt insofern Bedeutung zu, als durch das VwVfG Verfahrenshandlungen unter-   **18.1** schiedlicher Rechtsnatur eingeführt worden sind (vgl S/S/B/Stelkens VwGO § 44a Rn 16). Deren prozessuale Behandlung kann nur schwerlich von ihrer jeweiligen Ausgestaltung abhängen. Zudem würde der Regelungszweck des § 44a VwGO unterlaufen, wenn nicht alle Verfahrenshandlungen von ihm erfasst wären (vgl B/F-K/S/A/vAlbedyll VwGO § 44a Rn 3). Schließlich gebietet auch Art 19 Abs 4 GG keine unterschiedliche Handhabung; denn bereits durch § 44a VwGO wird hinreichender gerichtlicher Rechtsschutz gewährt, sofern unmittelbarer Zugang zu den Verwaltungsgerichten für die Fälle eingeräumt wird, in denen durch die Verfahrenshandlung auch materielle Rechte des Betroffenen berührt werden (Stelkens NJW 1982, 1137, 1137; vgl dazu Rn 28 ff).

V. Rechtsnatur der Sachentscheidung

Ebenfalls umstritten ist die Frage, welcher Rechtsnatur die abschließende Sachentschei-   **19** dung iSd § 44a S 1 VwGO sein muss. Einheitlich wird ein **Verwaltungsakt** gem § 35 VwVfG, der das Verwaltungsverfahren gem § 9 VwVfG abschließt, als Sachentscheidung iSd § 44a VwGO eingestuft. Während sich jedoch nach der vorherrschenden Auffassung der Begriff der Sachentscheidung iSd § 44a VwGO bereits darin erschöpfen soll (BVerwG NJW 1982, 120; S/S/B/Stelkens VwGO § 44a Rn 13; Kopp/Schenke VwGO § 44a Rn 3; Redeker/v Oertzen/v Nicolai VwGO § 44a Rn 2; F/K/S/Terhechte VwGO § 44a Rn 16), wird die Sachentscheidung zum Teil darüber hinaus auch auf solche behördlichen Handlungen erstreckt, die einen **öffentlich-rechtlichen Vertrag** abschließen (Eyermann/Geiger VwGO § 44a Rn 10; Sodan/Ziekow/Ziekow VwGO § 44a Rn 29), auf den Erlass eines **Realaktes** (Günther NVwZ 1986, 697, 702; Sodan/Ziekow/Ziekow VwGO § 44a Rn 31) oder sogar eines **Rechtsakts** gerichtet sind (Eyermann/Geiger VwGO § 44a Rn 10; Sodan/ Ziekow/Ziekow VwGO § 44a Rn 30; Hill Das fehlerhafte Verfahren und seine Folgen im Verwaltungsrecht, 1986, 46 f). Das weite Verständnis der Mindermeinung kann jedoch nicht überzeugen, da bei einem öffentlich-rechtlichen Vertrag gerade keine einseitige behördliche Entscheidung getroffen wird, bei Realhandlungen die behördliche Willensäußerung fehlt und Rechtssetzungsakte nicht dem Begriff der Sachentscheidung entsprechen, der gerade auf einen Bezug zum Einzelfall hindeutet (vgl S/S/B/Stelkens VwGO § 44a Rn 10 ff; Kopp/ Schenke VwGO § 44a Rn 3).

VI. Keine Auswirkung des § 46 VwVfG

20   Keine Auswirkung auf den Anwendungsbereich des § 44a VwGO hat die Regelung des § 46 VwVfG. Bleibt ein Verfahrensfehler wegen § 46 VwVfG bei der gerichtlichen Überprüfung der Sachentscheidung unbeachtlich, so darf daraus nicht gefolgert werden, dass die Verfahrenshandlung isoliert angefochten werden könne und ein Ausnahmefall zu § 44a VwGO gegeben sei (BVerwG NJW 1982, 120). Anderenfalls würde die gesetzgeberische Intention, den erweiterten Verfahrensrechten Grenzen entgegenzusetzen, unterlaufen; § 44a VwGO dient vielmehr der prozessualen Ergänzung der materiellrechtlichen Regelung aus § 46 VwVfG (vgl oben Rn 5).

VII. Beispiele

21   Ohne Anspruch auf Vollständigkeit werden folgende Fallgruppen diskutiert:
      Beispiele behördlicher Verfahrenshandlungen iSd § 44a VwGO:
- Einleitung des Verfahrens (VG Kassel NVwZ 1985, 217; Kopp/Schenke VwGO § 44a Rn 5; B/F-K/S/A/vAlbedyll VwGO § 44a Rn 8);
- Entscheidungen über behördliche Auskünfte gem § 25 VwVfG (S/S/B/Stelkens VwGO § 44a Rn 17; Sodan/Ziekow/Ziekow VwGO § 44a Rn 46);
- Versagung der Anhörung gem § 28 VwVfG (VG Köln InfAuslR 1981, 111, 111 f; S/S/B/Stelkens VwGO § 44a Rn 17; Sodan/Ziekow/Ziekow VwGO § 44a Rn 46);
- Verweigerung des gemeindlichen Einvernehmens gem § 36 BauGB (Kopp/Schenke VwGO § 44a Rn 6; Eyermann/Geiger VwGO § 44a Rn 9);
- Zustellung von Verwaltungsakten (Sodan/Ziekow/Ziekow VwGO § 44a Rn 45);
- Entscheidung über Mitwirkung befangener Amtsträger (OVG Münster DVBl 2000, 572, 573 f; Sodan/Ziekow/Ziekow VwGO § 44a Rn 50; Eyermann/Geiger VwGO § 44a Rn 7);
- Entscheidungen zur Sachverhaltsermittlung durch die Behörde (BVerwG NVwZ-RR 1993, 252, 252; OVG Münster NVwZ-RR 1995, 703, 703; VGH Kassel NVwZ1992, 391, 391; Sodan/Ziekow/Ziekow VwGO § 44a Rn 51);
- Entscheidungen über die Aussetzung (S/S/B/Stelkens VwGO § 44a Rn 17);
- Ausschreibung einer Stelle im öffentlichen Dienst (OVG Bautzen NVwZ-RR 1999, 209, 209; Eyermann/Geiger VwGO § 44a Rn 9).

Nicht hingegen die Entscheidung über das Wiederaufgreifen des Verfahrens nach § 51 VwVfG, da erst durch diese Sachentscheidung ein Verfahren (wieder-)eröffnet wird (Sodan/Ziekow/Ziekow VwGO § 44a Rn 45). Weitere Beispiele bei Kopp/Schenke VwGO § 44a Rn 5, S/S/B/Stelkens VwGO § 44a Rn 17 und Sodan/Ziekow/Ziekow VwGO § 44a Rn 44 ff.

Streitige Fallgruppen:
- Versagung der Akteneinsicht nach § 29 VwVfG (für § 44a VwGO: BVerwG Beschl v 20.11.2012 – 1 WB 4/12; OVG Münster NJW 1981, 70; VG Köln NJW 1978, 1397; Eyermann/Geiger VwGO § 44a Rn 8; aA F/K/S/Terhechte VwGO § 44a Rn 13; differenzierend Sodan/Ziekow/Ziekow VwGO § 44a Rn 42);
- Entscheidungen über Fristverlängerung (für § 44a VwGO: OVG Lüneburg NVwZ 1994, 81, 82; Sodan/Ziekow/Ziekow VwGO § 44a Rn 44a; aA S/S/B/Stelkens VwGO § 44a Rn 17);
- Entscheidung über Wiedereinsetzung in den vorigen Stand (für § 44a VwGO: Eyermann/Geiger VwGO § 44a Rn 7; Obermayer/Tiedemann VwVfG § 97 Rn 11; S/B/S/Kallerhoff VwVfG § 32 Rn 45 mwN; aA VGH Mannheim DVBl 1982, 206, 207).

C. Rechtsbehelf (S 1)

22   Rechtsbehelf iSd § 44a S 1 VwGO können nur **ordentliche Rechtsbehelfe**, dh ordentliche gesetzliche Verfahrensmittel sein (OVG Bautzen NVwZ-RR 1999, 209, 209; S/S/B/Stelkens VwGO § 44a Rn 20; Sodan/Ziekow/Ziekow VwGO § 44a Rn 19). Zum Begriff des ordentlichen Rechtsbehelfs vgl § 58 VwGO Rn 2. Formlose oder außerordentliche Rechtsbehelfe (wie etwa Gegenvorstellungen, Dienstaufsichtsbeschwerden etc) erfüllen da-

gegen den Tatbestand von § 44a VwGO nicht; sie bleiben unabhängig vom Gang des Verwaltungsverfahrens jederzeit zulässig.

Zwar indiziert der Wortlaut des § 44a S 1 VwGO („gegen behördliche Verfahrenshand- **23** lungen") eine Begrenzung auf Anfechtungskonstellationen. Der Normzweck verlangt jedoch eine umfassende Beschränkung von Rechtsbehelfen, so dass auch die Verpflichtungssituation erfasst sein muss (OVG Koblenz UPR 1988, 309, 310; VG Köln NJW 1978 1397; S/S/B/ Stelkens VwGO § 44a Rn 20; Kopp/Schenke VwGO § 44a Rn 4). Da nach richtiger Ansicht Verfahrenshandlungen jeder Rechtsnatur von § 44a VwGO erfasst sind (vgl oben Rn 18), kommen als Rechtsbehelf iSd § 44a S 1 VwGO **sämtliche verwaltungsprozes-sualen Klageformen** – dh Anfechtungs-, Verpflichtungs-, Leistungs-, Feststellungs- und Fortsetzungsfeststellungsklagen –, das etwaig vorgelagerte **Widerspruchsverfahren** sowie **vorläufige Rechtsbehelfe** aus § 80 VwGO, § 80a VwGO und § 123 VwGO in Betracht (OVG Koblenz NVwZ-RR 1998, 445; OVG Münster NJW 1981, 70; VG Berlin NVwZ 1982, 576, 577; VG Köln NJW 1978, 1397; VG Hannover NVwZ 1986, 960, 960; B/F-K/ S/A/vAlbedyll VwGO § 44a Rn 2/5; Redeker/v Oertzen/v Nicolai VwGO § 44a Rn 2; Eyermann/Geiger VwGO § 44a Rn 12; F/K/S/Terhechte VwGO § 44a Rn 15).

D. Gleichzeitige Geltendmachung (S 1)

§ 44a S 1 VwGO sieht vor, dass Rechtsbehelfe gegen behördliche Verfahrenshandlungen **24** nur gleichzeitig mit denjenigen gegen die Sachentscheidung geltend gemacht werden kön-nen. Damit scheidet die Vorschrift bereits tatbestandlich aus, wenn die **Sachentscheidung selbst** nicht mit **Rechtsbehelfen** angegriffen werden kann (OVG Berlin DtZ 1996, 252, 253; Kopp/Schenke VwGO § 44a Rn 4a/9; Sodan/Ziekow/Ziekow VwGO § 44a Rn 26). Dagegen ist nicht maßgeblich, ob gerade der Rechtsbehelf des im Einzelfall Betroffenen zulässig ist.

Allerdings ist die Norm missverständlich formuliert (Eyermann/Geiger VwGO § 44a **25** Rn 11). Ist die behördliche Verfahrenshandlung reine Vorbereitungshandlung ohne Ver-waltungsaktsqualität, werden die Rechtsbehelfe gegen die Verfahrenshandlung und die Sach-entscheidung **nicht** gleichzeitig – iSv **parallel** – geltend gemacht, sondern im Rahmen eines **einheitlichen Rechtsbehelfs** gegen die Sachentscheidung erhoben (Sodan/Ziekow/Zie-kow VwGO § 44a Rn 11; Redeker/v Oertzen/v Nicolai VwGO § 44a Rn 4); Rügen fehlerhafter Verfahrenshandlungen werden dann zur Begründung der formellen (zB eine fehlerhafte Anhörung gem § 28 VwVfG) oder materiellen (zB eine fehlerhafte Sachverhalts-ermittlung) Rechtswidrigkeit der Sachentscheidung angeführt (S/S/B/Stelkens VwGO § 44a Rn 21).

Das gleiche gilt – trotz des Wortlauts, der eine gleichzeitige Geltendmachung eigen- **26** ständiger Rechtsbehelfe gegen die Verfahrenshandlung und die Sachentscheidung voraus-zusetzen scheint –, wenn die Verfahrenshandlung iSd § 44a S 1 VwGO Verwaltungsakts-qualität aufweist und damit grundsätzlich isoliert anfechtbar wäre (zum Streit über die Rechtsnatur der Verfahrenshandlung iSd § 44a VwGO vgl oben, Rn 18). Auch in dieser Konstellation findet jedoch nur eine **Inzidentkontrolle** in einem einheitlichen Rechtsbehelf statt (Sodan/Ziekow/Ziekow VwGO § 44a Rn 39; vgl auch Eichberger Die Einschränkung des Rechtsschutzes gegen behördliche Verfahrenshandlungen, 1986, 89 ff).

E. Ausnahmetatbestände (S 2)

§ 44a S 2 VwGO enthält zwei Ausnahmetatbestände, um den in diesen Fallgruppen **27** gesteigerten Anforderungen des gerichtlichen Rechtsschutzes iSd Art 19 Abs 4 GG gerecht zu werden. Eine partielle Anwendung von S 1 und S 2 auf die vorgebrachten Rügen ist dabei denkbar (S/S/B/Stelkens VwGO § 44a Rn 29).

I. Verfahrenshandlung ist vollstreckungsfähig (Alt 1)

Die Einschränkungen des § 44a S 1 VwGO finden gem S 2 Alt 1 keine Anwendung, **28** wenn es um die Zulässigkeit von Rechtsbehelfen gegen vollstreckbare behördliche Verfahrenshandlungen geht; adressiert ist damit eine abstrakte Vollziehbarkeit, weder der tatsächliche Vollzug noch die konkrete Zulässigkeit im Einzelfall (Gärditz VwGO § 44a Rn 15).

29   Eine solche Maßnahme wird regelmäßig in Form eines Verwaltungsakts ergehen; zwingend ist dies aber nicht (S/S/B/Stelkens VwGO § 44a Rn 26). Eine Verfahrenshandlung ist iSd Verwaltungsvollstreckungsrechts **vollstreckbar**, wenn sie den Betroffenen zu einem Handeln, Dulden oder Unterlassen verpflichtet, das auch gegen dessen Willen durchgesetzt werden kann und soll (S/S/B/Stelkens VwGO § 44a Rn 26). Die Vollstreckbarkeit iSd § 44a S 2 VwGO geht indessen über dieses Verständnis hinaus; zusätzlich erfasst sind Maßnahmen, deren Befolgen – etwa gegenüber Beamten – durch Disziplinarmaßnahmen erzwungen werden kann (B/F-K/S/A/vAlbedyll VwGO § 44a Rn 10; Kopp/Schenke VwGO § 44a Rn 8; OVG Münster NVwZ-RR 2013, 198 f; OVG Lüneburg NVwZ 1990, 1194, 1194; einschränkend VGH München Beschl v 12.12.2012 – 3 CE 12.2121).

30   Selbst wenn § 44a S 2 VwGO die – isolierte – gerichtliche Kontrolle einer vollstreckungsfähigen Verfahrenshandlung ermöglicht, so darf diese Überprüfung **nicht** dazu führen, den **Gegenstand des gesamten Verwaltungsverfahrens** – die Hauptsache vorwegnehmend – zu überprüfen (BezG Schwerin LKV 1993, 135, 135; S/S/B/Stelkens VwGO § 44a Rn 28).

II. Verfassungskonforme Auslegung des § 44a S 2 Alt 1 VwGO

31   Über den Wortlaut hinaus ist der Ausnahmetatbestand der Alt 1 in verfassungskonformer Auslegung auf alle Fallkonstellationen anzuwenden, in denen – wie bei einer drohenden Vollstreckung – ein **verzögerter Rechtsbehelf** iSd § 44a S 1 VwGO den Schutz der Rechte des Betroffenen nicht mehr erreichen könnte, weil er **zu spät** käme (str; wie hier OVG Münster NVwZ-RR 1995, 703, 703; VG Hannover NVwZ 1986, 960, 960; BezG Schwerin LKV 1993, 135, 135; S/S/B/Stelkens VwGO § 44a Rn 29; Kopp/Schenke VwGO § 44a Rn 9; Sodan/Ziekow/Ziekow VwGO § 44a Rn 17 f; ähnlich Gärditz VwGO § 44a Rn 18 und Eyermann/Geiger VwGO § 44a Rn 16, der irreversible und zugleich schwerwiegende Folgen voraussetzt; aA Steinberg DÖV 1982, 619, 629; Eichberger Die Einschränkung des Rechtsschutzes gegen behördliche Verfahrenshandlungen, 1986, 203 f). Insbesondere wenn die behördliche Verfahrenshandlung eine zusätzliche und schwerwiegende materielle – grundrechtsrelevante – Beschwer für den Betroffenen bedeutet, darf § 44a S 1 VwGO den – zeitgerechten (Art 19 Abs 4 GG) – gerichtlichen Rechtsschutz nicht verwehren (OVG Münster NVwZ-RR 1995, 703, 703; Sodan/Ziekow/Ziekow VwGO § 44a Rn 73; B/F-K/S/A/vAlbedyll VwGO § 44a Rn 7/13; S/S/B/Stelkens VwGO § 44a Rn 29 mit umfangreicher Darstellung der potentiell durch Verfahrenshandlungen betroffenen materiellen Rechtspositionen).

32   Mit **Ausnahme** der sog **absoluten Verfahrensrechte** (Rn 34) und der besonderen Rechtsstellung von Umweltvereinigungen nach dem UmRG bedarf es insoweit aber stets einer (zusätzlichen) **Beeinträchtigung materieller Rechtspositionen** des Betroffenen (S/S/B/Stelkens VwGO § 44a Rn 30; aA Pagenkopf NJW 1979, 2382, 2382 f).

III. Verfahrenshandlung gegen Nichtbeteiligten (Alt 2)

33   Gem § 44a S 2 Alt 2 VwGO finden die Einschränkungen des S 1 ferner dann keine Anwendung, wenn ein am Verwaltungsverfahren nicht Beteiligter von der Verfahrenshandlung betroffen ist. Dahinter steht der Gedanke, dass diesem kein Anfechtungsrecht gegen die Sachentscheidung zusteht und insoweit auch kein Zuwarten geboten sein kann (VGH München NVwZ-RR 2001, 373, 373; Eyermann/Geiger VwGO § 44a Rn 14; Sodan/Ziekow/Ziekow VwGO § 44a Rn 63).

34   Zur Bestimmung der (Nicht-)Beteiligung am Verwaltungsverfahren ist auf **§ 13 VwVfG** sowie die entsprechenden Regelungen in anderen Verfahrensregimen zurückzugreifen (S/S/B/Stelkens VwGO § 44a Rn 31). Im Einzelnen:

- Im Umkehrschluss ist Nichtbeteiligter iSd § 44a S 2 Alt 2 VwGO deshalb, wer sich nicht gegen die Sachentscheidung wenden kann, aber dennoch durch das Verfahren betroffen wird – zB Zeugen, Sachverständige, Prozessbevollmächtigte, Beistände, Vertreter sowie Anzuhörende iSd § 13 Abs 3 VwVfG (B/F-K/S/A/vAlbedyll VwGO § 44a Rn 12;

Redeker/v Oertzen/v Nicolai VwGO § 44a Rn 5; F/K/S/Terhechte VwGO § 44a Rn 20).

- Ebenfalls in den Ausnahmetatbestand des § 44 S 2 Alt 2 VwGO fällt derjenige, der zu Unrecht gem § 13 Abs 1 Nr 4, Abs 2 VwVfG zu einem Verfahren beigezogen wird; er behält die Stellung eines Nichtbeteiligten und kann den Beiziehungsbescheid isoliert anfechten (BVerwG NVwZ 2000, 1179, 1180; Kopp/Schenke VwGO § 44a Rn 4a; Sodan/Ziekow/Ziekow VwGO § 44a Rn 65).

- Dagegen ist derjenige, der im Rahmen förmlicher Verwaltungsverfahren – etwa einem Planfeststellungsverfahren – Einwendungen erhoben hat, kein Nichtbeteiligter iSd S 2 (vgl BVerfG NVwZ 1988, 1017; VGH München NVwZ 1988, 1054, 1054; NVwZ 1989, 1179, 1180; OVG Koblenz NVwZ 1988, 76, 76 unter Verweis auf die Beteiligten-stellung von Einwendern gem § 10 BImSchG; Obermayer/Tiedemann VwVfG § 97 Rn 15; zwischen „Betroffenen-Einwendern" und „Jedermann-Einwendern" differenzie-rend Sodan/Ziekow/Ziekow VwGO § 44a Rn 68).

- Auch kein Fall des S 2 Alt 2 liegt vor, wenn eine Beteiligung fehlerhaft unterlassen worden ist, die in einem absoluten Verfahrensrecht wurzelt. Die Verletzung des absoluten Verfahrensrechts ermöglicht es, die Sachentscheidung ohne weitere materielle Betroffen-heit anzufechten (BVerwG NVwZ 1991, 162, 165; S/S/B/Stelkens VwGO § 44a Rn 32; Gärditz VwGO § 44a Rn 19; Sodan/Ziekow/Ziekow VwGO § 44a Rn 70), was zwangsläufig bedeutet, dass die Entscheidung in der Sache abgewartet werden muss (vgl Dolde NVwZ 1991, 960, 962; Eyermann/Geiger VwGO § 44a Rn 15; Sodan/Ziekow/ Ziekow VwGO § 44a Rn 70). Das gilt auch für Klagen gem § 4 UmRG, die sich auf die Unterlassung einer erforderlichen UVP oder Vorprüfung gem UVPG stützen (Kopp/ Schenke VwGO § 44a Rn 9 und 11).

IV. Europarechtsbedingte Unanwendbarkeit der Norm

In einigen Fallkonstellationen mit gemeinschaftsrechtlichem Bezug wird die Unanwend- **35** barkeit des § 44a VwGO diskutiert; die Sperrung der Norm wird dabei insbes mit dem Vereitelungsverbot begründet (vgl Rengeling/Middeke/Gellermann Handbuch Rechts-schutz in der EU 2003 § 34 Rn 40 f). Allerdings ist grundsätzlich zu betonen, dass die Norm auch bezüglich unional begründeter Verfahrensrechte keineswegs von vornherein unanwend-bar ist (zutreffend Gärditz VwGO § 44a Rn 5 f.).

Erwogen wird eine Einschränkung des Anwendungsbereichs von § 44a VwGO etwa, wenn – **35.1** auf Gemeinschaftsrecht zurückzuführende – **materiell eigenständige Rechtspositionen** betroffen sind – zB der Anspruch auf Umweltinformationen. Im Ergebnis bedarf es hier jedoch keines Rückgriffs auf das Vereitelungsverbot, da eine materiell eigenständige Rechtsposition den Anwen-dungsbereich des § 44a VwGO schon nicht eröffnet (vgl oben Rn 15; auch Rengeling/Middeke/ Gellermann Handbuch Rechtsschutz in der EU 2003 § 36 Rn 49).

Auch wird eine Nichtanwendung der Norm gefordert, sofern auf Europarecht wurzelnde **selb-** **35.2** **ständige Verfahrensrechte** betroffen sind (vgl Karpenstein Praxis des EG-Rechts 2013 Rn 324). Insofern bedarf es indes wiederum keiner Einschränkung des § 44a VwGO, da der Inhaber des Verfahrensrechts entweder später auch gegen die abschließende Sachentscheidung vorgehen kann – das Vereitelungsverbot verlangt keinen isolierten oder vorgezogenen Rechtsschutz (vgl Sodan/ Ziekow/Dörr VwGO EVS Rn 236) – oder bereits als Nichtbeteiligter iSd § 44a S 2 VwGO vom Anwendungsbereich der Norm ausgenommen ist (vgl Gellermann Handbuch Rechtsschutz in der EU 2003 § 36 Rn 49; zur möglichen Differenzierung zwischen „Betroffenen-Einwendern" und „Jedermann-Einwendern" vgl oben Rn 34). Unabhängig davon erkennt die Rspr die Möglichkeit einer **Partizipationserzwingungsklage** anerkannter Naturschutzverbände an, wenn das Verfahren noch nicht abgeschlossen ist und die Vereinigung entgegen § 63 BNatSchG daran bislang nicht ordnungsgemäß beteiligt wurde (BVerwGE 87, 62, 69 ff). Dies war anfänglich ohne Bruch mit der Systematik des § 44a VwGO möglich, da die Verbände keine Rechtsschutzmöglichkeiten gegen die Sachentscheidung selbst besaßen (Frenz/Müggenborg/Heselhaus, § 63 Rn 45). Inzwischen steht ihnen indes die Option einer allein auf Beteiligung gerichteten Klage neben der Anfechtung der Sachentscheidung aufgrund unterbliebener Beteiligung zusätzlich offen (BVerwG, Urt v 31.1.2002 – 4 A 15/01; kritisch daher Steinberg/Berg/Wickel Fachplanung § 6 Rn 159). Mit Einführung der Vereinsklage gemäß § 64 BNatSchG ist der Hauptanwendungsbereich dieses Instituts nunmehr kodifiziert worden, da es sich bei der Beteiligung der Naturschutzverbände regelmäßig um Mitwirkungsrechte iSd § 63 BNatSchG handelt. Dennoch kkommnt dieser Klage ein eigenständiger Anwendungsbereich zu, dem 44a VwGO nicht entgegensteht, da er nach seiner Zielrichtung nicht die Konstellation der Erzwingung einer Beteiligung erfasst (Schlacke/Schlacke BNatSchG § 63 Rn 73).

35.3 Demgegenüber ist die Notwendigkeit einer Sperrung des § 44a VwGO in den Fällen der sog **gemischten oder mehrstufigen Verwaltung** denkbar (Ehlers DVBl 2004, 1441, 1446; Karpenstein Praxis des EG-Rechts 2013 Rn 306; vgl EuGH Rs C-97/91 „Borelli" Slg 1992 I-6313, 6333 Rn 9 ff). Bedarf für eine solche Einschränkung der Norm besteht jedoch nur in jenen Ausnahmekonstellationen, in denen die Maßnahme der mitgliedstaatlichen Behörde dem Gemeinschaftsorgan nicht zugerechnet werden kann, dessen Entscheidung aber präjudiziert, und zugleich bei einer Anwendung des § 44a VwGO nicht isoliert anfechtbar wäre (Ehlers DVBl 2004, 1441, 1446; Nehl BDVR-Rundschreiben 2004, 66, 69).

§ 45 [Sachliche Zuständigkeit]

Das Verwaltungsgericht entscheidet im ersten Rechtszug über alle Streitigkeiten, für die der Verwaltungsrechtsweg offensteht.

Die sachliche Zuständigkeit (Rn 1) betrifft die Frage, welches Gericht in erster Instanz für welche Aufgaben zuständig ist. Die Zuständigkeit der Verwaltungsgerichte nach § 45 VwGO ist dann gegeben, wenn nicht die Verwaltungsgerichtsordnung oder besondere Gesetze die erstinstanzliche Zuständigkeit eines besonderen Gerichts (Rn 2) vorsehen. Bei der sachlichen Zuständigkeit handelt es sich um eine Sachurteilsvoraussetzung (Rn 3). Die Zuständigkeit ist eine ausschließliche (Rn 4), sie ist der Parteidisposition entzogen.

A. Allgemeines

1 Die **sachliche Zuständigkeit** bestimmt, welches erstinstanzliche Gericht das Verfahren seiner Art wegen zu erledigen hat. Sie ist abzugrenzen von der instanziellen und der örtlichen Zuständigkeit. Die instanzielle Zuständigkeit betrifft die Trennung zwischen erster Instanz und den Rechtsmittelinstanzen. Das VG ist ausschließlich Gericht erster Instanz (§ 45 VwGO), während das OVG sowohl Rechtsmittelgericht (§ 46 VwGO) als auch Gericht erster Instanz (§§ 47, 48 VwGO) ist, gleiches gilt auch für das BVerwG (§§ 49, 50 VwGO). Die örtliche Zuständigkeit behandelt § 52 VwGO. Die Rechtswegfrage ist in § 40 VwGO geregelt.

B. Systematik

2 § 45 VwGO stellt den **Grundsatz** auf, dass die Verwaltungsgerichte in erster Instanz für alle Streitigkeiten zuständig sind, für die der Verwaltungsrechtsweg nach § 40 VwGO eröffnet ist. Diese Zuständigkeit besteht dann nicht, wenn die VwGO oder besondere Gesetze eine spezielle Zuweisung vorsehen. Die Zuweisungen in den §§ 47, 48 VwGO, durch die die erstinstanzliche Zuständigkeit des OVG begründet wird, und die Zuständigkeitsbestimmung gem § 50 VwGO für das BVerwG, sind daher gegenüber § 45 VwGO vorrangig. Gleiches gilt für sondergesetzliche Zuweisungsnormen wie zB § 190 Nr 4 VwGO iVm § 138 Abs 1 FlurbG. Nach § 167 Abs 1 S 2 VwGO ist das VG, soweit es in erster Instanz entschieden hat, auch Vollstreckungsgericht.

C. Sachurteilsvoraussetzung

3 Bei der sachlichen Zuständigkeit handelt es sich um eine Sachurteilsvoraussetzung, die **von Amts wegen zu prüfen** ist. Sofern bereits der Rechtsweg nicht gegeben ist, erfolgt eine Verweisung des Rechtsstreites gem § 173 S 1 VwGO iVm § 17a Abs 2 S 1 GVG an das zuständige Gericht des zulässigen Rechtsweges. Ist der Rechtsweg eröffnet, sind die sachliche und örtliche Zuständigkeit zu prüfen. Bei sachlicher Unzuständigkeit verweist das VG den Rechtsstreit nach § 83 S 1 VwGO iVm § 17a Abs 2 S 1 GVG an das zuständige OVG oder das BVerwG (vgl zu § 17a GVG in Verfahren des vorläufigen Rechtsschutzes: OVG Schles-

wig Beschluss BeckRS 2004, 24691). Bejaht das VG seine sachliche Zuständigkeit, ist das Rechtsmittelgericht hieran gem § 83 VwGO iVm § 17a Abs 5 GVG gebunden, es erfolgt also eine abschließende Entscheidung in erster Instanz.

D. Ausschließliche Zuständigkeit

Die sachliche Zuständigkeit des VG ist eine ausschließliche. Sie ist **der Parteidisposition** 4 **entzogen**, kann also weder durch Parteivereinbarung noch durch rügelose Einlassung begründet, geändert oder beseitigt werden. §§ 38, 39 ZPO sind also nicht, auch nicht gem § 173 VwGO anwendbar. Dieser Unterschied zwischen Verwaltungs- und Zivilprozess folgt ua aus der Tatsache, dass nach dem System der VwGO die Zuständigkeit des VG den Grundsatz und diejenige des OVG bzw des BVerwG die Ausnahme bildet (vgl S/S-A/P/Bier VwGO § 45 Rn 4).

§ 46 [Instanzielle Zuständigkeit des Oberverwaltungsgerichts]

Das Oberverwaltungsgericht entscheidet über das Rechtsmittel
1. der Berufung gegen Urteile des Verwaltungsgerichts,
2. der Beschwerde gegen andere Entscheidungen des Verwaltungsgerichts.

Gem § 46 VwGO ist das OVG grundsätzlich Rechtsmittelgericht (Rn 1). Ihm sind jedoch außerdem auch weitere Zuständigkeiten (Rn 2) in erster Instanz sowie prozessuale Zuständigkeiten übertragen. Die Zuständigkeit gem § 46 VwGO ist eine ausschließliche (Rn 5).

A. OVG als Rechtsmittelgericht

Die §§ 46 bis 48 VwGO regeln die Zuständigkeit des OVG (VGH). Zur Bezeichnung 1 „Verwaltungsgerichtshof" s § 184 VwGO. § 46 VwGO betrifft die instanzielle Zuständigkeit des OVG als Rechtsmittelgericht. Es ist als Rechtsmittelgericht **zweite Tatsacheninstanz**. Das OVG entscheidet über die Berufung gegen Urteile des VG (§ 124 VwGO) und bei Beschwerde gegen andere Entscheidungen des VG (§ 146 VwGO). Gegenstand der Berufung kann auch ein Gerichtsbescheid sein, § 84 Abs 2 Nr 1 VwGO. Als Rechtsmittelgericht entscheidet es des Weiteren über den Antrag auf Zulassung der Berufung (§ 124a Abs 5 VwGO) und bei Beschwerden gegen Beschlüsse des VG in Verfahren des vorläufigen Rechtsschutzes (§ 146 Abs 4 VwGO).

Nach Streichung des § 145 VwGO durch das 6. VwGOÄndG ist § 46 Nr 3 VwGO aF, 2 der eine Zuständigkeit des OVG als Revisionsgericht gegen Urteile des VG nach § 145 VwGO vorsah, aufgehoben worden. Über die Rechtsmittel der Revision, Sprungrevision, Revision bei Ausschluss der Berufung und Beschwerde nach § 99 Abs 2, 133 Abs 1 VwGO sowie nach § 17a Abs 4 S 4 GVG entscheidet gem § 49 VwGO Rn 1 das BVerwG.

B. Weitere Zuständigkeiten des OVG

Von der Zuständigkeit des OVG als Rechtsmittelgericht gem § 46 VwGO sind die Fälle 3 erstinstanzlicher und besonderer Zuständigkeit zu unterscheiden. An **erstinstanzlichen Zuständigkeiten des OVG** sind zu nennen:
- Normenkontrollverfahren (§ 47 VwGO)
- Technische Großvorhaben aus den Bereichen Energieversorgung, Abfallbeseitigung und Verkehr (§ 48 Abs 1 VwGO)
- Vereinsverbote einer obersten Landesbehörde (§ 48 Abs 2 VwGO)
- Flurbereinigungssachen (§ 190 Nr 4 VwGO iVm § 138 Abs 1 FlurbG)
- Ablehnung behördlicher Anträge (§ 31 StUG – Stasi-Unterlagen-Gesetz).

Sofern das OVG als Gericht erster Instanz zuständig ist, ist es auch Vollstreckungsgericht, § 167 Abs 1 S 2 VwGO.

Darüber hinaus sind in der VwGO noch **weitere ausdrückliche Zuständigkeits-** 4 **bestimmungen** für das OVG normiert:

- Bestimmung des zuständigen Gerichts gem § 53 Abs 1 VwGO
- Entscheidung über die Ablehnung eines Richters bei Beschlussunfähigkeit des VG (§ 54 Abs 1 VwGO iVm § 45 Abs 1, Abs 3 ZPO)
- Zuständigkeit in den Fragen der Disziplinar- und Schiedsgerichtsbarkeit bei Vermögensauseinandersetzungen öffentlich-rechtlicher Verbände und für Berufsgerichte (§ 187 Abs 1 VwGO)
- Zuständigkeit in Personalvertretungssachen (§ 187 Abs 2 VwGO)
- Entscheidungen von Verfassungsstreitigkeiten innerhalb eines Landes, in dem kein Verfassungsgericht besteht, wenn dem OVG bisher die Zuständigkeit übertragen war (§ 193 VwGO)
- Entscheidungen über Anträge im Zusammenhang mit Schiedsvereinbarungen (§ 173 S 2 VwGO iVm §§ 1062 ZPO ff)

C. Ausschließliche Zuständigkeit

5   Die Zuständigkeit des OVG ist eine ausschließliche. Sie steht nicht zur Disposition der Parteien und kann nicht durch Vereinbarung begründet oder beseitigt werden. Hinsichtlich des zwingenden Charakters der Zuständigkeitsvorschrift gilt dasselbe wie für das VG (§ 45 VwGO Rn 4).

§ 47 [Sachliche Zuständigkeit des Oberverwaltungsgerichts bei der Normenkontrolle]

(1) Das Oberverwaltungsgericht entscheidet im Rahmen seiner Gerichtsbarkeit auf Antrag über die Gültigkeit

1. von Satzungen, die nach den Vorschriften des Baugesetzbuchs erlassen worden sind, sowie von Rechtsverordnungen auf Grund des § 246 Abs. 2 des Baugesetzbuchs,

2. von anderen im Rang unter dem Landesgesetz stehenden Rechtsvorschriften, sofern das Landesrecht dies bestimmt.

(2) [1] Den Antrag kann jede natürliche oder juristische Person, die geltend macht, durch die Rechtsvorschrift oder deren Anwendung in ihren Rechten verletzt zu sein oder in absehbarer Zeit verletzt zu werden, sowie jede Behörde innerhalb eines Jahres nach Bekanntmachung der Rechtsvorschrift stellen. [2] Er ist gegen die Körperschaft, Anstalt oder Stiftung zu richten, welche die Rechtsvorschrift erlassen hat. [3] Das Oberverwaltungsgericht kann dem Land und anderen juristischen Personen des öffentlichen Rechts, deren Zuständigkeit durch die Rechtsvorschrift berührt wird, Gelegenheit zur Äußerung binnen einer zu bestimmenden Frist geben. [4] § 65 Abs. 1 und 4 und § 66 sind entsprechend anzuwenden.

(2a) Der Antrag einer natürlichen oder juristischen Person, der einen Bebauungsplan oder eine Satzung nach § 34 Abs. 4 Satz 1 Nr. 2 und 3 oder § 35 Abs. 6 des Baugesetzbuchs zum Gegenstand hat, ist unzulässig, wenn die den Antrag stellende Person nur Einwendungen geltend macht, die sie im Rahmen der öffentlichen Auslegung (§ 3 Abs. 2 des Baugesetzbuchs) oder im Rahmen der Beteiligung der betroffenen Öffentlichkeit (§ 13 Abs. 2 Nr. 2 und § 13a Abs. 2 Nr. 1 des Baugesetzbuchs) nicht oder verspätet geltend gemacht hat, aber hätte geltend machen können, und wenn auf diese Rechtsfolge im Rahmen der Beteiligung hingewiesen worden ist.

(3) Das Oberverwaltungsgericht prüft die Vereinbarkeit der Rechtsvorschrift mit Landesrecht nicht, soweit gesetzlich vorgesehen ist, daß die Rechtsvorschrift ausschließlich durch das Verfassungsgericht eines Landes nachprüfbar ist.

(4) Ist ein Verfahren zur Überprüfung der Gültigkeit der Rechtsvorschrift bei einem Verfassungsgericht anhängig, so kann das Oberverwaltungsgericht anordnen, daß die Verhandlung bis zur Erledigung des Verfahrens vor dem Verfassungsgericht auszusetzen sei.

(5) ¹Das Oberverwaltungsgericht entscheidet durch Urteil oder, wenn es eine mündliche Verhandlung nicht für erforderlich hält, durch Beschluß. ²Kommt das Oberverwaltungsgericht zu der Überzeugung, daß die Rechtsvorschrift ungültig ist, so erklärt es sie für unwirksam; in diesem Fall ist die Entscheidung allgemein verbindlich und die Entscheidungsformel vom Antragsgegner ebenso zu veröffentlichen wie die Rechtsvorschrift bekanntzumachen wäre. ³Für die Wirkung der Entscheidung gilt § 183 entsprechend.

(6) Das Gericht kann auf Antrag eine einstweilige Anordnung erlassen, wenn dies zur Abwehr schwerer Nachteile oder aus anderen wichtigen Gründen dringend geboten ist.

Gegenstand des § 47 VwGO ist die sog prinzipale oder auch abstrakte Normenkontrolle. Hiernach entscheidet das OVG im Rahmen seiner Gerichtsbarkeit (Rn 13) über die Gültigkeit von untergesetzlichen Rechtsnormen (Rn 17). Entgegen der systematischen Stellung im 6. Abschnitt der VwGO regelt § 47 VwGO nicht nur die sachliche Zuständigkeit des OVG, sondern enthält auch Bestimmungen zur Zulässigkeit (Rn 16) von Normenkontrollanträgen und zum Verfahren (Rn 58). Aus Abs 2 S 1 ergibt sich das Erfordernis einer Antragsbefugnis (Rn 34) und eines entsprechenden Rechtsschutzbedürfnisses (Rn 43). Der Normenkontrollantrag kann nur innerhalb einer Frist (Rn 50) von einem Jahr gestellt werden und ist gegen die Körperschaft, Anstalt oder Stiftung (Rn 57) zu richten, die den entsprechenden Rechtssatz erlassen hat. Die Möglichkeit der Beiladung im Normenkontrollverfahren folgt aus Abs 2 S 4. Abs 3 sieht eine Einschränkung des Prüfungsmaßstabs (Rn 66) für die Fälle vor, in denen gesetzlich vorgesehen ist, dass die auf Grund des Normenkontrollantrags zur Prüfung gestellte Norm ausschließlich durch das Verfassungsgericht eines Landes überprüfbar ist. Des Weiteren gibt das Gesetz in Abs 4 ausdrücklich die Möglichkeit vor, das Verfahren auszusetzen (Rn 71), wenn bei einem Verfassungsgericht ein Verfahren zur Überprüfung der Gültigkeit der Rechtsvorschrift anhängig ist. Auf eine mündliche Verhandlung kann das OVG nach Abs 5 S 1 (Rn 73) verzichten, wenn es eine solche nicht für erforderlich hält. Das Normenkontrollgericht entscheidet nach Abs 5 S 1 (Rn 78) durch Urteil oder durch Beschluss. Prüfungsmaßstab (Rn 75) sind dabei dem Grundsatz nach alle Normen, die im Rang über der zur Prüfung gestellten untergesetzlichen Rechtsnorm stehen, dh sowohl einfache Landes- und Bundesgesetze als auch Landes- und Bundesverfassungsrecht. Form, Inhalt und Wirkung (Rn 78) der Entscheidung folgen aus Abs 5. Abs 6 regelt die Möglichkeit, einstweilige Anordnungen (Rn 87) zu treffen, soweit dies aus dringenden Gründen geboten ist. Normenkontrollentscheidungen sind mit dem Rechtsmittel (Rn 94) der Revision angreifbar.

Übersicht

A. Allgemeines: Das Institut der prinzipalen Normenkontrolle

I. Begriff und Bedeutung

1 Gegenstand des § 47 VwGO ist die sog prinzipale oder auch abstrakte Normenkontrolle (zur Begrifflichkeit vgl unten Rn 1.1). Unter der verwaltungsgerichtlichen Normenkontrolle ist die richterliche Überprüfung der Gültigkeit der in § 47 Abs 1 Nr 1 und 2 VwGO näher bezeichneten Rechtsvorschriften am Maßstab des übergeordneten Rechts des Bundes und der Länder zu verstehen. Anders als bei der inzidenten Normenkontrolle, bei der die Rechtmäßigkeit bzw Gültigkeit einer Rechtsnorm lediglich eine Vorfrage ist, bildet sie bei der prinzipalen Normenkontrolle den unmittelbaren Gegenstand des Verfahrens. Im Gegensatz zu den anderen verwaltungsgerichtlichen Klagen hat die Normenkontrolle nicht behördliche Einzelakte oder bestimmte Rechtsverhältnisse zum Gegenstand, sondern dient der unmittelbaren Überprüfung von Rechtsnormen. Die Gültigkeit der zur Überprüfung gestellten Rechtsnormen hängt von ihrer formellen und materiellen Rechtmäßigkeit ab. Die Rechtswidrigkeit hat grundsätzlich ihre Unwirksamkeit zur Folge.

1.1 Hinsichtlich der zT synonym verwandten Bezeichnungen der prinzipalen bzw abstrakten Normenkontrolle besteht noch heute terminologische Uneinheitlichkeit, wenngleich der Begriff der prinzipalen Normenkontrolle in der Verwendung zunehmend überwiegt. Im Gegensatz zur inzidenten Überprüfung von Rechtsnormen als Vorfrage im Rahmen eines verwaltungsgerichtlichen Verfahrens ist im Verfahren nach § 47 VwGO die Gültigkeit der Rechtsnorm ausschließlicher und unmittelbarer Prüfungsgegenstand, folglich prinzipal. Unabhängig von den reinen Zulässigkeitsvoraussetzungen des Abs 2 wird die Norm dann ohne die Beschränkung auf bestimmte Rechtsverhältnisse oder subjektive Rechte, mithin einen einzelfallbezogenen Rechtsanwendungsfall, auf ihre Vereinbarkeit mit der objektiven Rechtsordnung hin überprüft. Bei der konkreten Normenkontrolle wird die Frage der Gültigkeit einer Rechtsvorschrift aus einem konkreten Verfahren herausgelöst und – wie etwa im Verfahren des Art 100 Abs 1 GG – einem anderweitigen Gericht zur Entscheidung vorgelegt. Abstrakt erfolgt die Normenkontrolle hingegen bei einer Überprüfung ohne Bezug zu ihrer konkreten Anwendung, wie etwa auch im Falle des Art 93 Abs 1 Nr 2 und Nr 2a GG. Insofern ist die Normenkontrolle des § 47 VwGO also als abstrakt anzusehen (vgl zu den Begrifflichkeiten Sodan/Ziekow/Ziekow VwGO § 47 Rn 5). Im Ergebnis ließe sich somit von einer prinzipalen abstrakten Normenkontrolle sprechen.

2 Der prinzipalen Normenkontrolle liegen insbes drei **Funktionen** zu Grunde, die sich erheblich auf die Auslegung und praktische Anwendung der Norm auswirken:

- objektive Beanstandung,
- individueller Rechtsschutz und
- Prozessökonomie.

Sie dient der Rechtsklarheit und der ökonomischen Gestaltung des Prozessrechts. Ihr Zweck liegt darin, durch eine einzige Entscheidung eine Reihe von Einzelklagen zu vermeiden (sog Bündelungsfunktion, BVerwG NJW 1978, 2522) und dadurch auch die Verwaltungsgerichte zu entlasten (so die Begründung zum RegE einer VwGO, BT-Drs III/55 S 6 zu § 46 des Entwurfs einer VwGO). Durch sie wird gegebenenfalls einer Vielzahl von Einzelprozessen mit unter Umständen divergierenden Inzidententscheidungen vorgebeugt, in denen die Gültigkeit einer bestimmten Rechtsvorschrift als Vorfrage zu prüfen wäre. Auf diese Weise kann eine als belastend empfundene Norm schon zur gerichtlichen Kontrolle geführt werden, bevor die Belastung ihre Konkretisierung in Individualakten gefunden hat. Somit kommt dem Normenkontrollverfahren eine erhebliche Beschleunigungsfunktion zu, da entsprechende Vollzugsakte nicht erst abgewartet werden müssen. Zugleich werden so der Vorrang des höherrangigen Rechts, die Widerspruchsfreiheit der Rechtsordnung und die Einheitlichkeit der Rechtsanwendung gesichert. Aus diesen Gründen stellt die Normenkontrolle insbes auf dem Gebiet des öffentlichen Baurechts einen Grundpfeiler im Rechtsschutzsystem dar und ist hier von besonderer praktischer Bedeutung.

Die Normenkontrolle stellt im System der Klagearten ein **besonders ausgestaltetes** 3 **Feststellungsverfahren** dar. Sie unterscheidet sich von der nach § 43 VwGO zulässigen Feststellungsklage dadurch, dass ihr Gegenstand nicht das Bestehen oder Nichtbestehen eines Rechtsverhältnisses oder die Nichtigkeit eines Verwaltungsaktes ist, sondern die behauptete Ungültigkeit einer Rechtsnorm (BVerwG NJW 1984, 2903). Während im Rahmen einer Anfechtungs- und Verpflichtungsklage nach § 42 VwGO oder einer Feststellungsklage nach § 43 VwGO die inzident festgestellte Rechtswidrigkeit einer untergesetzlichen Rechtsvorschrift auf die Wirkung zwischen den Parteien (inter partes) begrenzt bleibt, stellt das Normenkontrollverfahren nach § 47 VwGO (gegen eine Bezeichnung als „Normenkontrollklage" Hufen Verwaltungsprozessrecht § 19 Rn 6) die Möglichkeit dar, eine über die am Rechtsstreit beteiligten Parteien (inter omnes) hinausgehende verbindliche Feststellung der Unwirksamkeit zu erreichen. Nur bei der prinzipalen Normenkontrolle erwächst die Feststellung der Rechtswidrigkeit und Unwirksamkeit der streitbefangenen Norm in Rechtskraft (vgl zu den Unterschieden zwischen Prinzipal- und Inzidentkontrolle auch Papier, FS Menger 1985, 517, 518 f). Weil die Feststellung der Unwirksamkeit einer untergesetzlichen Norm den Oberverwaltungsgerichten und ggf dem BVerwG oder dem BVerfG vorbehalten ist und eine Verständigung über die Wirksamkeit dieser Normen durch die Verfahrensbeteiligten nicht möglich ist, kann im Verfahren nach § 47 VwGO kein Anerkenntnisurteil ergehen (OVG Koblenz BeckRS 2011, 55225). Soweit die Zulässigkeitsvoraussetzungen erfüllt sind, wird die beanstandete Norm auf ihre Vereinbarkeit mit der Rechtsordnung umfassend und ohne die Beschränkung auf subjektive Rechte des Antragstellers hin geprüft. Dennoch handelt es sich bei der Normenkontrolle im Ergebnis auch um ein Rechtsschutzverfahren, wenngleich ein Schwerpunkt auch auf dem Charakter als objektivem Beanstandungsverfahren liegt (für ein ausschließliches Rechtsbeanstandungsverfahren dagegen Renck DÖV 1996, 409, 411). Insoweit wurde das Normenkontrollverfahren auch vom BVerfG als Rechtsweg iSv § 90 Abs 2 BVerfGG eingestuft, der vor Erhebung einer Verfassungsbeschwerde zu erschöpfen ist (BVerfGE 70, 35). Inhaltlich fasst § 47 VwGO neben der sachlichen Zuständigkeit auch Regelungen über das Verfahren zusammen und geht insoweit über die grundsätzlich im 6. Abschnitt der VwGO verorteten Regelungen (Verwaltungsrechtsweg und Zuständigkeit) hinaus. Aus dieser systematischen Stellung lassen sich allerdings keine Folgerungen über den Charakter oder die Auslegung der prinzipalen Normenkontrolle ziehen. Vielmehr ist dies lediglich Resultat der Sonderstellung im Klagesystem der VwGO (wie hier auch S/S-A/P/Gerhardt/Bier VwGO § 47 Rn 2; hieraus für eine Normenkontrolle als materielle Verfassungsgerichtsbarkeit plädierend dagegen Sodan/Ziekow/Ziekow VwGO § 47 Rn 9).

II. Verfassungsrechtliche Aspekte

Verfassungsrechtliche Bedenken gegen die Zulässigkeit einer verwaltungsgerichtlichen 4 Normenkontrolle bestehen nicht. Die Zuständigkeit des Bundesgesetzgebers zur Regelung der prinzipalen Normenkontrolle von Rechtsvorschriften des Landes ergibt sich aus Art 74 Nr 1 GG, da es sich hierbei um ein gerichtliches Verfahren im Sinne dieser Vorschrift handelt. Durch die Bestimmung der verwaltungsgerichtlichen Normenkontrolle als Teil der Verwaltungsgerichtsbarkeit hat der Bund in zulässiger Weise von seiner Gesetzgebungskompetenz Gebrauch gemacht. Konkurrierende Zuständigkeiten der Landesverfassungsgerichte werden hierdurch nicht berührt. Deren ausschließliche Zuständigkeit bleibt letztlich durch § 47 Abs 3 VwGO gewahrt (BVerwG NVwZ 1982, 104; so auch S/S-A/P/Gerhardt/Bier VwGO § 47 Rn 4; aA Renck DÖV 1994, 409; zu Abs 3 siehe unten Rn 66).

5   Auch Gewaltenteilungsgesichtspunkte stehen der Regelung nicht entgegen. Zwar folgt aus Art 93 Abs 1 Nr 2 GG, 100 Abs 1 GG sowie § 93 BVerfGG, dass die Feststellung der Nichtigkeit von (vorkonstitutionellen) Parlamentsgesetzen nur den Verfassungsgerichten obliegt. Jedoch kann die Bezeichnung als materielles Gesetz nicht darüber hinwegtäuschen, dass es sich bei Satzungen und Rechtsverordnungen gerade nicht um Parlamentsgesetze handelt, sondern um generell-abstrakte Regelungen der rechtsetzenden Exekutive.

6   Ein Eingriff in die Verfassungsgerichtsbarkeit und damit ein Verstoß gegen Art 93 Abs 1 Nr 2 GG wird durch das Normenkontrollverfahren nicht begründet (BVerwG NVwZ 1982, 104; aA Renck NJW 1980, 1022, 1024 ff; vgl auch Sodan/Ziekow/Ziekow VwGO § 47 Rn 13 ff). Dies folgt schon aus dem unterschiedlichen Adressatenkreis der möglichen Antragsteller. Die Zuständigkeit des Bundesverfassungsgerichts zur Entscheidung über die Vereinbarkeit von Landesrecht mit Bundesrecht ist nur für ein Verfahren gegeben, das die Bundesregierung, eine Landesregierung oder ein Drittel der Mitglieder des Bundestags beantragen. Dieses verfassungsgerichtliche Verfahren ist aber nicht in dem Sinne ausschließlich, dass die Prüfung untergesetzlichen Landesrechts an Bundesrecht nicht im Rahmen eines Normenkontrollverfahrens auf Antrag natürlicher oder juristischer Personen vorgesehen werden dürfte. Während Art 93 Abs 1 Nr 2 GG an der Wahrung des Bundesstaatsprinzips orientiert ist, bezweckt § 47 VwGO eine nach den Prinzipien des Rechtsstaates ausgerichtete Gültigkeitskontrolle. Wird durch die Entscheidung eines Oberverwaltungsgerichts im Normenkontrollverfahren die Unvereinbarkeit einer landesrechtlichen Rechtsverordnung mit Bundesrecht festgestellt, so kann die betreffende Landesregierung gem § 76 Nr 2 BVerfGG einen Antrag nach Art 93 Abs 1 Nr 2 GG stellen.

7   Ein zwingendes verfassungsrechtliches Erfordernis zur Ausgestaltung eines prinzipalen Normenkontrollverfahrens besteht nach hM allerdings nicht (BVerwG NJW 1984, 881; BVerfGE 31, 364; aA Hufen Verwaltungsprozessrecht § 19 Rn 5). Art 19 Abs 4 GG und die sich aus dem GG ergebende Justizgewährungspflicht des Staates erfordern lediglich, dass im Falle der Gewährung subjektiver Rechte überhaupt Rechtsschutz gewährt wird. Soweit ein Verstoß gegen höherrangiges Recht zur Unwirksamkeit von Rechtsvorschriften führt, kann dies durch eine Inzidentprüfung auch in jedem anderen gerichtlichen Rechtsschutzverfahren festgestellt werden, um dem verfassungsrechtlich verankerten Rechtsschutzanspruch des Art 19 Abs 4 GG gerecht zu werden. Eine bestimmte Verfahrensart, basierend auf dem Charakter der beanstandeten Maßnahme der öffentlichen Gewalt, garantiert dieser nicht (BVerfGE 31, 364). Allerdings wurde die Normenkontrolle nach § 47 VwGO vom BVerfG als vor der Verfassungsbeschwerde zu erschöpfender Rechtsweg iSd § 90 Abs 2 BVerfGG qualifiziert (BVerfGE 70, 35, 53).

7.1   Differenzierend wird die Frage beantwortet, ob es Fallgestaltungen geben kann, in denen nur die prinzipale Normenkontrolle geeignet wäre, einen ausreichenden Rechtsschutz zu gewähren. Einer Auffassung nach ist eine prinzipale Normenkontrolle jedenfalls bei „janusköpfigen Rechtsnormen", bei denen die rechtliche Belastung bestimmter Personen untrennbar mit einer Regelung gegenüber einer im vornhinein nicht feststellbaren Personenzahl verbunden ist, bei Plannormen und sonstige Gesetzen, bei denen die Belastung in einem sozialen Gesamtzusammenhang steht, von dem diese nicht isoliert werden kann, sowie bei Rechtsnormen, die trotz ihrer Rechtswidrigkeit als rechtswirksam und anwendbar anzusehen sind, verfassungsrechtlich geboten (Kopp/Schenke VwGO § 47 Rn 8). Zutreffend wird andererseits darauf abgestellt, dass jeglicher Beeinträchtigung subjektiver Rechte über die bestehenden Klagemöglichkeiten der VwGO entgegengewirkt werden könne (vgl S/S-A/P/Gerhardt/Bier VwGO § 47 Rn 10; Siemer FS Menger 1985, 501, 504 f).

III. Verhältnis zu anderen Verfahren

8   Die richterliche Normprüfung dient dem elementaren Zweck, die Bindung der dritten Gewalt an gültiges Recht und Gesetz zu sichern (Art 20 Abs 3 GG). Daraus folgt die Verpflichtung, aber auch Berechtigung der Verwaltungsgerichte, im Wege der Überprüfung einer Maßnahme der Exekutive in Fällen ihrer Entscheidungserheblichkeit inzident auch die Gültigkeit der zu Grunde liegenden Rechtsnormen zu prüfen (st Rspr, vgl BVerwG NJW 2000, 3584). Soweit es sich jedoch um formelle Gesetze handelt, ist die Befugnis, eine Norm für verfassungswidrig zu erklären, auf die Verfassungsgerichte beschränkt (vgl § 13 Nr 6 und

Nr 11 BVerfGG iVm Art 93 Abs 1 Nr 2 GG, Art 100 GG bzw die jeweiligen Vorschriften zu den Landesverfassungsgerichten). Außerhalb des Anwendungsbereiches von Art 100 Abs 1 GG sind alle Gerichte selbst berechtigt, entscheidungserhebliche untergesetzliche Normen, die gegen höherrangiges Recht verstoßen und deshalb nichtig sind, nicht anzuwenden. § 47 VwGO räumt den Oberverwaltungsgerichten die Möglichkeit ein, eine verbindliche Feststellung der Unwirksamkeit mit Wirkung über die beteiligten Parteien hinaus zu erklären. Da das verwaltungsgerichtliche Rechtsschutzsystem der VwGO grundsätzlich auf die Gewährung subjektiven Rechtsschutzes ausgerichtet ist, liegt dem Normenkontrollverfahren eine Doppelnatur zu Grunde. Als einzige Verfahrensart der VwGO ist sie einerseits objektives Prüfungsverfahren und weist andererseits jedenfalls dort, wo es auf Antrag einer natürlichen oder juristischen Person eingeleitet wird, Elemente des Individualrechtsschutzes gegen normatives Unrecht auf (vgl BVerwG NVwZ 1990, 157, 158). Damit unterscheidet sich die auch als objektives Kontrollverfahren ausgestaltete Normenkontrolle von den ausschließlich auf die Gewährung subjektiven Rechtsschutzes ausgerichteten Klagen in starkem Maße. Daraus folgt, dass zu sämtlichen anderen Rechtsschutzverfahren der VwGO **kein Konkurrenzverhältnis** besteht (BVerwG NJW 2000, 3584; umfassend zur Konkurrenzsituation auch Dageförde VerwArch 1988, 123 ff). Insbes schließt § 47 VwGO nicht die Zulässigkeit von Klagen aus, die zwar auf die Überprüfung von Rechtsetzungsakten der Exekutive abzielen, aber eigene subjektiv-öffentliche Rechte des Bürgers zum Gegenstand haben (BVerwG NJW 1989, 1495; dies gilt auch für zivilgerichtliche Verfahren, in denen Rechtsnormen der inzidenten Kontrolle unterliegen, Dageförde VerwArch 1988, 123, 132; siehe zur grundsätzlichen Verpflichtung zur inzidenten Normverwerfung BVerwG NVwZ-RR 1996, 54). Umgekehrt schließt auch die mögliche Klageerhebung in einem Individualrechtsschutzverfahren nicht den Zugang zum Normenkontrollverfahren aus. Insoweit handelt es sich bei dem Verfahren des § 47 VwGO um ein aliud gegenüber den Klagen des subjektiven Rechtsschutzes, das diese weder ausschließt, noch von diesen ausgeschlossen wird (F/K/W/Unruh VwGO § 47 Rn 13). Demgemäß besteht auch keine Verpflichtung der inzident prüfenden Gerichte, das Verfahren bis zu einer Entscheidung eines zeitgleich mit der Frage der Rechtmäßigkeit einer Rechtsvorschrift befassten Normenkontrollgerichts auszusetzen, wenngleich sich eine Möglichkeit hierzu aus § 94 VwGO, § 148 ZPO analog ergibt (BVerwG NVwZ-RR 2001, 483). Eine rechtskräftig gewordene inzidente Entscheidung über die Gültigkeit einer untergesetzlichen Norm schließt ein Verfahren nach § 47 VwGO nicht aus (Dageförde VerwArch 1988, 123, 148 f). Auch die Anwendbarkeit der Feststellungsklage wird nicht betroffen. Zwar ist eine solche Klage auf Feststellung der Nichtigkeit einer Rechtsnorm zur Umgehung der Normenkontrolle nach § 47 VwGO nicht zulässig (Kopp/Schenke VwGO § 47 Rn 9). Für die Fälle, in denen die Länder eine Normenkontrolle nicht gesetzlich festgeschrieben haben, ist das Ziel einer prinzipalen Normenkontrolle auch nicht auf dem Weg einer Feststellungsklage zu erreichen (BVerwG DÖV 1965, 169, BVerwG DÖV 1974, 426). Jedoch ist eine Klage auf Feststellung des Bestehens oder Nichtbestehens der sich aus einer Norm ergebenen Rechte und Pflichten nach § 43 VwGO bei Vorliegen der weiteren Voraussetzungen grundsätzlich möglich.

§ 47 VwGO gewährleistet nach dem unmissverständlichen Wortlaut grundsätzlich keinen **9** **Rechtsschutz gegen rechtswidriges Unterlassen** untergesetzlicher Rechtsvorschriften. Auch eine analoge Anwendung scheidet mangels systemwidriger Regelungslücke insoweit aus (hM, vgl Kopp/Schenke VwGO § 47 Rn 13; Eyermann/Schmidt VwGO § 47 Rn 17; Kuhla/Hüttenbrink/Hüttenbrink, 288; BVerwG NVwZ 1990, 162; aA VGH München BayVBl 1980, 209). Allerdings wird eine sog verwaltungsgerichtliche Normerlassklage durch die Existenz des § 47 VwGO auch nicht ausgeschlossen (für eine verfassungsrechtliche Streitigkeit dagegen Kopp/Schenke VwGO § 47 Rn 13; Eyermann/Schmidt VwGO § 47 Rn 18). Denn § 47 VwGO will, soweit er nicht lediglich auf eine objektive Rechtskontrolle abzielt, den Schutz der subjektiv-öffentlichen Rechte des Bürgers nicht einschränken, sondern verbessern, indem er mögliche Zweifel an der Gültigkeit einer Rechtsnorm in einem ausschließlich der Klärung dieser Zweifel dienenden Verfahren bündelt so zahlreichen Einzelprozessen gegen auf die Norm gestützte konkrete Verwaltungsentscheidungen vorbeugt, in denen die Gültigkeit der Norm nur als Vorfrage überprüft werden kann. Art 19 Abs 4 GG gewährleistet jedoch Rechtsschutz nicht nur gegen höherrangiges Recht verletzende Rechtsetzungsakte, sondern auch gegen ein mit höherrangigem Recht unvereinbares Unterlassen des Verordnungsgebers (vgl BVerwG NVwZ 1989, 648; BVerwG NVwZ 2002, 1505). Die prozessuale Durchsetzung eines derartigen Normerlassbegehrens ist allerdings umstritten. Während das BVerwG diesbezüglich die Feststellungsklage nach § 43 VwGO als zulässig erachtet (BVerwG NVwZ 2005, 1505; so auch S/S-A/P/Pietzcker § 42 Rn 160), geht das wohl überwiegende Schrifttum von einer Anwendbarkeit der allgemeinen Leistungsklage aus (Duken NVwZ 1993, 546; Köller/Haller JuS 2004, 189; Hufen Verwaltungsprozessrecht § 20 Rn 12; s § 43 VwGO Rn 33 f).

10   Für zulässig gehalten wird im Wege des Normenkontrollverfahrens nach § 47 VwGO jedoch ein Vorgehen im Falle des sog relativen Unterlassens (**Normergänzungsklage,** vgl unten Rn 20). Ein vorbeugender Rechtsschutz in der Form einer **Normenkontrolle auf Unterlassung** einer untergesetzlichen Normsetzung ist nicht zulässig (Kuhla/Hüttenbrink/ Hüttenbrink 288; Eyermann/Schmidt VwGO § 47 Rn 13; vgl auch Kopp/Schenke VwGO § 47 Rn 16 mwN). Die Unzulässigkeit einer vor Veröffentlichung einer Norm erhobene Normenkontrolle wird durch ein späteres In-Kraft-Treten der Vorschrift nicht geheilt (OVG Bautzen BauR 1998, 513). Zum vorbeugenden Rechtsschutz gegenüber Normen vgl Kopp/ Schenke VwGO § 47 Rn 15 f.

IV. Entstehung und Änderungen

11   Das Rechtsschutzverfahren der prinzipalen Normenkontrolle entstammt nicht erst der Konzeption der VwGO, sondern war schon zuvor in den süddeutschen Ländern der ehemaligen amerikanischen Besatzungszone über § 25 Verwaltungsgerichtsgesetz (VGG) bekannt (zur Entstehungsgeschichte vgl auch Mößle BayVBl 1976, 609, 613 ff). § 47 VwGO idF vom 21.1.1960 (BGBl I 17) eröffnete die Möglichkeit der bundesweiten Einführung, wenngleich hiervon zunächst nur die Länder Baden-Württemberg, Bayern, Bremen, Hessen und Schleswig-Holstein Gebrauch machten. Dies änderte sich erst infolge des Gesetzes zur Änderung verwaltungsprozessualer Vorschriften vom 24.8.1976 (BGBl I 725), das § 47 VwGO in wesentlichen Punkten modifizierte. Bundeseinheitlich wurde die verwaltungsgerichtliche Normenkontrolle für den wichtigsten Anwendungsbereich, dem damaligen BauGB und dem StBauFG, für obligatorisch erklärt und so der bis dato bestehenden Rechtszersplitterung entgegengewirkt. Ferner wurden die Vorlage zum BVerwG und auch die Möglichkeit einer einstweiligen Anordnung eingeführt.

12   Weiteren Änderungen und Anpassungen unterlag die Vorschrift durch die Gesetze vom 8.12.1986 (BGBl I 2191), 17.12.1990 (BGBl I 2809), 22.4.1993 (BGBl I 466) und 2.8.1993 (BGBl I 1442; zu den Einzelheiten vgl S/S-A/P/Gerhardt/Bier VwGO § 47 Rn 1). Die für die verwaltungsgerichtliche Praxis wohl bedeutendste Novelle erfolgte durch das 6. VwGO-ÄndG vom 1.11.1996 (BGBl I 1626). Diese betraf insbes die Ausgestaltung der Antragsbefugnis (unten Rn 34 ff) sowie die Einführung einer zeitlichen Befristung (Rn 50 ff) des Normenkontrollantrags gem § 47 Abs 2 VwGO (zum 6. VwGOÄndG siehe auch Schenke NJW 1997, 81 ff). Des Weiteren wurde die Normenkontrolle dem allgemeinen Rechtsmittelrecht der VwGO unterstellt und damit das nach aF mögliche Vorlageverfahren an das BVerwG und die Nichtvorlagebeschwerde abgeschafft (Rn 94). Mit Gesetz vom 18.8.1997 (BGBl I 2081) wurde § 47 Abs 5 VwGO aF dahingehend erweitert, dass gem dem damaligen § 215a BauGB auch die schwebende Unwirksamkeit tenoriert werden konnte. Durch das Gesetz zur Bereinigung des Rechtsmittelrechts im Verwaltungsprozess (BGBl 2001, 3987) wurde mit § 47 Abs 2 S 4 VwGO die Möglichkeit der Beiladung im Normenkontrollverfahren eingefügt (vgl unten Rn 60 ff). Danach wurde die Vorschrift in Abs 5 durch Art 4 des Gesetzes zur Anpassung des Baugesetzbuchs an EU-Richtlinien vom 24.6.2004 (Europarechtsanpassungsgesetz Bau – EAG Bau, BGBl I 1359) geändert. Satz 2 wurde dahingehend modifiziert, dass das OVG im Falle der Ungültigkeit einer Norm diese nicht mehr für nichtig, sondern für unwirksam erklärt. Die bis zu diesem Zeitpunkt bei Satzungen und Rechtsverordnungen nach dem BauGB bestehende Möglichkeit zur auflösend bedingten Unwirksamkeitserklärung bis zur Mängelbehebung durch ein ergänzendes Verfahren iSd § 215a BauGB, wurde hierdurch wieder gestrichen (vgl auch unten Rn 80). Zum 1.1.2007 wurde die Vorschrift durch Art 3 des Gesetzes zur Erleichterung von Planungsvorhaben für die Innenentwicklung der Städte vom 21.12.2006 (BGBl I 3316) erneut geändert (s dazu Battis/Krautzberger/Löhr NVwZ 2007, 121). Die Antragsfrist nach Abs 2 S 1 wurde nun-

mehr auf ein Jahr verkürzt und mit dem neuen Abs 2a wurde eine Präklusionsvorschrift erlassen, die bereits zur Unzulässigkeit des Antrags führt.

B. Zuständigkeit des Oberverwaltungsgerichts

Gem Abs 1 entscheidet das OVG, bzw je nach Bundesland der VGH (vgl unten § 184 **13** VwGO), nur „**im Rahmen seiner Gerichtsbarkeit**" über die Gültigkeit von untergesetzlichen Rechtsnormen. Voraussetzung für die Zulässigkeit des Normenkontrollverfahrens vor dem OVG ist damit dessen sachliche Zuständigkeit. Dieses Erfordernis ist nach der gefestigten Rechtsprechung hinsichtlich solcher Rechtssätze erfüllt, zu deren Vollzug im Verwaltungsrechtsweg anfechtbare oder mit Verpflichtungsklagen erzwingbare Verwaltungsakte ergehen können oder aus deren Anwendung sonstige öffentlich-rechtliche Streitigkeiten entstehen können, für die der Verwaltungsrechtsweg nach § 40 Abs 1 VwGO gegeben ist (vgl BVerwG NVwZ 1996, 63, 65; Kopp/Schenke VwGO § 47 Rn 17; weitergehend als die hM S/S-A/P/Gerhardt/Bier § 47 Rn 32, die darauf abstellen, ob die Gültigkeit der Rechtsvorschrift in einer Verwaltungsstreitsache als Vorfrage entscheidungserheblich sein kann und die Vorfragenkompetenz der Verwaltungsgerichte nicht ausdrücklich ausgeschlossen ist. Zur Eröffnung des Verwaltungsrechtswegs nach § 40 Abs 1 VwGO s oben § 40 VwGO). Dabei spielt es keine Rolle, ob die angegriffene Norm eine Ermächtigungsgrundlage darstellt oder nur inzident zu berücksichtigen ist (BVerwG BeckRS 2013, 51599). Durch diese Gerichtsbarkeitsklausel sollen allgemeinverbindliche verwaltungsgerichtliche Präjudizien für solche Streitigkeiten vermieden werden, für die ausschließlich Gerichte anderer Gerichtszweige zuständig sind (BVerwG NVwZ 2005, 695; siehe auch BT-Drs 3/55, 33). Liegen die Voraussetzungen nicht vor, so ist der Antrag mangels Verweisungsmöglichkeit als unzulässig abzuweisen. Aus diesem Grund ist auch § 17a Abs 3 GVG nicht anwendbar und eine Vorabentscheidung über die Zulässigkeit des Rechtsweges nicht geboten (vgl OVG Bautzen Urt v 19.1.2009 – 4 D 2/06).

Eine Zuständigkeit des BVerwG für die Normenkontrolle ist dagegen nur dann gegeben, **14** wenn dies ausdrücklich gesetzlich bestimmt ist (vgl § 50 VwGO). Dies gilt auch dann, wenn das BVerwG als Gericht des ersten Rechtszuges über die sich aus der Norm ergebenden Streitigkeit zu entscheiden hat, nicht aber die untergesetzliche Norm als solche angegriffen werden soll. Insoweit ist es ein prinzipieller prozessualer Unterschied, ob ein Gericht zur Klärung individueller Streitfragen oder zur prinzipalen Normprüfung im Sinne eines objektiven Beanstandungsverfahrens berufen wird (vgl BVerwGE 97, 45).

Die Befugnis von Gerichten anderer Gerichtszweige, Normen inzident auf ihre Verein- **15** barkeit mit höherrangigem Recht zu überprüfen, wird durch die Zuständigkeit des OVG im Normenkontrollverfahren nicht berührt. Andersherum schließt aber auch die Möglichkeit einer Inzidentprüfung durch einen anderen Gerichtszweig die Normenkontrolle durch das OVG nicht per se aus (OVG Lüneburg DVBl 1980, 369; Eyermann/Schmidt VwGO § 47 Rn 7). Auf welche Gerichtsbarkeit sich die Normenkontrollentscheidung im Ergebnis auswirkt, ist insofern unerheblich. Zum Vorbehalt zugunsten der Landesverfassungsgerichtsbarkeit siehe unten, Rn 66 ff.

Einzelfälle: Nicht zulässig ist die Normenkontrolle gegen **Rechtsvorschriften rein ord-** **15.1** **nungswidrigkeitsrechtlichen Inhalts** (st Rspr, vgl BVerwGE 99, 88). Zu differenzieren ist dagegen bei **Polizeiverordnungen**, die sowohl zu präventivpolizeilichen Maßnahmen ermächtigen als auch durch Bußgeldbestimmungen gesichert sind. Während gegen die Regelungen mit verwaltungsrechtlichem Charakter die Normenkontrolle gem § 47 VwGO in Betracht kommt, können darin enthaltene repressive Bußgeldvorschriften nicht vor den Verwaltungsgerichten überprüft werden (VGH Mannheim NJW 1984, 507). Zulässig ist die Normenkontrolle auch gegen **Sperr-** **bezirksverordnungen**, die die Ausübung der Prostitution festsetzen; auf den Charakter der Ermächtigungsnorm kommt es insoweit nicht an (VGH Kassel NJW 1984, 506). Gegen die Anordnung über Mitteilungen in Strafsachen (**MiStra**) und das Akteneinsichtsrecht nach den Richtlinien für das Strafverfahren und das Bußgeldverfahren (**RiStBV**) ist eine Normenkontrolle nicht zulässig (vgl VGH BW NJW 1989, 3298, aA S/S-A/S/Gerhardt/Bier VwGO § 47 Rn 33). Verneinend für **Verordnung über die Zuständigkeit eines Amtsgerichts nach § 23c GVG** (VG Kassel NJW 1979, 1895). Bei **Geschäftsverteilungsplänen** ist im Einzelfall zu klären, ob aus deren Anwendung verwaltungsrechtliche Streitigkeiten (zB dienstrechtliche Streitigkeiten bei der Klage von betroffenen Richtern, vgl BVerwG NJW 1976, 1224; VGH München NJW 1994, 2308; S/S-A/P/Gerhardt/Bier VwGO § 47 Rn 32, teilw aA Kopp/Schenke VwGO § 47 Rn 20) oder sonstige Streitigkeiten, die insbes vor den ordentlichen Gerichten zu führen sind, resultieren. Bspw kann der Geschäftsverteilungsplan eines ordentlichen Gerichts nicht einer Normenkontrolle nach § 47 VwGO unterzogen werden (VGH München NJW 1979, 1471). Verneinend bzgl der Regelungen in **berufs- und dienstrechtlichen Angelegenheiten von Notaren** OVG Bremen NJW 1978, 906. Anders als der Tarifvertrag selbst ist die **Allgemeinverbindlichkeitserklärung** eines solchen im Wege des Normenkontrollverfahrens als ein dem öffentlichen Recht zuzuordnender Rechtsakt überprüfbar (so auch Sodan/Ziekow/Ziekow VwGO § 47 Rn 46). **Kirchenrechtliche Vorschriften** unterliegen nach den allgemeinen Grundsätzen der Verwaltungsgerichtsbarkeit dann, wenn kirchliche Maßnahmen den innerkirchlichen Kernbereich verlassen und in den staatlichen Bereich hineinwirken (vgl OVG Lüneburg NVwZ 1984, 708).

C. Zulässigkeitsvoraussetzungen

16   Entgegen der systematischen Stellung innerhalb der VwGO regelt § 47 VwGO nicht nur die sachliche Zuständigkeit des OVG für die Entscheidung über die Gültigkeit von untergesetzlichen Rechtsvorschriften, sondern beinhaltet zugleich auch wesentliche Bestimmungen über die Zulässigkeit und das Verfahren der Normenkontrolle selbst. Soweit keine besonderen Regelungen enthalten sind, gelten grds die allgemeinen Vorschriften der VwGO (vgl Kopp/Schenke VwGO § 47 Rn 2; BVerwG NVwZ 1983, 407).

I. Zulässiger Verfahrensgegenstand (Abs 1)

1. Allgemeines

17   Das OVG entscheidet über die Gültigkeit der abschließend in § 47 Abs 1 VwGO genannten Normen. Das gesamte Bundesrecht (Grundgesetz, einfaches Gesetzesrecht, Rechtsverordnungen oder im Range darunter stehende Regelungen, bundesrechtliches Gewohnheitsrecht), förmliche Landesgesetze und auch ausländisches Recht unterfallen damit nicht dem Anwendungsbereich des § 47 VwGO (zum Rechtsschutz gegen Rechtsverordnungen des Bundes vgl Rupp NVwZ 2003, 286, vgl auch oben § 43 VwGO Rn 29 ff). Eine Verwerfungskompetenz formeller Gesetze durch die Verwaltungsgerichte würde gegen das Prinzip der Gewaltenteilung und Art 20 Abs 3 GG verstoßen. Eine derartige Normenkontrolle unterliegt ausschließlich der Verfassungsgerichtsbarkeit.

18   Lange Zeit umstritten war die Handhabung sog **Entsteinerungsklauseln**. Wenngleich formelle Parlamentsgesetze nicht der verwaltungsgerichtlichen Normenkontrolle unterliegen, konnte nach der Rspr des BVerwG das durch Parlamentsgesetz geänderte Verordnungsrecht in den Anwendungsbereich des § 47 VwGO fallen, sofern diesem anhand sog Entsteinerungsklauseln die Rückkehr zum einheitlichen Verordnungsrang auferlegt wurde (BVerwG NVwZ 2003, 730; s auch Sendler NJW 2001, 2859; DVBl 2005, 423). Die diesbezüglich vom BVerwG entwickelte Konstruktion vom formellen Gesetz, das materiell nur Verordnungsrang haben soll, ist zwar durchaus als praxisnah und rechtsschutzfreundlich einzustufen. Dieser Ansatz ist jedoch in Rechtsprechung und Schrifttum auf Grund des dogmatisch unsicheren Bodens umstritten (vgl VGH München NJW 2001, 2905; Kopp/Schenke VwGO § 47 Rn 25; Uhle DVBl 2004, 1272; Kreiner BayVBl 2005, 106). Für weitere Klarstellung hat das BVerfG in seinen Beschlüssen vom 13.9.2006 (BVerfG NVwZ 2006, 191, vgl hierzu Lenz NVwZ 2006, 296) und vom 27.9.2006 (BVerfG NVwZ 2006, 322) gesorgt. Ändert das Parlament wegen des sachlichen Zusammenhangs eines Reformvorhabens bestehende Verordnungen oder fügt es in diese neue Regelungen ein, so ist das dadurch entstandene Normgebilde aus Gründen der Normenklarheit insgesamt als Verordnung zu qualifizieren (BVerfG NVwZ 2006, 322, 323). Es handelt sich hierbei nicht um ein förmliches Gesetz, welches daher auch nicht dem Verwerfungsmonopol des BVerfG nach Art 100 Abs 1 GG unterliegt. Einer gesonderten Herabstufung der durch die Änderung eingefügten Verordnungsteile bedarf es hierzu nicht. Damit steht das so geänderte Verordnungsrecht zur Überprüfung durch jedes damit befasste Gericht, und kann auch im Wege der Normenkontrolle nach § 47 VwGO angegriffen werden. Daraus folgt weiter, dass die geänderten Verordnungsteile auch einer abermaligen Änderung durch die verordnungs-

gebende Exekutive offen stehen, ohne dass es hierzu einer gesonderten Ermächtigung bedarf (BVerfG NVwZ 2006, 191, 197). Entsteinerungsklauseln haben lediglich noch eine klarstellende Bedeutung. Materielle Voraussetzung für eine Änderung einer Rechtsverordnung durch den Gesetzgeber ist jedoch, dass es sich um eine Anpassung im Rahmen einer Änderung eines einheitlichen Bereichs durch den Gesetzgeber handelt, eine Verordnungsänderung unabhängig von sonstigen gesetzgeberischen Maßnahmen ist nicht zulässig (BVerfG NVwZ 2006, 191, 196). Des Weiteren sind hierbei auch die Grenzen der Ermächtigungsgrundlage aus Art 80 Abs 1 S 2 GG einzuhalten (BVerfG NVwZ 2006, 191, 197). Wenngleich sich durch diese Rechtsprechung die dogmatischen Bedenken hinsichtlich der Einstufung von förmlichem Gesetzesrecht als materielles Verordnungsrecht nicht haben auflösen lassen (vgl insoweit auch die abweichende Meinung der Richterin Osterloh und des Richters Gerhardt, BVerfG NVwZ 2006, 191, 199 f), dürfte für die Zukunft eine praktische Handhabung gefunden sein. Bedenken bezüglich der Unterwerfung unter die Normenkontrolle nach § 47 VwGO bestehen unabhängig vom Urheber einzelner Verordnungsteile nicht mehr, da nach der Rspr des BVerfG den geänderten Verordnungen nunmehr einheitlich der Rang einer Verordnung zugewiesen wird und eine Vorlage an das BVerfG nach Art 100 Abs 1 GG daher unzulässig ist (BVerfG NVwZ 2006, 322, 323; vgl zum Stand der wissenschaftlichen Diskussion Sachs/Mann GG Art 80 Rn 9; BeckOK Epping/Hillgruber/Uhle GG Art 80 Rn 50 ff).

Bei der zu prüfenden Norm muss es sich um eine bereits **erlassene** Rechtsvorschrift **19** handeln. Regelungen, die erst im Stadium ihrer Entstehung sind, können nicht Gegenstand einer Normenkontrolle sein (BVerwG NVwZ 1992, 1088). Nach der Rechtsprechung wird ein vorzeitig gestellter Normenkontrollantrag gegen einen noch nicht veröffentlichten Bebauungsplan auch nicht wirksam, wenn der Bebauungsplan später in Kraft tritt (OVG Lüneburg BeckRS 2008, 37462). Da ein vorbeugender Rechtsschutz gegen untergesetzliche Rechtsvorschriften nicht zulässig ist, ist Voraussetzung eines Normenkontrollverfahrens eine förmliche Verkündung der Vorschrift oder eine sonstige tatsächliche Handlung, aus der sich ergibt, dass die Vorschrift als Rechtsnorm gelten soll (BVerwG NVwZ-RR 2002, 256). Auf den Zeitpunkt des In-Kraft-Tretens kommt es dagegen nicht an, die Normenkontrolle ist ab Verkündung zulässig (VGH Mannheim NJW 1976, 1706). Wird ein Antrag vor Bekanntmachung der angegriffenen Norm gestellt, führt dies nicht zur Unzulässigkeit, wenn spätere, nach der Bekanntmachung der Norm getätigte Willensbekundungen des Antragsstellers den Anforderungen an einen wirksamen Antrag genügen. Maßgeblich ist dabei, dass der Wille, den Normenkontrollantrag in Ansehung des zwischenzeitlichen Inkrafttretens der Norm fortzuführen, hinreichend deutlich zum Ausdruck gebracht wird (VGH München Urt v 3.11.2010 – 15 N 08.185). Gegen bereits **außer Kraft getretene Rechtsvorschriften** ist der Normenkontrollantrag dann noch zulässig, soweit hierfür noch ein entsprechendes Antragsinteresse geltend gemacht werden kann, insbes weil die Regelung noch Rechtswirkungen für die Gegenwart zu äußern vermag (BVerwG NJW 1984, 881, zum entsprechenden Rechtsschutzbedürfnis ausführlich unten Rn 47). Allerdings dürfte diese Problematik auf Grund der nunmehr geltenden Frist gem § 47 Abs 2 VwGO nur noch von geringer Bedeutung sein. In Betracht kommt aber weiterhin eine inzidente Prüfung (zur umstrittenen Frage der Fortgeltung von Rechtsverordnungen nach Wegfall ihrer gesetzlichen Grundlage vgl Kotulla NVwZ 2000, 1263). Zulässig ist ein Normenkontrollantrag gegen eine Norm, mit der eine andere Norm aufgehoben wird (OVG Schleswig NVwZ 1998, 301).

Im Gegensatz zur Zulässigkeit einer **Normerlassklage** (vgl ausführlich Rn 10), ist ein **20** Antrag auf **Normergänzung** im Wege des § 47 VwGO grundsätzlich möglich. Ist eine vom Normgeber als endgültig verstandene Regelung deswegen fehlerhaft, weil sie bestimmte Regelungen nicht enthält, so kann durch ein Normenkontrollverfahren insoweit festgestellt werden, dass der Normgeber sein pflichtwidriges Unterlassen zu beseitigen hat (F/K/W/Unruh VwGO § 47 Rn 30; Sodan NVwZ 2000, 601, 608; Sodan/Ziekow/Ziekow VwGO § 47 Rn 70; VGH München BayVBl 2003, 433; OVG Berlin NVwZ 1983, 416; OVG Bautzen NVwZ 1996, 1028). Jedoch kann in einem solchen Normenkontrollverfahren nur erstrebt werden, Lücken in bestehenden Normen in ganz konkretem Umfang zu ergänzen (VGH München BayVBl 2003, 433, Kopp/Schenke VwGO § 47 Rn 14; kritisch Grünebaum BayVBl 2005, 11). Wird dem Normgeber vorgeworfen, dass er bei der

Regelung eines Lebensbereiches einen wesentlichen Punkt pflichtwidrig, insbes unter Verstoß gegen den Gleichheitssatz, ungeregelt gelassen und damit eine unvollständige Norm erlassen hat, so muss der Antragsteller nicht mit dem seinem Rechtsschutzziel nicht entsprechenden Normenkontrollantrag auf Unwirksamkeitserklärung der unvollständigen Norm gegen die Norm vorgehen, sondern kann die Rechtswidrigkeit der Norm im Rahmen des Normenkontrollverfahrens mit dem Antrag auf Normergänzung feststellen lassen. In diesen Fällen entspräche es nicht dem Sinn des § 47 Abs 5 S 2 VwGO, eine im Übrigen gültige Norm für insgesamt nichtig zu erklären (aA dagegen Grünebaum BayVBl 2005, 11; mit Einschränkungen Eyermann/Schmidt VwGO § 47 Rn 20). Aus Gründen der Gewaltenteilung ist es dem Normenkontrollgericht versagt, bei Verstößen gegen den Gleichheitsgrundsatz selbst die Norm auf die gleichheitswidrig ausgeschlossenen Personen zu erstrecken, eine berichtigende Ergänzung der unvollständigen Norm durch das Gericht im Tenor ist daher nicht zulässig.

2. Satzungen und Rechtsverordnungen im Anwendungsbereich des Baugesetzbuchs (Abs 1 Nr 1)

21   Gem § 47 Abs 1 Nr 1 VwGO können bundeseinheitlich Satzungen nach dem BauGB und Rechtsverordnungen auf Grund des § 246 Abs 2 BauGB (vgl unten Rn 22.1) zum Gegenstand der Normenkontrolle gemacht werden. Damit ist ein Großteil der untergesetzlichen Normen der prinzipalen Kontrolle durch die Verwaltungsgerichtsbarkeit zugeführt. In Betracht kommen insbes **Bebauungspläne** (§ 8 BauGB, § 10 BauGB), einschließlich der nach § 173 Ab 3 S 1 BauGB und § 246a Abs 3 S 3 BauGB aF **übergeleiteten Pläne** (vgl S/S-A/P/Gerhardt/VwGO § 47 Rn 17), **vorhabenbezogene Bebauungspläne** (§ 12 BauGB), Satzungen zur **Aufhebung von Bebauungsplänen** (OVG Lüneburg NVwZ 2000, 911; Stüer DVBl 2004, 83, 88), **Veränderungssperren** (§ 14 BauGB, § 16 BauGB, hierzu Kuhla NVwZ 1988, 1084; Jäde ZfBR 2011, 115), **Fremdenverkehrsgebietssatzungen** (§ 22 BauGB), Satzungen zur **Begründung des besonderen Vorkaufsrechts** (§ 25 BauGB), Satzungen zur **Regelung der Erschließung** (§ 132 BauGB), **Innenbereichssatzungen** (§ 34 Abs 4 BauGB), **Außenbereichssatzungen** (§ 35 Abs 5 BauGB), Satzungen zur Festlegung oder Aufhebung von **Sanierungsgebieten** (§ 142 Abs 3 BauGB und § 162 BauGB), **Entwicklungsbereichssatzungen** (§ 165 Abs 6 BauGB), Satzungen über den **Stadtumbau** (§ 171d BauGB), **Erhaltungssatzungen** (§ 172 BauGB) und Satzungen der **Planungsverbände** (§ 205 BauGB).

22   **Nicht** in den Anwendungsbereich des § 47 Abs 1 Nr 1 VwGO fallen wegen der fehlenden Rechtsnormqualität grds **Flächennutzungspläne** (§ 5 BauGB, § 6 BauGB; vgl BVerwG NVwZ 1991, 262, aA Kment NVwZ 2003, 1047). Lange Zeit war umstritten, ob dies auch für Darstellungen mit den Rechtswirkungen des § 35 Abs 3 S 3 BauGB gilt. Dabei handelt es sich um Darstellungen, die Konzentrationsflächen für die nach § 35 Abs 1 Nr 2 bis 6 BauGB privilegierten Außenbereichsvorhaben festlegen. Das BVerwG hat inzwischen festgestellt, dass **Darstellungen** im Flächennutzungsplan, in denen der Wille der Gemeinde zum Ausdruck kommt, die **Rechtswirkungen des § 35 Abs 3 S 3 BauGB** eintreten zu lassen, der Normenkontrolle analog § 47 Abs 1 Nr 1 VwGO unterliegen (BVerwG NVwZ 2007, 1081; BVerwG BeckRS 2008, 40980). Die Analogie beschränkt sich auf diesen engen Anwendungsbereich. Darüber hinaus fehlt es bei der Darstellung von Konzentrationsflächen als solcher, wie etwa bei einer Höhenbegrenzung für Windenergieanlagen, an der nötigen Regelungslücke (BVerwG BeckRS 2013, 50245). Flächennutzungspläne fallen weiterhin grds nicht in den Anwendungsbereich von § 47 Abs 1 VwGO; eine analoge Anwendung des § 47 Abs 1 Nr 1 VwGO im Bereich des Städtebaurechts scheidet generell aus (BVerwG NVwZ 2007, 1081; vgl zur älteren Auffasung Schenke NVwZ 2007, 134). Nicht normenkontrollfähig sind **Umlegungsbeschlüsse** (§ 47 BauGB), **Umlegungspläne** (§ 66 BauGB) und **Bebauungsplanentwürfe** (BVerwG NVwZ-RR 2002, 256, aA Jäde BayVBl 2003, 449). Auch die Satzungen nach dem früheren BauGB-MaßnahmeG (vgl § 10 Abs 1 BauGB-MaßnahmeG) sind wegen der Zwei-Jahres-Frist des § 47 Abs 2 VwGO aF heute nicht mehr im Wege des Normenkontrollverfahrens angreifbar (vgl Kuhla/Hüttenbrink/ Hüttenbrink, 280).

Hinsichtlich der in § 47 Abs 1 Nr 1, 2. Alt VwGO angesprochenen Rechtsverordnungen des **22.1** § 246 Abs 2 BauGB wird den landesrechtlichen Besonderheiten der Stadtstaaten Berlin und Hamburg entsprochen. Diese können eigenständig Bestimmungen darüber treffen, welche Form der Rechtsetzung an die Stelle der im BauGB vorgesehenen Satzung treten kann. Bebauungspläne werden in Berlin in der Form einer Rechtsverordnung erlassen (vgl § 4 Abs. 5 AG BauGB Berlin). Auch die in Hamburg als Gesetz verabschiedeten Bebauungspläne können nach der Rechtsprechung des BVerfG im Wege der Normenkontrolle überprüft werden (BVerfG NJW 1985, 2315, aA S/S-A/S/Gerhardt/Thier VwGO § 47 Rn 17 Fn 89).

3. Andere im Rang unter dem Landesgesetz stehende Rechtsvorschriften (Abs 1 Nr 2)

Sofern das Landesrecht dies bestimmt, ist die Normenkontrolle des Weiteren gegen **23** andere im Range unter dem Landesgesetz stehende Rechtsvorschriften zulässig. Trotz der missverständlichen Formulierung bedarf es hierzu eines **förmlichen Landesgesetzes**, eine Rechtsverordnung genügt insoweit nicht. Dabei unterliegt es der Einschätzung der Länder, ob, inwieweit und wie unterschiedlich sie die ihnen in § 47 Abs 1 Nr 2 VwGO eingeräumte Kompetenz ausschöpfen (BVerwG NVwZ-RR 1991, 54). Hinsichtlich der Frage, welche Normen der Landesgesetzgeber der Kontrolle nach § 47 VwGO unterwirft, vermag dieser somit zu differenzieren. Demgegenüber dürfen Abweichungen in Bezug auf die Zugangsvoraussetzungen, das Verfahren und den Prüfungsmaßstab auf Grund des insoweit abschließenden Charakters der VwGO nicht getroffen werden (vgl S/S-A/S/Gerhardt/Thier VwGO § 47 Rn 20).

Entsprechende Regelungen eingeführt haben die Länder **Baden-Württemberg** (§ 4 **24** AGVwGO), **Brandenburg** (§ 4 Abs 1 VwGG), **Bremen** (Art 7 AGVwGO), **Hessen** (§ 15 AGVwGO), **Mecklenburg-Vorpommern** (§ 13 AGGerStrG), **Niedersachsen** (§ 7 VwGG), **Saarland** (§ 18 AGVwGO), **Sachsen** (24 SächsJG), **Sachsen-Anhalt** (§ 10 AGVwGO), **Schleswig-Holstein** (§ 5 AGVwGO) und **Thüringen** (§ 4 AGVwGO). Mit Einschränkungen haben die Länder **Bayern** (Art 5 AGVwGO) und **Rheinland-Pfalz** (§ 4 AGVwGO) von der Möglichkeit des § 47 Abs 1 Nr 2 VwGO Gebrauch gemacht (zu dem hier beschränkten Umfang siehe Rn 24.1). Für die übrigen Bundesländer **Berlin**, **Hamburg** und **Nordrhein-Westfalen** fehlen entsprechende Regelungen (siehe auch unten Rn 24.2).

Gem Art 5 S 2 BayAGVwGO ist eine Normenkontrolle gegen Satzungen nach Art 91 Abs 1 **24.1** und 2 BayBauO nur zulässig, wenn der Antrag von einer Behörde gestellt wird und die Rechtssache grundsätzliche Bedeutung hat. Hierin ist ein Verstoß gegen § 47 VwGO zu sehen, weshalb die Norm im Ergebnis rechtswidrig und damit nichtig sein dürfte. Eine entsprechende Klärung ist allerdings gem Art 93 Abs 1 Nr 2, Art 100 GG dem BVerfG vorbehalten. Nach geltendem Recht können derartige Satzungen jedenfalls nicht durch den Bürger angegriffen werden. Gem § 4 Rh-PfAGVwGO sind Rechtsverordnungen, die Handlungen eines Verfassungsorgans iSd Art 130 Rh-PfVerf sind, von einer Normenkontrolle nach § 47 VwGO ausgeschlossen. Insoweit sind die Betroffenen auf die inzidente Kontrolle von konkreten Anwendungsakten angewiesen. Ein Verstoß gegen Bundesrecht ist durch eine derartige Begrenzung nicht gegeben (BVerwG NVwZ-RR 1991, 54; Rh-PfVerfGH NVwZ 2002, 77). Auch das Gebot effektiven Rechtsschutzes gegen die öffentliche Gewalt (Art 19 Abs 4 GG) erfordert keine einschränkende Auslegung des landesgesetzlich vorgesehenen Ausschlusses der Normenkontrolle nach § 47 Abs 1 VwGO gegenüber Ministerverordnungen (OVG Koblenz BeckRS 2008, 35269).

Als eine mit § 47 VwGO nicht zu vereinbarende Norm wird auch § 49 Abs 1 S 1 BWStGHG angesehen. Hiernach kann der StGH vom VGH die Aussetzung des Verfahrens verlangen, wenn ein abstraktes Normenkontrollverfahren auch vor dem StGH anhängig ist (siehe auch unten Rn 71; vgl hierzu auch S/S-A/S/Gerhardt/Thier VwGO § 47 Rn 20, 86).

Für die Länder, die keinen Gebrauch von der Ermächtigung des § 47 Abs 1 Nr 2 VwGO **24.2** gemacht haben, existiert ein unmittelbarer gerichtlicher Rechtsschutz gegen untergesetzliche Rechtsvorschriften nicht. Das Ziel einer abstrakten Normenkontrolle kann auch nicht auf dem Weg einer Anfechtungsklage oder mittels einer Feststellungsklage erreicht werden. Klagebegehren, die im Ergebnis daraus hinauslaufen, dass die Nachprüfung der Rechtmäßigkeit einer Norm der eigentliche Gegenstand eines Verwaltungsstreitverfahrens wird, sind unzulässig, soweit dies die verkappte Einführung der abstrakten Normenkontrolle auch in den Ländern bedeuten würde, in denen sie der

Gesetzgeber nicht vorgesehen hat (vgl BVerwG DÖV 1965, 169; siehe auch Eyermann/Schmidt VwGO § 47 Rn 11).

25   Besteht eine landesgesetzliche Ermächtigung, ist der Normenkontrollantrag nur gegen Rechtsvorschriften im Rang unter einem formellen Gesetz gegeben. Für die Frage, ob es sich um Bundes- oder Landesrecht handelt, kommt es nicht darauf an, wer zur Normsetzung ermächtigt hat. Entscheidend ist allein die erlassende Stelle. Ergeht auf Grund eines Bundesgesetzes eine untergesetzliche Rechtsnorm durch eine Landesbehörde oder eine unter der Aufsicht des Landes stehende Körperschaft, Anstalt oder Stiftung, so wird diese Regelung dem Landesrecht zugeordnet (vgl BVerfG NJW 1965, 1371). Auch ggf notwendige parlamentarische Zustimmungserfordernisse ändern hieran nichts (VGH München BayVBl 1983, 723).

26   Der Begriff der **Rechtsvorschriften** ist in § 47 Abs 1 Nr 2 VwGO nicht näher erläutert. Bei Rechtsvorschriften handelt es sich regelmäßig um Regelungen abstrakt-genereller Art mit Außenwirkung. Dazu gehören zweifelsfrei Satzungen und Rechtsverordnungen. Regelungen, die eindeutig der Form einer solchen anerkannten Rechtsquelle zugeordnet werden können (Hoheitsakte mit förmlichem Normcharakter), sind unabhängig von ihrem Inhalt der Normenkontrolle nach § 47 VwGO zugänglich (so auch die hM, vgl Eyermann/ Schmidt VwGO § 47 Rn 24; S/S-A/S/Gerhardt/Thier VwGO § 47 Rn 23; Hendler, NuR 2004, 485; differenzierend Kopp/Schenke VwGO § 47 Rn 27). Dem stehen Vorschriften gleich, die dadurch Rechtsnormqualität erlangt haben, dass sie unabhängig von ihrem materiellen Gehalt durch Satzung oder Rechtsverordnung für verbindlich erklärt worden sind (BVerwG NVwZ 1989, 458; vgl auch BVerwG NJW 1989, 1495). Dagegen sollen umgekehrt Regelungen, die förmlich als Verwaltungsakt erlassen worden sind, nicht der Normenkontrolle nach § 47 VwGO unterliegen (OVG Greifswald NVwZ-RR 2000, 780).

27   Ob zum Kreis der Rechtsvorschriften auch Regelungen gehören können, die nicht förmlich als Norm erlassen worden sind, lässt der Gesetzgeber offen. Nach zutreffender Ansicht ist der Begriff der Rechtsvorschrift schon wegen des Sinn und Zwecks der Normenkontrolle nach § 47 VwGO (s Rn 2, 8) weit auszulegen, so dass es für die Zulässigkeit eines Normenkontrollantrags darauf ankommt, ob die entsprechende Regelung sich materiell, mithin nach Inhalt, Funktion und Wirkungsweise, als Rechtssatz darstellt (vgl BVerwG NVwZ 1994, 1213; BVerwG NVwZ 2004, 614; so auch die hM, vgl Kopp/Schenke VwGO § 47 Rn 27. Prinzipiell auf die Form abstellend dagegen OVG Lüneburg NJW 1984, 627; Löhr DVBl 1980, 13; Quaas/Müller Normenkontrolle und Bebauungsplan, 1986, 39; ausführlich zum Streitstand vgl Sodan/Ziekow/Ziekow VwGO § 47 Rn 93 ff). Regelungen der Exekutive, die abstrakt-generellen Charakter haben, rechtlich verbindliche Außenwirkung gegenüber dem Bürger entfalten und auf diese Weise dessen subjektiv-öffentlichen Rechte unmittelbar berühren, unterliegen damit der Normenkontrolle nach § 47 VwGO (BVerwG NVwZ 2005, 602; OVG Magdeburg EurUP 2006, 265; auf das Kriterium der Außenwirkung verzichtend Sodan/Ziekow/Ziekow VwGO § 47 Rn 102). Keine Rechtsvorschriften iSv § 47 Abs 1 Nr 2 VwGO sind dagegen allein verwaltungsintern bindende und steuernde Regelungen, da diesen die für eine Rechtsvorschrift charakteristische Außenwirkung fehlt.

28   Um typische untergesetzliche Rechtsnormen des Landesrechts, die der Normenkontrolle des § 47 VwGO unterliegen, handelt es sich daher bei förmlichen **Rechtsverordnungen** (auch Polizeiverordnungen, vgl VGH Mannheim NVwZ-RR 92, 418, nicht aber gesetzesvertretende Verordnungen), autonomen **Satzungen** von Gemeinden, Kreisen und Hochschulen unter anderem Körperschaften des öffentlichen Rechts, sofern diese der Aufsicht von Organen des Landes unterliegen (ausführlich mit Beispielen Sodan/Ziekow/Ziekow VwGO § 47 Rn 121), örtliche Bauvorschriften, die als isolierte Satzung ergangen sind (Kuhla/ Hüttenbrink/Hüttenbrink, 283), und auch untergesetzliches **Gewohnheitsrecht** (OVG Lüneburg NJW 1984, 627, aA Kopp/Schenke VwGO § 47 Rn 28). Kontrollfähig sind dabei sowohl unmittelbar wirkende Normen, als auch solche, auf Grund derer weitere Anwendungsakte ergehen. Auf die Wirkungsweise kommt es insoweit nicht an. Gegenstand der Normenkontrolle können Rechtssätze aus verschiedenen Rechtsgebieten sein (eine exemplarische Übersicht über die in Betracht kommenden Satzungen und Verordnungen findet sich bei Kuhla/Hüttenbrink/Hüttenbrink, 283 Fn 763–768).

Verwaltungsvorschriften unterliegen nicht der Normenkontrolle, soweit sie lediglich **29** verwaltungsinterne Regelungen setzen, ohne dabei Außenwirkung zu entfalten (zum Begriff der Verwaltungsvorschriften vgl Stern III/Ossenbühl, § 65 Rn 4 ff). Dies ist jedenfalls dann der Fall, wenn und soweit sie darauf beschränkt sind, innerhalb der Exekutive das Handeln nachgeordneter Behörden zu binden und zu lenken. Verwaltungsvorschriften sind aber dann als Rechtsvorschriften iSd § 47 Abs 1 Nr 2 VwGO anzusehen, wenn sie über die Selbstbindung der Verwaltung hinaus rechtliche Außenwirkung gegenüber dem Bürger entfalten und auf diese Weise dessen subjektiv-öffentlichen Rechte unmittelbar berühren (so auch das mittlerweile vorherrschende Schrifttum, vgl schon Ossenbühl DVBl 1969, 526; Kopp/Schenke VwGO § 47 Rn 29; F/K/W/Unruh, VwGO § 47 Rn 40; aA Redeker/v. Oertzen/Redeker VwGO § 47 Rn 16). Ein Rechtsnormcharakter iSv § 47 Abs 1 VwGO kann insbes dann angenommen werden, wenn die Verwaltungsvorschrift als solche den Anspruch auf eine abschließend verbindliche Regelung erhebt und dadurch die Grundlage für eine Vielzahl von verwaltungsrechtlichen Streitigkeiten bilden kann. Als maßgebliche Kriterien kann dabei auf die Intention und die konkrete Wirkung einer Vorschrift abgestellt werden. Eine solche Auslegung folgt wiederum aus dem Sinn und Zweck der verwaltungsgerichtlichen Normenkontrolle (oben Rn 2, 8). Während nach diesen Grundsätzen norminterpretierende und auch ermessenslenkende Verwaltungsvorschriften nicht dem Regelungsbereich des § 47 VwGO unterfallen, können normkonkretisierende bzw normergänzende Verwaltungsvorschriften im Einzelfall einen normativen Charakter haben und daher als Rechtsvorschriften iSv § 47 Abs 1 Nr 2 VwGO zu behandeln sein (zutreffend auch Kopp/Schenke VwGO § 47 Rn 29; vgl auch Sodan/Ziekow/Sodan VwGO § 47 Rn 127 und Beckmann DVBl 1987, 611, 616 die jedoch wohl auch ermessenslenkende Verwaltungsvorschriften einbeziehen wollen; aA wohl Wahl NVwZ 1991, 409, 417). Allerdings gehören die im Umweltrecht praktisch bedeutsamsten Verwaltungsvorschriften wie die Technische Anleitung zum Schutz gegen Lärm (TA-Lärm) vom 26.8.1998 (GMBl 503) sowie die Technische Anleitung zur Reinhaltung der Luft (TA-Luft) vom 24.7.2002 (GMBl 511; vgl zu deren Drittschutz ausführlich BeckOK Giesberts/Reinhardt/Jochum BImSchG § 48 Rn 10 ff, 36 (03/2006)) dem Bundesrecht an und sind schon daher nicht im Wege der Normenkontrolle nach § 47 VwGO angreifbar (so S/S-A/P/Gerhardt/Bier VwGO § 47 Rn 30). Soweit technische Normen, die in privater Verantwortung erarbeitet wurden (zB DIN-Normen, VDE-Normen), explizit durch eine staatliche Rezeptionsentscheidung (etwa im Wege einer statischen Verweisung, vgl Kloepfer § 3 Rn 82 ff) zum Bestandteil einer Rechtsvorschrift iSd § 47 Abs 1 Nr 2 VwGO gemacht wurden, dürften diese iVm der entsprechenden Rechtsnorm durch ein Normenkontrollverfahren angegriffen werden können. Nach der Rechtsprechung des BVerwG kommt die Normenkontrolle von Ausführungsbestimmungen zur Sozialhilfepauschalierung (BVerwG NVwZ 2005, 602) und die der Festsetzung von Regelsätzen im Sozialhilferecht durch Runderlass (BVerwG NVwZ 1994, 1213) in Betracht und damit insbes bei administrativem Ergänzungsrecht. In der Praxis wird man die Normenkontrollfähigkeit von Verwaltungsvorschriften aber als Ausnahmefall einordnen können.

Auch **Sonderverordnungen**, die von der Exekutive zur Regelung sog besonderer **30** Gewaltverhältnisse erlassen werden, können Gegenstand der Normenkontrolle sein, sofern diese unmittelbare Rechten und Pflichten der Betroffenen begründen und damit selbständig klagefähige Positionen betreffen (VGH Mannheim NVwZ 1986, 855). Gleiches gilt für **Organisationsverordnungen** (VGH München NVwZ-RR 1996, 300). **Beihilfevorschriften** haben quasi-normativen Charakter und sind hinsichtlich ihrer Auslegung und Anwendung wie revisible Rechtsnormen zu behandeln und daher auch normenkontrollfähig (vgl BVerwG NVwZ 2004, 1003; BVerwG NVwZ 1986, 298). Auch rechtsetzende Vereinbarungen im Sinne einer **Geschäftsordnung** können trotz ihres Charakters als bloße Innenrechtssätze in den Anwendungsbereich des § 47 VwGO einbezogen und auf Antrag eines Mitglieds vom Gericht auf ihre Gültigkeit überprüft werden, wenn hierdurch in abstrakt-genereller Weise die Rechte der Mitglieder festgelegt werden (vgl BVerwG NVwZ 1988, 1119; zuletzt bestätigt durch VGH Kassel BeckRS 2007 23222). Abgelehnt wurde dagegen die Normenkontrollfähigkeit von **Mietspiegeln** (BVerwG NJW 1996, 2046).

31   **Pläne** und Programme sind jedenfalls dann normenkontrollfähig, wenn sie in der Form von Rechtsnormen erlassen wurden oder mittels Rechtsvorschrift für verbindlich erklärt worden sind (zur verwaltungsgerichtlichen Kontrolle von Planung und Plänen vgl auch Hoppe in FS Menger 1985, 747 ff; zum Beispiel des Abfallentsorgungsplans BVerwG NVwZ 1989, 459; zum Rechtsschutz gegen Abfallwirtschaftspläne nach § 29 KrW-/AbfG vgl BeckOK Giesberts/Reinhardt/Kropp KrW-/AbfG § 29 Rn 51 ff). Regionale **Raumordnungspläne** können, auch wenn der Landesgesetzgeber für den Regionalplan keine Rechtssatzform vorgibt, der Normenkontrolle zugänglich sein, wenn sie im Ergebnis abstrakt-generelle Regelungen mit Außenwirkung darstellen (BVerwG NVwZ 2004, 615; so auch VGH Mannheim NVwZ-RR 2006, 23 im Ergebnis aber str; wie hier Böttger/Broosch UPR 2002, 420; Kment DÖV 2003, 349, Kopp/Schenke VwGO § 47 Rn 33 jeweils mwN; aA Sodan/Ziekow/Ziekow VwGO § 47 Rn 118). **Grundsätzen der Raumordnung** fehlt es hingegen am Merkmal der Verbindlichkeit, da sie nur als Vorgaben für nachfolgende Abwägungs- oder Ermessensentscheidungen zu dienen bestimmt und ohne weiteres im Wege der Abwägung überwindbar sind (OVG Magdeburg BeckRS 2009, 30469). Dabei ist für jede Regelung gesondert zu prüfen, ob sie den unter Rn 26 genannten Kriterien genügt, die für eine Rechtsvorschrift unabdingbar sind. Nicht normenkontrollfähig sind dagegen grundsätzlich Flächennutzungspläne (s oben Rn 22). Ob auch Gebietsänderungsverträge zwischen Gemeinden einen normenkontrollfähigen Gegenstand bilden, erscheint zweifelhaft (offen lassend OVG Magdeburg BeckRS 2009, 35947).

II. Antragserfordernis und Antragsfähigkeit (Abs 2 S 1)

32   Das Normenkontrollverfahren ist durch einen entsprechend § 81 Abs 1 S 1 VwGO zu stellenden **Antrag** einzuleiten, in dem der Antragsteller, der Antragsgegner und die angegriffene Vorschrift zu bezeichnen sind (zu den allgemeinen Voraussetzungen siehe unten §§ 81 und 82 VwGO). Auf Grund des Anwaltszwangs gem § 67 Abs 1 VwGO ist der Antrag von einem Rechtsanwalt oder einem Rechtslehrer einzureichen (§ 67 VwGO Rn 4 ff). Er muss auf die Feststellung der Ungültigkeit einer der in § 47 Abs 1 VwGO genannten Rechtsvorschriften gerichtet sein. Eine Einleitung von Amts wegen ist dagegen nicht zulässig. Sollen andere Rechtsvorschriften als die ausdrücklich genannten zum Streitgegenstand gemacht werden, so bedarf es hierzu eines entsprechenden Antrags (BVerwG NVwZ 2000, 815). Die Beschränkung auf die Feststellung der Ungültigkeit von Teilen der Rechtsvorschrift ist auf Grund der bestehenden Dispositionsfreiheit des Antragstellers möglich. Das Normenkontrollgericht ist an diese Antragsbeschränkung allerdings nicht gebunden, wenn der antragsgemäß für unwirksam zu erklärende Teil mit anderen, nicht angegriffenen Teilen des Bebauungsplans in einem untrennbaren Zusammenhang steht (BVerwG NVwZ 1992, 567, siehe unten Rn 76 ff). Auch Hilfsanträge sind zulässig (Eyermann/Schmidt VwGO § 47 Rn 70). Eine bei einem Verwaltungsgericht erhobene Klage kann in einen Normenkontrollantrag umgedeutet und an das OVG verwiesen werden (str, wie hier B/F-K/K VwGO § 47 Rn 43; Dagefördе VerwArch 1988, 123, 129 f; aA Redeker/v. Oertzen VwGO § 47 Rn 25). § 83 VwGO ist entsprechend anwendbar, maßgebend ist insoweit der erkennbare Zweck des Begehrens. Eine Rücknahme des Antrags führt abweichend von den verfassungsprozessrechtlichen Regelungen zur Beendigung des Verfahrens nach den allgemeinen Bestimmungen (S/S-A/P/Gerhardt/Bier VwGO § 47 Rn 31, 116).

33   **Antragsfähig** sind im Rahmen des Abs 2 natürliche und juristische Personen sowie Behörden (siehe zur Antragsbefugnis unten Rn 34 ff). Zu den juristischen Personen zählen auch solche des öffentlichen Rechts, soweit diese fiskalisch tätig werden (Eyermann/Schmidt VwGO § 47 Rn 39). Über den Wortlaut hinaus fallen hierunter auch alle in § 61 Nr 2 VwGO genannten „Vereinigungen", soweit ihnen ein Recht zustehen kann (vgl VGH Kassel NVwZ 1988, 847; zu § 61 Nr 2 VwGO s Rn 7 f). Eine Einschränkung gegenüber den in § 61 VwGO genannten Verfahrensbeteiligten folgt aus der insoweit missverständlich formulierten verkürzenden Aufführung in § 47 Abs 2 S 1 VwGO nicht. Dies ergibt sich schon aus dem Sinn und Zweck der Normenkontrolle, wonach möglichst schnell Klarheit über die Gültigkeit einer unter dem Landesgesetz stehenden Rechtsnorm geschaffen werden soll, über die sonst in späteren Verwaltungsstreitverfahren als Vorfrage zu entscheiden sein würde (hierzu oben Rn 2). Daher müssen auch Vereinigungen, die in einem Verwaltungsstreit-

verfahren Beteiligte sein können, das Normenkontrollverfahren selbst betreiben können (so auch Kopp/Schenke VwGO § 47 Rn 38). Unabhängig von § 61 Nr 3 VwGO sind Behörden auch dann antragsfähig und damit beteiligtenfähig, wenn das Landesrecht dies nicht ausdrücklich bestimmt (so auch S/S-A/P/Gerhardt/Bier VwGO § 47 Rn 82; für die dahinter stehende Körperschaft des öffentlichen Rechts, welcher die Behörde angehört, dagegen VGH Kassel ZfBR 2000, 194). Unter Behörden sind alle Institutionen zu fassen, die Aufgaben der öffentlichen Verwaltung wahrnehmen (iSv § 1 Abs 4 VwVfG). Keine Behörden indessen sind Gerichte, jedenfalls solange sie keine Aufgaben im Rahmen der Justizverwaltung wahrnehmen (heute hM vgl Kuhla/Hüttenbrink/Hüttenbrink, 340; anderer Ansicht noch v. Mutius VerwA 1973, 95). Gemeinden und andere Körperschaften des öffentlichen Rechts können – soweit die weiteren Voraussetzungen des Abs 2 vorliegen– damit im Ergebnis ihre Antragsfähigkeit als in eigenen Rechten Betroffene und auch als Behörde begründen (vgl BVerwG NVwZ 1989, 654).

III. Antragsbefugnis (Abs 2 S 1)

§ 47 Abs 2 S 1 VwGO bestimmt als weitere Zulässigkeitsvoraussetzung die Antragsbefug- **34** nis. Diese ist für das Normenkontrollverfahren von entscheidender Bedeutung, da diesem im Rahmen der Begründetheitsprüfung das Prüfungskorrektiv des § 113 Abs 1 S 1 bzw Abs 5 S 1 VwGO fehlt (siehe unten § 113 VwGO Rn 16 ff, 72). Sobald die subjektiv-rechtliche Hürde überwunden ist, eröffnet die von dieser Antragsbefugnis abhängige Zulässigkeit des Verfahrens im Rahmen der Begründetheit eine umfassende Prüfung aller erheblichen Mängel der Rechtsnorm durch das Normenkontrollgericht, unabhängig von der Verletzung subjektiver Rechte des Antragstellers. Die daraus folgende Weite der Prüfungskompetenz der Kontrollgerichte in der Begründetheit kann daher eine Einschränkung nur im Rahmen der Zulässigkeitsprüfung erfahren. Wendet ein Normenkontrollgericht § 47 Abs 2 S 1 VwGO allerdings zu engherzig an, kann dies mit einer Verfahrensrüge nach § 132 Abs 2 Nr 3 VwGO beanstandet werden (vgl Anm Gatz zu BVerwG Beschl v 7.3.2007 – 4 BN 1/07). Antragsbefugt sind zum einen natürliche und juristische Personen, die geltend machen, durch die Rechtsvorschrift oder deren Anwendung in ihren Rechten verletzt zu sein oder in absehbarer Zeit verletzt zu werden (Rn 35 ff). Darüber hinaus sind auch Behörden befugt, ein Verfahren nach § 47 VwGO zu beantragen (Rn 42 ff). Die in Abs 2 normierte Antragsbefugnis kann im Unterschied zu § 42 Abs 2 aufgrund der eindeutigen Formulierung nicht durch den Landesgesetzgeber abgedungen oder modifiziert werden, insoweit sind die Zulässigkeitskriterien der VwGO verbindlich (OVG Berlin-Brandenburg NuR 2006, 664 ff). Eine Ausnahme hiervon gilt aber dann, wenn der Bundesgesetzgeber in anderen Vorschriften Ausnahmen vorsieht oder den Landesgesetzgeber hierzu ausdrücklich ermächtigt.

1. Antragsbefugnis natürlicher und juristischer Personen

Die Antragsbefugnis natürlicher und juristischer Personen im Normenkontrollverfahren **35** hat durch das 6. VwGO-Änderungsgesetz vom 1.11.1996 (BGBl I 1626) einschneidende Veränderungen erfahren. Während es zuvor ausreichend war, dass der Antragsteller durch die Rechtsvorschrift einen Nachteil erlitten hatte oder erleiden würde (s Rn 35.1), muss der Antragsteller nunmehr die Verletzung oder drohende Verletzung subjektiver Rechte darlegen. Die Verletzung rechtlich geschützter Interessen allein vermag eine Antragsbefugnis nicht länger zu begründen. Durch die Novellierung wollte der Gesetzgeber die Antragsbefugnis an die in § 42 Abs 2 VwGO normierte Klagebefugnis für die subjektiven Rechtsschutzverfahren angleichen und so den Gedanken des Individualrechtsschutzes stärker hervorheben. Eine über die Rechtsverletzungsbehauptung hinausgehende Antragsbefugnis vermöge die hiermit verbundenen Nachteile nicht aufzuwiegen (BT-Drs 13/3993). Ziel dieser Gesetzesänderung war es, die Anforderungen an die Antragsbefugnis im Normenkontrollverfahren zu verschärfen, um hierdurch den Rechtsschutz des Bürgers insbes gegen Bebauungspläne zu reduzieren (Muckel NVwZ 1999, 964; Schütz NVwZ 1999, 929). Neben der Anpassung der Antragsbefugnis an die Klagebefugnis des § 42 Abs 2 VwGO wurde zur Verwirklichung des angestrebten Ziels auch die Befristung des Normenkontrollantrags eingeführt (vgl unten Rn 50; kritisch zur Geeignetheit dieser Mittel Redeker NVwZ 1996, 521 und Schenke

NJW 1997, 81 f). Zu den Auswirkungen der Neufassung auf das Rechtschutzbedürfnis siehe auch unten Rn 47.

35.1   Nach der ursprünglichen Fassung des § 47 Abs 2 S 1 VwGO konnte den Antrag auf Normen-kontrolle jede natürliche oder juristische Person, die durch die Rechtsvorschrift oder deren Anwen-dung einen **Nachteil** erlitten oder in absehbarer Zeit zu erwarten hatte, sowie jede Behörde stellen. Der Nachteilbegriff ging bewusst über die Klagebefugnis des § 42 Abs 2 VwGO hinaus und wurde zudem durch die Rechtsprechung überwiegend weit ausgelegt. Lediglich der Missbrauch des Normenkontrollverfahrens iSv Popularanträgen sollte verhindert werden. Die insbes im Bauplan-ungsrecht relevante weite Auslegung der Rechtsprechung führte dazu, dass ein Nachteil iSd § 47 Abs 2 VwGO aF bereits dann gegeben war, wenn der Antragsteller durch die zu kontrollierende Rechtsvorschrift oder durch deren Anwendung negativ, dh verletzend, in einem Interesse betroffen war bzw in absehbarer Zeit betroffen werden konnte, das bei der Entscheidung über den Erlass oder den Inhalt dieser Rechtsvorschrift als privates Interesse des Antragstellers (oder eines Rechtsvorgän-gers) berücksichtigt werden musste (BVerwGE 59, 87 = BVerwG NJW 1980, 1061; vgl zur Pro-blematik der alten Fassung Hufen Verwaltungsprozessrecht, 2. Auflage 1996, § 19 Rn 29; Groß DVBl 1989, 1076). Damit konnten insbes auch Verstöße gegen das Abwägungsgebot des § 1 Abs 7 BauGB (= § 1 Abs 6 BauGB aF) im Wege der Normenkontrolle geltend gemacht werden. Bei der Bauleitplanung galt dies sogar unabhängig davon, ob das durch den Bebauungsplan benachteiligte Grundstück des Antragstellers innerhalb oder außerhalb des Plangebiets lag (Hüttenbrink DVBl 1997, 1255). Ausgeschlossen waren dagegen Beeinträchtigungen rein wirtschaftlicher oder ideeller Art. Insgesamt gesehen unterlag die Feststellung des zu berücksichtigenden Interesses erheblichen Schwierigkeiten, wurde aber durch die von den Oberverwaltungsgerichten weitestgehend über-nommene Rechtsprechung des BVerwG zum Nachteilserfordernis relativiert.

36   Als Folge der Gesetzesnovelle kann die Antragsbefugnis des § 47 Abs 2 VwGO inhaltlich weitestgehend mit der Klagebefugnis des § 42 Abs 2 VwGO gleichgesetzt werden (Stüer DVBl 1997, 326, 332; Kuhla/Hüttenbrink/Hüttenbrink, 296; vgl jedoch zu Unterschieden im Ableitungszusammenhang S/S-A/P/Gerhardt/Bier VwGO § 47 Rn 41; Sodan/Ziekow/ Ziekow VwGO Rn 148). Die Anforderungen an die **Geltendmachung** einer Rechtsverlet-zung sind nicht höher als bei § 42 VwGO. Hier kann eine Anlehnung an die im Rahmen des § 42 Abs 2 VwGO vorherrschende **Möglichkeitstheorie** vorgenommen werden, wo-nach der Antragsteller hinreichend substantiiert darlegen muss, dass es zumindest möglich ist, dass er durch die Rechtsvorschrift oder durch deren Anwendung in seinen Rechten verletzt ist (vgl BVerwGE 107, 215 = NJW 1999, 592; BVerwG NVwZ 2000, 1296; für eine modifizierte Möglichkeitstheorie dagegen Sauthoff BauR 1997, 721, 740. Zur Möglichkeits-theorie siehe oben § 42 VwGO Rn 175 ff). Eine Aufweichung der subjektivrechtlichen Komponente des § 47 Abs 2 VwGO zeigt sich darin, dass abweichend von § 42 Abs 2 VwGO auch eine in absehbarer Zeit zu erwartende Rechtsverletzung geltend gemacht werden kann. Besteht die Möglichkeit einer Verletzung subjektiver Rechte offensichtlich und unter jeder Betrachtungsweise nicht, fehlt es an einer Antragsbefugnis (BVerwG NVwZ 2001, 1038,1039). Damit setzt § 47 Abs 2 S 1 VwGO zum einen das Vorliegen eines subjektiven Rechts der behaupteten Art und zum anderen die Möglichkeit voraus, dass dieses Recht in Folge des in Frage stehenden Sachverhalts verletzt ist oder in absehbarer Zeit verletzt wird. Dies ist auch dann gegeben, wenn die Betroffenheit des Antragstellers nicht durch die Norm selbst, sondern erst durch einen nachfolgenden, rechtlich und tatsächlich eigenständigen Rechtsakt eintritt, der in der Norm bereits angelegt ist (BVerwG NVwZ 1997, 68). Die im Vergleich zu § 42 Abs 2 VwGO weitergehende Möglichkeit der Rechts-verletzung in absehbarer Zeit liegt dann vor, wenn anhand einer objektiven Betrachtung der konkreten Umstände die Wahrscheinlichkeit einer Rechtsverletzung in so naher Zukunft droht, dass ein weiteres Abwarten einem vorsichtig und vernünftig Handelnden nicht länger zugemutet werden kann (vgl auch B/F-K/K VwGO § 47 Rn 81), nicht aber wenn diese noch von ungewissen Ereignissen oder unwägbaren Faktoren abhängig ist (vgl OVG Bautzen NVwZ-RR 1999, 676). Auch für die Neufassung der Antragsbefugnis gilt der zur bisherigen Rechtslage geprägte Satz, dass sich eine prozessuale Handhabung des § 47 Abs 2 S 1 VwGO verbietet, die im Ergebnis dazu führt, die an sich gebotene Sachprüfung als Frage der Zulässigkeit des Antrags zu behandeln (BVerwG NJW 1999, 592). Die geltend gemachte Rechtsgutverletzung muss der Rechtsvorschrift zurechenbar sein, das heißt die als Nachteil angeführte Beeinträchtigung subjektiver privater Interessen muss sich der angegriffenen

Norm tatsächlich und rechtlich zuordnen lassen (BVerwG NVwZ 1997, 682; zum Zurechnungszusammenhang vgl auch S/S-A/P/Gerhardt/Bier VwGO § 47 Rn 4 ff). Auf die Schwere und Intensität des Rechtsverstoßes kommt es dagegen nicht an.

Voraussetzung ist damit zunächst die Möglichkeit einer **eigenen Rechtsverletzung** des 37 Antragstellers im Sinne einer Beeinträchtigung von subjektiven Rechten. Die Wahrung allgemeiner Interessen im Sinne einer Prozessstandschaft ist unzulässig (S/S-A/P/Gerhardt/Bier VwGO § 47 Rn 47). Auch juristische Personen können daher eine Antragsbefugnis nur aus eigenem Recht ableiten. Das Ziel des § 47 Abs 2 S 1 VwGO, Popular- oder Verbandsanträge auszuschließen, würde verfehlt, wenn Vereinen oder Verbänden die reine Wahrnehmung von Mitgliederinteressen gestattet wäre (Kuhla/Hüttenbrink/Hüttenbrink, 310). Dies gilt auch dann, wenn die Wahrung von Mitgliederinteressen zum Vereinszweck erklärt wird (Redeker/ v. Oertzen/ Redeker VwGO § 47 Rn 32). Zu beachten ist allerdings die Möglichkeit der Klage von Umweltverbänden gegen Bebauungspläne nach §§ 1, 2 Umweltrechtsbehelfsgesetz (hierzu näher Schrödter LKV 2008, 391). Auch **Gemeinden** und andere Körperschaften des öffentlichen Rechts können eine Antragsbefugnis aus der Verletzung von eigenen Rechten herleiten (vgl zur Antragsbefugnis von Gemeinden auch Grziwotz DVBl 1988, 69). Die Gemeinde ist neben ihrer Eigenschaft als Behörde (unten Rn 42) als Körperschaft des öffentlichen Rechts auch juristische Person. Sie kann insbes dann in einem Recht iSv § 47 Abs 2 S 1 VwGO beeinträchtigt sein, wenn durch die zur Überprüfung gestellte Norm ihr Recht auf Selbstverwaltung gem Art 28 Abs 2 GG tangiert wird. Dies ist vor allem bei einer Einschränkung der Planungshoheit der Fall (vgl Kopp/Schenke VwGO § 47 Rn 79). Die Berufung auf allgemeine öffentliche Interessen oder solche der Gemeindeeinwohner vermag eine Klagebefugnis demgegenüber nicht zu begründen (BVerwG NVwZ 1999, 67).

Die Frage nach dem Vorliegen einer Rechtsverletzung bereitet bei anderen Rechtsnor- 38 men als Bebauungsplänen keine besonderen Schwierigkeiten.

Unproblematisch ist die Antragsbefugnis immer dann gegeben, wenn ein die Klagebefugnis iSv § 42 Abs 2 VwGO begründendes Rechtsgut negativ beeinträchtigt ist, folglich dann, wenn der Antragsteller substantiert darlegen kann, in einem subjektiven Recht verletzt zu sein (insoweit kann im Wesentlichen auf die Ausführungen zu § 42 Abs 2 VwGO verwiesen werden, oben § 42 VwGO Rn 108 ff). Grundsätzlich richtet sich die Herleitung subjektiver Rechte dabei nach der **Schutznormtheorie**, wonach die Norm, auf die sich der Antragsteller beruft, nicht nur der Allgemeinheit, sondern zumindest auch dem Schutz individueller Interessen dienen muss (BVerwG NJW 1999, 592). Die Antragsbefugnis bestimmt sich daher nach der Schutz- und Zweckrichtung der Vorschrift. Maßgebend ist das einschlägige materielle Recht, welches der Normgeber bei der Regelung des konkreten sachlichen Gegenstands zu berücksichtigen hatte. Verfahrensrechtliche Beteiligungsrechte vermitteln grundsätzlich keine Antragsbefugnis zur Geltendmachung materieller Belange, allerdings kann ein Verstoß gegen besondere Mitwirkungsrechte zu einer Verletzung subjektiver Rechte führen (BVerwG NVwZ-RR 1996, 141 zu § 29 Abs 1 Nr 1 BNatSchG aF; vgl auch Kopp/ Schenke VwGO § 47 Rn 66). Eine Rechtsverletzung kann sich aus höherrangigem materiellen Recht, aus dem formellen Gesetzesrecht, aus Verfassungs- und Gemeinschaftsrecht, aber auch aus ungeschriebenem Gewohnheitsrecht ergeben, soweit die entsprechende Vorschrift drittschützenden Charakter hat. Gleichrangiges Recht kann hingegen nicht als Maßstab herangezogen werden (so aber Sodan/Ziekow/Ziekow VwGO § 47 Rn 182, wie hier Ehlers FS Hoppe 2000, 1041, 1045). Auch Organrechte können insoweit ausreichen (BVerwG NVwZ 1988, 1119). Insbes dann, wenn der Antragsteller durch die Rechtsnorm zum Adressaten eines Gebots oder eines Verbots geworden ist oder hierdurch die Grundlage belastender Verwaltungsakte geschaffen wurde, besteht die Möglichkeit eines die Antragsbefugnis begründenden Eingriffs in das durch Art 2 Abs 1 GG geschützte Grundrecht der allgemeinen Handlungsfreiheit (BVerwG NVwZ 2000, 1296, 1297). Insoweit hat sich im Vergleich zur alten Rechtslage nichts geändert (schon bezüglich § 47 Abs 2 S 1 VwGO aF sah das BVerwG Abgrenzungsschwierigkeiten praktisch nur bei Bebauungsplänen, BVerwG NJW 1980, 1061). Umgekehrt gilt, dass in den Fällen, in denen schon nach alter Rechtslage die Voraussetzung eines Nachteils nicht vorlag, auch eine Rechtsgutverletzung iSd § 42 Abs 2 VwGO nicht in Betracht kommt (Hufen Verwaltungsprozessrecht, 365). Nicht ausreichend sind somit Beeinträchtigungen bloßer Annehmlichkeiten, wirtschaftlicher Chancen oder aber Rechtsreflexen.

39   Schwieriger gestaltet sich die Problematik der Rechtsverletzung im Zusammenhang mit **Bebauungsplänen**. Auf eine solche kann sich der Antragsteller zunächst immer dann berufen, wenn er Eigentümer eines **im Plangebiet liegenden Grundstücks** ist und die planungsrechtliche Situation durch den Bebauungsplan zu seinem Nachteil verändert oder beeinträchtigt wird (BVerwG NVwZ 1998, 732; BVerwG NVwZ-RR 1998, 416). In diesem Fall enthält der Bebauungsplan Inhalts- bzw Schrankenbestimmungen gem Art 14 Abs 1 S 2 GG, die auf einer rechtmäßigen Norm beruhen müssen. Die bloße Belegenheit eines Grundstücks im Geltungsbereich eines (Änderungs-)Bebauungsplans allein begründet die Antragsbefugnis aber noch nicht (BVerwG NVwZ 2000, 1413). Der Eigentümer eines im Geltungsbereich eines angefochtenen Bebauungsplans liegenden Grundstücks ist insbes dann nicht antragsbefugt, wenn die Eigentümerstellung rechtsmissbräuchlich begründet worden ist (OVG Greifswald NordÖR 2004, 155). Auch der Grundstückserwerber kann berechtigt sein, einen Normenkontrollantrag zu stellen, sobald der Besitz sowie Nutzungen und Lasten auf ihn übergegangen sind und der Antrag auf Eigentumsumschreibung beim Grundbuchamt gestellt oder zu seinen Gunsten eine Auflassungsvormerkung in das Grundbuch eingetragen worden ist (BVerwG ZfBR 2002, 493). Unter Umständen kann auch die bauplanungsrechtliche Festsetzung für **Nachbargrundstücke** eine Rechtsverletzung iSv § 47 Abs 2 S 1 VwGO begründen (VGH Mannheim BeckRS 2007, 20593). Voraussetzung hierfür ist, dass der Bebauungsplan Auswirkungen auf die Rechte des Antragstellers haben kann. Dies ist in der Regel dann indiziert, wenn dem Antragsteller im Wege des Individualrechtsschutzes gegen eine dem Änderungsplan entsprechende Bebauung die Klagebefugnis nach § 42 Abs 2 VwGO zustünde (Kuhla/Hüttenbrink/Hüttenbrink, 301; vgl auch OVG Münster UPR 1998, 230). In Betracht kommen insbes umwelt- oder immissionsschutzrechtliche Belange (zu Lärm-/Luftschadstoffimmissionen bei einem Lebensmittelmarkt zugeordneten Stellplatzflächen sowie An- und Abgangsverkehrs einschl des Andienungsverkehrs, VGH Mannheim BeckRS 2012, 57493).

39a   Mit der Zulassung der Normenkontrolle gegen Flächennutzungspläne mit den Rechtswirkungen des § 35 Abs 3 S 3 BauGB (vgl oben Rn 22) stellt sich ebenfalls die Frage, wer als antragsberechtigt nach § 47 Abs 2 S 1 VwGO angesehen werden kann. Nach Auffassung des OVG Koblenz entfalten die Ausweisungen von Konzentrationsflächen nach § 35 Abs 3 S 3 BauGB nur Rechtswirkungen gegenüber Bauantragstellern und Vorhabenträgern, so dass auch nur diesem Personenkreis die Antragsbefugnis für ein Normenkontrollverfahren zustehen soll (OVG Koblenz NJOZ 2008, 2093, 2095 ff; Hermann NVwZ 2009, 1185, 1187; aA Wollenteit NVwZ 2008, 1281, 1282 f).

40   Lange Zeit umstritten war die Frage, ob eine Rechtsverletzung iSv § 47 Abs 2 S 1 VwGO auch auf einem **Abwägungsfehler nach § 1 Abs 7 BauGB** beruhen kann. Während dies im Fachplanungsrecht schon länger anerkannt war (vgl hierzu BVerwGE 48, 56 = NJW 1975, 1373; Sodan/Ziekow/Ziekow VwGO § 47 Rn 159), wurde für den Bereich der Bauleitplanung die Auffassung vertreten, dass ein subjektives Recht auf fehlerfreie Abwägung bei der Erstellung von Bebauungsplänen nicht existiere (vgl B/K/L/Löhr BauGB § 31 Rn 60; so auch OVG Münster NVwZ 1997, 694; dafür aber schon Dürr NVwZ 1996, 105, 109; Hüttenbrink DVBl 1997, 1251). Für eine Klarstellung hat der 4. Senat des BVerwG in seiner Grundsatzentscheidung vom 24.9.1998 gesorgt (BVerwG NJW 1999, 592; bestätigt durch BVerwG BeckRS 2007, 22634; mAnm Gatz jurisPR-BVerwG 13/2007 Anm 5; dieser Rspr folgt auch die hM, vgl Schmidt-Preuß DVBl 1999, 103; Ehlers FS Hoppe 2000, 1041 f; S/S-A/P/Gerhardt/Bier VwGO § 47 Rn 61 ff; Kopp/Schenke VwGO § 47 Rn 71 ff; Eyermann/Schmidt VwGO § 47 Rn 47). Hiernach hat das in § 1 Abs 7 BauGB (= § 1 Abs 6 BauGB aF) enthaltene Abwägungsgebot hinsichtlich solcher privater Belange drittschützenden Charakter, die für den Abwägungsvorgang erheblich sind (aA Schütz NVwZ 1999, 929; Ronellenfitsch NVwZ 1999, 583, 588). Nicht notwendig sind daher dem Abwägungsvorgang vorausliegende materielle subjektive Rechtspositionen. Geschützt ist dabei jedoch nicht der betreffende Belang als solcher, der Antragsteller hat vielmehr nur einen Anspruch auf angemessene Berücksichtigung seiner geschützten Interessen in der Abwägung. Antragsbefugt ist somit jeder, der sich auf einen abwägungserheblichen privaten Belang berufen kann. Dieser kann dabei durchaus unterhalb der Ebene eines rechtsförmlich ausgestalteten subjektiv-öffentlichen Rechts angesiedelt sein. So kann es schon ausreichend sein, dass der Antragsteller vor der Abwägungsentscheidung einen auf das Plan-

gebiet bezogenen Antrag gestellt hat. Einer positiven behördlichen Entscheidung hierüber bedarf es nicht (OVG Bautzen 1.7.2011 Beck RS 2011, 53992). Auch nach § 214 BauGB unbeachtliche Abwägungsmängel können eine Antragsbefugnis begründen (Stüer DVBl 2004, 83, 88). Auf die Frage, ob eine vom Antragsteller geltend gemachte Verletzung des Abwägungsgebots nach den Planerhaltungsvorschriften beachtlich wäre, kommt es für die Antragsbefugnis nicht an. Das BVerwG begründet dies zum einen damit, dass an die Geltendmachung einer Rechtsverletzung nach § 47 Abs 2 S 1 VwGO keine höheren Anforderungen gestellt werden können, als sie auch für die Klagebefugnis nach § 42 Abs. 2 VwGO (s hierzu § 42 VwGO Rn 108) gelten. Der Antragsteller genügt seiner Darlegungspflicht daher, wenn er hinreichend substantiiert Tatsachen vorträgt, die es zumindest als möglich erscheinen lassen, dass er durch Festsetzungen des Bebauungsplans in einem Recht verletzt wird (BVerwG NVwZ 2010, 1246). Nicht ausreichend ist hingegen die bloße Möglichkeit, dass ein abwägungserheblicher Belang überhaupt vorliegt. Mit anderen Worten muss im Rahmen der Antragsbefugnis das Vorliegen eines abwägungserheblichen Belangs feststehen, dessen fehlerhafte Abwägung zumindest möglich erscheint (OVG Koblenz BeckRS 2013, 48430). Erhebliches Abwägungsmaterial muss unter Umständen bereits im Satzungsverfahren dargelegt werden. Nach Ansicht des OVG Münster kann die planende Stelle nicht in die Abwägung einstellen und braucht auch bei der Abwägung nicht zu berücksichtigen, was sie nicht sieht und was sie nach den gegebenen Umständen auch nicht zu sehen braucht. Hat es ein Betroffener unterlassen, seine Betroffenheit im Zuge der Öffentlichkeitsbeteiligung vorzutragen, dann ist die Abwägungserheblickeit nur beachtlich, wenn sich der Behörde die Tatsache dieser Betroffenheit aufdrängen musste (OVG Münster BeckRS 2012, 45115). Soweit Abwägungsbelange beachtlich sind, führt dies nicht zu einer Aufwertung als wehrfähiges Recht, sondern lediglich zu einer Pflicht der inhaltlichen Auseinandersetzung hiermit im Rahmen des Abwägungsvorgangs. Das Abwägungsergebnis bleibt insoweit offen. Diese Sichtweise spiegelt bezogen auf den Wortlaut des § 1 Abs 7 BauGB eine konsequente Anwendung der Schutznormtheorie wider. Die von der Norm statuierte Pflicht ist nicht nur objektiv-rechtlich zu sehen, sondern begründet für den Begünstigten auch einen Anspruch auf Einhaltung. Des Weiteren führt diese Auslegung auch zu einer Bestätigung der Rechtsprechung zur Ableitung von subjektiven Rechten aus bauplanungsrechtlichen Abwägungsvorschriften. Ohne Zweifel geht hiermit jedoch einher, dass das gesetzgeberische Ziel, die Zulässigkeit von Normenkontrollen zu beschränken (vgl Rn 35), durch die Neufassung nicht erreicht werden konnte (so ausdrücklich auch BVerwG NJW 1999, 592, 594). Der in den Kategorien des Prozessrechts agierende Gesetzgeber ist durch die Entwicklungen im materiellen Recht überholt worden, die das vom Gesetzgeber verfolgte Ziel der Einschränkung des Rechtsschutzes im Normenkontrollverfahren zumindest für den Bereich des Baurechts konterkarieren. Die Ersetzung des Nachteilserfordernisses durch das Merkmal der Rechtsgutverletzung ist daher weitgehend folgenlos geblieben, weil mit der Anerkennung eines subjektiven Rechts auf gerechte Abwägung gleichzeitig der Kreis der subjektiv-öffentlichen Rechte erweitert bzw bestätigt worden ist (Ehlers FS Hoppe 2000, 1041, 1049). Möglich wäre hier lediglich ein entsprechender Änderungsansatz im materiellen Recht selbst oder eine dem § 113 Abs 1 VwGO entsprechende Regelung, wovon der Normgeber bislang aber keinen Gebrauch gemacht hat (so auch Muckel NVwZ 1999, 963 f).

40a Auch wer eine **Innenbereichssatzung** nach § 34 Abs 4 BauGB als nicht unmittelbar betroffener Dritter angreift, muss eine Verletzung seines Anspruchs auf fehlerfreie Abwägung seiner Belange geltend machen: Auch bei diesen Satzungen sind die Belange betroffener Eigentümer in entsprechender Anwendung des § 1 Abs 7 und § 2 Abs 3 BauGB mit den berührten öffentlichen und privaten Belangen abzuwägen (VGH München v 29.10.2008 – 1 N 07.3048). Die Frage, ob auch eine Klarstellungssatzung nach § 34 Abs 4 S 1 Nr 1 BauGB für Grundstückeigentümer im Innen- oder Außenbereich eine Rechtsverletzung beinhalten kann, ist bislang höchstrichterlich ungeklärt (zum Meinungsstand vgl VGH München Urt v 30.10.2008 – 15 N 08.1124, Rn 11, dort offengelassen).

41 Wann die Belange eines Antragstellers im Einzelnen **abwägungserheblich** sind, ist eine Frage des konkreten Falles. Nach dem oben Gesagten kann im Ergebnis in weiten Teilen auf die Rechtsprechung zu § 47 Abs 2 S 1 VwGO aF zurückgegriffen werden. Abwägungsfehler, die den Antragsteller nicht in seinen Interessen beeinträchtigen oder die in der konkreten Planungssituation keinen städtebaulich relevanten Bezug haben, sind bzgl der Prüfung der Antragsbefugnis außer Betracht zu lassen. Auch sind nur schutzwürdige Interessen in den Abwägungsvorgang einzubeziehen, nur geringfügige oder mit einem Makel behaftete private Belange bleiben außer Betracht (BVerwG NJW 1999, 592, für die schon frühere diesbezügliche Rechtsprechung vgl BVerwG NJW 1980, 1061 ff). Unerheblich sind daher solche Belange, auf deren Fortbestand kein schutzwürdiges Vertrauen besteht oder solche, die für die Gemeinde bei der Planung nicht erkennbar waren. Bloße wirtschaftliche Interessen etwa an der Verbesserung von Marktchancen oder eine Verkehrswertminderung durch Festsetzungen für ein Nachbargrundstück begründen für sich allein keine Rechtsverletzung iSd § 47 VwGO (BVerwG NVwZ 1997, 683; BauR 1995, 499). Grundsätzlich können auch die schutzwürdigen Belange von obligatorisch Berechtigten wie Mietern und Pächtern zum notwendigen Abwägungsmaterial gehören, jedenfalls im Hinblick auf abwägungsrelevante originäre und spezifische Interessen gerade dieser Berechtigten (BVerwG NVwZ 2000, 806; B/F-K/K VwGO § 47 Rn 69; F/K/W/Unruh VwGO § 47 Rn 70). Allerdings hat ein solches Recht auf gerechte Abwägung keinen Einfluss auf das Nachbarrecht, da es sich lediglich auf die Bauleitplanung selbst beziehen kann. Einer auf einem Mietverhältnis gründenden Nutzungsberechtigung kann die aus dem Wesen der Ehe folgende obligatorische Berechtigung zur Nutzung eines Wohnhauses gleichzustellen sein (OVG Münster BeckRS 2008, 39552). Auch wenn eine Beeinträchtigung rechtlich geschützter Belange durch die Planung erstmalig ausgelöst wird, muss der Tatrichter feststellen, ob der Betroffene hierdurch über die Bagatellgrenze hinaus beeinträchtigt ist. Die Tatsache, dass die Beeinträchtigung als solche erstmalig auftritt, begründet dementsprechend nicht bereits die Abwägungserheblichkeit (BVerwG BeckRS 2011, 53414).

41.1   Beispiele: Bejaht wurde eine Antragsbefugnis für das Interesse eines in der Nachbarschaft rechtmäßigerweise vorhandenen emittierenden Betriebes, vor heranrückenden schutzbedürftigen Wohnbebauungen gesichert zu bleiben (BVerwG NVwZ 1991, 980) ebenso das Interesse des Betreibers eines Verkehrsflughafens, gegen den vorhabenbezogenen Bebauungsplan einer benachbarten Gemeinde für eine Seniorenresidenz im Lärmschutzbereich vorzugehen (OVG Münster BeckRS 2008 35073); drohende Überlastung von das Grundstück erschließenden Wegen (BVerwG NVwZ 2001, 431); gewerbliche Nutzung umliegender Grundstücke (VGH Mannheim NVwZ 1992, 802); Interesse an Abwehr von Baulinien (OVG Bautzen SächsVBl 2000, 216); Gebietsbewahrungsinteresse eines Eigentümers von Grundstücken in einem faktischen Baugebiet gegen einen B-Plan, der eine andere Nutzungsart festsetzt (VGH München BeckRS 2008, 39235); auch das Interesse des Landwirtes an einer künftigen Betriebserweiterung im Rahmen einer normalen Betriebsentwicklung, wenn die Entwicklung bereits konkret ins Auge gefasst ist oder bei realistischer Betrachtung der betrieblichen Entwicklungsmöglichkeiten nahe liegt und die Erweiterungsabsichten der Gemeinde im Rahmen des Auslegungsverfahrens offenbart wurden (OVG Münster BeckRS 2010, 51604; anders aber, wenn durch zeitlich nicht konkretisierte, vage angekündigte Absicht einer Erweiterung lediglich künftige Entwicklungsmöglichkeiten erhalten bleiben sollen, OVG Saarlouis BeckRS 2013, 45425); das aus dem Gesellschaftsvertrag einer GbR folgende Interesse der Gesellschaft an einer gemeinsamen Grundstücksbewirtschaftung (VGH Mannheim BeckRS 2012, 52177). Verneinend dagegen bei Verlust von Parkmöglichkeiten (VGH Mannheim NVwZ 1995, 610); Interesse an einer schönen Aussicht (BVerwG NVwZ 1995, 895, vgl auch Kopp/Schenke VwGO § 47 Rn 73); Schutz vor Konkurrenz (BVerwG NVwZ 1997, 683); verminderter Verkehrswert eines Grundstücks durch Nachbarbebauung (BVerwG NVwZ 1995, 895); Interesse, in den Geltungsbereich eines Bebauungsplans aufgenommen zu werden (BVerwG NVwZ 2004, 1120; bestätigt durch BVerwG ZfBR 2007, 685 f; VGH München BeckRS 2007, 24907); Beeinträchtigung eines außerhalb des Planbereichs gelegenen Grundstücks durch Lärm und Staub der Baustelleneinrichtung bei der späteren Realisierung des Bebauungsplans (BVerwG NVwZ 1999, 1335); Interesse an Gestaltung oder Erholungswert der Landschaft (VGH München BayVBl 1999, 82); nur ausnahmsweise Abwägungserheblichkeit bei Belastung mit Erschließungs- oder Straßenausbaubeiträgen (OVG Münster NVwZ 1990, 894, 895, jetzt auch VGH München 13.10.2008 – 1 N 08.1393); Interesse des Grundstückseigentümers, dass ein benachbartes, bislang wegen seiner Lage im Außenbereich (§ 35 BauGB) grds nicht bebaubares Grundstück auch künftig nicht bebaut wird (BayVGH Urt v 29.10.2009 – 1 N 08.1050), es sei denn, die geplanten Veränderung führen zu rechtlich erheblichen Folgen, wie zB eine „abriegelnde" oder „erdrückende" Wirkung der geplanten Bebauung (OVG Lüneburg ZfBR 2007, 284 ff.) Der Eigentümer eines außerhalb des Plangebietes liegenden Grundstücks kann die Antragsbefugnis grundsätzlich nicht mit der Begründung herleiten, die Festsetzungen des angegriffenen Bebauungsplanes beeinträchtigten das Erscheinungsbild des in seinem Eigentum stehenden Baudenkmals (VGH Mannheim BeckRS 2007 27397). Anderes kann ausnahmsweise allenfalls dann gelten, wenn nach Lage der Dinge ernstlich in Betracht kommt, anzunehmen, das Baudenkmal könne bei Verwirklichung der Planfestsetzungen im Rechtssinne verunstaltet werden (OVG Lüneburg BeckRS 2003 22200).

2. Behörden

Behörden sind nach dem – durch das 6. VwGO-ÄndG unveränderten – Wortlaut unter **42** erleichterten Voraussetzungen antragsbefugt. Sie können die gerichtliche Prüfung von Rechtsvorschriften betreiben, ohne eine Rechtsverletzung iSd § 47 Abs 2 S 1 VwGO darlegen zu müssen. Eine solche Rechtsverletzung wäre für eine Behörde auch kaum denkbar. Abhängig von der Art der konkreten Rechtsbeeinträchtigung können Behörden der Kommunalverwaltung als Behörde oder aber auf Grund einer die Gemeinde als juristische Person betreffenden Rechtsgutverletzung antragsbefugt sein (s schon Rn 37). Das Antragsrecht der Behörden resultiert aus dem verfassungsrechtlichen Grundsatz der Gesetzmäßigkeit der Verwaltung. Da ihr eine Verwerfungskompetenz für gegen höherrangiges Recht verstoßende Rechtsvorschriften nicht zusteht, kann sie durch das vereinfachte Antragsrecht verhindern, sehenden Auges eine von ihr als rechtswidrig erkannte Norm beachten zu müssen. Behörden sollen nicht gezwungen werden, Recht anzuwenden, von dessen Ungültigkeit sie überzeugt sind und damit rechtswidrig zu handeln. Jedoch kann eine Behörde eine Norm nur dann im Wege des Normenkontrollverfahrens zur Überprüfung stellen, wenn sie diese Rechtsvorschrift zu beachten oder auszuführen hat (BVerwG NVwZ 1989, 622; OVG Münster NVwZ-RR 2009, 798). Eine sog „Behörden-Popularklage" ist nicht zulässig. Ausreichend ist, dass die angegriffene Norm im räumlich-zeitlichen Anwendungsfeld der Körperschaft gilt und für sie bei der Wahrnehmung der eigenen oder übertragenen Angelegenheiten maßgeblich und zu beachten ist. Auf Grund des gesetzlichen Wortlauts und dem Zweck des behördlichen Antragsrechts ist diesbezüglich eine weite Auslegung vorzunehmen (vgl auch BVerwG NVwZ 1989, 654). Nicht erforderlich ist dagegen ein Normvollzug im Sinne einer geschäftsmäßigen Ausführung einer Rechtsvorschrift. An der Antragsbefugnis fehlt es dagegen in der Regel bei Normen, die im Zuständigkeitsbereich der Körperschaft keinerlei Wirkung entfalten.

IV. Rechtsschutzbedürfnis

Die Zulässigkeit des Normenkontrollantrags setzt neben der Antragsbefugnis nach § 47 **43** Abs 2 S 1 VwGO ein **allgemeines Rechtsschutzbedürfnis** des Antragstellers voraus (B/F-K/K VwGO § 47 Rn 34; Eyermann/Schmidt VwGO § 47 Rn 77), unabhängig davon, ob es sich bei dem Antragsteller um einen Bürger oder eine Behörde handelt (Eyermann/Schmidt VwGO § 47 Rn 77; Redeker/v. Oertzen/Redeker VwGO § 47 Rn 23). Dieses liegt regelmäßig vor, wenn der Antragsteller antragsbefugt ist, weil er geltend machen kann, durch die angegriffene Rechtsvorschrift in seinen Rechten verletzt zu sein oder verletzt zu werden (BVerwG NVwZ 2002, 1126, 1127). Das Erfordernis eines Rechtsschutzbedürfnisses neben der Antragsbefugnis ergibt sich daraus, dass eine gerichtliche Normprüfung in den Fällen ausgeschlossen werden soll, in denen das Ergebnis, die gerichtliche Feststellung der Unwirksamkeit der Norm, für den Antragsteller nutzlos ist. Dementsprechend fehlt das Rechtsschutzbedürfnis nur dann, wenn der Antragsteller seine Rechtsstellung durch die Erklärung der Unwirksamkeit der angegriffenen Rechtsnorm nicht verbessern kann (vgl nur BVerwG NJW 1988, 839, 841; NVwZ 1990, 157, 158; kritisch zu dieser Negativdefinition Sodan/Ziekow/Ziekow VwGO § 47 Rn 130 ff. Vgl auch Kopp/Schenke VwGO § 47 Rn 89, der das Rechtsschutzbedürfnis in bestimmten Fällen auch dann bejahen will, wenn der Erfolg des Normenkontrollantrags die Rechtsstellung des Antragstellers derzeit nicht verbessern kann). Der Antragsteller kann seine Rechtsstellung zum Beispiel dann nicht mehr verbessern, wenn eine Bebauung auf dem Nachbargrundstück auch ohne den angegriffenen Bebauungsplan nach § 34 BauGB zulässig wäre (BVerwG NVwZ-RR 1996, 478).

Eine Verbesserung der Rechtsstellung des Antragstellers durch die Unwirksamkeitserklärung **43.1** kann auch dann anzunehmen sein, wenn die begehrte Nichtigerklärung zwar nicht unmittelbar zum eigentlichen Rechtsschutzziel führt, es aber nicht auszuschließen ist, dass die gerichtliche Entscheidung für den Antragsteller von Nutzen ist. So fehlt dem Eigentümer eines Grundstücks, dessen Bebaubarkeit durch eine bauleitplanerische Festsetzung ausgeschlossen wird, das Rechtsschutzinteresse für einen Normenkontrollantrag gegen diesen Plan nicht, obwohl das gewünschte Wohnhaus auch bei einem Erfolg des Antrags wegen der dann gegebenen Außenbereichslage unzulässig bleiben würde, wenn zu erwarten ist, dass die Gemeinde einen neuen Bebauungsplan mit möglicherweise für den Antragsteller günstigeren Festsetzungen aufstellen wird (BVerwG NVwZ 2002, 1126, 1127 mit Verweis auf BVerwG NVwZ 1993, 562). Bei der Beurteilung der Frage, ob eine Unwirksamkeitsentscheidung für den Antragsteller vorteilhaft ist, sind nicht nur die rechtlichen Vorteile einer solchen Entscheidung zu berücksichtigen, sondern auch tatsächliche Vorteile, die mit der Unwirksamkeitserklärung einhergehen. So kann bei einem gegen einen neuen Bebauungsplan gerichteten Normenkontrollantrag ein Rechtsschutzinteresse des Antragstellers auch dann gegeben sein, wenn mit der Unwirksamkeitserklärung der frühere Bebauungsplan mit nahezu identischen Festsetzungen wieder aufleben würde, aus tatsächlichen Gründen aber mit der Realisierung der dort festgesetzten Planung nicht mehr zu rechnen ist (BVerwG NVwZ 2002, 1126, 1127). Das Rechtsschutzbedürfnis für eine Normenkontrolle kann auch dann entfallen, wenn der Antragsteller eine Teilbaugenehmigung für das planbegünstigte Objekt hat unanfechtbar werden lassen (OVG Lüneburg BeckRS 2008 41203). Zu den Einzelheiten des Rechtschutzbedürfnisses bei Bebauungsplänen vgl die Rechtsprechungsübersicht bei B/F-K/K VwGO § 47 Rn 38 f; Kopp/Schenke VwGO § 47 Rn 93.

44   Das Rechtsschutzbedürfnis entfällt nicht aufgrund der Möglichkeit der Durchführung eines Klageverfahrens, in dem die Wirksamkeit der in Frage stehenden Rechtsvorschrift **inzident** geprüft werden kann (BVerwG NVwZ 1989, 458, 460 f; B/F-K/K VwGO § 47 Rn 36; Eyermann/Schmidt VwGO § 47 Rn 78; Kopp/Schenke VwGO § 47 Rn 91), weil das Normenkontrollverfahren nach § 47 VwGO ein von den anderen Klagearten der VwGO unabhängiges Verfahren ist, in dem die untergesetzliche Norm selbst Streitgegenstand ist. Es ist gerade Ziel des Normenkontrollverfahrens, eine frühzeitige und allgemeinverbindliche Feststellung der Unwirksamkeit einer gegen höherrangiges Recht verstoßenden Rechtsvorschrift zu ermöglichen, damit eine Vielzahl von Verfahren vermieden werden können mit der Folge, dass die Gerichte entlastet werden und der Rechtsschutz des Bürgers verbessert und beschleunigt wird (BVerwG NJW 1978, 2522, 2523; NJW 1984, 881, 882; vgl auch oben Rn 2).

45   Sind dem Antragsteller aufgrund einer untergesetzlichen Rechtsvorschrift Nachteile entstanden, die nicht mehr beseitigt werden können, fehlt für einen Normenkontrollantrag das Rechtsschutzbedürfnis (zu dieser Fallgruppe S/S-A/P/Gerhardt/Bier VwGO § 47 Rn 77). Fraglich ist, ob ein nicht mehr zu beseitigender Nachteil in diesem Sinne auch dann vorliegt, wenn auf der Grundlage der zur Prüfung gestellten untergesetzlichen Norm bereits **bestandskräftige Vollzugsakte** angenommen wurden. Das Vorliegen eines Rechtsschutzbedürfnisses hängt auch hier davon ab, ob der Antragsteller in den konkreten Umständen des Einzelfalls durch die Unwirksamkeitserklärung seine Rechtsstellung verbessern kann (BVerwG NJW 1988, 839, 841; NVwZ 1989, 653). Dabei ist zu beachten, dass eine stattgebende Normenkontrollentscheidung den Fortbestand bestandskräftiger Verwaltungsakte nicht berührt (vgl § 181 S 1 VwGO). Allerdings steht sie einer Vollstreckung aus Vollzugsakten wegen § 183 S 2 VwGO entgegen. Damit kann jedenfalls in den Fällen, in denen die Vollzugsakte noch nicht vollstreckt sind, ein Rechtsschutzbedürfnis für eine Normenkontrolle vorliegen, weil dadurch die Vollstreckung aus dem Vollzugsakt verhindert werden kann (vgl Kopp/Schenke VwGO § 47 Rn 91). Gleiches gilt für die Fälle, in denen Privatpersonen begünstigende Vollzugsakte noch nicht genutzt haben. Für die Beurteilung des Vorliegens des Rechtsschutzbedürfnisses kommt es nämlich nicht allein auf die rechtlichen, sondern auch auf die tatsächlichen Vorteile an, die der Antragsteller aus der Unwirksamkeitserklärung ziehen kann (vgl oben Rn 43; S/S-A/P/Gerhardt/Bier VwGO § 47 Rn 77). Nur wenn die Unwirksamkeitsentscheidung für den Antragsteller tatsächlich wertlos ist, entfällt das Rechtsschutzbedürfnis.

45.1   So kann ein Rechtsschutzinteresse des Nachbarn an der Unwirksamkeitserklärung eines Bebauungsplans gegeben sein, obwohl das Vorhaben des Bauherrn schon genehmigt ist, wenn der Bauherr die Baugenehmigung noch nicht genutzt hat (BVerwG NJW 1988, 839, 841). Werden genehmigte Vorhaben nicht innerhalb bestimmter Fristen, die durch Landesrecht festgesetzt werden, begonnen, treten die entsprechenden Baugenehmigungen nämlich außer Kraft. Ist der Bebauungsplan zwischenzeitlich für unwirksam erklärt worden, beurteilt sich die Zulässigkeit des Vorhabens nach den § 34 BauGB und § 35 BauGB, was für den Antragsteller günstiger sein kann. Ein Rechtsschutzbedürfnis kann bei bestandskräftiger Genehmigung auch dann bestehen, wenn der Antragsgegner die Durchführung der genehmigten Baumaßnahme ausdrücklich von der Abweisung des Normenkontrollantrags abhängig macht (OVG Lüneburg NVwZ 1982, 254) oder wenn neben der bestandskräftigen Genehmigung für ein Anlageteil noch weitere baurechtliche Genehmigungen zur Errichtung der Gesamtanlage notwendig sind (VGH München NVwZ 1988, 546, 548 zu einer Wiederaufbereitungsanlage). Auch eine Veräußerung des Grundstücks durch den Antragsteller während des Normenkontrollverfahrens lässt das Rechtsschutzbedürfnis zumindest dann nicht entfallen, wenn das Interesse des Erwerbers nicht zweifelhaft ist (VGH Mannheim BeckRS 2012, 45016). Ist eine genehmigte bauliche Maßnahme schon verwirklicht, fehlt es dagegen in der Regel an einem Rechtsschutzbedürfnis (vgl BVerwG NJW 1988, 839, 841; VGH Mannheim NVwZ-RR 1990, 123, 124; BayVGH Urt v 15.7.2009 – 14 N 08.2736).

Das Rechtsschutzbedürfnis fehlt auch in den Fällen, in denen ein **mit der angegriffenen** 46 **Rechtsnorm inhaltsgleiches Gesetz** vorliegt. Die gesetzliche Norm bleibt von der Normenkontrollentscheidung unberührt. Dies hat zur Folge, dass der Antragsteller seine rechtliche Situation durch eine Unwirksamkeitserklärung nicht verbessern würde, weil er nach wie vor die inhaltsgleiche gesetzliche Norm zu beachten hätte (BVerwG NVwZ 2002, 869 f; VerfGH Koblenz BeckRS 2013, 51635; B/F-K/K VwGO § 47 Rn 37; Eyermann/Schmidt VwGO § 47 Rn 78). Wird die Rechtslage durch die untergesetzliche Norm lediglich wiederholt, ohne dass die Beschwer zusätzlich konkretisiert, verstärkt oder verfestigt wird, ist Rechtsschutz allein über die Verfassungsbeschwerde zu erreichen.

Etwas anderes ergibt sich auch nicht aus Art 100 GG, der Gerichte, die ein Gesetz, auf dessen 46.1 Gültigkeit es bei ihrer Entscheidung ankommt, für verfassungswidrig halten, verpflichtet, das Verfahren auszusetzen und die Entscheidung des Bundes- bzw des betreffenden Landesverfassungsgerichts einzuholen (zum folgenden ausführlich VGH Mannheim NVwZ 1998, 643, 644). Die Vorschrift stellt klar, dass eine inzidente Überprüfung von Gesetzen auf ihre Verfassungsmäßigkeit durch jedes Gericht unabhängig von der Beachtung der Fristen für eine Verfassungsbeschwerde möglich ist. Eine inzidente Überprüfung liegt jedoch nur dann vor, wenn das fragliche Gesetz in dem Gerichtsverfahren Prüfungsmaßstab ist. Zwar wird im Normenkontrollverfahren die untergesetzliche Norm im Regelfall am Maßstab des Gesetzes überprüft. Bei einem inhaltlichen Gleichlauf von untergesetzlicher und gesetzlicher Norm ist das Gesetz jedoch kein geeigneter Prüfungsmaßstab. Vielmehr würde es selbst zum Prüfungsgegenstand. Eine direkte Überprüfung von Gesetzen auf ihre Verfassungsmäßigkeit durch das Normenkontrollgericht ist jedoch im Gegensatz zur inzidenten Überprüfung von gesetzlichen Normen unzulässig, weil dies zu einer Umgehung der Zulässigkeitsvoraussetzungen der Verfassungsbeschwerde führen würde.

Ob und in welchem Umfang ein Rechtsschutzbedürfnis des Antragstellers bei **außer** 47 **Kraft getretenen Normen** gegeben ist, ist umstritten. Bereits durch die damalige Einführung der Antragsfrist von zwei Jahren in § 47 Abs 2 S 1 VwGO aF und die nunmehr erfolgte Verkürzung auf ein Jahr (unten Rn 50) hat diese Frage für die Praxis jedoch an Bedeutung verloren (vgl auch S/S-A/P/Gerhardt/Bier VwGO § 47 Rn 16 Fn 85). Das BVerwG differenziert in ständiger Rechtsprechung danach, ob die in Frage stehende untergesetzliche Norm bereits im Zeitpunkt der Antragstellung außer Kraft war oder erst im Laufe des Verfahrens hinfällig wird. Ist die in Frage stehende Norm bereits vor dem Normenkontrollantrag außer Kraft getreten, ist der Antrag in der Regel wegen fehlenden Rechtsschutzbedürfnisses als unzulässig zurückzuweisen. Ein Rechtsschutzbedürfnis besteht in diesen Fällen nur dann, wenn die aufgehobene Rechtsvorschrift noch Rechtswirkungen entfaltet, weil zum Beispiel in der Vergangenheit liegende Sachverhalte noch nach ihr zu entscheiden sind (BVerwG NJW 1978, 2522). Anderes gilt für die Fälle, in denen eine untergesetzliche Norm erst während der Anhängigkeit eines zulässigen Normenkontrollantrags außer Kraft tritt (zum Folgenden grundlegend BVerwG NJW 1984, 881 f, vgl. auch BVerwG DVBl 2002, 1127 f; Klett/Schink/Schnurer, Druckschrift zu den 12. Kölner Abfalltagen/Giesberts, Wie verändert der Europäische Gerichtshof die Abfallwirtschaft in Deutschland?, 327 ff; BVerwG NVwZ 2004, 1122; BauR 2005, 1761, 1762). Weil das Normenkontrollverfahren auch dem Schutz der subjektiven Rechte des Antragstellers dient, wird der Antrag durch das

Außer-Kraft-Treten der in Frage stehenden Norm nicht unzulässig, wenn der Antragsteller durch die Vorschrift oder ihre Anwendung in seinen Rechten verletzt worden ist. Das ist dann nicht der Fall, wenn die zur Prüfung gestellte Norm noch vor dem Zeitraum, für den sie gelten sollte, außer Kraft getreten ist und damit keinerlei Rechtswirkung entfalten konnte (BVerwG NVwZ-RR 2002, 152). Der Antragsteller muss aber ein berechtigtes Interesse an der Feststellung haben, dass die in Frage stehende Rechtsvorschrift unwirksam war. Ein solches berechtigtes Interesse besteht nach der Rechtsprechung des BVerwG jedenfalls dann, wenn die Feststellung der Unwirksamkeit präjudizielle Wirkung für die Frage der Rechtmäßigkeit oder Rechtswidrigkeit eines auf die Norm gestützten behördlichen Verhaltens und damit für in Aussicht genommene Entschädigungs- oder Schadensersatzansprüche haben kann. Ein berechtigtes Interesse liegt in solchen Fällen nur dann nicht vor, wenn die beabsichtigte Entschädigungs- bzw. Schadensersatzklage des Antragstellers offensichtlich aussichtslos ist. Darüber hinaus geht das BVerwG von einem berechtigten Interesse des Antragstellers aus, wenn Bestimmungen der außer Kraft getretenen Norm der Sache nach unverändert in eine an ihrer Stelle erlassene Vorschrift übernommen werden (BVerwG NVwZ 1982, 104, 105; DVBl 2002, 1127, 1128). Hintergrund ist die Überlegung, dass mit der Feststellung, dass die außer Kraft getretene Rechtsnorm unwirksam war, auch allgemeinverbindlich festgestellt wird, dass identische Normen desselben Normgebers unwirksam sind.

47.1   Kein Außer-Kraft-Treten einer zur Prüfung gestellten Änderungssperre mit einer Geltungsdauer von zwei Jahren liegt vor, wenn die zuständige Behörde nach Ablauf der zwei Jahre auf der Grundlage von § 17 Abs 1 S 3 BauGB, der die Gemeinde ermächtigt, die Änderungssperre für ein Jahr zu verlängern, die Geltungsdauer der Veränderungssperre durch Satzung um ein Jahr verlängert. Denn bei dieser Satzung handelt es sich nicht um eine eigenständige Änderungssperre, sondern um eine Verlängerung der ursprünglichen Sperre, die Gegenstand des Normenkontrollverfahrens bleibt (BVerwG NVwZ 2004, 858, 859).

48   Im Schrifttum wird die kategorische Unterscheidung zwischen Außer-Kraft-Treten vor Anhängigkeit des Normenkontrollantrags und nach Anhängigkeit kritisiert und stattdessen zwei Fallgruppen anerkannt, in denen der Normenkontrollantrag trotz des Außer-Kraft-Tretens der in Frage stehenden Norm zulässig sein soll: zum einen in Fällen der Präjudiziabilität für einen in Aussicht genommenen Staatshaftungsprozess. Dabei wird der Antrag entsprechend den von der Rechtsprechung im Rahmen von § 113 Abs 1 S 4 VwGO entwickelten Grundsätzen zur Fortsetzungsfeststellungsklage regelmäßig unzulässig sein, wenn die Norm bereits vor Anhängigkeit des Normenkontrollantrags außer Kraft tritt, weil die Möglichkeit einer direkten Klage vor den staatlichen Gerichten besteht. Zum anderen soll das Rechtsschutzbedürfnis über das BVerwG hinausgehend in Fällen vorliegen, in denen der in Frage stehenden Norm eine diskriminierende Wirkung zukommt. Zum Teil werden darüber hinaus in Analogie zu § 113 Abs 1 S 4 VwGO die Fallgruppen der Wiederholungsgefahr und des Rehabilitationsinteresses anerkannt (vgl Kopp/Schenke VwGO § 47 Rn 90; Kintz JuS 2000, 1099, 1102). Kritisch wird die Annahme des BVerwG beurteilt, bei regelungsidentischen Nachfolgevorschriften sei der Normenkontrollantrag immer zulässig (dazu im Einzelnen v. Komorowski UPR 2003, 175, 178; Kopp/Schenke VwGO § 47 Rn 90).

49   Ist Antragsteller eine **Behörde**, so muss auch sie ein allgemeines Rechtsschutzbedürfnis haben, das in dieser Konstellation auch als Klarstellungs- oder Kontrollinteresse bezeichnet wird (Kopp/Schenke VwGO § 47 Rn 94; S/S-A/P/Gerhardt/Bier VwGO § 47 Rn 79). Es liegt dann vor, wenn die Behörde mit der Ausführung der angegriffenen Norm befasst ist, ohne dass sie diese selbständig aufheben oder ändern kann (BVerwG NVwZ 1989, 654, 655). Kann die Behörde den fraglichen Rechtsatz selbst aufheben (bspw eigenen Satzungen) fehlt in der Regel das Rechtsschutzbedürfnis (mit Einschränkungen S/S-A/P/Gerhardt VwGO § 47 Rn 79). Offen gelassen hat die Rechtsprechung bisher die Frage, ob ein Rechtsschutzbedürfnis einer Behörde auch dann besteht, wenn sie durch den Vollzug der Norm in ihrem Tätigkeitsbereich betroffen wird (BVerwG NVwZ 1990, 57).

V. Frist (Abs 2 S 1)

50   Seit dem 6. VwGOÄndG aus dem Jahre 1996 sah § 47 Abs 2 S 1 VwGO vor, dass ein Normenkontrollantrag nur innerhalb von **zwei Jahren** nach Bekanntmachung der Rechts-

vorschrift gestellt werden konnte. Als Grund für die Befristung des Normenkontrollantrags hatte der Gesetzgeber angeführt, der Grundsatz der **Rechtssicherheit** werde in Frage gestellt, wenn Normen noch Jahre nach ihrer Bekanntmachung einer Überprüfung zugeführt werden könnten (BT-Drs 13/3993, 10). Durch Art 3 des Gesetzes zur Erleichterung von Planungsvorhaben für die Innenentwicklung der Städte vom 21.12.2006 wurde diese Frist nunmehr mit Wirkung zum 1.1.2007 auf **ein Jahr** verkürzt. Gleichzeitig wurde in § 195 Abs 7 VwGO eine Übergangsregelung getroffen, wonach die einjährige Antragsfrist nur für Rechtsnormen gilt, die nach dem 1.1.2007 in Kraft getreten sind. Der Gesetzgeber begründete die weitere Verkürzung damit, dass sich die Einführung der Frist grundsätzlich bewährt habe. Der Zeitraum von zwei Jahren sei jedoch zu lang, denn sowohl für die Verwaltung als auch für Investoren, Bürger und sonstige Betroffene sei angesichts der drängenden Herausforderungen, die die wirtschaftliche und demografische Entwicklung in allen Bereichen verursache, eine zügige Herstellung von Rechtssicherheit geboten (BT-Drs 16/2496, 17 f; krit Gronemeyer BauR 2007, 815). Die Einjahresfrist werde diesem Anliegen gerecht und erweise sich unter dem Gesichtspunkt des effektiven Rechtsschutzes im Rahmen von Normenkontrollverfahren auch als ausreichend. Sie entspreche zudem der Frist für die Einlegung von Verfassungsbeschwerden gegen ein Gesetz beim Bundesverfassungsgericht (§ 93 Abs 3 BVerfGG); zum Verhältnis dieser beiden Fristen zueinander s unten Rn 56.

Die für die Befristung angeführte Begründung überzeugt insofern nicht, als eine inzidente **51** Überprüfung in jedem Fall unbefristet möglich ist (BVerwG BeckRS 2003 23093) und deswegen Rechtssicherheitserwägungen gerade dafür sprechen, das Normenkontrollverfahren mit seiner Bündelungsfunktion offen zu halten (kritisch auch Kopp/Schenke VwGO § 47 Rn 84; Schenke NJW 1997, 81, 83; Schmidt NVwZ 1998, 694, 700; aM Schmitz-Rode NJW 1998, 415, 416; Eyermann/Schmidt VwGO § 47 Rn 74, der nach Ablauf der Frist auch den Ausschluss der Inzidentkontrolle hält). Mit einer Normenkontrollentscheidung würde auf Grund ihrer Allgemeinverbindlichkeit eine Vielzahl ggf divergierender Entscheidungen vermieden. Zudem führt die Befristung zu bedenklichen Rechtsschutzlücken. Denn es ist durchaus denkbar, dass Personen erst nach Ablauf der Antragsfrist von einer Norm betroffen werden; diesen ist dann jeglicher Rechtsschutz verwehrt, wenn sie sich gegen Vollzugsakte wegen fehlender Beeinträchtigung subjektiver Rechte nicht gerichtlich wenden können. Denkbar ist dies vor allem bei Bebauungsplänen, bei denen wegen der Anerkennung eines subjektiven Rechts auf fehlerfreie Abwägung im Rahmen des § 1 Abs 7 BauGB durch das BVerwG (vgl Hüttenbrink DVBl 1997, 1253 ff und oben Rn 40 ff) die Antragsbefugnis meist weiter ist, als bei den auf der Grundlage des Bebauungsplans angenommenen Vollzugsakten, die gerade von Nachbarn nur unter sehr engen Voraussetzungen angegriffen werden können.

Die gesetzliche Befristung des Normenkontrollantrags hat zur Folge, dass die seit jeher in den **51.1** Einzelheiten umstrittene Frage der Verwirkung an Bedeutung verliert. Eine Verwirkung wird grundsätzlich nur noch dann anzunehmen sein, wenn der Antragsteller – unabhängig davon, ob es sich um eine Behörde oder ein Privatperson handelt – unmissverständlich zum Ausdruck bringt, er werde die Gültigkeit der Norm nicht in Frage stellen. Dabei sind hohe Anforderungen an den Ausdruck eines solchen Willens zu stellen (ausführlich B/F-K/K VwGO § 47 Rn 87 ff; Eyermann/Schmidt VwGO § 47 Rn 75; Kuhla/Hüttenbrink/Hüttenbrink, 200 f; Kopp/Schenke VwGO § 47 Rn 87; S/S-A/P/Gerhardt/Bier VwGO § 47 Rn 38; Sodan/Ziekow/Ziekow VwGO § 47 Rn 294 ff).

Soweit erst das Landesrecht gem § 47 Abs 1 Nr 2 VwGO ermöglicht, bestimmte, im Range **51.2** unter dem Landesgesetz stehende Rechtsvorschriften der Normenkontrolle zu unterziehen, kann dies in diesen Fällen als Argument gegen eine Verfassungswidrigkeit der Jahresfrist des § 47 Abs 2 S 1 VwGO angeführt werden. Denn von einer gegen Art 19 Abs 4 GG verstoßenden Rechtsschutzverkürzung kann keine Rede sein, wenn ohne entsprechende landesrechtliche Regelung eine verwaltungsgerichtliche Normenkontrolle gegen die in Rede stehende Rechtsvorschrift überhaupt nicht statthaft wäre (VGH München Beschl v 28.4.2009 – 20 N 09.396, Rz 11).

Die Befristung des § 47 Abs 2 S 1 VwGO gilt nicht nur für Normenkontrollanträge von **52** Behörden, sondern auch für Normenkontrollanträge von Privatpersonen (B/F-K/K VwGO § 47 Rn 82; Eyermann/Schmidt VwGO § 47 Rn 74). Für den Lauf der Frist gilt die allgemeine Bestimmung des § 57 VwGO, der für die Berechnung der Fristen auf die Vorschriften der ZPO verweist. Die Frist beginnt mit der Bekanntmachung der Norm zu laufen und zwar auch dann, wenn die Bekanntmachung rechtsfehlerhaft erfolgt ist (BVerwG NVwZ 1996, 999; NVwZ 2004, 1122, 1123). Es kommt nicht auf die Rechtmäßigkeit der Bekanntmachung, sondern allein darauf an, ob potenziell Antragsbefugte vom Geltungsanspruch der Norm Kenntnis nehmen konnten. Wird eine ordnungsgemäße Bekanntmachung später nachgeholt, beginnt die Frist ab diesem Zeitpunkt neu zu laufen (Kopp/Schenke VwGO § 47 Rn 83). Bei Normänderungen beginnt die Frist des § 47 Abs 2 S 1 VwGO mit der Bekanntmachung der geänderten Norm nur für die tatsächlich geänderten Regelungen neu zu laufen, nicht jedoch für die Regelungen, die unverändert übernommen wurden (B/F-K/ K VwGO § 47 Rn 82; Kopp/Schenke VwGO § 47 Rn 83; Redeker/v. Oertzen/Redeker VwGO § 47 Rn 26; Stüer DVBl 2004, 83, 90; VGH Kassel Gemeindehaushalt 2006, 285 ff; vgl auch VGH Mannheim DVBl 2003, 416; NVwZ-RR 2002, 438, 439).

53   Eine **Belehrung** über die Befristung des Normenkontrollantrags ist **nicht notwendig** (OVG Münster NVwZ-RR 2001, 484, 485; B/F-K/K VwGO § 47 Rn 82; Redeker/ v. Oertzen/Redeker VwGO § 47 Rn 26; Sodan/Ziekow/Ziekow VwGO § 47 Rn 292; Stüer DVBl 2004, 83, 94). § 58 VwGO, nach dem die Frist für einen Rechtsbehelf nur zu laufen beginnt, wenn der Beteiligte über den Rechtsbehelf und auch über die Frist belehrt wurde und der für den Fall der fehlenden Belehrung eine Frist von einem Jahr für die Einlegung des Rechtsbehelfs vorsieht, findet im Normenkontrollverfahren keine Anwendung, da die Frist des § 47 Abs 2 S 1 VwGO von einem Jahr zu einem Gleichlauf mit der in § 58 Abs 2 VwGO für den Fall der fehlenden Belehrung vorgesehene Jahresfrist führt.

54   Eine **Wiedereinsetzung in den vorigen Stand** nach § 60 VwGO wird überwiegend abgelehnt (OVG Münster NVwZ 2005, 290; VGH Mannheim NVwZ-RR 2002, 610 f; Eyermann/Schmidt VwGO § 47 Rn 74; Kopp/Schenke VwGO § 47 Rn 83; Redeker/ v. Oertzen/Redeker VwGO § 47 Rn 26; S/S-A/P/Gerhardt/Bier VwGO § 47 Rn 36; aM Kuhla/Hüttenbrink/Hüttenbrink, 199 f). Mit Blick auf die Intention des Gesetzgebers, Rechtssicherheit zu schaffen (so auch BVerwG BeckRS 2013, 47829), stellt sich die Frist des § 47 Abs 2 S 1 VwGO als gesetzlich fixierte Zeitspanne dar, deren Ende einen äußersten Zeitpunkt festlegt, nach dem auch bei fehlendem Verschulden die Prozesshandlung endgültig nicht mehr vorgenommen werden kann. Der Gesetzgeber hat eine abschließende Abwägung zwischen dem Interesse an der Normerhaltung und dem Interesse der von der Norm nachteilig betroffenen Personen getroffen. Bei der Frist des § 47 Abs 2 S 1 VwGO handelt es sich damit um eine sog **Ausschlussfrist**, auf die die Vorschrift des § 60 VwGO keine Anwendung findet. Eine Wiedereinsetzung in den vorigen Stand kann nach Ansicht des BVerwG jedoch in besonders grundrechtsrelevanten Fällen geboten sein. Sie sei etwa zu gewähren, wenn der rechtzeitig gestellte Antrag auf Gewährung von Prozesskostenhilfe verspätet vom Gericht beschieden wurde und deshalb die Frist des § 47 Abs 2 S 1 VwGO versäumt wurde. In diesem Fall gebiete es Art 3 Abs 1 GG, dass der mittellose Antragsteller dem bemittelten Antragsteller in seinem Anspruch auf Gewährung gerichtlichen Rechtsschutzes aus Art 19 Abs 4 GG gleichgestellt wird. Das gesetzgeberische Ziel werde in diesem Fall nicht unterlaufen, weil bereits der fristgerecht eingereichte Antrag auf Bewilligung von Prozesskostenhilfe die Rechtssicherheit ebenso beseitige wie der fristgerechte Normenkontrollantrag (BVerwG BeckRS 2013, 47829).

54a   Erfolgt eine **Neubekanntmachung** (zB eines Bebauungsplanes) stellt sich die Frage, ob die Antragsfrist nach § 47 Abs 2 S 1 VwGO erneut zu laufen beginnt. Um diese Problematik zu lösen, muss differenziert werden: Soll lediglich ein etwaiger Ausfertigungsmangel geheilt werden und liegen keine inhaltlichen Veränderungen vor, wird die Antragsfrist nicht erneut in Gang gesetzt. Anders verhält es sich nur dann, wenn neue Rechtsvorschriften enthalten sind, die nunmehr angegriffen werden (BVerwG NVwZ 2004, 620; OVG Münster BeckRS 2007, 21949). Die Frist wird ebenfalls neu in Gang gesetzt, wenn im Rahmen eines zur Behebung von Fehlern eines Bebauungsplans durchgeführten ergänzenden Verfahrens auch hinsichtlich einer anderen inhaltsgleichen Festsetzung dieses Bebauungsplans eine neue Abwägungsentscheidung getroffen wird (VGH Mannheim BeckRS 2010, 56283).

55   Umstritten ist die Frage, ob von der Befristung des Normenkontrollantrags nach § 47 Abs 2 S 1 VwGO dann eine Ausnahme gemacht werden kann, wenn die Norm im Zeitpunkt ihrer Bekanntmachung rechtmäßig war und erst später aufgrund der Änderung tatsächlicher oder rechtlicher Umstände rechtswidrig wird. Die Anknüpfung an den Zeit-

punkt der Bekanntmachung der Norm ist in diesem Fall zweckwidrig (so aber Redeker/
v. Oertzen/Redeker VwGO § 47 Rn 26 und wohl auch Eyermann/Schmidt VwGO § 47
Rn 74). Andererseits erscheint auch der Zeitpunkt des nachträglichen Unwirksamwerdens
der Norm als Anknüpfungspunkt für den Lauf der Frist nicht angemessen, weil er keine
zweifelsfreie und leicht nachvollziehbare Bestimmung des Fristbeginns ermöglicht. Aus
Gründen der Rechtssicherheit und des effektiven Rechtsschutzes ist daher bei **nachträglicher Rechtswidrigkeit** einer untergesetzlichen Norm der Normenkontrollantrag ohne
Bindung an die Antragsfrist des § 47 Abs 2 S 1 VwGO zulässig (so auch VGH Mannheim
10.6.2010 BeckRS 2010, 50785; Kopp/Schenke VwGO § 47 Rn 85; S/S-A/P/Gerhardt/
Bier VwGO § 47 Rn 38).

Ähnlich problematisch ist die Frage, ob ein Antrag auf Feststellung der Funktionslosigkeit eines **55.1**
Bebauungsplans auch nach Ablauf der Frist des § 47 Abs 2 S 1 VwGO möglich ist. Diese Frage hat
das BVerwG bisher offengelassen (BVerwG NVwZ 1999, 986, 987; gegen die Befristung des
Normenkontrollantrags in dieser Konstellation B/F-K/K VwGO § 47 Rn 82; Kopp/Schenke
VwGO § 47 Rn 85). Nach Ansicht des VGH München gelangt die Antragsfrist des § 47 Abs 2 S 1
VwGO bei einem Normenkontrollantrag zur Feststellung der Funktionslosigkeit eines Bebauungs-
plans aufgrund einer Änderung der tatsächlichen Verhältnisse nicht zur Anwendung. Als Regulativ
komme die Verwirkung in Betracht (VGH München BeckRS 2012, 52809).

Offen ist die Frage, wie sich die nunmehr in § 47 VwGO vorgesehene Frist zu der in **56**
§ 93 Abs 3 BVerfGG vorgesehenen Frist von einem Jahr für die Einlegung der Rechtssatzverfassungsbeschwerde verhält. Die Durchführung eines Normenkontrollverfahrens ist nach
ständiger Rechtsprechung des BVerfG unter dem Gesichtspunkt der Erschöpfung des
Rechtswegs Voraussetzung der Zulässigkeit der Verfassungsbeschwerde (vgl oben Rn 7).
Nach der wohl noch überwiegenden Ansicht im Schrifttum muss das Normenkontrollverfahren auch weiterhin (zur Rechtslage vor dem 6. VwGOÄndG Eyermann/Schmidt VwGO
§ 47 Rn 73) innerhalb der Frist des § 93 Abs 3 BVerfGG eingeleitet werden, damit die
Verfassungsbeschwerde nicht ausgeschlossen ist (B/F-K/K VwGO § 47 Rn 86; Redeker/
v. Oertzen/Redeker VwGO § 47 Rn 27; aA S/S-A/P/Gerhardt/Bier VwGO § 47 Rn 37;
F/K/W/Unruh VwGO § 47 Rn 52; Sodan/Ziekow/Ziekow VwGO § 47 Rn 293; Kopp/
Schenke VwGO § 47 Rn 86).

VI. Richtiger Antragsgegner (Abs 2 S 2)

Der Normenkontrollantrag ist nach § 47 Abs 2 S 2 VwGO gegen die Körperschaft, **57**
Anstalt oder Stiftung zu richten, die die Rechtsvorschrift erlassen hat. § 47 Abs 2 S 2 VwGO
beruht auf dem **Rechtsträgerprinzip** (Kopp/Schenke VwGO § 47 Rn 39; Sodan/Zie-
kow/Ziekow VwGO § 47 Rn 272), dh der Antrag ist gegen den Rechtsträger des Organs
zu richten, das die zur Prüfung stehende Norm erlassen hat (Eyermann/Schmidt VwGO
§ 47 Rn 60). Eine Behörde kann nicht Antragsgegner sein (S/S-A/P/Gerhardt/Bier VwGO
§ 47 Rn 83). Dies ist auch nicht durch landesrechtliche Bestimmungen abdingbar. Ändert
sich die Zuständigkeit für den Erlass der umstrittenen Vorschrift nach deren Erlass, ist der
Normenkontrollantrag gegen die Körperschaft, Anstalt oder Stiftung zu richten, deren
Organ im Zeitpunkt der Normenkontrollentscheidung zuständig ist (B/F-K/K VwGO § 47
Rn 90; Kopp/Schenke VwGO § 47 Rn 39, OVG Lüneburg BeckRS 2008, 34572), weil
diese die Verfügungsgewalt über die Aufrechterhaltung der Vorschrift hat (Eyermann/
Schmidt VwGO § 47 Rn 60).

VII. Präklusion (Abs 2a)

Durch die Einführung von Abs 2a wird nach Auffassung des Gesetzgebers einer bereits im **57a**
Europarechtsanpassungsgesetz Bau angelegten europarechtlich geprägten und auch in ande-
ren Rechtsbereichen stattfindenden Entwicklung Rechnung getragen, die darauf zielt, die
Beteiligungsrechte der Bürger im Verwaltungsverfahren zu betonen und zugleich den
Rechtsschutz im Interesse der Investitions- und Rechtssicherheit unter Wahrung seiner
Effizienz auf ein sachgerechtes Maß zu orientieren (BT-Drs 16/2496, 11). Die Regelung
stellt eine Konkretisierung des allgemeinen Rechtsschutzbedürfnisses dar und berücksichtigt,
dass bereits im Aufstellungsverfahren Mitwirkungsbefugnisse bestehen, die dem Ziel dienen,

die jeweiligen Interessen rechtzeitig dem Abwägungsmaterial zuzufügen. Dem und der grundsätzlichen Aufgabenverteilung zwischen Plangeber und Verwaltungsgerichten würde es widersprechen, wenn sachliche Einwendungen ohne Not erst im gerichtlichen Verfahren geltend gemacht würde (BT-Drs 16/2496, 18; s auch Battis/Krautzberger/Löhr NVwZ 2007, 121). Von der Obliegenheit, Einwendungen bereits im Rahmen der öffentlichen Auslegung geltend zu machen, sind auch solche Einwendungen erfasst, die sich der planenden Gemeinde nach Lage der Dinge aufdrängen mussten (BVerwG BeckRS 2010, 56637). Die Präklusionswirkung erstreckt sich außerdem nur auf solche Einwendungen, die der Antragsteller auch tatsächlich geltend machen konnte. Werden bestimmte Einwendungen durch die Behörde – etwa nach § 4a Abs 3 S 2 BauGB – in zulässiger Weise ausgeschlossen, ist der Antrag des Klägers wegen dieser ausgeschlossenen Einwendungen nicht präkludiert (OVG Koblenz BeckRS 2011, 56733).

57b   Rechtsfolge von § 47 Abs 2a VwGO ist die **Unzulässigkeit** eines Normenkontrollantrags. Ein entsprechender **Hinweis** muss bereits mit der Bekanntmachung von Ort und Zeit der öffentlichen Auslegung verbunden werden. Die Präklusionswirkung des Abs 2a wird nicht dadurch ausgeschlossen, dass in der Bekanntmachung der öffentlichen Auslegung der Wortlaut des § 3 Abs 2 S 2 Hs 2 Alt 3 (eventuell iVm § 13 a Abs 2 Nr 1 oder § 13 Abs 2 S 2) BauGB und nicht der Wortlaut des Hinweises nach § 47 Abs 2a wiedergegeben wird. Der bestehende Wortlautunterschied zwischen beiden Hinweisen („soweit" statt „nur") macht diese nicht widersprüchlich und führt auch zu keinem Irrtum über die Notwendigkeit der Erhebung von Einwendungen (BVerwG BeckRS 2010, 56157). Die vorgeschriebenen Hinweispflichten stellen insoweit sicher, dass die Betroffenen über ihre Obliegenheit, Einwände – auch im Hinblick auf die Zulässigkeit von Normenkontrollverfahren – frühzeitig geltend zu machen, ausreichend informiert sind. Demnach genügt es auch nicht, den Adressaten des Hinweises auf die maßgebliche Rechtsvorschrift aufmerksam zu machen. Aus dem Hinweis soll der Adressat unmittelbar und ohne Zuhilfenahme von Rechtsquellen entnehmen können, welches Verhalten von ihm gefordert wird (VGH Mannheim BeckRS 2010, 56636). Ohne einen entsprechenden Hinweis tritt die Rechtsfolge des § 47 Abs 2a VwGO nicht ein. Vor diesem Hintergrund stellen sich Fragen der Rückwirkung nicht. Einwendungen, die der Betroffene lediglich in einem früheren Verfahren erhoben hat, aber nicht im aktuellen Verfahren im Rahmen der öffentlichen Auslegung wiederholt oder erneuert, sind nicht berücksichtigungsfähig (OVG Lüneburg BeckRS 2009, 33655). Gleiches gilt für Einwendungen, welche lediglich durch einen Miteigentümer rechtzeitig geltend gemacht wurden. Eine Zurechnung findet insoweit nicht statt, so dass der schweigende Miteigentümer präkludiert ist (OVG Berlin-Brandenburg BeckRS 2010, 50922). Ist der Normenkontrollantrag allerdings zulässig, weil der Betroffene Einwendungen geltend macht, die er bereits bei der Öffentlichkeitsbeteiligung fristgerecht geltend gemacht hat, ist der Betroffene nicht gehindert, sich im Normenkontrollverfahren auch auf solche Einwendungen zu berufen, die er im Rahmen der Öffentlichkeitsbeteiligung noch nicht geltend gemacht hat (Kopp/Schenke VwGO § 47 Rn 75a; OVG Münster BeckRS 2008, 38975, VGH München 8.11.2011 – 15 N 11.343). Ebenfalls wird der einmal zulässig erhobene Normenkontrollantrag nicht deshalb nachträglich unzulässig, weil der Antragsteller in einer erneuten öffentlichen Auslegung, welche die Gemeinde zur Heilung von Verfahrensfehlern durchführt, die bereits im Rahmen der ersten Auslegung geltend gemachten Einwendungen nicht wiederholt (BVerwG BeckRS 2010, 48389).

D. Verfahren

58   § 47 Abs 2 S 2 VwGO stellt unmissverständlich klar, dass es sich bei dem Normenkontrollverfahren um ein **kontradiktorisches Verfahren** handelt. Die Vorschriften der VwGO zu Klageverfahren (§§ 54 VwGO ff) können daher zur Ergänzung der in § 47 VwGO enthaltenen verfahrensrechtlichen Regelungen herangezogen werden, soweit sich in ihnen nicht die subjektiven Rechtsschutzverfahren eigenen Besonderheiten manifestieren (Eyermann/Schmidt VwGO § 47 Rn 83; Sodan/Ziekow/Ziekow VwGO § 47 Rn 258 ff; zu den anwendbaren Vorschriften im einzelnen S/S-A/P/Gerhardt/Bier VwGO § 47 Rn 85).

I. Anhörung (Abs 2 S 3)

Die in § 47 Abs 2 S 3 VwGO vorgesehene Möglichkeit des Gerichts, das Land und **59** andere juristische Personen des öffentlichen Rechts, deren Zuständigkeit durch die Rechtsvorschrift berührt wird, anzuhören, unterscheidet sich von der in § 47 Abs 2 S 4 VwGO vorgesehenen Beteiligung (unten Rn 60) dadurch, dass die Anhörung den betroffenen Personen **keine Beteiligtenstellung** iSd § 63 VwGO vermittelt (BVerwG NVwZ 1991, 871, 872; Eyermann/Schmidt VwGO § 47 Rn 63; Sodan/Ziekow/Ziekow VwGO § 47 Rn 274). Sie können zwar ihre Interessen und ihren rechtlichen Standpunkt darlegen, haben aber anders als Beigeladene nicht die Möglichkeit, den Prozess durch prozessuale Angriffs- und Verteidigungsmittel zu beeinflussen. Die Anhörung dient dazu, dem Gericht die gebotene Sachverhaltsermittlung zu ermöglichen (BVerwG NJW 1983, 1012, 1014). Sie steht grundsätzlich im Ermessen des Normenkontrollgerichts (Sodan/Ziekow/Ziekow VwGO § 47 Rn 275), kann aber im Rahmen der gerichtlichen Sachaufklärungspflicht im Einzelfall objektiv-rechtlich geboten sein (BVerwG NJW 1983, 1012, 1014; B/F-K/K VwGO § 47 Rn 92). Ein subjektives Recht auf Anhörung besteht nicht (BVerwG NJW 1983, 1012, 1014).

Wegen des bis 2002 aufgrund höchstrichterlicher Rechtsprechung bestehenden Ausschlusses der **59.1** Beiladung im Normenkontrollverfahren (unten Rn 60) hat die Rechtsprechung mit Blick auf den Zweck der Anhörung, dem Normenkontrollgericht die ihm obliegende Sachverhaltsaufklärung zu ermöglichen, den Anwendungsbereich des § 47 Abs 2 S 3 VwGO erweitert. So hat das BVerwG in entsprechender Anwendung des § 47 Abs 2 S 3 VwGO die Anhörung aller Personen, die durch die Entscheidung in ihren Rechten oder rechtlich geschützten Interessen beeinträchtigt würden, für zulässig erachtet (BVerwG NJW 1983, 1012, 1014; NVwZ-RR 1994, 235; Buchholz 406.11 § 5 BauGB Nr 11). Mit dem Inkrafttreten des § 47 Abs 2 S 4 VwGO, der die Möglichkeit der Beiladung im Normenkontrollverfahren vorsieht, ist diese Rechtsprechung jedoch obsolet geworden (Redeker/v. Oertzen/Redeker VwGO § 47 Rn 38; Bracher DVBl 2002, 309, 311).

II. Beiladung (Abs 2 S 4)

Die Möglichkeit der Beiladung im Normenkontrollverfahren ergibt sich aus § 47 Abs 2 **60** S 4 VwGO. Die Vorschrift wurde 2002 durch das Gesetz zur Bereinigung des Rechtsmittelrechts im Verwaltungsprozess (BGBl 2001, 3987) eingefügt. Zuvor war nach ständiger Rechtsprechung der Verwaltungsgerichte eine Beiladung im Normenkontrollverfahren ausgeschlossen (BVerwG NJW 1983, 1012, 1013 f; NVwZ-RR 1994, 235; Buchholz 406.11 § 5 BauGB Nr 11; vgl auch Eyermann/Schmidt VwGO § 47 Rn 62; Sodan/Ziekow/Ziekow VwGO § 47 Rn 276). Die nunmehr **gesetzlich verfügte Zulässigkeit der Beiladung** trägt verfassungsrechtlichen Bedenken gegen den generellen und unbedingten Ausschluss jedweder Beiladungsmöglichkeit im Normenkontrollverfahren Rechnung, die sowohl im Schrifttum (vgl nur Bettermann DVBl 1982, 955 ff; Ronellenfitsch VerwArch 1983, 281, 294 ff) als auch zuletzt vom BVerfG (BVerfG NVwZ 2000, 1283; dazu Hildebrandt/Hecker NVwZ 2001, 1007 ff) geäußert worden waren.

Das BVerwG leitete die Unzulässigkeit der Beiladung aus Wortlaut und Entstehungsgeschichte **60.1** des § 47 VwGO, vor allem aber aus Sinn und Zweck der Rechtsinstitute der Normenkontrolle und der Beiladung ab (zum folgenden BVerwG NJW 1983, 1012, 1013 f). Eigentlicher Grund für die in § 65 VwGO vorgesehene Möglichkeit der Beiladung dritter Personen, deren rechtliche Interessen durch die Entscheidung berührt würden, seien Erwägungen der Verfahrensökonomie und der Rechtssicherheit und nicht der Schutz der Interessen Dritter. Aufgrund des Rechtscharakters des Normenkontrollverfahrens als eines objektiven Rechtsbeanstandungsverfahrens fehle es bereits an einem drittbeteiligungsfähigen Rechtsverhältnis zwischen Antragsteller und Antragsgegner. Darüber hinaus passe die in § 121 Nr 1 VwGO vorgesehene Rechtskrafterstreckung nicht in das System der Normenkontrolle. Denn für den Fall der Unwirksamkeitserklärung einer Rechtsvorschrift durch das Normenkontrollgericht sehe § 47 Abs 5 S 2 VwGO bereits die Allgemeinverbindlichkeit dieser Entscheidung vor. Weise das Normenkontrollgericht demgegenüber den Antrag ab, so solle dies Anträgen dritter Personen auf Unwirksamkeitserklärung der Vorschrift nicht entgegenstehen. Um dem Gericht trotz des Beiladungsverbots zu ermöglichen, seiner Sachaufklärungspflicht nachzukommen, hielt das BVerwG eine Anhörung von dritten Personen, die durch die Normenkontrollentscheidung in Rechten oder rechtlichen Interessen berührt würden, in entsprechender Anwendung des § 47 Abs 2 S 3 VwGO für zulässig (dazu oben Rn 59.1). Demgegenüber sieht das Bundesverfassungsgericht in der Beiladung in grundrechtlich relevanten Bereichen ein verfahrensrechtliches Mittel, dem Grundrechtsträger zu seinem verfassungsmäßigen Recht zu verhelfen (BVerfG NVwZ 2000, 1283; vgl auch Bamberger NVwZ 2002, 556, 559 und die Besprechung bei Hildebrandt/ Hecker NVwZ 2001, 1007 ff; kritisch hinsichtlich der verfassungsdogmatischen Fundierung der Beiladung Kopp/Schenke VwGO § 47 Rn 42; S/S-A/P/Gerhardt/Bier VwGO § 47 Rn 84b). Personen, die durch die Erklärung der Unwirksamkeit einer untergesetzlichen Rechtsvorschrift in ihren Grundrechten beeinträchtigt würden, müssten aus verfassungsrechtlichen Gründen die Möglichkeit haben, ihre Interessen und ihren rechtlichen Standpunkt in das Verfahren, in dem über die Unwirksamkeit entschieden wird, einzubringen.

61   Wie der Verweis auf § 65 Abs 1 und 4 VwGO unter Ausschluss des § 65 Abs 2 und 3 VwGO, die die notwendige Beiladung betreffen, deutlich macht, ist die Beiladung im Normenkontrollverfahren stets eine einfache Beiladung (BVerwG BauR 2002, 1830, 1831). Beigeladene Personen können demnach keine abweichenden Sachanträge stellen, wie es § 66 S 2 VwGO für die notwendige Beiladung vorsieht (Bracher DVBl 2002, 309, 314). Weil die normverwerfende Entscheidung des Normenkontrollgerichts keine gestaltende, sondern nur feststellende Wirkung hat, hält der Gesetzgeber die Anwendung der Vorschriften über die notwendige Beiladung weder für sachgerecht noch für geboten (BT-Drs 14/ 6393, 9). Die Beiladung steht im Normenkontrollverfahren damit grundsätzlich im **Ermessen des erkennenden Gerichts**. Angesichts des Charakters der Beiladung als eines verfahrensrechtlichen Mittels zur Durchsetzung grundrechtlich geschützter Positionen kann das Ermessen des Gerichts jedoch im Einzelfall auf Null reduziert sein (BT-Drs 14/6393, 9; B/F-K/K VwGO § 47 Rn 91; Kopp/Schenke VwGO § 47 Rn 42a; Kienemund NJW 2002, 1231, 1236; Seibert NVwZ 2002, 265, 271). Dann muss der durch die Entscheidung betroffene Dritte zwingend beigeladen werden. Dies ist in der Regel bei vorhabenbezogenen Bebauungsplänen der Fall, wenn der Vorhabenträger seine Beiladung beantragt (BVerwG BauR 2002, 1830, 1831).

61.1   Die Rüge einer unterlassenen Beiladung in der Revision setzt nach allgemeinen Grundsätzen voraus, dass der Rechtsmittelführer durch die Unterlassung der Beiladung in seinen Rechten verletzt ist. Die Beiladung dient jedoch nicht dem Schutz des Antragstellers oder des Antragsgegners, auch nicht unter dem Gesichtspunkt der wechselseitigen Stärkung der Verfahrenspositionen des Antragsgegners und beizuladender Dritter, die ein gemeinsames Interesse daran haben, die Normverwerfung zu verhindern. Weder der Antragsteller noch der Antragsgegner können die unterbliebene Beiladung daher in der Revision rügen (BVerwG NVwZ 2003, 98, 100 f; ZfBR 2006, 164, 165). Weil die Einlegung eines Rechtsmittels in der Vorinstanz Beteiligten iSd § 63 VwGO vorbehalten ist, können auch die Personen, die nicht beigeladen wurden, die Unterlassung der Beiladung nicht mit der Revision angreifen. Angesichts des Charakters der Beiladung als verfahrensrechtliches Mittel zur Durchsetzung grundrechtlich geschützter Positionen ist dieser Ausschluss der Überprüfung in der Revision nicht unproblematisch. Jedenfalls in den Fällen, in denen die Beiladung zwingend notwendig gewesen wäre, weil eine Ermessensreduzierung auf Null vorlag, muss für die Personen, die rechtsfehlerhaft nicht beigeladen wurden, zur Wahrung ihres grundrechtlichen Anspruchs auf effektiven Rechtsschutz die Möglichkeit eröffnet werden, Rechtsmittel einzulegen (zur Notwendigkeit einer Überprüfung der bisherigen Rechtsprechung vor diesem Hintergrund vgl BVerwG NVwZ 2003, 98, 101; vgl auch Bracher DVBl 2002, 309, 314; S/S-A/P/Gerhardt/Bier VwGO § 47 Rn 84c).

62   Die Rechtsvorschriften regelmäßig inhärente Unbestimmtheit des Adressatenkreises schließt eine Beiladung im Normenkontrollverfahren nicht generell aus (BVerfG NVwZ 2000, 1283, 1284). Anders als bei Gesetzen im formellen Sinn ist der Adressatenkreis von untergesetzlichen Rechtsvorschriften in der Regel eingrenzbar und damit **bestimmbar** (Bamberger NVwZ 2002, 556, 559). Dies gilt insbes für die in § 47 Abs 1 Nr 1 VwGO genannten Bebauungspläne, bei denen der Kreis der unmittelbar betroffenen Normadressaten individuell bestimmt ist (BVerfG NVwZ 2000, 1283, 1284), nicht aber für Wasserschutzverordnungen auf der Grundlage von § 48 NdsWassG, § 19 WHG aF (jetzt § 51 WHG) (OVG Lüneburg NVwZ-RR 2002, 786).

Praktische Schwierigkeiten bei der Beiladung ergeben sich im Normenkontrollverfahren **63** jedoch dadurch, dass der **Kreis der potentiell von der Unwirksamkeitserklärung betroffenen Personen** sehr groß sein kann. Grundsätzlich sind zwar nur die von der Entscheidung unmittelbar betroffenen Personen beizuladen. Die bloße Möglichkeit, dass die zuständige Behörde in Reaktion auf die Normverwerfung eine neue Festsetzung trifft, die möglicherweise in Rechte oder rechtlich geschützte Interessen Dritter eingreift, macht diese nicht zu unmittelbar von der Normverwerfung betroffenen Personen; ihre Beiladung ist ausgeschlossen (OVG Lüneburg NVwZ-RR 2002, 786). Schon die Beiladung aller unmittelbar betroffenen Personen jedoch kann im Einzelfall die ordnungsgemäße und zügige Durchführung des Verfahrens behindern. Bei der Entscheidung darüber, ob und wer in solchen Fällen beigeladen wird, muss das Gericht, das nach freiem Ermessen entscheidet, die Anforderungen des **Verhältnismäßigkeitsgrundsatzes** beachten. Das Interesse an einer geordneten und zügigen Durchführung des Verfahrens muss gegen das grundrechtlich geschützte Interesse der betroffenen Personen an einer aktiven Beteiligung am Verfahren abgewogen werden.

Zu untersuchen ist, ob die Beiladung der betroffenen Dritten die Durchführung eines **64** rechtsstaatlichen Grundsätzen entsprechenden Verfahrens derart behindern würde, dass ein Ausschluss der Beteiligung gerechtfertigt erscheint (BVerfG NVwZ 2000, 1283, 1284). Bei der Entscheidung über die Beiladung kann das Gericht auch die Anzahl der betroffenen Dritten in die Abwägung miteinbeziehen (BVerfG NVwZ 2000, 1283, 1285; Kopp/Schenke VwGO § 47 Rn 42a; Seibert NVwZ 2002, 265, 271). Die Tatsache, dass einzelne Betroffene von ihrem Recht, im Aufstellungsverfahren Anregungen vorzubringen, keinen Gebrauch gemacht haben, kann gegen ihre Beiladung im Normenkontrollverfahren sprechen (Bamberger NVwZ 2002, 556, 559; E/Z/B/K/Kalb BauGB § 10 Rn 260b). Dass eine in ihren rechtlichen Interessen berührte Person keinen Antrag auf Beiladung gestellt hat, kann nur gegen ihre Beiladung angeführt werden, wenn sie Kenntnis von dem Normenkontrollverfahren hatte (vgl Bracher DVBl 2002, 309, 311 ff; Kopp/Schenke VwGO § 47 Rn 42a).

Eine gewisse Erleichterung bieten zudem die für sog Massenverfahren konzipierten Vorschriften **64.1** wie § 56a VwGO und § 67a VwGO (Bamberger NVwZ 2002, 556, 559; Bracher DVBl 2002, 309, 313; F/K/W/Unruh VwGO § 47 Rn 62). Nicht direkt anwendbar mangels Verweisung in § 47 Abs 2 S 4 VwGO sind jedoch die Erleichterungen, die § 65 Abs 3 VwGO für die Fälle vorsieht, in denen eine notwendige Beiladung von über fünfzig Personen in Betracht kommt. Zum Teil wird aber eine entsprechende Anwendung des § 65 Abs 3 VwGO im Normenkontrollverfahren vertreten (Redeker/v. Oertzen/Redeker VwGO § 47 Rn 38a; v. Komorowski NVwZ 2003, 1458, 1459).

III. Prüfungsmaßstab

Das OVG entscheidet gem § 47 Abs 1 VwGO über die Gültigkeit der dort genannten **65** untergesetzlichen Normen. Prüfungsmaßstab sind dabei dem Grundsatz nach alle Normen, die im Rang über diesen stehen, dh sowohl einfache Landes- und Bundesgesetze als auch Landes- und Bundesverfassungsrecht (B/F-K/K VwGO § 1 Rn 101; Sodan/Ziekow/Ziekow VwGO § 47 Rn 334; Brink DVBl 1978, 161, 163). Der Prüfungsmaßstab ist nicht auf Vorschriften beschränkt, die dem Antragsteller subjektive Rechte verleihen (B/F-K/K VwGO § 1 Rn 108; Kopp/Schenke VwGO § 47 Rn 112). Der objektiv-rechtliche Charakter des Normenkontrollverfahrens zeigt sich hier darin, dass eine § 113 Abs 1 VwGO entsprechende Begrenzung der gerichtlichen Entscheidungsbefugnis nicht existiert (für eine analoge Anwendung des § 113 Abs 1 VwGO Ronellenfitsch NVwZ 1999, 583, 588).

1. Ausschluss der Überprüfung der Vereinbarkeit mit Landesrecht (Abs 3)

§ 47 Abs 3 VwGO sieht eine Einschränkung des Prüfungsmaßstabs für die Fälle vor, in **66** denen gesetzlich vorgesehen ist, dass die aufgrund des Normenkontrollantrags zur Prüfung gestellte Norm ausschließlich durch das Verfassungsgericht eines Landes überprüfbar ist. Der Vorbehalt dient dem Schutz der Landesverfassungsgerichtsbarkeit der Länder und bezieht sich sowohl auf die obligatorische Normenkontrolle nach § 47 Abs 1 Nr 1 VwGO als auch auf die fakultative Normenkontrolle nach § 47 Abs 1 Nr 2 VwGO (Birk DVBl 1978, 161 f; Schenke NJW 1978, 671, 672; Kopp/Schenke VwGO § 47 Rn 100; Sodan/Ziekow/

Ziekow VwGO § 47 Rn 310; Redeker/v. Oertzen/Redeker VwGO § 47 Rn 6; aA Eyer-
mann/Schmidt VwGO § 47 Rn 36). Besteht eine ausschließliche Kompetenz eines Landesverfassungsgerichts, führt dies grundsätzlich nicht zur Unzulässigkeit des Normenkontrollantrags, sondern nur zu einer **Beschränkung des Prüfungsmaßstabs** des Normenkontrollgerichts (Kopp/Schenke VwGO § 47 Rn 101). Dies gilt selbst für den Fall von mit dem
Landesverfassungsrecht gleichlautendem Bundesrecht. Die Unzulässigkeit des Normenkontrollantrags wegen fehlenden Rechtsschutzbedürfnisses (Hufen Verwaltungsprozessrecht, 358)
ist nur dann anzunehmen, wenn offensichtlich ist, dass der Antragsteller allein eine Entscheidung über die Vereinbarkeit der zur Prüfung gestellten Norm mit Landesverfassungsrecht begehrt (Schenke NJW 1978, 671, 676; Kopp/Schenke VwGO § 47 Rn 102; vgl auch
Redeker/v. Oertzen/Redeker VwGO § 47 Rn 7). Ein solches Begehren wird sich jedoch
regelmäßig nicht daraus ableiten lassen, dass der Antragsteller nur die Unvereinbarkeit mit
landesverfassungsrechtlichen Bestimmungen rügt.

67   Eine gesetzliche Regelung, nach der eine Rechtsvorschrift ausschließlich durch das Verfassungsgericht eines Landes überprüfbar ist, liegt nur dann vor, wenn aus der Vorschrift
unzweideutig hervorgeht, dass die landesrechtlich vorgesehene Überprüfungsmöglichkeit
eine andere Überprüfung ausschließt. Damit lösen Normen, die sich darauf beschränken, die
Zuständigkeit eines Landesverfassungsgerichts für die Kontrolle untergesetzlicher Rechtsvorschriften zu statuieren, nicht den Vorbehalt des § 47 Abs 3 VwGO aus (B/F-K/K VwGO
§ 1 Rn 95; Sodan/Ziekow/Ziekow VwGO § 47 Rn 312; Brink DVBl 1978, 161, 163).

67.1   Eine ausschließliche Zuständigkeit des Landesverfassungsgerichts zur Überprüfung untergesetzlicher Rechtsnormen besteht in Hessen. Nach Art 132 LVerf Hessen trifft „nur der Staatsgerichtshof"
die Entscheidung darüber, ob ein Gesetz oder eine Rechtsverordnung mit der Verfassung in Widerspruch steht. Nach Auffassung des Bayerischen Verfassungsgerichtshofs ermächtigt Art 98 S 4 LVerf
Bayern für das Popularklageverfahren ausschließlich den Verfassungsgerichtshof selbst, Gesetze und
Verordnungen für nichtig zu erklären, die ein Grundrecht der Bayerischen Verfassung verfassungswidrig einschränken, und löst damit den Vorbehalt des § 47 Abs 3 VwGO aus (BayVBl 1984, 235,
236; VGH München DVBl 1978, 113 f; Stüer DVBl 1985, 469, 478; aA Sodan/Ziekow/Ziekow
VwGO § 47 Rn 317; vgl auch Wolff BayVBl 2003, 321 ff). Für eine Übersicht über die verschiedenen Regelungen in den Ländern vgl Sodan/Ziekow/Ziekow VwGO § 47 Rn 316 ff.

68   Nach überwiegender Ansicht führt § 47 Abs 3 VwGO nicht nur dann zu einer Beschränkung des Prüfungsmaßstabs, wenn der Antragsteller selbst die Möglichkeit hat, das auf
Landesebene vorgesehene ausschließliche Normenkontrollverfahren zu initiieren (sog konkrete Betrachtungsweise), sondern es reicht aus, dass ein solches Verfahren auf Landesebene
besteht, unabhängig davon, ob der Antragssteller antragsbefugt wäre (sog **abstrakte Betrachtungsweise**; dafür Schenke NJW 1978, 671, 677; Kopp/Schenke VwGO § 47
Rn 103; S/S-A/P/Gerhardt/Bier VwGO § 47 Rn 90; Redeker/v. Oertzen/Redeker
VwGO § 47 Rn 8; aA Birk DVBl 1978 161, 165). Für diese Auslegung spricht schon der
Wortlaut der Vorschrift. Würde man eine konkrete Betrachtungsweise anwenden, hätte dies
zudem zur Folge, dass der Prüfungsmaßstab des Normenkontrollgerichts von der Person des
Antragstellers abhinge. Bei einer subjektiven Antragshäufung würden sich sogar innerhalb
eines Verfahrens Unterschiede in der Prüfung des Normenkontrollgerichts ergeben.

2. Europarecht als Teil des Prüfungsmaßstabs

69   Nach gefestigter Rechtsprechung und überwiegender Ansicht im Schrifttum sind die zur
Prüfung stehenden untergesetzlichen Normen auch an primärem und sekundärem Gemein-
schaftsrecht zu messen (Dünchheim DÖV 2004, 137, 141 f; Ehlers DVBl 2004, 1441, 1445;
Pache/Burmeister NVwZ 1996, 979 ff; ohne nähere Begründung auch BVerwG NVwZ-
RR 1997, 111, 112; 1995, 358 ff; VGH Mannheim EuZW 1998, 221 ff; Kuhla/Hütten-
brink/Hüttenbrink, 206; Sommer NVwZ 1996, 135 ff; S/S-A/P/Gerhardt/Bier VwGO
§ 47 Rn 89; aA Eyermann/Schmidt VwGO § 47 Rn 38; Rinze NVwZ 1996, 458 ff). Die
Begründungen divergieren dabei stark.

70   Zum Teil wird vertreten, die Einbeziehung von europäischem Primär- und Sekundärrecht
als Prüfungsmaßstab im Rahmen der Normenkontrolle sei durch das im europäischen Recht
verankerte Diskriminierungsverbot und Effizienzgebot vorgegeben (Ehlers DVBl 2004, 1441,

1445; Pache/Burmeister NVwZ 1996, 979, 981). Andere Autoren sehen in den Zustimmungsgesetzen zu den die Europäischen Gemeinschaften und die Europäische Union begründenden Verträgen den Prüfungsmaßstab. Wieder andere wollen Europarecht als Maßstab bei der Überprüfung der Ermächtigungsgrundlage für die untergesetzliche Norm heranziehen, mit der Folge, dass bei Europarechtswidrigkeit der Ermächtigungsnorm die Rechtsgrundlage für die untergesetzliche Norm fehlt, die damit rechtswidrig ist (Redeker/v. Oertzen/Redeker VwGO § 47 Rn 20). Fest steht, dass der Wortlaut des § 47 Abs 5 S 2 VwGO der Einbeziehung des Europarechts als Prüfungsmaßstab der Normenkontrolle nicht entgegensteht. Zwar führt der Verstoß nationalen Rechts gegen europarechtliche Normen nicht zur Unwirksamkeit der nationalen Regelung, sondern nur zu deren Unanwendbarkeit bei Sachverhalten mit Gemeinschaftsrechtsbezug. Im Rahmen des § 47 Abs 5 S 2 VwGO sind jedoch Abweichungen von dem dort vorgesehenen Tenor der Unwirksamkeitserklärung der untergesetzlichen Norm in bestimmten Konstellationen möglich (vgl iE Rn 81). Insofern spricht nichts dagegen, dass das Normenkontrollgericht die Unanwendbarkeit der Norm in Fällen mit Gemeinschaftsrechtsbezug in Abweichung von § 47 Abs 5 S 2 VwGO tenoriert (zur Unanwendbarkeitserklärung als „Minus" zur Unwirksamkeitserklärung Ehlers DVBl 2004, 1441, 1445).

IV. Aussetzung des Verfahrens (Abs 4)

Das Gesetz sieht in § 47 Abs 4 VwGO ausdrücklich die Möglichkeit vor, das Verfahren **71** auszusetzen, wenn bei einem Verfassungsgericht ein Verfahren zur Überprüfung der Gültigkeit der Rechtsvorschrift anhängig ist. Die Aussetzung ist dann zulässig, wenn vor dem Bundesverfassungsgericht oder einem Landesverfassungsgericht dieselbe Vorschrift einer Überprüfung unterzogen wird; ein Verfahren über eine gleichlautende oder ähnliche Vorschrift reicht nicht (Kopp/Schenke VwGO § 47 Rn 109; Sodan/Ziekow/Ziekow VwGO § 47 Rn 337). Die Identität der Parteien ist nicht erforderlich (B/F-K/K VwGO § 47 Rn 97; Sodan/Ziekow/Ziekow VwGO § 47 Rn 338). Nach dem eindeutigen Wortlaut der Vorschrift („kann") steht die Aussetzung des Verfahrens im **Ermessen** des Normenkontrollgerichts (Achterberg VerwArch 1981, 163, 179; für eine Pflicht zur Aussetzung Eyermann/Schmidt VwGO § 47 Rn 85). Bei der Entscheidung über die Aussetzung hat es Aspekte der Verfahrensökonomie, die Grundidee der Vermeidung unterschiedlicher Entscheidungen sowie den Grundsatz der Subsidiarität der Verfassungsgerichtsbarkeit zu berücksichtigen (zu den für die Abwägung maßgeblichen Erwägungen vgl Sodan/Ziekow/Ziekow VwGO § 47 Rn 341). Bestimmungen wie § 49 Abs 1 S 1 StGHG BW, nach dem der VGH zur Aussetzung des Normenkontrollverfahrens verpflichtet ist, wenn eine abstrakte Normenkontrolle beim Staatsgerichtshof anhängig ist, führen wegen des Vorrangs des Bundes- vor dem Landesrecht nicht zu einer Ermessensbindung (S/S-A/P/Gerhardt/Bier VwGO § 47 Rn 86; vgl auch Sodan/Ziekow/Ziekow VwGO § 47 Rn 340).

Umstritten ist die Frage, ob eine Aussetzung des Verfahrens analog § 47 Abs 4 VwGO in den **71.1** Fällen möglich ist, in denen ein Verfahren vor dem Verfassungsgericht zwar noch nicht anhängig, aber für die nächste Zeit mit hinreichender Sicherheit zu erwarten ist (für eine analoge Anwendung Eyermann/Schmidt VwGO § 47 Rn 85; Kopp/Schenke VwGO § 47 Rn 108; dagegen Redeker/ v. Oertzen/Redeker VwGO § 47 Rn 41; S/S-A/P/Gerhardt/Bier VwGO § 47 Rn 86; Sodan/ Ziekow/Ziekow VwGO § 47 Rn 339).

Im Übrigen ist eine Aussetzung des Verfahrens auch nach § 94 VwGO möglich, wenn **72** die Normenkontrollentscheidung von dem Bestehen oder Nichtbestehen eines Rechtsverhältnisses abhängt, das den Gegenstand eines anhängigen Rechtsstreits bildet oder von einer Verwaltungsbehörde festzustellen ist. Vorlagen an das BVerfG nach § 100 GG und an den EuGH führen ebenfalls zu einer Aussetzung des Verfahrens (Redeker/v. Oertzen/Redeker VwGO § 47 Rn 9; zu den verschiedenen Aussetzungsmöglichkeiten ausführlich S/S-A/P/ Gerhardt/Bier VwGO § 47 Rn 86). Das Normenkontrollgericht ist nicht nach Art 267 AEUV (ex-Art 234 EG) zur Vorlage an den EuGH verpflichtet, da die Normenkontrollentscheidung mit dem Rechtsmittel der Revision angreifbar ist (vgl unten Rn 94); es kann aber eine Vorabentscheidung des EuGH einholen. Versäumt es das Normenkontrollgericht, dem EuGH eine Frage vorzulegen, obwohl die Rechtslage im Gemeinschaftsrecht unklar ist, oder weicht das Normenkontrollgericht von der Rechtsprechung des EuGH ab, so ist eine darauf gestützte Revision stets zuzulassen, weil der Sache grundsätzliche Bedeutung iSd § 132 Abs 2 Nr 1 VwGO zukommt (vgl für die Nichtvorlagebeschwerde Sommer NVwZ 1996, 135 ff).

V. Verzicht auf die mündliche Verhandlung (Abs 5 S 1)

73   Das OVG kann über den Normenkontrollantrag ohne mündliche Verhandlung entscheiden, wenn es eine solche nicht für erforderlich hält. Die Entscheidung ergeht dann in Form eines Beschlusses (vgl unten Rn 78). Über die Durchführung der mündlichen Verhandlung entscheidet das Oberverwaltungsgericht nach freiem Ermessen (B/F-K/K VwGO § 1 Rn 98; Kintz JuS 2000, 1099, 1104; Stüer DVBl 2004, 93, 93). Dabei hat es jedoch **Art 6 Abs 1 S 1 EMRK** zu beachten (BVerwG NVwZ 2000, 810 f), nach dem jede Person ein Recht darauf hat, dass über Streitigkeiten in Bezug auf ihre zivilrechtlichen Ansprüche und Verpflichtungen in einem fairen Verfahren verhandelt wird. Das hat zur Folge, dass mündlich verhandelt werden muss, wenn die angegriffene Rechtsnorm sich unmittelbar auf Grundrechte oder andere zivilrechtliche Rechte des Antragstellers auswirkt. Eine Ausnahme von diesem Grundsatz besteht nur, wenn der Antragsteller ausdrücklich oder konkludent auf die mündliche Verhandlung verzichtet (BVerwG NVwZ 2000, 810, 813; VGH Mannheim Beschl v 11.12.2000, nv) oder der Normenkontrollantrag offensichtlich unbegründet ist (BVerwG NVwZ 2000, 810, 813; BVerwG NVwZ 2008, 696m Anm Riedel NZBau 2008, 432; aA Lenz/Klose NVwZ 2000, 1004, 1006).

74   So ist über einen Normenkontrollantrag, mit dem sich der Eigentümer eines im Plangebiet gelegenen Grundstücks gegen eine Festsetzung in einem Bebauungsplan wendet, die unmittelbar sein Grundstück betrifft, aufgrund einer öffentlichen mündlichen Verhandlung zu entscheiden (BVerwG NVwZ 2000, 810 f). Denn die Festsetzungen eines Bebauungsplans bestimmen Inhalt und Schranken des Eigentums iSd Art 14 Abs 1 S 2 GG unmittelbar. Liegt das Eigentum des Antragstellers, der sich gegen einen Bebauungsplan wendet, dagegen außerhalb des Plangebiets, hängt das Erfordernis einer mündlichen Verhandlung nach Art 6 Abs 1 S 1 EMRK davon ab, welche konkrete Beeinträchtigung der Grundeigentümer im Normenkontrollverfahren geltend macht und ob diese unmittelbar auf sein Grundeigentum einwirkt (BVerwG NVwZ 2002, 87, 88, OVG Münster BeckRS 2007, 28007). Eine mündliche Verhandlung ist dann nicht erforderlich, wenn Fragen der tatsächlichen Beeinträchtigung durch Vorhaben trotz einer für diese an sich günstigen planerischen Festsetzung letztlich erst im Rahmen der allgemeinen Prüfung der Gebietsverträglichkeit des Vorhabens oder gem § 15 Abs 1 BauNVO zu entscheiden sind (BVerwG NVwZ 2002, 87, 88). Denn wenn der Antragsteller seinen Normenkontrollantrag mit Lärmimmissionen und anderen Belästigungen begründet, die mit einer im Plangebiet zu erwartenden gewerblichen Nutzung einhergehen, so ist er durch die planerischen Festsetzungen nur potentiell betroffen. Ob eine tatsächliche Betroffenheit vorliegt, lässt sich erst für das konkrete Vorhaben beurteilen, demgegenüber der Antragsteller seine Interessen durch eine Nachbarklage geltend machen kann.

E. Prüfungsgegenstand und -umfang

75   Im Normenkontrollverfahren ist der Antrag zwar der Ausgangspunkt der Prüfung durch das Normenkontrollgericht; die **Dispositionsmaxime** gilt jedoch nur **eingeschränkt** (B/F-K/K VwGO § 1 Rn 108; S/S-A/P/Gerhardt/Bier VwGO § 47 Rn 87). Der Prüfungsgegenstand und -umfang bestimmt sich zunächst nach dem Antrag. Allerdings soll der Antrag der Prüfung keine Grenzen ziehen und § 88 somit nicht gelten (so Wysk VwGO § 47 Rn 56). Das Normenkontrollgericht ist nicht befugt, mit dem angegriffenen Rechtsakt zusammenhängende, weitere Rechtsakte für unwirksam zu erklären. Rügt der Antragsteller die Unwirksamkeit einer bestimmten durch Satzung beschlossenen Änderung eines Bebauungsplans, so darf das Normenkontrollgericht nicht zusätzlich die Unwirksamkeit einer vorhergegangenen Änderungssatzung aussprechen (BVerwG NVwZ 2000, 815, 816). Die Wirksamkeit anderer Rechtsakte darf nur inzident geprüft werden, wenn dies für die Beurteilung

der Rechtmäßigkeit des zur Prüfung gestellten Rechtsakts erforderlich ist (BVerwG NVwZ 2000, 815, 816 f).

Beschränkt der Antragsteller seinen Antrag auf einzelne Regelungen eines Rechtsaktes, **76** erstrebt er also eine **Teilunwirksamkeitserklärung**, so ist das Normenkontrollgericht aber dann nicht an diesen Antrag gebunden, wenn der Rechtsakt nicht teilbar ist. Ist der angegriffene Rechtsakt hingegen teilbar, kann der Antragsteller seinen Normenkontrollantrag aufgrund der bestehenden Dispositionsmaxime auch teilweise zurücknehmen (VGH München BauR 2006, 1351 f). Die Teilbarkeit des Rechtsakts ist eine Frage des materiellen Rechts, die unter Rückgriff auf die Grundsätze des § 139 BGB zu beurteilen ist (BVerwG NVwZ 1992, 567; ausführlich zur Beurteilung der Teilbarkeit B/F-K/K VwGO § 1 Rn 113). Kommt das Normenkontrollgericht zu dem Ergebnis, dass die angegriffenen Vorschriften untrennbar mit anderen Vorschriften verbunden sind und die Unwirksamkeitserklärung nur der angegriffenen Vorschriften Regelungen fortbestehen lassen würde, die allein genommen sinnlos sind, so muss es in Abweichung von dem Antrag den gesamten Rechtsakt für unwirksam erklären. Dabei hat es die Besonderheiten der jeweiligen Gesamtregelung zu berücksichtigen (Sodan/Ziekow/Ziekow VwGO § 47 Rn 359). Darauf, ob der Antragsteller von allen Teilen des Plans betroffen ist oder mit den nicht angegriffenen Regelungen einverstanden ist, kommt es nicht an (BVerwG NVwZ 1992, 567, 568). In dem Fall der beantragten Feststellung der Unwirksamkeit einzelner Festsetzungen eines Bebauungsplans muss das Normenkontrollgericht zum Beispiel über den gestellten Antrag hinausgehen, wenn der antragsgemäß für unwirksam zu erklärende Teil nicht beseitigt werden kann, ohne dass ein Rest bliebe, der als solcher keine sinnvolle städtebauliche Ordnung gewährleisten könnte und von der Gemeinde nicht als Plan beschlossen worden wäre, hätte sie die Rechtswidrigkeit des anderen Teils gekannt (BVerwG NVwZ 1992, 567). Denn in einem solchen Fall würde die Teilunwirksamkeitserklärung das kommunale Planungskonzept verfälschen (BVerwG NVwZ 1992, 567, 568), während die auf den gesamten Plan bezogene Unwirksamkeitserklärung der Gemeinde eine neue planerische Gesamtentscheidung ermöglicht.

Die doppelte Funktion des Normenkontrollverfahrens als subjektives Rechtsschutzverfahren und **76.1** objektives Prüfungsverfahren bringt es mit sich, dass das Gericht auch hinter dem Antrag zurückbleiben kann und eine Teilunwirksamkeit feststellen kann, selbst wenn der Antragsteller kein Interesse an einer solchen Feststellung hat (BVerwG NVwZ 1990, 157, 159; Sodan/Ziekow/Ziekow VwGO § 47 Rn 362).

Hinsichtlich der vom Antragsgegner vorgetragenen Gründe für die Rechtswidrigkeit der **77** Vorschrift ist das Normenkontrollgericht nicht gebunden. Das Normenkontrollgericht ist auch nicht auf die von dem Antragsteller geltend gemachten Mängel beschränkt (Kuhla/Hüttenbrink/Hüttenbrink, 205; Stüer DVBl 2004, 83, 90). Vielmehr hat es insoweit eine **umfassende Prüfung der Rechtmäßigkeit** vorzunehmen (Redeker/v. Oertzen/Redeker VwGO § 47 Rn 22a), als es seine Kontrolle nur dann beenden darf, wenn es keine Möglichkeit sieht, dem Antrag stattzugeben (BVerwG NVwZ 2002, 83). Bei mehreren Rechtsfehlern kann es aber die Prüfung beenden, wenn es einen Rechtsfehler festgestellt hat; es ist nicht verpflichtet, die weiteren Fehler zu ermitteln und seine Entscheidung darauf zu stützen (BVerwG NVwZ 2002, 83).

F. Form, Inhalt und Wirkung der Entscheidung

I. Form der Entscheidung

Das Normenkontrollgericht entscheidet nach § 47 Abs 5 S 1 VwGO durch Urteil oder **78** durch Beschluss, wenn es eine mündliche Verhandlung nicht für erforderlich hält (oben Rn 73). Dabei entscheidet es stets in der gleichen Besetzung; auch bei Beschlüssen, die ohne mündliche Verhandlung ergehen, muss die Richterbank wie bei Urteilen besetzt sein (BVerwG NVwZ 1986, 372, 373; Eyermann/Schmidt VwGO § 47 Rn 87; Kopp/Schenke VwGO § 47 Rn 140; zu den einzelnen Regelungen in den Landesgesetzen vgl Sodan/Ziekow/Ziekow VwGO § 47 Rn 349). Weil die Beschlussform allein der Verfahrenserleichterung dient, ein Beschluss im Normenkontrollverfahren inhaltlich aber die gleiche Bedeutung hat wie ein Normenkontrollurteil, ist der Beschluss auch in gleicher Weise wie ein

Urteil zu begründen (BVerwG NVwZ 1986, 372, 373; Eyermann/Schmidt VwGO § 47 Rn 89; Kopp/Schenke VwGO § 47 Rn 140).

II. Inhalt der Entscheidung (Abs 5 S 2)

79   Grundsätzlich können im Normenkontrollverfahren Entscheidungen mit zwei möglichen Inhalten ergehen. Hält das Normenkontrollgericht die angegriffene Rechtsnorm für rechtswidrig, erklärt es sie für unwirksam. Bei dieser Entscheidung handelt es sich um eine **besondere Form des Feststellungsurteils**; die aus materiell-rechtlichen Gründen bereits bestehende Unwirksamkeit des Rechtsakts wird durch das Normenkontrollgericht deklaratorisch ausgesprochen (vgl B/F-K/K VwGO § 47 Rn 110; Eyermann/Schmidt VwGO § 47 Rn 90; Sodan/Ziekow/Ziekow VwGO § 47 Rn 355). Kann das Normenkontrollgericht demgegenüber keine Gründe für die Rechtswidrigkeit der angegriffenen Vorschrift feststellen, weist es den Antrag ab; es kann nicht die Wirksamkeit der Norm aussprechen (Sodan/Ziekow/Ziekow VwGO § 47 Rn 367). Das Normenkontrollgericht kann Normen auch für teilweise unwirksam erklären. Das setzt voraus, dass nur ein abtrennbarer Teil der Norm rechtswidrig ist (vgl oben Rn 76).

80   Mit dem Europarechtsanpassungsgesetz Bau wurde 2004 die bis dahin in § 47 Abs 5 S 4 VwGO vorgesehene Möglichkeit gestrichen, in Fällen, in denen Mängel einer Satzung oder einer Rechtsverordnung, die nach den Vorschriften des BauGB erlassen worden sind, durch ein ergänzendes Verfahren iSd § 215a BauGB aF behoben werden, die Satzung oder die Rechtsverordnung bis zur Behebung der Mängel für nicht wirksam zu erklären. Obwohl die Möglichkeit einer Heilung von Flächennutzungsplänen oder Satzungen nach § 214 Abs 4 VwGO nach wie vor besteht, spiegelt sich die **Unterscheidung zwischen schwebender und endgültiger Unwirksamkeit** nicht mehr in dem Tenor der Normenkontrollentscheidung wider (S/S-A/P/Gerhardt/Bier VwGO § 47 Rn 109b; kritisch insoweit Bickenbach NVwZ 2006, 178, 179 f). Denn das Normenkontrollgericht hat nach dem Wortlaut des § 47 Abs 5 S 2 VwGO einheitlich die Unwirksamkeit der Norm zu tenorieren (BVerwG 14.7.2011 BeckRS 2011, 53179). Auswirkungen auf das materielle Recht hat dies nicht. Auch für im Normenkontrollverfahren unwirksam erklärte Vorschriften besteht die materiell-rechtlich vorgesehene Heilungsmöglichkeit.

81   Grundsätzlich kann bei Ungültigkeit von Rechtsvorschriften nicht von der Erklärung der Unwirksamkeit abgesehen und stattdessen entsprechend der Praxis des Bundesverfassungsgerichtes bei der Verwerfung von Gesetzen deren Unvereinbarkeit mit höherrangigem Recht festgestellt werden (BVerwG BeckRS 2010, 51632). Mit dem Verweis in § 47 Abs 5 S 3 VwGO auf die Vorschrift des § 183 VwGO habe der Gesetzgeber gerade eine Regelung zur Bewältigung der Folgen der Unwirksamkeit von Rechtsnormen für zurückliegende Zeiträume getroffen. Ausdrücklich offen gelassen hat das Bundesverwaltungsgericht jedoch, ob in besonderen Ausnahmefällen, in denen die Unwirksamkeitserklärung einen „Notstand" zur Folge hätte, etwas anderes gelten könne. So muss es in den Fällen, in denen die zur Prüfung gestellte Norm gegen primäres oder sekundäres Gemeinschaftsrecht verstößt, möglich sein, dass das Normenkontrollgericht die **Unanwendbarkeit der Norm** in Fällen mit Gemeinschaftsrechtsbezug tenoriert (oben Rn 69 f). Gleichfalls kann das Normenkontrollgericht in Abweichung von der stets ex tunc wirkenden Unwirksamkeit in Ausnahmefällen die **Unwirksamkeit ex nunc** oder zu einem späteren Zeitpunkt aussprechen. Abweichende Tenorierungen sind jedoch auf die Fälle zu beschränken, in denen sie verfassungsrechtlich geboten sind (dazu Sodan/Ziekow/Ziekow VwGO § 47 Rn 357).

82   Ausnahmsweise kann die Verpflichtung des Antragsgegners, einen von der angegriffenen Rechtsvorschrift nicht erfassten Sachverhalt in den Geltungsbereich der Norm miteinzubeziehen, tenoriert werden. Denn im Unterschied zu Normenerlassklagen, die allenfalls in der Form der allgemeinen Leistungsklage möglich sind, ist ein **Antrag auf Normergänzung** analog § 47 VwGO zulässig (ausführlich Rn 20).

III. Wirkung der Entscheidung (Abs 5 S 2, 3)

83   Die Erklärung der Unwirksamkeit einer Rechtsvorschrift durch das Normenkontrollgericht ist nach § 47 Abs 5 S 2 VwGO **allgemein verbindlich**. Damit ergänzt das Gesetz

für die Normenkontrolle die allgemeine Bestimmung zur Rechtskraft von Urteilen in § 121 VwGO, die daneben auch im Normenkontrollverfahren uneingeschränkte Geltung beansprucht (Eyermann/Schmidt VwGO § 47 Rn 101; zur Geltung des § 121 VwGO im Normenkontrollverfahren vgl unten Rn 84). Hier zeigt sich der Charakter des Normenkontrollverfahrens als eines objektiven Rechtsschutzverfahrens: Erweist sich eine Norm als rechtswidrig, soll sich die Rechtskraft des die Unwirksamkeit der Norm feststellenden Urteils nicht auf die Beteiligten des Rechtsstreits beschränken, sondern die Norm soll in keiner Beziehung mehr Anwendung finden können. Bei abweisenden Normenkontrollentscheidungen gilt § 47 Abs 5 S 2 VwGO nicht. Die Ablehnung eines Normenkontrollantrages wirkt nur mit der Rechtskraft zwischen den Beteiligten des jeweiligen Verfahrens (Wysk VwGO § 47 Rn 80). Die Gültigkeit der Norm ist damit nicht allgemein verbindlich, sondern nach § 121 VwGO nur zwischen den Beteiligten rechtskräftig festgestellt (Kuhla/Hüttenbrink/Hüttenbrink, 208; Redeker/v. Oertzen/Redeker VwGO § 47 Rn 48; Sodan/Ziekow/Ziekow VwGO § 47 Rn 367).

Streitig ist, ob aus der Allgemeinverbindlichkeit der Unwirksamkeitserklärung ein **Norm-** 84 **wiederholungsverbot** folgt, dh, ob Verwaltungsträger trotz der Entscheidung des Normenkontrollgerichts bei gleichbleibender Sach- und Rechtslage eine gleichartige Regelung treffen dürfen (gegen ein Normwiederholungsverbot VGH Kassel NVwZ-RR 1993, 294, 296). Für verfassungswidrig erklärte formelle Gesetze hat das Bundesverfassungsgericht das Bestehen eines Normwiederholungsverbotes verneint, weil ein solches in § 31 BVerfGG nur einfachgesetzlich verankert sei, der Gesetzgeber aber nach Art 20 Abs 3 GG nur an die verfassungsmäßige, nicht aber an die einfachgesetzliche Ordnung gebunden sei (BVerfG NJW 1988, 1195). Diese auf die Gestaltungsfreiheit und -verantwortung des Gesetzgebers abstellende Argumentation kann nicht ohne weiteres auf das Normenkontrollverfahren übertragen werden, in dem Rechtsnormen zur Prüfung stehen, die von gesetzlich gebundenen Verwaltungsträgern erlassen werden (BVerwG NVwZ 2000, 813, 814; gegen die Übertragbarkeit auch Sodan/Ziekow/Ziekow VwGO § 47 Rn 365). Jedenfalls zwischen den Beteiligten des Normenkontrollverfahrens ergibt sich aber für den Verwaltungsträger ein Normwiederholungsverbot aus dem Sinn und Zweck der materiellen Rechtskraft der gerichtlichen Entscheidung, wie sie in § 121 VwGO geregelt ist, soweit mit dem Neuerlass der Norm nicht lediglich ein Verfahrensfehler behoben werden soll (BVerwG NVwZ 2000, 813, 814; für ein Normwiederholungsverbot auch B/F-K/K VwGO § 47 Rn 120; Kopp/Schenke VwGO § 47 Rn 143; Kuhla/Hüttenbrink/Hüttenbrink, 207; Redeker/v. Oertzen/Redeker VwGO § 47 Rn 45). Die Anwendbarkeit dieser Vorschrift auf stattgebende Entscheidungen im Normenkontrollverfahren wird durch die Sonderbestimmung des § 47 Abs 5 S 2 VwGO nicht ausgeschlossen (BVerwG NVwZ 2000, 813, 814). Eine Erstreckung des Normwiederholungsverbots als Normnachahmungsverbot auf andere Verwaltungsträger wird demgegenüber im Schrifttum überwiegend abgelehnt (Kopp/Schenke VwGO § 47 Rn 143; Sodan/Ziekow/Ziekow VwGO § 47 Rn 366).

Bei stattgebenden Entscheidungen im Normenkontrollverfahren ist die Entscheidungs- 85 formel nach § 47 Abs 5 S 2 Hs 2 VwGO von dem erlassenden Verwaltungsträger in der Form zu veröffentlichen, wie sie für die Bekanntmachung der für unwirksam erklärten Norm vorgeschrieben ist. Ziel dieser **Veröffentlichungsverpflichtung** ist es, den Schein einer wirksamen Rechtsnorm zu beseitigen. Die Veröffentlichung der stattgebenden Normenkontrollentscheidung ist keine Voraussetzung für ihre Allgemeinverbindlichkeit; diese tritt vielmehr bereits mit Rechtskraft der Entscheidung ein (OVG Münster NVwZ 2001, 1060, 1061; B/F-K/K VwGO § 47 Rn 118; Eyermann/Schmidt VwGO § 47 Rn 100; aA Kopp/Schenke VwGO § 47 Rn 144; Quaas/Müller Normenkontrolle und Bebauungsplan 1986, Rn 228; Redeker/v. Oertzen/Redeker VwGO § 47 Rn 43; Sodan/Ziekow/Ziekow VwGO § 47 Rn 378). Anderenfalls hätte es der Antragsgegner in der Hand, den Zeitpunkt der allgemeinen Verbindlichkeit der Entscheidung zu bestimmen.

Aufgrund des Verweises auf **§ 183 VwGO** in § 47 Abs 5 S 3 VwGO bleiben nicht mehr 86 anfechtbare Entscheidungen von Gerichten der Verwaltungsgerichtsbarkeit, die auf der für unwirksam erklärten Norm beruhen, von der Normenkontrollentscheidung unberührt. Es darf jedoch nicht aus ihnen vollstreckt werden. Dasselbe gilt in analoger Anwendung für bestandskräftige Verwaltungsakte, die auf der für unwirksam erklärten Norm beruhen (Eyermann/Schmidt VwGO § 47 Rn 104; Redeker/v. Oertzen/Redeker VwGO § 47 Rn 46).

Ein Wiederaufgreifen des Verfahrens nach § 51 Abs 1 Nr 1 VwVfG ist ausgeschlossen, denn es würde dem Regelungszweck der § 47 Abs 5 S 3 VwGO iVm § 183 VwGO zuwiderlaufen und dem deklaratorischen Charakter der Normenkontrollentscheidung nicht gerecht werden.

G. Einstweiliger Rechtsschutz (Abs 6)

87   Der Normenkontrollantrag nach § 47 Abs 2 VwGO entfaltet keine aufschiebende Wirkung (Kuhla/Hüttenbrink/Hüttenbrink, 220). Nach § 47 Abs 6 VwGO kann das Normenkontrollgericht aber auf Antrag einstweilige Anordnungen erlassen, wenn dies zur Abwehr schwerer Nachteile oder aus anderen wichtigen Gründen dringend geboten ist. Die Vorschrift ist an § 32 BVerfGG angelehnt (B/F-K/K VwGO § 47 Rn 131; Sodan/Ziekow/Ziekow VwGO § 47 Rn 384), der ebenso wie § 123 VwGO und § 80 VwGO zur Ergänzung der rudimentären Regelung in § 47 Abs 6 VwGO herangezogen werden kann, soweit dies mit dem Charakter des Normenkontrollverfahrens vereinbar ist (Eyermann/Schmidt VwGO § 47 Rn 106; Kopp/Schenke VwGO § 47 Rn 148; Redeker/v. Oertzen/Redeker VwGO § 47 Rn 49, 53).

88   Der einstweilige Rechtsschutz nach § 47 Abs 6 VwGO und die einstweiligen Rechtsschutzverfahren nach § 80 VwGO, § 80a VwGO und § 123 VwGO schließen sich nicht grundsätzlich gegenseitig aus (zum Folgenden BVerwG NVwZ 2001, 1060, 1062; OVG Schleswig NordÖR 2006, 359). Wegen des unterschiedlichen Angriffsgegenstandes stehen diese Verfahren nebeneinander und können von dem Antragsteller **parallel** angestrengt werden (Redeker/v. Oertzen/Redeker VwGO § 47 Rn 50; Kintz JuS 2000, 1099, 1105; aA Eyermann/Schmidt VwGO § 47 Rn 107, der das Verfahren nach § 47 Abs 6 VwGO für subsidiär hält). Die grundsätzliche Anwendbarkeit des § 47 Abs 6 VwGO auch in Fällen, in denen auf der Grundlage der angegriffenen Rechtsvorschrift schon Verwaltungsakte angenommen wurden, ergibt sich schon daraus, dass es durchaus denkbar ist, dass der Antragsteller zwar im Normenkontrollverfahren gegen einen Bebauungsplan antragsbefugt ist, weil er durch diesen in seinen Rechten aus § 1 Abs 7 BauGB verletzt ist, er aber durch die auf der Grundlage des Plans ergangenen Baugenehmigungen nicht in seinen Rechten betroffen ist und ihm dementsprechend auch keine Antragsbefugnis im einstweiligen Rechtschutzverfahren nach § 80 VwGO zukommt (Kopp/Schenke VwGO § 47 Rn 149). Aber auch unter dem Gesichtspunkt der Effektivität des Rechtsschutzes kann es unzumutbar sein, den Antragsteller auf den einstweiligen Rechtsschutz nach den § 80 VwGO, § 80a VwGO, § 123 VwGO zu verweisen, zum Beispiel wenn er eine Vielzahl einzelner Verfahren anstrengen müsste (Eyermann/Schmidt VwGO § 47 Rn 107). Beantragt ein Antragsteller eine einstweilige Anordnung nach § 47 Abs 6 VwGO, um zu verhindern, dass ein bestimmter Bebauungsplan weiterhin zur planungsrechtlichen Grundlage für die Zulassung von Bauvorhaben gemacht wird, so wird er gut beraten sein, gleichzeitig Anträge zum Schutz vor auf der Grundlage des Plans bereits genehmigte oder vor der Genehmigung stehende Bauvorhaben im Verfahren des einstweiligen Rechtsschutzes nach § 80 VwGO, § 80a VwGO bzw § 123 VwGO zu stellen, da dem Antrag nach § 47 Abs 6 VwGO kein Suspensiveffekt mit Blick auf die Vollzugsakte zukommt (vgl Sodan/Ziekow/Ziekow VwGO § 47 Rn 405). Ergibt sich jedoch aus dem Bebauungsplan kein über die bereits angegriffene Genehmigung hinausgehender Nachteil, fehlt es dem Antragsteller im Rahmen des Verfahrens nach § 47 Abs 6 VwGO am Rechtsschutzbedürfnis (OVG Münster NVwZ 1988, 74 f; Kopp/Schenke VwGO § 47 Rn 151).

88a   Ob in entsprechender Anwendung des § 80 Abs 8 VwGO auch eine gerichtliche Zwischenverfügung („Hängebeschluss", vgl allg hierzu MacLean LKV 2001, 107) ergehen kann, durch welche einer Behörde vorläufig die Einleitung von Vollstreckungsmaßnahmen untersagt wird, ist bislang ungeklärt (offengelassen OVG Lüneburg BeckRS 2008, 41297). Ein solcher kann allenfalls in Betracht kommen, wenn bei Fortführung begonnener Umsetzungsmaßnahmen Rechte oder Interessen eines Antragstellers irreversibel berührt zu werden drohen (OVG Lüneburg BeckRS 2008, 41297 und BeckRS 2009, 31713).

89   Für den einstweiligen Rechtsschutz im Normenkontrollverfahren gilt die Dispositionsmaxime. Anders als im Rahmen des § 32 BVerfGG kann eine einstweilige Anordnung nach § 47 Abs 6 VwGO nur auf **Antrag** ergehen (B/F-K/K VwGO § 47 Rn 133; Kopp/

Schenke VwGO § 47 Rn 156). Die Zulässigkeit des Antrags setzt dabei nicht voraus, dass der Normenkontrollantrag in der Hauptsache bereits anhängig gemacht wurde (Kuhla/Hüttenbrink/Hüttenbrink, 220; S/S-A/P/Schoch VwGO § 47 Rn 146; Sodan/Ziekow/Ziekow VwGO § 47 Rn 386). Ein von demselben Antragsteller gestellter Normenkontrollantrag müsste aber bei summarischer Prüfung zulässig sein (VGH München DVBl 1978, 113, 114; Redeker/v. Oertzen/Redeker VwGO § 47 Rn 50; Sodan/Ziekow/Ziekow VwGO § 47 Rn 387).

Das Verfahren des § 47 Abs 6 VwGO ermöglicht **keine vorbeugende Normenkon-** **90** **trolle**; vor Erlass der in Frage stehenden Vorschriften ist ein Antrag auf einstweilige Anordnung nicht möglich (Eyermann/Schmidt VwGO § 47 Rn 108; S/S-A/P/Schoch VwGO § 47 Rn 144). Dies gilt bei Entwürfen von Bebauungsplänen selbst dann, wenn die Voraussetzungen des § 33 BauGB vorliegen. Nach § 33 BauGB können Bauvorhaben in Fällen, in denen ein Beschluss über die Aufstellung eines Bebauungsplans gefasst und die notwendige Öffentlichkeits- und Behördenbeteiligung durchgeführt wurde, genehmigt werden, wenn anzunehmen ist, dass das Vorhaben den künftigen Festsetzungen den Bebauungsplans nicht entgegensteht (VGH München NVwZ-RR 2000, 469; aA B/F-K/K VwGO § 47 Rn 136). Rechtsschutz ist hier allein über die § 80 VwGO, § 80a VwGO und § 123 VwGO zu suchen.

Spezialgesetzlich können Abweichungen von diesem Grundsatz vorgesehen werden. So sieht **90.1** § 18 Abs 6 des Gesetzes über den Vorrang von Investitionen bei Rückübertragungsansprüchen nach dem Vermögensgesetz (InVorG) vor, dass der in § 12 InVorG normierte Rechtsschutz mit der Maßgabe entsprechend gilt, „dass an die Stelle des Antrags auf Anordnung der aufschiebenden Wirkung ein Antrag auf Erlass einer einstweiligen Anordnung gegen die beschlossene Satzung tritt." Wegen der in § 18 Abs 1 InVorG vorgesehenen Rechtswirkungen einer beschlossenen Satzung ist hier ausnahmsweise der einstweilige Rechtsschutz schon gegen die nur beschlossene Satzung möglich (S/S-A/P/Schoch VwGO § 47 Rn 144; Sodan/Ziekow/Ziekow VwGO § 47 Rn 387).

Mit einer einstweiligen Anordnung kann der Antragsteller nicht mehr erreichen als das, **91** was er bei einem Obsiegen im Hauptsacheverfahren erreichen könnte (BVerwG NVwZ 2001, 1060, 1061). Gleichzeitig folgt aus dem **Verbot der Vorwegnahme der Hauptsache**, dass im Verfahren des einstweiligen Rechtsschutzes nur vorläufige Maßnahmen getroffen werden können. Da im Hauptsacheverfahren die Unwirksamkeit einer Norm festgestellt werden kann, kann mit der einstweiligen Anordnung nach § 47 Abs 6 VwGO auch nur die Anwendung dieser Norm verhindert werden bzw ihr Vollzug ausgesetzt werden (B/F-K/K VwGO § 47 Rn 133; Sodan/Ziekow/Ziekow VwGO § 47 Rn 403). Eine darüber hinausgehende Verpflichtung, die vom Antragsteller für unwirksam gehaltene Norm durch eine neue zu ersetzen, kann im einstweiligen Rechtsschutz nicht ausgesprochen werden (VGH Mannheim NVwZ 2000, 529). Auch eine vorläufige Unwirksamkeitserklärung ist nicht zulässig. Streitig ist, ob das Normenkontrollgericht nur die allgemeine Aussetzung des Vollzugs einstweilig anordnen kann oder ob es auch die Aussetzung des Vollzugs beschränkt auf den konkreten Fall des Antragstellers anordnen kann (für die Möglichkeit einer individuellen Aussetzung Kopp/Schenke VwGO § 47 Rn 150, dagegen Sodan/Ziekow/Ziekow VwGO § 47 Rn 404).

Der Erlass einer einstweiligen Anordnung hängt nach der überwiegenden Auffassung in **92** Schrifttum und Rspr in Anlehnung an § 32 BVerfGG von einer Abwägung der Folgen ab, die eintreten würden, wenn eine einstweilige Anordnung nicht erginge, der Normenkontrollantrag aber Erfolg hätte, gegenüber den Nachteilen, die entstünden, wenn die angestrebte einstweilige Anordnung erlassen würde, der Normenkontrollantrag aber erfolglos bliebe (B/F-K/K VwGO § 47 Rn 137; Sodan/Ziekow/Ziekow VwGO § 47 Rn 395; aA F/K/W/Unruh VwGO § 47 Rn 137 – Heranziehung der Anforderungen nach § 123 VwGO; kritisch auch S/S-A/P/Schoch VwGO § 47 Rn 152 ff). Mit Blick auf den Wortlaut des § 47 Abs 6 VwGO, der die einstweilige Anordnung dann zulässt, wenn sie zur Abwehr schwerer Nachteile oder aus anderen wichtigen Gründen „dringend geboten" ist, ist in Anlehnung an § 32 BVerfGG grundsätzlich ein **strengerer Maßstab** anzulegen als im Rahmen des § 123 VwGO (BVerwG NVwZ 1998, 1065; OVG Berlin-Brandenburg BeckRS 2009, 40000; OVG Münster NVwZ-RR 2009, 799; OVG Greifswald Urt v 3.12.2008 – 4 M 158/08; Kopp/Schenke VwGO § 47 Rn 148). Die für den Erlass der einstweiligen Anordnung sprechenden Gründe müssen so schwer wiegen, dass der Erlass unabweisbar erscheint (OVG Münster NVwZ 1997, 923; OVG Greifswald Urt v 3.12.2008 – 4 M 158/08; Eyermann/ Schmidt VwGO § 47 Rn 106). Ein „schwerer Nachteil" iSv § 47 Abs 6 VwGO liegt dann vor, wenn rechtlich geschützte Interessen in ganz besonderem Maße beeinträchtigt sind und dem Betroffenen außergewöhnliche Opfer abverlangt werden (OVG Lüneburg ZfBR 2007, 367; OVG Münster BeckRS 2007, 23881). Ein solcher „schwerer Nachteil" kann nur aus einer negativen Betroffenheit eigener Interessen, nicht aber aus der Beeinträchtigung sonstiger Belange oder gar von Interessen Dritter hergeleitet werden (OVG Saarlouis BeckRS 2012, 59215). Fasst man das Merkmal des „schweren Nachteils" individualbezogen auf, verbleiben als „andere wichtige Gründe" Beeinträchtigungen von Interessen der Allgemeinheit (str, so Sodan/Ziekow/Ziekow VwGO § 47 Rn 394 mwN). Das Gewicht dieser Beeinträchtigungen muss mit dem eines „schweren Nachteils" vergleichbar sein (OVG Münster NWVBl 1997, 215; OVG Lüneburg NVwZ-RR 2009, 549 f). Wegen des hohen Stellenwerts der gemeindlichen Planungshoheit als Ausfluss der verfassungsrechtlich verankerten kommunalen Selbstverwaltungsgarantie können in aller Regel nur evidente Gültigkeitsbedenken gegen einen Bebauungsplan eine einstweilige Anordnung rechtfertigen (OVG Saarlouis BeckRS 2012, 59215). Die Erfolgsaussichten des Normenkontrollantrags in der Hauptsache spielen nach der hier vertretenen Auffassung für die Begründetheit des Antrags auf einstweiligen Rechtsschutz nur dann eine Rolle, wenn es offensichtlich ist, dass der Antrag in der Hauptsache erfolglos bzw erfolgreich sein wird (vgl B/F-K/K VwGO § 47 Rn 137; Eyermann/Schmidt VwGO § 47 Rn 106; Sodan/Ziekow/Ziekow VwGO § 47 Rn 395; Stüer DVBl 1985, 469, 479). Bei offensichtlicher Unzulässigkeit oder Unbegründetheit des Normenkontrollantrags ist der Antrag nach § 47 Abs 6 VwGO regelmäßig zurückzuweisen (OVG Greifswald Urt v 3.12.2008 – 4 M 158/08).

93   Im Übrigen gelten für das Verfahren des einstweiligen Rechtsschutzes die Vorschriften über das Hauptsacheverfahren sinngemäß. Zuständig ist das OVG und im Revisionsverfahren nach ständiger Rechtsprechung das BVerwG (BVerwG NVwZ 1998, 1065; Eyermann/ Schmidt VwGO § 47 Rn 110; Kopp/Schenke VwGO § 47 Rn 158; Redeker/v. Oertzen/ Redeker VwGO § 47 Rn 52; kritisch Kuhla/Hüttenbrink/Hüttenbrink, 221; S/S-A/P/ Schoch VwGO § 47 Rn 174; aA Sodan/Ziekow/Ziekow VwGO § 47 Rn 389). Richtiger Antragsgegner ist die Behörde, die die in Frage stehende Norm erlassen hat (Sodan/Ziekow/ Ziekow VwGO § 47 Rn 388). Ein Antrag nach § 47 Abs 6 VwGO kann nicht gegen die normanwendende Behörde gerichtet werden (Eyermann/Schmidt VwGO § 47 Rn 109; Redeker/v. Oertzen/Redeker VwGO § 47 Rn 51; S/S-A/P/Schoch VwGO § 47 Rn 150). Einen Rechtsbehelf gegen die Entscheidung über den Antrag auf Erlass einer einstweiligen Anordnung gibt es nicht (Kopp/Schenke VwGO § 47 Rn 159). Ordnet das Gericht die vorläufige Aussetzung des Vollzugs einer Norm an, so ist die Entscheidung analog § 47 Abs 5 S 2 VwGO allgemeinverbindlich und entsprechend § 47 Abs 5 S 2 VwGO bekanntzumachen (B/F-K/K VwGO § 47 Rn 140; Eyermann/Schmidt VwGO § 47 Rn 112; Kopp/Schenke VwGO § 47 Rn 159).

H. Rechtsmittel

94   Mit dem 6. VwGOÄndG wurde die Normenkontrolle dem **allgemeinen Rechtsmittelrecht** der VwGO unterstellt und das sog Vorlageverfahren abgeschafft. Normenkontrollentscheidungen sind damit mit dem Rechtsmittel der Revision angreifbar. Die Zulässigkeit der Revision, das Verfahren bei Nichtzulassung der Revision, der Ablauf des Revisionsverfahrens und die Entscheidung des BVerwG richten sich nach den §§ 132 ff VwGO (B/F-K/ K VwGO § 47 Rn 106; Sodan/Ziekow/Ziekow VwGO § 47 Rn 411; vgl auch Redeker/ v. Oertzen/Redeker VwGO § 47 Rn 45). Voraussetzung ist also, dass die Revision vom OVG oder auf Nichtzulassungsbeschwerde hin vom BVerwG zugelassen worden ist (Wysk VwGO § 47 Rn 82).

94.1   Nach dem bis 1996 geltenden § 47 Abs 5 VwGO war das Normenkontrollgericht in den Fällen, in denen die Rechtssache grundsätzliche Bedeutung hatte oder in denen das Normenkontrollgericht von der Entscheidung eines anderen Oberverwaltungsgerichts, des BVerwG oder des gemeinsamen Senats der obersten Gerichtshöfe des Bundes abweichen wollte, verpflichtet, die Sache dem BVerwG zur Entscheidung über die Auslegung revisiblen Rechts vorzulegen (ausführlich zur alten Rechtslage Quaas/Müller Normenkontrolle und Bebauungsplan 1986, Rn 208 ff). Für den Fall der Verletzung dieser Pflicht sah der alte § 47 Abs 7 VwGO die Möglichkeit der Nichtvorlagebeschwerde vor (Kopp NVwZ 1989, 234 ff).

§ 48 [Weitere sachliche Zuständigkeit des Oberverwaltungsgerichts]

(1) [1]Das Oberverwaltungsgericht entscheidet im ersten Rechtszug über sämtliche Streitigkeiten, die betreffen

1. die Errichtung, den Betrieb, die sonstige Innehabung, die Veränderung, die Stillegung, den sicheren Einschluß und den Abbau von Anlagen im Sinne der §§ 7 und 9a Abs. 3 des Atomgesetzes,
2. die Bearbeitung, Verarbeitung und sonstige Verwendung von Kernbrennstoffen außerhalb von Anlagen der in § 7 des Atomgesetzes bezeichneten Art (§ 9 des Atomgesetzes) und die wesentliche Abweichung oder die wesentliche Veränderung im Sinne des § 9 Abs. 1 Satz 2 des Atomgesetzes sowie die Aufbewahrung von Kernbrennstoffen außerhalb der staatlichen Verwahrung (§ 6 des Atomgesetzes),
3. die Errichtung, den Betrieb und die Änderung von Kraftwerken mit Feuerungsanlagen für feste, flüssige und gasförmige Brennstoffe mit einer Feuerungswärmeleistung von mehr als dreihundert Megawatt,
4. Planfeststellungsverfahren für die Errichtung und den Betrieb oder die Änderung von Hochspannungsfreileitungen mit einer Nennspannung von 110 Kilovolt oder mehr, Erd- und Seekabeln jeweils mit einer Nennspannung von 110 Kilovolt oder Gasversorgungsleitungen mit einem Durchmesser von mehr als 300 Millimeter sowie jeweils die Änderung ihrer Linienführung,
5. Verfahren für die Errichtung, den Betrieb und die wesentliche Änderung von ortsfesten Anlagen zur Verbrennung oder thermischen Zersetzung von Abfällen mit einer jährlichen Durchsatzleistung (effektive Leistung) von mehr als einhunderttausend Tonnen und von ortsfesten Anlagen, in denen ganz oder teilweise Abfälle im Sinne des § 48 des Kreislaufwirtschaftsgesetzes gelagert oder abgelagert werden,
6. das Anlegen, die Erweiterung oder Änderung und den Betrieb von Verkehrsflughäfen und von Verkehrslandeplätzen mit beschränktem Bauschutzbereich,
7. Planfeststellungsverfahren für den Bau oder die Änderung der Strecken von Straßenbahnen, Magnetschwebebahnen und von öffentlichen Eisenbahnen sowie für den Bau oder die Änderung von Rangier- und Containerbahnhöfen,
8. Planfeststellungsverfahren für den Bau oder die Änderung von Bundesfernstraßen,
9. Planfeststellungsverfahren für den Neubau oder Ausbau von Bundeswasserstraßen.

[2]Satz 1 gilt auch für Streitigkeiten über Genehmigungen, die anstelle einer Planfeststellung erteilt werden, sowie für Streitigkeiten über sämtliche für das Vorhaben erforderlichen Genehmigungen und Erlaubnisse, auch soweit sie Nebeneinrichtungen betreffen, die mit ihm in einem räumlichen und betrieblichen Zusammenhang stehen. [3]Die Länder können durch Gesetz vorschreiben, daß über Streitigkeiten, die Besitzeinweisungen in den Fällen des Satzes 1 betreffen, das Oberverwaltungsgericht im ersten Rechtszug entscheidet.

(2) Das Oberverwaltungsgericht entscheidet im ersten Rechtszug ferner über Klagen gegen die von einer obersten Landesbehörde nach § 3 Abs. 2 Nr. 1 des Vereinsgesetzes ausgesprochenen Vereinsverbote und nach § 8 Abs. 2 Satz 1 des Vereinsgesetzes erlassenen Verfügungen.

§ 48 VwGO sieht Ausnahmetatbestände vor, in denen das OVG nicht als Berufungs- und Beschwerdegericht fungiert, sondern erstinstanzlich zuständig (Rn 1)ist. In den in Abs 1 S 1 aufgeführten Fällen entscheidet das OVG als einzige Tatsacheninstanz (Rn 2). Die Zuständigkeit des OVG ist eine ausschließliche (Rn 3). Für die Besetzung des Senats (Rn 4) gilt grds die Normalbesetzung gem § 9 Abs 3 VwGO. Die Zuständigkeitsbestimmung bezieht sich auf sämtliche Streitigkeiten (Rn 5) und erstreckt sich gem Abs 1 S 2, der sog Ergänzungsklausel (Rn 6), auch auf sonstige erforderliche Genehmigungen und Erlaubnisse, auch im Hinblick auf Nebenanlagen. Nicht erfasst (Rn 7) werden zB Erstattungsstreitigkeiten. Im Hinblick auf Besitzeinweisungen (Rn 8) enthält Abs 1 S 3 eine landesgesetzliche Zuweisung. Nr 1 (Rn 9) des Kataloges bezieht sich auf Anlagen iSd §§ 7 und 9a Abs 3 AtomG, Nr 2 (Rn 10) betrifft den Umgang mit Kernbrennstoffen und Nr 3 (Rn 11) konventionelle Kraftwerke. Die Zuweisungsvorschrift Nr 4 (Rn 12) erfasst Hochspannungsfreileitungen, Erd- und Seekabel sowie Gasversorgungsleitungen und Nr 5 (Rn 13) betrifft Abfallbeseitigungsanlagen. Verkehrsflughäfen und Verkehrslandeplätze fallen gemäß Nr 6, Straßenbahnen, Magnetschwebebahnen und öffentliche Eisenbahnen gem Nr 7 (Rn 15) und Bundesfernstrassen gem Nr 8 (Rn 16) in die Zuständigkeit des OVG. Nr 9 (Rn 17) schließlich betrifft Bundeswasserstrassen. Nach Abs 2 (Rn 18) fallen auch die aufgeführten Vereinsverbote und Verfügungen in die Zuständigkeit des OVG.

A. Allgemeines

1   Das OVG ist grundsätzlich gem § 46 VwGO **Berufungs- und Beschwerdegericht**, eine erstinstanzliche Zuständigkeit besteht nur bei ausdrücklicher Zuweisung. Eine derartige Zuweisung enthält § 48 VwGO. Die Zuständigkeit im Rahmen des § 48 VwGO richtet sich nach dem Zusammenhang mit einem bestimmten Vorhaben (Nr 1, 2, 3, 6) oder mit einem der in Nr 4, 5, 7, 8, 9 genannten Verfahren.

2   In den aufgeführten Fällen entscheidet das OVG als **einzige Tatsacheninstanz**. Durch diese Konzentration des Verfahrens soll für bestimmte Großprojekte von erheblicher Tragweite und überregionaler Bedeutung die **Dauer verwaltungsgerichtlicher Verfahren verkürzt** werden. Dieser seit dem 4. VwGO-ÄndG dauerhaft bestehenden Rechtslage lag die Erkenntnis zu Grunde, dass die lange Dauer verwaltungsgerichtlicher Verfahren in zwei Instanzen einerseits zu einer Einschränkung des Rechtsschutzes und andererseits zu einer Erschwerung der Planungsarbeit der Behörden und der Investitionstätigkeit der Wirtschaft führt (vgl dazu S/S-A/P/Bier VwGO § 48 Rn 3; kritisch bzgl der rechtspolitischen Zweckmäßigkeit Kopp/Schenke VwGO § 48 Rn 2). § 48 Abs 1 VwGO ist eng auszulegen (OVG Berlin Beschl v 12.8.2005, 12 A 54.05). Das VG Ansbach hat in einer Konstellation, in der offen schien, ob das Vorhaben als Großprojekt anzusehen ist, seine Zuständigkeit bejaht, um auszuschließen, dass der Klägerin möglicherweise zu Unrecht eine Instanz verloren geht (VG Ansbach Urt v 19.1.2007, AN 10 K 04.03453).

3   Die sachliche Zuständigkeit des OVG gem § 48 VwGO ist eine **ausschließliche**, sie steht nicht zur Disposition der Beteiligten und ist einer Begründung, Änderung und Beseitigung durch Vereinbarung nicht zugänglich (vgl S/S-A/P/Bier VwGO § 48 Rn 37).

4   Für die Besetzung des Senats gilt grundsätzlich die Normalbesetzung gem § 9 Abs 3 VwGO, jedoch können die Länder davon abweichend für die Fälle des § 48 Abs 1 VwGO eine Besetzung von fünf Richtern und zwei ehrenamtlichen Richtern vorsehen, § 9 Abs 3 S 2 VwGO.

B. Die sachliche Zuständigkeit des OVG nach Abs 1

I. Umfang

1. Zuweisung „sämtlicher Streitigkeiten"

5   Gem § 48 Abs 1 S 1 VwGO entscheidet das OVG im ersten Rechtszug über „sämtliche Streitigkeiten", die die in § 48 Abs 1 S 1 VwGO aufgeführten technischen Großvorhaben betreffen. Die Zuständigkeit des OVG ist **umfassend und nicht auf bestimmte Klagearten beschränkt**, sie erfasst sowohl Hauptsache als auch Nebenverfahren, insbes auch Verfahren nach § 80 Abs 5, § 80a Abs 3 und § 123 VwGO (Kopp/Schenke VwGO § 48 Rn 3) sowie Anträge auf Prozesskostenhilfe, vgl § 166 VwGO (v Albedyll in B/F-K/K/vA VwGO § 48 Rn 4).

2. Ergänzungsklausel, Abs 1 S 2

§ 48 Abs 1 S 2 VwGO erweitert den Anwendungsbereich von Abs 1 – und damit die **6**
Zuständigkeit des OVG – in dreifacher Hinsicht:
– Zunächst werden Streitigkeiten über Genehmigungen in die OVG-Zuständigkeit einbezogen, die anstelle eines Planfeststellungsbeschlusses erteilt werden. Damit sind die Tatbestände des Katalogs betroffen, die an **Planfeststellungen** anknüpfen (Nr 4, Nr 5, Nr 7, Nr 8 und Nr 9). Die Voraussetzungen, unter denen dies möglich ist, sind in § 74 Abs 6 VwVfG aufgeführt. Nicht in den Zuständigkeitsbereich des OVG fallen Konstellationen, in denen Planfeststellung- und Plangenehmigung wegen unwesentlicher Bedeutung iSd § 74 Abs 7 VwVfG insgesamt entfallen (vgl dazu S/S-A/P/Bier VwGO § 48 Rn 11a).
– Weiter werden Streitigkeiten über **sämtliche** für das Vorhaben erforderlichen Genehmigungen und Erlaubnisse in den Anwendungsbereich des Abs 1 einbezogen; erfasst sind damit auch solche aus anderen Rechtsgebieten wie zB dem Bau-, Immissionsschutz- und dem Wasserrecht. Für Planfeststellungsverfahren ist eine derartige Konzentrationswirkung bereits in § 75 Abs 1 VwVfG vorgesehen, in diesen Fällen hat Abs 1 S 2 nur deklaratorische Bedeutung (vgl Pagenkopf DVBl 1985, 981, 986). Allerdings sehen zT fachgesetzliche Bestimmungen (zB § 9b Abs 5 Nr 3 AtomG) Ausnahmeregelungen vor. Für diese Fälle gewährleistet Abs 1 S 2 eine einheitliche OVG-Zuständigkeit. Für die Katalogtatbestände des Abs 1 S 1, die sich nicht auf Planfeststellungsverfahren beziehen, schafft S 2 eine eigene verfahrensrechtliche Konzentrationswirkung.
– Schließlich führt die Ergänzungsklausel auch Streitigkeiten über Nebeneinrichtungen auf. **Nebeneinrichtungen** iSd Abs 1 S 2 sind Anlagen und sonstige Einrichtungen, die überwiegend den Zwecken eines Vorhabens gem Abs 1 oder einer Nebeneinrichtung dazu oder der Wahrnehmung damit verbundener Auflagen dienen (Kopp/Schenke VwGO § 48 Rn 13). Dabei fordert Abs 1 S 2 einen räumlichen und betrieblichen Zusammenhang mit einem in den Nr 1 bis 9 genannten Vorhaben. Somit können diejenigen Streitigkeiten, die in Zusammenhang mit einem der genannten Großvorhaben stehen, umfassend vor dem OVG behandelt werden. Da sich die im Katalog genannten Großvorhaben idR gerade durch eine besondere Infrastruktur und die Verknüpfung mit ihrer Umgebung auszeichnen, bedarf es jeweils einer Prüfung im Einzelfall, welche Nebeneinrichtungen jeweils von der Vorschrift erfasst werden. Die erstinstanzliche Zuständigkeit des OVG ist auch dann gegeben, wenn sich der Rechtsstreit ausschließlich auf eine Nebeneinrichtung bezieht (BVerwG NVwZ 2009, 189 f; OVG Koblenz NVwZ-RR 2002, 392 f.), z. B., wenn ausschließlich um die Genehmigung notwendiger Nebenanlagen der Strecke einer öffentlichen Eisenbahn gestritten wird (OVG Rheinland-Pfalz Urt v 1.3.2011, Az.: 8 C 11052/10; DVBl 2011, 567–570)

Die Zuständigkeitsbestimmung ist im Hinblick auf den Sinn und Zweck des § 48 Abs 1 VwGO, die **umfassende und zügige Behandlung der Streitigkeiten durch eine Instanz**, weit auszulegen (dazu mwN Eyermann/Schmidt VwGO § 48 Rn 2; differenzierend S/S-A/P/Bier VwGO § 48 Rn 14 ff). Das OVG ist auch dann zuständig, wenn durch Rücknahme oder Widerruf von Genehmigungen oder durch zusätzliche Schutzvorkehrungen, über die in einem Planfeststellungsbeschluss ablehnend entschieden wurde, in den Bestand einer im Katalog genannten Anlage eingegriffen wird (Eyermann/Schmidt VwGO § 48 Rn 3).

Nicht unter § 48 Abs 1 VwGO fallen Erstattungsstreitigkeiten, die – ohne Vorhaben- **7**
bezug – nur noch kostenrechtliche Fragen betreffen, weil dann der mit der Zulassung bestimmter Großvorhaben verbundene **Beschleunigungsgedanke** nicht eingreift (OVG Schleswig NordÖR 2003, 300 f; vgl auch BVerwG NVwZ-RR 1996, 610). Dies gilt auch dann, wenn der Rechtsstreit bzgl der materiellen Sachentscheidung bereits beim OVG anhängig ist (OVG Lüneburg 15.1.2003, 7 KS 74/01), oder wenn es um Klagen geht, mit denen nachträgliche Schutzauflagen geltend gemacht werden, die dem Träger des Verfahrens nach Abschluss des Planfeststellungsverfahrens, das die Herstellung des Vorhabens zum Ziel hatte, auferlegt werden (OVG Lüneburg NVwZ-RR 2007, 818). Auch Streitigkeiten, die die raumordnerische Beurteilung von Vorhaben im Sinne des § 48 Abs 1 S 1 VwGO betreffen, unterfallen nicht der OVG-Zuständigkeit (OVG Münster NVwZ-RR 1997, 197).

Zur Zuständigkeit von OVG bzw BVerwG als Rechtsmittelgericht für die Entscheidung über den Antrag auf Anordnung der Fortdauer der aufschiebenden Wirkung BVerwG NVwZ 2007, 1097.

3. Landesgesetzliche Zuweisung, Abs 1 S 3

8   § 48 Abs 1 S 3 VwGO ermächtigt die Länder, durch Gesetz vorzuschreiben, dass über Streitigkeiten, die Besitzeinweisungen in den Fällen des Satzes 1 betreffen, das Oberverwaltungsgericht im ersten Rechtszug entscheidet. Von der **Ermächtigung** haben Baden-Württemberg (§ 5 AGVwGO), Bayern (Art 6 AGVwGO), Brandenburg (§ 4 Abs 2 VwGG), Sachsen (§ 25 SächsJG), Sachsen-Anhalt (§ 11 AGVwGO) und Thüringen (§ 5 AGVwGO) Gebrauch gemacht.

II. Zuständigkeitskatalog
1. Anlagen im Sinne der §§ 7 und 9a Abs 3 AtomG, Nr 1

9   Die Zuständigkeitsregel Nr 1 bezieht sich zunächst auf **Anlagen zur Erzeugung, Bearbeitung, Verarbeitung oder zur Spaltung von Kernbrennstoffen oder zur Aufarbeitung bestrahlter Kernbrennstoffe** iSd § 7 AtomG. Unter diesen Anlagenbegriff fallen nicht nur ortsfeste Anlagen wie zB Kernkraftwerke, Versuchsreaktoren und Wiederaufbereitungsanlagen, sondern auch ortsveränderliche Anlagen (§ 7 Abs 5 AtomG). Die Zuständigkeitszuweisung zum OVG gemäß Nr 1 knüpft an bestimmte Vorhaben im Zusammenhang mit den genannten Anlagen an und umfasst die Errichtung, den Betrieb, die sonstige Innehabung, die Veränderung, die Stillegung, den sicheren Einschluß und den Abbau. Auch Anordnungen der atomrechtlichen Aufsichtsbehörde auf der Grundlage des § 19 Abs 3 AtomG, die in den Betrieb eingreifen, unterfallen dem Anwendungsbereich der Nr 1 und damit der Zuständigkeit des OVG (VGH Kassel NVwZ 1994, 1125 f).

Nr 1 bezieht sich im Hinblick auf die zuständigkeitsbegründenden Tatbestände zwar auf die Bestimmungen des Atomgesetzes, erfasst aber weitergehend über deren Anwendungsbereich hinaus „**sämtliche Streitigkeiten**", die sich auf eine der in § 48 Abs 1 S 1 Nr 1 VwGO genannten Handlungen bezieht. Unter die Zuständigkeitsbestimmung fallen demnach nicht nur die nach dem AtomG genehmigungspflichtigen Vorhaben, sondern auch zB die nach § 7 Abs 5 iVm § 7 Abs 1 AtomG genehmigungsfreie Stilllegung oder der Abbau von ortsveränderlichen Anlagen (Sodan/Ziekow/Ziekow VwGO § 48 Rn 6). Unter den Begriff der Nebenanlage iSd Abs 1 S 2 fallen zB Kühltürme (OVG Koblenz NVwZ 1988, 76 f).

Nr 1 umfasst des Weiteren auch Streitigkeiten über Landessammelstellen und Anlagen nach § 9a Abs 3 AtomG zur Zwischen- und Endlagerung radioaktiver Abfälle. Auch eine Klage auf Zustimmung zur Elektrizitätsmengenübertragung nach § 7 Abs 1b AtG von einer neueren auf eine ältere kerntechnische Anlage richtet sich nach Nr 1, weil der durch die begehrte Übertragung begehrte Leistungsbetrieb unter den Betrieb von Anlagen iSd der §§ 7 und 9a Abs 3 AtG fällt (VGH Mannheim VBlBW 2008, 108 f, s auch OVG Schleswig NordÖR 2008, 173 ff). Zu beachten ist auch hier wieder die umfassende Zuständigkeit des OVG, die sich gemäß Abs 1 S 2 auch auf sämtliche für das Verfahren erforderlichen Erlaubnisse, zB immissionsschutzrechtliche, baurechtliche und wasserrechtliche Genehmigungen, bezieht.

2. Der Umgang mit Kernbrennstoffen, Nr 2

10   Nr 2 nimmt im Unterschied zu Nr 1 nicht Bezug auf den Anlagenbegriff, sondern betrifft den Umgang mit Kernbrennstoffen außerhalb von Anlagen gemäß § 7 AtomG. Die Zuweisung umfasst jeden Umgang mit Kernbrennstoffen nach §§ 6 und 9 AtomG. Da eine Mengenvorgabe in Nr 2 nicht vorgegeben ist, führen **auch geringste Mengen von Kernbrennstoffen** zu einer Zuständigkeitsbegründung für das OVG. Voraussetzung ist allerdings, dass die Strahlungsaktivität über den durch die Strahlenschutzverordnung für den genehmigungsfreien Umgang festgelegten Werten liegt (v Oertzen DÖV 1985, 749, 752). Nicht von

Nr 2 erfasst sind die Ein- und Ausfuhr, die Beförderung und die staatliche Verwahrung von Kernbrennstoffen gemäß den §§ 3, 4 und 5 AtomG.

3. Konventionelle Kraftwerke, Nr 3

Nach Nr 3 werden den OVG bestimmte Vorhaben zugewiesen, und zwar die Errichtung, **11** der Betrieb und die Änderung von **Kraftwerken** mit Feuerungsanlagen für feste, flüssige und gasförmige Brennstoffe. Diese Bestimmung erfasst herkömmliche Kraftwerke mit einer Feuerungswärmeleistung von mehr als dreihundert Megawatt; mit dieser Größenangabe nimmt Nr 3 Bezug auf die 13. BImSchV über Großfeuerungsanlagen (BGBl I 1983, 719 ff). Wird eine bestehende Anlage erweitert oder durch die Errichtung oder den Betrieb einer weiteren Teilanlage ergänzt, ist die Summe der Leistung maßgeblich (vgl § 2 Abs 4 der 4. BImschV). Bei mehreren Kraftwerksblöcken ist die Gesamtleistung der Einzelfeuerungsanlagen entscheidend.

Die Zuweisung erfasst Streitigkeiten über die Baugenehmigung für das Kraftwerk, die Errichtungs- und Betriebsgenehmigung (§§ 4, 10 BImSchG), Änderungsgenehmigungen (§ 16 Abs 1 BImSchG), jeweils mit Nebenbestimmungen (§ 12 BImSchG), Rücknahme und Widerruf der Genehmigung (§ 21 BImSchG) sowie Untersagung, Stilllegung und Beseitigung der Anlage (§ 20 BImSchG), nicht aber nachträgliche Anordnungen iSd § 17 BImSchG (vgl zu § 17 BImSchG im Hinblick auf den Gesetzeszweck des § 48 VwGO: VGH Mannheim NVwZ-RR 2000, 191 f; ; VGH München, NVwZ-RR 2013, 535 f ; aA S/S-A/P/Bier VwGO § 48 Rn 24). Über die Ergänzungsklausel des Abs 1 S 2 (Rn 6) bezieht sich die Zuweisung auch auf Entscheidungen, die von der Konzentrationswirkung des § 13 BImSchG nicht erfasst werden (S/S-A/P/Bier VwGO § 48 Rn 24; v Albedyll in B/F-K/K/vA VwGO § 48 Rn 9).

4. Hochspannungsfreileitungen, Erd- und Seekabel, Gasversorgungsleitungen, Nr 4

Die Zuweisung in Nr 4 gilt für Planfeststellungsverfahren für die Errichtung und den **12** Betrieb oder die Änderung von näher umschriebenen Hochspannungsfreileitungen, Erd- und Seekabeln oder Gasversorgungsleitungen sowie jeweils die Änderung ihrer Linienführung. Mit der Anpassung von Nr 4 an die technischen Grenzen des § 43 S 1 EnWG wurde eine **Vereinheitlichung der Grenzwerte** vorgenommen. Nr 4 wurde geändert durch das Gesetz zur Beschleunigung von Planungsverfahren für Infrastrukturvorhaben vom 9.12.2006 (BGBl I 2833), damit wird den Oberverwaltungsgerichten im Interesse einer Beschleunigung des Ausbaus von Energieleitungen durchgängig die Zuständigkeit im ersten Rechtszug für entsprechende Streitigkeiten übertragen. Bei dem Verweis auf Erdkabel handelt es sich um eine Folgeregelung zu dem mit Art 7 des Gesetzes zur Beschleunigung von Planungsverfahren für Infrastrukturvorhaben geänderten § 43 S 3 EnWG. Das schleswig-holsteinische OVG hat die erstinstanzliche Zuständigkeit nach Nr 4 auch für eine Streitigkeit um eine sog „Planfreistellung" nach § 141 Abs 7 LVwG SH anerkannt, denn diese betrifft ebenfalls ein Planfeststellungsverfahren iSd Nr 4, wenn auch nur zu der Frage, ob es entfällt (NordÖR 2008, 228 ff). Die letzte Änderung von Nr 4 erfolgte durch Art 3 des Gesetzes zur Beschleunigung des Ausbaus der Höchstspannungsnetze v 21.8.2009 (BGBl I 2870), mit der auch Seekabel in die Regelung aufgenommen wurden.

5. Abfallbeseitigungsanlagen, Nr 5

Die Zuweisung in Nr 5 bezieht sich einerseits auf die Errichtung, den Betrieb und die **13** wesentliche Änderung von ortsfesten Anlagen zur Verbrennung oder thermischen Zersetzung von Abfällen. Erfasst sind davon die für ortsfeste Abfallentsorgungsanlagen zur Lagerung oder Behandlung von Abfällen durchzuführenden Genehmigungsverfahren nach § 35 Abs 1 KrWG iVm § 4 BImSchG, allerdings nur dann, wenn die jährliche Durchsatzleistung mehr als 100.000 Tonnen beträgt. Andererseits betrifft Nr 5 Verfahren für die Errichtung, den Betrieb und die wesentliche Änderung von ortsfesten Anlagen, in denen ganz oder teilweise Abfälle iSv § 48 Abs 1 KrWG gelagert oder abgelagert werden. Die Bestimmung gilt auch für die Zulassung des vorzeitigen Beginns der Errichtung oder des Betriebs gem § 37 KrWG

(Kopp/Schenke VwGO § 48 Rn 8). Nachträgliche Anordnungen fallen nicht in den Zuständigkeitsbereich des OVG (Scheidler in Gärditz VwGO, § 48 Rn 24; VGH Mannheim NVwZ-RR 2000, 191 f; OVG Saarlouis Beschl 19.11.2003, 3 M 1/03; VGH München, NVwZ-RR 2013, 535 f, die dort genannten Erwägungen dürften auch für die Auslegung der Nr 3 tragfähig sein). Das OVG entscheidet nicht gem Nr 5 über Streitigkeiten betreffend Errichtung und Betrieb von Anlagen, in denen teilweise Abfälle iSv § 48 KrwG – gefährliche Abfälle – gelagert werden, wenn die Menge gefährlicher Abfälle für sich genommen selbst keine immissionsschutzrechtliche Genehmigungspflicht auslösen würde (BayVGH Beschl v 29.7.2008 – 22 A 08.40012). Besteht ein in einem einheitlichen Genehmigungsbescheid genehmigtes „mehrteiliges" Vorhaben ua aus einer ortsfesten Anlage zur teilweisen Lagerung gefährlicher Abfälle i. S. d. Nr 5, erstreckt sich die Zuständigkeit des Oberverwaltungsgerichts auf die gesamte Genehmigung, auch wenn für einen Teil des Vorhabens für sich genommen keine erstinstanzliche Zuständigkeit des Oberverwaltungsgerichts besteht (OVG NRW Beschl 27.11.2009 Az.: 8 B 1549/09.AK).

6. Verkehrsflughäfen und Verkehrslandeplätze, Nr 6

14   Nr 6 betrifft Verkehrsflughäfen iSd § 38 Abs 2 Nr 1 LuftVZO und Verkehrslandeplätze mit beschränktem Bauschutzbereich. Verkehrsflughäfen sind Flughäfen mit Anschluss an den Fluglinienverkehr, die von Luftfahrtunternehmen angeflogen werden, die Personen und Sachen gewerbsmäßig durch Luftfahrzeuge auf bestimmten Linien öffentlich und regelmäßig befördern und die jedermann zum Starten, Landen und Rollen zur Verfügung stehen und damit gewissermaßen dem Gemeingebrauch der Luftfahrt dienen (vgl dazu VGH Mannheim NVwZ-RR 1994, 197; VGH Mannheim VBlBW 2000, 27). Unter Nr 6 fallen zB Streitigkeiten über die Flugaufsicht (vgl Czybulka DÖV 1991, 410 ff), über Planfeststellungsbeschlüsse (VGH Mannheim NVwZ 1997, 594), über die Festlegung von Abflugrouten (BVerwG NJW 2000, 3584 ff) und über Eigensicherungsmaßnahmen nach dem LuftSiG (VGH Mannheim Beschluss v 19.7.2005, 8 S 775/05). Die Zuweisung umfasst wg S 2 auch Streitigkeiten über Baugenehmigungen für die Anlagen, die im Zusammenhang mit dem Flugbetrieb stehen, dazu können zB Werkstattgebäude, Zollabfertigung, Parkplätze und Flughafenhotel zählen (v Oertzen DÖV 1985, 749, 754). Voraussetzung ist, dass **die Regelung mit dem Großvorhaben Flughafen eng zusammenhängt**, den allgemeinen Flug- oder Flughafenbetrieb unmittelbar ausgestaltet oder in ihn eingreift und einen wesentlichen Bestandteil des Betriebs darstellt (verneint bei der Versagung einer Zugangsberechtigung: OVG Berlin Beschl 12.8.2005, 12 A 54.05). Nicht erfasst von Nr 6 sind Streitigkeiten über die zivile fliegerische Mitbenutzung eines Militärflugplatzes (VGH München NVwZ-RR 2003, 74 f) sowie die Klage eines Dienstleisters gegen die Auswahl eines Konkurrenten für die Erbringung von Bodenabfertigungsdiensten (VGH Mannheim Beschl 26.6.2002, 8 S 1242/02).

7. Straßenbahnen, Magnetschwebebahnen und öffentliche Eisenbahnen, Nr 7

15   Von der Zuweisung der Nr 7 erfasste Bahnanlagen sind Strecken von Straßenbahnen, Magnetschwebebahnen und von öffentlichen Eisenbahnen sowie Rangier- und Containerbahnhöfe. Nr 7 wurde zuletzt geändert durch Art 5 des Gesetzes zur Modernisierung von Verfahren im anwaltlichen und notariellen Berufsrecht, zur Errichtung einer Schlichtungsstelle der Rechtsanwaltschaft sowie zur Änderung sonstiger Vorschriften vom 30.7.2009 (BGBl I 2449). Dabei wurde das Wort „neuer" durch das Wort „der" ersetzt, um klarzustellen, dass die Zuständigkeit der Oberverwaltungsgerichte sich bei Änderungsvorhaben auch auf schon bestehende Strecken erstreckt. Schon vor dieser Änderung war anerkannt, dass über den bisherigen Wortlaut der Vorschrift hinaus nicht nur der „Bau oder die Änderung neuer Strecken" erfasst sind, sondern **auch die Änderung schon bestehender Strecken** (BVerwG NVwZ 2009 189 f; VGH Mannheim NVwZ-RR 1997, 76 f). Bei der vorangegangenen Einfügung des Zusatzes „oder die Änderung" war das Tatbestandsmerkmal „neu" nicht gestrichen worden; dabei handelte es sich um ein Redaktionsversehen (vgl Eyermann/Schmidt VwGO § 48 Rn 11; OVG Koblenz NVwZ-RR 2002, 392 f), das mit der letzten Änderung nunmehr korrigiert worden ist. Unter den Begriff der Straßenbahn

fallen auch Hochbahnen, U-Bahnen und Schwebebahnen, § 4 Abs 2 PBefG (vgl dazu VGH München Beschl v 25.8.2004 – 22 AS 04.40031). Die Erwähnung von Magnetschwebebahnen beruht auf dem MBPlG vom 23.11.1994 (BGBl I 3486). Die Bezeichnung Öffentliche Eisenbahnen knüpft an die Definition in § 2 AEG an. Die Zuständigkeit des OVG ist gem S 2 (Rn 6) auch dann begründet, wenn anstelle der Planfeststellung eine Plangenehmigung erteilt worden ist. Entsprechend dem Normzweck von Abs 1 sind auch Personenbahnhöfe als Nebeneinrichtungen iSd S 2 aufzufassen (S/S-A/P/Bier VwGO § 48 Rn 31; aA Eyermann/Schmidt VwGO § 48 Rn 12 mit Verweis auf den klaren Wortlaut). Für Klagen auf nachträgliche Schutzauflagen nach Unanfechtbarkeit eines Planfeststellungsbeschlusses ist das VG zuständig (OVG Lüneburg NVwZ 2003, 1283). § 48 S 1 Nr 7 ist dahingehend weit auszulegen, dass er alle Verwaltungsstreitsachen erfasst, die einen unmittelbaren Bezug zu einem konkreten Planfeststellungs- oder Plangenehmigungsverfahren haben. Dazu zählt auch ein Verfahren, das eine Planänderung betreffend die in einem Planfeststellungsbeschluss enthaltenen wasserrechtlichen Erlaubnisse und Befreiungen betrifft (VG Stuttgart Beschluss v. 28.6.11 Az: 2 K 2277/11; NVwZ 2011, 1079–1080). Streitigkeiten, die die Bauausführung einer plangenehmigten Betriebsanlage einer öffentlichen Eisenbahn betreffen, Bestand und Inhalt der Plangenehmigung aber unberührt lassen, fallen nicht in die erstinstanzliche Zuständigkeit des Oberverwaltungsgerichts nach § 48 Abs. 1 S 1 Nr 7 und S 2 (VG des Saarlandes Beschl v 6.10.2010 Az: 10 L 925/10); das gleiche gilt für die Freistellung von eisenbahnbetrieblich genutzten Grundstücken von ihren Betriebszwecken (§ 23 AEG). Die Freistellung ist zwar „actus contrarius zur Planfeststellung", doch ist das Verfahren bereits abgeschlossen (OVG Saarland, Beschluss vom 19.3.2013, 1 C 346/12). Die Freistellungsentscheidung hat das Planungsverfahren damit nicht zum Gegenstand. Einer in diese Richtung erweiternden Auslegung steht der Beschleunigungsgedanke des § 48 VwGO entgegen, der hier gerade nicht greifen soll (OVG Saarland, Beschluss vom 19.3.2013, 1 C 346/12).

8. Bundesfernstraßen, Nr 8

Nr 8 gilt für den Bau und die Änderung von Bundesfernstrassen. Diese gliedern sich in **16** Bundesautobahnen und Bundesstrassen mit den Ortsdurchfahrten, vgl § 1 Abs 2, Abs 4 FStrG. Die Bestimmung ist **nicht eng auszulegen**. Die Zuständigkeitszuweisung erfasst nicht nur Planfeststellungsbeschlüsse, sondern sämtliche Streitigkeiten, die im Zusammenhang mit Planfeststellungsverfahren für den Bau oder die Änderung von Bundesfernstrassen stehen. Auch Streitigkeiten über Verfahren nach § 12 Abs 4 FStrG bzw § 12a Abs 4 FStrG, die Kreuzungen zwischen Bundesfernstrassen und anderen öffentlichen Straßen bzw Kreuzungen mit Gewässern betreffen, unterfallen dem Anwendungsbereich. Gleiches gilt für Klagen eines Naturschutzverbandes gegen eine Planfeststellung (VGH München NVwZ 2002, 1264 ff). Die erstinstanzliche Zuständigkeit des Oberverwaltungsgerichts nach § 48 Abs 1 S 1 Nr 8, S 2 ist auch dann gegeben, wenn darum gestritten wird, ob bestimmten tatsächlichen Maßnahmen an einer Bundesfernstraße rechtlich ein Planfeststellungs- oder Plangenehmigungsverfahren hätte vorausgehen müssen (OVG Nordrhein-Westfalen Urt v 29.09.11 Az.:11 D 93/09.AK). Im Hinblick auf Streitigkeiten über zusätzliche Auflagen bedarf es einer Differenzierung: Nr 8 ist nicht einschlägig, wenn bei einem bestandskräftigen Planfeststellungsbeschluss Schutzauflagen nach § 17 Abs 6 FStrG aF, § 75 Abs 2 VwVfG eingeklagt werden (BVerwG NVwZ 2000, 1168 f; VGH Mannheim NVwZ 1995, 179 f). Steht hingegen die Aufnahme zusätzlicher Auflagen in einen noch nicht bestandskräftigen Planfeststellungsbeschluss im Streit, ist der Anwendungsbereich der Nr 8 und damit die Zuständigkeit des OVG eröffnet (VGH Mannheim NVwZ-RR 1996, 69). Klagen auf Feststellung des Außer-Kraft-Tretens eines Planfeststellungsbeschlusses werden nicht erfasst (OVG Rheinland-Pfalz NVwZ-RR 2004, 697 f; aA VGH Mannheim NuR 2004, 810 ff). Gleiches gilt auch für Klagen auf Widerruf von fernstraßenrechtlichen Planfeststellungsbeschlüssen (VGH München NVwZ-RR 2003, 156).

9. Bundeswasserstraßen, Nr 9

Nr 9 bezieht sich auf Bundeswasserstrassen iSd § 1 Abs 1 WaStrG, also auf **Binnenwasser-** **17** **strassen des Bundes**, die dem allgemeinen Verkehr dienen, und die **Seewasserstrassen**.

Damit erfasst die Zuweisung aus Nr 9 – und nicht erst die Ergänzungsklausel nach Abs 1 S 2 – auch die in § 1 Abs 4 WaStrG aufgeführten Nebenanlagen wie zB bundeseigene Schifffahrtsanlagen, Schleusen, Schiffshebewerke, Wehre, Speicherbecken sowie die ihrer Unterhaltung dienenden bundeseigenen Ufergrundstücke, Bauhöfe und Werkstätten. Nicht erfasst sind Wasserstrassen der Länder. Ein Verzeichnis über die dem allgemeinen Verkehr dienenden Binnenwasserstrassen des Bundes enthält die Anlage zum WaStrG. Nr 9 bezieht sich ausdrücklich auf den Neubau und den Ausbau von Bundeswasserstrassen, für die gem § 14 Abs 1 S 1 WaStrG eine vorherige Planfeststellung erforderlich ist. Wenn anstelle der Planfeststellung eine Plangenehmigung (vgl § 14 Abs 1a WaStrG) erteilt worden ist, ist der Zuständigkeitsbereich des OVG über S 2 (Rn 6) eröffnet. Für Verpflichtungsklagen, mit denen nach Unanfechtbarkeit des wasserrechtlichen Planfeststellungsbeschlusses nachträgliche Schutzauflagen begehrt werden, ist das VG zuständig (VGH München Beschl v 19.1.2004, 8 A 03.40040).

C. Die sachliche Zuständigkeit des OVG, Abs 2

18 Nach Abs 2 ist eine erstinstanzliche Zuständigkeit des OVG auch für **Klagen gegen das Verbot eines Vereins** (§ 3 Abs 1 VereinsG) **oder einer Ersatzorganisation** (§ 8 Abs 2 S 1 VereinsG) gegeben, sofern dieses von einer obersten Landesbehörde als Verbotsbehörde (§ 3 Abs 2 Nr 1 VereinsG) erlassen worden ist. Darüber hinaus besteht auch eine sachliche Zuständigkeit gemäß § 16 Abs 2 VereinsG für die Feststellungsklage der obersten Landesbehörde, das sog Bestätigungsverfahren. Zur Zuständigkeit, wenn der Bundesinnenminister Verbotsbehörde ist, siehe § 50 Abs 1 Nr 2 VwGO.

§ 49 [Instanzielle Zuständigkeit des Bundesverwaltungsgerichts]

Das Bundesverwaltungsgericht entscheidet über das Rechtsmittel
1. **der Revision gegen Urteile des Oberverwaltungsgerichts nach § 132,**
2. **der Revision gegen Urteile des Verwaltungsgerichts nach §§ 134 und 135,**
3. **der Beschwerde nach § 99 Abs. 2 und § 133 Abs. 1 dieses Gesetzes sowie nach § 17a Abs. 4 Satz 4 des Gerichtsverfassungsgesetzes.**

Gem § 49 VwGO ist das BVerwG grundsätzlich Rechtsmittelgericht (Rn 1). Ihm sind jedoch darüber hinaus auch weitere Zuständigkeiten (Rn 2) in erster Instanz sowie prozessuale Zuständigkeiten übertragen. Die Zuständigkeit gem § 49 VwGO ist eine ausschließliche (Rn 3).

A. BVerwG als Rechtsmittelgericht

1 Das BVerwG ist **grds höchstes Rechtsmittelgericht**. Es entscheidet gem Nr 1 über die Revision gegen Urteile des OVG nach § 132 VwGO, und auch dann, wenn das OVG an Stelle eines Urteils durch Beschluss nach § 47 Abs 5, § 125 Abs 2 S 2, § 130a S 1 VwGO oder durch Gerichtsbescheid gem § 84 Abs 1 S 1 VwGO entschieden hat. Gem Nr 2 entscheidet es über die Revision gegen Urteile des VG bei der Sprungrevision und beim Ausschluss der Berufung durch Bundesgesetz. Die in Nr 3 genannten Zuständigkeiten beziehen sich auf die nach § 152 Abs 1 ausnahmsweise statthafte Beschwerde an das BVerwG gegen Entscheidungen des OVG, nämlich die Beschwerde gegen den Beschluss des OVG über die Glaubhaftmachung des Vorliegens von Informationsverweigerungsgründen nach § 99 Abs 2 VwGO (mit Ausnahme der Sonderregelung in § 31 Abs 2 StUG), die Beschwerde gegen die Nichtzulassung der Revision gem § 133 Abs 1 VwGO und die Beschwerde im Verfahren über die Zulässigkeit des Verwaltungsrechtswegs und die Verweisung gem § 17a Abs 4 S 4 GVG (vgl zu Nr 3 iVm Wehrpflichtsachen: VGH Mannheim Beschluss v 14.3.2003 – 4 S 244/03).

B. Weitere Zuständigkeiten des BVerwG

2 Ergänzende Bestimmungen über die Zuständigkeit des BVerwG sind insbesondere getroffen in § 53 Abs 1, § 53 Abs 2, § 54 Abs 1 VwGO iVm § 45 ZPO, §§ 190 Abs 1 Nr 5 iVm § 83 BPersVG.

C. Ausschließliche Zuständigkeit

Hinsichtlich der Ausschließlichkeit der Zuständigkeit gilt dasselbe wie für das VG (§ 45 **3** VwGO Rn 4).

§ 50 [Sachliche Zuständigkeit des Bundesverwaltungsgerichts]

(1) Das Bundesverwaltungsgericht entscheidet im ersten und letzten Rechtszug

1. **über öffentlich-rechtliche Streitigkeiten nichtverfassungsrechtlicher Art zwischen dem Bund und den Ländern und zwischen verschiedenen Ländern,**
2. **über Klagen gegen die vom Bundesminister des Innern nach § 3 Abs. 2 Nr. 2 des Vereinsgesetzes ausgesprochenen Vereinsverbote und nach § 8 Abs. 2 Satz 1 des Vereinsgesetzes erlassenen Verfügungen,**
3. **über Streitigkeiten gegen Abschiebungsanordnungen nach § 58a des Aufenthaltsgesetzes und ihre Vollziehung,**
4. **über Klagen, denen Vorgänge im Geschäftsbereich des Bundesnachrichtendienstes zugrunde liegen.**
5. **über Klagen gegen Maßnahmen und Entscheidungen nach § 44a des Abgeordnetengesetzes und der Verhaltensregeln für Mitglieder des Deutschen Bundestages,**
6. **über sämtliche Streitigkeiten, die Planfeststellungsverfahren und Plangenehmigungsverfahren für Vorhaben betreffen, die in dem Allgemeinen Eisenbahngesetz, dem Bundesfernstraßengesetz, dem Bundeswasserstraßengesetz, dem Energieleitungsausbaugesetz, dem Bundesbedarfsplangesetz oder dem Magnetschwebebahnplanungsgesetz bezeichnet sind.**

(2) (weggefallen)

(3) Hält das Bundesverwaltungsgericht nach Absatz 1 Nr. 1 eine Streitigkeit für verfassungsrechtlich, so legt es die Sache dem Bundesverfassungsgericht zur Entscheidung vor.

§ 50 VwGO sieht ausnahmsweise eine erstinstanzliche Zuständigkeit des BVerwG (Rn 1) vor. Eine erweiternde Auslegung und eine analoge Anwendung (Rn 2) sind ausgeschlossen. Verfassungsrechtliche Bedenken (Rn 3) gegen die Entscheidung des BVerwG als einzige Instanz bestehen nicht. Die Zuständigkeitszuweisung ist nicht auf Klagen beschränkt, sondern umfasst auch Streitigkeiten des vorläufigen Rechtsschutzes (Rn 4). Die Zuständigkeit ist eine ausschließliche. Nr 1 (Rn 5) sieht eine erstinstanzliche Zuständigkeit des BVerwG für öffentlich-rechtlich Streitigkeiten nichtverfassungsrechtlicher Art zwischen dem Bund und den Ländern und zwischen verschiedenen Ländern vor. Nr 2 (Rn 6) bezieht sich auf Vereinsverbotssachen und Nr 3 (Rn 7) auf Abschiebungsanordnungen nach § 58a des Aufenthaltsgesetzes. Nr 4 (Rn 8) erfasst Streitigkeiten aus dem Bereich des Bundesnachrichtendienstes. Nr 5 (Rn 9) wurde durch Gesetz vom 22.8.2005 und Nr 6 (Rn 9a) durch Gesetz vom 9.12.2006 neu eingefügt. Für das Verfahren vor dem BVerwG (Rn 10) finden die Vorschriften der §§ 54 ff, 81 ff VwGO Anwendung, es sind jedoch einige Besonderheiten zu beachten. Verfassungsrechtliche Streitigkeiten (Rn 11) hat das BVerwG dem BVerfG gem Abs 3 vorzulegen.

A. Allgemeines

Da nach § 45 VwGO die erstinstanzliche Zuständigkeit grds dem VG, bzw in den Fällen **1** des §§ 47, 48 VwGO dem OVG, zugewiesen ist, stellt die erstinstanzliche Zuständigkeit des BVerwG nach § 50 VwGO die **Ausnahme** dar. Die Bestimmungen des Abs 1 beziehen sich daher vor allem auf Fallgruppen, bei denen ein bundespolitisches Interesse an einer beschleunigten Entscheidung durch das BVerwG besteht, bzw bei denen die Zuordnung zu einem einzelnen Land nicht möglich ist. Auch im Hinblick auf die Tatsache, dass § 49 VwGO für das BVerwG die grds Funktion als Rechtsmittelgericht vorsieht, hat die erstinstanzliche Zuständigkeit Ausnahmecharakter.

2   Die Zuständigkeitszuweisung ist auf Ausnahmefälle beschränkt; eine **erweiternde Auslegung und eine analoge Anwendung des § 50 Abs 1 VwGO sind ausgeschlossen** (BVerwG DVBl 1984, 1015). Unabhängig davon sind aber Zuständigkeitszuweisungen durch spezielle gesetzlichen Anordnungen, die das Bundesrecht unabhängig von den §§ 49 ff VwGO vorsehen kann. An derartigen erst- und letztinstanzlichen BVerwG-Zuständigkeiten sind insbes die §§ 190 Abs 1 Nr 8 VwGO iVm § 13 Abs 2 PatG, § 5 VerkPBG (vgl OVG Berlin DVBl 2005, 1392 ff) sowie das „BAB-A20-Gesetz" v 2.3.1994 (BGBl I 734) zu nennen. Als erstinstanzliches Gericht kann das BVerwG auch Vollstreckungsgericht sein, § 167 Abs 1 S 2 VwGO.

3   Für die dem BVerwG nach § 50 VwGO zugewiesenen Streitigkeiten ist nur eine Instanz vorgesehen. **Verfassungsrechtlichen Bedenken** begegnet diese Vorschrift gleichwohl nicht, da Art 19 Abs 4 GG nur den Rechtsweg garantiert, darüber hinaus aber keinen mehrstufigen Rechtsweg fordert (BVerfGE 65, 76, 90; BVerfGE 92, 365, 410). Ein Instanzenzug wird auch von Art 103 Abs 1 GG und von Art 95 Abs 1 GG nicht vorgeschrieben (vgl dazu mwN Eyermann/Schmidt VwGO § 50 Rn 2).

4   Entgegen dem Wortlaut der Nr 2, Nr 4 und Nr 5, der jeweils eine Zuständigkeitszuweisung für „Klagen" enthält, umfassen alle Fälle des Abs 1 auch die Zuständigkeit für den **einstweiligen Rechtsschutz** nach §§ 80 f und § 123 VwGO (S/S-A/P/Bier VwGO § 50 Rn 5). Hinsichtlich des Ausschlusses der Prorogation gilt dasselbe wie für das VG (§ 45 VwGO Rn 4).

B. Zuständigkeit des BVerwG nach Abs 1

I. Öffentlich-rechtliche Streitigkeiten nichtverfassungsrechtlicher Art zwischen dem Bund und Ländern und zwischen Ländern, Nr 1

5   Das kennzeichnende Merkmal für die Zuständigkeitszuweisung Nr 1 ist die Streitigkeit zwischen dem Bund und den Ländern oder zwischen Ländern. Entscheidend ist dabei, dass die Streitigkeit ihre Prägung und Besonderheit gerade durch die Beziehung zwischen dem Bund und den Ländern erfährt. Das BVerwG ist nach Nr 1 sachlich zuständig, wenn der Rechtsstreit durch die Auslegung von Normen geprägt wird, die Hoheitsbefugnisse des Bundes gegenüber Vollzugsbehörden der Länder abgrenzen (so zu § 7 Abs 4 und § 48 WaStrG BVerwG UPR 2008, 232 f). Es muss sich um **verwaltungsrechtliche** Fragen handeln, die den Bund und die Länder gerade in ihrer besonderen Funktion als Hoheitsträger betreffen, und die ihre **Grundlage im föderativen Bund-Länder-Verhältnis** finden (vgl dazu BVerwG NVwZ 2004, 1124 f). Die Regelung ist einschränkend auszulegen (BVerwG NVwZ 2004, 484 f). Ob eine öffentlich-rechtliche Streitigkeit nichtverfassungsrechtlicher Art gegeben ist, bestimmt sich nach den Maßstäben des § 40 VwGO.

Die Zuständigkeit des BVerwG nach Nr 1 wurde zB bejaht für einen Streit über eine Schießanlage des Bundes, die der landesrechtlichen Zustimmung bedurfte (BVerwG NJW 1977, 163), weiter hinsichtlich der Frage, ob ein Land berechtigt ist, bei der Vergabe von Studienplätzen von Vereinbarungen abzuweichen, die durch Staatsvertrag mit anderen Ländern getroffen worden sind (BVerfGE 42, 103) sowie hinsichtlich des Erstattungsanspruches eines Landes gegen den Bund bei der Beseitigung der Folgen eines Ölunfalles im Eilfall (BVerwG NVwZ 1986, 913) sowie im Falle eines Streits darüber und inwieweit eine Bundesbehörde verpflichtet ist, dem Beweisbeschluss eines Landesparlaments uneingeschränkt nachzukommen. Diese Frage betrifft die Abgrenzung der beiderseitigen Hoheitsbefugnisse im Rahmen einer grundsätzlich zu leistenden Amtshilfe und begründet die sachliche Zuständigkeit des Bundesverwaltungsgerichts, ohne dem Verfahren seinen verwaltungsrechtlichen Charakter zu nehmen (BVerwG Beschl v 10.8.2011 Az.: 6 A 1/11). Wenn die Stellung eines Beteiligten in allen wesentlichen Punkten der eines Staatsbürgers entspricht, ist Nr 1 nicht einschlägig (bzgl der Klage eines Landes gegen die Entscheidung des Bundesministeriums der Verteidigung über die militärische Nutzung eines Truppenübungsplatzes: BVerwG NVwZ 2004, 484 f). Verneint wurden die Voraussetzungen der Nr 1 auch bei einem Rückforderungsanspruch des Bundes wegen zu Unrecht geleisteter Erstattungszahlungen (BayVGH NVwZ 1993, 794 ff) und bei einer Streitigkeit zwischen einem Land und einem nicht rechtsfähigen Sondervermögen des Bundes, das unter seinem Namen im

Rechtsverkehr handeln, klagen und verklagt werden kann (BVerwG NVwZ 2003, 620 f). Die Zuständigkeit bestimmt sich auch dann nicht nach Nr 1, wenn der geltend gemachte Klageanspruch nicht im verfassungsrechtlichen Grundverhältnis zwischen dem Bund und einem Land, sondern in einem engeren Rechtsverhältnis, das durch Normen des einfachen Rechts geprägt wird, wurzelt (vgl hinsichtlich Art 104a Abs 2 GG BVerwG NVwZ 2009, 599 ff).

II. Vereinsverbotssachen, Nr 2

Nr 2 bezieht sich auf Vereinsverbotssachen und enthält eine **Parallelvorschrift zu § 48** 6 **Abs 2 VwGO**, der eine Zuständigkeitszuweisung an das OVG enthält. Nr 2 erfasst die Streitigkeiten in Zusammenhang mit dem vom Bundesinnenminister als Vereinsbehörde erlassenen Verbot eines Vereins oder einer Ersatzorganisation, deren Organisation oder Tätigkeit sich über das Gebiet eines Landes hinaus erstreckt (vgl § 3 Abs 2 S 1 Nr 2 VereinsG). Nr 2 betrifft ausdrücklich nur Vereinsverbote nach § 3 Abs 2 Nr 2 VereinsG sowie Verfügungen gem § 8 Abs 2 S 1 VereinsG. Für Klagen gegen Verfügungen zum Vollzug des Verbots (§ 5 Abs 1, §§ 10 ff VereinsG) ist das VG sachlich zuständig, vgl § 6 Abs 1 VereinsG.

III. Streitigkeiten über Abschiebungsanordnungen nach § 58a AufenthG und ihre Vollziehung, Nr 3

Mit dem Zuwanderungsgesetz vom 30.7.2004 (BGBl I 1950 ff) wurde die **Abschie-** 7 **bungsanordnung** gem § 58a AufenthG eingeführt, nach der Ausländer, die eine besondere Gefahr für die Sicherheit der Bundesrepublik oder eine terroristische Gefahr darstellen, in einem beschleunigten Verfahren abgeschoben werden können. Nr 3 betrifft den Rechtsschutz gegen derartige Abschiebungsanordnungen (nicht zu verwechseln mit der Abschiebungsanordnung gem § 58 AufenthG) und verfolgt mit der erst- und letztinstanzlichen BVerwG-Zuständigkeit das Ziel eines beschleunigten Verfahrens.

IV. Streitigkeiten aus dem Bereich des Bundesnachrichtendienstes, Nr 4

Nr 4 betrifft Vorgänge aus dem Geschäftsbereich des Bundesnachrichtendienstes (zB 8 BVerwG Buchholz 232 § 23 BBG Nr 43; BVerwG Beschl v 8.2.2007, 2 VR 1/07; BVerwG NVwZ-RR 2008, 547 zu der Umsetzung eines Mitarbeiters vom Ausland in das Inland). Voraussetzung ist dabei stets, dass es sich um eine öffentlich-rechtliche Streitigkeit handelt (vgl BVerwG Urt v 31.1.2008, 2 A 4/06, BeckRS 2008, 33331 zu der Eröffnung der Verwaltungsrechtswegs für den Auskunftsanspruch aus § 7 BNDG iVm § 15 BVerfSchG eines vor dem Arbeitsgericht klagenden Betroffenen über die vom Bundesnachrichtendienst zu seiner Person gespeicherten Daten). Die frühere Beschränkung auf Klagen gegen den Bund ist entfallen, nunmehr ist das BVerwG auch für Disziplinarklagen gegen Beamte des BND erstinstanzlich zuständig. Auch eine Klage, mit der die Wahl einer Gleichstellungsbeauftragten und ihrer Stellvertreterin beim Bundesnachrichtendienst angefochten wird, fällt unter Nr 4 (BVerwG Urt v 27.6.2007, 6 A 1/06); ebenso die Klage über einen Anspruch auf Schadensersatz wegen unterbliebener Beförderung (BVerwG DÖV 2009, 503), die Anerkennung eines Wegeunfalls eines Beamten des Bundesnachrichtendienstes als Dienstunfall (BVerwG, Urt v 9.12.2010, 2 A 4/10) und den Anspruch eines Journalisten auf Einblick in Unterlagen des Bundesnachrichtendienstes (BVerwG, Beschl v 10.2.2012, 7 VR 6/11). Auch wenn sich ein Berufssoldat gegen seine Bezügestelle mit dem Ziel wendet, Einbehalte wegen eines Schadensersatzanspruchs zu unterlassen, liegt eine Streitigkeit nach § 50 Abs. 1 Nr. 4 vor, wenn dem Schadensersatzanspruch Vorgänge im Geschäftsbereich des BND zugrunde liegen (VG Stuttgart Beschl v 9.2.2011 Az: 12 K 52/11). Weiter werden seit der Streichung des Wortes „dienstrechtliche" durch Art 1 Nr 7 RmBereinVpG nicht mehr ausschließlich dienstrechtliche, sondern **sämtliche Verfahren im Bereich des BND** erfasst. Nach dem BVerwG ist Nr 4 nur auf den BND als Behörde anzuwenden (BVerwG Buchholz 310 § 50 VwGO Nr 1), während in der Literatur zT ein funktionelles Verständnis des Begriffes „Bundesnachrichtendienst", nach dem auch das Bundesamt für Verfassungsschutz und der Militärische Abschirmdienst darunter fallen, gefordert wird (vgl Redeker/v Oertzen/Redeker VwGO § 50 Rn 4). Der engere Standpunkt der Rechtsprechung ist wegen des klaren

Wortlautes der Nr 4 vorzugswürdig (so auch S/S-A/P/Bier VwGO § 50 Rn 12). Nach dem
VG Berlin reicht der bloße Umstand, dass ein Mitarbeiter beim BND beschäftigt ist, nach
Wortlaut und Zweckrichtung der Nr 4 nicht aus, um eine erstinstanzliche Zuständigkeit des
BVerwG zu begründen, weil die Bestimmung vor allem der besseren Geheimhaltung der
Vorgänge im Bereich des BND dient (VG Berlin Urt v 26.6.2008, 16 A 177.05 BeckRS
2008 38588).

V. Streitigkeiten über Klagen gegen Maßnahmen und Entscheidungen nach § 44a des Abgeordnetengesetzes und der Verhaltensregeln für Mitglieder des Deutschen Bundestages, Nr 5

9   Nr 5 wurde eingefügt mWv 18.10.2005 durch Gesetz vom 22.8.2005 (BGBl I 2482).
Insbesondere kommen als Maßnahmen und Entscheidungen solche des Bundestagspräsiden-
ten nach § 44a Abs 3 S 2 und Abs 4 S 3 AbgG in Betracht (Scheidler in Gärditz, § 50
Rn. 16).

VI. Streitigkeiten über Planfeststellungsverfahren und Plangenehmigungsverfahren für Vorhaben, die in dem Allgemeinen Eisenbahngesetz, dem Bundesfernstraßengesetz, dem Bundeswasserstraßengesetz, dem Energieleitungsausbaugesetz, dem Bundesbedarfsplangesetz oder dem Magnetschwebebahnplanungsgesetz bezeichnet sind, Nr 6

9a   Nr 6 wurde angefügt durch das **Gesetz zur Beschleunigung von Planungsverfahren
für Infrastrukturvorhaben** vom 9.12.2006 (BGBl I 2833 ff). In Anknüpfung an die mit
dem Verkehrswegeplanungsbeschleunigungsgesetz in den ostdeutschen Ländern gemachten
Erfahrungen dient die Festlegung der Zuständigkeit des BVerwG für ausdrücklich benannte
Verkehrsvorhaben in erster und letzter Instanz der Verkürzung des Rechtswegs für Projekte
von besonderer Bedeutung (vgl zu Nr 6 VGH Mannheim BeckRS 2007 23047; BVerwG
Beschl v 25.7.2007, 9 VR 19/07). Das BVerwG hat ausgeführt, dass im Grundsatz keine
verfassungsrechtlichen Bedenken gegen die erstinstanzliche Zuständigkeit nach Nr 6 bestehen (BVerwGE 131, 274 ff). Die erstinstanzliche Zuständigkeit nach § 50 Abs 1 Nr 6
VwGO erfasst nicht Streitigkeiten um Ansprüche auf Auskunft über planfeststellungspflichti-
ge Vorhaben, die auf das Umweltinformationsgesetz gestützt sind; der Bestimmung unterfallen nur Verwaltungsstreitverfahren, die einen unmittelbaren Bezug zu konkreten Planfeststellungsverfahren oder Plangenehmigungsverfahren haben (BVerwG NVwZ 2007, 1095).
Im Hinblick auf den Zweck der Nr 6, der in der erwähnten beschleunigten Durchführung
von Infrastrukturvorhaben liegt, werden diese Verfahren mit unmittelbarem Bezug aber
umfassend erfasst (BVerwG NVwZ 2013, 78 f). Dieser unmittelbare Bezug ist anzunehmen,
wenn die gegenständlichen Verfahren Teil der „genehmigungsrechtlichen Bewältigung" des
Vorhabens sind, sie also der späteren Entscheidung vorhergehen (BVerwG NVwZ 2013,
78 f).
Mit Art 3 des Gesetzes zur Beschleunigung des Ausbaus der Höchstspannungsnetze vom
21.8.2009 (BGBl I 2870) wurde die Zuständigkeitszuweisung Nr 6 auf Streitigkeiten, die
Planfeststellungsverfahren und Plangenehmigungsverfahren für Vorhaben nach dem Energieleitungsausbaugesetz betreffen, erstreckt. Das gleiche gilt nunmehr durch Art 4 des
Zweiten Gesetzes über Maßnahmen zur Beschleunigung des Netzausbaus Elektrizitätsnetze
vom 23.7.2013 (BGBl I 2543) für Vorhaben, die dem Bundesbedarfsplan nach § 12e Ener-
giewirtschaftsgesetz unterliegen. Dieser benennt als Anlage zum Bundesbedarfsplangesetz
(BGBl I 2543) diejenigen Vorhaben zur Anpassung, Entwicklung und Ausbau von Elek-
trizitätsvorhaben, die energiewirtschaftlich notwendig sind und für die deshalb ein erhöhter
Bedarf besteht. Diese müssen der Einbindung erneuerbarer Energien, der Kompatibilität der
Stromnetze mit europäischen Netzen, dem Anschluss neuer Kraftwerke oder der Vermeidung von Stromengpässen dienen. Aus dieser regelmäßig die Länder- und bisweilen auch
die Bundesgrenzen überschreitenden Bedeutung und dem Bedürfnis, die Strominfrastruktur
zügig auszubauen und zu verbessern, ergibt sich die Erst- und Letztzuständigkeit des
BVerwG.

C. Das Verfahren vor dem BVerwG

Hinsichtlich des Verfahrens vor dem BVerwG finden die allgemeinen Vorschriften der **10** §§ 54 ff VwGO, sowie die Bestimmungen über das Verfahren im ersten Rechtszug, §§ 81 ff VwGO, Anwendung. Dabei prüft das BVerwG auch einschlägiges Landesrecht, § 137 Abs 1 Nr 1 VwGO findet keine Anwendung (BVerwG NJW 1985, 1655 ff). Ausnahmen ergeben sich zT im Hinblick auf die erst- und letztinstanzliche Zuständigkeit des BVerwG. So kann, wenn das BVerwG durch Gerichtsbescheid entscheidet, nur mündliche Verhandlung gem § 84 Abs 2 Nr 4 beantragt werden (BVerwG JZ 1997, 263). Bejaht das BVerwG die Verfassungsrechtlichkeit der Streitigkeit, legt es den Rechtsstreit gem Abs 3 dem BVerfG vor (Rn 11). Hält sich das BVerwG für unzuständig, verweist es den Rechtsstreit nach § 83 VwGO iVm § 17a Abs 2 GVG an das zuständige Gericht. Einer Verweisung wegen sachlicher Unzuständigkeit steht eine nicht ordnungsgemäße Vertretung der Kläger vor dem BVerwG nicht entgegen (BVerwG BeckRS 2005 26350). Eine Widerklage nach § 89 VwGO, die in den Fällen der Nr 1 zulässig ist (BVerwGE 50, 137, 140), ist bei Klagen nach Nr 4 ausgeschlossen. Auch eine einstweilige Anordnung ist im Länderstreit nach Nr 1 zulässig (BVerwGE 50, 124).

D. Die Vorlage an das BVerfG gem Abs 3

Gem Abs 3 hat das BVerwG bei öffentlich-rechtlichen Streitigkeiten nach Nr 1 die Sache **11** dem BVerfG vorzulegen, wenn es sie für **verfassungsrechtlich** hält. Die Entscheidung des BVerfG über die Verfassungsrechtlichkeit ist **bindend für das BVerwG**. Entscheidet das BVerfG, dass keine verfassungsrechtliche Streitigkeit gegeben ist, wird das Verfahren vor dem BVerwG fortgesetzt. Die Behandlung der entgegengesetzten Fälle, in denen auch das BVerfG den Rechtsstreit für verfassungsrechtlich hält, war früher umstritten (vgl Eyermann/Schmidt VwGO § 50 Rn 21; Kopp/Schenke VwGO § 50 Rn 9, 10). Das BVerfG bejahte inzwischen seine Befugnis, eine ihm im Rahmen des Abs 3 vorgelegte verfassungsrechtliche Streitigkeit unmittelbar in der Sache zu entscheiden, sofern die sonstigen Sachurteilsvoraussetzungen für Verfahren vor dem BVerfG gegeben sind (BVerfG NVwZ 2004, 468, 470). Die Sachurteilsvoraussetzungen für das Verfahren vor dem BVerfG dürfen jedoch nicht durch eine vorherige Anrufung des unzuständigen BVerwG umgangen werden. Soll die Möglichkeit einer Sachentscheidung des BVerfG offen gehalten werden, muss die Klage zum BVerwG innerhalb der Sechs-Monats-Frist erhoben werden (BVerfG NVwZ 2004, 468).

Abs 3 ist auf andere Fälle, in denen das BVerwG zu der Überzeugung kommt, dass es sich um eine verfassungsrechtliche Streitigkeit handelt, **nicht analog anwendbar** (vgl mwN Redeker/v Oertzen/Redeker VwGO § 50 Rn 6), der Anwendungsbereich ist auf die in Nr 1 erwähnten Streitsachen beschränkt.

§ 51 [Aussetzung bei Verfahren über Vereinsverbote]

(1) Ist gemäß § 5 Abs. 2 des Vereinsgesetzes das Verbot des Gesamtvereins anstelle des Verbots eines Teilvereins zu vollziehen, so ist ein Verfahren über eine Klage dieses Teilvereins gegen das ihm gegenüber erlassene Verbot bis zum Erlaß der Entscheidung über eine Klage gegen das Verbot des Gesamtvereins auszusetzen.

(2) Eine Entscheidung des Bundesverwaltungsgerichts bindet im Falle des Absatzes 1 die Oberverwaltungsgerichte.

(3) Das Bundesverwaltungsgericht unterrichtet die Oberverwaltungsgerichte über die Klage eines Vereins nach § 50 Abs. 1 Nr. 2.

§ 51 VwGO betrifft den Fall, dass ein Verfahren über das Verbot eines Teilvereins mit einem Verfahren über das Verbot des Gesamtvereins zusammentrifft. Wenn in zwei verschiedenen Verfahren gegen die Verbotsverfügungen geklagt wird, besteht die Gefahr, dass divergierende Entscheidungen ergehen. Um eine einheitliche Entscheidung zu sichern, sieht Abs 1 vor, dass die Klage über das Verbot des Teilvereins bis zur Entscheidung über die Klage gegen das Verbot des Gesamtvereins auszusetzen (Rn 1) ist. Nach Abs 2 sind die OVG an die Entscheidung des BVerwG gebunden (Rn 2). Gem Abs 3 unterrichtet das BVerwG die OVG (Rn 3), wenn bei ihm eine Klage nach § 50 Abs 1 Nr 2 VwGO erhoben wird.

A. Pflicht zur Aussetzung (Abs 1)

1   Folgt dem **Verbot eines Teilvereins**, bevor es unanfechtbar geworden ist, ein den Teilverein einschließendes **Verbot des Gesamtvereins**, so ist von diesem Zeitpunkt an nur noch das Verbot des Gesamtvereins zu vollziehen, § 5 Abs 2 VereinsG. Unter Bezugnahme auf diese Bestimmung sieht Abs 1 vor, dass das Verfahren über die Klage gegen das Verbot des Teilvereins bis zur (rechtskräftigen) Entscheidung über die Klage gegen das Verbot des Gesamtvereins **auszusetzen** ist. Auch zu einstweiligen Anordnungen gem § 16 Abs 4 VereinsG ist das aussetzende Gericht nicht mehr befugt. Zuständige Gerichte können sowohl das OVG (§ 48 Abs 2 VwGO) als auch das BVerwG sein (§ 50 Abs 1 Nr 2 VwGO). Der Verstoß gegen die Aussetzungspflicht stellt einen Verfahrensmangel iSv § 132 Abs 2 Nr 3 dar.

2   Abs 1 erfasst nicht die Konstellationen, in denen für das Verbot des Teilvereins und für das Verbot des Gesamtvereins **dasselbe Gericht zuständig** ist. In diesen Fällen hat das Gericht das Verfahren über die Klage gegen das Teilverbot nicht auszusetzen, sondern die Verfahren nach § 93 VwGO zu verbinden (Redeker/v Oertzen/Redeker VwGO § 51 Rn 1; Sodan/Ziekow/Ziekow VwGO § 51 Rn 4; aA Kopp/Schenke VwGO § 51 Rn 1).

B. Bindungswirkung (Abs 2)

3   Nach Abs 2 bindet eine Entscheidung des BVerwG im Falle des Abs 1 (Rn 1 f) die OVG. Ein Verstoß gegen die Bindung nach Abs 2 ist ein Verfahrensmangel iSd § 132 Abs 2 Nr 3 VwGO.

C. Unterrichtung durch das BVerwG (Abs 3)

4   Sind **bei verschiedenen Gerichten Vereinsverbotsverfahren anhängig**, besteht, wenn das OVG keine Kenntnis von dem anhängigen zweiten Rechtsstreit und damit von seiner Verpflichtung gem Abs 1 (Rn 1 f) hat, die Gefahr, dass keine Aussetzung des Verfahrens über die Klage gegen das Verbot des Teilvereins erfolgt. Um dies zu verhindern, sieht Abs 3 vor, dass das BVerwG die Oberverwaltungsgerichte über vereinsrechtliche Klagen **unterrichtet**, die bei ihm gem § 50 Abs 1 Nr 2 VwGO anhängig sind. Aus der Verweisung auf § 50 Abs 1 Nr 2 VwGO folgt, dass auch eine Unterrichtung über Klagen gegen das Verbot einer Ersatzorganisation nach § 8 Abs 2 S 1 VereinsG zu erfolgen hat.

§ 52 [Örtliche Zuständigkeit]

Für die örtliche Zuständigkeit gilt folgendes:

1. **In Streitigkeiten, die sich auf unbewegliches Vermögen oder ein ortsgebundenes Recht oder Rechtsverhältnis beziehen, ist nur das Verwaltungsgericht örtlich zuständig, in dessen Bezirk das Vermögen oder der Ort liegt.**

2. **[1]Bei Anfechtungsklagen gegen den Verwaltungsakt einer Bundesbehörde oder einer bundesunmittelbaren Körperschaft, Anstalt oder Stiftung des öffentlichen Rechts ist das Verwaltungsgericht örtlich zuständig, in dessen Bezirk die Bundesbehörde, die Körperschaft, Anstalt oder Stiftung ihren Sitz hat, vorbehaltlich der Nummern 1 und 4. [2]Dies gilt auch bei Verpflichtungsklagen in den Fällen des Satzes 1. [3]In Streitigkeiten nach dem Asylverfahrensgesetz ist jedoch das Verwaltungsgericht örtlich zuständig, in dessen Bezirk der Ausländer nach dem Asylverfahrensgesetz seinen Aufenthalt zu nehmen hat; ist eine örtliche Zuständigkeit danach nicht gegeben, bestimmt sie sich nach Nummer 3. [4]Für Klagen gegen den Bund auf Gebieten, die in die Zuständigkeit der diplomatischen und konsularischen Auslandsvertretungen der Bundesrepublik Deutschland fallen, ist das Verwaltungsgericht örtlich zuständig, in dessen Bezirk die Bundesregierung ihren Sitz hat.**

3. [1]Bei allen anderen Anfechtungsklagen vorbehaltlich der Nummern 1 und 4 ist das Verwaltungsgericht örtlich zuständig, in dessen Bezirk der Verwaltungsakt erlassen wurde. [2]Ist er von einer Behörde, deren Zuständigkeit sich auf mehrere Verwaltungsgerichtsbezirke erstreckt, oder von einer gemeinsamen Behörde mehrerer oder aller Länder erlassen, so ist das Verwaltungsgericht zuständig, in dessen Bezirk der Beschwerte seinen Sitz oder Wohnsitz hat. [3]Fehlt ein solcher innerhalb des Zuständigkeitsbereichs der Behörde, so bestimmt sich die Zuständigkeit nach Nummer 5. [4]Bei Anfechtungsklagen gegen Verwaltungsakte einer von den Ländern mit der Vergabe von Studienplätzen beauftragten Behörde ist jedoch das Verwaltungsgericht örtlich zuständig, in dessen Bezirk die Behörde ihren Sitz hat. [5]Dies gilt auch bei Verpflichtungsklagen in den Fällen der Sätze 1, 2 und 4.

4. [1]Für alle Klagen aus einem gegenwärtigen oder früheren Beamten-, Richter-, Wehrpflicht-, Wehrdienst- oder Zivildienstverhältnis und für Streitigkeiten, die sich auf die Entstehung eines solchen Verhältnisses beziehen, ist das Verwaltungsgericht örtlich zuständig, in dessen Bezirk der Kläger oder Beklagte seinen dienstlichen Wohnsitz oder in Ermangelung dessen seinen Wohnsitz hat. [2]Hat der Kläger oder Beklagte keinen dienstlichen Wohnsitz oder keinen Wohnsitz innerhalb des Zuständigkeitsbereichs der Behörde, die den ursprünglichen Verwaltungsakt erlassen hat, so ist das Gericht örtlich zuständig, in dessen Bezirk diese Behörde ihren Sitz hat. [3]Die Sätze 1 und 2 gelten für Klagen nach § 79 des *Gesetzes zur Regelung der Rechtsverhältnisse der unter Artikel 131 des Grundgesetzes fallenden Personen* entsprechend.

5. In allen anderen Fällen ist das Verwaltungsgericht örtlich zuständig, in dessen Bezirk der Beklagte seinen Sitz, Wohnsitz oder in Ermangelung dessen seinen Aufenthalt hat oder seinen letzten Wohnsitz oder Aufenthalt hatte.

Die Frage nach der örtlichen Zuständigkeit (Rn 1) wird in den Fällen relevant, in denen verschiedene Gerichte sachlich zuständig sind. § 52 VwGO unterscheidet zwischen besonderen und einem allgemeinen Gerichtsstand (Rn 2); diese schließen sich untereinander aus. Die örtliche Zuständigkeit wird von Amts wegen (Rn 3) geprüft und ist zwingend. Bei örtlicher Unzuständigkeit (Rn 4) verweist das Gericht an das zuständige Gericht. Für Streitigkeiten mit besonderem Bezug zu einem bestimmten Territorium ist gem Nr 1 (Rn 5) das VG zuständig, in dessen Bezirk das Vermögen oder der Ort liegt. Ein Ortsbezug (Rn 6) in diesem Sinne ist zB bei Streitigkeiten über die Bebaubarkeit eines Grundstücks gegeben. Wenn die Streitigkeit durch keine besondere Beziehung zu einem Territorium geprägt ist, liegt kein hinreichender Ortsbezug (Rn 7) vor. Sofern die Zuständigkeitsbestimmung gem Nr 1 nicht einschlägig ist, ist der Gerichtsstand der besonderen Pflichtverhältnisse nach Nr 4 zu prüfen. Dabei ist gem S 1 der dienstliche oder bürgerliche Wohnsitz (Rn 15), bzw nach S 2 der Sitz der Behörde (Rn 16) maßgeblich. Nachrangig nach Nr 1 und Nr 4 ist der besondere Gerichtsstand für Anfechtungs- und Verpflichtungsklagen im Bereich der Bundesverwaltung gem Nr 2 (Rn 8) in Betracht zu ziehen. Zu beachten sind dabei die Sonderregeln für Streitigkeiten nach dem Asylverfahrensgesetz (Rn 9) und für Klagen mit diplomatischem oder konsularischem Bezug (Rn 10). Liegt weder ein Fall von Nr 1 noch von Nr 4 oder Nr 2 vor, kommt Nr 3 (Rn 11) zur Anwendung, der sonstige Anfechtungs- und Verpflichtungsklagen betrifft. In S 1, S 2 und S 3 sind einzelne Fälle (Rn 12) und Ausnahmetatbestände normiert. S 4 enthält eine Sonderregelung für Klagen gegen Verwaltungsakte einer von den Ländern mit der Vergabe von Studienplätzen beauftragten Behörde (Rn 13). Nr 5 sieht schließlich einen subsidiären allgemeinen Gerichtsstand (Rn 17) vor, der eine Auffangzuständigkeit für „alle anderen Fälle" beinhaltet.

A. Allgemeines

Die Frage nach der örtliche Zuständigkeit (Gerichtsstand) bestimmt in den Fällen, in   **1** denen verschiedene sachlich zuständige Gerichte in Betracht kommen, welches Gericht zur Entscheidung berufen ist. § 52 VwGO regelt diese Zuständigkeit, indem er unter Berücksichtigung des örtlichen Bezuges bestimmte Streitigkeiten den in den Nr 1 bis 5 aufgezählten Gerichtsständen zuweist. Unabhängig von § 52 VwGO ist es dem Gesetzgeber nicht verwehrt, Streitsachen anderen Gerichtsständen zuzuweisen (vgl zB § 6 S 3 GVO für Streitigkeiten über die Erteilung der Grundstücksverkehrsgenehmigung). Derartige **spezielle Zuweisungen** gehen grds – sofern keine ausdrückliche Regelung getroffen ist – der Zuständigkeitsbestimmung in § 52 VwGO vor. Maßgeblicher Zeitpunkt für die Bestimmung der Zuständigkeit ist der Zeitpunkt der Klageerhebung vor dem erstinstanzlichen Gericht. Die zu diesem Zeitpunkt begründete örtliche Zuständigkeit bleibt auch trotz eventueller späterer Veränderungen erhalten, § 83 S 1 VwGO iVm § 17 Abs 1 S 1 GVG (perpetuatio fori). Deshalb ändert zB der nach Klageerhebung erfolgende Umzug des Klägers in einen anderen VG-Bezirk nichts an der begründeten örtlichen Zuständigkeit.

2   § 52 VwGO unterscheidet zwischen **verschiedenen besonderen** und **einem allgemeinen Gerichtsstand**. An besonderen Gerichtsständen enthält die Vorschrift:
   – Gerichtsstand der Belegenheit, Nr 1 (Rn 5)
   – Gerichtsstand für Klagen aus dem Beamten-, Richter-, Wehrpflicht-, Wehrdienst- oder Zivildienstverhältnis (besondere Pflichtverhältnisse), Nr 4 (Rn 14)
   – Gerichtsstand für Anfechtungs-/Verpflichtungsklagen gegen den Verwaltungsakt einer Bundesbehörde oder einer bundesunmittelbaren Körperschaft, Anstalt oder Stiftung des öffentlichen Rechts, Nr 2 (Rn 8)
   – Gerichtsstand für sonstige Anfechtungs-/Verpflichtungsklagen, Nr 3 (Rn 11).

   Die besonderen Gerichtsstände schließen sich in der Reihenfolge ihrer Nennung gegenseitig aus. Der allgemeine Gerichtsstand nach Nr 5 (Rn 17) ist – im Unterschied zu der Regelung in den §§ 12 ff ZPO – subsidiär, ihm kommt nur dann Bedeutung zu, wenn keine andere örtliche Zuständigkeit einschlägig ist. Damit ist auch die **Prüfungsreihenfolge** vorgegeben: Nr 1 (Rn 5), Nr 4 (Rn 14), Nr 2 (Rn 8), Nr 3 (Rn 11), Nr 5 (Rn 17). Bzgl der Prüfungsreihenfolge innerhalb der jeweilige Nr wird auf die entsprechende Kommentierung verwiesen.

3   Die örtliche Zuständigkeit ist vom Gericht in jedem Stadium des Verfahrens **von Amts wegen zu prüfen**, § 83 S 1 VwGO iVm § 17a Abs 2 S 1 GVG. Sie ist – ebenso wie die sachliche Zuständigkeit (vgl § 45 VwGO Rn 4) – zwingend und einer Parteivereinbarung nicht zugänglich. Prorogation und rügelose Einlassung sind daher ausgeschlossen. Gem § 89 VwGO kann bei dem Gericht der Klage eine Widerklage erhoben werden, wenn der Gegenanspruch mit dem in der Klage geltend gemachten Anspruch oder mit den gegen ihn vorgebrachten Verteidigungsmitteln zusammenhängt. In diesem Zusammenhang ist jedoch § 89 Abs 1 S 2 VwGO zu beachten, der ausdrücklich eine Ausnahme für die Fälle des § 52 Nr 1 VwGO vorsieht, in denen für die Klage wegen des Gegenanspruches ein anderes Gericht zuständig ist.

4   Hält sich das angerufene Gericht für zuständig, kann es dies **vorab durch Urteil oder Beschluss feststellen** (§ 83 S 1 VwGO iVm § 17a Abs 3 S 1 GVG). Wenn eine Partei die Zulässigkeit rügt, muss das Gericht gem § 83 S 1 VwGO iVm § 17a Abs 3 S 2 GVG darüber vorab durch Beschluss entscheiden. Hat der Kläger ein örtlich unzuständiges Gericht angerufen, verweist das Gericht von Amts wegen gem § 83 VwGO iVm § 17a Abs 2 GVG mit bindender Wirkung an das zuständige Gericht. (Zur Bindungswirkung eines Verweisungsbeschlusses hinsichtlich eines Hilfsantrages bei späterem Wegfall des Hauptantrages: VG Koblenz NVwZ-RR 2005, 752). Wenn eine Zuständigkeit nach § 52 VwGO nicht gegeben ist, bestimmt das BVerwG gem § 53 Abs 2 VwGO das zuständige Gericht (vgl. dazu VG Berlin Beschl v 22.8.2011 Az.: 3 L 448.11

B. Die einzelnen Gerichtsstände

I. Gerichtsstand der Belegenheit der Sache, Nr 1

5   Nr 1 erfasst Streitigkeiten, die sich auf **unbewegliches Vermögen oder ein ortsgebundenes Recht oder Rechtsverhältnis** beziehen. Darunter fallen nicht nur Rechtsstreitigkeiten um Grundstücke und ihre Bestandteile, sondern auch grundstücksgebundene Rechte. In diesen Fällen ist nur das VG zuständig, in dessen Bezirk das Vermögen oder der Ort liegt. Entscheidend für den Gerichtsstand nach Nr 1 ist der Ortsbezug der Streitigkeit (vgl VG

Mainz BeckRS 2004 26914). Der Begriff „Unbewegliches Vermögen" lehnt sich an den der „unbeweglichen Sache" in § 24 ZPO an (vgl dazu S/S-A/P/Bier VwGO § 52 Rn 4). Wenn ein ortsgebundenes Recht gegeben ist, ist weiter erforderlich, dass der betroffene Ort im Bezirk eines VG liegt (verneint zB bei einem Offshore-Windenergiepark in der Ausschließlichen Wirtschaftszone: VG Hamburg NuR 2004, 547 f).

Die Zuständigkeit der Nr 1 ist eine ausschließliche, dies ergibt sich bereits aus dem Wortlaut „nur". Vgl auch § 89 Abs 1 S 2 VwGO für die Widerklage. Wenn sich das unbewegliche Vermögen über verschiedene Gerichtsbezirke erstreckt, also wenn verschiedene örtlich zuständige Gerichte in Betracht kommen, muss das zuständige Gericht gem § 53 Abs 1 Nr 3 VwGO bestimmt werden.

Ein **hinreichender Ortsbezug** besteht zB bei Streitigkeiten über das Recht, ein Grund- 6 stück zu bebauen (VG Schleswig NJW 1991, 1129 f), über Enteignungen, Entziehungen und Belastungen von Grundeigentum, über Wasser-, Wege- und Forstrechte, über das Jagdrecht, über die Festlegung von Abflugrouten von einem bestimmten Flughafen (VGH München NVwZ-RR 1995, 114 ff), über Baugenehmigungen, über Gaststättenerlaubnisse, über eine Ablösungsvereinbarung, die sich auf eine Eisenbahnkreuzung bezieht (VG Karlsruhe BeckRS 2005 22614), über die Höhe der Pflegesätze und Budgets für ein Krankenhaus (VG Weimar Beschl 24.11.2004, 8 K 27/01), über die Zuteilung von Berechtigungen nach dem Treibhausgas-Emissionshandelsgesetz (TE-HG; VG Augsburg NVwZ 2004, 1389 f), für die Untersagung der Veranstaltung und Vermittlung von Sportwetten (VG Sigmaringen Beschl 3.9.2009 Az.: 1 K 1333/08) etc. Auch bei dem Anspruch auf nachträgliche Auflagen zum Schutz eines Betriebs gegen nachteiligen Wirkungen, die von dem planfestgestellten Abschnitt eines Verkehrswegs ausgehen, wurde ein Ortsbezug zu dem betreffenden Abschnitt bejaht (BVerwG NVwZ-RR 2004, 551 f). Sogar das Überfliegen des baden-württembergischen Luftraums vom und zum Flughafen Zürich stellt einen ausreichenden territorialen Bezug iSd Nr 1 dar (VGH Mannheim NVwZ-RR 2003, 737 ff). Anders als bei sonstigen Streitigkeiten um die Rundfunkgebührenpflicht knüpft die Gebührenpflicht für Rundfunkempfangsgeräte, die in Gästezimmern des Beherbergungsgewerbes zum Empfang bereit gehalten werden, im Wesentlichen an die jeweiligen Verhältnisse in der konkreten Betriebsstätte an, so dass ein spezifischer örtlicher Bezug iSd Nr 1 gegeben ist (VG Koblenz Beschl 3.8.2006, 1 K 487/06.KO). Der notwendige Ortsbezug ist auch bei schuldrechtlichen Ansprüchen zu bejahen, die in Bezug auf unbewegliches Vermögen geltend gemacht werden (so zuletzt VG Berlin Beschl v 29.3.2007, 1 A 157/05; VG Frankfurt Beschl v 3.4.2008, 3 K 570/08.F BeckRS 2008, 35169).

An einem hinreichenden Ortsbezug fehlt es, wenn die Streitigkeit nicht durch die 7 besondere Beziehung zu einem bestimmten Territorium gekennzeichnet ist (vgl zur Anmeldung eines Gewerbes VG Sigmaringen Beschl v 3.9.2008, 1 K 1333/08 BeckRS 2008, 39101). Somit unterfallen Streitigkeiten über die Rechte aus einem Beamtenverhältnis, auch bei einem Kommunalbeamten, nicht dem Anwendungsbereich der Nr 1 (BVerwGE 18, 26). Auch auf Streitigkeiten, bei denen es um die Rückübertragung von Rechten an einem Unternehmen nach dem Vermögensgesetz geht, findet Nr 1 keine Anwendung (BVerwG Beschl v 18.5.2009, 5 B 2/09 BeckRS 2009, 34756; BVerwG NVwZ 1993, 896). Dies wird damit begründet, dass ein Unternehmen die Gesamtheit aller der unternehmerischen Tätigkeit gewidmeten Werte darstellt und nicht auf einzelne Liegenschaften zu beschränken ist. Auch Streitigkeiten ausschließlich über Verwaltungsgebühren und Auslagen fallen nicht unter Nr 1, es sei denn, eine rechtliche Würdigung ist ohne Berücksichtigung der örtlichen Gegebenheiten nicht möglich (VG Mainz BeckRS 2004 26914). Bei (einrichtungsbezogenen) Benutzungsgebühren hingegen dürfte Nr 1 einschlägig sein.

II. Klagen gegen den Bund und Asylstreitigkeiten, Nr 2

Nachrangig zu Nr 1 (Rn 5) und Nr 4 (Rn 14) regelt Nr 2 die örtliche Zuständigkeit bei 8 **Anfechtungs- und Verpflichtungsklagen gegen eine Bundesbehörde, bundesunmittelbare Körperschaft, Anstalt oder Stiftung des öffentlichen Rechts.** Darunter fallen auch Klagen auf Feststellung der Nichtigkeit eines VA (Redeker/v Oertzen/Redeker VwGO § 52 Rn 10; aA S/S-A/P/Bier VwGO § 52 Rn 6) und Klagen gem § 113 Abs 1 S 4 VwGO (Kopp/Schenke VwGO § 52 Rn 8; aA Sodan/Ziekow/Ziekow VwGO § 52

Rn 15; offen gelassen von VG Münster Beschl v 14.4.2008, 1 K 201/08 BeckRS 2008 34880). Bei einer Klage auf Erteilung einer Information, die nach dem IFG als Verwaltungsakt ausgestaltet ist, ist auf der Grundlage von Nr 2 S 1 und 2 der Sitz der Behörde maßgebend, die zuständigkeitshalber im Besitz der gewünschten Informationen ist (VG des Saarlandes Beschl v 4.12.2007, 10 K 1140/07, BeckRS 2008 33907). S 1 und S 2 enthalten den Grundsatz, dass in den genannten Anfechtungs- und Verpflichtungssituationen das VG örtlich zuständig ist, in dessen Bezirk die Bundesbehörde, die Körperschaft, Anstalt oder Stiftung ihren Sitz hat. Bei dem Sitz handelt es sich um den Ort, an dem die Verwaltung geführt wird, bzw der Ort, an dem der Leiter seinen Dienstsitz hat (BVerwGE 14, 151, 153). Bundesbehörden sind solche nach Art 87 Abs 1 und Abs 3 GG, also zB Bundesministerien, Bundesoberbehörden, bundesunmittelbare Mittel- und Unterbehörden. Bundesbehörde iSd Nr 1 ist aber nur eine vom Bund eingerichtete, nach außen selbstständig handelnde Verwaltungseinheit (verneint für die Bundespolizeiinspektion, VG Münster Beschl v 14.4.2008, 1 K 201/08 BeckRS 2008, 34880). Als Behörden iSd Nr 2 sind auch Landesbehörden anzusehen, denen in Ausführung von Bundesrecht eine das ganze Bundesgebiet umfassende Verwaltungskompetenz übertragen ist und die als „Surrogat einer Bundesbehörde" tätig werden; etwas anderes gilt jedoch im Hinblick auf Behörden, die lediglich auf bundeseinheitlich geltendem Landesrecht beruhen (Kopp/Schenke VwGO § 52 Rn 8 mwN).

9   Nr 2 S 3 sieht eine **Sonderregelung für Asylsachen** vor. Danach ist das VG örtlich zuständig, in dessen Bezirk der Ausländer nach dem Asylverfahrensgesetz seinen Aufenthalt zu nehmen hat; nicht maßgeblich ist grds hingegen, wo er sich tatsächlich aufhält (vgl VG Saarlouis Beschl 17.6.2005, 1 F 3/05.A). S 3 bezieht sich auf alle Streitigkeiten in Zusammenhang mit der Anwendung des AsylVfG, eine Beschränkung auf Anfechtungs- oder Verpflichtungsklagen besteht nicht. Sofern die Pflicht, an einem Ort Aufenthalt zu nehmen, streitig ist, regelt sich die örtliche Zuständigkeit des VG nach Nr 3 (Rn 11; v Albedyll in B/F-K/K/vA VwGO § 52 Rn 18). Bei einem in Haft einsitzenden Asylsuchenden ist Nr 2 S 3 Hs 1 nicht einschlägig, so dass gem Nr 3 S 2 (Rn 12) der Wohnsitz, bzw bei Fehlen eines solchen der Sitz des Beklagten gem Nr 5 (Rn 17) maßgeblich ist (VG Aachen BeckRS 2004 26940; s aber auch VG Stuttgart Beschl v 6.2.2008, A 9 K 6354/07, BeckRS 2008 33443). Bei einem Anspruch auf länderübergreifende Umverteilung gem § 51 AsylVfG ist nicht das VG zuständig, in dessen Bezirk der Ausländer umverteilt werden möchte, sondern dasjenige, in dessen Bezirk der Ausländer seinen Aufenthalt zu nehmen hat (VBlBW 2006, 359). Nr 2 ist nicht einschlägig, wenn keine Pflicht zur Aufenthaltnahme nach dem AsylVfG mehr besteht (VG Ansbach Beschl v 27.2.2007, AN 11 K 07.30045). Ob sich die Zuständigkeit des Gerichtes in einem Verfahren, in dem es gerade darum geht, wo der Asylsuchende seinen Aufenthalt zu nehmen hat, aus S 3 ergibt, mag zirkelschlüssig erscheinen. Darauf kommt es aber nicht mehr an, wenn sich durch die Erledigung der ursprünglichen Verteilung jedenfalls jetzt die Zuständigkeit eindeutig ergibt, sei es nach S 3 oder nach Nr. 3 (so VG Berlin Urteil v 13.4.2011 Az.: 29 K 377.10).

10   Eine weitere Sonderregelung enthält Nr 2 S 4, sie betrifft Klagen gegen den Bund auf **Gebieten, die in die Zuständigkeit der diplomatischen und konsularischen Auslandsvertretungen fallen**. In diesen Fällen ist das VG örtlich zuständig, in dessen Bezirk die Bundesregierung ihren Sitz hat, also seit 1.9.1999 das VG Berlin, vgl § 3 Abs 1 des Berlin/BonnG vom 26.4.1994 (BGBl I 918 ff).

III. Sonstige Anfechtungs- und Verpflichtungsklagen, Nr 3

11   Sofern sich die örtliche Zuständigkeit nicht nach den Nr 1 (Rn 5), Nr 4 (Rn 14) und Nr 2 (Rn 8) bestimmt, regelt Nr 3 den Gerichtsstand für **andere Anfechtungs- und Verpflichtungsklagen** (vgl. dazu auch Stuttmann DVBl 2011, 1202 m. w. N.). Auch innerhalb des Anwendungsbereiches der Nr 3 ist eine bestimmte Prüfungsreihenfolge vorgegeben: Vorrangig vor den anderen Gruppen von Klagen zu prüfen sind gem S 4 Anfechtungsklagen gegen VAe einer von den Ländern mit der Vergabe von Studienplätzen beauftragten Behörde. Die Reihenfolge iÜ richtet sich nach S 1 bis S 3. Für Verpflichtungsklagen gilt S 5, der bestimmt, dass S 1, S 2 und S 4 auch bei Verpflichtungsklagen gelten sollen. Dabei ist dann der Ort maßgeblich, an dem der begehrte VA zu erlassen ist; unerheblich ist dabei, wo der Antrag auf Vornahme des Verwaltungsakts abgelehnt wurde (VG München Beschl v

16.12.2008, M 12 K 08.2772, M 12 S 08.2774; VG Regensburg NVwZ 1989, 184 f; Sodan/Ziekow/Ziekow VwGO § 52 Rn 24).

Gem S 1 ist bei **Anfechtungsklagen**, die nicht von Nr 1 (Rn 5) und Nr 4 (Rn 14)   **12** erfasst werden, das VG örtlich zuständig, in dessen Bezirk der VA erlassen wurde. Bei mündlichen VA ist der Ort der Eröffnung entscheidend (OVG Hamburg NVwZ 1983, 434 f), er gilt also dort als erlassen, wo er gegenüber dem Adressaten ausgesprochen wird. Bei schriftlichen VAen ist der Ort der Herausgabe (der Ausfertigung, vgl BVerwGE 6, 328, 330) aus dem Bereich der Behörde, idR also der Ort der Absendung, maßgebend. Nr 3 S 2 enthält eine Ausnahmeregelung für Fälle, in denen sich der Zuständigkeitsbereich einer Behörde auf mehrere VG-Bezirke erstreckt (verneint im Hinblick auf eine behördliche Entscheidung nach § 45 Abs 4 BAföG über die Ausbildungsförderung für eine Ausbildung im Ausland, VG Frankfurt (Oder) BeckRS 2008, 35590 mwN zur Rechtsprechung und Literatur); zum Streit zweier Verwaltungsgerichte über den Anwendungsbereich der Nr 3 S 2 im Falle, dass sich die Zuständigkeit einer Behörde auf mehrere Verwaltungsgerichtsbezirke erstreckt vgl VGH Bayern Beschl v 10.11.2011 Az.: 12 C 11.1450) bzw in denen der VA von einer gemeinsamen Behörde mehrerer oder aller Länder erlassen wurde (vgl zB zur Entscheidung über die Zulässigkeitserklärung einer Kündigung nach § 18 Abs 1 BErzGG: VG Ansbach Beschl 1.6.2006, AN 14 K 06.01839). Dies sind vor allem die obersten bzw obere oder mittlere Landesbehörden, kommunale Zusammenschlüsse, Wasserverbände etc. (vgl auch Redeker/v Oertzen/Redeker VwGO § 52 Rn 14). Zuständig ist das VG, in dessen Bezirk der Beschwerte seinen Sitz oder Wohnsitz hat. Mit dieser Regelung soll vermieden werden, dass sich Rechtsstreitigkeiten bei nur einem Gericht konzentrieren, das für den Sitz einer Behörde mit weiträumigen Wirkungsbereich zuständig ist; daher ist zB für Streitigkeiten über die Gewährung von Auslandsförderung nach dem BaföG das Verwaltungsgericht zuständig, in dessen Bezirk der Förderungsempfänger seinen Wohnsitz hat (VG Hamburg Beschl v 31.8.2007, 8 E 2686/07). Für die Abgrenzung von Nr 3 S 1 und S 2 kann bisweilen die Differenzierung zwischen selbstständiger Behörde und unselbstständiger Außenstelle relevant sein (hierzu VG Ansbach Beschl v 14.12.2007, AN 14 K 07.02674, AN 14 K 07.02675).

Sofern der Beschwerte keinen Sitz oder Wohnsitz innerhalb des Zuständigkeitsbereichs der Behörde iSv § 52 Nr 3 S 2 hat, ist gem Nr 3 S 3 iVm Nr 5 das VG zuständig, in dessen Bezirk der Beklagte seinen Sitz hat (s etwa VG Ansbach Beschl v 3.12.2008, AN 5 S 08.01863; VG Trier Beschl v 29.9.2011 Az.: 5 K 1149/11.TR).

S 4 enthält eine **Ausnahmeregelung für Anfechtungsklagen gegen VAe einer von**   **13** **den Ländern mit der Vergabe von Studienplätzen beauftragten Behörde.** S 4 wurde zuletzt geändert durch Art. 5 des Gesetzes zur Modernisierung von Verfahren im anwaltlichen und notariellen Berufsrecht, zur Errichtung einer Schlichtungsstelle der Rechtsanwaltschaft sowie zur Änderung sonstiger Vorschriften (BGBl I 2449) vom 30.7.2009. Die Bestimmung konzentriert die örtliche Gerichtszuständigkeit bei Verwaltungsakten, die die Hochschulzulassung betreffen, entsprechend der Konzentration im Verwaltungsbereich. Mit der Änderung wird auf die mit Staatsvertrag vom 5.6.2008 über die Errichtung einer gemeinsamen Einrichtung für Hochschulzulassung von den Bundesländern vorgesehene Auflösung der Zentralstelle für die Vergabe von Studienplätzen reagiert. Hintergrund ist, dass eine Stiftung des öffentlichen Rechts mit Sitz in Dortmund als gemeinsame Einrichtung für Hochschulzulassung geschaffen werden soll. Der Wortlaut des S 4 ist nicht auf eine bestimmte Stelle bezogen ist, so dass – für den Fall, dass der Staatsvertrag erst nach der Änderung von § 52 VwGO in Kraft treten sollte – sowohl die bisherige Zentralstelle für die Vergabe von Studienplätzen als auch anschließend die geplante Stiftung für Hochschulzulassung erfasst wird (vgl zum Ganzen BT-Drs 16/12717, 57). Zuständig ist das Verwaltungsgericht, in dessen Bezirk die Stelle/die Behörde ihren Sitz hat. Bislang war dies also das Verwaltungsgericht Gelsenkirchen. Nicht unter S 4 fallen Klagen gegen eine Hochschule mit der Behauptung, die Kapazität sei nicht erschöpft worden (vgl Rottmann/Breiersdorfer, NVwZ 1988, 879, 885).

IV. Klagen aus öffentlich-rechtlichen Dienstverhältnissen, Nr 4

Die Zuständigkeitsbestimmung nach Nr 4 ist **gegenüber Nr 1** (Rn 5) **nachrangig,**   **14** gegenüber den Zuständigkeitsregeln in Nr 2 (Rn 8), Nr 3 (Rn 11) und Nr 5 (Rn 17) vorrangig. Der Gerichtsstand Nr 4 umfasst alle **Klagen aus einem Beamten-, Richter-, Wehrpflicht-, Wehrdienst- oder Zivildienstverhältnis**. Diese Aufzählung der Dienstverhältnisse ist **nicht abschließend** (OVG Hamburg DVBl 1981, 48 ff: analoge Anwendung von Nr 4 für die Klage eines Helfers der Bundesanstalt Technisches Hilfswerk (THW) gegen den Ausschluss aus dieser Organisation; Kopp/Schenke VwGO § 52 Rn 15; aA Eyermann/Schmidt VwGO § 52 Rn 18). Der Gerichtsstand erfasst nicht nur gegenwärtige und frühere Dienstverhältnisse, sondern auch – entgegen der ursprünglichen Fassung – solche Streitigkeiten, die sich auf die Entstehung eines solchen Verhältnisses beziehen (zur örtlichen Zuständigkeit bei einer dienstrechtlichen Klage eines pensionierten Hochschulbeamten VG Düsseldorf Beschl v 31.1.2007, 13 K 6354/06). Unter den Gerichtsstand gem Nr 4 fallen zB Streitigkeiten über die Ernennung eines Beamten oder die Klage eines Kriegsdienstverweigerers, der die Feststellung begehrt, dass er zur Verweigerung des Dienstes mit der Waffe berechtigt ist (BVerwGE 58, 225, 227). Nicht erfasst hingegen wird zB die Klage gegen eine Prüfungsentscheidung im zweiten juristischen Staatsexamen (BVerwGE 40, 205). Auch Klagen von Bediensteten der Religionsgemeinschaften und Kirchen, der Europäischen Gemeinschaft und fremder Staaten fallen nicht unter die Regelung (Kopp/Schenke VwGO § 52 Rn 15).

15   Maßgeblich für die Bestimmung des Gerichtsstandes ist nach **Nr 4 S 1** der dienstliche Wohnsitz des Beamten bzw, in den Fällen in denen ein dienstlicher Wohnsitz im Inland nicht existiert, der bürgerliche Wohnsitz des Beamten (s auch VG Stuttgart Urt v 11.8.2011 Az.: DB 23 K 1060/11). Eine Sonderregelung enthält S 2 (Rn 16). Der dienstliche Wohnsitz ist nach § 15 Abs 1 S 1 BBesG der Ort, an dem die Behörde oder ständige Dienststelle, der der Beamte angehört, ihren Sitz hat (vgl dazu OVG Koblenz NVwZ-RR 1999, 592; VG Stuttgart Beschl v 16.6.2005, 17 K 642/05, BeckRS 2005, 27467). Unter diesen Dienststellenbegriff fallen auch organisatorisch nicht verselbstständigte Außenstellen (dazu VG Frankfurt NVwZ-RR 2003, 374). Eine auch nur geringfügige, organisatorische Abgrenzbarkeit reicht aus, um als Dienststelle zu gelten (so zu einem Standortteam VG Augsburg Beschl v 2.2.2009, Au 2 K 09.68). Bestimmungen zum bürgerlichen Wohnsitz sind in den §§ 7 ff BGB enthalten (zu dem maßgeblichen bürgerlichen Wohnsitz bei mehrfacher melderechtlicher Anmeldung vgl VG Ansbach Beschl v 13.7.2009, AN 11 K 09.00953). Ruhestandsbeamte haben keinen dienstlichen Wohnsitz mehr, so dass das für den Wohnsitz zuständige Gericht zur Entscheidung berufen ist (VG Berlin Beschl 28.11.2005, 7 A 435.04). Gleiches gilt für beamtenrechtliche Streitigkeiten eines Beamten, der sich in der Freistellungsphase der Altersteilzeit befindet (VG München NVwZ-RR 2005, 662). Ist eine Versetzung, Abordnung oder Umsetzung streitig, bleibt das VG örtlich zuständig, in dessen Bezirk der dienstliche Wohnsitz vor der angefochtenen Verfügung liegt (VG Saarlouis Beschl v 3.8.2009, 2 K 827/08 BeckRS 2009, 36661; VG Gießen Beschl v 23.6.2008, 5 L 1501/08. GI; VG Stuttgart BeckRS 2004, 22967). Auch bei der Anfechtung einer Entlassungsverfügung durch einen Soldaten ist der bisherige dienstliche Wohnsitz vor der Entlassung maßgebend (VG Oldenburg NVwZ-RR 2004, 48 f; VG Ansbach Urt v 17.2.2009, AN 15 K 08.01896; vgl zu dem Fall eines Rechtsstreits über eine Zurruhesetzungsverfügung auch VG Berlin Beschl v 19.9.2008, 28 A 116.08). Im Falle einer nicht nur kurzzeitigen Abordnung richtet sich der dienstliche Wohnsitz nach der Dienststelle, zu der ein Beamter abgeordnet worden ist (VG Düsseldorf Beschl v 17.6.2009, 13 K 2159/09 sowie Beschl v 17.7.2006, 13 L 764/06; auch VG Hannover Beschl v 30.10.2006, 13 B 7168/06 sowie Beschl v 9.11.2007, 13 A 6929/06). Die Anweisung des Wohnortes eines Beamten als dienstlicher Wohnsitz gem § 15 Abs 2 Nr 2 BBesG begründet keinen dienstlichen Wohnsitz iSv Nr 4 (VG Gelsenkirchen Beschl 13.3.07, 12 K 2958/04). Bei einer Streitigkeit über die Entstehung eines Beamtenverhältnisses ist auf den privaten Wohnsitz abzustellen, weil sich der Kläger noch nicht im Beamtenverhältnis befindet und daher noch keinen dienstlichen Wohnsitz hat (VG Stuttgart Beschl v 18.2.2009, 9 K 384/09 BeckRS 2009, 31752; VG Gelsenkirchen Beschl 24.10.2008, 1 K 5178/08). Der Begriff „Entstehung des Beamtenverhältnisses" ist weit zu verstehen; umfasst ist nicht nur der unmittelbare Bereich der beamtenrechtlichen Ernennung, sondern auch Verfahren im Zusammenhang mit der Anstellungsprüfung (VGH Mannheim BeckRS 2009, 30687). S 2 gilt auch analog für allgemeine Leistungsklagen jedenfalls in den Fällen, in denen der Beklagte keinen dienstlichen Wohnsitz mehr hat und sein privater Wohnsitz in einem anderen Bundesland liegt als der Sitz der beteiligten Landesbehörde (so

VG Düsseldorf Urt v 1.7.2011 Az.: 13 K 3619/10). Bei einem Streit um die Erteilung einer Aussagengenehmigung nach Maßgabe beamtenrechtlicher Bestimmungen richtet sich die örtliche Zuständigkeit auch dann nach Nr 4, wenn ein Dritter, z. B. als Kläger in einem Zivilprozess, die Verpflichtung des Dienstherrn zur Erteilung der Aussagegenehmigung erreichen will (vgl dazu VG Frankfurt Beschl v 1.12.2010 Az.: 9 K 4550/10.F).

Ergänzend zu der allgemeinen Bestimmung in S 1 (Rn 15), die an den dienstlichen bzw **16** bürgerlichen Wohnsitz anknüpft, **sieht S 2 eine Sonderregelung vor**, die sich nach dem Sitz der Behörde innerhalb eines Gerichtsbezirkes richtet (vgl zu der Systematik der Nr 4 VG Gelsenkirchen Beschl v 22.1.2007, 12 K 3825/06, BeckRS 2007, 21857). Nach S 2 ist dann, wenn der Kläger oder Beklagte keinen dienstlichen Wohnsitz oder keinen Wohnsitz innerhalb des Zuständigkeitsbereichs der Behörde hat, die den ursprünglichen Verwaltungsakt erlassen hat, das Gericht örtlich zuständig, in dem die Behörde ihren Sitz hat (dazu zB VG Düsseldorf BeckRS 2004 27209). VG Berlin Urt v 19.9.2011 Az.: 85 K 4.11 OB). Für den Sitz einer Behörde, die an mehreren Orten tätig ist, kommt es für die Beurteilung der örtlichen Zuständigkeit nach S 2 darauf an, wo die Leitung der Behörde ihren tatsächlichen Sitz hat (so VG Frankfurt Beschl v 1.12.2010 Az.: 9 K 4550/10.F). S 2 findet entsprechende Anwendung z. B. im Fall, wo Klage gegen einen Widerspruchsbescheid erhoben wird, mit dem der Widerspruch gegen das Unterlassen einer Behörde zurückgewiesen wurde (VG Freiburg Beschl v 15.8.2007 Az.: 3 K 900/06). S 1 erfasst alle Klagen aus einem besonderen Pflichtverhältnis, S 2 hingegen stellt auf die Behörde ab, die den ursprünglichen Verwaltungsakt erlassen hat. Damit unterfallen dem Anwendungsbereich des S 2 zunächst nur Anfechtungs- und Versagungsgegenklagen, nicht aber reine Untätigkeitsklagen, die bei einer fehlenden Reaktion der Behörde auf einen Antrag erhoben werden. An diesen Unterschied anknüpfend wird diskutiert, ob Nr 4 S 2 über seinen Wortlaut hinaus auch für Klagen gilt, die sich nicht auf einen bereits erlassenen Verwaltungsakt beziehen (dies meint wohl Kopp/Schenke VwGO § 52 Rn 18, obwohl dort S 3 genannt wird), oder ob in diesen Fällen Nr 4 S 1 (Redeker/v Oertzen/Redeker VwGO § 52 Rn 9) oder Nr 5 (S/S-A/P/Bier VwGO § 52 Rn 16) Anwendung findet. Da gegen eine Anwendung von S 2 der eindeutige Wortlaut der Bestimmung spricht, und eine Anwendung von S 1 dem Kläger die Möglichkeit eröffnet, durch eine verfrüht erhobene Untätigkeitsklage Einfluss auf den Gerichtsstand zu nehmen (dazu S/S-A/P/Bier VwGO § 52 Rn 16), unterfallen Untätigkeitsklagen der Auffangvorschrift Nr 5 (Rn 17). Das gleiche dürfte für Feststellungsklagen gelten.

V. Allgemeiner Gerichtsstand, Nr 5

Bei dem allgemeinen Gerichtsstand Nr 5 handelt es sich um eine **Auffangvorschrift**, der **17** nur dann Bedeutung zukommt, wenn ein besonderer Gerichtsstand nach Nr 1 (Rn 5), Nr 4 (Rn 14), Nr 2 (Rn 8) und Nr 3 (Rn 11) nicht gegeben ist (vgl dazu VG München Beschl v 29.8.2011 – M 6b K 11.3037). Ausnahmsweise kommt sie auch dann zur Anwendung, wenn zwar ein besonderer Gerichtsstand einschlägig ist, sich jedoch aus diesem keine Zuständigkeit bestimmen lässt (so zB im Falle der Klage eines im Ausland wohnhaften Beamten oder Soldaten, BVerwGE 39, 94). Die örtliche Zuständigkeit des Verwaltungsgerichts für die Klage eines unerlaubt eingereisten Ausländers gegen einen Verteilungsbescheid, mit dem er der Aufnahmeeinrichtung eines anderen Bundeslandes zugewiesen worden ist, richtet sich jedenfalls dann, wenn der Kläger der Verteilungsentscheidung im Zeitpunkt der Klageerhebung gefolgt ist, gem Nr 5 nach dem Sitz der den Bescheid erlassenden Behörde (so VG Gießen Beschl v 2.11.2010 – 6 K 4648/10.GI).

Bei Nr 5 bestimmt sich das zuständige Gericht nach dem **Sitz, Wohnsitz, Aufenthalts- 18 ort** bzw erforderlichenfalls nach dem letzten Wohnsitz oder Aufenthaltsort des Beklagten. Dabei ist auf den tatsächlich Beklagten abzustellen, unabhängig von der Frage, ob es sich dabei um den richtigen Beklagten handelt (Sodan/Ziekow/Ziekow VwGO § 52 Rn 40). Bei einer natürlichen Person enthalten die §§ 7 BGB ff Bestimmungen für den **Wohnsitz**. Bei einer juristischen Person ist ihr Sitz zu ermitteln, dies ist idR der Ort, an dem die Verwaltung geführt wird (§ 24 BGB, § 80 BGB). Ist ein Wohnsitz oder Sitz im Inland nicht zu bestimmen – entweder, weil der Beklagte keine Wohnsitz/Sitz im Inland hat, oder weil ein solcher nicht herausgefunden werden kann –, richtet sich die örtliche Zuständigkeit nach dem tatsächlichen Aufenthalt des Beklagten. Der gewöhnliche Aufenthaltsort ist für die

Bestimmung des Gerichtsstandes unbeachtlich. Lässt sich selbst dann noch kein örtlich zuständiges VG ermitteln, ist auf den letzten Wohnsitz oder Aufenthalt abzustellen.

§ 53 [Bestimmung des zuständigen Gerichts]

(1) Das zuständige Gericht innerhalb der Verwaltungsgerichtsbarkeit wird durch das nächsthöhere Gericht bestimmt,

1. wenn das an sich zuständige Gericht in einem einzelnen Fall an der Ausübung der Gerichtsbarkeit rechtlich oder tatsächlich verhindert ist,
2. wenn es wegen der Grenzen verschiedener Gerichtsbezirke ungewiß ist, welches Gericht für den Rechtsstreit zuständig ist,
3. wenn der Gerichtsstand sich nach § 52 richtet und verschiedene Gerichte in Betracht kommen,
4. wenn verschiedene Gerichte sich rechtskräftig für zuständig erklärt haben,
5. wenn verschiedene Gerichte, von denen eines für den Rechtsstreit zuständig ist, sich rechtskräftig für unzuständig erklärt haben.

(2) Wenn eine örtliche Zuständigkeit nach § 52 nicht gegeben ist, bestimmt das Bundesverwaltungsgericht das zuständige Gericht.

(3) ¹Jeder am Rechtsstreit Beteiligte und jedes mit dem Rechtsstreit befaßte Gericht kann das im Rechtszug höhere Gericht oder das Bundesverwaltungsgericht anrufen. ²Das angerufene Gericht kann ohne mündliche Verhandlung entscheiden.

§ 53 VwGO führt Fallgruppen auf, in denen die Zuständigkeit eines Gerichts ausnahmsweise durch das nächsthöhere Gericht bzw das BVerwG bestimmt (Rn 1) werden kann. § 53 VwGO gilt für Verfahren jeder Art (Rn 2), also nicht nur für Klageverfahren, sondern auch für die §§ 80 VwGO ff, § 123 VwGO, PKH-Verfahren etc. Gemäß Nr 1 (Rn 3) kommt eine Zuständigkeitsbestimmung in Betracht, wenn das zuständige Gericht an der Ausübung der Gerichtsbarkeit verhindert ist. Nr 2 (Rn 4) betrifft die Fälle, in denen es wegen der Grenzen verschiedener Gerichtsbezirke ungewiss ist, welches Gericht für den Rechtsstreit zuständig ist, und Nr 3 (Rn 5) bezieht sich auf Konstellationen, in denen sich der Gerichtsstand nach § 52 VwGO richtet und verschiedene Gerichte in Betracht kommen. Nicht einschlägig (Rn 6) ist Nr 3 zB, wenn bereits ein bindender Verweisungsbeschluss ergangen ist oder es sich um ein Berufungsverfahren handelt. Von Nr 4 (Rn 7) werden die Fälle des sog „positiven Kompetenzkonfliktes" erfasst, also Konstellationen, in denen sich verschiedene Gerichte für zuständig erklärt haben. Der umgekehrte Fall, dass sich verschiedene Gerichte rechtskräftig für unzuständig erklärt haben (sog „negativer Kompetenzkonflikt"), unterfällt Nr 5 (Rn 8). Eine Zuständigkeitsbestimmung wegen fehlender örtlicher Zuständigkeit gem § 53 Abs 2 VwGO (Rn 9) erscheint wegen des umfassenden Anwendungsbereiches der Auffangvorschrift § 52 Nr 5 VwGO nahezu ausgeschlossen. Hinsichtlich des Verfahrens (Rn 10) zur Zuständigkeitsbestimmung ist zu beachten, dass es eines Antrages (Rn 10) eines Beteiligten oder eines mit dem Rechtsstreit befassten Gerichts bedarf. Die Entscheidung (Rn 12) über die Bestimmung des „nächsthöheren Gerichts" (Rn 11) ergeht nach Zweckmäßigkeitsgesichtspunkten durch Beschluss.

A. Allgemeines

1   Die sachliche und örtliche Zuständigkeit ergeben sich grds aus den §§ 45 ff, 52 VwGO. Für die Fälle, in denen das nach diesen Bestimmungen **an sich zuständige Gericht verhindert** ist oder **keine eindeutige Zuordnung zu einem Gericht möglich ist**, sieht § 53 VwGO die Bestimmung des zuständigen Gerichts durch das nächsthöhere Gericht bzw das BVerwG vor. § 36 ZPO über die gerichtliche Zuständigkeitsbestimmung ist in der Verwaltungsgerichtsbarkeit nicht entsprechend anwendbar (vgl BVerwGE 12, 363, 365).

Weitere Voraussetzung für die Anwendung des § 53 VwGO ist, dass auch eine Bestimmung durch Verweisung gem § 83 VwGO iVm § 17a Abs 2 GVG nicht möglich ist. Unklarheiten in Zusammenhang mit dem Geschäftsverteilungsplan sind durch das Präsidium bzw gem § 21i Abs 2 GVG durch den Präsidenten zu klären.

Der Anwendungsbereich des § 53 VwGO **umfasst sämtliche Verfahren**, insbes besteht 2
keine Beschränkung auf Klageverfahren. Die Regelung gilt also auch für Verfahren nach
§§ 80 VwGO ff, § 123 VwGO, Beweissicherungsverfahren, Kostenfestsetzungsverfahren,
Vollstreckungsverfahren, PKH-Verfahren etc. Die allgemeine Bestimmung der Zuständigkeit
für eine Mehrzahl von Fällen ist nicht möglich, sie kann nur in Beziehung auf einen
konkreten Rechtsstreit erfolgen (BVerwG NVwZ 1993, 359).

B. Die einzelnen Fallgruppen

I. Verhinderung des zuständigen Gerichts, Nr 1

Nr 1 betrifft den Fall, dass **das an sich zuständige Gericht rechtlich oder tatsächlich** 3
an der Ausübung der Gerichtsbarkeit verhindert ist. Sind mehrere Gerichte zuständig,
stellt die Verhinderung eines Gerichts keine Verhinderung iSd § 53 VwGO dar (Eyermann/
Schmidt VwGO § 53 Rn 2). Eine Verhinderung ist dann gegeben, wenn so viele Richter
abgelehnt oder ausgeschlossen sind, dass das zuständige Gericht nicht mehr zusammentreten
und über die Sache entscheiden kann (vgl OVG Münster DÖV 1996, 615). Dies ist nicht der
Fall, wenn alle Richter eines Gerichts lediglich in einer Selbstanzeige die Besorgnis der
Befangenheit geäußert haben, eine Ablehnung aber nicht gerechtfertigt ist. Folglich liegt
auch noch keine Beschlussunfähigkeit vor, die zu einer Bestimmung des zuständigen Gerichts
durch das nächsthöhere Gericht nach Abs 1 Nr 1 führen könnte (OVG Lüneburg, NVwZ-
RR 2013, 244).

Fälle von Erkrankung oder Tod aller in Betracht kommender Richter fallen ebenfalls
darunter. Weiter können auch Naturkatastrophen, Krieg oder Aufruhr eine Verhinderung
iSd § 53 Nr 1 VwGO darstellen. Kurzfristige Behinderungen sind – abgesehen von Verfahren nach §§ 80 VwGO ff, § 123 VwGO – nicht beachtlich (Kopp/Schenke VwGO § 53
Rn 4).

II. Ungewissheit der Zuständigkeit wegen der Grenzen verschiedener Gerichtsbezirke, Nr 2

Nr 2 erfasst die Fälle, in denen sich kein eindeutig zuständiges Gericht bestimmen lässt, 4
weil eine **Ungewissheit über die Gerichtsbezirke** besteht. Damit sind die – äußerst
selten – Fälle gemeint, in denen einzelne Gerichtsbezirke nicht eindeutig voneinander
abgegrenzt werden können. Entscheidend ist, ob die Zuordnung zu den Gerichtsbezirken
tatsächlich unklar ist; rechtliche Ungewissheit genügt hingegen nicht (S/S-A/P/Bier VwGO
§ 53 Rn 6 mwN; aA Eyermann/Schmidt VwGO § 53 Rn 3).

III. Örtliche Zuständigkeit mehrerer Gerichte, Nr 3

Nr 3 setzt voraus, dass **verschiedene zuständige Gerichte** in Betracht kommen. Damit 5
soll die Regelung über den gesetzlichen Richter nicht durchbrochen, sondern vielmehr nur
in den Fällen ergänzt werden, in denen das Prozessrecht selbst keine widerspruchsfreie
Zuweisung enthält; es ist also nicht der Zweck der Nr 3, dem nächsthöheren Gericht oder
dem BVerwG die Entscheidung über Zweifelsfragen, die sich aus dem Auslegung des § 52
VwGO ergeben, gleichsam in der Art einer Vorabentscheidung vorzulegen (BVerwG Beschl
v 4.6.2007, 2 AV 1/07; BVerwG, Beschl v 12.10.2010, 2 AV 1/10 ; BverwG, Beschl v
1.6.2011, 2 AV 1/11, 2 AV 1/11, 2 PKH 3/11). Die Zuständigkeit mehrerer Gerichte kann
zB begründet sein, wenn sich ein Grundstück, dessen örtliche Lage den Gerichtsstand gem
§ 52 Nr 1 VwGO bestimmt, über die Grenzen verschiedener Gerichtsbezirke erstreckt, oder
wenn sich ein Planfeststellungsbeschluss auf mehrere Gerichtsbezirke bezieht (OVG Bremen
Beschl v 2.2.2009, 1 D 599/08 BeckRS 2009, 32581). Auch wenn der Beklagte bei der
örtlichen Zuständigkeit gem § 52 Nr 5 VwGO mehrere Wohnsitze hat, kann ein eindeutig
zuständiges Gericht nicht bestimmt werden. Gleiches gilt, wenn bei einer Klage gegen zwei
Beklagte, für die eine unterschiedliche örtliche Zuständigkeit begründet ist, die Möglichkeit
besteht, dass eine notwendige Streitgenossenschaft gegeben ist (OVG Koblenz NVwZ-RR
2000, 472). Der Anwendungsbereich der Nr 3 erfasst auch den Fall, dass die Anfechtungsklage des Betroffenen gegen einen VA mit der Klage eines Dritten gegen den Widerspruchs-

bescheid zusammentrifft, wenn Ausgangs- und Widerspruchsbehörde nicht in demselben Gerichtsbezirk liegen (vgl Eyermann/Schmidt VwGO § 53 Rn 6). Weiter betrifft Nr 3 den Fall, dass bei einer objektiven Klagehäufung und der Zuständigkeit verschiedener Gerichte wegen des engen Zusammenhangs der Klagebegehren eine einheitliche gerichtliche Entscheidung notwendig ist (OVG Lüneburg DÖV 2003, 867).

6   **Nicht anwendbar ist Nr 3**, wenn bereits ein gem § 83 VwGO iVm § 17a Abs 2 GVG bindender Verweisungsbeschluss ergangen ist (vgl BVerwG NVwZ 1995, 372). Wegen der Bindungswirkung der erstinstanzlichen Zuständigkeitsentscheidung (§ 83 VwGO iVm § 17a Abs 5 GVG) ist es auch einem Berufungsgericht verwehrt, das BVerwG zur Bestimmung des zuständigen Gerichts nach Nr 3 anzurufen, denn es ist selbst nicht zur weiteren Prüfung der örtlichen Zuständigkeit befugt (BVerwG NVwZ-RR 1995, 300 f). Auch Fälle, in denen rechtliche Zweifel an der Zuständigkeit durch Auslegung der gesetzlichen Zuständigkeitsbestimmungen beseitigt werden können (BVerwGE 58, 225, 228), unterfallen nicht dem Anwendungsbereich (BVerwG, Beschl v 12.10.2010, 2 AV 1/10). Gleiches gilt für parallele Rechtsstreitigkeiten, für deren Zusammenfassung vor einem Gericht nur die Prozessökonomie streitet (BVerwG DVBl 2002, 1557 f; BVerwG, Beschl v 12.10.2010, 2 AV 1/10). Nr 3 setzt eine mehrfache örtliche Zuständigkeit nach § 52 VwGO voraus und ist daher nicht einschlägig, wenn das zuständige Gericht feststeht oder sich ermitteln lässt (vgl zu Sinn und Zweck der Regelung auch BVerwG Beschl v 7.2.2006, 1 AV 1/06).

IV. Positiver Kompetenzkonflikt, Nr 4

7   Nr 4 betrifft **Fälle, in denen sich verschiedene Gerichte rechtskräftig für zuständig erklärt haben**, vgl § 83 S 1 VwGO iVm § 17a Abs 3 GVG. Gem § 17a Abs 1 GVG iVm § 83 S 1 VwGO sind andere Gerichte an die Entscheidung eines Gerichts, mit der es sich für zuständig erklärt, gebunden. Erklärt sich trotzdem ein zweites Gericht – entweder in Folge eines Rechtsverstoßes oder wegen fehlender Kenntnis – für zuständig, wird zwar gegen diese Bindungswirkung verstoßen, trotzdem aber eine wirksame Zuständigkeitserklärung abgegeben (Eyermann/Schmidt VwGO § 53 Rn 7). Für diesen Fall des sog „positiven Kompetenzkonflikts" sieht Nr 4 die Bestimmung des zuständigen Gerichts durch das nächsthöhere Gericht vor, das an keine der getroffenen Zuständigkeitsentscheidungen gebunden ist. In Ermangelung einzelfallbezogener Besonderheiten wird bei der Wahl des nächsthöheren Gerichts dem Gericht der Vorzug zu geben sein, das sich zuerst für zuständig erklärt hat.

V. Negativer Kompetenzkonflikt, Nr 5

8   Nr 5 bezieht sich auf den Fall eines sog „negativen Kompetenzkonflikts", dass **sich mehrere Gerichte rechtskräftig für unzuständig erklärt haben**. Die Bestimmung durch das nächsthöhere Gericht kann nur dann erfolgen, wenn **kein weiteres Gericht zuständig** ist. Gibt es ein zuständiges Gericht, so wird seine Zuständigkeit nicht dadurch tangiert, dass sich zwei andere Gerichte für unzuständig erklären; in dieser Konstellation ist der Anwendungsbereich der Nr 5 nicht eröffnet.

Grundsätzlich wird ein Gericht, das seine Zuständigkeit verneint, gem § 83 S 1 iVm § 17a Abs 2 GVG die Sache an das zuständige Gericht verweisen. Diesem Gericht ist dann wegen der Bindungswirkung nach § 83 S 1 VwGO iVm § 17a Abs 2 S 3 GVG eine Weiterverweisung an ein weiteres Gericht verwehrt. Etwas anderes kann ausnahmsweise gelten, wenn der Fall extrem gelagert ist (BVerwG Buchholz 310 § 53 VwGO Nr 7). Verstößt das Gericht, an das die Sache verwiesen worden ist, gegen die Bindungswirkung der Verweisung indem es den Rechtsstreit entweder zurück oder an ein drittes Gericht verweist, sieht Nr 5 die Bestimmung der Zuständigkeit durch das nächsthöhere Gericht vor (BVerwGE 56, 306).

Eine **entsprechende Anwendung der Nr 5** hat das BVerwG auf negative Kompetenzkonflikte zwischen einem Verwaltungsgericht und einem Gericht eines anderen Gerichtszweiges bejaht. In einer solchen Konstellation stellt sich das Problem, dass ein gemeinsames übergeordnetes Gericht nicht gegeben ist. Über den Kompetenzkonflikt hat daher dasjenige oberste Bundesgericht zu befinden, das einem der beteiligten Gerichte übergeordnet ist und zuerst angerufen wurde (BVerwG Beschl v 26.2.2009, 2 AV 1/09 BeckRS 2009, 32325;

BVerwG NJW 1993, 3087 f). In entsprechender Anwendung von Nr 5 ist das BVerwG also etwa für die Entscheidung eines negativen Kompetenzkonflikts zwischen einem VG und einem Sozialgericht (BVerwG NVwZ 2007, 845) zwischen einem VG und einem Landgericht (BVerwG NVwZ 2008, 917) oder einem VG und einem Amtsgericht (BVerwG Beschl v 31.4.2011 – 8 AV 1/11; BVerwG Beschl v 17.2.2012, 6 AV 2/11; BVerwG Beschl v 17.1.2013, 3 AV 1/12) zuständig.

VI. Fehlende örtliche Zuständigkeit, Abs 2

Abs 2 sieht eine Zuständigkeitsbestimmung durch das BVerwG vor, wenn eine **örtliche** 9 **Zuständigkeit nach § 52 VwGO nicht gegeben** ist (vgl VG Berlin Beschl v 22.8.2011 – 3 L 448.11).Dies ist allerdings weitgehend ausgeschlossen, da bereits die subsidiäre Auffangvorschrift § 52 Nr 5 VwGO praktisch alle Konstellationen erfasst, in denen sich keine örtliche Zuständigkeit nach § 52 Nr 1 bis Nr 4 VwGO bestimmen lässt. In **besonders gelagerten Ausnahmefällen** kann Abs 2 jedoch Bedeutung erlangen, dies war zB im Zuge der Herstellung der deutschen Einheit, als manche Gebiete keinem Gerichtsbezirk zugeordnet waren, der Fall (vgl BVerwG Buchholz 310 § 53 Nr 17). Die Voraussetzungen des Abs 2 sind etwa auch bei einer Verpflichtungsklage hinsichtlich einer umstrittenen Abiturprüfung an einer ausländischen Schule erfüllt, sofern der Antragsgegner keinen örtlichen Bezugspunkt im Inland hat und daher § 52 Nr 5 nicht einschlägig ist (BVerwG NJW 2006, 3512).

C. Verfahren

I. Antrag

Die Bestimmung der Zuständigkeit durch das nächsthöhere Gericht bzw das BVerwG 10 erfolgt gem Abs 3 auf **Antrag** eines Beteiligten oder eines mit dem Rechtsstreit befassten Gerichts. Der Antrag kann bereits vor Rechtshängigkeit gestellt werden, sofern er auf einen konkret bevorstehenden Rechtsstreit gerichtet ist (BVerwG NVwZ 1993, 359). Der Begriff des „Beteiligten" nimmt Bezug auf § 63 VwGO, so dass auch der notwendig Beizuladene, der bisher noch nicht beigeladen worden ist, antragsbefugt ist (OVG Lüneburg DVBl 1995, 933 f). Für den Antrag gilt § 81 VwGO entsprechend. Ein Vertretungszwang besteht auch bei Anträgen auf Zuständigkeitsbestimmung durch das OVG oder BVerwG nicht (Redeker/v Oertzen/Redeker VwGO § 53 Rn 5 mwN). Weiter bedarf es keiner Prüfung der Beteiligungs- und Prozessfähigkeit, da das Bestimmungsverfahren nur die Zuständigkeit begründen soll, während die einzelnen prozessualen und materiellen Voraussetzungen einer späteren Klage von dem bestimmten Gericht zu untersuchen sind (S/S-A/P/Bier VwGO § 53 Rn 13).

II. Nächsthöheres Gericht

Das nächsthöhere Gericht ist bei einer Zuständigkeitsbestimmung für VGe eines Landes 11 das betreffende OVG. Etwas anderes gilt in Verfahren, in denen die Berufung ausgeschlossen ist, dann ist das BVerwG das im Rechtszug höhere Gericht (BVerwGE DÖV 1993, 665, 666; aA Kopp/Schenke VwGO § 53 Rn 10). In der Konstellation, dass die Zuständigkeit zwischen OVG und BVerwG zu bestimmen ist, muss notwendigerweise das BVerwG angerufen werden. Gleiches gilt für die Bestimmung der Zuständigkeit zwischen den VG bzw OVG verschiedener Länder. Im Zusammenhang mit vermögenszuordnungsrechtlichen Streitigkeiten, die gem § 13b KonzVO M-V in den Zuständigkeitsbereich des VG Greifswald fallen, entschied das VG Schwerin, dass § 53 Abs 3 S 1 VwGO neben der Anrufung des nächsthöheren Gerichts für das beschließende Gericht auch die Möglichkeit eröffnet, das BVerwG anzurufen, um sich mit der Problematik des „nächsthöheren Gerichts" nicht auseinandersetzen zu müssen (VG Schwerin Beschluss v 25.4.2005, 1 A 1996/04).

III. Entscheidung

Die Entscheidung über die Bestimmung des zuständigen Gerichts erfolgt durch **Be-** 12 **schluss**. Dies gilt sowohl für die Bestimmung eines Gerichts als auch für die Ablehnung des

Antrags. Der Beschluss ist unanfechtbar und bindet das bestimmte Gericht im Hinblick auf die entschiedene Zuständigkeitsfrage. Das Verfahren wird – auch wenn bislang ein anderes Gericht mit der Streitsache befasst war – ohne Verweisung bei dem als zuständig bestimmten Gericht anhängig (Eyermann/Schmidt VwGO § 53 Rn 15). Die prozessualen und materiellen Prozessvoraussetzungen werden nicht geprüft; dies bleibt dem letztlich zuständigen Gericht vorbehalten.

13   Da § 53 Nr 1 VwGO keine Regelung enthält, nach welchen materiellen Kriterien das zuständige Gericht zu bestimmen ist, erfolgt die Auswahl des zuständigen Gerichts nach **Zweckmäßigkeitsgesichtspunkten** (BVerwG Beschl v 13.3.2009, 7 AV 1/09 und 7 AV 2/09; BVerwG NVwZ 1996, 998). Dabei hat eine Orientierung an den gesetzlichen Gerichtsstandbestimmungen wie zB Ortsbezug, Wohnsitz, Behördensitz zu erfolgen. Maßgebend ist auch eine effektive und sachgerechte Verfahrensdurchführung (vgl Sodan/Ziekow/Ziekow VwGO § 53 Rn 24 mwN). Ausschlaggebend für die Bestimmung kann auch sein, wenn ein Gericht mit den einschlägigen und nicht häufig vorkommenden Rechtsfragen bereits befasst war (BVerwG Buchholz 310 § 53 Nr 29).

Teil II Verfahren (§§ 54–123)

7. Abschnitt Allgemeine Verfahrensvorschriften (§§ 54–67a)

§ 54 [Ausschließung und Ablehnung von Gerichtspersonen]

(1) Für die Ausschließung und Ablehnung der Gerichtspersonen gelten §§ 41 bis 49 der Zivilprozeßordnung entsprechend.

(2) Von der Ausübung des Amtes als Richter oder ehrenamtlicher Richter ist auch ausgeschlossen, wer bei dem vorausgegangenen Verwaltungsverfahren mitgewirkt hat.

(3) Besorgnis der Befangenheit nach § 42 der Zivilprozeßordnung ist stets dann begründet, wenn der Richter oder ehrenamtliche Richter der Vertretung einer Körperschaft angehört, deren Interessen durch das Verfahren berührt werden.

§ 54 VwGO regelt die Ausschließung (Rn 4) und Ablehnung (Rn 24) von Gerichtspersonen in Anlehnung an die Vorschriften der §§ 41 bis 49 ZPO, die er im Wege der dynamischen Verweisung für entsprechend anwendbar erklärt. Die Regelung des § 54 VwGO gilt für alle Verfahrensarten (Rn 2) und ist Ausfluss des Rechtsstaatsprinzips sowie des Rechts auf den gesetzlichen Richter (Rn 1). Als Gerichtspersonen iSd Vorschrift sind die haupt- und ehrenamtlichen Richter sowie die Urkundsbeamten der Geschäftsstelle anzusehen (Rn 3). Ausgeschlossen sind sie, wenn sie einen der in § 41 ZPO oder § 54 Abs 2 VwGO abschließend aufgezählten Ausschließungsgründe (Rn 5) erfüllen, die sich sämtlich durch eine besonders enge Beziehung zu einem Verfahrensbeteiligten oder zum Gegenstand des Verfahrens auszeichnen. Liegt ein Ausschließungsgrund vor, so kann der Richter gemäß § 42 Abs 1 ZPO von den Verfahrensbeteiligten auch abgelehnt werden. Ein Ablehnungsrecht steht den Beteiligten ferner zu, wenn die Besorgnis der Befangenheit besteht, dh die auf objektiv feststellbaren Tatsachen beruhende, subjektiv vernünftigerweise mögliche Besorgnis, dass der Richter nicht unparteilich entscheiden werde (Rn 25). Bei Vorliegen eines Ausschließungs- oder Ablehnungsgrundes ist dem Richter eine weitere Mitwirkung an dem betreffenden Verfahren untersagt. Dieses Mitwirkungsverbot (Rn 41) wirkt im Falle der Ausschließung unmittelbar kraft Gesetzes, im Falle des von einem Beteiligten gestellten Ablehnungsantrages hingegen erst aufgrund einer Entscheidung des Gerichts. Wirkt ein ausgeschlossener oder erfolgreich abgelehnter Richter gleichwohl mit, so stellt dies einen Verfahrensmangel iSd § 124 Abs 2 Nr 5 VwGO, § 132 Abs 2 Nr 3 VwGO dar, auf dem die angegriffene Entscheidung stets beruht (absoluter Revisionsgrund gemäß § 138 Nr 2 VwGO) (Rn 43).

Übersicht

A. Allgemeines
I. Verfassungsrechtlicher Hintergrund

1   Der gesetzliche Ausschluss und die Möglichkeit der Ablehnung von Gerichtspersonen sind eine Folge des **Rechtsstaatsprinzips** sowie des **Rechts auf den gesetzlichen Richter** (Art 101 Abs 1 S 2 GG) (BVerfGE 21, 139, 146 = NJW 1967, 1123; BVerfGE 30, 149, 153 = NJW 1971, 1029, 1030; DVBl 1991, 1139). Letzteres gewährleistet, dass der Rechtsuchende nicht vor einem Richter steht, dem es an der gebotenen Neutralität fehlt. Der kraft Gesetzes ausgeschlossene sowie der erfolgreich abgelehnte Richter sind daher nicht gesetzliche Richter iSd GG. Eine Bestimmung, die die Ablehnung von Richtern ausschlösse, wäre mithin verfassungswidrig. In den Einzelheiten, etwa bzgl des Katalogs der Ausschließungs- und Ablehnungsgründe, ist der Gesetzgeber hingegen nicht gebunden (BVerfGE 30, 149, 153 = NJW 1971, 1029, 1030). Andererseits gebietet es die Vorschrift des Art 101 Abs 1 S 2 GG aber auch, dass nur die Mitwirkung eines wirklich befangenen Richters unterbleibt, da den Beteiligten anderenfalls der gesetzliche Richter vorenthalten würde.

II. Anwendungsbereich
1. Sachlicher Anwendungsbereich

2   Die Möglichkeit des Ausschlusses und der Ablehnung von Gerichtspersonen besteht **in allen verwaltungsgerichtlichen Verfahren**, dh nicht nur im Klageverfahren, sondern etwa auch in Verfahren des einstweiligen Rechtsschutzes oder in Prozesskostenhilfeverfahren.

2. Persönlicher Anwendungsbereich

3   Der **Begriff der Gerichtsperson**, den § 54 VwGO aus der Überschrift des Vierten Titels des Ersten Buches der ZPO übernommen hat, umfasst neben den haupt-, neben- und ehrenamtlichen **Richtern** auch die **Urkundsbeamten der Geschäftsstelle**, für die § 49 ZPO die entsprechende Geltung der Vorschriften der §§ 41 bis 48 ZPO anordnet. Die Urkundsbeamten der Geschäftsstelle treten gegenüber den Beteiligten beispielsweise als Protokollführer in der mündlichen Verhandlung oder bei Erhebung der Klage zu ihrer Niederschrift (§ 81 Abs 1 S 2 VwGO) in Erscheinung. Ihre Ablehnung kommt etwa dann in Betracht, wenn sie sich weigern, eine solchermaßen erhobene Klage aufzunehmen (Sodan/Ziekow/Czybulka VwGO § 54 Rn 10). Insgesamt sind die Vorschriften über den Ausschluss und die Ablehnung von Urkundsbeamten der Geschäftsstelle jedoch nur von geringer praktischer Bedeutung. Nicht unter die Regelung des § 54 VwGO fallen Sachverständige und Dolmetscher; ihre Ablehnung richtet sich vielmehr nach § 98 VwGO iVm § 406 ZPO bzw nach § 173 VwGO iVm § 191 GVG.

B. Ausschließung

I. Begriff

Von Ausschließung spricht man, wenn eine Gerichtsperson aus einem der abschließend **4** aufgezählten Gründe **kraft Gesetzes** von der weiteren Mitwirkung an einem Gerichtsverfahren ausgeschlossen ist, ohne dass es insoweit – anders als bei der Ablehnung – eines Antrages der Beteiligten oder einer gerichtlichen Anordnung oder Entscheidung bedarf (BVerfGE 46, 34, 37). Die Ausschließungsgründe sind vom Gericht in jedem Verfahrensstadium von Amts wegen zu beachten. Eine gerichtliche Entscheidung ist nur dann vorgesehen, wenn Zweifel über das Vorliegen eines Ausschließungsgrundes bestehen (§ 48 ZPO aE) oder wenn ein Beteiligter – etwa weil das Gericht das Vorliegen eines Ausschließungsgrundes übersieht – gem § 42 Abs 1 Alt 1 ZPO einen Ablehnungsantrag auf das Vorliegen eines Ausschließungstatbestandes stützt. In beiden Fällen ist der Richter jedoch gleichwohl schon kraft Gesetzes ausgeschlossen, weshalb der gerichtlichen Entscheidung lediglich deklaratorischer Charakter zukommt (BVerfGE 46, 34, 37).

II. Ausschließungsgründe

Die für das verwaltungsgerichtliche Verfahren geltenden Ausschließungsgründe finden **5** sich zum einen in der gem § 54 Abs 1 VwGO entsprechend anwendbaren Vorschrift des § 41 ZPO und zum anderen in § 54 Abs 2 VwGO, der zusätzlich einen speziellen verwaltungsprozessualen Ausschließungsgrund normiert. Die gesetzliche Aufzählung der Ausschließungsgründe ist abschließend und mit Blick auf Art 101 Abs 1 S 2 GG weder einer erweiternden Auslegung noch einer analogen Anwendung zugänglich (BVerfGE 30, 149, 155 = NJW 1971, 1029, 1030; BVerwG NJW 1980, 2722). Gemeinsam ist allen Ausschließungsgründen, dass sie sich durch eine besondere Nähe der betroffenen Gerichtsperson zu einem Verfahrensbeteiligten (§ 41 Nr 1 bis 3 ZPO) oder zum Gegenstand des Verfahrens (§ 54 Abs 2 VwGO, § 41 Nr 4 bis 8 ZPO) auszeichnen. Dabei ist der in § 41 ZPO mehrfach verwendete Begriff der „Sache" rein prozessual zu verstehen und meint stets nur den konkret anhängigen Rechtsstreit, allerdings im gesamten Instanzenzug (BVerfG NJW 1990, 2457; Sodan/Ziekow/Czybulka VwGO § 54 Rn 23; Wysk/Saurenhaus VwGO § 54 Rn 4; aA Kopp/Schenke VwGO § 54 Rn 6b, der bei Nr 1–3 und 6 einen engen und bei Nr 4–5 einen weiten Begriff der Sache zugrundelegen will).

1. § 41 Nr 1 ZPO: Ausschluss bei eigener Parteistellung sowie bei Mitberechtigung oder -verpflichtung

Gem § 41 Nr 1 ZPO ist ein Richter von der Ausübung des Richteramtes kraft Gesetzes **6** in den Sachen ausgeschlossen, in denen er selbst Partei ist oder bei denen er zu einer Partei im Verhältnis eines Mitberechtigten, Mitverpflichteten oder Regresspflichtigen steht.

a) Parteistellung. Wer Partei ist, bestimmt sich im Verwaltungsprozess nach § 63 **7** VwGO. Ausgeschlossen ist ein Richter daher nicht nur als **Kläger** oder **Beklagter** bzw **Antragsteller** oder **Antragsgegner**, sondern auch, wenn er an der Sache als **Beigeladener** iSd § 65 VwGO beteiligt ist. Nicht ausreichend ist es demgegenüber, wenn der betreffende Richter, ohne selbst formell Verfahrensbeteiligter zu sein, ein mittelbares Interesse am Verfahrensausgang hat oder in vergleichbarer Sache selbst Klage erheben könnte. Je nach Art und Intensität der Betroffenheit mag in diesen Fällen allenfalls eine Ablehnung wegen Besorgnis der Befangenheit in Betracht kommen (S/S/B/Meissner VwGO § 54 Rn 19; Kopp/Schenke VwGO § 54 Rn 6).

b) Mitberechtigung oder Mitverpflichtung. Mitberechtigung und Mitverpflichtung **8** bestehen bei allen **Gesamthandsgemeinschaften** (zB BGB-Gesellschaft, OHG, KG, Erbengemeinschaft), ebenso bei **Gesamtschuldner- und Gesamtgläubigerschaft** sowie im Falle der **Bürgschaft** (Wysk/Saurenhaus VwGO § 54 Rn 5). Nicht ausreichend ist hingegen die bloße Mitgliedschaft in einer Genossenschaft (BVerwG NJW 2001, 2191), in einem rechtsfähigen Verein oder in einer öffentlich-rechtlichen Körperschaft sowie die Stellung als Aktionär einer Aktiengesellschaft oder als Inhaber von Geschäftsanteilen einer GmbH, da hier lediglich ein mittelbares Interesse am Verfahrensausgang vorliegt. Gleiches soll für die

Mitgliedschaft in einem nicht rechtsfähigen Verein gelten, wenn diese Rechtsform – wie bei politischen Parteien und Gewerkschaften – allein historisch bedingt ist und keine die Mitglieder wirtschaftlich belastende Haftung nach sich zieht (vgl Sodan/Ziekow/Czybulka VwGO § 54 Rn 19).

2. § 41 Nr 2 ZPO: Ausschluss in Sachen des Ehegatten

9   § 41 Nr 2 ZPO schließt einen Richter in den Sachen seines **Ehegatten** aus, auch wenn die Ehe nicht mehr besteht. Erfasst sind damit auch die Fälle, in denen die Ehe nichtig war oder aufgehoben wurde. Nicht erfasst sind angesichts des eindeutigen Wortlauts hingegen nichteheliche Lebensgemeinschaften oder Verlöbnisse; sie werden jedoch im Regelfall eine Ablehnung wegen Besorgnis der Befangenheit rechtfertigen (vgl Rn 27). Entscheidend für den Ausschluss ist allein die **formale Beteiligtenstellung** des Ehegatten; ein bloß mittelbares Interesse am Verfahrensausgang genügt demgegenüber ebenso wenig wie bei Nr 1. Ebenfalls nicht erfüllt ist der gesetzliche Ausschließungsgrund, wenn der Richter mit dem gesetzlichen Vertreter, dem Terminsvertreter oder dem Prozessbevollmächtigten eines Verfahrensbeteiligten verheiratet (oder iSd § 41 Nr 3 ZPO verwandt oder verschwägert) ist. Hier kommt allein eine Ablehnung wegen Besorgnis der Befangenheit in Betracht (vgl Rn 27), sofern der Verfahrensbeteiligte für die Sache nicht von vornherein einen anderen Vertreter bestimmt.

3. § 41 Nr 2a ZPO: Ausschluss in Sachen des Lebenspartners

10   Der im Jahre 2001 neu eingeführte § 41 Nr 2a ZPO erweitert den Ausschließungsgrund des § 41 Nr 2 ZPO auf eine (bestehende oder frühere) eingetragene gleichgeschlechtliche **Lebenspartnerschaft**.

4. § 41 Nr 3 ZPO: Ausschluss bei Verwandtschaft oder Schwägerschaft

11   Nach § 41 Nr 3 ZPO ist ein Richter in Sachen einer Person ausgeschlossen, mit der er in gerader Linie **verwandt** oder **verschwägert** oder in der Seitenlinie bis zum dritten Grad verwandt oder bis zum zweiten Grad verschwägert ist oder war. Zu welchen Personen ein Verwandtschafts- oder Schwägerschaftsverhältnis besteht, richtet sich nach § 1589 BGB und § 1590 BGB. Der Grad der Verwandtschaft bestimmt sich nach der Anzahl der sie vermittelnden Geburten, der Grad und die Linie der Schwägerschaft nach Grad und Linie der sie vermittelnden Verwandtschaft. Ein Verwandtschaftsverhältnis besteht auch zu nichtehelichen und adoptierten Kindern.

5. § 41 Nr 4 ZPO: Ausschluss bei (Be-)Stellung als Prozessbevollmächtigter, Beistand oder gesetzlicher Vertreter

12   § 41 Nr 4 ZPO schließt einen Richter von der Mitwirkung in denjenigen Sachen aus, in denen er als Prozessbevollmächtigter oder Beistand einer Partei bestellt oder als gesetzlicher Vertreter einer Partei aufzutreten berechtigt ist oder gewesen ist.

13   **a) Bestellung zum Prozessbevollmächtigten oder Beistand.** Wer im Verwaltungsprozess zum Prozessbevollmächtigten oder Beistand bestellt werden darf, bestimmt sich nach **§ 67 VwGO**. Der Ausschluss nach § 41 Nr 4 ZPO tritt dabei nach dem eindeutigen Wortlaut der Vorschrift bereits durch die bloße Bestellung zum Prozessbevollmächtigten oder Beistand ein, ohne dass es tatsächlich zur Vornahme prozessualer Handlungen gekommen sein muss. Der Bestellung zum Prozessbevollmächtigten oder Beistand sind iRd § 41 Nr 4 ZPO gleichzusetzen: die auf einzelne Prozesshandlungen beschränkte Prozessvollmacht, die Unterbevollmächtigung, die Bestellung zum Vertreter des Prozessbevollmächtigten nach § 53 BRAO sowie die Bestellung zum Kanzleiabwickler nach § 55 BRAO. Ebenso fällt auch das Auftreten als vollmachtloser Vertreter unter den Ausschlusstatbestand. Nicht ausreichend ist demgegenüber die Bestellung zum bloßen Zustellungsbevollmächtigten iSd § 184 ZPO. Ebenfalls nicht zum Ausschluss nach § 41 Nr 4 ZPO führt die lediglich vorprozessuale Befassung als Rechtsanwalt mit dem dem späteren Rechtsstreit zugrundeliegenden Lebenssachverhalt sowie die Tätigkeit als Prozessbevollmächtigter in einem anderen Rechtsstreit mit

vergleichbarem Lebenssachverhalt. In diesen Fällen mag jedoch eine Ablehnung wegen Besorgnis der Befangenheit in Betracht kommen (vgl Rn 28).

b) Gesetzliche Vertretung. Ein zum Ausschluss führender Fall der gesetzlichen Ver- **14** tretung kann nicht nur beim Handeln von Eltern für ihre minderjährigen Kinder vorliegen, sondern auch dann, wenn der Richter die Stellung eines gesetzlichen Vertreters einer am Prozess beteiligten **juristischen Person** innehat(te) (zB als Mitglied des Vorstands eines Vereins, § 26 Abs 2 S 1 BGB; als – vertretungsberechtigter – Gesellschafter einer OHG, § 125 Abs 1 HGB; als Vorstandsmitglied einer Aktiengesellschaft, § 78 Abs 1 AktG; als Geschäftsführer einer GmbH, § 35 Abs 1 GmbHG).

c) Frühere Berechtigung zur Vertretung einer am Rechtsstreit beteiligten Körperschaft oder Behörde. Umstritten ist, ob ein Richter, der früher gem § 67 Abs 4 S 4 **15** VwGO zur Vertretung einer am Rechtsstreit beteiligten Körperschaft oder Behörde berechtigt gewesen ist, nach § 41 Nr 4 ZPO von allen Sachen ausgeschlossen ist, die während seiner früheren Tätigkeit schon bei der Behörde oder Körperschaft anhängig waren, dh von ihm hätten vertreten werden können (so Redeker/v Oertzen/M. Redeker VwGO § 54 Rn 5), oder ob sich der Ausschluss **nur** auf diejenigen **Sachen** erstreckt, in denen er **tatsächlich** die **Vertretung wahrgenommen** hat (so Sodan/Ziekow/Czybulka VwGO § 54 Rn 26; Wysk/Saurenhaus VwGO § 54 Rn 7). Für die zuletzt genannte Auffassung dürfte im Ergebnis Art 101 Abs 1 S 2 GG sprechen, der ein Mitwirkungsverbot und damit ein Abweichen vom eigentlich vorgesehenen gesetzlichen Richter nur dann gebietet und rechtfertigt, wenn tatsächlich eine enge Beziehung des Richters zum Verfahren bzw zum Verfahrensgegenstand vorliegt. Dies ist indessen noch nicht der Fall, wenn der Richter aufgrund seiner allgemeinen Befugnis zur Vertretung der Behörde oder Körperschaft lediglich theoretisch mit der Sache hätte befasst sein können, ohne indessen praktisch mit ihr befasst gewesen zu sein. Insoweit unterscheidet sich die Situation von derjenigen eines Prozessbevollmächtigten, der im Allgemeinen nur für einzelne, konkrete Verfahren bestellt wird.

6. § 41 Nr 5 ZPO: Ausschluss bei Vernehmung als Sachverständiger oder Zeuge

Nach § 41 Nr 5 ZPO ist ein Richter in den Sachen ausgeschlossen, in denen er **als** **16** **Zeuge oder Sachverständiger vernommen** worden ist. Ob die Zeugenaussage oder die Erstattung des Gutachtens mündlich oder gem § 98 VwGO iVm § 377 Abs 3 ZPO bzw § 411 ZPO schriftlich erfolgt, ist unerheblich. Die bloße Benennung als Zeuge oder Sachverständiger erfüllt den Ausschlusstatbestand demgegenüber noch nicht, da es den Parteien sonst möglich wäre, einen ihnen nicht genehmen Richter durch die Stellung willkürlicher Beweisanträge auszuschalten. Der als Zeuge benannte Richter darf daher über den Beweisbeschluss mit entscheiden. Ebenfalls nicht ausreichend ist die Abgabe einer dienstlichen Äußerung des Richters zu dem in Rede stehenden Verfahren, da es sich dabei nicht um eine Zeugenaussage handelt (vgl zum Vorstehenden insgesamt BVerwGE 63, 273).

7. § 41 Nr 6 ZPO: Ausschluss bei Mitwirkung am Erlass der angefochtenen Entscheidung

§ 41 Nr 6 ZPO sieht einen Ausschluss des Richters in den Sachen vor, in denen er **in** **17** **einem früheren Rechtszuge oder im schiedsrichterlichen Verfahren bei dem Erlass** **der angefochtenen Entscheidung mitgewirkt** hat, sofern es sich nicht um die Tätigkeit eines beauftragten oder ersuchten Richters (vgl § 96 Abs 2 VwGO) handelte. Ausgeschlossen ist damit insbesondere, dass ein Richter seine eigene Entscheidung in einer höheren Instanz überprüfen kann (BVerwG Buchholz 310 § 54 VwGO Nr 44). Voraussetzung ist jedoch, dass der Richter gerade an der angefochtenen Entscheidung (Urteil, Beschluss, Gerichtsbescheid) tatsächlich mitgewirkt, sie also mitzuverantworten hat.

Dies ist **nicht** der Fall, wenn der Richter an der mündlichen Verhandlung, an der der Richter mitgewirkt **18** hat, noch nicht mit einer prozessbeendenden Entscheidung, sondern mit einer Vertagung oder einem Beweisbeschluss endete, oder wenn der Richter lediglich an der Verkündung der angefochtenen Entscheidung beteiligt war (Wysk/Saurenhaus VwGO § 54 Rn 9). Ebenfalls nicht erfüllt ist der Ausschlusstatbestand, wenn der mit einem Wiederaufnahmeverfahren befasste Richter an der in Rede stehenden – rechtskräftigen – Entscheidung beteiligt war (BGH NJW 1981, 1273, 1274). Das Gleiche gilt, wenn ein Richter in der ersten Instanz lediglich an einem Beschluss im Prozesskostenhilfeverfahren oder im einstweiligen Rechtsschutzverfahren, nicht jedoch an der nunmehr in der Berufungsinstanz angegriffenen Hauptsacheentscheidung mitgewirkt hat (BVerwG Buchholz 310 § 54 VwGO Nr 29). Kein Fall des § 41 Nr 6 ZPO liegt schließlich vor, wenn ein Richter bereits über ein früheres Verfahren derselben Prozessbeteiligten entschieden hat, und zwar auch dann nicht, wenn das frühere Verfahren einen gleichliegenden Sachverhalt betraf (BVerwG Buchholz 310 § 54 VwGO Nr 44). Auch eine Ablehnung wegen Besorgnis der Befangenheit kommt in diesen Fällen nach der Rechtsprechung des Bundesverwaltungsgerichts nur ausnahmsweise bei Hinzutreten weiterer, besonderer Umstände in Betracht, da ansonsten letztlich ein gesetzlich nicht vorgesehener Ausschlussgrund geschaffen würde (BVerwG NJW 1977, 312; Buchholz 310 § 54 VwGO Nr 29 und 41; Beschl v 5.6.2007 – 7 B 23/07; Beschl v 4.5.2009 – 8 B 20/09) (vgl näher Rn 28).

8. § 41 Nr 7 ZPO: Ausschluss wegen Mitwirkung bei einem Verfahren mit überlanger Verfahrensdauer

18a   Der mit dem Gesetz über dem Rechtsschutz bei überlangen Gerichtsverfahren und strafrechtlichen Ermittlungsverfahren v 24.11.2011 (BGBl I 2302) neu eingefügte § 41 Nr 7 ZPO sieht vor, dass ein Richter von der Mitwirkung in Sachen wegen überlanger Gerichtsverfahren ausgeschlossen ist, wenn er in dem beanstandeten Verfahren in einem Rechtszug mitgewirkt hat, auf dessen Dauer der Entschädigungsanspruch gestützt wird.

9. § 41 Nr 8 ZPO: Ausschluss wegen Mitwirkung an einem Mediationsverfahren

18b   Ein weiterer Ausschlussgrund wurde durch das **Gesetz zur Förderung der Mediation und anderer Verfahren der außergerichtlichen Konfliktbeilegung** v 21.7.2012 (BGBl I 1577) hinzugefügt. Danach ist ein Richter von der Ausübung des Richteramtes in solchen Sachen ausgeschlossen, in denen er an einem Mediationsverfahren oder einem anderen Verfahren der außergerichtlichen Konfliktbeilegung mitgewirkt hat. Der Ausschluss beruht darauf, dass die Mitwirkung an einer einvernehmlichen Konfliktlösung für die Parteien mit dem Richteramt als verbindlicher Streitentscheidung in der Sache unvereinbar ist (Zöller ZPO § 41 Rn 14a). Der Ausschluss gilt daher für jede Art von Mediationsverfahren (außergerichtlich, gerichtsnah, gerichtsintern). Entsprechend anwendbar ist die Vorschrift bei einem Tätigwerden als Güterichter nach § 278 Abs 5 ZPO (Thomas/Putzo/Hüßtege ZPO § 41 Rn 10). In welcher Funktion der Richter an dem Verfahren der außergerichtlichen Streitbeilegung mitgewirkt hat, ist unerheblich. Ebenfalls unerheblich ist, wie das Verfahren endete (Baumbach/Lauterbach/Albers/Hartmann ZPO § 41 Rn 16).

10. § 54 Abs 2 VwGO: Ausschluss bei Mitwirkung am vorausgegangenen Verwaltungsverfahren

19   Zu den in § 41 ZPO aufgezählten Ausschließungsgründen, die über § 54 Abs 1 VwGO im Verwaltungsprozess entsprechende Anwendung finden, tritt als spezieller verwaltungsprozessualer Ausschließungsgrund § 54 Abs 2 VwGO hinzu. Danach ist von der Ausübung des Amtes als Richter oder ehrenamtlicher Richter ausgeschlossen, wer **bei dem vorausgegangenen Verwaltungsverfahren mitgewirkt** hat.

20   **a) Begriff des Verwaltungsverfahrens.** Der Begriff des Verwaltungsverfahrens ist dabei **nicht auf** denjenigen des **§ 9 VwVfG beschränkt**, der unter Verwaltungsverfahren iSd VwVfG nur solches Behördenhandeln versteht, das auf den Erlass eines Verwaltungsaktes oder den Abschluss eines öffentlich-rechtlichen Vertrages gerichtet ist. Da § 54 VwGO für alle Arten verwaltungsgerichtlicher Klagen gilt, umfasst der Begriff des Verwaltungsverfahrens iSd § 54 Abs 2 VwGO vielmehr alle Arten von Verwaltungshandeln, dh insbes auch die Bereiche des sog schlichten Verwaltungshandelns und des im Vordringen befindlichen sog informalen Verwaltungshandelns (vgl Sodan/Ziekow/Czybulka VwGO § 54 Rn 36).

21   **b) Vorausgegangenes Verwaltungsverfahren.** Als „vorausgegangenes" Verwaltungsverfahren ist das **gesamte behördliche Verfahren einschließlich eines etwaigen Wider-**

spruchsverfahrens anzusehen, in dem die nunmehr zu gerichtlichen Überprüfung gestellte Verwaltungsentscheidung ergangen ist (BVerwGE 52, 47; NVwZ 1990, 460, 461; Buchholz 310 § 54 VwGO Nr 1 und 3). Dem Verwaltungsverfahren zuzurechnen ist auch die Tätigkeit der Aufsichtsbehörde, wenn durch sie der später ergangene Verwaltungsakt in seinem Inhalt beeinflusst worden ist (BVerwGE 52, 47, 49). Im Bereich der Normenkontrollverfahren nach § 47 VwGO wird als vorausgegangenes Verwaltungsverfahren das „Normsetzungsverfahren" (zB Erlass des Bebauungsplanes) anzusehen sein (Kopp/Schenke VwGO § 54 Rn 9; aA ohne Begründung Sodan/Ziekow/Czybulka VwGO § 54 Rn 36). Nicht um vorausgegangene Verwaltungsverfahren handelt es sich demgegenüber bei Parallelverfahren mit lediglich vergleichbarem Sachverhalt (BVerwG NJW 1977, 312) sowie bei bereits mit einem Erstbescheid abgeschlossenen Verwaltungsverfahren, wenn Gegenstand der gerichtlichen Überprüfung der in einem weiteren Verfahren ergangene Zweitbescheid ist (Kopp/Schenke VwGO § 54 Rn 9). Ebenso ist im Falle der Anfechtung einer Baugenehmigung das Verfahren zur Aufstellung des Bebauungsplans nicht als vorausgegangenes Verwaltungsverfahren anzusehen (BVerwG NVwZ 1990, 460).

c) **Mitwirkung.** Ein zum Ausschluss führendes Mitwirken liegt vor, wenn der Richter in 22 seiner früheren Eigenschaft als Verwaltungsangehöriger **mit dem Vorgang** in irgendeiner Weise **amtlich befasst** war. Dies setzt nicht voraus, dass er die angegriffene Entscheidung selbst getroffen hat. Es reicht vielmehr jede Art der Mitwirkung, die geeignet ist, den Eindruck hervorzurufen, der Richter habe sich durch sein Tätigwerden im Verwaltungsverfahren bereits in der Sache festgelegt (BVerwGE 52, 47, 50). Dies ist allerdings noch nicht der Fall bei bloßen technischen Hilfsdiensten wie Boten-, Schreib- oder Fahrdienst, sondern verlangt ein sachliches Eingreifen (zB durch Teilnahme als Sachbearbeiter an einer Besprechung oder einer Erörterung mit Verfahrensbeteiligten, durch Sammeln und Sichten des Streitstoffs oder durch Unterzeichnung von Schriftsätzen). Allein die frühere Zugehörigkeit des Richters zu einer prozessbeteiligten Behörde erfüllt den Ausschlusstatbestand des § 54 Abs 2 VwGO daher nicht (VGH München BayVBl 1981, 723, 725).

III. Verfahren

Ein besonderes Verfahren sowie eine ausdrückliche Entscheidung des Gerichts über das 23 Vorliegen eines Ausschließungsgrundes finden im Regelfall nicht statt. Vielmehr hat das Gericht in jedem Stadium des Verfahrens **von Amts wegen** zu prüfen, ob in der Person eines zur Mitwirkung berufenen Richters ein Ausschließungsgrund vorliegt; entsprechende Anhaltspunkte hat der betreffende Richter unaufgefordert anzuzeigen. Ist dies der Fall, so ist der Richter **kraft Gesetzes** von einer weiteren Mitwirkung ausgeschlossen, ohne dass es eines entsprechenden Beschlusses des Gerichts bedürfte. Eine gerichtliche Entscheidung über das Vorliegen eines Ausschließungsgrundes sieht § 48 Alt 2 ZPO vielmehr nur vor, wenn in dieser Hinsicht **Zweifel** bestehen; ein Antrag eines Verfahrensbeteiligten ist allerdings auch in diesem Fall nicht erforderlich. Eine gerichtliche Entscheidung ergeht ferner, wenn ein Beteiligter einen **Ablehnungsantrag gem § 42 Abs 1 Alt 1 ZPO** auf das Vorliegen eines Ausschließungsgrundes stützt. Da der Ausschluss jedoch gleichwohl kraft Gesetzes wirkt, kommt der gerichtlichen Entscheidung in beiden Fällen lediglich deklaratorische Bedeutung zu.

C. Ablehnung

I. Begriff

Die Ablehnung eines Richters ist gem § 42 Abs 1 ZPO sowohl in den Fällen, in denen er 24 von der Ausübung des Richteramts kraft Gesetzes ausgeschlossen ist, als auch wegen Besorgnis der Befangenheit möglich. Dabei wirkt die Ablehnung eines Richters wegen Besorgnis der Befangenheit nicht schon kraft Gesetzes, sondern erst **kraft einer gerichtlichen Entscheidung**, die **nur auf Antrag** eines Beteiligten ergehen kann und der hinsichtlich des Mitwirkungsverbotes des betroffenen Richters **konstitutive Wirkung** zukommt. Wird das Ablehnungsgesuch demgegenüber auf das Vorliegen eines Ausschließungsgrundes gestützt, so hat die gerichtliche Entscheidung lediglich deklaratorischen Charakter; das Verfahren richtet sich in diesem Fall nach den unter Rn 23 dargestellten Grundsätzen.

II. Besorgnis der Befangenheit
1. Allgemeines

25 Nach der **Legaldefinition** des § 42 Abs 2 ZPO besteht die Besorgnis der Befangenheit, wenn ein Grund vorliegt, der geeignet ist, Misstrauen gegen die Unparteilichkeit eines Richters zu rechtfertigen. Mit Blick auf Art 101 Abs 1 S 2 GG ist es jedoch nicht möglich, insoweit auf das jeweils unterschiedliche subjektive Empfinden der Verfahrensbeteiligten abzustellen, will man nicht einer willkürlichen Ausschaltung des gesetzlichen Richters Tür und Tor öffnen. Voraussetzung für das Vorliegen eines Ablehnungsgrundes ist daher, dass ein Beteiligter die **auf objektiv feststellbaren Tatsachen beruhende, subjektiv vernünftigerweise mögliche Besorgnis** hat, der Richter werde in seiner Sache nicht unparteiisch, unvoreingenommen oder unbefangen entscheiden (BVerfGE 20, 9, 14 = NJW 1966, 923; BVerwGE 50, 36, 38; BGH NJW 1991, 1692, 1693). Im Falle des § 54 Abs 3 VwGO wird dies unwiderleglich vermutet.

2. Systematisierung und Beispielsfälle

26 Die Gründe, aus denen sich eine Besorgnis der Befangenheit ergeben kann, lassen sich im Wesentlichen **vier Kategorien** zuordnen:
- Besondere Beziehung des Richters zu den Verfahrensbeteiligten,
- Besondere Beziehung des Richters zum Verfahrensgegenstand,
- Verhalten des Richters innerhalb des Rechtsstreits,
- Verhalten des Richters außerhalb des Rechtsstreits.

Hinzu kommt der spezielle verwaltungsprozessuale Ablehnungsgrund des **§ 54 Abs 3 VwGO**, wonach die Besorgnis der Befangenheit unwiderleglich vermutet wird, wenn der Richter der Vertretung einer Körperschaft angehört, deren Interessen durch das Verfahren berührt werden. Auch der Ablehnungsgrund des § 54 Abs 3 VwGO muss jedoch durch einen Antrag der Verfahrensbeteiligten geltend gemacht werden (BVerwG NVwZ 1990, 460, 461). Die hier vorgenommene Systematisierung ist weder gesetzlich vorgegeben noch abschließend; entscheidend sind vielmehr stets die konkreten Umstände des Einzelfalles. Mit Blick auf Art 101 Abs 1 S 2 GG und dem sich daraus ergebenen Ausnahmecharakter des § 54 VwGO ist dabei jedoch insgesamt eine **restriktive Handhabung** geboten und in Zweifelsfällen dem Ablehnungsgesuch daher nicht stattzugeben (S/S/B/Meissner VwGO § 54 Rn 29).

27 **a) Besondere Beziehung des Richters zu den Verfahrensbeteiligten.** In Betracht kommen insbesondere solche Beziehungen persönlicher oder rechtlicher Art, die zwar nicht von den gesetzlichen Ausschließungsgründen des § 41 Nr 1 bis 3 ZPO erfasst werden, jedoch gleichwohl die Annahme rechtfertigen, dass der Richter nicht mehr unvoreingenommen entscheiden werde. Dies kann etwa der Fall sein bei **verwandtschaftlichen Beziehungen**, die außerhalb der engen Grenzen des § 41 Nr 1 bis 3 ZPO liegen (zB Verlöbnis, nichteheliche Lebensgemeinschaft), sowie bei **engen freundschaftlichen oder erkennbar feindseligen Beziehungen**, und zwar nicht nur zu den Verfahrensbeteiligten iSd § 63 VwGO, sondern auch zu Zeugen, Sachverständigen, Prozess- oder Terminsvertretern. Hier mag – allerdings stets abhängig von den konkreten Umständen des Einzelfalles – eine Ablehnung wegen Besorgnis der Befangenheit in Betracht kommen. Zurückhaltung ist demgegenüber im Bereich der **allgemeinen gesellschaftlichen Kontakte** (Nachbarschaft, Bekanntschaft, gemeinsame Schulzeit oder gemeinsame Mitgliedschaft in einem Verein oder einer Organisation) zu üben, die für sich genommen eine Ablehnung wegen Besorgnis der Befangenheit im Regelfall noch nicht rechtfertigen werden. Gleiches gilt für **geschäftliche Beziehungen**, jedenfalls sofern in dem betreffenden Verfahren nicht konkrete wirtschaftliche Interessen des Richters auf dem Spiel stehen.

27.1 Als für die Annahme einer Besorgnis der Befangenheit nicht ausreichend wurden in der Rechtsprechung etwa angesehen:
- Lehrauftrag des Richters an der verfahrensbeteiligten Universität (OVG Münster NJW 1975, 2119).

- Verfahrensbeteiligung der Anstellungskörperschaft oder des Dienstherrn des Richters (BVerwG Beschl v 14.8.2003 – 2 AV 4/03; OVG Münster RiA 1975, 90).
- Maßnahme des Dienstherrn des Richters als Verfahrensgegenstand (OVG Münster RiA 1975, 90).
- Mitgliedschaft im selben Rotary-Club (OLG Karlsruhe NJW-RR 1988, 1534).
- Lockere Freundschaft mit Treffen im Wesentlichen bei dienstlichen Anlässen (Sächs OVG Beschl v 19.4.2010 – 2 B 55/10).
- Zugehörigkeit eines Verfahrensbeteiligten zum gleichen Gericht. Anders aber wegen der besonders engen beruflichen Bindung bei Zugehörigkeit zur gleichen Kammer, und zwar auch bei ehrenamtlichen Richtern (OLG Hamm MDR 1978, 583; OLG Nürnberg MDR 1967, 407; VG Freiburg VBlBW 1994, 37; VG Düsseldorf NWVBl 1997, 436; aA bzgl ehrenamtlicher Richter VG Freiburg NVwZ-RR 2011, 544).

b) Besondere Beziehung des Richters zum Verfahrensgegenstand. Besondere Be- **28** ziehungen des Richters zum Verfahrensgegenstand liegen insbesondere in den Fällen vor, in denen er entweder als Richter oder in anderer Funktion mit dem Verfahrensgegenstand früher schon einmal befasst war. Während die Rechtsprechung bei der nicht von § 41 Nr 4 ZPO erfassten **Vorbefassung als einseitiger Interessenvertreter** (zB als Rechtsanwalt) im Regelfall vom Vorliegen eines Ablehnungsgrundes ausgeht, ist sie in den Fällen der **Vorbefassung in richterlicher Funktion** sehr zurückhaltend. Denn es wird – abgesehen von dem Fall des § 41 Nr 6 ZPO, der es ausschließt, dass ein Richter seine eigene Entscheidung in der nächsten Instanz überprüft, und abgesehen von den Fällen des § 41 Nr 7 und 8 ZPO – von einem Richter, der mit dem Streitstoff bereits in einem früheren Verfahrensstadium oder in einem früheren Verfahren befasst war, grundsätzlich erwartet, dass er – seinem Berufsethos entsprechend – bereit und in der Lage ist, die Sache erneut unvoreingenommen zu betrachten und seine frühere Auffassung kritisch zu hinterfragen, wenn neue Argumente und Gesichtspunkte vorgetragen werden (vgl BVerfGE 30, 149, 153 = NJW 1971, 1029, 1030; BVerfGE 78, 331, 337; NJW 1990, 2457, 2458 f).

Dementsprechend kann eine Besorgnis der Befangenheit nicht zuletzt im Hinblick auf Art 101 **28.1** Abs 1 S 2 GG im allgemeinen nicht angenommen werden, wenn die mehrfache Befassung des Richters mit dem Streitstoff eine Folge der Regelungen des Gerichtsverfassungs- und Prozessrechts ist (zB Vorbefassung im Prozesskostenhilfeverfahren, BVerwG Buchholz 310 § 54 VwGO Nr 24; NVwZ-RR 2009, 662; im einstweiligen Rechtsschutzverfahren, BVerwG Buchholz 310 § 54 VwGO Nr 29; durch den Erlass eines Gerichtsbescheides, gegen den mündliche Verhandlung beantragt wird; durch Mitwirkung an der Entscheidung über die Rechtmäßigkeit des Erstbescheides, wenn Verfahrensgegenstand nunmehr die Überprüfung des Zweitbescheides ist, BVerwG NJW 1977, 312; durch die Mitwirkung an einem früheren Hauptsacheverfahren mit gleichliegendem Sachverhalt und/oder mit den gleichen Parteien, BVerwG Buchholz 310 § 54 Nr 29 und 38). Etwas anderes kann erst dann gelten, wenn objektive Anhaltspunkte dafür bestehen, dass die grundsätzlich vorausgesetzte Bereitschaft zur – erneuten – unbefangenen Befassung mit der Sache dem Richter im Einzelfall aufgrund besonderer Umstände fehlt.

c) Verhalten des Richters innerhalb des Rechtsstreits. Bei der Beurteilung des Ver- **29** haltens des Richters innerhalb des Rechtsstreits ist zu beachten, dass **von der VwGO gedeckte oder gar vorgeschriebene Handlungen**, die der sachgemäßen Leitung und Führung des Rechtsstreits bis zur instanzabschließenden Entscheidung dienen, eine Ablehnung wegen Besorgnis der Befangenheit in der Regel nicht zu rechtfertigen vermögen. Dies gilt auch dann, wenn die Handlungen – beispielhaft genannt seien Aufklärungsverfügungen, Terminsladungen, Entscheidungen über Verlegungs- und Vertagungsanträge, Vergleichsvorschläge, Führung des Rechtsgesprächs in der mündlichen Verhandlung oder im Erörterungstermin, Anhörung zur beabsichtigten Entscheidung durch Gerichtsbescheid – im Einzelfall verfahrensfehlerhaft gewesen sein sollten (vgl Sodan/Ziekow/Czybulka VwGO § 54 Rn 68).

Auch der Hinweis auf eine vorläufig gebildete Rechtsauffassung des Gerichts – ggfs **29a** verbunden mit der Anregung, den Rechtsbehelf zurückzunehmen – ist grds zulässig (BVerwGE 73, 339, 346). Etwas anderes gilt erst dann, wenn das Verhalten des Richters auf eine **unsachliche Einstellung** gegenüber einem Verfahrensbeteiligten oder auf eine **abschließende Festlegung** in der Sache schließen lässt oder gar den Verdacht der **Willkür** nahe legt. Dies ist in der Rechtsprechung etwa angenommen worden, wenn der Richter zum Sachvortrag einer Partei unsachliche Anmerkungen macht oder in die Akten schreibt (OVG Koblenz NJW 1959, 906), einen Beteiligten über Prozessvorgänge nicht unterrichtet (OVG Münster OVGE 27, 145) oder durch eine Presseerklärung vor Abschluss des Verfahrens bereits den Eindruck abschließender Festlegung vermittelt (BGHSt 4, 264 = NJW 1953, 1358).

29b   Rechtsfehler der instanzabschließenden gerichtlichen Entscheidung ergeben ebenfalls grds keinen Ablehnungsgrund. Anderes kommt allenfalls dann in Betracht, wenn die Rechtsverstöße auf einer offensichtlich sachwidrigen Entscheidung des Richters oder auf Willkür beruhen. Willkürlich ist ein Richterspruch, wenn er unter keinem denkbaren Gesichtspunkt rechtlich vertretbar oder schlechterdings nicht mehr verständlich ist und sich daher der Schluss aufdrängt, dass er auf sachfremden Erwägungen beruht. Dies ist anhand objektiver Kriterien festzustellen (BVerwG BeckRS 2011, 50194).

30   **d) Verhalten des Richters außerhalb des Rechtsstreits.** Bei der Beurteilung des außerprozessualen Verhaltens eines Richters ist zu berücksichtigen, dass es ihm ebenso wie allen anderen Bürgern freisteht, sich gesellschaftlich oder politisch zu engagieren. Allein die Mitgliedschaft oder aktive Tätigkeit in einer politischen Partei, einer Gewerkschaft, einer Kirche oder einem Verein mit rechtspolitischer Zielsetzung vermögen die Besorgnis der Befangenheit daher im Regelfall nicht zu rechtfertigen (vgl etwa BVerfG NJW 1993, 2230; BVerwG BeckRS 2011, 54902). Etwas anderes kann erst dann gelten, wenn der Richter in der Öffentlichkeit seine **Meinung zu einer politischen oder gesellschaftlichen Frage** äußert, die in engem Zusammenhang zu dem anhängigen Verfahren steht und aufgrund besonderer Umstände ausnahmsweise als irreversibel erscheint (VGH Kassel NJW 1985, 1105, 1106). Eine **Äußerung** des Richters **zu bestimmten Rechtsfragen** in der Fachöffentlichkeit genügt hierfür indessen jedenfalls dann nicht, wenn sie nicht in einem Parteigutachten erfolgte (BVerfG NJW 1993, 2231; NJW 1990, 2457, 2458 f).

III. Verfahren

1. Antrag

31   Um das in eine – konstitutive – gerichtliche Entscheidung mündende Verfahren über die Richterablehnung in Gang zu setzen, bedarf es zunächst des **Ablehnungsgesuchs** eines Verfahrensbeteiligten (vgl § 42 Abs 1 ZPO, § 44 Abs 1 ZPO). **Antragsbefugt** ist dabei jeder, der gem § 63 VwGO am Verfahren beteiligt ist, also auch der Beigeladene, nicht jedoch der Zeuge, der Sachverständige oder der Prozessbevollmächtigte im eigenen Namen. Der Antrag bedarf **nicht** der **Schriftform**, kann mithin sowohl mündlich als auch schriftlich als auch zu Protokoll der Geschäftsstelle erklärt werden. Zu stellen ist der Antrag bei dem Gericht, dem der betreffende Richter angehört (§ 44 Abs 1 Hs 1 ZPO). **Anwaltszwang** besteht insoweit auch vor dem Oberverwaltungsgericht und dem Bundesverwaltungsgericht **nicht** (§ 78 Abs. 3 ZPO iVm § 44 Abs 1 Hs 2 ZPO). Das Ablehnungsgesuch muss sich auf einen (oder mehrere) **konkrete Richter** beziehen, die grundsätzlich namentlich zu bezeichnen sind. Unstatthaft ist demgegenüber die Ablehnung des gesamten Gerichts bzw Spruchkörpers, sofern nicht die Befangenheit gerade aus in einer Kollegialentscheidung enthaltenen Anhaltspunkten hergeleitet wird (BVerwGE 50, 36, 37; BeckRS 2011, 50194). Allerdings ist der Rechtsprechung zufolge ein gegen den gesamten Spruchkörper gerichteter und damit eigentlich unzulässiger Ablehnungsantrag im Zweifel als – zulässige – Ablehnung jedes einzelnen Richters des Spruchkörpers auszulegen (BVerwG NJW 1977, 312). Im Antrag ist der **Ablehnungsgrund** substantiiert darzulegen und **glaubhaft zu machen**.

2. Verlust des Ablehnungsrechts

32   **a) Durch rügelose Einlassung (§ 43 ZPO).** Gemäß **§ 43 ZPO** kann ein Richter nicht mehr abgelehnt werden, wenn sich eine Partei bei ihm, ohne den ihr bekannten Ablehnungsgrund geltend zu machen, in einer Verhandlung eingelassen oder Anträge gestellt hat. Dieser Verlust des Ablehnungsrechts durch **rügelose Einlassung** gilt nach dem ausdrücklichen Wortlaut der Vorschrift nur für die Ablehnung wegen Besorgnis der Befangenheit, nicht hingegen für den auf das Vorliegen eines Ausschließungsgrundes gestützten Ableh-

nungsantrag. Der Verlust bezieht sich zudem nur auf die zum maßgeblichen Zeitpunkt dem Beteiligten bekannten Ablehnungsgründe; die Kenntnis seines Prozessbevollmächtigten muss er sich dabei analog § 85 Abs 2 ZPO, § 166 Abs 1 BGB zurechnen lassen (VGH München BayVBl 1981, 368, 370). Findet eine mündliche Verhandlung statt, so ist der **maßgebliche Zeitpunkt** des Sich-Einlassens derjenige, in dem das Gericht nach Beendigung des Sachvortrages den Beteiligten das Wort erteilt, um ihre Anträge zu stellen und zu begründen (§ 103 Abs 3 VwGO), oder in eine Beweisaufnahme eintritt (BVerwG Buchholz 310 § 54 Nr 9). Bei Entscheidungen ohne mündliche Verhandlung iSd § 101 Abs 2 VwGO verliert eine Partei das Ablehnungsrecht in dem Zeitpunkt, in dem sie der Entscheidung ohne mündliche Verhandlung zustimmt. Bei Entscheidungen durch Gerichtsbescheid tritt diese Wirkung ein, wenn die Partei im Rahmen des Anhörungsverfahrens nach § 84 Abs 1 S 2 VwGO keine Ablehnungsgründe vorbringt (vgl S/S/B/Meissner VwGO § 54 Rn 50).

b) Durch Beendigung der Instanz. Im Übrigen bildet die **Beendigung der** jeweili- 33 gen **Instanz** die zeitliche Grenze für das Anbringen eines Ablehnungsgesuchs, und zwar unabhängig davon, ob der Ablehnungsgrund den Beteiligten zu diesem Zeitpunkt bekannt war oder nicht (BVerwG MDR 1970, 442). Beendet ist die Instanz, wenn die Entscheidung verkündet oder durch die Geschäftsstelle zur Zustellung hinausgegeben ist (BVerfGE 62, 347, 353; NJW 1993, 51; BVerwGE 58, 146, 149). Nach diesem Zeitpunkt macht die Ablehnung eines Richters insofern keinen Sinn mehr, als er an einem weiteren Tätigwerden in dem konkreten Verfahren ohnehin nicht mehr gehindert werden kann. Lag allerdings tatsächlich ein den Beteiligten nicht bekannter Ablehnungsgrund in der Person eines Richters vor, der an der Entscheidung mitgewirkt hat, und ist die Entscheidung damit fehlerhaft zustande gekommen, so muss aus rechtsstaatlichen Gründen möglich sein, dies noch im Rechtsmittelverfahren geltend zu machen (so auch Sodan/Ziekow/Czybulka VwGO § 54 Rn 99; S/S/B/Meissner VwGO § 54 Rn 50; BGH NJW 1995, 1677, 1679; aA BVerwG Buchholz 310 § 54 Nr 5; offen lassend BVerwG NJW 1998, 323, 324) (vgl auch Rn 46). Ist der Ablehnungsgrund demgegenüber erst nach Beendigung der Instanz überhaupt entstanden, so wird eine darauf gestützte Verfahrensrüge schon deshalb keinen Erfolg haben, weil die angegriffene Entscheidung nicht auf diesem vermeintlichen Mangel beruhen kann (BVerwG NJW 1998, 323, 324).

3. Dienstliche Äußerung

Gem **§ 44 Abs 3 ZPO** hat sich der abgelehnte Richter über den Ablehnungsgrund 34 dienstlich zu äußern. Die dienstliche Äußerung dient dazu, den entscheidungserheblichen Sachverhalt zu ermitteln und dem Gericht, das über das Ablehnungsgesuch zu entscheiden hat, dadurch seine Meinungsbildung zu erleichtern. Der abgelehnte Richter hat daher zu den für das Ablehnungsgesuch **entscheidungserheblichen Tatsachen** insoweit Stellung zu nehmen, als dies für die Entscheidung notwendig und zweckmäßig ist. Eine weitergehende Äußerung als die Angabe, sich nicht für befangen zu halten, ist verzichtbar, wenn sie zur weiteren Aufklärung des entscheidungserheblichen Sachverhalts nichts beitragen würde (BVerwG BeckRS 2011, 50194). Gleiches gilt, wenn die Gründe, welche die Besorgnis der Befangenheit rechtfertigen, offenkundig sind oder sich ohne weiteres aus den Akten ergeben (S/S/B/Meissner VwGO § 54 Rn 51). **Nicht** erforderlich ist die Abgabe einer dienstlichen Äußerung, wenn das Ablehnungsgesuch **offensichtlich rechtsmissbräuchlich** und damit unzulässig ist (BVerfGE 11, 1, 3; BVerwG Buchholz 310 § 54 Nr 7 und 30).

Ein rechtsmissbräuchliches Ablehnungsgesuch nimmt die Rechtsprechung etwa an, 34.1
– wenn der ganze Spruchkörper abgelehnt wird, ohne dass auf die einzelnen Mitglieder bezogene individuelle Gründe geltend gemacht werden (BVerwG Buchholz 310 § 54 Nr 13; VGH Kassel NJW 1969, 1400). Etwas anderes gilt ausnahmsweise dann, wenn die Befangenheit aus Anhaltspunkten in einer von der abgelehnten Richterbank getroffenen Kollegialentscheidung hergeleitet wird (BVerwG Beschl BeckRS 2011, 50194)
– wenn das Ablehnungsgesuch nach seiner Zurückweisung durch das Gericht mit den gleichen Gründen wiederholt wird (BVerwG Buchholz 310 § 54 Nr 10);
– wenn sich das Vorbringen darin erschöpft, dass nicht qualifizierbare Angriffe gegen die Richter erhoben und andere Entscheidungen, die das Gericht zu Ungunsten der ablehnenden Partei getroffen hat, als rechtswidrig bezeichnet werden (BVerwG Buchholz 310 § 54 Nr 30);

- wenn das Ablehnungsgesuch überhaupt nicht oder nur mit solchen Umständen begründet wird, die eine Befangenheit unter keinem denkbaren Gesichtspunkt rechtfertigen können (BVerwGE 50, 36, 38; Buchholz 310 § 54 VwGO Nr 13);
- wenn das Ablehnungsgesuch nicht wenigstens ansatzweise durch einen nachvollziehbaren Bezug zum konkreten Rechtsstreit substantiiert wird (BVerwG NJW 1997, 3327; OVG Münster NWVBl 1999, 222).

4. Rechtliches Gehör

35   Zu der dienstlichen Äußerung ist den Beteiligten gem Art 103 Abs 1 GG **rechtliches Gehör** zu gewähren. Die Anhörung der Beteiligten ist – abgesehen vom Fall des Rechtsmissbrauchs – nur dann entbehrlich, wenn der Inhalt der dienstlichen Äußerung im Rahmen der Entscheidung über das Ablehnungsgesuch nicht verwertet wird (BVerfGE 24, 56, 62 = NJW 1968, 1621).

5. Entscheidung des Gerichts

36   Über das Ablehnungsgesuch entscheidet gem § 45 Abs 1 Hs 1 ZPO das **Gericht, dem der abgelehnte Richter angehört**. „Gericht" meint dabei den Spruchkörper, dem der abgelehnte Richter angehört. Eine Entscheidung des Kollegialgerichts ergeht auch dann, wenn der Rechtsstreit dem abgelehnten Richter bereits als Einzelrichter übertragen war (BVerwG NVwZ 2013, 225; OVG Münster DVBl 1999, 1671; VGH Mannheim VBlBW 1996, 97). Der **abgelehnte Richter** wirkt an der Entscheidung **nicht** mit; an seine Stelle tritt sein nach dem Geschäftsverteilungsplan berufener Vertreter. Führen die Vertretungsregelungen infolge der gleichzeitigen Ablehnung mehrerer Richter ausnahmsweise nicht zu einem beschlussfähigen Gericht, so entscheidet gem § 45 Abs 1 Hs 1 ZPO das im Instanzenzug nächst höhere Gericht.

37   Die Entscheidung ergeht – auch wenn das Ablehnungsgesuch in der mündlichen Verhandlung gestellt wird – stets durch **Beschluss**. Ergeht der Beschluss in der mündlichen Verhandlung, so wirken auch die ehrenamtlichen Richter mit. Da der Beschluss gem § 146 Abs 2 VwGO unanfechtbar ist, ist er gem § 56 Abs 1 VwGO nicht zwingend zuzustellen und bedarf nach § 122 Abs 2 VwGO auch keiner **Begründung**. Jedoch dürfte aus rechtsstaatlichen Gründen eine Begründung sowohl bei stattgebenden als auch bei ablehnenden Beschlüssen angezeigt sein (vgl Sodan/Ziekow/Czybulka VwGO § 54 Rn 114). Eine **Kostenentscheidung** ergeht im Rahmen der Entscheidung über das Ablehnungsgesuch nicht.

38   Ist das Ablehnungsgesuch **offensichtlich rechtsmissbräuchlich** (vgl dazu näher Rn 34.1), so hält die Rechtsprechung eine Entscheidung des Gerichts zum Teil für entbehrlich (BVerfGE 37, 67, 75; 74, 96, 100; BVerwG Buchholz 310 § 54 Nr 10 und 13). Jedenfalls aber darf der abgelehnte Richter in diesem Falle an der Entscheidung des Gerichts mitwirken (BVerfG NJW 2006, 3129; BVerwG BeckRS 2011, 54902; NJW 1997, 3327; 1988, 722; Buchholz 310 § 54 Nr 30, 50 und 57).

39   Eine Entscheidung des Gerichts über das Ablehnungsgesuch ergeht gem **§ 47 Abs 2 S 1 ZPO** zunächst auch dann nicht, wenn der **Richter erst während der mündlichen Verhandlung abgelehnt** wird und eine Entscheidung über die Ablehnung eine Vertagung erforderlich machen würde. Wird das Ablehnungsgesuch jedoch anschließend für begründet erachtet, so ist der nach seiner Anbringung liegende Teil der mündlichen Verhandlung zu wiederholen (§ 47 Abs 2 S 2 ZPO).

6. Selbstablehnung

40   Außer durch das Ablehnungsgesuch eines Beteiligten kann ein Verfahren, in dem das Gericht über das Vorliegen eines Ablehnungsgrundes zu entscheiden hat, gem **§ 48 Alt 1 ZPO** auch durch die **Selbstanzeige** eines Richters in Gang gesetzt werden. Der Richter ist zur Selbstanzeige verpflichtet, wenn ihm Tatsachen bekannt sind, aus denen sich eine Besorgnis der Befangenheit ergeben kann. Die Selbstanzeige ist **kein innerdienstlicher Vorgang**, sondern den Beteiligten wegen Art 103 Abs 1 GG zur Kenntnis zu bringen (BVerfGE 89, 28, 36 = NJW 1993, 2229). Die Pflicht zur Selbstanzeige besteht auch dann,

wenn die Beteiligten ihr Ablehnungsrecht durch rügelose Einlassung bereits verloren haben. Eine Verletzung dieser Pflicht stellt einen Verfahrensmangel iSd § 132 Abs 2 Nr 3 VwGO, § 124 Abs 2 Nr 5 VwGO dar (Sodan/Ziekow/Czybulka VwGO § 54 Rn 108; vgl auch BGH NJW 1995, 1677, 1679).

D. Rechtsfolgen

Liegt in der Person eines Richters ein gesetzlicher **Ausschließungsgrund** vor, so ist er **41** von der weiteren Mitwirkung an dem betreffenden Verfahren **kraft Gesetzes** ausgeschlossen, ohne dass es einer Entscheidung des Gerichts bedürfte.

Wird hingegen gegen einen Richter ein **Ablehnungsgesuch** wegen Besorgnis der **42** Befangenheit angebracht oder macht ein Richter selbst von einem Verhältnis Anzeige, das seine Ablehnung rechtfertigen könnte, so tritt das Mitwirkungsverbot erst aufgrund eines Gerichtsbeschlusses ein, der dem Ablehnungsgesuch stattgibt bzw die Selbstanzeige für begründet erachtet. In diesen Fällen unterliegt der Richter jedoch – außer bei rechtsmissbräuchlichen Ablehnungsgesuchen – vom Zeitpunkt der Stellung des Ablehnungsantrags bzw der Selbstanzeige an gem § 47 ZPO einem **vorläufigen Tätigkeitsverbot**. Ausgenommen hiervon sind nur **unaufschiebbare Handlungen**. Als unaufschiebbar werden dabei solche Handlungen angesehen, deren Unterbleiben einem Verfahrensbeteiligten erhebliche Nachteile zufügen würde (S/S/B/Meissner VwGO § 54 Rn 52). Unaufschiebbar können daher zB Terminsaufhebungen, sitzungspolizeiliche Maßnahmen sowie uU Eilentscheidungen oder Beweiserhebungen sein. Das vorläufige Tätigkeitsverbot besteht solange, bis über das Ablehnungsgesuch bzw die Selbstanzeige entschieden ist. Ein Verstoß gegen das vorläufige Tätigkeitsverbot stellt einen Verfahrensfehler dar, der im Rechtsmittelverfahren gegen die Entscheidung in der Hauptsache geltend gemacht werden kann, sofern er nicht durch Wiederholung der entsprechenden Verfahrenshandlung ohne den betreffenden Richter geheilt wird oder infolge der späteren Zurückweisung des Ablehnungsgesuchs – sofern diese nicht auf willkürlichen Erwägungen beruht – ohnehin unbeachtlich ist (BayVerfGH NJW 1982, 1746; OLG München MDR 1993, 892; S/S/B/Meissner VwGO § 54 Rn 54).

Wirkt ein kraft Gesetzes ausgeschlossener oder erfolgreich abgelehnter Richter gleichwohl **43** an der Sachentscheidung mit, so liegt ein **Verfahrensfehler** iSd § 124 Abs 2 Nr 4 VwGO, § 132 Abs 2 Nr 3 VwGO vor, auf dem die angegriffene Entscheidung stets beruht (**absoluter Revisionsgrund** gemäß § 138 Nr 2 VwGO). Außerdem kann hierauf eine **Wiederaufnahmeklage** wegen nicht vorschriftsmäßiger Besetzung des Gerichts gestützt werden (§ 153 VwGO iVm § 579 Nr 2 ZPO).

E. Rechtsschutz

Der Beschluss, mit dem das Gericht über das Vorliegen eines Ablehnungsgrundes oder – **44** in Zweifelsfällen bzw aufgrund eines darauf gestützten Ablehnungsantrages – eines Ausschließungsgrundes entscheidet, ist gem **§ 146 Abs 2 VwGO** in der seit dem 1.1.1997 geltenden Fassung des 6. VwGOÄndG **unanfechtbar**. § 146 Abs 2 VwGO geht insoweit der zivilprozessualen Regelung des § 46 Abs 2 ZPO vor, nach der gegen den Beschluss, mit dem ein Ablehnungsgesuch zurückgewiesen wird, die sofortige Beschwerde gegeben ist.

Die Regelung des § 146 Abs 2 VwGO führt zugleich dazu, dass in den Fällen, in denen **45** ein Beteiligter der Auffassung ist, dass sein Befangenheitsgesuch zu Unrecht zurückgewiesen oder dem Ablehnungsgesuch der Gegenseite zu Unrecht stattgegeben wurde, **Rechtsschutz auch durch ein Rechtsmittel gegen die Entscheidung in der (Haupt-)Sache nicht zu erreichen** ist. Denn nach den Vorschriften der § 512 ZPO, § 557 Abs 2 ZPO, die über § 173 VwGO auch im Verwaltungsprozess Anwendung finden, unterliegen der Endentscheidung vorausgegangene unanfechtbare Entscheidungen weder der Beurteilung des Berufungsgerichts noch des Revisionsgerichts (allg M; vgl nur BVerwG Buchholz 310 § 54 VwGO Nr 65; NVwZ-RR 2000, 260; Kopp/Schenke § 54 VwGO Rn 22). Die unrichtige Entscheidung über ein Ablehnungsgesuch stellt daher erst dann einen mit der Berufung oder Revision rügbaren Verfahrensmangel iSd § 124 Abs 2 Nr 5 VwGO, § 132 Abs 2 Nr 3 VwGO dar, wenn darin zugleich ein Verstoß gegen Art 101 Abs 1 S 2 GG liegt. Dies ist jedoch nur dann der Fall, wenn die Ablehnungsentscheidung auf Willkür oder einem ver-

gleichbaren schweren Mangel des Verfahrens beruht, der in der Sache die Rüge einer nicht
vorschriftsmäßigen Besetzung des Gerichts rechtfertigt (BVerwG Buchholz 310 § 54 VwGO
Nr 65). Die bloß unrichtige Entscheidung über ein Ablehnungsgesuch alleine genügt hierfür
indessen nicht (BVerwG NJW 1988, 722; anders, wenn über ein Ablehnungsgesuch überhaupt nicht entschieden wurde, vgl BVerfG NJW 2011, 2191; BVerwG NVwZ-RR 2011,
621).

46   Wird das **Vorliegen eines Ausschließungs- oder Ablehnungsgrundes** den Beteiligten
demgegenüber **erst nach Beendigung der Instanz bekannt**, so kann dies noch im
Berufungs- und Revisionsverfahren geltend gemacht werden, vorausgesetzt, man sieht die
Pflicht zu Selbstanzeige nach § 48 ZPO als dem Richter auch gegenüber den Verfahrensbeteiligten obliegend und ihre Verletzung daher als Verfahrensfehler iSd § 124 Abs 2 Nr 5
VwGO, § 132 Abs 2 Nr 3 VwGO an (vgl Rn 40). § 512 ZPO und § 557 Abs 2 ZPO
stehen in diesem Fall einer Berufung auf den Verfahrensfehler in der Berufungs- oder
Revisionsinstanz nicht entgegen, da eine (unanfechtbare) Entscheidung des Gerichts gerade
nicht ergangen ist.

§ 55 [Ordnungsvorschriften des GVG]

**§§ 169, 171a bis 198 des Gerichtsverfassungsgesetzes über die Öffentlichkeit,
Sitzungspolizei, Gerichtssprache, Beratung und Abstimmung finden entsprechende Anwendung.**

In Ermangelung eigener Regelungen über die Öffentlichkeit, die Sitzungspolizei, die
Gerichtssprache sowie die Beratung und Abstimmung ordnet § 55 VwGO insoweit die
entsprechende Geltung der §§ 169, 171a bis 198 GVG an.

§ 169 S 1 GVG bestimmt, dass die Verhandlung vor dem erkennenden Gericht (Rn 4),
einschließlich der Verkündung der Urteile und Beschlüsse, grundsätzlich öffentlich ist
(Rn 3). Ein Ausschluss der Öffentlichkeit ist nur unter den Voraussetzungen der §§ 171a bis
175 GVG zulässig (Rn 11).

Die Sitzungspolizei (Rn 17) obliegt gem § 176 GVG dem Vorsitzenden. Er ist befugt, nach
seinem Ermessen die zur Gewährleistung eines ordnungsgemäßen äußeren Ablaufs der Sitzung
erforderlichen Maßnahmen (Rn 19) zu treffen. Bei Ungehorsam (Rn 20) sowie bei ungebühr-
lichem Verhalten (Rn 21) ist unter den Voraussetzungen der §§ 177, 178 GVG die Entfernung
aus dem Sitzungssaal sowie die Verhängung von Ordnungsgeld und Ordnungshaft möglich.
Die Gerichtssprache ist gem § 184 S 1 GVG Deutsch (Rn 25). Fremdsprachliche Schriftsätze,
denen keine deutsche Übersetzung beigefügt ist, sind für das Gericht daher unerheblich
(Rn 26). Ebenso ist das Gericht weder verpflichtet noch berechtigt, seine Entscheidungen
nebst zugehöriger Rechtsmittelbelehrung in einer anderen als der deutschen Sprache abzufassen oder die Verhandlung in nichtdeutscher Sprache zu führen (Rn 27). Bei der Verhandlung
unter Beteiligung von Personen, die der deutschen Sprache nicht mächtig sind, schreibt § 185
Abs 1 S 1 GVG jedoch die Hinzuziehung eines Dolmetschers vor (Rn 29).

An den Beratungen und Abstimmungen dürfen und müssen gem § 192 GVG nur
diejenigen Richter mitwirken, die die Entscheidung zu treffen haben (Rn 34). Die Anwesenheit Dritter – mit Ausnahme der in § 193 Abs 1 und 2 GVG genannten Personen – ist
unzulässig.

Übersicht

A. Allgemeines

Die VwGO enthält keine eigenen Regelungen über die Öffentlichkeit, die Sitzungs- **1** polizei, die Gerichtssprache, die Beratung und Abstimmung, sondern verweist in § 55 VwGO insoweit auf die Vorschriften der §§ 169, 171a bis 198 GVG in ihrer jeweils gültigen Fassung.

B. Öffentlichkeit

Für die Öffentlichkeit des Verfahrens gelten die **§§ 169, 171a bis 175 GVG**. Danach ist **2** die Öffentlichkeit der Verhandlungen vor dem erkennenden Gericht, einschließlich der Verkündung der Urteile und Beschlüsse, der Grundsatz und der Ausschluss der Öffentlichkeit die Ausnahme.

I. Der Grundsatz der Öffentlichkeit

Der durch § 169 S 1 GVG gewährleistete Grundsatz der Öffentlichkeit des Verfahrens ist **3** – auch wenn er kein Verfassungsgrundsatz ist (BVerfGE 15, 303, 307 = NJW 1963, 757, 758) – ein **Leitgedanke des Prozessrechts.** Öffentlichkeit bedeutet, dass grds jedermann Zutritt zum Gerichtssaal haben muss. Die Öffentlichkeit soll die **Kontrolle der Rechtsprechung** durch die Allgemeinheit sicherstellen und dadurch zugleich das **Vertrauen der Allgemeinheit** in die Objektivität der Rechtsprechung stärken. Ein Anspruch des einzelnen auf Gewährleistung der Öffentlichkeit seines Verfahrens ergibt sich darüber hinaus aus Art 6 Abs 1 EMRK.

1. Umfang der Gewährleistung

§ 169 S 1 GVG gewährleistet lediglich die sog **unmittelbare Öffentlichkeit** des Ver- **4** fahrens, dh das Recht jedes einzelnen – auch eines nicht am Verfahren Beteiligten –, an den Verhandlungen vor dem erkennenden Gericht, einschließlich der Verkündung der Urteile und Beschlüsse, persönlich teilzunehmen. Die Gewährleistung erstreckt sich nach ihrem ausdrücklichen Wortlaut nicht auf Beweisaufnahmen vor dem beauftragten oder ersuchten Richter gem § 96 Abs 2 VwGO sowie auf Erörterungstermine iSd § 87 Abs 1 S 2 Nr 1 VwGO; in diesen Fällen ist lediglich die sog **Parteiöffentlichkeit** garantiert.

Nicht gewährleistet wird durch § 169 S 1 GVG demgegenüber die sog **mittelbare Öffent-** **5** **lichkeit** durch Teilnahme aufgrund einer Übertragung durch Lautsprecher, Rundfunk oder Fernsehen. Vielmehr untersagt 169 S 2 GVG Ton- und Fernseh-Rundfunkaufnahmen sowie Ton- und Filmaufnahmen zum Zwecke der öffentlichen Vorführung oder Veröffentlichung, nicht jedoch die Anwesenheit von Pressevertretern. Dieses Verbot dient dazu, eine Beeinflussung des Gerichts sowie der Beteiligten zu vermeiden, und ist verfassungsrechtlich nicht zu beanstanden (BVerfG DÖV 2001, 596). Nicht vom Verbot erfasst sind daher nach seinem Sinn und Zweck Aufnahmen vor Beginn und nach dem Ende der mündlichen Verhandlung sowie in den Sitzungspausen. Zulässig sind mithin zB Aufnahmen vom Einzug des Gerichts sowie von der Urteilsverkündung. Sie unterliegen allein der Sitzungspolizei des Vorsitzenden gem § 176 GVG (vgl Rn 17), der indes die durch Art 5 Abs 1 S 2 GG verfassungsrechtlich garantierte Freiheit der Berichterstattung durch Rundfunk und Fernsehen bei seiner Entscheidung zu beachten hat (BVerfG NJW 2009, 2117; K&R 2007, 314; NJW 1995, 184, 186). Ein gewichtiges öffentliches Interesse an einer Berichterstattung unter Nutzung von Ton- und Bewegtbildaufnahmen kann sich dabei insbes aus dem jeweiligen Gegenstand des gerichtlichen Verfahrens ergeben und im Einzelfall zu einer Reduzierung des sitzungspolizeilichen Ermessens dahingehend führen, dass der Vorsitzende verpflichtet ist, eine Möglichkeit für solche Aufnahmen zu schaffen (BVerfG NJW 2008, 977, 979).

2. Inhalt der Gewährleistung

6   Damit die unmittelbare Öffentlichkeit gewahrt ist, muss die Verhandlung an einem **allgemein zugänglichen Ort** stattfinden (BVerwG Buchholz 300 § 169 GVG Nr 7; OLG Hamm NJW 1976, 122; OLG Köln NJW 1976, 637). Dafür genügt es nach der Rechtsprechung des Bundesverwaltungsgerichts, wenn jemand, der an der Verhandlung teilnehmen möchte, sich in zumutbarer Weise Zutritt zum Gerichtsgebäude bzw zum Verhandlungsraum verschaffen kann, zB durch Klopf- oder Klingelzeichen (BVerwG DVBl 1999, 95). Ist ein Zutritt aufgrund **tatsächlicher Zugangshindernisse** (zB verschlossener Eingangstür) nicht möglich, so sieht die Rechtsprechung den Grundsatz der Öffentlichkeit erst als verletzt an, wenn das Gericht von den Zugangshindernissen Kenntnis hatte oder hätte haben können (BVerwG NVwZ 2000, 1298, 1299).

7   Die **Durchführung von Eingangskontrollen** am Eingang zum Gerichtsgebäude oder zum Verhandlungssaal begründet grds keinen Verstoß gegen den Öffentlichkeitsgrundsatz, da der Zugang hierdurch im Regelfall nicht unverhältnismäßig erschwert wird. Die Kontrollen dienen der Gewährleistung der Sicherheit im Gerichtsgebäude und der ungestörten Durchführung der mündlichen Verhandlung. Allerdings ist zur Wahrung der Öffentlichkeit dafür zu sorgen, dass jeder interessierte Teilnehmer, der rechtzeitig zum Beginn der Verhandlung erscheint, Gelegenheit hat, sich im Verhandlungsraum einzufinden; auf später erscheinende Interessenten braucht dagegen keine Rücksicht genommen zu werden (BGH NJW 1995, 3196, 3197; Kopp/Schenke VwGO § 55 Rn 3).

7a   Nicht verletzt ist der Grundsatz der Öffentlichkeit, wenn als **Zeugen** benannte oder in Betracht kommende Zuschauer vom Vorsitzenden veranlasst werden, den Sitzungssaal zu verlassen, denn diese Vorgehensweise ist durch § 98 VwGO iVm § 394 Abs 1 ZPO gedeckt (BVerwG Buchholz 310 § 55 VwGO Nr 13). Das Gericht ist auch nicht verpflichtet, diese Personen wieder in den Sitzungssaal hereinzurufen, sobald sie nicht mehr als Zeugen benötigt werden (BVerwG Buchholz 310 § 55 VwGO Nr 13).

8   Voraussetzung für die Wahrung der Öffentlichkeit ist ferner, dass sich jeder Interessierte ohne Schwierigkeiten rechtzeitig **Kenntnis von Ort und Zeit** der Verhandlung verschaffen kann. Dies erfordert jedoch keine an jedermann gerichtete Bekanntgabe, wann und wo eine Gerichtsverhandlung in welcher Sache stattfindet (BVerwG DVBl 1999, 95; OVG Lüneburg BeckRS 2012, 45432). Einer öffentlichen Bekanntmachung bedarf es daher nicht. Vielmehr genügen ein Aushang des Terminszettels am Sitzungssaal sowie ein auskunftsfähiger Pförtner (BVerwG NVwZ 2000, 1298, 1299). Wird die Verhandlung nicht in dem in der Ladung angegebenen, sondern ohne schriftlichen Hinweis in einem anderen Sitzungssaal desselben Gerichtsgebäudes durchgeführt, so ist die Öffentlichkeit nicht verletzt (BVerwG Buchholz 300 § 169 GVG Nr 8).

3. Grenzen der Gewährleistung

9   Eine **tatsächliche Grenze** findet der Grundsatz der Öffentlichkeit in den **örtlichen und räumlichen Gegebenheiten**. Er ist daher in aller Regel nicht verletzt, wenn in dem Verhandlungssaal aufgrund sein Größe nur eine begrenzte Zahl von Zuhörern Platz findet, sofern sichergestellt ist, dass sich um die verfügbaren Plätze jeder mit gleicher Chance bemühen kann (Kopp/Schenke VwGO § 55 Rn 3). Dabei ist es jedoch zulässig, vorab einige – nicht alle – Plätze für Pressevertreter zu reservieren (BGH NJW 2006, 1221, 1222;

von Coelln DÖV 2006, 804, 806). Eine Verpflichtung, den Verhandlungssaal so zu wählen, dass alle interessierten Personen tatsächlich Platz finden, besteht nicht. Überschritten ist die Grenze allerdings, wenn in dem Verhandlungsraum kein oder allenfalls ein Zuhörer Platz findet (BGHSt 5, 75 = NJW 1954, 281, 283; BayObLG NJW 1982, 395).

Die **Verteilung knapper Presseplätze** an die Medienberichterstatter obliegt der Prozessleitung des Vorsitzenden. Ihm kommt dabei ein weiter Ermessensspielraum zu. Mit Blick auf den in Art 5 Abs 1 S 2 GG verankerten grundsätzlichen Anspruch der Presse auf Zugang für eine freie Berichterstattung müssen die Verteilungskriterien jedoch sachlich ausgestaltet sein und dem subjektiven Recht der Medienvertreter auf gleiche Teilhabe an den Berichterstattungsmöglichkeiten Rechnung tragen. Der Rückgriff auf das Prioritätsprinzip ist danach grds möglich. Allerdings bedarf dieses Prinzip einer Ausgestaltung, die die Chancengleichheit realitätsnah gewährleistet (BVerfG NJW 2013, 1293). In der verfassungsgerichtlichen Rechtsprechung bislang noch nicht geklärt ist insoweit, ob in bestimmten Situationen eine Differenzierung zwischen verschiedenen Medienvertretern verfassungsrechtlich zulässig oder geboten ist (BVerfG NJW 2013, 1293; NJW 2003, 500). Auch die Entscheidung des BVerfG über den Erlass einer einstweiligen Anordnung im Verfahren über die Verteilung der Presseplätze im sog NSU-Prozess hat diese Frage nicht abschließend beantwortet; sie beruht vielmehr auf einer reinen Folgenabwägung (BVerfG NJW 2013, 1293). **9.1**

An **rechtliche Grenzen** stößt der Grundsatz der Öffentlichkeit ferner, wenn Beweisaufnahmen (Ortstermine) oder mündliche Verhandlungen auf privaten Grundstücken oder in privaten Häusern stattfinden. Hier ist das **Hausrecht** des privaten Eigentümers zu respektieren (BGH NJW 1994, 2773; Kissel/Mayer GVG § 169 Rn 37). **10**

II. Ausschluss der Öffentlichkeit

Unabhängig von diesen durch die Örtlichkeit bedingten Begrenzungen des Öffentlichkeitsgrundsatzes kann die Öffentlichkeit auch nach den Vorschriften der §§ 171a – 175 GVG ausgeschlossen werden, wobei die Vorschrift des § 171a GVG im Verwaltungsprozess allerdings keine Anwendung finden dürfte. **11**

1. Ausschließungsgründe

Der grds im **Ermessen** des Gerichts stehende Ausschluss der Öffentlichkeit kommt danach insbes aus folgenden Gründen in Betracht: **12**
– zum Schutz des persönlichen Lebensbereichs eines Beteiligten, Zeugen oder durch eine rechtswidrige Tat Verletzten (§ 171b Abs 1 GVG). Dieser Ausschluss ist zwingend, wenn er von der Person, deren Lebensbereich betroffen ist, beantragt wird (§ 171b Abs 2 GVG).
– bei Gefährdung der Staatsicherheit, der öffentlichen Ordnung oder der Sittlichkeit (§ 172 Nr 1 GVG).
– bei Gefährdung des Lebens, des Leibes oder der Freiheit eines Zeugen oder einer anderen Person (§ 172 Nr 1a GVG).
– zum Schutz wichtiger Geschäfts-, Betriebs-, Erfindungs- oder Steuergeheimnisse (§ 172 Nr 2 GVG).
– bei Erörterung eines privaten Geheimnisses, dessen unbefugte Offenbarung durch den Zeugen oder Sachverständigen mit Strafe bedroht ist (§ 172 Nr 3 GVG).
– bei Vernehmung einer Person unter 18 Jahren (§ 172 Nr 4 GVG).

Darüber hinaus kann gemäß **§ 175 Abs 1 GVG** einzelnen Zuhörern der **Zutritt** zum Sitzungssaal **versagt** werden. Dies gilt einerseits für noch nicht erwachsene Personen und andererseits für solche Personen, die in einer der Würde des Gerichts nicht entsprechenden Weise erscheinen. Die Entscheidung hierüber liegt – da es sich insoweit letztlich um eine besondere Maßnahme der Sitzungspolizei im Vorfeld der mündlichen Verhandlung handelt – beim Vorsitzenden (Sodan/Ziekow/Czybulka VwGO § 55 Rn 24; Kissel/Mayer GVG § 175 Rn 10). **13**

2. Umfang des Ausschlusses

14   Der Ausschluss der Öffentlichkeit nach § 171b GVG und § 172 GVG sowie einzelner Personen gem § 175 Abs 1 GVG kann sich grds nur auf die **mündliche Verhandlung** oder Teile davon erstrecken, nicht jedoch auf die **Urteilsverkündung**, die gemäß § 173 Abs 1 GVG in jedem Fall öffentlich erfolgt. Ausgeschlossen werden kann die Öffentlichkeit hier unter den Voraussetzungen der §§ 171b, 172 GVG allenfalls von der **Urteilsbegründung** oder eines Teils davon (§ 173 Abs 2 GVG).

15   Der Ausschluss der Öffentlichkeit erfasst grds alle Zuhörer, nicht jedoch die Beteiligten und ihre Bevollmächtigten, die Hilfspersonen des Gerichts wie Sachverständige oder Dolmetscher sowie gemäß § 175 Abs 3 GVG die dienstaufsichtführenden Beamten der Gerichtsverwaltung (Redeker/v Oertzen/M. Redeker VwGO § 55 Rn 4). Darüber hinaus kann gem § 175 Abs 2 S 1 GVG einzelnen Personen der Zutritt zu einer nicht öffentlichen Sitzung gestattet werden.

3. Verfahren

16   Das Gericht hat – **von Amts wegen** und ohne dass es insoweit eines Antrages der Beteiligten bedarf – über den Ausschluss der Öffentlichkeit zu **verhandeln** und den Beteiligten dabei Gelegenheit zur Äußerung zu geben. Diese Verhandlung ist nicht öffentlich durchzuführen, wenn ein Beteiligter dies beantragt oder das Gericht es für angemessen erachtet (§ 174 Abs 1 S 1 GVG). Der **Beschluss**, der die Öffentlichkeit ausschließt, muss gemäß § 174 Abs 1 S 2 GVG grds öffentlich verkündet und begründet werden. Er ist gemäß § 146 Abs 2 VwGO als prozessleitende Entscheidung **unanfechtbar** (vgl Sodan/Ziekow/Czybulka VwGO § 55 Rn 29). Seine Rechtswidrigkeit kann daher auch nicht als Verfahrensfehler iSd § 124 Abs 2 Nr 5 VwGO, § 132 Abs 2 Nr 3 VwGO mit Rechtsmitteln gegen die Entscheidung in der Hauptsache geltend gemacht werden (§ 173 VwGO iVm § 512 ZPO). Auch eine auf die Rechtswidrigkeit eines die Öffentlichkeit ausschließenden Beschlusses gestützte Revision dürfte daher – ungeachtet der Vorschrift des § 138 Nr 5 VwGO – mit Blick auf die Regelungen des § 173 VwGO iVm § 557 Abs 2 ZPO grds keinen Erfolg haben (vgl S/S/B/Eichberger VwGO § 138 Rn 133). Sonstige Verstöße gegen die Vorschriften über die Öffentlichkeit (zB wenn die Vorinstanz zu Unrecht einen Antrag auf Ausschluss der Öffentlichkeit abgelehnt hat oder wenn die Öffentlichkeit von Amts wegen hätte ausgeschlossen werden müssen) stellen hingegen einen absoluten Revisionsgrund iSd § 138 Nr 5 VwGO dar (S/S/B/Eichberger VwGO § 138 Rn 132). Eine **Heilung** von Verstößen gegen die Vorschriften über die Öffentlichkeit des Verfahrens ist dadurch möglich, dass der entsprechende Teil der mündlichen Verhandlung öffentlich wiederholt wird (vgl Sodan/Ziekow/Czybulka VwGO § 55 Rn 27).

C. Sitzungspolizei

I. Sitzungspolizeiliche Maßnahmen gemäß § 176 GVG

17   Gem § 176 GVG obliegt die Aufrechterhaltung der Ordnung in der Sitzung (sog Sitzungspolizei) dem Vorsitzenden. Er ist ermächtigt, die für den **ordnungsgemäßen äußeren Ablauf** der Sitzung notwendigen Maßnahmen nach seinem Ermessen zu treffen. Diese Befugnis ist Ausfluss der richterlichen Unabhängigkeit und dient in erster Linie dazu, eine Atmosphäre von Ruhe und Sachlichkeit herzustellen, die es dem Gericht und den Verfahrensbeteiligten ermöglicht, sich auf die Verhandlung zu konzentrieren und ihre Aufgaben störungsfrei wahrzunehmen (vgl Sodan/Ziekow/Czybulka VwGO § 55 Rn 35). Daneben ist auch die Würde des Gerichts Teil der Sitzungsordnung (BVerfG NJW 2007, 56).

17a   Die vom Vorsitzenden in Ausübung der Sitzungspolizei nach § 176 GVG getroffenen Maßnahmen sind entsprechend § 146 Abs 2 VwGO **unanfechtbar** (Eyermann/Schmidt VwGO § 55 Rn 6; Redeker/v Oertzen/M. Redeker VwGO § 55 Rn 11; aA Kopp/Schenke VwGO § 55 Rn 8). Wurden durch die Maßnahmen jedoch der Grundsatz der Öffentlichkeit des Verfahrens oder der Grundsatz des rechtlichen Gehörs verletzt, so kann dies mit der Verfassungsbeschwerde sowie von den Verfahrensbeteiligten mit Rechtsmitteln gegen die Entscheidung in der Hauptsache geltend gemacht werden (BGH NJW 1962, 1260; Sodan/Ziekow/Czybulka VwGO § 55 Rn 48).

1. Reichweite der Sitzungspolizei

In **räumlicher Hinsicht** erstreckt sich die Sitzungspolizei auf den Sitzungssaal selbst, auf **18** das Beratungszimmer sowie auf angrenzende bzw vorgelagerte Räumlichkeiten, von denen störende Einwirkungen auf die Sitzung ausgehen (BVerfGE 48, 118, 123 = NJW 1978, 1048, 1049), und erfasst **alle** dort anwesenden **Personen** einschließlich der beteiligten Richter (vgl Eyermann/Schmidt VwGO § 55 Rn 6; Meyer-Goßner GVG § 176 Rn 10). In **zeitlicher Hinsicht** erstreckt sie sich auf die Dauer der Verhandlung selbst sowie einen angemessenen Zeitraum davor und danach, vom Öffnen des Sitzungssaals und dem vorbereitenden Aufenthalt der Richter im Beratungszimmer bis zum Verlassen des Sitzungssaals durch die Richter (BVerfG NJW 1996, 310; OLG Hamm NJW 1956, 1452). Im Umfang ihrer Reichweite geht die Sitzungspolizei der Ausübung des Hausrechts durch den Behördenleiter (Gerichtspräsidenten) vor.

2. Einzelne Maßnahmen

Als mögliche sitzungspolizeiliche Anordnungen nach § 176 GVG sind etwa zu nennen: **19**
- Ablehnung der Zulassung weiterer Zuhörer wegen Überfüllung des Sitzungssaales;
- Durchsuchung von Personen und der von ihnen mitgeführten Gegenstände vor Einlass in den Sitzungssaal (BVerfGE 48, 118, 123 = NJW 1978, 1048, 1049);
- Ausschluss von Personen, die den Verlauf der Sitzung stören oder sich ungebührlich benehmen (§ 175 GVG betrifft nur die Versagung des Zutritts);
- Ermahnung der Zuhörer zur Ruhe;
- Erteilung und Entziehung des Wortes;
- Unterbindung von Film- und Fernsehaufnahmen außerhalb der mündlichen Verhandlung, vorausgesetzt, dem Grundrecht aus Art 5 Abs 1 S 2 GG wird hinreichend Rechnung getragen (BVerfG NJW 1995, 184);
- Fotografierverbot in und vor dem Sitzungssaal (BVerfG NJW 1996, 310);
- Zurückweisung eines Anwalts ohne Robe (BVerfGE 28, 21, 32 = NJW 1970, 851; aA Kissel/Mayer GVG § 176 Rn 20; Kopp/Schenke VwGO § 55 Rn 7) oder ohne Krawatte (BVerfG NJW 2012, 2570).

Demgegenüber ist es mit Blick auf Art 4 GG nicht zulässig, in Ausübung der Sitzungs- **19a** polizei das **Tragen eines Kopftuchs** (oder einer sonstigen Kopfbedeckung) zu untersagen, wenn die Kopfbedeckung aus religiösen Gründen getragen wird und auszuschließen ist, dass damit zugleich Missachtung gegenüber dem Gericht oder anderen Anwesenden ausgedrückt werden soll und solange der Träger der Kopfbedeckung als Person identifizierbar bleibt (BVerfG NJW 2007, 56; vgl auch Meyer-Goßner GVG § 176 Rn 7; Kopp/Schenke VwGO § 55 Rn 7).

II. Maßnahmen bei Ungehorsam und Ungebühr

1. Ungehorsam

Leisten Verfahrensbeteiligte, Zeugen, Sachverständige oder nicht an der Verhandlung **20** beteiligte Personen den sitzungspolizeilichen Anordnungen des Vorsitzenden nicht Folge, so können sie gem § 177 S 1 GVG aus dem Sitzungssaal **entfernt** sowie zur **Ordnungshaft** abgeführt und für eine zu bestimmende Zeit von nicht länger als 24 Stunden festgehalten werden. Bei Ungehorsam der Prozessbevollmächtigten oder anderer am Verfahren beteiligter **Organe der Rechtspflege** besteht diese Möglichkeit nach dem ausdrücklichen Wortlaut des § 177 GVG hingegen nicht; ihnen gegenüber können sitzungspolizeiliche Anordnungen daher letztlich nicht durchgesetzt werden (vgl Eyermann/Schmidt VwGO § 55 Rn 9).

2. Ungebühr

21   Nach § 178 Abs 1 S 1 GVG kann gegen Verfahrensbeteiligte, Zeugen, Sachverständige sowie nicht am Verfahren beteiligte Personen (nicht jedoch gegen am Verfahren beteiligte Organe der Rechtspflege), die sich in der Sitzung einer Ungebühr schuldig machen, ein **Ordnungsgeld** bis zu 1.000 EUR oder **Ordnungshaft** bis zu einer Woche festgesetzt und sofort vollstreckt werden. Als Ungebühr ist dabei ein Verhalten anzusehen, das geeignet ist, die Ordnung der Gerichtsverhandlung zu stören und dadurch zugleich die Würde des Gerichts in einer nach allgemeinem Empfinden grob unangemessenen Weise zu verletzen (OLG Düsseldorf NJW 1989, 241: Erscheinen in angetrunkenem Zustand; OLG Düsseldorf NJW 1986, 1505: Erscheinen in kurzer, schmutziger Hose; OLG Koblenz NStZ 1984, 234: Nichterheben des Angeklagten beim Eintreten des Gerichts trotz mehrfacher Aufforderung).

3. Verfahren

22   Maßnahmen nach § 177 GVG und § 178 GVG trifft, soweit sie sich gegen Verfahrensbeteiligte, Zeugen oder Sachverständige richten, das **Gericht** durch zu begründenden Beschluss; der **Vorsitzende** allein ist lediglich für Maßnahmen gegenüber nicht an der Verhandlung beteiligte Personen zuständig. Die Betroffenen sind vorher zu hören. Der Beschluss des Gerichts bzw des Vorsitzenden sowie dessen Veranlassung sind gem § 182 GVG in das Protokoll aufzunehmen.

4. Rechtsmittel

23   Maßnahmen nach §§ 177, 178 GVG unterliegen der **Beschwerde** nach § 146 VwGO, der – wie sich aus § 149 Abs 2 VwGO ergibt – der Vorschrift des § 181 Abs 1 GVG vorgeht (Eyermann/Schmidt VwGO § 55 Rn 10; S/S/B/Meissner VwGO § 55 Rn 48). Die Beschwerdefrist beträgt gem § 147 Abs 2 VwGO zwei Wochen (Redeker/v Oertzen/M. Redeker VwGO § 55 Rn 14). Das Beschwerderecht besteht allerdings nur gegen Maßnahmen der Verwaltungsgerichte, während Maßnahmen der Oberverwaltungsgerichte (vgl § 152 Abs 1 VwGO) und des Bundesverwaltungsgerichts unanfechtbar sind

D. Gerichtssprache

24   Gem § 184 S 1 GVG ist die Gerichtssprache Deutsch. Wird unter Beteiligung von Personen verhandelt, die der deutschen Sprache nicht mächtig sind, so ist allerdings gem § 185 Abs 1 S 1 GVG ein Dolmetscher hinzuzuziehen.

I. Rechtliche Bedeutung der Gerichtssprache
1. Allgemeines

25   Die Vorschrift des § 184 S 1 GVG, wonach die Gerichtssprache Deutsch ist, bedeutet, dass der gesamte **Schriftverkehr** mit dem Gericht sowie die **Verhandlungen** vor dem Gericht in deutscher Sprache durchzuführen und die **Entscheidungen** des Gerichts einschließlich der zugehörigen Rechtsmittelbelehrungen in deutscher Sprache abzufassen sind. Die Vorschrift ist **zwingend**, von Amts wegen zu beachten und dem Verfügungsrecht der Beteiligten entzogen (BGHSt 30, 182 = NJW 1982, 532). Eine Ausnahme gilt aufgrund des Einigungsvertrages lediglich für die Sorben, die gem § 184 S 2 GVG in ihren Heimatkreisen vor Gericht Sorbisch sprechen dürfen (vgl näher Sodan/Ziekow/Czybulka VwGO § 55 Rn 53).

2. Fremdsprachliche Schriftstücke

26   Die Vorschrift des § 184 S 1 GVG hat zur Folge, dass nicht in deutscher Sprache abgefasste Schriftsätze für das Gericht **unbeachtlich** sind und **nicht fristwahrend** wirken, sofern nicht – fristgerecht – eine deutsche Übersetzung vorgelegt wird (BVerwG NJW 1990, 3103, 3104; NJW 1987, 2184; BGH NJW 1982, 532). Bei Versäumung der Frist kommt jedoch **Wiedereinsetzung** in Betracht, wenn der Ausländer ohne Verschulden gehindert war,

rechtzeitig für eine Übersetzung zu sorgen (BVerfGE 42, 120, 125 = NJW 1976, 1021; Eyermann/Schmidt VwGO § 55 Rn 11). Für die Übersetzung fremdsprachlicher Schriftstücke haben grds die Beteiligten selbst und auf eigene Kosten zu sorgen, es sei denn, es wird dargetan, dass das vorgelegte fremdsprachliche Schriftstück für das gerichtliche Verfahren von Bedeutung und der Beteiligte aufgrund einer finanziellen Notlage zur Anfertigung einer Übersetzung nicht in der Lage ist (BVerfG NVwZ 1987, 785).

3. Entscheidungen des Gerichts

Das Gericht ist weder verpflichtet noch berechtigt, seine Entscheidungen in einer **27** anderen als der deutschen Sprache abzufassen bzw übersetzen zu lassen (BVerwG BayVBl 1973, 443) oder ihnen (allein) eine fremdsprachige Rechtsmittelbelehrung beizufügen (vgl zur Rechtsmittelbelehrung näher § 58 VwGO Rn 7). Versäumt der der deutschen Sprache nicht mächtige Ausländer die Rechtsbehelfsfrist, so kann ihm aber uU Wiedereinsetzung in den vorigen Stand gewährt werden. Voraussetzung hierfür ist jedoch, dass er sich hinreichend um die Verfolgung seiner Interessen gekümmert, dh sich insbes bemüht hat, innerhalb angemessener Frist vom Inhalt eines ihm zugegangenen amtlichen Schriftstücks Kenntnis zu erlangen (BVerfGE 42, 120, 127 = NJW 1976, 1021; Sodan/Ziekow/Czybulka VwGO § 55 Rn 56).

4. Verhandlungen

Auch mündliche Verhandlungen und sonstige Termine vor dem Gericht sind gem § 184 **28** S 1 GVG in deutscher Sprache durchzuführen. Sind hieran jedoch Personen beteiligt, die der deutschen Sprache nicht mächtig sind, so ist gem § 185 Abs 1 S 1 GVG zur Wahrung des rechtlichen Gehörs ein Dolmetscher hinzuzuziehen.

II. Hinzuziehung eines Dolmetschers

Gem § 185 Abs 1 S 1 GVG ist ein Dolmetscher hinzuzuziehen, wenn unter Beteiligung **29** von Personen verhandelt wird, die der deutschen Sprache nicht mächtig sind. Entsprechendes gilt gem § 186 GVG bei der Verhandlung mit tauben oder stummen Personen, sofern nicht eine schriftliche Verständigung erfolgt. Die Hinzuziehung eines Dolmetscher stellt eine spezielle Form der **Gewährung rechtlichen Gehörs** dar (BVerwG NVwZ 1983, 668). Sie ist allerdings nicht erforderlich, wenn der Ausländer die deutsche Sprache zwar nicht beherrscht, sie aber in einer die Verständigung mit ihm ermöglichenden Weise spricht und versteht (BVerwG NJW 1990, 3102, 3103). Darüber hinaus kann die Hinzuziehung unterbleiben, wenn die beteiligten Personen (einschließlich des Gerichts) sämtlich der fremden Sprache mächtig sind (§ 185 Abs 2 GVG).

1. Notwendigkeit der Hinzuziehung eines Dolmetschers

Die Notwendigkeit der Hinzuziehung eines Dolmetschers gem § 185 Abs 1 S 1 GVG **30** besteht nicht nur in der mündlichen Verhandlung, sondern auch in allen sonstigen gerichtlichen Terminen, in denen mit den Beteiligten eine Verständigung in deutscher Sprache nötig ist. Beteiligte sind dabei nicht nur die **Verfahrensbeteiligten** selbst, sondern auch ihre **Prozessbevollmächtigten** sowie **Zeugen** und **Sachverständige** (Sodan/Ziekow/Czybulka VwGO § 55 Rn 60). Beherrscht der betroffene Beteiligte mehrere Sprachen, so kann das Gericht nach seinem Ermessen entscheiden, für welche der Sprachen es einen Dolmetscher bestellt (VGH Kassel DVBl 1989, 893); ein Anspruch auf Hinzuziehung eines Dolmetschers gerade in der Muttersprache besteht nicht (VGH Mannheim DVBl 2009, 736).

2. Stellung des Dolmetschers

Als Dolmetscher in Betracht kommt jede Person, die als **Sprachmittler** geeignet ist. Der **31** Dolmetscher muss zu Beginn der Verhandlung gem § 189 Abs 1 GVG einen **Eid** leisten; ist er für Übertragungen der betreffenden Art allgemein beeidigt, so genügt gem § 189 Abs 2 GVG die Berufung auf den allgemein geleisteten Dolmetschereid. Die Vorschrift des § 189

GVG ist zwingend; ihre Verletzung stellt einen **Verfahrensfehler** dar, der nicht durch Rügeverzicht geheilt werden kann (BGH NJW 1987, 260, 261). Der Dolmetscher ist, soweit es um die Übersetzung mündlicher Ausführungen geht, Gehilfe des Gerichts; wird er zur Übersetzung von Schriftstücken herangezogen, so hat er die Stellung eines Sachverständigen (Sodan/Ziekow/Czybulka VwGO § 55 Rn 61). Gem § 191 GVG kann ein Dolmetscher entsprechend den Vorschriften über die Ausschließung und Ablehnung von Sachverständigen wegen Befangenheit oder Besorgnis der Befangenheit abgelehnt werden. Die Kosten für die Hinzuziehung eines Dolmetschers zählen zu den Verfahrenskosten und sind daher im Verwaltungsprozess – anders als im Strafprozess – von der unterlegenen Partei zu tragen (Kopp/Schenke VwGO § 55 Rn 11).

3. Rechtsfolgen unterbliebener Hinzuziehung

32   Zieht das Gericht entgegen § 185 GVG keinen Dolmetscher hinzu, so stellt dies einen **Verfahrensfehler** und ggf einen Revisionsgrund iSd § 138 Nr 3 VwGO dar. Gleiches gilt, wenn die Übertragung durch den Dolmetscher derart **mangelhaft** ist, dass dies zu einer unrichtigen, unvollständigen oder sinnentstellenden Wiedergabe der Ausführungen des Beteiligten führt (BVerwG NVwZ 1983, 668). Da die Vorschriften über die Hinzuziehung eines Dolmetscher allerdings nicht zwingend sind und die Beteiligten auf die Hinzuziehung auch verzichten können (BVerwG NVwZ 1983, 668), muss die Nichthinzuziehung ebenso wie die mangelhafte Übertragung nach der Rechtsprechung des Bundesverwaltungsgerichts spätestens in der nächsten mündlichen Verhandlung **gerügt** werden; anderenfalls geht das Rügerecht gem § 173 VwGO iVm § 295 Abs 1 ZPO verloren (BVerwG NJW 1988, 722, 723; NVwZ 1983, 668).

E. Beratung und Abstimmung

33   Die bei der Beratung und Abstimmung einzuhaltenden Regeln ergeben sich in erster Linie aus §§ 192 bis 198 GVG sowie darüber hinaus aus §§ 43, 45 Abs 1 S 2 DRiG, wonach sowohl die Berufsrichter als auch die ehrenamtlichen Richter zur Wahrung des Beratungsgeheimnisses verpflichtet sind.

I. Mitwirkende

34   Bei der Entscheidung (dh der Beratung und anschließenden Abstimmung) dürfen nur, müssen aber auch **alle Richter** des erkennenden Spruchkörpers mitwirken, die die Entscheidung zu treffen haben (§ 192 Abs 1 GVG). Eine Anwesenheit bei der Beratung und Abstimmung ist darüber hinaus gem § 193 Abs 1 GVG den dem Gericht zur Ausbildung zugewiesenen **Referendaren** (vgl BVerwG NJW 1982, 1716) sowie den bei dem Gericht beschäftigten **wissenschaftlichen Hilfskräften** gestattet. Sie dürfen sich auch aktiv an der Beratung beteiligen (BVerwG Buchholz 310 § 55 Nr 4). Voraussetzung ist jedoch, dass die Vorsitzende des Spruchkörpers ihre Anwesenheit ausdrücklich gestattet. § 193 Abs 2 GVG schafft darüber hinaus die Möglichkeit, auch ausländischen Richtern, Staatsanwälten und Rechtsanwälten, die dem Gericht für einen Studienaufenthalt zugewiesen sind, sowie ausländischen Juristen, die im Entsendestaat in einem Ausbildungsverhältnis stehen, die Teilnahme an den Beratungen und Abstimmungen zu gestatten (näher S/S/B/Meissner VwGO § 55 Rn 65b). Sonstigen Personen ist die Anwesenheit demgegenüber untersagt; dies gilt beispielsweise für Studenten, die bei dem Gericht ein Praktikum ableisten (BGH NJW 1995, 2645). Eine – unzulässige – Teilnahme Dritter in diesem Sinne liegt aber noch nicht vor bei einer leisen Zwischenberatung des Gerichts während der Sitzung, die gelegentlich zweckmäßig sein kann (Eyermann/Schmidt VwGO § 55 Rn 15).

35   Wird gegen die Vorschriften über die Mitwirkung verstoßen, so ist das Gericht nicht ordnungsgemäß besetzt. Dies stellt sowohl einen **absoluten Revisionsgrund** gem § 138 Nr 1 VwGO als auch einen Wiederaufnahmegrund iSd § 153 VwGO iVm § 579 Abs 1 Nr 1 ZPO dar.

II. Ablauf

Gem § 194 Abs 1 GVG leitet der Vorsitzende die Beratung, stellt die Fragen und sammelt **36** die Stimmen. Die Richter sind **zur Abstimmung verpflichtet** (§ 195 GVG). Die Entscheidung ergeht gem § 196 Abs 1 GVG grds mit der **absoluten Mehrheit** der Stimmen. Die **Reihenfolge**, in der abgestimmt wird, legt § 197 GVG fest. Danach stimmen die Berufsrichter nach dem Dienstalter, bei gleichem Dienstalter nach dem Lebensalter, die ehrenamtlichen Richter nach dem Lebensalter, wobei der (dienst-)jüngere vor dem älteren stimmt. Zuerst stimmt der Berichterstatter, sodann stimmen die ehrenamtlichen Richter vor den (übrigen) Berufsrichtern. Der Vorsitzende stimmt stets zuletzt; dies gilt auch dann, wenn er Berichterstatter ist und in dieser Funktion einen Entscheidungsvorschlag unterbreitet (BVerwG BayVBl 1980, 305).

III. Beratungsgeheimnis

Sowohl die Berufsrichter als auch die ehrenamtlichen Richter sind gem § 43 DRiG und **37** § 45 Abs 1 S 2 DRiG verpflichtet, über den Hergang bei der Beratung und Abstimmung **Stillschweigen** zu bewahren. Die Bekanntgabe einer abweichenden Meinung (**dissenting opinion**) ist in der VwGO – im Unterschied zu § 30 Abs 2 BVerfGG – nicht vorgesehen und daher aufgrund des Beratungs- und Abstimmungsgeheimnisses ausgeschlossen (vgl nur Eyermann/Schmidt VwGO § 55 Rn 17). Es ist dem Richter jedoch nicht untersagt, seine von der Mehrheitsmeinung des Spruchkörpers abweichende Meinung in **wissenschaftlichen Beiträgen** zu veröffentlichen (Eyermann/Schmidt VwGO § 55 Rn 17; Kissel/Mayer GVG § 193 Rn 11).

§ 55a [Elektronische Dokumentenübermittlung]

(1) [1]Die Beteiligten können dem Gericht elektronische Dokumente übermitteln, soweit dies für den jeweiligen Zuständigkeitsbereich durch Rechtsverordnung der Bundesregierung oder der Landesregierungen zugelassen worden ist. [2]Die Rechtsverordnung bestimmt den Zeitpunkt, von dem an Dokumente an ein Gericht elektronisch übermittelt werden können, sowie die Art und Weise, in der elektronische Dokumente einzureichen sind. [3]Für Dokumente, die einem schriftlich zu unterzeichnenden Schriftstück gleichstehen, ist eine qualifizierte elektronische Signatur nach § 2 Nr. 3 des Signaturgesetzes vorzuschreiben. [4]Neben der qualifizierten elektronischen Signatur kann auch ein anderes sicheres Verfahren zugelassen werden, das die Authentizität und die Integrität des übermittelten elektronischen Dokuments sicherstellt. [5]Die Landesregierungen können die Ermächtigung auf die für die Verwaltungsgerichtsbarkeit zuständigen obersten Landesbehörden übertragen. [6]Die Zulassung der elektronischen Übermittlung kann auf einzelne Gerichte oder Verfahren beschränkt werden. [7]Die Rechtsverordnung der Bundesregierung bedarf nicht der Zustimmung des Bundesrates.

(2) [1]Ein elektronisches Dokument ist dem Gericht zugegangen, wenn es in der von der Rechtsverordnung nach Absatz 1 Satz 1 und 2 bestimmten Art und Weise übermittelt worden ist und wenn die für den Empfang bestimmte Einrichtung es aufgezeichnet hat. [2]Die Vorschriften dieses Gesetzes über die Beifügung von Abschriften für die übrigen Beteiligten finden keine Anwendung. [3]Genügt das Dokument nicht den Anforderungen, ist dies dem Absender unter Angabe der für das Gericht geltenden technischen Rahmenbedingungen unverzüglich mitzuteilen.

(3) Soweit eine handschriftliche Unterzeichnung durch den Richter oder den Urkundsbeamten der Geschäftsstelle vorgeschrieben ist, genügt dieser Form die Aufzeichnung als elektronisches Dokument, wenn die verantwortenden Personen am Ende des Dokuments ihren Namen hinzufügen und das Dokument mit einer qualifizierten elektronischen Signatur nach § 2 Nr. 3 des Signaturgesetzes versehen.

§ 55a Abs 1 und 2 VwGO eröffnet den Weg zur Übermittlung elektronischer Dokumente an das Gericht. Einzelheiten sind durch Rechtsverordnung (Rn 3) der Bundes- oder Landesregierung zu bestimmen. § 55a Abs 3 VwGO regelt, wie die erforderliche Unterschrift eines Richters oder Urkundsbeamten elektronisch ersetzt (Rn 14) werden kann.

Übersicht

A. Allgemeines

1   § 55a VwGO und § 55b VwGO, die durch das JKomG v 22.3.2005 (BGBl I 837, ber 2022) eingefügt wurden, ermöglichen die **gleichberechtigte Nutzung elektronischer Dokumente neben den herkömmlichen papiergebundenen Schriftstücken.** § 55a VwGO lässt die Übermittlung elektronischer Dokumente an das Gericht zu. § 55a Abs 1 und 2 VwGO regeln die elektronische Kommunikation der Beteiligten mit dem Gericht, § 55a Abs 3 VwGO die elektronische Kommunikation des Gerichts. Nach Sinn und Zweck der Vorschrift können außer den Beteiligten iSv § 63 VwGO auch Dritte – zB Sachverständige – die elektronische Kommunikation nutzen (zutreffend Kopp/Schenke VwGO § 55a Rn 2). Elektronische Kommunikation zwischen den Beteiligten bedarf keiner Regelung in der VwGO; bei Kommunikation unter Privaten ist im Falle eines Schriftformerfordernisses § 126a BGB, bei Beteiligung einer Behörde § 3a VwVfG zu beachten (Schmitz/Schlatmann NVwZ 2002, 1281). Auch wenn der Anwendungsbereich der elektronischen Form grds dem der Schriftform entspricht, ist die elektronische eine eigenständige Form und nicht nur ein Sonderfall der Schriftform (S/B/S/Schmitz VwVfG § 3a Rn 1; BGH NJW 2008, 2649; aA Palandt/Ellenberger BGB § 126a Rn 1).

B. Übermittlung elektronischer Dokumente (Abs 1)

2   Durch VO wird bestimmt, ob und wie dem Gericht elektronische Dokumente übermittelt werden können („Eröffnung des Zugangs"; vgl § 3a Abs 1 VwVfG). Die Zulassung kann auf bestimmte Gerichte oder bestimmte Verfahren, aber auch auf einzelne Spruchkörper oder gar auf einzelne Arten von Schriftstücken (zB auf die Einreichung der Klageschrift oder der Klageerwiderung) beschränkt werden (vgl Viefhues NJW 2005, 1009, 1010.) Die **VO des Bundes** über den elektronischen Rechtsverkehr beim Bundesverwaltungsgericht und beim Bundesfinanzhof v 26.11.2004 (Rn 4.1) ist insoweit **unvollständig**, als sie in § 2 Abs 3 Vorgaben zum Standard der qualifizierten elektronischen Signatur macht, aber nach ihrem Wortlaut keine Pflicht zur Verwendung einer solchen Signatur vorsieht. Danach können bestimmende Schriftsätze an das BVerwG derzeit auch ohne qualifizierte elektronische Signatur übermittelt werden (vgl BFH BFHE 224, 401 = NJW 2009, 1903 zu § 52a FGO, der § 55a VwGO entspricht). Die VO für **Hessen** (Rn 4.8) verlangt eine qualifizierte elektronische Signatur „soweit erforderlich", ohne dass die Fälle der Erforderlichkeit bestimmt werden; dies kann aber dahin ausgelegt werden, dass eine formwirksame Klageerhebung per E-Mail die qualifizierte elektronische Signatur erfordert (vgl BFHE 234, 118 = NJW 2012, 334). Ob eine **Rechtsbehelfsbelehrung** unrichtig ist, wenn sie nicht auf die Möglichkeit des elektronischen Rechtsverkehrs hinweist, ist noch nicht abschließend geklärt (vgl OVG Bremen NVwZ-RR 2012, 950 mit zutreffendem Hinweis auf Überladung von Rechtsbehelfsbelehrungen und mwN auch der Gegenansicht).

I. Rechtsverordnungen

Neben dem **Bund** (Rn 4.1) haben bisher erst einige Länder den Zugang für elektronische 3
Kommunikation durch Erlass der erforderlichen VO und Einbeziehung von Verwaltungsgerichten eröffnet:

Berlin (Rn 4.4), **Brandenburg** (Rn 4.5), **Bremen** (Rn 4.6), **Hessen** (Rn 4.8), **Nie-** 4
dersachsen (Rn 4.10), **Nordrhein-Westfalen** (Rn 4.11), **Rheinland-Pfalz** (Rn 4.12)
Sachsen (Rn 4.14) und **Sachsen-Anhalt** (Rn 4.15).

Bund: VO über den elektronischen Rechtsverkehr beim Bundesverwaltungsgericht und beim 4.1
Bundesfinanzhof v 26.11.2004 (BGBl I 3091). Hierzu auch Rn 2.

Baden-Württemberg: noch **keine** Regelung für Verwaltungsgerichte. 4.2

Bayern: noch **keine** Regelung für Verwaltungsgerichte. 4.3

Berlin: VO über den elektronischen Rechtsverkehr mit der Justiz im Land Berlin v 27.12.2006 4.4
(GVBl 1183), zuletzt geändert durch VO v 9.12.2009 (GVBl 881).

Brandenburg: VO über den elektronischen Rechtsverkehr im Land Brandenburg v 14.12.2006 4.5
(GVBl II 558), zuletzt geändert durch VO v 23.11.2012 (GVBl II Nr 100).

Bremen: VO über den elektronischen Rechtsverkehr im Land Bremen v 18.12.2006 (BremGBl 4.6
548), zuletzt geändert durch Art 1 Abs 99 Viertes RechtsbereinigungsG v 25.5.2010 (BremGBl
349), befristet bis 31.12.2015.

Hamburg: noch **keine** Regelung für Verwaltungsgerichte. 4.7

Hessen: VO über den elektronischen Rechtsverkehr bei den hessischen Gerichten und Staats- 4.8
anwaltschaften v 26.10.2007 (GVBl I 699), zuletzt geändert durch Art 2 der VO v 28.10.2012
(GVBl 404), befristet bis 31.12.2013. Hierzu auch Rn 2.

Mecklenburg-Vorpommern: VO über den elektronischen Rechtsverkehr in Mecklenburg- 4.9
Vorpommern (ERVVO M-V) v 5.1.2007 (GVOBL M-V 24). Bislang nehmen **keine** Verwaltungsgerichte teil.

Niedersachsen: VO über den elektronischen Rechtsverkehr in der Justiz (Nds. ERVVO-Justiz) 4.10
v 21.10.2011 (Nds GVBl 367). Von den niedersächsischen Verwaltungsgerichten nehmen nur das
OVG und das VG Lüneburg am elektronischen Rechtsverkehr teil..

Nordrhein-Westfalen: VO über den elektronischen Rechtsverkehr bei den Verwaltungsgerich- 4.11
ten und den Finanzgerichten im Lande Nordrhein-Westfalen (ERVVO VG/FG) v 7.11.2012 (GV
NRW 548). Bei einigen nordrhein-westfälischen Verwaltungsgerichten sind bestimmte Verfahren
(Disziplinarrecht, Berufsgerichte) ausgenommen.

Rheinland-Pfalz: LandesVO über den elektronischen Rechtsverkehr mit den öffentlich-recht- 4.12
lichen Fachgerichtsbarkeiten v 9.1.2008 (GVBl 33, ber 109).

Saarland: VO für den elektronischen Rechtsverkehr mit Gerichten und Staatsanwaltschaften im 4.13
Saarland v 12.12.2006 (ABl 2237). Bislang nehmen **keine** Verwaltungsgerichte teil.

Sachsen: VO über den elektronischen Rechtsverkehr in Sachsen (SächsERVerkVO) v 6.7.2010 4.14
(SächsGVBl 190), zuletzt geändert durch VO v 12.1.2012 (SächsGVBl 3). Von den sächsischen
Verwaltungsgerichten nimmt nur das VG Dresden am elektronischen Rechtsverkehr teil.

Sachsen-Anhalt: VO über den elektronischen Rechtsverkehr bei den Gerichten und Staats- 4.15
anwaltschaften des Landes Sachsen-Anhalt (ERVVO LSA) v 1.10.2007 (GVBl LSA 330), zuletzt
geändert durch VO v 4.2.2011 (GVBl LSA 65).

Schleswig-Holstein: LandesVO über den elektronischen Rechtsverkehr mit den Gerichten 4.16
und Staatsanwaltschaften v 12.12.2006 (GVOBl 361), zuletzt geändert durch VO v 18.3.2009
(GVOBl 158). Bislang nehmen **keine** Verwaltungsgerichte teil.

Thüringen: Thüringer VO über den elektronischen Rechtsverkehr bei den Gerichten und 4.17
Staatsanwaltschaften (ThürERVVO Justiz) v 5.12.2006 (GVBl 560), zuletzt geändert durch VO v
6.10.2011 (GVBl 507). Bislang nehmen **keine** Verwaltungsgerichte teil.

II. Elektronisches Dokument

Elektronische Dokumente sind solche, die mit den Mitteln der Datenverarbeitung erstellt 5
und auf Datenträgern gespeichert werden können. Technisch handelt es sich um Folgen von
elektrischen Impulsen, die mittels eines (Berechnungs-)Programms in lesbare Zeichen umgewandelt werden. Ein **Computerfax** ist **kein elektronisches Dokument**, da der Absender
vom Regelfall eines Ausdrucks durch das Telefaxgerät des Empfängers ausgehen kann
(BVerwG NJW 2006, 1989, 1990; S/B/S/Schmitz VwVfG § 3a Rn 7; Kopp/Schenke
VwGO § 55a Rn 5; S/S/B/Rudisile VwGO § 55a Rn 21; Gärditz/Krausnick VwGO

§ 55a Rn 3; jetzt unsicher Sodan/Ziekow/Schmid VwGO § 55a Rn 6 – anders als in Rn 12 der 2. Aufl). Gleiches gilt für ein Dokument, das nach Unterschrift eingescannt und als Bilddatei (zB im PDF-Format) übermittelt wird (BGH NJW 2008, 2649, 2650 für den Sonderfall, dass ein Mitarbeiter des Gerichts durch Hinweis auf seine persönliche dienstliche E-Mail-Adresse einen entsprechenden Zugang – hierzu S/B/S/Schmitz VwVfG § 3a Rn 9, 14 – eröffnet hat). Elektronisches Dokument ist eine PDF-Datei, wenn sie mit einer elektronischen Signatur versehen ist (vgl Rn 8). Wird eine nach Unterschrift eingescannte Datei mit qualifizierter elektronischer Signatur versandt, kann angenommen werden, dass der Absender ein elektronisches Dokument versenden will; im Zweifel ist so auszulegen, dass ein Zugang nicht in unzumutbarer, aus Sachgründen nicht zu rechtfertigender Weise behindert wird.

III. Übertragung elektronischer Dokumente

6 **Rheinland-Pfalz** ermöglicht die Übermittlung elektronischer Dokumente über das EGVP (Rn 7) und als Web-Upload; außerdem in Form eines Dateianhangs an eine (gewöhnliche) E-Mail mittels des (allg üblichen) SMTP-Protokolls an die dafür vorgesehene E-Mail-Adresse des Gerichts. Zum Nachweis der Übermittlung mit E-Mail ist die Prüfung der automatischen Eingangsbestätigung des Gerichts erforderlich (OVG Koblenz NJW 2007, 3224) Für eine Verschlüsselung muss der Benutzer selbst sorgen; erforderliche Schlüssel können von den Internetseiten der Gerichte herunter geladen werden. Ähnlichen Zugang (EGVP und Web-Upload) bietet auch **Brandenburg** an. **Bremen** und **Niedersachsen** erlauben eine Einreichung auf Datenträger, wenn eine Übermittlung an die elektronische Poststelle (EGVP, Rn 7) aus darzulegenden Gründen nicht möglich ist.

7 Für den elektronischen Rechtsverkehr mit dem BVerwG, den Verwaltungsgerichten in Berlin, Bremen, Hessen, Niedersachsen, Nordrhein-Westfalen, Sachsen und Sachsen-Anhalt muss dagegen das „**elektronische Gerichts- und Verwaltungspostfach**" (**EGVP**) verwandt werden. Dies ist eine spezielle Übertragungssoftware, die vom Bund kostenlos zur Verfügung gestellt wird (www.egvp.de). In das EGVP ist eine spezielle, besonders sichere Verschlüsselungssoftware integriert, die die übermittelten Daten automatisch vor unbefugter Kenntnisnahme während des Transports schützt.

8 Die **Dateiformate** für die elektronischen Dokumente sind in der jeweiligen VO – weitgehend übereinstimmend – festgelegt: zB Adobe PDF, Microsoft Word, RTF, XML, Unicode oder ASCII; TIFF zugelassen. Auch zum Dateinamen und zum Betreff der elektronisch übermittelten Dokumente machen die VOen selbst Vorgaben oder verweisen auf Angaben in den Internet-Seiten der Gerichte (idR Aktenzeichen des Gerichts, Bezeichnung als „Klage" oder „Neueingang"). Das zulässige Volumen der übermittelten Dateien ist beim EGVP (Rn 7) unterschiedlich; eine ZIP-Komprimierung ist zulässig. Das BVerwG lässt 100 Anhänge je Nachricht zu, die zusammen 30 MB groß sein dürfen. Wird die vom Empfänger festgesetzte Maximalgröße überschritten, erhält der Absender eine entsprechende Fehlermeldung.

IV. Elektronische Signatur

9 Für Dokumente, die einem schriftlich zu unterzeichnenden Schriftstück (zB Klageschrift, § 81 Abs 1 S 1 VwGO) gleichstehen, muss die VO eine **qualifizierte elektronische Signatur** gem § 2 Nr 3 SigG vorschreiben. Die VO von **Bund** und **Hessen** genügen dem nicht (s Rn 2). Die Vorgänge beim Anbringen der Signatur sind für den Anwender recht einfach. Ein Mausklick auf den entsprechenden Button in der Symbolleiste der Text- oder EGVP-Anwendung (zum EGVP s Rn 7) und die Eingabe einer PIN genügen, um im Hintergrund mathematisch komplexe Vorgänge ablaufen zu lassen, teilweise in dem Rechner, auf dem die Anwendung ausgeführt wird, teilweise auf einer Chipkarte mit bestimmten Signaturdaten (**Signaturkarte**) selbst. Die Bundesnetzagentur für Elektrizität, Gas, Telekommunikation, Post und Eisenbahnen (www.bundesnetzagentur.de) stellt im Internet eine aktuelle Liste geeigneter Signaturkarten (Signaturerstellungseinheiten) zur Verfügung (Näher zur elektronischen Signatur und zum Verfahren Schmitz/Schlatmann, NVwZ 2002, 1281, 1284; Schmitz DÖV 2005, 885, 886 ff.; S/S/G/Geis SigG § 2 Rn 1 ff; ferner www.egvp.de).

Zwar darf gem Abs 1 S 4 auch ein anderes sicheres Verfahren zugelassen werden; es ist jedoch derzeit nicht erkennbar, welches Verfahren das sein könnte. Die Länder möchten von dieser Möglichkeit jedenfalls keinen Gebrauch machen (Viefhues NJW 2005, 1009, 1015). Ein elektronisches Dokument, das dem Gericht entgegen § 55a VwGO **ohne qualifizierte elektronische Signatur** zugeleitet wird, entfaltet **keine Wirkung** (OVG Koblenz NVwZ-RR 2006, 519, 520; vgl auch BGHZ 184, 75 = NJW 2010, 2134 zu § 130a Abs 1 S 2 ZPO); zur Frage der Wiedereinsetzung in den vorigen Stand FG Rheinland-Pfalz 6 K 1736/10 v 7.12.2012 BeckRS 2013, 94240. Eine **monetäre Beschränkung der Signatur** bezieht sich nur auf unmittelbare finanzielle Transaktionen, nicht aber auf Erklärungen in einem Schriftsatz, die mittelbare Haftungsrisiken enthalten (BFH BFHE 215, 47 = MMR 2007, 234; hierzu Fischer-Dieskau/Hornung NJW 2007, 2897). Das Erfordernis einer qualifizierten elektronischen Signatur ist auch erfüllt, wenn sich im Nachhinein herausstellt, dass der Zertifizierungsdiensteanbieter die gesetzlichen Anforderungen nicht eingehalten hat. Aus Gründen der Rechtssicherheit ist das Signaturerfordernis insoweit formal zu interpretieren (zutreffend Britz DVBl 2007, 993, 999; aA Gärditz/Krausnick VwGO § 55a Rn 9: analoge Anwendung von § 55a Abs 2 S 3 VwGO und ggf Wiedereinsetzung v Amts wegen). Nach § 19 Abs 5 SigG bleiben qualifizierte Zertifikate eines Anbieters gültig, die er vor Rücknahme oder Widerruf einer Akkreditierung ausgestellt hat (vgl S/S/G/Geis SigG § 19 Rn 6).

Für Dokumente, für die das Gesetz keine Schriftform vorschreibt, besteht **Formfreiheit**. 10 Die in der amtl Begr (BT-Drs 15/4067, 24) genannte einfache elektronische Signatur iSv § 2 Nr 1 SigG ist schlicht jedes verknüpfte elektronische Datum, das der Authentifizierung dient (zB Namensangabe im Dokument oder e-Mail-Absenderkennung; S/S/G/Geis SigG § 2 Rn 1). Zur Nutzung von Signaturpads Schmitz NVwZ 2013, 410.

C. Zugang elektronischer Dokumente bei Gericht (Abs 2)

Ein unter Beachtung der Formvorschriften erstelltes elektronisches Dokument ist dem 11 Gericht zugegangen, wenn es durch die für den Empfang bestimmte Einrichtung des Gerichts aufgezeichnet worden ist. Nach der erfolgreichen Übermittlung einer Nachricht im EGVP (Rn 7) wird eine Kopie nebst Sendeprotokoll und **Übermittlungsbeleg** in den Ordner „Gesendete Nachrichten" des Elektronischen Postfachs des Absenders gestellt, so dass dieser den Zugang idR problemlos kontrollieren kann.

Der Absender ist gegen **Übermittlungsfehler** ferner dadurch geschützt, dass das Gericht 12 gem Abs 2 S 3 verpflichtet ist, ihm unverzüglich eine Mitteilung zu schicken, wenn das elektronische Dokument nicht den Anforderungen der jeweils geltenden VO entspricht. Diese Mitteilung muss auch über die für das Gericht geltenden technischen Rahmenbedingungen informieren. Wenn bei der Einreichung eines fristgebundenen Dokuments die Mitteilung erst nach Ablauf der Frist oder überhaupt nicht erfolgt, kommt uU eine auf diesen Umstand gestützte Wiedereinsetzung gem § 60 VwGO in Betracht (BT-Drs 15/4067, 37). An das Erfordernis einer unverschuldeten Säumnis iSd § 60 Abs 1 VwGO sind jedoch strenge Anforderungen zu stellen. Eine Säumnis, die auf Unkenntnis der zB im Internet publizierten für das Gericht geltenden technischen Rahmenbedingungen beruht, ist idR schuldhaft (Viefhues NJW 2005, 1009, 1011). Zu weit gehend deshalb BVerwG NVwZ 2012, 1262, 1263, das eine Mitteilungspflicht auch für den Fall des Fehlens der erforderlichen qualifizierten elektronischen Signatur annimmt: Abs 2 S 3 soll wie § 3a VwVfG lediglich **technische Probleme der elektronischen Kommunikation** lösen (hierzu S/B/S/Schmitz VwVfG § 3a Rn 39 ff).

Von elektronisch übermittelten Dokumenten müssen **keine** sonst vorgeschriebenen **Ab-** 13 **schriften** (zB § 81 Abs 2 VwGO für die Klageschrift; s § 81 VwGO Rn 34) in Papierform für die übrigen Beteiligten übersandt werden (Abs 2 S 2). Ist ein elektronisch übermitteltes Dokument anderen Beteiligten bekannt zu geben, die dieses elektronisch nicht empfangen können, lässt das Gericht die erforderlichen Abschriften auf eigene Kosten anfertigen (BT-Drs 15/4067, 38) und den jeweiligen Beteiligten zukommen.

D. Ersetzung der Unterschrift bei elektronischem Gerichtsdokument (Abs 3)

14   § 55a Abs 3 VwGO enthält Vorschriften für bestimmte elektronische Dokumente des Gerichts und setzt damit als selbstverständlich voraus, dass auch das Gericht in elektronischer Form kommunizieren darf, sofern der jeweilige Adressat einen entsprechenden Zugang eröffnet hat. Für die **elektronische Kommunikation des Gerichts** genügt grds, wie sich auch im Umkehrschluss aus Abs 3 ergibt, eine einfache Signatur, dh der bloße Namenszusatz unter das elektronische Dokument (Rn 10). Dies gilt insbes für Informationen, die früher schon telefonisch oder mittels eines nur maschinell oder mit Paraphe „unterzeichneten" Dokuments übermittelt werden durften (Viefhues NJW 2005, 1009, 1012; BT-Drs 15/4067, 38).

15   Dokumente, die in Papierform handschriftlich durch den Richter oder den Urkundsbeamten der Geschäftsstelle unterzeichnet werden müssen, insbes auch **gerichtliche Protokolle** (vgl BT-Drs 15/4067, 31), **Beschlüsse** und **Urteile**, müssen – wenn sie elektronisch erstellt werden – gem Abs 3 mit dem Namen sowie der **qualifizierten elektronischen Signatur** (Rn 9) der verantwortenden Personen versehen werden. Bei der **Entscheidung eines Kollegialgerichts** müssen grds **alle Richter** ihren Namen sowie ihre qualifizierte elektronische Signatur auf das Dokument setzen (vgl BT-Drs 15/4067, 31 zu § 130b ZPO). Ist ein Richter verhindert, hat der Vorsitzende oder – bei dessen Verhinderung – der dienstälteste Richter, der bei der Entscheidung mitgewirkt hat, den Hinderungsgrund und den Namen des verhinderten Richters auf dem elektronischen Dokument zu vermerken (Kopp/Schenke VwGO § 55a Rn 15).

16   Für **Formfehler** bei elektronischen Dokuments iSv Abs 3 gelten die Grundsätze über die Rechtsfolgen fehlerhafter oder fehlender Unterschriften bei Urteilen und Beschlüssen entsprechend (vgl BT-Drs 15/4067, 31 zu § 130b ZPO). Wenn also bei einer gerichtlichen Entscheidung zB eine elektronische Signatur oder der diese ersetzende Vermerk über die Verhinderung auf dem elektronischen Dokument fehlt oder wenn Namensangabe und Signaturinhaber nicht übereinstimmen oder wenn eine elektronische Signatur nicht den Anforderungen des § 2 Nr 3 SigG entspricht oder – zB durch später angebrachte Signaturen – beschädigt ist, ist die Entscheidung grds unwirksam; der Formmangel kann jedoch durch **Berichtigung** analog § 118 VwGO (oder § 122 Abs 1 VwGO iVm § 118 VwGO) geheilt werden (Kopp/Schenke VwGO § 55a Rn 15).

§ 55a nF *[Elektronische Dokumentenübermittlung]*

(1) Vorbereitende Schriftsätze und deren Anlagen, schriftlich einzureichende Anträge und Erklärungen der Beteiligten sowie schriftlich einzureichende Auskünfte, Aussagen, Gutachten, Übersetzungen und Erklärungen Dritter können nach Maßgabe der Absätze 2 bis 6 als elektronisches Dokument bei Gericht eingereicht werden.

(2) [1] Das elektronische Dokument muss für die Bearbeitung durch das Gericht geeignet sein. [2] Die Bundesregierung bestimmt durch Rechtsverordnung mit Zustimmung des Bundesrates die für die Übermittlung und Bearbeitung geeigneten technischen Rahmenbedingungen.

(3) Das elektronische Dokument muss mit einer qualifizierten elektronischen Signatur der verantwortenden Person versehen sein oder von der verantwortenden Person signiert und auf einem sicheren Übermittlungsweg eingereicht werden.

(4) Sichere Übermittlungswege sind

1. der Postfach- und Versanddienst eines De-Mail-Kontos, wenn der Absender bei Versand der Nachricht sicher im Sinne des § 4 Absatz 1 Satz 2 des De-Mail-Gesetzes angemeldet ist und er sich die sichere Anmeldung gemäß § 5 Absatz 5 des De-Mail-Gesetzes bestätigen lässt,

2. der Übermittlungsweg zwischen dem besonderen elektronischen Anwaltspostfach nach § 31a der Bundesrechtsanwaltsordnung oder einem entsprechenden, auf gesetzlicher Grundlage errichteten elektronischen Postfach und der elektronischen Poststelle des Gerichts,

3. der Übermittlungsweg zwischen einem nach Durchführung eines Identifizierungsverfahrens eingerichteten Postfach einer Behörde oder einer juristischen Person des öffentlichen Rechts und der elektronischen Poststelle des Gerichts; das Nähere regelt die Verordnung nach Absatz 2 Satz 2,

4. *sonstige bundeseinheitliche Übermittlungswege, die durch Rechtsverordnung der Bundesregierung mit Zustimmung des Bundesrates festgelegt werden, bei denen die Authentizität und Integrität der Daten sowie die Barrierefreiheit gewährleistet sind.*

(5) ¹ Ein elektronisches Dokument ist eingegangen, sobald es auf der für den Empfang bestimmten Einrichtung des Gerichts gespeichert ist. ² Dem Absender ist eine automatisierte Bestätigung über den Zeitpunkt des Eingangs zu erteilen. ³ Die Vorschriften dieses Gesetzes über die Beifügung von Abschriften für die übrigen Beteiligten finden keine Anwendung.

(6) ¹ Ist ein elektronisches Dokument für das Gericht zur Bearbeitung nicht geeignet, ist dies dem Absender unter Hinweis auf die Unwirksamkeit des Eingangs und die geltenden technischen Rahmenbedingungen unverzüglich mitzuteilen. ² Das Dokument gilt als zum Zeitpunkt der früheren Einreichung eingegangen, sofern der Absender es unverzüglich in einer für das Gericht zur Bearbeitung geeigneten Form nachreicht und glaubhaft macht, dass es mit dem zuerst eingereichten Dokument inhaltlich übereinstimmt.

(7) Soweit eine handschriftliche Unterzeichnung durch den Richter oder den Urkundsbeamten der Geschäftsstelle vorgeschrieben ist, genügt dieser Form die Aufzeichnung als elektronisches Dokument, wenn die verantwortenden Personen am Ende des Dokuments ihren Namen hinzufügen und das Dokument mit einer qualifizierten elektronischen Signatur nach § 2 Nr. 3 des Signaturgesetzes versehen.

§ 55a nF VwGO tritt am 1.1.2018 in Kraft.

Übersicht

A. Allgemeines

Durch das Gesetz zur Förderung des elektronischen Rechtsverkehrs (BGBl. I 3786) **1** werden § 55a nF VwGO und § 55b nF VwGO neu gefasst, § 55c VwGO und § 55d VwGO eingefügt. Durch die Neuregelung sollen Zugangshürden für die elektronische Kommunikation mit der Justiz gesenkt werden.

B. Öffnung aller Gerichte für elektronische Eingänge

Ab 1.1.2018 sollen bundeseinheitlich elektronische Zugänge zu den Gerichten eröffnet **2** sein, auch ohne Zwang zur Nutzung einer qualifizierten elektronischen Signatur. Für den Bereich der Verwaltungsgerichtsbarkeit bietet § 55a nF VwGO Regelungen, die eine anwenderfreundliche Kommunikation sowohl per De-Mail als auch über das EGVP oder andere sichere elektronische Übermittlungswege, die durch VO zugelassen werden können, ermöglichen.

I. Elektronische Dokumente (Abs 1)

Zum Begriff § 55a VwGO Rn 5. Erfasst werden **alle Schriftsätze der Beteiligten** nebst **3** Anlagen sowie **schriftlich einzureichende Auskünfte, Gutachten, Aussagen** und **Erklärungen Dritter.** Hierunter fallen – wie im geltenden Recht – die bestimmenden Schriftsätze, das heißt die Schriftsätze, die nicht nur einen späteren Vortrag ankündigen, sondern Erklärungen enthalten, die mit Einreichung oder Zustellung als Prozesshandlungen wirksam werden. Abweichend vom geltenden Recht sollen einheitliche Formanforderungen wie in der ZPO aber auch für sonstige vorbereitende Schriftsätze gelten.

II. Technische Rahmenbedingungen (Abs 2)

4   Elektronische Dokumente, die bei Gericht eingehen, müssen dort lesbar und bearbeitungsfähig sein. Um eine rechtssichere elektronische Kommunikation mit der Justiz zu ermöglichen, sollen deshalb technische Rahmenbedingungen für die Übermittlung und Bearbeitung der elektronischen Dokumente bundeseinheitlich und verbindlich durch **Rechtsverordnung der Bundesregierung** mit Zustimmung des Bundesrates festgelegt werden. Hierbei werden zB die zugelassene Dateiformate, ggf weitere Dateieigenschaften und andere technische Parameter definiert. Des Weiteren können in der Verordnung ergänzende Regelungen zu dem sicheren Übermittlungsweg nach Abs 4 Nr 3 getroffen werden.

III. Elektronische Signatur (Abs 3)

5   Zum Begriff § 55a VwGO Rn 9. Das elektronische Dokument muss mit einer **qualifizierten elektronischen Signatur** nach dem SigG (vgl S/B/S/Schmitz VwVfG § 3a Rn 24 ff) versehen sein.

6   Wird ein **sicherer Übermittlungsweg** iSv Abs 4 genutzt, genügt eine **einfache Signatur** nach dem SigG; diese kann durch Einfügen einer bildlichen Wiedergabe der Unterschrift oder bloße Namensangabe (vgl S/B/S/Schmitz VwVfG § 3a Rn 22) in das Dokument angebracht werden. Als zu signierendes Dokument kommt sowohl die E-Mail selbst als auch eine angehängte Datei in Betracht. Zu signieren ist das Dokument, das die prozessrelevanten Erklärungen enthält. Mit der abschließenden Signatur des Dokuments soll dokumentiert werden, dass der vom sicheren Übermittlungsweg ausgewiesene Absender mit dem identisch ist, der das elektronische Dokument verantwortet. Die Nutzung des sicheren Kommunikationswegs wird bei konventioneller Aktenführung durch den Aktenausdruck gem § 55b nF Abs 2 S 1 VwGO mit Angaben zu Übermittlungsweg und Übermittlungsdatum dokumentiert. Bei Übermittlung in Dateiform kann auch die begleitende elektronische Nachricht, die sich entnehmen lässt, welcher sichere Übermittlungsweg genutzt wurde, für die Akten ausgedruckt werden.

7   Wird das elektronische Dokument weder qualifiziert elektronisch signiert noch nach Maßgabe von Rn 6 auf einem sicheren Übermittlungsweg eingereicht, ist ein prozessuales Schriftformerfordernis nicht gewahrt. Ein solches Dokument ist, sofern die Verfahrensordnung Schriftform voraussetzt, nicht wirksam eingereicht.

IV. Sichere Übermittlungswege (Abs 4)

8   Die Vorschrift definiert in Nr 1–3 sichere Übermittlungswege und lässt in Nr 4 die Etablierung weiterer sicherer Übermittlungswege durch VO zu.

9   Die in **Nr 1** genannte **De-Mail** stellt bei sicherer Anmeldung einen für Verwaltungsverfahren und -prozess hinreichenden Grad an Authentizität der Teilnehmer sicher. Die sichere Anmeldung iSv § 4 Abs 1 S 2 De-Mail-Gesetz setzt voraus, dass der Nutzer zwei geeignete und voneinander unabhängige Sicherungsmittel, zum Beispiel eine Kombination aus Besitz und Wissen, einsetzt. Bestätigt der akkreditierte Diensteanbieter die sichere Anmeldung gem § 5 Abs 5 De-Mail-Gesetz, muss er die gesamte Nachricht einschließlich eventueller Dateianhänge mit einer qualifizierten elektronischen Signatur versehen.

10   Auch juristische Personen können Schriftsätze über De-Mail prozessual wirksam einreichen. Sie müssen gewährleisten, dass die Möglichkeit einer sicheren Anmeldung nur für befugte Personen besteht. Eine juristische Person kann sich nicht nachträglich darauf berufen, die für sie sicher angemeldete Person sei nicht handlungsbefugt. Erklärungen dieser Person muss sie sich grundsätzlich zurechnen lassen.

11   Hinter der Regelung in **Nr 2** verbirgt sich das bereits seit Jahren vor allem in der Justiz genutzte **Elektronische Gerichts- und Verwaltungspostfach (EGVP)**. Die Authentizität der Teilnehmer an diesem Übermittlungsweg ist hinreichend sichergestellt, wenn das elektronische Dokument von einem besonderen **elektronischen Anwaltspostfach** an die an

das EGVP angeschlossene elektronische Poststelle des Gerichts übermittelt wird. Das besondere elektronischen Anwaltspostfach errichtet und führt nach § 31a BRAO die Bundesrechtsanwaltskammer für jeden Rechtsanwalt. Der Übermittlungsweg gem Nr 2 kann darüber hinaus auch von anderen Personen genutzt werden, wenn für sie ein entsprechender, auf gesetzlicher Grundlage errichteter Verzeichnisdienst besteht.

Auch **Behörden und juristische Personen des öffentlichen Rechts** können nach 12 **Nr 3** unter Verwendung des EGVP über einen sicheren Übermittlungsweg mit der Justiz kommunizieren. Dieser Weg kann von den Gerichten auch als sicherer Übermittlungsweg für Zustellungen genutzt werden. Im Freischaltverfahren ist der Nachweis der Identität der Zugangsberechtigten bei der Stelle, die das Postfach verwaltet, zu hinterlegen. Einzelheiten des Behördenpostfachs werden in der VO nach Abs 2 (Rn 4) bestimmt.

Die Regelung in **Nr 4** erlaubt, die elektronische Kommunikation durch VO mit Zu- 13 stimmung des Bundesrates zukünftigen technischen Entwicklungen zeitnah anzupassen.

Die Nutzung eines sicheren Übermittlungswegs befreit den Absender elektronischer 14 Nachrichten nicht von der Beachtung besonderer Vertraulichkeitsregeln. Die Einhaltung der prozessualen Form gewährleistet nicht automatisch auch die Erfüllung besonderer berufs- oder datenschutzrechtlicher Vertraulichkeitsgebote.

V. Eingang elektronischer Dokumente bei Gericht (Abs 5)

Ein unter Beachtung der Formvorschriften erstelltes elektronisches Dokument ist dem 15 Gericht zugegangen, wenn es durch die für den Empfang bestimmte Einrichtung des Gerichts aufgezeichnet worden ist. Dem Absender ist zum Nachweis des Zugangs eine **automatisierte Eingangsbestätigung** zu erteilen. Diese ist gem § 5 Abs 8 De-Mail-Gesetz in der De-Mail-Infrastruktur vorgesehen. Eine automatisierte Eingangsbestätigung ist als Standard auch für andere sichere Übermittlungswege vorzusehen. Der Absender soll unmittelbar und ohne weiteres Eingreifen eines Justizbediensteten Gewissheit erlangen, ob eine Übermittlung an das Gericht erfolgreich war oder ob weitere Bemühungen zur Übermittlung des elektronischen Dokuments erforderlich sind.

§ 55a Abs 5 S 3 VwGO stellt darüber hinaus klar, dass bei elektronischer Kommunikation 16 **keine Abschriften für die Verfahrensbeteiligten** beizufügen sind.

VI. Kommunikationsprobleme (Abs 6)

Fehler bei der Kommunikation hat das Gericht **dem Absender** auch dann unverzüglich 17 mitzuteilen, wenn diese ihm **anzulasten** sind, weil er die technischen Rahmenbedingungen nach Abs 2 S 2 (Rn 4) nicht beachtet hat. Der Absender soll das Dokument ohne Zeitverzögerung auf ein zugelassenes Dateiformat umstellen können.

Zur Stärkung des Nutzervertrauens in die elektronische Kommunikation ordnet Abs 6 18 S 2 an, dass ein elektronisches Dokument, das nicht den technischen Rahmenbedingungen entspricht, gleichwohl fristwahrend eingegangen ist, wenn der Absender nach Erhalt der Fehlermeldung gem Abs 6 S 1 unverzüglich ein technisch lesbares Dokument einreicht und glaubhaft macht, dass das bearbeitungsfähige Dokument und das zuerst eingereichte Dokument inhaltlich übereinstimmen. Die inhaltliche Übereinstimmung kann durch Vorlage eines Papierausdrucks des nicht bearbeitungsfähigen Dokuments glaubhaft gemacht werden (amtl Begr, BT-Drs 17/12634, 26).

Störungen der elektronischen Kommunikation auf Seiten Gerichts, die zur Unlesbarkeit 19 des Dokuments führen, sind unschädlich, wenn der Inhalt des Dokuments nachträglich einwandfrei feststellbar ist. Ist wegen einer **technischen Störung auf Seiten der Justiz** gar keine Kommunikation mit dem Gericht möglich, besteht wegen einer darauf beruhenden Fristversäumnis ein Wiedereinsetzungsgrund. Der Absender muss dann auch keine andere Art der Einreichung wählen (amtl Begr, BT-Drs 17/12634, 27).

Abs 6 S 2 bezieht sich nur auf elektronische Dokumente, die unmittelbar im Gesetz 20 vorgesehene Formvoraussetzungen iSv Abs 3 erfüllen. Nicht erfasst sind elektronische Dokumente, die per einfacher E-Mail oder per De-Mail ohne eine sichere Anmeldung des Absenders an das Gericht gesandt worden sind. Die **Rechtswohltat nach S 2** ist eng auszulegen und **erfasst nur den Irrtum über die** in der Verordnung gem Abs 2 niedergelegten **technischen Rahmenbedingungen**, nicht jedoch den Verstoß gegen die Mindestanforderungen in Abs 3, da eine Heilung nicht möglich ist, wenn Authentizität und Integrität des elektronischen Dokuments nicht hinreichend gesichert sind. Zwar wird das Gericht – wie bei einer fehlenden Unterschrift unter einem Schriftsatz in Papierform – den Absender in aller Regel unverzüglich auf dieses Versäumnis hinweisen, eine Pflicht des Gerichtes, wie für die Fälle nach Abs 6 besonders angeordnet, besteht insoweit nicht (amtl Begr, BT-Drs 17/12634, 27).

C. Ersetzung der Unterschrift bei elektronischem Gerichtsdokument (Abs 7)

21   § 55a nF Abs 7 VwGO entspricht dem bisherigen § 55a Abs 3 VwGO, so dass auf die Erläuterungen hierzu verwiesen werden kann (§ 55a VwGO Rn 14 ff).

§ 55b [Elektronische Aktenführung]

(1) [1]Die Prozessakten können elektronisch geführt werden. [2]Die Bundesregierung und die Landesregierungen bestimmen jeweils für ihren Bereich durch Rechtsverordnung den Zeitpunkt, von dem an die Prozessakten elektronisch geführt werden. [3]In der Rechtsverordnung sind die organisatorisch-technischen Rahmenbedingungen für die Bildung, Führung und Verwahrung der elektronischen Akten festzulegen. [4]Die Landesregierungen können die Ermächtigung auf die für die Verwaltungsgerichtsbarkeit zuständigen obersten Landesbehörden übertragen. [5]Die Zulassung der elektronischen Akte kann auf einzelne Gerichte oder Verfahren beschränkt werden. [6]Die Rechtsverordnung der Bundesregierung bedarf nicht der Zustimmung des Bundesrates.

(2) Dokumente, die nicht der Form entsprechen, in der die Akte geführt wird, sind in die entsprechende Form zu übertragen und in dieser Form zur Akte zu nehmen, soweit die Rechtsverordnung nach Absatz 1 nichts anderes bestimmt.

(3) Die Originaldokumente sind mindestens bis zum rechtskräftigen Abschluss des Verfahrens aufzubewahren.

(4) [1]Ist ein in Papierform eingereichtes Dokument in ein elektronisches Dokument übertragen worden, muss dieses den Vermerk enthalten, wann und durch wen die Übertragung vorgenommen worden ist. [2]Ist ein elektronisches Dokument in die Papierform überführt worden, muss der Ausdruck den Vermerk enthalten, welches Ergebnis die Integritätsprüfung des Dokuments ausweist, wen die Signaturprüfung als Inhaber der Signatur ausweist und welchen Zeitpunkt die Signaturprüfung für die Anbringung der Signatur ausweist.

(5) Dokumente, die nach Absatz 2 hergestellt sind, sind für das Verfahren zugrunde zu legen, soweit kein Anlass besteht, an der Übereinstimmung mit dem eingereichten Dokument zu zweifeln.

§ 55b VwGO ergänzt § 55a VwGO dahingehend, dass nicht nur elektronisch kommuniziert, sondern die gesamte Gerichtsakte (Rn 3) elektronisch geführt werden kann. Einzelheiten sind von Bund und Ländern jeweils für ihren Bereich durch VO (Rn 2) festzulegen. Bislang wurde keine solche VO erlassen.

A. Allgemeines

1   Ziel ist eine umfassende elektronische Aktenbearbeitung des Gerichts; „**Hybridakten**", also solche, die zT aus Papierdokumenten, zT aus elektronischen Dokumenten bestehen, sollen **vermieden** werden (Abs 2). § 55b VwGO richtet sich nur an das Gericht, nicht an die Beteiligten (Gärditz/Krausnick VwGO § 55b Rn 3). **Beteiligte und Dritte** sind **nicht an die Form gebunden**, in der das Gericht seine Akten führt. Auch bei elektronischer Aktenführung dürfen also Dokumente in Papierform bei Gericht eingereicht werden; auch bei Aktenführung in Papierform dürfen dem Gericht gem § 55a VwGO elektronische Dokumente übermittelt werden. Mit Beteiligten und Dritten, die elektronische Dokumente

nicht empfangen können oder wollen, muss das Gericht auch bei elektronischer Aktenführung in Papierform kommunizieren (Art 103 Abs 1 GG).

B. Rechtsverordnungen (Abs 1)

Nach dem durch VO bestimmten Zeitpunkt dürfen die Akten auch in elektronischer 2 Form geführt werden; eine Pflicht zur Führung der Akten in elektronischer Form kann dort vorgesehen oder im Rahmen der jeweiligen Organisationshoheit vom Behördenleiter oder übergeordneten Ministerium angeordnet werden. Das Wort „können" in S 1 erlaubt die elektronische Form, grenzt die Ermächtigung nach S 2 aber nicht dahingehend ein, dass eine Anordnung zur elektronischen Führung ausgeschlossen wird (aA Kopp/Schenke VwGO § 55b Rn 2 gegen amtl Begr in BT-Drs 15/4067, 38). Bund und Länder können die Zulassung der elektronischen Aktenführung auf bestimmte Gerichte, bestimmte Verfahren, bestimmte Spruchkörper oder bestimmte Arten von Schriftstücken beschränken (Abs 1 S 5). Entsprechende **VOen** sind **bis jetzt nicht erlassen** worden.

C. Formerfordernisse (Abs 2 und 4)

Abs 2 sieht vor, dass eingereichte Dokumente, die nicht der Form entsprechen, in der die 3 Akte geführt wird, grds in die passende Form konvertiert und in dieser Form zur Akte genommen werden („**Medientransfer**"). Damit wird sichergestellt, dass die gesamte Akte einheitlich entweder in elektronischer Form oder in Papierform vorhanden ist. Wird ein Papierdokument in ein elektronisches Dokument übertragen, muss diesem der Vermerk hinzugefügt werden, wann und durch wen die Übertragung vorgenommen worden ist (Abs 4 S 1). Wird ein elektronisches Dokument in ein Papierdokument übertragen, muss diesem der Vermerk hinzugefügt werden, zu welchem Ergebnis die Integritätsprüfung des Dokuments geführt hat, wer der Inhaber des mit dem Dokument verbundenen Signaturschlüssels ist und wann die Signatur mit dem Dokument verbunden worden ist (Abs 4 S 2). Eine Unterschrift unter den Transfervermerk (Rn 3.1) ist nicht erforderlich. Die VO kann Ausnahmen vom Erfordernis des Medientransfers vorsehen (Abs 2 letzter Hs): Es soll möglich bleiben, Papierdokumente, deren Scannen unwirtschaftlich wäre (zB Bebauungspläne, umfangreiche Anlagen zu Schriftsätzen), auch in Papierform zu den Akten zu nehmen (BT-Drs 15/4067, 38).

Die vom BVerwG über das EGVP (§ 55a VwGO Rn 7) versandten PDF-Dateien, die ggf auch 3.1 aus im Gericht als Telefax eingegangenen Schriftstücken erstellt werden (vgl § 55a VwGO Rn 5), enthalten als letzte Seite folgenden **Vermerk**: „Transfervermerk nach § 55b Abs 4 VwGO. Das vorstehende Dokument ist bei dem Bundesverwaltungsgericht in Papierform eingereicht worden. Das in Papierform eingereichte Dokument ist durch Einscannen und Ausdruck in eine PDF-Datei vollständig in das vorliegende elektronische Dokument übertragen worden. Leipzig, den 29.2.2008. Franßen (JHS'in)".

D. Aufbewahrung von Originaldokumenten und maßgebliche Fassung (Abs 3 und 5)

Maßgeblich für das Verfahren ist grds die Fassung des Dokuments, die zu den Akten 4 genommen worden ist. Dies gilt grds auch dann, wenn es sich dabei nicht um die Originalfassung, sondern um eine gem Abs 2 konvertierte Fassung handelt, es sei denn, an der Übereinstimmung des konvertierten Dokuments mit dem Originaldokument bestehen begründete Zweifel (Abs 5). Um solche **Zweifel** klären zu können, sind die Originaldokumente mindestens bis zum rechtskräftigen Abschluss des jeweiligen Verfahrens aufzubewahren, auch wenn sie nicht Akteninhalt geworden sind (Abs 3; vgl BT-Drs 15/4067, 38).

§ 55b nF *[Elektronische Aktenführung]*

(1) ¹Die Prozessakten können elektronisch geführt werden. ²Die Bundesregierung und die Landesregierungen bestimmen jeweils für ihren Bereich durch Rechtsverordnung den Zeitpunkt, von dem an die Prozessakten elektronisch geführt werden. ³In der Rechtsverordnung sind die

organisatorisch-technischen Rahmenbedingungen für die Bildung, Führung und Verwahrung der elektronischen Akten festzulegen. [4]Die Landesregierungen können die Ermächtigung auf die für die Verwaltungsgerichtsbarkeit zuständigen obersten Landesbehörden übertragen. [5]Die Zulassung der elektronischen Akte kann auf einzelne Gerichte oder Verfahren beschränkt werden. [6]Die Rechtsverordnung der Bundesregierung bedarf nicht der Zustimmung des Bundesrates.

(2) [1]Werden die Akten in Papierform geführt, ist von einem elektronischen Dokument ein Ausdruck für die Akten zu fertigen. [2]Kann dies bei Anlagen zu vorbereitenden Schriftsätzen nicht oder nur mit unverhältnismäßigem Aufwand erfolgen, so kann ein Ausdruck unterbleiben. [3]Die Daten sind in diesem Fall dauerhaft zu speichern; der Speicherort ist aktenkundig zu machen.

(3) Wird das elektronische Dokument auf einem sicheren Übermittlungsweg eingereicht, so ist dies aktenkundig zu machen.

(4) Ist das elektronische Dokument mit einer qualifizierten elektronischen Signatur versehen und nicht auf einem sicheren Übermittlungsweg eingereicht, muss der Ausdruck einen Vermerk darüber enthalten,

1. welches Ergebnis die Integritätsprüfung des Dokumentes ausweist,

2. wen die Signaturprüfung als Inhaber der Signatur ausweist,

3. welchen Zeitpunkt die Signaturprüfung für die Anbringung der Signatur ausweist.

(5) Ein eingereichtes elektronisches Dokument kann im Falle von Absatz 2 nach Ablauf von sechs Monaten gelöscht werden.

(6) [1]Wird die Akte in elektronischer Form geführt, sollen in Papierform eingereichte Schriftstücke und sonstige Unterlagen nach dem Stand der Technik in ein elektronisches Dokument übertragen werden. [2]Es ist sicherzustellen, dass das elektronische Dokument mit den eingereichten Schriftstücken und sonstigen Unterlagen bildlich und inhaltlich übereinstimmt. [3]Die in Papierform eingereichten Schriftstücke und sonstige Unterlagen können sechs Monate nach der Übertragung vernichtet werden, sofern sie nicht rückgabepflichtig sind.

§ 55b nF VwGO tritt am 1.1.1018 in Kraft.

A. Allgemeines

1   § 55b nF VwGO ergänzt § 55a nF VwGO dahingehend, dass nicht nur elektronisch kommuniziert, sondern die gesamte Gerichtsakte elektronisch geführt werden kann. Einzelheiten sind von Bund und Ländern jeweils für ihren Bereich durch VO festzulegen.

B. Rechtsverordnungen (Abs 1)

2   § 55b nF Abs 1 VwGO entspricht dem bisherigen § 55b Abs 1 VwGO, so dass auf die Erläuterungen hierzu verwiesen werden kann (§ 55b VwGO Rn 2).

C. Führung der Akten auf Papier

3   Abs 2 stellt klar, dass elektronische Dokumente bei Papieraktenführung in die Akte übertragen werden müssen.

I. Eingang elektronischer Dokumente (Abs 2–4)

4   Nach Abs 2 sind eingereichte und gerichtliche **elektronische Dokumente für die Papierakten auszudrucken**, damit die Papierakte die Verfahrensunterlagen vollständig dokumentiert.

5   Eine **Ausnahme** gilt nur für **umfangreiche Anlagen** zu vorbereitenden Schriftsätzen. Hier sind die Daten dauerhaft elektronisch zu speichern, wobei der Speicherort aktenkundig zu machen ist.

6   Wird das elektronische Dokument auf einem **sicheren Übermittlungsweg** (§ 55a nF Abs 4 VwGO) eingereicht, ist dies nach Abs 3 **in der Papierakte zu dokumentieren**. Ist

das Dokument dem Gericht als Nachrichtenanhang zugeleitet worden, sind Übertragungsweg und Datum auf dem Ausdruck zu vermerken. Andernfalls ist nicht nur die Datei, sondern auch die begleitende elektronische Nachricht für die Akten auszudrucken (§ 55a nF VwGO Rn 6). Wird zur Übermittlung De-Mail genutzt (§ 55a nF VwGO Rn 9 f), ist die zur Einhaltung der Form erforderliche Absenderbestätigung gem § 5 Abs 5 De-Mail-Gesetz der Papierakte beizufügen und die Unversehrtheit der qualifizierten elektronischen Signatur des De-Mail-Providers zu dokumentieren (amtl Begr, BT-Drs 17/12634, 29).

Abs 4 schreibt für qualifiziert signierte Dokumente wie im geltenden Recht die Fertigung **7** eines **Transfervermerks** mit dem Ausweis der Signaturprüfung vor. Damit wird in der Papierakte die formgerechte Einreichung des elektronischen Dokuments belegt.

II. Löschung elektronischer Dokumente (Abs 5)

Um die gerichtlichen Arbeitsabläufe zu vereinfachen, wird in Abs 5 die **Aufbewah- 8 rungsfrist** für ein elektronisches Dokument, das in einen Aktenausdruck übertragen wurde, auf **sechs Monate** nach der Übertragung beschränkt. Die bisherige Aufbewahrungsfrist bis zur Rechtskraft des Verfahrens (§ 55a VwGO Rn 4) ist nach praktischen Erfahrungen nicht erforderlich; die Rüge unrichtiger Übertragung ist äußerst selten und wird – wenn überhaupt – unmittelbar nach dem Übertragungsvorgang erhoben (amtl Begr, BT-Drs 17/12634, 29).

D. Elektronische Aktenführung (Abs 6)

Die Formulierung Abs 6 S 1 der Norm „Akte in elektronischer Form" kann missver- **9** ständlich sein, weil „elektronische Form" nach § 3a Abs 2 S 2 VwVfG ein mit qualifizierter elektronischer Signatur versehenes elektronisches Dokument bezeichnet. Besser wäre deshalb eine § 55b nF Abs 1 S 1 VwGO entsprechende Fassung gewesen: „Wird die Akte elektronisch geführt, (...)". Abs 6 verlangt also nicht, alle elektronisch geführten Akten qualifiziert elektronisch zu signieren. Abs 6 S 1 stellt klar, dass die Übertragung des Papierdokuments in das elektronische Dokument nach dem Stand der Technik vorgenommen werden muss. **Papierdokument und elektronisches Dokument müssen bildlich und inhaltlich übereinstimmen**. Geringfügige technisch bedingte Abweichungen in Größe und Farbe sind hinzunehmen, soweit sie den Inhalt des Papierdokuments nicht beeinträchtigen. Wird die Urschrift oder die Ausfertigung einer Urkunde nach zB im Rahmen einer Beweisaufnahme vorgelegt, ist diese ebenfalls in ein elektronisches Dokument zu übertragen, um die elektronische Akte vollständig zu halten. Hier ist das Papierdokument aber Beweismittel und wird nicht nach Abs 6 S 3 vernichtet.

Papierunterlagen, die in ein elektronisches Dokument übertragen werden, sind nach **10** Abs 6 S 3 noch sechs Monate nach der Übertragung aufzubewahren. Anschließend können die eingescannten Papierunterlagen vernichtet werden, sofern nicht eine Rückgabepflicht zB für Behörden- oder Notarakten besteht.

Zur Vereinfachung gerichtlicher Arbeitsabläufe und unter Berücksichtigung der weit- **11** gehenden Automatisation entfällt der bisher vorgesehene Transfervermerk (§ 55a VwGO Rn 3), wann und durch wen ein Schriftstück in ein elektronisches Dokument übertragen worden ist. Eine automatisierte Wiedergabe des Übertragungszeitpunkts (Zeitstempel) auf dem gescannten Dokument empfiehlt sich jedoch, um festzuhalten, wann die Aufbewahrungsfrist zu laufen beginnt.

§ 55c *Formulare, Verordnungsermächtigung*

[1] *Das Bundesministerium der Justiz kann durch Rechtsverordnung mit Zustimmung des Bundesrates elektronische Formulare einführen.* [2] *Die Rechtsverordnung kann bestimmen, dass die in den Formularen enthaltenen Angaben ganz oder teilweise in strukturierter maschinenlesbarer Form zu übermitteln sind.* [3] *Die Formulare sind auf einer in der Rechtsverordnung zu bestimmenden Kommunikationsplattform im Internet zur Nutzung bereitzustellen.* [4] *Die Rechtsverordnung kann bestimmen, dass eine Identifikation des Formularverwenders abwei-*

chend von § 55a Absatz 3 auch durch Nutzung des elektronischen Identitätsnachweises nach § 18 des Personalausweisgesetzes oder § 78 Absatz 5 des Aufenthaltsgesetzes erfolgen kann.

§ 55c VwGO tritt am 1.7.2014 in Kraft.

A. Allgemeines

1   Zur Vereinfachung und Standardisierung der gerichtlichen Verfahrensabläufe kann das Bundesministerium der Justiz mit Zustimmung des Bundesrates durch VO elektronische Formulare für das gerichtliche Verfahren einführen. Die Vorschrift tritt vor der in ihrem S 4 in Bezug genommenen Neuregelung von § 55a nF Abs 3 VwGO in Kraft. Dies ist unschädlich, da der ausdrückliche Hinweis, dass die VO-Ermächtigung in S 4 eine Abweichung von § 55a nF VwGO zur Folge haben kann, lediglich deklaratorischen Charakter hat.

B. Elektronische Formulare
I. Rechtsverordnung

2   Durch die VO kann eine Einreichung von Angaben in strukturierter maschinenlesbarer Form vorgeschrieben werden. Die Übermittlung von Strukturdaten erleichtert eine IT-gestützte Vorgangsbearbeitung ohne Medienbruch bei den Gerichten. Damit können zahlreiche gerichtliche Verfahrensabläufe effizienter gestaltet werden. Für eine Formularbearbeitung geeignet sind zB der Kostenfestsetzungsantrag (§ 164 VwGO) oder die Anzeige von Veränderungen der persönlichen und wirtschaftlichen Verhältnisse im PKH-Verfahren (§ 166 VwGO iVm den PKH-Vorschriften der ZPO).

II. Zugang zu Formularen

3   Die Formulare sollen für jedermann kostenlos auf einer in der VO zu bestimmenden Kommunikationsplattform verfügbar sein.

III. Identifikation des Formularverwenders

4   Auch bei Nutzung elektronischer Verfahren kann ein Bedürfnis zur Authentifizierung des Erklärenden bestehen. Um die praktische Nutzbarkeit der Formulare zu erhöhen, soll die VO neben den Verfahren nach § 55a nF Abs 3 VwGO (qualifizierte elektronische Signatur oder einfache Signatur mit sicherem Übermittlungsweg, § 55a nF VwGO Rn 5 f) einen sicheren Identitätsnachweis auch durch Verwendung des elektronischen Personalausweises oder des elektronischen Aufenthaltstitels ausreichen lassen können.

§ 55d *Nutzungspflicht für Rechtsanwälte, Behörden und vertretungsberechtigte Personen*

¹Vorbereitende Schriftsätze und deren Anlagen sowie schriftlich einzureichende Anträge und Erklärungen, die durch einen Rechtsanwalt, durch eine Behörde oder durch eine juristische Person des öffentlichen Rechts einschließlich der von ihr zur Erfüllung ihrer öffentlichen Aufgaben gebildeten Zusammenschlüsse eingereicht werden, sind als elektronisches Dokument zu übermitteln. ²Gleiches gilt für die nach diesem Gesetz vertretungsberechtigten Personen, für die ein sicherer Übermittlungsweg nach § 55a Absatz 4 Nummer 2 zur Verfügung steht. ³Ist eine Übermittlung aus technischen Gründen vorübergehend nicht möglich, bleibt die Übermittlung nach den allgemeinen Vorschriften zulässig. ⁴Die vorübergehende Unmöglichkeit ist bei der Ersatzeinreichung oder unverzüglich danach glaubhaft zu machen; auf Anforderung ist ein elektronisches Dokument nachzureichen.

§ 55d tritt am 1.1.2022 in Kraft.

A. Allgemeines

§ 2 Abs 1 des Gesetzes zur Förderung der elektronischen Verwaltung sowie zur Änderung **1** weiterer Vorschriften v 25.7.2013 (BGBl I 2749) verpflichtet Bundesbehörden, bis Ende 2014 einen elektronischen Zugang zu eröffnen und bis 1.1.2020 die Akten elektronisch zu führen. Als weitere Maßnahme zur Förderung von E-Government werden Behörden und juristische Personen des öffentlichen Rechts ab 1.1.2022 zur Nutzung sicherer elektronischer Übermittlungswege für die Kommunikation mit der Justiz verpflichtet.

B. Elektronische Dokumente

Zum Begriff des elektronischen Dokuments § 55a VwGO Rn 5. **Schriftsätze, Anträge 2 und Erklärungen** sind den Gerichten nur noch als elektronisches Dokument zu übermitteln. Bei Verstoß gegen diese Vorschrift ist die Prozesserklärung nicht wirksam. Die Einreichung ist eine Frage der Zulässigkeit und daher von Amts wegen zu beachten; sie steht nicht zur Disposition der Parteien.

Vorgaben im materiellen Recht, die die Vorlage von öffentlichen Urkunden oder Aus- **3** fertigungen in gerichtlichen Verfahren vorschreiben, bleiben als **leges speciales unberührt**. Auch die **Vorlage von Urkunden**, die vom Gericht zu informatorischen Zwecken oder **zu Beweiszwecken** angeordnet worden ist, unterfällt nicht der allgemeinen Nutzungspflicht elektronischer Kommunikationswege. § 55d S 1 VwGO schließt überdies nicht die Einreichung von Papierunterlagen aus, die im grenzüberschreitenden Rechtsverkehr zur Weiterleitung an eine ausländische Stelle bestimmt sind. Soll in allen diesen Fällen zusätzlich eine Abschrift der vorzulegenden oder weiterzuleitenden Dokumente für die Akten eingereicht werden, ist diese Abschrift elektronisch zu übermitteln (amtl Begr, BT-Drs 17/12634, 27).

C. Verpflichtete Stellen

Die Regelung führt eine Nutzungspflicht des elektronischen Rechtsverkehrs für **Rechts- 4 anwälte und Behörden** ein. Erfasst sind auch juristische Personen des öffentlichen Rechts einschließlich der von ihr zur Erfüllung ihrer öffentlichen Aufgaben gebildeten Zusammenschlüsse. Der Nutzungspflicht unterliegen ferner die vertretungsberechtigten Personen, die sich eines speziellen Übermittlungswegs auf der Grundlage des § 55a nF Abs 4 Nr 2 VwGO (§ 55a nF VwGO Rn 11) bedienen können.

D. Kommunikationsprobleme

Liegen **technische Störungen** vor, die eine Übermittlung elektronischer Dokumente an **5** das Gericht verhindern, erlaubt § 55d S 3 VwGO eine Einreichung auf herkömmlichem Weg. Auf die nach den allgemeinen Vorschriften zulässigen Einreichungsformen, also Übermittlung auf Papier oder durch einen Telefax, kann ausgewichen werden kann, solange die elektronische Übermittlung vorübergehend aus technischen Gründen – zB wegen eines Serverausfalls – nicht möglich ist. Die Regelung unterscheidet nicht danach, ob die Ursache für die vorübergehende technische Unmöglichkeit **in der Sphäre des Gerichts oder in der des Einreichenden** zu suchen ist. Auch ein vorübergehender Ausfall der technischen Einrichtungen seines Rechtsanwalts soll dem Rechtsuchenden nicht zum Nachteil gereichen. Die Möglichkeit der **Ersatzeinreichung** kann vor allem zur Wahrung materiellrechtlicher Verjährungs- oder Ausschlussfristen erforderlich sein, in die keine Wiedereinsetzung gewährt werden.

Um Missbrauch auszuschließen, ist die **technische Störung einschließlich ihrer vorü- 6 bergehenden Natur** gleichzeitig mit der Ersatzeinreichung oder – wenn zB wegen bevorstehenden Fristablaufs hierfür keine Zeit verbleibt – unverzüglich danach **glaubhaft zu machen**. Die Einschränkung „aus technischen Gründen" und „vorübergehend" stellt klar, dass professionelle Einreicher hierdurch nicht von der Notwendigkeit entbunden sind, die notwendigen technischen Einrichtungen für die Einreichung elektronischer Dokumente vorzuhalten und bei technischen Ausfällen unverzüglich für Abhilfe zu sorgen.

7   Auf Anforderung des Gerichts haben die verpflichteten Stellen (Rn 4) mit der Ersatzeinreichung übermittelte Dokumente nachträglich auch elektronisch einzureichen.

§ 56 [Zustellungen]

(1) Anordnungen und Entscheidungen, durch die eine Frist in Lauf gesetzt wird, sowie Terminbestimmungen und Ladungen sind zuzustellen, bei Verkündung jedoch nur, wenn es ausdrücklich vorgeschrieben ist.

(2) Zugestellt wird von Amts wegen nach den Vorschriften der Zivilprozessordnung.

(3) Wer nicht im Inland wohnt, hat auf Verlangen einen Zustellungsbevollmächtigten zu bestellen.

§ 56 VwGO regelt, welche gerichtlichen Verfügungen und Entscheidungen im verwaltungsgerichtlichen Verfahren zugestellt werden müssen (Abs 1; Rn 7) und in welcher Form dies zu geschehen hat (Abs 2). Hinsichtlich der möglichen Zustellungsarten und der hierbei jeweils einzuhaltenden Formvorschriften verweist Abs 2 seit der zum 1.7.2002 in Kraft getretenen Änderung durch das Zustellungsreformgesetz nicht mehr auf die Vorschriften des VwZG, sondern auf die Vorschriften der ZPO. Zulässige Zustellungsarten sind danach die Zustellung durch die Geschäftsstelle im Wege der Aushändigung an der Amtsstelle (Rn 27; § 173 ZPO), gegen Empfangsbekenntnis (Rn 28; § 174 ZPO) oder durch Einschreiben mit Rückschein (Rn 37; § 175 ZPO) sowie die Zustellung mittels Zustellungsauftrages (Rn 39) an die Post, einen Justizbediensteten oder einen Gerichtsvollzieher (§ 176 ZPO). Bei der Zustellung mittels Zustellungsauftrages sieht die ZPO für den Fall, dass der Zustellungsadressat nicht angetroffen wird, verschiedene Möglichkeiten der Ersatzzustellung vor (Rn 43), zu denen seit dem Inkrafttreten des Zustellungsreformgesetzes auch das Einlegen in den Briefkasten gehört (§ 180 ZPO) (Rn 50). Weitere Regelungen enthält die ZPO für Zustellungen im Ausland (Rn 60; §§ 183, 184 ZPO) sowie für die öffentliche Zustellung (Rn 67; §§ 185 – 188 ZPO). Werden zwingende Zustellungsvorschriften verletzt oder lässt sich die formgerechte Zustellung nicht nachweisen, so kann dies gem § 189 ZPO – der im wesentlichen der Vorschrift des § 8 VwZG entspricht – durch den tatsächlichen Zugang beim Zustellungsadressaten geheilt werden (Rn 76).

Übersicht

A. Allgemeines

I. Begriff der Zustellung

Unter Zustellung ist nach der Legaldefinition des § 166 Abs 1 ZPO, die über § 56 Abs 2 **1** VwGO auch für den Verwaltungsprozess gilt, die Bekanntgabe eines Dokuments an eine Person in der gesetzlich bestimmten **Form** zu verstehen. Es handelt sich dabei nicht um eine bloß tatsächliche Handlung, sondern um eine **Rechtshandlung**, die deshalb einen **Zustellungswillen** der handelnden Person (idR des Urkundsbeamten der Geschäftsstelle) voraussetzt (BVerwGE 16, 165, 167; NJW 1988, 1612, 1613). Eine nur zufällige, nicht gewollte Übermittlung des in Rede stehenden Dokuments stellt daher keine Zustellung iSd § 56 VwGO, § 166 ZPO dar.

Abzugrenzen ist die förmliche Zustellung von der unförmlichen **Bekanntgabe**, die zwar **2** ebenfalls einen Bekanntgabewillen, nicht jedoch die Einhaltung bestimmter Formvorschriften voraussetzt und damit jede auf dem Willen der zuständigen Person beruhende Eröffnung eines Dokuments erfasst. Die Bekanntgabe ist damit – wie sich auch der Vorschrift des § 41 Abs 5 VwVfG entnehmen lässt – der umfassendere Begriff, der die Zustellung als besondere Form der Bekanntgabe mit einschließt.

II. Bedeutung der Zustellung

Durch die Anordnung der mit der Einhaltung bestimmter Formvorschriften verbundenen **3** Zustellung eines Dokuments soll in erster Linie sichergestellt werden, dass der Adressat das Dokument tatsächlich erhält und sich von seinem Inhalt Kenntnis verschaffen kann. Die Zustellung dient damit der **Wahrung rechtlichen Gehörs** iSd Art 103 Abs 1 GG (BVerfGE 67, 208, 211). Indem sie neben dem Nachweis, dass das Dokument dem Adressaten zugegangen ist, auch den Nachweis liefert, wann dies geschehen ist, dient die förmliche Zustellung daneben der **Rechtssicherheit** (BT-Drs 14/4554, 13). Denn der Zeitpunkt der Zustellung markiert den Beginn der Rechtsmittelfristen. Nur eine zuverlässige Kenntnis dieses Zeitpunktes ermöglicht es daher dem Gericht und den Beteiligten, den Ablauf der Rechtsmittelfristen zu überwachen und den Eintritt der formellen Rechtskraft der gerichtlichen Entscheidungen festzustellen.

III. Anwendungsbereich des § 56 VwGO

4   Die Vorschrift des § 56 VwGO, namentlich der Verweis auf die Vorschriften der ZPO, gilt nur für Zustellungen im gerichtlichen Verfahren, **nicht** hingegen für Zustellungen im **Verwaltungsverfahren einschließlich des Widerspruchsverfahrens**. Die gem § 73 Abs 3 S 1 VwGO erforderliche Zustellung des Widerspruchsbescheides richtet sich vielmehr stets nach den Vorschriften des VwZG des Bundes (§ 73 Abs 3 S 2 VwGO). Im Übrigen ist eine förmliche Zustellung im Verwaltungsverfahren nur für bestimmte Verwaltungsakte gesetzlich vorgeschrieben (zB für Verwaltungsakte im förmlichen Verwaltungsverfahren gem § 69 Abs 2 S 1 VwVfG und für Planfeststellungsbeschlüsse gem § 74 Abs 1 S 2 VwVfG), darüber hinaus nach dem Willen der Behörde aber auch in sonstigen Fällen stets zulässig. Maßgeblich für Zustellungen im Verwaltungsverfahren (mit Ausnahme des Widerspruchsverfahrens) sind – je nachdem, ob eine Landes- oder eine Bundesbehörde handelt – die Regelungen der Verwaltungszustellungsgesetze der Länder bzw des Bundes.

5   Ergänzt bzw modifiziert wird § 56 VwGO für das verwaltungsgerichtliche Asylverfahren durch **Sonderregelungen des AsylVfG**.

B. Zustellungserfordernis

6   **§ 56 Abs 1 VwGO** bestimmt, welche gerichtlichen Verfügungen und Entscheidungen zugestellt werden müssen. Die Vorschriften der ZPO sind insoweit nicht maßgeblich, da der Verweis in § 56 Abs 2 VwGO sich nur auf die Form der Zustellung, dh auf die verschiedenen Zustellungsarten und die dabei jeweils einzuhaltenden Formvorschriften bezieht (BT-Drs 14/4554, 14). Daneben kann das Gericht die Zustellung sonstiger, in § 56 Abs 1 VwGO nicht genannter Dokumente anordnen, wenn es dies für sachdienlich erachtet (Kopp/Schenke VwGO § 56 Rn 2).

I. Anordnungen und Entscheidungen, durch die eine Frist in Lauf gesetzt wird

7   Zuzustellen sind nach § 56 Abs 1 VwGO zum einen sämtliche gerichtlichen Anordnungen und Entscheidungen, durch die eine Frist in Lauf gesetzt wird, bei Verkündung jedoch nur, wenn es ausdrücklich vorgeschrieben ist.

8   **Fristenauslösende Entscheidungen** in diesem Sinne sind Urteile, Gerichtsbescheide sowie anfechtbare Beschlüsse. Unanfechtbare Beschlüsse müssen demgegenüber nicht zugestellt werden, es sei denn, eine Sonderregelung schreibt die Zustellung vor (so zB § 65 Abs 4 S 1 VwGO für Beiladungsbeschlüsse; § 56a Abs 1 S 3 VwGO für Beschlüsse über die öffentliche Bekanntmachung im Massenverfahren). **Fristenauslösende Anordnungen** des Gerichts sind solche, durch die eine richterliche Frist in Gang gesetzt wird, deren Ablauf prozessual oder materiell Bedeutung hat (Redeker/v Oertzen/M. Redeker VwGO § 56 Rn 4). Zu nennen sind insoweit namentlich Anordnungen mit Fristsetzung nach § 82 Abs 2 S 2 VwGO und nach § 87b Abs 1 und 2 VwGO sowie die Betreibensaufforderung nach § 92 Abs 2 VwGO. Nicht hierunter fallen dürften demgegenüber Fristsetzungen nach § 82 Abs 2 S 1 VwGO, § 85 S 2 VwGO, § 86 Abs 4 VwGO und § 87 Abs 1 S 2 Nr 2 VwGO, da ein Fristversäumnis in diesen Fällen keine unmittelbaren prozessualen oder materiellen Konsequenzen nach sich zieht.

9   **Ausnahmen** vom Zustellungserfordernis im Falle der **Verkündung** bestehen für fristenauslösende gerichtliche Entscheidungen letztlich nur in wenigen Fällen, da etwa durch die Sonderregelung des § 116 Abs 1 S 2 VwGO die Zustellung von Urteilen auch bei Verkündung zwingend vorgeschrieben ist. Ob die Vorschrift des § 116 Abs 1 S 2 VwGO darüber hinaus entsprechend für Beschlüsse gilt, ist umstritten. Jedenfalls bei Beschlüssen im selbständigen Beschlussverfahren, namentlich also für Beschlüsse in einstweiligen Rechtsschutzverfahren, die ein eigenständiges Gerichtsverfahren abschließen, dürfte hierfür aber vieles sprechen (vgl Kopp/Schenke VwGO § 116 Rn 1; Sodan/Ziekow/Czybulka VwGO § 56 Rn 14; aA S/S/B/Clausing VwGO § 122 Rn 5; Sodan/Ziekow/Kilian VwGO § 122 Rn 14).

10   Beiladungsbeschlüsse und Beschlüsse nach § 56a VwGO sind daneben ohnehin immer zuzustellen, ebenso gem § 84 Abs 1 S 3 VwGO iVm § 116 Abs 2 VwGO Gerichtsbescheide, die stets ohne mündliche Verhandlung ergehen. Müssen anfechtbare Beschlüsse im Falle

der Verkündung nicht zugestellt werden – dies dürfte namentlich für Beschlüsse über den Rechtsweg nach § 173 VwGO iVm § 17a Abs 2 und 3 GVG, Streitwertbeschlüsse oder Beschlüsse im Prozesskostenhilfeverfahren gelten –, so sind sie zwar mit der Verkündung wirksam; die (kurze) Rechtsmittelfrist läuft gem § 58 VwGO indessen erst mit der **schriftlichen** Belehrung über den Rechtsbehelf, die allerdings nicht zugestellt werden muss, sondern auch im Termin übergeben werden kann (Redeker/v Oertzen/M. Redeker VwGO § 56 Rn 5).

II. Terminsbestimmungen und Ladungen

Zum anderen schreibt § 56 Abs 1 VwGO die Zustellung von Terminsbestimmungen und 11 Ladungen vor. Das Zustellungserfordernis gilt hier **unabhängig davon, ob** durch die Terminsbestimmung oder Ladung eine **Frist in Lauf gesetzt wird**. Wird einem Kläger die Ladung nicht ordnungsgemäß zugestellt und verhandelt das Gericht in der mündlichen Verhandlung in Abwesenheit des Klägers dennoch über die Klage, so verletzt ein klageabweisendes Urteil den Anspruch des Klägers auf rechtliches Gehör (BVerwG Beschl v 25.1.2005, 7 B 93.04). Die Notwendigkeit der Zustellung entfällt, wenn die Bestimmung eines neuen Termins in der mündlichen Verhandlung **verkündet** wird; dies gilt auch dann, wenn ein ordnungsgemäß geladener Beteiligter bei der Verkündung nicht anwesend war (Kopp/Schenke VwGO § 56 Rn 2). Abgesehen vom Fall der Anordnung des persönlichen Erscheinens ist in diesem Fall auch eine (erneute) Ladung entbehrlich (BVerwG Buchholz 310 § 56 VwGO Nr 7).

III. Form des zuzustellenden Dokuments

Keine Aussage trifft § 56 VwGO darüber, welche Form das zuzustellende Dokument 12 haben muss. Bis zur Änderung des Abs 2 durch das Zustellungsreformgesetz mit Wirkung vom 1.7.2002 galt insoweit die Definition des § 2 Abs 1 S 2 VwZG in der bis zum 31.1.2006 gültigen Fassung, wonach die Zustellung in der Übergabe eines Schriftstücks in Urschrift, Ausfertigung oder beglaubigter Abschrift bestand. Die nunmehr durch die Verweisung in Abs 2 in Bezug genommenen Vorschriften der ZPO bestimmen hierzu hingegen seit ihrer Neufassung durch das Zustellungsreformgesetz lediglich, dass „die Beglaubigung des zuzustellenden Dokuments von der Geschäftsstelle vorgenommen" wird (§ 169 Abs 2 S 1 ZPO), weisen der Geschäftsstelle also eine Beglaubigungsbefugnis zu, ohne indessen eine Pflicht zur Beglaubigung aufzustellen.

Gleichwohl geht die zivilprozessuale Kommentarliteratur davon aus, dass – sofern nicht 13 durch Sonderregelung etwas anderes vorgeschrieben ist – grundsätzlich nach wie vor eine **beglaubigte Kopie** des bei den Akten verbleibenden Originals zuzustellen ist, die bei gerichtlichen Entscheidungen durch die Zustellung einer **Ausfertigung** (dh der mit einem Ausfertigungsvermerk, der vom ausfertigenden Amtsträger zu unterschreiben ist, versehenen Abschrift, Durchschrift, Ablichtung oä) ersetzt werden kann (vgl Zöller/Greger ZPO § 166 Rn 5). Schon aus Gründen der Rechtssicherheit, der die Zustellung im Unterschied zur formlosen Mitteilung gerade dienen soll, erscheint es geboten, auch für den Verwaltungsprozess hieran festzuhalten und eine unbeglaubigte Kopie auch weiterhin nicht genügen zu lassen.

Allerdings ist der in der Zustellung einer **unbeglaubigten Kopie** liegende Mangel gem 14 § 189 ZPO **unschädlich**, sofern die zugestellte Kopie inhaltlich richtig ist (BGH NJW 1965, 104). Leidet die zugestellte Ausfertigung (oder Kopie) demgegenüber unter **wesentlichen Mängeln**, die es dem Zustellungsempfänger nicht ermöglichen, sichere Kenntnis vom Inhalt des Dokuments zu erlangen, so ist die **Zustellung unheilbar unwirksam**. Als wesentliche Abweichungen von der Urschrift sieht die Rechtsprechung etwa das Fehlen des vollständigen Tenors (BGH VersR 1978, 155) sowie das Fehlen des Ausfertigungsvermerks und der Unterschrift des ausfertigenden Urkundsbeamten an (BGH NJW 1987, 2868; NJW 1991, 1116). Dagegen dürfte das Fehlen der richtigen Geschäftsnummer auf der Sendung unschädlich sein, sofern tatsächlich das richtige Dokument zugestellt wird (aA Kopp/Schenke VwGO § 56 Rn 7). Ebenfalls ohne Einfluss auf die Wirksamkeit der Zustellung sind das

Fehlen des Datums der Beschlussfassung auf der zugestellten Ausfertigung (Koblenz NVwZ-RR 1991, 390) und das Fehlen einer ordnungsgemäßen Rechtsbehelfsbelehrung.

C. Zustellungsadressaten

15   Zustellungsadressat ist diejenige Person, an die nach den gesetzlichen Vorschriften **zugestellt werden soll** (vgl § 182 Abs 2 Nr 1 ZPO). Dies können außer den Verfahrensbeteiligten selbst sowie Zeugen, Sachverständigen, Dolmetschern oä auch der gesetzliche Vertreter einer prozessunfähigen Person (§ 170 Abs 1 ZPO), der Leiter, wenn der Adressat keine natürliche Person ist (§ 170 Abs 2 ZPO), der rechtsgeschäftlich bevollmächtigte Vertreter (§ 171 ZPO) oder der Prozessbevollmächtigte (§ 172 ZPO) sein. Der Zustellungsadressat ist zu unterscheiden vom **Zustellungsempfänger**, dh derjenigen Person, der das zuzustellende Schriftstück im Wege der Ersatzzustellung nach § 178 ZPO **tatsächlich übergeben** wird (vgl § 182 Abs 2 Nr 2 ZPO).

I. Zustellung an prozessunfähige Personen

16   Ist die Person, an die sich das Dokument eigentlich richtet, prozessunfähig, so **muss** die Zustellung gem § 170 Abs 1 S 1 ZPO an ihren **gesetzlichen Vertreter** erfolgen. Gibt es mehrere gesetzliche Vertreter (zB zwei vertretungsberechtigte Elternteile eines minderjährigen Kindes), so genügt gem § 170 Abs 3 ZPO die Zustellung an einen von ihnen. Der gesetzliche Vertreter ist **alleiniger Zustellungsadressat**; eine Zustellung an die prozessunfähige Person selbst ist unwirksam (§ 170 Abs 1 S 2 ZPO). Dies gilt auch dann, wenn die Prozessunfähigkeit dem Gericht nicht bekannt war (Kopp/Schenke VwGO § 56 Rn 10). Allerdings kann die fehlerhafte Zustellung in diesem Fall mit Wirkung ex nunc durch ausdrückliche oder konkludente Genehmigung des gesetzlichen Vertreters oder des inzwischen geschäftsfähig Gewordenen selbst geheilt werden (VGH Mannheim NVwZ-RR 1991, 493, 494).

17   Eine – dogmatisch fragwürdige, praktisch jedoch nachvollziehbare – Ausnahme von der Unwirksamkeit der Zustellung an nicht prozessfähige Personen will die Rechtsprechung für den Fall machen, dass die Klage eines wegen Querulanz Prozessunfähigen aus diesem Grunde abgewiesen wird; hier soll das Urteil an den prozessunfähigen Kläger selbst zugestellt werden können (VGH Kassel NJW 1968, 70).

II. Zustellung an rechtsgeschäftlich bestellte Vertreter

18   Im Gegensatz zum gesetzlichen Vertreter ist der rechtsgeschäftlich bestellte Vertreter nicht obligatorischer, sondern gem § 171 S 1 ZPO nur **fakultativer Zustellungsadressat**. An ihn kann daher zwar mit gleicher Wirkung wie an den Vertretenen zugestellt werden; ebenso ist jedoch auch eine Zustellung an den Vertretenen selbst zulässig. Voraussetzung für die Wirksamkeit der Zustellung an den rechtsgeschäftlich bestellten Vertreter ist gem § 171 S 2 ZPO, dass dieser eine **schriftliche Vollmacht** vorlegt (BT-Drs 14/4554, 17). Fehlt es hieran, so kann dieser Zustellungsmangel jedoch durch die nachträgliche Vorlage einer Vollmacht geheilt werden (BGH NJW 1980, 990).

III. Zustellung an Prozessbevollmächtigte

19   Ist für das gerichtliche Verfahren ein Prozessbevollmächtigter bestellt, so **müssen** Zustellungen gem § 172 Abs 1 S 1 ZPO, der mit § 67 Abs 6 S 5 VwGO übereinstimmt, an ihn erfolgen; eine Zustellung an den Beteiligten selbst ist unwirksam (BVerwG NJW 1988, 1612; BGH NJW 1984, 926). § 172 ZPO geht insoweit der Regelung des § 171 ZPO vor (vgl Zöller/Stöber ZPO § 171 Rn 2). In einer Sozietät ist dabei grundsätzlich jeder Anwalt empfangsberechtigt (Kopp/Schenke VwGO § 56 Rn 14).

20   Sind für einen Beteiligten **mehrere Prozessbevollmächtigte** bestellt, so genügt – ebenso wie im Fall mehrerer gesetzlicher Vertreter – die Zustellung an einen von ihnen (BVerwG NJW 1998, 3582). Wird gleichwohl an mehrere Prozessbevollmächtigte zugestellt, so ist für den Fristlauf die erste Zustellung maßgeblich (BVerwG NJW 1998, 3582). Haben mehrere Beteiligte einen **gemeinsamen Prozessbevollmächtigten**, so dürfte es nicht

(mehr) ausreichen, wenn ihm lediglich eine einzige Ausfertigung oder (beglaubigte) Kopie des Dokuments zugestellt wird, denn eine dem § 7 Abs 1 S 3 VwZG entsprechende Regelung enthalten die durch § 56 Abs 2 VwGO nunmehr in Bezug genommenen Vorschriften der ZPO nicht.

Wird das Mandat des Prozessbevollmächtigten im Laufe des Verfahrens beendet, so **21** berührt dies die Wirksamkeit früherer Zustellungen an den Prozessbevollmächtigten nicht. Zudem müssen auch nach **Beendigung des Mandats** (im Innenverhältnis) weitere Zustellungen solange an den Prozessbevollmächtigten erfolgen, bis die Mandatsbeendigung gegenüber dem Gericht nachgewiesen und damit auch im Außenverhältnis wirksam ist (BVerwG NVwZ 1985, 337; VGH Kassel NVwZ 1998, 1313).

Verstirbt der Vollmachtgeber, so berührt dies die Wirksamkeit von Zustellungen an seinen **22** Prozessbevollmächtigten nicht (vgl § 86 ZPO). Umgekehrt indessen führt der **Tod** des Prozessbevollmächtigten gem §§ 168 S 1, 675 Abs 1, 673 S 1 BGB zum Erlöschen der Vollmacht mit der Folge, dass Zustellungen an die Anschrift des – verstorbenen – Prozessbevollmächtigten von dem Zeitpunkt an unwirksam sind, in dem das Gericht von seinem Tod Kenntnis erlangt (VGH München BayVBl 1979, 733).

IV. Zustellung an Adressaten, die keine natürlichen Personen sind

Ist der Zustellungsadressat keine natürliche Person, also etwa eine Behörde, eine Körper- **23** schaft oder eine juristische Person des Privatrechts, so genügt gem § 170 Abs 2 ZPO die Zustellung an den „**Leiter**". Leiter ist dabei derjenige, der aufgrund seiner Stellung (zB als Behördenleiter) dazu berufen ist, die Behörde etc nach außen hin zu repräsentieren (Zöller/ Stöber § 170 ZPO Rn 4). Der Leiter ist damit nicht notwendig identisch mit dem **gesetzlichen Vertreter**, der daneben gem § 170 Abs 1 ZPO aber selbstverständlich auch geeigneter Zustellungsadressat ist.

V. Zustellung an mehrere Personen

Sind auf Kläger- oder Beklagtenseite mehrere Personen beteiligt, ohne indessen eine **24** rechtsfähige Personenmehrheit zu bilden (zB Ehegatten, Miteigentümer), so muss – sofern durch Gesetz nichts anderes bestimmt ist – grundsätzlich **jeder** betroffenen **Person** eine **eigene Ausfertigung** oder Kopie zugestellt werden (BVerwG DÖV 1958, 715, 716; VGH Mannheim NVwZ-RR 1992, 396, 397; OVG Münster NVwZ-RR 1995, 623). Denn jeder Adressat muss alleinigen Besitz an dem zuzustellenden Dokument erlangen, dh es „in den Händen" halten können. Ist ein Adressat befugt, als Vertreter des oder der anderen Adressaten zu handeln, so genügt es allerdings, wenn die Zustellung der Dokumente in entsprechender Anzahl an ihn erfolgt.

Umstritten ist, ob die **Zustellung nur einer Ausfertigung oder Kopie an mehrere** **25** **Adressaten** die Zustellung unheilbar **unwirksam** macht (so die hM; vgl etwa BVerwG DÖV 1958, 715; BGHZ 17, 348, 352; OVG Koblenz NVwZ 1987, 899, 900; VGH Mannheim NVwZ-RR 1989, 597, 598; VGH München NVwZ 1984, 249, 250) oder dadurch geheilt werden kann, dass jeder einzelne tatsächlich Kenntnis von dem Dokument erlangt (so offenbar VGH Kassel NVwZ 1986, 137; OVG Münster NVwZ-RR 1995, 623). Gegen eine Heilung und für die hM dürfte sprechen, dass nicht nur ein Fehler im Zustellungsvorgang vorliegt, wie er der Vorschrift des § 189 ZPO vor Augen steht, sondern es bereits an einer Zustellung an die übrigen Adressaten überhaupt fehlt, die kein eigenes Exemplar des zuzustellenden Dokuments in Empfang nehmen können.

D. Zustellung durch die Geschäftsstelle

Gem § 168 Abs 1 S 1 ZPO führt die Geschäftsstelle die Zustellung nach den Vorschriften **26** der § 173 ZPO, § 174 ZPO und § 175 ZPO aus. Mit der Ausführung kann sie einen nach § 33 Abs 1 des Postgesetzes beliehenen Unternehmer oder einen Justizbediensteten beauftragen.

I. Zustellung durch Aushändigung an der Geschäftsstelle

27   Nach **§ 173 S 1 ZPO** kann ein Schriftstück dem **Adressaten** oder seinem rechtsgeschäftlich bestellten **Vertreter** durch Aushändigung an der Amtsstelle zugestellt werden.
Zum **Nachweis** der Zustellung ist auf dem Schriftstück und in den Akten zu vermerken,
dass es zum Zwecke der Zustellung ausgehändigt wurde und wann dies geschehen ist; bei
Aushändigung an den Vertreter ist dies mit dem Zusatz zu vermerken, an wen das Schriftstück ausgehändigt wurde und dass die Vollmacht nach § 171 S 2 ZPO vorgelegt wurde. Der
Vermerk ist von dem Bediensteten zu unterschreiben, der die Aushändigung vorgenommen
hat.

II. Zustellung gegen Empfangsbekenntnis

28   § 174 ZPO sieht bei bestimmten Adressaten die Möglichkeit einer Zustellung gegen
Empfangsbekenntnis vor. Kennzeichnend für diese Art der Zustellung ist, dass der **Emp-
fänger selbst** die erfolgte **Zustellung bestätigt**, indem er das dem zuzustellenden Dokument beigefügte Empfangsbekenntnis mit Datum und Unterschrift versieht und an das
Gericht zurücksendet. Die Rücksendung des Empfangsbekenntnisses kann gem § 174 Abs 4
S 2 ZPO schriftlich, per Telefax oder als elektronisches Dokument erfolgen; ein Formular
hierfür muss das Gericht jedoch nicht zur Verfügung stellen (BT-Drs 14/4554, 18; Kopp/
Schenke VwGO § 56 Rn 19). Demgegenüber stellt eine lediglich telefonische Bestätigung
des Eingangs kein Empfangsbekenntnis iSd § 174 ZPO dar.

29   **Bewirkt** ist die Zustellung gegen Empfangsbekenntnis nicht schon mit dem Eingang des
Dokuments in der Posteingangsstelle einer Behörde oder der Kanzlei eines Rechtsanwalts,
sondern erst, wenn der empfangsbereite und –berechtigte Adressat (dh bei einer Behörde der
hierfür nach der behördeninternen Geschäftsverteilung zuständige Bedienstete) selbst das
Dokument als zugestellt annimmt (vgl BVerwGE 58, 107 = NJW 1979, 1998; OVG Greifswald NVwZ 2002, 113; VGH Mannheim NVwZ 1994, 1226; Kopp/Schenke VwGO § 56
Rn 18). Erforderlich ist die mindestens konkludente Äußerung, die Sendung als zugestellt
annehmen zu wollen. Ein Mangel des Empfangswillens kann nicht nach § 173 VwGO iVm
§ 189 ZPO geheilt werden (BVerwG BeckRS 2011, 50630). Sowohl die Bewirkung als auch
der Nachweis der Zustellung hängen mithin von der **Mitwirkung des Empfängers** ab,
weshalb diese Art der Zustellung nur für einen bestimmten, vom Gesetzgeber als zuverlässig
angesehenen Adressatenkreis eröffnet ist.

1. Adressatenkreis

30   Zulässig ist die Zustellung gegen Empfangsbekenntnis gem § 174 Abs 1 bis 3 ZPO an
Behörden, Körperschaften und Anstalten des öffentlichen Rechts sowie an Rechtsanwälte, Notare, Gerichtsvollzieher, Steuerberater und sonstige Personen, bei denen **aufgrund ihres Berufes** von einer **erhöhten Zuverlässigkeit** ausgegangen werden kann. Der
letztgenannte Zusatz zeigt, dass die – durch das Zustellungsreformgesetz erweiterte – Aufzählung nicht abschließend ist (vgl BT-Drs 14/4554, 18). Vielmehr kommt eine Zustellung
gegen Empfangsbekenntnis auch an sonstige Personen in Betracht, die aufgrund ihrer
beruflichen Stellung als ebenso zuverlässig angesehen werden können (zB Wirtschaftsprüfer,
Patentanwälte oder Rechtsbeistände; vgl Kopp/Schenke VwGO § 56 Rn 17). Nicht möglich ist es demgegenüber, aus einer konkret wahrgenommenen Tätigkeit des Adressaten (zB
als Testamentsvollstrecker, Insolvenzverwalter oder Betreuer) auf seine erhöhte Zuverlässigkeit iSd § 174 Abs 1 ZPO zu schließen (Kopp/Schenke VwGO § 56 Rn 17).

31   Wird ein **elektronisches Dokument** zugestellt, so kann die Zustellung gegen Empfangsbekenntnis auch an nicht zu dem Personenkreis des Abs 1 gehörende Verfahrensbeteiligte erfolgen, sofern diese der elektronischen Übermittlung ausdrücklich zugestimmt haben
(§ 174 Abs 3 S 2 ZPO).

2. Übermittlung des zuzustellenden Dokuments

32   Die Vorschrift des § 174 ZPO sieht mehrere Wege vor, auf denen ein Dokument gegen
Empfangsbekenntnis übermittelt werden kann. In Betracht kommen dabei neben der **Über-**

mittlung des Schriftstücks selbst in Ausfertigung oder (beglaubigter) Kopie (etwa durch Aushändigung, per Boten, durch Einlegen in das Gerichtsfach oder durch Übersendung mittels einfachen Briefes) insbesondere die Übermittlung per Telefax (§ 174 Abs 2 ZPO) sowie die Übermittlung als elektronisches Dokument (§ 174 Abs 3 ZPO).

Wird das zuzustellende Dokument als **Telefax** übermittelt, so „soll" die Übermittlung **33** mit dem Hinweis „Zustellung gegen Empfangsbekenntnis" eingeleitet werden und die absendende Stelle, den Namen und die Anschrift des Zustellungsadressaten sowie den Namen des Justizbediensteten erkennen lassen, der das Dokument zur Übermittlung aufgegeben hat (§ 174 Abs 2 S 2 ZPO). Bei einer Übermittlung als **elektronisches Dokument** schreibt § 174 Abs 3 S 3 ZPO zwingend vor, dass das Dokument mit einer elektronischen Signatur zu versehen und gegen unbefugte Kenntnisnahme Dritter zu schützen, dh zu verschlüsseln ist.

Angesichts dieser unterschiedlichen Anforderungen des § 174 Abs 2 und 3 ZPO gewinnt **34** die Frage Bedeutung, unter welche der beiden Regelungen eine Zustellung per **Computerfax** fällt. In diesem Fall wird das Dokument nicht mittels eines Faxgerätes, sondern mithilfe entsprechender Software ummittelbar vom Computer aus an das Faxgerät des Empfängers übermittelt. Wurde das in Papierform vorliegende Dokument zu diesem Zweck nach Fertigstellung und Unterschriftsleistung eingescannt, dürfte eine Anwendung des § 174 Abs 2 ZPO nahe liegen, da insofern kein wesentlicher Unterschied zur konventionellen Übermittlung per Telefax besteht. Das Gleiche dürfte im Ergebnis jedoch auch in dem anderen Fall gelten, dass das zuzustellende Dokument ohne den Umweg über ein einzuscannendes Papierexemplar unmittelbar elektronisch abgerufen und mit einer eingescannten Unterschrift sowie einem eingescannten Gerichtssiegel versehen wird. Denn ob nur Unterschrift und Gerichtssiegel oder das vollständige Dokument eingescannt wurden, ist aus Sicht des Empfängers nicht erkennbar. Davon geht auch die durch das Justizkommunikationsgesetz vom 22.3.2005 (BGBl I 837) neu eingefügte Vorschrift des § 317 Abs 5 S 2 ZPO aus.

3. Zustellungsnachweis

Nachgewiesen wird die erfolgte Zustellung im Falle des § 174 ZPO durch das vom **35** Empfänger mit Datum zu versehende und zu unterschreibende **Empfangsbekenntnis**, das an das Gericht zurückzusenden ist (§ 174 Abs 4 S 1 ZPO). Das Empfangsbekenntnis wird überwiegend als öffentliche Urkunde iSd § 418 ZPO angesehen oder ihr zumindest gleichgestellt (vgl BVerwG Buchholz 340 § 5 VwZG Nr 13; Baumbach/Lauterbach/Albers/Hartmann ZPO § 174 Rn 14; aA Zöller/Stöber ZPO § 174 Rn 20). Ein mit Datum versehenes und unterschriebenes Empfangsbekenntnis liefert daher **vollen Beweis** für die Entgegennahme des darin bezeichneten Schriftstücks als zugestellt sowie für den Zeitpunkt der Zustellung (OVG Münster NWVBl 2009, 325; VGH Kassel DÖV 2008, 650). Der Gegenbeweis, dass ein zuzustellendes Schriftstück dem Empfangsbekenntnis nicht beigefügt war oder dass die Zustellung tatsächlich erst zu einem späteren Zeitpunkt als dem angegebenen erfolgt ist, ist jedoch zulässig (Kopp/Schenke VwGO § 56 Rn 19). Er ist jedoch nicht schon dann erbracht, wenn lediglich die Möglichkeit der Unrichtigkeit der in dem Empfangsbekenntnis enthaltenen Angaben besteht, sondern erst dann, wenn die Unrichtigkeit zur vollen Überzeugung des Gerichts feststeht, dh jede Möglichkeit ausgeschlossen ist, dass die Angaben im Empfangsbekenntnis richtig sein könnten (BVerwG BeckRS 2007, 20045; Buchholz 303 § 418 ZPO Nr 14; OVG Münster NWVBl 2009, 325).

Das ordnungsgemäße Ausfüllen und Zurücksenden des Empfangsbekenntnisses ist indes- **36** sen **nicht Voraussetzung für die Wirksamkeit der Zustellung**; ihm kommt lediglich die genannte Beweisfunktion zu (BVerwG DÖV 2005, 788; NJW 1972, 1435; Sodan/Ziekow/Czybulka VwGO § 56 Rn 35). Fehlt im Empfangsbekenntnis die Angabe des Zustellungszeitpunktes, so ist daher derjenige Zeitpunkt maßgeblich, zu dem der Adressat das Dokument in Kenntnis der Zustellungsabsicht tatsächlich entgegengenommen hat. Entsprechend kann auch bei fehlender Unterschrift oder im Falle vollständig unterbliebener Rücksendung des Empfangsbekenntnisses auf andere Weise bewiesen werden, dass und wann das Dokument dem Adressaten tatsächlich zugegangen ist (BVerwG DÖV 2005, 788; Buchholz 340 § 5 VwZG Nr 4; aA BGHZ 57, 160, 163 = NJW 1972, 50, der von einer Unwirksamkeit der

Zustellung ausgeht). In der Praxis dürfte ein solcher Beweis indessen schwierig zu führen und ein erneuter Zustellungsversuch, ggf in anderer Form, vielfach erfolgversprechender sein.

III. Zustellung durch Einschreiben mit Rückschein

37   Gem § 175 S 1 ZPO kann die Geschäftsstelle die Zustellung darüber hinaus durch Einschreiben mit Rückschein (nicht jedoch durch Einwurf-Einschreiben) bewirken. Der Rückschein ist – anders als die Postzustellungsurkunde – zwar keine öffentliche Urkunde iSd § 418 ZPO, genügt nach § 175 S 2 ZPO aber für den Nachweis der Zustellung. Im Gegensatz zur Vorschrift des § 4 VwZG in der bis zum 31.1.2006 gültigen Fassung, der bereits früher eine Zustellung durch die Post mittels eingeschriebenen Briefes vorsah, ist ein Aktenvermerk über die Aufgabe zur Post (sog **Ab-Vermerk**) nicht Voraussetzung für die Wirksamkeit der Zustellung (Zöller/Stöber ZPO § 175 Rn 2).

38   Da § 175 ZPO zur zustellungsfähigen Anschrift keine Angaben macht, wird allgemein auch die Zustellung an eine **Postfach-Anschrift** für zulässig erachtet (BVerwG NJW 1999, 2608, 2609); in diesem Fall wird dem Inhaber des Postfachs das Dokument am Schalter übergeben. Keine wirksame Zustellung dürfte demgegenüber bei Aushändigung des Einschreibens an einen sog **Ersatzempfänger** iSd AGB der Deutschen Post AG vorliegen, denn eine Ersatzzustellung ist im Falle des § 175 ZPO nach dem Gesetz nicht möglich. Um diesbezügliche Probleme zu vermeiden, sollte in der Praxis daher der Zusatz „eigenhändig" angefügt werden. Wird das Einschreiben, das dem Adressaten persönlich nicht ausgehändigt werden kann, innerhalb einer Lagerfrist von sieben Tagen nicht abgeholt, so muss es als unzustellbar an den Absender zurückgesandt werden. Eine wirksame Zustellung liegt in diesem Fall nicht vor und wird insbesondere nicht durch das Einlegen einer Benachrichtigung in den Briefkasten des Empfängers bewirkt.

E. Zustellung durch die Post, einen Justizbediensteten oder den Gerichtsvollzieher mit Zustellungsurkunde

39   Gem § 176 Abs 1 ZPO kann die Zustellung auch dadurch erfolgen, dass der Post, einem Justizbediensteten oder einem Gerichtsvollzieher ein **Zustellungsauftrag** erteilt oder eine andere Behörde um die Ausführung der Zustellung ersucht wird. In diesem Fall sind dem mit der Zustellung Beauftragten von der Geschäftsstelle das zuzustellende Dokument in einem verschlossenen Umschlag sowie ein vorbereiteter Vordruck einer **Zustellungsurkunde** zu übergeben.

I. Ort der Zustellung

40   Eine **Übergabe** des zuzustellenden Dokuments durch den mit der Zustellung Beauftragten ist nach § 177 ZPO **an jedem Ort** möglich, an der die Person, der zugestellt werden soll, angetroffen wird. Da der Zustellungsadressat dem Zustellenden allerdings nur ausnahmsweise persönlich bekannt sein dürfte, wird die Zustellung unter der auf dem Umschlag angegebenen **Wohnungs- oder Geschäftsanschrift** wohl der Regelfall bleiben (so BT-Drs 14/4554, 20). Wird ein anderer Ort als der Wohn- oder Geschäftsraum gewählt, so ist besonders darauf zu achten, dass die Umstände der Zustellung dem Zustellungsadressaten keinen Grund zur berechtigten Annahmeverweigerung liefern. Ein generelles gesetzliches Verbot der Zustellung zur Nachtzeit sowie an Sonn- und Feiertagen existiert allerdings nicht mehr.

1. Begriff der Wohnung

41   Unter dem vom Gesetz nicht definierten Begriff der Wohnung versteht die Rechtsprechung die vom Zustellungsadressaten **tatsächlich für eine gewisse Dauer bewohnten Räume**, selbst wenn der Aufenthalt nur ein vorübergehender ist (BVerwG NJW 1991, 1904). Eine vorübergehende Abwesenheit des Zustellungsadressaten (zB Urlaub, Krankenhausaufenthalt) ist unschädlich. Maßgeblich sind allein die tatsächlichen Verhältnisse, weshalb es unerheblich ist, ob und wo der Zustellungsadressat polizeilich gemeldet ist (Zöller/Stöber ZPO § 178 Rn 4); er kann grundsätzlich auch mehrere Wohnungen innehaben. Hat er

wegen vorübergehender Abwesenheit von einer Wohnung einen – förmliche Zustellungen nicht umfassenden – Nachsendeantrag an eine zweite Wohnung gestellt, so ist eine Zustellung auch unter der Adresse der ersten, vorübergehend nicht bewohnten Wohnung wirksam (VGH Mannheim NJW 1997, 3330).

2. Begriff der Geschäftsräume

Geschäftsräume sind diejenigen Räume, die **zur Ausübung einer Berufs-, Büro- oder** 42 **Amtstätigkeit** dienen. Sie können von mehreren gemeinsam oder nur vorübergehend genutzt werden. Als Geschäftsraum ist dabei nicht das gesamte Gebäude anzusehen, sondern idR nur der Raum, in dem sich der Publikumsverkehr abspielt und zu dem der mit der Ausführung der Zustellung beauftragte **Zutritt** hat (BT-Drs 14/4554, 20). Keine Geschäftsräume sind daher etwa Warenlager, Auslieferungsstätten oder Pförtnerlogen (Kopp/Schenke VwGO § 56 Rn 27).

II. Ersatzzustellung in der Wohnung, in Geschäftsräumen und Einrichtungen

1. Voraussetzung: Versuch der persönlichen Zustellung

Voraussetzung für die Zulässigkeit einer Ersatzzustellung ist in jedem Fall, dass zunächst 43 der **Versuch einer Zustellung an den Zustellungsadressaten persönlich** unternommen wurde. **Bewirkt** ist die Ersatzzustellung mit der **Übergabe** des zuzustellenden Dokuments an die Ersatzperson; wann und ob der Zustellungsadressat selbst Kenntnis von dem zugestellten Dokument erlangt, ist demgegenüber unerheblich (Kopp/Schenke VwGO § 56 Rn 29).

Wird die Person, der zugestellt werden soll, in ihrer Wohnung, in dem Geschäftsraum 44 oder in einer Gemeinschaftseinrichtung, in der sie wohnt (zB Altenheim, Wohnheim, Krankenhaus, Justizvollzugsanstalt, Asylbewerberheim), **nicht angetroffen** oder ist sie (etwa wegen Erkrankung oder wegen unabwendbarer Dienstgeschäfte) an der Annahme gehindert, so kann das Dokument gem § 178 Abs 1 ZPO im Wege der **Ersatzzustellung an folgende Personen** übergeben werden:

2. In der Wohnung (Nr 1)

In der **Wohnung** (Nr 1): einem erwachsenen Familienangehörigen, einer in der Familie 45 beschäftigten Person oder einem erwachsenen ständigen Mitbewohner. Als **erwachsene Familienangehörige** werden dabei auch noch nicht volljährige Kinder angesehen, sofern sie erwarten lassen, dass das Dokument weitergegeben wird; dies nimmt die Rechtsprechung ab einem Alter von etwa 15 Jahren an (BGH NJW-RR 2002, 137). Kein Familienangehöriger ist der nichteheliche Lebensgefährte; bei ihm wird es sich jedoch in der Regel um einen **erwachsenen ständigen Mitbewohner** handeln. Nicht erforderlich ist, dass der Familienangehörige mit dem Zustellungsadressaten in häuslicher Gemeinschaft lebt; es kann daher auch an ihn zugestellt werden, wenn er lediglich während der Abwesenheit des Zustellungsadressaten dessen Wohnung hütet (Kopp/Schenke VwGO § 56 Rn 30). In der Familie **beschäftigte Personen** sind zB die Haushälterin, die Raumpflegerin oder die Kinderfrau. Abzustellen ist insoweit auf die tatsächlichen Verhältnisse; ob die Beschäftigung auf vertraglicher Basis und gegen Vergütung erfolgt, ist unerheblich. Nicht ausreichend ist allerdings eine lediglich einmalige kurzfristige Tätigkeit für den Zustellungsadressaten, zB als Gelegenheitshilfe (Kopp/Schenke VwGO § 56 Rn 30).

3. In Geschäftsräumen (Nr 2)

In **Geschäftsräumen** (Nr 2): einer **dort beschäftigten Person**. Hinter dieser Regelung 46 steht der Gedanke, dass der Inhaber den bei ihm beschäftigten Personen, denen er die Geschäftsräume überlässt, auch das für Zustellungen notwendige Vertrauen entgegenbringt (BT-Drs 14/4554, 20). Vor diesem Hintergrund dürften etwa Reinigungskräfte oder Pförtner bei teleologischer Betrachtung nicht als „beschäftigte Personen" iSd § 178 Abs 1 Nr 2 ZPO anzusehen sein (Kopp/Schenke VwGO § 56 Rn 31). Schon vom Wortlaut her nicht umfasst sind des Weiteren solche Mitarbeiter, die sich lediglich zufällig in den Geschäfträumen aufhalten (zB Außendienstmitarbeiter).

4. In Gemeinschaftseinrichtungen (Nr 3)

47 In **Gemeinschaftseinrichtungen** (Nr 3): dem **Leiter** der Einrichtung **oder** einem dazu **ermächtigten Vertreter**.

III. Zustellung bei Annahmeverweigerung

48 Wird die Annahme des zuzustellenden Dokuments vom Zustellungsadressaten oder einer Ersatzperson iSd § 178 Abs 1 ZPO **unberechtigt verweigert**, so ist es in der Wohnung oder in dem Geschäftsraum zurückzulassen oder – sofern der Zustellungsadressat keine Wohnung oder keinen Geschäftsraum hat, also beispielsweise in einer Gemeinschaftseinrichtung lebt – zurückzusenden (§ 179 S 1 und 2 ZPO). Das Zurücklassen kann etwa durch Niederlegen in den entsprechenden Räumlichkeiten, Anheften an die Tür, Durchschieben unter der Tür oder, wenn ein Verlust nicht zu besorgen ist, durch Niederlegen vor der Tür erfolgen (Kopp/Schenke VwGO § 56 Rn 33). Mit der unberechtigten Annahmeverweigerung **gilt** das Dokument gem § 179 S 3 ZPO **als zugestellt**.

49 **Kein Fall der unberechtigten Annahmeverweigerung** dürfte allerdings vorliegen, wenn die Zustellung zu einer allgemein unpassenden Zeit oder bei einer unangemessenen Gelegenheit erfolgen soll, wenn Zweifel über die Identität der als Zustellungsadressat in Anspruch genommenen Person mit dem auf dem Dokument angegebenen Adressaten bestehen oder wenn eine Ersatzzustellung nach § 178 ZPO an eine Person erfolgen soll, die sich – ohne Familienangehöriger zu sein – nur besuchsweise in der Wohnung des Zustellungsadressaten aufhält (vgl BT-Drs 14/4554, 21).

IV. Ersatzzustellung durch Einlegen in den Briefkasten

50 Ist weder eine Zustellung an den Zustellungsadressaten persönlich noch eine Ersatzzustellung nach § 178 Abs 1 Nr 1 und 2 ZPO ausführbar, so kann das Dokument nach der durch das Zustellungsreformgesetz neu eingeführten Vorschrift des § 180 ZPO in einen zu der Wohnung oder dem Geschäftsraum gehörenden **Briefkasten oder** in eine **ähnliche Vorrichtung** (zB Briefschlitz) **eingelegt** werden, die der Adressat für den Postempfang eingerichtet hat und die in der allgemein üblichen Art für eine sichere Aufbewahrung geeignet ist. Vor dem Einlegen in den Briefkasten muss sich die mit der Zustellung beauftragte Person deshalb davon überzeugen, dass der Briefkasten in einem **ordnungsgemäßen Zustand**, insbesondere eindeutig beschriftet und dem Adressaten zugeordnet ist. An einem ordnungsgemäßen Zustand fehlt es beispielsweise, wenn der Briefkasten überquillt und damit ein Indiz besteht, dass er nicht regelmäßig geleert wird (BT-Drs 14/4554, 21). Für eine Ersatzzustellung geeignet kann auch ein nur einem überschaubaren Personenkreis zugänglicher Briefschlitz oder Briefkasten in einem **Mehrparteienhaus** sein, sofern der Adressat seine Post typischerweise auf diesem Weg erhält und eine eindeutige Zuordnung zum Empfänger möglich ist (BGH NJW 2011, 2440 = BGHZ 190, 99). Eine ähnliche Vorrichtung kann ferner ein von dem Empfänger eingerichtetes **Postfach** sein; auf diese Weise kann eine Ersatzzustellung auch in den Fällen vorgenommen werden, in denen eine Wohnanschrift des Empfängers nicht bekannt oder nicht vorhanden ist (BGH NJW-RR 2012, 1012).

51 Voraussetzung für eine Ersatzzustellung durch Einlegen in den Briefkasten ist, dass der Zustelladressat die **Wohnung** (oder den Geschäftsraum) **tatsächlich nutzt**, dh dort seinen Lebensmittelpunkt hat (BGH NJW 2011, 2440). Unerheblich ist demgegenüber, ob er dort auch seinen Wohnsitz iSd § 7 BGB hat oder polizeilich gemeldet ist (Kopp/Schenke VwGO § 56 Rn 34). Zwar stellt die erfolgte Meldung an das Einwohnermeldeamt ein Indiz für den Willen des Wohnungsinhabers dar, eine Wohnung unter einer bestimmten Anschrift zu begründen. Dieses Indiz ist jedoch durch entgegenstehende objektive Anhaltspunkte widerlegbar (VG Mainz NVwZ-RR 2011, 431).

51a Hat der Zustelladressat die **Nutzung** der Wohnung oder der Geschäftsräume **aufgegeben**, ist eine Zustellung an ihn dort nicht mehr möglich. Die Aufgabe setzt einen entsprechenden Willensentschluss voraus, der nach außen erkennbar Ausdruck gefunden haben muss. Der Aufgabewille muss, wenn auch nicht gerade für den Absender des zuzustellenden Schriftstücks, so doch jedenfalls für einen mit den Verhältnissen vertrauten Beobachter erkennbar sein. Dies setzt indessen nicht voraus, dass der Inhaber aller Merkmale beseitigt, die den Anschein erwecken könnten, er nutze die Wohn- bzw Geschäfsräume weiterhin. Insbesondere genügt allein die Existenz eines Namensschildes nicht, weil ansonsten doch die Erkennbarkeit für einen konkreten Zusteller maßgeblich wäre (BGH NJW 2011, 2440).

Nicht möglich ist eine Ersatzzustellung durch Einlegen in den Briefkasten, wenn der **52** Zustellungsadressat in einer **Gemeinschaftsunterkunft** iSd § 178 Abs 1 Nr 3 ZPO wohnt; hier kommt für den Fall, dass weder eine Übergabe an den Zustellungsadressaten persönlich noch an den Leiter der Einrichtung oder einen dazu ermächtigten Vertreter möglich ist, nur eine Ersatzzustellung durch Niederlegung nach § 181 ZPO in Betracht.

Ob die Möglichkeit einer Ersatzzustellung nach § 180 ZPO auch bei **unberechtigter 53 Annahmeverweigerung** iSd § 179 ZPO besteht, ist umstritten. Der Wortlaut und die systematische Stellung des § 180 ZPO dürften aber eher dagegen sprechen (so auch Thomas/Putzo/Hüßtege ZPO § 180 Rn 3).

V. Ersatzzustellung durch Niederlegung

Ist eine Ersatzzustellung nach § 180 ZPO nicht ausführbar, so kann das zuzustellende **54** Dokument nach § 181 Abs 1 S 1 ZPO dadurch zugestellt werden, dass es auf der Geschäftsstelle des Amtsgerichts, in dessen Bezirk der Ort der Zustellung liegt, oder – bei Zustellungen durch die Post – am Ort der Zustellung bei einer von der Post dafür bestimmten Stelle **niedergelegt** wird. Über die Niederlegung ist eine Mitteilung in der bei gewöhnlichen Briefen üblichen Weise abzugeben oder, wenn das nicht möglich ist, an der Tür anzuheften (§ 181 Abs 1 S 2 ZPO). Damit genügt auch der Einwurf der Mitteilung in den **Briefkasten**; mit Blick auf den Vorrang der Ersatzzustellung durch Einlegen in den Briefkasten wird dies aber nur in Betracht kommen, wenn der Briefkasten die Anforderungen des § 180 ZPO nicht erfüllt (Kopp/Schenke VwGO § 56 Rn 35). Eine Weitergabe der Mitteilung an den **Nachbarn** ist demgegenüber seit der Änderung der Vorschrift durch das Zustellungsreformgesetz nicht mehr vorgesehen (BT-Drs 14/4554, 22).

Mit der Abgabe der schriftlichen Miteilung **gilt** das niedergelegte Dokument **als zu- 55 gestellt** (§ 181 Abs 1 S 3 ZPO), und zwar unabhängig davon, ob und wann der Zustellungsadressat von der Mitteilung Kenntnis erlangt. Ebenfalls unerheblich ist, ob und wann der Zustellungsadressat das niedergelegte Dokument erhält. Das Datum der Zustellung, dh der Abgabe der Mitteilung, wird vom Zustellungsbeauftragten auf dem Umschlag des niedergelegten Dokuments vermerkt (§ 181 Abs 1 S 4 ZPO). Das niedergelegte Dokument ist von der Stelle, bei der es niedergelegt wurde, drei Monate zur Abholung bereitzuhalten. Erfolgt eine Abholung in dieser Zeit nicht, so ist es an den Absender zurückzusenden (§ 181 Abs 2 ZPO).

Insgesamt wird der Ersatzzustellung durch Niederlegung angesichts ihrer **Subsidiarität 56** gegenüber einer Ersatzzustellung durch Einlegen in den Briefkasten nur noch ein **eingeschränkter Anwendungsbereich** offen stehen.

VI. Inhalt der Zustellungsurkunde

Zum Nachweis der Zustellung nach den Vorschriften der § 177 ZPO bis § 181 ZPO **57** sowie der Zustellung an einen rechtsgeschäftlich bevollmächtigten Vertreter nach § 171 ZPO ist von dem Zustellungsbeauftragten gem § 182 Abs 1 ZPO eine Zustellungsurkunde anzufertigen, die nach § 418 ZPO als öffentliche Urkunde vollen Beweis für die in ihr bezeugten Tatsachen erbringt. Die Zustellungsurkunde ist an die Geschäftsstelle zurückzusenden.

Nach § 182 Abs 2 **muss** die Zustellungsurkunde **enthalten:** **58**
– die Bezeichnung der Person, der zugestellt werden soll (Zustellungsadressat);
– die Bezeichnung der Person, der tatsächlich zugestellt wurde (Zustellungsempfänger);
– die Bemerkung, dass der Tag der Zustellung auf dem Umschlag des zuzustellenden Dokuments vermerkt ist;
– Ort, Datum sowie ggf Uhrzeit der Zustellung;

- Name, Vorname und Unterschrift des Zustellers sowie Angabe des beauftragten Unternehmens oder der ersuchten Behörde;
- im Falle der Zustellung an einen rechtsgeschäftlich bestellten Vertreter die Angabe, dass die Vollmachtsurkunde vorgelegen hat;
- im Falle der Ersatzzustellung nach § 178 ZPO oder § 180 ZPO die Angabe des Grundes, der diese Zustellung rechtfertigt;
- im Falle der Ersatzzustellung nach § 181 ZPO die Bemerkung, wie die schriftliche Mitteilung über die Niederlegung abgegeben wurde;
- im Falle der unberechtigten Annahmeverweigerung die Erwähnung, wer die Annahme verweigert hat und dass der Brief am Ort der Zustellung zurückgelassen oder an den Absender zurückgesandt wurde.

Ferner sollte auf der Zustellungsurkunde das Aktenzeichen des zuzustellenden Dokuments vermerkt sein, da sie nur dann Beweis dafür erbringt, dass ein bestimmtes Dokument zugestellt wurde (Kopp/Schenke VwGO § 56 Rn 24). Auf den amtlichen Formularen ist ein entsprechender Vermerk demgemäß weiterhin vorgesehen (vgl ZustellungsvordruckVO vom 12.2.2002 BGBl I 671).

59   Der Beweis, dass die beurkundeten Tatsachen unrichtig sind, ist nach § 418 Abs 2 ZPO zwar zulässig, aber erst dann erbracht, wenn ein anderer Geschehensablauf nachgewiesen, dh der volle **Gegenbeweis** geführt ist. Erforderlich ist daher ein substantiierter Beweisantrag, der sich nicht im bloßen Bestreiten der beurkundeten Tatsachen erschöpft (BVerwG NJW 1986, 2127, 2128).

F. Zustellung im Ausland

60   Problematisch ist die Zustellung an einen im Ausland lebenden Verfahrensbeteiligten, der weder einen Prozessbevollmächtigten noch einen Zustellungsbevollmächtigten im Inland bestellt hat. Denn da die förmliche Zustellung ein **staatlicher Hoheitsakt** ist, dürfen deutsche Zustellungsorgane auf dem Territorium eines auswärtigen Staates grds nicht tätig werden; lediglich Beamte der diplomatischen und konsularischen Vertretungen des Bundes sind hierzu aufgrund ihrer Stellung befugt. Die Vorschriften der § 183 ZPO und § 184 ZPO sehen vor diesem Hintergrund mehrere Möglichkeiten der Auslandszustellung vor.

I. Zustellung nach völkerrechtlichen Vereinbarungen

61   Vorrang hat gem § 183 Abs 1 ZPO in der seit dem 13.11.2008 gültigen Fassung die Zustellung nach völkerrechtlichen Vereinbarungen.

1. Zustellung durch Einschreiben mit Rückschein

62   Sofern danach ein Schriftstück unmittelbar durch die Post übersandt werden darf, soll die Zustellung durch Einschreiben mit Rückschein erfolgen; für den Nachweis der Zustellung genügt in diesen Fällen gem § 183 Abs 4 S 1 ZPO der Rückschein. Im Verwaltungsprozess dürfte diese Möglichkeit der Zustellung gegenwärtig jedoch nicht in Betracht kommen, da die EG-Zustellungsverordnung (Nr 1393/2007) vom 13.11.2007 als praktisch wichtigste internationale Regelung, die eine solche Art der Zustellung vorsieht, nur für die Zustellung in Zivil- und Handelssachen gilt; verwaltungsrechtliche Angelegenheiten sind gem Art 1 Abs 1 S 2 hingegen ausdrücklich von ihrem Anwendungsbereich ausgenommen. Aus diesem Grunde läuft auch der Verweis in § 56 Abs 2 VwGO auf § 183 Abs 5 ZPO, wonach sich die Zustellung innerhalb der EU nach der EG-Zustellungsverordnung richtet, im Ergebnis ins Leere (so auch Sodan/Ziekow/Czybulka § 56 Rn 90).

2. Zustellung durch ersuchte Behörden des ausländischen Staates

63   Maßgebliche völkerrechtliche Vereinbarung im Verwaltungsprozess bleibt daher nach wie vor allein das Europäische Übereinkommen über die Zustellung von Schriftstücken in Verwaltungssachen vom 24.11.1977, das für die Bundesrepublik Deutschland am 1.1.1983 in Kraft getreten ist (abgedruckt und kommentiert bei Engelhardt/App VwVG/VwZG). Anwendbar ist das Übereinkommen im Verkehr mit denjenigen Staaten, die es ebenfalls

ratifiziert haben (Belgien, Estland, Frankreich, Italien, Luxemburg, Österreich, Spanien). Zugestellt wird auf Ersuchen des Vorsitzenden des deutschen Prozessgerichts durch die zuständige Behörde des ersuchten Staates, wobei Vorsitzender des Prozessgerichts iSd § 183 Abs 1 S 2 ZPO auch der Einzelrichter ist. Er hat sein Zustellungsersuchen an die von dem jeweiligen Staat nach Art 2 Abs 1 des Übereinkommens bestimmte zentrale Behörde zu richten (vgl die Übersicht der zuständigen zentralen Behörden bei Engelhardt/App VwVG/ VwZG EuropÜbereink Art 2 Rn 5). Sofern das ersuchende Prozessgericht keine besondere Form wünscht, wird die Zustellung in einer der vom Recht des ersuchten Staates vorgesehenen Formen vorgenommen; gem Art 6 Abs 2 des Übereinkommens darf sie dabei stets durch einfache Übergabe des Schriftstücks an den Empfänger erfolgen, sofern dieser zur Annahme bereit ist. Wird vom ersuchenden Prozessgericht eine besondere Zustellungsform gewünscht, bedarf es zusätzlich einer Übersetzung des zuzustellenden Schriftstücks in die Amtssprache des ersuchten Staates (Art 7 Abs 3 des Übereinkommens). Über die Zustellung wird nach einem vorgegebenen Muster gem Art 8 des Übereinkommens ein Zustellungszeugnis ausgestellt, das gem § 183 Abs 4 ZPO als Nachweis der Zustellung dient. Lehnt die zentrale Behörde des ersuchten Staates gem Art 14 des Übereinkommens die Zustellung ab, etwa weil der Empfänger unter der angegebenen Anschrift nicht zu erreichen ist und seine Anschrift auch nicht leicht festgestellt werden kann, so kann das ersuchende Gericht die öffentliche Zustellung nach § 185 ZPO einleiten.

II. Zustellung durch die diplomatischen oder konsularischen Vertretungen des Bundes

Ist eine Zustellung aufgrund völkerrechtlicher Vereinbarungen nach § 183 Abs 1 ZPO **63a** nicht möglich, so erfolgt die Zustellung gem § 183 Abs 2 ZPO durch die zuständige diplomatische oder konsularische Vertretung des Bundes, an die sich der Vorsitzende des Prozessgerichts auf dem Dienstweg über das Auswärtige Amt wenden muss (S/S/B/Meissner/Schenk VwGO § 56 Rn 63c). Entsprechendes gilt gem § 183 Abs 3 ZPO, wenn die Zustellung an einen Deutschen erfolgen soll, der das Recht der Immunität genießt und zu einer Vertretung der Bundesrepublik Deutschland im Ausland gehört; in diesen Fällen darf das Zustellungsersuchen allerdings unmittelbar an die deutsche Auslandsvertretung gerichtet werden. Als Zustellungsform kommt mangels völkerrechtlicher Vereinbarung in beiden Fällen allein die formlose Übergabe an den Zustellungsadressaten in Betracht (Kopp/Schenke VwGO § 56 Rn 37). Der Nachweis der Zustellung erfolgt gem § 183 Abs 4 S 2 ZPO durch das Zeugnis der ersuchten Behörden.

III. Zustellung durch Aufgabe zur Post

Die auf den ersten Blick einfachste Form der Auslandszustellung ermöglicht – in ver- **64** fassungsrechtlich unbedenklicher Weise (vgl BVerfG NJW 1997, 1772) – § 184 ZPO, der unter bestimmten Voraussetzungen eine Zustellung allein durch die Aufgabe des Dokuments zur Post zulässt und die **Zustellung zwei Wochen nach Aufgabe zur Post** als **bewirkt** ansieht. Zum Nachweis der Zustellung genügt der Vermerk in den Akten, zu welcher Zeit und unter welcher Anschrift das Dokument zur Post gegeben wurde.

Voraussetzung für die Zulässigkeit einer solchen Zustellung ist, dass der im Ausland **65** lebende Verfahrensbeteiligte, der keinen Prozessbevollmächtigten hat, **erfolglos zur Bestellung eines Zustellungsbevollmächtigten**, der im Inland eine Wohnung oder einen Geschäftsraum hat, innerhalb einer angemessenen Frist **aufgefordert** worden ist (§ 56 Abs 3 VwGO iVm § 184 Abs 1 S 1 ZPO). Die Möglichkeit der Auslandszustellung durch Aufgabe zur Post endet allerdings, sobald der Betreffende nachträglich einen Zustellungsbevollmächtigten bestellt.

In der Anordnung zur Bestellung eines Zustellungsbevollmächtigten ist der Beteiligte **66** darauf hinzuweisen, dass bei erfolglosem Fristablauf eine Zustellung zwei Wochen nach Aufgabe zur Post (oder nach Ablauf einer vom Gericht bestimmten längeren Frist) als zugestellt gilt. Die **Anordnung** ist dem betroffenen Verfahrensbeteiligten nach § 183 ZPO **zuzustellen** (BT-Drs 14/4554, 24), was die praktische Bedeutung dieser Zustellungsmöglichkeit relativieren dürfte. Denn in den Fällen, in denen im Laufe eines gerichtlichen

Verfahrens eine Auslandszustellung nur einmal erforderlich ist, bietet das vereinfachte Verfahren nach § 184 ZPO keine Vorteile, sondern führt im Gegenteil zu einer zeitlichen Verzögerung.

G. Öffentliche Zustellung

I. Zulässigkeit

67   Die öffentliche Zustellung ist als **ultima ratio** nur dann zulässig, wenn sämtliche andere Zustellungsarten nicht möglich sind oder keinen Erfolg versprechen (BVerfGE 77, 275, 285 = NJW 1988, 1255). Im Einzelnen ist dies nach § 185 ZPO in folgenden Fällen möglich:

1. Unbekannter Aufenthaltsort einer Person (Nr 1)

68   Der **Aufenthaltsort** einer Person ist **unbekannt** und eine **Zustellung an einen Vertreter oder Zustellungsbevollmächtigten ist nicht möglich** (Nr 1). Erforderlich sind in diesem Falle allerdings gründliche Nachforschungen hinsichtlich des (neuen) Aufenthaltsortes (BVerwG NVwZ 1999, 178, 179). Nicht ausreichend ist daher etwa der Vermerk in einer Zustellungsurkunde, dass der Adressat unter der angegebenen Anschrift unbekannt sei. Von einem unbekannten Aufenthaltsort kann vielmehr idR erst dann ausgegangen werden, wenn sowohl ein Zustellungsversuch unter der letzten bekannten Anschrift als auch Nachforschungen beim Einwohnermeldeamt erfolglos geblieben sind (BGH NJW 2003, 1530). Darüber hinaus kann uU eine Nachfrage beim letzten Vermieter, bei einem früheren Hausgenossen, bei Nachbarn oder beim letzten Arbeitgeber geboten sein (vgl Zöller/Stöber ZPO § 185 Rn 2; OLG Frankfurt/Main MDR 1999, 1402). Von einem unbekannten Aufenthaltsort ist ferner dann auszugehen, wenn der Betreffende ihn nicht preisgeben will (BGHZ 64, 5 = NJW 1975, 827).

2. Zustellung an juristische Personen (Nr 2)

68a   Bei juristischen Personen, die zur Anmeldung einer inländischen Geschäftsanschrift zum Handelsregister verpflichtet sind, kann durch öffentliche Bekanntmachung zugestellt werden, wenn eine Zustellung weder unter der eingetragenen Anschrift noch unter einer im Handelsregister eingetragenen Anschrift einer für Zustellungen empfangsberechtigten Person noch unter einer ohne Ermittlungen bekannten anderen inländischen Anschrift möglich ist.

3. Zustellung im Ausland unmöglich oder nicht Erfolg versprechend (Nr 3)

69   Eine **Zustellung im Ausland** bei bekanntem Aufenthaltsort (bei unbekanntem Aufenthaltsort gilt § 185 Nr 1 ZPO) ist **nicht möglich** ist **oder verspricht keinen Erfolg** (Nr 3). Nicht möglich ist eine Auslandszustellung etwa, wenn mit dem betreffenden Staat keine diplomatischen Beziehungen und auch kein Rechtshilfeverkehr besteht oder die Erledigung eines Rechtshilfeersuchens in absehbarer Zeit nicht zu erwarten steht (OLG Köln MDR 1998, 434 = NJW-RR 1998, 1683; AG Bonn NJW 1991, 1430). Nicht erfolgversprechend ist die Auslandszustellung, wenn sie an sich möglich wäre, aber etwa wegen Kriegs, Abbruchs der diplomatischen Beziehungen, Verweigerung der Rechtshilfe oder unzureichender Vornahme durch die örtlichen Behörden nicht zu erwarten ist (BVerwG NVwZ 1999, 178, 179). Nicht ausreichend ist demgegenüber, wenn die grds rechtshilfebereite ausländische Behörde in der Anschrift eine Ortsbezeichnung in ihrer Sprache verlangt (Zöller/Stöber § 185 ZPO Rn 5).

4. Zustellung an eine exterritoriale Person (Nr 4)

70   Die Zustellung kann nicht erfolgen, weil der Ort der Zustellung die Wohnung einer **exterritorialen Person** iSd §§ 18 bis 20 GVG ist.

II. Anordnung und Durchführung

Über die Anordnung der öffentlichen Zustellung entscheidet das Prozessgericht nach **71** pflichtgemäßem Ermessen durch **Beschluss**, der ohne mündliche Verhandlung ergehen kann (§ 186 Abs 1 ZPO). Die Anordnung muss sich stets auf ein bestimmtes Dokument beziehen, kann also nicht gleichsam vorsorglich für den gesamten Rechtszug bewilligt werden. Vorgenommen wird die öffentliche Zustellung durch **Aushang einer Benachrichtigung** an der Gerichtstafel oder durch Einstellung in ein elektronisches Informationssystem, das im Gericht öffentlich zugänglich ist. Zusätzlich kann die Benachrichtigung in einem von dem Gericht für Bekanntmachungen bestimmten elektronischen Informations- und Kommunikationssystem (§ 186 Abs 2 S 2 ZPO) sowie im Bundesanzeiger oder in anderen Blättern veröffentlicht werden (§ 187 ZPO).

Die Benachrichtigung muss den Hinweis enthalten, dass ein Dokument öffentlich zu- **72** gestellt wird und Fristen in Gang gesetzt werden können, nach deren Ablauf Rechtsverluste drohen können. Wird eine Ladung öffentlich zugestellt, so muss die Benachrichtigung den Hinweis enthalten, dass das Dokument eine Ladung zu einem Termin enthält, dessen Versäumung Rechtsnachteile zur Folge haben kann. Ferner muss die Benachrichtigung den Namen und die letzte bekannte Anschrift des Zustellungsadressaten, Datum und Aktenzeichen des zuzustellenden Dokuments, die Bezeichnung des Prozessgegenstandes sowie die Stelle, wo das Dokument eingesehen werden kann, erkennen lassen (§ 186 Abs 2 S 3 ZPO).

Bewirkt ist die Zustellung gem § 188 ZPO, wenn seit dem Aushang der Benachrichti- **73** gung **ein Monat** vergangen ist, sofern nicht das Prozessgericht eine längere Frist bestimmt. In den Akten ist zu vermerken, wann die Benachrichtigung ausgehängt und wann sie abgehängt wurde.

III. Mängel der öffentlichen Zustellung

Die öffentliche Zustellung ist grds auch dann wirksam, wenn sie angeordnet wurde, **74** obwohl die Voraussetzungen des § 185 ZPO – ex post betrachtet – nicht vorlagen; allerdings wird dem Betroffenen in diesem Fall bei Fristversäumnis regelmäßig Wiedereinsetzung in den vorigen Stand zu gewähren sein (OLG Köln NJW-RR 1993, 446). Etwas anderes gilt erst dann, wenn das Gericht hätte erkennen können oder müssen, dass die Voraussetzungen für eine öffentliche Zustellung nicht vorlagen; in diesem Fall ist die Zustellung wegen Verletzung des rechtlichen Gehörs unwirksam (OLG Köln NJW-RR 1993, 446).

Mängel des Verfahrens bei der öffentlichen Zustellung dürften idR nicht nach § 189 **75** ZPO heilbar sein, da diese Vorschrift den tatsächlichen Zugang des zuzustellenden Dokuments beim Zustellungsempfänger voraussetzt; hieran wird es im Falle der öffentlichen Zustellung indessen gerade fehlen (Kopp/Schenke VwGO § 56 Rn 40).

H. Heilung von Zustellungsmängeln

Mängel der Zustellung führen grds dazu, dass die Zustellung unwirksam ist und das **76** zuzustellende Dokument rechtlich nicht existent wird; es muss daher ein erneuter Zustellungsversuch unternommen werden. Eine erneute Zustellung ist allerdings entbehrlich, wenn der Zustellungsmangel gem **§ 189 ZPO** geheilt wird. Danach gilt ein Dokument, dessen formgerechte Zustellung sich nicht nachweisen lässt oder das unter Verletzung zwingender Zustellungsvorschriften zugegangen ist, in dem Zeitpunkt als zugestellt, in dem es der Person, an die die Zustellung dem Gesetz gemäß gerichtet war oder gerichtet werden konnte, **tatsächlich zugegangen** ist. Dies gilt – entgegen der früheren Regelung des § 9 Abs 2 VwZG aF – auch dann, wenn durch die Zustellung Fristen in Gang gesetzt werden. Hinter dieser Regelung steht der Gedanke, dass Zustellungsmängel letztlich unbeachtlich sind, wenn der Zweck der Zustellung (vgl oben Rn 3) erreicht ist. Voraussetzung ist, dass der Zustellungsadressat (vgl oben Rn 15) das zuzustellende Dokument tatsächlich erhalten, dh an ihm Besitz erlangt hat (BGH NJW 2001, 1946, 1947), und dass dies mit Zustellungswillen der zustellenden Behörde geschehen ist. Nicht ausreichend ist daher, wenn der Zustellungsadressat zufällig, etwa iRd Akteneinsicht, von dem Inhalt des Dokuments Kenntnis erlangt (OLG Nürnberg MDR 1982, 238). Ebenfalls nicht ausreichend ist der Wille, dem Empfänger das Schriftstück formlos zur Kenntnis zu geben (ganz hM; aA noch die Vorauflage).

Denn die Zustellung muss vom Veranlasser beabsichtigt, mindestens angeordnet, und in die Wege geleitet sein (Thomas/Putzo/Hüßtege ZPO § 189 Rn 7). Keine Heilung ist ferner möglich, wenn das zuzustellende Dokument selbst unter wesentlichen Mängeln leidet (vgl oben Rn 14) oder wenn es an einem für den Zustellungsadressaten bestimmten Dokument gänzlich fehlt (vgl oben Rn 25).

I. Zustellung nach dem AsylVfG

77   Die Vorschrift des § 56 VwGO ist grds auch im gerichtlichen Asylverfahren anwendbar. Allerdings sieht § 10 AsylVfG eine Reihe von Verfahrenserleichterungen vor, die dem Umstand Rechnung tragen, dass Zustellungen an Asylbewerber wegen deren ungesicherter Lebensverhältnisse Schwierigkeiten bereiten können. So ist der Asylbewerber nach § 10 Abs 1 AsylVfG verpflichtet, für das angerufene Gericht **stets erreichbar** zu sein und ihm jeden **Wechsel seiner Anschrift unverzüglich anzuzeigen**. Zustellungen unter der letzten dem Gericht bekannten Anschrift muss der Asylbewerber nach § 10 Abs 2 S 1 und 2 AsylVfG gegen sich gelten lassen, wenn er für das Verfahren weder einen Bevollmächtigten bestellt noch einen Empfangsberechtigten benannt hat oder diesen nicht zugestellt werden kann. Ist der Asylbewerber in einer **Aufnahmeeinrichtung** iSd §§ 44 ff AsylVfG untergebracht, so hat er sicherzustellen, dass ihm Posteingänge während der von der Aufnahmeeinrichtung eingerichteten Postausgabe- und Postverteilungszeiten ausgehändigt werden können (§ 10 Abs 4 S 3 AsylVfG). Spätestens mit dem dritten Tag nach der Übergabe an die Aufnahmeeinrichtung gelten Zustellungen an den Asylbewerber als bewirkt (§ 10 Abs 4 S 4 AsylVfG). Unberührt bleiben nach § 10 Abs 5 AsylVfG die **Vorschriften über die Ersatzzustellung**. Das bedeutet, dass eine Zustellung an den Asylbewerber etwa auch durch Niederlegung und Einwurf der Mitteilung in den Hausbriefkasten einer Aufnahmeeinrichtung oder durch Übergabe an den Leiter einer Gemeinschaftsunterkunft erfolgen kann (Kopp/Schenke VwGO § 56 Rn 42). Müsste eine Zustellung im **Ausland** erfolgen, so geschieht dies gem § 10 Abs 6 S 1 AsylVfG durch öffentliche Zustellung. Voraussetzung für die Anwendung der Sonderregeln des § 10 AsylVfG ist allerdings, dass der Asylbewerber schriftlich und gegen Empfangsbekenntnis über die Vorschrift **belehrt** worden ist (§ 10 Abs 7 AsylVfG). Diese Belehrung muss in einer dem Asylbewerber geläufigen Sprache erfolgen und den Inhalt der gesetzlichen Bestimmungen verständlich umschreiben (vgl Eyermann/Schmidt VwGO § 56 Rn 12).

§ 56a [Öffentliche Bekanntmachung im Massenverfahren]

(1) [1] Sind gleiche Bekanntgaben an mehr als fünfzig Personen erforderlich, kann das Gericht für das weitere Verfahren die Bekanntgabe durch öffentliche Bekanntmachung anordnen. [2] In dem Beschluß muß bestimmt werden, in welchen Tageszeitungen die Bekanntmachungen veröffentlicht werden; dabei sind Tageszeitungen vorzusehen, die in dem Bereich verbreitet sind, in dem sich die Entscheidung voraussichtlich auswirken wird. [3] Der Beschluß ist den Beteiligten zuzustellen. [4] Die Beteiligten sind darauf hinzuweisen, auf welche Weise die weiteren Bekanntgaben bewirkt werden und wann das Dokument als zugestellt gilt. [5] Der Beschluß ist unanfechtbar. [6] Das Gericht kann den Beschluß jederzeit aufheben; es muß ihn aufheben, wenn die Voraussetzungen des Satzes 1 nicht vorlagen oder nicht mehr vorliegen.

(2) [1] Die öffentliche Bekanntmachung erfolgt durch Aushang an der Gerichtstafel oder durch Einstellung in ein elektronisches Informationssystem, das im Gericht öffentlich zugänglich ist und durch Veröffentlichung im Bundesanzeiger sowie in den im Beschluss nach Absatz 1 Satz 2 bestimmten Tageszeitungen. [2] Sie kann zusätzlich in einem von dem Gericht für Bekanntmachungen bestimmten Informations- und Kommunikationssystem erfolgen. [3] Bei einer Entscheidung genügt die öffentliche Bekanntmachung der Entscheidungsformel und der Rechtsbehelfsbelehrung. [4] Statt des bekannt zu machenden Dokuments kann eine Benachrichtigung öffentlich bekannt gemacht werden, in der angegeben ist, wo das

Dokument eingesehen werden kann. [5] Eine Terminbestimmung oder Ladung muss im vollständigen Wortlaut öffentlich bekannt gemacht werden.

(3) [1] Das Dokument gilt als an dem Tage zugestellt, an dem seit dem Tage der Veröffentlichung im Bundesanzeiger zwei Wochen verstrichen sind; darauf ist in jeder Veröffentlichung hinzuweisen. [2] Nach der öffentlichen Bekanntmachung einer Entscheidung können die Beteiligten eine Ausfertigung schriftlich anfordern; darauf ist in der Veröffentlichung gleichfalls hinzuweisen.

§ 56a VwGO wurde durch das 4. VwGO-ÄndG im Jahre 1991 zusammen mit weiteren Vorschriften (§ 65 Abs 3 VwGO, § 67a VwGO, § 93a VwGO) eingeführt, um das gerichtliche Verfahren bei sog Massenverfahren zu erleichtern. Unter Massenverfahren versteht man dabei solche Verfahren, an denen – meist auf Klägerseite oder als Beigeladene – eine Vielzahl von Personen beteiligt sind, die um die Rechtmäßigkeit ein und derselben Verwaltungsentscheidung streiten. § 56a VwGO betrifft die Bekanntmachung in Massenverfahren und bestimmt, dass das Gericht durch Beschluss (Rn 4) die öffentliche Bekanntmachung (Rn 7) anordnen kann, wenn in einem Verfahren gleiche Bekanntgaben (Rn 3) an mehr als fünfzig Personen (Rn 2) erforderlich sind. Das bekanntzugebende Dokument gilt dann gemäß § 56a Abs 3 S 1 VwGO zwei Wochen nach der Veröffentlichung im Bundesanzeiger als zugestellt (Rn 9). Vergleichbare Regelungen für das Verwaltungsverfahren enthalten § 67 Abs 1 S 3 VwVfG, § 73 Abs 5 S 2 Nr 4 VwVfG, § 73 Abs 6 S 4 VwVfG und § 74 Abs 5 VwVfG. Große praktische Bedeutung hat die Vorschrift des § 56a VwGO bislang indessen nicht erlangt. Dies dürfte zum einen maßgeblich damit zusammenhängen, dass die erforderliche Zahl von fünfzig gleichen Bekanntgaben nur selten erreicht wird, zumal es sich bei der Bekanntgabe an einen gemeinsamen Prozessbevollmächtigten mehrerer Verfahrensbeteiligter nur um eine einzige Bekanntgabe iSd § 56a VwGO handelt. Zum anderen scheinen die Gerichte auch aus rechtsstaatlichen Gründen (Rn 9) zu einer restriktiven Anwendung der Vorschrift zu neigen. Rechtsprechung zu § 56a VwGO ist vor diesem Hintergrund bislang nicht bekannt geworden.

A. Voraussetzungen der öffentlichen Bekanntmachung

Voraussetzung für die – im **Ermessen** des Gerichts stehende – Anordnung der öffent- **1** lichen Bekanntmachung ist, dass gleiche Bekanntgaben an mehr als 50 Personen erforderlich sind. Als Bekanntgabe ist dabei **jede verfahrensrelevante Mitteilung** des Gerichts an die Verfahrensbeteiligten anzusehen. Erfasst werden damit nicht nur Anordnungen und Entscheidungen, für die das Zustellungserfordernis des § 56 Abs 1 VwGO gilt, sondern etwa auch unanfechtbare prozessleitende Verfügungen und Entscheidungen iSd § 146 Abs 2 VwGO sowie unanfechtbare verfahrensbeendende Entscheidungen (S/S-A/P/Meissner VwGO § 56a Rn 13).

I. Personenzahl

Die erforderliche Anzahl ist nicht schon dann erreicht, wenn sich die bekanntzuge- **2** benden Anordnungen oder Entscheidungen an mehr als 50 Personen richten, sondern erst dann, wenn tatsächlich **mehr als 50 Bekanntgaben** erforderlich sind. Dies bedeutet, dass die Bekanntgabe an einen gemeinsamen Prozessbevollmächtigten mehrerer Verfahrensbeteiligter nur als eine Bekanntgabe iSd § 56a Abs 1 S 1 VwGO zählt. Ebenfalls nur eine Bekanntgabe ist erforderlich, wenn ein Beteiligter mehrere Prozessbevollmächtigte bestellt hat. Nimmt man hinzu, dass das Gericht nach § 67a VwGO die Bestellung eines gemeinsamen Prozessbevollmächtigten anordnen kann, wenn mehr als 20 Personen beteiligt sind, so wird die erforderliche Anzahl von 50 Bekanntgaben wohl nur selten erreicht, auch wenn – anders als bei § 67a VwGO – nicht erforderlich ist, dass die Personen im gleichen Interesse am Verfahren beteiligt sind. Bekanntgaben an **Zeugen** und **Sachverständige** sind nicht einzurechnen, da sie nicht mit der durch § 56a VwGO geregelten Problematik der Massenverfahren in Zusammenhang stehen (Sodan/Ziekow/Czybulka VwGO § 56a Rn 8).

II. Gleichartigkeit

3   Gleiche Bekanntgaben im Sinne der Vorschrift liegen dann vor, wenn die vom Gericht bekanntzugebenden verfahrensrelevanten Mitteilungen in ihrem **wesentlichen Inhalt übereinstimmen**. Dies wird namentlich bei Terminsbestimmungen und Ladungen, bei vorbereitenden Verfügungen nach §§ 87, 87b VwGO, bei Beweisbeschlüssen und sonstigen Zwischenentscheidungen sowie bei verfahrensabschließenden Entscheidungen des Gerichts der Fall sein.

B. Anordnung der öffentlichen Bekanntmachung

4   Liegen die unter A. genannten Voraussetzungen vor, so kann das Gericht durch **Beschluss** für das weitere Verfahren die Bekanntgabe aller verfahrensrelevanten gerichtlichen Mitteilungen durch öffentliche Bekanntmachung anordnen. In dem Beschluss muss bestimmt werden, in welchen Tageszeitungen die Bekanntmachungen veröffentlicht werden. Der Beschluss ist den Beteiligten gem § 56a Abs 1 S 3 VwGO **zuzustellen**. Dies gilt auch, soweit Verfahrensbeteiligte – etwa aufgrund eines Beiladungsbeschlusses – erst im weiteren Verlauf des Verfahrens hinzutreten. Fehlt es an einer wirksamen Zustellung, so ist der Beschluss gegenüber dem betreffenden Beteiligten ohne rechtliche Wirkung.

5   Der Beschluss ist gem § 56a Abs 1 S 5 VwGO **unanfechtbar**, kann vom Gericht jedoch jederzeit aufgehoben werden. Zur **Aufhebung** verpflichtet ist das Gericht gem § 56a Abs 1 S 6 VwGO, wenn die unter Rn 1 genannten Voraussetzungen nicht vorlagen oder nicht mehr vorliegen. Bis zur Aufhebung dürfte der Beschluss vom Gericht jedoch zu beachten sein und die **Wirksamkeit bereits vorgenommener öffentlicher Bekanntmachungen** aus Gründen der Rechtssicherheit daher auch dann **unberührt** bleiben, wenn die Voraussetzungen des § 56a Abs 1 S 1 VwGO zum Zeitpunkt der Bekanntgabe nicht (mehr) vorlagen (Kopp/Schenke VwGO § 56a Rn 7; Redeker/v Oertzen/M. Redeker VwGO § 56a Rn 7; S/S-A/P/Meissner VwGO § 56a Rn 22; aA Sodan/Ziekow/Czybulka VwGO § 56a Rn 14).

6   Umstritten ist, ob der Beschluss – ungeachtet der Möglichkeit seiner Aufhebung – über das **Ende einer Instanz** hinaus Gültigkeit auch für die nächste Instanz haben kann. Im Ergebnis dürfte dies abzulehnen sein, da jede Instanz über die Gestaltung des Verfahrens und die Anwendung des § 56a VwGO nach eigenem Ermessen bestimmen können muss (so Redeker/v Oertzen/M. Redeker VwGO § 56a Rn 7; S/S-A/P/Meissner VwGO § 56a Rn 16; aA Sodan/Ziekow/Czybulka VwGO § 56a Rn 12 Fn 21).

C. Durchführung der öffentlichen Bekanntmachung

I. Ort

7   Die öffentliche Bekanntmachung erfolgt gem § 56a Abs 2 VwGO durch Aushang an der **Gerichtstafel** oder durch Einstellung in ein **elektronisches Informationssystem**, das im Gericht öffentlich zugänglich ist, sowie durch Veröffentlichung im **Bundesanzeiger** (der nur noch in elektronischer Form über das Internet herausgegeben wird; vgl Begründung zum Entwurf eines Gesetzes zur Änderung von Vorschriften über Verkündung und Bekanntmachungen, BT-Drs 17/6610, 1) und in den im Beschluss bestimmten **Tageszeitungen**. Zusätzlich kann die öffentliche Bekanntmachung in einem von dem Gericht für Bekanntmachungen bestimmten Informations- und Kommunikationssystem erfolgen.

II. Inhalt

8   Handelt es sich bei dem bekanntzugebenden Dokument um eine Terminsbestimmung oder Ladung, so muss diese gem § 56a Abs 2 S 5 VwGO im **vollständigen Wortlaut** öffentlich bekannt gemacht werden. Bei einer Entscheidung genügt demgegenüber die öffentliche Bekanntmachung der **Entscheidungsformel** und der **Rechtsbehelfsbelehrung**. Bei sonstigen Dokumenten reicht gem § 56a Abs 2 S 4 VwGO die öffentliche Bekanntmachung einer bloßen **Benachrichtigung** aus, in der angegeben ist, wo das Dokument eingesehen werden kann.

D. Rechtsfolgen der öffentlichen Bekanntmachung

Die maßgebliche Rechtsfolge der öffentlichen Bekanntmachung knüpft sich gem § 56a **9** Abs 3 S 1 VwGO an die Veröffentlichung im Bundesanzeiger: Das bekanntzugebende Dokument gilt danach an dem Tag als zugestellt, an dem seit dem Tag der Veröffentlichung im Bundesanzeiger zwei Wochen vergangen sind. Auf diese **Zustellungsfiktion** ist in jeder Veröffentlichung (dh auch in den Tageszeitungen) hinzuweisen. Ob die einzelnen Verfahrensbeteiligten von dem öffentlich bekannt gemachten Dokument tatsächlich Kenntnis erlangen, ist demgegenüber unerheblich. Nicht zuletzt aus diesem Grunde sollte die Vorschrift mit Blick auf den verfassungsrechtlichen **Grundsatz des rechtlichen Gehörs** restriktiv gehandhabt werden.

Handelt es sich bei dem bekanntzugebenden Dokument um eine gerichtliche Entschei- **10** dung, so haben die Beteiligten nach der öffentlichen Bekanntmachung die Möglichkeit, eine **Ausfertigung** der Entscheidung schriftlich anzufordern. Auch hierauf ist in der Veröffentlichung hinzuweisen (§ 56a Abs 3 S 2 VwGO).

Ist gegen die Entscheidung ein Rechtsmittel gegeben, so beginnt die gesetzliche Rechts- **11** mittelfrist nur zu laufen, wenn auch eine den Anforderungen des § 58 Abs 1 VwGO genügende **Rechtsmittelbelehrung** veröffentlicht wurde. Diese muss nach hM abweichend von dem allgemeinen Grundsatz, dass eine Belehrung über den konkreten Fristbeginn nicht erforderlich ist, aufgrund der besonderen Schutzbedürftigkeit der von der Zustellungsfiktion betroffenen Verfahrensbeteiligten das genaue Datum entweder des Beginns oder des Endes der Zwei-Wochen-Frist des § 56a Abs 3 S 1 VwGO angeben (Sodan/Ziekow/Czybulka VwGO § 56a Rn 21; Kopp/Schenke VwGO § 56a Rn 9).

§ 57 [Fristen]

(1) Der Lauf einer Frist beginnt, soweit nichts anderes bestimmt ist, mit der Zustellung oder, wenn diese nicht vorgeschrieben ist, mit der Eröffnung oder Verkündung.

(2) Für die Fristen gelten die Vorschriften der §§ 222, 224 Abs. 2 und 3, §§ 225 und 226 der Zivilprozeßordnung.

§ 57 VwGO regelt Beginn und Ende der prozessualen Fristen (Rn 1). Dabei kann es sich sowohl um gesetzlich vorgesehene (Rn 5) als auch um richterlich bestimmte (Rn 6) Fristen handeln. Nach Abs 1 beginnt der Lauf einer Frist – vorbehaltlich einer anderweitigen Regelung – mit der Zustellung (Rn 11) oder, wenn diese nicht vorgeschrieben ist, mit der Eröffnung (Rn 9) oder Verkündung (Rn 8). In welchen Fällen im gerichtlichen Verfahren eine Zustellung erforderlich ist, bestimmt § 57 VwGO indessen nicht; maßgeblich ist insoweit die Vorschrift des § 56 Abs 1 VwGO. Von Bedeutung ist in diesem Zusammenhang außerdem § 58 VwGO, der bestimmt, dass die – kurze – Frist für ein Rechtsmittel oder einen anderen Rechtsbehelf nur zu laufen beginnt, wenn der Betroffene eine den Anforderungen des § 58 Abs 1 VwGO genügende schriftliche Rechtsbehelfsbelehrung erhalten hat (Rn 10); anderenfalls gilt die Ausschlussfrist von einem Jahr nach § 58 Abs 2 VwGO, bei deren Versäumung nur im Falle höherer Gewalt Wiedereinsetzung gewährt werden kann. Hinsichtlich der Berechnung des Fristlaufs verweist § 57 Abs 2 VwGO auf § 222 ZPO, der wiederum in Abs 1 die Vorschriften des Bürgerlichen Gesetzbuchs (gemeint sind §§ 186 bis 192 BGB) für anwendbar erklärt (Rn 13). § 224 Abs 2 und 3 ZPO, § 225 ZPO und § 226 ZPO, auf die § 57 Abs 2 VwGO ebenfalls verweist, enthalten Regelungen über die Verkürzung und Verlängerung von Fristen (Rn 18).

A. Anwendungsbereich

I. Prozessuale und materielle Fristen

§ 57 VwGO regelt Beginn und Ende der prozessualen Fristen; die materiellen Fristen des **1** Verwaltungsrechts fallen demgegenüber nicht in den Anwendungsbereich der Vorschrift. Für die Berechnung sowohl der materiellen wie auch der prozessualen Fristen gelten jedoch im

Ergebnis weitgehend dieselben Vorschriften. Denn ebenso wie § 57 Abs 2 VwGO über § 222 Abs 1 ZPO verweist auch § 31 Abs 1 VwVfG insoweit auf die **Regelungen des Bürgerlichen Gesetzbuchs** (§§ 186 ff BGB). Der einzige Unterschied besteht darin, dass für den Fall, dass das Fristende auf einen Sonntag, einen allgemeinen Feiertag oder einen Sonnabend fällt, bei prozessualen Fristen § 222 Abs 2 ZPO gilt, während bei materiellen Fristen die Vorschrift des § 31 Abs 3 S 1 VwVfG heranzuziehen ist, die beide jeweils der Regelung des § 193 BGB entsprechen. Das Ergebnis ist jedoch nach allen Vorschriften das gleiche: Die Frist endet erst mit Ablauf des nächsten Werktages.

2   Vor diesem Hintergrund kommt der umstrittenen Frage, ob es sich bei der **Widerspruchsfrist** des § 70 VwGO um eine in den Anwendungsbereich des § 57 VwGO fallende prozessuale Frist (so Kopp/Schenke VwGO § 70 Rn 8) oder um eine nicht von § 57 VwGO erfasste verwaltungsverfahrensrechtliche Frist (so BVerwG NVwZ 1987, 224) handelt, letztlich keine entscheidende Bedeutung zu.

II. Eigentliche und uneigentliche Fristen

3   Innerhalb der prozessualen Fristen unterscheidet die hM wiederum zwischen eigentlichen und uneigentlichen Fristen (vgl nur Eyermann/Schmidt VwGO § 57 Rn 1; Kopp/Schenke VwGO § 57 Rn 3). **Eigentliche (echte) Fristen** sind dabei diejenigen Fristen, die sich an die **Verfahrensbeteiligten** richten, während man unter **uneigentlichen Fristen** solche versteht, die das **Gericht** bei der Vornahme bestimmter Amtshandlungen wie zB beim Verkünden und Absetzen von Urteilen (§ 116 Abs 1 und 2 VwGO, § 117 Abs 4 VwGO) oder bei der Ladung zur mündlichen Verhandlung (§ 102 Abs 1 VwGO) einzuhalten hat. Auf die uneigentlichen Fristen in diesem Sinne findet § 57 VwGO keine Anwendung (vgl Sodan/Ziekow/Czybulka VwGO § 57 Rn 7).

III. Gesetzliche und richterliche Fristen

4   Die dem Anwendungsbereich des § 57 VwGO unterfallenden echten (eigentlichen) prozessualen Fristen lassen sich schließlich in gesetzliche und richterliche Fristen unterteilen.

1. Gesetzliche Fristen

5   Gesetzliche Fristen sind solche, deren Dauer durch das Gesetz bestimmt ist und die kraft Gesetzes ohne besondere Festsetzung allein aufgrund eines bestimmten Ereignisses zu laufen beginnen (BVerwG DVBl 1986, 287). Hierzu zählen in erster Linie **Rechtsmittelfristen** (Klagefrist des § 74 VwGO, Beschwerdefrist des § 147 VwGO, Berufungsfrist des § 124 Abs 2 VwGO, Frist für den Antrag auf Zulassung der Berufung nach § 124a Abs 4 S 1 VwGO, Revisionsfrist des § 139 Abs 1 VwGO, Frist für die Beschwerde gegen die Nichtzulassung der Revision nach § 133 Abs 2 VwGO) sowie **Rechtsmittelbegründungsfristen** (Beschwerdebegründungsfrist des § 146 Abs 4 S 1 VwGO, Berufungsbegründungsfrist des § 124a Abs 3 VwGO, Frist zur Begründung des Antrags auf Zulassung der Berufung gem § 124a Abs 4 S 4 VwGO, Revisionsbegründungsfrist gem § 139 Abs 3 VwGO, Frist zur Begründung der Beschwerde gegen die Nichtzulassung der Revision gem § 133 Abs 3 VwGO). Auch die Zwei-Monats-Frist zur Befolgung einer **Betreibensaufforderung** nach § 92 Abs 2 VwGO ist eine gesetzliche Frist in diesem Sinne (S/S/B/Clausing VwGO § 92 Rn 56; BVerwG NJW 1986, 207, 208). Die **Versäumung** gesetzlicher Fristen führt in der Regel zu einem Rechtsverlust, der indessen – sofern es sich nicht um sog Ausschlussfristen handelt – bei Vorliegen der Voraussetzungen für eine Wiedereinsetzung in den vorigen Stand gem § 60 VwGO beseitigt werden kann. Die **Verlängerung und Verkürzung** gesetzlicher Fristen ist nur möglich, wenn das Gesetz dies vorsieht.

2. Richterliche Fristen

6   Richterliche Fristen sind demgegenüber solche prozessualen Fristen, die erst aufgrund einer entsprechenden **Anordnung des Gerichts** in Gang gesetzt werden und deren Dauer bzw Ende durch das Gericht bestimmt wird. Die Dauer der Frist kann entweder in Zeiträumen (Tagen, Wochen, Monaten) oder – was aus Gründen der Rechtssicherheit

vorzuziehen sein dürfte – durch ein kalendermäßig bestimmtes (End-)Datum angegeben werden. Die **Versäumung** richterlicher Fristen zieht in aller Regel keine prozessualen Konsequenzen im Sinne eines Rechtsverlustes nach sich; etwas anderes gilt lediglich bei Fristsetzungen nach § 82 Abs 2 S 2 VwGO und § 87b Abs 1 und 2 VwGO. Im Gegensatz zu gesetzlichen Fristen können richterliche Fristen durch das Gericht **stets verlängert oder verkürzt** werden.

B. Fristbeginn

I. Fristauslösendes Ereignis

In Gang gesetzt werden die prozessualen Fristen gem § 57 Abs 1 VwGO mit der **Zu- 7 stellung** oder, wenn diese nicht vorgeschrieben ist, mit der **Eröffnung** oder **Verkündung** der in Rede stehenden gerichtlichen Entscheidung, Anordnung oä. Voraussetzung für den Fristbeginn ist, dass die Zustellung (bzw Verkündung oder Eröffnung) wirksam ist, dh insbesondere nicht unter einem nicht geheilten (Zustellungs-)Mangel leidet. Ist die Zustellung (bzw Eröffnung oder Verkündung) hingegen unwirksam, so werden keine Fristen in Gang gesetzt; der Rechtsbehelf kann allerdings nach allgemeinen Grundsätzen verwirkt werden. Ob die Zustellung (bzw Verkündung oder Eröffnung) wirksam oder unwirksam ist, ist für jeden Adressaten gesondert zu bestimmen.

Wann eine **Zustellung vorgeschrieben** ist, ergibt sich nicht aus § 57 VwGO, sondern 8 aus § 56 Abs 1 VwGO. Danach sind alle gerichtlichen Anordnungen und Entscheidungen zuzustellen, durch die eine Frist in Lauf gesetzt wird, bei Verkündung jedoch nur, wenn dies ausdrücklich vorgeschrieben ist. Letzteres ist insbesondere bei Urteilen und bei Beschlüssen im selbständigen Beschlussverfahren der Fall (vgl näher § 56 VwGO Rn 9). Aus diesem Grunde stellt die Zustellung im Rahmen des gerichtlichen Verfahrens letztlich das maßgebliche fristauslösende Ereignis dar, während der Verkündung nur eine untergeordnete Bedeutung zukommt.

Für das gerichtliche Verfahren praktisch bedeutungslos dürfte das in § 57 Abs 1 VwGO 9 des Weiteren genannte Ereignis der „**Eröffnung**" sein, das mit der Bekanntgabe im Sinne des § 41 VwVfG identisch ist. Die Eröffnung bzw Bekanntgabe ist die gewöhnliche Form des Erlasses einer Verwaltungsentscheidung, nicht jedoch einer fristenauslösenden gerichtlichen Anordnung oder Entscheidung, für die das Zustellungserfordernis des § 56 Abs 1 VwGO gilt.

II. Erfordernis der Rechtsbehelfsbelehrung

Handelt es sich bei der in Rede stehenden Frist um eine Rechtsbehelfsfrist, so ist neben 10 der Wirksamkeit der Zustellung (bzw Verkündung oder Eröffnung) der Entscheidung weitere Voraussetzung für den Fristbeginn, dass dem Betroffenen eine **schriftliche Rechtsbehelfsbelehrung** erteilt worden ist, die den **Anforderungen des § 58 Abs 1 VwGO** genügt. Wird die Rechtsbehelfsbelehrung – ausnahmsweise – nicht zusammen mit der angreifbaren Entscheidung, sondern erst im nachhinein erteilt, so beginnt die Rechtsbehelfsfrist erst zu diesem Zeitpunkt zu laufen. Ist eine Rechtsbehelfsbelehrung unterblieben oder unrichtig erteilt worden, so wird die für die Einlegung des Rechtsbehelfs gesetzlich vorgesehene Frist nicht in Gang gesetzt. Allerdings ist die Einlegung des Rechtsbehelfs auch in diesem Falle nicht zeitlich unbegrenzt möglich, sondern gem § 58 Abs 2 VwGO grds nur innerhalb einer Ausschlussfrist von einem Jahr seit der Zustellung, Eröffnung oder Verkündung der angreifbaren Entscheidung zulässig.

III. Zeitpunkt des Fristbeginns

1. Zustellung

Zu welchem Zeitpunkt eine Zustellung bewirkt ist und die prozessuale Frist zu laufen 11 beginnt, hängt davon ab, welche **Zustellungsart** gewählt wurde (vgl im Einzelnen § 56 VwGO Rn 26 ff). Der Zeitpunkt der Zustellung und damit des Fristbeginns kann dabei für jeden Beteiligten unterschiedlich sein. Bei einer Zustellung durch **Aushändigung an der**

Amtsstelle gem § 173 ZPO ist der Zeitpunkt der Aushändigung maßgeblich, der auf dem Schriftstück und in den Akten zu vermerken ist. Bei einer Zustellung gegen **Empfangsbekenntnis** oder durch **Einschreiben mit Rückschein** gilt das im Empfangsbekenntnis bzw Rückschein angegebene Datum; der Gegenbeweis der Unrichtigkeit dieses Datums ist jedoch nach § 418 Abs 2 ZPO zulässig (vgl näher § 56 VwGO Rn 35). Erfolgt die Zustellung mittels eines Zustellungsauftrages, so ist der in der **Zustellungsurkunde** eingetragene Zeitpunkt maßgeblich, zu dem das Dokument dem Adressaten persönlich oder einer Ersatzperson iSd § 178 ZPO übergeben oder gem § 180 ZPO in den Briefkasten eingelegt oder zu dem die Mitteilung über die Niederlegung gemäß § 181 ZPO abgegeben wurde; auch hier ist der Gegenbeweis der Unrichtigkeit zulässig. Hat der Zustellungsadressat oder eine Ersatzperson die Annahme des Dokuments unberechtigt verweigert, so beginnt die Frist gem § 179 S 3 ZPO mit der **unberechtigten Annahmeverweigerung** zu laufen. Die **öffentliche Zustellung** ist gem § 188 ZPO bewirkt, wenn seit dem Aushang der erforderlichen Benachrichtigung an der Gerichtstafel oder ihrer Einstellung in ein elektronisches Informationssystem, deren Zeitpunkt in den Akten zu vermerken ist, ein Monat vergangen ist. Leidet die Zustellung unter einem – heilbaren – **Zustellungsmangel**, so gilt das Dokument gem § 189 ZPO zu dem Zeitpunkt als zugestellt, zu dem es dem Adressaten tatsächlich zugegangen ist.

2. Verkündung

12   Ist eine Zustellung – ausnahmsweise – nicht erforderlich und wird die gerichtliche Entscheidung oder Anordnung stattdessen verkündet, so bereitet die Bestimmung des Fristbeginns keine Probleme. Entscheidend ist hier der Zeitpunkt der – vollständigen – Verkündung, der sich dem gem § 105 VwGO iVm § 159 ZPO zu fertigenden **Protokoll** unschwer entnehmen lässt.

C. Fristberechnung

13   Für die Berechnung der prozessualen Fristen gelten gem § 57 Abs 2 VwGO iVm § 222 Abs 1 ZPO die Vorschriften des Bürgerlichen Gesetzbuchs (**§§ 186 ff BGB**) mit Ausnahme des § 193 BGB, dem die weitgehend gleichlautende Vorschrift des § 222 Abs 2 ZPO als lex specialis vorgeht. Maßgeblich für die in der Regel nach Wochen oder Monaten bemessenen gesetzlichen Fristen sind dabei insbesondere § 187 Abs 1 BGB und § 188 Abs 2 und 3 BGB.

I. Fristbeginn

14   Gem § 187 Abs 1 BGB wird der Tag der Zustellung (bzw Verkündung oder Eröffnung) als das für den Fristbeginn maßgebliche Datum bei der Berechnung einer nach Wochen oder Monaten bestimmten Frist nicht mitgerechnet. Maßgeblich für die Berechnung der Frist ist vielmehr der auf die Zustellung (bzw Verkündung oder Eröffnung) folgende Tag, auch wenn es sich dabei um einen Samstag, Sonntag oder allgemeinen Feiertag handelt.

II. Fristende

15   Das Fristende bestimmt sich nach § 188 Abs 2 und 3 BGB. Danach endet eine in Wochen oder Monaten bemessene Frist mit dem Ablauf des Tages (dh um 24 Uhr) der letzten Woche oder des letzten Monats, welcher durch seine Benennung oder seine Zahl dem Tag entspricht, an dem die Zustellung (bzw Verkündung oder Eröffnung) stattgefunden hat. Wird ein Urteil daher beispielsweise am 30.3. zugestellt, so endet die Frist von einem Monat zur Stellung eines Antrages auf Zulassung der Berufung nach § 124a Abs 4 S 1 VwGO am 30.4. Fehlt bei einer nach Monaten bestimmten Frist in dem letzten Monat der für ihren Ablauf maßgebende Tag, so endet die Frist gem § 188 Abs 3 BGB mit dem Ablauf des letzten Tages dieses Monats. Erfolgt die Zustellung des Urteils daher erst am 31.3., so endet die og Frist des § 124a Abs 4 S 1 VwGO (ebenfalls) am 30.4.

16   Fällt das so berechnete Fristende allerdings auf einen **Samstag, Sonntag oder allgemeinen Feiertag**, so endet die Frist gemäß § 222 Abs 2 ZPO erst mit Ablauf des nächsten Werktages. Allgemeine Feiertage sind nur gesetzliche Feiertage, nicht hingegen der 24.12.,

der 31.12. oder der Rosenmontag, auch wenn das Gericht an diesem Tag geschlossen ist. Ist ein Tag nur in einzelnen Bundesländern oder in Teilen einzelner Bundesländer gesetzlicher Feiertag, so ist für die Anwendung des § 222 Abs 2 ZPO das Recht am Ort des Gerichts, bei dem die Frist zu wahren ist, maßgeblich (VGH München NJW 1997, 2130).

D. Fristwahrung

Gewahrt ist die Frist, wenn die gebotene Handlung **bis 24 Uhr** des letzten Tages der Frist **17** vorgenommen wurde. Die **Beweislast** für die Wahrung der Frist trägt derjenige, von dem die Frist zu beachten war, bei den hier in Rede stehenden echten prozessualen Fristen also der Verfahrensbeteiligte. Um den Verfahrensbeteiligten die Ausschöpfung der Frist bis zuletzt zu ermöglichen, muss das Gericht einen **Nachtbriefkasten** anbringen oder eine sonstige Einrichtung vorsehen, die es ermöglicht, dass fristgebundene Schriftsätze auch nach Dienstschluss sowie an dienstfreien Tagen angenommen und mit dem Stempel des Eingangstages versehen werden können (BVerwG DVBl 1960, 397). Ein Nachtbriefkasten ist dabei etwa so zu gestalten, dass um 24 Uhr eine Klappe umschlägt und die danach eingeworfene Post in ein anderes Fach fällt, sodass bei der Entnahme festgestellt werden kann, ob die Frist eingehalten wurde oder nicht. Eine **Fehlfunktion** oder das vollständige Fehlen eines Nachtbriefkastens darf dem Verfahrensbeteiligten allerdings ebenso wenig entgegengehalten werden wie eine Störung des Telefaxgerätes, die den fristgerechten Eingang eines Schriftsatzes verhindert; ihm ist in diesen Fällen gem § 60 VwGO **Wiedereinsetzung** in den vorigen Stand zu gewähren (BVerwG NJW 1962, 1268; Buchholz 310 § 60 VwGO Nr 79; demgegenüber wollen S/S/B/Meissner VwGO § 57 Rn 32 in diesen Fällen widerlegbar vermuten, dass die Frist eingehalten wurde).

E. Verlängerung und Verkürzung von Fristen

I. Zulässigkeit

Richterliche Fristen können gem § 224 Abs 2 ZPO auf Antrag bei Glaubhaftmachung **18** erheblicher Gründe stets abgekürzt oder verlängert werden, gesetzliche Fristen demgegenüber nur, wenn dies gesetzlich vorgesehen ist. Gesetzlich zulässig ist danach die Verlängerung der **Berufungsbegründungsfrist** (§ 124a Abs 3 S 3 VwGO) und der **Revisionsbegründungsfrist** (§ 139 Abs 3 S 3 VwGO). Eine Fristverlängerung ist auch noch nach Ablauf der Frist möglich, sofern der Verlängerungsantrag vorher gestellt worden war (BVerwGE 10, 75; BGH NJW 1982, 1651). Die Möglichkeit der Verkürzung gesetzlicher Fristen ist in der VwGO nicht vorgesehen (Sodan/Ziekow/Czybulka VwGO § 57 Rn 41).

II. Verfahren und Entscheidung

Die Entscheidung über die Abkürzung oder Verlängerung einer Frist ergeht gem § 225 **19** Abs 1 ZPO grds durch – unanfechtbaren – **Beschluss**, der aber nicht gem § 56 VwGO zugestellt werden muss, da er keine Frist in Gang setzt, sondern lediglich den Endzeitpunkt einer laufenden Frist ändert (BGHZ 93, 300, 305 = NJW 1985, 1558, 1559; BGH NJW 1990, 1797). Vor Erlass des Beschlusses ist im Falle der Abkürzung oder wiederholten Verlängerung gem § 225 Abs 2 ZPO der Gegner zu hören. Nicht erforderlich ist ein Beschluss, wenn es um die Abkürzung der Ladungsfrist, die Verlängerung der Berufungs- oder Revisionsbegründungsfrist sowie die Verlängerung von Fristen, die für die Zustellung vorbereitender Schriftsätze bestimmt sind, geht; hier genügt gem § 124a Abs 3 S 3 VwGO, § 139 Abs 3 S 3 VwGO, § 226 Abs 1 ZPO eine **prozessleitende Verfügung** des Vorsitzenden, des Einzelrichters oder des Berichterstatters.

§ 58 [Rechtsbehelfsbelehrung]

(1) Die Frist für ein Rechtsmittel oder einen anderen Rechtsbehelf beginnt nur zu laufen, wenn der Beteiligte über den Rechtsbehelf, die Verwaltungsbehörde oder das Gericht, bei denen der Rechtsbehelf anzubringen ist, den Sitz und die einzuhaltende Frist schriftlich oder elektronisch belehrt worden ist.

(2) [1]Ist die Belehrung unterblieben oder unrichtig erteilt, so ist die Einlegung des Rechtsbehelfs nur innerhalb eines Jahres seit Zustellung, Eröffnung oder Verkündung zulässig, außer wenn die Einlegung vor Ablauf der Jahresfrist infolge höherer Gewalt unmöglich war oder eine schriftliche oder elektronische Belehrung dahin erfolgt ist, daß ein Rechtsbehelf nicht gegeben sei. [2]§ 60 Abs. 2 gilt für den Fall höherer Gewalt entsprechend.

Die Vorschrift des § 58 VwGO beruht auf dem Gedanken, dass niemand aus Rechtsunkenntnis eines Rechtsbehelfs verlustig gehen soll. Ohne eine Pflicht zur Erteilung einer Rechtsbehelfsbelehrung zu statuieren (Rn 4), bestimmt § 58 Abs 1 VwGO daher, dass die gesetzliche Frist für einen Rechtsbehelf nur zu laufen beginnt, wenn der Betroffene über den Rechtsbehelf (Rn 13), die Verwaltungsbehörde oder das Gericht, bei denen der Rechtsbehelf anzubringen ist (Rn 15), den Sitz (Rn 15) und die einzuhaltende Frist (Rn 16) schriftlich oder elektronisch belehrt worden ist. Fehlt es an einer Rechtsbehelfsbelehrung, die diesen Anforderungen genügt, oder enthält sie darüber hinausgehende unrichtige oder irreführende Zusätze, die geeignet sind, den Betroffenen von der – rechtzeitigen – Einlegung des statthaften Rechtsbehelfs abzuhalten (Rn 21), so ist die Einlegung eines Rechtsbehelfs allerdings auch nicht zeitlich unbeschränkt zulässig, sondern gem § 58 Abs 2 VwGO grundsätzlich nur innerhalb einer Ausschlussfrist von einem Jahr (Rn 23). Etwas anderes gilt lediglich dann, wenn die Einlegung vor Ablauf der Jahresfrist infolge höherer Gewalt unmöglich war (Rn 27) oder eine Belehrung dahin erfolgt ist, dass ein Rechtsbehelf nicht gegeben sei (Rn 28); in diesem Fall läuft auch die Jahresfrist des § 58 Abs 2 VwGO nicht. Ebenfalls weder die kurze Rechtsbehelfsfrist noch die Jahresfrist beginnt gem § 57 Abs 1 VwGO zu laufen, wenn es bereits an einer ordnungsgemäßen Zustellung, Verkündung oder Bekanntgabe der anfechtbaren Entscheidung fehlt (Rn 24). In diesem Fall kann die Einlegung des Rechtsbehelfs jedoch nach allgemeinen Grundsätzen verwirkt werden.

Übersicht

A. Erforderlichkeit einer Rechtsbehelfsbelehrung

1   Die Vorschrift des § 58 VwGO basiert auf dem Gedanken, dass niemand aus Rechtsunkenntnis eines Rechtsbehelfs verlustig gehen soll. Sie macht deshalb in Abs 1 den Lauf der gesetzlichen Rechtsbehelfsfristen davon abhängig, dass dem Betreffenden eine ordnungsgemäße Rechtsbehelfsbelehrung erteilt wird. Die Rechtsbehelfsbelehrung muss die in Abs 1 genannten Angaben enthalten; soweit sie darüber hinausgehende Zusätze enthält, dürfen diese nicht in einer Weise unrichtig oder irreführend sein, die geeignet ist, die Einlegung des Rechtsbehelfs zu erschweren (vgl etwa BVerwGE 57, 188, 190 = NJW 1979, 1670). Eine

Pflicht zur Erteilung einer Rechtsbehelfsbelehrung lässt sich der Vorschrift damit aber nicht entnehmen. Folge der fehlenden oder fehlerhaften Erteilung einer Rechtsbehelfsbelehrung ist vielmehr nur, dass anstelle der – kurzen – Rechtsbehelfsfrist die Ausschlussfrist von einem Jahr gem § 58 Abs 2 VwGO läuft, und zwar unabhängig davon, ob der Betroffene durch die fehlende oder fehlerhafte Rechtsbehelfsbelehrung tatsächlich von der rechtzeitigen Einlegung des statthaften Rechtsbehelfs abgehalten worden ist (BVerwGE 57, 188, 191 = NJW 1979, 1670). Auf eine Kausalität kommt es insoweit also nicht an.

I. Anwendungsbereich des § 58 VwGO

Die beschriebenen Rechtsfolgen treten indessen nicht bei allen nach der VwGO mögli- **2** chen Rechtsbehelfen ein. Vom Anwendungsbereich des § 58 VwGO umfasst sind vielmehr nur die **ordentlichen Rechtsbehelfe der VwGO**, dh neben den Rechtsmitteln im engeren Sinne (Berufung und Antrag auf Zulassung der Berufung, Revision und Beschwerde gegen die Nichtzulassung der Revision, sonstige Beschwerde) auch die Klage und – jedenfalls aufgrund der Verweisung in § 70 Abs 2 VwGO – der Widerspruch. Ebenfalls erfasst ist nach hM der Antrag auf mündliche Verhandlung nach Gerichtsbescheid gem § 84 Abs 2 Nr 2 VwGO.

Keine Geltung beansprucht § 58 VwGO demgegenüber für **außerordentliche Rechts-** **3** **behelfe**, zu denen insbes der Antrag auf Wiedereinsetzung in den vorigen Stand nach § 60 VwGO, die Anhörungsrüge nach § 152a VwGO, der Antrag auf Urteilsberichtigung oder -ergänzung gem §§ 119, 120 VwGO sowie die Nichtigkeits- und Restitutionsklage nach § 153 VwGO zählen. Gleiches gilt für Ausschlussfristen, die zB nach § 60 Abs 3 VwGO oder § 58 Abs 2 VwGO zu wahren sind. Auch der Antrag auf Anordnung oder Wiederherstellung der aufschiebenden Wirkung nach § 80 Abs 5 VwGO ist – da nicht fristgebunden – nach hM vom Anwendungsbereich des § 58 VwGO ausgenommen (vgl Redeker/v Oertzen/M. Redeker VwGO § 58 Rn 3). In all diesen Fällen hat der fehlende oder fehlerhafte Erteilung einer Rechtsbehelfsbelehrung mithin **nicht** zur Folge, dass die gesetzlich vorgesehene Rechtsbehelfs- oder Ausschlussfrist nicht zu laufen beginnt.

Ebenfalls keine Anwendung findet § 58 VwGO auf die **Anschlussberufung**. Hierbei **3a** handelt es sich nicht um ein Rechtsmittel und auch nicht um einen Rechtsbehelf iSd Vorschrift, sondern um einen gegenläufigen Sachantrag im Rahmen des von einem anderen Rechtsmittelkläger eingelegten Rechtsmittels, mit dem der Rechtsmittelgegner auf die Rechtsmittelanträge des Rechtsmittelführers antwortet und die Beschränkung des Rechtsmittelgerichts aus § 128 VwGO beseitigt (BVerwG BeckRS 2012, 49199 = NVwZ 2012, 1045).

II. Pflicht zur Erteilung einer Rechtsmittelbelehrung

Eine Pflicht zur Erteilung einer Rechtsbehelfsbelehrung lässt sich der Vorschrift des § 58 **4** VwGO ebenso wenig entnehmen wie dem Rechtsstaatsprinzip des Art 20 GG, dem Recht auf effektiven Rechtsschutz des Art 19 Abs 4 GG oder dem Gleichheitsgrundsatz des Art 3 GG. Sofern nicht anderweitige gesetzliche Vorschriften eine derartige Pflicht statuieren, sind die Behörden und Gerichte demgemäß nicht verpflichtet, ihre – anfechtbaren – Entscheidungen mit einer Rechtsbehelfsbelehrung zu versehen. Kraft anderweitiger gesetzlicher Vorschrift besteht eine **Pflicht** zur Rechtsbehelfsbelehrung jedoch für **Urteile** (§ 117 Abs 2 Nr 6 VwGO), für **Gerichtsbescheide** (§ 84 Abs 1 S 3 iVm § 117 Abs 2 Nr 6 VwGO), für **Widerspruchsbescheide** (§ 73 Abs 3 S 1 VwGO) sowie für **schriftliche Verwaltungs-akte von Bundesbehörden** (§ 37 Abs 6 VwVfG), nach der Rechtsprechung darüber hinaus für **urteilsersetzende Beschlüsse** und streitentscheidende **Beschlüsse im vorläufigen Rechtsschutzverfahren** (BVerwG NVwZ 2000, 190, 192).

Unabhängig davon, ob eine Pflicht zur Erteilung einer Rechtsbehelfsbelehrung besteht **5** oder nicht, führen ihr Fehlen oder die Unrichtigkeit jedoch lediglich dazu, dass die Rechtsbehelfsfrist nicht in Gang gesetzt wird. Eine fehlende oder fehlerhafte Rechtsbehelfsbelehrung hat demgegenüber nicht etwa zur Folge, dass die behördliche oder gerichtliche Entscheidung rechtswidrig, die Einlegung eines Rechtsbehelfs entbehrlich oder ein an sich nicht gegebener Rechtsbehelf zulässig würde (vgl näher Rn 30).

B. Form der Rechtsbehelfsbelehrung

I. Schriftform oder elektronische Form

6   Um die Rechtsbehelfsfrist in Gang zu setzen, muss die Rechtsbehelfsbelehrung gem § 58 Abs 1 VwGO **schriftlich** oder – seit der Änderung durch das Justizkommunikationsgesetz vom 22.3.2005 (BGBl I S 837) – **elektronisch** erfolgen. Eine mündliche Bekanntgabe oder Verkündung genügt demgegenüber nicht (Eyermann/Schmidt VwGO § 58 Rn 11). Schriftlichkeit bedeutet dabei in Abgrenzung zur Mündlichkeit in erster Linie, dass die Rechtsbehelfsbelehrung in Form eines lesbaren Textes auf einem Schriftträger niedergelegt ist. Weiter erforderlich ist, dass der Urheber des Textes und sein Wille, die niedergeschriebene Erklärung in den Rechtsverkehr zu bringen, erkennbar sind. Dies wird regelmäßig durch eine unter dem Text angebrachte Unterschrift bewirkt, kann sich aber auch aus anderen Umständen ergeben, die eine der Unterschrift vergleichbare Gewähr bieten (OVG Münster BeckRS 2008, 40247).

II. Sprache

7   Die Rechtsbehelfsbelehrung ist sowohl im Verwaltungsverfahren als auch im verwaltungsgerichtlichen Verfahren gem § 23 Abs 1 VwVfG bzw § 55 VwGO iVm § 184 GVG in **deutscher Sprache** zu erteilen. Dies gilt auch, wenn die betreffende Entscheidung gegenüber einem Ausländer ergeht. Eine – verfassungsrechtliche – Verpflichtung zur Erteilung einer Rechtsbehelfsbelehrung in einer Sprache, die der Ausländer beherrscht, besteht nicht (vgl BVerfGE 42, 120 = NJW 1976, 1021). Jedoch ist bei unverschuldeter Fristversäumnis Wiedereinsetzung in den vorigen Stand zu gewähren (BVerfG NJW 1975, 1597). Zudem bleibt es den Behörden und Gerichten unbenommen, zusätzlich zu der Rechtsbehelfsbelehrung in deutscher Sprache eine fremdsprachliche Rechtsbehelfsbelehrung zu erteilen (Sodan/Ziekow/Czybulka VwGO § 58 Rn 43).

III. Verbindung mit der Entscheidung

8   Bei **Urteilen** und **Gerichtsbescheiden** sowie bei urteilsersetzenden Beschlüssen und streitentscheidenden **Beschlüssen** im einstweiligen Rechtsschutzverfahren (vgl oben Rn 4) ist die Rechtsbehelfsbelehrung gem § 117 Abs 2 Nr 6 VwGO, § 84 Abs 1 S 3 VwGO, § 122 VwGO **Bestandteil der Entscheidung** (vgl BVerwG NVwZ 2000, 190, 191). Dies bedeutet, dass sie, um wirksam zu sein, von den Unterschriften der Richter gedeckt sein muss (§ 117 Abs 1 S 2 VwGO). Eine Rechtsbehelfsbelehrung, die dem Urteil, Gerichtsbescheid oder Beschluss in einem gesonderten Schreiben beigefügt ist, ist daher unwirksam. Nachgeholt oder berichtigt werden kann eine fehlende oder fehlerhafte Rechtsbehelfsbelehrung gem § 118 VwGO nur, indem die gesamte ergänzte Entscheidung erneut zugestellt wird (BVerwG NVwZ 2000, 190, 192).

9   Für den **Widerspruchsbescheid** statuiert § 73 Abs 3 S 1 VwGO eine Pflicht zur Verbindung von Entscheidung und Rechtsbehelfsbelehrung. Da die Rechtsbehelfsbelehrung hierdurch jedoch nicht Bestandteil des Widerspruchsbescheides wird, kann sie auch mit gesondertem Schreiben erfolgen (vgl BVerwG NJW 1998, 3070), das noch nachträglich übersandt werden kann und zudem nicht unterschrieben sein muss (vgl BVerwG NVwZ 2000, 190, 192); die Verwendung eines Formblattes genügt. Eine Verbindung von Entscheidung und Rechtsbehelfsbelehrung ist darüber hinaus auch in allen übrigen Fällen zweckmäßig.

IV. Zustellung

10   Eine Pflicht zur Zustellung der Rechtsbehelfsbelehrung sieht § 58 VwGO nicht vor. Für Urteile, Gerichtsbescheide, urteilsersetzende Beschlüsse und streitentscheidende Beschlüsse im einstweiligen Rechtsschutzverfahren folgt sie jedoch aus einer direkten oder entsprechenden Anwendung des **§ 116 Abs 1 S 2 VwGO**, da die Rechtsbehelfsbelehrung Bestandteil der Entscheidung ist, für die ihrerseits eine Zustellungspflicht besteht. Desgleichen dürfte sich für Widerspruchsbescheide ein Zustellungserfordernis auch für die Rechtsbehelfsbelehrung

aus **§ 73 Abs 3 S 1 VwGO** ergeben (vgl Sodan/Ziekow/Czybulka VwGO § 58 Rn 48). Ansonsten genügt die für die Bekanntgabe der Entscheidung, auf die sich die Rechtsbehelfsbelehrung bezieht, maßgebliche Form (Kopp/Schenke VwGO § 58 Rn 9).

C. Inhalt der Rechtsbehelfsbelehrung

Um die Rechtsbehelfsfrist in Gang zu setzen, muss eine Rechtsbehelfsbelehrung die in **11** **§ 58 Abs 1 VwGO** aufgeführten **Angaben** vollständig und richtig enthalten. Darüber hinaus dürfen ihr weitere – nicht erforderliche – **Zusätze** angefügt werden. Fehlerhaft wird die Rechtsbehelfsbelehrung jedoch, wenn diese Zusätze unrichtige oder irreführende Angaben enthalten, die geeignet sind, beim Betroffenen einen Irrtum über die formellen und/ oder materiellen Voraussetzungen des in Betracht kommenden Rechtsbehelfs hervorzurufen und ihn dadurch abzuhalten, den Rechtsbehelf einzulegen bzw rechtzeitig einzulegen (BVerwGE 25, 191, 192; 37, 85, 86; 57, 188, 190 = NJW 1979, 1670).

I. Notwendiger Inhalt

Zum notwendigen Inhalt gehört nach § 58 Abs 1 VwGO eine Belehrung über den **12** Rechtsbehelf, die Verwaltungsbehörde oder das Gericht, bei denen der Rechtsbehelf anzubringen ist, den Sitz der Behörde oder des Gerichts sowie die einzuhaltende Frist.

1. Rechtsbehelf

Erforderlich ist eine Belehrung über die **Art** des in Betracht kommenden Rechtsbehelfs **13** (zB Widerspruch, Klage, Beschwerde, Antrag auf Zulassung der Berufung). Bei den zweistufig aufgebauten Rechtsbehelfsverfahren, in denen die Begründung des Rechtsbehelfs binnen von der Frist für die Einlegung abweichenden Frist vorzunehmen ist, bedarf es einer zutreffenden Belehrung nicht nur über die Einlegungsfrist, sondern auch über das Erfordernis der fristgerechten Begründung (BVerwGE 5, 178 = NJW 1957, 1571). Wird die Berufung durch Beschluss des Oberverwaltungsgerichts bzw Verwaltungsgerichtshofes zugelassen, so bedarf es mit dem Beschluss einer Belehrung über die Notwendigkeit der Berufungsbegründung binnen eines Monats gem § 124a Abs 6 S 1 VwGO (BVerwG NJW 2009, 2322). Ob der statthafte Rechtsbehelf im Einzelfall auch zulässig ist, ist unerheblich (Redeker/v Oertzen/M. Redeker VwGO § 58 Rn 6). Hingewiesen werden muss jedoch nur auf Rechtsbehelfe im Sinne der **VwGO**, nicht hingegen beispielsweise auf die Möglichkeit einer Verfassungsbeschwerde. Auch führt das Fehlen einer Rechtsmittelbelehrung über die Streitwertbeschwerde nicht zur Unrichtigkeit der Rechtsmittelbelehrung hinsichtlich der Sachentscheidung (VGH Kassel NVwZ-RR 1997, 308). Sind **mehrere Rechtsbehelfe** alternativ gegeben (zB Berufung und – im erstinstanzlichen Urteil zugelassene – Sprungsrevision), so muss über alle belehrt werden (BVerwG NVwZ 1989, 1057; NJW 1993, 2256). Ist der Rechtsbehelf an eine **Beschwerdesumme** gebunden, so ist auch über diese zu belehren (Eyermann/Schmidt VwGO § 58 Rn 10).

Umstritten ist, ob in der Rechtsbehelfsbelehrung zu einem **Widerspruchsbescheid** **14** darauf hingewiesen werden muss, dass die Anfechtungsklage grds gegen den ursprünglichen Verwaltungsakt in der Gestalt des Widerspruchsbescheides zu richten ist (§ 79 Abs 1 Nr 1 VwGO), es sei denn, der Widerspruchsbescheid enthält eine erstmalige oder eine zusätzliche selbständige Beschwer (§ 79 Abs 1 Nr 2, Abs 2 S 1 VwGO). Nach der Rechtsprechung des Bundesverwaltungsgerichts ist die einem Widerspruchsbescheid beigefügte Rechtsbehelfsbelehrung, die lediglich darauf hinweist, dass Klage gegen den Widerspruchsbescheid erhoben werden kann, nicht unrichtig, da kein Zweifel daran besteht, dass mit einer daraufhin erhobenen Klage auch der Ausgangsbescheid angegriffen wird (vgl BVerwG Buchholz 310 § 58 VwGO Nr 54). Dies ist jedenfalls dann überzeugend, wenn Ausgangs- und Widerspruchsbescheid vom gleichen Rechtsträger erlassen wurden (so auch OVG Schleswig NVwZ 1992, 384, 385; Eyermann/Schmidt VwGO § 58 Rn 5; für Unrichtigkeit demgegenüber VGH München NVwZ 1987, 901, 902; Sodan/Ziekow/Czybulka VwGO § 58 Rn 51).

2. Verwaltungsbehörde bzw Gericht

15   Die Verwaltungsbehörde oder das Gericht, bei denen der Rechtsbehelf einzulegen ist, müssen **eindeutig** mit **Namen** und Sitz, dh **Ort**, bezeichnet werden (BVerwG NVwZ 1991, 261). Die Angabe nur des Namens des Gerichts (zB Hessischer VGH) ohne Angabe des Ortes genügt nur, wenn der Name zweifelsfrei zugleich den Ort des Sitzes enthält (BVerwG NJW 2009, 2322). Die Angabe von Postleitzahl, Straße und Hausnummer ist grds nicht erforderlich (BVerwGE 25, 261), es sei denn, die Zustellung des Rechtsbehelfs ist – zB wegen der Möglichkeit von Verwechslungen – sonst gefährdet. Kommen gem § 52 VwGO mehrere Verwaltungsgerichte für eine Klageerhebung in Betracht, so sind sie alle aufzuführen (BVerwG NVwZ 1993, 359). Wird ein sachlich oder örtlich unzuständiges Gericht benannt, so ist die Rechtsbehelfsbelehrung unrichtig (BVerwG Beschl v 18.5.2009, 5 B 2/09 BeckRS 2009, 34756). **Nicht** hingewiesen zu werden braucht auf die **Möglichkeit**, den Rechtsbehelf statt beim iudex ad quem beim **iudex a quo** einzulegen. Demgemäß ist eine Rechtsbehelfsbelehrung, die nicht darauf hinweist, dass der Widerspruch statt bei der Ausgangsbehörde gem § 70 Abs 1 S 2 VwGO fristwahrend auch bei der Widerspruchsbehörde erhoben werden kann, nicht unrichtig (Eyermann/Schmidt VwGO § 58 Rn 6). Fehlerhaft wäre sie jedoch, wenn allein auf die Möglichkeit der Einlegung des Widerspruchs bei der Widerspruchsbehörde hingewiesen würde (OVG Münster DÖV 1979, 104).

3. Frist

16   Zum notwendigen Inhalt einer Rechtsbehelfsbelehrung gehört gem § 58 Abs 1 VwGO schließlich der Hinweis auf die einzuhaltende Rechtsbehelfsfrist einschließlich einer ggfs einzuhaltenden Begründungsfrist (BVerwGE 5, 178 = NJW 1957, 1571). Angegeben werden muss dabei nur die – abstrakte – **Dauer** der Frist, **nicht** jedoch ihr – konkreter – **Beginn** (BVerwG NVwZ 1985, 900; NJW 1991, 508, 509). Der Hinweis, dass die Klagefrist durch die „Zustellung" des Widerspruchsbescheides in Gang gesetzt wird, ist nach der Rechtsprechung des Bundesverwaltungsgerichts daher nicht erforderlich (vgl BVerwG NJW 1991, 508, 509). Demgemäß führt der in der Rechtsbehelfsbelehrung zu einem Widerspruchsbescheid enthaltene Hinweis, dass innerhalb eines Monats nach „Bekanntgabe" Klage erhoben werden könne, jedenfalls dann nicht zur Unrichtigkeit der Rechtsbehelfsbelehrung, wenn der Widerspruchsbescheid durch die Post mittels Zustellungsurkunde gem § 3 VwZG iVm §§ 177 ff ZPO zugestellt wurde, denn bei dieser Art der Zustellung fallen Zustellung und Bekanntgabe stets zusammen (vgl BVerwG NJW 1991, 508, 509). Entsprechendes wird für die Zustellung gegen Empfangsbekenntnis zu gelten haben. Die – umstrittene – Frage, ob eine Rechtsbehelfsbelehrung mit dem beschriebenen Inhalt dann fehlerhaft ist, wenn der Bescheid gem § 4 VwZG aF mittels eingeschriebenen Briefes zugestellt wurde und damit die 3-Tages-Fiktion zur Anwendung kam (vgl OVG Münster NJW 2009, 1832; NVwZ 2001, 212, 213; NJW 1973, 165), dürfte mit der Neufassung des § 4 VwZG, wonach der Rückschein nunmehr als Zustellungsnachweis genügt, weitgehend an Bedeutung verloren haben.

17   **Nicht** hingewiesen werden muss ferner auf **Besonderheiten des Fristlaufs**, etwa auf die Kürze des Monats Februar (BVerwG NJW 1976, 865) oder die Bestimmung des Fristendes, wenn das eigentliche Ende auf einen Samstag, Sonntag oder allgemeinen Feiertag fällt (vgl BVerfGE 31, 388, 390 = NJW 1971, 2217). Die – richtige – Berechnung der Frist fällt vielmehr in den Verantwortungsbereich des Rechtsbehelfsführers (BVerwG MDR 1970, 531; Eyermann/Schmidt VwGO § 58 Rn 8). Ebenfalls nicht erforderlich ist der Hinweis darauf, dass die Frist nur durch den rechtzeitigen Eingang des Rechtsbehelfs bei der Behörde bzw dem Gericht gewahrt wird (BVerwG DÖV 1972, 790).

18   Wird in der Rechtsbehelfsbelehrung fälschlicherweise eine **zu lange Frist** angegeben, so **gilt** grds diese (Eyermann/Schmidt VwGO § 58 Rn 9; offen lassend BVerwG NVwZ 1999, 653). Etwas anderes gilt mit Blick auf § 58 Abs 2 VwGO erst dann, wenn irrig eine Frist von mehr als einem Jahr angegeben wurde; in diesem Fall wirkt die Ausschlussfrist von einem Jahr als zeitliche Grenze (BVerwG NJW 1967, 591, 592; Sodan/Ziekow/Czybulka VwGO § 58 Rn 69; vgl näher Rn 31). Ist die Frist hingegen **zu kurz** angegeben, so läuft weder diese noch die gesetzliche Frist; maßgeblich ist in diesem Fall vielmehr allein **§ 58 Abs 2 VwGO** (Sodan/Ziekow/Czybulka VwGO § 58 Rn 69).

II. Entbehrliche Hinweise

Nicht zum zwingend erforderlichen Inhalt einer Rechtsbehelfsbelehrung nach § 58 Abs 1 **19** VwGO gehören über das bereits Gesagte hinaus ferner ua:
- der Hinweis auf bei der Einlegung des Rechtsbehelfs einzuhaltende **Formvorschriften** (zB § 70 Abs 1 S 1 VwGO bzw § 81 Abs 1 VwGO, wonach der Widerspruch bzw die Klage schriftlich oder zur Niederschrift zu erheben sind; vgl BVerwGE 50, 248, 251 = NJW 1976, 1332; 57, 188, 190 = NJW 1979, 1670; NJW 1991, 508, 509; aA Kopp/ Schenke VwGO § 58 Rn 10; Redeker/v Oertzen/M. Redeker VwGO § 58 Rn 9);
- der Hinweis auf den **notwendigen Inhalt der Klage gem** § 82 Abs 1 S 1 VwGO, etwa die Angabe des Beklagten, gegen den die Klage zu richten ist (OVG NRW NVwZ 1982, 564);
- der Hinweis auf den **Vertretungszwang** nach § 67 Abs 4 VwGO (BVerwGE 52, 226, 232 = NJW 1978, 1278; NVwZ 1997, 1211, 1212).

Enthält die Rechtsbehelfsbelehrung nicht erforderliche Zusätze, so achtet die Recht- **20** sprechung jedoch streng darauf, dass diese richtig und vollständig sind und nicht geeignet, beim Betroffenen einen Irrtum über die formellen und/oder materiellen Voraussetzungen des in Betracht kommenden Rechtsbehelfs hervorzurufen und ihn dadurch davon abzuhalten, den Rechtsbehelf einzulegen bzw rechtzeitig einzulegen (BVerwGE 37, 85, 86; 57, 188, 190 = NJW 1979, 1670). Ob im Einzelfall tatsächlich ein Irrtum hervorgerufen wird und ob ein solcher Irrtum kausal für die verspätete Einlegung oder Nichteinlegung des Rechtsbehelfs ist, ist jedoch unerheblich (BVerwG NVwZ 1997, 1211, 1213).

III. Unrichtigkeit der Rechtsbehelfsbelehrung

Eine Rechtsbehelfsbelehrung ist daher nicht nur unrichtig mit der Folge, dass anstelle der **21** gesetzlichen Rechtsbehelfsfrist die Ausschlussfrist des § 58 Abs 2 VwGO gilt, wenn sie einen der in § 58 Abs 1 VwGO vorgeschriebenen Hinweise nicht oder nicht richtig enthält, sondern auch dann, wenn ihr **unrichtige oder irreführende Zusätze** beigefügt werden (vgl Rn 20). Dies hat die Rechtsprechung ua in folgenden Fällen angenommen:
- beim Hinweis darauf, dass der Rechtsbehelf **schriftlich** eingelegt werden müsse, wenn auch eine Einlegung **zur Niederschrift** möglich ist (BVerwGE 57, 188, 190 = NJW 1979, 1670);
- bei den unverbunden nebeneinander stehenden Hinweisen, dass Vertretungszwang besteht und der Rechtsbehelf schriftlich oder zur Niederschrift erhoben werden könne, denn eine Erhebung zur Niederschrift ist in diesem Fall nicht zulässig (BVerwG NVwZ 1997, 1211, 1212; OVG NRW NVwZ-RR 2002, 912);
- beim Hinweis darauf, dass der **Widerspruch – innerhalb der Widerspruchsfrist – begründet** werden müsse (BVerwGE 57, 188, 191 = NJW 1979, 1670);
- beim Hinweis darauf, dass die **Klage – innerhalb der Klagefrist – zu begründen** sei (BVerwG Buchholz 310 § 58 VwGO Nr 12);
- beim Hinweis darauf, dass die Klageschrift einen **bestimmten Antrag** enthalten müsse (BVerwGE 37, 85, 86);
- allgemein bei der Bezeichnung einer **Sollvorschrift** (zB § 82 Abs 1 S 2 und 3 VwGO) als **Mussvorschrift** (BVerwGE 37, 85, 86; 57, 188 = NJW 1979, 1670; NJW 1980, 1707, 1708);
- allgemein beim Hinweis auf **gesetzlich nicht zwingend vorgesehene Formerfordernisse**, durch den bei einem gewissenhaften Kläger der Eindruck hervorgerufen werden kann, dass die Rechtsverfolgung scheitern werde, wenn er die Formerfordernisse nicht beachtet (BVerwGE 57, 188, 190 = NJW 1979, 1670; NJW 1980, 1707, 1708).

Als unschädlich werden demgegenüber folgende Hinweise eingestuft: **22**
- dass die Klage den „**Streitgegenstand**" (statt gem § 82 Abs 1 S 1 VwGO den „Gegenstand des Klagebegehrens") bezeichnen muss;
- dass die Einlegung des Rechtsbehelfs schriftlich „**bzw**" zur Niederschrift (statt schriftlich „oder" zur Niederschrift) erfolgen muss (BVerwG DÖV 1981, 635);
- dass der Widerspruch in dreifacher Ausfertigung „erbeten" wird;
- dass es „**tunlich**" sei, den Widerspruch bzw die Klage **zu begründen** und einen bestimmten Antrag zu stellen (BVerwG NJW 1982, 300).

D. Rechtsfolgen fehlender oder fehlerhafter Rechtsbehelfsbelehrung

I. Ausschlussfrist des § 58 Abs 2 VwGO

23   Ist eine Rechtsbehelfsbelehrung unterblieben oder unrichtig erteilt worden, so führt dies gem § 58 Abs 2 VwGO grds dazu, dass anstelle der gesetzlichen Rechtsbehelfsfrist eine Ausschlussfrist von einem Jahr läuft. Die Vorschrift des § 58 Abs 2 VwGO beruht auf dem Gedanken, dass die Betroffenen jedenfalls innerhalb eines Jahres Gelegenheit haben, sich über mögliche Rechtsbehelfe zu informieren, und will verhindern, dass Rechtsbehelfe trotz fehlender oder fehlerhafter Rechtsbehelfsbelehrung zeitlich unbegrenzt möglich bleiben. Die **Jahresfrist** des § 58 Abs 2 VwGO stellt deshalb – sofern sie in Gang gesetzt wird – eine **absolute zeitliche Grenze** für die Einlegung von Rechtsbehelfen dar.

1. Fristbeginn

24   Die Ausschlussfrist des § 58 Abs 2 VwGO beginnt mit der **Zustellung, Eröffnung** oder **Verkündung** der Entscheidung zu laufen, gegen die sich der Rechtsbehelf richtet. Bei einem Verkehrszeichen wird diese Frist mit der Aufstellung in Gang gesetzt (BVerwG NJW 1997, 1021; VGH Kassel NJW 1999, 2057). Fehlt es an einer ordnungsgemäßen Zustellung, Eröffnung oder Verkündung, so wird die Ausschlussfrist nicht in Gang gesetzt. In diesem Fall ist der Rechtsbehelf weder an die gesetzliche Rechtsbehelfsfrist noch an die Jahresfrist des § 58 Abs 2 VwGO gebunden, sondern kann lediglich nach allgemeinen Grundsätzen verwirkt werden.

2. Fristwahrung

25   Gewahrt ist die Ausschlussfrist, wenn der Rechtsbehelf vor ihrem Ablauf eingelegt wird. Als Ausschlussfrist kann sie weder von der Behörde noch vom Gericht verlängert werden. Bei Versäumung kommt eine Wiedereinsetzung nur unter den engen Voraussetzungen des § 58 Abs 2 VwGO, dh nur bei höherer Gewalt, in Betracht.

26   Umstritten ist, ob die Jahresfrist dem Betroffenen auch dann noch zur Verfügung steht, wenn er einen Rechtsbehelf, über den er nicht ordnungsgemäß belehrt worden war, innerhalb der Jahresfrist zunächst eingelegt und später wieder zurückgenommen hat. Mit Blick darauf, dass die Ausschlussfrist des § 58 Abs 2 VwGO unabhängig von einer Kausalität zwischen der Unrichtigkeit der Rechtsbehelfsbelehrung und der Versäumung der Rechtsbehelfsfrist zur Anwendung kommt (vgl Rn 1), spricht vieles dafür, dass der Betroffene in diesem Fall – wie auch sonst innerhalb der gesetzlichen Rechtsbehelfsfrist – den Rechtsbehelf innerhalb der Jahresfrist erneut einlegen kann (so Redeker/v Oertzen/M. Redeker VwGO § 58 Rn 15; Kopp/Schenke VwGO § 58 Rn 16; aA Eyermann/Schmidt VwGO § 58 Rn 15; S/S/B/Meissner VwGO § 58 Rn 48).

3. Wiedereinsetzung

27   Wiedereinsetzung bei Versäumung der Ausschlussfrist kann zwar nicht unmittelbar nach der Vorschrift des § 60 VwGO, aber gem § 58 Abs 2 VwGO, der in Satz 2 die entsprechende Geltung des § 60 Abs 2 VwGO anordnet, dann gewährt werden, wenn die Einlegung des Rechtsbehelfs vor Ablauf der Jahresfrist infolge **höherer Gewalt** unmöglich war. Der Begriff der höheren Gewalt ist enger als derjenige des fehlenden Verschuldens in § 60 Abs 1 VwGO; er entspricht weitgehend dem Begriff der „Naturereignisse und anderen unabwendbaren Zufälle" iSd § 233 Abs 1 ZPO aF (BVerwG NJW 1986, 207, 208). Höhere Gewalt liegt danach vor bei außergewöhnlichen Ereignissen, die von den Beteiligten bei dem ihnen nach der Lage des Falles sowie ihren persönlichen Verhältnissen zumutbaren äußersten Maß an Sorgfalt nicht vermieden werden konnten (BVerwG NJW 1986, 207, 208). Höhere Gewalt setzt kein von außen kommendes Ereignis voraus und kann zB vorliegen bei einem Versehen des sonst zuverlässigen Büropersonals (BVerwG NJW 1986, 207), bei treuwidrigem Verhalten der Behörde (BVerwG NJW 1980, 1480) oder auch im Falle einer Krankheit, die nicht vorauszusehen und deren Wirkung durch vorsorgliche Maßnahmen nicht zu beseitigen war (Rosenberg/Schwab, Zivilprozessrecht, S 336).

4. Ausnahmen von der Ausschlussfrist

Neben dem Fall der fehlenden oder nicht ordnungsgemäßen Zustellung, Verkündung **28** oder Eröffnung der angreifbaren Entscheidung (vgl Rn 28) beginnt kraft Gesetzes auch dann keine Frist (dh weder die kurze Rechtsbehelfsfrist noch die Ausschlussfrist des § 58 Abs 2 VwGO) zu laufen, wenn eine **schriftliche Belehrung** dahingehend erfolgt ist, **dass kein Rechtsbehelf gegeben** sei. Ein Wiedereinsetzungsverfahren entsprechend § 60 Abs 2 VwGO ist in diesem Falle nicht erforderlich. Einer Belehrung, dass kein Rechtsbehelf gegeben sei, steht es nach der Rechtsprechung gleich, wenn in der Belehrung ein **falscher Rechtsbehelf** angegeben wurde (BVerwG NVwZ 1988, 153; NVwZ 1986, 478). Diese Erweiterung des § 58 Abs 2 S 1 VwGO über seinen Wortlaut hinaus lässt sich damit rechtfertigen, dass auch in diesem Falle der statthafte Rechtsbehelf letztlich als nicht gegeben dargestellt wurde (vgl Sodan/Ziekow/Czybulka VwGO § 58 Rn 83).

Eine weitere Ausnahme vom Lauf der Ausschlussfrist des § 58 Abs 2 VwGO besteht nach **29** der Rechtsprechung des Bundesverwaltungsgerichts in den Fällen, in denen sich ein **Verwaltungsakt** vor Klageerhebung und vor Eintritt der Bestandskraft **erledigt.** Die hier zu erhebende Feststellungs- oder Fortsetzungsfeststellungsklage soll weder an die gesetzliche Klagefrist des § 74 VwGO noch an die Jahresfrist des § 58 Abs 2 VwGO gebunden sein (BVerwG NVwZ 2000, 63, 64).

II. Sonstige Rechtsfolgen fehlender oder fehlerhafter Rechtsbehelfsbelehrung

Über die in § 58 Abs 2 VwGO vorgesehene Rechtsfolge hinaus zeitigt das Fehlen einer **30** ordnungsgemäßen Rechtsbehelfsbelehrung **keine weiteren unmittelbaren Wirkungen.** Insbes führt das Fehlen einer den Anforderungen des § 58 Abs 1 VwGO genügenden Rechtsbehelfsbelehrung nicht zur Rechtswidrigkeit der Entscheidung selbst, und zwar auch dann nicht, wenn die Erteilung einer Rechtsbehelfsbelehrung aufgrund anderweitiger gesetzlicher Vorschrift vorgeschrieben war (vgl oben Rn 4). Ebenso wenig wird die Einlegung des statthaften Rechtsbehelfs, über den nicht ordnungsgemäß belehrt worden ist, entbehrlich (BVerwG NVwZ-RR 1995, 90; VGH Mannheim, NVwZ-RR 1999, 431, 432) oder ein an sich nicht gegebener Rechtsbehelf, über den fälschlicherweise belehrt worden ist, zulässig (BVerwGE 63, 198, 200). Wird allerdings aufgrund einer unrichtigen Rechtsbehelfsbelehrung beispielsweise Klage bei einem unzuständigen Gericht eingereicht, so können die hierdurch entstehenden **Kosten gem § 155 Abs 4 VwGO** der Behörde auferlegt werden (Kopp/Schenke VwGO § 58 Rn 3).

III. Nachholung oder Berichtigung der Rechtsbehelfsbelehrung

War der anfechtbaren Entscheidung der Behörde oder des Gerichts keine oder eine **31** unrichtige Rechtsbehelfsbelehrung beigefügt, so kann diese grds jederzeit nachgeholt oder berichtigt werden. Mit der Zustellung oder Bekanntgabe der ordnungsgemäßen Rechtsbehelfsbelehrung beginnt dann die – kurze – Rechtsbehelfsfrist zu laufen. Eine **zeitliche Grenze** für die Nachholung bzw Berichtigung bilden jedoch die **Jahresfrist** des § 58 Abs 2 VwGO sowie im gerichtlichen Verfahren der Eintritt der formellen Rechtskraft (vgl Sodan/Ziekow/Czybulka VwGO § 58 Rn 71, 73; aA Eyermann/Schmidt VwGO § 58 Rn 16). Denn die Jahresfrist des § 58 Abs 2 VwGO markiert nach dem Willen des Gesetzgebers eine absolute zeitliche Grenze, nach der auch eine ursprünglich nicht mit einer ordnungsgemäßen Rechtsbehelfsbelehrung versehene behördliche oder gerichtliche Entscheidung bestands- bzw rechtskräftig werden soll. Nach Ablauf der Jahresfrist kann eine fehlende oder unrichtige Rechtsbehelfsbelehrung daher nicht mehr nachgeholt oder berichtigt werden. Ebenso kann eine Nachholung oder Berichtigung vor Ablauf der Jahresfrist nicht dazu führen, dass dadurch eine Rechtsbehelfsfrist in Gang gesetzt wird, die erst nach Ablauf der Jahresfrist endet.

§ 59 [aufgehoben]

§ 59 VwGO wurde durch G v 31.5.2013 (BGBl I 1388) mWv 7.6.2013 aufgehoben. Eine vergleichbare Regelung findet sich nunmehr in § 37 Abs. 6 VwVfG, der durch das genannte Gesetz neu in das VwVfG eingefügt worden ist.

§ 60 [Wiedereinsetzung]

(1) Wenn jemand ohne Verschulden verhindert war, eine gesetzliche Frist einzuhalten, so ist ihm auf Antrag Wiedereinsetzung in den vorigen Stand zu gewähren.

(2) [1]Der Antrag ist binnen zwei Wochen nach Wegfall des Hindernisses zu stellen; bei Versäumung der Frist zur Begründung der Berufung, des Antrags auf Zulassung der Berufung, der Revision, der Nichtzulassungsbeschwerde oder der Beschwerde beträgt die Frist einen Monat. [2]Die Tatsachen zur Begründung des Antrags sind bei der Antragstellung oder im Verfahren über den Antrag glaubhaft zu machen. [3]Innerhalb der Antragsfrist ist die versäumte Rechtshandlung nachzuholen. [4]Ist dies gesehehen, so kann die Wiedereinsetzung auch ohne Antrag gewährt werden.

(3) Nach einem Jahr seit dem Ende der versäumten Frist ist der Antrag unzulässig, außer wenn der Antrag vor Ablauf der Jahresfrist infolge höherer Gewalt unmöglich war.

(4) Über den Wiedereinsetzungsantrag entscheidet das Gericht, das über die versäumte Rechtshandlung zu befinden hat.

(5) Die Wiedereinsetzung ist unanfechtbar.

Wird eine Prozesshandlung nicht innerhalb gesetzlich vorgeschriebener Frist (Rn 1) fehlerfrei vorgenommen, so folgt dieser Säumnis (Rn 5) der Ausschluss der Prozesshandlung (§ 173 iVm § 230 ZPO). Dies fördert die zügige Erledigung des Rechtsstreits und verhindert Prozessverzögerungen. In der Sache widerstreiten hier die Ordnungsgedanken der Rechtssicherheit und Verfahrensökonomie (BVerfGE 35, 41, 47 = NJW 1973, 1315; BVerfGE 60, 253, 267 ff = NJW 1982, 2425) mit materiellen Prozessgrundrechten (rechtliches Gehör Art 103 Abs 1 GG, effektiver Rechtsschutz Art 19 Abs 4 GG). Dabei findet das verfassungsrechtliche Gebot fristabhängiger Unanfechtbarkeit staatlicher Entscheidungen (BVerfGE 60, 253, 289) dort seine Grenze, wo die Einhaltung dieser Frist trotz Beachtung zumutbarer Sorgfalt (Rn 8) nicht möglich war. Die Wiedereinsetzung (Rn 27) ermöglicht hier das Nachholen (Rn 39) bzw das Beheben des Mangels der Prozesshandlung. Der „vorige Stand" ist derjenige, in dem sich das Verfahren vor der Fristversäumung befand, die nachgeholte Prozeßhandlung wird also als rechtzeitig vorgenommen fingiert (Rn 43) (MünchKommZPO/Feiber ZPO § 233 Rn 4). Gleichzeitig wird die zunächst eingetretene Bestandskraft des Verwaltungsakts bzw Rechtskraft des angefochtenen Urteils rückwirkend beseitigt, eine bereits ergangene Rechtsmittelentscheidung wird gegenstandslos (BGH NJW 1987, 327, 328).

Absatz 1 beschreibt den Wiedereinsetzungsgrund (Rn 6), Absätze 2 bis 5 regeln das Wiedereinsetzungsverfahren (Rn 27). Über § 173 finden ergänzend §§ 233 ZPO ff Anwendung, etwa § 236 Abs 1 und § 238 Abs 1 und 2 S 1 ZPO, die Einzelheiten über das Wiedereinsetzungsverfahren und die Form der gerichtlichen Entscheidung regeln (BVerwG NJW 1991, 2096, 2097).

Einer restriktiven fachgerichtlichen Praxis entgegenwirkend wendet sich das BVerfG regelmäßig gegen eine normzweckwidrige Überspannung des Prüfungsmaßstabs (BVerfG NJW 1996, 2857; NJW 1999, 3702; BVerfGE 35, 41, 47 f).

Übersicht

Wiedereinsetzung

§ 60 VwGO

A. Einhaltung einer gesetzlichen Frist

Gesetzliche Fristen sind Zeiträume für die Vornahme von Prozeßhandlungen, die kraft **1** abstrakt-genereller Regelung nach Eintritt eines bestimmten Ereignisses – in der Regel die Zustellung einer gerichtlichen Entscheidung gem § 56 Abs 2 VwGO – zu laufen beginnen (BVerwG DVBl 1986, 287). Zu nennen sind vor allem Fristen für die Einlegung und Begründung von **Rechtsbehelfen**, also die Klagefrist (§ 74 Abs 1 und 2 VwGO), die Berufungsfrist (§ 124 Abs 2 VwGO), die Revisionsfrist (§ 139 Abs 1 VwGO), die Beschwerdefrist (§ 147 Abs 1 VwGO; für die Beschwerde gegen die Nichtzulassung der Berufung: § 131 Abs 5 S 2 VwGO; für die Beschwerde gegen die Nichtzulassung der Revision: § 133 Abs 2 S 1 VwGO), die Frist für die Begründung der Revision (§ 139 Abs 3 VwGO) und der Beschwerde gegen die Nichtzulassung der Revision (§ 133 Abs 3 S 1 VwGO) sowie die Frist für die Erhebung der Nichtigkeits- und der Restitutionsklage (§ 586 Abs 1 ZPO iVm § 153 VwGO). Eine wiedereinsetzungsfähige gesetzliche Frist ist auch die Frist für den Antrag auf Wiedereinsetzung nach Abs 2, auch Fristen für Anträge auf Berichtigung des Tatbestandes (§ 119 Abs 1 VwGO) oder Urteilsergänzung (§ 120 Abs 2 VwGO). Hierzu zählen auch spezialgesetzlich bestimmte Fristen für Anträge auf Anordnung oder Wiederherstellung der aufschiebenden Wirkung nach § 80 Abs 5 VwGO, § 80a Abs 3 VwGO, etwa in § 36 Abs 3 S 1 AsylVfG oder § 10 Abs 2 S 2 BauGBMaßnG. Für die Widerspruchsfrist gilt § 60 Abs 1 bis 4 VwGO gem § 70 Abs 2 VwGO entsprechend.

Für sog **uneigentliche gesetzliche Fristen** (vgl § 234 Abs 3 ZPO), die ohne Berück- **2** sichtigung des Fehlens von Verschulden einen definitv letzten Zeitpunkt für die Vornahme einer Prozesshandlung festlegen läßt die VwGO (vgl § 58 Abs 2 VwGO und § 60 Abs 3 VwGO, dazu BVerwGE 58, 100, 103; NJW 1986, 207, 208) die Wiedereinsetzung in Fällen höherer Gewalt zu.

Keine Wiedereinsetzung ist hinsichtlich **materiell-rechtlicher Ausschlußfristen** mög- **3** lich (BVerwG NVwZ 1994, 575), sie unterliegen – mangels spezieller Regelung (vgl BVerwGE 51, 80, 82) – als Anspruchsvoraussetzung nicht der Disposition der Gerichte. Unvertretbare Ergebnisse lassen sich hier nur durch den Grundsatz von Treu und Glauben abwenden (BVerwG NVwZ 1988, 1128; OVG Koblenz DÖD 1993, 60, 61; VGH Mannheim DÖV 1994, 484).

Auf **richterliche Fristen** findet § 60 VwGO ebenfalls **keine** Anwendung (aber § 82 **4** Abs 2 S 3 VwGO; vgl auch BVerwG NJW 1994, 673). An seine Stelle tritt funktional die Möglichkeit einer Verlängerung (§ 57 Abs 2 VwGO, § 224 Abs 2 ZPO), sofern der Antrag noch innerhalb der Frist bei Gericht eingeht. Ebensowenig auf **vereinbarte Fristen** wie diejenige zum Widerruf eines Prozeßvergleichs (§ 106 VwGO), dies würde in die Privatautonomie der Beteiligten eingreifen (BVerwG NJW 1980, 1752, 1753; aA Stein/Jonas/ Roth ZPO § 233 Rn 23).

B. Verhinderung

§ 60 VwGO setzt voraus, dass eine gesetzliche Frist **tatsächlich versäumt** worden ist. **5** Dies – insbes die Ingangsetzung der Frist oder den Eingang eines Schriftsatzes bei Gericht – hat das Gericht gegebenenfalls durch Beweisaufnahme zu klären.

Eine Wiedereinsetzung setzt voraus, dass der Beteiligte während der laufenden Frist **6** **gehindert** war, die Prozeßhandlung rechtzeitig vorzunehmen, die Fristwahrung muss ihm unmöglich oder unzumutbar (BVerfGE 71, 348) gewesen sein. Als Hindernisse kommen vor allem Unkenntnis (des Fristbeginns, der Rechtslage, aber auch schlichtes Vergessen) oder Krankheit (auch fehlende Prozessfähigkeit, solange kein gesetzlicher Vertreter vorhanden ist, BGH NJW 1987, 440), Mittellosigkeit oder ein Fehlschlagen der Übermittlung in Betracht.

7   Dagegen scheiden alle Fristversäumnisse aus, die auf freier Entschließung in Kenntnis aller für die Versäumung maßgeblichen Tatsachen beruhen, etwa durch **Rücknahme** fristgerecht eingelegter Rechtsbehelfe (BGH NJW 1991, 2839). Dies soll selbst dann gelten, wenn die Rücknahme auf der (nicht erkennbaren) Fehlerhaftigkeit eines Verwaltungsaktes beruht (BVerwG Bucholz 310 § 60 Nr 162). Soweit die Versäumung der Frist auf Unkenntnis der Rechtslage – etwa auf der unzutreffenden Einschätzung der Erfolgsaussichten eines Rechtsbehelfs – beruht, ist es zweckmäßiger, nicht bereits den Verhinderungsfall zu verneinen (so aber OVG Niedersachsen Beschl v 20.11.2007, 2 LA 626/07 unter Berufung auf Sodan/Ziekow/Czybulka VwGO § 60 Rn 37 mwN), sondern die Frage im Rahmen des Verschuldens zu prüfen. Nur so lassen sich Fälle fremdverschuldeter Rechtsunkenntnis (Rn 11) sinnvoll lösen.

C. Ohne Verschulden

8   **Schuldhafte Säumnis** – genauer: die Verletzung der Obliegenheit, seine Interessen prozessual fristgerecht wahrzunehmen – schließt eine Wiedereinsetzung aus. Ob für die fahrlässige Säumnis gem § 276 BGB ein objektiv-abstrakter Maßstab anzulegen ist oder aber ein subjektiv-individueller ist umstritten (vgl einerseits B/L/A/H/Hartmann ZPO § 233 Rn 12 mwN; andererseits MünchKommZPO/Feiber ZPO § 233 Rn 21, 23 mwN). Das BVerwG geht von einem (gemäßigt) **subjektiven Fahrlässigkeitsmaßstab** aus, wonach eine unverschuldete Fristversäumnis vorliegt, wenn dem jeweiligen Betroffenen nach den Umständen des Einzelfalls kein Vorwurf bzgl. der Säumnis trifft (BVerwGE 50, 248, 254; NJW 1990, 3103). Nach der Rechtsprechung des BVerfG (BVerfGE 86, 280, 284) setzt Verschulden stets den Verstoß gegen eine individuelle Sorgfaltspflicht voraus, auf die der Beteiligte sich einstellen konnte. Dies bedeutet auch, dass an Rechtsanwälte höhere Anforderungen gestellt werden als an juristische Laien, wenn im Einzelfall das Maß zumutbarer Sorgfalt bestimmt wird.

I. Eigenes Verschulden

1. Unkenntnis (des Fristbeginns, der Rechtslage, Vergessen)

9   Unkentnis des Fristbeginns kommt vor allem in Betracht bei **öffentlicher Zustellung** oder Ersatzzustellung (§ 56 Abs 2 VwGO iVm § 15 VwZG bzw § 3 Abs 3 VwZG, § 182 ZPO). Bei lediglich vorübergehender Abwesenheit (bis etwa sechs Wochen, BVerwG NVwZ-RR 1990, 86) von der ständigen Wohnung wegen Urlaubs müssen grundsätzlich keine besonderen Vorkehrungen getroffen werden, um Zustellungen auch zu erhalten. Mußte der Beteiligte mit der baldigen Zustellung einer Entscheidung jedoch rechnen, hat er auch bei nur kurzer Abwesenheit dafür Sorge zu tragen, dass er von der Zustellung Kenntnis erhält (BVerwG NJW 1975, 1574, 1575). Der Beteiligte hat zudem sicher zu stellen, dass ihm Post in einem Briefkasten sicher zugehen kann (BGH NJW 1994, 2898, BVerwG NJW 1988, 578, 579).

10   Unverschuldete Unkenntnis vom Fristbeginn kann auch auf **Sprachschwierigkeiten** eines Ausländers beruhen, dies darf den Rechtsschutz nicht verkürzen. Erkennt er allerdings, dass es sich um ein amtliches Schriftstück mit möglicherweise belastendem Inhalt handelt, so muss er sich innerhalb angemessener Frist Gewißheit verschaffen (BVerfGE 86, 280, 284 f).

11   **Mangelnde Rechtskenntnisse**, etwa eine unrichtige Beurteilung der Erfolgsaussichten eines Rechtsbehelfs, entschuldigen ein Fristversäumnis **nicht** (BVerwG NVwZ-RR 1989, 591; OVG Lüneburg NVwZ-RR 2008, 356). Es obliegt dem Beteiligten, sich unverzüglich juristischen Rat einzuholen und zutreffende wie klare Rechtsbehelfsbelehrung zu befolgen (BVerwG NVwZ-RR 2010, 36); falscher Rechtsrat wird nur dann nicht gem § 85 Abs 2 ZPO zugerechnet, wenn der Auskunft gebende nicht mit der Wahrnehmung der Interessen des Betroffenen betraut war (BVerwGE 43, 335). Auf eine ständige Rechtsprechung darf ein Beteiligter sich verlassen (BVerfGE 79, 372, 376).

2. Erkrankung

Eine schwere **Erkrankung** (im Todesfalle gelten § 173 VwGO iVm §§ 239 ZPO ff) **12** kann für ihre Dauer einen Wiedereinsetzungsgrund bilden, wenn sie so schwer war, dass sie den Beteiligten auch außerstande setzte, einen Bevollmächtigten mit der Wahrnehmung seiner Interessen zu beauftragen (BVerwG Buchholz 310 § 60 VwGO Nr 185).

3. PKH-Antrag

Ein Beteiligter kann an der Fristwahrung auch dadurch gehindert sein, dass ein fristgerecht **13** und unter Vorlage aller erforderlichen Unterlagen gestellter **Prozeßkostenhilfeantrag** erst nach Fristablauf beschieden wird. Das bestehende Kostenrisiko wird grundsätzlich als Hinderungsgrund anerkannt (BVerwG NVwZ 2004, 111; nicht aber für gerichtskostenfreie Verfahren nach § 188 VwGO, selbst wenn der Antrag von einem Rechtsanwalt gestellt oder die Beiordnung eines Rechtsanwaltes beantragt wird, VGH Kassel DÖV 2005, 307). Dies gilt auch dann, wenn PKH mangels Erfolgsaussicht versagt wird, da der bedürftige Beteiligte diese erst nach der Bewilligung durch einen Rechtsanwalt prüfen lassen kann (Meyer NJW 1995, 2139, 2140). Wird PKH wegen Fehlens der wirtschaftlichen Voraussetzungen (§ 166 VwGO iVm § 115 ZPO) abgelehnt, handelte der Beteiligte schuldlos, wenn er vernünftigerweise mit einer solchen Entscheidung nicht rechnen musste (BVerwG NJW 1995, 2121).

4. Übermittlungsverzögerungen

Verzögerungen der Briefbeförderung oder -zustellung durch die Post (nicht durch **14** andere Botendienste, OVG Münster NJW 1994, 402, dann nur nach Prüfung im Einzelfall) werden den Beteiligten nicht als Verschulden angerechnet. In der Verantwortung des Absenders liegt es nur, das zu befördernde Schriftstück ausreichend zu adressieren (OVG Hamburg NJW 1995, 3137, 3139), zu frankieren und so rechtzeitig zur Post zu geben, dass es nach deren organisatorischen und betrieblichen Vorkehrungen bei regelmäßigem Betriebsablauf den Empfänger fristgerecht erreicht (BVerfG NJW 1994, 244u 1854; nicht aber bei angekündigtem Poststreik, BVerfG NJW 1995, 1210). Auf durch die Post erteilte Auskünfte über Postlaufzeiten darf der Verfahrensbeteiligte vertrauen (BVerwG Bucholz 310 § 60 Nr 166).

Bei der Übermittlung fristwahrender Schriftsätze per **Telefax** muß die ordnungsgemäße **15** Absendung anhand des Sendeberichts kontrolliert und darauf überprüft werden, ob die zutreffende Empfängernummer verwendet wurde (BVerwG NJW 2008, 932) und ob die angegebene Zahl der übermittelten Seiten stimmt (VGH München NJW 2006, 169, 170; OVG Koblenz NJW 1994, 1815; BGH NJW 1994, 1879, 1880). Zu elektronischen Kommunikationsformen und qualifizierter elektronischer Signatur nach § 2 Nr 3 SigG vgl § 55a VwGO. Bei einer Übermittlung im Wege des elektronischen Rechtsverkehrs gelten die gleichen Anforderungen wie bei der Übersendung per Telefax. Für den erfolgreichen Abschluss des Schriftverkehrs sind deshalb Erhalt und ordnungsgemäße Kontrolle der Eingangsbestätigung unabdingbar (OVG Koblenz NJW 2007, 3224).

5. Ausnutzen der Frist

Jedem Beteiligten ist es erlaubt, die vom Gesetz eingeräumten prozessualen **Fristen 16** **auszunutzen** (VGH Kassel NJW 1993, 750). Angesichts der modernen Kommunikationstechnik darf der Beteiligte grundsätzlich darauf vertrauen, dass die Einlegung von Rechtsbehelfen – etwa durch Telefax – auch noch am letzten Tag der Frist möglich ist (BVerfG NJW 1996, 2857). Ein Rechtsmittelführer darf allerdings nicht darauf vertrauen, dass einer ohne jegliche Angabe von Gründen beantragten Verlängerung der Frist zur Begründung der Berufung stattgegeben wird (BVerwG NJW 2008, 3303). Die von der Rechtsprechung (BVerwG Buchholz 310 § 60 VwGO Nr 124, 154, 166) benutzte Formel, mit der Ausnutzung der Frist träfen den Beteiligten allerdings erhöhte Sorgfaltspflichten, ist so zu verstehen, dass mit Neigung der Frist in tatsächlicher Hinsicht die Möglichkeiten einer Fristversäumung wächst, was vom Beteiligten etwa bei der Wahl des Übermittlungsweges zu berücksichtigen ist (BVerwG DÖV 1973, 647). Wer beispielsweise die Versendungsform „Einschreiben gegen

Rückschein" (OVG Münster NJW 1987, 1353) wählt, hat typische Verzögerungen bei der Zustellung in Kauf zu nehmen und die Sendung entsprechend früher aufzugeben. Will ein Beteiligter die Frist erst kurz vor Ende per Telefax wahren, muß er alle sonst noch möglichen und zumutbaren Maßnahmen ergreifen, wenn sich herausstellt, dass die Verbindung wegen einer technischen Störung nicht zustande kommt. Soweit hingegen die zulässige Ausnutzung einer Frist zum Anknüpfungspunkt erhöhter Sorgfaltspflichten gemacht wird (Eyermann/ Schmidt VwGO § 60 Rn 8), liegt eine Verwechslung von erlaubtem Risiko und Pflichtverletzung vor.

II. Verschulden von Vertretern

17   Dem Verschulden eines Beteiligten steht das Verschulden seines gesetzlichen Vertreters (§ 51 Abs 2 ZPO, § 173 VwGO) oder seines Bevollmächtigten gleich (§ 85 Abs 2 ZPO, § 173 VwGO). Es wird den Beteiligten daher **ohne Exkulpationsmöglichkeit** zugerechnet (BVerwG Buchholz 310 § 60 VwGO Nr 171; Stein/Jonas/Roth ZPO § 233 Rn 38), auch soweit der Rechtsstreit der Durchsetzung grundrechtlich geschützter Positionen geht (zum Asylrecht BVerfG NJW 1982, 2425; aA Citron-Piorkowski/Mac Lean InfAuslR 1981, 257, VG Stuttgart NJW 1982, 541; zur Kriegsdienstverweigerung BVerwG NVwZ 1985, 34). Beruht eine Fristversäumung allerdings maßgeblich auf einem Fehler des Gerichts, so sind die Anforderungen an eine Wiedereinsetzung „mit besonderer Fairness" zu handhaben (BVerfG [1. Kammer des Ersten Senats], NJW 2008, 2167). Vorherige Fehler der Prozessbeteiligten können insoweit durch den Fehler des Gerichts überholt werden, so dass die Fristversäumung dennoch als unverschuldet anzusehen ist (OVG Bautzen NJW 2009, 3385).

Die Bevollmächtigung endet mit der Kündigung oder Niederlegung des Mandats. Zurechnungsprobleme können sich aus der Arbeitsteilung zwischen Anwälten ergeben: Ein Verschulden des Sozius oder eines gem § 53 Abs 2 BRAO zum Vertreter bestellten Rechtsanwalts hindert die Anwendung des § 85 Abs 2 ZPO nicht, wenn das Mandat der gesamten Sozietät erteilt wurde (Müller NJW 1993, 681, 684). Für einen angestellten Rechtsanwalt dem nicht selbst eine Vollmacht erteilt wurde, stellt die Rechtsprechung darauf ab, inwieweit er mit der selbständigen Bearbeitung des Rechtsstreits betraut ist.Übt er lediglich eine **unselbständige Hilfstätigkeit** aus, wird sein Verschulden nicht zugerechnet (BVerwG NVwZ 2004, 1008).

1. Effektive Büroorganisation

18   Ein Rechtsanwalt darf einfache Verrichtungen, die keine besonderen juristischen Kenntnisse erfordern und routinemäßig bearbeitet werden können, auf **Büropersonal** übertragen, wenn und solange dieses sorgfältig ausgewählt und gut ausgebildet, erprobt und überwacht wird (st Rspr BVerwGE 27, 36, 38; NJW 1988, 2814; BGH NJW 1995, 2105). Einfache Tätigkeiten, wie etwa die Erledigung der ausgehenden Post, darf er nach einer gewissen Lehrzeit auch Auszubildenden anvertrauen (BGH NJW 1994, 2958). Dabei darf er grundsätzlich darauf vertrauen, dass von ihm erteilte Weisungen auch befolgt werden (BGH NJW 1992, 574; NJW 2004, 3492; OVG Bautzen NJW 2009, 3047). Beruht ein Fristversäumnis auf dem Verschulden eines sonst zuverlässigen Büroangestellten, ohne dass ein Organisationsmangel mit ursächlich war, handelt der Rechtsanwalt ohne Schuld (BVerwG NJW 1988, 2814).

19   Auch die **Bearbeitung** einfacher, regelmäßig behandelter **prozessualer Fristen** (nicht jedoch Rechtsmittelbegründungsfristen, VGH Mannheim NVwZ-RR 2004, 222; OVG Münster NVwZ-RR 2004, 221) kann er bewährtem und überwachtem Büropersonal (jedoch nicht Auszubildenden BVerwG Buchholz 310 § 60 VwGO Nr 124) überlassen (BVerwG NJW 1982, 2458). Der Anwalt muß aber durch organisatorische Vorkehrungen sicherstellen, dass sofort (BVerwG NJW 2005, 1001) mit dem Eingang eines fristauslösenden Schriftstücks Beginn und Ende der Frist in das Fristenbuch oder den Fristenkalender eingetragen werden und bei aufwändigen Schriftsätzen zudem eine Vorfrist vermerkt wird (BGH NJW 1994, 2551 und NJW 1994, 2831). Verwendet ein Rechtsanwalt einen elektronischen Fristenkalender, muss er im Hinblick auf die besonderen Fehlermöglichkeiten bei der Daten-

eingabe Kontrollen einrichten, die gewährleisten, dass eine fehlerhafte Eingabe rechtzeitig erkannt wird (OVG Lüneburg NJW 2009, 615).

Durch eine besondere **Ausgangskontrolle** muß sichergestellt werden, dass fristgebunde- 20 ne Schriftstücke zeitgerecht abgesandt werden und erst dann eine Löschung im Fristenkalender erfolgt (BVerwG Buchholz 310 § 60 VwGO Nr 72 und 156). Zu einer Kontrolle des Eingangs seiner Schriftsätze bei Gericht ist ein Rechtsanwalt hingegen nicht verpflichtet (VGH Mannheim NVwZ-RR 1995, 377). Im Rahmen seiner Büroorganisation muss der Anwalt gewährleisten, dass seine Mitteilungen den Mandanten rechtzeitig erreichen. Hierzu hat er auch mehrere Benachrichtigungsversuche veranlassen, ggf nochmals mit nicht nur einfachem Brief (BVerwG DÖV 2008, 253; BVerwGE 66, 240; OVG Weimar DÖV 1996, 615; OVG Bremen Beschl v 17.1.2005 – 1 B 7/05 BeckRS 2005, 27166).

2. Pflichten des Rechtsanwaltes

Wird dem Rechtsanwalt die Akte zur Vorbereitung einer fristgebundenen Prozeßhand- 21 lung vorgelegt, so muß er sich allerdings selbst Gewißheit über den Fristablauf verschaffen, da die Prüfung der Zulässigkeitsvoraussetzung einer Prozesshandlung seinem eigenen Verantwortungsbereich unterfällt (BVerwG NJW 1991, 2096, 2097; NJW 1995, 2122). Unterzeichnet er das Empfangsbekenntnis zu einer Gerichtsentscheidung, so muss sich der Rechtsanwalt diese vorlegen lassen, um durch die Zustellung ausgelöste Fristen selbst prüfen zu können (BVerwG NJW 1995, 1443). Ein Rechtsanwalt muss dabei für eine Büroorganisation sorgen, die eine Überprüfung der per Telekopie übermittelten fristgebundenen Schriftsätze auch auf Verwendung einer zutreffenden Empfängernummer gewährleistet (BVerwG NJW 2008, 932 f; zur Verwendung veralteter Telefax-Nummern vgl OVG Saarlouis NJW 2008, 456 f).

Ein Rechtsanwalt genügt seiner Sorgfaltspflicht, wenn er sich in einem gängigen Kommentar zur Verwaltungsgerichtsordnung zu den Anforderungen an die Revisionsbegründung vergewissert. Dabei ist es seine Aufgabe, juristische Texte geschult und kritisch zu lesen, nicht aber, ohne weiteren Anlass eine eindeutige und uneingeschränkte Aussage in einem weit verbreiteten Kommentar, die zur Bestätigung auf eine – in einer Fachzeitschrift nicht veröffentlichte – Entscheidung eines obersten Bundesgerichts hinweist, zu hinterfragen (BVerwG NJW 2006, 3081).

III. Verschulden von Hilfspersonen

Da eine dem § 278 BGB entsprechende Vorschrift über die Haftung für das Verschulden 22 von Erfüllungsgehilfen im Prozeßrecht fehlt, ist ein Verschulden von Hilfspersonen weder dem Anwalt noch seinem Mandanten zuzurechnen (BVerwG NJW 1992, 63, 64). Allerdings hat die Rechtsprechung zahlreiche den Rechtsanwalt **selbst** treffende Pflichten entwickelt (BVerwG NVwZ 2004, 1007; BGH NJW 2004, 3490), welche die Auswahl (BVerwG NVwZ 1989, 1058; NJW 1992, 63, 64; OVG Münster NJW 1995, 2508) und Überwachung eingesetzter Hilfspersonen betreffen.

IV. Verschulden einer Behörde

Die für die Prozeßvertretung durch Rechtsanwälte entwickelten Grundsätze werden sinn- 23 gemäß auf Behörden übertragen (vgl VGH München, Beschl v 13.12.2005, 12 B 03.1957). Ein Verschulden des Behördenleiters ist der Behörde schon nach dem Rechtsgedanken des § 51 Abs 2 ZPO zuzurechnen, der über § 173 VwGO auch im Verwaltungsprozessrecht Anwendung findet (ausf Heiß, BayVBl 1984, 646, 648 f). Lassen sich Behörden vor dem VG durch einen Bediensteten mit Befähigung zum Richteramt vertreten, müssen sie sich entsprechend § 173 VwGO iVm § 85 Abs 2 ZPO dessen Verschulden zurechnen lassen, wobei die Sorgfaltspflicht des Bediensteten derjenigen eines Anwalts entspricht (BVerwG Buchholz 310 § 67 VwGO Nr 89; VGH Mannheim DÖV 2005, 36.). Das Verschulden nicht vertretungsberechtigter Bediensteter ist dem Rechtsträger der Behörden jedoch dann nicht zuzurechnen, wenn diese im Rahmen einer zweckmäßigen Organisation mit der gebotenen Sorgfalt ausgewählt, angeleitet und überwacht wurden (OVG Lüneburg NJW 1994, 1299).

D. Kausalität

24 Die Fristversäumung muß gerade auf dem unverschuldeten Hindernis **beruhen**. Diese, am gewöhnlichen Ursachenverlauf orientierte adäquate Kausalität ist gegeben, wenn der Beteiligte (oder sein Vertreter) bei gewöhnlichem Verlauf die Frist gewahrt hätte, wenn der unverschuldete Umstand nicht eingetreten wäre (MünchKommZPO/Feiber ZPO § 233 Rn 19; Stein/Jonas/Roth ZPO, § 233 Rn 51).

25 Bei **Ursachenmehrheit** ist eine wertende Betrachtung erforderlich. Kausales Verhalten Dritter bleibt danach außer Betracht, wenn der Beteiligte selbst schuldhaft eine Ursache für die Fristversäumnis setzte. Wer etwa einen Rechtsbehelf schuldhaft bei einer unzuständigen Stelle anhängig macht, kann sich nicht mit dem Hinweis darauf entlasten, diese Stelle hätte bei dessen rechtzeitiger Weiterleitung an das zuständige Gericht die Frist noch wahren können (BVerwGE 55, 61, 65 f; VGH Mannheim NVwZ-RR 1994, 474, 475). Allerdings kann von einem vorbefassten (Ausgangs-) Gericht erwartet werden, das es einen bei ihm eingereichten Schriftsatz im ordentlichen Geschäftsgang an das Rechtsmittelgericht weiterleitet (BVerfG NJW 1995, 3173, 3175 unter Bezugnahme auf das Gebot des fairen Verfahrens; einschränkend S/S-A/P/Meyer-Ladewig VwGO § 124a Rn 37).

26 **Fällt** ein unverschuldetes **Hindernis** noch vor Ende der für die Prozeßhandlung vorgeschriebenen Frist **weg** – wird etwa über einen innerhalb der Rechtsbehelfsfrist gestellten Prozeßkostenhilfeantrag vor Fristablauf entschieden wird (dazu BGH NJW 1986, 257) –, so kommt eine Wiedereinsetzung in Betracht, wenn die verbleibende Beratungs- und Überlegungsfrist gemessen am Schwierigkeitsgrad der zu treffenden Entscheidung als zu kurz anzusehen ist (BVerwG NJW 1991, 1904; strenger Redeker/v Oertzen VwGO § 60 Rn 14, großzügiger Kopp/Schenke VwGO § 60 Rn 7; Eyermann/Schmidt VwGO § 60 Rn 22). Eine zweiwöchige Mindest-Überlegungsfrist aus § 60 Abs 2 S 1 VwGO ableiten zu wollen, lehnt das BVerwG (NVwZ-RR 1999, 472, 473) ab.

E. Das Verfahren der Wiedereinsetzung

I. Antrag

27 Wiedereinsetzung wird gem Abs 1 grundsätzlich auf Antrag gewährt. Antragsbefugt ist der säumige Beteiligte, zu dessen Gunsten Wiedereinsetzung erstrebt wird.

28 Holt der Beteiligte die versäumte Rechtshandlung innerhalb der Antragsfrist nach, so kommt gem Abs 2 S 4 Wiedereinsetzung auch **ohne Antrag** in Betracht, da der Säumige durch das Stellen des Antrags nicht nur zum Ausdruck bringt, dass er das Verfahren fortsetzen will, sondern auch, dass er prozessuale Nachteile aus der Fristversäumung beseitigt wissen will. Die für die Wiedereinsetzung erheblichen Tatsachen müssen dem Gericht allerdings innerhalb der Wiedereinsetzungsfrist mitgeteilt und – ggf nachträglich – glaubhaft gemacht werden (OVG Koblenz NJW 1972, 2326), sofern sie nicht offenkundig oder gerichtsbekannt sind (etwa am Poststempel erkennbare Laufzeit eines Schriftsatzes, vgl BVerwG BayVBl 1989, 122, 123, Eyermann/Schmidt VwGO § 60 Rn 22). In diesem Fall muß das Gericht Wiedereinsetzung gewähren, ein Ermessen hat es hierbei entgegen dem Wortlaut der Bestimmung nicht (Kopp/Schenke VwGO § 60 Rn 17; Stein/Jonas/Roth ZPO § 236 Rn 4; aA Redeker/v Oertzen VwGO § 60 Rn 18).

29 Der Antrag ist auch dann noch statthaft, wenn über den Rechtsbehelf **bereits entschieden** wurde, da mit der Wiedereinsetzung die den Rechtsbehelf verwerfende Entscheidung gegenstandslos wird, sofern sich diese ausschließlich auf die Verfristung stützte (BVerwG NJW 1990, 1806).

30 Die **Form** des Antrags richtet sich gem § 173 VwGO iVm § 236 Abs 1 ZPO nach der für die versäumte Prozeßhandlung vorgeschriebenen Form (§ 238 Abs 2 S 1 ZPO; OVG Berlin NVwZ-RR 1990, 388, 389). Beim VG ist deshalb Wiedereinsetzung wegen der versäumten Klage- oder Berufungsfrist schriftlich oder zur Niederschrift des Urkundsbeamten der Geschäftsstelle zu beantragen (§ 81 Abs 1, § 124 Abs 2 VwGO). Der Antrag auf Wiedereinsetzung in die Revisionsfrist ist gem § 139 Abs 1 S 1 schriftlich unter Wahrung des Vertretungszwangs vor dem BVerwG (§ 67 Abs 1 VwGO) zu stellen.

1. Antragsfrist

Der Antrag ist gem Abs 2 S 1 binnen **zwei Wochen** nach Wegfall des Hindernisses zu **31** stellen; für die Versäumung bestimmter Fristen in Rechtsmittelverfahren wurde mit dem 1. Justizmodernisierungsgesetz v 24.8.2004, BGBl I 2198, eine Monatsfrist eingeführt, um auf PKH angewiesene Rechtsmittelführer nicht zu benachteiligen (zur Fristberechnung vgl § 57 Abs 2 VwGO iVm § 222 Abs 1 ZPO und § 187 Abs 1 BGB). Die Antragsfrist bestimmt sich unabhängig von der Dauer der versäumten Frist (MünchKommZPO/Feiber ZPO § 234 Rn 16; aA VG Sigmaringen VBlBW 1993, 312 zu § 36 Abs 3 S 1 AsylVfG).

Weggefallen ist das Hindernis, sobald die Ursache der Verhinderung beseitigt oder **32** nunmehr vom Beteiligten verschuldet ist. Im Falle der Beantragung von Prozeßkostenhilfe entfällt das Hindernis mit der Bekanntgabe der gerichtlichen Entscheidung über den Prozeßkostenhilfeantrag (BVerwG Buchholz 310 § 60 VwGO Nr 147 und 177). Für einen Rechtsanwalt ist der Hinderungsgrund einer unerkennbar falschen Fristberechnung behoben, sobald er die Frist selbst zu überprüfen hat, etwa bei Vorlage der Akte zur Vorbereitung einer fristgebundenen Prozeßhandlung (BGH NJW 1994, 2831, 2832) oder bei Vorlage einer datierten Eingangsbestätigung des Gerichts (VGH Kassel NJW 1993, 748, 749).

Diese Frist läuft, da es sich beim Wiedereinsetzungsantrag nicht um einen Rechtsbehelf iSd § 58 Abs 1 VwGO handelt, ohne gesonderte Belehrung, die gesetzlichen Folgen ihrer Versäumung müssen nicht angedroht werden (§ 173 VwGO iVm § 231 Abs 1 ZPO). Eine gerichtliche Fristverlängerung ist ausgeschlossen, da gesetzlich nicht vorgesehen (§ 57 Abs 2 VwGO iVm § 224 Abs 2 ZPO), es kommt jedoch die Wiedereinsetzung wegen Versäumung der Frist für die Wiedereinsetzung in Betracht (BVerwG Bucholz 310 § 60 Nr 149u 200).

2. Jahresfrist (Abs 3)

Nach Ablauf eines Jahres kann die Wiedereinsetzung – unabhängig von einem Verschul- **33** den – nicht mehr beantragt werden (Ausschlussfrist). Entgegen § 234 Abs 3 ZPO läßt § 60 Abs 3 VwGO eine Widereinsetzung jedoch ausnahmsweise für den Fall der Antragshinderung durch **höhere Gewalt** zu. Dieser liegt vor, wenn die Antragstellung auch durch die größte, nach den Umständen des konkreten Falles vernünftigerweise von dem Betroffenen zu erwartende zumutbare Sorgfalt nicht erfolgen konnte (BVerfG BeckRS 2007 27159; zum nicht zu vertretenden Büroversehen vgl BVerwG NJW 1986, 207, 208).

Diese prozessuale Ausschlußfrist ist verfassungsrechtlich nicht zu beanstanden (BVerwG **34** NJW 1980, 1480), solange auf den Beteiligten keine Risiken abgewälzt werden, die ihre Ursache allein in der **Sphäre des Gerichts** haben (BVerfG NJW 1986, 244; NJW 1991, 2076 zum Fall, dass ein PKH-Antrag vom Gericht erst nach über einem Jahr beschieden wurde; vgl BVerwG Buchholz 310 § 60 VwGO Nr 177).

3. Geltendmachen von Gründen

Die den Wiedereinsetzungsantrag **begründenden Tatsachen** sind innerhalb der Antrags- **35** frist darzulegen, es sei denn, sie sind offenkundig (BVerwGE 49, 252, 254). Vorzutragen ist auch, dass der Wiedereinsetzungsantrag rechtzeitig nach Wegfall des Hindernisses gestellt wird (BVerwG Buchholz 310 § 60 VwGO Nr 142; BVerfG NJW 1995, 2544).

Eine nachträgliche Ergänzung und Erläuterung fristgerecht vorgetragener Tatsachen ist **36** zulässig, **nicht** jedoch ein **Nachschieben** weiterer Wiedereinsetzungsgründe nach Fristablauf (BVerwG DÖV 1981, 636; Buchholz 310 § 60 VwGO Nr 126; OVG Hamburg NJW 1995, 3137, 3139).

Der Amtsermittlungsgrundsatz gilt allerdings gem § 86 Abs 1 VwGO auch im Wieder- **37** einsetzungsverfahren, daher hat das Gericht den Sachverhalt einschließlich der Verschuldensfrage **von Amts wegen** zu erforschen und den Betroffenen ggf nach § 86 Abs 3 VwGO zu veranlassen, Angaben tatsächlicher Art zu machen. Dieser muss umfassend angeben, durch welche Umstände es zur Versäumung der Frist kam (BVerwG Buchholz 310 § 60 VwGO Nr 123; BVerfG NVwZ 1992, 1080). Bei Versäumnis eines Anwalts muß vorgetragen werden, welche organisatorischen Maßnahmen dieser zur Sicherstellung von Fristen getroffen hatte, insbes Angaben zu Auswahl und Überwachung seiner Mitarbeiter machen, und darlegen, dass kein Anlass bestand, an deren Zuverlässigkeit zu zweifeln (VGH München BayVBl 1973, 239, 240). Ggf hat er die Arbeitsaufteilung der Kanzlei (etwa zur Fristenberechnung und -überwachung, BVerwG NJW 1992, 852) darzustellen.

38   Alle für die Wiedereinsetzung erheblichen Tatsachen sind gem Abs 2 S 2 **glaubhaft zu machen**, dies kann allerdings auch nach Ablauf der Antragsfrist geschehen (BVerfGE 41, 332, 338 = NJW 1976, 1537), selbst noch in der Rechtsmittelinstanz (BVerwG DÖV 1981, 636). Hierzu kann sich der Antragsteller neben der eidesstattlichen Versicherung aller (präsenten, vgl § 173 VwGO iVm § 294 Abs 2 ZPO) Beweismittel bedienen. Rechtsanwälte können Vorgänge der eigenen Wahrnehmung anwaltlich versichern, selbst schlichter Parteivortrag ist statthaft (und hinreichend, wenn seine Beweisnot auf gerichtsinternem Versagen, etwa dem Verlust eines Briefumschlags innerhalb des Gerichts, beruht, vgl BVerfG NJW-RR 1994, 316; NJW 1995, 2545; OLG Schleswig NJW 1994, 2841; OVG Hamburg NVwZ-RR 1995, 122). Gefordert wird nicht der volle Beweis, sondern der Nachweis überwiegender Wahrscheinlichkeit der begründenden Tatsachen. Bleibt allerdings offen, ob die Fristversäumnis verschuldet war, so ist die Wiedereinsetzung abzulehnen (BGH NJW 1992, 574; 1996, 319).

II. Nachholen der versäumten Prozesshandlung

39   Innerhalb der Fristen des § 60 Abs 2 und 3 VwGO ist die versäumte Prozeßhandlung formgerecht **nachzuholen** (Abs 2 S 3, dazu BVerwG DÖV 1980, 767; BSG NJW 1957, 1007), wenn nicht bereits der Wiedereinsetzungsantrag so auszulegen ist, dass darin zugleich die nachzuholende Prozeßhandlung liegt (BVerfGE 88, 118, 127 = NJW 1993, 1635). Ein Antrag auf Fristverlängerung für die Vornahme der Prozeßhandlung ersetzt deren Nachholung jedoch nicht (BVerwG BayVBl 1994, 188; BGH NJW 1995, 60; MünchKommZPO/Feiber ZPO § 236 Rn 18; vgl aber Ganter NJW 1994, 164). Einer Nachholung bedarf es ferner dann nicht, wenn die Prozesshandlung bereits vor Stellen des Antrags auf Wiedereinsetzung (verfristet) vorgenommen wurde (BGH NJW 1986, 2646; NJW 2000, 3286).

III. Entscheidung

40   Liegen die Voraussetzungen dafür vor, so besteht ein **Rechtsanspruch** auf Wiedereinsetzung; die Entscheidung steht also nicht im Ermessen des Gerichts (anders offenbar BVerwG NJW 2000, 1967).

41   Über die Wiedereinsetzung muß **ausdrücklich**, wenn auch nicht notwendig im Tenor entschieden werden (BVerwGE 59, 302, 308; NVwZ-RR 1995, 232). Eine konkludente Wiedereinsetzung durch Sachentscheidung über das Klagebegehren ist im verwaltungsgerichtlichen Verfahren nicht vorgesehen (anders für das verwaltungsrechtliche Verfahren BVerwGE 21, 47, 48). Auf die Entscheidung über die Zulässigkeit des Antrags sind gem § 173 iVm § 238 Abs 2 ZPO die Vorschriften anzuwenden, die für die nachgeholte Prozeßhandlung gelten. So sind die übrigen Beteiligten zur Frage der Wiedereinsetzung zu hören (BVerfGE 62, 320, 322; NJW 1980, 1095; BVerwG NJW 1982, 2234). Verlangt die nachgeholte Handlung eine mündliche Verhandlung, muß auch über die Wiedereinsetzung mündlich verhandelt werden (Eyermann/Schmidt VwGO § 60 Rn 27). Bei Versäumung der Klagefrist ist über die Wiedereinsetzung durch Urteil bzw Gerichtsbescheid (§ 84 VwGO) zu entscheiden, im isolierten Vorabverfahren (§ 173 VwGO iVm § 238 Abs 1 S 2 ZPO) wird durch Zwischenurteil (§ 109 VWGO) stattgegeben. Durch Beschluss über den Wiedereinsetzungsantrag zu befinden ist nicht zulässig (BVerwGE 74, 289, 290 = NJW 1987, 1349; NJW 1991, 2096, 2097; OVG Berlin NVwZ-RR 1990, 388; Kopp/Schenke VwGO § 60 Rn 30; aA noch BVerwGE 17, 207; Redeker/v. Oertzen VwGO § 60 Rn 20.)

42   **Kosten**, die durch einen Antrag auf Wiedereinsetzung in den vorigen Stand entstehen, fallen gem § 155 Abs 3 VwGO dem Antragsteller zur Last. Obsiegt er in der Hauptsache zumindest teilweise, so sind die Wiedereinsetzungskosten im Urteil gesondert auszuweisen (vgl aber § 8 Abs 1 S 1 GKG).

1. Wirkung

Durch die Wiedereinsetzung wird nicht die versäumte Frist nachträglich verlängert, **43** sondern es wird mit der Entscheidung **fingiert**, die Frist sei **nicht versäumt**. Der an sich bereits eingetretene Rechtsverlust wird so mit Wirkung für die Vergangenheit ungeschehen gemacht (MünchKommZPO/Feiber ZPO § 233 Rn 4). Eine bereits ergangene Entscheidung, die das Rechtsmittel als unzulässig verworfen hat, wird dadurch ohne weiteres gegenstandslos (BGH NJW 1987, 327, 328; 1988, 2672).

2. Zuständiges Gericht

Für die Entscheidung über den Wiedereinsetzungsantrag ist das Gericht **zuständig**, das **44** über die versäumte Rechtshandlung zu befinden hat. Bei Versäumung der Klagefrist ist dies also das VG, bei Versäumung der Berufungsfrist das OVG, bei Versäumung der Fristen für die Einlegung oder Begründung von Nichtzulassungsbeschwerde oder Revision das BVerwG. Eine bei einem unzuständigen Gericht eingegangene Wiederaufnahmeklage wirkt fristwahrend, sofern eine Verweisung an das zuständige Gericht erfolgt (BVerwG Beschl v 10.4.2007, 10 B 72/06, BeckRS 2007, 23084).

Die Wiedereinsetzung in eine schuldlos versäumte Beschwerdefrist (§ 147 VwGO) kann das Gericht erster Instanz im Rahmen einer Abhilfeentscheidung (§ 148 VwGO) gewähren, sonst entscheidet das OVG als Beschwerdegericht.

Im **Widerspruchsverfahren** entscheidet die Widerspruchsbehörde über die Wiederein- **45** setzung in die Widerspruchsfrist (§ 70 Abs 2 iVm § 60 Abs 4 VwGO, vgl BVerwG NJW 1983, 1923). Diese Entscheidung ist vom Gericht im Rechtsbehelfsverfahren überprüfbar, § 60 Abs 5 VwGO gilt mangels Verweisung des § 70 Abs 2 VwGO nicht (wichtig für die Anfechtung von Verwaltungsakten mit Doppelwirkung nach §§ 80 Abs 1 S 2, 80a VwGO). Dies gilt auch, wenn die Widerspruchsbehörde einen Wiedereinsetzungsantrag gar nicht beschieden hat, da das VG über alle Sachentscheidungsvoraussetzungen befindet (BVerwG NJW 1983, 1923). Gleiches gilt nicht für die Rechtsmittelinstanzen (so aber BVerwG – 6. Senat – Buchholz 310 § 60 VwGO Nr 132; Stein/Jonas/Roth ZPO § 237 Rn 1), diese haben bei Übergehen des Wiedereinsetzungsantrags an das zunächst zur Entscheidung berufene Gericht zurückzuverweisen, um eine mögliche Bindungswirkung des § 60 Abs 5 nicht zu unterlaufen (zutreffend BVerwG – 8. Senat – NVwZ 1985, 484; BGH NJW 1982, 887; Kopp/Schenke VwGO § 60 Rn 29; Redeker/v. Oertzen VwGO § 60 Rn 21a). Diese Gefahr besteht auch dann, wenn man hiervon bei unzulässigen (so aber BVerwG NVwZ 1985, 484, 485; Buchholz 310 § 60 VwGO Nr 200) oder offensichtlich unbegründeten (BGH NJW 1982, 1873, 1874) Wiedereinsetzungsanträgen eine Ausnahme machen will. Eine „rechtlich gesicherte Chance" auf eine (nach Ansicht des Rechtsmittelgerichts) unrichtige, wenn auch unanfechtbare Entscheidung des Vorderrichters gibt es zwar nicht, aber einen gesetzlich vorgegebenen Instanzenzug mit je eigenen Entscheidungswirkungen.

IV. Rechtsmittel

Wird die Wiedereinsetzung **gewährt**, ist diese Entscheidung gem Abs 5 **unanfechtbar** **46** und für die übergeordneten Instanzen bindend (BVerwGE 57, 354, 356; NVwZ 1988, 531). Dies gilt auch, wenn die stattgebende Entscheidung in unrichtiger Form – etwa durch Beschluß statt durch Urteil – ergeht (wie hier Kopp/Schenke VwGO § 60 Rn 32; Münch-KommZPO/Feiber ZPO § 238 Rn 15; aA Eyermann/Schmidt VwGO § 60 Rn 32). Eine die Wiedereinsetzung **versagende Entscheidung** kann mit dem Rechtsmittel **angefochten** werden, das gegen die Entscheidung über die nachgeholte Prozeßhandlung eröffnet ist (vgl § 238 Abs 2 S 1 ZPO).

Bei einer versagenden Entscheidung in **unrichtiger Form** ist nach dem sog Meist- **47** begünstigungsprinzip sowohl das gegen die gewählte wie auch das gegen die gebotene Entscheidungsform gegebene Rechtsmittel statthaft (Eyermann/Schmidt VwGO § 60 Rn 35). Die rechtsfehlerhafte Ablehnung der Wiedereinsetzung ist, anders als die rechtswidrige Gewährung der Wiedereinsetzung (vgl § 60 Abs 5 VwGO), ein rügbarer Verfahrensmangel iSd § 132 Abs 2 Nr 3 (BVerwG NVwZ 1988, 531).

§ 61 [Beteiligungsfähigkeit]

Fähig, am Verfahren beteiligt zu sein, sind
1. **natürliche und juristische Personen,**
2. **Vereinigungen, soweit ihnen ein Recht zustehen kann,**
3. **Behörden, sofern das Landesrecht dies bestimmt.**

§ 61 VwGO regelt die Beteiligungsfähigkeit (Rn 1) im Verwaltungsprozess. Die Vorschrift entspricht weitgehend § 50 ZPO, der die Parteifähigkeit von der Rechtsfähigkeit abhängig macht, geht teilweise aber darüber hinaus. Die Nr 1 bis 3 bestimmen, wer iE beteiligungsfähig sein kann. Neben natürlichen (Rn 3) und juristischen (Rn 4) Personen (Nr 1) sind dies Vereinigungen (Rn 7), soweit ihnen ein Recht zustehen kann (Nr 2) sowie Behörden (Rn 16), sofern das Landesrecht (Rn 17) dies bestimmt (Nr 3).

Übersicht

A. Die Beteiligungsfähigkeit

1   Unter **Beteiligungsfähigkeit** versteht man die Fähigkeit, als Subjekt eines Prozessrechtsverhältnisses, dh als Kläger, Beklagter, Beigeladener oder sonstiger Beteiligter, an einem Gericht der allgemeinen Verwaltungsgerichtsbarkeit teilzunehmen (s S/S/B/Bier VwGO § 61 Rn 2). § 61 VwGO steht in systematischem Zusammenhang mit § 63 VwGO, der regelt, welche Rolle der Beteiligte im Verwaltungsprozess einnimmt. Ergänzt wird § 61 VwGO durch **Sondervorschriften**, die für bestimmte Personengruppen oder Einrichtungen die Partei- bzw Beteiligungsfähigkeit übergreifend spezialgesetzlich regeln.

1.1   **Beispiele** sind: § 124 HGB, § 161 Abs 2 HGB, wonach die **OHG** und die **KG** unter eigenem Namen klagen und verklagt werden können; § 3 PartG (politische Parteien und deren Gebietsverbände der höchsten Stufe, s BVerwG BeckRS 2010, 52475; vgl auch BVerwG BeckRS 2012, 49205); § 2 Abs 5 BörsG (die Börse), § 4 BEZNG (das Bundeseisenbahnvermögen); § 36 VwGO iVm § 63 Nr 4 VwGO (Vertreter des Bundesinteresses beim BVerwG oder der Vertreter des öffentlichen Interesses); § 47 Abs 2 S 1 VwGO (Behörden im Normenkontrollverfahren). Nicht beteiligungsfähig im Verwaltungsstreitverfahren ist der Entschädigungsfonds (ein vom Bundesamt zur Regelung offener Vermögensfragen verwaltetes nicht rechtsfähiges Sondervermögen des Bundes), da die in § 9 Abs 3 EntschG angeordnete Beteiligungsfähigkeit des Entschädigungsfonds auf den rechtsgeschäftlichen Verkehr beschränkt ist (BVerwG VIZ 2004, 19).

2   Die Beteiligungsfähigkeit ist – ebenso wie die Prozessfähigkeit (s § 62 VwGO) – eine **Prozessvoraussetzung**, die in jedem Verfahrensstadium **von Amts wegen** zu prüfen ist und spätestens zum Zeitpunkt der **letzten mündlichen Verhandlung**, sei es auch in der Revisionsinstanz, gegeben sein muss. Fehlt die Beteiligungsfähigkeit des Klägers, Beklagten oder eines notwendig Beigeladenen zum maßgeblichen Zeitpunkt, so ist die Klage als unzulässig abzuweisen (Kopp/Schenke VwGO § 61 Rn 15). Der Mangel fehlender Beteiligungsfähigkeit kann aber bis zum Abschluss der letzten mündlichen Verhandlung **geheilt**

werden. Im **Streit um die Beteiligungsfähigkeit** ist der Betroffene regelmäßig als beteiligungsfähig anzusehen (BGH NJW 1982, 2070; VGH Kassel BeckRS 2010, 47933; OVG Bautzen BeckRS 2013, 49520; einschränkend BVerwG NJW 2011, 3671).

B. Beteiligungsfähige Personen (§ 61 Nr 1 VwGO)

I. Natürliche Personen (§ 61 Nr 1 Alt 1 VwGO)

Eine **natürliche Person** ist der mit Individualrechten ausgestattete Mensch. Dieser ist 3 unabhängig von seiner Geschäftsfähigkeit beteiligungsfähig von der Vollendung der Geburt bis zum Tod. Der Leibesfrucht fehlt ebenso die Beteiligungsfähigkeit (vgl BVerwG NJW 1992, 1524) wie Tieren und Sachen (VG Hamburg NVwZ 1988, 1058 zu Seehunden). Nach Nr 1 Alt 1 beteiligungsfähig ist der **Inhaber einer Einzelfirma** (vgl BGH NJW 1990, 908). § 17 Abs 2 HGB gestattet es, einen Kaufmann im kaufmännischen Geschäftsverkehr „unter seiner Firma" zu verklagen, also unter dem Namen, unter dem er im Handel seine Geschäfte betreibt (§ 17 Abs 1 HGB). Es ist unbeachtlich, welche Person dies tatsächlich ist. Die Firma als solche ist dagegen kein Rechtssubjekt, das man verklagen kann. Diese ist – anders als eine OHG oder KG (vgl § 124 HGB, § 161 Abs 2 HGB) nicht teilrechtsfähig, so dass sie nicht den juristischen Personen gemäß § 61 Nr 1 VwGO als gleichgestellt angesehen wird. Nicht nach Nr 1 Alt 1 beteiligungsfähig sind Personen, die nicht als solche, sondern in ihrer Eigenschaft als Amtswalter, Organe oder Organteile (zB Gemeinderatsmitglied) mit Rechten ausgestattet und in diesen Rechten betroffen sind (näher s Rn 10, zu Bürgerbegehren s Rn 12).

II. Juristische Personen (§ 61 Nr 1 Alt 2 VwGO)

1. Juristische Personen des öffentlichen Rechts

Beteiligungsfähig sind alle juristischen Personen des öffentlichen Rechts. Dazu zählen die 4 **Gebietskörperschaften** (Bundesrepublik Deutschland, die Bundesländer, Gemeinden und Gemeindeverbände) und **sonstige rechtsfähige Körperschaften** des öffentlichen Rechts wie Jagdgenossenschaften, Industrie- und Handelskammern (§ 3 Abs 1 IHKG), Landwirtschaftskammern, Handwerksinnungen (§ 53 HandwO) und Handwerkskammern (§ 90 Abs 1 HandwO), Ärztekammern, Rechtsanwaltskammern (§ 62 Abs 1 BRAO), kommunale Zweckverbände, rechtsfähige öffentlich-rechtliche **Anstalten** (zB Sparkassen, Rundfunkanstalten, Studentenwerke) und Stiftungen des öffentlichen Rechts, die Sozialversicherungsträger (§ 29 Abs 1 SGB IV), die Bundesagentur für Arbeit (§ 367 Abs 1 SGB III) und die Jobcenter nach §§ 6d, 44b SGB II (s VG Leipzig BeckRS 2013, 45900; BSG BeckRS 2011, 69299), Universitäten, die Bundesbank (§ 2 BBankG), die Kirchen und anerkannte Religionsgemeinschaften, ihre Bistümer und Gemeinden (s zB VG Freiburg BeckRS 2007, 25309 zu jüdischer Gemeinde als Körperschaft des öffentlichen Rechts).

2. Juristische Personen des Privatrechts

Ebenfalls beteiligungsfähig sind die **juristischen Personen des Privatrechts.** Hierzu 5 zählen zB rechtsfähige Vereine (§ 21 BGB, § 22 BGB), rechtsfähige Stiftungen des Privatrechts (§ 80 BGB), Aktiengesellschaften (§ 1 AktG), Genossenschaften (§ 17 GenG), Kommanditgesellschaften auf Aktien (§ 278 AktG), Versicherungsvereine auf Gegenseitigkeit (§ 15 VAG) und Gesellschaften mit beschränkter Haftung (§ 13 GmbHG). Da eine GmbH als juristische Person bis zum Abschluss des Abwicklungsverfahrens nach § 74 Abs 1 GmbHG erhalten bleibt, ist auch eine **GmbH in Liquidation** beteiligungsfähig (OVG Bautzen Beschl v 8.11.2011 – 1 D 129/11; VG Köln BeckRS 2013, 51593; VG Gelsenkirchen BeckRS 2012, 58215). Dagegen fehlt einer durch Formwechsel aus einer GmbH entstehenden AG vor der Registereintragung die Beteiligungsfähigkeit (OVG Bautzen BeckRS 2009, 35210). Ebenfalls nicht beteiligungsfähig ist eine GmbH, deren einziger Geschäftsführer sein Amt niedergelegt hat, bis zur Heilung des Mangels durch Bestellung eines Notgeschäftsführers oder eines Prozesspflegers (vgl BGH NJW-RR 2011, 115).

Die Deutsche Bahn AG und die aus der Deutschen Bundespost hervorgegangenen Deutsche Post AG, Deutsche Postbank AG und Deutsche Telekom AG sind ebenfalls juristische Personen des Privatrechts. Diesen gleichgestellt sind Einrichtungen, denen gewohnheitsrechtlich die Fähigkeit zuerkannt ist, im eigenen Namen zu klagen oder verklagt zu werden wie **Gewerkschaften** und sonstige Tarifvertragsparteien. Offene Handelsgesellschaften und Kommanditgesellschaften sind keine juristischen Personen; ihre Beteiligungsfähigkeit ist aber spezialgesetzlich geregelt (s Rn 1.1).

6 Die Qualifizierung einer juristischen Person als **ausländische oder inländische juristische Person** hängt innerhalb der EU davon ab, in welchem Land sie gegründet worden ist (EuGH NJW 2002, 3614 mAnm Schulz, NJW 2003, 2705; s auch BGH NJW 2011, 3372 und Behm DVBl 2009, 94). Für juristische Personen außerhalb der EU ist bei der Beurteilung der Rechtsfähigkeit einer ausländischen juristischen Person dagegen grds die **Sitztheorie** anzuwenden. Maßgebend ist das Recht des Staates, in dem die juristische Person ihren tatsächlichen Verwaltungssitz hat (BGH NJW 2011, 3372; VG Frankfurt BeckRS 2013, 45621). Etwas anderes gilt dann, wenn völkerrechtlich abweichende Bestimmungen getroffen worden sind (s zB BGH NJW 2003, 1607: die Rechts- und Parteifähigkeit einer in den USA gegründeten Gesellschaft mit Verwaltungssitz in der Bundesrepublik Deutschland beurteilt sich nach dem Recht der USA).

C. Beteiligungsfähige Vereinigungen (§ 61 Nr 2 VwGO)
I. Allgemeines

7 Eine **Vereinigung** im Sinne der Nr 2 ist gegeben, wenn einer nicht selbst rechtsfähigen Personenmehrheit ein Recht zustehen kann, sie also Zuordnungsobjekt eines Rechtssatzes ist (BVerwG NVwZ 2004, 887). Erforderlich ist, dass die Vereinigung über ein **Mindestmaß an innerer Organisation** verfügt. Es müssen im Hinblick auf den **konkreten Streitgegenstand** subjektiv-öffentliche Rechte oder Pflichten der Vereinigung – und nicht nur der einzelnen Mitglieder – betroffen sein (vgl VGH Kassel BeckRS 2012, 51547). Die Frage, ob das so ist, richtet sich nach materiellem Recht. Ob der Vereinigung das Recht tatsächlich zusteht, ist keine Frage der Beteiligungsfähigkeit und mithin der Zulässigkeit, sondern der Begründetheit der Klage. Die Folge der Beteiligungsfähigkeit der Vereinigung ist, dass diese im Verfahren unter ihrem Namen auftreten kann und ihre Mitglieder, da sie nicht Beteiligte sind, **Zeugen** sein können.

8 Im Einzelfall **beteiligungsfähig** nach § 61 Nr 2 VwGO sind zB folgende Vereinigungen:
- nicht rechtsfähige Vereine (s zB BVerwG NVwZ 2004, 887 und NVwZ 2011, 372; OVG Schleswig BeckRS 2011, 53494; nach Auflösung des Vereins fällt die Beteiligungsfähigkeit weg, s VG Halle BeckRS 2012, 49413);
- Religions- und Weltanschauungsgemeinschaften, soweit sie nicht juristische Personen nach Nr 1 sind;
- Betriebs- und Personalräte (BVerwG NVwZ 1993, 174);
- sog Vorgesellschaften wie eine GmbH in Gründung (VG Neustadt GewArch 1986, 200);
- nicht rechtsfähige Kreis- und Ortsverbände politischer Parteien (BVerwGE 32, 333; OVG Saarlouis NVwZ-RR 1999, 218); ebenso Wählervereinigungen (VG Bremen BeckRS 2007, 24963); Landesverbände von politischen Parteien unter den Voraussetzungen des § 3 Satz 2 PartG in gesetzlicher Prozessstandschaft im eigenen Namen für den Kreis- oder Ortsverband der Partei (OVG Saarlouis BeckRS 2009, 31665; OVG Hamburg NordÖR 2003, 67);
- eine als nicht rechtsfähige Genossenschaft organisierte Wassergemeinschaft (BVerwG NVwZ-RR 1998, 90);
- Hochschulorgane außerhalb von Organstreitigkeiten, sofern die Organe selbst Zuordnungssubjekte von Rechtssätzen sind wie der Senat (OVG Hamburg NVwZ-RR 1994, 587), die Fakultät oder der Fachbereich (BVerwG NVwZ 1985, 654);
- die nicht als rechtsfähige Körperschaft organisierte Hochschule selbst (OVG Hamburg NVwZ 1995, 1135).

Nicht beteiligungsfähig nach § 61 Nr 2 VwGO sind zB: 9

- eine Kommanditgesellschaft, wenn deren vorletzter Gesellschafter vor Klageerhebung ausgeschieden ist; dies führt zur liquidationslosen Vollbeendigung der Kommanditgesellschaft unter Gesamtrechtsnachfolge ihres einzigen verbliebenen Gesellschafters, weil der sog. „numerus clausus" der Gesellschaftsformen eine Personengesellschaft mit nur einem Gesellschafter nicht zulässt (vgl BVerwG NJW 2011, 3671; VGH Kassel BeckRS 2010, 47933);
- eine nicht rechtsfähige Stiftung des bürgerlichen Rechts (VGH Mannheim BeckRS 2012, 52175);
- eine Gruppe einer politischen Partei zugehöriger Kreistagsmitglieder unterhalb der Fraktionsmindeststärke für einen Rechtsbehelf gegen einen Kreistagsbeschluss zur Besetzung von Ausschüssen im Benennungsverfahren (VGH Kassel BeckRS 2012, 51547).

II. Innenrechtsstreitigkeiten

Bei **kommunalen Verfassungsstreitigkeiten** findet nicht § 61 Nr 1 VwGO (so aber   10
Eyermann/Schmidt VwGO § 61 Rn 4; ebenso BVerwG BeckRS 2007, 20976 zu monokratischen Organ(teil)en), sondern **§ 61 Nr 2 VwGO analog** Anwendung, da die betreffenden Organe bzw Organteile nicht als Außenrechtssubjekt, sondern in ihrer Eigenschaft als Amtswalter, Organe oder Organteile mit Rechten ausgestattet und in diesen Rechten betroffen sind (so zutr S/S/B/Bier VwGO § 61 Rn 3 und 7; Sodan/Ziekow/Czybulka VwGO § 61 Rn 19; Ogorek JuS 2009, 511, 516). Die Beteiligungsfähigkeit ist zu bejahen, wenn dem klagenden Funktionssubjekt die geltend gemachte Rechtsposition zustehen kann, sie wehrfähig ist und das beklagte Funktionssubjekt Adressat einer korrespondierenden Verpflichtung sein kann (S/S/B/Bier VwGO § 61 Rn 7). Als beteiligungsfähig nach § 61 Nr 2 VwGO (analog) werden anerkannt: der Gemeinderat, der Magistrat, das Ratsmitglied, der Bürgermeister, der Beigeordnete, ein Gemeinderatsausschuss, eine Ratsfraktion (OVG Weimar LKV 2000, 358; OVG Bautzen SächsVBl 2006, 12; OVG Koblenz BeckRS 2010, 46559), der Ortsbeirat (VGH Kassel NVwZ 1987, 919).

Bei inneruniversitären sowie **sonstigen Innenrechtsstreitigkeiten** findet ebenfalls § 61   11
Nr 2 VwGO analog Anwendung.

Beteiligungsfähig sind zB die Bezirke Berlins im verwaltungsgerichtlichen Organstreit (OVG   11.1
Berlin LKV 2000, 453); der Zentrale Wahlvorstand einer Universität im Streit um die Gültigkeit einer Wahl (VG Berlin BeckRS 2010, 55408); das Kuratorium einer Universität hinsichtlich der Umwandlung der Fakultät in einen Fachbereich (BVerwGE 45, 39, 42); der Allgemeine Studentenausschuss gegenüber dem Universitätspräsidenten (VGH Mannheim NJW 1982, 902); das Studentenparlament bei der Absetzung des AStA-Vorsitzenden (VG Koblenz NVwZ-RR 2010, 848); die Frauenvertreterin einer Universitätsklinik gegenüber dem Klinikvorstand (vgl VGH Mannheim NVwZ-RR 2005, 266) oder die Frauenvertreterin bei der Senatsverwaltung (BVerwG BeckRS 2007, 20976 – bejaht die Beteiligungsfähigkeit allerdings nach § 61 Nr 1 VwGO); die Gleichstellungsbeauftragte im Verfahren nach § 22 BGleiG (OVG Münster NWVBl 2008, 303); Mitglieder des Verwaltungsrats einer Kreissparkasse sowie dessen Vorsitzender beim Streit über Verwaltungsratssitzungen(VG Frankfurt BeckRS 2007, 22083). Nicht beteiligungsfähig ist der Fachbereichsrat einer Fachhochschule gegenüber dem Rektor der Fachhochschule (VG Sigmaringen BeckRS 2004 24536).

Im Fall eines **Bürgerbegehrens** oder eines **Einwohnerantrages** sind die einzelnen   12
Mitunterzeichner (zB § 41 Abs 2 BWKomWG, s VG Stuttgart BeckRS 2010, 51611; § 25 Abs 1 SächsGemO; § 8b HessGO, s VGH Kassel NVwZ 1997, 310) oder die Vertreter des Bürgerbegehrens (s OVG Münster NVwZ-RR 2003, 448 unter Bezugnahme auf § 26 Abs 6 S 2 NRWGemO; Art 18a Abs 8 S 2 BayGO) nach § 61 Nr 1 VwGO beteiligungsfähig. Dagegen sieht das OVG Koblenz (NVwZ-RR 1995, 412, ebenso VG Neustadt BeckRS 2010, 47633; abl Kopp/Schenke VwGO vor § 40 Rn 6) das Bürgerbegehren oder den Einwohnerantrag als gemeindliches „Quasi-Organ" an, das als solches analog § 61 Nr 2 VwGO beteiligungsfähig ist.

III. Besondere Vereinigungen des bürgerlichen Rechts

13   Beteiligungsfähig nach § 61 Nr 2 VwGO (BVerwG NuR 2005, 177; VGH Mannheim BeckRS 2012, 52177; OVG Berlin-Bbg BeckRS 2013, 50829; aA Sodan/Ziekow/Czybulka VwGO § 61 Rn 24: § 61 Nr 1 VwGO) kann auch eine **BGB-Gesellschaft** sein. Diese kann im Rechtsverkehr grds jede Rechtsposition einnehmen, soweit dem nicht spezielle Gesichtspunkte entgegenstehen (BGH NJW 2001, 1056; vgl auch BVerwG BeckRS 2010, 49196). Hat die BGB-Gesellschaft in diesem Rahmen eigene Rechte und Pflichten begründet, ist sie rechtsfähig. **Beispiele**:

- als BGB-Gesellschaft organisierte Bauherrengemeinschaft im Klageverfahren auf Erteilung einer Baugenehmigung oder gegen eine Beseitigungsverfügung (OVG Bautzen NJW 2002, 1361);
- Klage einer BGB-Gesellschaft gegen einen Beitragsbescheid einer Kommune (OVG Münster NVwZ-RR 2003, 149; s auch VGH Mannheim NJW 2007, 105 zur Beitragspflicht der BGB-Gesellschaft im Erschließungsbeitragsrecht und VGH Mannheim NVwZ 2003, 1403 zur Beitragspflicht der BGB-Gesellschaft im Fremdenverkehrsbeitragsrecht; zu dem Ganzen s auch Kreuter NVwZ 2008, 360);
- Klage einer BGB-Gesellschaft zur Frage der sanierungsrechtlichen Genehmigungsbedürftigkeit und -fähigkeit eines Mietvertrags (VGH Mannheim BeckRS 2010, 51617)
- Klage einer landwirtschaftlichen Betriebsgemeinschaft gegen in einem Planfeststellungsbeschluss angeordnete landschaftspflegerische Begleitmaßnahme (BVerwG BeckRS 2004, 25071);
- vorläufiges Rechtsschutzgesuch einer BGB-Gesellschaft als Grundstückseigentümerin gegen einen Planfeststellungsbeschluss (OVG Münster Beschl v 17.11.2006 – 11 B 607/06. AK)
- Klage einer BGB-Gesellschaft gegen eine an sie gerichtete gewerberechtliche Untersagungsverfügung (VG Neustadt BeckRS 2012, 59011).

14   Ebenfalls beteiligungsfähig iSd § 61 Nr 2 VwGO ist gem § 10 Abs 6 WEG die **Wohnungseigentümergemeinschaft** (vgl BGH NJW 2005, 2061; OVG Münster BeckRS 2012, 53992; Niedenführ, NJW 2007, 1841). Im Verwaltungsprozess ist eine Beteiligungsfähigkeit nach § 61 Nr 2 VwGO zu bejahen, wenn die Wohnungseigentümergemeinschaft zB zu einer Straßenreinigungsgebühr herangezogen wird (s auch VGH München NVwZ-RR 2006, 430 und OVG Berlin-Bbg BeckRS 2011, 53125 zur Geltendmachung von Nachbarrechten im Baurecht; OVG Greifswald NordÖR 2007, 257 zur Stellung eines Normenkontrollantrages gegen einen Bebauungsplan; OVG Münster BeckRS 2009, 39317 zu einer fernstraßenrechtlichen Planfeststellung). Keine Beteiligungsfähigkeit der WEG besteht hinsichtlich des Sondereigentums der einzelnen Wohnungseigentümer (VG Neustadt BeckRS 2009, 31625). Im Erschließungsbeitragsrecht scheidet eine Beteiligungsfähigkeit nach § 61 Nr 2 VwGO dagegen aus, da nach § 134 Abs 1 S 4 Hs 2 BauGB der einzelne Wohnungseigentümer entsprechend seinem Miteigentumsanteil beitragspflichtig ist.

15   Keine Vereinigungen im Sinne von § 61 Nr 2 VwGO sind **reine Bruchteilsgemeinschaften** im Sinne von § 741 BGB. Auch die **ungeteilte Erbengemeinschaft** (s § 2032 BGB) fällt nicht unter § 61 Nr 2 VwGO, da sie nicht auf Dauer angelegt, sondern auf Auseinandersetzung gerichtet ist (OVG Koblenz BeckRS 2007 20554; BGH NJW 2006, 3715). Beteiligungsfähig sind vielmehr die einzelnen Miterben nach § 61 Nr 1 VwGO (OVG Bautzen BeckRS 2013, 49520; VGH München NJW 1984, 626; S/S/B/Bier VwGO § 61 Rn 6).

D. Nach Landesrecht bestimmte Behörden (§ 61 Nr 3 VwGO)

16   Da **Behörden** unselbstständige Teile ihres jeweiligen Rechtsträgers sind, fehlt ihnen grds die Beteiligungsfähigkeit. Unter Durchbrechung des der VwGO zugrunde liegenden Rechtsträgerprinzips ermächtigt § 61 Nr 3 VwGO jedoch die Länder, alle oder bestimmte Behörden neben dem Rechtsträger, dem sie angehören oder anstelle dieses Rechtsträgers die Beteiligungsfähigkeit durch „Landesrecht", also durch Gesetz oder VO, zu verleihen. Die betreffenden Landesbehörden machen im Prozess keine eigenen Rechte geltend, sondern werden nur **in Prozessstandschaft für ihren Rechtsträger**, die Körperschaft, tätig

(BVerwG NJW 1974, 1836; OVG Bremen NVwZ 2011, 1146). Ihre Prozesshandlungen wirken für und gegen den Rechtsträger; nur er wird als materiell Berechtigter und Verpflichteter durch die Entscheidung betroffen. Daher darf eine andere Landesbehörde, die im Verhältnis zu der nach Nr 3 beteiligten Behörde mitwirkungsbefugt ist, nicht gem § 65 VwGO beigeladen werden (BVerwG NVwZ 1989, 158 und NVwZ 2003, 216).

Von § 61 Nr 3 VwGO haben Brandenburg (§ 8 BbgVwGG), NRW (§ 110 NRWJG), **17** das Saarland (§ 19 SAGVwGO) und Mecklenburg-Vorpommern (§ 14 Abs 2 AGGerStrG M-V) für Behörden allgemein, d h auch für kommunale Behörden sowie Niedersachsen (§ 8 NAGVwGO), Sachsen-Anhalt (§ 8 AGVwGO LSA) und Schleswig-Holstein (§ 6 AGVwGO SH) für landesunmittelbare Behörden Gebrauch gemacht. In Rheinland-Pfalz ist dies nur für den Fall der sog Beanstandungsklage geschehen. Nach § 17 Abs 1 RhPfAG-VwGO kann die Aufsichts- und Dienstleistungsdirektion oder eine andere zuständige Behörde gegen stattgebende Widerspruchsbescheide der Rechtsausschüsse als Behörde Klage erheben (s OVG Koblenz NVwZ-RR 2003, 75; näher zur sog Beanstandungs- oder Aufsichtsklage s Kintz LKRZ 2009, 5 und Guckelberger/Heimpel LKRZ 2012, 6).

Behörden im Sinne des Verwaltungsprozessrechts sind solche Stellen, die durch organisa- **18** tionsrechtliche Rechtssätze gebildet, vom Wechsel des Amtsinhabers unabhängig und nach der einschlägigen Zuständigkeitsregelung berufen sind, unter eigenem Namen für den Staat oder einen anderen Träger öffentlicher Verwaltung Aufgaben der öffentlichen Verwaltung wahrzunehmen (S/S/B/Bier VwGO § 61 Rn 8). Von der Rspr als Behörde in diesem Sinne anerkannt wurde zB die Werkleitung eines kommunalen Eigenbetriebs (OVG Münster NVwZ-RR 1989, 576; VG Frankfurt/Oder BeckRS 2009, 30005), nicht aber eine Gemeindekasse (OVG Münster NVwZ 1986, 761; VG Aachen BeckRS 2007, 26459; s auch § 78 VwGO Rn 2) oder ein beliehener Unternehmer (OVG Bremen NVwZ 2011, 1146).

Die Ermächtigung des § 61 Nr 3 VwGO bezieht sich nur auf **Landesbehörden**. Nicht **19** beteiligungsfähig sind daher ein Bundesminister (BVerwG NVwZ 1986, 555), das Umweltbundesamt (OVG Lüneburg NVwZ 2000, 209), der Bundesbeauftragte für den Datenschutz und die Informationsfreiheit (OVG Münster NVwZ-RR 2009, 635) und der Deutsche Wetterdienst (VG Trier BeckRS 2013, 52176). Durch Bundesrecht kann aus der allgemeinen Kompetenz des Art 74 Nr 1 GG Behörden ebenfalls die Beteiligungsfähigkeit zuerkannt werden (s zB § 47 Abs 2 VwGO).

E. Wegfall der Beteiligungsfähigkeit

Fällt vor (s BVerwG NVwZ 2001, 319) oder während des gerichtlichen Verfahrens neben **20** der Beteiligungsfähigkeit zugleich der Beteiligte weg (zB durch den Tod einer natürlichen Person oder Auflösung einer GmbH), so tritt bei **höchstpersönlichen Rechten** und Pflichten **Erledigung der Hauptsache** ein; gem § 161 Abs 2 VwGO ist nur noch über die Kosten zu entscheiden. In anderen Fällen finden über § 173 VwGO die **§§ 239 ff ZPO** entspr Anwendung. Diese Bestimmungen enthalten Sonderregelungen, aufgrund derer ungeachtet des Fehlens einer Sachurteilsvoraussetzung eine Sachentscheidung nicht ausgeschlossen ist. Im Falle der Beendigung der Beteiligungsfähigkeit wird das Verfahren bis zur Aufnahme durch den Rechtsnachfolger unterbrochen. War der Beteiligte allerdings durch einen Bevollmächtigten vertreten, findet die Unterbrechung gemäß § 246 Abs 1 ZPO nur auf Antrag des Rechtsnachfolgers statt. Rechtsnachfolger ist etwa der Erbe oder der Insolvenzverwalter als Partei kraft Amtes.

Die Beteiligungsfähigkeit einer **Bundestags- oder Landtagsfraktion** endet mit dem **21** Ablauf der Legislaturperiode. Aufgrund der Rechtsfähigkeit der Fraktionen (s § 46 Abs 1 AbgG) kann aber die nach Beginn der neuen Wahlperiode gebildete gleichnamige Fraktion als Rechtsnachfolgerin in den vor Ende der Legislaturperiode anhängig gemachten Prozess eintreten (VGH Kassel NVwZ 1986, 328). Bei einer **Gemeinderatsfraktion** kommt eine entspr Anwendung der § 239 ZPO, § 246 ZPO nicht in Betracht, weil diese als freiwilliger Zusammenschluss ihrer Mitglieder nicht rechtsfähig ist (OVG Bautzen SächsVBl 2005, 123). Für Gemeinderatsfraktionen gilt der **Grundsatz der formellen Diskontinuität** mit der Folge, dass sie ihre Existenz und damit die Beteiligungsfähigkeit im Verwaltungsprozess mit dem Ablauf der Wahlperiode verlieren (OVG Koblenz BeckRS 2010, 46559).

22   Trotz der **Auflösung einer Körperschaft** (zB Eingliederung einer bisher selbstständigen
Gemeinde in eine Stadt) ist diese befugt, Rechte in einem gerichtlichen Verfahren geltend zu
machen, soweit es um ihren Untergang oder damit in unmittelbarem Zusammenhang
stehende Rechtsakte geht (OVG Münster NVwZ-RR 2004, 314; vgl auch OVG Koblenz
NVwZ-RR 2000, 377). Betrifft der Rechtsstreit nicht die Auflösung der Körperschaft oder
eine damit unmittelbar verbundene Rechtsfrage, sondern ausschließlich die unabhängig von
Auflösung und Fortbestand geregelte Handlungsfähigkeit ihrer Rechtsnachfolgerin, so bedarf
es keiner Aufrechterhaltung der Beteiligungsfähigkeit für den Rechtsschutz gegen diese
Maßnahme (OVG Münster NVwZ-RR 2004, 314). Schließen sich mehrere Gemeinden
durch öffentlich-rechtlichen Vertrag zusammen, sind die untergegangenen Gemeinden auch
nicht in Streitigkeiten über die Vereinigungsvereinbarung beteiligungsfähig (VG Sigmaringen
BeckRS 2007, 27187).

§ 62 [Prozessfähigkeit]

(1) Fähig zur Vornahme von Verfahrenshandlungen sind
1. **die nach bürgerlichem Recht Geschäftsfähigen,**
2. **die nach bürgerlichem Recht in der Geschäftsfähigkeit Beschränkten, soweit sie
durch Vorschriften des bürgerlichen oder öffentlichen Rechts für den Gegenstand des Verfahrens als geschäftsfähig anerkannt sind.**

**(2) Betrifft ein Einwilligungsvorbehalt nach § 1903 des Bürgerlichen Gesetz-
buchs den Gegenstand des Verfahrens, so ist ein geschäftsfähiger Betreuer nur
insoweit zur Vornahme von Verfahrenshandlungen fähig, als er nach den Vorschriften des bürgerlichen Rechts ohne Einwilligung des Betreuers handeln kann oder
durch Vorschriften des öffentlichen Rechts als handlungsfähig anerkannt ist.**

**(3) Für Vereinigungen sowie für Behörden handeln ihre gesetzlichen Vertreter
und Vorstände.**

(4) §§ 53 bis 58 der Zivilprozeßordnung gelten entsprechend.

§ 62 VwGO regelt die Fähigkeit, wirksam Prozesshandlungen vornehmen zu können.
Abs 1 (Rn 5) betrifft die Prozessfähigkeit (Rn 1) von natürlichen Personen. Abs 2 (Rn 8)
enthält eine ergänzende Bestimmung für den Fall, dass die Betreuung eines Volljährigen mit
Einwilligungsvorbehalt gem § 1903 BGB angeordnet ist. Abs 3 (Rn 14) gilt für beteiligungs-
fähige Vereinigungen und Behörden. Abs 4 (Rn 18) verweist schließlich auf zivilprozessuale
Spezialregelungen über die Prozessfähigkeit.

Übersicht

A. Allgemeines

1   Die **Prozessfähigkeit** ist die Fähigkeit, einen Prozess selbst oder durch einen Prozessbevollmächtigten zu führen bzw selbst oder durch einen Bevollmächtigten an einem Prozess
als Beklagter oder Beigeladener teilzunehmen (Kopp/Schenke VwGO § 62 Rn 1). Ebenso
wie im Zivilrecht richtet sich die Prozessfähigkeit im Verwaltungsprozess grds nach der
Geschäftsfähigkeit iSd Bürgerlichen Rechts.

2   Als zwingende **Prozessvoraussetzung** ist die Prozessfähigkeit vom Gericht grds in jeder
Lage des Verfahrens **von Amts wegen** zu prüfen (BVerwG Buchholz 310 § 62 Nr 16). Da
Störungen der Geistestätigkeit, die die freie Willensbestimmung nicht nur vorübergehend

ausschließen, nach allg Lebenserfahrung Ausnahmeerscheinungen bilden, besteht eine **besondere Prüfungspflicht** des Gerichts nur, wenn sich aus irgendeinem Grund **vernünftige Zweifel** an der Prozessfähigkeit eines Bet ergeben. In diesem Fall kann das Verfahren bis zu einer Entsch über ein anhängiges Betreuungsverfahren **ausgesetzt** werden (VGH München BayVBl 1998, 185). Ohne Einholung eines Sachverständigengutachtens kann das Gericht über die Frage der Prozessunfähigkeit entscheiden, wenn die maßgeblichen Umstände des Falles auch einem medizinisch nicht vorgebildeten Laien den eindeutigen Schluss auf das Vorliegen der auf medizinischem Gebiet liegenden tatsächlichen Voraussetzungen für das Vorliegen einer (partiellen) Geschäftsunfähigkeit gestatten (BVerwG Buchholz § 62 Nr 11; OVG Münster BeckRS 2012, 51124). Holt das Gericht ein **Sachverständigengutachten** über die Rechtsfrage der Prozessfähigkeit ein, so entscheidet darüber nicht der Sachverständige, sondern das Gericht nach seiner freien Überzeugung in Würdigung des gesamten Prozessstoffes und unter Berücksichtigung der allg Lebenserfahrung (BVerwG Buchholz 310 § 62 Nr 20; OVG Münster BeckRS 2012, 51124).

Für den **Streit um die Prozessfähigkeit** eines Beteiligten gilt der vermeintlich Prozess- **3** unfähige als **prozessfähig** (BGH NJW 1990, 1734). Dieser ist daher auch befugt, **Rechtsmittel** einzulegen; das Rechtsmittel eines Prozessunfähigen begründet ebenso wie die Klage ein **begrenztes Prozessrechtsverhältnis**, in dem das Gericht eine Entscheidung über die Zulässigkeit treffen muss (BVerwG Buchholz 310 § 62 VwGO Nr 27).

Der **Mangel der Prozessfähigkeit** kann dadurch **geheilt** werden, dass der gesetzliche **4** Vertreter die von oder gegenüber dem Prozessunfähigen vorgenommenen Prozesshandlungen genehmigt (Kopp/Schenke VwGO § 62 Rn 17). Als Genehmigung ist auch die **rügelose Fortsetzung des Verfahrens** durch den gesetzlichen Vertreter anzusehen. Ist im Zeitpunkt der gerichtlichen Entscheidung der Kläger, der Beklagte oder ein notwendig Beigeladener **prozessunfähig**, ohne dass ein gesetzlicher Vertreter vorhanden oder ein Prozesspfleger bestellt ist, so wird die Klage als **unzulässig** abgewiesen. Entscheidet das Verwaltungsgericht stattdessen in der Sache, ist dessen Urteil auf die zugelassene Berufung hin durch ein Prozessurteil zu ersetzen (OVG Münster Beschl v 16.12.2008 – 6 A 670/06). Fällt die Prozessfähigkeit im Laufe des Verfahrens beim Kläger, beim Beklagten oder notwendig Beigeladenen weg, findet über § 173 VwGO der **§ 241 ZPO** Anwendung.

B. Die Prozessfähigkeit nach § 62 Abs 1 VwGO
I. Uneingeschränkte Prozessfähigkeit

Uneingeschränkt prozessfähig sind gem § 62 Abs 1 Nr 1 VwGO die nach bürgerlichem **5** Recht **Geschäftsfähigen**. Das sind grundsätzlich alle natürlichen Personen, die das 18. Lebensjahr vollendet haben (§ 2 BGB).

II. Partielle Prozessfähigkeit

Partiell prozessfähig sind gem § 62 Abs 1 Nr 2 VwGO alle nach bürgerlichem Recht **6** in der Geschäftsfähigkeit Beschränkten, soweit sie durch Vorschriften des bürgerlichen oder öffentlichen Rechts für den Gegenstand des Verfahrens als geschäftsfähig anerkannt sind. Dies sind Minderjährige über 7 Jahre (§ 106 BGB) nach Maßgabe der §§ 107 BGB ff oder nach öffentlich-rechtlichen Vorschriften. In den betreffenden Bereichen ist die Prozessfähigkeit dann aber uneingeschränkt für sämtliche Prozesshandlungen gegeben (B/F-K/K VwGO § 62 Rn 8). Hat der partiell Prozessfähige einen Bevollmächtigten bestellt, so ist eine von diesem erklärte **Klagerücknahme** kraft der dem Gericht gegenüber erteilten Vollmacht unabhängig von der Wirksamkeit des zivilrechtlichen Grundgeschäfts wirksam (vgl OVG Münster BeckRS 2004, 26123).

Im **bürgerlichem Recht** sind insbes die § 112 BGB, § 113 BGB zu beachten. Nach **7** **öffentlichem Recht** werden zB als geschäftsfähig anerkannt: der Minderjährige in Wehrdienstangelegenheiten (BVerwG NJW 1982, 539); Minderjährige im Melderecht (s zB VGH Mannheim NJW 1985, 2965); Kinder nach Vollendung des 14. Lebensjahres bei der Entscheidung darüber, zu welchem **religiösen Bekenntnis** sie sich halten wollen (§ 5 S 1 des Gesetzes über die religiöse Kindererziehung v 15.7.1921; s. dazu BVerwG NVwZ 2012, 162); Minderjährige im Verfahren auf Erteilung einer Fahrerlaubnis gem § 10 Abs 3 iVm § 4

FeV und § 10 Abs 1 FeV ab 15 oder 16 Jahren; minderjährige Ausländer über 16 Jahre in **Asyl-** (**§ 12 AsylVfG**) **und Ausländerangelegenheiten** (§ 80 AufenthG, s. dazu BVerwG BeckRS 2013, 45539). Im Übrigen beurteilt sich die **Prozessfähigkeit eines Ausländers** nach ungeschriebenem deutschem Verfahrenskollisionsrecht grundsätzlich nach dem Prozessrecht seines Heimatstaates. Er ist für den Inlandsprozess prozessfähig, wenn ihm nach dem Heimatrecht in einem entsprechenden Verfahren vor den Heimatgerichten diese Eigenschaft zukäme (S/S/B/Schoch VwGO § 62 Rn 15). Darüber hinaus sind Ausländer nach Abs 4 iVm § 55 ZPO für den Inlandsprozess auch dann prozessfähig, wenn zwar das Heimatrecht ihnen diesen Status verweigert, das am Ort des angerufenen Gerichts geltende Recht aber zubilligt (BVerwG NJW 1982, 539; OVG Hamburg BeckRS 2011, 49458).

Ist der beschränkt Geschäftsfähige selbst für das konkrete Verfahren prozessfähig, bleibt statt seiner oder neben ihm auch der gesetzliche Vertreter zum Handeln für ihn befugt (S/S/B/Bier VwGO § 62 Rn 10).

C. Prozessfähigkeit und Vertretung Betreuer (§ 62 Abs 2 VwGO)

8   Auch wenn für eine Person nach § 1896 BGB, § 1897 BGB ein Betreuer bestellt wird, berührt dies die **Geschäfts- und Prozessfähigkeit** des Betreuten nicht. Erst die **Anordnung** eines **Einwilligungsvorbehalts** gem § 1903 BGB durch das Vormundschaftsgericht führt für die unter den Einwilligungsvorbehalt fallenden Angelegenheiten zu einer Einschränkung und zur teilweisen **Gleichstellung** mit einem **beschränkt geschäftsfähigen Minderjährigen** (S/S/B/Bier VwGO § 62 Rn 5). Die Prozesshandlung des Betreuten ist in diesen Fällen abhängig von der Einwilligung des Betreuers. Diese kann auch nachträglich erteilt werden.

9   § 62 Abs 2 VwGO nimmt von der Prozessunfähigkeit Verfahrenshandlungen des geschäftsfähigen Betreuten insoweit aus, als dieser nach den Vorschriften des bürgerlichen Rechts ohne Einwilligung des Betreuers handeln kann oder durch Vorschriften des öffentlichen Rechts als handlungsfähig anerkannt ist. Vorschriften des bürgerlichen Rechts, aus denen sich dies ergeben kann, sind **§ 1903 Abs 1 S 2 BGB iVm § 112 BGB, § 113 BGB und § 1903 Abs 3 S 1 BGB** (Verfahrenshandlungen, die dem Betreuten nur einen rechtlichen Vorteil bringen) und **§ 1903 Abs 3 S 2 BGB** (Prozesshandlungen, die lediglich geringfügige Angelegenheiten des täglichen Lebens betreffen). Auf Grund des Kostenrisikos fällt zB die Beschwerde gegen die Nichtzulassung der Revision nicht unter § 1903 Abs 3 S 1 BGB (BVerwG Buchholz 310 § 62 VwGO Nr 24). Als öffentlich-rechtliche Vorschriften, nach denen der Betreute ohne Einwilligung des Betreuers prozessfähig ist, sind außer Bestimmungen, die dies ausdrücklich vorsehen, auch alle Vorschriften anzusehen, die beschränkt geschäftsfähige Minderjährige als partiell geschäftsfähig anerkennen (Kopp/Schenke VwGO § 62 Rn 13).

10   Auch wenn **kein Einwilligungsvorbehalt** besteht, wird der Betreute dann **prozessunfähig**, wenn der Betreuer im Namen des Betreuten einen Rechtsstreit führt oder in ein bisher vom Betreuten geführtes Verfahren eintritt, das zu seinem Aufgabenbereich gehört (§ 62 Abs 4 VwGO iVm § 53 ZPO). Die Prozessunfähigkeit des Betreuten tritt ab dem Moment ein, in dem der Betreuer im Prozess aufgetreten ist und gilt für das gesamte Verfahren einschließlich des Rechtsmittelzuges (BVerwG Buchholz 310 § 53 ZPO Nr 1).

D. Die Vertretung Prozessunfähiger

I. Natürliche Personen

11   Mangels Geschäftsfähigkeit **nicht prozessfähig** sind gem § 104 Nr 2 BGB Volljährige, wenn sie sich in einem die freie Willensbetätigung ausschließenden Zustand krankhafter Störung der Geistestätigkeit befinden, sofern der Zustand seiner Natur nach nicht ein vorübergehender ist. Prozessunfähig ist ferner, wer das siebte Lebensjahr nicht vollendet hat (§ 104 Nr 1 BGB) und wer im Rechtsstreit durch einen Betreuer oder Pfleger vertreten wird (§ 53 ZPO).

12   Die Prozessunfähigkeit kann auf bestimmte Lebensbereiche und auf den damit in Zusammenhang stehenden beschränkten Kreis von gerichtlichen Verfahren begrenzt sein, zB bei **Querulanz** (s etwa OVG Münster NVwZ-RR 1996, 619).

Prozesshandlungen eines **Prozessunfähigen** sind **unwirksam**. Für prozessunfähige na- **13** türliche Personen handeln ihre **gesetzlichen Vertreter**. Die Frage, wer gesetzlicher Vertreter ist und wie weit seine Vertretungsmacht reicht, beurteilt sich nach **materiellem Recht**. Minderjährige werden gem **§ 1629 Abs 1 S 2 BGB** grds nur gemeinschaftlich durch die Eltern vertreten. Sind Vertreter auch in eigenen Rechten betroffen, können sie in einem Verfahren zugleich Vertreter und Beteiligte sein (Beispiel: Eltern klagen gegen eine schulische Maßnahme gegen ihr Kind aus ihrem Erziehungsrecht und als gesetzliche Vertreter ihres Kindes).

II. Vereinigungen und Behörden (§ 62 Abs 3 VwGO)

Vereinigungen sowie **Behörden** sind als solche ebenfalls **nicht prozessfähig**. Für sie **14** handeln gem **§ 62 Abs 3 VwGO** ihre **gesetzlichen Vertreter**, Vorstände oder besonders Beauftragte. **Vereinigungen** iSd § 62 Abs 3 VwGO sind juristische Personen des öffentlichen Rechts (s § 61 VwGO Rn 4) und des Privatrechts (s § 61 VwGO Rn 5) sowie beteiligungsfähige Vereinigungen iSd § 61 Nr 2 VwGO (s § 61 VwGO Rn 7). Bei juristischen Personen des öffentlichen Rechts ergibt sich die gesetzliche Vertretung aus Gesetz, Satzung oder Verwaltungsvorschriften.

Im Prozess gesetzlich vertreten werden zB: **15**
– die Bundesrepublik Deutschland idR durch den zuständigen Bundesminister;
– in Angelegenheiten, die den Bundestag oder Bundesrat betreffen, durch den Bundestags- bzw Bundesratspräsidenten;
– die Länder durch den zuständigen Landesminister;
– die Landkreise durch den Landrat;
– die kreisfreien Städte durch den Oberbürgermeister;
– die Gemeinden idR durch den Bürgermeister;
– eine gem § 61 Nr 1 VwGO beteiligungsfähige „Europäische Schule" von dem Generalsekretär der Europäischen Schulen (VGH Mannheim NVwZ-RR 2000, 657);
– die BGB-Gesellschaft durch ihre(n) Geschäftsführer;
– die Wohnungseigentümergemeinschaft gem § 27 WEG durch den WEG-Verwalter.

Rechtsfähige Vereine, die AG und die KGaA werden durch den Vorstand, die GmbH **16** durch ihren Geschäftsführer vertreten (s VG Gelsenkirchen BeckRS 2010, 48023: Stirbt der Geschäftsführer während des Prozesses und ist bis zur mündlichen Verhandlung kein neuer Geschäftsführer bestellt, ist die GmbH prozessunfähig). Auch nicht rechtsfähige Vereinigungen, die gem § 61 Nr 2 VwGO beteiligungsfähig sind, handeln durch ihre satzungsmäßigen Vertreter. **Fehlt** die **Vertretungsbefugnis**, so ist der nicht legitimierte Vertreter durch Beschluss zurückzuweisen (Redeker/von Oertzen/Redeker VwGO § 62 Rn 6).

Nach § 61 Nr 3 VwGO beteiligungsfähige **Behörden** werden idR durch den **Behör- 17 denvorstand** vertreten. Hat eine Behörde einer Aufsichtsbehörde eine Generalvollmacht zur Prozessvertretung erteilt, so ist diese dahingehend auszulegen, dass die jeweils zuständigen Bediensteten der Aufsichtsbehörde gem § 62 Abs 3 VwGO beauftragt sind, die bevollmächtigende Behörde oder ihren Träger vor Gericht zu vertreten (BVerwG NJW 1999, 513). Die Beauftragung bedarf der Schriftform analog § 67 Abs 3 S 1 VwGO (OVG Weimar LKV 1999, 148).

E. Die Bestellung eines Prozesspflegers (§ 62 Abs 4 VwGO)

Gem § 62 Abs 4 VwGO gelten die §§ 53 – 58 ZPO im Verwaltungsprozess entspre- **18** chend. Eine an sich prozessfähige Person wird gem **§ 53 ZPO** einem Prozessunfähigen gleich gestellt, sobald im Prozess der **Betreuer aufgetreten** ist. Hierdurch soll ein sonst mögliches Neben- und Gegeneinander von Prozesshandlungen des Betreuten einerseits und des Betreuers andererseits vermieden werden und damit im Falle einer Vertretung durch den Betreuer im Interesse eines sachgemäßen Prozessverlaufs erreicht werden, dass die Prozessführung allein in den Händen des Betreuers liegt und der Betreute sich ihr nicht widersetzen kann (BVerwG Buchholz 310 § 62 VwGO Nr 25). Die Prozessfähigkeit nach § 53 ZPO ist aber nicht in Frage gestellt, wenn ein Betreuer Rechtsmittel eingelegt hat, bei dem kein Einwilligungsvorbehalt nach § 1903 BGB angeordnet worden ist und sich der Betreuer in dem Rechtsstreit mit Hinweis auf seine Bestellung zwar meldet, aber keine Prozesserklärung abgibt und nicht erklärt, dass er den Prozess im eigenen Namen oder im Namen des Betreuten führe (BVerwG Buchholz 303 § 53 ZPO Nr 1).

19   Es ist nicht Aufgabe der Verwaltungsgerichte, in jedem anhängigen Verfahren die Vertretung Prozessunfähiger sicherzustellen (VG Frankfurt (Oder) BeckRS 2011, 55260). Unter besonderen Voraussetzungen hat der Vorsitzende aber gem **§ 57 ZPO** einen Prozesspfleger zu bestellen, wenn der Beklagte prozessunfähig und mit dem Verzug Gefahr verbunden ist. Denn die Geltendmachung von Rechten darf nicht an der fehlenden Vertretung des Gegners scheitern. Über den Wortlaut des § 57 ZPO hinaus ist im Bereich der **Eingriffsverwaltung** die Bestellung eines Vertreters auch für den prozessunfähigen Klägers erforderlich, wenn die sonstigen Voraussetzungen der Vorschrift erfüllt sind (OVG Bautzen BeckRS 2011, 53226; VG Düsseldorf BeckRS 2011, 47761). Maßgebend ist dabei die Erwägung, dass die Stellung eines durch einen Eingriffsakt betroffenen Klägers der des Beklagten im Zivilprozess vergleichbar ist (OVG Koblenz NVwZ-RR 1998, 693).

20   § 57 ZPO findet auch **auf juristische Personen** Anwendung. Zulässig ist zB die Bestellung eines Prozesspflegers als gesetzlicher Vertreter einer aufgelösten Gemeinde in einem gegen die ehemalige Gemeinde geführten Verwaltungsrechtsstreit (BVerwG Buchholz 415.1 AllgKommR Nr 31).

21   **Verneint** das Gericht die **Prozessfähigkeit** des Klägers und sieht von der Bestellung eines Prozesspflegers ab, so ist ein **gerichtlicher Hinweis** nach § 86 Abs 3 VwGO geboten, um dem Kläger selbst Gelegenheit zu geben, den bei Annahme seiner teilweisen Prozessunfähigkeit bestehenden Mangel der gesetzlichen Vertretung im Prozess zu beheben (BVerwG BeckRS 1994, 31227371).

§ 63 [Beteiligte]

Beteiligte am Verfahren sind

1. **der Kläger,**
2. **der Beklagte,**
3. **der Beigeladene (§ 65),**
4. **der Vertreter des Bundesinteresses beim Bundesverwaltungsgericht oder der Vertreter des öffentlichen Interesses, falls er von seiner Beteiligungsbefugnis Gebrauch macht.**

§ 63 VwGO nennt die am Verwaltungsprozess Beteiligten. Dies sind der Kläger (Rn 4), der Beklagte (Rn 4), der Beigeladene (Rn 5) sowie der Vertreter des Bundesinteresses (Rn 6) beim BVerwG oder der Vertreter des öffentlichen Interesses. Neben diesen Beteiligten können durch Bundesgesetz weitere Beteiligte (Rn 8) vorgesehen werden.

A. Allgemeines

1   Die VwGO verwendet den Begriff des **Beteiligten** als gemeinsame Bezeichnung für alle natürlichen oder juristischen Personen, die am Prozess mit eigenen Verfahrensrechten, insb dem Recht, Anträge zum Verfahren und zur Sache zu stellen, beteiligt sind (Kopp/Schenke VwGO § 63 Rn 1). Den Status als Beteiligten erlangt ein Rechtssubjekt dadurch, dass es durch Prozesshandlung in den Prozess eintritt oder einbezogen wird. Dabei ist die Stellung als Beteiligter **unabhängig von der Beteiligungsfähigkeit** (näher s § 61 VwGO Rn 1), dh auch der nicht Beteiligungsfähige ist Beteiligter im Verwaltungsprozess. Andere als die in § 63 VwGO genannten Personen können nur dann am Verfahren teilnehmen, wenn ein Bundesgesetz außerhalb der VwGO ihre Teilnahme ausdrücklich vorsieht (s Rn 7).

2   Besondere Bedeutung hat die Stellung als Beteiligter in einem Verfahren auch für die Möglichkeit, **Rechtsmittel** einzulegen. Nur wer tatsächlich Beteiligter in der Vorinstanz war, kann deren Entscheidung mit Berufung oder Revision anfechten (s § 124 Abs 1 VwGO, § 132 Abs 1 VwGO). Ein zu Unrecht nicht Beigeladener kann daher die Entscheidung der Vorinstanz nicht mit einem Rechtsmittel angreifen (s § 65 VwGO Rn 29). Mangels faktischer Beteiligung ist auch der Rechtsträger der Aufsichtsbehörde bzw die

Aufsichtsbehörde selbst nicht befugt, im Wege des Selbsteintritts an Stelle des beklagten Landkreises einen Antrag auf Zulassung der Berufung zu stellen (OVG Magdeburg NVwZ-RR 2002, 797).

Der Beteiligte kann im Prozess **nicht** zugleich als **Zeuge** auftreten (S/S/B/Bier VwGO **3** § 63 Rn 2). Zu den prozessualen Folgen des Wegfalls eines Beteiligten (Tod des Klägers, Auflösung der beklagten Gemeinde etc) s § 61 VwGO Rn 20.

B. Die einzelnen Beteiligten

I. Der Kläger und der Beklagte

Kläger und Beklagter – bzw Antragsteller und Antragsgegner im vorläufigen Rechts- **4** schutzverfahren sowie im Normenkontrollverfahren – sind die beiden **Hauptbeteiligten** im Verwaltungsprozess. Beide haben gegenüber den anderen Beteiligten eine **Sonderstellung**. Durch die Klageerhebung wird zwischen ihnen ein Prozessrechtsverhältnis begründet. Sie haben die volle Dispositionsfreiheit, das Verfahren einzuleiten und zu beenden. Durch ihre Anträge im Verfahren bestimmen sie den Streitgegenstand. Ob es sich um den „richtigen" Kläger und Beklagten handelt, ist für die prozessuale Stellung der Hauptbeteiligten unerheblich.

II. Der Beigeladene

Der Beigeladene ist Teilnehmer an einem zwischen den Hauptbeteiligten anhängigen **5** Prozess (zu den Einzelheiten s § 65 VwGO Rn 1 und § 66 VwGO Rn 1). Da der Beigeladene seine Rechtsstellung eines Beteiligten nach § 63 Nr 3 VwGO erst mit der Zustellung des Beiladungsbeschlusses erwirbt, ist auch ein zu Unrecht nicht Beigeladener nicht Verfahrensbeteiligter (BVerwG NVwZ 1991, 871).

III. Der Vertreter des öffentlichen Interesses (§ 63 Nr 4 VwGO)

Der Vertreter des Bundesinteresses beim BVerwG oder der Vertreter des öffentlichen **6** Interesses in den Ländern (zu deren Rechtsstellung s § 35 VwGO Rn 3 und § 36 VwGO Rn 3) erlangen die Stellung eines Beteiligten mit der einseitigen Erklärung, dass sie sich beteiligen (BVerwG NJW 1987, 2247). Die Erklärung kann in jedem Stadium des Verfahrens bis zum Ablauf der Rechtsmittelfristen abgegeben werden (BVerwG NVwZ-RR 1997, 519). Auch wenn der Vertreter des öffentlichen Interesses zuvor eine Beteiligung abgelehnt hat, kann er eine Beteiligung nur zum Zwecke der Rechtsmitteleinlegung erklären. Er ist ferner befugt, Rechtsmittel gegen ihn nicht beschwerende Gerichtsentscheidungen einzulegen (Eyermann/Geiger VwGO § 36 Rn 5). Dies gilt aber nicht für die Anhörungsrüge (VGH München NVwZ-RR 2013, 438; krit dazu Unterreitmeier DÖV 2013, 343).

Der Vertreter des Bundesinteresses kann sich nur an bereits beim BVerwG anhängigen **7** Verfahren beteiligen. Ihm steht nicht die Befugnis zu, Nichtzulassungsbeschwerde, Revision oder Anschlussrevision einzulegen (BVerwG NVwZ 1995, 999). Der Vertreter des öffentlichen Interesses kann zwar Rechtsmittel gegen Urteile des OVG/VGH einlegen, sich aber nicht an beim BVerwG anhängigen Verfahren beteiligen.

IV. Sonstige Beteiligte

Neben den in § 63 Nr 4 VwGO genannten Beteiligten können weitere Beteiligte **durch** **8** **Bundesgesetz**, nicht aber durch Landesgesetz vorgesehen werden, da die VwGO keine entsprechende Ermächtigung für den Landesgesetzgeber vorsieht (Sodan/Ziekow/Czybulka VwGO § 63 Rn 19). Zu den sonstigen Beteiligten in diesem Sinne zählen die **Wehrdisziplinaranwälte** und der Bundeswehrdisziplinaranwalt beim BVerwG (§ 81 WDO). Eine spezialgesetzlich angeordnete Beteiligung der **Handwerkskammer** sieht ferner § 8 Abs 4 HandwO vor.

C. Der Insichprozess

9   IdR sind die Beteiligten nach § 63 VwGO verschiedene Personen bzw gehören verschiedenen Rechtsträgern an. Zwingend ist dies nach der VwGO nicht. Stehen sich mehrere Behörden, Organe oder sonstige Einrichtungen der juristischen Person des öffentlichen Rechts im Prozess gegenüber oder sind Kläger und Beklagter eine Behörde, ein Organ, oder eine sonstige Einrichtung und ihr Rechtsträger, so spricht man von einem **Insichprozess** (B/F-K/K VwGO § 63 Rn 4). Weder § 61 VwGO noch § 63 VwGO beantworten die Frage nach der Zulässigkeit eines solchen Prozesses (BVerwG NJW 1974, 1836). Maßgeblich dafür, ob ein Insichprozess zulässig ist, ist ausschließlich, ob die beteiligten Einrichtungen **Träger eigener Rechte und/oder Pflichten** sind, die auch im Verhältnis zueinander gelten und ob sie einer gemeinsamen Spitze unterstellt sind, die im Streitfall für alle Beteiligten verbindlich entscheiden kann (BVerwG NJW 1992, 927; Kopp/Schenke VwGO § 63 Rn 7). Einen Insichprozess lässt zB § 1 Abs 1 S 4 VZOG zu, der dem Bund aus fiskalischen Gründen das Recht zur Klage gegen den Vermögenszuordnungsbescheid des Bundes einräumt (s BVerwG NJW 1995, 674). Unzulässig ist der Insichprozess dagegen, wenn eine kreisfreie Stadt gegen den Widerspruchsbescheid ihres eigenen Stadtrechtsausschusses klagt (OVG Saarlouis NVwZ 1990, 174).

§ 64 [Streitgenossenschaft]

Die Vorschriften der §§ 59 bis 63 der Zivilprozeßordnung über die Streitgenossenschaft sind entsprechend anzuwenden.

§ 64 übernimmt für das Verwaltungsprozessrecht die Bestimmungen der § 59 ZPO, § 60 ZPO, § 61 ZPO, § 62 ZPO und § 63 ZPO. Damit ist sowohl auf der Kläger- als auch auf der Beklagtenseite eine subjektive Klagehäufung in Form einer einfachen (Rn 4) oder notwendigen Streitgenossenschaft (Rn 8) möglich.

A. Allgemeines

1   Eine **Streitgenossenschaft** liegt vor, wenn in einem Verfahren mehrere Personen als Kläger oder Beklagte auftreten. Es handelt sich um **mehrere Prozessrechtsverhältnisse**, die in einem Verfahren zu gemeinsamer Verhandlung, Beweisaufnahme und Entscheidung verbunden sind (Kopp/Schenke VwGO § 64 Rn 1). Die Prozessvoraussetzungen müssen für jede einzelne Klage gegeben sein. IdR dient die Streitgenossenschaft allein der **Prozessökonomie**. Das Gericht prüft die Zulässigkeit der Streitgenossenschaft von Amts wegen. Entsprechend der Terminologie der ZPO ist zwischen einfacher (s Rn 4) und notwendiger (s Rn 8) Streitgenossenschaft zu differenzieren. Von Bedeutung ist die Unterscheidung insbes in Bezug auf die Prozessführungsbefugnis des allein auftretenden Streitgenossen, die Einhaltung von Fristen und die Einlegung von Rechtsmitteln durch einzelne Streitgenossen (s Rn 6 und Rn 14).

2   § 64 VwGO ist **anwendbar** in allen Klageverfahren, im vorläufigen Rechtsschutzverfahren nach § 80, § 80a und § 123 VwGO sowie auf der Aktivseite im Normenkontrollverfahren nach § 47 VwGO.

3   Von der **Beiladung** (s § 65 VwGO Rn 1) unterscheidet sich die Streitgenossenschaft dadurch, dass Streitgenossen als Kläger oder Beklagter Hauptbeteiligte im Prozess sind und gemeinsam kämpfen, während zwischen einem der Hauptbeteiligten und dem als Dritter an dem Prozess teilnehmenden Beigeladenen ein Interessenwiderstreit besteht (vgl BVerwG NVwZ-RR 1996, 299).

B. Die einfache Streitgenossenschaft
I. Die Zulässigkeit der einfachen Streitgenossenschaft

4   Eine **einfache Streitgenossenschaft** ist zulässig, wenn mehrere Personen hinsichtlich des Streitgegenstandes in Rechtsgemeinschaft stehen (**§ 59 Alt 1 ZPO**) oder wenn sie aus demselben tatsächlichen oder rechtlichen Grund berechtigt oder verpflichtet sind (**§ 59 Alt 2**

ZPO). Voraussetzung ist in diesen Fällen, dass jeder Einzelne berechtigt ist, den streitigen Anspruch allein geltend zu machen. Eine einfache Streitgenossenschaft kommt ferner in Betracht, wenn gleichartige und auf einem im Wesentlichen gleichartigen tatsächlichen und rechtlichen Grund beruhende Ansprüche oder Verpflichtungen den Gegenstand des Rechtsstreits bilden (**§ 60 ZPO**). Die drei Fallgruppen werden nicht streng getrennt und sind aus Gründen der Zweckmäßigkeit **weit auszulegen** (Deckenbrock/Dötsch JA 2003, 882, 883). IdR wird eine Streitgenossenschaft als zulässig angesehen, wenn die gemeinsame Verhandlung und Entscheidung zweckmäßig ist. Da die Streitgenossenschaft als subjektive Klagehäufung zugleich auch eine objektive Klagehäufung darstellt, müssen auch die Voraussetzungen des § 44 VwGO gegeben sein (s § 44 VwGO Rn 1).

Eine einfache Streitgenossenschaft in Form der **Rechtsgemeinschaft** (**§ 59 Alt 1 ZPO**) **5** liegt zB vor bei einer **ungeteilten Erbengemeinschaft** gem § 2032 BGB, wenn es den einzelnen Miterben nach § 2038 BGB, § 2039 BGB gestattet ist, im eigenen Namen allein für den Nachlass zu handeln (S/S/B/Bier VwGO § 61 Rn 17). So gewähren die **§ 2038 Abs 1 S 2 Hs 2 BGB**, **§ 2039 BGB** dem Miterben ein von dem gleichen Recht der Miterben unabhängiges Sonderrecht, weshalb das im Rechtsstreit eines Miterben ergangene Urteil weder für noch gegen die übrigen Miterben wirkt (BVerwG VIZ 1996, 37). Einzelne Miterben, die dagegen ein Recht ausüben, über das sie gem § 2040 BGB nur gemeinschaftlich verfügen können, bilden eine notwendige Streitgenossenschaft (s dazu Rn 13).

Eine einfache Streitgenossenschaft liegt ferner vor bei einer Bruchteilsgemeinschaft gem § 741 BGB, bei Miteigentümern gem § 1008 BGB, Gesamtschuldnern gem § 421 BGB (s zB VGH München NVwZ 1987, 900), Gesamtgläubigern gem § 432 BGB, Mitgliedern einer BGB-Gesellschaft oder einer Wohnungseigentümergemeinschaft, sofern nicht die Gesellschaft bzw die Eigentümergemeinschaft als solche beteiligungsfähig ist (s § 61 VwGO Rn 13 und § 61 VwGO Rn 14). Berechtigt oder verpflichtet aus **demselben tatsächlichen oder rechtlichen Grund** (§ 59 Alt 2 ZPO) sind zB mehrere Personen, wenn ihr Recht oder ihre Verpflichtung aus demselben öffentlich-rechtlichen Vertrag abgeleitet wird, den sie mit dem Prozessgegner geschlossen haben (S/S/B/Bier VwGO § 64 Rn 7). Einfache Streitgenossenschaft bei **Gleichartigkeit der Ansprüche** (§ 60 ZPO) liegt zB vor bei Personen, die gemeinsam gegen eine Allgemeinverfügung oder einen Planfeststellungsbeschluss klagen, Grundstückseigentümer und Nießbraucher im Prozess gegen eine straßenrechtliche Planfeststellung (BVerwG NVwZ 1993, 477), mehrere Familienmitglieder bei der Klage auf Anerkennung als Asylberechtigte.

II. Auswirkungen im Prozess

Die Voraussetzungen der einfachen Streitgenossenschaft sind **keine Sachentscheidungs-** **6** **voraussetzungen**, sondern nur Voraussetzungen für die subjektive Verbindung der Klagen bzw Beklagtenhäufung (Sodan/Ziekow/Czybulka VwGO § 64 Rn 45). Die **einzelnen Streitgenossen** bleiben hinsichtlich ihrer Prozesse **selbständig** und sind an Erklärungen sowie sonstige Prozesshandlungen der übrigen Streitgenossen nicht gebunden (vgl § 61 ZPO). Jeder Streitgenosse kann daher über seinen Prozess **frei verfügen**, zB die Klage zurücknehmen oder mit dem Prozessgegner einen Vergleich schließen. Das Gericht prüft für jeden Streitgenossen gesondert die allgemeinen und besonderen Sachentscheidungsvoraussetzungen; die Entscheidung des Gerichts können für und gegen jeden Streitgenossen unterschiedlich ausfallen (Kopp/Schenke VwGO § 64 Rn 10). Sämtliche Streitgenossen sind zu allen Terminen getrennt zu laden (s § 63 ZPO), sofern sie sich nicht durch einen gemeinsamen Prozessbevollmächtigten vertreten lassen. **Beweise** sind wegen der Einheitlichkeit des Verfahrens nur einmal zu erheben und gem § 108 VwGO einheitlich frei zu würdigen. Aufgrund der rechtlichen Selbständigkeit der Prozesse kann jeder Streitgenosse **Zeuge** im Verfahren des anderen sein (so zutr Kopp/Schenke VwGO § 64 Rn 10; einschränkend S/S-A/P/Bier VwGO § 64 Rn 11: nur soweit Tatsachen für und gegen den anderen erheblich sind). **Rechtsmittel** kann jeder Streitgenosse alleine einlegen. Das Rechtsmittel des einen macht – anders als bei der notwendigen Streitgenossenschaft (s Rn 14) – den anderen nicht zum Beteiligten in der nächsten Instanz.

Das Gericht kann die **Verfahren** durch Beschluss nach § 93 VwGO jederzeit **trennen**; es **7** muss eine Trennung vornehmen, wenn die Voraussetzungen der § 59 ZPO, § 60 ZPO nicht vorliegen. Richtet sich eine Klage gegen einfache Streitgenossen, für die verschiedene Verwaltungsgerichte **zuständig** sind, so kommt eine Bestimmung des zuständigen Gerichts nach § 53 Abs 1 Nr 3 VwGO durch das nächsthöhere Gericht nicht in Betracht (BVerwG NVwZ-RR 2000, 261; aA OVG Münster NVwZ-RR 1995, 478). Das Verfahren gegen den Prozessgegner, für den das angerufene Gericht nicht zuständig ist, ist vielmehr abzutrennen und zu verweisen. Zur Kostentragungspflicht des einfachen Streitgenossen s § 159 VwGO Rn 1).

C. Die notwendige Streitgenossenschaft

I. Zwei Arten der notwendigen Streitgenossenschaft

8   Bei der **notwendigen Streitgenossenschaft** ist zu unterscheiden zwischen der uneigentlichen oder unechten (prozessrechtlichen) notwendigen Streitgenossenschaft (§ 64 VwGO iVm § 62 Abs 1 Alt 1 ZPO) und der eigentlichen oder echten (materiell-rechtlichen) notwendigen Streitgenossenschaft (§ 64 VwGO iVm § 62 Abs 1 Alt 2 ZPO). Die Relevanz der Unterscheidung liegt darin, dass bei der eigentlichen notwendigen Streitgenossenschaft die Klage nur eines Berechtigten mangels Prozessführungsbefugnis als unzulässig abgewiesen werden müsste (s Rn 17), während dies bei der uneigentlichen notwendigen Streitgenossenschaft nicht der Fall ist (s Rn 16).

II. Die uneigentliche notwendige Streitgenossenschaft

9   Eine **uneigentliche notwendige Streitgenossenschaft** liegt vor bei notwendig einheitlicher Sachentscheidung, dh wenn die Entscheidung des Gerichts **aus prozessualen Gründen** allen durch Rechtsbeziehungen des materiellen Rechts miteinander verbundenen Streitgenossen gegenüber nur **einheitlich** ausgesprochen werden kann. Es genügt nicht, dass den Klagen ein inhaltlich identischer, austauschbarer Sachverhalt zugrunde liegt. Die Identität des Streitgegenstandes ist zwar Voraussetzung für das Vorliegen einer notwendigen Streitgenossenschaft, begründet sie aber allein noch nicht; entscheidend ist vielmehr, dass die in einem Verfahren ergehende Entscheidung eine Rechtskraft- oder Gestaltungswirkung in anderen Verfahren hervorruft (BVerwG BeckRS 2010, 55625). Zwar kann hier jeder Streitgenosse selbstständig klagen oder verklagt werden; es muss nicht notwendigerweise gemeinschaftlich prozessiert werden. Klagen die Streitgenossen aber gemeinsam oder werden sie zusammen verklagt, so muss, sofern die einzelnen Klagen zulässig sind (zu dieser Einschränkung s Kopp/Schenke VwGO § 64 Rn 12), die Sachentscheidung des Gerichts wegen der Einheit des Streitgegenstandes für alle Betroffenen gleich sein. Dies kann der Fall sein, wenn die Rechtskraft des Urteils gegenüber allen Streitgenossen wirken muss oder wenn eine einheitliche Entscheidung wegen der Identität des Streitgegenstandes erforderlich ist (Kopp/Schenke VwGO § 64 Rn 6).

10   **Beispiele** für eine uneigentliche notwendige Streitgenossenschaft:
- mehrere Grundstückseigentümer bei der Klage auf Erteilung einer **Baugenehmigung** (BVerwG DVBl 1980, 230: mangels Teilbarkeit eines gemeinsamen Genehmigungsantrags keine einfache Streitgenossenschaft);
- Miteigentümer bei der Klage gegen eine an beide adressierte **bauordnungsrechtliche Verfügung** (Deckenbrock/Dötsch JA 2003, 882, 883);
- **Vor- und Nacherben** gem § 173 VwGO iVm § 326 ZPO oder Testamentvollstrecker und Erben gem § 173 VwGO iVm § 327 ZPO (S/S/B/Bier VwGO § 64 Rn 14; offen gelassen von BVerwG Buchholz 310 § 74 Nr 3);
- **Eheleute**, die im Interesse der ehelichen Gemeinschaft gegen einen **polizeilichen Wohnungsverweis** und Rückkehrverbot für einen Ehegatten klagen;
- **Ehegatten**, die sich im Interesse der ehelichen Gemeinschaft gegen die **Ausweisung** des einen wenden oder die Erteilung eines Aufenthaltstitels für ihn begehren (S/S/B/Bier VwGO § 64 Rn 15);
- Verkäufer und Käufer, die sich gemeinsam gegen die **Ausübung des Vorkaufsrechts** gem § 28 Abs 2 BauGB wenden;
- Klage gegen einen von **Behörden mehrerer Rechtsträger** gemeinsam erlassenen VA (s zB BVerwG Buchholz 310 § 53 Nr 11).

Kein notwendiger Streitgenosse des Klägers oder des Beklagten ist der Adressat eines **11** begünstigenden Verwaltungsakts, der von einem anderen angefochten wird. Hier ist der Adressat des begünstigenden Verwaltungsakts vielmehr notwendig beizuladen (s Rn 3).

III. Die eigentliche notwendige Streitgenossenschaft

Eine **eigentliche notwendige Streitgenossenschaft** liegt vor, wenn die Streitgenossen- **12** schaft „aus einem sonstigen Grund eine notwendige ist" (§ 62 Abs 1 Alt 2 ZPO). Dies ist der Fall, wenn jeweils nur alle Kläger oder Beklagte gemeinsam prozessführungs- bzw klagebefugt sind. Im Unterschied zur uneigentlichen notwendigen Streitgenossenschaft sind hier **Klagen Einzelner nicht möglich.**

Eigentliche notwendige Streitgenossen sind vor allem **gesamthänderisch verbundene** **13** **Mitberechtigte**, soweit ihnen die Klagebefugnis nur gemeinsam zusteht. Dazu zählen zB Mitglieder einer **ungeteilten Erbengemeinschaft**, die ein Recht ausüben, über das sie gem § 2040 BGB nur gemeinschaftlich verfügen können (S/S/B/Bier VwGO § 61 Rn 17; VG Würzburg BeckRS 2012, 49355; s auch VGH Mannheim NJW 1992, 388 zur Nachbarklage; anders aber, wenn der einzelne Miterbe im eigenen Namen für den Nachlass handeln kann, s Rn 5). **Weitere Beispiele** aus der Rspr:
- Eheleute bei der Klage auf Änderung des Familiennamens oder gegen eine Namensänderung (BVerwG NJW 1983, 1133);
- sich auf das Elternrecht berufende Eltern bei der Klage gegen die Entlassung ihres Kindes aus der Schule (OVG Lüneburg NVwZ 1982, 321).

IV. Auswirkungen im Prozess

Auch bei **notwendiger Streitgenossenschaft** bestehen **getrennte Prozessrechtsver-** **14** **hältnisse.** Die Zulässigkeit der einzelnen Klagen ist grundsätzlich selbstständig zu prüfen, die Prozesshandlungen der Streitgenossen sind gesondert zu beurteilen. Allerdings bestimmt der entspr anzuwendende **§ 62 Abs 2 Hs 2 ZPO**, dass einzelne Streitgenossen, die einen Termin oder eine **Frist** versäumt haben, als durch die nicht säumigen vertreten angesehen werden. Als Frist iSd VwGO ist entgegen einer teilweise vertretenen Ansicht (Sodan/Ziekow/Czybulka VwGO § 64 Rn 88; Kopp/Schenke VwGO § 64 Rn 11) **nicht** die **Klagefrist** anzusehen, so dass die rechtzeitige Klageerhebung durch nur einen Streitgenossen nicht die Frist des § 74 VwGO für die anderen Streitgenossen wahrt (BVerwG Buchholz 310 § 74 VwGO Nr 3; Deckenbrock/Dötsch JA 2003, 882, 884; S/S/B/Bier VwGO § 64 Rn 23). Da die notwendige Streitgenossenschaft durch die gemeinsame Klageerhebung entsteht, ist eine gegenseitige Vertretung gem § 62 Abs 2 Hs 2 ZPO erst ab diesem Zeitpunkt möglich. Dagegen reicht das **Rechtsmittel** eines Streitgenossen aus, um den Eintritt der Bestandskraft zu verhindern (Eyermann/Schmidt VwGO § 64 Rn 7; vgl auch VGH Mannheim NVwZ-RR 2002, 39 zur Berufungsbegründungsfrist). Der säumige Streitgenosse ist zu dem Rechtsmittelverfahren gem § 62 Abs 2 ZPO hinzu zu ziehen und bleibt Beteiligter im weiteren Verfahren (vgl BVerwG Buchholz 310 § 173 VwGO Anhang § 62 ZPO Nr 1). Er wird aber nicht selbst Rechtsmittelführer und ist daher auch an eine etwaige Rücknahme des anderen Streitgenossen gebunden (Deckenbrock/Dötsch JA 2003, 882, 886).

Sind für die einzelnen Klagen **verschiedene Gerichte zuständig**, wird gem § 53 Abs 1 **15** Nr 3 VwGO ein gemeinsam zuständiges Gericht bestimmt, wenn die Annahme zumindest nicht fern liegt, dass eine notwendige Streitgenossenschaft besteht (BVerwG NVwZ-RR 2000, 261).

Bei der **uneigentlichen notwendigen Streitgenossenschaft** ist die Mitwirkung aller **16** Streitgenossen weder für die Zulässigkeit noch für die Begründetheit der Klage Voraussetzung. Die Klage eines oder gegen einen Streitgenossen kann für sich allein als unzulässig abzuweisen sein, während sie für oder gegen andere Streitgenossen Erfolg hat (S/S/B/Bier VwGO § 64 Rn 19). Nur die Sachentscheidung muss in jedem Fall einheitlich sein (Kopp/Schenke VwGO § 64 Rn 12). Prozesshandlungen eines Streitgenossen wie Klagerücknahme, Erledigungserklärung in der Hauptsache oder Prozessvergleich mit dem Prozessgegner sind wirksam, wenn auch nur für und gegen ihn.

17   Bei der **eigentlichen notwendigen Streitgenossenschaft** ist aufgrund des Zwangs zur gemeinsamen Prozessführung aus dem materiellen Recht die Klage des allein handelnden Streitgenossen mangels Klagebefugnis durch **Prozessurteil** als **unzulässig** abzuweisen. Die fehlende Beteiligung des notwendigen Streitgenossen kann hier auch nicht durch seine Beiladung ersetzt werden, weil dem Streitgenossen damit nicht die erforderliche Parteistellung verschafft würde (BVerwG NJW 1983, 1133). Dispositionshandlungen eines Streitgenossen wie Klagerücknahme, Erledigungserklärung in der Hauptsache etc sind bei der eigentlichen notwendigen Streitgenossenschaft schlechthin unwirksam, weil sie eine einheitliche Sachentscheidung verhindern (Kopp/Schenke VwGO § 64 Rn 11; aA S/S/B/Bier VwGO § 64 Rn 20). Beim Prozessvergleich einzelner Streitgenossen scheitert die Wirksamkeit ohnehin an der fehlenden materiell-rechtlichen Einzelverfügungsbefugnis.

§ 65 [Beiladung Dritter]

(1) Das Gericht kann, solange das Verfahren noch nicht rechtskräftig abgeschlossen oder in höherer Instanz anhängig ist, von Amts wegen oder auf Antrag andere, deren rechtliche Interessen durch die Entscheidung berührt werden, beiladen.

(2) Sind an dem streitigen Rechtsverhältnis Dritte derart beteiligt, daß die Entscheidung auch ihnen gegenüber nur einheitlich ergehen kann, so sind sie beizuladen (notwendige Beiladung).

(3) [1]Kommt nach Absatz 2 die Beiladung von mehr als fünfzig Personen in Betracht, kann das Gericht durch Beschluß anordnen, daß nur solche Personen beigeladen werden, die dies innerhalb einer bestimmten Frist beantragen. [2]Der Beschluß ist unanfechtbar. [3]Er ist im Bundesanzeiger bekannt zu machen. [4]Er muß außerdem in Tageszeitungen veröffentlicht werden, die in dem Bereich verbreitet sind, in dem sich die Entscheidung voraussichtlich auswirken wird. [5]Die Bekanntmachung kann zusätzlich in einem von dem Gericht für Bekanntmachungen bestimmten Informations- und Kommunikationssystem erfolgen. [6]Die Frist muß mindestens drei Monate seit Veröffentlichung im Bundesanzeiger betragen. [7]In der Veröffentlichung in Tageszeitungen ist mitzuteilen, an welchem Tage die Frist abläuft. [8]Für die Wiedereinsetzung in den vorigen Stand bei Versäumung der Frist gilt § 60 entsprechend. [9]Das Gericht soll Personen, die von der Entscheidung erkennbar in besonderem Maße betroffen werden, auch ohne Antrag beiladen.

(4) [1]Der Beiladungsbeschluß ist allen Beteiligten zuzustellen. [2]Dabei sollen der Stand der Sache und der Grund der Beiladung angegeben werden. [3]Die Beiladung ist unanfechtbar.

Die Vorschrift regelt die Einbeziehung eines Dritten in einen anhängigen Prozess. Die Beiladung (Rn 1) dient dazu, eine Nichtpartei am Rechtsstreit zu beteiligen, wenn sie durch den Streit in Mitleidenschaft gezogen werden kann. Zu unterscheiden sind die einfache Beiladung (Rn 6) gem Abs 1 und die notwendige Beiladung (Rn 11), deren besonderen Voraussetzungen in Abs 2 beschrieben werden. Als Annex zur notwendigen Beiladung enthält Abs 3 eine Sondervorschrift für sog Massenverfahren (Rn 22). Abs 4 (Rn 23) trifft verfahrensrechtliche Bestimmungen, die für beide Beiladungstypen gelten.

Übersicht

A. Das Rechtsinstitut der Beiladung

Die Beiladung dient dem **Zweck**, Dritte, die weder Kläger noch Beklagte sind, deren **1** rechtliche Interessen aber durch die gerichtliche Entscheidung unmittelbar berührt werden können, am Verfahren zu beteiligen, um ihnen die Möglichkeit zu geben, sich mit ihrem Rechtsstandpunkt **Gehör** zu verschaffen. Ferner soll dadurch, dass die **Rechtskraftwirkungen** der Entscheidung auch ihnen gegenüber eintreten (s § 121 VwGO Rn 50), aus Gründen der **Prozessökonomie** etwaigen weiteren Rechtsstreitigkeiten vorgebeugt werden (BVerwG BeckRS 2005, 24415). Die Beiladung ersetzt damit weitgehend die Funktionen der Haupt- (§ 64 ZPO, § 65 ZPO) und Nebenintervention (§ 66 ZPO, § 67 ZPO, § 68 ZPO, § 69 ZPO, § 70 ZPO, § 71 ZPO, s BVerwG BeckRS 2006, 20302), der Streitverkündung (§ 72 ZPO, § 73 ZPO, § 74 ZPO, s OVG Koblenz NVwZ-RR 2008, 846; OVG Münster BeckRS 2009, 34577), des Prätendentenstreits (§ 75 ZPO) und der Urheberbenennung (§ 76 ZPO, § 77 ZPO) im Zivilprozess (zur Abgrenzung s Eyermann/Schmidt VwGO § 65 Rn 3).

§ 65 VwGO ist grundsätzlich **in allen Verfahrensarten anwendbar**, insbes auch gem **2** § 47 Abs 2 S 4 VwGO im Normenkontrollverfahren (s § 47 VwGO Rn 60) und in Verfahren des vorläufigen Rechtsschutzes (zu der Einschränkung bei Massenverfahren s Rn 22). Entsprechend anwendbar ist § 65 Abs 2 VwGO gemäß § 23a Abs 2 WBO im **Wehrbeschwerdeverfahren** bei Konkurrentenstreitigkeiten um die Besetzung militärischer Dienstposten (BVerwG BeckRS 2011, 21804). Gesetzlich **speziell angeordnet** ist die **Beiladung der Handwerkskammer** bei einer Klage eines Handwerkers gegen Versagungen nach § 7a HandwO, § 7b HandwO und § 8 HandwO (s § 7a Abs 2 HandwO, § 7b Abs 2 S 2 HandwO, § 8 Abs 4 Hs 2 HandwO). Verneint wird die Anwendbarkeit des § 65 VwGO im gerichtlichen Disziplinarverfahren nach dem **Bundesdisziplinargesetz**, weil das Disziplinarverfahren allein auf die disziplinarische Ahndung von Dienstvergehen ausgerichtet ist (s VGH Mannheim NVwZ-RR 2013, 484). Durch **Landesrecht** kann ein selbständiger bzw von den Voraussetzungen der abschließenden Bestimmung des § 65 VwGO unabhängiger Beiladungsgrund nicht normiert werden (OVG Greifswald BeckRS 2013, 52344). Nicht um eine Beiladung iSd § 65 VwGO, sondern um eine besondere Art der Behördenbeteiligung im sog „**in camera**"-Verfahren handelt es sich bei der Beiladung der obersten Aufsichtsbehörde gem **§ 99 Abs 2 S 6 VwGO** (BVerwG NVwZ 2002, 1504).

Durch den Beiladungsbeschluss erhält der Dritte die **Rechtsstellung eines Beteiligten 3** (s § 63 VwGO Rn 5); er vertritt seine eigenen Interessen für oder gegen die Interessen der Hauptbeteiligten. § 65 VwGO differenziert zwischen der **einfachen** (Abs 1) und der **notwendigen** (Abs 2) Beiladung. Maßgebliches Merkmal für die Abgrenzung von einfacher und notwendiger Beiladung ist die Notwendigkeit einer **einheitlichen Entscheidung**. Während der einfach Beigeladene nur innerhalb der Anträge eines Hauptbeteiligten Angriffs- und Verteidigungsmittel geltend machen kann, ist der notwendig Beigeladene befugt, auch Sachanträge zu stellen, die von denen eines Hauptbeteiligten abweichen (näher dazu s § 66 VwGO Rn 9).

Beigeladen werden kann **jede beteiligungsfähige Person** (s § 61 VwGO Rn 3) oder **4** **Vereinigung** (s § 61 VwGO Rn 7), die nicht Hauptbeteiligter ist. Lädt das Gericht eine Person trotz fehlender Beteiligungsfähigkeit bei, ist der Beschluss wegen Fehlens einer Sachurteilsvoraussetzung unwirksam (BVerwG NVwZ 1986, 555; Guckelberger JuS 2007, 436). Soweit **Behörden** nach § 61 Nr 3 VwGO beteiligungsfähig sind (s § 61 VwGO Rn 17), sind sie ebenfalls beiladungsfähig. Da ein Verfahrensbeteiligter nicht zugleich Hauptbeteiligter und Beigeladener sein kann, ist in einem Verwaltungsstreitverfahren gegen die Bundesrepublik die Beiladung einer Bundesbehörde, die an dem mit der Klage begehrten VA befugt ist, unwirksam. Verfahrensfehlerhaft ist ebenso die Beiladung eines Landes in einem Verfahren, an dem dieses bereits durch seine gem § 61 Nr 3 VwGO beteiligungsfähige Behörde beteiligt ist (BVerwG BeckRS 2005, 28548) bzw die Beiladung einer Landesbehörde, wenn bereits eine andere Landesbehörde in Prozessstandschaft für das Land beteiligt ist (BVerwG NJW 2007, 711). Etwas anderes gilt nur dann, wenn die Behörde ausdrücklich durch das jeweilige Fachgesetz mit einer entsprechenden eigenständigen Verfahrens- oder materiellen Rechtsposition gegenüber anderen Behörden des Rechtsträgers ausgestattet ist (BVerwG NVwZ 2003, 216; OVG Bautzen NVwZ-RR 2011, 543: verneint für den Rechnungshof). Ist eine Behörde, die im Verfahren bisher als Beigeladene am Verfahren beteiligt war, durch eine Gesetzesänderung im Beklagten aufgegangen, ist die Beiladung aufzuheben (OVG Lüneburg BeckRS 2005, 28053). Erlischt die Beteiligungsfähigkeit eines Dritten, so entfällt grds auch die Beiladungsfähigkeit (näher Sodan/Ziekow/ Czybulka VwGO § 65 Rn 62).

5   Eine auf bestimmte Streitpunkte **beschränkte Beiladung** ist **unzulässig**. Denn ein beigeladener Dritter kann nicht daran gehindert werden, sich zu allen aus seiner Sicht relevanten Rechtsfragen zu äußern (BVerwG BeckRS 2005, 24406).

B. Die einfache Beiladung

I. Allgemeines

6   Die **einfache Beiladung** nach Abs 1 setzt voraus, dass durch die Entscheidung des Rechtsstreits **rechtliche Interessen** eines Dritten in Bezug auf den Kläger oder den Beklagten berührt werden. Dies ist der Fall, wenn der Beizuladende zu einer der Parteien oder zu beiden oder zum Streitgegenstand so in Beziehung steht, dass sich je nach dem Ausgang des Rechtsstreits seine Rechtsposition verbessern oder verschlechtern kann (BVerwG BeckRS 2005, 24415; vgl auch BVerwG BeckRS 2008, 33368; VGH München BeckRS 2012, 52573). Dabei macht es keinen Unterschied, ob diese Rechtsposition durch öffentliches oder bürgerliches Recht begründet wird (OVG Koblenz NVwZ-RR 2010, 38). Eine Auswirkung auf zivilrechtliche Ansprüche, etwa in Gestalt der „Präjudizierung" eines nachfolgenden Zivilprozesses, dem sich der Dritte ausgesetzt sieht oder den er selbst anzustrengen beabsichtigt, reicht aus (s zB BVerwG NJW 1982, 951 und NVwZ 1987, 970).

7   Das Interesse muss aus einem schon **bestehenden Recht** des Beizuladenden selbst erwachsen, und es muss so beschaffen sein, dass es durch die Entscheidung des Rechtsstreits bedingt, bedroht oder sonst zu seinem Nachteil beeinflusst wird (Eyermann/Schmidt VwGO § 65 Rn 11). Eine der Klagebefugnis gem § 42 Abs 2 VwGO vergleichbare Rechtsstellung wird nicht vorausgesetzt; ebenso wenig muss der Dritte tatsächlich oder möglicherweise in seinen Rechten verletzt werden. Bei den rechtlichen Interessen des Beizuladenden muss es sich nicht notwendig um materielle Rechte handeln. Es genügen grundsätzlich auch **qualifizierte Verfahrensrechte** wie die Beteiligungsrechte anerkannter **Naturschutzverbände** nach § 60 Abs 2 BNatSchG (OVG Hamburg BeckRS 2009, 32312; OVG Lüneburg BeckRS 2009, 31921). Nicht ausreichend sind rein ideelle, soziale, wirtschaftliche, kulturelle oder bloße Verwaltungsinteressen (S/S/B/Bier VwGO § 65 Rn 11; VGH München Beschl v 21.7.2009 – 11 C 09.712).

8   Der Dritte hat bei der einfachen Beiladung **keinen Rechtsanspruch** auf Beiladung. Vielmehr steht es im pflichtgemäßen **Ermessen des Gerichts**, ob es einen Beiladungsbeschluss erlässt. So können prozessuale Zweckmäßigkeitserwägungen dafür sprechen, die einfache Beiladung von Dritten abzulehnen, um den Kreis der Verfahrensbeteiligten auf ein überschaubares Maß zu beschränken (vgl OVG Münster NVwZ-RR 2000, 726). **Nicht ermessensfehlerhaft** ist die Ablehnung der Beiladung eines Dritten, wenn dieser in der Sache auch **selbst klagebefugt** oder er dies vor Ablauf der Klagefrist gewesen wäre. Denn ein durch eine hoheitliche Maßnahme Betroffener hat nicht die Wahl, ob er die für ihn nachteilige Entscheidung im Klagewege anficht oder im Klageverfahren eines Dritten, der im Gegensatz zu ihm selbst den prozessualen Anforderungen genügt hat, seine Beiladung betreibt. Die Beiladung darf nicht als Ersatz für eine Klage herhalten, die von Rechts wegen möglich gewesen wäre, als – fristgebundenes – Rechtsschutzmittel aber nicht genutzt worden ist (BVerwG BeckRS 2005, 27279; OVG Berlin-Bbg BeckRS 2010, 53059; Roth NVwZ 2003, 691; aA Kopp/Schenke VwGO § 65 Rn 2; Guckelberger JuS 2007, 436). Nach OVG Hamburg BeckRS 2009, 32312 ist die Beiladung trotz eigener Klage sachgerecht, wenn der Konfliktstoff nicht deckungsgleich ist. Ebenso wie ein bereits Beigeladener haben Kläger und Beklagter **keinen Anspruch auf Beiladung eines Dritten** (s auch Rn 11a). Das Institut der Beiladung soll gewährleisten, dass betroffene Dritte ihre Rechte im Verfahren wahren können. Die Beiladung bezweckt aber nicht, Rechtspositionen eines bereits am Rechtsstreit Beteiligten zu stärken (BVerwG BeckRS 2006, 27430; OVG Berlin-Bbg LKV 2012, 231).

II. Beispielsfälle

Unter den in Rn 6 und Rn 7 genannten Voraussetzungen können zB folgende Personen **9** einfach **beigeladen** werden:

- die in ihrem Selbstverwaltungsrecht betroffene **Gemeinde** bei isolierter Anfechtung eines Widerspruchsbescheids der staatlichen Aufsichtsbehörde durch einen Dritten (BVerwG Buchholz 310 § 65 Nr 99);
- ein Dritter wegen möglicher zivilrechtlicher Schadensersatzansprüche des Klägers für den Fall seines Unterliegens im Prozess gegen eine behördliche Ordnungsverfügung (BVerwG NVwZ 1987, 970; s auch OVG Koblenz NVwZ-RR 2010, 38 zur drohenden Inanspruchnahme aus dem anwaltlichen Beratungsverhältnis wegen Schlechtberatung);
- wegen drohender Ausgleichspflicht der **Rechtsvorgänger**, der ein Grundstück verkauft und dabei zugesichert hat, dass der Erschließungsbeitrag bezahlt ist, im Streit um einen Erschließungsbeitragsbescheid gegen den Käufer (BVerwG NJW 1982, 951);
- das **Institut für medizinische und pharmazeutische Prüfungsfragen** im Rechtsstreit um die Notenverbesserung einer Ärztlichen Prüfung, wenn um die Geeignetheit einer Prüfungsfrage im Antwort-Wahl-Verfahren gestritten wird (BVerwG NVwZ 2005, 1430);
- der **Generalunternehmer**, der mit der Errichtung eines Atomkraftwerks beauftragt ist, bei einem Streit über die Rechtmäßigkeit einer atomrechtlichen Genehmigung (OVG Münster NJW 1981, 1469);
- der Ehepartner bei dem Verfahren des anderen Ehegattens gegen einen polizeilichen Wohnungsverweis zum Schutz des Ehepartners (VG Aachen BeckRS 2013, 49770);
- der **Grundstücksnachbar** bei der Verpflichtungsklage des Bauherrn auf Erteilung der Baugenehmigung (BVerwG DÖV 1975, 99);
- der Grundstücksnachbar im Anfechtungsprozess des Anlagenbetreibers/Bauherrn/Grundstückseigentümers gegen eine Ordnungsverfügung, in welcher dem Kl aufgegeben wird, eine gegen nachbarschützende Vorschriften verstoßende bauliche oder immissionsschutzrechtliche Anlage zu beseitigen (vgl OVG Münster NVwZ-RR 2013, 295; VGH Kassel NVwZ-RR 2004, 704 und BeckRS 2007, 27854; im Einzelfall verneint von VGH München BeckRS 2012, 52573);
- der Mieter des betroffenen Grundstücks im Verfahren des Nachbarn, der mit der gegen die Bauaufsichtsbehörde gerichteten Verpflichtungsklage den Erlass einer bauordnungsrechtlichen Anordnung gegen den Bauherrn bzw Grundstückseigentümer begehrt;
- ebenso ein Dritter, der während des Verwaltungsprozesses das Grundstück des klagenden Nachbars erwirbt (BVerwG NJW 1993, 79);
- eine **Gemeinde** im Rechtsstreit eines Bauherrn auf Erteilung der Baugenehmigung, wenn in dem Rechtsstreit die Gültigkeit des von der Gemeinde erlassenen Bebauungsplans zweifelhaft ist (BVerwG NVwZ 1994, 255);
- eine betroffene **Nachbargemeinde** bei einer Klage auf Genehmigung der Änderung des Flächennutzungsplans, wenn um das Abstimmungsgebot des § 2 Abs 2 BauGB gestritten wird (OVG Lüneburg NVwZ 2003, 232);
- ein **Naturschutzverband** im Prozess des Vorhabenträgers gegen eine ihn belastende dem Naturschutz dienende Auflage zum Planfeststellungsbeschluss, wenn der Naturschutzverband im Verwaltungsverfahren beteiligt war (Sodan/Ziekow/Czybulka VwGO § 65 Rn 87; OVG Hamburg BeckRS 2009, 32312).

Die Voraussetzungen einer einfachen Beiladung liegen – mangels Berührung rechtlicher **10** Interessen – regelmäßig **nicht** vor bei:

- einer **Gemeinde**, wenn ein Dritter eine im Einvernehmen mit der Gemeinde erteilte Baugenehmigung anficht (VGH München NVwZ-RR 2006, 430);
- dem **Mieter** eines Grundstücks, der für die von ihm ausgeübte Nutzung eine Verbotsverfügung erhalten hat, im Verfahren des Grundstückseigentümers gegen die an ihn gerichtete gleich lautende Untersagungsverfügung (OVG Saarlouis BeckRS 2007, 27165);
- einem **Architekten** und **Bauunternehmer** im Verpflichtungsprozess des Bauherrn auf Erteilung der Baugenehmigung für das von ihnen zu erstellende Bauobjekt (OVG Münster NJW 1981, 1469);

- anderen Eigentümern von in einem Bebauungsplangebiet gelegenen Grundstücken in einem **Normenkontrollverfahren** eines Grundstückseigentümers gegen den **Bebauungsplan** (BVerwG NVwZ 2006, 329; BVerwG NVwZ 2008, 214; OVG Berlin-Bbg NVwZ-RR 2009, 51: Beiladung nur von Grundstückseigentümern, die besonders betroffen sind);
- Befürwortern einer planfestgestellten Straße im Verfahren von nachteilig betroffenen Bürgern gegen den Planfeststellungsbeschluss (BVerwG BeckRS 2002, 24057);
- einem durch einen **Planfeststellungsbeschluss** Betroffenen, der nicht rechtzeitig Einwendungen erhoben hat, im Klageverfahren eines Dritten, der gegen den Planfeststellungsbeschluss vorgeht (BVerwG BeckRS 2005, 27279);
- einem anerkannten **Naturschutzverein** bei der Klage eines Vorhabenträgers auf Verpflichtung der Planfeststellungsbehörde auf Erlass des beantragten **Planfeststellungsbeschlusses** (OVG Münster BeckRS 2010, 47509; vgl auch VG Aachen BeckRS 2012, 55553 zur abgelehnten Beiladung einer anerkannten Umweltschutzvereinigung in einem Verfahren gegen die Versagung einer wasserrechtlichen Bewilligung für ein Wasserkraftwerk);
- den Klägern anderer Parallelverfahren erster Instanz, wenn nur eines von ihnen als **Musterprozess** in der Berufungsinstanz geführt wird (OVG Saarlouis BeckRS 2009, 31340);
- dem unterlegenen Gegenkandidaten einer Oberbürgermeisterwahl im Streit um die **Ungültigerklärung der Wahl** durch Bescheid des Landratsamts (VGH München BayVBl 2003, 278);
- dem Träger der nicht mit der Ausgangsbehörde identischen Widerspruchsbehörde, wenn Ausgangs- und Widerspruchsbescheid inhaltlich übereinstimmen (vgl BGH BeckRS 2008, 02933);
- der **Europäischen Kommission** im Prozess eines Konkurrenten gegen die einer in der EU ansässigen Kapitalgesellschaft erteilte Erlaubnis zum Betrieb einer Filialapotheke im Bundesgebiet (OVG Saarlouis BeckRS 2007, 20636);
- die zur Rechts- und Fachaufsicht berechtigte **nächsthöhere Behörde** (VG Frankfurt/Oder NVwZ-RR 2008, 384).

C. Die notwendige Beiladung

I. Allgemeines

11   **Notwendig beizuladen** sind Dritte nach § 65 Abs 2 VwGO dann, wenn sie an dem streitigen Rechtsverhältnis derart beteiligt sind, dass die noch zu erlassende Entscheidung auch ihnen gegenüber nur **einheitlich** ergehen kann. Dabei reicht es nicht aus, dass eine einheitliche Entscheidung aus Gründen der Logik wünschenswert erscheint. Diese Voraussetzung liegt vielmehr nur vor, wenn die begehrte Sachentscheidung des Gerichts nicht wirksam getroffen werden kann, ohne dass dadurch gleichzeitig und unmittelbar in Rechte der Dritten eingegriffen wird, dh ihre Rechte gestaltet, bestätigt oder festgestellt, verändert oder aufgehoben werden (BVerwG NVwZ 2007, 1207 und BeckRS 2012, 59193) oder anders gewendet, wenn die Entscheidung unmittelbar Rechte oder Rechtsbeziehungen Dritter gestalten soll, sie aber ohne deren Beteiligung am Verfahren nicht wirksam gestalten kann (BVerwG Beschl v 18.6.2013 – 6 C 21.12). Die Entscheidung muss **aus Rechtsgründen** nur als notwendig **einheitliche Entscheidung** möglich sein (Kopp/Schenke VwGO § 65 Rn 15).

11a   Die Betroffenen haben grundsätzlich keinen Rechtsanspruch auf Beiladung. Das Unterbleiben einer notwendigen Beiladung begründet keine materielle Beschwer der Hauptbeteiligten, weil es sie nicht in eigenen Rechten berührt (BVerwG NVwZ-RR 2010, 37 und NVwZ 2010, 1026). Die notwendige Beiladung nach § 65 Abs 2 VwGO bezweckt nicht, die Verfahrensposition des einen oder anderen Prozessbeteiligten zu stärken und in dessen Interesse die Möglichkeiten der Sachaufklärung zu erweitern. Sie soll vielmehr die Rechte des notwendig Beizuladenden schützen und dient ferner der Prozessökonomie, indem sie die Rechtskraft des Urteils auf alle am streitigen Rechtsverhältnis Beteiligten erstreckt. Das schließt kein subjektives Recht der Prozessbeteiligten auf fehlerfreie Anwendung des § 65

Abs 2 VwGO ein. Etwas anderes kann in beamtenrechtlichen Konkurrentenstreitigkeiten gelten (s OVG Koblenz BeckRS 2012, 55999).

Berührungspunkte hat die notwendige Beiladung mit der **notwendigen Streitgenos-** **12** **senschaft** (s auch § 64 VwGO Rn 3 und Rn 17). Eine **notwendige Beiladung** kommt nur in Betracht, wenn der klägerische Antrag und damit das Klageziel den Dritten in **negativer Weise** betrifft (BVerwG NVwZ-RR 1996, 299). Kann sich ein Obsiegen des Klägers allenfalls zu Gunsten des Dritten auswirken, so mag unter Umständen eine einfache Beiladung angezeigt sein (s aber die Einschränkung in Rn 8). Erstrebt der Dritte neben dem Kläger wie dieser die Aufhebung des angefochtenen VA oder den Erlass eines VA, so ist er darauf zu verweisen, sich als **Streitgenosse** des Klägers selbst zu wehren, muss hierbei aber die Hürde der Klagebefugnis gem § 42 Abs 2 VwGO überwinden (vgl VGH München Beschl vom 19.2.1997 – 25 C 96.1853 -). Bilden Kläger und Dritter eine eigentliche notwendige Streitgenossenschaft, so kann das Fehlen eines Streitgenossen nicht durch eine Beiladung ersetzt werden, denn eine Beiladung vermag nicht die erforderliche Parteistellung zu verschaffen (BVerwG NJW 1983, 1133).

II. Notwendige Beiladung bei Anfechtungsklagen

Zu einem Anfechtungsstreit notwendig beizuladen ist derjenige, der durch die vom Kläger **13** erstrebte Aufhebung des angefochtenen VA unmittelbar rechtlich beschwert wird. Dies ist immer der Fall bei Anfechtungsklagen gegen **VAe mit Doppelwirkung**. Hier ficht der Kläger eine ihn belastende behördliche Gestattung an, die einem anderen erteilt worden ist oder der Kläger geht gegen einen ihn belastenden VA vor, der einen anderen begünstigt. Auf Grund der rechtsgestaltenden Wirkung des Aufhebungsurteils ist es im Hinblick auf einen effektiven Rechtsschutz zwingend, dem Dritten im Prozess die Möglichkeit der Interessenwahrung einzuräumen. Ob bei einem belastenden VA Adressat der Entscheidung nur die von ihr belastete Person ist oder auch ein Dritter und ob die Behörde auch den Dritten zum Bescheid-Adressaten gemacht hat oder nicht, ist eine Frage der Auslegung des Bescheids, und zwar vorrangig des Bescheidtenors; diese Interpretation wird regelmäßig ergeben, dass der Dritte nicht Adressat der behördlichen Anordnung ist (vgl OVG Koblenz BeckRS 2013, 51063).

Notwendig beizuladen sind demnach zB **folgende Personen**:

- der **Straßenbaulastträger** bei der Anfechtung eines straßenrechtlichen Planfeststellungsbeschlusses (BVerwG NJW 1982, 1546);
- der Unternehmer bei der defensiven Klage des **Konkurrenten** gegen die dem Unternehmer gewährte Vergünstigung (zB Bewilligung eines Subvention, Genehmigung nach dem PBefG oder GüKG, s hierzu BVerwG NVwZ 1984, 507);
- der **Anlagenbetreiber** bei der Anfechtungsklage des Nachbarn gegen eine gewerbe-, gaststätten-, immissionsschutz- oder wasserrechtliche Genehmigung;
- der öffentlich-rechtliche Entsorgungsträger im gerichtlichen Verfahren gegen eine auf § 18 Abs 5 S 2 KrWG gestützte Untersagungsverfügung (VG Stuttgart BeckRS 2013, 50573);
- der **Bauantragsteller** bei der Klage des Nachbarn gegen die dem Bauantragsteller erteilte Baugenehmigung (s zB OVG Lüneburg BeckRS 2007, 26712);
- der **Nachbar** bei der isolierten Klage des Bauherrn gegen die Aufhebung der Baugenehmigung durch die Widerspruchsbehörde (VGH Mannheim NVwZ-RR 2001, 543);
- der Adressat einer Wohnungsverweisungsverfügung bei deren Anfechtung durch den Lebensgefährten (VG Aachen BeckRS 2012, 59539);
- der Mitbewerber bei Marktzulassungsstreitigkeiten in der Situation der „Konkurrentenverdrängungsklage" (OVG Lüneburg BeckRS 2009, 41672).

Die Voraussetzungen für eine **notwendige Beiladung** des Dritten sind **nicht** gegeben, **14** wenn das Anfechtungsurteil diesem gegenüber **keine rechtsgestaltende Wirkung** entfaltet. Dies ist etwa der Fall, wenn der Dritte, der nicht Adressat des angefochtenen VA ist, lediglich ein Interesse am Ausgang des Verfahrens hat (Kopp/Schenke VwGO § 65 Rn 17a). Nicht notwendig beizuladen sind zB:

- der Rechtsnachfolger des Nachbarn, der während des laufenden Anfechtungsprozesses gegen eine ihm erteilte Baugenehmigung sein betroffenes Grundstück veräußert

(BVerwG NJW 1993, 79; OVG Bautzen Beschl v 27.7.2012 – 1 B 130/12); dessen Rechte sind vom bisherigen Beigeladenen im Wege der Prozessstandschaft weiter geltend zu machen (BVerwG NVwZ-RR 2011, 382;

- der Rechtsnachfolger des Grundstückseigentümers bei dessen Klage gegen eine Ordnungsverfügung (BVerwG NJW 1985, 281);
- der Nachbar im Anfechtungsstreit des Bauherrn oder Grundstückseigentümers gegen eine Ordnungsverfügung, selbst wenn der Nachbar die Verfügung veranlasst hat (vgl OVG Münster NVwZ-RR 2013, 295; VGH Kassel NVwZ-RR 2004, 704; VG Neustadt BeckRS 2012, 53896; VGH München BeckRS 2012, 52572 zur Wohnungeigentümergemeinschaft; s auch Rn 9);
- der Nachbar im Anfechtungsprozess des Adressaten einer Baugenehmigung/eines Bauvorbescheids gegen die Rücknahme der Baugenehmigung/des Bauvorbescheids, wenn die Behörde die Rücknahme aus Gründen der Durchsetzung der objektiven Rechtslage erlassen hat (OVG Koblenz BeckRS 2013, 51063);
- andere, gleichfalls betroffene Nachbarn bei einer Nachbarklage gegen eine dem Bauherrn erteilte Genehmigung (BVerwG NJW 1975, 70);
- der Mieter oder Miteigentümer im Falle einer Ordnungsverfügung gegen den (Mit-) Eigentümer, da noch eine Duldungsverfügung erforderlich ist (S/S/B/Bier VwGO § 65 Rn 21);
- der Käufer bei der Klage des Verkäufers gegen die Ausübung des Vorkaufsrechts gem § 28 Abs 2 BauGB; die Gemeinde im Anfechtungsstreit des Bürgers gegen eine Ordnungsverfügung (BVerwG NVwZ 1991, 1075);
- nicht als Kl auftretende Mitglieder einer ungeteilten Erbengemeinschaft im Prozess eines Miterben, der gem § 2039 BGB im eigenen Namen einen zum Nachlass gehörenden Anspruch der Gesamthandgemeinschaft geltend macht (BVerwG NJW 1998, 552);
- ebenso nicht mitklagende Miterben im Prozess einzelner Miterben, die gem § 2038 Abs 1 S 2 Hs 2 BGB im eigenen Namen gegen die vermögensrechtliche Restitution eines Nachlassgegenstandes an einen Dritten klagen (BVerwG BeckRS 2006, 20302);
- die Bundesrepublik Deutschland bei der Klage eines Dritten gegen einen vom beklagten Land in Auftragsverwaltung erlassenen Planfeststellungsbeschluss (BVerwG BeckRS 2006, 22448);
- Zusammenschaltungspartner eines regulierten Telekommunikationsunternehmens in dessen Verfahren gegen eine Regulierungsverfügung, nach der Entgelte für Zugangsleistungen einer Genehmigung durch die Bundesnetzagentur unterliegen (BVerwG NVwZ 2007, 1207);
- das aus dem (bisherigen) Beigeladenen ausgegliederte Unternehmen, das während des Anfechtungsrechtsstreits gegen eine dem Beigeladenen erteilte Entgeltgenehmigung nach dem TKG in die Rechtsbeziehungen zum Kläger eintritt (vgl BVerwG BeckRS 2011, 48121: der Prozess wird gem § 173 VwGO iVm § 265 Abs 2 ZPO mit dem (bisherigen) Beigeladenen als Prozessstandschafter des ausgegliederten Unternehmens fortgesetzt);
- der Wettveranstalter im Verfahren des Sportwettvermittlers gegen die an ihn gerichtete Untersagungsverfügung (VG Berlin BeckRS 2009, 36985);
- der Ehegatte auf Seiten eines ausgewiesenen Ausländers in dessen Anfechtungsprozess gegen die Ausweisungsverfügung (BVerwG NJW 1978, 1762; OVG Saarlouis BeckRS 2011, 47198);
- an der Durchführung einer Abschiebung beteiligte Behörden im Klageverfahren des Ausländers gegen den Leistungsbescheid der Ausländerbehörde auf Zahlung der Abschiebekosten (BVerwG NVwZ 2006, 1182);
- mögliche weitere Beitragspflichtige im Verfahren des Kl gegen einen Erschließungsbeitragsbescheid (VGH Mannheim ESVGH 41, 306);
- der Arbeitgeber eines Betroffenen, dem gegenüber wegen mangelnder Zuverlässigkeit die Zutrittsberechtigung zu den nicht allgemein zugänglichen sicherheitsempfindlichen Bereichen und Anlagen eines Flughafengebäudes widerrufen worden ist (OVG Münster BeckRS 2005, 28885);
- die Industrie- und Handelskammer bei der Klage des Handwerkers gegen die Löschung aus der Handwerksrolle;

- das Institut für medizinische und pharmazeutische Prüfungsfragen im Rechtsstreit um die Notenverbesserung einer Ärztlichen Prüfung, wenn um die Geeignetheit einer Prüfungsfrage im Antwort-Wahl-Verfahren gestritten wird (BVerwG NVwZ 2005, 1430).

Liegen die Voraussetzungen für eine notwendige Beiladung nicht vor, steht es im Er- **15** messen des Gerichts, eine einfache Beiladung des Dritten vorzunehmen.

III. Notwendige Beiladung bei Verpflichtungsklagen

Bei einem **Verpflichtungsbegehren** wird über die Rechte eines Dritten nur dann in **16** einem die Beiladung erforderlich machenden Sinne mitentschieden, wenn dem stattgebenden Urteil insoweit eine – im prozessualen Sinne mittelbare – **Gestaltungswirkung** zukommt. Dies ist immer dann der Fall, wenn der Kläger die Verpflichtung des Beklagten begehrt, gegen einen bestimmten Dritten einen diesen belastenden VA zu erlassen, ferner dann, wenn der erstrebte VA zugleich den Kläger begünstigt und den Dritten belastet, wenn also die rechtsgestaltende Wirkung des erstrebten VA einen Dritten unmittelbar in dessen Rechtsposition betrifft, weil er Adressat des angestrebten VA sein soll. Bei der Verpflichtungsklage ist die Beiladung eines Dritten ferner dann notwendig, wenn diese auf den Erlass eines **mehrstufigen VA** gerichtet ist, der VA also nur mit Zustimmung oder im Einvernehmen eines anderen, insoweit selbständigen Rechtsträgers oder dessen Behörde (zB bei § 36 BauGB) erlassen werden darf (BVerwG Beschl v 18.6.2013 – 6 C 21.12). Hier ist der andere Rechtsträger oder, sofern das Landesrecht dies gem § 61 Nr 3 VwGO bestimmt (s § 61 VwGO Rn 17), dessen Behörde selbst, notwendig beizuladen.

Beispiele für notwendig beizuladende Personen: **17**
- die Bundesagentur für Arbeit im Verfahren eines Ausländers wegen der Erlaubnis zur Ausübung einer zustimmungspflichtigen Beschäftigung (VG Karlsruhe BeckRS 2005, 26065);
- der gem § 2 Abs 3 S 1 VermG Verfügungsberechtigte im Klageverfahren des Restitutionsberechtigten, der den Erlass eines Restitutionsbescheids begehrt (BVerwG VIZ 1998, 142 und BeckRS 2011, 54921);
- die Bundesrepublik Deutschland im **Vermögenszuordnungsstreit**, wenn ein den Bund begünstigender Zuordnungsbescheid angegriffen wird (BVerwG NJW 1995, 674; s auch § 63 VwGO Rn 8);
- der Dritte bei der **Mitbewerberklage** (s zu diesem Begriff Pietzner/Ronellenfitsch § 16 Rn 2), da die begehrte Leistung nur einmal erteilt werden kann (so auch Sodan/Ziekow/Czybulka VwGO § 65 Rn 141);
- die gewählten, dem Kreistag gegenwärtig (noch) angehörenden Kreistagsabgeordneten im verwaltungsgerichtlichen Verfahren um die **Gültigkeit einer Kreistagswahl**, nicht jedoch die noch nicht nachgerückten Listennachfolger und die ehrenamtlichen Kreisbeigeordneten (VGH Kassel NVwZ-RR 2005, 838);
- die einspruchführende Partei in einem **Wahlprüfungsverfahren**, wenn eine andere Partei Klage gegen das Wahlergebnis erhoben hat (BVerwG BeckRS 2012, 49205);
- der Grundstückseigentümer/Bauherr bei einer Verpflichtungsklage des Nachbarn gegen die Bauaufsichtsbehörde auf **bauaufsichtliches Einschreiten** gegen den Grundstückseigentümer/Bauherrn (hinsichtlich des Mieters nur einfache Beiladung, BVerwG NJW 1993, 79);
- der Nachbar, der gegen einen der Bauherrschaft von der Baugenehmigungsbehörde erteilten Bauvorbescheid Widerspruch eingelegt hat, über den noch nicht entschieden wurde, in dem Verfahren der Bauherrschaft auf Verpflichtung der Baugenehmigungsbehörde zur Erteilung der versagten Baugenehmigung (VG Frankfurt BeckRS 2010, 53114);
- der Nachbar bei der Klage des Bauherrn auf Erteilung einer Befreiung von den Festsetzungen des Bebauungsplanes oder einer bauordnungsrechtlichen Abweichung, soweit sich eine Verletzung von nachbarschützenden Vorschriften aufdrängt (Kopp/Schenke VwGO § 65 Rn 18a);
- die nicht mit der Bauaufsichtsbehörde identische Gemeinde im Prozess betreffend eine Verpflichtungsklage auf Erteilung einer Baugenehmigung, wenn die Gemeinde ihr gem § 36 Abs 1 BauGB erforderliches Einvernehmen versagt hat (BVerwGE 42, 8).

18   Eine notwendige Beiladung scheidet aus, wenn der Dritte **nicht Adressat** der erstrebten Genehmigung ist. Nicht notwendig beizuladen sind daher zB:

- der Nachbar bei der Klage auf Erteilung einer **Gaststättenerlaubnis** (BVerwG NVwZ-RR 1993, 18), einer **Baugenehmigung**, immissionsschutzrechtlichen oder gewerberechtlichen Genehmigung (VGH Mannheim BeckRS 2009, 30460; S/S/B/Bier VwGO § 65 Rn 24);
- die nicht mit der Bauaufsichtsbehörde identische Gemeinde im Klageverfahren betreffend eine Verpflichtungsklage auf Erteilung einer Baugenehmigung, wenn die Gemeinde ihr gem § 36 Abs 1 BauGB erforderliches Einvernehmen erteilt hat (BVerwGE 42, 8; VG Freiburg BeckRS 2012, 55890);
- ein anerkannter Naturschutzverein bei der Klage eines Vorhabenträgers auf Verpflichtung der Planfeststellungsbehörde auf Erlass des beantragten **Planfeststellungsbeschlusses** (OVG Münster BeckRS 2010, 47509);
- der Ehegatte bei der Klage eines Ausländers auf Erteilung oder Verlängerung der **Aufenthaltserlaubnis** (vgl BVerwG NVwZ 1997, 1116);
- andere Familienangehörige bei der Klage eines Asylbewerbers auf Anerkennung als **Asylberechtigte** (BVerwG NVwZ 1983, 38);
- das Finanzamt im Rechtsstreit um die Erteilung einer Bescheinigung nach § 7h Abs 2 S 1 EStG (BVerwG BeckRS 2005, 27545);
- der Dritte bei **offensiven Konkurrentenklagen** (zu diesem Begriff s Kopp/Schenke VwGO § 42 Rn 47);
- ein anderer Anwohner oder Straßenbenutzer bei der Klage eines Anwohners auf Erlass einer Allgemeinverfügung in Form einer Geschwindigkeitsbegrenzung;
- ein konkurrierender Krankenhausträger bei der Verpflichtungsklage eines anderen Aufnahmebewerbers auf Feststellung seiner Aufnahme in den Krankenhausplan (VGH Mannheim VBlBW 2006, 241).

IV. Notwendige Beiladung bei sonstigen Klagen und im Eilverfahren

19   Die Frage nach der notwendigen Beiladung Dritter beantwortet sich bei der **Fortsetzungsfeststellungsklage** nach denselben Kriterien wie bei Anfechtungs- und Verpflichtungsklage. Nicht beizuladen sind Behördenangehörige im Verfahren gegen ihren Dienstherrn auf Feststellung der Rechtswidrigkeit von ihnen getroffener Maßnahmen (VGH München NVwZ-RR 1999, 148). Bei der **Feststellungsklage** ist ein Dritter notwendig beizuladen, wenn er an dem Rechtsverhältnis, um dessen Feststellung gestritten wird, unmittelbar beteiligt ist (S/S/B/Bier VwGO § 65 Rn 26). Beispiel: Notwendig beizuladen ist die DB Regio AG im Verfahren eines beamteten Lokomotivführers gegen die Bundesrepublik auf Feststellung der Rechtswidrigkeit einer Anweisung der DB Regio AG zur Grobreinigung von Zügen (BVerwG Buchholz 310 § 65 VwGO Nr 146, s auch BVerwG NVwZ-RR 2005, 643).

20   Bei der **Leistungsklage** ist derjenige notwendig beizuladen, der von den Auswirkungen der begehrten Leistung oder Unterlassung materiell getroffen wird (Sodan/Ziekow/Czybulka VwGO § 65 Rn 148; OVG Lüneburg BeckRS 2009, 31921). So liegen die Voraussetzungen des § 65 Abs 2 VwGO vor, wenn der Kläger die Verurteilung des Beklagten begehrt, dem Dritten keine Entschädigung zu gewähren (BVerwGE 16, 23). Nicht notwendig beizuladen sind Dritte, wenn nur allgemein die Pflicht des Beklagten streitgegenständlich ist, bestimmte Handlungen gegenüber jedermann vorzunehmen oder zu unterlassen Verneint wurde zB die Beiladung des Veranstalters eines Autorennens bei einer vorbeugenden Klage eines Straßenanliegers gegen den Staat auf Unterlassung der Genehmigung für die Durchführung des Autorennens (BVerwG Buchholz 310 § 65 VwGO Nr 44). Abgelehnt wurde auch die notwendige Beiladung eines anerkannten Naturschutzverbands in dem Verfahren nach Art 4 Abs 2 FFH-Richtlinie, in dem die Kommission der Europäischen Gemeinschaft im Einvernehmen mit den Mitgliedstaaten den Entwurf einer Liste der Gebiete von gemeinschaftlicher Bedeutung erstellt (OVG Lüneburg BeckRS 2009, 31921).

21   In **vorläufigen Rechtsschutzverfahren** gelten grundsätzlich die gleichen Erwägungen wie in dem zugehörigen Hauptsacheverfahren.

D. Die Beiladung im Massenverfahren (§ 65 Abs 3 VwGO)

§ 65 Abs 3 VwGO soll ebenso wie die damit korrespondierenden § 56a VwGO und **22** § 67a VwGO den besonderen Bedingungen des Massenverfahrens Rechnung tragen und das Gericht in die Lage versetzen, Großverfahren in angemessener Zeit abzuwickeln. Die Vorschrift ist anwendbar, wenn die notwendige Beiladung von **mehr als fünfzig Personen** in Betracht kommt. In diesem Fall kann das Gericht durch unanfechtbaren Beschluss anordnen, dass nur solche Personen beigeladen werden, die dies innerhalb einer bestimmten Frist beantragen. Eine Beiladung im Massenverfahren kommt zwar grundsätzlich in allen Verfahrensarten in Betracht, in Eilverfahren jedoch mit den sich aus dem Charakter dieses Verfahrens ergebenden Einschränkungen. IdR dürfte eine Beiladung gem § 65 Abs 3 S 1 VwGO im Eilverfahren ausscheiden, da nach § 65 Abs 3 S 5 VwGO allein die Meldefrist nach Veröffentlichung im Bundesanzeiger mindestens drei Monate betragen muss und effektiver Rechtsschutz daher nicht mehr gewährleistet ist (OVG Greifswald NVwZ 2000, 945). Wegen der geringen Praxisrelevanz des § 65 Abs 3 VwGO wird von einer weitergehenden Kommentierung abgesehen.

E. Das Verfahren der Beiladung

Die Beiladung erfolgt ausdrücklich durch **Beschluss** des Gerichts und ist gem § 65 Abs 4 **23** S 1 VwGO allen Beteiligten **zuzustellen**. Der Beschluss ergeht regelmäßig ohne mündliche Verhandlung und ohne Anhörung der Beteiligten. Wirksam ist auch die **Verkündung des Beiladungsbeschlusses** in der mündlichen Verhandlung. Im vorbereitenden Verfahren (s § 87a VwGO Rn 4) ergeht die Entscheidung über die Beiladung allein durch den Vorsitzenden oder durch den bereits bestellten Berichterstatter (§ 87a Abs 1 Nr 6, Abs 2 VwGO) bzw durch den Einzelrichter nach § 6 VwGO.

Da nach § 65 Abs 4 S 2 VwGO der Stand der Sache und der Grund der Beiladung **24** angegeben werden sollen, empfiehlt sich eine **Begründung**. Allerdings verzichten die Verwaltungsgerichte in der Praxis bei Standardfällen regelmäßig hierauf. Wegen der unterschiedlichen prozessualen Folgen sollte sich jedenfalls aus dem Tenor ergeben, ob eine einfache oder notwendige Beiladung ausgesprochen worden ist. Lehnt das Gericht die beantragte Beiladung ab, so ist der Beschluss nach § 122 Abs 2 S 1 VwGO zu begründen.

Die Beiladung erfolgt **von Amts wegen** oder **auf Antrag**. Ob die Voraussetzungen **25** hierfür vorliegen, bestimmt sich nach der im Zeitpunkt des Beiladungsbeschlusses möglichen Wirkungen der Entscheidung (Redeker/von Oertzen/Redeker VwGO § 65 Rn 5). Dabei bleiben die Erfolgsaussichten der Klage außer Betracht. Zulässig ist die Beiladung **bis zur Rechtskraft** der in der Sache ergangenen Entscheidung (s zB OVG Münster BeckRS 2013, 52473) bzw bis zur Beendigung des Verfahrens durch Klagerücknahme, Vergleich oder Erledigungserklärungen oder bis der Rechtsstreit in der höheren Instanz anhängig ist. Das schließt die Möglichkeit ein, die Beiladung auch noch nach Erlass der Sachentscheidung auszusprechen (OVG Hamburg BeckRS 2011, 56652).

Ein bisher nicht Beteiligter kann nach Erlass einer noch nicht rechtskräftigen Sachent- **26** scheidung seine Beiladung beantragen und **gleichzeitig Rechtsmittel** einlegen. Das Rechtsmittel wird erst dann wirksam, wenn die Beiladung beschlossen ist. Über die Beiladung muss das Gericht des bisherigen Rechtszuges entscheiden, denn mit der Einlegung des Rechtsmittels allein ist das Verfahren noch nicht in der höheren Instanz anhängig (OVG Greifswald NVwZ 2000, 945).

Nicht zulässig ist eine Beiladung Dritter während der **Unterbrechung des Verfahrens** **27** (OVG Münster NJW 2010, 3529) und während des Verfahrens über die **Zulassung der Berufung** (OVG Saarlouis BeckRS 2011, 47198; OVG Berlin-Bbg BeckRS 2008, 37199; OVG Lüneburg BeckRS 2008, 34293). Im **Revisionsverfahren** sind gem § 142 Abs 1 S 1 VwGO einfache Beiladungen unzulässig (s § 142 VwGO Rn 8); im Verfahren über die **Beschwerde** wegen der **Nichtzulassung der Revision** scheiden auch notwendige Beiladungen aus (BVerwG NVwZ 2001, 202).

Der Beiladungsbeschluss ist nach § 65 Abs 4 S 3 VwGO **unanfechtbar**. Der nächst- **28** höheren Instanz ist es damit gem § 173 VwGO iVm § 512 ZPO, § 557 Abs 2 ZPO grundsätzlich verwehrt, eine abweichende Entscheidung zu treffen (vgl OVG Bautzen SächsVBl

2005, 123; VGH Mannheim BeckRS 2006, 27616). Etwas anderes gilt nur bei „greifbarer Gesetzeswidrigkeit" (vgl BVerwG NVwZ 2007, 1311). Gegen die Ablehnung der Beiladung können die Hauptbeteiligten oder der antragstellende Dritte **Beschwerde** nach § 146 erheben (vgl OVG Koblenz BeckRS 2012, 55999). Im Falle der einfachen Beiladung entscheidet das Beschwerdegericht nach eigenem Ermessen, ob es die Beiladung als zweckmäßig ansieht (OVG Münster NVwZ-RR 2013, 295; VGH München BeckRS 2012, 52573; VGH Kassel NVwZ-RR 2004, 704).

29   Eine **einfache Beiladung** kann das Instanzgericht **jederzeit** auf Antrag oder von Amts wegen **aufheben**. Die Entscheidung hierüber steht ebenfalls **im Ermessen des Gerichts**. Nicht ermessensfehlerfrei ist die Aufhebung jedoch regelmäßig dann, wenn der Beigeladene bereits Aufwendungen im Prozess getätigt, zB einen Prozessbevollmächtigten beauftragt hat (OVG Münster NJW 1964, 1689). Im Falle der **notwendigen Beiladung** ist ein Beiladungsbeschluss vom Gericht von Amts wegen oder auf Antrag **zwingend aufzuheben**, wenn die rechtlichen Voraussetzungen für eine Beiladung nicht oder nicht mehr vorliegen (VGH Kassel NVwZ-RR 2005, 751). Stellt sich nachträglich heraus, dass eine als notwendig angesehene Beiladung nur als einfache Beiladung zu qualifizieren ist, so ist der Erlass eines dies feststellenden Beschlusses zweckmäßig (vgl Eyermann/Schmidt VwGO § 65 Rn 31). Kommt das Gericht dem nicht nach, so ist dieser Mangel gleichwohl unschädlich. Denn einfache und notwendige Beiladung unterscheiden sich zwar in ihren Voraussetzungen und ihren Rechtswirkungen, nicht aber im Beiladungsakt als solchem (BVerwG Buchholz 310 § 65 VwGO Nr 99). Zur Klarstellung kann eine unwirksame Beiladung auch noch in der Revisionsinstanz deklaratorisch aufgehoben werden (BVerwG NVwZ 1986, 555). Dies gilt ebenso, wenn die Beteiligungsfähigkeit des Beigeladenen erst in der Rechtsmittelinstanz entfallen ist. Eine Aufhebung in der Rechtsmittelinstanz scheidet aber aus, wenn der Beigeladene bereits das Rechtsmittel eingelegt hat (OVG Bautzen SächsVBl 2005, 123). Zur **Rechtsmittelbefugnis** des zu Unrecht Beigeladenen s § 66 VwGO Rn 6).

F. Rechtsfolgen einer unterbliebenen Beiladung

30   Ist eine **einfache Beiladung unterblieben**, so ist dies **kein Verfahrensfehler**, auf dem die Entscheidung beruhen kann (BVerwG NJW 1984, 1905). Der einfach Beizuladende wird dadurch geschützt, dass das Urteil ihm gegenüber unwirksam ist (S/S/B/Bier VwGO § 65 Rn 38). Daher steht dem nicht Beigeladenen auch kein **Rechtsmittel** gegen die Sachentscheidung zu (BVerwG VIZ 2000, 661; VGH Mannheim BeckRS 2011, 52604).

31   Das Unterlassen einer **notwendigen Beiladung** stellt dagegen grds einen **wesentlichen Verfahrensmangel** dar, nämlich die Verletzung des Anspruchs auf rechtliches Gehör gem Art 103 GG. Dieser Mangel ist auch noch in der Revisionsinstanz zu berücksichtigen (s § 142 Abs 1 S 2 VwGO). Unschädlich ist der Verfahrensmangel aber dann, wenn der Beizuladende durch die getroffene Entscheidung nicht in seinen Rechten berührt wird wie zB einer unzulässigen Klage (BVerwG NVwZ 1991, 470). Unterbleibt die Beiladung anderer, gleichfalls notwendig beizuladender Personen, so ist dies für die Rechtsstellung desjenigen, der ordnungsgemäß am Verfahren beteiligt worden ist, ohne Bedeutung (BVerwG VIZ 2000, 661).

32   Zur Einlegung von **Rechtsmitteln** gegen die Sachentscheidung ist der **übergangene notwendig Beizuladende** ebenfalls nicht berechtigt. Denn das Urteil, das ohne den notwendig Beizuladenden ergangen ist, bindet nur die am Streitverfahren Beteiligten (BVerwGE 18, 124). Allerdings kann ein Urteil in Fällen einer unterlassenen notwendigen Beiladung auch gegenüber den übrigen Beteiligten ggf partiell unwirksam sein. Die rechtlichen Folgen sind je nach Klageart unterschiedlich. Die Unwirksamkeit des Urteils gegenüber einem notwendig Beizuladenden hat jedenfalls dann die Unwirksamkeit des Urteils gegenüber den übrigen Verfahrensbeteiligten zur Folge, wenn es sich um ein stattgebendes **Gestaltungsurteil** handelt, denn eine gestaltende Wirkung kann nur einheitlich eintreten (VGH Kassel BeckRS 2005, 26157; Kopp/Schenke VwGO § 65 Rn 43). Wurde die Anfechtungsklage abgewiesen, so bleibt das Urteil bei unterbliebener notwendiger Beiladung voll wirksam, weil dem Dritten kein Nachteil entsteht (BVerwGE 18, 124). Bei der Verpflichtungs- und Leistungsklage ist dagegen das Urteil gegenüber dem nicht Beigeladenen relativ unwirksam, dh dieser kann sich anschließend gegen die ergangene Behördenentschei-

dung mit einer Anfechtungs- oder Leistungsklage wenden (Sodan/Ziekow/Czybulka VwGO § 65 Rn 189). Ist das Verfahren bereits in der zweiten Instanz anhängig, kann der notwendig Beizuladende zwar noch beigeladen werden. Er kann aber nicht mehr Rechtsmittelführer der zweiten Instanz werden (OVG Lüneburg BeckRS 2007, 26712).

§ 66 [Prozessuale Rechte des Beigeladenen]

[1] **Der Beigeladene kann innerhalb der Anträge eines Beteiligten selbständig Angriffs- und Verteidigungsmittel geltend machen und alle Verfahrenshandlungen wirksam vornehmen.** [2] **Abweichende Sachanträge kann er nur stellen, wenn eine notwendige Beiladung vorliegt.**

Als Beteiligter im verwaltungsgerichtlichen Verfahren hat der Beigeladene das Recht, in das Prozessgeschehen einbezogen zu werden. § 66 VwGO regelt die Rechtsstellung des Beigeladenen (Rn 1). S 1 betrifft die prozessualen Rechte des einfach und notwendigen Beigeladenen, während S 2 (Rn 9) dem notwendig Beigeladenen die Befugnis einräumt, von den Anträgen der Hauptbeteiligten abweichende Sachanträge zu stellen.

A. Rechte und Befugnisse des Beigeladenen (§ 66 S 1 VwGO)

I. Die Rechtsstellung des Beigeladenen

Der Beigeladene erhält die **Rechtsstellung eines Beteiligten** (§ 63 Nr 3 VwGO) mit 1 Zustellung des Beiladungsbeschlusses oder, wenn er in der mündlichen Verhandlung anwesend ist, mit dessen Verkündung. Die Rechtsstellung als Beigeladener endet mit Aufhebung des Beiladungsbeschlusses oder durch Verfahrensbeendigung.

Der Beigeladene nimmt als Dritter an dem zwischen den Hauptbeteiligten anhängigen 2 Prozess teil. Bei der Vertretung seiner rechtlichen Interessen ist er – anders als ein Streitgenosse (s § 64 VwGO Rn 1) – von den Interessen der Hauptbeteiligten **unabhängig**. Er kann also jeden Beteiligten – auch abwechselnd – unterstützen oder bekämpfen (Redeker/von Oertzen/Redeker VwGO § 66 Rn 1). Anders als bei der notwendigen Streitgenossenschaft kann der Beigeladene einen säumigen Hauptbeteiligte aber nicht vertreten und auch nicht Prozesshandlungen für oder gegen andere Beteiligte vornehmen.

Der Beigeladene hat ein Recht auf **Teilnahme an der Verhandlung** und ist zu allen 3 Terminen **zu laden**. Ihm sind alle Schriftsätze und Entscheidungen zuzuleiten. Er hat ein Recht auf **Akteneinsicht** und kann im Verfahren **Angriffs- und Verteidigungsmittel** geltend machen, einen Vertreter bestellen, **Beweisanträge**, Ablehnungs- oder Vertagungsanträge stellen, Fragen an die Beteiligten, Zeugen oder Sachverständige richten. **Sachanträge** kann der einfach Beigeladene nur im Rahmen der Sachanträge der Hauptbeteiligten stellen. Dagegen ist der notwendig Beigeladene befugt, von den Parteianträgen abweichende Sachanträge zu stellen (s Rn 8). Als Verfahrensbeteiligter kann der Beigeladene **nicht** als **Zeuge** vernommen werden.

Der Beigeladene muss die infolge endgültiger Prozesshandlungen des Gerichts und der 4 Hauptbeteiligten entstandene **Prozesslage** zur **Zeit seines Verfahrenseintritts** grundsätzlich hinnehmen. Er kann daher idR nicht verlangen, dass Prozesshandlungen wiederholt werden. Sofern es zur Wahrung des rechtlichen Gehörs erforderlich ist, hat der Beigeladene aber zB einen Anspruch auf Wiederholung einer Beweisaufnahme (S/S/B/Bier VwGO § 66 Rn 2; abw Kopp/Schenke VwGO § 66 Rn 11: nur der notwendig Beigeladene).

Der einfach Beigeladene hat keine Verfügungsbefugnis über den Streitgegenstand und die 5 Prozesslage (zu Besonderheiten beim notwendig Beigeladenen s Rn 8). Im weiteren Verlauf des Verfahrens erfolgte Prozesshandlungen der Hauptbeteiligten über den Streitgegenstand muss der Beigeladene akzeptieren. Insbes bedarf eine Verfahrensbeendigung durch **Klagerücknahme** oder **übereinstimmende Erledigungserklärung** nicht der Zustimmung des einfach oder notwendig Beigeladenen (BVerwG NVwZ-RR 1992, 276; BVerwG BeckRS 2013, 53019). Dies gilt selbst dann, wenn nur der Beigeladene Rechtsmittel einlegt und die Hauptbeteiligten anschließend eine verfahrensbeendende Erklärung abgeben (B/F-K/K VwGO § 66 Rn 2). In diesem Fall wird das Rechtsmittel des Beigeladenen unzulässig. Bei der Beendigung des Rechtsstreits durch **Vergleich** muss der Beigeladene am Vergleichsabschluss mitwirken, sofern auch dessen Rechte betroffen sind. Liegt eine erforderliche Zustimmung des Beigeladenen nicht vor, ist der Vergleich prozessual unwirksam und entfaltet keine verfahrensbeendende Wirkung. Allerdings kann ein solcher Vergleich als außergerichtlicher Vergleich wirksam bleiben (BVerwG NJW 1994, 2306).

II. Rechtsmittel

6   Der **Beigeladene** kann unabhängig von den Hauptbeteiligten selbstständig **Rechtsmittel** einlegen, auch gegen deren Willen (BVerwG NVwZ 1984, 718). Das Rechtsmittel hat aber nur dann Erfolg, wenn die angegriffene Entscheidung ihn **in eigenen Rechten verletzt** (BVerwG NVwZ 1998, 842; VGH Kassel BeckRS 2010, 52887; OVG Berlin-Bbg BeckRS 2011, 48207). Ausreichend ist insoweit, dass in einem Rechtsverhältnis des Beigeladenen zu einem der Hauptbeteiligten eine Präjudizwirkung durch die mit dem Rechtsmittel angegriffene Entscheidung eintritt (BVerwG NVwZ 1998, 842). Inzidente Feststellungen in den Entscheidungsgründen genügen dagegen nicht (Sodan/Ziekow/Czybulka VwGO § 65 Rn 78).Eine **zu Unrecht erfolgte Beiladung** in der Vorinstanz führt zur **Unzulässigkeit** des von dem Beigeladenen gleichwohl eingelegten **Rechtsmittels**, da es an der erforderlichen Beschwer fehlt und eine Belastung des obsiegenden Hauptbeteiligten am Verfahren durch eine Rechtsmittelbefugnis in einem solchen Fall gerade ausgeschlossen werden soll (BVerwG VIZ 2001, 317). Ebenso ist der Alleinerbe eines vor Anhängigkeit des Rechtsstreits Verstorbener, der in Unkenntnis seines Todes vom VG beigeladen worden ist, nach § 146 Abs 1 VwGO beschwerdebefugt (OVG Greifswald NVwZ-RR 2006, 850). Zur Einlegung von Rechtsmitteln des übergangenen einfachen und notwendigen Beigeladenen s § 65 VwGO Rn 31.

III. Rechtskraft

7   Der Beigeladene wird gem § 121 VwGO durch das Urteil, das zwischen den Hauptbeteiligten ergeht, gebunden (s § 121 VwGO Rn 50). Die **Rechtskrafterstreckung** auf den Beigeladenen tritt unabhängig davon ein, ob dieser tatsächlich am Prozess teilgenommen hat (Kopp/Schenke VwGO § 66 Rn 12). Durch das rechtskräftige Urteil steht auch gegenüber dem einfach bzw notwendig Beigeladene bindend fest, dass dem Kläger der geltend gemachte prozessuale Anspruch zugestanden oder nicht zugestanden hat. Gegenüber dem einfach Beigeladene hat die Bindung, da er an dem entschiedenen Rechtsverhältnis ja materiell-rechtlich nicht beteiligt ist, nur die Folge, dass er in einem späteren Verfahren nicht mehr die Richtigkeit der ergangenen Entscheidung insoweit bestreiten kann, als ihm nach der Prozesslage im Zeitpunkt der Beiladung das entsprechende Vorbringen möglich gewesen wäre (BVerwG E 40, 101).

B. Abweichende Sachanträge des notwendig Beigeladenen (§ 66 S 2 VwGO)

8   § 66 S 2 VwGO räumt dem notwendig Beigeladene gegenüber dem einfach Beigeladenen die weitergehende Befugnis ein, Sachanträge zu stellen, die von denen der Hauptbeteiligten abweichen (zu Besonderheiten im Bereich der Rückerstattungsverfahren nach dem VermG s BVerwG NVwZ 2008, 916). Ob daraus die Befugnis des notwendig Beigeladenen hergeleitet werden kann, den **Streitgegenstand** zu **erweitern**, wird unterschiedlich beurteilt. Nach einer Ansicht ist auch der notwendig Beigeladene auf den durch die Klage des Klägers bestimmten Streitgegenstandes beschränkt, er kann weder die Klage erweitern noch ändern (Eyermann/Schmidt VwGO § 66 Rn 10; Redeker/von Oertzen/Redeker VwGO § 66 Rn 11). Nach der Gegenmeinung (S/S/B/Bier VwGO §§ 66 Rn 6; Kopp/Schenke VwGO § 66 Rn 6; vgl auch BVerwG VIZ 2000, 659 und VIZ 1998, 563: § 66 S 2 VwGO ist einem Anschlussrechtsmittel vergleichbar) gilt diese Begrenzung nicht. Die Grenzen der Antragsbefugnis des Beigeladenen werden danach nur durch § 44 VwGO und § 64 VwGO gezogen bzw durch die für die übrigen Beteiligten geltenden Vorschriften der § 42 Abs 2 VwGO, § 74 VwGO. Für diese Auffassung spricht, dass der Anwendungsbereich des § 66

S 2 VwGO ansonsten auf fast Null reduziert würde, da auch schon der einfach Beigeladenen gem § 66 S 1 VwGO innerhalb der Anträge eines Bet selbstständig Angriffs- und Verteidigungsmittel geltend machen und alle Verfahrenshandlungen wirksam vornehmen kann. Eine notwendig beigeladene Gemeinde kann daher im Anfechtungsstreit des klagenden Anlagenbetreibers gegen die einer immissionsschutzrechtlichen Genehmigung beigefügten belastenden Auflage abweichend die Aufhebung der gesamten Genehmigung dann begehren, wenn sie selbst hätte klagen können und die Klagefrist bei Stellung des abweichenden Sachantrages noch nicht abgelaufen ist (s VG Stuttgart LSK 2002, 070663).

§ 67 [Prozessbevollmächtigte und Beistände]

(1) Die Beteiligten können vor dem Verwaltungsgericht den Rechtsstreit selbst führen.

(2) [1]Die Beteiligten können sich durch einen Rechtsanwalt oder einen Rechtslehrer an einer staatlichen oder staatlich anerkannten Hochschule eines Mitgliedstaates der Europäischen Union, eines anderen Vertragsstaates des Abkommens über den Europäischen Wirtschaftsraum oder der Schweiz, der die Befähigung zum Richteramt besitzt, als Bevollmächtigten vertreten lassen. [2]Darüber hinaus sind als Bevollmächtigte vor dem Verwaltungsgericht vertretungsbefugt nur

1. Beschäftigte des Beteiligten oder eines mit ihm verbundenen Unternehmens (§ 15 des Aktiengesetzes); Behörden und juristische Personen des öffentlichen Rechts einschließlich der von ihnen zur Erfüllung ihrer öffentlichen Aufgaben gebildeten Zusammenschlüsse können sich auch durch Beschäftigte anderer Behörden oder juristischer Personen des öffentlichen Rechts einschließlich der von ihnen zur Erfüllung ihrer öffentlichen Aufgaben gebildeten Zusammenschlüsse vertreten lassen,

2. volljährige Familienangehörige (§ 15 der Abgabenordnung, § 11 des Lebenspartnerschaftsgesetzes), Personen mit Befähigung zum Richteramt und Streitgenossen, wenn die Vertretung nicht im Zusammenhang mit einer entgeltlichen Tätigkeit steht,

3. Steuerberater, Steuerbevollmächtigte, Wirtschaftsprüfer und vereidigte Buchprüfer, Personen und Vereinigungen im Sinn des § 3a des Steuerberatungsgesetzes sowie Gesellschaften im Sinn des § 3 Nr. 2 und 3 des Steuerberatungsgesetzes, die durch Personen im Sinn des § 3 Nr. 1 des Steuerberatungsgesetzes handeln, in Abgabenangelegenheiten,

4. berufsständische Vereinigungen der Landwirtschaft für ihre Mitglieder,

5. Gewerkschaften und Vereinigungen von Arbeitgebern sowie Zusammenschlüsse solcher Verbände für ihre Mitglieder oder für andere Verbände oder Zusammenschlüsse mit vergleichbarer Ausrichtung und deren Mitglieder,

6. Vereinigungen, deren satzungsgemäße Aufgaben die gemeinschaftliche Interessenvertretung, die Beratung und Vertretung der Leistungsempfänger nach dem sozialen Entschädigungsrecht oder der behinderten Menschen wesentlich umfassen und die unter Berücksichtigung von Art und Umfang ihrer Tätigkeit sowie ihres Mitgliederkreises die Gewähr für eine sachkundige Prozessvertretung bieten, für ihre Mitglieder in Angelegenheiten der Kriegsopferfürsorge und des Schwerbehindertenrechts sowie der damit im Zusammenhang stehenden Angelegenheiten,

7. juristische Personen, deren Anteile sämtlich im wirtschaftlichen Eigentum einer der in den Nummern 5 und 6 bezeichneten Organisationen stehen, wenn die juristische Person ausschließlich die Rechtsberatung und Prozessvertretung dieser Organisation und ihrer Mitglieder oder anderer Verbände oder Zusammenschlüsse mit vergleichbarer Ausrichtung und deren Mitglieder entsprechend deren Satzung durchführt, und wenn die Organisation für die Tätigkeit der Bevollmächtigten haftet.

[3]Bevollmächtigte, die keine natürlichen Personen sind, handeln durch ihre Organe und mit der Prozessvertretung beauftragten Vertreter.

(3) ¹Das Gericht weist Bevollmächtigte, die nicht nach Maßgabe des Absatzes 2 vertretungsbefugt sind, durch unanfechtbaren Beschluss zurück. ²Prozesshandlungen eines nicht vertretungsbefugten Bevollmächtigten und Zustellungen oder Mitteilungen an diesen Bevollmächtigten sind bis zu seiner Zurückweisung wirksam. ³Das Gericht kann den in Absatz 2 Satz 2 Nr. 1 und 2 bezeichneten Bevollmächtigten durch unanfechtbaren Beschluss die weitere Vertretung untersagen, wenn sie nicht in der Lage sind, das Sach- und Streitverhältnis sachgerecht darzustellen.

(4) ¹Vor dem Bundesverwaltungsgericht und dem Oberverwaltungsgericht müssen sich die Beteiligten, außer im Prozesskostenhilfeverfahren, durch Prozessbevollmächtigte vertreten lassen. ²Dies gilt auch für Prozesshandlungen, durch die ein Verfahren vor dem Bundesverwaltungsgericht oder einem Oberverwaltungsgericht eingeleitet wird. ³Als Bevollmächtigte sind nur die in Absatz 2 Satz 1 bezeichneten Personen zugelassen. ⁴Behörden und juristische Personen des öffentlichen Rechts einschließlich der von ihnen zur Erfüllung ihrer öffentlichen Aufgaben gebildeten Zusammenschlüsse können sich durch eigene Beschäftigte mit Befähigung zum Richteramt oder durch Beschäftigte mit Befähigung zum Richteramt anderer Behörden oder juristischer Personen des öffentlichen Rechts einschließlich der von ihnen zur Erfüllung ihrer öffentlichen Aufgaben gebildeten Zusammenschlüsse vertreten lassen. ⁵Vor dem Bundesverwaltungsgericht sind auch die in Absatz 2 Satz 2 Nr. 5 bezeichneten Organisationen einschließlich der von ihnen gebildeten juristischen Personen gemäß Abs. 2 Satz 2 Nr. 7 als Bevollmächtigte zugelassen, jedoch nur in Angelegenheiten, die Rechtsverhältnisse im Sinne des § 52 Nr. 4 betreffen, in Personalvertretungsangelegenheiten und in Angelegenheiten, die in einem Zusammenhang mit einem gegenwärtigen oder früheren Arbeitsverhältnis von Arbeitnehmern im Sinne des § 5 des Arbeitsgerichtsgesetzes stehen, einschließlich Prüfungsangelegenheiten. ⁶Die in Satz 5 genannten Bevollmächtigten müssen durch Personen mit der Befähigung zum Richteramt handeln. ⁷Vor dem Oberverwaltungsgericht sind auch die in Absatz 2 Satz 2 Nr. 3 bis 7 bezeichneten Personen und Organisationen als Bevollmächtigte zugelassen. ⁸Ein Beteiligter, der nach Maßgabe der Sätze 3, 5 und 7 zur Vertretung berechtigt ist, kann sich selbst vertreten.

(5) ¹Richter dürfen nicht als Bevollmächtigte vor dem Gericht auftreten, dem sie angehören. ²Ehrenamtliche Richter dürfen, außer in den Fällen des Absatzes 2 Satz 2 Nr. 1, nicht vor einem Spruchkörper auftreten, dem sie angehören. ³Absatz 3 Satz 1 und 2 gilt entsprechend.

(6) ¹Die Vollmacht ist schriftlich zu den Gerichtsakten einzureichen. ²Sie kann nachgereicht werden; hierfür kann das Gericht eine Frist bestimmen. ³Der Mangel der Vollmacht kann in jeder Lage des Verfahrens geltend gemacht werden. ⁴Das Gericht hat den Mangel der Vollmacht von Amts wegen zu berücksichtigen, wenn nicht als Bevollmächtigter ein Rechtsanwalt auftritt. ⁵Ist ein Bevollmächtigter bestellt, sind die Zustellungen oder Mitteilungen des Gerichts an ihn zu richten.

(7) ¹In der Verhandlung können die Beteiligten mit Beiständen erscheinen. ²Beistand kann sein, wer in Verfahren, in denen die Beteiligten den Rechtsstreit selbst führen können, als Bevollmächtigter zur Vertretung in der Verhandlung befugt ist. ³Das Gericht kann andere Personen als Beistand zulassen, wenn dies sachdienlich ist und hierfür nach den Umständen des Einzelfalls ein Bedürfnis besteht. ⁴Absatz 3 Satz 1 und 3 und Absatz 5 gelten entsprechend. ⁵Das von dem Beistand Vorgetragene gilt als von dem Beteiligten vorgebracht, soweit es nicht von diesem sofort widerrufen oder berichtigt wird.

Die Norm regelt die Vertretung eines Beteiligten vor den Verwaltungsgerichten. § 67 VwGO wurde durch das Gesetz zur Neuregelung des Rechtsberatungsgesetzes v 12.12.2007 (BGBl I 2840, Art 13 Nr 2; in Kraft getreten nach Art 20 S 3 des Gesetzes am 1.7.2008) neu gefasst und grundlegend geändert. Durch die Neufassung wurde § 67 VwGO wieder „vom Kopf auf die Füße" gestellt. Dies allein deshalb, weil der Abs 1 nunmehr wieder den Normal- und Ausgangsfall regelt, dh das Verfahren vor dem Verwaltungsgericht. Vor dem

Verwaltungsgericht besteht kein Vertretungszwang; andererseits ist jetzt der Kreis der zur Vertretung vor dem Verwaltungsgericht berechtigten Personen beschränkt (Rn 7). Nunmehr ist auch eine Prozessvertretung durch Organisationen oder juristische Personen möglich (Rn 10). In erster Linie erfolgt auch vor dem Verwaltungsgericht die Vertretung durch Rechtsanwälte (Rn 18). Für Behörden und juristische Personen des öffentlichen Rechts wurde durch die Neufassung der Norm im Jahr 2007 das bisher schon bestehende Privileg noch ausgeweitet (Rn 26, Rn 56). Vor dem OVG besteht seit dem 6. VwGOÄndG grundsätzlich Vertretungszwang (Rn 42). Zur Vertretung vor dem OVG sind aber wesentlich mehr Personen und Organisationen (Rn 64) befugt als zur Vertretung vor dem BVerwG (Rn 66). Aber auch für Verfahren vor dem BVerwG hat der Gesetzgeber durch Art 5 des Gesetzes zur Modernisierung von Verfahren im anwaltlichen und notariellen Berufsrecht, zur Errichtung einer Schlichtungsstelle der Rechtsanwaltschaft sowie zur Änderung sonstiger Vorschriften v 30.7.2009 (BGBl I 2449, in Kraft getreten am 5.8.2009, BT-Drs 16/11385, 55) die Vertretungsbefugnis erweitert (Rn 66a). Durch dieses Gesetz ist zudem auch für die VwGO klargestellt worden, dass der Vertretungszwang des § 67 VwGO für Streitwert- und Kostenbeschwerden nicht gilt (Rn 48). Die Vertretungsbefugnis ist unverändert durch eine schriftliche Vollmacht nachzuweisen (Rn 67). Nach wie vor sieht das Gesetz vor, dass ein Beteiligter in der mündlichen Verhandlung mit einem Beistand erscheint (Rn 76). § 67 Abs 2 S 1 VwGO ist in Bezug auf den Begriff des Rechtslehrers (Rn 21) zuletzt durch das Gesetz zur Umsetzung der Dienstleistungsrichtlinie in der Justiz und zur Änderung weiterer Vorschriften vom 22.12.2010 geändert worden (BGBl I 2248, in Kraft getreten am 28.12.2010, BT-Drs 17/3356).

Übersicht

A. Allgemeines

I. Leitlinien des Gesetzgebers bei der Neuordnung des Rechtsberatungsrechts

1. Strikte Trennung von außergerichtlicher Rechtsdienstleistung und gerichtlicher Vertretung

1 Zentraler Bestandteil des Gesetzes zur Neuregelung des Rechtsberatungsrechts v 12.12.2007, das auch der Umsetzung der Richtlinie 2005/36/EG des Europäischen Parlaments und des Rates vom 7.9.2005 über die Anerkennung von Berufsqualifikationen (ABl EG Nr L 255, 22) dient, ist die **Ersetzung** des historisch belasteten (kritisch zu dieser Bezeichnung, Römermann NJW 2006, 3025) **Rechtsberatungsgesetzes** aus dem Jahr 1935 durch das inhaltlich und strukturell grundlegend neu gestaltete **Rechtsdienstleistungsgesetz (RDG)**. Kennzeichen des RDG ist eine weitgehende Liberalisierung des Rechts der Rechtsberatung und damit das **Ende** des **Rechtsberatungsmonopols** der Rechtsanwälte (Kleine-Cosack BB 2007, 2637). Während aber aus dem RBerG für die gerichtlichen Verfahren ein Verbot der **geschäftsmäßigen** Prozessvertretung durch Nichtanwälte abgeleitet wurde, beschränkt sich der Anwendungsbereich des RDG auf **außergerichtliche** Rechtsdienstleistungen (vgl Gesetzentwurf der Bundesregierung, BT-Drs 16/3655, 1 f, 33). Damit lässt sich aus dem RDG keine Einschränkung der Vertretung in gerichtlichen Verfahren ableiten. Deshalb ergibt sich die Befugnis zur **gerichtlichen Vertretung** nach neuem Recht auch im Interesse der Rechtsklarheit und -sicherheit **allein** aus den **jeweiligen Verfahrensordnungen**, die den dortigen Bedürfnissen angepasst sind (zB Prozessvertretung durch Schuldnerberatungsstellen im Insolvenzverfahren allein nach der Insolvenzordnung; Prozessvertretung durch Rentenberater vor den Sozialgerichten).

2 Die Regelung der außergerichtlichen Vertretung in **behördlichen** Verfahren (einschließlich des Sozialverwaltungsrechts) ist vom RDG nicht erfasst, sondern einem **eigenständigen** Gesetzgebungsverfahren vorbehalten worden (Gesetzentwurf der Bundesregierung, BT-Drs 16/3655, 33).

2. Angleichung der Verfahrensordnungen

3 Ist das RDG auf die außergerichtliche Rechtsberatung beschränkt und regelt es im Gegensatz zum RBerG nicht zugleich auch die Vertretung in gerichtlichen Verfahren, so

bedarf es auch einer **Ergänzung** der gerichtlichen Verfahrensordnungen. Bei der danach gebotenen Neuregelung der Vertretungsbefugnis in den einzelnen Verfahrensordnungen hat sich der Gesetzgeber von dem Ziel leiten lassen, die bisher uneinheitlichen Vorschriften der zivil- und öffentlich-rechtlichen **Verfahrensordnungen** einander so weit wie möglich **anzugleichen**. Hierdurch soll zugunsten des Rechtsanwenders eine einheitliche Handhabung der vergleichbaren Regelungen gewährleistet werden. Dabei ist jedoch die Vertretungsbefugnis im Zivil-, Arbeits-, Verwaltungs-, Finanz- und Sozialgerichtsprozess **nicht** in demselben Umfang liberalisiert worden wie die Befugnis zu einer außergerichtlichen Rechtsdienstleistung. Die für die sachgerechte Prozessführung erforderlichen Kenntnisse und der Schutz der Gerichte erfordern und rechtfertigen nach Ansicht des Gesetzgebers in Übereinstimmung mit der Rechtslage in anderen Mitgliedstaaten der EU stärkere Einschränkungen als im außergerichtlichen Bereich. Deshalb hat der Gesetzgeber in allen Gerichtsverfahren, in denen nicht ohnehin Anwaltszwang besteht, neben der Vertretung durch **Anwälte** grundsätzlich nur die Vertretung durch **Beschäftigte** der Prozesspartei oder **unentgeltlich** durch **Familienangehörige**, **Streitgenossen** oder **Volljuristen** (§ 67 Abs 2 S 2 Nr 1 und 2 VwGO; Rn 23) zugelassen. Bereits nach geltendem Recht bestehende Vertretungsbefugnisse für Gewerkschaften (Rn 36) Verbraucher- und Sozialverbände sowie für Rechtsbeistände wurden übernommen (vgl Gesetzentwurf der Bundesregierung, BT-Drs 16/3655, Vorblatt, 1 f). Untrennbar verbunden mit der Frage der Vertretungsbefugnis in gerichtlichen Verfahren sind die Regelungen über die Vorlage der **Prozessvollmacht** (Rn 67). Auch diese Bestimmungen sind im Interesse einer einheitlichen Rechtsanwendung in allen Prozessordnungen gleich ausgestaltet worden (vgl Gesetzentwurf der Bundesregierung, BT-Drs 16/3655, 33).

II. Grundstrukturen der Neuregelung des § 67

Der selbst gesetzten Vorgabe der **Vereinheitlichung** der Verfahrensordnungen entsprechend (vgl Gesetzentwurf der Bundesregierung, BT-Drs 16/3655, 96 f) ist § 67 VwGO, soweit er sich auf das Verfahren vor dem Verwaltungsgericht bezieht (kein Vertretungszwang), dem Vorbild des **§ 79 ZPO** („Parteiprozess" ohne Vertretungszwang) nachgebildet (Gesetzentwurf der Bundesregierung, BT-Drs 16/3655, 33). **4**

Während die frühere Fassung des § 67 VwGO drei – zum Teil sehr unübersichtliche Absätze – enthielt, sieht die jetzige Fassung sieben Absätze vor. Im Interesse der Normenklarheit ist die Regelung für den Regelfall, das Verfahren vor dem Verwaltungsgericht, in Abs 1 vorangestellt. Gegenüber der bisherigen Rechtslage wurde der **Kreis** der vertretungsberechtigten **Personen** vor dem Verwaltungsgericht **eingeschränkt** (vgl Abs 2 S 2 „nur" Rn 7). Denn **bisher** konnte **jede** Person zum Vertreter benannt werden, die sich klar und verständlich ausdrücken konnte. Nunmehr sind **lediglich** noch die in § 67 Abs 2 VwGO genannten Personen zur Vertretung befugt. Auch die bisher bestehende Möglichkeit (§ 67 Abs 2 S 2 VwGO aF), dem Beteiligten für das weitere Verfahren die Hinzuziehung eines Prozessbevollmächtigten aufzuerlegen, hat der Gesetzgeber unter Berufung auf das fehlende Bedürfnis für diese Regelung abgeschafft. **Hochschullehrern** (Rn 21) wird die Vertretungsbefugnis auch in Verfahren vor dem **Verwaltungsgericht** ausdrücklich zuerkannt, wobei die Gesetzesbegründung der Bundesregierung (BT-Drs 16/3655, 97) von der unzutreffenden Annahme ausgeht, Hochschullehrer seien seit jeher gleichberechtigt mit Rechtsanwälten vertretungsbefugt. Im Gegensatz zur bisherigen Rechtslage sind nicht nur natürliche Personen, sondern auch **Organisationen** oder **juristische Personen** als solche **vertretungsbefugt** (Abs 2 S 3, Rn 10). Treten als Bevollmächtigte im Verfahren andere als die in Abs 2 genannten Personen auf, so werden diese vom Gericht durch unanfechtbaren Beschluss zurückgewiesen. Bestimmten Bevollmächtigten (Personen iSv Abs 2 S 2 Nr 1 und 2, Rn 17) kann die weitere Vertretung im Prozess untersagt werden, wenn sie nicht zu einer sachgerechten Darstellung des Sach- und Streitverhältnisses in der Lage sind. In Abs 6 (Rn 73) ist jetzt in Übereinstimmung mit den anderen Verfahrensordnungen ausdrücklich bestimmt, dass Mängel der Vollmacht nur dann von Amts wegen zu berücksichtigen sind, wenn als Vertreter ein Nichtanwalt auftritt. **5**

III. Entstehungsgeschichte der Neufassung

6   Der **Gesetzentwurf** der **Bundesregierung** zur Neuregelung des Rechtsberatungsgesetzes wurde im September 2006 dem Bundesrat zugeleitet (BR-Drs 623/06; vgl Informations-
zentrum des Deutschen Bundestags: www.bundestag.de/bic/Drucksachen.html; vorangegan-
gener Referentenentwurf des BMJ v 14.4.2005; vgl dazu Hamacher AnwBl 2005, 378). Mit
Beschl v 13.10.2006 nahm der Bundesrat zum Gesetzentwurf der Bundesregierung nach
Art 76 Abs 2 GG Stellung (BR-Drs 623/06/Beschluss). Am 29.11.2006 wurde der Gesetzentwurf der Bundesregierung mit der Stellungnahme des Bundesrates und der Gegenäußerung der Bundesregierung dem Bundestag zugeleitet (**BT-Drs 16/3655**). Wesentliche Bedeutung hatten die Beschlussempfehlung und der Bericht des federführenden **Rechtsausschusses** des Deutschen Bundestags (**BT-Drs 16/6634**). In seiner Sitzung vom 11.10.2007
beschloss der Bundestag den von der Bundesregierung eingebrachten Entwurf eines Gesetzes
zur Neuregelung des Rechtsberatungsgesetzes in der Fassung der Beschlussempfehlung des
Rechtsausschusses (BT-Drs 16/6634). Der Bundesrat beschloss in seiner Sitzung vom
9.11.2007, einen Antrag gem Art 77 Abs 2 GG nicht zu stellen (Anrufung des sog Vermittlungsausschusses). Das vom Bundespräsidenten am 12.12.2007 ausgefertigte Gesetz wurde
am 17.12.2007 im Bundesgesetzblatt (Nr 63, I S 2840) verkündet. Teilweise trat das Gesetz
(Art 20 S 1 bis 3) am 18.12.2007 in Kraft; Art 13, der ua die Neufassung des § 67 VwGO
regelt, trat am **1.7.2008** in Kraft.

B. Verfahren vor dem Verwaltungsgericht

I. Allgemeines

1. Grundsatz der Selbstvertretung und zugleich Beschränkung der Vertretungsberechtigten

7   In Übereinstimmung mit der bisherigen Rechtslage bringt Abs 1 den Grundsatz der
Selbstvertretung zum Ausdruck. Danach besteht unverändert vor dem Verwaltungsgericht
im Gegensatz zum zivilgerichtlichen Verfahren vor den Landgerichten, aber auch zu den
Verfahren vor dem OVG (Rn 42) und dem BVerwG (Rn 66) **kein Vertretungszwang**. Im
Gegensatz zur früheren Fassung des § 67 VwGO wird der Grundsatz der zulässigen Selbstvertretung aber nunmehr deutlich und – dem Verfahrensablauf entsprechend – zu Beginn
der Regelung zum Ausdruck gebracht (Abs 1). Ebenso wie bei den sonstigen Prozessordnungen (zB § 79 Abs 2 S 2 ZPO, § 73 Abs 2 S 2 SGG und § 62 Abs 2 FGO) handelt es sich bei
der Aufzählung der zur Vertretung berechtigten Personen in Abs 2 um eine **abschließende**
Regelung („**nur**"). Gegenüber der bisherigen Regelung bedeutet dies eine **wesentliche
Einschränkung**. Denn nach § 67 Abs 2 S 1 VwGO aF war jede Person zur Vertretung
befugt, die zu einem sachgemäßen Vortrag fähig war.

7.1   Das Fehlen des Vertretungszwangs vor dem Verwaltungsgericht hat aber auch zur Folge, dass zB
der Kostenerstattungsanspruch eines in einem Verfahren vor dem Verwaltungsgericht nicht durch
einen Rechtsanwalt vertretenen obsiegenden Klägers nicht auf diejenigen außergerichtlichen Kosten
beschränkt ist, die im Falle der Beauftragung eines Rechtsanwalts angefallen wären (VG Sigmaringen
Beschl v 28.1.2009 – 3 K 1958/08, Kosten für die Beschaffung von Entscheidungsabdrucken).

8   Die früher für das Gericht bestehende Möglichkeit, dem Beteiligten für das weitere
Verfahren die Hinzuziehung eines **Prozessbevollmächtigten** (oder eines Beistands) **aufzuerlegen** (Abs 2 S 2 aF), hat der Gesetzgeber für die Neufassung **nicht** mehr vorgesehen.
Anlass hierfür war zum einen, dass diese Regelung nicht einmal in sämtlichen öffentlich-
rechtlichen Verfahrensordnungen vorhanden war (Prinzip der Vereinheitlichung der Verfahrensordnungen). Zum anderen sah der Gesetzgeber aufgrund der praktischen Erfahrungen
kein Bedürfnis mehr für einen solch tiefgreifenden Einschränkung der Postulationsfähigkeit
eines Beteiligten (Gesetzentwurf der Bundesregierung, BT-Drs 16/3655, 97 zu Art 13 Nr 2
Abs 1). Dem Gericht ist es aber unbenommen, durch Hinweise auf die Bestellung eines
Bevollmächtigten hinzuweisen, gegen Beteiligte ordnungsrechtliche Maßnahmen zu ergreifen oder – bei fehlender Prozessfähigkeit – einen Vertreter zu bestellen.

Während die Regelung in Abs 2 S 2 Nr 1 (Rn 23) und 2 (Rn 28) der Bestimmung des **9** § 79 Abs 2 ZPO angeglichen ist, tragen die Nrn 3 bis 6 (ab Rn 33) den Besonderheiten des Verwaltungsprozesses Rechnung. Diese Bestimmungen übernehmen grundsätzlich die Vertretungsbefugnisse der darin genannten Personen und Organisationen aus dem bisherigen Recht, ohne dass durch den geänderten Normaufbau eine Änderung des geltenden Rechts erfolgt ist (Gesetzentwurf der Bundesregierung, BT-Drs 16/3655, 97 zu Art 13 Nr 2 Abs 1).

Das Verwaltungsgericht ist im Hinblick auf § 86 Abs 3 (Recht auf rechtliches Gehör) **9a** **nicht verpflichtet**, den Kläger während des Verfahrens auf die Möglichkeit hinzuweisen, sich durch einen Rechtsanwalt vertreten zu lassen und einen Antrag auf Prozesskostenhilfe zu stellen. Das **Recht** eines Klägers, sich in jeder Lage des Verfahrens durch einen Bevollmächtigten vertreten zu lassen, ist **nur** dann **verletzt**, wenn der Beteiligte durch das **Gericht** **gehindert** wird, sich vor einer gerichtlichen Entscheidung anwaltlicher Beratung zu bedienen. Voraussetzung hierfür ist, dass dieser Beteiligte seine Absicht gegenüber dem Gericht eindeutig äußert und zum Ausdruck bringt, dass ihm eine sachgerechte Prozessführung ohne Inanspruchnahme anwaltlicher Hilfe nicht möglich ist (BVerwG NJW 1993, 80; Beschl v 27.6.2007 – 3 B 130.06 BeckRS 2007, 25098).

2. Prozessvertretung auch durch Organisationen oder juristische Personen (Abs 2 S 3)

Zu § 67 VwGO aF ging die hM noch davon aus, dass **juristische Personen und** **10** **Personenmehrheiten** als solche **nicht** als Bevollmächtigte vor dem Verwaltungsgericht auftreten können (zB Kopp/Schenke VwGO 15. Aufl § 67 Rn 37 mwNachw). Die Organisationenformen von Mehrheiten von Rechtsanwälten (GmbH oder auch AG, vgl BFH NJW 2004, 1974) haben sich aber inzwischen geändert. Nach § 59l BRAO können ferner auch juristische Personen als solche (im Zivilprozess) bevollmächtigt werden. Diesen Schritt hat der Gesetzgeber auch für die öffentlich-rechtlichen Verfahrensordnungen vollzogen (Gesetzentwurf der Bundesregierung, BT-Drs 16/3655, 89 zu Art 8 Nr 3 Abs 2 S 3). Die Regelung in Abs 2 S 3 bringt die Zulässigkeit der **Vertretung** durch **Vereinigungen** und **juristische Personen** eindeutig zum Ausdruck. Diese Vertretungsbefugten handeln nach dem Gesetz durch ihre Organe oder durch mit der Prozessvertretung beauftragte Vertreter. Bei diesen muss es sich um solche Personen handeln, die innerhalb des bevollmächtigten Unternehmens mit der Prozessvertretung beauftragt worden sind. Dies kann zB durch Prokura, Einzelvollmacht oder durch Satzung erfolgen. **Anforderungen** hinsichtlich der **juristischen** Qualifikation der handelnden Personen bestehen mangels einer entsprechenden gesetzlichen Regelung grundsätzlich **nicht**.

Der Gesetzentwurf der Bundesregierung sah noch den Begriff der mit der Prozessver- **11** tretung beauftragten „Beschäftigten" vor. Dieser Begriff wurde vom Rechtsausschuss des Bundestages zum Zwecke der Klarstellung durch das Wort „Vertreter" ersetzt. Insbes sollten Auslegungsprobleme vermieden werden, weil § 7 Abs 1 S 1 SGB IV den Begriff „Beschäftigung" als nichtselbstständige Arbeit, insbes in einem Arbeitsverhältnis, definiert. Die Verwendung des Begriffs „Beschäftigten" hätte bei restriktiver Auslegung die Schlussfolgerung nahe gelegt, dass Bevollmächtigte, die keine natürlichen Personen sind, nur durch ihre Organe oder beauftragte Arbeitnehmer vor Gericht handeln dürfen. Dem **Arbeitnehmer-** **status** der handelnden Personen wollte der Gesetzgeber aber – gerade bei der Vertretung durch Arbeitgeber- oder Arbeitnehmervereinigungen – **keine Bedeutung** beimessen (BT-Drs 16/6634, 70 zu Art 11 Nr 1 Abs 2 S 3). Im Übrigen entspricht das Wort „Vertreter" auch dem Wortlaut des § 59l BRAO (BT-Drs 16/6634, 68 zu Art 8 Nr 3 Abs 2 S 3).

3. Prüfung der Vertretungsbefugnis

Ob der vor Gericht auftretende Prozessbevollmächtigte einer der in Abs 2 S 2 genannten **12** Personengruppen zuzuordnen ist, ist von diesem ggfs darzulegen und vom Gericht erforderlichenfalls im Wege des **Freibeweises** festzustellen. Wichtigster Anhaltspunkt für die vom Gericht vorzunehmende Prüfung ist die gem Abs 6 S 1 (Rn 70) unverändert **schriftlich** vorzulegende **Vollmacht** des Beteiligten. Aus ihr lässt sich häufig die Zulässigkeit der konkreten Prozessvertretung ableiten (zB Prozessvertretung durch den Ehe- oder Lebenspartner, Rn 28, oder durch einen Mitarbeiter eines konzernangehörigen Unternehmens, Rn 23). Nach den Vorstellungen des Gesetzgebers sollten durch die Neufassung des § 67 VwGO (Juli 2008) an die Prüfung der Berechtigung zur Prozessvertretung keine höheren Anforderungen gestellt werden als nach dem bisherigen Recht. Dieses erforderte stets eine Prüfung dahingehend, ob der Bevollmächtigte geschäftsmäßig fremde Rechtsangelegenheiten erledigte und damit gegen das RBerG verstieß (Gesetzentwurf der Bundesregierung, BT-Drs 16/3655, 87 zu Art 8 Nr 3 Abs 2).

4. Ausschluss von nicht zur Vertretung nach Abs 2 berechtigten Bevollmächtigten (Abs 3 S 1)

13   Die Regelung in Abs 3 S 1 entspricht dem Verfahren zur Zurückweisung von Bevollmächtigten und Untersagung der weiteren Vertretung im Zivilprozess. Das Gericht hat die Vertretungsbefugnis **von Amts wegen** zu prüfen und bei Zweifeln auf eine Klärung hinzuwirken. Kommt das Gericht zum Ergebnis, dass der Vertreter keiner der in Abs 2 S 1 (Rn 18) und 2 (Rn 23) genannten Personengruppe zuzuordnen ist, hat es die Zurückweisung des Prozessbevollmächtigten durch konstitutiven **Zurückweisungsbeschluss** auszusprechen (Gesetzentwurf der Bundesregierung, BT-Drs 16/3655, 97 zu Art 13 Nr 2 Abs 3, 89 zu Art 8 Nr 3 Abs 3). Durch die ausdrückliche gesetzliche Regelung des Zurückweisungsbeschlusses bedarf es nicht mehr der früher vertretenen (S/S-A/P/Meissner § 67 Rn 48; Kopp/Schenke VwGO 15. Aufl § 67 Rn 38) – rechtlich problematischen – analogen Anwendung von § 67 Abs 2 S 3 aF oder § 157 Abs 2 ZPO zum Ausschluss eines Bevollmächtigten.

14   Der **Beschluss** kann, da er keine Terminsbestimmung enthält oder eine Frist in Lauf setzt, gem § 173 iVm § 329 Abs 2 S 1 ZPO **formlos** mitgeteilt werden (Eyermann/Happ VwGO § 122 Rn 6; Kopp/Schenke VwGO 17. Aufl § 67 Rn 22). Da er sowohl den Beteiligten als auch den bisherigen Bevollmächtigten betrifft, ist er beiden formlos bekanntzugeben. Im Hinblick auf den Anspruch des Beteiligten auf **rechtliches Gehör** muss diesem nach Bekanntgabe des Zurückweisungsbeschlusses eine angemessene Zeit eingeräumt werden, um für eine zulässige Vertretung im Gerichtsverfahren sorgen zu können.

15   Der Beschluss ist nach der ausdrücklichen gesetzlichen Regelung **unanfechtbar**. Eine Überprüfung ist nur im Rahmen der abschließenden **Sachentscheidung** des Gerichts möglich (zB Beschwerde oder Antrag auf Zulassung der Berufung). Denkbar ist zB im Zulassungsverfahren nach §§ 124 ff VwGO der Vortrag des unterlegenen Klägers, das Verwaltungsgericht habe sein Recht auf rechtliches Gehör iSv Art 103 Abs 1 GG verletzt, weil es das vom – nach Ansicht des Klägers zu Unrecht – ausgeschlossenen Bevollmächtigten Vorgebrachte nicht bei der Sachentscheidung berücksichtigt habe. Dabei ist jedoch zu berücksichtigen, dass der Beteiligte, der die Verletzung des rechtlichen Gehörs rügen will, sämtliche verfahrensrechtlich eröffneten und ihm zumutbaren Möglichkeiten ergriffen haben muss, um sich rechtliches Gehör zu verschaffen (BVerfGE 74, 220, 225 = NJW 1987, 1191; BVerwG NJW 1989, 601). In diesem Fall ist dem Kläger entgegenzuhalten, dass er die – von seinem ausgeschlossenen Prozessbevollmächtigten vorgebrachten – Argumente in tatsächlicher oder rechtlicher Hinsicht im Verfahren selbst hätte vorbringen können, weil vor dem Verwaltungsgericht kein Vertretungszwang besteht. Gem § 152a Abs 1 S 2 VwGO ist eine **Anhörungsrüge** gegen den Zurückweisungsbeschluss **ausgeschlossen**, weil es sich dabei um eine der Endentscheidung vorausgehende Entscheidung handelt.

5. Rechtsfolgen des Ausschlusses von nicht zur Vertretung nach Abs 2 berechtigten Bevollmächtigten (Abs 3 S 2)

16   Im Interesse der Rechtssicherheit, zum Schutz des Gerichts und im Interesse der anderen Beteiligten an einer zügigen Durchführung des gerichtlichen Verfahrens ordnet Abs 3 S 2 ausdrücklich an, dass **Prozesshandlungen** des Bevollmächtigten und Zustellungen oder Mitteilungen an ihn bis zum Zurückweisungsbeschluss **wirksam** sind. Erfasst sind davon zB Ladungen, Aufforderungen nach § 82 Abs 2 VwGO sowie § 86 Abs 4 S 2 VwGO oder Anhörungen vor Erlass eines Gerichtsbescheids nach § 84 Abs 1 S 2 VwGO. In der Gesetzesbegründung (BT-Drs 16/3655, 89 zu Art 8 Nr 3 Abs 3) wird beispielhaft darauf hingewie-

sen, dass infolge dieser Regelung eine Berufung nicht auf die in erster Instanz nicht erkannte fehlende Vertretungsbefugnis gestützt werden kann. Mit **Wirksamwerden** des Zurückweisungsbeschlusses hat das Gericht alle Zustellungen an den **Beteiligten selbst** oder einen neuen Prozessbevollmächtigten zu richten. Der zurückgewiesene Bevollmächtigte selbst kann für den Beteiligten keine wirksamen Prozesshandlungen mehr vornehmen.

6. Ausschluss von nach Abs 2 S 2 Nr 1 und 2 vertretungsberechtigten Bevollmächtigten wegen Ungeeignetheit (Abs 3 S 3)

§ 67 Abs 3 S 3 eröffnet dem Gericht die Möglichkeit, durch unanfechtbaren Beschluss **17** Bevollmächtigte, die nach **Abs 2 S 2 Nr 1** (Rn 23) **und 2** (Rn 28) grundsätzlich zur Prozessvertretung zugelassen sind, von der weiteren Vertretung auszuschließen, wenn sie zu einer **sachgerechten** Prozessführung **nicht** in der Lage sind. Die Vorschrift ist § 157 Abs 2 ZPO nachgebildet (Gesetzentwurf der Bundesregierung, BT-Drs 16/3655, 89 zu Art 8 Nr 3 Abs 3). Die Fähigkeit zur sachgerechten Darstellung des Sach- und Streitverhältnisses fehlt, wenn der Bevollmächtigte fortgesetzt unsachlich und/oder ohne Bezug zum Verfahrensgegenstand argumentiert, die Bedeutung der sachdienlichen Prozesshandlungen nicht erfasst oder mit ungerechtfertigten persönlichen Angriffen andere Verfahrensbeteiligte verletzt (VGH München BayBl 1974, 503 zu § 67 Abs 2 VwGO aF). Das Gericht trifft die notwendigen Feststellungen im Wege des Freibeweises und entscheidet nach seinem pflichtgemäßen Ermessen. Die Untersagung der weiteren Vertretung kann im Falle des Abs 2 S 2 Nr 3 selbst Personen mit der Befähigung zum Richteramt betreffen (Rn 30). Ist die Unfähigkeit des Vertreters lediglich **vorübergehend**, ist das Gericht zur Aufhebung des den Beteiligten belastenden Beschlusses verpflichtet. **Ausgenommen** von der Untersagungsmöglichkeit nach S 3 sind neben den Rechtsanwälten und Hochschullehrern (Abs 2 S 1) alle weiteren Personen und Einrichtungen, denen das Gesetz die Fähigkeit zur Vertretung im Verfahren vor dem Oberverwaltungsgericht zuerkennt (vgl Abs 4 S 7, Abs 2 S 2 Nr 3 bis 7, Rn 33). Da erst die unanfechtbare Untersagung zum Wegfall der Postulationsfähigkeit führt, bedarf es anders als in den Fällen des Abs 3 S 1 keiner besonderen gesetzlichen Regelung über die Wirksamkeit der bis zu Untersagung vorgenommenen Prozesshandlungen des Bevollmächtigten (Rn 16).

II. Zur Vertretung vor dem Verwaltungsgericht berechtigte Personen

Die Regelung des § 67 Abs 2 S 2 VwGO ist, wie sich aus dem Wort „nur" ergibt, **17a** **abschließend** (Rn 7). Von der Einräumung der Vertretungsbefugnis im verwaltungsgerichtlichen Verfahren für Notare oder Patentanwälte hat der Gesetzgeber im Hinblick darauf abgesehen, dass die Vertretung vor den Verwaltungsgerichten nicht zu deren gesetzlich geregeltem Aufgabenbereich gehört (Gesetzentwurf der Bundesregierung, BT-Drs 16/3655, 97 zu Art 2 Abs 2).

1. Rechtsanwälte (Abs 2 S 1 1 Alt)

a) Rechtsanwalt. Rechtsanwalt iSv Abs 1 S 1 ist grundsätzlich nur ein bei einem **18** **deutschen** Gericht nach §§ 4 ff BRAO zugelassener Anwalt (BVerwG NJW 1998, 2991). War der Beteiligte im Verfahren vor dem OVG durch einen Anwalt vertreten, dessen Zulassung zur Rechtsanwaltschaft im Laufe des Verfahrens widerrufen worden ist, so führt dies nicht dazu, dass der Beteiligte nicht iSv § 138 Nr 4 VwGO vertreten war (BVerwG NJW 2005, 3018). Ein **ehemaliger** Rechtsanwalt, der auf die Rechte aus der Zulassung verzichtet hat und der berechtigt ist, sich nach § 17 Abs 2 BRAO „Rechtsanwalt" zu nennen, ist nicht mehr vertretungsbefugt (BSG NJW 2010, 3388).

b) Kammerrechtsbeistände und registrierte Erlaubnisinhaber. Bis zur Neufassung **19** des § 67 VwGO durch das Gesetz zur Neuregelung des Rechtsberatungsrechts v 12.12.2007 galt ein **Rechtsbeistand**, selbst wenn er der Rechtsanwaltskammer angehörte, nicht als Rechtsanwalt und war deshalb nicht im Rahmen des § 67 **Abs 1 aF** vertretungsbefugt (VGH Mannheim NJW 1998, 1330). Die Sonderregelung des § 25 EGZPO (Gleichstellung mit einem Rechtsanwalt) galt nur für die dort genannten Bestimmungen der ZPO. Bisher waren aber Kammerrechtsbeistände infolge der weiten Regelung des Abs 2 S 1 aF (keine

Beschränkung im Gegensatz zur jetzigen Regelung in Abs 2 S 2) zur Vertretung in Verfahren vor dem Verwaltungsgericht befugt. Um ihnen diese Möglichkeit weiterhin zu eröffnen, hat der Gesetzgeber **Kammerrechtsbeistände** (Legaldefinition in § 1 Abs 2 RDGEG) durch § 3 Abs 1 Nr 5 RDGEG (Art 2 des Gesetzes zur Neuregelung des Rechtsberatungsrechts vom 12.12.2007) **Rechtsanwälten** iSv Abs 2 S 1 **gleichgestellt** (Gesetzentwurf der Bundesregierung, BT-Drs 16/3655, 79; ebenso bei § 67 Abs 6 S 4 VwGO, Rn 74). Diese Gleichstellung umfasst auch das Recht zur Vertretung vor dem **OVG** und dem **BVerwG** (aA für die Vertretung vor dem OVG, OVG Münster NJW 2009, 386; offen gelassen VGH München Beschl v 13.7.2009 – 15 ZB 09.1350; Rn 55a). Nach § 3 Abs 2 S 1 Nr 4 RDGEG sind den Rechtsanwälten iSv Abs 2 S 1 ferner gleichgestellt **registrierte Erlaubnisinhaber** unter den dort genannten Voraussetzungen (§ 3 Abs 3 RDGEG regelt die Zurückweisung durch einen Beschluss des Gerichts). Diese waren aber bereits bisher ohne eine besondere gerichtliche Zulassung im Rahmen ihrer Erlaubnis vertretungsbefugt (Gesetzentwurf der Bundesregierung, BT-Drs 16/3655, 80 zu § 3 Abs 2).

20   **c) Im Ausland (EU-Mitgliedstaaten, EWR-Vertragsstaaten und Schweiz) zugelassene Anwälte.** Die Zulassung von Staatsangehörigen der Mitgliedstaaten der Europäischen Union, der anderen Vertragsstaaten des **Abkommens über den Europäischen Wirtschaftsraum** (BGBl II 1993, 267; Liechtenstein, Island und Norwegen) und der Schweiz, die in diesen Ländern als Rechtsanwälte tätig sind, zur Berufsausübung und zur Zulassung zur Rechtsanwaltschaft in Deutschland regelt das **EuRAG** (Gesetz v 9.3.2000, BGBl I 182, 1349; vgl BVerwG Beschl v 11.1.2006, 7 B 64.05, BeckRS 2006, 20626; BFH/ NV 2005, 718 f). Sofern der Rechtsanwalt **grenzüberschreitend** iSv Art 56 AEUV seine Dienstleistung erbringt (dienstleistender europäischer Anwalt), darf er im Einvernehmen mit einem beim betreffenden Gericht zugelassenen Anwalt vor dem deutschen Gericht auftreten (§§ 25 und 28 EuRAG). Das Einvernehmen ist dem Gericht bei der **ersten** Handlung des dienstleistenden europäischen Anwalts schriftlich nachzuweisen (§ 29 Abs 1 EuRAG). Eine rückwirkende Erklärung des Einvernehmens ist nicht möglich. Eine ohne Einvernehmen vorgenommene Prozesshandlung ist unwirksam (§ 29 Abs 3 EuRAG). Solange das Einvernehmen des Einvernehmensanwalts vorliegt, darf der im EU-Ausland niedergelassene Anwalt vor dem deutschen Gericht **eigenverantwortlich** handeln. Nach § 28 Abs 2 S 2 EuRAG ist es aber Sache des Einvernehmensanwalts sicherzustellen, dass der dienstleistende europäische Anwalt die Erfordernisse einer geordneten Rechtspflege beachtet. Zustellungen sind an einen vom dienstleistenden Anwalt benannten Zustellungsbevollmächtigten, an den Einvernehmensanwalt oder an die Partei zu bewirken (§ 31 EuRAG).

2. Rechtslehrer an einer staatlichen oder staatlich anerkannten Hochschule (Sitz der Hochschule in den EU-Mitgliedstaaten, in den Staaten des EWR-Abkommens oder in der Schweiz, Abs 2 S 1 2. Alt)

21   Durch das **Gesetz vom 22.12.2010** (Art 9, BGBl I 2248; Gesetzentwurf der Bundesregierung BT-Drs 17/3356) ist Abs 2 S 1 wesentlich geändert worden (gleichlautende Änderungen betreffen das SGG sowie das BVerfGG). Wie bereits der Titel des Gesetzes zum Ausdruck bringt, dient es der Umsetzung der **Richtlinie 2006/123/EG** über **Dienstleistungen** im Binnenmarkt (ABl EG Nr L 376, 36) im Bereich der Justiz. Während bisher Rechtslehrer an einer deutschen Hochschule iSd Hochschulrahmengesetzes mit Befähigung zum Richteramt als Bevollmächtigte auftreten konnten, sind nunmehr Rechtslehrer an einer staatlichen oder staatlich anerkannten Hochschule eines EU-Mitgliedstaates, eines anderen Vertragsstaates des EWR-Abkommens (Rn 20) oder der Schweiz vertretungsbefugt, sofern sie die **Befähigung zum Richteramt** besitzen. Nach der Dienstleistungs-Richtlinie (Art. 15 und 16) darf die Zulassung einer Dienstleistungstätigkeit nicht vom Ort der beruflichen Niederlassung des Dienstleistungserbringers abhängig gemacht werden (vgl Gesetzentwurf der Bundesregierung, BT-Drs 17/3356, 12 und 19). Die Prozessvertretung durch einen Hochschullehrer stellt eine Dienstleistung dar. Hochschullehrer, die an einer staatlichen Hochschule in einem anderen EU-Mitgliedstaat tätig sind und den allgemeinen Qualifikationsanforderungen genügen, dürfen wegen des Ortes ihrer Niederlassung nicht schlechter behandelt werden als im Bundesgebiet tätige Hochschullehrer. Die Formulierung „an staatlichen oder staatlich anerkannten Hochschulen" entspricht der bisherigen Regelung („Hoch-

schule im Sinne des Hochschulrahmengesetzes") und erfasst Universitäten, Fachhochschulen und andere staatliche Bildungseinrichtungen, die landesrechtlich einer staatlichen Hochschule gleichgestellt sind. Dies gilt auch für Rechtslehrer an einer **privaten** Hochschule, sofern diese staatlich anerkannt ist (Sodan/Ziekow/Czybulka VwGO § 67 Rn 20; Kopp/Schenke VwGO § 67 17. Aufl Rn 9).

Die Qualität der Vertretung vor den Verwaltungsgerichten durch Rechtslehrer sieht der **21a** Gesetzgeber dadurch als sichergestellt an, dass diese ungeachtet des Ortes ihrer beruflichen Niederlassung die **Befähigung zum Richteramt** nach dem **Deutschen Richtergesetz** besitzen und damit dem deutschen Recht umfassend ausgebildet sein müssen. Das durch das Gesetz vom 22.12.2010 unverändert gebliebene DRiG sieht für die Erlangung der Befähigung zum Richteramt grundsätzlich den Abschluss eines rechtswissenschaftlichen Studiums an einer Universität mit der ersten Prüfung und den Abschluss des anschließenden Vorbereitungsdienstes mit der zweiten Staatsprüfung vor (**§ 5 Abs 1 DRiG**). Nach **§ 7 DRiG** ist aber auch jeder **ordentliche Professor der Rechte** an einer Universität im Geltungsbereich des DRiG zum Richteramt befähigt (relevant bei fehlender Ablegung der zweiten Staatsprüfung). Diese Regelung könnte wegen der Begrenzung auf das Gebiet der Bundesrepublik eine unzulässige Diskriminierung darstellen, weil sie vergleichbare Professoren an einer Universität in einem anderen EU- oder EWR-Mitgliedstaat benachteiligt, selbst wenn diese Universität hinsichtlich der Vermittlung von Kenntnissen im deutschen Recht mit einer inländischen Universität gleichzusetzen ist.

Vertretungsbefugt sind, wenn sie die Befähigung zum Richteramt besitzen, Rechtslehrer **21b** an einer deutschen Universität oder Fachhochschulen, **emeritierte** Professoren (BVerwGE 52, 161 = NJW 1977, 1465), außerordentliche Professoren, Honorarprofessoren, Assistenzprofessoren, Privatdozenten, **nicht** dagegen wissenschaftliche Oberräte (OVG Hamburg NVwZ-RR 2000, 647), Lehrbeauftragte und wissenschaftliche Assistenten (BVerwG NJW 1970, 2314).

Durch die Umstrukturierung des § 67 VwGO durch das Gesetz v 12.12.2007 (Voran- **22** stellen der Bestimmung der Vertretungsbefugnis in Verfahren vor dem Verwaltungsgericht und abschließende Regelung in der Verfahrensordnung selbst) hat der Gesetzgeber eine **frühere** Streitfrage **zu Gunsten** der **Rechtslehrer** entschieden. Denn bisher ging die ganz überwiegende Ansicht wegen der Anwendbarkeit des RBerG davon aus, dass Rechtslehrer an einer deutschen Hochschule bei einer **geschäftsmäßigen** Betätigung zwar vor dem BVerwG und dem OVG (BVerwGE 83, 315 = NJW 1988, 220), **nicht** aber vor den **Verwaltungsgerichten** vertretungsbefugt waren (VGH München NJW 1988, 2553; OVG Koblenz NJW 1988, 2555; Sodan/Ziekow/Czybulka VwGO § 67 Rn 20, Fn 18; aA VGH München NJW 1987, 460; NJW 1988, 2554; Kopp/Schenke VwGO 15. Aufl § 67 Rn 41). Nunmehr sind Rechtslehrer mit Befähigung zum Richteramt **generell** zur Vertretung vor dem Verwaltungsgericht befugt. Die die Begründung des Gesetzentwurfs der Bundesregierung prägende Annahme, Hochschullehrer seien „seit jeher im Verwaltungsprozess – neben den Rechtsanwälten – gleichberechtigt" vertretungsbefugt (BT-Drs 16/3655, 97 zu Art 13 Nr 2 Abs 2), ist aber unzutreffend (aA noch Kopp/Schenke VwGO, 16. Aufl, § 67 Rn 9).

3. Beschäftigte des Beteiligten oder eines mit ihm verbundenen Unternehmens (Abs 2 S 2 Nr 1, 1. Hs)

Für einen Beteiligten kann unabhängig davon, ob es sich um eine natürliche Person **23** (Einzelfirma), **Personengesellschaft**, **juristische Person** des **privaten** oder **öffentlichen Rechts** oder um einen Verein handelt, ein **Mitarbeiter** auf Grund entsprechender Vollmacht die Prozessvertretung wahrnehmen. Gegenüber dem bisherigen Recht ist eine ausdrückliche Regelung erforderlich, weil das Gesetz nunmehr in Abs 2 S 1 und 2 die vertretungsbefugten Personen **abschließend** aufzählt; bisher war der Kreis der Vertretungsbefugten vor dem Verwaltungsgericht unbegrenzt (Rn 7). Erfasst werden alle privaten oder öffentlich-rechtlichen Beschäftigungsverhältnisse. Die Befugnis ist auf den Arbeitgeber oder Dienstherrn beschränkt und erstreckt sich nicht auf die Vertretung von Kunden oder die Mitglieder einer Vereinigung (Gesetzentwurf der Bundesregierung, BT-Drs 16/3655, 87 zu Art 8 Nr 3 Abs 2 S 2 Nr 1).

24   Das Gesetz nimmt ausdrücklich Bezug auf den Begriff des verbundenen Unternehmens iSv **§ 15 AktG** (zB § 16 AktG: die Mehrheit der Anteile eines rechtlich selbstständigen Unternehmens gehört einem anderen Unternehmen). Damit dürfen Mitarbeiter **verbundener** Unternehmen die Prozessvertretung innerhalb des Unternehmensverbunds übernehmen. Für die schriftlich vorzulegende **Prozessvollmacht** (Rn 70) reicht es aus, wenn sich aus ihr ergibt, dass der Vertreter für ein verbundenes Unternehmen iSd § 15 AktG auftritt. Das Prozessgericht soll sich nicht mit den Fragen des Konzernrechts (aktienrechtliche Konzernvermutung) beschäftigen müssen (Gesetzentwurf der Bundesregierung, BT-Drs 16/3655, 87 zu Art 8 Nr 3 Abs 2 S 2 Nr 1).

25   Für diesen Personenkreis besteht die besondere Untersagungsmöglichkeit wegen Unfähigkeit zu einer sachgerechten Prozessführung nach Abs 3 S 3 (Rn 17).

4. Behörden und juristische Personen des öffentlichen Rechts (Abs 2 S 2 Nr 1, 2. Hs)

26   Die Regelung des Abs 2 S 2 Nr 1, **1. Hs** gilt **auch** für **Behörden** und juristische Personen des öffentlichen Rechts einschließlich der von ihnen zur Erfüllung ihrer öffentlichen Aufgaben gebildeten Zusammenschlüsse (kommunale Landesverbände). Der **2. Hs** geht zu Gunsten der Behörden weit über diese Grundregelung hinaus und entscheidet – ebenso wie Abs 4 S 4 – zugleich eine unter der früheren Fassung des § 67 Abs 1 S 3 umstrittene Rechtsfrage. Zur **früheren** Regelung des Abs 1 S 3 wurde überwiegend die Ansicht vertreten, Vertreter einer Behörde iSd dieser Vorschrift könnten grundsätzlich nur **eigene** Bedienstete der am Verfahren beteiligten Behörde sein. Dies wurde mit dem Wortlaut des Art 1 §§ 1 und 3 RBerG, mit dem Zweck der Befreiung vom Anwaltszwang und mit möglichen Interessenkonflikten begründet, die entstehen könnten, wenn der Bedienstete einer anderen Behörde sowohl dem Interesse der konkreten Auftraggeber als auch dem Weisungsrecht des Dienstvorgesetzten seiner eigenen Behörde unterliege (BVerwG NVwZ-RR 1995, 548; Kuchler NVwZ 1996, 244; vgl Sodan/Ziekow/Czybulka VwGO 2. Aufl § 67 Rn 89). Die Regelung in Abs 2 S 2 Nr 1, 2. Hs bringt **nunmehr** eindeutig zum Ausdruck, dass auch eine Vertretung durch Beschäftigte **anderer** Behörden oder juristischer Person des öffentlichen Rechts einschließlich der von ihnen zur Erfüllung ihrer Aufgaben gebildeten Zusammenschlüsse zulässig ist. Diese Bestimmung geht zurück auf die Beschlussempfehlung des Rechtsausschusses (BT-Drs 16/6634, 72 zu Art 12 Nr 3), der die Vorschrift gegenüber dem Regierungsentwurf erheblich ausgedehnt hat, und entspricht der Forderung der Länder nach einer Erweiterung der Vertretungsmöglichkeiten im Bereich des Behördenprivilegs (vgl Nr 30 der Stellungnahme des Bundesrates, BT-Drs 16/3655, 112). Aufgrund der weiten Fassung können sich Behörden jetzt vertreten lassen, **ohne** dass der Prozessvertreter eine **besondere Sachnähe** zur verhandelten Sache aufweisen oder mit dieser im Vorfeld des Prozesses befasst gewesen sein muss (so ausdrücklich Beschlussempfehlung des Rechtsausschusses, BT-Drs 16/6634, 72 zu Art 12 Nr 3, 73 zu Art 13 Nr 2).

27   Für diesen Personenkreis besteht die besondere Untersagungsmöglichkeit wegen Unfähigkeit zu einer sachgerechten Prozessführung nach Abs 3 S 3 (Rn 17).

5. Volljährige Familienangehörige, Personen mit Befähigung zum Richteramt und Streitgenossen (Abs 2 S 2 Nr 2)

28   Nr 2 regelt die unentgeltliche Prozessvertretung. Wie in § 6 RDG ist der Begriff der **Unentgeltlichkeit** autonom und **eng** auszulegen. Die Dienstleistung ist naturgemäß dann entgeltlich, wenn sie nach dem übereinstimmenden Willen des Beteiligten und des Vertreters von einer **Gegenleistung** (nicht nur Geld, sondern jeder Vermögensvorteil) abhängig sein soll. Entgeltlichkeit ist aber auch dann gegeben, wenn die Dienstleistung im Zusammenhang mit anderen beruflichen Tätigkeiten des Dienstleistenden anfällt unabhängig davon, ob **gerade** für die Prozessvertretung ein Entgelt vereinbart ist (Gesetzentwurf der Bundesregierung, BT-Drs 16/3655, 87 f zu Art 8 Nr 3 Abs 2 S 2 Nr 1). Von Abs 2 S 2 Nr 2 erfasst ist damit nur die **uneigennützige** Dienstleistung; Dienstleistungen zB von Banken im Rahmen einer Beratung zur Vermögensanlage sind danach nicht mehr unentgeltlich (Gesetzentwurf der Bundesregierung, BT-Drs 16/3655, 57 zu § 6 RDG). Angemessene Geschenke als Dank

für eine Gefälligkeit im Familien- oder Bekanntenkreis stehen aber der Annahme der Unentgeltlichkeit nicht entgegen; ebenso der reine **Auslagenersatz**. Anders ist dies aber bereits bei einer **Aufwandsentschädigung**.

Der Kreis der vertretungsberechtigten – volljährigen – Familienangehörigen ergibt sich 29 aus dem Verweis auf § 15 AO (zB der Verlobte und der Ehegatte aber auch Verwandte und Verschwägerte in gerader Linie) und § 11 des Lebenspartnerschaftsgesetzes. Nach § 2 BGB tritt Volljährigkeit mit Vollendung des 18. Lebensjahres ein.

Soweit nicht volljährige Familienangehörige oder Streitgenossen auftreten, verlangt das 30 Gesetz im Gegensatz zur außergerichtlichen Rechtsdienstleistung (§ 6 RDG) auch zum Schutz der vertretenen Beteiligten für das gerichtliche Verfahren eine ausreichende juristische Qualifikation des Vertreters. Die Voraussetzungen für die Annahme der Befähigung zum **Richteramt** ergeben sich aus §§ 5 und 7 DRiG (Rn 21a). Zu berücksichtigen ist hier die abschließend bestimmte **Gleichstellung** durch § 5 Nr 6 RDGEG für **Diplomjuristen** aus dem **Beitrittsgebiet**. Durch den Verweis auf solche Personen, die in dem in Art 1 § 1 des **Einigungsvertrags** genannten Gebiet ein rechtswissenschaftliches Studium als Diplom-Juristen abgeschlossen haben, ist auch die unter der früheren Fassung (Abs 1 S 3 aF: „Diplomjuristen im höheren Dienst") entstandene Frage – verneinend – entschieden, ob unter Diplomjuristen auch solche Personen zu verstehen sind, die sich nach **neuem Recht** nach Abschluss des ersten Examens als Diplomjuristen bezeichnen dürfen (zutreffend ablehnend Sodan/Ziekow/Czybulka VwGO § 67 Rn 26; Kopp/Schenke VwGO 17. Aufl § 67 Rn 15). Diese Personen gelten **nicht** als Diplomjuristen iS dieser Regelung (Gesetzentwurf der Bundesregierung, BT-Drs 16/3655, 81 zu § 5). Im Gegensatz zur bisherigen Regelung in § 67 Abs 1 S 3 VwGO aF bezieht sich die Privilegierung von Diplomjuristen aus der ehemaligen DDR **nicht** mehr **ausschließlich** auf die Vertretung von Behörden oder juristischen Personen des öffentlichen Rechts, sondern kommt hier **jedem** Beteiligten zugute (Sodan/Ziekow/Czybulka VwGO § 67 Rn 26).

Für den Begriff des **Streitgenossen** gelten nach § 64 VwGO die Vorschriften der **§§ 59** 31 **und 60 ZPO**.

Für die Personen iSv § 67 Abs 2 S 2 Nr 2 VwGO – auch für Bevollmächtigte mit 32 Befähigung zum Richteramt – besteht die besondere Untersagungsmöglichkeit wegen Unfähigkeit zu einer sachgerechten Prozessführung nach Abs 3 S 3 (Rn 17).

6. Vertretung in Abgabenangelegenheiten (Abs 2 S 2 Nr 3)

Die Regelung in Abs 2 S 2 Nr 3 geht in personeller Hinsicht über die bisherige Rege- 33 lung in Abs 1 S 5 aF hinaus. Denn danach waren nur Steuerberater und Wirtschaftsprüfer, nicht aber auch Steuerbevollmächtigte und vereidigte Buchprüfer (vgl auch § 162 Abs 2 S 1 aF; nunmehr verweist § 162 Abs 2 S 1 auf § 67 Abs 2 S 2 Nr 3 VwGO) vertretungsbefugt. Nach der Praxis zu § 67 Abs 1 S 5 VwGO aF waren lediglich natürliche Personen, nicht aber Steuerberatungs- und Wirtschaftsprüfungsgesellschaften des bürgerlichen Rechts vertretungsbefugt (BFHE 120, 335). Ein Kennzeichen der – vereinheitlichenden – Neuordnung der Verfahrensordnungen ist es, die Beschränkung der Prozessbevollmächtigten auf natürliche Personen aufzugeben (vgl Abs 2 S 3, Rn 10). Entsprechend dieser Grundkonzeption wird in Bezug auf Abgabenangelegenheiten die Möglichkeit der Prozessvertretung durch bestimmte **Vereinigungen** und **Gesellschaften** geschaffen.

Durch Art 5 Nr 4a des Gesetzes v 30.7.2009 (BGBl I 2449) wurde auf Vorschlag des 33a Rechtsausschusses (BT-Drs 16/12717, 45) die bisherige Bezugnahme auf „§ 3 Nr 4 des Steuerberatungsgesetzes" aus rein redaktionellen Gründen in die Bezugnahme „§ 3a" geändert (BT-Drs 16/12717, 57 zu Art 5 Nr 4a).

Öffentliche Abgaben sind nicht alle einer öffentlich-rechtlichen Körperschaft geschulde- 34 ten Zahlungen, sondern nur solche Geldforderungen, die von allen erhoben werden, die den jeweiligen Tatbestand erfüllen, und zur Deckung des **Finanzbedarfs** eines Hoheitsträgers für die Erfüllung seiner öffentlichen Aufgaben dienen. Erfasst sind danach Steuern, Beiträge, Gebühren und sonstige Abgaben, die – auch – eine Finanzierungsfunktion haben (BVerwG NVwZ 1993, 1112; OVG Hamburg NVwZ 1990, 1002; VGH München NVwZ 1987, 63; enger OVG Münster KStZ 2005, 132, OVG Hamburg NVwZ-RR 2010, 859: nur Rechtsstreitigkeiten betreffend Steuer- und Monopolsachen iSv § 1 Abs 1 StBerG). Die gerichtliche Praxis geht jedenfalls davon aus, dass Streitigkeiten um **Beiträge** zu Körperschaften des öffentlichen Rechts (zB Beiträge zur Handwerkskammer) **nicht** zu den Abgabenangelegenheiten zu zählen sind (VGH Mannheim DVBl 1997, 659; OVG Münster NVwZ 2006, 151, OVG Magdeburg v 8.11.2010 – 1 L 152/10; aA S/S-A/P VwGO § 67 Rn 38b). Die Regelung gilt jedenfalls **nicht** für Zahlungsverpflichtungen im Rahmen von Maßnahmen der **Verwaltungsvollstreckung** (Zwangsgelder oder Kosten der Ersatzvornahme).

7. Berufsständische Vereinigungen der Landwirtschaft (Abs 2 S 2 Nr 4)

35   Im Regierungsentwurf war für das verwaltungsgerichtliche Verfahren noch keine Regelung über die Vertretungsbefugnis der berufsständischen Vereinigungen der Landwirtschaft für ihre Mitglieder vorgesehen (demgegenüber bereits die Regelung im Regierungsentwurf für das sozialgerichtliche Verfahren, BT-Drs 13/3655, 19, zu § 73 Abs 2 S 2 Nr 6 SGG-E). Da § 67 Abs 2 S 1 aF für das verwaltungsgerichtliche Verfahren keine besonderen Anforderungen für den Prozessvertreter nannte, waren diese Vereinigungen **bisher** zur Vertretung befugt. Um die Möglichkeit der Vertretung weiterhin zu gewährleisten, hat der Bundesrat eine entsprechende Ergänzung des Regierungsentwurfs gefordert, der die Bundesregierung in ihrer Gegenäußerung zugestimmt hat (Gesetzentwurf der Bundesregierung, BT-Drs 16/3655, 111 f und 122 jeweils zu Nr 28; Beschlussempfehlung des Rechtsausschusses, BT-Drs 16/6634, 73). Die Regelung in Abs S 2 Nr 4 ermächtigt aber **nicht** zu einer Vertretung in jedem beliebigen Gerichtsverfahren, an dem ein Landwirt beteiligt ist. Vielmehr muss ein spezifischer **landwirtschaftlicher Bezug** bestehen. Dies ist zB beim Streit um die Zulassung eines Bauvorhabens im Außenbereich nach § 35 BauGB, bei einer Klage gegen die Geruchsbelästigung durch einen landwirtschaftlichen Betrieb oder bei Klagen im Zusammenhang mit dem europäischen Beihilferecht gegeben. **Anforderungen** an die juristische **Qualifikation** der – tatsächlichen -Vertreter (Abs 2 S 3 Rn 10) nennt das Gesetz **nicht**. Dies ist auch eine Folge davon, dass nunmehr als Prozessvertreter auch Personenvereinigungen und juristische Personen auftreten dürfen.

8. Gewerkschaften und Arbeitgebervereinigungen (Abs 2 S 2 Nr 5)

36   Die Regelung in Abs 2 S 2 Nr 5 orientiert sich an § 11 Abs 1 S 2 ArbGG aF. Es muss sich dabei um Rechtsstreitigkeiten handeln, die zu den satzungsgemäßen Aufgaben der Gewerkschaft oder Vereinigung in einem zumindest mittelbaren Bezug stehen. Erfasst ist danach nicht nur die Vertretung von Beamten bzw in Personalangelegenheiten, sondern auch die von Arbeitnehmern, wozu nach § 5 Abs 1 S 1 ArbGG auch die Auszubildenden zählen. Die Vertretungsbefugnis gilt nach der Gesetzesbegründung zu § 67 Abs 1 S 6 aF (BT-Drs 14/6393, 9) zB für Streitigkeiten im Bereich der Prüfung von Auszubildenden oder für aufenthaltsrechtliche Streitigkeiten eines Arbeitnehmers, soweit diese im Zusammenhang mit dem Arbeitsverhältnis stehen. Auch hier schreibt das Gesetz für die – tatsächlichen – Vertreter (Abs 2 S 3 Rn 10) **keine** bestimmte **juristische Qualifikation** vor (**anders** für die Vertretung durch diese Organisationen vor dem **BVerwG** Rn 66a)

37   Durch den gegenüber dem Regierungsentwurf geänderten Wortlaut (BT-Drs 16/3655, 20; „oder für Mitglieder eines anderen Verbandes oder Zusammenschlusses mit vergleichbarer Ausrichtung") soll sichergestellt werden, dass nicht nur die Vertretung der Mitglieder anderer Vereinigungen, sondern auch die Vertretung der betreffenden Vereinigung **selbst** möglich ist (Beschlussempfehlung des Rechtsausschusses, BT-Drs 16/6634, 73 zu Art 13 Nr 2 unter Verweis auf S 70 zu Art 11 Nr 1).

9. Soziales Entschädigungsrecht (Abs 2 S 2 Nr 6)

38   Die Regelung knüpft an § 67 Abs 1 S 4 aF an (Vertretung in Angelegenheiten der Kriegsopferfürsorge und des Schwerbehindertenrechts). Der noch im Entwurf der Bundesregierung enthaltene Hinweis auf die „damit im Zusammenhang stehenden Angelegenheiten des Sozialhilferechts" wurde als entbehrlich angesehen (Gegenäußerung der Bundesregierung, BT-Drs 16/3655, 122 zu Nr 27). Die Vertretungsbefugnis der Behinderten- und Kriegsopferverbände ist auf solche Verfahren **beschränkt**, die mit dem Kriegsopfer- und Schwerbehindertenrecht in einem direkten inhaltlichen Zusammenhang stehen. **Qualitative**

Anforderungen an die Vereinigungen nennt das Gesetz – im Gegensatz zu anderen in Abs 2 S 2 genannten Personen und Vereinigungen – dadurch, dass die Vereinigungen die Gewähr für eine **sachkundige Prozessvertretung** bieten müssen.

10. DGB Rechtsschutz GmbH (Abs 2 S 2 Nr 7)

Abs 2 S 2 Nr 7 entspricht Abs 1 S 7 aF (Gesetzentwurf der Bundesregierung, BT-Drs 16/ **39** 3655, 97 zu Nr 2 Abs 2). Diese Regelung war durch Gesetz v 31.8.1998 (BGBl I 2600) eingefügt worden. Obwohl Abs 2 S 2 Nr 7 ebenso wie Abs 1 S 7 aF abstrakt formuliert ist, bezieht er sich auf die vom **DGB** gegründete **Rechtsschutz GmbH**. Hintergrund der Regelung war, dass der DGB seine Rechtsstellen aus betriebswirtschaftlichen Gründen ausgegliedert hatte, deren Mitarbeiter dann aber nicht mehr die Voraussetzungen von Abs 1 S 6 aF erfüllten. Der Gesetzgeber hat dieser Entwicklung Rechnung getragen und die Möglichkeit der Vertretung auch durch die Mitarbeiter dieser GmbH sichergestellt. Das Gesetz beschränkt aber die Verteilung der Gesellschaftsanteile und die Geschäftstätigkeit der juristischen Person und schreibt eine Haftung der Gesellschafter für die Tätigkeit der Bevollmächtigten vor. Auch in **wohngeldrechtlichen** Verfahren soll die DGB Rechtsschutz GmbH vertretungsbefugt sein, weil dies zu den satzungsgemäßen Aufgaben des DGB gehört (OVG Berlin v 23.9.2010 – OVG 6 N 52.10).

III. Unvereinbarkeitsregelung (Abs 5)

Um den Anschein einer Voreingenommenheit des Gerichts zu vermeiden und Interes- **40** senkollisionen von vornherein auszuschließen, ordnet Abs 5 – wiederum in Übereinstimmung mit den anderen Verfahrensordnungen – eine Trennung von **Richtertätigkeit** und Prozessvertretung an. Bei einem Berufsrichter ist nicht auf die gleichzeitige Tätigkeit in einem Verfahren, sondern grundsätzlich auf **alle Verfahren** vor dem gesamten **Gericht** abzustellen, dem der betreffende Richter angehört. Für **ehrenamtliche** Richter ist das Vertretungsverbot in Abs 5 S 2 auf den **Spruchkörper** (Kammer oder Senat) beschränkt, dem dieser Richter angehört (Gesetzentwurf der Bundesregierung, BT-Drs 16/3655, 89 zu Art 8 Abs 4). Aus Gründen der Verhältnismäßigkeit hat der Gesetzgeber vom Vertretungsverbot für ehrenamtliche Richter eine Ausnahme für den ohnehin seltenen Fall vorgesehen, dass der Vertreter Beschäftigter des Beteiligten oder eines mit ihm verbundenen Unternehmens ist (Abs 2 S 2 Nr 1; Gesetzentwurf der Bundesregierung, BT-Drs 16/3655, 94 zu Art 11 Nr 1 Abs 5). Während die Unvereinbarkeitsregelung für Verfahren vor dem Arbeitsgericht (Prozessvertretung durch Mitglieder von Arbeitgeberverbänden oder Gewerkschaften, die zugleich ehrenamtliche Richter sind; Gesetzentwurf der Bundesregierung, BT-Drs 16/3655, 94 zu Art 11 Nr 1 Abs 5) oder vor dem Sozialgericht große Bedeutung haben wird, dürfte sie für den Verwaltungsprozess eher weniger bedeutsam sein.

Abs 5 bringt **keine allgemeine Vertretungsbefugnis** von Richtern zum Ausdruck, **40a** sondern setzt eine nach anderen Vorschriften bestehende Befugnis voraus und beschränkt diese. Deshalb kann sich ein Finanzrichter bei einem Streit um die Geschäftsverteilung seines Gerichts vor dem OVG nicht selbst vertreten (OVG Bautzen DVBl 2011, 780).

Das Gericht weist eine nach Abs 5 S 1 nicht zur Vertretung befugte Person durch **41** unanfechtbaren Beschluss zurück. Prozesshandlungen dieses Bevollmächtigten und Zustellungen oder Mitteilungen an ihn sind bis zu seiner Zurückweisung durch das Gericht wirksam (Verweis auf **Abs 3 S 1 und 2 Rn 13**).

C. Verfahren vor dem Oberverwaltungsgericht

I. Allgemeines

1. Vertretungszwang

Seit dem 6. VwGOÄndG besteht nicht nur vor dem BVerwG (Rn 66), sondern auch vor **42** dem OVG **grundsätzlich Vertretungszwang**. Dieser steht im unmittelbaren Zusammenhang mit der ebenfalls durch das 6. VwGOÄndG eingeführten Zulassungsberufung, die der beschleunigten Erledigung der Verfahren vor dem OVG dienen sollte und durch das der

Berufung vorgeschaltete Zulassungsverfahren, das Vorbild für Überlegungen im Bereich des zivilrecht- und strafgerichtlichen Rechtsmittelrechts ist, tatsächlich auch dient. Der Vertretungszwang ermöglicht eine wirksame und das OVG entlastende Ausformung der allgemeinen Zulassungsberufung, weil die Begründungspflicht nicht nur für die Berufung, sondern auch für den Zulassungsantrag eingeführt wird (BT-Drs 13/3993, 11).

42a   Die **Rechtsmittelbelehrung** muss über den Vertretungszwang **nicht** belehren (zur Beschwerde gegen die Nichtzulassung der Revision, BVerwG NVwZ 2010, 962 Rn 10 und NVwZ-RR 2010, 36 f; zur Revision BVerwGE 52, 226, 232; offen für erstinstanzliche Verfahren, BVerwGE 98, 126, 127 f).

2. Verfassungsrechtliche Zulässigkeit des Vertretungszwangs

43   Der Vertretungszwang beschränkt zwar das Recht des betroffenen Bürgers, seine Rechte im gerichtlichen Verfahren selbstständig wahrzunehmen, und hat auch finanzielle Belastungen zur Folge. **Verfassungsrechtlich** begegnet der Vertretungszwang aber **keinen Bedenken** (BVerfGE 74, 78, 93 = NJW 1987, 2569). Er fördert das rechtskundige Prozessieren und die Sachlichkeit des Verfahrens und dient damit der Aufrechterhaltung einer funktionsfähigen und wirksamen Rechtspflege. Durch den Vertretungszwang wird aber auch das individuelle Rechtsschutzinteresse der rechtsunkundigen Partei geschützt (BVerwG NJW 1984, 625). Der Vertretungszwang verstößt insbes auch nicht gegen das **Recht auf rechtliches Gehör** iSv Art 103 Abs 1 GG. Denn der Beteiligte kann sich zur Wahrnehmung seiner prozessualen Rechte gerade seines Vertreters bedienen. Nach § 173 iVm § 137 Abs 4 ZPO muss aber das Gericht in der mündlichen Verhandlung auch dem Beteiligten **selbst** Gelegenheit zur Äußerung geben. Dies setzt aber voraus, dass sowohl der Vertreter als auch der Beteiligte in der Verhandlung anwesend sind. Verstößt das Gericht gegen § 137 Abs 4 ZPO (Pflicht zur Beanstandung nach § 140 ZPO), so wird Art 103 Abs 1 GG nur dann verletzt, wenn auch dem Vertreter nicht ausreichend rechtliches Gehör gewährt wurde (BVerwG NJW 1984, 625).

44   Der Situation, dass ein dem Vertretungszwang unterliegender Beteiligter keinen vertretungsberechtigten Rechtsanwalt finden kann, hat der Gesetzgeber durch § 173 iVm § 78b ZPO Rechnung getragen (**Notanwalt**). Der Betroffene muss aber zumutbare Anstrengungen unternommen haben, um einen Rechtsanwalt zu finden (OVG Lüneburg NJW 2005, 3303; VGH Mannheim NVwZ-RR 1999, 280). Zudem darf die Rechtsverfolgung nicht mutwillig oder aussichtslos erscheinen.

II. Geltungsbereich des Vertretungszwangs

1. Sachlicher Geltungsbereich in Verfahren vor dem OVG

45   Der Vertretungszwang gilt grundsätzlich für **sämtliche** Verfahren, dh für erstinstanzliche Verfahren (§ 48 VwGO), für das NK-Verfahren (§ 47 VwGO), für die Rechtsmittelverfahren (Antrag auf Zulassung der Berufung, Berufung und Beschwerde) und auch für die **Anhörungsrüge** (§ 152a Abs 2 S 5 VwGO, BVerwG Beschl v 10.3.2010 – BVerwG 5 B 4.10 – Bh 310 § 152a Nr 11, OVG Bautzen NJW 2010, 3050, ausgenommen sind aber Anhörungsrügen im PKH-Beschwerdeverfahren (Rn 47). Im Verwaltungsprozess gilt **nicht** der Grundsatz, dass Prozesserklärungen, die zur **Niederschrift des Urkundsbeamten** der Geschäftsstelle erklärt werden können, vom Vertretungszwang des § 67 Abs 4 VwGO ausgenommen sind. § 78 Abs 3 ZPO ist über § 173 S 1 VwGO nicht anwendbar (OVG Lüneburg NJW 2009, 387; Kopp/Schenke VwGO 176. Aufl § 67 Rn 30; aA OVG Münster NVwZ 2009, 123). Vom Vertretungszwang erfasst ist deshalb auch die Anbringung eines **Ablehnungsgesuchs** gegen einen Richter des OVG (OVG Lüneburg NJW 2009, 387; VGH München Beschl v 23.2.2009 – 11 B 07.30511) sowie die Beschwerde gegen eine **Vollstreckungsanordnung** des Verwaltungsgerichts (VGH München, Beschl v 19.4.2011 – 20 C 11.857). Ausgenommen sind, wie bisher (§ 67 Abs 1 S 2 VwGO aF), die **Prozesskostenhilfeverfahren** (Rn 47). Durch Art 7 des Gesetzes v 30.7.2009 (BGBl I 2449, Änderung kostenrechtlicher Vorschriften) hat der Gesetzgeber inzwischen klargestellt, dass der Vertretungszwang des § 67 VwGO **nicht** für **Streitwert- und Kostenbeschwerden**

gelten soll (Wiederherstellung der vor dem Gesetz zur Neuregelung des Rechtsberatungsrechts bestehenden Rechtslage, Rn 48).

In Abs 4 S 2 ist jetzt ausdrücklich bestimmt, dass der Vertretungszwang auch für **sämtli-** **46**
che Prozesshandlungen gilt, die ein Verfahren vor dem OVG einleiten, aber noch beim
Verwaltungsgericht vorzunehmen sind oder vorgenommen werden können (zB die beim
Verwaltungsgericht mögliche Einlegung der Beschwerde nach § 147 Abs 1 S 1 VwGO; die
Praxis hatte auch bisher diese Beschwerdeeinlegung dem Vertretungszwang unterworfen,
VGH München NVwZ 2002, 1391; VGH Mannheim NVwZ 2003, 886; OVG Münster
NWVBl 2004, 469; Sodan/Ziekow/Czybulka VwGO 2. Aufl § 67 Rn 75; aA Kopp/
Schenke VwGO 15. Aufl § 67 Rn 21). Durch Abs 4 S 2 hat der Gesetzgeber die bisher zu
§ 67 Abs 1 S 2 VwGO aF bestehende Streitfrage (VGH Mannheim NJW 2006, 250; B/F-
K/K/Bader VwGO § 124a Rn 15; S/S-A/P Rudisile VwGO § 124a Rn 15; gegen einen
Vertretungszwang Kopp/Schenke VwGO 15. Aufl § 67 Rn 18) entschieden, ob das Vertretungserfordernis auch für die beim Verwaltungsgericht zu erfolgende Einlegung der
Berufung nach § 124a Abs 2 S 1 VwGO gilt, wenn bereits das Verwaltungsgericht nach
§ 124a Abs 1 S 1 VwGO die Berufung zugelassen hat. Vom Vertretungszwang erfasst ist zB
auch die Beschwerde gegen eine **Rechtswegverweisung** nach § 17a Abs 2 GVG, die nach
§ 147 Abs 1 VwGO beim Verwaltungsgericht auch zur Niederschrift des Urkundsbeamten
der Geschäftsstelle eingelegt werden kann (Verweis in § 147 Abs 1 S 2 VwGO auf § 67
Abs 4 VwGO, OVG Münster BeckRS 2009, 39673; OVG Greifswald NVwZ-RR 2011,
999 f.; OVG Bautzen, Beschl v 7.6.2011 – 4 E 37/11 – Rn 3; VGH München, Beschl v
12.10.2011 – 8 C 11.2234 – Rn 2).

Der Vertretungszwang gilt nicht für Verfahren auf Bewilligung von **Prozesskosten-** **47**
hilfe. Der Wortlaut des Gesetzes ist gegenüber § 67 Abs 1 S 2 VwGO aF geändert
worden, der nur von Beschwerden gegen Beschlüsse im Verfahren der Prozesskostenhilfe
sprach. Der Antrag auf Bewilligung von Prozesskostenhilfe wurde bisher nicht ausdrücklich erwähnt, weil dieser nach § 166 VwGO iVm § 117 Abs 1 S 1 ZPO und § 78 Abs 3
ZPO vor der Geschäftsstelle zu Protokoll erklärt werden kann. Im Bereich der VwGO
gilt aber wegen des abschließenden Charakters des § 67 Abs 4 VwGO **nicht** der Grundsatz, dass Prozesserklärungen, die zur **Niederschrift des Urkundsbeamten** der Geschäftsstelle erklärt werden können, vom Vertretungszwang des § 67 Abs 4 VwGO ausgenommen sind (OVG Lüneburg NJW 2009, 387; Kopp/Schenke VwGO 17. Aufl § 67
Rn 30). Bezieht sich eine **Anhörungsrüge** auf eine Beschwerde gegen einen Beschluss
im PKH-Verfahren, so besteht insoweit kein Vertretungszwang (OVG Münster BeckRS
2008, 33933).

Kein Vertretungszwang bei **Streitwert- und Kostenbeschwerden:** Bis zur Neufas- **48**
sung des § 67 VwGO durch Art 13 des Gesetzes zur Neuregelung des Rechtsberatungsrechts
v 12.12.2007 ging die Rspr der Verwaltungsgerichte davon aus, dass für die **Streitwert-**
beschwerde entgegen § 67 Abs 1 S 2 VwGO aF kein Vertretungszwang bestand (VGH
Mannheim NJW 2006, 251). Begründet wurde dies damit, dass § 68 Abs 1 S 5 iVm § 66
Abs 5 S 1 2. Hs GKG eine dem § 67 Abs 1 S 2 VwGO aF als lex specialis vorgehende
Regelung enthalte, die die Streitwertbeschwerde im Bereich des Verwaltungsprozesses vom
Vertretungszwang ausnehme. Wenn das GKG (§ 68 Abs 1 S 5 iVm § 66 Abs 5 S 1, 2. Hs
GKG) bestimme, dass Anträge und Erklärungen zu Protokoll der Geschäftsstelle abgegeben
oder schriftlich eingereicht werden könnten, so seien diese Handlungen nach § 78 Abs 5
ZPO aF von dem aus § 67 Abs 1 S 2 VwGO aF folgenden grundsätzlichen Vertretungs-
zwang ausgenommen. Durch das Gesetz zur Neuregelung des Rechtsberatungsgesetzes v
12.12.2007 (BGBl I 2840) wurde – jedenfalls nach der eindeutigen Gesetzesbegründung zu
§ 67 VwGO (BT-Drs 16/3655, 97 zu Art 13 Nr 2 Abs 4) – der Vertretungszwang auch für
Streitwert- und Kostenbeschwerden eingeführt (OVG Hamburg NVwZ-RR 2009, 452;
OVG Magdeburg NVwZ 2009, 854; Schenke NVwZ 2009, 801, 803; BeckOK-VwGO,
Stand 1.4.2009, § 67 Rn 48). Demgegenüber hielten andere Obergerichte trotz der Neufassung des § 67 VwGO an der bisherigen Rechtslage fest (VGH Mannheim Beschl v
16.12.2008 – 8 S 2656/08, OVG Münster NVwZ 2009, 123). Verwiesen wurde auf die
Gesetzesbegründung des Regierungsentwurfs zu Art 18 Abs 1 des Gesetzes zur Neuregelung
des Rechtsberatungsgesetzes (BT-Drs 16/3655, 100). Danach sollte der unveränderte § 66
Abs 5 S 1, 2. Hs GKG zum Ausdruck bringen, dass in kostenrechtlichen Verfahren, wie

bisher, kein Anwaltszwang besteht. Durch Art 7 des Gesetzes v 30.7.2009 (BGBl I 2449, Änderung kostenrechtlicher Vorschriften) hat der Gesetzgeber inzwischen klargestellt, dass der Vertretungszwang des § 67 VwGO **nicht** für **Streitwert- und Kostenbeschwerden** gelten soll (BT-Drs 16/11385, 56 zu Abs 1 Nr 2, Abs 2 bis 4 und Abs 5 Nr 1 und 3). In **§ 66 Abs 5 S 1 GKG** (vgl auch § 57 Abs 4 S 1 FamGKG, § 14 Abs 6 S 1 KostO, § 4 Abs 6 S 1 JVEG sowie § 11 Abs 6 S 1 und § 33 Abs 7 S 1 RVG) ist auch für den Bereich der VwGO (Vorrang des kostenrechtlichen Verfahrensrechts, vgl OVG Hamburg, Beschl v 4.10.2011 – 4 So 82/11 – Rn 6) bestimmt, dass Anträge und Erklärungen – damit auch der Rechtsbehelf betreffend die Wertfestsetzung oder den Kostenansatz selbst – auch ohne Mitwirkung eines Bevollmächtigten schriftlich eingereicht oder zu Protokoll der Geschäftsstelle abgegeben werden können. Selbstverständlich kann sich der Betroffene in diesen Verfahren auch durch einen Bevollmächtigten vertreten lassen. Welche Personen als **Bevollmächtigte** in diesen Verfahren für den Beteiligten auftreten dürfen, bestimmt sich wiederum nach § 67 VwGO als der maßgeblichen Verfahrensordnung (§ 65 Abs 5 S 2 GKG).

48.1   Es ist dem BMJ als dem federführenden Ministerium hoch anzurechnen, dass es in der Begründung des Gesetzentwurfs (BT-Drs 16/11385, 56) ausdrücklich eingeräumt hat, durch seine Ausführungen in der Gesetzesbegründung zum Gesetz zur Neuregelung des Rechtsberatungsgesetzes (BT-Drs 16/3655, 97) die eigentliche Ursache für den Streit um die Anwendung des Vertretungszwangs des § 67 VwGO auch im Bereich von Streitwert- und Kostenbeschwerden gesetzt zu haben.

48a   Weitere sachliche **Ausnahmen**: Ausgenommen sind ferner Verfahren, bei denen § 14 Abs 6 S 1 KostO, § 4 Abs 6 S 1 JVEG oder § 11 Abs 6 S 1 und § 33 Abs 7 S 1 RVG zur Anwendung kommen. Diese Vorschriften sehen in Übereinstimmung mit § 66 Abs 5 S 1 GKG vor, dass Anträge und Erklärungen – damit auch die Rechtsbehelfe – zu Protokoll der Geschäftsstelle abgegeben oder schriftlich eingereicht werden können (Art 7 des Gesetzes v 30.7.2009, BGBl I 2449, BT-Drs 16/ 11385, 56). Dies gilt etwa für die Beschwerde eines **Sachverständigen** hinsichtlich seiner vom VG nach dem JVEG festgesetzten Vergütung sowie für die Beschwerde eines **ehrenamtlichen Richters**, eines **Zeugen** im Hinblick auf die nach dem JVEG festgesetzte Entschädigung (§ 4 Abs 6 S 1 JVEG) oder die Beschwerde eines **Dolmetschers** gegen einen Beschluss des Verwaltungsgerichts über die Rückforderung von bereits festgesetzter Dolmetschervergütung (Vorrang des § 4 Abs 6 JVEG, OVG Hamburg DVBl 2010, 1391). **Dagegen** gilt – im Umkehrschluss – der **Vertretungszwang** in den Fällen, in denen der Antragsteller gegen eine Entscheidung des Verwaltungsgerichts vorgehen will, mit der seine Erinnerung gegen die Festsetzung von Kosten zurückgewiesen wurde (**§ 164**, **§** 165 S 2, **§** 151 S 3 und § 147 Abs 4 S 2 VwGO, VGH Kassel NVwZ 2009, 1445).

49   Bisher hat die Rspr auch aus Gründen der **Praktikabilität** bestimmte Ausnahmen vom Vertretungszwang anerkannt. Diese dürften auch weiterhin anzunehmen sein (BVerwG NVwZ 2009, 192): Widerspricht der Beklagte der Erledigungserklärung des Klägers, so unterliegt diese Erklärung dem Vertretungszwang (BVerwG NJW 1961, 2032 für das Revisionsverfahren). Stimmt der Beklagte der Erledigungserklärung durch den Kläger dagegen zu, so soll hierfür kein Vertretungszwang gelten (BVerwG NVwZ 1990, 69, 70; aA Kopp/ Schenke VwGO 17. Aufl § 67 Rn 31). Hat der Kläger die Klage ohne Bevollmächtigten erhoben, so kann er diese auch selbst zurücknehmen. Die dem Prozessrecht widersprechende Situation soll rasch und ohne besondere Kosten wieder beseitigt werden (BVerwG NVwZ 1970, 1205). Das Entsprechende gilt für die vom Beteiligten ohne Vertretung selbst eingelegte Berufung, Beschwerde oder Revision (BVerwGE 14, 19 = NJW 1962, 1170) und den selbst gestellten Antrag auf Zulassung der Berufung.

49a   Die spezielle Regelung des § 140 S 3 FlurbG, die die Anwendung des § 67 Abs 4 VwGO ausschließt, gilt nach § 138 Abs 1 S 2 FlurbG nur für das Verfahren des Flurbereinigungsgerichts. Da das BVerwG kein Flurbereinigungsgericht ist, gilt für das Verfahren vor diesem Gericht einschließlich der ein solches Verfahren einleitenden Prozesshandlungen (zB Beschwerde gegen die Nichtzulassung der Revision) der aus § 67 Abs 4 VwGO folgende Vertretungszwang (BVerwG NVwZ-RR 2009, 621).

2. Persönlicher Geltungsbereich

Abs 4 S 1 stellt auf den Begriff des **Beteiligten** ab, wobei grundsätzlich der Begriff des **50** $ 63 VwGO maßgeblich ist. Soweit der VöI ($ 36) in dieser Eigenschaft auftritt, unterliegt er nicht dem Vertretungszwang des $ 67 VwGO. Entsprechend dem Zweck des Vertretungserfordernisses gilt dieser für sämtliche Prozesshandlungen des Beteiligten in seiner Stellung als Kläger, Antragsteller oder Rechtsmittelführer in Verfahren vor dem OVG und nicht nur für die Sachanträge. Er gilt zB auch für die Anhörungsrüge (BVerwG Beschl v 10.2.2006 – 5 B 7.06 BeckRS 2006, 21534). Der Vertretungszwang erfasst bereits die **Klageerhebung**, selbst wenn der Schriftsatz den Antrag noch nicht enthalten sollte. Da sich das Gericht nur mit einem von einem Vertretungsbefugten (idR Rechtsanwalt oder Rechtslehrer) geprüften und gesichteten Streitstoff befassen soll, besteht der Vertretungszwang für den Kläger bei **allen Darlegungen**, aus denen sich das Klagebegehren und die hierfür aus seiner Sicht in rechtlicher und tatsächlicher Hinsicht maßgebenden Gesichtspunkte ergeben. Selbst wenn der Rechtsstreit vom Verwaltungsgericht an das OVG verwiesen worden ist und der Kläger nach der Verweisung auf eine förmliche Antragstellung und eine weitere Äußerung zur Sache verzichtet, bedarf es einer Vertretung (BVerwG NVwZ-RR 2000, 325 für eine Verweisung eines Verfahrens an das BVerwG durch ein Truppendienstgericht).

Durch das 6. VwGOÄndG war in Abs 1 der einschränkende Zusatz „soweit er einen **51** Antrag stellt" eingefügt worden. In der Gesetzesbegründung wurde ausdrücklich auf den Beigeladenen abgestellt, der sich auch ohne eigene Antragstellung am Rechtsstreit beteiligen kann (BT-Drs 13/3993, 11). Dies legt es nahe, dass der Gesetzgeber der Ergänzung keine besondere Bedeutung beigemessen hat (BVerwG NVwZ-RR 2000, 325). Dem Umstand, dass der Gesetzgeber diesen einschränkenden Zusatz auf eine Antragstellung bei der Neufassung des $ 67 durch das Gesetz v 12.12.2007 nicht übernommen hat, kommt deshalb keine besondere Bedeutung zu. Ist der **Beklagte, Rechtsmittelgegner oder Beigeladene** vor dem OVG **nicht** entsprechend Abs 4 vertreten, so ist dies **nicht** von Bedeutung, weil das Gericht über den Sachantrag des Klägers, Antragstellers oder Rechtsmittelführers zu entscheiden hat und die Entscheidung bei Unzulässigkeit oder Unbegründetheit zu Gunsten des Gegners ergeht. Das Gericht muss in diesen Fällen auch nicht auf den Vertretungszwang hinweisen. Ist eine Partei in einem Zivilprozess, in dem Anwaltszwang besteht, nicht ordnungsgemäß vertreten, so ergeht auf Antrag nach §§ 330 ff ZPO ein Versäumnisurteil. **Versäumnisurteile** sind aber im Bereich der VwGO wegen des dort herrschenden Untersuchungsgrundsatzes ($ 86 Abs 1 S 1 VwGO) **ausgeschlossen** (Eyermann/Schmidt § 107 Rn 7). Ausgehend vom Zweck des Abs 1 S 1 kann aber der **nicht vertretene** Beklagte, Rechtsmittelgegner oder Beigeladene auch **keine** Ausführungen zur tatsächlichen Grundlage des Verfahrens oder Rechtsausführungen machen. Diese sind mangels ordnungsgemäßer Vertretung vom Gericht als unbeachtlich zu behandeln. Ergeben sich aber aus diesem Vorbringen für die Entscheidung relevante Umstände, muss das Gericht diesen entsprechend $ 86 Abs 1 VwGO nachgehen.

Bisher wurden **Zeugen** (oder auch ehrenamtliche Richter), die gegen ein Ordnungsgeld **52** Beschwerde einlegen, teilweise nicht dem Vertretungszwang unterworfen (OVG Greifswald NVwZ-RR 2003, 70; Kopp/Schenke VwGO 15. Aufl § 67 Rn 9; aA bereits VGH Mannheim NVwZ-RR 2003, 690; für das finanzgerichtliche Beschwerdeverfahren BFHE 140, 408; BFH/NV 2002, 1307). Dies wurde damit begründet, es bestehe kein Anlass, diese entgegen § 63 als Beteiligte iSv § 67 Abs 1 anzusehen. Angesichts der Konsequenz, mit der der Gesetzgeber den Vertretungszwang für das Verfahren vor dem OVG verwirklicht hat, müssen grundsätzlich sämtliche Personen, die beim OVG ein Verfahren zur Überprüfung einer Entscheidung des Verwaltungsgerichts in Gang bringen, entsprechend § 67 Abs 4 VwGO vertreten sein (Kopp/Schenke VwGO 17. Aufl § 67 Rn 33; OVG Greifswald, Beschl v 25.1.2010 – 3 O 59/09 und OVG Bautzen BeckRS 2011, 55011 – jeweils Beschwerde eines Zeugen gegen ein festgesetztes Ordnungsgeld).

3. Eigenverantwortliche Erklärungen des Prozessvertreters

Der Vertretungszwang dient der Sachlichkeit des Verfahrens und dem rechtskundigen **53** sowie konzentrierten Prozessieren und damit der Beschleunigung des Verfahrens. Diesem

Zweck wird aber nur entsprochen, wenn der Prozessvertreter tatsächlich eigenständige rechtliche Überlegungen anstellt und diese beim Prozessgericht vorträgt. Der Vertreter kann auf Ausführungen des Beteiligten selbst oder eines Dritten ausnahmsweise Bezug nehmen, wenn ersichtlich ist, dass der Bezugnahme eine eigene vollständige rechtliche Prüfung vorausgegangen ist. Dagegen genügt eine **pauschale Bezugnahme** auf von Anderen erstellte rechtliche Überlegungen ohne erkennbare eigenständige Würdigung durch den Prozessvertreter **nicht** den Anforderungen des Vertretungszwangs und ist prozessual unbeachtlich (BVerwGE 22, 38; BVerwG ZOV 2008, 220 f; OVG Lüneburg NJW 2003, 3503; VGH Mannheim NVwZ 1999, 429; VGH Mannheim NJW 2010, 3386; VGH München, Beschl v 4.10.2011 – 7 ZB 11.2240- Rn 5, zur Anhörungsrüge). Diese Grundsätze gelten auch für die Vertretung von juristischen Personen des öffentlichen Rechts oder Behörden nach Abs 4 S 4. Hiermit unvereinbar ist die Praxis insbes unterer Verwaltungsbehörden, nach der der Schriftsatz von einem nicht vertretungsberechtigten Bediensteten angefertigt und dem Vertreter lediglich zur Unterschriftsleistung vorgelegt wird. Die Grundsätze haben auch Gültigkeit für die Vertretung durch einen Rechtsanwalt oder durch Personen iSv Abs 4 S 7.

4. Eigene Erklärungen des Beteiligten

54 Dem Beteiligten selbst sind mangels Postulationsfähigkeit Prozesshandlungen grundsätzlich **nicht** möglich. Gemessen am Zweck des Vertretungszwangs sind seine Darlegungen zum Sachverhalt wie zur Rechtslage **unbeachtlich**. Eigener Vortrag und rechtliche Ausführungen eines Klägers sind auch dann nicht zu beachten und die Klage ist wegen fehlender Vertretung des Klägers abzuweisen, wenn die Klage von einem Gericht, an dem kein Vertretungszwang besteht, an das BVerwG (oder OVG) verwiesen worden ist, und der Kläger nach der Verweisung auf eine förmliche Antragstellung und weitere rechtliche Ausführungen verzichtet (BVerwG NVwZ-RR 2000, 325). Die vom nicht vertretenen Kläger, Antragsteller oder Rechtsmittelführer gestellten Anträge sind, obwohl prozessual unbeachtlich, vom Gericht förmlich zu verbescheiden, dh die Klage ist (als unzulässig) abzuweisen und die Rechtsmittel sind zu verwerfen. Gem § 173 VwGO iVm § 137 Abs 4 ZPO hat der Beteiligte lediglich einen Anspruch auf Äußerung in der mündlichen Verhandlung, sofern **auch** sein Vertreter anwesend ist. Das Recht dieses Beteiligten auf rechtliches Gehör ist nicht verletzt, weil er sich eines Vertreters iSv Abs 1 S 1 bedienen kann. Zu trennen vom unbeachtlichen Vortrag eines nicht vertretenen Beteiligten ist dessen Stellungnahme auf konkrete Anfragen des Gerichts im Rahmen der gerichtlichen Aufklärungspflicht (§ 86 Abs 1 S 1, 2. Hs VwGO).

III. Vertretungsberechtigte Personen
1. Rechtsanwälte oder Rechtslehrer (Abs 4 S 3)

55 Die sowohl für Verfahren vor dem BVerwG als auch dem OVG geltende Vorschrift des Abs 4 S 4 verweist auf die in Abs 2 S 1 bezeichneten Personen. Danach ist vor dem OVG wie auch bisher (§ 67 Abs 1 S 1 VwGO aF) eine Prozessvertretung durch Rechtsanwälte möglich. Für Rechtslehrer an einer staatlichen oder staatlich anerkannten Hochschule gilt die Neuregelung durch das Gesetz v 22.12.2010 (BGBl I 2248, Rn 21).

55a Vertretungsbefugt sind auch Kammerrechtsbeistände (Rn 19). Der vom OVG Münster vertretenen Gegenansicht (NJW 2009, 386, ebenso Kopp/Schenke VwGO 17. Aufl § 67 Rn 34) ist nicht zu folgen (offen gelassen von VGH München Beschl v 13.7.2009 – 15 ZB 09.1350). Entscheidend ist, dass das Gesetz in Abs 4 S 3 schlicht auf die in Abs 2 S 1 bezeichneten Personen verweist. Zu diesen zählen aber gerade nach § 3 Abs 1 Nr 5 RDGEG auch Kammerrechtsbeistände („stehen in den nachfolgenden Vorschriften einem Rechtsanwalt gleich"). Der Hinweis des OVG Münster auf die Regelung für den Anwaltsprozess (§ 78 ZPO) ist nicht stichhaltig. Denn die Regelung des § 3 Abs 1 Nr 5 RDGEG weicht entscheidend von der der Nr 1 ab, weil in der Nr 1 die Bestimmungen der ZPO im Einzelnen aufgeführt sind.

2. Behörden und juristische Personen des öffentlichen Rechts (Abs 4 S 4)

Für Behörden und juristische Personen des öffentlichen Rechts einschließlich der von 56 ihnen zur Erfüllung ihrer öffentlichen Aufgaben gebildeten Zusammenschlüsse sieht Abs 4 S 4 in Anlehnung an Abs 2 S 2 Nr 1 2. Hs (Rn 26) eine Sonderregelung vor, die im Wesentlichen § 67 Abs 1 S 3 VwGO aF entspricht. Der federführende BT-Rechtsausschuss hat vorgeschlagen, die Vertretungsmöglichkeiten der Behörden nicht nur außerhalb des Vertretungszwangs (Abs 2 S 2 Nr 1 2. Hs), sondern auch in **Verfahren mit Vertretungs-** **zwang** zu erweitern. Hintergrund war auch hier die Forderung des Bundesrates nach der Ermöglichung einer effizienten, sachkundigen und auch **kostengünstigen** Vertretung der Behörden (BT-Drs 16/6634, 72 zu Art 12 Nr 3 Abs 4). Einen gewissen Ausgleich stellt der Umstand dar, dass in Verfahren mit Vertretungszwang vor dem OVG eine Vertretung durch Personen mit **Befähigung** zum **Richteramt** erfolgen muss. Der BT-Rechtsausschuss hat sich bei seiner Beschlussempfehlung, die Gesetz geworden ist, wie auch bei der Fassung des Abs 2 S 2 Nr 1 2. Hs (Rn 26) von der Erwägung leiten lassen, dass auch in den Fällen des Vertretungszwangs eine besondere Sachnähe oder Vorbefassung des fremden Prozessvertreters nicht erforderlich ist, sodass auch eine Vertretung durch Beschäftigte **anderer** Behörden oder juristischer Personen des öffentlichen Rechts zulässig ist. Dabei hat sich der Rechtsausschuss ausdrücklich von der entgegen gesetzten Rspr des BVerwG zu § 67 Abs 1 S 3 VwGO aF (NVwZ-RR 1995, 548) distanziert, die eine solch weitgehende Auslegung der früheren Regelung noch abgelehnt hatte. Aus der Entstehungsgeschichte des Abs 4 S 4 ergibt sich, dass mit dem Begriff „der von ihnen zur Erfüllung ihrer öffentlichen Aufgaben gebildeten **Zusammenschlüsse**" auch die jeweiligen **kommunalen Spitzenverbände** gemeint sind (Gegenüberstellung in der Beschlussempfehlung des Rechtsausschusses, BT-Drs 16/6634, 45 und 72 zu Art 12 Nr 3).

Durch das RmBereinVpG war Abs 1 S 3 aF dahingehend ergänzt worden, dass sich 57 **Gebietskörperschaften** (nicht aber Behörden, OVG Greifswald NVwZ-RR 2005, 595) auch durch Beamte oder Angestellte mit Befähigung zum Richteramt (nicht auch Diplom-juristen) der zuständigen Aufsichtsbehörde oder des jeweiligen kommunalen Spitzenverban-des vertreten lassen können. Die Regelung sollte insbes kleinen Gemeinden zugute kom-men, die mangels eines Bediensteten mit der Befähigung zum Richteramt zuvor jeweils Rechtsanwälte beauftragen mussten (BT-Drs 14/6854, 2 und 9). Dieser Sonderreglung bedarf es jetzt nicht mehr, weil die weite Fassung des Abs 4 S 4 („**anderer** Behörden oder juristischer Personen des öffentlichen Rechts") auch diesen Fall regelt.

Bei der vorgenommenen Erweiterung der Vertretungsmöglichkeiten wird aber der ei- 58 gentliche Grund für die Privilegierung von Behörden und juristischen Personen des öffent-lichen Rechts aus den Augen verloren. Denn ursprünglich war die einfache und kostengüns-tige Vertretung der Behörden im Verfahren vor dem OVG mit der **besonderen Sachnähe** der vertretungsberechtigten Bediensteten zum anhängigen Verfahren begründet worden, die ohne weitere Vermittlung durch dritte Personen (Rechtsanwalt) eine unmittelbare und effektive Prozessführung gegenüber dem Gericht ermögliche (BVerwG NVwZ-RR 1995, 548; NVwZ-RR 1996, 121: nur ausnahmsweise Vertretung eines Amtes für Ausbildungs-förderung durch Bedienstete eines anderen Amtes für Ausbildungsförderung).

Auch bei Abs 4 S 4 ist die in § 5 Nr 6 RDGEG geregelte Gleichstellung von **Diplom-** 59 **juristen** aus der ehemaligen DDR mit Personen mit Befähigung zum Richteramt zu berücksichtigen. Wie auch bei der Einführung der Regelung für Diplomjuristen im Rahmen des 6. VwGOÄndG geht es auch jetzt um die besonderen Verhältnisse in den **neuen** **Bundesländern**, in deren öffentlichen Verwaltungen noch zahlreiche in der ehemaligen DDR ausgebildete Diplomjuristen tätig sind. Aus der Bezugnahme in § 5 RDGEG auf eine Beschäftigung „im **höheren** Verwaltungsdienst" und aus der Andeutung in der Begründung des Regierungsentwurfs (BT-Drs 16/3655), keine Veränderung gegenüber der bestehenden Rechtslage vornehmen zu wollen, ist zu entnehmen, dass die bisherigen Grundsätze wei-terhin gelten. Danach sind vertretungsbefugt ausschließlich **Diplomjuristen** im **höheren** Dienst, nicht dagegen solche im gehobenen Dienst (BVerwG NVwZ 2002, 82). Nicht vertretungsbefugt ist auch ein Bediensteter, der zwar promoviert hat, aber lediglich die juristische Hauptprüfung bestanden, nicht aber den Titel „Diplomjurist" erworben hat (BVerwG DVBl 2004, 389).

60   Die Rspr wendete § 67 Abs 1 S 3 VwGO aF in besonderen Konstellationen auch auf juristische Personen des **Privatrechts** entsprechend an (BVerwG NJW 1999, 882: Bundes- verband der Ersatzkassen als privatrechtlicher Verein, dem nur rechtsfähige Körperschaften des öffentlichen Rechts angehören; VGH München NJW 1999, 442: Vertretung der Deut- schen Post AG durch Bedienstete mit der Befähigung zum Richteramt). Auch in diesen Fällen verfügen die Fachverwaltungen über Bedienstete mit den notwendigen Spezialkennt- nissen und Erfahrungen. Diese Praxis ist auch für § 67 Abs 4 S 4 VwGO nF anzuerkennen. Demgegenüber wird von der Rspr der Obergerichte ein **beliehenes** Unternehmen **nicht** als Behörde iSv § 67 angesehen (OVG Bremen NVwZ 2011, 1146, Begriff der Behörde im organisatorischen Sinn).

61   Das „Behördenprivileg" bezweckt keine Besserstellung der juristischen Person oder der Behörde gegenüber sonstigen Beteiligten im Hinblick auf die vom Vertretungsberechtigten zu beachtenden Sorgfaltspflichten (BVerwG NVwZ 2001, 430 – Organisationsverschul- den; BVerwG Buchholz 310 § 67 VwGO Nr 103 – Umdeutung einer Rechtsmittel- erklärung).

62   Die Prozessvertretung von Behörden und juristischen Personen des öffentlichen Rechts ist grundsätzlich auf Vereinfachung und Erleichterung behördlicher Prozessführung aus- gerichtet (BVerwG NVwZ-RR 1993, 598). Bei der Vertretung einer Behörde oder einer juristischen Person des öffentlichen Rechts ist es **ohne Bedeutung**, ob die handelnden **eigenen** Bediensteten **Vertreter** der juristischen Personen oder Behörde iSv § 62 Abs 3 VwGO sind. Es kommt auch nicht auf die **internen Vertretungs- und Weisungsver- hältnisse** an (BVerwG NVwZ 1994, 266). Ferner ist es nicht erforderlich, dass bei der Unterschrift hinzugefügt wird, dass in Vertretung gehandelt wird (BVerwG DVBl 1999, 100). Generalvollmachten sind bei eigenen Bediensteten ebenso entbehrlich wie die Vor- lage einer Vollmacht für das spezielle Verfahren (BVerwG NVwZ 1994, 266; NVwZ-RR 1993, 598). Die eigenen Bediensteten der Behörde oder der juristischen Person des öffent- lichen Rechts sind keine Prozessbevollmächtigten im üblichen Sinne. Weder bedarf es einer auf sie ausgestellten Vollmacht, noch werden sie in das Rubrum der gerichtlichen Ent- scheidung aufgenommen. Auch werden die Zustellungen oder Ladungen nicht an sie persönlich, sondern an die Behörde oder juristische Person bewirkt. An dieser mit den sonstigen Bevollmächtigten nicht zu vergleichenden Stellung hat auch die Neufassung des § 67 VwGO nichts geändert (aA Hauck, juris Pr-SozR 18/2008 Anm 4; Zander, BDVR- Rundschreiben 2008, 22, 28). Denn diese dient hier nach der Gesetzesbegründung allein der sprachlichen Überarbeitung (Gesetzentwurf der Bundesregierung, BT-Drs 16/3655, 97 zu Art 13 Nr 2 Abs 4).

62a   Die vorstehend aufgeführten Regelungen gelten aber **nicht** für den Fall der jetzt grund- sätzlich (Abs 2 S 2 Nr 1 und Abs 4 S 4) zulässigen Vertretung einer Behörde oder juristi- schen Person durch **Beschäftigte anderer** Behörden oder juristischer Personen des öffent- lichen Rechts (zur alten Rechtslage BVerwG NJW 1999, 513). In diesen Fällen muss ein **namentlich bestimmter** Bediensteter („durch Beschäftigte") ausdrücklich bevollmächtigt werden, der auch in das Rubrum aufzunehmen ist. Ebenso sind Ladungen und Zustellungen an diesen Bevollmächtigten zu richten.

62b   Dem Zweck der Privilegierung entsprechend reicht es nicht aus, wenn ein vertretungs- gebundener Schriftsatz von einem vertretungsberechtigten Bediensteten lediglich unter- schrieben, aber von einem anderen – insbs nicht vertretungsbefugten – Beschäftigten erstellt worden ist. Andererseits muss der Vertretungsberechtigte das betreffende Schreiben nicht nur anfertigen, sondern auch selbst unterschreiben (BVerwG NVwZ 1999, 762). Eine ordnungs- gemäße Vertretung einer Behörde liegt auch dann nicht vor, wenn der Schriftsatz von einem nicht vertretungsberechtigten Bediensteten auf Weisung eines Vertretungsberechtigten erstellt und angefertigt worden ist (BVerwG NVwZ 2005, 827).

63   Aus dem Wortlaut des § 162 Abs 2 S 1 VwGO ergibt sich unmittelbar, dass das für Rechtsanwälte geltende **RVG** auf die Vertretung von Gebietskörperschaften und Behörden nach Abs 1 S 3 **keine Anwendung** findet. Die Körperschaft oder Behörde hat nach § 162 Abs 1 VwGO lediglich Anspruch auf die Erstattung der zur zweckentsprechenden Rechts- verfolgung oder -verteidigung notwendigen Aufwendungen, die tatsächlich angefallen sind (VGH München NVwZ-RR 2001, 611).

3. Verweis auf Abs 2 S 2 Nr 3 bis 7 (Abs 4 S 7)

Im Gegensatz zu Verfahren vor dem BVerwG (Rn 66) kann sich ein Beteiligter vor dem **64** OVG nach Abs 4 S 7 neben den Personen iSv Abs 2 S 2 Nr 5 und 7 **auch** durch die in **Abs 2 S 2 Nr 3, 4 und 6** (Rn 33) bezeichneten Personen und Organisationen vertreten lassen (vgl zur besonderen Regelung für die Vertretung durch Organisationen iSv Abs 2 S 2 Nr 5 und 7 vor dem BVerwG, Rn 66a). Der Gesetzgeber hat hierdurch an die früheren Bestimmungen in § 67 Abs 1 S 3 bis 7 VwGO aF angeknüpft. Entgegen der Gesetzesbegründung (Gesetzentwurf der Bundesregierung, BT-Drs 16/3655, 98 zu Nr 2 Abs 4) ist die Regelung der Vertretungsbefugnis in Verfahren vor dem OVG aber nicht vollständig der für das Verwaltungsgericht geltenden angeglichen worden. Denn Nr 1 und 2 des Abs 2 S 2 sind hier nicht genannt. Danach ist eine – unentgeltliche – Vertretung durch eine Person mit **Befähigung zum Richteramt** (Abs 2 S 2 **Nr 2**, Rn 30) vor dem OVG **nicht** möglich. Im SGG (§ 73 Abs 1) hat der Gesetzgeber dagegen die Gleichstellung in vollem Umfang verwirklicht (anders wiederum § 11 Abs 4 S 2 ArbGG).

4. Zulässige Selbstvertretung (Abs 4 S 8)

Abs 4 S 8 enthält in Übereinstimmung mit den anderen neu gefassten Verfahrensordnun- **65** gen den Grundsatz des Selbstvertretungsrechts. Insbes können sich Rechtsanwälte und Hochschullehrer mit Befähigung zum Richteramt in einem vor dem OVG anhängigen Verfahren selbst vertreten. Auch ein Beteiligter, der zu den in § 67 Abs 2 S 2 Nr 3 bis 5 genannten Personen und Organisationen gehört, kann sich vor dem OVG selbst vertreten. Dies gilt insbes für Steuerberater und andere Personen iSv Abs 2 S 2 Nr 3 (Rn 33). Durch die Ersetzung der Angabe im jetzigen S 8 „3 und 5" durch die Angabe „3, 5 und 7" (Gesetz v 30.7.2009, BGBl I 2449, Art 5 Nr 4 Buchst b bb) wird klargestellt, dass das Selbstvertretungsrecht auch für die erweiterten Vertretungsmöglichkeiten vor dem BVerwG gilt (BT-Drs 16/11385, 55). Wird darüber gestritten, ob ein zulässiger Fall der Selbstvertretung vorliegt, so ist der die Zulässigkeit der Selbstvertretung behauptende Verfahrensbeteiligte in dem diesen Streit betreffenden Verfahrensabschnitt als selbst vertretungsberechtigt zu behandeln (BSG NJW 2010, 3388).

D. Verfahren vor dem Bundesverwaltungsgericht

Für die Verfahren vor dem BVerwG gelten die Ausführungen zum Verfahren vor dem **66** OVG (Rn 42) grundsätzlich **entsprechend**. Ein **Unterschied** besteht aber darin, dass vor dem BVerwG eine Vertretung durch die in **Abs 2 S 2 Nr 3, 4 und 6** (Rn 33) bezeichneten Personen und Organisationen **ausgeschlossen** ist (Abs 4 S 3). Anders als im Arbeits- und Sozialgerichtsprozess hat der Gesetzgeber eine Vertretungsbefugnis dieser Organisationen vor dem BVerwG nicht für geboten erachtet (Gesetzentwurf der Bundesregierung, BT-Drs 16/ 3655, 98 zu Art 2 Abs 4). Diese Beschränkung hat auch Folgen für den Umfang der zulässigen Selbstvertretung nach Abs 4 S 8 (Rn 65). Vor dem BVerwG dürfen damit vom Behördenprivileg und der Sonderregelung für Organisationen iSv **Abs 2 S 2 Nr 5** (Rn 66a) abgesehen nur Rechtsanwälte oder Rechtslehrer an einer staatlichen oder staatlich anerkannten Hochschule mit Befähigung zum Richteramt (Rn 18) als Bevollmächtigte auftreten. Dies gilt auch für die **Nichtzulassungsbeschwerde** nach § 133 VwGO, obwohl Beschwerde und Begründung nach § 133 Abs 2 S 1 und Abs 3 S 2 VwGO beim judex a quo einzureichen sind und beim OVG noch weitere Personen vertretungsbefugt sind (Rn 64).

Durch Art 5 Nr 4b des Gesetzes v 30.7.2009 (BGBl I 2449) hat der Gesetzgeber die erst **66a** am 1.7.2008 in Kraft getretene – strikte – Regelung des § 67 Abs 4 VwGO hinsichtlich der Vertretung vor dem BVerwG in Bezug auf die in **Abs 2 S 2 Nr 5** (Rn 36) bezeichneten Organisationen einschließlich der von ihnen gebildeten juristischen Personen gem Abs 2 S 2 **Nr 7** (Rechtsschutzgesellschaften) abgeändert (Einfügung von S 5 und 6 in Abs 4). Nach der Vorstellung des Gesetzgebers sollen **Gewerkschaften** in die Lage versetzt werden, ihre Mitglieder in allen relevanten Streitigkeiten, dh nicht nur in arbeitsrechtlichen, sondern insbes auch in dienstrechtlichen Streitigkeiten, bis zur Revisionsinstanz zu vertreten (BT-Drs 16/11385, 55). Durch die Neuregelung soll der Gleichklang mit dem arbeitsgerichtlichen Verfahren, in dem Gewerkschaften ihre Mitglieder bis zum BAG vertreten können (§ 11

Abs. 4 S 2, Abs 2 S 2 Nr 4 ArbGG), erreicht werden. Die Beschränkung der Vertretung auf bestimmte Verfahren greift die Formulierung des **§ 67 Abs 1 S 6 VwGO in der bis 30.6.2008 geltenden Fassung** wieder auf (BT-Drs 16/11385, S 55). Zu den Arbeitnehmern zählen nach § 5 Abs 1 S 1 ArbGG auch die Auszubildenden. Ausgehend von der Gesetzesbegründung der nunmehr wieder aufgegriffenen früheren Fassung von § 67 Abs 1 S 6 VwGO (BT-Drs 14/6393, S 9) gilt die Vertretungsbefugnis zB für Streitigkeiten im Bereich der Prüfung von Auszubildenden oder für aufenthaltsrechtliche Streitigkeiten eines Arbeitnehmers, soweit diese im Zusammenhang mit dem Arbeitsverhältnis stehen. Für öffentlich-rechtliche Arbeitgeber und deren Zusammenschlüsse bringt diese Ausweitung der Vertretungsbefugnis wegen des Behördenprivilegs des § 67 Abs 4 S 4 VwGO keine wesentlichen Vorteile. Von Bedeutung ist die Neufassung aber für **sonstige Arbeitgeber** und deren Zusammenschlüsse (Klage des Arbeitgebers auf Zustimmung zur Kündigung einer Schwangeren nach § 9 Abs 3 S 1 MuSchG oder eines Schwerbehinderten nach § 85 SGB IX). Entsprechend der Regelung in § 67 Abs 4 S 3 und 4 VwGO schreibt S 6 vor, dass die Vereinigungen durch Personen mit der Befähigung zum Richteramt (Rn 21a) handeln müssen.

E. Vollmacht (Abs 6)

67   Gegenüber der bisherigen Regelung in § 67 Abs 3 VwGO aF sind insbes die Vorschriften über die Vorlage der Prozessvollmacht und das Verfahren bei Mängeln der Vollmacht geändert worden. Durch die Vereinheitlichung der Verfahrensordnungen soll im Interesse des Rechtsanwenders eine einheitliche Handhabung der Vorschriften gewährleistet werden. Wenn ein Rechtsanwalt als Bevollmächtigter auftritt, hat das Prozessgericht Mängel der Vollmacht nicht mehr von Amts wegen zu berücksichtigen (Rn 73).

I. Bedeutung der Vollmacht

68   Die Vorlage einer **schriftlichen Vollmacht** ist beim Vertreter (nicht beim Beistand, der den Beteiligten lediglich in der mündlichen Verhandlung unterstützt, Rn 76) Voraussetzung für die **Wirksamkeit** der betreffenden Prozesshandlung. Der Prozessbevollmächtigte ist ein aufgrund einer vom Beteiligten erteilten Vollmacht handelnder Vertreter dieses Beteiligten. Entsprechend § 164 Abs 1 BGB wirken dessen Handlungen **unmittelbar für und gegen den Vertretenen**. Verschulden des Prozessbevollmächtigten ist dem Beteiligten zuzurechnen (**§ 85 Abs 2 ZPO**; zur Verfassungsmäßigkeit der Anwendung auch im verwaltungsgerichtlichen Asylverfahren, BVerfGE 60, 253, 266 = NJW 1982, 2425).

69   Die Wirksamkeit der Vollmacht ist vom Innenverhältnis zwischen dem Beteiligten und dem Bevollmächtigten unabhängig. Die Vollmacht wird auch nicht durch den Tod des Vollmachtgebers oder durch den Verlust der Prozessfähigkeit aufgehoben (vgl § 86 ZPO). Demgegenüber führt der Tod des Bevollmächtigten zum Erlöschen der Vollmacht (BVerwGE 55, 194). Ist dem Gericht eine Vollmacht vorgelegt worden, so ist diese für das Gericht bis zu ihrem Widerruf beachtlich (BVerwG NJW 1983, 2155). Wird ein weiterer Bevollmächtigter bestellt, so muss der Widerruf der früheren Vollmacht ausdrücklich erklärt werden. Ansonsten hat das Gericht von einer mehrfachen Vertretung des Beteiligten auszugehen. Besteht Vertretungszwang, wird der Widerruf der Vollmacht nach § 173 VwGO iVm § 87 Abs 1 ZPO erst mit Anzeige der Bestellung eines anderen Vertreters wirksam (BVerwG NVwZ 2010, 845). Wird einem Rechtsanwalt die Zulassung entzogen, so lässt dies die Vollmacht im Verfahren vor dem Verwaltungsgericht grundsätzlich unberührt (VGH Mannheim NVwZ-RR 2002, 469).

II. Schriftform der Vollmacht (Abs 6 S 1)

70   Das Gesetz verlangt eine **schriftliche** Vollmacht (§ 126 BGB). Erforderlich ist damit grundsätzlich die handschriftliche Unterzeichnung durch den Beteiligten. Die Ersetzung der schriftlichen durch die elektronische Form ist zulässig (§ 126a BGB). Zur Vermeidung von Förmelei kann der Beteiligte die Vollmacht in der Verhandlung auch durch Erklärung zu Protokoll oder sonst zur Niederschrift des Gerichts erklären (Gesetzentwurf der Bundes-

regierung, BT-Drs 16/3655, 90 zu Art 8 Nr 4; Eyermann/Schmidt VwGO § 67 Rn 18). Die Rspr lässt erst nachträglich vom Bevollmächtigten komplettierte **(Blanko-) Vollmachtsurkunden** ausreichen (BVerwG BayVBl 1984, 30; BFH NVwZ-RR 2001, 347). Anders als bei der Rechtsmitteleinlegung oder der Übermittlung bestimmender Schriftsätze lässt die Rspr die Vorlage von **Kopie oder Telefax nicht ausreichen** (BFH/NV 1999, 1370 mwNachw). Zum Nachweis der Bevollmächtigung bedarf es der Vorlage des Originals der Vollmachtsurkunde – ggfs in beglaubigter Form (§ 80 Abs 2 S 2 ZPO) – (BGHZ 126, 266 = NJW 1994, 2298). Auch Generalvollmachten sind wirksam. Die Dauer einer Vollmacht allein berechtigt das Gericht nicht zu Zweifeln an ihrer Wirksamkeit, weil auch General- und Dauervollmachten wirksam sind (BFH NVwZ-RR 2001, 347).

III. Vorlage der Vollmacht (Abs 6 S 2)

Abs 6 S 2 nF entspricht § 67 Abs 2 S 3 VwGO aF (Gesetzentwurf der Bundesregierung, **71** BT-Drs 16/3655, 90 zu Nr 4 Abs 1). Liegt zunächst **keine** Vollmacht vor, kann der vollmachtlose Vertreter nach § 89 Abs 1 ZPO vorläufig zugelassen werden. Eine zB bei Erhebung der Klage noch nicht vorliegende Prozessvollmacht kann mit der Folge nachgereicht werden, dass die bisherige Prozessführung des vollmachtlosen Vertreters **genehmigt** wird (BVerwG NVwZ 2004, 887 im Anschluss an GSOBG NJW 1984, 2149 gegen BVerwG Buchholz 310 § 67 VwGO Nr 85 S 6). Die rückwirkende Genehmigung ist aber dann **ausgeschlossen**, wenn bereits ein das Rechtsmittel wegen der fehlenden Vollmacht als unzulässig verwerfendes Prozessurteil vorliegt (GSOBG BGHZ 91, 111 = NJW 1984, 2149; BVerwG NVwZ 2004, 887; OLG Koblenz NJW-RR 2006, 377; **Präklusionswirkung**). Das Entsprechende gilt, wenn eine Klage wegen der fehlenden Prozessvollmacht als unzulässig abgewiesen worden ist. Hier ist eine Genehmigung nicht mehr möglich, weil durch das Urteil, das auf die fehlende Prozessvollmacht abstellt, eine genehmigungsfähige Rechtslage nicht mehr gegeben ist. Nach der Rspr des BVerwG steht die Setzung einer Frist zur Vorlage der Vollmacht im pflichtgemäßen **Ermessen** des Vorsitzenden bzw des Berichterstatters (BVerwG NJW 1985, 2963), soweit der Mangel der Vollmacht zu beheben ist (zu einem nicht behebbaren Mangel einer Vollmacht, BayObLG NJW 1987, 137). Eine Frist von drei Wochen zur Vorlage der Vollmacht – auch unmittelbar nach Eingang der Klage – ist angemessen (BFH NVwZ-RR 2000, 263). Wegen der Bedeutung der Fristsetzung muss die Verfügung vom Richter **vollständig** (keine bloße Paraphe) **unterschrieben** und auch zugestellt werden (BFH NVwZ-RR 2000, 263). Die vom Gericht festgesetzte Frist ist **keine Ausschlussfrist** (so aber wohl BFH NVwZ-RR 2000, 263); auch nach Ablauf der Frist ist die Vorlage der Vollmacht noch möglich, wenn nicht bereits im Hinblick auf die fehlende Vollmacht ein Prozessurteil ergangen ist (Kopp/Schenke VwGO 17. Aufl § 67 Rn 50). Ist die vom Gericht für die Vorlage der Vollmacht gesetzte Frist abgelaufen und ist wegen der fehlenden Vollmacht ein Prozessurteil ergangen, so ist der Beteiligte, der den vor Gericht aufgetretenen Vertreter tatsächlich nicht bevollmächtigt hatte, durch die Rechtskraft dieses Urteils nicht gehindert, seinerseits – innerhalb der gesetzlichen Fristen – Klage zu erheben.

Wird für einen (angeblich) Vertretenen ohne dessen Vollmacht von einem Dritten als **71a** Vertreter ein Verfahren eingeleitet oder ein Rechtsmittel eingelegt, so ist der Vertretene Beteiligter des Verfahrens. Verweigert der Vertretene die Genehmigung der Verfahrenshandlung, so ist eine eingelegte Beschwerde als unzulässig zu verwerfen. Fehlt es an einer wirksamen Bevollmächtigung, so sind die Prozesskosten demjenigen aufzuerlegen, der den nutzlosen Verfahrensaufwand verursacht hat (dh regelmäßig der Vertreter). Die Kosten können aber auch dem Vertretenen auferlegt werden, wenn dieser tatsächlich Veranlasser der kostenpflichtigen Prozesshandlung ist (BVerwG NJW 2011, 1894).

IV. Umfang der Vollmacht

Für den Umfang der Vollmacht gelten die Vorschriften der §§ 81 ff ZPO. Grundsätzlich **72** kann die Vollmacht über die in §§ 81 ZPO genannten Fälle hinaus **nicht wirksam** gegenüber dem Gericht **beschränkt werden** (BGHZ 92, 137, 142 = NJW 1987, 130; NJW 1991, 1177 mwN). Eine für das Verwaltungsverfahren erteilte Vollmacht gilt nur dann auch für das anschließende Gerichtsverfahren, wenn sich der Vollmacht eine solche Erstreckung entnehmen lässt (BSG NJW 2001, 2652; aA OVG Münster NJW 1972, 1910, Eyermann/ Schmidt VwGO § 67 Rn 20, im Zweifel auch Geltung für das gerichtliche Verfahren). Demgegenüber hat eine im gerichtlichen Verfahren erteilte Vollmacht eine sehr weitgehende Bedeutung. Sie gilt für das Vollstreckungsverfahren, das Kostenfestsetzungsverfahren (BVerwG NVwZ 1987, 1657) und das Rechtsmittelverfahren (BGH NJW 2001, 1356). Ist die Vollmacht in einem PKH-Verfahren vorgelegt worden, so soll diese regelmäßig auch für das Klageverfahren gelten (BGH NJW 2002, 1728). Ist die Vollmacht lediglich im Eilverfahren vorgelegt worden, so ist regelmäßig nicht von einer Bevollmächtigung auch für das Hauptsacheverfahren auszugehen (OVG Münster NVwZ-RR 2002, 234, insbes wenn der Verfahrensgegner nicht identisch ist). Es erscheint dann aber wenig konsequent, dass eine für das Hauptsacheverfahren erteilte Vollmacht auch für das Verfahren des vorläufigen Rechtsschutzes (VGH München BayVBl 1978, 190) gelten soll (so aber B/F-K/K/Bader VwGO § 67 Rn 37). Die einer Sozietät erteilte Vollmacht mandatiert im Zweifel jeden zur Sozietät gehörenden Rechtsanwalt (BGHZ 56, 355, 359 = NJW 1971, 1801 mwN).

V. Mängel der Vollmacht (Abs 6 S 3 und 4)

73   § 67 Abs 6 S 3 und 4 VwGO nF ist § 88 ZPO nachgebildet. **§ 88 Abs 2 ZPO**, der von der Vorstellung geprägt ist, der in Standespflichten eingebundene Anwalt werde regelmäßig ohne entsprechende Vollmacht keine Klage erheben oder Rechtsmittel einlegen, wurde bisher im Verwaltungsprozess wegen des dort herrschenden Untersuchungsrundsatzes nur dem Grundsatz nach angewendet. Ziel der Neuregelung ist es aber auch hier, eine Vereinheitlichung der Verfahrensordnungen herbeizuführen.

74   Mängel der Vollmacht können vom Beteiligten in jeder Lage des Verfahrens durch eine formlose Prozesshandlung geltend gemacht werden. Das Gericht hat **Mängel** der Vollmacht grundsätzlich **von Amts wegen** im Verfahren zu berücksichtigen. Tritt dagegen ein **Rechtsanwalt** als Bevollmächtigter (vor dem Verwaltungsgericht, dem OVG oder dem BVerwG) auf, kann der Mangel in jeder Lage des Verfahrens vom Gericht nur auf **Rüge** des Prozessgegners berücksichtigt werden. Eine Wiederholung der Rüge in der nächsten Instanz ist nicht erforderlich (BGH NJW-RR 1986, 1253). Rechtsanwalt iSv Abs 6 S 4 ist nach § 3 Abs 1 Nr 5 RDGEG auch ein **Kammerrechtsbeistand** (vgl zur Gleichstellung im Bereich des § 67 Abs 2 S 1 VwGO, Rn 19).

VI. Zustellungen (Abs 6 S 5)

75   Entscheidend für die Auswahl des Zustellungsadressaten ist nicht die Bevollmächtigung als solche, sondern die entsprechende **Kenntnis des Gerichts**. Für die Kenntnis ist der Zeitpunkt maßgeblich, zu dem die Geschäftsstelle das zuzustellende Schriftstück zur Post gegeben hat (BVerwG BayVBl 1993, 30). Die Vollmacht muss sich auf das jeweilige Verfahren beziehen. Liegt keine Bevollmächtigung vor oder hat das Gericht keine Kenntnis erlangt, hat die Zustellung an den Beteiligten selbst zu erfolgen. Nur für den Fall, dass dem Gericht die Bevollmächtigung bekannt geworden ist, haben Zustellungen nach Abs 6 S 5 an den Bevollmächtigten zu erfolgen. Wird trotz Kenntnis der Bevollmächtigung an den Beteiligten selbst zugestellt, ist die Zustellung unwirksam (BVerwG BayVBl 1993, 30; BGH NJW 1981, 1673) mit der Folge, dass zB Rechtsmittelfristen nicht zu laufen beginnen. Lässt sich ein Beteiligter durch **mehrere Bevollmächtigte** vertreten, so beginnt die Frist mit der **ersten** wirksamen Zustellung (BVerwG NJW 1998, 3582). Wird dem Gericht nach erfolgter Zustellung das Erlöschen der Vollmacht angezeigt, so bleibt die Zustellung wirksam (BVerwG NJW 1983, 2155). Ist die Zustellung zB wegen Zustellung an den Beteiligten selbst unwirksam, so gilt sie als in dem Zeitpunkt bewirkt, in dem der Bevollmächtigte das Schriftstück nachweislich erhalten hat. Für die dadurch eingetretene Heilung ist auch unerheblich, ob der Bevollmächtigte das Schreiben nur „nachrichtlich" erhalten hat (BVerwG NJW 1988, 1612). Abweichend von Abs 6 S 5 ist die Ladung dem Beteiligten selbst zuzustellen, wenn dessen persönliches Erscheinen angeordnet worden ist (§ 95 und § 141 Abs 2 S 2 ZPO) oder der Beteiligte vernommen werden soll (§ 98 VwGO und § 450 Abs 1 S 3 ZPO).

F. Beistände (Abs 7)

I. Allgemeines

Die Regelung der Möglichkeit in Abs 7, sich in der Verhandlung eines Beistands zu **76** bedienen, entspricht den Bestimmungen in den anderen Verfahrensordnungen (§ 90 Abs 1 ZPO, § 13 Abs 6 FGG, § 11 Abs 6 ArbGG, § 72 Abs 6 SGG und § 62 Abs 7 FGO). Der Beistand ist unverändert nicht Vertreter der Beteiligten, sondern unterstützt diesen bei der Ausführung seiner Rechte in der Verhandlung. Dementsprechend setzt die Hinzuziehung eines Beistands voraus, dass der Beteiligte in der Verhandlung **selbst anwesend** ist. Keine Beistände sind auch künftig Personen, die von dem Beteiligten oder ihrem Prozessbevollmächtigten im Rahmen der eigene Prozessführung als Hilfskräfte zugezogen werden (Privatgutachter oder sonstiger Fachleute, die einen Beteiligten unterstützen, ohne selbst im Rechtssinn die Rechte des Beteiligten im Verfahren auszuführen; Gesetzentwurf der Bundesregierung, BT-Drs 16/3655, 90 zu Art 8 Nr 5). Für solche Personen bestehen wie bisher – jedenfalls in einer öffentlichen Sitzung – keine prozessualen Einschränkungen. Der Beteiligte kann sich sowohl in Verfahren **ohne Vertretungszwang** (vor dem Verwaltungsgericht) als auch in Verfahren vor dem **OVG** und dem **BVerwG** eines Beistands bedienen. In den Verfahren **mit Vertretungszwang** ist der Beistand jedoch auf die Rechte beschränkt, die auch dem erschienenen Beteiligten im Verfahren zustehen. Wie Abs 7 S 5 nF ausdrücklich bestimmt, gelten die Erklärungen des Beistands als solche des Beteiligten, sofern der in jedem Fall anwesende Beteiligte diese nicht sofort widerruft oder berichtigt. Der Beistand ist nicht postulationsfähig, weil es sich bei seinen Erklärungen um solche des Beteiligten handelt.

II. Personenkreis

Dem Gesetzgeber ging es darum, durch die Beschränkung des Kreises von Personen, die **77** als Beistand in der Verhandlung auftreten können, eine **Umgehung** der Einschränkungen des § 67 **Abs 2** zu **verhindern** (Gesetzentwurf der Bundesregierung, BT-Drs 16/3655, 91 zu Art 8 Nr 5). Während bisher jede Person als Beistand auftreten konnte, die zu einem sachgerechten Vortrag fähig war (§ 67 Abs 2 S 3 VwGO aF), können nunmehr Beistände grundsätzlich nur solche Personen sein, die in einem Verfahren, für das kein Vertretungszwang besteht, als **Bevollmächtigte** auftreten dürfen (**Abs 2**, Rn 18). Andererseits soll dem im **Ausnahmefall** berechtigten Anliegen eines Beteiligten Rechnung getragen werden, mit einer ihm vertrauten oder besonders sachkundigen – **anderen** – Person in der Verhandlung auftreten zu dürfen und dieser den Vortrag in der Verhandlung zu überlassen. Bei der Formulierung hat sich der Gesetzgeber an den vom BVerfG zu § 22 BVerfGG entwickelten **engen** Grundsätzen (BVerfG NJW 1994, 1272) orientiert. Dies kann zB bei einem besonders engen Vertrauensverhältnis zu einem Angehörigen gegeben sein, der nicht zu dem Kreis der Familienangehörigen iSv Abs 2 S 2 Nr 2 (Rn 29) zählt. Besondere juristische Kenntnisse reichen dagegen nicht aus, weil sich der Beteiligte auch eines Rechtsanwalts bedienen kann (VG Freiburg Beschl v 23.9.2009 – 4 K 1219/07: keine Zulassung einer Person als Beistand, wenn der Kläger, der während des bisherigen verwaltungsgerichtlichen Verfahrens durch einen Rechtsanwalt als Prozessbevollmächtigten vertreten war, diesem Bevollmächtigten das Mandat allein zu dem Zweck kündigt, um die Voraussetzungen dafür zu schaffen, dass eine andere Person, die nicht zur Prozessvertretung befugt ist, als Beistand zugelassen wird, wenn der Rechtsanwalt zur Sach- und Rechtslage im Verfahren erschöpfend vorgetragen hat).

Durch die Anwendbarkeit von Abs 3 S 1 (Rn 13) und 3 (Rn 17) auf den Beistand ist **78** gewährleistet, dass das Gericht durch Beschluss sowohl Personen zurückweisen kann, die es als Beistands nicht zugelassen hat und die auch nicht zum Kreis der nach Abs 2 Vertretungsbefugten gehören, als auch Beiständen, die zu sachgemäßen Vortrag nicht in der Lage sind, den weiten Vortrag untersagen kann. Diese Beschlüsse sind ebenso wenig anfechtbar wie die Zurückweisung eines auf Zulassung eines Beistands gerichteten Antrags. Auch die **Unvereinbarkeitsregelung** des Abs 5 (Rn 40) gilt für Beistände entsprechend.

§ 67a [Gemeinsamer Bevollmächtigter]

(1) ¹Sind an einem Rechtsstreit mehr als zwanzig Personen im gleichen Interesse beteiligt, ohne durch einen Prozeßbevollmächtigten vertreten zu sein, kann das Gericht ihnen durch Beschluß aufgeben, innerhalb einer angemessenen Frist einen gemeinsamen Bevollmächtigten zu bestellen, wenn sonst die ordnungsgemäße Durchführung des Rechtsstreits beeinträchtigt wäre. ²Bestellen die Beteiligten einen gemeinsamen Bevollmächtigten nicht innerhalb der ihnen gesetzten Frist, kann das Gericht einen Rechtsanwalt als gemeinsamen Vertreter durch Beschluß bestellen. ³Die Beteiligten können Verfahrenshandlungen nur durch den gemeinsamen Bevollmächtigten oder Vertreter vornehmen. ⁴Beschlüsse nach den Sätzen 1 und 2 sind unanfechtbar.

(2) ¹Die Vertretungsmacht erlischt, sobald der Vertreter oder der Vertretene dies dem Gericht schriftlich oder zur Niederschrift des Urkundsbeamten der Geschäftsstelle erklärt; der Vertreter kann die Erklärung nur hinsichtlich aller Vertretenen abgeben. ²Gibt der Vertretene eine solche Erklärung ab, so erlischt die Vertretungsmacht nur, wenn zugleich die Bestellung eines anderen Bevollmächtigten angezeigt wird.

Die Vorschrift soll die Durchführung von gerichtlichen Massenverfahren dadurch erleichtern, dass Beteiligte, die im gleichen Interesse streiten, zur Pflicht gemacht wird, sich durch einen gemeinsamen Prozessbevollmächtigten vertreten zu lassen. Abs 1 (Rn 2) regelt das Verfahren, Abs 2 (Rn 4) das Erlöschen der Vertretungsbefugnis.

A. Bedeutung der Vorschrift

1   § 67a VwGO wurde ebenso wie die §§ 56a, 65 Abs 3 VwGO 1990 in die VwGO aufgenommen und lehnt sich an §§ 18, 19 VwVfG an. Sinn und Zweck ist die Erleichterung der Bewältigung von Großverfahren durch massenhafte Inanspruchnahme der Verwaltungsgerichte. Praktische Bedeutung hat die Vorschrift bisher allerdings nicht erlangt; Gerichtsentscheidungen hierzu sind nicht veröffentlicht worden. Dies ist ua darauf zurückzuführen, dass in Massenverfahren meist eine erstinstanzliche Zuständigkeit des OVG (s § 48 VwGO) oder des BVerwG (s § 5 VerkPBG) gegeben ist, vor denen Anwaltszwang besteht (§ 67 Abs 1 VwGO).

B. Die Voraussetzungen des § 67a Abs 1 VwGO

2   Die Ermächtigung, den Beteiligten die Bestellung eines gemeinsamen Bevollmächtigten aufzugeben, setzt zunächst voraus, dass an dem Rechtsstreit **mehr als zwanzig** gem § 61 VwGO beteiligungsfähige **Personen** beteiligt sein müssen, die durch ein gemeinsames Interesse als Kläger, Beklagte oder Beigeladene verbunden sind. In diesen Kreis dürfen nur Personen einbezogen werden, die nicht schon durch einen Prozessbevollmächtigten vertreten sind. Schließlich muss eine sonst nicht gesicherte ordnungsgemäße Durchführung des Rechtsstreits den gemeinsamen Bevollmächtigten erfordern.

3   Liegen diese Voraussetzungen vor, kann das **Gericht** als Spruchkörper den mehr als zwanzig Personen durch unanfechtbaren **Beschluss** aufgeben, innerhalb einer angemessenen Frist einen gemeinsamen Bevollmächtigten zu bestellen. Kommen die Beteiligten dieser Aufforderung nicht innerhalb der ihnen gesetzten Frist nach, kann das Gericht einen Rechtsanwalt als gemeinsamen Vertreter durch Beschluss bestellen. Beide Beschlüsse stehen im **Ermessen des Gerichts**. Mit der Bestellung eines gemeinsamen Bevollmächtigten nach Abs 1 S 1 oder des gemeinsamen Vertreters gem Abs 1 S 2 verlieren die Beteiligten nach Abs 1 S 3 ihre Postulationsfähigkeit. Sie können Prozesshandlungen nur noch durch den Bevollmächtigten oder Vertreter vornehmen.

C. Erlöschen der Vertretungsbefugnis nach § 67a Abs 2 VwGO

4   Abs 2 S 1 gibt dem vom Gericht oder den Beteiligten bestellten Vertreter oder dem Vertretenen das Recht, die Vertretung jederzeit durch Erklärung gegenüber dem Gericht zu

beenden. Dabei kann der Vertreter die Erklärung nur hinsichtlich aller Vertretenen abgeben. Einen neuen Bevollmächtigten muss er dem Gericht nicht benennen (S/S/B/Bier VwGO § 67a Rn 19). Dagegen führt die Erklärung jedes einzelnen Vertretenen über die Beendigung der Vollmacht gem Abs 2 S 2 nur dann zum Erlöschen der Vertretungsmacht, wenn er einen anderen Bevollmächtigten mit seiner Vertretung beauftragt, welcher dies dem Gericht anzeigt.

8. Abschnitt Besondere Vorschriften für Anfechtungs- und Verpflichtungsklagen (§§ 68–80b)

§ 68 [Vorverfahren]

(1) ¹Vor Erhebung der Anfechtungsklage sind Rechtmäßigkeit und Zweckmäßigkeit des Verwaltungsakts in einem Vorverfahren nachzuprüfen. ²Einer solchen Nachprüfung bedarf es nicht, wenn ein Gesetz dies bestimmt oder wenn

1. der Verwaltungsakt von einer obersten Bundesbehörde oder von einer obersten Landesbehörde erlassen worden ist, außer wenn ein Gesetz die Nachprüfung vorschreibt, oder

2. der Abhilfebescheid oder der Widerspruchsbescheid erstmalig eine Beschwer enthält.

(2) Für die Verpflichtungsklage gilt Absatz 1 entsprechend, wenn der Antrag auf Vornahme des Verwaltungsakts abgelehnt worden ist.

Das verwaltungsgerichtliche Vorfahren ist eine Zulässigkeitsvoraussetzung für die Anfechtungsklage und Verpflichtungsklage. Vorverfahren ist allein das Widerspruchsverfahren (OVG Münster Beschl v 13.4.2007, 6 E 292/07, BeckRS 2007 22967). Das Vorverfahren soll nach der ursprünglichen Intention des Gesetzgebers im Sinne eines effizienten und effektiven Rechtsschutzes des Bürgers eine nochmalige Überprüfung von Behördenentscheidungen durch die Verwaltung selbst gewährleisten und die Gerichte entlasten. In den letzten Jahren ist allerdings zu beobachten, dass der Gesetzgeber in immer stärkerem Umfange Ausnahmen zulässt; die Tendenz des Gesetzgebers geht dahin, das Vorverfahren weitgehend abzuschaffen. (vgl unten Rn 21, 22; ferner zur Verfassungsmäßigkeit der Abschaffung des Widerspruchsverfahrens, VerfGH Bayern 15.11.2006 – Vf 6 VII – 05, VerfGH Bayern BayVBl 2009, 109–111).

Übersicht

A. Vorverfahren bei der Anfechtungsklage

I. Überprüfung eines Verwaltungsakts

1   Das Vorverfahren ist eine Zulässigkeitsvoraussetzung der Anfechtungs- und Verpflichtungsklage gem § 42 Abs 1 VwGO. Der Sinn und Zweck des Vorverfahrens nach § 68 Abs 1 S 1
VwGO besteht darin, dass in den Verfahren, wo entweder ein Verwaltungsakt angefochten wird
oder der Erlass eines Verwaltungsaktes (zur Definition s § 42 VwGO Rn 11) begehrt wird, vor
Klageerhebung eine behördliche Vorklärung erfolgen soll. In diesem Vorverfahren muss der
angefochtene VA bzw die Ablehnung des begehrten VA von der Verwaltung noch einmal,
insbes auch unter dem Gesichtspunkt der Recht- und Zweckmäßigkeit überprüft werden. Das
Vorverfahren soll daher im Sinne eines effizienten und effektiven Rechtsschutzes des Bürgers
eine nochmalige Überprüfung von Behördenentscheidungen durch die Verwaltung selbst
ermöglichen und in diesem Zusammenhang auch die Gerichte entlasten (zur Zulässigkeit einer
isolierten beamtenrechtlichen Leistungsklage auf Schadensersatz wegen unterbliebener Beförderung vgl VG Magdeburg Urt v 15.4.2008 – 5 A 17/08) ist das Vorverfahren obligatorisch (zu
den Ausnahmen vgl unten Rn 21–23), so ist eine ohne vorheriges Widerspruchsverfahren
erhobene Klage unzulässig (vgl dazu VG Gelsenkirchen Urt v 15.2.2008 – 7 K 3242/06). Wird
am letzten Tag der Widerspruchsfrist – ohne vorherige Widerspruchseinlegung – Klage
erhoben, so wird die erforderliche Widerspruchserhebung grundsätzlich nicht durch die Klageerhebung ersetzt (VG Saarland Urt v 16.1.2008 – 5 K 1101/07). Das BVerwG hält eine ohne
vorheriges Widerspruchsverfahren erhobene Klage aus Gründen der Prozessökonomie dann
für zulässig, wenn die beklagte Behörde auf die Durchführung eines Vorverfahrens verzichtet
und lediglich die Klageabweisung aus Sachgründen beantragt (BVerwGE 15, 306/310; DVBl
1982, 1195; BVerwGE 68, 121/123; aA Eyermann/Rennert VwGO § 68 Rn 29). Das
BVerwG (Urt v 28.11.2007 – 6 C 42.06) hat bei Drittklagen nach §§ 19, 20, 21 und 24 TKG
darauf hingewiesen, dass die Zulässigkeit der Klage eines Dritten grundsätzlich die vorherige
erfolglose Stellung eines Vornahmeantrages voraussetzt.

2   Der Widerspruch, mit dem das Vorverfahren beginnt (§ 69 VwGO), ist – sofern nicht im
Einzelfall gesetzlich etwas anderes bestimmt ist (vgl zB § 136 Abs 3 BRRG) – nur gegen
einen bereits erlassenen VA oder dessen Ablehnung zulässig (also nicht gegen sonstige Amtshandlungen oder schlichte Verwaltungstätigkeiten, die keine VA-Qualität besitzen) (Zur
Definition des Verwaltungsaktes vgl Kopp/Ramsauer VwVfG § 35 Rn 25 ff; ferner § 42
VwGO Rn 10 ff). Voraussetzung ist also für die Einleitung des Vorverfahrens, dass objektiv
ein Verwaltungsakt vorliegt; die bloße Behauptung des Widerspruchsführers, ein bestimmtes
behördliches Tun sei ein VA, genügt also nicht. Der Widerspruch ist erst nach der Bekanntgabe des angefochtenen Verwaltungsaktes zulässig; ein vor Erlass des VA eingelegter Widerspruch (etwa gegen den vom Kläger befürchteten VA) ist unzulässig. Der verfrühte Widerspruch muss deshalb unbedingt nach Erlass des Verwaltungsakts wiederholt werden (OVG
Münster NWVBl 95, 392).

II. Maßgeblicher Zeitpunkt für die Entscheidung über den Widerspruch

3   Der maßgebliche Zeitpunkt für die Entscheidung über den Widerspruch (dh über die
maßgebliche Sach- und Rechtslage), ist immer der Entscheidungszeitpunkt der Widerspruchsbehörde, und zwar sowohl für die Rechtmäßigkeits- und Zweckmäßigkeitskontrolle
als auch für den Fall, dass eine völlig neue Sachentscheidung getroffen wird. Es ist also stets
auf den Zeitpunkt des Ergehens des Widerspruchsbescheides abzustellen (vgl dazu Kopp/
Schenke VwGO § 68 Rn 15). Die Widerspruchsbehörde hat dabei den ursprünglichen
Verwaltungsakt sowohl auf seine Rechtmäßigkeit als auch auf seine Zweckmäßigkeit hin
nachzuprüfen (Kopp/Schenke VwGO § 68 Rn 9). Dabei ist für die Frage, ob ein ursprünglich rechtmäßig erlassener VA nachträglich durch die Veränderung der Rechts- und Sachlage
rechtswidrig geworden ist, allein das materielle Recht maßgeblich (Kopp/Schenke VwGO
§ 68 Rn 15). Sofern ein Verwaltungsakt rechtswidrig oder unzweckmäßig war bzw geworden ist, hat die Widerspruchsbehörde eine neue Sachentscheidung zu treffen. Dabei ist stets
die aktuelle Sach- und Rechtslage im Zeitpunkt der Entscheidung der Widerspruchsbehörde
zugrunde zu legen.

III. Nachprüfung durch die Widerspruchsbehörde, Prüfungsumfang, Streitgegenstand, Mitwirkung anderer Behörden

1. Nachprüfende Behörde

Im verwaltungsrechtlichen Vorverfahren findet die erste Überprüfung zunächst durch die **4** Ausgangsbehörde statt, die eine Abhilfeentscheidung erlassen kann (§ 72 VwGO, § 72 VwGO Rn 3 ff), danach erfolgt durch die Widerspruchsbehörde grundsätzlich eine uneingeschränkte Prüfung des angefochtenen Verwaltungsaktes in tatsächlicher und rechtlicher Hinsicht, soweit der Gesetzgeber nicht anderweitig Einschränkungen erlassen hat (vgl. dazu Bader/Funke-Kaiser/Kunze Rn. 8, Rn 5). Die Befugnis zum Erlass einer Abhilfeentscheidung (§ 72) bzw. einer Widerspruchsentscheidung (§ 73) wird jedoch dahingehend eingeschränkt, dass diese Befugnis nur im Rahmen eines zulässigen Widerspruchs besteht. Da Zweck des Vorverfahrens die Entlastung der Verwaltungsgerichte ist, sollen durch eine erneute behördeninterne Überprüfung auch weitere Tatbestandsermittlungen ermöglicht werden; rechtliche Erwägungen dürfen ergänzt und überprüft werden; die Einwendungen des Widerspruchsführers sind zu berücksichtigen (Kuhla/Hüttenbrink/Hüttenbrink D 81; SBS/Stelkens VwVfG § 79 Rn 6).

2. Prüfungsumfang

Die Widerspruchsbehörde führt gem § 68 Abs 1 S 1 VwGO bei Erlass des Widerspruchs- **5** bescheides nach § 73 Abs 1 S 1 VwGO eine umfassende Überprüfung der Rechtmäßigkeit sowie bei Ermessensentscheidungen (anders evtl bei Sonderregelungen in Selbstverwaltungsangelegenheiten) der Zweckmäßigkeit des Ausgangsbescheids durch. Die Widerspruchsbehörde ist dabei weder an die Rechtsauffassung noch an die Sachverhaltsfeststellungen der Ausgangsbehörde gebunden, sodass die Widerspruchsbehörde den Ausgangsbescheid ggf auch mit abweichenden Erwägungen bestätigen kann. Im Rahmen eines eventuellen sich anschließenden verwaltungsgerichtlichen Verfahrens ist dann bei der Überprüfung der Behördenentscheidung der Widerspruchsbescheid von besonderer Bedeutung (BVerwG v 26.4.2011 – 7 B 34/11. Zur Kontrolldichte bei der Überprüfung von dienstlichen Beurteilungen durch die Widerspruchsbehörde vgl BVerwG v 17.5.1979 – 2 C 4/78; VG Hannover v 14.3.2011 – 13 A 3145/10, Rn 33). IÜ ist die Widerspruchsbehörde nicht auf die vorgebrachten Gründe des Widerspruchsführers beschränkt (BVerwGE 60, 140, 142). Die Widerspruchsbehörde hat in der Regel (vorbehaltlich anders lautender gesetzlicher Regelungen) keine weitergehenden Prüfungs- und Entscheidungskompetenzen als die Ausgangsbehörde (B/F-K/K VwGO § 68 Rn 4). Ferner gilt, dass die Entscheidungskompetenz der Widerspruchsbehörde auf den durch den Widerspruch eröffneten Rahmen gegenständlich beschränkt ist (zur Teilanfechtung vgl Rn 7 bis 9). Hinweis: § 68 Abs 1 S 2 Hs 1 VwGO gestattet es dem Landesgesetzgeber nicht nur, das Widerspruchsverfahren gänzlich auszuschließen, sondern auch eine Beschränkung der Prüfungs- und Entscheidungskompetenz der Widerspruchsbehörde durch eine landesgesetzliche Regelung vorzunehmen (BVerwG DVBl 2012, 49).

3. Mitwirkungsbefugnis anderer Behörden

Soweit im Rahmen des Verwaltungsverfahrens andere Stellen mitwirkungs- und/oder **6** beteiligungsberechtigt sind, folgt hierdurch keine Begrenzung des Prüfungsumfanges der Widerspruchsbehörde (BVerfGE 71, 251, 253). Etwas anderes gilt allerdings dann, wenn im Rahmen des Ausgangsverwaltungsverfahrens ein förmliches Einvernehmen einer weiteren Behörde gesetzlich vorgeschrieben ist (vgl dazu beispielsweise §§ 36 BauGB, 9 Abs 2 FStrG 12 Abs 2 LuftVG). In diesen Fällen darf sich auch die Widerspruchsbehörde (ebenso wie die Ausgangsbehörde) nicht über das fehlende Einvernehmen der zu beteiligenden Behörde hinwegsetzen (BVerwG NVWZ-RR 1989, 6). Denkbar ist allerdings, dass das fehlende Einvernehmen der zu beteiligenden Behörde beispielsweise durch die Aufsichtsbehörde im Rahmen eines gesonderten aufsichtlichen Verfahrens ersetzt wird (vgl dazu Hüttenbrink, FS für Konrad Gelzer, 215 ff, 220 mwN, BVerwG NVwZ 86, 556 f) (die Erteilung/das Nichterteilen des gemeindlichen Einvernehmens der Gemeinde ist lediglich ein verwaltungsinterner Mitwirkungsakt, der einer gesonderten Anfechtung durch Widerspruch oder Anfechtungsklage nicht zugänglich ist, vgl BVerfGE 28, 145).

IV. Teilanfechtung

1. Allgemeines

7   Grundsätzlich ist nämlich auch eine **Teilanfechtung** von objektiv abgrenzbaren oder bezeichenbaren Teilen eines Verwaltungsaktes im Rahmen des Widerspruchsverfahrens möglich (Kuhla/Hüttenbrink/Hüttenbrink, D 133 mwN). Insbes bei auf Geldleistungen gerichteten Verwaltungsakten kann der Widerspruch auf einen Teil des Verwaltungsaktes beschränkt werden. In anderen Fällen ist die Teilanfechtung allerdings nur dann zulässig, wenn die anzufechtende Regelung teilbar ist, dh, wenn im Falle des Widerspruchserfolgs die verbleibende Regelung für sich genommen sinnvoll ist. Dies ist dann zu verneinen, wenn der angefochtene Teil des Verwaltungsaktes mit den übrigen Teilen des Verwaltungsaktes in einem untrennbaren Zusammenhang steht (BVerwG NVwZ 85, 902). Im Falle einer Teilaufhebung dürfen die verbleibenden Regelungen keine andere Bedeutung als die ursprüngliche erlangen; der verbleibende Teil des Verwaltungsaktes muss also noch rechtmäßig und in sinnvoller Weise bestehen bleiben können (OVG Münster 15.7.1993 – 4 A 3853/92 – AU, 9). Bei einer teilangefochtenen Ermessensentscheidung kommt die Teilaufhebung deshalb nur in Betracht, wenn die Behörde im Rahmen ihres Ermessens auch die verbleibende Regelung isoliert erlassen hätte. Bei der Teilanfechtung vermittelt der Devolutiveffekt die Sachherrschaft nur für den selbständig anfechtbaren Teil des Ausgangs-VA, so dass die Widerspruchsbehörde nur diesen Teil ändern kann, nicht aber den Rest des Ausgangs-VAs (Pietzner/Ronellenfitsch, § 40 Rn 21; vgl auch unten Rn 11 ff).

8   Inwieweit **Nebenbestimmungen** isoliert anfechtbar sind, war lange strittig (vgl dazu Kuhla/Hüttenbrink/Hüttenbrink D 136 ff). Dabei wurde häufig darauf abgestellt, ob es sich bei der Nebenbestimmung um eine Auflage (dann teilanfechtbar) oder um eine Bedingung (dann nicht teilanfechtbar) handelte. Hat der Bürger einen Anspruch auf Erteilung der Genehmigung, so kann er nach der neueren Rechtsprechung aber nicht nur rechtswidrig gesetzte Auflagen, sondern auch rechtswidrige Bedingungen isoliert anfechten, um seinen gesetzlichen Anspruch effektiv durchzusetzen. Steht die Erteilung der Genehmigung allerdings im Ermessen der Behörde, so ist deren Entscheidungsspielraum nur gewahrt, wenn auch die Auflage nicht gesondert angefochten werden kann (BVerwGE 81, 185; OVG Münster DVBl 91, 1366). Problematisch ist in der Praxis, dass viele Verwaltungsakte Abschnitte enthalten, die allgemein mit „Nebenbestimmungen, Auflagen, Bedingungen, Hinweise" überschrieben sind, so dass vielfach unklar ist, was denn eigentlich von der Behörde gewollt war. In derartigen Fällen sind die fraglichen Teilregelungen sorgfältig zu analysieren, um zu klären, ob es sich um isoliert anfechtbare oder nicht gesondert angreifbare Nebenbestimmungen handelt, so dass nur ein Widerspruch gegen den Verwaltungsakt in toto möglich ist. Insbes ist dabei auch zu prüfen, ob es sich wirklich um Regelungen handelt oder ob es sich vielmehr nicht nur um deklaratorische Hinweise handelt, die überhaupt nicht angefochten werden können.

9   Hat der Widerspruchsführer den Widerspruch zulässigerweise auf Teile des Ausgangsverwaltungsaktes beschränkt (zB bei einer Teilanfechtung von Auflagen), so ist die Widerspruchsbehörde bei ihrer Entscheidung auf diesen Teilaspekt beschränkt; sie kann in diesen Fällen also nicht etwa den gesamten Ausgangsverwaltungsakt quasi ungefragt ändern. Es ist allerdings darauf hinzuweisen, dass derartige Befugnisse unter Umständen außerhalb des verwaltungsgerichtlichen Vorverfahrens nach den allgemeinen Regelungen des VwVfG (§§ 48 ff VwVfG: Rücknahme bzw Widerruf) bestehen können.

2. Modifizierende Auflage

10   Ein Sonderproblem taucht bei der sog **modifizierenden Auflage** auf (vgl Kuhla/Hüttenbrink/Hüttenbrink, D 141 ff; BVerwGE 65, 139; BVerwG NVwZ 84, 366). Bei der modifizierenden Auflage (Beispiel: Der Bauherr beantragt die Genehmigung eines eingeschossigen Zweifamilienhauses mit Satteldach; die Bauaufsichtsbehörde erteilt eine Genehmigung unter der „Auflage", dass lediglich ein Flachdach gebaut werden dürfe) handelt es

sich in Wahrheit nicht um „Auflagen" iSv § 36 VwVfG, da die Regelung keine erzwingbare zusätzliche Verpflichtung auferlegt; die Regelung modifiziert vielmehr den eigentlichen Inhalt des Hauptverwaltungsaktes der Art, dass im Verhältnis zum Antrag des Betroffenen ein **„Aliud"** vorliegt. Bei der modifizierenden Auflage wird also etwas anderes genehmigt, als vom Antragsteller beantragt. In diesen Fällen muss der Widerspruch darauf ausgerichtet sein, den angefochtenen Verwaltungsakt insgesamt aufzuheben, um stattdessen die Genehmigung des ursprünglichen Antrags zu erreichen (sog Verpflichtungssituation). Dieser Aspekt gewinnt vor allem im späteren Klageverfahren enorme Bedeutung, weil dem jeweiligen Kläger mit einer bloßen Anfechtungsklage in derartigen Fällen nicht gedient ist.

V. Reformatio in peius

Nach herrschender Auffassung kann die Widerspruchsbehörde den Ausgangsbescheid **11** auch zu Ungunsten des Bürgers ändern (vgl grundlegend BVerwG, NVwZ 87, 215, 216; BVerwGE 115, 259; OVG Bautzen Beschl v 7.3.2011 – 1 A 143/10). Die Widerspruchsbehörde kann also die vom Widerspruchsführer angegriffene Belastung verschärfen, eine dem Widerspruchsführer bewilligte, aber dem Umfang nach zu niedrig bemessene Bewilligung teilweise oder gänzlich entziehen; im übrigen kann die Widerspruchsbehörde auch belastende Nebenbestimmungen, die Gegenstand des Widerspruchsverfahrens sind, verschärfen (B/F-K/K VwGO § 78 Rn 11). Die **reformatio in peius** ist in der VwGO nicht geregelt; gleichwohl vertritt die herrschende Meinung die Auffassung, dass derartige Verschlechterungen im Widerspruchsverfahren nach den Regeln der VwGO bundesrechtlich erlaubt sind, sofern nach dem materiellen Bundes- oder Landesrecht Verschlechterungen zulässig sind (Redeker/von Oertzen/Kothe VwGO § 73 Rn 20; BVerwG DVBl 96, 1318, hält bei vielen spezialgesetzlichen Regelungen eine Verschlechterung grundsätzlich für zulässig; anders, zB das Verschlechterungsverbot im Verwaltungsinternen Kontrollverfahren bei Prüfungsleistungen (JAG NW), vgl dazu OVG Münster 6.9.1995 – 22 A 1728/91 – AU, 32). Voraussetzung für eine **reformatio in peius** ist, dass die Widerspruchsbehörde dieselbe Entscheidungsbefugnis wie die Ausgangsbehörde hat (vgl Happ/Allesch/Geiger/Metschke/Allesch/Hüttenbrink Die Station in der öffentlichen Verwaltung, 2012, 81 f; zur Anhörungspflicht in diesen Fällen, vgl OVG Münster v 9.11.2010 – 13 A 867/10). In Selbstverwaltungsangelegenheiten ist deshalb eine **reformatio in peius** ausgeschlossen, wenn die Selbstverwaltungskörperschaft und die Widerspruchsbehörde unterschiedlichen Rechtsträgern angehören (vgl VGH München BayVBl 1973, 554, 555). Liegt seitens des Widerspruchsführers eine (zulässige) bloße Teilanfechtung vor, so darf sich die Widerspruchsbehörde nur mit dem angefochtenen Teil befassen und bezüglich dieses Teils Änderungen (ggf auch Verschärfungen) vornehmen. Eine Verschärfung des nicht angefochtenen Teils wäre ein unzulässiger Selbsteintritt der Widerspruchsbehörde (vgl Happ/Allesch/Geiger/Metschke/Allesch/Hüttenbrink Die Station in der öffentlichen Verwaltung2012, 81 f; VG Düsseldorf v 15.11.2011 – 26 K 444/11).

Eine erneute Anhörung des Widerspruchsführers vor Erlass eines verbösernden Wider- **12** spruchsbescheides ist nur bei Vorliegen neuer Tatsachen erforderlich (Kuhla/Hüttenbrink/ Hüttenbrink D 113). Die Verbösung im Widerspruchsverfahren ist nicht an die Voraussetzungen gebunden, die für Widerruf und Rücknahme begünstigender Verwaltungsakte gelten. Rechtsgrundlage für den Widerspruchsbescheid sind allein die für den Erlass des Ausgangsbescheides einschlägigen Rechtsvorschriften (OVG Koblenz DVBl 92, 787). Wird der Ausgangsbescheid durch den Widerspruchsbescheid verschlechtert, so kann der Widerspruchsbescheid – für sich genommen – alleiniger Gegenstand einer Anfechtungsklage sein, weil er gegenüber dem ursprünglichen Verwaltungsakt eine zusätzliche Beschwer enthält; ein erneutes Vorverfahren ist entbehrlich (OVG Koblenz DVBl 92, 787; VGH Mannheim NVWZ 95, 1220 ff). Im Prüfungsrecht gelten weitere Besonderheiten: Der Grundsatz der Chancengleichheit verbietet eine Verschlechterung des Prüfungsergebnisses bei einer erforderlichen Neubewertung der Prüfungsleistung nur, soweit sie auf einer Änderung des Bewertungssystems oder einem Nachschieben beliebiger Gründe beruht (vgl BVerwG DVBl 99, 1594 ff).

Änderungen des Ausgangsbescheides im Widerspruchsverfahren, die über den ursprüng- **13** lichen Streitgegenstand (den angefochtenen Verwaltungsakt) hinausgehen, können nicht mit einer Zulässigkeit der reformatio in peius begründet werden. Die Widerspruchsbehörde kann eine Verschlechterung des Ausgangsbescheides nur insoweit vornehmen, als der Streitgegenstand reicht. Wird beispielsweise eine baurechtliche Nutzungsuntersagung auf den Widerspruch des Betroffenen hin in eine Abbruchsverfügung umgewandelt, würde diese Änderung den ursprünglichen Streitgegenstand verlassen; sie könnte deshalb nicht mehr unter Hinweis auf eine generell zulässige reformatio in peius gerechtfertigt werden.

14　Weitere Besonderheiten ergeben sich in den Fällen des **Drittwiderspruchs**, in den Fällen also, wo der Widerspruchsführer nicht Adressat des Ausgangs-VA ist. Eine reformatio in peius ist ausgeschlossen, wenn ein Dritter gegen einen begünstigenden Verwaltungsakt Widerspruch eingelegt hat, ohne dass der Dritte durch diesen Verwaltungsakt in seinen Rechten verletzt sein kann (Beispiel: Der Nachbar legt gegen eine Baugenehmigung Widerspruch ein, ohne jedoch durch die Baugenehmigung in eigenen nachbarschützenden Rechten verletzt zu sein – vgl Kuhla/Hüttenbrink/Hüttenbrink D 65/66 mwN). Die Widerspruchsbehörde ist in diesen Fällen nicht befugt, die Baugenehmigung aus Gründen einer objektiven Rechtswidrigkeit, die den Nachbarn nicht beschwert, aufzuheben oder zu ändern. Die Prüfungs- und Entscheidungskompetenz der Widerspruchsbehörde ist bei Drittwidersprüchen deshalb ausschließlich darauf beschränkt, zu überprüfen, ob der angefochtene Verwaltungsakt auf der Verletzung von dritt-(nachbar-)schützenden Normen beruht (B/F-K/K VwGO § 68 Rn 12; BVerwGE 65, 313, 318). Bei einem unzulässigen oder unbegründeten Drittwiderspruch ist die Widerspruchsbehörde also nicht befugt, aus sonstigen objektiv-rechtlichen Gründen den Ausgangsbescheid aufzuheben oder zu ändern. Bei einer objektiven Rechtswidrigkeit des Ausgangs-VA hat die Ausgangsbehörde allenfalls die Möglichkeit, nach den §§ 48 ff VwVfG den Ausgangs-VA zurückzunehmen bzw zu widerrufen (B/F-K/K VwGO § 68 Rn 13).

VI. Widerspruchsbefugnis, Drittwiderspruch

15　Widerspruchsbefugt ist derjenige, der durch den Erlass des strittigen Verwaltungsakts oder dessen Ablehnung in eigenen Rechten beschwert ist. Die Widerspruchsbefugnis ist dabei mit dem Begriff der Klagebefugnis identisch (vgl Kuhla/Hüttenbrink/Hüttenbrink D 56–80 mit zahlreichen wN; ferner oben § 42 VwGO Rn 108 ff). Sowohl der Verwaltungsprozess als auch das vorgeschaltete Widerspruchsverfahren dienen – soweit gesetzlich nichts anderes bestimmt ist – gem § 42 Abs 2 VwGO ausschließlich dem Individualrechtsschutz, so dass immer eine Verletzung eigener subjektiver Rechte geltend gemacht werden muss (vgl nur OVG Saarland v 7.11.1994 – 1 R 24/94). Im Falle eines Drittwiderspruchs muss der Widerspruchsführer dabei hinsichtlich seiner Widerspruchsbefugnis geltend machen, durch die Verletzung einer auch ihn schützenden Norm in seinen Rechten beeinträchtigt zu sein (vgl BVerwGE 65, 313; zu den Besonderheiten der Widerspruchsbefugnis bei Wohnungseigentum vgl. OVG Berlin-Brandenburg ZWE 2011, 426).

VII. Heilung von Fehlern

16　Im Rahmen des Widerspruchsverfahrens können neben materiellen Fehlern auch Verfahrensfehler der Ausgangsbehörde (zB fehlende Anhörung, unterlassene Beteiligung anderer Behörden, Ermessensfehler, fehlende Begründung) grundsätzlich nachgeholt und geheilt werden (vgl dazu Kopp/Schenke VwGO § 68 Rn 11).

VIII. Nachholung des Vorverfahrens im Prozess

17　Obwohl nach dem eindeutigen Wortlaut des § 68 Abs 1 S 1 VwGO das Vorverfahren vor Erhebung der Anfechtungsklage erfolgen muss, ist es nach hM wohl herrschender Meinung ausreichend, wenn diese Prozessvoraussetzung im Zeitpunkt der gerichtlichen Entscheidung (sogar noch im Rechtsmittelverfahren) vorliegt (Zeitpunkt der letzten mündlichen Verhandlung) (Kopp/Schenke VwGO § 68 Rn 3; ferner B/F-K/K VwGO § 68 Rn 3; BVerwG DVBl 1984, 91). Das Gericht ist berechtigt und grundsätzlich auch verpflichtet, ein Klageverfahren, das ohne vorausgegangenes Vorverfahren eingeleitet wurde, auszusetzen bzw zu vertagen, um dem Betroffenen die Möglichkeit zu öffnen, das Vorverfahren nachzuholen (vgl dazu Kopp/Schenke VwGO § 68 Rn 4; das Gericht ist nach § 86 Abs 3 VwGO verpflichtet, den Kläger auf die Notwendigkeit der Nachholung des Vorverfahrens hinzuweisen. Bzgl der Aussetzung des Verfahrens gelten die gleichen Grundsätze wie bei einer verfrühten Klage nach § 75 VwGO). Fehlt das Vorverfahren deshalb, weil die Behörde einen Antrag des Klägers nicht beschieden hat, so ist die Klage nach § 75 VwGO als Untätigkeitsklage abweichend von § 68 Abs 1 S 1 VwGO zulässig (vgl § 75 VwGO Rn 5 ff).

IX. Erledigung des Verwaltungsaktes

Hat sich der Verwaltungsakt vor Einlegung des Widerspruchs erledigt, so ist ein Vor- **18** verfahren nicht mehr statthaft; dem Betroffenen bleibt allerdings die Möglichkeit, eine Feststellungsklage zu erheben (analog zu § 113 Abs 1 S 4 VwGO; vgl Kopp/Schenke VwGO § 68 Rn 34; ferner B/F-K/K VwGO § 68 Rn 36). Erledigt sich das Widerspruchsverfahren (zur Erledigung der Hauptsache im Allgemeinen vgl Kuhla/Hüttenbrink/Hüttenbrink E 344 ff) vor Erlass des Widerspruchsbescheides, so ist das Vorverfahren beendet, da es seinen Zweck nicht mehr erfüllen kann. Das Verfahren muss eingestellt werden (BVerwG, BVerwGE 81, 226 ff).

Ein Fortsetzungsfeststellungswiderspruch analog zu § 113 Abs 1 S 2 VwGO ist unstatt- **19** haft. Nach wohl herrschender Meinung ist in diesen Fällen wohl auch für eine Kostenentscheidung kein Raum (BVerwGE 82, 201 ff; aA VGH Mannheim, NJW 1981, 1524 f.; ferner Kopp/Ramsauer VwVfG § 80 Rn 42; § 73 VwGO Rn 23 ff). Der Widerspruchsführer kann aber unter den Voraussetzungen der Feststellungsklage (§ 43 VwGO Rn 1 ff) ohne vorherige Durchführung eines Vorverfahrens und ohne Fristbindung (BVerwG DVBl 1999, 1660 ff) klären lassen, ob der ursprüngliche Verwaltungsakt rechtmäßig war oder nicht (zu den Voraussetzungen einer Feststellungsklage im Allgemeinen vgl Kuhla/Hüttenbrink/ Hüttenbrink D 176 ff; im übrigen BVerwG DVBl 1999, 1660 ff). Sofern im Einzelfall trotz Erledigung des Ausgangsverwaltungsakts eine Widerspruchsentscheidung ergeht, so ist diese selbständig anfechtbar, weil hierdurch der Eindruck erweckt wird, der erledigte Ausgangs-VA sei bestandskräftig (BVerfGE 81, 226).

B. Ausnahmen

Eines Vorverfahrens bedarf es in den in § 68 Abs 1 S 2 Nr 1 und 2 VwGO geregelten **20** Fällen nicht. Dies sind zunächst die Fälle, in denen
- der Verwaltungsakt von einer obersten Bundesbehörde oder von einer obersten Landesbehörde erlassen worden ist, außer wenn ein Gesetz die Nachprüfung vorschreibt oder
- der Abhilfebescheid oder der Widerspruchsbescheid erstmalig eine Beschwer enthält.

Im Übrigen gelten folgende Ausnahmen:

I. Gesetzliche Ausnahmen

Ein Vorverfahren ist entbehrlich, wenn es gesetzlich ausdrücklich ausgeschlossen ist. Die **21** gesetzlichen Ausnahmen sind mittlerweile fast unübersehbar. Die nachfolgende Aufzählung erhebt deshalb keinen Anspruch auf Vollständigkeit. Durch Bundesgesetz ist das Vorverfahren zum Beispiel ausgeschlossen in Verfahren nach dem Asylverfahrensgesetz wegen Asylanträgen (§ 10 Abs 3, § 12 Abs 8, § 14 Abs 2 und § 16 Abs 3 AsylVfG), nach § 36 Abs 4 VermG gegen Entscheidungen des Landesamtes sowie nach § 25 S 2 VermG, nach § 17 KDVG, nach § 80 Abs 1 TKG gegen Entscheidungen der Regulierungsbehörde; ferner nach §§ 70, 74 Abs 1 VwVfG in den Fällen des förmlichen Verwaltungsverfahrens sowie bei Planfeststellungsverfahren).

Auch die Landesgesetzgebung kennt (ohne Anspruch auf Vollständigkeit) zahlreiche Aus- **22** nahmen: Zum Beispiel das Vorverfahren bei Klagen eines Bewerbers gegen Entscheidungen der Wahlprüfungsbehörde nach § 25 AGBW, Prüfungsentscheidungen bei Hoch- und Fachhochschulangelegenheiten nach § 26 AZG Berlin oder nach § 6 Abs 1 AG NW, in Fällen, in denen eine Kollegialbehörde in einem förmlichen Verfahren entscheidet, durch § 6 Abs 1 BAG NW ist auch das Vorverfahren gegen Entscheidungen der ZVS ausgeschlossen, was nach § 8 des Staatsvertrages und den Ratifizierungsgesetzen der Länder auch für den Bereich der übrigen Bundesländer gilt. In einigen Bundesländern ist das Vorverfahren darüber hinaus eingeschränkt worden, so zB durch das Gesetz zur Modernisierung der Verwaltung in Niedersachen vom 5.11.2004 (Nds GVBl 2004, 394, dort § 8a Nds AGVwGO, vgl auch van Niewland Nds VBl 2007, 38 – 41; Holzner DÖV 2008, 217–226) oder wird – wie zB in Nordrhein-Westfalen – durch das zweite Gesetz zum Bürokratieabbau fast vollständig abgeschafft (9.10.2007 GV NW 393 f, Kamp NWVBl 2008, 41–49; Kallerhof NWVBl 2008, 334–341); vgl ferner das Bay AG VwGO ÄndG v 22.6.2007 (BayGVBl S 390) zur teilweisen Abschaffung und iÜ fakultativen Ausgestaltung des Widerspruchsverfahren (hierzu Bay-VerfGH v 23.10.2008 – Vf 10-VII-07). Eine ausführliche Zusammenstellung über die verschiedenen landesrechtlichen Regelungen findet sich bei Wienhues BRAK 2009, 111–116; vgl ferner Guckelberger/Heimpel LKRZ 2009, 246–250.

II. Sonstige Ausnahmen

23   Ferner ist ein Vorverfahren entbehrlich, wenn

- der Verwaltungsakt von einer obersten Bundesbehörde oder einer obersten Landesbehörde erlassen worden ist, außer wenn ein Gesetz die Nachprüfung vorschreibt (Redeker/von Oertzen/Kothe VwGO § 68 Rn 12);
- erstmalig der Abhilfebescheid (BVerwG VIZ 2002, 217) oder der Widerspruchsbescheid eine Beschwer enthält (§ 68 Abs 1 Nr 2 VwGO), damit sind auch die Fälle der Verwaltungsakte mit Doppelwirkung gemeint, wo ein Dritter gegen einen Ursprünglichen Verwaltungsakt Widerspruch einlegt und die Widerspruchsbehörde auf den Widerspruch hin den Ausgangsverwaltungsakt aufhebt (Redeker/von Oertzen/Kothe VwGO § 68 Rn 13; ferner OVG Koblenz NVwZ 92, 386; OVG Lüneburg NVwZ-RR 99, 367);
- die Behörde fälschlicherweise eine unrichtige auf Klage lautende Rechtsmittelbelehrung erteilt hat und den Kläger so zur Klage veranlasst hat und sich im Prozess sachlich eingelassen hat (OVG Münster 23.4.1991 – 15 A 1682/90 – AU, 10);
- sich der mit der Widerspruchsbehörde identische Beklagte sachlich auf die Klage eingelassen und auf die Durchführung des Vorverfahrens verzichtet hat (VGH Mannheim NVwZ-RR 92, 184; ferner Kuhla/Hüttenbrink/Hüttenbrink E 180 mwN); ein Verzicht auf bzw eine Ausnahme von der in § 68 Abs 1 S 1 VwGO angeordneten Erforderlichkeit des Vorverfahrens folgt aber nicht daraus, dass dem Bescheid des jeweiligen Beklagten keine Rechtsmittelbelehrung beigefügt war und somit auf die Notwendigkeit eines Widerspruchs nicht hingewiesen worden ist (vgl VGH Mannheim BeckRS 2009, 32469);
- sich die Beklagte oder die anderweitig mit dem Verfahren befasste Widerspruchsbehörde in einer Weise zur Streitfrage geäußert hat, auf Grund der das (negative) Ergebnis eines nachzuholenden Widerspruchsverfahrens bereits feststeht (BVerwG DVBl 84, 91; VG Düsseldorf Urt v 17.1.2011 – 23 K 2989/09, Rn 65);
- dessen Zweck bereits Rechnung getragen ist oder dieser ohnehin nicht mehr erreicht werden kann; dies gilt zB dann, wenn die Ausgangsbehörde zugleich Widerspruchsbehörde ist und den Bescheid auf Grund einer sie bindenden Weisung der (Rechts-) Aufsichtsbehörde erlassen hat (BVerwGE 138, 1);
- bei sog Ketten-Verwaltungsakten, die sich auf mehrere hintereinander liegende Zeiträume erstrecken, wäre es für den Kläger eine nicht mehr zumutbare Förmelei, wenn er für jeden Zeitraum erneut die Durchführung eines Vorverfahrens beantragen müsste, wenn der Beklagte erklärt hat, dass er die Ansprüche des Klägers im gesamten noch streitgegenständlichen Zeitraum für unberechtigt hält (vgl dazu BVerwG NVwZ 1984, 507; VG Münster BeckRS 2007, 22028);
- ein Änderungsbescheid in ein laufendes Klageverfahren im Wege der Klageänderung einbezogen wird; in diesen Fällen bedarf es einer weiteren Nachprüfung durch einen Widerspruchsverfahren zur Zulässigkeit der Klageänderung nicht. Wird die inhaltliche Änderung eines Verwaltungsakts im Wege der zugelassenen Klageänderung in einen Rechtsstreit einbezogen, dessen Gegenstand der Verwaltungsakt in seiner ursprünglichen Gestalt ist, so ist dem Zweck des Vorverfahrens, die Rechtmäßigkeit und Zweckmäßigkeit des angefochtenen Bescheides zunächst einer Prüfung durch die Verwaltung selbst zu unterwerfen durch die frühere Widerspruchsentscheidung genüge getan (BVerwG DVBl 1987, 1004). Anders liegt der Fall freilich dann, wenn der Kläger im Rahmen eines laufenden Klageverfahrens einen Bescheid in den Rechtsstreit einbeziehen will, der sich

inhaltlich grundlegend von dem ursprünglich geltend gemachten Klagebegehren unterscheidet. In einem derartigen Fall muss das erforderliche Vorverfahren durchgeführt werden und die Klagefrist eingehalten werden (BVerwG NVwZ 1998, 1292 ff, 1294).

- Der Erwerber eines die Klagebefugnis gegen einen VA vermittelnden Gegenstandes braucht vor Klageerhebung kein eigenes Widerspruchverfahren durchführen, soweit der Rechtsvorgänger bereits Widerspruch eingelegt hatte. Der Erwerber rückt die Rechtsposition seines Rechtsvorgängers ein (BVerwG DVBl 2006, 1246 ff).

- Die isolierte Anfechtung der Kostenlastentscheidung eines das Widerspruchverfahren nach Erledigung einstellenden Bescheides ist in analoger Anwendung des § 79 Abs 1 Nr 2 iVm § 68 Abs 1 S 2 Nr 2, Abs 2 VwGO statthaft, ohne dass zuvor ein Vorverfahren durchgeführt worden ist, da in diesem Fall die den Kläger belastende Kostenentscheidung als erstmalige oder zusätzliche Beschwer anzusehen ist (VG Koblenz BeckRS 2007 26611).

- Wird ein stattgebender Widerspruchsbescheid, der eine Zusicherung der begehrten Behördenentscheidung enthält, anschließend durch einen ablehnenden Widerspruchsbescheid, der diese Zusicherung wieder aufhebt, ersetzt, so muss vor Klageerhebung kein weiteres Widerspruchverfahren durchgeführt werden (BVerwG NVwZ 2009, 924–925).

- Ist der Widerspruchsbescheid nichtig, so treten zwar seine materiellen Wirkungen nicht ein; das zuvor durchgeführte Vorverfahren entfällt dadurch aber nicht, sodass es nicht wiederholt werden muss (OVG Magdeburg v 2.5.2011 – 2 M 34/11, Rn 4).

III. Verhältnis zu § 75 VwGO

Die Durchführung eines Vorverfahrens ist entbehrlich, wenn die Behörde den Erlass eines **24** beantragten Verwaltungsaktes nicht bearbeitet/beschieden oder wenn die Behörde den eingelegten Widerspruch nicht bearbeitet. § 75 VwGO ermöglicht es dem Betroffenen in diesen Fällen also, abweichend von § 68 Abs 1 S 1 VwGO Klage zu erheben (zu den Einzelheiten der Untätigkeitsklage, vgl beispielsweise Kuhla/Hüttenbrink/Hüttenbrink D 184 bis D 194 mwN) oder eine Untätigkeitsklage gem § 75 VwGO erhoben wird, weil die Behörde den Antrag des Betroffenen oder den Widerspruch des Betroffenen nicht oder nicht in angemessener Frist bescheidet (BVerwG NVwZ 1995, 78; ferner Kuhla/Hüttenbrink/Hüttenbrink D 184 ff). Zum „zureichenden Grund" einer Entscheidungsverzögerung bei der Untätigkeitsklage vgl VGH Mannheim BauR 2003, 1345 ff dazu, dass ein unvollständiger Bauantrag die Dreimonatsfrist des § 75 S 2 VwGO nicht auslöst; ferner OVG Münster BeckRS 2009, 36026).

Lehnt die Behörde nach Erhebung einer Untätigkeitsklage gem § 75 VwGO den Antrag **25** durch Verwaltungsakt ab, so wird die Klage fortgeführt, ohne dass ein weiteres Vorverfahren erforderlich wäre (BVerwGE 66, 342 ff; ferner BVerwG NVwZ 1992, 180). Der zusätzlichen Einlegung eines Widerspruchs gegen den Versagungsbescheid bedarf es in diesen Fällen nicht (VG Darmstadt Beschl v 21.5.2008 – 5 L 201/08.DA). Es empfiehlt sich allerdings, den abgelehnten Verwaltungsakt in das Klageverfahren einzubeziehen, um dessen Aufhebung zu erstreiten. Unabhängig davon, dass in diesen Fällen ein Vorverfahren entbehrlich ist, kann der Kläger selbstverständlich – parallel zu der von ihm erhobenen Klage – zusätzlich auch noch einen Widerspruch einlegen (vgl Kopp/Schenke VwGO § 75 Rn 25). Vor allem in Bescheidungsfällen ist die zusätzliche Widerspruchseinlegung nach Erhebung der Untätigkeitsklage sinnvoll, weil der Kläger in dem Widerspruchverfahren nach entsprechender Ermessensausübung der Widerspruchsbehörde ggf sogar mehr als bei einer Bescheidungsklage erreichen kann (OVG Greifswald v 30.9.2009 – 2 O 84/09).

C. Vorverfahren bei der Verpflichtungsklage

Auch in den Fällen, in denen die Behörde es abgelehnt hat, einen begünstigenden **26** Verwaltungsakt zu erlassen, gilt nach § 68 Abs 2 VwGO in entsprechender Anwendung des § 68 Abs 1 VwGO, dass vor Klageerhebung ein Vorverfahren durchzuführen ist (B/F-K/K VwGO § 68 Rn 37; in den Fällen der Untätigkeit wird für den Betroffenen der Klageweg unmittelbar über § 75 VwGO eröffnet).

§ 69 [Widerspruch]

Das Vorverfahren beginnt mit der Erhebung des Widerspruchs.

Soweit das Vorverfahren erforderlich ist, wird das Vorverfahren durch die Erhebung des Widerspruchs eingeleitet.

A. Allgemeines

1   Nach § 69 VwGO beginnt das Vorverfahren mit der Erhebung des Widerspruchs (VG Gelsenkirchen Urt v 15.2.2008 – 7 K 3242/06). Die Wirkungen des Widerspruchs sind in § 80 VwGO geregelt; der Widerspruch hat grundsätzlich Suspensiveffekt und aufschiebende Wirkung (vgl Kuhla/Hüttenbrink/Kuhla J Rn 6 bis 44, § 80 VwGO Rn 23 ff), sofern die aufschiebende Wirkung nicht durch gesetzliche Sonderregelungen aufgehoben wurde (vgl iE Kuhla/Hüttenbrink/Kuhla J Rn 45 ff). Ein nach § 68 Abs 1 S 2 Nr 1 VwGO unstatthafter Widerspruch begründet keine aufschiebende Wirkung (OVG Münster v 16.3.2005 – 19 B 374/05). Eine Klage ist unzulässig, wenn kein Widerspruch eingelegt wurde (zu den Ausnahmen, s § 68 VwGO Rn 22 f, 23 ff).

B. Gegenstand des Widerspruchs

2   Der Widerspruch ist zum einen gegen belastende Verwaltungsakte als auch gegen die Ablehnung eines vom Widerspruchsführer beantragten begünstigenden Verwaltungsakt zu richten (zum Begriff des Verwaltungsakts vgl oben § 42 VwGO Rn 10 ff; BVerwG DÖV 2012, 122; Kuhla/Hüttenbrink/Hüttenbrink D 25–55). Liegt also kein Verwaltungsakt (§ 42 Rn 11) vor, weil lediglich ein schlichtes Verwaltungshandeln (AGH Stuttgart v 20.10.2011 – AGH 10/2011 (II) SG 1) vorliegt, so ist der Widerspruch unzulässig und kann durch Widerspruchsbescheid zurückgewiesen werden (Ausnahme: § 126 Abs 3 BRRG bei Widerspruch gegen sonstige Handlungen des Dienstherrn, die keine Verwaltungsakte sind, BVerwG DVBl 2002, 196). Ein vor Erlass eines Verwaltungsaktes eingelegter Widerspruch geht ins Leere und ist ebenfalls unzulässig; wird der Verwaltungsakt später erlassen, muss der Widerspruch wiederholt werden (OVG Münster NWVBl 1995, 392). Der Widerspruch gegen einen sog vorläufigen Verwaltungsakt erstreckt sich nicht automatisch auf den die endgültige Entscheidung beinhaltenden Verwaltungsakt (VGH Mannheim NVwZ-RR 2006, 154). Erlässt die Behörde nach Erhebung des Widerspruchs einen Änderungsbescheid, so empfiehlt es sich regelmäßig, auch gegen den Änderungsbescheid Widerspruch einzulegen, um eine Rechtskraft des Änderungsbescheids zu vermeiden (BVerwG BeckRS 2007, 24689).

C. Zulässigkeitsvoraussetzungen

3   Die formellen Zulässigkeitsvoraussetzungen hinsichtlich der Form und der Frist sind in § 70 geregelt (vgl die dortigen Ausführungen). Zur Widerspruchsbefugnis als materielle Zulässigkeitsvoraussetzungen (vgl § 68 VwGO Rn 14).

D. Inhalt des Widerspruchs

4   Das Gesetz erhält keine weiteren Bestimmungen über den Mindestinhalt eines Widerspruchs. Bei der Auslegung von Widersprüchen gelten ebenso wie bei der Auslegung von Prozesshandlungen die für die Auslegung von empfangsbedürftigen Willenserklärungen des BGB geltenden Grundsätze (§§ 133, 157 BGB). Aus diesem Grunde kommt es nicht auf den inneren Willen der erklärenden Partei, sondern darauf an, wie die Erklärung aus Sicht des Empfängers bei objektiver Betrachtungsweise zu verstehen ist. Der Wortlaut der Erklärung tritt dabei hinter deren Sinn und Zweck zurück; maßgebend ist der geäußerte Wille des Erklärenden, wie er sich aus der Erklärung und den sonstigen Umständen für die Behörde ergibt (VG Frankfurt BauR 2011, 1470 ff; vgl ferner BVerwG v 31.8.2011 – 2 B 68/10, Rn 3). Es ist deshalb nach allgemeiner Auffassung noch nicht einmal erforderlich, dass der

Widerspruch ausdrücklich als „Widerspruch" bezeichnet sein muss (OVG Münster Urt v 16.12.2008 – 14 A 2154/08; Kopp/Schenke VwGO § 69 Rn 5). Es ist ausreichend, dass die Behörde aus dem Widerspruchsschreiben und den näheren Umständen des Falles erkennen kann, dass sich der Widerspruchsführer gegen einen bestimmten Verwaltungsakt wendet (letzteres muss jedenfalls im Wege der Auslegung sicher bestimmbar sein) und dessen Überprüfung begehrt (wegen der näheren Einzelheiten vgl dazu die Ausführungen zu § 70 VwGO Rn 15). Wenn gegenüber der für die Entscheidung über Widersprüche gegen Prüfungsentscheidungen zuständigen Behörde Einwände gegen die Bewertung einer Prüfungsarbeit erhoben werden, deren Ergebnis maßgeblich ist für das mit dem gleichen Bescheid mitgeteilte endgültige Nichtbestehen einer Prüfung, kann dies regelmäßig nicht als formloser, nur an den Prüfer gerichteter Rechtsbehelf gewertet werden (OVG Münster Urt v 16.12.2008 – 14 A 2154/08 auch zur Abgrenzung vom bloßen Remonstrationsfall). Bei der Ermittlung des wirklichen Willens ist nach anerkannter Auslegungsregel zugunsten des Bürgers davon auszugehen, dass er denjenigen Rechtsbehelf einlegen will, der nach Lage der Sache seinen Belangen entspricht und eingelegt werden muss, um den erkennbar angestrebten Erfolg zu erreichen (VGH München v 12.10.2005 – 23 B 05.1155). Dies gilt im Grundsatz auch für anwaltliche Anträge und Rechtsbehelfe, soweit diese auslegungsfähig und – bedürftig sind. Eine Behörde, bei der der Widerruf bzw die Rücknahme eines belastenden Verwaltungsaktes beantragt wird, muss zunächst prüfen, ob der Verwaltungsakt gegenüber dem Antragsteller bestandskräftig geworden ist, und anderenfalls den Antrag auch als Widerspruch gegen den Verwaltungsakt auslegen (BVerwG NJW 2002, 1137).

E. Rechtsnatur

Die Rechtsnatur des Widerspruchs ist eine Prozesshandlung vgl § 73 VwGO Rn 9. **5**

F. Widerspruchsführer

Widerspruchsführer kann nur der sein, der durch den Erlass eines Verwaltungsaktes oder **6** durch dessen teilweise Ablehnung, durch Erlass unter Auflagen oder Bedingungen beschwert ist (zu den personenbezogenen Verfahrensvoraussetzungen, vgl auch Sodan/Ziekow § 69 Rn 25–33). Regelmäßig ist daher der Adressat eines Verwaltungsaktes widerspruchsberechtigt (Eyermann/Rennert VwGO § 69 Rn 5). Andererseits sind auch Dritte widerspruchsbefugt, wenn der erlassene Verwaltungsakt Drittwirkungen entfaltet und den Dritten in eigenen Rechten verletzt. Die Widerspruchsbefugnis ist also der Klagebefugnis iSd § 42 VwGO gleichzusetzen (vgl dazu § 68 VwGO Rn 14 und 15; ferner Kuhla/Hüttenbrink/ Hüttenbrink, D 89, D 56 ff).

G. Beendigung des Vorverfahrens

Das Vorverfahren endet durch Erlass eines Abhilfebescheids (vgl § 72 VwGO Rn 4–9), **7** einen Widerspruchsbescheid (vgl § 73 VwGO Rn 13 ff) bzw. durch Rücknahme, Verzicht, Erledigung des Verfahrens oder durch Vergleich (§ 73 VwGO Rn 9 ff).

§ 70 [Form und Frist des Widerspruchs]

(1) [1]**Der Widerspruch ist innerhalb eines Monats, nachdem der Verwaltungsakt dem Beschwerten bekanntgegeben worden ist, schriftlich oder zur Niederschrift bei der Behörde zu erheben, die den Verwaltungsakt erlassen hat.** [2]**Die Frist wird auch durch Einlegung bei der Behörde, die den Widerspruchsbescheid zu erlassen hat, gewahrt.**

(2) **§§ 58 und 60 Abs. 1 bis 4 gelten entsprechend.**

§ 70 VwGO regelt die Modalitäten (Form und Frist) des Widerspruchs.

A. Widerspruchsfrist
I. Fristdauer

1   Gem § 70 Abs 1 VwGO muss der Widerspruch innerhalb eines Monats nach Bekanntgabe des Verwaltungsaktes eingereicht werden (Redeker/v. Oertzen/Kothe VwGO § 70 Rn 2; VG München Beschl v 30.10.2008 – 1117 K 08.2191). In Ausnahmefällen kann die Widerspruchsfrist aufgrund von gesetzlichen Sonderregelungen kürzer sein (zB § 33 Abs 1 WPflG: 2 Wochen). Die Widerspruchsfrist ist eine Notfrist und kann nicht von der Behörde verlängert werden (B/F-K/K VwGO § 70 Rn 2).

II. Beginn

2   Die Frist beginnt mit der Bekanntgabe des Verwaltungsaktes (Redeker/von Oertzen/Kothe VwGO § 70 Rn 2). Im Zweifel hat die Behörde den Zugang des Verwaltungsaktes und den Zeitpunkt des Zugangs nachzuweisen (VG Gelsenkirchen Urt v 30.9.2008 – 12 K 2043/07). Ein nachweislicher Erhalt eines (fehlerhaft) zugestellten Schriftstücks liegt vor, wenn es dem Empfangsberechtigten vorgelegen hat und dieser die Möglichkeit der Kenntnisnahme hatte. Die Inbesitznahme ist nicht erforderlich (BVerwG v 18.4.1997 – 8 C 43.95, Rn 27; VG Köln v 17.5.2011 – 7 K 2974/10, Rn 46). Die Zustellung an einen Bevollmächtigten ist auch dann wirksam, wenn dieser keine schriftliche Vollmacht vorgelegt hat. Die Schriftlichkeit der Vollmacht, die nach § 14 Abs 1 S 3 VwVfG auf Verlangen der Behörde nachzuweisen ist, ist mithin keine Voraussetzung der Vertretungsbefugnis, sondern dient lediglich dem Nachweis der Vollmacht, sodass die Vollmacht auch mündlich oder durch konkludentes Verhalten erteilt werden kann (VG Gelsenkirchen v 26.5.2011 – 5 K 4803/10, Rn 32; VG Köln 17.5.2011 – 7 K 2974/10, Rn 46). Die Bekanntgabe an den Betroffenen lässt den Verwaltungsakt auch dann wirksam werden, wenn für das Verwaltungsverfahren ein Bevollmächtigter bestellt war und dieser keine Zustellung erhalten hat (BVerwGE 105, 288; VGH Mannheim NVwZ-RR 2006, 154, aA VGH Mannheim VBlBW 1987, 297). Unter Bekanntgabe ist dabei sowohl die förmliche Zustellung als auch die öffentliche Bekanntgabe (BVerwG NVwZ 1995, 901) zu verstehen, die insbes bei Allgemeinverfügungen (zB bei Planfeststellungsbeschlüssen) in Betracht kommt. Wichtig ist dabei, dass die Bekanntgabe einen Willen der Behörde voraussetzt, dem Adressaten den Verwaltungsakt zur Kenntnis zu bringen; sofern der Betroffene lediglich zufällig von der Entscheidung Kenntnis erlangt, ist dies nicht ausreichend (Redeker/v. Oertzen/Kothe VwGO § 70 Rn 2a). Für die Bekanntgabe ist das jeweilig anzuwendende Fachrecht maßgeblich (in Verbindung mit den Verwaltungsverfahrensgesetzen des Bundes und der Länder und den dazu ergangenen Verwaltungszustellungsgesetzen; die Bekanntgabe der Aufstellung von Verkehrszeichen (in Form von Allgemeinverfügungen) erfolgt nach den Vorschriften der Straßenverkehrsordnung durch Aufstellung eines Verkehrsschildes (vgl § 39 Abs 1, § 45 Abs 4 StVO). Auf Grund dieser besonderen Form der öffentlichen Bekanntgabe äußern Verkehrszeichen ihre Rechtswirkungen gegenüber jedem von der Regelung betroffenen Verkehrsteilnehmer, wenn sie so aufgestellt oder angebracht sind, dass sie ein durchschnittlicher Kraftfahrer bei Einhaltung der nach § 1 StVO erforderlichen Sorgfalt erfassen kann, unabhängig davon, ob er das Verkehrszeichen tatsächlich wahrnimmt oder nicht (VGH München 29.7.2009 – 11 BV 08.481, 11 BV 08.482 -, BVerwGE 102, 316). Betroffen ist der Verkehrsteilnehmer von einem solchen Verwaltungsakt allerdings erst dann, wenn er sich erstmalig der Regelung des Verkehrszeichens „gegenüber sieht". Damit beginnt für ihn die Anfechtungsfrist zu laufen (BVerwGE 59, 221; VGH Kassel 15.5.2009 – 2 A 2307/07; BVerwGE 138, 21; aA VGH Mannheim JZ 2009, 738), der die Auffassung vertritt, dass die einjährige Frist für die Anfechtung eines Verkehrszeichens für alle Verkehrsteilnehmer unabhängig von ihrer konkreten Betroffenheit bereits mit der ordnungsgemäßen Aufstellung des Verkehrszeichens beginnt. (Zu der Sonderproblematik bei der Bekanntgabe bei der Aufstellung von Verkehrszeichen, vgl B/F-K/K VwGO § 70 Rn 5; zum Fristbeginn bei öffentlicher Bekanntmachung des VA, vgl OVG Koblenz BeckRS 2006 26020; vgl auch § 70 VwGO Rn 4). Die Bekanntgabe mehrerer Bescheide an einen Adressaten mit einer Postzustellungsurkunde ist nicht zu beanstanden (VG Stuttgart Urt v 2.5.2008 – 2 K 1249/06); etwas anderes gilt bei der Versendung von

gleichlautenden Bescheiden an zwei verschiedene Adressaten: Hier ist eine getrennte Zustellung geboten (VG Stuttgart Urt v 2.5.2008 – 2 K 1249/06). Bei Verwaltungsakten mit drittbelastender Wirkung löst ein dem Dritten gegenüber bekannt gegebener Verwaltungsakt die Frist des § 70 Abs 1 VwGO auch dann aus, wenn der Dritte die beigefügte Rechtsbehelfsbelehrung nach dem objektiven Erklärungsinhalt eines angefügten Begleitschreibens auch auf sich beziehen musste (OVG Koblenz v 12.8.2009 – 1 A 11256/08 – im Anschluss an BVerwG NVwZ 2009, 191). Ein Widerspruch, der vor Erlass eines Verwaltungsakts eingelegt wurde, geht ins Leere und ist unzulässig; wird der Verwaltungsakt zu einem späteren Zeitpunkt erlassen, muss der Widerspruch wiederholt werden (OVG Münster NWVBl 1995, 392). Wird der gleiche Bescheid mehrfach an den selben Betroffenen zugestellt, so ist grundsätzlich die erste wirksame Zustellung für die Fristenberechnung maßgeblich, da die nochmalige Zustellung die Rechtswirkungen der ordnungsgemäßen und wirksamen ersten Zustellung des Bescheides nicht beseitigen kann (VG Cottbus Urt v 7.3.2011 – 6 K 864/09, Rn 13).

III. Fristablauf und Rechtsbehelfsbelehrung

Die Widerspruchsfrist beginnt nur dann zu laufen, wenn der Betroffene neben der **3** Bekanntgabe des Verwaltungsaktes oder dessen Ablehnung auch eine schriftliche Rechtsbehelfsbelehrung erhalten hat. Fehlt diese Belehrung oder ist die Belehrung unvollständig oder falsch (zB bei fehlerhafter Bekanntgabe der Anschrift der Behörde, vgl dazu VG Gelsenkirchen Urt v 16.1.2008 – 1 K 155/06; zur Fehlerhaftigkeit einer Rechtsmittelbelehrung mit erfundenem Rechtsmittel, vgl VG Gießen DVBl 2011, 316; auch solche Hinweise, die kein nach § 58 Abs 1 VwGO zwingender Bestandteil einer Rechtsmittelbelehrung sind, müssen vollständig und inhaltlich richtig sein (OVG Bautzen v 27.1.2011 – 5 B 257/10, Rn 14) zur fehlenden Zustellung eines Änderungsbescheids an den Nachbarn, vgl VGH München v 9.10.2009 – 1 CS 08.1999), so gilt die Jahresfrist des § 58 Abs 2 VwGO, die jedoch (mindestens) die Bekanntgabe des anzufechtenden Verwaltungsaktes voraussetzt (BVerwG NVwZ 1995, 901 f; für die Anfechtung von Verkehrszeichen kommt es für den Fristlauf auf deren Aufstellung an, vgl VGH Kassel NJW 1999, 2057). Enthält die Rechtsbehelfsbelehrung keinen Hinweis darauf, dass der Widerspruch auch im Wege der elektronischen Kommunikation gem § 3a VwVfG eingelegt werden kann, so ist diese unrichtig und setzt die Jahresfrist gem § 58 Abs 2 VwGO in Gang, wenn die belehrende Behörde den Zugang für die Übermittelung elektronischer Dokumente gem § 3a Abs 1 VwVfG eröffnet hat (sehr str: Wie hier OVG Koblenz v 8.3.2012 – 1 A 11258/11, Rn 23 ff; OVG Berlin-Brandenburg v 3.5.2010 – OVG 2 S 106.09; VG Trier 22.9.2009 – 1 K 365/09.TR; VG Potsdam v 18.8.2010 – 8 K 2929/09; VG Neustadt NJW 2011, 1530; aA VG Neustadt LKRZ 2012, 18; VG Frankfurt v 8.7.2011 – 11 K 4808/10 F; VG Berlin v 20.5.2010 – 12 L 253.10). Die Jahresfrist des § 58 Abs 2 VwGO läuft dann nicht, wenn eine Bekanntgabe des Ausgangsverwaltungsaktes nicht erfolgt ist oder seitens der Behörde irrtümlich die Belehrung erteilt worden ist, dass ein Rechtsbehelf gegen den Verwaltungsakt nicht gegeben sei, während in Wahrheit die Einlegung eines Widerspruchs zulässig war (BVerwG ZfBR 1986, 478).

IV. Fristlauf bei Drittwidersprüchen, Verwirkung

Besondere Probleme werfen in diesem Zusammenhang die Drittwidersprüche auf. In **4** vielen Fällen wird hier eine Zustellung/Bekanntgabe des Ausgangsverwaltungsaktes an den Drittwiderspruchsführer nicht erfolgt sein. Die Rechtsprechung vertritt allerdings in diesen Fällen die Auffassung, dass ein Drittwiderspruchsführer, der auch ohne Bekanntgabe von der ihn belastenden Genehmigung (zB der Nachbar, dem die Baugenehmigung des Bauherrn nicht zugestellt wurde) sicher Kenntnis erlangt hat (zB durch das Beobachten von Bauarbeiten auf dem nachbarlichen Grundstück) von sich aus aktiv werden müsse und die gebotenen Rechtsmittel einlegen müsse. Bleibt der Drittwiderspruchsführer in diesen Fällen untätig, so muss er sich regelmäßig nach Treu und Glauben (VG Gelsenkirchen Urt v 30.9.2008 – 12 K 2043/07) so behandeln lassen, als sei ihm die Genehmigung ohne Rechtsmittelbelehrung amtlich bekannt gemacht worden, so dass in diesen Fällen in der Regel die

Jahresfrist des § 58 Abs 2 VwGO als äußerste Grenze in Lauf gesetzt wird (vgl dazu BVerwG NJW 1974, 1261; vgl auch VG Stuttgart v 21.6.2007 – 2 K 3211/07; VG Bremen Urt v 18.12.2008 – 5 K 1798/07). Erforderlich ist es allerdings in diesen Fällen immer, dass der Drittbetroffene die Möglichkeit hatte, von der theoretisch denkbaren Rechtsverletzung zumindest Kenntnis zu erhalten, die Rechtsverletzung muss also für den Nachbarn mindestens erkennbar gewesen sein. Die Verwirkung eines nachbarlichen Abwehrrechts setzt außer der Untätigkeit des Nachbarn während eines längeres Zeitraums voraus, dass der Bauherr infolge der Untätigkeit darauf vertrauen durfte, dass der Nachbar das ihm eigentlich zustehende Abwehrrecht nicht mehr geltend machen werde (Vertrauensgrundlage), der Bauherr hierauf auch tatsächlich vertraut hat (Vertrauenstatbestand) und er sich infolge dessen in seinen Vorkehrungen und Maßnahmen so eingerichtet hat, dass ihm durch die verspätete Durchsetzung des Rechts ein unzumutbarer Nachteil entstehen würde (OVG Münster Urt v 4.9.2008 – 7 A 2358/07; zu den Voraussetzungen der Verwirkung des Widerspruchsrechts eines Nachbarn gegen eine erteilte wasserrechtliche Erlaubnis, vgl auch VG Saarland BeckRS 2009, 36222).

5   Auch der Betroffene, dem der Verwaltungsakt (ggf ohne Rechtsmittelbelehrung) bekannt geworden ist, kann sein Widerspruchsrecht verwirken, wenn er über einen längeren Zeitraum hinaus untätig bleibt und die Behörde entsprechend disponiert hat, da sie – für den Betroffenen erkennbar – von der Bestandskraft ihrer Entscheidung ausging (BVerwG ZfBR 1988, 144; OVG Münster NJW 1980, 1413; OVG Berlin-Brandenburg v 20.3.2006 – 12 A 11.05; allgemein zur Verwirkung von Prozessrechten vgl BVerwG NVwZ 2005, 1334). Vereitelt der Widerspruchsführer die Zustellung des Bescheides, so kann er sich bei Versäumung der Widerspruchsfrist nach Treu und Glauben nicht auf den Mangel der ordnungsgemäßen Bekanntgabe berufen (BVerwGE 85, 213; BVerwG BeckRS 2004, 22567).

V. Fristlauf bei erneuter Bekanntgabe eines VA

6   Die erneute Bekanntgabe eines unanfechtbar gewordenen Verwaltungsakts setzt die Frist nicht erneut in Lauf (vgl dazu B/F-K/K VwGO § 70 Rn 11). Auch die behördliche Verlängerung der Geltungsdauer einer Genehmigung soll für den Nachbarn keine neue Widerspruchsmöglichkeit eröffnen (so jedenfalls B/F-K/K VwGO § 70 Rn 9), ob diese Rechtsauffassung allerdings uneingeschränkt für jeden Fall haltbar ist, ist fraglich, da sich bei wiederholter Verlängerung von Genehmigungen möglicherweise auch eine Veränderung der Sach- und Rechtslage einstellen kann, auf die bei der Verlängerung der Genehmigung seitens der Ausgangsbehörde Rücksicht zu nehmen ist, so dass der Nachbar bei einer Verlängerung der Geltungsdauer einer Genehmigung im Einzelfall durchaus durch die Verlängerung in eigenen Rechten verletzt sein kann. Bei späteren Änderungsbescheiden muss erneut Widerspruch eingelegt werden (BVerwG NVwZ 1998, 1292).

VI. Fristwahrung/Widerspruchseinlegung

7   Der Widerspruch ist innerhalb der Widerspruchsfrist bei der Ausgangsbehörde (§ 70 Abs 1 S 1 VwGO) oder bei der Widerspruchsbehörde einzulegen (§ 70 Abs 1 S 2 VwGO). Wird der Widerspruch fälschlicherweise weder bei der Ausgangsbehörde noch bei der Widerspruchsbehörde oder bei einer unzuständigen Behörde eingelegt, so wird die Widerspruchsfrist hierdurch nicht gewahrt. Die unzuständige Behörde ist zwar verpflichtet, den eingegangenen Widerspruch ohne schuldhaftes Zögern im Rahmen des normalen Geschäftsgangs an die zuständige Behörde weiterzuleiten, allerdings trägt der Widerspruchsführer das Risiko, dass die unzuständige Behörde den Widerspruch tatsächlich sofort und innerhalb der laufenden Fristen weiterleitet. Eine zögerliche Behandlung oder lediglich ein nicht unverzügliches Weiterleiten begründet grundsätzlich keinen Anspruch auf Wiedereinsetzung in den vorherigen Stand auf Seiten des Widerspruchsführers (vgl dazu B/F-K/K VwGO § 60 Rn 6). In diesen Fällen kommt es allein darauf an, dass das weitergeleitete Schreiben rechtzeitig innerhalb der Frist bei der zuständigen Ausgangs- oder Widerspruchsbehörde eingeht. Bei der Anordnung der öffentlichen Zustellung eines Verwaltungsaktes hat die Behörde besondere Aufklärungspflichten: Geht nach erfolgter öffentlicher Zustellung noch innerhalb der Rechtsbehelfsfrist ein Anwaltsschriftsatz bei der Behörde ein, so ist nach den Grundsätzen

des fairen Verfahrens Anlass zu einem behördlichen Hinweis auf die bereits erfolgte öffentliche Zustellung und auf den deswegen drohenden Ablauf der Widerspruchsfrist gegeben (VGH Mannheim NJW 2008, 2519). Ein bei Gericht eingereichter Schriftsatz kann ausnahmsweise dann als an die Behörde gerichteter Widerspruch gewertet werden, wenn darin mit hinreichender Klarheit und Deutlichkeit der Wunsch nach Einleitung und Durchführung des förmlichen Widerspruchsverfahrens bei der Behörde zum Ausdruck gebracht wird (VG Mainz Beschl v 10.11.2010 – 3 L 1334/10.MZ, Rn 3.

Der Zugang des Widerspruchs setzt voraus, dass er mit Wissen und Wollen des Widerspruchsführers (BVerwG NJW 1993, 1874) bei der Ausgangs- oder Widerspruchsbehörde eingeht (OVG Weimar ThürVBl 2011, 197). Dabei kommt es ausschließlich darauf an, ob und wann der Widerspruch tatsächlich in den Machtbereich der zuständigen Behörde gelangt ist, da der Widerspruchsführer das Recht hat, die Frist buchstäblich bis zur letzten Sekunde auszunutzen. Der Widerspruch ist selbst dann rechtzeitig eingelegt, wenn der Widerspruch erst zu einem Zeitpunkt bei der Behörde eingeht, zu dem mit einer Kenntnisnahme vom Widerspruch nicht mehr zu rechnen war (zB 23:50 Uhr am Tage des Ablaufs der Widerspruchsfrist durch Einwurf in den **Nacht**briefkasten). Der Widerspruch muss nicht amtlich in Empfang genommen werden. **8**

Für den tatsächlichen Zugang des Widerspruchs innerhalb der Widerspruchsfrist trägt grundsätzlich der Widerspruchsführer die materielle Beweislast (OVG Münster Urt v 28.1.2004 – 1 A 458/01; BayVGH Urt v 9.2.2007 – 3 B 03.519; VG Augsburg Urt v 22.4.2008 – Au 1 K 07.1348; OVG Weimar ThürVBl 2011, 197).

B. Form des Widerspruchs

I. Schriftform

Das Gesetz enthält zur Form des Widerspruchs und zum Inhalt des Widerspruchsschreibens keinerlei Vorgaben (Redeker/v. Oertzen/Kothe VwGO § 70 Rn 10). Erforderlich ist es aber, dass der Widerspruch aus Gründen der Rechtssicherheit in der Regel schriftlich eingelegt werden muss (vgl dazu BVerwG NJW 89, 1175). Dies lässt sich auch aus § 70 Abs 1 S 1 VwGO letzter Hs entnehmen, der alternativ zur schriftlichen Einlegung des Widerspruchs auch eine Widerspruchseinlegung „zur Niederschrift bei der Behörde" für zulässig erklärt, die den Verwaltungsakt erlassen hat (die Widerspruchseinlegung zur Niederschrift bei der Widerspruchsbehörde ist danach unzulässig). Es gelten in diesem Zusammenhang zum Schriftformerfordernis die gleichen Anforderungen wie bei der Klageerhebung (§ 81 VwGO Rn 13–23, vgl Kuhla/Hüttenbrink/Hüttenbrink, E Rn 34–40 c). **9**

Die Schriftform ist danach dann gewahrt, wenn der Widerspruch vom Widerspruchsführer oder dessen Bevollmächtigten handschriftlich unterzeichnet ist (BVerwGE 58, 359, 365). Zum Inhalt des Widerspruchs vgl § 69 VwGO Rn 4, unten Rn 15).

Anstelle des schriftlichen Widerspruchs kann sich der Widerspruchsführer auch eines Mitarbeiters der Behörde bedienen, der über die Widerspruchseinlegung eine Niederschrift aufzunehmen hat. Die Widerspruchseinlegung durch Niederschrift stellt eine Unterform der Schriftlichkeit dar. Der Widerspruchsführer hat einen Anspruch auf die Aufnahme seines Widerspruchs; die Behörde darf ihn nicht auf die Möglichkeit verweisen, den Rechtsbehelf schriftlich einzulegen (vgl § 81 VwGO Rn 24; Eyermann/Rennert VwGO § 81 Rn 11; VG Neustadt Urt v 12.8.2008 – 5 K 408/08.NW). Ein Widerspruch ist aber dann nicht „zur Niederschrift" erhoben, wenn der Betroffene bei der Behörde anruft oder persönlich vorspricht und darauf vertraut, dass darüber bei der Behörde ein Aktenvermerk gefertigt werde (OVG Thüringen NVwZ-RR 2002, 408 mwN). Erforderlich wird es in der Regel sein, dass der Widerspruch in diesen Fällen in Anwesenheit des Widerspruchsführers von der Behörde zu Protokoll genommen, vorgelesen und von ihm – günstigerweise durch Beifügung der Unterschrift – genehmigt wird. Vertraut der Widerspruchsführer bei seiner persönlichen Vorsprache bei der Behörde darauf, dass eine ordnungsgemäße Niederschrift aufgenommen wurde, so kommt – falls dies im Einzelfall nicht geschehen sein sollte – unter Umständen jedoch eine Wiedereinsetzung in den vorherigen Stand in Betracht (§ 60 VwGO), (vgl iÜ zu einem weiteren Ausnahmefall VG Neustadt Urt v 12.8.2008 – 5 K 408/08.NW).

II. Ausnahmen

10   Ausnahmen hiervon sind von Rechtsprechung dann zugelassen worden, wenn sich aus dem Widerspruchsschreiben oder den ihm beigefügten Anlagen eindeutig und ohne Beweiserhebung ergab, dass das Schriftstück vom Kläger herrührt und willentlich an die zuständige Behörde gelangt ist. Auf das Erfordernis der Schriftlichkeit der Klageerhebung kann im Zusammenhang mit der eigenhändigen Namenszeichnung dann verzichtet werden, wenn sich aus anderen Anhaltspunkten eine der Unterschrift vergleichbare Gewähr für die Urheberschaft und den Rechtsverkehrswillen des Absenders ergibt. Insgesamt hat sich bei der Rechtsprechung insoweit wegen fehlender Unterschrift eine gewisse Großzügigkeit durchgesetzt (BVerwGE 81, 32; ferner BVerwG NJW 95, 2121). Ausreichend ist es daher, wenn Anlagen handschriftlich unterzeichnet sind oder wenn die Übermittlung durch Telegramm, Fernschreiben, Telekopie, Computerfax (vgl VG Neustadt adW v 3.7.2006 – 4 L 989/06. NW) uä erfolgt. Ob eine fernmündliche Widerspruchseinlegung erfolgen kann, ist strittig (vgl Kuhla/Hüttenbrink/Hüttenbrink E Rn 37 mwN). Nicht ausreichend ist es in der Regel, wenn das Widerspruchsschreiben lediglich maschinenschriftlich ohne Unterschrift und ohne weitere Hinweise auf den Absender und dessen Identität einreicht wird. Bzgl. der Art der Unterschrift ist im Übrigen darauf hinzuweisen, dass diese von einer natürlichen Person stammen muss; die Unterzeichnung mit einem Firmennamen ist ebenso unzulässig wie eine Unterzeichnung durch eine andere Person unter fremden Namen (vgl dazu BGH NJW 1966, 1069; VGH Mannheim NJW 1996, 3162). Die fehlende Unterschrift kann innerhalb der Widerspruchsfrist jederzeit nachgeholt werden. Zur konkludenten Widerspruchseinlegung durch ein einstweiliges Rechtsschutzverfahren vgl OVG Bautzen BeckRS 2006 26066.

III. Elektronische Kommunikation

11   Die Schriftform kann – wie bei der Klageerhebung – durch die elektronische Form ersetzt werden, soweit die zuständige Behörde dafür einen Zugang eröffnet hat (§§ 3a, 79 VwVfG; VG Berlin NJW 2008, 1335 f; vgl ferner Kopp/Ramsauer VwVfG § 79 Rn 27). Eine unsignierte E-Mail ist nicht ausreichend (VG Berlin NJW 2008, 1335; Skrobotz jurisPR-ITR 10/2008; VG Neustadt Urt v 11.2.2008 – 4 K 1537/07.NW; VG München 5.2.2009 – 07.2394; OVG Lüneburg v 8.11.2011 – 4 LB 156/11). Nach § 3a Abs 2 VwVfG kann die für die Widerspruchseinlegung nach § 70 Abs 1 VwGO angeordnete Schriftform durch die mit einer qualifizierten elektronischen Signatur im Sinne des Signaturgesetzes verbundene elektronische Form ersetzt werden (Bay VGH 16.6.2007 – 11 CS 06.1959), wobei die Signatur mit einem Pseudonym die Schriftform nicht ersetzt. Der mit einfacher E-Mail eingelegte Widerspruch genügt dem Schriftformerfordernis nicht (VG Sigmaringen BeckRS 2005, 20205; OVG Lüneburg v 8.11.2011 – 4 LB 156/11). Ist ein der Behörde übermitteltes elektronisches Dokument für die Behörde zur Bearbeitung nicht geeignet, hat sie dies dem Absender unverzüglich mitzuteilen. Die Behörde muss dabei die für sie geltenden technischen Rahmenbedingungen benennen (§ 3a Abs 3 VwVfG). Macht ein Empfänger geltend, er könne das von der Behörde übermittelte elektronische Dokument nicht bearbeiten, hat sie es ihm erneut in einem geeigneten elektronischen Format oder als Schriftstück zu übermitteln (§ 3a Abs 3 S 2 VwVfG; vgl dazu auch Kopp/Ramsauer VwVfG § 3a Rn 25). Die elektronische Kommunikation ist rein fakultativ; dh niemand kann zu diesem speziellen Übermittlungsweg gezwungen werden; durch die Einführung der elektronischen Kommunikationsmöglichkeit bleibt die bislang übliche Schriftform unberührt (vgl BT-Drs 14/4987, 23)

IV. Folgen der Fristversäumnis

12   Sobald die Widerspruchsfrist abgelaufen ist, wird der Verwaltungsakt – vorbehaltlich einer Wiedereinsetzung des Betroffenen in den vorherigen Stand – unanfechtbar. Sofern die Widerspruchsbehörde den Widerspruch infolge dessen als unzulässig zurückweist, ist auch die anschließende Klage des Betroffenen wegen Fehlens einer Sachurteilsvoraussetzung unzulässig. Bei Verwaltungsakten mit Drittwirkung ist es der Behörde auf Grund des schutzwürdigen Vertrauens des Adressaten des Verwaltungsaktes in die Bestandskraft der Entschei-

dung schon aus Rechtsgründen verwehrt, sich über eine bereits eingetretene Verfristung hinwegzusetzen, vgl OVG Koblenz BeckRS 2009 39285; BVerwG NVwZ 1983, 285.

Ob allerdings ein unzulässiger Widerspruch zwingend als unzulässig zurückgewiesen **13** werden muss, ist strittig. Nach wohl herrschender Meinung hat die Widerspruchsbehörde die Befugnis, auch einen unzulässigen Widerspruch sachlich zu bescheiden. (Auch bei verspäteter Widerspruchseinlegung erwächst der angefochtene Bescheid nicht in Bestandskraft, wenn die Behörde zuvor die Erwartung des Widerspruchsführers hervorgerufen hat, es werde noch zur Sache entschieden, vgl VGH Mannheim VBlBW 1993, 220 ff) Beruft sich also die Behörde nicht auf die Unzulässigkeit des Widerspruchs, wird der Klageweg in der Sache wieder eröffnet (vgl dazu F/F-K/K VwGO § 70 Rn 22; BVerwGE 28, 205). Der Widerspruchsbehörde ist es allerdings verwehrt, über einen unheilbar verspäteten Widerspruch in der Sache zu entscheiden, wenn der Ausgangsbescheid (auch) drittschützenden oder drittwirkenden Charakter hat (BVerwG Buchholz 310, § 58 VwGO Nr 69; OVG Münster 4.12.2006 – 7 A 569/06)

V. Wiedereinsetzung in den vorherigen Stand

Für das Widerspruchsverfahren gelten die §§ 58 und 60 Abs 1–4 VwGO entsprechend **14** (vgl oben § 58 VwGO Rn 1 sowie § 60 VwGO Rn 1), so dass eine Wiedereinsetzung bei einer Fristversäumnis nach den dort aufgestellten strengen Kriterien grundsätzlich möglich ist (vgl allg BayVGH Beschl v 8.2.2008 – 6 CS 07.3233).

C. Inhalt der Widerspruchsschrift

Das Gesetz macht dem Widerspruchsführer keinerlei Vorgaben zum Inhalt des Wider- **15** spruchsschreibens. Für die Behörde muss allerdings mindestens erkennbar sein, dass und wogegen der Betreffende Widerspruch einlegen will (VG Düsseldorf NWVBl 1998, 286). Unklarheiten können auch noch nach Ablauf der Widerspruchsfrist aufgeklärt werden. Es ist nicht erforderlich, dass der Widerspruch einen konkreten Antrag enthält; im Zweifel ist davon auszugehen, dass der Widerspruchsführer den gesamten Bescheid anfechten will. Es ist im Übrigen nicht vorgeschrieben, dass in dem Schreiben das Wort „Widerspruch" enthalten ist, wenn für die Behörde nachvollziehbar und verständlich ist, dass der Widerspruchsführer die Aufhebung oder Änderung des ergangenen Bescheides begehrt (vgl dazu Redeker/v. Oertzen/Kothe VwGO § 70 Rn 10). Wendet sich eine Prozesspartei im Rahmen eines bereits bei Gericht anhängigen Verfahrens in Schriftsätzen an das Gericht, so kann in diesem Schriftsatz ausnahmsweise ein Widerspruch im Sinne des § 69 VwGO gesehen werden, wenn in diesem Schriftsatz mit hinlänglicher Deutlichkeit der Wunsch nach Durchführung eines förmlichen Widerspruchsverfahrens bei der Behörde zum Ausdruck kommt (OVG Hamburg NVwZ-RR 1996, 397; ferner BVerwG NVWZ 1995, 76 f). Erforderlich ist es in diesen Ausnahmefällen allerdings, dass der Schriftsatz auch fristgerecht in den Machtbereich der Behörde gelangt. Eine Begründung des Widerspruchs ist tunlich, aber gesetzlich nicht zwingend vorgeschrieben.

§ 71 Anhörung

Ist die Aufhebung oder Änderung eines Verwaltungsakts im Widerspruchsverfahren erstmalig mit einer Beschwer verbunden, soll der Betroffene vor Erlaß des Abhilfebescheids oder des Widerspruchsbescheids gehört werden.

§ 71 VwGO stellt eine besondere Ausprägung des rechtlichen Gehörs dar. Sofern Dritte im Zusammenhang mit einer etwaig beabsichtigten Aufhebung oder Änderung des Verwaltungsaktes in Widerspruchsverfahren betroffen sein könnten, müssen diese zuvor von der Widerspruchsbehörde angehört werden.

A. Allgemeines

Sofern in Betracht zu ziehen ist, dass mit der Aufhebung oder Änderung des ursprüng- **1** lichen Verwaltungsaktes im Widerspruchsverfahren erstmalig mit einer Beschwer für den

Widerspruchsführer oder einen Dritten verbunden ist, bestimmt § 71 VwGO, dass der Betroffene vor Erlass des Abhilfebescheids oder des Widerspruchsbescheids gehört werden soll. § 71 VwGO ist damit Ausdruck eines aus dem verfassungsrechtlichen Rechtsstaatprinzip (Art 20 GG) abzuleitenden allgemeinen Rechtsgrundsatzes (Kopp/Schenke VwGO § 71 Rn 1; BVerfG NJW 1980, 763).

B. Gruppe der Anzuhörenden

2   Nach § 71 VwGO soll jeder angehört werden, der durch die Aufhebung des angefochtenen Verwaltungsaktes oder durch dessen Änderung (zB durch Aufhebung von drittschützenden Auflagen, BVerwG DVBl 1965, 26) durch einen Abhilfe- oder Widerspruchsbescheid beschwert wird. Unter einer Beschwer im Sinne des Gesetzes ist dabei jede denkbare nachteilige Änderung einer Rechtsstellung gegenüber dem Ausgangs-VA zu verstehen. Gleichgültig ist es in diesem Zusammenhang, ob die durch die beabsichtigte Änderung betroffene Person bereits an dem bisherigen Verwaltungsverfahren beteiligt war oder nicht. Erfasst werden sowohl der Widerspruchsführer selbst als auch sonstige, erstmalig beschwerte dritte Personen, also alle Betroffenen (B/F-K/K VwGO § 71 Rn 3; Kopp/Schenke VwGO § 71 Rn 2). In den Fällen einer beabsichtigten „Reformatio in peius" (§ 68 VwGO Rn 11 bis 13) hat eine Anhörung nicht nur dann zu erfolgen, wenn eine Verschlechterung auf neue oder bisher nicht in das Verfahren eingeführte Tatsachen oder auf eine veränderte Rechtslage gestützt werden soll, sondern auch dann, wenn die Behörde unter Berücksichtigung einer vom bisherigen Ergebnis abweichenden Würdigung der Sach- und Rechtslage zu neuen, für den Widerspruchsführer belastenderen Ansichten gelangt (vgl Stein VR 2009, 148; OVG Münster v 9.11.2010 – 13 A 867/10, Rn 23 ff). Aus dem Selbstverständnis des § 71 VwGO ergibt sich, dass die Anhörung **vor** der beabsichtigten Aufhebung/Änderung des Ausgangs-VA erfolgen muss.

C. Entbehrlichkeit der Anhörung

3   Die Durchführung der Anhörung ist nach § 71 VwGO zwingend vorgeschrieben. Die „Sollvorschrift" des § 71 VwGO ist allerdings verfassungskonform als Mussvorschrift auszulegen (vgl dazu Sodan/Ziekow/Geis VwGO § 71 Rn 6). Denkbar ist es aber, dass in analoger Anwendung des § 28 Abs 2 und 3 VwVfG im Einzelfall aufgrund besonderer Umstände von einer Anhörung abgesehen werden kann (wegen der näheren Einzelheiten vgl dazu Kopp/Ramsauer VwVfG § 28 Rn 44 bis 76). Es bleibt allerdings festzuhalten, dass die Anhörung für den Normalfall zwingend geboten ist (Kopp/Schenke VwGO § 71 Rn 4).

D. Ausgestaltung der Anhörung

4   § 71 VwGO enthält keine Vorgaben, wie die Behörde die erforderliche Anhörung durchzuführen hat. Die Art und Weise der Durchführung der Anhörung wird deshalb von der Behörde nach pflichtgemäßem Ermessen bestimmt (vgl § 10 VwVfG). Das Anhörungsverfahren ist deshalb nach § 10 S 2 VwVfG „einfach, zweckmäßig und zügig durchzuführen". Da eine bestimmte Form der Anhörung nicht vorgeschrieben ist (Kopp/Schenke VwGO § 71 Rn 5), kann die Anhörung sowohl in mündlicher als auch in schriftlicher Form erfolgen. Entscheidend ist, dass der Betroffene eine effektive Möglichkeit hat, sich zu der von der Behörde beabsichtigten, für ihn negativen Entscheidung in tatsächlicher und rechtlicher Hinsicht zu äußern. Das Gebot des effektiven Rechtsschutzes verlangt es dabei, dass dem Betroffenen auch eine angemessene Überlegungsfrist eingeräumt werden muss (vgl dazu B/F-K/K VwGO § 72 Rn 5). Eine ordnungsgemäße Anhörung setzt im übrigen voraus, dass der Betroffene von der Behörde zuvor von den Überlegungen unterrichtet wird, die die Behörde dazu erwogen haben, über eine Änderung/Aufhebung des Ausgangs-VA nachzudenken. Eine ordnungsgemäße Anhörung liegt deshalb noch nicht vor, wenn die Behörde den Betroffenen im Rahmen des Widerspruchsverfahrens lediglich zu einzelnen Sachumständen näher befragt oder um allgemeine Auskünfte bittet (B/F-K/K VwGO § 72 Rn 5).

E. Rechtsfolgen bei Verletzung der Anhörungspflicht

Eine Verletzung der Anhörungspflicht des § 71 VwGO führt zu einem wesentlichen **5** Verfahrensmangel des Widerspruchsverfahrens. Es ist deshalb denkbar, dass die zu Unrecht übergangene Person eine isolierte verwaltungsgerichtliche Klage einreicht, die lediglich auf Aufhebung des Widerspruchsbescheids gerichtet werden kann (§ 79 Abs 1 Nr 2 VwGO, vgl dazu auch BVerwG DVBl 1965, 26). Durch eine derartige isolierte Anfechtungsklage, die nur gegen den Widerspruchsbescheid gerichtet ist, bleibt der Ausgangs-VA in seinem Bestand unberührt (vgl dazu Kopp/Schenke VwGO § 71 Rn 6).

F. Heilung einer unterbliebenen Anhörung

Ob eine Heilung einer nach § 71 VwGO erforderlichen, jedoch unterbliebenen Anhö- **6** rung im Rahmen eines anschließenden verwaltungsgerichtlichen Klageverfahrens nach § 45 Abs 2 VwVfG möglich ist, ist strittig (generell bejahend: Redeker/von Oertzen/Kothe VwGO § 71 VwGO Rn 2; wohl auch Sodan/Ziekow/Geis VwGO § 71 Rn 14; verneinend: Kuhla/Hüttenbrink/Hüttenbrink G 181). Die Heilungsvorschrift des § 45 Abs 2 VwVfG in Verbindung mit § 45 Abs 1 Nr 3 VwVfG findet auf die fehlende oder fehlerhafte Anhörung eines erstmalig im Widerspruchsverfahren Betroffenen keine Anwendung, da § 45 Abs 2 VwVfG nur das Verwaltungsverfahren betrifft und sich nicht auf die Sondervorschrift des § 71 VwGO erstreckt. IÜ könnte ein entsprechender Verfahrensfehler im gerichtlichen Verfahren häufig auch deshalb nicht geheilt werden, weil die Widerspruchsbehörde, die die Anhörung versäumt hat, an dem späteren Gerichtsverfahren nicht mehr beteiligt ist und die verklagte Ausgangsbehörde nicht die Befugnis hat, die Versäumnisse der Widerspruchsbehörde nachzuholen (idS auch Kopp/Schenke VwGO § 71 Rn 7; ferner B/F-K/K VwGO § 71 Rn 6). Das Bundesverwaltungsgericht hat sich mit dieser Frage seit Inkrafttreten der neuen Heilungsvorschriften (zum alten Recht vgl BVerwG DVBl 1965, 26) – soweit ersichtlich – bislang noch nicht befasst. In einer Entscheidung aus dem Jahre 1999 (BVerwG NVwZ 1999, 1218 ff) hat das BVerwG allerdings die verfahrensfehlerhaft unterlassene Anhörung selbst bei einer reformatio in peius für unbeachtlich gehalten, wenn angesichts zwingender rechtlicher Vorschriften keine andere Entscheidung in der Sache möglich gewesen wäre (vgl dazu auch OVG Münster v 9.11.2010 – 13 A 867/10, Rn 23 ff). Für die hier vertretene Auffassung spricht ferner, das nach der bisher herrschenden Auffassung die Befugnis der Widerspruchsbehörde ihren Widerspruchsbescheid nach Beendigung des Widerspruchsverfahrens zu ändern mit Ausnahme einer Berichtigung von Schreibfehlern, Rechenfehlern oä ausgeschlossen war. Die Widerspruchsbehörde besitzt nach Zustellung des Widerspruchsbescheids keine Befugnis mehr, über die Sache weiter zu befinden; sie ist insbesondere nicht in der Lage, den Widerspruch sachlich anders zu bescheiden und damit den Bescheid zu ändern (vgl dazu BVerwGE 58, 100, 105; VGH Mannheim NVwZ-RR 95, 476 ff).

§ 72 [Abhilfe]

Hält die Behörde den Widerspruch für begründet, so hilft sie ihm ab und entscheidet über die Kosten.

Sofern die Ausgangsbehörde und Widerspruchsbehörde nicht identisch sind, ordnet § 72 VwGO, dass die Ausgangsbehörde den Widerspruch zunächst noch einmal in eigener Verantwortung und Kompetenz zu überprüfen hat. § 72 VwGO berechtigt die Ausgangsbehörde dazu, dem Widerspruch abzuhelfen, falls sie ihn für begründet hält.

A. Allgemeines

§ 72 VwGO geht davon aus, dass Ausgangsbehörde und Widerspruchsbehörde nicht **1** identisch sind. § 72 VwGO ordnet deshalb für diesen Fall an, dass sich zunächst die Ausgangsbehörde noch einmal mit der Sache befassen muss und den von ihr erlassenen Verwaltungsakt kritisch überprüfen muss. § 72 VwGO stellt eine Verfahrensvorschrift dar, wobei die Durchführung eines Abhilfeverfahrens keine Sachurteilsvoraussetzung im nachfolgenden verwaltungsgerichtlichen Verfahren ist.

2   Hat der Betroffene seinen Widerspruch unmittelbar bei der Widerspruchsbehörde eingelegt, so hat diese den Widerspruch zunächst der Ausgangsbehörde vorzulegen, um ihr Gelegenheit zur Abhilfe zu geben. Dies erfordert in der Regel die Übersendung des Widerspruchsschreibens an die Ausgangsbehörde; eine bloße telefonische Anfrage bei der Ausgangsbehörde ist nicht ausreichend (Kopp/Schenke VwGO § 72 Rn 1). Wird gegen die Verpflichtung zur Durchführung eines Abhilfeverfahrens verstoßen, so führt dies zu einem wesentlichen Verfahrensmangel des gesamten Widerspruchsverfahrens iSv § 79 Abs 2 S 2 VwGO (vgl auch Kopp/Schenke VwGO § 72 Rn 1; Eyermann/Rennert VwGO § 72 Rn 2). Der Verfahrensmangel führt – vor allem bei Ermessensentscheidungen – zur Aufhebung des Widerspruchsbescheids. In der Praxis werden die Akten von der Ausgangsbehörde häufig kommentarlos an die Widerspruchsbehörde weitergeleitet; hierin wird regelmäßig eine konkludente Nichtabhilfeentscheidung zu sehen sein (Eyermann/Rennert VwGO § 72 Rn 2); der Verfahrensfehler wird deshalb nur dann entstehen können, wenn der Widerspruch (ausnahmsweise) bei der Widerspruchsbehörde eingelegt wurde und wenn die Widerspruchsbehörde ohne Einschaltung der Ausgangsbehörde eine sofortige Entscheidung trifft.

B. Abhilfebescheid

I. Verfahren

3   Das Abhilfeverfahren entfällt, wenn Ausgangsbehörde und Widerspruchsbehörde identisch sind (BVerwGE 70, 4 ff, 12; vgl ferner Kopp/Schenke VwGO § 72 Rn 1). Das nach Einlegung des Widerspruchs einsetzende Abhilfeverfahren setzt das ursprüngliche Verwaltungsverfahren vor der Ausgangsbehörde fort. Die Ausgangsbehörde hat damit Gelegenheit, ihre ursprüngliche Entscheidung in tatsächlicher und rechtlicher Hinsicht noch einmal zu überprüfen und ggf zu revidieren. Das Abhilfeverfahren vollzieht sich dabei in der Regel ohne weitere Beteiligung des Betroffenen, es sei denn, dass ein Fall des § 71 VwGO vorliegt, weil die Ausgangsbehörde im Rahmen des Abhilfeverfahrens eine Aufhebung oder Änderung des angefochtenen Verwaltungsakts in Erwägung zieht (vgl § 71 VwGO Rn 2).

II. Abhilfeentscheidung

4   Die Ausgangsbehörde hat im Rahmen des Abhilfeverfahrens nur die Möglichkeit, dem Widerspruch abzuhelfen (also eine positive Entscheidung über den Widerspruch zu treffen) oder es bei der ursprünglichen Entscheidung zu belassen und den gesamten Vorgang mit dem Widerspruch an die Widerspruchsbehörde weiterzuleiten. Die Ausgangsbehörde hat nicht die Möglichkeit, den Widerspruch zurückzuweisen oder im Rahmen der Abhilfeentscheidung zu „verbösern" (vgl Kopp/Schenke VwGO § 72 Rn 3; die Ausgangsbehörde kann aber ggf bei Vorliegen der Voraussetzungen der §§ 48, 49 VwVfG den Ausgangsbescheid aufheben und durch neuen „verschärften" Bescheid ersetzen, vgl Redeker/von Oertzen/Kothe VwGO § 72 Rn 5; ferner unten Rn 10 ff).

5   Hält die Behörde den eingelegten Widerspruch für begründet, so hilft sie ihm dadurch ab, dass sie den angefochtenen Bescheid ganz oder teilweise aufhebt bzw ändert oder den vom Widerspruchsführer beantragten Verwaltungsakt ganz oder unter Auflagen und Bedingungen erlässt (Kuhla/Hüttenbrink/Hüttenbrink, D 99). Wird dem Widerspruch dagegen in der Weise abgeholfen, dass der mit dem Widerspruch angegriffene Bescheid zunächst insgesamt aufgehoben und dann teilweise neu erlassen wird, so liegt jedenfalls dann kein Zweitbescheid vor, wenn die Sach- und Rechtslage gegenüber dem Erlass des Ursprungsbescheids unverändert war (BVerwG NVwZ 92, 669: Bei Aufhebung des Ausgangsbescheids liegt selbst dann eine Vollabhilfe vor, wenn gleichzeitig oder später ein neuer Bescheid mit gleichem oder ähnlichem Inhalt erlassen wird).

6   Ein Änderungsbescheid, der dem Widerspruch nur teilweise stattgibt, wird automatisch Gegenstand des anhängigen Widerspruchsverfahrens; einer weitergehenden Erklärung des Widerspruchsführers oder gar eines erneuten Widerspruchs bedarf es nicht (OVG Bautzen

NVwZ-RR 1999, 101; zum Verhältnis zur Rücknahme und zum Widerruf vgl unten Rn 10 bis 12; zum Problem des Zweitbescheids vgl unten Rn 13).

Eine Begründung der Abhilfeentscheidung ist nicht erforderlich, sofern dem Begehren 7 des Widerspruchsführers in vollem Umfange stattgegeben wird und der Dritte durch den Abhilfebescheid nicht berührt wird. Der Abhilfebescheid muss lediglich eine Kostenentscheidung enthalten (BVerwG DVBl 1996, 1315 f). Fehlt die Kostenentscheidung in dem Abhilfebescheid, so muss die unterbliebene Kostenentscheidung ggf im Wege einer Verpflichtungsklage erstritten werden (BSG NVwZ-RR 2007, 441 f). Hilft die Ausgangsbehörde einem Widerspruch nur teilweise ab, obliegt die Kostenentscheidung für das gesamte Vorverfahren der Widerspruchsbehörde (BVerwG NVwZ 1992, 669). Vergisst die Ausgangsbehörde die Kostenentscheidung, so ist auf Antrag eine spätere Ergänzung zulässig. Da der Abhilfebescheid kein Widerspruchsbescheid ist, ist § 73 VwGO, insbes § 73 Abs 3 VwGO nicht anwendbar (Eyermann/Rennert VwGO § 72 Rn 7).

Bei einer erstmaligen Beschwerung Dritter durch den Abhilfebescheid sollte eine Rechts- 8 mittelbelehrung beigefügt und zugestellt werden; der Abhilfebescheid ist für den erstmals oder zusätzlich beschwerten Dritten anfechtbar, wobei dieser nicht Widerspruch einlegen muss, sondern sofort verwaltungsgerichtliche Klage erheben kann (§ 68 Abs 1 S 2 Nr 2 VwGO, ferner Eyermann/Rennert VwGO § 68 Rn 72). Wird eine Baugenehmigung infolge Widerspruchs durch einen Abhilfebescheid aufgehoben, und wendet sich nun der Inhaber der Baugenehmigung gegen den Abhilfebescheid, so ist die Rechtmäßigkeit der Baugenehmigung nur im Hinblick auf die nachbarschützenden Vorschriften des öffentlichen Baurechts zu überprüfen (VG Braunschweig v 9.10.2002 – 2 A 317/01; VG Karlsruhe v 4.5.2011 – 5 K 2975/09).

III. Ende der Abhilfebefugnis

Die Ausgangsbehörde ist jederzeit befugt, ihre Entscheidung über die Nichtabhilfe nach- 9 träglich zu ändern (Kopp/Schenke VwGO § 72 Rn 2). Die Abhilfebefugnis endet jedoch mit Abschluss des Widerspruchsverfahrens, dh mit dem Erlass des Widerspruchsbescheids durch die Widerspruchsbehörde. Sofern die Ausgangsbehörde – auch nachdem die Sache bei der Widerspruchsbehörde anhängig ist – dem Widerspruch vollständig abhilft, so schließt die Abhilfeentscheidung das Widerspruchsverfahren ab. Das weitere bei der Widerspruchsbehörde betriebene Verfahren wird obsolet. Anders liegt der Fall dagegen dann, wenn die Ausgangsbehörde dem Widerspruch nur teilweise abhilft, in diesen Fällen wird das Widerspruchsverfahren bei der Widerspruchsbehörde fortgesetzt. Hat die Ausgangsbehörde einmal eine positive Abhilfeentscheidung getroffen, so kann sie diese nicht nachträglich wieder aufheben (es sei denn in den Fällen der Rücknahme/des Widerrufs oder des Zweitbescheides), da das Vorverfahren mit der positiven Abhilfeentscheidung endgültig erledigt ist.

IV. Verhältnis zu Rücknahme und Widerruf

Die Abhilfeentscheidung der Ausgangsbehörde ist strikt zu unterscheiden von den sons- 10 tigen Möglichkeiten der Ausgangsbehörde den ursprünglichen Verwaltungsakt aufzuheben oder zu ändern, die sich aus den §§ 48 VwVfG f ergeben. Die Möglichkeit einer Rücknahme eines rechtswidrigen Verwaltungsakts nach § 48 VwVfG bleibt der Ausgangsbehörde jederzeit nach § 48 VwVfG möglich (vgl OVG Bautzen Beschl v 7.3.2011 – 1 A 143/10, Rn 9). Gleiches gilt für den Widerruf eines rechtmäßigen Verwaltungsakts nach § 49 VwVfG (vgl Kopp/Schenke VwGO § 72 Rn 3; K/F-K/K VwGO § 72 Rn 5).

Da die Ausgangsbehörde eine positive Abhilfeentscheidung, die zugunsten des Wider- 11 spruchsführers ergangen ist, im Rahmen des Abhilfeverfahrens nicht nachträglich wieder aufheben kann (s Rn 9 ff), hat die Ausgangsbehörde im Falle einer positiven Abhilfeentscheidung lediglich noch die Möglichkeiten nach den §§ 48 ff VwVfG, um die positive Abhilfeentscheidung nachträglich wieder zu beseitigen. Die Möglichkeit zur Rücknahme ist insbes bei unzulässigen Widersprüchen wichtig, sei es weil der Widerspruchsführer den Widerspruch verspätet eingelegt hat oder weil sich der Ausgangsbescheid zwar als objektiv rechtswidrig erweist, aber mangels Widerspruchsbefugnis des (Dritt-)Widerspruchsführers als unzulässig erweist.

12   Die Ausgangsbehörde hat freilich bei einem zulässigen und begründeten Widerspruch nicht die Wahl, ob sie den angefochtenen Verwaltungsakt durch Rücknahmebescheid statt durch eine Abhilfeentscheidung aufheben will. Wenn die Ausgangsbehörde zu der Erkenntnis gelangt, dass der angegriffene Verwaltungsakt rechtswidrig ist, ist sie vielmehr verpflichtet, abzuhelfen (Pietzner/Ronellenfitsch § 27 Rn 3 ff; zur Abgrenzung zwischen Abhilfeentscheidung und Rücknahme vgl auch BVerwG UPR 2000, 35 ff). In einer neueren Entscheidung hat sich das BVerwG (NJW 2009, 2968) auf den Standpunkt gestellt, dass die Ausgangsbehörde, die ihre mit einem Widerspruch angegriffene Maßnahme als rechtswidrig erkennt, die ihr vor Erlass eines Widerspruchsbescheides zustehende Wahl zwischen Abhilfe und Rücknahme nach pflichtgemäßem Ermessen treffen kann. Sieht die Behörde von einer Abhilfe nur deswegen ab, um dem zu erwartenden Kostenanspruch des Widerspruchsführers zu entgehen, ist die behördliche Formenwahl unbeachtlich und von einer Abhilfeentscheidung auszugehen. Eyermann/Rennert VwGO § 72 Rn 11 vertritt die Auffassung, dass die Behörde ein Wahlrecht habe, dass sie dieses aber nicht beliebig, sondern nur nach pflichtgemäßem Ermessen ausüben dürfe, wobei für die Wahl der Rücknahme gute Gründe sprechen müssten, welche den Nachteil für den Widerspruchsführer, dass ihm dann eine Entscheidung über die Kosten des Verfahrens vorenthalten wird; aufwiegen (zur Abgrenzung zwischen Abhilfeentscheidung und Rücknahme vgl BVerwG UPR 2000, 35 ff). Die Entscheidung einer Wehrersatzbehörde, einen Einberufungsbescheid nach § 48 VwVfG aufzuheben, anstatt dem gegen ihn eingelegten Widerspruch nach § 72 VwGO unter Beifügung einer Kostenentscheidung abzuhelfen, ist nicht treuwidrig, wenn sie damit auf einen Kriegsdienstverweigerungsantrag reagiert, der zwischen Absendung und vermutetem Zugang (§ 4 Abs 1 VwZG) des Einberufungsbescheides gestellt worden ist (BVerwG NVwZ-RR 2003, 871 ff). Die Behörde handelt auch dann nicht treuwidrig, wenn sich dem Einberufungsbescheid etwa anhaftende weitere Rechtsmängel bis zum Gestellungstermin hätten korrigieren lassen (BVerwG DVBl 2007, 1119). Im Zweifel ist eine Entscheidung im Widerspruchsverfahren zugunsten des Widerspruchsführers als Abhilfeentscheidung zu qualifizieren (Kuhla/Hüttenbrink/Hüttenbrink D 105). Kommt es im Rahmen des Widerspruchsverfahrens zu einer Vereinbarung zwischen dem Widerspruchsführer und der Behörde, der zufolge die Rücknahme des angefochtenen Verwaltungsakts mit der Erlassbehörde Zug um Zug gegen die Rücknahme des Widerspruchs vereinbart wird, so entzieht der Widerspruchsführer damit einer Kostenerstattung im isolierten Vorverfahren die Grundlage (OVG Berlin-Brandenburg NVwZ-RR 2011, 968).

V. Zweitbescheid

13   In den Fällen des § 51 VwVfG (sog Wiederaufgreifen des Verfahrens) ist die Behörde bei Vorliegen der entsprechenden Voraussetzungen dieser Vorschrift grundsätzlich verpflichtet, ohne Rücksicht auf ein anhängiges oder abgeschlossenes Widerspruchs- oder Klageverfahren ihren ursprünglichen Bescheid zu ändern oder aufzuheben (Kopp/Schenke VwGO § 72 Rn 9). Im übrigen ist bei sog Zweitbescheiden häufig fraglich, ob eine Behörde, die sich mit einen dem unanfechtbar gewordenen Verwaltungsakt zugrunde liegenden Sachverhalt neu befasst, lediglich ihre frühere Entscheidung noch einmal bestätigt und bekräftigt oder ob die Behörde in eine erneute Sachprüfung eintritt und deshalb eine neue sachliche Entscheidung trifft. Unterrichtet die Behörde den Betroffenen lediglich noch einmal über ihre frühere Entscheidung und Rechtsauffassung, so liegt lediglich eine wiederholende Verfügung und kein anfechtbarer Zweitbescheid vor; tritt die Behörde jedoch in eine neue Sachentscheidung ein, die mit einem gleichlautenden, zweiten Bescheid endet, so wird der Klageweg wiederum in vollem Umfange eröffnet (Bosch/Schmidt 92, 93).

14   Ein anfechtbarer Verwaltungsakt liegt allerdings immer dann vor, wenn die Behörde den Antrag des Antragstellers auf Wiederaufgreifen des bereits rechtskräftig abgeschlossenen Verfahrens gem § 51 VwVfG ablehnt. Die Regelungswirkung dieses Verwaltungsakts beschränkt sich jedoch darauf, dass die Behörde die Tatbestandsvoraussetzungen für das Wiederaufgreifen verneint. Zu einer Überprüfung der im ursprünglichen Verwaltungsakt getroffenen Sachentscheidung kommt es dann nicht. Sofern ein Zweitbescheid ergeht, der den Widerspruchsführer belastet, wird dieser (anders als der Abhilfebescheid) nicht automatisch anstelle des dadurch ersetzten ursprünglichen Bescheids Gegenstand des Widerspruchsverfahrens; es

bedarf vielmehr einer entsprechenden Änderung bzw. Willensäußerung des Widerspruchs/ Widerspruchsführers (Kuhla/Hüttenbrink/Hüttenbrink D 42).

Denkbar ist auch der Fall, dass die Behörde einen zu Gunsten des Widerspruchsführers **14a** ergangenen Abhilfebescheid nachträglich rückgängig machen will. Für diesen Fall stehen ihr grundsätzlich zwei Möglichkeiten offen: Die Behörde kann die Abhilfeentscheidung, die ihrerseits einen Verwaltungsakt darstellt; BVerwG DVBl 2012, 49), nach den allgemeinen Vorschriften des Verwaltungsverfahrensrechts (§§ 48 f VwVfG) durch Rücknahme oder Widerruf aufheben und dadurch den belastenden Ausgangsbescheid wieder aufheben lassen (vgl dazu OVG Sachsen-Anhalt v 10.1.2007 – 2 L 141/06). Bei dieser Vorgehensweise wäre dann das ursprüngliche Vorverfahren fortzusetzen und der Widerspruch der Widerspruchsbehörde zur Entscheidung vorzulegen (vgl dazu OVG Sachsen-Anhalt v 10.1.2007 – 2 L 141/06). Die Behörde hat aber auch die Möglichkeit, den ursprünglichen, durch Abhilfebescheid zunächst aufgehobenen Ausgangsbescheid neu zu erlassen (vgl dazu OVG Sachsen-Anhalt v 10.1.2007 – 2 L 141/06).

C. Nichtabhilfe

Sofern die Ausgangsbehörde dem Widerspruch nicht oder nur teilweise abhilft, ist sie **15** verpflichtet, den Widerspruch (unter Beifügung ihrer Abhilfeentscheidung und der Verwaltungsvorgänge) an die Widerspruchsbehörde weiterzuleiten. Die Nichtabhilfe ist eine unselbständige, nicht anfechtbare Verfahrensentscheidung, die im Einzelfall auch konkludent durch die schlichte Weiterleitung des Widerspruchs getroffen werden kann (Eyermann/ Rennert VwGO § 72 Rn 12). Die Nichtabhilfeentscheidung muss dem Widerspruchsführer nicht bekannt gegeben werden (Kopp/Schenke VwGO § 72 Rn 3; BVerwG DVBl 2012, 49). Erfolgt eine Bekanntgabe der Entscheidung, ist sie als unselbständige Verfahrenshandlung – wie dargelegt – unanfechtbar (BVerwG Buchholz 310, § 72 VwGO Nr. 16; DVBl 2012, 49 ff).

D. Kosten

Nach § 72 VwGO muss die Ausgangsbehörde, wenn wie den Widerspruch in vollem **16** Umfang abhilft, auch eine Kostenentscheidung treffen (BVerwG NVwZ 1997, 272 ff). Sofern der Abhilfebescheid keine Kostenentscheidung enthält, kann der Widerspruchsführer die Ergänzung des Abhilfebescheides in Analogie zu § 120 VwGO verlangen (BVerwGE 68, 1 ff; Sodan/Ziekow/Geis VwGO § 72 Rn 24). Der Inhalt der Kostenentscheidung ergibt sich aus § 80 VwVfG (OVG Magdeburg v 25.2.2009 – 2 O 4/09). Sofern die Ausgangsbehörde einen Teil-Abhilfebescheid erlässt, trifft sie keine Kostenentscheidung, da diese der Widerspruchsbehörde vorbehalten bleibt (Sodan/Ziekow/Geis VwGO § 72 Rn 26).

§ 73 [Widerspruchsbescheid]

(1) [1]Hilft die Behörde dem Widerspruch nicht ab, so ergeht ein Widerspruchsbescheid. [2]Diesen erläßt

1. die nächsthöhere Behörde, soweit nicht durch Gesetz eine andere höhere Behörde bestimmt wird,

2. wenn die nächsthöhere Behörde eine oberste Bundes- oder oberste Landesbehörde ist, die Behörde, die den Verwaltungsakt erlassen hat,

3. in Selbstverwaltungsangelegenheiten die Selbstverwaltungsbehörde, soweit nicht durch Gesetz anderes bestimmt wird.

[3]Abweichend von Satz 2 Nr. 1 kann durch Gesetz bestimmt werden, dass die Behörde, die den Verwaltungsakt erlassen hat, auch für die Entscheidung über den Widerspruch zuständig ist.

(2) [1]Vorschriften, nach denen im Vorverfahren des Absatzes 1 Ausschüsse oder Beiräte an die Stelle einer Behörde treten, bleiben unberührt. [2]Die Ausschüsse oder Beiräte können abweichend von Absatz 1 Nr. 1 auch bei der Behörde gebildet werden, die den Verwaltungsakt erlassen hat.

(3) ¹Der Widerspruchsbescheid ist zu begründen, mit einer Rechtsmittelbelehrung zu versehen und zuzustellen. ²Zugestellt wird von Amts wegen nach den Vorschriften des Verwaltungszustellungsgesetzes. ³Der Widerspruchsbescheid bestimmt auch, wer die Kosten trägt.

Sofern die Ausgangsbehörde dem Widerspruch nicht abhilft, muss ein förmlicher Widerspruchsbescheid erlassen werden (§ 73 Abs 1 S 1 VwGO). § 73 Abs 1 VwGO regelte die Zuständigkeit für den Erlass des Widerspruchsbescheides und bestimmt in § 73 Abs 3 VwGO, welche Modalitäten (Schriftform, Begründungserfordernis, Rechtsmittelbelehrung, Bekanntgabe, Zustellung und Kostenentscheidung) bei Erlass des Widerspruchsbescheides einzuhalten sind.

Übersicht

A. Allgemeines

1 Sofern die Ausgangsbehörde dem Widerspruch nicht abhilft, muss ein Widerspruchsbescheid ergehen, der das Widerspruchsverfahren abschließt. § 73 Abs 1 VwGO regelt, wer den Widerspruchsbescheid erlässt. § 73 Abs 2 VwGO bestimmt, dass nach fachgesetzlicher Maßnahme auch Ausschüsse und Beiräte an die Stelle der Widerspruchsbehörde treten können. § 73 Abs 3 VwGO regelt die Einzelheiten des Widerspruchsbescheids (Form, Inhalt, Wirkung, Zustellung und die Kostenentscheidung)

B. Die Widerspruchsbehörde

I. Devolutiveffekt, Abs 1 S 2 Nr 1

2 § 73 Abs 1 S 2 Nr 1 VwGO regelt den Devolutiveffekt des Widerspruchs, d h im Regelfall ist die nächst höhere, der Ausgangsbehörde unmittelbar übergeordnete Behörde die Widerspruchsbehörde. Die Regel des § 73 Abs 1 S 2 Nr 1 VwGO gilt auch dann, wenn die Ausgangsbehörde an sich unzuständig war; auch in diesem Fall ist für die Entscheidung über den Widerspruch die Behörde zuständig, die der unzuständigen Behörde unmittelbar übergeordnet ist, also nicht die Behörde, die bei Beachtung der richtigen Ausgangszuständigkeit zuständig gewesen wäre (hM Eyermann/Rennert VwGO § 73 Rn 3; B/F-K/K VwGO § 73 Rn 16, aA Kopp/Schenke VwGO § 73 Rn 3, der die Auffassung vertrat, dass fakultativ auch die Behörde zuständig ist, die der richtigen Ausgangsbehörde gegenüber übergeordnet ist).

3 Wer die nächst höhere Behörde ist, bestimmt das jeweilige Organisationsrecht, wobei durch ein Sondergesetz abweichend vom üblichen Organisationsrecht auch eine andere Behörde zur Widerspruchsbehörde bestimmt werden kann (zB § 7 BW AGVwGO). Ein Sonderfall liegt dann vor, wenn sich der Widerspruch gegen einen Verwaltungsakt eines beliehenen Unternehmers richtet: Hier entscheidet bei Fehlen einer spezialgesetzlichen Regelung die jeweilige staatliche Aufsichtsbehörde (hM B/F-K/K VwGO § 73 Rn 16; Eyermann/Rennert VwGO § 73 Rn 2; aA Kopp/Schenke VwGO Rn 3). Handelt es sich bei der Aufsichtsbehörde um eine oberste Bundes- oder Landesbehörde so ist nach herrschender Auffassung § 73 Abs 1 S 2 Nr 2 VwGO anwendbar, so dass der Beliehene selbst den Widerspruchsbescheid zu erlassen hat (so zB B/F-K/K VwGO § 73 Rn 16; Kopp/ Schenke VwGO § 73 Rn 3 aE; aA Eyermann/Rennert VwGO § 73 Rn 2 der zurecht darauf hinweist, dass § 73 Abs 1 S 2 Nr 2 davon ausgeht, dass Ausgangsbehörde jedenfalls eine staatliche Behörde ist, so dass diese Vorschrift nicht dazu ermächtigt, die – unverzichtbare – staatliche Aufsichtsfunktion preiszugeben).

II. Zuständigkeit, Abs 1 S 2 Nr 2

§ 73 Abs 1 S 2 Nr 2 VwGO bestimmt, dass dann, wenn die nächst höhere Behörde eine **4** oberste Bundes- oder Landesbehörde ist, die Ausgangsbehörde zuständig ist. Sinn und Zweck dieser Regelung ist es, die obersten Bundes- oder Landesbehörden von Einzelfallentscheidungen freizuhalten; naturgemäß müssen diese allerdings die Widerspruchsbescheide über ihre eigenen Ausgangsbescheide erlassen, sofern nicht ein Vorverfahren nach § 68 Abs 1 S 2 Nr 1 VwGO ohnehin von vornherein ausgeschlossen ist. Die Formulierung „oberste Behörde" in § 73 Abs 1 S 2 Nr 2 VwGO ist mit der Formulierung in § 68 Abs 1 S 2 Nr 1 identisch. Zulässig ist es in diesen Fällen, dass der Widerspruchsbescheid von dem gleichen Sachbearbeiter erlassen wird, der auch über den Ausgangsbescheid entschieden hat. Die oberste Behörde kann durch Bundesgesetz im Einzelfall abweichend von § 73 Abs 1 S 2 Nr 2 VwGO zur Widerspruchsbehörde erklärt werden (vgl etwa § 126 Abs 3 Nr 2 BRRG). Im Übrigen ist es den Bundesländern Berlin, Brandenburg, Bremen, Hamburg, Mecklenburg-Vorpommern, Saarland und Schleswig-Holstein durch die Sonderregelung des § 185 Abs 2 VwGO gestattet, Abweichungen von den Vorschriften des § 73 Abs 1 S 2 VwGO zu erlassen (vgl Eyermann/Rennert VwGO § 73 Rn 4).

III. Zuständigkeit in Selbstverwaltungsangelegenheiten, Abs 1 S 2 Nr 3

In Selbstverwaltungsangelegenheiten ist die Selbstverwaltungsbehörde grundsätzlich auch **5** die Widerspruchsbehörde, es sei denn, dass durch eine gesetzliche Sonderregelung etwas anderes bestimmt ist. § 73 Abs 1 S 2 Nr 3 VwGO enthält also eine Sonderregelung für Gemeinden, Kreise, sonstige kommunale Selbstverwaltungskörperschaften (zB in Nordrhein-Westfalen die Landschaftsverbände) sonstige kommunale Zweckverbände, Handwerkskammern, Industrie- und Handelskammern, die berufsständischen Kammern für Ärzte, Apotheker, Rechtsanwälte (vgl insbes Custodis DNotZ 2009, 895; ferner: Johnigk/Kirchberg BRAK Mitteilungen 2009, 214), Architekten etc, Universitäten und sonstige selbstverwaltete Körperschaften.

Es ist allerdings darauf hinzuweisen, dass die Sonderregelung des § 73 Abs 1 S 2 Nr 3 **6** VwGO nur in Selbstverwaltungsangelegenheiten gilt, dh also in Angelegenheiten des eigenen Wirkungskreises, bei denen es sich um weisungsfreie Aufgaben handelt. Im Bereich der Auftragsverwaltung, insbes auch bei Pflichtaufgaben zur Erfüllung nach Weisung bleibt es bei der allgemeinen Zuständigkeit nach § 73 Abs 1 S 2 Nr 1 und 2 VwGO. Die interne Zuständigkeit innerhalb der jeweiligen Selbstverwaltungskörperschaft wird durch § 73 Abs 1 S 2 Nr 3 VwGO nicht näher geregelt, so dass unter Umständen ein interner innerkörperschaftlicher Devolutiveffekt durch die Einlegung des Widerspruchs ausgelöst werden kann. Wer also innerhalb der Selbstverwaltungskörperschaft über den Widerspruch zu entscheiden hat, bestimmt das jeweilige Organisationsrecht der einzelnen Körperschaft (vgl B/F-K/K VwGO § 73 Rn 22).

IV. Zuständigkeit von Ausschüssen oder Beiräten, Abs 2

Nach § 73 Abs 2 VwGO können nach fachgesetzlichen Bestimmungen an die Stelle der **7** Widerspruchsbehörde im Einzelfall auch Ausschüsse oder Beiräte treten. Vorschriften aus der Zeit vor Inkrafttreten der VwGO bleiben unberührt, neue diesbezügliche Vorschriften können erlassen werden. Zulässig ist es auch, die erwähnten Kollegialorgane bei der Ausgangsbehörde zu bilden/anzusiedeln (B/F-K/K VwGO § 73 Rn 26). Ob allerdings auch eine Anbindung des Kollegialorgans bei einer dritten Behörde, die der Ausgangsbehörde gleichgeordnet ist, zulässig ist, ist strittig (ablehnend: Redeker/v. Oertzen/Kothe VwGO § 73 Rn 6; zustimmend: Eyermann/Rennert VwGO § 73 Rn 7 unter Hinweis auf OVG Koblenz AS 11, 275). Ausschüsse, die nur eine beratende Funktion haben, fallen nicht unter § 73 Abs 2 VwGO (B/F-K/K VwGO § 73 Rn 26). Entscheiden die Widerspruchsausschüsse weisungsfrei, so wird dies in vielen Fällen durch eine besondere Klagebefugnis in der staatlichen (Aufsichts-)Behörde eingeräumt, um der Bindung der Ausschüsse an Recht und Gesetz (Art 20 Abs 2 GG) Rechnung zu tragen (vgl Eyermann/Rennert VwGO § 73 Rn 7 mwN).

C. Widerspruchsverfahren

8   Das Widerspruchsverfahren selbst bleibt Teil des Verwaltungsverfahrens; die VwGO regelt in den §§ 70 bis 73 VwGO nur einzelne Aspekte dieses besonderen Verfahrensteils. Soweit die VwGO keine Sonderregelungen trifft, richtet sich das weitere Prozedere nach dem VwVfG des Bundes bzw nach den VwVfG der Länder (§ 79 VwVfG; Eyermann/Rennert VwGO § 73 Rn 8 sowie § 68 VwGO Rn 11 unter Hinweis auf die im Einzelnen anwendbaren Vorschriften). Wegen der Einheitlichkeit des Verwaltungsverfahrens können etwaige Verfahrensfehler der Ausgangsbehörde Ermessensfehler aber auch materiell rechtliche Fehler regelmäßig geheilt werden (§ 45 VwVfG). Zu den Folgen von Verfahrensmängeln des Widerspruchsverfahrens vgl § 71 VwGO Rn 5, § 68 VwGO Rn 16 (zur unterbliebenen Anhörung bei Ermessensentscheidungen der Ausgangsbehörde vgl B/F-K/K VwGO § 73 Rn 10).

D. Rücknahme, Verzicht, Erledigung, Vergleich

9   Der Widerspruch und dessen Rücknahme gleichen einer **Prozesshandlung**, so dass die für Prozesshandlungen geltenden Regelungen entsprechend angewandt werden: Die Rücknahme des Widerspruchs ist unwiderruflich, bedingungsfeindlich und eine Anfechtung des Widerspruchs oder eine Anfechtung der Rücknahme/eines Verzichts wegen Irrtums ist ausgeschlossen (vgl iE Kuhla/Hüttenbrink/Hüttenbrink D 84; BVerwG NJW 1980, 135; BVerwG NVWZ-RR 1999, 407; VG Würzburg, 26.3.2009 – W5 K 08.1355). Zu der Frage, ob ein Widerruf einer Rücknahmeerklärung ausnahmsweise zulässig ist, wenn ein Wiederaufnahmegrund iSd §§ 579, 580 ZPO gegeben ist, vgl BVerwG NVWZ 1995, 196.

10   Der Widerspruch kann während des gesamten Vorverfahrens gegenüber der Behörde, die den Verwaltungsakt erlassen hat, aber auch gegenüber der Widerspruchsbehörde zurückgenommen werden. Die Rücknahme ist bis zum Erlass des Widerspruchsbescheides jeder Zeit zulässig (S/S/S-A/P/Dolde VwGO § 69 Rn 13 ff). Wird der Widerspruch nach Ablauf der Widerspruchsfrist zurückgenommen, so führt dies zur Unanfechtbarkeit der ursprünglich angefochtenen Entscheidung; wird der Widerspruch innerhalb der Widerspruchsfrist zurückgenommen, kann der Betroffene innerhalb der Frist den Widerspruch erneut einlegen (Redeker/v. Oertzen/Kothe VwGO § 69 Rn 3). Der Verwaltungsakt wird also erst dann unanfechtbar, wenn die Widerspruchsfrist endgültig abgelaufen ist.

11   Der Widerspruch ist unzulässig, wenn auf dessen Einlegung verzichtet wurde, wobei ein Verzicht auf den Widerspruch grundsätzlich erst nach Erlass des konkreten Verwaltungsaktes ausgesprochen werden kann. Auch der Verzicht kann weder angefochten noch zurückgenommen werden (Kuhla/Hüttenbrink/Hüttenbrink D85). Hat der Widerspruchsführer seinen Widerspruch zurückgenommen, so ist das Widerspruchsverfahren einzustellen; der Widerspruchsführer sollte hierüber eine Nachricht erhalten. Entsteht Streit über die Rücknahme des Widerspruchs, muss ein Widerspruchsbescheid (quasi ein Einstellungsbescheid) ergehen.

12   IÜ kann das Widerspruchsverfahren jederzeit durch Erklärung der Erledigung der Hauptsache in analoger Anwendung der allgemeinen verwaltungsgerichtlichen Grundsätze beendet werden. Erledigt sich das Widerspruchsbegehren (vgl zur Erledigung in der Hauptsache im Allgemeinen Kuhla/Hüttenbrink/Hüttenbrink E 344 ff) vor Erlass des Widerspruchsbescheids, so ist das Vorverfahren beendet, da es seinen Zweck nicht mehr erfüllen kann; das

Verfahren ist dann einzustellen (BVerwGE 81, 226 ff; VG Frankfurt v 11.6.07 – 4 K 2195/07; Eyermann/Rennert VwGO § 73 Rn 10; vgl § 68 VwGO Rn 18, 19). Ob und inwieweit eine Erledigung tatsächlich eingetreten ist, muss objektiv beurteilt werden; eine förmliche Erledigungserklärung des Widerspruchsführers ist nicht erforderlich. Sie kann – wenn sie vorliegt – obwohl keine Erledigung erfolgt ist, unter Umständen in eine „Rücknahme des Widerspruchs" umgedeutet werden. Hat sich das Widerspruchsverfahren erledigt, ist für eine Sachentscheidung mittels Widerspruchsbescheid kein Raum mehr (VG Saarland v 30.11.2011 – 1 K 549/11, Rn 27 ff). Der Widerspruchsbehörde ist die Entscheidungsbefugnis entzogen. Weist die Widerspruchsbehörde den Widerspruch trotzdem als unbegründet zurück, so kann der Betroffene hierdurch beschwert werden, weil durch den fälschen Widerspruchsbescheid der Eindruck erweckt wird, der erledigte Ausgangsverwaltungsakt sei in Bestandskraft erwachsen (BVerwGE 81, 26/229). Einen Fortsetzungsfeststellungswiderspruch analog zu § 113 Abs 1 S 2 VwGO gibt es nicht (vgl dazu oben § 68 VwGO Rn 19, mwN, Kuhla/Hüttenbrink/Hüttenbrink D 97). Kommt es wegen der Erledigung der Hauptsache nicht mehr zu einem Widerspruchsbescheid, so ist nach herrschender Mahnung für eine Kostenentscheidung kein Raum (BVerwGE 62, 201 ff, aA Kopp/Ramsauer VwVfG § 80 Rn 43; ferner VGH Mannheim NJW 1981, 1524 f). Der Widerspruchsführer kann allerdings unter den besonderen Voraussetzungen einer Feststellungsklage ohne weitere vorherige Durchführung des Vorverfahrens und ohne Fristbindung (BVerwG DVBl 1999, 1660 ff) klären lassen, ob der ursprüngliche Verwaltungsakt rechtmäßig war oder nicht (vgl dazu BVerwGE 49, 36 ff, 39; Kuhla/Hüttenbrink/Hüttenbrink D 97, Fn 419 mit weiteren zahlreichen Nachweisen). Beharrt der Widerspruchsführer bei einer Erledigung des Widerspruchsverfahrens darauf, dass die Sache nicht erledigt sei, so muss ein förmlicher Einstellungsbescheid ergehen, gegen den notfalls auch Klage zulässig ist (BVerwG BayVBl 1980, 725). Gleiches gilt, wenn trotz Erledigung des Widerspruchsverfahrens eine Widerspruchsentscheidung ergeht, weil hierdurch der Eindruck erweckt wird, der erledigte Ausgangs-VA sei bestandskräftig (BVerwGE 81, 226; vgl iÜ § 68 VwGO Rn 18, 19).

Das Vorverfahren kann auch durch einen Vergleich der Parteien beendet werden. Ein **12a** Vergleich ist in jeder Phase des verwaltungsrechtlichen/verwaltungsgerichtlichen Verfahrens zulässig, weil der Vergleich in der Regel zu einer dauerhaften Befriedung der Parteien führen kann als eine streitige Entscheidung. Auf den Vergleich finden die allgemeinen Vorschriften zum öffentlich-rechtlichen Vertrag (§ 79 iVm § 55 VwVfG) Anwendung. Wichtiger Hinweis: Die Widerspruchsbehörde muss nach §§ 54 S 2, 55 VwVfG auch zum Erlass eines (vergleichsweise) vereinbarten Verwaltungsaktes zuständig sein. In den Fällen des § 73 Abs 1 S 2 Nr 2 und Nr 3 VwGO ist dies in der Regel problemlos. In den Fällen des § 73 Abs 1 S 2 Nr 1 VwGO ist die Widerspruchsbehörde allerdings nur zur Aufhebung des Ausgangsbescheides ermächtigt, und kann deshalb eine vergleichsweise Regelung auch nur in dieser Hinsicht abschließen. Eine Verpflichtung der Erstbehörde zum Erlass eines neuen Verwaltungsaktes kann sie im Rahmen der Vergleichsvereinbarung nicht übernehmen; allenfalls kann sich die Widerspruchsbehörde in diesen Fällen verpflichten, die Ausgangsbehörde anzuweisen, einen entsprechenden Verwaltungsakt zu erlassen. In der Praxis kann man sich dadurch behelfen, dass die Ausgangsbehörde dem Vergleich vor der Widerspruchsbehörde beitritt. Problematisch sind Vergleiche allerdings dann, wenn durch den Vergleich gleichzeitig auch Rechte Dritter betroffen sind; hier gilt § 58 VwVfG, wonach der Vergleich zunächst schwebend unwirksam ist (zum Vergleichsabschluss im Widerspruchsverfahren vgl Kopp/Schenke VwGO Vor § 68 Rn 18; ferner: Kopp/Ramsauer VwVfG § 79 Rn 9).

E. Widerspruchsbescheid

I. Inhalt und Wirkung des Widerspruchsbescheids

1. Inhalt des Widerspruchsbescheids

Die Widerspruchsbehörde unterzieht den Ausgangsverwaltungsakt einer umfassenden **13** Überprüfung und zwar sowohl in formeller Hinsicht als auch in materieller Hinsicht und – bei Ermessensentscheidungen – auch bezüglich der Zweckmäßigkeit. Kommt die Widerspruchsbehörde zur Rechtswidrigkeit oder Unzweckmäßigkeit der Ausgangsentscheidung, so hat sie eine eigene Sachentscheidung zu treffen (vgl § 68 VwGO Rn 5; BVerwG v

26.4.2011 – 7 B 34/11, Rn 5). Ansonsten weist die Widerspruchsbehörde den Widerspruch als unbegründet zurück, wobei sie sich die im Ausgangsbescheid getroffenen Regelungen damit noch nicht zu Eigen macht (Kopp/Schenke VwGO § 73 Rn 7; zur eventuellen Umdeutung eines Widerspruchsbescheids in einen Ausgangsbescheid, BVerwG Buchholz 232, § 31 BBG Nr 46). Nach hM kann die Widerspruchsbehörde den Ausgangsbescheid auch zu Ungunsten des Bürgers ändern, sog Reformatio in peius (vgl § 68 VwGO Rn 11 mwN).

14   Der Verwaltungsakt einer unzuständigen Behörde kann aus diesem Grunde durch den Widerspruchsbescheid der (zuständigen) Widerspruchsbehörde nicht geheilt werden (vgl dazu BVerwGE 30, 138 ff, 145). Sofern die Widerspruchsbehörde im Rahmen der Zwecksmäßigkeitsprüfung pflichtgemäß ein eigenes Ermessen ausübt, so ersetzt der Widerspruchsbescheid den Ausgangsbescheid. Es kommt damit im Rahmen des späteren verwaltungsgerichtlichen Klageverfahrens auch maßgeblich auf den Widerspruchsbescheid an. Es ist deshalb im Rahmen des Klageverfahrens schon bei der Antragstellung darauf zu achten, dass der Antrag gestellt wird: … „Den Bescheid des Beklagten vom … in der Fassung des Widerspruchsbescheids der … -behörde vom … aufzuheben." § 73 VwGO regelt nicht, wie dem Widerspruch stattzugeben ist. Die Widerspruchsbehörde kann im Falle eines Anfechtungswiderspruchs den Ausgangsbescheid entweder selbst aufheben oder sie kann die Ausgangsbehörde auch intern anweisen, dem Widerspruch abzuhelfen. Letztere Variante wird bei übergeordneten Widerspruchsbehörden häufig vorgezogen, um der Ausgangsbehörde zu ermöglichen, eine „gesichtswahrende Entscheidung" zu treffen. Die Möglichkeit einer entsprechenden Anweisung verbietet sich freilich beim Anfechtungswiderspruch freilich dann, wenn ein Dritter durch die Widerspruchsentscheidung erstmalig befugt wäre, verwaltungsgerichtliche Klage zu erheben. Auch eine Weisung an die Ausgangsbehörde, statt eines Abhilfebescheids einen Rücknahmebescheid zu erlassen, dürfte regelmäßig unzulässig sein, weil dem Widerspruchsführer bei dieser Vorgehensweise wegen der fehlenden (zu seinen Gunsten zu erlassenden) Kostenentscheidung ein Nachteil entstünde.

15   Handelt es sich bei dem Widerspruch um einen Verpflichtungswiderspruch, so wird die Widerspruchsbehörde in der Regel selbst entscheiden müssen. Erforderlichenfalls muss sie die Sache selbst spruchreif machen und ein eigenes Ermessen ausüben. Ein sog Bescheidungswiderspruchsbescheid ähnlich dem verwaltungsgerichtlichen Bescheidungsurteil (§ 113 Abs 5 S 2 VwGO) dürfte unzulässig sein (Eyermann/Rennert VwGO § 73 Rn 15). Ein etwaig auszuübendes Ermessen muss die Widerspruchsbehörde in diesem Fall selbst ausüben. Zur Sachentscheidungsbefugnis der Widerspruchsbehörde im Übrigen vgl oben § 68 VwGO Rn 5; zur reformatio in peius vgl oben § 68 VwGO Rn 11 bis 14.

2. Wirkung des Widerspruchsbescheids

16   Der Widerspruchsbescheid führt zu einer das Widerspruchsverfahren abschließenden Sachentscheidung, die das verwaltungsgerichtliche Klageverfahren eröffnet. Sobald der Widerspruchsbescheid erlassen ist, verliert die Widerspruchsbehörde ihre Entscheidungsbefugnis; spätere Änderungen des Ausgangs-VA sind ausschließlich durch die Ausgangsbehörde möglich (vgl iE die Nachweise bei Kopp/Schenke VwGO § 73 Rn 28).

II. Rechtsanspruch auf einen Widerspruchsbescheid

17   Die Widerspruchsbehörde ist aufgrund eines zulässigen Widerspruchs nach § 78 Abs 1 S 1 VwGO nicht nur zur Nachprüfung des Ausgangsbescheid berechtigt, sondern nach § 73 Abs 1 S 1 VwGO auch zur sachlichen Bescheidung des Widerspruchs objektiv-rechtlich verpflichtet. Ob trotz dieser Verpflichtung hieraus grundsätzlich kein subjektiv-rechtlicher Anspruch des Widerspruchsführers abzuleiten ist (so Eyermann/Rennert VwGO § 73 Rn 16), kann dahinstehen, weil der Widerspruchsführer in Fällen der Untätigkeit der Widerspruchsbehörde unter den Voraussetzungen des § 75 VwGO Untätigkeitsklage erheben kann (vgl § 75 VwGO Rn 2). Auch in den Fällen, in denen die Widerspruchsbehörde zwar einen Widerspruchsbescheid erlassen, den Widerspruch aber fälschlicherweise als unzulässig angesehen hat, liegt zwar in der falschen Sachbehandlung ein wesentlicher Verfahrensfehler im Sinne von § 79 Abs 2 S 2 VwGO (vgl BVerwG DVBl 1980, 960).

Gleichwohl hat der Kläger in diesen Fällen keine Möglichkeit eine Verpflichtungsklage zu erheben, die lediglich auf den Erlass eines erneuten Widerspruchsbescheides gerichtet wäre, weil es hierfür am erforderlichen Rechtschutzbedürfnis fehlen würde (OVG Lüneburg NVwZ-RR 2009, 663). Der Betroffene muss vielmehr gegen den Ausgangsbescheid in der Fassung des Widerspruchsbescheids insgesamt vorgehen und sich an dieser Stelle zur Wehr setzen. Etwas anderes gilt allenfalls dann, wenn der Kläger ausnahmsweise ein außerordentliches Interesse an einer Sachentscheidung der Widerspruchsbehörde hat, was in Einzelfällen dann der Fall sein mag, wenn die Widerspruchsbehörde ein eigenes Ermessen oder einen Beurteilungsraum ausüben kann. In diesen Fällen hat der Kläger ausnahmsweise eine Wahlmöglichkeit zwischen einer Klage gegen den Ausgangsbescheid oder einer Klage, die lediglich auf Erlass eines erneuten Widerspruchsbescheids gerichtet ist (vgl BVerwG DVBl 1980, 960).

III. Form

1. Schriftform

Aus dem Sinn und Zweck des § 73 Abs 3 S 1 VwGO ergibt sich, dass der Widerspruchs- **18** bescheid grundsätzlich schriftlich zu ergehen hat; das Gesetz bestimmt nämlich, dass der Widerspruchsbescheid zugestellt werden muss (s Rn 22 ff; ferner Kopp/Schenke VwGO § 73 Rn 6). Eine bestimmte Form des Widerspruchsbescheids ist nicht erforderlich, insbes ist die Widerspruchsbehörde nicht verpflichtet, das Schriftstück auch als Widerspruchsbescheid zu bezeichnen. Mindestens muss aber für den Adressaten erkennbar sein, dass es sich um eine Entscheidung über den Widerspruch handelt (zur Umdeutung eines Widerspruchsbescheids in einen neuen Erstbescheid vgl BVerwG Buchholz 232, § 31 BBG Nr 56). Ein bloßer Schriftsatz an das Verwaltungsgericht im Rahmen einer Einlassung auf ein bestimmtes Klageverfahren ist in der Regel kein Widerspruchsbescheid, es sei denn, dass die Behörde dies ausnahmsweise als solches deklariert.

2. Begründungserfordernis

Nach § 73 Abs 3 Hs 1 VwGO ist der Widerspruchsbescheid zu begründen. Naturge- **19** mäß muss auch die Begründung in schriftlicher Form vorgelegt werden. Im Übrigen dürfte § 39 Abs 1 VwVfG auch auf den Widerspruchsbescheid anlog anwendbar sein, so dass der Betroffene über die wesentlichen, tatsächlichen und rechtlichen Gründe für die Widerspruchsentscheidung, insbes aber auch für die ermessenstragenden Gesichtspunkte zu unterrichten ist. § 39 Abs 2 VwVfG ist wegen der Sonderregelung in § 73 Abs 3 Hs 1 VwGO nicht anwendbar. Fehlt eine entsprechende Begründung der Widerspruchsbehörde oder ist sie so unzureichend, dass sie den Erfordernissen des § 39 Abs 1 VwVfG nicht entspricht, so ist der Widerspruchsbescheid fehlerhaft, der Fehler führt aber nicht zur Nichtigkeit. Eine etwaige Klage hat nicht schon allein deshalb Erfolg, weil die Begründung fehlt (vgl dazu Eyermann/Rennert VwGO § 73 Rn 20; aA Kopp/Schenke VwGO § 73 Rn 13, der allerdings eine Heilung nach § 45 Abs 2 VwVfG durch Nachschieben von Gründen im Prozess für möglich hält und der Behörde die Kosten des Verfahrens für den Fall einer Hauptsacheerledigung durch den Kläger in diesem Falle auferlegen will). Eine Bezugnahme auf die Begründung des Ausgangs-VA ist demgegenüber ausreichend und zulässig.

3. Rechtsmittelbelehrung

Dem Widerspruchsbescheid ist eine Rechtsbehelfsbelehrung beizufügen, es sei denn, dass **20** dem Widerspruch stattgegeben wurde und hierdurch auch keine Rechte Dritter verletzt wurden. Bei fehlender oder unrichtiger Rechtsmittelbelehrung gilt die Jahresfrist des § 58 Abs 2 VwGO. Die Rechtsmittelbelehrung muss nicht unterschrieben werden (BVerwG Beschl v 25.6.1992 – 6 B 46/91); sie ist auch nicht deshalb fehlerhaft, weil sie dem Bescheid mit gesondertem Anschreiben beigefügt ist (BVerwG Buchholz 310 § 58 VwGO Nr 69).

4. Bekanntgabe

21   Voraussetzung für einen Widerspruchsbescheid ist es im Übrigen, dass der Bescheid mit Wissen und Wollen der Behörde bekannt gegeben wurde. Vor dessen Bekanntgabe handelt es sich bei dem Bescheid um ein bloßes Verwaltungsinternum, das keinerlei Rechtswirkungen nach außen entfaltet (Kopp/Schenke VwGO § 73 Rn 6).

IV. Zustellung

22   Der Widerspruchsbescheid ist zuzustellen, § 73 Abs 3 S 1 und 2 VwGO. Bei einer Zustellung durch eingeschriebenen Brief ist keine spezielle Belehrung über den konkreten Beginn der Klagefrist im Hinblick auf § 4 Abs 1 VwZG erforderlich (BVerwG Beschl v 25.6.1992 – 6 B 46/91). Die Bekanntgabe an den Betroffenen lässt den Verwaltungsakt auch dann wirksam werden, wenn für das Verwaltungsverfahren ein Bevollmächtigter bestellt war und dieser keine Zustellung erhalten hat (vgl § 14 Abs 3 VwVfG, dazu BVerwGE 105, 228; VGH Mannheim NVwZ-RR 2006, 154; aA VGH Mannheim VBlBW 1987, 297; ferner Kuhla/Hüttenbrink/Hüttenbrink D 116 unter Hinweis auf § 8 Abs 1 S 2 VwZG, wonach die Zustellung zwingend an den bevollmächtigten Rechtsanwalt zu richten ist, allerdings nur dann, wenn dieser der Behörde eine schriftliche Vollmacht vorgelegt hat). Zur Zustellung eines Widerspruchsbescheides mittels Einwurf-Einschreiben vgl VG Saarland 5.12.2007 – 5 K 724/07; zur Zustellung an eine Person, der die Zulassung des Anwalts entzogen wurde, vgl BayVGH Beschl v 9.9.2008 – 4 C 08.1072. Erforderlich ist es aber immer, dass die Widerspruchsbehörde den Widerspruchsbescheid auch zustellen wollte. Lässt sich der Zustellungswille der Behörde aus den Verwaltungsvorgängen nicht entnehmen, so wird auch die Klagefrist mangels erfolgter Zustellung nicht in Gang gesetzt. Der fehlende Zustellungswille stellt im Übrigen keinen Zustellungsmangel dar (§ 8 LZG NRW), da die Vorschrift den Willen der Behörde, eine Zustellung vorzunehmen, voraussetzt (VG Aachen BeckRS 2009, 32694).

23   Die Zustellung an den bevollmächtigten Rechtsanwalt per Telefax ist wirksam; eine nochmalige Zustellung durch die Post macht die erste Zustellung nicht hinfällig und setzt auch keine zweite Rechtsmittelfrist in Lauf. Die Heilung von Zustellungsmängeln richtet sich nach § 9 Abs 1 VwZG, wobei § 9 Abs 1 VwZG gem § 9 Abs 2 VwZG nicht anzuwenden ist, wenn mit der Zustellung eine Klage-Berufungs-Revisions- oder Rechtsmittelbegründungsfrist zu laufen beginnt. Im Übrigen ist an den Widerspruchsführer zuzustellen; an andere Beteiligte nur dann, wenn sie durch den Widerspruchsbescheid beschwert sind und darum klagebefugt sind (Eyermann/Rennert VwGO § 73 Rn 22). Nur eine formwirksame Zustellung schließt das Vorverfahren ab und setzt die Klagefrist des § 74 Abs 1 S 1 VwGO in Lauf (BVerwGE 55, 229 ff, 301). Es ist allerdings darauf hinzuweisen, dass auch ein nicht wirksam zugestellter Widerspruchsbescheid, sofern er nur bekannt gegeben wurde, existent ist und wirksam ist (vgl BVerwG NVwZ 1992, 565); in diesen Fällen wird allerdings die Klagefrist nicht in Lauf gesetzt (zum Problem der Verwirkung des Klagerechts in diesen Fällen vgl OVG Hamburg GewArch 1992, 300). Wird der Widerspruchsbescheid irrtümlicherweise mehrfach an denselben Adressaten zugestellt, so wird die Klagefrist nur durch die jeweilige erste Zustellung in Lauf gesetzt (BVerwG DVBl 1979, 821; BayVGH 21.6.2007 – 12 ZB 06.3183); neuerliche Zustellungen bleiben folgenlos, können aber unter Umständen eine Wiedereinsetzung des Betroffenen in den vorherigen Stand begründen, wenn der Betroffene durch die Mehrfachzustellung verwirrt wurde. Bei Vorliegen einer Anscheins- oder Duldungsvollmacht kann die Behörde im Rahmen ordnungsgemäßer Ermessensausübung einen Widerspruchsbescheid sowohl an den vermeintlichen Vollmachtgeber als auch an den Scheinbevollmächtigten zustellen (OVG Münster BeckRS 2009, 41770).

V. Kostenentscheidung

24   § 73 Abs 3 S 2 VwGO bestimmt, dass dem Widerspruchsbescheid eine Kostenentscheidung beizufügen ist (für den Abhilfebescheid folgt dies aus § 72 VwGO). Hat die Ausgangsbehörde eine Teilabhilfe vorgenommen, so muss die Kostenentscheidung durch den Widerspruchsbescheid insgesamt ergehen (aA offenbar Kopp/Schenke VwGO § 73 Rn 15,

der die Auffassung vertritt, dass sich die Kostenentscheidung in diesem Fall nur auf den noch anhängigen Teil beziehen soll). Eine Kostenentscheidung muss auch dann getroffen werden, wenn die Widerspruchsbehörde den Vorgang im Einzelfall unter Aufhebung des Ausgangsbescheids an die Ausgangsbehörde zurückverwiesen hat. Da der Widerspruchsbescheid das Vorverfahren abschließt, kommt ein Vorbehalt für eine spätere Kostenentscheidung nicht in Betracht. Im Rahmen der Kostenentscheidung ist über die wechselseitige Erstattung der notwendigen Auslagen zwischen dem Widerspruchsführer und der Ausgangsbehörde zu entscheiden. Die eigenen Kosten der Widerspruchsbehörde richten sich nach dem allgemeinen Verwaltungskostenrecht. Bei der Kostenentscheidung im Rahmen des Widerspruchsbescheides handelt es sich um eine sog Grundentscheidung; über die Höhe der Kosten wird in einem gesonderten Kostenfestsetzungsverfahren entschieden (vgl dazu BVerwG NVwZ-RR 89, 581). § 73 Abs 3 VwGO schweigt über den Inhalt der Kostenentscheidung, die analog zu § 80 VwVfG zu treffen ist (Eyermann/Rennert VwGO § 73 Rn 27 unter Hinweis darauf, dass in sozialrechtlichen Angelegenheiten, die vor den Verwaltungsgerichten zu entscheiden sind, nach § 63 SGB X zu entscheiden ist, und dass die AO (in den Fällen von Beitragsangelegenheiten) keine entsprechende Parallelvorschrift enthält, so dass in Beitragsangelegenheiten eine Kostenentscheidung zugunsten des Betroffenen nicht möglich ist). Die Kosten des Vorverfahrens bilden eine vom etwaig nachfolgenden gerichtlichen Verfahren zu trennende gesonderte Angelegenheit (Kuhla/Hüttenbrink/Hüttenbrink G 53). Da das Vorverfahren nach § 69 VwGO erst mit der Einlegung des Widerspruchs beginnt, fallen Vorverfahrenskosten nicht im bloßen Verwaltungsverfahren vor Erlass des Ausgangs-VA an (BVerwG VIZ 2000, 723). Gegenstand der Kostenentscheidung sind deshalb ausschließlich die Kosten des Widerspruchsverfahrens (BVerwG Beschl v 25.8.1989 – 8 CB 9/89). Gibt die Widerspruchsbehörde dem Widerspruch nur teilweise statt und weist sie ihn iÜ zurück, so sind die Kosten des Vorverfahrens verhältnismäßig zu teilen (BVerwG Buchholz 316, § 80 VwVfG Nr 33; OVG Koblenz Urt v 10.12.2008 – 9 C 10923/08).

Nach § 162 Abs 2 S 2 VwGO sind die Gebühren und Auslagen eines förmlich bevoll- **25** mächtigten Anwalts im Zuge eines verwaltungsgerichtlichen Vorverfahrens erstattungsfähig, wenn das Gericht die Zuziehung eines Bevollmächtigten für notwendig erklärt hat. Diese Grundsätze gelten nach § 80 VwVfG für die Kostenentscheidung im Rahmen des Widerspruchsbescheids entsprechend (BVerwG Urt v 15.12.2007 – 2 C 29/06, nebst Anm von Kugele jurisPR-BVerwG 9/2008). In aller Regel ist die Notwendigkeit der Hinzuziehung eines Anwalts im Vorverfahren und damit die Erstattungsfähigkeit der Gebühren und Auslagen zu bejahen, da der Bürger ohne rechtskundigen Rat nur in Ausnahmefällen materiell und verfahrensrechtlich in der Lage ist, seine Rechte gegenüber der Behörde in angemessenem Umfange zu wahren. Die Behörde verfügt in der Regel über technisch und juristisch hochqualifizierte Fachkräfte, so dass die Beauftragung eines Anwalts aus Sicht des Bürgers zur Herstellung der Waffengleichheit unerlässlich ist (vgl dazu OVG Koblenz NVwZ 1988, 842; VGH Mannheim NVwZ-RR 1992, 388). Auch die Kosten eines Rechtsanwalts, der sich im Vorverfahren selbst vertritt, sind in der Regel erstattungsfähig (OVG Münster, NWVBl 1990, 283). Umgekehrt ist dagegen die Zuziehung eines Anwalts durch die Ausgangsbehörde im Rahmen des Widerspruchsverfahrens regelmäßig nicht notwendig (vgl dazu Kuhla/Hüttenbrink/Hüttenbrink G 55 mwN). Fehlt die Kostengrundentscheidung, so geht der (bloße) Ausspruch über die Notwendigkeit der Zuziehung eines Bevollmächtigten für das Vorverfahren ins Leere (BVerwG Buchholz 316, § 80 VwVfG Nr. 33).

Wird der Widerspruchsbescheid im Rahmen eines anschließenden verwaltungsgericht- **26** lichen Klageverfahrens mit Erfolg angefochten, so wird auch seine Kostenentscheidung aufgehoben; die gerichtliche Kostenentscheidung erfasst damit auch das Vorverfahren (BVerwG DVBl 2006, 1243 ff; OVG-Münster NVwZ-RR 2002, 77). Darüber hinaus hat der Widerspruchsführer die Möglichkeit, nach Erlass des Widerspruchsbescheides die Kostenentscheidung einer isolierten Anfechtung zuzuführen (§ 158 VwGO gilt hier nicht; diese Möglichkeit steht jedoch nur dem Widerspruchsführer zu, die Ausgangsbehörde ist in diesem Zusammenhang nicht klagebefugt).

Ist die Kostenentscheidung versehentlich unterblieben oder fehlt ein Ausspruch über die **27** Notwendigkeit der Zuziehung eines Bevollmächtigten, so kann von Seiten des Betroffenen eine Nachholung durch Ergänzung des Abhilfe- oder Widerspruchsbescheids verlangt werden, im Einzelfall notfalls auch erstritten werden (BVerwG NVwZ 1988, 249). Ob für derartige Verfahren Fristen gelten, ist umstritten (wegen der näheren Einzelheiten vgl Eyermann/Rennert VwGO § 74 Rn 30). Die eigentliche Kostenfestsetzung erfolgt dann durch einen gesonderten VA, der den üblichen Regel (Vorverfahren mit einem etwaigen anschließenden Klageverfahren) unterliegt.

28   Tritt während des laufenden Widerspruchsverfahrens eine Erledigung des Ausgangsbescheids ein (§ 68 VwGO Rn 18, 19), ist für eine Kostenentscheidung kein Raum mehr (BVerwGE 82, 201 ff), weil nach Abgabe einer Erledigungserklärung kein Widerspruchsbescheid mehr ergeht (s auch Rn 11).

29   Die Behörde darf von einer Kostenlastentscheidung im Sinne von § 73 Abs 3 S 3 VwGO unabhängig von der sofortigen Vollziehbarkeit der Sachentscheidung auch schon vor Eintritt von deren Bestandskraft durch Erlass eines Kostenfestsetzungsbescheides Gebrauch machen (vgl VG Magdeburg BeckRS 2009, 31447).

30   Das Widerspruchsverfahren nach § 69 VwGO und das Verwaltungsverfahren auf Aussetzung oder Anordnung der sofortigen Vollziehung nach § 80 Abs 4, 80a Abs 1 und 2 VwGO sind gem § 17 Nr 1 RVG verschiedene Angelegenheiten, die jeweils gesonderte Gebührentatbestände für die jeweilige anwaltliche Tätigkeit auslösen.

Aus diesem Grunde ist eine Anrechnung der Geschäftsgebühr aus dem Widerspruchsverfahren auf die Verfahrensgebühr aus dem gerichtlichen Verfahren gem § 80 Abs 5 VwGO nicht möglich (OVG Hamburg NJW 2000, 2075–2077; VGH München v 25.8.2005 – 22 C 05.1871).

§ 74 [Klagefrist]

(1) ¹Die Anfechtungsklage muß innerhalb eines Monats nach Zustellung des Widerspruchsbescheids erhoben werden. ²Ist nach § 68 ein Widerspruchsbescheid nicht erforderlich, so muß die Klage innerhalb eines Monats nach Bekanntgabe des Verwaltungsakts erhoben werden.

(2) Für die Verpflichtungsklage gilt Absatz 1 entsprechend, wenn der Antrag auf Vornahme des Verwaltungsakts abgelehnt worden ist.

§ 74 VwGO begrenzt die Möglichkeit der Klageerhebung in zeitlicher Hinsicht für Anfechtungs- und Verpflichtungsklagen (entsprechend auch für Klagen aus dem Beamtenverhältnis nach § 126 Abs 3 BRRG) und führt zur Unzulässigkeit verspätet (Rn 30) erhobener Klage. Mit Ablauf der Klagefrist (Rn 10) erwächst der Verwaltungsakt in formelle und materielle Bestandskraft (BVerfGE 60, 253, 270; Maunz/Dürig/Schmidt-Aßmann GG Art 19 Abs 4 (2003) Rn 235). Die Vorschrift dient somit der Rechtssicherheit (BVerfGE 60, 253, 269 f.) auf der einen und der Verwaltungseffizienz (Maunz/Dürig/Schmidt-Aßmann GG Art 19 Abs 4 (2003) Rn 235) auf der anderen Seite. Diese einander auch widerstreitenden Rechtsgüter werden durch einen verfahrensrechtlichen Mechanismus dergestalt zum Ausgleich gebracht, dass die staatliche Entscheidung nur innerhalb eines bestimmten zeitlichen Rahmens zum Gegenstand der richterlichen Kontrolle gemacht und nach dessen Ablauf auch dann nicht mehr angefochten werden kann, wenn sie rechtswidrig sein sollte (S/S-A/P/Meissner VwGO § 74 Rn 1). Art 19 Abs 4 GG steht dem nicht entgegen, da die Rechtsweggarantie keinen unbegrenzten gerichtlichen Rechtsschutz gewährleistet (st Rspr seit BVerfGE 9, 194, 199 f.; 60, 253, 269 f. Vgl auch vM/K/S/Huber GG Art 19 Rn 481). Zudem steht dem Gesetzgeber bei der Festlegung von Klagefristen ein weiter, bis an die Grenze unzumutbarer und nicht mehr zu rechtfertigender Regelungen reichender Gestaltungsraum zu (BVerfGE 10, 264, 268; 41, 323, 326 f; vgl auch BVerfGE 36, 298, 303 zur Dreitagesfrist für den Einspruch beim ArbG). Dem genügt regelmäßig die Monatsfrist (Rn 21), die auch dem unerfahrenen Rechtsuchenden eine ausreichende Überlegungsfrist gewährt (BT-Drs 1/4278, 41) und die Möglichkeit, Rechtsrat einzuholen sowie die Klage formgerecht einzureichen (nicht unproblematisch unter Berücksichtigung häufiger Verständigungsschwierigkeiten daher die Zwei-Wochen-Frist des § 74 Abs 1 AsylVfG).

Übersicht

A. Anwendungsbereich

Das Erfordernis der Einhaltung der mangels gesetzlicher Regelung nicht verlängerbaren **1** Klagefrist (fachgesetzliche Sonderregelungen bei S/S-A/P/Meissner VwGO § 74 Rn 18 ff.) gilt für die **Anfechtungsklage** (Abs 1 S 1) und die **Verpflichtungsklage** (Abs 2) einschließlich der Versagungsgegenklage (Kopp/Schenke VwGO § 74 Rn 703). Für Klagen aus dem Beamtenverhältnis verweist § 126 Abs 3 BRRG auch auf § 74 VwGO. Bei Beschränkung der Anfechtung auf einen Teil des Verwaltungsakts erwächst der nicht angefochtene Teil in **Bestandskraft**, was eine spätere Erweiterung der Klage unzulässig macht (BVerwGE 40, 25, 32).

I. Zu den einzelnen Klagearten

Für die allgemeine **Leistungsklage** und die **Feststellungsklage** (§ 43 Abs 1 VwGO) **2** sind in der VwGO **keine** Klagefristen vorgesehen (vgl aber die Subsidiaritätsklausel des § 43 Abs 2 VwGO).

§ 74 VwGO gilt auch für **Fortsetzungsfeststellungsklagen** nach § 113 Abs 1 S 4 **3** VwGO, soweit sich der Verwaltungsakt nach Ablauf der Klagefrist erledigt hat, da ein bestandskräftiger Verwaltungsakt nicht im Rahmen einer Fortsetzungsfeststellungsklage zur Disposition gestellt werden kann (wie hier Kopp/Schenke VwGO § 74 Rn 2; Eyermann/Rennert VwGO § 74 Rn 2; so selbst VGH München DVBl 1992, 1492). Richtet sich die Fortsetzungsfeststellungsklage gegen einen bereits vor Ablauf der Klagefrist erledigten Verwaltungsakt (analoge Anwendung des § 113 Abs 1 S 4 VwGO), so stellt sich die Frage, ob man die Fortsetzungsfeststellungsklage von der ihr systematisch vorgelagerten Anfechtungsklage (und ihren Voraussetzungen, hier: § 74 VwGO) lösen sollte. Da ein Zweck des § 74 VwGO, die Bestandskraft des Verwaltungsakts zu sichern, bei einem erledigten Verwaltungsakt ohnehin nicht mehr zum Tragen kommt (Kopp/Schenke VwGO § 74 Rn 703; aA S/S-A/P/Meissner VwGO § 74 Rn 14), lässt sich mit dem BVerwG die Anwendbarkeit des § 74 VwGO verneinen (BVerwGE 109, 203, 207; vgl VGH München NVwZ-RR 1992, 218, 219). Andererseits könnte so die Rechtsschutzfunktion des Widerspruchsverfahrens leer laufen und eine schwer zu begründende Unterscheidung hinsichtlich des häufig zufälligen Erledigungszeitpunktes manifestiert werden (Kopp/Schenke VwGO § 74 Rn 2; S/S-A/P/Meissner VwGO § 74 Rn 11 ff; Eyermann/Rennert VwGO § 74 Rn 2; Schenke NVwZ 2000, 1255, 1256). Die Frage bleibt daher **umstritten** (vgl BVerwGE 26, 161, 167 und VGH Mannheim NJW 1981, 364, OVG RP DVBl 1992, 1301 einerseits und VGH München DVBl 1992, 1492 andererseits), weswegen sicherheitshalber von einer Fristbindung ausgegangen werden sollte.

Eine verfristete Klage gegen einen erledigten Verwaltungsakt kann wegen **§ 43 Abs 2 4 VwGO** auch nicht als Feststellungsklage fortgeführt werden.

5   Stellt sich ein Verwaltungsakt als **nichtig** heraus, so ist mit Blick auf die nicht fristgebundene Nichtigkeitsfeststellungsklage des § 43 VwGO die Versäumung der Klagefrist
unschädlich (vgl BFH NJW 1987, 920; anders OVG Koblenz NVwZ 1999, 198 bei einer
Anfechtungsklage gegen einen nichtigen Verwaltungsakt).

II. Weitere Anwendungsfälle

6   § 74 VwGO gilt kraft gesetzlicher Anordnung des § 126 Abs 3 BRRG auch für Leis-
tungs- und Feststellungsklagen der **Beamten** aus dem Beamtenrechtsverhältnis, sonst für
diese Klagearten nicht (S/S-A/P/Meissner VwGO § 74 Rn 15).

7   Für Klagen gegen Behördenentscheidungen nach dem **Asylverfahrensgesetz** (vgl
BVerwG NVwZ 1998, 299) gilt die Sondernorm des § 74 Abs 1 AsylVfG, wonach die Frist
für die asylrechtliche Klage zwei Wochen nach der Zustellung der Asylentscheidung beträgt
(vgl aber § 36 Abs 3 AsylVfG).

III. Abweichende Regelungen

8   Abweichungen von § 74 VwGO sind landesrechtlich nicht (BVerfGE 21, 106, 114 ff; vgl
aber BVerwG NVwZ 1995, 492 zum landesrechtlichen Prüfungsverfahren), bundesrechtlich
nur durch gesetzliche Regelung (vgl etwa § 190 Abs 1 S 4 VwGO iVm § 142 Abs 1 FlurbG)
möglich.

B. Einhaltung der Klagefrist
I. Einhaltung der Klagefrist als Sachurteilsvoraussetzung

9   Die Einhaltung der Klagefrist stellt eine **Sachentscheidungsvoraussetzung** dar (vgl S/
S-A/P/Meissner VwGO § 74 Rn 3), also eine Klagebedingung, ohne die das angerufene
Gericht über das Klagebegehren in der Sache weder verhandeln noch entscheiden kann. Das
Gericht hat sie **von Amts wegen** und vor Eintritt in die Begründetheitsprüfung zu klären
(BVerwGE 40, 25, 32; kein Wahlrecht des Gerichts wegen der unterschiedlichen Rechts-
kraftwirkung gem § 121 VwGO von Prozess- bzw Sachurteilen, vgl Thomas/Putzo ZPO
Vorbem § 253 Rn 8); fehlt sie, so kann nach § 84 Abs 1 VwGO auch durch Gerichts-
bescheid entschieden werden.

II. Beginn des Laufs der Klagefrist
1. Ordnungsgemäße Bekanntgabe

10   Der Lauf der Klagefrist setzt die ordnungsgemäße **Zustellung** bzw **Bekanntgabe** voraus
(VGH Mannheim DÖV 1976, 68), ansonsten wird weder die Frist des § 74 VwGO, noch
die des § 58 Abs 2 VwGO in Gang gesetzt. Mangels Bekanntgabe läuft daher für einen
Drittbetroffenen die Frist des § 58 Abs 2 VwGO nicht (BVerwGE 44, 294, 296 f.), es kommt
allerdings die Verwirkung (BVerwGE 72, 302, 309) seines Widerspruchs- bzw Klagerechts in
Betracht, wenn er auf andere Weise zuverlässige Kenntnis vom Verwaltungsakt erlangt hat
oder hätte haben müssen (BVerwG NJW 1974, 1260; OVG Lüneburg NVwZ 1985, 506,
507). Dann ist er so zu behandeln, als ob ihm der Verwaltungsakt ohne Rechtsbehelfsbelehrung bekannt gegeben worden sei, weswegen die Jahresfrist des § 58 Abs 2 VwGO
läuft (zur Kenntnis einer Baugenehmigung kraft nachbarlichen Gemeinschaftsverhältnisses
vgl BVerwGE 44, 294, 300; NJW 1988, 839; zur beamtenrechtlichen Konkurrentenklage
vgl Ule/Laubinder, Verwaltungsverfahrensrecht § 37 IV 4).

11   Die Klagefrist beginnt mit der **Bekanntgabe** (§ 41 VwVfG) des belastenden bzw ablehnenden Verwaltungsakts, sofern ein Widerspruchsverfahren entbehrlich ist. Die Umdeutung
einer rechtlich nicht gebotenen, dann aber fehlerhaft vorgenommenen Zustellung in eine
formlose Bekanntgabe ist dabei ausgeschlossen, da der Empfänger Klarheit über die Wirksamkeit der Bekanntgabe haben muss (Kopp/Schenke VwGO § 74 Rn 4). Gleiches gilt bei
zufälligem Bekannt werden eines Verwaltungsaktes ohne Wissen der Behörde (BVerwGE 22,
14). Bei **wiederholter** Bekanntgabe ist auf die erstmalige wirksame abzustellen (BVerwGE
58, 100, 105 f.; VGH Kassel NVwZ 1998, 1313). Dies gilt auch bei **erneuter** Bekanntgabe

eines bereits bestandskräftigen Widerspruchsbescheides, die keine zweite Klagefrist in Lauf
setzen kann (BVerwGE 58, 100, 106).

Ansonsten beginnt die Klagefrist mit der förmlichen **Zustellung** des Widerspruchs- 12
bescheides gem § 73 Abs 3 S 1, § 56 Abs 2 iVm den Vorschriften der ZPO (nicht mehr des
VwZG, vgl Gesetz zur Reform des Verfahrens bei Zustellung im gerichtlichen Verfahren v
25.6.2001, BGBl I 1206, 1212). Durch eine fehlerhafte Zustellung wird die Klagefrist nicht
in Lauf gesetzt (BVerwGE 39, 257, 259), eine Heilung ist jedoch möglich (vgl § 9 VwZG),
jedenfalls durch erneute Zustellung.

Für Klagen wegen Verstoßes gegen Rechte aus einer pflichtwidrig (noch) **nicht umge-** 13
setzten EG-Richtlinie urteilt der EuGH zum Beginn der Klagefrist uneinheitlich (vgl
EuGHE 1991 I-4269, sog „Emmottsche Fristenhemmung", einerseits, aber EuGHE 1997 I-
2163; 1997 I-6783 sowie EuGH NVwZ 2000, 193; NVwZ 2004, 459 andererseits). Die
Rechtsprechung des Europäischen Gerichtshofs (BeckRS 2004,74972) zu § 74 VwGO, wo
nach sich ein Mitgliedstaat in einem Rechtsstreit um eine nicht ordnungsgemäß umgesetzte
Richtlinie des Rates der EG nicht auf die Klagefrist des nationalen Rechts berufen können
soll, geht über die Kompetenz des EuGH zur Auslegung des EWG-Vertrages hinaus und
entfaltet daher keine Bindungswirkung (so auch Stadie NVwZ 1994, 435 ff; Müller-Franken
DVBl 1998, 758 ff.).

2. Adressaten des Verwaltungsaktes

Bei **mehreren Adressaten** beginnt die Klagefrist für jeden gesondert zu laufen. Ist im 14
Vorverfahren ein Vertreter bestellt, so kann auch an diesen zugestellt werden. Für die Wirk-
samkeit der Zustellung bleibt es gleichgültig, ob sodann der Bescheid tatsächlich an den
Vertretenen weitergereicht wird (§ 41 Abs 1 S 2 VwVfG sowie BVerwGE 39, 257, 261;
OVG Hamburg NVwZ 1985, 350). Hat der Vertreter eine schriftliche Vollmacht vorgelegt,
so ist an ihn zuzustellen, § 41 Abs 5 VwVfG iVm § 8 Abs 1 VwZG.

Ob die einem begünstigenden Verwaltungsakt mit drittbelastender Wirkung beigefügte
Rechtsbehelfsbelehrung auch gegenüber diesem Dritten gilt, richtet sich danach, ob der
Dritte sie in Anbetracht der Gesamtumstände eindeutig auch auf sich beziehen musste
(BVerwG NVwZ 2009, 191).

Sind mehrere Kläger in **Streitgenossenschaft** nach § 64 VwGO iVm §§ 59 bis 63 ZPO 15
verbunden, so gilt: Bei einfacher Streitgenossenschaft ist die Wahrung der Klagefrist für jeden
Streitgenossen selbstständig festzustellen (vgl aber BVerwG NJW 1976, 1516 zur Frage eines
an Eheleute gerichteten Widerspruchsbescheids). Notwendige Streitgenossen vertreten sich
bei der Wahrung von Fristen und Terminen gem § 62 Abs 1 ZPO jedoch gegenseitig, so dass
die Wahrung der Klagefrist durch einen Streitgenossen auch dem säumigen Streitgenossen
zugute kommt (VG Freiburg NVwZ 1985, 444, 445), sofern dessen (individuell zu berech-
nende) Klagefrist noch nicht abgelaufen ist (BVerwG Buchholz 310 § 173 Anh § 62 Nr 1).

Beim **Tod** eines Widerspruchsführers findet gem § 173 VwGO die Regelung der § 239 16
Abs 1, § 249 Abs 1 ZPO Anwendung, wonach das Verfahren mit der Folge unterbrochen
wird, dass der Lauf einer jeden Frist aufhört bzw nicht beginnt (BVerwG NVwZ 2001, 319),
sofern kein Prozessbevollmächtigter bestellt ist.

Auch bei **Rechtsnachfolge kraft Rechtsgeschäfts**, etwa bei dinglichen Verwaltungs- 17
akten, tritt der Rechtsnachfolger in die Rechte- und Pflichtenstellung seines Rechtsvorgän-
gers umfassend ein, weswegen er sich den Umstand des Verstreichens der Klagefrist ebenso
zurechnen lassen muss (BVerwG NVwZ 1989, 967; ggf kommt jedoch eine Wiedereinsetzung gem § 60 VwGO in Betracht) wie einen wirksam erklärten Klageverzicht (VGH Kassel
DÖV 1984, 860, 861).

3. Klagefrist und Rechtsbehelfsbelehrung

Die Klagefrist beginnt nur bei **ordnungsgemäßer Rechtsbehelfsbelehrung** gem § 58 18
Abs 1 VwGO zu laufen. Ist sie fehlerhaft, unvollständig oder enthält sie unrichtige Zusätze, die
geeignet sind, die Einlegung des Rechtsbehelfs zu erschweren (BVerwGE 37, 85, 86 f;
BVerwGE 57, 188), so gilt für diese die **Jahresfrist des § 58 Abs 2 VwGO** (zur Kausalität vgl
VGH Kassel NVwZ-RR 1989, 583, 584). Wird eine ordnungsgemäße Rechtsbehelfsbeleh-

rung nachgeholt, so setzt dies die Klagefrist des § 74 VwGO nachträglich in Gang (Eyermann/ Rennert VwGO § 58 Rn 16). Wird in der Rechtsbehelfsbelehrung eine längere als die gesetzliche Frist angegeben, so gilt diese, nicht etwa die Jahresfrist des § 58 Abs 2 VwGO (BVerwG NJW 1967, 591). Eine Rechtsmittelbelehrung, in der ein örtlich unzuständiges Gericht angegeben wird, setzt die Klagefrist nicht in Lauf (BVerwG LSK 2009 400204).

19   Belehrt die Behörde unzutreffend, dass ein **Rechtsbehelf überhaupt nicht** gegeben sei, so greift auch die Jahresfrist des § 58 Abs 2 VwGO aus Vertrauensgesichtspunkten nicht (Ule/Laubinger Verwaltungsverfahrensrecht § 37 IV 3). Gleiches gilt, wenn der Betroffene durch das Verhalten der Behörde von einer rechtzeitigen Klageerhebung abgehalten wurde (VGH München AUR 2005, 126, 129).

20   **Erledigt** sich der Verwaltungsakt während laufender Rechtsbehelfsfristen oder –verfahren, so wird regelmäßig die **Jahresfrist** des § 58 Abs 2 VwGO als Klagefrist einschlägig sein, es sei denn, die Behörde verbindet die Mitteilung über die Einstellung des Widerspruchsverfahrens mit einer an § 74 VwGO orientierten Rechtsbehelfsbelehrung (zu den unterschiedlichen Konstellationen instruktiv S/S-A/P/Meissner VwGO § 74 Rn 28 ff).

C. Fristberechnung

21   Die Berechnung der Klagefrist erfolgt gem § 57 Abs 2 VwGO iVm § 222 Abs 1 ZPO nach § 187 Abs 1, § 188 Abs 2 BGB: Sie beginnt mit dem Tag der Zustellung zu laufen, dieser Tag wird nach § 187 Abs 1 BGB bei der Fristberechnung jedoch nicht mitgerechnet (BGH NJW 1984, 1358; Thomas/Putzo ZPO § 222 Rn 2). Die Klagefrist endigt nach § 188 Abs 2 BGB mit demjenigen Tag des nächsten Monats, der seiner Zahl nach dem Tag der Zustellung bzw der Bekanntgabe entspricht bzw am letzten Tag des nächsten Monats (§ 188 Abs 3 BGB). Fällt das Ende der Klagefrist auf einen Samstag, einen Sonntag oder einen Feiertag, so endet die Frist mit Ablauf des nächsten Werktages (§ 222 Abs 2 ZPO). Als gesetzliche Frist ist die Klagefrist **nicht verlängerbar**.

D. Fristwahrung

I. Klageerhebung

22   Die Klagefrist wird gewahrt durch **rechtzeitige** schriftliche **Erhebung der Klage** (§ 81 Abs 1 VwGO), durch Einreichung der Klageschrift oder zur Niederschrift des Urkundsbeamten der Geschäftsstelle des VG. Mit dem Antrag auf Prozesskostenhilfe für eine beabsichtigte Klage wird die Klagefrist nicht gewahrt (so auch BVerwG NVwZ-RR 1989, 665), ebenso wenig, wenn die Klage unter der Bedingung erhoben wird, dass Prozesskostenhilfe gewährt wird (BVerwGE 59, 302, 304).

23   Eine **unzutreffende Bezeichnung** der Klage – etwa als Widerspruch – ist dabei **unschädlich**, solange das Nachsuchen nach gerichtlichem Rechtsschutz erkennbar ist (BVerfG NJW 1991, 508).

24   Mit Eingang der Klageschrift beim Gericht oder mit Abschluss der Niederschrift wird die Streitsache – unabhängig von der Erfüllung aller Sachentscheidungsvoraussetzungen – **rechtshängig** (vgl § 90 VwGO), der Zustellung der Klageschrift an den Beklagten kommt dabei (anders § 253 Abs 1 ZPO) keine eigene Bedeutung zu. Einer gesonderten Annahme der Klageschrift durch einen zuständigen Behörden- bzw Gerichtsangehörigen bedarf es nicht (BVerfGE 57, 117, 120 f; BVerwGE 18, 51, 52).

25   Auch die Klageerhebung beim **sachlich oder örtlich unzuständigen** Gericht **wahrt** die Klagefrist (BVerwG BayVBl 2002, 611, 612), auch wenn die nachfolgende Verweisung an das zuständige Gericht erst nach Ablauf der Klagefrist erfolgt (BVerwG DVBl 1993, 562). Dies ergibt sich aus § 83 VwGO, der auf die Bestimmungen der §§ 17 bis 17b GVG verweist (VGH Mannheim NVwZ-RR 1989, 512, 513). Der Kläger soll nicht zum Opfer eines Zuständigkeitsstreits zwischen verschiedenen Gerichten werden (BVerwGE 79, 110, 112). Dies gilt auch für eine Klageerhebung beim **instanziell** unzuständigen Gericht, § 83 VwGO gilt auch hier (BVerwGE 18, 53, 58; 48, 201, 202; Kopp/Schenke VwGO § 74 Rn 8; aA BGH NJW 1987, 2586, 2587; VGH Mannheim NJW 1988, 222). Wird eine an das zuständige Gericht adressierte Klage bei einem unzuständigen Gericht eingereicht, so wahrt

dies allerdings die Frist nicht (BVerfGE 60, 243, 246 f; VGH Mannheim NJW 1991, 1845; vgl auch BVerwGE 46, 259, 260), auch nicht die Einreichung einer an ein unzuständiges Gericht adressierten Klage beim zuständigen Gericht (BVerwG BayVBl 2002, 611, 612). § 83 VwGO iVm §§ 17 bis 17b GVG gleicht Rechtsunkenntnis aus, nicht aber Nachlässigkeit (BVerwG BayVBl 2002, 611; OVG Koblenz NJW 1981, 1005). Wird die Klageschrift allerdings innerhalb der Klagefrist an das zuständige Gericht weitergeleitet, so ist dieses Versehen unschädlich (BGH NJW 1983, 123), teilweise wird bereits die bloße fernmündliche Mitteilung (in Verbindung mit einer Aktennotiz) an das zuständige Gericht für ausreichend erachtet (OLG Zweibrücken NJW 1982, 1008).

Eine Klageerhebung bei der **Ausgangs- oder Widerspruchsbehörde** wahrt die Kla-   **26** gefrist jedoch **nicht** (BVerwGE 55, 61 ff; VGH München BayVBl 1982, 242, 245), ebenso wenig die Einreichung eines PKH-Gesuchs (OVG Lüneburg OVGE 1, 227) oder die Erhebung einer Dienstaufsichtsbeschwerde (OVG Hamburg MDR 1950, 440).

Es obliegt grundsätzlich dem **Gericht**, den **Zeitpunkt des Eingangs** der Klage zu   **27** **dokumentieren** und die hierfür erforderlichen Mechanismen zu überwachen und zu warten. Auftretende Fehler, etwa ein defekter Nachtbriefkasten, dürfen den Prozessbeteiligten nicht zum Nachteil gereichen. Daher genügt in diesen Fällen, dass der Kläger den rechtzeitigen Eingang der Klage glaubhaft macht (BVerwG NJW 1969, 1730, 1731) und so eine Fristversäumnis mit überwiegender Wahrscheinlichkeit ausgeschlossen werden kann (BVerfGE 26, 315, 320; BVerfGE 38, 35, 39; BVerwG NJW 1969, 1730, 1731).Daher ist eine Klage dann als fristgerecht eingelegt zu betrachten, wenn der Zustellungsnachweis bei Gericht vernichtet wurde und sich deshalb urkundlich nicht mehr klären lässt, ob die Klage rechtzeitig eingelegt wurde (BSG NJW 1973, 535; VGH München BayVBl 1975, 561). Der den Eingang der Klageschrift regelmäßig festhaltende Eingangsstempel kann daher, wenn eine gewisse Wahrscheinlichkeit für die Unrichtigkeit des Datums des Eingangsstempels besteht, in seiner Beweiskraft, etwa durch Parteivernehmung (vgl BVerwG Buchholz 310 § 70 VwGO Nr 5), erschüttert werden, wenn ein Defekt im Empfangsmechanismus des Gerichts vorliegt und die entsprechenden Umstände, die zu einem früheren Zugang der Klageschrift geführt haben, glaubhaft gemacht werden.

II. Klageänderung

Die Unanfechtbarkeit eines Verwaltungsakts kann durch **nachträgliche klageändernde**   **28** **Anträge** nicht beseitigt werden (BVerwGE 40, 25, 32). Maßgeblich für die Fristwahrung ist insoweit der **Zeitpunkt**, zu dem die Änderung dem Gericht nach § 81 VwGO **mitgeteilt** wird. Bei **Auswechslung des Klägers** muss die Klagefrist (auch) in der Person des Klägers bei Eintritt in das Verfahren gewahrt sein. Dem Rechtsnachfolger des ursprünglichen Klägers kommt dabei die Fristwahrung durch den ursprünglichen Kläger zugute (OVG Münster VerwRspr 21, 502; VG Freiburg NVwZ 1985, 444). Ein **Parteiwechsel** auf der **Beklagtenseite** ist immer **zulässig**, da im Verwaltungsprozess der richtige Beklagte oft nur schwer erkennbar ist (vgl § 78 Abs 1 Nr 1 sowie § 82 Abs 2 VwGO; VGH Mannheim DÖV 1982, 750; VG Freiburg NVwZ 1985, 444).

Stellt der Kläger von einer **nicht fristgebundenen** später auf eine Anfechtungs- oder   **29** Verpflichtungsklage **um**, so ist für die Wahrung der Frist der Zeitpunkt der Erhebung der ursprünglichen Klage maßgeblich (Kopp/Schenke VwGO § 74 Rn 7; vgl auch BVerwG NJW 1989, 3168). Erlässt die Behörde während des Rechtsbehelfsverfahrens einen **neuen** **Bescheid** mit geändertem Inhalt, so ist dieser gemäß den für diesen Bescheid laufenden Fristen **selbständig anzugreifen**; eine entsprechende Klageänderung kommt nur hinsichtlich nicht bestandskräftiger Verwaltungsakte in Betracht (vgl Eyermann/Rennert VwGO § 74 Rn 11; anders, wenn der neue Verwaltungsakt denselben Regelungsinhalt hat wie der ursprünglich angefochtene, BVerwGE 85, 163, 166), etwa bei nachträglicher Bescheidung einer verfrüht anhängig gemachten Versagungsgegenklage (VGH München Urt v 22.6.2007 – 4 B 06.1224).

E. Fristablauf

Die Klagefrist läuft mit dem Ende des letzten Tages der Monatsfrist ab, die **volle Nut-**   **30** **zung** dieser Frist bis zur letzten Sekunde ist **zulässig** (BVerfG NJW 1986, 244; 1991, 2076).

Die Klageschrift muss vor Ablauf der Frist durch Einwurf in den Gerichtsbriefkasten oder in das –post(sammel)fach (BVerwG DVBl 1961, 827; NJW 1964, 788, auch wenn dieses erst am nächsten Tag geleert wird, BGH NJW 1986, 2646) in die Verfügungsgewalt des Gerichts gelangen (BVerfGE 69, 381, 385 f; BGH NJW 1986, 2646; NJW 1987, 2875), ohne dass dabei auf die tatsächliche oder mögliche Kenntnisnahme durch das Gericht abzustellen wäre (BVerfGE 52, 203, 209; vgl auch BGH NJW 1987, 2875; enger BGH NJW 1981, 1789). Eine amtliche In-Empfangnahme der Klageschrift durch einen Gerichtsbediensteten ist nicht geboten (BVerfGE 52, 203 ff), auch kommt es auf das Ende der Dienstzeiten nicht an (BVerfGE 41, 323, 327; BVerfGE 69, 381, 386). Ein bloßer Benachrichtigungszettel der Post, dass eine Sendung zur Abholung bereitliegt, genügt jedoch nicht. Gerichtsintern herbeigeführte Verzögerungen dürfen nicht zum Nachteil des Klägers gereichen (vgl BVerfGE 42, 128 ff; 69, 381, 386; BVerfG NJW 1991, 2076; BVerwG 18, 51, 52; BGH NJW 1984, 1237). Die Klageschrift muss allerdings in den ordnungsgemäßen Geschäftsgang des Gerichts gegeben und nicht einfach im Gericht abgelegt werden. Die **Verfügungsgewalt des Gerichts** wird nur durch Übergabe an für die Entgegennahme von Schriftstücken zuständige Personen bei Gericht (BVerwGE 46, 260, 261) hergestellt (vgl etwa BVerwGE 46, 260, 261; OVG Münster DÖV 1974, 105).

F. Folgen der Verfristung

31   Wird die Klage nach Fristablauf bei Gericht erhoben, so ist sie **unzulässig**. Ihre Abweisung kann durch Gerichtsbescheid nach § 84 Abs 1 VwGO erfolgen. War der Kläger **ohne Verschulden** gehindert, die Klagefrist einzuhalten, so ist ihm auf Antrag **Wiedereinsetzung** zu gewähren (§ 60 VwGO). Nach Ablauf der Jahresfrist ist die Klage – regelmäßig ohne Möglichkeit der Wiedereinsetzung (vgl § 60 Abs 3 VwGO) – unzulässig (BVerwGE 7, 54).

32   Eine zunächst wegen Fristablaufs abgewiesene Klage wird jedoch zulässig, wenn die Widerspruchsbehörde erst nach Einlegung der Berufung den Widerspruch **sachlich bescheidet** (BVerwG DÖV 1975, 639 f, vgl auch BVerwG DÖV 1971, 393).

G. Untergang des Klagerechts durch Verzicht und Verwirkung

33   Neben einer Verfristung kann der Untergang des Klagerechts auch auf einem **Klageverzicht** oder auf **Verwirkung** beruhen:

I. Klageverzicht

34   Klageverzicht bedeutet die eindeutige, auch konkludent mögliche **Erklärung** des Klägers, auf die gerichtliche **Geltendmachung** eines ihm zustehenden **Rechts verzichten** zu wollen (BVerwGE 55, 355, 357; BGH NJW 1985, 2335; OVG Saarlouis NVwZ 1984, 657, 658). Eine (fristgerecht erhobene) Klage wird damit unzulässig (BVerfG DÖV 1972, 312; BVerwGE 19, 159). Auch die Erklärung, auf die Einlegung von **Rechtsbehelfen** zu verzichten, führt unmittelbar zur Unanfechtbarkeit und damit die Bestandskraft des Verwaltungsakts herbei (OLG Düsseldorf NJW 1965, 403). Die Wirksamkeit des Klageverzichts ist regelmäßig nicht daran geknüpft, dass die Klage zulässig war. Verzichtet der Kläger hingegen auf den vom Klageverzicht zu unterscheidenden materiell-rechtlichen Anspruch, so führt dies zur Unbegründetheit der Klage. Der Klageverzicht gilt grundsätzlich auch für einen Rechtsnachfolger (vgl VGH Kassel DÖV 1984, 861).

35   Der als einseitige **prozessuale Willenserklärung** gegenüber dem Gericht zu erklärende Klageverzicht ist **von Amts wegen** zu beachtenden (BGH NJW 1985, 2334), unwiderruflich und bedingungsfeindlich (aber BVerwGE 19, 159 ff; BVerwGE 26, 50 ff zu durch eine Täuschung oder Drohung veranlasstem Klageverzicht), kann jedoch **erst nach Bekanntgabe** des Verwaltungsakts erklärt werden (BVerwG DVBl 1964, 874, 875; OVG NW NVwZ 1983, 681). Liegen allerdings Wiederaufnahmegründe (§ 153 Abs 1 iVm §§ 579, 580 ZPO) vor, so kann der Verzicht unwirksam sein (BVerwG NJW 1980, 394; 1985, 2335).

36   Demgegenüber unterliegt der unter den Beteiligten **rechtsgeschäftlich vereinbarte Verzicht** den Vorschriften des materiellen Rechts, ist anfechtbar, widerruflich, und im

Prozess als Einrede geltend zu machen (BGH NJW 1985, 2334, 2335; OVG Saarlouis NVwZ 1984, 657, 658; Kopp/Schenke VwGO § 74 Rn 24).

Wurde der Verzicht durch eine unzutreffende Belehrung des Gerichts (OLG Hamm NJW 37 1976, 1952) durch Täuschung oder Drohung herbeigeführt, so ist er **nichtig** (BVerwG NJW 1957, 1374; BVerwGE 19, 159 ff; VGH München BayVBl 1977, 404).

II. Verwirkung

Die Versäumung der Klagefrist ist zu unterscheiden von der – prozessualen – Verwirkung 38 des Klagerechts **durch Zeitablauf.** Sie ist ein Fall **unzulässiger Rechtsausübung** und setzt einen längeren, bewusst nicht zur Klageerhebung genutzten Zeitraum voraus (BVerwG BayVBl 2001 727), an den der rechtlich Verpflichtete das Vertrauen knüpfen durfte und auch erkennbar knüpfte, dass das Recht nicht mehr geltend gemacht werde (BVerfGE 72, 302, 309; BVerwG BayVBl 2001, 727). Die Verwirkung des Klagerechts setzt demnach den Vorwurf gegenüber dem Betroffenen voraus, er handele wider Treu und Glauben, wenn er sich darauf berufe, dass die Frist für die Klage entweder gar nicht oder aber nach § 58 Abs 2 VwGO ein Jahr lang laufe. Die Verwirkung sanktioniert somit ein gegen Treu und Glauben verstoßendes venire contra factum proprium und führt zur Unzulässigkeit der Klage (BVerfGE 32, 305, 308; BVerwGE 44, 294, 299 ff; DVBl 1987, 1276; OVG Berlin NVwZ 1983, 164, 165). Grundlage für die Annahme der Klageverwirkung sind in der Regel besondere Rechtsbeziehungen unter den Verfahrensbeteiligten, die das Gebot gegenseitiger Rücksichtnahme begründen (Pietzner/Ronellenfitsch, § 33 Rn 10), etwa das besondere **nachbarschaftliche Gemeinschaftsverhältnis** (für den Fall der fehlerhaften Zustellung an den Ehegatten BVerwG NJW 1988, 1228; zur unterbliebenen Bekanntgabe BVerwG 44, 294, 298). Ausnahmsweise wurde sogar eine **Verwirkung vor Entstehung** des abwehrfähigen Rechts angenommen (BVerwG DÖV 1975, 715).Dass der Kläger einen Verwaltungsakt zunächst befolgt und ihn erst später angreift, begründet für sich genommen aber noch nicht den Tatbestand der Verwirkung (VG Schleswig NVwZ 1987, 163).

Im Falle einer **unrichtig erteilten Rechtsbehelfsbelehrung** wird die Monatsfrist durch 39 die Jahresfrist des § 58 Abs 2 VwGO ersetzt, für eine Verwirkung ist regelmäßig **kein** Raum. Anders bei einer fehlerhaften Bekanntgabe, wenn der Kläger um das ihn beschwerende Ereignis wusste bzw hätte wissen müssen und gleichwohl erst zu einem späteren Zeitpunkt Klage erhebt, zu dem die Beteiligten darauf vertrauen durften, dass mit einer Klage nicht mehr zu rechnen war (BVerwGE 44, 294 ff; NJW 1992, 1123; BGHZ 43, 289, 292; Dürr NVwZ 1982, 296, 297).

Anhaltspunkt für den **Zeitraum,** nach dessen Ablauf eine Verwirkung anzunehmen sei 40 kann, gibt die Jahresfrist des (nicht einschlägigen) § 58 Abs 2 VwGO, soweit er Ausdruck eines allgemeinen Rechtsgedankens ist (BVerwG NJW 1974, 1260; OVG Münster NJW 1980, 1413). Im Einzelfall, etwa bei Verwaltungsakten mit Doppelwirkung, bei denen idR eine frühere Geltendmachung des klägerischen Rechts zu erwarten ist, kann die Jahresfrist allerdings auch unterschritten werden (BVerfGE 32, 305; BVerwGE 44, 294, 301 f; Buchholz 436.36 § 24 Nr 10; nicht aber die Monatsfrist des § 74 Abs 1 VwGO, vgl BVerwG NVwZ 1991, 1182).

Ist bei fristgebundenen Rechtsbehelfen das Klagerecht verwirkt, so wird der zugrunde 41 liegende Verwaltungsakt damit **bestandskräftig** (BVerwG NJW 1974, 1260), eine Klage **unzulässig.**

§ 75 [Klage bei Untätigkeit der Behörden]

[1]Ist über einen Widerspruch oder über einen Antrag auf Vornahme eines Verwaltungsakts ohne zureichenden Grund in angemessener Frist sachlich nicht entschieden worden, so ist die Klage abweichend von § 68 zulässig. [2]Die Klage kann nicht vor Ablauf von drei Monaten seit der Einlegung des Widerspruchs oder seit dem Antrag auf Vornahme des Verwaltungsakts erhoben werden, außer wenn wegen besonderer Umstände des Falles eine kürzere Frist geboten ist. [3]Liegt ein zureichender Grund dafür vor, daß über den Widerspruch noch nicht entschieden oder der beantragte Verwaltungsakt noch nicht erlassen ist, so setzt das Gericht das

Verfahren bis zum Ablauf einer von ihm bestimmten Frist, die verlängert werden kann, aus. [4]Wird dem Widerspruch innerhalb der vom Gericht gesetzten Frist stattgegeben oder der Verwaltungsakt innerhalb dieser Frist erlassen, so ist die Hauptsache für erledigt zu erklären.

Für Anfechtungs- und Verpflichtungsklagen (Rn 1) sieht § 68 VwGO als Regelfall die Durchführung eines Widerspruchsverfahrens vor Erhebung der Klage vor. Da die Fristbestimmung des § 74 VwGO an das Vorliegen eines Widerspruchsbescheides anknüpft, läge es in der Hand der den Widerspruchsbescheid erlassenden Behörde, allein durch Untätigkeit (Rn 6) den Rechtsweg zum Gericht zu versperren oder wesentlich zu verzögern. Da Art 19 Abs 4 GG effektiven gerichtlichen Rechtsschutz garantiert (Maunz/Dürig/Schmidt-Aßmann GG Art 19 Abs 4 (2003) Rn 1 ff, 249), gewährt § 75 VwGO dem Betroffenen die Möglichkeit, nach Ablauf einer angemessenen Frist (Rn 7) auch ohne Vorliegen eines Widerspruchsbescheids Verwaltungsklage in Gestalt der Untätigkeitsklage zu erheben (vgl BVerfGE 40, 237, 257 zur Parallelvorschrift des § 27 Abs 1 EGGVG). Nach Ablauf der Frist, frühestens aber nach drei Monaten (Rn 9), steht der unmittelbare Weg zum VG offen, Klageart und -ziel ändern sich dabei nicht. Liegt ein zureichender Grund (Rn 12) für die Nichtentscheidung der Behörde vor, so setzt das Gericht das Verfahren bis zum Ablauf einer von ihm bestimmten, verlängerbaren Frist (Rn 14) aus (§ 75 S 3 VwGO). Trifft die Behörde innerhalb dieser Frist die begehrte Entscheidung (Rn 18), so ist die Hauptsache für erledigt zu erklären. Trifft hingegen die Behörde auch innerhalb der vom Gericht gesetzten Frist keine antragsgemäße Entscheidung (Rn 19), so schließt sich der Verwaltungsprozess in der Sache an (VGH Kassel NVwZ-RR 1993, 432).

§ 75 VwGO dient damit zugleich dem in Art 6 EMRK enthaltenen Gebot der zeitnahen Gewährung gerichtlichen Rechtsschutzes (Kloepfer JZ 1979, 209) und der beschleunigten Herstellung von Rechtssicherheit. Beruht die Verzögerung nicht auf einem sachlichen Grund, so kommen Ansprüche aus Amtshaftung (BGH NVwZ 1993, 299) bzw aus enteignungsgleichem Eingriff (BGH BGHZ 65, 182, 189; aA BayObLG BayVBl 1991, 282, 283) in Betracht (vgl Kopp/Schenke VwGO § 75 Rn 3 mwN), diese setzen wegen des Grundsatzes der Subsidiarität (BVerfGE 58, 324) jedoch die Schadensabwendung bzw -minderung mittels Untätigkeitsklage voraus.

Übersicht

A. Anwendungsbereich

1   § 75 VwGO gilt für Anfechtungs- und Verpflichtungsklagen, für die ein **Vorverfahren** gesetzlich vorgesehen ist (etwa für beamtenrechtliche Klagen nach § 126 BRRG). § 14 lit a BImSchG geht § 75 VwGO als lex specialis vor, regelt allerdings nicht den Fall der Untätigkeit der Ausgangsbehörde (vgl auch § 142 Abs 2 FlurbG). Bei angeblicher **Untätigkeit von**

Verwaltungsgerichten folgt weder aus § 75 VwGO, noch aus dem verfassungsrechtlichen Gebot effektiver Rechtsschutzgewährung (Art 19 Abs 4 GG) noch aus Art 6 EMRK eine erstinstanzliche Zuständigkeit des Bundesverwaltungsgerichts (BVerwG BeckRS 2005, 31446).

In Betracht kommt etwa, dass ein **Antrag auf Erlass** eines Verwaltungsaktes nicht 2 beschieden wird (Unterfall der Verpflichtungsklage, vgl BVerwG Buchholz 310 § 75 Nr. 9) oder dass nach rechtlich gebotener Einlegung eines Widerspruchs die Verwaltung untätig bleibt und **keinen Widerspruchsbescheid** erlässt. Gegenstand dieser Klage ist dann allerdings nicht die unterbliebene Widerspruchsbescheidung (diese wird Kraft Gesetzes als entbehrlich behandelt), sie ist vielmehr auf eine günstige Sachentscheidung gerichtet (instruktiv VGH BW NVwZ 1995, 280). Dies kann bei einer auf eine behördliche Ermessensentscheidung gerichteten Verpflichtungsklage auch im Wege der Bescheidungsklage erfolgen (BVerwG NVwZ 1991, 1180, 1181; Schledorn NVwZ 1995, 250, 251). Steht eine **gebundene** Behördenentscheidung aus, so richtet sich die Untätigkeitsklage als Verpflichtungsklage mangels Rechtsschutzbedürfnis nicht auf Erlass des Widerspruchsbescheids, sondern auf den beantragten Verwaltungsakt selbst (BVerwG VerwRspr 15, 367; BVerwG Buchholz 421.0 Prüfungswesen Nr 380; Pietzner/Ronellenfitsch § 24 Rn 18 mwN; aA Kopp/Schenke VwGO § 75 Rn 1a), auch wenn dem Kläger damit die Möglichkeit der erneuten Überprüfung der Zweckmäßigkeit des Verwaltungsaktes entgeht, da seine Chance auf unrechtmäßige Bescheidung rechtlich nicht schützenswert ist. Dies ist allerdings dann anders zu beurteilen, wenn der Behörde eine eigene Ermessens- oder Beurteilungsermächtigung zugeordnet ist, dann ist Raum für eine isolierte Klage auf Erlass eines (Widerspruchs-)Bescheides.

Hat ein **Dritter** Widerspruch eingelegt, so kann der Adressat des begünstigenden Ver- 3 waltungsakts Untätigkeitsklage gegen die unterbliebene Zurückweisung des Widerspruchs erheben (VGH BW NVwZ 1994, 507). Entscheidet demnach die Widerspruchsbehörde nicht über den gegen einen positiven Bauvorbescheid eingelegten Nachbarwiderspruch, so kann der durch den Bauvorbescheid Begünstigte Verpflichtungsklage in Form der Untätigkeitsklage auf Zurückweisung des Widerspruchs erheben (VGH Kassel LSK 2009, 100400).

Bei **wiederkehrenden Leistungen** wird der Streitgegenstand durch die Klageerhebung 4 begrenzt, erweitert sich also während des Prozesses nicht sukzessive (BVerwGE 66, 342; OVG Münster NVwZ-RR 1995, 178); weitere Anspruchszeiträume können jedoch im Wege der Klageerweiterung § 91 VwGO einbezogen werden.

B. Tatbestandsvoraussetzungen

I. Antrag des Klägers

Der Kläger muss vor Erhebung der Untätigkeitsklage entweder **Widerspruch** eingelegt 5 oder einen mit den erforderlichen Angaben und Unterlagen versehenen (VG Freiburg BauR 2003, 1345, 1347) **Antrag** auf Erlass eines Verwaltungsakts gestellt haben (BVerwG NVwZ 1987, 412, 413; VGH Mannheim BeckRS 2008 35600; VGH München NVwZ-RR 1990, 551, 553; VG Berlin NVwZ-RR 2002, 310), um der Behörde Gelegenheit zu einer Sachentscheidung zu geben; andernfalls ist die Klage unzulässig (BVerwGE 57, 204, 210; 99, 158, 160; VGH München NVwZ-RR 1990, 551, 553; Ausnahme: Behörde verweigert Entgegennahme des Antrags, VGH München BayVBl 1980, 376), selbst wenn der Verwaltungsakt von Amts wegen erlassen werden kann oder muss (BVerwGE 99, 158). Der Antrag stellt demnach eine im Verwaltungsprozess nicht nachholbare **Zugangsvoraussetzung** dar (VGH Mannheim VBlBW 2000, 106).

II. Untätigkeit der Verwaltung

1. Sachliche Nichtentscheidung

Ist der zunächst noch ausstehende Verwaltungsakt bzw Widerspruchsbescheid zum Zeit- 6 punkt der Klageerhebung wirksam bekannt gegeben, so ist die Klage den **regulären Zulässigkeitsvoraussetzungen** einer Anfechtungs- bzw Verpflichtungsklage unterworfen (OVG Münster NJW 1954, 1902, 1903; vgl auch VGH Mannheim NVwZ-RR 2004,

387 f.). Auch die Zurückweisung des Widerspruchs oder die Ablehnung des Antrags als unzulässig ist eine Sachentscheidung (VGH München BayVBl 1972, 412), nicht aber die bloße Auskunft über den Sach- oder Verfahrensstand oder ein die Sache nicht abschließender Zwischenbescheid. Auch die **Weigerung** der Behörde, einen Antrag bzw Widerspruch entgegenzunehmen, als solchen zu behandeln (BVerwG DÖV 1968, 496, 497) oder inhaltlich zu bearbeiten (VG Kassel NVwZ 1985, 217) eröffnet die Untätigkeitsklage (Kopp/Schenke VwGO § 75 Rn 6). Hat die Behörde eine Entscheidung zwar getroffen, aber **nicht bekannt gegeben** (str bei formfehlerhafter Zustellung, Eyermann/Rennert VwGO § 75 Rn 6), so ist § 75 VwGO anwendbar.

2. Keine Entscheidung innerhalb angemessener Frist

7   Eine Erhebung der Untätigkeitsklage setzt weiter voraus, dass die Behörde innerhalb **angemessener Frist** und ohne Vorliegen eines zureichenden Grundes sachlich nicht entschieden hat. Vorausgesetzt wird dabei die Verpflichtung der Verwaltung, über Anträge und Rechtsbehelfe zügig, wenngleich mit der gebotenen Gründlichkeit (BGH BGHZ 15, 305, 312; BGHZ 30, 19, 26 f.) sowie rechtzeitig (BVerfG NJW 1985, 2019, 2020) zu entscheiden.

8   Was im Einzelfall als „angemessene Frist" anzusehen ist, richtet sich nach der rechtlichen Komplexität und Reichweite der zu treffenden Entscheidung und der in tatsächlicher Hinsicht erforderlichen Sachverhaltsaufklärung. Fachgesetzliche Sonderregelungen zur Dauer der angemessenen Frist sind möglich (vgl etwa § 7 Abs 5 Informationsfreiheitsgesetz, dazu B. Huber NVwZ 2007, 672).

Auch die Dringlichkeit der Entscheidung für den Kläger ist dabei zu berücksichtigen. Aufgrund der in S 2 festgelegten Regelwartefrist von drei Monaten kommt der Auslegung, welche Frist noch „angemessen" ist, in der Praxis nur geringe Bedeutung zu. Das Gesetz stellt dabei nicht auf die Kenntnis des Klägers von einem (zureichenden) Verzögerungsgrund, sondern lediglich auf den Fristablauf ab (Kopp/Schenke VwGO § 75 Rn 9).

3. Regelfrist von 3 Monaten

9   Im Regelfall – so die Vermutung des Gesetzgebers in S 2 – ist eine Entscheidungsfrist von **drei Monaten** noch nicht unangemessen. Diese Regelwartefrist soll als **Sachentscheidungsvoraussetzung** (BVerwGE 23, 135, 137) einer verfrühten Klageerhebung entgegenwirken (BVerwGE 42, 108, 110; Leisner VerwArch 2000, 227, 241 ff).Umgekehrt kann das Gericht eine nach Ablauf der Drei-Monats-Frist erhobene Klage nicht als verfrüht und damit unzulässig abweisen (BVerwG NVwZ 1987, 969, 970). Allerdings nimmt die Rechtsprechung als maßgeblichen Zeitpunkt für diese Frist den der **letzten mündlichen Verhandlung** an (BVerwG NVwZ 1995, 80), weswegen eine Klageerhebung vor Ablauf der Drei-Monats-Frist zulässig sein soll. Dies nimmt der Vorschrift nicht nur jede Relevanz, sondern widerspricht auch Wortlaut und Intention des § 75 VwGO (so auch v. Mutius, Widerspruchsverfahren, 1969, 185 f). Maßgeblich ist demnach die **Klageerhebung**. Liegt diese Sachentscheidungsvoraussetzung nicht vor, so ist das Verfahren entsprechend VwGO S 3 auszusetzen (BVerwGE 23, 135, 139).

4. Klageerhebung vor Ablauf von drei Monaten wegen besonderer Umstände

10   Dem Verfassungsgebot effektiven Rechtsschutzes entsprechend sieht S 2 vor, dass ausnahmsweise besondere Umstände eine Entscheidung der Behörde in weniger als drei Monaten gebieten können. Ein **besonderes Interesse** des Klägers an der schnelleren Entscheidung der Behörde kann ihm ein längeres Zuwarten **unzumutbar** machen (Kopp/Schenke VwGO § 75 Rn 12), insbes dann, wenn dem Kläger ansonsten schwere und unverhältnismäßige, ggf sogar nicht wieder gutzumachende Nachteile entstehen (etwa bei dringender Fürsorgebedürftigkeit, termingebundenen Veranstaltungen oder bei bevorstehender Einberufung zum Wehrdienst). Verweigert die Behörde bereits die Annahme eines Antrages oder kann der Kläger aus anderen Gründen nicht mehr mit einer Behördenentscheidung rechnen, so muss die Regelwartefrist nicht abgewartet werden (VGH München BayVBl 1980, 376; VG Kassel NVwZ 1985, 217; VGH Kassel NVwZ 1988, 266).

Die gerichtliche Entscheidung über die Fristabkürzung ist für die höheren Instanzen 11
bindend (BVerwGE 23, 135, 138).

5. Nichtentscheidung ohne zureichenden Grund

Die Untätigkeitsklage kann nach Fristablauf nur dann erhoben werden, wenn die Behörde 12
keinen zureichenden Grund für die Nichtentscheidung hat. Liegt ein solcher Grund vor,
so ist die Klage trotzdem nicht unzulässig, sondern das **Gericht setzt** der Behörde eine
(verlängerbare) Frist und das Verfahren solange **aus** (§ 75 S 3 VwGO). Eine Sachentscheidung
trifft das Gericht daher nur, wenn entweder kein zureichender Grund vorliegt oder die
gerichtlich bestimmte Frist ohne Behördenentscheidung verstrichen ist (BVerwG NVwZ
1987, 969, 970; NJW 1990, 1378, 1379). Maßgeblicher Zeitpunkt für die Feststellung eines
zureichenden Grundes für die Nichtentscheidung ist die letzte mündliche Verhandlung
(BVerwG NVwZ 1995, 80; VGH Kassel NVwZ-RR 1993, 432). Als zureichender Grund
kann der besondere **Umfang des Verfahrens**, die besondere **Schwierigkeit** der Sachaufklärung
sowie die besondere juristische Schwierigkeit des Falles in Betracht kommen (BayVerfGH
BayVBl 2002, 143; vgl auch VG Düsseldorf NVwZ 1994, 811, 812). Neben
fehlender Entscheidungsreife – etwa in einem gestuften Verfahren unter Beteiligung mehrerer
Behörden (VG Köln NVwZ 1985, 217, 219) – kann auch die Überlastung der Behörde
zB aufgrund einer Gesetzesänderung oder nach Umorganisation (BVerwGE 42, 108, 111 f)
ein zureichender Grund sein (OVG Lüneburg NJW 1964, 1637).

Kein zureichender Grund sind organisatorisch vermeidbare Bearbeitungsengpässe etwa 13
aufgrund urlaubs- oder krankheitsbedingter Abwesenheiten, wegen permanenter Unterbesetzung
(OVG Hamburg NJW 1990, 1379 f.; VG Bremen NVwZ-RR 1997, 768; VG
Düsseldorf NVwZ 1994, 810, 811) oder unzureichender Arbeitsorganisation (Weitergabe
von Akten an andere Behörde ohne Anlage einer bearbeitungsfähigen Zweitakte, OVG
Münster NVwZ-RR 1992, 453). Unterbleibt die Entscheidung, weil die Behörde irrig ein
Vorverfahren für entbehrlich (BVerwGE 37, 87, 88; BVerwGE 39, 261, 265) oder den
Widerspruch für unzulässig hält (VGH Kassel NVwZ-RR 1993, 432, 433), so ist die Klage
sofort zulässig. Auch die **Unzuständigkeit** der Behörde stellt keinen zureichenden Grund
für eine Nichtentscheidung dar (Kopp/Schenke VwGO § 75 Rn 15; Eyermann/Rennert
VwGO § 75 Rn 9). Gleiches gilt für angeblich fehlende Verwaltungspraxis, fehlende Verwaltungsrichtlinien
oder verbindliche rechtswidrige Weisung zum Nichtbescheiden (VGH
München DVBl 1990, 783), auch für eine bevorstehende Rechtsänderung (BVerwG ZOV
2004, 93 f) oder obergerichtliche Klärung (vgl aber VGH München v 16.1.200610 – C
03.1724; OVG Münster NVwZ-RR 1992, 453; VGH München NVwZ-RR 1995, 237),
wenn sich der Kläger nicht ausdrücklich mit der Nichtentscheidung einverstanden erklärt
(vgl S/S-A/P/Dolde VwGO § 75 Rn 8). Laufende **Vergleichsverhandlungen** zwischen
Behörde und Kläger stellen demgegenüber einen hinreichenden Grund dar.

C. Gerichtliche Entscheidung

I. Gerichtliche Aussetzung und Fristsetzung nach S 3

Liegt ein **zureichender Grund** vor, **setzt** das Gericht das Verfahren nach S 3 **aus** und 14
fordert die Behörde unter **Fristsetzung** per Beschluss (BVerwGE 88, 254, 256) auf, die
Entscheidung fristgerecht vorzulegen (BVerwG NVwZ 1987, 969, 970; VGH Mannheim
NVwZ-RR 1997, 395, 396). Die **Dauer** der Frist bemisst sich nach dem vom Gericht
festgestellten Grund für die Nichtentscheidung und muss erwarten lassen, dass die Behörde
innerhalb der Frist die Entscheidung treffen kann (S/S-A/P/Dolde VwGO § 75 Rn 9).
Trifft die Behörde innerhalb der gesetzten Frist eine Entscheidung, so erklärt das Gericht
gemäß S 4 die Hauptsache für **erledigt**. Entscheidet die Behörde **nicht** innerhalb der Frist,
wird das **Verfahren** mit dem Ziel einer Sachentscheidung des Gerichts **fortgesetzt**
(BVerwGE 42, 108, 111), es sei denn, neue Umstände rechtfertigen eine weitere gerichtliche
Fristverlängerung (S 3).

Bestand im Zeitpunkt der mündlichen Verhandlung **kein zureichender Grund** für die 15
Verzögerung der Entscheidung (BVerwG NVwZ 1987, 969, 970), kommt eine Aussetzung
und Fristsetzung jedoch wegen zwischenzeitlicher Versagung des beantragten Verwaltungs-

akts nicht mehr in Betracht, so ist die Klage gleichwohl zulässig und das Gericht kann in der Sache entscheiden.

16   Analog Satz 3 kann das Gericht der Behörde auch dann eine Frist setzen, wenn die Klage vor Ablauf der angemessenen bzw der Drei-Monats-Frist **verfrüht** erhoben wurde, das Gericht das Vorliegen der Voraussetzungen der vorzeitigen Zulässigkeit der Klageerhebung also nicht als gegeben erachtet (vgl Kopp/Schenke VwGO § 75 Rn 17). Eine Klageabweisung verbietet sich aus prozessökonomischen Gründen, da die Klage in der Sache später ohnehin zulässig wäre (BVerwGE 23, 135, 138) – auch wenn einzuräumen ist, dass eine Aussetzung grundsätzlich die Zulässigkeit der Klage voraussetzt (Redeker/v Oertzen/Kothe VwGO § 75 Rn 11). Ist die Klage hingegen bereits aus anderen Gründen unzulässig oder unbegründet (str, vgl BVerwG NJW 1968, 1643), scheidet eine Aussetzung aus.

II. Aussetzungsbeschluss

17   Im **Aussetzungsbeschluss** entscheidet das Gericht über den Zwischenstreit, ob ein zureichender Grund für die Nichtbescheidung vorliegt. Gegen die Aussetzung bzw ihre Ablehnung und gegen die damit verbundene (daher kein Fall des § 146 Abs 2 VwGO) – auch nachträgliche – Verlängerung der Frist bzw deren Ablehnung ist die **Beschwerde** nach § 146 VwGO zulässig (BVerwGE 42, 108, 113; Weides/Bertrams NVwZ 1988, 673, 674). Dies gilt jedoch dann nicht, wenn das Gericht die Entscheidung über die Aussetzung bzw Fristverlängerung erst zusammen mit der Entscheidung in der Hauptsache trifft; in diesem Fall sind Rechtsbehelfe nur gegen die Hauptsacheentscheidung möglich (Eyermann/Rennert VwGO § 75 Rn 10).

D. Verfahren nach Fristsetzung
I. Behörde erlässt Verwaltungsakt

18   Erlässt die Behörde nach Erhebung der Untätigkeitsklage die vom Kläger begehrte Entscheidung, so ist die Hauptsache gem. § 75 S 4 VwGO (auf Antrag, nicht von Amts wegen, vgl Eyermann/Rennert VwGO § 75 Rn 13) **für erledigt zu erklären** und nur noch über die Kosten zu entscheiden. Dies gilt auch für eine **verfrühte** Untätigkeitsklage, sofern der Kläger die Erledigung der Hauptsache wegen Wegfall des Rechtsschutzinteresses erklärt (S/S-A/P/ Dolde VwGO § 75 Rn 19); ansonsten ist die Klage als unzulässig abzuweisen. Der Kläger kann allerdings das Verfahren in der Hauptsache als **Fortsetzungsfeststellungsklage** nach § 113 Abs 1 S 4 mit dem Antrag fortführen, dass Gericht möge feststellen, dass die Nichtentscheidung über den Antrag bzw den Widerspruch rechtswidrig war (Kopp/Schenke VwGO § 75 Rn 20; aA OVG Münster NVwZ-RR 1997, 400; Eyermann/Rennert VwGO § 75 Rn 18).

II. Behörde erlässt Verwaltungsakt nicht

19   Lehnt die Behörde den Erlass der begehrten Entscheidung ab, so kann der Kläger die zulässige Untätigkeitsklage als Anfechtungs- bzw Verpflichtungsklage unter (ohne Antrag erfolgende, vgl OVG Münster NVwZ-RR 2004, 395) Einbeziehung des ergangenen Verwaltungsaktes bzw des Widerspruchsbescheides (VGH Mannheim NJW 1986, 149) **fortführen** (BVerwGE 100, 221, 224; VGH Mannheim NVwZ-RR 1997, 395, 396). Die Durchführung eines **Vorverfahrens** ist in diesem Falle **nicht erforderlich** (BVerwGE 88, 254, 255 f; OVG Lüneburg NVwZ 1983, 49, 50; OVG Münster NVwZ-RR 2004, 395). Dies gilt auch dann, wenn das Gericht eine Frist nach Satz 3 gesetzt und das Verfahren ausgesetzt hat und die Behörde erst nach Ablauf dieser gerichtlich gesetzten Frist eine ablehnende Entscheidung trifft (BVerwGE 42, 108, 111), da die Klage dann nach § 75 VwGO bereits zulässig gewesen war. Hält die Behörde dagegen die Frist nach Satz 3 ein und **lehnt den Antrag ab**, so ist das **Vorverfahren** gemäß § 68 VwGO durchzuführen (BVerwGE 42, 108; BVerwG NVwZ 1987, 969, 970; str angesichts der Rechtsprechung des BVerwG zur Entbehrlichkeit des Vorverfahrens bei sachlicher Einlassung, vgl Eyermann/ Rennert VwGO § 75 Rn 14 mwN); hierzu ist der Rechtsstreit auszusetzen (BVerwGE 42, 108, 112). Ggf ist noch Widerspruch einzulegen (BVerwGE 42, 108, 114), der durch die zulässig erhobene Untätigkeitsklage nicht ersetzt wird (so aber Weides/Bertrams NVwZ

(weggefallen)

1988, 673, 67).Verzögert sich dann der Erlass des Widerspruchsbescheids ohne zureichenden Grund, kann das Gericht analog S 1 und 2 unmittelbar eine Sachentscheidung treffen (BVerwGE 42, 108, 114 f.).

Wird die Klage **verfrüht** erhoben und lehnt die Behörde die begehrte Entscheidung 20 fristgerecht ab, ist das erforderliche Vorverfahren durchzuführen. Eine Klagerücknahme ist jedoch nicht erforderlich, da das Gericht das Verfahren für die Dauer des Vorverfahrens aussetzt (BVerwGE 42, 108, 111 f.). Bei Erfolg des Widerspruchs erledigt sich der Rechtsstreit, andernfalls kann der Kläger die Klage fortführen oder zurücknehmen. Für die Kostenentscheidung findet § 161 Abs 3 VwGO dann jedoch keine Anwendung.

III. Kostenentscheidung

Die Kostenentscheidung ergibt sich aus **§ 161 Abs 3 VwGO**: War die Untätigkeitsklage 21 nicht verfrüht, so fallen die Kosten der Beklagten zur Last; dies soll sogar bei Klagerücknahme nach Erlass der begehrten Verwaltungsentscheidung gelten (BVerwG NVwZ 1991, 1180, 1181; so auch Eyermann/Rennert VwGO § 75 Rn 16). Andernfalls kommt § 161 Abs 2 VwGO (Kostenentscheidung nach Hauptsacheerledigung) zur Anwendung. Die Kosten einer **verfrühten** Klage trägt nach § 154 Abs 1 VwGO der Kläger.

E. Verwirkung des Klagerechts nach § 75 VwGO

I. Grundlagen

76 VwGO aF sah für Klagen nach § 75 VwGO eine Ausschlussfrist von einem Jahr vor. 22 Diese ist mit Aufhebung der Vorschrift fortgefallen. Das Klagerecht nach § 75 VwGO kann jedoch nach allgemeinen Grundsätzen (unzulässige Rechtsausübung, Rechtsmissbrauch) **verwirkt** werden, wenn die Behörde aufgrund des Verhaltens des Klageberechtigten darauf vertrauen durfte, dass dieser seinen Anspruch auf Erlass eines Verwaltungsakts bzw Widerspruchsbescheides nicht mehr geltend machen würde.

Dies setzt zunächst voraus, dass der Kläger eine mögliche Klageerhebung **längere Zeit** 23 unterließ. Zeitlicher Orientierungspunkt sind dabei die **Jahresfrist**bestimmungen in § 58 Abs 2, § 60 Abs 3 VwGO und § 76 VwGO aF (Eyermann/Rennert VwGO § 75 VwGO Rn 22). Da der Betroffene mit Einreichung von Antrag bzw Widerspruch aber alles seinerseits Erforderliche getan hat, kann eine Verwirkung nicht allein durch Zeitablauf eintreten (S/S-A/P/Dolde VwGO § 75 Rn 13 f). Vielmehr muss in der Person des Klägers ein **treuwidriges** (BVerfGE 32, 305, 308) venire contra factum proprium (widersprüchliches Verhalten) hinzutreten, welches die Erwartung der Behörde begründet, er werde nicht Klage erheben (BVerwGE 44, 339, 343; Kopp DÖV 1977, 199, 202) und dementsprechende Dispositionen veranlasst hat (BVerwGE 52, 16, 25; NVwZ 1991, 1182; OVG Münster NVwZ-RR 1999, 540).

II. Rechtsfolgen der Verwirkung

Mit der Verwirkung des Klagerechts wird der angefochtene Verwaltungsakt **bestands-** 24 **kräftig** (Kopp/Schenke VwGO § 76 Rn 4), die Nichtbescheidung des Antrags rechtmäßig. Da unterlassene Verwaltungsakte nicht der Bestandskraft fähig sind, steht es dem Betroffenen jedoch frei, nochmals einen Antrag zu stellen und damit ein neues Verwaltungsverfahren in Gang zu setzen (vgl VGH Mannheim DVBl 1974, 817).

Daneben kommt noch ein Wiederaufgreifen des Verfahrens nach § 51 VwVfG in Be- 25 tracht; auch kann die Behörde trotz Klageverwirkung einen sachlichen (Widerspruchs-) Bescheid erlassen (Pietzner/Ronellenfitsch § 42 Rn 3 ff; s auch BVerwG DVBl 1976, 78, 79), sofern hiermit nicht in gesicherte Rechtspositionen Dritter eingegriffen wird (instruktiv Eyermann/Rennert VwGO § 75 Rn 26 mwN).

§ 76 (weggefallen)

§ 76 VwGO wurde durch Art 1 Nr 2 des Gesetzes vom 24.8.1976 (BGBl I 2437) mit Wirkung zum 1.1.1977 ersatzlos aufgehoben.

§ 77 [Ausschließlichkeit des Widerspruchsverfahrens]

(1) Alle bundesrechtlichen Vorschriften in anderen Gesetzen über Einspruchs-
oder Beschwerdeverfahren sind durch die Vorschriften dieses Abschnitts ersetzt.

(2) Das gleiche gilt für landesrechtliche Vorschriften über Einspruchs- oder
Beschwerdeverfahren als Voraussetzung der verwaltungsgerichtlichen Klage.

§ 77 VwGO ist eine Vorschrift mit reinem Überleitungscharakter, die alle sonstigen
vor Inkrafttreten der VwGO geltenden Einspruchs- und Beschwerdeverfahren beseitigen
will.

A. Allgemeines

1   § 77 VwGO verfolgte die Absicht, ein bundeseinheitliches Vorverfahren zu schaffen
(Sodan/Ziekow/Brenner VwGO § 77 Rn 1). Die Vorschrift hat deshalb Überleitungscha-
rakter (Eyermann/Rennert VwGO § 77 Rn 1) und steht in engem Zusammenhang mit
§ 190 Abs 1 VwGO. § 77 VwGO stellt klar, dass grundsätzlich alle vor Inkrafttreten der
VwGO bestehenden zum Teil sehr unterschiedlichen Regelungen über Einspruchs- und
Beschwerdeverfahren verschiedenster Art als Voraussetzung der verwaltungsgerichtlichen
Klage aufgehoben sind und durch das verwaltungsgerichtliche Vorverfahren (Widerspruchsverfahren) nach den §§ 68 ff VwGO ersetzt werden, soweit nicht ausnahmsweise in den
sonstigen Übergangsbestimmungen der §§ 92 ff VwGO anders lautende Regelungen aufrechterhalten bleiben oder ausnahmsweise in späteren Bundesgesetzen vorgesehen sind. Da
der Einigungsvertrag die VwGO und damit auch die Regelungen über das Vorverfahren für
die neuen Bundesländer grundsätzlich übernommen hat (vgl Anlage I. Kap III. Sachg A.
Abschnitt III. Nr 6), sind damit auch etwaig fortgeltende frühere DDR-Vorschriften berei-
nigt worden (vgl Kopp/Schenke VwGO § 77 Rn 1; Redeker/von Oertzen/von Oertzen
VwGO § 77 Rn 1). Da § 77 VwGO im 8. Abschnitt des Gesetzes eingefügt ist, der ein
Vorverfahren bekanntlich nur in Bezug auf die Anfechtungs- und Verpflichtungsklage regelt,
ergeben sich hieraus zwei Einschränkungen des § 77 VwGO: § 77 VwGO ist zum einen
nicht auf solche Vorverfahren anzuwenden, die einen anderen Rechtsweg betreffen, zum
anderen betrifft § 77 VwGO auch nicht solche Verfahren, die keinen Verwaltungsakt zum
Gegenstand haben bzw nicht zu einem Verwaltungsakt führen sollen, zB Verfahren nach
dem Kommunalwahlrecht (B/F-K/K VwGO § 77 Rn 2). Folgerichtig berührt § 77 VwGO
auch nicht das Petitionsrecht nach Art 17 GG sowie die entsprechenden Petitionsregelungen
der einzelnen Bundesländer sowie das Recht jedes Staatsbürgers, zu formlosen Beschwerden
(zB Dienstaufsichtsbeschwerden, Gegenvorstellungen uÄ; Kopp/Schenke VwGO § 77
Rn 3).

B. Bundesrechtliche Vorschriften

2   Nach § 77 Abs 1 VwGO ist die Ausschließlichkeit des Widerspruchsverfahrens für das
Bundesrecht auch insoweit vorgesehen, als es nicht Voraussetzung einer verwaltungsgerichtlichen Klage ist (Kopp/Schenke VwGO § 77 Rn 2).

C. Landesrechtliche Vorschriften

3   Etwaig bestehende landesrechtliche Vorschriften über Einspruchs- und Beschwerdeverfahren werden durch § 77 VwGO und damit die §§ 68 ff VwGO nur insofern ersetzt, als
sie einer verwaltungsgerichtlichen Klage funktionell als Sachurteilsvoraussetzung vorgeschaltet sind (vgl Art 31 GG). Unabhängig hiervon kann das Landesrecht also weiter Einspruchs-
und Beschwerdeverfahren aller Art vorsehen, solange diese nicht zur Sachurteilsvoraussetzung einer verwaltungsgerichtlichen Klage gemacht werden. Derartige Beschwerdeverfahren
sind allerdings sehr problematisch, weil die Einleitung eines entsprechenden landesrechtlichen Beschwerdeverfahrens die Widerspruchsfrist nicht gewahrt wäre und im Übrigen die
Unanfechtbarkeit des angefochtenen Verwaltungsakts durch ein derartiges landesrechtliches
Beschwerdeverfahren nicht verhindert werden könnte. Im Einzelfall ist dann zu überlegen,

ob derartige landesrechtliche Beschwerden unter Umständen in einen Widerspruch nach der VwGO umgedeutet werden können. Wegen des durch § 77 VwGO noch einmal dokumentierten Primats der VwGO müssen etwaige landesrechtliche Beschwerde- und/ oder Einspruchsverfahren das Rechtschutzbedürfnis des Widerspruchsführers nicht entfallen (B/F-K/F VwGO § 77 Rn 4; Kopp/Schenke VwGO § 77 Rn 2). Da der Bund im Rahmen seiner Gesetzgebungskompetenz die Vereinheitlichung im Bereich des Landesrechtes nur für das Vorverfahren verbindlich machen konnte, haben die Länder die Möglichkeit, die vorgeschilderte Zweispurigkeit durch Landesrecht selbst zu beseitigen. Sie haben es zum Teil in den Ausführungsgesetzen zur VwGO getan (zB Bayern Art 14 Abs 1 Bay-AGVwGO).

Unzulässig sind aber abweichende landesrechtliche Regelungen über die Voraussetzungen 4 der Einlegung des Widerspruchs. Die Regelung des Bayerischen Kostengesetzes in Art 15 Abs 1 S 3 BayKostG, wonach die Nichtzahlung des angeforderten Kostenvorschusses binnen einer gesetzten Frist zu einer Rücknahmefiktion bezüglich des Widerspruchs führte, greift in das bundesrechtlich abschließend geregelte Widerspruchsverfahren ein und ist damit wegen Verstoß gegen das Bundesrecht unwirksam (BVerwG DVBl 1981, 683 ff).

§ 78 [Beklagter]

(1) Die Klage ist zu richten
1. **gegen den Bund, das Land oder die Körperschaft, deren Behörde den angefochtenen Verwaltungsakt erlassen oder den beantragten Verwaltungsakt unterlassen hat; zur Bezeichnung des Beklagten genügt die Angabe der Behörde,**
2. **sofern das Landesrecht dies bestimmt, gegen die Behörde selbst, die den angefochtenen Verwaltungsakt erlassen oder den beantragten Verwaltungsakt unterlassen hat.**

(2) Wenn ein Widerspruchsbescheid erlassen ist, der erstmalig eine Beschwer enthält (§ 68 Abs. 1 Satz 2 Nr. 2), ist Behörde im Sinne des Absatzes 1 die Widerspruchsbehörde.

§ 78 VwGO soll bewirken, dass der Kläger im Verwaltungsprozess die Klage gegen den „richtigen" Beklagten erhebt. In Abs 1 Nr 1 Hs 1 hat der Gesetzgeber für die Anfechtungs- und Verpflichtungsklage das Rechtsträgerprinzip (Rn 17) normiert. Eine Ausnahme hiervon enthält das in Abs 1 Nr 2 verankerte Behördenprinzip (Rn 34), das von den Bundesländern eingeführt werden kann. Zur Bezeichnung des Beklagten (Rn 32) genügt für den Kläger gem Abs 1 Nr 1 Hs 2 die Angabe der Behörde. Abs 2 (Rn 39) bestimmt, dass der Träger der Widerspruchsbehörde bzw die Widerspruchsbehörde selbst Beklagte sind, wenn ein Dritter durch den Widerspruchsbescheid erstmals beschwert ist.

A. Allgemeines

I. Abgrenzung zu anderen Bestimmungen

1   Während § 82 Abs 1 VwGO als Formvorschrift regelt, wer tatsächlich Beklagter ist, bestimmt § 78 Abs 1 VwGO, wer Beklagter zu sein hat, sofern die Klage Erfolg haben soll.

Keine Aussage trifft § 78 Abs 1 VwGO darüber, ob der in der Klageschrift Bezeichnete die Stellung als Beklagter einnehmen darf, also beteiligungs- und prozessfähig ist. Diese Frage richtet sich allein nach den § 61 VwGO, § 62 VwGO.

II. Systematische Stellung des § 78 Abs 1 VwGO

1. § 78 Abs 1 Nr 1 VwGO

2   Zur systematischen Einordnung des § 78 Abs 1 Nr 1 VwGO werden unterschiedliche Ansichten vertreten. Das BVerwG (s NVwZ-RR 1990, 44; NVwZ 1999, 296; NVwZ-RR 2003, 41; BeckRS 2011, 53362) und verschiedene OVGe (zB VGH Mannheim BeckRS 2011, 48636; OVG Magdeburg ZAR 2006, 291 Ls; OVG Münster BeckRS 2010, 45031; s auch Rozek JuS 2007, 601) sehen § 78 Abs 1 Nr 1 VwGO als Regelung über die **Passivlegitimation** an, die zu Beginn der Begründetheit der Klage zu prüfen ist. Die Passivlegitimation sei ein Problem des materiellen Rechts; sie betreffe die Frage, ob der Beklagte befugt sei, über den Streitgegenstand zu verfügen. Werde dies verneint, so sei die Klage als unbegründet abzuweisen. Nach aA, die sich auf Gesetzeswortlaut und Systematik der Vorschrift beruft, trifft § 78 VwGO insgesamt eine Regelung über die **passive Prozessführungsbefugnis** (so VGH Kassel NVwZ-RR 2005, 519; OVG Münster NJW 1991, 2586; Kopp/Schenke VwGO § 78 Rn 1; S/S/B/Meissner VwGO § 78 Rn 7 f). Folge dieser Ansicht ist, dass eine Klage gegen den falschen Beklagten als unzulässig abzuweisen ist.

3   Da der nach dem materiellen Recht Verpflichtete idR auch der für den Prozess Verfügungsbefugte ist, hat der Meinungsstreit in der Praxis nur ausnahmsweise Bedeutung. Passivlegitimation und Verfügungsbefugnis fallen auf der Beklagtenseite etwa dann auseinander, wenn das materielle Recht eine Partei kraft Amtes (zB Insolvenzverwalter) vorsieht oder eine eigentlich notwendige Streitgenossenschaft auf Seiten des Beklagten besteht. Vorzugswürdig erscheint die Ansicht, die § 78 Abs 1 Nr 1 VwGO als Regelung über die **Passivlegitimation** qualifiziert. Denn mit der Passivlegitimation ist die Frage angesprochen, ob es gerade der Beklagte oder ein anderer ist, der Schuldner des durch die Klage geltend gemachten Anspruchs und damit derjenige ist, gegen den das geltend gemachte Klagebegehren wirksam durchgesetzt werden kann. Dagegen sagt die Vorschrift nichts darüber, wer den Beklagten im Prozess vertritt (s auch B/F-K/K VwGO § 78 Rn 1).

2. § 78 Abs 1 Nr 2 VwGO

4   § 78 Abs 1 Nr 2 VwGO eröffnet dem Landesgesetzgeber die Möglichkeit, eine **gesetzliche Prozessstandschaft** auf der Beklagtenseite zu begründen (BVerwG NVwZ 1989, 158). Die Behörde wird ermächtigt, im eigenen Namen ihr eigentlich fremde Rechte des Behördenträgers wahrzunehmen (s zB Eyermann/Happ VwGO § 78 Rn 2 und 4; OVG Magdeburg BeckRS 2008, 37793; Rozek JuS 2007, 601). Die Norm enthält daher eine Regelung über die passive Prozessführungsbefugnis. In den Ländern, die von der Ermächtigung des § 78 Abs 1 Nr 2 VwGO Gebrauch gemacht haben (s Rn 36), ist eine gegen den Rechtsträger gerichtete Anfechtungs- oder Verpflichtungsklage als unzulässig abzuweisen.

B. Geltungsumfang des § 78 Abs 1 VwGO
I. Anwendbarkeit im Hauptsacheverfahren

Nach seinem Wortlaut findet § 78 Abs 1 VwGO ausschließlich auf **Anfechtungs- und** 5 **Verpflichtungsklagen** Anwendung. Hinsichtlich der Untätigkeitsklage betrifft § 78 Abs 1 VwGO nicht nur die Untätigkeitsklage im Falle eines unterlassenen VA, sondern auch die Verpflichtungsklage auf Erlass eines abgelehnten VA (Vornahmeklage). Für andere Verfahrensarten gilt Folgendes:

1. Fortsetzungs- und Nichtigkeitsfeststellungsklage

Anwendbar ist § 78 VwGO auf die **Fortsetzungsfeststellungsklage und** auf die **Nich-** 6 **tigkeitsfeststellungsklage.** In beamtenrechtlichen Streitigkeiten gilt § 78 VwGO nicht nur für Anfechtungs- und Verpflichtungsklagen, sondern auch für Leistungs- und Feststellungsklagen, weil gem § 126 Abs 3 S 1 BRRG sämtliche Vorschriften des 8. Abschnitts der VwGO auf diese anzuwenden sind (s dazu BVerwG NVwZ 2000, 329). Für Feststellungs- und allg Leistungsklagen außerhalb des § 126 BRRG trifft die VwGO zur Passivlegitimation keine Regelung. Bei der **Feststellungsklage** findet § 78 VwGO keine entsprechende Anwendung. Die Frage nach dem richtigen Beklagten ist hier eine Frage der Zulässigkeit des Rechtsbehelfs, denn es geht darum, ob der Beklagte an dem Rechtsverhältnis, dessen Feststellungsfähigkeit Zulässigkeitsvoraussetzung ist, beteiligt ist (BVerwG, NVwZ 2005, 1178). Richtiger Beklagter ist der Rechtsträger, dem gegenüber das Bestehen oder Nichtbestehen eines Rechtsverhältnisses festgestellt werden soll (OVG Hamburg BeckRS 2006, 24899). Eine analoge Anwendung des § 78 VwGO auf die allg **Leistungsklage** mit ihren Unterarten ist ebenfalls abzulehnen, denn hier macht der Kläger einen Anspruch auf Handeln, Dulden oder Unterlassen geltend. Der richtige Beklagte bestimmt sich immer nach dem Rechtsträgerprinzip. Es ist danach zu fragen, welche Körperschaft nach materiellem Recht verpflichtet ist, den geltend gemachten Leistungsanspruch zu erfüllen (BVerwG NVwZ-RR 2004, 84). Verknüpft der Kläger seinen Anfechtungsantrag allerdings mit annexen Leistungsansprüchen nach § 113 Abs 1 S 2 oder Abs 4 VwGO, so gilt § 78 VwGO analog (BVerwG NVwZ 2002, 718; OVG Lüneburg NdsVBl 2000, 215; s auch OVG Münster ZKZ 2002, 234: Prozesszinsen als unselbstständiger Nebenanspruch zu einem Verpflichtungsbegehren).

2. Organstreitverfahren

Im **Organstreitverfahren** (zur Beteiligungsfähigkeit s § 61 VwGO Rn 10) ist § 78 7 VwGO nicht direkt anwendbar. Hier ist die Klage gegen das Organ, den Organteil oder den Funktionsträger zu richten, dem die behauptete Kompetenz- und Rechtsverletzung anzulasten wäre (so zutr OVG Berlin-Bbg BeckRS 2012, 59315; VGH Mannheim NVwZ-RR 1990, 369; OVG Koblenz NVwZ-RR 1997, 241; OVG Lüneburg BeckRS 2008, 30384; aA VGH München NVwZ-RR 1990, 99: die juristische Person ist auch dann zu verklagen, wenn es um Pflichten des Organs, des Organteils oder des Funktionsträgers geht). Richtiger Antragsgegner ist in dem gesetzlich besonders ausgeformten Organstreit der Gleichstellungsbeauftragten mit ihrer Dienststelle in entsprechender Anwendung des § 78 Abs 1 Nr 1 VwGO das Organ, dem die behauptete Rechtsverletzung angelastet bzw. von dem ein bestimmtes Handeln oder Unterlassen verlangt wird

3. Normenkontrollverfahren

Ebenfalls nicht anwendbar ist § 78 Abs 1 VwGO im verwaltungsgerichtlichen **Normen-** 8 **kontrollverfahren,** denn hier trifft § 47 Abs 2 S 2 VwGO eine Sonderregelung. Danach ist der Antrag gegen die Körperschaft, Anstalt oder Stiftung zu richten, welche die Rechtsvorschrift erlassen hat. Dies gilt auch dann, wenn Gegenstand des Normenkontrollverfahrens innerorganschaftliche Rechtssätze sind (OVG Bautzen NVwZ-RR 2011, 701; VGH Mannheim NVwZ-RR 2003, 56; aA VGH Kassel BeckRS 2007, 25879: richtiger Antragsgegner ist das Organ, das die streitige Rechtsvorschrift erlassen hat).

II. Anwendbarkeit im vorläufigen Rechtsschutzverfahren

9   Im **vorläufigen Rechtsschutzverfahren** nach den § 80 Abs 5 VwGO, § 80a Abs 3 VwGO und § 123 VwGO ist § 78 VwGO entsprechend anzuwenden, sofern im Hauptsacheverfahren die Anfechtungs- oder Verpflichtungsklage statthaft wäre (s zB OVG Lüneburg BeckRS 2008, 33528). Antragsgegner ist im Aussetzungsverfahren nach § 80 Abs 5 VwGO der Rechtsträger der Behörde, die den kraft Gesetzes sofort vollziehbaren oder für sofort vollziehbar erklärten VA erlassen hat. Dies gilt auch dann, wenn sich der Eilantrag gegen einen im Wege der Ersatzvornahme von der Rechtsaufsichtsbehörde erlassenen VA richtet (OVG Weimar LKV 2004, 286; s auch Rn 25). Abweichend hiervon ist der Antrag in den Bundesländern, in denen das Behördenprinzip gilt, in entsprechende Anwendung des § 78 Abs 1 Nr 2 VwGO gegen die Behörde zu richten, die den VA erlassen hat (OVG Brandenburg LKV 2001, 560; OVG Lüneburg BeckRS 2006, 26618).

10   Hat erst die **Widerspruchsbehörde** die **sofortige Vollziehung des VA angeordnet**, so ist richtiger Antragsgegner der **Rechtsträger der Ausgangsbehörde** (OVG Bautzen NVwZ-RR 2002, 74; VGH Mannheim NVwZ 1995, 1220; OVG Magdeburg VIZ 1999, 539; BeckOK Posser/Wolff/Gersdorf VwGO § 80 Rn 169; aA OVG Münster NJW 1995, 2242; S/S/B/Schoch VwGO § 80 Rn 321: richtiger Antragsgegner ist der Rechtsträger der Widerspruchsbehörde). Denn Streitfrage des vorläufigen Rechtsschutzverfahrens ist nicht die Anordnung der sofortigen Vollziehung als solche, sondern die Frage, ob ein bestimmter VA sofort vollzogen werden kann oder nicht. IdR spielen die Erfolgsaussichten des Hauptsacheverfahrens und damit die offensichtliche Rechtmäßigkeit der Grundverfügung eine wesentliche Rolle. Für die Frage des richtigen Antragsgegners ist daher dem Rechtsgedanken des § 79 Abs 1 Nr 1 VwGO der Vorzug vor einer analogen Anwendung des § 78 Abs 2 VwGO zu geben. Hat die Widerspruchsbehörde die sofortige Vollziehung des VA angeordnet und beschwert der Widerspruchsbescheid einen Dritten erstmals, so ist abweichend hiervon der Antrag in entsprechende Anwendung der § 78 Abs 2 VwGO, § 79 Abs 1 Nr 2 VwGO gegen den Rechtsträger der Widerspruchsbehörde zu richten (Finkelnburg/Jank, 444, s auch OVG Brandenburg ZOV 2003, 192). Dies gilt analog § 78 Abs 2 VwGO ebenso für den Fall, dass der Antragsteller die aufschiebende Wirkung der Klage allein im Hinblick auf die erstmals im Widerspruchsbescheid enthaltene selbstständige Beschwer in Form der Gebühren und Auslagenfestsetzung für das Vorverfahren begehrt (VGH Kassel NVwZ-RR 2005, 519).

11   Hat der Antragsteller nach Auffassung des Gerichts den „falschen" Antragsgegner gewählt, so muss der Antragsteller eine **Antragsänderung analog § 91 VwGO** vornehmen; ein entsprechender Hinweis des Gerichts ist prozessrechtlich geboten (VGH Mannheim NVwZ-RR 1995, 174).

C. Behörde im Sinne von § 78 VwGO

12   Die VwGO definiert den für ihre Regelungen maßgeblichen Begriff der **Behörde** im Unterschied zum VwVfG (s § 1 Abs 4 VwVfG) nicht. § 78 VwGO verwendet ihn in der gleichen Weise wie der in engem Regelungszusammenhang stehende § 61 Nr 3 VwGO. Der Begriff der Behörde des § 78 VwGO ist daher identisch mit demjenigen in § 61 Nr 3 VwGO (s § 61 VwGO Rn 18). Der Akt der Behörde ist rechtlich ein Akt des Trägers der öffentlichen Verwaltung, für den die Behörde handelt.

13   Behörden in diesem Verständnis sind auch **Ausschüsse mit Behördencharakter** (s zB BVerwG NVwZ-RR 1990, 411 und VGH Mannheim GewArch 1994, 429 zu Meisterprüfungsausschüssen nach § 47 HwO, § 48 HwO). Sind die Ausschüsse aus organisatorischer Sicht allerdings nur Teil einer anderen Stelle, so fehlt ihnen die Behördeneigenschaft iSd § 78 VwGO auch dann, wenn sie Behörde im funktionalen Sinne sind. **Keine Behörden** iSd § 78 VwGO sind daher: die Prüfungsausschüsse der Industrie- und Handelskammern bei der Abnahme von Prüfungen nach dem BBiG (BVerwG NVwZ 1985, 577); die Gesellenprüfungsausschüsse nach § 33 HwO (OVG NRW EzB HwO § 33 Nr 3); die Landesjustizprüfungsausschüsse als Organe der Landesjustizprüfungsämter (OVG Münster DÖV 1975, 361); der Prüfungsausschuss für die staatliche Prüfung in der Altenpflege (OVG Münster BeckRS 2006, 25235); der Prüfungsausschuss eines Fachbereichs einer Universität (OVG Münster BeckRS 2011, 54444); der Widerspruchsausschuss beim Landesamt für offene Ver-

mögensfragen gem § 26 VermG (BVerwG ZOV 2004, 306); die Stadt- und Kreisrechts-
ausschüsse in Rheinland-Pfalz und dem Saarland.

Beliehene Unternehmer, also private Personen, die durch Gesetz oder auf Grund eines **14**
Gesetzes mit der Wahrnehmung bestimmter öffentlicher Aufgaben im eigenen Namen
betraut sind (s BVerwG NVwZ 2011, 368), fallen ebenfalls unter den Behördenbegriff iSd
§ 78 VwGO. Die Beliehenen sind der Verwaltung nicht ein- sondern angegliedert und üben
die ihnen anvertrauten hoheitlichen Befugnisse als eigene Angelegenheiten und in eigener
Rechtspersönlichkeit aus (S/S/B/Meissner VwGO § 78 Rn 25; kritisch Stelkens NVwZ
2004, 304). **Beispiele** für Beliehene sind die privaten Straßenbaulastträger bei der Erhebung
von Mautgebühren nach dem FStrPrivFinG (s dazu Uechtritz/Otting NVwZ 2005, 1105,
1108); juristische Person des Privatrechts bei der Kontrolle der Entsorgung besonders über-
wachungsbedürftiger Abfälle (BVerwG NVwZ 2006, 829; s auch Wolff, JA 2006, 749); die
zivilen Wachpersonen (s § 1 Abs 3 UzwBw) oder die staatlich anerkannten Privatschulen bei
ihren Entscheidungen über die Aufnahme, Versetzung und Abschlussprüfungen (zu einer
umfassenden Aufzählung von Beliehenen s Kopp/Ramsauer VwVfG § 1 Rn 58; zum
richtigen Beklagten s Rn 31).

Keine Behörden iSd § 78 Abs 1 VwGO sind dagegen die sog **Verwaltungshelfer** oder **15**
unselbstständige Verwaltungsmittler, die einer Behörde Hilfsdienste leisten, ohne eine eigene
hoheitliche Tätigkeit zu entfalten. Beispiele sind der Abschleppunternehmer (BGH NJW
1993, 1258) oder der Bauunternehmer bei der Aufstellung von Verkehrszeichen (BVerwG
NJW 1970, 2075). In diesen Fällen ist nur die Behörde, deren Aufgaben erfüllt werden,
Behörde iSd § 78 Abs 1 VwGO.

Maßgeblich dafür, ob ein Privater als Beliehener oder als Verwaltungshelfer anzusehen ist, **16**
ist die jeweilige gesetzliche Regelung. Im Zweifel ist bei Privaten von unselbstständigem
Handeln als Verwaltungshelfer auszugehen.

D. Klage gegen den Rechtsträger (§ 78 Abs 1 Nr 1 Hs 1 VwGO)

I. Bund, Land, Körperschaft

§ 78 Abs 1 Nr 1 Hs 1 VwGO normiert das **Rechtsträgerprinzip**, dh richtiger Beklagter **17**
ist diejenige **juristische Person** des öffentlichen Rechts, für die die jeweilige Behörde tätig
wird. Wer Rechtsträger der handelnden Behörde ist, bestimmt sich nach dem insoweit
maßgeblichen Bundes- oder Landesorganisationsrecht.

Neben dem **Bund** und den **Ländern** erfasst § 78 Abs 1 Nr 1 Hs 1 VwGO alle **Körper-** **18**
schaften des öffentlichen Rechts. Solche sind mitgliedschaftlich organisierte vom Wechsel
ihrer Mitglieder unabhängige rechtsfähige Verbände, welche staatliche Aufgaben mit hoheitlichen Mitteln unter staatlicher Aufsicht wahrnehmen. Hierzu zählen die Gebietskörperschaften (Landkreise, Gemeinden und Gemeindeverbände), Personalkörperschaften (zB die
Universitäten oder die berufsständigen Kammern), Realkörperschaften (zB Wasser- und
Bodenverbände sowie Jagdgenossenschaften) und die Verbandskörperschaften (zB Zusammenschlüsse von Gebietskörperschaften zu einem Rettungszweckverband). Den Körperschaften gleichzustellen sind Einrichtungen, die zwar keine juristischen Personen, aber nach
gesetzlichen Vorschriften fähig sind, am verwaltungsgerichtlichen Verfahren beteiligt zu sein
(BVerwG NVwZ 2000, 329 zum Bundeseisenbahnvermögen).

Wird eine Behörde zugleich für **mehrere juristische Personen** hoheitlich tätig (zB die **19**
Gemeinsamen Prüfungsämter der Länder Freie Hansestadt Bremen, Freie und Hansestadt
Hamburg und Schleswig Holstein sowie der Länder Berlin und Brandenburg), so sind diese
sämtlich Beklagte (Sodan/Ziekow/Brenner VwGO § 78 Rn 18; OVG Hamburg Urt vom
26.11.1990 – Bf III 43/88 –).

Entsprechend anzuwenden ist § 78 VwGO auf **Anstalten und Stiftungen des öffent-** **20**
lichen Rechts (Eyermann/Happ VwGO § 78 Rn 13), dh Beklagte ist zB die Landesrund-
funkanstalt oder die Stiftung Preußischer Kulturbesitz. Die Klage auf die Vergabe von
Studienplätzen im Vergabeverfahren nach § 7 Abs 3 VergabeVO Stiftung ist gegen die
Stiftung für Hochschulzulassung zu richten (s aber OVG Münster NJW 2012, 1096: die
Hochschule selbst in Verfahren eines Bewerbers im Auswahlverfahren der Hochschulen
nach § 10 Abs 1 VergabeVO).

21   Erfasst werden ferner **Vereinigungen**, soweit diese nach § 61 Nr 2 VwGO (s § 61 VwGO Rn 7) oder nach spezialgesetzlichen Vorschriften fähig sind, am verwaltungsgerichtlichen Verfahren beteiligt zu sein (S/S/B/Meissner VwGO § 78 Rn 31).

22   Richtiger Klagegegner im Sinne von § 78 Abs 1 Nr 1 VwGO ist derjenige Rechtsträger, gegen den das **Sachbegehren wirksam durchgesetzt** werden kann. Das ist derjenige Rechtsträger, der nach dem anzuwendenden materiellen Recht Träger der vom Kläger geltend gemachten Verpflichtung sein kann oder dem gegenüber das Gericht die Sachentscheidung erlassen darf und der im Prozess die Verfügungsbefugnis über das streitbefangene Recht besitzt, also innerhalb des ihm nach den einschlägigen Rechtsvorschriften zugewiesenen Aufgaben- und Wirkungskreises die Rechtsmacht besitzt, dem Rechtsschutzziel (auch) durch Prozesshandlungen zu entsprechen (OVG Münster BeckRS 2011, 45899).

Einige **Beispiele:**
– der Bund oder das Land bei einer Klage gegen den **Geschäftsverteilungsplan** eines Gerichts (s BVerwG NJW 1976, 1224; VGH München Beschl v 8.4.2009 – 3 CE 09.795; OVG Münster BeckRS 2008, 36068; VGH Mannheim NJW 2006, 2424; OVG Hamburg NJW 1987, 1215; aA BVerwGE 44, 172; OVG Koblenz BeckRS 2008, 30034; VGH Kassel DRiZ 1984, 62: Beklagter ist das Präsidium des Gerichts);
– nicht der Gesellenprüfungsausschuss, sondern die Handwerksinnung bzw Handwerkskammer bei einer Klage gegen das Prüfungsergebnis aus der Gesellenprüfung (OVG Münster EzB HwO § 33 Nr 3);
– nicht die Handwerkskammer, sondern das Bundesland bei Klagen gegen Entscheidungen der Meisterprüfungsausschüsse nach § 47 HwO (VGH Mannheim GewArch 1994, 429);
– das Bundeseisenbahnvermögen bei der Klage eines bei der Deutschen Bahn AG beschäftigten Beamten gegen seinen Dienstherrn (VGH München BeckRS 2007, 21002; OVG Koblenz NVwZ-RR 2005, 733);
– der Bund bei Klagen von bei der Deutschen Post AG, Deutschen Postbank AG oder Deutschen Telekom AG beschäftigten Beamten gegen seinen Dienstherrn.

II. Beklagter bei Entscheidungen kommunaler Behörden

23   Stehen hinter einer Behörde **mehrere Rechtsträger**, dh übernimmt die Behörde eine Doppelfunktion, ist richtiger Beklagter der Rechtsträger, dem der von der Behörde erlassene oder zu erlassende VA zuzurechnen ist. So kann das Landratsamt (die Kreisverwaltung) sowohl als **untere staatliche Behörde** wie auch als **Behörde des Landkreises** tätig geworden sein (s zB Art 37 Abs 1 BayLKrO; § 1 Abs 3 BWLKrO; § 4 LKO LSA und § 5 LKO LSA). In welcher Funktion es im Einzelfall gehandelt hat, ergibt sich aus dem streitgegenständlichen Bescheid. Nimmt das Landratsamt als untere staatliche Verwaltungsbehörde unmittelbare staatliche Aufgaben wahr, findet eine Organleihe (näher s Rn 28) statt: Das Land „leiht" sich die Kommunalbehörde, die als staatliche Behörde tätig wird. In diesem Fall ist die Klage gegen das Bundesland zu richten (s zB OVG Münster BeckRS 2011, 48487). Hat dagegen das Landratsamt als Behörde des Landkreises gehandelt oder soll es zu einem bestimmten Handeln als Behörde des Landkreises verpflichtet werden, so ist immer der Landkreis richtiger Beklagter und zwar unabhängig davon, ob der Landkreis als **Selbstverwaltungskörperschaft** oder im übertragenen Wirkungskreis, dh in einer **Auftragsangelegenheit** tätig geworden ist (vgl VGH Mannheim BeckRS 2006, 20467). Keine „Janusköpfigkeit" des Landratsamtes gibt es in Sachsen. Hier ist aufgrund des § 1 Abs 4 SächsLKrO stets der Landkreis zu verklagen (s OVG Bautzen SächsVBl 1998, 188).

24   Ist die Behörde wie bei **Gemeinden** oder **kreisfreien Städten** ausschließlich einem bestimmten Rechtsträger zugeordnet, so ist stets deren Rechtsträger zu verklagen, also die Gebietskörperschaft selbst. Dabei spielt es keine Rolle, ob die handelnde Behörde in Selbstverwaltungsangelegenheiten, Auftragsangelegenheiten oder als staatliche Verwaltungsbehörde im Wege der Organleihe für das jeweilige Land tätig geworden ist.

25   Hat die **Rechtsaufsichtsbehörde** gegenüber der Gemeinde im Wege der **Ersatzvornahme** einen VA erlassen, weil die Gemeinde in einem Bereich, der ihrem eigenen Wirkungsbereich unterfällt, ihren rechtlichen Verpflichtungen nicht nachgekommen ist, oder hebt sie in der gleichen Funktion einen von der Gemeinde erlassenen VA als rechtswidrig

auf, so ist eine Anfechtungsklage sowohl der Gemeinde als auch des betroffenen Bürgers gegen den Träger der Rechtsaufsichtsbehörde zu richten; es handelt sich um einen Fall der gesetzlichen Kompetenzübertragung auf die Aufsichtsbehörde (S/S/B/Meissner VwGO § 78 Rn 35; OVG Weimar LKV 2004, 286; aA Diewald BayVBl 2006, 40: richtiger Beklagter ist die Gemeinde, da die Rechtsaufsichtsbehörde in gesetzlicher Vertretung der Gemeinde tätig geworden ist).

Bei **mehrstufigen Verwaltungsakten** (zB Erlass einer Baugenehmigung unter Erteilung **26** des gemeindlichen Einvernehmens nach § 36 BauGB) ist für die Bestimmung des richtigen Beklagten allein auf die Behörde abzustellen, die dem Bürger gegenüber den VA erlässt.

III. Einzelfragen

1. Bundesauftragsangelegenheiten

Wird eine Landes- oder Kommunalbehörde im Rahmen der **Bundesauftragsverwal-** **27** **tung** gemäß Art 85 GG, Art 90 Abs 2 GG tätig (Beispiel: § 31 Abs 2 LuftVG), so nimmt der beauftragte Verwaltungsträger die ihm zugewiesene Aufgabe als eigene Aufgabe im eigenen Namen wahr, untersteht dabei jedoch der Direktionskompetenz des Bundes, die auch eine Fachaufsicht umfasst. Die Entscheidungen des beauftragten Verwaltungsträgers werden daher im Außenverhältnis zum Bürger nicht dem „Auftraggeber", sondern dem „Beauftragten" zugerechnet. Richtiger Beklagter iSd § 78 Abs 1 Nr 1 VwGO ist daher das Land oder die Selbstverwaltungskörperschaft, nicht der Bund (vgl BVerwG NJW 1981, 2592; BVerfG NVwZ 1983, 537). Dies gilt auch dann, wenn der Bund zu dem beanstandeten Handeln angewiesen hat (BVerwGE 52, 226).

2. Organleihe, Mandat, Delegation

Im Falle einer **Organleihe** ist der Rechtsträger des Entleihers der richtige Beklagte iSd **28** § 78 Abs 1 Nr 1 VwGO. Eine Organleihe liegt vor, wenn ein Organ eines Rechtsträgers beauftragt wird, bestimmte Aufgaben eines anderen Rechtsträgers aufgrund einer allgemeinen Regelung wahrzunehmen, weil es diesem anderen Rechtsträger auf der betreffenden Verwaltungsebene an einem eigenen Organ fehlt. Das ausgeliehene Organ wird, ohne dass es zu einer Zuständigkeitsübertragung kommt, organisatorisch für den Entleiher tätig, dessen Weisungen es unterliegt und dem die getroffenen Maßnahmen zugerechnet werden (vgl BVerwG NVwZ-RR 1990, 44).

Bei einem **zwischenbehördlichen Mandatsverhältnis** (ausf Horn NVwZ 1986, 808, s **29** auch OVG Bautzen SächsVBl 2005, 14) werden Kompetenzen von ihrem regulären Inhaber (dem Mandanten) für einen oder mehrere Einzelfälle oder auch generell auf eine Behörde eines anderen Verwaltungsträgers (dem Mandatar) in der Weise übertragen, dass der Mandatar diese Kompetenz im Namen des Mandanten ausübt. Die Kompetenzverteilung wird nach außen hin zwischen den beteiligten Verwaltungsträgern und Behörden nicht verändert. Die Entscheidung des Mandatars wird vielmehr unmittelbar dem Mandanten zugerechnet; dieser hat gegenüber dem Mandatar ein unbeschränktes Weisungsrecht. Der Mandant ist auch der nach § 78 Abs 1 Nr 1 VwGO zu verklagende Behördenträger (Kopp/Schenke VwGO § 78 Rn 3). Liegt dagegen eine **Delegation** vor, dh hat ein Hoheitsträger seine Zuständigkeit mitsamt allen Kompetenzen auf einen anderen Hoheitsträger übertragen, so ist die Klage gegen den Letzteren zu richten (s OVG Koblenz NVwZ 1986, 843).

3. Amts- und Vollzugshilfe

In Fällen der **Amtshilfe** und der echten **polizeilichen Vollzugshilfe** (zB Art 50 Bay- **30** PAG) ist der Rechtsträger der ersuchten Behörde, die handelt, zu verklagen (Sodan/Ziekow/ Brenner VwGO § 78 Rn 20). Tritt die Polizei dagegen nach außen erkennbar nur als verlängerter Arm einer anderen Behörde auf (sog unechte Vollzugshilfe, zB Art 37 Abs 2 BayVwZVG), so ist die Klage gegen den Rechtsträger der Behörde, nicht den der Polizei zu richten.

4. Beleihung

31   Da auch der mit hoheitlichen Befugnissen **Beliehene** Behörde iSd § 78 Abs 1 VwGO ist
(s Rn 14), ist dieser idR selbst richtiger Beklagter, wenn er die streitgegenständliche hoheitliche Maßnahme erlassen hat oder verpflichtet ist, gegenüber einem dies begehrenden Privaten tätig zu werden (s zB VG Ansbach Urt v 13.1.2010 – AN 11 K 09.00812 -). Beispiele:
klagt ein Schüler, der eine staatlich anerkannte Privatschule besucht, gegen seine Nicht-
versetzung, so muss die Klage gegen die Privatschule selbst und nicht gegen das Land
erhoben werden (vgl BVerwG NJW 1964, 368); eine Klage gegen die Versagung einer
Prüfplakette nach § 29 StVZO durch den TÜV-Sachverständigen ist gegen den TÜV zu
richten (VGH München BayVBl 1975, 210; aA Götz BayVBl 1975, 211: Beklagte ist der
Träger der Kfz-Zulassungsstelle). Ist der Beliehene im Einzelfall nur unselbständiger Verwaltungsmittler, so ist die Klage gegen den Verwaltungsträger zu richten (vgl BVerwG
NVwZ-RR 1990, 439 zur Erhebung von Gebühren für die hoheitliche Tätigkeit des
Bezirksschornsteinfegermeisters; hier wird der Beliehene zum Klageverfahren beigeladen).
Maßgeblich für die Frage, ob der Beliehene oder der Verwaltungsträger der richtige Klage-
gegner ist, ist die jeweilige gesetzliche Regelung.

E. Bezeichnung des Beklagten (§ 78 Abs 1 Nr 1 Hs 2 VwGO)

32   Für die dem Kläger obliegende **Bezeichnung des Beklagten** in der Klageschrift genügt
nach § 78 Abs 1 Nr 1 Hs 2 VwGO bei der Anfechtungs- und Verpflichtungsklage die
Angabe der sachentscheidenden Behörde. Diese Vorschrift ergänzt Hs 1 und verhindert, dass
die Klage allein deshalb abgewiesen wird, weil sie von einem rechtsunerfahrenen Kläger
entgegen Hs 1 gegen die handelnde Behörde und nicht gegen den hinter ihr stehenden
Rechtsträger gerichtet ist. Es ist dann Sache des Gerichts, die oft schwierige Frage nach dem
richtigen Beklagten zu klären. Diese Aufgabe legitimiert das Gericht jedoch nicht, das
Rubrum gegen den erklärten Willen des Klägers zu ändern (OVG Weimar NJW 2009,
2553). § 78 Abs 1 Nr 1 Hs 2 VwGO ist nach seinem verallgemeinerungsfähigen Rechtsgedanken **auch** auf die **übrigen Klagearten** entsprechend anwendbar (BVerwG NVwZ-
RR 1990, 44; OVG Hamburg BeckRS 2006, 24899).

33   § 78 Abs 1 Nr 1 Hs 2 VwGO ist auch dann maßgebend, wenn der Kläger als Beklagten
sowohl die Behörde als auch den hinter ihr stehenden Rechtsträger bezeichnet (vgl BVerwG
NJW 1967, 1434). In das Rubrum ist dann nur der Rechtsträger aufzunehmen. Zur
Rubrumsberichtigung bei derartiger Falschbezeichnung s Rn 43.

F. Klage gegen die Behörde (§ 78 Abs 1 Nr 2 VwGO)

34   Abweichend vom Rechtsträgerprinzip ermächtigt § 78 Abs 1 Nr 2 VwGO den **Landes-
gesetzgeber** zu bestimmen, dass Anfechtungs- oder Verpflichtungsklage nicht gegen die
Körperschaft, sondern gegen die Behörde selbst zu richten ist (**Behördenprinzip**). Die
Vorschrift regelt die **passive Prozessführungsbefugnis** im Verwaltungsprozess (s Rn 4).
Macht der Landesgesetzgeber hiervon Gebrauch, so werden die Behörden für den Rechts-
träger, dem sie organisatorisch zugeordnet sind, als **gesetzliche Prozessstandschafter** tätig.
Ungeachtet des Umstands, dass der materiell-rechtliche Anspruch sich allein gegen den
Rechtsträger und nicht gegen die Behörde richtet, ist eine Klage gegen den Rechtsträger in
diesen Fällen ausgeschlossen.

35   Der Landesgesetzgeber kann eine Regelung nach § 78 Abs 1 Nr 2 VwGO nur für
Anfechtungs- und Verpflichtungsklagen einschließlich der Versagungsgegenklage gegen
ihre **Landesbehörden**, nicht aber für solche Klagen gegen Bundesbehörden (BVerwG
NJW-RR 1990, 122) oder Behörden anderer Bundesländer treffen. Auch gilt § 78 Abs 1
Nr 2 VwGO nicht für Behörden, die mehreren Bundesländern zugeordnet sind (Eyermann/
Happ VwGO § 78 Rn 18). Ebenso wenig kann Landesrecht bestimmen, dass eine Anfech-
tungsklage gegen den durch den Widerspruchsbescheid Begünstigten gerichtet werden kann
(BVerfG NJW 1967, 435).

36   Von der Ermächtigung des § 78 Abs 1 Nr 2 VwGO haben nachfolgende **Bundesländer**
Gebrauch gemacht: Brandenburg (§ 8 BbgVwGG), das Saarland (§ 19 SAGVwGO, ausführ-

lich dazu Welsch, LKRZ 2011, 446) und Mecklenburg-Vorpommern (§ 14 Abs. 2 AG-GerStrG M-V) für Behörden allgemein, d h auch für kommunale Behörden sowie Niedersachsen (§ 8 NAGVwGO), Sachsen-Anhalt (§ 8 AGVwGO LSA) und Schleswig-Holstein (§ 6 AGVwGO SH) für landesunmittelbare Behörden. Diese Länder haben in den genannten Gesetzen für die Behörden, auf die sich die passive Prozessführungsbefugnis des § 78 Abs 1 Nr 2 VwGO erstreckt, ausdrücklich auch die erforderlichen Regelungen über die Beteiligungsfähigkeit nach § 61 Nr 3 VwGO getroffen (s § 61 VwGO Rn 17).

Erhebt der Kläger neben einer Anfechtungs- oder Verpflichtungsklage gegen eine **37** Behörde iSv § 78 Abs 1 Nr 2 VwGO eine allg Leistungs- oder Feststellungsklage, so richten sich die Klagen gegen die Behörde und zugleich gegen deren Behördenträger. In diesen Fällen liegt keine subjektive, sondern eine **objektive Klagehäufung** vor, da tatsächlich keine Parteiverschiedenheit besteht (BVerwG NVwZ 2002, 718 und NVwZ 2003, 216, 217; Desens NVwZ 2013, 471). Die verschiedenen Behörden desselben Rechtsträgers sowie der Rechtsträger einerseits und die Behörde andererseits bilden „denselben Beklagten" iSd § 44 VwGO (S/S/B/Pietzcker VwGO § 44 Rn 6; Eyermann/Rennert VwGO § 44 Rn 8). Verfolgt der Kläger die Leistungsklage allerdings nur als unselbstständigen Nebenanspruch zu einem Anfechtungs- oder Verpflichtungsbegehren (s § 113 Abs 1 S 2 VwGO), so ist die Klage in den Ländern, die das Behördenprinzip eingeführt haben, ausschließlich gegen die Behörde zu richten (BVerwG NVwZ 2002, 718; Desens NVwZ 2013, 471).

Der Bundesgesetzgeber kann in **Sonderregelungen** ebenfalls vorsehen, dass eine Bun- **38** desbehörde als solche zu verklagen ist; das bedarf keiner besonderen Ermächtigung, sondern ergibt sich aus der allgemeinen Kompetenz des Art 74 Nr 1 GG.

G. Klage gegen den Widerspruchsbescheid (§ 78 Abs 2 VwGO)

Gegenstand der Klage kann auch **allein der Widerspruchsbescheid** sein, wenn dieser **39** erstmalig eine Beschwer enthält (§ 79 Abs 1 Nr 2 VwGO) oder soweit er für denjenigen, der ihn durch einen Widerspruch gegen den AusgangsVA erwirkt hat, eine zusätzliche selbstständige Beschwer enthält (§ 79 Abs 2 S 1 VwGO). § 78 Abs 2 VwGO, der gem § 79 Abs 2 S 3 VwGO für den Fall der zusätzlichen selbstständigen Beschwer entsprechend gilt, bestimmt hierzu, dass Behörde iSd Abs 1 die Widerspruchsbehörde ist. Die Klage ist also gegen den **Rechtsträger der Widerspruchsbehörde** oder, sofern das Landesrecht eine Regelung iSv § 78 Abs 1 S 1 Nr 2 VwGO getroffen hat, gegen die Widerspruchsbehörde selbst zu richten.

Eigenständige Bedeutung für die Bestimmung des Beklagten hat § 78 Abs 2 VwGO bei **40** Geltung des Rechtsträgerprinzips nur dort, wo Ausgangs- und Widerspruchsbehörde **unterschiedlichen Rechtsträgern** angehören. Besteht eine landesrechtliche Regelung iSd § 78 Abs 1 Nr 2 VwGO, so ist allein maßgebend, ob Ausgangs- und Widerspruchsbehörde identisch sind (s § 73 Abs 1 Nr 2 und Nr 3 VwGO) oder ob den Widerspruchsbescheid eine andere als die Behörde erlässt, von der der Ausgangsverwaltungsakt stammt (s § 73 Abs 1 Nr 1 VwGO).

In der Praxis findet § 78 Abs 2 VwGO vor allem auf Anfechtungsklagen gegen Wider- **41** spruchsbescheide Anwendung, wenngleich die Vorschrift auch Situationen der Verpflichtungsklage – zB gerichtet auf Erlass einer Kostenentscheidung nach § 73 Abs 3 S 3 VwGO oder auf eine Entscheidung über die Notwendigkeit der Zuziehung eines Bevollmächtigten gem § 80 Abs 3 S 2 VwVfG – erfassen kann.

Nicht anwendbar ist § 78 Abs 2 VwGO iVm § 79 Abs 2 S 3 VwGO in den Fällen, in **42** denen der Kläger zunächst den VA in der Gestalt des diesen **verbösernden Widerspruchsbescheids** in vollem Umfang angefochten und die Klage nachträglich auf die durch den Widerspruchsbescheid auferlegte zusätzliche Beschwer beschränkt hat. Bei dieser Fallgestaltung verbleibt es beim **Rechtsträger der Ausgangsbehörde** oder der Ausgangsbehörde selbst als richtige Beklagte (so zutr BVerwG NVwZ 1987, 215; Eyermann/Happ VwGO § 78 Rn 24; aA S/S/B/Meissner VwGO § 78 Rn 44). Zur Frage der Anwendbarkeit des § 78 Abs 2 VwGO im vorläufigen Rechtsschutzverfahren s Rn 10.

H. Falscher Beklagter

43   Ist der Beklagte nur **fehlerhaft bezeichnet**, aber erkennbar, gegen wen sich die Klage richten soll, ist das **Passivrubrum** – selbst in der Revisionsinstanz – von Amts wegen zu **berichtigen**. Dies gilt auch dann, wenn die fälschlich als Beklagte bezeichnete Körperschaft in der Vorinstanz als Beklagte behandelt (zB Land statt Landkreis) oder eine Behörde anstelle ihres Rechtsträgers aufgrund einer unrichtigen Auslegung des § 78 Abs 1 Nr 2 VwGO als Beklagte angesehen worden ist (BVerwG NVwZ-RR 1990, 44; VGH Mannheim BeckRS 2006, 20467; OVG Lüneburg BeckRS 2007, 25206). Aus § 78 Abs 1 Nr 1 Hs 2 VwGO ergibt sich, dass die fehlerhafte Bezeichnung unschädlich ist. Diese Bestimmung ist entsprechend heranzuziehen, wenn in der Klageschrift der Rechtsträger bezeichnet wird, richtigerweise aber die Behörde nach § 78 Abs 1 Nr 2 VwGO iVm der einschlägigen landesrechtlichen Vorschrift zu verklagen ist (s zB OVG Lüneburg NdsVBl 2000, 215; OVG Münster NJW 1991, 2586; einschränkend S/S/B/Meissner VwGO § 78 Rn 58). Mit der Änderung des Rubrums wird dann lediglich klargestellt, dass die bisher als Vertreterin der beklagten Körperschaft bezeichnete Behörde selbst die Rechtstellung eines Beteiligten hat. Das Gericht darf das Rubrum aber nicht gegen den erklärten Willen des Klägers ändern (OVG Weimar Beschl v 26.1.2009 – 4 ZKO 553/08).

44   Ist die Klage in dem für die gerichtliche Entscheidung maßgeblichen Zeitpunkt gegen den falschen Beklagten gerichtet und ist auch eine Umdeutung nach dem erkennbaren Ziel der Klage nicht möglich (sog **fehlgerichtete Klage**), so muss sie abgewiesen werden. Die Klage ist unzulässig, wenn der Beklagte die passive Prozessführungsbefugnis nach § 78 Abs 1 Nr 2 VwGO nicht besitzt, dh der Kläger den Rechtsträger statt der Behörde verklagt hat (wegen § 78 Abs 1 Nr 1 Hs 2 VwGO dürfte diese Konstellation in der Praxis allerdings nicht vorkommen, s Rn 32). Die Klage ist unbegründet, wenn die Klage gegen den falschen Rechtsträger oder – im Falle des § 78 Abs 1 Nr 2 VwGO – gegen die falsche Behörde gerichtet ist.

45   Der Kläger hat allerdings die Möglichkeit, seine Klage durch **Klageänderung** nach § 91 VwGO gegen den richtigen Beklagten umzustellen (s § 91 VwGO Rn 14). Hierauf ist der Kläger vom Vorsitzenden oder dem Berichterstatter regelmäßig hinzuweisen. Beharrt der Kläger trotzdem auf dem bezeichneten Beklagten oder ist der Beklagtenwechsel nicht nach § 91 VwGO zulässig, muss die Klage ohne weitere Prüfung abgewiesen werden. Für die Wahrung der Klagefrist kommt es auf die Erhebung der Klage, nicht auf den Beklagtenwechsel an (BVerwG DVBl 1993, 562).

I. Wechsel des Beklagten

46   Geht während des Prozesses die **Zuständigkeit** auf eine andere Behörde des gleichen Rechtsträgers über, so ändert sich an der Passivlegitimation des Beklagten im Falle des § 78 Abs 1 Nr 1 Hs 1 VwGO nichts (S/S/B/Meissner VwGO § 78 Rn 61). Ist Klagegegner dagegen eine Behörde nach § 78 Abs 1 Nr 2 VwGO und ändert sich während des Verfahrens die Behördenzuständigkeit, so kann nur die Anfechtungs- und die Fortsetzungsfeststellungsklage weiter gegen die Behörde gerichtet werden, die ursprünglich richtig verklagt worden ist. Denn nur sie kann Schuldner des mit der Klage geltend gemachten Aufhebungs- oder Feststellungsanspruchs sein. Im Falle einer Verpflichtungsklage sind über § 173 VwGO die §§ 239 ff ZPO anwendbar, dh es findet auf der Beklagtenseite ein **gesetzlicher Parteiwechsel** und nicht eine Klageänderung statt (s zB BVerwGE 44, 148, 150). Dies gilt ebenso, wenn bei der Verpflichtungsklage im Laufe des Prozesses ein anderer Rechtsträger zuständig wird. Hier tritt der zuständig gewordene Rechtsträger unabhängig von der Zustimmung der Beteiligten an die Stelle des ursprünglich zu Recht verklagten Rechtsträgers. Die Anfechtungs- und Fortsetzungsfeststellungsklage ist bei einem Zuständigkeitsübergang auf einen anderen Rechtsträger dagegen weiterhin gegen die Körperschaft zu richten, die ursprünglich richtig verklagt worden ist. Kam es nach Erlass einer Sachentscheidung, aber noch **vor Klageerhebung** zu einem **vollständigen Zuständigkeitswechsel**, ist auch die Anfechtungsklage abweichend von § 78 Abs 1 Nr 1 VwGO gegen den Rechtsträger der nunmehr zuständigen Behörde zu richten (VGH Mannheim BeckRS 2011, 48636).

Diese Grundsätze gelten hinsichtlich der Anfechtungs- oder Fortsetzungsfeststellungsklage **47** auch im Falle eines **Wohnsitzwechsels des Klägers**. Hat der Umzug des Klägers bereits vor Abschluss des Widerspruchsverfahrens stattgefunden, ist die neu in das Verfahren einrückende Behörde als Erlassbehörde iSd § 78 Abs 1 Nr 1 VwGO anzusehen (OVG Magdeburg ZAR 2006, 291 Ls). Im Falle einer Verpflichtungsklage liegt kein gesetzlicher Parteiwechsel auf der Beklagtenseite vor, dh eine Umstellung der Klage gegen den neuen Rechtsträger bzw die neu zuständige Behörde ist nur unter den Voraussetzungen des § 91 VwGO möglich (S/S/ B/Meissner VwGO § 78 Rn 62).

§ 79 [Gegenstand der Anfechtungsklage]

(1) Gegenstand der Anfechtungsklage ist

1. der ursprüngliche Verwaltungsakt in der Gestalt, die er durch den Widerspruchsbescheid gefunden hat,

2. der Abhilfebescheid oder Widerspruchsbescheid, wenn dieser erstmalig eine Beschwer enthält.

(2) ¹Der Widerspruchsbescheid kann auch dann alleiniger Gegenstand der Anfechtungsklage sein, wenn und soweit er gegenüber dem ursprünglichen Verwaltungsakt eine zusätzliche selbständige Beschwer enthält. ²Als eine zusätzliche Beschwer gilt auch die Verletzung einer wesentlichen Verfahrensvorschrift, sofern der Widerspruchsbescheid auf dieser Verletzung beruht. ³§ 78 Abs 2 gilt entsprechend.

§ 79 VwGO regelt den Gegenstand (Rn 2) der Anfechtungsklage und trifft insoweit eine präzisierende Festlegung zur Statthaftigkeit (Rn 5) dieser Klageart. Die Notwendigkeit (Rn 1) einer derartigen Präzisierung liegt darin begründet, dass bei der Anfechtungsklage mit dem Ausgangsbescheid und dem Widerspruchsbescheid regelmäßig zwei zwar inhaltlich in engem Zusammenhang stehende, rechtlich aber unterscheidbare Verwaltungsakte im Raum stehen, die jeweils als Gegenstand der Anfechtungsklage in Betracht kommen könnten. § 79 VwGO trifft vor diesem Hintergrund folgende Weichenstellung: Regelform der Anfechtungsklage ist die (gegen den Träger der Ausgangsbehörde zu richtende) Einheitsklage; Gegenstand der Klage ist der Ausgangsbescheid in der Gestalt, die er durch den Widerspruchsbescheid gefunden hat (§ 79 Abs 1 Nr 1 VwGO; Rn 15). Nur ausnahmsweise statthaft ist die (gegen den Träger der Widerspruchsbehörde zu richtende) isolierte Anfechtung allein des Widerspruchsbescheids, wobei ein obligatorischer und ein fakultativer Fall zu unterscheiden sind. Zwingend alleiniger Gegenstand der Anfechtungsklage ist der Widerspruchsbescheid (oder der Abhilfebescheid; Rn 20), soweit dieser eine erstmalige Beschwer enthält (§ 79 Abs 1 Nr 2 VwGO; Rn 19). Fakultativ ist die isolierte Anfechtung des Widerspruchsbescheids dagegen, wenn und soweit dieser gegenüber dem ursprünglichen Verwaltungsakt eine zusätzliche Beschwer enthält (§ 79 Abs 2 VwGO; Rn 21). So sehr § 79 VwGO im Normalfall zu zweifelsfreien Zuordnungen führt, so sehr leidet seine Anwendung in besonderen Fallkonstellationen doch darunter, dass über die Reichweite und Abgrenzung seiner drei Fallgruppen zum Teil grundlegende Meinungsverschiedenheiten (Rn 8) bestehen. Die Regelung des § 79 VwGO steht in engem Wechselbezug zu § 78 VwGO (Rn 3; auch über § 79 Abs 2 S 3 VwGO), zu § 115 VwGO (Rn 4) sowie zu § 68 Abs 1 S 2 Nr 2 VwGO.

Übersicht

A. Funktion und grundlegende Regelungsstruktur des § 79 VwGO

I. Funktion

1   Da die Anfechtungsklage regelmäßig erst nach Durchführung eines Vorverfahrens erhoben werden darf (§ 68 VwGO), stehen typischerweise **zwei Verwaltungsakte** – der „ursprüngliche" Verwaltungsakt und der Widerspruchsbescheid – im Raum, gegen die sich die Anfechtungsklage mit ihrem Aufhebungsbegehren richten könnte. Der Widerspruchsbescheid trifft gegenüber dem Ausgangsbescheid hierbei einerseits eine eigenständige und unterscheidbare Regelung; andererseits ist diese Regelung, indem sie den ursprünglichen Verwaltungsakt entweder bestätigt oder aber inhaltlich umgestaltet, unweigerlich auf den Ausgangsbescheid bezogen und bildet eine Art Einheit mit ihm. In dieser Situation des typischen Vorliegens zweier zwar unterscheidbarer, andererseits aber doch zusammengehörender Verwaltungsakte bedurfte es einer klarstellenden Regelung dazu, gegen welchen Verwaltungsakt (im Sinne eines **Objekts** der Klage) die Anfechtungsklage mit ihrem Aufhebungsbegehren zu richten ist, dh welcher Verwaltungsakt in welcher Gestalt Gegenstand der Zulässigkeits- und Begründetheitsprüfung sein soll. § 79 VwGO leistet diese klarstellende Bestimmung des Klagegegenstandes (der nicht mit dem „Streitgegenstand" der Anfechtungsklage verwechselt werden darf, wie er etwa im Zusammenhang mit den Bestimmungen zu Rechtshängigkeit, Rechtskraft oder Klageänderungen eine Rolle spielt; vgl S/S/B/Pietzcker VwGO § 79 Rn 1, 3; Sodan/Ziekow/Brenner VwGO § 79 Rn 4 f). Soweit einzelne Länder das Widerspruchsverfahren ganz oder teilweise, zeitweise oder endgültig abgeschafft haben oder nicht mehr verpflichtend vorsehen (zB Art 15 BayAGVwGO, § 8a NdsAGVwGO; § 6 AGVwGO NW), verliert § 79 VwGO an praktischer Relevanz.

II. Die Regelung im Überblick

2   Hinsichtlich des Klagegegenstandes trifft § 79 VwGO – im Überblick betrachtet (im Einzelnen s Rn 15) – folgende Weichenstellungen: § 79 Abs 1 Nr 1 VwGO normiert als Grundprinzip die regelmäßige Statthaftigkeit der sog **Einheitsklage**. Gegenstand der Klage ist der ursprüngliche Verwaltungsakt in der Gestalt, die er durch den Widerspruchsbescheid gefunden hat. Klargestellt ist damit, dass nicht etwa zwei Klagen gegen den Ausgangs- **und** den Widerspruchsbescheid erhoben werden müssen, sondern dass beide Bescheide eine prozessuale Einheit bilden und Gegenstand einer einzigen Klage sind (zur Einheit von Ausgangs- und Widerspruchsverfahren: BVerwGE 84, 178, 181 = NVwZ-RR 1990, 440, 441). Rechnung getragen wird insoweit dem Umstand, dass das Widerspruchsverfahren das Ausgangsverfahren als eine Art verlängertes Verwaltungsverfahren fortsetzt und mit ihm eine Einheit bildet, dass Ausgangs- und Widerspruchsbescheid eine letztlich einheitliche Verwaltungsentscheidung konstituieren (BVerwG NVwZ-RR 1997, 132, 133). Dass der Ausgangsbescheid nur in der Gestalt des Widerspruchsbescheids Klagegegenstand sein kann, hängt damit zusammen, dass erst der Widerspruchsbescheid das letzte Wort der Verwaltung in der Sache ist und dem Ausgangsbescheid seine letztlich maßgebliche Gestalt verleiht (Eyermann/Happ VwGO § 79 Rn 5). Dass umgekehrt dennoch nicht der Widerspruchsbescheid als solcher, sondern der durch ihn gestaltete Ausgangsbescheid Klagegegenstand ist, ist dem Umstand geschuldet, dass es der den Kläger erstmals beschwerende Ausgangsbescheid war, der Anlass für jenes Rechtsschutzbegehren war, das zunächst im Wege der

Widerspruchseinlegung und nunmehr im Wege der Klage zu verfolgen ist (Sodan/Ziekow/ Brenner VwGO § 79 Rn 6). § 79 Abs 1 Nr 2 und § 79 Abs 2 VwGO formulieren die **beiden Ausnahmen** vom Grundsatz der Einheitsklage: Der Widerspruchsbescheid (bzw der Abhilfebescheid) ist erstens dann **obligatorisch** – dh ohne dass eine Einheitsklage möglich wäre – alleiniger Gegenstand der Anfechtungsklage, wenn dieser den Kläger erstmalig beschwert; dies kommt bei Verwaltungsakten mit Doppelwirkung in Betracht, etwa wenn ein begünstigender Bescheid auf Drittwiderspruch aufgehoben wird, oder eine für einen Dritten belastende Begünstigung zunächst versagt und dann auf Widerspruch des Antragstellers hin doch gewährt wird (§ 79 Abs 1 Nr 2 VwGO). **Fakultativ** – dh anstelle einer ebenfalls statthaften Einheitsklage – zulässig ist eine isolierte Anfechtung des Widerspruchsbescheids darüber hinaus zweitens, wenn und soweit der Widerspruchsbescheid gegenüber dem Ausgangsbescheid eine zusätzliche selbstständige Beschwer enthält (gemeint sind zB Fälle der reformatio in peius). Hier hat der Kläger die Wahl, ob er im Wege der Einheitsklage die ursprüngliche und die zusätzliche Beschwer oder aber im Wege der isolierten Anfechtung des Widerspruchsbescheids allein die zusätzliche Beschwer zum Klagegegenstand macht.

III. Klagegegner und Entscheidungsausspruch

Die Regelung des § 79 VwGO zum richtigen Klagegegenstand steht in untrennbarem **3** Zusammenhang mit der in § 78 VwGO geregelten Frage des richtigen **Klagegegners**. Die regelmäßig statthafte Einheitsklage ist gem § 78 Abs 1 Nr 1 VwGO gegen den Träger der Ausgangsbehörde zu richten (bzw nach Maßgabe des § 78 Abs 1 Nr 2 VwGO gegen die Ausgangsbehörde selbst); dass der Träger der Ausgangsbehörde insoweit prozessual für etwaige Fehler der Widerspruchsbehörde auch dann miteinzustehen hat, wenn diese einen anderen Rechtsträger hat, ist eine Konsequenz, die der in § 79 VwGO getroffenen Grundentscheidung zugunsten der Einheitsklage immanent ist (VGH Mannheim NVwZ 1990, 1085). Unmittelbar gegen den Träger der Widerspruchsbehörde (bzw nach Maßgabe des § 78 Abs 1 Nr 2 VwGO die Widerspruchsbehörde selbst), dh gegen den eigentlichen Verursacher der im Widerspruchsbescheid liegenden erstmaligen oder zusätzlichen Beschwer, sind dagegen isolierte Anfechtungsklagen gegen den Widerspruchsbescheid zu richten; für Fälle des § 79 Abs 1 Nr 2 VwGO (erstmalige Beschwer) ergibt sich dies aus § 78 Abs 2 VwGO; für die Fälle des § 79 Abs 2 VwGO (zusätzliche Beschwer) folgt dies aus der in § 79 Abs 2 S 3 VwGO ausgesprochenen Verweisung auf § 78 Abs 2 VwGO. In Konstellationen der Wahlfreiheit zwischen Einheitsklage und isolierter Anfechtung (§ 79 Abs 2 VwGO) zieht die Entscheidung für den einen oder den anderen Klagegegenstand damit zugleich einen unterschiedlichen Klagegegner nach sich, falls die Rechtsträger von Ausgangs- und Widerspruchsbehörde auseinander fallen. Bei einer isolierten Klage gegen den Abhilfebescheid (§ 79 Abs 1 Nr 2 VwGO) richtet sich der richtige Beklagte nach § 78 Abs 1 VwGO.

Die Frage des richtigen Klagegegenstandes hat Konsequenzen auch für den etwaigen **4** **Entscheidungsausspruch** des Gerichts. Ist eine Einheitsklage erhoben und hat diese Erfolg, so regelt **§ 113 Abs 1 S 1 VwGO** die Folgen: Aufgehoben wird der Ausgangsbescheid **und** der Widerspruchsbescheid (ob dies daran liegt, dass der Widerspruchsbescheid auch bei der Einheitsklage als solcher mit angefochten ist, oder aber dass zwar allein der Ausgangsbescheid Klagegegenstand ist, sich aber der Widerspruchsbescheid mit Aufhebung des Ausgangsbescheids automatisch erledigt und daher die ausdrückliche Aufhebung rein deklaratorisch wirkt, spielt normalerweise keine Rolle, vgl dazu Schenke, Rn 237; aA Eyermann/Happ VwGO § 79 Rn 6; zur umstrittenen Frage, ob bei alleiniger Rechtswidrigkeit des Widerspruchsbescheids trotz Einheitsklage auch allein dieser aufgehoben werden kann, s Rn 10). Ist dagegen der Widerspruchsbescheid nach § 79 Abs 1 Nr 2 oder § 79 Abs 2 VwGO isoliert angefochten worden, so bestimmt **§ 115 VwGO**, dass im Erfolgsfalle allein der Widerspruchsbescheid aufzuheben ist; die Widerspruchsbehörde hat dann unter Beachtung der Gründe des kassatorischen Urteils erneut über den Widerspruch zu entscheiden (BVerwGE 70, 196, 201 = NVwZ 1985, 901; Eyermann/Happ VwGO § 79 Rn 28).

IV. Sachurteilsvoraussetzung

5   Indem § 79 VwGO bestimmt, unter welchen Voraussetzungen eine isolierte Anfechtung des Widerspruchsbescheids in Betracht kommt oder sogar zwingend ist und wann umgekehrt – im Regelfall – Einheitsklage zu erheben ist, regelt er **Sachurteilsvoraussetzungen** der Anfechtungsklage; § 79 VwGO betrifft also die Zulässigkeit der Klage (Eyermann/Happ VwGO § 79 Rn 4; Sodan/Ziekow/Brenner VwGO § 79 Rn 16). Richtigerweise dürfte es bei der Frage des Klagegegenstandes um ein besonderes Problem der **Statthaftigkeit** der Klage gehen (Kopp/Schenke VwGO § 79 Rn 1a), auch wenn einzelne Statthaftigkeitsvoraussetzungen einer isolierten Anfechtbarkeit des Widerspruchsbescheids, indem sie auf eine erstmalige oder zusätzliche Beschwer oder darauf abstellen, ob die Entscheidung auf einem Verfahrensfehler beruhen kann (§ 79 Abs 2 S 2 VwGO), in der Sache einen engen Bezug zu Fragen der Klagebefugnis aufweisen oder aber Aspekte des Rechtsschutzbedürfnisses thematisieren (für § 79 Abs 2 VwGO: Eyermann/Happ VwGO § 79 Rn 23; BVerwGE 61, 45, 47 = NJW 1981, 1683, 1684).

B. Anwendungsbereich

6   § 79 VwGO regelt den Gegenstand der **Anfechtungsklage**. Für die **Verpflichtungsklage** schien eine vergleichbare Regelung entbehrlich, weil der bei ihr im Vordergrund stehende Klagegegenstand (Verpflichtung zum Erlass eines Verwaltungsakts) nicht davon abhängt, ob die Verwaltung den Antrag bereits einmal oder mehrfach abgelehnt hat (Redeker/v. Oertzen/Kothe VwGO § 79 Rn 1). Andererseits beinhaltet die Versagungsgegenklage (nicht jedoch die Untätigkeitsklage) konkludent immer auch die Anfechtung des ablehnenden Ausgangs- und Widerspruchsbescheids, so dass sich doch eine gewisse Nähe zu der von § 79 VwGO geregelten Konstellation zeigt. Es ist vor diesem Hintergrund strittig, inwieweit eine analoge Anwendung des § 79 VwGO auf die Verpflichtungsklage in Betracht kommt (Eyermann/Happ VwGO § 79 Rn 1 f; S/S/B/Pietzcker VwGO § 79 Rn 17; Sodan/Ziekow/Brenner VwGO § 79 Rn 13 f; Gärditz/Krausnick VwGO § 79 Rn 10 ff). Überwiegend befürwortet wird eine analoge Anwendung des § 79 Abs 1 Nr 1 VwGO dergestalt, dass auch bei der Versagungsgegenklage erst der Widerspruchsbescheid die endgültige Gestalt der Verwaltungsentscheidung determiniert (mit der Folge, dass etwa die Frage, ob ein Anspruch auf fehlerfreie Ermessensausübung erfüllt wurde, anhand des Ausgangsbescheids in der Gestalt des Widerspruchsbescheids zu beantworten ist). Überwiegend abgelehnt wird dagegen eine analoge Anwendung der § 79 Abs 1 Nr 2 und Abs 2 VwGO (aA Schenke, Rn 261 f); das isolierte Vorgehen gegen einen Widerspruchsbescheid ist nach dieser Sichtweise stets ein Anfechtungsbegehren. Zu bedenken ist allerdings, dass 79 VwGO (und zwar in direkter, nicht in analoger Anwendung) auch die isolierte Anfechtbarkeit solcher Widerspruchsbescheide regelt, die auf einen Verpflichtungswiderspruch hin ergangen sind (VGH Mannheim NVwZ 1995, 1220, 1221). § 79 VwGO bestimmt so gesehen (neben dem Verhältnis von Einheitsklage und isolierter Anfechtung) auch das Verhältnis von Verpflichtungsklage auf Erlass des erstrebten Verwaltungsakts einerseits und isolierter Anfechtung des Widerspruchsbescheids andererseits (Redeker/v. Oertzen/Kothe VwGO § 79 Rn 8; Fallgruppen s Rn 6.1). Fragwürdig erscheint der Vorschlag einer auf § 79 Abs 2 VwGO analog gestützten Klage auf Erlass eines unterlassenen Widerspruchsbescheids (so Schenke, Rn 262); § 75 VwGO hält in der Lage der Verweigerung einer Widerspruchsentscheidung regelmäßig ausreichenden Rechtsschutz bereit (Sodan/Ziekow/Brenner VwGO § 79 Rn 14). Zu weiteren Fragen der analogen Anwendung s Detailebene.

6.1   Wird ein begünstigender Verwaltungsakt (zB eine Baugenehmigung) auf Widerspruch eines Dritten hin aufgehoben, so ist der Widerspruchsbescheid nach § 79 Abs 1 Nr 2 VwGO isoliert anzufechten; die Versagungsgegenklage ist nicht statthaft (Wolff/Decker/Decker VwGO § 79 Rn 12; aA OVG Münster NJW 1997, 409). Wird ein Bauvorhaben nur mit Modifizierungen genehmigt (Inhaltsbestimmung, nicht Nebenbestimmung) und wird die Baugenehmigung dann auf Verpflichtungswiderspruch des Bauherrn hin ganz verweigert, so hat dieser die Wahl, ob er Versagungsgegenklage auf Erlass der beantragten Baugenehmigung erhebt oder aber die eine zusätzliche Beschwer bedeutende Widerspruchsentscheidung nach § 79 Abs 2 VwGO isoliert anficht (Wolff/Decker/Decker VwGO § 79 Rn 13). Etwas anders liegen die Dinge, wenn eine Genehmigung mit echten Nebenbestimmungen erteilt wird, die der Antragsteller mittels Widerspruch isoliert angreift (mit der Folge, dass die Genehmigung selbst bereits bestandskräftig wird); nimmt in einem solchen Fall die Widerspruchsbehörde das Vorverfahren zum Anlass, in einer den Verfahrensgegenstand und Devolutiveffekt sprengenden Weise im Wege des Selbsteintritts nunmehr zusätzliche Nebenbestimmungen vorzusehen oder sogar die gesamte Genehmigung aufzuheben, so ist nicht die Versagungsgegenklage statthaft, vielmehr kann der Betroffene wählen ob er im Wege der Einheitsklage (§ 79 Abs 1 Nr 1 VwGO) die ursprünglichen Nebenbestimmungen und die im Widerspruchsbescheid erfolgten Verschärfungen anficht oder aber sich auf eine isolierte Anfechtung des Widerspruchsbescheids nach § 79 Abs 2 VwGO beschränkt (S/S/B/Pietzcker VwGO § 79 Rn 9; Seidel/Reimer/Möstl, Allgemeines Verwaltungsrecht, 2. Aufl 2005, 16 ff).

Die Weichenstellungen des § 79 VwGO sind auch für Fortsetzungsfeststellungsklagen maßgeblich; analoge Anwendung finden sie darüber hinaus auf Anträge nach §§ 80 Abs 5, 80a Abs 3 VwGO, nicht dagegen auf allgemeine Leistungs- und Feststellungsklagen (Wolff/Decker/Decker VwGO § 79 Rn 3 ff; Sodan/Ziekow/Brenner VwGO § 79 Rn 11). **6.2**

Keine Regelung trifft § 79 VwGO zum richtigen Klagegegenstand in Fällen, in denen **7** **während des Prozesses** der angefochtene Verwaltungsakt geändert oder ersetzt wird. Einschlägig sind insoweit die Regeln über die Klageänderung (§ 91 VwGO) bei zusätzlicher Beschwer bzw des Übergangs zu einer Fortsetzungsfeststellungsklage bei entfallener Beschwer (Redeker/v. Oertzen/Kothe VwGO § 79 Rn 3 f; Kopp/Schenke VwGO § 79 Rn 16 f).

C. Zentrale Streitfragen zu § 79 VwGO

Die auf den ersten Blick klar konturierte und im Regelfall auch problemlos handhabbare **8** Fallgruppenbildung des § 79 VwGO (Abs 1 Nr 1, Abs 1 Nr 2, Abs 2) darf nicht darüber hinwegtäuschen, dass es zu § 79 VwGO verschiedene umstrittene und ungelöste Grundsatzfragen gibt, die seine Anwendung in besonderen Fallkonstellationen mit erheblichen Schwierigkeiten belasten (Wolff/Decker/Decker VwGO § 79 Rn 6). Im Ausgangspunkt geht es um zwei Strukturfragen zur Reichweite und Wirkungsweise der Einheitsklage in § 79 Abs 1 Nr 1 VwGO. Diese wirken sich insbes dahin aus, dass in welchem Maße unsicher ist, in welchem Verhältnis § 79 Abs 1 Nr 1 und Abs 2 VwGO zueinander stehen, namentlich ob es möglich, uU sogar geboten oder im Gegenteil verboten ist, neben einer Einheitsklage gegen den Ausgangsbescheid in Gestalt des Widerspruchsbescheids zusätzlich auch noch eine isolierte Anfechtung des Widerspruchsbescheids zu begehren.

I. Gestaltung des Ausgangsbescheids durch Verfahren und Selbsteintritt?

Streitig ist zunächst, inwieweit bestimmte Fälle zusätzlicher Beschwer iSv § 79 Abs 2 **9** VwGO auch als „**Gestaltgebung**" iSv § 79 Abs 1 Nr 1 VwGO angesehen werden und daher Gegenstand einer Einheitsklage sein können (oder aber allein einer isolierten Anfechtung nach § 79 Abs 2 VwGO zugänglich sind). Während weitgehend unstrittig ist, dass die Gestalt des Ausgangsbescheids sowohl durch den Tenor als auch die tragenden Gründe (dh die materielle Gestalt) des Widerspruchsbescheids geprägt wird (BVerwGE 62, 80, 81; VGH Mannheim NVwZ 1990, 1085), wird überwiegend vertreten, dass **Verfahrensmängel** des Widerspruchsverfahrens dem Ausgangsbescheid keine andere „Gestalt" geben und daher nicht mit der Einheitsklage, sondern allein nach § 79 Abs 2 S 2 VwGO angegriffen werden können (Eyermann/Happ VwGO § 79 Rn 9; aA VGH München BayVBl 1990, 370). Streitig ist des Weiteren, wie solche Fälle der „reformatio in peius" zu behandeln sind, die sich nicht als gewöhnliche verbösernde Regelung in Bezug auf den Verfahrensgegenstand darstellen, sondern bei denen die Widerspruchsbehörde das Vorverfahren zum Anlass nimmt, in ihrem Widerspruchsbescheid unter Sprengung des Verfahrensgegenstandes und Devolutiveffekts zusätzliche Fragen mitzuregeln (**Selbsteintritt**); hier wird zum Teil vertreten, derartige verfahrenssprengende Regelungen, die die Behörde nicht in ihrer Kompetenz als Widerspruchsbehörde, sondern originär als Ausgangsbehörde treffe, seien keine „Gestaltung" des Ausgangsbescheids mehr, so dass sie nicht mittels Einheitsklage, sondern allein isoliert nach § 79 Abs 2 VwGO angegriffen werden könnten (Eyermann/Happ VwGO § 79 Rn 10; aA Wolff/Decker/Decker VwGO § 79 Rn 11). Den dargestellten Ansichten ist gemeinsam, dass sie zumindest einen Teil der Fälle zusätzlicher Beschwer iSv § 79 Abs 2 VwGO nicht mehr als Gestaltgebung iSv § 79 Abs 1 Nr 1 VwGO ansehen. Zu einer noch weitergehenden Abschichtung der Begriffe „Gestalt"-gebung einerseits und „zusätzliche Beschwer" andererseits führt eine Mindermeinung, die allein solche Regelungen, die den ursprünglichen Verwaltungsakt in seinem Wesen verändern, nicht aber gewöhnliche Fälle der reformatio in peius (die nach dieser Sichtweise allein der Einheitsklage unterfallen) als zusätzliche Beschwer iSv § 79 Abs 2 VwGO ansieht (Redeker/v. Oertzen/Kothe VwGO § 79 Rn 9; dagegen S/S/B/Pietzcker VwGO § 79 Rn 12; Sodan/Ziekow/Brenner VwGO § 79 Rn 38). Diametral entgegengesetzt ist die (hier befürwortete) Ansicht, die Begriffe Gestaltgebung und zusätzliche Beschwer seien kongruent, dh alle Fälle zusätzlicher Beschwer (auch Verfahrensfehler und Selbsteintritt) könnten wahlweise entweder mit der Einheitsklage oder mittels isolierter Anfechtung angefochten werden (Seidel/Reimer/Möstl, Allgemeines Verwaltungsrecht, 2. Aufl 2005, 17 f).

II. Isolierte Aufhebung des Widerspruchsbescheids im Rahmen der Einheitsklage?

10   Streitig ist des Weiteren, wie weit die **prozessuale Einheit** von Ausgangs- und Widerspruchsbescheid reicht, insbes ob es möglich ist, auch im Rahmen der Einheitsklage nach § 79 Abs 1 Nr 1 VwGO allein auf Aufhebung des Widerspruchsbescheids zu erkennen (wenn sich nur dieser, nicht aber der Ausgangsbescheid als rechtswidrig erweist) oder ob eine derartige isolierte Aufhebung des Widerspruchsbescheids allein nach § 79 Abs 1 Nr 2 und Abs 2 VwGO möglich ist. Für ausgeschlossen halten muss man die isolierte Aufhebung des Widerspruchsbescheids (mit der Folge, dass nicht nur der rechtswidrige Widerspruchsbescheid, sondern auch der rechtmäßige Ausgangsbescheid aufzuheben ist), wenn man sich streng auf den Standpunkt stellt, allein der Ausgangsbescheid (wenn auch in Gestalt des Widerspruchsbescheids), nicht aber der Widerspruchsbescheid als solcher sei Klagegegenstand der Einheitsklage (OVG Bautzen NVwZ-RR 2002, 409, 410; Wolff/Decker/Decker VwGO § 79 Rn 8). Dennoch wird wohl überwiegend vertreten, eine **isolierte Aufhebung** komme auch bei der Einheitsklage in Betracht (VGH München BayVBl 1990, 370, 371; Schenke, Rn 808a; Sodan/Ziekow/Brenner VwGO § 79 Rn 19; S/S/B/Pietzcker VwGO § 79 Rn 6). Abgestellt wird vor allem auf § 113 Abs 1 S 1 VwGO, der eine Aufhebung allein im Maße der festgestellten Rechtswidrigkeit gestatte („soweit"). Es werde von der Möglichkeit einer isolierten Aufhebung auch bei § 79 Abs 1 Nr 1 VwGO her verständlich, warum § 79 Abs 2 VwGO eine von vornherein auf den Widerspruchsbescheid beschränkte Klage an besondere Voraussetzungen binde, weil nur ein Vorgehen nach § 79 Abs 2 VwGO (bei Rechtswidrigkeit des Widerspruchs- und Rechtmäßigkeit des Ausgangsbescheids) zu einem völligen Obsiegen des Klägers führe, während er bei der Einheitsklage (im Punkt des ebenfalls angegriffenen Ausgangsbescheids) teilweise unterliege.

III. Das Verhältnis von Einheitsklage und isolierter Anfechtung nach § 79 Abs 2 VwGO

11   Je nachdem, welcher Ansicht man zu den aufgezeigten Meinungsverschiedenheiten ist, folgen hieraus sehr unterschiedliche Konzeptionen zum **Verhältnis** von **Einheitsklage** nach § 79 Abs 1 Nr 1 VwGO und **isolierter Anfechtung** wegen zusätzlicher Beschwer nach § 79 Abs 2 VwGO (vgl Seidel/Reimer/Möstl, Allgemeines Verwaltungsrecht, 2. Aufl 2005, 17 f mwN). Auf der einen Seite steht eine Sichtweise, die vor allem betont, Einheitsklage und isolierte Anfechtung stünden in einem Verhältnis **wechselseitiger Ausschließlichkeit**; der Kläger habe die Wahl zwischen einem Vorgehen nach Abs 1 Nr 1 und Abs 2, er könne jedoch nicht beide Begehren kumulativ geltend machen (VGH München BayVBl 1990, 370; Kopp/Schenke VwGO § 79 Rn 2). Dieser Ansicht wird man umso lückenloser folgen können, je mehr man in den oben aufgezeigten Streitfällen (Rn 9) erstens annimmt, dass alle Fälle zusätzlicher Beschwer iSv Abs 2 (auch Verfahrensfehler und der Selbsteintritt) zugleich als Gestaltgebung iSv Abs 1 Nr 1 anzusehen sind, sowie zweitens befürwortet, dass nicht nur bei Abs 2, sondern auch im Rahmen von Abs 1 Nr 1 eine isolierte Aufhebung des ggf allein rechtswidrigen Widerspruchsbescheids möglich ist. Dann nämlich kann kein Zweifel bestehen, dass der Streitgegenstand einer denkbaren isolierten Anfechtung nach Abs 2 bereits in

vollem Umfang von der Einheitsklage umfasst ist; ein und **derselbe Streitgegenstand** darf jedoch nicht zweimal rechtshängig gemacht werden. Der einem kumulativen Geltendmachen entgegenstehende Einwand der **Rechtshängigkeit** wird auch nicht dadurch entkräftet, dass Einheitsklage und isolierte Anfechtung uU gegen verschiedene Beklagte zu richten sind (s Rn 3), so dass jedenfalls keine **persönliche Streitgegenstandsidentität** bestehe. Vielmehr hält die Rechtsprechung den Träger der Widerspruchsbehörde bei der Einheitsklage, auch ohne dass diesem eine förmliche Beteiligtenstellung zukomme, für in der Sache „mitverklagt", so dass der Entscheidungsausspruch auch unmittelbar gegenüber der Widerspruchsbehörde und ihrem Träger wirke und ihnen gegenüber – dies ist unstreitig – Rechtskraft zu entfalten imstande sei (VGH München BayVBl 1990, 370; zur Rechtskraft Redeker/ v. Oertzen/v. Nicolai VwGO § 121 Rn 6a; nach anderer Ansicht steht das Auseinanderfallen der Beklagten der Annahme einer persönlichen Streitgegenstandsidentität entgegen, fehlt einer isolierten Anfechtung neben einer Einheitsklage allerdings das Rechtsschutzbedürfnis, so Detterbeck, Streitgegenstand und Entscheidungswirkungen im öffentlichen Recht, 1995, 186).

Nach anderer Ansicht ist es jedenfalls in gewissen Fällen möglich und geboten, eine **12** Einheitsklage nach § 79 Abs 1 Nr 1 VwGO und eine isolierte Anfechtung nach § 79 Abs 2 VwGO **nebeneinander** geltend zu machen (Eyermann/Happ VwGO § 79 Rn 12 f, 21 f, 29; Jäde BayVBl 1990, 696; BVerwG Buchholz 310 § 79 Nr 13 und Nr 18; VGH Mannheim NVwZ 1990, 1085; VGH München NVwZ-RR 1988, 620 f). Folgerichtig ist diese Sichtweise, wenn und soweit man der Ansicht folgt, dass bestimmte Fälle zusätzlicher Beschwer (namentlich Verfahrensfehler oder/und der Selbsteintritt) keine Gestaltgebung iSv § 79 Abs 1 Nr 1 VwGO sind und daher von der Einheitsklage nicht erfasst werden: Soll in derartigen Fällen die gesamte Beschwer zum Gegenstand des gerichtlichen Vorgehens gemacht werden, ist es unumgänglich, ggf (bei Auseinanderfallen der Rechtsträger von Ausgangs- und Widerspruchsbehörde) gegen zwei verschiedene Beklagte zwei selbstständige Klagen zu erheben, die Einheitsklage gegen den Ausgangsbescheid in Gestalt des Widerspruchsbescheids und die isolierte Anfechtungsklage gegen die zusätzliche Beschwer, die noch nicht von der Einheitsklage erfasst ist. Die Rechtsprechung hat klargestellt, das ein solches Doppelbegehren der zusätzlichen isolierten Anfechtung des Widerspruchsbescheids zumindest in der Klagebegründung gesondert zum Ausdruck gebracht werden muss und nicht bereits in dem an § 113 Abs 1 S 1 VwGO angelehnten Standardantrag zur Einheitsklage enthalten ist, dass Aufhebung von Ausgangs- und Widerspruchsbescheid begehrt wird (VGH Mannheim NVwZ 1990, 1085).

IV. Eigener Ansatz

Nach hier vertretener Ansicht spricht viel dafür, alle Fälle zusätzlicher Beschwer iSv Abs 2 **13** (auch Verfahrensfehler und Selbsteintritt) als auch von der Einheitsklage nach Abs 1 Nr 1 mitumfasst anzusehen und daher von einer **strikten wechselseitigen Ausschließlichkeit** von Einheitsklage und isolierter Anfechtung auszugehen (Seidel/Reimer/Möstl, Allgemeines Verwaltungsrecht, 2. Aufl 2005, 17 f; Kahl/Hilbert Jura 2011, 660, 668). Hauptgrund ist, dass § 79 Abs 2 VwGO ein **echtes Wahlrecht** zwischen beiden Klageformen statuiert („kann"), was zugleich impliziert, dass das, was mit der isolierten Anfechtung begehrt wird, auch mittels Einheitsklage verfolgt werden können muss (sonst wäre es kein echtes Wahlrecht). Der Gesetzeswortlaut („Gestalt") steht, auch soweit es um Verfahrensfehler geht, nicht entgegen, da das Widerspruchsverfahren als verlängertes Verwaltungsverfahren der Verwaltungsentscheidung auch in formeller Hinsicht seine endgültige Gestalt gibt. Für die hier vertretene Ansicht sprechen vor allem auch Gründe der Prozessökonomie und des effektiven Rechtsschutzes: Freilich mag die in Rn 12 besprochene Ansicht auf den ersten Blick eine feinsäuberliche Aufteilung der einzelnen Rügen auf verschiedene Klagen bewirken, andererseits jedoch kann eben dieses Nebeneinander zweier ggf gegen verschiedene Beklagte zu richtender Klagen erhebliche prozessuale Komplikationen hervorrufen (Detterbeck, Streitgegenstand und Entscheidungswirkungen im öffentlichen Recht, 1995, 177 ff; praktische Vorzüge der hier vertretenen Ansicht konzediert auch S/S/B/Pietzcker VwGO § 79 Rn 4a). Oft wird es aus der Klägerperspektive nicht leicht zu beurteilen sein, ob eine normale Verböserung oder ein Selbsteintritt, ob ein Verfahrens- oder ein materieller Fehler unterlaufen ist; die hier abgelehnte Ansicht bürdet dem Kläger in dieser Situation die Last auf, das richtige prozessuale Vorgehen zu wählen. Nach hier vertretener Ansicht vermag jedenfalls die Einheitsklage alle Fehler des Ausgangs- und des Widerspruchsverfahrens zu erfassen. Sollte sich nur der Widerspruchsbescheid, nicht aber der Ausgangsbescheid als rechtswidrig herausstellen, wird (bei bloßer Aufhebung des Widerspruchsbescheids) der Kläger freilich teilweise unterliegen. Will er dieses Risiko von vornherein vermeiden, bietet sich die isolierte Anfechtung an, ebenso wie in solchen Fällen, in dem es dem Kläger gerade auf eine erneute Ermessensausübung durch die Widerspruchsbehörde ankommt. Dass nach hier vertretener Ansicht die Ausgangsbehörde bzw ihr Träger prozessual für alle Fehler der Widerspruchsbehörde einzustehen haben, ist nichts ungewöhnliches, sondern liegt in der Logik der Einheitsklage (s Rn 3).

V. Auf den Widerspruchsbescheid beschränkte Einheitsklage?

14   Über die Möglichkeit, auch im Rahmen der Einheitsklage den Entscheidungsausspruch auf die Aufhebung allein des Widerspruchsbescheids zu beschränken (s Rn 10), hinausgehend wird teilweise vorgeschlagen, dass die gegen den Träger der Ausgangsbehörde gerichtete Einheitsklage auch von vornherein oder während des Prozesses vom Kläger auf das bloße Begehren der Aufhebung des Widerspruchsbescheids beschränkt werden kann, um so dem Risiko des teilweisen Unterliegens bzgl des Ausgangsbescheids zu entgehen (Eyermann/Happ VwGO § 79 Rn 16; S/S/B/Pietzcker VwGO § 79 Rn 6). Dies mag auf den ersten Blick einleuchten, da, was das Gericht aussprechen kann, auch beantragt werden können muss. Auf der anderen Seite ist zu bedenken, dass § 79 VwGO den Antrag auf isolierte Aufhebung des Widerspruchsbescheids in speziellen Fallgruppen sowie als Alternative zur Einheitsklage geregelt und hierbei sowohl an besondere Voraussetzungen geknüpft hat als auch ggf gegen einen von der Einheitsklage verschiedenen Klagegegner gerichtet wissen will. Diese Systematik des § 79 VwGO würde ad absurdum geführt, wenn es möglich wäre, auch mithilfe einer (eingeschränkten) Einheitsklage (ohne Risiko des teilweisen Unterliegens bzgl des Ausgangsbescheids) die isolierte Aufhebung allein des Widerspruchsbescheids zu begehren. Insbes der obligatorische Charakter der isolierten Anfechtung des Widerspruchsbescheids bei erstmaliger Beschwer nach § 79 Abs 1 Nr 2 VwGO darf nicht dadurch unterlaufen werden, dass mit gleicher Zielrichtung, aber ggf gegen einen anderen Beklagten auch eine beschränkte Einheitsklage zugelassen wird.

D. Die Fallgruppen des § 79 VwGO im Einzelnen

I. Einheitsklage, § 79 Abs 1 Nr 1 VwGO

15   Regelmäßiger Gegenstand der Anfechtungsklage ist der ursprüngliche Verwaltungsakt in der Gestalt, die er durch den Widerspruchsbescheid gefunden hat. Beide Verwaltungsakte werden als prozessuale Einheit betrachtet (**Einheitsklage**). Klagegegenstand ist der Ausgangsbescheid; der Widerspruchsbescheid als das maßgebliche „letzte Wort der Verwaltung" (Eyermann/Happ VwGO § 79 Rn 5) indes prägt die Gestalt des Klagegegenstandes und ist mit dieser Wirkung in den Klagegegenstand einbezogen (S/S/B/Pietzcker VwGO § 79 Rn 1); vgl zum Ganzen mwN bereits Rn 2.

16   Darüber, welche Formen zusätzlicher Beschwer noch als „**Gestaltung**" des Ausgangsbescheids angesehen werden können und daher vom Gegenstand der Einheitsklage umfasst sind (insbes in den problematischen Fallgruppen **Verfahrensfehler** und **Selbsteintritt**), ist in den Rn 9 und 13 das Wesentliche gesagt worden. Umgestaltend wirkt nicht allein die Modifikation des **Tenors**, dh des verfügenden Teils des Verwaltungsakts, sondern auch die Veränderung seiner „Begründung" (iSd tragenden **Gründe**); maßgeblich sind damit insbes auch die **Ermessenserwägungen** der Widerspruchsbehörde (VGH Mannheim NVwZ 1990, 1085; OVG LSA BeckRS 2012, 59624, auch zu den prozessualen Konsequenzen: Aufhebung von Ausgangs- und Widerspruchsbescheid bei Ermessensfehler nur des Widerspruchsbescheids). Auch wenn der Ausgangsbescheid ohne inhaltliche Änderungen zurückgewiesen wurde, sollte dies noch als „Gestaltung" angesehen werden; maßgebend ist nicht nur die verändernde, sondern auch die bestätigende Gestalt des Widerspruchsbescheids (BVerwG NVwZ-RR 1997, 132; Wolff/Decker/Decker VwGO § 79 Rn 8; aA Eyermann/

Happ VwGO § 79 Rn 11); in jedem Fall kann der für die Beurteilung der Sach- und Rechtslage maßgebende Zeitpunkt nicht vor demjenigen der endgültigen Gestaltgebung liegen. Ob die Umgestaltung rechtmäßig oder rechtswidrig war, spielt für ihre Maßgeblichkeit keine Rolle (Eyermann/Happ VwGO § 79 Rn 8). Nach der Rechtsprechung wirkt es auch gestaltgebend und ist damit maßgeblich, wenn die Widerspruchsbehörde das Handeln der Ausgangsbehörde fehlerhaft als Verwaltungsakt qualifiziert (BVerwGE 78, 3 = NJW 1988, 51; str, aA Sodan/Ziekow/Brenner VwGO § 79 Rn 24; zur Gestaltgebung durch Nachholung eines VA auch BVerwG, BeckRS 2011, 55447). Strittig ist, inwieweit die Kostenentscheidung der Widerspruchsbehörde zur Gestaltung des Ausgangsbescheids zu rechnen ist (VG Kassel NVwZ-RR 1999, 5; Sodan/Ziekow/Brenner VwGO § 79 Rn 32).

Unstrittige **Folgen der prozessualen Einheit** von Ausgangs- und Widerspruchs- **17** bescheid sind, dass der Widerspruchsbescheid infolge der Anfechtung des Ausgangsbescheids nicht bestandskräftig wird, dass der Widerspruchsbescheid in seiner gestaltgebenden Wirkung vom Gericht mitüberprüft wird und die Ausgangsbehörde in diesem Sinne für Fehler der Widerspruchsbehörde mit einzustehen hat, dass die Widerspruchsbehörde bzw ihr Träger, auch ohne Beteiligter iSv § 63 VwGO zu sein, in der Sache „mitverklagt" ist (VGH München BayVBl 1990, 370) und die Gerichtsentscheidung ihr gegenüber unmittelbar bindet und Rechtskraftwirkung entfaltet sowie schließlich dass das Gericht im Erfolgsfalle gemäß § 113 Abs 1 S 1 VwGO den Ausgangsbescheid und den Widerspruchsbescheid aufhebt (S/S/B/Pietzcker VwGO § 79 Rn 3). Zu den Streitfragen, inwieweit auch eine isolierte Aufhebung allein des Widerspruchsbescheids möglich ist oder sogar beantragt werden kann, s bereits Rn 10 und 14.

Es ist in der Praxis üblich, den **Klageantrag** der Einheitsklage nicht mit den Worten des **18** § 79 Abs 1 Nr 1 VwGO zu formulieren, sondern in Anlehnung an § 113 Abs 1 S 1 VwGO die Aufhebung von Ausgangs- und Widerspruchsbescheid zu beantragen. Im Sinne einer zusätzlichen isolierten Anfechtung des Widerspruchsbescheids kann ein solcher Antrag (soweit eine solche Kumulierung der Anträge überhaupt statthaft ist, s Rn 11) nur ausgelegt werden, wenn dies zumindest in der Klagebegründung besonders zum Ausdruck gebracht wird (VGH Mannheim NVwZ 1990, 1085; Eyermann/Happ VwGO § 79 Rn 7).

II. Isolierte Anfechtung des Abhilfe- oder Widerspruchsbescheids bei erstmaliger Beschwer, § 79 Abs 1 Nr 2 VwGO

Die als obligatorisch ausgestaltete **isolierte Anfechtung** des Widerspruchsbescheids **19** wegen **erstmaliger Beschwer** (§ 79 Abs 1 Nr 2 VwGO) ist auf **Verwaltungsakte mit Doppelwirkung** zugeschnitten (zum Folgenden S/S/B/Pietzcker VwGO § 79 Rn 9 f). Sie steht in engem Bezug zu den Regelungen in § 68 Abs 1 S 2 Nr 2 VwGO und § 71 VwGO. Sie greift beispielsweise, wenn eine zunächst versagte Genehmigung erst auf Widerspruch des Antragstellers hin erteilt wird und nunmehr einen **Dritten** beschwert. Doch nicht nur Dritte, sondern auch der **Adressat** selbst kann zur isolierten Anfechtung berechtigt sein, wenn etwa die ihm erteilte Genehmigung auf Drittwiderspruch hin aufgehoben wird; das 6. VwGOÄndG hat dies durch eine Änderung des Wortlauts, der nunmehr nicht mehr vom „Dritten" spricht, bekräftigt. Als Kläger in Betracht kommt auch eine **Selbstverwaltungskörperschaft**, deren Verwaltungsakt auf Widerspruch des Adressaten oder eines Dritten hin von der einem anderen Verwaltungsträger zugehörigen Widerspruchsbehörde aufgehoben wird. Erfasst werden allein Fälle erstmaliger Beschwer, nicht auch solche zusätzlicher Beschwer, für die § 79 Abs 2 VwGO die spezielle Regelung ist (wenn zB auf Drittwiderspruch hin zusätzliche Nebenbestimmungen verfügt werden, insoweit anders als der wortgleiche § 68 Abs 1 S 2 Nr 2 VwGO). Als Beschwer sind – insoweit gleichlaufend mit § 79 Abs 2 VwGO – uU auch Verfahrensfehler der Widerspruchsbehörde (insbes bzgl § 71 VwGO) anzusehen. Zur Anwendung des § 79 Abs 1 Nr 2 auf Kostenentscheidungen Sodan/Ziekow/Brenner VwGO § 79 Rn 32. Zur Frage der Statthaftigkeit einer an die Stelle einer isolierten Anfechtung nach § 79 Abs 1 Nr 2 VwGO tretenden, auf den Widerspruchsbescheid beschränkten Teilanfechtung nach § 79 Abs 1 Nr 1 VwGO s bereits – ablehnend – Rn 14.

§ 79 Abs 1 Nr 2 VwGO gilt auch für den erstmalig beschwerenden **Abhilfebescheid** **20** (§ 72 VwGO). § 68 Abs 1 S 2 Nr 2 VwGO bestimmt, dass es insoweit zu keiner Widerspruchsentscheidung kommt. Umgekehrt ist der Ausgangsbescheid durch den Abhilfe-bescheid beseitigt, so dass auf der Hand liegt, dass allein der Abhilfebescheid Klagegegenstand sein kann und § 79 Abs 1 Nr 2 VwGO insoweit nur klarstellende Funktion hat. § 79 Abs 2 VwGO findet auf Abhilfebescheide dagegen keine Anwendung (Redeker/v. Oertzen/Kothe VwGO § 79 Rn 4 f; S/S-A/P/Pietzcker VwGO § 79 Rn 1a).

III. Isolierte Anfechtung des Widerspruchsbescheids wegen zusätzlicher Beschwer, § 79 Abs 2 VwGO

21   Enthält der Widerspruchsbescheid gegenüber dem ursprünglichen Verwaltungsakt eine **zusätzliche und selbstständige Beschwer**, kann der Kläger gemäß § 79 Abs 2 VwGO den Widerspruchsbescheid auch ohne gleichzeitige Anfechtung des Ausgangsbescheids iso-liert angreifen. Er hat insoweit die **Wahl**, ob er Einheitsklage erhebt, die die gesamte Beschwer (einschließlich der durch den Widerspruchsbescheid hinzugekommenen) erfasst, oder allein die zusätzliche Beschwer zum Klagegegenstand macht; § 79 Abs 2 VwGO ist **fakultativ** ausgestaltet („kann"). Die wesentlichen Streitpunkte zum **Verhältnis von § 79 Abs 1 Nr 1 und § 79 Abs 2 VwGO** sind bereits oben in Rn 11 abgehandelt worden: Nach hier vertretener Ansicht gibt es keine Fälle zusätzlicher Beschwer iSv § 79 Abs 2 VwGO (auch nicht die Fälle zusätzlicher Verfahrensfehler und des Selbsteintritts), die nicht auch mithilfe der Einheitsklage anfechtbar wären, so dass der Kläger stets die vom Gesetz gewollte Wahlmöglichkeit besitzt und in keinem Fall gezwungen ist, auf die isolierte Anfechtung auszuweichen; auch ein kumulatives Vorgehen nach § 79 Abs 1 Nr 1 und Abs 2 VwGO kann es folglich nicht geben. Nach anderer Ansicht sind Verfahrensfehler und Selbst-eintritt keine Gestaltung des Ausgangsbescheids, so dass zusätzlich zur diese Beschwer nicht erfassenden Einheitsklage eine isolierte Anfechtung des Widerspruchsbescheids angestrengt werden muss. Sinnvoll ist ein Vorgehen nach § 79 Abs 2 VwGO anstelle der Einheitsklage insbes dann, wenn der Kläger sich mit dem Ausgangsbescheid zufrieden geben will, wenn er dem Risiko eines Teilunterliegens in Bezug auf den (möglicherweise) rechtmäßigen Aus-gangsbescheid entgehen will oder wenn es ihm darauf ankommt, dass gerade die Wider-spruchsbehörde erneut ihr Ermessen ausübt (Kopp/Schenke VwGO § 79 Rn 11; S/S/B/ Pietzcker VwGO § 79 Rn 11). Die Klage ist gemäß § 79 Abs 2 S 3 VwGO gegen den Träger der Widerspruchsbehörde zu richten (s Rn 3). § 79 Abs 2 VwGO trifft nach hM keine Regelung über die Zulässigkeit einer **reformatio in peius** im Widerspruchsverfahren (s § 68 VwGO Rn 11 f), sondern bestimmt allein die prozessualen Folgen einer solchen (S/ S/B/Pietzcker VwGO § 79 Rn 13); immerhin wird man ihm allerdings einen Rückschluss darauf entnehmen können, dass die VwGO mit der Möglichkeit einer reformatio in peius rechnet und ihr nicht von vornherein entgegensteht.

22   Unter einer **zusätzlichen selbstständigen Beschwer** (die Merkmale „zusätzlich" und „selbstständig" werden überwiegend als synonym verstanden, haben also keinen je eigenen Bedeutungsgehalt) ist zunächst jede hinzugekommene materielle Belastung zu verstehen. Eine solche kann sich nicht nur aus dem (abgeänderten) **Tenor** des Bescheids ergeben, sondern auch in einem sonstigen, sich aus den **Gründen** des Bescheids ergebenden mate-riellrechtlichen Fehler zu finden sein, soweit sich dieser auf den Tenor ausgewirkt hat und diesen trägt. Namentlich Ermessensfehler der Widerspruchsbehörde können demnach eine zusätzliche Beschwer begründen (Kopp/Schenke VwGO § 79 Rn 11; zT aA VGH Mann-heim NVwZ 1990, 1085 f; Gärditz/Krausnick VwGO § 79 Rn 26, 38). Typischer Fall einer zusätzlichen Beschwer ist die **reformatio in peius**, aber auch der den Verfahrensgegenstand und Devolutiveffekt sprengende **Selbsteintritt** wird von § 79 Abs 2 VwGO erfasst (Eyer-mann/Happ VwGO § 79 Rn 22). Eine isolierte Anfechtung kommt auch in Betracht, wenn ein Widerspruch zu Unrecht als unzulässig abgewiesen und nicht in der Sache entschieden wurde (insbes wenn auf diese Weise die Widerspruchsbehörde zu Unrecht ihr Ermessen nicht ausgeübt hat, wird man das Rechtsschutzbedürfnis für eine isolierte Anfechtung nicht bestreiten können), oder wenn eine zwischenzeitlich veränderte Sach- oder Rechtslage nicht berücksichtigt wurde (Sodan/Ziekow/Brenner VwGO § 79 Rn 44). Die Ansicht, nicht jede reformatio in peius, sondern nur wesensverändernde Widerspruchsbescheide konstituierten eine zusätzliche Beschwer (Redeker/v. Oertzen/Kothe VwGO § 79 Rn 9), hat sich nicht durchgesetzt (S/S/B/Pietzcker VwGO § 79 Rn 12). Für die Bejahung der Zulässigkeit der

Klage muss die behauptete zusätzliche Beschwer nicht unbedingt tatsächlich vorliegen, vielmehr genügt die Möglichkeit einer Rechtsverletzung (Kopp/Schenke VwGO § 79 Rn 12).

§ 79 Abs 2 S 2 VwGO bestimmt, dass als (zur isolierten Anfechtung berechtigende) **23** zusätzliche Beschwer auch die Verletzung einer wesentlichen **Verfahrensvorschrift** gilt, sofern der Widerspruchsbescheid auf dieser Verletzung beruht. Als verletzte Verfahrensvorschrift kommen nicht nur solche der VwGO, sondern auch der Verwaltungsverfahrensgesetze (über § 79 VwVfG), nicht nur bundes-, sondern auch landesgesetzliche Regelungen sowie ungeschriebene Grundsätze des Verwaltungsverfahrensrechts in Betracht; nicht genügen hingegen interne Verwaltungsvorschriften ohne Außenwirkung. Dem Merkmal „**wesentlich**" wird neben dem des „Beruhens" entweder keine eigenständige Bedeutung zugebilligt (BVerwGE 29, 282, 284 = NJW 1968, 1736 f), oder aber es wird verlangt, dass die Vorschrift zumindest auch dem Schutz des Betreffenden zu dienen bestimmt ist und keine reine Ordnungsvorschrift darstellt (Sodan/Ziekow/Brenner VwGO § 79 Rn 47). Ob ein Verfahrens- oder ein materiellrechtlicher Fehler vorliegt, ist bisweilen nicht leicht zu beurteilen (Begründungsmangel oder Ermessensfehler? Ist fehlerhafte Sachverhaltsermittlung Verfahrensmangel oder resultiert sie in einer falschen Entscheidung? Fehlerhafte Zurückweisung eines Widerspruchs als unzulässig: prozeduraler oder inhaltlicher Fehler?; zu Einzelfällen: Eyermann/Happ VwGO § 79 Rn 25; Sodan/Ziekow/Brenner VwGO § 79 Rn 46, 47 f; Gärditz/Krausnick VwGO § 79 Rn 41). Das entscheidende eingrenzende Kriterium des § 79 Abs 2 S 2 VwGO besteht darin, dass der Widerspruchsbescheid auf der Verletzung der Verfahrensvorschrift **beruhen** muss, dh dass die Verletzung für ihn kausal gewesen sein muss. Im Rahmen der Zulässigkeitsprüfung kann es freilich nicht darauf ankommen, dass diese Kausalität tatsächlich nachgewiesen werden kann, vielmehr genügt es, dass es zumindest als möglich erscheint und nicht von vornherein ausgeschlossen erscheint, dass sich der Verfahrensfehler ausgewirkt hat (OVG Bremen NJW 1983, 1869; Schenke, Rn 244). Ein Beruhen-Können kommt nach ständiger Rechtsprechung nur in Betracht, wenn der Widerspruchsbehörde überhaupt ein **Ermessens- oder Beurteilungsspielraum** zustand, es sich also nicht um eine gebundene Entscheidung oder um einen Fall der Ermessensreduzierung auf Null handelt (BVerwGE 49, 307, 308 f; 61, 45, 47; NVwZ 1999, 641; 1999, 1218, 1219). Habe die Widerspruchsbehörde keinen größeren Entscheidungsspielraum als das Gericht (im Rahmen der Einheitsklage), bestehe kein Rechtsschutzbedürfnis eine mittels isolierter Anfechtung des Widerspruchsbescheids zu erreichende „Zurückverweisung" an die Widerspruchsbehörde zur erneuten Entscheidung. Diese Sichtweise wird von Teilen der Literatur mit dem Argument angegriffen, das Gesetz differenziere nicht zwischen gebundenen und Ermessensentscheidungen und auch bei gebundenen Entscheidungen könne zumindest nicht ausgeschlossen werden, dass eine korrekte Verfahrenshandhabung den Widerspruchsführer zur Rücknahme seines Widerspruchs bewegt hätte (Schenke, Rn 244; Redeker/v. Oertzen/ Kothe VwGO § 79 Rn 9; dazu Sodan/Ziekow/Brenner VwGO § 79 Rn 51). Eine vermittelnde Ansicht hält bei gebundenen Verwaltungsakten das erforderliche Rechtsschutzinteresse nur dann für gegeben, wenn in der Sache eine andere, dh für den Betroffenen günstigere Entscheidung zumindest möglich erscheint (LSG Niedersachsen-Bremen BeckRS 2012, 72489).

Immer wieder thematisiert wird das Verhältnis des § 79 Abs 2 S 2 VwGO zu **§ 46** **24** **VwVfG** sowie zu **§ 44a VwGO**. Die Einschätzungen sind nicht einheitlich, häufig ist jedoch die Aussage, diese beiden Vorschriften würden durch § 79 Abs 2 S 2 VwGO als lex specialis verdrängt (S/S/B/Pietzcker VwGO § 79 Rn 15; Kopp/Schenke VwGO § 79 Rn 14; Redeker/v. Oertzen/Kothe VwGO § 79 Rn 10). Hinsichtlich § 46 VwVfG ist zunächst festzuhalten, dass dieser und § 79 Abs 2 S 2 VwGO eine weitgehend gleichlaufende (wenngleich nicht völlig kongruente) Regelung treffen und sich insoweit die Frage einer Verdrängung nicht stellt; im Übrigen scheint es vorzugswürdig, die beiden Normen so zueinander ins Verhältnis zu setzen, dass der Widerspruchsbescheid iSv § 79 Abs 2 S 2 VwGO nur insoweit auf einem Verfahrensfehler beruhen kann, als dieser nach § 46 VwVfG überhaupt beachtlich ist (VGH München BayVBl 1998, 502, 503; Eyermann/Happ VwGO § 79 Rn 24). § 44a VwGO dagegen ist richtig betrachtet regelmäßig gar nicht berührt, weil es in den Fällen des § 79 Abs 2 S 2 VwGO um die isolierte Anfechtung des verfahrensabschließenden Widerspruchsbescheids wegen eines vorgelagerten Verfahrensfehlers (genau solche Rechtsbehelfe gegen die verfahrensabschließende Entscheidung will § 44a VwGO), nicht dagegen um eine (nach § 44a VwGO verbotene) isolierte Anfechtung einer der verfahrensabschließenden Sachentscheidung vorgelagerten Verfahrenshandlung geht. Erneut besteht ein Gleichlauf der Regelungen, nicht aber ein Konkurrenzverhältnis.

§ 80 [Aufschiebende Wirkung]

(1) [1]Widerspruch und Anfechtungsklage haben aufschiebende Wirkung. [2]Das gilt auch bei rechtsgestaltenden und feststellenden Verwaltungsakten sowie bei Verwaltungsakten mit Doppelwirkung (§ 80a).

(2) [1]Die aufschiebende Wirkung entfällt nur

1. bei der Anforderung von öffentlichen Abgaben und Kosten,
2. bei unaufschiebbaren Anordnungen und Maßnahmen von Polizeivollzugsbeamten,
3. in anderen durch Bundesgesetz oder für Landesrecht durch Landesgesetz vorgeschriebenen Fällen, insbesondere für Widersprüche und Klagen Dritter gegen Verwaltungsakte, die Investitionen oder die Schaffung von Arbeitsplätzen betreffen,
4. in den Fällen, in denen die sofortige Vollziehung im öffentlichen Interesse oder im überwiegenden Interesse eines Beteiligten von der Behörde, die den Verwaltungsakt erlassen oder über den Widerspruch zu entscheiden hat, besonders angeordnet wird.

[2]Die Länder können auch bestimmen, daß Rechtsbehelfe keine aufschiebende Wirkung haben, soweit sie sich gegen Maßnahmen richten, die in der Verwaltungsvollstreckung durch die Länder nach Bundesrecht getroffen werden.

(3) [1]In den Fällen des Absatzes 2 Nr. 4 ist das besondere Interesse an der sofortigen Vollziehung des Verwaltungsakts schriftlich zu begründen. [2]Einer besonderen Begründung bedarf es nicht, wenn die Behörde bei Gefahr im Verzug, insbesondere bei drohenden Nachteilen für Leben, Gesundheit oder Eigentum vorsorglich eine als solche bezeichnete Notstandsmaßnahme im öffentlichen Interesse trifft.

(4) [1]Die Behörde, die den Verwaltungsakt erlassen oder über den Widerspruch zu entscheiden hat, kann in den Fällen des Absatzes 2 die Vollziehung aussetzen, soweit nicht bundesgesetzlich etwas anderes bestimmt ist. [2]Bei der Anforderung von öffentlichen Abgaben und Kosten kann sie die Vollziehung auch gegen Sicherheit aussetzen. [3]Die Aussetzung soll bei öffentlichen Abgaben und Kosten erfolgen, wenn ernstliche Zweifel an der Rechtmäßigkeit des angegriffenen Verwaltungsakts bestehen oder wenn die Vollziehung für den Abgaben- oder Kostenpflichtigen eine unbillige, nicht durch überwiegende öffentliche Interessen gebotene Härte zur Folge hätte.

(5) [1]Auf Antrag kann das Gericht der Hauptsache die aufschiebende Wirkung in den Fällen des Absatzes 2 Nr. 1 bis 3 ganz oder teilweise anordnen, im Falle des Absatzes 2 Nr. 4 ganz oder teilweise wiederherstellen. [2]Der Antrag ist schon vor Erhebung der Anfechtungsklage zulässig. [3]Ist der Verwaltungsakt im Zeitpunkt der Entscheidung schon vollzogen, so kann das Gericht die Aufhebung der Vollziehung anordnen. [4]Die Wiederherstellung der aufschiebenden Wirkung kann von der Leistung einer Sicherheit oder von anderen Auflagen abhängig gemacht werden. [5]Sie kann auch befristet werden.

(6) [1]In den Fällen des Absatzes 2 Nr. 1 ist der Antrag nach Absatz 5 nur zulässig, wenn die Behörde einen Antrag auf Aussetzung der Vollziehung ganz oder zum Teil abgelehnt hat. [2]Das gilt nicht, wenn

1. die Behörde über den Antrag ohne Mitteilung eines zureichenden Grundes in angemessener Frist sachlich nicht entschieden hat oder
2. eine Vollstreckung droht.

(7) [1]Das Gericht der Hauptsache kann Beschlüsse über Anträge nach Absatz 5 jederzeit ändern oder aufheben. [2]Jeder Beteiligte kann die Änderung oder Auf-

hebung wegen veränderter oder im ursprünglichen Verfahren ohne Verschulden nicht geltend gemachter Umstände beantragen.

(8) In dringenden Fällen kann der Vorsitzende entscheiden.

§ 80 VwGO regelt die aufschiebende Wirkung von (Anfechtungs-)Widerspruch und Anfechtungsklage. Die Vorschrift beruht auf einer dreigliedrigen Aufbaustruktur. **Erstens**: § 80 Abs 1 VwGO normiert den Grundsatz, dass der Erhebung von (Anfechtungs-)Widerspruch und Anfechtungsklage aufschiebende Wirkung zukommt; aufgrund der hierdurch bewirkten Vollzugshemmung ist der Status quo des von einem belastenden Verwaltungsakt Betroffenen (einstweilig) sichergestellt (Rn 9 ff). **Zweitens**: Von diesem Grundsatz statuiert § 80 Abs 2 (und 3) VwGO Ausnahmetatbestände („nur"), welche das Entfallen der aufschiebenden Wirkung kraft gesetzlicher Anordnung (§ 80 Abs 2 Nr 1–3) und kraft (verwaltungs-) behördlicher Anordnung (§ 80 Abs 2 Nr 4, Abs 3 VwGO) zum Gegenstand haben (Rn 40 ff). **Drittens**: § 80 Abs 4 und 5 VwGO hält diejenigen Rechtsschutzmöglichkeiten bereit, die zu der Situation des Abs 1 (zurück-)führen, und zwar durch behördliche Aussetzung des Verwaltungsakts (Rn 117 ff) oder durch gerichtliche Anordnung bzw Wiederherstellung der aufschiebenden Wirkung des eingelegten Rechtsbehelfs (Rn 134 ff). § 80 Abs 7 VwGO gewährt dem Gericht die Möglichkeit zur Abänderung der Eilentscheidung (Rn 198 ff).

Übersicht

A. Allgemeines
I. Verfassungsrechtliche Vorgaben

1   Der vorläufige Rechtsschutz im Verwaltungsprozess ist in den Vorschriften des § 47 Abs 6 VwGO, der §§ 80, 80a, 80b VwGO und des § 123 VwGO geregelt. Der vorläufige Rechtsschutz ist Ausfluss **verfassungsrechtlicher Anforderungen**, die sich aus der Rechtsschutzgarantie des Art 19 Abs 4 GG (BVerfGE 35, 263, 274; 35, 382, 401; 79, 69, 74) iVm dem Rechtsstaatsprinzip (BVerfGE 35, 382, 401) und aus im Einzelfall betroffenen materiellen Grundrechten (vgl etwa BVerfGE 35, 263, 277; 67, 43, 58; 79, 69, 74) ergeben können. Insbes gilt es zu verhindern, dass die Verwaltung vollendete, später nicht mehr korrigierbare Tatsachen schafft (BVerfGE 35, 263, 274; 35, 382, 400 f; 37, 150, 153; 69, 315, 372; 80, 244, 252).

2   Entgegen einer weit verbreiteten Auffassung verlangt die **Verfassung** weder die nach § 80 Abs 1 S 1 VwGO für den Regelfall vorgesehene **aufschiebende Wirkung** noch das in § 80 Abs 1 und Abs 2 VwGO zum Ausdruck kommende **Regel-Ausnahme-Verhältnis** zwischen aufschiebender Wirkung und sofortiger Vollziehung. Zur Begründung stützt sich die Gegenansicht regelmäßig auf Passagen von Entscheidungen des BVerfG, wonach die aufschiebende Wirkung als fundamentaler Grundsatz des öffentlich-rechtlichen Prozesses (BVerfGE 35, 263, 272; 35, 382, 402; 69, 315, 372) die Regel sei, die sofortige Vollziehung die Ausnahme bleiben müsse und eine Verwaltungspraxis, die dieses Regel-Ausnahme-Verhältnis umkehre, etwa indem sie Verwaltungsakte generell für sofort vollziehbar erklärt, mit der Verfassung nicht mehr vereinbar sei (BVerfGE 35, 382, 402; 51, 268, 284). Unter Berufung auf diese Aussagen des BVerfG wird angenommen, dass die Verfassung ein Regel-Ausnahme-Verhältnis zwischen aufschiebender Wirkung und sofortiger Vollziehung begründe (Erbguth UPR 2000, 81, 82 f; Erdmann NVwZ 1988, 508, 509; Hufen Verwaltungsprozessrecht § 31 Rn 3; weitere Nachweise bei Schoch Vorläufiger Rechtsschutz und Risikoverteilung im Verwaltungsrecht 1988, 1116 f). Dem ist jedoch entgegenzuhalten, dass das GG die Modalitäten der Gewährung vorläufigen Rechtsschutzes nicht vorschreibt, solange und soweit ein solcher einstweiliger Rechtsschutz nur gegeben ist. Sub specie der verfassungsrechtlichen Garantie effektiven Rechtsschutzes steht nur dass „Ob" des verwaltungs-

prozessualen vorläufigen Rechtsschutzes nicht zur Disposition des Gesetzgebers; demgegenüber besitzt er bei der Ausgestaltung der Art und Weise („**Wie**") einen breiten Gestaltungsspielraum. Verfassungsrechtlich ist nicht die Sicherungstechnik, sondern der Sicherungserfolg
maßgebend (Maunz/Dürig/Schmidt-Aßmann GG Art 19 IV Rn 274; S/S/B/Schoch
VwGO Vorb §80 Rn 13). Die durch §80 Abs 1 VwGO vorgesehene aufschiebende
Wirkung vermittelt dem Betroffenen eines belastenden Verwaltungsakts zwar eine besonders
komfortable Rechtsposition, weil bereits durch die Erhebung eines Widerspruchs die Beibehaltung des Status quo garantiert ist. Gleichwohl ist auch das Verfahren nach §80 Abs 4
VwGO eine adäquate Ausprägung des verfassungsrechtlich gebotenen effektiven Rechtsschutzes (BVerfGE 35, 263, 275). Der Gesetzgeber verstieße nicht gegen die Verfassung,
wenn er die aufschiebende Wirkung nach §80 Abs 1 VwGO entfallen ließe und den
Betroffenen auf die Möglichkeit eines Antrags auf Anordnung der aufschiebenden Wirkung
nach §80 Abs 5 VwGO verwiese. Entscheidend ist allein, dass dem von dem Verwaltungsakt
Betroffenen genügend Zeit verbleibt, um Rechtsschutz zu erlangen. Dieser Vorgabe wird
durch das Verfahren nach §80 Abs 5 VwGO entsprochen. Die in §80 Abs 1 VwGO
vorgesehene aufschiebende Wirkung und das durch §80 Abs 1 und 2 VwGO angeordnete
Regel-Ausnahme-Verhältnis zwischen aufschiebender Wirkung und sofortiger Vollziehbarkeit sind von Verfassungs wegen nicht gefordert, sondern Ausdruck einer lediglich einfachgesetzlichen Entscheidung (ebenso Sodan/Ziekow/Puttler VwGO §80 Rn 9; Schoch Vorläufiger Rechtsschutz und Risikoverteilung im Verwaltungsrecht 1988, S 1116 ff; Timmler,
Maßstab und Rechtsnatur der Aussetzungsentscheidung nach §80 Abs 5 S 1, 1993, 25 ff).

Überspannt werden die aus der Verfassung folgenden Direktiven von der hM auch **3**
insoweit, als sie bei **drohender Schaffung vollendeter Tatsachen** aus Art 19 Abs 4 GG
ableitet, dass eine über die summarische Prüfung hinausgehende umfassende Untersuchung
des streitgegenständlichen Verwaltungsakts geboten sei (BVerfG NVwZ-RR 1994, 56, 57;
VGH München BayVBl 1991, 720, 721; VGH Kassel NVwZ 1991, 88, 91). Hierbei
übersehen, dass den berechtigten Interessen des Betroffenen auch dann entsprochen ist, wenn
in einem solchen Fall im Zweifel die aufschiebende Wirkung angeordnet bzw wiederhergestellt wird (vgl VGH Mannheim NVwZ 1986, 490; VGH München BayVBl 1990, 211,
212; Eyermann/Schmidt VwGO §80 Rn 1). Einer mit dem Zweck des Verfahrens nach
§80 Abs 5 VwGO unvereinbaren Vorwegnahme der Hauptsache (OVG Schleswig NVwZ
1992, 687, 688) bedarf es von Verfassungs wegen nicht zwingend. Dies ist nur eine von vielen
Möglichkeiten, um der Gefahr des Eintritts vollendeter Tatsachen wirksam begegnen zu
können. Auch insoweit ist daran zu erinnern, dass im Zentrum der grundgesetzlichen
Garantie effektiven Rechtsschutzes nicht die Sicherungstechnik, sondern allein der Sicherungserfolg steht.

Bei **mehrpoligen Verwaltungsrechtsverhältnissen**, also bei Verwaltungsakten mit **4**
Drittwirkung iSd §§80 Abs 1 S 2, 80a VwGO, geht es um einen Konflikt zwischen in der
Regel gleichrangigen Grundrechtspositionen des durch den Verwaltungsakt Begünstigten
und Belasteten. Beide Betroffenen haben aus Art 19 Abs 4 GG und aus den jeweils ein-
schlägigen materiellen Grundrechten einen Anspruch auf effektiven Rechtsschutz (vgl
BVerfGE 35, 263, 276 f). Die miteinander konfligierenden Grundrechtspositionen müssen
im Wege praktischer Konkordanz zu einem gerechten Ausgleich gebracht werden (BVerfG
GewArch 1984, 16).

II. Gemeinschaftsrechtliche Vorgaben

Der durch die aufschiebende Wirkung (§80 Abs 1 VwGO) bewirkte Rechtsschutz bei **5**
belastenden Verwaltungsakten geht über den gemeinschaftsrechtlich gewährleisteten Schutzstandard im einstweiligen Rechtsschutz hinaus und findet auch im Recht der übrigen Mitgliedstaaten der Europäischen Union keine Parallele (S/S/B/Schoch VwGO Vorb §80
Rn 16 ff). Hierdurch kann es zu **Konflikten mit materiellem Gemeinschaftsrecht kommen**. Wegen der aufschiebenden Wirkung von Rechtsbehelfen kann nach Erhebung eines
Widerspruchs oder einer Klage ein auf Gemeinschaftsrecht beruhender Verwaltungsakt durch
eine deutsche Behörde nicht vollzogen und dem Gemeinschaftsrecht daher vorläufig keine
Geltung verschafft werden. Der EuGH hat in einem Vertragsverletzungsverfahren entschieden, dass die Bundesrepublik Deutschland dann gegen Gemeinschaftsrecht verstoße, wenn

von der Möglichkeit kein Gebrauch gemacht werde, die sofortige Vollziehung der angegriffenen Verwaltungsakte anzuordnen. Den Einwand der Bundesrepublik Deutschland, dass im vorliegenden Fall die nach nationaler Rechtslage erforderlichen Voraussetzungen für eine Anordnung der sofortigen Vollziehung nicht gegeben gewesen seien, hat der EuGH unter Hinweis auf das Vorrang beanspruchende Gemeinschaftsrecht für unbeachtlich erklärt (EuGH Slg I 1990, 2899, 2906; dazu Vedder EWS 1991, 10; Triantafyllou NVwZ 1992, 129, 132 f; Schwarze FS Börner, 389, 394 f und 398 ff; Mögele BayVBl 1993, 129, 139 f; Pagenkopf NVwZ 1993, 216, 220). Da auch nach der Verfassung dem primären und sekundären Gemeinschaftsrecht (vgl BVerfGE 85, 191, 205) im Konfliktfall Anwendungsvorrang zukommt, solange und soweit es sich innerhalb der durch die Struktursicherungsklauseln des Art 23 GG gezogenen Grenzen hält (BVerfGE 75, 223, 244 f mwN; BVerfGE 85, 191, 204), ist **§ 80 Abs 2 S 1 Nr 4 gemeinschaftsrechtskonform auszulegen und anzuwenden**. Eine Anordnung der sofortigen Vollziehung von Verwaltungsakten, die zur Durchsetzung von Gemeinschaftsrecht ergehen, ist daher auch dann in Betracht zu ziehen, wenn bei rein innerstaatlichen Sachverhalten die Voraussetzungen nicht vorlägen. Entscheidend sind die Umstände im konkreten Einzelfall. Ein genereller Verzicht auf die aufschiebende Wirkung fordert der EuGH hingegen nicht (so aber der Vorschlag von Triantafyllou NVwZ 1992, 129, 133; wie hier Eyermann/Schmidt VwGO § 80 Rn 2; Sodan/Ziekow/ Puttler VwGO § 80 Rn 15).

III. Struktur des § 80 VwGO

6   § 80 VwGO stellt eine detaillierte Regelung dar, deren **Aufbaustruktur** klare Konturen aufweist. Zu nennen sind **drei Kernelemente**. Erstens: § 80 Abs 1 VwGO normiert den Grundsatz, dass der Erhebung von (Anfechtungs-)Widerspruch und Anfechtungsklage aufschiebende Wirkung zukommt; aufgrund der hierdurch bewirkten Vollzugshemmung ist der Status quo des von einem belastenden Verwaltungsakt Betroffenen (einstweilig) sichergestellt. Zweitens: Von diesem Grundsatz statuiert § 80 Abs 2 (und 3) VwGO Ausnahmetatbestände („nur"), welche das Entfallen der aufschiebenden Wirkung kraft gesetzlicher Anordnung (§ 80 Abs 2 Nr 1–3 VwGO) und kraft (verwaltungs-)behördlicher Anordnung (§ 80 Abs 2 Nr 4, Abs 3 VwGO) zum Gegenstand haben. Drittens: § 80 Abs 4 und 5 VwGO hält diejenigen Rechtsschutzmöglichkeiten bereit, die zu der Situation des Abs 1 (zurück-)führen, und zwar durch behördliche Aussetzung des Verwaltungsakts oder durch gerichtliche Anordnung bzw Wiederherstellung der aufschiebenden Wirkung des eingelegten Rechtsbehelfs. Darüber hinaus macht § 80 Abs 6 VwGO einen Antrag nach § 80 Abs 5 VwGO für bestimmte Fälle von besonderen Voraussetzungen abhängig. § 80 Abs 7 VwGO gewährt dem Gericht die Möglichkeit zur Abänderung der Eilentscheidung. § 80 Abs 8 VwGO gestattet die Vorsitzendenentscheidung in besonderen Eilfällen.

B. Anwendungsbereich des § 80 VwGO

7   In § 123 Abs 5 VwGO findet sich eine negativ-ausgrenzende Bestimmung des **Anwendungsbereichs** des § 80 VwGO, indem in den Fällen der §§ 80, 80a VwGO die einstweilige Anordnung nach § 123 VwGO keine Anwendung findet. Die Antwort auf den positiven Anwendungsbereich des § 80 VwGO ergibt sich zum einen aus der Vorschrift selbst und zum anderen aus der Abgrenzung zu § 80a VwGO. In § 80 Abs 1 S 1 ist VwGO zwar nicht ausdrücklich davon die Rede, dass einstweiliger Rechtsschutz nach § 80 nur in Betracht kommt, wenn es sich bei der angegriffenen Maßnahme um einen (belastenden) **Verwaltungsakt** handelt. Die Anknüpfung an Widerspruch und Anfechtungsklage lassen hieran indes keinen Zweifel; § 80 Abs 1 S 2 VwGO bekräftigt diesen Befund (S/S/B/ Schoch VwGO § 80 Rn 37). § 80 VwGO betrifft aber nicht alle Fälle des einstweiligen Rechtsschutzes gegen belastende Verwaltungsakte. Vielmehr ist die Norm zusätzlich von § 80a VwGO abzugrenzen. Für Verwaltungsakte mit Drittwirkung hält § 80a VwGO Sonderregelungen bereit, die den allgemeinen Regelungen des § 80 VwGO vorgehen. Aus diesem Grund ist bei der Bestimmung des Anwendungsbereichs des § 80 VwGO zu unterscheiden: Während die Absätze 1–3 des § 80 VwGO auch für Verwaltungsakte mit Drittwirkung gelten (vgl § 80 Abs 1 S 2 VwGO), finden sich in den Regelungen des § 80a Abs 1

bis 3 VwGO Sondervorschriften, welche die Anwendung des § 80 Abs 4 und 5 VwGO verdrängen. Nur soweit § 80a VwGO keine Regelungen bereithält, kann – kraft der Verweisungsvorschrift des § 80a Abs 3 S 2 VwGO – auf die Vorschriften des § 80 VwGO zurückgegriffen werden. Der Anwendungsbereich der Absätze 1–3 des § 80 VwGO reicht daher weiter als der Geltungsbereich der Absätze 4–5 des § 80 VwGO.

§ 80 VwGO setzt tatbestandlich einen **Verwaltungsakt** voraus (VGH Mannheim NVwZ **8** 1991, 1195; VG Berlin NVwZ-RR 2002, 586, 587), der **belastende** Wirkung zeigt (Eyermann/Schmidt VwGO § 80 Rn 7; Sodan/Ziekow/Puttler VwGO § 80 Rn 19). Von der Qualifizierung einer Maßnahme als belastender Verwaltungsakt hängt im Regelfall ab, ob sich der einstweilige Rechtsschutz nach §§ 80, 80a VwGO oder nach § 123 VwGO bestimmt, wenngleich zu betonen ist, dass dieser Grundsatz lediglich eine Faustformel darstellt (vgl Rn 146). Nicht erfasst werden daher **Realakte**. Rechtsbehelfe gegen Realakte lösen die aufschiebende Wirkung nach § 80 Abs 1 VwGO nicht aus. Diese Differenzierung mag rechtspolitisch befremden, da der Schutzbedarf nicht geringer ist als der eines Anfechtungsklägers (S/S/B/Schoch VwGO § 80 Rn 38; s auch Eyermann/Schmidt VwGO § 80 Rn 7). Verfassungsrechtlich begegnen dieser Unterscheidung hingegen keine Zweifel (S/S/B/Schoch VwGO § 80 Rn 38), weil es für die Garantie effektiven Rechtsschutzes nicht auf eine bestimmte Form des einstweiligen Rechtsschutzes ankommt (Rn 2). Vorläufiger Rechtsschutz gegen Nicht-Verwaltungsakte, insbes Realakte, kann nur durch einstweilige Anordnung nach § 123 gewährt werden (OVG Berlin OVGE Bln 13, 188, 189; OVG Saarlouis RiA 1985, 259, 260; VGH Mannheim ZBR 1981, 204; Kopp/Schenke VwGO § 80 Rn 5 und 16; Sodan/Ziekow/Puttler VwGO § 80 Rn 20); § 80 VwGO ist auch nicht analog anwendbar. Dies gilt sowohl für Realakte als auch für Maßnahmen, die zwar die Begriffselemente des Verwaltungsakts iSd § 35 VwVfG aufweisen, aber nicht gegenüber dem Betroffenen bekannt gegeben wurden. Richtigerweise findet § 80 VwGO auch **keine Anwendung** auf **nichtige Verwaltungsakte** (OVG Münster NVwZ-RR 1993, 234; Sodan/Ziekow/Puttler VwGO § 80 Rn 20; aA VGH Mannheim NVwZ 1991, 1195 f; Kopp/Schenke VwGO § 80 Rn 5 und 16). Ein nichtiger Verwaltungsakt ist unwirksam und als rechtliches Nullum kein tauglicher Angriffsgegenstand iSd § 80 VwGO. Mangels Regelungswirkung stellt sich die Frage nach dem Eintritt der aufschiebenden Wirkung (§ 80 Abs 1 VwGO) nicht.

C. Aufschiebende Wirkung von Rechtsbehelfen gegen Verwaltungsakte (Abs 1)

I. Anwendungsbereich des § 80 Abs 1 VwGO

§ 80 Abs 1 VwGO setzt einen belastenden Verwaltungsakt voraus. Für § 80 Abs 1 **9** VwGO ist unbeachtlich, ob die **Belastung** den **Adressaten** der Maßnahme oder einen **Dritten** betrifft. Denn nach § 80 Abs 1 S 2 VwGO gilt die aufschiebende Wirkung auch bei einem Verwaltungsakt mit Drittwirkung iSd § 80a Abs 1 VwGO, beim dem der Adressat des Verwaltungsakts der Begünstigte und der Dritte der Belastete ist. Demgegenüber findet § 80 Abs 1 VwGO keine Anwendung auf Nicht-Verwaltungsakte, insbes Realakte (Rn 8). Auch vermag ein Rechtsbehelf gegen einen nichtigen Verwaltungsakt keine aufschiebende Wirkung zu zeitigen, weil von diesem rechtlichen Nullum keinerlei Rechtswirkung ausgeht (Rn 8).

Die aufschiebende Wirkung nach § 80 Abs 1 VwGO bezieht sich auf sämtliche Formen **10** von belastenden Verwaltungsakten, und zwar ungeachtet des Inhalts und der Art der Maßnahme (S/S/B/Schoch VwGO § 80 Rn 39). Den Hauptanwendungsfall des § 80 Abs 1 VwGO bilden die sog Verfügungen, also **Gebote und Verbote**. Nach § 80 Abs 1 S 2 VwGO tritt die aufschiebende Wirkung auch bei **rechtsgestaltenden Verwaltungsakten** ein. Erfasst sind davon etwa Rücknahme und Widerruf (VGH Mannheim NVwZ-Beilage 4/1994, 29, 30; VGH München NVwZ 1988, 745; NVwZ 1995, 812; OVG Berlin ZUM 1993, 495, 496; Redeker/v. Oertzen/Redeker VwGO § 80 Rn 6 und 9; S/S/B/Schoch VwGO § 80 Rn 42). Früher wurde vereinzelt mittels eines argumentum e contrario zu § 80 Abs 1 S 2 VwGO aF, der nur rechtsgestaltende Verwaltungsakte ausdrücklich erwähnte, geschlussfolgert, dass feststellende Verwaltungsakte von der aufschiebenden Wirkung nicht erfasst seien (VGH Kassel DÖV 1964, 783, 784; NJW 1966, 2183; zutreffend aA VGH Mannheim NVwZ-RR 1990, 513). Die seit 1.1.1991 geltende Neufassung des § 80 Abs 1 S 2 VwGO stellt nunmehr klar, dass die aufschiebende Wirkung auch gegenüber **feststellenden Verwaltungsakten** eintritt (VGH München BayVBl 1992, 114, 115; OVG Bremen DÖV 1991, 512; VGH Kassel NVwZ 1991, 592; OVG Münster DÖV 1995, 341, 342. Die aufschiebende Wirkung bezieht sich nach § 80 Abs 1 S 2 auch auf **Verwaltungsakte mit Drittwirkung** iSd § 80a. Die klarstellende Regelung war notwendig geworden, nachdem einige Oberverwaltungsgerichte insbes im Rahmen baunachbarlicher Streitigkeiten trotz des Vorliegens drittbelastender Verwaltungsakte Rechtsschutz nur nach § 123 VwGO gewährten (VGH Kassel NVwZ 1991, 1121, 1124; OVG Lüneburg NVwZ 1993, 592; OVG Münster NVwZ 1992, 186 und 187; weitere Nachweise bei Schoch NVwZ 1991, 1121, 1124).

11   Von § 80 Abs 1 VwGO werden auch **Konkurrentenklagen** erfasst, so zB im **Rundfunkrecht** (VGH München BayVBl 1990, 179, 180; BayVBl 1993, 20; OVG Magdeburg LKV 1994, 60; Wilhelmi ZUM 1992, 229, 231 f; ferner Breunig VBlBW 1993, 45, 48; Fehling Die Konkurrentenklage bei der Zulassung privater Rundfunkveranstalter 1994 S 286 ff), im **Wirtschaftsverwaltungsrecht** etwa bei Subventionen (Weber Vorläufiger Rechtsschutz bei subventionsrechtlichen Konkurrentenklagen 1990, 3 ff), nicht hingegen nach – wenig überzeugender – hM im **Beamtenrecht** (vgl BGHZ 129, 226, 229 f; Schnellenbach DÖD 1990, 153, 155 ff; Günther ZBR 1990, 284, 286 ff; Ronellenfitsch VerwArch 82 (1991), 121 132 ff; Peter JuS 1992, 1042 ff; Wittkowski NJW 1993, 817 ff; aA S/S/B/Schoch VwGO § 80 Rn 48).

12   Der Rechtsbehelf gegen einen Verwaltungsakt, mit dem ein Antrag auf Gewährung einer Leistung abschlägig beschieden wird, hat grundsätzlich keine aufschiebende Wirkung, da der **Versagungsbescheid** die rechtliche Stellung des Antragstellers regelmäßig nicht verschlechtert (Eyermann/Schmidt VwGO § 80 Rn 8; S/S/B/Schoch VwGO § 80 Rn 56; Sodan/Ziekow/Puttler VwGO § 80 Rn 21). Die aufschiebende Wirkung vermag den Betroffenen nur vorläufig vor Beeinträchtigungen zu schützen, nicht aber die beantragte Erweiterung seines Rechtskreises zu bewirken (vgl BVerwGE 47, 169, 175; 55, 94, 99). Um in den Genuss der begehrten Leistung zu gelangen, muss der Antragsteller Verpflichtungsklage erheben; vorläufiger Rechtsschutz bestimmt sich nach § 123 VwGO. Anders liegen die Dinge, wenn die Ablehnung eines Antrags die Rechtsposition des Antragstellers verschlechtert, er zB durch den Versagungsbescheid seiner bereits bestehenden Rechte verlustig geht. Dies kann etwa im Ausländerrecht der Fall sein.

13   Entsprechendes gilt in den Fällen einer sog „Zahlungseinstellung". Die aufschiebende Wirkung kommt Rechtsbehelfen gegen die Aufhebung eines begünstigenden Verwaltungsakts zu, sofern der aufgehobene Bescheid begünstigende **Dauerwirkung** zeitigte (VGH Kassel AgrarR 1989, 254). Beim vorläufigen Rechtsschutz gegen eine **schlichte Zahlungseinstellung** geht es dem Antragsteller hingegen um eine Erweiterung seiner Rechtsposition. Dies löst nicht die aufschiebende Wirkung nach § 80 Abs 1 aus (Eyermann/Schmidt VwGO § 80 Rn 9; S/S/B/Schoch VwGO § 80 Rn 59; Sodan/Ziekow/Puttler VwGO § 80 Rn 22). So handelt es sich bei der laufenden Hilfe zum Lebensunterhalt nicht um eine zu widerrufende rentengleiche Dauerleistung; vielmehr ist sie rechtlich jeden Monat neu zu bewilligen (BVerfGE 25, 307, 308; 28, 216, 217). Daher ist die Einstellung dieser Hilfe rechtlich als Ablehnung der weiteren Begünstigung zu qualifizieren, so dass die aufschiebende Wirkung des § 80 Abs 1 VwGO nicht eintritt und einstweiliger Rechtsschutz nach § 123 VwGO zu erwirken ist (Eyermann/Schmidt VwGO § 80 Rn 9; S/S/B/Schoch VwGO § 80 Rn 59; Sodan/Ziekow/Puttler VwGO § 80 Rn 22).

14   Rechtsbehelfe gegen einen Verwaltungsakt, der eine **angemaßte Rechtsposition** beseitigt, haben aufschiebende Wirkung (Eyermann/Schmidt VwGO § 80 Rn 10; Schenke, Rn 945; S/S/B/Schoch VwGO § 80 Rn 60). Diese Frage wird etwa im Zusammenhang mit einer Baueinstellung bei einem ungenehmigten Bauvorhaben und mit einer Untersagung des ohne Erlaubnis ausgeübten Gewerbes erörtert. Vereinzelt wird die Auffassung vertreten, dass die aufschiebende Wirkung als Defensivinstrument nicht zur Anwendung gelange, da sie nicht geeignet sei, die Rechtsposition des Rechtsbehelfsführers zu erweitern (OVG Münster NVwZ 1985, 53 f). Faktisch wird die Untersagungsverfügung danach wie die Ablehnung eines (Bau-)Antrags behandelt (S/S/B/Schoch VwGO § 80 Rn 60). Dagegen ist jedoch

anzuführen, dass die Baueinstellung bei einem ungenehmigten Bauvorhaben und die Unter-sagung des ohne Erlaubnis ausgeübten Gewerbes belastende Verwaltungsakte darstellen, die mit der Anfechtungsklage abgewehrt werden können und daher nach § 80 Abs 1 VwGO die aufschiebende Wirkung auslösen. Den berechtigten Interessen der Behörde kann durch die Anordnung der sofortigen Vollziehung nach § 80 Abs 2 Nr 4 VwGO wirksam ent-sprochen werden (Eyermann/Schmidt VwGO § 80 Rn 10).

II. Funktion der aufschiebenden Wirkung

Durch einen Verwaltungsakt regelt die Behörde einen Einzelfall mit verfügender, rechts-gestaltender oder feststellender Wirkung. Hierbei wird die Behörde in zweifacher Hinsicht privilegiert. Zum einen verfügt die Behörde durch den Verwaltungsakt über einen Titel, den sie ohne Inanspruchnahme der Gerichte vollstrecken kann. Und zum anderen bleibt die Wirksamkeit eines Verwaltungsakts von der Rechtswidrigkeit unberührt, solange und soweit er nicht nichtig ist (§ 43 Abs 3 VwVfG). Auch ein rechtswidriger Verwaltungsakt ist wirksam und bietet eine taugliche Grundlage für eine Vollstreckung durch die Behörde. Solange und soweit ein rechtswidriger Verwaltungsakt nicht aufgehoben ist, bleibt er wirksam (§ 43 Abs 2 VwGO). Dem Betroffenen (Adressat oder Dritter) wird die Last der Anfechtung aufgebürdet. § 80 Abs 1 VwGO kompensiert dieses Privileg der Behörde und stellt auf diese Weise ein **„Gegengewicht"** zu dieser behördlichen Privilegierung dar: (Anfechtungs-)Widerspruch und Anfechtungsklage begründen automatisch aufschiebende Wirkung und sichern auf diese Weise wenigstens vorläufig den Status quo, ohne dies an besondere Voraussetzungen (vgl Rn 17) zu knüpfen. Der Betroffene ist hierdurch davor geschützt, dass die Behörde vor der Entscheidung über sein Rechtsmittel den Verwaltungsakt vollzieht und vollendete Tatsachen schafft.

III. Aufschiebende Wirkung als Regelfall

Die aufschiebende Wirkung ist der **Regelfall** (vgl hierzu ausführlich Schoch Vorläufiger Rechtsschutz und Risikoverteilung im Verwaltungsrecht 1988, 1128 ff). Gesetzessystematisch bildet § 80 Abs 1 VwGO den Grundsatz und § 80 Abs 2 VwGO die Ausnahme. Der Wortlaut des § 80 Abs 2 VwGO („nur") erhärtet dieses im Wege der systematischen Gesetzesauslegung gefundene Ergebnis. Dieses Regel-Ausnahmeverhältnis von § 80 Abs 1 und Abs 2 VwGO ist Ausdruck der (politischen) Entscheidung des einfachen Gesetzgebers. Verfassungsrecht zwingt den Gesetzgeber hierzu nicht (vgl Rn 2). Der Wegfall der aufschie-benden Wirkung kraft gesetzlicher (§ 80 Abs 2 Nr 1–3 VwGO) bzw behördlicher Anord-nung (§ 80 Abs 2 Nr 4 VwGO) führt in einigen Bereichen des Verwaltungsrechts dazu, dass die Anzahl der sofort vollziehbaren Verwaltungsakte die der anderen, bei denen ein Rechts-mittel aufschiebende Wirkung zeitigt, übersteigt. Die Zahl der Ausnahmefälle im Vergleich zur Zahl der Regelfälle ändert indes nichts an dem Regel- und Ausnahmeverhältnis zwischen § 80 Abs 1 und Abs 2 VwGO (Sodan/Ziekow/Puttler VwGO § 80 Rn 30).

IV. Voraussetzungen der gesetzlichen aufschiebenden Wirkung

Die aufschiebende Wirkung gem § 80 Abs 1 VwGO ist die gesetzlich vorgesehene Folge von (Anfechtungs-)Widerspruch und Anfechtungsklage. Der Rechtsbehelf muss lediglich eingelegt sein, um die aufschiebende Wirkung zu begründen. Weitere ausdrückliche Voraus-setzungen nennt § 80 Abs 1 VwGO nicht. Gleichwohl ergeben sich für den Eintritt der aufschiebenden Wirkung implizite Voraussetzungen (vgl Rn 18): Bei dem Angriffsgegen-stand muss es sich um einen **belastenden Verwaltungsakt** handeln, der **bekannt gegeben** (vgl § 41 VwVfG), **nicht unanfechtbar** (vgl § 80b VwGO) und **nicht erledigt** (vgl § 43 Abs 2 VwVfG) ist. Die aufschiebende Wirkung wird unabhängig davon ausgelöst, ob der der eingelegte Rechtsbehelf **begründet oder unbegründet** ist (VGH Mannheim VBlBW 1990, 137; NVwZ-RR 1991, 176, 177; OVG Lüneburg NVwZ 1987, 999, 1000; Sodan/Ziekow/Puttler VwGO § 80 Rn 31; Schenke, Rn 955; S/S/B/Schoch VwGO § 80 Rn 77; differenzierend Eyermann/Schmidt VwGO § 80 Rn 12, 14: keine aufschiebende Wirkung bei materieller Präklusion; aA OVG Koblenz NJW 1976, 908: keine aufschiebende Wirkung bei offensichtlicher Unbegründetheit). Denn die Funktion des § 80 Abs 1 VwGO besteht

15

16

17

gerade darin, den Status quo des Betroffenen bis zur Klärung der relevanten Rechtsfragen in der Hauptsache zu schützen.

18   Umstritten ist die Frage, ob die aufschiebende Wirkung auch bei **unzulässigen Rechtsbehelfen** eintritt. Hierzu lassen sich im Wesentlichen vier Gruppen von Auffassungen nennen (vgl v. Mutius VerwArch 66 (1975), 405 ff; Schoch BayVBl 1983, 358). Die Auffassung, wonach die aufschiebende Wirkung von der Zulässigkeit des Rechtsbehelfs abhängig sein soll (VGH Kassel NVwZ 1982, 689, 690; OVG Münster NJW 1975, 794 ff; Lüke NJW 1978, 81, 83; Schmaltz DVBl 1992, 230, 231; Skouris DVBl 1975, 920 f), vernachlässigt die spezifische Funktion des § 80 Abs 1 VwGO. Ebenso wie beim unbegründeten Rechtsbehelf ist die Frage nach der Zulässigkeit oftmals streitig und kann erst im Hauptsacheverfahren geklärt werden. In § 80 Abs 1 VwGO findet sich kein Anhaltspunkt dafür, dass beim Eintritt der aufschiebenden Wirkung zwischen Unzulässigkeit und Unbegründetheit des Rechtsbehelfs zu unterscheiden ist. Im Übrigen stünde die Tragweite des Rechtsschutzes nach § 80 Abs 1 VwGO in erheblichem Umfang zur Disposition der Behörde, wenn diese unter Hinweis auf die vermeintliche Unzulässigkeit des Rechtsbehelfs die aufschiebende Wirkung verneinen und damit sogleich den Verwaltungsakt vollziehen könnte. Damit würde der Betroffene in die Rolle des Klägers gedrängt. Die spezifische Funktion des § 80 Abs 1 VwGO, ein Gegengewicht zu den – auf der Eigenart des Verwaltungsakts beruhenden – behördlichen Privilegierungen zu schaffen, wäre verfehlt (Sodan/Ziekow/Puttler VwGO § 80 Rn 31).

19   Damit ist der Gegenansicht (OVG Berlin DVBl 1972, 42, 43; OVG Lüneburg NVwZ 1986, 322 f; OVG Koblenz AS 12, 311 f; OVG Saarlouis AS 14, 176, 185; Dürr DÖV 1994, 841, 852; Kunig NuR 1986, 212; siehe auch Brühl JuS 1995, 627, 628), die unter Hinweis auf den Wortlaut des § 80 Abs 1 VwGO den Eintritt der aufschiebenden Wirkung unabhängig von der Zulässigkeit des Rechtsbehelfs befürwortet, jedoch noch nicht zuzustimmen. Der VwGO lässt sich auch an anderen Stellen für die Folgen einer Verfahrenshandlung keine Aussagen zu deren Zulässigkeit entnehmen (vgl F/D/K/Finkelnburg Rn 646). Das unstreitige Erfordernis, dass Rechtsbehelfe nur gegen (belastende) Verwaltungsakte aufschiebende Wirkung zeitigen, macht exemplarisch deutlich, dass § 80 implizite Voraussetzungen aufweist. Auch der Rekurs auf § 80 Abs 2 VwGO führt in die Irre, da die Aufzählung der Verwaltungsakte, die nicht mit aufschiebender Wirkung angefochten werden können, keine Rückschlüsse auf die zu fordernde Qualität des Rechtsmittels iSd § 80 Abs 1 VwGO erlaubt (Sodan/Ziekow/Puttler VwGO § 80 Rn 31). Schließlich verlangt auch das verfassungsrechtliche Gebot effektiven Rechtsschutzes nicht, unzulässigen Rechtsbehelfen aufschiebende Wirkung beizulegen. Denn im Zentrum der Rechtsweggarantie steht nicht das einzelne Sicherungsmittel, sondern der Sicherungserfolg (Rn 2).

20   Zwischen beiden diametralen Positionen stehen zwei vermittelnde Auffassungen. Nach wohl hM soll grundsätzlich jedem Rechtsbehelf aufschiebende Wirkung zukommen. Nur bei **evident unzulässigen** Rechtsbehelfen soll die aufschiebende Wirkung entfallen (VGH Mannheim NVwZ 1984, 254, 255; VBlBW 1988, 20, 21 und 146, 147 f; VBlBW 1990, 137; VGH München BayVBl 1994, 407, 408; Eyermann/Schmidt VwGO § 80 Rn 13; F/D/K/Finkelnburg Rn 646; Kollmer NuR 1994, 15, 16 mit Fn. 6; Kopp/Schenke VwGO § 80 Rn 50; Redeker BauR 1991, 525, 527; Redeker/v. Oertzen/Redeker VwGO § 80 Rn 11; SG/H, Rn 249; Stern JuS 1981, 343, 344). Dieser Auffassung ist nicht zu folgen, weil sie die Tragweite des Rechtsschutzes von der Einschätzung der Behörde abhängig macht und damit der Funktion des § 80 Abs 1 widerspricht. Im Übrigen führt diese Auffassung zu erheblicher Rechtsunsicherheit, was dem Schutzanliegen des einstweiligen Rechtsschutzes abträglich ist.

21   Vielmehr ist mit einer weiteren vermittelnden Auffassung nach Maßgabe **einzelner Zulässigkeitsvoraussetzungen zu differenzieren** (Erichsen Jura 1984, 414, 425 f; v. Mutius VerwArch 66 (1975), 405, 414; Ronellenfitsch StWStPr 1993, 683, 686; Sodan/Ziekow/Puttler VwGO § 80 Rn 32; Schenke, Rn 956 ff; Schoch BayVBl 1983, 358, 361 f; Schoch Vorläufiger Rechtsschutz und Risikoverteilung im Verwaltungsrecht 1988, 1153 ff; S/S/B/Schoch VwGO § 80 Rn 80 ff). Hierbei sind vier Gruppen von Zulässigkeitsmängeln zu nennen, in denen der Eintritt der aufschiebenden Wirkung von vornherein ausgeschlossen ist.

- Erstens: Sofern keine deutsche Gerichtsbarkeit besteht oder der Verwaltungsrechtsweg nicht eröffnet ist, findet die VwGO keine Anwendung. Damit fehlt es am Geltungsgrund für § 80 Abs 1, so dass dem Rechtsbehelf nach dieser Vorschrift keine aufschiebende Wirkung zukommen kann (Schenke, Rn 956; S/S/B/Schoch VwGO § 80 Rn 81; Sodan/Ziekow/Puttler VwGO § 80 Rn 32).
- Zweitens: Ist eine Maßnahme nicht als Verwaltungsakt zu qualifizieren (vgl § 35 VwVfG), ist dieser nicht bekannt gegeben (vgl § 41 VwVfG) oder hat sich erledigt (vgl § 43 Abs 2 VwVfG), kommt es ebenfalls nicht zu der ex lege eintretenden aufschiebenden Wirkung, weil die impliziten Voraussetzungen des § 80 Abs 1 S 1 nicht vorliegen (VGH Mannheim VBlBW 1988, 146; OVG Berlin DVBl 1976, 945, 950; OVG Münster NJW 1975, 794, 795; S/S/B/Schoch VwGO § 80 Rn 82; Sodan/Ziekow/Puttler VwGO § 80 Rn 32).
- Drittens: Nichts anderes ergibt sich bei fehlender Klagebefugnis (BVerwG NJW 1993, 1610, 1611; VGH Mannheim VBlBW 1988, 146, 147; OVG Berlin LKV 1994, 298; Löwer DVBl 1963, 343, 346; v. Mutius VerwArch 66 (1975), 405, 414; Schenke, Rn 958; S/S/B/Schoch VwGO § 80 Rn 83; Sodan/Ziekow/Puttler VwGO § 80 Rn 32).
- Viertens: Rechtsbehelfe gegen bestandkräftige Verwaltungsakte (vgl §§ 70 Abs 1, 74 Abs 2) haben keine aufschiebende Wirkung (OVG Weimar LKV 1994, 408; ThürVBl 1995, 40, 41; Postier NVwZ 1985, 95 f; Schenke, Rn 958; S/S/B/Schoch VwGO § 80 Rn 84; Sodan/Ziekow/Puttler VwGO § 80 Rn 32; aA OVG Münster NVwZ 1987, 334; Erichsen Jura 1984, 414, 426; Schwerdtner NVwZ 1987, 473). Zwar besteht bei Fristversäumung die Möglichkeit, Wiedereinsetzung in den vorigen Stand (§ 60 VwGO) zu erlangen. Die Bestandskraft wird aber erst mit gewährter Wiedereinsetzung beseitigt (S/S/B/Schoch VwGO § 80 Rn 84; Sodan/Ziekow/Puttler VwGO § 80 Rn 32). Dass Rechtsbehelfe gegen bestandskräftige Verwaltungsakte keine aufschiebende Wirkung auslösen, ist nunmehr durch § 80b Abs 1 S 1 VwGO klargestellt. Besteht nicht einmal die Möglichkeit der Verletzung eigener Rechte, fehlt an § 80 Abs 1 VwGO vorausgesetzte Schutzbedürfnis. Die Gegenauffassung (Erichsen Jura 1984, 414, 426; Horn UPR 1984, 113, 118 f; Ehlers VerwArch 84 (1993), 139, 172 f) übersieht, dass der (einstweilige) Rechtsschutz (grundsätzlich) dem Individualrechtsschutz verpflichtet ist. Was für das Widerspruchsverfahren, für den einstweiligen behördlichen Rechtsschutz und das gerichtliche Verfahren gilt, muss auch für § 80 Abs 1 VwGO verlangt werden.

Geht die Behörde rechtsirrig davon aus, dass ein Rechtsbehelf keine aufschiebende **22** Wirkung hat, kann der Betroffene gegen die **drohende Vollziehung** des Verwaltungsakts in analoger Anwendung des § 80 Abs 5 S 1 VwGO die gerichtliche Feststellung über die aufschiebende Wirkung seines Rechtsbehelfs herbeiführen. Ist der Verwaltungsakt bereits vollzogen, kann der Betroffene die gerichtliche Feststellung der aufschiebenden Wirkung und die Aufhebung der **faktischen Vollziehung** beantragen.

V. Inhalt und Rechtsfolge der aufschiebenden Wirkung

§ 80 Abs 1 S 1 VwGO bestimmt, dass (Anfechtungs-)Widerspruch und Anfechtungsklage **23** aufschiebende Wirkung haben. Die aufschiebende Wirkung wird in Rechtsprechung und Schrifttum häufig auch als **Suspensiveffekt** bezeichnet. Dies hat mit dem prozessrechtlichen Suspensiveffekt im Sinne einer formellen Rechtskrafthemmung nichts gemein. Die rechtzeitige Einlegung eines Rechtsmittels hemmt die formelle Rechtskraft einer gerichtlichen Entscheidung. Demgegenüber zielt die in § 80 Abs 1 VwGO vorgesehene aufschiebende Wirkung darauf, die sofortige Vollziehung des angefochtenen Verwaltungsakts abzuwehren, um auf diese Weise vorläufig, dh bis zur Entscheidung über das Rechtsmittel, den Status quo des Betroffenen zu sichern.

1. Wirksamkeitshemmung oder Vollziehungshemmung?

Die Bedeutung der aufschiebenden Wirkung ist umstritten. Im Wesentlichen werden drei **24** Auffassungen vertreten, nämlich die Theorie der **strengen Wirksamkeitshemmung**, der **eingeschränkten Wirksamkeitshemmung** und der sog **Vollziehungshemmung**. Hinzu kommen weitere Auffassungen, welche diese drei Grundtypen zu modifizieren suchen.

- Nach hL (Eyermann/Schmidt VwGO § 80 Rn 6; Erichsen Jura 1984, 414, 423; Erichsen/Klenke DÖV 1976, 833 ff; Huba JuS 1990, 382, 384; Kopp/Schenke VwGO § 80 Rn 22; Magnussen VBlBW 1989, 121, 123; Martens DVBl 1985, 541; Quaritsch VerwArch 51 (1960), 210, 224; Schenke, Rn 950, 952; Schoch NVwZ 1991, 1121, 1122; S/S/B/Schoch VwGO § 80 Rn 92 ff; Sodan/Ziekow/Puttler VwGO § 80 Rn 35) hat die aufschiebende Wirkung eine **Wirksamkeitshemmung** zur Folge.
- Nach der nur vereinzelt vertretenen Theorie der **strengen** Wirksamkeitshemmung (vgl nur Erichsen/Klenke DÖV 1976, 833 ff) führt die aufschiebende Wirkung zur **Unwirksamkeit** des Verwaltungsakts bis zur bestands- oder rechtskräftigen Entscheidung. Nur wenn der Verwaltungsakt bestätigt wird, erlangt er von diesem Zeitpunkt an (ex nunc) Wirksamkeit.
- Demgegenüber führen nach der **eingeschränkten** Wirksamkeitstheorie die Rechtsbehelfe nur zu einer **vorläufigen** Unwirksamkeit des Verwaltungsakts. Wird der angefochtene Verwaltungsakt bestandskräftig oder rechtskräftig bestätigt, so entfalle die Unwirksamkeit rückwirkend (ex tunc). Der Verwaltungsakt gilt also im Gegensatz zur Lehre von der strengen Wirksamkeitshemmung als von vornherein wirksam (vgl nur Eyermann/Schmidt VwGO § 80 Rn 6; Kopp/Schenke VwGO § 80 Rn 22; Schenke, Rn 949; S/S/B/Schoch VwGO § 80 Rn 93 ff; Sodan/Ziekow/Puttler VwGO § 80 Rn 35, 41).

25   Nach herrschender und in der Rechtsprechung nahezu einhellig vertretener Auffassung lassen Widerspruch und Anfechtungsklage die Wirksamkeit des Verwaltungsakts unberührt. Die aufschiebende Wirkung bedinge lediglich eine **Vollziehungshemmung** des angefochtenen Verwaltungsakts (BVerfGE 35, 263, 264; BVerwGE 13, 1, 5 ff; 66, 218, 222; 89, 357, 361; BVerwG NVwZ 1989, 48, 49; NVwZ-RR 1989, 497, 498; KStZ 1990, 193, 195; BGH NJW 1993, 2232, 2233; VGH Mannheim VBlBW 1987, 141, 142; VGH München NVwZ-RR 1990, 328, 330 und 594; BayVBl 1993, 565, 566 und 690; OVG Bremen NVwZ 1986, 59; NVwZ-RR 1993, 216, 217; OVG Hamburg VerwRspr 15, 154, 155; VGH Kassel NVwZ-RR 1989, 627; NVwZ 1992, 798, 799; OVG Lüneburg NVwZ 1990, 270, 271; OVG Koblenz NJW 1977, 595, 596; OVG Schleswig NVwZ-RR 1993, 437, 438; Weber Vorläufiger Rechtsschutz bei subventionsrechtlichen Konkurrentenklagen 1990, 7 f; F/D/K/Finkelnburg Rn 630; Redeker/v. Oertzen/Redeker VwGO § 80 Rn 4).

26   Die (vermittelnde) Lehre der **Verwirklichungshemmung** (OVG Saarlouis AS 14, 176, 184; Ronellenfitsch StWStPr 1993, 683, 687; vgl auch BVerwG DÖV 1973, 785, 786; VGH Mannheim DÖV 1979, 521, 524; OVG Koblenz NJW 1977, 595, 597) baut auf der Theorie der Vollziehungshemmung und sucht den Begriff der Vollziehung näher zu konkretisieren. Da weder rechtsgestaltende noch feststellende Verwaltungsakte einer Vollziehung zugänglich sind und es auch bei Verwaltungsakten mit Drittwirkung oftmals keiner Vollziehung bedarf, wird der Begriff der Vollziehung iwS verstanden. Die aufschiebende Wirkung sei im Sinne einer „Verwirklichungs- und Ausnutzungshemmung" zu verstehen. Erfasst sind demnach nicht nur alle **behördlichen** Maßnahmen, die in rechtlicher oder tatsächlicher Hinsicht auf die Verwirklichung des Verwaltungsakts gerichtet sind, sondern auch **private** Folge- und Ausnutzungsmaßnahmen. Die aufschiebende Wirkung begründet demnach ein an alle Beteiligten gerichtetes vorläufiges Verwirklichungsverbot.

27   Eine weitere vermittelnde Auffassung beruht auf der Annahme einer **verfahrensrechtlichen Fiktion.** Danach müssen sich Behörden, Gerichte und Bürger vorläufig so verhalten, als ob der angefochtene Verwaltungsakt noch keine innere Wirksamkeit erlangt hätte (Kopp BayVBl 1972, 649, 651 ff). Dadurch sollen zum einen die Schwächen der Theorie der Vollziehbarkeitshemmung beim Verwaltungsakt mit Drittwirkung vermieden werden. Diesem Anliegen ist indes bereits dann entsprochen, wenn man mit der Lehre von der Verwirklichungshemmung von einem erweiterten Begriff der Vollziehung ausgeht, der sowohl behördliche Verwirklichungs- als auch private Folge- und Ausnutzungsmaßnahmen umschließt (Rn 26). Zum anderen soll durch diese Lehre einer Übersicherung des Rechtsbehelfsführers vorgebeugt werden, weil im Falle der verbindlichen Bestätigung des Verwaltungsakts mit der Folge des rückwirkenden Wegfalls der aufschiebenden Wirkung alle Beteiligten entsprechend der objektiv von Anfang an bestehenden Wirksamkeit des Verwaltungsakts zu behandeln seien. Bei Lichte betrachtet betrifft diese Argumentation nur die Theorie der strengen Wirksamkeitshemmung. Bei der Theorie der eingeschränkten Wirk-

samkeitshemmung kann es dagegen zu einer Übersicherung des Rechtsbehelfsführers von vornherein nicht kommen. Denn danach führen Rechtsbehelfe nur zu einer vorläufigen Unwirksamkeit des Verwaltungsakts. Wird der angefochtene Verwaltungsakt bestandskräftig oder rechtskräftig bestätigt, so entfällt die Unwirksamkeit rückwirkend (ex tunc). Der Verwaltungsakt gilt also als von vornherein wirksam (Rn 24).

Korrigiert man die eher semantischen Mängel der Theorie der Vollziehungshemmung **28** und versteht den Begriff der Vollziehung im Sinne eines an alle Beteiligten gerichteten Verwirklichungs- und Ausnutzungsverbotes (Theorie der Verwirklichungshemmung), so ergeben sich zwischen ihr und der Theorie der eingeschränkten Wirksamkeitshemmung **keine praktischen Unterschiede** (Kopp/Schenke VwGO § 80 Rn 22; S/S/B/Schoch VwGO § 80 Rn 94 f; siehe auch Schenke, Rn 949). Nach beiden Theorien können die Fälle des rechtsgestaltenden und feststellenden Verwaltungsakts sowie des Verwaltungsakts mit Drittwirkung dogmatisch bewältigt werden; deshalb liegt es neben der Sache, wenn von Verfechtern der Wirksamkeitstheorie aus § 80 Abs 1 S 2 abgeleitet wird, dass der Gesetzgeber ein klares Bekenntnis zur Wirksamkeitstheorie abgelegt habe (vgl statt vieler Eyermann/Schmidt VwGO § 80 Rn 6; Sodan/Ziekow/Puttler VwGO § 80 Rn 35). Und nach beiden Theorien gilt der Verwaltungsakt als von vornherein, also mit ex tunc-Wirkung wirksam, wenn er bestandskräftig oder gerichtlich bestätigt wird. Hieraus erhellt, dass der von Vertretern der Vollziehungstheorie gegenüber der Wirksamkeitstheorie erhobene Vorwurf der Übersicherung des Rechtsbehelfsführers insoweit der Grundlage entbehrt, als er sich auf die eingeschränkte Wirksamkeitstheorie bezieht (zu Recht statt vieler Eyermann/Schmidt VwGO § 80 Rn 6; S/S/B/Schoch VwGO § 80 Rn 91). Allein die Theorie der strengen Wirksamkeitshemmung muss sich diesen Vorwurf der Übersicherung gefallen lassen. Die aufschiebende Wirkung gem § 80 Abs 1 erfordert nur eine vorläufige Sicherung des Status quo des Rechtsbehelfsführers. Wird der Verwaltungsakt gerichtlich bestätigt, ist kein Grund ersichtlich, weswegen er nicht von vornherein Wirksamkeit entfalten soll. Darüber hinaus wäre es mit dem allgemeinen Gleichheitssatz unvereinbar, denjenigen Betroffenen, der einen rechtmäßigen Verwaltungsakt anficht, gegenüber demjenigen Betroffenen, der auf die Einlegung von Rechtsbehelfen verzichtet, zu privilegieren. Die Prämierung der Einlegung (offensichtlich) unbegründeter Rechtsbehelfe wäre gleichheitswidrig (vgl Schenke, Rn 952).

Doch auch die Theorie der eingeschränkten Wirksamkeitshemmung ist **durchgreifen- 29 den Bedenken** ausgesetzt. Gegen die beiden Lehren von der Wirksamkeitshemmung sprechen die gesetzlichen Wertungen der §§ 43 Abs 2 und 3, 44 VwVfG (Hufen Verwaltungsprozessrecht § 32 Rn 3). Danach bleibt ein Verwaltungsakt, sofern er nicht nichtig ist, bis zu seiner behördlichen beziehungsweise gerichtlichen Aufhebung oder bis zu seiner Erledigung wirksam. Der Eintritt der aufschiebenden Wirkung gem § 80 Abs 1 VwGO ist keine solche (vorläufige) Aufhebung oder Erledigung im Sinne des § 43 Abs 2 VwVfG. Die aufschiebende Wirkung vermag daher auch nicht – wie nach beiden Spielarten der Wirksamkeitslehre – die Wirksamkeit des angefochtenen Verwaltungsakts zu berühren. Aus diesem Grund lässt sich die aufschiebende Wirkung gem § 80 Abs 1 VwGO auch **nicht als funktionales Äquivalent** zu dem § 113 Abs 1 S 1 VwGO zugrunde liegenden materiellen Aufhebungsanspruch bezeichnen (so aber S/S/B/Schoch VwGO § 80 Rn 104, wenngleich mit Betonung des interimistischen Charakters der aufschiebenden Wirkung in Rn 105). Im Gegensatz zur kassatorischen Wirkung des Anfechtungsurteils bewirkt die aufschiebende Wirkung keine die Wirksamkeit entfallende Aufhebung des Verwaltungsakts. Sie begründet nur eine Vollziehungshemmung, wobei die Vollziehung in einem weiten Sinne, also im Sinne der Verwirklichungs- und Ausnutzungshemmung (Rn 26) zu verstehen ist. Demnach ist der Lehre von der Vollziehungshemmung iwS zu folgen.

2. Rechtsfolgen der Vollziehungshemmung iwS

Die Begriffe der aufschiebenden Wirkung und der Vollziehung bedingen einander. Der **30** Begriff der Vollziehung wird in den Regelungen der Abs 2 S 1 Nr 4, Abs 3–5 verwendet. Die aufschiebende Wirkung ist demnach das Korrelat zur Vollziehung (idS BVerwGE 13, 1, 6; Sodan/Ziekow/Puttler VwGO § 80 Rn 36).

31   Der Begriff der Vollziehung ist in einem weiten Sinne zu verstehen (Rn 28). Verboten sind insbes Maßnahmen der Zwangsvollstreckung, aber auch weitere Verwaltungsakte, die auf dem angefochtenen VA aufbauen und zu einer weiteren Belastung des Betroffenen führen (BVerwGE 13, 1, 8; 66, 218, 222; F/D/K/Finkelnburg Rn 631; Hufen Verwaltungsprozessrecht § 32 Rn 3 f). Solange die aufschiebende Wirkung gilt, tritt bei **rechtsgestaltenden** Verwaltungsakten die Rechtsgestaltung nicht ein und bei **feststellenden** Verwaltungsakten erlangt die behördliche Feststellung keine Verbindlichkeit (S/S/B/Schoch VwGO § 80 Rn 100). Bei Verwaltungsakten mit **Drittwirkung** (§ 80 Abs 1 S 2 VwGO iVm § 80a VwGO) ist das Gebrauchmachen oder die Ausnutzung einer Begünstigung als Vollziehung iSd § 80 zu qualifizieren (statt vieler VGH Kassel GewArch 1992, 113, 114; Sodan/Ziekow/Puttler VwGO § 80 Rn 38). Die aufschiebende Wirkung entfaltet Schutzwirkung nicht nur gegenüber behördlichen Verwirklichungs-, sondern auch gegenüber privaten Ausnutzungs- und Folgemaßnahmen (Rn 26).

32   Darüber hinaus fällt unter den Begriff der Vollziehung eines Verwaltungsakts iSd auch jede **sonstige rechtliche oder tatsächliche Folgerung unmittelbarer oder mittelbarer Art**, die durch behördliches oder privates Handeln aus dem Verwaltungsakt gezogen wird und auf dessen Verwirklichung gerichtet ist (zum umfassenden Begriff der Vollziehung statt vieler Kopp/Schenke VwGO § 80 Rn 23; Sodan/Ziekow/Puttler VwGO § 80 Rn 39). Daher ist auch die **Aufrechnung** mit einer in dem angefochtenen Leistungsbescheid festgestellten Forderung ausgeschlossen (VGH München NVwZ-RR 1994, 398, 399; Ehlers JuS 1990, 777, 779; Sodan/Ziekow/Puttler VwGO § 80 Rn 39; Schenke, Rn 954; S/S/B/Schoch VwGO § 80 Rn 111; W. Schmidt JuS 1984, 28, 30 f). Denn die Aufrechnung ist eine unmittelbare rechtliche Folgerung aus dem angefochtenen Verwaltungsakt, die durch die aufschiebende Wirkung gesperrt ist. Das Gleiche gilt für die rechtliche Beurteilung von **Säumnisfolgen** im (Kommunal-)Abgabenrecht. **Säumniszuschläge** gem (KAG iVm) § 240 AO, die bei unterlassener Entrichtung der fälligen Abgabenschuld entstehen, unterfallen nicht § 80 Abs 2 Nr 1 VwGO (Rn 54.1), so dass der Rechtsschutz nach § 80 Abs 1 VwGO zum Tragen gelangt. Es besteht Einigkeit darüber, dass während der Dauer der aufschiebenden Wirkung keine Säumnisfolgen eintreten können (VGH München NVwZ-RR 1990, 328, 330; Redeker/v. Oertzen/Redeker VwGO § 80 Rn 5; S/S/B/Schoch VwGO § 80 Rn 112). Das gilt auch bei verwirkten Säumniszuschlägen. Auch wenn die Fälligkeit der Schuld durch die aufschiebende Wirkung unangetastet bleibt, weil die aufschiebende Wirkung den Inhalt des Verwaltungsakts nicht modifiziert, sind verwirkte Säumniszuschläge einstweilen nicht zu entrichten (OVG Lüneburg NVwZ 1990, 270, 271; Magnussen VBlBW 1989, 121, 124; Redeker/v. Oertzen/Redeker VwGO § 80 Rn 5; S/S/B/Schoch VwGO § 80 Rn 112; Wüterich NVwZ 1987, 959; aA VGH München NVwZ-RR 1990, 328, 330). Die aufschiebende Wirkung von Rechtsbehelfen gegen Verwaltungsakte schließt eine **strafrechtliche** Ahndung von Zuwiderhandlungen aus (Odenthal, NStZ 1991, 418, 419; Sodan/Ziekow/Puttler VwGO § 80 Rn 39).

VI. Dauer der aufschiebenden Wirkung
1. Eintritt der aufschiebenden Wirkung

33   Die aufschiebende Wirkung tritt durch die **Einlegung des Rechtsbehelfs** ein. Dies gilt auch im Fall einer Drittanfechtung (S/S/B/Schoch VwGO § 80 Rn 118). Mit § 80 Abs 1 VwGO unvereinbar ist die Annahme, gegenüber dem Begünstigten trete die aufschiebende Wirkung erst ab Unterrichtung von der Rechtsbehelfseinlegung durch die Behörde ein (so aber Schenke DÖV 1982, 709, 724; ders DVBl 1986, 9, 10; wie hier S/S/B/Schoch VwGO § 80 Rn 118). Die aufschiebende Wirkung wirkt zurück auf den Zeitpunkt des Erlasses des Verwaltungsakts (BVerwG DÖV 1973, 785, 787; VGH Mannheim VBlBW 1983, 21, 22; InfAuslR 1992, 6, 10; OVG Münster DÖV 1983, 1024, 1025; Erichsen Jura 1984, 414, 423; Magnussen VBlBW 1989, 121, 124; Schenke, Rn 961; S/S/B/Schoch VwGO § 80 Rn 118). Diese **ex tunc-Wirkung** folgt aus der Systematik des § 80 Abs 5 VwGO. Folgerichtig geht § 80 Abs 5 S 3 VwGO davon aus, dass die (Wieder-)Herstellung des Normalzustandes nach § 80 Abs 1 durch eine gerichtliche Eilentscheidung Rückwirkung hat und

bereits vorgenommenen Vollziehungshandlungen der Behörde den Boden entzieht (S/S/B/ Schoch VwGO § 80 Rn 118).

Aufgrund des ex tunc-Effekts der aufschiebenden Wirkung handelt die Behörde auf **34** eigenes Risiko, wenn sie vor Ablauf der gesetzlichen Rechtsbehelfsfristen (§§ 70 Abs 1, 74 Abs 1) den Verwaltungsakt bereits vollzieht (vgl BVerwG DÖV 1973, 785, 787; VGH Mannheim Mannheim VBlBW 1983, 21, 22; VG Münster GewArch 1982, 373). Die Rechtmäßigkeit behördlicher Vollziehungsmaßnahmen vor Rechtsbehelfseinlegung ist durch den rückwirkenden Eintritt der aufschiebenden Wirkung auflösend bedingt (Erichsen Jura 1984, 414, 423; F/D/K/Finkelnburg Rn 659; Papier JA 1979, 561, 563; S/S/B/Schoch VwGO § 80 Rn 118). Tritt die Bedingung ein, greift der Schutz des Rechtsbehelfsführers auf den Zeitpunkt des Erlasses des Verwaltungsakts zurück. Hat die Behörde den Verwaltungsakt bereits vollzogen, muss sie den vor Erlass des Verwaltungsakts bestehenden Zustand (Status quo ante) wiederherstellen (F/D/K/Finkelnburg Rn 659; Sodan/Ziekow/ Puttler VwGO § 80 Rn 48; Redeker/v. Oertzen/Redeker VwGO § 80 Rn 7; S/S/B/ Schoch VwGO § 80 Rn 118; nach aA ist der Behörde Ermessen eingeräumt, vgl OVG Münster VerwRspr 21, 246, 250 f; VGH Mannheim DÖV 1974, 605). Der einstweilige gerichtliche Rechtsschutz bestimmt sich in diesem Fall nach § 80 Abs 5 S 1 Alt 2 VwGO analog und § 80 Abs 5 S 3 VwGO (Rn 158).

2. Fortdauer der aufschiebenden Wirkung

Nach § 80 Abs 1 S 1 VwGO wird die aufschiebende Wirkung durch Erhebung eines **35** (Anfechtungs-)Widerspruchs und einer Anfechtungsklage ausgelöst. Dies hat allerdings nicht zur Folge, dass die aufschiebende Wirkung mit der **Zurückweisung des Widerspruchs** endet und durch die Klage neu begründet wird (so aber OVG Hamburg DVBl 1966, 280; NVwZ 1984, 256; NVwZ 1987, 515; OVG Münster DÖV 1970, 65, 66). Vielmehr dauert die aufschiebende Wirkung bis zur Unanfechtbarkeit des angefochtenen Verwaltungsakts an (BVerwGE 78, 192, 209; VGH Mannheim ESVGH 16, 183, 185; DÖV 1970, 684; VGH München NVwZ-RR 1990, 594; BayVBl 1993, 565, 566; OVG Bremen NJW 1973, 341; NVwZ 1986, 933, 934, OVG Saarlouis AS 14, 196, 198 f; Brühl JuS 1995, 627, 628; Dressel BayVBl 1995, 388, 390 f; Erichsen Jura 1984, 414, 424; F/D/K/Finkelnburg Rn 662; Redeker/v. Oertzen/Redeker VwGO § 80 Rn 7; S/S/B/Schoch VwGO § 80 Rn 119). Die kumulative Erwähnung von Widerspruch und Anfechtungsklage in § 80 Abs 1 VwGO erklärt sich vor dem Hintergrund des § 68 Abs 1 S 2 VwGO (BVerwGE 78, 192, 210). Die Gegenauffassung führt zu einer mit dem Schutzzweck der aufschiebenden Wirkung nicht zu vereinbarenden Rechtsschutzlücke zwischen dem Erlass des Widerspruchsbescheids und der Klageerhebung (OVG Bremen NJW 1973, 341; Klein DVBl 1966, 281; Rotter DÖV 1970, 660, 662; S/S/B/Schoch VwGO § 80 Rn 119). Dies folgt zudem daraus, dass nach § 80 Abs 5 S 2 VwGO eine Wiederherstellung der aufschiebenden Wirkung bereits **vor** Klageerhebung zulässig ist. Wenn nach Zurückweisung des Widerspruchs die aufschiebende Wirkung beendet wäre, gäbe es keine aufschiebende Wirkung mehr, die durch das Gericht **wieder**hergestellt werden könnte.

Hat bei einem Verwaltungsakt mit Drittwirkung der **Widerspruch** des belasteten Dritten **36 Erfolg**, endet die aufschiebende Wirkung des Drittwiderspruchs mit dem Erlass des Widerspruchsbescheids (OVG Münster NVwZ-RR 1988, 126, 127; S/S/B/Schoch VwGO § 80 Rn 120). Aufgrund der stattgebenden Widerspruchsentscheidung gibt es kein Schutzbedürfnis mehr, das durch eine aufschiebende Wirkung vorläufig gesichert werden könnte. Erhebt nun der Adressat des begünstigenden Verwaltungsakts Anfechtungsklage gegen den ihn erstmalig beschwerenden Widerspruchsbescheid (§ 79 Abs 1 Nr 2 VwGO), führt diese Anfechtungsklage nicht zu einem Wiederaufleben der aufschiebenden Wirkung des Drittwiderspruchs (so aber Schubert NVwZ 1990, 638). Die Anfechtungsrechtsbehelfe des Adressaten und des Dritten beziehen sich auf unterschiedliche Streitgegenstände (S/S/B/Schoch VwGO § 80 Rn 120). Allerdings hat die Anfechtungsklage Auswirkungen auf den stattgebenden Widerspruchsbescheid und damit auf die Rechtsstellung des Dritten. Kraft der aufschiebenden Wirkung der Anfechtungsklage ist der Anfechtungskläger vorläufig so zu stellen, als ob der stattgebende Widerspruch nicht erlassen worden wäre. Die von der Ausgangsbehörde ausgesprochene Begünstigung lebt einstweilig wieder auf. Hiergegen kann man mit Erfolg auch nicht einwenden, die aufschiebende Wirkung der Anfechtungsklage führe zu einer ungerechtfertigten Erweiterung der Rechtsstellung des Adressaten des begünstigenden Verwaltungsakts. Durch den Wechsel des Streitgegenstandes gerät er in die Anfechtungssituation. Damit erhält er genau die Rechte, die er vor der Drittanfechtung hatte (S/S/B/Schoch VwGO § 80 Rn 120).

3. Ende der aufschiebenden Wirkung

37 Das Ende der aufschiebenden Wirkung der Rechtsbehelfe (Widerspruch und Anfechtungsklage) bestimmt sich nach **§ 80b VwGO**. Danach endet die aufschiebende Wirkung mit der Unanfechtbarkeit oder, wenn die Anfechtungsklage im ersten Rechtszug abgewiesen wurde, drei Monate nach Ablauf der gesetzlichen Begründungsfrist des gegen die abweisende Entscheidung gegebenen Rechtsmittels (vgl hierzu § 80b VwGO Rn 7 ff). Gem § 80b Abs 2 VwGO kann das OVG auf Antrag anordnen, dass die aufschiebende Wirkung fortdauert (vgl § 80b VwGO Rn 23 ff).

38 Darüber hinaus endet die aufschiebende Wirkung mit der bestandskräftigen Aufhebung des angefochtenen Verwaltungsakts (S/S/B/Schoch VwGO § 80 Rn 121). Nach der stattgebenden Widerspruchsentscheidung ist das Schutzbedürfnis entfallen, das durch eine aufschiebende Wirkung vorläufig gesichert werden könnte.

39 Die aufschiebende Wirkung endet mit rückwirkender Kraft (BVerwG DVBl 1968, 430, 431; BGH NVwZ 1984, 602, 603; VGH München NVwZ 1985, 663; OVG Berlin AS 13, 162 (165); OVG Koblenz AS 12, 306, 308 f). Dies entspricht der Funktion des Rechtsschutzsystems des § 80 VwGO, das nur vorläufig, dh während der Dauer des Anfechtungsverfahrens die Rechte des Rechtsbehelfsführers zu sichern sucht. Die Vollziehungshemmung iwS (Rn 26 ff) entfällt mit **ex tunc-Wirkung**. An die Stelle der durch die aufschiebende Wirkung herbeigeführten Zwischenregelung tritt die materielle Rechtslage (S/S/B/Schoch VwGO § 80 Rn 121).

D. Gesetzlicher Ausschluss der aufschiebenden Wirkung (Abs 2)

40 Nach § 80 Abs 2 S 1 VwGO „entfällt" die aufschiebende Wirkung nur in den in § 80 Abs 2 VwGO genannten Fällen. Die Formulierung ist bei Lichte betrachtet irreführend (S/S/B/Schoch VwGO § 80 Rn 124). Denn in den Fällen des gesetzlichen Ausschlusses der aufschiebenden Wirkung (§ 80 Abs 2 S 1 Nr 1 bis 3 und S 2 VwGO) gerät diese nicht etwa nur nachträglich in Wegfall; sie tritt vielmehr gar nicht ein. Dasselbe gilt in dem Fall des § 80 Abs 2 S 1 Nr 4 VwGO, wenn die sofortige Vollziehbarkeit von der Behörde bereits mit dem Erlass des Verwaltungsakts angeordnet wird.

41 In den Fällen des § 80 Abs 2 S 1 Nr 1 und 2 VwGO ist der gesetzliche Ausschluss der aufschiebenden Wirkung direkt angeordnet. Dagegen verweist § 80 Abs 2 S 1 Nr 3 VwGO auf spezialgesetzliche Vorschriften des Bundes, die ohnehin zu beachten wären. Konstitutive Bedeutung erlangt § 80 Abs 2 S 1 VwGO insoweit, als in dessen Nr 3 auch landesgesetzlich die aufschiebende Wirkung ausgeschlossen werden darf. Eine solche Möglichkeit ist ebenfalls in § 80 Abs 2 S 2 VwGO vorgesehen.

42 Im Gegensatz zu der behördlichen Einzelfallentscheidung nach § 80 Abs 2 S 1 Nr 4 VwGO erachtet der Gesetzgeber in den Fällen des § 80 Abs 2 S 1 Nr 1 bis 3 und Abs 2 S 2 VwGO das öffentliche Interesse an der sofortigen Vollziehung **generell** als höherrangig als das private Aufschubinteresse (vgl dazu die Begründung zum Regierungsentwurf BT-Drs 3/55, 39). Damit wird das Regel-Ausnahme-Verhältnis zwischen aufschiebender Wirkung und sofortiger Vollziehbarkeit umgekehrt. Während § 80 Abs 1 VwGO den Grundsatz der aufschiebenden Wirkung von Rechtsbehelfen begründet und damit den Interessen des von einem Verwaltungsakt Betroffenen Vorrang einräumt, kehren die Ausnahmetatbestände des § 80 Abs 2 S 1 Nr 1 bis 3, Abs 2 S 2 VwGO diesen Grundsatz um und bewerten im Wege einer typisierenden Betrachtungsweise das öffentliche Vollziehungsinteresse im Vergleich zum privaten Aufschubinteresse als höherrangig (Kloepfer JZ 1983, 742, 750; S/S/B/Schoch VwGO § 80 Rn 125).

43 Durch § 80 Abs 2 S 1 Nr 1 VwGO hat sich der Gesetzgeber dafür entschieden, den Interessen **öffentlicher Haushalte** im Wettstreit mit dem privaten Aufschubinteresse gene-

rell Vorrang einzuräumen (VGH München NVwZ-RR 1990, 639, 640); KKZ 1992, 59, 60; OVG Hamburg NVwZ 1990, 1002; VGH Kassel NVwZ-RR 1992, 378; OVG Münster NVwZ 1988, 751, 752; NVwZ-RR 1990, 54; OVG Saarlouis NVwZ 1992, 699, 700). Das Vollzugsrisiko bei Abgabenbescheiden wird bewusst auf den Rechtsschutzsuchenden verlagert (OVG Hamburg NVwZ-RR 1992, 318, 319). Keines besonderen Begründungsaufwandes bedarf der Ausschluss der aufschiebenden Wirkung in den Fällen des § 80 Abs 2 Nr 2 VwGO. Unaufschiebbare Anordnungen und Maßnahmen von Polizeivollzugsbeamten vertragen keinen zeitlichen Aufschub; sie beanspruchen im Interesse einer **wirksamen Gefahrenabwehr** Vorrang gegenüber dem privaten Aufschubinteresse.

Die Vorschriften zum gesetzlichen Ausschluss der aufschiebenden Wirkung stellen nicht **44** lediglich verfahrensrechtliche Regelungen dar. Vielmehr manifestiert sich in diesen Vorschriften eine **materielle Grundentscheidung** des Gesetzgebers für einen Vorrang des öffentlichen Vollziehungsinteresses im Widerstreit mit dem kollidierenden privaten Aufschubinteresse (S/S/B/Schoch VwGO § 80 Rn 127). Diese Grundentscheidung macht indes eine einzelfallbezogene Prüfung im Rahmen des gerichtlichen Verfahrens nicht entbehrlich. Regelmäßig ist im Wege einer summarischen Überprüfung zu untersuchen, ob ernstliche Zweifel an der Rechtmäßigkeit des Verwaltungsakts bestehen. Lediglich bei Pattsituationen kommt der materiellen Grundentscheidung des Gesetzgebers ausschlaggebende Bedeutung zu (F/D/K/Külpmann Rn 763; S/S/B/Schoch VwGO § 80 Rn 128, 163; Sodan/Ziekow/Puttler VwGO § 80 Rn 84): Während in diesem Fall bei der behördlichen Anordnung der sofortigen Vollziehung das private Aussetzungsinteresse regelmäßig Vorrang genießt, fällt die Entscheidung in den Fällen des gesetzlichen Ausschlusses der aufschiebenden Wirkung regelmäßig zugunsten der Behörde aus. Denn im ersten Fall hat sich der Gesetzgeber für ein Primat des privaten Aufschubinteresses entschieden, während er in den Fällen des gesetzlichen Ausschlusses der aufschiebenden Wirkung dem öffentlichen Vollziehungsinteresse Vorrang einräumt. Verfassungsrechtliche Bedenken gegen die gesetzliche Vorrangstellung des sofortigen Vollziehungsinteresses bestehen nicht (S/S/B/Schoch VwGO § 80 Rn 127). Der Betroffene kann in diesen Fällen bei der Verwaltung nach § 80 Abs 4 VwGO und beim Gericht der Hauptsache nach § 80 Abs 5 VwGO um vorläufigen Rechtsschutz nachsuchen, so dass den verfassungsrechtlichen Anforderungen an einen effektiven Rechtsschutz entsprochen ist.

I. Anforderung von öffentlichen Abgaben und Kosten (Abs 2 S 1 Nr 1)

1. Öffentliche Abgaben

Im Sinnzentrum dieser Regelung steht die geordnete Haushaltsplanung, die einen (steti- **45** gen) Zufluss an Einnahmen und die Deckung von Auslagen der Verwaltung erfordert (vgl statt aller Sodan/Ziekow/Puttler VwGO § 80 Rn 55). Im Übrigen aber ist die Reichweite dieses Normzwecks unklar und umstritten. Erst aus dem Schutzzweck erhellt die Kontur des Begriffs der öffentlichen Abgaben. Die Ermittlung des Normzwecks erweist sich als weichenstellend für die Begriffsbestimmung der öffentlichen Abgaben.

Nach hM (vgl zB VGH Mannheim VBlBW 1992, 470; VGH München NVwZ-RR **46** 1990, 639; NVwZ-RR 1992, 320, 321; OVG Berlin NVwZ 1987, 61, 62; VGH Kassel NVwZ-RR 1992, 378; OVG Münster NVwZ 1984, 394; OVG Koblenz NVwZ 1987, 64, 65; Kopp/Schenke VwGO § 80 Rn 57; Sodan/Ziekow/Puttler VwGO § 80 Rn 56) sind öffentliche Abgaben hoheitlich geltend gemachte öffentlich-rechtliche Geldforderungen, die von allen erhoben werden, die einen gesetzlich bestimmten Tatbestand erfüllen und die zur Deckung des Finanzbedarfs eines Hoheitsträgers für die Erfüllung seiner öffentlichen Aufgaben dienen.

Im Sinnzentrum der Norm soll daher die **Finanzierungsfunktion** stehen. Dabei wird es **47** als ausreichend erachtet, wenn die Abgabe **nicht ausschließlich oder primär** auf staatliche Einnahmeerzielung ausgerichtet ist. Es reiche aus, wenn die öffentliche Geldlast neben anderen Funktionen – etwa Lenkungs-, Antriebs-, Zwangs- oder Straffunktion – **auch** der Deckung des öffentlichen Finanzbedarfs dient (BVerwG DVBl 1993, 441, 442 ff; OVG Berlin NVwZ 1987, 61; OVG Koblenz NVwZ 1987, 64 f; VGH Kassel NVwZ-RR 1992, 378; 1995, 158; VGH München BayVBl 1986, 727 ff; NVwZ 1987, 63, 64; F/D/K/Finkelnburg

Rn 681; Kopp/Schenke VwGO § 80 Rn 57; Sodan/Ziekow/Puttler VwGO § 80 Rn 58).
Die Finanzierungsfunktion müsse allerdings im Verhältnis zu den anderen Zielen der Abgabe
zumindest den gleichen Stellenwert haben, um in den Anwendungsbereich des § 80 Abs 2
S 1 Nr 1 VwGO zu gelangen, sie dürfe gegenüber den übrigen Zwecken der Abgabe nicht
so weit in den Hintergrund treten, dass sie nur noch als Nebeneffekt erscheint (vgl BVerwG
DVBl 1993, 441, 443; OVG Lüneburg NVwZ-RR 1997, 655; OVG Münster DVBl 1993,
563, 564; F/D/K/Finkelnburg Rn 681; Kopp/Schenke VwGO § 80 Rn 61; Sodan/Zie-
kow/Puttler VwGO § 80 Rn 58).

48   Nach der Gegenansicht genügt die Befriedigung des Finanzbedarfs öffentlicher Haushalte
hingegen nicht. Da der Finanzbedarf der öffentlichen Hand tendenziell grenzenlos sei, müsse
anderenfalls konsequenterweise jede Geldforderung eines Hoheitsträgers sofort vollziehbar
sein. Der Grund für den Ausschluss der aufschiebenden Wirkung nach § 80 Abs 2 S 1 Nr 1
VwGO liege nicht in dem staatlichen Haushaltsinteresse schlechthin (OVG Münster NVwZ
1988, 751 f). Vielmehr solle die öffentliche Hand allein davor geschützt werden, dass ihr
durch die Einlegung von Rechtsbehelfen Mittel vorenthalten würden, auf die sie deshalb
angewiesen sei, weil sie nach materiellem Recht fest mit ihrem Eingang rechnen dürfe und
daher für die Aufgabenerfüllung einplane. Deshalb wird für § 80 Abs 2 S 1 Nr 1 VwGO
über die Finanzierungsfunktion hinaus die **Stetigkeit des Mittelflusses** und die darauf
beruhende **Gewährleistung einer geordneten Haushaltsführung** verlangt (VGH München NVwZ-RR 1994, 471, 472; OVG Münster NVwZ-RR 1994, 617; Eyermann/
Schmidt VwGO § 80 Rn 19; Heckmann Der Sofortvollzug staatlicher Geldforderungen
1992, 60 f, 117, 131; Schoch Vorläufiger Rechtsschutz und Risikoverteilung im Verwaltungsrecht 1988, 1208 f; S/S/B/Schoch VwGO § 80 Rn 132).

49   Die zuletzt genannte Auffassung verdient Zustimmung. Allerdings kann die § 80 Abs 2
S 1 Nr 1 VwGO zukommende Finanzierungsfunktion **nicht** auf die Deckung des **all-
gemeinen Finanzbedarfs** des Staates reduziert werden. Zwar erfüllen Steuern diese Voraussetzung, weil sie der Finanzierung des allgemeinen Finanzbedarfs dienen. Gebühren und
Beiträge, die nach einhelliger Meinung ebenfalls öffentliche Abgaben iSd § 80 Abs 2 S 1
Nr 1 VwGO darstellen, werden hingegen zur Deckung eines besonderes Finanzbedarfs von
einzelnen Abgabepflichtigen erhoben (zutreffend Sodan/Ziekow/Puttler VwGO § 80
Rn 58). Der **Wortlaut** selbst trägt zur Erhellung des Normbereichs nur wenig bei. Denn
beide Auffassungen sind von dem semantischen Horizont der Norm erfasst. Der Begriff der
„öffentlichen Abgaben" lässt den Erhebungsgrund offen und damit auch die Frage, ob neben
den Finanzierungszweck noch die Stetigkeit und Planbarkeit des Mittelzuflusses treten
müssen. Allerdings könnte das **Verfassungsrecht** wichtige Impulse für die Auslegung des
§ 80 Abs 2 S 1 Nr 1 VwGO geben. Sofern man – entgegen der hier vertretenen Auffassung
– das Regel-Ausnahme-Verhältnis von aufschiebender Wirkung und sofortiger Vollziehung
als notwendige Folge der grundgesetzlich verbürgten Garantie effektiven Rechtsschutzes
betrachtet (vgl Rn 2), wird man sämtliche einfachgesetzliche Ausnahmetatbestände für die
aufschiebende Wirkung restriktiv interpretieren müssen. Wenn mit rein fiskalischen Erwägungen etwa Berufswahlregelungen nicht zu legitimieren sind (vgl BVerfGE 102, 197, 216;
BVerfG NJW 2006, 1261, 1264), kann im Rahmen der Ausgestaltung der Garantie effektiven Rechtsschutzes nichts anderes gelten. Rein finanzielle Gründe können dann den gesetzlichen Ausschluss der aufschiebenden Wirkung von Verfassung wegen nicht rechtfertigen.
Vielmehr wird man – unter der Prämisse eines verfassungskräftigen Grundsatzes der aufschiebenden Wirkung – einen hinreichend gewichtigen Grund (ggf mit verfassungsrechtlichem
Rang) verlangen müssen. Die **Funktionsfähigkeit** der öffentlichen Haushalte ist zweifelsfrei
ein solches hinreichend gewichtiges Schutzgut (mit Verfassungsrang). Nur ist dieser Grundsatz nicht berührt, wenn – wie bei öffentlichen Abgaben, deren Entstehen weder vorausseh-
bar noch in der Finanzplanung kalkulierbar ist, der Einzelne nicht vorleistungspflichtig ist. Die
Funktionsfähigkeit ist erst dann betroffen, wenn der ordnungsgemäße Zufluss solcher Mittel
nicht gewährleistet ist, mit denen der Staat rechnen darf und die er daher zur Erfüllung seiner
Aufgaben einplant.

50   Hierzu kommen **rechtsstaatliche Erfordernisse**. Im Interesse der rechtsstaatlich geschuldeten Vorhersehbarkeit und Berechenbarkeit staatlichen Handelns muss für den einzelnen Abgabepflichtigen klar erkennbar sein, ob der Rechtsbehelf gegen entsprechende Ab-
gabenbescheide aufschiebende Wirkung zeitigt. Hiermit ist es unvereinbar, wenn bei Rechts-

behelfen gegen öffentliche Abgaben (Sonderabgaben etc), die auf einer Vielzahl von Belastungsgründen beruhen, der Eintritt der aufschiebenden Wirkung davon abhängig gemacht wird, dass die betreffende Abgabe zumindest auch und nicht nur als Nebeneffekt Finanzierungsfunktionen erfüllt. Das Rechtsstaatsprinzip verlangt eine trennscharfe Differenzierung, deren Konturen für den Abgabepflichtigen erkennbar sind. Deshalb sind nicht nur (Sonder-) Abgaben, die hauptsächlich Lenkungsfunktionen erfüllen und nur als Nebeneffekt der Einnahmeerzielung dienen (vgl BVerwG DVBl 1993, 441, 443; OVG Lüneburg NVwZ-RR 1997, 655; OVG Münster DVBl 1993, 563, 564; F/D/K/Finkelnburg Rn 681; Kopp/ Schenke VwGO § 80 Rn 61; Sodan/Ziekow/Puttler VwGO § 80 Rn 58), von § 80 Abs 2 Nr 1 nicht erfasst. Da die rechtsstaatlich geschuldete und von § 80 VwGO geforderte hinreichend präzise Abgrenzung auch bei den übrigen Abgabenformen mit Lenkungs-, Antriebs-, Zwangs- oder Straffunktion kaum möglich ist, greift § 80 Abs 2 S 1 Nr 1 VwGO in diesen Fällen nicht (Eyermann/Schmidt VwGO § 80 Rn 19; S/S/B/Schoch VwGO § 80 Rn 132). Dem Gesetzgeber, der die Erhebung von Sonderabgaben durch die aufschiebende Wirkung nicht hemmen möchte, steht der Weg über § 80 Abs 2 Nr 3 VwGO frei (S/S/B/ Schoch VwGO § 80 Rn 133).

Danach sind öffentliche Abgaben jedenfalls **Steuern**, **Beiträge** und **Gebühren** (vgl   51 Eyermann/Schmidt VwGO § 80 Rn 19; Kopp/Schenke VwGO § 80 Rn 57; Sodan/Ziekow/Puttler VwGO § 80 Rn 56; S/S/B/Schoch VwGO § 80 Rn 133). Unter

Steuern sind einmalige oder laufende Geldleistungen zu verstehen, die – im Gegensatz zu den   51.1 Gegenleistungsabgaben (Gebühr, Beitrag) – nicht eine Gegenleistung für eine besondere Leistung darstellen, sondern von einem öffentlich-rechtlichen Gemeinwesen gleichsam voraussetzungslos zur Erzielung von Einkünften allen und bestimmen Personengruppen auferlegt werden. Zu den Steuern, für die der Verwaltungsrechtsweg eröffnet ist, zählen die kommunalen Verbrauchs- und Aufwandsteuern (Zweitwohnungssteuer, Getränkesteuer, Hundesteuer etc) und die den Gemeinden zustehenden Realsteuern (Grund- und Gewerbesteuer). Zu den **Beiträgen** gehören etwa Erschließungsbeiträge (BVerwG NVwZ 1983, 472, 473), Wasserversorgungsbeiträge (BVerfG NJW 1989, 314), Kindergartenbeiträge (VG Berlin NVwZ 1984, 396, 397), Versorgungsbeiträge öffentlicher Versorgungseinrichtungen (VGH Mannheim VBlBW 1990, 471), nicht jedoch Beiträge nach § 4 Abs 2 Nr 3 WHG (VGH Kassel NuR 1997, 201). Darüber hinaus unterfallen § 80 Abs 1 S 1 Nr 1 VwGO **Gebühren**, also einseitig auferlegte Leistungen für eine besondere Inanspruchnahme der öffentlichen Verwaltung oder öffentlicher Einrichtungen (BVerwG DÖV 1986, 654, 655).

Nicht erfasst sind hingegen **Sonderabgabe**n, die **Fehlbelegungsabgabe**, die **Aus-**   52 **gleichsabgabe** nach dem Schwerbehindertengesetz, der **Ausgleichsbeitrag** nach § 154 BauGB, die **Sonderabfallabgabe**, **Ablösungsbeiträge**, die zur Erfüllung der bauordnungsrechtlichen Stellplatzpflicht zu leisten sind, sowie **Säumniszinsen** und **Säumniszuschläge**. Entgegen der hM (VGH Mannheim KKZ 1989, 113; VGH München NVwZ 1987, 63, 64; Redeker/v. Oertzen/Redeker VwGO § 80 Rn 16) dürfen Stundungszinsen nicht pauschal als öffentliche Abgaben eingestuft werden. Vielmehr handelt es sich um streng akzessorische Nebenleistungen von Abgaben. Daher sind sie wie die Abgabe selbst zu behandeln. Je nachdem, ob diese von § 80 Abs 2 S 1 Nr 1 VwGO erfasst ist, gilt Entsprechendes für die Stundungszinsen (S/S/B/Schoch VwGO § 80 Rn 138). Ebenso stellt sich die Rechtslage bei **Aussetzungszinsen** dar (S/S/B/Schoch VwGO § 80 Rn 138).

Sonderabgaben sind von § 80 Abs 1 S 1 Nr 1 VwGO nicht erfasst, und zwar unabhängig von   52.1 dem – im Einzelfall kaum voraussehbaren – Gewicht der über die Finanzierungsfunktion hinausgehenden Lenkungs-, Antriebs-, Zwangs- oder Straffunktion (Rn 50). Das Gleiche gilt für die Fehlbelegungsabgabe. Diese Abgabe ist nicht als Sonderabgabe (ieS), sondern als Abschöpfungsabgabe zur Rückabwicklung staatlich gewährter – nicht berechtigter – Subventionsvorteile öffentlich geförderter Sozialwohnungen zu qualifizieren (BVerfGE 78, 249, 266). Ihrem Belastungsgrund nach handelt es sich nicht um eine Abgabe mit Finanzierungsfunktion (so aber VGH Mannheim VBlBW 1993, 222, 223; VGH München BayVBl 1986, 727, 729; KKZ 1992, 59, 61; NVwZ-RR 1992, 320, 321; OVG Berlin NVwZ 1987, 61, 62; OVG Hamburg NVwZ-RR 1992, 318; NVwZ-RR 1993, 430; OVG Münster NVwZ-RR 1993, 269, 270; OVG Koblenz NJW-RR 1992, 1426; VG Berlin NVwZ 1984, 59; Gern VBlBW 1991, 130, 132); dann wäre sie als unzulässige Sonderabgabe zu charakterisieren. Vielmehr dient sie der Abschöpfung gleichheitswidriger Vorteile. Der Sache nach handelt es sich um ein Instrument der Subventionsrücknahme (BVerfGE 78, 249, 269). Ebenso

Gersdorf   501

wenig kann die **Ausgleichsabgabe** nach dem Schwerbehindertengesetz – wegen der ihr inhärenten Antriebs- und Ausgleichsfunktion – als öffentliche Abgabe iSd § 80 Abs 1 S 1 Nr 1 VwGO qualifiziert werden (Eyermann/Schmidt VwGO § 80 Rn 22; F/D/K/Finkelnburg Rn 687; Kopp/ Schenke VwGO § 80 Rn 61; aA VGH München NJW 1980, 720, 721). Das Gleiche gilt für den **Ausgleichsbeitrag** nach § 154 BauGB (OVG Münster NVwZ 1988, 751, 752; Eyermann/Schmidt VwGO § 80 Rn 21a; S/S/B/Schoch VwGO § 80 Rn 137; aA BVerwG NVwZ 1993, 1112 ff; OVG Bremen NVwZ 1988, 752; OVG Hamburg NVwZ 1990, 1002; OVG Lüneburg NJW 1983, 2462, 2463; KKZ 1989, 35; Portz StuGR 1988, 18 ff) und die **Sonderabfallabgabe** (Eyermann/ Schmidt VwGO § 80 Rn 22; aA VGH Kassel NVwZ 1995, 1027). Ebenso wenig sind von dem Begriff der öffentlichen Abgabe die zur Erfüllung der bauordnungsrechtlichen Stellplatzpflicht zu leistenden **Ablösungsbeträge** erfasst (VGH München NVwZ-RR 1990, 639, 640; OVG Lüneburg NJW 1984, 1916; OVG Münster NVwZ 1987, 62; S/S/B/Schoch VwGO § 80 Rn 137). Auch **Säumniszinsen** und **Säumniszuschläge** stellen keine öffentlichen Abgaben dar, weil sie nicht der Erzielung von Einnahmen des Staates dienen, sondern ein Druckmittel zur Erfüllung öffentlich-rechtlich auferlegter (Primärleistungs-)Pflichten sind (VGH Mannheim KStZ 1972, 59; VBlBW 1985, 133; VBlBW 1992, 470; VGH München NVwZ 1987, 63; VGH Kassel VerwRspr 27, 1010, 1011 f; NJW 1994, 145, 146; OVG Lüneburg, NVwZ-RR 1989, 325; KStZ 1989, 198; OVG Koblenz NVwZ 1987, 64; Gern NVwZ 1987, 1042, 1048; Heckmann Der Sofortvollzug staatlicher Geldforderungen 1992 S 139; S/S/B/Schoch VwGO § 80 Rn 137; aA OVG Münster NVwZ 1984, 395; OVG Bremen KStZ 1986, 153; Schwab KStZ 1986, 190; Lenzen BayVBl 1986, 427, 428).

2. Öffentliche Kosten

53   Kosten iSd § 80 Abs 2 S 1 Nr 1 VwGO sind die (öffentlich-rechtlichen) Gebühren und Auslagen, die in einem **förmlichen Verwaltungsverfahren** (einschließlich des Widerspruchsverfahrens) nach den Vorschriften der Verwaltungskostengesetze auferlegt werden (VGH Mannheim NVwZ 1986, 933; VGH München BayVBl 1985, 409; NVwZ-RR 1994, 471; OVG Berlin NVwZ-RR 1995, 575; VGH Kassel NVwZ 1989, 393; OVG Lüneburg NVwZ 1989, 1095, 1096); OVG Münster NVwZ 1989, 84; Eyermann/Schmidt VwGO § 80 Rn 23; Kopp/Schenke VwGO § 80 Rn 62; Sodan/Ziekow/Puttler VwGO § 80 Rn 61; S/S/B/Schoch VwGO § 80 Rn 139).

54   Der Begriff der Kosten iSd § 80 Abs 80 Abs 2 S 1 Nr 1 VwGO erfasst nur Konstellationen, in denen ausschließlich um Gebühren und Auslagen gestritten wird. Die mit einem Verwaltungsakt einschließlich des Widerspruchsbescheids verbundenen Kosten werden hingegen von der Norm nicht erfasst. § 80 Abs 2 S 1 Nr 1 VwGO betrifft demnach nur die isolierte, selbstständige Kostenentscheidung (VGH Mannheim KStZ 1972, 59; NVwZ 1985, 202, 203); VBlBW 1988, 19, 20; VGH München BayVBl 1994, 372; OVG Lüneburg OVGE 30, 382; OVG Münster OVGE 31, 193, 195 f; Eyermann/Schmidt VwGO § 80 Rn 23; Erichsen Jura 1984, 414, 419; Kopp/Schenke VwGO § 80 Rn 62; S/S/B/Schoch VwGO § 80 Rn 140; aA OVG Lüneburg NVwZ-RR 1993, 279; Grams KStZ 1995, 107, 110 ff; Sodan/Ziekow/Puttler VwGO § 80 Rn 61). Sofern eine Kostenentscheidung als Nebenentscheidung zu einer Sachentscheidung ergeht, ist sie mit dem rechtlichen Schicksal der Sachentscheidung verknüpft (vgl § 22 Abs 1 VwKostG). Wenn der Anfechtungsrechtsbehelf gegen die Sachentscheidung aufschiebende Wirkung hat, erstreckt sich diese auf die im Zusammenhang mit der Sachentscheidung ergangene Kostenentscheidung (OVG Hamburg NVwZ 1986, 141; S/S/B/Schoch VwGO § 80 Rn 140; aA OVG Münster KStZ 1984, 217; Sodan/Ziekow/Puttler VwGO § 80 Rn 61). Nicht unter § 80 Abs 2 Nr 1 VwGO fallen daher zB die Kosten im Rahmen der **Verwaltungsvollstreckung**.

54.1   Demgemäß unterfallen § 80 Abs 2 Nr 1 VwGO nicht Kosten im Rahmen der **Verwaltungsvollstreckung**, zB **Kosten der Ersatzvornahme** (VGH Mannheim NVwZ-RR 1991, 512; NVwZ-RR 1993, 392; OVG Berlin NVwZ-RR 1995, 575; OVG Lüneburg DÖV 1970, 789; OVG Münster NJW 1983, 1441; NJW 1984, 2844; Götz DVBl 1984, 14 f; Götz NVwZ 1987, 858, 864; Eyermann/Schmidt VwGO § 80 Rn 24; Erdmann NVwZ 1988, 508; Heckmann Der Sofortvollzug staatlicher Geldforderungen 1992, 139; S/S/B/Schoch VwGO § 80 Rn 144; aA VGH München NVwZ-RR 1994, 471, 472; NVwZ-RR 1994, 618, 619; OVG Berlin AS 17, 76) oder **Kosten** für die **Anwendung unmittelbaren Zwangs** (Erdmann NVwZ 1988, 508 f; Kopp/

Schenke VwGO § 80 Rn 63; S/S/B/Schoch VwGO § 80 Rn 144; aA VGH Mannheim (14. Senat) NVwZ 1985, 202). Diese Zwangsinstrumente dienen nicht der Sicherung einer ordnungsgemäßen Haushaltsführung. Sie tragen ohnehin nur in geringem Umfang zur Haushaltsdeckung bei und sind vor allem – im Gegensatz zu Abgaben – nur kaum kalkulierbar (aA VGH München NVwZ-RR 1994, 618, 619, der diese Kriterien für unbeachtlich erklärt). Ebenso wenig unterfallen § 80 Abs 2 S 1 Nr 1 VwGO die Kosten für die **unmittelbare Ausführung** einer polizeilichen Gefahren-abwehrmaßnahme (VGH Mannheim NVwZ 1986, 933; Eyermann/Schmidt VwGO § 80 Rn 23; Kopp/Schenke VwGO § 80 Rn 63; S/S/B/Schoch VwGO § 80 Rn 144), und zwar unabhängig davon, ob die unmittelbare Ausführung landesrechtlich als Maßnahme des Vollstreckungsrechts oder als spezialgesetzliche Ausprägung der Geschäftsführung ohne Auftrag ausgestaltet ist. **Keine Kosten** iSd § 80 Abs 2 S 1 Nr 1 VwGO sind **Säumniszuschläge** (OVG Koblenz NVwZ 1987, 64; Kopp/Schenke VwGO § 80 Rn 63; S/S/B/Schoch VwGO § 80 Rn 144), **Beerdigungskosten** (VGH Mannheim, NVwZ-RR 2000, 189), Kosten der **Fürsorgeerziehung** (VG Braunschweig DVBl 1962, 229), Aufwendungen für die Herstellung, Erhaltung und Erneuerung von Hausanschluss-leitungen (OVG Lüneburg NVwZ 1989, 1095, 1096; OVG Münster NVwZ 1989, 84, 85; Kopp/Schenke VwGO § 80 Rn 63; S/S/B/Schoch VwGO § 80 Rn 144), Kosten der **Abschiebung** (OVG Hamburg DÖV, 780, VGH München BayVBl 2001, 55; Kopp/Schenke VwGO § 80 Rn 63), der **Aufwendungsersatz** des Unternehmers für die **Beförderung sichtvermerkspflichtiger Ausländer** gem § 18 Abs 5 S 3 AuslG aF (OVG Lüneburg NVwZ 1989, 1095, 1096; OVG Münster NVwZ 1989, 84, 85); der **Ausgleichbeitrag** nach § 154 BauGB (OVG Münster NVwZ 1988, 751, 752). Bei den **Kosten des Widerspruchsverfahrens** handelt es sich an sich um Verwaltungsgebühren, die unter § 80 Abs 2 S 1 Nr 1 fallen können (VGH Mannheim VBlBW 1988, 19, 20; S/S/B/Schoch VwGO § 80 Rn 144). Ob dies im konkreten Fall zutrifft, bestimmt sich nach der Art ihrer Geltendmachung und dem Zusammenhang mit der Sachentscheidung (vgl Rn 54).

3. Anforderung der öffentlichen Abgaben oder Kosten

§ 80 Abs 2 S 1 Nr 1 VwGO schließt die aufschiebende Wirkung bei öffentlichen Ab- **55** gaben oder Kosten nicht schlechthin aus, sondern nur im Fall der **Anforderung**. Hierbei handelt es sich nicht um einen abgaben- oder kostenrechtlich definierten Begriff (S/S/B/Schoch VwGO § 80 Rn 145). Erfasst sind zunächst Leistungs- bzw Heranziehungsbescheide, also behördliche Geldanforderungen als solche. Darüber hinaus bezieht sich die Vorschrift auf die Verwirklichung des Bescheids durch Vollstreckungsmaßnahmen als besonders intensive Form der Anforderung (OVG Münster OVGE 25, 195, 197 f; Erichsen Jura 1984, 414, 419; S/S/B/Schoch VwGO § 80 Rn 145; Sodan/Ziekow/Puttler VwGO § 80 Rn 63). Demgegenüber erstreckt sich § 80 Abs 2 S 1 Nr 2 VwGO nicht auf Hilfs- und Neben-pflichten (Erklärungen, Auskünfte, Vorlage von Unterlagen), die vom Abgaben- oder Kostenschuldner verlangt werden (OVG Münster OVGE 25, 91, 93; OVG Koblenz AS 8, 166, 170; S/S/B/Schoch VwGO § 80 Rn 145).

II. Unaufschiebbare Anordnungen und Maßnahmen von Polizeivollzugsbeamten (Abs 2 S 1 Nr 2)

Der Ausschluss der aufschiebenden Wirkung bei unaufschiebbaren Anordnungen und **56** Maßnahmen von Polizeivollzugsbeamten liegt im Wesen dieser Maßnahmen der Gefahren-abwehr begründet (vgl BT-Drs III/55 S 73). Unaufschiebbare Maßnahmen dulden keinen zeitlichen Aufschub durch Einlegung von Rechtsbehelfen. Der Ausschluss der aufschieben-den Wirkung nach § 80 Abs 1 S 1 Nr 2 VwGO ist an **drei Voraussetzungen** geknüpft: Erstens bezieht sich die tautologische Wendung „Anordnung und Maßnahmen" allein auf **Verwaltungsakte** (statt aller S/S/B/Schoch VwGO § 80 Rn 147; Sodan/Ziekow/Puttler VwGO § 80 Rn 64); denn nur lediglich gegen Verwaltungsakte erhobene Rechtsbehelfe zeiti-gen aufschiebende Wirkung (§ 80 Abs 1 VwGO), die es zu überwinden gilt. Zweitens betrifft die Regelung allein die **Vollzugspolizei** im institutionellen Sinne, was sich nach Landesrecht bestimmt (Eyermann/Schmidt VwGO § 80 Rn 25; S/S/B/Schoch VwGO § 80 Rn 147; Sodan/Ziekow/Puttler VwGO § 80 Rn 64). Nicht erfasst sind die allgemei-nen Sicherheits- und Ordnungsbehörden (vgl OVG Münster OVGE 34, 240, 242) oder Maßnahmen der Sitzungspolizei (F/D/K/Finkelnburg Rn 699; Sodan/Ziekow/Puttler

VwGO § 80 Rn 64). Entsprechende Anordnungen können nur nach § 80 Abs 2 S 1 Nr 4 VwGO für sofort vollziehbar erklärt werden. Und drittens muss die vollzugspolizeiliche Maßnahme **unaufschiebbar** sein. In der Regel geht es um eilbedürftige Gefahrenabwehrmaßnahmen (Eyermann/Schmidt VwGO § 80 Rn 25; F/D/K/Finkelnburg Rn 700; S/S/B/Schoch VwGO § 80 Rn 148). Die Notwendigkeit des sofortigen Einschreitens wird durch mündliche Anordnungen oder Zeichen (etwa nach § 36 Abs 1 StVO) indiziert (S/S/B/Schoch VwGO § 80 Rn 148). Werden polizeiliche Verfügungen schriftlich erlassen, spricht eine – widerlegbare – Vermutung dafür, dass keine Unaufschiebbarkeit iSd § 80 Abs 2 S 1 Nr 2 VwGO gegeben ist, sondern die Zeit ausreicht, um ggf eine Anordnung nach § 80 Abs 2 S 1 Nr 4 VwGO zu treffen (VG Frankfurt NVwZ 1990, 110, 1101; F/D/K/Finkelnburg Rn 700; Sodan/Ziekow/Puttler VwGO § 80 Rn 64). Strukturell entspricht die Unaufschiebbarkeit iSd § 80 Abs 2 S 1 Nr 2 VwGO dem besonderen Interesse an der sofortigen Vollziehung gem. § 80 Abs 2 Nr 4, Abs 3 S 1 VwGO, so dass zu prüfen ist, ob die Unaufschiebbarkeit im konkreten Fall vorliegt (Haurand/Vahle VR 1992, 117, 119; S/S/B/Schoch VwGO § 80 Rn 148).

57   Praktische Bedeutung erlangt die Vorschrift vor allem in einem Bereich, in dem sie nach ihrem Wortlaut keine Anwendung findet. Nach einhelliger Rechtsprechung und ganz hL sind alle – die Voraussetzungen des Verwaltungsaktsbegriffs – erfüllenden **Verkehrszeichen** und **Verkehrseinrichtungen** in **analoger** Anwendung des § 80 Abs 2 S 1 Nr 2 VwGO sofort vollziehbar (BVerwG NJW 1978, 656; NJW 1978, 2211; NJW 1982, 348; NVwZ 1988, 623; BGH DÖV 1969, 718; VGH Mannheim VBlBW 1995, 237, 238; NuR 1995, 264; OVG Bremen UPR 1990, 353; NVwZ-RR 1991, 217, 219); VGH Kassel NVwZ-RR 1993, 389 f; OVG Lüneburg GewArch 1992, 357, 358; OVG Münster NJW 1969, 765; DÖV 1971, 103; NWVBl 1996, 8; Brühl JuS 1995, 627, 629; F/D/K/Finkelnburg Rn 701; Sodan/Ziekow/Puttler VwGO § 80 Rn 65). Für diese Auffassung spricht neben den unbestreitbaren praktischen Bedürfnissen (Sicherheit und Leichtigkeit des Verkehrs) die Tatsache, dass Verkehrszeichen und Verkehrseinrichtungen ein **funktionales Äquivalent** zu Einzelanordnungen von Polizeivollzugsbeamten darstellen. Gleichwohl ergeben sich in methodologischer und rechtsdogmatischer Hinsicht Bedenken (vgl bereits Schmidt DÖV 1970, 663, 664; Eyermann/Schmidt VwGO § 80 Rn 26; S/S/B/Schoch VwGO § 80 Rn 150). In methodologischer Hinsicht reibt sich eine analoge Anwendung mit dem einschränkenden Merkmal „nur" vor § 80 Abs 2 S 1 Nr 2 VwGO (Erichsen Jura 1984, 414, 420; Huba JuS 1990, 382, 385; S/S/B/Schoch VwGO § 80 Rn 150). Vor dem Hintergrund, dass der Gesetzgeber etliche Gelegenheiten für eine rechtssatzförmige Korrektur hatte, erscheint das Vorliegen einer Regelungslücke als Voraussetzung für eine Analogiebildung zweifelhaft (vgl S/S/B/Schoch VwGO § 80 Rn 150; siehe auch Eyermann/Schmidt VwGO § 80 Rn 26: „bedauerlich"). Der Umstand, dass sich der Gesetzgeber rechtsdogmatisch geradezu ahnungslos (S/S/B/Schoch VwGO § 80 Rn 150; zur Kritik vgl auch Schoch, Vorläufiger Rechtsschutz und Risikoverteilung im Verwaltungsrecht 1988, 842 f) gezeigt hat, führt indes nicht zur Unzulässigkeit der Analogiebildung. Offenbar hat der Gesetzgeber keinen Grund gesehen, mit der hM zu brechen und die Praxis durch normative Kurskorrektur in neue Bahnen zu leiten. Rechtsdogmatisch ist die hM aber deshalb anfechtbar, weil eine analoge Anwendung das Merkmal „unaufschiebbar" ignoriert. Nicht allen Verkehrszeichen ist ein solcher Eilfall inhärent (S/S/B/Schoch VwGO § 80 Rn 150). Eine analoge Anwendung des § 80 Abs 2 S 1 Nr 2 VwGO befreit nicht von der Verpflichtung zur Überprüfung sämtlicher Normvoraussetzungen. Die Analogiebildung bezieht sich allein auf das Merkmal „Polizeivollzugsbeamte", zu denen Verkehrsschilder funktional austauschbar sind. Die weitere Tatbestandsvoraussetzung der „Unaufschiebbarkeit" der Maßnahme wird durch die Analogiebildung nicht dispensiert, sondern muss in jedem Einzelfall vorliegen. Daher ist in concreto zu prüfen, ob die Regelung mittels Verkehrszeichen als „unaufschiebbare Maßnahme zu qualifizieren ist (S/S/B/Schoch VwGO § 80 Rn 150). Auch der hiermit einhergehende Verlust an Rechtssicherheit spricht letztlich nicht gegen einen solchen differenzierenden Ansatz. Denn diese Unsicherheit kennzeichnet auch die Voraussetzung der „Unaufschiebbarkeit" der Maßnahmen von Polizeivollzugsbeamten (von § 80 Abs 2 S 1 Nr 2 VwGO direkt), die in jedem Einzelfall zu prüfen ist. Nicht anderes kann für den – von § 80 Abs 2 S 1 Nr 2 VwGO analog erfassten – Fall der Verkehrszeichen gelten.

Die von Teilen des Schrifttums erhobene Forderung, auch einen **Smog-Alarm** in den　58
Geltungsbereich des § 80 Abs 2 S 1 Nr 2 VwGO einzubeziehen (Brühl JuS 1995, 627, 629;
Jacobs NVwZ 1987, 100, 105; Jarass NVwZ 1987, 95, 98; Sodan/Ziekow/Puttler VwGO
§ 80 Rn 65), muss auf Ablehnung stoßen (Eyermann/Schmidt VwGO § 80 Rn 27; S/S/B/
Schoch VwGO § 80 Rn 152). § 80 VwGO ist bereits nicht anwendbar, wenn man die
Verwaltungsaktsqualität der Maßnahme verneint (Kluth NVwZ 1987, 960 f). Doch auch
unter der Prämisse, es handele sich um eine (feststellende) Allgemeinverfügung, liegen die
Voraussetzungen einer analogen Anwendung des § 80 Abs 2 S 1 Nr 2 VwGO nicht vor.
Maßnahmen der allgemeinen inneren Verwaltung, auch von Sonderordnungsbehörden,
unterfallen nicht dem Privileg der Vorschrift (vgl Rn 56). Es ist nicht zu rechtfertigen, die
Behörde von der Notwendigkeit einer Anordnung nach § 80 Abs 2 S 1 Nr 4 VwGO
freizustellen (Eyermann/Schmidt VwGO § 80 Rn 27; S/S/B/Schoch VwGO § 80
Rn 152), nur weil dies „etwas umständlich ist" (Jarass NVwZ 1987, 95, 98), zumal ihr die
formale Erleichterung nach § 80 Abs 3 S 2 VwGO zugute kommt (S/S/B/Schoch VwGO
§ 80 Rn 152).

III. Andere durch Bundes- oder Landesgesetz vorgeschriebene Fälle (Abs 2 S 1 Nr 3, Abs 2 S 2)

1. Bundesgesetzlicher Ausschluss der aufschiebenden Wirkung (Abs 2 S 1 Nr 3)

Soweit die aufschiebende Wirkung von Widerspruch und Anfechtungsklage „in anderen　59
durch Bundesgesetz vorgeschriebenen Fällen" ausgeschlossen ist, erfüllt § 80 Abs 2 S 1 Nr 2
Alt 1 VwGO erfüllt eine lediglich **klarstellende Funktion**, da der Bundesgesetzgeber
aufgrund der lex posterior-Regel ohnehin berechtigt ist, durch spätere Gesetze von der
VwGO abweichende Regelungen zu treffen (Kopp/Schenke VwGO § 80 Rn 65; Sodan/
Ziekow/Puttler VwGO § 80 Rn 66). Auch wenn der Vorschrift klarstellende Funktion
zukommt, knüpft sie den Ausschluss der aufschiebenden Wirkung an zwei „Voraussetzun-
gen", deren Nichteinhaltung indes wohl ohne Rechtswirkung bleiben, sofern man insoweit
nicht das rechtsstaatliche Prinzip der Widerspruchsfreiheit von Normen aktivieren mag:
– **Erstens** muss es sich um ein **förmliches Gesetz** handeln; eine Rechtsverordnung oder
 weitere untergesetzliche Regelungen reichen nicht (Eyermann/Schmidt VwGO § 80
 Rn 28; Kopp/Schenke VwGO § 80 Rn 65; S/S/B/Schoch VwGO § 80 Rn 154;
 Sodan/Ziekow/Puttler VwGO § 80 Rn 69). Allerdings bezieht sich § 80 Abs 2 S 1 Nr 3
 VwGO auch auf Bundesgesetze, die vor dem Inkrafttreten der VwGO erlassen worden
 sind, sowie auf frühere Reichsgesetze, die nach Art 124, 125 GG als Bundesrecht fort-
 gelten (VGH München BayVBl 1988, 372; S/S/B/Schoch VwGO § 80 Rn 154; Sodan/
 Ziekow/Puttler VwGO § 80 Rn 66).
– **Zweitens** muss der Ausschluss der aufschiebenden Wirkung in dem Bundesgesetz **vor-
 geschrieben** sein. Diese „Voraussetzung" ist nur bei **ausdrücklichen und eindeutigen**
 Regelungen erfüllt (VGH München NJW 1977, 166; OVG Lüneburg DVBl 1983, 356,
 357; Kopp/Schenke VwGO § 80 Rn 65; S/S/B/Schoch VwGO § 80 Rn 154).

Weitere „Voraussetzungen" nennt § 80 Abs 2 S 1 Nr 3 VwGO nicht. Insbes ist nicht　60
festgeschrieben, in welchen Rechtsgebieten der Gesetzgeber einen Vorrang des öffentlichen
Vollziehungsinteresses begründen und den Ausschluss der aufschiebenden Wirkung anordnen
darf. Auch der mit dem 6. VwGOÄndG eingefügte Zusatz, dass die aufschiebende Wirkung
„insbes für Widersprüche und Klagen Dritter gegen Verwaltungsakte, die Investitionen oder
die Schaffung von Arbeitsplätzen betreffen", ausgeschlossen werden darf, führt zu keiner
Einschränkung des gesetzgeberischen Gestaltungsspielraumes. Bereits das Wort „insbes" legt
Zeugnis dafür ab, dass der Gesetzgeber keine abschließende Regelung getroffen hat, sondern
der Ausschluss der aufschiebenden Wirkung auch zu anderen Zwecken ermöglicht ist
(Kopp/Schenke VwGO § 80 Rn 69; Sodan/Ziekow/Puttler VwGO § 80 Rn 70). Auch
kann den aufgeführten Normzwecken nicht die Funktion von **„Regelbeispielen"** zuerkannt werden, an denen sich der Gesetzgeber zu orientieren habe, wenn er weitere
Ausnahmetatbestände schafft. Wortlaut, Entstehungsgeschichte sowie Sinn und Zweck des
§ 80 Abs 2 S 1 Nr 3 VwGO bieten keinerlei Anhaltspunkte dafür, in dem zweiten Halbsatz
die Benennung von bundesgesetzlich vorgegebenen „Regelbeispielen" zu erblicken. Es

handelt sich lediglich um eine politisch motivierte besondere Akzentsetzung (S/S/B/Schoch VwGO § 80 Rn 177).

61 Von der Möglichkeit des Ausschlusses der aufschiebenden Wirkung wird in einem zunehmenden Maße Gebrauch gemacht, so dass der Ausnahmecharakter der Norm nahezu auf den Kopf gestellt ist (Redeker/v. Oertzen/Redeker VwGO § 80 Rn 18: Ausnahme ist „fast zur Regel geworden"). Man mag eine sachliche Notwendigkeit für diese Entwicklung nicht zu erkennen und die Auswüchse der heutigen Maßnahmegesetzgebung bedauern (Renner MDR 1979, 887, 890; Schnellenbach NWVBl 1994, 250, 256). Verfassungsrecht bietet keinen Schutz, da die grundgesetzliche Garantie effektiven Rechtsschutzes den Grundsatz der kraft Gesetzes eintretenden aufschiebenden Wirkung nicht verbürgt (Sodan/Ziekow/Puttler VwGO § 80 Rn 71; S/S/B/Schoch VwGO § 80 Rn 155).61.1

Kraft bundesgesetzlicher Anordnung entfällt die aufschiebende Wirkung ua (vgl die ausführliche Darstellung bei S/S/B/Schoch VwGO § 80 Rn 157 ff) im **Ausländerrecht** (§ 84 Abs 1 AufenthG) und **Asylrecht** (§ 11 AsylVfG), **Gefahrenabwehrrecht** (§ 10 Abs 8 BundesseuchenG, § 80 TierSG, § 6 Abs 2, § 8 Abs 2 S 3 VereinsG), **Passwesen** (§ 14 PassG), **Parteienrecht** (§ 32 Abs 4 S 1 PartG), **Sozialrecht** (§ 90 Abs 3 BSHG, § 18 SchbG), **Umwelt- und Planungsrecht** (§ 12a AbwAG, § 7 Abs 2 ROG), **Wehr- und Zivildienstrecht** (§ 33 Abs 5 S 2, § 35 Abs 1 S 1, § 48 Abs 1 Nr 3 WPflG, § 74 ZDG), **Wirtschaftsverwaltungsrecht** (§ 137 Abs 1 TKG, § 28a Abs 2 AWG, § 49 KWG, § 11 Abs 4 SchornsteinfegerG) und **Verkehrswegeplanungsrecht** (§ 20 Abs 5 S 2 AEG, § 17 Abs 6a S 1 FStrG, § 10 Abs 6 LuftVG, § 29 Abs 6 S 2 PBefG, § 5 Abs 2 S 1 VerkPBG). Rechtsbehelfe gegen die **bauaufsichtliche Zulassung eines Bauvorhabens** haben **ausnahmslos** keine aufschiebende Wirkung mehr. Die Beschränkung der sofortigen Vollziehbarkeit gem. § 10 Abs 1 BauGB-MaßnG auf Wohngebäude wurde mit dem Inkrafttreten der Neufassung des BauGB (Gesetz vom 18.8.1997 – BGBl I 2081) gegenstandslos. Dies gilt allerdings nicht für einen **Bauvorbescheid**; denn durch diesen wird ein Bauvorhaben noch nicht zugelassen, sondern nur über eine oder mehrere Vorfragen entschieden (VGH Mannheim NVwZ 1997, 1008; Eyermann/Schmidt VwGO § 80 Rn 29; Jäde UPR 1991, 50, 59; aA OVG Lüneburg NVwZ-RR 1999, 810).

2. Landesgesetzlicher Ausschluss der aufschiebenden Wirkung (Abs 2 S 1 Nr 3, Abs 2 S 2)

62 Bis zum 31.12.1996 ermöglichte § 80 Abs 2 Nr 3 VwGO (aF) nur den bundesgesetzlichen Ausschluss der aufschiebenden Wirkung. Die Länder waren nach § 187 Abs 3 VwGO (aF) darauf beschränkt, den Eintritt der aufschiebenden Wirkung von Anfechtungsrechtsbehelfen auf dem Gebiet des **Verwaltungsvollstreckungsrechts** auszuschließen. Die Länder wollten nicht nur auf dem Gebiet der Verwaltungsvollstreckung, sondern auch in anderen Fällen eine sofortige Vollziehung gesetzlich anordnen können (vgl dazu die Begründung im Gesetzentwurf des Bundesrates BT-Drs 13/1433, 11; siehe Hofe/Müller BayVBl 1995, 225, 229). Mit der Einführung einer **landesrechtlichen Öffnungsklausel** kam das 6. VwGO-ÄndG dieser Forderung der Länder nach. § 80 Abs 2 S 1 Nr 3 VwGO enthält eine Erweiterung, die erheblich über den Bereich des Verwaltungsvollstreckungsrechts hinausreicht. Die Vorschrift erfasst nach ihrem Wortlaut sowie ausweislich der Amtlichen Begründung Maßnahmen in der Verwaltungsvollstreckung nach Landesrecht; sie ist hierauf jedoch nicht begrenzt. § 80 Abs 2 S 2 VwGO regelt die wenigen von der Öffnungsklausel nicht erfassten Fälle der **landesbehördlichen Vollstreckung nach Bundesrecht.**

63 Während die in § 80 Abs 2 S 1 Nr 3 VwGO genannten Voraussetzungen für den Bundesgesetzgeber letztlich keine normative Wirkung zeigen (Rn 59), handelt es sich für den Landesgesetzgeber um rechtsverbindliche Maßstäbe, sofern er landesgesetzlich den Ausschluss der aufschiebenden Wirkung anordnet. Das bedeutet, dass landesrechtlich nur durch **förmliches Gesetz** die aufschiebende Wirkung ausgeschlossen werden kann; Rechtsverordnungen und Satzungen reichen hierfür nicht aus. Darüber hinaus sind **ausdrückliche** und **eindeutige** Regelungen erforderlich, weil nur dann der Ausschluss der aufschiebenden Wirkung iSd § 80 Abs 2 S 1 Nr 3 VwGO **vorgeschrieben** ist (vgl Rn 59). Demgegenüber enthält diese Vorschrift **keine abschließende Auflistung** der Rechtsfelder, in denen der Landesgesetzgeber die aufschiebende Wirkung von Rechtsbehelfen entfallen lassen kann. Auch fungieren die in § 80 Abs 2 S 1 Nr 3 VwGO genannten Bereiche **nicht** als **Regelbei-**

spiele, an denen sich der Landesgesetzgeber bei Schaffung von Ausnahmetatbeständen orientieren müsse. Vielmehr ist der Landesgesetzgeber in seiner Entscheidung prinzipiell frei, in welchen Rechtsbereichen er einen Vorrang des öffentlichen Interesses an der sofortigen Vollziehung bejaht und daher einen generellen Ausschluss der aufschiebenden Wirkung anordnet (Rn 60).

Nicht zu überzeugen vermag die Auffassung, wonach für **§ 80 Abs 2 S 2 VwGO** nicht **64** der Vorbehalt eines förmlichen Gesetzes Platz greifen, sondern auch eine landesrechtliche **Rechtsverordnung** ausreichen soll (SG/H, Rn 264; Sodan/Ziekow/Puttler VwGO § 80 Rn 69). Zwar lässt der Wortlaut („die Länder können auch bestimmen, …") die Frage nach der Qualität des Rechtssatzes offen (Sodan/Ziekow/Puttler VwGO § 80 Rn 69). Gleichwohl kommt § 80 Abs 2 S 2 VwGO erkennbar eine Lückenfüllungsfunktion im Bereich des Verwaltungsvollstreckungsrechts zu (vgl die Amtliche Begründung, BT-Drs 13/3993, 11: „wenige(n) durch die Öffnungsklausel noch nicht erfassten Fälle"; siehe noch Rn 67). Aus systematischen und teleologischen Gründen müssen daher für die Öffnungsklausel des § 80 Abs 2 S 1 Nr 3 VwGO und für § 80 Abs 2 S 2 VwGO die gleichen Voraussetzungen gelten. Auch § 80 Abs 2 S 2 VwGO erfordert daher ein **förmliches Gesetz** für den Ausschluss der aufschiebenden Wirkung bei der landesbehördlichen Vollstreckung nach Bundesrecht.

Die landesgesetzliche Öffnungsklausel des § 80 Abs 1 S 1 Nr 3 VwGO ermöglicht es **65** dem Landesgesetzgeber, auch außerhalb des Verwaltungsvollstreckungsrechts für das Landesrecht die aufschiebende Wirkung von Rechtsbehelfen auszuschließen. Davon ist indes bislang nur vereinzelt Gebrauch gemacht worden. Im Vordergrund steht die vollstreckungsrechtliche Funktion der Norm. Dabei ermächtigt § 80 Abs 2 S 1 Nr 3 VwGO die Länder nur zum Ausschluss von solchen Vollstreckungsmaßnahmen, die in der Form des **Verwaltungsakts** ergehen. Dies folgt aus dem Zusammenhang von § 80 Abs 2 S 1 Nr 3 VwGO und § 80 Abs 1 VwGO. Da sich § 80 Abs 1 VwGO nur auf das Verwaltungshandeln durch Verwaltungsakt bezieht, kann für den Ausnahmetatbestand des § 80 Abs 2 S 1 Nr 3 VwGO nicht anderes gelten (S/S/B/Schoch VwGO § 80 Rn 181). **Verwaltungsvollstreckungsrealakte** werden von der Norm nicht erfasst (S/S/B/Schoch VwGO § 80 Rn 181). Der einstweilige Rechtsschutz bestimmt sich nach § 123 VwGO.

Das bedeutet aber nicht, dass die der Vollstreckung zugrunde liegende Maßnahme selbst **66** einen Verwaltungsakt darstellen muss, wie dies im mehraktigen gestreckten oder abgekürzten Verfahren der Fall ist. Bei § 187 Abs 3 VwGO aF war strittig, ob die Länder die aufschiebende Wirkung nur für solche Vollstreckungsmaßnahmen ausschließen dürfen, die der Vollstreckung eines zuvor ergangenen **Grundverwaltungsakts** dienen, oder auch für Vollstreckungsakte, die zur Vollstreckung einer **unmittelbar gesetzlichen Pflicht** erlassen werden (vgl Sodan/Ziekow/Puttler VwGO § 80 Rn 68 mwN in Fn 134). Jedenfalls nach der Änderung durch das 6. VwGOÄndG sind die Länder zum Ausschluss der aufschiebenden Wirkung für sämtliche Vollstreckungsmaßnahmen berechtigt, und zwar unabhängig davon, ob die Vollstreckungsmaßnahmen einen Grundverwaltungsakt oder eine unmittelbare gesetzliche Pflicht betreffen (Sodan/Ziekow/Puttler VwGO § 80 Rn 68). Der weit gefasste Wortlaut stellt die Anordnung des Ausschlusses der aufschiebenden Wirkung in das Belieben des Landesgesetzgebers. Soweit es um die Vollstreckung nach Landesrecht geht, kann der Landesgesetzgeber die aufschiebende Wirkung für Rechtsbehelfe gegen alle Maßnahmen der Vollstreckung ausschließen, solange diese nur in der Gestalt eines Verwaltungsakts ergehen. Die Länder haben zwar alle von der Ermächtigung des § 80 Abs 2 S 1 Nr 3, Abs 2 S 2 VwGO Gebrauch gemacht, dies allerdings in unterschiedlichem Umfang. So sind in den Ländern, in denen der Ausschluss der aufschiebenden Wirkung lediglich im VwVG geregelt ist, diejenigen Vollstreckungsmaßnahmen vom Ausschluss der aufschiebenden Wirkung nicht erfasst, die aufgrund unmittelbarer gesetzlicher Pflichten ergehen (so zB § 12 S 1 BW VwVG, § 75 Abs 1 S 2 HmbVwVG; vgl die Darstellung bei S/S/B/Schoch VwGO § 80 Rn 184). Denn die VwVG der Länder erfassen regelmäßig nur die Vollstreckung von Grundverwaltungsakten, nicht aber die Vollziehung unmittelbarer gesetzlicher Pflichten. In den nicht einbezogenen Fällen bleibt es bei der aufschiebenden Wirkung des Rechtsbehelfs nach § 80 Abs 1 VwGO, sofern die Behörde den Vollstreckungsverwaltungsakt nicht nach § 80 Abs 1 S 1 Nr 4 VwGO nicht für sofort vollziehbar erklärt hat.

66.1   Die aufschiebende Wirkung von Rechtsbehelfen wurde umfassend ausgeschlossen von Berlin – § 4 AGVwGO – , Hessen – § 16 AGVwGO -, dem Saarland – § 20 AGVwGO -, Sachsen-Anhalt – § 9 AGVwGO, § 53 Abs 4 S 1 SOG – und Thüringen – § 8 S 1 AG VwGO; in den übrigen Ländern finden sich Teilausschlüsse: vgl Baden-Württemberg – § 12 S 1 VwVG -, Bayern – Art 21a VwZVG -, Brandenburg – § 39 S VwVG -, Bremen – Art 11 S 1 AGVwGO -, Hamburg – § 75 Abs 1 S 2 VwVG -, Sachsen – § 11 S 1 VwVG -, Niedersachsen – § 66 S 2 VwVG.

67   Aufgrund der breit gefassten Öffnungsklausel des § 80 Abs 2 S 1 Nr 3 VwGO zugunsten des landesgesetzlichen Ausschlusses der aufschiebenden Wirkung bleibt für § 80 Abs 2 S 2 nur ein schmaler Anwendungsbereich. In der Amtlichen Begründung ist von „wenigen durch die Öffnungsklausel noch nicht erfaßten Fälle(n)" die Rede; diese beträfen die „Vollstreckung nach Bundesrecht", und zwar „durch die Länder" (BT-Drs. 13/3993, 11). § 80 Abs 2 S 2 VwGO erfüllt demnach eine **vollstreckungsrechtliche Lückenfüllungsfunktion**. Während – bezogen auf die Länder – **§ 80 Abs 2 S 1 Nr 3 VwGO** die Verwaltungsvollstreckung der Länder **nach Landesrecht** betrifft, regelt **§ 80 Abs 2 S 2 VwGO** die Verwaltungsvollstreckung der Länder **nach Bundesrecht**. Die Regelung des § 80 Abs 2 S 2 VwGO war erforderlich, um entsprechend der früheren Rechtslage auch diejenigen Fälle zu erfassen, in denen die Länder Verwaltungsvollstreckung nach Bundesrecht betreiben (vgl nochmals BT-Drs 13/3993, 11). § 80 Abs 2 S 2 VwGO erfasst danach die seltenen Fallgestaltungen, in denen das **„Ob"** der Verwaltungsvollstreckung durch **Bundesgesetz** geregelt ist, während sich das **„Wie"** der Verwaltungsvollstreckung nach **Landesrecht** bestimmt (S/S/B/Schoch VwGO § 80 Rn 192).

68   Der in der behördlichen Praxis bedeutsamste Fall des § 80 Abs 2 S 2 VwGO ist die **ausländerbehördliche Abschiebung**. Die ausländerrechtliche Ausreisepflicht (§ 50 AufenthG) wird bei Nichtbefolgung im Wege der **Abschiebung** (§§ 58 AufenthG ff) vollzogen. Die Abschiebung ist eine **Maßnahme der Verwaltungsvollstreckung** (BVerwG NVwZ 1983, 742, 743); NVwZ 1984, 42; VGH Mannheim NJW 1997, 270, 271; NVwZ-RR 1997, 746, 748). Es handelt sich um einen **bundesrechtlich** geregelten Fall des unmittelbaren Zwangs (Albrecht/Naujoks NVwZ 1986, 26; Kopp/Schenke VwGO § 80 Rn 70; Meyer NVwZ 1984, 13, 23; S/S/B/Schoch VwGO § 80 Rn 195). Daher folgt der Ausschluss der aufschiebenden Wirkung aus § 80 Abs 2 S 2 iVm der landesgesetzlichen Vorschrift, sofern das jeweilige Landesrecht Rechtsbehelfen gegen Maßnahmen der Verwaltungsvollstreckung die aufschiebende Wirkung verwehrt. Ein weiteres Beispiel für § 80 Abs 2 S 2 VwGO ist **§ 72 Abs 2 BauGB**. Beim Vollzug des Umlegungsplans können Vollstreckungsmaßnahmen notwendig werden. Bundesgesetzlich ist das „Ob" der Vollstreckung in § 72 Abs 2 BauGB geregelt. Das „Wie" der Verwaltungsvollstreckung bestimmt sich nach den Verwaltungsvollstreckungsgesetzen der Länder (S/S/B/Schoch VwGO § 80 Rn 193). Auch **§ 24 WoBindG** ist ein Fall des § 80 Abs 2 S 2 VwGO. Nach dieser Bestimmung können Verwaltungsakte der zuständigen Stelle im Wege des Verwaltungszwangs vollzogen werden. § 24 WoBindG bildet die Ermächtigungsgrundlage für Vollstreckungsakte, wie etwa die Zwangsgeldandrohung (BVerwGE 41, 106, 108; vgl auch BVerwGE 82, 137, 143). Auch insoweit ist das „Ob" der Verwaltungsvollstreckung bundesgesetzlich geregelt, während sich das „Wie" nach Maßgabe des Verwaltungsvollstreckungsrechts der Länder richtet (S/S/B/Schoch VwGO § 80 Rn 194).

E. Behördlicher Ausschluss der aufschiebenden Wirkung durch Anordnung der sofortigen Vollziehung (Abs 2 S 1 Nr 4, Abs 3)

69   Neben den kraft Gesetzes angeordneten Fällen des Ausschlusses der aufschiebenden Wirkung (§ 80 Abs 2 S 1 Nr 1–3, Abs 2 S 2 VwGO) entfällt die aufschiebende Wirkung, wenn die Behörde die sofortige Vollziehung im öffentlichen Interesse oder im überwiegenden Interesse eines Beteiligten anordnet. Dadurch wird die Verwaltung ermächtigt, im **Einzelfall** die aufschiebende Wirkung zu überwinden. In dieser auf den Einzelfall beschränkten Wirkung der Anordnung der sofortigen Vollziehung liegt der Unterschied zu dem von Gesetzes wegen bestehenden, **generellen** Ausschluss der aufschiebenden Wirkung.

70   Der Begriff der sofortigen Vollziehung iSd § 80 VwGO ist in mehrfacher Hinsicht irreführend und erläuterungsbedürftig (vgl Renck NJW 1970, 2315; Renck DÖV 1972,

343, 344; Renck DVBl 1982, 216, 217; Renck NVwZ 1988, 700; Renck BayVBl 1994, 161 f; S/S/B/Schoch VwGO § 80 Rn 197). Zum einen suggeriert der Begriff, dass es um den (Sofort-)Vollzug eines Verwaltungsakts gehe. Dies ist indes nicht der Fall, weil nur die Voraussetzung für die Vollstreckung eines Grundverwaltungsakts im Wege des mehraktigen (gestreckten oder abgekürzten) Vollstreckungsverfahrens geschaffen wird (S/S/B/Schoch VwGO § 80 Rn 197). Auch ist der Begriff der sofortigen Vollziehung von der (vollstreckungsrechtlichen) Kategorie des sofortigen Vollzugs (vgl § 6 Abs 2 VwVG), der bei Vorliegen besonderer Eilgründe (vollstreckungsrechtliche) Zwangsmaßnahmen auch ohne vorgängigen (Grund-)Verwaltungsakt gestattet (Selmer/Gersdorf, Verwaltungsvollstreckungsverfahren 1996, 22 mwN in Fn 49). Darüber hinaus bezieht sich § 80 Abs 2 S 1 Nr 4 VwGO nicht nur auf Verwaltungsakte, die einer „Vollziehung" im eigentlichen (engeren) Sinne bedürfen, sondern erfasst auch rechtsgestaltende und feststellende Verwaltungsakte sowie Verwaltungsakte mit Drittwirkung, von denen der Begünstigte tatsächlich Gebrauch macht (Sodan/Ziekow/Puttler VwGO § 80 Rn 72; S/S/B/Schoch VwGO § 80 Rn 197).

Die Anordnung der sofortigen Vollziehung stellt **keinen Verwaltungsakt** dar. Sie be- **71** gründet keine sachliche Rechtsfolgeanordnung und damit keine „Regelung" iSd § 35 VwVfG (vgl noch Rn 80). Es handelt sich vielmehr um eine interimistisch wirkende verfahrensrechtliche Nebenentscheidung zum Verwaltungsakt, welche die Vollziehbarkeit des Verwaltungsakts bereits vor Eintritt seiner Unanfechtbarkeit zum Gegenstand hat.

Die Rechtmäßigkeitsvoraussetzungen für die behördliche Anordnung der sofortigen Voll- **72** ziehung folgen aus § 80 Abs 2 S 1 Nr 4 und Abs 3 VwGO. Für den Verwaltungsakt mit Drittwirkung enthält § 80a Abs 1 Nr 1 und Abs 2 VwGO weitere Regelungen. Diese dienen jedoch nur verfahrensrechtlichen Zielen. Die Anordnung der sofortigen Vollziehung bezieht sich allein auf **Verwaltungsakte**, weil Rechtsbehelfe nur gegen Verwaltungsakte die aufschiebende Wirkung nach § 80 Abs 1 VwGO auslösen, die es im Wege der behördlichen Anordnung nach § 80 Abs 2 S 1 Nr 4 VwGO zu überwinden gilt (vgl statt aller Kopp/ Schenke VwGO § 80 Rn 80). Für die Anordnung der sofortigen Vollziehung bestehen **formelle** und **materielle** Rechtmäßigkeitsvoraussetzungen. Im Rahmen der materiellen Rechtmäßigkeitsvoraussetzungen ist zwischen Tatbestand und Rechtsfolge strikt zu unterscheiden (Redeker/v. Oertzen/Redeker VwGO § 80 Rn 19; S/S/B/Schoch VwGO § 80 Rn 203). In der gerichtlichen Praxis ist oftmals an die Stelle des durch § 80 Abs 2 S 1 Nr 4 und Abs 3 VwGO normativ vorgegebenen Prüfungsprogramms eine bloße **Interessenabwägung** getreten, deren Konturen zuweilen nur blass erkennbar sind (zutreffend die grundsätzliche Kritik bei S/S/B/Schoch VwGO § 80 Rn 202; vgl Rn 170 ff). Die zweifelsfrei erforderliche Interessenabwägung ist in die normative Struktur des § 80 Abs 2 S 1 Nr 4 VwGO einzubinden und darf sich von dieser nicht lösen. Nur auf diese Weise ist der Gesetzesbindung der Verwaltung (und der Gerichte) entsprochen und die rechtsstaatlich geschuldete Rationalität rechtlicher Argumentation gewährleistet.

I. Formelle Rechtmäßigkeitsvoraussetzungen der Anordnung der sofortigen Vollziehung

1. Zuständigkeit

Sowohl die Behörde, die den Verwaltungsakt erlassen hat, als auch die Widerspruchs- **73** behörde sind für die Anordnung der sofortigen Vollziehung zuständig. In der ursprünglichen Entwurfsfassung zum heutigen § 80 Abs 2 S 1 Nr 4 VwGO war lediglich die Zuständigkeit der Widerspruchsbehörde für die Vollziehungsanordnung vorgesehen. Erst auf Einwand des Bundesrates (BT-Drs. III/55, 56: „die genauere Tatsachenkenntnis der ortsnäheren Behörde") und aufgrund des Vorschlags des Rechtsausschusses des Deutschen Bundestages hat § 80 Abs 2 S 1 Nr 4 VwGO im Gesetzgebungsverfahren seine noch heute gültige Fassung erhalten und wurde eine Zuständigkeit auch der Ausgangsbehörde begründet (zu der Entstehungsgeschichte vgl S/S/B/Schoch VwGO § 80 Rn 235).

Umstritten ist die Frage, in welchem **Zeitraum** die **Widerspruchsbehörde** für die **74** Anordnung der sofortigen Vollziehung **zuständig** ist. Nach einer Auffassung ist die Zuständigkeit der Widerspruchsbehörde auf die Phase des Widerspruchsverfahrens begrenzt, besteht also ab der Erhebung des Widerspruchs durch den Rechtsbehelfsführer bis zur

Zustellung des Widerspruchsbescheids (VGH München NVwZ 1988, 746; Hörtnagl/Stratz VBlBW 1991, 326, 327; Kopp/Schenke VwGO § 80 Rn 81; Schenke, Rn 976; Redeker/ v. Oertzen/Redeker VwGO § 80 Rn 25). In Übereinstimmung hiermit geht eine weitere Auffassung (VGH Mannheim VBlBW 1991, 180; ESVGH 22, 109, 110; VGH München BayVBl 1988, 86; NVwZ-RR 1990, 594; Brühl JuS 1995, 627, 630; Dressel BayVBl 1995, 388, 391; F/D/K/Külpmann Rn 729; Papier JA 1979, 561, 565; Sodan/Ziekow/Puttler VwGO § 80 Rn 75; Stern JuS 1981, 343, 344) davon aus, dass die Zuständigkeit der Widerspruchsbehörde mit der Zustellung des Widerspruchsbescheids ende; nur in besonderen Konstellationen (zB in Fällen gem § 79 Abs 1 Nr 2 VwGO) bleibe die Zuständigkeit bestehen (vgl dazu VGH München NVwZ-RR 1990, 594) Da § 80 Abs 2 Nr 4 VwGO aber keine zeitliche Begrenzung „nach vorne" normiere, sei die Widerspruchsbehörde bereits vor Einlegung des Widerspruchs zuständig, die sofortige Vollziehung anzuordnen (VGH Mannheim NVwZ-RR 1992, 348, 349; VGH München BayVBl 1988, 152; Brühl JuS 1995, 627, 630). Eine dritte Auffassung (Petzke/Kugele BayVBl 1988, 87 f; Eyermann/ Schmidt VwGO § 80 Rn 40; S/S/B/Schoch VwGO § 80 Rn 239 f) geht von einer echten Zuständigkeitskonkurrenz zwischen Ausgangs- und Widerspruchsbehörde aus. Da sich aus § 80 Abs 2 S 1 Nr 4 VwGO keine Begrenzungen ergäben, seien sowohl Ausgangs- als auch Widerspruchsbehörde zuständig.

75   Zustimmung verdient die zuerst genannte Auffassung, derzufolge die Zuständigkeit der Widerspruchsbehörde auf den Zeitraum des Widerspruchsverfahrens begrenzt ist. Der **systematische Zusammenhang** von § 80 Abs 2 S 1 Nr 4 und Abs 4 S 1 VwGO lässt diese Frage indes offen (aA Kopp/Schenke VwGO § 80 Rn 81). Zwar wird man beide Vorschriften wegen ihrer textlichen Parallelen gleich auslegen müssen (im Ausgangspunkt zutreffend S/S/B/Schoch VwGO § 80 Rn 239). Nur stellt sich die gleiche Frage nach der Zuständigkeitsverteilung zwischen Ausgangs- und Widerspruchsbehörde auch bei § 80 Abs 4 S 1 VwGO. Deshalb liefe es auf eine petitio principii hinaus, wenn man aus § 80 Abs 4 S 1 VwGO ein systematisches Argument für die Auslegung des § 80 Abs 2 S 1 Nr 4 VwGO ableitete. Zur Normerhellung trägt aber der **Wortlaut** des § 80 Abs 2 S 1 Nr 4 VwGO bei. „Über den Widerspruch zu entscheiden hat" die Widerspruchsbehörde erst dann, wenn der Betroffene Widerspruch eingelegt hat. Der zuständigkeitsbegründende Devolutiveffekt tritt erst mit Erhebung des Widerspruchs ein (Kopp/Schenke VwGO § 80 Rn 81; Schenke, Rn 976; Zachararias, JA 2002, 345, 346). Eine Zuständigkeit der Widerspruchsbehörde lässt sich auch nicht aus dem im Rahmen der **Fachaufsicht** bestehenden **Weisungsrecht** der Widerspruchsbehörde gegenüber der Ausgangsbehörde ableiten. Denn aus der Weisungsbefugnis folgt nur die **Sach-**, nicht aber die **Wahrnehmungs**kompetenz der Fachaufsichtsbehörde. Die Ausübung von Weisungsrechten durch die Widerspruchsbehörde als Fachaufsichtsbehörde (vgl VGH München NVwZ 1988, 746) führt nicht zu einer Verschiebung der gesetzlichen Zuständigkeitsverteilung. Daher ist die Zuständigkeitsverteilung nur gewahrt, wenn die Widerspruchsbehörde als Fachaufsichtsbehörde über das Weisungsrecht hinaus ein **Selbsteintrittsrecht** besitzt; nur in diesem Fall bleibt die Zuständigkeitsverteilung unberührt. Ein solches Selbsteintrittsrecht ergibt sich auch nicht a priori aus dem Weisungsrecht, sondern bedarf der ausdrücklichen gesetzlichen Anordnung. Reine Praktikabilitätsüberlegungenvermögen nichts an der durch § 80 Abs 2 S 1 Nr 4 VwGO vorgegebenen Zuständigkeitsverteilung zu ändern.

76   Die Zuständigkeit der Widerspruchsbehörde ist daher grundsätzlich auf den Zeitraum zwischen Erhebung des Widerspruchs und der Zustellung des Widerspruchsbescheids beschränkt. Mit der Zustellung des Widerspruchsbescheids erlöschen die Sachherrschaft der Widerspruchsbehörde und damit prinzipiell auch die Zuständigkeit für die Anordnung der sofortigen Vollziehung. Während des Widerspruchsverfahrens können sowohl Ausgangs- als auch Widerspruchsbehörde die sofortige Vollziehung anordnen. Die Ausgangsbehörde bleibt ununterbrochen bis zum Abschluss des verwaltungsrechtlichen Verfahrens zuständig (Sodan/ Ziekow/Puttler VwGO § 80 Rn 75). Nach Abschluss des Widerspruchsverfahrens bleibt die Ausgangsbehörde allein zuständig.

77   Enthält der Widerspruchsbescheid eine selbstständige Beschwer, so dass er deshalb mit der Anfechtungsklage isoliert angegriffen werden kann (§ 79 Abs 1 Nr 2, Abs 2 VwGO), wirkt die Zuständigkeit der Widerspruchsbehörde bis zum Zeitpunkt der Unanfechtbarkeit fort (VGH München NVwZ-RR 1990, 594; Kopp/Schenke VwGO § 80 Rn 81).

2. Verfahren

Die sofortige Vollziehung kann auf **Antrag** und **von Amts wegen** angeordnet werden 78 (VGH Mannheim NVwZ-RR 1992, 348, 349; Kopp/Schenke VwGO § 80 Rn 80; Schenke, Rn 971; S/S/B/Schoch VwGO § 80 Rn 234). Das amtswegige Verfahren findet beim Sofortvollzug im öffentlichen Interesse statt. Das Antragserfordernis ist bei der sofortigen Vollziehbarkeit im Beteiligteninteresse bedeutsam.

§ 80 VwGO sieht keine Anhörung des Betroffenen vor, bevor die Behörde die sofortige 79 Vollziehung des Verwaltungsakts anordnet. Gleichwohl wird ein Anhörungsgebot postuliert, und zwar unter Hinweis auf eine direkte (OVG Bremen DÖV 1980, 180, 181; Ganter DÖV 1984, 970 f) bzw analoge (F/D/K/Külpmann Rn 732; Müller NVwZ 1988, 702 f; Redeker/v. Oertzen/Redeker VwGO § 80 Rn 27 mwN) Anwendung des § 28 Abs 1 VwVfG (des Bundes bzw des Landes), unter Rekurs auf Verfassung – Rechtsstaat, Menschenwürde (OVG Lüneburg NVwZ-RR 1993, 585, 586; Renck DVBl 1990, 1038, 1040; Kopp/Schenke VwGO § 80 Rn 82; Schenke, Rn 977) – oder ohne Begründung (VGH München BayVBl 1988, 369, 370; BayVBl 1990, 211). Die hM (VGH Mannheim NVwZ-RR 1990, 561; NVwZ 1991, 491 f; VBlBW 1992, 295, 296; NVwZ 1995, 1220, 1221; OVG Berlin NVwZ 1993, 198; OVG Lüneburg DVBl 1989, 887, 888; OVG Münster BauR 1995, 69; OVG Koblenz NVwZ 1988, 748; OVG Schleswig NVwZ-RR 1993, 587; Emrich DÖV 1985, 396 f; Hamann DVBl 1989, 969 ff; ders DVBl 1990, 1040 f; Schmaltz DVBl 1992, 230, 232 f); Eyermann/Schmidt VwGO § 80 Rn 41; S/S/B/Schoch VwGO § 80 Rn 257; Sodan/Ziekow/Puttler VwGO § 80 Rn 80 f; Schröder VBlBW 1995, 384 ff; Weides JA 1984, 648, 655) verneint hingegen das Erfordernis einer solchen Anhörung vor der Anordnung der sofortigen Vollziehbarkeit.

Aus § 28 Abs 1 VwVfG folgt schon deshalb keine Anhörungspflicht, weil die sofortige 80 Vollziehung **nicht als Verwaltungsakt** qualifiziert werden kann. Die sofortige Vollziehung begründet keine sachliche Rechtsfolgeanordnung und damit keine „Regelung" iSd § 35 VwVfG (vgl statt vieler Emrich DÖV 1985, 396 f; Schenke, Rn 972, 977; S/S/B/Schoch VwGO § 80 Rn 258; Sodan/Ziekow/Puttler VwGO § 80 Rn 80; Weides JA 1984, 648, 655). Es handelt sich vielmehr um eine interimistisch wirkende verfahrensrechtliche Nebenentscheidung zum Verwaltungsakt, welche die Vollziehbarkeit des Verwaltungsakts bereits vor Eintritt seiner Unanfechtbarkeit zum Gegenstand hat. Sie schließt anders als ein Verwaltungsakt kein Verwaltungsverfahren im Sinne des § 9 VwVfG ab und anders als ein Verwaltungsakt nicht formell bestandskräftig werden. Sie ist anders als ein Verwaltungsakt nicht selbstständig vollziehbar und auch nicht mit der Anfechtungsklage, sondern ausschließlich im einstweiligen Rechtsschutzverfahren gem § 80 Abs 5 S 1 Alt 2 VwGO angreifbar.

Auch ist § 28 VwVfG **nicht anlog** anwendbar (VGH Mannheim NVwZ-RR 1990, 561; 81 NVwZ 1991, 491, 492; NVwZ-RR 1995, 174, 175; OVG Koblenz NVwZ 1988, 748 f; OVG Schleswig NVwZ-RR 1993, 587; Hamann DVBl 1989, 969, 971; Kopp/Schenke VwGO § 80 Rn 82; Schenke, Rn 977; S/S/B/Schoch VwGO § 80 Rn 258; Sodan/Ziekow/Puttler VwGO § 80 Rn 81; Schröder VBlBW 1995, 384, 386). Es fehlt schon an der Regelungslücke als Voraussetzung für die Analogiebildung. § 80 Abs 2 S 1 Nr 4, Abs 3 VwGO stellen abschließende Regelungen der formellen Rechtmäßigkeitsvoraussetzungen für die Anordnung der sofortigen Vollziehung dar (VGH Mannheim NVwZ-RR 1990, 561; NVwZ-RR 1995, 17, 19; NVwZ 1995, 292, 293; OVG Lüneburg DVBl 1989, 887, 888; OVG Münster BauR 1995, 69; OVG Koblenz NVwZ 1988, 748; OVG Schleswig NVwZ-RR 1993, 587; Schmaltz DVBl 1992, 230, 232; Schenke, Rn 977; S/S/B/Schoch VwGO § 80 Rn 258; zweifelnd hingegen OVG Lüneburg NVwZ-RR 1993, 585, 586; Hamann DVBl 1989, 969 f ; Müller NVwZ 1988, 702, 703). Weiter stimmt die **Interessenlage** nicht überein (Kopp/Schenke VwGO § 80 Rn 82; Schenke, Rn 977; S/S/B/Schoch VwGO § 80 Rn 258; Sodan/Ziekow/Puttler VwGO § 80 Rn 81): Die Anordnung der sofortigen Vollziehung lässt sich im Verfahren des § 80 Abs 1 S 1 und Abs 5 S 1 VwGO leichter und schneller korrigieren als ein Verwaltungsakt, der nur durch Widerspruchs- und Klageverfahren aufgehoben werden kann. Außerdem kann die Anordnung der sofortigen Vollziehung im Gegensatz zum Verwaltungsakt nicht bestandskräftig werden, so dass der Betroffene nicht Gefahr läuft, durch Fristversäumung seine Rechtsposition einzubüßen.

82   Auch das Rechtsstaatsprinzip kann nicht als Begründungsstrang für ein Anhörungsgebot herangezogen werden (S/S/B/Schoch VwGO § 80 Rn 259). Der einfache Gesetzgeber hat eine Anhörungsverpflichtung auf den Fall belastender Verwaltungsakte beschränkt (§ 28 Abs 1 VwVfG), ohne dabei durch die Nichteinbeziehung von Realakten und sonstigen behördlichen Maßnahmen wie etwa der Anordnung der sofortigen Vollziehung Verfassungsrecht zu verletzen. Nicht alles, was wünschenswert erscheint, kann in den Stand eines rechtsstaatlichen Grundsatzes gehoben werden (S/S/B/Schoch VwGO § 80 Rn 259). Es genügt rechtsstaatlichen Kautelen, wenn der Betroffene seine Gründe gegen die Anordnung der sofortigen Vollziehbarkeit im gerichtlichen Eilverfahren gem § 80 Abs 5 S 1 Alt 2 VwGO vorbringen kann (VGH Mannheim NVwZ-RR 1990, 561, 562; VBlBW 1992, 295, 296; NVwZ-RR 1995, 174, 175; OVG Lüneburg DVBl 1989, 887, 888; Hamann DVBl 1989, 969, 972 f; S/S/B/Schoch VwGO § 80 Rn 259; Schröder VBlBW 1995, 384, 386 f). Selbstverständlich bleibt es der Verwaltung unbenommen, über diesen Mindeststandard hinaus zusätzlich rechtliches Gehör zu gewähren (S/S/B/Schoch VwGO § 80 Rn 259).

83   Dem Streit um eine etwaige Anhörungspflicht vor der Anordnung der sofortigen Vollziehung kommt **keine allzu große Bedeutung für die Praxis** zu. Denn regelmäßig wird die Vollziehungsanordnung mit dem belastenden Verwaltungsakt verbunden. In diesem Fall hat der Betroffene die Möglichkeit, im Rahmen der Anhörung zum Verwaltungsakt auch seine Bedenken zur Anordnung der sofortigen Vollziehung vorzutragen. Praktische Bedeutung erlangt der Streit im Wesentlichen nur dann, wenn die Behörde die sofortige Vollziehung **nach** Erlass des Verwaltungsaktes und bereits erfolgter Anhörung anordnet, also insbes – aber nicht nur – bei einem Verwaltungsakt mit Drittwirkung, wenn auf Antrag des Dritten die Behörde die sofortige Vollziehung anordnet (§ 80a Abs 2 VwGO).

3. Form

84   **a) Besondere Anordnung.** § 80 Abs 2 S 1 Nr 4 VwGO schreibt vor, dass die sofortige Vollziehbarkeit „besonders angeordnet wird". Die behördliche Entscheidung muss für den Betroffenen klar erkennbar sein. Erforderlich ist, dass die Behörde die sofortige Vollziehung **ausdrücklich** anordnet und dies dem Betroffenen kundgibt (VGH Mannheim NVwZ 1995, 813; S/S/B/Schoch VwGO § 80 Rn 242; Sodan/Ziekow/Puttler VwGO § 80 Rn 77). Die aufschiebende Wirkung von Rechtsbehelfen wird also nicht ausgeschlossen, wenn sich ein hierauf gerichteter Wille der Verwaltung nur konkludent aus dem Verwaltungsakt ergibt (VGH Mannheim ESVGH 11, 18, 21 f; DVBl 1995, 302; OVG Koblenz AS 8, 166, 172 f; S/S/B/Schoch VwGO § 80 Rn 242; Sodan/Ziekow/Puttler VwGO § 80 Rn 77), etwa durch Fristsetzung (OVG Hamburg v 13.9.1994 – Bs V 171/94; VGH Kassel VerwRspr 28, 138; Sodan/Ziekow/Puttler VwGO § 80 Rn 77) oder eine Rechtsbehelfsbelehrung des Inhalts, dass Rechtsbehelfe keine aufschiebende Wirkung hätten (OVG Bremen MDR 1972, 721, 722; VGH Mannheim ESVGH 18, 232, 235; Sodan/Ziekow/Puttler VwGO § 80 Rn 77). Auch eine Widerrufsverfügung (VGH Mannheim NVwZ 1995, 813) oder eine Einleitung eines Vollstreckungsverfahrens erfüllt noch nicht die gesetzlichen Voraussetzungen für die Anordnung der sofortigen Vollziehung (OVG Koblenz AS 8, 166, 172 f; OVG Münster NJW 1970, 1812; VGH Mannheim NJW 1962, 1172, 1173; Sodan/Ziekow/Puttler VwGO § 80 Rn 77). Unvereinbar mit § 80 Abs 2 S 1 Nr 4 VwGO ist es, wenn bei fehlender Vollziehbarkeitsanordnung danach gefragt wird, ob die Behörde aufgrund der Gesamtumstände verständiger Weise den Sofortvollzug wünscht, um bejahendenfalls jene Anordnung fingieren zu können (OVG Berlin NVwZ-RR 1991, 194, 195; OVG Koblenz NVwZ-RR 1993, 480, 481; S/S/B/Schoch VwGO § 80 Rn 242). Auch in Eilfällen ist einem Verwaltungsakt die sofortige Vollziehbarkeit keinesfalls „immanent" (OVG Berlin NVwZ 1995, 399).

85   Die Anordnung der sofortigen Vollziehung ist **in der Regel schriftlich** anzuordnen (Sodan/Ziekow/Puttler VwGO § 80 Rn 77). Zwar sieht § 80 Abs 2 S 1 Nr 4 VwGO für die Anordnung der sofortigen Vollziehung kein Schriftformerfordernis vor. Gleichwohl ergibt sich diese prinzipiell bestehende Notwendigkeit aus dem systematischen Zusammenhang zwischen Abs 2 S 1 Nr 4 und Abs 3 S 1 des § 80 VwGO. Wenn für die Begründung der Anordnung der sofortigen Vollziehung regelmäßig ein Schriftformerfordernis besteht, muss Gleiches auch für die Anordnung als solche gelten. Nur bei Gefahr in Verzug, wenn

nach § 80 Abs 3 S 2 VwGO eine besondere Begründung entbehrlich ist, kann die Anordnung der sofortigen Vollziehung auch mündlich erlassen werden (Sodan/Ziekow/Puttler VwGO § 80 Rn 77).

b) Schriftliche Begründung. aa) Funktionen des Begründungserfordernisses. 86
Die Begründungspflicht nach § 80 Abs 3 S 1 VwGO verfolgt drei Funktionen (vgl VGH München BayVBl 1989, 117, 118; VGH Kassel GewArch 1990, 168; OVG Münster NWVBl 1994, 424, 425; OVG Schleswig Die Gemeinde SH 1992, 159; NVwZ 1992, 688, 689; Kopp/Schenke VwGO § 80 Rn 84; Sodan/Ziekow/Puttler VwGO § 80 Rn 96; S/S/B/Schoch VwGO § 80 Rn 245; Schoch, Vorläufiger Rechtsschutz und Risikoverteilung im Verwaltungsrecht 1988, 1275 mwN). Erstens soll der Behörde selbst der Ausnahmecharakter der Vollziehungsanordnung ins Bewusstsein gerückt werden. Kraft dieser Warnfunktion soll die Behörde zu einer sorgfältigen Prüfung des Interesses an der sofortigen Vollziehung angehalten werden. Zweitens wird der Betroffene über die Gründe, die für die behördliche Entscheidung maßgebend gewesen sind, in Kenntnis gesetzt, um ihm auf diese Weise die Einschätzung der Erfolgsaussichten eines Antrags nach § 80 Abs 5 VwGO zu erleichtern. Und drittens dient die Kenntnis der verwaltungsbehördlichen Erwägungen der verwaltungsgerichtlichen Überprüfung der Anordnung der sofortigen Vollziehung.

bb) Inhalt der Begründung. Die schriftliche Begründung muss in nachvollziehbarer 87
Weise die Erwägungen erkennen lassen, die die Behörde zur Anordnung der sofortigen Vollziehung veranlasst haben. Die Behörde muss bezogen auf die Umstände im **konkreten Fall** das besondere Interesse an der sofortigen Vollziehung sowie die Ermessenserwägungen, die sie zur Anordnung der sofortigen Vollziehung bewogen haben, darlegen. Formelhafte, also für beliebige Fallgestaltungen passende Wendungen, formblattmäßige oder pauschale Argumentationsmuster sowie die bloße Wiederholung des Gesetzestextes reichen nicht aus (VGH Mannheim VBlBW 1990, 386; NVwZ-RR 1990, 561; NVwZ-RR 1994, 625 f; NVwZ-RR 1995, 17, 19; NVwZ 1995, 292, 293; NVwZ-RR 1995, 174, 175; NVwZ 1996, 281, 282; VGH München BayVBl 1994, 722 f; OVG Berlin, ZUM 1993, 495, 496; VGH Kassel GewArch 1990, 168; NVwZ 1992, 193; InfAuslR 1996, 55, 56; OVG Münster DVBl 1994, 120, 121 f; OVG Schleswig NVwZ 1992, 688, 689; NVwZ-RR 1993, 587, 588; OVG Weimar LKV 1995, 296, 298; Kopp/Schenke VwGO § 80 Rn 85; Sodan/Ziekow/Puttler VwGO § 80 Rn 97; S/S/B/Schoch VwGO § 80 Rn 247). Die Begründungspflicht nach § 80 Abs 3 S 1 bezieht sich nur auf das besondere Vollziehungsinteresse, nicht aber auf die der Vollziehungsanordnung beigefügten Nebenbestimmungen, wie etwa Bedingungen (VG Frankfurt NVwZ 2000, 1324; Sodan/Ziekow/Puttler VwGO § 80 Rn 97).

Da das Interesse an der sofortigen Vollziehung im Regelfall über das Interesse hinausgehen 88
muss, dass den Erlass des Verwaltungsakts rechtfertigt (Rn 99), müssen zur Begründung regelmäßig andere Gründe angeführt werden als zur Rechtfertigung des Verwaltungsakts (OVG Schleswig NVwZ 1992, 688, 689; Sodan/Ziekow/Puttler VwGO § 80 Rn 98). Auch wenn sich die Gründe für den Erlass des Verwaltungsaktes und für die Anordnung der sofortigen Vollziehung decken, also eine **(Teil-)Identität** zwischen dem Erlassinteresse am Verwaltungsakt und dem besonderen Vollziehbarkeitsinteresse besteht (Rn 104), gestattet § 80 Abs 3 S 1 VwGO keinen Verzicht auf die Begründung und auch nicht den Gebrauch nichtssagender, formelhafter Wendungen. Es reicht auch nicht aus, dass sich die Begründung aus dem Zusammenhang der Erwägungen für den Verwaltungsakt ermitteln lässt (S/S/B/Schoch VwGO § 80 Rn 248; aA OVG Münster NJW 1986, 1449). Zum Zwecke der Vereinfachung kann aber auf die Begründung des Verwaltungsaktes Bezug genommen oder die dort bereits genannte Begründung wiederholt werden (VGH Mannheim NJW 1991, 2366; VGH Kassel NVwZ 1992, 193; OVG Münster NVwZ-RR 2004, 316; Sodan/Ziekow/Puttler VwGO § 80 Rn 98; S/S/B/Schoch VwGO § 80 Rn 248). Aus der Begründung des Verwaltungsakts müssen aber in einem solchen Fall auch die Erwägungen der Behörde zum besonderen Interesse an der sofortigen Vollziehung deutlich hervorgehen (Sodan/Ziekow/Puttler VwGO § 80 Rn 98). Außerdem muss die Behörde deutlich machen, dass sie in der Begründung des Verwaltungsakts auch die Gründe für die Anordnung der sofortigen Vollziehung sieht (OVG Koblenz NVwZ-RR 1991, 307, 308; OVG Schleswig NVwZ 1992, 688, 689 f; VGH Mannheim NJW 1977, 165; VGH München GewArch 1981, 228 f; VG Freiburg NVwZ-RR 2003, 113; Sodan/Ziekow/Puttler VwGO § 80 Rn

98; Schmidt BayVBl 1977, 554, 556). Auch wenn die Begründung des Verwaltungsakts bereits alle Erwägungen auch für die Begründung der Vollziehungsanordnung enthält, darf gleichwohl nicht auf eine Begründung nach § 80 Abs 3 S 1 VwGO verzichtet werden (VGH Kassel DÖV 1974, 605; Sodan/Ziekow/Puttler VwGO § 80 Rn 98). Die Pflicht zur Begründung entfällt auch dann nicht, wenn die Gründe für die sofortige Vollziehung offensichtlich oder den Betroffenen bereits bekannt sind (OVG TürVBl 1994, 137 139; VGH Mannheim NJW 1977, 165; Sodan/Ziekow/Puttler VwGO § 80 Rn 98; Schmidt BayVBl 1977, 554, 556). In diesem Fall kann es aber genügen, wenn die Behörde auf die offensichtlichen oder bekannten Umstände hinweist (OVG Weimar TürVBl 1994, 137 139; VGH München GewArch 1987, 296; Schreiber, BayVBl 1983, 182; Sodan/Ziekow/Puttler VwGO § 80 Rn 98). Bei Allgemeinverfügungen, die öffentlich bekannt gegeben werden, ist es nicht erforderlich, dass auch die Begründung der Anordnung der sofortigen Vollziehung öffentlich bekannt gegeben wird. Es genügt, wenn in diese Begründung – neben der Begründung des Verwaltungsakts – Einsicht genommen werden kann (OVG Bremen NVwZ 1986, 1038; Sodan/Ziekow/Puttler VwGO § 80 Rn 98).

89   § 80 Abs 3 VwGO verlangt regelmäßig keine **Rechtsbehelfsbelehrung** (Kopp/Schenke VwGO § 80 Rn 106; S/S/B/Schoch VwGO § 80 Rn 262). Sofern hingegen spezialgesetzlich Antragsfristen für Eilanträge nach § 80 Abs 5 vorgesehen sind (vgl hierzu die Darstellung bei S/S/B/Schoch VwGO § 80 Rn 469 ff), muss die Begründung der Anordnung der sofortigen Vollziehung gem § 58 VwGO eine Rechtsbehelfsbelehrung enthalten (S/S/B/Schoch VwGO § 80 Rn 263).

90   Einer Begründung der Anordnung der sofortigen Vollziehung bedarf es gem § 80 Abs 3 **S 2** VwGO nicht, wenn die Behörde eine sog **Notstandsmaßnahme** im öffentlichen Interesse trifft. Ein Notstand iSd § 80 Abs 3 S 2 VwGO liegt vor, wenn für ein bedeutsames Rechtsgut Gefahr in Verzug besteht. Aus dem Zusatz „insbes" folgt, dass die Liste der in § 80 Abs 3 S 2 VwGO genannten Rechtsgüter nicht abschließend ist (F/D/K/Külpmann Rn 755; Sodan/Ziekow/Puttler VwGO § 80 Rn 100). Die Notstandsmaßnahme muss im öffentlichen Interesse getroffen werden; ein lediglich überwiegendes Interesse eines Beteiligten genügt nicht. § 80 Abs 3 S 2 VwGO dispensiert die Behörde nur von der Verpflichtung zur Begründung, nicht aber von dem Erfordernis einer ausdrücklichen Anordnung der sofortigen Vollziehung sowie der **ausdrücklichen** Bezeichnung der behördlichen Maßnahme als Notsandsmaßnahme (F/D/K/Külpmann Rn 754; Sodan/Ziekow/Puttler VwGO § 80 Rn 100). Die Notwendigkeit einer ausdrücklichen Bezeichnung als Notstandsmaßnahme erfüllt eine Warnfunktion für die Behörde und soll sie zu einer sorgsamen Prüfung veranlassen, ob ein Verzicht auf die schriftliche Begründung der Anordnung der sofortigen Vollziehung im konkreten Fall tatsächlich im öffentlichen Interesse liegt. Sie muss zusammen mit der Anordnung der sofortigen Vollziehung erfolgen und kann nicht nachgeholt werden (F/D/K/Külpmann Rn 754; Sodan/Ziekow/Puttler VwGO § 80 Rn 100). Die Anordnung der sofortigen Vollziehung und ihre Bezeichnung als Notstandsmaßnahme können in Ermangelung des Schriftformerfordernisses des § 80 Abs 3 S 1 VwGO auch mündlich erfolgen (Sodan/Ziekow/Puttler VwGO § 80 Rn 100).

91   **cc) Heilung von Begründungsmängeln.** Da die Begründungspflicht des § 80 Abs 3 S 1 VwGO nicht eine bloße Formvorschrift, sondern eine rechtliche Voraussetzung für die Anordnung der sofortigen Vollziehung ist, muss die schriftliche Begründung im Zeitpunkt der Anordnung der sofortigen Vollziehung vorliegen (Sodan/Ziekow/Puttler VwGO § 80 Rn 99). Umstritten ist die Frage, ob eine fehlende oder iSd § 80 Abs 3 S 1 VwGO unzureichende Begründung (zur Notwendigkeit einer Differenzierung zwischen formellen und materiellen Begründungsmängeln vgl noch Rn 95) mit heilender Wirkung **nachgeholt** werden kann. Während dies von der (wohl) hM (VGH Mannheim NJW 1977, 165; VGH München BayVBl 1989, 117, 118); OVG Hamburg InfAuslR 1984, 72, 74; OVG Lüneburg RdL 1987, 335; Brühl JuS 1995, 722, 725; Eyermann/Schmidt VwGO § 80 Rn 44; Erichsen Jura 1984, 414, 422; Kopp/Schenke VwGO § 80 Rn 87; Schenke, Rn 981; S/S/B/Schoch VwGO § 80 Rn 249; Sodan/Ziekow/Puttler VwGO § 80 Rn 99) vor allem unter Hinweis auf den Schutzzweck der Vorschrift des § 80 Abs 3 S 1 VwGO abgelehnt wird, hält die Gegenauffassung diesem rechtsstaatlichen Standpunkt Gründe der Prozessökonomie entgegen und gestattet eine Nachholung der fehlenden bzw mangelhaften Begründung bis zur Stellung eines Eilantrags gem § 80 Abs 5 VwGO (OVG Koblenz NVwZ 1985,

919; OVG Saarlouis AS 18, 187, 192; F/D/K/Külpmann Rn 750 f) oder sogar noch im gerichtlichen Verfahren nach § 80 Abs 5 S 1 Alt 2 VwGO (OVG Berlin NJW 1966, 798; LKV 1992, 333; OVG Bremen NJW 1968, 1539, 1540 f; DÖV 1980, 572; VGH Kassel DÖV 1985, 75; OVG Münster NJW 1986, 1894, 1895; Redeker/v. Oertzen/Redeker VwGO § 80 Rn 27a).

Gegen eine Heilungsmöglichkeit sprechen die **Schutzzwecke der Begründungspflicht** 92 nach § 80 Abs 3 S 1 VwGO (Rn 86). Sofern man der Behörde die Befugnis einräumte, im **gerichtlichen Verfahren** eine fehlende oder iSd § 80 Abs 3 S 1 VwGO fehlerhafte Begründung nachzuholen, wären zwei der drei Schutzzwecke der Begründungspflicht vereitelt. Zwar wäre dem Informationsanliegen des Gerichts Rechnung getragen. Die Warnfunktion für die Verwaltung und der Zweck der Begründung, den Betroffenen im Interessen einer sachgerechten Einschätzung der Erfolgsaussichten eines Antrags nach § 80 Abs 5 S 1 Alt 2 VwGO über die Erwägungen der Behörde in Kenntnis zu setzen, könnten jedoch nicht erfüllt werden. Doch auch **vor** Stellung eines Antrages auf einstweiligen Rechtsschutz wären die Schutzzwecke der Begründungspflicht nicht erfüllt. Zwar könnte auch eine nachträgliche Begründung das Gericht und den Betroffenen über die Erwägungen informieren. Jedoch käme der für den Rechtsschutz des Betroffenen elementare und letztlich auch der – der Rechtsstaatlichkeit verpflichteten – Verwaltung dienende Zweck der Begründungspflicht, die Behörde zu einer sorgfältigen Prüfung der Voraussetzungen der Anordnung der sofortigen Vollziehung zu veranlassen, nicht zum Tragen. Die Behörde würde nur noch bereits Geschehenes nachträglich rechtfertigen (VGH Mannheim NJW 1977, 165; Sodan/Ziekow/Puttler VwGO § 80 Rn 99).

Auf die Regelungen in **§ 45 VwVfG** über die Heilung von Formfehlern kann nicht 93 zurückgegriffen werden (so aber VGH Kassel DÖV 1985, 75 f; Redeker/v. Oertzen/Redeker VwGO § 80 Rn 27a; wie hier statt vieler Sodan/Ziekow/Puttler VwGO § 80 Rn 99; S/S/B/Schoch VwGO § 80 Rn 250), weil die Anordnung der sofortigen Vollziehung keinen Verwaltungsakt darstellt (Rn 80). Auch eine **analoge Anwendung des § 45 VwVfG** (OVG Greifswald NVwZ-RR 1999, 409; F/D/K/Külpmann Rn 733; Tietje DVBl 1998, 124, 126 ff; Redeker/v. Oertzen/Redeker VwGO § 80 Rn 27a) und eine Verwertung „nur" des Rechtsgedankens der Vorschrift (OVG Koblenz NVwZ 1985, 919, 920) scheiden aus, weil § 80 Abs 3 VwGO die Begründunganforderungen für die Anordnung der sofortigen Vollziehung abschließend regelt (vgl statt vieler S/S/B/Schoch VwGO § 80 Rn 250; Sodan/Ziekow/Puttler VwGO § 80 Rn 99) und eine Analogie zu Lasten des Bürgers gegen den Grundsatz des Vorbehalts des Gesetzes verstößt (Schenke, Rn 981; Sodan/Ziekow/Puttler VwGO § 80 Rn 99). Auch ist **§ 114 S 2 VwGO** weder direkt noch analog anwendbar (so aber offenbar Decker JA 154, 157 f), weil diese Vorschrift nicht den Fall einer formell fehlerhaften Begründung, sondern eines materiellen Begründungsmangels in der Gestalt eines Ermessensfehlers zum Gegenstand hat (im Ergebnis ebenso ablehnend Kopp/Schenke VwGO § 80 Rn 87).

Auch Gründe der **Prozessökonomie** vermögen ein anderes Ergebnis nicht zu recht- 94 fertigen (S/S/B/Schoch VwGO § 80 Rn 250; Sodan/Ziekow/Puttler VwGO § 80 Rn 99). Die Befürworter einer Heilungsmöglichkeit verteidigen ihre Auffassung damit, dass es reiner Formalismus sei, im Verfahren nach § 80 Abs 5 VwGO die Vollziehungsanordnung aufzuheben, obgleich die Behörde danach die Anordnung der sofortigen Vollziehung erneut und diesmal mit vollständiger Begründung erlassen könne (OVG Greifswald NVwZ-RR 1999, 409; OVG Münster NJW 1986, 1894, 1895; F/D/K/Külpmann Rn 751; Tietje DVBl 1998, 124, 129). Dem ist jedoch entgegenzuhalten, dass Erwägungen der Prozessökonomie die rechtsstaatlichen Sicherungen des § 80 Abs 3 S 1 VwGO nicht außer Kraft zu setzen vermögen. Im Fall der fehlenden oder iSd § 80 Abs 3 S 1 VwGO mangelhaften Begründung verbleibt der Behörde allein die Möglichkeit, eine neue Anordnung der sofortigen Vollziehung mit neuer Begründung zu treffen. Der **Neuerlass der Vollziehungsanordnung** mit einer den Anforderungen des § 80 Abs 3 S 1 VwGO genügenden Begründung ist der Behörde jederzeit, dh vor und im gerichtlichen Verfahren, gestattet (Kopp/Schenke VwGO § 80 Rn 87; Schenke, Rn 981; Sodan/Ziekow/Puttler VwGO § 80 Rn 99; zu den Auswirkungen auf das gerichtliche Verfahren nach § 80 Abs 5 S 1 Alt 2 VwGO; vgl Rn 97 f). Auf diese Weise kann den Vorgaben des § 80 Abs 3 VwGO und den Bedürfnissen der Praxis entsprochen werden, ohne dass es einer – mit § 80 Abs 3

VwGO unvereinbaren – isolierten Nachholung der Begründung bedarf. Holt die Behörde eine Begründung schriftlich nach, kann darin eine erneute Anordnung der sofortigen Vollziehung mit (ex nunc-Wirkung) erblickt werden (Schenke, Rn 981; Sodan/Ziekow/ Puttler VwGO § 80 Rn 99).

95   Von § 80 Abs 3 S 1 VwGO **nicht erfasst** sind die Fälle der **materiell fehlerhaften Begründung** (Schenke, Rn 982). § 80 Abs 3 S 1 VwGO begründet ein **formelles** Erfordernis, dem nur dann nicht entsprochen ist, wenn die Anordnung der sofortigen Vollziehung entweder überhaupt keine Begründung aufweist oder die Begründung nicht den inhaltlichen Voraussetzungen des § 80 Abs 3 S 1 VwGO (Rn 87) genügt. Erweisen sich die von der Behörde in der Begründung angeführten Gründe als nicht tragfähig, um das besondere öffentliche Interesse an der sofortigen Vollziehung rechtfertigen zu können, liegt kein formeller Begründungsmangel iSd § 80 Abs 3 VwGO, sondern ein Verstoß gegen die materielle Voraussetzung des § 80 Abs 2 S 1 Nr 4 VwGO vor. Zu unterscheiden ist also zwischen fehlender oder iSd § 80 Abs 3 S 1 VwGO mangelhafter Begründung einerseits und materiell fehlerhafter Begründung iSd § 80 Abs 2 S 1 Nr 4 VwGO andererseits. Die ersten beiden Mängel betreffen die formellen und der zweite Mangel die materiellen Rechtmäßigkeitsvoraussetzungen der Anordnung der sofortigen Vollziehung. Dementsprechend ist auch zwischen der Nachholung der Begründung iSd § 80 Abs 3 S 1 VwGO (Rn 90 f) und dem Nachschieben von Gründen (im gerichtlichen Verfahren) zu unterscheiden.

96   **dd) Rechtsfolgen eines Begründungsmangels.** Sofern die Behörde die Anordnung der sofortigen Vollziehung nicht oder iSd § 80 Abs 3 S 1 VwGO fehlerhaft begründet, führt dies zur **Rechtswidrigkeit** der Vollziehungsanordnung (Dürr BWVP 1978, 165, 167; Erichsen Jura 1984, 414, 422; F/D/K/Külpmann , Rn 749; Kaltenborn, DVBl 1999, 828, 829; Papier JA 1979, 561, 565; Stern JuS 1981, 343, 345; S/S/B/Schoch VwGO § 80 Rn 252). Teilweise wird in diesem Fall von der **Nichtigkeit** der Anordnung der sofortigen Vollziehung ausgegangen (OVG Münster OVGE 17, 45; VGH Mannheim ESVGH 11, 18, 22; Eyermann/Schmidt VwGO § 80 Rn 45; Renck BayVBl 1994, 161, 165). Diese Kontroverse dürfte ein Scheinproblem ohne praktische Relevanz darstellen. Denn mangels Verwaltungsaktsqualität (Rn 80) hat die Rechtswidrigkeit der Anordnung der sofortigen Vollziehung ihre Unwirksamkeit zur Folge. Im Gegensatz zum Verwaltungsakt bedarf es ihrer (behördlichen oder gerichtlichen) Aufhebung nicht, um ihre Wirksamkeit entfallen zu lassen.

97   Im gerichtlichen Verfahren nach § 80 Abs 5 S 1 Alt 2 VwGO gibt das Gericht einem Eilantrag ohne sachliche Prüfung statt. Insbes ist es rechtsdogmatisch nicht zu begründen, insoweit allein auf die materielle Rechtmäßigkeit abzustellen (Rn 179). Umstritten ist, ob das Gericht bei einem Begründungsmangel die aufschiebende Wirkung des Rechtsbehelfs wiederherstellt oder die formell mangelhafte Vollziehungsanordnung aufhebt (dazu Rn 180). Im Fall des **Neuerlasses einer Anordnung der aufschiebenden Wirkung** mit einer den Vorgaben des § 80 Abs 3 VwGO genügenden Begründung (Rn 92) bleiben die schutzwürdigen Interessen des Betroffenen unberührt. Sofern die Anordnung der sofortigen Vollziehung **vor** Stellung eines Antrags nach § 80 Abs 5 S 1 Alt 2 VwGO getroffen wird, sind die Rechte des Betroffen in Ermangelung einer Antragsfrist für den Eilantrag (Rn 87) gewahrt; sofern spezialgesetzlich Antragsfristen für einen Antrag nach § 80 Abs 5 S 1 Alt 2 VwGO vorgesehen sind, beginnt die Rechtsbehelfsfrist mit dem Neuerlass der Vollziehungsanordnung erneut zu laufen. Wenn die Behörde **nach** Stellung eines Antrags gem § 80 Abs 5 S 1 Alt 2 VwGO die sofortige Vollziehung **erneut** mit ordnungsgemäßer Begründung anordnet, ist der frühere Begründungsmangel – entgegen einer im Schrifttum vertretenen Meinung (Kopp/Schenke VwGO § 80 Rn 87; Schenke, Rn 981; ders JZ 1996, 1157 f; Schenke VBlBW 2000, 56, 60 f, Schenke VerwArch 91 (2000), 587, 590) – nicht von vornherein unbeachtlich. Nur wenn die Voraussetzungen des **§ 91 VwGO analog** vorliegen, darf das Gericht den Neuerlass einer Vollziehungsanordnung mit ordnungsgemäßer Begründung berücksichtigen und den früheren Begründungsmangel als unbeachtlich bewerten (Rn 181 ff). In jedem Fall ist der erneute Erlass einer Anordnung der sofortigen Vollziehung mit fehlerfreier Begründung erforderlich. Ein schlichtes Nachholen der Begründung mit heilender Wirkung ist nicht möglich.

II. Materielle Rechtmäßigkeitsvoraussetzungen der Anordnung der sofortigen Vollziehung

§ 80 Abs 2 S Nr 4 VwGO nennt zwei Formen der Anordnung der sofortigen Voll- **98** ziehung: die sofortige Vollziehung im öffentlichen Interesse und die im überwiegenden Interesse eines Beteiligten. Hinsichtlich der materiellen Voraussetzungen der Vollziehungsanordnung sind beide Konstellationen strikt zu unterscheiden. Das Regel-Ausnahme-Verhältnis zwischen aufschiebender Wirkung und sofortiger Vollziehbarkeit erlangt im bipolaren Rechtsverhältnis zwischen Verwaltung und Bürger in „Pattsituationen" ein ausschlaggebendes Gewicht (Rn 109). Demgegenüber vermag dieses Kriterium beim Verwaltungsakt mit Drittwirkung (tripolares Rechtsverhältnis) keine materielle Steuerungskraft zu entfalten.

1. Tatbestandsvoraussetzungen

a) **Anordnung der sofortigen Vollziehung im öffentlichen Interesse. aa) Begriffsbestimmung.** In Rechtsprechung und Rechtslehre (BVerfGE 35, 382, 402; 38, 52, 58; 69, **99** 220, 228; 69, 233, 245; BVerfG NVwZ 1982, 241; NVwZ 1985, 409; NJW 1985, 2187, 2189; BVerfG NVwZ 1987, 403; VBlBW 1989, 130; NVwZ 1996, 58, 59; BVerwG, NJW 1974, 1294, 1295; VGH Mannheim NVwZ 1987, 1109, 1110; VBlBW 1988, 228; InfAuslR 1992, 6, 7; NVwZ 1993, 390, 391; NVwZ-RR 1995, 658, 659; VGH München DVBl 1988, 590, 591; NVwZ 1989, 117; DVBl 1992, 454, 456; VGH München NVwZ-RR 1991, 154, 155; OVG Bremen VerwRspr 27, 845, 848; OVG Hamburg InfAuslR 1986, 203, 204 f; VGH Kassel NVwZ 1983, 747, 748; NVwZ-RR 1989, 329; InfAuslR 1996, 55, 56; OVG Lüneburg DVBl 1976, 81, 82; OVG Münster NJW 1986, 1449; NJW 1986, 1894, 1895; OVG Magdeburg LKV 1994, 295; Eyermann/Schmidt VwGO § 80 Rn 35; Kopp/Schenke VwGO § 80 Rn 92; Schenke, Rn 984; S/S/B/Schoch VwGO § 80 Rn 205; Sodan/Ziekow/Puttler VwGO § 80 Rn 84) besteht Einigkeit darin, dass für die im **öffentlichen Interesse** erfolgende Vollziehbarkeitsanordnung ein besonderes öffentliches Interesse vorliegen muss, das über jenes Interesse hinaus geht, das den Erlass des Verwaltungsakts rechtfertigt. Erforderlich ist ein **besonderes** Interesse gerade an der **sofortigen** Vollziehung des Verwaltungsakts. Es geht nicht um ein gesteigertes Interesse am Erlass des Verwaltungsakts, sondern um ein über das Erlassinteresse hinausgehendes, **qualitativ** anderes Interesse (Huba JuS 1990, 382, 385; S/S/B/Schoch VwGO § 80 Rn 205). Es müssen besondere Gründe dafür sprechen, dass der Verwaltungsakt sofort und nicht erst nach Eintritt der Bestands- und Rechtskraft verwirklicht, umgesetzt oder vollzogen wird (vgl BVerfG NVwZ 1996, 58, 59, OVG Münster NVwZ 1998, 977). Es muss eine **Eilbedürftigkeit** (vgl VGH Kassel NVwZ 1986, 668, 671; HSGZ 1988, 324, 325; NVwZ-RR 1993, 13, 15; NVwZ-RR 1993, 613), also eine besondere **Dringlichkeit** (VGH München NJW 1977, 166; NVwZ 1989, 117; OVG Hamburg NVwZ-RR 1990, 374, 375; VGH Kassel DÖD 1989, 216, 217; NVwZ-RR 1989, 357, 358; OVG MV NVwZ 1995, 608) für die sofortige Verwirklichung des Verwaltungsaktes vorliegen. Das Erfordernis eines über das Erlassinteresse hinausgehenden Vollziehungsinteresses taugt indes lediglich als „Faustformel", um den Grundsatz der materiellen Anforderung des § 80 Abs 2 S 1 Nr 4 zu beschreiben. In der Praxis lassen sich zahlreiche Beispiele nennen, in denen das Erlass- und Vollziehungsinteresse identisch ist (Rn 104).

bb) **Grundsätze für die Ermittlung des besonderen Vollziehungsinteresses.** Ange- **100** sichts der Weite und Offenheit des Begriffs „öffentliches Interesse" kommt der Methode zur Ermittlung des besonderen Vollziehungsinteresses zentrale Bedeutung zu. Rechtsprechung und Rechtslehre haben im Wege der **Typologisierung** den Begriff des „öffentlichen Interesses" zu systematisieren und zu konturieren versucht (stellvertretend für viele ausdrücklich VGH Kassel, NVwZ-RR 1993, 412 f; S/S/B/Schoch VwGO § 80 Rn 207). Dabei sind die für die Bildung der Fallgruppen und für die notwendige Interessenabwägung relevanten Maßstäbe zu benennen:

Unbestritten ist, dass eine Anordnung der sofortigen Vollziehung eine **umfassende** **101** **Interessenabwägung** erfordert, bei der die für den Sofortvollzug sprechenden Interessen der Allgemeinheit bzw Beteiligter und das Aufschubinteresse des Rechtsbehelfsführers einander gegenübergestellt zu stellen und miteinander abzuwägen sind (vgl nur VGH Mannheim

DVBl 1970, 743, 744; VGH Kassel DVBl 1990, 718, 719; NVwZ 1995, 922; Brühl JuS 1995, 627, 630; Erichsen Jura 1984, 414, 421; Papier JA 1979, 561, 564; Sodan/Ziekow/ Puttler VwGO § 80 Rn 85; Stern JuS 1981, 343, 344). Auch wenn dieses Ergebnis allgemein konsentiert ist, sind einige im Zusammenhang mit der nach § 80 Abs 2 S 1 Nr 4 VwGO gebotenen Interessenabwägung ungeklärt bzw umstritten. Streitig ist, wo dogmatisch der Platz für die gebotene Interessenabwägung zu erblicken ist, dh, ob diese auf der **Tatbestandsebene** im Rahmen der Prüfung des besonderen Interesses (BVerwG NJW 1974, 1294, 1295; VGH Mannheim ESVGH 24, 147, 148; VGH Kassel ESVGH 24, 198, 202; Bettermann, DVBl 1976, 64 ff; Sodan/Ziekow/Puttler VwGO § 80 Rn 89; Eyermann/ Schmidt VwGO § 80 Rn 34) oder auf der **Rechtsfolgenebene** im Rahmen der Überprüfung der Ermessensentscheidung (OVG Lüneburg DVBl 1976, 81, 83; VGH Kassel NVwZ 1985, 918) vorzunehmen ist. Der **Wortlaut** spricht für die „Tatbestandslösung". Die Verwaltung ist nicht Sachwalter partikularer Eigeninteressen, sondern dem Allgemeinwohl verpflichtet. Dementsprechend ist Bestandteil des öffentlichen Interesses iSd § 80 Abs 2 S 1 Nr 4 VwGO neben dem behördlichen Vollzugsinteresse auch das Aufschubinteresse des Betroffenen. Der **systematische Zusammenhang** mit der zweiten Alternative des § 80 Abs 2 S 1 Nr 4 VwGO erhärtet dieses Ergebnis. „Überwiegendheit" iSd § 80 Abs 2 S 1 Nr 4 Alt 2 VwGO impliziert zum einen das Vorliegen gegenläufiger Interessen und zum anderen eine Abwägung der widerstreitenden Belange. Es ist kein Grund dafür ersichtlich, dass der 1. Alternative des § 80 Abs 2 S 1 Nr 4 VwGO eine andere Baustruktur zugrunde liegt. Gleichwohl ist der „Rechtsfolgenlösung" zu folgen. Denn wenn man bereits im Rahmen der Prüfung des öffentlichen Interesses gegenläufige Interessen ermittelt und in eine umfassende Interessenabwägung einstellte, bliebe bei Lichte betrachtet **kein Raum** mehr **für** eine sich hieran anschließende **Ermessensüberprüfung**. Tatbestand und Rechtsfolge wären nicht getrennt. Vielmehr ginge die Ermessensprüfung in der Tatbestandsprüfung gleichsam auf. Damit wäre indes ein Verlust rechtlicher Rationalität bei der Entscheidungsfindung verbunden, die im Interesse rechtsstaatlicher Kautelen die Ermessensausübung steuert und der Gewährleistung möglichst gleichmäßiger Rechtsanwendung dient. Es erscheint angezeigt, die Vermittlung gegenläufiger Interessen und die umfassende Interessenabwägung der Ermessensprüfung vorzubehalten, welche durch deutlich konturierte Strukturen – Ermessensfehler, Verhältnismäßigkeitsgrundsatz etc – gekennzeichnet ist und daher Fehler im Abwägungsprozess zu vermeiden hilft.

102 Nicht nur von dogmatischer, sondern – nicht zuletzt für den Ausgang eines Antrags nach § 80 Abs 5 S 1 Alt 2 VwGO – von erheblicher praktischer Bedeutung ist die Frage, ob für die Beurteilung des Vorliegens eines öffentlichen Interesses iSd § 80 Abs 2 S 1 Nr 4 VwGO die **Erfolgsaussichten des Rechtsbehelfs** eine Rolle spielen dürfen. Nach einer Auffassung soll die Verwaltung bei ihrer Entscheidung über die Vollziehungsanordnung die Rechtmäßigkeit des Verwaltungsakts bzw die Erfolgsaussichten eines dagegen eingelegten Rechtsbehelfs nicht berücksichtigen dürfen (BVerfG NVwZ 1982, 241; VBlBW 1989, 130; VGH Mannheim NVwZ 1984, 451, 452; GewArch 1995, 349, 351; OVG Bremen DVBl 1980, 420, 421; VGH Kassel NVwZ 1985, 918; OVG Münster NJW 1986, 1449 und 1894, 1895; Sodan/Ziekow/Puttler VwGO § 80 Rn 86; Eyermann/Schmidt VwGO § 80 Rn 38; Hummel BWVP 1991, 8, 10; Sauthoff NVwZ 1988, 697, 698; Schenke, Rn 984). Andere wollen dies auf Evidenzfälle beschränken (BVerwG NJW 1974, 1294, 1295; VGH Mannheim ESVGH 24, 147, 148; OVG Münster OVGE 23, 236; VG Potsdam NVwZ-RR 2001, 402; Kopp/Schenke VwGO § 80 Rn 100; Schmitt BayVBl 1977, 554 f), während eine dritte Gruppe die Frage nach der Rechtmäßigkeit des Verwaltungsaktes bzw nach den Erfolgsaussichten als eine von mehreren Elementen im Rahmen der Ermessensausübung zu berücksichtigen sucht (OVG Lüneburg, DVBl 1976, 81, 83; OVG Schleswig, NVwZ 1992, 687, 688; S/S/B/Schoch VwGO § 80 Rn 208). Dieser Streit hat auf der Grundlage des von der **hM** zum einstweiligen Rechtsschutzverfahren nach § 80 Abs 5 VwGO vertretenen Verständnisses **keine praktische Bedeutung**. Denn danach ist das Gericht nicht auf eine Rechtmäßigkeitskontrolle der behördlichen Entscheidung beschränkt. Vielmehr habe das Gericht eine eigenständige (originäre) Bewertungsentscheidung zu treffen (Rn 170 ff) und deshalb könne es bei der Entscheidungsfindung ohne weiteres auch die Erfolgsaussichten des Rechtsbehelfs (in der Hauptsache) berücksichtigen (auf die Irrelevanz des Streits deutlich hinweisend Eyermann/Schmidt VwGO § 80 Rn 38). Demgegenüber kann dem Streit nach

Maßgabe der – auch hier vertretenen (Rn 170 ff) – Gegenauffassung im Einzelfall ausschlaggebende Bedeutung zukommen. Denn danach ist der Eilantrag nach § 80 Abs 5 S 1 Alt 2 VwGO schon dann begründet, wenn sich die Anordnung (formell – vgl Rn 179 ff – und/ oder) materiell (vgl Rn 183 ff) als rechtswidrig erweist. Auch bei geringen Erfolgsaussichten – und bei ggf offensichtlicher Unbegründetheit – des Rechtsbehelfs wäre dem Antrag bereits dann stattzugeben, wenn im konkreten Fall die Eilvoraussetzungen des § 80 Abs 2 S 1 Nr 4 VwGO nicht vorlagen.

Die Behörde darf bei ihrer Entscheidung über die Anordnung der sofortigen Vollziehung **103** die Erfolgsaussichten des Rechtsbehelfs **nicht** berücksichtigen. Denn § 80 Abs 2 S 1 Nr 4 VwGO verlangt, dass das öffentliche Interesse an der Anordnung der sofortigen Vollziehung über das den Erlass des Verwaltungsakts rechtfertigende öffentliche Interesse hinausgeht, also ein qualitativ anderes Interesse darstellt (Rn 99). Dementsprechend kann sich das öffentliche Interesse iSd § 80 Abs 2 S 1 Nr 4 VwGO nicht auf die Rechtmäßigkeit des Verwaltungsakts beziehen, weil diese allein Voraussetzung für den Erlass des Verwaltungsakts ist. Die Erfolgsaussichten des Rechtsbehelfs betreffen allein das Erlassinteresse, **nicht** aber – wie erforderlich – das **qualitativ andere**, hierüber hinausgehende besondere (Vollziehungs-)Interesse; dies gilt auch für den Fall der (Teil-)Identität von Erlass und Vollziehungsinteresse (Rn 104). Darüber hinaus erscheint es widersprüchlich, einerseits die aufschiebende Wirkung nach § 80 Abs 1 VwGO unabhängig von der Begründetheit bzw (offensichtlichen) Unbegründetheit des eingelegten Rechtsbehelfs eintreten zu lassen (Rn 17), andererseits aber der Verwaltung die Befugnis einzuräumen, bei ihrer Entscheidung über die Vollziehungsanordnung die Erfolgsaussichten des Rechtsbehelfs mit zu berücksichtigen. Weder im Rahmen des § 80 Abs 1 VwGO noch bei der Entscheidung über die Anordnung der sofortigen Vollziehung nach § 80 Abs 2 S 1 Nr 4 VwGO darf die Verwaltung zum Richter in eigener Sache werden (so zur Vollziehungsanordnung OVG Lüneburg DVBl 1976, 81, 82; OVG Bremen DVBl 1980, 420, 421; VGH Kassel NVwZ 1985, 918; dagegen S/S/B/Schoch VwGO § 80 Rn 208, der die sich zu § 80 Abs 1 stellende Parallelproblematik außer Acht lässt). Hiergegen lässt sich mit Erfolg auch nicht anführen, dass bei einer Entscheidung über die sofortige Vollziehung eines Verwaltungsakts mit Drittwirkung die Erfolgsaussichten des Rechtsbehelfs zu berücksichtigen sind (BVerwG BayVBl 1996, 279, VGH München BayVBl 1980, 117, 118; Sodan/Ziekow/Puttler VwGO § 80 Rn 92). Denn entsprechende Vollziehungsanordnungen beruhen nicht auf der ersten, sondern der zweiten Alternative des § 80 Abs 1 S 1 Nr 4 VwGO (iVm § 80a Abs 1 Nr 1 bzw Abs 2 VwGO), die – im Gegensatz zur ersten Alternative – kein qualitativ anderes, über das Erlassinteresse hinausgehendes Vollzugsinteresse verlangt.

In bestimmten Konstellationen ist das Interesse am Erlass des Verwaltungsakts mit dem **104** Interesse am seinem Vollzug (teilweise) identisch. (Eil-)Gründe, die den Erlass eines Verwaltungsakts rechtfertigen, fordern zugleich auch dessen sofortige Vollziehung. Dabei bezieht sich die Überschneidung des Erlass- und Vollziehungsinteresses nur auf einen Teilbereich des Verwaltungsakts, nämlich auf die Unaufschiebbarkeit, also die den Eilfall begründenden Umstände. Deshalb liegt keine vollständige, sondern lediglich eine **(Teil-)Identität von Erlass- und Vollziehungsinteresse** vor. Aus diesem Grund sind auch in solchen Konstellationen die **Erfolgsaussichten eines Rechtsbehelfs** bei der Beurteilung des Vorliegens öffentlicher Interessen iSd § 80 Abs 2 S 1 Nr 4 VwGO **nicht** zu berücksichtigen. Denn die Erfolgsaussichten des Rechtsbehelfs betreffen – abgesehen von den Eilgründen – **ausschließlich** das Erlassinteresse und nicht das von § 80 Abs 2 S 1 Nr 4 VwGO geforderte qualitativ andere, besondere (Vollziehungs-)Interesse; daher besteht insoweit kein Unterschied zum Regelfall (vgl bereits Rn 103). Das klassische Beispiel für die (Teil-)Identität von Erlass- und Vollziehungsinteresse ist das Recht der **Gefahrenabwehr** (vgl die umfangreiche Darstellung bei S/S/B/Schoch § 80 Rn 210 ff). Die wirksame Gefahrenabwehr verlangt oftmals nicht nur den Erlass einer Verfügung, sondern zugleich auch deren sofortige Vollziehung (VGH Mannheim NVwZ 1990, 781; NJW 1990, 2770; NVwZ 1991, 491; NVwZ-RR 1992, 20; VGH München BayVBl 1992, 274; VGH Kassel NVwZ 1990, 381; NVwZ 1992, 1111; OVG Münster NVwZ 1991, 692). Ein Abwarten bis zum Eintritt der Unanfechtbarkeit würde den Zweck der Gefahrenabwehrmaßnahme häufig vereiteln. Allerdings trägt nicht bereits jeder Verwaltungsakt, der zur Gefahrenabwehr erlassen wird, die Vermutung für das Vorliegen eines besonderen Interesses an einer sofortigen Vollziehung in sich (Sodan/

Ziekow/Puttler VwGO § 80 Rn 87). Dies folgt auch daraus, dass § 80 Abs 2 S 1 Nr 2 VwGO die aufschiebende Wirkung eines Rechtsbehelfs nur dann generell ausschließt, wenn er sich gegen unaufschiebbare Maßnahmen von Polizeivollzugsbeamten wendet. Dementsprechend kann eine sofortige Vollziehung nur dann angeordnet werden, wenn die zum Zwecke der Gefahrenabwehr getroffene Verfügung einen zeitlichen Aufschub nicht verträgt.

104.1   **Beispiele:** Grundsätzlich kann jedes öffentliche Interesse im Einzelfall die Unaufschiebbarkeit der Vollziehung begründen. In der Praxis wird häufig auf das Interesse des **Gemeinwohls** (OVG Schleswig NVwZ 1992, 688, 690; VGH München NJW 1982, 2134) und des **öffentlichen Dienstes** (OVG Lüneburg OVGE 32, 377; VGH Kassel, DÖV 1974, 605; VGH Mannheim VBlBW 1997, 305) verwiesen. Auch **fiskalische Interessen** können prinzipiell ein besonderes öffentliches Interesse begründen (VGH München NVwZ 1988, 745; VGH Kassel NVwZ 1983, 747, 748; NVwZ-RR 1989, 329; OVG Lüneburg NVwZ 1983, 109, 111; OVG Koblenz AS 11, 264, 271; DÖV 1965, 674; Kopp/Schenke VwGO § 80 Rn 99; S/S/B/Schoch VwGO § 80 Rn 217; Sodan/Ziekow/Puttler VwGO § 80 Rn 88). Allerdings ist auch hier ein besonderes, über das Erlassinteresse hinausgehendes Vollzugsinteresse erforderlich. Das besondere Vollziehungsinteresse kann darin liegen, dass die Verwirklichung einer öffentlichrechtlichen Geldforderung ohne den sofortigen Vollzug ernstlich gefährdet erscheint (vgl VGH München NVwZ 1988, 745; VGH Kassel NVwZ-RR 1989, 329). Demgegenüber können auf Geldforderungen gerichtete Verwaltungsakte nicht allein wegen des Interesses der öffentlichen Hand an Zinsvorteilen für sofort vollziehbar erklärt werden (VGH Mannheim NVwZ-RR 1993, 392). Das Interesse an der **Wahrung der Rechtsordnung** kann die Vollziehungsanordnung nur in besonders gelagerten Fällen begründen, wenn etwa eine rechtswidrige Handlung die besondere Gefahr der erheblichen Nachahmungswirkung in sich birgt (OVG Lüneburg BauR 1994, 611 f; VGH München BayVBl 1989, 117; Sodan/Ziekow/ Puttler VwGO § 80 Rn 88). Bei einer Untersagung strafbaren Verhaltens liegt ein besonderes öffentliches Interesse an der sofortigen Vollziehung hingegen regelmäßig dann vor, wenn die Strafbarkeit in tatsächlicher wie rechtlicher Hinsicht mit hinreichender Wahrscheinlichkeit angenommen werden kann (BVerfG NVwZ 2005, 1303, 1304). Im **Kollisionsfall mit Gemeinschaftsrecht** ist der Vorrang des Gemeinschaftsrechts durch § 80 Abs 2 Nr 3 VwGO nicht gewährleistet. Zur Vermeidung einer Kollisionslage ist die sofortige Vollziehung im Wege einer **gemeinschaftsrechtskonformen Auslegung und Anwendung** des § 80 Abs 2 S 1 Nr 4 VwGO auch dann anzuordnen, wenn bei rein innerstaatlichen Sachverhalten die Voraussetzungen nicht vorlägen (vgl bereits Rn 5). Gemeinschaftsbezug allein reicht für eine Vollziehungsanordnung allerdings nicht aus. Vielmehr muss das gemeinschaftliche Vollzugsinteresse das Aufschubinteresse des Betroffenen im konkreten Fall überwiegen (Sodan/Ziekow/Puttler VwGO § 80 Rn 88). Dies ist etwa dann der Fall, wenn der Zweck der gemeinschaftlichen Maßnahme nur innerhalb einer bestimmten Frist erreicht werden kann. In einem solchen Kollisionsfall drängt der Vorrang des Gemeinschaftsrechts auf Verwirklichung und ist die sofortige Vollziehung anzuordnen.

b) Anordnung der sofortigen Vollziehung im überwiegenden Interesse eines
105 Beteiligten. Die sofortige Vollziehbarkeit eines Verwaltungsakts kann gem § 80 Abs 2 S 1 Nr 4 VwGO auch „im überwiegenden Interesse eines Beteiligten" angeordnet werden. Diese Regelung betrifft den **Verwaltungsakt mit Drittwirkung** iSd § 80a VwGO. Sie sucht der im Vergleich zum Verwaltungsakt mit bipolarer Wirkung komplexeren Interessenstruktur tripolarer Rechtsverhältnisse Rechnung zu tragen. Geht es im bipolaren Verwaltungsverhältnis um den Ausgleich behördlicher und privater Interessen, sind bei verwaltungsrechtlichen Dreiecksverhältnissen neben den Interessen der Verwaltung und des Adressaten des Verwaltungsakts auch die schutzwürdigen Belange des Dritten zu berücksichtigen. Im Interesse **verfahrensrechtlicher Waffengleichheit** (S/S/B/Schoch VwGO § 80 Rn 221) zielt § 80 Abs 2 S 1 Nr 4 Alt 2 VwGO auf den **gleichrangigen** Schutz des **Adressaten** des Verwaltungsakts und des hiervon betroffenen **Dritten**.

106   Die Anordnung der sofortigen Vollziehung nach § 80 Abs 2 S 1 Nr 4 Alt 2 VwGO betrifft zum einen den Verwaltungsakt mit Drittwirkung iSd § 80a Abs 1 Nr 1 VwGO, bei dem das Aufschubinteresse des **belasteten Dritten** in Abwägung zu bringen ist mit dem Vollziehungsinteresse des **begünstigten Adressaten.** Zum anderen wird von § 80 Abs 2 S 1 Nr 4 Alt 2 VwGO der (umgekehrte) Fall des § 80a Abs 2 VwGO erfasst, bei dem es das Vollziehungsinteresse des **begünstigten Dritten** gegen das Aufschubinteresse des **belasteten Adressaten** abzuwägen gilt. Bei einem Verwaltungsakt mit Drittwirkung können sowohl die tatbestandlichen Voraussetzungen als auch die Ermessenserwägungen für die Anordnung der sofortigen Vollziehung nicht unerheblich von den Gründen der Vollziehungsanordnung im öffentlichen Interesse abweichen (vgl dazu § 80a VwGO Rn 37).

2. Rechtsfolge: Ermessensentscheidung

Sind die tatbestandlichen Voraussetzungen der Anordnung der sofortigen Vollziehung **107** erfüllt, entscheidet die zuständige Behörde über die Vollziehungsanordnung im pflichtgemäßen Ermessen. Dieses ist bei einer Anordnung der sofortigen Vollziehung im öffentlichen Interesse regelmäßig nicht auf Null reduziert. Demgegenüber können sich bei Vollziehungsanordnungen im überwiegenden Beteiligteninteresse durchaus entsprechende Ermessensschrumpfungen ergeben, mit der Folge, dass der Betreffende einen Anspruch auf Erlass der Vollziehungsanordnung hat (§ 80a VwGO Rn 38).

Die Verpflichtung der Verwaltung zur ermessensfehlerfreien Entscheidung nach § 80 **108** Abs 2 S 1 Nr 4 VwGO bezieht sich sowohl auf das **Entschließungsermessen** als auch auf das **Auswahlermessen**. Während es beim Entschließungsermessen darum geht, „ob" die Behörde überhaupt eine sofortige Vollziehung anordnen darf, geht es beim Auswahlermessen um die Modalitäten („Wie") der Anordnung, also um den Zeitpunkt und inhaltliche Beschränkungen (Rn 115). Es gelten die üblichen Ermessensgrenzen, also **Ermessensnichtgebrauch**, **Ermessensfehlgebrauch** und **Ermessensüberschreitung** (S/S/B/Schoch VwGO § 80 Rn 224).

Eine Anordnung der aufschiebenden Wirkung ist nur dann ermessensfehlerfrei und damit **109** materiell rechtmäßig, wenn die Verwaltung eine **umfassende Interessenabwägung** vornimmt (vgl nur VGH Mannheim DVBl 1970, 743, 744; VGH Kassel DVBl 1990, 718, 719; NVwZ 1995, 922; Brühl JuS 1995, 627, 630; Erichsen Jura 1984, 414, 421; Papier JA 1979, 561, 564; Sodan/Ziekow/Puttler VwGO § 80 Rn 84; Stern JuS 1981, 343, 344). Die Behörde hat hierbei **alle Umstände des konkreten Einzelfalles** zu berücksichtigen. In die Abwägung sind alle Gesichtspunkte einzubeziehen, die **für eine sofortige Vollziehung** und **für einen Aufschub** des Verwaltungsakts sprechen. Ermittelt die Verwaltung nicht die – dem behördlichen Vollziehungsinteresse – entgegenstehenden privaten Belange, handelt sie ermessensfehlerhaft und damit rechtswidrig. Überschreitet sie bei der gebotenen umfassenden Interessenabwägung die ihr gesetzten Ermessensgrenzen, leidet die Anordnung der sofortigen Vollziehung ebenfalls unter einem Ermessensfehler. Der dogmatisch zutreffende Platz für die Ermittlung der – den behördlichen Interessen – widerstreitenden Belange des Betroffenen und die von § 80 Abs 2 S 1 Nr 4 VwGO geforderte umfassende Interessenabwägung ist das die Rechtsfolgeseite betreffende Ermessen (s Rn 101). Eine sofortige Vollziehung darf nur dann angeordnet werden, wenn die umfassende Interessenabwägung ergibt, dass dem behördlichen Vollzugsinteresse gegenüber dem privaten Aufschubinteresse **Vorrang** gebührt (vgl statt aller Sodan/Ziekow/Puttler VwGO § 80 Rn 84). Bei gleichermaßen gewichtigen Interessen auf beiden Seiten, also bei **Pattsituationen**, darf die aufschiebende Wirkung nicht angeordnet werden (F/D/K/Külpmann Rn 763; Sodan/Ziekow/Puttler VwGO § 80 Rn 84). Diese Vorrangregel beruht auf dem Regel-Ausnahme-Verhältnis zwischen aufschiebender Wirkung nach § 80 Abs 1 VwGO und der Anordnung der sofortigen Vollziehung nach § 80 Abs 2 S 1 Nr 4 VwGO (Rn 16). Wenn die umfassende Interessenabwägung keinen Vorrang des Vollziehungsinteresses ergibt, bleibt es beim Regelfall: der aufschiebenden Wirkung.

Das Aufschubinteresse des Betroffenen hat bei der Abwägung mit dem behördlichen **110** Vollziehungsinteresse umso größeres Gewicht, je schwerwiegender die durch den Verwaltungsakt bewirkte Belastung ist und je mehr die Maßnahmen der Behörde **Unabänderliches** bewirken. Die verfassungsrechtliche Garantie effektiven Rechtsschutz verlangt, dass die Schaffung vollendeter Tatsachen nach Möglichkeit verhindert wird (vgl BVerfGE 35, 382, 401 f; BVerwG NVwZ 1991, 159; VGH München BayVBl 1981, 658, 659; BayVBl 1983, 23, 24; DVBl 1990, 167, 168; VGH Kassel NVwZ 1987, 525, 526; OVG Münster NWVBl 1991, 242, 243; OVG Schleswig NVwZ 1992, 687; Sodan/Ziekow/Puttler VwGO § 80 Rn 85). Hierbei ist indes zu berücksichtigen, dass auch auf Seiten der Behörde irreparable Schäden eintreten können, etwa wenn ein zB straffälliger Ausländer weiterhin die Allgemeinheit gefährden könnte (zutreffend S/S/B/Schoch VwGO § 80 Rn 227). Je mehr die behördlichen Interessen eine Konkretisierung staatlicher Schutzpflichten darstellen, desto stärker wird man auch auf behördlicher Seite berücksichtigen müssen, inwieweit irreparable Schäden durch den Aufschub des Verwaltungsakts drohen.

111   Im Einzelfall kann sich auch aus dem prinzipiell Vorrang beanspruchenden **Gemeinschaftsrecht** die Notwendigkeit einer Anordnung der sofortigen Vollziehung ergeben (Rn 5). In jedem Fall ist eine Abwägung mit dem kollidierenden privaten Interesse erforderlich. Das gemeinschaftliche Vollzugsinteresse muss das Aufschubinteresse des Betroffenen im konkreten Fall überwiegen (Sodan/Ziekow/Puttler VwGO § 80 Rn 88). Dies ist etwa dann der Fall, wenn der Zweck der gemeinschaftlichen Maßnahme an eine bestimmte Frist gebunden ist (Rn 5).

3. Rechtsfolgen einer materiellen Rechtswidrigkeit der Anordnung der sofortigen Vollziehung

112   Sofern die Anordnung der sofortigen Vollziehung materiell nicht den Vorgaben des § 80 Abs 2 S 1 Nr 4 VwGO genügt, führt dies zur **Rechtswidrigkeit** der Vollziehungsanordnung. Im gerichtlichen Verfahren nach § 80 Abs 5 S 1 Alt 2 VwGO gibt das Gericht einem Eilantrag ohne Prüfung des Verwaltungsakts statt. Die Begründetheit eines Antrags nach § 80 Abs 5 S 1 Alt 2 VwGO kann sich sowohl unter dem Gesichtspunkt einer (formellen bzw materiellen) Rechtswidrigkeit der Vollziehungsanordnung als auch wegen ernstlicher Zweifel an der Rechtmäßigkeit des Verwaltungsakts ergeben. Allerdings bleibt es der zuständigen Behörde unbenommen, etwaige Ermessensfehler durch Nachschieben von Gründen gem § 114 S 2 VwGO zu korrigieren oder die sofortige Vollziehung erneut anzuordnen (vgl hierzu noch Rn 185).

III. Erlass, Inhalt und Rechtswirkungen der Anordnung der sofortigen Vollziehung

113   Die Anordnung der sofortigen Vollziehung kann **in jedem Stadium** des verwaltungsbehördlichen und verwaltungsgerichtlichen Verfahrens getroffen werden (Eyermann/Schmidt VwGO § 80 Rn 32; F/D/K/Külpmann Rn 731; Hummel BWVP 1991, 8, 10; Ronellenfitsch StWStPr 1993, 683, 688; S/S/B/Schoch VwGO § 80 Rn 264; Siegfried SGb 1989, 555, 558; Sodan/Ziekow/Puttler VwGO § 80 Rn 76). Die Anordnung der sofortigen Vollziehung kann daher bereits **mit dem Verwaltungsakt verbunden** werden (vgl nur BVerwGE 24, 92; OVG Berlin NVwZ 1993, 198; OVG Lüneburg OVGE 32, 377; NVwZ-RR 1993, 586; VGH Mannheim NVwZ-RR 1992, 348, 349; VGH München DVBl 1992, 454, 456; Eyermann/Schmidt VwGO § 80 Rn 32; S/S/B/Schoch VwGO § 80 Rn 264; Sodan/Ziekow/Puttler VwGO § 80 Rn 76) oder **später getrennt vom Verwaltungsakt** ergehen. In der Praxis wird die sofortige Vollziehung regelmäßig mit Erlass des Verwaltungsakts angeordnet. Zu Unrecht wird teilweise die Auffassung (Jahn BayVBl 1988, 552, 553 f; Renck BayVBl 1991, 743, 744 f) vertreten, dass eine Vollziehbarkeitsanordnung vor einer Rechtsbehelfsbelehrung wegen fehlender Kompetenz des Bundes nicht zulässig sei. Hierbei wird verkannt, dass der kompetenzbegründende Sachzusammenhang zwischen dem gerichtlichen Verfahren (Art 74 Abs 1 Nr 1 GG) und der sofortigen Vollziehbarkeit durch das rechtsschutzgewährende Institut der aufschiebenden Wirkung vermittelt wird, das an die Stelle des gerichtlichen Rechtsschutzes tritt und mit der sofortigen Vollziehbarkeit korreliert (S/S/B/Schoch VwGO § 80 Rn 264).

114   Ihrer Funktion nach ist die Anordnung der sofortigen Vollziehbarkeit auf den Ausschluss bzw die Beseitigung der aufschiebenden Wirkung gerichtet (OVG Schleswig NVwZ-RR 1993, 587; Schenke, Rn 973; S/S/B/Schoch VwGO § 80 Rn 265). Wurde die Anordnung der sofortigen Vollziehung bereits mit dem Verwaltungsakt verbunden, wird durch die Einlegung des Rechtsbehelfs die aufschiebende Wirkung nicht ausgelöst. Hatte ein gegen den Verwaltungsakt eingelegter Rechtsbehelf die aufschiebende Wirkung herbeigeführt, entfällt diese aufgrund der Vollziehbarkeitsanordnung. Ebenso wenig wie die aufschiebende Wirkung (Rn 26 ff) zeitigt die Anordnung der sofortigen Vollziehung materiellrechtliche Wirkungen; die Wirksamkeit des Verwaltungsakts bleibt unberührt. Bei Verfügungen, die auf eine Handlung, Duldung oder Unterlassung gerichtet sind, fungiert die Vollziehbarkeitsanordnung als Rechtmäßigkeitsvoraussetzung für die Verwaltungsvollstreckung im mehraktigen (gestreckten oder abgekürzten) Verfahren. Auch wenn der Verwaltungsakt noch nicht

unanfechtbar ist, kann er gleichwohl vollzogen werden (vgl nur § 6 Abs 1 VwVG). Bei feststellenden und rechtsgestaltenden Verwaltungsakten treten deren Rechtswirkungen unmittelbar ein. Bei einem Verwaltungsakt mit Drittwirkung darf der Begünstigte von der Regelung Gebrauch machen. Bei einem Verwaltungsakt mit Dritt- und Mehrfachwirkung wirken die Folgen der Anordnung der sofortigen Vollziehung nicht absolut, sondern nur **relativ**, dh nur gegenüber denjenigen Rechtsbehelfsführern, denen gegenüber die Anordnung vorgenommen wurde (Eyermann/Schmidt VwGO § 80 Rn 47; S/S/B/Schoch VwGO § 80 Rn 266). So kann die sachliche Legitimation für die Anordnung der sofortigen Vollziehung eines Planfeststellungsbeschlusses im Hinblick auf den Kreis der Betroffenen unterschiedlich zu bewerten sein (vgl BVerwGE 64, 347, 353; Eyermann/Schmidt VwGO § 80 Rn 47; S/S/B/Schoch VwGO § 80 Rn 266). Auch bei einem Verwaltungsakt mit Drittwirkung im (Bau-)Nachbarrecht kann die sofortige Vollziehung nur gegenüber bestimmten Nachbarn angeordnet werden, während es für die anderen Nachbarn bei der aufschiebenden Wirkung ihres Rechtsbehelfs bleibt (VGH München BayVBl 1993, 85; OVG Koblenz NVwZ-RR 1994, 381; S/S/B/Schoch VwGO § 80 Rn 266; Sodan/Ziekow/Puttler VwGO § 80 Rn 79). Die Ausführung des zugelassenen Vorhabens ist allerdings erst zulässig, wenn die aufschiebende Wirkung im Verhältnis zu keinem Rechtsbehelfsführer mehr besteht (BVerwGE 64, 347, 353; OVG Koblenz NVwZ-RR 1994, 381; S/S/B/Schoch VwGO § 80 Rn 266).

Die Anordnung der sofortigen Vollziehung kann mit **inhaltlichen Beschränkungen** 115 wie Befristungen, Bedingungen oder Auflagen versehen werden (OVG Münster NJW 1961, 175; Redeker, BauR 1991, 525, 526; S/S/B/Schoch VwGO § 80 Rn 267; Sodan/Ziekow/Puttler VwGO § 80 Rn 79). Die Rechtsgrundlage hierfür ist nicht in einer Analogie zu § 80 Abs 4 S 2, Abs 5 S 4 zu erblicken (vgl aber Redeker/v. Oertzen/Redeker VwGO § 80 Rn 31). Da die Anordnung der sofortigen Vollziehung eine verwaltungsrechtliche Ermessensentscheidung darstellt (Rn 108), sind die inhaltlichen Beschränkungen Ausfluss der Ermessensentscheidung und damit bereits durch § 80 Abs 2 S 1 Nr 4 VwGO gedeckt (S/S/B/Schoch VwGO § 80 Rn 267). Auch der **Zeitpunkt der Wirksamkeit** der aufschiebenden Wirkung kann hinausgeschoben werden. Ebenso lässt sie sich auf **bestimmte Teile** eines Verwaltungsakts beschränken (VGH Kassel NVwZ-RR 1991, 177; S/S/B/Schoch VwGO § 80 Rn 267; Sodan/Ziekow/Puttler VwGO § 80 Rn 79).

Die Anordnung der sofortigen Vollziehung wirkt **ex nunc** (BVerwGE 55, 280, 287; 116 OVG Bremen DVBl 1961, 678; NordÖR 1999, 284; Eyermann/Schmidt VwGO § 80 Rn 47; S/S/B/Schoch VwGO § 80 Rn 269; Siegfried SGb 1989, 555, 558; Sodan/Ziekow/Puttler VwGO § 80 Rn 76). Insoweit besteht ein Unterschied zur aufschiebenden Wirkung, die ex tunc wirkt (Rn 28). Dies folgt bereits aus dem Wortlaut des § 80 Abs 2 S 1 Nr 4 VwGO, in dem von „angeordnet wird" die Rede ist. Vor allem aber streiten rechtsstaatliche Gründe dafür, dass nicht im Nachhinein etwas als rechtswidrig qualifiziert wird, was unter dem Schutz der aufschiebenden Wirkung erlaubt war (S/S/B/Schoch VwGO § 80 Rn 269). Die Behörde bleibt dabei nicht schutzlos. Sie kann – bei Vorliegen der Voraussetzungen des § 80 Abs 2 S 1 Nr 4 VwGO – die sofortige Vollziehung zum frühestmöglichen Zeitpunkt – mit Erlass des Verwaltungsakts oder bei Eintritt des Eilfalls – anordnen, so dass ihr Interesse trotz der ex nunc-Wirkung umfassend gewahrt bleibt (S/S/B/Schoch VwGO § 80 Rn 269). Auch beim **Verwaltungsakt mit Drittwirkung** ist keine Ausnahme „im Interesse der prozessualen Waffengleichheit" zu machen (so aber Schenke, Rn 973). Vor dem Hintergrund, das der durch den Verwaltungsakt Begünstigte zum frühestmöglichen Zeitpunkt einen Antrag auf Anordnung der sofortigen Vollziehung stellen kann, besteht kein Bedürfnis, der Vollziehungsanordnung ex tunc-Wirkung beizumessen (S/S/B/Schoch VwGO § 80 Rn 270).

F. Verwaltungsbehördlicher vorläufiger Rechtsschutz (Abs 4)
I. Allgemeines

Im System des § 80 VwGO ist zwischen dem durch § 80 Abs 1 VwGO begründeten 117 gesetzlichen vorläufigen Rechtsschutz und dem gerichtlichen Eilverfahren nach § 80 Abs 5 VwGO der **verwaltungsbehördliche einstweilige Rechtsschutz** geregelt. 80 Abs 4 S 1

VwGO räumt der Behörde die Möglichkeit ein, in den Fällen des Absatzes 2 die Vollziehung auszusetzen, soweit nicht bundesgesetzlich etwas anderes bestimmt ist (vgl etwa § 39 S 2 BLG). Streitig ist, ob § 80 Abs 4 VwGO neben den Fällen des gesetzlich angeordneten Ausschlusses der aufschiebenden Wirkung (§ 80 Abs 2 S 1 Nr 1–3, Abs 2 S 2 VwGO) auch den Fall der behördlichen Anordnung der sofortigen Vollziehung nach § 80 Abs 2 S 1 Nr 4 VwGO erfasst (so Eyermann/Schmidt VwGO § 80 Rn 48; Sodan/Ziekow/Puttler VwGO § 80 Rn 101; implizit auch Kopp/Schenke VwGO § 80 Rn 114). Der weit gefasste Wortlaut des § 80 Abs 4 S 1 VwGO („in den Fällen des Absatzes 2") sowie die Systematik zu § 80a VwGO, der bei Verwaltungsakten mit Drittwirkung auch in dem Fall der Anordnung der sofortigen Vollziehung die Möglichkeit einer Aussetzung vorsieht (§ 80a Abs 1 Nr 2 VwGO), sprechen für eine Einbeziehung des § 80 Abs 2 S 1 Nr 4 VwGO in den Anwendungsbereich des § 80 Abs 4 S 1 VwGO.

118   Die Aussetzung der Vollziehung durch die Verwaltung erfüllt primär eine **Rechtsschutzfunktion** (Eyermann/Schmidt VwGO § 80 Rn 48; S/S/B/Schoch VwGO § 80 Rn 277). Wie der Gesetzeswortlaut („Aussetzung der Vollziehung") zeigt, führt eine entsprechende behördliche Maßnahme nicht zur Anordnung oder Wiederherstellung der aufschiebenden Wirkung (VGH Mannheim VBlBW 1991, 469, 470; S/S/B/Schoch VwGO § 80 Rn 277; Siegfried SGb 1989, 555, 558; aA Magnussen VBlBW 1989, 121, 126). Faktisch besteht jedoch kein Unterschied zwischen der Aussetzung der Vollziehung und der Anordnung bzw Wiederherstellung der aufschiebenden Wirkung (Rn 130). Daher entfällt im Fall der behördlichen Aussetzung der Vollziehung das Rechtsschutzinteresse für einen Antrag nach § 80 Abs 5 (VGH Kassel NVwZ-RR 1989, 324, 325; S/S/B/Schoch VwGO § 80 Rn 277). Darüber hinaus kommt § 80 Abs 4 VwGO eine **Entlastungsfunktion** zu (Eyermann/ Schmidt VwGO § 80 Rn 48; S/S/B/Schoch VwGO § 80 Rn 277), weil bei behördlicher Aussetzung der Vollziehung ein gerichtlicher Eilantrag unzulässig ist.

119   Allerdings kommt der Rechtsschutz- und Entlastungsfunktion tatsächlich keine allzu große Relevanz zu. Denn in der **Praxis** ist § 80 Abs 4 S 1 VwGO nahezu **bedeutungslos** (Brühl JuS 1995, 818; Eyermann/Schmidt VwGO § 80 Rn 48; Haurand/Vahle VR 1992, 117, 119; Heydemann NVwZ 1993, 419; S/S/B/Schoch VwGO § 80 Rn 275). Die Wahrscheinlichkeit, dass eine Behörde wegen Zweifeln an der Rechtmäßigkeit ihrer eigenen Entscheidung – insbes ihrer Anordnung der sofortigen Vollziehung – von der Befugnis nach § 80 Abs 4 S 1 VwGO Gebrauch macht, ist außerordentlich gering, so dass der Betroffene regelmäßig davon absieht, vor Anrufung des Gerichts um einstweiligen behördlichen Rechtsschutz zu ersuchen. Die vorherige Anrufung der Verwaltung gem. § 80 Abs 4 VwGO ist keine Sachentscheidungsvoraussetzung für den gerichtlichen Eilantrag gem § 80 Abs 5 S 1 VwGO (statt aller Schoch Vorläufiger Rechtsschutz und Risikoverteilung im Verwaltungsrecht 1988, 1545 f mwN). Durch die Einführung eines zwingend vorgeschriebenen Verwaltungsaussetzungsverfahrens bei Anforderung von öffentlichen Abgaben und Kosten (§ 80 Abs 6 VwGO) soll der behördlichen Aussetzung größeres Gewicht zukommen (Eyermann/Schmidt VwGO § 80 Rn 48; Redeker NVwZ 1991, 526, 528). In diesen Fällen bedarf es einer vorherigen Ablehnung der Aussetzung durch die Behörde zur Zulässigkeit eines gerichtlichen Eilantrags nur dann nicht, wenn über den Antrag an die Behörde ohne Mitteilung eines zureichenden Grundes in angemessener Zeit sachlich nicht entschieden wird oder wenn eine Vollstreckung droht (§ 80 Abs 6 S 2 VwGO). Bei Verwaltungsakten mit Drittwirkung findet diese Vorschrift – trotz des entgegenstehenden Wortlauts des § 80a Abs 3 S 2 VwGO – keine Anwendung (§ 80a VwGO Rn 2, 19 ff).

II. Formelle Voraussetzungen der Aussetzung der Vollziehung

1. Zuständigkeit

120   Nach § 80 Abs 4 S 1 sind sowohl die Behörde, die den Verwaltungsakt erlassen hat, als auch die Widerspruchsbehörde für die Aussetzung der Vollziehung zuständig. Im Gesetz findet sich kein Hinweis darauf, dass die Zuständigkeit der **Ausgangsbehörde** in den Fällen des § 80 Abs 2 S 1 Nr 1 bis 3 VwGO erst mit der Einlegung eines Rechtsbehelfs begründet sein soll (so Hörtnagl/Stratz VBlBW 1991, 326, 327). In § 80 Abs 4 VwGO fehlt eine § 80 Abs 5 S 2 VwGO entsprechende Regelung (S/S/B/Schoch VwGO § 80 Rn 309). Die

Ausgangsbehörde ist ab Erlass des Verwaltungsakts für die Aussetzung der Vollziehung zuständig (S/S/B/Schoch VwGO § 80 Rn 309; Sodan/Ziekow/Puttler VwGO § 80 Rn 102). Diese Kompetenz wird vom Devolutiveffekt des Widerspruchs nicht berührt. Die Ausgangsbehörde ist auch während des Widerspruchsverfahrens zuständig (Hörtnagl/Stratz VBlBW 1991, 326, 327; Redeker NVwZ 1991, 526, 528; S/S/B/Schoch VwGO § 80 Rn 309). Sie endet mit der Bestandskraft des Verwaltungsakts bzw der Rechtskraft des Urteils (S/S/B/ Schoch VwGO § 80 Rn 309).

Umstritten ist die Frage, in welchem **Zeitraum** die **Widerspruchsbehörde** für die 121 Anordnung der sofortigen Vollziehung **zuständig** ist. Es handelt sich um ein Parallelproblem zu der ebenfalls umstrittenen Zuständigkeitsverteilung bei der Anordnung der sofortigen Vollziehung nach § 80 Abs 2 S 1 Nr 4 VwGO (Rn 74). Teilweise geht man von einer **kumulativen**, neben die Aussetzungskompetenz der Ausgangsbehörde tretenden Zuständigkeit der Widerspruchsbehörde aus (OVG Bautzen LKV 1993, 97; Eyermann/Schmidt VwGO § 80 Rn 49; S/S/B/Schoch VwGO § 80 Rn 310; ders NVwZ 1991, 1121, 1122; Sodan/Ziekow/Puttler VwGO § 80 Rn 102). Nach der Gegenansicht (Hörtnagl/Stratz VBlBW 1991, 326, 327; Kopp/Schenke VwGO § 80 Rn 110; Schenke, Rn 987) setzt die Zuständigkeit der Widerspruchsbehörde die vorherige Einlegung des Widerspruchs voraus. Sie werde **erst mit Eintritt des Devolutiveffekts** begründet und ende regelmäßig mit dem Abschluss des Widerspruchsverfahrens.

Gegen die zuletzt genannte Auffassung kann nicht eingewandt werden, dass durch das 4. 122 VwGOÄndG die ursprüngliche Fassung „Nach Einlegung des Widerspruchs kann die Widerspruchsbehörde in den Fällen des Absatzes 2 die Vollziehung aussetzen" abgelöst wurde (Kopp/Schenke VwGO § 80 Rn 110, aA S/S/B/Schoch VwGO § 80 Rn 310, 311). Denn das Motiv für die Gesetzesnovellierung bestand allein darin, eine Aussetzungskompetenz der Ausgangsbehörde zu begründen, da diese im Widerspruchsverfahren auch über die Abhilfe (§ 72 VwGO) entscheiden müsse (BT-Drs 11/7030, 24). Der Gesetzgeber irrte in diesem Punkt, weil auch nach Maßgabe der ursprünglichen Rechtslage die Ausgangsbehörde kraft ihrer allgemeinen Sachzuständigkeit über eine solche Aussetzungsbefugnis verfügt hat (Schoch Vorläufiger Rechtsschutz und Risikoverteilung im Verwaltungsrecht 1988, 1290 mwN). In der Gesetzesbegründung findet sich aber keinerlei Hinweis darauf, dass sich in Bezug auf die Zuständigkeit der Widerspruchsbehörde etwas ändern sollte. Deshalb kann die Gesetzesänderung nicht als Beleg für eine über das Widerspruchsverfahren hinausgehende Zuständigkeit der Widerspruchsbehörde herangezogen werden. Ebenfalls lassen sich aus der textlichen Parallele zwischen § 80 Abs 1 S 2 Nr 4 und Abs 4 S 1 VwGO keine Rückschlüsse ableiten (Rn 75). Zur Normerhellung trägt aber der **Wortlaut** des § 80 Abs 4 S 1 VwGO bei. „Über den Widerspruch zu entscheiden hat" die Widerspruchsbehörde erst dann, wenn der Betroffene Widerspruch eingelegt hat. Der zuständigkeitsbegründende Devolutiveffekt tritt erst mit Erhebung des Widerspruchs ein (Rn 75).

Die Zuständigkeit der Widerspruchsbehörde ist daher grundsätzlich auf den Zeitraum 123 zwischen Erhebung des Widerspruchs und Zustellung des Widerspruchsbescheids beschränkt. Mit der Zustellung des Widerspruchsbescheids erlöschen die Sachherrschaft der Widerspruchsbehörde und damit prinzipiell auch die Zuständigkeit für die Aussetzung der Vollziehung. Während des Widerspruchsverfahrens können sowohl Ausgangs- als auch Widerspruchsbehörde die Vollziehung aussetzen. Die Ausgangsbehörde bleibt ununterbrochen bis zum Abschluss des verwaltungsrechtlichen Verfahrens zuständig. Nach Abschluss des Widerspruchsverfahrens bleibt die Ausgangsbehörde allein zuständig. Enthält der Widerspruchsbescheid eine selbstständige Beschwer, so dass er deshalb mit der Anfechtungsklage isoliert angegriffen werden kann (§ 79 Abs 1 Nr 2, Abs 2 VwGO), wirkt die Zuständigkeit der Widerspruchsbehörde bis zum Zeitpunkt der Unanfechtbarkeit fort (Kopp/Schenke VwGO § 80 Rn 81, 110).

2. Verfahren

Die Aussetzung der Vollziehung erfolgt auf **Antrag** des Rechtsschutzsuchenden oder **von** 124 **Amts wegen**. Eine Anhörung ist vor Aussetzung der Vollziehung im Fall des § 80a Abs 1 Nr 2 VwGO ebenso wenig erforderlich wie bei der Anordnung der sofortigen Vollziehung nach § 80 Abs 2 S 1 Nr 4 VwGO (Rn 79 ff). Für die Aussetzungsentscheidung ist nicht

Voraussetzung, dass gegen den Verwaltungsakt ein Rechtsbehelf eingelegt ist (S/S/B/Schoch VwGO § 80 Rn 315).

3. Form

125   § 80 Abs 4 VwGO macht keine Vorgaben für die Form der Aussetzung der Vollziehung. Soweit sich die Aussetzungsentscheidung auf einen Verwaltungsakt mit Drittwirkung bezieht, ist im Hinblick auf die mit ihr verbundene Belastung des durch den Verwaltungsakt Begünstigten in analoger Anwendung des § 80 Abs 3 VwGO grundsätzlich eine schriftliche Begründung der Aussetzungsentscheidung erforderlich (§ 80a VwGO Rn 23).

III. Materielle Voraussetzungen der Aussetzung der Vollziehung

1. Tatbestandsvoraussetzungen

126   Einen ausdrücklichen **Prüfungsmaßstab** für die Aussetzungsentscheidung der Behörde enthält § 80 Abs 4 S 3 VwGO nur für Verwaltungsakte, die öffentliche Abgaben und Kosten anfordern und nach § 80 Abs 2 S 1 Nr 1 VwGO generell sofort vollziehbar sind. Hiernach soll die Aussetzung erfolgen, wenn **ernstliche Zweifel** an der Rechtmäßigkeit des angegriffenen Verwaltungsakts bestehen oder wenn die Vollziehung für den Abgaben- oder Kostenpflichtigen eine **unbillige**, nicht durch überwiegende öffentliche Interessen gebotene **Härte** zur Folge hätte (vgl S/S/B/Schoch VwGO § 80 Rn 290 ff, 293). § 80 Abs 4 VwGO enthält für die übrigen Fälle des gesetzlichen Ausschlusses der aufschiebenden Wirkung (§ 80 Abs 2 S 1 Nr 2 und 3, Abs 2 S 2) keinen Prüfungsmaßstab. Nach zutreffender Auffassung ist in den Fällen des **gesetzlichen** Ausschlusses der aufschiebenden Wirkung – ebenso wie im gerichtlichen Verfahren – § 80 Abs 4 S 3 VwGO **analog** anzuwenden (Dressel, BayVBl 1995, 388, 392; Siegfried SGb 1989, 555, 558; Sodan/Ziekow/Puttler VwGO § 80 Rn 107; S/S/B/Schoch VwGO § 80 Rn 303). § 80 Abs 4 S 3 VwGO enthält keine auf die Konstellation des § 80 Abs 2 Nr 1 VwGO begrenzte, bereichsspezifische Sonderregelung (ausführlich Schoch Vorläufiger Rechtsschutz und Risikoverteilung im Verwaltungsrecht 1988, 948 ff; OVG Lüneburg NVwZ-RR 1989, 328; Ronellenfitsch StWStPr 1993, 683, 689). Auch in anderen Fällen besteht an der sofortigen Vollziehung kein öffentliches Interesse, wenn ernstliche Zweifel an der Rechtmäßigkeit des Verwaltungsakts bestehen (S/S/B/Schoch VwGO § 80 Rn 303). Darüber hinaus wird man § 80 Abs 4 S 3 VwGO auch auf den Fall der behördlichen Anordnung der sofortigen Vollziehung (§ 80 Abs 2 S 1 Nr 4) analog anwenden können (ebenso Siegfried SGb 1989, 555, 558; aA S/S/B/Schoch VwGO § 80 Rn 303). Das entbindet die Behörde freilich nicht von ihrer Verpflichtung, die formellen und materiellen Voraussetzungen für die Vollziehungsanordnung zu überprüfen (Sodan/Ziekow/Puttler VwGO § 80 Rn 109) und im Fall der Feststellung eines formellen und/oder materiellen Mangels diese aufzuheben. § 80 Abs 4 S 3 VwGO analog betrifft hingegen den Fall, dass sich eine solche Feststellung nicht treffen lässt, sondern lediglich (ernstliche) Zweifel an der Rechtmäßigkeit der Anordnung der sofortigen Vollziehung bestehen.

2. Rechtsfolge: Ermessensentscheidung

127   Die Entscheidung über die Aussetzung der Vollziehung steht im pflichtgemäßen Ermessen der Behörde. Sofern die gesetzlichen Voraussetzungen für den – kraft gesetzlicher oder behördlicher Anordnung (§ 80 Abs 2 VwGO) – sofort vollziehbaren Verwaltungsakt nicht oder nicht mehr bestehen, **hat** die Behörde die Vollziehung nach 80 Abs 3 S 1 VwGO auszusetzen. In diesen Fällen ist das behördliche Ermessen regelmäßig auf „Null reduziert", weil kein öffentliches Interesse an dem (sofortigen) Vollzug eines rechtswidrigen Verwaltungsakts besteht. Das Gleiche gilt, wenn die Behörde nach (Über-)Prüfung feststellt, dass die nach § 80 Abs 1 S 1 Nr 4 VwGO angeordnete sofortige Vollziehung unter einem formellen und/oder materiellen Mangel leidet. In diesem Fall ist die Anordnung der sofortigen Vollziehung aufzuheben.

128   Lässt sich ein Rechtsverstoß positiv nicht feststellen, sondern bestehen „nur" ernstliche Zweifel an der Rechtmäßigkeit des Verwaltungsakts oder der Anordnung der sofortigen Vollziehung, drängt die **Soll**-Vorschrift des § 80 Abs 4 S 3 VwGO (analog) auf Verwirk-

lichung. Die Aussetzung hat danach zu erfolgen, es sei denn, es liegen im Einzelfall besondere, eine Ausnahme rechtfertigende Gründe vor (OVG Münster OVGE 15, 44, 45; F/D/K/Külpmann Rn 828, 831; Sodan/Ziekow/Puttler VwGO § 80 Rn 108; Schoch Vorläufiger Rechtsschutz und Risikoverteilung im Verwaltungsrecht 1988, 1307 ff).

Ergeben sich hingegen nur geringe Zweifel an der Rechtswidrigkeit des Verwaltungsakts **129** oder der Anordnung der sofortigen Vollziehung, **kann** die Behörde die Vollziehung aussetzen; dies gilt wenigstens bei bipolaren Verwaltungsrechtsverhältnissen (F/D/K/Külpmann Rn 833; Sodan/Ziekow/Puttler VwGO § 80 Rn 108). Bei sofort vollziehbaren Verwaltungsakten nach § 80 Abs 2 S 1 Nr 1 bis 3 VwGO kommt eine Aussetzung der Vollziehung in Betracht, wenn besondere Umstände des Einzelfalles für eine Ausnahme vom gesetzlich bestimmten Sofortvollzug vorliegen (Sodan/Ziekow/Puttler VwGO § 80 Rn 106).

IV. Inhalt und Rechtswirkungen der Aussetzung der Vollziehung

Die Aussetzung der Vollziehung unterscheidet sich rechtsdogmatisch von der Anordnung **130** oder Wiederherstellung der aufschiebenden Wirkung und bewirkt daher auch **nicht** den Eintritt der **aufschiebenden Wirkung** (Eyermann/Schmidt VwGO § 80 Rn 51; S/S/B/Schoch VwGO § 80 Rn 277, 316; aA Sodan/Ziekow/Puttler VwGO § 80 Rn 104). Dies folgt indes nicht zwingend daraus, dass die Aussetzung der Vollziehung nicht die Erhebung eines Rechtsbehelfs voraussetzt (Rn 124), dessen aufschiebende Wirkung angeordnet oder wiederhergestellt werden könnte (so aber Eyermann/Schmidt VwGO § 80 Rn 51; S/S/B/Schoch VwGO § 80 Rn 316). Denn aus § 80 Abs 5 S 2 VwGO ergibt sich, dass das Gericht die aufschiebende Wirkung auch in dem Fall **wiederherstellen** kann, in dem die Erhebung eines Widerspruchs unstatthaft (vgl § 68 Abs 1 S 2 Alt 1 und Alt 2 Nr 1 VwGO) und die Erhebung einer Anfechtungsklage noch nicht erfolgt ist. Gleichwohl sind die Aussetzung der Vollziehung und die Anordnung bzw Wiederherstellung der aufschiebenden Wirkung aufgrund des unterschiedlichen Wortlauts des § 80 Abs 4 VwGO einerseits und des § 80 Abs 5 VwGO andererseits zu unterscheiden. **Faktisch** besteht jedoch kein Unterschied (Eyermann/Schmidt VwGO § 80 Rn 51; S/S/B/Schoch VwGO § 80 Rn 317), weil der durch die Aussetzung der Vollziehung herbeigeführte Rechtszustand mit der durch die aufschiebende Wirkung geschaffenen Lage übereinstimmt. Die Aussetzungsentscheidung stellt als Gegenstück zu der gesetzlich oder behördlich angeordneten sofortigen Vollziehung den – der aufschiebenden Wirkung funktional vergleichbaren – Schutzeffekt mit **ex nunc-Wirkung** (wieder) her (Sodan/Ziekow/Puttler VwGO § 80 Rn 104).

Ebenso wie die Anordnung der aufschiebenden Wirkung (Rn 115) kann die Behörde die **131** Aussetzung der Vollziehung auf einen selbstständig vollziehbaren Teil des Verwaltungsakts **beschränken**, sie **befristen** oder mit **Auflagen** oder **Bedingungen** versehen (S/S/B/Schoch VwGO § 80 Rn 322; Sodan/Ziekow/Puttler VwGO § 80 Rn 104). Eine Aussetzung der Vollziehung gegen Sicherheitsleistung ist in § 80 Abs 4 S 2 VwGO zwar ausdrücklich nur für Anforderungen öffentlicher Abgaben und Kosten vorgesehen. Die Vorschrift ist jedoch nicht abschließend zu verstehen, so dass in analoger Anwendung der Bestimmung die Vollziehung auch bei anderen Verwaltungsakten gegen Sicherheitsleistung ausgesetzt werden kann (S/S/B/Schoch VwGO § 80 Rn 322; Sodan/Ziekow/Puttler VwGO § 80 Rn 104). Die Behörde kann wie das Gericht (§ 80 Abs 7 S 1 VwGO) grundsätzlich die Aussetzungsentscheidung jederzeit aufheben oder ändern, indem sie etwa nachträglich Auflagen anordnet (OVG Münster NVwZ-RR 2004, 725; Sodan/Ziekow/Puttler VwGO § 80 Rn 104; einschränkend BVerwG NVwZ-RR 2002, 153 f; S/S/B/Schoch VwGO § 80 Rn 320). Die Behörde kann die Vollziehung grundsätzlich bis Unanfechtbarkeit des Verwaltungsakts treffen, im Klageverfahren also bis zum Erlass einer rechtskräftigen Hauptsacheentscheidung. Ist der Verwaltungsakt bereits vollzogen, kann die Behörde in analoger Anwendung des § 80 Abs 5 S 3 VwGO die zur Wiederherstellung des Status quo ante erforderlichen Maßnahmen treffen (Sodan/Ziekow/Puttler VwGO § 80 Rn 104). Bei faktischer Vollziehung, wenn also der Verwaltungsakt entgegen der aufschiebenden Wirkung vollzogen wurde, ist in entsprechender Anwendung des § 80 Abs 4 VwGO die Vollziehung einzustellen. Bereits durchgeführte Maßnahmen sind analog § 80 Abs 5 S 3 VwGO rückgängig zu machen (F/D/K/Külpmann Rn 840; Sodan/Ziekow/Puttler VwGO § 80 Rn 104).

V. Rechtsschutz

132   Gegen Entscheidungen der Behörde nach § 80 Abs 4 VwGO besteht für den Betroffenen kein Klagerecht. Es kann allein ein Eilantrag nach § 80 Abs 5 VwGO gestellt werden (VGH München NVwZ-RR 1988, 127; Brühl JuS 1995, 818, 819; S/S/B/Schoch VwGO § 80 Rn 324; Sodan/Ziekow/Puttler VwGO § 80 Rn 110). Dies gilt auch dann, wenn die Behörde den Antrag auf Aussetzung der Vollziehung nicht bescheidet (Sodan/Ziekow/ Puttler VwGO § 80 Rn 110). Wird beim Verwaltungsakt mit Drittwirkung einem Aussetzungsantrag des Dritten stattgegeben (§ 80a Abs 1 Nr 2 VwGO), kann der vom Verwaltungsakt Begünstigte gem. § 80a Abs 3 S 1 VwGO beim Gericht einen Antrag auf Anordnung der sofortigen Vollziehbarkeit stellen.

133   Demgegenüber kann sich die Ausgangsbehörde gegen die Aussetzung der Vollziehung durch die Widerspruchsbehörde nicht im Wege eines Antrags nach § 80 Abs 5 VwGO zur Wehr setzen (VGH München NVwZ-RR 1988, 127; Eyermann/Schmidt VwGO § 80 Rn 52; S/S/B/Schoch VwGO § 80 Rn 325; Sodan/Ziekow/Puttler VwGO § 80 Rn 110; aA OVG Koblenz NVwZ-RR 1992, 206). § 80 Abs 5 S 1 VwGO gilt nur für die Fälle des § 80 Abs 2 VwGO, nicht aber für diejenigen des § 80 Abs 4 VwGO. Darüber hinaus beruht das System des § 80 VwGO darauf, dass der Rechtsschutzsuchende im Hauptsacheverfahren Widerspruch und Anfechtungsklage erheben darf (vgl § 80 Abs 1 S 1 VwGO). Diese Voraussetzung erfüllt die Ausgangsbehörde nicht. Hiergegen ist von Verfassungs wegen an nichts zu erinnern (BVerfGE 35, 263, 271 ff).

G. Gerichtlicher vorläufiger Rechtsschutz (Abs 5)

134   Das Gericht entscheidet nach § 80 Abs 5 S 1 VwGO in den Fällen des gesetzlich angeordneten Ausschlusses der aufschiebenden Wirkung über die Anordnung der aufschiebenden Wirkung und in dem Fall einer behördlichen Anordnung der aufschiebenden Wirkung (§ 80 Abs 2 S 1 Nr 4 VwGO) über die Wiederherstellung des Rechtsbehelfs. Diese Typologisierung des Verfahrens und der vom Gesetzgeber damit zum Ausdruck gebrachte Unterschied zum behördlichen Aussetzungsverfahren (vgl Rn 130) lässt es bedenklich erscheinen, wenn sich für diese Form des einstweiligen Rechtsschutzes im Schrifttum der Begriff „Aussetzungsverfahren" eingebürgert hat (vgl statt vieler Brühl JuS 1995, 722, 723; F/D/K/Külpmann Rn 858; kritisch zu dieser Bezeichnung Eyermann/Schmidt VwGO § 80 Rn 54; S/S/B/Schoch VwGO § 80 Rn 326). Dieser aus dem finanz- (§ 69 Abs 3 FGO) und sozialgerichtlichen (§ 97 Abs 2–4 SGG) stammende Terminus dient als übergreifende, für alle von § 80 Abs 5 VwGO erfassten Verfahren, also für die Anordnung bzw Wiederherstellung der aufschiebenden Wirkung, für die Fälle der drohenden und faktischen Vollziehung, für den (Annex-)Antrag auf Anordnung der Aufhebung der Vollziehung (§ 80 Abs 5 S 3 VwGO) und die entsprechenden Anträge bei Verwaltungsakten mit Drittwirkung (§ 80a Abs 3 S 2 VwGO).

135   Der **verwaltungsgerichtliche Eilrechtsschutz** ist durch das verfassungsrechtliche Postulat effektiven Rechtsschutzes **verfassungsrechtlich geboten**. Die Verfassung schreibt dem Gesetzgeber nicht die Modalitäten der Gewährung vorläufigen Rechtsschutzes vor. Im Zentrum der Rechtsschutzgarantie steht nicht die Sicherungstechnik, sondern der Sicherungserfolg (Rn 2 f). Soweit sich der Gesetzgeber für den Bereich belastender Verwaltungsakte gegen die einstweilige Anordnung und für das Schutzsystem der aufschiebenden Wirkung entschieden hat (§ 123 Abs 5 VwGO iVm §§ 80, 80a VwGO), ist der verwaltungsgerichtliche vorläufige Rechtsschutz nach § 80 Abs 5 VwGO Ausdruck einer verfassungsrechtlichen Notwendigkeit (S/S/B/Schoch VwGO § 80 Rn 328).

136   Dem einstweiligen Rechtsschutz nach § 80 Abs 5 VwGO kommt **Sicherungsfunktion** zu. Insbes gilt es, vor der Entscheidung in der Hauptsache der Schaffung **vollendeter Tatsachen** wirksam vorzubeugen, also den Eintritt eines irreversiblen Zustandes nach Möglichkeit zu verhindern (vgl BVerfGE 53, 30, 68; 69, 315, 372; VGH München NVwZ 1984, 527, 528; OVG Münster, NVwZ-RR, 670, Papier, BauR 1981, 151, 154; Trzaskalik JZ 1983, 415, 421). Diesseits dieses Schutzkorridors zielt der vorläufige Rechtsschutz auf die Sicherung des Status quo bis zur rechtskräftigen Entscheidung in der Hauptsache (S/S/B/ Schoch VwGO § 80 Rn 328). Der **Ausschluss des vorläufigen Rechtsschutzes** nach

§ 80 Abs 5 VwGO durch darauf abzielende gesetzliche Verbote ist verfassungswidrig (Eyermann/Schmidt VwGO § 80 Rn 55; S/S/B/Schoch VwGO § 80 Rn 331).

Beim **Verwaltungsakt mit Drittwirkung** verlangt die Verfassung, dass das Gericht auf **137** Antrag des Begünstigten die sofortige Vollziehung anordnen kann. Diese Möglichkeit gerichtlichen Rechtsschutzes ist das von Verfassungs wegen gebotene Korrelat zu der aufschiebenden Wirkung, die der Belastete durch Erhebung des Rechtsbehelfs auslöst. Der einstweilige gerichtliche Rechtsschutz konkretisiert insoweit neben der Rechtsweggarantie das im allgemeinen Gleichheitssatz des Art 3 Abs 1 GG wurzelnde Gebot **prozessualer Waffengleichheit** (siehe bereits OVG Hamburg BRS 42 Nr 180; Menger/Erichsen VerwArch 60 (1969) 385; Erichsen VerwArch 65 (1974), 99, 106; Bothe JZ 1975, 399, 402 f; Lüke NJW 1978, 81, 84; ebenso statt vieler Eyermann/Schmidt VwGO § 80 Rn 55; S/S/B/Schoch VwGO § 80 Rn 330).

I. Zulässigkeit eines Antrags nach Abs 5

Entsprechend dem Rechtsbehelf in der Hauptsache ist beim einstweiligen Rechtsschutz- **138** verfahren nach § 80 Abs 5 VwGO zwischen der **Zulässigkeit** und der **Begründetheit** des Antrags zu unterscheiden (statt aller vgl VGH München BayVBl 1976, 239, 240; Erichsen Jura 1984, 478; S/S/B/Schoch VwGO § 80 Rn 450).

1. Eröffnung des Verwaltungsrechtswegs

eben dem Erfordernis der Einschlägigkeit der **deutschen Gerichtsbarkeit** (VGH Mün- **139** chen BayVBl 1990, 469; Schenke, Rn 990; S/S/B/Schoch VwGO § 80 Rn 451) ist in **analoger** Anwendung des § 40 Abs 1 VwGO ein Antrag nach § 80 Abs 5 VwGO nur zulässig, wenn für das Hauptsacheverfahren der **Verwaltungsrechtsweg** eröffnet ist. Hält das Gericht den beschrittenen Verwaltungsrechtsweg für unzulässig, spricht es in entsprechender Anwendung des § 17a Abs 2 S 1 GVG iVm § 173 S 1 VwGO dies von Amts wegen aus und verweist den Rechtsstreit zugleich an das zuständige Gericht des zulässigen Rechtsweges (OVG Berlin, 685; NVwZ-RR 1998, 464; OVG Münster DVBl 1994 215; NJW 1998, 1579; VGH Kassel NVwZ 2003; VGH Mannheim VBlBW 1992, 471; VGH München BayVBl 1993, 309 f; S/S/B/Schoch VwGO § 80 Rn 452; Sodan/Ziekow/Puttler VwGO § 80 Rn 113; aA OVG Koblenz DVBl 1993, 260; Holzheuser DÖV 1994, 807 ff).

2. Zuständiges Gericht

Zuständig für einen Eilantrag ist gem § 80 Abs 5 S 1 VwGO das **Gericht der Haupt-** **140** **sache**. Diese Zuständigkeitsregelung gilt nach § 80a Abs 3 S 2 VwGO auch im einstweiligen Rechtsschutzverfahren beim Verwaltungsakt mit Drittwirkung. Sofern der Antrag bereits vor Klageerhebung gestellt wird (vgl § 80 Abs 5 S 2) VwGO, liegt die sachliche und örtliche Zuständigkeit bei dem Gericht, das zur Entscheidung über die künftige Klage zuständig wäre. Nach Klageerhebung ist das Gericht zuständig, dass mit der Klage tatsächlich befasst ist, es sei denn, dieses Gericht wäre offensichtlich unzuständig (OVG Berlin LKV 1991, 373; S/S/B/Schoch VwGO § 80 Rn 479; Sodan/Ziekow/Puttler VwGO § 80 Rn 114).

Die **sachliche Zuständigkeit** liegt im Regelfall (vgl § 45 VwGO) beim VG als dem **141** Gericht der Hauptsache. Die Zuständigkeit des VG endet mit Anhängigkeit des Rechtsstreits in der nächsten Instanz. Nach Einführung der Zulassungsberufung wird der Rechtsstreit mit Eingang des Antrags auf Zulassung der Berufung gem § 124a Abs 4 VwGO beim Berufungsgericht anhängig (VGH München NVwZ 2002, 1268; siehe auch VGH München NVwZ 2000, 210, 211). Im Fall der vom VG bereits zugelassenen Sprungrevision (§ 134 Abs 1 S 1 VwGO) oder – bei gesetzlichem Berufungsausschluss – der dort bereits zugelassenen Revision (§ 135 S 2 VwGO) endet die Zuständigkeit des VG mit Eingang der Revisionsschrift. Über den Antrag auf Zulassung der Sprungrevision nach § 134 Abs 1 VwGO hat das VG zu entscheiden. Er besitzt daher keinen Devolutiveffekt. Wird ein solcher Antrag gestellt, endet die Zuständigkeit des VG daher erst mit Eingang des Antrags auf Zulassung zur Berufung (§ 134 Abs 3 S 1 VwGO iVm § 124a VwGO) oder mit Eingang der Revisionsschrift (§ 134 Abs 3 S 2 VwGO iVm § 139 Abs 1 VwGO). Hat das VG bei gesetzlichem Berufungsausschluss die Revision in seinem Urteil nicht zugelassen, kann Nichtzulassungsbeschwerde eingelegt werden (§ 135 S 2, 3 VwGO). Die Zuständigkeit des VG endet in diesem Fall mit der Entscheidung, der Beschwerde nicht abzuhelfen (§ 133 Abs 5 S 1 VwGO). Die Zuständigkeit des Berufungsgerichts als Gericht der Hauptsache beginnt mit Eingang des Antrags auf Zulassung der Berufung beim VG (§ 124a Abs 4 S 2 VwGO) und endet mit Eingang der Revisionsschrift. Nach Einlegung der Nichtzulassungsbeschwerde endet die Zuständigkeit des Berufungsgerichts mit seiner Entscheidung, der Beschwerde nicht abzuhelfen (Eyermann/Schmidt VwGO § 80 Rn 63; F/D/K/Külpmann Rn 868; Sellner FS Lerche 1993, 815, 819; Sodan/Ziekow/Puttler VwGO § 80 Rn 115). Das BVerwG wird zum Gericht der Hauptsache insbes dann, wenn es im Revisionsverfahren zuständig geworden ist oder wenn das Verfahren aufgrund einer Nichtzulassungsbeschwerde bei ihm anhängig ist. Im einstweiligen Rechtsschutzverfahren kann das BVerwG auch Tatsachen ermitteln und Beweise erheben (BVerwGE 1, 45 ff; 39, 229, 230; VGH München BayVBl 1976, 239, 240; S/S/B/Schoch VwGO § 80 Rn 482; Sodan/Ziekow/Puttler VwGO § 80 Rn 115). Die Zuständigkeit des BVerwG endet mit der Zurückweisung der Sache gem § 144 Abs 3 Nr 2 VwGO. Hierbei ist der Zeitpunkt der Verkündung oder – sofern die Entscheidung ohne mündliche Verhandlung ergeht – der Zustellung der Entscheidung maßgeblich (Sellner FS Lerche 1993, 815, 819 f; Sodan/Ziekow/Puttler VwGO § 80 Rn 115). Ab diesem Zeitpunkt ist zur Entscheidung über einen Antrag nach § 80 Abs 5 das Gericht zuständig, an das verwiesen wurde (Sodan/Ziekow/Puttler VwGO § 80 Rn 115). Hat das VG über die Klage, aber noch nicht über den Eilantrag entschieden, geht die zunächst begründete Zuständigkeit des VG für das Aussetzungsverfahren mit dem Rechtsmittel in der Hauptsache nach hM (vgl BVerwGE 39, 229, 230; OVG Münster DVBl 1981, 691; Eyermann/Schmidt VwGO § 80 Rn 63; F/D/K/Külpmann Rn 867; S/S/B/Schoch VwGO § 80 Rn 481; Sodan/Ziekow/Puttler VwGO § 80 Rn 116) auf die höhere Instanz über. Dieser Zuständigkeitswechsel soll automatisch, dh ohne Verweisungsantrag erfolgen (Bedenken insoweit allerdings bei OVG Münster DVBl 1981, 691, 692; Verweisung nach § 83 VwGO iVm § 17 GVG fordernd Eyermann/Schmidt VwGO § 80 Rn 63). Da dem kodifizierten Prozessrecht ein solcher automatischer Zuständigkeitswechsel fremd ist, ließe er sich allenfalls unter prozessökonomischen Gesichtspunkten rechtfertigen (so S/S/B/Schoch VwGO § 80 Rn 481).

142   Die **örtliche Zuständigkeit** des Gerichts erster Instanz hat das Beschwerdegericht nicht zu prüfen (OVG Berlin LKV 1991, 373; S/S/B/Schoch VwGO § 80 Rn 483). Dies folgt aus § 83 S 1 VwGO iVm § 17a Abs 5 GVG, der auch im Verfahren des vorläufigen Rechtsschutzes entsprechend gilt (VGH Mannheim VBlBW 1993, 222 f; S/S/B/Schoch VwGO § 80 Rn 483; aA VGH Kassel NJW 1994, 145). Hält sich das angerufene Gericht für örtlich oder sachlich unzuständig, verweist es in analoger Anwendung des § 83 iVm § 17a Abs 2 S 1 GVG an das zuständige Gericht (BVerwG DVBl 2004, 1046, 1047; DVBl 2005, 916; Sodan/Ziekow/Puttler VwGO § 80 Rn 118; aA Kopp/Schenke VwGO § 83 Rn 4; offen lassend VGH München NVwZ 200, 210).

143   Auch gilt nichts anderes bei sog **Massenverfahren**, bei denen sich eine Vielzahl von Klägern gegen dasselbe Vorhaben wendet. Damit sind für die – meist inhaltlich gleichen – Anträge nach § 80 Abs 5 VwGO (regelmäßig) unterschiedliche Gerichte zuständig (S/S/B/Schoch VwGO § 80 Rn 484; Sodan/Ziekow/Puttler VwGO § 80 Rn 117). Der Versuch des VGH München, bei derartigen Konstellationen eine einheitliche Rechtsanwendung dadurch zu ermöglichen, dass er in analoger Anwendung des § 53 Abs 1 VwGO die in der unteren Instanz zu demselben Streitobjekt anhängigen Verfahren „heraufholte" (VGH München, DVBl 210, 211; aufgegeben in BayVBl 1985, 52, 53; ausführlich zur Problematik Fröhlinger DÖV 1983, 363 ff), wurde vom BVerwG wegen „extremer" Rechtswidrigkeit beanstandet (BVerwGE 64, 347).

144   Im Regelfall, in dem das VG das Gericht der Hauptsache ist, liegt die **funktionelle Zuständigkeit** innerhalb des Gerichts bei der Kammer, es sei denn, die Sache ist bereits durch Kammerbeschluss auf den Einzelrichter übertragen worden (Eyermann/Schmidt VwGO § 80 Rn 64; S/S/B/Schoch VwGO § 80 Rn 487). In dringenden Fällen kann nach § 80 Abs 8 VwGO der **Vorsitzende** entscheiden. Ob ein dringender Fall vorliegt, hängt von der Bedeutung und dem Gewicht der Nachteile ab, die durch die Verzögerung entstehen können (Sodan/Ziekow/Puttler VwGO § 80 Rn 119). Die in § 80 Abs 8 S 2 VwGO aF vorgesehene Möglichkeit, gegen die Entscheidung des Vorsitzenden das Kollegium anzurufen, ist durch das Gesetz zur Entlastung der Rechtspflege vom 11.1.1993 „im Interesse der

Beschleunigung des Verfahrens und der Entlastung der Gerichte" (BT-Drs 12/1217 S 55), entfallen. Die Streichung der Vorschrift hat an der gerichtsverfassungsrechtlichen Stellung des Vorsitzenden nichts geändert. Er wird gem. § 80 Abs 8 VwGO nicht als Einzelrichter, sondern als Mitglied des Kollegiums tätig (Schnellenbach DVBl 1993, 230, 235; S/S/B/ Schoch VwGO § 80 Rn 487). Der Vorsitzende ist auch weiterhin befugt, in Fällen, in denen er dies für angebracht hält (vgl hierzu Schnellenbach DVBl 1993, 230, 235), bis zur endgültigen Entscheidung durch die Kammer bzw den Senat zeitlich befristete vorläufige Rechtsschutzentscheidungen zu treffen (Schnellenbach DVBl 1993, 230, 235; Sodan/Zie-kow/Puttler VwGO § 80 Rn 119).

3. Antrag

Für eine gerichtliche Entscheidung nach § 80 Abs 5 ist ein **Antrag** erforderlich. Die **145** gerichtliche Entscheidung ergeht **nicht von Amts wegen**, sondern nur auf Antrag (Eyer-mann/Schmidt VwGO § 80 Rn 59). Besondere Anforderungen an die Antragstellung sind in § 80 Abs 5 nicht geregelt. In entsprechender Anwendung der §§ 81, 82 gelten die allgemeinen Regeln (Eyermann/Schmidt VwGO § 80 Rn 59; S/S/B/Schoch VwGO § 80 Rn 478; Sodan/Ziekow/Puttler VwGO § 80 Rn 120 ff). Zusätzliche Anforderungen oder Modifizierungen können sich aus spezialgesetzlichen Bestimmungen ergeben (vgl hierzu S/ S/B/Schoch VwGO § 80 Rn 478). Der Antrag kann in entsprechender Anwendung des § 92 bis zur Unanfechtbarkeit der gerichtlichen Entscheidung über den Antrag ohne Einwilligung des Antragsgegners jederzeit zurückgenommen werden (VGH München BayVBl 1982, 631; 1985, 407; Eyermann/Schmidt VwGO § 80 Rn 59; Sodan/Ziekow/Puttler VwGO § 80 Rn 123).

4. Statthafte Antragsform

Der Anwendungsbereich des einstweiligen Rechtsschutzverfahrens ergibt sich nur unvoll- **146** ständig aus § 80 Abs 5 VwGO (vgl bereits Rn 7 f). Von seiner genauen Bestimmung hängt die Reichweite der einstweiligen Anordnung nach § 123 VwGO ab. Liegt einer der Fälle der §§ 80, 80a VwGO vor, ist die einstweilige Anordnung kraft der Subsidiaritätsklausel des § 123 Abs 5 VwGO unanwendbar. Im Regelfall bemisst sich die erforderliche Abgrenzung zwischen § 80 Abs 5 VwGO und § 123 VwGO danach, welche Klage in der Hauptsache zu erheben ist. Während bei **Anfechtungsklage** in der Hauptsache das Verfahren nach **§ 80 Abs 5 VwGO** statthaft ist, bemisst sich bei allen übrigen Klagen (**Verpflichtungs-, allgemeine Leistungs- und Feststellungsklagen**) der einstweilige Rechtsschutz nach **§ 123 VwGO**. Hierbei handelt es sich jedoch nur um eine **grobe Faustformel**. Genau besehen kommt es für die Statthaftigkeit eines Antrags nach § 80 Abs 5 VwGO oder § 123 VwGO nicht darauf an, ob in der Hauptsache die Anfechtungsklage bzw die Verpflichtungsklage die statthafte Klageart darstellt. Das für die Praxis wichtigste Beispiel bietet das Ausländerrecht: Bei Versagung der Erteilung oder Verlängerung eines Aufenthaltstitels (§ 81 AufenthG) muss der Betroffene in der Hauptsache Verpflichtungsklage erheben. Gleichwohl richtet sich der einstweilige Rechtsschutz nicht stets nach § 123 VwGO.

Wird die Erteilung oder Verlängerung eines Aufenthaltstitels versagt, verliert der Betroffene ein **146.1** fiktives Verweilrecht in der Bundesrepublik Deutschland, das seine Antragstellung unter bestimmten Voraussetzungen begründet hatte (§ 81 Abs 3 und 4 AufenthG). Im Rahmen des einstweiligen Rechtsschutzes geht es allein darum, dieses fiktive Verweilrecht wieder aufleben zu lassen. Wegen des gesetzlich angeordneten Ausschlusses der aufschiebenden Wirkung (§ 84 Abs 1 Nr 1 AufenthG) ist in diesen Fällen der Antrag auf Anordnung der aufschiebenden Wirkung (§ 80 Abs 5 S 1 Alt 1 VwGO) die statthafte Verfahrensform (zur alten Rechtslage vgl VGH Mannheim VBlBW 1992, 155, 156; NVwZ 1993, 291; VBlBW 1993, 21; InfAuslR 1993, 14; NVwZ-RR 1993, 215; NVwZ-RR 1995, 294; NVwZ-RR 1995, 295, 297; VGH Kassel NVwZ-RR 1991, 426, 427; InfAuslR 1995, 191; OVG Münster NVwZ 1991, 911; NWVBl 1992, 182; OVG Schleswig NVwZ-RR 1993, 437, 439; S/S/B/Schoch VwGO § 80 Rn 338; Sodan/Ziekow/Puttler VwGO § 80 Rn 21). Tritt die Fiktionswirkung nicht ein, kann vorläufiger Rechtsschutz nur im Wege einer einstweiligen Anordnung gewährt werden, mit der die Behörde zum Erlass einer vorläufigen Duldung verpflichtet wird (zur alten Rechtslage vgl VGH Mannheim NVwZ-RR 1995, 294, 295;

VGH Kassel NVwZ-RR 1991, 667; NVwZ-RR 1993, 213 f; InfAuslR 1993, 369, 370; InfAuslR 1994, 349, 351; S/S/B/Schoch VwGO § 80 Rn 338; Sodan/Ziekow/Puttler VwGO § 80 Rn 21).

147   Wortlaut und Systematik verdeutlichen, dass der Antrag nach § 80 Abs 5 VwGO funktional auf die aufschiebende Wirkung iSd § 80 Abs 1 VwGO bezogen ist, deren Anordnung bzw Wiederherstellung begehrt wird. Ebenso wie § 80 Abs 1 VwGO muss der Angriffsgegenstand bei einem Antrag nach § 80 Abs 1 VwGO ein **belastender Verwaltungsakt** sein, der **bekannt gegeben** (vgl § 41 VwVfG), **nicht unanfechtbar** (vgl § 80b VwGO) und **nicht erledigt** (vgl § 43 Abs 2 VwVfG) ist (vgl Rn 17).

148   Eine weitere Voraussetzung für einen Antrag nach § 80 Abs 5 VwGO betrifft dessen Verhältnis zu § 80a VwGO. Für **Verwaltungsakte mit Drittwirkung** enthält § 80a Abs 3 S 1 VwGO eine **spezialgesetzliche** Regelung des vorläufigen gerichtlichen Rechtsschutzes. Nur soweit § 80a Abs 3 S 1 VwGO keine abschließende Regelung trifft, finden die Bestimmungen des § 80 Abs 5 VwGO auch auf Verwaltungsakte mit Drittwirkung entsprechende Anwendung (§ 80a Abs 3 S 2 VwGO). Praktische Bedeutung hat dies vor allem für die Möglichkeit, im gerichtlichen Verfahren einen (Annex-)Antrag auf Anordnung der Aufhebung der Vollziehung nach § 80 Abs 5 S 3 VwGO zu stellen, die kraft der Verweisungsvorschrift des § 80a Abs 3 S 2 VwGO auch bei Verwaltungsakten mit Drittwirkung besteht (vgl 80a VwGO Rn 54).

149   **a) Antrag auf Anordnung und Wiederherstellung der aufschiebenden Wirkung.** § 80 Abs 5 S 1 VwGO enthält zwei Alternativen:
– die Anordnung und
– die Wiederherstellung der aufschiebenden Wirkung.

Die **Anordnung** der aufschiebenden Wirkung (§ 80 Abs 5 S 1 Alt 1 VwGO) umschließt diejenigen Konstellationen, in denen kraft gesetzlicher Anordnung (§ 80 Abs 2 S 1 Nr 1–3, Abs 2 S 2 VwGO) der Eintritt der aufschiebenden Wirkung durch bloße Rechtsbehelfserhebung ausgeschlossen ist. Insoweit geht es um die erstmalige Herstellung der aufschiebenden Wirkung (S/S/B/Schoch VwGO § 80 Rn 337). Der für die Praxis wichtigste Fall ist die **Wiederherstellung** der aufschiebenden Wirkung (§ 80 Abs 5 S 1 Alt 2 VwGO). Dieser Antrag setzt voraus, dass die Behörde die sofortige Vollziehung des Verwaltungsakts iSd § 80 Abs 2 Nr 4 VwGO angeordnet hat. Von Wiederherstellung der aufschiebenden Wirkung kann unzweifelhaft dann gesprochen werden, wenn die durch die Erhebung eines Rechtsbehelfs bewirkte aufschiebende Wirkung durch eine später erfolgte behördliche Vollziehungsanordnung beseitigt wird. Demgegenüber bereitet die Anordnung der sofortigen Vollziehung Probleme, wenn sie mit dem Erlass des Verwaltungsakts verbunden wird. Streng genommen handelt es sich dann nicht um die **Wieder**herstellung der aufschiebenden Wirkung, sondern um ihre erstmalige Herbeiführung (Erichsen Jura 1984, 478, 479 f); S/S/B/Schoch VwGO § 80 Rn 337). Gleichwohl ist dieser praktisch wichtigste Fall – auch dem Wortlaut des § 80 Abs 5 S 1 Alt 2 VwGO nach – von der Vorschrift erfasst. In § 80 Abs 5 S 1 Alt 2 VwGO ist von „im Falle des Absatzes 2 Nr 4" die Rede. Damit bringt der Gesetzgeber klar zum Ausdruck, dass der Antrag auf Wiederherstellung der aufschiebenden Wirkung statthaft ist, wenn die Behörde die sofortige Vollziehung anordnet, und zwar unabhängig davon, ob diese nach oder mit dem Erlass des Verwaltungsakts erfolgt. Der Gesetzgeber versteht den Begriff der Wiederherstellung in einem über den natürlichen semantischen Gehalt hinausgehenden Sinne. Auch wenn die sofortige Vollziehung – wie in der Praxis üblich – mit dem Verwaltungsakt verbunden wird, ist die statthafte Verfahrensart die Wieherherstellung der aufschiebenden Wirkung.

150   **b) (Annex-)Antrag auf gerichtliche Vollzugsfolgenbeseitigung.** Sofern der Verwaltungsakt im Zeitpunkt der gerichtlichen Entscheidung nach § 80 Abs 5 S 1 VwGO bereits vollzogen ist, ist dem Rechtsschutzinteresse des Betroffenen durch die Anordnung bzw Wiederherstellung der aufschiebenden Wirkung nicht entsprochen. Ohne Rückgängigmachung der Vollzugsfolgen kann von einem wirksamen Rechtsschutz nicht die Rede sein. Die Wiederherstellung des Status quo ante verlangt das **verfassungsrechtliche Gebot effektiven Rechtsschutzes**. Diesem Schutzanspruch dient § 80 Abs 5 S 3 VwGO (S/S/B/Schoch VwGO § 80 Rn 341).

151   § 80 Abs 5 S 3 VwGO kommt eine **verfahrensrechtliche Funktion** bei, in dem er im Interesse des **Gebots effektiven Rechtsschutzes** und der **Prozessökonomie** die Rück-

gängigmachung der Folgen eines vollzogenen Verwaltungsakts bereits im Verfahren nach § 80 Abs 5 S 3 VwGO ermöglicht. Das eigentliche Anliegen des Antragstellers besteht in derartigen Fällen darin, die Folgen des bereits vollzogenen Verwaltungsakts zu beseitigen. Gleichwohl hindert ihn die materielle Bestandskraft des Verwaltungsakts daran, sein auf Wiederherstellung des Status quo ante gerichtetes eigentliches Rechtsschutzbegehren auf direktem Wege durch Leistungsklage (Verpflichtungs- oder allgemeine Leistungsklage) bzw durch einen Antrag nach § 123 VwGO zu erreichen. Denn kraft der materiellen Bestandskraft des Verwaltungsakts ist der Einzelne zur Duldung eines – auch rechtswidrigen Zustandes – solange verpflichtet, bis der – nicht nichtige – Verwaltungsakt entweder aufgehoben oder zumindest die aufschiebende Wirkung des Rechtsbehelfs hergestellt ist. Deshalb müsste der Belastete in der Hauptsache zunächst im Wege der Anfechtungsklage eine Aufhebung des Verwaltungsakts erwirken und danach Leistungsklage erheben. Im einstweiligen Rechtsschutz müsste er zunächst die aufschiebende Wirkung gerichtlich anordnen bzw wiederherstellen lassen, um erst dann im Wege eines Antrags nach § 123 VwGO zum eigentlichen – auf Rückgängigmachung der Folgen des bereits vollzogenen Verwaltungsakts gerichteten – Antragsziel vorstoßen zu können. Im Interesse der Prozessökonomie und des verfassungsrechtlichen Gebots effektiven Rechtsschutzes eröffnen § 113 Abs 1 S 2 VwGO und § 80 Abs 5 S 3 VwGO die Möglichkeit, über die Vollzugsfolgenbeseitigung bereits im Anfechtungsprozess bzw im Verfahren nach § 80 Abs 5 S 1 VwGO zu entscheiden (zu § 113 Abs 1 S 2 VwGO vgl BVerwGE 54, 314, 316; BT-Drs 3/55, 43). Zumindest in dieser **verfahrensrechtlichen** Funktion stimmen § 113 Abs 1 S 2 und § 80 Abs 5 S 3 überein (VGH Mannheim DÖV 1971, 713; VGH Kassel NVwZ 1987, 79, 80; OVG Greifswald GewArch 1996, 76, 77; OVG Münster DÖV 1983, 1024, 1025; Kopp JuS 1983, 673, 675 f; Kopp/Schenke VwGO § 80 Rn 176; Schenke DVBl 1986, 9, 15; Schenke, Rn 1006; F/D/K/Külpmann Rn 1017).

Unmittelbar erfasst § 80 Abs 5 S 3 VwGO nur die Fälle, in denen – kraft gesetzlicher **152** oder behördlicher Anordnung des Ausschlusses der aufschiebenden Wirkung (§ 80 Abs 2 VwGO) – (ursprünglich) **rechtmäßige Vollziehungsmaßnahmen** vorgenommen worden sind, die (später) aufgrund der gerichtlichen Anordnung bzw Wiederherstellung der aufschiebenden Wirkung gem § 80 Abs 5 S 1 VwGO keinen Bestand (mehr) haben können (VGH München NJW 1983, 835, 838; OVG Münster DÖV 1970, 65, 66 f; NWVBl 1996, 8; S/S/B/Schoch VwGO § 80 Rn 342). Wegen Missachtung der aufschiebenden Wirkung (§ 80 Abs 1) von vornherein rechtswidrige Vollziehungsmaßnahmen unterfallen unmittelbar nicht dem Anwendungsbereich des § 80 Abs 5 S 3 VwGO (S/S/B/Schoch VwGO § 80 Rn 342). In solchen Fällen des sog faktischen Vollzugs ist die Vorschrift des § 80 Abs 5 S 3 VwGO analog anzuwenden (Rn 159). Sofern bei einem Verwaltungsakt mit Drittwirkung der begünstigte Adressat entgegen der durch Einlegung eines Rechtsbehelfs bewirkten aufschiebenden Wirkung von der Regelung Gebrauch macht, gewährt § 80a Abs 1 Nr 2 Alt 2 analog, Abs 3 S 1 VwGO vorläufigen Rechtsschutz (§ 80a VwGO Rn 52).

Der Begriff der **Vollziehung** deckt sich mit dem weiten Vollziehungsbegriff des § 80 **153** (Rn 28 ff). Deshalb ist § 80 Abs 5 S 3 VwGO nicht auf die Rückgängigmachung behördlicher Vollziehungsmaßnahmen beschränkt (so aber VGH Mannheim NVwZ 1984, 451, 452; Kopp JuS 1983, 673, 675), sondern schließt auch das Gebrauchmachen einer privaten Begünstigung bei Verwaltungsakten mit Drittwirkung ein (S/S/B/Schoch VwGO § 80 Rn 344; Schenke, Rn 1012). Auch die freiwillige, unter dem Druck drohender Vollziehungsmaßnahmen vorgenommene Befolgung des Verwaltungsakts fällt hierunter (VGH München NVwZ-RR 1990, 328, 329; NVwZ-RR 1994, 314; VGH Kassel DVBl 1964, 690, 691; NVwZ 1995, 1027, 1029; Kopp BayVBl 1972, 649, 654; Eyermann/Schmidt VwGO § 80 Rn 92; Kopp/Schenke VwGO § 80 Rn 179; Redeker/v. Oertzen/Redeker VwGO § 80 Rn 51; S/S/B/Schoch VwGO § 80 Rn 344; Sodan/Ziekow/Puttler VwGO § 80 Rn 163). § 80 Abs 5 S 3 ermöglicht gerichtliche Anordnungen, die zur Sicherung eines wirksamen Hauptsacherechtsschutzes und im Interesse der tatsächlichen Durchsetzung der aufschiebenden Wirkung auf die Rückgängigmachung und Beseitigung von Folgen der Verwirklichung des Verwaltungsakts zielen (VGH München NJW 1983, 835, 836; Papier VerwArch 64 (1973), 399 f; Schenke DVBl 1986, 9, 14; S/S/B/Schoch VwGO § 80 Rn 344). Von dem Begriff der Vollziehung werden nur die **unmittelbaren Folgen** von Vollziehungsmaßnahmen erfasst (Kopp/Schenke VwGO § 80 Rn 177; Schenke, Rn 1008;

aA S/S/B/Schoch VwGO § 80 Rn 344). Der Wortlaut lässt indes die Frage offen, ob nicht alle adäquat-kausalen Folgen des bereits vollzogenen Verwaltungsakts dem Vollziehungsbegriff unterfallen. Gegen eine solche extensive Norminterpretation spricht jedoch, dass – die im Wege eines Antrags nach § 80 Abs 5 S 1 VwGO zu suspendierende – Tatbestandswirkung des Verwaltungsakts nur die unmittelbaren, nicht aber alle adäquat-kausal eintretenden Folgen erfasst. Unterfielen alle adäquat-kausalen Auswirkungen der Vollziehungsmaßnahmen dem § 80 Abs 5 S 3, so wäre nicht verständlich, weshalb § 80 Abs 5 S 3 VwGO die gerichtliche Vollzugsfolgenbeseitigung an eine gerichtliche Aussetzungsentscheidung iSd § 80 Abs 5 S 1 VwGO bindet und damit keine isolierte Vollzugsfolgenbeseitigung zulässt (vgl sogleich noch Rn 155). Auch könnten anderenfalls die Grenzen zu Schadensersatzansprüchen zerfließen, die unzweifelhaft nicht im Wege eines Annexantrags nach § 80 Abs 5 S 3 VwGO geltend gemacht werden können. Problematisch ist, ob auch **Vollstreckungsmaßnahmen**, denen selbst die Qualität von Verwaltungsakten zukommt und die infolge des Grundverwaltungsakts ergehen, dem Begriff der Vollziehung zuzuordnen sind (bejahend S/S/B/Schoch VwGO § 80 Rn 344; verneinend Kopp/Schenke VwGO § 80 Rn 178). Da derartige Vollstreckungsverwaltungsakte ebenso wie Vollstreckungsrealakte unmittelbare Folgen des bereits vollzogenen (Grund-)Verwaltungsakts darstellen, sind sie Vollziehungsmaßnahmen im Sinne des § 80 Abs 5 S 3 VwGO. Dass sie als Verwaltungsakte materielle Tatbestandswirkung zeitigen und daher zur Unwirksamkeit grundsätzlich der Aufhebung bedürfen, ändert hieran nichts. Denn diese Aufhebungsmöglichkeit ist durch die gerichtliche Anordnung nach § 80 Abs 5 S 3 VwGO gegeben.

154   Wortlaut („Entscheidung") und systematische Stellung des § 80 Abs 5 S 3 VwGO zeigen, dass die Möglichkeit einer gerichtlichen Vollzugsfolgenbeseitigung an eine Aussetzungsentscheidung nach § 80 Abs 5 S 1 VwGO anknüpft. § 80 Abs 5 S 3 VwGO ist als **Annexverfahren** zu § 80 Abs 3 S 1 VwGO ausgestaltet und kann **nicht isoliert** durchgeführt werden. Erst mit der Herstellung der aufschiebenden Wirkung (§ 80 Abs 5 S 1 VwGO) entfällt der Rechtsgrund für die Vollziehungsmaßnahme und können deren Folgen nach § 80 Abs 5 3 VwGO rückgängig gemacht werden. Es bedarf vor der Anordnung zur Aufhebung der Vollziehung der Herstellung der aufschiebenden Wirkung, um vorläufigen Rechtsschutz zu erzielen (VGH Mannheim DÖV 1971, 713; VBlBW 1986, 343, 344; NVwZ-RR 1991, 409; VGH München NVwZ-RR 1990, 328, 329; VGH Kassel NVwZ-RR 1993, 389; OVG Münster NWVBl 1989, 61; NVwZ-RR 1990, 23; Eyermann/Schmidt VwGO § 80 Rn 92; S/S/B/Schoch VwGO § 80 Rn 345). Voraussetzung für eine gerichtliche Anordnung der Aufhebung der Vollziehung ist ein entsprechender, ggf im Wege der Auslegung (OVG Bremen NVwZ 1991, 1194, 1195) zu ermittelnder **Antrag** erforderlich (S/S/B/Schoch VwGO § 80 Rn 345; Sodan/Ziekow/Puttler VwGO § 80 Rn 163); ein Begehren nach § 80 Abs 5 S 1 VwGO umschließt aufgrund § 88 VwGO analog nicht a priori auch einen Antrag nach § 80 Abs 5 S 3 VwGO (vgl BVerwG NVwZ 1995, 590, 595; S/S/B/Schoch VwGO § 80 Rn 345). **Weitere Zulässigkeitsvoraussetzungen** hat der (Annex-)Antrag auf Vollzugsfolgenbeseitigung **nicht**.

155   Während die hM in § 113 Abs 1 S 2 VwGO und § 80 Abs 5 S 3 VwGO **ausschließlich** verfahrensrechtliche Regelungen erblickt, schreibt eine Gegenauffassung dem § 80 Abs 5 S 3 VwGO darüber hinaus eine **materielle** Funktion zu. Demnach soll § 80 Abs 5 S 1 VwGO – im Gegensatz zu § 113 Abs 1 S 2 VwGO – eine eigenständige Rechtsgrundlage (Befugnisnorm) für die gerichtliche Anordnung zur Aufhebung der Vollziehung begründen (Schoch Vorläufiger Rechtsschutz und Risikoverteilung im Verwaltungsrecht 1988, 416 f, 1425; S/S/B/Schoch VwGO § 80 Rn 343). Für diese Auffassung lässt sich zwar nicht der interimistische Charakter einer Anordnung nach § 80 Abs 5 S 3 VwGO ins Feld führen (so aber Schoch Vorläufiger Rechtsschutz und Risikoverteilung im Verwaltungsrecht 1988, 416 f, 1425; S/S/B/Schoch VwGO § 80 Rn 343), weil die Vorläufigkeit einer gerichtlichen Anordnung der Vollzugsfolgenbeseitigung nach § 80 Abs 5 S 3 VwGO es nicht ausschließt, dass der Vollzugsfolgenbeseitigungsanspruch auf einem anderen (materiellrechtlichen) Rechtsboden fußt. Für die Qualifizierung des § 80 Abs 5 S 3 VwGO als Befugnisnorm spricht aber bereits dessen Wortlaut. Dort heißt es, dass das Gericht „die Aufhebung der Vollziehung anordnen" kann. Im Gegensatz zu § 113 Abs 1 S 2 VwGO, der es dem Gericht lediglich ermöglicht, auf Antrag auszusprechen, „dass und wie die **Verwaltungsbehörde** die Vollziehung rückgängig zu machen" hat, wird das **Gericht** in § 80 Abs 5 S 3 VwGO ermächtigt, die Vollzugsfolgenbeseitigung direkt anzuordnen. Dieser im Gesetzeswortlaut klar zum Ausdruck kommende Unterschied verbietet es, zwischen § 113 Abs 1 S 2 VwGO und § 80 Abs 5 S 3 VwGO eine Parallele zu erblicken und § 80 Abs 5 S 3 VwGO den Charakter einer Befugnisnorm zu versagen. Vielmehr besteht eine Parallele zu § 80a Abs 1 Nr 2 Alt 2 VwGO, der ebenfalls dem Gericht die materiellrechtliche Ermächtigung zum Erlass entsprechender Sicherungsmaßnahmen bereitstellt (§ 80a VwGO Rn 55). Die **Voraussetzungen** dieses bereichsspezifischen Vollzugsfolgenbeseitigungsanspruchs (§ 80 Abs 5 S 3 VwGO) entsprechen denen des **allgemeinen Vollzugsfolgenbeseitigungsanspruchs** (aA Schoch Vorläufiger Rechtsschutz und Risikoverteilung im Verwaltungsrecht 1988, 1425; S/S/B/Schoch VwGO § 80 Rn 343, diesem genügt die Anordnung bzw Wiederherstellung der aufschiebenden Wirkung für § 80 Abs 5 S 3 VwGO). Diese Kongruenz beruht auf der Akzessorietät des einstweiligen Rechtsschutzes zum Rechtsschutz im Hauptsacheverfahren: Da der vorläufige Rechtsschutz der Durchsetzung der Rechte im Hauptsacheverfahren dient und deshalb grundsätzlich nicht mehr gewähren darf, als durch die Klage in der Hauptsache erreicht werden kann, bestimmen sich die Voraussetzungen der Vollzugsfolgenbeseitigung im einstweiligen Rechtsschutz nach denen im Hauptsacheverfahren. Für die Durchsetzung der Vollzugsfolgenbeseitigung im Hauptsacheverfahren nach § 113 Abs 1 S 2 VwGO müssen die Voraussetzungen des allgemeinen Vollzugsfolgenbeseitigungsanspruchs vorliegen (§ 113 VwGO Rn 48). Daher müssen dessen Voraussetzungen auch im Rahmen der bereichsspezifischen Vollzugsfolgenbeseitigung nach § 80 Abs 5 S 3 VwGO gegeben sein. § 80 Abs 5 S 3 VwGO regelt insofern lediglich die Ermächtigungsgrundlage des bereichsspezifischen Vollzugsfolgenbeseitigungsanspruchs, nicht aber dessen Voraussetzungen. Zur hM ergeben sich im Ergebnis keine Unterschiede, da nach beiden Ansichten im Rahmen des Verfahrens nach § 80 Abs 5 S 3 VwGO die Voraussetzungen des allgemeinen Vollzugsfolgenbeseitigungsanspruchs vorliegen müssen.

c) (Drohende) Faktische Vollziehung. Der Begriff der (drohenden) **faktischen** Vollziehung erfasst zwei Konstellationen. Ein faktischer Vollzug liegt vor, wenn die Behörde unter Missachtung der bestehenden aufschiebenden Wirkung (§ 80 Abs 1 VwGO) Vollziehungsmaßnahmen trifft. Der Verstoß gegen § 80 Abs 1 VwGO macht die Verwaltungsmaßnahme rechtswidrig, so dass ein zulässiger Eilantrag –ohne weitere Interessenabwägung durch das Gericht – allein deshalb begründet ist (Kirste, DÖV 2001, 397, 406; Kopp/Schenke VwGO § 80 Rn 181; Schenke, Rn 1018; S/S/B/Schoch VwGO § 80 Rn 352; aA OVG Weimar NVwZ 1994, 505; VGH Kassel DVBl 1992, 780, 781). Im Fall der erst **drohenden** faktischen Vollziehung rühmt sich die Behörde (irrig) eines Vollziehungsrechts, indem sie dem Rechtsbehelf zu Unrecht keine aufschiebende Wirkung attestiert (vgl VGH Mannheim DÖV 1968, 493; NJW 1974, 917; NVwZ-RR 1991, 176; OVG Lüneburg DÖV 1981, 30; OVG Münster OVGE 31, 193, 194), ohne dass sie bislang „zur Tat geschritten ist" und Vollziehungsmaßnahmen getroffen hat. Die Gründe einer (drohenden) faktischen Vollziehung sind vielfältig. Im Regelfall geht es um die Fälle, in denen die Behörde **irrtümlich** von der sofortigen Vollziehbarkeit ausgeht, weil sie zu Unrecht zB die Verwaltungsaktqualität der Maßnahme verneint oder die Einschlägigkeit einer der gesetzlichen Ausschlussgründe des § 80 Abs 2 S 1 Nr 1–3 VwGO bejaht (vgl F/D/K/Külpmann Rn 1041; S/S/B/Schoch VwGO § 80 Rn 354). Nur ausnahmsweise kommt es zur **bewussten** Missachtung der aufschiebenden Wirkung durch die Verwaltung (vgl OVG Hamburg DVBl 1981, 51, 52 f).

Dass in diesen Fällen der (drohenden) faktischen Vollziehung vorläufiger Rechtsschutz nach § 80 Abs 5 VwGO zu gewähren ist, ergibt sich aus § 123 Abs 5 VwGO (zutreffend S/S/B/Schoch VwGO § 80 Rn 355). Hierbei ist nicht entscheidend, dass die Vorschrift des § 80 Abs 5 S 1 VwGO direkt anwendbar ist, weil sie unmittelbar nur die (ursprünglich) rechtmäßigen Vollziehungsmaßnahmen betrifft (Rn 153). Maßgeblich ist, dass um den Eintritt oder Nichteintritt der aufschiebenden Wirkung gem § 80 Abs 1 VwGO bzw um die Folgen, die sich aus einer Missachtung der aufschiebenden Wirkung ergeben, gestritten wird. Ein solcher Streit ist dem System des § 80 VwGO zuzuordnen (Schoch Vorläufiger Rechtsschutz und Risikoverteilung im Verwaltungsrecht 1988, 1487; S/S/B/Schoch VwGO § 80 Rn 355). Der Konflikt ist im Rahmen des Systems des § 80 VwGO zu lösen, ggf durch entsprechende Heranziehung seiner Bauelemente.

In den Fällen der **irrtümlichen** Missachtung der aufschiebenden Wirkung durch die Behörde kommt als rechtliche Grundlage für die Rechtsschutzgewährung eine unmittelbare

156

157

158

Anwendung des § 80 Abs 5 S 1 VwGO nicht in Betracht (so aber OVG Münster OVGE 31, 193, 194; DVBl 1974, 472, 473; NVwZ 1987, 334, 335; siehe auch Redeker/v. Oertzen/ Redeker VwGO § 80 Rn 29). Ein Antrag auf Anordnung bzw Wiederherstellung der aufschiebenden Wirkung ist nicht statthaft, weil sie nach § 80 Abs 1 VwGO besteht (VGH Mannheim DVBl 1961, 519, 520; BWVP 1980, 136, 137; OVG Münster NJW 1970, 812; NVwZ-RR 1993, 269; OVG Koblenz AS 11, 264, 268 f; F/D/K/Külpmann Rn 1047; Schenke DVBl 1986, 9, 11; Schenke, Rn 1015; S/S/B/Schoch VwGO § 80 Rn 356). § 80 Abs 5 S 3 VwGO ist wenigstens direkt nicht anwendbar (so aber VGH Mannheim BWVP 1980, 136, 137; OVG Münster NJW 1970, 1812), weil von der Vorschrift rechtswidrige Vollziehungsmaßnahmen nicht erfasst sind (Rn 153). Auch die isolierte analoge Anwendung des § 80 Abs 5 S 3 VwGO (so aber VGH München DÖV 1971, 715; Papier BauR 1981, 151, 153) wird der Komplexität des Rechtsschutzbegehrens nicht gerecht. Vielmehr ist nach zutreffender Auffassung ein Antrag auf **Feststellung**, dass der eingelegte Rechtsbehelf aufschiebende Wirkung hat, in **analoger** Anwendung des § 80 Abs 5 S 1 VwGO statthaft (VGH Mannheim VBlBW 1988, 19; VBlBW 1988, 146; NVwZ-RR 1990, 513; VGH München NVwZ-RR 1990, 639; VGH Kassel NVwZ-RR 1988, 124; InfAuslR 1990, 144, 145; OVG Münster NVwZ-RR 1993, 269; Eyermann/Schmidt VwGO § 80 Rn 109; Kopp/Schenke VwGO § 80 Rn 181; Schenke, Rn 1015; Schoch Vorläufiger Rechtsschutz und Risikoverteilung im Verwaltungsrecht 1988, 1489 f; S/S/B/Schoch VwGO § 80 Rn 356; Sodan/Ziekow/Puttler VwGO § 80 Rn 164). Bedarf es in den Fällen der (drohenden) faktischen Vollziehung nur einer solchen autoritativen gerichtlichen Klärung, ob ein Rechtsbehelf aufschiebende Wirkung hat oder nicht, ist dem Rechtsschutzinteresse des Antragstellers entsprochen (Schoch Vorläufiger Rechtsschutz und Risikoverteilung im Verwaltungsrecht 1988, 1490; S/S/B/Schoch VwGO § 80 Rn 356). Hat die Behörde den Verwaltungsakt bereits vollzogen, wird wirksamer vorläufiger Rechtsschutz dadurch bewirkt, dass neben dem Feststellungsantrag analog § 80 Abs 5 S 1 VwGO ein (Annex-)Antrag auf Vollzugsfolgenbeseitigung gem § 80 Abs 5 S 3 VwGO gestellt werden kann (OVG Koblenz AS 11, 264, 269; Kopp/Schenke VwGO § 80 Rn 181; Papier JA 1979, 561, 563; Schenke, Rn 1016; Schoch Vorläufiger Rechtsschutz und Risikoverteilung im Verwaltungsrecht 1988, 1491 f; S/S/B/Schoch VwGO § 80 Rn 356; Sodan/Ziekow/Puttler VwGO § 80 Rn 164). Im Gegensatz zu der feststellenden Entscheidung nach § 80 Abs 5 S 1 VwGO sind Entscheidungen iSd § 80 Abs 5 S 3 VwGO gem § 168 Abs 1 Nr 1 und 2 VwGO analog taugliche Vollstreckungstitel (VGH München DVBl 1982, 1012, 1014; Redeker/v. Oertzen/ Redeker VwGO § 80 Rn 63; Sodan/Ziekow/Puttler VwGO § 80 Rn 164); sie können daher ggf mittels eines Zwangsgeldes vollzogen werden.

159   Auch in dem (Ausnahme-)Fall der **bewussten** Missachtung der aufschiebenden Wirkung durch die Behörde bietet das System des § 80 VwGO hinreichenden Rechtsschutz, so dass es einer systeminkonsistenten Anwendung des § 123 VwGO nicht bedarf (so aber Eyermann/ Schmidt VwGO § 80 Rn 110; wie hier Kopp/Schenke VwGO § 80 Rn 181; Schenke, DVBl 1986, 9, 12 ff; Schenke, Rn 1015; Schenke, JZ 1996, 1155, 1164). Dem Rechtsschutzinteresse des Antragstellers wird in dem Fall entsprochen, wenn das Gericht in analoger Anwendung des § 80 Abs 5 S 3 VwGO dem Hoheitsträger die weitere Vollziehung untersagt. Die analoge Anwendung des § 80 Abs 5 S 3 VwGO beruht auf einem argumentum a maiore ad minus. Wenn es dem Gericht in analoger Anwendung des § 80 Abs 5 Abs 3 VwGO erlaubt ist, die Rückgängigmachung einer faktischen Vollziehung anzuordnen, so muss es ihm erst recht gestattet sein zu verhindern, dass sich die Verwaltung anschickt, in rechtswidriger Weise Vollziehungsmaßnahmen zu treffen (so überzeugend Kopp/Schenke VwGO § 80 Rn 181; Schenke, DVBl 1986, 9, 12 ff; Schenke, Rn 1016; Schenke JZ 1996, 1155, 1164). Hiergegen spricht auch nicht, dass in dem Fall der bewussten Missachtung der aufschiebenden Wirkung der auf Feststellung der aufschiebenden Wirkung gerichtete (Haupt-)Antrag nach § 80 Abs 5 S 1 VwGO analog gegenstandslos ist, weil die Feststellung der aufschiebenden Wirkung zwischen den Beteiligten unstreitig ist (in diesem Sinne aber Eyermann/Schmidt VwGO § 80 Rn 110). Denn eines solchen Feststellungsantrags gem § 80 Abs 5 S 3 VwGO bedarf es, weil der Antrag nach § 80 Abs 5 S 3 VwGO anlog nicht isoliert gestellt werden kann (vgl Rn 155). Daher muss der Betroffene sowohl einen Feststellungsantrag (§ 80 Abs 5 S 1 VwGO analog) als auch einen (Annex-)Antrag gerichtet auf Unterlassung weiterer Vollstreckungsmaßnahmen (§ 80 Abs 5 S 3 VwGO analog) stellen.

Für den weiteren (Ausnahme-)Fall der behördlichen Missachtung einer **gerichtlichen** 160 **Anordnung oder Wiederherstellung der aufschiebenden Wirkung** gelten die gleichen Grundsätze. Demgegenüber wird nach nahezu einhelliger Auffassung davon ausgegangen, dass das – nochmalige– gerichtliche Aussetzungsverfahren gem § 80 Abs 5 S 1 VwGO keinen wirksamen Rechtsschutz gewähre, wenn eine bereits getroffene gerichtliche Aussetzungsentscheidung von der Behörde missachtet wird (vgl zB OVG Lüneburg DVBl 1974, 471; VG Schleswig InfAuslR 1984, 104; S/S/B/Schoch VwGO § 80 Rn 363). Zwar sei die erneute gerichtliche Feststellung der aufschiebenden Wirkung nicht von vornherein ungeeignet, die Beachtung des Rechts durchzusetzen (BVerwG Buchholz 310 § 80 Nr 42 (S 13); VG Schleswig InfAuslR 1984, 104). Da aber (rechtsgestaltende oder) feststellende Beschlüsse gem § 80 Abs 5 S 1 VwGO (analog) nicht vollstreckbar sind, helfe gegenüber einer renitenten Verwaltungsbehörde letztlich nur der Erlass einer einstweiligen Anordnung nach § 123 VwGO (VGH Mannheim VBlBW 1991, 219; S/S/B/Schoch VwGO § 80 Rn 363; Schoch Vorläufiger Rechtsschutz und Risikoverteilung im Verwaltungsrecht 1988, 1493 mwN). Hierbei wird jedoch übersehen, dass der notwendige Schutz durch eine analoge Anwendung des § 80 Abs 5 S 3 VwGO gewährleistet ist. Im Vergleich zur bewussten Missachtung der aufschiebenden Wirkung durch die Behörde (Rn 159) ergibt sich in dieser Konstellation nur ein Unterschied, dass neben die Missachtung des § 80 Abs 1 VwGO noch die Missachtung der gerichtlichen Entscheidung nach § 80 Abs 5 S 1 VwGO tritt. Das ändert aber nichts daran, dass auch hier ein Antrag auf Unterlassung weiterer Vollstreckungsmaßnahmen (§ 80 Abs 5 S 3 VwGO analog) gestellt werden kann. Da eine solche gerichtliche Unterlassungsentscheidung einen vollstreckbaren Titel iSd § 168 Abs 1 Nr 1 und 2 VwGO analog darstellt, der ggf durch Zwangsgeld vollzogen werden kann (vgl Rn 158), ist dem Rechtsschutzinteresse des Betroffenen Genüge getan.

d) **Fortsetzungsfeststellungsbegehren.** Im Gegensatz zu § 113 Abs 1 S 4 VwGO 161 findet sich in § 80 Abs 5 VwGO keine Regelung für den Fall der Erledigung des Verwaltungsakts. Da auch eine analoge Anwendung des § 113 Abs 1 S 4 VwGO ausscheidet, ist ein entsprechendes Begehren unzulässig (VGH Mannheim VBlBW 1981, 288; NVwZ 1988, 747; VBlBW 1990, 135, 136; VGH München BayVBl 1975, 702; BayVBl 1983, 24; BayVBl 1985, 22, 23; OVG Berlin UPR 1989, 400; VGH Kassel NVwZ-RR 1989, 518; OVG Münster JZ 1977, 398; OVG Koblenz JZ 1977, 796; NVwZ-RR 1995, 572; Kopp/Schenke VwGO § 80 Rn 181; S/S/B/Schoch VwGO § 80 Rn 365; aA VGH Mannheim NJW 1973, 342; VGH München VerwRspr 22, 1015, 1018; OVG Lüneburg NVwZ 1983, 106; VG Leipzig NVwZ-RR 1999, 131; Hoffmann DÖV 1976, 371, 372; differenzierend Eyermann/Schmidt VwGO § 80 Rn 112 f). Für einen Eilantrag in Gestalt des Fortsetzungsfeststellungsbegehrens fehlt es nicht erst am Rechtsschutzbedürfnis (so zB VGH Mannheim VBlBW 1981, 288, 289; VGH Kassel NVwZ-RR 1989, 518, 519). Ein solcher Antrag ist bereits **nicht statthaft** (VGH Kassel ESVGH 30, 26, 28; Papier JA 1979, 561, 565; S/S/B/ Schoch VwGO § 80 Rn 365). Dies folgt schon daraus, dass nach Erledigung des Verwaltungsakts das Eilverfahren seine Sicherungsfunktion im Hinblick auf das Hauptsacheverfahren nicht mehr erfüllen kann (S/S/B/Schoch VwGO § 80 Rn 365). Eine „gutachtliche Stellungnahme" des Gerichts zur materiellen Rechtslage ist nicht Zweck des einstweiligen Rechtsschutzes nach § 80 Abs 5 S 1 VwGO (S/S/B/Schoch VwGO § 80 Rn 365). Auch besteht kein Bedürfnis nach einem solchen Verfahren, weil es dem Betroffenen unbenommen bleibt, im Hauptsacheverfahren einen entsprechenden Fortsetzungsfeststellungsantrag zu stellen, sofern dessen Voraussetzungen gegeben sind.

5. Antragsbefugnis

Da § 80 Abs 5 VwGO der Sicherung der im Hauptsacheverfahren regelmäßig durch 162 Anfechtungsklage durchzusetzenden Rechte dient, folgt die Antragsbefugnis für einen Aussetzungsantrag nach § 80 Abs 5 S 1 VwGO der Klagebefugnis für eine Anfechtungsklage (BVerwG NVwZ 1993, 565, 566; VGH Mannheim NJW 1990, 61; NuR 1995, 264; OVG Münster NJW 1989, 1691). § 42 Abs 2 VwGO ist analog anzuwenden (BVerwG NVwZ 1994, 1000, 1001; VGH Mannheim NVwZ-RR 1992, 509, 510; DVBl 1993, 163, 164; VGH München DVBl 1990, 167, 168; VGH Kassel NVwZ-RR 1989, 635, 636; OVG

Lüneburg GewArch 1992, 357 f; S/S/B/Schoch VwGO § 80 Rn 462; Sodan/Ziekow/
Puttler VwGO § 80 Rn 132).

6. Rechtsschutzbedürfnis

163   Begehrt der Antragsteller die Anordnung der aufschiebenden Wirkung bei einem Anforderungsbescheid für öffentliche Abgaben oder Kosten (§ 80 Abs 2 S 1 Nr 1 VwGO),
verlangt § 80 Abs 6 VwGO, dass grundsätzlich vorher ein Vorverfahren durchzuführen ist.
Demgegenüber ist ein vorrangiges **behördliches Aussetzungsverfahren** (§ 80 Abs 4
VwGO) ist für die Fälle der sofortigen Vollziehbarkeit eines Verwaltungsakts nach § 80 Abs 2
Nr 2 bis Nr 4 VwGO **nicht** vorgesehen (Erichsen Jura 1984, 478, 483; Eyermann/Schmidt
VwGO § 80 Rn 62; Huba JuS 1990, 805, 807; Kopp/Schenke VwGO § 80 Rn 138; S/S/
B/Schoch VwGO § 80 Rn 503; Sodan/Ziekow/Puttler VwGO § 80 Rn 131). Neben dem
Wortlaut ergibt sich dies auch aus der Gesetzesbegründung: „Eine Ausdehnung der Regelung über den Bereich der Abgabenangelegenheiten hinaus kommt nicht in Betracht" (BT-
Drs 11/7030, 25). Auch drängt der Normzweck des § 80 Abs 6 VwGO, geordnete Haushaltsplanung, die einen (stetigen) Zufluss an Einnahmen und die Deckung von Auslagen der
Verwaltung erfordert, wirksam zu schützen, bei den übrigen Fällen des § 80 Abs 2 VwGO
nicht auf Verwirklichung. In Ermangelung einer planwidrigen Reglungslücke scheidet eine
analoge Anwendung des § 80 Abs 6 VwGO aus (S/S/B/Schoch VwGO § 80 Rn 503).
Daher kann in den Fällen von § 80 Abs 2 Nr 2 bis Nr 4 VwGO direkt gerichtlicher
vorläufiger Rechtsschutz beantragt werden; es fehlt insoweit auch nicht am allgemeinen
Rechtsschutzbedürfnis.

164   Nach wohl überwiegender Meinung ist das Rechtsschutzbedürfnis bei einem Antrag auf
Anordnung oder Wiederherstellung der aufschiebenden Wirkung nur gegeben, wenn der
Antragsteller – zumindest gleichzeitig – Widerspruch beziehungsweise Anfechtungsklage
erhoben hat (VGH Mannheim VBlBW 1988, 146; VBlBW 1991, 194; VBlBW 1991, 469 f;
VGH Kassel VerwRspr 21, 787, 788); OVG Münster NJW 1975, 794; OVG Koblenz DVBl
1989, 892; NJW 1995, 1043; OVG Weimar LKV 1994, 408 f; von Mutius VerwArch 66
(1975), 405, 412; Eyermann/Schmidt VwGO § 80 Rn 65; S/S/B/Schoch VwGO § 80
Rn 460; aA BVerfG NJW 1993, 3190; Kopp/Schenke VwGO § 80 Rn 137, 139; Sodan/
Ziekow/Puttler VwGO § 80 Rn 129). Die Auffassung kann für sich ins Feld führen, dass das
Gericht nur dann die aufschiebende Wirkung herzustellen in der Lage ist, wenn diese an sich
besteht; dies setzt die Erhebung eines Rechtsbehelfs voraus. Auch bedingt die Sicherungsfunktion des Antrags nach § 80 Abs 5 VwGO für das Hauptsacheverfahren, dass dieses
durchgeführt wird (S/S/B/Schoch VwGO § 80 Rn 460). Hiergegen spricht indes, dass die
Rechtsbehelfsfristen (§§ 70, 74 VwGO) umgangen würden, wenn der Antragsteller zur
sofortigen Erhebung von Widerspruch oder Anfechtungsklage verpflichtet wäre. Zudem ist
in den Fällen, in denen ein Widerspruchsverfahren nicht statthaft ist (§ 68 Abs 1 S 2
VwGO), der Antrag gem § 80 Abs 5 S 2 VwGO bereits vor Erhebung der Anfechtungsklage
zu stellen. Es ist nicht ersichtlich, weshalb etwas anderes gelten soll, wenn der Anfechtungsklage noch ein förmlicher Rechtsbehelf in der Gestalt eines Widerspruchs vorgeschaltet ist
(so überzeugend Kopp/Schenke VwGO § 80 Rn 139; Schenke, Rn 992; siehe auch Sodan/
Ziekow/Puttler VwGO § 80 Rn 129).

7. Weitere Zulässigkeitsvoraussetzungen

165   **Antragsgegner** in einem Verfahren auf Anordnung oder Wiederherstellung der aufschiebenden Wirkung ist in **analoger** Anwendung des § 78 VwGO (VGH Mannheim DÖV
1974, 607; DÖV 1977, 571; NVwZ 1995, 1220, 1221; VGH München BayVBl 1984, 598;
BayVBl 1988, 86; VGH Kassel NVwZ 1990, 677; OVG Lüneburg NJW 1989, 2147, 2148;
F/D/K/Külpmann Rn 902; Schenke, Rn 995; Schmidt VBlBW 1985, 369 ff; S/S/B/
Schoch VwGO § 80 Rn 466) die Behörde bzw deren Rechtsträger, die den Verwaltungsakt
erlassen und dessen sofortige Vollziehung angeordnet hat. Streitig ist die Bestimmung des
Antragsgegners, wenn die **Widerspruchsbehörde** die sofortige Vollziehung nach § 80
Abs 2 S 1 Nr 4 VwGO anordnet und diese einem anderen Rechtsträger als die Ausgangsbehörde angehört.

Teilweise wird die Auffassung vertreten, das in diesem Fall § 78 Abs 2 VwGO ent- **166** sprechend anwendbar sei, weil diese Vorschrift auf dem allgemeinen Gedanken beruhe, das richtiger Verfahrensgegner die Behörde bzw deren Rechtsträger ist, der das streitige Verwaltungshandeln zuzurechnen ist und die über den Verfahrensgegenstand verfügen kann. Daher sei im Fall der Anordnung der sofortigen Vollziehung durch die Widerspruchsbehörde diese Behörde bzw ihr Rechtsträger in entsprechender Anwendung der § 78 Abs 1 Nr 2 bzw Nr 1, Abs 2 VwGO richtiger Antragsgegner (VGH Mannheim NJW 1975, 1242; VBlBW 1985, 143; DVBl 1987, 696, 697; OVG Münster NVwZ-RR 1990, 23; UPR 1993, 316, 317; NJW 1995, 2242; Bargou VBlBW 1985, 371 ff; Deibel DÖV 1986, 859, 866; Erichsen Jura 1984, 478, 482 f; S/S/B/Schoch VwGO § 80 Rn 467). Die Gegenansicht lehnt eine analoge Anwendung des § 78 Abs 2 VwGO ab und gelangt unter einer entsprechenden Anwendung der §§ 78 Abs 1 Nr 2 bzw 1, 79 Abs 1 Nr 1 VwGO dazu, dass der Antrag gegen die Ausgangsbehörde bzw deren Rechtsträger zu richten ist, wenn die sofortige Vollziehung erst durch die einem anderen Rechtsträger zugeordnete Widerspruchsbehörde angeordnet wird (VGH Mannheim DÖV 1974, 607; DÖV 1977, 571; NVwZ 1995, 1220, 1221; VGH München BayVBl 1984, 598; BayVBl 1988, 86; VGH Kassel NVwZ 1990, 677; OVG Lüneburg NJW 1989, 2147, 2148; F/D/K/Külpmann Rn 903; Kopp/Schenke VwGO § 80 Rn 140; Schenke, VerwArch 91 (2000), 587, 607 ff; Schenke, Rn 995; Schmidt VBlBW 1985, 369 ff; Sodan/Ziekow/Puttler VwGO § 80 Rn 127). Der zuletzt genannten Auffassung ist zu folgen. Eine analoge Anwendung des § 78 Abs 2 VwGO ist bereits deshalb abzulehnen, weil es sich bei der Anordnung der sofortigen Vollziehung nicht um eine (materielle) Beschwer des Widerspruchsbescheids, sondern um eine (interimistisch wirkende) verfahrensrechtliche Nebenentscheidung zum Verwaltungsakt handelt, welche die Vollziehbarkeit des Verwaltungsakts bereits vor Eintritt seiner Unanfechtbarkeit zum Gegenstand hat. Auch stellt die Anordnung der sofortigen Vollziehung als solche keinen – von § 78 Abs 2 VwGO vorausgesetzten – Verwaltungsakt dar (vgl Rn 80). Darüber hinaus verbietet sich eine Analogie wegen des engen Zusammenhanges zwischen dem Verfahren des vorläufigen Rechtsschutzes und dem Hauptsacheverfahren. Das Verfahren trifft trotz seines eigenständigen Charakters eine Zwischenlösung für die Zeit bis zur Entscheidung über die Hauptsache und ist daher an der Hauptsache orientiert und auf diese bezogen (OVG Frankfurt/Oder VIZ 1999, 539; Sodan/Ziekow/ Puttler VwGO § 80 Rn 127). Demnach bestimmt sich der richtige Antragsgegner danach, wer der richtige Antragsgegner im Hauptsacheverfahren ist. Demgemäß ist im Fall der Anordnung der sofortigen Vollziehung durch die Widerspruchsbehörde der richtige Antragsgegner die Ausgangsbehörde bzw deren Rechtsträger (§§ 78 Abs 1 Nr 2 bzw 1, 79 Abs 1 Nr 1 VwGO analog).

Wird der Widerspruchsbescheid isoliert angegriffen, weil er erstmalig oder zusätzlich eine **167** Beschwer enthält (§ 79 Abs 1 Nr 2, Abs 2 VwGO), und wird er daraufhin für sofort vollziehbar erklärt, ist der Antrag nach § 80 Abs 5 VwGO hingegen gem §§ 78 Abs 1 Nr 2 bzw 1, Abs 2, 79 Abs 1 Nr 2, Abs 2 VwGO analog gegen die Widerspruchsbehörde bzw deren Rechtsträger zu richten (F/D/K/Külpmann Rn 904; Kopp/Schenke VwGO § 80 Rn 140; Schenke, Rn 995; Sodan/Ziekow/Puttler VwGO § 80 Rn 127).

Im Gegensatz zur Klage (vgl § 74) besteht für Anträge nach § 80 Abs 5 VwGO grund- **168** sätzlich keine **Antragsfrist** (OVG Koblenz NVwZ 1992, 800, 801; Redeker/v. Oertzen/ Redeker VwGO § 80 Rn 55; S/S/B/Schoch VwGO § 80 Rn 469; Sodan/Ziekow/Puttler VwGO § 80 Rn 128). Spezialgesetze enthalten teilweise Antragsfristen, wie zB die Frist von drei Tagen in § 18a Abs 4 S 1 AsylVfG, die Wochenfrist in § 36 Abs 3 S 1 AsylVfG (vgl hierzu Leiner NVwZ 1994, 239 ff), die Frist von zwei Wochen in § 12 Abs 2 S 1 InVorG, die Monatsfrist in § 20 Abs 5 S 3 AEG, § 17 Abs 6a S 2, 3 FStrG, in § 10 Abs 6 S 2 LuftVG, in § 29 Abs 6 S 3 PBefG, in § 5 Abs 2 S 2 VerkPBG und in § 19 Abs 2 S 1 WaStrG.

Wer zu den **Beteiligten** im vorläufigen Rechtsschutzverfahren gehört (vgl § 63 VwGO), **169** richtet sich nach dem Hauptsacheverfahren (Sodan/Ziekow/Puttler VwGO § 80 Rn 126). Die **Beteiligten- und Prozessfähigkeit** des Antragstellers und Antragsgegners bestimmt sich nach allgemeinen Regeln (vgl §§ 61 f VwGO).

II. Begründetheit eines Antrags nach Abs 5

1. Allgemeines

170   **a) Fundamentalalternative: Gerichtliche Kontrolle der Verwaltungsentscheidung oder eigene gerichtliche Ermessensentscheidung?** Nach herrschender Meinung geht es bei einem Antrag nach § 80 Abs 5 S 1 VwGO nicht um die Überprüfung der Verwaltungsentscheidung; vielmehr soll das Gericht eine **eigene (originäre) Ermessensentscheidung** treffen dürfen (VGH Mannheim VBlBW 1990, 135, 136; VBlBW 1993, 390; VBlBW 1995, 237, 238; NVwZ-RR 1995, 658, 659; VGH München NVwZ 1983, 413, 414; BayVBl 1988, 369, 370; GewArch 1988, 234; NVwZ 1989, 685, 686; NJW 1991, 1561; NVwZ-RR 2003, 9, 10; OVG Berlin UPR 1989, 400; NVwZ 1990, 681; OVG Bremen ZfBR 1993, 41, 42; OVG Hamburg NVwZ 1990, 591; VGH Kassel NVwZ 1991, 88, 89; OVG Lüneburg DVBl 1975, 190, 193; DVBl 1976, 81, 82; OVG Greifswald LKV 1995, 254; OVG Münster DVBl 1993, 889; NWVBl 1994, 424, 425; OVG Koblenz NJW 1986, 1004, 1005; NVwZ 1987, 246, 248; OVG Saarlouis AS 18, 278, 285; AS 19, 255, 256; OVG Bautzen NVwZ-RR 1995, 443, 444; OVG Weimar LKV 1994, 114, 115; VG Dresden NVwZ-RR, 2003, 848, 849; Brühl JuS 1995, 722, 724; Dressel BayVBl 1995, 388, 393; Eyermann/Schmidt VwGO § 80 Rn 71; Henn NJW 1993, 3169, 3172; Redeker BauR 1991, 525, 529; Schmaltz DVBl 1992, 230, 232). Entsprechendes soll für § 80 Abs 5 S 3 VwGO (VGH München NVwZ-RR 1990, 328, 330; OVG Saarlouis Die Gemeinde (SH) 1990, 405, 408) und § 80a Abs 3 VwGO (VGH Mannheim NVwZ-RR 1995, 17, 19; OVG Bremen NVwZ 1993, 592, 593; Redeker BauR 1991, 525, 529) gelten. Wenn überhaupt der Versuch einer Begründung unternommen wird, findet man oftmals den Verweis auf das Wort „kann", aus dem sich der Charakter der gerichtlichen Entscheidung als eigene Ermessensentscheidung ergeben soll (zu den spärlichen Begründungsversuchen Schoch Vorläufiger Rechtsschutz und Risikoverteilung im Verwaltungsrecht 1988, 1383).

171   Diese – zumindest missverständliche – Charakterisierung der gerichtlichen Entscheidung nach § 80 Abs 5 S 1 VwGO als eigene (originäre) Ermessensentscheidung ist schon deshalb abzulehnen, weil das Gericht wegen des Grundsatzes der **Gewaltenteilung** nur rechtsprechend, nicht aber verwaltend tätig wird (OVG Koblenz NVwZ-RR 1994, 381, 383; Schoch Vorläufiger Rechtsschutz und Risikoverteilung im Verwaltungsrecht 1988, 1390 f; S/S/B/ Schoch VwGO Vorb § 80 Rn 65; Sodan/Ziekow/Puttler VwGO § 80 Rn 138). Die Funktion des Gerichts besteht darin, vorläufigen Rechtsschutz nach Maßgabe des entsprechenden (formellen und materiellen) Rechts zu gewähren. Deshalb ergehen Eilentscheidungen nach § 80 Abs 5 VwGO nicht nach richterlichem Ermessen, sondern nach Maßgabe des im konkreten Fall einschlägigen Rechts (Sellner FS Lerche 1993 S 815, 833; S/S/B/Schoch VwGO Vorb § 80 Rn 66). Aus dem Wort „kann" in § 80 Abs 5 S 1 VwGO ergibt sich lediglich eine Befugnis des Gerichts, nicht jedoch ein Ermessensspielraum (Renk NVwZ 1992, 338, 339; Schoch Vorläufiger Rechtsschutz und Risikoverteilung im Verwaltungsrecht 1988, 1394; Sodan/Ziekow/Puttler VwGO § 80 Rn 138). Richterliche Gestaltungsbefugnisse sind nur in Bezug auf die Modalitäten der Interimsregelung eingeräumt; ob die Anordnung oder Wiederherstellung der aufschiebenden Wirkung gerichtlich verfügt wird, ist eine Rechtsfrage und keine Ermessensentscheidung (Renck BayVBl 1994, 161, 165; Renner MDR 1979, 887, 890; Schoch Vorläufiger Rechtsschutz und Risikoverteilung im Verwaltungsrecht 1988, 1393 ff; S/S/B/Schoch VwGO Vorb § 80 Rn 66; Sellner FS Lerche 1993 S 815, 822 f; Sodan/Ziekow/Puttler VwGO § 80 Rn 138). Diese Charakterisierung ist auch deshalb von zentraler Bedeutung, weil anderenfalls die durch den Gesetzgeber in § 80 Abs 5 S 1 VwGO vorgenommene Differenzierung zwischen Anordnung und Wiederherstellung der aufschiebenden Wirkung aufgelöst würde. Wenn das Gericht ungeachtet der konkreten Antragsart eine eigene Ermessensentscheidung träfe, könnten die unterschiedlichen Prüfungsmaßstäbe für die Anordnung bzw Wiederherstellung der aufschiebenden Wirkung nicht zur Geltung kommen; das aber wäre Rechtsanwendung contra legem (vgl auch Rn 177).

172   Qualifiziert man demnach die Anordnung bzw Wiederherstellung der aufschiebenden Wirkung als Rechtsentscheidung, so müssten konsequenterweise die richterlichen Gestaltungsbefugnisse im Kern auf eine **Überprüfung** der Verwaltungsentscheidung begrenzt sein. Diese nahe liegende Schlussfolgerung wird aber nicht gezogen. Dies zeigt sich deutlich an

der Anordnung der sofortigen Vollziehung iSd § 80 Abs 2 S 1 Nr 4 VwGO. Zwar sollen Verstöße gegen formelle Rechtmäßigkeitsvoraussetzungen der Vollziehungsanordnung – wie die Verpflichtung zur schriftlichen Begründung nach § 80 Abs 3 S 1 VwGO – zur Begründetheit des Antrags nach § 80 Abs 5 S 1 VwGO führen (Rn 180). Weist die Anordnung der sofortigen Vollziehung hingegen materielle Mängel – Ermessensfehler oä – auf, soll dies hingegen nicht die Begründetheit des Antrags zur Folge haben. Die Befugnis des Gerichts wird insoweit nicht auf eine Kontrolle der Verwaltungsentscheidung begrenzt (vgl Eyermann/Schmidt VwGO § 80 Rn 71, der dem Streit um eine eigene Ermessensentscheidung des Gerichts „keine Bedeutung" für die Praxis attestiert). Entscheidend sei allein, ob im Zeitpunkt der gerichtlichen Entscheidung (aus Sicht des Gerichts) objektiv die materiellen Voraussetzungen für die Vollziehungsanordnung vorliegen (vgl nur OVG Koblenz NJW 2003, 3793, 3794; Sodan/Ziekow/Puttler VwGO § 80 Rn 155). Bei Lichte betrachtet tritt in diesem Fall an die Stelle einer Ermessensentscheidung der Behörde die Entscheidung des Gerichts, und zwar auch dann, wenn das behördliche Ermessen nicht auf „Null geschrumpft" ist. Diese unterschiedliche Bewertung formeller und materieller Rechtsfehler beruht – unausgesprochen – auf dem Umstand, dass formelle Mängel – wie die Verletzung der behördlichen Begründungspflicht – naturgemäß durch das Gericht nicht korrigiert werden können. Demgegenüber kann das Gericht die materiellen Voraussetzungen des § 80 Abs 4 S 1 VwGO ebenso überprüfen wie die Behörde. Eine solche Argumentation mag praktisch überzeugend sein, dogmatisch ist sie hingegen unhaltbar. Handelt es sich im Verfahren des § 80 Abs 5 VwGO um eine Rechtskontrolle, kann dem Gericht grundsätzlich nur die Aufgabe zufallen, die Entscheidung der Behörde rechtlich zu kontrollieren. Insbes ist es dem Gericht nicht gestattet, an Stelle der Behörde eigene Ermessenserwägungen anzustellen. Vielmehr hat es behördliche Ermessensentscheidungen allein auf Ermessensfehler zu überprüfen.

Eine solche Beschränkung richterlicher Entscheidungsbefugnisse auf eine rechtliche Kontrolle der Verwaltungsentscheidung kann mit den das einstweilige Rechtsschutzverfahren kennzeichnenden **Dringlichkeitserfordernissen** kollidieren. Die Funktion des Eilverfahrens könnte nur in unzureichendem Umfange erfüllt werden, wenn ein behördlicher Ermessensfehler stets zur (Wieder-)Herstellung der aufschiebenden Wirkung führen müsste. Der Behörde bliebe dann nur die Möglichkeit, eine erneute – diesmal ermessensfehlerfreie Entscheidung – zu treffen, gegen die sich der Einzelne wiederum im Wege des einstweiligen Rechtsschutzes zur Wehr setzen müsste, wenn er eine Verletzung subjektiver Rechte geltend machen könnte. Sowohl die in § 80 Abs 2 VwGO zum Ausdruck kommenden hoheitlichen Dringlichkeitsinteressen als auch das Gebot effektiven Rechtsschutzes können bei einem solchen „Ping Pong-Spiel" im Einzelfall Schaden nehmen. Im Interesse einer möglichst raschen (vorläufigen) Befriedung der zwischen den Beteiligten streitigen Sach- und Lebensverhältnisse kommt dem Gesichtspunkt der Prozessökonomie im einstweiligen Rechtsschutz herausragende Bedeutung zu. **173**

Die aus § 80 Abs 5 VwGO folgende Begrenzung der Befugnisse des Gerichts auf eine Überprüfung der Rechtmäßigkeit der Verwaltungsentscheidung einerseits und die dem einstweiligen Rechtsschutzverfahren immanenten Eilerfordernisse andererseits befinden sich demnach in einem **Spannungsverhältnis**. Aus der Lösung dieses Spannungsverhältnisses erschließen sich die Kriterien für die Bestimmung des Prüfungsmaßstabes für die gerichtliche Entscheidung nach § 80 Abs 5 VwGO. Ausgangspunkt hierbei ist die in § 80 Abs 5 VwGO zum Ausdruck kommende Grundentscheidung des Gesetzgebers, dass das Gericht keine eigene Ermessensentscheidung trifft, sondern die behördliche Entscheidung einer rechtlichen Prüfung unterzieht. Den behördlichen Dringlichkeitsbedürfnissen kann in mannigfaltiger Hinsicht entsprochen zu werden, ohne dass es im einstweiligen Rechtsschutzverfahren einer Abkehr von der Funktionstrennung zwischen Gericht und Verwaltung bedarf. Erst dann, wenn solche Wege nicht eröffnet sind, ist die Begründung einer eigenen Entscheidungskompetenz des Gerichts in Betracht zu ziehen, die an die Stelle behördlicher Ermessensentscheidungen tritt. **174**

Das bedeutet: Im Hinblick auf die **Anordnung der sofortigen Vollziehung** gem § 80 Abs 5 S 1 Nr 4 VwGO ist das Gericht regelmäßig auf die **Überprüfung** der formellen und materiellen Voraussetzungen der Vollziehungsanordnung beschränkt. Im Fall eines formellen oder materiellen Mangels bleibt es der Behörde unbenommen, die Vollziehungsanordnung **175**

neu zu erlassen. Durch eine **analoge** Anwendung des **§ 91 VwGO** sind zum einen die
berechtigten Interessen des Antragstellers gewahrt. Zum anderen verbleibt dem Gericht die
unter dem Gesichtspunkt der Prozessökonomie erforderliche Flexibilität (Rn 182). Im Hinblick auf materielle (Ermessens- und Beurteilungs-)Fehler des **Verwaltungsakts**, auf dessen
Rechtmäßigkeit es bei sämtlichen Antragsformen des § 80 Abs 5 VwGO maßgeblich ankommt, ist **§ 114 S 2 VwGO analog** anwendbar. § 114 S 2 VwGO kodifiziert lediglich
das, was in der Rechtsprechung bereits seit langem anerkannt war (BVerwGE 105, 55, 59;
siehe etwa BVerwGE 61, 200, 210 f; Schieszek NVwZ 1996, 1151, 1155; anders Bader
NVwZ 1999, 120, 121; Schenke JuS 2000, 230); er ermöglicht der Behörde damit, im
Verwaltungsprozess Gründe nachzuschieben und auf diese Weise materielle (Ermessens- und
Beurteilungs-)Fehler zu korrigieren. Diese Befugnis wird man der Behörde auch im Verfahren nach § 80 Abs 5 VwGO, das besonderen Dringlichkeitsbedürfnissen zu genügen hat,
(erst recht) einräumen müssen.

176   **b) Prüfungsumfang und -dichte.** Im vorläufigen Rechtsschutz nach § 80 Abs 5
VwGO muss das Gericht eine interimistische Entscheidung bis zum rechtskräftigen Abschluss
des Hauptsacheverfahrens treffen. Bei der Frage, in welchem Umfange und mit welcher
Intensität das Gericht die Sach- und Rechtslage zu klären hat, ist einerseits der Eilcharakter
des Verfahrens und andererseits die Gefahr einer Abweichung von der späteren Entscheidung
in der Hauptsache durch nicht hinreichende Zulässigkeits- und Hauptsacheprüfung sowie
nicht umfassende Aufklärung des Sachverhalts zu berücksichtigen (Sodan/Ziekow/Puttler
VwGO § 80 Rn 136). Dem Charakter des Verfahrens nach § 80 Abs 5 VwGO entsprechend
kann demnach regelmäßig nur eine **summarische Prüfung der Sach- und Rechtslage**
(vgl BVerfG NVwZ 1987, 403; 1996, 58, 60; VGH Mannheim ESVGH 37, 117, 119; VGH
München NJW 1987, 2538, 2539; BayVBl 1988, 152; GewArch 1988, 234; NVwZ 1992,
1099; OVG Berlin NVwZ 1995, 1009; OVG Hamburg NVwZ 1986, 406, 407; VGH Kassel
NVwZ 1992, 798; NVwZ 1993, 293; OVG Lüneburg NVwZ 1983, 109, 110; OVG
Münster NJW 1989, 2343; NJW 1989, 2770; NVwZ-RR 1994, 439; OVG Koblenz NJW-
RR 1992, 1426; NVwZ 1994, 511; OVG Saarlouis GewArch 1990, 285; OVG Schleswig
GewArch 1992, 232, 234; NVwZ 1992, 589; NVwZ-RR 1995, 252; Eyermann/Schmidt
VwGO § 80 Rn 81; Sodan/Ziekow/Puttler VwGO § 80 Rn 136) erfolgen. Dies darf aber
nicht dahingehend missverstanden werden, dass stets und in jedem Fall nur eine „Anprüfung"
der Rechtslage durchzuführen ist (so zu Recht S/S/B/Schoch VwGO § 80 Rn 400).
Vielmehr hängt es von den konkreten Umständen des Einzelfalles ab, ob aus Zeitgründen
von einer umfassenden Prüfung der Sach- und Rechtslage Abstand zu nehmen ist (vgl Sellner
FS Lerche 1993, 815, 827, demzufolge nur in seltenen Ausnahmefällen der Zeitbedarf so
hoch sei, dass eine gerichtliche Prüfung der Erfolgsaussichten mit dem Charakter eines
Eilverfahrens nicht mehr vereinbar ist). Neben dem Zeitfaktor spielen hierbei der Klärungsbedarf im Tatsächlichen sowie die Komplexität der relevanten Rechtsfragen eine maßgebliche Rolle. Die Sach- und Rechtslage hinsichtlich der Hauptsache muss nicht dann besonders intensiv geprüft werden, wenn die Vollziehung für den Antragsteller besonders
gewichtige Nachteile hervorriefe und die Folgen des Verwaltungsakts nur schwierig oder gar
nicht mehr rückgängig zu machen wären (OVG Schleswig NVwZ 1992, 687, 688; Burkholz
Der Untersuchungsgrundsatz 1988, 108 f; Sodan/Ziekow/Puttler VwGO § 80 Rn 136; aA
OVG Lüneburg DVBl 1961, 520, 521; 1975, 190, 193 ff; OVG Weimar NVwZ-Beilage I
11/2003, 90, 91). Eine vollständige Prüfung der materiellen Rechtslage der Hauptsache
bereits im vorläufigen Rechtsschutzverfahren kann im Einzelfall einen hohen Zeitaufwand
erfordern und mit den Eilerfordernissen kollidieren (BVerfG GewArch 1985, 16, 17; NJW
2002, 2225 f; VGH Kassel NVwZ-RR 2004, 792 f; VGH München BayVBl 500; Sodan/
Ziekow/Puttler VwGO § 80 Rn 136). Vielmehr ist bei der Prüfung der Rechtsschutzanspruch des Betroffenen umso stärker zu gewichten, je schwerer die ihm auferlegte Belastung wiegt und je mehr die Maßnahmen der Verwaltung Unabänderliches bewirken können
(BVerfGE 35, 382, 402; 67, 42, 59; siehe auch BVerfG NVwZ 2004, 93, 94; Sodan/Ziekow/
Puttler VwGO § 80 Rn 136). Unsicherheiten in tatsächlicher oder rechtlicher Hinsicht sind
daher entsprechend der Schwere der für den Antragsteller drohenden Nachteile zu seinen
Gunsten zu berücksichtigen (Burkholz Der Untersuchungsgrundsatz 1988, 108 f; Sodan/
Ziekow/Puttler VwGO § 80 Rn 136).

2. Antrag auf Wiederherstellung der aufschiebenden Wirkung

Der Wortlaut des § 80 Abs 5 S 1 VwGO gibt unmissverständlich zu erkennen, dass **177** zwischen dem Antrag auf Anordnung und Wiederherstellung der aufschiebenden Wirkung zu unterscheiden ist. Von dieser in § 80 Abs 5 S 1 VwGO klar zum Ausdruck kommenden Entscheidung des Gesetzgebers löste man sich, wenn man dem Gericht im vorläufigen Rechtsschutzverfahren eine eigene Ermessensentscheidung zubilligte, die für sämtliche Verfahrensarten gleichermaßen gilt und die letztlich nur auf die „materielle Richtigkeit des Entscheidungsergebnisses" abstellt (vgl Rn 170 ff). Die in der Überprüfung der formellen (und materiellen) Voraussetzungen der Anordnung der sofortigen Vollziehung iSd § 80 Abs 2 S Nr 4 VwGO liegenden Besonderheiten des Antrags nach § 80 Abs 5 S 1 Alt 2 VwGO würden auf diese Weise ausgeblendet. Dies würde die in § 80 Abs 5 S 1 VwGO getroffene Differenzierung zwischen dem Antrag auf Anordnung bzw Wiederherstellung der aufschiebenden Wirkung aus den Angeln heben.

Die Begründetheit eines Antrags auf Wiederherstellung der aufschiebenden Wirkung gem **178** § 80 Abs 5 S 1 Alt 2 VwGO kann sich demnach unter **zwei** Gesichtspunkten ergeben: wenn **zum einen** die (formellen und/oder materiellen) **Voraussetzungen der Anordnung der sofortigen Vollziehung** nach § 80 Abs 2 S 1 Nr 4, Abs 3 VwGO **nicht** vorliegen und/ oder wenn **zum anderen ernstliche Zweifel an der Rechtmäßigkeit des Verwaltungsakts** bestehen. Der zweite Gesichtspunkt stellt keine Besonderheit des Antrags auf Wiederherstellung der aufschiebenden Wirkung dar, sondern bildet den zentralen Prüfungsmaßstab auch für das Verfahren nach § 80 Abs 5 S 1 Alt 1 VwGO (vgl Rn 187). An dieser Stelle geht es allein um die formellen und materiellen Voraussetzungen der Anordnung der sofortigen Vollziehung. Liegen diese im Einzelfall nicht vor, ist dem Antrag nach § 80 Abs 5 S 1 Alt 2 VwGO stattzugeben, ohne dass es im Ergebnis noch darauf ankäme, ob ernstliche Zweifel an der Rechtmäßigkeit des Verwaltungsakts bestehen und deshalb der Antrag nach § 80 Abs 5 S 1 Alt 2 VwGO unter diesem **zusätzlichen** Gesichtspunkt begründet ist.

a) Begründetheit des Antrags bei formeller Rechtswidrigkeit der Anordnung **179** **der sofortigen Vollziehung.** Für die behördliche Anordnung der sofortigen Vollziehung durch die Behörde iSd § 80 Abs 2 S 1 Nr 4 VwGO bestehen formelle Voraussetzungen (vgl im Einzelnen Rn 73 ff). In der Praxis spielen vor allem Begründungsmängel iSd 80 Abs 3 S 1 VwGO eine wesentliche Rolle. Damit sind nur die formellen Begründungsmängel gemeint, also diejenigen Fälle, in denen die Behörde die sofortige Vollziehung ohne oder ohne iSd § 80 Abs 3 S 1 VwGO hinreichende Begründung anordnet. Demgegenüber wird eine materiell fehlerhafte Begründung von § 80 Abs 3 S 1 VwGO nicht erfasst (Rn 95); sie betrifft die materielle Rechtmäßigkeit der Vollziehungsanordnung (vgl Rn 95). (Formelle) Begründungsmängel iSd § 80 Abs 2 S 1 Nr 4 VwGO können **nicht** mit heilender Wirkung **nachgeholt** werden (Rn 91 ff); insbes scheidet eine direkte oder analoge Anwendbarkeit des § 45 VwVfG bzw des § 114 S 2 VwGO aus (Rn 93). Auch ist der teilweise in der Rechtsprechung (OVG Münster NWVBl 1994, 424, 425) unternommene Versuch rechtlich unhaltbar, insoweit auf die „materielle Richtigkeit des Entscheidungsergebnisses" abzustellen" und notfalls die rechtswidrige Verwaltungsmaßnahme durch eine „originäre Ermessensentscheidung" des Gerichts zu ersetzen (zu Recht ablehnend S/S/B/Schoch VwGO § 80 Rn 253). Die Anordnung der sofortigen Vollziehung durch die Behörde ist an das Vorliegen formeller Voraussetzungen – wie die Verpflichtung zur schriftlichen Begründung (§ 80 Abs 3 S 1 VwGO) – geknüpft, die nicht zur Disposition des an das Gesetz gebundenen Gerichts stehen.

Im Fall eines Verstoßes gegen § 80 Abs 3 S 1 VwGO gibt das Gericht einem Antrag nach **180** § 80 Abs 5 S 1 Alt 2 VwGO ohne sachliche Prüfung statt. Umstritten ist allein, welche Entscheidung das Gericht zu treffen hat, wenn die Anordnung der sofortigen Vollziehung unter einem formellen Mangel leidet. Teilweise wird die Auffassung vertreten (VGH Mannheim, VBlBW 1996, 297, 298; OVG Münster, NWVBl. 1994, 424, 425; OVG Weimar, DÖV 1994, 1014; Brühl JuS 1995, 722, 726; Eyermann/Schmidt VwGO § 80 Rn 93; Hummel BWVP 1991, 8, 10; Ronellenfitsch StWStPr 1993, 683, 691; Schmaltz DVBl 1992, 230, 233 f), dass das Gericht allein zur **Aufhebung** einer formell rechtswidrigen Anordnung der sofortigen Vollziehung berechtigt sei. Die aufschiebende Wirkung könne hingegen nicht wiederhergestellt werden, weil die Behörde dann aufgrund der **Bindungswirkung** des gerichtlichen Beschlusses daran gehindert sei, eine neue, formell rechtmäßige Vollziehungsanordnung zu treffen (dazu ausführlich OVG Weimar DÖV 1994, 1014). Diese Prämisse erweist sich indes als unzutreffend. Die Bindungswirkung der Entscheidung nach § 80 Abs 5 S 1 VwGO geht nicht weiter, als die Gründe, die sie tragen (OVG Magdeburg DÖV 1994, 352; Schenke, VerwArch 91 (2000), 587, 605; S/S/B/Schoch VwGO § 80 Rn 442; Sodan/Ziekow/Puttler VwGO § 80 Rn 154). Die Behörde ist daher nicht daran gehindert, die sofortige Vollziehung mit ordnungsgemäßer Begründung erneut anzuordnen (Kassel VGH NJW 1983, 2404; OVG Koblenz VerwRspr 27, 877, 883; OVG Magdeburg LKV 1994, 295; OVG Schleswig NVwZ 1992, 688, 690; Proksch BayVBl 1976, 6, 7 f; S/S/B/Schoch VwGO § 80 Rn 442; Sodan/Ziekow/Puttler VwGO § 80 Rn 154). Darüber hinaus findet eine auf die Aufhebung der Vollziehungsanordnung begrenzte Entscheidungsbefugnis des Gerichts in § 80 Abs 5 S 1 VwGO keine Stütze, weil die Vorschrift nur die Anordnung bzw Wiederherstellung der aufschiebenden Wirkung kennt (OVG Magdeburg DÖV 1994, 352; S/S/B/Schoch VwGO § 80 Rn 442; Sodan/Ziekow/Puttler VwGO § 80 Rn 154). Daher ordnet das Gericht bei fehlender bzw nicht hinreichender Begründung iSd § 80 Abs 3 S 1 VwGO die aufschiebende Wirkung **wieder an** (Kassel VGH NJW 1983, 2404; OVG Koblenz VerwRspr 27, 877, 883; OVG Magdeburg LKV 1994, 295; OVG Schleswig NVwZ 1992, 688, 690; Proksch BayVBl 1976, 6, 7 f; Kopp/Schenke VwGO § 80 Rn 148; Schenke, Rn 1000; S/S/B/Schoch VwGO § 80 Rn 442; Sodan/Ziekow/Puttler VwGO § 80 Rn 154). Entsprechendes gilt, wenn die Anordnung der sofortigen Vollziehung gegen **Zuständigkeitsregelungen** verstößt (S/S/B/Schoch VwGO § 80 Rn 443).

181   Fraglich ist, welche **Folgen** sich für ein bereits laufendes vorläufiges Rechtsschutzverfahren ergeben, wenn die Behörde vor der gerichtlichen Entscheidung die **sofortige Vollziehung** mit einer den Vorgaben des § 80 Abs 3 VwGO genügenden Begründung **erneut anordnet** (zu den Folgen vor Stellung eines Antrags nach § 80 Abs 5 S 1 VwGO vgl Rn 97). Für diesen Fall wird die Auffassung vertreten, dass der Antrag nicht schon allein wegen des früheren Begründungsmangels begründet sein könne (Schenke, Rn 981; Schenke JZ 1996, 1157 f; Schenke VBlBW 2000, 56, 60 f; Schenke VerwArch 91 (2000), 587, 590 und 600 f). Da Gegenstand eines Antrags nach § 80 Abs 5 VwGO auch bei einer formell fehlerhaften Vollziehungsanordnung nicht deren Aufhebung, sondern die Wiederherstellung der aufschiebenden Wirkung ist, sei dieser Neuerlass der Vollziehungsanordnung bei einer Entscheidung zu berücksichtigen. Diese Auffassung beruht letztlich auf der Prämisse der hM (Rn 170 ff), dass das Gericht im einstweiligen Rechtsschutz nach § 80 Abs 5 S 1 Alt 2 VwGO nicht allein über die Rechtmäßigkeit der Anordnung der sofortigen Vollziehung zu befinden habe, sondern eine eigene Entscheidung über die Wiederherstellung der aufschiebenden Wirkung treffe. Daher sei der Neuerlass der Anordnung der aufschiebenden Wirkung vom Gericht zu berücksichtigen, ohne dass es einer Antragsergänzung analog § 91 VwGO bedürfe (Kopp/Schenke VwGO § 80 Rn 87; Schenke, Rn 981; ders VBlBW 2000, 56, 60 f). Bereits die Prämisse dieser Argumentation ist abzulehnen. Das Gericht hat im Verfahren nach § 80 Abs 5 S 1 Alt 2 VwGO zu prüfen, ob die formellen und materiellen Voraussetzungen der Anordnung der sofortigen Vollziehung im Einzelfall vorliegen. Außerdem erscheint es widersprüchlich, einerseits der Behörde die Möglichkeit einer Nachholung der Begründung im Verwaltungsprozess zu versagen, andererseits aber der Behörde einen Neuerlass einer Anordnung der Vollziehung mit der Konsequenz der Unbegründetheit eines Antrags nach § 80 Abs 5 S 1 Alt 2 VwGO zu gestatten. In beiden Fällen ist weder der Warnfunktion des § 80 Abs 3 S 1 VwGO noch dem berechtigten Rechtsschutzinteresse des Betroffenen entsprochen. In beiden Fällen können also zwei der drei Schutzzwecke des § 80 Abs 1 VwGO nicht erfüllt werden. Bei Lichte betrachtet erweist sich die in Rede stehende Auffassung als **Etikettenschwindel**, der die Vereitelung der Schutzziele des § 80 Abs 3 S 1 VwGO verschleiert: Wenn ein Nachschieben einer Begründung abgelehnt wird und die formelle Rechtswidrigkeit der Anordnung der sofortigen Vollziehung zur Begründetheit des Eilantrags führen soll, kann im Lichte der Normzwecke des § 80 Abs 3 VwGO für einen Neuerlass der Vollziehungsanordnung grundsätzlich nichts anderes gelten.

182   Die Problematik lässt sich in einer rechtsdogmatisch tragfähigen Weise lösen, wenn man in den Fällen des Neuerlasses einer Anordnung der sofortigen Vollziehung während des gerichtlichen Verfahrens die Vorschrift des **§ 91 VwGO analog** anwendet. Das Gericht darf nur unter den Voraussetzungen des § 91 VwGO analog den Neuerlass einer Vollziehungs-

anordnung mit ordnungsgemäßer Begründung berücksichtigen und den früheren Begründungsmangel als unbeachtlich bewerten. Auf diese Weise ist sichergestellt, dass die Behörde die formelle Voraussetzung des § 80 Abs 3 VwGO nicht dadurch umgehen kann, dass sie während des gerichtlichen Verfahrens eine neue Vollziehungsanordnung mit fehlerfreier Begründung trifft. Und dem Betroffenen wird die Möglichkeit gegeben, einer behördlichen Antragsänderung dann zuzustimmen, wenn die gerichtliche Wiederherstellung der aufschiebenden Wirkung aufgrund des ursprünglichen Begründungsmangels ihm letztlich nicht weiterhilft, weil er dann mit einem Neuerlass einer sofortigen Vollziehung mit fehlerfreier Begründung rechnen muss. Um ein solches den berechtigen Interessen des Betroffenen zuwiderlaufendes „Ping Pong-Spiel" zu vermeiden, kann der Antragsteller einer behördlichen Antragsänderung zustimmen. Und schließlich ist durch eine analoge Anwendung des § 91 VwGO die notwendige Flexibilität des Gerichts gewährleistet, das sich bei seiner Entscheidung über die Sachdienlichkeit der Antragsänderung iSd § 91 VwGO analog auch von Erwägungen der Prozessökonomie leiten lassen darf.

b) Begründetheit des Antrags bei materieller Rechtswidrigkeit der Anordnung der sofortigen Vollziehung. Die Anordnung der sofortigen Vollziehung ist nur dann **183** materiell rechtmäßig, wenn deren aus § 80 Abs 2 S 1 Nr 4 VwGO folgende besondere Eilvoraussetzungen vorliegen (vgl im Einzelnen Rn 98 ff). Unstreitig ist, dass bei Fehlen der materiellen Voraussetzungen der Vollziehungsanordnung der Antrag aus § 80 Abs 5 S 1 Alt 2 VwGO begründet ist und das Gericht die aufschiebende Wirkung wiederherstellt (statt aller vgl Kopp/Schenke VwGO § 80 Rn 148). Nach nahezu einhelliger Auffassung prüft das **Gericht** nicht nur das Verwaltungshandeln nach, sondern muss eine **eigene Entscheidung** über das Bestehen der Voraussetzungen des § 80 Abs 2 S 1 Nr 4 VwGO fällen (vgl statt vieler OVG Koblenz, NJW 2003, 3793, 3794; Eyermann/Schmidt VwGO § 80 Rn 71; Sodan/Ziekow/Puttler VwGO § 80 Rn 155; kritisch hingegen Kopp/Schenke VwGO § 80 Rn 149; Schenke, Rn 1000, ders JZ 1996, 1155, 1163; Zacharias, JA 2002, 345, 347). Dementsprechend soll es für die Begründetheit eines Antrags nach § 80 Abs 5 S 1 Alt 2 VwGO auf etwaige behördliche Ermessensfehler nicht ankommen. Bei behördlichen Ermessensfehlern können demnach ohne Vorliegen weiterer Voraussetzungen Gründe nachgeschoben, ausgewechselt oder sogar vom Gericht ermittelt werden (zutreffend die Analyse bei Schenke, Rn 1000).

Eine solche Differenzierung zwischen formellen und materiellen Fehlern ist sachlich nicht **184** gerechtfertigt (ebenso Kopp/Schenke VwGO § 80 Rn 149; Schenke, Rn 1000, ders JZ 1996, 1155, 1163). Die Behörde ist bei einer Anordnung der sofortigen Vollziehung an formelle wie auch materielle Voraussetzungen gebunden. Es ist Aufgabe des Gerichts, die Vollziehungsanordnung der Behörde auf materielle Rechtsfehler zu überprüfen. Liegen die **Tatbestandsvoraussetzungen** der Anordnung der sofortigen Vollziehung (Rn 99 ff) nicht vor, ist das Gericht nicht an die von der Behörde angeführten Gründe gebunden (aA (wohl) Kopp/Schenke VwGO § 80 Rn 149). Entscheidend ist allein, dass sich überhaupt Gründe finden lassen, die ein öffentliches Interesse an der sofortigen Vollziehung iSd § 80 Abs 2 S 1 Nr 4 VwGO rechtfertigen. Demgegenüber stellt sich die Lage bei behördlichen Ermessensfehlern anders dar. Die Entscheidung nach § 80 Abs 2 S 1 Nr 4 VwGO steht im **Ermessen** der zuständigen Behörde (vgl Rn 107 ff) und kann auch im Verfahren vorläufigen Rechtsschutzes prinzipiell nur auf Ermessensfehler überprüft werden.

Im Interesse der Beschleunigung des Verfahrens nach § 80 Abs 5 S 1 Alt 2 VwGO wird **185** man der Behörde in **analoger** Anwendung des **§ 114 S 2 VwGO** die Befugnis zum Nachschieben von Gründen einräumen müssen, um auf diese Weise entsprechende Ermessensfehler bei der Anordnung der sofortigen Vollziehung korrigieren zu können (aA unter Hinweis auf die Eigenständigkeit des Verfahrens nach § 80 Abs 5 VwGO VGH Kassel DÖV 2004, 625 f). § 114 S 2 VwGO findet zwar direkt keine Anwendung, weil die Anordnung der sofortigen Vollziehung keinen Verwaltungsakt darstellt (Rn 80). Anders als bei einem formellen (Begründungs-)Mangel (vgl § 80 Abs 3 VwGO; siehe Rn 93) besteht hier keine Sonderregelung, die eine Analogiebildung von vornherein ausschließt. Der den § 114 S 2 VwGO tragende Gesichtspunkt der Prozessökonomie drängt beim vorläufigen Rechtsschutz nach § 80 Abs 5 VwGO (erst recht) auf Verwirklichung. Schließlich ist auch die Interessenlage vergleichbar, so dass die Voraussetzungen für eine Analogiebildung vorliegen. Insbes kann die Behörde nicht auf die Möglichkeit eines Neuerlasses der Anordnung der sofortigen

Vollziehung verwiesen werden, weil ihr damit nur ein vergleichsweise deutlich unwegsamerer Pfad eröffnet ist. Bei (völligem) **Auswechseln** der bisher vorgetragenen Gründe ist § 114 S 2 VwGO hingegen nicht anwendbar (BT-Drs 13/3993, 13). In diesem Fall bleibt der Behörde daher nur die Möglichkeit eines Neuerlasses der Vollziehungsanordnung; § 91 **VwGO** findet dann **analoge** Anwendung (vgl Rn 182).

186   Die **Erfolgsaussichten in der Hauptsache** sind im Rahmen der materiellen Voraussetzungen des § 80 Abs 2 S 1 Nr 4 VwGO **nicht** zu berücksichtigen, weil sie lediglich das Erlassinteresse, nicht aber das (besondere) Vollziehungsinteresse betreffen (Rn 103); dies gilt auch dann, wenn Erlass- und Vollziehungsinteresse (teil-)identisch sind (Rn 104). Das bedeutet freilich **nicht**, dass die Erfolgsaussichten in der Hauptsache bei einem Antrag auf Anordnung der aufschiebenden Wirkung überhaupt keine Rolle spielen. Sie bilden den zentralen Maßstab für den zweiten Prüfungsgegenstand des § 80 Abs 5 S 1 Alt 2 VwGO: dem Vorliegen ernstlicher Zweifel an der Rechtmäßigkeit des Verwaltungsakts. Zwischen der Prüfung der (formellen und) materiellen Voraussetzungen der Anordnung der sofortigen Vollziehung einerseits und dem Bestehen ernstlicher Zweifel an der Rechtmäßigkeit des Verwaltungsakts anderseits ist strikt zu unterscheiden (insoweit unzutreffend Sodan/Ziekow/ Puttler VwGO § 80 Rn 156 ff). Diese Trennung ist nicht nur dogmatisch zwingend erforderlich, weil das Vollzugsinteresse kein (besonderes) öffentliches Interesse an der sofortigen Vollziehung iSd § 80 Abs 2 S 1 Nr 4 VwGO zu begründen vermag. Sie ist auch notwendig, um der Besonderheit des Antrags nach § 80 Abs 5 S 1 Alt 2 VwGO Rechnung zu tragen. Während die Erfolgsaussichten in der Hauptsache den Antrag auf Anordnung sowie Wiederherstellung der aufschiebenden Wirkung betreffen, gelten die besonderen Eilvoraussetzungen des § 80 Abs 2 S 1 Nr 4 VwGO nur für den Antrag auf Wiederherstellung der aufschiebenden Wirkung. Sofern man die Erfolgsaussichten in der Hauptsache bereits in die materiellen Voraussetzungen der Anordnung der sofortigen Vollziehung „hineinliest", können dadurch allzu leicht die besonderen Eilvoraussetzungen der Vollziehungsanordnung „versteckt" und die Unterschiede zwischen beiden Antragsformen des § 80 Abs 5 S 1 VwGO zugedeckt werden.

3. Gerichtliche Interessenabwägung: Erfolgsaussichten in der Hauptsache als zentraler Entscheidungsmaßstab

187   Im Rahmen der Entscheidung nach § 80 Abs 5 VwGO ist eine Interessenabwägung zwischen den Interessen des Antragstellers an der Aussetzung der Vollziehung und dem öffentlichen Interesse an der sofortigen Vollziehung zu berücksichtigen. Einigkeit besteht heute darin, dass keine vom materiellen Recht losgelöste reine Interessenabwägung vorzunehmen ist, sondern dass sich die Abwägung am materiellen Recht zu orientieren hat. Hierbei kommt den Erfolgsaussichten in der Hauptsache maßgebliche Deutung zu. Zur Konkretisierung der gebotenen Interessenabwägung hat sich ein **Stufensystem** herausgebildet. Danach ist zunächst die offensichtliche Rechtmäßigkeit oder Rechtswidrigkeit des angegriffenen Verwaltungsakts bzw die Erfolgsaussicht des Hauptsacherechtsbehelfs zu prüfen; nur bei offener Erfolgsprognose, also einer ergebnislosen Evidenzkontrolle, soll eine Interessenabwägung durchgeführt werden (BVerwG NJW 1974, 1294, 1295; NJW 1993, 3213 f; VGH Mannheim ESVGH 35, 278, 280 f; NVwZ-RR 1991, 409, 410; VBlBW 1994, 454, 455; VGH München DÖV 1981, 185, 186; BayVBl 1981, 658, 659; BayVBl 1983, 23, 24; BayVBl 1983, 308, 309; NJW 1984, 2784; BayVBl 1986, 274; BayVBl 1987, 437, 438; BayVBl 1988, 406; statt vieler in der Literatur Eyermann/Schmidt VwGO § 80 Rn 72 ff). Dieses Stufenmodell bedarf der weiteren Konturierung.

188   Ergibt die (summarische) Prüfung, dass der angefochtene Verwaltungsakt **offensichtlich** rechtswidrig und der Antragsteller dadurch in seine Rechte verletzt ist, kann **kein öffentliches Interesse** an der sofortigen Vollziehung des Verwaltungsakts bestehen (unstreitig, vgl nur BVerwG Buchholz 402.45 Nr 14 zu einem Vereinsverbot). Gegenläufige öffentliche Interessen können die offensichtliche Rechtswidrigkeit des Verwaltungsakts nicht überwinden. In umgekehrter Richtung lässt sich hingegen nicht entsprechend argumentieren. Zwar mag es in den Fällen des gesetzlichen Ausschlusses der aufschiebenden Wirkung (§ 80 Abs 2 S 1 Nr 1–3, Abs 2 S 2 VwGO) zutreffen, dass der Bürger kein schutzwürdiges Vertrauen daran haben kann, von der Vollziehung eines offensichtlich rechtmäßigen Verwaltungsakts

verschont zu bleiben (vgl statt vieler Eyermann/Schmidt VwGO § 80 Rn 74). Für den Fall der behördlichen **Anordnung der sofortigen Vollziehung** ist umstritten, ob **offensichtlich erfolglose Rechtsbehelfe** die Begründetheit eines Antrags nach § 80 Abs 5 S 1 Alt 2 VwGO ausschließen, und zwar unabhängig davon, ob ein Dringlichkeitsinteresse an der sofortigen Vollziehung gegeben ist. Während dies teilweise bejaht wird (BVerwG NJW 1974, 1294, 1295; VGH Mannheim ESVGH 24, 147, 148; OVG Münster OVGE 23, 236; VG Potsdam NVwZ-RR 2001, 402; Kopp/Schenke VwGO § 80 Rn 100; Schmitt BayVBl 1977, 554 f), lehnen andere einen solchen Automatismus unter Hinweis darauf ab, dass auch bei offensichtlicher Erfolglosigkeit des Rechtsbehelfs in der Hauptsache auf das Erfordernis eines überwiegenden Vollziehungsinteresses nicht verzichtet werden könne (BVerfG NVwZ 1996 58, 59 f; OVG Lüneburg DVBl 1976 81, 83; VGH Kassel DVBl 1985, 1184; VGH Mannheim VBlBW 1997, 390 ff; F/D/K/Külpmann Rn 973; Schoch Vorläufiger Rechtsschutz und Risikoverteilung im Verwaltungsrecht 1988, 1594 f; Sodan/Ziekow/Puttler VwGO § 80 Rn 157). Nach der hier vertretenen Auffassung ist im Rahmen der Entscheidung nach § 80 Abs 5 VwGO zum einen zwischen den (formellen und materiellen) Voraussetzungen der Vollziehungsanordnung und der Rechtmäßigkeit des Verwaltungsakts zu unterscheiden; und zum anderen betreffen die Erfolgsaussichten der Hauptsache nicht die materiellen Voraussetzungen der Vollziehungsanordnung, sondern allein die ggf zusätzlich durchzuführende Interessenabwägung. Das bedeutet, dass einem Antrag nach § 80 Abs 5 S 1 Alt 2 VwGO auch bei offensichtlicher Erfolglosigkeit stattzugeben ist, wenn die (formellen und/oder materiellen) Voraussetzungen der Vollziehungsanordnung nicht vorliegen. Zur Begründetheit eines Antrags nach § 80 Abs 5 S 1 Alt 2 VwGO reicht die Rechtswidrigkeit der Vollziehungsanordnung bereits aus, ohne dass es auf eine Interessenabwägung unter Berücksichtigung der Erfolgsaussichten in der Hauptsache ankäme. Erweist sich die Vollziehungsanordnung hingegen als fehlerfrei, kommt der Interessenabwägung ausschlaggebende Bedeutung zu. Bei offensichtlicher Erfolglosigkeit kann das behördliche Vollziehungsinteresse gegenüber dem privaten Aussetzungsinteresse mit Recht Vorrang beanspruchen.

Wenn **keine eindeutige Antwort** auf die Frage nach der Rechtmäßigkeit des Ver- **189** waltungsaktes gegeben werden kann, kommt es in (analoger) Anwendung des § 80 Abs 4 S 3 VwGO auf **ernstliche Zweifel** an der Rechtmäßigkeit des Verwaltungsakts an. § 80 Abs 4 S 3 VwGO bezieht sich zwar unmittelbar nur auf die Anforderung öffentlicher Abgaben und Kosten. In der Vorschrift manifestiert sich jedoch ein allgemeiner Rechtsgedanke, dass die Verwaltung bei erheblichen Zweifeln an der Rechtmäßigkeit des Verwaltungsakts weniger schutzbedürftig ist als der Betroffene (vgl nur VGH München, DVBl 1992, 454, 456; F/D/K/Külpmann Rn 967; Sodan/Ziekow/Puttler VwGO § 80 Rn 158; aA Schenke, Rn 1001).

Lassen sich im Einzelfall nicht einmal ernstliche Zweifel an der Rechtmäßigkeit des **190** Verwaltungsakts feststellen, spielt neben den Erfolgsaussichten in der Hauptsache eine **Vielzahl von Faktoren** eine Rolle, wie das Gewicht der durch den Verwaltungsakt betroffenen Rechtsgüter, die Grundsatzregelungen des § 80 Abs 1 bzw Abs 2 S 1 Nr 1–3, Abs 2 S 2 VwGO sowie die Schwere der Beeinträchtigung der Rechtsgüter, die durch die Vollziehung bzw Aussetzung des Verwaltungsakts betroffen werden (Schenke, Rn 1002). Von erheblicher Bedeutung ist dabei, ob **irreversible Folgen** zu befürchten sind, wenn die Entscheidung im vorläufigen Rechtsschutzverfahren von der Entscheidung in der Hauptsache abweicht (vgl BVerfGE 35, 382, 402; 67, 42, 59; siehe auch BVerfG NVwZ 2004, 93, 94; Schenke, Rn 1002; Sodan/Ziekow/Puttler VwGO § 80 Rn 136). Unsicherheiten in tatsächlicher oder rechtlicher Hinsicht sind daher entsprechend der Schwere der für den Antragsteller drohenden Nachteile zu seinen Gunsten zu berücksichtigen (Burkholz Der Untersuchungsgrundsatz 1988, 108 f; Sodan/Ziekow/Puttler VwGO § 80 Rn 136). Umgekehrt muss aber ebenso Berücksichtigung finden, wenn die Aussetzung der Vollziehung die von der Behörde intendierten Ziele vereitelt (Schenke, Rn 1002).

Wenn im einstweiligen Rechtsschutzverfahren – etwa wegen besonderer Dringlichkeit **191** oder besonderer Komplexität der relevanten Rechtsfragen – keine Aussage über die Rechtmäßigkeit oder Rechtswidrigkeit des Verwaltungsakts getroffen werden kann, führt an einer **reinen Interessenabwägung** kein Weg vorbei. Der einstweilige Rechtsschutz steht wie der Rechtsschutz stets unter dem Vorbehalt des Möglichen. Von Verfassungs wegen ist hiergegen an nichts zu erinnern (BVerfG NJW 2002, 2225).

III. Form, Inhalt und Rechtswirkungen der Eilentscheidung

192   Die Sachentscheidung nach § 80 Abs 5 VwGO ergeht – soweit das Verfahren nicht zB durch Antragsrücknahme, Vergleich, Erledigung beendet wird – durch **Beschluss**, der nach § 122 Abs 2 S 2 VwGO stets der **Begründung** bedarf und zuzustellen ist. In besonders dringenden Fällen kann der schriftlich abgefasste Tenor vorab auf telefonischem Weg den Beteiligten bekannt gegeben werden (VG Wiesbaden NVwZ 1988, 90, 91; S/S/B/Schoch VwGO § 80 Rn 528; Sodan/Ziekow/Puttler VwGO § 80 Rn 165). Das Gericht hat auch über die **Kosten** zu entscheiden und eine **Streitwertfestsetzung** zu treffen. Auch wenn § 122 Abs 1 VwGO auf § 117 VwGO nicht Bezug nimmt, sollte sich die Abfassung des Beschlusses an den Anforderungen für Urteile orientieren S/S/B/Schoch VwGO § 80 Rn 528). Dem Beschluss ist eine ordnungsgemäße Rechtsbehelfsbelehrung (§ 58 VwGO) beizufügen.

193   Das Gericht hat bei der Festlegung der Modalitäten der Entscheidung nach § 80 Abs 5 einen **gewissen Gestaltungsspielraum**. So kann es die aufschiebende Wirkung gem § 80 Abs 5 S 1 VwGO ganz oder teilweise anordnen bzw wiederherstellen. Eine solche teilweise Anordnung setzt jedoch eine Teilbarkeit der Gesamtregelung voraus (OVG Berlin NVwZ 2003, 1524; Sodan/Ziekow/Puttler VwGO § 80 Rn 168). Nach § 80 Abs 5 S 4 VwGO kann das Gericht eine Sicherheitsleistung (dabei darf es nicht zu einer Übersicherung kommen, vgl OVG Berlin NVwZ-RR 2005, 761, 762), Auflage (vgl VGH Mannheim NVwZ-RR 2005, 472 ff) oder Befristung (§ 80 Abs 5 S 5 VwGO) anordnen. Aus § 80 Abs 5 S 4 VwGO ergibt sich, dass die Anordnung einer Sicherheitsleistung und anderer Auflagen nur gegenüber dem Antragsteller, nicht jedoch gegenüber der Behörde als Antragsgegner erfolgen kann (OVG Münster DÖV 1971, 103, 104; Sodan/Ziekow/Puttler VwGO § 80 Rn 168).

194   Beschlüsse nach § 80 Abs 5 VwGO sind – wie jede gerichtliche Entscheidung – der **formellen Rechtskraft** fähig. Darüber hinaus kommt Entscheidungen nach § 80 Abs 5 VwGO **sachliche Bindungswirkung** zu (VGH Mannheim NVwZ 1992, 293; OVG Lüneburg NVwZ-RR 1995, 376). Hieraus erklärt sich die Vorschrift des § 80 Abs 7 VwGO und die dort vorgesehene Änderungsbefugnis. Auch bei **Änderung der Sach- und Rechtslage** ist die Behörde im Rahmen der Bindungswirkung der Aussetzungsentscheidung nicht befugt, die sofortige Vollziehung der aufschiebenden Wirkung erneut anzuordnen; statt dessen ist die Behörde auf das Abänderungsverfahren nach § 80 Abs 7 S 2 VwGO verwiesen (VGH Mannheim NVwZ-RR 1989, 398; NVwZ 1991, 1000; NVwZ 1992, 293; OVG Berlin NVwZ 1990, 681; OVG Bremen NJW 1968, 1539 f; DVBl 1980, 420, 421; OVG Hamburg DVBl 1981, 51, 52; OVG Koblenz NVwZ 1987, 426; OVG Saarlouis NVwZ 1985, 920, 921; Eyermann/Schmidt VwGO § 80 Rn 98; S/S/B/Schoch VwGO § 80 Rn 530; Sodan/Ziekow/Puttler VwGO § 80 Rn 171). Demgegenüber ist die Behörde durch die Bindungswirkung der nach § 80 Abs 5 VwGO ergehenden Entscheidungen nicht daran gehindert, (unter Aufhebung des früheres Bescheids) einen **neuen Verwaltungsakt** zu erlassen und dessen **sofortige Vollziehung** anzuordnen (VGH Mannheim NVwZ 1991, 1000; S/S/B/Schoch VwGO § 80 Rn 533). Allerdings gilt es, in diesem Fall eine Umgehung der Wiederherstellung der aufschiebenden Wirkung zu verhindern. Der Behörde ist es verwehrt, eine mit der bisherigen Regelung inhaltlich identische „Neuregelung" zu erlassen **und** deren sofortige Vollziehbarkeit anzuordnen (OVG Bremen NVwZ 1991, 1194, 1195; Kopp/Schenke VwGO § 80 Rn 173; S/S/B/Schoch VwGO § 80 Rn 533; aA Eyermann/Schmidt VwGO § 80 Rn 99). Verzichtet die Behörde hingegen auf eine Vollziehungsanordnung, ist gegen den Neuerlass sub specie der sachlichen Bindungswirkung der Aussetzungsentscheidung an nichts zu erinnern (Kopp/Schenke VwGO § 80 Rn 173).

195   Die Aussetzungsentscheidung gem § 80 Abs 5 VwGO wirkt grundsätzlich auf den Zeitpunkt des Erlasses des angefochtenen Verwaltungsakts zurück und entfaltet daher **ex tunc-Wirkung** (VGH Mannheim VBlBW 1991, 33; VGH München GewArch 1993, 349, 350 f; Magnussen VBlBW 1989, 121, 124 f; S/S/B/Schoch VwGO § 80 Rn 535; Sodan/Ziekow/Puttler VwGO § 80 Rn 169). Möchte das Gericht von dieser zeitlichen Schutzwirkung abweichen, muss es dies im Rahmen seiner Gestaltungskompetenz in der Aussetzungsentscheidung ausdrücklich anordnen (vgl OVG Lüneburg NVwZ 1990, 270, 271; VGH München NVwZ 1987, 63; S/S/B/Schoch VwGO § 80 Rn 535; Sodan/Ziekow/Puttler

VwGO § 80 Rn 169). Der Beschluss des Gerichts entfaltet seine Schutzwirkung grundsätzlich bis zur Unanfechtbarkeit des Verwaltungsakts bzw bis zur rechtskräftigen Entscheidung in der Hauptsache (BVerwGE 78, 192, 208; OBG Weimar NVwZ-RR 1999, 698; VGH Mannheim DÖV 1970, 684; S/S/B/Schoch VwGO § 80 Rn 536; Sodan/Ziekow/Puttler VwGO § 80 Rn 172). Wird allerdings die Anfechtungsklage in erster Instanz abgewiesen, verliert der Beschluss gem § 80b VwGO vorzeitig seine Schutzwirkung. Die Schutzwirkung endet dann bereits drei Monate nach Ablauf der gesetzlichen Rechtsmittelbegründungsfrist (§ 80b Abs 1 S 1 und 2 VwGO). Mit Eintritt der Unanfechtbarkeit bzw Rechtskraft in der Hauptsache sowie mit Ablauf der in § 80b Abs 1 S 1 VwGO genannten Frist wird der Beschluss nach § 80 Abs 5 VwGO gegenstandslos. Er bedarf keiner förmlichen Aufhebung (Sodan/Ziekow/Puttler VwGO § 80 Rn 172).

IV. Rechtsbehelfe gegen die Eilentscheidung

Verwaltungsgerichtliche Beschlüsse über einen Antrag nach § 80 Abs 5 VwGO sind mit **196** der **Beschwerde** (§ 146 VwGO) anfechtbar. Neben der zweiwöchigen Beschwerdefrist (§ 147 Abs 1 VwGO) sind auch die durch Art 1 Nr 19b und c RmBereinVpG (Gesetz zur Bereinigung des Rechtsmittelrechts im Verwaltungsprozess vom 20.12.2001, BGBl I 3987) in § 146 Abs 4 VwGO eingefügte Frist zur Vorlage einer Beschwerdebegründung innerhalb eines Monats nach Bekanntgabe der Entscheidung (§ 146 Abs 4 S 1 VwGO) und die besonderen Anforderungen an den Inhalt der Begründung (§ 146 Abs 4 S 3 VwGO) zu beachten. Ein Verstoß gegen die verschärften Begründungsanforderungen führt zur Unzulässigkeit der Beschwerde (§ 146 Abs 4 S 4 VwGO). Das OVG bzw der VGH prüft lediglich die dargelegten Gründe (§ 146 Abs 4 S 6 VwGO). Gegen Entscheidungen des OVG bzw VGH (§ 152 Abs 1 VwGO) und des BVerwG ist kein Rechtsmittel vorgesehen.

Die Versagung vorläufigen Rechtsschutzes kann grundsätzlich im Wege der Verfassungs- **197** beschwerde gerügt werden (BVerfGE 69, 315, 339 f). Entsprechende Verfassungsbeschwerden müssen aber den aus dem Grundsatz der Subsidiarität der Rechtssatzverfassungsbeschwerde folgenden Anforderungen genügen (BVerfGE 70, 180, 185 ff). Danach hat der Beschwerdeführer vor Anrufung des BVerfG nicht nur den Rechtsweg im engeren Sinne nach § 90 Abs 2 S 1 BVerfGG zu erschöpfen, also ggf das Beschwerdeverfahren nach § 146 VwGO durchzuführen; vielmehr hat er auch alle anderen ihm zur Verfügung stehenden und zumutbaren Möglichkeiten zu ergreifen, um eine Korrektur der gerügten Grundrechtsverletzung zu erreichen. Hierbei ist die Möglichkeit eines gerichtlichen Abänderungsverfahrens nach § 80 Abs 7 VwGO (vgl BVerfGE 69, 233, 242 f; 70, 180, 187 ff; BVerfG NVwZ 2002, 848; siehe Roeser/Hänlein NVwz 1995, 1082; Roeser EuGRZ 1998, 429, 430 f) sowie die Möglichkeit hinreichenden Rechtsschutzes durch das Hauptsacheverfahren (BVerfGE 77, 381, 401; 78, 290, 301 f) in Betracht zu ziehen. Bezieht sich die Verfassungsbeschwerde hingegen nicht auf die Hauptsache, sondern beruht die geltend gemachte Verletzung von Grundrechten auf der Versagung vorläufigen Rechtsschutzes, steht der Verfassungsbeschwerde in Ermangelung einer Korrekturmöglichkeit der Grundsatz der Subsidiarität nicht entgegen (BVerfGE 80, 40, 45; Eyermann/Schmidt VwGO § 80 Rn 97; Sodan/Ziekow/Puttler VwGO § 80 Rn 176).H. Gerichtliches Änderungsverfahren (Abs 7)

Nach § 80 Abs 7 VwGO können im Verfahren nach § 80 Abs 5 VwGO ergangene **198** Beschlüsse des Gerichts geändert oder aufgehoben werden. Diese Vorschrift tritt an die Stelle der früheren Regelung in Absatz 6, in dem es lapidar hieß: „Beschlüsse über Anträge nach Absatz 5 können jederzeit geändert oder aufgehoben werden." § 80 Abs 7 VwGO wurde durch das 4. VwGOÄndG mit Wirkung vom 1.1.1991 neu gefasst. Dem Abänderungsverfahren kommt eine **erhebliche praktische Bedeutung** zu (Reimer VBlBW 1986, 291; Schmid DVBl 1976, 932; S/S/B/Schoch VwGO § 80 Rn 545), zumal das BVerfG vor Erhebung einer Verfassungsbeschwerde unter dem Gesichtspunkt der Subsidiarität die vorherige erfolglose Stellung eines Abänderungsantrags verlangt (Rn 197). Das Verfahren nach § 80 Abs 7 VwGO ist ein neues **selbstständiges**, vom vorangegangenen Verfahren nach § 80 Abs 5 VwGO getrenntes **Verfahren** (OVG Münster NVwZ-RR 1991, 387; Eyermann/Schmidt VwGO § 80 Rn 101; S/S/B/Schoch VwGO § 80 Rn 548; Sodan/Ziekow/Puttler VwGO § 80 Rn 183). Gleichwohl stimmen beide Verfahren hinsichtlich der Verfahrensregeln und der Entscheidungsmaßstäbe überein (BVerwGE 96, 239, 240; VGH

Mannheim NVwZ-RR 1990, 187, 188; OVG Münster NVwZ-RR 1991, 587; S/S/B/
Schoch VwGO § 80 Rn 548). Insbes ist der Verfahrensgegenstand identisch (VGH Mann-
heim VBlBW 1989, 374, 375; VBlBW 1996, 23; OVG Koblenz NJW 1995, 2180; S/S/B/
Schoch VwGO § 80 Rn 548; Sodan/Ziekow/Puttler VwGO § 80 Rn 183) und die Betei-
ligten behalten ihre im Aussetzungsverfahren innegehabte Stellung im Abänderungsverfahren
(BVerwGE 64, 347, 355; VGH München BayVBl 1990, 88; S/S/B/Schoch VwGO § 80
Rn 548). Im Abänderungsverfahren wird allein die Fortdauer der im Verfahren nach § 80
Abs 5 VwGO getroffenen Entscheidung geprüft, nicht deren ursprüngliche Richtigkeit oder
die Feststellung sonstiger behördlicher Befugnisse (OVG Hamburg DVBl 1981, 51, 52; VGH
Mannheim DVBl 1996, 111; NVwZ-RR 2002, 908, 909; Sodan/Ziekow/Puttler VwGO
§ 80 Rn 183). Da das Abänderungsverfahren keinen Rechtsbehelfscharakter hat, sondern auf
die **Zukunft gerichtet** ist (S/S/B/Schoch VwGO § 80 Rn 549), unterliegt ihm nur der
verfügende Teil des ursprünglichen Beschlusses, nicht aber die Kostenentscheidung (VGH
Mannheim, DVBl 1996, 111, 112; Sodan/Ziekow/Puttler VwGO § 80 Rn 183). **Zuständig** ist das jeweilige Gericht in der Hauptsache. Dies ist dasjenige Gericht, bei dem die
Hauptsache anhängig ist oder anhängig gemacht werden kann (VGH Mannheim VBlBW
1992, 471; S/S/B/Schoch VwGO § 80 Rn 561). Das bedeutet, dass nicht unbedingt das
Gericht, das den Beschluss erlassen hat, auch über dessen Änderung befindet. Dementsprechend kann eine vom OVG bzw VGH im Beschwerdeverfahren getroffene Aussetzungsentscheidung vom VG aufgehoben oder geändert werden, wenn die Klage noch in der ersten
Instanz anhängig ist (VGH Mannheim NJW 1970, 166; DÖV 1970, 684; VBlBW 1992,
471; VGH München BayVBl 1978, 245; NJW 1978, 1941; VGH Kassel ESVGH 22, 232,
233; OVG Münster NJW 1974, 205; OVG Koblenz NVwZ 1986, 654; Eyermann/Schmidt
VwGO § 80 Rn 105; S/S/B/Schoch VwGO § 80 Rn 562; Sodan/Ziekow/Puttler VwGO
§ 80 Rn 183). Denn § 80 Abs 7 VwGO begründet kein Rechtsmittelverfahren, so dass es
nicht um die rechtsbehelfsmäßige Überprüfung der Rechtmäßigkeit der ursprünglichen
Eilentscheidung geht.

199   § 80 Abs 7 S 1 VwGO regelt das Abänderungsverfahren **von Amts wegen**. Danach kann
das Gericht den Beschluss nach § 80 Abs 5 VwGO „jederzeit", dh ohne Einhaltung einer
Frist (vgl Eyermann/Schmidt VwGO § 80 Rn 102; S/S/B/Schoch VwGO § 80 Rn 566;
Sodan/Ziekow/Puttler VwGO § 80 Rn 184), ändern oder aufheben. Für die Entscheidung
von Amts wegen, die auch auf einer Anregung eines Beteiligten beruhen kann, brauchen sich
die Umstände nicht geändert zu haben. Es reicht aus, dass das Gericht zu einer anderen
Beurteilung der Rechtslage gekommen ist oder die frühere Interessenabwägung nachträglich
als korrekturbedürftig einstuft (VGH Mannheim DÖV 1996, 177, 178; OVG Hamburg
NVwZ 1995, 1004, 1005; Eyermann/Schmidt VwGO § 80 Rn 102; Redeker NVwZ 1991,
526, 528; S/S/B/Schoch VwGO § 80 Rn 568; Sodan/Ziekow/Puttler VwGO § 80
Rn 184).

200   Im Gegensatz zum amtswegigen Verfahren sind beim **Verfahren auf Antrag eines
Beteiligten** gem § 80 Abs 7 S 2 VwGO veränderte Umstände erforderlich. Zu einem
Verfahren kommt es nur, wenn einer der Beteiligten einen entsprechenden **Antrag** gestellt
hat. Eine gerichtliche Abänderungsentscheidung setzt voraus, dass der **Antrag zulässig** und
begründet ist (S/S/B/Schoch VwGO § 80 Rn 571). Im Rahmen der Antragsbefugnis ist
zu prüfen, ob der Antragsteller veränderte oder im ursprünglichen Verfahren nicht geltend
gemachte Umstände vorträgt, aus denen sich die Möglichkeit einer Änderung der früheren
Eilentscheidung ergibt (Haurand/Vahle VR 1992, 117, 123; S/S/B/Schoch VwGO § 80
Rn 575). Für die Begründetheit des Antrags kommt es darauf an, dass veränderte Umstände
vorliegen oder im ursprünglichen Eilverfahren gem § 80 Abs 5 VwGO ohne Verschulden
nicht geltend gemachte Umstände gegeben sind, die im Ergebnis zu einer vom früheren
Aussetzungsverfahren abweichenden Beurteilung der Sach- oder Rechtslage führen (S/S/B/
Schoch VwGO § 80 Rn 584). Eine **Veränderung der Umstände** kann zB in einer nach-
träglich geänderten Rechtslage (BVerfG NVwZ 2005, 438 f; OVG Lüneburg NVwZ 2005,
236, 237; VGH Mannheim NVwZ 1987, 625; VGH München BayVBl 1983, 503; S/S/B/
Schoch VwGO § 80 Rn 585; Sodan/Ziekow/Puttler VwGO § 80 Rn 185) oder in der
Änderung der tatsächlichen Situation (VGH Mannheim UPR 1995, 117; OVG Münster
NJW 1989, 1691; OVG Koblenz 1995, 2180, 2181; Eyermann/Schmidt VwGO § 80
Rn 103; S/S/B/Schoch VwGO § 80 Rn 585) liegen. Auch die Verletzung rechtlichen

Gehörs (Art 103 Abs 1 GG) kann zur Begründetheit eines Antrags nach § 80 Abs 7 S 2 VwGO führen (vgl BVerfGE 70, 180, 188; BVerfG NVwZ 2003, 859, 862; Sodan/Ziekow/ Puttler VwGO § 80 Rn 185). Nach § 80 Abs 7 S 2 VwGO müssen die Umstände nicht in jedem Fall nachträglich entstanden sein. Es genügt, dass der Beteiligte sie **schuldlos** im ursprünglichen Verfahren nicht vorbringen konnte. Für den Verschuldensmaßstab ist auf § 60 Abs 1 VwGO zurückzugreifen (VGH Mannheim NVwZ-RR 2002, 908, 909; Schoch NVwZ 1991, 1121, 1123; Sodan/Ziekow/Puttler VwGO § 80 Rn 185). Anträge nach § 80 Abs 7 S 2 VwGO sind grundsätzlich an **keine Frist** gebunden (Sodan/Ziekow/Puttler VwGO § 80 Rn 185).

Nur gegen den ablehnenden Beschluss des Gerichts nach § 80 Abs 7 S 2 VwGO ist das **201** Rechtsmittel der **Beschwerde** gegeben (§§ 146 Abs 1, 151 Abs 1 VwGO). Mit der Beschwerde ist das Vorliegen der Voraussetzungen des § 80 Abs 7 S 2 VwGO geltend zu machen. Gegen die Ablehnung der Änderung oder Aufhebung von Amts wegen (§ 80 Abs 7 S 1 VwGO) ist hingegen kein Rechtsmittel gegeben, weil anderenfalls die speziellen Voraussetzungen für einen Änderungsantrag eines Beteiligten nach § 80 Abs 7 S 2 VwGO umgangen werden könnten (vgl OVG Hamburg NVwZ 1995, 1004, 1005; VGH Mannheim NVwZ-RR 2002, 908, 910; Sodan/Ziekow/Puttler VwGO § 80 Rn 186).

I. Schadensersatzansprüche

Für die Fälle, dass die Behörde die sofortige Vollziehung anordnet oder keine Ausset- **202** zungsentscheidung nach § 80 Abs 4 VwGO trifft, der belastende Verwaltungsakt später aber aufgehoben wird, sieht § 80 VwGO im Gegensatz zur einstweiligen Anordnung (vgl § 123 Abs 3 iVm § 945 ZPO) keine Schadensersatzansprüche vor. Für den vorläufigen Rechtsschutz nach §§ 80, 80a VwGO gilt gem § 123 Abs 5 VwGO die Verweisung des § 123 Abs 3 VwGO auf § 945 ZPO nicht (F/D/K/Külpmann Rn 1121 f; Sodan/Ziekow/Puttler VwGO § 80 Rn 178). Dem Betroffenen verbleibt nur die Möglichkeit, einen Folgenbeseitigungsanspruch (§ 80 Abs 5 S 3 VwGO) und ggf einen Amtshaftungsanspruch geltend zu machen (BVerwG NVwZ 1991, 270; F/D/K/Külpmann Rn 1123, 1127; Sodan/Ziekow/ Puttler VwGO § 80 Rn 178).

§ 80a [Verwaltungsakte mit Doppelwirkung]

(1) Legt ein Dritter einen Rechtsbehelf gegen den an einen anderen gerichteten, diesen begünstigenden Verwaltungsakt ein, kann die Behörde

1. auf Antrag des Begünstigten nach § 80 Abs. 2 Nr. 4 die sofortige Vollziehung anordnen,

2. auf Antrag des Dritten nach § 80 Abs. 4 die Vollziehung aussetzen und einstweilige Maßnahmen zur Sicherung der Rechte des Dritten treffen.

(2) Legt ein Betroffener gegen einen an ihn gerichteten belastenden Verwaltungsakt, der einen Dritten begünstigt, einen Rechtsbehelf ein, kann die Behörde auf Antrag des Dritten nach § 80 Abs. 2 Nr. 4 die sofortige Vollziehung anordnen.

(3) ¹Das Gericht kann auf Antrag Maßnahmen nach den Absätzen 1 und 2 ändern oder aufheben oder solche Maßnahmen treffen. ²§ 80 Abs. 5 bis 8 gilt entsprechend.

§ 80a VwGO regelt den vorläufigen Rechtsschutz bei Verwaltungsakten mit Drittwirkung. Dem gesamten Regelungsmodell des § 80a VwGO liegt eine Differenzierung unter zwei Gesichtspunkten zugrunde, nämlich eine Unterscheidung zwischen dem Adressaten des Verwaltungsakts und dem Dritten sowie zwischen der Begünstigung und der Belastung. § 80a Abs 1 und 2 VwGO regelt den vorläufigen verwaltungsbehördlichen (Rn 19 ff) und § 80a Abs 3 VwGO den vorläufigen verwaltungsgerichtlichen Rechtsschutz (Rn 40 ff). Im Fall des § 80a Abs 1 ist der Adressat des Verwaltungsakts der Begünstigte und der Dritte der Belastete. Zeitigt der Rechtsbehelf des Dritten nach § 80 Abs 1 S 2 VwGO aufschiebende Wirkung, kann der Adressat nach § 80a Abs 1 Nr 1 VwGO einen Antrag auf sofortige Vollziehung stellen (Rn 22). Fehlt es an einer solchen aufschiebenden Wirkung, kann der

Dritte bei der Behörde einen Antrag auf Aussetzung der Vollziehung (§ 80a Abs 1 Nr 2 Alt 1 VwGO; Rn 23) sowie auf Erlass einstweiliger Maßnahmen zur Sicherung seiner Rechte stellen (§ 80a Abs 1 Nr 2 Alt 2 VwGO; Rn 24 ff). § 80a Abs 2 VwGO betrifft den umgekehrten Fall, in dem der Adressat des Verwaltungsakts der Belastete und der Dritte der Begünstigte ist. Da der Rechtsbehelf des Adressaten gem § 80 Abs 1 VwGO die aufschiebende Wirkung auslöst, kann nun der begünstigte Dritte bei der Behörde die Anordnung der sofortigen Vollziehbarkeit beantragen (Rn 29). Gibt die Behörde einem Antrag nach § 80a Abs 1 und 2 VwGO nicht statt bzw trifft sie im verwaltungsbehördlichen Rechtsschutzverfahren entsprechende Maßnahmen, bleibt dem beschwerten Beteiligten die Möglichkeit, das Gericht um einstweiligen Rechtsschutz zu ersuchen (§ 80a Abs 3). Doch auch ohne vorherige Durchführung eines behördlichen Vorverfahrens ist das Gericht nach § 80a Abs 3 S 1 VwGO zuständig (Rn 40 ff).

Übersicht

A. Allgemeines
I. Entstehungsgeschichte

1 § 80a ist durch das 4. VwGOÄndG (Gesetz vom 17.12.1990, BGBl I 2809) in die VwGO eingefügt worden. Die Vorschrift regelt den vorläufigen Rechtsschutz bei Verwaltungsakten, die zugleich einen Beteiligten belasten und einen anderen begünstigen und bei denen sich die Begünstigung der einen und die Beeinträchtigung der anderen Person wechselseitig bedingen (vgl zur Begriffsbestimmung noch Rn 7 ff). Damit wurde der früher geführte Streit (vgl Limberger Probleme des vorläufigen Rechtsschutzes bei Großprojekten 1985, 28 f; Papier VerwArch 64 (1993), 399 ff; Schoch, Vorläufiger Rechtsschutz und Risikoverteilung im Verwaltungsrecht 1988, 355), ob bei Verwaltungsakten mit Drittwirkung Rechtsschutz nach § 80 Abs 5 VwGO oder nach § 123 VwGO zu erlangen ist, entschieden. Durch die Einbeziehung des § 80a in die Subsidiaritätsvorschrift des § 123 Abs 5 VwGO, durch die Erwähnung der „Verwaltungsakte mit Doppelwirkung" in § 80 Abs 1 S 2 VwGO und durch die Sonderregelung des § 80a VwGO ist geklärt, dass sich der verwaltungsgerichtliche – ebenso wie der verwaltungsbehördliche – vorläufige Rechtsschutz nach §§ 80, 80a VwGO bestimmt. Nachdem eine einheitliche Rechtsprechung mangels Zuständigkeit des BVerwG auch nicht durch höchstrichterliche Klärung herbeigeführt werden konnte (Korbmacher,

VBlBW 1981, 97), war der Gesetzgeber auf den Plan gerufen. Auf die Dringlichkeit einer (klarstellenden) Regelung wird in der Gesetzesbegründung ausdrücklich verwiesen; dort heißt es, dass im Interesse des rechtsuchenden Bürgers eine gesetzliche Klärung der Frage herbeigeführt werden müsse, „in welcher Form einstweiliger Rechtsschutz bei ‚janusköpfigen' Verwaltungsakten zu gewähren ist" (BR-Drs 135/90, 74). Der Gesetzgeber hat den vorläufigen Rechtsschutz beim Verwaltungsakt mit Drittwirkung aus dem Anwendungsbereich der einstweiligen Anordnung ausgeklammert (vgl § 123 Abs 5 VwGO) und dem System der §§ 80, 80a VwGO unterstellt. Hierbei hat er sich an den Bestimmungen der §§ 133 Abs 1 S 1, 136 des Entwurfs zu einer Verwaltungsprozessordnung (VwPO) orientiert (so ausdrücklich BR-Drs 135/90, 74).

II. Normzweck

Ausweislich der Entstehungsgeschichte (Rn 1) wollte der Gesetzgeber mit der Regelung **2** des § 80a VwGO den vorläufigen Rechtsschutz bei Verwaltungsakten mit Drittwirkung in das System der aufschiebenden Wirkung des § 80 VwGO einbinden. Während § 80 Abs 1 S 2 VwGO die aufschiebende Wirkung von Rechtsbehelfen zum Gegenstand hat, stellt § 80a VwGO die notwendigen **verfahrensrechtlichen** Regelungen zur Verfügung (OVG Schleswig NVwZ 1991, 898). Durch das System der §§ 80 Abs 1 S 2, 80a VwGO wird für den Bereich des Verwaltungsakts mit Drittwirkung ein **umfassender und wirksamer vorläufiger Rechtsschutz** bezweckt (vgl OVG Berlin ZfBR 1991, 128, 129; OVG Koblenz NVwZ-RR 1995, 124, 125). Hieraus lassen sich wesentliche Direktiven für die Bestimmung des Verhältnisses von § 80a VwGO und § 80 VwGO und für die Ermittlung der Reichweite richterlicher Gestaltungsbefugnisse nach § 80a Abs 3 S 1 VwGO ableiten. § 80a VwGO erhebt **prinzipiell** den Anspruch, den vorläufigen (behördlichen und gerichtlichen) Rechtsschutz beim Verwaltungsakt mit Drittwirkung umfassend und **erschöpfend** zu regeln. Nur soweit § 80a **Schutzlücken** hinterlässt, die sich nicht durch eine extensive Norminterpretation bzw durch eine analoge Anwendung der Vorschriften des § 80a VwGO schließen lassen, ist ein Rückgriff auf § 80 VwGO (ggf iVm § 80a Abs 3 S 2 VwGO) zulässig.

III. Voraussetzung für die Anwendbarkeit des § 80a: Verwaltungsakt mit Drittwirkung

Voraussetzung für die Anwendbarkeit des § 80a VwGO ist das Bestehen eines Verwal- **3** tungsakts mit Drittwirkung. Gegenstand eines vorläufigen verwaltungsbehördlichen (§ 80 Abs 1 und 2 VwGO) bzw verwaltungsgerichtlichen (§ 80a Abs 3 VwGO) Verfahrens können daher nur **Verwaltungsakte** sein, welche **Drittwirkung** entfalten. Nur wenn beide Voraussetzungen erfüllt sind, kommt der vorläufige Rechtsschutz nach § 80a VwGO zum Tragen.

1. Verwaltungsakt

§ 80a ist nur dann anwendbar, wenn die Voraussetzungen vorliegen, welche die aufschie- **4** bende Wirkung nach § 80 Abs 1 auszulösen vermögen. **§ 80 Abs 1 und § 80a VwGO** betreffen einen **identischen Gegenstand**: einen Verwaltungsakt. Dieser Entsprechungszusammenhang ergibt sich aus dem Wortlaut des § 80a Abs 1 und 2 VwGO („Verwaltungsakt"), aus der mehrfachen Bezugnahme auf § 80 VwGO (vgl § 80a Abs 1 Nr 1 und 2, Abs 2, Abs 3 S 2 VwGO) und aus der durch § 80 Abs 1 S 2 VwGO bewirkten Verklammerung beider Vorschriften. Die Vorschrift des § 80a VwGO bezieht sich daher – ebenso wie § 80 VwGO – nur auf Verwaltungsakte. Bei Nicht-Verwaltungsakten, insbes **Realakten**, vermag § 80a VwGO **keinen Schutz** zu vermitteln. Vorläufiger gerichtlicher Rechtsschutz gegen Realakte kann nur durch einstweilige Anordnung nach § 123 VwGO gewährt werden (OVG Berlin OVGE Bln 13, 188, 189; OVG Saarlouis RiA 1985, 259, 260; VGH Mannheim ZBR 1981, 204; Kopp/Schenke VwGO § 80 Rn 5 und 16; Sodan/Ziekow/Puttler VwGO § 80a Rn 23). Liegt kein Verwaltungsakt vor, sondern verletzt eine Person die rechtlich geschützten Interessen einer anderen, etwa durch die Errichtung eines (nicht genehmigten) „Schwarzbaus", kann weder behördlicher noch gerichtlicher Rechtsschutz nach § 80a VwGO erwirkt werden. Der Betroffene kann sich gegen das rechtswidrige

Verhalten des Dritten nur im Wege einer einstweiligen Anordnung zur Wehr setzen (Sodan/ Ziekow/Puttler VwGO § 80a Rn 23). § 80a VwGO ist auch nicht analog anwendbar. Dies gilt sowohl für Realakte als auch für Maßnahmen, die zwar die Begriffselemente des Verwaltungsakts iSd § 35 VwVfG aufweisen, aber nicht gegenüber dem Betroffenen bekannt gegeben wurden.

5   Ebenso wie § 80 VwGO setzt § 80a VwGO voraus, das der Verwaltungsakt **bekannt gegeben** (vgl 41 VwVfG), **nicht unanfechtbar** (vgl § 80b VwGO) und **nicht erledigt** (vgl § 43 Abs 2 VwVfG) ist (vgl § 80 VwGO Rn 17 ff). § 80a VwGO findet **keine Anwendung** auf **nichtige Verwaltungsakte** (vgl § 80 VwGO Rn 8). Ein nichtiger Verwaltungsakt ist unwirksam und als rechtliches Nullum kein tauglicher Bezugsgegenstand iSd § 80a VwGO. Mangels Regelungswirkung stellt sich die Frage nach der Gewährung vorläufigen Rechtsschutzes gem § 80a VwGO nicht. Auch hierin manifestiert sich der Entsprechungszusammenhang zwischen § 80 VwGO und § 80a VwGO.

6   § 80 Abs 1 erfasst lediglich **belastende** Verwaltungsakte (§ 80 VwGO Rn 17). Im bipolaren Verwaltungsrechtsverhältnis ist der Adressat des Verwaltungsakts zugleich der Belastete. Bei **Verwaltungsakten mit Drittwirkung** iSd §§ 80 Abs 1 S 2, 80a VwGO können hingegen der **Adressat** des Verwaltungsakts und die **belastete Person divergieren**. Während im Fall des § 80a Abs 2 VwGO der Adressat des Verwaltungsakts zugleich der Belastete und der Dritte der Begünstige ist, betrifft § 80a Abs 1 VwGO den umgekehrten Fall, in dem der Adressat begünstigt und der Dritte belastet ist. In Entsprechung zu § 80 Abs 1 VwGO setzt auch § 80a VwGO voraus, dass der Verwaltungsakt in subjektive Rechte eines Beteiligten eingreift. Im Gegensatz zu den – allein § 80 Abs 1 VwGO unterfallenden – bipolaren Verwaltungsrechtsverhältnissen trifft die belastende Wirkung jedoch nur bei Verwaltungsakten mit Drittwirkung iSd § 80a Abs 2 VwGO den Adressaten. Im Fall des § 80a Abs 1 VwGO ist der Adressat hingegen nicht belastet, sondern begünstigt; die Belastung tritt insoweit nicht beim Adressaten, sondern beim Dritten ein.

2. Drittwirkung

7   In § 80 Abs 1 S 2 VwGO ist vom „Verwaltungsakt mit **Doppel**wirkung" die Rede. Auch in Rechtsprechung und Lehre ist diese Terminologie zu finden (vgl zB BVerfGE 35, 263, 276; 69, 315, 370; OVG Lüneburg NVwZ 1993, 1214 f; Laubinger Der Verwaltungsakt mit Doppelwirkung, 1967; Kopp/Schenke VwGO § 80a Rn 1 f; Sodan/Ziekow/Puttler VwGO § 80a Rn 2). Diese Begrifflichkeit ist jedoch **irreführend** und deshalb zu vermeiden (vgl statt vieler SG/H, Rn 253; S/S/B/Schoch VwGO § 80a Rn 12; S/B/S/Sachs VwVfG § 50 Rn 8), weil sie das **Spezifikum** des Verwaltungsakts mit **Dritt**wirkung **nur unzureichend** erfasst. Der Begriff der „Doppelwirkung" könnte suggerieren, dass verdoppelte Wirkung bei einer und derselben Person eintritt, wie dies bei so genannten Mischverwaltungsakten der Fall ist, die sowohl begünstigende als auch belastende Elemente entfalten und an nur eine Person adressiert sind (vgl hierzu S/B/S/Sachs VwVfG § 48 Rn 120). Das dies bei „Verwaltungsakten mit Doppelwirkung" iSd §§ 80 Abs 1 S 2, 80a VwGO nicht der Fall ist, ergibt sich aus § 80a VwGO, der auf einer **Personendivergenz** beim belastenden und begünstigenden Effekt des Verwaltungsakts beruht. Der **Verwaltungsakt mit Doppelwirkung** scheint eher **als Oberbegriff** für die spezifischen Formen des Mischverwaltungsakts einerseits und des **Verwaltungsakts mit Drittwirkung** andererseits zu taugen (S/B/S/ Sachs VwVfG § 50 Rn 9). Unbedenklich ist diese – vom Gesetzgeber in § 80 Abs 1 S 2 VwGO verwendete – Begrifflichkeit nur dann, wenn hiermit lediglich die Mehrfachwirkung zum Ausdruck gebracht werden soll (S/B/S/Sachs VwVfG § 50 Rn 9).

8   Der Begriff des **Verwaltungsakts mit Drittwirkung** ist dadurch gekennzeichnet, dass er Wirkungen nicht nur für den Adressaten, sondern auch für einen Dritten zeitigt. Die Besonderheit des Verwaltungsaktstypus liegt darin, dass derselbe Verwaltungsakt zugleich **einen Beteiligten belastet** und **einen anderen begünstigt**. Das BVerfG erblickt die Besonderheit dieses Verwaltungsakts zutreffend darin, dass sich die Begünstigung des einen mit der Beeinträchtigung der anderen Person wechselseitig bedingt, so dass der eine Betroffene ein positives, der andere ein negatives Interesse an Entstehung, Fortbestand und Beseitigung des Verwaltungsakts hat (BVerfGE 69, 315, 370). Es reicht damit nicht aus, dass der Verwaltungsakt irgendwelche Interessen der Beteiligten berührt. Vielmehr müssen rechtlich

geschützte Interessen betroffen sein, die Gegenstand einer verwaltungsgerichtlichen Klage sein können (BVerfGE 69, 315, 370; Laubinger Der Verwaltungsakt mit Doppelwirkung, 1967 S 1 f, 14 f, 29; SG/H, Rn 253; Sodan/Ziekow/Puttler VwGO § 80a Rn 2; S/B/S/ Sachs VwVfG § 50 Rn 12).

Damit ist der Begriff des Verwaltungsakts mit Drittwirkung jedoch nur allgemein de- **9** finiert. Aus dieser Begriffsbestimmung dürfen aber **keine Rückschlüsse auf die Reichweite des Anwendungsbereichs des § 80a VwGO** gezogen werden (so aber Sodan/ Ziekow/Puttler VwGO § 80a Rn 2 ff). Die Frage, ob der durch einen Verwaltungsakt betroffene Dritte in seinen rechtlich geschützten Interessen beeinträchtigt oder sogar verletzt ist, betrifft nicht den Anwendungsbereich des § 80a VwGO, sondern den insoweit analog geltenden § 42 Abs 2 VwGO. Der die normative Reichweite betreffende Gehalt des § 80a und der – im Rahmen dieser Vorschrift analog anwendbare – § 42 Abs 2 VwGO sind **funktionsgemäß** voneinander abzugrenzen. § 42 VwGO analog hat die spezifische Funktion, den Kreis der Antragsberechtigten im Rahmen eines (behördlichen und gerichtlichen) vorläufigen Rechtsschutzverfahrens zu bestimmen. Hierbei geht es nicht nur darum, der vom Antragsteller behaupteten Rechts**verletzung** nachzugehen. Vielmehr muss ebenfalls – die logisch vorrangig zu prüfende – Möglichkeit bestehen, dass die vom Antragsteller geltend gemachten Rechte ihm als **subjektive Rechtspositionen zugewiesen** sind. § 42 Abs 2 VwGO analog würde seiner ihm zukommenden Funktion beraubt, wenn man § 80a VwGO bereits für nicht anwendbar erachtete, sofern der Verwaltungsakt (im konkreten Fall) keine rechtlich geschützten Interessen Dritter berührt. Darüber hinaus ist zu bedenken, dass der die Vorschrift des § 42 VwGO analog prägende milde „Möglichkeits-"Maßstab umgangen würde, wenn man für die Anwendbarkeit des § 80a VwGO eine positive Betroffenheit subjektiver Rechte des Dritten verlangte. Dementsprechend wird man für den Begriff des Verwaltungsakts mit Drittwirkung **iSd** § 80a VwGO und damit für dessen Anwendungsbereich eine rein **faktische** Betroffenheit des Dritten genügen lassen müssen. Hierfür lassen sich – neben der Notwendigkeit einer funktionsgemäßen Abgrenzung zu § 42 Abs 2 VwGO – Wortlaut und Normzweck ins Feld führen. § 80a VwGO knüpft lediglich an den faktischen Umstand der Belastung (§ 80a Abs 1 VwGO) bzw Begünstigung (§ 80a Abs 2 VwGO) des Dritten an. Außerdem entspricht es dem Normzweck des § 80a VwGO, den vorläufigen Rechtsschutz bei verwaltungsrechtlichen Dreiecksverhältnissen in dieser Vorschrift grundsätzlich umfassend und abschließend zu regeln (Rn 2). Mit dieser Zielsetzung wäre es aber unvereinbar, wenn man den Dritten im Fall einer (im Einzelfall) nicht vorliegenden Betroffenheit rechtlich geschützter Interessen auf den Rechtsschutz nach § 80 VwGO verwiese. Die Unzuträglichkeit eines solchen Verweises zeigt sich auch daran, dass in diesem Fall ein (behördlicher oder gerichtlicher) vorläufiger Rechtsschutz nach § 80 VwGO ohnehin an dem Erfordernis des § 42 VwGO analog scheiterte. Da dieses Erfordernis ebenso bei § 80a VwGO gilt, ist nicht ersichtlich, welcher Gewinn sich aus einer solchen Problemverlagerung auf § 80 VwGO ergeben könnte.

Deshalb unterfallen dem Anwendungsbereich des § 80a VwGO neben den klassischen **10** bau- und immissionsschutzrechtlichen Nachbarklagen sowie den wirtschaftsverwaltungsrechtlichen Konkurrentenklagen auch die **Konkurrentenklagen im Beamtenrecht** (aA Sodan/Ziekow/Puttler VwGO § 80a Rn 4; siehe auch Eyermann/Schmidt VwGO § 80a Rn 4). Der Umstand, dass nach hM eine Rechtsverletzung des unterlegenen Bewerbers durch die Ernennung oder Beförderung seines Konkurrenten ausgeschlossen ist, betrifft nicht den Anwendungsbereich des § 80a VwGO, sondern das Erfordernis des § 42 Abs 2 VwGO analog. Ernennung und Beförderung des Konkurrenten bewirken die von § 80a Abs 1 VwGO vorausgesetzte Belastung des unterliegenden Dritten; es liegt ein Verwaltungsakt mit Drittwirkung iSd § 80a VwGO vor.

Die von **§ 80a VwGO** und **§ 50 VwVfG** erfassten **Dreieckskonstellationen** sind **nicht** **11** **identisch**, wenn man davon ausgeht, dass sich § 50 VwVfG nicht auf (für den Adressaten) belastende Verwaltungsakte mit begünstigender Drittwirkung erstreckt (vgl S/B/S/Sachs VwVfG § 50 Rn 59 mN der Gegenauffassung). Die in § 50 VwVfG geregelte Dreiecksbeziehung findet ihre Entsprechung in § 80a Abs 1 VwGO. Der Verwaltungsakt mit Drittwirkung iSd § 80a Abs 2 VwGO ist hingegen in § 50 VwVfG – wenigstens unmittelbar – nicht geregelt.

IV. Normstruktur

12   Ebenso wie im bipolaren Verwaltungsrechtsverhältnis entfaltet die Einlegung eines Rechtsbehelfs bei Verwaltungsakten mit Drittwirkung aufschiebende Wirkung (§ 80 Abs 1 S 2 VwGO). Diese aufschiebende Wirkung besteht nur dann nicht, wenn sie kraft gesetzlicher (vgl vor allem § 80 Abs 2 S 1 Nr 3 VwGO iVm § 212a Abs 1 BauGB) oder behördlicher Anordnung entfällt. In diesem Fall kann der belastete Adressat bzw belastete Dritte vorläufigen Rechtsschutz nach § 80a VwGO erwirken. Die **Absätze 1 und 2** des § 80a VwGO regeln den verwaltungs**behördlichen** vorläufigen Rechtsschutz, während sich der verwaltungs**gerichtliche** vorläufige Rechtsschutz nach **Abs 3 S 1** des § 80a bestimmt. Nicht sämtliche relevanten Rechtsschutzkonstellationen sind vom unmittelbaren Anwendungsbereich des § 80a VwGO erfasst. Die hierdurch entstehenden Schutzlücken sind durch entsprechende Anwendung der Regelungen des § 80a VwGO zu schließen (vgl Rn 25, 30).

13   § 80a VwGO regelt den **Interessenausgleich** zwischen den an einem tripolaren Verwaltungsrechtsverhältnis Beteiligten. Dem gesamten Regelungsmodell des § 80a VwGO liegt eine Differenzierung unter zwei Gesichtspunkten zugrunde, nämlich eine Unterscheidung zwischen dem **Adressaten** des Verwaltungsakts und dem **Dritten** sowie zwischen der **Begünstigung** und der **Belastung**.

14   Im Fall des § 80a **Abs 1** VwGO ist der **Adressat** des Verwaltungsakts der **Begünstigte** und der **Dritte** der **Belastete**. § 80a Abs 1 VwGO bezieht sich auf die klassische Rechtsschutzkonstellation beim Verwaltungsakt mit Drittwirkung, in der ein Dritter (zB Nachbar, Konkurrent) gegen den Adressaten begünstigenden Verwaltungsakt einen Rechtsbehelf einlegt. Wird durch die Rechtsbehelfseinlegung die aufschiebende Wirkung ausgelöst (§ 80 Abs 1 VwGO), kann die Behörde auf Antrag des Begünstigten nach § 80a Abs 1 Nr 1 VwGO iVm § 80 Abs 2 S 1 Nr 4 VwGO die sofortige Vollziehung anordnen. Ist die aufschiebende Wirkung (etwa wegen § 80 Abs 2 S 1 Nr 3 VwGO iVm § 212a Abs 1 BauGB) nicht eingetreten oder (wegen einer nach Erlass des Verwaltungsakts erfolgten Anordnung der sofortigen Vollziehung iSd § 80 Abs 2 S 1 Nr 4 VwGO) entfallen, darf der Adressat von seiner durch den Verwaltungsakt vermittelten Begünstigung Gebrauch machen. Der Dritte kann jedoch bei der Behörde einen Antrag auf Aussetzung der Vollziehung (§ 80a Abs 1 Nr 2 Alt 1 VwGO) sowie auf Erlass einstweiliger Maßnahmen zur Sicherung seiner Rechte stellen (§ 80a Abs 1 Nr 2 Alt 2 VwGO).

15   § 80 **Abs 2** VwGO betrifft den umgekehrten Fall, in der der **Adressat** des Verwaltungsakts der **Belastete** und der **Dritte** der **Begünstigte** ist. Da der Rechtsbehelf des Adressaten gem § 80 Abs 1 VwGO die aufschiebende Wirkung auslöst, kann nun der begünstigte Dritte bei der Behörde nach § 80 Abs 2 Nr 4 VwGO die Anordnung der sofortigen Vollziehbarkeit beantragen.

16   Gibt die Behörde einem Antrag nach § 80a Abs 1 und 2 VwGO nicht statt bzw trifft sie im verwaltungsbehördlichen Rechtsschutzverfahren entsprechende Maßnahmen, bleibt dem **beschwerten** Beteiligten die Möglichkeit, das **Gericht** um einstweiligen Rechtsschutz zu ersuchen (§ 80a Abs 3 VwGO). Doch auch ohne vorherige Durchführung eines behördlichen Vorverfahrens ist das Gericht zuständig. § 80a Abs 3 S 1 VwGO bestimmt ganz allgemein, dass das Gericht behördliche Maßnahmen ändern und aufheben oder solche Maßnahmen treffen kann.

17   Die Vorschrift ist als **„größtenteils überflüssige"** (S/S/B/Schoch VwGO § 80a Rn 9) und „unnötig komplizierende" Regelung (Kopp/Schenke VwGO § 80a Rn 1) vereinzelt auf Kritik gestoßen. Dem ist insoweit zuzustimmen, als die behördliche Befugnis zur Anordnung der sofortigen Vollziehung (§ 80a Abs 1 Nr 1, Abs 2 VwGO) bereits durch § 80 Abs 2 S 1 Nr 4 VwGO legitimiert ist, wo das „Interesse eines Beteiligten" ausdrücklich erwähnt ist. Und auch die behördliche Aussetzung der Vollziehung (§ 80a Abs 1 Nr 2 VwGO) ließe sich unmittelbar auf § 80 Abs 4 VwGO stützen (S/S/B/Schoch VwGO § 80a Rn 9). Und schließlich geht die Möglichkeit des Gerichts, Sicherungsmaßnahmen zugunsten des Dritten zu erlassen (§ 80a Abs 1 Nr 2 VwGO), letztlich nicht über den Schutzstandard hinaus, der sich bereits nach früherer Rechtslage für die besondere Problematik von Verwaltungsakten mit Drittwirkung herausgebildet hatte (vgl Schoch Vorläufiger Rechtsschutz und Risikoverteilung im Verwaltungsrecht 1988, 1479 ff, 1665 f). Auch wenn § 80a VwGO daher größtenteils lediglich klarstellende Funktion zukommt, verdient das Anliegen des

Gesetzgebers Unterstützung, den für die Praxis besonders relevanten (verwaltungsbehördlichen und) verwaltungsgerichtlichen Rechtsschutz bei Verwaltungsakten mit Drittwirkung einer gesonderten Regelung zuzuführen. Auch Klarstellendes vermag zur **Rechtsklarheit** beizutragen.

Kritik muss sich der Gesetzgeber aber insoweit gefallen lassen, als er seinem Anspruch auf **18** eine umfassende Regelung der um den Verwaltungsakt mit Drittwirkung kreisenden Probleme des vorläufigen Rechtsschutzes nicht gerecht geworden ist. Die vom Gesetzgeber hinterlassene **Schutzlücke** betrifft den Fall, dass dem Adressaten eines belastenden Verwaltungsakts – aus Gründen verfahrensrechtlicher Waffengleichheit – die Möglichkeit eines Aussetzungsantrags zugebilligt werden muss, wenn seinem Rechtsbehelf wegen § 80 Abs 2 VwGO keine aufschiebende Wirkung zukommt. Da § 80a Abs 2 VwGO diesen Fall nicht erfasst, besteht im System des § 80a VwGO eine **Disparität zu Ungunsten des belasteten Adressaten**, die sich nur unter Heranziehung des § 80a Abs 1 Nr 2 Alt 1 analog, Abs 3 S 1 VwGO korrigieren lässt.

B. Verwaltungsbehördlicher vorläufiger Rechtsschutz (Abs 1 und 2)

Der verwaltungsbehördliche Rechtsschutz ist in § 80a Abs 1 und 2 VwGO geregelt. **19** Verwaltungsbehördlicher vorläufiger Rechtsschutz kommt nur in Betracht, wenn die (Grund-)Voraussetzung des § 80a VwGO erfüllt, also ein **Verwaltungsakt mit Drittwirkung** vorliegt, der **bekannt gegeben** (vgl 41 VwVfG), **nicht unanfechtbar** (vgl § 80b VwGO) und **nicht erledigt** (vgl § 43 Abs 2 VwVfG) ist (Rn 4 ff).

I. Rechtsschutzkonstellationen

Während § 80a **Abs 1** VwGO den Fall regelt, in dem der **Adressat** des Verwaltungsakts **20** der **Begünstigte** und der **Dritte** der **Belastete** ist (Verwaltungsakt mit drittbelastender Wirkung), betrifft § 80a Abs 2 VwGO den umgekehrten Fall, in dem der **Adressat** des Verwaltungsakt **belastet** und der **Dritte begünstigt** ist (Verwaltungsakt mit drittbegünstigender Wirkung).

1. Verwaltungsakt mit drittbelastender Wirkung (Abs 1)

§ 80a Abs 1 VwGO regelt zwei Fallkonstellationen. Die Nr 1 des § 80a Abs 1 VwGO **21** betrifft den Fall des § 80 Abs 1 S 2 VwGO, also den Fall, in dem der Einlegung des Rechtsbehelfs aufschiebende Wirkung zukommt. Die Nr 2 des § 80a Abs 1 VwGO regelt hingegen die Fälle des § 80 Abs 2 VwGO, in denen die aufschiebende Wirkung kraft gesetzlicher oder behördlicher Anordnung ausgeschlossen ist.

a) Abs 1 Nr 1. Die Einlegung eines **Rechtsbehelfs** durch den vom Verwaltungsakt **22** belasteten Dritten zeitigt **aufschiebende Wirkung** (§ 80 Abs 1 S 2 VwGO). Möchte der Adressat in diesem Fall von seiner Begünstigung gleichwohl sofort Gebrauch machen, so eröffnet ihm § 80a Abs 1 Nr 1 die Möglichkeit, bei der Behörde einen **Antrag auf sofortige Vollziehung** im Sinne des § 80 Abs 2 S 1 Nr 4 VwGO zu stellen. Der in der Praxis wichtigste Anwendungsbereich ist der Rechtsbehelf des Nachbarn gegen die dem Bauherrn erteilte **Baugenehmigung** (vgl etwa VGH Mannheim NVwZ-RR 1992, 348; BauR 1992, 494; VGH München BayVBl 1991, 723; OVG Berlin LKV 1992, 201; LKV 1992, 333; VGH Kassel NVwZ 1993, 491; NVwZ-RR 1995, 495; OVG Lüneburg NVwZ 1993, 592; OVG Münster NVwZ 1992, 187; NWVBl 1995, 345; OVG Schleswig Die Gemeinde SH 1992, 159). Neben **immissionsschutzrechtlichen** sowie **wirtschaftsverwaltungsrechtlichen** Dreieckskonstellationen sind auch Konkurrentensituationen im **Beamtenrecht** (vgl Rn 10) von dieser Norm erfasst. Auch der Planfeststellungsbeschluss ist dem System des § 80a VwGO zuzuordnen. Denn der Planfeststellungsbeschluss begünstigt durch seine Legalisierungswirkung den Träger des Vorhabens und belastet zugleich die in ihren schutzwürdigen Rechten berührten Planbetroffenen (VGH Mannheim NVwZ-RR 1995, 17; NVwZ 1995, 292; NVwZ 1996, 281; OVG Schleswig SchlHA 1994, 267; S/S/B/ Schoch VwGO § 80a Rn 18; Sodan/Ziekow/Puttler VwGO § 80a Rn 3; Redeker/ v. Oertzen/Redeker VwGO § 80a Rn 4b).

23   **b) Abs 1 Nr 2 Alt 1.** In der von § 80a Abs 1 Nr 2 VwGO geregelten Konstellation, in der dem Rechtsbehelf aufgrund gesetzlicher oder wegen behördlicher Anordnung keine aufschiebende Wirkung zukommt (VGH Mannheim VBlBW 1995, 431; VGH Kassel NVwZ 1995, 1010), geht es um den Rechtsschutz des Dritten. In diesen Fällen eröffnet § 80a Abs 1 Nr 2 Alt 1 dem Dritten die Möglichkeit, bei der Behörde einen **Antrag auf Aussetzung** der Vollziehung zu stellen. Der Sache nach (vgl § 80 VwGO Rn 118) fungiert die Anordnung der Aussetzung der Vollziehung als Oberkategorie für die Anordnung (in den Fällen des § 80 Abs 2 S 1 Nr 1–3 VwGO) bzw auf Wiederherstellung (in dem Fall des § 80 Abs 2 S 1 Nr 4 VwGO) der aufschiebenden Wirkung. Da die Vorschrift keine Voraussetzungen nennt, bleibt es grundsätzlich bei denjenigen Anforderungen, die sich aus dem in Bezug genommenen § 80 Abs 4 VwGO ergeben (vgl § 80 VwGO Rn 117). Allerdings bedarf die Aussetzung der Vollziehung bei Verwaltungsakten mit Drittwirkung im Gegensatz zur Aussetzung der Vollziehung im bipolaren Verwaltungsrechtsverhältnis (vgl § 80 VwGO Rn 125) grundsätzlich einer schriftlichen Begründung (**§ 80 Abs 3 VwGO analog**). Dies verlangt das Gebot der Waffengleichheit, da die Aussetzung der Vollziehung auf eine Belastung des durch den VA Begünstigten hinausläuft (Kopp/Schenke VwGO § 80a Rn 13b).

24   **c) Abs 1 Nr 2 Alt 2.** Die Besonderheit des § 80a Abs 1 Nr 2 VwGO besteht darin, dass die Behörde über die Anordnung der Aussetzung der Vollziehung hinaus auch **Maßnahmen zur Sicherung der Rechte des Dritten** treffen kann (§ 80a Abs 1 Nr 2 Alt 2 VwGO). Die Reichweite dieser Vorschrift erschließt sich erst im Lichte des Verhältnisses beider Alternativen des § 80a Abs 1 Nr 2 VwGO. § 80a Abs 1 Nr 2 Alt 2 VwGO regelt **unmittelbar** nur den Fall, in dem die Behörde Sicherungsmaßnahmen im Interesse des Rechtsschutzsuchenden **nach** einer **vorangegangenen** Aussetzung der Vollziehung treffen soll (Jacob VBlBW 1995, 72, 75; S/S/B/Schoch VwGO § 80a Rn 38). Unmittelbar gilt § 80a Abs 1 Nr 2 Alt 2 VwGO nur, wenn die Behörde zunächst die Aussetzung der Vollziehung angeordnet hat. Erst dann ermächtigt die Vorschrift die Behörde zum Erlass entsprechender Sicherungsmaßnahmen, die dem Schutz der durch die Aussetzungsentscheidung faktisch bewirkten aufschiebenden Wirkung dienen. § 80a Abs 1 Nr 2 Alt 2 VwGO regelt also unmittelbar nicht den Fall, in dem Sicherungsmaßnahmen zwar erforderlich sind, es einer Aussetzungsentscheidung iSd § 80a Abs 2 Nr 2 Alt 1 VwGO – wegen bereits bestehender aufschiebender Wirkung – hingegen nicht bedarf. Der Wortlaut („und"), die systematische Verknüpfung beider Alternativen in § 80a Abs 1 Nr 2 VwGO sowie die Parallele zu § 80 VwGO, der eine isolierte Geltendmachung eines Antrags nach § 80 Abs 5 S 3 VwGO analog nicht gestattet (vgl § 80 VwGO Rn 155, 159), zeigen, dass Sicherungsmaßnahmen iSd § 80a Abs 1 Nr 2 Alt 2 VwGO nur **Folge**maßnahmen einer Aussetzungsentscheidung nach § 80a Abs 1 Nr 2 Alt 1 VwGO darstellen und nicht unabhängig von dieser angeordnet werden können.

25   § 80a Abs 1 Nr 2 Alt 2 VwGO findet **analoge** Anwendung, wenn der begünstigte Adressat unter Missachtung der aufschiebenden Wirkung von der durch den Verwaltungsakt vermittelten Begünstigung unmittelbar Gebrauch zu machen beabsichtigt (**drohende faktische Vollziehung**) bzw bereits Gebrauch gemacht hat (**faktische Vollziehung**). In diesen Fällen findet § 80a Abs 1 Nr 2 Alt 2 VwGO unmittelbar keine Anwendung, weil es – wegen des Bestehens der aufschiebenden Wirkung – einer gesonderten behördlichen Aussetzungsentscheidung iSd § 80a Abs 1 Nr 2 Alt 1 VwGO nicht bedarf (vgl OVG Weimar LKV 1994, 110, 111; S/S/B/Schoch VwGO § 80a Rn 39). In den Fällen der (drohenden) faktischen Vollziehung ist § 80a Abs 1 Nr 2 Alt 2 VwGO aber analog anzuwenden (OVG Koblenz NVwZ-RR 1995, 124, 125; OVG Weimar LKV 1994, 110 f; F/D/K/Külpmann Rn 852; Jacob VBlBW 1995, 72, 75; Kopp/Schenke VwGO § 80a Rn 14; S/S/B/Schoch VwGO § 80a Rn 39; ders NVwZ 1991, 1121, 1125; Sodan/Ziekow/Puttler VwGO § 80a Rn 13). Dies folgt bereits daraus, dass § 80a VwGO den vorläufigen Rechtsschutz beim Verwaltungsakt mit Drittwirkung grundsätzlich umfassend und abschließend regelt (Rn 2). Bestimmt sich in den Fällen der (drohenden) faktischen Vollziehung der vorläufige verwaltungsbehördliche Rechtsschutz im bipolaren Rechtsverhältnis nach § 80 Abs 4 S 1 und Abs 5 S 3 VwGO (vgl § 80 VwGO Rn 156 ff), so ist dieser bei Verwaltungsakten mit Drittwirkung dem § 80a Abs 1 Nr 2 VwGO zuzuordnen. Außerdem unterscheidet sich der Fall der (drohenden) faktischen Vollziehung von der in § 80a Abs 1 Nr 2 VwGO geregelten Kon-

stellation nur dadurch, dass wegen der kraft Gesetzes bereits bestehenden aufschiebenden Wirkung (§ 80 Abs 1 VwGO) keine gesonderte behördliche Aussetzung der Vollziehung erforderlich ist. Dann müssen aber Sicherungsmaßnahmen nach § 80a Abs 1 Nr 2 VwGO erst recht zulässig sein (S/S/B/Schoch VwGO § 80a Rn 39; zu den Möglichkeiten des vorläufigen verwaltungsgerichtlichen Rechtsschutzes bei drohender faktischer Vollziehung vgl noch Rn 50 ff).

Sicherungsmaßnahmen haben nicht allein vorbeugenden Charakter und legitimieren **26** daher nicht nur zu Maßnahmen, die auf den Schutz des status quo gerichtet sind, wie zB zum Erlass einer Nutzungsuntersagung bzw Stilllegungsverfügung im Bauordnungsrecht. Darüber hinaus sind von Sicherungsmaßnahmen iSd § 80a Abs 1 Nr 2 Alt 2 VwGO auch solche Maßnahmen gedeckt, welche auf die **Rückgängigmachung der unmittelbaren Folgen des bereits vollzogenen Verwaltungsakts** gerichtet sind. Da auch im vorläufigen verwaltungsbehördlichen Rechtsschutz eine einstweilige Vollzugsfolgenbeseitigung im Interesse effektiven Rechtsschutzes möglich sein muss (aA offenbar F/D/K/Külpmann Rn 853) und eine analoge Anwendung des § 80 Abs 5 S 3 VwGO bzw des 80 Abs 4 S 2 VwGO wegen des Exklusivitätsanspruchs des § 80a VwGO bei Verwaltungsakten mit Drittwirkung ausgeschlossen ist (aA Kopp/Schenke VwGO § 80a Rn 14), ist der notwendige Rechtsschutz durch § 80a Abs 1 Nr 2 Alt 2 VwGO zu gewähren. Auch wenn der Wortlaut der Vorschrift („Sicherungsmaßnahmen") darauf hindeuten könnte, dass damit nur abwehrende Schutzmaßnahmen gemeint sind, folgt aus der ratio legis, dass § 80a Abs 1 Nr 2 Alt 2 VwGO auch Folgenbeseitigungsmaßnahmen gestattet. Denn da diese Vorschrift der Vollziehung des Verwaltungsakts durch den Begünstigten entgegenzuwirken sucht, muss sie auch die vorläufige Vollzugsfolgenbeseitigung ermöglichen, wenn der Begünstigte eine behördliche Aussetzungsentscheidung oder eine bereits kraft Gesetzes bestehende aufschiebende Wirkung missachtet und den Verwaltungsakt vollzieht.

Die zuständige Verwaltungsbehörde kann auch nach dem einschlägigen materiellen Recht **27** Maßnahmen zur Sicherung der Rechte Dritter treffen (zB Stilllegungsverfügung oder Nutzungsuntersagung nach Bauordnungsrecht). § 80a Abs 1 Nr 2 Alt 2 VwGO wäre daher überflüssig, erblickte man in dieser lediglich die verfahrensrechtliche Klarstellung mit der Folge, dass sich der Erlass vorläufiger Sicherungsmaßnahmen nach der anwendbaren materiellrechtlichen Ermächtigungsgrundlage richtete (so aber OVG Greifswald GewArch 1996, 76, 77; Hörtnagl/Stratz VBlBW 1991, 326, 330; Grosse Hündfeld FS Gelzer 1991 S 303, 308). Vielmehr begründet § 80a Abs 1 Nr 2 Alt 2 VwGO eine **eigenständige Ermächtigungsgrundlage** zum Erlass entsprechender Sicherungsmaßnahmen zugunsten des Dritten (VGH München BayVBl 1993, 565, 566; Eyermann/Schmidt VwGO § 80a Rn 10; Kopp/Schenke VwGO § 80a Rn 14; S/S/B/Schoch VwGO § 80a Rn 40; ders NVwZ 1991, 1121, 1125). Diese Ermächtigungsgrundlage tritt neben die bereichsspezifischen behördlichen Anordnungsbefugnisse (so ausdrücklich BVerwGE 89, 357, 362; vgl auch Kopp/Schenke VwGO § 80a Rn 14; S/S/B/Schoch VwGO § 80a Rn 40). Aus diesem Grund ist etwa bei der Missachtung der aufschiebenden Wirkung des Nachbarrechtsbehelfs durch den Bauherrn nicht gesondert zu untersuchen, ob die materiellrechtlichen Voraussetzungen nach Bauordnungsrecht zum Erlass einer Einstellungsanordnung vorliegen (VGH München BayVBl 1993, 565, 566; S/S/B/Schoch VwGO § 80a Rn 40). Die zur Durchsetzung der aufschiebenden Wirkung erforderlichen Sicherungsmaßnahmen sind bereits durch § 80a Abs 1 Nr 2 Alt 2 VwGO gedeckt (S/S/B/Schoch VwGO § 80a Rn 40). Bedenken unter dem Gesichtspunkt der Gesetzgebungskompetenz des Bundes bestehen nicht, weil eine solche Zuständigkeit zum Erlass vorläufiger Sicherungsmaßnahmen aus der Annexkompetenz nach Art 74 Abs 1 Nr 1 GG folgt (Kopp/Schenke VwGO § 80a Rn 14; S/S/B/Schoch VwGO § 80a Rn 40).

§ 80a Abs 1 Nr 2 Alt 2 VwGO findet **keine analoge Anwendung** auf die **Anordnung** **28** **der sofortigen Vollziehung** nach § 80a Abs 1 Nr 1 VwGO (aA Kopp/Schenke VwGO § 80a Rn 6a; Sodan/Ziekow/Puttler VwGO § 80a Rn 13; Redeker, BauR 1991, 525, 530). Eine Analogiebildung scheitert an der Übertragbarkeit des Normzwecks des § 80a Abs 1 Nr 2 Alt 2 VwGO. Diese Vorschrift sucht zu verhindern, dass der Adressat eines Verwaltungsakts trotz einer behördlichen Aussetzungsentscheidung nach § 80a Abs 1 Nr 2 Alt 1 VwGO von seiner Begünstigung Gebrauch macht. Das abzuwehrende Verhalten betrifft nicht jedwede Form von Freiheitsbetätigung, sondern die Vollziehung eines Verwaltungsakts.

An dieser Voraussetzung fehlt es, wenn der Dritte im Fall der behördlichen Anordnung der sofortigen Vollziehung nach § 80a Abs 1 Nr 1 VwGO Maßnahmen trifft, die den Adressaten an der Vollziehung des Verwaltungsakts hindern. Solche Handlungen des Dritten sind keine Vollziehung eines Verwaltungsakts, gegen die § 80a Abs 1 Nr 2 Alt 2 VwGO nur Schutz bietet.

2. Verwaltungsakt mit drittbegünstigender Wirkung (Abs 2)

29 Erhebt der Adressat eines an ihn gerichteten und ihn belastenden Verwaltungsakts, der einen Dritten begünstigt, gegen den Verwaltungsakt Widerspruch, so zeitigt dieser aufschiebende Wirkung. Die aufschiebende Wirkung des von dem belasteten Adressaten eingelegten Rechtsbehelfs folgt insoweit nicht aus § 80 Abs 1 S 1 VwGO, sondern aus § 80 Abs 1 S 2 VwGO. Denn nach § 80 Abs 1 S 2 VwGO tritt der Suspensiveffekt bei allen „Verwaltungsakten mit Doppelwirkung (§ 80a VwGO)" ein. Der Begriff des Verwaltungsakts mit Doppelwirkung im Sinne des § 80a VwGO erfasst nicht nur die Fälle, in denen der Adressat der Begünstigte und der Dritte der Belastete (vgl § 80a Abs 1 VwGO) ist, sondern auch die umgekehrten Fälle, in denen der Adressat der Belastete und der Dritte der Begünstigte ist (§ 80a Abs 2 VwGO). Deshalb bestimmt sich die aufschiebende Wirkung bei Verwaltungsakten mit Doppelwirkung stets nach § 80 Abs 1 S 2 VwGO, und zwar unabhängig davon, ob der (belastete) Dritte oder aber der (belastete) Adressat den Rechtsbehelf einlegt. Wegen der aufschiebenden Wirkung benötigt der Dritte, der in den Genuss der Begünstigung kommen möchte, die Anordnung der sofortigen Vollziehung. Dem Dritten räumt § 80a Abs 2 VwGO die Möglichkeit ein, bei der Behörde einen Antrag auf Vollziehungsanordnung iSd § 80 Abs 2 S 1 Nr 4 VwGO zu stellen.

30 § 80a Abs 2 VwGO regelt hingegen **nicht** den Fall eines Antrages auf **Aussetzung der Vollziehung** durch den belasteten Adressaten. Diese Regelungslücke erscheint nicht einleuchtend, weil auch der Adressat eines belastenden Verwaltungsakts ein berechtigtes Interesse an der Aussetzung der Vollziehung durch die Behörde haben kann. Sofern der von ihm eingelegte Rechtsbehelf wegen § 80 Abs 2 VwGO keine aufschiebende Wirkung zeitigt, geht sein Interesse dahin, dass die Behörde die vorläufige Aussetzung der Vollziehung anordnet. § 80a VwGO gewährt ihm diese Möglichkeit nicht und hinterlässt damit eine unter dem Gesichtspunkt verfahrensrechtlicher Waffengleichheit nicht hinnehmbare **Schutzlücke.** § 80a Abs 1 Nr 2 VwGO ist unmittelbar nicht anwendbar, weil diese Vorschrift allein den Dritten zur Stellung eines Antrags auf vorläufige Vollziehungsaussetzung berechtigt. Teilweise wird in diesem Fall für eine unmittelbare Anwendung des § 80 Abs 4 VwGO plädiert (Kopp/Schenke VwGO § 80a Rn 16; S/S/B/Schoch VwGO § 80a Rn 15). Hiergegen spricht jedoch der grundsätzlich abschließende Charakter der Regelungen des § 80a VwGO über den verwaltungsbehördlichen (und verwaltungsgerichtlichen) vorläufigen Rechtsschutz bei Verwaltungsakten mit Drittwirkung (Rn 2). Außerdem besteht im Vergleich zu § 80 Abs 4 VwGO insoweit ein Unterschied, als vorläufiger verwaltungsbehördlicher Rechtsschutz nach § 80a Abs 1 und 2 VwGO nur auf Antrag des jeweiligen Beteiligten, nicht aber von Amts wegen gewährt wird (Rn 32). Diese Besonderheit würde bei einer Anwendung des § 80 Abs 4 VwGO umgangen. Aus diesen Gründen ist die Schutzlücke durch **analoge Anwendung des § 80a Abs 1 Nr 2 Alt 1 VwGO** zu schließen. Das Gebot verfahrensrechtlicher Waffengleichheit verlangt, dass der Adressat eines belastenden Verwaltungsakts dieselben Rechte erhält, die in dem umgekehrten Fall einem belasteten Dritten zustehen. Der Adressat kann daher bei der Behörde die Aussetzung der Vollziehung gem § 80a Abs 1 Nr 2 Alt 1 VwGO analog beantragen, wenn seinem Rechtsbehelf gegen den ihn belastenden Verwaltungsakt wegen § 80 Abs 2 VwGO keine aufschiebende Wirkung zukommt. Gerichtlicher vorläufiger Rechtsschutz bestimmt sich in diesem Fall nach § 80a Abs 1 Nr 2 Alt 1 analog, Abs 3 S 1 VwGO (Rn 49).

II. Rechtmäßigkeitsvoraussetzungen

1. Formelle Rechtmäßigkeitsvoraussetzungen

31 **a) Zuständigkeit.** Zuständig für Anordnungen nach § 80a Abs 1 und 2 VwGO ist „die Behörde". Welche Stelle der öffentlichen Verwaltung damit gemeint ist, ist in der Vorschrift

nicht geregelt. Aus diesem Grunde gilt die allgemeine Behördenzuständigkeit nach § 80 VwGO (Heberlein BayVBl 1991, 396; Hörtnagl/Stratz VBlBW 1991, 326, 330; S/S/B/ Schoch VwGO § 80a Rn 13). Dies folgt bereits daraus, dass in § 80a Abs 1 und Abs 2 VwGO auf § 80 Abs 2 S 1 Nr 4 VwGO und auf § 80 Abs 4 VwGO verwiesen ist. Bei Verwaltungsakten mit Drittwirkung gelten daher für die Anordnung der sofortigen Vollziehung (§ 80 VwGO Rn 73 ff) bzw Aussetzung der Vollziehung (§ 80 VwGO Rn 120 ff) die allgemeinen Zuständigkeitsregeln. Vorläufige Sicherungsmaßnahmen iSd § 80a Abs 1 Nr 2 Alt 2 VwGO sind aufgrund der in dieser Vorschrift vorgenommenen Verknüpfung mit der Aussetzung der Vollziehung von derjenigen Behörde zu treffen, die nach § 80 Abs 4 VwGO zuständig ist (S/S/B/Schoch VwGO § 80a Rn 13).

b) Verfahren. Die im öffentlichen Interesse ergehende sofortige Vollziehung (§ 80 Abs 2 **32** S 1 Nr 4 VwGO) bzw die Aussetzung der Vollziehung (§ 80 Abs 4 VwGO) kann auf Antrag und von Amts wegen angeordnet werden (vgl § 80 VwGO Rn 78, 124). Für den Verwaltungsakt mit Drittwirkung, der ausweislich des § 80a Abs 1 S 2 VwGO eine Sonderregelung erhalten hat, verlangt hingegen § 80a Abs 1 und 2 VwGO, dass die Behörde auf **Antrag des Beteiligten** die sofortige Vollziehung bzw die Aussetzung der Vollziehung anordnen kann. Aufgrund dieser eindeutigen Regelung des § 80a Abs 1 und 2 VwGO unterliegt der vorläufige behördliche Rechtsschutz bei Verwaltungsakten mit Drittwirkung einem Antragserfordernis (OVG Hamburg NVwZ 2002, 356, 357 (aber Heilung möglich); VG Frankfurt aM NVwZ-RR 2000, 844; Eyermann/Schmidt VwGO § 80a Rn 8; F/D/K/ Külpmann Rn 846; SG/H, Rn 266; S/S/B/Schoch VwGO § 80a Rn 31, 36; aA OVG Münster NWVBl 2000, 25; B/K/L/Battis BauGB § 212a Rn 2; Kopp/Schenke VwGO § 80a Rn 7, 13; Schmaltz DVBl 1992, 230, 232; Sodan/Ziekow/Puttler VwGO § 80a Rn 9). Die Amtliche Begründung (vgl BT-Drs 11/7030, 25) wird man hierfür zwar nicht ins Feld führen können, weil hierin im Wesentlichen lediglich der Gesetzeswortlaut wiedergegeben wird. Entscheidend ist aber, dass § 80a VwGO eine grundsätzlich umfassende und abschließende Regelung des Rechtsschutzes bei Verwaltungsakten mit Drittwirkung darstellt (Rn 2). Mit Blick hierauf und die eindeutige Rechtslage nach § 80a VwGO lässt sich § 80 Abs 4 VwGO nicht ergänzend heranziehen, um auf diese Weise der Behörde von Amts wegen die Durchführung eines Verfahrens auf Anordnung der sofortigen Vollziehung bzw auf Aussetzung der Vollziehung zu ermöglichen. Der Begünstigte kann bereits vor Erlass des Verwaltungsakts einen Antrag auf Anordnung der sofortigen Vollziehung bei der Behörde stellen. Für diese Möglichkeit besteht insbes dann ein Bedürfnis, wenn mit Rechtsbehelfen belasteter Dritter zu rechnen ist, wie zB bei Planfeststellungsbeschlüssen (OVG Schleswig SchlHA 1994, 267; Sodan/Ziekow/Puttler VwGO § 80a Rn 9). Die Behörde kann dann die sofortige Vollziehung zugleich mit dem Erlass des Verwaltungsakts anordnen.

Ebensowenig wie bei § 80 VwGO ist beim Verwaltungsakt mit Drittwirkung ein **Anhö- 33 rung** des Adressaten (im Fall des § 80a Abs 1 Nr 1 VwGO) bzw des Dritten (im Fall des § 80 Abs 2 VwGO) vorgesehen. Zwar wird teilweise beim Verwaltungsakt mit Drittwirkung die Anhörung vor der Anordnung der sofortigen Vollziehbarkeit für zwingend erforderlich gehalten (OVG Lüneburg, NVwZ-RR 1993, 585; F/D/K/Külpmann Rn 847; Redeker BauR 1991, 525, 528; Redeker NVwZ 1991, 526, 530; Redeker/v. Oertzen/Redeker VwGO § 80a Rn 5), weil die Verwaltung anderenfalls nur über eine unzureichende Grundlage für ihre Entscheidung verfüge. Dagegen ist jedoch einzuwenden, dass § 80a VwGO im Vergleich zu § 80 VwGO keine abweichenden Regelungen enthält. Daher gelten auch insoweit die zu § 80 Abs 1 VwGO entwickelten Grundsätze (vgl § 80 VwGO Rn 79 ff). Vor Anordnung der sofortigen Vollziehung ist auch beim Verwaltungsakt mit Drittwirkung der begünstigte Adressat des Verwaltungsakts (vgl § 80a Abs 1 Nr 1 VwGO) bzw der begünstigte Dritte (vgl § 80a Abs 2 VwGO) nicht anzuhören (VGH Mannheim VBlBW 1992, 295, 296; NVwZ-RR 1995, 17, 19; NVwZ 1995, 292, 293; Eyermann/Schmidt VwGO § 80a Rn 7; Schenke, Rn 977; Schmaltz DVBl 1992, 230, 232).

c) Form. Auch bei Verwaltungsakten mit Drittwirkung bedarf es einer **besonderen 34 Anordnung** iSd § 80 Abs 2 S 1 Nr 4 VwGO. Zwar ist in § 80a Abs 1 Nr 1 und Abs 2 VwGO lediglich von der Anordnung der sofortigen Vollziehung die Rede. Der Verweis auf § 80 Abs 2 S 1 Nr 4 VwGO macht indes deutlich, dass das Erfordernis der besonderen Anordnung auch für Verwaltungsakte mit Drittwirkung gilt. Daher muss die Behörde die sofortige Vollziehung ausdrücklich anordnen und dies dem Betroffenen kundtun (vgl § 80

VwGO Rn 84). Die Vollziehungsanordnung ist in der Regel schriftlich anzuordnen (§ 80 VwGO Rn 85).

35   Für die Anordnung der sofortigen Vollziehung enthält § 80a Abs 1 Nr 1 und Abs 2 VwGO kein **Begründungsgebot**. Daher gelangt § 80 Abs 3 VwGO zur Anwendung (vgl OVG Schleswig Die Gemeinde SH 1992, 159, 160; S/S/B/Schoch VwGO § 80a Rn 32). Die Anordnung der sofortigen Vollziehung ist daher auch bei Verwaltungsakten mit Drittwirkung nach Maßnahme der zu § 80 VwGO entwickelten Grundsätze (vgl § 80 VwGO Rn 84 ff) schriftlich zu begründen, es sei denn, es liegt ein Eilfall iSd § 80 Abs 3 S 2 VwGO vor. Ein Nachholen der Begründung mit heilender Wirkung ist nicht möglich (vgl § 80 VwGO Rn 91 ff). Die Behörde kann aber auch bei Verwaltungsakten mit Drittwirkung die sofortige Vollziehung mit fehlerfreier Begründung – bis zu einer gerichtlichen Entscheidung nach § 80a Abs 3 S 1 VwGO – erneut anordnen (vgl § 80 VwGO Rn 94).

2. Materielle Rechtmäßigkeitsvoraussetzungen

36   Ebenso wie bei der Anordnung der sofortigen Vollziehung im öffentlichen Interesse (§ 80 Abs 2 S 1 Nr 4 Alt 1 VwGO) ist für die materielle Rechtmäßigkeit der Anordnung der sofortigen Vollziehung im überwiegenden Interesse eines Beteiligten (§§ 80a Abs 1 Nr 1 bzw Abs 2 VwGO iVm § 80 Abs 2 S 1 Nr 4 Alt 2 VwGO) zwischen **Tatbestandsvoraussetzungen** und **Ermessen** zu unterscheiden (vgl § 80 VwGO Rn 99 ff, 107 ff; siehe auch S/S/B/Schoch VwGO § 80a Rn 26 ff; Sodan/Ziekow/Puttler VwGO § 80a Rn 10). Allerdings ergeben sich zwischen beiden Varianten sowohl auf der Tatbestands- als auch auf der Ermessensebene Unterschiede, die vor allem auf der Besonderheit der Interessenlage bei einem Verwaltungsakt mit Drittwirkung beruhen.

37   Wie bereits der Wortlaut des § 80 Abs 2 S 1 Nr 4 Alt 2 VwGO („überwiegende Interessen eines Beteiligten") verdeutlicht, ist die Ermittlung der gegenläufigen Beteiligteninteressen und die gebotene Interessenabwägung auf der **Tatbestandsebene** vorzunehmen. Im Gegensatz zur Vollziehungsanordnung im öffentlichen Interesse (vgl § 80 VwGO Rn 101) betrifft die auch insoweit durchzuführende umfassende **Interessenabwägung** den Tatbestand des § 80 Abs 2 S 1 Nr 4 Alt 2 VwGO. Bei der Abwägung der kollidierenden Belange des Adressaten und Dritten ist vor allem zu berücksichtigen, dass die verfassungsrechtlichen Positionen der Beteiligten grundsätzlich gleichberechtigt sind und daher kein Vorrang etwa zugunsten des Rechtsbehelfsführers für eine aufschiebende Wirkung des Rechtsbehelfs bestehen kann (vgl BVerfG GewArch 1985, 1; Sodan/Ziekow/Puttler VwGO § 80a Rn 10). In der Regel können sich beide Beteiligten auf Grundrechte berufen, von denen – abgesehen von der Menschenwürdegarantie – keines einen absolut geltenden Vorrang beanspruchen kann. Vielmehr ist es eine Frage des Einzelfalles, welchem Grundrecht im Konflikt Vorrang gebührt. Bei der notwendigen Interessenabwägung ist maßgeblich auf die **Erfolgsaussicht des Rechtsbehelfs** abzustellen (vgl statt vieler VGH München BayVBl 1990, 211, 212 f; BayVBl 1990, 755, 756; OVG Berlin LKV 1992, 201; OVG Schleswig NuR 1994, 148; Dürr DÖV 1994, 841, 852; Jäde NVwZ 1986, 101, 103; S/S/B/Schoch VwGO § 80a Rn 27; ders VerwArch 82 (1991), 145, 163; Redeker BauR 1991, 525, 528; Redeker/v. Oertzen/Redeker VwGO § 80a Rn 10; Vietmeier VR 1992, 272, 275). Im Unterschied zur Anordnung der sofortigen Vollziehung im öffentlichen Interesse, bei der die Behörde die Erfolgsaussichten des Rechtsbehelfs nicht berücksichtigen darf (vgl § 80 VwGO Rn 102 ff), muss bei der Vollziehungsanordnung im überwiegenden Beteiligteninteresse kein über das Erlassinteresse hinausgehendes, qualitativ anderes Vollziehungsinteresse vorliegen. Das Vollziehungsinteresse kann daher auch mit dem Erlassinteresse begründet werden, so dass einer Berücksichtigung der – das Erlassinteresse betreffenden – Erfolgsaussicht des Rechtsbehelfs nichts im Wege steht.

38   Die Entscheidung über die Anordnung der sofortigen Vollziehung bzw der Aussetzung der Vollziehung steht im pflichtgemäßen **Ermessen** der Behörde. Hierbei ist insbes der **Grundsatz der Verhältnismäßigkeit** zu wahren. Da sich eine Entscheidung zugunsten des einen Beteiligten zwangsläufig negativ auf die rechtlich geschützten Interessen des anderen auswirkt, ist der Ermessensspielraum der Behörde wesentlich weiter eingeschränkt als bei Verwaltungsakten im bipolaren Verwaltungsrechtsverhältnis. Daher ist das **Ermessen in der Regel auf Null reduziert**, wenn die umfangreiche Interessenabwägung – unter Berück-

sichtigung der Erfolgsaussicht des Rechtsbehelfs – ergibt, dass den Interessen eines Beteiligten Vorrang einzuräumen ist (vgl OVG Schleswig Die Gemeinde SH 1992, 159, 160; Kollmer NuR 1994, 15, 19; S/S/B/Schoch VwGO § 80a Rn 29; Sodan/Ziekow/Puttler VwGO § 80a Rn 10). Dies gilt vor allem im Fall des § 80a Abs 1 Nr 2 Alt 2 VwGO. Da eine Missachtung der behördlichen Aussetzungsentscheidung nach § 80a Abs 1 Nr 2 Alt 1 VwGO durch den begünstigten Adressaten rechtswidrig ist, wird man die gesetzesgebundene Verwaltung im Regelfall nicht als befugt erachten dürfen, dem rechtswidrigen Gebrauchmachen von der im Verwaltungsakt begründeten Begünstigung tatenlos zuzuschauen. Grundsätzlich ist die Verwaltung aufgrund der Ermessensreduzierung auf Null verpflichtet, gegen den – die aufschiebende Wirkung oder die behördliche Aussetzungsentscheidung missachtenden – Adressaten des Verwaltungsakts einzuschreiten (OVG Weimar ThürVBl 1995, 64, 65; Brühl JuS 1995, 818, 820; Redeker BauR 1991, 525, 526; Schmaltz DVBl 1992, 230, 231; S/S/B/Schoch VwGO § 80a Rn 41; aA Grosse Hündfeld FS Gelzer 1991, 303, 306 f).

III. Erlass, Inhalt und Rechtswirkungen der Anordnung der sofortigen Vollziehung bzw der Aussetzung der Vollziehung

Im Hinblick auf den Erlass, den Inhalt und die Rechtswirkungen der Anordnung der **39** sofortigen Vollziehung bzw der Aussetzung der Vollziehung gelten die zu § 80 Abs 2 S 1 Nr 4 bzw Abs 4 VwGO dargelegten Grundsätze (vgl § 80 VwGO Rn 113 ff bzw 130 ff). Insbesondere kann der Antrag auf Anordnung der sofortigen Vollziehung vor der Rechtsbehelfseinlegung gestellt werden (Kollmer NuR 1994, 15, 19; Kopp/Schenke VwGO § 80a Rn 8; S/S/B/Schoch VwGO § 80a Rn 34; Redeker/v. Oertzen/Redeker VwGO § 80a Rn 5). Außerdem kann die sofortige Vollziehung – trotz des missverständlichen Wortlauts des § 80a Abs 1 Nr 1 VwGO – vor Einlegung des Rechtsbehelfs angeordnet werden (VGH Mannheim NVwZ 1995, 292, 293; Kopp/Schenke VwGO § 80a Rn 8; S/S/B/Schoch VwGO § 80a Rn 34). Die Behörde kann wie bei Verwaltungsakten mit bipolaren Verwaltungsrechtsverhältnis (§ 80 VwGO Rn 115, 131) ihre Maßnahmen des vorläufigen Rechtsschutzes mit Bedingungen, Befristungen oder mit Auflagen versehen. Sie können auf bestimmte Teile eines Verwaltungsakts beschränkt oder nur gegen Sicherheitsleistung vorgenommen werden (Sodan/Ziekow/Puttler VwGO § 80a Rn 12).

C. Verwaltungsgerichtlicher vorläufiger Rechtsschutz (Abs 3)

Ebenso wie bei § 80 VwGO kommt dem vorläufigen verwaltungsgerichtlichen Rechts- **40** schutz (§ 80a Abs 3 VwGO) im Vergleich zum einstweiligen verwaltungsbehördlichen Rechtsschutz (§ 80a Abs 1 und 2 VwGO) in der Praxis eine deutlich größere Bedeutung zu (S/S/B/Schoch VwGO § 80a Rn 42). Das Gericht kann nicht nur die im Rahmen des behördlichen vorläufigen Rechtsschutzes nach § 80a Abs 1 und 2 VwGO ergangenen behördlichen Maßnahmen ändern oder aufheben. Vielmehr kann das Gericht auch ohne vorangehenden einstweiligen behördlichen Rechtsschutz solche Maßnahmen treffen. Entsprechend dem Rechtsbehelf in der Hauptsache ist beim vorläufigen Rechtsschutzverfahren nach § 80a Abs 3 VwGO zwischen der Zulässigkeit und Begründetheit des Antrags zu unterscheiden.

I. Zulässigkeit eines Antrags nach Abs 3

1. Eröffnung des Verwaltungsrechtswegs, zuständiges Gericht und Antragserfordernis

Ebenso wie bei einem Antrag nach § 80 Abs 5 VwGO (vgl § 80 VwGO Rn 139) muss **41** für einen Antrag nach § 80a Abs 3 VwGO der Verwaltungsrechtsweg gem § 40 Abs 1 VwGO analog eröffnet sein. Die Zuständigkeit des Gerichts bestimmt sich nach den zu § 80 Abs 5 dargelegten Grundsätzen (vgl § 80 VwGO Rn 140 ff). Ebenso wie bei § 80 Abs 5 VwGO (vgl § 80 VwGO Rn 145) ist für eine gerichtliche Entscheidung nach § 80a Abs 3 VwGO ein Antrag erforderlich. Die gerichtliche Entscheidung nach § 80a Abs 3 VwGO ergeht nicht von Amts wegen, sondern nur auf Antrag.

2. Statthafte Antragsform

42   Verwaltungsgerichtlicher vorläufiger Rechtsschutz kommt nur in Betracht, wenn die (Grund-)Voraussetzungen des § 80a erfüllt sind, also ein **Verwaltungsakt mit Drittwirkung** vorliegt, der **bekannt gegeben** (vgl 41 VwVfG), **nicht unanfechtbar** (vgl § 80b VwGO) und **nicht erledigt** (vgl § 43 Abs 2 VwVfG) ist (Rn 4 ff). Die Befugnisse des Gerichts nach § 80a Abs 3 VwGO sind nicht auf die Änderung oder Aufhebung von Maßnahmen beschränkt, welche die Behörde im Wege eines vorläufigen Rechtsschutzverfahrens nach § 80a Abs 1 und 2 VwGO trifft. Vielmehr kann das Gericht solche Maßnahmen selbst treffen. Dies ergibt sich unmittelbar aus dem Wortlaut des § 80a Abs 3 S 1 VwGO. Die Amtliche Begründung bekräftigt den Textbefund, wonach das Gericht „auch anstelle der Behörde die dort genannten Entscheidungen treffen kann" (BT-Drs 11/7030, 25).

43   **a) Antrag auf Anordnung der sofortigen Vollziehung.** § 80a Abs 3 S 1 iVm § 80a Abs 1 Nr 1 bzw Abs 2 VwGO stellt klar, dass beim Verwaltungsakt mit Drittwirkung ein auf Anordnung der sofortigen Vollziehbarkeit gerichteter Rechtsschutzantrag bei Gericht statthaft ist (VGH München BayVBl 1991, 723; OVG Münster NWVBl 1994, 332; OVG Koblenz NVwZ 1992, 280; S/S/B/Schoch VwGO § 80a Rn 47; zur Rechtslage vor Inkrafttreten des § 80a VwGO Schoch Vorläufiger Rechtsschutz und Risikoverteilung im Verwaltungsrecht 1988, 1479 ff). In der Möglichkeit, einen Antrag auf Anordnung der sofortigen Vollziehung zu stellen, unterscheidet sich der vorläufige Rechtsschutz nach § 80a Abs 3 VwGO von dem nach § 80 Abs 5 VwGO. Dies liegt darin begründet, dass der Antragsteller im Rahmen des § 80a im Gegensatz zum Verfahren nach § 80 Abs 5 VwGO ein Interesse an einer solchen sofortigen Vollziehungsanordnung haben kann. Während das Interesse des Antragstellers im bipolaren Verwaltungsrechtsverhältnis, das von § 80 Abs 5 VwGO erfasst ist, allein auf die Herstellung oder Aufrechterhaltung der aufschiebenden Wirkung, nicht aber auf die Anordnung einer sofortigen Vollziehung gerichtet ist, kann der Antragsteller beim Verwaltungsakt mit Drittwirkung, dessen Regelung § 80a Abs 3 VwGO zum Gegenstand hat, ein solches Anordnungsinteresse besitzen. Ein solches Anordnungsinteresse besteht immer, wenn der **Antragsteller** durch den Verwaltungsakt als **Adressat** (vgl § 80a Abs 1 Nr 1 VwGO) oder als **Dritter** (vgl § 80a Abs 2 VwGO) **begünstigt** wird.

44   Der Antrag auf Anordnung der sofortige Vollziehung ist statthaft, wenn zwei Voraussetzungen vorliegen: Erstens darf die aufschiebende Wirkung des Rechtsbehelfs nicht – kraft Gesetzes (vgl § 80 Abs 2 S 1 Nr 1–3 VwGO) oder kraft behördlicher Anordnung (vgl § 80 Abs 2 S 1 Nr 4 VwGO) – entfallen. Und zweitens muss der Antragsteller ein Interesse an einer solchen sofortigen Vollziehungsanordnung haben; dies ist immer dann der Fall, wenn er durch den Verwaltungsakt **begünstigt** wird. **Begünstigt** der Verwaltungsakt den Antragsteller in seiner Eigenschaft als **Adressat**, so kann er nach § 80a Abs 1 Nr 1, Abs 3 S 1 VwGO einen Antrag auf sofortige Vollziehung stellen. **Begünstigt** der Verwaltungsakt den Antragsteller in seiner Eigenschaft als **Dritter**, so ist der Antrag auf Anordnung der sofortigen Vollziehung nach § 80a Abs 2, Abs 3 S 1 VwGO statthaft.

45   Erweist sich der Antrag des Begünstigten als zulässig und begründet, verpflichtet das Gericht nicht lediglich die Behörde zur Anordnung der sofortigen Vollziehung, sondern ordnet die sofortige Vollziehbarkeit selbst an (VGH Mannheim NVwZ 1995, 1004; VGH München BayVBl 1991, 438; OVG Bautzen SächsVBl 1995, 102, 103; Heberlein BayVBl 1991, 396, 398; Hörtnagl/Stratz VBlBW 1991, 326, 330; S/S/B/Schoch VwGO § 80a Rn 48; Schoch NVwZ 1991, 1121, 1125; Redeker NVwZ 1991, 526, 529). Nach der früheren Rechtslage war umstritten, ob dem Gericht diese Entscheidungsbefugnis zukam (bejahend VGH Mannheim VBlBW 1990, 137, 138; VBlBW 1990, 373; NVwZ 1991, 687; OVG Berlin NuR 1992, 481 f; ausführlich Schoch Vorläufiger Rechtsschutz und Risikoverteilung im Verwaltungsrecht 1988, 1665 f). Diesen Streit hat der Gesetzgeber durch § 80a Abs 3 S 1 iVm Abs 1 Nr 1 bzw Abs 2 VwGO zugunsten einer eigenen Anordnungsbefugnis des Gerichts ausdrücklich entschieden.

46   **b) Antrag auf Anordnung bzw Wiederherstellung der aufschiebenden Wirkung.** Zeitigt der Rechtsbehelf eines Dritten gegen den ihn belastenden Verwaltungsakts wegen § 80 Abs 2 VwGO keine aufschiebende Wirkung nach § 80 Abs 1 S 2 VwGO, so bleibt dem Dritten die Möglichkeit, bei Gericht einen Antrag auf vorläufigen Rechtsschutz – gerichtet auf die Herbeiführung des Suspensiveffekts – nach **§ 80a Abs 1 Nr 2 Alt 1, Abs 3**

S 1 VwGO zu stellen. Allerdings bereitet die Bezeichnung des Antrags nach § 80a Abs 1 Nr 2 Alt 1, Abs 3 S 1 VwGO Probleme. Die terminologische **Problematik der Antragsfassung** beruht darauf, dass § 80a Abs 1 Nr 2 Alt 1, Abs 3 S 1 VwGO im Gegensatz zum einstweiligen gerichtlichen Rechtsschutz im zweipoligen Rechtsverhältnis die Herbeiführung des Suspensiveffekts nicht mit dem Antrag auf Anordnung bzw. Wiederherstellung der aufschiebenden Wirkung verbunden (§ 80 Abs 5 S 1 VwGO), sondern den vom Gesetz in § 80 Abs 4 S 1 VwGO für den vorläufigen behördlichen Rechtsschutz verwendeten Terminus „Vollziehung aussetzen" in das (dreipolige) gerichtliche Verfahren übernommen hat. Daher wird zum Teil vertreten, dass nach § 80a Abs 1 Nr 2 Alt 1, Abs 3 S 1 VwGO der Antrag auf Aussetzung der Vollziehung der statthafte Rechtsbehelf ist (VGH Mannheim DVBl 1993, 163, 164; NVwZ 1995, 716; VGH München BayVBl 1991, 720, 721; NVwZ 1992, 275; BayVBl 1993, 183, 184; NVwZ-RR 1995, 430, 431; BayVBl 1995, 762; S/S/B/ Schoch VwGO § 80a Rn 50). Nach der zutreffenden Gegenansicht ist jedoch auch im Rahmen des § 80a Abs 1 Nr 2 Alt 1, Abs 3 S 1 VwGO der Antrag auf Anordnung bzw Wiederherstellung der aufschiebenden Wirkung die statthafte Antragsart (Eyermann/ Schmidt VwGO § 80a Rn 13). Dies bringt der Gesetzgeber unmissverständlich in **§ 80b Abs 1 S 2 Hs 2, Abs 3 VwGO** zum Ausdruck: In § 80b Abs 1 S 2 Hs 2 VwGO ist die Rede von der Anordnung bzw Wiederherstellung der aufschiebenden Wirkung durch das Gericht. Wie die Bezugnahme in § 80b Abs 3 VwGO zeigt, sind damit nicht nur die Fälle des § 80 Abs 5 VwGO, sondern auch die des § 80a VwGO gemeint. Im Übrigen ist die Qualifizierung des Antrags in § 80a Abs 1 Nr 2 Alt 1, Abs 3 S 1 VwGO als Antrag auf Anordnung bzw Wiederherstellung der aufschiebenden Wirkung auch der Sache nach richtig, weil die Herbeiführung des Suspensiveffekts im Dreiecksverhältnis **keine sachlichen Unterschiede** zum bipolaren Rechtsverhältnis aufweist. Insbesondere setzt die Anordnung bzw Wiederherstellung der aufschiebenden Wirkung nach § 80a Abs 1 Nr 2 Alt 1, Abs 3 S 1 VwGO ebenso wenig die Einlegung eines Rechtsbehelfs in der Hauptsache (Widerspruch oder Anfechtungsklage) voraus (Rn 59 ff) wie § 80 Abs 5 S 1 VwGO (§ 80 VwGO Rn 164). Neben dieser normativen Argumentation ist zu berücksichtigen, dass man auch im Interesse einer **einheitlichen Terminologie** von einem Antrag auf Anordnung bzw Wiederherstellung der aufschiebenden Wirkung sprechen sollte. Eine terminologische Abweichung zum vorläufigen Rechtsschutz bei Verwaltungsakten im bipolaren Verwaltungsrechtsverhältnis trägt eher zur Verwirrung bei und ist sachlich nicht gerechtfertigt (Eyermann/ Schmidt VwGO § 80a Rn 13). Daher ist auch innerhalb des § 80a Abs 1 Nr 2 Alt 1, Abs 3 S 1 VwGO der Antrag auf Anordnung bzw Wiederherstellung der aufschiebenden Wirkung die statthafte Antragsart.

Keineswegs kann bei Verwaltungsakten mit Drittwirkung als Rechtsgrundlage für einen **47** solchen Antrag auf Anordnung bzw Wiederherstellung der aufschiebenden Wirkung auf § 80a Abs 3 S 2 iVm § 80 Abs 5 S 1 VwGO abgestellt werden (so aber BVerwG NVwZ 1995, 903 f; VGH München NJW 1994, 2717; VGH Mannheim NVwZ 1991, 1000; BauR 1992, 45; NVwZ-RR 1995, 378, 379 und 488 f; OVG Lüneburg NVwZ 1994, 82; OVG Münster NVwZ 1991, 1001; OVG Schleswig NVwZ 1992, 587, 588; Kopp/Schenke VwGO § 80a Rn 17). Für das gerichtliche Eilverfahren bedarf es der Heranziehung des gem § 80a Abs 3 S 2 VwGO entsprechend anwendbaren § 80 Abs 5 S 1 VwGO nur, soweit § 80 Abs 3 S 1 VwGO selbst keine Regelungen enthält. Da der Suspensiveffekt bereits durch einen Antrag nach § 80a Abs 1 Nr 2 Alt 1, Abs 3 S 1 VwGO herbeigeführt werden kann (Rn 46), ist für die Anwendung des § 80a Abs 3 S 2 VwGO iVm § 80 Abs 5 S 1 VwGO kein Raum (so auch S/S/B/Schoch VwGO § 80a Rn 50). Der Antrag auf Anordnung bzw Wiederherstellung der aufschiebenden Wirkung ergeht daher auf der Rechtsgrundlage des § 80a Abs 1 Nr 2 Alt 1, Abs 3 S 1 VwGO.

Im Fall eines drittbelastenden Verwaltungsakts (vgl § 80a Abs 1 Nr 2 Alt 1 VwGO) kann **48** der Dritte daher einen **Antrag auf Anordnung der aufschiebenden Wirkung** stellen (§ 80a Abs 1 Nr 2 Alt 1, Abs 3 S 1 VwGO), wenn sein Rechtsbehelf kraft gesetzlicher Anordnung (vgl § 80 Abs 2 S 1 Nr 1–3 VwGO) keine aufschiebende Wirkung iSd § 80 Abs 1 S 2 VwGO auslöst. Hat die Behörde bei Erlass des Verwaltungsakts oder später die sofortige Vollziehung angeordnet (vgl § 80 Abs 2 S 1 Nr 4 VwGO), ist der **Antrag auf Wiederherstellung der aufschiebenden Wirkung** die statthafte Antragsform (§ 80a Abs 1 Nr 2 Alt 1, Abs 3 S 1 VwGO).

49   Im Gegensatz zum Antrag auf Anordnung der sofortigen Vollziehung, bei dem sowohl
      der Adressat des Verwaltungsaktes als auch der Dritte als Antragsteller in Betracht kommen
      (Rn 43), kann nach der ausdrücklichen Regelung des § 80a Abs 1 und Abs 2 VwGO der
      Antrag auf Anordnung bzw Wiederherstellung der aufschiebenden Wirkung **allein vom
      Dritten** gestellt werden (vgl § 80a Abs 1 Nr 2 Alt 1, Abs 3 S 1 VwGO). § 80a Abs 2
      VwGO eröffnet dem Adressaten die Stellung eines solchen Antrags nicht. Diese Regelungs-
      lücke ist unverständlich, weil auch der belastete Adressat ein berechtigtes Interesse an der
      Anordnung oder Wiederherstellung der aufschiebenden Wirkung haben kann. Sein Interesse
      geht dahin, dass ein von ihm eingelegter Rechtsbehelf gegen einen ihn belastenden Ver-
      waltungsakt aufschiebende Wirkung zeitigt. Ist der Eintritt dieses Suspensiveffekts kraft
      Gesetzes oder kraft behördlicher Anordnung der sofortigen Vollziehung ausgeschlossen, muss
      es ihm aus Gründen **verfahrensrechtlicher Waffengleichheit** ebenso wie dem Dritten
      gestattet sein, auch bei Gericht (vgl bereits zum behördlichen Rechtsschutz Rn 30) einen
      Antrag auf Anordnung oder Wiederherstellung der aufschiebenden Wirkung zu stellen.
      Sofern man zur Schließung der Schutzlücke im verwaltungsbehördlichen vorläufigen
      Rechtsschutzverfahren § 80 Abs 4 VwGO unmittelbar anwendet (so Kopp/Schenke VwGO
      § 80a Rn 16; S/S/B/Schoch VwGO § 80a Rn 15), bestimmte sich im gerichtlichen
      Rechtsschutzverfahren die statthafte Antragsform nach § 80a Abs 3 S 2 VwGO iVm § 80
      Abs 5 VwGO. Nach hier vertretener Auffassung ist hingegen die Schutzlücke im Wege
      einer **analogen Anwendung des § 80a Abs 1 Nr 2 Alt 1 VwGO** zu schließen (Rn 30).
      Demgemäß kann der belastete Adressat beim Gericht einen Antrag auf Anordnung bzw
      Wiederherstellung der aufschiebenden Wirkung nach § 80a Abs 1 Nr 2 Alt 1 analog, Abs 3
      S 1 VwGO stellen.

50   **c) Antrag auf Feststellung des Bestehens der aufschiebenden Wirkung.** Ebenso
      wie im bipolaren Verwaltungsrechtsverhältnis (§ 80 VwGO Rn 159 f) bedarf es auch bei
      einer (drohenden) faktischen Vollziehung von Verwaltungsakten mit Drittwirkung einer
      Feststellung des Bestehens der aufschiebenden Wirkung. Die ganz hM bejaht die
      Statthaftigkeit eines solchen **Feststellungsantrags** (VGH Mannheim NVwZ 1991, 1008;
      NVwZ-RR 1995, 378; VGH München BayVBl 1993, 85; BayVBl 1994, 631, 632; OVG
      Hamburg NVwZ-RR 1993, 401, 402; VGH Kassel UPR 1993, 69, 70; OVG Münster
      NVwZ 1992, 186; OVG Schleswig NVwZ 1991, 898; Dürr DÖV 1994, 841, 852; Eyer-
      mann/Schmidt VwGO § 80a Rn 15; Kopp/Schenke VwGO § 80a Rn 17; S/S/B/Schoch
      VwGO § 80a Rn 56; Sodan/Ziekow/Puttler VwGO § 80a Rn 36). Hiergegen wird teil-
      weise eingewandt, dass die Ermächtigung zu einer gerichtlichen Feststellung im Aussetzungs-
      verfahren nicht vorgesehen sei, so dass sich der einstweilige Rechtsschutz nach § 123 VwGO
      bestimme (Hörtnagl/Stratz VBlBW 1991, 326, 332). Dabei wird indes verkannt, dass es sich
      bei dem Streit um das Bestehen der aufschiebenden Wirkung um einen Fall der §§ 80, 80a
      VwGO handelt (S/S/B/Schoch VwGO § 80a Rn 56; ders NVwZ 1991, 1121, 1125;
      Redeker/v. Oertzen/Redeker VwGO § 80a Rn 4), so dass die einstweilige Anordnung nach
      § 123 Abs 5 VwGO keine Anwendung findet. Das zur Aussetzung der Vollziehung bzw zur
      Anordnung sowie Wiederherstellung der aufschiebenden Wirkung befugte Gericht darf erst
      recht eine Feststellungsentscheidung treffen, wenn die aufschiebende Wirkung bereits kraft
      Gesetzes (§ 80 Abs 1 VwGO) eingetreten ist (S/S/B/Schoch VwGO § 80a Rn 56). Die
      dogmatische Grundlage für eine solche gerichtliche **Feststellungsentscheidung** wird in
      § 80a Abs 3 S 2 VwGO iVm § 80 Abs 5 S 1 VwGO analog erblickt (VGH Mannheim
      NVwZ-RR 1995, 378; VGH München BayVBl 1993, 85; BayVBl 1994, 631, 632; S/S/B/
      Schoch VwGO § 80a Rn 56). Dem ist zuzustimmen. Da § 80 Abs 5 S 1 VwGO hier
      nicht unmittelbar, sondern allenfalls analog anwendbar ist, drängt sich aufgrund des Cha-
      rakters des § 80a VwGO als umfassende und erschöpfende Regelung des Rechtsschutzes bei
      Verwaltungsakten mit Drittwirkung (Rn 2) eine Analogiebildung innerhalb des Systems des
      § 80a VwGO auf. Wenn das Gericht im Falle eines nicht bestehenden Suspensiveffekts die
      aufschiebende Wirkung nach § 80a Abs 1 Nr 2 Alt 1, Abs 3 S 1 VwGO anordnen bzw
      wiederherstellen kann, dann muss es erst recht befugt sein, das Bestehen der aufschiebenden
      Wirkung festzustellen. Ein derartiger gerichtlicher Feststellungsbeschluss beruht daher auf
      § 80a Abs 1 Nr 2 Alt 1 analog, Abs 3 S 1 VwGO.

51   **d) Vorläufige Sicherungsmaßnahmen.** Der Anwendungsbereich der gerichtlichen
      Entscheidungsbefugnisse umfasst gem § 80a Abs 1 Nr 2 Alt 2, Abs 3 S 1 VwGO auch

einstweilige Sicherungsmaßnahmen zum Schutz der Rechte des Dritten. Im Rahmen des vorläufigen verwaltungsbehördlichen Rechtsschutzverfahrens ist § 80a Abs 1 Nr 2 Alt 2 VwGO unmittelbar nur dann anwendbar, wenn die Behörde zunächst die Aussetzung der Vollziehung angeordnet hat und erst dann Sicherungsmaßnahmen zugunsten des Dritten anordnet (Rn 24). Der Wortlaut („und"), die systematische Verknüpfung beider Alternativen in § 80a Abs 1 Nr 2 VwGO sowie die Parallele zu § 80 Abs 5 VwGO, der eine isolierte Geltendmachung eines Antrags nach § 80 Abs 5 S 3 analog nicht gestattet (vgl § 80 VwGO Rn 155, 159) zeigen, dass Sicherungsmaßnahmen iSd § 80a Abs 1 Nr 2 Alt 2 VwGO nur **Folge**maßnahmen einer Aussetzungsentscheidung nach § 80a Abs 1 Nr 2 Alt 1 VwGO darstellen und nicht unabhängig hiervon angeordnet werden können (vgl bereits Rn 24). Diese Stufenfolge gilt auch im Verfahren des vorläufigen verwaltungsgerichtlichen Rechtsschutzes. Bevor das Gericht Sicherungsmaßnahmen zum Schutz der Rechte des Dritten anordnen kann, ist zunächst eine Entscheidung über die Aussetzung der Vollziehung, also über die Anordnung bzw Wiederherstellung der aufschiebenden Wirkung erforderlich (vgl OVG Münster NVwZ 1991, 1001; OVG Münster NVwZ 1991, 1003; Kopp/Schenke VwGO § 80a Rn 14; Sodan/Ziekow/Puttler VwGO § 80a Rn 35). Hierin manifestiert sich die Parallele zwischen den Sicherungsmaßnahmen iSd § 80a Abs 1 Nr 2 Alt 2, Abs 3 S 1 VwGO und dem Antrag nach § 80 Abs 5 S 3 VwGO, der ebenfalls nicht isoliert, sondern nur annexweise, dh im Rahmen eines auf Anordnung bzw Wiederherstellung der aufschiebenden Wirkung gerichteten Verfahrens gestellt werden darf (§ 80 VwGO Rn 155). Ein Antrag auf Erlass von Sicherungsmaßnahmen ist aber ggf dahingehend auszulegen, dass zunächst die Anordnung bzw Wiederherstellung der aufschiebenden Wirkung und anschließend der Erlass von Sicherungsmaßnahmen begehrt wird (OVG Münster NVwZ 1991, 1001; Sodan/Ziekow/Puttler VwGO § 80a Rn 35). Sicherungsmaßnahmen sind von dem Fortbestand des zugrunde liegenden Verwaltungsakts abhängig. Aufgrund dieser Akzessorietät ermächtigt § 80a Abs 1 Nr 2 Alt 2, Abs 3 S 1 VwGO das Gericht nicht, derartige Maßnahmen auch für die Zeit nach einer etwaigen Aufhebung des angefochtenen Verwaltungsakts zu treffen (OBG Münster NVwZ-RR 2001, 297 ff; Sodan/Ziekow/Puttler VwGO § 80a Rn 35).

Besondere Bedeutung kommt dem Erlass von Sicherungsmaßnahmen in den Fällen der **(drohenden) faktischen Vollziehung** zu. Im Rahmen des vorläufigen verwaltungsbehördlichen Rechtsschutzverfahrens findet § 80a Abs 1 Nr 2 Alt 2 VwGO in dieser Konstellation zwar nicht direkte, aber analoge Anwendung (vgl Rn 25). Wenn zusätzliche Sicherungsmaßnahmen nach einer behördlichen Aussetzungsentscheidung möglich sind, müssen solche Maßnahmen **erst recht** zulässig sein, wenn es – wie in den Fällen der (drohenden) faktischen Vollziehung – einer gesonderten behördlichen Aussetzungsentscheidung nach § 80a Abs 1 Nr 2 Alt 1 VwGO wegen der bereits bestehenden aufschiebenden Wirkung nicht bedarf. Die Verweisungsvorschrift des § 80a Abs 3 S 1 VwGO macht deutlich, dass Entsprechendes für das gerichtliche vorläufige Rechtsschutzverfahren gilt. Damit ist durch den Gesetzgeber geklärt, dass sich der vorläufige gerichtliche Rechtsschutz in den Fällen der (drohenden) faktischen Vollziehung durch den Begünstigten nach **§ 80a Abs 1 Nr 2 Alt 2 analog, Abs 3 S 1 VwGO** bestimmt (VGH Kassel NVwZ-RR 2003, 345, 346; VGH München BayVBl 1993, 565; OVG Berlin NVwZ-RR 1993, 458; OVG Koblenz NVwZ 1993, 699, 700; OVG Weimar LKV 1994, 110; Hörtnagl/Stratz VBlBW 1991, 326, 331; Jacob VBlBW 1995, 72, 75; Kirste DÖV 2001, 397, 404 f; Schenke JZ 1996, 1155, 1164 f; S/S/B/Schoch VwGO § 80a Rn 53; ders NVwZ 1991, 1121, 1125; Schönfelder VBlBW 1993, 287, 294; Sodan/Ziekow/Puttler VwGO § 80a Rn 36). Für eine einstweilige Anordnung gem § 123 Abs 5 VwGO ist kein Raum. Anders liegen die Dinge nur beim sog Schwarzbau; hier fehlt es an einem Verwaltungsakt (mit Drittwirkung), so dass Rechtsschutz nur im Wege eines Antrags nach § 123 VwGO erwirkt werden kann (S/S/B/Schoch VwGO § 80a Rn 53). Da der Erlass von Sicherungsmaßnahmen nicht isoliert erfolgen kann (Rn 51), kann das Gericht in den Fällen der (drohenden) faktischen Vollziehung Sicherungsmaßnahmen erst dann anordnen, nachdem es das Bestehen der aufschiebenden Wirkung festgestellt hat (§ 80a Abs 1 Nr 2 Alt 1 analog, Abs 3 S 1 VwGO, Rn 50). Daher bedarf es eines Antrags auf Feststellung des Bestehens der aufschiebenden Wirkung (§ 80a Abs 1 Nr 2 Alt 1 analog, Abs 3 S 1 VwGO) und eines Antrags auf Anordnung von Sicherungsmaßnahmen (§ 80a Abs 1 Nr 2 Alt 2 analog, Abs 3 S 1 VwGO).

52

53   Nach der ausdrücklichen Regelung des § 80a Abs 1 Nr 2 Alt 2 VwGO kann der Antrag auf Erlass von Sicherungsmaßnahmen **allein vom Dritten** gestellt werden. § 80a Abs 1 Nr 2 Alt 2 VwGO eröffnet dem belasteten Adressaten die Stellung eines solchen Antrags nicht. Diese Regelungslücke ist unverständlich, weil auch der belastete Adressat ein berechtigtes Interesse an der vorläufigen Sicherung seiner Rechte haben kann. Diese unter dem Gesichtspunkt verfahrensrechtlicher Waffengleichheit nicht hinnehmbare Schutzlücke ist durch eine **analoge** Anwendung des § 80a Abs 1 Nr 2 Alt 2, Abs 3 S 1 VwGO zu schließen.

54   Als Sicherungsmaßnahmen im Sinne des § 80a Abs 1 Nr 2 Alt 2 VwGO kommen sowohl Maßnahmen zur Aufhebung der Vollziehung als auch Maßnahmen zur Unterbindung der Vollziehung des suspendierten Verwaltungsaktes in Betracht (vgl bereits Rn 26). Auch wenn der Begriff der *Sicherungs*maßnahme darauf hindeuten könnte, dass damit nur abwehrende (vorbeugende) Schutzmaßnahmen gemeint sind, folgt aus der **ratio legis**, dass § 80a Abs 1 Nr 2 Alt 2 VwGO auch **Folgenbeseitigungsmaßnahmen** gestattet. Denn da die Vorschrift der faktischen Durchsetzung der aufschiebenden Wirkung dienen soll (S/S/B/Schoch VwGO § 80a Rn 40), muss § 80a Abs 1 Nr 2 Alt 2 VwGO auch die Vollzugsfolgenbeseitigung ermöglichen. Dem steht nicht der Verweis auf die Stellung eines Annexantrags auf Vollzugsfolgenbeseitigung nach § 80a Abs 3 S 2 iVm § 80 Abs 5 S 3 VwGO entgegen: Zum einen besteht die Möglichkeit der Anwendung des § 80 Abs 5 S 3 VwGO nur im Rahmen des (vorläufigen) gerichtlichen Rechtsschutzes, nicht aber auch im behördlichen einstweiligen Rechtsschutz. Die faktische Durchsetzung der aufschiebenden Wirkung nach § 80a Abs 1 Nr 2 Alt 2 VwGO muss aber im Interesse eines effektiven Rechtsschutzes bereits im behördlichen Verfahren möglich sein (vgl Rn 26). Sind Folgenbeseitigungsmaßnahmen daher im behördlichen Rechtsschutz von § 80a Abs 1 Nr 2 Alt 2 VwGO zulässig, muss dies gem § 80a Abs 3 S 1 VwGO auch im gerichtlichen Rechtsschutzverfahren gelten. Zum anderen kann auf § 80a Abs 3 S 2 VwGO iVm § 80 Abs 5 S 3 VwGO nur dann zurückgegriffen werden, soweit § 80a Abs 3 S 1 VwGO selbst keine Regelungen trifft. Daher lässt sich ein Ausschluss von Folgenbeseitigungsmaßnahmen im Rahmen des § 80a Abs 1 Nr 2 Alt 2 VwGO nicht damit begründen, dass diese bereits von § 80a Abs 3 S 2 iVm § 80 Abs 5 S 3 VwGO erfasst sind (so aber Schenke, Rn 1016). Vielmehr ist für eine Anwendung des § 80a Abs 3 S 2 iVm § 80 Abs 5 S 3 VwGO kein Raum, da § 80a Abs 1 Nr 2 Alt 2 VwGO auch solche Maßnahmen umfasst, die auf die Rückgängigmachung der unmittelbaren Folgen des bereits vollzogenen VA gerichtet sind (Sodan/Ziekow/Puttler VwGO § 80a Rn 36: Sicherungsmaßnahmen iSd § 80a Abs 1 Nr 2 Alt 2 VwGO „umfassen auch eine vorläufige Aufhebung der Vollziehung i. S. v. § 80 Abs. 5 S. 3"; aA Schenke, Rn 1012, 1016; Kopp/Schenke VwGO § 80a Rn 17). Die **Spezialregelung** des § 80a Abs 1 Nr 2 Alt 2 VwGO ermöglicht daher nicht nur vorbeugende Sicherungsmaßnahmen, wie zB den Erlass einer Nutzungsuntersagung bzw Stilllegungsverfügung im Bauordnungsrecht, sondern auch die **Rückgängigmachung der unmittelbaren Folgen des bereits vollzogenen Verwaltungsakts**.

55   Ebenso wie § 80 Abs 5 S 3 VwGO (§ 80 VwGO Rn 152) kommt § 80a Abs 1 Nr 2 Alt 2 VwGO eine materiellrechtliche Funktion zu; die Vorschrift vermittelt der Behörde und dem Gericht (§ 80a Abs 1 Nr 2 Alt 2, Abs 3 S 1 VwGO) die notwendige **Ermächtigungsgrundlage** für den Erlass entsprechender Sicherungsmaßnahmen. Die Vorschrift wäre überflüssig, wenn man in ihr allein eine verfahrensrechtliche Klarstellung mit der Folge, dass sich der Erlass vorläufiger Sicherungsmaßnahmen nach der anwendbaren materiellrechtlichen Ermächtigungsgrundlage richtete (so aber OVG Greifswald GewArch 1996, 76, 77; Hörtnagl/Stratz VBlBW 1991, 326, 330; Grosse Hündfeld FS Gelzer 1991 S 303, 308). Vielmehr begründet § 80a Abs 1 Nr 2 Alt 2 VwGO eine eigenständige Ermächtigungsgrundlage zum Erlass entsprechender Sicherungsmaßnahmen zugunsten des Dritten (VGH München BayVBl 1993, 565, 566; Eyermann/Schmidt VwGO § 80a Rn 10; Kopp/Schenke VwGO § 80a Rn 14; S/S/B/Schoch VwGO § 80a Rn 40; ders NVwZ 1991, 1121, 1125). Diese Ermächtigungsgrundlage tritt neben die bereichsspezifischen behördlichen Anordnungsbefugnisse (so ausdrücklich BVerwGE 89, 357, 362; vgl auch Kopp/Schenke VwGO § 80a Rn 14; S/S/B/Schoch VwGO § 80a Rn 40). Bedenken unter dem Gesichtspunkt der Gesetzgebungskompetenz des Bundes bestehen nicht, weil eine solche Zuständigkeit zum Erlass vorläufiger (behördlicher und gerichtlicher) Sicherungsmaßnahmen

aus der Annexkompetenz nach Art 74 Abs 1 Nr 1 GG folgt (Kopp/Schenke VwGO § 80a Rn 14; S/S/B/Schoch VwGO § 80a Rn 40). Auch insoweit besteht zwischen § 80a Abs 1 Nr 2 Alt 2 VwGO und § 80 Abs 5 S 3 VwGO eine strukturelle Parallelität (S/S/B/Schoch VwGO § 80a Rn 40).

Die **Voraussetzungen**, unter denen das Gericht zum Schutz und zur Durchsetzung der **56** aufschiebenden Wirkung einstweilige Sicherungsmaßnahmen erlassen darf, unterscheiden sich danach, ob Maßnahmen zur Unterbindung der Vollziehung des Verwaltungsaktes oder Maßnahmen zur Rückgängigmachung der unmittelbaren Folgen des bereits vollzogenen Verwaltungsaktes angeordnet werden sollen. Die Anordnung **vorbeugender Sicherungs-maßnahmen** setzt nur voraus, dass die aufschiebende Wirkung nach § 80a Abs 1 Nr 2 Alt 1 (analog), Abs 3 S 1 VwGO angeordnet bzw wiederhergestellt ist. Für die Fälle der drohenden faktischen Vollziehung genügt bereits die Feststellung des Bestehens der aufschiebenden Wirkung des eingelegten Rechtsbehelfs nach § 80a Abs 1 Nr 2 Alt 1 analog, Abs 3 S 1 VwGO (vgl Rn 50). Weitere Voraussetzungen müssen für vorbeugende Sicherungsmaßnahmen nicht vorliegen: Aus der Akzessorietät des vorläufigen Rechtsschutzes zum Hauptsacherechtsschutz ergeben sich keine weiteren Einschränkungen für den Erlass vorbeugender Sicherungsmaßnahmen, da diese nicht mehr gewähren, als durch die Klage im Hauptsacheverfahren erreicht werden kann. Aus diesem Grund ist etwa bei der drohenden Missachtung der (Anordnung der) aufschiebenden Wirkung eines Nachbarrechtsbehelfs gegen eine Baugenehmigung durch den Bauherrn nicht gesondert zu prüfen, ob die materiellrechtlichen Voraussetzungen nach Bauordnungsrecht zum Erlass einer Einstellungsanordnung vorliegen (vgl VGH München BayVBl 1993, 565, 566; S/S/B/Schoch VwGO § 80a Rn 40). Vorbeugende Sicherungsmaßnahmen bieten daher materiellrechtlich-inakzessorischen Schutz. Für die **Maßnahmen zur Vollzugsfolgenbeseitigung** müssen hingegen weitere Voraussetzungen vorliegen: Da der einstweilige Rechtsschutz der Durchsetzung der Rechte im Hauptsacheverfahren dient und deshalb im Wege des vorläufigen Rechtsschutzes grundsätzlich nicht mehr zugesprochen werden darf, als mit der Hauptsacheklage erreichbar ist, bestimmen sich die Voraussetzungen der Vollzugsfolgenbeseitigung im einstweiligen Rechtsschutz nach denen im Hauptsacheverfahren. Für die Durchsetzung der Vollzugsfolgenbeseitigung im Hauptsacheverfahren gem § 113 Abs 1 S 2 VwGO müssen die Voraussetzungen des allgemeinen Vollzugsfolgenbeseitigungsanspruchs vorliegen. Daher müssen dessen Voraussetzungen auch im Rahmen der bereichsspezifischen Vollzugsfolgenbeseitigung nach § 80a Abs 1 Nr 2 Alt 2 (analog), Abs 3 S 1 VwGO gegeben sein. § 80a Abs 1 Nr 2 Alt 2 (analog), Abs 3 S 1 VwGO regelt insofern lediglich die **Ermächtigungsgrundlage** des bereichsspezifischen Vollzugsfolgenbeseitigungsanspruchs, **nicht** aber dessen Voraussetzungen. Die Voraussetzungen des bereichsspezifischen Vollzugsfolgenbeseitigungsanspruchs (§ 80a Abs 1 Nr 2 Alt 2 (analog), Abs 3 S 1 VwGO) entsprechen denen des allgemeinen Vollzugsfolgenbeseitigungsanspruchs. Richten sich die Vollzugsfolgenbeseitigungsmaßnahmen gegen den begünstigten Dritten (§ 80a Abs 1 Nr 2 Alt 2 analog, Abs 3 S 1 VwGO, vgl Rn 53), müssen daher – im Rahmen der Prüfung der rechtlichen Möglichkeit der Wiederherstellung des Status quo ante – auch die materiellrechtlichen Voraussetzungen der gebietsspezifischen behördlichen Anordnungsbefugnisse vorliegen. In diesem Fall bieten die Vollzugsfolgenbeseitigungsmaßnahmen nach § 80a Abs 1 Nr 2 Alt 2 analog, Abs 3 S 1 VwGO materiellrechtlich-akzessorischen Schutz. Die Voraussetzungen des bereichsspezifischen Vollzugsfolgenbeseitigungsanspruchs in § 80a Abs 1 Nr 2 Alt 2 VwGO stimmen mit denen des § 80 Abs 5 S 3 VwGO überein (vgl § 80 VwGO Rn 155).

Die **vorläufigen Sicherungsmaßnahmen** werden **vom Gericht** selbst verfügt (OVG **57** Berlin ZfBR 1991, 128, 129; OVG Bautzen SächsVBl 1995, 102, 104; Eyermann/Schmidt VwGO § 80a Rn 14; Dürr DÖV 1994, 841, 852; Heberlein BayVBl 1991, 396, 398; S/S/B/Schoch VwGO § 80a Rn 55; Schoch NVwZ 1991, 1121, 1125; Stelkens NVwZ 1991, 209, 218; aA VGH Kassel NVwZ 1991, 592, 593; DVBl 1992, 780, 781; OVG Saarlouis BauR 1992, 609, 610; Hörtnagl/Stratz VBlBW 1991, 326, 331; Jacob VBlBW 1995, 72, 75; Schenke, Rn 1016). Es bedarf nicht einer entsprechenden Verpflichtung der Behörde. Dies folgt bereits aus dem Wortlaut und aus der Systematik des § 80a Abs 3 VwGO; denn unbestritten ist, dass das Gericht nicht nur die aufschiebende Wirkung anordnen bzw wiederherstellen, sondern auch die sofortige Vollziehung anordnen kann, ohne dass insoweit eine behördliche Anordnungsentscheidung erforderlich wäre.

3. Antragsbefugnis

58   Da § 80a Abs 3 VwGO der Sicherung der im Hauptsacheverfahren regelmäßig durch Anfechtungsklage durchzusetzenden Rechte dient, gilt § 42 Abs 2 VwGO analog auch für einen Antrag nach § 80a Abs 3 VwGO (vgl OVG Weimar ThürVBl 1997, 41; VGH Mannheim NVwZ-RR 1995, 17; VGH München NVwZ-RR 2004, 886; siehe bereits § 80 VwGO Rn 162).

4. Rechtsschutzbedürfnis

59   Nach der hier vertretenen Auffassung bedarf es im bipolaren Verwaltungsrechtsverhältnis nicht der Einlegung eines Rechtsbehelfs, um das Rechtsschutzbedürfnis bei einem Antrag auf Anordnung oder Wiederherstellung der aufschiebenden Wirkung zu begründen (§ 80 VwGO Rn 164). Für einen Antrag nach § 80a VwGO gilt Entsprechendes.

60   Fraglich ist, ob bei einem Verwaltungsakt mit Drittwirkung für den Antrag auf Anordnung oder Wiederherstellung der aufschiebenden Wirkung nach § 80a Abs 1 Nr 2, Abs 3 S 2 VwGO iVm § 80 Abs 5 S 1 VwGO erforderlich ist, dass der Antragsteller zuvor bei der Behörde einen entsprechenden Aussetzungsantrag gestellt hat. Die Frage nach der Notwendigkeit der Durchführung eines behördlichen **Vorverfahrens** ist umstritten. Der Streit beruht auf der durch § 80a Abs 3 S 2 VwGO angeordneten entsprechenden Anwendung des § 80 Abs 5–8 VwGO und damit auch des § 80 Abs 6 VwGO. Da Verwaltungsakte mit Drittwirkung in Abgaben- und Kostensachen nur selten vorkommen (Heydemann NVwZ 1993, 419, 420 mwN), liefe diese Verweisung in Dreiecksfällen praktisch leer.

61   Daher wird teilweise § 80a Abs 3 VwGO als **Rechtsfolgenverweisung** (OVG Lüneburg NVwZ 1993, 592; OVG Koblenz NVwZ 1994, 1015; Heberlein BayVBl 1993, 743, 746) verstanden und für einen Antrag nach § 80a Abs 3 VwGO ein erfolglos durchgeführtes Vorverfahren verlangt (OVG Lüneburg NVwZ 1993, 592; OVG Koblenz NVwZ 1994, 1015; OVG Weimar ThürVBl 1995, 64, 65; Heberlein BayVBl 1991, 396, 397; ders BayVBl 1993, 743, 746 ff; Uechtritz BauR 1992, 1, 2; Schmaltz DVBl 1992, 230, 234). Zur Begründung wird insbes auf Sinn und Zweck des 4. VwGOÄndG verwiesen, das eine Entlastung der Verwaltungsgerichtsbarkeit bewirken wollte. Allerdings legt diese Auffassung, um eine mit der Rechtsweggarantie unvereinbare Verzögerung gerichtlichen Rechtsschutzes zu verhindern, § 80 Abs 6 S 2 Nr 2 VwGO verfassungskonform weit aus und betrachtet die Fälle, in denen der Adressat des Verwaltungsakts von seiner Begünstigung unmittelbar Gebrauch zu machen beabsichtigt, als „drohende Vollstreckung" im Sinne der Vorschrift. Dies gilt vor allem für die baurechtlichen Fälle, in denen der Beginn der Bauarbeiten unmittelbar bevorsteht; ein solcher unmittelbar bevorstehender Baubeginn wird als drohende Vollstreckung iSd § 80 Abs 6 S 2 Nr 2 VwGO verstanden (OVG Koblenz NVwZ 1994, 1015; OVG Lüneburg NVwZ 1994, 698; OVG Lüneburg NVwZ 1993, 592; OVG Koblenz NVwZ 1993, 591, 592; hiergegen OVG Bremen NVwZ 1993, 592, 593: die Ausnahmefälle des § 80 Abs 6 S 2 Nr 1 und 2 VwGO „passen (insoweit) nicht"; Heydemann NVwZ 1993, 419, 424).

62   Andere sehen Sinn und Zweck der Verweisung darin, dass zunächst eine Interessenbewertung und -abwägung durch die Verwaltung stattfindet; daher sei die Behörde nur dann nicht vorher anzurufen, wenn die sofortige Vollziehung bereits auf einer Anordnung der Behörde beruhe (Jäde UPR 1991, 295, 296 f; vgl auch Heydemann NVwZ 1993, 419, 423; Schmaltz DVBl 1992, 230, 234). Wiederum andere halten ein behördliches Vorverfahren nur bei der Anordnung der sofortigen Vollziehung für notwendig, weil es sich hierbei um eine genuin verwaltungsbehördliche Angelegenheit handele (Schönfelder VBlBW 1993, 287, 293).

63   Nach hM (vgl nur VGH Kassel NVwZ 1993, 491, 492; OVG Bremen NVwZ 1993, 592, 593; OVG Koblenz NVwZ 1993, 591; Eyermann/Schmidt VwGO § 80a Rn 19; Ortloff NVwZ 1993, 326, 330 f; Kopp/Schenke VwGO § 80a Rn 21; S/S/B/Schoch VwGO § 80a Rn 78; ders NVwZ 1991, 1121, 1126; Sodan/Ziekow/Puttler VwGO § 80a Rn 18 f) handelt es sich bei § 80a Abs 3 S 2 VwGO um eine **Rechtsgrundverweisung**, so dass für einen Antrag nach § 80a Abs 3 VwGO – mit Ausnahme der Fälle des § 80 Abs 6 VwGO – die vorherige Durchführung eines behördlichen Vorverfahrens nicht erforderlich ist.

Die hM verdient Zustimmung. Der Wortlaut des § 80a Abs 3 S 2 VwGO („gilt ent- **64** sprechend") lässt die Frage offen, ob diese Vorschrift iSe Rechtsfolgen- oder Rechtsgrundverweisung zu verstehen ist. Beide Deutungsmöglichkeiten sind nach der grammatikalischen Fassung möglich (S/S/B/Schoch VwGO § 80a Rn 74). Auch Sinn und Zweck vermitteln kein eindeutiges Bild. Zwar war das 4. VwGOÄndG als Ganzes auch von dem Zweck getragen, die Verwaltungsgerichtsbarkeit zu entlasten (BT-Drs 11/7030, 17). Ein anderer Zweck lag jedoch in der „Verbesserung des Rechtsschutzes für den Bürger" (BT-Drs 11/7030, 17). Vor dem Hintergrund dieses Zielkonflikts lässt sich keine klare ratio legis erkennen, die dem Bürger im Interesse der Entlastung der Gerichte die Durchführung eines behördlichen Vorverfahrens abverlangt. Schließlich lässt sich auch das Verfassungsrecht nicht im gegebenen Zusammenhang bemühen. Eine mit dem der grundgesetzlichen Rechtsweggarantie unvereinbare zeitliche Verzögerung gerichtlichen Rechtsschutzes ist wenigstens ausgeschlossen, wenn man nach Maßgabe eines Verständnisses des § 80a Abs 3 S 2 VwGO als Rechtsfolgenverweisung den Begriff der drohenden Vollstreckung iSd § 80 Abs 6 S 2 Nr 2 VwGO entsprechend weit auslegte (vgl hierzu Rn 61). Maßgeblich ist die **Entstehungsgeschichte** des § 80a VwGO, die deutlich macht, dass es sich bei der Verweisung um einen klassischen Fall des **Redaktionsversehens** handelt. Wörtlich heißt es in der Amtlichen Begründung (BT-Drs 11/7030, 25): „Eine Ausdehnung der Regelung über den Bereich der Abgabenangelegenheiten hinaus kommt nicht in Betracht. Soweit die aufschiebende Wirkung eines Rechtsbehelfs in anderen als abgabenrechtlichen Fällen kraft Gesetzes entfällt, muss dem Bürger wegen der regelmäßig anzunehmenden besonderen Eilbedürftigkeit die unmittelbare Anrufung des Gerichts zur Gewährung einstweiligen Rechtsschutzes möglich sein." Angesichts dieses klar erkennbaren Willens des Gesetzgebers ist § 80a Abs 3 S 2 VwGO als Rechtsgrundverweisung zu qualifizieren. Deshalb ist für einen Antrag nach § 80a Abs 3 VwGO – abgesehen von den Fällen des § 80 Abs 6 VwGO – die vorherige Durchführung eines behördlichen Vorverfahrens nicht erforderlich.

Die Qualifizierung des § 80a Abs 3 VwGO als Rechtsgrundverweisung hat zur Folge, **65** dass im Gegensatz zur früher hM (vgl Schoch Vorläufiger Rechtsschutz und Risikoverteilung im Verwaltungsrecht 1988, 1546 mwN) auch für einen Antrag auf Anordnung der aufschiebenden Wirkung kein Vorverfahren mehr durchzuführen ist (so ohne nähere Begründung OVG Bremen BauR 1992, 608; Kopp/Schenke VwGO § 80a Rn 21; Sellner FS Lerche 1993 S 815, 818 f; Sodan/Ziekow/Puttler VwGO § 80a Rn 19). Eine Differenzierung zwischen einzelnen Antragsformen findet in § 80a Abs 3 S 2 VwGO keine Stütze.

5. Weitere Zulässigkeitsvoraussetzungen

Hinsichtlich der weiteren Zulässigkeitsvoraussetzungen ergeben sich bei einem Antrag **66** nach § 80a Abs 3 VwGO gegenüber einem Antrag nach § 80 Abs 5 VwGO keine Besonderheiten (vgl § 80 VwGO Rn 165 ff). Allerdings ist zu bedenken, dass der andere Beteiligte stets beizuladen ist. Dem Charakter des Verwaltungsakts mit Drittwirkung entsprechend handelt es sich um einen Fall der **notwendigen Beiladung** iSd § 65 Abs 2 VwGO. Denn der Beschluss des Gerichts trifft zugleich eine Regelung über die rechtlich geschützten Interessen des anderen Beteiligten und kann gegenüber den Beteiligten nur einheitlich ergehen (vgl Kollmer NuR 1994, 15, 16; Redeker BauR 1991, 525, 529; Sellner FS Lerche 1993 S 815, 820; Sodan/Ziekow/Puttler VwGO § 80a Rn 22).

II. Begründetheit eines Antrags nach Abs 3

Einen eigenständigen materiellrechtlichen Maßstab für die Entscheidungen des Gerichts **67** enthält § 80a Abs 3 S 1 VwGO nicht. Die Verweisung auf § 80 Abs 5 VwGO in § 80a Abs 3 S 2 VwGO macht deutlich, dass sich die Begründetheit eines **Antrags nach § 80a Abs 3 VwGO** grundsätzlich nach den **gleichen Regeln** bestimmt, aus denen sich die Begründetheit eines **Antrags nach § 80 Abs 5 VwGO** ergibt. Deshalb kann prinzipiell auf die zu § 80 Abs 5 VwGO aufgestellten Grundsätze verwiesen werden (§ 80 VwGO Rn 170 ff). Allerdings bestehen teilweise Unterschiede, die zu Modifizierungen dieser Grundsätze führen.

68   Bei einem Antrag auf **Wiederherstellung** der aufschiebenden Wirkung des belasteten
Dritten (§ 80a Abs 1 Nr 2 Alt 1, Abs 3 S 1 VwGO) bzw des (belasteten) Adressaten (§ 80a
Abs 1 Nr 2 Alt 1 analog, Abs 3 S 1 VwGO, vgl Rn 49) kann sich die Begründetheit – wie
bei § 80 Abs 5 S 1 Alt 2 VwGO (vgl § 80 VwGO Rn 178) – sowohl unter dem Gesichtspunkt der (formellen und materiellen) Rechtswidrigkeit der Anordnung der sofortigen Vollziehung als auch wegen ernstlicher Zweifel an der Rechtmäßigkeit des Verwaltungsakts
ergeben. Bei der Prüfung der **materiellen** Rechtmäßigkeit der Vollziehungsanordnung
ergibt sich die Besonderheit, dass die Behörde – im Gegensatz zur Vollziehung im öffentlichen Interesse (vgl § 80 VwGO Rn 102 ff) – bei Verwaltungsakten mit Drittwirkung die
Erfolgsaussichten des Rechtsbehelfs zu berücksichtigen hat (Rn 37). Demgegenüber gelten
bei formellen Mängeln der Anordnung der sofortigen Vollziehung die gleichen Grundsätze.
Insbesondere führt eine Verletzung der Begründungspflicht nach § 80 Abs 3 VwGO zur
Wiederherstellung der aufschiebenden Wirkung, ohne dass es einer Sachprüfung bedarf (vgl
§ 80 VwGO Rn 180).

69   Bei der im Rahmen des § 80a Abs 3 VwGO erforderlichen umfangreichen **Interessenabwägung** sind neben den **behördlichen Belangen** vor allem die **kollidierenden Interessen des Adressaten und des Dritten** zu beachten. Bei der Interessenabwägung ist zu
berücksichtigen, dass die verfassungsrechtlichen Positionen der Beteiligten grundsätzlich
gleichberechtigt sind und daher kein Vorrang etwa zugunsten des Rechtsbehelfsführers für
eine aufschiebende Wirkung des Rechtsbehelfs bestehen kann (vgl dazu BVerfG GewArch
1985, 1; Sodan/Ziekow/Puttler VwGO § 80a Rn 10). In der Regel können sich beide
Beteiligten auf Grundrechte berufen, von denen – abgesehen von der Menschenwürdegarantie – keines absolut geltenden Vorrang beanspruchen kann. Vielmehr ist es eine Frage
des Einzelfalles, welchem Grundrecht im Konflikt Vorrang gebührt. Bei der notwendigen
Interessenabwägung ist maßgeblich auf die **Erfolgsaussicht des Rechtsbehelfs** abzustellen
(vgl VGH Mannheim NVwZ 1992, 277; NVwZ-RR 1995, 17, 19 f; NVwZ 1995, 292,
293 f; BauR 1995, 828, 829; NVwZ 1996, 281, 282; VGH München BayVBl 1990, 211,
212 f; BayVBl 1990, 755, 756; BayVBl 1994, 407, 408; NVwZ-RR 1995, 9, 10; OVG
Berlin DVBl 1991, 1265, 1267; LKV 1992, 333; OVG Münster NVwZ 1993, 279; NWVBl
1994, 421; NWVBl 1995, 345, 346; OVG Saarlouis BauR 1992, 489 f; NVwZ 1992, 1100,
1101; OVG Bautzen LKV 1993, 388; SächsVBl 1995, 102, 103; OVG Schleswig NVwZ
1992, 587, 588; NuR 1994, 148; OVG Weimar LKV 1994, 114, 115; ThürVBl 1995, 64,
66; Dürr DÖV 1994, 841, 852; Jäde NVwZ 1986, 101, 103; S/S/B/Schoch VwGO § 80a
Rn 65; Schoch VerwArch 82 (1991), 145, 163; Redeker BauR 1991, 525, 528; Redeker/
v. Oertzen/Redeker VwGO § 80a Rn 10; Vietmeier VR 1992, 272, 275). Hierbei drängt
das im Rahmen des § 80 Abs 5 VwGO dargelegte **Stufensystem** auf Verwirklichung (§ 80
VwGO Rn 187 ff).

70   Demgegenüber findet im Fall des § 80a Abs 1 Nr 2 Alt 2, Abs 3 S 1 VwGO **keine
Interessenabwägung** statt. Ebenso wie die Verwaltung aufgrund der Ermessensreduzierung
auf Null verpflichtet ist, gegen den – die aufschiebende Wirkung oder die behördliche
Aussetzungsentscheidung missachtenden – Adressaten des Verwaltungsakts einzuschreiten
(vgl Rn 38), hat das Gericht die erforderlichen Schutzmaßnahmen zu treffen. Ein gerichtlicher Ermessensspielraum besteht insoweit nicht (VGH Kassel NVwZ-RR 2003, 345, 346;
Kirste DÖV 2001, 397, 406; Kopp/Schenke VwGO § 80a Rn 17a; Schenke JZ 1996, 1155,
1165; Sodan/Ziekow/Puttler VwGO § 80a Rn 36).

D. Schadensersatzansprüche

71   Eine § 945 ZPO entsprechende Schadensersatzregelung im Verhältnis zwischen Begüns-
tigtem und Belastetem sieht das System des § 80a VwGO nicht vor. Für den vorläufigen
Rechtsschutz nach §§ 80, 80a VwGO gilt gem § 123 Abs 5 VwGO die Verweisung des
§ 123 Abs 3 VwGO auf § 945 ZPO nicht (F/D/K/Külpmann Rn 1121; Sodan/Ziekow/
Puttler VwGO § 80a Rn 37). Gegenüber der Behörde stehen dem geschädigten Betroffenen
ebenfalls keine Schadensersatzansprüche (vgl BVerwG NVwZ 1991, 270), sondern nur
Folgenbeseitigungsansprüche (F/D/K/Külpmann Rn 1127; Sodan/Ziekow/Puttler VwGO
§ 80a Rn 37) und Amtshaftungsansprüche (vgl etwa LG Hannover RdE 1995, 84 ff; Sodan/
Ziekow/Puttler VwGO § 80a Rn 37) zu.

§ 80b [Ende der aufschiebenden Wirkung]

(1) [1]Die aufschiebende Wirkung des Widerspruchs und der Anfechtungsklage endet mit der Unanfechtbarkeit oder, wenn die Anfechtungsklage im ersten Rechtszug abgewiesen worden ist, drei Monate nach Ablauf der gesetzlichen Begründungsfrist des gegen die abweichende Entscheidung gegebenen Rechtsmittels. [2]Dies gilt auch, wenn die Vollziehung durch die Behörde ausgesetzt oder die aufschiebende Wirkung durch das Gericht wiederhergestellt oder angeordnet worden ist, es sei denn, die Behörde hat die Vollziehung bis zur Unanfechtbarkeit ausgesetzt.

(2) Das Oberverwaltungsgericht kann auf Antrag anordnen, daß die aufschiebende Wirkung fortdauert.

(3) § 80 Abs. 5 bis 8 und § 80a gelten entsprechend.

§ 80b VwGO regelt die zeitliche Dauer der durch Widerspruch bzw Anfechtungsklage ausgelösten aufschiebenden Wirkung (vgl § 80 Abs 1 VwGO). Nach § 80b Abs 1 S 1 VwGO endet die aufschiebende Wirkung des Rechtsbehelfs mit der Unanfechtbarkeit (Rn 6) oder in einem bestimmten Zeitpunkt nach Abweisung der Anfechtungsklage in erster Instanz (Rn 7). Diese gesetzliche Befristung der aufschiebenden Wirkung gilt gem § 80b Abs 1 S 2 VwGO auch in den Fällen einer behördlichen Aussetzung der Vollziehung und einer gerichtlichen Anordnung bzw Wiederherstellung der aufschiebenden Wirkung, es sei denn, die Behörde hat die Vollziehung bis zur Unanfechtbarkeit ausgesetzt (Rn 21 f). § 80b Abs 2 VwGO räumt dem OVG/VGH die Befugnis ein, in Abweichung von den gesetzlichen Regelfällen zum Ende der aufschiebenden Wirkung (§ 80b Abs 1 VwGO) auf Antrag die Fortdauer der aufschiebenden Wirkung anzuordnen (Rn 23).

Übersicht

A. Allgemeines

I. Entstehungsgeschichte

§ 80b wurde durch das – am 1.1.1997 in Kraft getretene – 6. VwGOÄndG in die VwGO **1** eingefügt. Diese Vorschrift wurde in der Begründung des Regierungsentwurfs mit **„praktischen Bedürfnissen der Verwaltungsgerichtsbarkeit"** (BT-Drs 13/3993, 11). gerechtfertigt. Wörtlich heißt es dort: „Klagen gegen belastende Verwaltungsakte werden zuweilen anhängig gemacht, um den Suspensiveffekt auszunutzen. In diesen Fällen geht es –entgegen dem Anliegen der Prozeßordnung – dem klagenden Bürger um eine möglichst lange Dauer der Prozesse im Hauptsacheverfahren ... Hat eine Anfechtungsklage im ersten Rechtszug nach eingehender Prüfung des Rechtsschutzbegehrens keinen Erfolg, so ist es in der Regel nicht gerechtfertigt, dass die aufschiebende Wirkung auch noch während eines evtl. Rechtsmittelverfahrens fortdauert. Soweit die Besonderheiten des Einzelfalles etwas anderes gebieten, kann dem durch die Möglichkeit besonderer gerichtlicher Anordnungen Rechnung getragen werden." (BT-Drs 13/3993, 11 f) Durch die zeitliche Begrenzung der aufschiebenden Wirkung im Fall der Klageabweisung „soll ein Anreiz genommen werden, Rechtsmittel allein deswegen einzulegen, um den Eintritt der Unanfechtbarkeit eines belastenden Verwaltungsaktes zu verzögern" (BT-Drs 13/3993, 9). Im Gesetzgebungsverfahren äußerte der Bundesrat – unter Hinweis auf das nach § 80 Abs 2 S 1 Nr 4 und § 80 Abs 7 VwGO vorhandene und flexibel einsetzbare Instrumentarium – **Zweifel an der Notwendigkeit** des § 80b VwGO. Außerdem wurde zu bedenken gegeben, ob die Regelung nicht zu einer – der gesetzgeberischen Zielsetzung zuwiderlaufenden – zusätzlichen Belastung der Verwaltungsgerichtsbarkeit durch neue Eilverfahren führen könne, die bei dem automatischen Wegfall der aufschiebenden Wirkung bei Klageabweisung provoziert würden (BT-Drs/3993, 19). An der Einführung des § 80b hat die Prüfbitte des Bundesrates letztlich nichts geändert. Eine Änderung ergab sich aber zunächst für das Ende der aufschiebenden Wirkung im Fall der Klageabweisung. Im Gesetzentwurf der Bundesregierung war das Ende der aufschiebenden Wirkung mit Ablauf der gesetzlichen Begründungsfrist des gegen die abweisende Entscheidung gegebenen Rechtsmittels vorgesehen (BT-Drs 13/3993, 4). Der Rechtsausschuss des Deutschen Bundestages legte das Ende der aufschiebenden Wirkung hingegen auf den Zeitpunkt drei Monate nach Ablauf jener gesetzlichen Begründungsfrist fest (BT-Drs 13/5098, 6). Diese Fassung ist schließlich Gesetz geworden. Auch die geltende Fassung des § 80b Abs 2 VwGO ist erst im Gesetzgebungsverfahren zustande gekommen und auf eine Beschlussempfehlung des Vermittlungsausschusses zurückzuführen (vgl BT-Drs 13/5642, 2).

II. Normzweck

2   Ausweislich der Entstehungsgeschichte des § 80b VwGO (Rn 1) liegt der Zweck dieser Vorschrift in erster Linie darin, den auf der aufschiebenden Wirkung beruhenden „Anreiz" einer Verfahrensverzögerung zu beseitigen, um auf diese Weise die **Verwaltungsgerichtsbarkeit zu entlasten**. Im Zentrum der Vorschrift steht die Überlegung, die aufschiebende Wirkung des Rechtsbehelfs nicht bis zu einer rechtskräftigen gerichtlichen Entscheidung fortwirken zu lassen, sondern im Fall der Klageabweisung bereits in der ersten Instanz vorzeitig zu beenden. Nach § 80 Abs 2 VwGO kann in den Fällen, in denen die aufschiebende Wirkung vorzeitig beendet ist, eine gerichtliche Anordnung der Fortdauer der aufschiebenden Wirkung beantragt werden. Nicht zuletzt mit Blick auf diese Möglichkeit erscheint es zweifelhaft, ob die Regelung auch tatsächlich ihren Zweck zu erfüllen in der Lage ist und zur Entlastung der Verwaltungsgerichtsbarkeit beizutragen vermag. Denn die gesetzgeberische Zielsetzung wird vereitelt, wenn vermehrt Anträge nach § 80b Abs 2 VwGO auf Anordnung der Fortdauer der aufschiebenden Wirkung gestellt werden. Dem durch die zeitliche Begrenzung der aufschiebenden Wirkung intendierten Entlastungseffekt korrespondiert die durch § 80b Abs 2 VwGO vermittelte Belastung der Verwaltungsgerichtsbarkeit (Jahn GewArch 1997, 129, 134; Krämer LKV 1997, 114, 116; Kuhla/Hüttenbrink DVBl 1996, 717, 720; Meissner VBlBW 1997, 81, 86; Millgramm SächsVBl 1997, 107, 108; Redeker NVwZ 1996, 521, 525; Ruffert NVwZ 1997, 654, 656; Sodan/Ziekow/Puttler VwGO § 80b Rn 3; aA Fliegauf BWGZ 1997, 21, 23). Hinzu kommt, dass mit § 80 Abs 2 S 1 Nr 4 und Abs 7 VwGO bereits hinreichende Möglichkeiten zur Verfügung stehen, um der Gefahr einer sachlich nicht gerechtfertigten Verzögerung der zeitlichen Dauer der aufschiebenden Wirkung wirksam begegnen zu können (S/S/B/Schoch VwGO § 80b Rn 10; Sodan/Ziekow/Puttler VwGO § 80b Rn 3).

III. Normstruktur

3   § 80b Abs 1 S 1 VwGO enthält eine **Grundsatzregelung** (S/S/B/Schoch VwGO § 80b Rn 11). Danach endet die aufschiebende Wirkung des Widerspruchs und der Anfechtungsklage mit der Unanfechtbarkeit oder in einem bestimmten Zeitpunkt nach Abweisung der Anfechtungsklage in erster Instanz (irreführend Sodan/Ziekow/Puttler VwGO § 80b Rn 4 f, die in der Beendigung der aufschiebenden Wirkung bei erstinstanzlicher Klageabweisung eine „Ausnahme" von dem „Grundsatz" der Beendigung der aufschiebenden Wirkung mit Unanfechtbarkeit des Verwaltungsakts erblickt; beide Alternativen stehen nicht in einem Regel- und Ausnahmeverhältnis zueinander, sondern begründen den Grundsatz). Diese **Befristung der aufschiebenden Wirkung** erstreckt § 80b Abs 1 S 2 VwGO auch auf die Fälle einer behördlichen Aussetzung der Vollziehung und einer gerichtlichen An-

ordnung bzw Wiederherstellung der aufschiebenden Wirkung, es sei denn, die Behörde hat die Vollziehung bis zur Unanfechtbarkeit ausgesetzt.

§ 80b Abs 2 VwGO räumt dem OVG/VGH die Befugnis ein, in Abweichung von den **4** gesetzlichen Regelfällen zum Ende der aufschiebenden Wirkung (§ 80b Abs 1 VwGO) auf Antrag die **Fortdauer der aufschiebenden Wirkung** anzuordnen. In § 80b Abs 3 VwGO findet sich eine Verweisung auf § 80 Abs 5–8 VwGO und § 80a VwGO, die entsprechend anwendbar sein sollen.

B. Zeitliche Beschränkung der aufschiebenden Wirkung (Abs 1)

Die kraft Gesetzes vorgenommene zeitliche Begrenzung der aufschiebenden Wirkung **5** von Widerspruch und Anfechtungsklage bildet das **Kernelement** des § 80b VwGO. Die Vorschrift regelt insgesamt vier Konstellationen: die Unanfechtbarkeit des Verwaltungsakts (S 1 Hs 1), das Ende der aufschiebenden Wirkung bei Klageabweisung im ersten Rechtszug (S 1 Hs 2), das Ende der Rechtswirkungen einer behördlichen Anordnung der Aussetzung der Vollziehung des Verwaltungsakts (§ 80 Abs 4 VwGO bzw § 80a Abs 1 Nr 2 VwGO) bei Klageabweisung (S 2 Hs 1) und das Ende der Rechtswirkung einer gerichtlichen Anordnung bzw Wiederherstellung der aufschiebenden Wirkung (§ 80 Abs 5 VwGO bzw § 80a Abs 1 Nr 2, Abs 3 S 1 VwGO) bei Klageabweisung (S 2 Hs 2).

I. Ende der aufschiebenden Wirkung bei Bestandskraft des Verwaltungsakts (S 1 Hs 1)

Nach § 80b VwGO endet die aufschiebende Wirkung eines Rechtsbehelfs grundsätzlich **6** mit der Unanfechtbarkeit des Verwaltungsakts. Der Regelung kommt lediglich **deklaratorische Funktion** zu (Beckmann VR 1997, 387; Eyermann/Schmidt VwGO § 80b Rn 2; Kopp/Schenke VwGO § 80b Rn 4; siehe auch S/S/B/Schoch VwGO § 80b Rn 14), weil bereits vor Inkrafttreten der Regelung nach ganz überwiegender Meinung feststand, dass die aufschiebende Wirkung nicht bereits mit Erlass der Rechtsbehelfsentscheidung, sondern erst mit der Unanfechtbarkeit des Verwaltungsakts endet (vgl nur BVerwGE 78, 192, 209; OVG Bremen NJW 1973, 341; OVG Saarlouis AS 14, 196, 199; VGH Mannheim ESVGH 16, 183, 185; VGH München BayVBl 1991, 19, 20; aA OVG Hamburg DVBl 1996, 280; NVwZ 1984, 256; OVG Münster VerwRspr 21, 247, 249; NJW 1975, 794). Hat der Betroffene Widerspruch eingelegt und die Verwaltung nicht die sofortige Vollziehung des Verwaltungsakts angeordnet, endet die aufschiebende Wirkung erst im Zeitpunkt der Unanfechtbarkeit des Verwaltungsakts (vgl statt aller SG/H, Rn 259; Sodan/Ziekow/Puttler VwGO § 80b Rn 4; Redeker/v. Oertzen/Redeker VwGO § 80b Rn 8).

II. Ende der aufschiebenden Wirkung bei Klageabweisung (S 1 Hs 2, S 2)

Die maßgebliche Änderung des früheren Rechtszustandes beruht auf § 80b Abs 1 S 1 Hs **7** 2, der im Fall einer gerichtlichen Anfechtung des Verwaltungsakts die aufschiebende Wirkung zeitlich begrenzt. Gäbe es diese Regelung nicht, endete die aufschiebende Wirkung des Rechtsbehelfs erst im Zeitpunkt der Rechtskraft der gerichtlichen Entscheidung. Diese aus § 80b Abs 1 S 1 Hs 1 VwGO folgende Rechtsfolge wird durch den zweiten Halbsatz modifiziert. Danach endet die aufschiebende Wirkung im Fall der Klageabweisung im ersten Rechtszug bereits drei Monate nach Ablauf der gesetzlich vorgesehenen Rechtsmittelbegründungsfrist (vgl dazu Rn 13 ff). Wenn eine Anfechtungsklage im ersten Rechtszug erfolglos geblieben ist, ist es nach dem Willen des Gesetzgebers grundsätzlich nicht gerechtfertigt, dass die aufschiebende Wirkung auch noch während eines eventuellen Rechtsmittelverfahrens andauert (BT-Drs 13/3993, 11 f). Verfassungsrechtliche Bedenken gegen die gesetzliche Beschränkung der Dauer der aufschiebenden Wirkung im Fall der Klageabweisung bestehen nicht (Kopp/Schenke VwGO § 80b Rn 2; Sodan/Ziekow/Puttler VwGO § 80b Rn 5), da die grundgesetzliche Rechtsweggarantie die aufschiebende Wirkung (während des gesamten Verwaltungsprozesses) nicht verlangt. Im Übrigen besteht durch § 80b Abs 2 VwGO die Möglichkeit einer gerichtlichen Überprüfung der Beendigung der aufschiebenden Wirkung, so dass die berechtigten Interessen des Betroffenen hinreichend geschützt sind (Ruffert NVwZ 1997, 654, 656; Sodan/Ziekow/Puttler VwGO § 80b Rn 5).

8   § 80b Abs 1 S 1 Hs 2 VwGO knüpft die Beendigung der aufschiebenden Wirkung an vier Voraussetzungen:
 – die aufschiebende Wirkung muss kraft Gesetzes bestanden haben (Rn 9),
 – es muss eine Klageabweisung (Rn 10) erfolgt sein,
 – die Abweisung muss eine Anfechtungsklage (Rn 11) betreffen und
 – es muss sich um eine erstinstanzliche Entscheidung (Rn 12) handeln.

9   Der Anwendungsbereich des § 80b Abs 1 S 1 Hs 2 VwGO ist auf diejenigen Fälle beschränkt, in denen eine **aufschiebende Wirkung kraft Gesetzes bestanden hat** (S/S/ B/Schoch VwGO § 80b Rn 16). § 80b Abs 1 S 1 Hs 2 VwGO setzt also voraus, dass der Rechtsbehelf die aufschiebende Wirkung nach § 80 Abs 1 VwGO ausgelöst hat. Dagegen gelangt § 80b Abs 1 S 1 Hs 2 VwGO nicht zur Anwendung, wenn Widerspruch oder Anfechtungsklage die aufschiebende Wirkung nicht zu begründen vermochten (§ 80 Abs 2 S 1 Nr 1–3, Abs 2 S 2 VwGO). Beim gesetzlichen Ausschluss der aufschiebenden Wirkung ist allerdings § 80b Abs 1 S 2 VwGO zu beachten. § 80b Abs 1 S 1 Hs 2 VwGO ist weiter nicht anwendbar, wenn die Behörde die aufschiebende Wirkung nach § 80 Abs 2 S 1 Nr 4 VwGO anordnet und dem Rechtsbehelf deshalb keine aufschiebende Wirkung zukommt (S/S/B/Schoch VwGO § 80b Rn 16).

10   Die aufschiebende Wirkung endet nach § 80b Abs 1 S 1 Hs 2 VwGO nur im Falle der **Klageabweisung**. Obsiegt der Kläger hingegen in der ersten Instanz, bleibt es beim Ende der aufschiebenden Wirkung erst mit rechtskräftigem Abschluss des gerichtlichen Verfahrens (Sodan/Ziekow/Puttler VwGO § 80b Rn 5).

11   Dem Wortlaut nach erstreckt sich § 80b Abs 1 S 1 Hs 2 VwGO allein auf eine **Anfechtungsklage** im ersten Rechtszug. Diese Anknüpfung ist im Regelfall auch systemgerecht, weil nur die Anfechtungsklage die aufschiebende Wirkung nach § 80 Abs 1 auszulösen vermag. **Analog** ist die Vorschrift dann anwendbar, wenn sich der vorläufige Rechtsschutz nach § 80 Abs 5 VwGO bemisst, obgleich in der Hauptsache die **Verpflichtungsklage** die statthafte Klageart ist (vgl § 80 VwGO Rn 146). Diese Ausnahmekonstellation hat der Gesetzgeber offenbar übersehen (S/S/B/Schoch VwGO § 80b Rn 30). Sinn und Zweck des § 80b Abs 1 S 1 Hs 2 VwGO erfordern, die im Wege eines Antrag nach § 80 VwGO gerichtlich angeordnete aufschiebende Wirkung enden zu lassen, wenn die Verpflichtungsklage abgewiesen wird (Kopp/Schenke VwGO § 80b Rn 5, 6; S/S/B/Schoch VwGO § 80b Rn 30).

12   Die von § 80b Abs 1 S 1 Hs 2 VwGO vorausgesetzte Klageabweisung muss im **ersten Rechtszug** erfolgen. Diese Voraussetzung ist nicht erfüllt, wenn erst eine vom Beklagten oder Beigeladenen eingelegte **Berufung** erfolgreich ist. Dann bleibt es während eines sich anschließenden Revisionsverfahrens beim Fortbestand der aufschiebenden Wirkung (S/S/B/ Schoch VwGO § 80b Rn 18; Redeker/v. Oertzen/Redeker VwGO § 80b Rn 3). § 80b Abs 1 S 1 Hs 2 VwGO verlangt die Klageabweisung in erster Instanz. Die Vorschrift bezieht sich daher nicht nur auf eine Klageabweisung durch das **VG**, sondern ebenfalls durch das **OVG** bzw den **VGH**, wenn das Gericht gem § 48 VwGO erstinstanzlich zuständig ist (Kopp/Schenke VwGO § 80b Rn 5, 6; S/S/B/Schoch VwGO § 80b Rn 20; Sodan/ Ziekow/Puttler VwGO § 80b Rn 5; Redeker/v. Oertzen/Redeker VwGO § 80b Rn 3). Die missglückte Regelung des § 80b Abs 2 VwGO vermag die gesetzliche Regelung des § 80b Abs 1 S 1 Hs 2 VwGO nicht beiseite zu schieben.

1. Dreimonatsfrist

13   Wurde die Anfechtungsklage in erster Instanz abgewiesen und hatte die Behörde nicht die Vollziehung des Verwaltungsakts ausdrücklich bis zur Unanfechtbarkeit ausgesetzt (§ 80b Abs 1 S 2 Hs 2 VwGO), endet die aufschiebende Wirkung der Klage drei Monate nach Ablauf der gesetzlichen Begründungsfrist „des gegen die abweisende Entscheidung gegebenen Rechtsmittels" (§ 80b Abs 1 S 1 Hs 2 VwGO). Es hängt von der Art der erstinstanzlichen Entscheidung und dem entscheidenden Gericht ab, um welchen Rechtsbehelf es sich hierbei handeln kann. Die Frist nach § 80b Abs 1 S 1 Hs 2 VwGO beginnt nur dann zu laufen, wenn die Entscheidung des Gerichts mit einem zulässigen Rechtsmittel angegriffen

wird. Anderenfalls tritt mit Ablauf der Rechtsmittelfrist die formelle Rechtskraft der gerichtlichen Entscheidung ein (§ 173 VwGO iVm § 705 ZPO). Damit entfällt zu diesem Zeitpunkt die aufschiebende Wirkung (Sodan/Ziekow/Puttler VwGO § 80b Rn 10).

a) Rechtsmittel gegen eine erstinstanzliche Entscheidung des VG. Sofern die **14** Anfechtungsklage in erster Instanz durch das VG abgewiesen wird, endet die aufschiebende Wirkung spätestens **fünf Monate** nach Zustellung des Urteils; dies gilt unabhängig davon, ob gegen das Urteil das Rechtsmittel der Berufung oder das Rechtsmittel der Revision eingelegt ist. Besonderheiten ergeben sich, wenn ein Antrag auf Sprungrevision gestellt wird oder wenn das VG durch Gerichtsbescheid entscheidet.

Lässt das **VG** gem § 124a Abs 1 VwGO in dem Urteil die **Berufung zu**, so ist sie gem **15** § 124a Abs 3 S 1 VwGO zwei Monate nach Zustellung des vollständigen Urteils zu begründen. Damit endet die aufschiebende Wirkung gem § 80b Abs 1 S 1 Hs 2 VwGO nach **fünf** Monaten (Kopp/Schenke VwGO § 80b Rn 7; Schenke Verwaltungsprozessrecht Rn 961).

Fehlt es in dem Urteil des VG an einer **Zulassung der Berufung**, so ist umstritten, ob der **16** **Antrag auf Zulassung der Berufung** (OVG Bremen NVwZ 2000, 942; OVG Greifswald NordÖR 1999, 150; OVG Münster NWVBl 2002, 69; Kopp/Schenke VwGO § 80b Rn 7; Eyermann/Schmidt VwGO § 80b Rn 4; Lotz BayVBl 1997, 257, 262 f; Ruffert NVwZ 1997, 654, 655; Schenke Verwaltungsprozessrecht Rn 961; Schenke DVBl 1997, 1330, 1331 f; S/S/B/Schoch VwGO § 80b Rn 24; Redeker/v. Oertzen/Redeker VwGO § 80b Rn 5) oder die **Zulassung der Berufung** (VwGO DVBl 1997, 663, 664; Numberger/Schönfeld UPR 1997, 89, 93; Oberrath/Hahn VBlBW 1997, 241, 244; Bader VBlBW 1997, 449 f; ders DÖV 1997, 442, 447 Fn 25; ders NJW 1998, 409, 413) das „Rechtsmittel" iSd § 80b Abs 1 S 1 Hs 2 VwGO darstellt. Zutreffend erscheint es, insoweit auf den Antrag auf Zulassung der Berufung abzustellen, weil der mit § 80b VwGO intendierte Zweck der Verfahrensbeschleunigung unterlaufen würde, wenn man den Fristbeginn von dem ungewissen Zeitpunkt der Entscheidung des Berufungsgerichts über den Zulassungsantrag abhängig machte. Damit ergibt sich auch für den Fall einer fehlenden verwaltungsgerichtlichen Berufungszulassung, dass die aufschiebende Wirkung **fünf** Monate nach Zustellung des vollständigen Urteils entfällt (§ 80b Abs 1 S 1 Hs 2 VwGO iVm § 124a Abs 4 S 4 VwGO; vgl Kopp/Schenke VwGO § 80b Rn 7; Schenke Verwaltungsprozessrecht Rn 961; § 124a Abs 4 S 4 verkennend Eyermann/Schmidt VwGO § 80b Rn 4: „vier Monate").

Im Fall eines bundesgesetzlichen **Ausschlusses der Berufung** (§ 135 VwGO) ist die **17** Revision gem § 139 Abs 3 S 1 VwGO binnen zwei Monaten nach Zustellung des vollständigen Urteils zu begründen. In diesem Fall endet die aufschiebende Wirkung gem § 80b Abs 1 S 1 Hs 2 iVm §§ 135, 139 Abs 3 S 1 VwGO **fünf** Monate nach Zustellung des vollständigen Urteils (Kopp/Schenke VwGO § 80b Rn 9). Das Gleiche gilt, wenn das **VG** unter Umgehung der Berufungsinstanz im Urteil die **Revision zulässt** (§ 134 Abs 1 S 1 VwGO). Auch insoweit endet gem § 80b Abs 1 S 1 Hs 2 VwGO iVm §§ 134 Abs 3 S 2, 139 Abs 3 S 1 VwGO die aufschiebende Wirkung **fünf** Monate nach Zustellung des die Revision zulassenden Beschlusses (Kopp/Schenke VwGO § 80b Rn 8; Schenke Verwaltungsprozessrecht Rn 961; Sodan/Ziekow/Puttler VwGO § 80b Rn 16).

Bei **Ablehnung der Revisionszulassung** durch das VG beginnt die Dreimonatsfrist des **18** § 80b Abs 1 S 1 Hs 2 VwGO erst mit Ablauf der Begründungsfrist für den Antrag auf Zulassung der Berufung nach § 134 Abs 3 S 1 VwGO iVm § 124a Abs 4 VwGO. Die aufschiebende Wirkung endet in diesem Fall gem § 80b Abs 1 S 1 Hs 2 VwGO iVm §§ 134 Abs 3 S 1, 124a Abs 4 S 4 VwGO **fünf** Monate nach Zustellung des die Revision ablehnenden Beschlusses (Sodan/Ziekow/Puttler VwGO § 80b Rn 16; § 124a Abs 4 S 4 verkennend Kopp/Schenke VwGO § 80b Rn 8: „vier Monate"). Zu berücksichtigen ist hierbei, dass die Frist für den Antrag auf Berufungszulassung nach § 134 Abs 3 S 1 VwGO nur erneut zu laufen beginnt, wenn der Antrag auf Revisionszulassung den gesetzlichen Frist- und Formvorschriften entsprach und die Zustimmungserklärung von Kläger und Beklagtem beigefügt war. Fehlte es an diesen Voraussetzungen, ist für die Fristberechnung nach § 80b Abs 1 S 1 VwGO an die mit Urteilszustellung laufende Frist für die Begründung des Antrags auf Berufungszulassung anzuknüpfen. Bei einem den Anforderungen des § 134 Abs 3 S 1 VwGO nicht genügenden Antrag auf Revisionszulassung endet daher die aufschiebende Wirkung fünf Monate nach Zustellung des vollständigen Urteils (Sodan/Ziekow/Puttler VwGO § 80b Rn 16).

19   Hat das Gericht durch **Gerichtsentscheid** (§ 84 VwGO) entschieden, stehen die Rechtsbehelfe und Rechtsmittel gem § 84 Abs 2 VwGO zur Verfügung. Bei der zugelassenen Berufung (§ 84 Abs 2 Nr 1 VwGO), beim Antrag auf Zulassung der Berufung (84 Abs 2 Nr 2 VwGO), bei zugelassener Revision (§ 84 Abs 2 Nr 3 VwGO) und bei der Beschwerde gegen die Nichtzulassung der Revision (§ 84 Abs 2 Nr 4 VwGO) handelt es sich um **Rechtsmittel** iSd § 80b Abs 1 S 1 Hs 2 VwGO; es gelten die dargelegten Grundsätze (Rn 15 ff). Demgegenüber ist der Antrag auf mündliche Verhandlung kein Rechtsmittel iSd § 80b Abs 1 S 1 Hs 2 VwGO, weil er nicht den Devolutiveffekt auslöst (Eyermann/Schmidt VwGO § 80b Rn 5; Kopp/Schenke VwGO § 80b Rn 10; S/S/B/Schoch VwGO § 80b Rn 27; Sodan/Ziekow/Puttler VwGO § 80b Rn 19). Erst wenn das Gericht aufgrund einer mündlichen Verhandlung entschieden hat, endet die aufschiebende Wirkung wiederum fünf Monate nach Zustellung des Urteils.

20   **b) Rechtsmittel gegen eine erstinstanzliche Entscheidung des OVG/VGH.** Da sich § 80b Abs 1 S 1 Hs 2 VwGO auf alle Fälle der erstinstanzlichen Klageabweisung erstreckt (Rn 12), gilt die Dreimonatsfrist für das Ende der aufschiebenden Wirkung auch dann, wenn das OVG bzw der VGH als Gericht erster Instanz (§ 48 VwGO) die Anfechtungsklage abweist. Bei Zulassung der Revision durch das OVG/den VGH ist „gesetzliche Begründungsfrist" die Revisionsbegründungsfrist gem § 139 Abs 3 S 1 VwGO; die aufschiebende Wirkung endet demnach fünf Monate nach Zustellung des vollständigen Urteils. Im Falle der Nichtzulassungsbeschwerde ist die Frist gem § 133 Abs 3 S 1 VwGO maßgebend; im Ergebnis endet die aufschiebende Wirkung auch hier fünf Monate nach Zustellung des vollständigen Urteils (Kopp/Schenke VwGO § 80b Rn 11; Numberger/Schönfeld UPR 1997, 89, 93; S/S/B/Schoch VwGO § 80b Rn 26; Redeker/v. Oertzen/Redeker VwGO § 80b Rn 7; Sodan/Ziekow/Puttler VwGO § 80b Rn 20; Ruffert NVwZ 1997, 654, 655).

2. Beendigung der aufschiebenden Wirkung nach behördlicher und gerichtlicher Entscheidung

21   Gem § 80b Abs 1 S 2 VwGO tritt das Ende der aufschiebenden Wirkung bei Klageabweisung in erster Instanz auch dann ein, wenn die Behörde zuvor die Vollziehung des Verwaltungsakts ausgesetzt (§ 80 Abs 4 VwGO bzw § 80a Abs 1 Nr 2 VwGO) oder das Gericht zuvor die aufschiebende Wirkung angeordnet oder wiederhergestellt hat (§ 80 Abs 5 VwGO bzw § 80a Abs 1 Nr 2, Abs 3 S 1 VwGO).

22   Die Behörde kann diese Rechtsfolge indes vermeiden, wenn sie die **Vollziehung bis zur Unanfechtbarkeit des Verwaltungsakts** aussetzt (§ 80b Abs 1 S 2 VwGO). Hierzu bedarf es einer **ausdrücklichen** Entscheidung der Behörde (Kopp/Schenke VwGO § 80b Rn 12; S/S/B/Schoch VwGO § 80b Rn 31; Sodan/Ziekow/Puttler VwGO § 80b Rn 7; Redeker/v. Oertzen/Redeker VwGO § 80b Rn 8). Die Ausnahmebefugnis zum Ausschluss des gesetzlichen Wegfalls der aufschiebenden Wirkung ist **allein** der **Behörde**, **nicht** aber dem **Gericht** eingeräumt (S/S/B/Schoch VwGO § 80b Rn 33; Sodan/Ziekow/Puttler VwGO § 80b Rn 8; s auch Redeker/v. Oertzen/Redeker VwGO § 80b Rn 8). Das Gericht ist auf den Weg des § 80a Abs 2 VwGO verwiesen.

C. Gerichtliche Anordnung zur Fortdauer der aufschiebenden Wirkung (Abs 2 und 3)

23   Hat das Gericht erster Instanz die (Anfechtungs-)Klage abgewiesen und damit die Rechtsfolge des § 80b Abs 1 S 1 VwGO ausgelöst, kann das OVG auf Antrag anordnen, dass die aufschiebende Wirkung fortdauert. Das OVG darf über die Fortdauer der aufschiebenden Wirkung nur auf **Antrag** entscheiden. Eine **Antragsfrist** ist in § 80b Abs 2 VwGO nicht vorgesehen. Er kann auch nachträglich, dh nach Ablauf der Dreimonatsfrist des § 80b Abs 1 Hs 2 VwGO gestellt werden (OVG Bremen NVwZ 2000, 942 f; OVG Münster NVwZ-RR 2002, 76; Sodan/Ziekow/Puttler VwGO § 80b Rn 30). Der Antrag setzt jedoch voraus, dass eine klageabweisende Entscheidung vorliegt. Vor einer solchen Entscheidung fehlt es an dem Rechtsschutzinteresse für einen Antrag nach § 80b Abs 2 VwGO (Sodan/Ziekow/Puttler VwGO § 80b Rn 30a). In der Praxis dürfte der Antrag nach § 80b Abs 2 VwGO regelmäßig mit der Einlegung der Berufung, dem Antrag auf Zulassung der Berufung, der Revisionseinlegung oder der Nichtzulassungsbeschwerde eingereicht werden, weil für beide Rechtsbehelfe dasselbe Gericht zuständig ist (Sodan/Ziekow/Puttler VwGO § 80b Rn 30a). Der Antrag kann jedoch auch schon vor Einlegung des Rechtsmittels gestellt werden. Für einen Antrag nach § 80b Abs 2 VwGO gilt der **Vertretungszwang** gem § 67 Abs 4 S 1 VwGO (Eyermann/Schmidt VwGO § 80b Rn 6; Kopp/Schenke VwGO § 80b Rn 15; S/S/B/Schoch VwGO § 80b Rn 41; Sodan/Ziekow/Puttler VwGO § 80b Rn 29).

Dem **Wortlaut** des § 80b Abs 2 VwGO nach ist allein das **OVG** das **zuständige** **24** **Gericht**. Diese Regelung ist erst im Laufe des Gesetzgebungsverfahrens geschaffen worden. Sowohl der Regierungsentwurf als auch die Beschlussempfehlung des Rechtsausschusses des Bundestages hatten vorgesehen, dass das Gericht des ersten Rechtszuges in der klageabweisenden Entscheidung über die Fortdauer der aufschiebenden Wirkung entscheidet. Seine verbindliche Fassung hat § 80b Abs 2 VwGO durch den Vermittlungsausschuss erhalten (vgl hierzu im Einzelnen S/S/B/Schoch VwGO § 80b Rn 7; siehe auch Sodan/Ziekow/Puttler VwGO § 80b Rn 26). § 80b VwGO ist auf den Regelfall des Rechtsmittels zugeschnitten, in dem das OVG als Berufungsinstanz des VG fungiert. Die Fälle der erstinstanzlichen Zuständigkeit des OVG/VGH (§ 48 VwGO), der Springrevision (§ 134 VwGO) und des Berufungsausschlusses (§ 135 VwGO) hat der Gesetzgeber offenbar übersehen (Eyermann/Schmidt VwGO § 80b Rn 7; Kopp/Schenke VwGO § 80b Rn 14; S/S/B/Schoch VwGO § 80b Rn 43; Sodan/Ziekow/Puttler VwGO § 80b Rn 27; Redeker/v. Oertzen/Redeker VwGO § 80b Rn 3 f). Es würde der mit § 80b intendierten Verfahrensbeschleunigung zuwiderlaufen, in den Fällen der §§ 134, 135 VwGO, in denen das BVerwG das Rechtsmittelgericht für die erstinstanzliche Entscheidung des VG darstellt, das in diesen Verfahren ansonsten unbeteiligte OVG für einen Antrag nach § 80b Abs 2 VwGO einzuschalten. Entscheidet das OVG bzw der VGH im ersten Rechtszug, entscheidet über einen Antrag nach § 80b Abs 2 VwGO das BVerwG. Denn es machte keinen Sinn, wenn der iudex a quo die Anordnungsbefugnis über den Fortbestand der aufschiebenden Wirkung erhält. Zuständiges Gericht iSd § 80 Abs 2 VwGO ist daher – entgegen der missglückten Formulierung – das jeweilige **Rechtsmittelgericht** (Eyermann/Schmidt VwGO § 80b Rn 7; Kopp/Schenke VwGO § 80b Rn 14; S/S/B/Schoch VwGO § 80b Rn 43; Sodan/Ziekow/Puttler VwGO § 80b Rn 27; Redeker/v. Oertzen/Redeker VwGO § 80b Rn 3 f).

Gem § 80a Abs 2 VwGO entscheidet das Gericht über die **Fortdauer der aufschieben- 25 den Wirkung**. Wird der Antrag abgelehnt, bleibt es bei der in § 80b Abs 1 VwGO für das Ende der aufschiebenden Wirkung vorgesehenen Rechtsfolge. Wird dem Antrag hingegen stattgegeben, treten gem § 80b Abs 3 VwGO die Rechtsfolgen des § 80 Abs 5 VwGO bzw des § 80a Abs 1 Nr 2, Abs 3 S 1 VwGO. Kraft der Generalverweisung nach § 80a Abs 3 VwGO ist daher – wie nach § 80 Abs 5 VwGO analog (vgl § 80 VwGO Rn 158) und nach § 80a Abs 1 Nr 2 Alt 1 VwGO analog (vgl § 80a VwGO Rn 50) – auch eine **feststellende Entscheidung** möglich, wenn die Beteiligten darüber streiten, ob und zu welchem Zeitpunkt die Wirkungen des § 80b Abs 1 S 1 VwGO eingetreten sind (VGH München DVBl 1997, 663, 664; Eyermann/Schmidt VwGO § 80b Rn 8; S/S/B/Schoch VwGO § 80b Rn 47; Sodan/Ziekow/Puttler VwGO § 80b Rn 24).

In Ermangelung einer Normierung eigener **Prüfungsmaßstäbe** in § 80b Abs 2 VwGO **26** finden aufgrund der Verweisungsvorschrift des § 80b Abs 3 VwGO die zu § 80 Abs 5 VwGO (vgl § 80 VwGO Rn 187 ff) bzw zu § 80a Abs 3 VwGO (vgl § 80a VwGO Rn 67 ff) dargelegten Grundsätze Anwendung.

9. Abschnitt Verfahren im ersten Rechtszug (§§ 81–106)

§ 81 [Klageerhebung]

(1) ¹Die Klage ist bei dem Gericht schriftlich zu erheben. ²Bei dem Verwaltungsgericht kann sie auch zur Niederschrift des Urkundsbeamten der Geschäftsstelle erhoben werden.

(2) Der Klage und allen Schriftsätzen sollen vorbehaltlich des § 55a Abs. 2 Satz 2 (*ab 1.1.2018: § 55a Absatz 5 Satz 3*) Abschriften für die übrigen Beteiligten beigefügt werden.

Die Klage wird mit Eingang der Klageschrift (Rn 5) bei Gericht nicht nur anhängig, sondern zugleich rechtshängig (Rn 30); einer Zustellung an den Beklagten bedarf es – anders als im Zivilprozess (§ 253 Abs 1 ZPO) – hierfür nicht. Der Kläger gibt in schriftlicher Form (Rn 14) dem Gericht (und auch dem Beklagten) sein Begehren kund und macht es dort anhängig, indem er Klage erhebt. Er bezweckt damit, den Beklagten vor Gericht zu rufen und ihn der verbindlichen Entscheidung des Gerichts zu unterwerfen, also die Streitsache rechtshängig zu machen (§ 90 Abs 1 VwGO). § 81 VwGO ist damit Ausdruck des verwaltungsprozessualen Verfügungsgrundsatzes, wonach der Kläger über Klageerhebung und Streitgegenstand entscheidet.

Um das Gerichtsverfahren wirksam einzuleiten, verlangt § 81 VwGO die Schriftform der Klage. Allerdings hat die Rechtsprechung im Interesse eines effektiven Rechtsschutzes einerseits und praktikabler Prozessgestaltung andererseits weitgehende Ausnahmen (Rn 15) zugelassen und das Formerfordernis aufgelockert. Ein nur mündlich vorgetragenes Begehren eröffnet den Zugang zu Gericht jedoch nicht.

Die § 81 Abs 1 S 1 VwGO vorgeschriebene Schriftlichkeit stellt keinen Selbstzweck dar, darf insbes einer effektiven Rechtsgewähr gem Art 19 Abs 4 GG nicht im Wege stehen. Das Schriftformerfordernis soll einerseits dem gerade bei Prozesshandlungen bestehenden gesteigerten Bedürfnis nach Rechtssicherheit Rechnung tragen, hat daher Klarstellungs- und Beweisfunktion. § 81 Abs 1 S 1 VwGO soll also „die verlässliche Zurechenbarkeit des Schriftsatzes" (BVerwG NJW 1989, 1175) sicherstellen. Andererseits soll das Schriftlichkeitserfordernis dem Kläger die Bedeutung der Klageerhebung vor Augen führen und hat damit Warnfunktion. Angesichts der fortschreitenden technologischen Diversifizierung (Rn 23) der Kommunikationsmittel und der von zahlreichen Ausnahmeerwägungen der Gerichte durchlöcherten Formenstrenge ist die Bedeutung dieser Vorschrift nicht mehr klar auszumachen.

Übersicht

A. Anwendungsbereich

1 § 81 Abs 1 VwGO regelt explizit nur die Klageerhebung, ist aber auf Anträge nach den §§ 47, 80, 80a, 123 VwGO jedenfalls entsprechend anwendbar. Darüber hinaus gilt er für alle **bestimmenden Schriftsätze**, die im Gegensatz zu vorbereitenden Schriftsätzen nicht nur ein Vorbringen in der Verhandlung ankündigen, sondern selbst Prozesshandlungen enthalten (Annahme des schriftlichen Prozessvergleichs § 106 VwGO, Klagerücknahme § 92 VwGO, Hauptsacheerledigungserklärung § 161 Abs 2 VwGO; zur Erklärung des Parteiwechsels vgl VGH Mannheim DÖV 1987, 404; auch der Verzicht auf mündliche Verhandlung gem § 101 Abs 2 VwGO bedarf der Schriftform, OVG Bautzen BeckRS 2008, 35656). Analog gilt § 81 VwGO auch für die Klageerwiderung und alle bestimmenden Schriftsätze von Beklagtem und Beigeladenem.

2 Für die **Berufung** und die Beschwerde gegen die Nichtzulassung der Berufung gilt gemäß § 125 Abs 1 VwGO die Regelung des § 81 VwGO entsprechend. Allerdings kommt die Niederschrift zu Protokoll der Geschäftsstelle wegen der ausdrücklichen Beschränkung des § 81 Abs 1 S 2 VwGO (Klage beim VG) nicht in Betracht. Dasselbe gilt für die

Revision und die Beschwerde gegen die Nichtzulassung der Revision (§ 141 S 1, § 125 Abs 1 VwGO).

B. Erhebung der Klage

Die Klageerhebung muss von einem sich auch nach außen manifestierenden **Handlungs-** 3 **willen** getragen sein. Eine vom Kläger entworfene und ohne oder gegen seinen Willen abgesandte Klageschrift stellt mangels erforderlichen Handlungswillens keine wirksame Klageerhebung dar. Andererseits genügt die Einreichung einer Klageschrift mit vervielfältigter Unterschrift ebenso wie die Übersendung einer Kopie der eigenhändig unterschriebenen Klageschrift in einem Briefumschlag mit handschriftlicher Absenderabgabe (BVerwG VerwRspr 26, 252) für eine wirksame Klageerhebung. Ausreichend sind aber weder eine maschinenschriftliche, nicht unterschriebene Klageschrift (OVG Münster OVGE 27, 115), auch wenn sie auf dem Kopfbogen eines Anwalts abgefasst ist (BFH NJW 1973, 80), noch die persönliche Abgabe einer nicht unterzeichneten Klageschrift bei Gericht, wenn keine weiteren Anhaltspunkte vorliegen (selbst bei gleichzeitiger Aushändigung einer Empfangsbestätigung, BGH NJW 1980, 291).

Fehlt es an einem ernsthaften Rechtsschutzbegehren, erschöpft sich ein Schreiben etwa in 4 **beleidigenden Äußerungen**, so liegt eine wirksame Klageerhebung nicht vor (VGH München NJW 1990, 2403).

C. Zugang bei Gericht

Die Klageschrift ist gegenüber dem sachlich, örtlich und instanziell **zuständigen Gericht** 5 abzugeben. Sie wird erst dann wirksam, wenn sie dem Gericht, an das sie adressiert ist, **zugegangen** ist (OVG Münster NJW 1996, 334), was keine Kenntnisnahme erfordert, sondern dass die Erklärung in den Verfügungsbereich des Gerichts gelangt ist (BVerfG 52, 203, 209; BVerfGE 57, 117, 120). Dabei kommt es weder auf dortige Dienstzeiten (BVerfG NJW 1976, 747u 1255), noch auf die Mitwirkung eines Bediensteten des Gerichts an (BVerfGE 52, 203). Wann bei üblichem Verlauf mit einer Kenntnisnahme durch das Gericht gerechnet werden darf, ist unerheblich. Etwaige Fristversäumungen, die auf einer verzögerten Entgegennahme des Schriftsatzes durch das Gericht beruhen, dürfen dem Kläger nicht zum Nachteil gereichen (BVerfG NJW 1977, 1233). Der Eingangsstempel des Gerichts ist als öffentliche Urkunde iSv § 418 ZPO einem Gegenbeweis (Abs 2) zugänglich (BVerwG NVwZ 1989, 1058).

I. Richtiger Adressat und Empfänger

Eine an das örtlich zuständige Gericht **adressierte**, aber einem örtlich **unzuständigen** 6 Gericht zugefaxte Klageschrift stellt mangels Zugang keine wirksame Klageerhebung dar. Das unzuständige Gericht, bei dem die Klageschrift eingeht, ist zwar gehalten, die Prozesserklärung zurückzusenden bzw weiterzuleiten. Anders als bei der rechtsirrtümlichen Anrufung des falschen Gerichts (§ 83 VwGO iVm § 17b Abs 1 S 2 GVG) wird die Rechtshängigkeit jedoch **erst mit Eingang beim zuständigen Gericht** bewirkt (OVG Koblenz NJW 1981, 1005; VGH Mannheim NJW 1991, 1845; OVG Münster NJW 1996, 334 f; OVG Münster NJW 2009, 2615). Dementsprechend ist eine Prozesserklärung, die an den Telefaxanschluss einer anderen Justizbehörde desselben Gebäudekomplexes gefaxt wird, nicht zugegangen (LG Frankfurt NJW 1992, 3043), auch wenn die empfangende Behörde bislang fristgebundene Prozessschriften immer rechtzeitig weitergeleitet hat (LAG Nürnberg NZA 1994, 334; anders allerdings bei fehlerhafter Angabe der Anschlussnummer durch das Gericht BVerfG NJW 1986, 244; BGH NJW 1987, 2586).

Wird die Übermittlung fristwahrender Schriftsätze per **Telefax** durch ein Gericht er- 7 öffnet, so dürfen Störungen des Empfangsgeräts, aber auch der Übermittlungsleitungen nicht auf den Nutzer dieses Mediums abgewälzt werden, sondern liegen in der Sphäre des Gerichts (BVerfG NJW 1996, 2857). Zudem müssen die Justizbehörden auch **nach Dienstschluss** für die Funktionsfähigkeit des Faxanschlusses sorgen (BGH NJW 1992, 244). Fristgemäß zugegangen sind durch Telefax übermittelte Prozesserklärungen allerdings nur die vor Fristablauf durch das gerichtliche Faxgerät ausgedruckten Seiten (BGH NJW 1987, 2586; 1994, 2097). Fehlt bei Fristablauf noch die die Unterschrift tragende letzte Seite, so ist die Klageerhebung verspätet.

II. Wirksamkeit

8   Die Wirksamkeit der Klageerhebung bestimmt sich allein **nach Prozessrecht**, nicht nach materiellem Recht. Hingegen sind die Auslegungsregeln des BGB für rechtsgeschäftliche Willenserklärungen auf Prozesshandlungen entsprechend anwendbar (BVerwG NJW 1991, 508). Bei **Auslegung** der Klageschrift ist allerdings nach Auffassung des BGH trotz gegenteiligen Wortlauts stets davon auszugehen, dass der Kläger mit seiner Prozesshandlung das bezweckt, was nach den Maßstäben der Rechtsordnung vernünftig ist und seiner recht verstandenen Interessenlage entspricht (bedenklich weitgehend BGH NJW-RR 1995, 1183).

9   Die Klageerhebung muss als den Prozess gestaltende Handlung im Interesse der Rechtssicherheit **unbedingt** erfolgen (BVerfGE 68, 132, 142; BVerwGE 53, 62 f; BVerfGE 59, 302, 304 f). Jedenfalls dürfen sie nicht von einem außerprozessualen Ereignis abhängig gemacht werden. Zulässig sind hingegen innerprozessuale Bedingungen, dh die Anknüpfung an Erfolg oder Misserfolg einer weiteren Prozesshandlung, etwa hilfsweise erhobene Klagen und hilfsweise gestellte Anträge. Eine „für den Fall der Armenrechtsbewilligung und in deren Umfang" erhobene Klage ist bedingt erhoben und damit unwirksam (BVerwG NJW 1981, 698). Eine solche Klage ist im Zweifel dahin auszulegen, dass Prozesskostenhilfe beantragt wird und die Klageschrift als bloße Anlage zu diesem Antrag zu verstehen ist (VG Neustadt a. d. W. NVwZ-RR 2009, 983).

10   Prozesserklärungen sind grundsätzlich **unwiderruflich** und **nicht** wegen Willensmängeln **anfechtbar** (BGH NJW-RR 1986, 1327; VGH Mannheim VBlBW 1983, 369). Ein Widerruf einer Prozesshandlung kommt ausnahmsweise dann in Betracht, wenn die zu widerrufende Prozesserklärung noch keine Wirkung entfaltet hat. So kann zB eine Erklärung, der Rechtsstreit sei in der Hauptsache erledigt, zurückgenommen werden, solange der Prozessgegner der Erledigung nicht zugestimmt hat (BVerwG NVwZ-RR 1992, 276) oder eine Klageerhebung vor Eingang bei Gericht widerrufen werden. Ein Widerruf kommt auch in Betracht, wenn eine Prozesshandlung aufgrund einer Täuschung vorgenommen wurde (BGH StrV 1994, 64; OVG Hamburg NVwZ-RR 1994, 239). Ist die Prozesserklärung für das Gericht und den Prozessgegner sogleich als Versehen offenbar gewesen, so ist sie nach Treu und Glauben als **unwirksam** zu behandeln (BVerwG Buchholz 401.64 § 2 AbwAG Nr 2; BVerwG Beschl v 11.10.2007, 8 B 32/07).

11   Auch ist die **Berichtigung** einer Prozesshandlung möglich, sofern es sich um einen offensichtlichen, klar erkennbaren Irrtum handelt (BGH NJW-RR 1994, 568).

12   Für das Vorliegen der **Prozesshandlungsvoraussetzungen** ist dabei der Zeitpunkt des Zugangs der Prozesserklärung bei Gericht maßgeblich (Kopp/Schenke VwGO Vor § 40 Rn 13). Wirksamkeitsvoraussetzungen für die Klageerhebung sind die Partei- (§ 61 VwGO) und Prozessfähigkeit (§ 62 VwGO) sowie die Einhaltung der Formvorschriften.

III. Form

13   Die Klage ist gemäß § 81 Abs 1 VwGO entweder **schriftlich** oder beim VG **zur Niederschrift** des Urkundsbeamten der Geschäftsstelle zu erheben. Sie ist in der Gerichtssprache (§ 55 VwGO iVm § 184 GVG) deutsch einzureichen (BVerwG NJW 1990, 3103).

1. Schriftform

14   Das Schriftformerfordernis des § 81 Abs 1 S 1 VwGO setzt in der Regel voraus, dass eine vom Aussteller **eigenhändig durch Namensunterschrift** unterzeichnete Urkunde zu Gericht gereicht wird (BVerwG NJW 1989, 1175). § 126 BGB ist ebenso wie die Regelungen zur elektronischen (§ 126a BGB) und zur Textform (§ 126b BGB) nicht unmittelbar anwendbar (GemSOGB BVerwGE 58, 359, 365). Dennoch entspricht es der Verkehrsauffassung, dass das Erfordernis der Schriftlichkeit regelmäßig erst bei eigenhändiger Unterschrift erfüllt ist (BVerwGE 10, 1, 2; aA OVG Weimar ThürVGRspr 2000, 161). Die Klageschrift

selbst kann dabei vom Kläger oder von einem Dritten hand- oder maschinenschriftlich geschrieben, gedruckt oder durch Vervielfältigung angefertigt sein. Die Klageschrift muss jedoch vom Kläger oder seinem Prozessbevollmächtigten eigenhändig unterschrieben sein, die **Unterschrift** ist „das im Rechtsverkehr typische Merkmal, um den Urheber eines Schriftstücks und seinen Willen festzustellen, die niedergeschriebene Erklärung in den Verkehr zu bringen. Ein Schriftsatz ohne eigenhändige Unterschrift stellt zunächst einen Entwurf und noch keine schriftlich zu erhebende Klage dar" (BVerwG NJW 1989, 1175). Eine **mündlich** bzw fernmündlich vorgetragene Klage ist selbst dann nicht ausreichend, wenn hierüber vom Empfänger ein Vermerk gefertigt wird (vgl BVerwGE 17, 166; OVG Saarlouis NVwZ 1986, 578; VGH Kassel NVwZ-RR 1991, 199).

Diese strikten Anforderungen werden jedoch durch vielfältige **Ausnahmen** durch die 15 Gerichte wieder relativiert (krit hierzu Broß, VerwArch 81 [1990], 451, 453 f). So werden die Voraussetzungen des § 81 Abs 1 VwGO auch dann als erfüllt angesehen, wenn die Klageschrift zwar nicht schriftlich bzw ohne eigenhändige Unterschrift eingereicht wurde, Handlungs-, Erklärungs- und Geschäftswille sich aber anderweitig manifestiert haben (BVerfG NJW 2002, 3534). Ausschlaggebend ist danach, ob sich aus der Klageschrift eindeutig und ohne die Notwendigkeit einer Rückfrage oder Beweiserhebung deren **Urheberschaft und willentliche Absendung** ergibt (GemSOGB BVerwGE 58, 365).

2. Unterschrift

Eine Unterschrift muss den unterschriebenen Text **räumlich abschließen**. Unterschrif- 16 ten, die über oder neben dem zu bestätigenden Text angebracht werden, erfüllen diese Anforderung grundsätzlich eben so wenig wie Unterschriften auf dem Briefumschlag, in den das Schriftstück eingelegt wird, sofern nicht ausnahmsweise eine handschriftlich erhobene Klage zusammen mit einer handschriftlichen Absenderangabe auf dem Briefumschlag als einheitliche Urkunde zu werten ist (BVerwGE 81, 32). Dies gilt auch für Blankounterschriften, die keinen festen Bezug zum Urkundentext aufweisen; auch hier lässt die Rechtsprechung die Verwendung von Blankounterschriften in „unvorhergesehenen Fällen" und aufgrund einer an sich auf jeden Einzelfall bezogenen Anleitung und Überwachung zu (OLG München NJW 1983, 1447; 1989, 1166).

Die Anforderungen an die Schriftform sind auch dann erfüllt, wenn zwar die Original- 17 urkunde nicht unterzeichnet ist, wohl aber die handschriftliche und eigenhändige **Beglaubigung einer Abschrift** vorliegt. Dies ist besonders relevant für Behörden, wenn der Verfasser nur maschinenschriftlich unterzeichnet und ein handschriftlicher Beglaubigungsvermerk des dazu zuständigen Beamten mit oder ohne Beifügung eines Dienstsiegels beigegeben worden ist (GemSOGB BGHZ 75, 348).

3. Namensunterschrift

Die Unterschrift muss die Person des Unterzeichnenden erkennen lassen. Hierfür genügt 18 die Signatur mit dem Familiennamen oder mit einem Teil eines Doppelnamens (OLG Frankfurt NJW 1989, 3030) oder mit einem Pseudonym. Sie muss ein die **Identität des Unterzeichnenden** ausreichend kennzeichnender, einmaliger individueller Schriftzug sein, der charakteristische Merkmale aufweist und sich als Wiedergabe eines Namens erkennen lässt (BGH NJW 1992, 243). Die Unterzeichnung mit einer Verwandtschaftsbezeichnung, einem Titel oder einer Rechtsstellung ist grundsätzlich ebenso wenig ausreichend wie eine bloße Paraphe (OLG Hamm NJW 1989, 3289). Die Unterschrift muss nicht lesbar sein, aber Andeutungen von Buchstaben erkennen lassen.

4. Eigenhändig

Eine eigenhändige Unterschrift ist **vom Aussteller** der Urkunde **selbst** gefertigt. Dabei 19 ist die Benutzung einer Schreibhilfe zulässig, nicht aber die Verwendung mechanischer Hilfsmittel wie Stempel oder Faksimile. Zulässig ist auch die Unterzeichnung durch einen anderen als den sachbearbeitenden **Anwalt** einer Sozietät (BVerwG NJW 1984, 1474), sofern diese mandatiert wurde. Ist der Kläger anwaltlich vertreten, muss die Prozesserklärung vom Anwalt eigenhändig unterzeichnet sein. Dies soll sogar dann gelten, wenn im betreffenden Verfahren kein Vertretungszwang besteht (BGH NJW 1985, 328). Der amtlich bestellte **Vertreter eines Rechtsanwalts**, der gemäß § 53 Abs 7 BRAO die gleichen Befugnisse wie der vertretene Anwalt hat, unterzeichnet „als amtlich bestellter Vertreter für …" (großzügig BGH NJW 1993, 1925).

Unzulässig ist hingegen die Unterzeichnung mit einem **fremden Namen** (VGH Mannheim NJW 1996, 3162).

20   Lassen sich aber **juristische Personen des öffentlichen Rechts** gemäß § 67 Abs 1 S 3 durch eigene Beamte oder Angestellte vertreten, genügt ausnahmsweise die Unterschrift mit dem Zusatz „Im Auftrag" (BVerwG NVwZ 1996, 798; BVerwG Buchholz 310 § 67 VwGO Nr 80, 9, 11).

5. Unterzeichnung der Urkunde

21   Grundsätzlich verlangt § 81 Abs 1 S 1 VwGO, dass die **Originalurkunde** unterzeichnet wird. Eine handschriftlich und eigenhändig beglaubigte Abschrift kann aber an die Stelle des Originals treten (BFH NJW 1974, 1582; BGH VersR 1993, 459). Sogar die Unterzeichnung eines der Klageschrift dauerhaft beigefügten Begleitschreibens soll genügen (BGH NJW 1986, 1760). Die Klage sei auch mittels **Fotokopie** der unterschriebenen Urschrift wirksam erhoben (so BVerwG Buchholz 310 § 81 VwGO Nr 4; ebenso NJW 1971, 1054; vgl BVerwG NJW 1974, 1262, Fotokopie der eigenhändig unterschriebenen Klageschrift nebst handschriftlicher Absenderangabe auf dem Briefumschlag). Ausnahmsweise kann auch ein **nicht** eigenhändig **unterschriebener bestimmender Schriftsatz** beachtlich sein, wenn sich aus anderen Anhaltspunkten eine der Unterschrift **vergleichbare Gewähr** für die **Urheberschaft** und den Willen, das Schreiben in den Rechtsverkehr zu geben, ergibt. Solche Umstände ergeben sich insbes **nicht** schon daraus, dass jeweils ein form- und inhaltsgleicher, vom Prozessbevollmächtigten eigenhändig unterzeichneter Schriftsatz nach Ablauf der Frist beim Gericht eingegangen ist (BVerwG Buchholz 310 § 81 VwGO Nr 16). Aus Gründen der Rechtssicherheit kann nur auf die dem Gericht bei Eingang des Schriftsatzes erkennbaren oder bis zum Ablauf der Frist bekannt gewordenen Umstände abgestellt werden (BVerwG NJW 2006, 1989).

6. Heilung

22   Die ordnungsgemäße Unterzeichnung der Klageschrift kann **innerhalb der Klagefrist** nachgeholt werden. Nach Ablauf der Klagefrist ist nur Wiedereinsetzung in den vorigen Stand (§ 60 VwGO) möglich. Eine rückwirkende Heilung eines Formmangels scheidet aus, da der Verwaltungsakt bereits bestandskräftig ist (VG Frankfurt NJW 2002, 2488). § 82 Abs 2 VwGO gilt nicht für das Erfordernis der eigenhändigen Unterzeichnung (BVerwG Buchholz 310 § 81 VwGO Nr 9; VGH Mannheim NJW 1996, 3162). Auch eine Heilung durch rügelose Einlassung analog § 295 ZPO scheidet aus (Kopp/Schenke VwGO § 81 Rn 8).

IV. Moderne Medien und Schriftform

23   Dem technischen Fortschritt, der seinen Niederschlag etwa im Gesetz zur **digitalen Signatur** (Signaturgesetz – SigG v. 22.7.1997, BGBl I 1870) und nun auch in § 55a und § 55b VwGO mit der Möglichkeit, elektronisch signierte Dokumente einzureichen fand, tragen Rechtsprechung und hM bei der Interpretation des Schriftformerfordernisses durch eine weitere Rücknahme der Anforderungen Rechnung: Bei Übermittlung der Klageschrift per **Telefax oder Telegramm** sieht die Rechtsprechung von der Nachreichung der Originalurkunde ab (BVerfG NJW 1987, 2067; BVerwG NJW 1987, 2098; NJW 1991, 1193). Auch wird auf die eigenhändige Unterschrift selbst verzichtet, etwa bei Klageerhebung per Telegramm auf die Unterzeichnung des Aufgabetelegramms (sogar eine **telefonische** Telegrammaufgabe soll genügen, es genüge dann die Aufnahme des wörtlich von der Post verlesenen Telegrammtextes durch den Urkundsbeamten, BVerwGE 81, 32, 34), wenn durch objektive und ohne Beweiserhebung sicher feststellbare Umstände zuverlässig gewährleistet ist, dass die Prozesserklärung vom Kläger selbst herrührt und mit dessen Willen dem Gericht zugeleitet worden ist (BVerwG NJW 1995, 2121; BVerwGE 81, 32, 36; bedenklich, soweit bereits eine lesbare Faxnummer als ausreichend angesehen wird BVerwG NJW 1995,

2122). Gleiches gilt für die elektronische Übertragung einer Textdatei auf ein Faxgerät des Gerichts als **Computerfax**, dessen Unterschrift lediglich eingescannt ist den Zusatz enthält, dass das Fax wegen seiner elektronischen Übermittlung keine Unterschrift trage (GemSOGB NJW 2000, 2340; VG Frankfurt NJW 2002, 2488). An dieser Rechtsprechung sei auch nach Einfügung des § 55a VwGO festzuhalten (BVerwG NJW 2006, 1989). Angesichts von Manipulationsmöglichkeiten, welche die fehlende Verifikation des Absenders bei Computerfax und einfacher E-Mail eröffnen, ist dies bei bestimmenden Prozesshandlungen jedenfalls bedenklich (so auch B/F-K/K/Kuntze VwGO § 81 Rn 11). Aus dem Umstand, dass Asylbewerberakten beim Bundesamt nunmehr in elektronischer Form erfasst und geführt werden, kann nicht gefolgert werden, dass bestimmende Schriftsätze des Bundesamtes künftig ohne Unterschrift gültig sein sollen (OVG Bautzen Beschl v 25.9.2006, A 2 B 724/05). Fehlt dem einem schriftlich zu unterzeichnenden Schriftstück gleichstehenden elektronischen Dokument entgegen § 55a Abs 1 S 3 VwGO die qualifizierte elektronische Signatur, so entfaltet es keine Rechtswirkung; mit ihm wird insbes keine Frist gewahrt (OVG Koblenz NVwZ-RR 2006, 519).

D. Zur Niederschrift des Urkundsbeamten der Geschäftsstelle

Gemäß § 81 Abs 1 S 2 VwGO kann eine Klage vor dem VG auch zur Niederschrift des **24** Urkundsbeamten der Geschäftsstelle erhoben werden. Einer Begründung der Wahl dieser Form der Klageerhebung bedarf es nicht. **Gründe** können aber sein:
– Schreibunkundigkeit oder Schwierigkeiten im schriftlichen Ausdruck;
– Angst vor einem Scheitern an juristischen Förmlichkeiten;
– mangelnde Kenntnis der deutschen Sprache;
– Bevorzugung des unmittelbaren Vorbringens bei Gericht.

Ob diese Form der Klageerhebung nur **unmittelbar persönlich** oder auch **telefonisch 25** erfolgen kann, ist streitig (eine telefonische Klageerhebung wird von BGH NJW 1980, 1290; VG Wiesbaden NVwZ 1988, 90 für zulässig gehalten; ablehnend hingegen BVerwGE 17, 166; 93, 45; BFHE 80, 325; Clausing JuS 2003, 170, 172 f). Die Ablehnung einer telefonischen Klageerhebung zur Niederschrift des Urkundsbeamten der Geschäftsstelle wahrt nicht nur die Warn-, Klarstellungs- und Beweisfunktion dieser Erhebungsvariante, sondern soll verhindern, dass die Geschäftsstellen zur Schreibstube der Kläger (und Anwälte) verkommen. Allerdings kann ein telefonisch vorgetragenes Eilbegehren dann zulässig sein, wenn andernfalls die Gefahr bestünde, dass der Rechtsschutz ansonsten vereitelt würde (VG Wiesbaden NVwZ 1988, 90 f).

Die **Rechtsantragstellen** müssen nicht rund um die Uhr erreichbar sein, hier genügt **26** eine Öffnung zu den üblichen Bürozeiten. Der Kläger hat auch die Möglichkeit, die Rechtsantragsstelle eines örtlich unzuständigen Gerichts in Anspruch zu nehmen (§ 173 iVm § 129a ZPO). Die Wirkungen der Klageerhebung treten dann jedoch erst mit Zugang des Protokolls beim bezeichneten VG ein (§ 129a Abs 2 S 2 ZPO).

Der **Urkundsbeamte** muss den Kläger nicht rechtlich beraten, aber über gebotene Form **27** und Inhalt der Klage belehren. Die Niederschrift bedarf es der Unterschrift des Urkundsbeamten zur Wirksamkeit der Prozesshandlung des Klägers (vgl § 165 ZPO), dieser kann sie auch selbst unterschreiben bzw. sollte sie nach Vorlesen genehmigen (§ 162 Abs 1 S 1 ZPO). Letzteres ist jedoch nicht erforderlich, da sich Urheberschaft und Klagewille des Klägers bereits aus seiner protokollierten persönlichen Anwesenheit sicher ergeben (so auch Redeker/v Oertzen/Kothe VwGO § 81 Rn 13).

Neben dem Ziel des Rechtsschutzbegehrens sind vom Urkundsbeamten die zur **Begrün- 28 dung** dienenden Tatsachen zusammenfassend und in knapper Form sowie ggf die notwendigen Beweismittel aufzunehmen, nicht jedoch umfangreiche Rechtsausführungen; auch Leseabschriften handschriftlicher Schreiben muss er nicht erstellen (OVG Hamburg NVwZ-RR 2000, 125).

Auf Verfahren vor dem **BVerwG** und vor dem **OVG** ist § 81 Abs 1 S 2 VwGO schon im **29** Hinblick auf den in diesen Verfahren bestehenden Vertretungszwang (§ 67 Abs 1 S 1 VwGO), der bereits für die Klageerhebung gilt, **nicht anwendbar** (BVerwG NVwZ 1995, 901 f für erstinstanzliche Verfahren vor dem BVerwG).

E. Rechtswirkungen der Klageerhebung

30   Im Verwaltungsprozess wird die Klage – anders als im Zivilprozess (§ 253 Abs 1 ZPO) – bereits mit Eingang der Klageschrift bei Gericht (§ 81 Abs 1 S 1 VwGO) bzw. mit Abschluss der Niederschrift durch den Urkundsbeamten der Geschäftsstelle (§ 81 Abs 1 S 2 VwGO) nicht nur anhängig, sondern **rechtshängig** (§ 90 VwGO).

Wird eine Klage nicht formgerecht erhoben, ist sie zwar rechtshängig, aber durch Prozessurteil als unzulässig abzuweisen.

F. Abschriften

31   Gemäß § 81 Abs 2 VwGO sollen der Klage und allen Schriftsätzen Abschriften **für die übrigen Beteiligten** beigefügt werden. Dies dient der Vereinfachung und Beschleunigung des Prozesses. Abschriften sollen auch von den sonstigen Unterlagen, die der Klage bzw den Schriftsätzen beigefügt sind und den übrigen Beteiligten zugeleitet werden, eingereicht werden (so ausdrücklich § 93 S 1 SGG).

32   Übermittelt eine Partei die Klage oder einen Schriftsatz per **Telefax**, muss sie Abschriften hiervon innerhalb der ihr gesetzten Frist jedenfalls dann nachreichen, wenn sie bereits im Telefax Abschriften in Aussicht gestellt hat (VGH Kassel NJW 1991, 316). Die von der Rechtsprechung eröffnete Möglichkeit, Abschriften sogleich per Telefax zu übersenden, erscheint wenig zweckmäßig, da so das gerichtliche Faxgerät als Kopierer (von minderer Qualität) eingesetzt wird.

33   Die Nichtbeachtung dieser **Sollvorschrift** steht der Wirksamkeit der Klage nicht entgegen. Das Gericht fordert ggf zur Einreichung der Abschriften auf und veranlasst dann selbst deren Anfertigung **auf Kosten des Klägers** (§ 28 Abs 1 S 2 GKG), die nicht abwälzbar sind (§ 155 Abs 4 VwGO).

34   Abs 2 gilt vorbehaltlich § 55a Abs 5 S 3 VwGO, wonach bei Einreichung eines **elektronischen Schriftsatzes** keinerlei Abschriften in Papierform nachzureichen sind und ggf von der Geschäftsstelle gefertigt werden.

§ 82 [Inhalt der Klageschrift]

(1) ¹Die Klage muß den Kläger, den Beklagten und den Gegenstand des Klagebegehrens bezeichnen. ²Sie soll einen bestimmten Antrag enthalten. ³Die zur Begründung dienenden Tatsachen und Beweismittel sollen angegeben, die angefochtene Verfügung und der Widerspruchsbescheid sollen (*bis 1.7.2014: in Urschrift oder*) in Abschrift beigefügt werden.

(2) ¹Entspricht die Klage diesen Anforderungen nicht, hat der Vorsitzende oder der nach § 21g des Gerichtsverfassungsgesetzes zuständige Berufsrichter (Berichterstatter) den Kläger zu der erforderlichen Ergänzung innerhalb einer bestimmten Frist aufzufordern. ²Er kann dem Kläger für die Ergänzung eine Frist mit ausschließender Wirkung setzen, wenn es an einem der in Absatz 1 Satz 1 genannten Erfordernisse fehlt. ³Für die Wiedereinsetzung in den vorigen Stand gilt § 60 entsprechend.

§ 82 Abs 1 VwGO bestimmt den gebotenen Inhalt (Rn 1) der Klageschrift, wobei zwischen notwendigen (Rn 3) und erwünschten Angaben (Rn 8) differenziert wird. Hierbei handelt es sich um Sachentscheidungsvoraussetzungen, die bis zur Entscheidung nachholbar (Rn 21) sind. Abs 2 räumt dem Gericht die Möglichkeit ein, dem Kläger hinsichtlich der erforderlichen Mindestangaben eine Ausschlussfrist (Rn 23) zu setzen. § 82 VwGO gilt entsprechend in Normenkontroll- und selbständigen Beschlussverfahren.

Übersicht

A. Formvorschriften für die Klageerhebung

Die durch § 82 Abs 1 S 1 VwGO geforderten **Angaben** zu **Kläger**, **Beklagtem** und **1** **Gegenstand des Klagebegehrens** stellen **Mindestangaben** dar, die jedoch auch noch **nach Ablauf** der Klagefrist **vervollständigt** werden können (BVerwG BeckRS 2004, 22851). Die **Sollvorschrift** des § 82 Abs 1 S 2 und 3 VwGO fordert weitere Angaben wie einen **bestimmten Antrag** und zur Begründung dienende **Tatsachen und Beweismittel** sowie die **Beifügung** der angefochtenen Verfügung und des Widerspruchsbescheids. Ein Verstoß gegen diese Sollvorschrift bleibt **sanktionslos**, gem § 82 Abs 2 S 1 VwGO hat der Vorsitzende bzw Berichterstatter den Kläger allerdings zu einer Ergänzung der Angaben innerhalb bestimmter Frist aufzufordern.

Fehlt der Klage hingegen eine der in § 82 Abs 1 S 1 VwGO genannten Angaben, so wird **2** sie als **unzulässig abgewiesen** werden, wenn dieser Mangel nicht bis zum Schluss der mündlichen Verhandlung bzw bis zum Ablauf einer dem Kläger gem § 82 Abs 2 S 2 VwGO gesetzten Frist behoben wird (Decker VerwArch 86 (1995), 266 ff).

I. Bezeichnung des Klägers, Beklagten und des Gegenstandes des Klagebegehrens (§ 82 Abs 1 S 1 VwGO)

1. Kläger

Zur Bezeichnung des Klägers bzw Antragstellers gehört auch die Angabe seiner **ladungs-** **3** **fähigen Anschrift** (vgl § 117 Abs 2 Nr 1 und § 130 Nr 1 ZPO; BVerwG NJW 1999, 2608; VGH Mannheim NVwZ-RR 2006, 151, 152; aA VGH Mannheim NVwZ 1997, 1233; VGH München BayVBl 1992, 594), unter der er tatsächlich zu erreichen ist (auch bei Vertretung durch einen Prozessbevollmächtigten, VGH München AuAS 2003, 164 und Beschl v 9.11.2007, 24 B 06.2067; so auch im Normenkontrollverfahren OVG NRW BauR 2009, 1572). Dadurch wird nicht nur seine Identität und Erreichbarkeit für gerichtliche Verfügungen (vgl § 56 Abs 1 VwGO) sichergestellt, der Kläger steht so auch für gerichtliche **Nachfragen** zu entscheidungserheblichen Tatsachen zur Verfügung: Zudem sichert diese Angabe seine **Kostentragungspflicht** ab (OVG Münster NVwZ-RR 1997, 390; aA VGH Kassel NJW 1990, 140). Kommt der Kläger einer gerichtlichen Aufforderung, seine aktuelle Anschrift mitzuteilen, nicht nach, so ist sein Rechtsschutzgesuch **unzulässig** (OVG Münster NVwZ-RR 1994, 124). Nur ausnahmsweise kann auf diese Angabe verzichtet werden, wenn sie dem Kläger unmöglich (zum Obdachlosen Gusy JuS 1992, 28 ff.) oder unzumutbar ist (BVerfG NJW 1996, 1272; Angabe eines Postfachs genügt nicht, BVerwG NJW 1999, 2608). Wird die Wohnungsanschrift des Klägers im Verlaufe des Berufungsverfahrens unbekannt, so ist seine Berufung wegen Unzulässigkeit zu verwerfen (OVG Hamburg NJW 2006, 3082; VGH München Beschl v 9.11.2007, 24 B 06.2067).

2. Beklagter

Für § 82 Abs 1 S 1 VwGO genügt die Bezeichnung eines Beklagten, etwa einer Behörde; **4** § 78 bestimmt demgegenüber den „richtigen" Beklagten. Gegebenenfalls ist durch Auslegung der richtige Beklagte zu ermitteln, wobei gilt, dass die Klage im Zweifel gegen den richtigen Beklagten gerichtet sein soll (BVerwG Buchholz 310 § 82 VwGO Nr 11; Buchholz 310 § 124 VwGO Nr 11).

3. Klagegegenstand

5   Der Kläger bestimmt das „**Streitprogramm**" durch Angabe des für den Streit maßgeblichen **Lebenssachverhalts**. Gegenstand des Klagebegehrens ist dabei nicht der Streitgegenstand im prozessualen Sinne (§ 121 VwGO). Das Gericht ist nach § 88 VwGO jedoch nur an das Klagebegehren gebunden, wie es sich in den Angaben des Klägers und ggf seinem Antrag entnehmen lässt. In diesem Rahmen erforscht das Gericht gem § 86 Abs 1 S 1 VwGO den Sachverhalt selbsttätig. Ein bestimmter Antrag ist – anders als gem § 253 Abs 2 Nr 2 ZPO – nicht erforderlich (vgl § 82 Abs 1 S 2 VwGO).

6   Die zur Bezeichnung des Klagegegenstandes erforderlichen Angaben sind von der **statthaften Klageart** abhängig: Bei Anfechtungs- und Verpflichtungsklagen muss der Verwaltungsakt angegeben werden, den der Kläger aufzuheben bzw zu erlassen begehrt (VGH München BayVBl 1992, 438 f.). Ist der angefochtene oder begehrte Verwaltungsakt eindeutig bezeichnet, so wird die Klage durch das Auswechseln des Beklagten nach Ablauf der Klagefrist nicht unzulässig (BVerwG DVBl 1993, 562).

7   Bei Feststellungsklagen ist das Rechtsverhältnis, dessen Bestehen oder Nichtbestehen festgestellt werden soll, anzugeben (BVerwG NVwZ 1990, 1173). Bei Leistungsklagen ist der Anspruchsgrund anzugeben.

II. Bestimmter Antrag (§ 82 Abs 1 S 2 VwGO)

8   Die Klageschrift soll einen bestimmten Antrag für die mündliche Verhandlung (§ 103 Abs 3 VwGO) **ankündigen**. Die Klage ist **unzulässig**, wenn er trotz Aufforderung des Gerichts bis zum Schluss der mündlichen Verhandlung nicht gestellt wird (BVerwG Buchholz 406.25 § 41 BImSchG Nr 24). Der Vorsitzende hat gem § 86 Abs 3 VwGO darauf hinzuwirken, dass unklare Anträge erläutert und sachdienliche Anträge gestellt werden.

Die Fassung des Hauptantrags ergibt sich nach der dem Klagebegehren entsprechenden Klageart:

1. Anfechtungsklage

9   Die **Anfechtungsklage** richtet sich als kassatorische Entscheidung auf die **Aufhebung des Bescheides** (mit Angabe von Behörde und Erlassdatum) und des **Widerspruchsbescheids** (mit Angabe von Behörde und Erlassdatum), vgl § 113 Abs 1 S 1 VwGO. Wird zugleich ein **Antrag auf Beseitigung der Folgen** eines bereits vollzogenen Verwaltungsakts gem § 113 Abs 1 S 2 VwGO gestellt, ist weiter zu beantragen, den Beklagten zu verpflichten, die Vollziehung des Bescheides (mit Angabe von Behörde und Erlassdatum) **rückgängig zu machen**. Ist ein Verwaltungsakt **teilweise angegriffen** (vgl § 44 Abs 4 VwVfG), lautet der Antrag, den Bescheid **insoweit aufzuheben, als** darin bestimmte Maßnahmen getroffen werden. Wegen § 113 Abs 2 S 2 VwGO kann der Antrag bzgl einen Geldbetrag festsetzenden Verwaltungsakten auch lauten, den Bescheid so **abzuändern**, dass der **festgesetzte Betrag durch einen vom Beklagten nach Maßgabe der Klagebegründung neu zu berechnenden Betrag ersetzt** wird.

10   Begehrt der Kläger neben der Aufhebung eines Bescheides eine **Leistung** (§ 113 Abs 4 VwGO) so beantragt er, den Beklagten unter Aufhebung des Bescheids (mit Angabe von Behörde und Erlassdatum) und des Widerspruchsbescheids **zu verurteilen**, an ihn eine **bezifferte Leistung zu zahlen**.

11   Eine **isolierte Anfechtungsklage** kann sich allein gegen den **Widerspruchsbescheid** richten (Antrag, den Widerspruchsbescheid aufzuheben) oder sich auf eine **Anfechtung eines ablehnenden Verwaltungsaktes beschränken**, obwohl der Erlass eines begünstigenden Verwaltungsakts angestrebt wurde (dann reiner Kassationsantrag, vgl Laubinger FS Menger, 1985, 443 ff).

2. Verpflichtungsklage

Bei der **Verpflichtungsklage** als **Vornahmeklage** (§ 113 Abs 5 S 1 VwGO) lautet der **12** Antrag unter Aufhebung des Bescheides (mit Angabe von Behörde und Erlassdatum) und des Widerspruchsbescheids den Beklagten zu verpflichten, dem Kläger den beantragten Verwaltungsakt zu erteilen. Im Fall der **Bescheidungsklage** (§ 113 Abs 5 S 2 VwGO) wird beantragt, den Bescheid (mit Angabe von Behörde und Erlassdatum) und den Widerspruchsbescheid aufzuheben und den Beklagten zu verpflichten, über den Antrag des Klägers (mit Datum) unter Berücksichtigung der Rechtsauffassung des Gerichts erneut zu entscheiden. Anträge einer **Untätigkeitsklage** (§ 75 VwGO) lauten ebenso.

3. Allgemeine Leistungsklage

Bei der allgemeinen **Leistungsklage** als **Vornahmeklage** wird beantragt, den Beklagten **13** zur Vornahme der begehrten Leistung zu verurteilen, zB an den Kläger einen bestimmten Geldbetrag nebst Zinsen zu zahlen.

4. Feststellungsklage

Bei der allgemeinen **Feststellungsklage** (§ 43 VwGO) beantragt der Kläger die Fest- **14** stellung des Bestehens oder Nichtbestehens eines Rechtsverhältnisses bzw der Nichtigkeit eines Verwaltungsakts.

5. Fortsetzungsfeststellungsklage

Der Antrag zu einer **Fortsetzungsfeststellungsklage** lautet festzustellen, dass der Be- **15** scheid (mit Angabe von Behörde und Erlassdatum) – ggf. auch der Widerspruchsbescheid – rechtswidrig war.

III. Nebenanträge

§ 61 GKG schreibt die Angabe des **Wertes des Streitgegenstandes** vor, bleibt jedoch **16** sanktionslos. Der in der Praxis übliche Antrag, dem Beklagten die **Kosten des Verfahrens** aufzuerlegen, ist überflüssig, da hierüber das Gericht von Amts wegen (§ 161 Abs 1 VwGO) entscheidet. **Gebühren und Auslagen** eines **Bevollmächtigten im Vorverfahren** sind allerdings nur auf Antrag hin, seine Zuziehung für notwendig zu erklären, erstattungsfähig (§ 162 Abs 2 S 2 VwGO).

Auch über die **vorläufige Vollstreckbarkeit** entscheidet das Gericht gem § 167 Abs 1 **17** VwGO, § 708 ZPO von Amts wegen (vgl aber § 167 Abs 2 VwGO).

B. Angabe von Tatsachen und Beweismitteln und Beifügung der angefochtenen Verfügung (§ 82 Abs 1 S 3 VwGO)

Gem § 82 Abs 1 S 3 Hs 1 VwGO sollen die zur Begründung des Klageantrags dienenden **18** Tatsachen und Beweismittel angegeben werden. § 87b VwGO ermöglicht trotz dieser bloßen Sollvorschrift allerdings eine Präklusion bei Verspätung (vgl auch § 74 Abs 2 S 1 AsylVfG), dies steht in einem Spannungsverhältnis zum verwaltungsprozessualen Untersuchungsgrundsatz (§ 86 Abs 1 S 1 Hs 1 VwGO). Eine rechtliche Begründung des Klagebegehrens ist nicht erforderlich, aber sinnvoll.

Als Beweismittel kommen Zeugen-, Beteiligten- und Sachverständigenvernehmung, Au- **19** genscheinseinnahme sowie die Heranziehung von Urkunden in Betracht (§ 96 Abs 1 S 2 VwGO). Die Angabe von Beweismitteln ist von einem förmlichen Beweisantrag (§ 86 Abs 2 VwGO) in der mündlichen Verhandlung zu unterscheiden.

Nach § 82 Abs 1 S 3 Hs 2 VwGO sind die angefochtene Verfügung und ggf der Wider- **20** spruchsbescheid in Abschrift beizufügen, auch diese Pflicht bleibt sanktionslos. Auf die vor Inkrafttreten des E-Justiz-G (BT-Drs 17/13948) vorgesehene Beifügung der angegriffenen Verwaltungsakte in Urschrift wurde zur Erleichterung des elektronischen Rechtsverkehrs ganz verzichtet.

C. Aufforderung zur Ergänzung der Klage (§ 82 Abs 2 VwGO)

I. Aufforderung zur Ergänzung der Klage durch Vorsitzenden oder Berichterstatter

21   Gem § 82 Abs 2 VwGO sind der Vorsitzende oder der Berichterstatter – legal definiert als nach § 21g GVG zuständiger Berufsrichter – zur Aufforderung zur Ergänzung der Klage berufen. Zur Vermeidung gerichtsinterner Manipulation (BVerfGE 18, 344, 349 – zu Art 101 Abs 1 GG) ist bei der Bestimmung des Berichterstatters der **spruchkörperinterne Geschäftsverteilungsplan** maßgeblich. Für die Aufforderung des Klägers, seine Klage zu ergänzen, ist sowohl der Vorsitzende als auch der Berichterstatter zuständig.

22   Erfüllt die Klage einzelne Anforderungen des § 82 Abs 1 VwGO nicht, wird der Kläger gem § 82 Abs 2 VwGO zu deren Ergänzung aufgefordert. Dies gilt auch für die in § 82 Abs 1 S 1 VwGO vorgeschriebenen **Mindestangaben**, insoweit kann die Klage auch nach Ablauf der Klagefrist noch vervollständigt werden (BVerwG Buchholz 310 § 124 VwGO Nr 24; Buchholz 310 § 82 VwGO Nr. 13, zur fehlerhaften Bezeichnung angefochtener Bescheide OVG Brandenburg NJW 2004, 377; aA Kopp/Schenke VwGO § 82 Rn 13).

II. Aufforderung zur Ergänzung der Klage innerhalb einer bestimmten Frist

23   Die **Fristsetzung** nach § 82 Abs 2 S 2 VwGO bezieht sich nur auf die notwendigen Angaben des § 82 Abs 1 S 1 VwGO. Eine solche Ergänzungsaufforderung mit Ausschlussfrist muss eine angemessene und bestimmte Frist setzen und den Kläger über die Folgen einer unterlassenen Ergänzung belehren (Kopp/Schenke VwGO § 82 Rn 14).

24   Gem § 56 Abs 1 VwGO ist die fristsetzende Ergänzungsaufforderung **zuzustellen**. Die Praxis weicht hiervon regelmäßig ab und fordert formlos zur Klageergänzung auf. Die Aufforderung zur Klageergänzung ist als **prozessleitende Verfügung** gem § 146 Abs 2 VwGO nicht beschwerdefähig (Eyermann/Geiger VwGO § 82 Rn 16). Die gesetzte Frist kann auf Antrag gem § 57 Abs 2 VwGO iVm § 224 Abs 2 ZPO **verlängert** werden, nach § 82 Abs 2 S 3 VwGO iVm § 60 ist eine **Wiedereinsetzung** in den vorigen Stand möglich.

III. Aufforderung zur Ergänzung der Klage zu der erforderlichen Ergänzung

25   **Ergänzt** der Kläger die Klageschrift **nicht** um in § 82 Abs 1 S 2 und 3 VwGO vorgesehene Sollangaben, so darf die Klage **nicht** allein deswegen durch Prozessurteil als **unzulässig** abgewiesen werden. Fehlt allerdings ein bestimmter Antrag, so ist dem Gericht keine Sachentscheidung möglich ist. Zudem droht die Kostenfolge des § 155 Abs 4 VwGO.

26   Nimmt der Kläger innerhalb einer ihm gem § 82 Abs 2 S 2 VwGO gesetzten Ausschlussfrist keine Ergänzung der Klage um die fehlenden **Mindestbestandteile** vor, ist die Klage durch **Prozessurteil** als unzulässig abzuweisen. Eine nach Ablauf der Ausschlussfrist erfolgende Klageergänzung wäre unbeachtlich. Allerdings hat das Gericht zuvor zu ermitteln, ob dem Kläger wegen der Versäumung der richterlichen Frist gem § 82 Abs 2 S 2 VwGO Wiedereinsetzung zu gewähren ist (VGH Kassel NVwZ-RR 1996, 179).

§ 83 [Sachliche und örtliche Zuständigkeit]

[1]**Für die sachliche und örtliche Zuständigkeit gelten die §§ 17 bis 17b des Gerichtsverfassungsgesetzes entsprechend.** [2]**Beschlüsse entsprechend § 17a Abs 2 und 3 des Gerichtsverfassungsgesetzes sind unanfechtbar.**

Das am 1.1.1991 in Kraft getretene 4.VwGO-ÄndG vom 17.12.1990 (BGBl I 2809) ersetzte die früheren Zuständigkeitsbestimmungen der § 41, § 83 und § 90 VwGO durch Verweisungen auf das GVG. Danach kommt bei Anrufung eines unzuständigen Gerichts die **Abweisung** (Rn 1) der Klage als **unzulässig nicht** mehr in Betracht, vielmehr erfolgt **von Amts wegen** (Rn 1) eine Verweisung an das nach Rechtsweg (§§ 17 bis 17b GVG iVm § 173 VwGO), **örtlich** (Rn 1; § 52 iVm § 83 S 1 VwGO) und **sachlich** (Rn 1; § 45, § 47, § 48, § 50 jeweils iVm § 83 S 1 VwGO) zuständige Gericht. Dadurch soll verhindert werden, dass das Klägerbegehren **Zuständigkeitsstreitigkeiten** zum Opfer fällt (BVerwGE 79, 110). Gleichzeitig wird das Gebot des **gesetzlichen Richters** Art 101 Abs 1 GG S 2, der nur der **zuständige** Richter sein kann, durch frühzeitige (Rn 3), umfassende (Rn 3)und verbindliche (Rn 5) Feststellung der Zuständigkeit gewahrt.

A. Örtliche und sachliche Zuständigkeit

Zu den Sachentscheidungsvoraussetzungen zählen insbes die **örtliche** (§ 52 VwGO, 1 Gerichtssprengel) und die **sachliche Zuständigkeit**, welche das zu erstinstanzlicher Entscheidung berufene Gericht anhand der Materie des Klagebegehrens (§ 45, § 47, § 48, § 50 VwGO) sowie **instanziell,** also im jeweiligen Instanzenzug (§ 46, § 49 VwGO) bestimmt (BVerwG NVwZ-RR 1989, 506). Gem § 83 S 1 VwGO sind für diese Entscheidungen die § 17, § 17a und 17b GVG **entsprechend anzuwenden.** Gebotene **Verweisungsentscheidungen** sind demgemäß **von Amts wegen** vorzunehmen (§ 17a Abs 2 GVG), andernfalls stellt das Gericht **vorab** seine **Zuständigkeit** fest (§ 17a Abs 3 GVG). Diese Entscheidungen erfolgen per **Beschluss,** welcher der **Begründung** bedarf (vgl wegen der **Kosten** § 155 Abs 4, der § 17b Abs 2 S 2 GVG vorgeht).

Nach § 83 S 1 VwGO iVm § 17 Abs 1 S 1 GVG wird die Zulässigkeit des beschrittenen 2 Rechtswegs durch eine nach Rechtshängigkeit (§ 90, § 81 VwGO) eintretende Veränderung der sie begründenden Umstände nicht berührt (**perpetuatio fori,** Eyermann/Geiger VwGO § 83 Rn 6). Wird umgekehrt durch **Klageänderung** der die Zuständigkeit begründende Umstand beseitigt, so ist die Klageänderung nicht sachdienlich (§ 91 Abs 1 VwGO), eine Verweisung nach § 83 S 1 VwGO kommt nicht in Betracht (OVG Münster NVwZ 1993, 588).

B. Konzentrations- und Bindungswirkung

§ 83 S 1 VwGO iVm § 17 Abs 2 S 1 GVG **konzentriert** den Rechtsschutz beim 3 zuständigen Gericht, dieses entscheidet den Rechtsstreit **unter allen rechtlichen Gesichtspunkten** (keine sachliche Aufspaltung des Rechtswegs; anders bei objektiver Klagehäufung § 44, § 93 VwGO), der Rechtsstreit kann währenddessen nicht anderweitig anhängig gemacht werden (§ 83 S 1 VwGO iVm § 17 Abs 1 S 2 GVG).

Eine Verweisung erfolgt – nach **obligatorischer Anhörung** der Beteiligten (§ 17a Abs 2 4 S 1 GVG) – **von Amts wegen,** neben der eigenen Unzuständigkeit wird dabei **zugleich** (keine isolierte Unzuständigkeitsentscheidung BVerwG NVwZ 1995, 372) das **zuständige Gericht** festgestellt (BVerwG NVwZ 1995, 372).

Gemäß § 83 S 1 VwGO iVm § 17a Abs 1 und 2 S 3 GVG sind andere Gerichte sowohl 5 an die Bejahung wie auch an die Verneinung der Zuständigkeit **gebunden** (auch das Rechtsmittelgericht, vgl § 17a Abs 5 GVG; Eyermann/Geiger VwGO § 83 Rn 11). Die Bindung **beschränkt** sich für das Gericht, an das verwiesen wurde, allerdings auf die **Begründung** des Verweisungsbeschlusses (BVerwGE 48, 202; keine Umgehung per § 53 VwGO, vgl BVerwG NVwZ 1995, 372), ggf bleibt daher eine **Weiterverweisung** wegen **örtlicher oder sachlicher Unzuständigkeit möglich (**Hufen Verwaltungsprozeßrecht § 11 Rn 112).

Die Bindungswirkung des Verweisungsbeschlusses **entfällt** ausnahmsweise dann, wenn 6 dieser offensichtlich rechtswidrig ist (BVerwG DVBl 2004, 1046) und dadurch der Anspruch auf effektiven Rechtsschutz eingeschränkt wird (BVerwG NVwZ 1993, 770; 1995, 372 VGH Kassel NVwZ-RR 1996, 611).

Auch nach Verweisung bleibt die **Rechtshängigkeit** der Klage **erhalten** (§ 83 S 1 7 VwGO iVm § 17b Abs 1 S 2 GVG), Klagefristen bleiben daher gewahrt (selbst bei Nichtbeachtung einer ordnungsgemäßer Rechtsmittelbelehrung über die Zuständigkeit, OVG Koblenz NVwZ-RR 1996, 181).

C. Rechtsmittel

Der Verweisungsbeschluss gemäß § 83 S 1 VwGO iVm § 17a Abs 2 GVG und der 8 Beschluss über die Bejahung der eigenen sachlichen und örtlichen Zuständigkeit gemäß § 83 S 1 VwGO iVm § 17a Abs 3 GVG sind **unanfechtbar** (§ 83 S 2 VwGO; anders für die Rechtswegzuständigkeit § 17a Abs 4 S 3). Das Rechtsmittelgericht hat bei der Überprüfung eines vorinstanzlichen Urteils von einer im Urteil bejahten örtlichen bzw sachlichen Zuständigkeit ohne weiteres auszugehen. Diese Bejahung kann auch **stillschweigend** erfolgen, etwa bei Abweisung der Klage mangels Klagebefugnis (BVerwG NVwZ-RR 1995, 300).

D. Anwendbarkeit in anderen Verfahren

9   Entgegen der verbreiteten Auffassung, wegen der besonderen Eilbedürftigkeit komme eine Rechtswegverweisung nach § 17a GVG nicht in Betracht (VGH Kassel NJW 1994, 145 unter Hinweis auf OVG Koblenz NVwZ 1993, 38; VGH Kassel DVBl 1995, 164; Kopp/ Schenke VwGO § 83 Rn 4), gilt § 83 VwGO **auch** in Verfahren des **vorläufigen Rechtsschutzes** (OVG Berlin NVwZ-RR 1998, 464; so auch S/S-A/P/Ehlers VwGO § 41 zu § 17 GVG Rn 20 f) Eine Verweisung ist daher auch in Verfahren des § 80, § 80a und § 123 VwGO geboten (ebenso VGH Mannheim VBlBW 1992, 471; VGH München BayVBl 1993, 533), summarische Prüfung ist eben nicht gleichbedeutend mit unvollständiger rechtlicher Prüfung.

10   Ausnahmsweise besteht bei Gefahr im Verzug eine **Notkompetenz** des unzuständigen Gerichts (dazu Finkelnburg/Jank, Rn 77), soweit das Gebot effektiven Rechtsschutzes (Art 19 Abs 4 GG) einer Verweisung entgegensteht.

11   Gleiches gilt für das **PKH-Verfahren** (§ 166 VwGO; so auch Redeker/v Oertzen/Kothe VwGO § 83 Rn 11), das Gebot des gesetzlichen Richters fordert auch hier die Verweisung.

12   Auf die **gerichtsinterne** Zuständigkeit zwischen verschiedenen Kammern oder Senaten des gleichen Gerichts findet § 83 VwGO hingegen **keine** Anwendung. Hier gilt der jeweilige Geschäftsverteilungsplan (§ 21e GVG), ggf wird das Verfahren ohne Anhörung der Beteiligten innerhalb des Gerichts formlos abgegeben.

§ 84 [Gerichtsbescheid]

(1) [1]**Das Gericht kann ohne mündliche Verhandlung durch Gerichtsbescheid entscheiden, wenn die Sache keine besonderen Schwierigkeiten tatsächlicher oder rechtlicher Art aufweist und der Sachverhalt geklärt ist.** [2]**Die Beteiligten sind vorher zu hören.** [3]**Die Vorschriften über Urteile gelten entsprechend.**

(2) **Die Beteiligten können innerhalb eines Monats nach Zustellung des Gerichtsbescheids**

1. **Berufung einlegen, wenn sie zugelassen worden ist (§ 124a),**
2. **Zulassung der Berufung oder mündliche Verhandlung beantragen; wird von beiden Rechtsbehelfen Gebrauch gemacht, findet mündliche Verhandlung statt,**
3. **Revision einlegen, wenn sie zugelassen worden ist,**
4. **Nichtzulassungsbeschwerde einlegen oder mündliche Verhandlung beantragen, wenn die Revision nicht zugelassen worden ist; wird von beiden Rechtsbehelfen Gebrauch gemacht, findet mündliche Verhandlung statt,**
5. **mündliche Verhandlung beantragen, wenn ein Rechtsmittel nicht gegeben ist.**

(3) **Der Gerichtsbescheid wirkt als Urteil; wird rechtzeitig mündliche Verhandlung beantragt, gilt er als nicht ergangen.**

(4) **Wird mündliche Verhandlung beantragt, kann das Gericht in dem Urteil von einer weiteren Darstellung des Tatbestandes und der Entscheidungsgründe absehen, soweit es der Begründung des Gerichtsbescheides folgt und dies in seiner Entscheidung feststellt.**

Der Gerichtsbescheid stellt neben Urteil und Beschluss eine weitere eigenständige Entscheidungsform dar. Er soll den Gerichten (Rn 4) die Möglichkeit bieten, einfach gelagerte Fälle (Rn 7) zügig zu entscheiden, um mehr Zeit für bedeutendere Verfahren zu gewinnen, und hierdurch dem Rechtsschutz zu effektivieren (BVerwGE 72, 59, 62). Da die mündliche Verhandlung (Rn 6) als „Nadelöhr" erkannt wurde, das einer raschen Erledigung einfach gelagerter Streite im Wege stand (Redeker NVwZ 1996, 512, 524), wurde sie als verzichtbar angesehen. Anders als beim nach § 101 Abs 2 ohne mündliche Verhandlung ergehenden Urteil ist sein Erlass jedoch – nach Anhörung (Rn 15) – grundsätzlich nicht von dem

Einverständnis der Beteiligten abhängig. Der Gerichtsbescheid hatte sich – jedenfalls bis zur Einführung der Zulassungsberufung – zu einem brauchbaren Entlastungsinstrument des neueren Prozessrechts entwickelt (vgl Pagenkopf DVBl 1991, 285, 287; Stelkens NVwZ 1991, 209, 216). Bedenken, das Gericht habe sich durch einen ergangenen Gerichtsbescheid bereits in der Sache festgelegt und die am Gerichtsbescheid mitwirkenden Richter seien daher in einer sich anschließenden mündliche Verhandlung befangen, überzeugen nicht (kritisch Roth NVwZ 1997, 656 ff). Gleiche Konstellationen sind etwa in Hauptsacheverfahren nach vorausgegangenem Eilbeschluss, nach Ablehnung von Prozesskostenhilfe mangels Erfolgsaussichten (BVerwG NVwZ-RR 1998, 268) bzw nach Zurückverweisung bekannt und zu bewältigen.

Der Gerichtsbescheid zielt auf eine Verfahrensbeendigung und steht – wenn nicht rechtzeitig mündliche Verhandlung beantragt (Rn 26) wird – dem Endurteil gleich (Rn 25; Abs 3). Er ist daher, auch um von der Möglichkeit der Bezugnahmebegründung Gebrauch machen zu können (Abs 4), nicht minder sorgfältig zu erarbeiten (missverständlich BFH NVwZ 1996, 518).

Übersicht

A. Anwendungsbereich

Wie sich aus der systematischen Stellung des § 84 VwGO im neunten Abschnitt der **1** VwGO ergibt, steht der Gerichtsbescheid für alle **erstinstanzlichen Klageverfahren** (außer Normenkontrollverfahren, wo § 47 Abs 5 S 1 VwGO lex specialis ist), nicht aber für Berufungs- und Revisionsverfahren (§§ 125 Abs 1 S 2, 141 S 1) zur Verfügung (vgl für das Berufungsverfahren § 130a VwGO, im Revisionsverfahren aber § 141 S 2 VwGO). Auf Verfahren des **vorläufigen Rechtsschutzes** nach §§ 80, 80a, 123 ist § 84 VwGO ebenfalls **nicht** anwendbar, denn hier ergehen die Entscheidungen durch Beschluss, der ohnehin keiner mündlichen Verhandlung bedarf (§ 101 Abs 3 VwGO).

Der Gerichtsbescheid kann **jedes Urteil**, also auch ein Zwischen- oder Grundurteile **2** **ersetzen** (BFH BFHE 104, 493, BVerwG NVwZ 1997, 576). Auch die Kombination von Urteil und Gerichtsbescheid im Laufe ein und desselben Verfahrens ist statthaft, ebenso ein Ergänzungsgerichtsbescheid nach § 120 VwGO.

Bereits **vor Inkrafttreten der VwGO** bestand die Möglichkeit, unzulässige und teilweise **3** auch offenbar unbegründete Klagen ohne mündliche Verhandlung durch **Vorbescheid** abzuweisen. Der Gesetzgeber führte durch das Gesetz zur Entlastung der Gerichte in der Verwaltungs- und Finanzgerichtsbarkeit vom 31.3.1978 (BGBl I 446) den Gerichtsbescheid ein und eröffnete mit dem 4.VwGO-ÄndG vom 17.12.1990 die Möglichkeit, auch nach Anberaumung einer mündlichen Verhandlung und nach der Durchführung einer Beweisaufnahme ohne das Erfordernis der Einstimmigkeit per Gerichtsbescheid zu entscheiden. Durch das 6. VwGOÄndG (Art 1 Nr 14 des Gesetzes vom 1.11.1996, BGBl I 1626) wurde – in Ausführung des Art 6 Abs 1 S 1 EMRK – erneut eine Kehrtwendung in Richtung Vorbescheid vollzogen, da nun als Rechtsbehelf **wieder** der **Antrag auf mündliche Verhandlung** gegeben ist; wahlweise kann daneben die Zulassung eines Rechtsmittels beantragt werden kann (Abs 2 Nr 2 und 4). Instanzabschließende Wirkung hat der Gerichtsbescheid nur noch, wenn das Gericht im Gerichtsbescheid ein Rechtsmittel zulässt (Abs 2 Nr 1 und 3). Dies, wie auch die Möglichkeit, jederzeit mündliche Verhandlung zu beantragen, steht in gewissem Widerspruch zum Zweck § 84 VwGO, Gerichtsverfahren zu beschleunigen und so die Gerichte zu entlasten.

B. Voraussetzungen eines Gerichtsbescheids

I. Gericht iSd § 84 Abs 1 S 1 VwGO

4   „Gericht" iSd § 84 Abs 1 S 1 VwGO ist **jedes erstinstanzliche Verwaltungsgericht**, dh neben dem VG auch das OVG oder das BVerwG in erster Instanz. Da die Vorschriften über Urteile gemäß § 84 Abs 1 S 3 VwGO entsprechend gelten, entscheiden OVG bzw BVerwG in der für Urteile maßgebenden **Besetzung** (§ 9 Abs 3 S 1; § 10 Abs 3 VwGO). Vor dem Verwaltungsgericht wird der Gerichtsbescheid gem § 5 Abs 3 S 2 VwGO durch die Kammer ohne Mitwirkung der ehrenamtlichen Richter erlassen; Art 101 Abs 1 S 2 GG ist, soweit sich durch die Wahl der Entscheidungsform Gerichtsbescheid die Besetzung der Richterbank (auch gegenüber einer Entscheidung ohne mündliche Verhandlung nach § 101 Abs 2 VwGO) ändert, nicht verletzt (BVerwGE 72, 59 = NJW 1986, 1368 zu Art 2 § 5 EntlG): Tatbestandliche Voraussetzungen und regelungsimmanente ermessenssteuernde Gesichtspunkte grenzten die Befugnis des Gerichts zum Erlass eines Gerichtsbescheides ein, einer willkürlichen Einflussnahme auf den gesetzlichen Richter werde dadurch hinreichend entgegengewirkt.

5   Nach Übertragung auf den **Einzelrichter** gem § 6 Abs 1 S 1 VwGO (auch auf den konsentierten Einzelrichter § 87a Abs 2 und 3 VwGO) kann dieser ebenfalls durch Gerichtsbescheid entscheiden (vgl auch § 76 Abs 1 AsylVfG). Beabsichtigt die Kammer, durch Gerichtsbescheid zu entscheiden, so wird sie den Rechtsstreit zunächst nicht auf den Einzelrichter übertragen; dies kann auch dann noch erfolgen, wenn gegen den Gerichtsbescheid (der Kammer) mündliche Verhandlung beantragt wurde.

II. Ohne mündliche Verhandlung

6   Zwar ist das **Prinzip der Mündlichkeit** der Verhandlung kein Verfassungsgrundsatz aus Art 19 Abs 4 oder Art 103 Abs 1 GG, sondern nur **einfachrechtliche** Prozessmaxime (BVerfG 15, 303, 307 = NJW 1963, 757). **Art 6 Abs 1 EMRK** verbürgt jedoch den Anspruch, die Streitsache mindestens in einer Instanz öffentlich, dh in mündlicher Verhandlung sowohl unter rechtlichen als auch unter tatsächlichen Aspekten erörtern zu können (EGMR NJW 1982, 2714 (2716). Insofern bedarf es einer **konventionskonformen Handhabung** des Gerichtsbescheides (vgl BVerfG NJW 2004, 3407). § 84 VwGO gewährleistet dies, soweit gegen den Gerichtsbescheid mündliche Verhandlung beantragt (Abs 2 Nr 2, 4 und 5) werden kann. Lässt das Verwaltungsgericht im Gerichtsbescheid die Berufung zu (Abs 2 Nr 1), dann können die Beteiligten in der ersten Instanz zwar keine mündliche Verhandlung erzwingen. Sie haben jedoch Anspruch darauf, dass das OVG über die Berufung mündlich verhandelt. Eine Beschlussentscheidung nach § 130a VwGO scheidet in diesem Falle aus. Schwierigkeiten mit Art 6 Abs 1 EMRK ergeben sich jedoch, wenn durch Gerichtsbescheid entschieden und gleichzeitig die Revision zugelassen wird (Abs 2 Nr 3). Wirft die Streitsache nicht ausschließlich Rechtsfragen auf und hat sich der durch die Entscheidung beschwerte Bürger ausdrücklich gegen den Erlass eines Gerichtsbescheides gewandt, so ist gegen den die Revision zulassenden Gerichtsbescheid auf Antrag **ausnahmsweise die mündliche Verhandlung zu eröffnen** (wie hier Kopp/Schenke VwGO § 84 Rn 34 und 36). Diese erst nach zurückverweisender Revision zuzulassen, wäre eine prozessökonomisch unsinnige Förmelei.

III. Keine besonderen Schwierigkeiten tatsächlicher oder rechtlicher Art

7   Gem § 84 Abs 1 S 1 VwGO kann das Gericht nur dann durch Gerichtsbescheid entscheiden, wenn die Sache weder besondere Schwierigkeiten tatsächlicher noch rechtlicher Art aufweist. Wann besondere Schwierigkeiten tatsächlicher oder rechtlicher Art vorliegen, kann **nicht abstrakt**, etwa für die Fallgruppen, geklärt werden, sondern ist **im Einzelfall**

des anhängigen Rechtsstreits nach Maßgabe der sonst beim Spruchkörper anhängigen Streitsachen zu klären (Eyermann/Geiger VwGO § 84 Rn 8). Besondere Schwierigkeiten bestehen dann, wenn die in jedem Prozess auftretenden **Schwierigkeiten in erheblichem Maße überschritten** werden. § 84 VwGO ist daher nicht auf ganz einfach gelagerte Fälle beschränkt, dies würde weder dem Wortlaut (besondere Schwierigkeiten) noch dem Entlastungszweck des § 84 VwGO gerecht. Selbst Rechtssachen mit grundsätzlicher Bedeutung sind nicht generell von § 84 VwGO ausgeschlossen (vgl Abs 2 mit der Möglichkeit der Zulassung der Berufung bzw der Revision, abweichend § 6 Abs 1 Nr 2 oder § 348 Abs 1 Nr 2 ZPO; einschränkend bei Streitigkeiten mit besonderer politischer, wirtschaftlicher oder sozialer Tragweite S/S-A/P/Clausing VwGO § 84 Rn 15).

Besondere Schwierigkeiten tatsächlicher oder rechtlicher Art können **in jeder Verfah-** 8 **rens- und Entscheidungsphase** auftreten, auch bei der Sachverhaltswürdigung oder der Rechtsanwendung. Ein besonderer Umfang der Streitsache begründet noch keine besondere Schwierigkeit tatsächlicher oder rechtlicher Art, der Rechtsstreit muss qualitativ und nicht nur quantitativ schwierig sein.

Der Erlass eines Gerichtsbescheides kommt danach in Betracht, wenn die Streitsache im 9 vorausgehenden **Verwaltungs- bzw Widerspruchsverfahren zutreffend** und umfassend **behandelt** wurde und keine neuen Gesichtspunkte erkennbar sind (vgl aber auch § 117 Abs 5 VwGO).

Ungeeignet für den Erlass eines Gerichtsbescheids ist ein Rechtsstreit dann, wenn erst- 10 mals eine lang geübte **Verwaltungspraxis** für rechtswidrig erklärt werden soll (vgl OVG Münster NVwZ-RR 1997, 760) oder **abweichende Judikate** anderer Gerichte bzw relevante **Kontroversen in der Literatur** vorliegen. Die Auslegung einer **neuen gesetzlichen Vorschrift**, durch die eine vom bisherigen Rechtszustand erheblich abweichende Regelung der Rechtslage erfolgt und zu der es eine höchstrichterliche Rechtsprechung noch nicht gibt, weist stets besondere Schwierigkeiten rechtlicher Art auf (BSG BSGE 88, 274). Dies gilt auch, wenn das Gericht von Entscheidungen der **Berufungs- oder Revisionsinstanz abzuweichen** gedenkt.

Dem Gericht wird bei der Auslegung dieser unbestimmten Rechtsbegriffe ein erheblicher 11 **Spielraum** eingeräumt. Das BVerwG hat bislang den Erlass eines Gerichtsbescheids nur dann als verfahrensfehlerhaft eingestuft, wenn dieser Entscheidung **sachfremde Erwägungen** oder **grobe Fehleinschätzungen** zugrunde lagen (BVerwG NVwZ 1990, 963; BVerwG NJW 1988, 2552; Buchholz 312 EntlG Nr 25).

IV. Geklärter Sachverhalt

„Geklärt" ist ein Sachverhalt iSd § 84 Abs 1 S 1 VwGO, wenn aufgrund des klägerischen 12 Vortrags und des Inhalts der beigezogenen Akten **Zweifel** hinsichtlich des Sachverhalts **vernünftigerweise ausgeschlossen** erscheinen und keine Anhaltspunkte dafür sprechen, dass eine mündliche Verhandlung neue Gesichtspunkte ergeben könnte (Kopp/Schenke VwGO § 84 Rn 9). Geklärt sein muss auch das **Begehren des Klägers**: Ist dies seinen schriftsätzlichen Äußerungen nicht deutlich zu entnehmen, muss er ebenso mündlich angehört werden wie in Fällen, bei denen es auf den persönlichen Eindruck von seiner Glaubwürdigkeit (etwa im Asylrecht) ankommt. Eine Klärung des Sachverhaltes kann sich auch aus der Anwendung der **Präklusionsvorschrift** des § 87b ergeben, sie kann auch Ergebnis einer zuvor durchgeführten Beweisaufnahme sein.

Ob der Sachverhalt iSd § 84 Abs 1 S 1 VwGO geklärt ist, beurteilt das Gericht im 13 Rahmen der ihm gem § 108 VwGO obliegenden **freien richterlichen Beweiswürdigung**, die nur dann korrigierbar ist, wenn die Wertung des Gerichts auf sachfremden Erwägungen oder groben Fehleinschätzungen beruht (BVerwG NVwZ 1990, 963).

Bejaht das Gericht die tatbestandlichen Voraussetzungen des § 84 Abs 1 S 1 VwGO, 14 steht der Erlass eines Gerichtsbescheids **im richterlichen Ermessen** („kann"); eine Verpflichtung zur Entscheidung per Gerichtsbescheid besteht nie. Hier gilt es, die Akzeptanz der Entscheidung in Form eines Gerichtsbescheides bei den Beteiligten zu prognostizieren.

C. Verfahren

I. Anhörung

15   Gem § 84 Abs 1 S 2 VwGO sind alle Beteiligten vor dem Erlass eines Gerichtsbescheids anzuhören. Das Anhörungsverfahren dient der Gewährung rechtlichen Gehörs und soll den Beteiligten vor der Entscheidung Gelegenheit geben, ihren bisherigen Sachvortrag zu ergänzen, Beweisanträge zu stellen und etwaige Bedenken gegen eine Entscheidung ohne mündliche Verhandlung geltend zu machen (BVerwG NJW 1988, 1280).

16   Das Gericht muss die Beteiligten darauf **hinweisen**, dass es durch Gerichtsbescheid **ohne mündliche Verhandlung** zu entscheiden gedenkt (BVerwG NJW 1980, 1810; VGH Kassel NJW 1981, 69). Dieser Hinweis darf nicht nur formularmäßig verfasst sein, sondern muss – was die Praxis regelmäßig übersieht – **unter Bezug auf den konkreten Fall** darlegen, warum per Gerichtsbescheid entschieden werden kann (BVerwG NJW 1982, 1011; zum notwendigen Inhalt der gerichtlichen Anhörungsmitteilung vor Erlass eines Gerichtsbescheides vgl Burkiczak BayVerwBl 2008, 556); einer Darlegung der Rechtsauffassung des Gerichts in der Sache bedarf es nicht (BVerfG DVBl 1987, 237).

17   Der Hinweis vermag auch dann kein Misstrauen in die **Unparteilichkeit** des Richters zu begründen, wenn darin zum Ausdruck kommt, dass eine von einem Beteiligten für notwendig gehaltene Beweiserhebung nicht beabsichtigt ist (VGH Mannheim NVwZ-RR 1994, 183).

18   Wird die Anhörungsmitteilung mit einer **Fristsetzung** verbunden, bedarf das Schreiben gem § 56 Abs 1 VwGO der **Zustellung** (Kopp/Schenke VwGO § 84 Rn 23); diese richterliche Frist kann auf Antrag gem § 57 Abs 2 VwGO iVm § 224 Abs 2 ZPO **verlängert** werden. Ein Verlängerungsantrag ist vor der Hauptsacheentscheidung zu bescheiden (BVerwG NJW 1988, 1280). Das Gericht muss eine von ihm selbst gesetzte Äußerungsfrist beachten (BVerwG VIZ 1993, 450).

19   Kündigen die Beteiligten daraufhin **Beweisanträge** an, so müssen diese nicht vorab durch Beschluss zurückgewiesen werden. Es genügt vielmehr, dass das Gericht in einer weiteren Anhörungsmitteilung darauf hinweist, dass es dem Beweisantrag nicht nachzugehen gedenkt (BVerwG NVwZ 1992, 891); die Gründe hierfür können noch im Gerichtsbescheid dargelegt werden.

20   Ein **Verstoß** gegen § 84 Abs 1 S 2 VwGO verletzt den Anspruch auf **rechtliches Gehör** und stellt einen wesentlichen Verfahrensfehler (§ 124 Abs 2 Nr 5 VwGO) bzw einen absoluten Revisionsgrund (§ 138 Nr 3 VwGO) dar, führt jedoch nur dann zum Erfolg, wenn **zuvor Antrag auf mündliche Verhandlung** gestellt wurde (BVerwG NVwZ-RR 2003, 902).

II. Zeitpunkt

21   § 84 Abs 1 S 1 VwGO ermöglicht einen Gerichtsbescheid auch **noch nach mündlicher Verhandlung** und erfolgter **Beweisaufnahme**, solange keine Schlussentscheidung getroffen wurde. Die Fortsetzung und das Schließen einer mündlichen Verhandlung durch Gerichtsbescheid ist nicht statthaft (stattdessen § 101 Abs 2 VwGO).

III. Form des Gerichtsbescheids

22   Form und Inhalt des Gerichtsbescheids entsprechen gem § 84 Abs 1 S 3 VwGO iVm § 117 VwGO einem **Urteil**, der Gerichtsbescheid entscheidet wie auch das Urteil den Rechtsstreit verbindlich. Der Gerichtsbescheid ergeht demnach „Im Namen des Volkes" und enthält die notwendigen Bestandteile des § 117 Abs 2 VwGO. Dies ergibt sich auch aus § 84 Abs 3 VwGO, wonach der Gerichtsbescheid „als Urteil" wirkt und aus dem Umkehrschluss zu § 84 Abs 4 VwGO. Eine Ersetzung der Unterschrift eines verhinderten Richters gem § 117 Abs 1 S 3 ist, da keine mündliche Verhandlung stattfand, ausgeschlossen (BVerwG NJW 1993, 1811). Der Gerichtsbescheid ist gem § 84 Abs 1 S 3, § 116 Abs 3, § 56 Abs 2 VwGO nach den Vorschriften des VwZG **zuzustellen** (BVerwG NVwZ 1999, 183, 184).

23   Ein **gesonderter Beschluss** des Gerichts, in der Form des Gerichtsbescheids zu entscheiden, ist **nicht** geboten. Zweckmäßigerweise weist das Gericht in der Begründung kurz

auf das Vorliegen der Voraussetzungen des § 84 Abs 1 S 1 VwGO hin und erörtert diese, wenn ein Beteiligter mit einer Entscheidung durch Gerichtsbescheid nicht einverstanden war.

Die in § 84 Abs 4 VwGO vorgesehene **Bezugnahme** des Gerichts auf die Gründe des **24** vorangegangenen Gerichtsbescheids bedeutet nicht, dass das Gericht die gegen die Begründung des Gerichtsbescheids vorgetragenen Argumente in den Entscheidungsgründen seines Urteils übergehen dürfte (BVerwG BeckRS 2002, 23291).

D. Wirkung des Gerichtsbescheids

Der Gerichtsbescheid, gegen den nicht rechtzeitig mündliche Verhandlung beantragt **25** wurde, steht einem Urteil gleich (§ 84 Abs 3 Hs 1 VwGO), wird also **rechtskräftig**, ist **Vollstreckungstitel** im Sinne des § 168 Abs 1 Nr 1 VwGO und kann Gegenstand der Wiederaufnahme nach § 153 VwGO iVm §§ 579, 580 ZPO sein. Wird rechtzeitig **mündliche Verhandlung** beantragt, so gilt er als **nicht ergangen**, verliert insbes seine vorläufige Vollstreckbarkeit.

E. Rechtsbehelfe

I. Antrag auf mündliche Verhandlung

Gem § 84 Abs 2 VwGO kann nach Ergehen eines Gerichtsbescheids mündliche Ver- **26** handlung beantragt werden. § 84 Abs 2 Nr 2 und Nr 4 VwGO eröffnen ein **Wahlrecht** zwischen dem Antrag auf mündliche Verhandlung oder dem gegen Urteile eröffneten Rechtsmittel bzw dem Antrag auf dessen Zulassung. Soweit § 84 Abs 2 Nr 1 und 3 VwGO für den Fall, dass ein Rechtsmittel zugelassen wurde, den Antrag auf mündliche Verhandlung ausschließen, genügen sie **Art 6 EMRK** nicht (vgl Kopp/Schenke VwGO § 84 Rn 33a). Kommt es nämlich wesentlich auf tatsächliche Fragen an und haben sich die Beteiligten einer Entscheidung durch Gerichtsbescheid widersetzt, so steht die Vorschrift im Widerspruch zum durch Art 6 Abs 1 EMRK gewährten prozessualen Anspruch, in mindestens einer Instanz den Rechtsstreit in mündlicher Verhandlung unter rechtlichen als tatsächlichen Aspekten erörtern zu können. Auf derartige Fälle ist § 84 Abs 2 Nr 5 VwGO zwar nicht entsprechend anzuwenden (so auch BFH NVwZ 1996, 518), es kann aber aus prozessökonomischen Gründen auch nicht verlangt werden, dass Revision eingelegt wird, um die Sache zur mündlichen Verhandlung in der Tatsacheninstanz zurückverweisen zu lassen. Vielmehr ist unmittelbar aus Art 6 Abs 1 EMRK (zu dessen Verbindlichkeit vgl BVerfG NJW 2004, 3407) ein Antrag auf Durchführung der mündlichen Verhandlung zulässig.

Ein isolierter Antrag nach § 84 Abs 2 Nr 5 VwGO kommt etwa bei Gerichtsbescheiden **27** des BVerwG und bei Abweisung einer Asylklage als offensichtlich unbegründet (§ 78 Abs 1 AsylVfG) in Betracht.

Wendet sich ein Beteiligter gegen einen Gerichtsbescheid allein mit der Begründung, ihm **28** sei **rechtliches Gehör versagt** worden, so ist er gehalten, **Antrag auf mündliche Verhandlung** zu stellen, um sich dieses selbst zu verschaffen (VGH München, BayVBl 2007, 30 f.; OVG Lüneburg NVwZ-RR 2005, 697). Unterlässt er dies, hat ein allein auf die Gehörsverletzung gestützter Antrag auf Zulassung der Berufung keinen Erfolg (BVerwG NVwZ-RR 2003, 902; VGH Kassel NVwZ-RR 2001, 207; OVG Koblenz DÖV 1999, 36). Dies gilt entsprechend, wenn geltend gemacht wird, das Gericht habe durch eine **unterbliebene Beweiserhebung** seine Pflicht verletzt, den Sachverhalt von Amts wegen aufzuklären (BVerwG NVwZ-RR 2003, 902, 903) bzw die Voraussetzungen für den Erlass eines Gerichtsbescheides seien nicht gegeben (BVerwG Buchholz 310 § 132 Abs 2 Nr 3 VwGO Nr 24).

Eine **Umdeutung** des Antrags auf Zulassung der Berufung in einen Antrag auf mündli- **29** che Verhandlung ist wegen der unterschiedlichen Zielrichtung beider Rechtsbehelfe **nicht** möglich (BVerwG DVBl 1996, 105). Wird von einer anwaltlich nicht vertretenen Partei ein als „sofortige Beschwerde" bezeichnetes Rechtsmittel gegen einen Gerichtsbescheid eingelegt, ist dieses als Antrag auf mündliche Verhandlung umzudeuten (OVG Magdeburg NVwZ 2009, 854).

30   Die Erklärung, in der mündlichen Verhandlung einen bestimmten **Antrag stellen zu wollen**, stellt keinen Antrag auf Anberaumung einer mündlichen Verhandlung dar (BFH NVwZ 1996, 518).

31   Der Antrag auf mündliche Verhandlung muss sich nicht auf den gesamten Gerichtsbescheid beziehen, er kann sich auch auf **abtrennbare Streitpunkte** beschränken. Hinsichtlich der nicht in diesen Antrag auf mündliche Verhandlung miteinbezogenen Streitpunkte wirkt der Gerichtsbescheid als Urteil (§ 84 Abs 3 VwGO, BFH DB 2003, 2264).

32   Die **Zurücknahme** des Antrags auf mündliche Verhandlung ist nach nahezu einhelliger Auffassung **zulässig**. Der Gerichtsbescheid lebt dann wieder auf (BFH NVwZ 1989, 1200) und wird rechtskräftig, das Verfahren ist entsprechend § 92 Abs 3 S 1 VwGO einzustellen.

33   Wird der Antrag auf mündliche Verhandlung **verspätet** gestellt, ist durch Urteil die Beendigung des Verfahrens durch den Gerichtsbescheid festzustellen (VGH Kassel ESVGH 28, 220; VGH München DÖV 1981, 639; aA OVG Hamburg DVBl 1998, 487: Entscheidung durch Beschluss analog § 125 Abs 2 VwGO).

II. Folgeentscheidung

34   Wird mündliche Verhandlung beantragt, kann das Gericht gem § 101 Abs 2 VwGO im Einverständnis der Beteiligten später **auch ohne mündliche Verhandlung** entscheiden. Ein solches Einverständnis kann bereits im Antrag auf mündliche Verhandlung erklärt werden.

35   Das Gericht kann nach einem Antrag auf mündliche Verhandlung ausnahmsweise dann erneut **per Gerichtsbescheid** entscheiden, wenn damit keinem Beteiligten das rechtliche Gehör entzogen wird und sich gegenüber der früheren Prozesslage – etwa durch die Beschränkung des Klageantrags oder durch eine eingetretene Unzulässigkeit der Klage – wesentliche Änderungen ergeben haben (BFH BFHE 199, 271).

36   Eine verwaltungsgerichtliche Entscheidung durch Gerichtsbescheid hindert das Berufungsgericht nicht, eine unzulässige Berufung gem § 125 Abs 2 VwGO durch Beschluss zu verwerfen, Art 6 Abs 1 EMRK steht dem nicht entgegen (BVerwG DVBl 1996, 105; VGH Kassel NVwZ-RR 1996, 543). Unzulässig ist aber eine Entscheidung durch Beschluss ohne mündliche Verhandlung im sog. vereinfachten Berufungsverfahren nach § 130a VwGO zu Lasten des Klägers, wenn der Klage in erster Instanz durch Gerichtsbescheid stattgegeben wurde (BVerwG NVwZ 2002, 993), da der Gesetzgeber das vereinfachte Berufungsverfahren nach § 130a VwGO nur unter der Voraussetzung zugelassen hat, dass in erster Instanz eine mündliche Verhandlung stattgefunden hat oder dem Berufungskläger jedenfalls eröffnet war (BVerwG Beschl v 7.2.2007 – 1 B 286/06).

§ 85 [Klagezustellung]

[1] **Der Vorsitzende verfügt die Zustellung der Klage an den Beklagten.** [2] **Zugleich mit der Zustellung ist der Beklagte aufzufordern, sich schriftlich zu äußern; § 81 Abs. 1 Satz 2 gilt entsprechend.** [3] **Hierfür kann eine Frist gesetzt werden.**

    Im Verwaltungsprozess wird die Klage – anders als im Zivilprozess (§ 253 Abs 1 ZPO) – bereits mit Eingang der Klageschrift bei Gericht (§ 81 Abs 1 S 1 VwGO, vgl S 2 für die Niederschrift durch den Urkundsbeamten der Geschäftsstelle) nicht nur anhängig, sondern **rechtshängig** (§ 90 VwGO). § 85 S 1 VwGO schreibt (trotzdem) die **Zustellung der Klage von Amts wegen** nach § 56 Abs 2 und 3 VwGO vor. Hierdurch wird der Beklagte auf die Klageerhebung hingewiesen und veranlasst, seine Interessen entsprechend wahrzunehmen.

A. Anwendungsbereich

1   § 85 VwGO gilt auch für die Zustellung an andere Beteiligte, also **Beigeladene** und **Vertreter des öffentlichen Interesses** (vgl § 36 Abs 2 VwGO, § 35 Abs 2 VwGO; regelmäßig wird auf deren Benachrichtigung allgemein oder im Einzelfall verzichtet, Kopp/Schenke VwGO § 85 Rn 1).

§ 85 VwGO gilt entsprechend für alle **Rechtsbehelfe** (vgl § 125 Abs 1 VwGO, dazu **2** OVG NRW NVwZ 2001, 212, 214; auch im **Beschlussverfahren nach § 80 VwGO bzw § 123** VwGO) und **bestimmenden Schriftsätze** (Kopp/Schenke VwGO § 85 Rn 3).

Eine **formlose Mitteilung** der Klage widerspricht zwar § 85 S 1 VwGO, genügt aber, **3** wenn der Beklagte anschließend in der Sache Stellung nimmt (BVerwGE 8, 149; Eyermann/ Geiger VwGO § 85 Rn 3).

B. Aufforderung des Beklagten zur Äußerung (§ 85 S 2 VwGO)

Die Klageschrift wird zunächst der nach dem Geschäftsverteilungsplan des Präsidiums **4** zuständigen Kammer (vgl § 6 Abs 1 VwGO) – dort dem **Vorsitzenden** (oder dem originären Einzelrichter, vgl § 76 Abs 4 AsylVfG) – vorgelegt. Nach Eintragung der Streitsache ins Verfahrensregister (Bosch/Schmidt § 34 I 1) verfügt der Vorsitzende unverzüglich (Münch-KommZPO/Lüke ZPO § 271 Rn 7) die Klagezustellung (einschließlich deren Form), ausgeführt wird diese durch die Geschäftsstelle.

Der Beklagte erhält eine **Abschrift der Klage** mit der **Aufforderung**, sich zu dieser zu **5** äußern (Eyermann/Geiger VwGO § 85 Rn 8). Kommt er dieser Aufforderung allerdings **nicht** nach, so erleidet er – abgesehen von der Pflicht, etwaige Mehrkosten eines weiteren Verhandlungstermins gem § 155 Abs 4 VwGO zu tragen – keinerlei Nachteile (Kopp/ Schenke VwGO § 85 Rn 4; vgl aber § 87b Abs 3 VwGO). Eine Verpflichtung zur Stellungnahme besteht jedenfalls dann nicht, wenn die Klage selbst noch nicht näher begründet wurde (generell verneinend Eyermann/Geiger VwGO § 85 Rn 5; zum Berufungsverfahren OVG Münster NVwZ 2001, 212). Ein **Versäumnisurteil** kennt die VwGO ohnehin **nicht**. Ferner wird der Beklagte aufgefordert, seine **Verwaltungsvorgänge** (§ 99 Abs 1 S 1 VwGO) vorab vorzulegen.

Die Klageerwiderung ist – so der Verweis in § 85 S 2 Hs 2 VwGO – **schriftlich** oder **6** **zur Niederschrift** des Urkundsbeamten der Geschäftsstelle abzugeben (§ 81 Abs 1 VwGO). Auch für die übrigen Prozessbeteiligten wird aus ihrer Verpflichtung zur Förderung des Prozesses eine Obliegenheit zur Einreichung von Abschriften gem § 81 Abs 2 VwGO gefolgert (Kopp/Schenke VwGO § 85 Rn 6).

C. Fristsetzung für die Klageerwiderung (§ 85 S 3 VwGO)

Die Setzung einer Frist zur Klageerwiderung steht im **Ermessen** des Vorsitzenden. Sie ist **7** in der Praxis üblich und regelmäßig sinnvoll. Diese Frist kann auf Antrag (vgl BVerwG NVwZ-RR 1998, 783) oder von Amts wegen **verlängert** werden, Äußerungen nach Fristablauf sind nicht ausgeschlossen. Die Fristsetzung entfaltet **Bindungswirkung**, vor ihrem Ablauf darf daher nicht entschieden werden. Eine nachträgliche **Verkürzung** dieser Frist ist unzulässig, soweit hierdurch das rechtliche Gehör beeinträchtigt wird.

Für die **übrigen** Verfahrensbeteiligten gilt § 86 Abs 4 S 1 und 2 VwGO (Eyermann/ **8** Geiger VwGO § 85 Rn 6).

D. Weiterer Verfahrensgang

In der Praxis werden in der Eingangsverfügung zur Beschleunigung des Verfahrens bereits **9** **weitere Anordnungen** nach § 87 Abs 1 S 2 Nr 1 bis 4 VwGO, §§ 87b Abs 1 und 2, 99 Abs 1 S 1 VwGO zur Art und Weise der Akteneinsicht nach § 100 VwGO getroffen. Gleichzeitig werden Akten anderer Behörden, etwa der **Widerspruchsbehörde**, angefordert.

Zugleich erhält der Kläger bzw. sein Prozessbevollmächtigter eine **Eingangsbestätigung** **10** (mit Eingangsdatum der Klage und Aktenzeichen) und wird über die Frist nach § 85 S 3 VwGO informiert. Ggf ist der Kläger **aufzufordern** (beachte § 56 Abs 1 VwGO), seine Klage gem § 82 VwGO **zu ergänzen** und **zu begründen** bzw eine fehlende **Vollmachts-urkunde** vorzulegen (§ 67 Abs 3 VwGO). Ferner ist bereits jetzt über eine **Beiladung** zu entscheiden, auch ist der Vertreter des öffentlichen Interesses von der Streitsache in Kenntnis zu setzen.

11   Schon in diesem Stadium kann gem kammerinterner Geschäftsverteilung eine Zuweisung
an den **Berichterstatter** erfolgen (Eyermann/Geiger VwGO § 85 Rn 8 ff).

§ 86 [Untersuchungsgrundsatz; Aufklärungspflicht; vorbereitende Schriftsätze]

(1) [1]**Das Gericht erforscht den Sachverhalt von Amts wegen; die Beteiligten sind
dabei heranzuziehen.** [2]**Es ist an das Vorbringen und an die Beweisanträge der
Beteiligten nicht gebunden.**

**(2) Ein in der mündlichen Verhandlung gestellter Beweisantrag kann nur durch
einen Gerichtsbeschluß, der zu begründen ist, abgelehnt werden.**

**(3) Der Vorsitzende hat darauf hinzuwirken, daß Formfehler beseitigt, unklare
Anträge erläutert, sachdienliche Anträge gestellt, ungenügende tatsächliche Angaben ergänzt, ferner alle für die Feststellung und Beurteilung des Sachverhalts
wesentlichen Erklärungen abgegeben werden.**

(4) [1]**Die Beteiligten sollen zur Vorbereitung der mündlichen Verhandlung
Schriftsätze einreichen.** [2]**Hierzu kann sie der Vorsitzende unter Fristsetzung auffordern.** [3]**Die Schriftsätze sind den Beteiligten von Amts wegen zu übermitteln.**

(5) [1]**Den Schriftsätzen sind die Urkunden oder elektronischen Dokumente, auf
die Bezug genommen wird, (*bis 1.7.2014: in Urschrift oder*) in Abschrift ganz oder im
Auszug beizufügen.** [2]**Sind die Urkunden oder elektronischen Dokumente dem
Gegner bereits bekannt oder sehr umfangreich, so genügt die genaue Bezeichnung
mit dem Anerbieten, Einsicht bei Gericht zu gewähren.**

Die Vorschrift enthält mehrere Regelungen von unterschiedlicher Art und unterschiedlicher Bedeutung für das verwaltungsgerichtliche Verfahren. Die Absätze 1 bis 3 enthalten
wesentliche Grundsätze, die insbes der Feststellung des entscheidungserheblichen Sachverhalts dienen. Die Absätze 4 und 5 stehen in einem eigenen Zusammenhang; sie begründen
Mitwirkungspflichten der Beteiligten zur Einreichung vorbereitender Schriftsätze; sie betreffen in ihrer Allgemeinheit nicht nur die Sachverhaltsfeststellung, sondern auch die Darlegung
rechtlicher Erwägungen. Im Gesamtkontext der Norm kommt den ersten beiden Absätzen
die bei weitem wesentlichere Bedeutung zu; auch bleibt die Verletzung der Absätze 4 und 5
prozessrechtlich unerheblich. Die zentrale Regelung ist Abs 1. Er enthält als wesentlichen
Grundsatz des Verwaltungsprozesses den **Untersuchungsgrundsatz**, auch als **Amtsermittlungsgrundsatz** oder Inquisitionsmaxime bezeichnet (Rn 1 ff). Das Gericht erforscht danach unter Heranziehung der Beteiligten den Sachverhalt von Amts wegen (S 1); es ist dabei
an das Vorbringen und die Beweisanträge der Beteiligten nicht gebunden (S 2). Allerdings
haben auch die Beteiligten **Mitwirkungspflichten**, wie sich aus S 1 Hs 2 ergibt (Rn 44 ff).
Dem Untersuchungsgrundsatz kommt aber gegenüber diesen Mitwirkungspflichten der Vorrang zu, wie S 2 deutlich macht. Damit trägt das Verwaltungsgericht als Tatsachengericht die
Letztverantwortung für die Aufklärung des Sachverhalts. Im Unterschied dazu wird der
Zivilprozess durch den Beibringungs- oder Verhandlungsgrundsatz beherrscht, demzufolge
nur die Tatsachen berücksichtigt werden, die von den Parteien vorgetragen wurden. Der
Untersuchungsgrundsatz ist Ausdruck des öffentlichen Interesses an der sachlichen Richtig-
keit einer verwaltungsgerichtlichen Entscheidung und hat seine verfassungsrechtlichen
Grundlagen in dem durch Art 19 Abs 4 GG begründeten Anspruch auf Gewährung effektiven Rechtsschutzes gegen Maßnahmen der öffentlichen Gewalt, im Rechtsstaatsprinzip,
insbes im Gebot der Gesetzmäßigkeit der Verwaltung (Art 20 Abs 3 GG), sowie in den
Grundrechten. Der Untersuchungsgrundsatz ist inhaltlich von dem Verfügungsgrundsatz
(Dispositionsmaxime) zu unterscheiden, der – wie im Zivilprozess – auch dem Betreiber des
verwaltungsgerichtlichen Verfahrens die Befugnis gibt, über den Streitgegenstand zu bestim-
men, etwa durch Klageänderung (§ 91 VwGO) oder Klagerücknahme (§ 92 VwGO).
Abs 2, der systematisch besser zu § 103 VwGO gepasst hätte, enthält eine Regelung über die
Behandlung von **Beweisanträgen** (Rn 60 ff), die in der mündlichen Verhandlung gestellt
werden. Abs 3 begründet als Ausdruck der prozessualen Fürsorgepflicht des Gerichts für die
Beteiligten die Verpflichtung des Vorsitzenden **(Hinweispflicht)** (Rn 93 ff), richterliche
Hinweise über Formvorschriften, sachdienliche Anträge und wesentliche Erklärungen der

Beteiligten insbes zum Sachverhalt zu geben. Abs 4 regelt das Recht des Vorsitzenden, die Beteiligten zur Einreichung von **Schriftsätzen** unter Fristsetzung zur Vorbereitung der mündlichen Verhandlung (vorbereitende Schriftsätze) aufzufordern; die Vorschrift ergänzt § 85 S 2 VwGO. In Abs 5 werden Einzelheiten über die **Vorlage** von Urkunden geregelt, wenn auf sie in den Schriftsätzen Bezug genommen wird. § 86 VwGO gilt nicht nur im Klageverfahren, sondern auch im Normenkontrollverfahren und – modifiziert durch Besonderheiten – in allen selbständigen Beschlussverfahren, auch denen des vorläufigen Rechtsschutzes (§ 47 Abs 6 VwGO, § 80 Abs 5 VwGO, § 80a VwGO und § 123 VwGO), der Prozesskostenhilfe und der Vollstreckung. Die Nichterwähnung in § 122 Abs 1 VwGO steht dem nicht entgegen. Im Revisionsverfahren kommt dem Untersuchungsgrundsatz wegen des grundsätzlichen Unterbleibens von Tatsachenfeststellungen nur geringe Bedeutung zu.

Übersicht

A. Untersuchungsgrundsatz (§ 86 Abs 1)

I. Begriff der Amtsermittlung

1. Bedeutung, Abgrenzung zum Beibringungsgrundsatz der ZPO

1   § 86 Abs 1 S 1 VwGO enthält als einen wesentlichen Grundsatz des Verwaltungsprozessrechts den **Untersuchungsgrundsatz**, der auch als **Amtsermittlungsgrundsatz** oder Inquisitionsmaxime bezeichnet wird. Das Gericht erforscht danach den Sachverhalt von Amts wegen (Hs 1); die Beteiligten sind dabei heranzuziehen (Hs 2). Jedoch ist das Gericht, wie sich aus Abs 1 S 2 ergibt, an das Vorbringen und an die Beweisanträge der Beteiligten nicht gebunden. Abs 1 S 1 Hs 2 hat freilich die Bedeutung, dass den Beteiligten **Mitwirkungspflichten** obliegen, die gegebenenfalls die Amtsermittlung begrenzen. Dem Untersuchungsgrundsatz kommt aber, wie aus dem Wortlaut von Abs 1 S 2 hervorgeht, gegenüber den Mitwirkungspflichten ein grundsätzlicher Vorrang zu. Dies bedeutet, dass das Verwaltungs- oder Oberverwaltungsgericht als Tatsachengericht die Letztverantwortung für die Aufklärung des Sachverhalts trägt.

2   Es besteht ein Zusammenhang mit § 108 Abs 1 VwGO. Das danach für die richterliche Überzeugung maßgebliche „Gesamtergebnis des Verfahrens" ist der rechtsfehlerfrei auf der Grundlage des § 86 Abs 1 ermittelte Sachverhalt (vgl § 108 VwGO).

3   Der Gegensatz hierzu ist der **Beibringungs-** oder **Verhandlungsgrundsatz**, der das Zivilprozessrecht (ZPO) kennzeichnet. Danach darf das Gericht nur die Tatsachen berücksichtigen, die von den Beteiligten („Parteien") vorgetragen werden. Es darf auch nur insoweit Beweis erheben. Im Verwaltungsprozess hingegen ermittelt das Gericht im Rahmen des Möglichen alle erheblichen Tatsachen, die es zur Vorbereitung seiner Entscheidung als notwendig ansieht. Ein etwa entgegenstehender Wille eines Beteiligten ist unbeachtlich. Dies ist insbes bei der in § 173 VwGO angeordneten entsprechenden Anwendung der Zivilprozessordnung von Bedeutung: Der Untersuchungsgrundsatz führt dazu, dass einzelne Bestimmungen der ZPO, die auf den Beibringungsgrundsatz zugeschnitten sind, im Verwaltungsprozess nicht gelten. So ist etwa § 138 Abs 3 ZPO, wonach unstreitiges Vorbringen vom Gericht zugrunde zu legen ist, nach § 173 S 1 Hs 2 VwGO nicht anwendbar (BVerwG, Buchholz 11 Art 20 Nr 118; zu Rn 30). Ebenso ist der Erlass eines Versäumnisurteils (§§ 330, 331 ZPO) nicht möglich (Eyermann/Geiger VwGO § 86 Rn 2).

4   Der Untersuchungsgrundsatz als Pflicht zur Sachaufklärung von Amts wegen hat seit der Einführung der Zulassungsberufung durch die 6. VwGO-Novelle (§§ 124, 124a VwGO) am 1.1.1997 an Bedeutung gewonnen. Seine Verletzung, nämlich das Unterlassen von **notwendigen** Ermittlungen, die von einem Beteiligten förmlich beantragt wurden oder deren Notwendigkeit sich aufdrängt, stellt einen erheblichen **Verfahrensmangel** dar und kann gem § 124 Abs 2 Nr 5 VwGO zur Zulassung der Berufung führen. Auf entsprechende Rüge muss sich das OVG im Zulassungsverfahren damit auseinandersetzen. Ebenso kann die **Aufklärungsrüge** auf Beschwerde zur Zulassung der Revision führen (siehe Rn 26). Außerdem kann darin eine Verletzung des rechtlichen Gehörs (§ 108 Abs 2 VwGO, Art 103 GG) liegen, die als absoluter Revisionsgrund bei hinreichender Darlegung zu einem Erfolg der Revisionsbeschwerde führt (BVerwG, Buchholz 310 § 86 Abs 1 VwGO Nr 272).

4.1   Hingegen ist festzustellen, dass der ursprüngliche Gegensatz zwischen dem verwaltungsprozessualen Untersuchungsgrundsatz und dem zivilprozessualen Beibringungsgrundsatz im Laufe der Jahrzehnte geringer geworden ist. Es hat als Folge gesetzlicher Änderungen sowohl der ZPO als auch der VwGO Annäherungen zwischen beiden Maximen gegeben. Einerseits sind in der ZPO die richterlichen Möglichkeiten der Sachverhaltsfeststellung und -aufklärung von Amts wegen erweitert worden, andererseits hat der Untersuchungsgrundsatz durch Änderungen der VwGO zusätzliche Beschränkungen nach Maßgabe des Verhaltens der Beteiligten erfahren, wie etwa die Möglichkeit der Zurückweisung verspäteten Vorbringens (§ 87b VwGO). Insgesamt kommt deshalb der Mitwirkungspflicht der Beteiligten neben der gebotenen Amtsermittlung inzwischen eine größere Bedeutung zu als früher; sie geht über den Wortlaut des Abs 1 S 1 Hs 2 deutlich hinaus (Redeker/v Oertzen/Kothe VwGO § 86 Rn 1).

2. Abgrenzung zum Verfügungsgrundsatz (Dispositionsmaxime) der VwGO

Der **Verfügungsgrundsatz (Dispositionsmaxime)** gilt gleichermaßen im Zivilprozess **5** wie im Verwaltungsprozess. Er beinhaltet die Verfügungsbefugnis des Prozessbetreibers über den Streitgegenstand und gibt daher auch den Betreibern des verwaltungsgerichtlichen Verfahrens die Befugnis, über den Streitgegenstand frei zu bestimmen. Dies folgt aus verschiedenen Vorschriften der VwGO und wird bereits darin deutlich, dass ein verwaltungsgerichtliches Verfahren nicht von Amts wegen (Offizialmaxime) eingeleitet werden kann, sondern allein aufgrund einer Klageerhebung (§ 81 VwGO) oder eines Antrags im Beschluss- oder Normenkontrollverfahren eröffnet wird. Dementsprechend hat der Kläger auch die grundsätzliche Befugnis, vor Eintritt der Rechtskraft seine Klage, seinen Antrag oder sein Rechtsmittel zurückzunehmen (§ 92 VwGO) und damit die Rechtshängigkeit zu beenden. Ebenso besteht die Möglichkeit der Klage- oder Antragsänderung (§ 91 VwGO) sowie – mit verfahrensbeendender Wirkung – des Vergleichs (§ 106 VwGO) und der mit dem Prozessgegner übereinstimmenden Erledigungserklärung in der Hauptsache (§ 161 Abs 2 VwGO). Ausdruck des Verfügungsgrundsatzes ist auch die durch § 88 VwGO angeordnete Bindung des Gerichts an den vom Kläger oder Antragsteller durch seine Anträge bestimmten Streitgegenstand („Klagebegehren").

Das durch den Untersuchungsgrundsatz gebotene Prinzip der Amtsermittlung steht dazu **6** nicht im Gegensatz. Verfügungs- und Untersuchungsgrundsatz **ergänzen** sich vielmehr, weil das Verwaltungsgericht den Sachverhalt nur im Rahmen des vom Kläger oder Antragsteller durch den jeweiligen Antrag bestimmten und dadurch abgegrenzten Streitgegenstandes von Amts wegen ermitteln darf. Während der Rechtshängigkeit des Verfahrens bleibt die Befugnis der Beteiligten, über den Streitgegenstand nach den genannten gesetzlichen Bestimmungen zu verfügen, erhalten, auch wenn das Gericht bereits aufwendige Sachverhaltsermittlungen vorgenommen hat.

Die Dispositionsmaxime ermöglicht es auch, über § 173 VwGO die zivilprozessualen **7** Vorschriften über das **Verzichtsurteil** (§ 306 ZPO) und das **Anerkenntnisurteil** (§ 307 ZPO) anzuwenden. Ein Anerkenntnisurteil ist jedenfalls bei einer Verpflichtungsklage möglich (BVerwGE 104, 27 = NVwZ 1997, 576). Es scheidet aber bei einer Anfechtungsklage aus, weil die Erklärung der Behörde, dem Aufhebungsbegehren werde abgeholfen, nicht ausreicht, um die durch den angefochtenen Bescheid hervorgerufene Beschwer zu beseitigen (BVerwGE 62, 18).

II. Verfassungsrechtliche Herleitung

Der Untersuchungsgrundsatz (Amtsermittlungsgrundsatz) ist Ausprägung des in Art 19 **8** Abs 4 GG gewährleisteten Anspruchs auf Gewährung **effektiven Rechtsschutzes** gegen Maßnahmen der öffentlichen Gewalt (Eyermann/Geiger VwGO § 86 Rn 5; Kopp/Schenke VwGO § 86 Rn 1). Er ist auch Ausdruck des in Art 20 Abs 3 GG enthaltenen **Rechtsstaatsprinzips** und damit zugleich des Prinzips der Gesetzmäßigkeit der Verwaltung. Diese Verfassungsgrundsätze müssen auf der Grundlage objektiv vorhandener Tatsachen durchgesetzt werden und verlangen deshalb im Unterschied zum Zivilprozess die sachliche Richtigkeit der verwaltungsgerichtlichen Entscheidung ohne Bindung an das Verhalten der Beteiligten. Dem rechtsunkundigen Bürger soll ermöglicht werden, dass sein Begehren von unabhängigen Richtern umfassend und damit auch auf der Grundlage eines zutreffend ermittelten Sachverhalts geprüft wird (B/F-K/S/vA VwGO § 86 Rn 3, 12). Dies soll auch und gerade bei komplexen Sachverhalten geschehen, die von einem betroffenen Bürger allein nicht hinreichend festgestellt und vorgetragen werden können. Die gebotene **Sachrichtigkeit** der Entscheidung könnte nicht erreicht werden, wenn das Verwaltungsgericht nicht in der Lage wäre, sich ohne Rücksicht auf das Vorbringen der Beteiligten die notwendige volle Überzeugung (§ 108 Abs 1 VwGO) davon zu bilden, wie das zu überprüfende Verwaltungshandeln tatsächlich zu würdigen ist.

9   Schließlich kann sich auch aus den **Grundrechten**, insbes dem Asylgrundrecht nach Art 16a Abs 1 GG und dem Grundrecht auf Anerkennung als Kriegsdienstverweigerer aus Art 4 Abs 3 GG, die Pflicht des Verwaltungsgerichts ergeben, den entscheidungserheblichen Sachverhalt von Amts wegen umfassend zu ermitteln (BVerfG DVBl 1980, 191, 193; iE Geiger, BayVBl 1999, 321, 322).

III. Anwendungsbereich im Verwaltungsprozess

10   Der Amtsermittlungsgrundsatz (Untersuchungsgrundsatz) gilt nicht nur im **Klageverfahren** erster und zweiter Instanz (dort insbes nach Zulassung der Berufung), sondern auch im **Normenkontrollverfahren** und grundsätzlich – mit Besonderheiten – in allen selbständigen Beschlussverfahren, auch denen des **vorläufigen Rechtsschutzes** (§ 80 Abs 5 VwGO, 80a VwGO, § 123 VwGO, § 47 Abs 6 VwGO), der Prozesskostenhilfe (§ 166 VwGO iVm §§ 114 ZPO ff) und der Vollstreckung. Die Nichterwähnung in § 122 Abs 1 VwGO steht dem nicht entgegen (Eyermann/Geiger VwGO § 1 Rn 1a).

11   In Verfahren des **vorläufigen Rechtsschutzes** trifft den Antragsteller im Vergleich zum Hauptsacheverfahren eine **gesteigerte Mitwirkungspflicht**. Er muss den entscheidungserheblichen Sachverhalt substantiiert **darlegen** sowie präsente Beweismittel vorbringen (F/D/K Rn 318, 917). Für die einstweilige Anordnung ist dies ausdrücklich gesetzlich geregelt; nach § 123 Abs 3 VwGO iVm § 920 Abs 2 ZPO obliegt es dem Antragsteller, einen Anordnungsanspruch und einen Anordnungsgrund, dh auch die maßgeblichen Tatsachen, **glaubhaft zu machen** (§ 173 VwGO iVm § 294 ZPO). Dadurch wird, ähnlich wie bei der Interessenabwägung im Verfahren nach § 80 Abs 5 VwGO, das Amtsermittlungsprinzip aber nicht in der Weise eingeschränkt, dass das Gericht deshalb an einer dem summarischen Charakter des Eilverfahrens entsprechenden, je nach den Umständen des Einzelfalles hinreichend sorgfältigen Prüfung der Sachlage gehindert wäre; vielmehr hat es ausgehend von dem Antragsvorbringen **von Amts wegen** ergänzend die Ermittlungen anzustellen, die sich trotz der gegebenen Eilbedürftigkeit anbieten oder gar aufdrängen. Der unzureichende Tatsachenvortrag oder die ungenügende Benennung von Beweismitteln durch den Antragsteller geben freilich – je nach der Eilbedürftigkeit der Entscheidung und der Bedeutung der gefährdeten Rechtsgüter – Anlass zu der Erwägung, ob das Gericht überhaupt eigene Ermittlungen anstellen muss (Sodan/Ziekow/Rixen VwGO § 86 Rn 55, 58; F/D/K Rn 318 ff, 914 ff).

11.1   Nach § 146 Abs 4 S 6 VwGO ist die Sachprüfung des Beschwerdegerichts in Eilverfahren auf die vom Beschwerdeführer innerhalb der Frist des § 146 Abs 4 S 1 VwGO darzulegenden Gründe gegen die Richtigkeit der erstinstanzlichen Entscheidung beschränkt. Hinsichtlich der Gründe, die für die Richtigkeit der erstinstanzlichen Entscheidung sprechen, gilt hingegen der Untersuchungsgrundsatz nach § 86 Abs 1 VwGO (VGH Mannheim NVwZ-RR 2006, 75 = BeckRS 2004, 26702).

12   Die verwaltungsgerichtlichen Eilverfahren sind wegen ihrer auf eine lediglich summarische Prüfung insbes der Sachlage zielenden Eigenart zwar auf die Verwertung präsenter, dh von den Beteiligten beigebrachter, ohne förmliche Beweiserhebung gewonnener und lediglich glaubhaft gemachter (§ 294 ZPO) Beweismittel ausgerichtet und wegen der Eilbedürftigkeit der Verfahren auch angewiesen (VGH Mannheim DVBl 1993, 508, 509; Kopp/Schenke VwGO § 86 Rn 2). Das Gericht ist aber befugt und je nach Sachlage gehalten, von sich aus **zusätzliche** Ermittlungen vorzunehmen, solange der besondere, vom Zeitablauf bestimmte Charakter des Eilverfahrens dem im Einzelfall nicht entgegensteht (OVG Greifswald NordÖR 1999, 72; VGH München NVwZ-RR 2001, 477). Eine förmliche Beweisaufnahme etwa durch Vornahme eines Augenscheins, Einvernahme eines Zeugen oder gar Einholung eines schriftlichen Sachverständigengutachtens wird regelmäßig wegen Zeitmangels untunlich sein, ist aber mit Blick auf die dennoch gebotene Amtsermittlung nicht

ausgeschlossen; sie steht deshalb nach Sachlage im prozessualen **Ermessen** des Gerichts (Eyermann/Geiger VwGO § 86 Rn 1a). Dabei hat das Gericht je nach den Umständen die vorrangige Bedeutung des verfassungsrechtlich gebotenen effektiven Rechtsschutzes (Art 19 Abs 4 GG) in den Blick zu nehmen und ihr gerecht zu werden. Dementsprechend muss bei schwerwiegenden Grundrechtseingriffen die Prüfung auch des Sachverhalts über eine summarische Betrachtung hinaus eingehend genug sein, um den Antragsteller vor erheblichen und unzumutbaren, anders weder abwendbaren noch reparablen Nachteilen effektiv zu schützen (BVerfGE 79, 69, 74; 93, 1, 13). Die Gerichte müssen in solchen Fällen, wenn sie sich an den Erfolgsaussichten der Hauptsache orientieren wollen, auch die Sachlage nicht nur summarisch, sondern abschließend prüfen (BVerfGK 5, 237, 242).

Besondere Bedeutung kommt dem Amtsermittlungsgrundsatz bei der Gewährung einstweiligen **12.1** Rechtsschutzes im **Hochschulzulassungsverfahren** zur Verwirklichung eines effektiven Rechtsschutzes zu. Dem Studienbewerber muss wegen der vorrangigen Bedeutung der betroffenen Grundrechte aus Art 12 GG und Art 19 Abs 4 GG eine reelle Chance auf eine möglichst zeitnahe Zuteilung eines Studienplatzes schon im Eilverfahren eröffnet sein, da es zur Durchführung eines Klageverfahrens vielfach gar nicht kommen wird. Das bedeutet, dass die kapazitätsbestimmenden Faktoren schon im Eilverfahren geprüft werden müssen. Eine zumindest kursorische oder stichprobenartige Sachverhaltsermittlung ist deshalb geboten. Das Verwaltungsgericht darf sich allein auf punktuelle Angaben und Ergebnisse hochschulinterner Berechnungen nicht verlassen, sondern muss diese selbst nachprüfen. Der Amtsermittlungsgrundsatz müsste nur dann zurücktreten, wenn eine Überprüfung ohne zusätzliche Tatsachenermittlung wegen der Eilbedürftigkeit der Sache nicht möglich ist. Das ist aber nicht der Fall, wenn es um vorhandene Zahlen und sonstige Tatsachen geht und die Entscheidung des Gerichts nicht innerhalb von Tagen, sondern erst innerhalb einiger Wochen ergehen muss (BVerfG NVwZ 2004, 1112; Kopp/Schenke VwGO § 123 Rn 24 ff, 32).

Von besonderer Bedeutung ist der Amtsermittlungsgrundsatz auch in den Verfahren des vor- **12.2** läufigen Rechtsschutzes, denen Streitigkeiten um das Bestehen oder Nichtbestehen einer **Prüfung** zugrunde liegen. Auch wenn der Antragsteller die tatsächlichen Voraussetzungen eines Anordnungsanspruchs nach § 123 VwGO in derartigen Fällen selbst glaubhaft machen muss, gilt für das Gericht die Pflicht zur (ergänzenden) Amtsermittlung. Wegen des summarischen Charakters des Verfahrens genügt die Annahme überwiegender Wahrscheinlichkeit (BVerfG BVerfGE 67, 43 = NJW 1984, 2028; Zimmerling/Brehm NVwZ 2004, 651).

Bei **beamtenrechtlichen Konkurrentenstreitigkeiten** um eine Beförderungsstelle unterschei- **12.3** det sich die Amtsermittlung der erheblichen Tatsachen im Verfahren des vorläufigen Rechtsschutzes nach § 123 VwGO nicht wesentlich von der Ermittlungspflicht im Hauptsacheverfahren. Die Anforderungen an die Glaubhaftmachung von Tatsachen – dabei geht es in erster Linie um deren Bedeutung zur Plausibilisierung eines Werturteils bei den für die Auswahlentscheidung maßgeblichen dienstlichen Beurteilungen (BVerwGE 60, 245) – durch den abgelehnten Bewerber dürfen wegen des durch Art 19 Abs 4 GG gebotenen effektiven Rechtsschutzes nicht über das hinausgehen, was für ein Obsiegen im Hauptsacheverfahren genügt. In derartigen Fällen ist daher eine gesteigerte Mitwirkungspflicht des Antragstellers im Vergleich zum Hauptsacheverfahren ebenfalls zu verneinen (BVerfG NVwZ 2003, 200; 2004, 95; BVerwG Buchholz 310 § 123 VwGO Nr 23). Zu den Grenzen einer gesteigerten Sachverhaltsermittlung in derartigen Eilverfahren vgl aber VGH Mannheim NVwZ-RR 2008, 550.

Bei der gebotenen Glaubhaftmachung von **Wiedereinsetzungsgründen** (§ 60 Abs 2 **13** S 2 VwGO) und der gesteigerten Vortragspflicht des Klägers im Asylrecht nach § 74 Abs 2 AsylVfG und im Falle des § 87b VwGO wird der Untersuchungsgrundsatz ggf durch zusätzliche Mitwirkungspflichten der Beteiligten eingeschränkt, deren Verletzung zu einem Unterbleiben weiterer Sachverhaltsermittlungen, dh Präklusionen, führen kann.

IV. Inhalt der Amtsermittlung

§ 86 Abs 1 S 1 Hs 1 VwGO enthält die Definition des Untersuchungsgrundsatzes (Amts- **14** ermittlungsgrundsatzes). Danach erforscht das Gericht den Sachverhalt von Amts wegen. Die Amtsermittlung hat danach den „Sachverhalt" zum Gegenstand, der vom Gericht „erforscht" wird; dies geschieht „von Amts wegen". Die Amtsermittlung ist gleichermaßen Befugnis und Verpflichtung des Gerichts.

1. Sachverhalt als Gegenstand der Amtsermittlung

15   Das Gesetz beschränkt sich auf die Aussage, dass die Amtsermittlung den Sachverhalt betrifft. Gemeint ist damit der entscheidungserhebliche Sachverhalt, wie er der richterlichen Überzeugung nach § 108 VwGO zugrunde zulegen ist. Ausgangspunkt für das Gericht sind die Normen des materiellen Rechts, die nach seiner Auffassung für die Entscheidung des Rechtsstreits maßgebend sind. Das Gericht bestimmt im Rahmen der allein ihm obliegenden und allein ihm als Befugnis zukommenden **Rechtsfindung** die Rechtsnormen, die es für die Entscheidung des Rechtsstreits als erheblich ansieht. Daher entscheidet allein das Gericht, welcher Sachverhalt zur Subsumtion unter diese Normen geeignet und zur Entscheidung des konkreten Streitfalles maßgebend ist und erforscht werden soll (BVerwGE 70, 216, 221; NJW 1985, 394; NVwZ 2004, 485; Kopp/Schenke VwGO § 86 Rn 4). Außerdem entscheidet es, mit welchen Mitteln dies geschehen soll.

16   Unter dem zu erforschenden „Sachverhalt" sind, dem allgemeinen Verständnis entsprechend, grundsätzlich nur **Tatsachen** zu verstehen, dh die tatsächlichen Grundlagen der zu treffenden Entscheidung. Dabei handelt es sich um sinnlich wahrnehmbare oder feststellbare Umstände. Hierzu zählen auch innere Tatsachen, dh Vorgänge der psychischen und rationalen Befindlichkeit eines Menschen, etwa die medizinisch-psychologischen Befunde zur Feststellung der Kraftfahreignung oder die Gewissensentscheidung eines Kriegsdienstverweigerers. Hingegen bezieht sich der Untersuchungsgrundsatz nicht auf die Feststellung und Auslegung des anzuwendenden Rechts, weil es sich hierbei nicht um Tatsachen, sondern um Rechtsnormen handelt. Die darin liegende Rechtsfindung ist eine Aufgabe des Gerichts, die das Gesetz voraussetzt („iura novit curia") und die sich nicht aus § 86 Abs 1 S 1 VwGO, sondern aus seinem Rechtsschutzauftrag ergibt. Das Gericht darf deshalb hinsichtlich der Rechtsfragen, die sich ihm stellen, keine Beweiserhebung durchführen, also insbes kein juristisches Sachverständigengutachten erheben. Es muss diese Rechtsfragen vielmehr selbst beantworten.

16.1   Darunter fallen auch Fragen aus dem Recht der Europäischen Gemeinschaft. Sowohl das primäre Vertragsrecht als auch das von den Gemeinschaftsorganen erlassene Sekundärrecht, insbes Richtlinien und Verordnungen, gelten mit Anwendungsvorrang in der Bundesrepublik Deutschland und sind deshalb vom Gericht zu beachten. Ebenso verhält es sich mit dem Völkerrecht.

17   Es kann allerdings zu Überschneidungen zwischen Tatsachenermittlung und Rechtsfindung kommen. Die Rechtsprechung gestattet es dem Tatsachengericht, bei der Überprüfung der Bewertung juristischer Prüfungsaufgaben ein Sachverständigengutachten darüber einzuholen, ob eine bestimmte Rechtsmeinung in einem dem Gericht nicht vertrauten Rechtsgebiet als vertretbar angesehen werden kann. Sie geht dabei von der Annahme aus, dadurch werde nicht das anzuwendende Recht festgestellt, sondern ein erheblicher Sachverhalt durch das Gericht gewürdigt (BVerwG DVBl 1998, 1350).

18   Besonderheiten gelten bei der Ermittlung **ausländischen Rechts**. Dabei geht es allein um die **Ermittlung**, nicht auch um die Anwendung und Auslegung des ausländischen Rechts durch das Gericht im Wege der Subsumtion. Entgegen einer dazu vertretenen Meinung (S/S/B/Dawin VwGO § 86 Rn 33; Kopp/Schenke VwGO § 86 Rn 1b) ist die entsprechende Anwendung des Untersuchungsgrundsatzes nach § 86 Abs 1 S 1 VwGO bei der Ermittlung ausländischen Rechts und ausländischer Rechtsakte – ebenso inländischen Gewohnheitsrechts – zu verneinen. Dies entspricht dem eindeutigen Wortlaut der Vorschrift, nach welchem allein Tatsachen den Gegenstand der Amtsermittlung (des „Erforschens") darstellen. Tatsachen sind aber von Rechtsnormen zu unterscheiden. Für eine analoge Anwendung des § 86 Abs 1 S 1 VwGO besteht keine Notwendigkeit, da § 293 ZPO als ausdrückliche und spezielle Regelung vorrangig ist und über § 173 VwGO auch im Verwaltungsprozess entsprechend Anwendung findet (Eyermann/Geiger VwGO § 86 Rn 7). § 293 ZPO ermächtigt und verpflichtet auch das Verwaltungsgericht in entsprechender Anwendung zur Ermittlung wesentlicher ausländischer Rechtsnormen Beweismittel und sonstige Erkenntnisquellen nach seiner Wahl in einem ihm zweckmäßig erscheinenden Verfahren zu benutzen, also im Wege formloser Ermittlungen oder förmlicher Beweiserhebung vorzugehen. Das Recht der Europäischen Union gilt in der Bundesrepublik Deutschland

unmittelbar und ist deshalb wie deutsches Recht anzuwenden (Eyermann/Geiger VwGO § 86 Rn 7).

Welcher Mittel sich das Gericht bedient, steht in seinem prozessualen Ermessen (BGH NJW **18.1** 1987, 1145). In Betracht kommt etwa die Einholung des **Gutachtens** eines spezialisierten wissenschaftlichen Instituts (BGH NJW-RR 1991, 1212), die Einholung einer **amtlichen Auskunft** (§ 98 VwGO) oder die urkundliche Verwertung eines bereits vorliegenden schriftlichen Gutachtens oder einer vorliegenden amtlichen Auskunft. Das Gericht kann ggf auf der Grundlage des **Europäischen Übereinkommens betreffend Auskünfte über ausländisches Recht** vom 7.6.1968 (BGBl 1974 II 937) tätig werden. Danach gibt es in jedem Mitgliedstaat eine Empfangsstelle zur Entgegennahme eingehender Ersuchen und eine Übermittlungsstelle zur Sammlung der inländischen Auskunftsersuchen. Die näheren Bestimmungen finden sich im deutschen Gesetz zur Ausführung dieses Abkommens vom 5.7.1974 (Auslands-Rechtsauskunftsgesetz – AuRAG –, BGBl I S 1433), geändert durch Gesetz vom 21.1.1987 (BGBl I 58; vgl S/S/B/Dawin VwGO § 86 Rn 45).

Das Gericht wird seiner Ermittlungspflicht nicht gerecht, wenn es eine eigene „Rechtskunde" annimmt, die sich offensichtlich nur auf die Kenntnis einschlägiger ausländischer Gesetzestexte und allgemeine Rechtskenntnisse (hier: in Aserbaidschan) beschränkt (BVerwG Buchholz 310 § 130a Nr 67).

Als Verfahrensmangel kann insoweit gerügt werden, dass das Gericht seiner Ermittlungspflicht **18.2** nicht oder nicht hinreichend nachgekommen ist (BVerwG InfAuslR 1995, 405), also von der Ermittlung ausländischen Rechts abgesehen hat, obwohl sich diese aufgedrängt hatte (BVerwG NJW 1989, 3107). Darin läge freilich keine unzulängliche Sachverhaltsaufklärung iSd § 86 Abs 1 S 1 VwGO, sondern ein Verfahrensverstoß gegen § 173 VwGO iVm § 293 ZPO (BVerwGE 45, 357, 365; NVwZ 1985, 411).

Bei der Erforschung des ausländischen Rechts kommt der **Mitwirkung** der Beteiligten **19** besondere Bedeutung zu. Sind sich die Beteiligten über das anzuwendende Recht des fremden Staates einig, besteht möglicherweise kein weiterer Aufklärungsbedarf, insbes wenn einer der Beteiligten zuverlässige Kenntnisse über das fremde Recht erkennen lässt (BAG MDR 1975, 874). Führt die Mitwirkung der Beteiligten zu keinen zuverlässigen Erkenntnissen über den Inhalt oder die Geltung des fremden Rechts, wird das Gericht von Amts wegen nach pflichtgemäßem Ermessen weitere Nachforschungen anstellen müssen.

Das Gericht muss die ausländischen Rechtsvorschriften in ihrem authentischen Wortlaut kennen. **19.1** Bleiben Unklarheiten, ist auch die Kenntnis der Auslegung und Anwendung des ausländischen Rechts erforderlich. Dazu kann es notwendig sein, Leitentscheidungen der ausländischen Obergerichte zu ermitteln (BVerwG NVwZ 1996, 82; Buchholz 130 § 3 RuStAG Nr 2). Wenn derartige Entscheidungen nicht auffindbar sind, kann es geboten sein, ein Gesamtbild aus einzelnen Entscheidungen – auch unterer Gerichte – festzustellen (BVerfG BVerfGE 76, 143, 161 = NVwZ 1988, 237; InfAuslR 1992, 296).

2. Erforschen als Methode der Amtsermittlung

Mit „Erforschen" meint das Gesetz das Sammeln und Aufspüren des Tatsachenmaterials, **20** das ausgehend von der Rechtsauffassung des Gerichts für dessen Entscheidung erheblich ist. Es handelt sich dabei um einen **Vorgang**, mit welchem Informationen über die Tatsachen erlangt werden sollen, die das Gericht in seiner abschließenden Würdigung als wahr oder unwahr zur Grundlage seiner Entscheidung machen muss. Dadurch wird der **Zusammenhang** mit § 108 Abs 1 VwGO deutlich. Der Untersuchungsgrundsatz soll dem Gericht – abgesehen von den gesetzlichen Ausnahmen einer bloßen Glaubhaftmachung (§ 173 VwGO iVm § 294 ZPO) – die volle Überzeugung vom Vorliegen oder Nichtvorliegen der nach seiner Rechtsauffassung entscheidungserheblichen Tatsachen vermitteln; er dient daher dem Überzeugungsgrundsatz des § 108 Abs 1 VwGO. Denn die Bildung der richterlichen Überzeugung setzt eine möglichst genaue Erforschung des Sachverhalts voraus (BVerwGE 70, 225; Kopp/Schenke VwGO § 86 Rn 1, 5). Das dadurch gebotene Ermitteln der Tatsachen betrifft sowohl die Voraussetzungen der Zulässigkeit als auch der Begründetheit des Rechtsschutzbegehrens oder eines Rechtsbehelfs (BVerwG NVwZ 1994, 482). Damit besteht nach allgemeiner Auffassung der Zweck der gerichtlichen Ermittlung nicht nur in einer nachträglichen Kontrolle der bereits erfolgten behördlichen Sachverhaltsermittlung, sondern in einer eigenständigen umfassenden Neuermittlung, die allerdings die behördlichen Tatsachenerkenntnisse in eigener Verantwortung übernehmen kann.

21   Mit welchen **Mitteln** das Gericht den Sachverhalt zu erforschen hat, ist gesetzlich nicht geregelt. Dem Gericht ist die Art und Weise seines Vorgehens nicht vorgeschrieben; es hat daher ein weites prozessuales **Ermessen**, wie es die aus seiner Sicht erheblichen Tatsachen aufspürt (stRspr, BVerwG NVwZ 1991, 187; NJW 1998, 3369; S/S/B/Dawin VwGO § 86 Rn 24). Die damit verbundene Freiheit unterliegt freilich rechtlichen Grenzen: Wegen des durch Art 19 Abs 4 GG begründeten Rechtsschutzanspruchs und des Gebotes eines fairen Verfahrens haben die Beteiligten einen in der Rechtsmittelinstanz auf eine entsprechende Verfahrensrüge „Aufklärungsrüge" überprüfbaren prozessualen Anspruch auf sachgerechte Ausübung dieses Ermessens. Hierzu gehört die Erkenntnis des Gerichts, dass es zur Herbeiführung einer richtigen Sachentscheidung und damit zur objektiven Aufklärung des wahren Sachverhalts auch zu Gunsten des Rechtsschutzsuchenden verpflichtet ist (B/F-K/S/vA VwGO § 86 Rn 12).

22   Aufgrund des ihm eingeräumten Ermessens hat das Gericht, wie auch die Formulierung „insbesondere" in § 96 Abs 1 S 2 VwGO deutlich macht, die Wahl, den Sachverhalt entweder **formlos** oder im Rahmen einer **förmlichen** Beweisaufnahme zu erforschen. Dabei sind, wie 86 Abs 1 S 1 Hs 2 VwGO vorschreibt, die Beteiligten heranzuziehen. Wie dies zu geschehen hat, ist im Einzelnen nicht vorgeschrieben und steht ebenfalls im Ermessen des Gerichts. Das Gesetz bietet dazu jedoch verschiedene Möglichkeiten. So kann das Gericht den Beteiligten aufgeben, sich zu den aufklärungsbedürftigen Umständen schriftsätzlich zu äußern (§ 86 Abs 3 VwGO, § 87 Abs 1 S 2 Nr 2 VwGO) oder Urkunden und sonstige Gegenstände vorzulegen, die geeignet sind, den Sachverhalt aufzuklären (§ 87 Abs 1 S 2 Nr 2 VwGO, § 87 Abs 1 S 2 Nr 4 VwGO). Fremdsprachige Urkunden sind auf Verlangen des Gerichts in einer autorisierten Übersetzung vorzulegen (§ 173 VwGO iVm § 142 Abs 3 ZPO). Geschieht dies nicht, muss ggf das Gericht eine Übersetzung in die deutsche Sprache veranlassen (BVerwG NJW 1996, 1553). Diese Art der Sachverhaltsaufklärung hat wegen § 86 Abs 1 S 1 Hs 2 VwGO und wegen des auch im Verwaltungsprozess geltenden Grundsatzes der Verhältnismäßigkeit Vorrang vor einer förmlichen Beweisaufnahme.

22.1   Die Praxis der Verwaltungsgerichte begnügt sich in Ausübung ihres Ermessens häufig mit der „informatorischen Anhörung" von Behördenvertretern in der mündlichen Verhandlung und verzichtet auf eine förmliche Vernehmung dieser Personen als Zeugen (kritisch dazu VGH Mannheim VBlBW 2011, 158; Vierhaus, Beweisrecht im Verwaltungsprozess, 2011, S 158: Danach sind informatorische Anhörungen strikt von der Beweisaufnahme zu unterscheiden und vermögen diese nicht zu ersetzen).

23   Hinzu kommt die durch § 99 Abs 1 S 1 VwGO eröffnete Möglichkeit, Akten von Verwaltungsbehörden beizuziehen. Dabei kann das Gericht Sachverständigengutachten, die von der Behörde im Verwaltungsverfahren eingeholt wurden, oder Niederschriften über Zeugenaussagen, die vor einer Verwaltungsbehörde oder vor einem anderen Gericht, etwa in der ersten Instanz, abgegeben wurden und die sich in den Behördenakten befinden, für seine eigenen Tatsachenermittlungen verwerten. Auch kann das Gericht Auskünfte von Dritten, insbes von Behörden, einholen (§ 87 Abs 1 S 2 Nr 3 VwGO). Amtliche Auskünfte sind eigenständige Beweismittel, die neben den in § 96 Abs 1 S 2 VwGO ausdrücklich genannten als gleichwertig anerkannt sind (BVerwG NVwZ 1986, 35; zur Verwertbarkeit von Zeugenvernehmungen im Verwaltungsverfahren VGH Mannheim VBlBW 1993, 10).

24   Führen diese formlosen Maßnahmen nach Überzeugung des Gerichts noch nicht zu einer vollständigen Aufklärung des nach seiner Meinung erheblichen Sachverhalts, bedarf es – dem Grundsatz der Verhältnismäßigkeit entsprechend – einer förmlichen **Beweisaufnahme**. Die gesetzliche Ermächtigung hierzu findet sich in § 96 Abs 1 S 2 VwGO. Danach können **Zeugen** vernommen werden (§ 98 VwGO iVm § 373 ZPO), ein **Sachverständigengutachten** eingeholt und ggf dessen Erläuterung in der mündlichen Verhandlung angeordnet werden (§ 98 VwGO iVm § 402 ZPO), ein gerichtlicher **Augenschein** eingenommen werden (§ 98 VwGO iVm § 371 ZPO), über den Inhalt und die Gültigkeit von **Urkunden** Beweis erhoben (§ 98 VwGO iVm § 415 ZPO) und schließlich eine **Beteiligtenvernehmung** (§ 98 VwGO iVm § 445 ZPO) durchgeführt werden. Welches dieser Beweismittel das Gericht wählt, steht wiederum in seinem pflichtgemäßen **Ermessen**. Dabei muss das

Gericht regelmäßig zur Heranziehung eines jeden geeigneten Beweismittels bereit sein; ein bestimmtes Beweismittel darf also nicht von vornherein ausgeschlossen werden. Eine **Rangordnung** zwischen den verschiedenen förmlichen und nichtförmlichen Beweismitteln besteht nicht (BVerwG Buchholz 310 § 86 Abs 1 VwGO Nr 267, F/K/W VwGO § 86 Rn 16, 18). Möglich ist auch die Einholung eines **weiteren** Sachverständigengutachtens nach Ermessen (§ 98 VwGO iVm § 412 ZPO).

Die Beweisaufnahme kann bereits vor der mündlichen Verhandlung durch den Vor- 25
sitzenden oder den Berichterstatter durchgeführt werden (§ 87 Abs 3 S 1 VwGO). Für das jeweils gewählte Beweismittel braucht das Gericht regelmäßig keine Begründung zu geben (BVerwGE 71, 38, 47 = NJW 1986, 832; NJW 1998, 3369). Eine Ausnahme besteht lediglich bei der Ermessensentscheidung des Gerichts, ob es sich bei der Erforschung einer Tatsache, die ein besonderes Fachwissen erfordert, auf eigene Sachkunde stützt oder ob es ein Sachverständigengutachten einholt. Sieht es von der Einholung eines Gutachtens ab, muss es in analoger Anwendung des § 244 Abs 4 StPO hinreichend begründen, inwieweit es über die besondere Sachkunde verfügt (BVerwG NVwZ 1990, 652; DVBl 1999, 1206).

Holt das Gericht ein Sachverständigengutachten ein, liegt die **Auswahl** des **Gutachters** generell 25.1
in seinem Ermessen (BVerwG Buchholz 310 § 98 Nr 84). Es empfiehlt sich allerdings, zuvor die Beteiligten hierzu anzuhören.

Das dem jeweiligen Tatsachengericht bei der Sachverhaltsermittlung zustehende **Ermes-** 26
sen ist nur einer **eingeschränkten** Kontrolle durch das Berufungs- oder Revisionsgericht im Rahmen einer **Verfahrensrüge** zugänglich (§ 124 Abs 1 Nr 5 VwGO, § 132 Abs 2 Nr 3 VwGO). Die Rechtmäßigkeit der prozessualen Ermessensausübung lässt sich erst nach dem Abschluss der gerichtlichen Ermittlungstätigkeit überprüfen. Da das Gericht die Vornahme oder das Unterlassen der in Betracht kommenden Ermittlungstätigkeiten nicht begründen muss, kann ein Ermessensfehler nur dadurch zu Tage treten, dass das Tatsachengericht bestimmte nach seiner materiellen Rechtsauffassung erhebliche Tatsachen nicht oder nicht hinreichend ermittelt hat, obwohl sich dies als eine in Betracht kommende Maßnahme auch ohne das Hinwirken eines Beteiligten „aufgedrängt" hat (stRspr, BVerwG Buchholz 310 § 86 Abs 1 VwGO Nr 271; NJW 1997, 3328). Ein derartiger Verstoß liegt als wesentlicher Verfahrensmangel auch dann vor, wenn die Beteiligten in der mündlichen Verhandlung keinen förmlichen Beweisantrag gestellt haben (BVerwG Buchholz 310 § 86 Abs 1 VwGO Nr 181) oder wenn sie in einem schriftlichen Verfahren Beweisanregungen unterlassen haben. Mit der „Aufklärungsrüge" muss der Beteiligte im Einzelnen **darlegen**, dass dem Gericht die Beweisaufnahme sich hätte aufdrängen müssen. Ein Aufdrängen ist anzunehmen, wenn bei objektiver Betrachtung und normalem Geschehensablauf Gesichtspunkte deutlich werden, die das Gericht zu Zweifeln veranlassen müssen (BVerwGE 66, 237).

Hat der Beteiligte keinen Beweisantrag gestellt, muss er mit der „Aufklärungsrüge" schlüssig 26.1
aufzeigen, dass das Gericht auf der Grundlage seiner Rechtsauffassung dennoch Anlass zu entsprechender weiterer Aufklärung hätte sehen müssen (BVerwG Buchholz 301 § 86 Abs 1 VwGO Nr 366).

Im beamtenrechtlichen **Beihilfeprozess** verstößt das Tatsachengericht gegen die Sachaufklä- 26.2
rungspflicht, wenn es eine von der Beihilfestelle substantiiert bestrittene medizinische Tatsache allein aufgrund der schriftlichen Angaben des behandelnden Arztes für erwiesen hält, der sich wiederum allein auf die Angaben des Beamten oder seines behandelten Angehörigen stützt (BVerwG Buchholz 310 § 86 Abs 1 VwGO Nr 370).

3. Von Amts wegen

§ 86 Abs 1 S 1 Hs 1 VwGO bestimmt, dass die Sachverhaltserforschung Befugnis und 27
Aufgabe des Gerichts ist und – deshalb – von Amts wegen vorgenommen werden muss. Das Gericht ermittelt den nach seiner Auffassung erheblichen Sachverhalt folglich nach seiner **eigenen** Überzeugung auf seine eigene Initiative hin. Dem entspricht die ergänzende Regelung in § 86 Abs 1 S 2 VwGO, nach der keine Bindung an das Vorbringen und an die Beweisanträge der Beteiligten besteht. Das Gericht bestimmt über die Art und das Ausmaß der Sachverhaltserforschung nicht in Ausführung entsprechender Anträge oder Anregungen

der Beteiligten. Es ist dadurch, dass die Beteiligten eine Tatsache unstreitig stellen, rechtlich dennoch nicht gehindert, bei fortbestehenden Zweifeln Maßnahmen zur Aufklärung zu ergreifen; § 288 ZPO oder § 138 Abs 3 ZPO gelten im Verwaltungsprozess nicht (S/S/B/ Dawin VwGO § 86 Rn 28).

V. Ausmaß der Amtsermittlung

28　　Ausgangspunkt für die Sachverhaltsermittlung des Gerichts ist dessen Eindruck, ob alle für den Streitgegenstand entscheidungserheblichen Tatsachen nach Aktenlage bereits geklärt sind.

1. Streitgegenstand

29　　Maßgebend ist der das subjektive Rechtsschutzbegehren (§ 42 Abs 2 VwGO) charakterisierende Streitgegenstand, wie er durch die Anträge der Beteiligten (§ 88 VwGO) und dem ihnen zugrunde liegenden, vom Kläger mitgeteilten Lebenssachverhalt bestimmt wird. Die zu ermittelnden Tatsachen ergeben sich aus der (rechtlichen) Erkenntnis des Gerichts, welcher materiell-rechtliche Anspruch für dieses Begehren des Klägers Erfolg versprechend ist. Daher bestimmt der Tatbestand der materiell-rechtlichen Anspruchs- oder Ermächtigungsgrundlage, die das Gericht für einschlägig hält, den Umfang der nach § 86 Abs 1 VwGO erheblichen festzustellenden Tatsachen. Geht das Gericht von einer falschen Rechtsauffassung aus, verletzt seine auf unnötige Ermittlungen gestützte Entscheidung zwar materielle Rechte des Klägers, nicht aber § 86 Abs 1 VwGO (BVerwG Buchholz 310 § 132 Abs 2 Ziff 2 Nr 2 VwGO).

30　　Der Umfang der Ermittlungen wird ferner dadurch bestimmt, welche der erheblichen Tatsachen **zweifelhaft** sind, die notwendige Überzeugung des Gerichts von ihrem Vorliegen oder Nichtvorliegen also fehlt. Dabei kommt es nicht darauf an, ob zwischen den Beteiligten Einigkeit über die tatsächlichen Umstände besteht; § 138 Abs 3 ZPO mit der Möglichkeit, unstreitige Tatsachen für das Gericht verbindlich zu machen, gilt im Verwaltungsprozess nicht (BVerwG Buchholz 11 Art 20 Nr 118). Das Gericht kann also ohne Bindung an ein etwa übereinstimmendes tatsächliches Vorbringen der Beteiligten Aufklärungsmaßnahmen ergreifen, sobald es Anhaltspunkte dafür sieht, dass dieses Vorbringen nicht zutrifft (Arntz DVBl 2008, 78, 80). Hat es umgekehrt nach dem Studium des vorgetragenen oder aus den beigezogenen Akten ersichtlichen Sachverhalts an der Richtigkeit des Vorbringens der Beteiligten keine Zweifel, braucht es zusätzliche Ermittlungen nicht vorzunehmen (Eyermann/ Geiger VwGO § 86 Rn 10). Gelangt das Gericht zu der Erkenntnis, dass die Behörde bestimmte nach seiner Auffassung entscheidungserhebliche Tatsachen nicht aufgeklärt hat, muss es diese von sich aus ermitteln. Dies bedeutet, dass die bereits der Behörde im Rahmen des Verwaltungsverfahrens obliegende Pflicht zur Sachverhaltsermittlung (§ 24 VwVfG) grundsätzlich auf das Gericht als dessen nunmehr eigene Pflicht übergegangen ist (Stelkens NVwZ 1982, 81).

30.1　　Die **Beweisbedürftigkeit** einer Tatsache bestimmt sich im Verwaltungsprozess nach anderen Voraussetzungen als im Zivilprozess. Da § 138 Abs 3 ZPO und § 288 ZPO im Verwaltungsprozess nicht entsprechend gelten, sind dort insoweit nur gem § 173 VwGO § 291 ZPO und § 292 ZPO von Bedeutung. Im Falle der **Offenkundigkeit** einer Tatsache (§ 291 ZPO) ist das Gericht berechtigt, von einer Ermittlung und damit einer Beweisaufnahme abzusehen. Sofern nach § 292 ZPO eine Tatsache bis zum Beweis des Gegenteils **vermutet** wird, ist das Verwaltungsgericht verpflichtet, konkreten Anhaltspunkten, die für das Gegenteil der vermuteten Tatsache sprechen, im Wege der Amtsermittlung nachzugehen (S/S/B/Dawin VwGO § 86 Rn 51).

30.2　　Die Ermittlung unerheblicher oder nichtbeweisbedürftiger Tatsachen führt zu keinen prozessrechtlichen Konsequenzen. Sie liegt im Rahmen des dem Gericht eingeräumten Ermessens und ist deshalb nicht verfahrensfehlerhaft; das Ergebnis ist verwertbar.

31　　Das Gericht braucht hingegen nur die Ermittlungen anzustellen, die es bei vernünftiger Betrachtung unter Ausschöpfung aller Möglichkeiten nach seinem Ermessen für notwendig erachten muss. Es braucht nicht jedem geringfügigen und eher fern liegenden Zweifel nachgehen, der an der Richtigkeit einer Tatsache bestehen mag. Insoweit ist auch die **Zumutbarkeit** der Ermittlungen von Bedeutung: Ist das Gericht vom Vorliegen einer

Tatsache aufgrund gegebener Erkenntnisse und nach Vornahme geeigneter Ermittlungen bereits hinreichend überzeugt, braucht es zusätzliche, insbes aufwendige Ermittlungen nicht anzustellen, um den Anforderungen des § 108 Abs 1 VwGO zur Bildung seiner Überzeugung gerecht zu werden. Es hat damit seine Pflicht aus § 86 Abs 1 VwGO erfüllt. Der Ermessensspielraum ist erst dann überschritten, wenn sich (weitere) Ermittlungen nach den konkreten Umständen **aufdrängen**, also auch einem entsprechenden Beweisantrag stattgegeben werden müsste. § 286 ZPO und insbes **§ 244 StPO** sind dabei auch im Verwaltungsprozess sinngemäß anzuwenden (Eyermann/Geiger VwGO § 86 Rn 11, F/K/W VwGO § 86 Rn 20). Die originäre Verpflichtung des Gerichts geht insoweit nicht weiter, als sie im Rahmen der Verfahrensrügen des § 124 Abs 2 Nr 5 VwGO und des § 132 Abs 2 Nr 3 VwGO geltend gemacht werden kann (aA Kopp/Schenke VwGO § 86 Rn 5).

2. Spruchreife

Spruchreife (§ 113 Abs 5 S 1 VwGO) bezeichnet diejenige Eindeutigkeit der Sachverhaltserkenntnis des Gerichts, die ihm – nach den einschlägigen materiell-rechtlichen Voraussetzungen – eine abschließende Entscheidung über das Klagebegehren ermöglicht. Spruchreife ist ein prozessualer Begriff, der an die materiell-rechtlichen Gegebenheiten anknüpft, diese aber nicht ändert (BVerwGE 78, 177, 181 = NVwZ 1988, 536; BVerwGE 85, 368, 379 = NVwZ 1991, 369, 372). Die Herstellung der Spruchreife erfolgt daher durch die Ermittlung aller entscheidungserheblichen Tatsachen. Die Pflicht aus § 86 Abs 1 VwGO umfasst folglich auch die Pflicht, die Sache innerhalb der Grenzen des geltend gemachten Streitgegenstandes spruchreif zu machen (BVerwGE 106, 171, 173 = NVwZ 1998, 861). Dem Gericht ist es deshalb regelmäßig nicht erlaubt, erhebliche Tatsachen unaufgeklärt zu lassen und die Sache unter Verzicht auf eine abschließende Entscheidung zur weiteren Aufklärung und behördlichen Entscheidung an die Verwaltung zurückzugeben (BVerwGE 106, 171 = NVwZ 1998, 861; BVerwGE 107, 128 = NVwZ 1999, 65). Das Gericht muss in Wahrnehmung des von ihm zu erfüllenden Rechtsschutzauftrags die entscheidungserheblichen Umstände selbst und in eigener Verantwortung in einem Ausmaß ermitteln, dass es über den gestellten Antrag abschließend entscheiden kann (BVerwGE 69, 198, 201; Eyermann/Geiger VwGO § 86 Rn 12).

32

Die Pflicht des Gerichts zur Herstellung der Spruchreife erstreckt sich auf **alle Voraussetzungen** einer abschließenden **Sachentscheidung.** Kann über eine Verpflichtungsklage auf Erlass eines begünstigenden Verwaltungsaktes erst nach dem **Wiederaufgreifen** eines bereits bestandskräftig abgeschlossenen Verwaltungsverfahrens entschieden werden, müssen sowohl die für das Wiederaufgreifen nach § 51 VwVfG als auch die für den Anspruch auf den begehrten Verwaltungsakt erheblichen Tatsachen vom Gericht ermittelt werden. Dies gilt auch dann, wenn die Behörde im Verfahren nach § 51 VwVfG die Ablehnung des Antrags ohne Feststellung der für den erstrebten Verwaltungsakt notwendigen Tatsachen verfahrensrechtlich begründet hat (BVerwGE 106, 171 = NVwZ 1998, 861; BVerwGE 107, 128 = NVwZ 1999, 65).

32.1

Die Pflicht zur Amtsermittlung iSd Herstellung der Spruchreife erfasst auch die für die Zulässigkeit eines Rechtsschutzbegehrens erheblichen Tatsachen (Sachentscheidungsvoraussetzungen). Das Gericht muss etwa, wenn es konkrete Anhaltspunkte hat, dass ein Naturalbeteiligter an Störungen der Geistestätigkeit leidet, die Prozessunfähigkeit begründen würde, diesen nach § 86 Abs. 1 VwGO nachgehen (BVerwG Buchholz 310 § 86 Abs 1 VwGO Nr 28).

32.2

Eine **Ausnahme** von dem Gebot, die Spruchreife eines Klagebegehrens herbeizuführen, besteht nur unter den gesetzlich **ausdrücklich** geregelten Voraussetzungen. So ermöglicht § 113 Abs 2 S 2 VwGO und S 3 dieser Vorschrift, dass bei der notwendigen Ermittlung eines durch Verwaltungsakt festzusetzenden oder festzustellenden Geldbetrags bei nicht unerheblichem Aufwand das Gericht die tatsächlichen oder rechtlichen Verhältnisse so bestimmt, dass die Behörde den Betrag ausrechnen kann (S 2); nach erfolgter Neuberechnung ist der Verwaltungsakt nach Rechtskraft der Entscheidung mit dem geänderten Inhalt neu bekannt zu geben (S 3). § 113 Abs 3 S 1 VwGO gibt dem Gericht die Befugnis, die **angefochtenen** Verwaltungsakte trotz erforderlicher weiterer Sachverhaltsaufklärung aufzuheben, ohne in der Sache selbst zu entscheiden, wenn dies sachdienlich ist.

33

34   Eine weitere, besonders wichtige Ausnahme gibt es nach § 113 Abs 5 S 2 VwGO im Rahmen von **Verpflichtungsklagen** bei **Ermessensentscheidungen**: Ist danach die Sache noch nicht spruchreif, spricht das Gericht unter Aufhebung des ablehnenden Verwaltungsaktes die Verpflichtung der beklagten Körperschaft oder der Behörde aus, den Kläger unter Beachtung der Rechtsauffassung des Gerichts zu bescheiden. Dem liegen Fälle zugrunde, in welchen die Behörde von einem unrichtigen oder unvollständigen Sachverhalt ausgegangen ist, so dass ein Ermessensfehler vorgelegen hat. Da das Gericht nach dem Gewaltenteilungsprinzip sein Ermessen nicht an die Stelle des – gesetzlich eingeräumten – Ermessens der Behörde setzen darf, ist in derartigen Fällen über die Aufhebung des Verwaltungsaktes hinaus allein die – eine weitere **behördliche** Sachaufklärung erfordernde – erneute Bescheidung des klägerischen Begehrens durch das Gericht nach Maßgabe seiner Rechtsauffassung möglich. Eine darüber hinausgehende „Spruchreife" darf das Gericht wegen des behördlichen Ermessensspielraums nicht herbeiführen; sie würde über die materielle gesetzliche Ermächtigung der Behörde zur Ermessensbetätigung hinausgehen. Eine Ermessensreduzierung auf Null lässt diese Ausnahme aber entfallen. Dann muss das Gericht selbst – wie bei einer gebundenen Verwaltungsentscheidung – den entscheidungserheblichen Sachverhalt vollständig aufklären. Entsprechendes gilt, wenn der Behörde ein nur eingeschränkt gerichtlich überprüfbarer **Beurteilungsspielraum** bei der Anwendung gesetzlicher Tatbestandsmerkmale normativ eingeräumt worden ist: Bei Annahme eines unrichtigen Sachverhalts – etwa bei Prüfungsbewertungen – wird die Beurteilungsermächtigung rechtswidrig wahrgenommen. Dies führt zur Aufhebung des entsprechenden Verwaltungsaktes; zur Ausübung der ihr normativ zustehenden Beurteilungsermächtigung muss die Behörde den einschlägigen Sachverhalt wiederum selbst ermitteln (Eyermann/Geiger VwGO § 86 Rn 12). Eine Einschränkung der Amtsermittlungspflicht des Gerichts kommt allerdings im Falle einer normativ eingeräumten Beurteilungskompetenz der Exekutive in Betracht, wenn letzterer ein die Tatsache betreffender Bewertungsspielraum eingeräumt worden ist (Sodan/Ziekow/Rixen VwGO § 86 Rn 43).

3. Materielle Beweislast

35   Das Ausmaß der gerichtlichen Sachaufklärung steht schließlich im Zusammenhang mit den Grundsätzen über die **materielle** Beweislast. Danach ist die Frage zu beantworten, zu wessen **Ungunsten** die – nach zuvor gebotener Ausschöpfung aller geeigneten und zumutbaren Aufklärungsmöglichkeiten sich ergebende – **Unaufklärbarkeit** einer erheblichen Tatsache geht (BVerwGE 44, 265; VGH Mannheim VBlBW 2004, 386, jeweils zur Ermittlung des wohngeldrechtlich relevanten Einkommens). Die Antwort muss in Rechtssätzen gesucht werden, die in Ergänzung zu dem in Frage stehenden Tatbestandsmerkmal der materiell-rechtlichen Norm eine Lösung bieten. Die danach notwendige Beweislastnorm ist deshalb **objektiver** Natur und von einer subjektiven prozessualen Beweisführungslast zu unterscheiden. Die durch die Beweislastnorm zu beantwortende Frage, wer bei Unerweislichkeit der Tatsache („non liquet") die – materielle – Beweislast trägt, ist folglich eine Frage des materiellen Rechts und nicht des Prozessrechts (stRspr, etwa BVerwGE 45, 132; Kopp/Schenke VwGO § 108 Rn 12). Dem entspricht es, dass der Untersuchungsgrundsatz des § 86 Abs 1 VwGO als prozessrechtliches Gebot zwar die Pflicht des Gerichts zu erschöpfender Sachaufklärung mit allen möglichen und zumutbaren Mitteln begründet, für die sich danach etwa ergebende Situation der Unaufklärbarkeit aber keine Regeln zur Verfügung stellt. Fehlen ausdrückliche gesetzliche Regeln, gilt nach stRspr der allgemeine **Grundsatz,** dass die Nichterweislichkeit einer Tatsache zu Ungunsten des Beteiligten geht, der aus dieser Tatsache eine für ihn günstige materielle Rechtsfolge herleitet (BVerwG NJW 1994, 468 vgl iE § 108 Rn 16 ff).

35.1   Da es sich bei der Anwendung dieser Regeln um die Würdigung von Tatsachen handelt, betrifft sie die Bildung der richterlichen Überzeugung nach Maßgabe des § 108 Abs 1 VwGO (vgl iE dort Rn 16). Dabei etwa auftretende Fehler sind deshalb keine Verfahrensfehler iSv § 124 Abs 2 Nr 5 VwGO oder § 132 Abs 2 Nr 3 VwGO, sondern Fehler der Anwendung materiellen Rechts (Eyermann/Geiger VwGO § 86 Rn 2a).

VI. Gesetzliche Grenzen der Amtsermittlung

1. Bindungswirkung rechtskräftiger Gerichtsurteile oder -beschlüsse

Die Verwaltungsgerichte dürfen keine weitere Sachverhaltsaufklärung vornehmen, wenn 36 bereits ein rechtskräftiges Urteil vorliegt, das eine Bindungswirkung nach § 121 VwGO zur Folge hat. Dies ist der Fall, soweit dort in einem Rechtsstreit zwischen denselben Personen Tatsachen ermittelt worden sind, die von der Bindungswirkung erfasst werden. Dies gilt sowohl für vorangegangene verwaltungsgerichtliche Entscheidungen als auch für Entscheidungen anderer Gerichte. Bindungswirkung können auch Entscheidungen haben, die im anhängigen Verfahren vorab ergangen sind und rechtskräftig über einen Teil des Streitgegenstands durch Teil- oder Zwischenurteil (§ 173 VwGO iVm § 318 ZPO) entschieden haben. Die Bindung ist gegenständlich beschränkt, wenn ein Rechtsmittel nur hinsichtlich eines Teils des Streitgegenstands eingelegt worden ist. Die Nichtigerklärung einer untergesetzlichen landesrechtlichen Vorschrift nach § 47 Abs 5 S 2 VwGO mit Wirkung für alle bewirkt eine absolute Bindung an die in diesem **Normenkontrollverfahren** ermittelten Tatsachen (S/S/B/Dawin VwGO § 86 Rn 52). Eine ablehnende Normenkontrollentscheidung bindet hingegen nur die Beteiligten dieses Verfahrens; dies gilt auch für die Tatsachenfeststellungen, die deshalb in einem Verfahren zwischen anderen Beteiligten streitig bleiben können (Eyermann/Geiger VwGO § 86 Rn 14).

Zurückverweisende Berufungs- und Revisionsurteile bewirken, soweit dies aus ihnen 37 hervorgeht, ebenfalls eine Bindungswirkung bezüglich der schon festgestellten Tatsachen (§ 130 Abs 2 VwGO, § 144 Abs 6 VwGO). Erfolgen durch das Rechtsmittelgericht entsprechende rechtliche Hinweise, muss das Ausgangsgericht die erheblichen Tatsachen im Einklang mit dem zurückverweisenden Urteil möglicherweise neu ermitteln (BVerwG Buchholz 310 § 86 Abs 1 VwGO Nr 208).

Beschlüsse der Verwaltungsgerichte sind trotz fehlender Erwähnung in § 122 Abs 1 38 VwGO grundsätzlich wie Urteile der materiellen Rechtskraft zugänglich (allgM, vgl etwa Eyermann/Geiger VwGO § 122 Rn 4). Liegen keine Ausnahmen vor – wie etwa in § 80 Abs 7 VwGO – ist die gerichtliche Sachverhaltsermittlung entsprechend beschränkt. Ebenso haben Beschlüsse der Verwaltungsgerichte über die örtliche oder sachliche Zuständigkeit (§ 83 VwGO iVm § 17a Abs 2 S 2 GVG) und die Bestimmung des zuständigen Gerichts durch das nächsthöhere Gericht (§ 53 VwGO) auch hinsichtlich des zugrunde liegenden Sachverhalts bindende Wirkung. Die Rechtsmittelgerichte sind gebunden, wenn das Verwaltungsgericht die örtliche oder sachliche Zuständigkeit oder die Zulässigkeit des Verwaltungsrechtswegs bejaht hat (§ 83 S 1 VwGO, § 173 VwGO iVm § 17a Abs 5 GVG).

Die von einem **anderen Gericht** rechtskräftig entschiedenen Sachverhaltsfragen, die in 39 einem Verwaltungsprozess als **Vorfragen** erscheinen, dürfen dort – ebenfalls wegen der eingetretenen Bindungswirkung – nicht mehr anders beantwortet werden. Die Entscheidung des Gerichts einer anderen Gerichtsbarkeit zur Unzulässigkeit des zu ihm beschrittenen Rechtswegs muss vom Verwaltungsgericht auch hinsichtlich des festgestellten Sachverhalts respektiert werden (§ 173 VwGO iVm § 17a Abs 2 S 2 GVG). Ebenso sind die Verwaltungsgerichte durch vorangegangene Statusentscheidungen der Zivilgerichte (zB Scheidungen, Feststellungen der Vaterschaft) gebunden.

Die in **strafgerichtlichen** Entscheidungen enthaltenen Tatsachenfeststellungen entfalten 40 jedoch, sofern keine gegenteiligen Vorschriften bestehen, **keine** Bindungswirkung für das Verwaltungsgericht (BVerwGE 72, 32; 80, 43; Buchholz 427.3 § 360 LAG Nr 52; Wölfl DÖV 2004, 433). Dieses kann aber von einer eigenen Ermittlung absehen, wenn es im Einzelfall an der Richtigkeit der getroffenen Feststellungen keine Zweifel hat und auch nicht haben muss (BVerwG NJW 1987, 1501). Gesetzlich angeordnete Besonderheiten bestehen, wenn ein Gesetz die Verurteilung durch ein Strafgericht voraussetzt; dann ist das Verwaltungsgericht – etwa im Ausländerrecht – daran gebunden und darf die Tatsachenfeststellungen des Strafgerichts nicht überprüfen (BVerwG InfAuslR 1998, 221). Nach den disziplinarrechtlichen Vorschriften sind auch die **Disziplinargerichte** grundsätzlich an die Tatsachenfeststellungen in dem vorangegangenen abgeschlossenen Strafverfahren gebunden, das dieselbe Tat zum Gegenstand hatte (BVerwGE 73, 31). Im Rechtsstreit um die **Entziehung** einer **Fahrerlaubnis** ist das Verwaltungsgericht an die rechtskräftigen tatsächlichen Feststellungen des Strafgerichts nach § 3 Abs 4 StVG und § 4 Abs 3 StVG gebunden, sofern nicht erhebliche Anhaltspunkte für deren Unrichtigkeit vorliegen (BVerwGE 80, 43; DÖV 1993, 429; NZV 1996, 84). In derartigen Fällen kann sich für das Verwaltungsgericht sogar eine eigene Ermittlungspflicht ergeben (BVerwG NJW 1995, 70).

40.1   Im gerichtlichen Disziplinarverfahren nach dem **Bundesdisziplinargesetz** hat das Gericht selbst diejenigen Tatsachen aufzuklären, die für den Nachweis des Dienstvergehens erheblich sind (BVerwG Buchholz 235.1 § 58 Nr 1).

2. Bindungswirkung bestandskräftiger Verwaltungsakte

41   Gerichte sind, ebenso wie Behörden, an den Ausspruch und den Inhalt eines bestandskräftigen Verwaltungsaktes gebunden **(Tatbestandswirkung)**. Das ergibt sich aus dem Gewaltenteilungsprinzip, das der Rechtsprechung einen unberechtigten Eingriff in abgeschlossene Handlungen der Exekutive verbietet. So müssen die Gerichte etwa bestandskräftige Baugenehmigungen oder Einbürgerungen mit den darin enthaltenen Sachverhaltsannahmen ohne weitere Ermittlungen hinnehmen (Eyermann/Geiger VwGO § 86 Rn 16).

3. Verwaltungsvorschriften und Bindungswirkung

42   Die Gerichte sind an Verwaltungsvorschriften wegen deren fehlender Eigenschaft als Rechtsnormen regelmäßig nicht gebunden. Verwaltungsvorschriften, die das **Ermessen** einer Behörde **lenken**, müssen von den Gerichten darauf überprüft werden, ob eine Behörde in einem konkreten streitigen Einzelfall von der bei der Handhabung dieser Vorschriften bisher üblichen Praxis ohne sachlich berechtigten Grund abgewichen ist, was einen Verstoß gegen die durch Art 3 Abs 1 GG bewirkte **Selbstbindung** der Verwaltung bedeuten würde; dies freilich nur, wenn die bisherige Praxis dadurch nicht für die Zukunft generell geändert werden soll (Eyermann/Geiger VwGO § 86 Rn 18). Diese Grundsätze gelten auch für Verwaltungsvorschriften, die der Feststellung von Tatsachen dienen, etwa tatsächliche Orientierungen enthalten.

42.1   Nach der früheren Rechtsprechung des Bundesverwaltungsgerichts (BVerwGE 55, 250, 256) sollten technische Regelwerke wie die gem § 48 BImSchG erlassene **TA-Luft** oder die ebenfalls darauf beruhende **TA-Lärm** bei der Bestimmung schädlicher Umwelteinwirkungen iSd Bundesimmissionsschutzgesetzes die Eigenschaft eines antizipierten **Sachverständigengutachtens** haben. Bei dieser Annahme wären die Regelwerke als tatsächliche Erkenntnisse und damit als Gegenstand der darauf gerichteten Amtsermittlung anzusehen; die Bindung daran wäre eine Einschränkung der Pflicht zur Amtsermittlung. Die neuere Rechtsprechung hat diese Sichtweise jedoch aufgegeben. Danach stellen die TA-Luft und die TA-Lärm **normkonkretisierende Verwaltungsvorschriften** dar. Obwohl es sich bei ihnen nicht um Rechtsnormen im klassischen Sinne handelt, kommt ihnen wegen der durch sie aufgrund einer Wertung in einem aufwändigen Verfahren festgesetzten Umweltschutzmaßstäbe eine auch die Gerichte grundsätzlich bindende Wirkung („Beachtlichkeit") zu, solange sie nicht infolge von Erkenntnisfortschritten veraltet sind oder eine nach der Lage des konkreten Einzelfalles zu beurteilende atypische Situation nicht besteht (BVerwGE 73, 300, 320; NVwZ 2000, 440; OVG Münster DVBl 1988, 152). Wegen der Nähe zu den gesetzlichen Vorschriften bedeutet die Bindung der Gerichte an diese Verwaltungsvorschriften bei dieser Sichtweise keine Einschränkung des auf Tatsachen bezogenen Untersuchungsgrundsatzes. Sofern Anhaltspunkte für abweichende Erkenntnisse vorliegen, muss das Gericht weitere Ermittlungen vornehmen (Sodan/Ziekow/Rixen VwGO § 86 Rn 41, Czajka DÖV 1982, 99, 106).

42.2   Sonstige technische Regelwerke, die nicht, wie etwa in der 22. BImSchV, als Rechtsnormen erlassen werden, enthalten im Zweifel tatsächliche Erkenntnisse, die vom Gericht regelmäßig als Orientierung zugrunde gelegt werden können. Es steht im Ermessen des Gerichts, sie nach den Besonderheiten der jeweiligen Situation gem § 86 Abs 1 VwGO weiter aufzuklären.

4. Begrenzung der Amtsermittlung durch § 287 ZPO und § 52 Abs 2 GKG

43   Die Aufklärungspflicht wird durch gesetzliche Vorschriften begrenzt, die dem Gericht die **Schätzung** bestimmter Tatsachen erlauben. Eine derartige Vorschrift ist insbes **§ 287 ZPO**, der gem § 173 VwGO im Verwaltungsprozess entsprechend gilt. Danach entscheidet das Gericht über die Höhe eines **Schadens** nach freier Schätzung, wenn die genaue Höhe des

Schadens mit vertretbarem Aufwand nicht festgestellt werden kann. Die Vorschrift kann bei der Verfolgung von Schadensersatzansprüchen im Verwaltungsrechtsweg (§ 40 Abs 2 S 1 VwGO) von Bedeutung sein.

Darunter fallen etwa Schadensersatzansprüche des Dienstherrn gegen einen Beamten (BVerwG **43.1** DVBl 1999, 318). Gibt es bei der Festsetzung des **Streitwerts** keine genügenden Anhaltspunkte für ein konkretes Interesse des Klägers, darf dieses nicht durch eine Beweisaufnahme ermittelt werden. Der Streitwert ist in derartigen Fällen nicht nach § 52 Abs 1 GKG, sondern nach § 52 Abs 2 GKG mit dem Auffangstreitwert festzusetzen (Geiger BayVBl 1997, 106, 107; Eyermann/Geiger VwGO § 86 Rn 22).

VII. Beschränkung der Amtsermittlung durch die Mitwirkungspflichten der Beteiligten

1. Heranziehung der Beteiligten nach § 86 Abs 1 S 1 Hs 2 und Abs 4 VwGO als Teil der Amtsermittlung

Ausgangspunkt ist § 86 Abs 1 S 1 Hs 2 VwGO. Danach sind die Beteiligten bei der – **44** nach Hs 1 von Amts wegen stattfindenden – Sachverhaltserforschung des Gerichts „**heranzuziehen**". Das bedeutet, dass das Gericht auch etwaige Kenntnisse und tatsächliche Erfahrungen der Beteiligten ermitteln und gegebenenfalls verwerten muss. Darin liegt eine dem Gericht als Teil seiner Aufklärungspflicht obliegende prozessuale Pflicht. Die Heranziehung und Verwertung der Tatsachenkenntnisse der Beteiligten ist daher ein Aufklärungsmittel, mit dem das Gericht seine **eigene** gerichtliche Amtsermittlungspflicht erfüllt (BVerwG DÖV 1999, 957, 958; S/S/B/Dawin VwGO § 86 Rn 69). Dementsprechend sollen nach § 82 Abs 1 S 3 VwGO und Abs 2 die zur Begründung dienenden Tatsachen und Beweismittel bereits in der Klageschrift angegeben und nach Aufforderung des Vorsitzenden ergänzt werden; ferner heißt es in § 86 Abs 4 VwGO, dass die Beteiligten, wozu sie der Vorsitzende unter Fristsetzung auffordern kann, zur Vorbereitung der mündlichen Verhandlung Schriftsätze einreichen sollen. Schließlich kann das Gericht das persönliche Erscheinen eines Beteiligten anordnen (§ 95 Abs 1 VwGO). Zugleich sind die Beteiligten verpflichtet, sich heranziehen zu lassen.

2. Eigenes Recht der Beteiligten auf Mitwirkung

Wegen ihres Anspruchs auf rechtliches Gehör (Art 103 Abs 1 GG, § 108 Abs 2 VwGO) **45** haben die Beteiligten ein eigenes **Recht** auf Mitwirkung bei der gerichtlichen Tatsachenermittlung. Es muss ihnen Gelegenheit gegeben werden, die ihnen bekannten Tatsachen und deren Bewertung in das Verfahren einzuführen. Dieses Recht steht selbständig neben ihrer Pflicht, sich nach § 86 Abs 1 S 1 Hs 2 VwGO heranziehen zu lassen (S/S/B/Dawin § 86 Rn 71).

3. Pflicht der Beteiligten zur Mitwirkung bei der Amtsermittlung

Die Regelungen in § 82 Abs 1 S 3 und Abs 2 VwGO, in § 86 Abs 1 S 2 Hs 2 und Abs 4 **46** VwGO sowie in § 95 Abs 1 VwGO haben außerdem zum Inhalt, dass die Beteiligten selbst **verpflichtet** sind, bei der Erforschung des Sachverhalts mitzuwirken. Es handelt sich dabei neben der prozessualen Pflicht zugleich um eine materielle Mitwirkungslast (stRspr; BVerwGE 46, 92; Redeker/v Oertzen/Kothe VwGO § 86 Rn 13; Redeker DVBl 1981, 83, 84). Das bedeutet, dass die Mitwirkungspflicht der Beteiligten als selbständige prozessuale Pflicht **neben** die Amtsermittlungspflicht des Gerichts tritt. Beide Pflichten dienen gleichermaßen der Ermittlung der entscheidungserheblichen Tatsachen. Sie bedürfen, wenn es um konkrete Einzeltatsachen geht, der **Abgrenzung**. Die Aufgabe der Ermittlung stellt sich danach von Fall zu Fall unterschiedlich dar; sie obliegt je nach den tatsächlichen Umständen des Einzelfalls mehr dem Gericht oder mehr dem jeweiligen Beteiligten. Dabei hat sich folgende **Abgrenzungsformel** durchgesetzt: Die Mitwirkungspflicht der Beteiligten reicht am weitesten, wo es sich um Tatsachen aus der eigenen, nur dem jeweiligen Beteiligten bekannten **Sphäre,** insbes aus seinem persönlichen Lebenskreis, handelt; sie ist am geringsten, wenn es um Tatsachen geht, die nicht zum Erkenntnisbereich und damit zur Sphäre dieses Beteiligten gehören (stRspr, BVerwG NVwZ 1987, 404; Buchholz 310 § 86 Abs 1 VwGO Nr 109; NJW 2006, 1828 = BeckRS 2006, 22131; Köhler-Rott BayVBl 1999, 711). Bei der Abgrenzung ist auch die Zumutbarkeit der Mitwirkung von Bedeutung (BVerwG GewA 1995, 152).

46.1   Ausgangspunkt ist die Erkenntnis, dass die **Verantwortung** für die Sachverhaltsaufklärung nicht allein dem Gericht obliegt. Soweit die Sphäre eines Beteiligten betroffen ist, trägt auch und besonders er die Verantwortung, dass dem Gericht dieser Sachverhalt nachvollziehbar unterbreitet wird (Köhler-Rott BayVBl 1999, 711).

47   Die Verteilung der Tatsachenermittlung auf das Gericht und die Beteiligten hat Folgen für die **Reichweite** der Amtsermittlungspflicht: Die Amtsermittlungspflicht endet danach dort, wo die Mitwirkungspflicht der Beteiligten beginnt (BVerwG NJW 1964, 786; NVwZ 1987, 404, Redeker DVBl 1981, 83; aA Sodan/Ziekow/Rixen VwGO § 86 Rn 66 – Mitwirkungsobliegenheit als unselbständiges Element im Rahmen der übergreifenden Amtsermittlung). Diese Grenze ist im Einzelfall durch das Gericht festzustellen. Kommt ein Beteiligter der ihm obliegenden Mitwirkungslast nicht nach, bleibt die betreffende Tatsache aber nach wie vor Gegenstand der gerichtlichen Amtsermittlungspflicht. Das Gericht kann versuchen, diese Tatsache zu ermitteln. Die Verletzung der Mitwirkungspflicht befreit das Gericht deshalb nicht von seiner – im Grundsatz vorrangigen – Aufklärungspflicht und verbietet ihm nicht eigene Ermittlungen, sie kann aber dazu führen, dass die Anforderungen an das Ausmaß der gerichtlichen Amtsermittlung je nach Sachlage herabgesetzt und im Einzelfall sogar auf Null reduziert sind. Denn Tatsachen, die allein oder überwiegend in der Sphäre eines Beteiligten liegen und deren Feststellung zwingend dessen Mitwirkung erfordert, sind vom Gericht nach dem Rechtsprinzip der Beweisvereitelung (§ 444 ZPO) nicht gegen dessen Willen zu ermitteln (Eyermann/Geiger VwGO § 86 Rn 20). Eine unzureichende Mitwirkung des Beteiligten kann bei der Beweiswürdigung berücksichtigt werden (Sodan/Ziekow/Rixen VwGO § 86 Rn 72).

4. Abhängigkeit der Amtsermittlung vom Ausmaß der Mitwirkung

48   Das Mitwirkungsverhalten eines Beteiligten ist von entscheidender Bedeutung für die (weiteren) Aufklärungsmaßnahmen des Gerichts: Bringt er dem Gericht tatsächliche Umstände zur Kenntnis, die diesem bisher unbekannt waren, und ergeben sich daraus neue weiterführende Sachverhaltselemente, so kann das Gericht dadurch veranlasst werden, entsprechenden Behauptungen nachzugehen. Der dem Gericht insoweit eröffnete Ermessensspielraum kann sich sogar auf Null reduzieren. Denn eine mögliche Aufklärung von erheblichen Tatsachen, deren Vorhandensein ein Beteiligter schlüssig behauptet, muss sich dem Gericht regelmäßig als prozessual geboten aufdrängen. In derartigen Fällen begründet eine erfolgte Mitwirkung eine (neue) Amtsermittlungspflicht (BVerwG NVwZ 1986, 35; DÖV 1999, 957). Unterlässt hingegen ein Beteiligter substantiierte Angaben zu einem Sachverhalt, der ihm günstig wäre, ist das Gericht regelmäßig nicht zu weiteren Aufklärungsmaßnahmen verpflichtet. Die Ermittlung dieser Tatsachen hängt daher von dem Vortrag der Beteiligten ab (BVerfGE 74, 264 = NVwZ 1987, 487; BVerwGE 19, 87, 94; Buchholz 310 § 86 Abs 1 VwGO Nr 82).

48.1   Die Pflicht der Gerichte zur Aufklärung des Sachverhalts findet ihre Grenze also dort, wo das Klagevorbringen keinen Anlass zu weiterer Sachverhaltsaufklärung bietet (BVerwG Buchholz 310 § 86 Abs 1 VwGO Nr 317). Im Übrigen kann das Gericht ohne Verstoß gegen den Untersuchungsgrundsatz einen weiteren Aufklärungsbedarf verneinen, wenn weiterführende Angaben der Beteiligten nach Lage der Dinge als Ausdruck der Mitwirkungspflicht zu erwarten gewesen wären. Wieweit das Gebot der Amtsermittlung in derartigen Fällen reicht, hängt von der Art der Tatsachen und der prozessualen Situation ab (S/S/B/Dawin VwGO § 86 Rn 72, 73). Amtsermittlung und Mitwirkung der Beteiligten stehen deshalb in einem Verhältnis wechselseitiger Beeinflussung.

48.2   Ein Verfahrensbeteiligter genügt nicht seiner Obliegenheit zur Mitwirkung an der Sachverhaltsaufklärung, wenn er es unterlässt, diejenigen methodischen Bedenken, die er mit der Nichtzulassungsbeschwerde geltend macht, bereits in der mündlichen Verhandlung vor dem Tatsachengericht vorzutragen (BVerwG Buchholz 442.09 § 18 Nr 65).

Die Abhängigkeit der (weiteren) gerichtlichen Amtsermittlung von entsprechenden **49** glaubhaften Angaben eines Beteiligten wird insbes im **Asylrechtsstreit** deutlich; die dabei von der Rechtsprechung entwickelten Maßstäbe sind aber auch in anderen Rechtsgebieten in vergleichbarer Weise anwendbar. Das Tatsachenwissen des Asylklägers und die Kenntnisnahme dieses Wissens durch das Gericht bedürfen eines entsprechenden Vortrags des Klägers, da das Gericht die persönlichen Erlebnisse des Klägers in seinem Heimatstaat und nach seiner Ausreise zunächst nicht objektiv aus eigener Kenntnis nachvollziehen kann. Der Kläger ist daher verpflichtet, will er eine Entscheidung nach den Grundsätzen der materiellen Beweislast wegen Nichterweislichkeit zu seinen Ungunsten vermeiden, die nur ihm bekannten Tatsachen, die zur behaupteten politischen Verfolgung geführt haben sollen, die Umstände seiner Flucht einschließlich der Reisewege und die Umstände, wegen deren er eine Verfolgung nach einer etwaigen Rückkehr befürchtet, unter Angabe **genauer** Einzelheiten zu schildern (BVerwGE 66, 237). Bei der Schilderung dieser Einzelheiten, die allein aus dem eigenen Erkenntnisbereich des Klägers, aus seiner **persönlichen** Sphäre, insbes aus persönlichen Erlebnissen herrühren, sind möglichst konkrete, substantiierte Angaben geboten (BVerwGE 77, 150, 156 = NVwZ 1987, 812; NVwZ-RR 1990, 380; Buchholz 402.25 § 1 AsylVfG Nr 2). Fehlt es an derartigen konkreten Schilderungen oder ist die Schilderung nicht geeignet, die behauptete politische Verfolgung zu beweisen, oder sind die Angaben dazu widersprüchlich, braucht das Gericht bereits wegen Verletzung der Mitwirkungspflicht oder weil die erbrachte Mitwirkung auf keine weiteren erheblichen Tatsachen hindeutet, nicht in weitere Sachverhaltsermittlungen einzutreten (BVerwG DÖV 1999, 957, 958; Buchholz 310 § 86 Abs 1 VwGO Nr 152, 212).

Dem Asylkläger darf die Möglichkeit, das Gericht von der Wahrheit seines – im Übrigen **49.1** schlüssigen – erheblichen Verfolgungsvortrags im Wege des Urkundenbeweises (Überprüfung der Echtheit eines Militärgerichtsurteils) zu überzeugen, nicht deshalb versagt werden, weil es seinen Vortrag für unwahr hält. Darin läge eine unzulässige Vorwegnahme der Beweiswürdigung (BVerwG Buchholz 402.25 § 1 Nr 313).

Das Gericht muss hingegen die **allgemeinen** politischen Verhältnisse in dem – behaup- **50** teten – Verfolgerstaat von Amts wegen ermitteln. Der Asylbewerber erfüllt insoweit seine Mitwirkungspflicht bereits dann, wenn er Tatsachen vorträgt, die generell geeignet sind, eine Verfolgungssituation in seinem Heimatstaat zu begründen. Dabei muss das Gericht alle in Betracht kommenden Erkenntnismittel von sich aus auswerten oder als „**Asylfaktendokumentation**" (Erkenntnismittelliste) in das Verfahren einführen (B/F-K/S/vA VwGO § 86 Rn 15; Eyermann/Geiger VwGO § 86 Rn 21). Von besonderer Bedeutung sind insoweit – neben der Beachtlichkeit vorhandener Sachverständigengutachten, etwa Stellungnahmen des UNHCR oder des Deutschen Orient-Instituts – die regelmäßig erstellten Lageberichte des **Auswärtigen Amtes**, die als **amtliche Auskünfte** für die richterliche Aufklärung der maßgeblichen politischen Verhältnisse in den Herkunftsstaaten von zentraler Bedeutung sind und eine wesentliche Grundlage für die tatrichterliche Einschätzung der Verfolgungsgefahr darstellen. Sie sind in ihrem Beweiswert grundsätzlich einem Sachverständigengutachten gleichwertig (BVerwG Buchholz 310 § 86 Abs 1 VwGO Nr 267, 329; B/F-K/S/vA VwGO 86 Rn 14). Der Pflicht zur Amtsermittlung genügen die Verwaltungsgerichte grundsätzlich nur dann, wenn sie sich von Amts wegen vergewissern, ob ein **neuer** Lagebericht zur Verfügung steht und ob dieser asylrechtlich erhebliche Änderungen der politischen Verhältnisse in dem betreffenden Land beschreibt. Sie verletzen die Aufklärungspflicht auch dann, wenn sie amtliche Auskünfte – oder vergleichbare Sachverständigengutachten –, die nach dem substantiierten Vorbringen eines Beteiligten ein anderes Verwaltungsgericht zu einer abweichenden tatsächlichen Einschätzung der Verfolgungssituation veranlasst haben, nicht beiziehen (BVerwG Buchholz 310 § 86 Abs 1 VwGO Nr 213, 221).

Das Vorliegen einer **inländischen** Fluchtalternative ist grundsätzlich von Amts wegen zu **51** ermitteln. Dazu gehört auch die Möglichkeit des wirtschaftlichen Existenzminimums. Zur Mitwirkungspflicht eines Asylklägers gehört hingegen die Angabe der tatsächlichen Umstände, die eine inländische Fluchtalternative begründen können, wenn sie in die Sphäre des Klägers fallen (BVerwG NVwZ 1994, 1123; aA Rothkegel NVwZ 1990, 717, 722).

51.1   Ein vor politischer Verfolgung sicherer (inländischer) Ort bietet dem Asylbewerber das **Existenz-minimum** dann, wenn er durch eigene Arbeit oder durch Zuwendungen Dritter jedenfalls nach Überwindung von Anfangsschwierigkeiten das zu seinem Lebensunterhalt unbedingt Notwendige erlangen kann. Das ist nicht der Fall, wenn er bei der gebotenen generalisierenden Betrachtungs-weise auf Dauer ein Leben zu erwarten hat, das zu Hunger, Verelendung und letztlich zum Tode führt, oder wenn er dort nur ein „Dahinvegetieren am Rande des Existenzminimums" zu erwarten hat (BVerwGE 78, 332, 346; Buchholz 310 § 86 Abs 1 VwGO Nr 326). Die entsprechenden konkreten Verhältnisse vor Ort muss das Tatsachengericht von Amts wegen bei Prüfung einer inländischen Fluchtalternative ermitteln.

52   Nach stRspr des Bundesverwaltungsgerichts steht es bei der von Amts wegen gebotenen Sachverhaltsaufklärung im tatrichterlichen Ermessen des Gerichts, ob es gem § 86 Abs 1 VwGO und § 98 VwGO iVm § 412 ZPO entsprechend eine (weitere) amtliche Auskunft oder ein (weiteres) **Sachverständigengutachten** einholt (s Rn 85). Dies gilt auch im **Asyl-prozess**. Dabei wird das prozessuale Ermessen des Gerichts von substantiiertem tatsäch-lichem Vorbringen der Beteiligten beeinflusst, die im Rahmen ihrer Mitwirkungspflicht zur Klärung einer etwaigen Verfolgungssituation eines Asylklägers, etwa auch durch einen Beweisantrag, beitragen müssen. Beruft sich das Gericht insoweit auf bereits vorliegende Erkenntnismittel oder auf eine bereits bei ihm vorhandene hinreichende eigene Sachkunde, muss der Beteiligte, will er zusätzliche Tatsachen in das Verfahren einführen, um das Gericht zu weiteren Ermittlungen zu veranlassen, diese substantiiert vortragen (BVerwG Buchholz 310 § 86 Abs 1 VwGO Nr 308, 319).

52.1   Liegen zur **politischen** Situation in einem Herkunftsland bereits zahlreiche Auskünfte, Gut-achten und Stellungnahmen vor, dann darf ein Tatsachengericht in einem **Asylprozess** gem § 98 VwGO in entsprechender Anwendung des § 412 ZPO grundsätzlich nach seinem tatrichterlichen Ermessen entscheiden, ob es zur Sachaufklärung **zusätzliche Auskünfte** oder Sachverständigengut-achten einholt. Außerdem kann das Tatsachengericht eine weitere Aufklärung trotz dahingehender Anregung eines Beteiligten mit dem Hinweis auf die eigene Sachkunde, die zur Würdigung des Sachverhalts erforderlich ist, ablehnen. Ebenso wie seine besondere Sachkunde muss das Gericht auch die Ausübung seines tatrichterlichen Ermessens nach § 98 VwGO iVm § 412 ZPO – unter Auseinandersetzung mit dem entsprechenden Vorbringen der Beteiligten – nachvollziehbar begrün-den (BVerwG Buchholz 310 § 86 Abs 1 VwGO Nr 308). Ob zusätzliche Auskünfte oder Sach-verständigengutachten eingeholt werden müssen, hängt von den Umständen des Einzelfalles ab (BVerwG Buchholz § 86 Abs 1 VwGO Nr. 319). Das Gericht kann eine durch einen Lagebericht vermittelte eigene Sachkunde nicht annehmen, wenn der Lagebericht selbst Vorbehalte für die jeweiligen Einzelfälle enthält (BVerwG Buchholz 402.240 § 53 Nr 79).

52.2   In Asylverfahren kann unter besonderen Umständen ein Beweiserhebungsverbot zu beachten sein, insbes wenn das Asylgeheimnis gefährdet ist. Dieses schützt vor einer Weitergabe relevanter Angaben an den Herkunftsstaat, um Nachteile für den Antragsteller zu vermeiden. Es ist Ausprägung des durch Art 2 Abs 1 iVm Art 1 Abs 1 GG gewährleisteten allgemeinen Persönlichkeitsrechts in seiner Ausgestaltung als Recht auf informationelle Selbstbestimmung iVm dem Grundsatz der Verhältnismäßigkeit. Die Geheimhaltung der Angaben ist Voraussetzung eines rechtsstaatlichen Asyl-verfahrens. Das Gericht darf deshalb nicht durch einen Beweisbeschluss bewirken, dass sensible persönliche Umstände des Asylbewerbers an Behörden des behaupteten Verfolgerstaats gelangen, die den Asylbewerber bei einer etwaigen Rückkehr gefährden könnten; das Gericht muss dann nach schonenderen Möglichkeiten der Beweiserhebung suchen (BVerfG NVwZ 2005, 681; Klatt, NVwZ 2007, 51).

53   Die Anforderungen an die **Mitwirkungspflicht** eines Klägers dürfen freilich **nicht überspannt** werden. Dies gilt auch und besonders im **Asylprozess**. So darf das Gericht von der Aufklärung entscheidungserheblicher Umstände nicht allein mit der Begründung abse-hen, es fehle an deren „Glaubhaftmachung", weil ein Asylkläger sie erst sehr spät, etwa im Berufungsverfahren, in das Verfahren eingeführt habe. In einem derartigen Fall muss sich dem Gericht eine weitere Sachaufklärung aufdrängen (BVerwG Buchholz 310 § 86 Abs 1 VwGO Nr 317 zur Klärung verwandtschaftlicher Verhältnisse). Diese kann regelmäßig auch nicht wegen angeblich fehlender Glaubwürdigkeit des Klägers abgelehnt werden. Im Übri-gen trifft einen Asylkläger trotz gebotener Mitwirkung bei der Sachaufklärung grundsätzlich keine Beweisführungspflicht (BVerwGE 109, 174). Maßstab darf auch nicht, wie im Zivil-prozess, die „Unschlüssigkeit" des Vorbringens sein. Hält das Gericht trotz Widersprüchlichkeit oder Lückenhaftigkeit des Tatsachenvorbringens eines Beteiligten für möglich, dass es weitere erhebliche Tatsachen gibt, muss es diese ermitteln (S/S/B/Dawin VwGO § 86 Rn 78; B/F-K/S/vA VwGO § 86 Rn 20).

Eine Mitwirkungspflicht trifft auch Flüchtlinge, die sich rechtmäßig in Deutschland aufhalten, **53.1** wenn sie einen **Reiseausweis** nach Art 28 Abs 1 S 1 GenfKonv beantragen. Reist ein derartiger Flüchtling ohne seine Identität belegende Dokumente ein, ist die Behörde berechtigt, von ihm Nachweise zur Klärung seiner **Identität** zu verlangen, soweit ihm dies zumutbar ist. Die darin liegende Pflicht zur Mitwirkung des Flüchtlings gilt auch im etwa nachfolgenden Verwaltungsprozess, beseitigt aber nicht die gerichtliche Aufklärungspflicht: Danach hat das Verwaltungsgericht nach § 86 Abs 1 VwGO sorgfältig zu prüfen, ob dem klagenden Flüchtling die geforderte Mitwirkung in Gestalt der Vorlage von Identitätsnachweisen unter Berücksichtigung der Verhältnisse im Herkunftsstaat zugemutet werden kann und ob er die zumutbare Mitwirkung erbracht hat. Ist eine Klärung der Identität wegen Unzumutbarkeit der Mitwirkung oder trotz erbrachter Mitwirkung des Flüchtlings nicht möglich, darf der Reiseausweis nicht verweigert werden (BVerwG NVwZ 2004, 1250).

Für die gerichtliche Überprüfung der Rechtmäßigkeit von **Ausweisungen** freizügigkeitsberech- **53.2** tigter Unionsbürger (Art 21 AEUV) in tatsächlicher Hinsicht ist nach neuer Rechtsprechung der Zeitpunkt der letzten mündlichen Verhandlung oder Entscheidung des Tatsachengerichts maßgeblich (EuGH NVwZ 2004, 1099; BVerwG NVwZ 2005, 220). Daher ist die Amtsermittlung der Tatsachen auf diesen Zeitpunkt zu richten. Dies folgt aus der Erkenntnis, dass die Amtsermittlung auf den maßgeblichen Zeitpunkt, der im jeweiligen Verfahren für die Beurteilung der Sachlage gilt, bezogen ist.

Die Auffassung, die beklagte Ausländerbehörde müsse in einem Rechtsstreit auf Erteilung einer **53.3** Aufenthaltsbefugnis die Staatsangehörigkeit eines Klägers durch Vorlage geeigneter Dokumente oder Auskünfte nachweisen, geht von einer Beweisführungspflicht der Beteiligten aus und ist deshalb mit dem Grundsatz der Amtsermittlung nicht vereinbar (BVerwG Buchholz 310 § 86 Abs 1 VwGO Nr 342).

Das Gericht darf über einen Anspruch auf Gewährung von Abschiebungsschutz (§ 60 Abs 7 **53.4** AufenthG) nicht ohne Aufklärung der Frage entscheiden, ob der Kläger zur Behandlung einer bei ihm vorliegenden Krankheit auf ein bestimmtes Medikament zwingend angewiesen ist und ob dieses in seinem Heimatstaat für ihn erhältlich ist (BVerwG Buchholz 402.242 § 60 Abs 2 ff Nr 1).

In Klageverfahren auf Anerkennung als **Kriegsdienstverweigerer** trifft den Kläger **54** ebenfalls eine gesteigerte Mitwirkungspflicht bei der Erforschung der geltend gemachten Gewissensentscheidung gegen den Kriegsdienst mit der Waffe. Bei dieser Gewissensentscheidung handelt es sich um eine „innere Tatsache", deren Vorliegen ohne entsprechende und ins Einzelne gehende Bekundungen des Klägers nicht festgestellt werden kann (Eyermann/Geiger VwGO § 86 Rn 22). Das erfordert in aller Regel eine persönliche **Anhörung** des Klägers; eine förmliche **Parteivernehmung** ist hierzu grundsätzlich geboten (BVerwG Buchholz 310 § 86 Abs 1 VwGO Nr 231). Sie kann ausnahmsweise unterbleiben, wenn bereits der Akteninhalt oder eine formlose Anhörung des Klägers die Annahme einer Gewissensentscheidung rechtfertigen (BVerwG Buchholz 448.6 § 16 KDVG Nr 7).

Einer Vernehmung von Zeugen bedarf es nur dann, wenn die vorherige Anhörung des Klägers **54.1** das Gericht vom Vorliegen einer Gewissensentscheidung noch nicht überzeugt hat (BVerwG Buchholz 310 § 86 Abs 1 VwGO Nr 177, 241). Ein psychologisches Sachverständigengutachten ist in aller Regel nicht erforderlich (BVerwG Buchholz 310 § 86 Abs 1 VwGO Nr 194).

Hat ein Kriegsdienstverweigerer die Unterlagen nach § 2 Abs 2 KDVG im gerichtlichen Ver- **54.2** fahren erstmals vollständig nachgereicht, so hat der Ablehnung des Anerkennungsantrags in aller Regel eine gerichtliche „Vollprüfung" nach förmlicher Parteivernehmung vorauszugehen. Allein aufgrund des Verhaltens im Verwaltungsverfahren darf eine Gewissensentscheidung nicht verneint werden (BVerwG Buchholz 448.6 § 5 KDVG Nr 5 = NVwZ-RR 1993, 88; NVwZ-RR 2004, 116).

Besonderheiten gelten auch, wenn Tatsachen derart in der **Sphäre** eines Beteiligten **55** liegen, dass ihre Erforschung **zwingend** dessen Mitwirkung erfordert. Sie brauchen nach dem Grundsatz der **Beweisvereitelung** (§ 173 VwGO iVm § 444 ZPO) nicht gegen den Willen des Beteiligten ermittelt werden. Das ist insbes dann von Bedeutung, wenn eine Tatsachenermittlung ohne eine körperliche Untersuchung des Klägers nicht möglich ist, dh wenn die körperliche Untersuchung nach den Umständen im Einklang mit dem Grundsatz der Verhältnismäßigkeit zu Recht verlangt wird. So schreibt § 11 Abs 8 FeV für das **Fahrerlaubnisrecht** vor, dass derjenige als zum Führen von Kraftfahrzeugen im öffentlichen Verkehr nicht geeignet anzusehen ist, der ein von der Straßenverkehrsbehörde zu Recht gefordertes Gutachten nicht beibringt. Dieser erstmals in die Fahrerlaubnisverordnung aufgenommene Grundsatz wurde bereits zuvor von der Rechtsprechung ohne ausdrückliche Normierung angewandt (BVerwGE 11, 274; DAR 1988, 283). Die erst im Prozess erklärte Bereitschaft, sich nunmehr untersuchen zu lassen, verpflichtet das Gericht nicht zu einer Erforschung des Sachverhalts, weil diese Mitwirkung verspätet erklärt worden ist (Eyermann/Geiger VwGO § 86 Rn 20; aA OVG Münster NZV 1998, 478). Das Gericht muss in derartigen Fällen auch nicht auf andere Beweismittel, etwa Zeugen, zurückgreifen, um etwas über das Verhalten des Klägers erfahren zu können (BVerwG NZV 1993, 160).

55.1   Macht der Kläger in einem **Wehrpflichtprozess** seine mangelnde körperliche Eignung geltend, geht die unberechtigte Nichtbeibringung des von ihm durch das Gericht geforderten medizinischen Gutachtens als Verletzung der Mitwirkungspflicht und Beweisvereitelung ebenfalls zu seinen Lasten. Das bedeutet, dass von seiner Eignung auszugehen ist (BVerwG Buchholz 310 § 86 Abs 1 VwGO Nr 147). Liegen in einem derartigen Fall bereits im Verwaltungsverfahren eingeholte fachmedizinische plausible Gutachten der Bundeswehrärzte vor, ist der klagende Wehrpflichtige wegen seiner Mitwirkungspflicht gehalten, ihm günstige substantiierte ärztliche Stellungnahmen dem Gericht vorzulegen (BVerwG NVwZ-RR 2004, 505).

56   Hat ein **Asylbewerber** alle schriftlichen Unterlagen über seine behauptete Einreise auf dem Luftweg vernichtet, geht dies als Beweisvereitelung ebenfalls zu seinen Lasten (BVerwG DÖV 1999, 957). Weiterer Tatsachenermittlungen bedarf es deshalb nicht.

57   Eine gesteigerte Mitwirkungspflicht obliegt dem Kläger auch bei der gerichtlichen Kontrolle von **Bebauungsplänen** und **Abgabensatzungen**. Hier hat sich in der Rechtsprechung die Linie entwickelt, die Tatsachengerichte sollten sich im Rahmen des ihnen eröffneten prozessualen Ermessens nicht „gleichsam ungefragt" auf Fehlersuche begeben, dies allerdings mit der Einschränkung, es lasse sich nicht allgemein formulieren, was an Kontrolle im Einzelfall geboten sei. Für Abgabensatzungen hat das BVerwG nunmehr ausgeführt, es sei „in aller Regel" sachgerecht, die Kalkulation des Abgabensatzes nur insoweit zu überprüfen, als der Kläger dagegen „substantiierte Einwände" erhoben hat (BVerwG NVwZ 2002, 1123; Schmidt LKV 2003, 71). Die Geltung des Amtsermittlungsgrundsatzes soll dadurch nicht in Frage gestellt sein (BVerwG Buchholz 310 § 86 Abs 1 VwGO Nr 352 = NVwZ 2007, 223).

57.1   Dies erscheint zweifelhaft, weil die Kalkulation des Abgabensatzes allein in der Sphäre des Satzungsgebers liegt und jedenfalls in einem Normenkontrollverfahren nach § 47 VwGO eine umfassende objektive Prüfung auch der Tatsachenfragen erfolgen muss. Nach allgemeinen Grundsätzen ist ein Kläger nicht gehalten, die allein der Sphäre der Verwaltung angehörenden komplexen Tatsachen von sich aus in Einzelheiten vorzutragen. Das würde auch für eine Klage gegen einen Abgabenbescheid gelten.

57.2   Bei der Bestimmung der Mitwirkungspflicht von **Gemeinden** im Zusammenhang mit der Handhabung ihrer **Vergnügungssteuersatzungen** ist dem Umstand Rechnung zu tragen, dass sie die Aufsteller von Spielautomaten nicht zur Vorlage der Einspielergebnisse verpflichten können (BVerwG Buchholz 401.68 Nr 39).

58   Hat ein Kläger Tatsachen vorgetragen, die kraft Gesetzes im Prozess einer **materiellen Präklusion** (etwa § 10 Abs 3 S 3 BImSchG) unterliegen, weil er sie im Verwaltungsverfahren nicht oder verspätet vorgebracht hat, sind sie vom Gericht wegen der bereits im vorgerichtlichen Stadium unterbliebenen notwendigen Mitwirkung nicht mehr zu ermitteln (Eyermann/Geiger VwGO § 86 Rn 20). Auch insoweit begrenzt das Unterlassen einer gebotenen Mitwirkung die Amtsermittlung des Gerichts.

59   Das Mitwirkungsverhalten eines Beteiligten kann auch darin bestehen, dass er einen förmlichen **Beweisantrag** (§ 86 Abs 2 VwGO) stellt oder – im schriftlichen Verfahren – eine entsprechende Beweisanregung gibt oder dies unterlässt. Daraus können sich Folgen für das Ausmaß der Amtsermittlungspflicht ergeben. Dabei ist von Bedeutung, ob der Beteiligte **anwaltlich** oder sonst sachkundig vertreten ist. Unterlässt ein anwaltlich – oder sonst sachkundig – vertretener Beteiligter einen förmlichen Beweisantrag in der mündlichen Verhandlung – oder im schriftlichen Verfahren eine Anregung zu einer Beweiserhebung -, obwohl dies nach Lage der Dinge zu erwarten gewesen wäre, weil das Gericht den entscheidungs-erheblichen Sachverhalt aufgrund der beigezogenen Verwaltungsvorgänge oder einer Be-weisaufnahme für aufgeklärt gehalten hat, braucht sich dem Gericht regelmäßig die Notwen-digkeit, die betreffende Tatsache von Amts wegen zu erforschen, nicht aufzudrängen (BVerwG Buchholz 310 § 132 VwGO Nr 114, 146; NVwZ-RR 1990, 80). Stellt etwa ein anwaltlich vertretener Beteiligter in der mündlichen Verhandlung einen zuvor schriftsätzlich angekündigten Beweisantrag nicht oder hält er eine schriftsätzlich gegebene Anregung zu einer Beweiserhebung in einem Rechtsgespräch nicht aufrecht, kann dies vom Gericht je nach den Umständen als ein Hinweis verstanden werden, er halte an seiner ursprünglichen Auffassung, der Sachverhalt müsse weiter erforscht werden, nicht mehr fest (BVerwG Buch-holz 310 § 86 Abs 1 VwGO Nr 146). Dem Gericht braucht sich dann eine weitere Auf-klärung nicht aufzudrängen. Besonderheiten gelten im Berufungsverfahren: Hat ein Betei-ligter bereits in der ersten Instanz einen förmlichen Beweisantrag gestellt und hat das Ver-waltungsgericht die unter Beweis gestellte Tatsache ohne Beweiserhebung bejaht, kann nicht aus Gründen der prozessualen Mitwirkungspflicht erwartet werden, dass der Beteiligte den Beweisantrag in der Berufungsinstanz förmlich wiederholt. Hält das Berufungsgericht diese Tatsache für zweifelhaft, muss sich ihm die Notwendigkeit einer weiteren Sachverhaltserfor-schung dann von Amts wegen aufdrängen (BVerwG NJW 1994, 2243; S/S/B/Dawin VwGO § 86 Rn 80, 81).

Es verstößt in der Regel gegen den Amtsermittlungsgrundsatz, wenn das Tatsachengericht **59.1** erreichbare **Zeugen** für das rechtserhebliche tatsächliche Vorbringen eines Beteiligten nicht ver-nimmt, obwohl der Beteiligte das Vorhandensein von Zeugen für die betreffende Tatsache behaup-tet, und statt dessen das Gericht die in das Wissen des Zeugen gestellte Behauptung als nicht erwiesen oder nicht nachweisbar behandelt. Bei einem anwaltlich oder sonst sachkundig vertretenen Beteiligten muss freilich aufgrund der Mitwirkungspflicht erwartet werden, dass er einen förmlichen Beweisantrag stellt (BSG NVwZ-RR 1998, 203). In derartigen Fällen ist das Gericht trotz § 86 Abs 3 VwGO nicht verpflichtet, auf die Stellung eines entsprechenden Beweisantrags hinzuwirken. Es darf den Beteiligten allerdings nicht davon abhalten, einen entsprechenden Beweisantrag zu stellen.

B. Ablehnung von Beweisanträgen (§ 86 Abs 2 VwGO)

I. Begriff des Beweisantrags

1. Verfahrensrechtlicher Zweck des § 86 Abs 2 VwGO

Nach § 86 Abs 2 VwGO kann ein in der mündlichen Verhandlung gestellter Beweis- **60** antrag nur durch einen Gerichtsbeschluss, der zu begründen ist, abgelehnt werden. Es handelt sich dabei um einen sog „förmlichen" Beweisantrag. Aus dem Wortlaut der Vor-schrift ergibt sich, dass sie nur die prozessuale **Form** regelt, die das Tatsachengericht bei der Ablehnung eines Beweisantrags zu beachten hat. Dazu gehört auch, dass der Beschluss vom Gericht, also nicht vom Vorsitzenden, zu fassen ist. Für die materiellen Gründe einer Ablehnung gibt die Bestimmung hingegen keine Maßstäbe (BVerwG Buchholz 310 § 86 Abs 1 VwGO Nr 111; S/S/B/Dawin VwGO § 86 Rn 86). Das Recht eines Beteiligten, einen Beweisantrag stellen zu dürfen, wird aber offenbar vorausgesetzt.

Der **Zweck** der Vorschrift ist ein doppelter: Er besteht zum einen darin, dem Beteiligten **61** Klarheit über die Auffassung des Gerichts zur Sach- und Rechtslage zu geben. Wird der in der mündlichen Verhandlung gestellte Beweisantrag unter der erforderlichen Mitteilung der Gründe noch in der Verhandlung abgelehnt, so erfahren die Beteiligten nicht nur die Gründe für die Ablehnung der weiteren Sachaufklärung, sondern auch die Meinung des Gerichts zur Sach- und Rechtslage im gegebenen Verfahrensstand, so dass sie sich damit auseinander-setzen, ergänzend vortragen oder weitere Beweisanträge stellen können (BVerwGE 17, 172 = NJW 1964, 787; BVerwGE 37, 13; Redeker/v Oertzen/Kothe VwGO § 86 Rn 24). Der Beschluss muss deshalb von dem nachfolgenden Urteil zeitlich so getrennt verkündet werden, dass die Beteiligten sich hierauf, auch in derselben Verhandlung, noch erklären können (BVerfG NVwZ 1987, 785; BVerwG Buchholz 310 § 86 Abs 2 VwGO Nr 29). Zum anderen bezweckt die Bestimmung, das Gericht durch das Erfordernis einer begründeten förmlichen Ablehnung zu veranlassen, sich mit den von den Beteiligten behaupteten und von ihm für erheblich gehaltenen Tatsachen noch in der Verhandlung auseinanderzusetzen, um danach den Beteiligten die Auffassung des Gerichts mitteilen zu können (BVerwG Buchholz 310 § 130a VwGO Nr 16; NVwZ 1994, 1095; S/S/B/Dawin VwGO § 86 Rn 88).

61.1   Dem Gesetz lässt sich keine Regelung entnehmen, wie lange dem Prozessbeteiligten **Zeit** zu geben ist, nach Ablehnung seines Beweisantrags auf diese Situation zu reagieren. Regelmäßig werden einige Minuten genügen, da von einem hinreichend vorbereiteten Beteiligten auszugehen ist (Eyermann/Geiger VwGO § 86 Rn 31; aA Vierhaus, DVBl 2009, 629, 633).

61.2   Die **Begründung** des Beschlusses muss den wesentlichen Grund der Ablehnung wiedergeben. Der Umfang der Begründung richtet sich nach den Erfordernissen des jeweiligen Einzelfalls; der Antragsteller muss hinreichend informiert werden, um sein weiteres prozessuales Verhalten darauf einstellen zu können. Ist das Beweisthema nicht entscheidungserheblich, genügt dieser Hinweis (Eyermann/Geiger VwGO § 86 Rn 31).

62   Die Pflicht des Gerichts zur förmlichen Ablehnung eines Beweisantrags durch begründeten Beschluss steht deshalb in einem unmittelbaren **Zusammenhang** mit dem Anspruch auf **rechtliches Gehör** (Art 103 Abs 1 GG, § 108 Abs 2 VwGO): Unterlässt das Gericht eine förmlich beantragte Beweiserhebung ohne vorherige ablehnende und begründete Entscheidung, so verstößt es zugleich gegen dieses Erfordernis (B/F-K/S/vA VwGO § 86 Rn 32, 33, zu § 108 Rn 45.1).

2. Unbedingter Beweisantrag

63   Ein Beweisantrag iSd § 86 Abs 2 VwGO liegt nur vor, wenn der Beteiligte in der mündlichen Verhandlung von dem Gericht **ausdrücklich** begehrt, es solle die Behauptung einer **bestimmten** Tatsache durch Gebrauch eines von den Beteiligten zu benennenden **bestimmten** Beweismittels zu seiner Überzeugung feststellen (BVerwG Buchholz 310 § 86 Abs 2 VwGO Nr 18; NVwZ-RR 2002, 311; Kopp/Schenke VwGO § 86 Rn 18a; ausführlich Vierhaus, Beweisrecht im Verwaltungsprozess, 2011, 50). Durch den förmlichen Beweisantrag macht der Beteiligte zugleich einen Anspruch auf förmliche Vorabentscheidung darüber geltend, der durch § 86 Abs 2 VwGO gewährleistet ist. Ein Beweisantrag setzt daher voraus, dass die Beweistatsache (das Beweisthema) und das Beweismittel so hinreichend bestimmt, dh **konkret** und **substantiiert**, bezeichnet werden, dass das Gericht in die Lage versetzt wird, das Vorliegen von Ablehnungsgründen zu überprüfen (BVerwG Buchholz 310 § 86 Abs 1 VwGO Nr 177; Buchholz 402.25 § 1 AsylVfG Nr 2). Die konkrete Substantiierung ist folglich nicht erst Voraussetzung der Zulässigkeit des Beweisantrags, sondern bereits eine wesentliche **inhaltliche** Voraussetzung. Sie verlangt eine eindeutige und präzise Benennung des Beweisthemas und des jeweiligen Beweismittels mit der **Darlegung**, welche Ergebnisse zu erwarten sind. Die bloße Wiederholung gesetzlicher Tatbestandsvoraussetzungen reicht regelmäßig nicht aus, ebenso nicht die bloße Bezugnahme auf frühere Schriftsätze (BVerwG NJW 1963, 877; Redeker/v Oertzen/Kothe VwGO 86 Rn 27). Unsubstantiierte Beweisanträge, die das Beweisthema nicht hinreichend präzisieren, braucht das Gericht deshalb nicht zu bescheiden (BVerwG NJW 1988, 1746; BVerwGE 97, 203).

63.1   Beim Antrag auf Vernehmung eines **Zeugen** ist dieser konkret und individuell zu benennen und darzulegen, welche erheblichen Tatsachen er kennt und konkret bekunden soll (BVerwG NVwZ-RR 1999, 208). Beim **Urkundenbeweis** muss dargelegt werden, wie der Beweisführer in den Besitz der Urkunde gelangt ist und welche konkreten Tatsachen aus ihr hervorgehen sollen (Jacob VBlBW 1997, 41, 43). In ähnlicher Weise muss der Antrag auf Einholung eines **Sachverständigengutachtens** die festzustellenden Tatsachen hinreichend deutlich fixieren (BVerwG Buchholz 310 § 86 Abs 1 VwGO Nr 164, 402.242 § 60 Abs 2 ff Nr 3; Redeker/v Oertzen/Kothe VwGO § 86 Rn 27). Zur Substantiierung eines Sachverständigenbeweisantrags, der das Vorliegen einer behandlungsbedürftigen posttraumatischen Belastungsstörung (s Rn 84.2) zum Gegenstand hat, gehört regelmäßig die Vorlage eines gewissen Mindestanforderungen genügenden fachärztlichen Attests, aus dem sich nachvollziehbar die konkrete Diagnose ergibt (BVerwG Buchholz 402.242 § 60 Abs 2 ff Nr 30 = NVwZ 2008, 330; zur Überspannung dieser Mindestanforderungen BVerwG Buchholz 402.242 § 60 Abs 2 ff Nr 12).

3. Beweisanregungen, Beweisermittlungsanträge, Ausforschungsbeweisanträge

Förmliche Beweisanträge sind von unverbindlichen **Beweisanregungen** zu unterschei- 64
den. Diese stellen keinen förmlichen, auf eine Vorabentscheidung gerichteten Antrag dar,
sondern stellen die Beweiserhebung in das Ermessen des Gerichts. Dieses soll gem § 86
Abs 1 VwGO von Amts wegen prüfen, ob es eine bestimmte Tatsache als erheblich und
klärungsbedürftig ansieht. So ist die bloße Anregung, weitere Unterlagen beizuziehen, kein
Beweisantrag iSv § 86 Abs 2 VwGO (Eyermann/Geiger VwGO § 86 Rn 24).

Keine Beweisanträge sind ferner bloße **Beweisermittlungsanträge** oder „**Ausfor-** 65
schungsbeweisanträge", dh Anträge, mit denen unter der bloßen Bezeichnung als Beweisantrag lediglich tatsächliche Behauptungen aufgestellt werden, denen keine konkreten Anhaltspunkte zugrunde liegen, die „aus der Luft gegriffen" sind (BVerwG NVwZ-RR 1991,
118, 123; BVerfG DVBl 1993, 1003). Durch einen Beweisermittlungsantrag soll ein Beweisantrag erst vorbereitet werden, in dem zunächst das Vorliegen entscheidungserheblicher
Tatsachen festgestellt werden soll, etwa wenn die Kenntnis einer als Zeuge benannten Person
von einem bestimmten Sachverhalt lediglich vermutet wird. Ein solcher Antrag lautet etwa,
Beweis darüber zu erheben, „ob" eine bestimmte Tatsache vorliege (BVerwG DVBl 1999,
100; Vierhaus, Beweisrecht im Verwaltungsprozess, 2011, 29). Ein derartiger Antrag bewegt
sich daher „im Vorfeld" eines Beweisantrags. Zu den Voraussetzungen eines (unzulässigen)
Ausforschungsbeweises im Zusammenhang mit ausländischem Recht vgl BVerwG Buchholz
310 § 86 Abs 1 VwGO Nr 362. Bei der Qualifizierung eines Beweisantrags als Ausforschungsbeweis ist Zurückhaltung geboten (BVerfG NJW 2003, 2976).

4. Hilfsbeweisanträge, bedingte oder „vorsorgliche" Beweisanträge

Nur unbedingt gestellte Beweisanträge fallen in den Anwendungsbereich des § 86 Abs 2 66
VwGO und bedürfen deshalb einer Vorabentscheidung durch einen zu begründenden
Gerichtsbeschluss (BVerwGE 30, 57; Buchholz 310 § 86 Abs 2 VwGO Nr 55). Wird hingegen die Beweiserhebung unter einem Vorbehalt oder einer Bedingung beantragt, tritt diese
prozessuale Folge nicht ein. Macht der Antragsteller sein Begehren nach einer Beweiserhebung nicht von einem sonstigen unbestimmten Ereignis, sondern davon abhängig, dass das
Gericht die unter Beweis gestellte Tatsache als erheblich ansieht, stellt er den Beweisantrag in
diesem Sinne also nur **hilfsweise**, „vorsorglich" oder „fürsorglich", bedarf es **keiner** Vorabentscheidung. Es genügt, wenn das Gericht nach durchgeführter Beratung des Klagebegehrens in seinen Entscheidungsgründen darüber befindet. In derartigen Fällen macht der
Antragsteller durch die Formulierung seines Antrags deutlich, dass er eine Entscheidung über
die Beweiserhebung noch in der mündlichen Verhandlung nicht erstrebt, sondern damit
einverstanden ist, dass diese erst mit der abschließenden Beratung und Entscheidung des
Gerichts über das Klagebegehren erfolgt. In einem derartigen Hilfsbeweisantrag kann auch
eine schlichte **Beweisanregung** gesehen werden (S/S/B/Dawin VwGO § 86 Rn 91; Eyer-
mann/Geiger VwGO § 86 Rn 25; Vierhaus, Beweisrecht im Verwaltungsprozess, 2011, 56).
Das Gericht muss in den Entscheidungsgründen ausführen, warum es die hilfsweise beantragte Beweiserhebung unterlassen hat.

Stellt der Kläger einen Beweisantrag nach Schluss der mündlichen Verhandlung in einem 66.1
„nachgelassenen Schriftsatz", kann dies das Gericht, wenn sich daraus die Notwendigkeit weiterer
Aufklärung des Sachverhalts ergibt, veranlassen, die mündliche Verhandlung nach § 104 Abs 3 S 2
VwGO wieder zu eröffnen (BVerwG NVwZ 2003, 1116).

5. Verfahrensrechtliche Erfordernisse bei Antragstellung

Die Stellung des förmlichen Beweisantrags ist in das **Protokoll** aufzunehmen (§ 105 67
VwGO iVm § 160 Abs 2 ZPO). Aufzunehmen sind die unter Beweis gestellten Tatsachen
und das Beweismittel. Eine etwaige Begründung des Antrags ist nur zu vermerken, wenn der
Antragsteller dies verlangt und die Begründung weiteren Aufschluss über den Inhalt des
Antrags gibt (§ 105 VwGO iVm § 160 Abs 4 ZPO). Wird der Beweisantrag nicht zu
Protokoll genommen, kann von der Stellung eines förmlichen Antrags iSd § 86 Abs 2
VwGO nicht ausgegangen werden. Das Protokoll erbringt, solange das Gegenteil nicht

erwiesen ist, als öffentliche Urkunde nämlich vollen Beweis dafür, dass der Antrag gestellt oder nicht gestellt wurde (BVerwG Buchholz 310 § 86 Abs 2 VwGO Nr 32).

6. Verfahrensrechtliche Erfordernisse bei Ergehen des Beschlusses

68   Über einen in der mündlichen Verhandlung gestellten förmlichen Beweisantrag muss, wie bereits der Wortlaut des § 86 Abs 2 VwGO vorschreibt, durch einen zu begründenden Gerichtsbeschluss entschieden werden. Der Beschluss ist **ausnahmslos** zu begründen, da sonst der Zweck des § 86 Abs 2 VwGO, die Beteiligten über die tatsächlichen und rechtlichen Erwägungen des Gerichts vorab zu informieren, nicht erreicht würde (BVerwG NJW 1989, 1233; Redeker/v Oertzen/Kothe VwGO § 86 Rn 26). Dieser Zweck gebietet auch, dass der Beschluss noch in der mündlichen Verhandlung ergeht und begründet wird. Eine Entscheidung über den formgerecht gestellten Antrag zusammen mit dem Urteil ist deshalb verspätet; die Beteiligten können sich dann nicht mehr auf die Prozesssituation einstellen und sich dazu nicht mehr in Wahrnehmung ihres rechtlichen Gehörs äußern (BVerwG Buchholz 310 § 86 Abs 2 VwGO Nr 29). Die Begründung muss nicht notwendig in einem schriftlichen Beschluss erfolgen. Wird der Beschluss in der mündlichen Verhandlung verkündet, muss dies in der **Sitzungsniederschrift** vermerkt werden (§ 105 VwGO iVm § 160 Abs 3 Nr 6 ZPO). Auch die Begründung ist darin als wesentlicher Teil der Verhandlung aufzunehmen (§ 105 VwGO iVm § 160 Abs 2 ZPO; Jacob VBlBW 1997, 41, 45). Wird sie bei Ablehnung des Antrags nicht in die Sitzungsniederschrift aufgenommen, so muss das Gericht sie in den Urteilsgründen ausführen (BVerwG ZOV 2003, 273; Redeker/v Oertzen/Kothe VwGO § 86 Rn 24).

68.1   Der den Beweisantrag ablehnende Beschluss muss den Beteiligten in der mündlichen Verhandlung so eröffnet werden, dass sie noch die Möglichkeit haben, sich vor der abschließenden Entscheidung hierzu zu äußern. Das Gericht darf deshalb am Schluss der Sitzung nicht sowohl den Ablehnungsbeschluss als auch – nach kurzer Unterbrechung – das Urteil anschließend verkünden, weil auch eine kurze Unterbrechung nicht ausreicht, dem Antragsteller Gelegenheit zu geben, sich auf die durch die Ablehnung entstehende Verfahrenslage einzustellen (BVerwG Buchholz 310 § 86 Abs 2 VwGO Nr 60; Vierhaus, Beweisrecht im Verwaltungsprozess, 2011, 123).

68.2   Die Ablehnung eines Beweisantrags ist nicht anfechtbar (§ 146 Abs 2 VwGO). Die rechtswidrige Ablehnung eines Beweisantrags verstößt sowohl gegen § 86 Abs 2 als auch gegen § 86 Abs 1 VwGO (Eyermann/Geiger VwGO § 86 Rn 32).

II. Allgemeine Ablehnungsgründe

69   Die für die verschiedenen Fallgruppen herzuleitenden allgemeinen Ablehnungsgründe gelten für alle Arten von Beweismitteln. Ausgangspunkt ist die Erkenntnis, dass die VwGO nicht regelt, unter welchen materiellen Voraussetzungen ein Beweisantrag, der den formellen Anforderungen des § 86 Abs 2 VwGO entspricht, abgelehnt werden kann. Die Ablehnung derart formell richtiger Beweisanträge richtet sich daher nach allgemeinen Grundsätzen des Beweisrechts. Heranzuziehen sind insbes die über § 98 VwGO entsprechend anwendbaren Bestimmungen der **ZPO** über die Beweisaufnahme, sonstige über § 173 VwGO entsprechend geltende zivilprozessuale Vorschriften und die strafprozessuale Norm des **§ 244 StPO**, insbes des § 244 Abs 3 S 1 StPO (BVerwG VerwVerfR 24, 413; Eyermann/Geiger VwGO § 86 Rn 34; Redeker/v Oertzen/Kothe VwGO § 86 Rn 29; B/F-K/S/vA VwGO § 36 Rn 33).

1. Unzulässigkeit der Beweiserhebung

70   Bereits als unzulässig zurückzuweisen sind Beweisanträge, die aus verfahrensfremden Zwecken, etwa zur Prozessverschleppung, gestellt werden und deshalb **rechtsmissbräuchlich** sind. Dies gilt auch für Beweisanträge, denen das **Rechtsschutzbedürfnis** fehlt, etwa weil sie von einer nicht am Verfahren beteiligten Person gestellt werden (Eyermann/Geiger VwGO § 86 Rn 33). Eine Beweiserhebung ist bereits unzulässig, wenn das beantragte Beweismittel einem gesetzlichen **Beweisverbot** unterliegt, wenn also die Erhebung des Beweises oder die Verwertung des Beweisergebnisses einen Verstoß gegen Rechtsvorschriften

bedeuten würde. Derartige Vorschriften finden sich in verschiedenen prozessualen Regelungen. So dürfen Personen, die einer **Schweigepflicht** unterliegen oder von einem **Zeugnisverweigerungsrecht** Gebrauch gemacht haben, nicht als Zeugen vernommen werden. § 98 VwGO iVm § 376 ZPO verbietet die Vernehmung von Beamten, die von ihrem Dienstherrn keine Aussagegenehmigung erhalten haben (§ 61 Abs 2 BBG). § 98 VwGO iVm § 383 ZPO und § 406 ZPO steht einer Vernehmung von Personen entgegen, wenn diesen ihr Zeugnisverweigerungsrecht unbekannt ist oder wenn sie als Sachverständige wirksam abgelehnt worden sind. Unzulässig sind auch gesetzlich verbotene Beweisverfahren wie etwa eine heimliche Beweisaufnahme, die gegen das Gebot der Parteiöffentlichkeit der Beweisaufnahme (§ 97 VwGO) verstoßen würde. Dasselbe gilt, wenn bestimmte Tatsachen nur durch bestimmte Beweismittel festgestellt werden dürfen: § 105 VwGO iVm § 165 S 1 ZPO gestattet zum Beweis der Beachtung der für die mündliche Verhandlung vorgeschriebenen Förmlichkeiten allein die Beiziehung der Niederschrift über die betreffende Verhandlung. Abzulehnen ist auch ein Beweisantrag, wenn die Beweiserhebung unzulässig wäre; in einem derartigen Fall ist der Antrag zwar zulässig, aber unbegründet.

Unzulässig ist eine Beweisaufnahme ferner dann, wenn hinsichtlich der unter Beweis **71** gestellten Tatsache bereits eine bestandskräftige oder rechtskräftige **Vorentscheidung** ergangen ist, die für das erkennende Gericht bindend ist, oder wenn die Beweistatsache wegen **Geheimhaltungsbedürftigkeit** (vgl § 99 VwGO, § 43 DRiG) nicht aufgeklärt werden darf (vgl S/S/B/Dawin VwGO § 86 Rn 102 ff, 113 ff; Jacob VBlBW 1997, 41, 45, 46).

Schließlich darf eine Beweiserhebung nicht erfolgen, die einen Verstoß gegen die verfassungsrechtlich durch Art 1 Abs 1 GG und Art 2 Abs 1 GG geschützte **private Persönlichkeitssphäre** bedeuten würde, etwa die Verwertung von Tagebüchern oder das unerlaubte Aufzeichnen von Gesprächen. Geschützt sind die Menschenwürde und der Kernbereich der privaten Lebensgestaltung. Insoweit besteht auch ein absolutes Verwertungsverbot (Eyermann/Geiger VwGO § 86 Rn 36). **72**

2. Unerheblichkeit der Beweistatsache

Eine unter Beweis gestellte Tatsache ist für die Entscheidung des Gerichts unerheblich, **73** wenn es auf sie aus rechtlichen oder tatsächlichen Gründen nicht ankommt (BVerwG NVwZ 1982, 244). **Rechtlich** unerheblich ist eine Tatsache, wenn die tatbestandlichen Voraussetzungen einer einschlägigen Rechtsnorm bereits aus anderen Gründen nicht alle erfüllt sind. Nicht erheblich ist auch eine Tatsache, hinsichtlich derer ein Kläger nach § 87b Abs 3 VwGO oder nach § 74 Abs 2 S 1 AsylVfG ausgeschlossen (präkludiert) ist (VGH Mannheim NVwZ 1995, 816). Unerheblich ist auch ein Beweisantrag im Asylprozess, wenn die ihm zugrunde liegende Schilderung des Verfolgungsschicksals durch den Kläger bereits durch nicht auflösbare Widersprüche gekennzeichnet ist (BVerwG NVwZ-RR 1990, 379). **Tatsächlich** unerheblich ist eine Tatsache, die mit dem zu beurteilenden rechtlich erheblichen Sachverhalt keinen Zusammenhang hat.

Eine rechtlich unerhebliche Tatsache kann auch mit der Begründung abgelehnt werden, **74** sie könne als wahr unterstellt werden (§ 244 Abs 3 S 2 letzter Hs StPO entsprechend). Dies gilt allerdings nicht für die rechtlich erheblichen Tatsachen, denn diese müssen nach § 86 Abs 1 VwGO und nach § 108 Abs 1 VwGO zur vollen richterlichen Überzeugung von Amts wegen ermittelt werden. Für die **Wahrunterstellung** rechtlich erheblicher Tatsachen ist daher im Verwaltungsprozess kein Raum; § 244 Abs 3 S 2 letzter Hs StPO ist insoweit nicht entsprechend anwendbar. Sieht das Verwaltungsgericht wegen Wahrunterstellung von einer Beweiserhebung ab, handelt es sich dabei um einen Verzicht auf Beweiserhebung wegen rechtlicher Unerheblichkeit. Wird ein Beweisantrag mit dieser Begründung abgelehnt, ist das also ein Unterfall der Ablehnung mangels Erheblichkeit (BVerwGE 77, 150 = NVwZ 1987, 812; VGH Mannheim VBlBW 1998, 101; S/S/B/Dawin VwGO § 86 Rn 119). Die Wahrunterstellung existiert daher als eigenständiger Ablehnungsgrund im Verwaltungsprozess nicht (Jacob VBlBW 1997, 41, 46).

Das Gericht darf auf eine beantragte und nach seiner Auffassung erhebliche Zeugenvernehmung **74.1** nicht deshalb verzichten, weil es lediglich **unterstellt**, der Zeuge werde im Falle seiner Vernehmung die unter Beweis gestellte Behauptung bestätigen. Ein derartiger Verzicht ist nur zulässig, wenn das

Gericht nicht nur die erwartete Aussage, sondern auch die behauptete Tatsache unterstellt (BFH NVwZ-RR 2008, 71).

3. Völlige Ungeeignetheit des Beweismittels

75   Ein allgemein anerkannter Ablehnungsgrund ist die „völlige Ungeeignetheit" eines Beweismittels (vgl § 244 Abs 3 S 2 StPO entsprechend). Der Begriff wird in der Praxis häufig gleichgesetzt mit Untauglichkeit oder Unbrauchbarkeit des betreffenden Beweismittels. Er kann nur bei einer **völligen**, in jeder Hinsicht anzunehmenden Untauglichkeit des Beweismittels bejaht werden (Eyermann/Geiger VwGO § 86 Rn 40). Völlige Ungeeignetheit eines Beweismittels ist daher nur in besonders gelagerten **Ausnahmefällen** und in engen Grenzen anzuerkennen. Dabei ist größte Zurückhaltung geboten. Es muss als völlig ausgeschlossen, also nicht als lediglich unwahrscheinlich, erscheinen, dass das beantragte Beweismittel eine erhebliche tatsächliche Erkenntnis erbringt. Der völlige Unwert eines Beweismittels muss feststehen, um es ablehnen zu dürfen (BVerwG NJW 1993, 254; BVerwG Buchholz 310 § 86 Abs 1 VwGO Nr 117, 229; ausführlich Vierhaus, Beweisrecht im Verwaltungsprozess, 2011, 79). Ein lediglich zweifelhafter Beweiswert genügt daher noch nicht zur Ablehnung eines Beweisantrags (VGH Mannheim ESVGH 56, 113 = VBlBW 2006, 199 = DÖV 2006, 568).

75.1   So darf etwa ein Beweisantrag auf Vernehmung eines Zeugen nicht mit der Begründung abgelehnt werden, der Zeuge sei nicht glaubwürdig (BVerwG Buchholz 310 § 86 Abs 1 VwGO Nr 112, 320, Zeuge vom Hörensagen; BVerwG NJW 1984, 2429) oder bei einer Vernehmung im Ausland im Wege der Rechtshilfe könne das Gericht einen unmittelbaren Eindruck nicht gewinnen (BVerwG Buchholz 310 § 86 Abs 1 VwGO Nr 111); insoweit gilt das Verbot der Vorwegnahme der Beweiswürdigung. Die vorweggenommene Einschätzung des Gerichts, die beantragte Beweiserhebung werde unergiebig sein, etwa weil die behauptete Tatsache unwahrscheinlich sei, rechtfertigt deshalb nicht die Ablehnung des Antrags. Das Gericht darf nicht vorab von dem Ergebnis der beantragten Beweisaufnahme überzeugt sein (BVerwG NVwZ 1987, 405; NVwZ 1993, 378; VGH Mannheim VBlBW 1984, 373).

75.2   Auch die mit einer Beweiserhebung verbundenen **Kosten** machen diese nicht völlig ungeeignet (BVerfG BVerfGE 50, 34). Hingegen ist etwa im **Asylrecht** eine beantragte amtliche Auskunft des möglichen Verfolgerstaats oder einer möglicherweise befangenen Auskunftsstelle völlig ungeeignet (BVerwG Buchholz 310 § 86 Abs 1 VwGO Nr 267; DVBl 1988, 540, 541); ebenso eine beantragte Vernehmung eines Zeugen durch ein Gericht des Verfolgerstaats (BVerwG Buchholz 402.25 § 1 AsylVfG Nr 5). Auch kann im Asylprozess ein Zeuge völlig ungeeignet sein, wenn er etwas aus dem persönlichen Lebensbereich des Klägers bekunden soll, zu dem dieser bereits keine genügenden Angaben gemacht hat (BVerwG Buchholz 402.25 § 1 AsylVfG Nr 2).

75.3   Ein Antrag auf Vernehmung eines **Zeugen** kann allein Wahrnehmungen zum Gegenstand haben. Bei einer „**Negativtatsache**" kann nur die Behauptung, der Zeuge habe einen bestimmten Vorgang nicht wahrgenommen, unter Beweis gestellt werden; die Behauptung, der Vorgang habe nicht stattgefunden, ist dem Zeugenbeweis nicht zugänglich (VGH Mannheim ESVGH 56, 113 = VBlBW 2006, 199 = DÖV 2006, 568). Zur gebotenen **Substantiierung** eines Beweisantrags auf Vernehmung eines Zeugen (§ 98 VwGO iVm § 373 ZPO) vgl BVerwG NVwZ-RR 2002, 311. Für die Zulässigkeit von Beweisanträgen, die Negativtatsachen zum Gegenstand haben, ausführlich Vierhaus, Beweisrecht im Verwaltungsprozess, 2011, 33).

76   Eine Besonderheit stellt die entsprechend anwendbare Regelung in § 244 Abs 5 S 2 StPO dar. Zwar bedeutet es auch im Verwaltungsprozess eine unzulässige **Vorwegnahme** der Beweiswürdigung, die Erhebung weiterer Beweise mit der Begründung abzulehnen, das Gegenteil der behaupteten Tatsache sei bereits erwiesen. Nach § 244 Abs 5 S 2 StPO kann aber ein Beweisantrag auf Vernehmung eines **Zeugen**, dessen Ladung im Ausland zu bewirken wäre, abgelehnt werden, wenn die Vernehmung nach dem pflichtgemäßen Ermessen des Gerichts zur Erforschung der Wahrheit nicht erforderlich ist. Insoweit darf das Gericht seine Entscheidung von dem zu erwartenden Ergebnis der Beweisaufnahme abhängig machen, also deren Beweiswert einschätzen. Dies ist im Hinblick auf die Prozessökonomie verfassungsrechtlich hinnehmbar (BVerfG NJW 1997, 999, zum Beweiswert eines Zeugen vom Hörensagen).

Eine unzulässige **Vorwegnahme** der Beweiswürdigung kann nur dann vorliegen, wenn das 76.1 Gericht die angebotenen Beweise nicht erhebt. Damit ist die Prozesslage nach Durchführung der beantragten Beweisaufnahme nicht vergleichbar; insoweit geht es allein noch um die – nachträgliche – Beweiswürdigung (BVerwG Buchholz § 108 Abs 1 VwGO Nr 37).

Zur Aufklärung von Bewertungsfehlern bei schriftlichen **Prüfungsarbeiten** ist wegen 77 des Beurteilungsspielraums des Prüfers ein Sachverständigengutachten idR ein ungeeignetes Beweismittel (BVerwG Buchholz 421.0 Prüfungswesen Nr 265 = NVwZ 1990, 65). In **Kriegsdienstverweigerungssachen** darf die beantragte Vernehmung der Freundin des Klägers zum Beweis der behaupteten Gewissensentscheidung nicht als ungeeignetes Beweismittel abgelehnt werden (BVerwG Buchholz § 86 Abs 1 VwGO Nr 242).

4. Unerreichbarkeit des Beweismittels

Ein Beweisantrag kann abgelehnt werden, wenn das Beweismittel unerreichbar ist. Dies 78 ist der Fall, wenn alle seiner Bedeutung und seinem Wert entsprechenden Bemühungen, es beizubringen, erfolglos geblieben sind und keine begründete Aussicht besteht, es in absehbarer Zeit herbeizuschaffen. Im Verwaltungsprozess ist die Problematik insbes beim **Zeugenbeweis**, dort bei ausländischen Zeugen, von Bedeutung (Jacob VBlBW 1997, 41, 46). Die verspätete Benennung eines Zeugen ist idR kein Ablehnungsgrund (BVerwG NJW 1992, 2811). Im **Asylprozess** ist ein im Ausland lebender Zeuge bei möglicher Eigengefährdung idR erst dann erreichbar, wenn er sich nicht oder nicht mehr im behaupteten Verfolgerstaat, sondern in einem sicheren Aufnahmestaat aufhält; möglicherweise bedarf es eines förmlichen Rechtshilfeersuchens (Kohler JA 1993, 38 ff). Fremdsprachige Urkunden sind idR erreichbar, da eine Übersetzung möglich ist (BVerwG InfAuslR 1996, 229).

5. Anderweitiges Erwiesensein der Beweistatsache

Ist eine Beweistatsache bereits anderweitig – im **positiven** Sinn – erwiesen, ist das Gericht 79 zur Ablehnung eines entsprechenden Beweisantrags berechtigt (BVerwG Buchholz 402.25 § 1 AsylVfG Nr 250 – Bezugnahme auf Erkenntnisse aus einem anderen Verfahren -). Ein Beweisantrag darf hingegen nicht mit der Begründung abgelehnt werden, das Gericht sei – im **negativen** Sinn – vom Gegenteil der unter Beweis gestellten Tatsache überzeugt (BVerwG NVwZ 1982, 244). Darin läge sowohl ein Verstoß gegen die Amtsermittlungspflicht als auch gegen das **Verbot** der **Vorwegnahme** der Beweiswürdigung (BVerwG NVwZ 1987, 405; DVBl 1993, 209; Eyermann/Geiger § 86 Rn 39; Redeker/v Oertzen/ Kothe VwGO § 86 Rn 34; ausführlich Vierhaus, Beweisrecht im Verwaltungsprozess, 2011, 66). Diese Grundsätze sind insbes bei der beantragten Vernehmung eines **Zeugen** bedeutsam. Eine Ausnahme gilt dann, wenn aufgrund schon erhobener Beweise die erheblichen Tatsachen mit einer derartigen Gewissheit feststehen, dass die Überzeugung des Gerichts durch einen – unterstellten – Erfolg der beantragten Beweiserhebung in einer für jeden nachvollziehbaren Weise nicht mehr in Frage gestellt werden kann (BVerwG NVwZ 1987, 405; NVwZ 1993, 377; Buchholz 310 § 86 Abs 1 VwGO Nr 229; BauR 2008, 1289). Ausnahmen gelten auch für die Einholung von Sachverständigengutachten (vgl unten Rn 87).

6. Offenkundigkeit der Beweistatsache

Über offenkundige Tatsachen braucht, wie sich aus § 173 VwGO iVm § 291 ZPO ergibt 80 (BVerwG NVwZ 1990, 571), kein Beweis erhoben werden, so dass ein darauf gerichteter Beweisantrag abzulehnen ist. Unter offenkundigen Tatsachen werden sowohl allgemeinkundige als auch gerichtskundige Tatsachen verstanden.

Allgemeinkundig sind diejenigen Tatsachen, die sich aus allgemeiner Erfahrung und 81 zweifelsfrei ausnahmslos geltenden Sätzen ergeben oder die verständige erfahrene Menschen regelmäßig ohne weiteres kennen oder über die sie sich jederzeit aus allgemein zugänglichen Erkenntnisquellen unschwer unterrichten können. Dazu gehören Naturereignisse, Naturgesetze, feststehende historische oder geografische Tatsachen. In Asylprozessen fallen darunter feststehende politische Veränderungen in Herkunftsländern, etwa Machtwechsel oder Bürgerkriege (BVerwG NVwZ 1983, 99; NVwZ-RR 1991, 118, 123; NVwZ 1993, 275). Allgemein zugängliche Quellen sind etwa Presse und Rundfunk, Nachschlagewerke oder Bücher.

82   **Gerichtskundige** Tatsachen sind solche, von denen das Gericht bei amtlicher Tätigkeit bereits zuverlässig und konkret Kenntnis erlangt hat (BVerwG NVwZ 1990, 571). Sie dürfen nur zugrunde gelegt werden, wenn sie zuvor in der mündlichen Verhandlung erörtert worden sind (BVerfGE 10, 177, 182 ff; Redeker/v Oertzen/Kothe VwGO § 86 Rn 35). Die Tatsachen müssen dem Gericht noch so sicher bekannt sein, dass es der Feststellung aus den Akten nicht bedarf. So ist in Asylprozessen möglich, dass das Gericht bereits sichere Kenntnis von den tatsächlichen Ereignissen im Verfolgerstaat hat (BVerwG NVwZ 1990, 571). Zweifelhaft kann dies freilich sein, wenn das Wissen des Gerichts auf der Auswertung einer Vielzahl amtlicher Erkenntnisquellen beruht (VGH Mannheim VBlBW 1988, 221; VBlBW 1996, 275; Jacob VBlBW 1997, 41, 48).

82.1   Bei einem Kollegialgericht bedarf es insoweit nicht der anfänglichen Kenntnis aller Richter (Eyermann/Geiger VwGO § 86 Rn 37). Schließlich kann eine Tatsache auch als gerichtskundig angesehen werden, wenn das Gericht einen Beweisantrag auf Einholung eines Sachverständigengutachtens oder einer amtlichen Auskunft – etwa in einem Asylrechtsstreit – ablehnt, weil es die Beweisfrage aus vorhandener **eigener** Sachkunde beantworten möchte. Hierzu gelten im Einzelnen besondere Regeln (Jacob VBlBW 1997, 41, 48; vgl unten Rn 84).

III. Besondere Ablehnungsgründe

83   Neben den allgemeinen Ablehnungsgründen gibt es für Anträge auf Erhebung eines Sachverständigenbeweises, eines Augenscheinsbeweises und für den Urkundenbeweis noch besondere Ablehnungsgründe, insbes im Hinblick auf das eingeräumte prozessuale Ermessen.

1. Sachverständigengutachten

84   Die Einholung eines Sachverständigengutachtens (§ 98 VwGO iVm § 402 ZPO und nachfolgenden Vorschriften) steht im **Ermessen** des Tatsachengerichts (BVerwG Buchholz 310 § 86 Abs 1 VwGO Nr 267; VGH Mannheim ESVGH 45, 314). Ein dahingehender Beweisantrag kann abgelehnt werden, wenn das Gericht mit fehlerfreien Ermessenserwägungen zu dem Ergebnis gelangt, dass es sich – in eher einfachen Fragen – **selbst** die notwendige **Sachkunde** für die Würdigung eines Sachverhalts zutraut (BVerfG NVwZ 2009, 1035; BVerwG NVwZ 2009, 329; Buchholz 310 § 86 Abs 1 VwGO Nr 210; Jacob JuS 2011, 510, 514). Dieses Ermessen überschreitet das Gericht erst dann, wenn es sich eine ihm nicht zur Verfügung stehende Sachkunde zuschreibt und sich nicht mehr in den Lebens- und Erkenntnisbereichen bewegt, die den betreffenden Richtern allgemein zugänglich sind (BVerwGE 75, 119, 126; NVwZ 2009, 329, 330). In dem Urteil muss das Gericht nachvollziehbar unter Benennung der wesentlichen Umstände ausführen, woher es seine Sachkunde herleitet (BVerwG DÖV 1984, 559; NJW 2002, 455). Es ist unerheblich, ob das Gericht seine Tatsachenkenntnisse aus anderen Verwaltungsprozessen mit einem gleichartigen oder ähnlichen Streitgegenstand oder aus anderen beruflichen oder privaten Umständen gewonnen hat. Bei Kollegialgerichten ist es ausreichend, wenn ein Richter die Sachkunde hat und an den Spruchkörper weitergibt (Eyermann/Geiger VwGO § 86 Rn 44). Die gefundenen Erkenntnisse müssen wie ein Sachverständigengutachten zur Gewährung rechtlichen Gehörs in die Verhandlung eingeführt werden (B/F-K/S/vA VwGO § 86 Rn 37).

84.1   Im **Asylprozess** kann die Sachkunde aus der Verwertung von Erkenntnisquellen herrühren, welche das Gericht im Einzelnen benannt und in das Verfahren eingeführt hat (BVerwG DVBl 1999, 1206). Dem Beweisantrag ist allerdings stattzugeben, wenn es dem Gericht ersichtlich an der erforderlichen Sachkunde fehlt. Es verletzt ermessensfehlerhaft seine Aufklärungspflicht nach § 86 Abs 1 VwGO, wenn es unter Ablehnung des Antrags für sich eine Sachkunde bejaht, die es den Umständen nach nicht besitzen kann; dies muss aus den Entscheidungsgründen hervorgehen (BVerwG NordÖR 1999, 73; VGH Mannheim VBlBW 1995, 152). In Verfahren nach dem Asylverfahrensgesetz fehlt dem Gericht regelmäßig die eigene Sachkunde für die Beurteilung **medizinischer** Sachverhalte (BVerwGE 129, 251, 257 = NVwZ 2008, 330). Das Gericht hat auch keine eigene medizinische Sachkunde zur Beurteilung der Fragen, ob die vom Kläger geschilderten

Foltermaßnahmen zwingend bleibende Schäden hinterlassen und ob solche bleibenden Schäden entstanden sind (BVerfG NVwZ 2009, 1035, 1036).

Im **Asyl- und Ausländerrecht** kann ausnahmsweise die Frage der **Glaubwürdigkeit** des **84.2** Klägers die – insoweit regelmäßig zu bejahende – Sachkunde des Gerichts übersteigen und die Einholung eines psychologischen oder psychiatrischen Sachverständigengutachtens erforderlich machen. Dies kann in Fällen einer substantiiert geltend gemachten **posttraumatischen Belastungsstörung** mit der Folge einer Beeinträchtigung der Erinnerungsfähigkeit oder einer – auch ausländerrechtlich relevanten – Schutzbedürftigkeit gelten (BVerwG Buchholz 310 § 108 Abs 1 VwGO Nr 18 = DVBl 2002, 53; Weimar NVwZ 2004, 453; Treiber ZAR 2002, 282; Haenel ZAR 2003, 18; Ebert/Kindt VBlBW 2004, 41). Zur Ablehnung eines Beweisantrags im Asylrecht vgl Dahm NVwZ 2000, 1385. Zur Substantiierung eines Sachverständigenbeweisantrags, der das Vorliegen einer behandlungsbedürftigen posttraumatischen Belastungsstörung zum Gegenstand hat, gehört idR die Vorlage eines gewissen Mindestanforderungen genügenden fachärztlichen Attestes, aus dem sich nachvollziehbar ergeben muss, auf welcher Grundlage der Arzt zu seiner Diagnose gelangt ist und wie sich die Krankheit konkret darstellt (BVerwG NVwZ 2008, 330).

Geht es um juristische Fachfragen, ist regelmäßig von dem erforderlichen Sachverstand des **84.3** Tatsachengerichts auszugehen (BVerwG NVwZ 1993, 687).

Ein Tatsachengericht kann sich in einfach gelagerten Fällen auf Grund eigener Sachkunde für **84.4** befugt halten, die Verkehrsbedeutung einer Straße auf Grund ihrer Lage im Straßennetz zu beurteilen (BVerwG NVwZ 2009, 329).

Liegt bereits ein verwertbares Gutachten vor, kann das Gericht nach seinem Ermessen **85** einen Beweisantrag, der die (weitere) Aufklärung derselben Tatsache durch ein Sachverständigengutachten zum Ziel hat, ablehnen, wenn es das bereits erstellte Gutachten für genügend erachtet (§ 98 VwGO iVm § 404 ZPO und § 412 Abs 1 ZPO). Insoweit ist – ausnahmsweise – die darin liegende Vorwegnahme einer Beweiswürdigung zulässig. Das Gericht ist allerdings zur Einholung eines **weiteren** Gutachtens verpflichtet, wenn das erforderliche erste Gutachten mangelhaft ist oder der Sachverständige nach dessen Erstellung erfolgreich abgelehnt worden ist (BVerwG Buchholz 402.25 § 1 Nr 299). Es ist unerheblich, ob das erste Gutachten im vorliegenden Rechtsstreit oder in einem anderen Verfahren, etwa bereits im Verwaltungsverfahren, eingeholt worden ist (Eyermann/Geiger VwGO § 86 Rn 44).

Ein im **Verwaltungsverfahren** eingeholtes Gutachten kann vom Gericht im Wege des Urkun- **85.1** denbeweises verwertet werden (Eyermann/Geiger VwGO § 86 Rn 44).

Ein Gutachten ist **mangelhaft** und nicht verwertbar, wenn es auch für den nicht Sach- **86** kundigen erkennbare Mängel aufweist, insbes von unzutreffenden tatsächlichen Voraussetzungen ausgeht, unlösbare Widersprüche aufweist, wenn Anlass zu Zweifeln an der Sachkunde oder Unparteilichkeit des Sachverständigen besteht (BVerwGE 31, 149, 156), wenn ein anderer Sachverständiger über bessere Forschungsmittel verfügt, oder wenn es sich um besonders schwierige fachliche Fragen handelt, die umstritten sind oder zu denen einander widersprechende Gutachten vorliegen (BVerwGE 71, 38 = NJW 1986, 2268; Buchholz 310 § 86 Abs 2 VwGO Nr 53). In derartigen Fällen muss sich dem Gericht die Einholung eines weiteren Gutachtens **aufdrängen**. Ob eine weitere Aufklärung nach diesen Grundsätzen erforderlich ist, richtet sich allein nach objektiven Kriterien und nicht nach subjektiven Fähigkeiten eines Beteiligten. Die damit verbundenen Schwierigkeiten entbinden den jeweiligen Kläger nicht, notfalls mit Hilfe eines selbst in Auftrag gegebenen Sachverständigengutachtens, sich selbst sachkundig zu machen, um Mängel eines bereits vorliegenden Gutachtens aufzuzeigen (BVerfG NJW 2006, 136; BVerwG Buchholz 310 § 86 Abs 1 Nr 353). Das Gericht darf einen Antrag auf Einholung eines Sachverständigengutachtens zu einer erheblichen Tatsachenfrage nur dann mit der Begründung ablehnen, es verfüge auf Grund eines nicht von ihm eingeholten Gutachtens über die erforderliche Sachkunde, wenn es dieses Gutachten nach den Regeln des Sachverständigenbeweises zum Gegenstand des gerichtlichen Verfahrens gemacht hat (BVerwG NJW 2009, 2614).

Sachkundig machen muss sich ein Kläger, wenn er einem amtlich eingeholten **wehrmedizi-** **86.1** **nischen** Gutachten durch Vorlage eines substantiierten privaten fachärztlichen Gutachtens entgegentritt (BVerwG NVwZ-RR 1999, 449). Hat das VG in einem **Asylprozess** bereits amtliche Auskünfte eingeholt, steht es nach § 412 Abs 1 ZPO in seinem Ermessen, ob es zu den darin enthaltenen Tatsachen ein „weiteres" Sachverständigengutachten einholen will. Die amtliche Auskunft ist daher im Rahmen des § 412 ZPO wie ein „erstes Gutachten" anzusehen (VGH Mannheim VBlBW 1995, 187; Jacob VBlBW 1997, 41, 48).

87   Das Gericht **verletzt** sein Ermessen, ein (weiteres) Sachverständigengutachten einzuholen, nur dann, wenn sich ihm auf der Grundlage seiner materiell-rechtlichen Auffassung die Notwendigkeit hierzu nach § 86 Abs 1 VwGO **aufdrängen** musste; dann darf es auch einen hierauf gerichteten Beweisantrag nicht ablehnen (BVerwG NVwZ 1996, 1011). Insoweit besteht zwischen 86 Abs 1 VwGO und § 86 Abs 2 VwGO ein systematischer Zusammenhang: Das Gericht muss nach beiden Vorschriften eine sich aufdrängende Beweiserhebung durchführen. Das BVerwG hat Kriterien entwickelt, bei deren Vorliegen ein „Sich-Aufdrängen" zu bejahen ist (BVerwG DVBl 2010, 1056). Der Katalog orientiert sich, in Ausfüllung des § 412 Abs 1 ZPO, überwiegend an der § 244 Abs 4 S 2 2. HS StPO und benennt erkennbare Mängel oder Widersprüche des ersten Gutachtens, unzutreffende sachliche Voraussetzungen des ersten Gutachtens, bessere Forschungsmittel eines Zweitgutachters, besonders schwierige Tatsachenfragen, Zweifel an der Sachkunde oder Unparteilichkeit des Erstgutachtens (ausführlich Vierhaus, Beweisrecht im Verwaltungsprozess, 2011, 102).

87.1   Bei der Frage, ob einem Beweisantrag entsprochen werden muss, ist der Unterschied zwischen dem Beweis durch **sachverständige Zeugen** (§ 98 VwGO iVm § 414 ZPO) und dem Beweis durch **Sachverständige** bedeutsam. Die beantragte Vernehmung von Zeugen, auch von sachverständigen Zeugen, darf grundsätzlich nicht mit der Begründung abgelehnt werden, das Gegenteil der unter Beweis gestellten Tatsache sei bereits bewiesen. Für die beantragte Einholung eines (weiteren) Sachverständigengutachtens gilt diese Einschränkung hingegen nicht; die Entscheidung darüber steht – auch im Rahmen der freien Beweiswürdigung (§ 108 Abs 1 S 1 VwGO) – im Ermessen des Tatsachengerichts, solange sich die Erhebung eines (weiteren) Gutachtens nicht aufdrängt (BVerwGE 71, 38 = NJW 1986, 2268).

88   Das Gericht kann den Antrag auf Ladung eines Sachverständigen zur **Erläuterung** seines schriftlich erstatteten Gutachtens ermessensfehlerfrei ablehnen, wenn es dies nach den konkreten Umständen als unnötig ansehen kann (BVerwG Buchholz 310 § 98 VwGO Nr 25).

2. Einnahme eines Augenscheins

89   Die Einnahme eines Augenscheins (§ 98 VwGO iVm § 371 ZPO) steht ebenfalls grundsätzlich im **Ermessen** des Gerichts. Die Ermittlung der tatsächlichen örtlichen Verhältnisse durch dieses Beweismittel ist insbes im **Bauprozess** bei der Frage, ob ein Grundstück im Anwendungsbereich des § 34 BauGB oder des § 35 BauGB gelegen ist oder ob ein Vorhaben die natürliche Eigenart der Landschaft iSd § 35 Abs 3 Nr 5 BauGB beeinträchtigt, von Bedeutung. Befinden sich in den Akten hierzu aussagekräftige Erkenntnismittel, insbes Lichtbilder oder inhaltlich unbestrittene Schilderungen über einen bereits von der Behörde oder der gerichtlichen Vorinstanz eingenommenen Augenschein oder – zusätzlich – kartografische Darstellungen, bedarf es nicht zwingend der Einnahme eines (weiteren) Augenscheins (BVerwG NVwZ 1998, 290; BauR 2009; 617; B/F-K/S/vA VwGO § 86 Rn 42). Dies gilt auch dann, wenn Zeugen vorhanden sind, welche die maßgeblichen tatsächlichen Verhältnisse zuverlässig schildern können (Eyermann/Geiger VwGO § 86 Rn 46). Je nach den Umständen kann aber der Verzicht auf einen Augenschein einen Verstoß gegen die Amtsermittlungspflicht nach § 86 Abs 1 VwGO darstellen, so dass einem dahingehenden Beweisantrag stattzugeben wäre (BVerwG DÖV 1992, 500). Dies könnte etwa der Fall sein, wenn ein Beteiligter den Beweiswert eines Fotos substantiiert bestreitet (Redeker/v Oertzen/Kothe VwGO § 86 Rn 38). Auch die Frage der Verunstaltung der Umgebung durch eine bauliche Anlage wird ohne Augenschein nicht zu beantworten sein.

3. Verwertung von Urkunden

90   Für die Verwertung von Urkunden (Urkundenbeweis) gelten nach § 98 VwGO die Vorschriften der ZPO entsprechend. **Öffentliche** Urkunden erbringen den vollen Beweis für die darin enthaltenen Erklärungen (§ 415 Abs 1 ZPO), amtlichen Anordnungen, Verfügungen und Entscheidungen (§ 417 ZPO) und Tatsachen (§ 418 Abs 1 ZPO). Der

Gegenbeweis für die Unrichtigkeit der beurkundeten Tatsachen (§ 415 Abs 2 und § 418 Abs 2 ZPO) ist möglich, verlangt aber den vollen Nachweis eines anderen Tatsachengeschehens (BVerwG NJW 1984, 2962; NJW 1996, 2127). Er muss hinreichend substantiiert beantragt werden (BVerwG NJW 1986, 2127); es ist ein qualifiziertes Bestreiten erforderlich (BFH NVwZ 2000, 239). Der **Eingangsstempel** des Gerichts ist eine öffentliche Urkunde (BGH NJW 1998, 461); ebenso die **Postzustellungsurkunde** (BFH NVwZ 2000, 239; Redeker/v Oertzen/Kothe VwGO § 86 Rn 39). Erforderlich ist die Darlegung von Umständen, die geeignet sind, eine Falschbeurkundung in der Postzustellungsurkunde anzunehmen (Eyermann/Geiger VwGO § 86 Rn 45; B/F-K/S/vA VwGO § 86 Rn 41).

IV. Beweisantrag im schriftlichen Verfahren

§ 86 Abs 2 VwGO gilt nach seinem ausdrücklichen Wortlaut nicht in Verfahren, in denen **91** keine mündliche Verhandlung stattfindet. Derartige Verfahren sind das schriftliche Verfahren nach § 101 Abs 2 VwGO, das Verfahren auf Erlass eines Gerichtsbescheids nach § 84 VwGO und das vereinfachte Berufungsverfahren nach § 130a VwGO. Diese Verfahren unterliegen im Hinblick auf § 86 Abs 2 VwGO unterschiedlichen Anforderungen. Im Verfahren nach **§ 101 Abs 2 VwGO** ist ein **nach** dem Verzicht auf mündliche Verhandlung schriftsätzlich gestellter Beweisantrag wie ein in der mündlichen Verhandlung gestellter Beweisantrag zu behandeln, dh über ihn muss in entsprechender Anwendung von § 86 Abs 2 VwGO vorab durch Beschluss entschieden werden (BVerwG NVwZ 1989, 1078; NVwZ 1994, 1095). Hat der Beteiligte den Beweisantrag aber **vor** der nachfolgenden Einverständniserklärung nach § 101 Abs 2 VwGO gestellt oder stellt er ihn **gleichzeitig** mit ihr, so ist eine Vorabentscheidung nach § 86 Abs 2 VwGO entsprechend nicht erforderlich, weil er sich mit dem nachträglichen oder gleichzeitigen Verzicht auf mündliche Verhandlung dieses Rechts begeben hat. In diesen Fällen muss das Gericht über den Antrag, wenn es ihm nicht folgt, in den Gründen seiner abschließenden Entscheidung befinden (BVerwG Buchholz 310 § 86 Abs 2 VwGO Nr 69; 421.0 Prüfungswesen Nr 106; NVwZ 1989, 1078; NJW 1990, 660, Kopp/Schenke VwGO § 86 Rn 19). Dies betrifft allerdings nur solche Beweisanträge, die als lediglich schriftsätzlich gestellte Anträge das Stadium einer mündlichen Verhandlung überhaupt nicht erreichen. Verzichtet ein Beteiligter, der in der mündlichen Verhandlung bereits einen unbedingten Beweisantrag gestellt hatte, vor der Entscheidung darüber auf weitere mündliche Verhandlung, so verzichtet er nicht auch darauf, dass entsprechend § 86 Abs 2 VwGO vor der Sachentscheidung über den Beweisantrag gesondert entschieden wird (VGH Mannheim ESVGH 55, 220 = NVwZ 2006, 225; aA Eyermann/Geiger VwGO § 86 Rn 29).

V. Beweisanträge in Verfahren des Gerichtsbescheids und nach § 130a VwGO

Hingegen ist § 86 Abs 2 VwGO in den Verfahren nach **§ 84 VwGO** und **§ 130a** **92** **VwGO** nicht anwendbar, weil ihre Durchführung vom Willen der Beteiligten unabhängig ist. Aus dem Verfahrensgrundrecht des Art 103 Abs 1 GG folgt aber, dass das Gericht die beabsichtigte Ablehnung eines in solchen Verfahren schriftsätzlich gestellten Beweisantrags den Beteiligten vorab so rechtzeitig mitteilen muss, dass diese gegebenenfalls neue Beweisanträge stellen können (BVerwG NVwZ 1994, 1095; NVwZ-RR 1999, 537; S/S/B/ Dawin VwGO § 86 Rn 125; Jacob VBlBW 1997, 41, 42). Das erforderliche rechtliche Gehör wird im Gerichtsbescheidsverfahren durch eine Anhörungsmitteilung des Gerichts nach § 84 Abs 1 S 2 VwGO und im schriftlichen Berufungsverfahren durch eine Anhörungsmitteilung nach § 130a S 2 VwGO iVm § 125 Abs 2 S 3 VwGO gewährt. Daraus wird deutlich, dass das Gericht beabsichtigt, das Verfahren ohne die beantragte Beweisaufnahme abzuschließen.

Wird nach Zugang der ersten Anhörungsmitteilung ein erneuter Beweisantrag gestellt, bedarf es, **92.1** soll diesem Antrag ebenfalls nicht entsprochen werden, einer weiteren Anhörungsmitteilung, damit dem rechtlichen Gehör genügt wird (BVerwG NVwZ 1992, 890, 891; NVwZ 1994, 1095).

C. Hinweispflicht des Vorsitzenden (§ 86 Abs 3 VwGO)

I. Inhalt und Zweck

1. Förderung einer neutralen Entscheidung

93   § 86 Abs 3 VwGO begründet die **Pflicht** des Vorsitzenden, darauf **hinzuwirken**, dass Formfehler beseitigt, unklare Anträge erläutert, sachdienliche Anträge gestellt, ungenügende tatsächliche Angaben ergänzt und ferner alle für die Feststellung und Beurteilung des Sachverhalts wesentlichen Erklärungen abgegeben werden. Die Vorschrift ist nicht Ausdruck des Untersuchungsgrundsatzes (so noch BVerwGE 36, 264, 267), sondern die Normierung einer auch in anderen Prozessarten geltenden **Fürsorgepflicht** des Gerichts (vgl § 139 ZPO). Sie gilt in allen Abschnitten des Verfahrens bis einschließlich zur mündlichen Verhandlung und erfasst auch ein lediglich schriftliches Beschluss- oder Urteilsverfahren, etwa auch ein Verfahren des vorläufigen Rechtsschutzes (BVerwG Buchholz 310 § 86 Abs 3 VwGO Nr 43). Das Gericht soll – insbes wenn ein Kläger in der ersten Instanz nicht anwaltlich vertreten ist – bei der Rechtsverfolgung insoweit behilflich sein, dass der Kläger sein Begehren deutlich machen und alle wesentlichen tatsächlichen und rechtlichen Erwägungen vortragen kann. Entsprechendes gilt für die Rechtsverteidigung des Beklagten. Die Hinweispflicht ist deshalb auch ein Mittel, damit die Beteiligten ihren Anspruch auf **rechtliches Gehör** verwirklichen können (B/F-K/S/vA VwGO § 86 Rn 45).

93.1   Maßgebend ist die rechtliche Beurteilung des Gerichts in prozessualer und materieller Hinsicht (BVerwG Buchholz 310 § 86 Abs 3 VwGO Nr 32), das durch eine Erörterung der tatsächlichen und rechtlichen Fragen die von den Beteiligten erstrebte Sachentscheidung ermöglichen soll (su § 108 VwGO Rn 36).

93.2   Ob ein gerichtlicher Hinweis zweckmäßig oder geboten ist, bestimmt sich nach der jeweiligen Prozesssituation. Maßgebend ist, inwieweit den Beteiligten die betreffenden tatsächlichen und rechtlichen Umstände bereits bekannt sind. Hinsichtlich der Zweckmäßigkeit eines Hinweises hat der Vorsitzende einen Beurteilungsspielraum (BVerwG NJW 1998, 323; Piekenbrock NJW 1999, 1360; S/S/B/Dawin VwGO § 86 Rn 133, 134). In einzelnen Fällen kann es geboten sein, dass das Gericht bei der Fassung der sachdienlichen Anträge Formulierungshilfe leistet (BVerwG NJW 1977, 1465; Buchholz 310 § 88 VwGO Nr 19 = NVwZ 1993, 62).

94   Die Hinweispflicht wird begrenzt durch die Pflicht des Gerichts zur **Neutralität** gegenüber allen Verfahrensbeteiligten (Redeker/v Oertzen/Kothe VwGO § 86 Rn 44; Eyermann/Geiger VwGO § 86 Rn 47). Das Gericht darf keine beratende, insbes nicht einseitig einen Beteiligten begünstigende Tätigkeit entfalten. Wieweit der Vorsitzende mit seinen Hinweisen gehen darf, hängt von den Umständen, insbes der forensischen Erfahrung der Beteiligten ab. Die Hinweispflicht ist deshalb gegenüber einem **anwaltlich** oder sonst sachkundig **vertretenen** Beteiligten beschränkter als gegenüber einer Naturalpartei (BVerwG Buchholz 310 § 86 Abs 3 VwGO Nr 34, 38).

94.1   Ein anwaltlich vertretener Beteiligter muss nicht darauf hingewiesen werden, dass er einen förmlichen Beweisantrag stellen könne (BVerwG Buchholz 310 § 86 Abs 3 VwGO Nr 1). Allerdings ist auf bestehenden Vertretungszwang hinzuweisen. Das Risiko einer unklaren Rechtslage kann das Gericht den Beteiligten nicht abnehmen; es muss sie aber darauf hinweisen (BVerwG Buchholz 310 § 88 VwGO Nr 17).

2. Grenzen der Hinweispflicht – Zusammenhang mit § 104 Abs 1 VwGO – Befangenheit

95   In manchen Fällen kann die Erfüllung der aus § 86 Abs 3 VwGO herrührenden Pflicht schwierig sein. Die Grenzen zwischen gebotener richterlicher Aufklärung und verbotener einseitiger Beratung oder Überredung sind gelegentlich schwer zu ziehen. Dabei ist der Zusammenhang der Vorschrift mit der ergänzenden, den Rahmen des § 86 Abs 3 VwGO erweiternden Bestimmung des **§ 104 Abs 1 VwGO** zu beachten; danach hat der Vorsitzende den Rechtsstreit mit den Beteiligten tatsächlich und rechtlich zu erörtern. Dies wird

es regelmäßig erfordern, die Beteiligten auf die Sach- und Rechtslage hinzuweisen, wie sie sich dem Gericht darstellt.

Allerdings wird es immer wieder vorkommen, dass tatsächliche und rechtliche Fragen zweifelhaft **95.1** sind, unterschiedliche Auffassungen möglich erscheinen und deshalb Anregungen gegenüber den Beteiligten, etwa zur Antragstellung oder zur Präzisierung des Sachverhalts, sich als falsch herausstellen, was vielleicht erst deutlich wird, wenn der Rechtsstreit in der höheren Instanz anders beurteilt wird. Daher sollte sich der Vorsitzende darauf beschränken, in allen Fällen, in denen **Zweifel** angebracht sind, die Beteiligten darauf hinzuweisen; er sollte sie aber nicht zu einem bestimmten prozessualen Vorgehen, das auch unzweckmäßig sein könnte, überreden.

Das **Risiko** der richtigen Beurteilung einer zweifelhaften Sach- oder Rechtslage kann der **95.2** Vorsitzende den Beteiligten nicht abnehmen und er sollte ihnen dies deutlich machen (BVerwGE 29, 261; Redeker/v Oertzen/Kothe VwGO § 86 Rn 45). Beachtet er die konkreten Besonderheiten des jeweiligen Verfahrens, erweist sich die Führung eines umfassenden **Rechtsgesprächs**, in welchem er die jeweiligen Gesichtspunkte von sich aus anspricht, regelmäßig als vorteilhaft. Es begünstigt die Stellung der sachdienlichen Anträge und bewahrt die Beteiligten vor einem verfahrensrechtlich unzulässigen (§ 108 Abs 2 VwGO) Überraschungsurteil (su § 108 VwGO Rn 52).

Geht der Vorsitzende nach diesen Maßstäben vor, erfüllt er lediglich seine gesetzliche **96** Pflicht zur aktiven Verfahrens- und Verhandlungsführung, so dass die entsprechenden Äußerungen nicht die Besorgnis seiner **Befangenheit** begründen können (BVerwGE 106, 351, 365 = NVwZ 1999, 425; Piekenbrock NJW 1999, 1360; S/S/B/Dawin VwGO § 86 Rn 132, 136). Allerdings überschreitet der Vorsitzende den ihm gezogenen Rahmen und lässt die Besorgnis seiner Befangenheit erkennen, wenn seine Äußerungen als eine nicht mehr zu rechtfertigende einseitige Unterstützung eines Beteiligten und damit als Verstoß gegen die Pflicht zur Neutralität verstanden werden können oder wenn aus ihnen bei objektiver Betrachtung auf seine unsachliche Einstellung gegenüber einem Beteiligten geschlossen werden kann (OVG Berlin NVwZ-RR 1997, 14; Redeker/v Oertzen/Kothe VwGO § 86 Rn 44).

Das Gericht ist in der mündlichen Verhandlung prozessual weder zu einem umfassenden Rechts- **96.1** gespräch über alle aktenkundig gemachten tatsächlichen und rechtlichen Erwägungen noch zur Offenbarung seiner vorläufigen Rechtsmeinung verpflichtet (BVerwG Buchholz 310 § 86 Abs 3 VwGO Nr 60). Auch insoweit hat der Vorsitzende einen Ermessens- oder Beurteilungsspielraum. Er kann Hinweise, die über das Notwendige hinausgehen, insbes dann unterlassen, wenn ein Beteiligter uneinsichtig und rechtlichen Hinweisen nicht zugänglich ist (Eyermann/Geiger VwGO § 86 Rn 50). Im Übrigen muss er aber seiner Aufgabe der aktiven Verhandlungsführung gerecht werden, was regelmäßig auch **prozessökonomisch** ist und den Interessen der Beteiligten dient. Dies unterstützt etwa den Abschluss eines Vergleichs oder gegebenenfalls die sinnvolle Zurücknahme des Rechtsschutzbegehrens. Der Vorsitzende, der lediglich passiv den Vortrag der Beteiligten entgegennimmt, verstößt gegen §§ 86 Abs 3, 104 Abs 1 VwGO.

Die Hinweise sind so früh wie möglich zu geben (§ 173 VwGO iVm § 139 Abs 4 S 1 ZPO). **96.2** Kann sich ein Beteiligter hierzu nicht sofort äußern, muss ihm nach § 139 Abs 5 ZPO eine Schriftsatzfrist gewährt werden; auch eine Vertagung oder Unterbrechung der mündlichen Verhandlung ist möglich (Eyermann/Geiger VwGO § 86 Rn 50a).

II. Einzelne Hinweise

1. Beseitigung von Formfehlern

Die Pflicht, auf die Beseitigung von Formfehlern hinzuwirken, kann sich nach dem ihr **97** zugrunde liegenden Zweck nur auf noch **heilbare** Fehler beziehen. Im Übrigen ist die Beseitigung förmlicher Mängel in mehrfacher Hinsicht schon zum Gegenstand **spezieller** Vorschriften gemacht worden. So regelt **§ 67 Abs 3 VwGO** das Verfahren beim Fehlen einer schriftlichen Vollmacht; um den nach § 82 Abs 1 VwGO notwendigen Inhalt einer Klageschrift zu erreichen, gibt **§ 82 Abs 2 VwGO** dem Vorsitzenden oder Berichterstatter die entsprechenden Befugnisse.

2. Erläuterung unklarer und Herbeiführung sachdienlicher Anträge

98   Der Vorsitzende hat darauf hinzuwirken, dass unklare Anträge erläutert werden. Erläuterungsbedürftig sind Anträge, die wegen ihrer Mehrdeutigkeit oder **Unbestimmtheit** das Rechtsschutzziel nicht erkennen lassen. In derartigen Fällen muss der Vorsitzende für eine eindeutige Bezeichnung und Präzisierung des gewollten Begehrens Sorge tragen (BFH NVwZ-RR 1999, 816). Was der Beteiligte, insbes der forensisch unerfahrene, will, muss gegebenenfalls erforscht werden. Dabei ist der wirkliche Wille festzustellen (BVerwG NVwZ 1993, 62). Im schriftlichen Verfahren muss dies durch Auslegung des schriftsätzlichen Vorbringens, also der Anträge und ihrer Begründungen, erfolgen. Besteht ein Unterschied zwischen dem Wortlaut eines Antrags und der durch das Vorbringen erkennbar gewordenen Absicht, muss der Vorsitzende in der mündlichen Verhandlung auf eine Umformulierung hinwirken; dabei kann es geboten sein, den Antrag vorab zu formulieren (BVerwG NJW 1977, 1465). Maßstab ist immer das erkennbare Ziel des Rechtsschutzbegehrens; der Antrag darf weder darüber hinausgehen noch dahinter zurückbleiben. Wirkt der Vorsitzende darauf hin, hält er sich im Rahmen der gebotenen Neutralität. Im schriftlichen Verfahren kann es in Zweifelsfällen zweckmäßig sein, durch eine Aufklärungsverfügung das wahre Rechtsschutzziel zu ermitteln.

99   Der Vorsitzende hat ferner darauf hinzuwirken, dass **sachdienliche** Anträge gestellt werden. Darunter fallen sowohl prozessuale Anträge als auch Sachanträge. Sachdienlich ist ein Antrag, wenn er geeignet ist, das erkennbar gewordene Rechtsschutzziel des Beteiligten zum Ausdruck und die Streitsache zum Abschluss zu bringen (S/S/B/Dawin VwGO § 86 Rn 142; Eyermann/Geiger VwGO § 86 Rn 53). Ausgangspunkt ist die vom Gericht als zutreffend angenommene Sach- und Rechtslage und das aus der Sicht des Beteiligten betrachtete Rechtsschutzziel. Zweck ist die sachdienliche Förderung des Verfahrens. Der Vorsitzende darf deshalb auf einen unzulässigen oder offensichtlich aussichtslosen und deshalb unnützen Antrag nicht hinwirken (BVerwG Buchholz 310 § 86 Abs 3 Nr 21). Hingegen muss er, insbes wenn ein rechtsunkundiger Beteiligter bisher einen ungeeigneten Antrag verfolgt hat, einen sinnvollen Antrag, etwa auch eine Klageänderung (BVerwGE 21, 217 = NJW 1965, 1875), anregen. Dies gilt auch dann, wenn der falsche Antrag für sich eindeutig und unmissverständlich ist (BVerwGE 16, 94, 98; NVwZ 1993, 62). Die sachdienliche Einwirkung auf die Formulierung des Antrags findet ihre Grenzen allerdings in der einseitigen und deshalb unzulässigen Beratung eines Beteiligten (BVerwG NJW 1972, 1435).

99.1   Die Pflicht des Vorsitzenden, auf sachdienliche Anträge hinzuwirken, gilt auch für prozessuale Anträge, etwa für die Stellung von **Beweisanträgen**, für Anträge auf **Aussetzung** des Verfahrens (BVerwG NVwZ 1993, 681, 686) und für **Wiedereinsetzungsanträge** oder für außergerichtliche Anträge wie die Einlegung eines Widerspruchs (Eyermann/Geiger VwGO § 86 Rn 53).

100   Erweist sich eine Aufteilung des Begehrens in einen **Haupt-** und **Hilfsantrag** als sachdienlich, muss der Vorsitzende zusätzlich einen Hilfsantrag empfehlen (BAG BAGE 24, 50 = NJW 1972, 1070); er muss bei Erledigung des angefochtenen VA auf die Möglichkeit einer Umstellung des Antrags auf eine **Fortsetzungsfeststellungsklage** (§ 113 Abs 1 S 4 VwGO) hinweisen und er hat bei **Erledigung** des Rechtsstreits in der Hauptsache auf die entsprechenden Erledigungserklärungen zur Herbeiführung einer Kostenentscheidung nach § 161 Abs 2 VwGO hinzuwirken. Bestehen Zweifel hinsichtlich der Sach- oder Rechtslage oder wirken sich diese auf die Sachdienlichkeit eines Antrags aus, muss der Vorsitzende auf die Zweifel hinweisen und letztlich dem Beteiligten die Fassung des Antrags überlassen; dies schließt Formulierungshilfe nicht aus.

3. Ergänzung tatsächlicher Angaben

101   Nach Klageerhebung oder Antragstellung kann sich herausstellen, dass die bisherigen tatsächlichen Angaben unvollständig und deshalb ergänzungsbedürftig sind. Dies kann zu gerichtlichen Aufklärungsmaßnahmen nach § 86 Abs 1 S 2 VwGO führen; zugleich kann der Vorsitzende nach § 86 Abs 3 VwGO verpflichtet sein, auf eine Ergänzung des Sachverhalts hinzuwirken. Diese Hinweispflicht besteht nur dann, wenn das bisherige Vorbringen zwar im Wesentlichen in sich geschlossen und aussagekräftig ist, wenn es aber in Einzelheiten **lückenhaft** oder **widersprüchlich** ist. Dabei müssen die notwendigen Nachfragen durch

den bisher mitgeteilten Lebenssachverhalt veranlasst sein; dh sie müssen der Auffüllung des dadurch gezogenen Rahmens dienen. Das gilt auch für die Mitteilung von Tatsachen aus dem **persönlichen** Erlebnisbereich eines Menschen. Die Nachfrage nach ihnen muss durch das bisherige Vorbringen veranlasst und zur Erfüllung der maßgeblichen Rechtsvorschrift erheblich sein (BVerwG NJW 1994, 848, 849; BVerwG DVBl 1980, 598). Das bedeutet, dass die Hinweispflicht nicht Tatsachen erfasst, die dem persönlichen Lebensbereich eines Beteiligten zuzuordnen sind und die sich aus dem bisherigen Vorbringen in keiner Weise ergeben. Die Hinweispflicht überlagert daher nicht die Obliegenheit des Klägers, zur Vermeidung prozessualer Nachteile alle seinem persönlichen Lebensbereich zugehörigen Tatsachen von sich aus vollständig und nachvollziehbar dem Gericht mitzuteilen (S/S/B/ Dawin VwGO § 86 Rn 138, 139).

Eine Verletzung der Hinweispflicht liegt vor, wenn der Vorsitzende den Kläger nicht darauf **101.1** aufmerksam macht, dass seine mit **Telefax** übermittelte Klageschrift nicht vollständig bei Gericht eingegangen ist (BFH NVwZ-RR 2004, 80); soweit dadurch Tatsachen offen bleiben, muss das Gericht auf ihre Ergänzung hinwirken.

4. Abgabe wesentlicher Erklärungen zur Feststellung und Beurteilung des Sachverhalts

Der Vorsitzende hat darauf hinzuwirken, dass die Beteiligten alle für die Feststellung und **102** Beurteilung des Sachverhalts wesentlichen Erklärungen abgeben. Die danach bestehende Hinweispflicht bezieht sich also sowohl auf die **Tatsachenfeststellung** als auch auf die entsprechende **tatsächliche Würdigung** nach § 108 Abs 1 VwGO. Da die Ergänzung unvollständiger tatsächlicher Angaben bereits in der voranstehenden Alternative des § 86 Abs 3 VwGO erfasst ist, bleiben für diese letzte Variante hinsichtlich der Tatsachenfeststellung nur Hinweise sonstiger Art. In Betracht kommt etwa die Möglichkeit, die Beteiligten auf ein Beweismittel oder auf verschiedene in Betracht kommende Beweismittel hinzuweisen. Im Einzelnen wird dies je nach den Umständen im pflichtgemäßen Ermessen des Vorsitzenden liegen. Im Übrigen betrifft die Vorschrift auch **rechtliche** Hinweise, soweit sie mit der Beurteilung des Sachverhalts zusammenhängen. Erweist sich eine Klage oder ein Antrag – letztlich aus tatsächlichen Gründen – als offensichtlich aussichtslos, sollte der Kläger oder Antragsteller darauf hingewiesen werden, um ihm Gelegenheit zu geben, zur Vermeidung weiterer Kosten die Klage oder den Antrag **zurückzunehmen**. Ist der betreffende Kläger oder Antragsteller anwaltlich vertreten oder rechtlichen Hinweisen unzugänglich, dürfte es allerdings – aus jeweils gegenteiligen Gründen – vertretbar sein, von diesem Hinweis abzusehen.

III. Rechtsfolgen eines Verstoßes gegen § 86 Abs 3 VwGO

Verstößt das Gericht gegen die zwingende Vorschrift des § 86 Abs 3 VwGO, kann darin **103** ein im Rechtsmittelverfahren (Antrag auf Zulassung der Berufung, Revisionszulassungsbeschwerde) rügefähiger **Verfahrensfehler** liegen (BVerwG DVBl 1980, 598, 599). Zugleich kann darin eine Verletzung des gebotenen rechtlichen Gehörs (Art 103 Abs 1 GG, § 108 Abs 2 VwGO) liegen. Dies wird nur anzunehmen sein, wenn sich dem Vorsitzenden die Notwendigkeit eines Hinweises zum Schutz der Rechte des betroffenen Beteiligten aufdrängen musste, sein prozessuales Ermessen also auf Null reduziert war (Redeker/v Oertzen/ Kothe VwGO § 86 Rn 48; B/F-K/S/vA VwGO § 86 Rn 48). Wird in einer mündlichen Verhandlung ein richterlicher Hinweis gegeben und kommt der betreffende Beteiligte ihm nicht nach, ist dies als wesentlicher Vorgang der Verhandlung in die Sitzungsniederschrift aufzunehmen (§ 105 VwGO iVm § 160 Abs 2 ZPO).

D. Schriftsätze zur Vorbereitung der mündlichen Verhandlung (§ 86 Abs 4 VwGO)

Nach § 86 Abs 4 S 1 VwGO sollen die Beteiligten zur Vorbereitung der mündlichen **104** Verhandlung Schriftsätze einreichen („vorbereitende Schriftsätze"). Hierzu kann der Vorsitzende sie unter **Fristsetzung** auffordern (§ 86 Abs 4 S 2 VwGO). Die Übersendung an die Beteiligten erfolgt von Amts wegen, ohne die Notwendigkeit einer förmlichen Zustellung (§ 86 Abs 4 S 3 VwGO). Der **Zweck** dieser Verfahrenshandlung besteht darin zu erreichen, dass das Gericht den Rechtsstreit möglichst zügig bearbeiten und ihn möglichst bald, in einem Klageverfahren möglichst in einer mündlichen Verhandlung, abschließen kann. Die Regelung steht im Zusammenhang mit § 81 Abs 2 VwGO, § 82 Abs 1 S 2 und Abs 2 VwGO, § 85 S 2 VwGO und § 87 Abs 1 S 1 und S 2 Nr 2 VwGO, die ebenfalls die Vorlage von Schriftsätzen betreffen und den Zweck der Konzentration und Beschleunigung verfolgen. Das tatsächliche und rechtliche Vorbringen der Beteiligten soll mit Hilfe der „vorbereitenden Schriftsätze" so rechtzeitig dem Gericht und der jeweiligen Gegenpartei mitgeteilt werden, dass das rechtliche Gehör (Art 103 Abs 1 GG, § 108 Abs 2 VwGO) den Beteiligten gegenüber gewahrt bleibt und das Gericht die Auffassungen aller Beteiligter frühzeitig erfährt.

104.1   Die Vorschrift ist eine Konkretisierung der **Mitwirkungspflichten** der Beteiligten (B/F-K/S/vA VwGO § 86 Rn 49). Auf diese Weise kann das Gericht bald feststellen, welcher ergänzenden tatsächlichen Angaben (§ 86 Abs 3 VwGO) es noch bedarf und ob eine Beweisaufnahme nötig erscheint.

105   § 86 Abs 4 VwGO ist eine **Sollvorschrift**, deren Verletzung nicht zwingend zu prozessualen Nachteilen führt. Je nach den Umständen kann es ohne nachteilige Folgen bleiben, wenn ein Beteiligter die ihm nach § 86 Abs 4 S 2 VwGO vom Vorsitzenden gesetzte **Äußerungsfrist** nicht einhält (S/S/B/Dawin VwGO § 86 Rn 144; Eyermann/Geiger VwGO § 86 Rn 58). Zur Vermeidung von Nachteilen ist der Beteiligte freilich gehalten, sein Recht zur Äußerung innerhalb der Frist, die formlos gesetzt wird, wahrzunehmen. Entscheidet das Gericht nämlich in einem Beschlussverfahren **nach** Verstreichen der Frist, ohne dass der ausstehende Schriftsatz bei ihm eingegangen ist, stellt dies keine Verletzung des rechtlichen Gehörs des säumigen Beteiligten dar (S/S/B/Dawin VwGO § 86 Rn 144).

106   Geht der Schriftsatz erst nach Ablauf der Frist, aber vor Erlass der – mit oder ohne mündliche Verhandlung getroffenen – gerichtlichen Entscheidung ein, muss das Gericht ihn berücksichtigen. Hat das Gericht mündlich verhandelt, ein Urteil aber noch nicht verkündet (§ 116 Abs 1 VwGO), noch nicht zugestellt oder den Tenor noch nicht der Geschäftsstelle übergeben (§ 116 Abs 2 VwGO), sind nachträglich eingehende Schriftsätze zu berücksichtigen und ist gegebenenfalls die mündliche Verhandlung nach § 104 Abs 3 S 2 VwGO wieder zu eröffnen (Eyermann/Geiger VwGO § 86 Rn 59). Im schriftlichen Verfahren oder in Beschlussverfahren sind nachträglich eingegangene Schriftsätze solange zu berücksichtigen, bis der Urkundsbeamte der Geschäftsstelle die Ausfertigung der Entscheidung zur Zustellung durch die Post hinaus gegeben hat (BVerfG NJW 1993, 51).

106.1   Ist der rechtzeitig abgesandte Schriftsatz eines Beteiligten auf dem Postweg verloren gegangen, hat der Beteiligte nach Art 103 Abs 1 GG, § 108 Abs 2 VwGO einen Anspruch auf nachträgliche Äußerung (BVerwG NJW 1994, 673).

107   Entscheidet das Gericht **vor** Ablauf der von ihm einem Beteiligten gesetzten Schriftsatzfrist, bedeutet dies einen Verstoß gegen die Pflicht zur Gewährung rechtlichen Gehörs (su § 108 Abs 2 VwGO Rn 50). Geht ein Schriftsatz vor Ablauf der Frist ein, wird das Gericht regelmäßig annehmen können, eine weitere Äußerung sei nicht zu erwarten; es kann dann ohne Verstoß gegen Art 103 Abs 1 GG und § 108 Abs 2 VwGO eine Entscheidung treffen (Eyermann/Geiger VwGO § 86 Rn 60).

107.1   Sonderregelungen enthält § 87b VwGO, die der Beschleunigung des Verfahrens hinsichtlich der erforderlichen Tatsachen oder Beweismittel dienen sollen. Das Gericht kann danach **verspätetes** Vorbringen nur dann zurückweisen, wenn es den Beteiligten zuvor eine **Frist** nach § 87b Abs 1 oder Abs 2 VwGO zur Erteilung der dort geregelten Auskünfte gesetzt hat (§ 87b Abs 3 VwGO).

107.2   Die nach § 86 Abs 4 S 3 VwGO vorzunehmende Übersendung der vorbereitenden Schriftsätze erfolgt durch die Geschäftsstelle (§ 13 VwGO, § 173 VwGO iVm § 209 ZPO).

E. Urkunden und elektronische Dokumente als Anlagen zu den vorbereitenden Schriftsätzen (§ 86 Abs 5 VwGO)

§ 86 Abs 5 S 1 VwGO schreibt vor, dass den Schriftsätzen die Urkunden oder elektro- **108** nischen Dokumente, auf die Bezug genommen wird, in Urschrift oder in Abschrift ganz oder im Auszug beizufügen sind. Mit dem Gesetz zur Förderung des elektronischen Rechtsverkehrs mit den Gerichten (E-Justiz-G, BT-Drs 17/12634, 17/13948) wurde die bisher bestehende Möglichkeit, die Urkunden oder elektronischen Dokumente auch in Urschrift beizufügen, gestrichen. Dies entspricht der neuen Regelung, der zufolge Rechtsanwälte, Behörden und vertretungsberechtigte Personen die Möglichkeiten des elektronischen Rechtsverkehrs nutzen müssen (§ 55d VwGO).

Sind die Urkunden bereits bekannt oder sehr umfangreich, genügt das Anerbieten, Einsicht bei Gericht zu gewähren (§ 86 Abs 5 S 2 VwGO). Der **Zweck** besteht darin, dem Gericht und der Gegenpartei frühzeitig Kenntnis vom genauen Inhalt der darin dokumentierten Tatsachen zu geben. Unter den Begriff der Urkunde fallen Schriftsätze jeder Art; er ist diesem Zweck entsprechend weit zu verstehen. Sehr umfangreich sind Urkunden, wenn ihrem Besitzer die Herstellung von Fotokopien, die an die Gegenpartei zu übersenden wären, wegen ihrer großen Zahl nicht zugemutet werden kann, oder wenn die Urkunden derart großflächig oder sperrig sind, dass sie nicht fotokopiert werden können. Für die Vorlage von Behördenakten gelten die besonderen Vorschriften des § 99 VwGO und des § 100 VwGO.

§ 86a [aufgehoben]

§ 86a VwGO wurde durch das JKomG v 22.3.2005 (BGBl I 837, ber 2022) aufgehoben. **1** Zu den Nachfolgeregelungen s § 55a VwGO Rn 1 ff und § 55b VwGO Rn 1 ff.

§ 87 [Vorbereitendes Verfahren]

(1) ¹Der Vorsitzende oder der Berichterstatter hat schon vor der mündlichen Verhandlung alle Anordnungen zu treffen, die notwendig sind, um den Rechtsstreit möglichst in einer mündlichen Verhandlung zu erledigen. ²Er kann insbesondere
1. die Beteiligten zur Erörterung des Sach- und Streitstandes und zur gütlichen Beilegung des Rechtsstreits laden und einen Vergleich entgegennehmen;
2. den Beteiligten die Ergänzung oder Erläuterung ihrer vorbereitenden Schriftsätze, die Vorlegung von Urkunden, die Übermittlung von elektronischen Dokumenten und die Vorlegung von anderen zur Niederlegung bei Gericht geeigneten Gegenständen aufgeben, insbesondere eine Frist zur Erklärung über bestimmte klärungsbedürftige Punkte setzen;
3. Auskünfte einholen;
4. die Vorlage von Urkunden oder die Übermittlung von elektronischen Dokumenten anordnen;
5. das persönliche Erscheinen der Beteiligten anordnen; § 95 gilt entsprechend;
6. Zeugen und Sachverständige zur mündlichen Verhandlung laden.

(2) Die Beteiligten sind von jeder Anordnung zu benachrichtigen.

(3) ¹Der Vorsitzende oder der Berichterstatter kann einzelne Beweise erheben. ²Dies darf nur insoweit geschehen, als es zur Vereinfachung der Verhandlung vor dem Gericht sachdienlich und von vornherein anzunehmen ist, daß das Gericht das Beweisergebnis auch ohne unmittelbaren Eindruck von dem Verlauf der Beweisaufnahme sachgemäß zu würdigen vermag.

§ 87 VwGO regelt die **Vorbereitung der mündlichen Verhandlung** und dient – wie auch § 82 Abs 2 S 1 und 2 VwGO sowie § 87b VwGO – der **Beschleunigung** (Rn 6) des Verwaltungsprozesses und damit der Verfahrensökonomie. Durch vorbereitende Maßnahmen soll der Vorsitzende bzw der Berichterstatter (sog vorbereitender Richter; Rn 3) einen

entscheidungsreifen Sachverhalt (Rn 6) erarbeiten und so sicherstellen, dass die Verhandlung **in einem mündlichen Termin** erfolgen kann (Konzentrationsmaxime). Dadurch wird zugleich die Kammer – insbes von einzelnen zeitaufwändigen Beweisaufnahmen (Rn 21) – entlastet (Geiger BayVBl 2007, 225).

Übersicht

A. Anwendungsbereich
I. Prozessualer Anwendungsbereich

1   § 87 VwGO gilt in allen Verfahren, die eine **mündliche Verhandlung vorsehen**, also auch im Berufungsverfahren (§ 125 Abs 1 VwGO) sowie im Revisionsverfahren (§ 141 S 1 VwGO). **Entsprechend** ist § 87 VwGO anwendbar in Verfahren, die keine mündliche Verhandlung voraussetzen, etwa in Gerichtsbescheidverfahren (§ 84 VwGO), in Beschlussverfahren (nach § 80 Abs 5, 7, 8 und § 80a Abs 3 und § 123 VwGO sowie nach § 130a VwGO, vgl BVerwG Buchholz 401.9 Beiträge Nr 41) oder in Verfahren, in denen die Beteiligten auf die mündliche Verhandlung verzichtet haben (§ 101 Abs 2 VwGO). Auch hier fördern Maßnahmen nach § 87 VwGO die verfahrensökonomisch sinnvolle Erledigung.

II. Zeitlicher Anwendungsbereich

2   Der Wortlaut der Vorschrift „schon vor der mündlichen Verhandlung" deutet darauf hin, dass dem vorbereitenden Richter die erweiterten Befugnisse auch **noch nach der mündlichen Verhandlung** zur Verfügung stehen können. Dies ist jedoch **nur** dann der Fall, wenn die mündliche Verhandlung nicht zu einer Entscheidung führte und das Verfahren so ins Stadium der Vorbereitung zurückfällt (OVG Schleswig Beschl v 31.5.2000, 9 R 19/98). Als eng auszulegende Ausnahme zum in der Verwaltungsgerichtsbarkeit herrschenden Kollegialprinzip (Kopp/Schenke VwGO § 87 Rn 3) und zur Wahrung des Grundsatzes der Unmittelbarkeit der Beweisaufnahme (vgl § 87 Abs 3 S 1 VwGO; vgl Katholnigg NJW 1992, 2256) ist § 87 VwGO auf solche vorbereitenden Maßnahmen beschränkt.

III. Persönlicher Anwendungsbereich

3   Die Befugnisse aus § 87 VwGO stehen **sowohl** dem **Vorsitzenden** als auch dem **Berichterstatter** zu (vgl § 87a Abs 3 VwGO e contrario). Sinnvoller Weise führt ausschließlich einer von beiden das vorbereitende Verfahren selbstständig durch (zur Bestellung des Berichterstatters vgl § 82 Abs 2 S 1 VwGO). Der Berichterstatter handelt an Stelle des gesamten Spruchkörpers als gesetzlicher Richter (Art 101 Abs 1 S 2 GG; BVerwG NJW 1968, 811; Roth, NJW 2000, 3692, 3693), wenngleich er **nur vorbereitend tätig** wird. Auch deswegen ist selbst die „entfernte Möglichkeit einer manipulierten Auswahl der mitwirkenden Richter für eine bestimmte Sache" (BVerfG NJW 1997, 1497; 1998, 743; BGH NJW 2000, 371 unter Hinweis auf BGHZ 126, 63, 85) dadurch auszuschließen, dass jede Kammer bei § 87 VwGO **nach einheitlichen Grundsätzen** verfährt.

Maßnahmen nach § 87 VwGO können vor der mündlichen Verhandlung nur vom vor- **4** bereitenden Richter getroffen werden (S/S-A/P/Ortloff VwGO § 87 Rn 10), Anordnungen der **Kammer** kommen daneben **nicht** in Betracht. Grundlage **weiterer Anordnungen** (des Vorsitzenden) können § 85 S 2, § 86 Abs 3 und 4 VwGO bilden (vgl auch § 81 AsylVfG).

Die Befugnisse nach § 87 VwGO stehen auch dem **Einzelrichter** zu; § 6 Abs 1 S 2 **5** VwGO, der Proberichter im ersten Dienstjahr als Einzelrichter ausschließt, nimmt diesen als Berichterstatter diese Befugnisse nicht.

B. Anordnungen des vorbereitenden Richters

I. Anordnungen im Ermessen des Richters (Abs 1 S 2)

Während § 87 Abs 1 S 1 VwGO eine Verpflichtung des vorbereitenden Richters aus- **6** spricht, mittels Anordnungen das Verfahren auf möglichst nur eine mündliche Verhandlung zu konzentrieren, räumt ihm § 87 Abs 1 S 2 VwGO ein **Ermessen** bei der Auswahl der zu treffenden Anordnungen ein. Dies nimmt den Druck zügiger Erledigung zwar wieder etwas zurück, wahrt zugleich aber das Kollegialprinzip und eröffnet dem Erörterungstermin die Chance für eine gütliche Einigung. **Entscheidungsreife** wird in diesem Rahmen aber nur selten herbeigeführt werden können. Auch aus Sicht des BVerwG bleibt die tatsächliche und rechtliche Erörterung der Streitsache grundsätzlich der **mündlichen Verhandlung vorbehalten** (BVerwG Buchholz 310 § 104 VwGO Nr. 29.)

Neben den aufgeführten Anordnungen (vgl „insbesondere") kommen als **weitere vorbereitende Maßnahmen** etwa die Aufforderung, sich zu einem Verzicht auf mündliche Verhandlung (§ 101 Abs 2 VwGO) zu äußern oder Hinweise nach § 86 Abs 3 VwGO in Betracht. **7**

II. Anordnung eines Erörterungstermins (Abs 1 S 2 Nr 1)

1. Anberaumung eines Erörterungstermins

§ 87 Abs 1 S 2 Nr 1 VwGO ermöglicht die Anberaumung eines **Erörterungstermins** zur **8** Klärung offener Sachverhalts- und Rechtsfragen und zur **gütlichen Beilegung** des Rechtsstreits bzw zum Abschluss eines **Vergleichs**. Anders als in § 278 Abs 1 ZPO ist das Gericht jedoch nicht in gleicher Weise dem Ziel gütlicher Streitbeilegung verpflichtet. Schon im (vorgerichtlichen) Verwaltungsverfahren bestand für die Beteiligten Gelegenheit, ihre Standpunkte auszutauschen. Zudem ist der Vergleichsspielraum des Staates wegen seiner Gesetzesbindung begrenzt. In diesem Verfahrensstadium steht zwischen Bürger und Behörde daher nicht mehr „Gütlichkeit" im Vordergrund, sondern die **gerichtliche Klarstellung der Rechtslage**. Hier wäre eine gerichtliche „Einigung mit sanfter Gewalt" (so für die ZPO B/L/A/H/ Hartmann ZPO § 278 Rn 7) häufig fehl am Platze, vielmehr soll die Anrufung des Gerichts in vielen Fällen erst die Waffengleichheit der Kontrahenten wieder herstellen. Dies steht im Einzelfall einem gerichtlichen Vergleichsvorschlag nicht entgegen (§ 106 S 2 VwGO).

Mit dem Gesetz zur Reform des Zivilprozesses (ZPORG) vom 27.7.2001 wurde in § 278 **9** Abs 2 ZPO ff die **obligatorische Güteverhandlung** eingeführt. Die Frage einer Übertragbarkeit auf den Verwaltungsprozess wird zwar kontrovers diskutiert (dafür vBargen DVBl 2004, 475; dagegen B/L/A/H/Hartmann ZPO Einf §§ 272, 273 Rn 7; S/S-A/P/Meissner VwGO § 173 Rn 204 ff.; Ziekow NVwZ 2004, 394 f.), mangels Regelungslücke in der VwGO und wegen grundsätzlicher Unterschiede der Verfahren (vgl § 173 VwGO) **scheidet** eine entsprechende Anwendung jedoch **aus**.

2. Ablauf eines Erörterungstermins

Der Erörterungstermin findet in der Regel **vor dem vorbereitenden Richter** statt und **10** ist – so die hL (Eyermann/Geiger VwGO § 87 Rn 7; Kopp/Schenke VwGO § 87 Rn 5;

Redeker/v Oertzen/Kothe VwGO § 87 Rn 5) – nur **parteiöffentlich** (§ 55 VwGO iVm § 169 GVG, soweit nicht vor dem erkennenden Gericht verhandelt wird, vgl BVerwG NVwZ-RR 1989, 167; nicht unproblematisch angesichts des Regel-Ausnahme-Verhältnisses in § 172 GVG). Vor dem vorbereitenden Richter im Erörterungstermin abgegebene Erklärungen von Beteiligten können der Entscheidung zu Grunde gelegt werden (BVerwG Buchholz 310 § 87 VwGO Nr 8; Buchholz 310 § 133 VwGO Nr 82), sie sind zu **protokollieren** (§ 105 VwGO; Eyermann/Geiger VwGO § 105 Rn. 3; S/S-A/P/Ortloff VwGO § 87 Rn 9). Auch ein etwaiger **Vergleich** wird vor dem vorbereitenden Richter geschlossen und protokolliert (Kopp/Schenke VwGO § 106 Rn 9).

III. Mitwirkung der Beteiligten (Abs 1 S 2 Nr. 2)

11   § 87 Abs 1 S 2 Nr 2 VwGO (vgl Parallelvorschrift § 273 Abs 2 Nr 1 ZPO) gibt dem vorbereitenden Richter die Befugnis, **Ergänzungen und Erläuterungen von Schriftsätzen** der Beteiligten mit **Fristsetzung** zu fordern (allerdings ohne Präklusionswirkung wie § 296 Abs 1 ZPO; vgl aber § 87b VwGO). **Vorzulegende Urkunden** können etwa Grundbuchauszügen, Personenstandsdokumenten oder Bebauungspläne sein. Unter „anderen zur Niederlegung bei Gericht geeigneten Gegenständen" sind ua Foto- und Videodokumentationen zu verstehen (S/S-A/P/Ortloff VwGO § 87 Rn 19).

12   Durch das Justizkommunikationsgesetz vom 22.3.2005 hat der Gesetzgeber in § 87 Abs 1 S 2 Nr 2 VwGO die Möglichkeit zur Übermittlung **elektronischer Dokumente** an das Gericht eingeführt. Im Übrigen findet § 55a VwGO Anwendung.

IV. Einholung von Auskünften (Abs 1 S 2 Nr 3)

13   § 87 Abs 1 S 2 Nr 3 VwGO umfasst (weitergehend als § 273 Abs 2 Nr 2 ZPO) Auskünfte jeglicher Art, also insbes auch **amtliche Auskünfte** (§ 99 VwGO; in Abgrenzung zur Zeugenaussage BVerwG NJW 1988, 2491 f), ob (fern-)mündlich oder schriftlich (auch dann kein Urkundsbeweis, sondern Freibeweisverfahren BVerwG Buchholz 310 § 87 VwGO Nr. 2). Relevant sind hier insbes in **Asylverfahren** amtliche Auskünfte des Auswärtigen Amtes (BVerwG BayVBl 1985, 377).

V. Anordnung der Urkundenvorlage (Abs 1 S 2 Nr 4)

14   § 87 Abs 1 S 2 Nr 4 VwGO ermöglicht die Anordnung der **Vorlage von Urkunden** oder der Übermittlung elektronischer Dokumente, auch gegenüber am Prozess **nicht Beteiligten**. Diese Vorlagepflicht ergibt sich für Beteiligte aus ihrer prozessualen Mitwirkungspflicht, für Behörden aus § 99 VwGO und für andere Gerichte aus dem Grundsatz der Amtshilfe (Art 35 GG; BVerwGE 30, 154, 159). Soweit die Vorlagepflicht Dritter einen materiell-rechtlichen Herausgabeanspruch voraussetzt, weicht die ZPO hiervon in § 429 S 2 ZPO und § 142 ZPO ab (B/L/A/H/Hartmann ZPO § 142 Rn 2), wenn dies nicht unzumutbar ist oder Zeugnisverweigerungsrechte (§ 383, § 384, aber § 385 ZPO) entgegenstehen. Dies gilt erst recht in der vom Amtsermittlungsgrundsatz beherrschten VwGO (§ 98 VwGO, vgl Kopp/Schenke VwGO § 98 Rn 19).

VI. Anordnung des persönlichen Erscheinens (Abs 1 S 2 Nr 5)

15   Gem § 87 Abs 1 S 2 Nr 5 VwGO (vgl § 273 Abs 2 Nr 3 ZPO) kann das **persönliche Erscheinen** der Beteiligten – auch bereits für den Erörterungstermin – angeordnet werden (Redeker/v Oertzen/Kothe VwGO § 95 Rn 4), wenn ihre Anwesenheit im Termin **unverzichtbar** ist, weil nur sie Auskünfte oder Erläuterungen abgeben können. Nach § 95 VwGO kann ein **Ordnungsgeld** für den Fall des Nichterscheinens angedroht und auch vom vorbereitenden Richter verhängt werden (OVG Münster DÖV 1972, 799). Nach Maßgabe von § 102 Abs 2 VwGO kann auch ohne den Nichterschienenen verhandelt und entschieden werden (S/S-A/P/Ortloff VwGO § 87 Rn 22).

16   **Öffentlich-rechtlichen Körperschaften** kann aufgegeben werden, einen über Sach- und Rechtslage unterrichteten Vertreter zu entsenden (§ 95 Abs 3 VwGO). Bei **juristi-**

schen Personen wird der gesetzliche Vertreter des Beteiligten geladen (vgl § 95 Abs 2 VwGO).

VII. Ladung von Auskunftspersonen (Abs 1 S 2 Nr 6)

Nach § 87 Abs 1 S 2 Nr 6 VwGO kann der vorbereitende Richter selbstständig **Zeugen** 17 wie auch **Sachverständige** zur mündlichen Verhandlung vor die Kammer **laden**. Dies geschieht zunächst rein vorsorglich, eines **gerichtlichen Beweisbeschlusses** bedarf es hierfür **nicht**.

VIII. Form der Anordnungen

Vorbereitende Anordnungen sind grundsätzlich **formfrei**, werden jedoch aus Gründen 18 der Dokumentation schriftlich mit Handzeichen in der Prozessakte **vermerkt**.

C. Benachrichtigung der Beteiligten

Alle Beteiligten sind von jeder Anordnung zu benachrichtigen (§ 87 Abs 2 VwGO); 19 unterleibt diese, so liegt ein wesentlicher Verfahrensfehler vor (Kopp/Schenke VwGO § 87 Rn 8). Die früher zu beobachtende Praxis, nicht alle Beteiligten **auf demselben Kenntnisstand** zu halten, verstößt gegen das Gebot rechtlichen Gehörs und ist auch unter dem Aspekt des fairen Verfahrens nicht zu rechtfertigen (vgl BVerwG NJW 1980, 900).

Das **Ergebnis** der durchgeführten Maßnahmen des vorbereitenden Richters muss aller- 20 dings **nur** dann mitgeteilt werden, wenn das Gericht hierauf seine Entscheidung auch stützt (§ 108 Abs 2 VwGO; BVerwG NVwZ 1988, 1018).

D. Befugnisse nach Abs 3

§ 87 Abs 3 S 1 VwGO ermöglicht die Erhebung **einzelner Beweise** durch den vor- 21 bereitenden Richter ohne eigenen Gerichtsbeschluss (anders § 96 Abs 2 VwGO). Der Grundsatz der **Unmittelbarkeit der Beweisaufnahme** (§ 96 Abs 1 VwGO; vgl aber Abs 2 zum beauftragten bzw ersuchten Richter) wird dabei durch die Weitergabe des Beweisergeb- nisses (nicht auch der Beweiswürdigung, welche dem Gericht obliegt, vgl BGH NJW 1991, 1302) durch den vorbereitenden Richters an die Kammer gewahrt und durch Begrenzung der Beweiserhebung („einzelne Beweise", BVerwG NVwZ-RR 1998, 524) geachtet. Ent- scheidend ist danach, ob das Gericht sich seine aus dem Gesamtergebnis des Verfahrens gewonnene **Überzeugung** (§ 108 Abs 1 VwGO) **auch ohne einen unmittelbaren per- sönlichen Eindruck** von einzelnen festzustellenden Tatsachen, die Gegenstand der Beweis- aufnahme durch den Berichterstatter bildeten, verschaffen kann (BVerwG NJW 1994, 1975). Dies setzt regelmäßig die **Protokollierung** von Beweiserhebung und -ergebnis durch den vorbereitenden Richter voraus (Pantle NJW 1991, 1279 f).

Sachdienlich ist die vorbereitende Beweisaufnahme, wenn sie zu einer zeitlichen **Ent-** 22 **lastung** des Spruchkörpers führt. Die Feststellung der Sachdienlichkeit dieser Vorgehens- weise zu einer Verfahrensbeschleunigung obliegt dem vorbereitenden Richter. Stellt sich im Verlauf des Verfahrens heraus, dass die Pflicht zur erschöpfenden Sachverhaltsaufklärung eine **Beweisaufnahme** vor dem Kollegialgericht erfordert, so können die Beteiligten diese **nachträglich beantragen** (BVerwG NVwZ-RR 2001, 798, 800). Die **wiederholte Ver- nehmung** von Zeugen sowie die neue Begutachtung durch Sachverständige steht im Er- messen des Gerichts (§ 98 VwGO iVm § 398 Abs 1, § 412 Abs 1 ZPO).

E. Rechtsmittel

Kommt ein Beteiligter Anordnungen nach § 87 VwGO – mit Ausnahme solcher nach 23 § 87 Abs 1 S 2 Nr 5 VwGO – nicht nach, so stehen dem Gericht **keine Sanktionen** zur Verfügung. **Nachteile** sind jedoch hinsichtlich der **Sachaufklärung** (§ 86 Abs 1 S 1 Hs 2 VwGO; vgl § 444 ZPO) sowie bei den **Kosten** (§ 155 Abs 4 VwGO) möglich.

Gegen Anordnungen nach § 87 VwGO bzw deren Unterlassen sind **keine selbständi-** 24 **gen Rechtsbehelfe** gegeben (§ 146 Abs 2 VwGO; möglich bleibt die formlose Gegenvorstellung), solche Verfahrens- und Formmängel können nur im Rahmen der gegen die Hauptsacheentscheidung gegebenen Rechtsbehelfe geltend gemacht werden. Zum **Rüge-verlust** bei rügeloser Einlassung vgl § 173 VwGO iVm § 295 ZPO (BVerwG NJW 1980, 900; BVerwG NJW 1994, 1975). Gegen die Festsetzung von **Ordnungsgeld** (§ 87 Abs 1 S 2 Nr 5, § 95 VwGO) kann analog § 151 VwGO die Entscheidung des Gerichts beantragt werden.

§ 87a [Entscheidung im vorbereitenden Verfahren]

(1) Der Vorsitzende entscheidet, wenn die Entscheidung im vorbereitenden Ver-fahren ergeht,

1. **über die Aussetzung und das Ruhen des Verfahrens;**
2. **bei Zurücknahme der Klage, Verzicht auf den geltend gemachten Anspruch oder Anerkenntnis des Anspruchs, auch über einen Antrag auf Prozesskosten-hilfe;**
3. **bei Erledigung des Rechtsstreits in der Hauptsache, auch über einen Antrag auf Prozesskostenhilfe;**
4. **über den Streitwert;**
5. **über Kosten;**
6. **über die Beiladung.**

(2) Im Einverständnis der Beteiligten kann der Vorsitzende auch sonst anstelle der Kammer oder des Senats entscheiden.

(3) Ist ein Berichterstatter bestellt, so entscheidet dieser anstelle des Vorsitzen-den.

§ 87a VwGO ergänzt § 87 VwGO und definiert die Entscheidungskompetenzen des vorbereitenden Richters (vgl § 87 VwGO; zum Einzelrichter vgl § 6 VwGO). Als Ein-schränkung des verwaltungsgerichtlichen Kollegialprinzips dient sie in erster Linie der **Ver-fahrensbeschleunigung** (BT-Drs 11/7030, 27) und effizienteren Nutzung der personellen Ressourcen der Gerichtsbarkeit, die auch durch eine regelmäßige Übertragung der Rechts-streite auf Einzelrichter nur bedingt erreicht wird (Pagenkopf DVBl 1991, 285, 288). Gerade weil sich das Kollegialprinzip (Hamann VerwArch 83 (1992), 201 f) als tief in der Praxis verwurzelt erwies, stellt § 87a VwGO ein „Kompromissangebot" an die Verwaltungsrichter dar, die von § 6 VwGO keinen Gebrauch machen wollen. Während Abs 1 und 3 im Zusammenklang mit § 87 und § 87b VwGO einem Kammermitglied im vorbereitenden Verfahren bestimmte Entscheidungszuständigkeiten zuweist – **vorbereitender Richter** – , gibt Absatz 2 den Beteiligten in **jeder Prozesssituation** die Möglichkeit, in Ergänzung zu § 6 VwGO und § 76 AsylVfG die Entscheidung durch ein Kammermitglied – den **kon-sentierten Einzelrichter** – zu ermöglichen.

Übersicht

A. Anwendungsbereich

I. Prozessualer Anwendungsbereich

§ 87a VwGO findet in **allen Hauptsacheverfahren** – für das Berufungsverfahren über **1** § 125 Abs 1 S 1 VwGO – Anwendung, nur in der Revisionsinstanz ist er durch § 141 S 2 VwGO ausgeschlossen. Ergeht die Entscheidung **ohne mündliche Verhandlung**, so tritt an deren Stelle der Beginn der Beratung (S/S-A/P/Ortloff VwGO § 87 Rn 13 f; aA B/F-K/K/Kuntze VwGO § 87a Rn 6 f, der aus Gründen der Transparenz auf die Übergabe der Entscheidung an die Geschäftsstelle abstellen will, vgl dazu BVerwGE 58, 146).

Ungeklärt ist die Anwendbarkeit der Norm in Verfahren des **einstweiligen Rechts-** **2** **schutzes**, deren Eilbedürftigkeit (VGH Mannheim NVwZ 1991, 593) zwar dafür spricht, die jedoch regelmäßig ohne mündliche Verhandlung auskommen und damit nicht im Rahmen eines „vorbereitenden Verfahrens" entschieden werden (so VGH Mannheim NVwZ 1991, 275). Auch kann es zu Kollisionen der Entscheidungskompetenz des Bericht-erstatters (§ 87a Abs 3 VwGO) mit der Eilentscheidungskompetenz des Vorsitzenden (§ 80 Abs 8 VwGO) kommen (Kopp NJW 1991, 1264, 1267). Zudem „passen" bestimmte Kompetenzen (etwa § 87a Abs 1 Nr 1 VwGO) nicht recht zum vorläufigen Rechtsschutz-verfahren (gegen eine Anwendung des § 87a VwGO VGH Mannheim NVwZ 1991, 275; Goerlich NVwZ 1991, 541), weswegen § 87a VwGO allenfalls **ergänzend heranzuziehen** ist (VGH Mannheim NVwZ 1991, 274u 593; Redeker/v Oertzen/Kothe VwGO § 87a Rn 2).

Im **Beschwerdeverfahren** (§ 146 f VwGO) gilt § 87a VwGO entsprechend (vgl aber **3** § 148 Abs 1 VwGO), nicht jedoch für die Beschwerde gegen die erstinstanzliche Ablehnung von Prozesskostenhilfe (OVG Sachsen DÖV 2007, 933).

II. Zeitlicher Anwendungsbereich

§ 87a Abs 1 VwGO gilt im „**vorbereitenden Verfahren**", also außerhalb der mündli- **4** chen Verhandlung (BezG Dresden NVwZ 1992, 991; VGH Mannheim NVwZ-RR 2000, 329, 330; Hamann VerwArch 83 (1992), 201, 204 f). Maßgebliche Zeitpunkte sind dabei einerseits die **Rechtshängigkeit** (§ 81 Abs 1, § 90 VwGO), andererseits der **Beginn des Termins** nach Aufruf der Sache (vgl § 220 Abs 1 ZPO; so auch OVG Weimar ThürVBl 1995, 15; vgl FG Niedersachsen NVwZ-RR 1995, 611; aA Stelkens NVwZ 1991, 209, 214, der das vorbereitende Verfahren bereits nach Terminsbestimmung zur mündlichen Verhandlung, die sehr früh liegen kann, enden lässt). § 87a Abs 1 VwGO gilt aber auch dann, wenn **nach** einer mündlichen Verhandlung (§ 101 VwGO) keine Entscheidung ergeht (vgl BVerwG NVwZ 2005, 466, 468; Schmieszek NVwZ 1991, 522, 525). Das Ziel der Ver-fahrensbeschleunigung ist auch nach Durchführung einer mündlichen Verhandlung noch zu fördern (aA VG München NVwZ-RR 2001, 543; Kopp § 87a Rn 4 f unter Hinw auf VGH München NVwZ 1991, 1198 f). Auch ein Beweisbeschluss der Kammer steht einem erneu-ten vorbereitenden Verfahren nicht entgegen, VGH Mannheim NVwZ-RR 1992, 443).

Nach Ende des vorbereitenden Verfahrens ist nicht mehr der Berichterstatter, sondern die **5** Kammer insgesamt in ihrer Besetzung innerhalb bzw außerhalb der mündlichen Verhand-lung (§ 5 Abs 3 VwGO) entscheidungsbefugt.

III. Personaler Anwendungsbereich

Zuständig für die in § 87a VwGO aufgeführten Entscheidungen ist statt des gesamten **6** Spruchkörpers der **Vorsitzende** bzw der nach § 21g Abs 1 GVG bestellte **Berichterstatter** (dazu BVerfGE 95, 322, 331). Eine Entscheidung der Kammer entgegen § 87a Abs 1 VwGO stellt einen Verstoß gegen das **Gebot des gesetzlichen Richters** (Art 101 Abs 1 S 2 GG; VGH Mannheim NVwZ-RR 1997, 140) dar. Der Berichterstatter **verdrängt** den Vor-sitzenden (§ 87a Abs 3 VwGO; anders in § 87 Abs 1 S 1 VwGO). Die Einschränkung für Proberichter in § 6 Abs 1 S 2 VwGO ist nicht übertragbar.

Ist die Sache auf den **Einzelrichter** (§ 6 VwGO, § 76 AsylVfG) übertragen worden, hat **7** § 87a VwGO keine Bedeutung (mehr).

B. Entscheidungen des vorbereitenden Richters

8   Die Entscheidungskompetenzen des „vorbereitenden Richters" sind in Abs 1 abschließend
     aufgezählt (vgl § 87a Abs 2 VwGO „auch sonst").

I. Aussetzung und Ruhen des Verfahrens (Abs 1 Nr 1)

9   § 87a Abs 1 Nr 1 VwGO betrifft die **Aussetzung** (§ 94 VwGO) und den einvernehmli-
     chen Antrag der Beteiligten auf Anordnung des **Ruhens des Verfahrens** (§ 173 VwGO
     iVm § 251 ZPO). Eine Aussetzung zum Zwecke einer Richtervorlage nach Art 100 Abs 1
     GG bleibt dem Kollegialgericht vorbehalten (BVerfGE 16, 305).

II. Rücknahme, Verzicht, Anerkenntnis (Abs 1 Nr 2)

10   § 87a Abs 1 Nr 2 VwGO gilt auch für den Beschluss zur Feststellung der **Rücknahme
     der Klage** nach § 92 Abs 2 S 4 VwGO bzw der Berufung (§ 126 Abs 2 S 4 VwGO, vgl VG
     Stuttgart NVwZ-RR 1997, 766; Kopp/Schenke VwGO § 87a Rn 6; Redeker/v Oertzen/
     Kothe VwGO § 87a Rn 4; aA VGH München BayVBl 2001, 21, 22). **Verzicht** oder
     Anerkenntnis des Anspruches betreffen jeweils den prozessualen Anspruch (§ 173 VwGO
     iVm §§ 306, 307 ZPO; Eyermann/Geiger § 87a Rn 9; S/S-A/P/Ortloff VwGO § 87a
     Rn 31), nicht den materiellen. Ein hierzu vorliegender **PKH-Antrag** ist ebenfalls vom
     Berichterstatter zu bescheiden.

III. Erledigungserklärung (Abs 1 Nr 3)

11   § 87a Abs 1 Nr 3 VwGO erfasst nur den Fall **übereinstimmender Erledigungserklä-
     rungen**, Abs 1 ermächtigt den vorbereitenden Richter nicht zur selbständigen Entscheidung
     über den Streitgegenstand (VGH Mannheim NVwZ-RR 1992, 442; zur Rechtslage nach
     der ZPO B/L/A/H/Hartmann ZPO § 349 Rn 11). Die einseitige Erledigungserklärung
     wird daher nicht von § 87a Abs 1 Nr 3 VwGO erfasst – hier wandelt sich das ursprüngliche
     Klagebegehren in ein auf Feststellung der Erledigung gerichtetes (vgl BVerwG BayVBl 1994,
     122; VGH Mannheim NVwZ-RR 1992, 442; Eyermann/Geiger VwGO § 87a Rn 10;
     Kopp/Schenke VwGO § 87a Rn 7) –, wohl aber die **übereinstimmende Teilerledigt-
     erklärung** (Eyermann/Geiger VwGO § 87a Rn 10). Die Zuständigkeit für die nach § 161
     Abs 2 VwGO zu treffende Kostenentscheidung ergibt sich aus § 87a Nr 5 VwGO.

IV. Streitwert (§ 87a Abs 1 Nr 4)

12   Als Annexregelung zu den verfahrensbeendenden Entscheidungen nach Abs 1 Nr 2 und
     3 sieht § 87a Abs 1 Nr 4 VwGO die **Streitwertentscheidung** durch den vorbereitenden
     Richter vor (vgl aber VGH München NVwZ 1991, 1198). Über die Streitwertbeschwerde
     entscheidet beim OVG der Berichterstatter als Einzelrichter auch dann, wenn im erstinstanz-
     lichen Verfahren die Streitwertfestsetzung durch den Berichterstatter gem § 87a Abs 1 Nr 4,
     Abs 3 VwGO erfolgte (VGH Mannheim NVwZ-RR 2006, 648).

V. Kosten (Abs 1 Nr 5)

13   § 87a Abs 1 Nr 5 VwGO eröffnet dem vorbereitenden Richter die Entscheidung über
     die **Kosten** (§ 154 f VwGO), auch zu einem Vergleich (§ 106 VwGO) im vorbereitenden
     Verfahren (Kopp/Schenke VwGO § 87a Rn 7). Diese Ermächtigung erstreckt sich auf Ent-
     scheidungen über eine **Kostenerinnerung** (BVerwG NVwZ 1996, 786; VGH München
     NVwZ-RR 2004, 309; Redeker/v Oertzen/Kothe VwGO § 87a Rn 5; aA FG Bremen
     NVwZ-RR 1996, 366, 367; Eyermann/Geiger VwGO § 87a Rn 12), **nicht** jedoch auf
     solche über die Gewährung von **Prozesskostenhilfe** gem § 166 VwGO (VGH Kassel
     NVwZ 1991, 594; vgl aber § 87a Abs 1 Nr 2u 3 VwGO).

VI. Beiladung (Abs 1 Nr 6)

§ 87a Abs 1 Nr 6 VwGO sieht vor, dass der vorbereitende Richter über eine **Beiladung** 14 befindet.

C. Konsentierter Einzelrichter (Abs 2)

I. Ermächtigung des Richters

§ 87a Abs 2 VwGO berechtigt den **Vorsitzenden** bzw den **Berichterstatter** (§ 87a 15 Abs 3 VwGO) zur Entscheidung anstelle der Kammer – und zwar in jeder Phase des Gerichtserfahrens –, verpflichtet ihn aber nicht dazu. Ihm bleibt daher immer die Möglichkeit, eine **Entscheidung** der **Kammer herbeizuführen**, in besonders schwierigen Verfahren reduziert sich sein diesbezügliches Ermessen auf Null (BVerfG NJW 1999, 274).

II. Entscheidungsumfang

Der konsentierte Einzelrichter kann „auch sonst" anstelle der Kammer entscheiden. Ob 16 er einen **Gerichtsbescheid** (§ 84 VwGO) erlassen darf, ist umstritten (vgl Klein BayVBl 1992, 187; Stelkens NVwZ 1991, 209, 216). Die Entscheidung über eine **Normenkontrollvorlage** (Art 100 Abs 1 und 2 GG) wird von dieser Befugnis **nicht** umfasst (BVerfG (Kammer) DStZ 1998, 722, 723).

Gemäß **§ 130a VwGO** ist die einstimmige Entscheidung über eine Berufung per Beschluss dem Senat als **Kollegialgericht** vorbehalten (BVerwG NVwZ 2000, 1040, 1041; aA 17 Clausing JuS 2001, 373, 375 und wohl auch BVerwG NVwZ-RR 1998, 525), da die geforderte Einstimmigkeit schützendes Äquivalent der wegfallenden mündlichen Verhandlung (§ 101 Abs 1 VwGO) darstellt. Die **Zulassung der Berufung** wegen grundsätzlicher Bedeutung (§ 124 Abs 2 Nr 3 VwGO) durch den konsentierten Einzelrichter begegnet hingegen keinen Bedenken (Seibert NVwZ 2004, 821, 823; anders VGH Mannheim NVwZ 2004, 893).

Möchte der „konsentierte Einzelrichter" **ohne mündliche Verhandlung** entscheiden, 18 so bedarf er dazu des Einverständnisses der Beteiligten nach § 101 Abs 2 VwGO.

III. Form der Ermächtigung

Das Einverständnis als Prozesshandlung **schriftlich**, zur Niederschrift des Urkundsbeam- 19 ten der Geschäftsstelle (§ 81 VwGO) oder in der mündlichen Verhandlung zu Protokoll zu erklären. Es muss spätestens **bei Schluss der mündlichen Verhandlung**, ohne eine solche vor Absetzung der Entscheidung durch die Geschäftsstelle vorliegen.

Erforderlich ist das Einverständnis **sämtlicher Beteiligter** (§ 63 VwGO). 20

IV. Widerruf der Ermächtigung

Als Prozesshandlung ist das Einverständnis **bedingungsfeindlich** und **unwiderruflich** 21 (BVerwG NVwZ-RR 1997, 259). Bei einer **wesentlichen Änderung der Prozesslage**, die objektiv vorliegt und nicht nur von den Parteien subjektiv empfunden wird (BGHZ 105, 270, 275 zu § 128 Abs 2 S 1 ZPO; Geiger BayVBl 2004, 417, 420) soll es jedoch ausnahmsweise **widerruflich** sein (vgl § 128 Abs 2 S 1 ZPO). Als Widerrufsgrund reicht es insbes **nicht** aus, dass der konsentierte Einzelrichter eine von der bisherigen Auffassung der Kammer abweichenden Rechtsauffassung vertritt. Auch ein Wechsel in der Zuständigkeit des Kollegialorgans oder des konsentierten Einzelrichters durch eine Änderung des Geschäftsverteilungsplanes berechtigt **nicht** zum Widerruf (BVerwG Buchholz 310 § 87a VwGO Nr. 1; Eyermann/Geiger VwGO § 87a Rn 15; aA B/F-K/K/Kuntze VwGO § 87a Rn 18) und stellt keinen Verstoß gegen das Gebot des gesetzlichen Richters (Art 101 Abs 1 S 2 GG) dar (Kopp/Schenke VwGO § 4 Rn 23; S/S-A/P/Stelkens VwGO § 4 Rn 23).

D. Rechtsmittel

22   Die Entscheidungen des vorbereitenden Richters treten **vollständig** an die Stelle der Entscheidung des zuvor zuständigen Kollegialgerichts (Kopp/Schenke VwGO § 87a Rn 12). Ihnen kommt **dieselbe Wirkung** wie Kollegialentscheidungen zu, gegen sie sind daher auch **dieselben Rechtsbehelfe** zulässig (Eyermann/Geiger VwGO § 87a Rn 13; Kopp/Schenke VwGO § 87a Rn 12).

23   Ist gegen eine Entscheidung des Berichterstatters **Beschwerde** eingelegt, so entscheidet (nur) dieser über eine **Abhilfe** (OVG Münster Beschl v 4.3.2005, 22 E 958/04 zur PKH).

§ 87b [Fristsetzung, Fristversäumnis]

(1) [1]**Der Vorsitzende oder der Berichterstatter kann dem Kläger eine Frist setzen zur Angabe der Tatsachen, durch deren Berücksichtigung oder Nichtberücksichtigung im Verwaltungsverfahren er sich beschwert fühlt.** [2]**Die Fristsetzung nach Satz 1 kann mit der Fristsetzung nach § 82 Abs. 2 Satz 2 verbunden werden.**

(2) Der Vorsitzende oder der Berichterstatter kann einem Beteiligten unter Fristsetzung aufgeben, zu bestimmten Vorgängen

1. Tatsachen anzugeben oder Beweismittel zu bezeichnen,

2. Urkunden oder andere bewegliche Sachen vorzulegen sowie elektronische Dokumente zu übermitteln, soweit der Beteiligte dazu verpflichtet ist.

(3) [1]**Das Gericht kann Erklärungen und Beweismittel, die erst nach Ablauf einer nach den Absätzen 1 und 2 gesetzten Frist vorgebracht werden, zurückweisen und ohne weitere Ermittlungen entscheiden, wenn**

1. ihre Zulassung nach der freien Überzeugung des Gerichts die Erledigung des Rechtsstreits verzögern würde und

2. der Beteiligte die Verspätung nicht genügend entschuldigt und

3. der Beteiligte über die Folgen einer Fristversäumung belehrt worden ist.

[2]**Der Entschuldigungsgrund ist auf Verlangen des Gerichts glaubhaft zu machen.** [3]**Satz 1 gilt nicht, wenn es mit geringem Aufwand möglich ist, den Sachverhalt auch ohne Mitwirkung des Beteiligten zu ermitteln.**

Gem § 87b Abs 1 VwGO kann der Richter den **Kläger zur Ergänzung** (Rn 6) des klagebegründenden Vortrags auffordern. Nach Abs 2 werden sodann die übrigen Beteiligten (Rn 7) aufgefordert, ihren **prozessualen Mitwirkungspflichten** nachzukommen. Nach Ablauf der hierfür gesetzten Fristen kann das Gericht Vorgebrachtes zurückweisen (Rn 12).

§ 87b VwGO modifiziert den verwaltungsprozessualen **Untersuchungsgrundsatz** (§ 86 Abs 1 VwGO) aus Gründen der **Verfahrensbeschleunigung**. Dies ist nicht unproblematisch, da die vom Amtsermittlungsgrundsatz bestimmte gerichtliche Aufklärungspflicht (Rn 12)eine „Waffengleichheit" von Bürger und Staat erst herstellt (Marx, Untersuchungsmaxime, 1985, 10 ff). Auch aus der Fürsorgepflicht des Vorsitzenden (§ 86 Abs 3 VwGO) ist abzuleiten, dass Präklusionsvorschriften in der Verwaltungsprozessordnung eine andere Bedeutung zukommt als etwa im Zivilprozess (vgl § 296 Abs 1 ZPO). § 87b VwGO sanktioniert als prozessuale Präklusionsvorschrift die Verletzung von Mitwirkungspflichten der Beteiligten bei der Sachverhaltsermittlung, er tritt damit neben materielle Präklusionsvorschriften (etwa § 76 Abs 4u 6 AsylVfG, § 10 Abs 3 BImSchG, § 17 Abs 4 FStrG, § 61 Abs 3 BNatSchG).

Übersicht

A. Anwendungsbereich

I. Prozessualer Anwendungsbereich

§ 87b VwGO gilt in **allen Klageverfahren,** auch für die Berufung (§ 125 Abs 1 VwGO, **1**
vgl aber § 128a VwGO einschließlich des vereinfachten Berufungsverfahrens nach § 130a
VwGO (vgl BVerwG NVwZ 2000, 1042, 1043), für die Revision (§ 141 S 1 VwGO) und
für das **Beschwerdeverfahren** (Kopp/Schenke VwGO § 87b Rn 2). In **selbstständigen
Antragsverfahren** nach § 80 Abs 5 VwGO, § 80a Abs 3 VwGO und § 123 VwGO gilt
§ 87b **nicht** (S/S-A/P/Ortloff VwGO § 87b Rn 18; aA Kopp/Schenke VwGO
§ 87b Rn 2), da eine analoge Anwendung von Präklusionsvorschriften grundsätzlich unzulässig ist (vgl BVerfG NJW 1985, 1149), um das Ziel materiell richtiger Gerichtsschei-
dungen (BVerfG NJW 1981, 271) nicht zu weitgehend in Frage zu stellen. In der Sache wird
sich die fehlende Mitwirkung eines Beteiligten an der Sachverhaltsaufklärung auch im
(diesbezüglich) summarischen Verfahren zu seinen Lasten auswirken. Gleiches gilt für das
Normenkontrollverfahren, hierfür spricht zudem dessen objektive Verfahrensrichtung.

Auf die Regelungen des § 87b VwGO **verweisen** zahlreiche Vorschriften, etwa § 74 **2**
Abs 2 S 2 AsylVfG, § 20 Abs 3 AEG, § 17 Abs 6b S 2 FStrG oder § 29 Abs 7 S 2 PBefG.
Richterliche Fristen können auf Antrag verlängert werden (§ 57 Abs 2 VwGO iVm § 224
Abs 2 Hs 1 ZPO).

II. Personaler Anwendungsbereich

Fristsetzungen nach den Abs 1 und 2 können vom **Vorsitzenden oder** dem **Bericht- 3
erstatter** vorgenommen werden. Eine Eingrenzung auf einen gesetzlichen Richter ist nicht
erforderlich, da es sich um bloß **vorbereitende** richterliche Verfügungen, nicht aber um
Entscheidungen handelt. Ob diese Fristsetzungen mit **Präklusionsfolgen** verbunden werden, befindet wegen der Tragweite dieser Entscheidung das **Gericht** (Abs 3; vgl aber § 6
VwGO und § 87a Abs 2 VwGO, S/S-A/P/Ortloff VwGO § 87b Rn 35).

III. Zeitlicher Anwendungsbereich

Die rechtmäßig angeordnete Präklusion **wirkt in allen Instanzen fort** (für die Beru- **4**
fungsinstanz § 128a Abs 2 VwGO, aber auch Abs 1 S 1). Ein erst im Zulassungsantrag
vorgebrachter neuer Sachvortrag, der nach § 124 Abs 2 Nr 1 VwGO ernste Zweifel an der
Richtigkeit des Urteils entstehen lässt, muss jedenfalls dann berücksichtigt werden, wenn das
erstinstanzliche Gericht weiteren Sachvortrag unter Verstoß gegen § 87b VwGO ausgeschlossen hat (OVG Münster DVBl 2000, 1476).

B. Fristsetzungen in § 87b Abs 1 und 2 VwGO

Sinnvoller Weise werden Anordnungen nach § 87b VwGO (mit Fristsetzung und Be- **5**
lehrung) mit der **Ladung** zur mündlichen Verhandlung (§ 102 Abs 1 VwGO) **verbunden.**
So lässt sich auch das Problem erst **unmittelbar vorm Termin eingehender Schriftsätze**
in den Griff bekommen (so auch B/F-K/K/Kuntze VwGO § 87b Rn 5). Bei den Angaben,
auf welche § 87b VwGO abzielt, handelt es sich regelmäßig um solche aus der **persönlichen
oder dienstlichen Sphäre** der Beteiligten (B/F-K/K/Kuntze VwGO § 87b Rn 15), wel-

che diese unschwer abgeben könnten, aber nicht abgeben wollen, weil sie sie als nachteilig einstufen.

I. § 87b Abs 1 S 1 VwGO

6   § 87b Abs 1 S 1 VwGO ermöglicht eine **Fristsetzung** zur Angabe von **Tatsachen**, durch deren Berücksichtigung oder Nichtberücksichtigung im Verwaltungsverfahren er sich beschwert fühlt. Eine solche Fristsetzung kann **nur** gegenüber dem **Kläger** erfolgen. In der Sache handelt es sich dabei um eine Ergänzung des Klagevorbringens nach § 82 Abs 2 VwGO (zum Umfang vgl BFH NVwZ 1995, 1855). Es können dabei auch Tatsachen berücksichtigt werden, die erst **nach Beendigung des Verwaltungsverfahrens** entstanden beziehungsweise bekannt geworden sind (VGH Kassel DVBl 1997, 668 f).

II. § 87b Abs 2 VwGO

7   § 87b Abs 2 VwGO gestattet gegenüber **allen Beteiligten** (§ 63 VwGO) eine Fristsetzung hinsichtlich Tatsachen- bzw Beweismittelvortrag, zur Vorlage von Urkunden oder anderen beweglichen Sachen sowie zur Übermittlung elektronischer Dokumente. § 87b Abs 2 Nr 2 VwGO schafft dabei **keinen** eigenen Herausgabeanspruch (vgl etwa § 99 Abs 1 VwGO, § 98 VwGO iVm § 421 ZPO).

III. Angemessenheit der Frist

8   Die richterliche Frist muss so bemessen sein, dass die Erfüllung der Auflagen **möglich** und **zumutbar** ist (BVerwG Buchholz § 130a VwGO VwGO Nr 34).

IV. Formelle Voraussetzungen

9   Der Gegenstand der Mitwirkungspflicht muss, bezogen auf den jeweiligen Einzelfall (BVerwGE 51, 188), **konkret** abgefasst, inhaltlich **bestimmt** und **verständlich** sein (BFH NJW 1995, 2511), andernfalls scheidet eine Präklusion aus (BVerwGE 51, 188). Eine **allgemeine Aufforderung**, die Klage zu begründen, **genügt nicht**. Andererseits muss das Gericht Anhaltspunkte dafür haben, dass der Beteiligte seinen Mitwirkungspflichten bislang nicht genügte (**keine formularmäßige Fristsetzung**, vgl auch B/F-K/K/Kuntze VwGO § 87b Rn 8).

10   Die Fristsetzung muss zudem eine **Belehrung** über die Folgen der Fristversäumung enthalten (§ 87b Abs 3 Nr 3 VwGO); eine bloße Verweisung auf § 87b Abs 3 VwGO ohne Wiederholung seines **Wortlautes** genügt dabei nicht, da selbst bei anwaltlicher Vertretung eine Verwechslung mit nicht präkludierenden Fristsetzungen (§ 82 Abs 2 S 1 VwGO, § 87 Abs 1 S 2 Nr 2 VwGO; § 67 Abs 3 S 2 VwGO) droht. Die gesetzte Frist kann **verlängert** werden (§ 57 Abs 2 VwGO iVm § 224 Abs 2 ZPO).

11   Die Fristsetzung wird vom Vorsitzenden oder dem Berichterstatter verfügt, **unterzeichnet** (bloße Paraphe genügt nicht, BVerwG Buchholz 310 § 87b VwGO Nr 1) und **zugestellt** (§ 56 VwGO; VGH Kassel NVwZ-RR 1998, 208).

C. Voraussetzungen einer Präklusion
I. Gerichtliche Pflicht zur Prozessförderung

12   § 87b Abs 3 VwGO erlaubt die **Zurückweisung** von verspätetem Vorbringen der Beteiligten. Ungeschriebene Voraussetzung jeder Präklusion ist, dass das Gericht selbst seiner **Verpflichtung zur Prozessförderung** durch geeignete prozessleitende Verfügungen nachgekommen ist (BVerfGE 51, 188, 192 zur ZPO). Eine Präklusion in einem nur ungenügend vorbereiteten Prozess auszusprechen wird als Verstoß gegen den Grundsatz des rechtlichen Gehörs (Art 103 GG) gewertet (BVerfG NJW 1992, 680 f; BVerfGE 81, 264, 272 zur ZPO).

13   Umgekehrt ist die rein vorsorglich Setzung von Präklusionsfristen, ohne dass überhaupt ein **Termin zur mündlichen Verhandlung** oder zur Beratung feststeht, unstatthaft (und nimmt der Fristversäumung jedenfalls die Kausalität für eine Verzögerung, so auch S/S-A/P/ Ortloff VwGO § 87b Rn 22).

Einer Präklusion vorausgesetzt ist ferner, dass der betroffene Beteiligte **ausreichend** 14 **Gelegenheit** hatte, sich zu allen aus seiner Sicht wichtigen Punkten zur Sache zu äußern, und schließlich, dass er dies aus **von ihm selbst zu vertretenden** Gründen versäumt hat (BVerfG NJW 1985, 1150).

II. Zuständigkeit zur Präklusionsentscheidung

Zuständig ist das **Gericht** in seiner jeweiligen Besetzung (§ 5 Abs 3 VwGO, § 6, § 87a 15 Abs 2 VwGO), das auch die Sachentscheidung trifft. Eine **Zurückweisung** erfolgt im Rahmen der **Sachentscheidung,** einer besonderen Zwischenentscheidung steht der Beschleunigungszweck der Präklusionsfrist entgegen.

III. Verspätung des Vortrages

Verspätet ist ein Vorbringen, das nach Ablauf der **Frist** (§ 57 VwGO) bei Gericht 16 eingeht.

IV. Verzögerung

Ob eine Verzögerung vorliegt, ist nach objektiven Gesichtspunkten zu beurteilen. Eine 17 nur **unerhebliche** Verzögerung scheidet aus. Das BVerwG (BVerwG NVwZ-RR 1998, 592, 593; vgl auch S/S-A/P/Ortloff VwGO § 87b Rn 38) verwendet für die Beurteilung der Verzögerung den sog „**absoluten Verzögerungsbegriff**" (nach BGHZ 86, 31, 34; kritisch dazu mit guten Gründen Redeker/v Oertzen/Kothe VwGO § 87b Rn 10) an. Maßgebend ist danach, „ob der Prozess bei Zulassung des verspäteten Vorbringens **länger dauern würde als bei dessen Zurückweisung**". Unerheblich ist demgegenüber, ob der Rechtsstreit bei rechtzeitigem Vorbringen eventuell ebenso lange gedauert hätte (sog „hypothetischer Verzögerungsbegriff"), es sei denn, dies wäre **offenkundig** (BVerfGE 75, 302, 316; NJW 1995, 1417).

Spät vorgebrachte **rechtliche Erwägungen**, die keine weitere Aufklärung in tatsäch- 18 licher Hinsicht erfordern, werden **nicht** als Verzögerung berücksichtigt. (BVerwG LKV 2000, 211). Trägt der Beteiligte **unvollständig** vor, so ist jedenfalls dieser Vortrag zu berücksichtigen. Notwendig ist immer eine einzelfallbezogene Betrachtung (OVG Koblenz NuR 2003, 441, 445 zum Gebot des fairen Verfahrens).

Keine Verzögerung liegt vor, wenn der Rechtsstreit schon **aus anderen Gründen nicht** 19 **entscheidungsreif** ist (vgl BGH NJW 1991, 1214).

V. Keine Entschuldigungsgründe

§ 87b Abs 3 S 1 Nr 2 VwGO ist **lex specialis** zum allgemeinen **Wiedereinsetzungs-** 20 **tatbestand** des § 60 VwGO und stellt an eine präklusionsausschließende Entschuldigung deutlich **geringere** Anforderungen als dieser. Liegt daher ein Wiedereinsetzungsgrund vor, so ist erst recht die Präklusion ausgeschlossen (BVerwG NVwZ 2000, 1042, 1043; Eyermann/Geiger VwGO § 87b Rn 10; Kopp/Schenke VwGO § 87b Rn 12). Auf dieser Grundlage hat das Gericht Maßstäbe zu entwickeln, wann von einer vorwerfbaren Verspätung (BVerfG NJW 1992, 678) auszugehen ist (vgl BVerwG NVwZ 1994, 371, 373).

Eine genügende Entschuldigung liegt auch dann vor, wenn die gerichtliche Aufforderung 21 **zu unbestimmt** war (vgl BVerfG NJW 1991, 2276).

Die in § 87b Abs 3 VwGO eingeräumte Möglichkeit, verspätetes Vorbringen zu ent- 22 schuldigen, hindert das Gericht nicht daran, **unmittelbar nach Ablauf** der gesetzten Frist eine **Entscheidung** zu treffen. Genügend entschuldigtes verspätetes Vorbringen muss allerdings auch **im Nachhinein** rechtliches Gehör (Art 103 Abs 1 GG) finden (BVerwG Beschl. v. 20.2.1998 – 9 B 101/98).

Nach § 87b Abs 3 S 2 VwGO ist der Entschuldigungsgrund (nur) **auf Verlangen** des 23 Gerichts **glaubhaft zu machen**.

VI. Ausschluss der Präklusion

24   Eine Präklusion findet nicht statt, wenn der Sachverhalt auch **ohne Mitwirkung** der Beteiligten für das Gericht **mit geringem Aufwand** ermittelbar ist (§ 87b Abs 3 S 3 VwGO). Dieser Rechtsgedanke lässt sich auf die Vorlage von Urkunden oder beweglichen Sachen (§ 82 Abs 2 Nr 2 VwGO) übertragen. Ein nur geringer Aufwand kommt bei gerichtlichen Ermittlungen wohl nur in Betracht, wenn das Gericht über eigene effektive Ermittlungsmöglichkeiten, etwa behördliche Auskünfte, verfügt.

25   Die Zurückweisung von verspätetem Vorbringen der Beteiligten wäre ermessensfehlerhaft, wenn sich die Präklusion zum **Nachteil** eines **nicht säumigen Beteiligten** auswirkt, etwa bei verspäteter amtlicher Auskunft.

26   Nicht zurückgewiesen werden kann eine **bloße Vertiefung und Präzisierung** vorherigen Vortrags (BVerwG Bucholz 407.4 § 17 Nr 99).

VII. Ermessen

27   Die Zurückweisung und Entscheidung ohne weitere Ermittlungen steht im **Ermessen** des Gerichts. Dabei sind die **Folgen** der Präklusion für den Beteiligten **nicht** zu berücksichtigen (so aber Eyermann/Geiger VwGO § 87b Rn 13), da sonst der Vorschrift jede Relevanz entzogen und das Beschleunigungsziel verfehlt wird.

28   Dieses Ermessen ist hinsichtlich der nach freier Überzeugung vorzunehmenden Würdigung des Gerichts, dass bei Zulassung eine Verzögerung eintritt, **nur eingeschränkt überprüfbar** (Redeker/v Oertzen/Kothe VwGO § 87b Rn 13: Willkürverbot). Bedenklich stimmt jedoch die **Praxis** der Gerichte, grundsätzlich eine solche Verzögerung anzunehmen (Beispiele aus dem Planungsrecht zu § 17 Abs 6b FStrG: VGH Mannheim NVwZ-RR 2000, 471, 472; § 5 Abs 3 VerkPBG: BVerwG NVwZ-RR 1998, 592, 594; für ein intendiertes Ermessen im Sinne einer Sollvorschrift S/S-A/P/Ortloff VwGO § 87b Rn 44). Auf die richterliche **Begründungsleistung** ist daher besonderes Augenmerk zu legen (BVerfG NJW 1990, 566; BVerwG NVwZ 2000, 1042, 1043; VGH Kassel AuAS 2005, 273, 276; zur Präklusion wegen Verstoßes gegen Treu und Glauben OVG Münster NVwZ 1995, 396).

D. Rechtsmittel

29   Anordnungen nach § 87b VwGO sind **nicht selbständig** mit der Beschwerde **angreifbar** (§ 146 Abs 2 VwGO). Ein fehlerhafter Ausschluss des Vortrags kann nur mit dem gegen die **Hauptsacheentscheidung** zulässigen Rechtsmitteln geltend gemacht werden (BVerwG NVwZ 2000, 1042, 1043).

30   **Unterbleibt** die Zurückweisung unentschuldigt verspäteten Vorbringens eines anderen Beteiligten, so gibt dies **keine Beschwerdebefugnis** für die anderen Beteiligten an (kein Drittschutz durch § 87b Abs 3 VwGO, BVerwG NuR 2003, 524, 525). Für das Berufungsverfahren gilt § 128a VwGO.

§ 88 [Bindung an Klagebegehren]

Das Gericht darf über das Klagebegehren nicht hinausgehen, ist aber an die Fassung der Anträge nicht gebunden.

§ 88 VwGO verbietet dem Gericht mehr oder andersartiges zuzusprechen, als begehrt wurde (ne ultra petita; Rn 10). Dies setzt die Ermittlung des eigentlichen Klagebegehrens (Rn 6) mittels Auslegung der Anträge und des Vortrags voraus. § 88 VwGO stellt daher eine Verknüpfung von Dispositions- und Untersuchungsgrundsatzes her. Dabei darf das Gericht einen Antrag nicht nach eigenem Gutdünken umformen, sondern muss vorrangig durch richterlichen Hinweis (Rn 9) auf das Stellen sachdienlicher Anträge (§ 86 Abs 3 VwGO) hinwirken. Erst danach fordert § 88 VwGO zur Auslegung (Rn 11) bzw Umdeutung (so BVerwG NJW 1962, 1076) auf.

A. Anwendungsbereich

§ 88 VwGO findet **in allen Instanzen** (Berufung § 125 Abs 1 VwGO, Revision § 141 **1** S 1 VwGO, Beschwerde § 150 iVm § 122 VwGO; vgl auch § 129 VwGO) und **Verfahrensarten** (Beschlussverfahren § 122 VwGO, vor allem in solchen des **vorläufigen Rechtsschutzes**, vgl Kopp/Schenke VwGO § 88 Rn 2; abweichend im Normenkontrollverfahren vgl § 47 Abs 6 VwGO und BVerwGE 82, 225, 234; NVwZ 1992, 567). Die Rechtsprechung bejaht seine Anwendung auch auf verfahrensinterne Anträge (BVerwG Buchholz 310 § 88 VwGO Nr. 16; anders für Beweisanträge Eyermann/Rennert VwGO § 88 Rn 5) sowie auf vorbereitende Schriftsätze (OVG Münster NVwZ-RR 1994, 423).

§ 88 VwGO gilt auch für disponierende Prozesshandlungen **anderer Beteiligter** (Auf- **2** rechnung, Anerkenntnis, Verzicht; für Prozesshandlungen Beigeladener vgl BVerwG NVwZ 2008, 916 f).

Im Bereich der **Rechtsmittelanträge** folgt aus § 88 VwGO das Verbot der **reformatio 3 in peius** des alleinigen Rechtsmittelführers (OVG Koblenz NVwZ-RR 2004, 723 für Verpflichtungsklagen; zur reformatio in peius im Lichte des europäischen Gemeinschaftsrechts vgl Lindner DVBl 2009, 224 ff).

Die Bindung an das Klagebegehren findet ihren Niederschlag in der entsprechenden **4 Urteilsformel**. Hinsichtlich der Urteilsgründe ist das Gericht allerdings frei, soweit es sich nicht auf Tatsachenfeststellungen stützt, die außerhalb des Klagebegehrens liegen (BVerwG Buchholz 310 § 88 VwGO Nr 22).

Keine Anwendung findet § 88 VwGO auf **von Amts wegen** zu treffende Entscheidun- **5** gen (Kosten, vorläufige Vollstreckbarkeit, Streitwertfestsetzung, vgl Kopp/Schenke VwGO § 88 Rn 8).

B. Ermittlung des Klagebegehrens
I. Grundsätze

Mit der Klage bringt der Kläger zum Ausdruck, was er von wem weswegen begehrt. Das **6** Gericht hat zunächst die Aufgabe, dieses in Antrag und im gesamten Klägervorbringen zum Ausdruck kommende **Rechtsschutzziel** (Klagebegehren) zu ermitteln (BVerwG Buchholz 402.242 § 60 Abs 1 AufenthG Nr 3). Entscheidend ist dabei das materielle Rechtsschutzbegehren und **nicht der Wortlaut** der Anträge (OVG Weimar NVwZ 2000 Beilage I, 69), auch **nicht** das nach Auffassung des **Gerichts** ‚sinnvoller Weise anzustrebende' (VGH Mannheim NJW 1982, 2460) oder dasjenige, was der Beteiligte aus Sicht des Gerichts „wollen sollte" (BVerwG Buchholz 310 § 88 VwGO Nr. 17; NVwZ 2007, 1311). Die Grenze der Auslegung ist überschritten, wenn das Gericht das Vorbringen nicht mehr so nimmt, wie es gemeint ist, sondern danach auslegt, was man vernünftigerweise wollen kann (OVG Lüneburg BeckRS 2007 22796).

Die Konkretisierung des Klagebegehrens kann bis zum Zeitpunkt der letzten mündlichen Verhandlung erfolgen.

Grundsätzlich sollen **strengere Maßstäbe** hinsichtlich der Konkretisierungspflicht von **7** durch **Rechtsanwälte** vertretenen Beteiligten als von nicht vertretenen Beteiligten anzuwenden sein (BVerfG NVwZ 1992, 259; NJW 1991, 508, 510). Dem ist **nicht** zu folgen (so jetzt auch BVerfG NVwZ 2008, 417 f für die Ermittlung des Rechtsschutzziels): Zwar sollte ein anwaltlich vertretener Beteiligter keiner gerichtlichen Fürsorge bedürfen, ein schlecht Beratener ist jedoch ebenso auf richterliche Fürsorge angewiesen wie nicht vertretener. Ihn in dieser Situation auf die Verschuldenszurechnung des § 85 Abs 2 ZPO oder sein mögliches Auswahlverschulden zu verweisen, missachtet die **unbedingte** Fürsorgeverpflichtung des Gerichts aus § 86 Abs 3 (so auch S/S-A/P/Ortloff VwGO § 88 Rn 6).

Kann der Kläger sein **Begehren** dem Gericht nicht deutlich machen und bleibt dieses **8** auch nach Berücksichtigung des Vortrags der übrigen Beteiligten und des Inhalts beigezogener Verwaltungs- und Gerichtsakten **offen**, so ist die Klage – nach nochmaliger gerichtlicher Aufforderung mit Fristsetzung – als **unzulässig** abzuweisen (S/S-A/P/Ortloff VwGO § 88 Rn 4). Zuvor ist zu prüfen, ob dem Kläger ein Beistand zu bestellen ist (§ 67 Abs 2 S 2), ggf ist die Frage der Prozessfähigkeit des Klägers zu prüfen.

II. Antragsauslegung angesichts des ermittelten Klagebegehrens

9   Gelingt die sachdienliche Abfassung des Antrages nicht und weicht der gestellte Antrag weiter vom erkennbaren Klagebegehren ab, so ist das Gericht an die **wörtliche Fassung** des Antrags **nicht gebunden** (vgl § 133 BGB). Es besteht jedoch keine Legitimation des Richters, die „Wesensgrenzen der Auslegung zu überschreiten" und seine Auffassung von einem ‚richtigen' Antrag an die Stelle des erklärten Parteiwillens zu setzen (BVerfGE 54, 1, 8; BVerwG Buchholz 310 § 88 VwGO Nr 17; NVwZ 1998, 1297). Die Auslegung der Anträge findet ihre **Grenze** im ermittelten Klagebegehren (S/S-A/P/Ortloff VwGO § 88 Rn 10), vorrangig hat das Gericht allerdings auf das Stellen **sachdienlicher Anträge hinzuwirken** (§ 86 Abs 3 VwGO).

10   § 88 VwGO ist Ausdruck des **Dispositionsgrundsatzes** und begrenzt zugleich den Verfahrensstoff (Beschleunigungsmaxime). Die Regel des ‚ne ultra petita' entfaltet dabei auch **Schutzfunktion für den Beklagten**, der sich auf eine über den Antrag hinausgehende Verurteilung nicht einstellen muss (vgl OVG Münster BauR 1995, 829).

11   Hat der Kläger nur Anfechtungsantrag gestellt hat, so darf das Gericht nicht auch auf Verpflichtung der Behörde zum Erlass eines anders lautenden Verwaltungsaktes erkennen (BVerwG DÖV 1966, 427; anders bei Klagenhäufung BVerwG Buchholz 310 § 88 VwGO Nr. 3). Ist der Bescheid **zugleich begünstigend und belastend**, so ist bei einem teilbaren Verwaltungsakt nur von einem Teilaufhebungsbegehren auszugehen.

12   Das Gericht ist allerdings gehalten, die Klage so auszulegen, dass sie gegen den **„richtigen Beklagten"** zielt (OVG Münster NVwZ-RR 1991, 508; VGH München NVwZ-RR 1990, 99). Das Verwaltungsgericht verletzt allerdings die Dispositionsbefugnis des Klägers, wenn es einen Berechtigten feststellt, der es nach dem Willen des Klägers nicht sein soll. Auch bei unzutreffender Rechtsauffassung des Beteiligten bei der Abfassung des Klageantrags ist das Verwaltungsgericht gehindert, über das ausdrücklich Gewollte hinauszugehen (BVerwG LKV 2009, 132).

13   Stets hat das Gericht zu prüfen, ob das Klagebegehren nicht in Gestalt einer **anderen Rechtschutzform**, etwa als Feststellungs- oder Leistungsklage zulässig ist (BVerwGE 19, 19; 60, 144, 149). So soll etwa ein **Feststellungsantrag als Anfechtungsantrag** verstanden werden, wenn der Beklagte zwischenzeitlich einen Verwaltungsakt erlassen hat (BVerwGE 30, 46, 51). Auch wurde ein **Leistungs-** in einen **Verpflichtungsantrag** umgedeutet (BVerwG NJW 1989, 3168), sogar ein als **Widerspruch** bezeichneter Schriftsatz als **Klage** behandelt (BVerwG NJW 1991, 510). **Nicht** möglich sei die Umdeutung eines **Anfechtungsantrags** in einen **Normenkontrollantrag**, da grundsätzlich unterschiedliche Rechtschutzziele verfolgt würden (VGH München DÖV 1982, 163 f.; aA Braun, BayVBl 1983, 577, 581). Unproblematisch ist hingegen die Umdeutung eines Antrags nach **§ 80 Abs 5** in einen solchen nach **§ 123 VwGO** (Kopp/Schenke VwGO § 88 Rn 3) oder eines Antrags auf „Anordnung der aufschiebenden Wirkung" in einen Antrag auf „Wiederherstellung der aufschiebenden Wirkung" (OVG Weimar NVwZ 2003, Beilage 11, 90 ff.). Auch soll die Umdeutung einer **Beschwerde** (§ 146 VwGO) in eine **Berufung** (§ 124 VwGO) möglich sein (VGH Mannheim NJW 1982, 2460).

14   Entsprechend wertet das BVerfG es als Verletzung des **Gebots effektiven Rechtsschutzes**, wenn ein Gericht den Antrag auf Aussetzung einer belastenden Maßnahme fehlerhaft als Antrag auf Erlass einer einstweiligen Anordnung deutet (BVerfG NJW 1994, 717).

15   Je nach Rechtsmaterie unterstellen die Gerichts unterschiedliche **Interessenlagen**: So ist etwa davon auszugehen, dass es typischer Weise dem Interesse eines **Asylsuchenden** entspricht, sein Rechtschutzbegehren umfassend zu verstehen (BVerwG NVwZ 1997, 1132 ff; NVwZ 2003, 356, 357). Auch nimmt der BFH an, dass hinter der Teilanfechtung eines **Abgabenbescheides** immer auch der Wille steht, im Falle der Rechtswidrigkeit des Bescheides gar nichts zahlen zu wollen (BFHE 146, 196).

III. Auslegungsergebnis und Streitgegenstandsbestimmung

16   Der im Lichte des Klagebegehrens ausgelegte Antrag bestimmt zusammen mit dem tatsächlichen Lebenssachverhalt, aus dem der Kläger sein Begehren herleitet (Klagegrund), den **Streitgegenstand** des Rechtsstreits (Eyermann/Rennert VwGO § 88 Rn 7). Daraus

leiten sich ua die Zugehörigkeit einer Streitigkeit zum öffentlichen Recht (§ 40 VwGO); die sachliche und örtliche Zuständigkeit des erkennenden Gerichts (§ 45 VwGO ff), die Klageart und die Notwendigkeit der Beiladung (§ 65 VwGO) ab, gleichzeitig bestimmen sich danach Rechtshängigkeit und Rechtskraft (§ 90, § 121 VwGO). Divergierende Auffassungen zum Streitgegenstand (vgl nur Detterbeck, Streitgegenstand, 1995, 18; Bettermann, DVBl 1953, 163) sind **in der Praxis** weitgehend **ohne Widerhall** geblieben.

Relevant sind lediglich folgende Aspekte: 17

– das Verbot einer **wiederholenden Verfügung**, das der vor Gericht unterlegenen Behörde bei unveränderter Sach- und Rechtslage den Erlass eines inhaltsgleichen Verwaltungsakts untersagt. Bei geänderter Sach- oder Rechtslage steht der Behörde ein Wiederaufgreifen des Verfahrens (§ 51 VwVfG) offen (BVerwG NJW 1985, 280).

– die Einbeziehung von **Erst- und Widerspruchsbescheid** in die Anfechtungsklage, es sei denn, aus Antrag oder Begründung ergeben sich Anhaltspunkte für eine mögliche **isolierte** Anfechtung einer selbstständigen Beschwer.

C. Rechtsmittel

Die Frage, ob das Gericht bei der Auslegung des Klagebegehrens gegen § 88 VwGO 18 verstieß, unterliegt in **vollem Umfang** und **von Amts wegen** der Überprüfung des **Rechtsmittelgerichts** (BVerwG Buchholz 310 § 88 VwGO Nr 3, 14, 18; NVwZ 1993, 62).

Bleibt eine Entscheidung versehentlich **hinter dem Begehrten zurück**, so liegt **kein** – 19 ergänzbares (§ 120 VwGO) – **Teilurteil** (§ 110 VwGO), sondern ein fehlerhaftes Vollendurteil vor (BVerwGE 95, 273).

Mit dem Verstoß gegen § 88 VwGO kann auch ein Verstoß gegen den Anspruch auf 20 **rechtliches Gehör** (BVerwG Buchholz 310 § 88 VwGO Nr 7) bzw gegen den Anspruch auf **effektiven Rechtsschutz** aus Art 19 Abs 4 GG einhergehen (BVerfG NJW 1994, 717; DVBl 1999, 1204 ff), etwa bei Versäumen des gerichtlichen Hinwirkens auf das Stellen sachdienlicher Anträge.

§ 89 [Widerklage]

(1) ¹Bei dem Gericht der Klage kann eine Widerklage erhoben werden, wenn der Gegenanspruch mit dem in der Klage geltend gemachten Anspruch oder mit den gegen ihn vorgebrachten Verteidigungsmitteln zusammenhängt. ²Dies gilt nicht, wenn in den Fällen des § 52 Nr. 1 für die Klage wegen des Gegenanspruchs ein anderes Gericht zuständig ist.

(2) Bei Anfechtungs- und Verpflichtungsklagen ist die Widerklage ausgeschlossen.

§ 89 VwGO normiert die Voraussetzungen, unter denen der Beklagte einer Klage (Rn 4), ohne Rücksicht auf die Vorschriften über die örtliche Zuständigkeit (Rn 13), eine Widerklage erheben (Rn 7) kann. Die Vorschrift besitzt geringe praktische Bedeutung und weist nur in Randbereichen kleinere Auslegungsschwierigkeiten auf.

A. Allgemein

Die Widerklage ermöglicht dem Beklagten, innerhalb eines laufenden Verfahrens ohne 1 gesonderten Prozess, ggf. unter Durchbrechung der Vorschriften über die örtliche Zuständigkeit, einen Streitgegenstand anhängig zu machen. Die Widerklage ist eine **eigene Klage**. § 89 VwGO dient der Verfahrensökonomie (Verfahrensvereinfachung, Beschleunigung und Kosteneinsparung), der Entlastung der Gerichtsbarkeit und der Befriedung der Parteien. Normzweck ist die verfahrensökonomische Klärung der Streitigkeiten in den Beziehungen der Beteiligten unter Dispens der Regeln über die örtliche Zuständigkeit. § 89 VwGO ist an § 33 ZPO angelehnt und entspricht § 100 SGG.

B. Die Voraussetzungen der Widerklage nach § 89 VwGO

I. Überblick

2   § 89 VwGO ist als **Zulässigkeitsnorm** ausgestaltet (BT-Drs III/55, 41; Wolff/Decker/ Decker VwGO § 89 VwGO Rn 1). Sie normiert für die Zulässigkeit der Widerklage fünf Voraussetzungen: Es muss eine Klage anhängig sein und eine Widerklage erhoben werden, zwischen beiden muss ein Zusammenhang bestehen (§ 89 Abs 1 S 1 VwGO), die Widerklage darf nicht gegen den dinglichen Gerichtsstand verstoßen und die Klage darf keine Anfechtungs- oder Verpflichtungsklage iSv § 89 Abs 2 VwGO sein.

3   Neben den Voraussetzungen der Widerklage sind für die erste Instanz darüber hinaus nicht auch noch die Voraussetzungen einer Klageänderung zu prüfen (Eyermann/Rennert VwGO § 89 Rn 2; aA OVG Lüneburg NJW 1984, 2652, 2653; Kopp/Schenke VwGO § 89 Rn 1a).

II. Anhängigkeit der Klage

4   Die Widerklage kann erhoben werden, solange die Hauptklage **anhängig** ist. Nach Beendigung des Verfahrens in der Hauptsache kann sie nicht mehr erhoben werden. Bei übereinstimmender Erledigungserklärung ist für den Zeitpunkt der Beendigung die übereinstimmende Erklärung der Beteiligten und nicht der anschließende (Kosten-)Beschluss des Gerichts entscheidend (Kopp/Schenke VwGO § 89 Rn 4). Beim Urteil ist auf den Zeitpunkt des Urteilserlasses und nicht auf den Schluss der mündlichen Verhandlung abzustellen (modifizierend – Kopp/Schenke VwGO § 89 Rn 4). Der Lauf der Rechtsmittelfrist allein genügt nicht. Für die Widerklage gelten die gleichen Fristen wie für deren isolierte Erhebung. Die Fristen der Klage, gegen die Widerklage erhoben wird, gelten dagegen nicht (OLG München DVBl 1982, 360 – Ls).

5   Die Erhebung der Widerklage ist nur in **derselben Verfahrensart** möglich. Darüber hinaus kann sie nur dann erhoben werden, wenn der Prozesszweck der Hauptklage dem Zweck des § 89 VwGO nicht widerspricht. Sie ist deshalb gegenüber Normenkontrollanträgen (§ 47 VwGO) und bei einstweiligen Rechtsschutzverfahren (§ 80 Abs 5 und § 123 VwGO) unzulässig (VGH Kassel DVBl 1992, 780, 782; Eyermann/Rennert VwGO § 89 Rn 3 und 9).

6   In der **Berufungsinstanz** ist die Widerklage möglich (Umkehrschluss aus § 125 Abs 1 S 2 VwGO), bedarf aber gemäß 533 ZPO iVm § 173 VwGO der Zulassung durch das Gericht oder der Einwilligung des Gegners (Eyermann/Rennert VwGO § 89 Rn 10; Sodan/Ziekow/Schmid VwGO § 89 Rn 2). In der **Revisionsinstanz** ist die Widerklage wegen § 142 Abs 1 VwGO analog dann unzulässig, wenn sie zur Einführung eines neuen Sachverhalts in der Revisionsinstanz führen würde (Sodan/Ziekow/Schmid VwGO § 89 Rn 3; sa zu Ausnahmefällen BVerwGE 44, 351, 361 = NJW 1974, 1207; BVerwGE 116, 175 = NVwZ 2002, 1239, 1242).

III. Erhebung der Widerklage

7   Bei der Widerklage muss es sich um einen **selbständigen Gegenanspruch** des Beklagten handeln. Eine Widerklage gegen eine Widerklage ist möglich. Der Anspruch darf sich nicht in der Verneinung des Klagebegehrens erschöpfen. § 89 Abs 1 S 1 VwGO enthält eine Ausnahmevorschrift über die örtliche Zuständigkeit. Diese muss bezogen auf die Widerklage (mit Ausnahme des § 52 Nr 1 VwGO) nicht eingehalten werden. Das ergibt sich aus dem Normtext von § 89 Abs 1 S 1 VwGO („bei dem Gericht") und aus dem Umkehrschluss aus § 89 Abs 1 S 2 VwGO. Die sonstigen Prozessvoraussetzungen müssen bei der Widerklage erfüllt sein. So ist etwa die Widerklage mit einem rechtswegfremden Anspruch nicht zulässig.

8   Die Widerklage kann wie die Klage gem § 81 VwGO erhoben und auch gem § 173 VwGO iVm § 261 Abs 2 ZPO in der mündlichen Verhandlung zu Protokoll erklärt werden. Die Widerklage kann auch unter der Bedingung des Nichtobsiegens in der Hauptsache erhoben werden (S/S/B/Ortloff/Riese VwGO § 89 Rn 14).

9   Der Normtext beschränkt die Widerklage nicht personell. Dennoch liegt es vom Normsinn her nahe, sie auf den **Beklagten zu beschränken** und nicht auf sonstige Beteiligte, wie

Beigeladene, zu erstrecken (VGH Kassel DVBl 1992, 780, 782; Kopp/Schenke VwGO § 89 Rn 1; aA Eyermann/Rennert VwGO § 89 Rn 4). Die Widerklage muss gegen den Kläger gerichtet sein. Nicht am Verfahren beteiligte Dritte können nur ausnahmsweise zusätzlich einbezogen werden (Kopp/Schenke VwGO § 89 Rn 1), insbes wenn der Kläger nur mit ihnen gemeinsam passivlegitimiert ist. Die örtliche Zuständigkeit des Gerichts muss in Bezug auf den Dritten allerdings in diesem Fall vorliegen.

IV. Sachzusammenhang

Zwischen Klage und Widerklage muss eine **Konnexität** bestehen. Das Erfordernis der **10** Konnexität soll den Kläger schützen. Der Zusammenhang kann sich entweder auf den mit der Klage geltend gemachten Anspruch oder auf ein Verteidigungsmittel, das gegen diesen vorgebracht wurde, beziehen (Sodan/Ziekow/Schmid VwGO § 89 Rn 8). Der Begriff „Anspruch" ist iSd Klagebegehrens in § 88 VwGO zu verstehen. Streitig ist, ob ein rechtlicher Zusammenhang zu verlangen ist oder ob auch ein tatsächlicher, wirtschaftlicher Zusammenhang wie bei § 44 VwGO genügt. Überwiegend geht man insoweit von einer Parallelität zu § 44 VwGO (Eyermann/Rennert VwGO § 89 Rn 8) bzw. unnötig etwas strenger von der Notwendigkeit eines zumindest unmittelbaren wirtschaftlichen Zusammenhangs aus (Sodan/Ziekow/Schmid VwGO § 89 Rn 11; wohl auch Kopp/Schenke VwGO § 89 Rn 5).

V. Beachtung des dinglichen Gerichtsstands – § 89 Abs 1 S 1 VwGO

Gem § 89 Abs 1 S 2 VwGO ist eine Widerklage unzulässig, falls für sie ein **ausschließ- 11 licher Gerichtsstand** gegeben ist.

VI. Ausschluss für Anfechtungs- und Verpflichtungsklagen – Absatz 2

§ 89 Abs. 2 schließt bei Anfechtungs- und Verpflichtungsklagen die Widerklage aus. Der **12** Normtext ist unscharf, da er offen lässt, ob sich der Ausschluss auf die Klage oder die Widerklage bezieht. Der Gesetzgeber wollte, dass die Behörde im **Subordinationsverhält- nis** durch Verwaltungsakt – und nicht mittels Widerklage – tätig wird (BT-Drs III/55, 41). Die Behörde ist insoweit nicht auf die Widerklage angewiesen. Daraus folgt, dass es auf die Klage und nicht auf die Widerklage ankommt. Der Normtext wird auf diesen Gesetzeswillen reduziert. Daher gilt der Ausschluss von § 89 Abs 2 VwGO **entgegen dem weitergehen- den Normtext** nur dann, wenn im konkreten Fall ein Subordinationsverhältnis besteht, in dem der Widerkläger für den Anspruch, der im Wege der Widerklage geltend gemacht wird, zum Erlass eines Verwaltungsakts ermächtigt wäre (BVerwGE 116, 175 = BVerwG NVwZ 2002, 1239, 1242; OVG Lüneburg NJW 1984, 2652; sa BVerwGE 50, 137, 140; zu einem Bund-Land-Verhältnis (Widerklage zulässig)). Glücklich ist diese Regelung nicht.

C. Rechtsfolge

Liegen die Voraussetzungen des § 89 VwGO vor, ist der mit der Widerklage erhobene **13** Anspruch ebenso wie die Klage **rechtshängig**. Zuständig ist der gleiche Spruchkörper. Das Gericht kann die Widerklage abtrennen, der Gerichtsstand bleibt aber erhalten (Eyermann/ Rennert VwGO § 89 Rn 13). Die Rechtshängigkeit der Widerklage bleibt auch dann erhalten, wenn die Rechtshängigkeit der Klage entfällt. Aufgrund der Einhaltung der Voraussetzungen des § 89 VwGO wird das Gericht der Klage für die Widerklage nur in örtlicher Hinsicht zuständig, nicht in sachlicher.

Eine Widerklage, die die Voraussetzungen des § 89 VwGO nicht erfüllt, muss das Gericht **14** entweder **abtrennen** oder bei fehlender Zuständigkeit gem § 83 VwGO an das zuständige Gericht **verweisen**, sofern davon auszugehen ist, dass der Widerklageantrag auch eine selbständige Klageerhebung trägt. Eine bedingte Widerklage (für den Fall der Begründetheit der Klage) wäre in dieser Fallkonstellation allerdings abzuweisen. Ist die Widerklage ohne die erforderlichen Voraussetzungen in einer höheren Instanz erhoben worden oder in der Verfahrensart unstatthaft, ist sie als unzulässig abzuweisen. Eine rügelose Einlassung bei fehlender

Konnexität der Widerklage gem § 173 VwGO iVm § 295 Abs. 2 ZPO ist nicht möglich
(Sodan/Ziekow/Schmid VwGO § 89 Rn 12).

§ 90 [Rechtshängigkeit]

(1) Durch Erhebung der Klage wird die Streitsache rechtshängig.

(2) (weggefallen)

(3) (weggefallen)

Die Norm regelt den Eintritt (Rn 4) der Rechtshängigkeit. Die bis 1990 in § 90 Abs. 2
und Abs. 3 a. F. geregelten Folgen der Rechtshängigkeit sind nicht mehr in der VwGO
normiert, sondern in §§ 17 GVG ff. Mit der Rechtshängigkeit kann der Streitgegenstand
nicht mehr bei einem anderen Gericht rechtshängig (Rn 16) gemacht werden, tatsächliche
und rechtliche Veränderungen (Rn 17) wirken sich nicht mehr auf die Zulässigkeit des
Rechtswegs und die Zuständigkeit des Gerichts aus und eventuelle Prozesszinsen (Rn 18)
beginnen zu laufen. Für den Streitgegenstand gilt der zweigliedrige Streitgegenstandsbegriff
(Rn 9).

Übersicht

A. Allgemein

1   § 90 Abs 1 VwGO regelt die **Voraussetzungen** der **Rechtshängigkeit**. Rechtshängigkeit begründet die sog prozessuale Verstrickung des eingeklagten Anspruchs. Mit Rechtshängigkeit ist das Schweben eines Streits über denselben prozessualen Anspruch gemeint.

2   Absatz 1 ist seit Erlass der VwGO unverändert. Abs 2 enthielt die Regelung des heutigen
§ 17 Abs 1 S 2 GVG und Absatz 3 die des heutigen § 17 Abs 1 S 1 GVG. Die Wirkungen
der Rechtshängigkeit sind zum Zwecke der Vereinheitlichung der Prozessordnungen in
§§ 17 bis 17b GVG geregelt, auf die § 83 S 1 VwGO bzw § 173 S 1 VwGO verweist. § 90
Abs 2 und 3 VwGO wurden daher durch Art 1 Nr 19 des Gesetzes vom 17.12.1990 (BGBl I
2809) mit Wirkung vom 1.1.1991 aufgehoben.

B. Rechtshängigkeit

I. Klageverfahren

3   § 90 Abs 1 VwGO spricht selbst von „Klage". Analog anwendbar ist er auf die Normenkontrolle (§ 47 VwGO), auf selbstständige Antragsverfahren (zB §§ 80 Abs 5, 80a Abs 3,
123 VwGO) und auf Wehrbeschwerdeverfahren (BVerwGE 46, 83; S/S/B/Ortloff/Riese
VwGO § 90 Rn 23 f).

II. Anhängigkeit

Durch die Erhebung der Klage wird die Streitsache rechtshängig. Die Klageerhebung liegt **4** dabei in einer formgerechten (vgl §§ 81, 82 VwGO) Erhebung der Klage. Anders als im Zivilprozess (vgl § 253 Abs 1 ZPO) bedarf es zur „Erhebung" der Klage nicht einer Zustellung an den Beklagten. Die Rechtshängigkeit tritt auch ein, wenn die Klage den **Beklagten** noch **nicht benennt** (VG Freiburg, NVwZ 1985, 444). Bei einer eventuellen Klagehäufung wird auch der Hilfsantrag sofort rechtshängig, kann aber ggf rückwirkend entfallen, sofern die Bedingung nicht eintritt.

Wird die Klage beim **unzuständigen Gericht** eingereicht, tritt die Rechtshängigkeit **5** nach umstrittener, aber zutreffender Ansicht dennoch mit dieser Anhängigkeit ein (ebenso Sodan/Ziekow/Schmid VwGO § 90 Rn 3; aA OVG Koblenz, NJW 1981, 1005; offen BVerwG DVBl 1993, 562). Dies gilt allerdings dann nicht, wenn es auf diese Weise zu einer Umgehung des § 253 Abs 1 ZPO kommen würde (was Folgen für evtl im Zivilprozess bestehende Fristregelungen haben könnte- vglb OVG Koblenz, NVwZ-RR 1996, 181, 182). Nach anderer Ansicht soll in diesen Fällen erst mit Verweisung an das zuständige Gericht die Rechtshängigkeit eintreten.

Nutzt der Absender eines Klageschriftsatzes das angerufene Gericht lediglich als Bote und bittet **5.1** um Weiterleitung an das zuständige Gericht, fehlt es an einer wirksamen Klageerhebung (OVG Koblenz NJW 2009, 2615). Dagegen wirkt die im Verfahren vor dem Verwaltungsgericht eingetretene Rechtshängigkeit eines Scheidungsantrags auch nach der Verweisung der Sache an das Amtsgericht fort (OLG Schleswig Beschl. v 24.7.2008 – 12 WF 8/08).

Speziell zur **Klageänderung** gilt Folgendes: Bei einer Klageänderung wird der neue **6** Streitgegenstand nicht schon mit der Prozesserklärung rechtshängig (§ 173 VwGO iVm 261 Abs 2 ZPO), sondern erst mit Einwilligung des Beklagten bzw. Erklärung der Sachdienlichkeit durch das Gericht, sofern diese erforderlich ist (Kopp/Schenke VwGO § 91 Rn 29). Eine Rückwirkung der Rechtshängigkeit eines durch Klageänderung eingeführten oder erweiterten Streitgegenstandes bei der objektiven Klageänderung auf den Zeitpunkt der Klageerhebung wird abgelehnt (S/S/B/Ortloff/Riese VwGO § 91 Rn 83; Sodan/Ziekow/ Schmid VwGO § 90 Rn 5). Bei der subjektiven Klageänderung (Änderung der Beteiligten) gilt nach der Rechtsprechung etwas anderes: Wenn der Beklagte nach Ablauf der Klagefrist (§ 74 VwGO) ausgewechselt wird, soll die bereits eingetretene Rechtshängigkeit auch für das geänderte Prozessrechtsverhältnis gelten, zumindest sofern der angefochtene belastende oder erstrebte begünstigende Verwaltungsakt schon mit der Erhebung der Klage eindeutig bezeichnet worden ist (BVerwG DVBl 1993, 562).

III. Ende der Rechtshängigkeit

Die Rechtshängigkeit endet erst mit dem **rechtskräftigen Abschluss** des Verfahrens, sei **7** es durch ein formell rechtskräftiges Urteil, durch Rücknahme des Rechtsbehelfs, durch Rücknahme der Klage (rückwirkend), durch übereinstimmende Erledigungserklärungen der Hauptsache durch die Parteien (§ 161 VwGO) oder durch den Abschluss eines unwiderruflichen Prozessvergleichs (§ 106 VwGO); bei widerruflichem Prozessvergleich mit ungenutztem Ablauf der Widerrufsfrist.

Bei der Klageänderung, die einen Streitgegenstand **auswechselt** oder mit der ein Betei- **8** ligter **ausgetauscht** wird, endet die Rechtshängigkeit des alten Streitgegenstands mit Wirksamwerden der Klageänderung. Die einseitige Erledigungserklärung soll allerdings als „privilegierte" Klageänderung(serklärung) nicht die Rechtshängigkeit des ursprünglichen Klagebegehrens beenden (BVerwG NVwZ 1999, 404 f.; aA Kopp/Schenke VwGO Anh § 90 Rn 4). Wird der ursprüngliche Klageantrag dagegen nur eingeschränkt, soll dies an dem ursprünglichem Umfang der Rechtshängigkeit nichts ändern (VG München Urt v 15.1.2009 – M 24 K 08.2936).

IV. Umfang der Rechtshängigkeit – Streitgegenstandsbegriff

1. Zweigliedriger Streitgegenstandsbegriff

9   Unter „Streitsache" ist der „**Streitgegenstand**" zu verstehen. Der „Streitgegenstand" wiederum ist identisch mit dem **prozessualen Anspruch**. Der prozessuale Anspruch wird einerseits durch den Klagantrag, dh durch die erstrebte Rechtsfolge (Klageanspruch), die ggf im Wege der gerichtlichen Auslegung zu bestimmen ist (§ 88 VwGO), und andererseits durch den konkreten Sachverhalt, auf dem der Streit beruht (Klagegrund), gebildet (zweigliedriger Streitgegenstandsbegriff – BVerwGE 96, 24, 25 f. = NVwZ 1994, 115). Lässt sich ein Begehren rechtlich auf mehrere Anspruchsgrundlagen stützen, so liegt gleichwohl nur ein einheitlicher Streitgegenstand vor. Nur für den Fall, dass der gleiche materielle Anspruch verschiedenen Rechtswegen zugewiesen wird (wie etwa der Amtshaftungsanspruch nach Art 34 S 3 GG und ein vertraglicher Schadensersatzanspruch aus öffentlich-rechtlichem Vertrag), geht man ausnahmsweise davon aus, dass die beiden getrennten materiellen Ansprüche zugleich verschiedene Streitgegenstände bilden (Kopp/Schenke VwGO Anh § 90 Rn 13). Personell wird der Streitgegenstand durch die Hauptbeteiligten bzw deren Rechtsnachfolger bestimmt (Kopp/Schenke VwGO Anh § 90 Rn 12).

2. Streitgegenstand der einzelnen Klagearten

10   Für den Begriff und die Abgrenzung des Streitgegenstandes ist wegen der Bedeutung des Antrages auch immer die **Rechtsschutzform** entscheidend, so dass bei verschiedenen Klagearten niemals die Identität des Streitgegenstandes vorliegt.

Bei der **Anfechtungsklage** (§ 42 Abs 1 Alt 1 VwGO) ist nach Auffassung der Rechtsprechung der Streitgegenstand die Behauptung des Klägers, der angefochtene Verwaltungsakt sei rechtswidrig und verletze ihn in seinen Rechten (BVerwGE 91, 256, 257 = NVwZ 1993, 672). Die Literatur ist dagegen überwiegend der Auffassung, dass als Streitgegenstand der materielle Anspruch des Klägers auf Aufhebung des angefochtenen Verwaltungsakts mitsamt der Feststellung der Verletzung des subjektiven Rechts angesehen werden müsse (Kopp/Schenke VwGO Anh § 90 Rn 8).

11   Bei der **Verpflichtungsklage** (§ 42 Abs 1 Alt 2 VwGO) ist der Streitgegenstand die Behauptung der subjektiven Rechtsverletzung des Klägers durch die Ablehnung oder Unterlassung des begehrten (beantragten) Verwaltungsakts trotz bestehenden Anspruchs auf Erlass bzw. auf pflichtgemäße Ermessensentscheidung (BVerwGE 108, 30, 34 f. = NVwZ 1999, 302). Die Rechtmäßigkeit des dem Prozess regelmäßig vorangehenden Versagungsbescheids zählt bei der Verpflichtungsklage streng genommen nicht zum Streitgegenstand.

12   Bei der **Leistungsklage** ist der Streitgegenstand der Anspruch des Klägers auf die näher bezeichnete Handlung, bei der **Unterlassungsklage** der Anspruch auf die näher bezeichnete Duldung oder Unterlassung durch den Beklagten. Bei der **allgemeinen Feststellungsklage** besteht der Streitgegenstand im Anspruch des Klägers auf Feststellung des Bestehens oder Nichtbestehens des Rechtsverhältnisses bzw auf Feststellung durch das Gericht, dass der Verwaltungsakt nichtig ist (Kopp/Schenke VwGO Anh § 90 Rn 11). Bei der **Fortsetzungsfeststellungsklage** stellt der Anspruch auf Feststellung, dass der erledigte Verwaltungsakt bzw seine Versagung oder Unterlassung den Kläger in seinen Rechten verletzt hat und der Verwaltungsakt ab Erledigung unwirksam ist, den Streitgegenstand dar (BVerwGE 105, 370 = NVwZ 2002, 853; Kopp/Schenke VwGO Anh § 90 Rn 8). Bei der **Normenkontrollklage** ist Streitgegenstand die Frage der Unwirksamkeit der bezeichneten Norm.

3. Rechtswegfremde materielle Ansprüche bei einheitlichem Streitgegenstand

13   Schließt der Streitgegenstand auch materielle Ansprüche ein, für die bei getrennter Erhebung der Verwaltungsrechtsweg nicht gegeben wäre, ist gem § 17 Abs 2 S 1 GVG iVm § 173 VwGO auch hinsichtlich des **rechtswegfremden Teils** mit zu entscheiden (BVerwG NJW 1994, 2500). Dies gilt nicht, wenn für den Anspruch eine verfassungsrechtliche Rechtswegzuweisung besteht (zB Art 14 Abs 3 S 4 GG, Art 34 S 3 GG).

4. Speziell – Aufrechnung

Ob die Geltendmachung einer **Aufrechnung** im Prozess zur Rechtshängigkeit der 14
Forderung führt, mit der aufgerechnet wird, ist umstritten (ausf Kopp/Schenke VwGO § 40
Rn 45). Die Entscheidung über die Forderung, mit der aufgerechnet wird, erwächst in
Rechtskraft (§ 173 VwGO iVm § 322 Abs 2 ZPO). Ob das Gericht über eine umstrittene
rechtswegfremde Forderung entscheiden darf, mit der aufgerechnet wird, hängt davon ab, ob
§ 17 Abs 2 S 1 GVG eingreift. Dies wird teilweise angenommen (VGH Kassel NJW 1995,
1107). Teilweise wird dies mit der Begründung abgelehnt, die Aufrechnung sei nur ein
Abwehrrecht, dessen Geltendmachung nicht zur Rechtshängigkeit der aufgerechneten Forderung führt. § 17 Abs 2 S 1 GVG greife daher nicht (BVerwG NJW 1999, 160, 161), dies
gilt insbes dann, wenn der Rechtsweg von Art 14 Abs 3 S 4 GG und Art 34 S 3 GG
vorgegeben wird (vgl § 17 Abs 2 S 2 GVG). Zulässig ist die Aufrechnung demgegenüber auf
jeden Fall, wenn die rechtswegfremde Forderung unbestritten und/oder rechtskräftig festgestellt ist, und zwar auch wenn Art 14 Abs 3 S 4 GG und Art 34 S 3 GG eingreifen
(BVerwG NJW 1999, 160, 161). Ist eine Entscheidung in der Sache über die Forderung, mit
der aufgerechnet wird, nicht möglich, bleibt dem Gericht die Möglichkeit, das Verfahren bis
zur Klärung der Frage, ob die Gegenforderung besteht, nach § 94 VwGO auszusetzen
(BVerwG NJW 1999, 160, 161), und ggf unter Fristsetzung zu verlangen, dass diese
Forderung anhängig gemacht wird (VGH München NVwZ-RR 2003, 542). Schließlich
kann das Gericht bei Spruchreife des Klagebegehrens hierüber durch Vorbehaltsurteil zu
entscheiden (§ 173 VwGO iVm § 302 ZPO – BVerwG NJW 1999, 160, 161).

C. Rechtsfolgen der Rechtshängigkeit

Mit dem Eintritt der Rechtshängigkeit sind folgende Rechtsfolgen verbunden, die grund- 15
sätzlich nur zwischen den Beteiligten wirken.

I. Unzulässigkeit anderweitiger An- und Rechtshängigkeit

Der Streitgegenstand kann **während der Rechtshängigkeit** von keinem Beteiligten bei 16
einem anderen Gericht der Verwaltungsgerichtsbarkeit, einer anderen Gerichtsbarkeit, auch
beim Wehrdienstgericht (BVerwGE 67, 223= NJW 1983, 2589 [konkret kein identischer
Streitgegenstand]), **nicht** dagegen auch beim Verfassungsgericht (BVerwGE 50, 129= NJW
1976, 1113), **erneut anhängig gemacht** werden (§ 173 VwGO iVm § 17 Abs 1 S 2 GVG
und/oder § 261 Abs 3 Nr 1 ZPO). Eine trotzdem erhobene Klage wäre unzulässig. Die
Unzulässigkeit ist von Amts wegen zu beachten (BVerwGE 43, 258). Die Klagesperre wirkt
auch für und gegen den Beigeladenen (Kopp/Schenke VwGO Anh § 90 Rn 15).

Wegen der Identität des Streitgegenstandes ist die Nichtigkeitsfeststellungsklage unzulässig, wenn 16.1
bereits eine Anfechtungsklage erhoben bzw. rechtskräftig zum Abschluss gebracht worden ist
(BVerwG Beschl. v 7.1.2013 – 8 B 57/12). Gleiches gilt wenn eine Untätigkeitsklage und später eine
Versagungsgegenklage wegen des gleichen Anspruchs (Anspruch auf Erteilung eines Vorbescheids)
erhoben wird (VG Gelsenkirchen Urt v 14.6.2012 – 5 K 4756/10).

II. „Perpetuatio fori"

Gem § 17 Abs 1 S 1 GVG (iVm § 173 S 1 bzw § 83 S 1 VwGO) berühren nach Rechts- 17
hängigkeit **eingetretene Veränderungen die Zulässigkeit** des beschrittenen Rechtsweges
und die gerichtliche Zuständigkeit (hinsichtlich der sachlichen und örtlichen Zuständigkeit)
nicht. Die Veränderungen können tatsächliche Umstände sein, wie etwa der Umzug des
Klägers nach Rechtshängigkeit. Veränderungen rechtlicher Natur sind z. B. Änderungen der
Gerichtszuständigkeiten. Die perpetuatio fori wirkt rechtswegerhaltend, allerdings nur, wenn
das Gericht keine Verweisung ausspricht (§ 17a Abs 2 GVG). Die Wirkung der perpetuatio
fori beschränkt sich nicht auf eine Instanz, sondern gilt auch gegenüber evtl sich später
anschließenden weiteren Instanzen.

III. Entstehung von Prozesszinsen

1. Prozesszinsen

18   Die Verzinsung des geltend gemachten Anspruchs richtet sich grundsätzlich nach spezialgesetzlichen Regelungen, sofern solche bestehen (§ 50 SGB X, § 49a VwVfG – vgl BVerwGE 71, 48 = NJW 1985, 2208). Ab Rechtshängigkeit können unter engen Voraussetzungen gem §§ 291, 288 Abs 1 S 2 BGB analog **Prozesszinsen** fällig werden (BVerwGE 58, 316, 326= NJW 1980, 852). Voraussetzung ist jedoch, dass der Anspruch unmittelbar auf eine Geldsumme gerichtet ist. Dieses Erfordernis nimmt die Rechtsprechung sehr ernst. Unproblematisch ist dies bei **Leistungsklagen**, die auf Zahlung einer fälligen Geldschuld gerichtet sind. Bei Anfechtungsklagen ist erforderlich, dass der VA sich unmittelbar auf eine bezifferte Geldsumme bezieht.

18.1   Es reicht nicht aus, wenn sich der VA bei der Anfechtungsklage auf eine Forderung bezieht, deren Voraussetzung die Existenz oder Nichtexistenz des VA ist (BVerwGE 51, 287, 290), wie beispielsweise beim Folgenbeseitigungsanspruch oder öffentlich-rechtlichen Bereicherungsanspruch (BVerwG NJW 1994, 3116). Umgekehrt soll der Staat, der (Schadensersatz-) Forderungen mit Leistungsbescheid durchsetzt, bei der (erfolglosen) Anfechtungsklage des Bürgers keinen Anspruch auf Prozesszinsen haben (BVerwG NVwZ 1988, 440).

19   Bei **Verpflichtungsklagen** entstehen danach Prozesszinsen nur, wenn der Erlass eines die Zahlung unmittelbar auslösenden Verwaltungsaktes eingeklagt wird. Darüber hinaus muss der Anspruch der Höhe nach unmittelbar beziffert sein oder sich rechnerisch unzweifelhaft ermitteln lassen (BVerwGE 51, 287, 291). „Bescheidungsklagen" iSv § 113 Abs 5 S 2 VwGO genügen diesen Voraussetzungen in der Regel nicht (Sodan/Ziekow/Schmid VwGO § 90 Rn 14). Bei **Feststellungsklagen** ist die Lage offen, da das BVerwG die Annahme, bei der Feststellungsklage seien Prozesszinsen grundsätzlich ausgeschlossen, aufgegeben hat. Danach sind Prozesszinsen jedenfalls in Fällen möglich, in denen die Feststellungsklage als eine der Leistungsklage gleichwertige Rechtsschutzform anerkannt ist und es um den Rechtsgrund für einen der Höhe nach bestimmten Erstattungsanspruch geht (BVerwGE 114, 61=NVwZ 2001, 1057).

20   Die Zinspflicht beginnt mit Rechtshängigkeit und nicht mit dem Beginn eines evtl voraus liegenden Widerspruchsverfahrens (aA Kopp/Schenke VwGO § 90 Rn 23). Die Zinspflicht endet mit Zahlung der Forderung (Wolff, DÖV 1998, 872, 873; aA BVerwGE 38, 49, 50 f.: Ende des Prozesses). Für die Zinshöhe gilt § 288 Abs 1 S 2 BGB und nicht § 288 Abs 2 BGB (differenzierender Sodan/Ziekow/Schmid VwGO § 90 Rn 16).

2. Verzugszinsen

21   Während die Rechtsprechung § 291 BGB analog für **Verzugszinsen** anwendet, lehnt sie die Analogie von § 288 Abs 1 BGB für Verzugszinsen ab, ua wegen eines Umkehrschlusses aus § 233 S 1 AO (BVerwGE 80, 334= NVwZ 1989, 870; BVerwGE 81, 3120 = NVwZ 1989, 876). Einleuchtend ist dies nicht (ausführlich Wolff, DÖV 1998, 872), aber dennoch ständige Rechtsprechung. Verzugszinsen gibt es danach nur bei einer speziellen gesetzlichen Grundlage, wie insbes bei vertraglichen Verhältnissen nach § 62 S 2 VwVfG iVm § 288 Abs 1 BGB).

IV. Unterbrechung der Verjährung

22   Die Rechtshängigkeit hemmt schließlich die Verjährung, sofern diese gegen den Bürger läuft, analog § 204 Abs 1 Nr 1, § 209 BGB. Die Verjährung gegen die öffentliche Hand wird bereits durch den Erlass eines Leistungsbescheids gehemmt, vgl § 53 VwVfG (ausführlich Guckelberger, Die Verjährung im öffentlichen Recht, 2004, 392 ff.).

V. Mittelbare Folgen

1. Allgemein

23   Nach Eintritt der Rechtshängigkeit können Beiladungen (§ 65 VwGO) erfolgen und der Beklagte hat die Möglichkeit, Widerklage (§ 89 VwGO) zu erheben.

2. Streitbefangene Sache

Die Rechtshängigkeit hat grundsätzlich keine Auswirkungen auf die Verfügungsbefugnis **24** des Klägers über die streitbefangene Sache (§ 173 S 1 VwGO iVm § 265 Abs 2 S 1 ZPO (BVerwG NJW 1993, 79 baurechtliche Nachbarklage). **Streitbefangen** ist eine Sache dann, wenn auf der rechtlichen Beziehung zu ihr die Sachbefugnis des Beteiligten beruht (OVG Münster NJW 1981, 598).

Veräußert der Verfügungsberechtigte die streitbefangene Sache, wirkt sich dies nicht auf **25** das Prozessrechtsverhältnis aus. Der Veräußerer bleibt Beteiligter, er führt den Prozess im eigenen Namen in gesetzlicher Prozessstandschaft weiter (Kopp/Schenke VwGO Anh § 90 Rn 2). Er scheidet aber ausnahmsweise dann aus, wenn die Zustimmung des Gegners vorliegt (§ 173 S 1 VwGO iVm 265 Abs 2 S 2 ZPO) oder wenn es um die Veräußerung eines streitbefangenen Grundstückes geht (§ 173 S 1 VwGO iVm § 266 Abs 1 S 1 ZPO).

> **Beispiel:** Die Abtretung eines Miterbenanteils, bei dem fast ausschließlich ein Grundstück zur **25.1** Erbmasse gehört, kann der Veräußerung eines streitbefangenen Grundstücks gleichgesetzt werden (OVG Münster NWVBl 1992, 139). Ob das betroffene Grundstück dagegen bei einer Anfechtungsklage gegen einen Planfeststellungsbeschluss streitbefangen ist, ist streitig (für Streitbefangenheit VGH Mannheim NuR 1999, 281; aA OVG Münster NWVBl 1992, 139). Vor dem Wechsel der Beteiligten ist eine notwendige Beiladung des jetzigen Rechtsinhabers nicht erforderlich (BVerwG NJW 1993, 79).

§ 91 [Klageänderung]

(1) Eine Änderung der Klage ist zulässig, wenn die übrigen Beteiligten einwilligen oder das Gericht die Änderung für sachdienlich hält.

(2) Die Einwilligung des Beklagten in die Änderung der Klage ist anzunehmen, wenn er sich, ohne ihr zu widersprechen, in einem Schriftsatz oder in einer mündlichen Verhandlung auf die geänderte Klage eingelassen hat.

(3) Die Entscheidung, daß eine Änderung der Klage nicht vorliegt oder zuzulassen sei, ist nicht selbständig anfechtbar.

§ 91 VwGO will dem Kläger gestatten, seine Klage zu ändern (Rn 12), sofern der Beklagte damit einverstanden ist (Rn 23) oder dies aus prozessökonomischen Gründen (Rn 26) sinnvoll erscheint. Die Probleme bei der Anwendung dieser Norm liegen vor allem in der Abgrenzung zu den Fällen der Änderung der Klage, die noch nicht die Schwelle einer Klageänderung erreicht haben, sondern entweder rechtlich (Rn 9) oder tatsächlich (Rn 13) noch als Berichtigung oder Klarstellung anzusehen sind. Eine Änderung auf Seiten der Beteiligten (Rn 19; Beteiligtenwechsel oder nachträgliche Häufung) wird im Verwaltungsprozessrecht ebenfalls als eine Klageänderung bewertet.

Übersicht

A. Allgemein

I. Ratio und Entstehungsgeschichte

1   Bei der Klageänderung geht es um die **Vermeidung neuer Prozesse** (und Verfahrensabschnitte wie Beweisaufnahmen, die durch ihre Nichtzulassung im anhängigen Rechtsstreit „verursacht" werden). Die Vorschrift erlaubt aus Gründen der **Verfahrensökonomie** gewisse Umstellungen des Streitgegenstandes. Gleichzeitig will sie die übrigen Prozessbeteiligten vor einer willkürlichen Veränderung des Streitgegenstandes schützen (OVG Münster NVwZ-RR 1996, 623). Zum Wesen der Klageänderung gehört es dabei, dass das Prozessrechtsverhältnis in der geänderten Form fortgesetzt wird (VGH München NVwZ-RR 1999, 695). Die Regelung des § 91 VwGO ist seit Erlass der VwGO nahezu unverändert. Sie lehnt sich an § 263 ZPO an.

II. Verhältnis zu anderen Bestimmungen

2   In einer Klageänderung kann zugleich eine Klagerücknahme oder eine Klagehäufung liegen, so dass jeweils das Verhältnis von § 91 VwGO zu § 92 VwGO und § 44 VwGO zu klären ist.

1. Verhältnis zu § 92 VwGO

3   Bei der **Klageänderung und** der **Klagerücknahme** sind grundsätzlich unterschiedliche Interessenabwägungen betroffen und die VwGO normiert deren jeweilige Voraussetzungen nicht vollständig deckungsgleich. Zum Wesen der Klageänderung gehört es, dass das Prozessverhältnis in geänderter Form fortgesetzt wird. Die Anwendung der Erledigungsvorschriften oder Rücknahmevorschriften ist daneben grundsätzlich nicht notwendig oder möglich (VGH München NVwZ-RR 1999, 695). Grundsätzlich sind die Institute der Klageänderung und der Klagerücknahme getrennt zu behandeln. Nimmt der Kläger daher von mehreren Streitgegenständen einen zurück, greift insoweit § 92 VwGO und nicht § 91 VwGO. Wird in diesem Fall aber zugleich ein Hilfsantrag zum Hauptantrag gemacht, weil der Hauptantrag zurückgenommen wird, ist darüber hinaus noch § 91 VwGO zu prüfen (VGH München BayVBl 1979, 187; Eyermann/Rennert VwGO § 91 Rn 6). Bei einer Klagebeschränkung, bei der wegen VwGO § 264 Nr 2 ZPO iVm § 173 die Voraussetzungen des § 91 VwGO nicht zu prüfen sind, ist nach der Rechtsprechung § 92 VwGO heranziehbar, sofern eine (teilweise) Klagerücknahme vorliegt. Dagegen greift § 91 VwGO und nicht § 92 VwGO, wenn der Streitgegenstand verändert bzw. teilweise ersetzt wird, nicht aber zurückgenommen wird (VGH München NVwZ-RR 1991, 277). Das Ausscheiden eines Beteiligten gilt als Veränderung und nicht als Rücknahme. Eine parallele Anwendung von § 91 VwGO und § 92 VwGO oder eine Analogie zu § 92 VwGO wird vereinzelt für spezielle Konstellationen angenommen, ist aber abzulehnen. Eine sachgerechte Handhabung des Kriteriums der Sachdienlichkeit genügt. Dennoch kann die Situation einer objektiven Klageänderung der einer Teilrücknahme so stark ähneln, dass gegebenenfalls zum Schutz des Beklagten die Sachdienlichkeitserklärung des Gerichts nicht ausreichen kann, sondern die Zustimmung des Beklagten erforderlich ist (VGH Mannheim DÖV 1976, 976 f; Eyermann/Rennert VwGO § 91 Rn 6; Kopp/Schenke VwGO § 91 Rn 26).

4   Im Falle einer **subjektiven Klageänderung** in der Form des Klägerwechsels liegt eine Klagerücknahme des ausscheidenden Klägers gegenüber dem (im Prozess bleibenden) Beklagten vor. Dennoch sind nach der Rechtsprechung nur die Voraussetzungen des § 91 VwGO und nicht des § 92 VwGO einzuhalten (wichtig hinsichtlich der Zustimmung des

Beklagten; BVerwG NVwZ 2002, 80; BVerwG NVwZ-RR 2001, 406; kritisch Sodan/Ziekow/Schmid VwGO § 91 Rn 25).

2. Verhältnis zu § 44 VwGO

Wird im Wege der Klageänderung ein weiterer Streitgegenstand hinzugenommen, liegt **5** darin zugleich eine **Klagehäufung**. Diese nachträgliche objektive Klagehäufung ist kumulativ an § 44 VwGO und an § 91 VwGO zu messen (BVerwGE 109, 74, 78 = NVwZ 1999, 1105; aA Eyermann/Rennert VwGO § 91 Rn 4 – § 44 VwGO sei vorrangig evtl in Kombination mit § 91 VwGO analog).

B. Anwendbarkeit des § 91 VwGO

Dem § 91 VwGO gehen spezielle Vorschriften vor. **6**

I. § 113 Abs 1 S 4 VwGO

Nicht an § 91 VwGO zu messen ist der Übergang von einer Anfechtungsklage zu einer **7** **Fortsetzungsfeststellungsklage** gem § 113 Abs 1 S 4 VwGO. Dies gilt allerdings nur dann, wenn der Streitgegenstand der Fortsetzungsfeststellungsklage von dem bisherigen Antrag umfasst war (BVerwGE 109, 74, 78 = NVwZ 1999, 1105; BVerwGE 89, 354 = NVwZ 1992, 563; BVerwGE 129, 27 = NJW 2007, 2790).

§ 113 Abs 1 S 4 VwGO gestattet nicht die Einführung eines Streitgegenstandes, der notwendi- **7.1** gerweise andere tatsächliche oder rechtliche Erwägungen erfordert als der bisherige (BVerwG NJW 1988, 926; BVerwG Buchholz 310 § 113 VwGO Nr 74). Das ist zB der Fall, wenn für die ursprüngliche Klage die Sach- und Rechtslage zum Zeitpunkt der letzten mündlichen Verhandlung und für die Fortsetzungsfeststellungsklage dagegen die letzte Behördenentscheidung maßgeblich ist (BVerwGE 89, 354= NVwZ 1992, 563).

Ergänzungen von Ermessenserwägungen, die sich im Rahmen des seit 1.1.1997 geltenden **8** § 114 S 2 VwGO halten, werden nicht an den Voraussetzungen des § 91 VwGO gemessen (BVerwGE 106, 351=NVwZ 1999, 425, 428), ebenso nicht, wenn eine Heilung iSv § 45 Abs 2 VwVfG während des gerichtlichen Verfahrens vorgenommen und in den Prozess eingeführt wird. Strittig ist, was bei einer Änderung gilt, die auf einer gerichtlichen Umdeutung eines Verwaltungsakts im Rahmen von § 47 VwVfG beruht (Kopp/Schenke VwGO § 91 Rn 4).

II. § 264 ZPO iVm § 173 VwGO

Ergänzt wird § 91 VwGO durch den gem § 173 VwGO entsprechend heranzuziehenden **9** **§ 264 ZPO**. § 264 ZPO erklärt bestimmte Änderungen für zulässig, ohne dass die Voraussetzungen des § 91 VwGO erfüllt sein müssen. Wenn sich die Veränderung des klägerischen Vorbringens im Rahmen des § 264 ZPO (§ 173 S 1 VwGO) bewegt, ist diese ohne Zustimmung der Beteiligten und ohne Sachdienlichkeitsentscheidung des Gerichts zulässig. § 264 ZPO ist dabei den verwaltungsprozessualen Besonderheiten anzupassen. Die Abgrenzung zu § 91 VwGO kann schwierig sein (ausführlich Kopp/Schenke VwGO § 91 Rn 8 ff.). Der Sache nach werden die betroffenen Änderungen durch § 264 ZPO von Gesetzes wegen als reine **Konkretisierung** des alten Streitgegenstandes fingiert und daher aus dem Anwendungsbereich des § 91 VwGO herausgenommen, auch wenn es sich streng genommen bei Nr 2 und Nr 3 teilweise um Änderungen des Streitgegenstandes handelt (Eyermann/Rennert VwGO § 91 Rn 12). Gemeinsam ist allen drei Varianten des § 264 ZPO, dass der der Klage zugrunde liegende Sachverhalt, der Klagegrund, im Wesentlichen unverändert ist.

Die Änderung der rechtlichen Begründung und die Ergänzung bzw. Berichtigung des **10** Tatsachenvortrags bei gleichem Antrag werden von § 173 S 1 VwGO iVm **§ 264 Nr 1 ZPO** erfasst und unter **§ 264 Nr 3 ZPO** fallen Umstellungen aufgrund nachträglich eingetretener außerprozessualer Umstände (s Rn 11.1).

§ 264 Nr 2 ZPO privilegiert Fälle, die streng genommen eine Klageänderung darstellen **11** (s Rn 11.1), wobei die Änderung sich demnach um ein „Mehr" oder „Weniger" des ursprünglichen Antrags handeln muss, nicht aber um ein aliud. Hilfsanträge werden nur von § 264 Nr 2 ZPO erfasst, wenn sie sich auf den gleichen Streitgegenstand wie der Hauptantrag beziehen (BVerwG NVwZ-RR 1988, 56). Neben § 264 Nr 2 ZPO iVm § 173 VwGO wendet das BVerwG allerdings § 92 Abs 1 VwGO an (BVerwG NVwZ 1998, 1070; Eyermann/Rennert VwGO § 91 Rn 13); weitere Einzelheiten s Rn 11.1 f.

11.1   Erfasst von § 264 Nr 2 ZPO iVm § 173 VwGO wird etwa der Übergang von der Leistungs- zur Feststellungsklage (BVerwG NJW 1983, 1990) oder von der Fortsetzungsfeststellungsklage zur allgemeinen Feststellungsklage (BVerwGE 59, 148; anders BVerwGE 109, 74=NVwZ 1999, 1105) oder von der Fortsetzungsfeststellungsklage zur Anfechtungsklage (BVerwGE 66, 75, 78= NJW 1983, 774).

11.2   Unter § 264 Nr 3 ZPO fallen etwa der Antrag auf Feststellung der Hauptsacheerledigung anstelle des ursprünglich erhobenen Anfechtungsantrags (BVerwGE 82, 41= NVwZ 1989, 862; BVerwG NVwZ 1999, 404) oder anstelle des ursprünglich erhobenen Verpflichtungsantrags (BVerwGE 114, 149 = NVwZ 2001, 1286) oder anstelle des ursprünglich erhobenen Normenkontrollantrags, (VGH Mannheim NVwZ-RR 1989, 443, 444). Hat der Kläger irrigerweise angenommen, der Verwaltungsakt sei erledigt und ein Fortsetzungsfeststellungsantrag erhoben und will dann zur Anfechtungs- oder Verpflichtungsklage übergehen, so kommt § 264 Nr 3 ZPO nicht in Betracht.

C. Vorliegen einer Klageänderung iSv § 91 VwGO

I. Überblick

12   Unter einer Klageänderung ist die **Änderung des Streitgegenstandes nach Rechtshängigkeit** der Klage (§ 90 VwGO) durch eine Erklärung des Klägers gegenüber dem Gericht zu verstehen. Dabei sind objektive Klageänderungen, bei denen der Klageantrag geändert wird, von subjektiven Klageänderungen, bei denen von oder gegen jemand anderen geklagt werden soll, zu unterscheiden. Bei objektiven Klageänderungen kann sich die Änderung des Streitgegenstandes auf das **Klagebegehren** oder den **Klagegrund** beziehen. Eine Veränderung des Klagegrundes liegt vor, wenn die Klage auf einen anderen tatsächlichen Lebenssachverhalt gestützt wird. Der veränderte Lebenssachverhalt kann dabei auch darin liegen, dass sich der maßgebliche Beurteilungszeitpunkt für die Tatsachenumstände ändert (BVerwGE 59, 148, 162 f. – Übergang von einem eine Anfechtungsklage fortsetzenden Feststellungsbegehren zu einem die Fortsetzung einer Verpflichtungsklage darstellenden Feststellungsbegehrens).

II. Abgrenzung zur Berichtigung

13   Eine Klageänderung liegt nur vor, wenn die Stellung eines Beteiligten oder der Streitgegenstand geändert wird. Eine **Konkretisierung** des Klagebegehrens (§ 88 Alt 2 VwGO) oder eine genauere **Bezeichnung** eines Beteiligten ist keine Klageänderung. Bloße Ergänzungen, Berichtigungen oder Einschränkungen des Sachvortrages sind keine Klageänderung. Dies ergibt sich schon aus § 173 VwGO iVm § 264 Nr 1 ZPO. Die Rechtsprechung privilegiert den Bürger bei der Bezeichnung des Beklagten.

13.1   So sieht sie eine Antragsänderung, die streng genommen als Parteiwechsel auf Beklagtenseite zu verstehen wäre, als „Berichtigung" an, vgl nur BVerfG (Kammer) NVwZ 1992, 259.

14   Keine subjektive Klageänderung liegt vor, wenn der Kläger den **Beklagten** erst nachträglich **erstmals richtig bezeichnet** und die Klage zunächst ohne Bezeichnung des Beklagten erhebt (§ 82 Abs 2, § 78 Abs 1 Nr 1 Hs 2 VwGO; Eyermann/Rennert VwGO § 91 Rn 23). Ebenso unschädlich ist eine irrtümliche Falschbezeichnung, wenn der später bezeichnete Beklagte von vornherein gemeint war (VGH München BayVBl 1984, 407). Lag kein Versehen vor, so ist die nachträgliche Umstellung auf einen neuen Beklagten dagegen eine Klageänderung. Ist bei einer Anfechtungs- oder Verpflichtungsklage der betroffene Verwaltungsakt von vornherein eindeutig bezeichnet, so stellt die nachträgliche Umstellung auf einen anderen, den richtigen Beklagten, keine Veränderung des Streitgegenstandes dar und ist nach der Rechtsprechung auch noch nach Ablauf der Klagefrist möglich (VGH Mannheim DÖV 1982, 750; Eyermann/Rennert VwGO § 91 Rn 23).

III. Objektive Klageänderung

1. Allgemein

Eine Klageänderung liegt vor, wenn der Kläger den Streitgegenstand ändern möchte. Der **15** Streitgegenstand wird durch das Klagebegehren und den tatsächlichen Lebenssachverhalt, aus dem das Begehren hergeleitet wird, gebildet (zum Streitgegenstandsbegriff s § 90 VwGO Rn 9). Daher liegt eine Änderung des Streitgegenstandes vor, wenn das **Klagebegehren** oder der **Klagegrund** oder beides geändert wird. Dies liegt ua dann vor, wenn das bisherige Klagebegehren durch ein **inhaltlich anderes** ersetzt wird oder ein **zusätzliches Klagebegehren** in die Klage miteinbezogen wird (Kopp/Schenke VwGO § 91 Rn 5), sofern nicht ein Fall des § 264 ZPO iVm § 173 VwGO gegeben ist. Die Anwendbarkeit des § 91 VwGO hängt in der Praxis meist davon ab, ob die Änderung noch als Berichtigung bzw als Fall des § 264 ZPO zu verstehen ist oder schon als Klageänderung iSv § 91 VwGO.

Eine Änderung des Klagebegehrens liegt etwa vor, wenn die Klage statt auf Aufhebung eines **15.1** Gebührenbescheids nun auf Erlass oder Stundung abzielt oder wenn statt einer unbedingten eine bedingte Genehmigung eingeklagt wird (BVerwG NJW 1970, 1564). Eine unstatthafte Klageänderung kann in der Umstellung eines Normenkontrollantrags in einen Normerlassantrag liegen, BVerwG NVwZ-RR 2010, 578); zu weiteren Beispielen einer Klageänderung s. OVG Greifswald NVwZ-RR 2012, 884 (Änderung des Sachvortrags); VGH Mannheim VBlBW 2009, 338 (erstmaliges Feststellungsbegehren); OVG Magdeburg NVwZ-RR 2009, 744 (Umstellung einer Verpflichtungsklage gegen die Widerspruchsbehörde auf die Ausgangsbehörde); OVG Münster NWVBl 2009, 363 (Umstellung von Verpflichtungs- in eine Anfechtungsklage); OVG Magedeburg, NVwZ-RR 2009, 624 (Umstellung der Anfechtungsklage von einer Klage gegen Abschlagszahlungsbescheid auf eine gegen den endgültigen Bescheid).

2. Speziell: Wiederholende Verfügung

Eine spezielle Regelung für den **„wiederholenden" Verwaltungsakt** existiert in der **16** VwGO nicht (sa § 96 SGG und § 68 FGO; sa Vorschlag der Bundesregierung in der Stellungnahme zu einem Bundesratsentwurf zur Änderung der VwGO, BT-Drs 12/85553, 1, 17 zu § 94a VwGO; s Stelkens NVwZ 1995, 325, 327). Mit wiederholender Verfügung ist dabei zunächst ein Verwaltungsakt gemeint, der einem anderen Verwaltungsakt vorausgeht, inhaltlich aber identisch oder zumindest weitgehend identisch ist.

Bei einer wiederholenden Verfügung kann der Kläger zunächst das anhängige Verfahren **17** für erledigt erklären (sofern der wiederholende VA den streitgegenständlichen Verwaltungsakt konkludent aufhebt) und gegen den wiederholenden Bescheid Widerspruch und Klage einlegen. Will der Kläger den zweiten Verwaltungsakt einbeziehen und ist dieser mit dem ersten faktisch inhaltlich identisch, ist diese Änderung zutreffender Ansicht nach nicht an § 91 VwGO zu messen, sondern als Konkretisierung zu verstehen (§ 173 VwGO iVm § 264 Nr 2 ZPO – Sodan/Ziekow/Schmid VwGO § 91 Rn 19; vgl auch OVG Münster NVwZ-RR 1994, 423). Ist der zweite Bescheid keine rein wiederholende Verfügung, ist dagegen § 91 VwGO zu beachten (BVerwGE 105, 288 = NVwZ 1998, 1293, 1294; Schröder, NVwZ 2007, 532); zum Vorverfahren s unten Rn 33).

Angenommen wurde § 91 VwGO, wenn der wiederholende VA ein modifizierender Verwal- **17.1** tungsakt ist (BVerwGE 32, 243, 246 geänderter Diensteintrittstermin; BVerwGE 65, 167 = NJW 1982, 2513 Ausnahmebewilligungen im Ladenschlussrecht für verschiedene Termine; BVerwG Buchholz 316 § 76 VwVfG Nr 4 Änderung des Planfeststellungsbescheids). Wird bei einer Versagungsgegenklage der bisherige Versagungsbescheid durch einen neuen Versagungsbescheid ersetzt, liegt keine Klageänderung vor, da das Verpflichtungsbegehren unverändert bleibt (BVerwGE 77, 317 = NVwZ 1987, 1074).

Will der Kläger die wiederholende Verfügung ausdrücklich nicht in die Klage einbezie- **18** hen, kann das Rechtsschutzbedürfnis für die Anfechtungsklage gegen den Ausgangsbescheid entfallen (BVerwG NVwZ 1993, 889).

IV. Subjektive Klageänderung

19 In der VwGO ist der **gewillkürte Beteiligtenwechsel** (meist ist von Parteiwechsel die Rede) nicht ausdrücklich geregelt. Dieser wird von der Rechtsprechung grundsätzlich als Klageänderung behandelt (BVerwGE 66, 266, 267= NJW 1983, 1133). Zum Streitgegenstand gehört inzident die Person, der gegenüber der Kläger den prozessualen Anspruch geltend macht. Demnach liegt eine Klageänderung nach hM bei jedem gewillkürten Wechsel in der Person des Klägers oder des Beklagten vor (BVerwG DVBl 1993, 562). Entscheidend ist, ob der **Rechtsträger wechselt** bzw. **ein neuer hinzukommt**. Die Rechtsprechung privilegiert den Bürger, indem sie den Beklagtenwechsel oft als „Berichtigung" bezeichnet (s nur BVerfG (Kammer) NVwZ 1992, 259; s oben Rn 13 f). Die subjektive Klageänderung kann demnach in Form eines Beteiligtenbeitritts oder eines Beteiligtenwechsels jeweils auf Seiten des Klägers oder des Beklagten vorliegen. Nicht unter § 91 VwGO fällt allerdings der Beteiligtenwechsel (meist als Parteiwechsel bezeichnet) kraft Gesetzes (s dazu Vertiefungsebene). Kein Fall der subjektiven Klagehäufung ist die Einbeziehung von Beigeladenen, weil die Wirkungen der Beiladung unabhängig von der Fassung des Klageantrags wie auch des Klagegrundes eintreten. Eine Spezialregelung besteht auch bei der Veräußerung der streitbefangenen „Sache": So kann etwa der Zessionar den Prozess an Stelle des Zedenten nur mit Zustimmung des Beklagten übernehmen (§ 173 S 1 VwGO iVm § 265 Abs 2 S 2 ZPO), vgl BVerwG NVwZ-RR 2001, 406. Zur Notwendigkeit der Einwilligung s unten Rn 23.

19.1 Beteiligtenwechsel kraft Gesetzes, die wie gesehen nicht unter § 91 VwGO fallen, sind zB Tod einer Partei (§ 173 S 1 VwGO iVm § 239 Abs 1 ZPO – zu höchstpersönlichen Streitgegenständen s OVG Münster DVBl 1992, 784 für eine Gewerbeuntersagung), Insolvenz (§ 240 ZPO), bei Veräußerung des streitbefangenen Grundstücks, sofern die Zustimmung vorliegt (BVerwG NVwZ-RR 2001, 406, 407), sowie im Fall der Funktions- und Rechtsnachfolge bei Behörden, vgl BVerwGE 114, 326=NVwZ 2002, 483; s dazu Kopp/Schenke VwGO § 91 Rn 13.

1. Klageverfahren

20 § 91 VwGO spricht selbst von Klage. Das Verfahren muss noch am Gericht rechtshängig sein. Eine Klageänderung ist nur möglich, sofern das Verfahren noch nicht beendet ist. Eine verspätete Klageänderung kann allerdings als neue Klage auszulegen sein (§ 88 VwGO). § 91 VwGO greift daher zunächst bei Klageverfahren. § 91 VwGO gilt entsprechend für die Berufung. Bei erstinstanzlichen stattgebenden Urteilen kann der Kläger eine Klageänderung nur vornehmen, wenn der Beklagte Berufung einlegt und er im Wege der Anschlussberufung den ursprünglichen Antrag ändern kann (OVG Münster NVwZ 1999, 1252, 1253). Im Revisionsverfahren sind Klageänderungen nicht statthaft, Fälle des § 264 ZPO bleiben zulässig (§ 142 Abs 1 S 1 VwGO; Eyermann/Rennert VwGO § 91 Rn 33).

21 § 91 VwGO gilt analog aber auch im Normenkontrollverfahren nach § 47 VwGO (OVG Münster NVwZ-RR 1996, 623) und den selbständigen Antragsverfahren des vorläufigen Rechtsschutzes, §§ 80, 123 VwGO (VGH München BayVBl 2000, 52, 53 mwN; VGH Kassel NVwZ 1988, 88). Im Verfahren der Beschwerde gegen Beschlüsse im einstweiligen Rechtsschutzverfahren ist § 91 VwGO durch § 146 Abs 4 S 3 und S 6 VwGO, die dem Beschwerdegericht nach Wertung des Gesetzgebers keine originäre Entscheidungszuständigkeit zuweisen, weitgehend ausgeschlossen (OVG Hamburg NVwZ 2003, 1529; VGH Mannheim NVwZ-RR 2010, 902). Ausnahmen sind nur denkbar, sofern Art 19 Abs 4 GG diese gebieten würden.

2. Antrag

22 Der Antrag auf Klageänderung muss vom Kläger und kann in der Form der Klage (§ 81 VwGO) oder mündlich zu Protokoll in der Verhandlung erklärt werden (§ 173 S 1 VwGO iVm § 261 Abs 2 ZPO), aber nicht fernmündlich (VGH Mannheim DVBl 1987, 696). Die Klageänderung kann auch konkludent durch Änderung des Sachvortrags vorgenommen werden. Eine fernmündliche Erklärung entspricht nicht der Form der Erklärung „zur Niederschrift des Gerichts". Der Antrag ist als Prozesshandlung bedingungsfeindlich

(BVerwG DÖV 1980, 649). Innerprozessuale Bedingungen werden bei einer objektiven Klageänderung teilweise insofern für zulässig gehalten, als die Klageänderung nur für den Fall der Unzulässigkeit oder Unbegründetheit des Hauptantrages gelten soll (Eyermann/Rennert VwGO § 91 Rn 26). Die Rechtsprechung ist deutlich strenger (BVerwG NJW 1980, 1911). Ein innerprozessual bedingter Parteiwechsel ist auf jeden Fall unzulässig (VG Münster NVwZ 1982, 144).

D. Zulässigkeit einer Klageänderung

I. Einwilligung

Die Klageänderung ist zunächst zulässig, wenn die übrigen Beteiligten (§ 63 VwGO) **23 einwilligen**. Die Einwilligung des Beklagten allein reicht nur aus, wenn am Verfahren sonst niemand mehr beteiligt ist, also zB auch kein Vertreter des öffentlichen Interesses (§ 35 Abs 1 VwGO). Erfolgt eine förmliche Einwilligung, so darf sie nicht an Bedingungen geknüpft werden. Die gegebene Einwilligung kann als Prozesshandlung nicht zurückgenommen werden. Die Verweigerung der Einwilligung der Beteiligten ist unbeachtlich, sofern sie **rechtsmissbräuchlich** ist (VGH München BayVBl 2000, 52, 53). Rechtsmissbrauch ist bei einer subjektiven Klageänderung auch in der Berufungsinstanz anzunehmen, wenn der Sachverhalt im Wesentlichen feststeht und auch von dem neuen Beklagten nicht bestritten wird oder die geänderte Klage abweisungsreif ist und der Beklagte die Zustimmung verweigert (OVG Magdeburg LKV 1995, 325) oder der Beklagte durch seine bisherige Prozessstellung schon in der ersten Instanz Gelegenheit hatte, zur Sache vorzutragen und Einfluss auf den Prozessverlauf zu nehmen (VGH Kassel NVwZ 1988, 88).

Sie kann gem § 91 Abs 2 VwGO auch **konkludent** erklärt werden. Existieren mehrere **24** Beteiligte iSv § 61 Nr 2–4 VwGO, müssen alle zustimmen, ansonsten kann nur die Sachdienlichkeitserklärung helfen.

Die Einwilligung kann gem § 91 VwGO grundsätzlich durch die **Sachdienlichkeits- 25 erklärung** des Gerichts ersetzt werden. Diese Regel gilt nicht bei einem Beteiligtenwechsel oder einer Beteiligtenhäufung in der Berufungsinstanz, hier ist die Zustimmung der neuen Partei nicht durch die Sachdienlichkeitsentscheidung ersetzbar, da dieser eine Instanz verloren ginge (OVG Lüneburg NdsVBl 2011, 286). Ausnahmen sind hier nur unter dem Gesichtspunkt des Rechtsmissbrauchs möglich (VGH München BayVBl 2000, 52, 53). Auch ein Wechsel des Klägers ist ohne die Zustimmung des alten Klägers und die des neuen nicht möglich. Eine Zustimmung der anderen Beteiligten ist nicht erforderlich, wenn die Sachdienlichkeit vorliegt (Eyermann/Rennert VwGO § 91 Rn 21).

II. Sachdienlichkeit

Die Einwilligung kann gem § 91 VwGO durch die **Sachdienlichkeitserklärung** des **26** Gerichts ersetzt werden. Fehlt die Einwilligung eines Beteiligten, kommt es darauf an, ob das Gericht die Änderung für sachdienlich hält. In dieser Ersetzungsmöglichkeit liegt der qualitative Unterschied zwischen den Instituten „Klageänderung" und „Klagerücknahme". Eine Klageänderung ist demnach auch dann zulässig, wenn das Gericht sie für sachdienlich hält. Die Sachdienlichkeit ist objektiv im Hinblick auf die **Prozesswirtschaftlichkeit** zu beurteilen. Sie ist anzunehmen, wenn der bisherige Streitstoff eine verwertbare Entscheidungsgrundlage bleibt und/oder die Zulassung die endgültige Beilegung des Streites fördert und einen neuen Prozess vermeidet (BVerwG NJW 1970, 1564; BVerwG DVBl 1980, 598). Das Gericht wird im Sinne der Prozessökonomie die Sachdienlichkeit regelmäßig dann bejahen können, wenn sich die eigentliche Beurteilungslage nicht oder doch nur unwesentlich geändert hat (BVerwGE 89, 354 ff.; OVG Greifswald NVwZ-RR 2012, 884).

Die Sachdienlichkeit kann abzulehnen sein, wenn durch die Klageänderung der Abschluss **27** des Verfahrens erheblich verzögert wird (VGH München NVwZ-RR 2004, 225; aA Sodan/ Ziekow/Schmid VwGO § 91 Rn 37; noch strenger für die Berufungsinstanz BVerwG NJW 1970, 1564), oder wenn gänzlich neuer Prozessstoff eingeführt wird (BVerwG NJW 1970, 1564), oder wenn der alte Antrag bereits entscheidungsreif wäre (VGH Mannheim VBlBW 1994, 148).

28   Sie ist auch abzulehnen, wenn **schutzwürdige Belange des Beklagten** dagegen sprechen. Umgekehrt drängt sich auf der „Antragsseite" beim Normenkontrollverfahren der Beitritt eines Beteiligten auf, wenn dieselbe Norm betroffen ist, der gleiche wirtschaftliche Hintergrund vorliegt und Anträge von wirtschaftlich verbundenen Unternehmen vorliegen (BVerwG NVwZ 2001, 1038, 1040). Ist die geänderte Klage unzulässig, ist idR allein deswegen noch nicht die Sachdienlichkeit abzulehnen (s Rn 28.1).

28.1   Grundsätzlich sind die Voraussetzungen der Sachdienlichkeit von denen der Zulässigkeit zu trennen (Kopp/Schenke VwGO § 91 Rn 19). Nach nicht überzeugender Ansicht soll jedenfalls die evidente Unzulässigkeit des geänderten Klageantrags der Sachdienlichkeit entgegenstehen (BVerwG NJW 1981, 1683; BVerwG NJW 1988, 1228; Eyermann/Rennert VwGO § 91 Rn 31; wie hier: Kopp/Schenke VwGO § 91 Rn 19). Allein der Umstand, dass bei der geänderten Klage eine Verweisung an das zuständige Gericht notwendig wird, lässt die Sachdienlichkeit nicht entfallen (BGH, NJW-RR 2002, 930; Sodan/Ziekow/Schmid VwGO § 91 Rn 38). Noch unbestrittener ist der Umstand, dass jedenfalls die fehlende Begründetheit der geänderten Klage keinen Einfluss auf die Entscheidung über die Sachdienlichkeit besitzt. Eine Klageänderung kann auch dann als sachdienlich anzusehen sein, wenn die geänderte Klage als unbegründet abgewiesen werden muss (BVerwGE 57, 31, 34).

29   Hält das Gericht die Klageänderung für sachdienlich, dann **muss** es die Klageänderung nach dem Wortlaut von § 91 Abs 1 VwGO („ist zulässig") **zulassen** (Kopp/Schenke VwGO § 91 Rn 18). Ob die „Sachdienlichkeit" vom Rechtsmittelgericht vollständig zu überprüfen ist (BVerwGE 57, 31, 34) oder nur beschränkt daraufhin, „ob das Tatsachengericht den Rechtsbegriff der Sachdienlichkeit verkannt und damit die Grenzen seines Ermessens überschritten hat" (so BVerwG DVBl 1980, 598), ist umstritten. Jedenfalls in diesen Grenzen bleibt die tatrichterliche Entscheidung – des VG oder OVG – revisionsfest. Ein tatrichterliches Versagungsermessen ist abzulehnen.

E. Konkludente Zustimmung – Abs 2

30   Unter den Voraussetzungen des § 91 Abs 2 VwGO kann die Einwilligung auch konkludent erfolgen. Absatz 2 beschränkt den Personenkreis anders als Absatz 1 auf den Beklagten. Da es für diese Differenz keinen sachlichen Grund gibt (Redaktionsversehen), ist Abs 2 wie Abs 1 auf alle Beteiligten zu beziehen. Eine Einwilligung des Beklagten ist danach anzunehmen, wenn er sich nach Klageänderung in einem Schriftsatz oder in der mündlichen Verhandlung auf die geänderte Klage einlässt. Die **Einlassung ist die sachliche Erwiderung**. Keine Einlassung liegt vor, wenn die Zulässigkeit der Klageänderung bestritten wird. Die Stellung eines Klageabweisungsantrages alleine reicht dafür grundsätzlich nicht aus. § 91 Abs 2 VwGO fordert erkennbare Indizien dafür, dass ein Beklagter mit einer Änderung des Streitgegenstandes einverstanden ist.

F. Beschränkung der Anfechtbarkeit – Abs 3

31   Die Zulassung der Klageänderung oder die Feststellung des Gerichts, dass eine Klageänderung nicht vorliegt, ist selbständig nicht anfechtbar (Abs 3). Ob die Entscheidung, von der § 91 VwGO spricht, selbständig (im Zwischenurteil) oder inzident im Endurteil getroffen wird, ist unerheblich. Der Normtext ist etwas verwirrend, durch die genaue Nennung der beiden Varianten entsteht die Frage, was denn bei Entscheidungen, dass die Änderung einer Klage vorliegt und/oder bei der Entscheidung, dass die Klageänderung nicht zuzulassen ist, gilt. Diese Entscheidungen gehen anders als die in Abs 3 genannten zu Lasten des Klägers und werden daher von den Ausschluss von § 91 Abs 3 VwGO nicht erfasst (Eyermann/Rennert VwGO § 91 Rn 34). Entscheidet das Gericht im Endurteil, dass eine Klageänderung nicht vorliegt bzw. dass sie vorliegt und zuzulassen sei, schließt § 91 Abs 3 VwGO nur die „selbständige" Anfechtung aus. Über die Frage, ob eine Klageänderung sachdienlich ist, soll **kein gesonderter Rechtsstreit** geführt werden. Diese Voraussetzung liegt nur dann vor, wenn das Urteil allein mit einer darauf beschränkten Begründung angegriffen wird (BVerwG NVwZ-RR 2000, 260; Eyermann/Rennert VwGO § 91 Rn 34).

Über die Klageänderung kann das Gericht durch Zwischenurteil entscheiden oder inzi- 32
dent im Endurteil. Soweit § 91 Abs 3 VwGO greift, kann das Zwischenurteil nur ein solches
nach § 173 S 1 VwGO iVm § 303 ZPO sein, ansonsten liegt eines nach § 109 VwGO nahe
(Sodan/Ziekow/Schmid VwGO § 91 Rn 42).

G. Rechtsfolge

I. Bei zulässiger Klageänderung

1. Entscheidung über die geänderte Klage

Zum Wesen der Klageänderung gehört es, dass das Prozessverhältnis in geänderter Form 33
fortgesetzt wird. Die Klageänderung wird nach zutreffender Ansicht mit dem entsprechenden Antrag rechtshängig, wirksam aber erst mit der Einwilligung aller Beteiligten oder der
Sachdienlichkeitsentscheidung des Gerichts (Eyermann/Rennert VwGO § 91 Rn 39;
Kopp/Schenke VwGO § 91 Rn 29). Liegt eine zulässige Klageänderung vor, sind Zulässigkeit und Begründetheit der neuen Klage – und zwar **grundsätzlich unabhängig von der
ursprünglichen Klage** zu prüfen. Die bisherigen Prozessergebnisse bleiben wirksam und
verwertbar, sofern sie auf den neuen Streitgegenstand übertragbar sind. Auch ein neuer
Beklagter kann keine Nachholung verlangen. Die geänderte Klage muss grundsätzlich **alle
Zulässigkeitsvoraussetzungen** selbständig erfüllen. Auch eine etwaige Klagefrist nach
§ 74 Abs 1 VwGO muss, bezogen auf den Zeitpunkt der Klageänderung, beachtet werden,
sofern ein neuer Streitgegenstand oder ein neuer Beteiligter einbezogen wird, vgl BVerwG
NVwZ 2002, 80; S/S-A/P/Meissner VwGO § 74 Rn 40; aA BVerwG DVBl 1993, 562,
563 (für den Wechsel auf der Beklagtenseite, sofern der angefochtene belastende oder
erstrebte begünstigende Verwaltungsakt schon mit der Erhebung der Klage eindeutig bezeichnet war). Allerdings ist die Rechtsprechung bei einer Klageänderung bereit, den Einwand, dass ein Vorverfahren nicht durchgeführt worden ist, für unbeachtlich zu halten, wenn
die Besonderheiten des materiellen Rechts nicht entgegenstehen und der Streitstoff im
Wesentlichen identisch bleibt, vgl BVerwGE 32, 243, 247; BVerwG NVwZ-RR 2000, 172,
173. Liegt eine (zulässige) Klageänderung in der Form des Beklagtenwechsels vor, so ist in
der Entscheidung über die geänderte Klage auch über die Kosten im Zusammenhang mit
dem ursprünglichen Beklagten zu entscheiden, denn Kosten sind außergerichtliche Kosten
iSv § 161 Abs 1 VwGO, über die das Gericht nach § 161 Abs 1 VwGO im Urteil zu
befinden hat (VGH München NVwZ-RR 1999, 695). **Ausscheidbare Kosten**, die durch
den nicht weiterverfolgten Antrag entstanden sind, können ggf gem § 155 Abs 2 VwGO
dem Kläger auferlegt werden (VGH München NVwZ-RR 1991, 277). Nach Klageänderung richtet sich der Gegenstandswert nach dem geänderten Streitgegenstand (VGH
Mannheim NVwZ-RR 2011, 918).

2. Alter Streitgegenstand

Mit zulässigem Austausch des Klageanspruchs **entfällt die Rechtshängigkeit** des bishe- 34
rigen Streitgegenstandes, sofern er sich mit dem neuen nicht deckt. Diese Wirkung tritt mit
Einwilligung oder Zulassung der Klageänderung ein. Die Rechtshängigkeit des alten Antrags
endet zutreffender Ansicht nach nicht schon mit Rechtshängigkeit des geänderten Antrags,
sondern erst mit Wirksamkeit der Klageänderung (Kopp/Schenke VwGO § 91 Rn 29).

II. Bei unzulässiger Klageänderung

Liegt eine Klageänderung vor, ist diese aber unzulässig, so ist umstritten, ob die Kla- 35
geänderung als solche schon rechtshängig war. Bei Entscheidung des Gerichts über die
Unzulässigkeit der Klageänderung steht zumindest fest, dass über die geänderte Klage nicht
zu entscheiden ist. Die weiteren Entscheidungen hängen davon ab, ob der Kläger den alten
Klageantrag hilfsweise aufrechterhalten hat, was in der Regel der Fall sein wird.

Bei **hilfsweiser Aufrechterhaltung** muss das Gericht über den ursprünglichen Antrag 36
entscheiden (BVerwGE 61, 45, 51 = NJW 1981, 1683). Liegt keine hilfsweise Aufrechterhaltung vor, dann ist die Rechtshängigkeit des alten Klagebegehrens mit der Klageän-

derung verloren gegangen und die Klage ist mangels zulässigen Antrags als unzulässig abzuweisen (vgl etwa VG Kassel NVwZ-RR 1995, 704). Bei unzulässigem Beteiligtenwechsel bleibt das ursprüngliche Prozessrechtsverhältnis bestehen, es sei denn, in der Klageänderung ist zugleich die Rücknahme der Klage gegen den ursprünglichen Beklagten mit enthalten (Eyermann/Rennert VwGO § 91 Rn 39).

§ 92 [Klagerücknahme]

(1) ¹Der Kläger kann bis zur Rechtskraft des Urteils seine Klage zurücknehmen. ²Die Zurücknahme nach Stellung der Anträge in der mündlichen Verhandlung setzt die Einwilligung des Beklagten und, wenn ein Vertreter des öffentlichen Interesses an der mündlichen Verhandlung teilgenommen hat, auch seine Einwilligung voraus. ³Die Einwilligung gilt als erteilt, wenn der Klagerücknahme nicht innerhalb von zwei Wochen seit Zustellung des die Rücknahme enthaltenden Schriftsatzes widersprochen wird; das Gericht hat auf diese Folge hinzuweisen.

(2) ¹Die Klage gilt als zurückgenommen, wenn der Kläger das Verfahren trotz Aufforderung des Gerichts länger als zwei Monate nicht betreibt. ²Absatz 1 Satz 2 und 3 gilt entsprechend. ³Der Kläger ist in der Aufforderung auf die sich aus Satz 1 und § 155 Abs. 2 ergebenden Rechtsfolgen hinzuweisen. ⁴Das Gericht stellt durch Beschluß fest, daß die Klage als zurückgenommen gilt.

(3) ¹Ist die Klage zurückgenommen oder gilt sie als zurückgenommen, so stellt das Gericht das Verfahren durch Beschluß ein und spricht die sich nach diesem Gesetz ergebenden Rechtsfolgen der Zurücknahme aus. ²Der Beschluß ist unanfechtbar.

§ 92 VwGO ist Ausfluss des Dispositionsgrundsatzes und gibt dem Kläger die Möglichkeit, die Klage bis zur Beendigung der Rechtshängigkeit zurückzunehmen (Rn 5). Ab der Stellung eines Antrags (Rn 11) in der mündlichen Verhandlung benötigt er dazu die Zustimmung (Rn 13) insbes des Beklagten. Schwierigkeiten bereitet die Norm, weil sie vorsieht, dass die erforderlichen Prozesserklärungen – und zwar sowohl die Erklärung des Klägers (Rn 16) als auch die des Beklagten (Rn 14) – unter bestimmten Voraussetzungen fingiert werden können und weil Rechtsmittel gegen die Entscheidungen des Gerichts ausgeschlossen (Rn 29) sind.

Übersicht

A. Allgemein
I. Überblick

§ 92 VwGO normiert die Klagerücknahme. Die Klagerücknahme ist der Widerruf des **1** mit der Klage (oder Widerklage) gestellten Antrags auf Gewährung von Rechtsschutz. Sie lässt die **Rechtshängigkeit rückwirkend entfallen** und steht einer neuen Klageerhebung nicht entgegen, sofern die Klagefrist noch nicht abgelaufen ist. Die Klagerücknahme ist eine der Prozesshandlungen, die den Rechtsstreit beenden. Sie ist Ausfluss des Verfügungsrechts des Klägers (**Dispositionsgrundsatz**) über den Prozess. Ab einem bestimmten Verfahrensstadium (nach Stellung der Anträge, § 103 Abs 3 VwGO) soll dem Beklagten der „Prozesserfolg" aber nicht mehr ohne seine Einwilligung genommen werden können. Diese der Regelung zugrunde liegende Konstruktion wurde vom Zivilprozess übernommen.

II. Andere verfahrensbeendende Institute

Das Verfahren kann auf andere Weise beendet werden als durch Klagerücknahme, nämlich **2** durch Urteil (§ 107 VwGO), durch Hauptsacheerledigung (§ 161 VwGO), durch gerichtlichen Vergleich (§ 106 VwGO), durch Rechtsmittelrücknahme (§§ 126, 140 VwGO) oder Klageverzicht. Da die unterschiedlichen Institute unterschiedliche Rechtswirkungen und Kostenfolgen haben, kann die Abgrenzung nicht offen bleiben (ausführlich S/S/B/Clausing VwGO § 92 Rn 7–14). So entfällt etwa bei der **übereinstimmenden Erledigungserklärung** die Rechtshängigkeit ex nunc. Ob eine Erledigungserklärung oder eine Klagerücknahme die sachgerechte Erklärung ist, richtet sich danach, ob beim Kläger die materiellrechtliche Beschwer entfallen ist (dann Erledigung) oder nur das Rechtsschutzbedürfnis (dann Rücknahme – BVerwGE 73, 312; VGH München BayVBl 1986, 86). Dem Wortlaut des Klägers kommt für die Abgrenzung eine erhebliche, aber nicht unüberwindbare Indizwirkung zu (BVerwGE, 73, 312, 314). Nach der Rechtsprechung des BVerwG ist es dem Kläger möglich, auch während des Verwaltungsprozesses durch Rücknahme des verwaltungsverfahrensrechtlichen Antrags die Erledigung des Rechtsstreits herbeizuführen (BVerwG NVwZ 1989, 860; aA OVG Lüneburg NVwZ 1985, 431). Die Einwilligung des Beklagten analog § 92 Abs 1 S 2 VwGO ist nicht erforderlich. Beim **prozessrechtlichen Verzicht** erklärt der Kläger, den prozessualen Anspruch (Streitgegenstand) nicht mehr geltend machen zu wollen. Der Verzicht führt zu einem rechtskraftfähigen Verzichtsurteil. Das Verzichtsurteil steht einer erneuten Klageerhebung entgegen. Der Verzicht auf den materiellen Anspruch, der in Grenzen auch im öffentlichen Recht zulässig ist, führt zur Unbegründetheit der Klage.

III. Entstehungsgeschichte

Zum Zeitpunkt des Erlasses der VwGO bestand § 92 VwGO nur aus zwei Absätzen, der **3** erste entsprach dem heutigen § 92 Abs 1 S 1 und 2 VwGO und der zweite dem heutigen Abs 3 S 1. Die Regelungen der § 92 Abs 1 S 3, Abs 2 und Abs 3 S 2 VwGO kamen später hinzu. Der heutige § 92 Abs 3 S 2 VwGO wurde mit Art 1 Nr 20 des Gesetzes vom 17.12.1990 (BGBl I 2809) mit Wirkung zum 1.1.1991 eingefügt. Der gegenwärtige § 92 Abs 2 VwGO wurde durch Art 1 Nr 16 nach Maßgabe des Art 10 G vom 1.11.1996 (BGBl I 1626) mit Wirkung zum 1.1.1997 angefügt. Er findet ein gewisses Vorbild in § 81 AsylVfG, welcher erhebliche Auswirkungen auf die Auslegung von § 92 Abs 2 VwGO hat (vgl BT-Drs 13/3993 S 12; ausführlich dazu S/S/B/Clausing VwGO § 92 Rn 38–40). § 92 Abs 1 S 3 VwGO kam mit Art 6 Nr 2 lit d des Gesetzes vom 24.8.2004 (BGBl I 2198) mit Wirkung vom 1.9.2004 hinzu.

B. Die Klagerücknahme (§ 92 Abs 1 VwGO)
I. Die relevanten Verfahrensarten – Klageverfahren

Die Klagerücknahme ist bei jeder Art von Klage zulässig. § 92 Abs 1 VwGO gilt nicht **4** nur für das Klageverfahren, sondern wegen der unvollständigen Verweisung in § 122 Abs 1 VwGO entsprechend auch für das Beschluss- und Beschwerdeverfahren.

II. Die Klagerücknahme nach § 92 Abs 1 VwGO

5   Die Klagerücknahme hängt allein vom Willen des Klägers ab. Die **Rücknahmeerklärung** ist darauf gerichtet, den im anhängigen Verfahren geltend gemachten prozessualen Anspruch nicht weiter zu verfolgen.

6   Ist der Streitgegenstand teilbar, ist grundsätzlich auch eine **teilweise Klagerücknahme** möglich, allerdings entstehen hier Abgrenzungsfragen zu § 91 VwGO, die unterschiedlich beantwortet werden (anders als hier zB Sodan/Ziekow/Schmid VwGO § 92 Rn 17). Nach der hier vertretenen Ansicht gilt: Eine Rücknahme, die sich auf einen selbständigen objektiven Streitgegenstand bezieht, ist eine Teilrücknahme; bezieht sie sich auf einen Teil eines einheitlichen Streitgegenstandes und greift § 91 VwGO ein, wird § 92 VwGO von § 91 VwGO verdrängt (vgl S/S/B/Clausing VwGO § 92 Rn 11). Veränderungen auf Seiten der Beteiligten nach Rechtshängigkeit in Form des Beteiligtenaustauschs sind immer Klageänderungen (s § 91 VwGO Rn 19). Wird die Klage gegen einen Beteiligten zurückgenommen, gegen andere dagegen aufrechterhalten, liegt jedoch eine Teilrücknahme vor.

1. Die Rücknahmeerklärung

7   Die Erklärung ist als Prozesshandlung unwiderruflich, **bedingungsfeindlich** und **unanfechtbar**, auch wenn sie auf einem Irrtum beruhen sollte (Wolff/Decker/Decker VwGO § 92 Rn 3; OVG Lüneburg NVwZ-RR 2010, 862 – zur Ausnahme einer innerprozessualen Bedingung eines Rechtsbehelfs s BVerwG NVwZ 2002, 990). Die Klagerücknahme kann wie die Erhebung der Klage gem § 81 Abs 1 VwGO erklärt werden (schriftlich oder zur Niederschrift) und darüber hinaus auch zu Protokoll des Gerichts (§ 269 Abs 2 S 1 ZPO iVm § 173 S 1 VwGO) oder eines Richters (§ 87 Abs 1, § 87a Abs 1 Nr 2, § 96 Abs 2 Alt 1 VwGO, vgl Sodan/Ziekow/Schmid VwGO § 92 Rn 14). Eine konkludente Erklärung ist möglich (Eyermann/Rennert VwGO § 92 Rn 9). Die Rücknahme der wirksamen Rücknahme einer Klage ist nicht statthaft. Unberührt bleiben die Möglichkeiten, die allgemein bestehen, um die Wirksamkeit einer Prozesserklärung zu verhindern (S/S/B/Clausing VwGO § 92 Rn 23). Dies sind

- Zugang von Prozesshandlung nach dem Widerruf beim Gericht (OVG Münster, NJW 1970, 1700),
- Vorliegen eines Wiederaufnahmegrundes (BVerwG NVwZ 1985, 196) und
- Vorliegen einer Rechtsmittelrücknahme, die durch unzutreffende richterliche Hinweise motiviert war (BVerwG NVwZ-RR 1999, 407, 408).

8   Die Erklärung muss vom **Kläger** kommen. Bei einfachen **Streitgenossen** kann jeder Streitgenosse seine Klage selbständig zurücknehmen. Dies folgt aus der Selbständigkeit der Prozessrechtsverhältnisse (§ 64 VwGO iVm § 61 ZPO – Sodan/Ziekow/Schmid VwGO § 92 Rn 12). Bei notwendiger Streitgenossenschaft (§ 64 VwGO iVm § 62 Abs 1 ZPO) kann umstrittener, aber zutreffender Ansicht nach auch ein einzelner Streitgenosse die Klage mit Wirkung für alle anderen zurücknehmen. Aufgrund der nur gemeinsamen Prozessführungsbefugnis wird dann die Klage der übrigen unzulässig (S/S/B/Clausing VwGO § 92 Rn 16).

8.1   Verpflichtet sich der Kläger außergerichtlich, die Klage zurückzunehmen, und kommt er dieser Pflicht nicht nach, so ist die Weiterverfolgung der Klage als gegen den Grundsatz von Treu und Glauben verstoßende Ausübung des Prozessrechts unzulässig (VGH München NJW 2009, 247).

2. Zeitspanne

9   Die Klagerücknahme kann ab Rechtshängigkeit **bis zur Rechtskraft des Urteils** erfolgen. Auch nach Verkündung oder Zustellung des Urteils innerhalb der noch offenen Berufungs- und Revisionsfrist kann sie erklärt werden (allerdings nur mit Zustimmung des Beklagten – Rn 11). Das in der Sache ergangene Urteil wird dann gegenstandslos, was im Einstellungsbeschluss (vgl § 92 Abs 3 S 1 VwGO) festzustellen ist. Die Klage kann auch noch im Berufungs- oder Revisionsverfahren zurückgenommen werden (BVerwGE 26, 297, 299). In diesen Fällen kann die Rücknahme je nach Situation und Erklärung auf die Rücknahme des Rechtsmittels beschränkt sein, oder sich auf die Klage insgesamt beziehen.

Bei der Rücknahme des Rechtsmittels bleiben die vorinstanzlichen Entscheidungen bestehen. Bei vollständiger Rücknahme werden nicht nur die vorher ergangenen Urteile unwirksam, vielmehr erledigt sich auch das Berufungs- bzw Revisionsverfahren (§ 161 Abs 2 VwGO).

III. Abs 1 S 2

1. Überblick

Die Klagerücknahme bedarf der **Zustimmung** des Beklagten. Ist ein Vertreter des öffentlichen Interesses bestellt, der an der mündlichen Verhandlung teilgenommen hat, ist auch dessen Einverständnis erforderlich, sobald der Beklagte (nicht der Vertreter des öffentlichen Interesses – vgl S/S/B/Clausing VwGO § 92 Rn 26) Anträge in der mündlichen Verhandlung (vor dem VG oder dem OVG) gestellt hat (§ 92 Abs 1 S 2 VwGO). Gleiches gilt (analog) für den Vertreter des Bundesinteresses beim BVerwG (§ 35 VwGO, Sodan/Ziekow/Schmid VwGO § 92 Rn 21). Die Beigeladenen müssen nicht zustimmen. Für die Berufung und Revision bestehen hinsichtlich der Zustimmungsbedürftigkeit mit § 126 Abs 1 S 2, § 140 Abs 1 S 2 VwGO Sonderregelungen. **10**

2. Erfordernis der Einwilligung

Einwilligen muss der Beklagte, sobald er einen **Antrag** gestellt **hat**. Eine schriftsätzliche (§ 87 VwGO) Ankündigung der Anträge genügt nicht. Im vorbereitenden Verfahren ist daher die Rücknahme vor Einwilligung möglich. Ausnahmsweise ist die Einwilligung auch vor Stellung der Anträge erforderlich und zwar dann, wenn schon eine gerichtliche Entscheidung ergangen ist, etwa eine erstinstanzliche Entscheidung ohne mündliche Verhandlung, ein Gerichtsbescheid (BVerwG Buchholz 310 § 92 VwGO Nr. 9) oder ein Vorlagebeschluss nach Art 100 GG und Art 267 Abs 2 AEUV (vgl Eyermann/Rennert VwGO § 92 Rn 11; Kopp/Schenke VwGO § 92 Rn 15; aA Redeker/v. Oertzen/Kothe VwGO § 92 Rn 7 f). **11**

§ 92 Abs 1 S 2 VwGO ist nur bei Klageverfahren **mit mündlicher Verhandlung** anwendbar, weil ansonsten die einwilligungserfordernde mündliche Verhandlung nicht gegeben ist. Anträge im Gerichtsbescheidsverfahren (§ 84 Abs 1 VwGO) können ohne Einwilligung zurückgenommen werden, ebenso Anträge im Verfahren des vorläufigen Rechtsschutzes (zu § 80 Abs 5 VwGO VGH München DVBl 1982, 1011; Eyermann/Rennert VwGO § 92 Rn 2 f.). Wird auf eine mündliche Verhandlung gem § 101 Abs 2 VwGO verzichtet, ist aufgrund des eindeutigen Normtextes eine Rücknahme ohne Einwilligung bis zum Ergehen des Urteils möglich (Kopp/Schenke VwGO § 92 Rn 14; Redeker/v. Oertzen/Kothe VwGO § 92 Rn 7; aA Sodan/Ziekow/Schmid VwGO § 92 Rn 22; sa für die Revisionsinstanz BVerwGE 26, 143, 144). Der Beklagte begibt sich mit der Einwilligung in das schriftliche Verfahren seines Zustimmungsrechts nach § 92 Abs 2 VwGO. Fehlt nur die Einwilligung des Vertreters des öffentlichen Interesses oder nur die des Beklagten, ist die Rücknahme nicht wirksam – das Verfahren wird weitergeführt und zwar auch mit demjenigen, der seine Einwilligung erteilt hatte. **12**

3. Die Einwilligung

Die Einwilligung sowohl des Beklagten als auch des Vertreters des öffentlichen Interesses ist eine **einseitige**, dem Anwaltszwang unterliegende **Prozesshandlung**. Sie ist bedingungsfeindlich, unwiderruflich und unanfechtbar, aber konkludent erteilbar, etwa durch Stellung des Kostenantrags (Eyermann/Rennert VwGO § 92 Rn 9 f). Die Einwilligung ist entweder in der mündlichen Verhandlung, in der die Klagerücknahme erklärt wird, oder wenn die Klagerücknahme schriftsätzlich erfolgt, im folgenden Schriftsatz, oder innerhalb einer vom Kläger eingeräumten Frist zu erklären. Die Einwilligung kann vorsorglich auch schon vor der Klagerücknahmeerklärung erteilt werden – wird aber erst mit dieser verbindlich. **13**

IV. Abs 1 S 3

14   § 92 Abs 1 S 3 VwGO ist eine relativ junge Vorschrift. Danach kann der schweigende Beklagte die Verfahrensbeendigung nicht mehr verhindern. Es besteht eine sachlich schwer zu begründende Differenz zu § 81 S 1 AsylVfG, nach dem die entsprechende Fiktion erst nach einem Monat und nicht nach zwei Wochen eintritt. Die Fiktion des § 92 Abs 1 S 3 VwGO knüpft an eine **schriftsätzlich erklärte Klagerücknahme** an. Für Klagerücknahmen, die in der mündlichen Verhandlung erklärt werden, greift sie nicht. Die Rspr hält sie jedoch für anwendbar, wenn die Klagerücknahme zu Protokoll der mündlichen Verhandlung erklärt wurde und dem Beklagten das Protokoll zugestellt wird (OVG Münster Urt v 13.8.2007 – 1 A 1995/06). Sie gilt vom Sinn her auch nicht, wenn der Beklagte schon in der mündlichen Verhandlung die Einwilligung ausdrücklich verweigert hatte und nun der Beklagte schriftlich noch einmal die Klage zurücknimmt. Hier ist die Fiktion unangemessen – nach einer ausdrücklichen Verweigerung kann die Einwilligung nur auf einer zumindest konkludent geäußerten Erklärung beruhen (vgl Sodan/Ziekow/Schmid VwGO § 92 Rn 23). Der gem § 92 Abs 1 S 3 Hs 2 VwGO erforderliche Hinweis kann formularmäßig erfolgen. Unterbleibt der Hinweis, tritt die Fiktionswirkung nicht ein.

C. Die Klagerücknahmefiktion (§ 92 Abs 2 VwGO)

I. Ratio und Anwendungsbereich

15   § 92 Abs 2 VwGO beruht auf dem unterstellten Wegfall des Rechtsschutzinteresses. Der Kläger kann diese Vermutung widerlegen, indem er das Verfahren weiter „betreibt". Die Norm ist verfassungsgemäß (BVerfG (Kammer) NVwZ 2013, 136; sa NVwZ 1994, 63; NVwZ 1999, Beilage Nr 3, 17 (beide zu § 33 AsylVfG). Jedoch muss die Handhabung der Rücknahmefiktion des § 92 Abs 2 VwGO unter strikter Beachtung der gesetzlichen Vorgaben erfolgen, insbes darf diese Vorschrift nicht als Sanktion für einen Verstoß gegen prozessuale Mitwirkungspflichten oder unkooperatives Verhalten eines Beteiligten gedeutet oder eingesetzt werden (BVerfG (Kammer) NVwZ 2013, 136). Das Gericht kann alternativ zu § 92 Abs 2 VwGO auf eine „Untätigkeit" des Klägers auch wie folgt reagieren:

- das Verhalten des Klägers ignorieren und das Verfahren durch Abhalten einer mündlichen Verhandlung und Erlass eines Urteils abschließen;
- nach § 82 Abs 2 VwGO oder
- nach § 87b VwGO verfahren.

§ 92 Abs 2 VwGO findet nur auf **Klageverfahren** Anwendung. Es ist dabei gleichgültig, welches Gericht erstinstanzlich zuständig war und in welcher Instanz das Verfahren gerade anhängig ist (BVerwG NVwZ 1986, 842). § 92 Abs 2 VwGO gilt nicht für Beschlussverfahren (einstweiliger Rechtsschutz, Prozesskostenhilfe etc, da diese wegen § 101 Abs 3 VwGO auch ohne die Rücknahmefiktion üblicherweise recht zügig abgeschlossen werden können.

II. Satz 1 – Klagerücknahmefiktion

1. Überblick

16   Die Fiktion der Klagerücknahme **setzt voraus**:

- ein Verhalten des Klägers, das die Vermutung begründet, sein Rechtsschutzbedürfnis sei entfallen;
- eine Betreibensaufforderung durch das Gericht mit Belehrung gem § 92 Abs 2 S 3 VwGO;
- ein Nichtbetreiben durch den Kläger innerhalb der nächsten zwei Monate;
- ggf die Zustimmung des Beklagten und des Vertreters des öffentlichen Interesses.

Die Betreibensaufforderung mit Rücknahmefiktion ist auch in Normenkontrollverfahren gem § 47 VwGO statthaft (OVG Bautzen SächsVBl 2004, 8). Bei den Antragsverfahren des einstweiligen Rechtsschutzes wird die Fiktion zu Lasten des Antragstellers nach Abs 2 S 2 ebenfalls für möglich gehalten (S/S/B/Clausing VwGO § 92 Rn 44). Im Berufungsverfahren ist § 92 Abs 2 S 1 VwGO nicht anwendbar, da § 126 Abs 2 VwGO lex specialis ist. Eine

Kombination von Rücknahme- und Einwilligungsfiktion kennt § 126 VwGO bewusst nicht. Im Revisionsverfahren gibt es keine Einwilligungsfiktion (§ 140 VwGO).

2. Grund für die Betreibensaufforderung

Die Fiktion der Klagerücknahme kann nur dann angenommen werden, wenn der Kläger **17** dem Gericht Anlass für eine Betreibensaufforderung gegeben hat. Diese Voraussetzung ist ein von der Rechtsprechung entwickeltes, **ungeschriebenes Tatbestandsmerkmal** (BVerwG NVwZ 2000, 1297; Wolff/Decker/Decker VwGO § 92 Rn 10). Notwendig sind bereits zum Zeitpunkt der Betreibensaufforderung sachlich **begründbare Anhaltspunkte**, die Zweifel beim Gericht daran begründen, dass der Kläger (noch) ein Rechtsschutzinteresse an der Klage hat (BVerwG NVwZ 2000, 1297, 1298). Diese Schlussfolgerung muss sich auf das fallbezogene Verhalten des Klägers beziehen (Beispiele s Rn 17.1). Aufforderungen, die ohne Anlass ergehen, setzen die Zwei-Monats-Frist nicht in Gang (BVerwG NVwZ 1986, 46, 48 zu § 33 AsylVfG aF; vgl S/S/B/Clausing VwGO § 92 VwGO Rn 39).

Beispiele: **17.1**
- Der Kläger befolgt vorbehaltlos den angefochtenen Verwaltungsakt.
- Der Verwaltungsakt hat sich erledigt und der Kläger stellt die Klage nicht auf eine Fortsetzungsfeststellungsklage gemäß § 113 Abs 1 S 4 VwGO um.
- Der Kläger legt die bei Klageerhebung angekündigte Begründung innerhalb von acht Monaten nicht vor, obgleich das Gericht gebeten hatte, die Klage innerhalb von sechs Wochen zu begründen (VGH Mannheim DÖV 2000, 210).

Kein ausreichendes Indiz für den Wegfall des Rechtsschutzbedürfnisses liegt dagegen vor, wenn
- der Kläger seine Klage bisher nicht begründet hat (vgl etwa BVerwG NVwZ 2000, 1297; Decker, BayVBl 1997, 673, 675);
- er zu Schriftsätzen der Gegenseite oder zur Begründung des umstrittenen Verwaltungsakts nicht Stellung nimmt (BVerwG NVwZ 2001, 918);
- das Gericht die Klage für unbegründet hält;
- das Gericht das Verfahren allgemein beschleunigen will (BVerwG NVwZ 2000, 1297).

Die Fristsetzung gem § 82 Abs 2, § 87 Abs 1 S 2 Nr 2, § 87b Abs 1 und 2 VwGO muss vor der Betreibensaufforderung erfolgen. Das (kumulative) Verstreichen dieser Fristen kann aber den Anlass bieten, der die Betreibensaufforderung rechtfertigt.

3. Betreibensaufforderung

Durch die Aufforderung zum Betreiben des Verfahrens soll der Kläger darauf hingewiesen **18** werden, dass eine Verfahrenserledigung droht, und ihm gleichzeitig Gelegenheit gegeben werden, die der gesetzlichen Fiktion einer Verfahrenserledigung zugrunde liegende Annahme des **Wegfalls** des **Rechtsschutzinteresses** vor ihrem Eintritt zu widerlegen. Die Betreibensaufforderung muss einen **hinreichend bestimmten Inhalt** haben. Das bloße Verlangen, das Verfahren zu betreiben, reicht nicht aus (BVerwG NVwZ 2003, Beilage Nr 3, 17–19). Welches Maß an Konkretisierung zu fordern ist, hängt vom konkreten Einzelfall, insbes vom konkreten Anlass der Betreibensaufforderung ab (BVerwG NVwZ 1987, 605). Auch der anwaltlich nicht vertretene Kläger muss erkennen können, was er in seinem Verfahren tun muss, um der Fiktion die tatbestandlichen Voraussetzungen zu nehmen. Die Betreibensaufforderung kann sich nur auf solche Verfahrenshandlungen beziehen, die der mitwirkungspflichtigen Sphäre des Klägers zuzurechnen sind. Das folgt aus der Ratio des § 86 Abs 1 S 1 VwGO (Kopp/Schenke VwGO § 92 Rn 19). Eine Verlängerung oder Verkürzung der Zwei-Monats-Frist des § 92 Abs 2 VwGO ist nicht möglich; Wiedereinsetzung nach § 60 VwGO ist möglich.

Die Betreibensaufforderung kommt vom **Gericht**. Wer als Gericht handeln kann, hängt **19** vom Verfahrensstadium ab. Im vorbereitenden Verfahren kann der „vorbereitende Richter" (Vorsitzender oder Berichterstatter gem § 87 Abs 1 S 1 VwGO) auffordern (Sodan/Ziekow/ Schmid VwGO § 92 Rn 32), ebenso der Richter in den Fällen des § 87a Abs 1 bis 3 (VG Stuttgart NVwZ-RR 1997, 766). Die Betreibensaufforderung kann sowohl als Beschluss als auch als Verfügung ergehen (S/S/B/Clausing VwGO § 92 Rn 50). Die Betreibensaufforderung nach § 92 Abs 2 S 1 VwGO ist als prozessleitende Verfügung gem § 146 Abs 2 VwGO unanfechtbar. Ergeht sie als Beschluss, soll das Gleiche gelten (OVG Lüneburg NVwZ 1998, 529; S/S/B/Clausing VwGO § 92 Rn 55). Die Betreibensaufforderung setzt eine Frist in Gang und muss deshalb förmlich zugestellt werden (§ 56 Abs 1 VwGO). Aufforderungen, die nicht hinreichend konkret und bestimmt sind, setzen die Zwei-Monats-Frist nicht in Gang (BVerwG NVwZ 1986, 46, 48 zu § 33 AsylVfG aF).

4. Die Rechtsfolgenbelehrung – Abs 2 S 3

20   Das Gericht muss die Betreibensaufforderung mit der Belehrung gem § 92 Abs 2 S 3 VwGO verbinden. Die Belehrung muss sich erstens auf die sich aus S 1 (Fiktion der Klagerücknahme) und zweitens auf die sich aus § 155 Abs 2 VwGO (Kostentragungspflicht des Klägers) ergebenden Rechtsfolgen beziehen. Beide Anforderungen sind zwingend. Fehlt es nur an einem der beiden Hinweise, ist die Betreibensaufforderung nicht ordnungsgemäß ergangen und vermag daher die Klagerücknahmefiktion nicht auszulösen.

5. Nichtbetreiben

21   Der Kläger darf das Verfahren weitere zwei Monate nicht betrieben haben. Das Verfahren wird weiter betrieben, wenn der Kläger innerhalb der Zwei-Monats-Frist durch seine Handlungen deutlich macht, dass **sein Rechtsschutzbedürfnis** trotz der entstandenen Zweifel an seinem Fortbestehen **nicht entfallen ist** (BVerwGE 71, 213 zu § 33 AsylVfG aF). Ein Nichtbetreiben ist in der Regel gegeben, wenn der Kläger die ihm konkret aufgegebene Mitwirkungshandlung nicht vornimmt, obwohl sie ihm zumutbar ist (BVerwG NVwZ 2000, 1297; 2001, 918). Je konkreter und zumutbarer die Betreibensaufforderung, umso eher liegt in der Nichterfüllung zugleich ein Nichtbetreiben (OVG Bautzen SächsVBl 2004, 9). Pauschale Aufforderungen zur Klagebegründung und das Schweigen des Klägers reichen nicht immer aus, weil der VwGO eine Pflicht zur Klagebegründung nur mittelbar zu entnehmen ist (BVerwG NVwZ 2001, 918). Allerdings kann der Kläger auch durch andere Handlungen als diejenigen, zu deren Vornahme das Gericht ihn aufgefordert hat, das Verfahren weiter betreiben, wenn dies sachgerecht ist. Ein Antrag auf Verlängerung der Frist ist für sich genommen kein „Weiterbetreiben" (VG Bayreuth BayVBl 1998, 285), ebenso wenig ein Befangenheitsantrag (VG Hannover NVwZ-RR 2011, 176). Das Betreiben muss sich auf das „Verfahren" als solches beziehen. Es bedarf vielmehr bereits innerhalb der gesetzten Frist eines substantiierten Vortrags. Ist die Zwei-Monats-Frist abgelaufen, ist ein Betreiben des Verfahrens nicht mehr möglich (BVerwG NVwZ 1986, 46). Die Frist ist eine Ausschlussfrist (BVerwG, Beschl v 6.7.2007 – 8 B 51/07). Mit Ablauf der genannten Frist gilt die Klage als zurückgenommen; das Verfahren ist beendet. Etwas anderes gilt nur dann, wenn dem Kläger in die versäumte Frist Wiedereinsetzung nach § 60 VwGO zu gewähren ist. Besteht Unklarheit, ob eine Klage als zurückgenommen gilt, so ist der Rechtsstreit – zunächst zur Klärung der Frage nach der Wirksamkeit einer Klagerücknahme – auf Antrag eines Beteiligten fortzuführen. Dieses Antragsrecht kann aber verwirkt werden (OVG Lüneburg NVwZ-RR 2012, 533).

III. Zustimmung des Beklagten bei der Rücknahmefiktion (Abs 2 S 2)

22   Auch bei der Rücknahmefiktion muss der Beklagte zustimmen, sofern die Anträge schon gestellt wurden. Der Kläger kann durch Nichtbetreiben des Verfahrens nicht das Einwilligungserfordernis des § 92 Abs 1 S 2 VwGO umgehen. Die Zustimmung kann dabei wiederum gem § 92 Abs 1 S 3 VwGO fingiert werden (§ 92 Abs 2 S 2 Alt 2 VwGO). Die **Zweiwochenfrist** der Zustimmungsfiktion des § 92 Abs 1 S 3 VwGO beginnt, sobald die Klagerücknahmeerklärung fingiert wurde, dh mit Ablauf der zwei Monate. Der Kläger und der Vertreter des öffentlichen Interesses sind durch die Betreibensaufforderung des Gerichts entsprechend vorgewarnt. Ein Hinweis des Gerichts, dass die Fiktionswirkung eingetreten ist und daher die Zweiwochenfrist zu laufen beginnt, ist sehr wünschenswert, aber wohl nicht zwingend (strenger Kopp/Schenke VwGO § 92 Rn 24).

IV. Feststellung der Rücknahmefiktion – Abs 2 S 4

Sind die Voraussetzungen des Absatzes 2 gegeben, so stellt das Gericht durch Beschluss 23 fest, dass die Klage als zurückgenommen gilt ($\S$ 92 Abs 2 S 4 VwGO). Der Beschluss nach $\S$ 92 Abs 2 S 4 VwGO besitzt nur **deklaratorische Wirkung** (OVG Saarlouis NVwZ 1999, 897; S/S/B/Clausing VwGO $\S$ 92 Rn 69). Nach hM findet dabei $\S$ 87a Abs 1 Nr 2 VwGO entsprechende Anwendung, so dass im vorbereitenden Verfahren der Vorsitzende oder der Berichterstatter zuständig ist (aA Decker BayVBl 1997, 673, 678). Ansonsten ist für den Beschluss der Spruchkörper, also die Kammer oder – im Falle der Übertragung nach $\S$ 6 Abs 1 VwGO der Einzelrichter zuständig.

Der Beschluss ist nicht selbständig anfechtbar, auch wenn der Normtext dies nicht 24 ausdrücklich festlegt (OVG Saarlouis NVwZ 1999, 897; S/S/B/Clausing VwGO $\S$ 92 Rn 73; vgl BT-Drs 11/7030 S 1 und 28; ausführlich Sodan/Ziekow/Schmid VwGO $\S$ 92 Rn 42; aA Decker, BayVBl 1997, 673, 678). Man kann insoweit auf den deklaratorischen Charakter und auf $\S$ 92 Abs 3 S 2 VwGO analog zurückgreifen. Besteht Streit über die Wirksamkeit der Fiktion, wird dieser geklärt, indem die **Fortsetzung des Verfahrens** beantragt wird und über diesen Antrag entschieden wird. Der Streit bleibt demnach in dieser Instanz und gelangt nicht im Beschwerdeweg in eine höhere Instanz. Soll gegen den Einstellungsbeschluss eine Verfassungsbeschwerde eingelegt werden, muss vorher ein Antrag auf Fortsetzung des Verfahrens gestellt werden (BVerfG (Kammer) NVwZ 1998, 1173). Die Friktion mit dem Umstand, dass die Aussetzung gem $\S$ 94 VwGO mit der Beschwerde anfechtbar ist, die „Rücknahmefiktion" der Klage aber nicht, wird dabei hingenommen (kritisch Decker, BayVBl 1997, 673, 678; Sodan/Ziekow/Schmid VwGO $\S$ 92 Rn 43).

D. Folge der Rücknahme und der Rücknahmefiktion ($\S$ 92 Abs 3 VwGO)

I. Beendigung des Verfahrens

Durch die wirksame Rücknahme der Klage nach $\S$ 92 Abs 1 VwGO oder die Rück- 25 nahmefiktion von Abs 2 **entfallen** ex tunc die **Wirkungen** der **Rechtshängigkeit**. Die Wirkungen der Klagerücknahme treten mit deren Eingang und dem Eingang aller weiteren erforderlichen Einwilligungen bei Gericht ein. Bei der Rücknahmefiktion des Abs 2 tritt die Wirkung mit Ablauf der Zwei-Monats-Frist kraft Gesetzes ein (BVerwG NVwZ 1985, 280). Der Beschluss des Gerichts iSv $\S$ 92 Abs 2 S 4 VwGO ist dafür nicht erforderlich. Das Verfahren wird unmittelbar und rückwirkend beendet. Die Bestandskraft des streitgegenständlichen Verwaltungsaktes tritt rückwirkend ein (Sodan/Ziekow/Schmid VwGO $\S$ 92 Rn 49). Die Klagerücknahme erstreckt sich grundsätzlich auf sonstige, selbständige wie unselbständige prozessuale Anträge, auch auf Anträge im einstweiligen Rechtsschutz (VGH München BayVBl 1992, 245 zu $\S$ 47 Abs 6 VwGO). Bereits ergangene Entscheidungen, auch erlassene, aber noch nicht rechtskräftig gewordene Urteile/Beschlüsse, werden wirkungslos, ohne dass es einer ausdrücklichen Aufhebung bedürfte ($\S$ 173 VwGO iVm $\S$ 269 Abs 3 S 1 ZPO). Die Verfahrensbeendigung ist von jedem Gericht in jedem Verfahrensstadium zu beachten (BVerwG NVwZ-RR 1991, 443). Nach der Klagerücknahme ist dem Gericht eine Entscheidung zur Sache verwehrt. Entscheidet es trotzdem, ist die Entscheidung verfahrensfehlerhaft und bei Einlegung des entsprechenden Rechtsmittels aufzuheben. Zu einer Sachentscheidung trotz Rücknahme kann das Gericht nur dann kommen, wenn es feststellt, dass die Rücknahme nicht wirksam erklärt oder fingiert wurde oder wenn dem Kläger Wiedereinsetzung in den vorigen Stand in die versäumte Zwei-Monats-Frist zu gewähren ist (BVerwG NVwZ-RR 1991, 443, 445). Für die Kosten gilt grundsätzlich $\S$ 155 Abs 2 VwGO, ausnahmsweise können auch die Voraussetzungen des $\S$ 155 Abs 4 VwGO gegeben sein (VG Darmstadt NVwZ-RR 1998, 272). Wird die Klage nach der Rücknahme erneut erhoben, kann der Beklagte nach zutreffender Ansicht gem $\S$ 173 S 1 VwGO iVm $\S$ 269 Abs 6 ZPO die Einlassung bis zur Zahlung der Kosten des ersten Verfahrens verweigern.

II. Einstellung des Verfahrens durch Beschluss

Nimmt der Kläger die Klage zurück (Abs 1) oder gilt die Klage als zurückgenommen 26 (Abs 2), so stellt das Gericht gem $\S$ 92 Abs 3 S 1 VwGO das Verfahren durch **Beschluss** ein und spricht die sich nach der VwGO ergebenden Rechtsfolgen der Zurücknahme aus. Die Kostentragungspflicht des Klägers ergibt sich in der Regel aus § 155 Abs 2 VwGO. Für die Kostenentscheidung ist der Beschluss konstitutiv. Bei einer Klagerücknahme in der Rechtsmittelinstanz sollte in der Einstellungsentscheidung darauf hingewiesen werden, dass bereits ergangene Urteile oder Beschlüsse wirkungslos geworden sind.

27   Der **Einstellungsbeschluss** besitzt – abgesehen von der Kostenentscheidung, die konstitutiv ist – wiederum nur eine **deklaratorische Bedeutung** (BVerwG NVwZ 1991, 60). Beruht die Rücknahme auf der Rücknahmefiktion des Absatzes 2, muss dem Einstellungsbeschluss nach Abs 3 S 1 notwendigerweise der Feststellungsbeschluss nach § 92 Abs 2 S 4 VwGO vorausgehen. § 92 Abs 3 S 2 VwGO gilt nach überwiegender Ansicht aber nur, wenn zwischen den Beteiligten über die Klagerücknahme kein Streit besteht (Redeker/ v. Oertzen/Kothe VwGO § 92 Rn 12 ff.).

28   Zuständig für den Einstellungsbeschluss ist grundsätzlich der **Spruchkörper**, also die Kammer oder – im Falle der Übertragung nach § 6 Abs 1 VwGO – der Einzelrichter. Ergeht bei Klagerücknahme nach § 92 Abs 1 VwGO die Entscheidung im vorbereitenden Verfahren, kann den Einstellungsbeschluss auch der Vorsitzende oder – sofern bestellt – der Berichterstatter erlassen (§ 87a Abs 1 Nr 2, Abs 3 VwGO). Gleiches gilt im Falle der Klagerücknahmefiktion.

III. Unanfechtbarkeit – Abs 3 S 2

29   Der Einstellungsbeschluss ist nach § 92 Abs 3 S 2 VwGO unanfechtbar. Für den Feststellungsbeschluss gem § 92 Abs 2 S 4 VwGO fehlt eine entsprechende Regelung, dennoch wendet die überwiegende Ansicht auf diesen § 92 Abs 3 S 2 VwGO analog an (s o Rn 24). Ist der Kläger oder der Beklagte der Auffassung, es läge keine wirksame Klagerücknahme vor, kann er die Fortsetzung des Verfahrens beantragen mit dem Ziel, eine Entscheidung über den ursprünglichen Klageantrag zu erhalten (BVerwG Buchholz 310 § 92 VwGO Nr 4). Gegenstand des **fortgesetzten Verfahrens** ist dann zunächst die Frage, ob tatsächlich eine wirksame Klagerücknahme vorliegt. Über diesen Antrag ist grundsätzlich durch **Urteil** zu entscheiden (BVerwG MDR 1965, 1012; NVwZ-RR 1994, 362). Hält das Gericht die Voraussetzungen des § 92 Abs 1 bzw Abs 2 VwGO für gegeben und die Klage somit für zurückgenommen, so weist es den Feststellungsantrag durch Urteil ab (BVerwG Buchholz 310 § 92 VwGO Nr 5). Verneint das Gericht die Rechtswirksamkeit der Klagerücknahme, sollte es den Einstellungsbeschluss und bei § 92 Abs 2 VwGO auch den Feststellungsbeschluss aus Gründen der Rechtsklarheit aufheben. Zwingend ist dies allerdings nicht (S/S/ B/Clausing VwGO § 92 Rn 79). Es kann auch unmittelbar über den Zwischenfeststellungsantrag und die in aller Regel stufenweise aufrechterhaltenen ursprünglichen Sachanträge der Beteiligten entscheiden.

IV. Entscheidung durch Urteil

30   **Besteht** zwischen den Beteiligten oder zwischen den Beteiligten und dem Gericht **Uneinigkeit** über die Wirksamkeit der Klagerücknahme und ist noch kein Beschluss nach § 92 Abs 3 VwGO gefasst, soll nach hM das Gericht nicht mit Beschluss iSv § 92 Abs 3 S 1 VwGO entscheiden, sondern durch **Urteil** (Nachweis oben Rn 29; sa Sodan/Ziekow/ Schmid VwGO § 92 Rn 47). Bei Entscheidungsreife fällt es ein Endurteil. Ist die Klagerücknahme wirksam, wird durch Urteil festgestellt, dass der Antrag zurückgenommen ist (S/S/B/ Clausing VwGO § 92 Rn 78). Ist die Klagerücknahme nicht wirksam, entscheidet das Gericht gemäß der materiellen Rechtslage. Gegen diese Urteile ist Berufung oder Revision statthaft (Kopp/Schenke VwGO § 92 Rn 29 mwN). Ist die Sache noch nicht entscheidungsreif, liegt ein unselbständiges Zwischenurteil gem § 303 ZPO iVm § 173 S 1 VwGO nahe (Kopp/Schenke VwGO § 109 Rn 9; Sodan/Ziekow/Schmid VwGO § 92 Rn 47). Ein selbständiges Zwischenurteil gem § 109 VwGO wird als nicht statthaft angesehen (Kopp/Schenke VwGO § 93 Rn 29; Eyermann/Rennert VwGO § 92 Rn 26). Entscheidet das Gericht in diesen Fällen unzutreffend durch Beschluss, ist wegen des Prinzips der Meistbegünstigung wahlweise Beschwerde oder das Rechtsmittel, das gegen das Urteil statthaft

wäre, möglich (VGH Mannheim VBlBW 1984, 413; Sodan/Ziekow/Schmid VwGO § 92 Rn 51).

§ 93 [Verbindung und Trennung von Verfahren]

[1] Das Gericht kann durch Beschluß mehrere bei ihm anhängige Verfahren über den gleichen Gegenstand zu gemeinsamer Verhandlung und Entscheidung verbinden und wieder trennen. [2] Es kann anordnen, daß mehrere in einem Verfahren erhobene Ansprüche in getrennten Verfahren verhandelt und entschieden werden.

Die Vorschrift dient der **Prozessökonomie**, indem sie dem Gericht nach seinem Ermessen die Möglichkeit eröffnet, das Verfahren durch Verbindung (Rn 1) mehrerer getrennt erhobener Klagen oder durch Trennung (Rn 7) mehrerer in einem Verfahren geltend gemachter Ansprüche zweckmäßig zu gestalten.

A. Verbindung von Verfahren

I. Voraussetzungen

1. Mehrere bei Gericht anhängige Verfahren

Die Verbindung ist zulässig, wenn **mehrere Verfahren bei Gericht** anhängig sind. In **1** Fällen, in denen die Verfahren bei demselben Gericht, aber in **verschiedenen Kammern** oder Senaten anhängig sind, muss der Geschäftsverteilungsplan allerdings eine Regelung zur spruchkörperübergreifenden Verbindung enthalten (Eyermann/Rennert VwGO § 93 Rn 2; B/F-K/S/vA/Stuhlfauth VwGO § 93 Rn 3); in der Praxis dürfte diese Konstellation allerdings kaum auftreten, da entsprechende Verfahren zunächst innerhalb des Gerichts an den zuständigen Spruchkörper abgegeben und erst dann ggf verbunden werden.

Die zu verbindenden Verfahren müssen in **der gleichen Instanz** anhängig sein (Redeker/von Oertzen/Kothe VwGO § 93 Rn 1). Ferner müssen die Verfahren **derselben Verfahrens- oder Prozessart** angehören. Unproblematisch ist die Verbindung von Anfechtungs-, Verpflichtungs-, Feststellungs- und Leistungsklage untereinander (BVerwG DÖV 1965, 350); nicht möglich ist dagegen die Verbindung eines Hauptsacheverfahrens mit einem Verfahren des einstweiligen Rechtsschutzes (Eyermann/Rennert VwGO § 93 Rn 2; Redeker/von Oertzen/Kothe VwGO § 93 Rn 1; Kopp/Schenke VwGO § 93 Rn 4), da mit Urteil und Beschluss unterschiedliche Entscheidungsformen vorliegen, oder mit einem Normenkontrollverfahren (Redeker/von Oertzen/Kothe VwGO § 93 Rn 1; OVG Berlin UPR 1987, 279 Ls), vgl aber unten Rn 6.

2. Verfahren über den gleichen Gegenstand

Gemeint ist nicht nur die Identität der Streitgegenstände im Sinne des § 121 VwGO, da **2** diese Konstellation zur Unzulässigkeit einer der Klagen wegen entgegenstehender Rechtshängigkeit führen würde. Ausreichend ist es vielmehr, dass die unterschiedlichen Streitgegenstände in Zusammenhang stehen, dh auf im Wesentlichen **gleichartigen rechtlichen oder tatsächlichen Gründen** beruhen (BVerwGE 48/1). Es handelt sich also um dieselben Voraussetzungen, unter denen die Verfahren gem §§ 44 VwGO ff von den Beteiligten selbst in einer Klage hätten zusammengefasst werden können oder unter denen eine einfache Streitgenossenschaft im Sinne des § 64 VwGO zulässig ist (Eyermann/Rennert VwGO § 93 Rn 2). Auch bei verschiedenen Beteiligten kann daher der gleiche Gegenstand gegeben sein.

3. Ermessen

Die Entscheidung, ob Verfahren verbunden werden, liegt im Ermessen des Gerichts. **3** Maßgeblich ist, ob die Verbindung der **Verfahrensökonomie** dient, weil hierdurch der Prozess übersichtlicher oder effektiver gestaltet wird (BVerfG NJW 1997, 649; BVerwG NVwZ-RR 1998, 685). Die Kostenfolgen für die Beteiligten müssen nicht berücksichtigt werden (BVerfGE 54, 39 = NJW 1980, 1511; BVerwG NVwZ-RR 98, 685).

4   Eine **Pflicht zur Verbindung** besteht bei getrennt erhobenen Klagen notwendiger Streitgenossen (BVerwG Buchholz 427.3 § 360 LAG Nr 45). Ferner wird eine Pflicht zur Verbindung angenommen, wenn Ausgangsverwaltungsakt und Widerspruchsbescheid Gegenstand verschiedener Klagen sind (Eyermann/Rennert VwGO § 93 Rn 3). Bei Identität des Streitgegenstandes ist eine Verbindung rechtlich nicht geboten, durch eine derartige Verbindung kann aber die Abweisung der späteren Klage als unzulässig vermieden werden (BVerwGE 109, 74).

II. Folge der Verbindung

5   Werden Verfahren förmlich zur **gemeinsamen Verhandlung und Entscheidung** verbunden, so bilden diese nach der Verbindung ein einziges Verfahren mit mehreren Klagegegenständen. Mehrere Beklagte oder Kläger werden einfache oder notwendige Streitgenossen. Eine Beweiserhebung oder Verhandlung betrifft alle Verfahren. Die Entscheidung einschließlich der Kostenentscheidung ergeht einheitlich; die Streitwerte sind zu addieren, § 5 ZPO. Bei einer Verbindung von Verfahren mehrerer Kläger sind hinsichtlich des Wertes des Streitgegenstandes sowie der Kosten und Gebühren die für die Streitgenossenschaft geltenden Grundsätze anzuwenden (Redeker/von Oertzen/Kothe VwGO § 93 Rn 8).

III. Andere Formen der Verbindung

6   Werden Verfahren **nur zur gemeinsamen mündlichen Verhandlung** oder zur gemeinsamen Beweisaufnahme oder nur zur gemeinsamen Entscheidung (BVerwGE 48, 1) verbunden, so bleiben die Verfahren im Übrigen selbständig. Beschließt das Gericht nach Aufruf der Sache die Verbindung zur gemeinsamen mündlichen Verhandlung, so muss zudem durch Auslegung ermittelt werden, ob eine echte Verfahrensverbindung zu einem Verfahren iSd § 93 VwGO gemeint ist oder ob es sich nur um eine gleichzeitige Verhandlung und damit um eine der Vereinfachung dienende, vorübergehende Maßnahme handeln soll (vgl VGH München NVwZ-RR 2008, 504). In der Praxis wird häufig keine förmliche Verbindung gewollt sein, sondern es wird durch die **gleichzeitige mündliche Verhandlung von im übrigen selbständig bleibenden Verfahren** allein praktischen Bedürfnissen entsprochen. So müssen zB ähnliche oder gleiche Sachverhalte und Rechtsfragen nicht mehrmals erörtert werden, was der Verfahrensökonomie dient. Da in einem solchen Fall keine echte rechtliche Verbindung zu einem einzigen Verfahren gewollt ist, ist eine solche Vorgehensweise zB auch bei Hauptsacheverfahren und Verfahren des vorläufigen Rechtsschutzes möglich (B/F-K/S/vA/Stuhlfauth VwGO § 93 Rn 6). Weitergehend wird vertreten, dass eine echte rechtliche Verbindung nur zur gemeinsamen mündlichen Verhandlung einerseits aufgrund des Wortlauts des § 93 VwGO (zu gemeinsamer Verhandlung „und" Entscheidung) und andererseits wegen der praktisch auftretenden Schwierigkeiten bei der Kostenerhebung und der nicht mehr möglichen Vernehmung von Klägern als Zeugen in einem verbundenen Prozess unzulässig oder zumindest ungereimt sein soll (Sodan/Ziekow/ Schmid VwGO § 93 Rn 4; S/S/B/Rudisile VwGO § 93 Rn 19; Kopp/Schenke VwGO § 93 Rn 5).

6a   **Kostenrechtlich** ist zu differenzieren: War keine förmliche Verbindung gewollt, sondern wurden mehrere Verfahren lediglich zur gleichzeitigen Verhandlung zusammengefasst, oder hält man die förmliche Verbindung nur für die mündliche Verhandlung für unzulässig, so hat dies zur Folge, dass sich die Terminsgebühr für die anwaltliche Vertretung in einer solchen Verhandlung weiter nach den jeweiligen Einzelstreitwerten, nicht aber anteilig nach deren Summe richtet (VGH München NVwZ-RR 2008, 504; OVG Lüneburg NVwZ-RR 2010, 540). Hält man dagegen auch eine förmliche Verbindung nur zur gemeinsamen mündlichen Verhandlung für zulässig und ist eine solche Verbindung auch im Hinblick auf die Kostenfolge gewollt und angeordnet worden, so errechnet sich die Terminsgebühr anteilig aus der Summe der Einzelstreitwerte der zur gemeinsamen Verhandlung verbundenen Verfahren (VGH Mannheim NVwZ-RR 2006, 855; VGH Kassel ESVGH 61, 239).

B. Trennung von Verfahren
I. Voraussetzungen
1. Mehrere Ansprüche

Die Trennung eines zunächst einheitlichen Verfahrens und die Weiterführung in verschie- 7
denen rechtlich selbständigen Verfahren ist möglich, wenn in einem Klageverfahren **mehrere eigenständige Ansprüche** verfolgt werden. Hierbei kann es sich sowohl um Fälle
subjektiver (§ 64 VwGO) als auch objektiver Klagehäufung (§ 44 VwGO) handeln. Auch
im Fall einer Widerklage kann diese trotz Vorliegens eines rechtlichen Zusammenhangs von
der ursprünglichen Klage abgetrennt werden. Nicht getrennt werden können verschiedene
rechtliche Begründungen für denselben Streitgegenstand (OVG Münster ZfSH/SGB 1984,
468); ist lediglich ein Teil eines einheitlichen Streitgegenstands entscheidungsreif, so rechtfertigt dies nicht eine Trennung, sondern lediglich den Erlass eines Teilurteils (§ 110 VwGO)
oder eines Zwischenurteils (§§ 109, 111 VwGO).

Zulässig ist zudem gem § 93 S 1 VwGO die Trennung von Verfahren, die zuvor **vom** 8
Gericht verbunden worden sind.

2. Ermessen

Die Durchführung einer Verfahrenstrennung liegt ebenso wie die Verbindung im **Ermes-** 9
sen des Gerichts. Sie dient der **Prozessökonomie** (BVerwG NVwZ-RR 1998, 685), dh ihr
Ziel ist die Ordnung und übersichtliche Gestaltung des Prozessstoffes (OVG Münster NJW
2011, 871). Unzulässig wäre die Trennung eines Verfahrens von notwendigen Streitgenossen
(Eyermann/Rennert VwGO § 93 Rn 8) sowie von Haupt- und Hilfsantrag (OVG Sachsen-
Anhalt Beschl v 21.4.2009 – 3 M 158/09 mwN). Eine Trennung ist unzulässig, wenn
keinerlei Anhaltspunkte dafür bestehen, dass die Trennung das Verfahren übersichtlicher
gestalten könnte (BVerfG NJW 1997, 649).

Eine Trennung muss dagegen erfolgen, wenn die Voraussetzungen einer objektiven Kla- 10
gehäufung (§ 44 VwGO) oder der Widerklage (§ 89 VwGO) mangels rechtlichen Zusammenhangs nicht vorliegen oder wenn die Verweisung einzelner Klagebegehren beabsichtigt
ist (Kopp/Schenke VwGO § 93 Rn 3). Bei subjektiver Klagehäufung ist es zweckmäßig,
diejenigen Beteiligten, deren Verfahren bereits in der Sache beendet ist, durch eine Verfahrenstrennung und die abschließende (Neben-)Entscheidung endgültig aus dem Prozess zu
entlassen (BVerwG NVwZ 2009, 50). Die für die Beteiligten entstehenden **Kosten** müssen
bei der Entscheidung über die Trennung nicht berücksichtigt werden; mehrere Kläger
können daher nicht verlangen, dass das Prozessrisiko durch gemeinsame Verhandlung und
Entscheidung über alle anhängigen Ansprüche möglichst niedrig gehalten wird (BVerfGE
54, 39/41; BVerwG NVwZ-RR 1998, 685). Bei einer **nicht sachgerechten Trennung**
kann allerdings Anlass bestehen, Kosten gem § 21 GKG nicht zu erheben (OVG Berlin-
Brandenburg Beschl v 13.1.2009 – OVG 5 S 21.08; OVG NRW NJW 1978, 720). Dagegen
gibt es keine Möglichkeit, außergerichtliche Kosten, die durch die unrichtige Sachbehandlung entstanden sind, der Staatskasse zu überbürden (BVerwG NVwZ-RR 1999, 694
mwN).

II. Folge der Trennung

Durch die Prozesstrennung entstehen mehrere für die Zukunft in jeder Beziehung **selb-** 10a
ständige Verfahren, die jeweils eigenständig zu entscheiden sind und sich unterschiedlich
weiterentwickeln können (Zöller/Greger ZPO § 145 Rn 7). **Kostenrechtlich** entsteht für
jedes der getrennten Verfahren die allgemeine Verfahrensgebühr nach dem Wert des jeweiligen abgetrennten Streitgegenstands (BVerwG Buchholz 310 § 164 VwGO Nr 4; OVG
Münster NJW 2011, 871). Selbst im Fall einer **nicht sachgerechten Trennung** muss in
allen Verfahren jeweils ein eigener Streitwert bestimmt werden; auf die Richtigkeit des
unanfechtbaren Trennungsbeschlusses kommt es dabei nicht an (OVG Münster Beschl v
3.1.2011 – 7 E 1274/10).

Die für das ursprüngliche Verfahren erhobene Gebühr ist im Verhältnis der neu berechneten Einzelgebühren aufzuteilen und anzurechnen (Zöller/Greger ZPO § 145 Rn 28; OLG Nürnberg OLGR 2005, 262). Bei der **Streitwertfestsetzung** im Ursprungsverfahren ist zwischen der Zeit bis zur Abtrennung und der Zeit danach zu differenzieren.

C. Verfahren und Prozessuales

11   Die Entscheidung über Verbindung oder Trennung ergeht durch **Beschluss**. Zuständig ist das Gericht, nicht der Vorsitzende oder Berichterstatter (vgl § 87a VwGO). Anhörung oder Zustimmung der Beteiligten ist trotz der möglichen Auswirkungen auf die Kosten des Verfahrens nicht erforderlich, da sie durch den Beschluss selbst nicht beschwert werden. Trennung und Verbindung sind in jedem Verfahrensstadium zulässig, auch im Berufungs- oder Revisionsverfahren (zum Fall einer Trennung bei nur partiell vorliegenden Berufungszulassungsgründen vgl OVG Münster Beschl v 30.4.2009 – 6 A 702/08); nach getrennter mündlicher Verhandlung kann noch zur gemeinsamen Entscheidung verbunden werden (Redeker/v Oertzen/Kothe VwGO § 93 Rn 4).

12   Da ein Beschluss erforderlich ist, kommt **keine stillschweigende Verbindung oder Trennung** in Betracht (Redeker/von Oertzen/Kothe VwGO § 93 Rn 4; aA Kopp/Schenke VwGO § 93 Rn 6); eine nur tatsächlich gemeinsame Verhandlung von Streitsachen ohne Beschluss hat nicht die Folgen einer rechtlichen Verfahrensverbindung iSd § 93 (Rn 6 f).

13   Der Trennungsbeschluss ist als **prozessleitende Anordnung** unanfechtbar, § 146 Abs 2 VwGO. Gerügt werden kann allerdings, dass eine (unterlassene) Verbindung oder Trennung zu einem sachlichen Mangel des Urteils geführt hat, so zB wenn eine notwendige Verbindung unterblieben ist (BVerwG Buchholz 427.3 § 360 LAG Nr 45) oder wenn eine fehlerhafte Trennung zu einem unzulässigen Teilurteil geführt hat (BVerwGE 39, 319; OVG Münster ZfSH/SGB 1984, 468). Das Gericht selbst kann den Beschluss jederzeit ändern oder aufheben, wenn dies der Verfahrensökonomie dient; wird ein Rechtsmittel eingelegt, steht diese Befugnis dem Rechtsmittelgericht zu (VGH München Beschl v 7.12.2010 – 14 ZB 10.1396 ua).

§ 93a [Musterverfahren]

(1) [1]**Ist die Rechtmäßigkeit einer behördlichen Maßnahme Gegenstand von mehr als zwanzig Verfahren, kann das Gericht eines oder mehrere geeignete Verfahren vorab durchführen (Musterverfahren) und die übrigen Verfahren aussetzen.** [2]**Die Beteiligten sind vorher zu hören.** [3]**Der Beschluß ist unanfechtbar.**

(2) [1]**Ist über die durchgeführten Verfahren rechtskräftig entschieden worden, kann das Gericht nach Anhörung der Beteiligten über die ausgesetzten Verfahren durch Beschluß entscheiden, wenn es einstimmig der Auffassung ist, daß die Sachen gegenüber rechtskräftig entschiedenen Musterverfahren keine wesentlichen Besonderheiten tatsächlicher oder rechtlicher Art aufweisen und der Sachverhalt geklärt ist.** [2]**Das Gericht kann in einem Musterverfahren erhobene Beweise einführen; es kann nach seinem Ermessen die wiederholte Vernehmung eines Zeugen oder eine neue Begutachtung durch denselben oder andere Sachverständige anordnen.** [3]**Beweisanträge zu Tatsachen, über die bereits im Musterverfahren Beweis erhoben wurde, kann das Gericht ablehnen, wenn ihre Zulassung nach seiner freien Überzeugung nicht zum Nachweis neuer entscheidungserheblicher Tatsachen beitragen und die Erledigung des Rechtsstreits verzögern würde.** [4]**Die Ablehnung kann in der Entscheidung nach Satz 1 erfolgen.** [5]**Den Beteiligten steht gegen den Beschluß nach Satz 1 das Rechtsmittel zu, das zulässig wäre, wenn das Gericht durch Urteil entschieden hätte.** [6]**Die Beteiligten sind über dieses Rechtsmittel zu belehren.**

Die Vorschrift wurde eingeführt zur vereinfachten, dh beschleunigten und konzentrierten **Bewältigung von Massenverfahren** (BVerfG 24.2.2009 – 1 BvR 182/09 – BVerfGK 15,111). Die Auswahl und Entscheidung einzelner Verfahren als Musterverfahren (Rn 1) hat auf diese selbst keine Auswirkungen; sie sind vielmehr nach normalen prozessualen Grundsätzen abzuwickeln. Erleichtert wird durch die Vorschrift jedoch die Durchführung der zunächst ausgesetzten übrigen Verfahren (Rn 6). In diesen Verfahren besteht die Möglichkeit einer Entscheidung ohne mündliche Verhandlung durch Beschluss sowie die Möglichkeit zur erleichterten Beweisverwertung.

A. Voraussetzungen, Abs 1 S 1

Voraussetzung für die Durchführung von Musterverfahren ist das Vorliegen von mehr als **1** 20 Verfahren, die sich gegen die identische behördliche Maßnahme richten. **Behördliche Maßnahme** kann ein Verwaltungsakt, ein Bebauungsplan oder die Anordnung der sofortigen Vollziehung sein. Gegenstand der Verfahren muss **dieselbe Maßnahme** sein, nicht ausreichend ist die Anfechtung von Bescheiden, die lediglich auf derselben Rechtsgrundlage beruhen (zB gleichlautende Gebührenbescheide) oder die Verpflichtung zu mehreren inhaltlich gleichlautenden Entscheidungen (zB in numerus-clausus-Verfahren). In diesen Fällen handelt es sich um „unechte" Massenverfahren.

Die **Verfahren** müssen die Rechtmäßigkeit der behördlichen Maßnahme zum Gegen- **2** stand haben. Weitere ausdrückliche Voraussetzungen über den Streitgegenstand enthält § 93a VwGO nicht. Die Durchführung von Musterverfahren ist jedoch nur sinnvoll, wenn darüber hinaus im Wesentlichen **dieselben rechtlichen und tatsächlichen Bedenken an der Rechtmäßigkeit** der Maßnahme Gegenstand der Verfahren sind; andernfalls (zB bei Abwägungsfragen) kann keine Musterentscheidung mit Gültigkeit für alle Verfahren ergehen. In Betracht kommen alle Klageverfahren, auch solche, in denen das OVG erstinstanzlich zuständig ist, sowie Berufungsverfahren (§ 125 Abs 1 VwGO). Es kann sich um **Hauptsacheverfahren, Normenkontrollen** (Redeker/v Oertzen/Kothe VwGO § 93a Rn 2; Eyermann/Geiger VwGO § 93a Rn 4) oder **Verfahren des einstweiligen Rechtsschutzes** handeln, nicht aber um eine Mischung aus diesen Verfahren, da sonst keine Musterentscheidung ergehen kann. In Verfahren des einstweiligen Rechtsschutzes ist eine Anwendung der Vorschrift zudem kaum sinnvoll, da in der Regel weder eine mündliche Verhandlung noch eine Beweiserhebung stattfindet und die in Abs 2 vorgesehenen Erleichterungen für die Durchführung der ausgesetzten Verfahren daher nicht greifen.

Die Zahl von **mindestens 21 Verfahren** kann auch erst durch eine Trennung gem **3** § 93 VwGO herbeigeführt werden (Redeker/v Oertzen/Kothe VwGO § 93a Rn 2). Maßgeblich für das Vorliegen der Voraussetzungen ist der Zeitpunkt des Beschlusses iSd Abs 2 S 1; danach eintretende Änderungen sind unerheblich (Eyermann/Geiger VwGO § 93a Rn 7).

Liegen die Voraussetzungen nicht vor, weil zB „unechte" Massenverfahren (Rn 1) oder **3a** weniger als 21 Verfahren vorliegen, kommt kein Verfahren nach § 93a in Betracht, sondern es besteht nur die Möglichkeit, einzelne Verfahren zu entscheiden und die übrigen (im Einverständnis der Beteiligten) zum Ruhen zu bringen, § 173 VwGO iVm § 251; die in § 93a vorgesehenen Erleichterungen bei der Entscheidung der zunächst ausgesetzten Verfahren nach Abschluss des Musterverfahrens bestehen dann gerade nicht.

B. Verfahren

I. Entscheidung über die Durchführung von Musterverfahren

Nach **Anhörung** der Beteiligten aller Verfahren (Eyermann/Geiger VwGO § 93a **4** Rn 11; aA Sodan/Ziekow/Schmid VwGO § 93a Rn 10: nur der Beteiligten des oder der Musterverfahren), § 93a Abs 1 S 2 VwGO, ergeht die gerichtliche Entscheidung über die Durchführung eines oder mehrerer Musterverfahren durch **Beschluss** des Spruchkörpers bzw Einzelrichters, nicht des Vorsitzenden oder Berichterstatters (Kopp/Schenke VwGO § 93a Rn 5). In dem Beschluss sind die einzelnen **Musterverfahren zu bestimmen**. Damit kann verbunden werden die **Aussetzung** aller anderen Verfahren bis zur Rechtskraft der Entscheidung in dem oder den Musterverfahren. Der Beschluss ist unanfechtbar, § 93a Abs 1 S 3 VwGO, und bedarf daher keiner Begründung, § 122 Abs 2 S 1 VwGO.

Es liegt im **Ermessen des Gerichts**, ob überhaupt ein Musterverfahren durchgeführt **5** wird und welches oder welche Verfahren als Musterverfahren ausgewählt werden. Das

Gericht kann stattdessen auch alle Verfahren laden und entscheiden oder aber einzelne Verfahren vorziehen und entscheiden, während die anderen faktisch ruhen. In diesen Fällen besteht aber keine Möglichkeit der Vereinfachung des Verfahrens nach § 93a Abs 2 VwGO. **Geeignet** im Sinne des Abs 1 S 1 ist ein Verfahren als Musterverfahren, wenn in ihm möglichst alle rechtlichen und tatsächlichen Fragestellungen auftreten, so dass die Entscheidung in diesem Verfahren als Muster für die Entscheidung in den ausgesetzten Verfahren dienen können; dies ist nicht gegeben, wenn Einzelprobleme aufgeworfen werden und das Ergebnis daher nicht ohne Weiteres übertragbar ist. Bei der Auswahl sollte ferner berücksichtigt werden, dass es aufgrund von Besonderheiten in einzelnen Verfahren (zB Klagerücknahme, Tod des Klägers) in einzelnen Verfahren nicht zu einer ober- oder höchstrichterlichen Klärung kommen könnte, so dass in der Regel die Auswahl **mehrerer Musterverfahren** sinnvoll ist. Die als Musterverfahren ausgesuchten Verfahren werden nach normalen prozessualen Grundsätzen durchgeführt.

5a   Das Gericht kann die einmal getroffene Entscheidung über die Auswahl eines Verfahrens als Musterverfahren auch wieder **aufheben** und dieses Verfahren ebenfalls bis zum rechtskräftigen Abschluss der anderen Musterverfahren aussetzen. Gründe hierfür können in einer veränderten prozessualen Situation liegen, wenn zB nicht mehr zu erwarten ist, dass das Verfahren zu einem zusätzlichen Erkenntnisgewinn führen wird (BVerfG NVwZ 2011, 611) zur verfassungsrechtlichen Unbedenklichkeit eines solchen Beschlusses).

II. Entscheidung in den zunächst ausgesetzten Verfahren, Abs 2

6   Liegt eine rechtskräftige Entscheidung in dem oder den Musterverfahren vor, so bestehen für die übrigen ausgesetzten Verfahren **vereinfachte Entscheidungsmöglichkeiten**. Das Gericht hat zunächst zu prüfen, ob in diesen Verfahren **wesentliche Besonderheiten** vorliegen; das ist der Fall, wenn in den ausgesetzten Verfahren neue Sach- oder Tatsachenfragen aufgeworfen werden, deren Beantwortung das in den entschiedenen Verfahren gefundene Ergebnis in Zweifel ziehen oder jedenfalls seine Übertragbarkeit als problematisch erscheinen lassen könnte (BVerwG Buchholz 310 § 93a VwGO Nr 1; NVwZ 2008, 1007). Hierzu sind die Beteiligten anzuhören. Stellt das Gericht **einstimmig** keine derartigen Besonderheiten fest, kann es durch **Beschluss** iSd Abs 2 S 1 **ohne mündliche Verhandlung** (§ 101 Abs 3 VwGO) entscheiden; dies stößt allerdings auf Kritik wegen des Gebots des rechtlichen Gehörs und vor allem im Hinblick auf die Vereinbarkeit mit Art 6 EMRK (B/F-K/S/vA/Stuhlfauth VwGO § 93a Rn 14; ausführlich Sodan/Ziekow/Schmid VwGO § 93a Rn. 20 ff). Liegen Besonderheiten vor, muss im normalen Verfahren weiterverhandelt und entschieden werden. Eine **Bindung des Gerichts** an die Entscheidungen in den Musterverfahren besteht nicht, da es sich um selbständige Verfahren handelt (BVerfG NVwZ 2009, 908; Eyermann/Geiger VwGO § 93a Rn 20; Kopp/Schenke VwGO § 93a Rn 10; aA Redeker/v Oertzen/Kothe VwGO § 93a Rn 7: Selbstbindung des Gerichts); allerdings setzt die vereinfachte Entscheidungsmöglichkeit in den ausgesetzten Verfahren voraus, dass die Entscheidung aus den Musterverfahren auch übertragen wird, dh das Gericht darf nicht eine erneute Beweisaufnahme ablehnen und gleichwohl zu einer anderen Entscheidung kommen (Eyermann/Geiger VwGO § 93a Rn 20).

7   Des Weiteren sieht § 93a Abs 2 S 3 VwGO Erleichterungen bei den anzustellenden **Ermittlungen** vor. Gutachten, Auskünfte oder Protokolle können nach entsprechenden Hinweisen an die Beteiligten im Wege des Urkundenbeweises zum Gegenstand des Nachverfahrens gemacht werden, § 93a Abs 2 S 2 Hs 1 VwGO. Bei Wiederholung einer Beweisaufnahme nach Abs 2 S 2 Hs 2 ist in der Regel eine mündliche Verhandlung innerhalb des vereinfachten Verfahrens erforderlich. Ferner wird dem Gericht eine erweiterte Möglichkeit eingeräumt, **Beweisanträge abzulehnen**. Es ist hierzu kein gesonderter Beschluss notwendig, die Ablehnung des Antrags kann vielmehr in der Endentscheidung nach Abs 2 S 1 erfolgen.

8   Der Beschluss gem Abs 2 S 1 enthält eine Rechtsmittelbelehrung wie ein entsprechendes Urteil. Er steht auch sonst einem Urteil gleich (Redeker/v Oertzen/Kothe VwGO § 93a Rn 10).

§ 94 [Aussetzung des Verfahrens]

Das Gericht kann, wenn die Entscheidung des Rechtsstreits ganz oder zum Teil von dem Bestehen oder Nichtbestehen eines Rechtsverhältnisses abhängt, das den Gegenstand eines anderen anhängigen Rechtsstreits bildet oder von einer Verwaltungsbehörde festzustellen ist, anordnen, daß die Verhandlung bis zur Erledigung des anderen Rechtsstreits oder bis zur Entscheidung der Verwaltungsbehörde auszusetzen sei.

Die VwGO regelt ausdrücklich lediglich die Aussetzung des Verfahrens wegen Vorgreiflichkeit (Rn 1) einer anderen Entscheidung. Die Aussetzung dient in einer solchen Verfahrenskonstellation einerseits der Prozessökonomie, indem die Ergebnisse des anderen Verfahrens verwertet werden können, und andererseits der Vermeidung widersprüchlicher Entscheidungen. Soweit die ZPO in den §§ 239–251 weitere Vorschriften über die Aussetzung, das Ruhen und die Unterbrechung von Verfahren enthält, finden diese Regelungen über § 173 S 1 VwGO grundsätzlich auch auf den Verwaltungsprozess Anwendung (Rn 11).

A. Aussetzung wegen Vorgreiflichkeit

I. Abhängigkeit vom Bestehen oder Nichtbestehen eines Rechtsverhältnisses

Die Voraussetzungen des § 94 VwGO sind nur dann gegeben, wenn die Entscheidung in **1** dem anhängigen Verfahren von dem **Bestehen oder Nichtbestehen eines Rechtsverhältnisses** abhängt, sog. **Vorgreiflichkeit**. Das ist der Fall, wenn die Entscheidung in dem auszusetzenden Verfahren nicht ergehen kann, ohne dass über die in dem anderen Verfahren anhängige Vorfrage entschieden wird (VGH Kassel NJW 1989, 1180). Vorgreiflichkeit in diesem Sinne liegt daher nicht vor, wenn die Feststellung des Rechtsverhältnisses in einem anderen Verfahren nicht im Rahmen einer rechtskraftfähigen Regelung erfolgt, sondern das Rechtsverhältnis dort seinerseits nur eine Vorfrage betrifft (VGH Mannheim DÖV 2013, 324; S/S/B/Rudisile VwGO § 94 Rn 25). Dasselbe gilt, wenn in einem anderen Verfahren nicht über dasselbe Rechtsverhältnis, sondern nur über dieselbe Rechtsfrage zu entscheiden ist (BVerwG NVwZ 2009, 787; OVG Münster Beschl v 15.1.2009 – 4 E 1358/08, Kurzwiedergabe in ZfWG 2009, 75; OVG Lüneburg DVBl 2010, 63); auch eine analoge Anwendung des § 94 VwGO scheidet in diesen Fällen aus (vgl Rn 3a).

Ob die Entscheidung in dem anderen Verfahren tatsächlich vorgreiflich ist, ist eine **Frage 2 des materiellen Rechts**. Die Vorgreiflichkeit wurde zB verneint im Verfahren über die Anfechtungsklage gegen eine Abbruchverfügung im Hinblick auf eine zivilrechtliche Beseitigungsklage (Redeker /von Oertzen/Kothe VwGO § 94 Rn 1; VGH Kassel NJW 1989, 1180), im Verfahren über die Zustimmung des Integrationsamtes zur Kündigung eines Schwerbehinderten im Hinblick auf die im sozialgerichtlichen Verfahren zu treffende Entscheidung über die Schwerbehinderteneigenschaft (VGH München Beschl v 1.8.2003 – 9 C 03.1600), im Verfahren um die Erteilung einer Aufenthaltserlaubnis, wenn diese von der in einem zivilgerichtlichen Verfahren angefochtenen Vaterschaftsanerkennung abhängt (OVG Hamburg NVwZ-RR 2011, 124). Die Vorgreiflichkeit wurde dagegen bejaht bei der Aufrechnung mit einer rechtswegfremden Forderung (BVerwGE 77, 19 = NJW 1987, 2530), bei einem Widerrufsverfahren nach § 74 AsylVfG während eines Prozesses um die Einbürgerung (VGH München BayVBl 2004, 182).

Ein vorgreifliches Rechtsverhältnis liegt nicht vor, wenn Gegenstand der Prüfung in dem **3** anderen Rechtsstreit die **Gültigkeit einer Rechtsnorm** ist (BVerwG Buchholz 310 § 138 Ziff 6 VwGO Nr 30, Buchholz 310 § 94 VwGO Nr 13). Aus Gründen der Prozessökonomie, insbes zur Vermeidung widersprüchlicher Entscheidungen, ist es jedoch sachgerecht, § 94 VwGO in derartigen Fällen **analog** anzuwenden. Dies gilt für verwaltungsgerichtliche **Normenkontrollverfahren** gem § 47 VwGO (BVerwG NVwZ-RR 2001, 483), für die verfassungsgerichtliche Normenkontrolle (BVerwG Buchholz 310 § 94 VwGO Nr 7) und für Verfassungsbeschwerden, wenn diese bereits zur Entscheidung angenommen worden sind (OVG Hamburg NordÖR 2009, 22 mwN; ohne diese Einschränkung BGH NJW 1998, 1957 zu§ 148 ZPO). Des Weiteren ist § 94 VwGO aus denselben Gründen analog anwendbar im Hinblick auf **Verfahren, die beim Europäischen Gerichtshof anhängig** sind. Dies gilt auch dann, wenn die Vorlage bereits durch ein anderes Gericht erfolgt ist, denn eine neuerliche Anrufung des Gerichtshofes würde diesen zusätzlich belasten, ohne dass davon ein Erkenntnisgewinn zu erwarten wäre (BVerwG NVwZ 2001, 319 zu Vertragsverletzungsverfahren; BVerwG NVwZ 2005, 1061 zu einer Nichtigkeitsklage gegen eine Entscheidung der Kommission; BVerwG Beschl v 15.3.2007 – 6 C 20.06 – zu einem Vorabentscheidungsersuchen). Erfolgt die Aussetzung im Hinblick auf ein bereits anhängiges Vorabentscheidungsverfahren, so bedarf die Entscheidungserheblichkeit jedoch der Darlegung; andernfalls kann der Aussetzungsbeschluss an einem Begründungsdefizit leiden und aufzuheben sein (OVG Bremen ZfWG 2008, 268). Schließlich soll § 94 VwGO entsprechend anwendbar sein, wenn die einschlägige Norm Gegenstand eines Verfahrens vor dem Europäischen Gerichtshof für Menschenrechte ist (VGH München Beschl v 9.9.2009 – 19 BV 09.3).

3a   Eine analoge Anwendung des § 94 VwGO auch auf Fälle, in denen **gleich gelagerte Verfahren** bereits in der **Berufungs- oder Revisionsinstanz** anhängig sind, kommt dagegen nicht in Betracht, da es an der für die Annahme einer Analogie erforderlichen Regelungslücke fehlt (OVG Berlin-Brandenburg NVwZ 2012, 296; OVG Münster Beschl v 15.1.2009 – 4 E 1358/08 und Beschl v 24.2.2011 – 6 E 121/11 = IÖD 2011, 83; OVG Thüringen Beschl v 15.1.2010 – 2 VO 402/09 = ThürVGRspr 2010, 136; S/S/B/Rudisile VwGO § 94 Rn 43; kritisch auch Sodan/Ziekow/Schmid VwGO § 94 Rn. 25 ff; **aA** Kopp/Schenke VwGO § 94 Rn 4a; VGH Mannheim Beschl v 21.3.2012 – 6 S 2325/11-; VGH München Beschl v 22.9.2009 – 19 B 09.567. Derartigen Fällen kann nämlich – im Einverständnis der Beteiligten – durch ein Ruhen des Verfahrens (§ 173 S 1 VwGO iVm § 251 ZPO) oder – in Massenverfahren – durch § 93a VwGO Rechnung getragen werden. Maßgeblich sind daher die Interessen der Beteiligten. Wollen diese eine ober- oder höchstrichterliche Entscheidung abwarten, können sie dem Ruhen des Verfahrens zustimmen; andernfalls können sie verlangen, dass das Gericht entscheidet und ihnen dadurch ebenfalls den Zugang in die höhere Instanz eröffnet.

II. Gegenstand eines anderen Verfahrens

4   Das Rechtsverhältnis muss Gegenstand eines **anderen anhängigen Rechtsstreits vor Gericht** (unabhängig vom Rechtsweg) sein oder es muss von einer **Verwaltungsbehörde festzustellen** sein. Die Parteien des anderen Rechtsstreits bzw Verwaltungsverfahrens müssen nicht notwendig mit denjenigen des anhängigen Rechtsstreits identisch sein. Des Weiteren ist nicht erforderlich, dass das Ergebnis des anderen Verfahrens Bindungswirkung gegenüber dem Prozessgericht entfaltet; es genügt, dass die im anderen Verfahren zu erwartende Entscheidung geeignet ist, einen rechtlich erheblichen Einfluss auf die Entscheidung im auszusetzenden Verfahren auszuüben (VGH Kassel NJW 1989, 1180; Redeker/von Oertzen/Kothe VwGO § 94 Rn 1).

5   Voraussetzung ist nach dem Wortlaut des § 94 VwGO weiter, dass das andere Verfahren **bereits anhängig** ist. Über den Wortlaut hinaus soll es aber auch zulässig sein, ein Verfahren mit der Auflage auszusetzen, das Verfahren **innerhalb bestimmter Frist anhängig zu machen** (vgl BVerwGE 77, 19 = NJW 1987, 2530 für einen Fall der Aufrechnung mit einer rechtswegfremden Forderung; Redeker/v Oertzen/Kothe VwGO § 94 Rn 2; Kopp/Schenke VwGO § 94 Rn 5). Nicht zulässig ist dagegen die Aussetzung im Hinblick auf ein erst zu erwartendes anderweitiges Normenkontrollverfahren, da das Gericht in diesem Fall über die Frage der Gültigkeit der Rechtsnorm selbst zu entscheiden hat (Eyermann/Rennert VwGO § 94 Rn 6). Unzulässig ist schließlich eine Aussetzung, die dazu dient, eine **gesetzliche Neuregelung** (BVerwG NJW 1962, 1170; VGH München BayVBl 1984, 341) oder eine sonstige Rechtsänderung – etwa den Erlass eines Bebauungsplanes (OVG Münster DVBl 2011, 570) – abzuwarten. Ebenfalls keine Aussetzungsmöglichkeit besteht, wenn die Behörde eine Beitrags- bzw Gebührensatzung überarbeitet oder neu erlässt; einen Sonderfall stellt es allerdings dar, wenn eine Norm verfassungsgerichtlich für unwirksam erklärt und eine Frist zur Neuregelung gesetzt wurde (S/S/B/Rudisile VwGO § 94 Rn. 34; VGH München Beschl v 5.1.2009 – 20 B 08.3005). Schließlich ist eine Aussetzung auch nicht zur Korrektur von Abwägungsmängeln möglich; eine Ausnahme ist allerdings für Abwägungsmängel iSd § 17 Abs 6c S 2 FStrG anerkannt worden, weil diese in einem ergänzenden Verfahren

behoben werden können und der Behörde Gelegenheit gegeben werden muss, dieses durchzuführen (VGH München BayVBl 2000, 728).

III. Ermessen

Die Aussetzung des Verfahrens steht im **Ermessen** des Gerichts. Auch bei Vorgreiflichkeit 6
ist das Gericht grundsätzlich befugt, selbst die Vorfrage zu entscheiden, die den Gegenstand
eines anderen anhängigen Rechtsstreits bildet (BVerwG Buchholz 310 § 94 VwGO Nr 6).
Nur ausnahmsweise besteht eine **Verpflichtung** zur Aussetzung, wenn anders eine Sachentscheidung nicht möglich ist (BVerwG Buchholz 310 § 94 VwGO Nr 6). Dies ist zB der
Fall bei der Aufrechnung mit einer rechtswegfremden Forderung (BVerwGE 77, 19 = NJW
1987, 2530; vgl aber BVerwG NJW 1993, 2255 zur Möglichkeit eines Vorbehaltsurteils) oder
wenn dem Gericht selbst eine Überprüfung nur mit Einschränkungen möglich ist (BVerwGE
92, 132 = NVwZ 1993, 681: Klage gegen eine Prüfungsentscheidung, bei der noch ein
prüfungsrechtliches Nachverfahren möglich ist). Weiter ist dies der Fall bei einer dem BVerfG
vorbehaltenen Feststellung, etwa über die Verfassungswidrigkeit einer Partei (Redeker/von
Oertzen/Kothe VwGO § 94 Rn 3). **Keine Verpflichtung** zur Aussetzung besteht dagegen,
wenn eine Sachentscheidung möglich bleibt, so zB wenn beim Bundesverfassungsgericht
eine konkrete Normenkontrolle anhängig ist, das entscheidende Gericht jedoch die Gültigkeit der vom Bundesverfassungsgericht zu prüfenden Norm (in Übereinstimmung mit der
Rechtsprechung des Bundesverwaltungsgerichts) bejaht (BVerwG Buchholz 448.0 § 13
WPflG Nr 208; aA BFH Urt v 24.2.2005 – IV R 23/03 – BStBl II 578: eine Aussetzung ist
geboten, wenn vor dem BVerfG bereits ein nicht als aussichtslos erscheinendes Musterverfahren gegen eine im Streitfall anzuwendende Norm anhängig ist). Ist in einem anderen
Rechtsstreit ein **Vorabentscheidungsersuchen beim EuGH** bzgl einer Vorlagefrage anhängig, die auch für den vorliegenden Rechtsstreit entscheidungserheblich ist, kann eine
Aussetzung bis zur Entscheidung des EuGH geboten sein. Das erkennende Gericht darf
jedoch durchentscheiden, wenn es zum Ergebnis kommt, dass die Vorlagefrage auch ohne
Vorlage an den EuGH eindeutig und offenkundig, dh ohne dass für einen vernünftigen
Zweifel Raum bleibt, beantwortet werden kann (OVG Beschl v 20.2.2013 – 14 A 1600/09
– und Beschl v 27.11.2012 – 14 A 2351/12; VGH Kassel Beschl v 2.1.2013 – 5 E 2244/12).
Auch bei einer Vorlage an den Europäischen Gerichtshof für Menschenrechte kann in
Parallelverfahren eine Aussetzung geboten sein, wenn gesetzliche Vorschriften entscheidungserheblich sind, die von Fachgerichten wegen Art. 100 Abs 1 S 1 GG nicht verworfen
werden dürfen, die jedoch wegen der prägenden Wirkung, die Entscheidungen des Gerichtshofs auf die Auslegung der nationalen Rechtsordnung entfalten, als konventionswidrig
und grundrechtswidrig anzusehen sind (VGH München Beschl v 29.11.2012 – 19 BV
12.1462). Der Aussetzungsbeschluss muss die für die Aussetzung maßgeblichen Ermessenserwägungen enthalten. Es besteht jedoch ein weiter Ermessensspielraum, so dass das Gericht
sich z.B. nicht im Einzelnen mit den Entscheidungen anderer Gerichte auseinandersetzen
muss, die von einer Aussetzung abgesehen haben (SächsOVG Beschl v 18.12.2009 – 3 E 94/
09).

IV. Verfahren

Die Aussetzung ist in jedem Verfahren und bei jedem Verfahrensstand zulässig. Lediglich 7
in einstweiligen Rechtsschutzverfahren wird sie in der Regel aufgrund der Eilbedürftigkeit
nicht in Betracht kommen. Die Entscheidung ergeht von Amts wegen oder auf Antrag eines
Beteiligten durch zu begründenden (§ 122 Abs 2 VwGO) Beschluss des Gerichts bzw im
vorbereitenden Verfahren gem § 87a Abs 1 Nr 1 VwGO durch Beschluss des Vorsitzenden
oder Berichterstatters; ein Aussetzungsbeschluss bei einer Vorlage gem Art 100 Abs 1 GG ist
vom Spruchkörper bzw Einzelrichter zu erlassen (BVerfG NJW 1999, 274). Die Beteiligten
sind vorher zu hören, die Aussetzung hängt aber nicht von ihrer Zustimmung ab.

Der Beschluss über die Aussetzung und über die Ablehnung eines Aussetzungsantrags ist 8
grundsätzlich mit der **Beschwerde** angreifbar (OVG Hamburg NVwZ-RR 2011, 124
mwN; VGH Kassel NJW 1989, 1180; VGH München NVwZ-RR 1992, 334). Das
Beschwerdegericht prüft lediglich, ob die tatbestandlichen Voraussetzungen der Aussetzung

gegeben sind und ob Ermessensfehler vorliegen (zum weiten Ermessensspielraum Rn 6). Hinsichtlich der tatbestandlichen Voraussetzungen muss es vom Rechtsstandpunkt des aussetzenden Gerichts ausgehen (VGH München NVwZ-RR 1992, 334); eine Ausnahme soll lediglich dann gelten, wenn das aussetzende Gericht die Rechtslage grob fehlerhaft beurteilt hat (VGH München Beschl v 24.6.2008 – 19 C 08.478; offen gelassen von OVG Bremen ZfWG 2008, 268 f).

Wenn das Gericht keine förmliche Aussetzungsentscheidung erlässt, sondern durch Vertagung auf unbestimmte Zeit oder durch Unterlassen einer Terminierung faktisch aussetzt, besteht grundsätzlich keine Beschwerdemöglichkeit, da die VwGO eine **Untätigkeitsbeschwerde** nicht vorsieht; bei greifbarer Gesetzwidrigkeit des gerichtlichen Vorgehens, also in Fällen von Rechtsverweigerung, wurde früher allerdings uU eine außerordentliche Beschwerde in Betracht gezogen (vgl zB VGH München NVwZ 2000, 693 sowie die Nachweise in VGH München Beschl v 8.1.2013 – 3 C 11.1707 -). Jedenfalls seit dem Inkrafttreten des Gesetzes über den Rechtsschutz bei überlangen Gerichtsverfahren vom 24.11.2011 (BGBl I 2011, 2302) kommt eine im Wege der Rechtsfortbildung entwickelte Untätigkeitsbeschwerde nicht mehr in Betracht, da in diesem Gesetz mit der Möglichkeit der Entschädigung ein abschließender Rechtsbehelf geschaffen worden ist (VGH München Beschl v 8.1.2013 – 3 C 11.1707 – mwN).

9   **Inhaltlich** kann die Aussetzung sowohl bis zur rechtskräftigen Entscheidung des anderen Verfahrens erfolgen als auch mit kürzerer Befristung, also zB bis zur Entscheidung erster Instanz im vorgreiflichen Verfahren (Redeker/v Oertzen/Kothe VwGO § 94 Rn 4). Die Wirkungen der Aussetzung ergeben sich aus § 249 ZPO.

V. Fortsetzung des Verfahrens

10   Die **Aussetzung endet** mit dem im Aussetzungsbeschluss genannten Ereignis, idR also mit der Rechtskraft der vorgreiflichen Entscheidung; der Rechtsstreit ist von Amts wegen fortzusetzen. Eine **Bindungswirkung** der vorgreiflichen Entscheidung besteht nicht, es sei denn, das Gesetz sieht eine solche vor oder die Entscheidung entfaltet Rechtskraft auch für die Beteiligten. Auch sonst kann das Gericht bei Vorliegen eines **sachlichen Grundes** von Amts wegen oder auf Antrag den Aussetzungsbeschluss aufheben, wenn eine Fortsetzung des Verfahrens geboten erscheint oder wenn die Voraussetzungen für die Aussetzung weggefallen sind (zB BVerwGE 83, 320). Auch in dem Fall, dass das andere Verfahren **ohne Entscheidung in der Sache** endet, ist das Verfahren fortzusetzen.

B. Sonstige Fälle des Stillstands des Verfahrens gem §§ 239 ff ZPO, § 173 VwGO

I. Der Tod eines Beteiligten, § 239 ZPO

11   **Hauptanwendungsfall** des § 239 ZPO im Verwaltungsprozess ist der Tod eines Hauptbeteiligten (einschließlich des notwendig Beigeladenen, BVerwG MDR 1982, 80); das Verfahren wird bis zur Aufnahme durch den Rechtsnachfolger unterbrochen.

12   Ist Gegenstand der Klage ein **höchstpersönlicher Anspruch** oder eine höchstpersönliche Verpflichtung und verstirbt der Kläger, so tritt Erledigung der Hauptsache ein. Der Rechtsstreit bleibt nur wegen der Kosten anhängig; für die nach § 161 Abs 2 VwGO zu treffende Kostenentscheidung treten die Erben in das Verfahren ein (Redeker/v Oertzen/Kothe VwGO § 94 Rn 7; OVG Münster OVGE MüLü 24,91). Die Kosten können nach § 161 Abs 2 VwGO auch den unbekannten Erben auferlegt werden, ohne dass diese mit Namen und Anschrift genannt werden müssen (VGH Mannheim NJW 1984, 195).

13   Ist Gegenstand der Klage dagegen **kein höchstpersönliches Recht**, so wird das Verfahren bis zur Aufnahme durch den Rechtsnachfolger unterbrochen. Die Regelungen in § 239 Abs 2, 3, 5 VwGO sind anwendbar, grundsätzlich auch Abs 4. Auf eine Erklärung des Rechtsnachfolgers zur Verfahrensaufnahme kommt es aber nicht an, wenn der Beklagte beantragt hat, den Rechtsnachfolger zur Aufnahme des Verfahrens und zugleich zur Verhandlung der Hauptsache zu laden und der Kläger trotz gerichtlicher Fristsetzung nach § 87 Abs 1 S 2 Nr 2 VwGO und trotz entsprechender Mitwirkungspflicht keine Erklärung zur

Rechtsnachfolge abgegeben hat (OVG Münster NVwZ-RR 1996, 544); aufgrund der bestehenden Mitwirkungspflicht dürfte auch eine Betreibensaufforderung nach § 92 Abs 2 VwGO zulässig sein. Nicht möglich ist dagegen die Verfahrensaufnahme durch das Gericht von Amts wegen (Redeker/v Oertzen/Kothe VwGO § 94 Rn 7).

II. Das Ruhen des Verfahrens, § 251 ZPO

§ 251 S 1 ZPO bestimmt, das das Gericht die Aussetzung des Verfahrens anzuordnen hat, **14**
wenn beide Parteien dies beantragen und anzunehmen ist, dass wegen Schwebens von Vergleichsverhandlungen oder aus sonstigen Gründen diese Anordnung zweckmäßig ist. Diese Vorschrift ist auch im Verwaltungsprozess anwendbar. Den Antrag stellen bzw zustimmen müssen die Hauptbeteiligten, also auch ein notwendig Beigeladener (Redeker/v Oertzen/Kothe VwGO § 94 Rn 14). Das Gericht entscheidet über das Ruhen durch Beschluss; dabei hat es – wie sich aus dem im Gesetz verwendeten Begriff der Zweckmäßigkeit ableiten lässt – Ermessen (S/S/B/Rudisile VwGO § 94 rn 124 mwN; Kopp/Schenke VwGO § 94 Rn 1; für gebundene Entscheidung OVG Berlin-Brandenburg NVwZ 2011, 624).

§ 95 [Persönliches Erscheinen]

(1) [1]Das Gericht kann das persönliche Erscheinen eines Beteiligten anordnen. [2]Für den Fall des Ausbleibens kann es Ordnungsgeld wie gegen einen im Vernehmungstermin nicht erschienenen Zeugen androhen. [3]Bei schuldhaftem Ausbleiben setzt das Gericht durch Beschluß das angedrohte Ordnungsgeld fest. [4]Androhung und Festsetzung des Ordnungsgelds können wiederholt werden.

(2) Ist Beteiligter eine juristische Person oder eine Vereinigung, so ist das Ordnungsgeld dem nach Gesetz oder Satzung Vertretungsberechtigten anzudrohen und gegen ihn festzusetzen.

(3) Das Gericht kann einer beteiligten öffentlich-rechtlichen Körperschaft oder Behörde aufgeben, zur mündlichen Verhandlung einen Beamten oder Angestellten zu entsenden, der mit einem schriftlichen Nachweis über die Vertretungsbefugnis versehen und über die Sach- und Rechtslage ausreichend unterrichtet ist.

Die Vorschrift ermöglicht es dem Gericht, im Interesse einer **zügigen und effektiven Ermittlung des Sachverhaltes** Beteiligte (Rn 1) zum persönlichen Erscheinen zu verpflichten. Daneben kann durch die Anordnung eine **gütliche Einigung** der Beteiligten gefördert werden. Durchgesetzt (Rn 14) werden kann allerdings nur das Erscheinen eines Beteiligten, nicht auch die Abgabe einer Erklärung (Rn 9). Die Anordnung des persönlichen Erscheinens ist eine Maßnahme der Sachverhaltsaufklärung und nicht gleichzusetzen mit einer förmlichen Beweisaufnahme durch Parteivernehmung; letztere bedarf einer gesonderten Anordnung (§ 98 iVm §§ 445 ff. ZPO).

A. Anordnung des persönlichen Erscheinens

I. Adressat

Nach Absatz 1 kann das Erscheinen jeder **natürlichen Person** angeordnet werden, die **1**
im Sinne des § 63 VwGO am Verfahren beteiligt ist. Hierunter fallen bei Prozessunfähigen auch deren gesetzliche Vertreter (Redeker/von Oertzen/Kothe VwGO § 95 Rn 2). In anderen Fällen kann das Erscheinen eines Prozessbevollmächtigten nicht mit der Anordnung des persönlichen Erscheinens erzwungen werden (Sodan/Ziekow/Lang, § 95 Rn 23).

Bei **juristischen Personen** des öffentlichen oder privaten Rechts oder Vereinigungen **2**
kann gemäß Absatz 2 das persönliche Erscheinen eines gesetzlichen oder satzungsmäßigen Vertreters angeordnet werden. Bei mehreren Vertretern kann das Gericht einzelne auswählen; bei Gesamtvertretung müssen alle erscheinen. Existiert kein Vertreter, kann das Gericht die Anwesenheit eines für das Verfahren zu bestellenden Vertreters verlangen (Eyermann/Geiger VwGO § 95 Rn 4).

3   Bei **Behörden** oder öffentlich-rechtlichen Körperschaften besteht die Möglichkeit einer Anordnung nach Absatz 3 (Rn 18 f).

II. Ermessen

4   Die Anordnung des persönlichen Erscheinens steht im **Ermessen** des Gerichts. Dabei hat es einerseits zu berücksichtigen, dass die Norm den Zweck verfolgt, den Sachverhalt zu klären, das Verfahren zu beschleunigen und eine gütliche Beilegung des Rechtsstreits zu fördern. Auf der anderen Seite sind zu berücksichtigen die für den Beteiligten entstehenden Belastungen (zB durch große Entfernung oder Krankheit) bzw die Frage, ob die beabsichtigte Sachverhaltsaufklärung auch auf anderem Wege möglich ist. Da eine Aussage nicht erzwungen werden kann, ist eine Anordnung des persönlichen Erscheinens unzulässig, wenn der Beteiligte bereits erklärt hat, dass er zu einer Aussage nicht bereit ist (OLG Hamburg MDR 1997, 596).

5   Ein **Anspruch** eines Beteiligten auf Anordnung des persönlichen Erscheinens besteht grundsätzlich nicht. Dies gilt für einen Strafgefangenen oder Untersuchungshäftling jedenfalls dann, wenn er durch einen Prozessbevollmächtigten vertreten ist (BVerwG Buchholz 310 § 95 VwGO Nr 6; DÖV 1983, 247; OVG Münster, Beschluss vom 13.12.2005 – 11 A 3035/05.A –). Auch für im Ausland lebende ausländische Beteiligte besteht kein genereller Anspruch auf Anordnung des persönlichen Erscheinens, selbst wenn dadurch die Erteilung eines Visums ermöglicht oder erleichtert würde (OVG Berlin-Brandenburg, Beschluss vom 4.2.2013 – 12 N 83.11 –).

III. Verfahren

6   **Zuständig** für die Anordnung ist das Gericht, also der Spruchkörper oder Einzelrichter; bei der Vorbereitung der mündlichen Verhandlung kann die Anordnung vom Vorsitzenden oder vom Berichterstatter getroffen werden, § 87 Abs 1 S 2 Nr 5 VwGO. Die Vorschrift gilt nicht nur für die mündliche Verhandlung, sondern für alle Termine, also auch für Beweis- oder Erörterungstermine, ferner in allen Verfahrensarten (Hauptsacheverfahren einschließlich Normenkontrollverfahren und Verfahren des einstweiligen Rechtsschutzes) und in allen Instanzen (§§ 125, 141 VwGO).

7   Die Anordnung des persönlichen Erscheinens muss in Abweichung von § 67 Abs 6 S 5 VwGO dem betroffenen Beteiligten gemäß § 173 VwGO, § 141 Abs 2 S 2 ZPO **persönlich mitgeteilt** werden, auch wenn er einen Prozessbevollmächtigten hat (BVerwG Buchholz 310 § 102 VwGO Nr 11; VGH Kassel NVwZ-RR 1998, 404). Unterbleibt die Mitteilung der Ladung an den Beteiligten persönlich und versäumt dieser die mündliche Verhandlung, so stellt eine Entscheidung in der Sache einen Verstoß gegen das Gebot rechtlichen Gehörs dar (VGH Kassel NVwZ-RR 1998, 404).

8   Die Anordnung ist als Aufklärungsanordnung iSd § 146 Abs 2 VwGO **unanfechtbar** (Eyermann/Geiger VwGO § 95 Rn 2). Ebenso unanfechtbar ist die Entscheidung des Gerichts, trotz entsprechender Anregung eines Beteiligten dessen persönliches Erscheinen nicht anzuordnen.

B. Folgen des unentschuldigten Ausbleibens

I. Ausbleiben des Beteiligten

9   Der Beteiligte muss der Anordnung **persönlich** Folge leisten; das Erscheinen eines mit dem Sachverhalt vertrauten Vertreters genügt im Gegensatz zu § 141 Abs 3 S 2 ZPO nicht (Redeker/von Oertzen/Kothe VwGO § 95 Rn 5). Erforderlich ist aber nur die Anwesenheit im Termin, eine Erklärung oder die Vorlage von Unterlagen kann über § 95 VwGO nicht erzwungen werden. Aus der Verweigerung einer Erklärung darf das Gericht jedoch negative Schlüsse ziehen (Redeker/von Oertzen/Kothe VwGO § 95 Rn 8).

10   **Unentschuldigt** ist das Ausbleiben, wenn der Beteiligte keine ausreichende Sorgfalt angewandt hat, um seine Teilnahme an dem Termin sicherzustellen; Entschuldigungsgründe sind auf Nachfrage des Gerichts glaubhaft zu machen (Eyermann/Geiger VwGO § 95 Rn 6). Sieht sich der Beteiligte bereits im Vorfeld gehindert, am Termin teilzunehmen, so

muss er rechtzeitig einen Verlegungsantrag stellen; will das Gericht den Verlegungsantrag ablehnen, so muss es darlegen, weshalb es den Rechtsstreit trotz der Anordnung des persönlichen Erscheinens für entscheidungsreif hält, und muss Gelegenheit geben, mit Rücksicht auf die Anordnung des persönlichen Erscheinens bisher unterlassene Ausführungen schriftsätzlich nachzuholen (VGH Kassel NVwZ-RR 1998, 404).

II. Folgen für die Sachentscheidung

Die Anhörung des Beteiligten, die durch die Anordnung des persönlichen Erscheinens **11** sichergestellt werden soll, dient idR lediglich der einfacheren und prozessökonomischeren **Klärung des Sachverhaltes** (Eyermann/Geiger VwGO § 95 Rn 10; VGH München, Beschluss vom 5.10.1998 – 24 C 98.2213 –; OVG Sachsen-Anhalt Beschl v 25.8.2010 – 4 L 177/10 –; aA Redeker/von Oertzen/Kothe VwGO § 95 Rn 5, Sodan/Ziekow/Lang VwGO § 95 Rn 16: auch Wahrung rechtlichen Gehörs), indem sie andere, möglicherweise umständlichere Erkenntnismittel (schriftsätzliche Erklärungen, Urkunden) ersetzt. Ist daher eine Klärung des Sachverhaltes im Termin trotz Ausbleibens des betroffenen Beteiligten möglich, so kann die Anordnung des persönlichen Erscheinens aufgehoben und in der Sache entschieden werden (Eyermann/Geiger VwGO § 95 Rn 10). Selbst wenn es gerade auf den Gesamteindruck des Klägers und auf seine Bekundungen ankommt (vgl BVerwGE 50, 275 zum Wehrpflichtrecht), kann das Gericht sich dennoch über die von ihm zunächst angenommene Notwendigkeit, sich einen persönlichen Eindruck von dem Beteiligten zu verschaffen, hinwegsetzen, wenn es die zur Entscheidung des Falles notwendige Überzeugung auf andere Weise gewinnen kann (BVerwG NVwZ-RR 2001, 167; Kopp/Schenke VwGO § 95 Rn 4). Ist der Sachverhalt dagegen im Termin nicht vollständig aufklärbar, so kann das Gericht bei Ausbleiben des Beteiligten nicht ohne Weiteres entscheiden.

Bei einer hartnäckigen oder endgültigen Weigerung, zum Termin zu erscheinen, kann die **12** **Nichtaufklärbarkeit des Sachverhaltes** zu Lasten des Beteiligten gewertet werden (Eyermann/Geiger VwGO § 95 Rn 10). Dasselbe gilt bei schuldhaftem Nichterscheinen hinsichtlich der Frage, ob eine **weitere Sachaufklärung** geboten ist (VGH München, Beschluss vom 5.10.1998 – 24 C 98.2213 –; Kopp/Schenke VwGO § 95 Rn 4).

Unzulässig ist es allerdings, aus dem Fernbleiben des Beteiligten den Schluss auf ein **13** fehlendes Rechtsschutzinteresse zu ziehen (BVerfG NVwZ 1999 Beilage Nr 3, 17).

III. Ordnungsgeld, Abs 1 S 2 bis 4

Androhung und Festsetzung eines Ordnungsgeldes bei schuldhaftem Ausbleiben von **14** Personen iSd Abs 1 und Abs 2 stehen im **Ermessen** des Gerichts (Sodan/Ziekow/Lang VwGO § 95 Rn 31 f.; für eingeschränkte Handhabung nur bei bewusster Missachtung der gerichtlichen Anordnung oder Verfahrensverzögerung VGH München, Beschluss vom 5.10.1998 – 24 C 98.2213 – und BFH Beschl v 17.9.2012 – V B 77/12).

Die **Androhung** des Ordnungsgeldes ist – idR zusammen mit der Anordnung des **15** persönlichen Erscheinens – zuzustellen. Bei der Androhung ist die Höhe des Ordnungsgeldes (von 5 bis 1000 Euro, Art 6 Abs 1 EGStGB) genau zu bezeichnen. Die Androhung ist unanfechtbar (OVG Lüneburg NVwZ-RR 1989, 591; Eyermann/Geiger VwGO § 95 Rn 7; aA Kopp/Schenke VwGO § 95 Rn 3; VGH München, Beschluss vom 5.10.1998 – 24 C 98.2213 –).

Die **Festsetzung** erfolgt durch einen zu begründenden Beschluss des Gerichts. Gegen die **16** Festsetzung ist die Beschwerde statthaft. Der Beschluss ist von Amts wegen aufzuheben, wenn ein Beteiligter nachträglich glaubhaft macht, dass er das Ausbleiben nicht zu verschulden hatte (Redeker/von Oertzen/Kothe VwGO § 95 Rn 6).

Androhung und Festsetzung des Ordnungsgeldes können wiederholt werden, Abs 1 S 4. **17** Unzulässig ist mangels Ermächtigungsgrundlage die Verhängung von Ordnungshaft (§ 380 Abs 1 S 2 ZPO ist nicht anwendbar) oder die zwangsweise Vorführung eines Beteiligten. Verfahrenskosten, die durch das Ausbleiben verursacht werden, können allerdings gem § 38 GKG und § 155 Abs 4 VwGO dem Beteiligten auferlegt werden.

C. Anordnung gegenüber Behörden, Abs 3

18   Bei Beteiligung einer öffentlich-rechtlichen Körperschaft oder Behörde kann (neben oder anstelle der Anordnung nach Abs 2) die Anwesenheit eines vertretungsbefugten und über die Sach- und Rechtslage ausreichend unterrichteten Beamten oder Angestellten angeordnet werden. Diese Anordnung kann der Klärung des Sachverhaltes, der rechtlichen Erörterung der Streitfrage, aber auch dem Interesse an einer gütlichen Einigung dienen.

19   Die Anordnung richtet sich nicht an einen bestimmten Beamten oder Angestellten, sondern an die Behörde, der die Auswahl eines geeigneten Bediensteten obliegt (Eyermann/ Geiger VwGO § 95 Rn 11). Ein bestimmter Bediensteter kann nur als Zeuge oder Sachverständiger geladen werden.

20   Eine zwangsweise Durchsetzung der Anordnung gegenüber Behörden ist nicht vorgesehen.

§ 96 [Unmittelbarkeit der Beweisaufnahme]

(1) ¹Das Gericht erhebt Beweis in der mündlichen Verhandlung. ²Es kann insbesondere Augenschein einnehmen, Zeugen, Sachverständige und Beteiligte vernehmen und Urkunden heranziehen.

(2) Das Gericht kann in geeigneten Fällen schon vor der mündlichen Verhandlung durch eines seiner Mitglieder als beauftragten Richter Beweis erheben lassen oder durch Bezeichnung der einzelnen Beweisfragen ein anderes Gericht um die Beweisaufnahme ersuchen.

Geregelt sind in Absatz 1 die wichtigen Grundsätze der Unmittelbarkeit (Rn 1) und der Mündlichkeit der Beweisaufnahme; ergänzt werden diese durch den in § 97 VwGO geregelten Grundsatz der **Parteiöffentlichkeit**. Des Weiteren findet sich in Absatz 1 Satz 2 eine nicht abschließende Aufzählung der Beweismittel (Rn 3). Neben den dort genannten Beweismitteln kommen insbes amtliche Auskünfte (Rn 9, § 87 Abs 1 S 2 Nr 3 VwGO) und die Beiziehung von Akten (§ 99 VwGO) in Betracht (vgl zu den einzelnen Beweismitteln die Kommentierung zu § 98 VwGO Rn 4 ff.).

Grundsätzlich wird die Beweiserhebung vom erkennenden Gericht ausgeführt. Absatz 2 sieht aber auch die Möglichkeit vor, Beweise durch einen beauftragten Richter (Mitglied des erkennenden Spruchkörpers) oder durch einen ersuchten Richter (Mitglied eines anderen Gerichts) zu erheben (Rn 12).

Die Vorschrift gilt für erstinstanzliche Klageverfahren, Normenkontrollverfahren, Berufungsverfahren (§ 125 Abs 1 VwGO) und im Revisionsverfahren, soweit dort Beweis erhoben werden darf (§ 141 S 1 VwGO). In Beschlussverfahren und Beschwerdeverfahren gilt sie, wenn eine mündliche Verhandlung durchgeführt wird. In einstweiligen Rechtsschutzverfahren ist der Unmittelbarkeitsgrundsatz eingeschränkt, da in der Regel nur eine summarische Prüfung erfolgen kann.

A. Unmittelbarkeit der Beweisaufnahme
I. Der Grundsatz

1   Der Grundsatz der Unmittelbarkeit beinhaltet zwei Aspekte. Zum einen hat die Beweiserhebung grundsätzlich **durch den Spruchkörper in voller Besetzung** bzw durch den Einzelrichter **in der mündlichen Verhandlung** zu erfolgen (Grundsatz der formellen Unmittelbarkeit der Beweisaufnahme). Dadurch wird sichergestellt, dass das zur Entscheidung berufene Gericht einen direkten Eindruck von der Beweisaufnahme erhält und eine Überzeugungsbildung aufgrund eigener Wahrnehmung möglich ist (BVerwGE 140, 199 = NVwZ-RR 2011, 986). Der Grundsatz ist insofern durchbrochen, als auch ein gesonderter Beweistermin zulässig ist (§ 97 VwGO), der auch durch einen beauftragten oder ersuchten Richter (§ 96 Abs 2 VwGO), oder durch den Vorsitzenden oder Berichterstatter (§ 87 Abs 3 VwGO Rn 12 ff.) durchgeführt werden kann. Eine weitere Ausnahme von diesem Grund-

satz stellt es dar, dass nicht jeder Wechsel auf der Richterbank eine Wiederholung der Beweisaufnahme erforderlich macht (Rn 11).

Zum anderen lassen sich der Vorschrift auch Maßstäbe für die **Auswahl zwischen** 2 **mehreren zur Verfügung stehenden Beweismitteln** entnehmen (Grundsatz der materiellen Unmittelbarkeit der Beweisaufnahme). Nach der Rechtsprechung des BVerwG soll § 96 Abs 1 S 1 VwGO sicherstellen, dass das Gericht seiner Entscheidung das in der jeweiligen prozessualen Situation geeignete und erforderliche Beweismittel zu Grunde legt, um dem Grundsatz des rechtlichen Gehörs, dem Gebot des fairen Verfahrens und insbesondere dem Recht der Verfahrensbeteiligten auf Beweisteilhabe gerecht zu werden; dagegen lasse sich dem Grundsatz der materiellen Unmittelbarkeit der Beweisaufnahme kein abstrakter Vorrang bestimmter – etwa unmittelbarer oder „sachnäherer" – Beweismittel vor anderen – mittelbaren oder weniger „sachnahen" – entnehmen. Intensität und Detailschärfe der Sachverhaltsaufklärung ergeben sich nicht aus § 96 VwGO, sondern aus § 86 Abs. 1 VwGO (BVerwGE 140, 199; BVerwG, Urteil vom 3.1.2012 – 2 B 72.11 -); aus § 86 Abs 1 VwGO kann sich daher die Pflicht ergeben, neben einem entfernteren Beweismittel auch den direkteren Beweis zu erheben (OVG Münster, Beschluss vom 23.7.2009 – 1 A 2084/07). Im Rahmen der Beweiswürdigung muss zudem ggf dem Umstand Rechnung getragen werden, dass der Beweisaufnahme ein mittelbares Beweismittel zugrunde lag (Sodan/Ziekow/Lang VwGO § 96 Rn 2; OVG Münster, Beschluss vom 23.7.2009 – 1 A 2084/07 -). Es kommen daher bei den einzelnen Beweismitteln je nach prozessualer Situation vielfach Rückgriffe auf mittelbare Beweismittel in Betracht (Rn 3 ff).

II. Zulässigkeit „mittelbarer" Beweismittel

1. Zeugenvernehmung

Zeugen sind zur Beurteilung der Glaubwürdigkeit grundsätzlich persönlich zu verneh- 3 men (BVerwG NVwZ 1984, 791; VwRspr 31, 885 mwN). Ausnahmsweise kann die Vernehmung durch die **Verwertung von Protokollen oder Niederschriften** über frühere Vernehmungen ersetzt werden. Dies ist – ebenso wie eine schriftliche Vernehmung, § 98 VwGO, § 377 Abs 3 ZPO – zulässig im Einverständnis aller Beteiligten (Kopp/Schenke VwGO § 96 Rn 8); stellt ein Beteiligter einen Antrag auf förmliche Zeugenvernehmung, so kann die Niederschrift aus einem anderen Verfahren jedoch nicht verwertet werden (BVerwG Buchholz 310 § 96 VwGO Nr 42). Niederschriften können ferner verwertet werden, wenn ein Zeuge nicht (mehr) zur Verfügung steht, zB wenn eine Vernehmung von im Ausland lebenden Zeugen im Wege der Rechtshilfe nicht möglich ist (BVerwG NVwZ 1984, 791) oder wenn ein im Rechtshilfeverkehr durch ein anderes Gericht erstelltes hinreichendes Protokoll vorliegt (Eyermann/Geiger VwGO § 96 Rn 4). Bei der Verwertung einer schriftlichen Aussage eines Zeugen ist zu berücksichtigen, dass die Beweiserhebung im Verwaltungsverfahren nicht in gleicher Weise mit rechtlichen Garantien ausgestattet ist wie eine Beweisaufnahme im gerichtlichen Verfahren und dass Grundlage der Wahrheitsfindung nur die Urkunde und nicht die durch die Behörde gewonnene Überzeugung von der Glaubwürdigkeit ist (BVerwG NVwZ 2002, 1381 mwN).

Das **Rechtsmittelgericht** braucht – wie sich aus § 98 VwGO iVm § 398 Abs 1 ZPO 4 ergibt – einen bereits in erster Instanz gehörten Zeugen nicht erneut zu vernehmen (BVerwG, Beschluss vom 6.1.2011 – 4 B 51.10 –, BRS 78 Nr. 190) und darf in der Regel eine von der Vorinstanz schriftlich festgehaltene Zeugenaussage ohne nochmalige Vernehmung des Zeugen selbständig würdigen. Es muss einen Zeugen jedoch erneut hören, wenn es dessen Glaubwürdigkeit anders beurteilen will als die Vorinstanz (BVerwG NVwZ-RR 1990, 220 mwN), wenn es die protokollierte Aussage eines Zeugen anders verstehen will als die Vorinstanz, wenn es die Aussage für zu vage hält oder wenn es ihr ein anderes Gewicht geben will (BVerwG BeckRS 2008, 41395).

Die Aussage eines **Zeugen vom Hörensagen**, der die Wahrnehmung eines Dritten 5 wiedergibt, darf verwertet werden, wenn der Dritte nur mit erheblichem Aufwand als Zeuge erreichbar ist; an die Beweiswürdigung sind in diesem Fall allerdings besondere Anforderungen zu stellen (BVerfGE 57, 250; BayVBl 1992, 111).

2. Verwertung von Gutachten

6   Bei **Sachverständigen** kommt es idR auf den persönlichen Eindruck nicht an. Gutachten, die sich bereits in den Akten befinden, dürfen daher im Rahmen des Urkundenbeweises verwertet werden, wenn sich dem Gericht nicht die Einholung eines weiteren Gutachtens aufdrängt (BVerwG Buchholz 310 § 86 Abs 1 VwGO Nr 238; Eyermann/Geiger VwGO § 96 Rn 5). Das ist nur dann der Fall, wenn das bereits vorliegende Gutachten nicht geeignet ist, dem Gericht die für die richterliche Überzeugungsbildung notwendigen sachlichen Grundlage zu vermitteln, nicht aber schon dann, wenn ein Verfahrensbeteiligter ein vorliegendes Gutachten für unrichtig hält oder wenn andere Sachverständige zu widersprechenden Ergebnissen kommen. Auch bei einander widersprechenden Gutachten drängt sich eine weitere Beweiserhebung nur dann auf, wenn die Gutachten grobe, auch für den Nichtsachkundigen erkennbare Mängel oder unlösbare Widersprüche aufweisen, wenn sie von unzutreffenden tatsächlichen Voraussetzungen ausgehen oder Anlass zu Zweifeln an der Sachkunde oder der Unparteilichkeit geben, ferner, wenn sich herausstellt, dass es sich um eine besonders schwierige Fachfrage handelt, die ein spezielles Fachwissen erfordert, das bei dem bisherigen Gutachter nicht vorhanden war (BVerwG BeckRS 1993, 31246757; BeckRS 2010, 46702).

Auf Antrag eines Beteiligten ist der Gutachter grundsätzlich zur **ergänzenden Erläuterung des Gutachtens** zur mündlichen Verhandlung zu laden, wenn dem Antrag entnommen werden kann, in welche Richtung eine weitere Aufklärung herbeigeführt werden soll und wenn weitere Ermittlungen oder eine andere Beurteilung nicht nach Lage der Dinge ausgeschlossen sind, vgl § 411 Abs 3, 4 ZPO, § 98 VwGO (BVerwG Buchholz 310 § 98 VwGO Nr 57 mwN; Kopp/Schenke VwGO § 96 Rn 10; anders bei einem von einem Beteiligten beauftragten Privatgutachten, BVerwG Buchholz 310 § 98 VwGO Nr 64). Auch das Gericht kann **von Amts wegen** nach seinem Ermessen den Gutachter laden; eine Verpflichtung hierzu besteht insbes, wenn das Gutachten unklar, widersprüchlich oder sonst ergänzungsbedürftig ist.

3. Andere Beweismittel

7   Bei der Beweisaufnahme durch **Augenschein** kann die Besichtigung der Örtlichkeit durch die Vorlage von Lichtbildern oder Plänen ersetzt werden, wenn diese einen hinreichenden Eindruck von der Örtlichkeit geben und die Beteiligten keine abweichenden Merkmale behaupten (BGH NJW-RR 1987, 1237; BVerwG v 13.10.1994 – 8 B 162/94; Eyermann/Geiger VwGO § 96 Rn 6).

8   Kopien von **Urkunden** können verwertet werden, wenn keine Zweifel an deren Richtigkeit bestehen (BGH NStZ 1986, 519; Eyermann/Geiger VwGO § 96 Rn 7).

9   **Amtliche Auskünfte** muss das Gericht beiziehen, es darf sich nicht mit einer Wiedergabe in der Entscheidung der Behörde begnügen (BVerwG NJW 1983, 695). Es besteht jedoch keine Pflicht, den Verfasser der Auskunft persönlich zu befragen. Insbes stellen amtliche Auskünfte des Auswärtigen Amtes in Asylsachen selbständige Beweismittel dar, die ohne förmliches Beweisverfahren im Wege des Freibeweises verwertet werden können; die Beteiligten haben keinen Anspruch darauf, dass die zugrunde liegenden Informationsquellen benannt oder der Verfasser der Auskunft zur mündlichen Erläuterung geladen wird (BVerwG NVwZ 1986, 35). Zu den bei den Gerichten geführten **Asylfaktendokumentationen** vgl B/F-K/S/vA/Stuhlfauth § 96 Rn 10.

10   Eine Überzeugungsbildung kann anhand der nach § 99 VwGO beigezogenen **Verwaltungsvorgänge** und sonstiger schriftlicher Unterlagen erfolgen, wenn keine Bedenken gegen die Richtigkeit der in ihnen enthaltenen Feststellungen bestehen und von den Beteiligten auch nicht geltend gemacht werden und wenn sich andere Beweismittel – wie zB Zeugen – nicht aufdrängen oder von einem Beteiligten benannt werden (Kopp/Schenke VwGO § 96 Rn 3; Eyermann/Geiger VwGO § 96 Rn 4).

III. Verwertung von Beweisen bei Richterwechsel

11   Grundsätzlich gilt, dass das Gericht eine frühere Beweisaufnahme nach seinem **Ermessen** auch dann **verwerten** kann, wenn zwischen der Beweisaufnahme und der Entscheidung die

Besetzung des erkennenden Gerichts gewechselt hat (BVerwGE 34, 225 = Buchholz 310 § 96 VwGO Nr 7; NVwZ-RR 1990, 166). Eine Wiederholung der Beweiserhebung ist also im Fall eines Richterwechsels nicht zwingend erforderlich (Eyermann/Geiger VwGO § 96 Rn 8). Das gilt insbes dann, wenn über die Beweisaufnahme eine **ordnungsgemäße Niederschrift** vorhanden ist (BVerwG Buchholz 310 § 96 VwGO Nr 6). Das Protokoll muss **nicht verlesen** werden, sondern es genügt, wenn der Vorsitzende oder der Berichterstatter in der mündlichen Verhandlung den Sachverhalt einschließlich des bisherigen Prozessverlaufs wiedergibt (BVerwG NVwZ-RR 1990, 166); bei einem Wechsel der ehrenamtlichen Richter genügt es sogar, wenn diese vorab mit dem Sachverhalt vertraut gemacht wurden (BVerwG NVwZ 1999, 657). Wird die Beweisaufnahme nicht wiederholt, darf allerdings nur der Inhalt des Protokolls über die Beweisaufnahme verwendet werden, nicht aber sonstige Eindrücke oder Umstände; die **Beurteilung der Glaubwürdigkeit** eines Zeugen ist daher nur möglich, wenn der vernehmende Richter seinen Eindruck vom Zeugen und von dessen Glaubwürdigkeit im Protokoll niedergelegt hat (BGH NJW 1991, 3284).

B. Beauftragter und ersuchter Richter

I. Geeignete Fälle

§ 96 Abs 2 VwGO sieht in geeigneten Fällen die Möglichkeit der Beweisaufnahme durch **12** den beauftragten oder ersuchten Richter und damit eine Durchbrechung des Unmittelbarkeitsgrundsatzes des § 96 Abs 1 VwGO vor. Ein geeigneter Fall liegt – wie im Rahmen des § 87 Abs 3 S 2 VwGO – vor, wenn das Gericht sich seine Überzeugung iSd § 108 Abs 1 VwGO auch ohne einen unmittelbaren persönlichen Eindruck von einzelnen festzustellenden Tatsachen, die den Gegenstand der Beweisaufnahme durch den beauftragten oder ersuchten Richter bildeten, verschaffen kann (BVerwG NJW 1994, 1975 mwN). Eine Beschränkung auf bestimmte Beweismittel besteht nicht, dh es kommt zB die Vernehmung von Zeugen, Sachverständigen und Beteiligten sowie die Einnahme eines Augenscheins in Betracht (Eyermann/Geiger VwGO § 96 Rn 13). Die Entscheidung nach Abs 2 steht im Ermessen des Gerichts; sie kann nicht isoliert, sondern nur zusammen mit der Endentscheidung angefochten werden.

II. Beauftragter Richter

Der beauftragte Richter ist berufsrichterliches Mitglied des erkennenden Spruchkörpers, **13** idR der Berichterstatter (§ 82 Abs 2 VwGO). Nach hM darf nur ein einzelnes Mitglied des Spruchkörpers beauftragt werden (BVerwGE 25, 251 = NJW 1967, 995; Kopp/Schenke VwGO § 96 Rn 13; Eyermann/Geiger VwGO § 96 Rn 11; Sodan/Ziekow/Lange VwGO § 96 Rn 12; aA Redeker/von Oertzen/Kothe VwGO § 96 Rn 2a). Eine Beweiserhebung durch zwei Mitglieder eines fünfköpfigen Gremiums verletzt allerdings nicht die Vorschriften über die Besetzung des Gerichts iSd § 138 Nr 1 VwGO, sondern die Vorschriften über die Unmittelbarkeit der Beweisaufnahme, auf deren Einhaltung die Beteiligten verzichten können (BVerwGE 41, 174).

Die Beauftragung erfolgt durch einen vom Spruchkörper zu erlassenden förmlichen Beweisbeschluss (§ 98 VwGO, § 358 ZPO) mit den Mindestangaben des § 359 Nr 1, 2 ZPO und der Angabe des Beweisthemas, nicht aber notwendig auch einzelner Beweisfragen. Für das Verfahren gilt § 98 VwGO iVm §§ 361, 365, 366, 400 ZPO. Scheidet der beauftragte Richter nach Durchführung der Beweisaufnahme, aber vor der Entscheidung aus, so muss die Beweisaufnahme nicht zwingend wiederholt werden (vgl Rn 11).

Die Möglichkeit nach Abs 2 besteht alternativ zu derjenigen nach § 87 Abs 3 VwGO; **14** dem Institut des beauftragten Richters kommt daher keine praktische Bedeutung mehr zu, da der Berichterstatter gem § 87 Abs 3 VwGO selbst, also ohne Kammerbeschluss, einen Beweistermin laden und durchführen kann.

III. Ersuchter Richter

Der ersuchte Richter ist Mitglied eines anderen Gerichts. Das Ersuchen erfolgt durch **15** einen vom Spruchkörper bzw Einzelrichter zu erlassenden förmlichen Beweisbeschluss (§ 98

VwGO, § 358 ZPO) mit dem Inhalt des § 359 Nr 1, 2 ZPO, in dem die einzelnen Beweisfragen aufgeführt sein müssen. Für das Verfahren gilt § 98 VwGO iVm §§ 362, 365, 366, 400 ZPO.

C. Folge von Verstößen

16   Verfahrensfehler können durch Rechtsmittel gegen die Entscheidung geltend gemacht werden, wenn sie zu Fehlern in der Beweiswürdigung geführt haben (Sodan/Ziekow/Lang, § 96 Rn 70). Die Beteiligten können allerdings auf die Einhaltung der Vorschriften über die Unmittelbarkeit der Beweisaufnahme verzichten; verhandeln die Beteiligten daher rügelos zur Sache, dh wird der behauptete Verfahrensfehler nicht gem § 173 VwGO, § 295 ZPO in der darauf folgenden mündlichen Verhandlung gerügt, so verlieren sie ihr Rügerecht (BVerwG NJW 1989, 678).

§ 97 [Beweistermine]

¹**Die Beteiligten werden von allen Beweisterminen benachrichtigt und können der Beweisaufnahme beiwohnen.** ²**Sie können an Zeugen und Sachverständige sachdienliche Fragen richten.** ³**Wird eine Frage beanstandet, so entscheidet das Gericht.**

Geregelt ist der Grundsatz der **Parteiöffentlichkeit** (Rn 1) von Beweisterminen. Ferner enthält die Vorschrift Elemente des **Mündlichkeitsprinzips** (vgl bereits § 96 VwGO Rn 1), indem sie das Fragerecht (Rn 4) der Beteiligten regelt. Die Vorschrift ist Ausfluss des Anspruchs auf rechtliches Gehör und dient damit dem Schutz der Beteiligten.

A. Parteiöffentlichkeit

I. Teilnahmerecht und Benachrichtigung

1   Die Beteiligten haben das Recht, an einer Beweisaufnahme **teilzunehmen**. Anwendbar ist die Vorschrift in allen Verfahren, in denen § 96 VwGO gilt. Das Teilnahmerecht gilt auch für gesonderte (nichtöffentliche, § 169 S 1 GVG) Beweistermine, bei Beweisaufnahmen durch den beauftragten oder ersuchten Richter und bei Beweisaufnahme im Ausland (Eyermann/Geiger VwGO § 97 Rn 2). Die Vorschrift gilt unmittelbar nur für Beweisaufnahmen durch das Gericht und nicht auch dann, wenn ein Sachverständiger in Vorbereitung des zu erstattenden Gutachtens zunächst eine Befundtatsache ermitteln muss (BVerwG Buchholz 418.72 WeinG Nr 26 unter Hinweis auf § 404a Abs 3, 4 ZPO); sie ist aber auf Sachverhaltsermittlungen durch den Sachverständigen, insbes Ortsbesichtigungen, entsprechend anwendbar (BVerwG NJW 2006, 2058; OVG Münster NVwZ-RR 1995, 247; Redeker/von Oertzen/Kothe VwGO § 97 Rn 1), da die Beteiligten auch in diesen Fällen die Möglichkeit haben müssen, auf eine zutreffende Tatsachenermittlung und die Gewinnung eines persönlichen Eindrucks von der Örtlichkeit durch den Gutachter einwirken zu können.

2   Um ihr Teilnahmerecht wahrnehmen zu können, müssen die Beteiligten vom Termin **benachrichtigt** werden, was gem § 56 VwGO durch Zustellung oder durch Verkündung in der mündlichen Verhandlung geschehen kann. Die Ladungsfrist des § 102 Abs 1 VwGO gilt nicht, die Benachrichtigung muss jedoch so rechtzeitig erfolgen, dass eine Unterrichtung des Beteiligten durch den Prozessbevollmächtigten noch möglich ist (Kopp/Schenke VwGO § 97 Rn 2). Erfolgt die Beweisaufnahme in der mündlichen Verhandlung, so muss die **Ladung** auch **Angaben über die vorgesehene Beweisaufnahme** zB durch Zeugen, Sachverständige oder Augenscheineinnahme enthalten (BVerwG Buchholz 310 § 97 VwGO Nr 4; NJW 1980, 900); eine Ausnahme gilt für den Urkundenbeweis, wenn den Beteiligten die Beiziehung von Akten oder Auskünften bereits bekannt ist (B/F-K/S/vA/Stuhlfauth VwGO § 97 Rn 2).

II. Folge von Verstößen

Eine Ausnahme von Teilnahmerecht und Benachrichtigungspflicht der Beteiligten gilt, 3 wenn diese (auch nachträglich) auf Ladung, Teilnahme oder Rüge des Verstoßes verzichten. Auch die stillschweigende Hinnahme eines Verstoßes oder eine rügelose Einlassung führen zu einem Rügeverlust, § 295 Abs 2 ZPO; von einer Rüge ist nur auszugehen, wenn eindeutig zum Ausdruck gebracht worden ist, dass der Beteiligte sich mit dem Verfahrensverstoß nicht abfindet (BVerwG NJW 1980, 900; NJW 1989, 601). Ferner wird eine Ausnahme angenommen, wenn auch bei Anwesenheit des Beteiligten das Beweisergebnis kein anderes gewesen wäre (Baumbach/Lauterbach ZPO § 357 Rn 9; vgl. zum Meinungsstand die Nachweise bei Sodan/Ziekow/Lang VwGO § 97 Rn 22 und Fn 28) oder wenn die Erkenntnisse des Gutachters von den Beteiligten nicht in Frage gestellt werden (OVG Münster NVwZ-RR 1995, 247). Greifen diese Ausnahmen nicht, so ist bei fehlender oder verspäteter Benachrichtigung über die Beweisaufnahme diese grds unwirksam und muss wiederholt werden; das Urteil darf nicht auf das Ergebnis der Beweisaufnahme gestützt werden. Wird ein Beteiligter in der mündlichen Verhandlung von der Durchführung einer Beweisaufnahme überrascht, so kann er einen Antrag auf Vertagung stellen (Sodan/Ziekow/Lang VwGO § 97 Rn 19 mwN).

B. Fragerecht

Die Beteiligten können an **Zeugen und Sachverständige** sowie an zu vernehmende 4 **andere Beteiligte** (Kopp/Schenke VwGO § 97 Rn 3) Fragen stellen, sofern diese sachdienlich sind. Die Fragen können **direkt**, also ohne Vermittlung oder Einschaltung des Gerichts, gestellt werden.

Wie sich aus S 3 ergibt, kann das Gericht **nicht sachdienliche** Fragen von Amts wegen 5 oder auf Antrag beanstanden. Nicht sachdienlich sind zB Fragen, die in keinem Zusammenhang mit dem Beweisthema stehen sowie eindeutige Suggestiv- und Ausforschungsfragen (Eyermann/Geiger VwGO § 97 Rn 10).

Das **Recht zur Beanstandung** hat zunächst der Vorsitzende, vgl §§ 103 Abs 1, 104 6 Abs 2 VwGO (Redeker/von Oertzen/Kothe VwGO § 97 Rn 4), darüber hinaus aber auch alle sonst am Prozessgeschehen Beteiligten, also auch der Zeuge oder Sachverständige hinsichtlich einer an ihn gestellten Frage (Eyermann/Geiger VwGO § 97 Rn 8 unter Hinweis auf § 104 Abs 2 S 2 VwGO). Das Gericht **entscheidet**, ob die Beanstandung berechtigt ist. Die Entscheidung selbst ist gemäß § 146 Abs 2 VwGO **unanfechtbar**, auf die Nichtzulassung von Fragen können jedoch **Rechtsmittel** gegen die Endentscheidung gestützt werden, §§ 124 Abs 2 Nr 5, 132 Abs 2 Nr 3, 138 Nr 3 VwGO.

Bei Beweiserhebung durch einen ersuchten oder beauftragten Richter oder durch den 7 Berichterstatter nach § 87 Abs 3 VwGO ergeht eine vorläufige Entscheidung durch diesen, § 98 VwGO, § 400 ZPO; hiergegen kann nach § 151 VwGO die Entscheidung des Gerichts beantragt werden.

§ 98 [Beweisaufnahme]

Soweit dieses Gesetz nicht abweichende Vorschriften enthält, sind auf die Beweisaufnahme §§ 358 bis 444 und 450 bis 494 der Zivilprozeßordnung entsprechend anzuwenden.

Die in § 98 VwGO genannten Vorschriften der ZPO sind auf alle Arten der Beweisaufnahme – durch die Kammer, den Einzelrichter, den beauftragten oder ersuchten Richter – entsprechend anwendbar. Da die Verweisung pauschal erfolgt, ist in jedem Einzelfall zu prüfen, ob der im Verwaltungsprozess geltende Untersuchungsgrundsatz oder speziellere Bestimmungen der VwGO Abweichungen von den Vorschriften der ZPO erfordern. Die folgende Kommentierung geht vorrangig auf diese Abweichungen ein; hinsichtlich der Einzelheiten der ZPO-Vorschriften wird auf die einschlägigen Kommentare zur ZPO verwiesen.

A. Allgemeine Vorschriften

I. Allgemeines zur Beweisaufnahme

1   Die Beweisaufnahme im Verwaltungsprozess unterscheidet sich insofern von derjenigen des Zivilprozesses, als der **Amtsermittlungsgrundsatz** im Vordergrund steht. In der Praxis kommt der Beiziehung von Akten, der Heranziehung der Beteiligten (§ 86 Abs 1 S 1 Hs 2 VwGO) und der Einholung von Auskünften häufig größere Bedeutung zu als der Durchführung einer förmlichen Beweiserhebung. Die Frage, wer die **formelle Beweislast** trägt, ist aufgrund des Amtsermittlungsgrundsatzes unerheblich; bei ungeklärtem entscheidungserheblichem Sachverhalt ist dieser von Amts wegen aufzuklären. Erst wenn diese Ermittlungen ohne Ergebnis verlaufen, ist eine Entscheidung aufgrund der **materiellen Beweislastverteilung** zu treffen.

2   Die **Beweiserhebung** erfolgt gem § 87 VwGO durch eine **Anordnung** des Vorsitzenden oder Berichterstatters bzw in der mündlichen Verhandlung durch Anordnung des Spruchkörpers oder Einzelrichters. Ein besonderer **Beweisbeschluss** mit dem Inhalt des § 359 ZPO ist nur bei einem gesonderten Termin erforderlich oder wenn die Beweisaufnahme ein besonderes Verfahren erfordert – also immer bei der Beweiserhebung durch einen beauftragten oder ersuchten Richter – sowie gem § 450 ZPO bei der Parteivernehmung, nicht aber bei einer Beweisaufnahme in der mündlichen Verhandlung, § 358 ZPO. In diesem Fall reicht eine Beweisanordnung unter Angabe des Beweisthemas aus. Die Beweisanordnung ist unanfechtbar, § 146 Abs 2 VwGO. Sie ist jedoch vom Gericht jederzeit aufhebbar, es sei denn, es wird durch einen Beweisbeschluss einem in der mündlichen Verhandlung gestellten Beweisantrag entsprochen (§ 86 Abs 2 VwGO). Auch eine Änderung der Beweisanordnung ist jederzeit möglich, bei förmlichen Beweisbeschlüssen allerdings nur nach vorheriger Anhörung der Beteiligten (BVerwGE 17, 172 = NJW 1964, 787; E 69, 70 = NJW 1984, 2645). Beweisbeschluss und Beweisanordnung müssen den Beteiligten mitgeteilt werden. Bei einer gleichzeitigen Ladung zum Termin ist Zustellung nach § 56 VwGO notwendig (vgl § 97 VwGO Rn 2).

II. Anwendbarkeit der Vorschriften der ZPO

3   Allgemeine Regelungen zur Beweisaufnahme finden sich in §§ 355 bis 370 ZPO (zum Wortlaut siehe Rn 3.1 ff).

- **§ 355 bis 357 ZPO** werden in § 98 VwGO nicht in Bezug genommen und sind unanwendbar. Statt § 355 Abs 1 ZPO (Unmittelbarkeit der Beweisaufnahme) gelten §§ 96 und 87 Abs 3 VwGO; statt Abs 2 gilt § 146 Abs 2 VwGO. Auch § 356 ZPO (Beibringungsfrist) ist unanwendbar (BVerwG BayVBl 1984, 87); das Gericht entscheidet vielmehr nach seinem Ermessen, ob es auf das Beweismittel verzichtet oder die Beweisaufnahme zunächst aufschiebt. § 357 ZPO (Parteiöffentlichkeit) wird durch § 97 VwGO verdrängt.
- **§ 358 ZPO** (Notwendigkeit eines Beweisbeschlusses) ist anwendbar.
- **§ 358a ZPO** (Beweisbeschluss und Beweisaufnahme vor mündlicher Verhandlung) wird durch §§ 96 Abs 2 und 87 Abs 3 VwGO verdrängt.
- **§ 359 ZPO** (Inhalt des Beweisbeschlusses) ist eingeschränkt anwendbar. Anders als in Nr 1 vorgesehen brauchen bei einer Beweisaufnahme vor dem erkennenden Gericht keine konkreten Tatsachen angegeben zu werden, es genügt vielmehr die Angabe des Beweisthemas, dh es muss erkennbar sein, in welche Richtung die Beweisaufnahme erfolgen soll (BVerwG Buchholz 310 § 98 VwGO Nr 32; Redeker/v Oertzen/Kothe VwGO § 98 Rn 2). Angaben im Sinne der Nr 1 sind nur bei einer Beweiserhebung durch den ersuchten Richter erforderlich; für den beauftragten Richter gilt § 96 Abs 2 VwGO. Einen Beweisführer gibt es in der VwGO aufgrund des Amtsermittlungsgrundsatzes nicht, so dass Nr 3 unanwendbar ist.
- Die Regelungen in **§ 360 ZPO** über die Änderung des Beweisbeschlusses sind unanwendbar (BVerwG Buchholz 427.3 § 360 LAG Nr 52; Kopp/Schenke VwGO § 98 Rn 1); es ist ausreichend, wenn den Beteiligten vor der Änderung oder Aufhebung eines Beweisbeschlusses rechtliches Gehör gewährt wird (BVerwGE 17, 172 = NJW 1964, 787).
- Die Regelungen der **§§ 361 bis 363 ZPO** über die Beweisaufnahme durch den beauftragten und den ersuchten Richter sowie die Beweisaufnahme im Ausland sind grundsätzlich anwendbar, wobei § 96 Abs 2 VwGO die Beweiserhebung durch den beauftragten oder ersuchten Richter auf „geeignete Fälle" beschränkt (vgl § 96 VwGO Rn 10).
- **§ 364 ZPO** (Parteimitwirkung bei Beweisaufnahme im Ausland) ist aufgrund des Amtsermittlungsgrundsatzes unanwendbar.
- **§§ 365 bis 370 ZPO** sind anwendbar mit Ausnahme des § 367 Abs 2 (Redeker/v Oertzen/Kothe VwGO § 98 Rn 2).

Die einschlägigen Vorschriften der ZPO lauten:　　　　　　　　　　　　　　**3.1**
§ 355 ZPO Unmittelbarkeit der Beweisaufnahme
(1) Die Beweisaufnahme erfolgt vor dem Prozessgericht. Sie ist nur in den durch dieses Gesetz bestimmten Fällen einem Mitglied des Prozessgerichts oder einem anderen Gericht zu übertragen.
(2) Eine Anfechtung des Beschlusses, durch den die eine oder die andere Art der Beweisaufnahme angeordnet wird, findet nicht statt.
§ 356 ZPO Beibringungsfrist　　　　　　　　　　　　　　　　　　　　　　**3.2**
Steht der Aufnahme des Beweises ein Hindernis von ungewisser Dauer entgegen, so ist durch Beschluss eine Frist zu bestimmen, nach deren fruchtlosem Ablauf das Beweismittel nur benutzt werden kann, wenn nach der freien Überzeugung des Gerichts dadurch das Verfahren nicht verzögert wird.
§ 357 ZPO Parteiöffentlichkeit　　　　　　　　　　　　　　　　　　　　　**3.3**
(1) Den Parteien ist gestattet, der Beweisaufnahme beizuwohnen.
(2) Wird die Beweisaufnahme einem Mitglied des Prozessgerichts oder einem anderen Gericht übertragen, so ist die Terminsbestimmung den Parteien ohne besondere Form mitzuteilen, sofern nicht das Gericht die Zustellung anordnet. Bei Übersendung durch die Post gilt die Mitteilung, wenn die Wohnung der Partei im Bereich des Ortsbestellverkehrs liegt, an dem folgenden, im Übrigen an dem zweiten Werktage nach der Aufgabe zur Post als bewirkt, sofern nicht die Partei glaubhaft macht, dass ihr die Mitteilung nicht oder erst in einem späteren Zeitpunkt zugegangen ist.
§ 358 ZPO Notwendigkeit eines Beweisbeschlusses　　　　　　　　　　　　**3.4**
Erfordert die Beweisaufnahme ein besonderes Verfahren, so ist es durch Beweisbeschluss anzuordnen.
§ 358a ZPO Beweisbeschluss und Beweisaufnahme vor mündlicher Verhandlung　　**3.5**
Das Gericht kann schon vor der mündlichen Verhandlung einen Beweisbeschluss erlassen. Der Beschluss kann vor der mündlichen Verhandlung ausgeführt werden, soweit er anordnet

1. eine Beweisaufnahme vor dem beauftragten oder ersuchten Richter,
2. die Einholung amtlicher Auskünfte,
3. eine schriftliche Beantwortung der Beweisfrage nach § 377 Abs. 3,
4. die Begutachtung durch Sachverständige,
5. die Einnahme eines Augenscheins.

3.6   **§ 359 ZPO** Inhalt des Beweisbeschlusses
Der Beweisbeschluss enthält:
1. die Bezeichnung der streitigen Tatsachen, über die der Beweis zu erheben ist;
2. die Bezeichnung der Beweismittel unter Benennung der zu vernehmenden Zeugen und Sach-verständigen oder der zu vernehmenden Partei;
3. die Bezeichnung der Partei, die sich auf das Beweismittel berufen hat.

3.7   **§ 360 ZPO** Änderung des Beweisbeschlusses
Vor der Erledigung des Beweisbeschlusses kann keine Partei dessen Änderung auf Grund der früheren Verhandlungen verlangen. Das Gericht kann jedoch auf Antrag einer Partei oder von Amts wegen den Beweisbeschluss auch ohne erneute mündliche Verhandlung insoweit ändern, als der Gegner zustimmt oder es sich nur um die Berichtigung oder Ergänzung der im Beschluss angegebe-nen Beweistatsachen oder um die Vernehmung anderer als der im Beschluss angegebenen Zeugen oder Sachverständigen handelt. Die gleiche Befugnis hat der beauftragte oder ersuchte Richter. Die Parteien sind tunlichst vorher zu hören und in jedem Fall von der Änderung unverzüglich zu benachrichtigen.

3.8   **§ 361 ZPO** Beweisaufnahme durch beauftragten Richter
(1) Soll die Beweisaufnahme durch ein Mitglied des Prozessgerichts erfolgen, so wird bei der Verkündung des Beweisbeschlusses durch den Vorsitzenden der beauftragte Richter bezeichnet und der Termin zur Beweisaufnahme bestimmt.
(2) Ist die Terminsbestimmung unterblieben, so erfolgt sie durch den beauftragten Richter, wird er verhindert, den Auftrag zu vollziehen, so ernennt der Vorsitzende ein anderes Mitglied.

3.9   **§ 362 ZPO** Beweisaufnahme durch ersuchten Richter
(1) Soll die Beweisaufnahme durch ein anderes Gericht erfolgen, so ist das Ersuchungsschreiben von dem Vorsitzenden zu erlassen.
(2) Die auf die Beweisaufnahme sich beziehenden Verhandlungen übermittelt der ersuchte Richter der Geschäftsstelle des Prozessgerichts in Urschrift; die Geschäftsstelle benachrichtigt die Parteien von dem Eingang.

3.10   **§ 363 ZPO** Beweisaufnahme im Ausland
(1) Soll die Beweisaufnahme im Ausland erfolgen, so hat der Vorsitzende die zuständige Behörde um Aufnahme des Beweises zu ersuchen.
(2) Kann die Beweisaufnahme durch einen Bundeskonsul erfolgen, so ist das Ersuchen an diesen zu richten.
(3) Die Vorschriften der Verordnung (EG) Nr. 1206/2001 des Rates vom 28. Mai 2001 über die Zusammenarbeit zwischen den Gerichten der Mitgliedstaaten auf dem Gebiet der Beweisaufnahme in Zivil- oder Handelssachen (ABl. EG Nr. L 174 S. 1) bleiben unberührt. Für die Durchführung gelten die §§ 1072 und 1073.

3.11   **§ 364 ZPO** Parteimitwirkung bei Beweisaufnahme im Ausland
(1) Wird eine ausländische Behörde ersucht, den Beweis aufzunehmen, so kann das Gericht anordnen, dass der Beweisführer das Ersuchungsschreiben zu besorgen und die Erledigung des Ersuchens zu betreiben habe.
(2) Das Gericht kann sich auf die Anordnung beschränken, dass der Beweisführer eine den Gesetzen des fremden Staates entsprechende öffentliche Urkunde über die Beweisaufnahme bei-zubringen habe.
(3) In beiden Fällen ist in dem Beweisbeschluss eine Frist zu bestimmen, binnen der von dem Beweisführer die Urkunde auf der Geschäftsstelle niederzulegen ist. Nach fruchtlosem Ablauf dieser Frist kann die Urkunde nur benutzt werden, wenn dadurch das Verfahren nicht verzögert wird.
(4) Der Beweisführer hat den Gegner, wenn möglich, von dem Ort und der Zeit der Beweis-aufnahme so zeitig in Kenntnis zu setzen, dass dieser seine Rechte in geeigneter Weise wahr-zunehmen vermag. Ist die Benachrichtigung unterblieben, so hat das Gericht zu ermessen, ob und inwieweit der Beweisführer zur Benutzung der Beweisverhandlung berechtigt ist.

3.12   **§ 365 ZPO** Abgabe durch beauftragten oder ersuchten Richter
Der beauftragte oder ersuchte Richter ist ermächtigt, falls sich später Gründe ergeben, welche die Beweisaufnahme durch ein anderes Gericht sachgemäß erscheinen lassen, dieses Gericht um die Aufnahme des Beweises zu ersuchen. Die Parteien sind von dieser Verfügung in Kenntnis zu setzen.

§ 366 ZPO Zwischenstreit   3.13

(1) Erhebt sich bei der Beweisaufnahme vor einem beauftragten oder ersuchten Richter ein Streit, von dessen Erledigung die Fortsetzung der Beweisaufnahme abhängig und zu dessen Entscheidung der Richter nicht berechtigt ist, so erfolgt die Erledigung durch das Prozessgericht.

(2) Der Termin zur mündlichen Verhandlung über den Zwischenstreit ist von Amts wegen zu bestimmen und den Parteien bekannt zu machen.

§ 367 ZPO Ausbleiben der Partei   3.14

(1) Erscheint eine Partei oder erscheinen beide Parteien in dem Termin zur Beweisaufnahme nicht, so ist die Beweisaufnahme gleichwohl insoweit zu bewirken, als dies nach Lage der Sache geschehen kann.

(2) Eine nachträgliche Beweisaufnahme oder eine Vervollständigung der Beweisaufnahme ist bis zum Schluss derjenigen mündlichen Verhandlung, auf die das Urteil ergeht, auf Antrag anzuordnen, wenn das Verfahren dadurch nicht verzögert wird oder wenn die Partei glaubhaft macht, dass sie ohne ihr Verschulden außerstande gewesen sei, in dem früheren Termin zu erscheinen, und im Falle des Antrags auf Vervollständigung, dass durch ihr Nichterscheinen eine wesentliche Unvollständigkeit der Beweisaufnahme veranlasst sei.

§ 368 ZPO Neuer Beweistermin   3.15

Wird ein neuer Termin zur Beweisaufnahme oder zu ihrer Fortsetzung erforderlich, so ist dieser Termin, auch wenn der Beweisführer oder beide Parteien in dem früheren Termin nicht erschienen waren, von Amts wegen zu bestimmen.

§ 369 ZPO Ausländische Beweisaufnahme   3.16

Entspricht die von einer ausländischen Behörde vorgenommene Beweisaufnahme den für das Prozessgericht geltenden Gesetzen, so kann daraus, dass sie nach den ausländischen Gesetzen mangelhaft ist, kein Einwand entnommen werden.

§ 370 ZPO Fortsetzung der mündlichen Verhandlung   3.17

(1) Erfolgt die Beweisaufnahme vor dem Prozessgericht, so ist der Termin, in dem die Beweisaufnahme stattfindet, zugleich zur Fortsetzung der mündlichen Verhandlung bestimmt.

(2) In dem Beweisbeschluss, der anordnet, dass die Beweisaufnahme vor einem beauftragten oder ersuchten Richter erfolgen solle, kann zugleich der Termin zur Fortsetzung der mündlichen Verhandlung vor dem Prozessgericht bestimmt werden. Ist dies nicht geschehen, so wird nach Beendigung der Beweisaufnahme dieser Termin von Amts wegen bestimmt und den Parteien bekannt gemacht.

B. Die einzelnen Beweismittel

I. Augenschein

1. Allgemeines

Objekte des Augenscheins sind Gegenstände oder Personen, von deren Beschaffenheit   4
sich das Gericht einen **unmittelbaren sinnlichen Eindruck** verschaffen kann (Eyermann/Geiger VwGO § 98 Rn 5) mit Ausnahme von schriftlichen Erklärungen, die hinsichtlich ihres Gedankeninhalts dem Urkundsbeweis zugänglich sind (s Rn 14). Zum Augenschein gehören nicht nur visuelle, sondern zB auch akustische Wahrnehmungen. Den Regeln über die Augenscheinseinnahme unterliegen daher zB Ortstermine zur Feststellung örtlicher Gegebenheiten und die Einsichtnahme in Pläne und Fotos (BGH NJW 1976, 294). Wie sich aus § 371a ZPO ergibt, gehören zu den Augenscheinsobjekten auch elektronische Dokumente, die keine qualifizierte elektronische Signatur aufweisen oder keine öffentlichen elektronischen Dokumente sind (Kopp/Schenke VwGO § 98 Rn 7, 7a).

Wird die Augenscheinseinnahme durch einen Beteiligten **verhindert**, etwa unter Berufung auf sein Hausrecht, so kann dies nach den Grundsätzen über die Beweisvereitelung zu seinen Lasten gewertet werden (Eyermann/Geiger VwGO § 98 Rn 5).

2. Anwendbarkeit der Vorschriften der ZPO

Regelungen zur Beweisaufnahme durch Augenschein finden sich in **§§ 371 bis 372a**   5
ZPO (zum Wortlaut siehe Rn 5.1 ff). Die Vorschriften sind uneingeschränkt anwendbar.

Die einschlägigen Vorschriften der ZPO lauten: 5.1

§ 371 ZPO Beweis durch Augenschein

(1) Der Beweis durch Augenschein wird durch Bezeichnung des Gegenstandes des Augenscheins und durch die Angabe der zu beweisenden Tatsachen angetreten. Ist ein elektronisches Dokument

Gegenstand des Beweises, wird der Beweis durch Vorlegung oder Übermittlung der Datei angetreten.

(2) Befindet sich der Gegenstand nach der Behauptung des Beweisführers nicht in seinem Besitz, so wird der Beweis außerdem durch den Antrag angetreten, zur Herbeischaffung des Gegenstandes eine Frist zu setzen oder eine Anordnung nach § 144 zu erlassen. Die §§ 422 bis 432 gelten entsprechend.

(3) Vereitelt eine Partei die ihr zumutbare Einnahme des Augenscheins, so können die Behauptungen des Gegners über die Beschaffenheit des Gegenstandes als bewiesen angesehen werden.

5.2   **§ 371a ZPO** Beweiskraft elektronischer Dokumente

(1) Auf private elektronische Dokumente, die mit einer qualifizierten elektronischen Signatur versehen sind, finden die Vorschriften über die Beweiskraft privater Urkunden entsprechende Anwendung. Der Anschein der Echtheit einer in elektronischer Form vorliegenden Erklärung, der sich auf Grund der Prüfung nach dem Signaturgesetz ergibt, kann nur durch Tatsachen erschüttert werden, die ernstliche Zweifel daran begründen, dass die Erklärung vom Signaturschlüssel-Inhaber abgegeben worden ist.

(2) Auf elektronische Dokumente, die von einer öffentlichen Behörde innerhalb der Grenzen ihrer Amtsbefugnisse oder von einer mit öffentlichem Glauben versehenen Person innerhalb des ihr zugewiesenen Geschäftskreises in der vorgeschriebenen Form erstellt worden sind (öffentliche elektronische Dokumente), finden die Vorschriften über die Beweiskraft öffentlicher Urkunden entsprechende Anwendung. Ist das Dokument mit einer qualifizierten elektronischen Signatur versehen, gilt § 437 entsprechend.

5.3   **§ 372 ZPO** Beweisaufnahme

(1) Das Prozessgericht kann anordnen, dass bei der Einnahme des Augenscheins ein oder mehrere Sachverständige zuzuziehen seien.

(2) Es kann einem Mitglied des Prozessgerichts oder einem anderen Gericht die Einnahme des Augenscheins übertragen, auch die Ernennung der zuzuziehenden Sachverständigen überlassen.

5.4   **§ 372a ZPO** Untersuchungen zur Feststellung der Abstammung

(1) Soweit es zur Feststellung der Abstammung erforderlich ist, hat jede Person Untersuchungen, insbesondere die Entnahme von Blutproben, zu dulden, es sei denn, dass die Untersuchung dem zu Untersuchenden nicht zugemutet werden kann.

(2) Die §§ 386 bis 390 gelten entsprechend. Bei wiederholter unberechtigter Verweigerung der Untersuchung kann auch unmittelbarer Zwang angewendet werden, insbesondere die zwangsweise Vorführung zur Untersuchung angeordnet werden.

II. Zeugen

1. Allgemeines

6   Die Frage, wer **Zeuge** sein kann, beurteilt sich im Verwaltungsprozess nach denselben Grundsätzen wie im Zivilprozess. Auch Bedienstete einer beteiligten Behörde können als Zeugen vernommen werden, nicht aber der Behördenleiter oder sein ständiger Vertreter (Redeker/v Oertzen/Kothe VwGO § 98 Rn 4); wird der in der mündlichen Verhandlung anwesende Behördenvertreter formlos befragt, handelt es sich bei dessen Erklärungen um Beteiligtenvorbringen. Zum Zeugen vom Hörensagen vgl § 96 VwGO Rn 3; zum sachverständigen Zeugen vgl Rn 13.

7   Die **Beweisaufnahme** erfolgt grundsätzlich wie im Zivilprozess. Sie beginnt mit der Bekanntgabe des Beweisbeschlusses (§ 358 ZPO) oder der Beweisanordnung. Der Zeuge ist sodann zu belehren und zur Wahrheit zu ermahnen (§§ 480, 395 Abs 1 ZPO) und bei entsprechendem Anlass auf sein Zeugnisverweigerungsrecht hinzuweisen (§ 383 Abs 2, Abs 1 Nr 1 bis 3 ZPO). Es folgt die Vernehmung zur Person (§ 395 Abs 2 ZPO) und zur Sache (§ 396 ZPO) mit entsprechendem Fragerecht der Beteiligten (§ 97 S 2 VwGO). Die Aussage des Zeugen ist in das Protokoll aufzunehmen (§ 105 VwGO iVm § 160 Abs 3 Nr 4, 162 ZPO). Schließlich ist über die Frage der Beeidigung zu entscheiden (§ 392 ZPO). Der Zeuge ist zu entlassen, wenn er nicht mehr gebraucht wird.

2. Anwendbarkeit der Vorschriften der ZPO

8   Regelungen zum Zeugenbeweis finden sich in §§ 373–401 ZPO (zum Wortlaut s Rn 8.1 ff).

- **§ 373 ZPO** (Beweisantritt) ist anwendbar.
- **§ 375 Abs 1 und 1a ZPO** (Beweisaufnahme durch beauftragten oder ersuchten Richter) werden durch § 96 Abs 2 VwGO verdrängt; bei der Auslegung, wann ein „geeigneter Fall" vorliegt, sind die Regelungen des § 375 Abs 1 und 1a ZPO jedoch zu berücksichtigen. § 375 Abs 2 ZPO ist anwendbar.
- **§ 376 ZPO** (Vernehmung bei Amtsverschwiegenheit) ist anwendbar. Die Verweigerung der Aussagegenehmigung ist ein Verwaltungsakt und kann von den Beteiligten angefochten werden (BVerwGE 18, 58 = NJW 1964, 1088; E 66, 39 = NJW 1983, 638: bei einem Rechtsstreit um eine Aussagegenehmigung für einen Beamten handelt es sich um eine Klage aus dem Beamtenverhältnis, §§ 126, 127 BRRG). Die Behörden sind, wenn nicht die gesetzlich vorgesehenen Ausnahmen vorliegen, zur Genehmigung verpflichtet (Kopp/ Schenke VwGO § 98 Rn 9). Dem Beteiligten kann eine Frist zur Einleitung eines entsprechenden Verfahrens gesetzt werden; unterlässt er dies, scheidet das Beweismittel aus (Redeker/v Oertzen/Kothe VwGO § 96 Rn 5). Wurde ein Zeuge vernommen, der eine notwendige Aussagegenehmigung nicht besaß, ist das Ergebnis nicht automatisch unverwertbar (vgl BVerwG Buchholz 310 § 98 VwGO Nr 39 zum Bruch des Berufsgeheimnisses durch Steuerberater; differenzierend Kopp/Schenke VwGO § 98 Rn 9: Unverwertbarkeit liegt vor bei einem Verstoß gegen Geheimhaltungspflicht).
- **§ 377 ZPO** (Zeugenladung) ist anwendbar. Da ein Beweisbeschluss bei einer Vernehmung in der mündlichen Verhandlung nicht zwingend ist, genügt für die Erfüllung des Abs 1 die Nennung des Beweisthemas (Eyermann/Geiger VwGO § 98 Rn 8). Mängel bei der Ladung sind unerheblich, wenn der Zeuge erscheint, schließen aber andernfalls die Verhängung von Ordnungsmitteln aus. Zur Zulässigkeit der schriftlichen Zeugenvernehmung vgl § 96 VwGO Rn 3.
- **§ 378 ZPO** (Aussageerleichternde Unterlagen) ist anwendbar.
- **§ 379 ZPO** (Auslagenvorschuss) ist unanwendbar. Ein Auslagenvorschuss kann zwar angefordert werden (§ 17 GKG), Säumnisfolgen sind aber aufgrund des Amtsermittlungsgrundsatzes ausgeschlossen (Redeker/v Oertzen/Kothe VwGO § 98 Rn 6).
- **§§ 380, 381 ZPO** (Folgen des Ausbleibens des Zeugen und genügende Entschuldigung des Ausbleibens) sind anwendbar. § 380 Abs 3 ZPO wird durch die Beschwerde nach § 146 Abs 1 und 2 VwGO (Abs 3 gilt nicht) verdrängt (Redeker/v Oertzen/Kothe VwGO § 98 Rn 6).
- **§ 382 ZPO** (Vernehmung an bestimmten Orten) ist anwendbar.
- **§§ 383 bis 390 ZPO** (Zeugnisverweigerungsrecht) sind anwendbar. Lediglich § 387 Abs 3 ZPO ist insofern nur entsprechend anzuwenden, als über die Berechtigung der Zeugnisverweigerung nicht durch Zwischenurteil, sondern durch Beschluss zu entscheiden ist (Redeker/v Oertzen/Kothe VwGO § 98 Rn 7; Eyermann/Geiger VwGO § 98 Rn 9; aA OVG Lüneburg OVGE MüLü 12, 448; Kopp/Schenke VwGO § 98 Rn 11).
- **§ 391 ZPO** (Zeugenbeeidigung) ist insofern anwendbar, als das Gericht nach seinem Ermessen über die Beeidigung entscheidet (BVerwGE 52, 11 = NJW 1978, 389); die Aussage kann also in der Regel unbeeidigt bleiben. Ein Verzicht der Beteiligten auf Vereidigung bindet das Gericht anders als im Zivilprozess nicht (BVerwG NJW 1998, 3369). Die Entscheidung über die Beeidigung ergeht durch unanfechtbaren Beschluss, § 146 Abs 2 VwGO. Zu begründen ist der Beschluss zB, wenn der Antrag eines Beteiligten auf Beeidigung abgelehnt wird (Redeker/v Oertzen/Kothe VwGO § 96 Rn 8).
- **§§ 392 bis 396 ZPO** sind anwendbar.
- **§ 397 ZPO** (Fragerecht der Parteien) wird durch § 97 VwGO verdrängt.
- **§ 398 ZPO** (Wiederholte und nachträgliche Vernehmung) ist anwendbar.
- **§ 399 ZPO** (Verzicht auf Zeugen) ist aufgrund des Amtsermittlungsgrundsatzes unanwendbar.
- **§ 400 ZPO** (Befugnisse des mit der Beweisaufnahme vertrauten Richters) ist anwendbar. Es kann gegen dessen Entscheidung gem § 151 VwGO die Entscheidung des Gerichts beantragt werden.
- **§ 401 ZPO** (Zeugenentschädigung) ist anwendbar. Die Entschädigung ist geregelt im Justizvergütungs- und Entschädigungsgesetz (JVEG) v 5.5.2004 (BGBl I 776), zuletzt geändert durch Gesetz v 5.12.2012 (BGBl I 2418).

8.1   Die einschlägigen Vorschriften der ZPO lauten:

§ 373 ZPO Beweisantritt

Der Zeugenbeweis wird durch die Benennung der Zeugen und die Bezeichnung der Tatsachen, über welche die Vernehmung der Zeugen stattfinden soll, angetreten.

8.2   **§ 374 ZPO** (weggefallen)

8.3   **§ 375 ZPO** Beweisaufnahme durch beauftragten oder ersuchten Richter

(1) Die Aufnahme des Zeugenbeweises darf einem Mitglied des Prozessgerichts oder einem anderen Gericht nur übertragen werden, wenn von vornherein anzunehmen ist, dass das Prozessgericht das Beweisergebnis auch ohne unmittelbaren Eindruck von dem Verlauf der Beweisaufnahme sachgemäß zu würdigen vermag, und

1. wenn zur Ausmittlung der Wahrheit die Vernehmung des Zeugen an Ort und Stelle dienlich erscheint oder nach gesetzlicher Vorschrift der Zeuge nicht an der Gerichtsstelle, sondern an einem anderen Ort zu vernehmen ist;

2. wenn der Zeuge verhindert ist, vor dem Prozessgericht zu erscheinen und eine Zeugenvernehmung nach § 128a Abs. 2 nicht stattfindet;

3. wenn dem Zeugen das Erscheinen vor dem Prozessgericht wegen großer Entfernung unter Berücksichtigung der Bedeutung seiner Aussage nicht zugemutet werden kann und eine Zeugenvernehmung nach § 128a Abs. 2 nicht stattfindet.

(1a) Einem Mitglied des Prozessgerichts darf die Aufnahme des Zeugenbeweises auch dann übertragen werden, wenn dies zur Vereinfachung der Verhandlung vor dem Prozessgericht zweckmäßig erscheint und wenn von vornherein anzunehmen ist, dass das Prozessgericht das Beweisergebnis auch ohne unmittelbaren Eindruck von dem Verlauf der Beweisaufnahme sachgemäß zu würdigen vermag.

(2) Der Bundespräsident ist in seiner Wohnung zu vernehmen.

8.4   **§ 376 ZPO** Vernehmung bei Amtsverschwiegenheit

(1) Für die Vernehmung von Richtern, Beamten und anderen Personen des öffentlichen Dienstes als Zeugen über Umstände, auf die sich ihre Pflicht zur Amtsverschwiegenheit bezieht, und für die Genehmigung zur Aussage gelten die besonderen beamtenrechtlichen Vorschriften.

(2) Für die Mitglieder des Bundestages, eines Landtages, der Bundes- oder einer Landesregierung sowie für die Angestellten einer Fraktion des Bundestages oder eines Landtages gelten die für sie maßgebenden besonderen Vorschriften.

(3) Eine Genehmigung in den Fällen der Absätze 1, 2 ist durch das Prozessgericht einzuholen und dem Zeugen bekannt zu machen.

(4) Der Bundespräsident kann das Zeugnis verweigern, wenn die Ablegung des Zeugnisses dem Wohl des Bundes oder eines deutschen Landes Nachteile bereiten würde.

(5) Diese Vorschriften gelten auch, wenn die vorgenannten Personen nicht mehr im öffentlichen Dienst oder Angestellte einer Fraktion sind oder ihre Mandate beendet sind, soweit es sich um Tatsachen handelt, die sich während ihrer Dienst-, Beschäftigungs- oder Mandatszeit ereignet haben oder ihnen während ihrer Dienst-, Beschäftigungs- oder Mandatszeit zur Kenntnis gelangt sind.

8.5   **§ 377 ZPO** Zeugenladung

(1) Die Ladung der Zeugen ist von der Geschäftsstelle unter Bezugnahme auf den Beweisbeschluss auszufertigen und von Amts wegen mitzuteilen. Sie wird, sofern nicht das Gericht die Zustellung anordnet, formlos übermittelt.

(2) Die Ladung muss enthalten:

1. die Bezeichnung der Parteien;

2. den Gegenstand der Vernehmung;

3. die Anweisung, zur Ablegung des Zeugnisses bei Vermeidung der durch das Gesetz angedrohten Ordnungsmittel in dem nach Zeit und Ort zu bezeichnenden Termin zu erscheinen.

(3) Das Gericht kann eine schriftliche Beantwortung der Beweisfrage anordnen, wenn es dies im Hinblick auf den Inhalt der Beweisfrage und die Person des Zeugen für ausreichend erachtet. Der Zeuge ist darauf hinzuweisen, dass er zur Vernehmung geladen werden kann. Das Gericht ordnet die Ladung des Zeugen an, wenn es dies zur weiteren Klärung der Beweisfrage für notwendig erachtet.

8.6   **§ 378 ZPO** Aussageerleichternde Unterlagen

(1) Soweit es die Aussage über seine Wahrnehmungen erleichtert, hat der Zeuge Aufzeichnungen und andere Unterlagen einzusehen und zu dem Termin mitzubringen, wenn ihm dies gestattet und zumutbar ist. Die §§ 142 und 429 bleiben unberührt.

(2) Kommt der Zeuge auf eine bestimmte Anordnung des Gerichts der Verpflichtung nach Absatz 1 nicht nach, so kann das Gericht die in § 390 bezeichneten Maßnahmen treffen; hierauf ist der Zeuge vorher hinzuweisen.

§ 379 ZPO Auslagenvorschuss   8.7

Das Gericht kann die Ladung des Zeugen davon abhängig machen, dass der Beweisführer einen hinreichenden Vorschuss zur Deckung der Auslagen zahlt, die der Staatskasse durch die Vernehmung des Zeugen erwachsen. Wird der Vorschuss nicht innerhalb der bestimmten Frist gezahlt, so unterbleibt die Ladung, wenn die Zahlung nicht so zeitig nachgeholt wird, dass die Vernehmung durchgeführt werden kann, ohne dass dadurch nach der freien Überzeugung des Gerichts das Verfahren verzögert wird.

§ 380 ZPO Folgen des Ausbleibens des Zeugen   8.8

(1) Einem ordnungsgemäß geladenen Zeugen, der nicht erscheint, werden, ohne dass es eines Antrages bedarf, die durch das Ausbleiben verursachten Kosten auferlegt. Zugleich wird gegen ihn ein Ordnungsgeld und für den Fall, dass dieses nicht beigetrieben werden kann, Ordnungshaft festgesetzt.

(2) Im Falle wiederholten Ausbleibens wird das Ordnungsmittel noch einmal festgesetzt; auch kann die zwangsweise Vorführung des Zeugen angeordnet werden.

(3) Gegen diese Beschlüsse findet die sofortige Beschwerde statt.

§ 381 ZPO Genügende Entschuldigung des Ausbleibens   8.9

(1) Die Auferlegung der Kosten und die Festsetzung eines Ordnungsmittels unterbleiben, wenn das Ausbleiben des Zeugen rechtzeitig genügend entschuldigt wird. Erfolgt die Entschuldigung nach Satz 1 nicht rechtzeitig, so unterbleiben die Auferlegung der Kosten und die Festsetzung eines Ordnungsmittels nur dann, wenn glaubhaft gemacht wird, dass den Zeugen an der Verspätung der Entschuldigung kein Verschulden trifft. Erfolgt die genügende Entschuldigung oder die Glaubhaftmachung nachträglich, so werden die getroffenen Anordnungen unter den Voraussetzungen des Satzes 2 aufgehoben.

(2) Die Anzeigen und Gesuche des Zeugen können schriftlich oder zum Protokoll der Geschäftsstelle oder mündlich in dem zur Vernehmung bestimmten neuen Termin angebracht werden.

§ 382 ZPO Vernehmung an bestimmten Orten   8.10

(1) Die Mitglieder der Bundesregierung oder einer Landesregierung sind an ihrem Amtssitz oder, wenn sie sich außerhalb ihres Amtssitzes aufhalten, an ihrem Aufenthaltsort zu vernehmen.

(2) Die Mitglieder des Bundestages, des Bundesrates, eines Landtages oder einer zweiten Kammer sind während ihres Aufenthaltes am Sitz der Versammlung dort zu vernehmen.

(3) Zu einer Abweichung von den vorstehenden Vorschriften bedarf es:

für die Mitglieder der Bundesregierung der Genehmigung der Bundesregierung,

für die Mitglieder einer Landesregierung der Genehmigung der Landesregierung,

für die Mitglieder einer der im Absatz 2 genannten Versammlungen der Genehmigung dieser Versammlung.

§ 383 ZPO Zeugnisverweigerung aus persönlichen Gründen   8.11

(1) Zur Verweigerung des Zeugnisses sind berechtigt:

1. der Verlobte einer Partei oder derjenige, mit dem die Partei ein Versprechen eingegangen ist, eine Lebenspartnerschaft zu begründen;
2. der Ehegatte einer Partei, auch wenn die Ehe nicht mehr besteht;
2a. der Lebenspartner einer Partei, auch wenn die Lebenspartnerschaft nicht mehr besteht;
3. diejenigen, die mit einer Partei in gerader Linie verwandt oder verschwägert, in der Seitenlinie bis zum dritten Grad verwandt oder bis zum zweiten Grad verschwägert sind oder waren;
4. Geistliche in Ansehung desjenigen, was ihnen bei der Ausübung der Seelsorge anvertraut ist;
5. Personen, die bei der Vorbereitung, Herstellung oder Verbreitung von periodischen Druckwerken oder Rundfunksendungen berufsmäßig mitwirken oder mitgewirkt haben, über die Person des Verfassers, Einsenders oder Gewährsmanns von Beiträgen und Unterlagen sowie über die ihnen im Hinblick auf ihre Tätigkeit gemachten Mitteilungen, soweit es sich um Beiträge, Unterlagen und Mitteilungen für den redaktionellen Teil handelt;
6. Personen, denen kraft ihres Amtes, Standes oder Gewerbes Tatsachen anvertraut sind, deren Geheimhaltung durch ihre Natur oder durch gesetzliche Vorschrift geboten ist, in Betreff der Tatsachen, auf welche die Verpflichtung zur Verschwiegenheit sich bezieht.

(2) Die unter Nummern 1 bis 3 bezeichneten Personen sind vor der Vernehmung über ihr Recht zur Verweigerung des Zeugnisses zu belehren.

(3) Die Vernehmung der unter Nummern 4 bis 6 bezeichneten Personen ist, auch wenn das Zeugnis nicht verweigert wird, auf Tatsachen nicht zu richten, in Ansehung welcher erhellt, dass ohne Verletzung der Verpflichtung zur Verschwiegenheit ein Zeugnis nicht abgelegt werden kann.

§ 384 ZPO Zeugnisverweigerung aus sachlichen Gründen   8.12

Das Zeugnis kann verweigert werden:

1. über Fragen, deren Beantwortung dem Zeugen oder einer Person, zu der er in einem der im § 383 Nr. 1 bis 3 bezeichneten Verhältnisse steht, einen unmittelbaren vermögensrechtlichen Schaden verursachen würde;
2. über Fragen, deren Beantwortung dem Zeugen oder einem seiner im § 383 Nr. 1 bis 3 bezeichneten Angehörigen zur Unehre gereichen oder die Gefahr zuziehen würde, wegen einer Straftat oder einer Ordnungswidrigkeit verfolgt zu werden;
3. über Fragen, die der Zeuge nicht würde beantworten können, ohne ein Kunst- oder Gewerbegeheimnis zu offenbaren.

8.13 **§ 385 ZPO** Ausnahmen vom Zeugnisverweigerungsrecht

(1) In den Fällen des § 383 Nr. 1 bis 3 und des § 384 Nr. 1 darf der Zeuge das Zeugnis nicht verweigern:
1. über die Errichtung und den Inhalt eines Rechtsgeschäfts, bei dessen Errichtung er als Zeuge zugezogen war;
2. über Geburten, Verheiratungen oder Sterbefälle von Familienmitgliedern;
3. über Tatsachen, welche die durch das Familienverhältnis bedingten Vermögensangelegenheiten betreffen;
4. über die auf das streitige Rechtsverhältnis sich beziehenden Handlungen, die von ihm selbst als Rechtsvorgänger oder Vertreter einer Partei vorgenommen sein sollen.

(2) Die im § 383 Nr. 4, 6 bezeichneten Personen dürfen das Zeugnis nicht verweigern, wenn sie von der Verpflichtung zur Verschwiegenheit entbunden sind.

8.14 **§ 386 ZPO** Erklärung der Zeugnisverweigerung

(1) Der Zeuge, der das Zeugnis verweigert, hat vor dem zu seiner Vernehmung bestimmten Termin schriftlich oder zum Protokoll der Geschäftsstelle oder in diesem Termin die Tatsachen, auf die er die Weigerung gründet, anzugeben und glaubhaft zu machen.

(2) Zur Glaubhaftmachung genügt in den Fällen des § 383 Nr. 4, 6 die mit Berufung auf einen geleisteten Diensteid abgegebene Versicherung.

(3) Hat der Zeuge seine Weigerung schriftlich oder zum Protokoll der Geschäftsstelle erklärt, so ist er nicht verpflichtet, in dem zu seiner Vernehmung bestimmten Termin zu erscheinen.

(4) Von dem Eingang einer Erklärung des Zeugen oder von der Aufnahme einer solchen zum Protokoll hat die Geschäftsstelle die Parteien zu benachrichtigen.

8.15 **§ 387 ZPO** Zwischenstreit über Zeugnisverweigerung

(1) Über die Rechtmäßigkeit der Weigerung wird von dem Prozessgericht nach Anhörung der Parteien entschieden.

(2) Der Zeuge ist nicht verpflichtet, sich durch einen Anwalt vertreten zu lassen.

(3) Gegen das Zwischenurteil findet sofortige Beschwerde statt.

8.16 **§ 388 ZPO** Zwischenstreit über schriftliche Zeugnisverweigerung

Hat der Zeuge seine Weigerung schriftlich oder zum Protokoll der Geschäftsstelle erklärt und ist er in dem Termin nicht erschienen, so hat auf Grund seiner Erklärungen ein Mitglied des Prozessgerichts Bericht zu erstatten.

8.17 **§ 389 ZPO** Zeugnisverweigerung vor beauftragtem oder ersuchtem Richter

(1) Erfolgt die Weigerung vor einem beauftragten oder ersuchten Richter, so sind die Erklärungen des Zeugen, wenn sie nicht schriftlich oder zum Protokoll der Geschäftsstelle abgegeben sind, nebst den Erklärungen der Parteien in das Protokoll aufzunehmen.

(2) Zur mündlichen Verhandlung vor dem Prozessgericht werden der Zeuge und die Parteien von Amts wegen geladen.

(3) Auf Grund der von dem Zeugen und den Parteien abgegebenen Erklärungen hat ein Mitglied des Prozessgerichts Bericht zu erstatten. Nach dem Vortrag des Berichterstatters können der Zeuge und die Parteien zur Begründung ihrer Anträge das Wort nehmen; neue Tatsachen oder Beweismittel dürfen nicht geltend gemacht werden.

8.18 **§ 390 ZPO** Folgen der Zeugnisverweigerung

(1) Wird das Zeugnis oder die Eidesleistung ohne Angabe eines Grundes oder aus einem rechtskräftig für unerheblich erklärten Grund verweigert, so werden dem Zeugen, ohne dass es eines Antrages bedarf, die durch die Weigerung verursachten Kosten auferlegt. Zugleich wird gegen ihn ein Ordnungsgeld und für den Fall, dass dieses nicht beigetrieben werden kann, Ordnungshaft festgesetzt.

(2) Im Falle wiederholter Weigerung ist auf Antrag zur Erzwingung des Zeugnisses die Haft anzuordnen, jedoch nicht über den Zeitpunkt der Beendigung des Prozesses in dem Rechtszug hinaus. Die Vorschriften über die Haft im Zwangsvollstreckungsverfahren gelten entsprechend.

(3) Gegen die Beschlüsse findet die sofortige Beschwerde statt.

§ 391 ZPO Zeugenbeeidigung 8.19
Ein Zeuge ist, vorbehaltlich der sich aus § 393 ergebenden Ausnahmen, zu beeidigen, wenn das Gericht dies mit Rücksicht auf die Bedeutung der Aussage oder zur Herbeiführung einer wahrheitsgemäßen Aussage für geboten erachtet und die Parteien auf die Beeidigung nicht verzichten.

§ 392 ZPO Nacheid; Eidesnorm 8.20
Die Beeidigung erfolgt nach der Vernehmung. Mehrere Zeugen können gleichzeitig beeidigt werden. Die Eidesnorm geht dahin, dass der Zeuge nach bestem Wissen die reine Wahrheit gesagt und nichts verschwiegen habe.

§ 393 ZPO Uneidliche Vernehmung 8.21
Personen, die zur Zeit der Vernehmung das 16. Lebensjahr noch nicht vollendet oder wegen mangelnder Verstandesreife oder wegen Verstandesschwäche von dem Wesen und der Bedeutung des Eides keine genügende Vorstellung haben, sind unbeeidigt zu vernehmen.

§ 394 ZPO Einzelvernehmung 8.22
(1) Jeder Zeuge ist einzeln und in Abwesenheit der später abzuhörenden Zeugen zu vernehmen.
(2) Zeugen, deren Aussagen sich widersprechen, können einander gegenübergestellt werden.

§ 395 ZPO Wahrheitsermahnung; Vernehmung zur Person 8.23
(1) Vor der Vernehmung wird der Zeuge zur Wahrheit ermahnt und darauf hingewiesen, dass er in den vom Gesetz vorgesehenen Fällen unter Umständen seine Aussage zu beeidigen habe.
(2) Die Vernehmung beginnt damit, dass der Zeuge über Vornamen und Zunamen, Alter, Stand oder Gewerbe und Wohnort befragt wird. Erforderlichenfalls sind ihm Fragen über solche Umstände, die seine Glaubwürdigkeit in der vorliegenden Sache betreffen, insbesondere über seine Beziehungen zu den Parteien vorzulegen.

§ 396 ZPO Vernehmung zur Sache 8.24
(1) Der Zeuge ist zu veranlassen, dasjenige, was ihm von dem Gegenstand seiner Vernehmung bekannt ist, im Zusammenhang anzugeben.
(2) Zur Aufklärung und zur Vervollständigung der Aussage sowie zur Erforschung des Grundes, auf dem die Wissenschaft des Zeugen beruht, sind nötigenfalls weitere Fragen zu stellen.
(3) Der Vorsitzende hat jedem Mitglied des Gerichts auf Verlangen zu gestatten, Fragen zu stellen.

§ 397 ZPO Fragerecht der Parteien 8.25
(1) Die Parteien sind berechtigt, dem Zeugen diejenigen Fragen vorlegen zu lassen, die sie zur Aufklärung der Sache oder der Verhältnisse des Zeugen für dienlich erachten.
(2) Der Vorsitzende kann den Parteien gestatten und hat ihren Anwälten auf Verlangen zu gestatten, an den Zeugen unmittelbar Fragen zu richten.
(3) Zweifel über die Zulässigkeit einer Frage entscheidet das Gericht.

§ 398 ZPO Wiederholte und nachträgliche Vernehmung 8.26
(1) Das Prozessgericht kann nach seinem Ermessen die wiederholte Vernehmung eines Zeugen anordnen.
(2) Hat ein beauftragter oder ersuchter Richter bei der Vernehmung die Stellung der von einer Partei angeregten Frage verweigert, so kann das Prozessgericht die nachträgliche Vernehmung des Zeugen über diese Frage anordnen.
(3) Bei der wiederholten oder der nachträglichen Vernehmung kann der Richter statt der nochmaligen Beeidigung den Zeugen die Richtigkeit seiner Aussage unter Berufung auf den früher geleisteten Eid versichern lassen.

§ 399 ZPO Verzicht auf Zeugen 8.27
Die Partei kann auf einen Zeugen, den sie vorgeschlagen hat, verzichten; der Gegner kann aber verlangen, dass der erschienene Zeuge vernommen und, wenn die Vernehmung bereits begonnen hat, dass sie fortgesetzt werde.

§ 400 ZPO Befugnisse des mit der Beweisaufnahme betrauten Richters 8.28
Der mit der Beweisaufnahme betraute Richter ist ermächtigt, im Falle des Nichterscheinens oder der Zeugnisverweigerung die gesetzlichen Verfügungen zu treffen, auch sie, soweit dies überhaupt zulässig ist, selbst nach Erledigung des Auftrages wieder aufzuheben, über die Zulässigkeit einer dem Zeugen vorgelegten Frage vorläufig zu entscheiden und die nochmalige Vernehmung eines Zeugen vorzunehmen.

§ 401 ZPO Zeugenentschädigung 8.29
Der Zeuge wird nach dem Justizvergütungs- und -entschädigungsgesetz entschädigt.

III. Sachverständige

1. Allgemeines

9   Aufgabe des **Sachverständigen** ist es, dem Gericht besondere Erfahrungssätze oder Kenntnisse des jeweiligen Fachgebietes zu vermitteln oder aufgrund besonderer Fachkenntnisse Schlussfolgerungen aus einem bestimmten Sachverhalt zu ziehen (BVerwGE 71, 38). Will das Gericht aufgrund eigener Sachkunde entscheiden, so muss es die Sachkunde näher begründen; wird ein Sachverständiger fehlerhaft nicht beigezogen, stellt dies einen Aufklärungsmangel dar (Kopp/Schenke VwGO § 98 Rn 14). Sachverständiger ist nur derjenige, der **vom Gericht beauftragt** worden ist. Gutachten, die von Beteiligten vorgelegt werden, sind grundsätzlich **Parteigutachten**. Sie können zwar bei der Beweiswürdigung verwertet werden, haben aber nicht denselben Stellenwert wie das Gutachten eines vom Gericht beauftragten Sachverständigen. Wird ein Gutachten von einer am Verfahren beteiligten Stelle der öffentlichen Verwaltung bereits im **Verwaltungsverfahren** eingeholt, handelt es sich zwar grundsätzlich ebenfalls um ein im Auftrag eines Beteiligten eingeholtes Gutachten; angesichts der Bindung der Verwaltung an Recht und Gesetz kann allerdings grundsätzlich davon ausgegangen werden, dass derartige Gutachten neutral und objektiv erstellt worden sind, wenn nicht gegenteilige Anhaltspunkte (etwa für ein Eigeninteresse der Behörde zB finanzieller Art am Ergebnis des Gutachtens) bestehen. Die **Feststellung des Sachverhaltes**, der bei der Erstellung des Gutachtens zugrundezulegen ist, ist grundsätzlich Aufgabe des Richters, wenn es dabei auf die Sachkunde des Gutachters nicht ankommt (BVerwGE 23, 314), vgl § 404a ZPO. Zur Parteiöffentlichkeit, wenn der Sachverständige den Sachverhalt ermitteln muss vgl § 97 VwGO Rn 1.

10   Im Beweisbeschluss ist die **Person des Sachverständigen** zu benennen; die Auswahl darf gem § 404 Abs 1 S 1 ZPO grundsätzlich nicht einer im Beweisbeschluss genannten **Institution** überlassen werden (Eyermann/Geiger VwGO § 98 Rn 14; aA für Klinik BVerwG NJW 1969, 1591). Wird der Leiter einer Institution beauftragt, so darf dieser zwar Hilfspersonen heranziehen; seine volle persönliche Verantwortung muss jedoch gewahrt bleiben (BVerwGE 69, 70 = NJW 1984, 2645). Auch eine **Behörde** oder sonstige öffentliche Stelle kann Sachverständiger sein, wenn die Erstellung gutachterlicher Äußerungen zu ihrem Aufgabenbereich gehört (BGH NJW 1998, 3355); in diesem Fall darf zur Wahrung der Organisationsgewalt der Behörde nicht ein bestimmter Bediensteter mit der Erstellung des Gutachtens beauftragt werden (VGH München NVwZ-RR 1996, 328). Das Gericht kann den Sachverständigen von Amts wegen zur **Erläuterung seines Gutachtens** in der mündlichen Verhandlung laden. Zu einem entsprechenden Anspruch der Beteiligten auf Ladung des Sachverständigen zur mündlichen Verhandlung vgl § 96 VwGO Rn 4.

11   Ob das Gericht ein **weiteres Gutachten** einholt, liegt in seinem Ermessen, § 412 Abs 1 ZPO. Das Ermessen wird nur fehlerhaft ausgeübt, wenn das Gericht von der Einholung eines weiteren Gutachtens absieht, obwohl sich dieses aufdrängt. Das ist der Fall (vgl zusammenfassend BVerwG NVwZ 1993, 572), wenn das vorliegende Gutachten unvollständig oder widersprüchlich ist, von unzutreffenden tatsächlichen Voraussetzungen ausgeht (BVerwGE 35, 50), Zweifel an der Sachkunde oder Unparteilichkeit des Gutachters bestehen (BVerwGE 71, 38; 31, 149), wenn ein anderer Sachverständiger über neue oder überlegene Forschungsmittel oder über größere Erfahrung verfügt (BVerwG NVwZ 1993, 572), wenn das Beweisergebnis durch substantiierten Vortrag der Beteiligten oder durch eigene Überlegungen des Gerichts ernsthaft erschüttert ist, ferner wenn das Gericht ohne eigene Fachkunde von einem vorliegenden Gutachten abweichen will (Redeker/v Oertzen/Kothe § 98 Rn 12). Liegen mehrere Gutachten mit verschiedenen Ergebnissen vor und kann das Gericht aufgrund eigener Sachkunde die Widersprüche nicht ausräumen, so ist insbesondere die Einholung eines **Obergutachtens** in Betracht zu ziehen; hierzu wird ein Sachverständiger herangezogen, der spezielles Fachwissen hat und der daher in der Lage ist, aufgrund seiner besonderen Kenntnisse und Autorität die Zweifelsfragen zu klären (Eyermann/Geiger VwGO § 98 Rn 21). Diese Grundsätze gelten entsprechend, wenn das erste Gutachten bereits im Verwaltungsverfahren erstellt wurde und in den vorgelegten Verwaltungsvorgängen enthalten ist.

2. Anwendbarkeit der Vorschriften der ZPO

Regelungen zum Sachverständigenbeweis finden sich in §§ 402 bis 414 ZPO (zum Wort- **12**
laut s Rn 12.1).

- §§ 402, 403 ZPO (Anwendbarkeit der Vorschriften für Zeugen; Beweisantritt) sind
anwendbar.
- § 404 ZPO (Sachverständigenauswahl) ist mit Ausnahme des Abs 4 anwendbar, da eine
Bindung des Gerichts an eine Vereinbarung der Beteiligten dem Amtsermittlungsgrundsatz widerspricht. Zum Anspruch auf Erläuterung des Gutachtens durch den Sachverständigen in der mündlichen Verhandlung vgl § 96 VwGO Rn 4.
- §§ 404a, 405 ZPO sind anwendbar.
- § 406 ZPO: **Ablehnungsgrund** ist insbes die Besorgnis der Befangenheit iSd § 42 ZPO,
also das Vorliegen eines Umstandes, der geeignet ist, Misstrauen gegen die Unparteilichkeit des Sachverständigen zu begründen. Dies ist der Fall, wenn bei vernünftiger, objektiver Betrachtung Anlass besteht, an der Unbefangenheit, Unvoreingenommenheit und
Unparteilichkeit des Sachverständigen zu zweifeln, also etwa bei wirtschaftliche Interes-
senverflechtungen oder bei engen Beziehungen zwischen dem Gutachter und einem
Beteiligten. Mangel an Sachkunde, Unzulänglichkeiten oder Fehler im Gutachten rechtfertigen für sich allein nicht die Ablehnung, es sei denn, sie beruhen auf einer unsachlichen Einstellung des Sachverständigen gegenüber einer Partei oder auf Willkür (BVerwG
Beschl v 14.7.1998 – 6 B 53/98).
In Betracht kommt vor diesem Hintergrund eine Ablehnung des Sachverständigen, der
derjenigen Behörde angehört, die den Bescheid erlassen hat (BVerwG NVwZ 1999, 184);
nicht ausreichend für eine Ablehnung ist dagegen die Zugehörigkeit zum gleichen
Rechtsträger wie ein Beteiligter (BVerwG NVwZ 1998, 634). Neben den Ablehnungsgründen des § 42 ZPO können sich weitere Ablehnungsgründe im Verwaltungsprozess
aus § 54 Abs 2 und 3 VwGO ergeben. Eine **Mitwirkung im Verwaltungsverfahren**
liegt aber nicht in jedem Fall schon dann vor, wenn der Sachverständige bereits im
Verwaltungsverfahren ein Gutachten erstellt hatte (BVerwG NVwZ 1999, 184), denn der
Gutachter hat in der Regel keinen Einfluss darauf, mit welchem Ergebnis sein Fachwissen
verwertet wird und wirkt daher nicht im Rechtssinne am Verfahren mit (Eyermann/
Geiger VwGO § 98 Rn 16; im Ergebnis ebenso Kopp/Schenke VwGO § 98 Rn 15; aA
S/S/B/Rudisile VwGO § 98 Rn 135); eine Ablehnung kommt dagegen in Betracht,
wenn er im Gutachten dezidiert die Interessen einer Partei vertreten hat (Eyermann/
Geiger VwGO § 98 Rn 16) oder wenn in seiner Person Umstände vorliegen, die Zweifel
an der Unvoreingenommenheit begründen (BVerwG NVwZ 1998, 634). Ist eine Behörde mit der Erstellung des Gutachtens beauftragt, kann sie nicht als befangen abgelehnt
werden (VGH München NVwZ-RR 1996, 328).
Für die Geltendmachung von Ablehnungsgründen gilt die Frist des § 406 Abs 2 ZPO.
Lagen Ablehnungsgründe bereits im behördlichen Verfahren vor, wurden diese aber trotz
Kenntnis nicht geltend gemacht, so ist eine Geltendmachung im Gerichtsverfahren nicht
mehr zulässig (BVerwG NVwZ 1991, 1187). Gegen die Zurückweisung eines Ablehnungsgesuchs ist die Beschwerde nach § 146 VwGO statthaft; der Ausschluss der Beschwerde gem § 146 Abs 2 VwGO betrifft nur die Ablehnung von Gerichtspersonen, zu
denen der Sachverständige nicht gehört (VGH Mannheim NVwZ-RR 1998, 689).
- §§ 407 bis 413 ZPO sind anwendbar. Eine Behörde ist nur dann zur Gutachtenerstellung
verpflichtet, wenn derartige gutachterliche Äußerungen zu ihrem Aufgabenkreis gehören
(BGH NJW 1998, 3355). Zur Ladung des Sachverständigen zur Erläuterung seines Gutachtens von Amts wegen und zu einem entsprechenden Anspruch der Beteiligten vgl § 96
VwGO Rn 4.

Die einschlägigen Vorschriften der ZPO lauten: **12.1**
§ 402 ZPO Anwendbarkeit der Vorschriften für Zeugen
Für den Beweis durch Sachverständige gelten die Vorschriften über den Beweis durch Zeugen
entsprechend, insoweit nicht in den nachfolgenden Paragraphen abweichende Vorschriften enthalten
sind.
§ 403 ZPO Beweisantritt   **12.2**
Der Beweis wird durch die Bezeichnung der zu begutachtenden Punkte angetreten.

12.3   **§ 404 ZPO** Sachverständigenauswahl

(1) Die Auswahl der zuzuziehenden Sachverständigen und die Bestimmung ihrer Anzahl erfolgt durch das Prozessgericht. Es kann sich auf die Ernennung eines einzigen Sachverständigen beschränken. An Stelle der zuerst ernannten Sachverständigen kann es andere ernennen.

(2) Sind für gewisse Arten von Gutachten Sachverständige öffentlich bestellt, so sollen andere Personen nur dann gewählt werden, wenn besondere Umstände es erfordern.

(3) Das Gericht kann die Parteien auffordern, Personen zu bezeichnen, die geeignet sind, als Sachverständige vernommen zu werden.

(4) Einigen sich die Parteien über bestimmte Personen als Sachverständige, so hat das Gericht dieser Einigung Folge zu geben; das Gericht kann jedoch die Wahl der Parteien auf eine bestimmte Anzahl beschränken.

12.4   **§ 404a ZPO** Leitung der Tätigkeit des Sachverständigen

(1) Das Gericht hat die Tätigkeit des Sachverständigen zu leiten und kann ihm für Art und Umfang seiner Tätigkeit Weisungen erteilen.

(2) Soweit es die Besonderheit des Falles erfordert, soll das Gericht den Sachverständigen vor Abfassung der Beweisfrage hören, ihn in seine Aufgabe einweisen und ihm auf Verlangen den Auftrag erläutern.

(3) Bei streitigem Sachverhalt bestimmt das Gericht, welche Tatsachen der Sachverständige der Begutachtung zugrunde legen soll.

(4) Soweit es erforderlich ist, bestimmt das Gericht, in welchem Umfang der Sachverständige zur Aufklärung der Beweisfrage befugt ist, inwieweit er mit den Parteien in Verbindung treten darf und wann er ihnen die Teilnahme an seinen Ermittlungen zu gestatten hat.

(5) Weisungen an den Sachverständigen sind den Parteien mitzuteilen. Findet ein besonderer Termin zur Einweisung des Sachverständigen statt, so ist den Parteien die Teilnahme zu gestatten.

12.5   **§ 405 ZPO** Auswahl durch den mit der Beweisaufnahme betrauten Richter

Das Prozessgericht kann den mit der Beweisaufnahme betrauten Richter zur Ernennung der Sachverständigen ermächtigen. Er hat in diesem Falle die Befugnisse und Pflichten des Prozessgerichts nach den §§ 404, 404a.

12.6   **§ 406 ZPO** Ablehnung eines Sachverständigen

(1) Ein Sachverständiger kann aus denselben Gründen, die zur Ablehnung eines Richters berechtigen, abgelehnt werden. Ein Ablehnungsgrund kann jedoch nicht daraus entnommen werden, dass der Sachverständige als Zeuge vernommen worden ist.

(2) Der Ablehnungsantrag ist bei dem Gericht oder Richter, von dem der Sachverständige ernannt ist, vor seiner Vernehmung zu stellen, spätestens jedoch binnen zwei Wochen nach Verkündung oder Zustellung des Beschlusses über die Ernennung. Zu einem späteren Zeitpunkt ist die Ablehnung nur zulässig, wenn der Antragsteller glaubhaft macht, dass er ohne sein Verschulden verhindert war, den Ablehnungsgrund früher geltend zu machen. Der Antrag kann vor der Geschäftsstelle zu Protokoll erklärt werden.

(3) Der Ablehnungsgrund ist glaubhaft zu machen; zur Versicherung an Eides statt darf die Partei nicht zugelassen werden.

(4) Die Entscheidung ergeht von dem im zweiten Absatz bezeichneten Gericht oder Richter durch Beschluss.

(5) Gegen den Beschluss, durch den die Ablehnung für begründet erklärt wird, findet kein Rechtsmittel, gegen den Beschluss, durch den sie für unbegründet erklärt wird, findet sofortige Beschwerde statt.

12.7   **§ 407 ZPO** Pflicht zur Erstattung des Gutachtens

(1) Der zum Sachverständigen Ernannte hat der Ernennung Folge zu leisten, wenn er zur Erstattung von Gutachten der erforderten Art öffentlich bestellt ist oder wenn er die Wissenschaft, die Kunst oder das Gewerbe, deren Kenntnis Voraussetzung der Begutachtung ist, öffentlich zum Erwerb ausübt oder wenn er zur Ausübung derselben öffentlich bestellt oder ermächtigt ist.

(2) Zur Erstattung des Gutachtens ist auch derjenige verpflichtet, der sich hierzu vor Gericht bereit erklärt hat.

12.8   **§ 407a ZPO** Weitere Pflichten des Sachverständigen

(1) Der Sachverständige hat unverzüglich zu prüfen, ob der Auftrag in sein Fachgebiet fällt und ohne die Hinzuziehung weiterer Sachverständiger erledigt werden kann. Ist das nicht der Fall, so hat der Sachverständige das Gericht unverzüglich zu verständigen.

(2) Der Sachverständige ist nicht befugt, den Auftrag auf einen anderen zu übertragen. Soweit er sich der Mitarbeit einer anderen Person bedient, hat er diese namhaft zu machen und den Umfang ihrer Tätigkeit anzugeben, falls es sich nicht um Hilfsdienste von untergeordneter Bedeutung handelt.

(3) Hat der Sachverständige Zweifel an Inhalt und Umfang des Auftrages, so hat er unverzüglich eine Klärung durch das Gericht herbeizuführen. Erwachsen voraussichtlich Kosten, die erkennbar außer Verhältnis zum Wert des Streitgegenstandes stehen oder einen angeforderten Kostenvorschuss erheblich übersteigen, so hat der Sachverständige rechtzeitig hierauf hinzuweisen.

(4) Der Sachverständige hat auf Verlangen des Gerichts die Akten und sonstige für die Begutachtung beigezogene Unterlagen sowie Untersuchungsergebnisse unverzüglich herauszugeben oder mitzuteilen. Kommt er dieser Pflicht nicht nach, so ordnet das Gericht die Herausgabe an.

(5) Das Gericht soll den Sachverständigen auf seine Pflichten hinweisen.

§ 408 ZPO Gutachtenverweigerungsrecht 12.9

(1) Dieselben Gründe, die einen Zeugen berechtigen, das Zeugnis zu verweigern, berechtigen einen Sachverständigen zur Verweigerung des Gutachtens. Das Gericht kann auch aus anderen Gründen einen Sachverständigen von der Verpflichtung zur Erstattung des Gutachtens entbinden.

(2) Für die Vernehmung eines Richters, Beamten oder einer anderen Person des öffentlichen Dienstes als Sachverständigen gelten die besonderen beamtenrechtlichen Vorschriften. Für die Mitglieder der Bundes- oder einer Landesregierung gelten die für sie maßgebenden besonderen Vorschriften.

(3) Wer bei einer richterlichen Entscheidung mitgewirkt hat, soll über Fragen, die den Gegenstand der Entscheidung gebildet haben, nicht als Sachverständiger vernommen werden.

§ 409 ZPO Folgen des Ausbleibens oder der Gutachtenverweigerung 12.10

(1) Wenn ein Sachverständiger nicht erscheint oder sich weigert, ein Gutachten zu erstatten, obgleich er dazu verpflichtet ist, oder wenn er Akten oder sonstige Unterlagen zurückbehält, werden ihm die dadurch verursachten Kosten auferlegt. Zugleich wird gegen ihn ein Ordnungsgeld festgesetzt. Im Falle wiederholten Ungehorsams kann das Ordnungsgeld noch einmal festgesetzt werden.

(2) Gegen den Beschluss findet sofortige Beschwerde statt.

§ 410 ZPO Sachverständigenbeeidigung 12.11

(1) Der Sachverständige wird vor oder nach Erstattung des Gutachtens beeidigt. Die Eidesnorm geht dahin, dass der Sachverständige das von ihm erforderte Gutachten unparteiisch und nach bestem Wissen und Gewissen erstatten werde oder erstattet habe.

(2) Ist der Sachverständige für die Erstattung von Gutachten der betreffenden Art im Allgemeinen beeidigt, so genügt die Berufung auf den geleisteten Eid; sie kann auch in einem schriftlichen Gutachten erklärt werden.

§ 411 ZPO Schriftliches Gutachten 12.12

(1) Wird schriftliche Begutachtung angeordnet, soll das Gericht dem Sachverständigen eine Frist setzen, innerhalb derer er das von ihm unterschriebene Gutachten zu übermitteln hat.

(2) Versäumt ein zur Erstattung des Gutachtens verpflichteter Sachverständiger die Frist, so kann gegen ihn ein Ordnungsgeld festgesetzt werden. Das Ordnungsgeld muss vorher unter Setzung einer Nachfrist angedroht werden. Im Falle wiederholter Fristversäumnis kann das Ordnungsgeld in der gleichen Weise noch einmal festgesetzt werden. § 409 Abs. 2 gilt entsprechend.

(3) Das Gericht kann das Erscheinen des Sachverständigen anordnen, damit er das schriftliche Gutachten erläutere.

(4) Die Parteien haben dem Gericht innerhalb eines angemessenen Zeitraums ihre Einwendungen gegen das Gutachten, die Begutachtung betreffende Anträge und Ergänzungsfragen zu dem schriftlichen Gutachten mitzuteilen. Das Gericht kann ihnen hierfür eine Frist setzen; § 296 Abs. 1, 4 gilt entsprechend.

§ 411a ZPO Verwertung von Sachverständigengutachten aus anderen Verfahren 12.13

Die schriftliche Begutachtung kann durch die Verwertung eines gerichtlich oder staatsanwaltschaftlich eingeholten Sachverständigengutachtens aus einem anderen Verfahren ersetzt werden.

§ 412 ZPO Neues Gutachten 12.14

(1) Das Gericht kann eine neue Begutachtung durch dieselben oder durch andere Sachverständige anordnen, wenn es das Gutachten für ungenügend erachtet.

(2) Das Gericht kann die Begutachtung durch einen anderen Sachverständigen anordnen, wenn ein Sachverständiger nach Erstattung des Gutachtens mit Erfolg abgelehnt ist.

§ 413 ZPO Sachverständigenvergütung 12.15

Der Sachverständige erhält eine Vergütung nach dem Justizvergütungs- und -entschädigungsgesetz.

§ 414 ZPO Sachverständige Zeugen 12.16

Insoweit zum Beweis vergangener Tatsachen oder Zustände, zu deren Wahrnehmung eine besondere Sachkunde erforderlich war, sachkundige Personen zu vernehmen sind, kommen die Vorschriften über den Zeugenbeweis zur Anwendung.

3. Sachverständiger Zeuge

13   Der Sachverständige ist vom **sachverständigen Zeugen** (§ 414 ZPO) nicht nach der Bezeichnung in der Ladung, sondern nach dem Inhalt der Aussage abzugrenzen (OVG Koblenz DVBl 1991, 1368). Ein sachverständiger Zeuge ist ein **Zeuge**, der sein Wissen von bestimmten vergangenen Tatsachen oder Zuständen bekundet, zu deren Wahrnehmung eine besondere Sachkunde erforderlich ist und die er nur kraft dieser besonderen Fähigkeiten ohne Zusammenhang mit einem gerichtlichen Gutachtenauftrag wahrgenommen hat; im Gegensatz zum Sacherständigen ist er nicht ersetzbar (BVerwGE 71, 38). Da die Bestimmungen über den Zeugenbeweis anwendbar sind, kann ein Antrag auf Vernehmung nur unter besonderen Voraussetzungen abgelehnt werden (BVerwGE 71, 38). Der sachverständige Zeuge enthält nicht die von einem Sachverständigen anzusetzenden Sätze, sondern lediglich eine Zeugenentschädigung. **§ 414 ZPO** ist auch im Verwaltungsprozess anwendbar.

IV. Urkunden

1. Allgemeines

14   **Urkunde im Prozessrecht** ist die schriftliche Verkörperung eines Gedankens. Material und Entstehungsgrund sind für die Urkundeneigenschaft unerheblich. Urkunden sind zB auch Niederschriften über frühere Zeugenvernehmungen oder ein bereits vorliegendes Sachverständigengutachten (zur Frage der Verwertbarkeit vgl § 96 VwGO Rn 3 und 4). Abzugrenzen sind Urkunden von Augenscheinsobjekten wie zB Fotos. Zu elektronischen Dokumenten vgl § 371a ZPO; werden elektronische Dokumente ausgedruckt, liegt in jedem Fall eine Urkunde vor. Die **formelle Beweiskraft** von **öffentlichen Urkunden** bestimmt, unter welchen Voraussetzungen der Inhalt, die Abgabe einer Erklärung oder eine Tatsache bewiesen ist (vgl §§ 415, 417, 418 ZPO); Voraussetzung ist eine mangelfreie (§ 419 ZPO) und echte (§ 437 ZPO) Urkunde. Über die **materielle Beweiskraft**, also die Bedeutung des jeweiligen Umstandes für die Entscheidung, hat das Gericht im Rahmen der Beweiswürdigung zu befinden (Eyermann/Geiger VwGO § 98 Rn 27). Die **formelle Beweiskraft privater Urkunden** erstreckt sich auf die Abgabe der in der Urkunde enthaltenen Erklärung, nicht auch auf die Begleitumstände, § 416 ZPO.

15   Volle Beweiskraft besitzt nur die **Originalurkunde**, bei Kopien kann der Beweiswert gem § 435 ZPO nach freier Überzeugung des Gerichts eingeschränkt sein. Bei **ausländischen Urkunden** kann gem § 173 VwGO, § 142 Abs 3 ZPO angeordnet werden, dass Übersetzungen eines nach den Richtlinien der Landesjustizverwaltung hierzu ermächtigten Übersetzers vorzulegen sind; erfolgt dies trotz Aufforderung nicht, ist die Urkunde unbeachtlich (BVerwG NJW 1996, 1553).

16   Das Beweisverfahren unterscheidet sich von demjenigen der ZPO insofern, als das Gericht die Vorlage von Urkunden, die für die Entscheidung bedeutsam sein können, **von Amts wegen** ohne Rücksicht auf die Besitzverhältnisse anfordert. Wird die Urkunde nicht vorgelegt, ist dies eine Frage der Beweiswürdigung; es ist eine materielle Beweislastentscheidung zu treffen, zu wessen Ungunsten sich die Nichtvorlage der Urkunde auswirkt. Die **Beweisaufnahme** erfolgt in der mündlichen Verhandlung durch Einsichtnahme in die Urkunden. Verlesung ist nur ausnahmsweise erforderlich.

2. Anwendbarkeit der Vorschriften der ZPO

17   Regelungen über den Urkundenbeweis finden sich in §§ 415 bis 444 ZPO (zum Wortlaut s Rn 17.1).
- **§§ 415 bis 419 ZPO** (Beweiskraft öffentlicher Urkunden und Privaturkunden) sind anwendbar. Unter den **Behördenbegriff** fällt jede Stelle, die Aufgaben der öffentlichen Verwaltung wahrnimmt; erfasst werden auch beliehene Unternehmer, so dass zB die von der Deutschen Post AG im Rahmen der Zustellung ausgestellten Urkunden öffentliche Urkunden darstellen (Eyermann/Geiger VwGO § 98 Rn 28 mwN). Den Behörden gleichgestellt sind Personen, die mit besonderem öffentlichem Glauben versehen sind, wie zB Notare, Standesbeamte, Gerichtsvollzieher und Konsuln (Eyermann/Geiger VwGO § 98 Rn 27). Eine Besonderheit kann sich allerdings ergeben, wenn die ausstellende

Behörde am Prozess beteiligt ist; fehlt die neutrale Stellung, die von § 418 ZPO vorausgesetzt wird, so ist der Beweiswert eingeschränkt (BVerwG NJW 1984, 2962). Zu den öffentlichen Urkunden gehören zB gerichtliche (BVerwG NJW 1969, 1730; BGH NJW 1998, 461) oder behördliche Eingangsstempel (OVG Weimar NVwZ-RR 1995, 233), behördliche (BVerwG Buchholz 340 § 5 VwZG Nr 13) oder von einem Rechtsanwalt unterzeichnete Empfangsbekenntnisse (BVerwG NJW 1994, 535), Postzustellungsurkunden (zu Mängeln vgl VGH Kassel NJW 1996, 1075; OVG Koblenz NVwZ 1997, 594), Beglaubigungen, auch durch ausländische Behörden (BVerwG NJW 1987, 1159), Urteilstatbestände (BVerwG NVwZ 1985, 337).

- **§ 420 ZPO** (Beweisantritt) ist aufgrund des Amtsermittlungsgrundsatzes unanwendbar.
- **§§ 421 bis 433 ZPO** (Vorlegung von Urkunden durch den Gegner, durch Dritte und durch Behörden) sind aufgrund des Amtsermittlungsgrundsatzes nur eingeschränkt anwendbar. Behörden (am Verfahren beteiligte und andere), die sich im Besitz von Urkunden befinden, müssen diese grundsätzlich gem § 99 VwGO vorlegen. Bezieht sich ein Beteiligter in einem Schriftsatz auf eine Urkunde, die sich in seinem Besitz befindet, so ist die Urkunde gem § 86 Abs 5 VwGO – ggf nach Anordnung durch das Gericht gem § 87 Abs 1 S 2 Nr 2 VwGO – vorzulegen. Private Dritte können gem § 87 Abs 1 S 2 Nr 4 VwGO zur Vorlage aufgefordert werden, die Herausgabe kann jedoch nur über eine Klage nach §§ 429 ff ZPO erzwungen werden. Eine zwangsweise Durchsetzung der Vorlage gegenüber den Beteiligten ist dem Gericht mangels Ermächtigungsgrundlage nicht möglich, aus der Nichtvorlage von angeforderten Urkunden dürfen jedoch negative Schlüsse gezogen werden.
- **§§ 434, 435 ZPO** sind anwendbar.
- **§ 436 ZPO** (Verzicht) ist aufgrund des Amtsermittlungsgrundsatzes unanwendbar.
- **§§ 437, 438 ZPO** (Echtheit inländischer und ausländischer öffentlicher Urkunden) sind anwendbar (Eyermann/Geiger VwGO § 98 Rn 29; BVerwG NJW 1987, 1159; aA Redeker/v Oertzen/Kothe VwGO § 98 Rn 15: anwendbar nur als allgemeine Rechtsgedanken).
- **§§ 439, 440 ZPO** (Erklärung über bzw Beweis der Echtheit von Privaturkunden) sind unanwendbar, da das Gericht aufgrund des Amtsermittlungsgrundsatzes nicht an Erklärungen der Beteiligten gebunden ist.
- **§§ 441 bis 443 ZPO** (Schriftvergleichung; Verwahrung verdächtiger Urkunden) sind anwendbar.
- Gem **§ 444 ZPO** können die Behauptungen des Gegners über die Beschaffenheit und den Inhalt der Urkunde als bewiesen angesehen werden, wenn die Urkunde von einer Partei in der Absicht, ihre Benutzung dem Gegner zu entziehen, beseitigt oder zur Benutzung untauglich gemacht worden ist. Diese Regelung ist als allgemeiner Rechtsgedanke anwendbar und auch auf andere Beweismittel übertragbar (Redeker/v Oertzen/ Kothe VwGO § 98 Rn 15).

Die einschlägigen Vorschriften der ZPO lauten: **17.1**

§ 415 ZPO Beweiskraft öffentlicher Urkunden über Erklärungen
(1) Urkunden, die von einer öffentlichen Behörde innerhalb der Grenzen ihrer Amtsbefugnisse oder von einer mit öffentlichem Glauben versehenen Person innerhalb des ihr zugewiesenen Geschäftskreises in der vorgeschriebenen Form aufgenommen sind (öffentliche Urkunden), begründen, wenn sie über eine vor der Behörde oder der Urkundsperson abgegebene Erklärung errichtet sind, vollen Beweis des durch die Behörde oder die Urkundsperson beurkundeten Vorganges.
(2) Der Beweis, dass der Vorgang unrichtig beurkundet sei, ist zulässig.

§ 416 ZPO Beweiskraft von Privaturkunden **17.2**
Privaturkunden begründen, sofern sie von den Ausstellern unterschrieben oder mittels notariell beglaubigten Handzeichens unterzeichnet sind, vollen Beweis dafür, dass die in ihnen enthaltenen Erklärungen von den Ausstellern abgegeben sind.

§ 416a ZPO Beweiskraft des Ausdrucks eines öffentlichen elektronischen Dokuments **17.3**
Der mit einem Beglaubigungsvermerk versehene Ausdruck eines öffentlichen elektronischen Dokuments gemäß § 371a Abs. 2, den eine öffentliche Behörde innerhalb der Grenzen ihrer Amtsbefugnisse oder eine mit öffentlichem Glauben versehene Person innerhalb des ihr zugewiesenen Geschäftskreises in der vorgeschriebenen Form erstellt hat, sowie der Ausdruck eines gerichtlichen elektronischen Dokuments, der einen Vermerk des zuständigen Gerichts gemäß § 298 Abs. 2 enthält, stehen einer öffentlichen Urkunde in beglaubigter Abschrift gleich.

17.4   **§ 417 ZPO** Beweiskraft öffentlicher Urkunden über amtliche Anordnung, Verfügung oder Entscheidung

Die von einer Behörde ausgestellten, eine amtliche Anordnung, Verfügung oder Entscheidung enthaltenden öffentlichen Urkunden begründen vollen Beweis ihres Inhalts.

17.5   **§ 418 ZPO** Beweiskraft öffentlicher Urkunden mit anderem Inhalt

(1) Öffentliche Urkunden, die einen anderen als den in den §§ 415, 417 bezeichneten Inhalt haben, begründen vollen Beweis der darin bezeugten Tatsachen.

(2) Der Beweis der Unrichtigkeit der bezeugten Tatsachen ist zulässig, sofern nicht die Landesgesetze diesen Beweis ausschließen oder beschränken.

(3) Beruht das Zeugnis nicht auf eigener Wahrnehmung der Behörde oder der Urkundsperson, so ist die Vorschrift des ersten Absatzes nur dann anzuwenden, wenn sich aus den Landesgesetzen ergibt, dass die Beweiskraft des Zeugnisses von der eigenen Wahrnehmung unabhängig ist.

17.6   **§ 419 ZPO** Beweiskraft mangelhafter Urkunden

Inwiefern Durchstreichungen, Radierungen, Einschaltungen oder sonstige äußere Mängel die Beweiskraft einer Urkunde ganz oder teilweise aufheben oder mindern, entscheidet das Gericht nach freier Überzeugung.

17.7   **§ 420 ZPO** Vorlegung durch Beweisführer; Beweisantritt

Der Beweis wird durch die Vorlegung der Urkunde angetreten.

17.8   **§ 421 ZPO** Vorlegung durch den Gegner; Beweisantritt

Befindet sich die Urkunde nach der Behauptung des Beweisführers in den Händen des Gegners, so wird der Beweis durch den Antrag angetreten, dem Gegner die Vorlegung der Urkunde aufzugeben.

17.9   **§ 422 ZPO** Vorlegungspflicht des Gegners nach bürgerlichem Recht

Der Gegner ist zur Vorlegung der Urkunde verpflichtet, wenn der Beweisführer nach den Vorschriften des bürgerlichen Rechts die Herausgabe oder die Vorlegung der Urkunde verlangen kann.

17.10   **§ 423 ZPO** Vorlegungspflicht des Gegners bei Bezugnahme

Der Gegner ist auch zur Vorlegung der in seinen Händen befindlichen Urkunden verpflichtet, auf die er im Prozess zur Beweisführung Bezug genommen hat, selbst wenn es nur in einem vorbereitenden Schriftsatz geschehen ist.

17.11   **§ 424 ZPO** Antrag bei Vorlegung durch Gegner

Der Antrag soll enthalten:

1. die Bezeichnung der Urkunde;
2. die Bezeichnung der Tatsachen, die durch die Urkunde bewiesen werden sollen;
3. die möglichst vollständige Bezeichnung des Inhalts der Urkunde;
4. die Angabe der Umstände, auf welche die Behauptung sich stützt, dass die Urkunde sich in dem Besitz des Gegners befindet;
5. die Bezeichnung des Grundes, der die Verpflichtung zur Vorlegung der Urkunde ergibt. Der Grund ist glaubhaft zu machen.

17.12   **§ 425 ZPO** Anordnung der Vorlegung durch Gegner

Erachtet das Gericht die Tatsache, die durch die Urkunde bewiesen werden soll, für erheblich und den Antrag für begründet, so ordnet es, wenn der Gegner zugesteht, dass die Urkunde sich in seinen Händen befinde, oder wenn der Gegner sich über den Antrag nicht erklärt, die Vorlegung der Urkunde an.

17.13   **§ 426 ZPO** Vernehmung des Gegners über den Verbleib

Bestreitet der Gegner, dass die Urkunde sich in seinem Besitz befinde, so ist er über ihren Verbleib zu vernehmen. In der Ladung zum Vernehmungstermin ist ihm aufzugeben, nach dem Verbleib der Urkunde sorgfältig zu forschen. Im Übrigen gelten die Vorschriften der §§ 449 bis 454 entsprechend. Gelangt das Gericht zu der Überzeugung, dass sich die Urkunde im Besitz des Gegners befindet, so ordnet es die Vorlegung an.

17.14   **§ 427 ZPO** Folgen der Nichtvorlegung durch Gegner

Kommt der Gegner der Anordnung, die Urkunde vorzulegen, nicht nach oder gelangt das Gericht im Falle des § 426 zu der Überzeugung, dass er nach dem Verbleib der Urkunde nicht sorgfältig geforscht habe, so kann eine vom Beweisführer beigebrachte Abschrift der Urkunde als richtig angesehen werden. Ist eine Abschrift der Urkunde nicht beigebracht, so können die Behauptungen des Beweisführers über die Beschaffenheit und den Inhalt der Urkunde als bewiesen angenommen werden.

17.15   **§ 428 ZPO** Vorlegung durch Dritte; Beweisantritt

Befindet sich die Urkunde nach der Behauptung des Beweisführers im Besitz eines Dritten, so wird der Beweis durch den Antrag angetreten, zur Herbeischaffung der Urkunde eine Frist zu bestimmen oder eine Anordnung nach § 142 zu erlassen.

§ 429 ZPO Vorlegungspflicht Dritter 17.16

Der Dritte ist aus denselben Gründen wie der Gegner des Beweisführers zur Vorlegung einer Urkunde verpflichtet; er kann zur Vorlegung nur im Wege der Klage genötigt werden. § 142 bleibt unberührt.

§ 430 ZPO Antrag bei Vorlegung durch Dritte 17.17

Zur Begründung des nach § 428 zu stellenden Antrages hat der Beweisführer den Erfordernissen des § 424 Nr. 1 bis 3, 5 zu genügen und außerdem glaubhaft zu machen, dass die Urkunde sich in den Händen des Dritten befinde.

§ 431 ZPO Vorlegungsfrist bei Vorlegung durch Dritte 17.18

(1) Ist die Tatsache, die durch die Urkunde bewiesen werden soll, erheblich und entspricht der Antrag den Vorschriften des vorstehenden Paragraphen, so hat das Gericht durch Beschluss eine Frist zur Vorlegung der Urkunde zu bestimmen.

(2) Der Gegner kann die Fortsetzung des Verfahrens vor dem Ablauf der Frist beantragen, wenn die Klage gegen den Dritten erledigt ist oder wenn der Beweisführer die Erhebung der Klage oder die Betreibung des Prozesses oder der Zwangsvollstreckung verzögert.

§ 432 ZPO Vorlegung durch Behörden oder Beamte; Beweisantritt 17.19

(1) Befindet sich die Urkunde nach der Behauptung des Beweisführers in den Händen einer öffentlichen Behörde oder eines öffentlichen Beamten, so wird der Beweis durch den Antrag angetreten, die Behörde oder den Beamten um die Mitteilung der Urkunde zu ersuchen.

(2) Diese Vorschrift ist auf Urkunden, welche die Parteien nach den gesetzlichen Vorschriften ohne Mitwirkung des Gerichts zu beschaffen imstande sind, nicht anzuwenden.

(3) Verweigert die Behörde oder der Beamte die Mitteilung der Urkunde in Fällen, in denen eine Verpflichtung zur Vorlegung auf § 422 gestützt wird, so gelten die Vorschriften der §§ 428 bis 431.

§ 433 ZPO (weggefallen) 17.20

§ 434 ZPO Vorlegung vor beauftragtem oder ersuchtem Richter 17.21

Wenn eine Urkunde bei der mündlichen Verhandlung wegen erheblicher Hindernisse nicht vorgelegt werden kann oder wenn es bedenklich erscheint, sie wegen ihrer Wichtigkeit und der Besorgnis ihres Verlustes oder ihrer Beschädigung vorzulegen, so kann das Prozessgericht anordnen, dass sie vor einem seiner Mitglieder oder vor einem anderen Gericht vorgelegt werde.

§ 435 ZPO Vorlegung öffentlicher Urkunden in Urschrift oder beglaubigter Abschrift 17.22

Eine öffentliche Urkunde kann in Urschrift oder in einer beglaubigten Abschrift, die hinsichtlich der Beglaubigung die Erfordernisse einer öffentlichen Urkunde an sich trägt, vorgelegt werden; das Gericht kann jedoch anordnen, dass der Beweisführer die Urschrift vorlege oder die Tatsachen angebe und glaubhaft mache, die ihn an der Vorlegung der Urschrift verhindern. Bleibt die Anordnung erfolglos, so entscheidet das Gericht nach freier Überzeugung, welche Beweiskraft der beglaubigten Abschrift beizulegen sei.

§ 436 ZPO Verzicht nach Vorlegung 17.23

Der Beweisführer kann nach der Vorlegung einer Urkunde nur mit Zustimmung des Gegners auf dieses Beweismittel verzichten.

§ 437 ZPO Echtheit inländischer öffentlicher Urkunden 17.24

(1) Urkunden, die nach Form und Inhalt als von einer öffentlichen Behörde oder von einer mit öffentlichem Glauben versehenen Person errichtet sich darstellen, haben die Vermutung der Echtheit für sich.

(2) Das Gericht kann, wenn es die Echtheit für zweifelhaft hält, auch von Amts wegen die Behörde oder die Person, von der die Urkunde errichtet sein soll, zu einer Erklärung über die Echtheit veranlassen.

§ 438 ZPO Echtheit ausländischer öffentlicher Urkunden 17.25

(1) Ob eine Urkunde, die als von einer ausländischen Behörde oder von einer mit öffentlichem Glauben versehenen Person des Auslandes errichtet sich darstellt, ohne näheren Nachweis als echt anzusehen sei, hat das Gericht nach den Umständen des Falles zu ermessen.

(2) Zum Beweis der Echtheit einer solchen Urkunde genügt die Legalisation durch einen Konsul oder Gesandten des Bundes.

§ 439 ZPO Erklärung über Echtheit von Privaturkunden 17.26

(1) Über die Echtheit einer Privaturkunde hat sich der Gegner des Beweisführers nach der Vorschrift des § 138 zu erklären.

(2) Befindet sich unter der Urkunde eine Namensunterschrift, so ist die Erklärung auf die Echtheit der Unterschrift zu richten.

(3) Wird die Erklärung nicht abgegeben, so ist die Urkunde als anerkannt anzusehen, wenn nicht die Absicht, die Echtheit bestreiten zu wollen, aus den übrigen Erklärungen der Partei hervorgeht.

17.27   **§ 440 ZPO** Beweis der Echtheit von Privaturkunden

(1) Die Echtheit einer nicht anerkannten Privaturkunde ist zu beweisen.

(2) Steht die Echtheit der Namensunterschrift fest oder ist das unter einer Urkunde befindliche Handzeichen notariell beglaubigt, so hat die über der Unterschrift oder dem Handzeichen stehende Schrift die Vermutung der Echtheit für sich.

17.28   **§ 441 ZPO** Schriftvergleichung

(1) Der Beweis der Echtheit oder Unechtheit einer Urkunde kann auch durch Schriftvergleichung geführt werden.

(2) In diesem Fall hat der Beweisführer zur Vergleichung geeignete Schriften vorzulegen oder ihre Mitteilung nach der Vorschrift des § 432 zu beantragen und erforderlichenfalls den Beweis ihrer Echtheit anzutreten.

(3) Befinden sich zur Vergleichung geeignete Schriften in den Händen des Gegners, so ist dieser auf Antrag des Beweisführers zur Vorlegung verpflichtet. Die Vorschriften der §§ 421 bis 426 gelten entsprechend. Kommt der Gegner der Anordnung, die zur Vergleichung geeigneten Schriften vorzulegen, nicht nach oder gelangt das Gericht im Falle des § 426 zu der Überzeugung, dass der Gegner nach dem Verbleib der Schriften nicht sorgfältig geforscht habe, so kann die Urkunde als echt angesehen werden.

(4) Macht der Beweisführer glaubhaft, dass in den Händen eines Dritten geeignete Vergleichungsschriften sich befinden, deren Vorlegung er im Wege der Klage zu erwirken imstande sei, so gelten die Vorschriften des § 431 entsprechend.

17.29   **§ 442 ZPO** Würdigung der Schriftvergleichung

Über das Ergebnis der Schriftvergleichung hat das Gericht nach freier Überzeugung, geeignetenfalls nach Anhörung von Sachverständigen, zu entscheiden.

17.30   **§ 443 ZPO** Verwahrung verdächtiger Urkunden

Urkunden, deren Echtheit bestritten ist oder deren Inhalt verändert sein soll, werden bis zur Erledigung des Rechtsstreits auf der Geschäftsstelle verwahrt, sofern nicht ihre Auslieferung an eine andere Behörde im Interesse der öffentlichen Ordnung erforderlich ist.

17.31   **§ 444 ZPO** Folgen der Beseitigung einer Urkunde

Ist eine Urkunde von einer Partei in der Absicht, ihre Benutzung dem Gegner zu entziehen, beseitigt oder zur Benutzung untauglich gemacht, so können die Behauptungen des Gegners über die Beschaffenheit und den Inhalt der Urkunde als bewiesen angesehen werden.

V. Parteivernehmung

1. Allgemeines

18   Die Vorschriften der §§ 450 ZPO bis § 455 ZPO sind auch im Verwaltungsprozess anwendbar. Es gilt wie in der ZPO der Grundsatz, dass eine Beteiligtenvernehmung nur in Betracht kommt, wenn **andere Beweismittel nicht zur Verfügung** stehen (BVerwG DÖV 1963, 517; OVG Münster OVGE MüLü 36, 28), vgl § 450 Abs 2 ZPO. Die Anordnung steht im Ermessen des Gerichts, wobei nach der Wertung des § 448 ZPO berücksichtigt werden darf, ob eine gewisse Wahrscheinlichkeit für die Richtigkeit der Behauptung vorliegt (VGH Mannheim NVwZ 1993, 72; Eyermann/Geiger VwGO § 98 Rn 33; aA Redeker/von Oertzen/Kothe VwGO § 98 Rn 10). Für das Verfahren gelten die Grundsätze der Zeugenvernehmung. Unterschiede bestehen hinsichtlich des Aussageverweigerungsrechts und der Beeidigung. Anders als im Rahmen des § 380 ZPO kann ein Erscheinen nicht erzwungen werden. Die Aussage ist wie bei einem Zeugen zu protokollieren.

19   Die Beteiligtenvernehmung ist abzugrenzen von der **bloßen Anhörung** des Beteiligten, die lediglich der Ergänzung des Beteiligtenvortrags dient. Würdigt das Gericht die bloße Anhörung wie eine Vernehmung, so liegt ein Verfahrensfehler vor (BVerwG NJW 1981, 1748). Zu berücksichtigen ist, dass im Verwaltungsprozess neben Kläger und Beklagten auch andere Personen, insbesondere Beigeladene, am Verfahren beteiligt sein können, die ebenfalls für eine Beteiligtenvernehmung in Betracht kommen.

2. Anwendbarkeit der Vorschriften der ZPO

20   Regelungen über die Parteivernehmung finden sich in §§ 450 bis 455 ZPO (zum Wortlaut s Rn 20.1 ff).

- **§§ 445 bis 449 ZPO** werden von der Verweisung in § 98 VwGO nicht erfasst und sind daher grundsätzlich unanwendbar (Eyermann/Geiger VwGO § 98 Rn 32).
- **§ 450 ZPO** (Beweisbeschluss) ist anwendbar. Ohne Beweisbeschluss liegt lediglich eine informatorische Anhörung vor, die als Parteivortrag zu werten ist (BVerwG NJW 1981, 1748).
- **§ 451 ZPO** (Ausführung der Vernehmung) verweist auf Vorschriften für die Zeugenvernehmung; diese gelten mit den unter Rn 8 dargestellten Besonderheiten.
- **§ 452 ZPO** (Beeidigung der Partei) ist mit Ausnahme des Abs 3 anwendbar; es liegt im Ermessen des Gerichts, ob eine Beeidigung erfolgt.
- **§ 453 Abs 1 ZPO** (Beweiswürdigung) wird von § 108 Abs 1 VwGO verdrängt.
- **§ 454 ZPO** (Ausbleiben der Partei) ist grundsätzlich anwendbar; eine Ausnahme gilt jedoch, wenn es auf die Aussage entscheidend ankommt und keine anderen Beweismittel existieren; in diesen Fällen können erst bei einer endgültigen und hartnäckigen Weigerung negative Schlüsse für den Beteiligten gezogen werden (Eyermann/Geiger VwGO § 98 Rn 34).
- **§ 455 ZPO** (Prozessunfähige) ist anwendbar, auch hinsichtlich der Bezugnahme in Abs 1 S 2 auf § 449 ZPO, obwohl § 98 VwGO nicht auf diese Vorschrift verweist (Eyermann/ Geiger VwGO § 98 Rn 34).

Die einschlägigen Vorschriften der ZPO lauten: **20.1**

§ 445 ZPO Vernehmung des Gegners; Beweisantritt

(1) Eine Partei, die den ihr obliegenden Beweis mit anderen Beweismitteln nicht vollständig geführt oder andere Beweismittel nicht vorgebracht hat, kann den Beweis dadurch antreten, dass sie beantragt, den Gegner über die zu beweisenden Tatsachen zu vernehmen.

(2) Der Antrag ist nicht zu berücksichtigen, wenn er Tatsachen betrifft, deren Gegenteil das Gericht für erwiesen erachtet.

§ 446 ZPO Weigerung des Gegners   **20.2**

Lehnt der Gegner ab, sich vernehmen zu lassen, oder gibt er auf Verlangen des Gerichts keine Erklärung ab, so hat das Gericht unter Berücksichtigung der gesamten Sachlage, insbesondere der für die Weigerung vorgebrachten Gründe, nach freier Überzeugung zu entscheiden, ob es die behauptete Tatsache als erwiesen ansehen will.

§ 447 ZPO Vernehmung der beweispflichtigen Partei auf Antrag   **20.3**

Das Gericht kann über eine streitige Tatsache auch die beweispflichtige Partei vernehmen, wenn eine Partei es beantragt und die andere damit einverstanden ist.

§ 448 ZPO Vernehmung von Amts wegen   **20.4**

Auch ohne Antrag einer Partei und ohne Rücksicht auf die Beweislast kann das Gericht, wenn das Ergebnis der Verhandlungen und einer etwaigen Beweisaufnahme nicht ausreicht, um seine Überzeugung von der Wahrheit oder Unwahrheit einer zu erweisenden Tatsache zu begründen, die Vernehmung einer Partei oder beider Parteien über die Tatsache anordnen.

§ 449 ZPO Vernehmung von Streitgenossen   **20.5**

Besteht die zu vernehmende Partei aus mehreren Streitgenossen, so bestimmt das Gericht nach Lage des Falles, ob alle oder nur einzelne Streitgenossen zu vernehmen sind.

§ 450 ZPO Beweisbeschluss   **20.6**

(1) Die Vernehmung einer Partei wird durch Beweisbeschluss angeordnet. Die Partei ist, wenn sie bei der Verkündung des Beschlusses nicht persönlich anwesend ist, zu der Vernehmung unter Mitteilung des Beweisbeschlusses von Amts wegen zu laden. Die Ladung ist der Partei selbst mitzuteilen, auch wenn sie einen Prozessbevollmächtigten bestellt hat; der Zustellung bedarf die Ladung nicht.

(2) Die Ausführung des Beschlusses kann ausgesetzt werden, wenn nach seinem Erlass über die zu beweisende Tatsache neue Beweismittel vorgebracht werden. Nach Erhebung der neuen Beweise ist von der Parteivernehmung abzusehen, wenn das Gericht die Beweisfrage für geklärt erachtet.

§ 451 ZPO Ausführung der Vernehmung   **20.7**

Für die Vernehmung einer Partei gelten die Vorschriften der §§ 375, 376, 395 Abs. 1, Abs. 2 Satz 1 und der §§ 396, 397, 398 entsprechend.

§ 452 ZPO Beeidigung der Partei   **20.8**

(1) Reicht das Ergebnis der unbeeidigten Aussage einer Partei nicht aus, um das Gericht von der Wahrheit oder Unwahrheit einer zu erweisenden Tatsache zu überzeugen, so kann es anordnen, dass die Partei ihre Aussage zu beeidigen habe. Waren beide Parteien vernommen, so kann die Beeidigung der Aussage über dieselben Tatsachen nur von einer Partei gefordert werden.

(2) Die Eidesnorm geht dahin, dass die Partei nach bestem Wissen die reine Wahrheit gesagt und nichts verschwiegen habe.

(3) Der Gegner kann auf die Beeidigung verzichten.

(4) Die Beeidigung einer Partei, die wegen wissentlicher Verletzung der Eidespflicht rechtskräftig verurteilt ist, ist unzulässig.

20.9   **§ 453 ZPO** Beweiswürdigung bei Parteivernehmung

(1) Das Gericht hat die Aussage der Partei nach § 286 frei zu würdigen.

(2) Verweigert die Partei die Aussage oder den Eid, so gilt § 446 entsprechend.

20.10   **§ 454 ZPO** Ausbleiben der Partei

(1) Bleibt die Partei in dem zu ihrer Vernehmung oder Beeidigung bestimmten Termin aus, so entscheidet das Gericht unter Berücksichtigung aller Umstände, insbesondere auch etwaiger von der Partei für ihr Ausbleiben angegebener Gründe, nach freiem Ermessen, ob die Aussage als verweigert anzusehen ist.

(2) War der Termin zur Vernehmung oder Beeidigung der Partei vor dem Prozessgericht bestimmt, so ist im Falle ihres Ausbleibens, wenn nicht das Gericht die Anberaumung eines neuen Vernehmungstermins für geboten erachtet, zur Hauptsache zu verhandeln.

20.11   **§ 455 ZPO** Prozessunfähige

(1) Ist eine Partei nicht prozessfähig, so ist vorbehaltlich der Vorschrift im Absatz 2 ihr gesetzlicher Vertreter zu vernehmen. Sind mehrere gesetzliche Vertreter vorhanden, so gilt § 449 entsprechend.

(2) Minderjährige, die das 16. Lebensjahr vollendet haben, können über Tatsachen, die in ihren eigenen Handlungen bestehen oder Gegenstand ihrer Wahrnehmung gewesen sind, vernommen und auch nach § 452 beeidigt werden, wenn das Gericht dies nach den Umständen des Falles für angemessen erachtet. Das Gleiche gilt von einer prozessfähigen Person, die in dem Rechtsstreit durch einen Betreuer oder Pfleger vertreten wird.

20.12   **§§ 456 bis 477 ZPO** (weggefallen)

VI. Abnahme von Eiden

21   **§§ 478 bis 484 ZPO** sind uneingeschränkt anwendbar. Zum Wortlaut s Rn 21.1 ff.

21.1   Die einschlägigen Vorschriften der ZPO lauten:

§ 478 ZPO Eidesleistung in Person

Der Eid muss von dem Schwurpflichtigen in Person geleistet werden.

21.2   **§ 479 ZPO** Eidesleistung vor beauftragtem oder ersuchtem Richter

(1) Das Prozessgericht kann anordnen, dass der Eid vor einem seiner Mitglieder oder vor einem anderen Gericht geleistet werde, wenn der Schwurpflichtige am Erscheinen vor dem Prozessgericht verhindert ist oder sich in großer Entfernung von dessen Sitz aufhält und die Leistung des Eides nach § 128a Abs. 2 nicht stattfindet.

(2) Der Bundespräsident leistet den Eid in seiner Wohnung vor einem Mitglied des Prozessgerichts oder vor einem anderen Gericht.

21.3   **§ 480 ZPO** Eidesbelehrung

Vor der Leistung des Eides hat der Richter den Schwurpflichtigen in angemessener Weise über die Bedeutung des Eides sowie darüber zu belehren, dass er den Eid mit religiöser oder ohne religiöse Beteuerung leisten kann.

21.4   **§ 481 ZPO** Eidesleistung; Eidesformel

(1) Der Eid mit religiöser Beteuerung wird in der Weise geleistet, dass der Richter die Eidesnorm mit der Eingangsformel:

„Sie schwören bei Gott dem Allmächtigen und Allwissenden"

vorspricht und der Schwurpflichtige darauf die Worte spricht (Eidesformel):

„Ich schwöre es, so wahr mir Gott helfe."

(2) Der Eid ohne religiöse Beteuerung wird in der Weise geleistet, dass der Richter die Eidesnorm mit der Eingangsformel:

„Sie schwören" vorspricht und der Schwurpflichtige darauf die Worte spricht (Eidesformel):

„Ich schwöre es."

(3) Gibt der Schwurpflichtige an, dass er als Mitglied einer Religions- oder Bekenntnisgemeinschaft eine Beteuerungsformel dieser Gemeinschaft verwenden wolle, so kann er diese dem Eid anfügen.

(4) Der Schwörende soll bei der Eidesleistung die rechte Hand erheben.

(5) Sollen mehrere Personen gleichzeitig einen Eid leisten, so wird die Eidesformel von jedem Schwurpflichtigen einzeln gesprochen.

21.5   **§ 482 ZPO** (weggefallen)

§ 483 ZPO Eidesleistung sprach- oder hörbehinderter Personen   21.6

(1) Eine hör- oder sprachbehinderte Person leistet den Eid nach ihrer Wahl mittels Nachsprechens der Eidesformel, mittels Abschreibens und Unterschreibens der Eidesformel oder mit Hilfe einer die Verständigung ermöglichenden Person, die vom Gericht hinzuzuziehen ist. Das Gericht hat die geeigneten technischen Hilfsmittel bereitzustellen. Die hör- oder sprachbehinderte Person ist auf ihr Wahlrecht hinzuweisen.

(2) Das Gericht kann eine schriftliche Eidesleistung verlangen oder die Hinzuziehung einer die Verständigung ermöglichenden Person anordnen, wenn die hör- oder sprachbehinderte Person von ihrem Wahlrecht nach Absatz 1 keinen Gebrauch gemacht hat oder eine Eidesleistung in der nach Absatz 1 gewählten Form nicht oder nur mit unverhältnismäßigem Aufwand möglich ist.

§ 484 ZPO Eidesgleiche Bekräftigung   21.7

(1) Gibt der Schwurpflichtige an, dass er aus Glaubens- oder Gewissensgründen keinen Eid leisten wolle, so hat er eine Bekräftigung abzugeben. Diese Bekräftigung steht dem Eid gleich; hierauf ist der Verpflichtete hinzuweisen.

(2) Die Bekräftigung wird in der Weise abgegeben, dass der Richter die Eidesnorm als Bekräftigungsnorm mit der Eingangsformel:

„Sie bekräftigen im Bewusstsein Ihrer Verantwortung vor Gericht"

vorspricht und der Verpflichtete darauf spricht:

„Ja".

(3) § 481 Abs. 3, 5, § 483 gelten entsprechend.

C. Sonstige Beweismittel

Die Aufzählung der Beweismittel in § 96 VwGO und der Verweis des § 98 VwGO auf   22
die Beweismittel der ZPO sind **nicht abschließend**. Daneben kommen alle Erkenntnismittel in Betracht, die nach den Gesetzen der Logik, nach allgemeiner Erfahrung oder wissenschaftlicher Erkenntnis geeignet sind, eine Überzeugung von bestimmten Tatsachen oder von der Beurteilung bestimmter Tatsachen zu begründen (Kopp/Schenke VwGO § 98 Rn 3). Unter den sonstigen Beweismitteln kommt im Verwaltungsprozess insbes der amtlichen Auskunft und der Beiziehung von Verwaltungsvorgängen große Bedeutung zu. Insbesondere zur Feststellung von Prozessvoraussetzungen kann sich das Gericht auch des Freibeweises bedienen, dh es kann ohne Bindung an Vorschriften des Beweisrechts notwendige Ermittlungen anstellen (Redeker/v Oertzen/Kothe VwGO § 98 Rn 22).

I. Amtliche Auskunft

Amtliche Auskunft ist die behördliche Beantwortung einer gerichtlichen Frage (Redeker/v   23
Oertzen/Kothe VwGO § 98 Rn 19). Sie wird in §§ 273 Abs 2 Nr 2, § 358a Nr 2, 437 ZPO und in §§ 87 Abs 1 S 2 Nr 3, 99 VwGO ausdrücklich genannt. Die Auskunft erfolgt in der Regel **schriftlich**, sie kann aber auch **telefonisch** oder **mündlich** in der Verhandlung gegeben werden; in letzteren Fällen ist sie in einem Vermerk niederzulegen bzw zu protokollieren (BVerwG NJW 1988, 2491; Eyermann/Geiger VwGO § 98 Rn 40). Eine schriftliche oder in einem Vermerk niedergelegte Auskunft muss den Beteiligten mitgeteilt werden. Durch eine behördliche Auskunft kann auch ein Sachverständigengutachten ersetzt werden, wenn die Auskunft von einem bestimmten Beamten gegeben wird und kein Ablehnungsgrund vorliegt (BVerwG Buchholz 310 § 86 Abs 1 VwGO Nr 267). Ein Beamter oder eine Behörde, die im Verwaltungsverfahren mitgewirkt haben, können keine amtliche Auskunft erteilen, sondern kommen lediglich als Zeugen in Betracht (BVerwG NJW 1988, 2491). Liegen amtliche Auskünfte aus einem anderen Rechtsstreit vor, so können sie im Wege des Urkundenbeweises verwertet werden (BVerwG NJW 1986, 3221). Ein Anspruch auf Ladung des Verfassers zur Erläuterung der Auskunft existiert nicht (vgl § 96 VwGO Rn 7).

II. Verwaltungsvorgänge

Die Beiziehung von Verwaltungsvorgängen ist in § 99 VwGO geregelt. Es handelt sich um   24
Urkunden oder – zB bei Lichtbildern – um Augenscheinsobjekte. Zu berücksichtigen ist der Grundsatz der Unmittelbarkeit, wenn in den Verwaltungsvorgängen Vernehmungsniederschriften über Zeugenbefragungen oder Gutachten enthalten sind (vgl § 96 VwGO Rn 3, 4).

D. Das selbständige Beweisverfahren

I. Allgemeines

25   Das selbständige Beweisverfahren dient der **Sicherung von Beweisen**, die verloren zu gehen drohen, wenn ein Prozess noch nicht anhängig oder die Durchführung einer Beweisaufnahme noch nicht absehbar ist. Die **Voraussetzungen** ergeben sich aus § 485 ZPO. Die **Zuständigkeit** für die Beweisanordnung ergibt sich aus § 486 ZPO. Die praktische Bedeutung im Verwaltungsprozess ist eher gering. Insbesondere bei Vorliegen eines Verwaltungsakts ist der Sachverhalt in der Regel bereits durch die Ausgangs- und Widerspruchsbehörde von Amts wegen erforscht worden (Redeker/v Oertzen/Kothe VwGO § 98 Rn 17).

26   Hinsichtlich der **Kosten** des Verfahrens ist zu differenzieren: Werden die Ergebnisse des Beweisverfahrens im Hauptsacheprozess verwertet, § 493 ZPO, so gehören die Kosten des Beweissicherungsverfahrens gem § 162 Abs 1 VwGO zu den erstattungsfähigen Kosten. Kommt es nicht zu einem Hauptsacheverfahren, so kann unter den Voraussetzungen des § 494a Abs 2 S 1 ZPO eine Kostengrundentscheidung ergehen. Erledigt sich das Beweisverfahren zB durch Ablehnung des Antrags, Antragsrücknahme oder Hauptsacheerledigungserklärung, so ist über die Kosten zu entscheiden (Eyermann/Geiger VwGO § 98 Rn 39 mwN).

II. Anwendbarkeit der Vorschriften der ZPO

27   Regelungen finden sich in §§ 485 bis 494a ZPO (zum Wortlaut s Rn 27.1 ff).
- **§ 485 ZPO** (Zulässigkeit) ist grundsätzlich anwendbar. Der Antrag ist abzulehnen, wenn die Frage nicht entscheidungserheblich sein kann (VGH Mannheim NVwZ-RR 1996, 125). Vor Anhängigkeit eines Klageverfahrens ist ein Rechtsschutzinteresse für die Durchführung eines selbständigen Beweisverfahrens zu verneinen, wenn die Behörde die Beweisfrage im Rahmen der Amtsermittlung aufzuklären hat (VGH Mannheim NVwZ-RR 2007, 574; S/S/B/Rudisile VwGO § 98 Rn 272).
- **§§ 486, 487, 490 ZPO** (Zuständiges Gericht; Inhalt des Antrags; Entscheidung über den Antrag) sind anwendbar.
- **§ 491 ZPO** (Ladung des Gegners) wird durch § 97 S 1 VwGO verdrängt.
- **§§ 492, 493 ZPO** (Beweisaufnahme; Benutzung im Prozess) sind anwendbar.
- **§ 494 ZPO** (Unbekannter Gegner) ist unanwendbar, da der Beklagte des künftigen Hauptsacheverfahrens feststellbar ist.
- **§ 494a ZPO** (Frist zur Klageerhebung) wird zwar von § 98 VwGO nicht in Bezug genommen, ist aber insofern entsprechend anwendbar, als dem Antragsteller auch von Amts wegen aufgegeben werden kann, den nach dem VwVfG oder der VwGO zulässigen Rechtsbehelf einzulegen oder einen entsprechenden Antrag zu stellen (Redeker/v Oertzen/Kothe VwGO § 98 Rn 17).

27.1   Die einschlägigen Vorschriften der ZPO lauten:
§ 485 ZPO Zulässigkeit
(1) Während oder außerhalb eines Streitverfahrens kann auf Antrag einer Partei die Einnahme des Augenscheins, die Vernehmung von Zeugen oder die Begutachtung durch einen Sachverständigen angeordnet werden, wenn der Gegner zustimmt oder zu besorgen ist, dass das Beweismittel verloren geht oder seine Benutzung erschwert wird.
(2) Ist ein Rechtsstreit noch nicht anhängig, kann eine Partei die schriftliche Begutachtung durch einen Sachverständigen beantragen, wenn sie ein rechtliches Interesse daran hat, dass
1. der Zustand einer Person oder der Zustand oder Wert einer Sache,
2. die Ursache eines Personenschadens, Sachschadens oder Sachmangels,
3. der Aufwand für die Beseitigung eines Personenschadens, Sachschadens oder Sachmangels

festgestellt wird. Ein rechtliches Interesse ist anzunehmen, wenn die Feststellung der Vermeidung eines Rechtsstreits dienen kann.
(3) Soweit eine Begutachtung bereits gerichtlich angeordnet worden ist, findet eine neue Begutachtung nur statt, wenn die Voraussetzungen des § 412 erfüllt sind.

27.2   **§ 486 ZPO** Zuständiges Gericht
(1) Ist ein Rechtsstreit anhängig, so ist der Antrag bei dem Prozessgericht zu stellen.

(2) Ist ein Rechtsstreit noch nicht anhängig, so ist der Antrag bei dem Gericht zu stellen, das nach dem Vortrag des Antragstellers zur Entscheidung in der Hauptsache berufen wäre. In dem nachfolgenden Streitverfahren kann sich der Antragsteller auf die Unzuständigkeit des Gerichts nicht berufen.

(3) In Fällen dringender Gefahr kann der Antrag auch bei dem Amtsgericht gestellt werden, in dessen Bezirk die zu vernehmende oder zu begutachtende Person sich aufhält oder die in Augenschein zu nehmende oder zu begutachtende Sache sich befindet.

(4) Der Antrag kann vor der Geschäftsstelle zu Protokoll erklärt werden.

§ 487 ZPO Inhalt des Antrages 27.3
Der Antrag muss enthalten:
1. die Bezeichnung des Gegners;
2. die Bezeichnung der Tatsachen, über die Beweis erhoben werden soll;
3. die Benennung der Zeugen oder die Bezeichnung der übrigen nach § 485 zulässigen Beweismittel;
4. die Glaubhaftmachung der Tatsachen, die die Zulässigkeit des selbständigen Beweisverfahrens und die Zuständigkeit des Gerichts begründen sollen.

§§ 488 und 489 ZPO (weggefallen) 27.4
§ 490 ZPO Entscheidung über den Antrag 27.5
(1) Über den Antrag entscheidet das Gericht durch Beschluss.
(2) In dem Beschluss, durch welchen dem Antrag stattgegeben wird, sind die Tatsachen, über die der Beweis zu erheben ist, und die Beweismittel unter Benennung der zu vernehmenden Zeugen und Sachverständigen zu bezeichnen. Der Beschluss ist nicht anfechtbar.

§ 491 ZPO Ladung des Gegners 27.6
(1) Der Gegner ist, sofern es nach den Umständen des Falles geschehen kann, unter Zustellung des Beschlusses und einer Abschrift des Antrags zu dem für die Beweisaufnahme bestimmten Termin so zeitig zu laden, dass er in diesem Termin seine Rechte wahrzunehmen vermag.
(2) Die Nichtbefolgung dieser Vorschrift steht der Beweisaufnahme nicht entgegen.

§ 492 ZPO Beweisaufnahme 27.7
(1) Die Beweisaufnahme erfolgt nach den für die Aufnahme des betreffenden Beweismittels überhaupt geltenden Vorschriften.
(2) Das Protokoll über die Beweisaufnahme ist bei dem Gericht, das sie angeordnet hat, aufzubewahren.
(3) Das Gericht kann die Parteien zur mündlichen Erörterung laden, wenn eine Einigung zu erwarten ist; ein Vergleich ist zu gerichtlichem Protokoll zu nehmen.

§ 493 ZPO Benutzung im Prozess 27.8
(1) Beruft sich eine Partei im Prozess auf Tatsachen, über die selbständig Beweis erhoben worden ist, so steht die selbständige Beweiserhebung einer Beweisaufnahme vor dem Prozessgericht gleich.
(2) War der Gegner in einem Termin im selbständigen Beweisverfahren nicht erschienen, so kann das Ergebnis nur benutzt werden, wenn der Gegner rechtzeitig geladen war.

§ 494 ZPO Unbekannter Gegner 27.9
(1) Wird von dem Beweisführer ein Gegner nicht bezeichnet, so ist der Antrag nur dann zulässig, wenn der Beweisführer glaubhaft macht, dass er ohne sein Verschulden außerstande sei, den Gegner zu bezeichnen.
(2) Wird dem Antrag stattgegeben, so kann das Gericht dem unbekannten Gegner zur Wahrnehmung seiner Rechte bei der Beweisaufnahme einen Vertreter bestellen.

§ 494a ZPO Frist zur Klageerhebung 27.10
(1) Ist ein Rechtsstreit nicht anhängig, hat das Gericht nach Beendigung der Beweiserhebung auf Antrag ohne mündliche Verhandlung anzuordnen, dass der Antragsteller binnen einer zu bestimmenden Frist Klage zu erheben hat.
(2) Kommt der Antragsteller dieser Anordnung nicht nach, hat das Gericht auf Antrag durch Beschluss auszusprechen, dass er die dem Gegner entstandenen Kosten zu tragen hat. Die Entscheidung unterliegt der sofortigen Beschwerde.

§ 99 [Vorlage- und Auskunftspflicht der Behörden]

(1) ¹Behörden sind zur Vorlage von Urkunden oder Akten, zur Übermittlung elektronischer Dokumente und zu Auskünften verpflichtet. ²Wenn das Bekanntwerden des Inhalts dieser Urkunden, Akten, elektronischen Dokumente oder dieser Auskünfte dem Wohl des Bundes oder eines Landes Nachteile bereiten würde oder

wenn die Vorgänge nach einem Gesetz oder ihrem Wesen nach geheim gehalten werden müssen, kann die zuständige oberste Aufsichtsbehörde die Vorlage von Urkunden oder Akten, die Übermittlung der elektronischen Dokumente und die Erteilung der Auskünfte verweigern.

(2) [1] Auf Antrag eines Beteiligten stellt das Oberverwaltungsgericht ohne mündliche Verhandlung durch Beschluss fest, ob die Verweigerung der Vorlage der Urkunden oder Akten der Übermittlung der elektronischen Dokumente oder der Erteilung von Auskünften rechtmäßig ist. [2] Verweigert eine oberste Bundesbehörde die Vorlage, Übermittlung oder Auskunft mit der Begründung, das Bekanntwerden des Inhalts der Urkunden, der Akten, der elektronischen Dokumente oder der Auskünfte würde dem Wohl des Bundes Nachteile bereiten, entscheidet das Bundesverwaltungsgericht; Gleiches gilt, wenn das Bundesverwaltungsgericht nach § 50 für die Hauptsache zuständig ist. [3] Der Antrag ist bei dem für die Hauptsache zuständigen Gericht zu stellen. [4] Dieses gibt den Antrag und die Hauptsacheakten an den nach § 189 zuständigen Spruchkörper ab. [5] Die oberste Aufsichtsbehörde hat die nach Absatz 1 Satz 2 verweigerten Urkunden oder Akten auf Aufforderung dieses Spruchkörpers vorzulegen, die elektronischen Dokumente zu übermitteln oder die verweigerten Auskünfte zu erteilen. [6] Sie ist zu diesem Verfahren beizuladen. [7] Das Verfahren unterliegt den Vorschriften des materiellen Geheimschutzes. [8] Können diese nicht eingehalten werden oder macht die zuständige Aufsichtsbehörde geltend, dass besondere Gründe der Geheimhaltung oder des Geheimschutzes der Übergabe der Urkunden oder Akten oder der Übermittlung der elektronischen Dokumente an das Gericht entgegenstehen, wird die Vorlage oder Übermittlung nach Satz 5 dadurch bewirkt, dass die Urkunden, Akten oder elektronischen Dokumente dem Gericht in von der obersten Aufsichtsbehörde bestimmten Räumlichkeiten zur Verfügung gestellt werden. [9] Für die nach Satz 5 vorgelegten Akten, elektronischen Dokumente und für die gemäß Satz 8 geltend gemachten besonderen Gründe gilt § 100 nicht. [10] Die Mitglieder des Gerichts sind zur Geheimhaltung verpflichtet; die Entscheidungsgründe dürfen Art und Inhalt der geheim gehaltenen Urkunden, Akten, elektronischen Dokumente und Auskünfte nicht erkennen lassen. [11] Für das nichtrichterliche Personal gelten die Regelungen des personellen Geheimschutzes. [12] Soweit nicht das Bundesverwaltungsgericht entschieden hat, kann der Beschluss selbständig mit der Beschwerde angefochten werden. [13] Über die Beschwerde gegen den Beschluss eines Oberverwaltungsgerichts entscheidet das Bundesverwaltungsgericht. [14] Für das Beschwerdeverfahren gelten die Sätze 4 bis 11 sinngemäß.

Die Vorlage- und Auskunftspflicht der Behörden aus § 99 VwGO steht in engem Zusammenhang mit der gerichtlichen Aufklärungspflicht aus § 86 Abs 1 VwGO, den Grundlagen richterlicher Entscheidungsfindung gem § 108 VwGO und dem Anspruch der Verfahrensbeteiligten auf Akteneinsicht nach § 100 VwGO. Gem § 86 Abs 1 VwGO ist das Gericht von Amts wegen zur umfassenden Aufklärung des entscheidungsrelevanten Sachverhalts verpflichtet (Untersuchungsgrundsatz); zu dessen Ermittlung können die Beteiligten nach §§ 86 Abs 1 S 1 Hs 2, 87 Abs 1 Nr 2–4, 87b Abs 2 Nr 2 VwGO unter Fristsetzung zur Vorlage von Dokumenten und Erteilung von Auskünften aufgefordert werden. Nach § 108 Abs 2 VwGO darf das Urteil nur auf Tatsachen und Beweisergebnisse gestützt werden, zu denen sich die Beteiligten äußern konnten; in der gerichtlichen Entscheidung selbst müssen gem § 108 Abs 1 S 2 VwGO die Gründe angegeben werden, die für die richterliche Überzeugung leitend gewesen sind. Diese Maßgaben konkretisierend begründet § 100 VwGO ein Einsichtsrecht in die Gerichtsakten und damit auch der vorgelegten Dokumente. Das so konturierte Zusammenwirken von Beibringungspflichten, Einsichtsrechten und richterlichen Entscheidungsgrundlagen birgt den Ursprung des Konflikts zwischen dem Interesse an einer umfassenden Sachverhaltsaufklärung als Voraussetzung effektiven Rechtsschutzes einerseits und Geheimhaltungsinteressen mit ihrer Rechtsschutzdimension andererseits, der durch das Regelungsregime des § 99 VwGO einer sachgerechten Lösung zugeführt werden soll. So wird die in § 99 Abs 1 S 1 VwGO zunächst begründete behördliche Auskunfts- und Vorlagepflicht durch die in S 2 normierte Verweigerungsbefugnis sogleich wieder eingeschränkt. Neben dem Vorliegen materieller Geheimhaltungsgründe bedarf es dazu einer Entscheidung der obersten Aufsichtsbehörde. § 99 Abs 2 VwGO stellt den Gerichten ein spezielles in-camera-Verfahren zur Kontrolle der Weigerungsentscheidung zur Verfügung. Das Gesetz schweigt jedoch zu zentralen Fragen, insbes zu konkreten materiell-rechtlichen Entscheidungsmaßstäben, zum Verhältnis zu materiellen Informationsrechten sowie zu den Folgen eines rechtmäßig ausgeübten Weigerungsrechts, und stellt die Praxis damit vor große Schwierigkeiten. Insofern ist die Norm strukturell unzulänglich und bedarf der Novellierung.

Übersicht

A. Allgemeines

I. Entstehungsgeschichte

Das **BVerfG** hatte den Gesetzgeber mit Beschluss vom 27.10.1999 aufgefordert, die **1** bisherige Regelung über die behördliche Aktenvorlage bis zum 31.12.2001 den verfassungsrechtlichen Anforderungen anzupassen (BVerfGE 101, 106 ff.). Das BVerfG rügte insbes eine unverhältnismäßige Einschränkung des Grundrechts auf effektiven Rechtsschutz aus **Art 19 Abs 4 GG**.

Die bisherige Regelung machte eine Vorlage- bzw Auskunftsverweigerung seitens der Behörde **1.1** lediglich von einer Glaubhaftmachung der in § 99 Abs 1 S 1 VwGO enthaltenen Voraussetzungen abhängig. Auch zunehmend höhere Anforderungen an die Glaubhaftmachung durch die Rechtsprechung (zB BVerwG NVwZ 1983, 407) wurden dem Gebot des effektiven Rechtsschutzes nach Ansicht des BVerfG nicht gerecht. Der Erste Senat hielt es für nicht erforderlich und damit für unverhältnismäßig, bei einer geltend gemachten Geheimhaltungsbedürftigkeit vollständig auf eine gerichtliche Überprüfung zu verzichten. Als milderes Mittel sei ein Verfahren zu schaffen, das eine gerichtliche Überprüfung der Geheimhaltungsbedürftigkeit nach Abs 1 S 2 ohne Kenntnisnahme durch die Beteiligten oder die Öffentlichkeit ermögliche.

Durch das „Gesetz zur Bereinigung des Rechtsmittelrechts im Verwaltungsprozess" **2** (BGBl I 2001, 3987) ist der Gesetzgeber dieser Maßgabe kurz vor Ablauf der gesetzten Frist nachgekommen.

2.1   Die ursprüngliche Absicht der Bundesregierung (BT-Drs 14/6393), das in-camera-Verfahren nur dann anzuwenden, wenn der Streitgegenstand der Hauptsache gerade in der Einsichtnahme in Akten/Urkunden oder der Erteilung von Auskünften liegt, hat sich nicht durchgesetzt. Dieser Entwurf hätte den Vorgaben des BVerfG auch nicht Genüge getan (Margedant NVwZ 2001, 759, 763). Stattdessen basiert die Neufassung in zentralen Punkten auf dem Vorschlag Bayerns (vgl BR-Drs 600/00). Demgemäß sind nunmehr vornehmlich solche Vorlage- und Auskunftsverweigerungen Gegenstand des Überprüfungsverfahrens nach § 99 Abs 2 VwGO, die lediglich im Zusammenhang mit der gerichtlichen Sachverhaltsaufklärung stehen.

3   Im Rahmen des Gesetzes über die Verwendung elektronischer Kommunikationsformen in der Justiz (JKomG, BGBl I 2005, 837) wurde § 99 Abs 1 S 1 VwGO um die Pflicht zur Übermittlung elektronischer Dokumente erweitert.

4   Durch Beschluss vom 14.3.2006 hat der **Erste Senat** (mehrheitlich, mit Sondervotum Gaier) die Verfassungsmäßigkeit der Neuregelung im Ergebnis **bestätigt**, ihre Anwendung allerdings mit bestimmten Maßgaben versehen (BVerfGE 115, 205 ff); dazu im Einzelnen unter Rn 45.

II. Aufbau und systematische Stellung

5   In Abs 1 S 1 der Vorschrift wird die grundsätzliche Pflicht der Behörden normiert, den Verwaltungsgerichten Auskünfte zu erteilen sowie Akten, Unterlagen und elektronische Dokumente vorzulegen. Abs 1 S 2 legt die Voraussetzungen fest, unter denen von diesem Regelfall abgewichen werden kann. Der völlig neu gestaltete Abs 2 der Norm betrifft das Verfahren zur Überprüfung dieser Voraussetzungen sowie die entsprechenden Rechtsmittel. Mit seinen Ausnahmetatbeständen und ihren gerichtlichen Überprüfungsmöglichkeiten konturiert § 99 VwGO die Bedeutung öffentlicher und privater Geheimhaltungsinteressen vor dem rechtsstaatlichen Postulat, den entscheidungserheblichen Sachverhalt unter Einbeziehung der Beteiligten umfassend aufzuklären. Es ist dieses **Spannungsverhältnis**, das verfassungsrechtlich fundierte, aber gegenläufige Rechte in **praktische Konkordanz** zu bringen sucht, welches der Norm ihr besonderes Gepräge verleiht.

5.1   § 99 VwGO konkretisiert zudem die in Art 35 Abs 1 GG und § 14 VwGO niedergelegte Verpflichtung zur Amtshilfe. Er dient zugleich der gerichtlichen Sachverhaltsaufklärung entsprechend dem in § 86 Abs 1 VwGO niedergelegten Untersuchungsgrundsatz (vgl § 86 VwGO Rn 15 ff) und konkretisiert die Grundlagen richterlicher Entscheidungsfindung nach § 108 VwGO (vgl § 108 VwGO Rn 22 ff). Im Zusammenwirken mit § 100 VwGO ist die Vorschrift zudem Ausfluss des Anspruchs auf rechtliches Gehör gem Art 103 Abs 1 GG und des Rechtsstaatsprinzips in Form des Justizgewährungsanspruchs (vgl Sodan/Ziekow/Lang VwGO § 99 Rn 7; Kopp/Schenke VwGO § 99 Rn 1).

III. Anwendungsbereich

6   § 99 VwGO schließt anhängige **verwaltungsgerichtliche Klageverfahren** jeder Instanz, Normenkontrollverfahren nach § 47 VwGO sowie selbständige Beschlussverfahren nach § 80 VwGO, § 80a VwGO, § 123 VwGO und § 47 Abs 6 VwGO ein (S/S/B/Rudisile VwGO § 99 Rn 6b; B/F-K/K/vA/Stuhlfauth VwGO § 99 Rn 3; vgl auch BVerwG NVwZ 1983, 407). **Außerhalb** gerichtlicher Verfahren gilt er **nicht**.

6.1   Zur Sonderregelung des § 138 TKG vgl BVerwGE 127, 282 ff; Ohlenburg NVwZ 2005, 15 ff; Gärditz VwGO § 99 Rn 79 ff; Kopp/Schenke VwGO § 99 Rn 1/9; zu § 72 Abs 2 S 4 GWB vgl Mayen NVwZ 2003, 537 ff.; zur Schnittstelle zu § 96 StPO vgl BVerwG DÖV 2006, 699; zum StUG, das ebenfalls abweichende Regelungen enthält, vgl. Eyermann/Geiger VwGO § 99 Rn 24 sowie Troidl, Akteneinsicht im VerwaltungsR, München 2013, Rn 1086 ff.

IV. Bedeutung

7   Die Vorschrift ist von großer praktischer, in Zukunft noch **gesteigerter Bedeutung**. Hervorzuheben sind insbes die Herausforderungen des **internationalen Terrorismus**, bei denen die Gewinnung und der Geheimnisschutz nachrichtendienstlicher Erkenntnisse im

Zentrum des Interesses stehen (vgl S/S/B/Rudisile VwGO § 99 Rn 6c; BVerwG DÖV 2006, 699, 700; VGH München ZUR 2006, 427, 428 und 430), sowie das zunehmend bedeutsame Feld der **Regulierungsverwaltung** in den Bereichen der Telekommunikations-, Energie- und Verkehrswirtschaft (zur Rspr in diesem Bereich Paur SächsVBl 2010, 1, 7 f). Darüber hinaus gewinnt die Norm durch die wachsende Anzahl von **Informationsansprüchen** an Relevanz, etwa durch die Informationsfreiheitsgesetze des Bundes (IFG) und einiger Länder (zB NW IFG, Bln IFG, Bbg AIG) sowie das VIG (dazu Zilkens NVwZ 2009, 2465 ff) und das UIG (dazu OVG Münster NVwZ 2009, 794 f; BVerwG NVwZ 2009, 1037). Das Verhältnis von Informationsfreiheitsrechten und Akteneinsicht ist umstritten (vgl ausf Troidl, Akteneinsicht; Weber NVwZ 2008, 1284 ff; Eyermann/Geiger VwGO § 99 Rn 25; Schroeter, NVwZ 2011, 457 ff; Schoch NJW 2009, 2987 ff; ders NVwZ 2012, 85, 87 f). Gerade in **mehrpoligen Verwaltungsrechtsverhältnissen** sind die Rollen der einzelnen Ansprüche noch nicht hinreichend ausgeleuchtet (vgl Schemmer DVBl 2011, 330 f; Schenke NVwZ 2008, 983 ff; Fischer/Fluck, NVwZ 2013, 337, 339 f und Rn 54 f).

B. Vorlage- und Auskunftspflicht (Abs 1 S 1)

I. Gegenstand der Vorlage- und Auskunftspflicht

Die behördliche Vorlagepflicht nach Abs 1 S 1 bezieht sich auf **Urkunden, elektro-** 8 **nische Dokumente** und **Akten,** aber auch auf sonstige Unterlagen, deren Inhalt für die gerichtliche Entscheidung relevant ist; sie sind grundsätzlich jeweils im Original zu übermitteln. Dagegen gewährt § 99 Abs 1 S 1 VwGO keinen Anspruch auf Vorlage der den konkreten Streitgegenstand nicht betreffenden oder aus sonstigen Gründen nicht entscheidungserheblichen Akten oder Unterlagen (BVerwG NVwZ 2004, 485, 486; NJW 1963, 553).

Akten sind dabei Konvolute von Urkunden und Augenscheinsobjekten, die einen inneren 8.1 Zusammenhang mit dem Rechtsstreit aufweisen; dazu gehören auch von der Behörde eingeholte Gutachten Dritter. Nicht erfasst sind dagegen bloße Augenscheinsobjekte – wie etwa Tonbandaufzeichnungen –, die nicht Bestandteil einer Akte sind (S/S/B/Rudisile VwGO § 99 Rn 7; aA Sodan/Ziekow/Lang VwGO § 99 Rn 14). Ebenfalls nicht Gegenstand der Vorlagepflicht sind Akten oder Urkunden, die im anhängigen Prozess selbst anfallen (Kopp/Schenke VwGO § 99 Rn 4; S/S/B/Rudisile VwGO § 99 Rn 12).

Um eine Vorwegnahme der Hauptsache und eine Umgehung der spezifischen Tat- 9 bestandsvoraussetzungen des materiellen Fachrechts zu vermeiden, erstreckt sich § 99 Abs 1 S 1 VwGO grds **nicht** auf solche Akten, die **Gegenstand** eines auf Herausgabe oder Einsichtnahme gerichteten **Hauptsacheverfahrens** sind; andernfalls würde sich der Rechtsstreit wegen des Einsichtnahmerechts nach § 100 VwGO von selbst erledigen (BVerwG NJW 1983, 2954; S/S/B/Rudisile VwGO § 99 Rn 11 f; Kopp/Schenke VwGO § 99 Rn 4; Sodan/Ziekow/Lang VwGO § 99 Rn 16; OVG Schleswig Beschl v 17.4.2007 – 4 MB 7/07 – AU S 4; aA die hM: BVerwGE 130, 236, 239; BVerwG NVwZ 2008, 554; ZUR 2009, 322, 323; OVG Lüneburg BeckRS 2008, 34571; Weber NVwZ 2008, 1286); denn ein Kläger kann keine bindende Erklärung dahingehend abgeben, auf sein Akteneinsichtsrecht zu verzichten mit der Folge, dass sich die behördlichen und gerichtlichen Entscheidungsmaßstäbe des § 99 Abs 1 S 2 bzw § 99 Abs 2 VwGO jeweils änderten (OVG Schleswig BeckRS 2009, 34694). Etwas anderes gilt allerdings dann, wenn sich die beklagte Behörde bzw die oberste Aufsichtsbehörde gerade auf das Vorliegen eines Geheimhaltungsgrunds gem § 99 Abs 1 S 2 VwGO beruft, um die Erfüllung des geltend gemachten Anspruchs zu versagen (was keineswegs zwangsläufig identisch mit den jeweiligen Versagensgründen der einschlägigen Fachgesetze ist); hängt nach Rechtsauffassung des Hauptsachegerichts die Entscheidung über das Klagebegehren insofern von der Kenntnis des Akteninhalts ab – scheitert es insbesondere nicht bereits an anderen Tatbestandsvoraussetzungen –, so erstreckt sich die Vorlagepflicht grundsätzlich auch auf diese Akten (vgl BVerwG NVwZ 2008, 554; DVBl 2006, 1245; OVG NW NVwZ 2008, 1382; S/S/B/Rudisile VwGO § 99 Rn 11a). Soweit das BVerwG in jüngeren Entscheidungen diese Differenzierung aufgegeben zu haben und eine generelle Geltung anzunehmen scheint (vgl BVerwG ZUR 2009, 322, 323 mit zustimmender Anmerkung el-Barudi), ist dies abzulehnen. Anderenfalls würden die unterschiedlichen Anforderungen der jeweiligen Vorschriften unzulässig vermischt; ein „Durchgriff" auf das Fachrecht findet im Rahmen des § 99 Abs 1 S 2 VwGO nicht statt (so zutreffend OVG Koblenz NuR 2009, 353, 354). Das BVerwG sieht sich infolge seines unzutreffenden Ansatzes auch veranlasst, ein in-camera-Verfahren für zulässig zu halten, wenn sich die Behörde gar nicht auf die Gründe des § 99 Abs 1 S 2 VwGO, sondern auf diejenigen des jeweiligen Fachgesetzes beruft. Damit überdehnt das Gericht aber den gesetzlichen Anwendungsbereich der Norm; § 99 Abs 2 S 1 VwGO bezieht sich unzweifelhaft allein auf eine Verweigerung auf der Basis des § 99 Abs 1 S 2 VwGO und nicht auf eine anders begründete Weigerung. Andernfalls hätte der jeweilige Fachsenat Versagungsgründe des insoweit jeweils einschlägigen Informationsrechts zu bewerten, was indes nicht seiner Aufgabe entspricht, sondern Sache des Hauptsachegerichts ist. Nur mit dieser Maßgabe ist es akzeptabel, wenn das BVerwG davon spricht, durch die Befassung des Fachsenats werde die Hauptsacheentscheidung „in gewisser Weise vorweggenommen" (dazu Rn 48).

9.1   In der Praxis bleibt es deshalb Sache des Hauptsachegerichts, die Entscheidungserheblichkeit der Unterlagen genau zu prüfen und damit auch die Berechtigung von Versagungsgründen außerhalb des § 99 Abs 1 S 2 VwGO. Die leider insoweit noch häufig zu beobachtende pauschale Aktenanforderung der Verwaltungsgerichte genügt dem nicht.

10   Verpflichtet ist die Behörde auch zur Erteilung von **Auskünften.** Gegenstand dieser mündlichen Information können nicht nur der Behörde bekannte Tatsachen sein, sondern auch ihr übermittelte oder von ihr selbst vorgenommene Wertungen oder Stellungnahmen (Eyermann/Geiger VwGO § 99 Rn 3; B/F-K/K/vA/Stuhlfauth VwGO § 99 Rn 8). Nunmehr umfasst die Pflicht aus § 99 Abs 1 S 1 VwGO auch **elektronische Dokumente**. Darunter sind alle als Datei gespeicherten Informationen zu verstehen; unklar ist insofern jedoch, ob nur solche Dateien von der Pflicht erfasst sein sollen, die den Erfordernissen der § 55a VwGO und § 55b VwGO entsprechen, also etwa über qualifizierte Signaturen iSd Signaturgesetzes (SigG) verfügen (dafür F/K/W/Porz VwGO § 99 Rn 5; dagegen zu Recht B/F-K/K/vA/Stuhlfauth VwGO § 99 Rn 7; für eine solche Beschränkung ist nichts ersichtlich).

11   Die **Entscheidungserheblichkeit** der Informationen ist dabei ein **ungeschriebenes Tatbestandsmerkmal** des § 99 Abs 1 S 1 VwGO, das sich aus der Verknüpfung mit dem Untersuchungsgrundsatz gem § 86 Abs 1 VwGO ergibt (vgl Rn 13 ff). Auf unerhebliche Tatsachen bezieht sich die gerichtliche Aufklärungspflicht von vornherein nicht (BVerwG NVwZ 2006, 700, 701).

II. Verpflichtete

12   Verpflichtet sind nicht nur am Rechtsstreit beteiligte (§ 63 VwGO), sondern alle deutschen Behörden, dh solche des Bundes, der Länder und der mittelbaren Staatsverwaltung (vgl VGH Kassel NJW 1985, 216, 216; S/S/B/Rudisile VwGO § 99 Rn 8). Dabei ist von einem **funktionellen Behördenbegriff** auszugehen, so dass jede natürliche oder juristische Person, die Aufgaben der öffentlichen Verwaltung wahrnimmt (einschließlich ihrer Organe), erfasst ist, insb auch Beliehene (Kopp/Schenke VwGO § 99 Rn 4; Sodan/Ziekow/Lang VwGO § 99 Rn 9).

12.1   Uneinheitlich wird die Vorlageverpflichtung für Organe privatrechtlich organisierter Rechtsträger, die – etwa durch Anteilsmehrheiten – von der öffentlichen Hand kontrolliert werden, beurteilt (für eine Vorlagepflicht Kopp/Schenke VwGO § 99 Rn 4; Sodan/Ziekow/Lang VwGO § 99 Rn 11 – für den Fall ausschließlich staatlicher Kontrolle; dagegen zu Recht mangels Behördeneigenschaft S/S/B/Rudisile VwGO § 99 Rn 8). Keiner Verpflichtung aus § 99 Abs 1 VwGO unterliegen Gerichte (Eyermann/Geiger VwGO § 99 Rn 2).

III. Gerichtliche Aufforderung

13   Die Vorlage- oder Auskunftsverpflichtung bedarf zur Konkretisierung eines entsprechenden Verlangens durch das **Gericht**; der Beiziehungsantrag eines Beteiligten genügt hingegen nicht (Eyermann/Geiger VwGO § 99 Rn 4; vgl OVG Saarlouis, NVwZ 2003, 367 f). Wurde zunächst die grundsätzlich formfreie, wenngleich eindeutige **Aufforderung**, die einen bestimmten Sachzusammenhang betreffenden Unterlagen vorzulegen, für ausreichend gehalten (OVG Greifswald DÖV 2003, 338; S/S/B/Rudisile VwGO § 99 Rn 9; Kopp/ Schenke VwGO § 99 Rn 5; Redeker/v Oertzen/Kothe VwGO § 99 Rn 18), ist in der jüngeren Rechtsprechung des BVerwG eine stärker formalisierte Betrachtung vorgenommen worden, die inzwischen allerdings wieder gelockert worden zu sein scheint (vgl Rn 15).

Ausgangspunkt ist dabei, dass die Verwaltungsgerichte gem § 86 Abs 1 VwGO zur **14** umfassenden Ermittlung des **entscheidungsrelevanten Sachverhalts** verpflichtet sind (vgl § 86 VwGO Rn 2 f). Im Umkehrschluss bedeutet dies, dass sie in ihrem Vorlage- bzw Auskunftsverlangen gegenüber den Behörden auf entscheidungserhebliche Informationen beschränkt sind (BVerwG NVwZ 2006, 700; NVwZ 2004, 485, 486; BVerwG NJW 1963, 553; VGH Kassel, NJW 1985, 216, 216; Sodan/Ziekow/Lang VwGO § 99 Rn 17). Entscheidungserheblichkeit ist dann anzunehmen, wenn ein inhaltlicher Bezug zum Streitgegenstand besteht und die konkreten Unterlagen oder Auskünfte zur vollständigen Sachverhaltsaufklärung und Streitentscheidung **ohne Zweifel benötigt** werden (BVerwG NJW 1963, 553; NVwZ 2004, 105, 106; NVwZ 2004, 485, 486; NVwZ 2006, 700; OVG Koblenz DVBl 1977, 425, 426; S/S/B/Rudisile VwGO § 99 Rn 10). Ein Anspruch auf Zugang zu den in Rede stehenden Informationen muss zumindest „dem Grunde nach" in Betracht kommen (vgl OVG Schleswig Beschl v 29.12.06 – 15 P 3/06 – AU S 6). Die Beurteilung der Entscheidungserheblichkeit liegt allein beim **Hauptsachegericht** mit seiner **materiellen Rechtsauffassung** (BVerwG NVwZ 2004, 105 und 485; NVwZ 2006, 700, 701; DÖV 2006, 655 und 700; NVwZ 2007, 91; Beschl v 20.9.2010 – 20 F 7.10; allgemein § 86 VwGO Rn 15 f). Weder den verpflichteten Behörden oder den übrigen Verfahrensbeteiligten noch dem ggf einzuschaltenden Fachsenat stehen insoweit eigenständige Einschätzungskompetenzen zu. Insbes die verpflichtete **Behörde** ist selbst dann nicht befugt, sich der Aufforderung zu verweigern, wenn sie in der Sache zu Recht die Entscheidungserheblichkeit anzweifelt; die einschlägigen Weigerungsgründe werden vielmehr abschließend durch § 99 Abs 1 S 2 VwGO bestimmt (Rn 20 ff; zum Rechtsschutz gegen eine unberechtigte Aufforderung vgl unter Rn 18). In jüngeren Entscheidungen (BVerwGE 130, 236, 241; BVerwG NVwZ 2010, 194, 195; ZUR 2009, 322; NVwZ 2008, 554; DÖV 2006, 699, 700) scheint das BVerwG allerdings der Meinung zu sein, der **Fachsenat** könne die Entscheidung des Hauptsachegerichts über die Erheblichkeit der in Rede stehenden Akten überprüfen, wenn entweder die Entscheidungserheblichkeit „zweifelsfrei gegeben" oder die Rechtsauffassung des Gerichts der Hauptsache „offensichtlich fehlerhaft" ist. Das trifft jedoch nicht zu. Abgesehen davon, dass diese Judikate zu Unrecht frühere Rechtsprechung in Bezug nehmen, widersprechen sie auch in der Sache dem Gesetz. § 99 VwGO ermächtigt den Fachsenat nur dazu, über die Rechtmäßigkeit der auf die Gründe des § 99 Abs 1 S 2 VwGO gestützten behördlichen Verweigerung (bzw der Freigabe, s Rn 34), Akten zur Verfügung zu stellen, zu entscheiden. Zu der Vorfrage, ob das Hauptsachegericht nach seinem materiell-rechtlichen Standpunkt richtig entschieden hat, ist es nicht befugt – auch nicht, wenn insoweit Zweifelsfreiheit oder offensichtliche Fehlerhaftigkeit bestehen sollten. Hat das Hauptsachegericht die Entscheidungserheblichkeit der in Rede stehenden Unterlagen nicht positiv festgestellt – sei es durch Nichtentscheidung, ausdrückliches Offenlassen oder Ablehnen –, greift § 99 VwGO nicht; ein gleichwohl gestellter Antrag wäre unzulässig (vgl VGH München NuR 2007, 619, 620; OVG Saarlouis NVwZ 2003, 367; Kopp/Schenke VwGO § 99 Rn 5). Infolgedessen sind die Akten vom Hauptsachegericht auch nicht gem § 99 Abs 2 S 4 VwGO an den Fachsenat vorzulegen. Diese Vorschrift setzt eine positiv festgestellte Entscheidungserheblichkeit voraus, an der es gerade fehlt; sie ist deshalb nicht einschlägig.

Über die **Erheblichkeit** muss sich das Hauptsachegericht deshalb zunächst **Klarheit 15** verschaffen. Ergibt sich diese nicht ohne weiteres aus dem materiellen Recht – wird sie insbes von den Verfahrensbeteiligten bestritten –, muss es darüber gem § 98 VwGO iVm § 358 ZPO durch **Beschluss** oder Zwischenurteil entscheiden; das Gericht befindet hierüber letztlich in der gleichen Weise, in der es auch sonst der Pflicht zur Sachverhaltserforschung von Amts wegen nachkommt (BVerwG Beschl v 17.3.2008 – 20 F 42/06; NVwZ 2006, 700; NVwZ 2004, 485, 486; NJW 1963, 553; OVG NW NVwZ 2008, 1382; NVwZ 2009, 475; vgl Eyermann/Geiger VwGO § 99 Rn 16; Troidl, Akteneinsicht, Rn 992 ff). Erst diese Zweifelsfreiheit über die rechtliche Erheblichkeit des Akteninhalts setzt die oberste Aufsichtsbehörde in den Stand, eine alle Interessen berücksichtigende Abwägungsentscheidung gem

§ 99 Abs 1 S 2 VwGO treffen zu können. Um insoweit Unklarheiten über die richterliche Einschätzung zu vermeiden, bedarf es in der Regel eines Beweisbeschlusses (BVerwG NVwZ 2011, 233, 234; NVwZ 2006, 700, 701; vgl zu den formellen Anforderungen BVerwG NVwZ 2010, 194, 194 f unter Bezugnahme auf Beschl v 17.3.2008 – 20 F 42/07, BeckRS 2008, 33995). Ein solcher ist nur dann nicht erforderlich, wenn die Hauptsacheentscheidung offensichtlich allein von der – anhand der umstrittenen Behördenakten zu beantwortenden – Frage abhängt, ob der Akteninhalt geheimhaltungsbedürftig ist. Dies kann sich vorwiegend in Konstellationen ergeben, in denen die Pflicht zur Vorlage der Behördenakte bereits Streitgegenstand des Verfahrens zur Hauptsache ist (BVerwG NVwZ 2011, 233, 234; NVwZ 2010, 194, 195; NVwZ 2008, 554; DÖV 2006, 655; BeckRS 2006 23262, Rn 3; VGH Kassel NVwZ 2010, 1036, 1037 f; OVG NW NVwZ 2008, 1382). Ein Beweisbeschluss ist ferner dann nicht erforderlich, wenn die Behörde unmissverständlich deutlich gemacht hat, dass sie einer gerichtlichen Aufforderung zur Aktenvorlage nicht Folge leisten wird (BVerwG ZUR 2009, 322; OVG Schleswig NVwZ 2006, 847). Anderenfalls hätte es die Behörde in der Hand, dem Gericht durch Versagung einer ausdrücklichen Sperrerklärung die Möglichkeit einer Überprüfung zu nehmen. § 99 Abs 1 S 2 VwGO fordert aber nur eine Verweigerung; eine spezifische, ausdrückliche „Sperrerklärung" ist dagegen nicht geboten. Im Gegensatz zur höchstrichterlichen Judikatur ist allerdings zu betonen, dass § 99 Abs 1 S 2, Abs 2 VwGO nur einschlägig ist, wenn sich die oberste Aufsichtsbehörde aus den dort genannten Gründen verweigert. Legt sie die Akten aus anderen Erwägungen heraus oder gar ohne jede Begründung nicht vor, ist dies kein Fall des § 99 Abs 2 VwGO – die Weigerung verstößt vielmehr schlicht gegen § 99 Abs 1 S 1 VwGO. Mit seiner gegenteiligen Auffassung widerspricht sich das BVerwG im übrigen selbst, wenn es gleichzeitig – zu Recht – hervorhebt, dass der Fachsenat bei seiner Entscheidung nur zu überprüfen hat, ob die Entscheidung über die Verweigerung der Aktenvorlage den an die Ermessensausübung gem § 99 Abs 1 S 2 VwGO gestellten Anforderungen genügt; da es solche Ermessenserwägungen im hiesigen Zusammenhang per definitionem nicht gibt, zeigt auch jene Überlegung, dass § 99 Abs 2 VwGO schon im materiellen Ausgangspunkt bei dieser Konstellation nicht einschlägig sein kann.

15.1   Die in der Praxis häufig verkannten Anforderungen an die Zweifelsfreiheit der Erheblichkeit sind generell maßgeblich – also unabhängig von einer geltend gemachten Geheimhaltungsbedürftigkeit. Die verbreitete Handhabung vieler Verwaltungsgerichte, „erst mal" alle Akten anzufordern, ohne ihre Entscheidungserheblichkeit zumindest angeprüft zu haben, trägt diesen Maßgaben nicht hinreichend Rechnung; dies gilt insbes für die Auffassung, erst nach vollständiger Vorlage aller Akten könne über ihre Erheblichkeit befunden werden (deutlich BVerwG NVwZ 2006, 700, 701).

16   Der gerichtliche Prüfauftrag und damit der Umfang der entscheidungserheblichen Informationen hängt grundlegend von den jeweiligen **materiell-rechtlichen** und **prozessualen Rahmenbedingungen** ab. In manchen Fallgestaltungen ist die richterliche Kontrolle auf bestimmte Bereiche beschränkt; diese Limitierung wirkt sich zwangsläufig auf den Umfang der entscheidungserheblichen Unterlagen aus. Insbes zwei Konstellationen sind hier zu nennen: der nur beschränkt überprüfbare behördliche **Beurteilungsspielraum** und die **Drittanfechtungsklage**.

16.1   In komplexen Rechtsgebieten operiert der Gesetzgeber häufig mit unbestimmten Rechtsbegriffen. Zwar sind diese gerichtlich grundsätzlich voll überprüfbar; in bestimmten Fallgruppen ist jedoch ein nur begrenzt kontrollierbarer **Beurteilungsspielraum** der Behörden anerkannt (Maurer § 7 Rn 31 ff; Erichsen/Ehlers § 11 Rn 44 ff; W/B/S I § 31 Rn 19 ff), so etwa bei Prüfungsentscheidungen, beamtenrechtliche Beurteilungen, Entscheidungen unabhängiger Sachverständigen-Gremien mit gesellschaftlicher Repräsentanz und Prognoseentscheidungen bzw Risikobewertungen im risikoverwaltenden Umweltrecht (für die Schadensvorsorge gem § 7 Abs 2 Nr 3 AtG vgl BVerfG NJW 1982, 2173, 2177 f; BVerwG NVwZ 1986, 208, 212 f; für § 7 Abs 2 Nr 5 AtG BVerwG NVwZ 1989, 864, 865 f; für § 6 Abs 2 Nr 2 und Nr 4 AtG BVerwGE 131, 129 ff.; 142, 159 ff.; BVerwG NVwZ 2007, 88, 89; VGH München ZUR 2006, 427, 428 f; für die Sicherheit iSd GenTG BVerwG NVwZ 1999, 1232, 1233; im Immissionsschutzrecht dagegen abgelehnt, vgl BVerwGE 55, 250, 253 f und 85, 368, 379; generell zur Risikoverwaltung Erichsen/Ehlers § 11 Rn 50). Ist die verwaltungsgerichtliche Kontrolle einer solchen Risikoprognose beschränkt, so ist die von der Fachbehörde vorgenommene wissenschaftliche Bewertung zumindest in ihren Details nicht entscheidungserheblich (vgl VGH München ZUR 2006, 427, 428 ff). Infolgedessen ist es dem Gericht verwehrt, die Fachbehörde gem § 99 Abs 1 VwGO zur Vorlage der detaillierten Risikobewertung zu verpflichten. Für die einschlägige Plausibilitäts- und Willkürkontrolle reicht es aus, wenn dem Gericht die Unterlagen in einem Maße vorgelegt werden, das zum Nachvollzug der behördlichen und gutachterlichen Gedankengänge erforderlich ist (vgl BVerwG NVwZ 1999, 654, 655; NVwZ 1989, 864, 865 f; NVwZ 1988, 536, 537 f). Die bloße Denkmöglichkeit anderer Konstellationen löst noch keine weitergehende Ermittlungspflicht des Gerichts aus. Es bedarf vielmehr konkreter Anhaltspunkte, die durch die Behörde nicht überzeugend widerlegt werden können. Dafür ist es erforderlich, der behördlichen Darlegung substantiiert – dh nicht ins Blaue hinein, sondern mit konkreten Bezugspunkten – zu widersprechen (BVerwG NVwZ 1999, 654, 655 f; NVwZ 1988, 536, 537 f; NVwZ 2007, 88, 92 f; VGH München ZUR 2006, 427, 428; OVG Münster RdE 1997, 222, 228; OVG Lüneburg NJW 1995, 2053, 2054). Trotz gegebener Einschätzungsprärogative erstreckt sich die (eingeschränkte) gerichtliche Rechtmäßigkeitskontrolle allerdings darauf, ob die Behörde von einem **richtigen Sachverhalt** ausgegangen ist; entsprechende Aufklärungsanforderungen sind deshalb auch entscheidungserheblich (vgl BVerwG NVwZ 2004, 105, 106; NVwZ 1999, 75; NVwZ-RR 1999, 446). Besonderheiten gelten allerdings wiederum in Konstellation, in denen Tatsachen untrennbar mit einem behördlichen Werturteil verwoben sind (BVerwGE 60, 245, 249 f; S/S/B/Dawin VwGO § 86 Rn 54), wie etwa bei nachrichtendienstlichen und sicherheitsbehördlichen Risikoeinschätzungen. Das Gleiche gilt in Fällen, in denen die richterliche Überzeugung von der Richtigkeit bestimmter sachverhaltlicher Angaben es nicht gebietet, die Ausgangsdaten selbst zu kennen (vgl dazu BVerwGE 142, 234, 258 f; BVerwG NVwZ 2008, 675).

In einer **Drittanfechtungssituation** ist der gerichtliche Prüfumfang grds auf den Bereich drittschützender Normen beschränkt. Denn der gerichtliche Rechtsschutzauftrag ist auf die Beseitigung einer subjektiven Rechtsverletzung begrenzt; dies gibt die Reichweite der gerichtlichen Kontrolle vor (vgl S/S/B/Gerhardt VwGO § 113 Rn 7, 11). Die behördliche Vorlagepflicht korrespondiert mit dem gerichtlichen Prüfumfang und kann nicht über den insoweit erforderlichen Sachverhalt hinausgehen. Dementsprechend erweitert ist der richterliche Zugriff dort, wo der Rechtsschutz nicht an drittschützende Normen gebunden ist, etwa beim Klagerecht der Umweltvereinigungen gemäß UmRG. **16.2**

Wegen der skizzierten Prärogative des Hauptsachegerichts ist evident, dass das Verfahren gem § 99 Abs 2 VwGO kein den Prozessbeteiligten vom Gesetz zur Verfügung gestelltes Mittel ist, das Gericht der Hauptsache zu einer bestimmten, von ihnen für erforderlich gehaltenen Maßnahme der gerichtlichen Sachverhaltsaufklärung zu zwingen. Das hat das Bundesverwaltungsgericht nochmals klargestellt (BVerwG BeckRS 2007 22228 = Praxis-Report 2007, 141). **16a**

IV. Durchsetzbarkeit

Die Erfüllung des Auskunfts- bzw Vorlagebegehrens aus Abs 1 S 1 kann das Gericht **nicht erzwingen** (zur Nichtanwendbarkeit von Verzögerungsgebühren gem § 38 GKG vgl VGH Kassel NVwZ-RR 1997, 669 f; Eyermann/Geiger VwGO § 99 Rn 4). Eine rechtswidrige Weigerung – wozu nach der Gesetzeskonzeption auch die abweichende Einschätzung der Entscheidungserheblichkeit gehört – kann jedoch im Wege der **Beweiswürdigung** nachteilige Berücksichtigung finden (Kopp/Schenke VwGO § 99 Rn 7; Redeker/v Oertzen/Kothe VwGO § 99 Rn 2; B/F-K/K/vA/Stuhlfauth VwGO § 99 Rn 14); zur rechtmäßigen Weigerung siehe Rn 18.2 sowie 53 ff. **17**

V. Rechtsschutz

Im Hinblick auf Rechtsschutzfragen sind verschiedene Konstellationen zu unterscheiden, je nachdem ob das Hauptsachegericht zur Vorlage/Auskunftserteilung auffordert, wie der Verpflichtete reagiert und welche Entscheidung das Gericht daraufhin trifft (vgl zu einzelnen Konstellationen auch Schenke NVwZ 2008, 938, 940 ff). **18**

Das Hauptsachegericht fordert **nicht** zur Vorlage/Auskunftserteilung auf: Die Verfahrensbeteiligten können kein Verfahren gem § 99 Abs 2 VwGO einleiten; das ist erst dann einschlägig, wenn ein entsprechendes ausdrückliches Verlangen des Gerichts (und eine Verweigerung aufgrund von Geheimhaltungsbedürftigkeit) vorliegt (BVerwG BeckRS 2007 22228 = PraxisReport 2007, 141; **18.1**

OVG Greifswald DÖV 2003, 338; B/F-K/K/vA/Stuhlfauth VwGO § 99 Rn 16). Eine Beschwerde gem § 146 Abs 2 VwGO scheidet ebenfalls aus, da es sich um eine prozessleitende Verfügung handelt (vgl § 146 VwGO Rn 2; BVerwG NJW 1963, 553; Troidl, Akteneinsicht, Rn 984). Da es allein der materiellen Rechtsauffassung des Hauptsachegerichts unterliegt, ob und welche Akten es für entscheidungserheblich hält, kann dagegen konsequent nur im Rahmen der gegen die End-entscheidung gegebenen Rechtsmittel (etwa durch eine Aufklärungsrüge) vorgegangen werden. Wird gleichwohl ein Antrag nach § 99 Abs 2 VwGO gestellt, ist dieser unzulässig. Das Gericht der Hauptsache ist weder verpflichtet noch berechtigt, auf einen solchen Antrag hin dem Fachsenat die Akten vorzulegen. § 99 Abs 2 S 4 VwGO steht dem nicht entgegen; er ist vielmehr im Hinblick auf das ungeschriebene Tatbestandsmerkmal der Entscheidungserheblichkeit, die dann gerade nicht vorliegt, entsprechend teleologisch zu reduzieren.

18.2   Das Hauptsachegericht **fordert** an, die Behörde **verweigert** sich – ohne die Ausnahmen des § 99 Abs 1 S 2 VwGO in Anspruch zu nehmen, etwa weil sie die Entscheidungserheblichkeit verneint: Ein Verfahren gem § 99 Abs 2 scheidet aus, da keine Geheimhaltungsbedürftigkeit geltend gemacht wurde (vgl OVG Saarlouis NVwZ 2003, 367, 368; Troidl, Akteneinsicht, Rn 987; aA wohl BVerwG ZUR 2009, 332 – das die für die Behörde maßgeblichen Gründe zu Unrecht für unerheblich hält). Gegen die Anforderung als solche besteht wegen ihres prozessleitenden Charakters nach § 146 Abs 2 VwGO ebenfalls kein gesonderter Rechtsbehelf. Da eine Durchsetzung der Vorlagepflicht gesetzlich nicht vorgesehen ist, gibt es für einen Verfahrensbeteiligten auch keine Möglichkeit, in einem Zwischenrechtsstreit eine Leistungsklage oder/und einen Antrag gem § 123 VwGO auf Vorlage zu erheben. Vielmehr sind die Beteiligten auch insoweit auf die jeweilige Hauptsacherechtsmittel zu verweisen, insbes wenn aufgrund der Weigerung eine Beweislast- oder -würdigungsentscheidung erfolgt.

18.3   Die verpflichtete Behörde **legt** auf Verlangen des Gerichts **vor,** ohne dass Fragen der Geheimhaltungsbedürftigkeit eine Rolle spielten. Diese Konstellation entspricht der gesetzlichen Regel. Einen speziellen Rechtsbehelf gegen die Aufforderung und die Vorlage gibt es nach dem zuvor Ausgeführten nicht. Die im Einzelfall unterlegenen Beteiligten sind auf die gegebenen Hauptsache-rechtsmittel zu verweisen (zur Vorlage trotz behaupteter Geheimhaltungsbedürftigkeit vgl Rn 34 f).

C. Ausnahmen (Abs 1 S 2)

19   § 99 Abs 1 S 2 VwGO schafft die Rechtsgrundlage für die Verweigerung einer an sich gem § 99 Abs 1 S 1 VwGO pflichtigen Vorlage oder Auskunft (vgl BVerwG NVwZ 2003, 348, 348; NVwZ 2002, 1249, 1249). Die entsprechende Pflicht entfällt danach, wenn eine der alternativen tatbestandlichen Voraussetzungen des Abs 1 S 2 vorliegt **und** die gem Abs 1 S 2 zuständige Stelle die Entscheidung zur Verweigerung trifft.

I. Voraussetzungen des Abs 1 S 2

20   Abs 1 S 2 zählt drei **alternative Fallkonstellationen** auf, bei deren Vorliegen der Aus-nahmetatbestand erfüllt ist. Gemein ist allen Fallgruppen, dass sie – singularia non sunt extendenda – eng auszulegen sind (Sodan/Ziekow/Lang VwGO § 99 Rn 20; S/S/B/Ru-disile VwGO § 99 Rn 14; auch eine analoge Anwendung ist nicht möglich, vgl Walz DÖV 2009, 623, 629). Weitere Weigerungsgründe kennt das Gesetz nicht. Der **erste Ausnahme-tatbestand** liegt vor, wenn das Bekanntwerden des Inhalts der nach Abs 1 S 1 geforderten Unterlagen oder Auskünfte dem Wohl des Bundes oder eines deutschen Landes Nachteile bereiten würde.

20.1   Ein ähnlicher Wortlaut findet sich in § 96 StPO. Zur sog Sperrerklärung iSd § 96 StPO hat das BVerwG entschieden, dass ein Nachteil nur dann gegeben ist, wenn die Bekanntgabe des fraglichen Inhalts die künftige staatliche Aufgabenerfüllung erschweren bzw Leben, Gesundheit oder Freiheit von Personen gefährden würde (BVerwG NJW 1987, 202, 205 unter Bezugnahme auf BVerfG NJW 1981, 1719). Diese zu § 96 StPO entwickelten Grundsätze zieht das BVerwG auch zur Auslegung des Nachteilsbegriffs iSd § 99 Abs 1 S 2 VwGO heran (st Rspr; vgl BVerwG Beschl v 20.9.2010 – 20 F 7.10; BVerwG NJW 2010, 2295, 2296; NVwZ 2010, 905, 906; NVwZ 2010, 844, 844; BeckRS 2009, 35992; NVwZ 2003, 347, 348; NVwZ 1995, 1134, 1134; NVwZ 1994, 72, 72 f). Demnach können Nachteile nur **wesentliche** Interessen des Bundes oder der Länder betreffen; dies sind die Beeinträchtigung oder Gefährdung des Bestandes und der Funktionsfähigkeit des Staates bzw seiner wesentlichen Einrichtungen sowie die Beeinträchtigung oder Gefährdung der inneren und äußeren Sicherheit bzw der Beziehungen zu anderen Staaten und internationalen Organisationen (OVG Koblenz NuR 2009, 353, 354; Eyermann/Geiger VwGO § 99 Rn 8; B/F-K/K/vA/Stuhlfauth VwGO § 99 Rn 10; Kienemund NJW 2002, 1231, 1235). Dieser Nachteil muss darüber hinaus mit **hinreichender Wahrscheinlichkeit** zu besorgen sein, er darf nicht nur als möglich erscheinen (vgl zu den etwas unterschiedlichen Formulierungen S/S/B/Rudisile VwGO § 99 Rn 16 mwN in Fn 8).

Die **zweite Fallgruppe** des Abs 1 S 2 ist die qua Gesetz angeordnete Geheimhaltungs-   **21** bedürftigkeit, welche nur relativ selten vorkommt. Sie ist insbes nicht bereits dann gegeben, wenn eine gesetzlich angeordnete Pflicht zur Verschwiegenheit besteht; maßgeblich ist vielmehr der besondere Schutzzweck der Norm (vgl. BVerwG, Buchholz 310 § 99 VwGO Nr 64 Rn 10 ff.; BVerwG, Beschl v 5.10.2011 – 20 F 24.10 – Rn 8; Beschl v 27.8.2012 – 20 F 3.12 – Rn 7.

Gesetzlich angeordnet wird etwa das Post- und Fernmeldegeheimnis in Art 10 Abs 1 GG, das   **21.1** Steuergeheimnis in § 30 AO oder das Sozialgeheimnis in § 35 SGB I iVm § 67 SGB X bis § 78 SGB X. Nicht hingegen durch Gesetz als geheimhaltungsbedürftig eingestuft werden die Pflicht zur Amtsverschwiegenheit oder der Datenschutz (VGH Kassel NJW 1985, 216, 216; Kopp/Schenke VwGO § 99 Rn 11; S/S/B/Rudisile VwGO § 99 Rn 17). Ebenso wenig erfasst ist § 4 SÜG, auf dessen Grundlage eine Behörde ein Dokument als Verschlusssache eines bestimmten Geheimhaltungsgrades einordnen kann (hierzu BVerwG NVwZ 2010, 905, 908 mit Anmerkung Schnabel NVwZ 2010, 881, 882) oder § 9 KWG, der sich insofern wesentlich vom Steuergeheimnis nach § 30 AO unterscheidet (BVerwG Beschl v 12.4.2012 – 20 F 2/11; Beschl v 27.8.2012 – 20 F 3/12). Erwogen wird, in den einzelnen Versagungstatbeständen der jeweiligen Informationsfreiheitsgesetze eine solche gesetzliche Bestimmung zu sehen (Weber NVwZ 2008, 1287; aA Husein LKV 2010, 337, 343). Obwohl der Ansatz zutreffend ist, geht er doch über den Gesetzeswortlaut hinaus; ihm ist vielmehr im Rahmen der Ermessensentscheidung Rechnung zu tragen (vgl dazu noch Rn 27)

Der **dritte Ausnahmetatbestand** ist gegeben, wenn der Vorgang seinem Wesen nach   **22** geheimhaltungsbedürftig ist. Diese Eigenschaft ist indessen kaum zu definieren und lässt sich daher nur anhand der einschlägigen Fallgruppen erfassen (ausführlich bei S/S/B/Rudisile VwGO § 99 Rn 18 ff; Sodan/Ziekow/Lang VwGO § 99 Rn 27 ff).

Zu nennen sind insbes die Bereiche der Persönlichkeits- und Intimsphäre, der Betriebs- und   **22.1** Geschäftsgeheimnisse (BVerfGE 115, 205, 230 f; BVerwG Beschl v 8.2.2011 – 20 F 14/10; BVerwG AfP 2012, 298; Buchholz 310 § 99 VwGO Nr 63 Rn 12; OVG Lüneburg NVwZ 2003, 629, 630; S/B/S/Bonk/Kallerhoff VwVfG § 30 Rn 13) sowie kriminalistische, nachrichtendienstliche oder verfassungsschutzrelevante Erkenntnisse – zB über die Gefährdungslage bzgl terroristischer Anschläge auf großtechnische Anlagen oder Massenveranstaltungen und die gegen solche Anschläge getroffenen Schutzvorkehrungen (vgl auch BVerwG NVwZ 2007, 88, 92 f; DÖV 2006, 699, 700; VGH München ZUR 2006, 427; OVG Schleswig NordÖR 2008, 531; zur Sabotagesicherheit eines KKW: VG Koblenz GewA 1975, 294). Dabei kann es auch um den Schutz von Geheimnissen gehen, die keinem der am konkreten Verfahren Beteiligten subjektiv zugewiesen sind (OVG Schleswig Beschl v 29.12.2006 – 15 P 3/06 – AU S 13).

Aus der Gleichsetzung der wesensmäßigen Geheimhaltungsbedürftigkeit mit dem Staats-   **23** wohl lässt sich folgern, dass nur private oder öffentliche **Interessen von einigem Gewicht** relevant sind (VGH München BayVBl 1978, 86, 86 f; Kopp/Schenke VwGO § 99 Rn 12). Die Schutzbedürftigkeit der Informationen muss zum Zeitpunkt des Vorlagebegehrens (noch) bestehen. Sind sie – auf welchem Weg auch immer – der Öffentlichkeit tatsächlich zugänglich geworden, bedarf es keiner Entscheidung nach § 99 Abs 2 VwGO mehr (vgl OVG Schleswig Beschl v 29.12.06 – 15 P 3/06 – AU S 6).

Der Wortlaut der beiden letzten Fallgruppen des § 99 Abs 1 S 2 VwGO („müssen")   **24** deutet darauf hin, dass bereits auf tatbestandlicher Ebene eine Abwägung erforderlich ist. Zu berücksichtigen sind insoweit jedoch die Grundsätze des BVerwG zur sog **einheitlichen Ermessensentscheidung**; danach geht ein unbestimmtes Tatbestandsmerkmal im Ermessen auf, wenn es unlösbar mit dem auf der Rechtsfolgenseite eingeräumten Entscheidungsspielraum der Behörde verklammert ist (vgl BVerwGE 39, 355, 366 ff; BVerwGE 72, 1, 3 ff). Ein solcher Zusammenhang liegt hier vor; es ist in der Praxis eher selten, dass eine Information geheimgehalten werden **muss** und zugleich offenbart werden **kann**, auch wenn es wegen der ausdrücklichen Ermessensermächtigung in § 99 Abs 1 S 2 VwGO solche Konstellationen geben kann (zum Ermessen siehe sogleich unter Rn 26 f).

25   Beim ersten und dritten Ausnahmetatbestand ist der Exekutive ein gerichtlich nur beschränkt überprüfbarer Beurteilungsspielraum einzuräumen (aA Sodan/Ziekow/Lang VwGO § 99 Rn 43); es ist nicht Sache eines Gerichts, seine Auffassung etwa über die Beurteilung nachrichtendienstlicher Erkenntnisse an die Stelle derjenigen der Behörden zu setzen.

II. Entscheidung der zuständigen Behörde

26   Sind die Voraussetzungen des Abs 1 S 2 gegeben, so liegt die Entscheidung über die Vorlage bzw Auskunft im **Ermessen** der zuständigen Behörde („**kann**"). Ihr wird dadurch die Möglichkeit eingeräumt und zugleich die Verpflichtung auferlegt, die im Widerstreit stehenden Interessen an der Offenlegung der Akten einerseits und an der Wahrung der in ihnen enthaltenen Geheimnisse andererseits nach Maßgabe des betroffenen (grundrechtlichen) Schutzbereichs sowie Verhältnismäßigkeitsgrundsatzes (dazu ausführlich BVerfGE 115, 205, 233 ff und 242 ff; BVerwGE 130, 236, 238 ff.; BVerwG NVwZ 2008, 554; OVG Münster NVwZ 2010, 1044, 1045) gegeneinander abzuwägen. Dazu gehört auch, die **Wechselbezüglichkeit** der Interessen zu beachten, wonach die Intensität des Geheimnisschutzes nicht zuletzt vom Gewicht der Offenlegungsinteressen, etwa am öffentlichen Interesse der Wahrheitsfindung, abhängt. In den Blick zu nehmen ist dabei insbes, welche Rechtsschutzwirkung die Verweigerung bzw die Offenlegung für die Prozessbeteiligten hätte (zu einseitig auf die Verweigerung bezogen BVerwG NVwZ 2008, 554; zutreffend dagegen OVG Koblenz NuR 2009, 353, 355). Dabei richtet es sich nach den Umständen des Einzelfalls, ob sich die Sperrerklärung zu jedem einzelnen Schriftstück gesondert verhalten muss oder ob eine zusammenfassende Äußerung zu umfangreicheren Aktenbestandteilen ausreicht (BVerwG NVwZ 2005, 334 f.; NVwZ 2010, 905 f.; NVwZ 2011, 880 ff.; Troidl, Akteneinsicht, Rn 1015). Zu berücksichtigen ist ferner, ob der entscheidungserhebliche Sachverhalt mit Hilfe **anderer** oder **eingeschränkter Beweismittel** aufgeklärt werden kann (vgl BVerwG NVwZ 2007, 88, 92 f; NVwZ 2004, 105, 106; NVwZ 2003, 347; NJW 1965, 214; B/F-K/K/vA/Stuhlfauth VwGO § 99 Rn 9). Insoweit sind also **differenzierende Entscheidungen** möglich (etwa Schwärzungen, nur teilweise Offenlegung, Auskunftserteilung statt Vorlage, Erörterung in der mündlichen Verhandlung unter Protokollierung der – ggf sachverständig unterlegten – Angaben der Behörde etc; vgl zur Möglichkeit der teilweisen Offenlegung BVerwG NVwZ 2010, 905, 909; zustimmend Schnabel NVwZ 2010, 881, 882). Dabei handelt es sich nicht um eine – unzulässige – gegenläufige materielle Rechtsauffassung der Exekutive, sondern um eine verfahrensrechtliche Frage, bei deren Beantwortung dem Hauptsachegericht keine Letztentscheidungskompetenz zukommt. Zwischen der **Entscheidungserheblichkeit** bestimmter **Informationen** und der **Erforderlichkeit** eines konkreten **Beweismittels** ist mithin zu **unterscheiden**.

26.1   Im Geltungsbereich des § 138 TKG sieht das BVerwG dagegen – auf der Basis einer europarechtskonformen Auslegung – **kein Ermessen** der zuständigen Regulierungsbehörde, sondern eine Pflicht, die Unterlagen auch dann dem Gericht vorzulegen, wenn darin Betriebs- oder Geschäftsgeheimnisse enthalten sein sollten (vgl BVerwGE 127, 282 ff).

27   In ihrem Ermessen ist die Behörde indessen nicht frei. Zwar besteht eine **Verpflichtung** zur Vorlageverweigerung – selbst bei einer gesetzlich angeordneten Geheimhaltungsbedürftigkeit – nach hM **nicht** (vgl BVerwG NVwZ 2010, 905, 909; NVwZ 2005, 334, 335; NJW 1965, 214, 215; Beschl v 1.8.2007, 20 F 10/06 BeckRS 2007 25990; OVG Lüneburg BeckRS 2008 34571; B/F-K/K/vA/Stuhlfauth VwGO § 99 Rn 9; Redeker/v Oertzen/ Kothe VwGO § 99 Rn 16); § 99 Abs 1 S 2 VwGO soll insoweit als **prozessrechtliche Spezialbestimmung** des Bundes allgemeinen Geheimhaltungsnormen – auch denjenigen in den landesrechtlichen Informationsfreiheitsgesetzen (BVerwG DVBl 2006, 1245; ZUR 2009, 323) – vorgehen (BVerwGE 130, 236, 243; OVG NW NVwZ 2009, 475, 476). Das erscheint jedoch sehr zweifelhaft; vielmehr dürften umgekehrt die fachgesetzlichen Regelungen leges speciales zur allgemeinen prozessualen Norm des § 99 VwGO sein (zu Recht kritisch Schoch NJW 2009, 2987, 2993 mwN). Jedenfalls hat die Behörde bei ihrer Ent-

scheidung die gesetzgeberischen Intentionen zu beachten. Dies gilt nicht nur in Bezug auf die Geheimhaltungtatbestände der jeweiligen Spezialgesetze, durch welche auch die Entscheidung nach § 99 Abs 1 S 2 VwGO faktisch – bis hin zu einer Determinierung – vorgeprägt wird (vgl BVerwGE 130, 236, 244; BVerwG DVBL 2011, 501, 503; OVG NW NVwZ 2008, 1382; NVwZ 2009, 795). Liegen Geheimhaltungsgründe nach dem materiellen Recht (etwa dem IFG oder UIG) vor, ist für eine davon abweichende Entscheidung im Rahmen des § 99 Abs 1 S 2 VwGO jedenfalls im grundsätzlichen Ergebnis kein Raum, zumal insoweit regelmäßig auch keine behördliche Ermessens- oder Abwägungsentscheidung in Rede steht (zutreffend OVG NW NVwZ 2008, 1382; NVwZ 2009, 795; Weber NVwZ 2008, 1287; aA BVerwG DVBl 2006, 1245); auch bleibt aus Sicht des Hauptsachegerichts stets zu bedenken, ob es angesichts eines zwingenden fachgesetzlichen Ablehnungsgrunds überhaupt eine Entscheidungserheblichkeit zur Vorlage aller Unterlagen gibt mit der Folge, dass dann die spezifische (Ermessens-)Ermächtigung der obersten Aufsichtsbehörde greift. Soweit dagegen keine spezialgesetzlichen Hindernisse gegeben sind, ist eine eigenständige Entscheidung gem § 99 Abs 1 S 2 VwGO erforderlich. Abgesehen davon enthält aber auch § 99 Abs 1 VwGO selbst eine für die Ermessensausübung relevante Vorgabe. Denn von der Aktenvorlagepflicht nach § 99 Abs 1 S 1 VwGO nimmt S 2 die dort genannten Fallgruppen aus. Das eingeräumte Ermessen der Behörde dient nur dem korrektiven Eingriff in Sonderfällen; die Grundaussage der Norm lautet vielmehr, dass die Vorlage bei drohendem Nachteil für Bund oder Länder sowie bei gesetzlicher bzw wesensmäßiger Geheimhaltungsbedürftigkeit regelmäßig zu verweigern ist. Gibt eine ermessensgewährende Norm – wie hier – eine Regelentscheidung vor, handelt es sich um sog **intendiertes Ermessen** (vgl BVerwG NJW 1998, 2233, 2234; NJW 1993, 744, 746; NJW 1986, 738, 739 f; W/B/S I § 31 Rn 34a); dieser Gesichtspunkt wird weder vom BVerfG in seinem Beschluss vom 14.3.2006 (BVerfGE 115, 205, 236) noch von der darin aufgehobenen Entscheidung des BVerwG (NVwZ 2004, 745) hinreichend beachtet. Die Behörde kann von dem intendierten Regelfall rechtmäßig vielmehr nur abweichen, wenn ein **besonderer Grund** gegeben ist (vgl OVG Koblenz DVBl 1977, 425, 427). Ein solcher ist keinesfalls per se im Anspruch auf effektiven gerichtlichen Rechtsschutz aus Art 19 Abs 4 GG an sich zu sehen (vgl zu den Einschränkungsmöglichkeiten BVerfG NJW 2000, 1175, 1177; BVerfGE 115, 205, 234 mit der Forderung nach „praktischer Konkordanz"); vielmehr ist die gesetzgeberische Intention, Rechtsschutzgesichtspunkte in den Fällen des Abs 1 S 2 regelmäßig dem Geheimhaltungsbedürfnis unterzuordnen, zu beachten. Insbes darf es nicht – etwa um die schwierige Position eines Antragstellers in einer Leistungs- oder Verpflichtungsklagesituation zu verbessern – zu einer Umkehr dieses Regel-/Ausnahmeverhältnisses in der Weise kommen, dass nur existenzielle Nachteile zur Geheimhaltung berechtigen (so aber Oster DÖV 2004, 916, 920; dagegen zu Recht BVerfGE 115, 205, 244 ff.). Der Interessenlage kann auf andere Weise entsprochen werden, ohne vom Wertungssystem des § 99 VwGO abweichen zu müssen (vgl unten, Rn 54 ff). Allerdings hat die Behörde ihre Ermessensentscheidung nicht nur an den Grundsätzen des jeweiligen Spezialgesetzes auszurichten, sondern vornehmlich an dem Geheimhaltungsbedürfnis der zurückgehaltenen Unterlagen im Einzelfall (insoweit im Ansatz zutreffend, wenn auch zu weitgehend BVerwG DVBl 2006, 1245, 1246; in diese Richtung auch – wenngleich als Verhältnismäßigkeitserwägung – BVerwG NVwZ 2009, 1114; BVerwGE 130, 236, 244 f.: Ergebnis der Ermessensausübung kann „rechtlich zwingend vorgezeichnet" sein; Troidl, Akteneinsicht, Rn 1020).

Die (vollständige oder teilweise) Weigerung ist zu **begründen**. Die Bewertung derjenigen **28** Umstände, die der Geheimhaltungsbedürftigkeit Vorrang einräumen, ist dabei so einleuchtend darzulegen, dass eine richterliche Überprüfung nach rechtsstaatlichen Maßgaben noch möglich ist (vgl BVerwG NVwZ 2010, 905, 906 f m Anm Schnabel NVwZ 2010, 881, 881 f; zum alten Recht mit weiterhin übertragbaren Anforderungen: BVerwGE 46, 303, 308; BVerwG NVwZ 1983, 407; NVwZ 1987, 202, 204; NVwZ 1994, 72). Die Begründungspflicht reicht naturgemäß aber nicht soweit, dass Rückschlüsse auf die geheimzuhaltenden Tatsachen möglich werden (BVerfG NJW 2000, 1175, 1179; BVerwG NJW 1990, 2761, 2765; NVwZ-RR 1997, 133). Die jeweilige Begründung ist nicht verpflichtend im Hauptsacheverfahren vorzutragen (BVerwGE 126, 365, 373). Zuständig für die Entscheidung nach Abs 1 S 2 ist die jeweilige **oberste Aufsichtsbehörde**; sie muss eine solche Entscheidung auch dann fällen, wenn sie zugleich die Ausgangsentscheidung getroffen hat (BVerwG

NVwZ 2008, 554). Dabei können die Gründe, die im Hauptsacheverfahren zur Verweigerung der Aktenvorlage geführt haben, von denjenigen abweichen, welche die Sperrerklärung rechtfertigen (BVerwGE 130, 236, 243).

28.1   Hinter dieser Regelung steht die Überlegung, die weitreichende Entscheidung über die Geheimhaltungsbedürftigkeit behördlicher Informationen einer Stelle mit umfassendem Überblick und Beurteilungsvermögen zu übertragen (vgl Sodan/Ziekow/Lang VwGO § 99 Rn 39). Dies sind immer – auch bei Selbstverwaltungsangelegenheiten – die Bundes- oder Landesministerien. Keine oberste Aufsichtsbehörde ist hingegen die Bundesregierung, da gem Art 65 S 2 GG der jeweilige Bundesminister innerhalb der vom Bundeskanzler vorgegebenen Richtlinien seinen Geschäftsbereich selbständig und in eigener Verantwortung leitet (BVerwG NJW 1965, 214, 215; B/F-K/K/vA/Stuhlfauth VwGO § 99 Rn 9; S/S/B/Rudisile VwGO § 99 Rn 29); Gleiches gilt auf Länderebene. Nach herrschender Auffassung bedarf es jedoch keiner Unterzeichnung der Erklärung durch den Leiter der Aufsichtsbehörde oder dessen Stellvertreter (BVerwG NVwZ-RR 1997, 133, 134; NJW 1965, 214, 215; Eyermann/Geiger VwGO § 99 Rn 15; aA Kopp/Schenke VwGO § 99 Rn 16; die Unterschrift des Leiters für zumindest vorzugswürdig hält Redeker/v Oertzen/Kothe VwGO § 99 Rn 16). Die Behörde hat ihre Entscheidung derart zu begründen, dass die von ihr vorgenommenen Wertungen vom Gericht im Rahmen der Kontrolle der Ermessenentscheidung nach § 99 Abs 2 VwGO nachvollzogen werden können (S/S/B/Rudisile VwGO § 99 Rn 30). Einer Glaubhaftmachung bedarf es insoweit seit der Änderung des Überprüfungsverfahrens in Abs 2 nicht mehr.

29   Hat die zuständige oberste Aufsichtsbehörde die Vorlage bzw Auskunft (ganz oder teilweise) **verweigert,** ist das **Gericht** der Hauptsache an diese Entscheidung **gebunden;** ihm steht kein Recht zur eigenständigen Überprüfung und auch kein Antragsrecht zur Eröffnung des Verfahrens nach Abs 2 zu (vgl BVerwGE 126, 365, 373; Kopp/Schenke VwGO § 99 Rn 18; Sodan/Ziekow/Lang VwGO § 99 Rn 48; S/S/B/Rudisile VwGO § 99 Rn 30, 31a). Allerdings ist die Wechselwirkung zur gerichtlichen Feststellung der Entscheidungserheblichkeit zu berücksichtigen. Denn die Ermessenausübung der Behörde nach § 99 Abs 1 S 2 VwGO wird davon mitbestimmt, inwieweit nach der maßgebenden Rechtsauffassung des Hauptsachegerichts die rechtliche Erheblichkeit des Inhalts der Behördenakte besteht; erst wenn ihr dessen Auffassung bekannt ist, kann sie die für ihre Ermessensbetätigung notwendig zu berücksichtigenden widerstreitenden und gegeneinander abzuwägenden (verfassungsrechtlichen) Rechtspositionen abschließend überblicken (vgl BVerwG NVwZ 2006, 700, 701).

30   Umstritten ist, ob die Weigerungserklärung auch noch **nachträglich** – nach Vorlage der Unterlagen – wirksam abgegeben werden kann. Das ist zu bejahen.

30.1   Zumindest in den Fällen, in denen es beim Geheimschutz um schutzwürdige Interessen Dritter geht, muss die Behörde eine fehlerhafte oder sogar unterlassene Entscheidung nach § 99 Abs 1 S 2 VwGO korrigieren bzw nachholen können (OVG Frankfurt/Oder NVwZ 2003, 884, 885; Kopp/Schenke VwGO § 99 Rn 15; Roth NVwZ 2003, 544 ff.; aA Troidl, Akteneinsicht, 1006). Eine Präklusion der Behörde in der Weise, dass sie eine einmal bzw nicht getroffene Entscheidung nicht mehr abändern könne, bedürfte als prozessualer Sonderfall einer ausdrücklichen Regelung, die indes nicht existiert. Vielmehr ist mangels entgegenstehender Regelung davon auszugehen, dass die Behörde ihre Kompetenz jederzeit (erneut) ausüben kann (Roth NVwZ 2003, 544, 545). Das Gericht muss bei einer nachträglichen Weigerung die bereits überlassenen Akten folglich an die Behörde zurückgeben. Die Gegenauffassung kann nicht überzeugen. So argumentiert sie einerseits damit, dass die Säumnis der Behörde nicht durch eine Entscheidung des Gerichts nach § 100 VwGO korrigiert werden könne (VGH München NVwZ-RR 1998, 686, 687); mit dieser zutreffenden Feststellung ist jedoch noch nichts zur Zulässigkeit einer neuen Entscheidung durch die Behörde gesagt. Andererseits wird das formale Argument angeführt, dass § 99 Abs 1 S 2 VwGO zur **Vorlage**verweigerung berechtige, nicht aber zur **Rückforderung** bereits vorgelegter Akten (S/S/B/Rudisile VwGO § 99 Rn 30; Redeker/v Oertzen/Kothe VwGO § 99 Rn 16). Mit diesem formalen Argument lässt sich jedoch die materiell-rechtliche Forderung aus Art 20 Abs 3 GG nach einer (Wieder-)Herstellung rechtmäßiger – weil die Rechte Dritter wahrender – Zustände nicht überwinden (Roth NVwZ 2003, 544, 546). Schließlich muss es der Behörde möglich sein, auch nachträglich auf geänderte Bedingungen zu reagieren; bestand beispielsweise zunächst kein Geheimhaltungsbedürfnis, etwa weil die Hauptbeteiligten Geheimnisträger sind, so kann sich diese Notwendigkeit durchaus noch später ergeben, wenn zB ein Dritter beigeladen wird (vgl Roth NVwZ 2003,

544, 547). Dafür spricht schließlich auch, dass die zuständige Aufsichtsbehörde eine erneute, anders oder vertiefend begründete Sperrerklärung abgegeben darf, wenn die bisherige Begründung nicht für ausreichend erachtet wird (vgl. Rn 44).

D. Gerichtliches Überprüfungsverfahren (Abs 2)

I. Antrag auf gerichtliche Entscheidung (Abs 2 S 1, 3)

§ 99 Abs 2 S 1 VwGO regelt die Grundstruktur des gerichtlichen Überprüfungsverfah- **31** rens. Die **Entscheidung** nach Abs 1 S 2 **unterliegt** auf Antrag der **richterlichen Kontrolle,** wenn das Hauptsachegericht die Information verbindlich angefordert hat und sich die Vorlage- bzw Auskunftsverweigerung der obersten Aufsichtsbehörde auf die Ausnahmetatbestände des § 99 Abs 1 S 2 VwGO stützt (vgl OVG Greifswald DÖV 2003, 338; Redeker/ v Oertzen/Kothe VwGO § 99 Rn 18; Kopp/Schenke VwGO § 99 Rn 18). Das Verfahren dient hingegen **nicht** der **Überprüfung der** hauptsachegerichtlichen Feststellung der **Entscheidungserheblichkeit** (OVG Saarlouis NVwZ 2003, 367, 368). Dagegen kann der Fachsenat die **verfahrensrechtliche Frage,** ob der entscheidungserhebliche Sachverhalt durch Erhebung anderer zugänglicher und geeigneter Beweismittel gerichtlich aufgeklärt werden kann, im Verfahren nach § 99 Abs 2 VwGO **nachprüfen** (BVerfGE 115, 205, 236; BVerwG NVwZ 2004, 105, 106 und 745).

Antragsbefugt sind alle Beteiligte des Hauptsacheverfahrens (vgl § 63 VwGO). Der **32** Antrag ist weder an eine Frist noch an ein Formerfordernis gebunden. Er ist gem § 99 Abs 2 S 3 VwGO beim Gericht der Hauptsache zu stellen, welches ihn samt Verfahrensakten an das für das Zwischenverfahren nach § 99 Abs 2 VwGO zuständige Gericht weiterleitet. Eine prozessuale Pflicht, einen solchen Antrag zu stellen, besteht nicht (VG München Urt v 22.5.2006 – M 7 K 05.5, Rn 71; zur Beweislast s Rn 54).

Mit der Neufassung des § 67 VwGO haben sich in der Frage des Anwaltszwangs Änderungen **32.1** ergeben. Nach der früheren Regelung unterlag der Antrag nur dann dem Anwaltszwang, wenn dieser für das Hauptsachegericht bestand – eine Vorwirkung war nicht vorgesehen. Seit der am 1.7.2008 in Kraft getretenen Neuregelung hingegen gilt gem § 67 Abs 4 S 2 nF auch schon für den Antrag vor dem Verwaltungsgericht die Pflicht zur anwaltlichen Vertretung. Eine Ausnahme besteht aus Gründen der Rechtssicherheit und des Vertrauensschutzes für solche Anträge, die noch unter Geltung der alten Rechtslage vor dem Verwaltungsgericht gestellt worden sind (vgl BVerwG Beschl v 5.2.2009 – 20 F 3.08; Paur SächsVBl 2010, 1, 4).

Während des Zwischenverfahrens steht das Hauptsacheverfahren faktisch still (vgl S/S/B/ **33** Rudisile VwGO § 99 Rn 31c; Paur SächsVBl 2010, 1, 4), es sei denn, das Hauptsachegericht verzichtet auf die Vorlage (etwa wegen erkannter Entscheidungsunerheblichkeit der zunächst verlangten Informationen) und entzieht dem Zwischenverfahren damit die Grundlage. Das bedeutet aber nicht, dass das Verfahren vom Hauptsachegericht nicht weiter gefördert werden dürfte. Im Gegenteil können diejenigen Teilbereiche eines Verfahrens, die nicht von einer in-camera-Überprüfung betroffen sind, weiter vorbereitet und zur Spruchreife geführt werden.

In **verfassungskonformer Auslegung** des § 99 Abs 2 VwGO ist das dort geregelte **34** Verfahren auch auf den **entgegengesetzten Fall** – also einer Vorlage trotz Geheimhaltungsbedürftigkeit – anzuwenden. Es muss dem an einer Geheimhaltung Interessierten die rechtswahrende Möglichkeit gewährt werden, eine für ihn negative Entscheidung der obersten Aufsichtsbehörde durch den Fachsenat überprüfen zu lassen (BVerwG NVwZ 2004, 105, 105 f; NVwZ 2006, 700; OVG Schleswig NVwZ 2006, 847).

Legt dagegen die **Ausgangsbehörde** trotz (behaupteten) Geheimhaltungsbedürfnisses **35** **vor, ohne** zuvor die **Aufsichtsbehörde** zu befassen, ist der Rechtsschutzanspruch des an der Geheimhaltung Interessierten ebenfalls gefährdet. Einer analogen Anwendung des § 99 Abs 2 VwGO steht entgegen, dass dadurch das an sich vorgesehene Verfahren umgangen und die Aufsichtsbehörde ihrer Entscheidungsbefugnis beraubt wäre; der Verfahrensverstoß der Ausgangsbehörde würde gleichsam perpetuiert. Richtigerweise ist deshalb dem Betroffenen ein **subjektives Verfahrensrecht** darauf zu gewähren, dass die oberste Aufsichtsbehörde eine Entscheidung nach § 99 Abs 1 S 2 VwGO gegenüber der zur Aktenvorlage bereiten

Behörde trifft (vgl Schenke NVwZ 2008, 938, 940; Eyermann/Geiger VwGO § 99 Rn 22a). Dieser Anspruch kann auch einstweilen gem § 123 VwGO geschützt werden (so auch OVG Münster NVwZ 2000, 449 ff).

35.1   Sind die Akten rechtswidrig bereits an das Hauptsachegericht weitergeleitet worden, hat ein betroffener Dritter gem Art 19 Abs 4 GG zunächst die rechtliche Möglichkeit, von der Verwaltung die Rückforderung der Unterlagen vom Gericht einzufordern (vgl Rn 30 und Schenke NVwZ 2008, 938, 942). Bei Offensichtlichkeit der Verletzung des Geheimnisschutzes Privater besteht zudem eine Verpflichtung des Gerichts selbst, von Amts wegen die Akten der Verwaltung zurückzugeben und eine Akteneinsicht zu versagen (vgl Kopp/Schenke VwGO § 100 Rn 3a; S/S/B/ Rudisile VwGO § 100 Rn 29; Posser § 100 VwGO Rn 11). Zur prozessualen Durchsetzung dieses Anspruchs gilt das zuvor Ausgeführte entsprechend.

II. Zuständiges Gericht, besonderer Spruchkörper (Abs 2 S 1, 2, 4)

36   Die Zuständigkeit für das Verfahren nach § 99 Abs 2 VwGO liegt gem Abs 2 S 1 grundsätzlich beim OVG. In Abs 2 S 2 sind zwei Ausnahmefälle geregelt, bei denen jeweils der Kompetenzbereich des BVerwG eröffnet wird.

36.1   So ist gem § 99 Abs 2 S 2 Hs 1 VwGO das BVerwG zuständig, wenn die Vorlage- bzw Auskunftsverweigerung (auch) mit Nachteilen für das Wohl des Bundes begründet wird; nach Hs 2 folgt die Zuständigkeit des BVerwG für das Zwischenverfahren aus der erstinstanzlichen Zuständigkeit im Hauptsacheverfahren nach § 50 VwGO.

37   Innerhalb der für das Zwischenverfahren zuständigen Gerichte wird durch Abs 2 S 4 iVm § 189 VwGO die Zuständigkeit auf spezielle Fachsenate übertragen. Diese sind ausnahmslos mit drei Berufsrichtern – Richtern auf Lebenszeit – besetzt (§ 4 S 2, 3 VwGO, § 9 Abs 3 VwGO, § 10 Abs 3 VwGO).

37.1   Durch die Einrichtung dieser speziellen Spruchkörper geht die Neufassung des § 99 Abs 2 VwGO über die Forderungen des BVerfG hinaus. Hinter der Verlagerung auf die Obergerichte bzw das oberste Bundesgericht und der dortigen Einrichtung von Spezialsenaten steht die Intention, das Hauptsachegericht an einer unbewussten Berücksichtigung des Inhalts der überprüften Informationen zu hindern (Seibert NVwZ 2002, 265, 270) und den Kreis der Geheimnisträger so gering wie möglich zu halten (Roth NVwZ 2003, 544, 548).

37.2   Die Abgabenpflicht setzt voraus, dass vom Hauptsachegericht die Entscheidungserheblichkeit positiv festgestellt worden ist. Fehlt es daran, ist ein gleichwohl gestellter Antrag gem § 99 Abs 2 VwGO unzulässig und das Hauptsachegericht weder berechtigt noch verpflichtet, den Antrag nebst Unterlagen an den Fachsenat weiterzuleiten.

III. Vorschriften des materiellen Geheimschutzes (Abs 2 S 7)

38   Gem Abs 2 S 7 unterliegt das Zwischenverfahren den Vorschriften des materiellen Geheimschutzes.

38.1   Darunter zu verstehen ist das Vorhalten – von der Entwicklung bis hin zur Anwendung – organisatorischer und technischer Maßnahmen, um die Entwendung geheimhaltungsbedürftiger Informationen zu verhindern (Ebert/Tiller LKV 2001, 255, 257). Welche Informationen als geheimhaltungsbedürftig in diesem Sinne einzustufen sind, kann in Anlehnung an § 4 Abs 1 SÜG (Gesetz über die Voraussetzungen und das Verfahren von Sicherheitsüberprüfungen des Bundes) bestimmt werden (vgl S/S/B/Rudisile VwGO § 99 Rn 39; Paur SächsVBl 2010, 1, 5); danach sind dies im öffentlichen Interesse geheimhaltungsbedürftige Tatsachen, Gegenstände oder Erkenntnisse, unabhängig von ihrer Darstellungsform. Zu den unterschiedlichen Abstufungen vgl § 4 Abs 2 SÜG.

IV. Aufforderung zur Vorlage (Abs 2 S 5, 8)

39   Gem § 99 Abs 2 S 5 VwGO fordert das für das Zwischenverfahren zuständige Gericht nach erfolgter Vorlage von Antrag und Hauptsacheakten die bislang verweigerten Akten oder Auskünfte an, sofern nicht die Verfahrensmodifikation des § 99 Abs 2 S 8 VwGO eingreift. In diesem Verfahrensstadium ist die oberste Aufsichtsbehörde zur vollständigen und uneinge-

schränkten Vorlage bzw Auskunft verpflichtet (Just LKV 2002, 201, 203). Zur Nichtbeachtung siehe unter Rn 51.

Vor der Aufforderung hat sich das Gericht darüber Klarheit zu verschaffen, ob es den Anforde- **39.1** rungen des materiellen Geheimnisschutzes (Abs 2 S 7) gerecht werden kann. Kann dies nicht gewährleistet werden, so muss es auf das modifizierte Verfahren nach S 8 zurückgreifen. Alternativ kann der Impuls zur Eröffnung der Verfahrensvariante gem S 8 auch von der obersten Aufsichtsbehörde ausgehen. Dazu hat sie geltend zu machen, dass besondere Gründe der Geheimhaltung oder des Geheimschutzes einer Übergabe der Unterlagen an das Gericht entgegenstehen (B/F-K/K/vA/ Stuhlfauth VwGO § 99 Rn 25; S/S/B/Rudisile VwGO § 99 Rn 40). Einer differenzierten Betrachtung von Geheimhaltung und Geheimschutz bedarf es insoweit nicht (vgl dazu BT-Drs 14/ 7474 S 15). Wird durch das Gericht oder die oberste Aufsichtsbehörde das Verfahren gem Abs 2 S 8 ausgelöst, so werden die Akten dem Gericht nicht vorgelegt, sondern in von der obersten Aufsichtsbehörde bestimmten Räumlichkeiten, die ihrerseits den Anforderungen des materiellen Geheimnisschutzes genügen müssen, zur Verfügung gestellt. Unabhängig davon, ob sich das Vorlageverfahren nach S 5 oder S 8 richtet, ist jeweils die Einsichtnahme durch den gesamten Spruchkörper zu gewährleisten (Redeker/Kothe NVwZ 2002, 313, 315; S/S/B/Rudisile VwGO § 99 Rn 41).

V. Ausschluss des Akteneinsichtsrechts aus § 100 VwGO (Abs 2 S 9)

Der im Zwischenverfahren nach § 99 Abs 2 VwGO vorgesehenen uneingeschränkten **40** Vorlagepflicht trägt § 99 Abs 2 S 9 VwGO durch die Besonderheit Rechnung, dass für die Beteiligten des Zwischenverfahrens das Akteneinsichtsrecht aus § 100 VwGO ausgeschlossen wird. Ansonsten liefe das mit der Einführung des in-camera-Verfahrens verfolgte Ziel ins Leere (zur ausnahmsweisen Erstreckung des „in-camera"-Verfahrens auch auf das Hauptsacheverfahren vgl BVerwGE 127, 282 ff).

VI. Am Zwischenverfahren Beteiligte

Das Zwischenverfahren ist **kontradiktorisch**; die verweigernde Behörde – je nach **41** Landesrecht auch ihr Rechtsträger – ist als Antragsgegner an ihm beteiligt. Insofern ist die Regelung des § 99 Abs 2 S 6 VwGO, die eine Beiladung der obersten Aufsichtsbehörde vorsieht, missglückt (B/F-K/K/vA/Stuhlfauth VwGO § 99 Rn 22 f; Sodan/Ziekow/Lang VwGO § 99 Rn 54; vgl dazu auch BVerfGE 115, 205, 249). Die Vorschrift soll die Beteiligung der obersten Aufsichtsbehörde am Zwischenverfahren sicherstellen und ist nicht als „Beiladung" iSd § 65 VwGO aufzufassen (vgl BVerwG NVwZ 2002, 1504, 1504 f; Eyermann/Geiger VwGO § 99 Rn 17). Beizuladen sind die Beteiligten des Hauptsacheverfahrens, die nicht schon Antragsteller oder -gegner des Zwischenverfahrens sind. Darüber hinaus müssen auch betroffene Dritte beigeladen werden, um deren Geheimhaltungsinteressen gestritten wird (notwendige Beiladung gem § 65 Abs 2 VwGO), sofern sie nicht ohnehin schon Beteiligte des Hauptsacheverfahrens sind. Die Beteiligten können auch im Zwischenverfahren Stellung nehmen. Dabei ist allerdings zu beachten, dass die eingereichten Schriftsätze ihrerseits nicht der Geheimhaltung unterliegen, sondern dem Prozessgegner vollständig und ohne Schwärzungen zugänglich gemacht werden (BVerwG NVwZ 2004, 486 f.; NJW 2010, 2295; Troidl, Akteneinsicht, Rn 1035 ff).

VII. Geheimhaltungspflicht (Abs 2 S 10, 11)

§ 99 Abs 2 S 10 Hs 1 VwGO begründet neben der beamtenrechtlichen Pflicht zur **42** Amtsverschwiegenheit und dem richterlichen Beratungsgeheimnis nach § 43 DRiG eine zusätzliche und umfassende Geheimhaltungspflicht der am Zwischenverfahren beteiligten Richter. Ergänzend wird durch Abs 2 S 10 Hs 2 bestimmt, dass auch über den Umweg der Entscheidungsbegründung geheimhaltungsbedürftige Informationen nicht offenbart werden dürfen (BVerfGE 115, 205, 247). Einer solchen Beschränkung bedarf es auch dann, wenn der Fachsenat beim OVG zu dem Ergebnis kommt, dass die Verweigerung mangels Geheimhaltungsbedürftigkeit rechtswidrig war; die Regelung des § 99 Abs 2 S 10 Hs 2 VwGO ist insoweit nicht teleologisch zu reduzieren (so aber S/S/B/Rudisile VwGO § 99 Rn 47). Denn gegen den Beschluss des Fachsenats steht das Rechtsmittel der Beschwerde zur Verfügung (vgl Rn 49); würde bereits die OVG-Entscheidung Geheimhaltungsbedürftiges offenbaren, liefe die Rechtsschutzgarantie leer (ebenso Eyermann/Geiger VwGO § 99 Rn 18a).

42.1   Durch § 99 Abs 2 S 11 VwGO wird für das mitwirkende nichtrichterliche Personal – anders als für die Richter – das Regelungsregime des personellen Geheimschutzes für anwendbar erklärt. Gemeint sind die im jeweils einschlägigen SÜG des Bundes oder der Länder vorgesehenen Überprüfungsverfahren. Erfasst wird nicht nur das Personal in den Geschäftsstellen bzw der Kanzlei des Gerichts, sondern jede am Gericht beschäftigte oder im Gericht tätige Person, die in Kontakt mit den geheimhaltungsbedürftigen Unterlagen kommen kann – etwa auch das für die Räume des Fachsenats zuständige Reinigungspersonal (vgl S/S/B/Rudisile VwGO § 99 Rn 44).

VIII. Entscheidung des Fachsenats (Abs 2 S 1)

43   Der Fachsenat des OVG trifft seine Entscheidung am Ende des Zwischenverfahrens als Beschluss ohne mündliche Verhandlung (§ 99 Abs 2 S 1 VwGO); dies gilt unausgesprochen auch für den Fachsenat beim BVerwG (BVerwGE 130, 236, 238; BVerwG NVwZ 2008, 554).

44   Die Entscheidung enthält einen (nicht vollstreckungsfähigen) **Feststellungstenor** bzgl der Rechtmäßigkeit oder Rechtswidrigkeit der Verweigerung durch die oberste Aufsichtsbehörde; entschieden wird nach höchstrichterlicher Judikatur auch über die Erforderlichkeit der konkreten Informationsbeschaffung. Insofern ist die **Prüfung zweistufig**: Es wird sowohl geprüft, ob die **Voraussetzungen** des Abs 1 S 2 – und nur diese (vgl OVG Koblenz NuR 2009, 353, 354) – vorliegen, als auch, ob **Ermessensfehler** – etwa hinsichtlich des (eingeschränkten) Umfangs der Vorlage – bestehen (vgl BVerwG NVwZ 2002, 1249; OVG Koblenz NuR 2009, 353, 354; B/F-K/K/vA/Stuhlfauth VwGO § 99 Rn 17). Maßstab ist auf der Basis der Anforderungen des Abs 1 S 2 die Frage, welche rechtsschutzverkürzende Wirkung die Verweigerung der Aktenvorlage im Prozess für die Betroffenen haben kann (BVerwG NVwZ 2008, 554, 556; OVG Koblenz NuR 2009, 353, 355) in Abwägung mit den einschlägigen öffentlichen Interessen. Die gerichtliche Feststellung der Rechtswidrigkeit der Vorlageverweigerung hindert die oberste Aufsichtsbehörde nicht, eine neue, fehlerfrei getroffene Sperrerklärung abzugeben (BVerwG DVBl 2006, 1245, 1246; ZUR 2009, 322, 323; NVwZ 2011, 880, 884; NVwZ-RR 2011, 135, 137).

45   Umstritten ist, ob und inwieweit das **Gesetz Maßstäbe** für die **Überprüfung** der Abwägungsentscheidung vorgibt. Nach der hier vertretenen Auffassung ist dies in Form eines **intendierten Ermessens** der Fall; die gerichtliche Kontrolle findet nur im Rahmen einer Ermessensprüfung (§ 114 VwGO) statt. Demgegenüber nimmt das **BVerfG** an, dass es an **gesetzlichen Maßstäben fehle und** dass die angerufenen **Fachsenate** eine **eigene Abwägungsentscheidung** zu treffen hätten (BVerfGE 115, 205, 234 und 236). Danach sei es Sache der mit der Rechtsanwendung betrauten Organe, einen Beitrag zur Konkretisierung des Abwägungsprogramms, zur Rationalisierung des Abwägungsvorgangs und zur Sicherung der Richtigkeit des Entscheidungsergebnisses zu leisten. Insbes der vom BVerwG (NVwZ 2004, 745) insoweit angewandte Maßstab, nur existenzbedrohende oder nachhaltige Nachteile als Rechtfertigungsgründe für eine Verweigerung anzunehmen, ist vom BVerfG als nicht hinreichend abgewogen verworfen worden (BVerfG BeckRS 2006 22998 Rn 103). Obgleich letzteres iE zutrifft, ist die Auffassung des BVerfG in seinen beiden tragenden Elementen nur schwer mit dem Gesetz vereinbar und auch verfassungsrechtlich keineswegs geboten (vgl Rn 27). Im Rahmen einer entsprechenden Überprüfung ist etwa zu berücksichtigen, welche „Wertigkeit" die für einen Geheimnisschutz angeführten Argumente haben. Auf Seiten des Informationsbegehrenden ist zu bedenken, welche Art Anspruch in Rede steht. Insbes bei den sog „altruistischen" Informationsansprüchen (mit ihrer prozessrechtlichen Form des Aktenvorlageanspruchs), wie sie sich etwa aus UIG und IFG ergeben und die nicht an den Nachweis eines spezifischen Interesses geknüpft sind, ist dem Geheimschutzanspruch mit gleicher Wirksamkeit Rechnung zu tragen, wie es bei behördlicher Tätigkeit der Fall ist (soweit § 99 VwGO überhaupt einschlägig ist, siehe Rn 9). Gerade weil der Informationsanspruch darauf abzielt, im Allgemeininteresse „Aktenöffentlichkeit" herzustellen, kann er nicht weiter reichen, als dies durch die Behörden selbst hergestellt werden

könnte. Andernfalls wären Privatgeheimnisse im Rahmen von Informationsansprüchen weniger geschützt als innerhalb von Verwaltungsverfahren, wo insbes die Beschränkungen gem § 30 VwVfG gelten (vgl Kopp/Ramsauer VwVfG § 30 Rn 12; S/B/S/Bonk/Kallerhoff VwVfG § 30 Rn 20). Anders kann die Entscheidung ausfallen, wenn der geltend gemachte Informationsanspruch dazu dient, den Grundrechtsschutz aus Art 2 Abs 2, 12 oder 14 GG zu effektuieren. Hier ist – folgt man nicht dem Verständnis eines intendierten Ermessens – eine wertende Entscheidung im Einzelfall zu treffen. Diese muss im Ergebnis nicht auf eine „Alles-oder-nichts"-Entscheidung hinauslaufen; vielmehr kann praktische Konkordanz auch durch einen reduzierten Umfang oder durch eine bestimmte Form der Offenlegung herbeigeführt werden.

Der Beschluss bedarf gem § 122 Abs 2 VwGO einer **Begründung**, da er über das **46** Zwischenverfahren nach § 99 Abs 2 VwGO und damit über einen ordentlichen Rechtsbehelf entscheidet sowie – wenn er durch das OVG ergeht – zudem mit einem Rechtsmittel (Abs 2 S 12) angefochten werden kann (vgl S/S/B/Rudisile VwGO § 99 Rn 46). Bei der Begründung sind jedoch die Grenzen der Geheimhaltungspflicht aus § 99 Abs 2 S 10 Hs 2 VwGO einzuhalten (vgl Rn 42). Obwohl der Beschluss ein selbständiges Zwischenverfahren abschließt, ist eine eigene Kostenentscheidung iSd § 161 Abs 1 VwGO nicht angezeigt (so nunmehr auch BVerwG NVwZ-RR 2011, 261, 263 unter Aufgabe der bisherigen Rechtsprechung), da für den Zwischenstreit nach § 99 Abs 2 VwGO weder Gerichtskosten (§ 3 Abs 2 GKG iVm Anlage 1, Nr 5112, 5114, §§ 35, 52 GKG) noch besondere anwaltliche Vergütungsansprüche (§ 19 Abs 1 S 2 Ziff 3 RVG) anfallen; daher erübrigt sich auch eine Streitwertbestimmung (aA Redeker/v Oertzen/Kothe VwGO § 99 Rn 26; B/F-K/K/vA/Stuhlfauth VwGO § 99 Rn 29).

Im Anschluss an die Entscheidung überreicht der Fachsenat die Verfahrensakten wieder an **47** das Gericht der Hauptsache – mit Ausnahme der auf ihre Geheimhaltungsbedürftigkeit geprüften Unterlagen. Diese leitet er vom Prüfungsergebnis unabhängig an die oberste Aufsichtsbehörde zurück. Ist die Vorlageverweigerung rechtskräftig als rechtswidrig eingestuft worden, hat die oberste Aufsichtsbehörde die Unterlagen eigenständig dem Gericht der Hauptsache vorzulegen (zum Verfahren ausführlich S/S/B/Rudisile VwGO § 99 Rn 48 ff). Dieses ist mit Blick auf die Geheimhaltungsbedürftigkeit an die Entscheidung des Fachsenats gebunden (S/S/B/Rudisile VwGO § 99 Rn 60; Troidl, Akteneinsicht, Rn 1055).

Grundsätzlich erstreckt sich § 99 VwGO nicht auf solche Akten bzw Informationen, um **48** deren Vorlage in der Hauptsache gerade gestritten wird (vgl oben Rn 9). Hängt allerdings der streitgegenständliche Auskunftsanspruch von der (tatbestandlichen) Frage nach der Geheimhaltungsbedürftigkeit der Informationen ab (zB §§ 8 UIG f), so kann für die konkrete Information gleichwohl das Zwischenverfahren nach § 99 Abs 2 VwGO herangezogen werden (BVerwG NVwZ 2008, 554; DVBl 2006, 1245; S/S/B/Rudisile VwGO § 99 Rn 11a). In diesem Sonderfall ist mit dem Beschluss des Fachsenats der Rechtsstreit **vorentschieden**. Insofern kommt dem Fachsenat faktisch eine über das Zwischenverfahren hinausweisende Entscheidungskompetenz zu. Das hat der Gesetzgeber mit der Versagung eines „in camera"-Verfahrens auch in der Hauptsache als unvermeidbare Folge des § 99 Abs 2 VwGO in Kauf genommen (vgl BVerwGE 130, 236, 240; BVerwG NVwZ 2008, 554; OVG NW NVwZ 2010, 1044, 1045 mwN).

IX. Rechtsmittel (Abs 2 S 12 bis 14)

Gegen den das Zwischenverfahren abschließenden Beschluss des OVG nach § 99 Abs 2 **49** S 1 VwGO steht das Rechtsmittel der **Beschwerde** zur Verfügung (§ 99 Abs 2 S 12 bis 14 VwGO). Kein Rechtsbehelf besteht hingegen in den Fällen, in denen das BVerwG gem § 99 Abs 2 S 2 VwGO erstinstanzlich für die Entscheidung im Zwischenverfahren zuständig ist. Über die Beschwerde entscheidet ausnahmslos das BVerwG (Abs 2 S 13). Für das Verfahren gelten gem Abs 2 S 14 die Regelungen des Abs 2 S 1 bis 11 entsprechend; das Beschwerdeverfahren ist demnach ebenfalls als in-camera-Verfahren zu gestalten.

Die Beschwerdeberechtigung hängt von der konkreten Konstellation ab. Das Zwischenverfahren **49.1** richtet sich regelmäßig gegen die Vorlageverweigerung der obersten Aufsichtsbehörde. Wird die behördliche Weigerung in dieser Konstellation für rechtswidrig erachtet, so ist der Rechtsträger der obersten Aufsichtsbehörde ebenso antragsbefugt wie ein Dritter mit Anspruch auf Geheimhaltung der Informationen (S/S/B/Rudisile VwGO § 99 Rn 54; Kopp/Schenke VwGO § 99 Rn 22), der aufgrund seines Geheimhaltungsinteresses ohnehin zum Zwischenverfahren notwendig beizuladen war. Bestätigt hingegen der Fachsenat die behördliche Weigerung, so ist jeder betroffene Beteiligte antragsbefugt (Kopp/Schenke VwGO § 99 Rn 22; S/S/B/Rudisile VwGO § 99 Rn 55).

49.2   Ein einstweiliger Rechtsschutz ist bei einer Entscheidung des Fachsenats, die Weigerung sei rechtswidrig, nötig, wenn

a) das Hauptsachegericht in der Sache entscheiden und eine Beweislastentscheidung zu Lasten der nicht vorlegenden Behörde treffen will sowie

b) die oberste Aufsichtsbehörde dem Beschluss des Fachsenats folgen will, der an der Geheimhaltung interessierte Dritte jedoch Beschwerde einlegt.

Der Lösungsvorschlag aus der Literatur (S/S/B/Rudisile VwGO § 99 Rn 56), es bestünde bereits faktischer Schutz, weil sich die geheimhaltungsbedürftigen Akten bei dem Beschwerdegericht befinden, kann nicht überzeugen, weil er keine umfassende Rechtswahrung gewährleisten kann. Ein Rückgriff auf § 149 Abs 1 S 2 VwGO ist problematisch, da der Beschluss des Fachsenats nicht vollziehbar ist (vgl S/S/B/Rudisile VwGO § 99 Rn 56). Einstweiliger Rechtsschutz ist deshalb über § 173 VwGO iVm § 570 Abs 3 ZPO durch das Beschwerdegericht zu gewähren; § 570 Abs 3 ZPO ist nicht auf den Schutz vor einem Vollzug beschränkt („insbes").

X. Verstöße und deren Folgen

50   Grundsätzlich obliegt dem Gericht der Hauptsache **keine** dahingehende **Prüfpflicht**, die ihm vorgelegten Unterlagen auf ihre Geheimhaltungsbedürftigkeit hin zu untersuchen. Eine diesbezügliche behördliche Fehlentscheidung hindert das Hauptsachegericht mithin nicht an der Verwertung der – trotz Geheimhaltungsbedürfnisses – übersandten Dokumente. Etwas anderes gilt nur dann, wenn sich dem Gericht die **Geheimhaltungsbedürftigkeit** unmittelbar **aufdrängt** (zB bei bedeutsamen Staatsgeheimnissen) oder es von anderen Beteiligten darauf aufmerksam gemacht wird. In diesem Fall kann das Gericht zur **Rückgabe** der Unterlagen an die Behörde **verpflichtet** und an der **Verwertung** dieser Informationen bei der Urteilsfindung **gehindert** sein (vgl S/S/B/Rudisile VwGO § 99 Rn 63, 64).

51   Legt die Behörde dem Fachsenat entgegen der Pflichten aus § 99 Abs 2 S 5, 8 VwGO nicht vor, so kann die **Vorlage** bzw **Auskunft nicht erzwungen** werden. Der Fachsenat wird die Weigerung jedoch nach den Grundsätzen der **Beweisvereitelung** zu Lasten der Behörde werten und in der Regel die Rechtswidrigkeit der Vorlage- bzw Auskunftsverweigerung feststellen (vgl Sodan/Ziekow/Lang VwGO § 99 Rn 52; S/S/B/Rudisile VwGO § 99 Rn 65).

52   Ebenfalls im Rahmen der Beweiswürdigung wirkt sich die behördliche Weigerung aus, nach Abschluss die als nicht geheimhaltungsbedürftig eingestuften Informationen dem Hauptsachegericht vorzulegen. Eine zwangsweise Durchsetzung der Pflicht ist aber auch hier nicht möglich (vgl Sodan/Ziekow/Lang VwGO § 99 Rn 56; S/S/B/Rudisile VwGO § 99 Rn 65).

E. Folgen der rechtmäßigen Vorlage-/Auskunftsverweigerung

53   Hat die oberste Aufsichtsbehörde entscheidungserhebliche Informationen rechtmäßig nach Abs 1 S 2 zurückgehalten, ist für die Entscheidungsfindung des Hauptsachegerichts zu differenzieren. Wird in der Hauptsache um die Vorlage bzw Auskunft gestritten, so ist mit der – ggf im Zwischenverfahren nach Abs 2 überprüften – rechtmäßigen Verweigerung die Entscheidung auch in der Sache vorgegeben.

54   Schwieriger gestaltet sich dagegen die Situation, wenn in der Hauptsache um einen anderen Streitgegenstand gefochten wird und die verweigerte Information für diesen Streit entscheidungserheblich ist. Hier wurden insbes vor der Änderung des § 99 Abs 2 VwGO verschiedene **Möglichkeiten** diskutiert: eine **Beweislastentscheidung**, ein **in-camera-Verfahren** vor dem **Hauptsachegericht** oder der Einsatz von **Beweismittlern** (vgl Mayen NVwZ 2003, 537 ff mwN). Die herrschende Meinung geht nach wie vor von einer Beweislastentscheidung aus; der Einsatz eines Beweismittlers oder die Durchführung eines in-camera-Verfahrens vor dem Hauptsachegericht werden dagegen abgelehnt (vgl BVerfGE 115, 205, 238 – mit in diese Richtung gehendem Sondervotum Gaier; BVerwGE 131, 171,

179; BVerwG ZUR 2012, 423, 429; NVwZ 2004, 105, 106; NVwZ 2004, 745, 745 f; Seibert NVwZ 2002, 265, 270; für das in-camera-Verfahren OVG Münster NVwZ 2000, 820, 820 f; NVwZ 2009, 475, 477; Schemmer DVBl 2011, 323, 331; Schroeter, NVwZ 2011, 457, 459 f; Schoch NJW 2009, 2987, 2993; für beides Mayen NVwZ 2003, 537 ff; zum Sonderbereich des § 138 TKG (und wohl übertragbar auf ähnliche Bereiche mit europarechtlichem Regulierungshintergrund) BVerwGE 127, 282 ff). Auf Basis des geltenden Rechts trifft das im Kern zu, doch bedarf eine Beweislastentscheidung der verfassungskonformen **Modifizierung**, um der strukturellen Unzulänglichkeit der Regelung in § 99 Abs 2 VwGO (dazu OVG NW DVBl 2009, 67; NVwZ 2009, 475, 477; HK-VerwR/Porz VwGO § 99 Rn 15; Gärditz, VwGO § 99 Rn 78; ausführlich zu der verfassungsrechtlichen Problematik auch Schoch NJW 2009, 2987, 2993) angemessen Rechnung tragen zu können. Vor Anwendung reiner Beweiswürdigungsregeln hat das Hauptsachegericht zunächst alle ihm noch verbleibenden Möglichkeiten der Sachverhaltsaufklärung vollständig auszuschöpfen (BVerwGE 126, 363, 374; 142, 159, 166); diese dürften entgegen der offenbaren Ansicht des BVerwG allerdings nicht sehr zahlreich sein, da sie regelmäßig zuvor schon bei der Frage der Entscheidungserheblichkeit des Aktenvorlagebegehrens zu prüfen waren.

Eine „einfache" Lösung über die reguläre Beweislast würde den betroffenen Verfassungsgütern **54.1** nicht gerecht. Regelmäßig obliegt die materielle Beweislast demjenigen, der ein Recht oder eine Befugnis in Anspruch nimmt; die Gegenpartei hat dagegen die Beweislast für rechtshindernde bzw -vernichtende Tatsachen (vgl BVerwG BeckRS 2008, 38054; Kopp/Schenke VwGO § 108 Rn 13 f; S/S/B/Dawin VwGO § 108 Rn 100). Im Falle einer Anfechtungssituation geht daher die Nichterweislichkeit der Voraussetzungen des hoheitlichen Handelns in der Regel zu Lasten der Behörde (BVerwG DVBl 1998, 339, 341; NJW 1983, 695, 695; Kopp/Schenke VwGO § 108 Rn 15; S/S/B/Dawin VwGO § 108 Rn 106) – und damit ggf auch zu Lasten des durch den Verwaltungsakt Begünstigten; bei Leistungs- und Verpflichtungsklagen obliegt der Nachweis der Voraussetzungen grundsätzlich dem Kläger (Kopp/Schenke VwGO § 108 Rn 14), sofern nicht ein präventives Verbot mit Erlaubnisvorbehalt betroffen ist (S/S/B/Dawin VwGO § 108 Rn 107, da es sich insoweit materiell um Eingriffsverwaltung handelt; zu letzterem sehr deutlich BVerfG NJW 2007, 2167, 2169; BVerwG BeckRS 2008, 38054). Die Beweislast ändert sich nicht dadurch, dass kein Antrag nach § 99 Abs 2 gestellt wurde, da eine entsprechende prozessuale Pflicht nicht besteht (vgl VG München Urt v 22.5.2006 – M 7 K 05.5 –, Rn 69 f). Bliebe die Lösung über die Beweislast bei diesen hergebrachten Grundsätzen stehen, so würde sie keine praktische Konkordanz zwischen den betroffenen Rechtsgütern erzielen. Denn in Ausgleich zu bringen sind hier auf der einen Seite das Geheimhaltungsinteresse aus Art 2 Abs 1 iVm Art 1 Abs 1 GG oder aus Art 12, 14 GG und auf der anderen Seite die Ansprüche auf gerichtlichen Rechtsschutz aus Art 19 Abs 4 GG sowie auf rechtliches Gehör gem Art 103 Abs 1 GG – und zwar keineswegs nur zu Gunsten eines Klägers, sondern ebenso (was oft übersehen wird) zu Gunsten eines Beigeladenen, etwa des Genehmigungsinhabers; auch er hat typischerweise ein grundrechtlich geschütztes Interesse daran, nicht wegen einer „schlichten" Beweislastentscheidung seine Genehmigung, auf deren Erteilung er womöglich einen materiell-rechtlichen Anspruch hat, zu verlieren. Hinzu treten Rechtsschutzkonstellationen, in denen es gerade der Drittschutz (eines informationsbegehrenden Klägers, aber auch nicht klagender weiterer Nachbarn) gebietet, Informationen geheim zu halten, um jenen Schutzansprüchen effektiv Rechnung tragen zu können; hier liegen die widerstreitenden Interessen sogar in der selben Person begründet. Insofern kann bereits in der entscheidungsmaßgeblichen Norm selbst der Widerspruch zwischen Regelungszweck und gerichtlicher Überprüfbarkeit angelegt sein. Bei der gebotenen Modifikation der Beweislastregeln ist zunächst hervorzuheben, dass keines der kollidierenden Rechte uneingeschränkt gewährt wird (vgl BVerfG NJW 2000, 1175, 1177). Beim Austarieren iS praktischer Konkordanz ist darüber hinaus zu bestimmen, wie groß das Ausmaß der Unaufklärbarkeit (nach Maßgabe der sonstigen Aufklärungsbemühungen des Gerichts: noch) ist; es ist ein für die richterliche Würdigung zu beachtender Unterschied, in welchem Umfang entscheidungserhebliche Informationen vorhanden sind und von welcher Qualität die zurückgehaltenen Daten sind. Schließlich ist zu beachten, dass der Gesetzgeber durch § 99 VwGO bereits eine grundsätzliche Weichenstellung zugunsten des Geheimhaltungsinteresses vorgenommen hat (vgl OVG Münster NVwZ-RR 1998, 398, 399; aA wohl BVerfGE 115, 205, 236); auf der anderen Seite soll die Verwertung geheimgehaltener Vorgänge nur unter strengen Voraussetzungen zu Lasten des Rechtsschutzsuchenden vorgenommen werden (vgl BVerwG DVBl 1996, 814, 816). Diesem gesteigerten Erfordernis wird indessen bereits durch das Anforderungsprofil des § 99 VwGO mit seinen engen Ausnahmetatbeständen, der abwägenden Ermessensentscheidung schon der Aufsichtsbehörde und deren fachsenatlichen Kontrolle nachgekommen. Dementsprechend folgern Stimmen im Schrifttum aus dem Umstand einer bestätigten Geheimhaltungsbedürftigkeit auch, dass eine Klage erfolglos bleiben muss (so etwa Eyermann/Geiger, VwGO § 99 Rn 22 aE). Dessen ungeachtet führt zumindest folgende Vorgehensweise zu einem sachgerechten Interessenausgleich. Zwei Konstellationen sind danach im Ausgangspunkt zu unterscheiden:

54.2   Ist die beklagte (oder eine andere) Behörde Träger der geheimzuhaltenden Information und zugleich der Beweislast (zB typischerweise im Rahmen einer gegen einen Verwaltungsakt gerichteten Anfechtungsklage), so stünde sie vor dem Dilemma, sich zwischen dem Verlust des Prozesses oder der geheimniswidrigen Offenbarung zu entscheiden (zu diesem „sachtypischen Beweisnotstand" der Behörde, BVerwG BeckRS 2008, 38054; BVerwGE 131, 171, 179; 142, 159, 178; BVerwG, Beschl v 16.4.1985 – Az 9/109/84 –, juris Rn 16; Beschl v 29.11.1996 – 9 B 293/96 –, juris Rn 2; OVG Münster, NVwZ-RR 1998, 398 ff.; Breunig, VwGO § 108 Rn 5); dieser wird in bestimmten Konstellationen noch dadurch verschärft, dass die zuständige Behörde zudem gegen eine (rechtmäßige) Sperrerklärung ihrer obersten Aufsichtsbehörde und die Amtswalter teilweise sogar gegen Strafrecht (§§ 353b, 95 StGB) verstoßen müssten, insoweit also in Wirklichkeit gar keine „Wahl" besteht. Der durch die Wertentscheidung in § 99 Abs 1 S 2 VwGO bezweckte Geheimschutz lässt sich in dieser Situation nur verwirklichen, wenn er nicht durch eine drohende Beweislastentscheidung unterlaufen wird; insofern hat der Gesetzgeber dem Geheimhaltungsinteresse Vorrang vor dem Anspruch auf umfassenden gerichtlichen Rechtsschutz eingeräumt. In demjenigen Sachverhaltsaspekt, der zu Recht als geheimhaltungsbedürftig eingestuft wird, ist daher ein rechtmäßiges Verhalten einer rechtsstaatlich agierenden Behörde widerleglich zu vermuten (vgl OVG Münster NVwZ-RR 1998, 398, 399; ähnlich Eyermann/Geiger VwGO § 99 Rn 18a, der allerdings im Falle eines durchgeführten Zwischenverfahrens eine positive Feststellung des Fachsenats darüber voraussetzt, dass die geheimhaltungsbedürftigen Unterlagen die streitige Tatsache belegen, sog Deckungsgleichheit). Konsequent muss für diesen Gesichtspunkt die Beweislast auf den Anfechtenden – wenngleich nach Maßgaben des sogleich unter 54.3 zu Erörternden – übergehen (vgl OVG Münster NVwZ-RR 1998, 398, 399; Mayen NVwZ 2003, 537, 543). Dies entspricht der Feststellung des BVerwG, der sich rechtmäßig auf die Geheimhaltungsbedürftigkeit stützenden Behörde dürfe daraus „kein Nachteil" entstehen (BVerwGE 131, 171, 179).

54.3   Ist der Kläger ohnehin oder nach Maßgabe des Vorstehenden beweisbelastet, steht dieser im geheimgehaltenen Bereich des Sachverhalts seinerseits in Beweisnot. Auch insofern bedürfen die allgemeinen Beweislastregeln einer Modifikation, um dem Anspruch auf effektiven Rechtsschutz — im Rahmen der praktischen Konkordanz — angemessen Rechnung zu tragen. Einen gangbaren Weg hat die Rechtsprechung mit einem stufenweisen Vorgehen entwickelt (vgl BVerwGE 78, 171, 181; bestätigt in NVwZ 2007, 88, 92 f; OVG Lüneburg NJW 1995, 2053, 2054; VGH München Urt v 2.1.2006 – 22 A 04.40016 –, Rn 91 ff). Danach obliegt die Beweislast zunächst dem Kläger, bis er konkrete Anhaltspunkte für eine Rechtsverletzung vorträgt. Insoweit ginge die Beweislast wieder auf die Behörde über; sie hätte darzulegen, dass die vom Kläger vorgebrachten Befürchtungen unzutreffend sind. Dem Kläger obläge es daraufhin darzutun, inwiefern sich wiederum gewichtige Zweifel an der behördlichen Darlegung ergeben. Dieses Vorgehen ähnelt der gestuften Reichweite der gerichtlichen Überprüfung von Prognose- und Wertungsspielräumen der Exekutive (vgl dazu BVerwG NVwZ 1999, 654, 655 f; NVwZ 1988, 536, 537 f) und ist auch insofern in der Praxis erprobt.

54.4   Dagegen hat das BVerwG einen anderen Weg beschritten (vgl BVerwGE 126, 365, 373 f; 131, 171, 179; 142, 159, 178). Es hat zunächst eine Verringerung des Beweismaßes auf eine überwiegende Wahrscheinlichkeit oder eine bloße Glaubhaftmachung abgelehnt. Zwar dürfe eine die Verweigerung der Vorlage bestätigende Entscheidung der Behörde nicht im Sinne einer Beweisvereitelung zum Nachteil gereichen, doch komme eine anders lautende gesetzliche Beweisregel ebenso wenig in Betracht. Vielmehr sei einem durch die Anwendung des § 99 Abs 2 VwGO verursachten Beweisnotstand auf der Ebene der konkreten Beweiswürdigung Rechnung zu tragen. Steht nach Abschluss des gerichtlichen Zwischenverfahrens fest, dass die Aktenvorlage nicht möglich ist, hat das Gericht der Hauptsache die ihm verbleibenden Möglichkeiten der Sachaufklärung vollständig auszuschöpfen und die ihm zugänglichen Tatsachen sämtlich in eine Sachwürdigung einzubeziehen. Führt die Sperrerklärung dazu, dass bestimmte Umstände unaufklärbar bleiben oder die Aussagekraft festgestellter Tatsachen vermindert ist, so hat das Gericht dies unter Berücksichtigung der gesetzlichen Verteilung der materiellen Beweislast angemessen zu würdigen. Die Auffassung, die Gerichte müssten alle verfügbaren Mittel der Sachaufklärung ausschöpfen, ist zwar zutreffend, aber regelmäßig nicht weiterführend, da dies mit Blick auf die Begründung der Entscheidungserheblichkeit der Aktenvorlage in aller Regel bereits im Vorfeld geschehen ist. Von vornherein nicht überzeugend ist dagegen der Folgeschluss, dass bei weiter bestehender Unaufklärbarkeit die allgemeinen Beweislastregeln greifen würden. Denn damit würde im Ergebnis gerade die Situation eintreten, die das BVerwG zunächst – zu recht – als nicht akzeptabel eingestuft hat. Vielmehr ist dann nach denjenigen Maßgaben zu entscheiden, die vorstehend herausgearbeitet wurden.

Kommt es insoweit – gerade bei mehrpoligen Rechtsschutzkonstellationen – nicht zu sachgerechten Entscheidungen im Sinne einer praktischen Konkordanz, kann eine Verfassungsbeschwerde in Betracht kommen (dazu Gärditz, VwGO, § 99 Rn 87 ff.). **54.5**

F. Kosten

Eine Kostenentscheidung ist im Verfahren nach § 99 Abs 2 VwGO nicht angezeigt (vgl BVerwG NVwZ-RR 2011, 261, 263; OVG Schleswig NordÖR 2008, 531; s auch Rn 46). **55**

§ 100 [Akteneinsicht; Abschriften]

(1) Die Beteiligten können die Gerichtsakten und die dem Gericht vorgelegten Akten einsehen.

(2) [1]Beteiligte können sich auf ihre Kosten durch die Geschäftsstelle Ausfertigungen, Auszüge, Ausdrucke und Abschriften erteilen lassen. [2]Nach dem Ermessen des Vorsitzenden kann der nach § 67 Abs. 2 Satz 1 und 2 Nr. 3 bis 6 bevollmächtigten Person die Mitnahme der Akte in die Wohnung oder Geschäftsräume, der elektronische Zugriff auf den Inhalt der Akten gestattet oder der Inhalt der Akten elektronisch übermittelt werden. [3]§ 87a Abs. 3 gilt entsprechend. [4]Bei einem elektronischen Zugriff auf den Inhalt der Akten ist sicherzustellen, dass der Zugriff nur durch die nach § 67 Abs. 2 Satz 1 und 2 Nr. 3 bis 6 bevollmächtigte Person erfolgt. [5]Für die Übermittlung von elektronischen Dokumenten ist die Gesamtheit der Dokumente mit einer qualifizierten elektronischen Signatur nach § 2 Nr. 3 des Signaturgesetzes zu versehen und gegen unbefugte Kenntnisnahme zu schützen.

(3) In die Entwürfe zu Urteilen, Beschlüssen und Verfügungen, die Arbeiten zu ihrer Vorbereitung und die Dokumente, die Abstimmungen betreffen, wird Akteneinsicht nach Absatz 1 und 2 nicht gewährt.

Das Akteneinsichtsrecht der Beteiligten aus § 100 VwGO dient dem Anspruch auf rechtliches Gehör gem Art 103 Abs 1 GG und § 108 Abs 2 VwGO, dem gerichtlichen Rechtsschutz nach Art 19 Abs 4 GG durch die Gewährleistung einer gewissen Waffengleichheit der Beteiligten sowie der effektiven Mitwirkung der Beteiligten am Verfahren iSd § 86 Abs 1 S 1 VwGO. Systematisch besteht ein enger Zusammenhang zur Vorlage- und Auskunftspflicht aus § 99 VwGO. Nach der gesetzlichen Konzeption sind dabei auftretende Konflikte zwischen dem Interesse an einer umfassenden Sachverhaltsaufklärung und Geheimschutzinteressen bereits auf der Ebene der Vorlageverpflichtung zu lösen; vorgelegte Akten unterliegen grundsätzlich der uneingeschränkten Einsichtnahme. Den streitgegenständlich unterschiedlichen Anforderungen an eine zweckdienliche Einsichtnahme hat der Gesetzgeber durch die gestuften Rechte des § 100 VwGO entsprochen. Neben dem reinen Einsichtsrecht aus § 100 Abs 1 VwGO besteht gem § 100 Abs 2 S 1 VwGO das Recht, Abschriften der Akten zu erhalten; Abs 2 S 2 eröffnet die Möglichkeit der Mitnahme bzw Übersendung der Akten, den elektronischen Zugriff oder die elektronische Übermittlung des Akteninhalts. Die Rechte des § 100 Abs 2 S 2 VwGO sind indes nur einem beschränkten Personenkreis eröffnet, der hinreichende Gewähr für den Schutz der Originalakten bietet. Bestimmte Dokumente sind gem § 100 Abs 3 VwGO von der Einsichtnahme ausgenommen.

Übersicht

A. Allgemeines
I. Entstehungsgeschichte

1 Die im Regierungsentwurf zur VwGO (BT-Drs III/55) vorgesehene Regelung wurde bereits während des Gesetzgebungsverfahrens durch den Rechtsausschuss in einigen Punkten erheblich modifiziert. So erhielt die Vorschrift schon in ihrer ursprünglichen Fassung den weiten, auf Gerichtsakten sowie dem Gericht vorgelegte Akten bezogenen Anwendungsbereich; darüber hinaus wurde die Möglichkeit der Aktenüberlassung an den bevollmächtigten Rechtsanwalt geschaffen (Abs 2 S 2). Nach dem Inkrafttreten hat die Norm hingegen nur geringfügige Veränderungen erfahren. So wurde im Rahmen des Gesetzes über die Verwendung elektronischer Kommunikationsformen in der Justiz (JKomG, BGBl I 2005, 837) Abs 2 erweitert, um die elektronische Übermittlung von Akten zu ermöglichen und näher auszugestalten. Redaktionelle Anpassungen erfolgten durch das Gesetz zur Neuregelung des Rechtsberatungsrechts (BGBl I 2007, 2840) und das Gesetz zur Neuregelung des Verbots der Vereinbarung von Erfolgshonoraren (BGBl I 2008, 1000).

II. Aufbau, systematische Stellung, Anwendungsbereich

2 In Abs 1 wird das Recht auf Akteneinsicht für die Beteiligten des gerichtlichen Verfahrens begründet. Abs 2 erweitert dieses Recht um einige Modalitäten. So wird das Recht auf Einsichtnahme allgemein um die Möglichkeiten der Abschrift (S 1) und für einen bestimmten Personenkreis um die Optionen der Mitnahme, des elektronischen Zugriffs oder der elektronischen Übermittlung (S 2) ergänzt. In den S 3, 4 und 5 des Abs 2 werden die Rahmenbedingungen für die erweiterten Rechte festgelegt. Die Ausnahmetatbestände zu den Einsichtsrechten der Abs 1 und 2 werden schließlich in Abs 3 geregelt. Die Regelung steht in engem Zusammenhang mit **§ 108 Abs 2 VwGO**, der seinerseits den Anspruch auf rechtliches Gehör gem **Art 103 Abs 1 GG** ausgestaltet (vgl BVerwG NJW 1988, 1280, 1280). Danach darf sich das Urteil nur auf Tatsachen und Beweisergebnisse stützen, zu denen sich die Beteiligten äußern konnten; dies setzt zwangsläufig voraus, dass ihnen Einsicht in die dem Gericht vorliegenden Akten gewährt wird (vgl § 108 VwGO Rn 2 f; S/S-A/P/Rudisile VwGO § 100 Rn 3; 4).

3 Eine maßgebliche Funktion der Norm ist die Gewährleistung gerichtlichen Rechtsschutzes gem **Art 19 Abs 4 GG**. Dieser Verfassungsgrundsatz wird durch § 100 VwGO umgesetzt, indem eine gerichtliche Auseinandersetzung aller Beteiligten auf Grundlage eines gleichen Kenntnisstands und insofern eine Art Waffen- bzw Chancengleichheit ermöglicht wird (BVerfG NVwZ 1998, 836, 837; VGH Kassel NVwZ-RR 2002, 784, 784; Sodan/Ziekow/Lang VwGO § 100 Rn 4).

3.1 Die Chancengleichheit wird vornehmlich durch die Offenlegung sämtlicher dem Gericht vorliegender Akten gefördert. Besonderes Gewicht kommt ferner dem in § 100 Abs 2 S 2 VwGO eingeräumten Recht zur Mitnahme bzw zur Übermittlung der Akten zu; dadurch wird die erschöpfende Erfassung und Bearbeitung eines umfangreichen Sachverhalts – unter Zuhilfenahme von Personal und technischen Hilfsmitteln – ermöglicht. Mittelbar dient § 100 VwGO insofern auch der Rechtspflege, indem eine gute und umfassende Vorbereitung des Verfahrens durch die Beteiligten bzw ihre Prozessbevollmächtigten garantiert wird.

4 Darüber hinaus soll das Einsichtsrecht auch die Mitwirkung der Beteiligten am Verfahren iSd **§ 86 Abs 1 S 1 VwGO** gewähren; die Kenntnis der vorhandenen Akten ist notwendig, um zur weiteren Aufklärung des entscheidungsrelevanten Sachverhalts beitragen zu können (vgl VGH Kassel NVwZ-RR 2002, 784, 784; OVG Magdeburg NVwZ-RR 1998, 694, 694; B/F-K/S/vA/Stuhlfauth VwGO § 100 Rn 1).

Eine untrennbare Verknüpfung besteht schließlich zwischen § 100 VwGO und § 99 **5**
VwGO. Während **§ 99 VwGO** das Gericht gegenüber jeder Behörde ermächtigt, die Vor-
lage entscheidungserheblicher Akten zu verlangen, gewährt § 100 VwGO den Verfahrens-
beteiligten das Recht, Einsicht in die dem Gericht vorliegenden Akten zu nehmen. Zu
Einzelheiten des Konflikts zwischen den divergierenden Interessen vgl § 99 VwGO
Rn 53 ff.

§ 100 VwGO gilt für sämtliche Verfahrensarten der VwGO; ausgenommen ist allerdings **6**
das in-camera-Verfahren nach § 99 Abs 2 VwGO (Eyermann/Geiger VwGO § 100 Rn 2),
auch soweit es im Ausnahmefall (des § 138 TKG) auf die Hauptsache erstreckt wird (vgl dazu
BVerwG NWVBl 2007, 428 ff).

B. Recht auf Akteneinsicht (Abs 1 und 2)

I. Gegenstand

Das Recht auf Akteneinsicht aus Abs 1 sowie die Rechte aus Abs 2 erfassen sämtliche **7**
vom Gericht geführten oder dem Gericht vorgelegten **Akten**; dabei ist unerheblich, ob die
Akten von den Prozessbeteiligten vorgelegt oder vom Gericht beigezogen worden sind
(Kopp/Schenke VwGO § 100 Rn 3; Redeker/v Oertzen/Redeker VwGO § 100 Rn 1).
Einsicht kann auch in vorgelegte Beiakten genommen werden (VGH Kassel NVwZ 1994,
398). Zu den Akten gehören auch die darin enthaltenen Augenscheinsobjekte (Gärditz
VwGO § 100 Rn 6).

Das Einsichtsrecht wird **nicht** von der – aus gerichtlicher Sicht beurteilten – **Entschei-** **8**
dungserheblichkeit der Information berührt (BVerwG BVerwGE 13, 187, 190; S/S/B/
Rudisile VwGO § 100 Rn 6).

§ 100 VwGO bezieht sich nur auf die dem Gericht vorliegenden Verfahrensakten; **nicht** **9**
erfasst sind dagegen solche Akten, um deren **Vorlage** bzw Einsichtnahme vor Gericht gerade
gestritten wird (Kopp/Schenke VwGO § 100 Rn 3). Ebenfalls nicht Gegenstand des
Einsichtsrechts sind allgemeine Informationsquellen des Gerichts wie etwa Entscheidungs-
sammlungen (Eyermann/Geiger VwGO § 100 Rn 4; B/F-K/S/vA/Stuhlfauth VwGO
§ 100 Rn 3).

Die vorlegende **Behörde** hat **keine Möglichkeit**, das **Recht aus § 100 VwGO zu** **10**
beschränken. Etwaige Bedenken gegen die Offenbarung bestimmter Akteninhalte müssen
auf der prozessual vorgelagerten Stufe durch Verweigerung der Vorlage gem § 99 Abs 1 S 2
VwGO geltend gemacht werden; einmal vorgelegte Akten können durch die Behörde nicht
der uneingeschränkten Einsichtnahme entzogen werden (OVG Münster, NJW 1963, 1797;
Redeker/v Oertzen/Redeker VwGO § 100 Rn 1; B/F-K/S/vA/Stuhlfauth VwGO § 100
Rn 5). Jedoch bleibt es der Behörde unbenommen, die Vorlageverweigerung gem § 99
Abs 1 S 2 VwGO auch nachträglich zu erklären und die Rückgabe der Akten zu bewirken
(str; vgl § 99 VwGO Rn 30). Besteht aufgrund einer solchen behördlichen Entscheidung –
bis zur Rückgabe der Akten an die Behörde – ein gerichtliches Verwertungsverbot, so fallen
die Akten nicht mehr in den Regelungsbereich des § 100 VwGO (S/S/B/Rudisile VwGO
§ 100 Rn 29).

Uneinheitlich wird die Frage beantwortet, ob das Gericht das Akteneinsichtsrecht aus **11**
Gründen des **Geheimschutzes** beschränken kann – weil die Behörde bei Vorlage der
Akten diesen Aspekt **nicht** oder nicht zutreffend bedacht hat. Die herrschende Meinung
lehnt eine solche Kompetenz des Gerichts unter Hinweis auf Wortlaut und Systematik von
§ 99 VwGO und § 100 VwGO ab (VGH München NVwZ-RR 2001, 544, 544; VGH
München NVwZ-RR 1998, 686, 687; OVG Münster NJW 1963, 1797; Sodan/Ziekow/
Lang VwGO § 100 Rn 39; Eyermann/Geiger VwGO § 100 Rn 7). Dies überzeugt jedoch
letztlich nicht. Wie zuvor ausgeführt, besteht ein Verwertungsverbot für das Hauptsachegericht, wenn die Behörde die (versehentlich) übersandten Akten wegen Geheimnisschutzes
zurückfordert. Vor dem Hintergrund des verfassungsrechtlich garantierten Folgenbeseitigungsanspruchs des in seinen Grundrechten betroffenen Geheimnisträgers kann es im
Ergebnis aber keinen Unterschied machen, ob dieser selbst beim Hauptsachegericht um
einen Rückgabe der Verwaltungsvorgänge zur Herbeiführung einer Entscheidung nach
§ 99 Abs 1 S 2 VwGO nachsucht und eine Perpetuierung seiner Grundrechtsverletzung

verhindern will (so zutreffend Kopp/Schenke VwGO § 100 Rn 3a; S/S/B/Rudisile VwGO § 100 Rn 29).

12   Kein Akteneinsichtsrecht besteht schließlich bzgl Erklärungen über die wirtschaftlichen Verhältnisse im Rahmen eines Prozesskostenhilfeantrags (S/S/B/Rudisile VwGO § 100 Rn 29; B/F-K/S/vA/Stuhlfauth VwGO § 100 Rn 2).

13   Das Gericht ist nicht verpflichtet, die Beteiligten auf die Rechte aus § 100 VwGO hinzuweisen; es hat die **Beteiligten** jedoch davon **in Kenntnis zu setzen**, wenn Akten von anderen Beteiligten oder dritten Behörden beigezogen oder vorgelegt werden (S/S/B/Rudisile VwGO § 100 Rn 9; Redeker/v Oertzen/Redeker VwGO § 100 Rn 3).

14   Einen **Anspruch auf Beiziehung** bestimmter Akten gewährt § 100 VwGO **nicht** (BVerfG BVerfGE 63, 66; BVerwG, Beschl v 11.3.2004 – 6 B 71.03; Wysk VwGO § 100 Rn 1; Gärditz VwGO § 100 Rn 4); ein solcher kann sich aber aus den allgemeinen Vorschriften (Art 19 Abs 4 GG, Art 103 Abs 1 GG, § 86 VwGO, § 108 Abs 2 VwGO) ergeben (Kopp/Schenke VwGO § 100 Rn 1).

II. Berechtigte

15   Das Recht aus § 100 VwGO steht den **Beteiligten** des gerichtlichen Verfahrens (§ 63 VwGO) zu, dh neben Kläger und Beklagtem auch dem Beigeladenen und dem Vertreter des öffentlichen Interesses, der von seiner Beteiligungsbefugnis Gebrauch macht (Eyermann/Geiger VwGO § 100 Rn 3; Sodan/Ziekow/Lang VwGO § 100 Rn 7). Ein Beteiligter verliert sein **persönliches Einsichtsrecht** nicht dadurch, dass er von einem Prozessbevollmächtigten vertreten wird (S/S/B/Rudisile VwGO § 100 Rn 10). Der Prozessbevollmächtigte kann sich bei der Akteneinsicht nur auf das Recht des von ihm Vertretenen berufen; ihm steht kein eigenes Einsichtsrecht zu (BVerwG NJW 1981, 2270). Da den Beteiligten das Einsichtsrecht auch mehrfach zusteht (zu sich unter dem Gesichtspunkt des Rechtsmissbrauchs ergebenden Grenzen siehe allerdings BVerwG, Beschl v 8.6.2011, 9 B 23/11, juris Rn 4 ff.), kann eine erneute Einsichtnahme durch einen ausgewechselten Prozessvertreter nicht abgelehnt werden (Sodan/Ziekow/Lang VwGO § 100 Rn 25).

16   **Nicht** am Prozess **beteiligten Personen** steht **kein Einsichtsrecht** zu. § 100 VwGO sieht ein solches Einsichtsrecht nicht vor und ist gleichzeitig eine abschließende Regelung, so dass ein Rückgriff über § 173 VwGO auf § 299 Abs 2 ZPO ausgeschlossen ist (str; wie hier OVG Lüneburg NJW 1963, 1798; Redeker/v Oertzen/Redeker VwGO § 100 Rn 2; Kuhla/Hüttenbrink E Rn 148; aA Kopp/Schenke VwGO § 100 Rn 2; B/F-K/S/vA/Stuhlfauth VwGO § 100 Rn 7).

III. Ausformungen des Einsichtsrechts

17   § 100 **Abs 1** VwGO gewährt ein Basisrecht zur Einsichtnahme in die Akten. Bei Bedarf sind dem Einsichtnehmenden die erforderlichen technischen Hilfsmittel zur Verfügung zu stellen, zB ein Lese- oder Vergrößerungsgerät bei Mikrofiches (Eyermann/Geiger VwGO § 100 Rn 9; Kopp/Schenke VwGO § 100 Rn 5). § 100 Abs 1 VwGO selbst gewährt – vorbehaltlich des zu Rn 10 und 11 Ausgeführten – das **Recht auf Akteneinsicht uneingeschränkt**. Nach dem BVerwG findet das Recht seine Grenze aber dort, wo sich der Antragsteller rechtsmissbräuchlich verhält (BVerwG Beschl v 8.6.2011 – 9 B 23/11). Im Übrigen sind rechtmäßige Verweigerungen lediglich aus Gründen der Gerichtsorganisation denkbar, wenn die Einsicht außerhalb der gerichtlichen Geschäftszeiten begehrt wird oder wenn die Akten gerade zur richterlichen Vorbereitung oder Beratung benötigt werden (B/F-K/S/vA/Stuhlfauth VwGO § 100 Rn 8; S/S/B/Rudisile VwGO § 100 Rn 19). Die für die Einsichtnahme entstehenden Kosten hat der Begünstigte zu tragen.

18   Das Einsichtnahmerecht genügt – insbes bei umfangreicheren Akten und schwierigeren Rechtsproblemen – den Anforderungen an die erstrebte Chancen- und Waffengleichheit nicht immer. Deshalb eröffnet Abs 2 weitergehende Rechte. Nach **Abs 2 S 1** wird den Beteiligten die Möglichkeit geschaffen, sich von der Geschäftsstelle des Gerichts Ausfertigungen, Auszüge, Ausdrucke und Abschriften erteilen zu lassen. Die dabei entstehenden Kosten obliegen dem jeweiligen Antragsteller; sie sind jedoch ggf gem § 162 VwGO erstattungsfähig (Eyermann/Geiger VwGO § 100 Rn 10; S/S/B/Rudisile VwGO § 100 Rn 23). Das Recht

aus Abs 2 S 1 besteht grundsätzlich **ohne Darlegung** eines **besonderen rechtlichen Interesses**; der Anspruch besteht jedoch nur, solange er nicht **rechtsmissbräuchlich** geltend gemacht wird (BVerwG NJW 1988, 1280, 1280; Kopp/Schenke VwGO § 100 Rn 5; B/F-K/S/vA/Stuhlfauth VwGO § 100 Rn 9). Die Grenze des Rechtsmissbrauchs ist etwa dann überschritten, wenn ohne vorherige Prüfung die Ablichtung eines umfangreichen Aktenkonvoluts begehrt wird (OVG Hamburg NVwZ-RR 1996, 304) oder wenn die Akten von so geringem Umfang sind, dass der Chancengleichheit bereits durch die Einsichtnahme Rechnung getragen wird (BVerwG NJW 1988, 1280, 1280; VGH Kassel NVwZ-RR 2002, 784, 784). Eine weitere Begrenzung findet das Recht aus Abs 2 S 1 im Persönlichkeitsschutz; bei Personalakten kann es geboten sein, von Ablichtungen abzusehen (VGH Kassel NVwZ 1994, 398; S/S/B/Rudisile VwGO § 100 Rn 21; B/F-K/S/vA/Stuhlfauth VwGO § 100 Rn 9; aA Eyermann/Geiger VwGO § 100 Rn 10).

Abs 2 S 2 gewährt einer nach § 67 Abs 1 und Abs 3 VwGO bevollmächtigten Person 19 noch weitergehende Rechte. Ein danach Berechtigter kann die Mitnahme bzw Zusendung der Akten in seine Geschäftsräume – idR in die Kanzlei – oder in seine Wohnräume beantragen. Dass die Mitnahme bzw Zusendung der Originalakten nur den nach § 67 VwGO bevollmächtigten Personen ermöglicht wird, ist in deren Stellung als Organ der Rechtspflege und der daraus resultierenden typisierten Zuverlässigkeit begründet. Anders als die Beteiligten stehen sie dafür ein, dass die Originalakten nicht vernichtet, beschädigt, verloren oder verfälscht werden (OVG Münster MDR 78, 258, 258 f). Darüber hinaus wird diesem beschränkten Personenkreis durch Abs 2 S 2 der elektronische Zugriff auf den Inhalt der Akten bzw das Recht auf elektronische Übermittlung desselben – dh per Email oder auf Datenträgern (Kopp/Schenke VwGO § 100 Rn 5) – gewährt (vgl dazu Eyermann/Geiger VwGO § 100 Rn 16, 16a). Insoweit sind jedoch die Sicherheitsanforderungen des Abs 2 S 4 und 5 zu wahren. Im Falle des elektronischen Zugriffs ist nach S 4 sicherzustellen, dass nur die nach § 67 VwGO bevollmächtigte Person auf die Daten zugreifen kann; die elektronische Übermittlung erfordert gem S 5 den Einsatz einer qualifizierten elektronischen Signatur gem § 2 Nr 3 Signaturgesetz (SigG).

Die von Abs 2 S 2 gewährten Rechte stehen im **Ermessen des Gerichts** (zur Zuständig- 20 keit vgl unten Rn 25). Zur Ablehnung des Begehrens bedarf es indes eines sachlichen Grundes (vgl BGH NJW 1961, 559, 560; S/S/B/Rudisile VwGO § 100 Rn 15). Liegt ein solcher nicht vor, insbes weil die nach § 67 VwGO bevollmächtigte Person zuverlässig ist und – im Falle der Mitnahme – die Akten vom Gericht kurzfristig entbehrt werden können, ist das Ermessen **idR auf Null reduziert** (vgl Kopp/Schenke VwGO § 100 Rn 7; Sodan/Ziekow/Lang VwGO § 100 Rn 33; ähnlich BVerfG NVwZ 1998, 836, 837; aA wohl VGH München DÖV 1982, 604; Eyermann/Geiger VwGO § 100 Rn 12, regelmäßig sei ein sachlicher Grund dadurch gegeben, dass es um nicht reproduzierbare oder wertvolle Originaldokumente gehe). Allerdings kann es im Rahmen der gem § 99 Abs 2 VwGO getroffenen Entscheidung im Sinne praktischer Konkordanz (vgl § 99 VwGO Rn 45) zu einer Einschränkung der Einsichtnahme kommen, indem etwa nur eine Inaugenscheinnahme beim Gericht selbst gewährt wird (OVG Schleswig Beschl v 29.12.06 – 15 P 3/06 – AU S 16).

Die Regelung des § 100 Abs 2 S 2 VwGO ist verfassungskonform dahingehend aus- 21 zulegen, dass die Sonderrechte auch bevollmächtigten (Kammer-)Rechtsbeiständen zustehen (BVerfG NVwZ 1998, 836, 837).

IV. Ort der Einsichtnahme

Grundsätzlich sind die Akten in der **Geschäftsstelle** des mit der Sache befassten Gerichts 22 einzusehen (Sodan/Ziekow/Lang VwGO § 100 Rn 30). Bei Vorliegen besonderer Umstände kann ein Beteiligter allerdings die Übersendung der Akten an die Geschäftsstelle eines seinem Wohnort näher gelegenen Gerichts oder an eine ortsnahe Behörde verlangen (Kopp/Schenke VwGO § 100 Rn 6; Redeker/v Oertzen/Redeker VwGO § 100 Rn 4).

Die Sonderregeln aus § 100 Abs 2 S 2 VwGO für nach § 67 Abs 1 und Abs 3 VwGO 23 bevollmächtigte Personen wirken sich auch auf den Ort der Einsicht aus. Danach können einem entsprechend Bevollmächtigten die Akten zur Mitnahme in seine **Kanzlei** oder **Wohnräume** überlassen werden bzw dorthin übersandt werden. Darüber hinaus besteht für den gleichen Personenkreis seit dem 1.4.2005 gem Abs 2 S 2 die Möglichkeit des elektronischen Zugriffs bzw der elektronischen Übermittlung des Akteninhalts.

V. Zeitlicher Geltungsbereich

24   Die Rechte aus § 100 VwGO stellen ein Instrument der Prozessführung dar und sind als solches an die zeitlichen Grenzen des gerichtlichen Verfahrens gebunden. Daher entstehen die Ansprüche aus § 100 VwGO erst mit **Erhebung der Klage** bzw des Antrags (§ 81 VwGO). **Nach** dem **rechtskräftigen Abschluss** des Verfahrens können sie **nicht** mehr geltend gemacht werden (OVG Bremen NVwZ 1984, 527; Kopp/Schenke VwGO § 100 Rn 3; Sodan/Ziekow/Lang VwGO § 100 Rn 27; vgl auch OVG Koblenz NVwZ 1984, 526).

VI. Zuständigkeit

25   Die Entscheidung über Maßnahmen nach Abs 1 sowie Abs 2 S 1, dh die Gewährung von Akteneinsicht und die Erteilung von Ausfertigungen, obliegt dem **Urkundsbeamten** der Geschäftsstelle (S/S/B/Rudisile VwGO § 100 Rn 19; Eyermann/Geiger VwGO § 100 Rn 5/10). Ob darüber hinaus von den Sonderregeln des Abs 2 S 2 Gebrauch gemacht werden kann, befindet der **Vorsitzende** nach Ermessen (zur Ermessensreduktion vgl oben Rn 20); zumindest ist seine Zustimmung zu einem solchen Vorgehen erforderlich (Kopp/Schenke VwGO § 100 Rn 8). Auch die gesetzlich nicht geregelte Versendung der Akten an ein anderes Gericht oder eine Behörde zur Einsichtnahme fällt in die Zuständigkeit des Vorsitzenden (Eyermann/Geiger VwGO § 100 Rn 16; S/S/B/Rudisile VwGO § 100 Rn 20; aA OVG Münster NVwZ-RR 1997, 764).

C. Ausnahmetatbestände

26   § 100 Abs 3 VwGO bestimmt die Akten und Dokumente, die vom Einsichtsrecht nach Abs 1 ausgenommen sind. Dies sind zunächst **Entwürfe** zu Urteilen, Beschlüssen und Verfügungen, daneben auch Arbeiten zu deren Vorbereitung sowie Dokumente, die die **richterliche Abstimmung** betreffen. Ebenfalls keinem Einsichtsrecht unterliegen die **Voten der Berichterstatter** (Eyermann/Geiger VwGO § 100 Rn 6). Hinter der Ausnahmeregelung steht der Schutz des richterlichen Beratungsgeheimnisses (Kopp/Schenke VwGO § 100 Rn 11; S/S/B/Rudisile VwGO § 100 Rn 24; B/F-K/S/vA/Stuhlfauth VwGO § 100 Rn 13). Erfasst sind alle vorbereitenden Arbeiten, nicht nur der Richter, sondern auch der wissenschaftlichen Mitarbeiter sowie der Referendare (B/F-K/S/vA/Stuhlfauth VwGO § 100 Rn 13; S/S/B/Rudisile VwGO § 100 Rn 25), selbst wenn hierbei das richterliche Beratungsgeheimnis nur mittelbar betroffen ist.

27   Der Ausnahmetatbestand des Abs 3 betrifft nur die Vorbereitung und Beratung gerichtlicher Entscheidungen, **nicht** hingegen solche des **Verwaltungsverfahrens** (Redeker/v Oertzen/Redeker VwGO § 100 Rn 1).

28   Über Abs 3 hinausgehende Ausnahmen sind mit Art 103 Abs 1 GG grds nicht zu vereinbaren (Eyermann/Geiger VwGO § 100 Rn 7); zum Meinungsstreit im Hinblick auf Geheimhaltungsinteressen vgl oben Rn 11. Eine Abweichung davon kommt nur dort in Betracht, wo eine europarechtliche Vorgabe anderes gebietet (vgl dazu BVerwG NWVBl 2007, 428 ff).

D. Fehlerfolgen und Rechtsschutz

29   Wird die Einsicht in solche Akten, die für die Entscheidung des Gerichts von Bedeutung waren, nach § 100 Abs 1 VwGO zu Unrecht verweigert, so ist regelmäßig der Anspruch auf rechtliches Gehör aus Art 103 Abs 1 GG bzw § 108 Abs 2 VwGO verletzt (VGH Mannheim NVwZ-RR 1998, 687, 687; Kopp/Schenke VwGO § 100 Rn 10). Gleiches gilt für eine rechtswidrige Verweigerung der Rechte aus Abs 2 VwGO (BVerwG NJW 1988, 1280, 1280; Kopp/Schenke VwGO § 100 Rn 10). Die Verweigerung kann auch konkludent erfolgen, indem beispielsweise ohne Bescheidung des Antrags auf Akteneinsicht in der Sache

entschieden wird (Sodan/Ziekow/Lang VwGO § 100 Rn 40; Redeker/v Oertzen/Redeker VwGO § 100 Rn 2; zu § 147 StPO vgl BVerfG NJW 1965, 1171, 1172).

Die Rechtsprechung betont aber zugleich, dass die Umstände des Einzelfalls maßgeblich **30** sind. Ausnahmsweise liegt etwa trotz Verstoßes gegen ein Recht aus § 100 VwGO **keine Verletzung** des rechtlichen Gehörs vor, wenn der Betroffene sich **bereits Kenntnis** vom Inhalt der Akten verschaffen konnte und der geringe Umfang keine weitergehenden Ansprüche aus Abs 2 erforderlich erscheinen lässt (BVerwG NJW 1988, 1280, 1280; S/S/B/ Rudisile VwGO § 100 Rn 34; vgl auch OVG Hamburg, NVwZ-RR 2001, 408, 408; VGH Mannheim NVwZ-RR 1998, 687, 688).

Der Gehörverstoß kann als **wesentlicher Verfahrensmangel im Rahmen** der **gegen 31 die Hauptsacheentscheidung** gerichteten allgemeinen **Rechtsmittel** der Berufung oder der Revision gerügt werden; er stellt dabei regelmäßig einen Zulassungsgrund iSd § 124 Abs 2 Nr 5 VwGO oder § 132 Abs 2 Nr 3 VwGO iVm § 138 Nr 3 VwGO dar (vgl OVG Koblenz NVwZ-RR 2002, 612; OVG Magdeburg NVwZ-RR 1998, 694, 694). Dabei wird – unabhängig von § 138 Nr 3 VwGO – vom Rügenden keine Darlegung dessen verlangt, was er bei Gewährung des Einsichtsrechts vorgetragen hätte und inwieweit sich dieser Vortrag auf die Hauptsacheentscheidung ausgewirkt hätte; ohne gewährte Akteneinsicht ist ihm beides unmöglich (VGH Mannheim, NVwZ-RR 1998, 687, 688; Eyermann/Geiger VwGO § 100 Rn 17; Redeker/v Oertzen/Redeker VwGO § 100 Rn 2).

Will sich ein Beteiligter gegen eine Entscheidung des Vorsitzenden gem Abs 2 S 2 **32** wehren, kann er Rechtsschutz ausschließlich im Rahmen eines Rechtsmittels gegen die Hauptsacheentscheidung erreichen. Denn bei der Entscheidung des **Vorsitzenden** nach Abs 2 S 2 handelt es sich um eine **prozessleitende Verfügung**, die gem **§ 146 Abs 2 VwGO nicht isoliert** mit einer **Beschwerde** angefochten werden kann (hM OVG Koblenz NVwZ-RR 2002, 612; VGH München NVwZ-RR 2001, 544, 544; NVwZ-RR 1998, 686, 687; OVG Münster NJW 1988, 221; B/F-K/S/vA/Stuhlfauth VwGO § 100 Rn 11). Die Entscheidung des Vorsitzenden kann dabei jedoch nur auf Ermessensfehler – insb ob ein sachlicher Versagungsgrund vorliegt – geprüft werden (Eyermann/Geiger VwGO § 100 Rn 17).

Wird hingegen die Entscheidung des **Urkundsbeamten** über eine Maßnahme nach **33** Abs 1 oder Abs 2 S 1 gerügt, so kann ein Mangel auch isoliert und während des laufenden Verfahrens – dh vor der Hauptsacheentscheidung – im Wege der **Erinnerung** nach **§ 151 VwGO** geltend gemacht werden (Kopp/Schenke VwGO § 100 Rn 9; S/S/B/Rudisile VwGO § 100 Rn 31). Gleiches gilt, wenn der Urkundsbeamte unter Verstoß gegen die Zuständigkeitsverteilung des § 100 VwGO über ein Recht aus Abs 2 S 2 entschieden hat (VGH München NVwZ-RR 1998, 686, 687; Sodan/Ziekow/Lang VwGO § 100 Rn 50).

Umstritten ist die anschließende Frage, ob die auf die Erinnerung nach § 151 VwGO hin **34** ergehende Entscheidung des Gerichts als prozessleitende Verfügung iSd § 146 Abs 2 VwGO einzuordnen ist und damit nicht isoliert angefochten werden kann. Gegen eine erneute isolierte Überprüfung dieser gerichtlichen Entscheidung spricht, dass der Rechtsschutz sich auf das Hauptverfahren konzentrieren sollte. Zudem läge unzweifelhaft eine prozessleitende Verfügung des Gerichts vor, wenn das Gericht die im Rahmen der Erinnerung überprüfte Entscheidung des Urkundsbeamten selbst getroffen hätte; vor diesem Hintergrund wäre eine unterschiedliche Handhabung sinnwidrig (Kopp/Schenke VwGO § 100 Rn 9; Eyermann/ Geier VwGO § 100 Rn 17; aA S/S/B/Rudisile VwGO § 100 Rn 32; Sodan/Ziekow/Lang VwGO § 100 Rn 45 ff; Redeker/v Oertzen/Redeker VwGO § 100 Rn 7).

§ 101 [Grundsatz der mündlichen Verhandlung]

(1) Das Gericht entscheidet, soweit nichts anderes bestimmt ist, auf Grund mündlicher Verhandlung.

(2) Mit Einverständnis der Beteiligten kann das Gericht ohne mündliche Verhandlung entscheiden.

(3) Entscheidungen des Gerichts, die nicht Urteile sind, können ohne mündliche Verhandlung ergehen, soweit nichts anderes bestimmt ist.

Die VwGO geht vom Mündlichkeitsgrundsatz aus und schreibt daher in § 101 Abs 1 VwGO vor, dass Entscheidungen regelmäßig aufgrund mündlicher Verhandlung ergehen. Entbehrlich ist eine mündliche Verhandlung im Einverständnis der Beteiligten (Abs 2) oder in Beschlussverfahren, es sei denn es ist gesetzlich etwas anderes bestimmt (Abs 3), sowie im Falle der Entscheidung durch Gerichtsbescheid (§ 84 Abs 1 S 1 VwGO) und in Parallelverfahren zu einem Musterverfahren (§ 93a Abs 2 VwGO).

Die mündliche Verhandlung spielt im Verwaltungsrechtsstreit regelmäßig eine bedeutsamere Rolle als im Zivilprozess, da sie sich nicht in der Bezugnahme auf die gewechselten Schriftsätze erschöpft, sondern bereits der Sachvortrag des Berichterstatters Anlass zur Erörterung der Sach- und Rechtslage durch die Beteiligten gibt.

Übersicht

A. Mündlichkeitsgrundsatz (Abs 1)

I. Systematischer Zusammenhang

1   Der Mündlichkeitsgrundsatz ist **kein Verfassungsgrundsatz**: Weder das Grundrecht auf effektiven Rechtsschutz aus Art 19 Abs 4 GG noch der Grundsatz des rechtlichen Gehörs in Art 103 Abs 1 GG verlangen die Durchführung einer mündlichen Verhandlung. Das Prinzip der Mündlichkeit der Verhandlung ist daher nur eine einfach-rechtliche Prozessrechtsmaxime. Es ist Sache des Gesetzgebers, den Rechtsweg näher auszugestalten und insbes zu bestimmen, inwieweit er in einem bestimmten Verfahren einen Anspruch auf mündliche Verhandlung einräumen will (BVerfGE 15, 303, 307; 11, 232, 234; 21, 73, 77; 60, 175, 210 f; BVerwGE 57, 272, 273 f). Von Verfassungs wegen unbedenklich ist daher sowohl die Regelung des § 101 Abs 2 VwGO, nach der das Gericht mit Einverständnis der Beteiligten ohne mündliche Verhandlung entscheiden kann, als auch die des § 101 Abs 3 VwGO, wonach Entscheidungen des Gerichts, die nicht Urteile sind, grundsätzlich ohne mündliche Verhandlung ergehen können.

2   Im Grundsatz der Mündlichkeit ist zugleich der Grundsatz der Unmittelbarkeit enthalten, dh das Gericht soll in der Regel aus eigener unmittelbarer Anschauung entscheiden. Dem Gericht ist es danach verboten, seine Überzeugung allein und ausschließlich aus mittelbaren Erkenntnismöglichkeiten zu gewinnen, obwohl unmittelbare von einem Beteiligten benannt werden oder sich dem Gericht aufdrängen (BVerwG NJW 1992, 1186).

3   Daneben weist der Mündlichkeitsgrundsatz einen Zusammenhang mit dem Grundsatz der Öffentlichkeit des Verfahrens gem § 55 VwGO iVm §§ 169, 171a bis 198 GVG und Art 6 Abs 1 EMRK auf.

II. Fehlerfolgen

4   Auch wenn der Grundsatz der Mündlichkeit nur nach Maßgabe des einfachen Prozessrechts gilt, verletzt eine Entscheidung ohne mündliche Verhandlung das Recht der Beteiligten auf **rechtliches Gehör aus** Art 103 Abs 1 GG, wenn die Entscheidung unter Verstoß gegen § 101 VwGO zustande gekommen ist (OVG Greifswald Beschl v 16.6.2010 – 2 L 175/09). Zwar ergibt sich aus Art 103 Abs 1 GG allein kein Anspruch auf mündliche Verhandlung (BVerwGE 22, 271, 272 f; BayVBl 1993, 412, 413; NJW 1995, 2303, 2308; NVwZ-RR 1998, 525). Rechtliches Gehör ist jedoch in der gesetzlich vorgeschriebenen

Form zu gewähren; anderenfalls leidet die Entscheidung an einem Verfahrensmangel iSd §§ 132 Abs 2 Nr 3, 138 Nr 3 VwGO. Dabei ist es für die Annahme einer Verletzung des Anspruchs auf rechtliches Gehör unerheblich, ob jemanden und ggf wen innerhalb des Gerichts ein Verschulden trifft, ob den oder die zur Entscheidung berufenen Richter oder einen sonstigen Bediensteten; das Gericht ist insgesamt dafür verantwortlich, dass dem Gebot des rechtlichen Gehörs Rechnung getragen wird (BVerwG NVwZ-RR 2004, 77). Allerdings sind die Verfahrensbeteiligten gehalten, die zur Verfügung stehenden prozessualen Möglichkeiten zur Verwirklichung des Anspruchs auf rechtliches Gehör, der hier durch den Gesetzgeber im Recht auf Durchführung einer mündlichen Verhandlung konkretisiert ist, wahrzunehmen, wenn sie nicht ihr Recht, eine Verletzung dieses Anspruchs rügen zu können, verlieren sollen (BVerwG Beschl v 8.11.2005 – 10 B 45/05, BeckRS 2005 31397). Nach § 173 S 1 VwGO iVm § 295 ZPO kann in der Berufungsinstanz, und damit auch im Berufungszulassungsverfahren, die Verletzung einer das Verfahren des ersten Rechtszuges betreffenden Vorschrift wie § 101 Abs 1 und 2 VwGO nicht mehr gerügt werden, wenn der Beteiligte sein Rügerecht bereits im ersten Rechtszug nach diesen Vorschriften verloren hat. Ein solcher Rügeverlust kommt bspw dann in Betracht, wenn es sich dem Kläger auch ohne juristische Vorbildung hätte aufdrängen müssen, gegenüber dem Verwaltungsgericht in der mündlichen Verhandlung ausdrücklich zu beanstanden, dass er ein amtsärztliches Gutachten noch immer nicht habe persönlich zur Kenntnis nehmen können, wenn sie sich dadurch bei ihrer Rechtsverfolgung beeinträchtigt sah (OVG Lüneburg Beschl v 27.2.2009 – 5 LA 126/06, BeckRS 2009, 32032).

Der Anspruch auf rechtliches Gehör, der in dem Zustimmungserfordernis nach Abs 2 **5** zum Ausdruck kommt, steht jedem **Verfahrensbeteiligten** für sich zu; seine Verletzung trifft nur diesen selbst, ohne die Rechtsposition eines Dritten zu schmälern. Kein rügefähiger Verfahrensfehler liegt daher im unterbliebenen Einverständnis eines anderen Beteiligten, etwa des Beigeladenen, zur Entscheidung ohne weitere mündliche Verhandlung (BVerwG Buchholz 310 § 101 VwGO Nr 29).

III. Anwendungsbereich

§ 101 VwGO stellt eine eigenständige Regelung über die Zulässigkeit einer Entscheidung **6** ohne mündliche Verhandlung dar und ist deshalb im Verwaltungsstreitverfahren grundsätzlich abschließend. Ob daneben ausnahmsweise § 128 ZPO nach Maßgabe des § 173 VwGO ergänzend anwendbar ist, ist für jeden Teil der Vorschrift gesondert zu prüfen (abl für § 128 Abs 2 S 3 ZPO, BVerwG NJW 1980, 1482; s iE Rn 10). § 101 VwGO gilt auch für das Berufungsverfahren (BVerwGE 91, 242) und das Revisionsverfahren. Bei der Ausübung des Ermessens gem § 130a S 1 VwGO für ein vereinfachtes Berufungsverfahren ist zu berücksichtigen, dass nach § 101 Abs 1 VwGO die mündliche Verhandlung die Regel und das Absehen davon die Ausnahme bildet. Dem liegt die Vorstellung des Gesetzgebers zugrunde, dass das in der mündlichen Verhandlung stattfindende Rechtsgespräch als ein diskursiver Prozess zwischen dem Gericht und den Beteiligten die Ergebnisrichtigkeit des Urteils gerade in tatsächlich und rechtlich schwierigen Fällen typischerweise fördert. Eine Entscheidung im vereinfachten Berufungsverfahren durch Beschluss ohne mündliche Verhandlung scheidet daher aus, wenn die Rechtssache in rechtlicher und tatsächlicher Hinsicht außergewöhnlich große Schwierigkeiten aufweist (BVerwG DVBl 2009, 1529).

B. Verzicht auf mündliche Verhandlung (Abs 2)

I. Wirksamkeit der Einverständniserklärung

Eine bestimmte **Form** der **Verzichtserklärung** ist nicht vorgeschrieben. Sie kann daher **7** schriftlich, zur Niederschrift des Urkundsbeamten der Geschäftsstelle, zu Protokoll des Gerichts und auch (fern-)mündlich erklärt werden, letzteres allerdings nur, wenn die Identität des Anrufers einwandfrei feststeht, der Inhalt der Erklärung vom Urkundsbeamten wortgetreu niedergeschrieben, dem Anrufer vorgelesen und von ihm genehmigt wird, ferner auch sonst in keiner Weise streitig ist. Deshalb muss aus Gründen der Rechtssicherheit regelmäßig die Schriftform iSv § 81 Abs 1 VwGO gewählt werden (BVerwG Buchholz 401.8 Verwaltungsgebühren Nr 12; BVerwGE 62, 6 ff; NJW 1983, 189; NVwZ 1984, 645;

zu elektronischen Dokumenten § 55a VwGO). Denn der Verzicht auf mündliche Verhandlung muss eindeutig und vorbehaltlos erfolgen; es bedarf der Sicherheit, dass er tatsächlich von dem Beteiligten selbst abgegeben worden ist. Überdies ist der praktische Vorteil, auf eine telefonische Verzichtserklärung hin entscheiden zu können, im Ergebnis von geringem Wert. Dem durchaus geringfügigen Beschleunigungseffekt steht die Inkaufnahme beträchtlicher Rechtsunsicherheit gegenüber, weil bei jedweden Meinungsverschiedenheiten oder Zweifeln am Inhalt der Erklärung ein wirksamer Verzicht nicht vorliegt. Schließlich sprechen auch Inhalt und Tragweite der Erklärung dafür, sie als wesentliche Prozesshandlung zu begreifen. Mit dem Verzicht auf mündliche Verhandlung begibt sich ein Beteiligter unwiderruflich eines elementaren prozessualen Rechts, durch das die Gewährung rechtlichen Gehörs umfassend sichergestellt werden soll (SächsOVG SächsVBl 2008, 122). Auch ein anwaltlich nicht vertretener Kläger kann die Erklärung rechtswirksam abgeben, da diese nicht gem § 67 Abs 1 VwGO dem Anwaltszwang unterliegt (BVerwG DVBl 1961, 518).

8   Als **Prozesshandlung** muss die Erklärung eindeutig, klar und vorbehaltlos sein (BVerwGE 6, 18; NJW 1983, 189). Die Erklärung, mit der Entscheidung ohne mündliche Verhandlung im Rahmen eines Gerichtsbescheides einverstanden zu sein, ist kein wirksames Einverständnis zu einer Entscheidung ohne mündliche Verhandlung (BVerwG Beschl v 8.11.2005, 10 B 45/05, BeckRS 2005, 31397). Erforderlich ist demgemäß eine ausdrückliche Erklärung; Stillschweigen auf eine entsprechende Anfrage des Gerichts genügt nicht. Unzulässig ist deshalb auch, ohne ausdrückliches Einvernehmen der Beteiligten faktisch ein schriftliches Verfahren dergestalt durchzuführen, dass das Gericht gem § 173 S 1 VwGO iVm § 283 ZPO, einem Beteiligten erlaubt, sein Vorbringen in der mündlichen Verhandlung durch weitere Ausführungen mit einem Schriftsatz zu ergänzen, und anschließend entsprechend auch den anderen Beteiligten ermöglicht, ihrerseits dazu mit Schriftsätzen Stellung zu nehmen. Erklärt ein Beteiligter sein „Einverständnis mit einer Entscheidung ohne mündliche Verhandlung durch Gerichtsbescheid", so stellt diese Erklärung kein Einverständnis iS des § 101 Abs 2 VwGO dar, die das Gericht zu einer Entscheidung durch Urteil im schriftlichen Verfahren berechtigte. Denn bei einer Entscheidung durch Gerichtsbescheid können die Beteiligten nach § 84 Abs 2 Nr 2 VwGO (alternativ) auch mündliche Verhandlung beantragen und nicht nur Zulassung der Berufung, wie dies bei einer Entscheidung im schriftlichen Verfahren nach § 101 Abs 2 VwGO allein in Betracht kommt (VGH Mannheim VBlBW 2006, 360 f).

9   Die Verzichtserklärung ist **bedingungsfeindlich**. Sie kann allerdings für den Fall abgegeben werden, dass ein geschlossener Vergleich widerrufen wird. Zulässig ist schließlich auch das Einverständnis unter einer unechten, dh sich schon aus dem Gesetz ergebenden „Bedingung", etwa derart, dass eine weitere Beweisaufnahme nicht mehr erforderlich ist.

10   Der Verzicht ist **unanfechtbar** und **unwiderruflich** (BVerwG Buchholz 232 § 159 BBG Nr 6; NVwZ-RR 1997, 259 BFH, NVwZ-RR 1997, 260). Die Unwiderruflichkeit unterliegt allerdings zwei Einschränkungen: Zum einen gilt sie erst ab Eingang der letzten Verzichtserklärung der Beteiligten (str, so aber BVerwG DÖV 1956, 411). Verweigert ein Beteiligter seine Zustimmung, so sind auch die übrigen Beteiligten nicht mehr an ihre Erklärungen gebunden. Zum anderen soll der Verzicht bei einer wesentlichen Änderung der Prozesslage, die nicht unmittelbar Folge einer Entscheidung des Gerichts ist, entsprechend § 128 Abs 2 S 1 ZPO widerrufen werden können (str, abl noch BVerwG NJW 1980, 1482; offen gelassen von BVerwG NVwZ 1996, Beil 4, 26; NVwZ-RR 1997, 259). Denn auch das BVerwG ist stets davon ausgegangen, dass der Verzicht auf mündliche Verhandlung nach Abs 2 VwGO sich seinem Inhalt nach lediglich auf die nächste Entscheidung des Gerichts bezieht und – wenn diese kein abschließendes Urteil ist – dadurch verbraucht wird. Das Gericht muss den Beteiligten ggf für einen eventuellen Widerruf ausreichend Zeit lassen und sie uU gem § 86 Abs 3 VwGO zu einer Stellungnahme auffordern. Nicht anwendbar im Verwaltungsprozess ist die Frist von drei Monaten aus § 128 Abs 2 S 3 ZPO, da § 101 Abs 2 VwGO insoweit eine abschließende Regelung trifft, der im zeitliche Bindung des Gerichts nach Verzicht auf (weitere) mündliche Verhandlung fremd ist (BVerwG NJW 1980, 1482; Buchholz 310 § 101 VwGO Nr 9 und 20; Buchholz 310 § 116 VwGO Nr 27). Ebenso wenig ist im weiteren Verfahrensgang die Fünf-Monats-Frist zu beachten, die im Rahmen des § 116 Abs 2 VwGO und des § 117 Abs 4 VwGO eine Rolle spielt (BVerwG NVwZ-RR 2003, 460).

II. Voraussetzungen im Übrigen

Die Verzichtserklärungen müssen **bei Erlass** des Urteils vorliegen; ein nachträglicher, dh 11 nach einer ohne vorgeschriebene mündliche Verhandlung getroffenen Entscheidung, erklärter Verzicht heilt den Mangel nicht. Ein nachträgliches Einverständnis oder Unterlassen einer rechtzeitigen Rüge kann den Verfahrensfehler allerdings im Falle einer etwaig noch stattfindenden weiteren mündlichen Verhandlung heilen, soweit noch kein (End-)Urteil ergangen ist (BVerwG MDR 1978, 600).

Das Einverständnis mit einer Entscheidung ohne mündliche Verhandlung muss von **allen** 12 **Beteiligten** iSd § 63 VwGO erklärt werden, also auch von einem Beigeladenen. Im Falle des Todes eines Beteiligten nach Abgabe der Erklärung, aber vor der Entscheidung des Gerichts muss sich der Rechtsnachfolger neu erklären. Entschiede das Gericht vorher, so wäre der Beteiligte iSd § 138 Nr 4 VwGO im Verfahren nicht nach der Vorschrift des Gesetzes vertreten (BSG DVBl 1991, 1316). Ein Einverständnis ist nicht deshalb entbehrlich, weil der Beteiligte sich mit einer Entscheidung durch den Vorsitzenden oder den Berichterstatter gem § 87a Abs 2 und 3 VwGO einverstanden erklärt hat; vielmehr gilt auch dann das Erfordernis der mündlichen Verhandlung (BVerwG NVwZ-RR 1998, 525).

Die jeweilige Einverständniserklärung muss den anderen Beteiligten nicht **bekannt** gegeben werden (BVerwG Buchholz 310 § 108 VwGO Nr 233). Das Verwaltungsprozessrecht 13 schreibt dem erkennenden Gericht nach Eingang der Verzichtserklärung keinen Hinweis gegenüber den Verfahrensbeteiligten dazu vor, ob von der durch das Einverständnis eröffneten Möglichkeit, ohne mündliche Verhandlung zu entscheiden, Gebrauch gemacht wird, wie lange noch Schriftsätze eingereicht werden können und wann eine Entscheidung ergehen soll (BVerwG Buchholz 310 § 101 VwGO Nr 20).

III. Umfang und Grenzen

Das vor der Übertragung des Rechtsstreits auf den Einzelrichter erklärte Einverständnis 14 mit einer Entscheidung ohne mündliche Verhandlung bezieht sich, wenn nicht ausdrücklich anderes gesagt ist, nur auf eine Entscheidung durch Kammer oder Senat, eine Entscheidung des Einzelrichters ohne mündliche Verhandlung ist hiervon nicht gedeckt (BFH NVwZ-RR 1997, 260). Falls nach einer Verzichtserklärung gemäß § 101 Abs 2 VwGO ein neuer Beweisantrag gestellt wird, gebietet es der Anspruch auf Gewährung rechtlichen Gehörs, ihn entsprechend einem in der mündlichen Verhandlung gestellten Beweisantrag zu behandeln und vor der Sachentscheidung zu bescheiden, es sei denn, der Beweisantrag war bereits vor dem Verzicht auf mündliche Verhandlung oder gleichzeitig mit diesem gestellt worden oder es handelt sich um einen Beweisantrag in einem nachgelassenen Schriftsatz (BVerwG Beschl v 6.9.2011 – 9 B 48/11 ua – mwN).

In der Einverständniserklärung liegt zugleich der Verzicht auf die Verkündung der Entscheidung; aus § 116 Abs 3 VwGO ergibt sich nämlich, dass bei einer Entscheidung ohne mündliche Verhandlung die Verkündung der Entscheidung stets durch Zustellung an die Beteiligten ersetzt wird (BVerwG Buchholz 310 § 101 VwGO Nr 20). Eine anwaltlich vertretene Partei, die nach Anberaumung einer mündlichen Verhandlung erklärt, von ihrer Seite werde zu dem Termin niemand erscheinen, falls dieser trotz ihres Verzichts auf mündliche Verhandlung stattfinden sollte, kann später nicht mit Erfolg eine Gehörsrüge mit der Begründung erheben, ein Rechtsgespräch hätte ihr Gelegenheit gegeben, ihren Vortrag zu ergänzen (BVerwG NVwZ-RR 2003, 774).

Der Verzicht auf mündliche Verhandlung ist **inhaltlich begrenzt**, indem er sich – nur – 15 auf die nächste Sachentscheidung des Gerichts bezieht (BVerwGE 14, 17, 18; BVerwGE 22, 271, 272; NVwZ 1984, 646). Folglich wird er hierdurch – dann wenn sie kein abschließendes Urteil ist – auch verbraucht (BVerwG NVwZ 1996, Beil 4, 26 mwN; BVerwG Beschl v 1.3.2006 – 7 B 90/05). Aufgerufen sind damit die eine Endentscheidung weiter vorbereitenden Entscheidungen, die unter Umständen neue Gesichtspunkte für diese bringen, insbes Teil- oder Zwischenurteile, Beweisbeschlüsse (OVG Münster DVBl 1999, 480), die Ablehnung eines Beweisantrags (BVerwG NJW 1995, 2308), Auflagenbeschlüsse, zB wenn das Gericht einen Beteiligten auffordert, zu einer (möglicherweise) für die Entscheidung in der Sache erheblichen Frage Stellung zu nehmen, oder die Beiziehung von Akten zu Beweiszwecken (BVerwG NJW 1969, 252; VRspr 23, 125; NVwZ 1996, Beil 4, 26), die Einführung neuer Beweismittel nach Abgabe einer Verzichtserklärung (OVG Münster DVBl 1999, 480). Eine solche, den Verzicht auf mündliche Verhandlung „verbrauchende" Zwischenentscheidung stellt auch die Entscheidung des Gerichts dar, die Klageerweiterung als sachdienlich zuzulassen (§ 91 Abs 1 VwGO), auch wenn diese Entscheidung nicht selbständig, sondern im Rahmen der Urteilsbegründung ergangen ist. Der Grundsatz des rechtlichen Gehörs hätte deshalb verlangt, entweder die mündliche Verhandlung wieder zu eröffnen oder das Einverständnis der Beteiligten mit einer Entscheidung ohne (weitere) mündliche Verhandlung zu erneuern (VGH München Beschl v 7.12.2006 – 1 ZB 05/616). Der Verzicht auf mündliche Verhandlung in Asylverfahren ist mit der Durchführung eines Erörterungstermins und der Einführung neuer Erkenntnismittel verbraucht (BVerwG NVwZ 1996, Beil 4, 26; OVG Münster DVBl 1999, 479; SächsOVG Beschl v 29.7.2008 – A 5 B 340/07). Keine neue Prozesslage wird durch Entscheidungen verursacht, die ausschließlich den äußeren Fortgang des Verfahrens betreffen, zB bei Entscheidungen im Zuge der Anregung, das Ruhen des Verfahrens anzuordnen (BVerwG DÖV 1976, 606; VRspr 28, 124), oder der Wechsel des Verfahrens in die Zuständigkeit einer anderen Kammer des Gerichts (BVerwG Buchholz 310 § 101 VwGO Nr 10), es sei denn die Beteiligten werden nach der Änderung der Geschäftsverteilung erneut um Erklärung ihres Einverständnisses mit schriftlicher Entscheidung ersucht. Sie dürfen dann annehmen, dass das Verwaltungsgericht ohne erneutes Einverständnis mit dem schriftlichen Verfahren die Sache nicht entscheiden, sondern eine mündliche Verhandlung durchführen wird (OVG Berlin-Brandenburg NJW 2011, 2152 f). Soll nach einem Verbrauch wiederum ohne mündliche Verhandlung entschieden werden, bedarf es eines neuen Verzichts (BVerwGE 22, 271, 275).

IV. Entscheidung des Gerichts

16   Das Gericht ist an die Einverständniserklärungen der Beteiligten **nicht gebunden**. Es steht in seinem Ermessen, ob es dennoch aufgrund mündlicher Verhandlung entscheidet. Das Gericht hat dafür einzustehen, dass trotz der unterbleibenden mündlichen Verhandlung das rechtliche Gehör der Beteiligten nicht verletzt wird (OVG Münster Urt v 8.6.2010 – 1 A 1328/08 BeckRS 2010, 50352). Auch eine zeitliche Bindung zur Entscheidung ohne mündliche Verhandlung, wie sie § 128 Abs 2 S 3 ZPO statuiert, besteht nach § 101 VwGO nicht (BVerwG Beschl v 1.3.2006 – 7 B 90/05 – mwN, BeckRS 2006 22198). Ist bereits eine Ladung zur mündlichen Verhandlung erfolgt, dürfen die Beteiligten deshalb bis zu einer Absetzung dieses bestimmten Termins nicht darauf vertrauen, dass die mündliche Verhandlung nicht durchgeführt wird. Das Gericht hat bei unterbleibender mündlicher Verhandlung dafür einzustehen, dass trotzdem das rechtliche Gehör der Beteiligten nicht verletzt wird (BVerwG NVwZ-RR 2004, 77). Danach kann etwa die Anberaumung einer mündlichen Verhandlung geboten sein, wenn ein Beteiligter geltend macht, eine wesentliche Änderung der Prozesslage erfordere unter dem Gesichtspunkt seines rechtlichen Gehörs deren Durchführung (BVerwG Beschl v 1.3.2006 – 7 B 90/05, BeckRS 2006 22198). Bei einverständlichem Übergang in das schriftliche Verfahren muss – gegebenenfalls nach Ablauf einer Schriftsatzfrist – grundsätzlich jederzeit mit einer Entscheidung des Gerichts gerechnet werden. Das Verwaltungsgericht ist weder gehalten, den Übergang in das schriftliche Verfahren förmlich zu beschließen, noch einen „Schlusstermin" für die Einreichung von Schriftsätzen zu bestimmen (VGH München Beschl v 6.5.2009 – 6 ZB 08/221).

17   Entscheidet das Gericht ohne mündliche Verhandlung, dann muss es dies in voller Besetzung, dh mit ehrenamtlichen Richtern tun (OVG Münster OVGE 28, 177), falls die Sache nicht auf den Einzelrichter übertragen ist. Hat bereits eine mündliche Verhandlung stattgefunden und ist dann auf weitere mündliche Verhandlung verzichtet worden, brauchen an der endgültigen Entscheidung nicht dieselben Richter mitzuwirken, die an der mündlichen Verhandlung teilgenommen haben (BVerwG DÖV 1971, 711; VGH München Beschl v 20.6.2012 – 20 ZB 12.291). An die Stelle der Verkündung des Urteils tritt gem § 116 Abs 3 VwGO seine Zustellung an die Beteiligten.

18   Bei der Entscheidung ist der gesamte Sachvortrag bis zur Absendung der Entscheidung zu berücksichtigen. Ein Urteil wird erst mit seiner Verkündung wirksam, nicht schon mit seiner Fällung (dh der Beschlussfassung nach Beratung). Ein gefälltes, noch nicht verkündetes Urteil ist ein Internum; es ist abänderbar; Vortrag der Beteiligten ist so lange zu berücksichtigen, bis das Urteil das Gericht verlässt. Dem Schluss der mündlichen Verhandlung (§ 104 Abs 3 VwGO), auf die in der Regel (nach Beratung) die Verkündung folgt (§ 116 Abs 1 S 1 VwGO), entspricht im Fall des Verzichts auf mündliche Verhandlung die Absendung der Entscheidung durch die Geschäftsstelle (BVerwGE 58, 146, 148; DÖV 1977, 370, 371; VGH BW NVwZ-RR 1992, 152). Dabei dürfen nur Tatsachen und Beweisergebnisse zugrunde gelegt werden, zu denen sich die Beteiligten auch äußern konnten; ihnen muss in jedem Fall ausreichend Gelegenheit zur Stellungnahme gegeben worden sein (BVerwG DÖV 1977, 370, 371).

V. Fehlerfolgen

Ein verwaltungsgerichtliches Urteil, das mangels Einverständniserklärung nach § 101 **19** Abs 2 VwGO ohne die gebotene mündliche Verhandlung (§ 101 Abs 1 VwGO) ergangen ist, verletzt das Recht auf Gewährung rechtlichen Gehörs und stellt damit einen absoluten Revisionsgrund iSd § 138 Nr 3 VwGO (iVm § 78 Abs 3 Nr 3 AsylVfG) dar, ohne dass es darauf ankommt, was der Beteiligte noch hätte vortragen wollen und ob dies erheblich gewesen wäre (BVerwG NVwZ 2003, 1129; BVerwG NVwZ 2000, 813). Unterbleibt eine mündliche Verhandlung rechtswidrig oder wird einem einzelnen Beteiligten – etwa infolge unterbliebener oder fehlerhafter Ladung – die Teilnahme vorenthalten, erfasst die Verletzung des rechtlichen Gehörs den gesamten Prozessstoff. Dies rechtfertigt es, ausnahmsweise keine Ausführungen darüber zu fordern, was ohne den Gehörsverstoß zusätzlich noch hätte vorgetragen werden sollen und dass dies zur Klärung des geltend gemachten Anspruchs geeignet gewesen wäre (SächsOVG SächsVBl 2008, 122 f). Die irrtümliche Annahme eines Gerichts, dass ein Verzicht vorläge, ist für einen Verfahrensverstoß ohne Bedeutung (BVerwG Buchholz 310 § 138 Ziff 3 VwGO Nr 67).

C. Weitere Ausnahmen vom Mündlichkeitsgrundsatz (Abs 3)

Mit Entscheidungen, die nicht Urteile sind, sind zunächst und vor allem Beschlüsse **20** gemeint. Diese können grds im schriftlichen Verfahren ergehen. Eine Ausnahme gilt nach § 11 Abs 7 VwGO für Entscheidungen des Großen Senats. Gerichtsbescheide fallen nicht unter Abs 3, weil sich der zwingende Ausschluss der mündlichen Verhandlung bereits aus §§ 101 Abs 1, 84 Abs 1 S 1 VwGO ergibt. Allerdings kann nach § 84 Abs 2 Nr 5 VwGO die mündliche Verhandlung nach Erlass des Gerichtsbescheides beantragt werden. § 101 Abs 3 VwGO mit der Möglichkeit der ins gerichtliche Ermessen gestellten fakultativen mündlichen Verhandlung wird durch die besonderen Regelungen des „in-camera"-Verfahrens verdrängt. Der in § 99 Abs 2 S 1 VwGO bestimmte Ausschluss einer mündlichen Verhandlung dient einem effektiven Geheimnisschutz. Zwar betrifft die Vorschrift nach ihrem Wortlaut nur Entscheidungen des Oberverwaltungsgerichts. Nach Sinn und Zweck der Regelung greift die Beschränkung auf die schriftliche Entscheidung aber auch, wenn das Bundesverwaltungsgericht zuständig ist. Denn das dem Ausschluss der Öffentlichkeit zugrunde liegende Geheimhaltungsbedürfnis hängt nicht davon ab, ob das Oberverwaltungsgericht oder das Bundesverwaltungsgericht – sei es als Beschwerdegericht, sei es in der Zuständigkeit gem § 99 Abs 2 S 2 VwGO – zu entscheiden hat (BVerwG Beschl v 21.2.2008 – 20 F 2/07, BeckRS 2008, 33330).

Ob das Gericht von der durch Abs 3 eröffneten Möglichkeit Gebrauch macht, steht in **21** seinem **Ermessen** (VGH München Beschl v 29.9.2011 – 12 CS 11.2022 – begründet das Absehen von einer mündlichen Verhandlung im Verfahren des vorläufigen Rechtsschutzes damit, dass auch dann keine Einigung der Beteiligten in der Sache zu erwarten wäre).

Entschließt es sich zur Durchführung einer mündlichen Verhandlung, hat es in der hierfür von §§ 5 Abs 3, 10 Abs 3 VwGO vorgesehenen Besetzung zu entscheiden. Auch wenn das Gericht in einer „Beschluss-Sache" aufgrund mündlicher Verhandlung entscheidet, hat es durch Beschluss und nicht etwa durch Urteil zu entscheiden.

§ 102 [Ladung; Sitzungen außerhalb des Gerichtssitzes]

(1) ¹Sobald der Termin zur mündlichen Verhandlung bestimmt ist, sind die Beteiligten mit einer Ladungsfrist von mindestens zwei Wochen, bei dem Bundesverwaltungsgericht von mindestens vier Wochen, zu laden. ²In dringenden Fällen kann der Vorsitzende die Frist abkürzen.

(2) Bei der Ladung ist darauf hinzuweisen, daß beim Ausbleiben eines Beteiligten auch ohne ihn verhandelt und entschieden werden kann.

(3) Die Gerichte der Verwaltungsgerichtsbarkeit können Sitzungen auch außerhalb des Gerichtssitzes abhalten, wenn dies zur sachdienlichen Erledigung notwendig ist.

(4) § 227 Abs 3 Satz 1 der Zivilprozeßordnung ist nicht anzuwenden.

§ 102 VwGO schreibt im Hinblick auf die Erfordernisse eines ordnungsgemäßen Verfahrens, insbes auch zur Wahrung des rechtlichen Gehörs, gewisse Mindestanforderungen für die Ladung der Beteiligten und die Bestimmung des Ortes der Verhandlung vor. Neben § 102 VwGO sind über § 173 S 1 VwGO für die Bestimmung des Termins zur mündlichen Verhandlung § 216 ZPO, jedoch ohne die Verpflichtung zu unverzüglicher Terminsbestimmung nach Abs 2, und für Aufhebung, Verlegung und Vertagung von Terminen § 227 ZPO maßgebend. Im Verwaltungsprozess soll die Entscheidung möglichst nach nur einer mündlichen Verhandlung getroffen werden; es hat sich daher die Übung entwickelt, die Verfahren erst bei Entscheidungsreife zu terminieren.

Übersicht

A. Termin zur mündlichen Verhandlung
I. Terminsansetzung

1 Die Beteiligten haben aus Art 2 Abs 1 GG bzw den sonst in der Sache einschlägigen Grundrechten, aus Art 19 Abs 4, 101 Abs 1 S 2, 103 Abs 1 GG und aufgrund des Rechtsstaatsprinzips und des Willkürverbots aus Art 3 Abs 1 GG sowie gem Art 6 Abs 1 EMRK grundsätzlich Anspruch darauf, dass das Verfahren sachlich und zügig durchgeführt und in angemessener Frist abgeschlossen wird, insbes der Termin zur mündlichen Verhandlung nicht soweit hinausgeschoben wird, dass faktisch eine Rechtsverweigerung eintritt. Da jedoch der dem Verwaltungsstreitverfahren zugrundeliegende Amtsermittlungsgrundsatz aus § 86 Abs 1 VwGO die Verantwortung für das Beibringen der tatsächlichen Entscheidungsgrundlagen hauptsächlich dem Gericht auferlegt, besteht keine § 216 Abs 2 ZPO entsprechende – wegen der grundsätzlichen Verfahrensunterschiede auch nicht aus entsprechender Anwendung des § 216 Abs 2 ZPO gemäß § 173 VwGO – gesetzliche Anordnung einer „unverzüglichen" Terminsbestimmung (VGH München BayVBl 1978, 212, 213). Lässt die Arbeitsbelastung des Gerichts eine alsbaldige Terminsfestsetzung nicht zu, so muss das Gericht für die anhängigen Fälle jedenfalls eine zeitliche Reihenfolge festlegen und beachten (BVerfG Beschl v 18.6.1994 – 1 BvR 770/84). Unterbleibt die Terminierung in pflichtwidriger Weise und führt dies zu einer unangemessenen Verfahrensdauer, so steht demjenigen Beteiligten, dem dadurch ein Nachteil entsteht, ein Entschädigungsanspruch gem § 173 S 2 VwGO iVm § 198 Abs 1 S 1 GVG zu.

Die Terminsbestimmung erfolgt durch Verfügung des Vorsitzenden von Amts wegen. Ist 2 die Sache auf den Einzelrichter übertragen, ist dieser zuständig. Der Vorsitzende ist an Anträge bzw Anregungen der Beteiligten hinsichtlich der Terminsbestimmung, der Aufhebung oder Verlegung eines Termins nicht gebunden. Über die Aussetzung und das Ruhen des Verfahrens entscheidet dagegen das Gericht durch Beschluss, es sei denn die Entscheidung wird nach § 87a Abs 1 Nr 1 VwGO im vorbereitenden Verfahren getroffen.

Wann und in welcher Reihenfolge die Verfahren terminiert werden, liegt im **Ermessen** 3 des Vorsitzenden. Der Vorsitzende kann – insbes bei einfach gelagerten Sachverhalten – auch alsbald nach Eingang der Klageschrift und schon vor Eingang einer schriftlichen Klagebegründung Termin zur mündlichen Verhandlung bestimmen, ohne das Recht auf rechtliches Gehör zu verletzen (BVerwG NJW 1989, 1616). Bei kompliziertem Sachverhalt und schwierigen Rechtsfragen muss das Gericht dagegen den Beteiligten zur Vorbereitung und zur Wahrung des rechtlichen Gehörs (einschließlich des Rechts auf sachgemäße Vorbereitung) unter Umständen auch eine längere Frist einräumen und darf deshalb Termine nicht zu früh ansetzen. Im Hinblick auf den Zweck der mündlichen Verhandlung, eine abschließende Entscheidung durch Urteil in der Sache zu ermöglichen (vgl § 87 Abs 1 S 1 VwGO), ist eine Terminsbestimmung erst zulässig, wenn damit zu rechnen ist, dass der Rechtsstreit im Termin erledigt werden kann, ohne das Recht der Beteiligten auf Gehör zu verletzen (BVerwGE 44, 307, 309). Das Gericht muss vor allem dann vor der Festsetzung des Termins zur mündlichen Verhandlung angemessene Zeit abwarten bzw eine angemessene Frist für die Begründung bzw Stellungnahme setzen, wenn die Beteiligten sich bei Erhebung der Klage bzw der Klageerwiderung oder einer Stellungnahme zur Streitsache zunächst die nähere Begründung noch vorbehalten (vgl BVerfGE 8, 89, 91; BVerfGE 18, 399, 406; NJW 1991, 2758). Zu berücksichtigen ist auch die ggf erforderliche Zeit für eine Erwiderung auf Schriftsätze, für dafür notwendige Überlegungen, Recherchen, die Einholung sachverständigen Rates usw sowie zur Vorbereitung der mündlichen Verhandlung, wenn Schriftsätze neue Fragen aufwerfen, zu denen die übrigen Beteiligten nicht sofort in der mündlichen Verhandlung Stellung nehmen können (BVerwG NVwZ 1990, 69).

Die Entscheidung des Vorsitzenden zur Terminierung ist als **prozessleitende Verfügung** 4 grundsätzlich nicht mit der Beschwerde anfechtbar, § 146 Abs 2 VwGO. Beschwerde ist weder gegen die Abkürzung der Ladungsfrist noch gegen deren Ablehnung zulässig; allerdings kann eine ungerechtfertigte Abkürzung bei entsprechender Rüge eine Verletzung des rechtlichen Gehörs bedeuten (vgl BVerwG Buchholz 310 § 102 VwGO Nr 1; NJW 1985, 340). **Ausnahmsweise** ist eine Terminsbestimmung mit der **Beschwerde** anfechtbar, wenn sie greifbar gesetzwidrig ist, insbes wenn sie in erheblichem Maße in Belange eines Beteiligten eingreift und dafür jede Rechtsgrundlage fehlt (vgl VGH Mannheim NJW 1984, 993). Entsprechendes gilt dann, wenn sich die Terminierung unzumutbar verzögert, so dass dies praktisch einer Rechtsverweigerung oder einer Anordnung der Aussetzung gleichkommt (vgl BVerfGE 54, 39, 42; 55, 349, 369). Es müsste indes dargetan oder erkennbar sein, dass der Vorsitzende willkürlich gehandelt hat oder bestimmte Umstände eine andere Reihenfolge in der Terminierung anhängiger Streitsachen geböten (VGH München BayVBl 1978, 212, 213; BayVBl 1991, 238, 239). Angesichts der Belastung der Verwaltungsgerichte wird dies jedoch nur selten der Fall sein (VGH München BayVBl 1978, 212). Bei solchen Verfahren, bei denen der Zeitfaktor schon von der Verfahrensart her eine besondere Bedeutung hat, vor allem bei Verfahren des vorläufigen Rechtsschutzes und einem hierauf bezogenen Prozesskostenhilfeverfahren, ist eine unangemessene zeitliche Verzögerung der Ablehnung der begehrten Entscheidung gleichzustellen und damit wie diese selbst angreifbar.

II. Terminsaufhebung oder -änderung

Die **Aufhebung** eines **Termins** betrifft die Absetzung eines Termins vor dessen Beginn 5 ohne gleichzeitige Bestimmung eines neuen Termins; die **Verlegung** beinhaltet die Aufhebung des anberaumten Termins vor dessen Beginn unter gleichzeitiger Bestimmung eines (früheren oder späteren) anderen Termins. Die **Vertagung** schließlich bedeutet die Bestimmung eines neuen Termins, nachdem die mündliche Verhandlung bereits begonnen hat, aber noch nicht geschlossen wurde. Nach Schließung der mündlichen Verhandlung und vor

Ergehen der Entscheidung kann die mündliche Verhandlung nur noch wiedereröffnet werden.

6   Gem § 173 S 1 VwGO iVm § 227 Abs 4 ZPO kann der Vorsitzende bzw der Einzelrichter einen Termin mittels prozessleitender Verfügung (ersatzlos) aufheben oder (auf einen anderen Zeitpunkt) verlegen. Die Vertagung erfordert einen Beschluss des Gerichts (§ 227 Abs 4 S 1 ZPO), dh der Kammer oder des Einzelrichters. Sowohl die prozessleitende Verfügung als auch der Beschluss sind kurz zu begründen (§ 227 Abs 4 S 2 ZPO) und den Beteiligten formlos bekannt zu geben (vgl § 329 Abs 2 ZPO). Die Entscheidung ist unanfechtbar (§ 227 Abs 4 S 3 ZPO).

1. Terminsverlegungsanträge

7   Der Antrag eines Beteiligten auf Verlegung eines anberaumten Termins unterliegt keinen Zulässigkeitsvoraussetzungen, insbes weder Form- noch Fristbindungen, muss aber begründet werden. Der Antrag auf Terminsverlegung muss aber so rechtzeitig vor der mündlichen Verhandlung beim Gericht eingehen, dass über ihn noch entschieden werden kann (vgl Scheidler DVBl 2012, 875, 876). Er kann auch fernmündlich gestellt werden. Die ausreichende Substantiierung ist eine Frage der Begründetheit. Eine Glaubhaftmachung ist gem § 227 Abs 2 ZPO nur auf gerichtliches Verlangen erforderlich und kann auch nachträglich erfolgen (BVerwG Beschl v 20.6.2000 – 5 B 27.00; OVG Münster Beschl v 19.4.2004 – 8 A 590/04.A). Ggf ist eine Frist zu setzen und ein Verkündungstermin anzuberaumen. Sofern der von § 227 Abs 1 S 1 ZPO vorausgesetzte erhebliche Grund gerichtsbekannt ist, kann die Verlegung von Amts wegen erfolgen. Nach § 102 Abs 4 ist § 227 Abs 3 S 1 ZPO nicht anzuwenden, so dass auch für eine Terminsaufhebung oder -verlegung zwischen dem 1.7. und dem 31.8. erhebliche Gründe erforderlich sind. Angesichts des Umstands, dass § 227 Abs 3 S 2u 3 ZPO ohne den Bezug zu § 227 Abs 3 S 1 ZPO keinen Sinn ergibt, ist trotz des anders lautenden Wortlauts von § 102 Abs 4 VwGO der gesamte § 227 Abs 3 ZPO im Verwaltungsprozess nicht anwendbar (vgl Scheidler DVBl 2012, 875, 876).

8   Gem § 227 Abs 1 S 1 ZPO kann das Gericht eine Terminsänderung aus erheblichen Gründen gewähren. Bei dieser Entscheidung besteht ein Ermessensspielraum. Aufgrund des Anspruchs auf rechtliches Gehör ist dem Antrag auf Terminsänderung jedoch in der Regel stattzugeben (vgl Scheidler DVBl 2012, 875, 876). Erhebliche Gründe iSv § 227 Abs 1 S 1 ZPO sind solche Umstände, die auch und gerade zur Gewährleistung des rechtlichen Gehörs eine Zurückstellung des Beschleunigungs- und Konzentrationsgebotes erfordern (BVerwG NJW 1995, 1231; DÖV 2004, 800). Das Verschulden des Beteiligten hindert regelmäßig die Annahme eines erheblichen Grundes (vgl § 227 Abs 1 S 2 Nr 1 und 2 ZPO); Einvernehmen der Beteiligten hinsichtlich der Verlegung allein genügt nicht (§ 227 Abs 1 S 2 Nr 3 ZPO). Da die mündliche Verhandlung den Mittelpunkt des verwaltungsgerichtlichen Verfahrens bildet, muss allen Beteiligten unabhängig davon, ob sie die Möglichkeit zur schriftsätzlichen Vorbereitung des Verfahrens genutzt haben oder nicht, Gelegenheit gegeben werden, den Verhandlungstermin zum Zwecke der Darlegung ihrer Standpunkte wahrzunehmen (BVerwG Buchholz 310 § 108 VwGO Nr 140). Ob die Sache „ausgeschrieben" ist, ist danach unerheblich. Eine Verlegung oder Vertagung kommt vor allem dann in Betracht, wenn ein Beteiligter kurz vor dem Termin oder im Termin mit Tatsachenbehauptungen oder Rechtsauffassungen konfrontiert wird, mit denen er bis dahin nicht rechnen musste und zu denen er in der zur Verfügung stehenden Zeit nicht sachgerecht Stellung nehmen kann.

8.1   Bei **Verhinderung** einer Partei lässt sich danach unterscheiden, ob sie anwaltlich vertreten ist oder nicht. Für an der Terminswahrnehmung verhinderte Behördenvertreter sind die für Rechtsanwälte bzw Sozietäten geltenden Maßstäbe entsprechend anwendbar. Im Fall der nicht anwaltlich vertretenen Partei ist mit Rücksicht auf den fehlenden Anwaltszwang vor dem Verwaltungsgericht von dem Grundsatz auszugehen, dass jeder Beteiligte das Recht hat, seine Interessen in der mündlichen Verhandlung selbst wahrzunehmen (BFH BFHE 117, 19). Bei krankheitsbedingter Verhandlungsunfähigkeit eines anwaltlich nicht vertretenen Beteiligten liegt in der Regel ein erheblicher Grund iSv § 227 Abs 1 ZPO vor (BVerwG Buchholz 310 § 108 VwGO Nr 285 mwN). Zur Substantiierung dafür, dass Verhandlungsunfähigkeit gegeben ist, muss idR ein ärztliches Attest vorgelegt werden (vgl OVG Münster AuAS 2004, 232). Bloße „Arbeitsunfähigkeit" ohne nähere Schilderung der Art der Erkrankung reicht nicht (OVG Münster Beschl v 11.8.2004 – 11 A 2990/

04.A). Kann ein ärztliches Attest aufgrund einer akuten Erkrankung nicht rechtzeitig beigebracht werden, so obliegt es dem Antragsteller, die Gründe für die Verhinderung derart darzulegen, dass das Gericht die Frage der Verhandlungsunfähigkeit selbst beurteilen kann (BFH Beschl v 11.8.2010 – VIII B 92/10).Bei Verhinderung durch langfristige Erkrankung entsteht zwar die Obliegenheit, sich (anwaltlich) vertreten zu lassen. Aus der Verletzung dieser Obliegenheit ist aber nicht ohne Weiteres ein unentschuldigtes Fernbleiben vom Termin iSd § 227 Abs 1 S 2 Nr 1 ZPO zu folgern; vielmehr kommt es insoweit auf die Umstände des Einzelfalls an (vgl BVerwG Buchholz 310 § 108 VwGO Nr 285). Eine entschuldigte Verhinderung ist auch dann gegeben, wenn nicht der Antragsteller selbst, sondern ein naher Angehöriger erkrankt ist und deshalb seiner Pflege bedarf (BVerwG Urt v 27.2.1992 NJW 1992, 2042). Entzieht eine Partei ihrem Prozessbevollmächtigten (kurz) vor dem Termin das Mandat, liegen erhebliche Gründe für eine Terminsänderung nicht schon dann vor, wenn sie wegen der Entziehung voraussichtlich nicht in dem Verhandlungstermin vertreten sein wird; entscheidend ist vielmehr, ob die Entziehung des Mandats ihrerseits auf erheblichen Gründen beruht, es der Partei also nicht mehr zugemutet werden konnte, sich durch den von ihr bestellten Bevollmächtigten vertreten zu lassen und ob ein neuer Prozessbevollmächtigter nicht rechtzeitig bestellt werden kann (BVerwG Beschl v 4.8.1998 – 7 B 127/98; Scheidler DVBl 2012, 875, 878). Ein Bürger muss seinen Urlaub nicht unter dem Vorbehalt etwaiger Terminsbestimmung in seiner Sache planen bzw auf ihn verzichten oder ihn unterbrechen. Wenn eine Urlaubsreise im Zeitpunkt der Ladung bereits fest gebucht ist und die Buchung nur unter Schwierigkeiten rückgängig gemacht werden kann, besteht grundsätzlich ein Anspruch auf Terminsverlegung. Etwas anderes kann gelten, wenn Prozessverschleppung im Raum steht oder der Beteiligte – etwa wegen entsprechender Vorankündigungen des Gerichts – mit der Terminierung zu dem fraglichen Zeitpunkt rechnen musste (BVerwGE 81, 229, 233 f). Abschiebe-, Straf- oder Untersuchungshaft sind, wenn der Kläger ordnungsgemäß geladen ist, grundsätzlich keine erheblichen Gründe für eine Terminsverlegung (s § 36 StVollzG). Es ist zunächst Sache des Strafgefangenen, Ausgang, Urlaub oder Ausführung zu beantragen (BVerwG Buchholz 310 § 108 VwGO Nr 250). Wird der Antrag abgelehnt, kommt ein Vorführungsbefehl in Betracht. Unverschuldet ist das Ausbleiben eines Beteiligten auch bei erheblichen Anreiseschwierigkeiten, die er nicht zu vertreten hat und die er nicht durch zumutbare Anstrengungen überwinden kann (vgl Scheidler DVBl 2012, 875, 877).

Wird eine Partei durch einen **Rechtsanwalt** vertreten, ist ihre Anwesenheit im Termin zur   **8.2** mündlichen Verhandlung grundsätzlich nicht erforderlich, weil ihre Rechte in dem erforderlichen Umfang durch den Prozessbevollmächtigten wahrgenommen werden können. Das bloße Anwesenheitsinteresse einer anwaltlich vertretenen Partei ist durch seinen Anspruch auf rechtliches Gehör nicht geschützt (BVerwG Beschl v 4.8.1998 – 7 B 127/98; Buchholz 303 § 227 ZPO Nr 31). Die Anordnung des persönlichen Erscheinens gem § 95 VwGO dient nicht der Gewährung rechtlichen Gehörs, sondern der Ermöglichung der gerichtlichen Sachverhaltsaufklärung (vgl etwa BVerwG Buchholz 310 § 102 VwGO Nr 11). Eine Aufhebung der Anordnung und die Durchführung des Termins kommen grundsätzlich nur dann in Betracht, wenn der Sachverhalt auch ohne die Partei geklärt werden kann oder wenn davon auszugehen ist, die Partei wolle das Verfahren nicht ernsthaft betreiben oder verschleppen. Ist die Anwesenheit des Beteiligten zur Klärung des Sachverhalts nötig, ist die Sache zu vertagen, wenn der Beteiligte dem Termin fernbleibt, aber nicht davon auszugehen ist, er wolle das Verfahren nicht ernsthaft betreiben oder verschleppen. Eine Vertagung ist selbst in Anbetracht der gebotenen Verfahrensbeschleunigung vor allem dann unumgänglich, wenn Anhaltspunkte dafür bestehen, dass das Fernbleiben des Beteiligten unverschuldet ist (BVerwG Beschl v 20.6.2000 – 5 B 27/00).

Ist der Prozessbevollmächtigte verhindert, hat das Gericht bei seiner Entscheidung nach pflicht-   **8.3** gemäßem Ermessen sowohl das Beschleunigungsgebot als auch den verfassungsrechtlichen Anspruch der Beteiligten auf Gewährung rechtlichen Gehörs zu berücksichtigen. Ein Ermessensspielraum verbleibt dem Gericht nicht, wenn der Verfahrensbeteiligte unverschuldet an der Terminswahrnehmung gehindert ist. Dies gilt entsprechend, wenn der Verfahrensbeteiligte sich anwaltlich vertreten lassen will und sein Anwalt ohne Verschulden an der Wahrnehmung des Verhandlungstermins gehindert ist (BVerwG NJW 1992, 3185; BVerwGE 96, 368). Es gilt der Grundsatz, dass ein Verfahrensbeteiligter berechtigt ist, sich in jeder Lage des Verfahrens, insbes auch in der mündlichen Verhandlung, durch einen Bevollmächtigten vertreten zu lassen (BVerwG NJW 1993, 80). Wird ihm diese durch § 67 Abs 2 S 1 VwGO ausdrücklich eingeräumte Möglichkeit genommen, ist der Anspruch auf rechtliches Gehör verletzt. Wenn der Prozessbevollmächtigte nicht erscheint und der Kläger erklärt, sein Anwalt wolle kommen, gebieten es die Wahrung rechtlichen Gehörs und die prozessuale Fürsorgepflicht, zumindest eine angemessene Zeit zuzuwarten, wobei eine Zeitspanne von etwa 15 Minuten geläufig ist (eingehend OVG Münster AuAS 2000, 164). Wenn keine konkreten Anhaltspunkte dafür vorliegen, dass der Anwalt unverschuldet am Erscheinen verhindert ist, kann die mündliche Verhandlung auch ohne sein Beisein durchgeführt werden.

8.4   Im Falle einer **Terminskollision** ist grundsätzlich die zuerst terminierte Sache vorrangig, dh der Prozessbevollmächtigte muss sich in der Regel darum bemühen, den später anberaumten Termin zu verlegen oder insoweit für eine Vertretung sorgen. Terminsverlegungsanträge, die keine Angaben zur Vorrangigkeit des kollidierenden Termins enthalten oder – bei Bestehen einer Sozietät – keine Angaben zur gleichzeitigen Verhinderung aller anderen Sozien machen, lassen daher bereits keine erheblichen Gründe erkennen. Regelmäßig bedarf es keiner substantiierten Darlegung (geschweige denn einer Glaubhaftmachung), dass ein erkrankter Rechtsanwalt auch verhandlungsunfähig ist. Abweichendes kann – je nach den Umständen des Einzelfalls – gelten, wenn die Terminswahrnehmung – auch auf absehbare Zeit – wegen einer schon geraume Zeit bestehenden chronischen Erkrankung nicht möglich ist; mangelnde Vorsorge für die Wahrnehmung von Gerichtsterminen kann eine schuldhafte Verletzung der prozessualen Mitwirkungspflicht darstellen (BVerwG NJW 2001, 2735).

8.5   Bei **Sozietäten** haben die Beteiligten iaR keinen Anspruch auf eine Terminsvertretung durch den sachbearbeitenden Prozessbevollmächtigten, sondern können darauf verwiesen werden, sich im Termin durch andere der Sozietät angehörige Anwälte vertreten zu lassen (BVerwG Beschl v 19.5.1998 – 7 B 95/98). Aber dem Sozius muss eine ausreichende Einarbeitungszeit verbleiben. Es ist zu berücksichtigen, dass der Anwalt regelmäßig nicht seine volle Arbeitskraft auf diesen einen Prozess verwenden kann, sondern meistens die in anderen Prozessen bereits anstehenden Besprechungs- und Verhandlungstermine wahrzunehmen hat, und dass er darüber hinaus häufig in anderen Sachen fristgebundene Schriftsätze anfertigen muss. Die Einarbeitungszeit muss daher so geräumig bemessen werden, dass der Anwalt neben der ordnungsgemäßen Wahrnehmung der bereits übernommenen anderen Mandate noch Gelegenheit findet, auch den neu übernommenen Prozess sachgerecht zu bearbeiten. Selbst wenn der Sachverhalt weder in tatsächlicher noch in rechtlicher Hinsicht besonders schwierig ist, kann den Sozien nicht zugemutet werden, bereits am folgenden Tag eine Berufungsverhandlung in einer ihnen bis dahin unbekannten Sache zu führen (BVerwG NJW 1984, 882; BSG SozSich 2000, 361; OVG Magdeburg NVwZ 2009, 192, 193). Wenn die verbleibende Zeit sehr knapp ist, bedarf es keiner Darlegung, dass und weshalb keiner der anderen Rechtsanwälte der Sozietät die Sache übernehmen könne. Denn bei einem kurzfristig eingetretenen Verhinderungsgrund ist dies ohnehin die Regel (BVerwG Beschl v 14.9.1999 – 5 B 54/99). Allerdings reicht der allgemeine Hinweis in einem Vertagungsantrag, das Sachgebiet als solches gebiete eine Vertretung gerade und nur durch den sachbearbeitenden Prozessbevollmächtigten oder die anderen Sozietätsmitglieder befassten sich nicht mit Asylrecht, nicht aus (VGH Kassel Beschl v 16.3.1998 – 12 ZU 2992/96.A; VGH Mannheim AuAS 1998, 103; OVG Münster AuAS 1996, 250).

2. Rechtsfolge bei fehlerhaft unterbliebener Verlegung oder Vertagung

9   Liegt ein erheblicher Grund iSv § 227 Abs 1 S 1 ZPO vor, ist das Gericht zur **Terminsaufhebung** oder -verlegung **verpflichtet**; ein Ermessensspielraum besteht dann nicht. Vielmehr ist die Vertagung zur Gewährung rechtlichen Gehörs notwendig, wenn ein Verfahrensbeteiligter alles in seinen Kräften Stehende und nach Lage der Dinge Erforderliche getan hat, um sich durch Wahrnehmung des Verhandlungstermins rechtliches Gehör zu verschaffen, hieran jedoch ohne Verschulden gehindert worden ist (BVerwG NJW 1986, 2897; NJW 1995, 1441).

10   Die Ablehnung der Aufhebung oder Verlegung eines Termins – ebenso das Unterbleiben einer Entscheidung, weil die Geschäftsstelle dem Gericht den Antrag nicht oder nicht unverzüglich vorgelegt hat – bzw nach Beginn der Verhandlung die Ablehnung der Vertagung stellt eine Verletzung des rechtlichen Gehörs dar, wenn einem Beteiligten bzw seinem Prozessbevollmächtigten dadurch die erforderliche Vorbereitung oder die Teilnahme an der mündlichen Verhandlung unmöglich gemacht wird (BVerwGE 44, 307, 309 f.; BVerwGE 50, 275, 276 f.; BVerwGE 81, 229, 231; BVerwG, NVwZ 1995, 373, 374; NJW 1986, 2897, 2898). Es handelt sich um einen absoluten Revisionsgrund gem § 138 Nr 3 VwGO. Der Grundsatz, dass der Verfahrensbeteiligte, der eine Gehörsrüge erhebt, darlegen muss, was er bei Gewährung rechtlichen Gehörs noch vorgetragen hätte, gilt nicht, wenn geltend gemacht wird, das Gericht habe einen Antrag auf Terminsverlegung zu Unrecht abgelehnt (BVerwGE 96, 368; OVG Münster Beschl v 19.4.2004 – 8 A 590/04.A). Für die Annahme einer Verletzung des Anspruchs auf Gewährung rechtlichen Gehörs ist es unerheblich, wen innerhalb des Gerichts ein Verschulden trifft, ob den oder die zur Entscheidung berufenen Richter oder einen sonstigen Bediensteten; das Gericht ist insgesamt dafür verantwortlich, dass dem Gebot des rechtlichen Gehörs Rechnung getragen wird (BVerwG Buchholz 448.6 § 19 KDVG Nr 6).

B. Ladung

I. Form

Geladen wird durch Zustellung nach § 56 VwGO. Diese ist nur dann entbehrlich, wenn **11** die Beteiligten darauf verzichten oder der Termin bereits in einer verkündeten Entscheidung des Gerichts bestimmt worden ist, § 218 ZPO. Mündliche oder telefonische Ladungen reichen nicht aus (OVG Münster NWVBl 1996, 114, 115). Jedoch ist gem § 174 Abs 2 und 3 ZPO eine Zustellung gegen Empfangsbekenntnis mittels Telekopie oder als elektronisches Dokument möglich (vgl dazu § 55a VwGO). Bei Bestellung eines Prozessbevollmächtigten ist gem § 67 Abs 3 S 2 VwGO dieser zu laden; einer zusätzlichen Ladung des Beteiligten, dessen persönliches Erscheinen das Verwaltungsgericht nicht angeordnet hat (vgl § 95 VwGO), bedarf es nicht (BVerwG Buchholz 310 § 102 VwGO Nr 18). Zu laden ist grundsätzlich auch ein Anwalt, der seine Bevollmächtigung dem Gericht nur angezeigt, die Vollmacht aber noch nicht vorgelegt hat. Die Ladung wird durch die erst nach ihrer Absendung dem Gericht angezeigte Mandatsniederlegung des Prozessbevollmächtigten nicht gegenstandslos; unter Umständen muss dann der Termin jedoch zur Wahrung des rechtlichen Gehörs verlegt bzw vertagt werden (BVerwG NJW 1983, 2155; s iE Rn 9).

Ein Beteiligter, dessen persönliches Erscheinen gem § 95 Abs 1 S 1 VwGO angeordnet **12** ist, ist stets auch persönlich zu laden; ihm ist die Ladung zum Termin zur mündlichen Verhandlung gem §§ 173 VwGO, 141 Abs 2 S 2 Hs 1 ZPO auch dann persönlich mitzuteilen, wenn er einen Bevollmächtigten bestellt hat (VGH Kassel NVwZ-RR 1998, 404, 405), es sei denn, der Betroffene verzichtet darauf. Ein Zustellungsmangel betrifft insoweit aber allein die Anordnung des persönlichen Erscheinens, nicht dagegen die Wirksamkeit der Ladung zur mündlichen Verhandlung. Zwar ist derjenige Beteiligte, dessen persönliches Erscheinen vom Gericht angeordnet worden ist, auch persönlich zu laden, so dass es insoweit nicht genügt, wenn die Ladung gem § 67 Abs 3 S 3 VwGO (nur) seinem Prozessbevollmächtigten zugestellt wird. Die **Anordnung des persönlichen Erscheinens** erfolgt indessen nicht im Interesse des betroffenen Beteiligten, sondern im Interesse des Gerichts, das auf diese Weise sicherstellen will, dass das von ihm für erforderlich gehaltene Beweismittel auch tatsächlich zum Termin erscheint. Daher liegt auch eine ordnungsgemäße Ladung des Beteiligten selbst, dessen persönliches Erscheinen angeordnet worden ist, nur im Interesse des Gerichts; fehlt es an einer ordnungsgemäßen Ladung, so ist dies allein zum Schaden des Gerichts, weil es dadurch gehindert ist, die in § 95 Abs 1 S 2 bis 4 VwGO für den Fall des Ausbleibens vorgesehenen Sanktionen zu verhängen, während dem nicht erschienenen Beteiligten hieraus keine Nachteile drohen. Sein Recht, als Beteiligter ordnungsgemäß geladen zu werden, um derart im Verfahren seinen Anspruch auf rechtliches Gehör auch in der mündlichen Verhandlung wahren zu können, ist schon dadurch gewährleistet, dass jedenfalls der von ihm bestellte Prozessbevollmächtigte gem § 67 Abs 3 S 3 VwGO geladen werden muss (BVerwG Buchholz 310 § 102 VwGO Nr 11).

Bei der Ladung ist gem Abs 2 darauf **hinzuweisen**, dass beim Ausbleiben eines Betei- **13** ligten auch ohne ihn verhandelt und entschieden werden kann. Dieser Hinweis dient dem rechtlichen Gehör (BVerwG NVwZ-RR 1995, 549). Der Hinweis gegenüber dem Prozessbevollmächtigten schließt den Beteiligten mit ein. Aus dieser Hinweispflicht und aufgrund des im Verwaltungsprozess geltenden Untersuchungsgrundsatzes folgt, dass bei Ausbleiben eines Beteiligten vom Gericht in der Sache durch (Voll-)Endurteil entschieden wird und nicht ein Versäumnisurteil gem §§ 330 ff ZPO ergeht. Ein Versäumnisurteil ist dem Verwaltungsprozessrecht fremd. Der Hinweis gem Abs 2 ersetzt nicht eine etwa auszusprechende Anordnung des persönlichen Erscheinens nach § 95 VwGO.

II. Ladungsfrist

Die **Ladungsfrist** läuft erst ab Zustellung der Ladung (BVerwGE 44, 307, 311); sie **14** beträgt nach § 102 Abs 1 S 1 VwGO mindestens zwei Wochen zwischen der Zustellung der Ladung und dem Tag des Verhandlungstermins, § 217 ZPO.

15   Diese Frist **kann** nach Abs 1 S 2 in dringenden Fällen vom Vorsitzenden **abgekürzt** werden, wobei eine Anhörung der Beteiligten nicht erforderlich ist, § 226 Abs 3 ZPO. Die Dringlichkeit muss sich aus der Streitsache selbst ergeben oder in besonders schutzwürdigen Interessen eines Beteiligten begründet sein; bloße gerichtsorganisatorische Gründe reichen nicht. Die Abkürzung der Ladungsfrist muss darüber hinaus eine genaue Bestimmung desjenigen Zeitraums enthalten, der an die Stelle der gesetzlichen Ladungsfrist treten soll; fehlt es daran, ist die Verfügung des Vorsitzenden unwirksam und es bleibt bei der gesetzlichen Ladungsfrist. Eine richterliche Verfügung, die keine zeitliche Festlegung enthält, kürzt nicht ab, sondern hebt der Sache nach die gesetzlich vorgesehene Ladungsfrist auf, was das Gesetz nicht zulässt (BVerwG NJW 1998, 2377).

III. Fehlerfolgen

16   Im Rechtsmittelverfahren kann die Terminsbestimmung nur darauf überprüft werden, ob sie aus sachlichen Gründen erfolgt und nicht willkürlich ist oder das Recht der Beteiligten auf rechtliches Gehör verletzt. Eine durch § 102 Abs 1 S 2 VwGO nicht gedeckte Abkürzung der Ladungsfrist stellt als solche grundsätzlich keinen die Revision rechtfertigenden Verfahrensfehler dar (str; aA BSG DÖV 1993, 537), nur unter Umständen vermag eine zu kurzfristige Terminsanberaumung und Ladung ausnahmsweise den Anspruch auf rechtliches Gehör zu verletzen. Ein Verstoß gegen die Vorschriften über die Ladung verletzt dann das Recht der Beteiligten auf rechtliches Gehör, wenn sie deswegen den Termin versäumen oder sonst dadurch in der Wahrnehmung ihrer Rechte, insbes an einer ausreichenden Vorbereitung auf die mündliche Verhandlung, beeinträchtigt werden (BVerwGE 44, 307, 308 ff; NJW 1985, 340; NJW 1998, 2378; Buchholz 310 § 102 VwGO Nr 24).

17   Voraussetzung hierfür ist im Falle der Möglichkeit eines Antrags auf **Terminsverlegung** oder Vertagung aber, dass ein solcher Antrag (erfolglos) gestellt ist. Denn es ist schon allgemein die Pflicht der an der Terminswahrnehmung verhinderten Partei, dem Gericht die Gründe der Verhinderung und die Notwendigkeit der Anwesenheit im Termin darzutun (BVerwG NJW 1987, 2694). Ungeachtet dessen verlieren die Beteiligten das Recht zur Rüge, wenn sie den Mangel nicht unverzüglich geltend machen, sondern ihn durch rügeloses Verhandeln gem § 295 ZPO heilen; sie können ferner auf die Einhaltung der Ladungsförmlichkeiten ausdrücklich oder konkludent verzichten. Von einer „Rüge" iSv § 295 Abs 1 ZPO ist nur dann zu sprechen, wenn eindeutig zum Ausdruck gebracht worden ist, der vom Verfahrensverstoß betroffene Beteiligte werde sich mit diesem Verfahrensverstoß nicht abfinden (BVerwG NJW 1989, 601). Verhandelt ein Gericht in Abwesenheit eines Beteiligten in Unkenntnis, dass dieser ohne ausreichende Frist geladen war, so kann sich der Beteiligte nicht auf eine Verletzung des rechtlichen Gehörs iSv § 138 Nr 3 VwGO berufen, wenn er auf die verspätet eingegangene Ladung hin nichts unternimmt und der mündlichen Verhandlung in der Erwartung fernbleibt, das Gericht werde die verspätete Ladung bemerken und nicht ohne ihn verhandeln (BVerwG, NJW 1987, 2694).

18   **Verlässt** ein Beteiligter nach Stellung eines Ablehnungsantrags die **mündliche Verhandlung** ohne Angabe, wo er nach der Entscheidung über den Antrag zu erreichen sei, so verstößt es nicht gegen § 102 Abs 2 VwGO, wenn das Gericht nach Zurückweisung des Ablehnungsantrags in Abwesenheit des Beteiligten weiterverhandelt und aufgrund dieser Verhandlung in der Hauptsache entscheidet (BVerwG NJW 1990, 1616). Entsprechendes gilt auch für sonstige Fälle des vorzeitigen Verlassens der mündlichen Verhandlung; auch insoweit bedarf es keiner (weiteren) Belehrung nach Abs 2.

19   **Fehlt** der **Hinweis** nach Abs 2, bedingt dies – jedenfalls bei einem nicht anwaltlich vertretenen Beteiligten – eine Verletzung des rechtlichen Gehörs iSv § 138 Nr 3 VwGO. Denn ohne Hinweis an den Kläger, dass bei seinem Ausbleiben auch ohne ihn verhandelt und entschieden werden kann, kann bei dem nicht anwaltlich vertretenen Kläger der Eindruck entstehen, dass im Falle seines Ausbleibens jedenfalls keine abschließende Sachentscheidung zu seinem Nachteil ergehen werde, er sich also auch später noch zur Sache einlassen könne. Einer solchen Fehlvorstellung will § 102 Abs. 2 VwGO vorbeugen (BVerwG Buchholz 310 § 102 VwGO Nr 19).

20   Bleibt ein **Beteiligter** in der mündlichen Verhandlung **unvertreten**, so liegt darin zudem dann ein absoluter Revisionsgrund iSd § 138 Nr 4 VwGO, wenn der Beteiligte oder sein

Bevollmächtigter wegen nicht ordnungsgemäßer Ladung an der mündlichen Verhandlung nicht teilnehmen konnte. Dies ist etwa der Fall, wenn der Prozeßbevollmächtigte wegen falscher oder ungenügender Bezeichnung des Beteiligten in der Ladung nicht wissen konnte, dass in der Sache seines Mandanten verhandelt werde oder wenn die mündliche Verhandlung zu einem anderen als dem in der Ladung bestimmten Zeitpunkt durchgeführt wird (BVerwGE 66, 311; Buchholz 310 § 133 VwGO Nr. 39). Wurde ein Beteiligter bzw sein Bevollmächtigter, wenn auch nur versehentlich, nicht zum Termin geladen und erscheint er deshalb auch nicht oder wurde er zwar ordnungsgemäß geladen, aber die Verhandlung zu einem anderen als dem in der Ladung bestimmten Zeitpunkt in Abwesenheit des Klägers durchgeführt, so stellt eine Verhandlung in seiner Abwesenheit ebenfalls nicht nur einen mit der Revision rügbaren Verfahrensverstoß, sondern zugleich einen absoluten Revisionsgrund gem §§ 132 Abs 2 Nr 3, 138 Nr 4 VwGO und einen Wiederaufnahmegrund gem § 153 VwGO iVm § 579 Abs 1 ZPO dar (BVerwGE 66, 311; NJW 1983, 2155). Wird ein Termin durchgeführt, obwohl dieser vorher aufgehoben worden war, so wird dadurch nicht nur das rechtliche Gehör der Beteiligten verletzt, die mangels Kenntnis des Termins daran nicht teilnehmen konnten, sondern hat zugleich zur Folge, dass die Beteiligten im Termin iSv § 138 Nr 4 VwGO nicht nach Vorschrift des Gesetzes vertreten sind (BVerwG BayVBl 1991, 543).

C. Auswärtiger Termin

§ 102 Abs 3 VwGO verlangt tatbestandlich für die Abhaltung einer Sitzung außerhalb des **21** Gerichtssitzes, dass dies zur sachdienlichen Erledigung notwendig ist. Das ist schon dann der Fall, wenn der sog auswärtige Termin voraussichtlich zu einer wesentlichen Vereinfachung und Beschleunigung des Verfahrens beiträgt, insbes wenn dadurch im Anschluss an einen auswärtigen Augenscheinstermin verhandelt werden kann oder wenn für die Mehrzahl der Beteiligten oder der zu hörenden Zeugen der gewählte Verhandlungsort günstiger liegt. Liegt diese Voraussetzung vor, steht die Durchführung eines solchen auswärtigen Termins im Ermessen des Vorsitzenden bzw des Einzelrichters oder Berichterstatters (OVG Lüneburg OVGE 22, 415, 416). Beim auswärtigen Termin ist auf die Wahrung des **Öffentlichkeitsgrundsatzes** aus § 55 VwGO iVm § 169 S 1 GVG zu achten, der beispielsweise bei einer Verhandlung in einer Justizvollzugsanstalt, zu der nur deren Aufsichtspersonal Zutritt zum Verhandlungsraum ermöglicht ist (BGH NJW 1979, 770), oder bei einer Fortsetzung der mündlichen Verhandlung nach Augenscheinseinnahme auf dem Standstreifen der Autobahn (OLG Köln NJW 1976, 637) verletzt ist.

Eine **Verletzung** des Abs 3 kann eine Verletzung des rechtlichen Gehörs darstellen, wenn **22** einem Beteiligten dadurch Nachteile für die Wahrung seiner Rechte entstehen und er den Verstoß rechtzeitig rügt, § 295 ZPO (BSG NJW 1996, 2181).

§ 102a [Einsatz von Videokonferenztechnik]

(1) ¹Das Gericht kann den Beteiligten, ihren Bevollmächtigten und Beiständen auf Antrag oder von Amts wegen gestatten, sich während einer mündlichen Verhandlung an einem anderen Ort aufzuhalten und dort Verfahrenshandlungen vorzunehmen. ²Die Verhandlung wird zeitgleich in Bild und Ton an diesen Ort und in das Sitzungszimmer übertragen.

(2) ¹Das Gericht kann auf Antrag gestatten, dass sich ein Zeuge, ein Sachverständiger oder ein Beteiligter während einer Vernehmung an einem anderen Ort aufhält. ²Die Vernehmung wird zeitgleich in Bild und Ton an diesen Ort und in das Sitzungszimmer übertragen. ³Ist Beteiligten, Bevollmächtigten und Beiständen nach Absatz 1 Satz 1 gestattet worden, sich an einem anderen Ort aufzuhalten, so wird die Vernehmung auch an diesen Ort übertragen.

(3) ¹Die Übertragung wird nicht aufgezeichnet. ²Entscheidungen nach Absatz 1 Satz 1 und Absatz 2 Satz 1 sind unanfechtbar.

(4) Die Absätze 1 und 3 gelten entsprechend für Erörterungstermine (§ 87 Absatz 1 Satz 2 Nummer 1).

Bereits bisher gibt es Videokonferenztechnik (Rn 1) sowie Regelungen zur Durchführung von Videokonferenzen (Rn 4), diese sollen aber in den Verfahrensordnungen neu geregelt werden (Rn 7) und zwar in der VwGO für die mündliche Verhandlung (Rn 8) und Vernehmung (Rn 12) sowie den Erörterungstermin (Rn 20). Die notwendigen Regelungen für Dolmetscher finden sich im GVG (Rn 13). Die Videoübertragung soll nicht aufgezeichnet werden (Rn 16), verursacht Gerichtskosten (Rn 21) und bedarf einer Übergangsregelung (Rn 22).

Übersicht

A. Einführung

1   Die Regelung ist durch Art 4 des Gesetzes zu Intensivierung des Einsatzes von Videokonfernztechnik in gerichtlichen und staatsanwaltschaftlichen Verfahren v 25.4.2013 (BGBl I 935) eingeführt worden. Sie trat am 1.11.2013 in Kraft. Das Gesetz beruht auf einem Gesetzesantrag des Landes Hessen (BR Drs 902/09 v 23.12.2009). Ein bereits 2007 eingebrachter Entwurf (BR Drs 643/07) war der Diskontinuität unterfallen.

2   Hintergrund des Betreibens der Hessischen Landesregierung war, dass aus ihrer Sicht sich der Einsatz von Videokonferenztechnik in der gerichtlichen Praxis noch nicht entscheidend durchgesetzt hat. Was zum einen auf der meist noch fehlenden technischen Ausstattung der Gerichte, Justizbehörden und Anwaltskanzleien beruhe, zum anderen aber auch auf der Anknüpfung der Verfahrensordnungen an das Einverständnis der Beteiligten zum Einsatz von Videokonferenztechnik. Die Vorteile der **verstärkten Nutzung des Einsatzes von Videokonferenztechnik in gerichtlichen und staatsanwaltschaftlichen Verfahren** solle jedoch auf der Hand liegen. Durch die Bereitstellung dieser Technik durch die Justizverwaltung werde vor allem der Anwaltschaft, aber auch anderen Verfahrensbeteiligten in geeigneten Fällen die Gelegenheit geboten, an gerichtlichen Verfahren ohne Reisetätigkeit aus der eigenen Kanzlei heraus oder von durch die Justizverwaltungen bereitgestellten Videokonferenzanlagen aus teilzunehmen. Der geringere zeitliche Aufwand für alle Beteiligten und das Gericht erleichtere die Terminierung von mündlichen Verhandlungen und Erörterungsterminen und trage damit zu einer Verfahrensbeschleunigung und einer Erhöhung der Wirtschaftlichkeit nicht zuletzt bei den professionellen Rechtsvertretern der Anwaltschaft bei (BT Drs 17/1224, A. Problem und Ziel).

3   In den Ländern gibt es bereits eine größere Zahl an Videokonferenz-Anlagen bei Gerichten und Justizvollzugsanstalten. Über das bundesweite Justizportal sind in einem **Verzeichnis** die Standorte, Telefonnummern und E-Mailadressen der Ansprechpartner sowie teilweise auch technische Informationen für jedermann verfügbar (aufgeführt unter http://www.justiz.de/verzeichnis/zwi_videokonferenz/videokonferenzanlagen.pdf, Stand 30.6.2013). Lediglich Bremen und Thüringen verfügen bisher über keine Videokonferenztechnik (zur Grenzüberschreitenden Videokonferenz innerhalb der EU siehen https://e-justice.europa.eu/content_manual-71–maximize-de.do?clang=de&idSubpage=2, Stand 30.6.2013). Auf der EU-Justizplattform sind alle Mitgliedstaaten und die Information aufgeführt, wo Gerichte über Videokonferenzanlagen verfügen und welchen Typs diese Anlagen sind (https://e-justice.europa.eu/content_information_on_national_facilities-151-de.do, Stand 30.6.2013). Auch gibt es dort ein Handbuch, welches sich mit dem Einsatz von **Videokonferenzausrüstungen in Gerichtsverfahren mit grenzüberschreitenden Bezügen in der Europäischen Union** befasst (https://e-justice.europa.eu/content_manual-71-de.do, Stand 30.6.2013). Dabei wird ua darauf hingewiesen, dass sich die Teilneh-

mer an einer Videokonferenz bewusst sein müssen, dass es auch mit den modernsten derzeit verfügbaren Systemen eine leichte Verzögerung zwischen dem Empfang der Bilder und dem dazugehörigen Ton gibt sowie auch auf Technische Standards hingewiesen, die beachtet werden sollen.

B. Bisherige Regelung

Über die Verweisungsnormen des § 173 VwGO findet bisher § 128a ZPO Anwendung. **4** § 128a ZPO bestimmt, dass Parteien, ihre Bevollmächtigten und Beistände sich an einem anderen Ort aufhalten und dort Verfahrenshandlungen vornehmen dürfen, und zwar während einer mündlichen Verhandlung ebenso, wie während einer Vernehmung, wenn die **zeitgleiche Übertragung in Bild und Ton** an diesen Ort und in das Sitzungszimmer erfolgt. Ebenso können sich die Beteiligten sowie ihre Vertreter, Bevollmächtigten und Beistände nach § 102 VwGO während einer mündlichen Verhandlung oder einer Vernehmung an einem anderen Ort aufhalten, wenn die zeitgleiche Übertragung in Bild und Ton an diesen Ort und in das Sitzungszimmer erfolgt. § 128a Abs 3 S 1 ZPO regelt, dass die Übertragung nicht aufgezeichnet werden darf. Jedoch kann die Aussage protokolliert werden, ggf im Wortprotokoll.

Genereller Nachteil der Videokonferenz ist eine gewisse Einschränkung im persönli- **5** chen Eindruck. Der unmittelbare persönliche Eindruck der zu vernehmenden Person ist für die Entscheidung vielfach von erheblicher Bedeutung. Die Glaubwürdigkeit einer Person kann im unmittelbaren Gespräch besser beurteilt werden als bei der Befragung in einer Videokonferenz. Gestik, Mimik und sonstige nonverbale Äußerungen der zu befragenden Person sowie deren körperliche Reaktionen, die Rückschlüsse auf ihre Zuverlässigkeit ergeben können, sind in einer direkten Vernehmungssituation unter Umständen besser erkennbar als in einer Videovernehmung. Insbesondere dann, wenn es um die Vernehmung eines für das Verfahren zentralen Zeugen geht, wird es notwendig sein, dass er – wenn möglich – unmittelbar vernommen wird (siehe Sachverständiger Wimmer zur öffentlichen Anhörung des Rechtsausschusses am 14.1.2013).

In der gerichtlichen Praxis hat sich der Einsatz von Videokonferenztechnik, abgesehen **6** von eher seltenen Fällen des strafprozessualen Zeugenschutzes, noch nicht durchgesetzt, was unter anderem an der fehlenden technischen Ausstattung der Gerichte und Justizbehörden einerseits und der Anwaltskanzleien andererseits, aber auch an der Anknüpfung des Gesetzes an das **Einverständnis der Verfahrensbeteiligten** liegen dürfte.

C. Neuregelung

Die nunmehr in allen Verfahrensordnungen (§ 128a ZPO, § 91a FGO, § 110a SGG) im **7** Wesentlichen gleichlautende Regelung **entbindet das Gericht von dem Erfordernis des Einverständnisses aller Parteien** bei dem Einsatz von Videokonferenztechnik und reduziert den Einsatz auf ein Antragserfordernis.

I. Mündliche Verhandlung – Abs 1

So kann das Gericht den Beteiligten, ihren Bevollmächtigten und Beiständen **auf Antrag** **8** **gestatten**, sich während einer **mündlichen Verhandlung** an einem anderen Ort aufzuhalten und dort Verfahrenshandlungen vorzunehmen. Dies kann das Gericht auch von Amtswegen entscheiden. Die Entscheidung ergeht durch Beschluss. Das **Gericht** ist bei einer mündlichen Verhandlung **die Kammer**, jedoch ohne die ehrenamtlichen Richter. Es sei denn, dass über diese Frage in einer mündlichen Verhandlung entschieden wird. Zwar entscheidet die Kammer des Verwaltungsgerichts in der Besetzung von drei Richtern und zwei ehrenamtlichen Richtern, soweit nicht ein Einzelrichter entscheidet. Bei Beschlüssen außerhalb der mündlichen Verhandlung und bei Gerichtsbescheiden (§ 84) wirken jedoch die ehrenamtlichen Richter nicht mit (§ 5 Abs 3 S 2).

Bei einer Entscheidung des Berichterstatters im Einverständnis der Beteiligten entscheidet **9** der **Berichterstatter**. Einer erfolgten Übertragung auf den **Einzelrichter**, selbiger. Es handelt sich bei der Entscheidung über den Einsatz von Videokonferenztechnik gerade nicht um vorbereitende Entscheidung iSd § 87 VwGO.

10 Die Entscheidung ist in das **pflichtgemäße Ermessen des Gerichts** gestellt. Dabei hat das Gericht die technischen Möglichkeiten ebenso, wie die damit verbunden allgemeinen Regelungen des jeweiligen Datenschutzgesetzes gerade im Hinblick auf die Datensicherheit zu beachten. Soweit eine entsprechende Dokumentation (Meldung/Verfahrensverzeichnis) fehlt, darf eine entsprechende positive Entscheidung nicht ergehen. Aus der Dokumentation muss sich die Art des Verfahrens ebenso ergeben, wie eine sichere Datenübertragung, gleich ob diese per ISDN oder über das Internet erfolgt. Insoweit wäre eine End- und Endverschlüsselung bei der Datenübertragung sicherzustellen (vgl BeckOK BDSG/Wolff/Brink/Schild Syst. E. Rn 51 ff).

11 Durch die Videokonferenz kann einem Beteiligten eine Anreise erspart werden. Die Anreise kann ihm aber nicht verboten werden. Denn den Beteiligten steht es weiterhin selbstverständlich **frei, dennoch persönlich zur mündlichen Verhandlung zu erscheinen**. Eines ausdrücklichen Widerspruchsrechts bedarf es insoweit nicht (BT Drs. 17/12418, zu Art 2, zu Abs 1 Seite 17). Soweit eine Person mittellos ist, kann sie, wenn sie persönlich erscheinen will, auch nicht auf die Videokonferenz verwiesen werden, sondern es steht ihr, wie bisher auch, im Rahmen der allgemeinen Regelungen ein Fahrtkostenzuschuss bzw. eine Fahrkarte zu. Dies auch, wenn diese teurer ist als die in Anl 1 Ziff 9019 GKG festzusetzende Pauschale.

II. Vernehmung – Abs 2

12 Nach Abs 2 kann durch das Gericht auf Antrag gestattet werden, dass sich **ein Zeuge, ein Sachverständiger oder ein Beteiligter während einer Vernehmung** an einem anderen Ort aufhält. Die Vernehmung wird dann zeitgleich in Bild und Ton an diesen Ort und in das Sitzungszimmer übertragen. Insoweit bezieht sich Abs 2 auf Vernehmungen von Beteiligten, Zeugen und Sachverständigen. In diesem Fall muss den Beteiligten, Bevollmächtigten oder Beiständen, denen nach Abs 1 bereits gestattet wurde sich an einem anderen Ort aufzuhalten eine Übertragung der Vernehmung als Ausfluss des rechtlichen Gehörs sichergestellt werden. Dies wird durch die Worte „so wird die Vernehmung auch an diesen Ort übertragen" klargestellt. In diesem Fall liegen mehr als zwei Enden einer Videoverbindung vor, die sowohl senden, wie auch gleichzeitig empfangen muss.

III. Dolmetscher

13 Nicht geregelt in der VwGO ist das Verfahren für den **Dolmetscher**. Dieser ist aber gerade im Bereich des Ausländer- und Asylrechts nicht zu vernachlässigen. Hier findet sich außerhalb der VwGO eine allgemeine Regelung im GVG. § 185 Abs 1a GVG regelt, dass das Gericht einem Dolmetscher gestatten kann, dass dieser sich bei Verhandlungen, Anhörungen oder Vernehmungen an einem anderen Ort aufhalten kann und mittels Videokonferenztechnik zugeschaltet werden kann. Dabei ist wiederum sicherzustellen, dass die Verhandlung, Anhörung oder Vernehmung zeitgleich in Bild und Ton an diesen Ort wo sich der Dolmetscher aufhält und in das Sitzungszimmer übertragen wird.

14 Diese Vorschrift dürfte in der Praxis wohl nur selten angewendet werden. Dolmetscher in den gängigen Sprachen sind an den Gerichtsstandorten in der Regel in ausreichendem Maß verfügbar. Allenfalls bei sehr seltenen Sprachen, bei denen kein Dolmetscher am Ort gefunden werden kann, kommt die Anwendung dieser Regelung in Betracht. Hinzu kommt das Problem, dass der Dolmetscher eine **Übersetzungshilfe bieten soll für alle wesentlichen Vorgänge und Äußerungen bei der Hauptverhandlung.** Dies umfasst auch zB eigene Verfahrenshandlungen, wie vorbereitende Gespräche des Klägers oä mit seinem Anwalt bzw. Vertreter. Da letzteres auch unmittelbar vor und während der Verhandlung erforderlich werden kann und häufig vertraulicher Natur ist, ist es schon aus technischen Gründen schwierig, dass ein per Videokonferenz eingeschalteter Dolmetscher seinen Aufgaben nachkommen kann (so auch Sachverständiger Wimmer zur öffentlichen Anhörung des Rechtsausschusses am 14.1.2013).

Hinzu kommt ein praktisches Problem. Bei einem persönlich anwesenden Dolmetscher 15
kann die **Übersetzung** häufig leise **simultan** und damit zeitsparend erfolgen, was bei einer
Videokonferenz (selbst bei Einsatz von Kopfhörern) nur schwer möglich sein dürfte. Damit
dürfte sich gerade im Ausländer- und Asylrecht eine Videokonferenztechnik nicht eignen.
Zumindest haben all diese Überlegungen in die Ermessensentscheidung des Gerichtes ein-
zufließen.

IV. Abs 3

Abs 3 S 1 stellt klar, dass die **Übertragung nicht aufgezeichnet** wird. Im Hinblick auf 16
die umfangreiche Protokollierung der Verhandlung und der Beweisaufnahme nach § 159
ZPO, die nach § 160 Abs 3 Nummer 4 ZPO insbes auch die Aussagen der Zeugen, Sachverständigen und vernommenen Parteien festzuhalten hat, liegt für den Fall des Verlusts des
Beweismittels eine ausreichende Sicherung für die Zwecke des Zivilprozesses und damit auch
das verwaltungsgerichtliche Verfahren vor. Auch hat sich die bisherige Regelung des Verbots
der Video-Aufzeichnung in der Praxis bewährt, ein Bedürfnis nach Aufzeichnungsmöglich-
keiten ist im Gesetzgebungsverfahren nicht bekannt geworden. Es wäre auch durch die
Lockerung des Verbots der Aufzeichnung die Gefahr eines Wertungswiderspruchs gegeben
zur Beweisaufnahme ohne Bild- und Tonübertragung, bei der ein vergleichbarer Erlaub-
nistatbestand fehlt. Die ursprünglich vorgesehene Ausnahme eine Aufzeichnung, wie sie im
Gesetzentwurf enthalten war, wurde vom Rechtsausschuss daher gestrichen (BT Drs 17/
12418, zu Art 2, zu Abs 3, Seite 17).

Damit ist technisch auch **sicher zu stellen, dass eine Aufzeichnung unter keinem** 17
technischen System möglich ist. Weder am Gerichtsort, noch bei den Orten oder Stellen
zu denen eine Übertragung in Bild und Wort erfolgt. Programme wie WireShark dürfen
daher an keinem Ort und auf keinem der Geräte installiert sein. Nur bei einer verschlüsselten
Leitung zu allen Endgeräten kann eine Aufzeichnung bei der Nutzung des Internets an
anderen Orten verhindert werden. Insoweit muss die Justizverwaltung auch Herrin des
Übertragungsweges sein.

Soweit im Gesetzgebungsverfahren die Meinung vertreten wurde, dass mit der Verbrei- 18
tung internetbasierter Videokonferenztechnik und der sukzessiven Ablösung der ISDN-
Technik mittlerweile technische Mittel zur Verfügung stehen, die die Kommunikation über
Videokonferenz ohne großen technischen Aufwand ermöglichen, mag diese Aussage zu
bezweifeln sein. Denn mit der nun geschaffenen Regelung wäre ein Einsatz zB von Skype
mangels **einer hinreichenden Datensicherheit** schlicht unzulässig.

Abs 3 S 2 stellt klar, dass Entscheidungen des Gerichts nach Abs 1 S 1 und Abs 2 S 1 19
unanfechtbar sind. Diese Regelung dient der Rechtssicherheit im Verfahren. Entsteht
jedoch im Falle einer Anordnung des Gerichts, ggf sogar gegen den Willen einer Partei, bei
der Nutzung einer Technik, die nicht dem Anforderungen der allgemeinen Datenschutz-
gesetzte und damit den acht Geboten der Datensicherheit entspricht, ein Schaden, so sind
Schadensersatzansprüche gegen die Gerichtsverwaltung nicht ausgeschlossen. Dies wäre zB
der Fall, wenn unbefugte Dritte sich mangels einer entsprechenden Verschlüsselung Zugang
zu der Videoübertragung verschaffen, diese aufzeichnen und die Verhandlung oder Auszüge
daraus in das Internet stellen und damit unberechtigt verbreiten.

V. Erörterungstermin – Abs 4

Für die gute Praxis der Durchführungen von **Erörterungsterminen** regelt Abs 4 Aus- 20
drücklich, dass Absätze 1 und 3 entsprechend Anwendung finden. Damit kann auch ein
Berichterstatter im Rahmen der Vorbereitung einer Entscheidung von der Möglichkeit des
Videoeinsatzes Gebrauch machen. Die Entscheidung darüber liegt in seinem pflichtgemäßen
Ermessen. Nach § 87 Abs 1 S 2 Nr. 1 können die Beteiligten zur **Erörterung des Sach-**
und Streitstandes und zur gütlichen Beilegung des Rechtsstreits geladen werden und von
dem Berichterstatter ein **Vergleich** entgegengenommen werden. Gerade zum Abschluss
eines Vergleiches könnte so eine weitere Anreise gespart werden. Ein gerichtlicher Vergleich
kann jedoch auch dadurch geschlossen werden, dass die Beteiligten einen in der Form eines
Beschlusses ergangenen Vorschlag des Gerichts, des Vorsitzenden oder des Berichterstatters

schriftlich gegenüber dem Gericht annehmen, § 106 S 2. Insoweit besteht hier eine noch einfachere das Verfahren beschleunigende Möglichkeit.

VI. Kosten der Videokonferenzverbindung

21   Mit dem Einsatz der Videokonferenzverbindung wird eine Pauschale für die Inanspruchnahme von Videokonferenzverbindungen von 15,00 EUR **je Verfahren** für **jede angefangene halbe Stunde** nach Ziffer 9019 der Anlage zum GKG berechnet. Werden also mehrere Verfahren gleichzeitig verhandelt multipliziert sich der Betrag mit der Anzahl der Verfahren.

D. Übergangsregelung

22   Nach Art 9 des Gesetzes zur Intensivierung des Einsatzes von Videokonferenztechnik in gerichtlichen und staatsanwaltschaftlichen Verfahren können die Landesregierungen für ihren Bereich durch Rechtsverordnung bestimmen, dass die Bestimmungen über Bild- und Tonübertragungen in gerichtlichen und staatsanwaltschaftlichen Verfahren ganz oder teilweise bis **längstens zum 31. Dezember 2017 keine Anwendung finden**. Die Landesregierungen können die Ermächtigung durch Rechtsverordnung auf die Landesjustizverwaltungen übertragen.

23   Damit sollen die Länder durch eine sogenannte „**Opt-out-Verordnungsermächtigung**" die Möglichkeit erhalten, das Inkrafttreten der Vorschriften über die Videokonferenztechnik in den Verfahrensordnungen durch Rechtsverordnung zeitlich befristet zurück zu stellen (BT Drs 17/12418, zu Art 9 S 21). Den Ländern soll dabei die Gelegenheit eröffnet werden die erforderlichen technischen Voraussetzungen zu schaffen. Die Länder können somit in Gerichtsbarkeiten, in denen Videokonferenztechnik noch nicht zur Verfügung steht, die gerichtliche Anordnung einer Videokonferenz ausschließen, indem sie das Inkrafttreten einzelner Befugnisnormen hinausschieben. Auf diese Weise sollen die Länder volle Flexibilität bei der flächendeckenden Einführung der Videokonferenztechnik erhalten.

24   Um den Ländern, die von der Verordnungsermächtigung des Art 9 S 1 keinen Gebrauch machen wollen, gleichwohl eine kurzfristige **Anpassung an die künftigen gesetzlichen Erfordernisse** zu ermöglichen, sieht Art 10 Abs 1 des Gesetzes zur Intensivierung des Einsatzes von Videokonferenztechnik in gerichtlichen und staatsanwaltschaftlichen Verfahren vor, dass das Gesetz erst am ersten Tag des siebten auf die Verkündung folgenden Kalendermonats in Kraft tritt, also zum 1.11.2013. Ob jedoch tatsächlich eine Anpassung, insbes an die acht Gebote der Datensicherheit erfolgte und ggf bei einer Beauftragung von anderen Behörden oder Firmen entsprechende Auftragsdatenverarbeitungsverträge (vgl. § 11 BDSG) geschlossen oder gar Verfahrensverzeichnisse erstellt wurden, bleibt fraglich und ist bisher nicht zu klären.

25   Ab dem 1.1.2018 findet die Regelung des § 102a unbeschränkt Anwendung. Spätestens zu diesem Zeitpunkt sollen alle Länder die technischen und hoffentlich auch die allgemeinen datenschutzrechtlichen Voraussetzungen geschaffen haben. Daher tritt Art 9 des Gesetzes zur Intensivierung des Einsatzes von Videokonferenztechnik in gerichtlichen und staatsanwaltschaftlichen Verfahren zum 1.1.2018 außer Kraft.

§ 103 [Gang der mündlichen Verhandlung]

(1) Der Vorsitzende eröffnet und leitet die mündliche Verhandlung.

(2) Nach Aufruf der Sache trägt der Vorsitzende oder der Berichterstatter den wesentlichen Inhalt der Akten vor.

(3) Hierauf erhalten die Beteiligten das Wort, um ihre Anträge zu stellen und zu begründen.

§§ 103, 104 VwGO regeln den Ablauf der mündlichen Verhandlung sowie die Rechte und Pflichten des Vorsitzenden, der übrigen Beisitzer und der Beteiligten. Diese Vorschriften gelten auch für den Einzelrichter und den Berichterstatter, die gem § 87a Abs 2 und 3 VwGO im Einverständnis der Beteiligten entscheiden. Daneben sind für die mündliche

Verhandlung aber auch § 97 S 2 VwGO über die Befragung von Zeugen und Sachverständigen durch die Beteiligten, § 86 Abs 2 VwGO über die Behandlung von Beweisanträgen in der mündlichen Verhandlung und § 86 Abs 3 VwGO über die Stellung sachdienlicher Anträge zu beachten. Gem § 173 VwGO gelten darüber hinaus die in §§ 136 ff ZPO niedergelegten Grundsätze. Schließlich finden nach § 55 VwGO einige Regelungen des GVG Eingang in das Verwaltungsprozessrecht, wie etwa die Bestimmungen über die Öffentlichkeit der mündlichen Verhandlung (§§ 169, 171b bis 175 GVG), die Sitzungspolizei (§§ 176 bis 183 GVG) und die Gerichtssprache (§§ 184 bis 191 GVG).

A. Eröffnung und Leitung der mündlichen Verhandlung (Abs 1)

§ 103 Abs 1 VwGO regelt den **Ordnungsrahmen** der Sitzung; das ist die Zusammenfas- 1
sung aller Verhandlungstermine eines Tages: Zu Beginn des Sitzungstages eröffnet der Vorsitzende die Sitzung; zugleich wird ausdrücklich oder konkludent festgestellt, dass die Öffentlichkeit Zugang zum Sitzungssaal hat und damit § 55 VwGO iVm §§ 169 ff GVG genügt ist. Anschließend wird in jedem terminierten Verfahren die mündliche Verhandlung durch Bezeichnung der Streitsache nach Aktenzeichen und Namen von Kläger und Beklagtem, das sog Kurzrubrum, eröffnet. Der Anspruch der Beteiligten auf rechtliches Gehör verpflichtet das Gericht dann, wenn eine mündliche Verhandlung anberaumt ist, nicht nur zu ordnungsgemäßer Ladung der Beteiligten, sondern außerdem auch zu einem ordnungsgemäßen Aufruf der Sache, weil es ihnen damit gleichsam das Startzeichen zur Wahrnehmung ihres Anspruchs auf rechtliches Gehör gibt. Die Anforderungen an die Art und Weise des Aufrufens einer Sache hängen dabei von den konkreten Umständen des Einzelfalles ab (BVerfG BVerfGE 42, 364, 369 ff; BVerwG BVerwGE 72, 28, 30 f).

Verhandlungsleitung meint zum einen die **formelle Leitung**, dh die Zuständigkeit für 2
den ordnungsgemäßen äußeren Ablauf der Sitzung. Hierunter fallen ua der Aufruf der Sache (vgl Abs 2), die Feststellung der Anwesenden sowie ggf der ordnungsgemäßen Ladung der Nichterschienenen, das Erteilen des Wortes an die Mitglieder des Gerichts und die Beteiligten, das Schließen der Verhandlung und die Verkündung der Entscheidung. Zum anderen obliegt dem Vorsitzenden die **sachliche Leitung** der Verhandlung. Diese umfasst die Erörterung der Streitsache mit den Beteiligten in tatsächlicher und rechtlicher Hinsicht (§ 104 Abs 1 VwGO), das Hinwirken auf die Stellung sachdienlicher Anträge und die Abgabe sachdienlicher Erklärungen (§ 86 Abs 3 VwGO) sowie die Vernehmung von Zeugen und Sachverständigen unter Protokollierung ihrer Aussagen.

Maßnahmen der formellen Verhandlungsleitung sind als prozessleitende Verfügungen 3
weder selbständig anfechtbar noch können sie zum Gegenstand einer gerichtlichen Entscheidung gemacht werden werden. Gegen Maßnahmen der sachlichen Prozessleitung kann demgegenüber die **Entscheidung des Gerichts** herbeigeführt werden (§§ 104 Abs 2, 173 VwGO, § 140 ZPO). Diese Entscheidung des Gerichts wiederum ist nicht selbständig anfechtbar.

Neben formeller und materieller Verhandlungsleitung hat der Vorsitzende schließlich 4
noch die **sitzungspolizeiliche Gewalt** (§ 55 VwGO, §§ 176 ff GVG), die der Aufrechterhaltung der Ordnung während der Sitzung dient.

B. Ablauf der mündlichen Verhandlung (Abs 2 und 3)

I. Die (Nicht-)Erschienenen

Nach dem Aufruf der Sache stellt der Vorsitzende fest und protokolliert, welcher Betei- 5
ligte erschienen bzw vertreten ist. Sind Beteiligte nicht erschienen, hindert dies die Durchführung der mündlichen Verhandlung grundsätzlich nicht: Wenn alle Beteiligten ordnungsgemäß geladen sind, was der Vorsitzende ebenfalls festzustellen und zu protokollieren hat, kann die mündliche Verhandlung selbst dann durchgeführt werden, wenn keiner der Beteiligten erschienen ist (vgl BVerwG NJW 1984, 251; BayVBl 1985, 635) oder ein zunächst erschienener Beteiligter die mündliche Verhandlung wieder verlässt (BVerwG NJW 1990, 1616). Voraussetzung ist – jedenfalls bei anwaltlich nicht vertretenen Beteiligten –, dass in der Ladung der Hinweis nach § 102 Abs 2 VwGO erfolgt ist.

6   Fehlt es an einer ordnungsgemäßen Ladung, liegt in einer trotzdem durchgeführten mündlichen Verhandlung ein Verstoß gegen den Grundsatz des rechtlichen Gehörs aus Art 103 Abs 1 GG, § 108 Abs 2 VwGO (OVG Münster NWVBl 1996, 114, 115). Ist das persönliche Erscheinen angeordnet, hat das Gericht den Termin von Amts wegen aufzuheben oder zu verlegen, wenn die Anwesenheit des betroffenen Beteiligten erforderlich ist, dieser aber nicht erscheint (BVerwG VwRspr 24, 380; BVerwGE 50, 275, 277; Buchholz 303 § 181 ZPO Nr 2). Kann auf seine Mitwirkung verzichtet werden, muss die Anordnung des persönlichen Erscheinens aufgehoben werden. Ein Versäumnisurteil gibt es im Verwaltungsprozess nicht. Dabei ist es unerheblich, ob die Versäumung des Termins auf einem Verschulden des Beteiligten beruht (BVerwG Buchholz 310 § 102 VwGO Nr 16).

7   Ein Verhandlungsbeginn **vor** der **festgesetzten Terminsstunde** ist nur im Einvernehmen aller Beteiligten zulässig (vgl BVerwGE 66, 311 f). Ob das Gericht bei Ausbleiben eines oder aller Beteiligten die mündliche Verhandlung durchführt und in der Sache entscheidet, liegt in seinem pflichtgemäßen Ermessen. Insbes ist das Gericht nicht schon allein wegen der Anzeige des früheren Prozessbevollmächtigten des Klägers über die Beendigung der Prozessvollmacht gehalten, von der Möglichkeit des § 102 Abs 2 VwGO abzusehen, in Abwesenheit zu verhandeln, es sei denn, gewichtige Anhaltspunkte bestehen dafür, dass der Kläger wegen der bisher bestehenden Prozessvollmacht ohne eigenes oder ihm zurechenbares Verschulden seiner Prozessbevollmächtigten an der Wahrnehmung der mündlichen Verhandlung verhindert war (BVerwG NJW 1983, 2155). Der Garantie des rechtlichen Gehörs wird in aller Regel dadurch genüge getan, dass die mündliche Verhandlung anberaumt wird, die Beteiligten ordnungsgemäß geladen werden und die mündliche Verhandlung zum festgesetzten Zeitpunkt eröffnet wird (BVerwG NVwZ 1989, 857, 858; NJW 1995, 3402). Die Beteiligten müssen sich so einrichten, dass sie pünktlich zum Termin erscheinen können. Erscheinen sie nicht zur Terminszeit, steht es im Ermessen des Vorsitzenden, ob er die mündliche Verhandlung sogleich eröffnet oder noch eine gewisse Zeit zuwartet. Dabei wird er einerseits das voraussichtliche Interesse der Beteiligten an der Teilnahme und andererseits das Interesse des Gerichts sowie der an später angesetzten Sachen Beteiligten an möglichst pünktlicher Einhaltung der Sitzungstermine berücksichtigen (BVerwG NVwZ 1986, 119; NJW 1995, 3402 mwN). Hat allerdings ein Beteiligter sein Erscheinen oder die Möglichkeit einer geringen Verspätung ausdrücklich angekündigt, so wird er damit rechnen können, dass eine gewisse Zeit gewartet wird und die Verhandlung nicht zB bereits zehn Minuten nach der Terminszeit geschlossen ist (BVerwG NVwZ 1989, 857, 858 mwN); geschieht dies gleichwohl, kann darin eine Versagung des rechtlichen Gehörs liegen (vgl OVG Münster NVwZ-RR 2002, 785). Ein verspätet erschienener Beteiligter kann auch einen Anspruch auf Wiedereröffnung der bereits geschlossenen Verhandlung haben, vgl § 104 Abs 3 S 2 VwGO. Dies gilt aber dann nicht, wenn das Urteil schon ergangen ist. Zum Schutz des rechtlichen Gehörs der Beteiligten ist es auch geboten, die Sache vor der Verkündung der aufgrund mündlicher Verhandlung gefällten Entscheidung erneut aufzurufen (BVerwG BVerwGE 72, 28, 37 f).

II. Der Sachbericht

8   Sind alle Beteiligten erschienen oder jedenfalls ordnungsgemäß geladen worden, so trägt der Vorsitzende oder der Berichterstatter den wesentlichen Inhalt der Akten vor, sog **Sachbericht**. Der Vortrag des Sachberichts dient nicht nur der Unterrichtung der Parteien und damit dem rechtlichen Gehör, sondern auch der Information der ehrenamtlichen Richter, damit diese sich ihre Überzeugung aus dem Gesamtergebnis des Verfahrens bilden können, § 108 Abs 1 S 1 VwGO (BVerwG NJW 1984, 251). Diesbezüglich kann es allerdings, gerade bei komplizierten Sachverhalten, sinnvoll sein, den ehrenamtlichen Richtern den Sachbericht bereits vor der mündlichen Verhandlung zugänglich zu machen. Der Sachvortrag soll klarstellen, von welchem Sachverhalt das Gericht – jedenfalls zu Beginn der mündlichen Verhandlung – ausgeht und zugleich den wesentlichen Inhalt der Akten zum Gegenstand der mündlichen Verhandlung machen. Letzteres entbindet das Gericht jedoch nicht von der Pflicht, die Beteiligten – möglichst schon vor der mündlichen Verhandlung – zur Wahrung des rechtlichen Gehörs darüber zu unterrichten, welche Akten es beigezogen hat (BVerwG DÖV 1974, 321).

Ebenso wie auf die mündliche Verhandlung insgesamt (vgl § 101 Abs 2 VwGO), können **9** die Beteiligten ausdrücklich (BVerwG Buchholz 310 § 103 VwGO Nr 4) oder konkludent durch rügelose Verhandlung zur Sache (BVerwG Buchholz 310 § 103 VwGO Nr 9) auch auf den Sachvortrag **verzichten**. In dem Umstand allein, dass ein Verfahrensbeteiligter in der mündlichen Verhandlung nicht erscheint, liegt allerdings kein Verzicht auf den Vortrag des wesentlichen Inhalts der Akten, weil das Ausbleiben ganz unterschiedliche Ursachen und Motive haben kann. Wer trotz ordnungsgemäßer Ladung im Verhandlungstermin nicht erscheint, begibt sich zwar insoweit seines Anspruchs auf rechtliches Gehör, gewährt dem Gericht aber nicht freie Hand, von den für die mündliche Verhandlung zwingend vorgeschriebenen Förmlichkeiten abzuweichen. Deshalb kann auch ein Verzicht der Beteiligten nur hinsichtlich ihrer Person geschehen und nicht auch insoweit, als der Vortrag zur Information der ehrenamtlichen Richter notwendig ist. Der Sachbericht muss daher – jedenfalls in einer Kammersitzung – auch dann gegeben werden, wenn im Termin keiner der Beteiligten oder nur einer von ihnen erscheint, der für seine Person auf den Sachvortrag verzichtet (BVerwG NJW 1984, 251).

Unterbleibt der Vortrag oder enthält dieser wesentliche Teile des Akteninhalts nicht, liegt **10** darin ein **Verfahrensmangel** iSv § 132 Abs 2 Nr 3 VwGO (BVerwG NJW 1984, 251). Auf ihm beruht das Urteil jedoch nur dann, wenn dadurch den Beteiligten entweder das rechtliche Gehör versagt oder den mitwirkenden Richtern eine ausreichende Unterrichtung über den Sach- und Streitstand vorenthalten worden ist (BVerwG NJW 1984, 251; BayVBl 1986, 374, 375). Im ersten Fall ist eine solche Rüge aber ausgeschlossen, wenn der Beteiligte auf den Sachbericht verzichtet hatte. Zudem verliert ein Beteiligter das Rügerecht gemäß dem im Verwaltungsprozess nach § 173 VwGO entsprechend anzuwendenden § 295 Abs 1 ZPO, wenn er in der mündlichen Verhandlung einen verzichtbaren Verfahrensmangel nicht gerügt hat, obgleich er zu dieser Verhandlung erschienen oder durch einen Rechtskundigen vertreten war und ihm bzw seinem Vertreter der Verfahrensmangel bekannt war oder bekannt sein musste (OVG Münster Beschl v 7.11.2011 – 5 A 1352/10). Der letzte Fall kann regelmäßig nur dann angenommen werden, wenn sich aus der gerichtlichen Entscheidung selbst Hinweise dafür ergeben, dass eine ausreichende Unterrichtung der zur Entscheidung berufenen Richter nicht, auch nicht während der Beratung, erfolgt ist. Eine Information der ehrenamtlichen Richter während der Beratung über alle entscheidungserheblichen Umstände ist regelmäßig anzunehmen (BVerwG NJW 1984, 251; BayVBl 1986, 374, 375).

Findet nach Durchführung einer mündlichen Verhandlung – aus welchen Gründen auch **11** immer – eine weitere mündliche Verhandlung statt, findet Abs 2 erneut Anwendung. Das ist insbes bei einem Wechsel auf der Richterbank von besonderer Bedeutung. Der Vorsitzende oder der Berichterstatter müssen daher den Sachverhalt einschließlich des bisherigen Prozessverlaufs in der neuen mündlichen Verhandlung vortragen (BVerwG NVwZ-RR 1990, 166). Das gilt auch im Fall einer erfolgten Beweisaufnahme (BVerwG NJW 1986, 3154) oder einer Anhörung von Sachverständigen, die außerhalb einer Beweisaufnahme stattgefunden hat (BVerwG NVwZ 1999, 654, 657).

III. Rede- und Antragsrecht

§ 103 Abs 3 VwGO geht davon aus, dass die Beteiligten nach dem Sachbericht das Wort **12** erhalten, um ihre Anträge zu stellen und zu begründen. Diese Reihenfolge ist jedoch – im Gegensatz zu dem für den Zivilprozess von § 137 ZPO vorgegebenen Ablauf – nicht zwingend. Wenn keine Unklarheit über das Klagebegehren besteht, ist es sinnvoll, die Anträge erst am Schluss der mündlichen Verhandlung aufzunehmen, da diese sich am Ergebnis der mündlichen Verhandlung ausrichten sollen (vgl § 86 Abs 3 VwGO) und sich in der Verhandlung Teile des Klagebegehrens erledigen können. In der Praxis werden die Beteiligten daher zunächst gefragt, ob es Ergänzungen oder Berichtigungen zum Sachbericht gibt, im Anschluss daran wird mit ihnen die Sach- und Rechtslage erörtert (vgl § 104 Abs 1 VwGO) und erst danach werden die Anträge protokolliert. Bei der Formulierung sachdienlicher Anträge hat der Vorsitzende Hilfestellung zu leisten (§ 86 Abs 3 VwGO). Das Verlesen und die Genehmigung der protokollierten Anträge ist nicht erforderlich (BVerwG BVerwGE 45, 260, 264), geschieht jedoch regelmäßig. Ob die Beteiligten nach dem Sachbericht in der mündlichen Verhandlung ihre Anträge stellen und begründen sollen oder ob zuvor gem

§ 104 VwGO verfahren und zB die Beweisaufnahme durchgeführt wird, entscheidet der Vorsitzende nach seinem prozessleitenden Ermessen (BVerwG Buchholz 310 § 103 VwGO Nr 3).

13   Den Beteiligten muss Gelegenheit gegeben werden, ihre **Sachanträge** zu stellen. Diese Anträge legen das Klagebegehren (vgl § 88 VwGO) sowie das Begehren der übrigen Beteiligten endgültig fest, da maßgeblich erst die in der mündlichen Verhandlung gestellten Anträge und nicht die in den vorbereitenden Schriftsätzen einschließlich der Klageschrift enthaltenen Anträge sind (vgl BVerwG NVwZ 1991, 160). Wird ein solcher bloß angekündigter Antrag fallen gelassen, stellt dies dementsprechend keine Klageänaderung gem § 91 Abs 1 VwGO dar (VGH München Urt v 26.6.2012 – 10 BV 09.2259). Erscheint ein Beteiligter nicht, so gilt der in seinen Schriftsätzen angekündigte oder der sonst im Wege der Auslegung aus seinem Vortrag zu entnehmende Antrag als gestellt. Gleiches gilt, wenn das Stellen der Anträge versehentlich unterbleibt. Weigert sich der – erschienene – Kläger trotz Aufforderung durch den Vorsitzenden, einen Antrag zu stellen, fehlt der Klage ein zwingendes Erfordernis, was sie unzulässig macht (VGH München Beschl v 28.1.2009 – 15 ZB 08.3062). Das Gericht ist nicht befugt, von Amts wegen über frühere in vorbereitenden Schriftsätzen oder in früheren mündlichen Verhandlungen gestellte Sachanträge zu befinden (OVG Berlin NJW 1968, 1004). Weigert sich der Beklagte einen Sachantrag zu stellen, ist dies nicht notwendig als Anerkenntnis zu verstehen, weil der Beklagte insoweit in einer anderen prozessualen Situation als der Kläger ist. Ein Beigeladener braucht keinen Antrag zu stellen (vgl § 66 VwGO).

14   Die **Erteilung** des Wortes an die Beteiligten dient der Wahrung des **rechtlichen Gehörs**. Auch bei Vertretung durch einen Bevollmächtigten nach § 67 VwGO ist dem Beteiligten auf Antrag neben dem Bevollmächtigten das Wort zu erteilen; dies gilt auch in Prozessen mit Anwaltszwang (vgl § 137 Abs 4 ZPO). Falls sich erst in der mündlichen Verhandlung neue Gesichtspunkte ergeben, müssen die Beteiligten hierzu eine angemessene Frist zur Stellungnahme – ggf unter Vertagung – erhalten. Für das Nachreichen von Schriftsätzen gilt § 283 ZPO entsprechend.

§ 104 [Richterliche Frage- und Erörterungspflicht]

(1) Der Vorsitzende hat die Streitsache mit den Beteiligten tatsächlich und rechtlich zu erörtern.

(2) ¹Der Vorsitzende hat jedem Mitglied des Gerichts auf Verlangen zu gestatten, Fragen zu stellen. ²Wird eine Frage beanstandet, so entscheidet das Gericht.

(3) ¹Nach Erörterung der Streitsache erklärt der Vorsitzende die mündliche Verhandlung für geschlossen. ²Das Gericht kann die Wiedereröffnung beschließen.

Die Vorschrift – jedenfalls Abs 1 – ist im Hinblick auf den konkreten Ablauf einer mündlichen Verhandlung im Verbund mit § 103 Abs 2 u. 3 VwGO zu sehen: Im Regelfall ist nach der Erstattung des Sachberichts (§ 103 Abs 2 VwGO) mit den Beteiligten die Sach- und Rechtslage zu erörtern, ist eine entsprechende Beweisaufnahme, zB eine Zeugenvernehmung, durchzuführen und sind die Anträge von den Beteiligten zu stellen (§ 103 Abs 3 VwGO), wobei das Gericht auf eine ordnungsgemäße und sachdienliche Antragstellung hinzuwirken hat (§ 86 Abs 3 VwGO). Ggf kann das Verfahren auch durch Anerkenntnis (§ 173 VwGO iVm § 307 ZPO), durch Abschluss eines Prozessvergleichs (§ 106 VwGO), durch Klagerücknahme (§ 92 Abs 1 VwGO) oder übereinstimmende Hauptsacheerledigungserklärungen der Parteien (§ 161 Abs 2 VwGO) unstreitig beendet werden.

A. Die Erörterung der Streitsache (Abs 1)

1   Die mündliche Verhandlung ist der eigentliche Ort, um die Sach- und Rechtslage mit den Beteiligten iSv § 63 VwGO – soweit ein Bevollmächtigter bestellt ist, primär mit diesem – zu erörtern (BVerwG Buchholz 310 § 104 VwGO Nr 29). Mit der Erörterung wird der für die Entscheidung **maßgebliche Sachverhalt** geklärt und **rechtliches Gehör** gewährt (BVerwG VerwGE 24, 264, 267). Es soll verhindert werden, dass die Beteiligten durch eine Entscheidung überrascht werden, die auf – tatsächlichen oder rechtlichen –

Gesichtspunkten beruht, die den Beteiligten nicht – oder doch nicht in dieser Bedeutung – bekannt waren (BVerwG Buchholz 310 § 104 VwGO Nr 10). Ein sog **Überraschungsurteil** liegt dann vor, wenn das Gericht einen bis dahin nicht erörterten rechtlichen oder tatsächlichen Gesichtspunkt zur Grundlage seiner Entscheidung macht und damit dem Rechtsstreit eine Wendung gibt, mit der ein Beteiligter nach dem bisherigen Verlauf des Verfahrens nicht zur rechnen brauchte (BVerfGE 86, 133, 144 f; BVerwG Buchholz 310 § 108 VwGO Nr 98; NVwZ 1982, 560 f). Die Vorschrift des § 104 Abs 1 VwGO ergänzt insoweit § 86 Abs 3 VwGO (BVerwGE 36, 264, 266).

Im Einzelnen ist der Umfang der tatsächlichen und rechtlichen Erörterung nicht fest- **2** gelegt, sondern an der jeweiligen Fallkonstellation auszurichten (BVerwG Buchholz 310 § 104 VwGO Nr 20). Eine bestimmte **Mindestdauer** gibt es daher **nicht**; ohnehin besteht zwischen den Pflichten des Vorsitzenden und seinen Befugnissen zur Erörterung eine erhebliche Spanne, so dass weitergehende Hinweise als diejenigen, zu denen er nach Abs 1 verpflichtet ist, gleichwohl zulässig sind (vgl BVerwG Buchholz 310 § 104 VwGO Nr 10). Dementsprechend steht die Erörterungspflicht einer Entscheidung nicht im Wege, wenn einzelne oder alle Beteiligten nicht erscheinen; erforderlich ist dann lediglich, dass der Sachverhalt geklärt und rechtliches Gehör nicht mehr zu gewähren ist. Umgekehrt kann in besonderen Fällen – ggf auch schon vor der mündlichen Verhandlung im vorbereitenden Verfahren – ein gerichtlicher Hinweis geboten sein.

Zu erörtern sind alle bisher nicht oder nicht ausreichend behandelten Fragen, die **3** zwischen den Beteiligten **streitig** sind und vom Gericht als erheblich angesehen werden, um den Beteiligten Gelegenheit zu geben, ggf ihren Vortrag zu ergänzen oder mit ihren Anträgen hierauf zu reagieren. Die Erörterungspflicht besteht nach der ausdrücklichen Bestimmung in Abs 1 auch für **Rechtsfragen** (BVerwGE 51, 111, 113). Abwegige Rechtsansichten eines Beteiligten müssen allerdings nicht erörtert werden (vgl BVerfG NJW 1997, 1433 f). Die Erörterungspflicht für entscheidungserhebliche Rechtsfragen gilt insbes dann, wenn das Gericht von seiner bisherigen Rechtsprechung abweichen will (BVerwG NJW 1961, 891 f; 1549). Es muss aber kein umfassendes Rechtsgespräch mit den Beteiligten führen (BVerfGE 31, 364, 370; 86, 133, 145). Insbes ist das Gericht nicht verpflichtet, in dem Rechtsgespräch, das in der mündlichen Verhandlung mit einer anwaltlich vertretenen Partei geführt wird, auf jeden rechtlichen Gesichtspunkt besonders hinzuweisen, auf den es für die Entscheidung ankommen kann, wenn dieser Gesichtspunkt bereits früher im Verwaltungs- oder im Gerichtsverfahren erörtert wurde oder sonst auf der Hand liegt (BVerwG Beschl v 19.3.2007 – 9 B 20/06, BeckRS 2007, 22752). Ebenso wenig ist es grds verpflichtet, seine beabsichtigte Entscheidung bzw die sie tragende Rechtsauffassung schon vor der Urteilsberatung festzulegen und in der mündlichen Verhandlung zur Erörterung zu stellen (BVerfG NJW 1991, 2823, 2824; BVerfGE 74, 1, 5; BVerwG Buchholz 310 § 104 VwGO Nr 20; Buchholz 310 § 108 Nr 235; NVwZ 1991, 574, 575; GewArch 1994, 284, 285).

Allerdings kann es in besonderen Fällen geboten sein, die Verfahrensbeteiligten auf eine **4** **Rechtsauffassung hinzuweisen**, die das Gericht seiner Entscheidung zugrunde legen will. Eine dem verfassungsrechtlichen Anspruch genügende Gewährung rechtlichen Gehörs setzt voraus, dass der Verfahrensbeteiligte bei Anwendung der von ihm zu verlangenden Sorgfalt zu erkennen vermag, auf welche Gesichtspunkte es für die Entscheidung ankommen kann. Es kann im Ergebnis der Verhinderung eines Vortrags zur Rechtslage gleichkommen, wenn das Gericht ohne vorherigen Hinweis auf einen rechtlichen Gesichtspunkt abstellt, mit dem auch ein gewissenhafter und kundiger Prozessbeteiligter selbst unter Berücksichtigung der Vielfalt der vertretenen Rechtsauffassungen nicht zur rechnen brauchte (BVerfGE 86, 133, 144 f). Zur Vermeidung eines Überraschungsurteils kann für den Fall, dass das Gericht seine Entscheidung auf wesentlich andere als bisher erörterte Aspekte stützen will, bei Nichterscheinen eines Beteiligten, der mit einer solchen Änderung nicht zu rechnen brauchte, die Vertagung der Verhandlung erforderlich sein (BVerwG VerwRspr 31, 894).

Gleichermaßen darf das Gericht nicht ohne vorherigen Hinweis Anforderungen an den **5** **Sachvortrag** stellen, mit denen auch ein gewissenhafter und kundiger Beteiligter nach dem bisherigen Prozessverlauf nicht zu rechnen brauchte (BVerfG NJW 1991, 2823, 2824). Eine Erörterung der Sach- und Rechtslage iSv Abs 1 hat auch im Anschluss an eine Beweisaufnahme vor der abschließenden Entscheidung stattzufinden und muss sich auf das Ergebnis der Beweisaufnahme erstrecken (vgl § 108 Abs 2 VwGO). Das Gericht verletzt diese Pflicht aber dann nicht, wenn es den Beteiligten nach Abschluss der Beweisaufnahme Gelegenheit zur Ergänzung ihres Vortrags und ggf zur Stellung neuer Sachanträge gibt (BVerwG DÖV 1981, 839, 840). Es muss keine ausdrückliche Erörterung zu den Ergebnissen einer Beweisaufnahme und seiner Beweiswürdigung mit den Beteiligten beginnen, wenn dies nicht durch neu aufgetretene tatsächliche oder rechtliche Gesichtspunkte veranlasst und zur Vermeidung von Überraschungsentscheidungen angezeigt ist (BVerwG Buchholz 310 § 104 VwGO Nr 20; NVwZ 2003, 1132, 1134).

6   Wird ein Beteiligter in der Verhandlung **erstmals** mit einer Rechtsauffassung **konfrontiert**, zu der er nicht aus dem Stand sachgerecht Stellung zu nehmen vermag, so kann er darauf hinwirken, dass die Sitzung unterbrochen oder die Verhandlung vertagt wird (§ 227 Abs 1 ZPO iVm § 173 VwGO). Kann sich ein Beteiligter in der mündlichen Verhandlung auf ein Vorbringen des Gegners nicht erklären, weil es ihm nicht rechtzeitig vor dem Termin mitgeteilt worden ist, so kann das Gericht überdies auf seinen Antrag nach § 283 ZPO iVm § 173 VwGO eine Frist bestimmen, in der er die Erklärung in einem Schriftsatz nachbringen kann, sog nachgereichter Schriftsatz. Sieht die in der mündlichen Verhandlung anwaltlich vertretene Partei es als unzumutbar an, auf die Rechtsausführungen des Prozessgegners sofort einzugehen, so hat sie es in der Hand, die prozessualen Möglichkeiten, die ihr zur Wahrung ihrer Interessen zu Gebote standen, zu nutzen (BVerwG Buchholz 310 § 104 VwGO Nr 29).

B. Fragerechte (Abs 2)

7   Im Unterschied zur Prozessleitung und zur allgemeinen Erörterungspflicht, die beim Vorsitzenden liegt und mit der auch ein allgemeines Erörterungs- und Fragerecht korrespondiert, haben die übrigen Mitglieder des Spruchkörpers nur ein Fragerecht. Während dieses Fragerecht der Mitglieder des Gerichts auf Abs 2 S 1 beruht, folgt das Fragerecht der Prozessbeteiligten aus Abs 1 sowie für das Beweisverfahren aus § 97 VwGO.

8   Anders als in § 140 ZPO ist das Beanstandungsrecht in Abs 2 S 2 nicht auf die Prozessbeteiligten beschränkt, sondern kann auch von den Mitgliedern des Gerichts wahrgenommen werden. Grund für eine Beanstandung kann vor allem sein, dass die gestellte Frage nicht sachgerecht ist. Über die Beanstandung entscheidet das Gericht durch unanfechtbaren Beschluss (vgl zum Parallelproblem der Beanstandung einer Frage § 97 S 3 VwGO).

C. Schließen und Wiedereröffnen (Abs 3)

I. Schluss der mündlichen Verhandlung

9   Die mündliche Verhandlung wird geschlossen, wenn die Anträge gestellt sind und von niemandem mehr das Wort gewünscht wird. Das Schließen der Verhandlung setzt voraus, dass die Streitsache **hinreichend erörtert** ist (vgl Abs 3 S 1), dass die Beteiligten oder die Mitglieder des Gerichts keine Fragen mehr haben und dass die Beteiligten nach Anhörung zu allen entscheidungserheblichen Fragen weder weitere Anträge stellen noch ergänzend vortragen wollen. In der Praxis erhalten die Beteiligten daher vor Schluss der mündlichen Verhandlung ausdrücklich Gelegenheit zur abschließenden Stellungnahme.

10   Das Schließen der mündlichen Verhandlung kann **ausdrücklich**, aber auch durch **konkludentes** Verhalten geschehen, etwa durch die Verkündung des Beschlusses über die Zustellung einer Entscheidung oder das Zurückziehen des Gerichts zur Beratung. Das Gericht hat nun zu entscheiden, ob es im Anschluss an die mündliche Verhandlung eine Entscheidung verkünden will (§ 116 Abs 1 S 1 Hs 1 VwGO), ob ein besonderer Entscheidungsverkündungstermin anberaumt (§ 116 Abs 1 S 1 Hs 2 VwGO) oder ob stattdessen den Beteiligten die schriftliche Entscheidung zugestellt wird (§ 116 Abs 2 VwGO). In den beiden letztgenannten Fällen bedarf es eines entsprechenden Gerichtsbeschlusses.

11   Nach Schließen der mündlichen Verhandlung kann Neues **nicht mehr vorgetragen** werden. Danach eingereichte Schriftsätze können für die abschließende Entscheidung nicht mehr berücksichtigt werden (BVerfG NJW 1992, 2217); gleichwohl muss das Gericht sie bis zu dem Zeitpunkt, in dem es sich selbst seiner Entscheidung entäußert, zur Kenntnis nehmen und prüfen, ob sie Anlass bieten, die mündliche Verhandlung wiederzueröffnen, insbes dann,

wenn ein Urteil nach Schluss der mündlichen Verhandlung nicht gem § 116 Abs 1 VwGO verkündet, sondern gem § 116 Abs 2 VwGO zugestellt wird (BVerwG DVBl. 1989, 874, 875; NVwZ 1989, 750; vgl auch BVerfGE 72, 84, 88). Ohne Weiteres berücksichtigen muss das Gericht neuen Sachvortrag, wenn es gem § 283 ZPO die Nachreichung eines Schriftsatzes binnen angemessener Frist erlaubt hat (BVerfGE 11, 218, 220; 60, 120, 123; BVerwG NJW 1998, 553). Ggf muss anderen Beteiligten wiederum Gelegenheit zur Replik gegeben werden (BVerfGE 55, 95, 99). Entscheidet das Gericht vor Ablauf der Schriftsatzfrist, liegt darin eine Verletzung des rechtlichen Gehörs (BVerfGE 12, 110, 113; BVerwG DÖV 1991, 644). Auf ein Verschulden des Gerichts kommt es dabei nicht an (BVerfGE 11, 218, 220; 60, 120, 123). Die Erklärung der Rücknahme zu Protokoll des Gerichts nach dem Schließen der mündlichen Verhandlung ist (form-)wirksam. Sie kann wirksam in das Protokoll aufgenommen werden, auch wenn das Gericht die mündliche Verhandlung bereits geschlossen hat. Das Protokoll über die Verhandlung – sprich: den Termin, in dem mündlich zur Sache verhandelt wird – wird gleichwohl weitergeführt. Dies ergibt sich zwingend aus § 162 Abs 3 Nr 6u 7 ZPO, wonach die Entscheidung des Gerichts und deren Verkündung festzuhalten ist, aber auch aus § 162 Abs 3 Nr 9 ZPO, wonach der Verzicht auf Rechtsmittel festzustellen ist. All diese zu protokollierenden Förmlichkeiten erfolgen regelmäßig erst, nachdem die mündliche Verhandlung – im engeren Sinne – geschlossen worden ist (OVG Münster Urt v 13.8.2007 – 1 A 1995/06).

II. Wiedereröffnung

Das Institut der nachträglichen Wiedereröffnung der mündlichen Verhandlung soll den **12** Parteien die sachgerechte Wahrnehmung ihrer Rechte gewährleisten, insbes durch mündlichen Vortrag zu dem erst aufgrund der mündlichen Verhandlung gewonnenen Gesamtergebnis des Verfahrens Stellung nehmen zu können (BVerwG Buchholz 310 § 104 Nr 27).

1. Ermessen des Gerichts

Die Entscheidung über das Wiedereröffnen der mündlichen Verhandlung liegt im Er- **13** messen des Gerichts; ein **Anspruch** eines Beteiligten auf Wiedereröffnung **besteht** grundsätzlich **nicht**. In bestimmten Fällen kann sich dieses Ermessen jedoch zu einer Wiedereröffnungspflicht verdichten (BVerwG NJW 1984, 192; NVwZ 1989, 857; NVwZ-RR 1991, 587; NJW 1992, 3185, 3186). Das ist insbes gegeben, wenn sich nach Schluss der mündlichen Verhandlung herausstellt, dass die bisherige Sachaufklärung für eine Entscheidung nicht ausreicht (BVerwG NJW 1984, 192; NVwZ-RR 1991, 587; BVerwGE 81, 139, 143) oder wenn den Beteiligten noch rechtliches Gehör zu gewähren ist (BVerwG NVwZ-RR 1991, 587; Beschl v 3.12.2008 – 10 B 13/08, BeckRS 2009, 30185), zB bei unverschuldet verspätetem Erscheinen eines Beteiligten oder seines Bevollmächtigten noch vor Ergehen des Urteils, aber in unmittelbarem Anschluss an eine mündliche Verhandlung, die infolge der rechtlichen wie sprachlichen Ungewandtheit des Rechtsuchenden schon nach kurzer Dauer geschlossen wurde. Es kann hier nichts anderes gelten als in den Fällen eines nach Schluss der mündlichen Verhandlung, aber vor Verkündung oder Zustellung des Urteils an Verkündungs statt eingehenden Schriftsatzes, der das Gericht grundsätzlich verpflichtet, den Inhalt zur Kenntnis zu nehmen und in seine Erwägungen über eine Wiedereröffnung der mündlichen Verhandlung einzubeziehen. Auf diese Weise soll bei einem nachträglichen rechtserheblichen Vorbringen ein unrichtiges Urteil – soweit es noch nicht existent und nach außen bindend geworden ist – möglichst verhindert werden (BVerwG NVwZ 1989, 857; NJW 1992, 3185, 3186). Eine **Wiedereröffnungspflicht** besteht jedoch nicht, wenn ein Beteiligter schuldhaft wesentlich zu spät erscheint, während die anderen Beteiligten sich nach Schluss der mündlichen Verhandlung schon entfernt haben (OVG Hamburg NJW 1991, 941).

Eine **Rechtspflicht** zur Wiedereröffnung ist **anzunehmen**, wenn ein nach § 283 ZPO **14** in zulässiger Weise nachgereichter Schriftsatz wesentlich neuen Vortrag enthält, der eine Erörterung nach Abs 1 erforderlich macht, insbes weil das Gericht darauf seine Entscheidung stützen will (BVerwG NJW 1995, 2303; NVwZ-RR 2002, 217), oder wenn sonstige Gründe vorliegen, die jede andere Entscheidung des Gerichts insoweit als ermessensfehlerhaft erscheinen lassen (vgl BVerwG Buchholz 310 § 104 VwGO Nr 3). Die Wiedereröffnung steht schließlich auch dann nicht im Ermessen des Gerichts, sondern ist zwingende Rechtspflicht, wenn nach Abschluss der mündlichen Verhandlung, aber vor Ende der Beratung ein Mitglied des Gerichts ausfällt (vgl § 112 VwGO), wenn nachträglich Umstände vorgetragen oder bekannt werden, die eine Wiederaufnahme des Verfahrens nach § 153 VwGO rechtfertigen würden (vgl BVerwGE 10, 357) oder die Beschlussfassung über das Urteil bzw seine schriftliche Abfassung nicht rechtzeitig erfolgt sind (BVerwG NJW 1984, 192).

2. Antrag und Entscheidung

15   Das Gericht kann von Amts wegen tätig werden oder auf (formlosen) Antrag eines Beteiligten. Ein solcher Antrag auf Wiedereröffnung der mündlichen Verhandlung gehört zu den verfahrensrechtlichen Möglichkeiten, von denen ein Prozessbevollmächtigter erforderlichenfalls Gebrauch machen muss, um der von ihm vertretenen Partei rechtliches Gehör zu verschaffen. Zwar steht die Wiedereröffnung einer bereits geschlossenen mündlichen Verhandlung im Ermessen des Gerichts (§ 104 Abs 3 S 2 VwGO). Gleichwohl kann ein Wiedereröffnungsantrag ein taugliches prozessrechtliches Mittel sein, einen drohenden Verlust der Äußerungsmöglichkeit noch rechtzeitig abzuwenden. Denn das Institut der nachträglichen Wiedereröffnung soll den Parteien gerade die sachgerechte Wahrnehmung ihrer Rechte, namentlich durch mündlichen Vortrag zu dem erst aufgrund der mündlichen Verhandlung gewonnenen Gesamtergebnis des Verfahrens, gewährleisten (BVerwG NJW 1992, 3185). Eine unterlassene Antragstellung kann daher zum Verlust des Rechtes führen, sich auf eine Verletzung des rechtlichen Gehörs zu berufen (BVerwG Buchholz 310 § 104 VwGO Nr 27).

16   Über die Wiedereröffnung entscheidet das Gericht, nicht der Vorsitzende (BSG DÖV 1974, 430). Die Entscheidung wird als Beschluss außerhalb der mündlichen Verhandlung allein von den Berufsrichtern ohne Mitwirkung der ehrenamtlichen Richter gefällt (BVerwG NJW 1983, 1867). Es ist eine förmliche Beschlussfassung erforderlich; das Gericht darf also nicht einfach wieder in die mündliche Verhandlung eintreten (str, so BVerwG NJW 1984, 192; BSG DÖV 1974, 430). Nach anderer Auffassung reicht es aus, wenn das Gericht erkennbar die Absicht hat, die mündliche Verhandlung fortzusetzen; ein gesonderter Beschluss ist dann nicht notwendig. Vielmehr genügt es, wenn die Entscheidung, die mündliche Verhandlung wiederzueröffnen, im Urteil begründet wird (BFH NVwZ-RR 1997, 73). Schließlich wird sogar vertreten, dass das Gericht einen entsprechenden Antrag auf Wiedereröffnung unbeschieden lassen kann und ihn auch nicht in den Entscheidungsgründen erwähnen muss (VerfGH Bayern BayVBl 1993, 699). Die letztere Ansicht widerstreitet indes dem Recht auf rechtliches Gehör.

17   Die Wiedereröffnung ist bis zum **Erlass** des **Endurteils** (durch Verkündung oder Zustellung, § 116 Abs 2 VwGO) möglich, weil ab diesem Zeitpunkt die Entscheidung im Innenverhältnis bindend ist und vom Gericht nicht mehr geändert werden kann. Folglich ist sie ausgeschlossen, wenn auf die mündliche Verhandlung hin bereits ein Urteil verkündet worden ist oder wenn die von den mitwirkenden Richtern unterschriebene Urteilsformel im Rahmen des § 116 Abs 2 VwGO der Geschäftsstelle übergeben und von dieser im Einvernehmen mit dem Vorsitzenden den Beteiligten fernmündlich mitgeteilt worden ist (VGH München BayVBl 1997, 433) oder mit Aufgabe der ersten zuzustellenden Ausfertigung des vollständig abgefassten Urteils zur Post (s § 116 VwGO Rn 12). Dies ergibt sich aus der Funktion der Wiedereröffnung der mündlichen Verhandlung. Diese besteht darin, die Prozesslage (wieder-)herzustellen, in der die durch Verfassung und einfaches Prozessrecht für das gerichtliche Erkenntnisverfahren geforderten bzw gewährleisteten Handlungen und Erklärungen des Gerichts und der Verfahrensbeteiligten noch stattfinden können. Ist aber ein Endurteil ergangen, kann das Gericht, schon weil es gem §§ 173 VwGO, 318 ZPO an dieses Endurteil gebunden ist, es also auch nicht ändern oder aufheben kann, keine der Urteilsfindung vorausgehenden Verfahrenshandlungen mehr vornehmen (BVerwG NVwZ-RR 1991, 587; VGH München NVwZ 1997, 1233; BayVBl 1998, 733; VGH Mannheim VBlBW 1999, 262, 263).

18   Der **Beschluss** über die Wiedereröffnung ist als prozessleitende Maßnahme unanfechtbar, § 146 Abs 2 VwGO (BFHE 137, 224). Allein darauf, dass das Gericht in seiner alten Besetzung ohne förmlichen Beschluss erneut in die mündliche Verhandlung eingetreten ist, kann

die Entscheidung des Berufungsgerichts nicht iSd § 132 Abs 2 Nr 3 VwGO beruhen. Vielmehr kann ein das angegriffene Urteil beeinflussender Verfahrensfehler nur dann vorliegen, wenn die mündliche Verhandlung wiedereröffnet wird, obwohl die gesetzlichen Voraussetzungen dafür nicht erfüllt sind (BVerwG NJW 1984, 192).

Die wiedereröffnete Verhandlung ist eine in allen Bestandteilen vollständig neue mündli- **19** che Verhandlung. Durch den Beschluss über die Wiedereröffnung der mündlichen Verhandlung wird die Zäsurwirkung des Verhandlungsschlusses durchbrochen. In der wiedereröffneten mündlichen Verhandlung können die Beteiligten auch neue Tatsachen und Beweismittel vorbringen, die mit den Gründen für die Wiedereröffnung nicht zusammenhängen.

Die Bestimmung des § 104 Abs 3 S 2 VwGO gibt keinen Aufschluss darüber, ob die **20** „Wiedereröffnung" der Verhandlung in der dem Geschäftsverteilungsplan des Gerichts nunmehr entsprechenden, ggf anderen **Besetzung** des **Spruchkörpers** durchzuführen oder auch mit derselben Besetzung möglich ist. Danach liegt die Wahl zwischen der Fortsetzung der zuvor geschlossenen oder der Anberaumung einer erneuten Verhandlung im Ermessen des Gerichts. Aus dem Zweck der Wiedereröffnung, nämlich den Anspruch der Verfahrensbeteiligten auf rechtliches Gehör zu erfüllen, und dem grundrechtlich gewährleisteten Recht auf den gesetzlichen Richter folgt allerdings, dass die neue Verhandlung grundsätzlich vor dem nach geltendem Geschäftsverteilungsplan zuständigen Spruchkörper stattfinden hat. Die wiedereröffnete Verhandlung ist umso eher in ggf neuer Besetzung durchzuführen, je mehr der Wiedereröffnungsgrund der Sphäre des Gerichts zuzurechnen ist. Das Erfordernis des gesetzlichen Richters ist ausnahmsweise nicht berührt, wenn die weitere Sachaufklärung unter Verwertung des bisherigen Streitstoffes nötig erscheint oder rechtliches Gehör lediglich zum bisherigen Verhandlungsinhalt zu gewähren ist.

§ 105 [Niederschrift über die mündliche Verhandlung]

Für die Niederschrift gelten die §§ 159 bis 165 der Zivilprozeßordnung entsprechend.

§ 159 Abs 1 S 1 ZPO bestimmt, dass über die Verhandlung und jede Beweisaufnahme ein Protokoll aufzunehmen ist. S 2 eröffnet die Möglichkeit, für die Protokollführung unter näher bezeichneten Voraussetzungen einen Urkundsbeamten der Geschäftsstelle zuzuziehen. Nach Abs 2 gilt Abs 1 entsprechend für Verhandlungen, die außerhalb der Sitzung stattfinden. § 160 ZPO bestimmt den Inhalt des Protokolls (Rn 1): Nach Abs 1 sind die dort benannten Begleitumstände, nach Abs 2 der Hergang der Verhandlung in das Protokoll aufzunehmen, und nach Abs 3 sind die dort aufgeführten Feststellungen zwingend vorgeschrieben. Abs 4 eröffnet den Beteiligten die Möglichkeit zu beantragen, dass bestimmte Vorgänge oder Äußerungen in das Protokoll aufgenommen werden, und gestaltet die Reaktionsmöglichkeit des Gerichts aus. Abs 5 betrifft schließlich die Protokollanlage. § 161 ZPO regelt demgegenüber, unter welchen Voraussetzungen bestimmte, an sich zwingende Feststellungen entbehrlich sind. § 160a ZPO betrifft die vorläufige Protokollaufzeichnung. Die Genehmigung des Protokolls ist in § 162 ZPO, das Unterschreiben des Protokolls in § 163 ZPO und die – jederzeit bestehende Möglichkeit der – Protokollberichtigung (Rn 7) in § 164 ZPO näher ausgestaltet. Schließlich normiert § 165 S 1 ZPO, dass die Beachtung der für die Verhandlung vorgeschriebenen Förmlichkeiten nur durch das Protokoll bewiesen (Rn 4) werden kann. Nach S 2 ist gegen seinen diese Förmlichkeiten betreffenden Inhalt nur der Nachweis der Fälschung zulässig.

A. Inhalt

Der gesetzlich **vorgeschriebene Inhalt des Sitzungsprotokolls** ergibt sich aus §§ 160, **1** 161 ZPO, 105 VwGO. Nach § 160 Abs 2 ZPO sind die wesentlichen Vorgänge der Verhandlung aufzunehmen. Das betrifft nicht den Inhalt, sondern den Verlauf der Verhandlung. § 160 Abs 3 ZPO benennt zwingend festzustellende Umstände und Handlungen. Da wegen des Amtsermittlungsgrundsatzes im Verwaltungsprozess (§ 86 Abs 1 VwGO) die zivilprozessrechtlichen Vorschriften zum Geständnis nicht anwendbar sind, spielt § 160 Abs 3 Nr 3 ZPO im Verwaltungsprozess insoweit keine Rolle (Scheidler SächsVBl 2011, 255, 256).

Jedoch gehört ein Beweisantrag (BVerwG Buchholz 310 § 86 Abs 2 VwGO Nr 26) ebenso wie die Angabe, dass die Ablehnung eines Beweisantrages iSv § 86 Abs 2 VwGO begründet worden ist, zu den zwingend festzustellenden Umständen und Handlungen iSd § 160 Abs 3 ZPO. Der Inhalt der Begründung zählt indes zu den Vorgängen, auf deren Feststellung in der Niederschrift verzichtet werden darf, so dass es unschädlich ist, wenn das Protokoll keine Aufschlüsse über Einzelheiten der Begründung gibt. Allerdings muss das Tatsachengericht die Gründe dann in den Entscheidungsgründen des Urteils darlegen, um die Verfahrenskontrolle hinsichtlich der Ablehnung des Beweisantrags durch das Obergericht zu ermöglichen (BVerwG Beschl v 27.8.2003 – 4 B 69/03).

2   Der **Sachvortrag** der Beteiligten gehört grundsätzlich nicht zu den Umständen, die gem § 160 Abs 1 bis 3 ZPO notwendig protokolliert werden müssen (idS auch BVerwG NVwZ-RR 2011, 383 f zum klägerischen Antrag auf Beiziehung näher bestimmter Akten). Macht ein Asylbewerber Angaben zu seinen individuellen Asylgründen in der mündlichen Verhandlung im Rahmen einer formlosen Anhörung, so ergibt sich die gerichtliche Verpflichtung, zumindest den wesentlichen Inhalt dieser Angaben – ggf nach Maßgabe von § 160a Abs 2 ZPO – in die Verhandlungsniederschrift aufzunehmen, nicht unmittelbar aus § 160 Abs 3 Nr 4 ZPO, weil es sich nicht um Aussagen in einer förmlichen, gem § 98 VwGO iVm § 450 ZPO angeordneten, Parteivernehmung handelt. Allerdings ist der wesentliche Inhalt solcher Angaben des Asylbewerbers in entsprechender Anwendung des § 160 Abs 3 Nr 4 ZPO in die Niederschrift über die mündliche Verhandlung aufzunehmen (OVG Bautzen SächsVBl 2001, 126).

3   Über den zwingend aufzunehmenden Inhalt nach § 160 Abs 1 bis 3 ZPO hinaus können die Beteiligten bis zum Schluss der mündlichen Verhandlung beantragen, dass weitere Vorgänge oder Äußerungen in das Protokoll aufgenommen werden, § 160 Abs 4 S 1 ZPO. Danach ist ein entsprechender Antrag unzulässig (VGH München Beschl v 31.10.2012 – 11 ZB 11.2195). Im Streitfall entscheidet das Gericht hierüber durch unanfechtbaren Beschluss, vgl § 160 Abs 4 S 2u 3 ZPO.

B. Beweiskraft

4   Die Beachtung der für die mündliche Verhandlung vorgeschriebenen **Förmlichkeiten** kann nur durch das Protokoll bewiesen werden, §§ 165 S 1 ZPO, 105 VwGO. Förmlichkeiten betreffen den äußeren Hergang der Verhandlung, wie etwa die An- oder Abwesenheit des Beteiligtenvertreters, die Öffentlichkeit einer Verhandlung, die Erörterung der Sach- und Rechtslage und die Durchführung einer Beweisaufnahme durch die Vernehmung von Zeugen oder Sachverständigen. Sind solche Förmlichkeiten aufgenommen worden, haben sie stattgefunden; das Gegenteil kann nur durch den Nachweis der Protokollfälschung bewiesen werden, §§ 165 S 2 ZPO, 105 VwGO. Förmlichkeiten, die nicht ins Protokoll aufgenommen worden sind, gelten als nicht vorgenommen; eine Beweisführung außerhalb des Protokolls ist ausgeschlossen. Der Gegenbeweis gem § 415 Abs 2 ZPO, dass das Protokoll insoweit unvollständig ist, ist jedoch zulässig (BVerwG Buchholz 310 § 86 Abs 2 VwGO Nr 32).

Von § 165 S 1 ZPO nicht erfasst ist dagegen der **Inhalt der Verhandlung**. Darunter sind in erster Linie die Protokollfeststellungen nach § 160 Abs 3 Nr 1, 3 bis 6, 8, 9 und 10 ZPO über den Inhalt von Erklärungen des Beteiligten zu verstehen. Einseitige Prozesshandlungen, wie das Anerkenntnis oder die Rücknahme der Klage, werden in der mündlichen Verhandlung allein durch die Erklärung gegenüber dem Gericht vollzogen und damit wirksam. Die ordnungsgemäße Protokollierung einer solchen Erklärung ist nicht Wirksamkeitsvoraussetzung, sondern dient nur Beweiszwecken. Das durch § 105 VwGO in Verbindung mit § 162 Abs 1 ZPO vorgeschriebene Verfahren der Verlesung und Genehmigung von Protokollerklärungen soll lediglich Gewähr für die Richtigkeit des Protokolls bieten und damit seine Beweiskraft untermauern, ist aber nicht im Sinne eines zwingenden Formerfordernisses zu verstehen. Fehlt im Protokoll der Vermerk „vorgelesen und genehmigt" und besteht Streit über die Wirksamkeit der Klagerücknahme, hat das Gericht eine nicht nach § 165 S 2 ZPO beschränkte Beweisaufnahme zu klären, ob die Klage in der mündlichen Verhandlung tatsächlich zurückgenommen worden ist (BVerwG Beschl v 22.11.2010 – 2 B 8/10 BeckRS 2010, 56678 – mwN zur übereinstimmenden Rspr der Bundesgerichte).

Von einer anwaltlich vertretenen Partei kann im Allgemeinen erwartet werden, dass sie 5 eine von ihr für notwendig erachtete Beweisaufnahme bis zum Schluss der mündlichen Verhandlung in der gem § 86 Abs 2 VwGO vorgesehenen Form beantragt. Findet sich in der Niederschrift über die mündliche Verhandlung kein entsprechender Beweisantrag, kann eine mangelnde Sachaufklärung nicht mehr erfolgreich gerügt werden, weil das Protokoll vollen Beweis dafür begründet, dass der Beweisantrag nicht gestellt worden ist (BVerwG NVwZ 2012, 512, 513). Wenn die Beschwerde demgegenüber vorträgt, die Einsichtnahme in das Postausgangsbuch sei „beantragt" worden, muss sie sich die Beweiskraft der Niederschrift über die mündliche Verhandlung gem §§ 105, 173 VwGO iVm §§ 165, 418 ZPO entgegenhalten lassen. Falls die Beschwerde die Niederschrift in diesem Punkt für unvollständig halten sollte, hätte sie eine Protokollberichtigung beantragen müssen (vgl § 105 VwGO iVm § 164 ZPO; BVerwG Beschl v 17.9.2001 – 9 B 59/01).

Der Begriff der **Förmlichkeiten** in diesem Sinne ist eng auszulegen (BVerwG Buchholz 6 310 § 104 VwGO Nr 20); hierzu gehören ua nicht: die Tatsache, ob eine mündliche Verhandlung stattgefunden hat. Dies kann nicht nur durch das Sitzungsprotokoll, sondern auch durch den Urteilstatbestand nachgewiesen werden (BVerwG DÖV 1985, 580); die Einbeziehung bestimmter Beiakten in die mündliche Verhandlung (BVerwG DÖV 1983, 949); die tatsächliche und rechtliche Erörterung der Streitsache mit den Beteiligten (BVerwG Buchholz 310 § 104 VwGO Nr 20) oder die formlose informatorische Anhörung eines Bediensteten der beklagten Behörde (BVerwG Buchholz 310 § 108 VwGO Nr 246) sowie ein Beweisantrag bzw seine Protokollierung (HambOVG DÖV 2008, 926, 927).

C. Protokollberichtigung

Eine **Protokollberichtigung** ist gem §§ 164 Abs 1 ZPO, 105 VwGO von Amts wegen 7 oder auf (formlosen) Antrag der Beteiligten jederzeit möglich, auch nachdem Verfahrensfehler bereits mit Rechtsmitteln gerügt worden sind (BVerwG DÖV 1981, 180). Die Berichtigung erfolgt ohne förmliche richterliche Entscheidung nach Anhörung durch einen Vermerk auf dem Protokoll, §§ 164 Abs 3 S 1 ZPO, 105 VwGO; Protokollergänzungen sind jedoch unzulässig (VGH München BayVBl 1977, 444).

Sieht der Richter gem § 159 Abs 1 ZPO, § 105 VwGO von der Zuziehung eines Protokollführers ab, so ist er für die Richtigkeit des Protokolls alleine verantwortlich. Dementsprechend ist er in diesem Fall auch für die Protokollberichtigung alleine verantwortlich (§§ 164 Abs 3 S 2 ZPO, 105 VwGO). Anders liegt es, wenn ein Urkundsbeamter zur Protokollführung zugezogen war oder wenn er nach §§ 163 Abs 1 S 2 ZPO, 105 VwGO die Richtigkeit der Übertragung einer Tonaufzeichnung bestätigt hat (vgl ebenfalls §§ 164 Abs 3 S 2 ZPO, 105 VwGO); in diesem Fall ist der Urkundsbeamte für die Richtigkeit des Protokolls mitverantwortlich, entlastet insoweit den Richter und muss in direkter oder analoger Anwendung von § 164 Abs 3 S 2 ZPO, § 105 VwGO auch bei der Protokollberichtigung mitwirken (aA wohl BVerwG NVwZ-RR 2011, 383 f). Fraglich ist das Erfordernis der Mitunterzeichnung des Protokolls durch den Urkundsbeamten bereits, wenn es um eine Übertragung stenographischer Aufzeichnungen oder um die Übertragung von Aufzeichnungen auf einem Datenträger geht. Erst recht sieht das Gesetz keine Mitverantwortlichkeit des Urkundsbeamten für die Richtigkeit des Protokolls vor, wenn der Richter im Termin eine von ihm unterzeichnete vorläufige Protokollaufzeichnung in Langschrift erstellt hat, die für sich genommen schon als Sitzungsniederschrift angesehen werden könnte. Selbst wenn der Urkundsbeamte insoweit die Richtigkeit der Übertragung in Maschinenschrift bestätigt hat, ändert dies nichts daran, dass der Richter von Gesetzes wegen alleine für die Richtigkeit des Protokolls verantwortlich ist; angesichts dessen kann er das Protokoll auch alleine berichtigen (OVG Berlin-Brandenburg Beschl v 16.7.2009 – 9 N 201/08).

Die **Ablehnung** der Berichtigung erfolgt durch Beschluss, gegen den – ebenso wie gegen 8 die Berichtigung – weder Beschwerde noch ein Antrag an das Gericht in entsprechender Anwendung von § 151 VwGO gegeben sind. Eine Anfechtungsmöglichkeit gegen die Protokollberichtigung wurde vom Gesetzgeber nicht vorgenommen, da ein übergeordnetes Gericht mangels Teilnahme an der protokollierten Sitzung zu einer Überprüfung des Protokolls nicht geeignet erscheine (BT-Drs 7/2779, 63). Nach § 146 Abs 1 VwGO steht den Beteiligten und den sonst Betroffenen die Beschwerde an das Oberverwaltungsgericht bzw den Verwaltungsgerichtshof nur zu gegen Entscheidungen des Verwaltungsgerichts, des Vorsitzenden oder des Berichterstatters, die nicht Urteile oder Gerichtsbescheide sind. Der Beschluss über einen Antrag auf Berichtigung der Niederschrift über die mündliche Verhandlung ist keine solche Entscheidung, sondern ein Beschluss eigener Art. Denn er hat durch den Vorsitzenden und den Protokollführer, sei dies der Urkundsbeamte der Geschäftsstelle oder der mit der Protokollführung betraute Richter, zu ergehen. Auch die gem § 105 VwGO entsprechend anzuwendenden §§ 159 bis 165 ZPO sehen keinen besonderen Rechtsbehelf gegen die Entscheidung über einen Antrag auf Protokollberichtigung vor (str, so BVerwG DÖV 1981, 180u 840; VGH Mannheim NVwZ-RR 1997, 671; VGH München Beschl v 4.7.2007 – 12 C 07/1584). Auch wenn gesetzlich nicht ausdrücklich normiert, können die Rechtsschutzmöglichkeiten bei einer beantragten Protokollberichtigung nicht weiter gehen als bei einem Antrag auf Tatbestandsberichtigung, dessen Bescheidung nach § 119 Abs 2 S 2 VwGO unanfechtbar ist (VGH Mannheim NVwZ-RR 2003, 318). Für die Unanfechtbarkeit des Beschlusses über die Protokollberichtigung spricht ferner, dass die inhaltliche Richtigkeit des Protokolls sich der Erkenntnis der „Beschwerderichter" entzieht. Vielmehr kommt es allein auf das Erinnerungsvermögen und die Wahrnehmung des „Ausgangsrichters" an. Die Mitglieder des Beschwerdegerichts haben an der fraglichen Sitzung nicht teilgenommen und die Vorgänge nicht selbst miterlebt, so dass sie eine inhaltliche Überprüfung nicht vornehmen können (VGH Kassel DÖV 2009, 1012). Schließlich besteht auch kein besonderes, von vornherein in dem Sinne auf Verfahrensfragen eingeschränktes (ordentliches) Rechtsmittel, dass ein Protokollberichtigungsbeschluss (nur) zu den Fragen geprüft wird, ob der Antrag auf Berichtigung als unzulässig abgelehnt werden konnte, ob der Berichtigungsbeschluss von dazu berufenen Personen gefasst wurde oder an sonstigen Verfahrensfehlern leidet. Eine erweiternde Auslegung der Rechtsbehelfs- bzw Rechtsmittelvorschriften begegnet allein deshalb erheblichen Bedenken, weil das aus dem Rechtsstaatsprinzip abgeleitete Gebot der Rechtsmittelklarheit einer Zulassung von Rechtsmitteln und Rechtsbehelfen, die den geschriebenen Voraussetzungen nicht zu entnehmen sind, entgegensteht. Für eine außerordentliche Beschwerde gegen unanfechtbare Entscheidungen besteht im Hinblick auf den eigens für Gehörsverstöße geschaffenen Rechtsbehelf nach § 152a VwGO kein Raum mehr (OVG Hamburg DÖV 2008, 926, 927 mwN).

D. Fehlerfolgen

9   Ein **Unterlassen** notwendiger **Aufzeichnungen** ist ein **Verfahrensfehler**, der mit der Revision geltend gemacht werden kann. Ein anwaltlich vertretener Verfahrensbeteiligter kann derartige Protokollierungsmängel aber nur rügen, wenn er sie bei der nächsten mündlichen Verhandlung – die sich auch unmittelbar an eine Beweisaufnahme anschließen kann – beanstandet hat (stRspr BVerwG BVerwGE 67, 43). Die Verwirkung des Rügerechts, die mit dem Ende der an die Beweisaufnahme anschließenden mündlichen Verhandlung eintritt, hat zwar nach § 295 Abs 1 ZPO die gleichen Wirkungen wie ein wirksamer Verzicht auf die Befolgung von Verfahrensvorschriften. Sie tritt aber auch dann ein, wenn in diesen Vorschriften selbst – anders als etwa in § 162 Abs 2 S 2 ZPO hinsichtlich des Vorlesens des Protokolls oder seiner Vorlage zur Durchsicht – ein Verzicht nicht ausdrücklich vorgesehen ist. Zu den Vorschriften, auf deren Befolgung eine Partei wegen ihres zwingenden öffentlich-rechtlichen Charakters schlechthin nicht wirksam verzichten kann und auf die deshalb nach § 295 Abs 2 ZPO die Verwirkungsvorschrift nicht anzuwenden ist, gehören die Vorschriften über die Sitzungsniederschrift nicht (BVerwG NJW 1988, 579). Dieser Verlust des Rügerechts tritt indes nicht ein, wenn die rechtsunkundige Partei in der einzigen Tatsacheninstanz nicht anwaltlich vertreten war (BVerwG BVerwGE 51, 66).

10   Im Übrigen handelt es sich bei Verstößen gegen § 105 VwGO iVm §§ 159 ZPO ff für sich genommen nicht um von § 138 Nr 1 bis 6 VwGO erfasste Verfahrensmängel (vgl BVerwG NVwZ 1985, 182u 337). Aus der Nichtbeachtung der Verpflichtung, den wesentlichen Inhalt der tatsächlichen Angaben des Asylbewerbers zu den individuellen Verfolgungsgründen aufzunehmen, folgt auch nicht zwangsläufig, dass diesem das rechtliche Gehör versagt worden ist, dh der in § 138 Nr 3 VwGO bezeichnete Verfahrensmangel vorliegt. Denn die Feststellung des Inhalts dieser Angaben gehört nicht zu den für die mündliche

Verhandlung vorgeschriebenen Förmlichkeiten, deren Beachtung nach § 165 S 1 ZPO nur durch die Verhandlungsniederschrift bewiesen werden kann. Vielmehr ist eine Verletzung des Gehörsanspruchs nur anzunehmen, wenn der Verstoß gegen das Protokollierungserfordernis den Schluss zulässt, der Asylbewerber habe sich in der mündlichen Verhandlung nicht umfassend zu seinem Asylbegehren äußern können oder das Verwaltungsgericht habe nicht seinen gesamten Vortrag zur Kenntnis genommen und in seine Entscheidungsfindung einbezogen (OVG Bautzen SächsVBl 2001, 126). Ein anwaltlich vertretener Beteiligter, der davon absieht, in der mündlichen Verhandlung gem den § 105 VwGO, § 160 Abs 4 ZPO einen Antrag auf Protokollierung seines Sachvortrages zu stellen, kann mit seinem Antrag auf Zulassung der Berufung nicht erfolgreich geltend machen, das Verwaltungsgericht habe im Verständnis von § 124 Abs 2 Nr 5 VwGO verfahrensfehlerhaft gehandelt, indem es die Aufnahme seines Vorbringens in das Sitzungsprotokoll unterlassen habe (OVG Saarland NJW 2006, 1750, 1755).

Soweit der Kläger eine verfälschende Protokollwiedergabe seiner Angaben zur Sache rügt, **11** geht es ebenfalls nicht um die in den §§ 159 ff ZPO gestellten Anforderungen; der Kläger macht insoweit nicht Mängel des äußeren Vorgangs der Protokollierung, sondern eine sachlich unzutreffende Wiedergabe seiner Erklärungen geltend. Derartigen Mängeln ist mit einem Antrag auf Protokollberichtigung (§ 105 VwGO iVm § 164 ZPO) zu begegnen. Sie füllen dagegen nicht den Zulassungsgrund des § 132 Abs 2 Nr 3 VwGO aus (BVerwG BeckRS 2004 26969). Etwas anderes gilt nur dann, wenn das angefochtene Urteil auf der Unrichtigkeit des Protokolls beruht. Dies ist der Fall, wenn bei der Einhaltung der nicht beachteten Vorschrift Umstände hervorgetreten wären, die zu anderen tatsächlichen Feststellungen oder zu einer anderen Sachverhalts- und Beweiswürdigung des Gerichts hätten führen können. Macht der Beschwerdeführer geltend, Zeugenaussagen seien unrichtig oder unvollständig aufgenommen worden, so muss er darlegen, aus welchen Gründen sich dieser Fehler auf das Urteil ausgewirkt haben kann (BVerwG Buchholz 310 § 105 VwGO Nr 36; BVerwGE 48, 369, 371; st Rspr).

§ 106 [Gerichtlicher Vergleich]

[1] **Um den Rechtsstreit vollständig oder zum Teil zu erledigen, können die Beteiligten zur Niederschrift des Gerichts oder des beauftragten oder ersuchten Richters einen Vergleich schließen, soweit sie über den Gegenstand des Vergleichs verfügen können.** [2] **Ein gerichtlicher Vergleich kann auch dadurch geschlossen werden, daß die Beteiligten einen in der Form eines Beschlusses ergangenen Vorschlag des Gerichts, des Vorsitzenden oder des Berichterstatters schriftlich gegenüber dem Gericht annehmen.**

Die Vorschrift regelt mit dem Vergleich eine Form der nicht streitigen Beilegung des Rechtsstreits und ist damit Ausdruck des Dispositionsgrundsatzes. Dabei unterscheidet die Vorschrift zwei Fälle (Rn 6):

einerseits den unmittelbar zur Niederschrift (§ 105 VwGO) des Gerichts, des beauftragten oder ersuchten Richters abgeschlossenen Prozessvergleich (S 1) und

andererseits den durch das Gericht in Beschlussform unterbreiteten Vergleich, den die Beteiligten innerhalb bestimmter Frist gegenüber dem Gericht annehmen müssen, wenn dieser wirksam sein soll (S 2).

Übersicht

A. Der gerichtliche Vergleich

I. Rechtsnatur

1   § 106 VwGO enthält zwar Regelungen über den „Vergleich", **definiert** diesen Begriff aber **nicht**, sondern setzt ihn voraus. Folglich ist auf § 779 Abs 1 BGB, § 55 VwVfG zurückzugreifen: Demzufolge ist der Prozessvergleich ein **Vertrag**, mit dem die Beteiligten im Wege gegenseitigen Nachgebens den zwischen ihnen bestehenden Rechtsstreit beenden. Das vorausgesetzte beiderseitige Nachgeben kann sich sowohl auf prozessuale wie auf materiell-rechtliche Positionen beziehen und in rechtlich zulässigen Leistungen jeglicher Art bestehen. Dies können auch Ansprüche sein, die nicht Gegenstand des Verfahrens sind, sich gegen am Verfahren nicht Beteiligte Dritte richten oder im Verwaltungsrechtsweg nicht zu verfolgen wären (BVerwG NJW 1976, 2360; OVG Münster NJW 1969, 524, 525). Der Vergleichsgegenstand muss also nicht mit dem Streitgegenstand übereinstimmen, sondern kann darüber hinausgehen; er muss aber mit dem Streitgegenstand des Verfahrens in Zusammenhang stehen. Ein Prozessvergleich ist auch dann ein Vertrag, wenn die Behörde als Vertragsbestandteil einen Verwaltungsakt erlassen hat (BVerwG Urt v 18.7.2012 – 8 C 4/11).

2   Da § 106 VwGO Ausdruck des Verfügungsgrundsatzes ist, können die Beteiligten mit einem gerichtlichen Vergleich den gesamten Rechtsstreit beenden oder auch nur für einzelne abtrennbare selbständige Ansprüche den Streit beilegen (Teilvergleich; VGH München BayVBl 1987, 308, 309).

3   Der Prozessvergleich nach § 106 VwGO ist sowohl **Prozesshandlung**, deren Wirksamkeit sich nach den Grundsätzen des Prozessrechts richtet, als auch **öffentlich-rechtlicher Vertrag**, für den die Regeln des materiellen Rechts gelten. Ein gerichtlicher Vergleich hat also eine Doppelnatur (stRspr BVerwG NJW 1962, 1636; NJW 1994, 2306 f mwN). Als Prozesshandlung führt der gerichtliche Vergleich zur Verfahrensbeendigung, als materiellrechtlicher Vertrag zur Streitbeilegung (BVerwGE 10, 110; 14, 103, 104 f; NJW 1994, 2306 f mwN). Trotz dieser Doppelnatur bilden beide Bestandteile eine Einheit dergestalt, dass zwischen dem prozessualen und dem materiell-rechtlichen Teil eine Abhängigkeit besteht, sie sich insbes in ihrer Wirksamkeit wechselseitig, aber unterschiedlich beeinflussen (s iE Rn 20).

II. Wirksamkeitsvoraussetzungen

1. Verfahrensrechtliche Voraussetzungen

4   Der Abschluss eines Prozessvergleichs erfordert ein anhängiges **Gerichtsverfahren**. Er ist in jeder Verfahrensart möglich, also auch in Verfahren des vorläufigen Rechtsschutzes nach §§ 80, 80a, 123 VwGO sowie in Prozesskostenhilfeverfahren für ein (beabsichtigtes) Klageverfahren, s §§ 166 VwGO, 118 Abs 1 S 3 ZPO. Er ist in jedem Verfahrensstadium möglich, jedoch nicht mehr nach Rechtskraft des Urteils oder nach Klagerücknahme. Die Zulässigkeit der Klage ist nicht Voraussetzung; ein Prozessvergleich kann auch vor einem – örtlich – unzuständigen (OVG Münster VerwRspr 4, 673 f; OVG Lüneburg NJW 1969, 205, 206), einem nicht ordnungsgemäß besetzten Gericht (BVerwG Buchholz 424.01 § 137 FlurbG Nr 1) oder auch dann geschlossen werden, wenn der Verwaltungsrechtsweg nicht gegeben ist. Allerdings müssen alle am Vergleich Beteiligten die allgemeinen Anforderungen erfüllen, die an eine Prozesshandlung zu stellen sind, wie Beteiligten-, Prozess- und ggf Postulationsfähigkeit.

5   Zur prozessualen Wirksamkeit des Prozessvergleichs ist grundsätzlich nur die **Mitwirkung** von Kläger und Beklagtem Voraussetzung. Der Beteiligung des einfachen und auch des notwendig Beigeladenen bedarf es nicht (zu letzterem BVerwG MDR 1960, 873; Buchholz 310 § 106 VwGO Nr 6u Nr 14; aA OVG Lüneburg NVwZ 1987, 234). Aufgrund der Doppelnatur des Vergleichs können sich jedoch bei fehlender Mitwirkung des notwendig Beigeladenen materiell-rechtlich Schwierigkeiten ergeben, weil der Beigeladene grundsätzlich nicht an einen Vergleich gebunden ist, an dessen Abschluss er gar nicht beteiligt ist, vgl § 58 Abs 1 VwVfG (BVerwG Buchholz 310 § 106 VwGO Nr 6u Nr 14). Darüber hinaus kann der prozessualen Wirksamkeit des Vergleichs auch das Fehlen der **Zustimmung eines Dritten** entgegenstehen, wenn sie nach materiellem Recht erforderlich ist, vgl. § 58 Abs 2

VwVfG (BVerwG NJW 1988, 662, 663; OVG Münster NVwZ 1988, 370, 371). Unter Umständen kann die fehlende Zustimmungserklärung aber von der Behörde durch eine Duldungsverfügung ersetzt werden (OVG Münster NVwZ-RR 1992, 277, 278 f). Jeweils muss eine Auslegung des Vertrages unter Einbeziehung aller Umstände des Einzelfalles erfolgen, um die Wirksamkeit oder Unwirksamkeit des Vergleichsvertrages feststellen zu können. Selbstverständlich kann auch der Beigeladene oder der Dritte, der am Verfahren gar nicht beteiligt ist, am Vergleichsschluss mitwirken. Letztere müssen zum Zweck ihrer Beteiligung am Vergleich nicht beigeladen werden (OVG Münster NJW 1985, 2491, 2492).

Von Gesetzes wegen kommen **zwei Gestaltungen** für den gerichtlichen Vergleich in 6 Betracht. Nach § 106 S 1 VwGO muss der Prozessvergleich zur Niederschrift des mit der Sache befassten Gerichts, des beauftragen oder des ersuchten Richters abgeschlossen werden. Daneben sind auch der Vorsitzende und der Berichterstatter in einem Erörterungstermin zur Entgegennahme eines gerichtlichen Vergleichs berechtigt, vgl § 87 Abs 1 S 2 Nr 1 VwGO. Die danach vorausgesetzte Erklärung kann auch anlässlich eines Termins in einer anderen Streitsache abgegeben werden; sie ist als Erklärung vor Gericht auch bei einem Verzicht auf mündliche Verhandlung erforderlich, etwa in einem dafür anberaumten Erörterungstermin (OVG Lüneburg OVGE 33, 452, 453 f).

Die Erklärung muss **protokolliert** werden, § 160 Abs 3 Nr 1 ZPO. Dies kann auch 7 dergestalt geschehen, dass der vorbereitete Vergleichstext als Anlage zum Protokoll genommen wird. In jedem Fall muss im Protokoll vermerkt werden, dass der Vergleich nach dem Diktat vorgelesen und genehmigt worden ist, § 162 Abs 1 ZPO; sonst läge ein Verfahrensfehler vor, der den Vergleich aus prozessrechtlichen Gründen unwirksam machte (BVerwG Buchholz 310 § 161 VwGO Nr 99). Die bloße Genehmigung des Protokolldiktats genügt nicht (OVG Münster VerwRspr 27, 1015 f). Andererseits ist nicht notwendig, dass die persönlich anwesende Partei den Vergleich neben ihrem Prozessbevollmächtigten genehmigt (BVerwG Buchholz 424.01 § 137 FlurbG Nr 1).

Wird die gebotene Form nicht gewahrt, ist der Vergleich jedenfalls als **Prozessvergleich** 8 unwirksam (BVerwG NJW 1993, 1940 f). Damit einher geht nicht zwingend die Unwirksamkeit des materiell-rechtlichen Vertrages, so dass der Vergleich unter Umständen als außergerichtlicher Vergleich bestehen bleibt (BVerwG NJW 1994, 2306, 2307). Der formgerecht protokollierte gerichtliche Vergleich ersetzt alle für den materiell-rechtlichen Vertrag erforderlichen Formzwänge, so dass beispielsweise auch die dingliche Übertragung eines Grundstücks in einem gerichtlichen Vergleich vor dem Verwaltungsgericht wirksam ist (BVerwG NJW 1995, 2179 f).

Das Gericht ist verpflichtet, den ihm unterbreiteten Vergleich zu protokollieren, soweit es 9 ihn nicht für materiell-rechtlich unzulässig hält. Gegen die Ablehnung der Protokollierung ist die Beschwerde gegeben.

In der Ausgestaltung des § 106 S 2 VwGO kommt der gerichtliche Vergleich mit dem 10 Eingang der letzten (vorbehaltlosen) Annahmeerklärung zustande, vorausgesetzt sie deckt sich mit dem gerichtlichen Vergleichsvorschlag. Damit ist das Verfahren beendet. Wird die Annahme nicht, nicht rechtzeitig oder nicht vorbehaltlos erklärt, ist der Vergleich prozessrechtlich unwirksam; das Gericht muss dann über die Sache entscheiden (aA VG Düsseldorf, Beschl v 26.3.2013 – 26 L 2439/12: Das Verstreichen des für die Vergleichsannahme gesetzten Endtermins stehe dem Wirksamwerden des Vergleichs nicht entgegen, da es sich nicht um eine Ausschlussfrist handele.). Der gerichtliche Vergleich nach § 106 S 2 VwGO ersetzt mangels Protokollierung anderweitig bestehende Formvorschriften nicht.

2. Materiell-rechtliche Voraussetzungen

Im Hinblick auf die **Verfügungsbefugnis** der Beteiligten (§ 106 S 1 Hs 2 VwGO) 11 unterliegt der Vergleich als öffentlich-rechtlicher Vertrag den §§ 54 VwVfG ff des Bundes bzw den entsprechenden Vorschriften der Länder (BVerwG NJW 1988, 662, 663; OVG Münster NJW 1988, 370). Danach ist eine Verfügungsbefugnis zwar nur im Rahmen des geltenden Rechts gegeben und soweit nicht gegen überwiegende öffentliche Interessen verstoßen wird (vgl BVerwG NJW 1962, 1636; Buchholz 310 § 106 VwGO Nr 8). Allerdings sanktioniert § 59 VwVfG nicht jede rechtswidrige Abrede mit dem Verdikt der Unwirksamkeit des Vertrages.

12   Ein Vergleich ist auch zulässig, wenn für die Verwaltungsentscheidung zwingendes Recht vorgegeben ist. Gibt es beispielsweise hinsichtlich der Tatbestandsvoraussetzungen oder der Auslegung des Gesetzes **Zweifelsfragen**, können diese vergleichsweise ausgeräumt werden, wenn gesetzliche Bestimmungen dies nicht zwingend untersagen und die Beteiligten über den Gegenstand verfügen können (BVerwG NJW 1962, 1636). Insoweit steht der Behörde beispielsweise die Verfügungsbefugnis zu, von zwingend vorgeschriebenen eingreifenden Maßnahmen Abstand zu nehmen, wenn die Beseitigung schwer zu meisternder tatsächlicher Unklarheiten möglicherweise einen unverhältnismäßigen Aufwand erforderte und doch nicht mit hinreichender Sicherheit zu erwarten steht (vgl BVerwGE 17, 87, 93 ff). Unzulässig ist demgegenüber ein isolierter Vergleich über ein gesetzliches Tatbestandsmerkmal, über eine zum Streitgegenstand gehörende Rechtsfrage oder darüber, ob eine bestimmte Vorschrift anwendbar ist, wenn das Gericht über den restlichen Verfahrensgegenstand noch entscheiden soll. Eine solche Bindung des Gerichts in Sach- oder Rechtsfragen entgegen §§ 86 Abs 1 S 2, 108 Abs 1 VwGO ist nicht möglich (OVG Münster VerwRspr 4, 886 f).

3. Widerrufsvergleich

13   Wegen der **Doppelnatur** des Prozessvergleichs kann dieser – anders als reine Prozesshandlungen – auch unter Befristungen und Bedingungen abgeschlossen werden, soweit sie auf das weitere Verfahren bezogen sind (BSG NJW 1989, 2565, 2566). Mit der in der Praxis häufigsten Nebenbestimmung, dem Widerrufsvorbehalt, behalten sich eine oder beide Parteien oder auch ein Beigeladener, falls er am Vergleich beteiligt ist (OVG Lüneburg DVBl 1986, 1213 f m Anm Atzler), den Widerruf des Vergleichs innerhalb einer im Vergleich festgelegten Frist vor. Der so geschlossene Vergleich ist – wie bei einer aufschiebenden Bedingung – schwebend unwirksam (BVerwG NJW 1993, 2193 f). Die prozess- und materiell-rechtlichen Wirkungen treten dann erst mit Fristablauf ein. Die Frist ist nach § 57 Abs 2 VwGO iVm § 222 ZPO zu berechnen (VGH Kassel NVwZ-RR 2000, 544, 545). Beim Vergleich nach § 106 S 2 VwGO bedarf es regelmäßig keines Widerrufsvorbehaltes, weil die Beteiligten ohnehin eine Frist für die Annahme des Vergleichs haben.

14   Regelmäßig enthält der sog **Widerrufsvergleich** die Vereinbarung, dass der Widerruf dem Gericht gegenüber zu erklären ist. Doch auch wenn es an einer entsprechenden Vereinbarung fehlt, muss der Widerruf nicht dem Vertragspartner, sondern dem Gericht zugehen (BVerwG NJW 1993, 2193, 2194; vgl aber noch BVerwGE 10, 110, 111). Für die Form des Widerrufs gilt § 81 VwGO. Waren für den Widerruf bestimmte Voraussetzungen vereinbart, hängt seine Wirksamkeit von deren Vorliegen ab (OVG Münster DÖV 1972, 324). Wird die Widerrufsfrist versäumt, gibt es hiergegen keine Wiedereinsetzung in den vorigen Stand im Sinne von § 60 VwGO, weil es sich nicht um eine gesetzliche Frist handelt und auch eine erweiterte Auslegung des Anwendungsbereichs von § 60 VwGO ausscheidet (BVerwGE 109, 268, 270 f). Bei schuldloser Versäumung der Frist kann es aber unter Umständen gegen Treu und Glauben verstoßen, wenn der Vergleichspartner auf Erfüllung besteht. Die Widerrufsfrist kann – unter Einhaltung der Form des Vergleichsschlusses, dh der gerichtlichen Protokollierung – verlängert werden.

15   Im Falle eines **wirksamen Widerrufs** ist das Verfahren **fortzusetzen**; das Gericht muss dann über den Klageantrag entscheiden. Der Widerruf kann – auch mit Zustimmung des Vergleichspartners – nicht zurückgenommen werden; ggf muss der Vergleich neu geschlossen werden. Hat das Verwaltungsgericht allerdings einen Beschluss verkündet, dass den Beteiligten „für den Fall des Widerrufs des Vergleichs" eine Entscheidung zugestellt werde, müssen die Beteiligten nicht nur damit rechnen, sondern sind auch damit einverstanden, dass der Widerruf des Vergleichs nicht eine erneute mündliche Verhandlung zur Folge haben wird. Hierfür bedarf es der Stellung eines Antrags auf Wiedereröffnung der mündlichen Verhandlung (OVG Bremen NordÖR 2011, 551 ff mwN).

Wenn gar kein Widerrufsvorbehalt vereinbart worden ist, kann der Vergleich als Prozesshandlung nicht widerrufen werden. Er kann im Hinblick auf seine prozessualen Wirkungen, dh Verfahrensbeendigung und Vollstreckungstitel, auch nicht nachträglich durch Aufhebung der alten oder Abschluss einer neuen Vereinbarung beseitigt oder ersetzt werden (BVerwG DÖV 1962, 423, 424).

III. Wirkungen eines wirksamen Vergleichs

Als Prozesshandlung **beendet** der Vergleich das gerichtliche Verfahren (vgl VGH Mün- 16 chen BayVBl 1979, 750, 751; VGH BW NVwZ-RR 1990, 497); eines gesonderten Einstellungsbeschlusses bedarf es nicht. Diese prozessuale Folge tritt jedoch nur ein, wenn der Vergleich nicht aus prozessualen Gründen unwirksam ist (OVG Münster DÖV 1977, 790) und es sich nicht nur um einen Teilvergleich handelt. Dann ist das Verfahren hinsichtlich des verbleibenden Streitgegenstandes fortzuführen. Zwar sind auf einen Prozessvergleich die von der Rspr zu § 121 VwGO entwickelten Grundsätze zum Umfang der materiellen Rechtskraft eines Bescheidungsurteils nicht unmittelbar oder analog anwendbar, weil es sich bei einem Vergleich gerade nicht um eine „gerichtliche Entscheidung" handelt. Diese Grundsätze können aber sinngemäß zur Beantwortung der Frage herangezogen werden, inwieweit ein den Rechtsstreit unmittelbar wirksam beendender Prozessvergleich der erneuten gerichtlichen Geltendmachung der darin geregelten Streitfragen unter dem Gesichtspunkt des Rechtsmissbrauchs und des widersprüchlichen Verhaltens entgegensteht (VGH Kassel Urt v 26.5.2010 – 8 A 1595/09 BeckRS 2010, 50327). Als materiell-rechtlicher Vertrag begründet der Vergleich die vereinbarten Rechte und Pflichten (zur Auslegung eines Vergleichs VGH München Beschl v 11.8.2010 – 14 B 10.1150).

Enthält der Vergleich eine Vereinbarung über die Kosten des Verfahrens, ist eine gericht- 17 liche Entscheidung entbehrlich; die **Kostenfestsetzung** erfolgt unmittelbar aufgrund des Vergleichs. Fehlt es an einer entsprechenden Vereinbarung der Parteien, gilt § 160 VwGO. Die darin normierte Kostenfolge gilt auch bei einem Teilvergleich hinsichtlich der ausscheidbaren Kosten. Die gesetzlich vorgesehene Kostenverteilung greift ebenfalls ein, wenn in dem Vergleich die Klagerücknahme oder Hauptsacheerledigung erklärt worden ist, da die Erledigung des Rechtsstreits erst aufgrund des Vergleichs eintritt. Das Gericht muss über diese zwingende Kostenfolge des § 160 VwGO einen Beschluss fassen, vgl § 161 Abs 1 VwGO. Haben die Beteiligten im Vergleich nur die Hauptsache geregelt und ausdrücklich festgelegt, dass das Gericht über die Kosten des Verfahrens entscheiden soll, so ist für den sodann zu fassenden Beschluss anstelle der Kostenregelung des § 160 VwGO die Billigkeitsbestimmung des § 161 Abs 2 VwGO maßgebend, da die Beteiligten gerade das Gericht um eine Entscheidung gebeten und sich nicht mit der Regelung des § 160 VwGO begnügt haben (VGH München Beschl v 19.9.2006 – 23 B 06/1080 mwN; OVG Münster DVBl 1965, 406 f; aA BVerwGE 22, 339: § 160 VwGO). Fehlt in einem gerichtlichen Vergleich eine Regelung über die Kosten der Einschaltung eines Bevollmächtigten im Vorverfahren, hat das Gericht über die Notwendigkeit dieser Hinzuziehung zu beschließen.

Ist der Beigeladene am Vergleich nicht beteiligt und billigt er die darin getroffene oder 18 sich aus § 160 VwGO ergebende Kostenregelung nicht, muss das Gericht über die Kosten des Beigeladenen nach §§ 154 Abs 3, 161 Abs 2 und 162 Abs 3 VwGO entscheiden.

Der Prozessvergleich ist Vollstreckungstitel, § 168 Abs 1 Nr 3 VwGO, und zwar auch der 19 Vergleich gem § 160 S 2 VwGO. Für die Vollstreckung des schriftlichen Vergleichs reicht es aus, wenn die Geschäftsstelle eine Ausfertigung des Beschlusses für die Zwangsvollstreckung mit dem Zusatz erteilt, dass der förmliche Vergleichsvorschlag des Gerichts durch schriftliche Erklärungen der Beteiligten angenommen worden ist.

IV. Fehlerfolgen

Ist der Vergleich sowohl prozessual als auch materiell-rechtlich fehlerhaft, ist er insgesamt 20 **unwirksam**. Im Übrigen ergibt sich aus der Doppelnatur des gerichtlichen Vergleichs, dass sich der prozessuale und der materiell-rechtliche Vertrag in ihrer Wirksamkeit wechselseitig beeinflussen: Ist der Vergleich materiell-rechtlich unwirksam, gilt dies auch für die Prozesshandlung, da sie bloße Begleitform für den materiell-rechtlichen Vergleich ist (BVerwG Buchholz 310 § 106 VwGO Nr 7; NJW 1994, 2306, 2307). Die Frage der materiell-rechtlichen Wirksamkeit beurteilt sich dabei nach den Regelungen über den öffentlich-rechtlichen Vertrag in §§ 54 VwVfG ff.

Ist der Vergleich umgekehrt als **Prozesshandlung** wegen eines Verfahrensmangels un- 21 **wirksam**, zB wegen nicht ordnungsgemäßer Protokollierung, ergibt sich hieraus nicht ohne weiteres die Unwirksamkeit des materiell-rechtlichen Vertrages. Vielmehr kann auch ein prozessual unwirksamer Vergleich als materielle Vereinbarung eine Funktion haben. Ob er als außergerichtlicher Vergleich wirksam sein kann, hängt vom **hypothetischen Willen** der Parteien ab, der unter Berücksichtigung der jeweiligen Interessenlage durch Auslegung des Vergleichs zu ermitteln ist. Ein Grundsatz, dass die Parteien ihre Bereitschaft zum Abschluss einer materiellen Vereinbarung an die Wirksamkeit als Prozesshandlung knüpfen, existiert nicht (BVerwG NJW 1994, 2306, 2307). Zu prüfen ist, ob der Beklagte nicht ohne den Vorteil der Beendigung des Prozesses und der Kläger nicht ohne den Vorteil des Erwerbs eines Vollstreckungstitels den Vergleich abgeschlossen hätten oder ob den Beteiligten entscheidend an einer materiell-rechtlichen Regelung über ihre Rechtsbeziehungen gelegen gewesen ist.

22   Inwieweit ein als außergerichtlicher Vergleich aufrechterhaltener unwirksamer Prozessvergleich den Fortgang des Rechtsstreits beeinflusst, hängt maßgeblich davon ab, ob in ihm die Verpflichtung zur Prozessbeendigung enthalten ist (BVerwG NJW 1994, 2306, 2307). Kann in der außergerichtlichen Einigung – was eher selten der Fall sein wird – auch das Versprechen des Klägers gesehen werden, den Prozess zu beenden, so resultiert hieraus für den Beklagten ein prozessuales Abwehrrecht. Die Klage ist erfolglos wegen unzulässiger Rechtsausübung und damit abzuweisen. Anderenfalls ist das Verfahren fortzusetzen und zu prüfen, welchen Einfluss die von den Beteiligten getroffene Regelung auf die Begründetheit der Klage hat.

23   Eine **Anfechtung** des Vergleichs wegen Vorliegens von Willensmängeln gemäß §§ 116 BGB ff, insbes wegen Irrtums, ist nur hinsichtlich des materiell-rechtlichen Teils des Vertrages möglich, nicht aber für den Prozessvergleich, der eine Prozesshandlung darstellt (OVG Hamburg NVwZ-RR 1994, 239; zur Anfechtung eines durch einen Prozessbevollmächtigten abgeschlossenen Vergleichs aufgrund eines Irrtums nach § 62 S 2 VwVfG iVm § 119 BGB, vgl BVerwG NJW 2010, 3048 ff). Wird durch die Anfechtung der materiell-rechtliche Vertrag unwirksam, folgt hieraus jedoch auch die Unwirksamkeit der Prozesshandlung. Dagegen hat das nachträgliche Auffinden von Beweismitteln keinen Einfluss auf den Bestand des Vergleichs, wenn einer der Beteiligten bei Vergleichsschluss von einer Rechtsauffassung ausging, nach der diesem Beweismittel ein Beweiswert nicht zukommen konnte (BVerwG Buchholz 310 § 106 VwGO Nr 9).

24   Entsteht zwischen den Beteiligten **Streit** über die **Wirksamkeit** des Prozessvergleichs oder diejenige des Widerrufs, also darüber, ob der Rechtsstreit durch den Abschluss eines Vergleichs tatsächlich beendet worden ist und ob infolgedessen eine gerichtliche Sachentscheidung nicht mehr ergehen kann, wird das **ursprüngliche Verfahren**, zunächst beschränkt auf diese Frage, **fortgeführt** (BVerwG NJW 1962, 1636; OVG Hamburg NVwZ-RR 1994, 239). Das Gericht stellt dann durch Urteil entweder die Beendigung des Verfahrens durch den Vergleich fest (BVerwGE 14, 103, 104); in diesem Fall können die Beteiligten auch in einem neuen Verfahren grundsätzlich nicht mehr die materiell-rechtliche Unwirksamkeit des Vergleichsvertrages geltend machen. Oder das Gericht entscheidet zur Sache, wenn sich im fortgeführten Prozess ergibt, dass der Vergleich unwirksam ist, und die übrigen Prozessvoraussetzungen gegeben sind. In beiden Fällen ergeht ein Sach- und kein unselbständiges Zwischenurteil. Die Fortsetzung des Verfahrens kann aber nicht durch einen übereinstimmenden Verzicht auf die Rechte aus dem Vergleich erreicht werden. Ebenso ist das ursprüngliche Verfahren fortzuführen, wenn dem gerichtlichen Vergleich im Wege der Anfechtung des materiell-rechtlichen Teils rückwirkend (vgl § 142 BGB) die Grundlage entzogen wird.

25   **Entfällt** ein wirksam abgeschlossener Vergleich **nachträglich**, dh nicht aufgrund eines vorbehaltenen Widerrufs, sondern durch Rücktritt, aufgrund Wegfalls der Geschäftsgrundlage oder aus anderen Gründen (vgl § 60 VwVfG), so bleibt das ursprüngliche Verfahren beendet. Etwaige Streitigkeiten sind in einem neuen Rechtsstreit zu klären. Dies gilt vor allem bei einem behaupteten Fehlen oder Wegfall der Geschäftsgrundlage. Anpassung und Kündigung oder Rücktritt wirken nur ex nunc und beseitigen damit nicht die prozessbeendende Wirkung des Vergleichs in seiner ursprünglichen Fassung (VGH München BayVBl 1978, 53, 54; VGH Mannheim VBlBW 1997, 301, 302). Ebenfalls in einem neuen Verfahren ist ein Streit über die Auslegung – vorausgesetzt es geht nicht um die Frage, ob und inwieweit der Vergleich das Verfahren beendet hat –, die Anwendung oder die Erfüllung eines Vergleichs auszutragen. Dies kann im Rahmen einer Feststellungsklage, aber auch durch

eine Abänderungs- oder Vollstreckungsgegenklage (§ 323 ZPO bzw § 767 ZPO) geschehen (BVerwG NJW 1992, 191, 192; VGH München BayVBl 1978, 53, 54).

B. Der außergerichtliche Vergleich

Der **außergerichtliche Vergleich** ist ein gesetzlich nicht besonders geregelter öffentlich-rechtlicher Vertrag zur Beilegung eines zwischen den Beteiligten bestehenden Rechtsstreits. Insoweit entspricht er der materiell-rechtlichen Seite des Prozessvergleichs, in der er sich zugleich erschöpft. Die Erklärungen der Vertragspartner sind keine Prozesshandlungen; vielmehr bedarf es zur Beendigung des gerichtlichen Verfahrens noch einer verfahrensbeendenden Erklärung gegenüber dem Gericht (Klagerücknahme oder übereinstimmende Hauptsacheerledigungserklärung, vgl. VG Ansbach Urt v 19.4.2013 – AN 10 K 13.00385). **26**

Wenn ein außergerichtlich vereinbarter Vergleich noch gerichtlich protokolliert werden soll, so ist in der Regel anzunehmen, dass er erst mit dieser Protokollierung wirksam abgeschlossen ist. Enthält ein außergerichtlicher Vergleich die Verpflichtung des Klägers, den Rechtsstreit durch Klagerücknahme oder Hauptsacherledigungserklärung zu beenden, betreibt er dieser Abrede zuwider aber den Prozess weiter, so kann der Beklagte die **Einrede unzulässiger Rechtsausübung** erheben. Dies hat zur Folge, dass die Klage unzulässig wird (BVerwG NJW 1994, 2306, 2307). Gibt der Beklagte seinerseits die vertraglich übernommene Hauptsacheerledigungserklärung nicht ab, führt dies zur gerichtlichen Feststellung der Erledigung auf seine Kosten. Enthält der außergerichtliche Vergleich keine Verpflichtung zur Prozessbeendigung, so muss das Gericht unter Fortsetzung des Verfahrens prüfen, welche Auswirkungen die von den Beteiligten getroffene materiell-rechtliche Regelung auf die Begründetheit der Klage hat (BVerwG NJW 1994, 2306). **27**

Da der außergerichtliche Vergleich den Rechtsstreit nicht beendet, ist nach Erklärung der Klagerücknahme oder Erledigung der Hauptsache stets ein **gesonderter Einstellungsbeschluss** mit einer Kostenentscheidung erforderlich. Die Kostenverteilung richtet sich nach § 155 Abs 2 bzw § 161 Abs 2 VwGO, und zwar ungeachtet des Umstands, ob die Beteiligten bei der Abgabe der verfahrensbeendenden Erklärungen den außergerichtlichen Vergleich übereinstimmend oder einseitig anzeigen. In diesem Fall kann allerdings im Rahmen des § 161 Abs 2 VwGO die von den Parteien vereinbarte außergerichtliche Kostenverteilung oder, falls eine entsprechende Vereinbarung fehlt, die Regelung in § 160 VwGO für den Prozessvergleich ergänzend herangezogen werden. **28**

Der außergerichtliche Vergleich ist kein Vollstreckungstitel. Auch der sog Anwaltsvergleich des § 796a ZPO stellt keinen Vollstreckungstitel im Sinne von § 168 Abs 1 Nr 3 VwGO dar; er ist im Verwaltungsprozess nicht anwendbar. **29**

10. Abschnitt Urteile und andere Entscheidungen (§§ 107–122)

§ 107 [Entscheidung durch Urteil]

Über die Klage wird, soweit nichts anderes bestimmt ist, durch Urteil entschieden.

Die seit Inkrafttreten der VwGO unveränderte, mit § 125 SGG und § 95 FGO übereinstimmende Norm formuliert als Grundnorm für die gerichtliche Entscheidung ein Regel-Ausnahme-Verhältnis. Grundsätzlich ist über die Klage in der Modalität des Urteils zu entscheiden, das durch rechtsförmliche Spezifika gekennzeichnet ist: Entscheidung durch den Richter (Art 92 GG) auf Grund mündlicher Verhandlung (§ 101 VwGO), Formgebundenheit (§§ 116–120 VwGO), Rechtskraftfähigkeit (§ 121 VwGO), spezifisches Rechtsmittelverfahren in Gestalt der Berufung (§§ 124 ff VwGO) und der Revision (§§ 132 ff VwGO). Diese Spezifika dienen der Verwirklichung einer unabhängigen (Art 97 Abs 1 GG) und nur an Gesetz und Recht (Art 20 Abs 3 GG) sowie an die Grundrechte (Art 1 Abs 3 GG) gebundenen Rechtsprechung. Eine andere Entscheidungsform ist nur ausnahmsweise (Rn 6) statthaft, soweit dies eigens bestimmt ist. Das Urteil selbst kommt in verschiedenen Ausprägungen (Rn 8) vor, es ist auch als fehlerbehaftetes (Rn 13) grundsätzlich wirksam.

A. Der Regelungsgehalt

1   § 107 VwGO enthält eine dreifache objektiv-rechtliche Regelung:
• Das Gericht **muss** über die Klage entscheiden und zwar
• durch **Urteil**, soweit
• nichts **anderes** bestimmt ist.

2   Über den objektiven Regelungsgehalt hinaus räumt § 107 VwGO – entgegen der hM, die § 107 VwGO als reine Formvorschrift qualifiziert (S/S-A/P/Clausing VwGO § 107 Rn 2; Kopp/Schenke VwGO § 107 Rn 1) – den Beteiligten einen subjektiv-rechtlichen Anspruch auf eine möglichst rasche Entscheidung ein; § 107 VwGO ist insofern im Lichte des Art 19 Abs 4 GG, des Rechtsstaatsprinzips sowie des Art 6 EMRK auszulegen (wie hier Sodan/Ziekow/Wolff VwGO § 107 Rn 14).

B. Entscheidung durch Urteil – Grundsatz und Ausnahmen

3   § 107 VwGO bezieht sich als Entscheidungsgrundnorm auf die „Klage" als Einleitung des Verfahrens im ersten Rechtszug (§ 81 VwGO). Er gilt damit zum einen nicht für die Entscheidung über **Anträge**. Die dafür in Betracht kommende Entscheidungsform ist der Beschluss (§ 122 VwGO): vgl §§ 80 Abs 7, 80a Abs 3 S 2, 80b Abs 3, 123 Abs 4, 124a Abs 5 S 1, 133 Abs 5 S 1, 134 Abs 3 S 1 VwGO sowie die Sonderregelung in § 47 Abs 5 S 1 VwGO.

4   **Nicht anwendbar** ist § 107 VwGO auch, wenn eine Klage zwar vorlag, diese jedoch nicht mehr rechtshängig ist. Das ist der Fall bei der Klagerücknahme (§ 92 VwGO), der Rücknahme eines Rechtsmittels (§§ 126, 140 VwGO), bei einem gerichtlichen Vergleich (§ 106 VwGO) sowie bei übereinstimmender Erledigterklärung der Hauptsache (§ 161 Abs 2 VwGO). In diesen Fällen ergeht ggf. ein Einstellungs- und Kostenbeschluss (vgl §§ 92 Abs 3 S 1, 126 Abs 3 S 2, 140 Abs 2 S 2, 161 Abs 2 S 1 VwGO). Durch Urteil ist zu entscheiden, wenn die Wirkungen dieser Prozesshandlungen selbst streitig sind (BVerwGE 95, 269, 270; Kopp/Schenke VwGO § 107 Rn 4). Eine Verfahrensbeendigung durch „Weglegen" der Akte sieht die VwGO nicht vor (Eyermann/Kormann § 107 Rn 1; aA Sodan/Ziekow/Wolff VwGO § 107 Rn 9).

5   Für die Entscheidung über die Berufung und Revision gilt § 107 VwGO über § 125 Abs 1 VwGO und § 141 Abs 1 VwGO (vgl aber auch die Möglichkeit eines Beschlusses nach § 130a VwGO).

6   Über eine Klage ist nicht durch Urteil zu entscheiden, wenn dies **ausnahmsweise** bestimmt ist. Die Entscheidung durch **Gerichtsbescheid** statt durch Urteil ist vorgesehen in § 84 VwGO, die Entscheidung durch **Beschluss** kommt in den Fällen des § 93a Abs 2 S 1 VwGO (Entscheidung über Restverfahren in Musterprozessen), des § 125 Abs 2 S 1 VwGO (Verwerfung der Berufung als unzulässig), des 130a VwGO (Entscheidung über die Berufung), des § 133 Abs 5 VwGO (Nichtzulassungsbeschwerde), des § 144 Abs 1 VwGO (Verwerfung der Revision als unzulässig), des § 152a VwGO (Anhörungsrüge). Keine Ausnahme iSd § 107 VwGO sind Verfügungen (vgl § 100 Abs 3 VwGO) und sonstige nicht verfahrensbeendende Beschlüsse (zB § 93a Abs 1 VwGO).

7   Ergeht ein Beschluss, obwohl ein Urteil hätte ergehen müssen („**inkorrekte" Entscheidung**), steht nach dem Grundsatz der Meistbegünstigung sowohl das Rechtsmittel zur Verfügung, das für die gewählte Entscheidungsform besteht (Beschwerde), als auch das für die richtige Entscheidungsform (Berufung); vgl BVerwGE 18, 193, 195; Sodan/Ziekow/Wolff VwGO § 107 Rn 15.

C. Urteilsarten

8   Die VwGO kennt grundsätzlich dieselben Urteilstypen wie die ZPO (Kopp/Schenke VwGO § 107 Rn 5; eingehende Übersichten bei Sodan/Ziekow/Wolff VwGO § 107 Rn 18–31 sowie bei S/S-A/P/Clausing VwGO § 107 Rn 6–8). Zu unterscheiden sind:

I. Prozessurteile und Sachurteile

Prozessurteile, die nur im Hinblick auf die Zulässigkeit der Klage in Rechtskraft 9 erwachsen, und **Sachurteile**, die in der Sache selbst entscheiden.

II. Endurteile und Zwischenurteile

Endurteile, die das Verfahren für die Instanz (auch teilweise: dann Teilendurteil nach 10 § 110 VwGO) beenden und **Zwischenurteile**, die sich mit Vorfragen befassen, ohne schon in der Sache zu entscheiden (§ 109 VwGO: Zwischenurteil über die Zulässigkeit; § 111 VwGO: Zwischenurteil über den Grund).

III. Unterscheidung nach dem Inhalt des Urteils

Nach dem Inhalt des Urteils sind zu unterscheiden: **Gestaltungsurteile** (zB Aufhebung 11 eines Verwaltungsaktes nach § 113 Abs 1 S 1 VwGO), **Leistungsurteile** (zB Verpflichtung zum Erlass eines VA nach § 113 Abs 5 VwGO) und **Feststellungsurteile** (nach § 43 Abs 1 VwGO und § 113 Abs 1 S 4 VwGO).

Weitere zulässige Urteilsformen sind das **Vorbehaltsurteil** (§ 173 S 1 VwGO iVm § 302 12 ZPO; S/S-A/P/Clausing VwGO § 107 Rn 7), **Verzichtsurteile** (§ 173 S 1 VwGO iVm § 306 ZPO) und **Anerkenntnisurteile** (§ 173 S 1 VwGO iVm §§ 307, 313b ZPO; Kopp/ Schenke VwGO § 107 Rn 5; Sodan/Ziekow/Wolff VwGO § 107 Rn 22 ff.). **Versäumnis-urteile** sind auf Grund des Untersuchungsgrundsatzes nicht statthaft (Kopp/Schenke VwGO § 107 Rn 6).

D. Das fehlerhafte Urteil

Grundsatz: Das in einem rechtsförmlichen Verfahren zustande gekommene Urteil be- 13 ansprucht – ähnlich wie der Verwaltungsakt – Gültigkeit für sich, auch wenn es inhaltlich oder auf Grund von Verfahrensfehlern rechtswidrig ist. Auch das fehlerhafte Urteil ist wirksam und der formellen wie materiellen Rechtskraft fähig. Für die Beseitigung der Rechtsfehler kann von den zur Verfügung stehenden Rechtsmitteln Gebrauch gemacht werden. Das gilt auch für schwere Verfahrensmängel, wie die Vorschriften über die Wiederaufnahme des Verfahrens zeigen (§ 153 VwGO iVm §§ 578 ZPO f). Ausnahmen:

I. Das nichtige Urteil

Das **nichtige** Urteil entfaltet keine Rechtswirkungen zwischen den Beteiligten. Es kann, 14 muss aber nicht mit Rechtsmitteln angegriffen werden. Nur solche Fehler führen zur Nichtigkeit des Urteils, die noch schwerer wiegen als die Wiederaufnahmegründe (§ 153 VwGO iVm §§ 578 ZPO f). Beispiele: Urteil gegen einen nicht existierenden Beteiligten, über eine nicht mehr rechtshängige Klage, mit einem unverständlichen oder widersprüchlichen Tenor (vgl S/S-A/P/Clausing VwGO § 107 Rn 10).

II. Das Nicht- und Scheinurteil

Das **Nicht**- oder **Schein**urteil stellt überhaupt kein Urteil dar, weil es entweder noch 15 nicht existent (also noch nicht verkündet oder zugestellt) ist oder an einem so erheblichen Mangel leidet, dass von einem „Urteil" nicht die Rede sein kann. Das Nichturteil entfaltet keine Rechtswirkungen, Rechtsbehelfe zur Beseitigung des Rechtsscheins sind möglich (BVerfG NJW 1985, 788)

§ 108 [Urteilsgrundlage; freie Beweiswürdigung; rechtliches Gehör]

(1) ¹**Das Gericht entscheidet nach seiner freien, aus dem Gesamtergebnis des Verfahrens gewonnenen Überzeugung.** ²**In dem Urteil sind die Gründe anzugeben, die für die richterliche Überzeugung leitend gewesen sind.**

(2) **Das Urteil darf nur auf Tatsachen und Beweisergebnisse gestützt werden, zu denen die Beteiligten sich äußern konnten.**

Die Vorschrift enthält zwei für das verwaltungsgerichtliche **Urteil** wesentliche Erfordernisse: Abs 1 enthält die Maßstäbe für die Bildung der richterlichen Überzeugung (S 1) und ordnet an, dass die Gründe, die dafür leitend gewesen sind, angegeben werden (S 2). Abs 2 begründet ein Äußerungsrecht der Beteiligten zu allen für das Urteil erheblichen Tatsachen und zugleich die Pflicht des Gerichts, diese Tatsachen erst nach Einräumung dieses rechtlichen Gehörs zu verwerten. Abs 1 S 1 nennt als Grundlage des Urteils das **Gesamtergebnis** des Verfahrens (Rn 2). Dadurch wird der Zusammenhang mit der Pflicht des Gerichts zur Ermittlung des erheblichen Sachverhalts von Amts wegen und unter Mitwirkung der Beteiligten (§ 86 Abs 1 VwGO) deutlich. Das Gesamtergebnis des Verfahrens wird durch die amtliche Ermittlungstätigkeit des Gerichts gewonnen, betrifft also die Feststellung des Sachverhalts. Hingegen bezieht sich die **freie** Überzeugungsbildung, die ebenfalls in Abs 1 S 1 angesprochen ist, auf die Würdigung der festgestellten Tatsachen, wie sie der Wahrheit entsprechend für das Gericht erkennbar sind (Rn 4 ff). Abs 1 S 2 verpflichtet das Gericht zur **Begründung** der für sein Urteil maßgeblichen Erwägungen und dient damit der Verwirklichung des verfassungsrechtlichen Anspruchs auf Gewährung **rechtlichen** Gehörs (Art 103 Abs 1 GG), indem die Pflicht des Gerichts, das Vorbringen der Beteiligten zur Kenntnis zu nehmen und sich damit auseinander zu setzen, für die Beteiligten transparent und kontrollierbar gemacht wird (Rn 22 ff). Abs 2 begründet entsprechend dem darin vorausgesetzten Äußerungsrecht der Beteiligten die Pflicht des Gerichts, nur diejenigen Tatsachen und Beweisergebnisse zu verwerten, zu denen die Beteiligten iS ihres Anspruchs auf **rechtliches** Gehör (Art 103 Abs 1 GG) sich äußern konnten.

Übersicht

A. Bildung der richterlichen Überzeugung und ihre Begründung (§ 108 Abs 1 VwGO)

1   Die für ein Urteil notwendige Bildung der richterlichen Überzeugung vollzieht sich in zwei Stufen: Zunächst ist das Gesamtergebnis des Verfahrens festzustellen. Dieses Ergebnis ist danach die Grundlage der sich bildenden freien richterlichen Überzeugung (§ 108 Abs 1 S 1 VwGO). Die Gründe, die dafür leitend gewesen sind, sind in dem Urteil niederzulegen (§ 108 Abs 1 S 2 VwGO).

I. Gesamtergebnis des Verfahrens (Abs 1 S 1)

Das Gericht muss, bevor es ein Urteil erlässt, das **Gesamtergebnis** des Verfahrens fest- 2 stellen und zur Kenntnis nehmen. Zum Gesamtergebnis gehören **alle** in dem gerichtlichen Verfahren getroffenen **tatsächlichen** Feststellungen. Darunter ist der umfassende Sachverhalt zu verstehen, wie er sich aufgrund der mündlichen Verhandlung (§ 101 Abs 1 VwGO) ergeben hat, um dem Gebot des rechtlichen Gehörs (Art 103 Abs 1 GG) zu genügen, und wie er zum Gegenstand der Verhandlung gemacht worden ist (BVerfG NVwZ 1993, 769; BVerwGE 81, 139, 143 = NVwZ 1989, 461). Dazu gehören der Inhalt der **Gerichtsakten** und der beigezogenen **Behördenakten** (§ 99 Abs 1 VwGO), das schriftliche und mündliche Vorbringen der Beteiligten, der Vortrag des Inhalts der Akten durch den Berichterstatter (§ 103 Abs 2 VwGO), die Ergebnisse durchgeführter **Beweisaufnahmen** oder bloßer informatorischer Anhörungen der Beteiligten oder sonstiger Auskunftspersonen (BVerwG Buchholz 310 § 108 VwGO Nr 237) sowie sonstige Erkenntnisquellen, etwa solche, die in einem Verfahren des vorläufigen Rechtsschutzes erlangt worden sind (B/F-K/S/vA VwGO § 108 Rn 4). Sind für eine Entscheidung **allgemeinkundige** oder **gerichtskundige** Tatsachen von Bedeutung, gehören sie ebenfalls zum Gesamtergebnis des Verfahrens und müssen zu dessen Gegenstand gemacht werden (Sodan/Ziekow/Höfling VwGO § 108 Rn 19, 21, 24).

Sämtliche Tatsachenerkenntnisse, die zur Bildung der richterlichen Überzeugung verwertet **2.1** werden sollen, müssen zum Gegenstand des gerichtlichen Verfahrens gemacht werden. Dies ist insbes in **Asylprozessen** von Bedeutung: Die in einer „Erkenntnismittelliste" oder in einer „Asylfaktendokumentation" zusammengestellten tatsächlichen Erkenntnisse des Gerichts zur politischen Situation im Herkunftsland des Klägers, die aus zahlreichen amtlichen Auskünften, Sachverständigengutachten und verschiedenartigen Berichten, etwa Pressemitteilungen, bestehen, müssen den Beteiligten zur Gewährung des rechtlichen Gehörs (Art 103 Abs 1 GG, § 108 Abs 2 VwGO) vor der mündlichen Verhandlung zugänglich gemacht werden. Sie gehören zum Gesamtergebnis des Verfahrens (B/F-K/S/vA VwGO § 108 Rn 5).

Die Feststellung des Gesamtergebnisses des Verfahrens erfordert die Ermittlung des **rich-** 3 **tigen** und **vollständigen** erheblichen Sachverhalts. Hier wird der Zusammenhang zwischen § 108 Abs 1 S 1 VwGO und der nach § 86 Abs 1 VwGO gebotenen **Aufklärung** des Sachverhalts deutlich: Das Gericht darf der ihm zukommenden freien Überzeugungsbildung nur einen Sachverhalt zugrunde legen, den es **zuvor** umfassend und zutreffend **ermittelt** hat. Die tatsächlichen Entscheidungsgrundlagen müssen vollständig ermittelt sein, bevor es sich seine Überzeugung bildet. Der **Amtsermittlungsgrundsatz** gewinnt deshalb seine Bedeutung erst im Einklang mit dem auf seiner Grundlage herbeigeführten Gesamtergebnis des Verfahrens, das wiederum die Grundlage der richterlichen Überzeugung ist. Das Gericht darf deshalb nicht einzelne Tatsachen oder Beweisergebnisse unberücksichtigt lassen, sondern muss **alle** erheblichen Tatsachen, die es ermittelt hat, berücksichtigen (BVerwG Buchholz 310 § 108 VwGO Nr 181 = NVwZ 1987, 217; BVerwGE 96, 200, 209 = NVwZ 1995, 175). Geht das Gericht hingegen bei der Bildung seiner Überzeugung von einem unrichtigen oder unvollständigen Sachverhalt aus, verletzt es § 108 Abs 1 S 1 VwGO (BVerwGE 96, 200, 209; Buchholz 310 § 108 Abs 1 VwGO Nr 48; B/F-K/S/vA VwGO § 108 Rn 7).

Das Gericht darf sich deshalb nicht mit bloßen Vermutungen über Geschehensabläufe und mit **3.1** Glaubhaftmachungen von Tatsachen (§ 173 VwGO iVm § 294 ZPO) begnügen, sofern dies nicht ausnahmsweise im maßgeblichen materiellen Recht als ausreichend angesehen wird. Tatsächliche Unsicherheiten dürfen nicht mit dem Argument der freien Überzeugungsbildung überspielt werden. Vielmehr setzt die freie Überzeugungsbildung erst ein, wenn eine weitere tatsächliche Aufklärung nicht mehr nötig oder möglich ist (BVerwG Buchholz 310 § 108 VwGO Nr 181 = NVwZ 1987, 217, 218; Eyermann/J.Schmidt VwGO § 108 Rn 2).

II. Freie richterliche Überzeugungsbildung (Abs 1 S 1)

1. Überzeugungsgrundsatz

Das im Einklang mit § 86 Abs 1 VwGO und § 108 Abs 1 S 1 VwGO zustande gekom- 4 mene – vollständige – Gesamtergebnis des Verfahrens ist **danach** zur Grundlage der freien richterlichen Überzeugungsbildung zu machen. Das bedeutet, dass das Gericht verpflichtet ist, sich eine **Überzeugung** zu bilden, ob bestimmte nach dem Gesamtergebnis erhebliche Tatsachen oder Geschehensabläufe der Wahrheit entsprechen oder nicht. Es hat die Aufgabe, sich im Wege der freien Sachverhalts- und Beweiswürdigung unter Abwägung verschiedener Möglichkeiten seine Überzeugung über den gemäß § 86 Abs 1 VwGO zuvor ermittelten entscheidungserheblichen Sachverhalt zu bilden (BVerwG NVwZ 2004, 627; 2008, 1355 Rn 6). Ein Verstoß gegen diese Pflicht zieht zwangsläufig die Unrichtigkeit des Entscheidungsergebnisses nach sich. Das Gericht darf sich also grds nicht lediglich mit der, und sei es auch noch so hohen, **Wahrscheinlichkeit** eines tatsächlichen Geschehens begnügen. Das gilt regelmäßig auch dann, wenn eine mögliche und zumutbare Ermittlungstätigkeit an Grenzen stößt, so dass die zweifelsfreie Gewissheit des Vorliegens oder Nichtvorliegens einer Tatsache nicht herbeigeführt werden kann.

4.1   Ob das Gericht auf einer zu schmalen Tatsachengrundlage entschieden hat (§ 108 Abs 1 S 1 VwGO), ist eine dem materiellen Recht zuzuordnende Frage der Tatsachen- und Beweiswürdigung, auf die eine Verfahrensrüge grundsätzlich nicht gestützt werden kann, es sei denn ausnahmsweise dann, wenn das Gericht von einem unrichtigen oder unvollständigen Sachverhalt ausgeht, es insbes seiner Überzeugungsbildung nicht das Gesamtergebnis des Verfahrens zugrunde legt, gegen die Denkgesetze verstößt oder bei einer von Willkür geprägten Beweiswürdigung (BVerwGE 108, 84; Buchholz 310 § 108 Abs 1 Nr 48, 72).

5   In derartigen Fällen, zu denen insbes Asylverfahren zählen, muss freilich das Erfordernis der vollen Überzeugung nach Lage der Dinge in einem vertretbaren Ausmaß modifiziert werden: Das Gericht darf keine **unerfüllbaren** Beweisanforderungen stellen und keine unumstößliche Gewissheit verlangen. Es reicht aus, wenn ein Grad an Gewissheit erreicht wird, der vorhandene Zweifel überwindet, ohne sie völlig ausschließen zu können, etwa wenn dem persönlichen Vorbringen eines Asylbewerbers eine größere Bedeutung als sonst zuteil wird (BVerwGE 55, 82; BVerwGE 71, 180, 181 = NVwZ 1985, 658, 660; Eyermann/ J. Schmidt VwGO § 108 Rn 3). Je nach Lage der Dinge wird es in manchen Fällen eines unverschuldeten **Beweisnotstands** sogar genügen, anstelle der vollen Gewissheit oder zumindest der „an Sicherheit grenzenden" Wahrscheinlichkeit in wohlwollender Betrachtung eine „überwiegende" Wahrscheinlichkeit bezüglich der zweifelhaften Tatsache zu bejahen.

6   Dies setzt allerdings voraus, dass ein Beteiligter ohne Verschulden die erforderlichen Beweismittel nicht benennen oder nicht beibringen kann und das Gericht von sich aus ebenfalls keine Ermittlungen vornehmen kann. Das Gericht ist dann befugt, Tatsachen festzustellen, die nur von dem jeweiligen Beteiligten vorgetragen worden sind. Das gilt über das Asylrecht hinaus etwa im **Vertriebenenrecht** (BVerwG Buchholz 412.3 § 6 BVFG Nr 49), bei der Anerkennung der Gewissensentscheidung eines Kriegsdienstverweigerers, weil der Nachweis einer inneren Tatsache schwierig ist (BVerwGE 55, 218 = NJW 1978, 1277; aA Kopp/Schenke VwGO § 108 Rn 18a) und im **Häftlingshilferecht** (BVerwG NVwZ-RR 1990, 165).

6.1   Ein unverschuldeter Beweisnotstand kann erfordern, den persönlichen Angaben eines Beteiligten einen höheren Beweiswert beizumessen als es sonst möglich wäre. Da im Grundsatz alle Erkenntnismittel gleichrangig sind, kann auch ein Sachverhalt festgestellt sein, der nur von einem Beteiligten behauptet wird (B/F-K/S/vA VwGO § 108 Rn 8, 9). Auf diese Weise lässt sich die Beweisnot eines Beteiligten ohne Rückgriff auf die Grundsätze der materiellen Beweislast im Einklang mit verfassungsrechtlichen Grundsätzen und Verwirklichung von Grundrechten, effektiver Rechtsschutz mit Gerechtigkeitserwägungen überwinden. Die damit verbundenen objektiven Restzweifel treten dann zurück. Das ändert freilich nichts daran, dass der Richter subjektiv von der Wahrheit der allein von dem Beteiligten vorgetragenen, objektiv nicht weiter aufklärbaren Tatsache iSd § 108 Abs 1 S 1 VwGO überzeugt sein muss. Um hier Erleichterungen zu schaffen, hat der Gesetzgeber im **Lastenausgleichsrecht** bereits von Gesetzes wegen die bloße Glaubhaftmachung von Tatsachen als ausreichend festgelegt (BVerwG Buchholz 310 § 108 VwGO Nr 182).

2. Denkgesetze, Beweisregeln als Ausnahmen

7   Freie Beweiswürdigung bedeutet, dass das Gericht regelmäßig nicht an allgemeine Beweisregeln oder -vermutungen gebunden ist. Es darf sich insbes nicht an Beweisvermutungen

gebunden glauben, die es nicht gibt, wenn ein abweichender Geschehensablauf denkbar bleibt (BVerwG Buchholz 310 § 108 VwGO Nr 181 = NVwZ 1987, 217). Vielmehr muss es sich in eigener Befugnis und Verantwortung die erforderliche Überzeugungsgewissheit verschaffen. Das Gericht ist deshalb bei der ihm zukommenden Sachverhalts- und Beweiswürdigung frei. Diese Freiheit ist allerdings nicht im Sinne einer völligen Ungebundenheit zu verstehen. Sie entbindet das Tatsachengericht nicht von der richtigen und vollständigen Erfassung der erheblichen Tatsachengrundlage. Sie ist ferner **ausnahmsweise** durch gesetzliche und übergesetzliche Regeln eingeschränkt.

Eine wesentliche Beschränkung der freien richterlichen Sachverhalts- und Beweiswürdigung liegt in der Bindung an die **Denkgesetze:** Tatsachenfeststellungen, die hiermit nicht übereinstimmen, sind mit § 108 Abs 1 S 1 VwGO nicht vereinbar. Ein Gericht verstößt gegen die Denkgesetze, wenn es bei Tatsachenwürdigungen einen aus Gründen der Logik schlechthin unmöglichen Schluss zieht (stRspr, BVerwGE 47, 330, 361; NVwZ 2004, 627; 2007, 1196 Rn 16). „Frei" isv § 108 Abs 1 S 1 VwGO heißt nämlich nur frei von Fremdbestimmung, nicht aber frei von den – in § 108 Abs 1 S 1 VwGO vorausgesetzten – Gesetzen der Logik (B/F-K/S/vA VwGO § 108 Rn 10; Sodan/Ziekow/Höfling VwGO § 108 Rn 49, 50). Ein Tatsachengericht verstößt nicht schon dann gegen die Denkgesetze, wenn es unrichtige oder fern liegende Schlüsse gezogen hat; ebenso wenig genügen objektiv nicht überzeugende oder sogar unwahrscheinliche Schlussfolgerungen, solange diese nicht schlechthin unmöglich sind (BVerwG NVwZ 2004, 627). **8**

Der Grundsatz der freien Beweiswürdigung wird durch die richterrechtlich ausgebildeten Regeln des **Indizienbeweises** eingeschränkt. Die Beachtung der gebotenen logischen Folgerungen im Indizienbeweis ist eine Frage der auf die Tatsachenfeststellung bezogenen richterlichen Überzeugungsbildung. Dabei kann ebenfalls ein Verstoß gegen die Denkgesetze erfolgen, wenn schlechthin unmögliche Schlüsse aus Hilfstatsachen gezogen werden (BVerwGE 84, 271 = NJW 1990, 1681). **9**

Der Indizienbeweis ist ein Vollbeweis. Er erfordert einerseits Indizien (Hilfstatsachen), andererseits allgemeine Erfahrungssätze, Denkgesetze und logische Operationen, um auf das Vorhandensein der Haupttatsachen schließen zu können. Ein Verstoß gegen die Denkgesetze liegt insoweit vor, wenn die der Beweisführung zugrunde gelegten Hilfstatsachen aus logischen Gründen schlechthin ungeeignet sind, die gefolgerte Haupttatsache zu beweisen (BVerwGE 84, 271 = NJW 1990, 1681). **9.1**

§ 108 Abs 1 S 1 VwGO ist auch verletzt, wenn in dem Urteil zwei einander widersprechende Tatsachenfeststellungen enthalten sind und die richterliche Überzeugung nur auf eine der beiden Feststellungen gestützt wird (BVerwG NVwZ 1991, 372). Der darin liegende **innere Widerspruch** ist einem Verstoß gegen die Denkgesetze vergleichbar. **10**

Eine Verletzung des § 108 Abs 1 S 1 VwGO ist ferner gegeben, wenn das Gericht „**aktenwidrige Feststellungen**" getroffen hat. Dieser Verfahrensfehler ist bei einem zweifelsfreien, also ohne weitere Beweiserhebung offensichtlichen Widerspruch zwischen den tatsächlichen Feststellungen des Gerichts und dem Akteninhalt gegeben (BVerwG Buchholz 310 § 108 Abs 2 VwGO Nr 7). Das gilt auch dann, wenn es sich um Erkenntnisquellen zur Gesetzgebungsgeschichte handelt, wie Parlamentsdrucksachen (BVerwG NVwZ 2008, 1355 Rn 6, 7). Eine auf aktenwidrigen Feststellungen beruhende Verletzung des Überzeugungsgrundsatzes wird nicht dadurch geheilt, dass die Aktenwidrigkeit im Wege der Tatbestandsberichtigung behoben wird (BVerwG NJW 2012, 1672 = Buchholz 310 § 108 Abs 1 VwGO Nr 73). **10.1**

Die freie Beweiswürdigung wird auch durch bestimmte in der ZPO normierte **gesetzliche Beweisregeln** und -vermutungen eingeschränkt. So gelten die in § 415 ZPO und in § 437 ZPO und den jeweils darauf folgenden Vorschriften enthaltenen Beweisregeln für **Urkunden** nach § 98 VwGO für den Verwaltungsprozess entsprechend. Die freie Beweiswürdigung setzt dann ein, wenn Urkunden einen widersprüchlichen Inhalt haben und gesetzliche Beweisregeln fehlen (BVerwG Buchholz 310 § 108 VwGO Nr 185). Eine Tatsachenfeststellung, die auf der irrtümlichen Annahme einer nicht existierenden Beweisregel beruht, verstößt gegen § 108 Abs 1 S 1 VwGO (BVerwG Buchholz 310 § 108 VwGO **11**

Nr 213). Eine weitere zu beachtende Beweisregel ist etwa der **Beweis des ersten Anscheins**. Zu den Beweisregeln gehören auch die **gesetzlichen Vermutungen**.

11.1   Nach § 98 VwGO iVm § 438 Abs 1 ZPO hat das Gericht die Echtheit einer **ausländischen öffentlichen Urkunde** nach den Umständen des Falles zu würdigen. Dies gilt auch für Auskünfte von Behörden des ausländischen Staates zur Echtheit einer Urkunde (BVerwG Buchholz 310 § 98 VwGO Nr 61).

11.2   Der **Anscheinsbeweis** kommt bei **typischen Geschehensabläufen** in Betracht; dh bei solchen, die sich vom menschlichen Willen unabhängig ereignen. Danach kann bei derartigen Abläufen, wenn ein bestimmter Tatbestand feststeht, der nach der **Lebenserfahrung** auf eine bestimmte Ursache als maßgebend für den Eintritt eines bestimmten Erfolges hinweist, grds davon ausgegangen werden, dass diese Ursache auch gegeben ist. Umgekehrt kann von einer feststehenden Ursache auf einen bestimmten Erfolg geschlossen werden. Dieser Anscheinsbeweis kann aber entkräftet werden, wenn eine andere Ursache ernsthaft in Betracht kommt (stRspr, zB BGH BGHZ 100, 31 = NJW 1987, 2876; NJW 1995, 667; Kopp/Schenke VwGO § 108 Rn 18).

11.3   Begründet eine Rechtsvorschrift eine **Vermutung** für das Vorliegen oder Nicht-Vorliegen einer bestimmten Tatsache, so muss das Gericht zugunsten des Beteiligten, für den die Vermutung spricht, diese Tatsache annehmen, es sei denn, dass das Gegenteil bewiesen wird. Die gesetzliche Formulierung „es sei denn" bedeutet idR, dass von dem davor genannten Grundsatz auszugehen ist, wenn nicht das Gegenteil bewiesen wird (Kopp/Schenke VwGO § 108 Rn 12).

3. Allgemeine Erfahrungssätze, Richtlinien

12   Das Gericht muss bei der Bildung seiner inneren Überzeugung **allgemein** anerkannte **Erfahrungssätze** berücksichtigen. Darunter sind Erkenntnisse über typische Geschehensabläufe zu verstehen, die jedermann zugänglich sind, die nach der allgemeinen Erfahrung unzweifelhaft gelten und durch **keine Ausnahme** durchbrochen sind (BVerwG Buchholz 310 § 108 VwGO Nr 133; differenzierend Sodan/Ziekow/Höfling VwGO § 108 Rn 41, 42). Es ist Aufgabe des Gerichts, bei der Sachverhaltswürdigung zu prüfen, ob ein derartiger allgemeiner Erfahrungssatz im konkreten Fall existiert. Dabei darf es nicht vorschnell verfahren, um durch Bejahung eines allgemeinen Erfahrungssatzes einer schwierigen Tatsachenwürdigung auszuweichen. So gibt es etwa keinen allgemeinen Erfahrungssatz des Inhalts, dass ein zur mündlichen Verhandlung nicht erschienener Asylbewerber keinen Asylgrund habe (BVerwG Buchholz 310 § 108 VwGO Nr 139 = InfAuslR 1984, 20) oder dass bestimmte Kategorien von Asylbewerbern unglaubwürdig seien.

12.1   Neben allgemeinen Erfahrungssätzen sind auch anerkannte **Auslegungsregeln** bei der Überzeugungsbildung des Gerichts zu berücksichtigen (BVerwG NVwZ 2004, 627; B/F-K/S/vA VwGO § 108 Rn 11). Das gilt etwa bei der Frage, was unter „Vertretenmüssen" im Rahmen einer Rechtsvorschrift zu verstehen ist. Insoweit gilt nach allgemeinem Sprachgebrauch der Grundsatz, dass jemand einen Vorgang zu vertreten hat, wenn er in der Lage und wenn er aus Rechtsgründen verpflichtet war, ihn zu verhindern (BVerwGE 48, 336 = NJW 1976, 532). Dabei dürfte es sich freilich nicht mehr um die Würdigung des Sachverhalts, sondern um die Auslegung von Rechtsnormen und deshalb um die Anwendung sachlichen Rechts handeln (vgl Eyermann/J. Schmidt VwGO § 108 Rn 6), der einen allgemeinen Erfahrungssatz annimmt).

12.2   Die Annahme einer **tatsächlichen Vermutung** muss sich aus Erfahrungstatsachen herleiten lassen. Mit der Auslegung von Rechtssätzen lässt sich eine Erfahrungstatsache nicht begründen (BVerwG Buchholz 310 § 108 Abs 1 VwGO Nr 57).

13   Das Gericht darf zur Bildung seiner Überzeugung auch auf allgemein anerkannte **Richtlinien** zurückgreifen, die von einem Expertengremium nach sorgfältiger Prüfung zur Beurteilung häufig vorkommender, typischer Sachverhaltsfragen erstellt worden sind, ohne dass ihnen die Qualität von Rechtsnormen zukommt. Derartige Richtlinien gibt es etwa im Immissionsschutzrecht zur Klärung tatsächlicher Lärm- und Luftbelastungen. Diese Richtlinien dienen aber lediglich der **Orientierung** und befreien das Gericht nicht von der Pflicht, im jeweiligen Einzelfall die Tatsachen konkret festzustellen. Sie können also regelmäßig nicht als allgemein anerkannte, ausnahmslos geltende Erfahrungssätze verstanden werden (BVerwG NVwZ 1999, 64).

4. Würdigung der Beweisergebnisse, Glaubwürdigkeit

Bei der Bewertung von Beweisergebnissen, die – nach einer Beweisaufnahme oder auch **14** formlosen Anhörung von Personen – im Rahmen der Überzeugungsbildung stattfinden muss, hat das Gericht zu beachten, dass zwischen den verschiedenen **Beweismitteln** regelmäßig **keine** Rangordnung besteht (B/F-K/S/vA VwGO § 108 Rn 11). Das Gericht darf deshalb die unterschiedlichen Beweismittel entsprechend dem – von ihm zu bewertenden – Ausmaß ihrer konkreten Überzeugungskraft würdigen, um pflichtgemäß zu einer Überzeugung zu gelangen. Dabei ist die Beurteilung der **Wahrnehmungs-** und **Aussagefähigkeit** und der **Glaubwürdigkeit** vernommener Beteiligter oder Zeugen in manchen Fällen von erheblicher Bedeutung für den Ausgang des Prozesses. Diese Beurteilung ist wesentlicher Teil der Überzeugungsbildung und originäre Aufgabe des Gerichts. Dabei kann es zu Schwierigkeiten kommen, wenn die vernommene Person nur eingeschränkt zu einer Aussage fähig ist oder Zweifel an ihrer Glaubwürdigkeit bestehen. So können Kinder, Jugendliche, kranke oder alte Menschen in ihrer Wahrnehmungs- oder Aussagefähigkeit beeinträchtigt sein. In derartigen Fällen muss das Gericht ggf nach seinem Ermessen einen Sachverständigen beauftragen, um mit seiner Hilfe die Bekundungen derartiger Personen wahrnehmen zu können.

Im Grundsatz gehört die Beurteilung der Glaubwürdigkeit zum Wesen der freien Beweiswürdi- **14.1** gung. Auch in schwierigen Fällen ist der Richter berechtigt und verpflichtet, den Beweiswert einer Aussage selbst und ohne Hilfe eines psychologischen Sachverständigen zu würdigen. Gibt es Anhaltspunkte, dass die vernommene Person unglaubwürdig ist, kann das Gericht, wenn es sich ausnahmsweise nicht im Stande sieht, dies aus eigener Sachkunde zu beurteilen, ggf nach seinem Ermessen die Hilfe eines Sachverständigen in Anspruch nehmen, also ein sog **Glaubwürdigkeitsgutachten** einholen (BVerwGE 44, 152; Buchholz 310 § 108 Abs 1 Nr 3). In jedem derartigen Fall hat das Gericht die dahingehenden Zweifel in seine Sachverhaltswürdigung und damit in die Bildung seiner Überzeugung wertend einzubeziehen.

Besondere Schwierigkeiten bereiten sog **„Zeugen vom Hörensagen"**. Spricht das Gericht der **14.2** behaupteten Wahrnehmung eines derartigen mittelbaren Zeugen von vornherein jeden Beweiswert ab, liegt darin eine unzulässige Vorwegnahme der Beweiswürdigung (BVerwG Buchholz 310 § 86 Abs 1 Nr 320). Bedarf es im Falle des § 11 S 1 Nr 1 StAG konkreter Anknüpfungstatsachen für den Verdacht einer Unterstützung verfassungsfeindlicher Bestrebungen eines Einbürgerungsbewerbers, genügen die Angaben eines Zeugen vom Hörensagen jedoch regelmäßig nicht, wenn sie nicht durch andere bewiesene Indiztatsachen bestätigt werden. Dass der Zeuge vom Hörensagen ein Beamter der Verfassungsschutzbehörde ist, ändert hieran nichts. Dies entspricht dem Prinzip, dass die Aussage eines Zeugen vom Hörensagen nur dann maßgeblich ist, wenn es für das Vorliegen der entsprechenden Tatsache noch andere Anhaltspunkte gibt (VGH Mannheim VBlBW 2011, 478).

Als Erklärung eines Verfahrensbeteiligten gehört ein **Geständnis** zu dem Gesamtergebnis des **14.3** verwaltungsgerichtlichen Verfahrens und unterliegt der freien Beweiswürdigung des Gerichts. Es unterfällt deshalb nicht den Regeln über rechtsgeschäftliche Willenserklärungen gem §§ 104 ff BGB (BVerwG Buchholz 310 § 108 Abs 1 VwGO Nr 50 = NVwZ 2007, 1196).

Hat das Gericht zur Feststellung bestimmter Tatsachen ein **Sachverständigengutachten** **15** eingeholt, darf es das darin gefundene Ergebnis zur Bildung seiner Überzeugung nicht ungeprüft übernehmen. Es muss in eigener Verantwortung abwägend prüfen, ob es dieses Ergebnis für richtig hält und zuvor unter Beachtung des rechtlichen Gehörs die Meinungen der Beteiligten zu dem Gutachten einholen. Will es von dem Gutachten abweichen, ohne ein weiteres Gutachten zu erheben, muss es seine gegenteilige Überzeugung in sich schlüssig und plausibel erklären. Würde es dabei eine eigene Sachkunde für sich in Anspruch nehmen, die derjenigen des Sachverständigen überlegen sein soll, bedürfte dies besonderer plausibler Erwägungen, die nur ausnahmsweise überzeugend sein dürften (B/F-K/S/vA VwGO § 108 Rn 13). Es entspricht in derartigen Fällen regelmäßig einer sachgerechten Ausübung des eingeräumten prozessualen Ermessens, wenn das Gericht ein weiteres Gutachten einholt (§ 173 VwGO iVm § 412 ZPO).

Kommen zwei Sachverständige zu unterschiedlichen Ergebnissen, ist das Gericht gehalten, mit **15.1** eigenen sachgerechten Erwägungen in Ausübung seines prozessualen Ermessens zu prüfen, welcher Meinung es sich zur Bildung seiner Überzeugung anschließt, ggf hat es ein Obergutachten einzuholen. Dies gilt insbes dann, wenn das Gutachten von der Beantwortung wissenschaftlicher

Streitfragen abhängt (BVerwGE 72, 300, 316 = NVwZ 1986, 208; BVerwGE 82, 76, 90 = NJW 1989, 2272). Die Verkennung derartiger Umstände bedeutet auch einen Verstoß gegen die Amtsermittlungspflicht des § 86 Abs 1 VwGO.

5. Materielle Beweislast

16 Die Bildung der richterlichen Überzeugung setzt die Ermittlung der erheblichen Tatsachen gemäß § 86 Abs 1 VwGO voraus. Bleibt hinsichtlich einer erheblichen Tatsache eine Ungewissheit, die das Gericht trotz Ausschöpfens aller in Betracht kommenden Ermittlungen von Amts wegen, auch bei Berücksichtigung eines etwaigen unverschuldeten Beweisnotstands eines Beteiligten, nicht zu beseitigen vermag, greifen die Grundsätze der **materiellen Beweislast** ein (BVerwG Buchholz 412. 6 § 1 HHG Nr 28 = NVwZ-RR 1990, 165; BVerwGE 114, 75 = ZOV 2001, 198). Sie gelten erst nach dem Abschluss der richterlichen Überzeugungsbildung, ergänzen diese also. Eine Entscheidung nach Beweislastgrundsätzen ist also erst dann zulässig, wenn das Gericht nach Ausschöpfung aller Aufklärungsmöglichkeiten zur Feststellung der Nichterweislichkeit einer Tatsache („non liquet") gelangt ist (BVerwG Buchholz 310 § 86 Abs 1 VwGO Nr 342).

16.1 Ergeben sich nach einem von den Beteiligten vorgelegten graphologischen Gutachten ernstliche Zweifel an der Authentizität einer Unterschrift, muss das Gericht diesen im Rahmen seiner Aufklärungspflicht nachgehen; für eine Beweislastentscheidung ist dann kein Raum (BVerwG Buchholz 310 § 86 Abs 1 VwGO Nr 354).

17 Auch im Verwaltungsstreitverfahren gibt es eine materielle Beweislast des Inhalts, dass die **Unerweislichkeit** von Tatsachen, aus denen ein Beteiligter ihm günstige Rechtsfolgen ableitet, zu seinen Lasten geht (stRspr, BVerwGE 80, 290, 296; NJW 1994, 468; Kopp/ Schenke VwGO § 108 Rn 13). Im Bereich der **Eingriffsverwaltung** bedeutet dies, dass die Behörde die Folgen der Ungewissheit des Vorliegens der tatbestandlichen Voraussetzungen der zu einem Eigengriffsakt ermächtigenden Rechtsnorm gegen sich gelten lassen muss; macht der Bürger geltend, dass zu seinen Gunsten eine Ausnahme vorliege, trägt insoweit er die für ihn nachteiligen Folgen der Nichterweislichkeit (Eyermann/Geiger VwGO § 86 Rn 2a; Redeker/v Oertzen/Kothe VwGO § 108 Rn 12; Sodan/Ziekow/Höfling VwGO § 108 Rn 123).

18 Macht der Bürger hingegen einen Anspruch auf **Leistung** oder auf Vornahme eines ihn **begünstigenden** Verwaltungsaktes geltend, muss er die Folgen der Ungewissheit hinsichtlich einer anspruchsbegründenden Tatsache gegen sich gelten lassen; die Behörde trägt die materielle Beweislast für die dem Anspruch als rechtshindernde Ausnahme entgegenstehenden ungewissen tatsächlichen Umstände (BVerfGE 52, 147, 154; BVerwG Buchholz 412.6 § 1 HHG Nr 28 = NVwZ-RR 1990, 165; Sodan/Ziekow/Höfling VwGO § 108 Rn 127, 128). Wird entgegen diesen Grundsätzen eine **Umkehrung** der Beweislast als sachgerecht angesehen, muss dies jeweils besonders begründet werden (Kopp/Schenke VwGO § 108 Rn 13, 13a, 14).

18.1 Bei einem Verbot mit Erlaubnisvorbehalt, das grds überwindbar ist, trägt dementsprechend die Behörde die materielle Beweislast für das Vorliegen der Versagungsgründe. Handelt es sich hingegen um ein Verbot mit Befreiungsvorbehalt, liegt die materielle Beweislast für das Vorliegen der Befreiungsgründe wegen deren Ausnahmecharakter bei dem die Befreiung begehrenden Antragsteller. Es ist daher für die materielle Beweislast unerheblich, welche Klageart für den jeweiligen Rechtsstreit statthaft ist, ob es sich also um eine Anfechtungs-, Verpflichtungs- oder Feststellungsklage handelt (Eyermann/Geiger VwGO § 86 Rn 2a). Ob ggf eine Modifizierung oder Umkehrung der Beweislast zu erfolgen hat, richtet sich nicht nur nach dem Aufbau der Vorschrift, sondern auch nach ihrem Zweck, nach gesetzlichen Wertungen und nach Erwägungen der Billigkeit, Zumutbarkeit und der Zuordnung zu tatsächlich beherrschten „Sphären" (BVerfGE 52, 147, 154; BVerwGE 70, 154).

18.2 Im **Fahrerlaubnisrecht** ist die materielle Beweislast entsprechend den allgemeinen Grundsätzen verteilt. Das bedeutet, dass der Bewerber im Erteilungsverfahren hinsichtlich seiner Eignung das Risiko der Nichterweislichkeit trägt. Im Entziehungsverfahren geht die Nichterweislichkeit des Fehlens der die Fahreignung begründenden Tatsachen hingegen zu Lasten der Behörde.

6. Fallgruppen zur materiellen Beweislast

Ausgehend von diesen Grundsätzen haben sich in den einzelnen Rechtsgebieten für die **19** Praxis wichtige, durch die Rechtsprechung des BVerwG differenziert entwickelte **Besonderheiten** herausgebildet (vgl etwa Eyermann/Geiger VwGO § 86 Rn 2b). Davon ist zB das **Beamtenrecht** betroffen. So obliegt grds dem Beamten, der einen Leistungsanspruch auf Schadensersatz wegen Nichtbeförderung geltend macht, die materielle Beweislast dafür, dass er bei rechtsfehlerfreier Behandlung seiner Bewerbung um ein Beförderungsamt zum Zuge gekommen wäre. Dem Beamten darf aber gem Art 19 Abs 4 GG iVm Art 33 Abs 2 GG nicht die Beweislast für diejenigen zur Beurteilung des hypothetischen Kausalverlaufs erforderlichen Tatsachen auferlegt werden, deren Ermittlung aus tatsächlichen Gründen unmöglich ist. Vielmehr trägt der Dienstherr die materielle Beweislast für die in seinem Verantwortungsbereich liegenden Vorgänge, deren Kenntnis für die Beurteilung erforderlich ist, ob der Beamte ohne den schuldhaften Verstoß gegen Art 33 Abs 2 GG voraussichtlich befördert worden wäre (BVerwGE 118, 370, 373; 124, 99 = NVwZ 2006, 212). Die Beweislast für die anspruchsbegründenden Tatsachen, ob zwischen einem Dienstunfall und seiner Dienstunfähigkeit ein Kausalzusammenhang besteht oder ob der Unfall in Ausübung des Dienstes geschehen ist, trifft den Beamten (BVerwGE 14, 181, 185). Leitet der Beamte aus der Verletzung der dem Dienstherrn obliegenden Fürsorgepflicht einen Anspruch her, trägt ebenfalls er die materielle Beweislast (BVerwGE 104, 55, 58 = NVwZ 1998, 400). Haftet ein Beamter für den Fehlbestand einer ihm anvertrauten Kasse, deren Bereich allein er beherrscht, trifft ihn die Beweislast, wenn der für den Fehlbetrag Verantwortliche nicht ermittelt werden kann (BVerwGE 52, 255, 260 = NJW 1978, 1540; Buchholz 236.1 § 24 SG Nr 12 = NVwZ-RR 1988, 101; ähnlich Buchholz 238.4 § 24 SG Nr 11 = NJW 1986, 2523 zur Haftung eines Soldaten für seine Ausrüstungsgegenstände). Der Dienstherr wiederum trägt die materielle Beweislast für die Nichterweislichkeit der Tatsachen, aus denen er die mangelnde Verfassungstreue eines Beamtenbewerbers herleitet (BVerwGE 47, 339, 375 = NJW 1975, 1138). Verbleibende Zweifel an der Wiederherstellung der Dienstfähigkeit eines Beamten gehen zu dessen Lasten; der seine Reaktivierung erstrebende Beamte ist insoweit objektiv beweispflichtig (OVG Münster DÖD 1996, 241). Hingegen trifft – dem allgemeinen Grundsatz entsprechend – den Dienstherrn die materielle Beweislast, wenn er einen Beamten gegen dessen Willen wegen Dienstunfähigkeit in den vorzeitigen Ruhestand versetzen will, die die Dienstunfähigkeit begründenden Tatsachen aber nicht vollständig aufgeklärt werden können.

Im **Kriegsdienstverweigerungsrecht** trifft dem seine Anerkennung begehrenden Wehrpflich- **19.1** tigen die Beweislast, wenn sich das VG vom Vorliegen einer Gewissensentscheidung gegen den Kriegsdienst mit der Waffe iSv Art 4 Abs 3 GG nicht überzeugen kann (BVerwGE 41, 53, 58 = NJW 1973, 635). Bleiben die **Tauglichkeit** eines Wehrpflichtigen und die Gefahr gravierender gesundheitlicher Schäden als Folge der Ableistung des Wehrdienstes auch nach Einholung medizinischer Gutachten ungeklärt, geht die Nichterweislichkeit zu Lasten der Bundesrepublik Deutschland (BVerwG Buchholz 448.0 § 8a WPflG Nr 49 = NVwZ 1990, 765).

Gegenüber einer **bauordnungsrechtlichen** Beseitigungs- oder Untersagungsanordnung trifft **19.2** den Adressaten die materielle Beweislast hinsichtlich der unaufklärbaren Tatsachen, die einen Bestandsschutz begründen oder in sonstiger Weise der Anordnung entgegenstehen können (BVerwG Buchholz 406.16 Eigentumsschutz Nr 13 = NJW 1980, 252). Kann bei einer Klage gegen einen **Erschließungsbeitragsbescheid** nicht geklärt werden, ob die betreffende Straße nach dem früher geltenden Landesrecht erstmalig endgültig hergestellt wurde und damit bereits als „historische" oder vorhandene Straße existiert hat, geht die Nichterweislichkeit zu Lasten der Gemeinde, da die Erstmaligkeit der Herstellung tatbestandliche Voraussetzung des mit der Beitragserhebung verbundenen Eingriffs ist. In derartigen Fällen muss sich die Gemeinde zu Gunsten der Anlieger so behandeln lassen, als ob die Straße schon früher endgültig hergestellt war (BVerwG Buchholz 406.11 § 125 BBauG Nr 23 = NVwZ-RR 1989, 497; OVG Münster NVwZ-RR 1999, 566).

Enthält ein **Verfassungsschutzbericht** zur Begründung eines Werturteils Tatsachenbehauptun- **19.3** gen, müssen diese der Wahrheit entsprechen. Die materielle Beweislast für die Richtigkeit der streitigen Tatsachenbehauptungen liegt bei der Verfassungsschutzbehörde (BVerwGE 131, 171 = NVwZ 2008, 1371).

Die Unaufklärbarkeit der tatsächlichen Voraussetzungen der politischen Verfolgung eines **20** **Asylbewerbers** geht, den allgemeinen Grundsätzen entsprechend, in jeder Hinsicht zu dessen Lasten, da er mit der erstrebten Anerkennung als Asylberechtigter nach Art 16a GG einen Leistungsanspruch geltend macht. Der Asylbewerber trägt deshalb die materielle Beweislast auch für nichterweisliche tatsächliche Umstände, aus denen eine **inländische Fluchtalternative**, ein **anderweitiger Schutz** vor Vorverfolgung oder der Verlauf des **Einreisewegs** ohne Berührung eines sicheren Drittstaats hergeleitet werden könnten (BVerwGE 79, 347, 356 = NVwZ 1988, 1136; BVerwGE 109, 174 = NVwZ 2000, 81; VGH München BayVBl 1998, 370; zT aA Renner AsylVfG § 74 Rn 37).

20.1   Der Kläger kann das **Asylgrundrecht** nur dann in Anspruch nehmen, wenn dessen Voraussetzung, also eine erlittene oder drohende politische Verfolgung, auch in tatsächlicher Hinsicht zur vollen Überzeugung des Gerichts festgestellt werden kann. Wegen der Beweisnot, in der sich Asylbewerber häufig befinden, hat die Rspr zu ihren Gunsten aus Gründen eines effektiven Rechtsschutzes (Art 19 Abs 4 GG) und zur Gewährleistung des Grundrechts Beweiserleichterungen entwickelt. Diese betreffen aber allein die gem § 86 Abs 1 VwGO vom VG vorgenommenen Tatsachenermittlungen und die sich anschließende richterliche Überzeugungsbildung. Erlangt das VG trotz dieser Erleichterungen nicht die erforderliche Überzeugungsgewissheit (§ 108 Abs 1 S 1 VwGO), greifen danach die Grundsätze der materiellen Beweislast ein. Diese geht idR freilich zu Lasten des Asylbewerbers (BVerwGE 71, 180 = NVwZ 1985, 658).

21   Im **Prüfungsrecht** geht es grds zum Nachteil des Prüflings, wenn sich Prüfungsfehler nicht nachweisen lassen. Im Hinblick auf das Rechtsstaatsprinzip (Art 20 Abs 3 GG) und das Gebot der Gewährung wirksamen Rechtsschutzes (Art 19 Abs 4 GG) ist allerdings eine Ausnahme im Falle einer schuldhaften Beweisvereitelung (§ 444 ZPO) durch die Prüfungsbehörde zu bejahen. Das Gericht muss dann prüfen, ob eine zumindest fahrlässige Beweisvereitelung durch die Prüfungsbehörde stattgefunden hat (BVerwGE 78, 367 = NVwZ 1988, 434).

21.1   Auch im **Vermögensrecht** wirkt sich die Unerweislichkeit von Tatsachen grds zu Lasten dessen aus, der aus ihnen für sich günstige Rechtsfolgen herleitet (BVerwGE 95, 289). Die materielle Beweislast für die zum Rückübertragungsausschluss führende Redlichkeit des Erwerbs (§ 4 Abs 3 VermG) trifft daher grds den Erwerber, jedoch wird dieser Grundsatz dadurch modifiziert, dass das VermG seinem Zweck entsprechend von der Grundannahme der Redlichkeit ausgeht und die Unredlichkeit nach der Konzeption des Gesetzes in § 4 Abs 3 als Ausnahme ansieht. Es ist daher zu prüfen, ob die Grundannahme der Redlichkeit des Erwerbs durch greifbare gegenteilige Anhaltspunkte erschüttert ist; nur dann trifft die materielle Beweislast den Erwerber (BVerwGE 114, 75 = ZOV 2001, 198). Die Zuordnung von Regel und Ausnahme, die für die Beweislastverteilung maßgebend ist, bestimmt sich hier nach dem Gesetzeszweck und entspricht im Übrigen der Billigkeit.

21.2   Ähnliche Beweislasterleichterung gibt es im **Staatsangehörigkeitsrecht**, wenn die Frage, ob eine durch Geburt erworbene deutsche Staatsangehörigkeit später durch freiwilligen Erwerb einer anderen Staatsangehörigkeit verloren wurde, ungeklärt bleibt. Dann soll die Behörde für diese rechtsvernichtende Einwendung die materielle Beweislast tragen (VGH München DVBl 1999, 1218). Allerdings kann im Bereich der Leistungsverwaltung, auch wenn es um sozialstaatlich begründete Ansprüche geht, nicht allgemein von Beweislasterleichterungen für die Antragsteller ausgegangen werden (vgl zum **Wohngeld** etwa BVerwGE 44, 265, 270). Insoweit geht die Rechtsprechung, wie etwa im Asylrecht, regelmäßig von einem weiten Verständnis der anspruchsbegründenden Tatsachen und damit von der Beweislast der Antragsteller aus.

III. Begründungspflicht (Abs 1 S 2)

1. Inhalt und Ausmaß der Begründung

22   In dem Urteil sind die Gründe anzugeben, die für die richterliche Überzeugung leitend gewesen sind (§ 108 Abs 1 S 2 VwGO). Dadurch erfährt die weitgehend freie Sachverhalts- und Beweiswürdigung des Richters die notwendige verfassungsrechtliche, insbes **rechtsstaatliche** Begrenzung: Art 20 Abs 3 GG fordert die Bindung der Gerichte an Gesetz und Recht, Art 3 Abs 1 GG begründet auch für sie das **Willkürverbot**, und Art 19 Abs 4 GG verlangt den effektiven Schutz der Grundrechte und der sonstigen Rechte des Bürgers gegenüber der öffentlichen Gewalt durch die Gerichte und damit nach Maßgabe des § 40 VwGO durch die Verwaltungsgerichte (BVerfGE 49, 67; BVerfGE 58, 289; BVerwGE 96,

200, 209 = NVwZ 1995, 175). Die Begründungspflicht dient dem **Zweck**, den Vorgang der richterlichen Überzeugungsbildung transparent und damit sowohl für die Verfahrensbeteiligten als auch für ein Rechtsmittelgericht **nachvollziehbar** zu machen. Zugleich soll damit sichergestellt werden, dass die Überzeugungsbildung des Gerichts sich nach den Anforderungen der einschlägigen Gesetze und nicht nach anderen, möglicherweise unsachlichen Gesichtspunkten vollzieht (S/S/B/Dawin VwGO § 108 Rn 119; B/F-K/S/vA VwGO § 108 Rn 15). Auch soll erreicht werden, dass das Gericht alle **wesentlichen** Argumente, auch das Vorbringen der Beteiligten im Rahmen des rechtlichen Gehörs nach Abs 2, erkennbar berücksichtigt, sich erkennbar sorgfältig damit auseinandersetzt und sich allein von objektiven Erwägungen, die als Inhalt der gegebenen Begründung nachprüfbar sind, leiten lässt (BVerfG NJW 1983, 2930; BVerwGE 61, 365, 368; Kopp/Schenke VwGO § 108 Rn 30).

Daraus folgt, dass § 108 Abs 1 S 2 VwGO gebietet, den gesamten Vorgang der richterli- **23** chen Überzeugungsbildung schriftlich (§ 117 Abs 1 S 2 VwGO und § 117 Abs 2 Nr 4 und 5 VwGO) hinreichend deutlich wiederzugeben. Die Begründung des Urteils ist der Versuch, diesen Vorgang mit sprachlichen Mitteln nachzuzeichnen (B/F-K/S/vA VwGO § 108 Rn 16). Er erfordert es, dass die wesentlichen von den Beteiligten vorgebrachten Tatsachenbehauptungen in den Entscheidungsgründen berücksichtigt werden und dass sowohl die festgestellten **tatsächlichen** Umstände als auch – über den Wortlaut der Vorschrift hinausgehend – die **rechtlichen** Erwägungen, die das Gericht zu seiner Entscheidung geführt haben, hinreichend und nachvollziehbar wiedergegeben werden (BVerwG NVwZ-RR 1998, 514). Die Begründung muss ihrem Zweck entsprechend so umfassend sein, dass sie den Weg des Gerichts zu seiner Entscheidung nachvollziehbar macht; sie darf sich also nicht mit „formelhaften" Wendungen begnügen (BVerwGE 61, 365, 369). Entscheidungserhebliches Vorbringen der Beteiligten ist zu erörtern (BVerwG Buchholz 310 § 108 Abs 1 VwGO Nr 51).

Im Einzelnen bedeutet dies, dass das Urteil entweder ausdrücklich oder aus dem Gesamtzusam- **23.1** menhang heraus hinreichend deutlich in nachvollziehbarer Weise erkennbar macht, wie das Gericht sowohl das anzuwendende **Recht** unter Berücksichtigung der bisherigen Rechtsprechung und Rechtslehre ausgelegt als auch die festgestellten erheblichen **Tatsachen** in konkreten Bezug zu den angewandten Rechtsnormen gesetzt hat (BVerwGE 70, 221, 222; NVwZ 1989, 1155; Kopp/Schenke VwGO § 108 Rn 30). Dabei können die Anforderungen an die Dichte der Begründung steigen, wenn Grundrechte berührt werden oder das Gericht von der bisherigen höchstrichterlichen Rechtsprechung abweicht (BVerfGE 71, 135 = NJW 1987, 1619; NJW 1990, 567). Aus der Begründung muss ersichtlich werden, dass das Gericht die Grundrechte und Art. 103 Abs 1 GG beachtet hat (BVerfGE 86, 146 = DVBl 1992, 1215). Maßgebend für die Begründungspflicht ist die materielle Rechtsauffassung des Gerichts, auch wenn sie unrichtig sein sollte (BVerwGE 70, 221). Davon ausgehend müssen die festgestellten Tatsachen, insbes wenn eine **Beweisaufnahme** durchgeführt worden ist, nachvollziehbar gewürdigt werden (BVerwG Buchholz 310 § 108 VwGO Nr 151 = NVwZ 1985, 197 zur Zeugenvernehmung) und muss ggf ausgeführt werden, warum weitere Sachverhaltsermittlungen nicht vorgenommen worden sind.

Der Wortlaut und die systematische Stellung des § 108 Abs 1 S 2 VwGO im Zusammenhang **23.2** mit Abs 1 S 1 dieser Vorschrift könnten die Auffassung nahe legen, die Begründungspflicht beziehe sich nur auf die der Überzeugungsbildung zugrunde liegende Sachverhalts- und Beweiswürdigung und damit nicht auf die rechtlichen Erwägungen der Subsumtion. Dieses enge Verständnis wird von der Rechtsprechung aber nicht praktiziert. Die Begründung muss vielmehr sowohl die tatsächlichen als auch die rechtlichen Erwägungen wiedergeben, die für das Urteil des Gerichts leitend gewesen sind (BVerwGE 61, 365, 368).

Die Erörterung des Ausschlusstatbestandes des § 73 Abs 1 S 3 AsylVfG ist erforderlich, wenn das **23.3** Gericht sein stattgebendes Urteil maßgeblich auf diese Vorschrift gestützt und der Kläger sich sowohl im Verwaltungsverfahren als auch im verwaltungsgerichtlichen Verfahren hierauf berufen hat (BVerwG Buchholz 310 § 108 Abs 1 VwGO Nr 44).

2. Grenzen der Begründung

Das Gebot einer umfassenden Darstellung der Entscheidungsgründe stößt an Grenzen,   **24** weil die Möglichkeiten der sprachlichen Wiedergabe eines – bisweilen komplexen – inneren Vorgangs, wie ihn die richterliche Überzeugungsbildung darstellt, nur beschränkt sind.

Wollte man dieser Anforderung überdies in allen Fällen in dem Umfang gerecht werden, den eine sprachliche Darstellung, wenn sie ins einzelne geht, noch ermöglichen mag, würden Urteile so umfangreich, dass wegen des zur Begründung entstehenden Zeitaufwands eine zügige Verfahrenserledigung des betreffenden Verfahrens und in der Folge auch anderer Verfahren in Frage gestellt wäre (B/F-K/S/vA VwGO § 108 Rn 17). Daran kann insbes in Zeiten knapper richterlicher Ressourcen kein Interesse bestehen.

25   Die VwGO beschränkt deshalb, wenn sie die Wiedergabe der Gründe verlangt, die „leitend" gewesen sind, dieses Gebot im Einklang mit den verfassungsrechtlichen Vorgaben auf die Darstellung der für die Überzeugungsbildung **wesentlichen** Gründe. Es ist daher **nicht** erforderlich, dass die Urteilsbegründung sich mit **allen** im Verfahren aufgeworfenen tatsächlichen und rechtlichen Fragen auseinandersetzt und jeden Gesichtspunkt im Einzelnen erörtert. Es genügt – ist aber auch erforderlich -, dass alle für die Überzeugungsbildung wesentlichen Fragen, soweit sie von den Beteiligten oder dem Gericht aufgeworfen worden sind, angesprochen werden (stRspr, BVerfGE 65, 293, 295; 86, 133, 146 = DVBl 1992, 1215; BVerwGE 82, 90; NVwZ 1996, 378; NVwZ-RR 1999, 746; Kopp/Schenke VwGO § 108 Rn 31).

26   Tatsachenbehauptungen eines Beteiligten dürfen nicht deshalb übergangen werden, weil sie nach der maßgeblichen Rechtsauffassung des Gerichts unerheblich sind. Es muss dann, auch um dem in § 108 Abs 2 VwGO gewährten Anspruch auf rechtliches Gehör (Rn 28 ff) zu entsprechen, ausgeführt werden, weshalb das Gericht von einer Auseinandersetzung mit diesem Vorbringen abgesehen hat (BVerwGE 98, 235, 238 = NVwZ 1996, 378, 379).

26.1   Das Gericht kann, ohne gegen die Begründungspflicht zu verstoßen, auf eine den Beteiligten bekannte andere Entscheidung **Bezug** nehmen, selbst dann, wenn diese erst nach der mündlichen Verhandlung schriftlich abgefasst und zugestellt worden ist (BVerwG Buchholz 402.25 § 32 Nr 6 = NVwZ 1989, 249; vgl auch § 117 Abs 5 VwGO, § 77 Abs 2 AsylVfG).

27   Setzt ein Urteil sich mit dem bestimmten Vorbringen eines Beteiligten nicht ausdrücklich auseinander, bedeutet dies nicht zwangsläufig, dass das Gericht das Vorbringen nicht berücksichtigt hat (BVerfGE 65, 293, 295; BVerwGE 96, 200 = NVwZ 1995, 175, 177). Insoweit braucht die Begründung nicht in jeder Hinsicht lückenlos zu sein. Die mangelnde Berücksichtigung ist nur dann anzunehmen, wenn hinsichtlich einer erheblichen Frage aus der Begründung nicht erkennbar wird, warum das Gericht sie so und nicht anders entschieden hat (BVerfGE 47, 182, 189), wenn sich aus den Umständen des Einzelfalles klar und **deutlich** ergibt, dass das Gericht bestimmtes erhebliches Vorbringen der Beteiligten nicht in Erwägung gezogen hat (BVerfGE 65, 293, 295; BVerwGE 96, 200, 209 = NVwZ 1995, 175) oder wenn das Urteil einen zur Sache gestellten **Antrag** nicht erwähnt (BVerfGE 63, 85). Dabei liegt zugleich – neben der Unzulänglichkeit der Begründung – ein Verstoß gegen das rechtliche Gehör (§ 108 Abs 2 VwGO) vor.

27.1   § 108 Abs 1 S 2 VwGO beinhaltet allein eine verfahrensrechtliche Anforderung. Dadurch wird nicht verlangt, dass die Wiedergabe der für die Überzeugungsbildung wesentlichen Gründe „inhaltlich" rechtmäßig sein muss (S/S/B/Dawin VwGO § 108 Rn 119).

27.2   Die Verletzung der Vorschrift ist ein Verfahrensmangel, der auf Antrag zur Zulassung der Berufung (§ 124 Abs 2 Nr 5 VwGO) und auf Beschwerde zur Zulassung der Revision (§ 132 Abs 2 Nr 3 VwGO) führen kann.

B. Rechtliches Gehör (§ 108 Abs 2 VwGO)

I. Verfassungsrechtliche Herleitung, Inhalt und Gegenstand

1. § 108 Abs 2 VwGO als Konkretisierung von Art 103 Abs 1 GG

28   § 108 Abs 2 VwGO verpflichtet das Gericht, sein Urteil nur auf Tatsachen und Beweisergebnisse zu stützen, zu denen die Beteiligten sich äußern konnten. Diese Pflicht ist eine auf den Verwaltungsprozess bezogene Ausprägung des durch Art 103 Abs 1 GG gewährleisteten rechtlichen Gehörs (BVerfGE 86, 133, 144; BVerfGE 89, 28, 35 = NJW 1993, 2229). Mit ihr wird zugleich das Recht der Prozessbeteiligten, sich im Verfahren äußern zu können, begründet. § 108 Abs 2 VwGO ist daher eine **gehörspezifische Prozessrechtsnorm**, zu

denen auch § 86 Abs 1 VwGO, § 86 Abs 2 VwGO, § 86 Abs 3 VwGO, § 100 VwGO, § 101 Abs 1 VwGO, § 101 Abs 2 VwGO und § 104 Abs 1 VwGO zählen. Diese Vorschriften gewähren in Konkretisierung des **prozessualen Grundrechts** aus Art 103 Abs 1 GG **einfachgesetzliche** Rechte, die unabhängig von dem verfassungsrechtlichen Anspruch bestehen und in ihrem jeweiligen Regelungsbereich den Gehörsanspruch zur Geltung bringen. Das bedeutet etwa, dass der Anspruch auf rechtliches Gehör zugleich den Anspruch auf Berücksichtigung eines richtigen und vollständigen Sachverhalts beinhaltet (§ 86 Abs 1 VwGO, BVerwG Buchholz 310 § 86 Abs 1 VwGO Nr 261).

Die gehörspezifischen Prozessrechtsnormen bilden in ihrer Gesamtheit einen **Wirkungszusam-** 28.1 **menhang**, der das Prozessgrundrecht des Art 103 Abs 1 GG verwirklicht. Art 103 Abs 1 GG und die einfachgesetzlichen Gehörsvorschriften sind nicht deckungsgleich. Im Ergebnis bedeutet dies, dass der Richter das rechtliche Gehör in Anwendung der bereichsspezifischen Vorschriften der VwGO zu gewähren hat und dass damit idR auch den Anforderungen des Art 103 Abs 1 GG entsprochen wird (BVerwG Buchholz 310 § 108 VwGO Nr 107, 163). Im Übrigen hat Art 103 Abs 1 GG in Zweifelsfällen die Funktion eines Auslegungsgrundsatzes zur Herbeiführung einer verfassungskonformen Auslegung bei der Anwendung der einfachrechtlichen Gehörsvorschriften und damit auch des § 108 Abs 2 VwGO. Beim Fehlen einfachrechtlicher Bestimmungen gewährt das Grundrecht ein verfassungsunmittelbares Recht auf Gehör (zu den Einzelheiten vgl S/S/B/ Dawin VwGO § 108 Rn 121, 122, 123).

2. Inhalt und Gegenstand des rechtlichen Gehörs

§ 108 Abs 2 VwGO gewährleistet den Anspruch auf rechtliches Gehör vor Erlass eines 29 verwaltungsgerichtlichen Urteils und verbietet dessen Erlass, wenn diese Möglichkeit nicht gewährt worden ist. Der Anspruch geht nach dem Wortlaut und der Systematik des § 108 Abs 2 VwGO dahin, dass der an einem gerichtlichen Verfahren Beteiligte Gelegenheit erhalten muss, sich zu den der gerichtlichen Entscheidung zugrunde liegenden – erheblichen – Tatsachen und Beweisergebnissen vor dem Ergehen der Entscheidung zu äußern. Er beinhaltet also das Recht eines Beteiligten, sich äußern zu können. Daraus folgt, dass bei der Entscheidung nur diejenigen Tatsachen und Beweisergebnisse berücksichtigt werden dürfen, zu denen die Beteiligten **zuvor** Stellung nehmen konnten. Unter den maßgeblichen **Tatsachen** sind solche Sachverhaltserkenntnisse zu verstehen, die Gegenstand der richterlichen Überzeugung nach § 108 Abs 1 S 1 VwGO sein können. Gegenstand des rechtlichen Gehörs ist also das schriftliche und mündliche Vorbringen der Beteiligten in tatsächlicher Hinsicht (BVerfGE 75, 369, 381 = NJW 1987, 2661, 2662; BVerwGE 78, 30 = NVwZ 1987, 1071); dazu gehören auch der den Beteiligten bekannte Inhalt der Behördenakten, die gerichtskundigen Tatsachen (BVerwG Buchholz 310 § 108 VwGO Nr 111, 251) und allgemeine Erfahrungssätze, die für die richterliche Überzeugungsbildung maßgebend sind (BVerwGE 67, 83 = NVwZ 1983, 738). Die allgemeinkundigen Tatsachen, die allen Beteiligten bekannt sind, unterliegen hingegen **nicht** dem Gehörsanspruch (BVerwGE 87, 52 = NVwZ 1991, 377; BVerwGE 91, 104 = NVwZ 1993, 275, jeweils zu asylrelevanten politischen Ereignissen).

Beweisergebnis sind diejenigen Tatsachen, die aufgrund einer Beweiserhebung ermittelt 30 worden sind, also etwa die Aussage eines Zeugen, das Gutachten eines Sachverständigen oder der Inhalt einer amtlichen Auskunft. Das Ergebnis der – nachfolgenden – richterlichen **Würdigung** der gefundenen Tatsachen im Rahmen der Überzeugungsbildung fällt hingegen nicht darunter (S/S/B/Dawin VwGO § 108 Rn 126).

Das rechtliche Gehör soll die Äußerung der Beteiligten zu ermittelten Tatsachen ermöglichen 30.1 und dem Gericht zugänglich machen. Sie muss deshalb zeitlich vor der Überzeugungsbildung des Gerichts diesem zugehen. Hingegen muss das Gericht seine vorläufige Einschätzung der Glaubhaftigkeit eines Beteiligtenvorbringens als Teil der Überzeugungsbildung dem Beteiligten nicht mitteilen, bevor es sich eine abschließende Überzeugung bildet (BVerfGE 67, 90, 95 = NJW 1984, 2147; BVerwGE 98, 334 = NVwZ 1997, 72; zum Gehörsanspruch hinsichtlich der Glaubwürdigkeit eines im Wege der Amtshilfe vernommenen Zeugen vgl BVerwGE 66, 168 = NJW 1983, 695; zu Einzelheiten S/S/B/Dawin VwGO § 108 Rn 126).

31   Das Gericht muss das rechtliche Gehör nur zu den Tatsachen gewähren, die nach seiner Rechtsauffassung für die Entscheidung **erheblich** sind (BVerwG Buchholz 310 § 108 VwGO Nr 42, 267 = NVwZ 1996, 378). Unerheblich sind Tatsachen, die in keinem denkbaren Zusammenhang mit dem Streitgegenstand des gerichtlichen Verfahrens stehen. Erheblichkeit setzt voraus, dass das Gericht sich bereits eine Rechtsauffassung gebildet hat, deren tatsächliche Voraussetzungen erst den Rahmen der Erheblichkeit abgrenzen.

31.1   Abweichend von der Rechtsprechung des BVerwG wird in der Literatur der Begriff der Erheblichkeit teilweise weiter iS einer „potentiellen Erheblichkeit" verstanden (Maunz/Dürig/Schmidt-Aßmann GG Art 103 Rn 86). Der praktische Unterschied zur engeren Auffassung der Rechtsprechung ist gering (vgl S/S/B/Dawin VwGO § 108 Rn 127, 128, 129). Die Auffassung der Rechtsprechung ist vorzuziehen, da sie zu mehr Rechtssicherheit führen dürfte.

32   Der Anspruch auf rechtliches Gehör erstreckt sich über den Wortlaut des § 108 Abs 2 VwGO hinaus wegen des umfassenden Grundrechts aus Art 103 Abs 1 GG auch auf **Rechtsfragen**. Insoweit ist der Gehörsanspruch wie bei Tatsachen auf erhebliche Fragen beschränkt. Maßgebend ist die Rechtsauffassung des Gerichts. Es muss die nach seiner Auffassung erheblichen Rechtsvorschriften zum Gegenstand des Verfahrens machen und erörtern, wenn das nicht bereits schriftsätzlich oder im Verwaltungsverfahren geschehen ist (BVerfGE 65, 227, 234 = NJW 1984, 717, 719; BVerfGE 86, 133, 144 = NJW 1992, 2877; Eyermann/Schmidt VwGO § 108 Rn 12; S/S/B/Dawin VwGO § 108 Rn 125).

33   § 108 Abs 2 VwGO beinhaltet als Rechtsfolge das **Verbot**, tatsächliche oder rechtliche Umstände, zu denen die Beteiligten sich nicht äußern konnten, bei der Überzeugungsbildung zu **verwerten** (BVerwG Buchholz 310 § 108 VwGO Nr 42). Damit begründet die Vorschrift zugleich das Recht eines Beteiligten, sich dem Gericht gegenüber **äußern** zu können. Der Gehörsanspruch der Beteiligten ist aber nicht auf dieses Äußerungsrecht und auf die Unterlassung eines Urteils vor der Einräumung einer Möglichkeit zur Äußerung beschränkt (BVerwG Buchholz 310 § 108 VwGO Nr 165). Darüber hinaus führt der Anspruch nämlich zur Pflicht des Gerichts, die Ausführungen der Beteiligten zu berücksichtigen, dh zur **Kenntnis** zu nehmen **und** bei der Urteilsfindung in **Erwägung** zu ziehen, es sei denn, das Vorbringen muss oder kann aus Rechtsgründen, etwa wegen Verspätung oder gesetzlich angeordneter Präklusion, zB § 17 Abs 4 S 1 FStrG, unberücksichtigt bleiben. Auf etwaiges Verschulden des Gerichts kommt es dabei nicht an; es genügt ein objektiver Verstoß gegen die Kenntnisnahme- und Erwägungspflicht (BVerfGE 67, 202).

33.1   Ist ein fristgebundener Schriftsatz nicht bei Gericht eingegangen, muss deshalb zur Verwirklichung des Gehörs Wiedereinsetzung in die versäumte Frist gewährt werden (BVerwG NJW 1994, 673).

34   Der Anspruch des Beteiligten geht also dahin, dass das Gericht sein rechtzeitiges erhebliches Vorbringen nicht, auch nicht versehentlich oder unverschuldet, außer Betracht lässt. Wird dem zuwider erhebliches Vorbringen eines Beteiligten bei der Entscheidungsfindung übergangen, so liegt darin eine Verletzung des Gehörsanspruchs (BVerfGE 70, 293 = NJW 1987, 485; BVerfGE 83, 35 = NJW 1991, 1283; BVerwGE 70, 288 = NJW 1987, 485; NJW 1992, 299). Das notwendige Erwägen bedeutet die Pflicht des Gerichts, Vorbringen der Beteiligten in tatsächlicher und rechtlicher Hinsicht auf seine Erheblichkeit und Richtigkeit zu überprüfen (Jarass/Pieroth GG Art 103 Rn 27). Ob dies geschehen ist, wird sich in erster Linie aus den Entscheidungsgründen des Urteils ergeben, welche die wesentlichen Erwägungen enthalten müssen.

34.1   Der Gehörsanspruch steht in engem **Zusammenhang** mit der notwendigen **Urteilsbegründung** (§ 108 Abs 1 S 2 VwGO). Aus der Urteilsbegründung muss erkennbar werden, dass das Gericht den die Tatsachen und Rechtsfragen betreffenden Vortrag der Beteiligten, der nach seiner Rechtsauffassung erheblich ist, zur Kenntnis genommen und bei der Urteilsfindung erwogen, also den Gehörsanspruch beachtet hat. Geht das Gericht auf den Vortrag eines Beteiligten zu einer erheblichen Tatsachen- oder Rechtsfrage in den Urteilsgründen nicht ein, so lässt das idR, weil von der Richtigkeit und Vollständigkeit der Gründe auszugehen ist (§ 108 Abs 1 S 2 VwGO) den Schluss zu, dass es sein Vorbringen nicht berücksichtigt hat (BVerwG NVwZ 1996, 378; 2007, 84 Rn 3). Um eine Verletzung des Gehörsanspruchs nach § 108 Abs 2 VwGO – und gegen die Begründungspflicht des § 108 Abs 1 S 2 VwGO – zu vermeiden, muss das Gericht deshalb in den

Entscheidungsgründen ausführen, aus welchen tatsächlichen oder rechtlichen Erwägungen es ein bestimmtes Parteivorbringen nicht gewürdigt hat (BVerwG Buchholz 310 § 108 VwGO Nr 206; Eyermann/J. Schmidt VwGO § 108 Rn 10). Es ist verpflichtet, in den Entscheidungsgründen für die Beteiligten und zur Überprüfung durch das Rechtsmittelgericht nachvollziehbar darzulegen, aus welchen Gründen des materiellen Rechts oder des Prozessrechts nach Meinung des Gerichts dem Vortrag eines Beteiligten, jedenfalls soweit es sich um einen zentralen Punkt seiner Rechtsverfolgung handelt, nicht zu folgen ist. Dazu muss es seinen rechtlichen Prüfungsmaßstab offen legen und angeben, von welchem Sachverhalt es ausgeht (BVerwG Buchholz 310 § 108 Abs 2 Nr 66).

Stellt ein Beteiligter die tatsächliche oder rechtliche Würdigung des erstinstanzlichen Gerichts, **34.2** auf die dessen Entscheidung gestützt ist, substantiiert in Frage, so muss das Berufungsgericht, um die Beachtung des rechtlichen Gehörs deutlich zu machen, darauf in den Gründen seiner Entscheidung inhaltlich eingehen. Eine Bezugnahme auf die Gründe der angefochtenen Entscheidung gem § 130b S 2 VwGO kommt insoweit nicht in Betracht (BVerwG Buchholz 235.1 § 66 Nr 1).

Das Gericht ist jedoch, wie bei § 108 Abs 1 S 2 VwGO, nicht verpflichtet, ausdrücklich **35** auf **alle** im Verfahren aufgeworfenen Tatsachen- und Rechtsfragen einzugehen (BVerfGE 65, 293, 295; BVerfGE 86, 133, 146 = DVBl 1992, 1215; BVerwG NVwZ-RR 1999, 746; NVwZ 2006, 589 Rn 21). Soweit eine (weitere) Begründung nicht verlangt werden kann, ist zugleich die Beachtung des rechtlichen Gehörs durch das Gericht anzunehmen (Rn 27).

Zum rechtlichen Gehör gehört der Anspruch, sich von einem rechtskundigen **Bevollmächtig-** **35.1** **ten**, insbes einem Rechtsanwalt, im Verfahren vertreten zu lassen (BVerwG NJW 1993, 80; Buchholz 310 § 108 VwGO Nr 48). Eine Gegenmeinung leitet das Recht auf Prozessvertretung aus Art 2 Abs 1 GG iVm Art 19 Abs 4 GG her (Maunz/Dürig/Schmidt-Aßmann GG Art 103 Rn 103). Der Streitfrage kommt keine praktische Bedeutung zu. Die Auffassung der Rechtsprechung erscheint vorzugswürdig, da der Anspruch auf Vertretung unmittelbar der Verwirklichung des Gehörsanspruchs dient.

II. Anwendungsbereiche

1. Information der Beteiligten

Die Beteiligten müssen erkennen können, welche rechtlichen und tatsächlichen Erwä- **36** gungen nach Auffassung des Gerichts in ihrem Verfahren erheblich sind. Nur dann werden sie in die Lage versetzt, von ihrem Gehörsanspruch Gebrauch machen und sich sachdienlich äußern zu können. Dazu müssen sie über **alles**, was als Bestandteil des Gesamtergebnisses des Verfahrens die gerichtliche Entscheidung beeinflussen wird, unterrichtet sein. Daraus rührt die **Pflicht** des **Gerichts**, sie über den Prozessstoff und den Verfahrensstand zu informieren. Das kann je nach Sachlage insbes vor oder – ausnahmsweise – erst in der mündlichen Verhandlung geschehen. Das Gericht muss die Beteiligten daher von sich aus über alle **Äußerungen** der **Gegenseite** unterrichten, indem es ihnen die zu den Akten gelangten Schriftsätze des Gegners übermittelt (BVerwGE 78, 30 = NVwZ 1987, 1071) und ihnen im Klageverfahren die Möglichkeit gibt, an der mündlichen Verhandlung teilzunehmen. Dieser Pflicht entspricht der Anspruch eines Beteiligten, über alle zu den Gerichtsakten gereichten **Schriftsätze** der Gegenseite vollständig informiert zu werden. Diesen Anspruch verliert er nicht dadurch, dass er trotz ordnungsgemäßer Ladung zur mündlichen Verhandlung nicht erscheint (BVerwG Buchholz 310 § 108 VwGO Nr 201).

Die Beteiligten haben zur Wahrung ihres Gehörsanspruchs ein – korrespondierendes – Recht auf **36.1** **Hinweise** des Vorsitzenden nach **§ 86 Abs 3 VwGO**, die zur sachgerechten Wahrnehmung ihrer Rechte notwendig sind. Dies gilt insbes für Hinweise auf erhebliche Tatsachen- und Rechtsfragen, deren Erheblichkeit bisher nicht offensichtlich war und nicht erörtert wurde (Kopp/Schenke VwGO § 108 Rn 25).

Die Beteiligten müssen über die zum Verfahren **beigezogenen Akten** (§ 99 VwGO), **37** über **Urkunden** und über schriftliche **Sachverständigengutachten** und **amtliche Aus-** **künfte**, die zur richterlichen Überzeugungsbildung verwertet werden sollen, unterrichtet werden. Dies kann, wie es regelmäßig auch geschieht, dadurch erreicht werden, dass das Gericht die betreffenden Schriftstücke mit entsprechender Erörterung zum **Gegenstand** der **mündlichen Verhandlung** macht (BVerfG NJW 1994, 1210 betr die Aussage eines Zeugen; BVerwG Buchholz 310 § 108 VwGO Nr 134). Haben die Beteiligten bereits zuvor durch Akteneinsicht bzw Übersendung (§ 100 VwGO) Kenntnis von ihrem Inhalt erlangt, ist die Gehörsgewährung in der Verhandlung unproblematisch. Ist den Beteiligten der Inhalt hingegen unbekannt, muss das Gericht ihn in der Verhandlung ausreichend mitteilen und auf Verlangen ggf Einblick gewähren (BVerwG Buchholz 310 § 100 VwGO Nr 5 = NVwZ 1988, 531). Regelmäßig genügt eine zusammenfassende Darstellung durch das Gericht; einer Verlesung der Schriftstücke bedarf es nur, wenn es auf den Wortlaut ankommt (§ 173 VwGO iVm § 137 Abs 3 S 2 ZPO; S/S/B/Dawin VwGO § 108 Rn 138). Dies muss das Gericht prüfen; im Übrigen ist es Sache der Beteiligten, die entsprechenden Verfahrensanträge zu stellen. Will das Gericht tatsächliche Feststellungen aus **anderen Verfahren** verwerten, muss den Beteiligten Gelegenheit gegeben werden, sich zu diesen Feststellungen zu äußern (Eyermann/Schmidt VwGO § 108 Rn 19).

37.1   In manchen Fällen, häufig in **Asylprozessen**, reicht die Einführung der tatsächlichen Erkenntnismittel in das Verfahren zu Beginn der mündlichen Verhandlung zur Gehörsgewährung nicht aus, wenn die Schriftstücke umfangreich oder von komplexem Inhalt sind. Dann erfordern Kenntnis- und Stellungnahme der Beteiligten ausreichend Zeit, die ihnen vor der Verhandlung gewährt werden muss. Das rechtliche Gehör wird regelmäßig dadurch gewahrt, dass das Gericht den Beteiligten seine Absicht, bestimmte umfangreiche Schriftstücke (zB „Erkenntnismittelliste" im Asylprozess) zugrunde zulegen, **vorab** mitteilt und ihnen die Einsichtnahme ermöglicht, ggf die zusammenfassenden Unterlagen übersendet (BVerwG Buchholz 310 § 108 VwGO Nr 142). Eine nochmalige Übersendung ist nicht erforderlich, wenn die Beteiligten bereits im Besitz der betreffenden Unterlagen sind, weil sie ihnen in einem anderen Verfahren bereits übersandt worden sind (S/S/B/Dawin VwGO § 108 Rn 139). Im Übrigen stehen den Beteiligten die prozessualen Ansprüche nach § 100 Abs 1 VwGO zu; sie können auch in einer Verhandlungspause Einsicht nehmen und sich nach § 100 Abs 2 S 1 VwGO Abschriften und Auszüge geben lassen (BVerwG Buchholz 310 § 100 VwGO Nr 5 = NVwZ 1988, 531). Das Gericht verstößt deshalb gegen § 108 Abs 2 VwGO, Art 103 Abs 1 GG, wenn es sich für tatsächliche Feststellungen auf Erkenntnisse „aus einer Vielzahl von Verfahren" stützt, ohne diese zuvor ordnungsgemäß in das Verfahren eingeführt zu haben (BVerwG Buchholz 310 § 108 Abs 2 VwGO Nr 89).

37.2   Art 103 Abs 1 GG und § 108 Abs 2 VwGO verlangen nicht, den Beteiligten **vorab** mitzuteilen, wie das Gericht bestimmte **Erkenntnismittel** hinsichtlich der **Einzelheiten** des Parteivortrags versteht und bewertet, weil Beweiswürdigung, Beweisergebnis und Schlussfolgerung der Schlussberatung des Gerichts vorbehalten und einer Voraberörterung mit den Beteiligten nicht zugänglich sind (BVerwG Buchholz 310 § 108 Abs 2 VwGO Nr 4, § 86 Abs 3 VwGO Nr 52).

38   Über **gerichtskundige** Tatsachen, die das Gericht verwerten will, müssen die Beteiligten rechtzeitig informiert werden, ggf durch eine **Aufklärungsverfügung** vor der mündlichen Verhandlung. Handelt es sich um Feststellungen, die in einem früheren Verfahren getroffen worden sind, kann das in den betreffenden Verfahren ergangene Urteil vorab übersandt werden (BVerwG Buchholz 310 § 108 VwGO Nr 132 = NVwZ 1984, 169). Werden die Tatsachen erst in der mündlichen Verhandlung mitgeteilt, muss die Verhandlung ggf unterbrochen werden, um eine ausreichende Kenntnisnahme zu ermöglichen. Je nach Sachlage muss ggf auf Antrag eines Beteiligten eine Überlegungs- und Äußerungsfrist eingeräumt werden.

38.1   Will das Gericht in seiner – späteren – Urteilsbegründung auf eine bereits ergangene **eigene** Entscheidung verweisen, muss es diese in das Verfahren **einführen** und zum Gegenstand der mündlichen Verhandlung machen, wenn darin eine gerichtskundige Tatsache berücksichtigt wird oder wenn eine erneute Würdigung des Sachverhalts mit demselben Ergebnis stattfinden soll (Kopp/Schenke VwGO § 108 Rn 20). Der Anspruch auf rechtliches Gehör wird verletzt, wenn das Gericht als Beleg für tatsächliche Feststellungen lediglich eigene Urteile in anderen Verfahren angibt, ohne diese oder die ihnen zugrunde liegenden Erkenntnisquellen in das Verfahren eingeführt zu haben (BVerwG Buchholz 310 § 108 Nr 132; NVwZ 1984, 169). Der schlichte Hinweis in den Entscheidungsgründen auf die eigene ständige Rechtsprechung verletzt das rechtliche Gehör hingegen nicht, auch wenn zuvor diese Rechtsprechung nicht erwähnt worden ist (S/S/B/Dawin VwGO § 108 Rn 142).

39   **Allgemeinkundige Tatsachen**, die allen Beteiligten bekannt sind oder über die sie sich durch Benutzung allgemein zugänglicher Erkenntnisquellen unschwer informieren können und von denen sie wissen, dass sie erheblich sein können, müssen den Beteiligten nicht mitgeteilt werden; das Gericht kann sie ohne Verletzung des rechtlichen Gehörs verwerten. Die bloße Veröffentlichung einer Tatsache ist allerdings noch kein Indiz für deren Allgemeinkundigkeit (BVerwG Buchholz 310 § 108 VwGO Nr 127 = NVwZ 1983, 99 betr Militärputsch in der Türkei).

Will das Gericht seine tatsächlichen Feststellungen hingegen auf **allgemeine Erfah-** **40** **rungssätze** stützen, die **nicht** aus **allgemeinkundigen**, allen Beteiligten gegenwärtigen und als entscheidungserheblich bewussten **Tatsachen** abgeleitet sind, muss es die Beteiligten darüber informieren und ihnen Gelegenheit zur Äußerung geben. Dies gilt jedoch nicht für die Übernahme von Rechtsausführungen aus anderen gerichtlichen Entscheidungen, soweit die rechtliche Thematik den Beteiligten bereits bekannt ist (BVerwGE 67, 83 = NVwZ 1983, 838).

> Behauptet die Behörde eine dem Prozessgegner nachteilige **Verwaltungspraxis**, die nicht **40.1** Gegenstand dessen eigener Wahrnehmung gewesen ist, darf das Gericht diese Behauptung jedenfalls dann nicht ungeprüft zur Grundlage seiner Entscheidung machen, wenn der Prozessgegner die Verwaltungspraxis anzweifelt und dafür nachvollziehbare Gründe benennt. Darin liegt nicht nur ein Verstoß gegen § 108 Abs 2, sondern auch gegen § 86 Abs 1 VwGO (BVerwG NVwZ 2008, 230).

Nimmt ein Beteiligter trotz **ordnungsgemäßer Ladung** an der mündlichen Verhand- **41** lung nicht teil, muss er das Risiko tragen, über neue tatsächliche oder rechtliche Erkenntnisse, die sich erst **in** der Verhandlung ergeben, nicht informiert zu werden und sich deshalb nicht äußern zu können (BVerwGE 61, 145, 146; Eyermann/J. Schmidt VwGO § 108 Rn 14; aA BVerwGE 36, 264, das Vertagung verlangt). Schriftsätze eines Beteiligten müssen den übrigen Beteiligten rechtzeitig **vor** der mündlichen Verhandlung zur Kenntnis gegeben werden (BVerwGE 78, 30 = NVwZ 1987, 1071). Über einen erst kurz vor der mündlichen Verhandlung beim Gericht eingegangenen Schriftsatz kann dieses dadurch informieren, dass es ein **Schriftsatzdoppel** in der Verhandlung den anderen Beteiligten **übergibt** oder den Schriftsatz vollständig **verliest** obwohl die ordnungsgemäß geladenen anderen Beteiligten nicht anwesend waren (BVerwG NVwZ 1989, 1154; Kopp/Schenke VwGO § 108 Rn 27a). Es ist aber erforderlich, dass die übrigen Beteiligten sich darauf einlassen können oder ihnen eine Einlassung noch in der Verhandlung zumutbar ist; ggf kann eine Schriftsatzfrist eingeräumt werden (Kopp/Schenke VwGO § 108 Rn 23).

2. Gehör in der mündlichen Verhandlung

Das rechtliche Gehör verwirklicht sich nach der Grundkonzeption der VwGO in der **42** mündlichen Verhandlung. Fehler des Gerichts bei der Anberaumung oder Durchführung der Verhandlung können den Gehörsanspruch verletzen. Zwar hat der Vorsitzende ein **Ermessen**, an welchem Tag und zu welcher Uhrzeit er eine mündliche Verhandlung ansetzt. Die gesetzliche Ladungsfrist (§ 102 Abs 1 VwGO) wird regelmäßig den notwendigen zeitlichen Dispositionen der Beteiligten gerecht werden. Dennoch muss auf die Belange der Beteiligten **Rücksicht** genommen werden. Wenn ein Beteiligter wegen **besonderer** Umstände nur an bestimmten Tagen oder zu bestimmten Uhrzeiten erscheinen kann, hat das Gericht, wenn ihm dies bekannt ist, pflichtgemäß zu prüfen, ob der Termin zu einem anderen Zeitpunkt, den der Beteiligte wahrnehmen kann, anzusetzen ist. Dabei wird es im Einzelnen auf die Zumutbarkeit der Terminswahrnehmung durch den Beteiligten ankommen (BVerwGE 81, 229 = NVwZ 1989, 650 – fest gebuchte Urlaubsreise –; Buchholz 11 Art 140 GG Nr 45 = NJW 1990, 2079 – religiöser Feiertag). Dasselbe gilt für Verhinderungen des **bevollmächtigten** Rechtsanwalts, da der Gehörsanspruch auch dahin geht, dass gerade der beauftragte rechtskundige Prozessvertreter sich für den Beteiligten in der mündlichen Verhandlung äußert (BVerwG Buchholz 310 § 104 VwGO Nr 23 = NVwZ 1989, 857).

Ist ein Beteiligter ordnungsgemäß zur mündlichen Verhandlung **geladen** worden (§ 102 **43** VwGO), liegt es an ihm, den Termin wahrzunehmen und sich in der Verhandlung rechtliches Gehör zu verschaffen. Erscheint er nicht, kann das Gericht grds ohne ihn verhandeln und entscheiden (BVerwG Buchholz 310 § 108 VwGO Nr 178). Es wird dem Gehörsanspruch dadurch gerecht, dass es in der Ladung die Beteiligten darauf hinweist (§ 102 Abs 2 VwGO). Bleibt ein Beteiligter aus, muss das Gericht allerdings bei erkennbaren besonderen

Umständen prüfen, ob er die Ladung erhalten hat (BVerwG Buchholz 310 § 108 VwGO Nr 139). Ist die Ladung fehlerhaft zugestellt worden, verletzt ein darauf erlassenes Urteil den Gehörsanspruch (BVerwG Buchholz 303 § 181 Nr 2).

43.1   Ein Beteiligter, der trotz ordnungsgemäßer Ladung nicht zu einer mündlichen Verhandlung erscheint, muss nicht damit rechnen, dass im Wege der **Klageänderung** ein neuer Streitgegenstand eingeführt und sofort über diesen entschieden wird (BVerwGE 61, 145, 146; Buchholz 310 § 108 Abs 2 VwGO Nr 31).

44   Im Übrigen liegt es im Ermessen des Vorsitzenden, bei Nichterscheinen eines ordnungsgemäß geladenen Beteiligten, sofern dieser keine Verspätung angekündigt hat und ein sonstiger Grund nicht ersichtlich ist, mit der Eröffnung der Verhandlung eine gewisse Zeit zu warten (BVerwG NJW 1986, 206).

45   Der Vorsitzende kann allerdings **verpflichtet** sein, mit der Eröffnung der mündlichen Verhandlung kurze Zeit zu warten, wenn ein Beteiligter, der sein Erscheinen und die Möglichkeit einer geringen Verspätung angekündigt hat, zu Beginn des Termins noch nicht anwesend ist (BVerwG Buchholz 310 § 108 VwGO Nr 196 = NVwZ 1988, 348). Erscheint der Beteiligte nach Schließung der mündlichen Verhandlung, kann deren Wiedereröffnung nach § 104 Abs 3 S 2 VwGO geboten sein (BVerwG Buchholz 310 § 108 VwGO Nr 248 = NJW 1992, 3185).

45.1   Das Recht der Beteiligten, dass das Gericht über einen in der mündlichen Verhandlung gestellten **Beweisantrag** vorab durch begründeten Beschluss entscheidet (§ 86 Abs 2 VwGO), ist ebenfalls Ausdruck des rechtlichen Gehörs. Verletzt das Gericht diese ihm obliegende Pflicht dadurch, dass es einen Beweisantrag nicht berücksichtigt oder zu Unrecht ablehnt, verstößt es zugleich auch gegen das Gebot des rechtlichen Gehörs (BVerfG NVwZ 1987, 785; NJW 1991, 286). Die Ablehnung verletzt den Anspruch auf rechtliches Gehör, wenn sie im Prozessrecht keine Stütze findet. Das Beweisantragsrecht dient wesentlich dazu, den Gehörsanspruch in der Verhandlung zu verwirklichen (VGH Mannheim ESVGH 55, 220 = NVwZ 2006, 225; S/S/B/Dawin VwGO § 108 Rn 154; Kopp/Schenke VwGO § 86 Rn 18; Kopp NJW 1988, 1708). Dabei darf das Gericht § 86 Abs 2 VwGO nicht in einer Weise auslegen und anwenden, die unter Berücksichtigung des Anspruchs auf rechtliches Gehör unvertretbar ist (BayVerfGH BayVBl 2005, 721).

45.2   Auch sonstige Sach- und Prozessanträge muss das Gericht zur Kenntnis nehmen und in Erwägung ziehen. Lehnt das Gericht eine gebotene Beweiserhebung ab, ohne dass ein Beweisantrag gestellt worden wäre, verletzt es damit zugleich ebenfalls das rechtliche Gehör (BVerfGE 50, 32, 35 = NJW 1979, 413; BVerwGE 98, 235, 238 = NVwZ 1996, 379).

3. Anträge auf Verlegung oder Vertagung

46   Von besonderer Bedeutung für die Gehörsgewährung in der mündlichen Verhandlung sind Entscheidungen des Gerichts über die **Verlegung** oder **Vertagung** einer anberaumten Verhandlung nach § 173 VwGO iVm § 227 Abs 1 S 1 ZPO. Das Gericht muss darüber, insbes bei entsprechenden Anträgen der Beteiligten, bei Vorliegen „erheblicher Gründe" nach Ermessen entscheiden. Die Vorschrift dient auch der Wahrung des rechtlichen Gehörs der Beteiligten, weil ihre Handhabung von entscheidender Bedeutung für die Möglichkeit der Beteiligten ist, sich in der Verhandlung zur Wahrnehmung ihrer Rechte zu äußern; das rechtliche Gehör ist dann ein „erheblicher" Grund (BVerwG Buchholz 303 § 227 ZPO Nr 14 = NVwZ-RR 1990, 422). Das Ermessen des Gerichts ist bei erheblichen Gründen, die zur Vermeidung der Abwesenheit eines Beteiligten zwingend zu Gunsten dieses Beteiligten eine Verlegung oder Vertagung erfordern, auf Null reduziert; dem dahingehenden **Antrag** des Beteiligten **muss** dann entsprochen werden (BVerwG Buchholz 310 § 108 VwGO Nr 257 = NVwZ 1995, 373). Wird die mündliche Verhandlung durchgeführt, obwohl eine beantragte Verlegung oder Vertagung aus erheblichen, dh zwingenden Gründen geboten gewesen wäre, liegt darin eine Verletzung des rechtlichen Gehörs (BVerwGE 81, 229; VGH Mannheim VBlBW 1998, 260).

46.1   Das Gericht muss also die Erheblichkeit der Gründe prüfen; sein bloßer Hinweis, die Sache sei entscheidungsreif, reicht für die Ablehnung eines Vertagungsantrags allein nicht aus (BVerwG Buchholz 303 § 227 ZPO Nr 28).

Ein die Verlegung oder Vertagung gebietender **zwingender** Grund liegt vor, wenn ein 47
Beteiligter alles in seinen Kräften stehende und Erforderliche getan hat, um an der Verhand-
lung teilzunehmen, hieran aber ohne Verschulden gehindert war. Dies ist zu bejahen, wenn
ein **Krankheitsfall** kurz vor der Verhandlung eintritt (BVerwG Buchholz 310 § 108 VwGO
Nr 178, 252). Der bevorstehende **Urlaub** eines Beteiligten kann ebenfalls ein zwingender
Grund für eine Verlegung sein. Ein Beteiligter muss bei der Planung eines Urlaubs nicht auf
etwaige gerichtliche Termine achten; er kann damit rechnen, dass das Gericht seinen
Urlaubsabsichten durch eine Verlegung entspricht, es sei denn, es wird erkennbar, dass der
Beteiligte den Prozess verschleppen und damit verfahrensfremde Absichten verfolgen will
(BVerwG NVwZ 1995, 373).

Die Vorlage eines ärztlichen Attests, das ohne nähere Erläuterung „Arbeitsunfähigkeit" beschei- 47.1
nigt, kann also bei zugleich erkennbarer **Verschleppungsabsicht** verfahrensfehlerfrei zur Ablehnung eines Verlegungsantrags führen (BVerwG Buchholz 310 § 108 VwGO Nr 262).

Verlegungs- oder Vertagungsanträge werden in der Praxis häufig mit einer Verhinderung 48
des **Prozessbevollmächtigten** begründet. Diese Begründung stellt regelmäßig einen erheblichen und zwingenden Verlegungsgrund für einen Einzelanwalt dar (BVerwG Buchholz 310
§ 108 VwGO Nr 178 = NJW 1986, 1057). Dies gilt allerdings nicht, wenn ein in Sozietät –
möglicherweise auch Bürogemeinschaft – mit dem Prozessbevollmächtigten tätiger anderer
Rechtsanwalt den Termin wahrnehmen kann und ihm dies unter Berücksichtigung seiner
eigenen Verpflichtungen, der nötigen Einarbeitungszeit und der Schwierigkeiten der Rechtssache zugemutet werden kann (BVerwGE 68, 241 = NJW 1984,1474; Buchholz 303 § 227
ZPO Nr 21 = NJW 1995, 1231, OVG Magdeburg NVwZ 2009, 192).

Von einem **Rechtsanwalt** ist zu verlangen, dass er einen Antrag auf Verlegung der Verhandlung 48.1
wegen Krankheit **eindeutig** formuliert; seine bloße telefonische Mitteilung, er könne den Termin
wegen Erkrankung nicht wahrnehmen, reicht deshalb nicht aus (BVerwG Buchholz 303 § 227 ZPO
Nr 32).

Zeigt ein Prozessbevollmächtigter, nachdem er die ordnungsgemäße Terminsladung erhal- 49
ten hat, an, dass er nicht mehr bevollmächtigt sei, wird das idR ein zwingender Grund für
die Verlegung sein, damit ein **neuer** Prozessbevollmächtigter gefunden und ihm Gelegenheit
zur Einarbeitung gegeben werden kann (BVerwG Buchholz 310 § 102 VwGO Nr 4 = NJW
1983, 2155; Buchholz 310 § 108 VwGO Nr 10). Ist einem erst während des Verfahrens
beauftragten Rechtsanwalt die Terminswahrnehmung nicht möglich, muss einem Antrag auf
Verlegung stattgegeben werden (VGH Mannheim NVwZ 2002, 233). Die Teilnahme des
Prozessbevollmächtigten an einer gleichzeitig mit der mündlichen Verhandlung anberaumten
Sitzung des **Gemeinderats**, dem er angehört, wird idR ein erheblicher Grund sein, der dem
Gericht die beantragte Verlegung zwingend gebietet (VGH Mannheim NVwZ 2000, 213;
Eyermann/J. Schmidt VwGO § 108 Rn 15).

Hingegen hat ein Beteiligter keinen Anspruch auf Terminierung einer mündlichen Verhandlung 49.1
auf einen Tag oder Zeitpunkt, an welchem auch er **neben** seinem Prozessbevollmächtigten in der
Verhandlung anwesend sein kann. Denn der dem Beteiligten zustehende Gehörsanspruch kann
durch seinen Bevollmächtigten allein und hinreichend ausgeübt werden; das bloße Anwesenheitsinteresse eines Beteiligten wird durch § 108 Abs 2 VwGO nicht geschützt (BVerwG Buchholz 310
§ 108 VwGO Nr 228; 303 § 227 ZPO Nr 31; S/S/A-P/Dawin VwGO § 108 Rn 147).

Über einen in der mündlichen Verhandlung gestellten **Vertagungsantrag** muss das Gericht 49.2
entschieden haben, bevor es ein Endurteil erlässt (BVerwG Buchholz 310 § 108 Nr 149). Auch darf
das Gericht nicht entscheiden, wenn der nicht anwaltlich vertretene Kläger mitteilt, er könne ohne
anwaltliche Beratung keine Anträge stellen; hierzu bedarf es keines Vertagungsantrags (BVerwG
Buchholz 310 § 108 Nr. 240).

4. Überlegungs- und Äußerungsfristen

Das rechtliche Gehör dient der Verwirklichung der einem Beteiligten zustehenden Rech- 50
te. Um eine sachgerechte Wahrung dieser Rechte zu ermöglichen, muss das Gericht den
Beteiligten die Gelegenheit geben, angemessen und wohlüberlegt auf Äußerungen des
Gerichts oder der Gegenpartei zu reagieren. Dazu muss es dem Beteiligten eine **ausreichen-**

de Frist zur **Überlegung** und zur Abfassung einer Stellungnahme zur Erwiderung (Schrift-satzfrist, Erwiderungsfrist) einräumen (BVerwG Buchholz 11 Art 9 GG Nr 27 = NJW 1991, 2037). Verweigert das Gericht dem Beteiligten eine derartige Frist, hat es ihm das rechtliche Gehör vorenthalten. Eine Verletzung des Gehörsanspruchs findet regelmäßig auch statt, wenn das Gericht eine **Schriftsatzfrist** zur Äußerung auf eine Stellungnahme der Gegen-seite oder eine gerichtliche Aufklärungsverfügung zwar gewährt hat, aber **vor** Ablauf dieser Frist entscheidet (BVerwG NJW 1992, 327). Ausnahmsweise ist in derartigen Fällen das Recht auf Gehör nicht verletzt, wenn das Gericht vor Fristablauf entschieden hat, während der restlichen Frist die Stellungnahme aber nicht eingegangen und das Urteil erst nach Fristablauf zugestellt worden ist. Dann hat sich die verfrühte Entscheidung auf den Gehörs-anspruch des betreffenden Beteiligten nicht verletzend ausgewirkt.

5. Überraschungsurteil

51   Verletzt ein Gericht die durch § 108 Abs 2 VwGO begründete Pflicht, seinem Urteil nur Tatsachen und Beweisergebnisse zugrunde zulegen, zu denen die Beteiligten sich äußern konnten, nimmt es ihnen die Möglichkeit, die maßgeblichen tatsächlichen Erkenntnisse zu beeinflussen und ggf richtig zu stellen. Die Beteiligten können diesen Einfluss nur ausüben, wenn sie erkennen oder wenigstens erkennen können, welche **tatsächlichen** Umstände das Gericht für wesentlich hält. Bleiben sie darüber unverschuldet in Unkenntnis, werden sie an einer sachdienlichen Äußerung gehindert und deshalb in ihrem Anspruch auf rechtliches Gehör verletzt. Das Gericht muss sie deshalb über die erheblichen Tatsachen und deren Feststellung in Kenntnis setzen, damit sie durch die nachfolgende Entscheidung nicht über-rascht werden.

52   Über den Wortlaut des § 108 Abs 2 VwGO hinaus ergibt sich aus Art 103 Abs 1 GG diese Pflicht des Gerichts auch hinsichtlich der erheblichen **rechtlichen** Gesichtspunkte. Den Beteiligten wird daher unter Verstoß gegen das rechtliche Gehör die Möglichkeit genommen, sich zu dem nach Auffassung des Gerichts **erheblichen** Sachverhalt oder zu den nach seiner Ansicht maßgeblichen rechtlichen Erwägungen zu äußern, wenn das Gericht einen bis dahin nicht erörterten rechtlichen oder tatsächlichen Gesichtspunkt zur Grundlage seiner Entscheidung macht und damit dem Rechtsstreit eine **Wendung** gibt, mit der die Beteiligten oder zumindest eine von ihnen nach dem bisherigen Verlauf des Verfahrens nicht zu rechnen brauchten; eine derartige Entscheidung stellt ein unzulässiges „Überraschungs-urteil" dar (BVerfG NJW 1991, 2823; BVerwG Buchholz 310 § 108 VwGO Nr 170, 241; NVwZ-RR 2000, 396; Buchholz 310 § 108 Abs 2 VwGO Nr 34 NVwZ 2008, 1025 Rn 20). Das Gericht ist freilich grds nicht verpflichtet, dem Beteiligten seine **Rechtsauf-fassung** mitzuteilen, die vor seiner abschließenden Beratung ohnehin nur eine vorläufige sein kann (BVerfGE 86, 133, 145; BVerwG Buchholz 310 § 108 VwGO Nr 170). Es muss mit ihnen auch kein in jede Richtung gehendes „Rechtsgespräch" führen (Kopp/Schenke VwGO § 108 Rn 25). Es muss aber diejenigen Rechtsvorschriften und Erwägungen, auf denen die spätere Entscheidung gestützt wird, im Gerichtsverfahren erörtern, wenn sie nicht bereits im Verwaltungsverfahren bekannt gewesen sind. Das Gericht muss aber **ausnahms-weise** auf seine Rechtsauffassung hinweisen, wenn es Anforderungen an den Sachvortrag stellt, mit denen auch ein gewissenhafter und kundiger Beteiligter nach dem bisherigen Prozessverlauf nicht zu rechnen brauchte (BVerfG NJW 1996, 45, 46). Dasselbe gilt, wenn das Gericht seine Entscheidung auf neue, überraschende Erwägungen stützen möchte, die von der bisherigen hM oder seiner eigenen Rechtsprechung abweichen (BVerfGE 108, 345; BVerwG NVwZ 2004, 1510).

52.1   Das Gericht muss mit den Beteiligten erörtern, unter welchen rechtlichen Aspekten Tatsachen als erheblich angesehen werden könnten, ob Zweifel an der Richtigkeit bestimmter Tatsachen bestehen und wie festgestellte Tatsachen zu würdigen sind. Ein unzulässiges Überraschungsurteil liegt vor, wenn das Berufungsgericht Tatsachen unter einem rechtlichen Blickwinkel würdigt, die in der ersten Instanz noch nicht als erheblich angesehen worden war (BVerwG Buchholz 406.16 Nr 27). Dasselbe gilt, wenn über die Richtigkeit erheblicher Tatsachen, die nach Lage der Akten vorlagen, aber nicht zutrafen, mit den Beteiligten nicht verhandelt worden ist (BVerwG Buchholz 310 § 108 VwGO Nr 135; NJW 1988, 275). Liegt ein offensichtlicher Widerspruch zwischen den

Feststellungen des Tatsachengerichts und dem Akteninhalt vor (**„Aktenwidrigkeit"**), kann darin ein Verstoß gegen das Gebot des rechtlichen Gehörs liegen.

Die Beteiligten dürfen nicht mit einer Tatsachenwürdigung überrascht werden, die keiner von **52.2** ihnen als möglich voraussehen konnte (BFH BFHE 123, 404). Auch muss das Gericht die Beteiligten informieren, wenn es von einer zunächst ihnen gegenüber vertretenen **Rechtsauffassung** im Urteil überraschend **abrückt** (BVerfG NJW 1996, 3202). Es muss darauf hinweisen, wenn es **ausländisches Recht** heranziehen will und die Beteiligten damit bisher nicht rechnen mussten (BGH NJW 1976, 475; aA BFH NJW 1976, 773).

Ebenso muss die Frage, ob ein Klageantrag zulässig ist, vom Gericht grds in der mündlichen **52.3** Verhandlung fallbezogen erörtert werden, wenn es hierauf seine Entscheidung stützen will und das Vorbringen der Beteiligten diese Frage bislang nicht umfasst hat (BVerwG NVwZ-RR 2000, 396). Eine Überraschungsentscheidung liegt ferner in der unvorhersehbaren **Reduzierung** des Erklärungsinhalts einer vorgelegten **Urkunde**, deren Echtheit das Gericht unterstellt hat (BVerwG Buchholz 310 § 108 Abs 2 VwGO Nr 7).

Allein aus den unterschiedlichen Bewertungen des Streitstoffs im Klageverfahren und im voran- **52.4** gegangenen Verfahren des einstweiligen Rechtsschutzes durch das Gericht lässt sich ein das rechtliche Gehör verletzendes Überraschungsurteil nicht herleiten (VGH Kassel NVwZ-RR 2006, 364).

6. Verfahren ohne mündliche Verhandlung

Weder Art 103 Abs 1 GG noch § 108 Abs 2 VwGO begründen einen Anspruch darauf, **53** dass das rechtliche Gehör gerade in der mündlichen Verhandlung gewährt werden muss (BVerfGE 89, 381, 391; BVerwG NJW 1982, 1582, 2368). In Urteilsverfahren mit mündlicher Verhandlung kann es deshalb ggf auch durch die Einräumung einer Schriftsatzfrist im Einklang mit § 108 Abs 2 VwGO nach der mündlichen Verhandlung gewahrt werden (Kopp/Schenke VwGO § 108 Rn 27). Es gilt aber als **verfassungsrechtliches** Erfordernis nach Art 103 Abs 1 GG in **allen** streitentscheidenden gerichtlichen Verfahren, also auch in denjenigen, die als Urteils- oder Beschlussverfahren nach dem VwGO ohne mündliche Verhandlung geführt werden, etwa auch in Verfahren der Prozesskostenhilfe. Das Gericht muss deshalb auch im schriftlichen Klageverfahren nach § 101 Abs 2 VwGO in unmittelbarer Anwendung des § 108 Abs 2 VwGO alle erheblichen tatsächlichen und rechtlichen Gesichtspunkte zum Gegenstand des Verfahrens machen und, sollten neue Umstände auftreten, darauf ggf durch eine richterliche Aufklärungsverfügung hinweisen und Gelegenheit zur Stellungnahme geben (Eyermann/Schmidt VwGO § 108 Rn 24).

In einem schriftlichen Verfahren müssen neue Schriftsätze bis zum Erlass der Entscheidung, dh **53.1** bis zur Hinausgabe der Ausfertigung zur Zustellung durch den Urkundsbeamten zur Post, berücksichtigt werden (BVerfG NJW 1993, 51; BVerwGE 58, 146, 148; aA Eyermann/J. Schmidt VwGO § 117 Rn 14, wonach die Wirksamkeit der Entscheidung bereits mit der förmlichen Übergabe der Entscheidung an den Urkundsbeamten der Geschäftsstelle eintreten soll). Im vereinfachten Berufungsverfahren nach **§ 130a VwGO** wird das rechtliche Gehör durch das Gebot der vorherigen schriftsätzlichen Anhörung der Beteiligten (§ 130a S 2 VwGO iVm § 125 Abs 2 S 3 VwGO) verwirklicht. Stellt ein Beteiligter nach einer derartigen Anhörungsmitteilung einen **Beweisantrag**, muss das Berufungsgericht, wenn es dem Beweisantrag nicht nachgehen will, in einer (zweiten) Anhörungsmitteilung darauf hinweisen (BVerwG Buchholz 310 § 130a VwGO Nr 37). Ebenso muss es bei erheblichem neuem Vorbringen verfahren, wenn es an der beabsichtigten Entscheidung festhalten will. Erklärt sich ein Beteiligter auf die Anhörung des Gerichts mit einer Entscheidung nach § 130a VwGO einverstanden, muss er aber regelmäßig mit einer **unverzüglichen** Entscheidung rechnen – etwa ohne Abwarten einer lange ausstehenden Entscheidung des UNHCR und ohne Aufhebung des vorangegangenen Beweisbeschlusses – (BVerwG Buchholz 310 § 130a VwGO Nr 70).

In Verfahren, die nicht mit einem Urteil enden (§ 101 Abs 3 VwGO), insbes in solchen des **53.2** vorläufigen Rechtsschutzes (§ 80 Abs 5 VwGO, § 123 VwGO), ist rechtliches Gehör nach Art 103 Abs 1 GG durch Anhörung des Antragsgegners zu gewähren; einer entsprechenden Anwendung des § 108 Abs 2 VwGO bedarf es nicht (VGH Mannheim NVwZ-RR 1999, 696). Ausnahmen gelten bei besonderer Eilbedürftigkeit, wenn der Schutz gewichtiger Interessen eine sofortige gerichtliche Entscheidung ohne Gewährung rechtlichen Gehörs erfordert (BVerfGE 70, 180 = NJW 1986, 371); dann ist die Anhörung alsbald nachzuholen (Kopp/Schenke VwGO § 80 Rn 124, § 108 Rn 28).

53.3   Wird im Urteilsverfahren trotz fehlenden Einverständnisses der Beteiligten ohne Durchführung einer mündlichen Verhandlung entschieden, liegt neben dem Verstoß gegen § 101 Abs 1 VwGO – Grundsatz der mündlichen Verhandlung - auch eine Verletzung des § 108 Abs 2 VwGO vor (BVerwG NVwZ 2009, 59).

III. Rechtsfolgen bei Verletzung des Gehörsanspruchs

54   Die Verletzung des Anspruchs auf rechtliches Gehör ist ein **Verfahrensmangel**, der auf Antrag zur Zulassung der **Berufung** nach § 124 Abs 2 Nr 5 VwGO und auf Beschwerde zur Zulassung der **Revision** nach § 132 Abs 2 Nr 3 VwGO führt. Sie ist ein absoluter Revisionsgrund (§ 138 Nr 3 VwGO) und begründet deshalb die unwiderlegbare Vermutung, dass dann das betreffende Urteil stets als auf der Verletzung von Bundesrecht anzusehen ist, dass das Urteil also im Sinne einer Kausalitätsvermutung auf dieser Verletzung beruht (BVerwGE 106, 345, 349; Kopp/Schenke VwGO § 138 Rn 1, 10). Eine Gehörsverletzung führt deshalb zur Aufhebung eines Berufungsurteils durch das BVerwG. Haftet dieser Mangel dem Urteil eines erstinstanzlichen Verwaltungsgerichts an, kann er in der Berufungsinstanz nach Zulassung der Berufung durch das OVG behoben werden. Eine Zurückverweisung an das VG dürfte wegen der durch die Änderung des § 130 VwGO zum 1.1.2002 deutlich erschwerten Voraussetzungen kaum noch vorkommen; sie wäre regelmäßig auch nicht prozessökonomisch (Eyermann/J. Schmidt VwGO § 108 Rn 25). Gegen die Verletzung des rechtlichen Gehörs durch das letztinstanzlich tätig gewordene Gericht gibt es seit 1.1.2005 die in § 152a VwGO vorgesehene **Anhörungsrüge**, über die das betreffende Gericht entscheiden muss, bevor eine Verfassungsbeschwerde statthaft wird (vgl BVerfG NJW 2003, 1924).

54.1   Ein Gehörsverstoß liegt bereits nicht vor und bleibt zumindest ohne Folgen, wenn das Gehör sich auf eine Tatsachenfeststellung bezieht, auf die es unter keinem denkbaren rechtlichen Gesichtspunkt ankommen kann (BVerwGE 15, 24; Buchholz 310 § 108 Abs 2 VwGO Nr 47). Dies gilt auch dann, wenn möglicherweise einem **Beweisantrag** unter Verletzung des Gehörs nicht nachgegangen wurde, die betreffende Tatsache aber unerheblich war (BVerwG NVwZ 1994, 1095).

55   Auch muss der Beteiligte die Möglichkeit des rechtlichen Gehörs im Rahmen der Zumutbarkeit selbst nutzen (BVerwG DVBl 1984, 90). Die Gehörsrüge hat deshalb nur dann Erfolg, wenn der Beteiligte zuvor erfolglos sämtliche verfahrensrechtlich eröffneten und nach Lage der Dinge tauglichen Möglichkeiten, sich Gehör zu verschaffen, ausgeschöpft hat (BVerwG Buchholz 11 Art 103 Abs 1 GG Nr 67). Fehlt es daran, ist eine Verletzung des rechtlichen Gehörs im Ergebnis zu verneinen. Auch ist die Gehörsrüge nur erfolgreich, wenn der Beteiligte im Einzelnen darlegt, was er bei Gewährung des Gehörs ausgeführt hätte (BVerwG Buchholz 310 § 133 VwGO nF Nr 81 – Verwertung eines Erkenntnismittels ohne Einführung in das Verfahren).

§ 109 [Zwischenurteil]

Über die Zulässigkeit der Klage kann durch Zwischenurteil vorab entschieden werden.

Ist eine Sachurteilsvoraussetzung (Rn 7) streitig, kann das Gericht durch Zwischenurteil über die Zulässigkeit der Klage entscheiden. Möglich ist nur eine positive Entscheidung (Rn 8). Hält das Gericht die Klage für unzulässig, muss es diese durch Endurteil abweisen. Das Zwischenurteil ist selbständig mit Rechtsmitteln angreifbar (§§ 124, 132 VwGO). Wird es nicht angefochten, bindet es die Beteiligten und die Rechtsmittelgerichte. Sinn des Zwischenurteils ist ein prozessökonomischer: die rechtskräftige Klärung einer Zulässigkeitsfrage, bevor das Gericht in ggf schwierige materiell-rechtliche Fragestellungen und Beweisaufnahmen zur Begründetheit der Klage einsteigen muss, die gegenstandslos würden, wenn das Rechtsmittelgericht die Klage für unzulässig hält. Die Bedeutung des Zwischenurteils ist allerdings durch § 17a GVG und § 83 VwGO geschmälert.

A. Regelungsgehalt und Anwendungsbereich

§ 109 VwGO enthält – wie § 97 FGO – eine **zweifache objektiv-rechtliche Rege-** 1
lung: (1) Er sieht das selbständig angreifbare Zwischenurteil über die Zulässigkeit der Klage
als allgemeines prozessuales Institut vor und stellt (2) den Erlass eines solchen Prozessurteils in
das Ermessen des Gerichts (BVerwGE 14, 273, 279; BVerwGE 65, 27, 29). Das Rechtsmittelgericht prüft die Zweckmäßigkeit nicht nach (BVerwGE 14, 273, 279; Sodan/Zie-
kow/Wolff VwGO § 109 Rn 14). Ermessenslenkend sind in erster Linie Aspekte der Prozessökonomie, z. B. VG Berlin v 23.8.2011 12K 21.11.

Die Beteiligten haben **keinen Anspruch** auf Erlass eines Zwischenurteils, dahingehende 2
Anträge haben nur Anregungscharakter, § 17a Abs 3 S 2 GVG ist nicht entsprechend
anwendbar (Kopp/Schenke VwGO § 109 Rn 5; S/S-A/P/Clausing VwGO § 109 Rn 6).

Der Erlass eines Zwischenurteils über die Zulässigkeit der Klage ist auch noch im Rechts- 3
mittelverfahren möglich (OVG Lüneburg GewArch 1980, 203).

§ 109 VwGO lässt Zwischenurteile auch über die Zulässigkeit von Berufung und Revisi- 4
on zu (BVerwG NVwZ 1982, 372; S/S-A/P/Clausing VwGO § 109 Rn 5). §§ 125 Abs 2,
144 Abs 1 VwGO enthalten indes Sonderregelungen für die Unzulässigkeit eines Rechtsmittels. § 109 ist analog anwendbar auf die Entscheidung über die Wirksamkeit einer
Klagerücknahme (str; Kopp/Schenke VwGO § 109 Rn 2 mwN; aA S/S-A/P/Clausing
VwGO § 109 Rn 10: unselbständiges Zwischenurteil nach § 173 S 1 VwGO iVm § 303
ZPO). Möglich sind auch Zwischenbeschlüsse über die Zulässigkeit von Anträgen nach
§§ 80 Abs 5, 6 VwGO (VGH München BayVBl 1985, 52; Sodan/Ziekow/Wolff VwGO
§ 109 Rn 13). Die negative Feststellung, dass der Prozessvergleich das Klageverfahren nicht
beendet hat, kann nur durch rechtsmittelfähiges Zwischenurteil nach § 109 VwGO getroffen
werden (BVerwG Beschl v 11.12.2007 – 2 B 86/07 BeckRS 2008, 30461).

Nicht von § 109 VwGO **nicht umfasst** sind selbständig anfechtbare Zwischenurteile, die 5
nicht die Zulässigkeit der Klage betreffen. Für solche Zwischenstreitverfahren gelten entwe-
der besondere Regelungen – zB Streit über die Zulässigkeit einer Wiedereinsetzung (§ 60
VwGO), eines Beiladungsantrages (§ 65 VwGO), einer Klageänderung (§ 91 VwGO), die
Verweigerung einer Aktenvorlage (§ 99 VwGO) – oder als Auffangnorm über § 173 S 1
VwGO der § 303 ZPO.

Zum Zwischenurteil über den Grund s § 111 VwGO, zur Abgrenzung des Zwischen- 6
urteils vom Teilurteil (§ 110 VWGO) s BVerwG BayVBl 1980, 444. Ein Zwischenurteil
über die Rechtmäßigkeit der Zeugnisverweigerung kommt nach § 98 VwGO iVm § 387
ZPO in Betracht. Kein Zwischenurteil, sondern Endurteil ist das Zwischenfeststellungsurteil

B. Voraussetzungen für den Erlass eines Zwischenurteils

Ein Zwischenurteil nach § 109 VwGO kommt in Betracht, wenn die Zulässigkeit der 7
Klage streitig ist. Da eine Klage bereits unzulässig ist, wenn nur **eine Sachurteilsvoraus-**
setzung nicht gegeben ist, kommt ein Zwischenurteil grundsätzlich über jede einzelne
Sachurteilsvoraussetzung in Betracht (OVG Koblenz Zw-Urt v 15.10.2008 – 1A 10388/08;
v 24.2.2011 – 1C 10276/11): zB die Formgerechtigkeit der Klage, die Wahrung der Klagefrist, die Beteiligungsfähigkeit, die Klagebefugnis nach § 42 Abs 2 VwGO oder das Vorliegen der Antragsbefugnis nach § 47 Abs. 2 VwGO.

Die Zulässigkeit der Klage kann im Zwischenurteil im Hinblick auf nur eine oder 8
mehrere Sachurteilsvoraussetzungen, aber auch insgesamt bejaht werden (Kopp/Schenke
VwGO § 109 Rn 4). Ein Zwischenurteil darf nur ergehen, wenn die Klage zulässig ist. Hält
das Gericht die Klage für unzulässig, hat es die Klage durch Endurteil abzuweisen (OVG
Berlin-Brandenburg v 24.11.2011 – 10B 14.11).

Das Verfahren nach **§ 17a GVG** geht dem § 109 VwGO vor. Ein Zwischenurteil über 9
die Zulässigkeit des Verwaltungsrechtsweges sowie wegen § 83 VwGO über die sachliche
und örtliche Zuständigkeit kommt nicht in Betracht. Bejaht das Gericht den Verwaltungsrechtsweg bzw. seine sachliche und örtliche Zuständigkeit, muss es dies nach § 17a Abs 3 S 2
GVG auf Rüge einer Partei aussprechen (S/S-A/P/Clausing VwGO § 109 Rn 3).

Ergeht ein Zwischenurteil anlässlich eines Streits über eine andere Zulässigkeitsvoraus- 10
setzung, kann in diesem auch die sachliche oder örtliche Zuständigkeit bejaht werden (wegen

§ 83 S 2 VwGO erleiden die Beteiligten keine Nachteil durch die Entscheidungsform), nicht jedoch die Zulässigkeit des Verwaltungsrechtsweges (Umgehung des § 17a Abs 4 GVG); geschieht dies dennoch, steht den Beteiligten neben der Berufung gegen das Zwischenurteil die Beschwerde nach § 17a Abs 4 GVG zu (Kopp/Schenke VwGO § 109 Rn 3).

C. Erlass des Zwischenurteils

11 Liegen die Voraussetzungen für den Erlass eines Zwischenurteils vor, liegt dessen Erlass im Ermessen des Gerichts (s Rn 1, Rn 2). Eine abgesonderte Verhandlung über die Zulässigkeit ist möglich, aber nicht zwingend (§ 280 ZPO findet keine Anwendung; Eyermann/Kormann VwGO § 109 Rn 13). In Betracht kommt auch ein Zwischengerichtsbescheid (Kopp/Schenke VwGO § 109 Rn 5).

12 Betrifft das Zwischenurteil die Klagebefugnis, darf das Gericht diese nur als solche bejahen und nicht bereits in Vorwegnahme der Begründetheitsprüfung einzelne Anspruchsgrundlagen ausscheiden (BVerwG NJW 1980, 2268; S/S-A/P/Clausing VwGO § 109 Rn 4)

13 Das Zwischenurteil enthält keine Kostenentscheidung, diese ergeht im Endurteil.

D. Wirkungen des Zwischenurteils

14 Das Zwischenurteil ist selbständig nach Maßgabe der §§ 124 ff VwGO, 132 ff VwGO anfechtbar (§§ 124 Abs 1, 132 Abs 1 VwGO). Das Rechtsmittelgericht prüft nur die Sachurteilsvoraussetzungen, die Gegenstand des Zwischenurteils sind.

15 Das rechtskräftige Zwischenurteil bindet die Beteiligten einschließlich der Rechtsmittelgerichte im Hauptsacheverfahren (§ 173 S 1 VwGO iVm § 318 ZPO; BVerwG NJW 1980, 2268). Zur Reichweite der Bindungswirkung S S/S-A/P/Clausing VwGO § 109 Rn 7, Sodan/Ziekow/Wolff VwGO § 109 Rn 22 ff.

16 Das Gericht ist nicht gehindert, vor Rechtskraft des Zwischenurteils über die Hauptsache zu verhandeln und in der Sache zu entscheiden, was allerdings dem Regelungszweck des § 109 VwGO widerspricht (Redeker/v. Oertzen/Kothe VwGO § 109 Rn 5). Wird das Zwischenurteil im Hauptsacheverfahren aufgehoben, wird auch das Urteil in der Hauptsache – als insoweit auflösend bedingt – hinfällig, bedarf keiner Aufhebung und ist nicht berufungsfähig (Eyermann/Kormann VwGO § 109 Rn 5; Sodan/Ziekow/Wolff VwGO § 109 Rn 26).

§ 110 [Teilurteil]

Ist nur ein Teil des Streitgegenstands zur Entscheidung reif, so kann das Gericht ein Teilurteil erlassen.

Die an § 301 ZPO angelehnte Vorschrift ermöglicht es dem Gericht, über einen entscheidungsreifen Teil eines teilbaren (Rn 6) Streitgegenstandes (Rn 5) vorab durch Teilurteil zu entscheiden. Im Gegensatz zum Grundurteil (§ 111 VwGO) wird nicht über den gesamten Streitgegenstand teilweise (hinsichtlich des Grundes), sondern über einen Teil des Streitgegenstandes abschließend entschieden. Sinn der Vorschrift ist es, den Rechtsstreit zu entlasten und den Beteiligten bei Entscheidungsreife eines Teils des Rechtsstreits schneller zu ihrem Recht zu verhelfen. Die praktische Bedeutung ist indes gering, da die erforderliche Teilbarkeit des Streitgegenstandes angesichts der meist verwaltungsaktbezogenen Klagen selten vorliegt. Zudem ermöglicht § 93 S 2 VwGO mit der Verfahrenstrennung ebenfalls eine beschleunigte Entscheidung eines Teils des Streitgegenstandes.

A. Regelungsgehalt und Anwendungsbereich

1 § 110 VwGO enthält – wie § 98 FGO – eine **zweifache objektiv-rechtliche Regelung**: (1) Er sieht das selbständig angreifbare Teilurteil als zulässige Form eines Endurteils vor und stellt – anders als § 301 ZPO – (2) dessen Erlass in das Ermessen des Gerichts (BVerwGE 95, 269, 270; VGH München Beschl v 26.10.2009, 8 ZB 09.161; Kopp/Schenke VwGO

§ 110 Rn 5; S/S-A/P/Clausing VwGO § 110 Rn 9). Das Rechtsmittelgericht prüft die Zweckmäßigkeit nicht nach.

Die Beteiligten haben keinen subjektiv-rechtlichen Anspruch auf Erlass eines Teilurteils, **2** entsprechende Anträge binden das Gericht nicht.

Der Erlass eines Teilurteils ist auch noch im Rechtsmittelverfahren möglich (S/S-A/P/ **3** Clausing VwGO § 110 Rn 3).

Teilurteile sind ungeachtet der Klageart zulässig. § 110 VwGO findet auf Beschlussver- **4** fahren (zB nach §§ 80, 123 VwGO) entsprechende Anwendung (Kopp/Schenke VwGO § 110 Rn 1).

B. Voraussetzungen für den Erlass eines Teilurteils

Der Erlass eines Teilurteils setzt voraus, dass der Streitgegenstand teilbar ist (BVerwG DVBl **5** 1986, 286). Streitgegenstand iSd § 110 VwGO ist das **gesamte** Klagebegehren iSd § 88 VwGO, nicht das einzelne Klagebegehren iSd § 44 VwGO. Mehrere selbständige Streit- gegenstände, die in einer Klage verbunden werden, bilden den Streitgegenstand iSd § 110 VwGO.

Teilbarkeit liegt dann vor, wenn die im Teilurteil getroffene Entscheidung nicht davon **6** abhängig ist, wie die Entscheidung über den Rest des Streitgegenstandes ausfällt (VGH München BayVBl 1986, 241 sowie Beschl v 26.10.2009, 8 ZB 09.161; Kopp/Schenke VwGO § 110 Rn. 2). Teilurteil und Schlussurteil – beides Endurteile – müssen unabhängig von einander ergehen können. Fragen, die durch Teilurteil entschieden wurden, dürfen für das Schlussurteil nicht erneut aufgeworfen werden (BVerwG NVwZ 1996, 381, 382). Teilurteil über einen Teil des Streitgegenstandes und Schlussurteil über den „Rest" dürfen zueinander nicht in Widerspruch geraten (BGH NJW 1992, 511; OVG Bremen 12.2.2008, Az: 1 A 234/03; S/S-A/P/Clausing VwGO § 110 Rn 8). Ein Teilurteil kann nur ergehen, wenn der vorab zu entscheidende und der verbleibende Teil des Streitgegenstandes „von- einander wechselseitig rechtlich und tatsächlich unabhängig sind" (BVerwG Urt v 25.11.2009 – 8 C 12/08; BVerwG Urt v 28.11.2012 – 8 C 21/11). Die ist dann der Fall, wenn der Teil, über den vorab durch Teilurteil entschieden worden ist, hätte abgetrennt werden und der übrige Teil Gegenstand eines selbständigen Verfahrens hätte sein können (BVerwG, aaO).

Teilbarkeit des Streitgegenstandes ist regelmäßig bei mehreren prozessualen Ansprüchen **7** oder bei einem in mehrere Teilansprüche teilbaren Anspruch gegeben (Sodan/Ziekow/Wolff VwGO § 110 Rn 6), also bei objektiver kumulativer Klagehäufung (mehrere prozessuale Ansprüche, also selbständige Klagebegehren iSd § 44 VwGO: zB Anfechtungsklage ver- bunden mit Verpflichtungsklage, mehrere Anfechtungsklagen gegen mehrere selbständige Verwaltungsakte; vgl BVerwGE 29, 191), bei einfacher (nicht bei notwendiger) Streitgenos- senschaft bzgl. eines der Streitgenossen (Redeker/v. Oertzen/Kothe VwGO § 110 Rn 1). Im Falle einer eventuellen Klagehäufung ist Abweisung des Hauptantrages durch Teilurteil möglich, es sei denn Haupt- und Hilfsantrag sind der Sache nach auf das gleiche Ziel gerichtet (BVerwGE 99, 339, 343; S/S-A/P/Clausing VwGO § 110 Rn 5). Einem Teilurteil nicht zugänglich ist der Hilfsantrag, da dieser von der Entscheidung über den Hauptantrag abhängig ist (VGH BW NVwZ 1989, 882; Kopp/Schenke VwGO § 110 Rn 4; Redeker/ v. Oertzen/Kothe VwGO § 110 Rn 1).

Ein Teilurteil kommt ferner in Betracht bei Klage und Widerklage, wenn sich nicht beide **8** auf denselben Streitgegenstand beziehen (BGH NJW 1991, 2699) sowie bei einer Anfech- tungsklage, die mit einem Folgenbeseitigungsanspruch verbunden ist, hins. des VA (str; Redeker/v. Oertzen/Kothe VwGO § 110 Rn 1, S/S-A/P/Clausing VwGO § 110 Rn 5; aA Kopp/Schenke VwGO § 110 Rn 4).

Teilbarkeit iSd § 110 VwGO liegt auch dann vor, wenn ein prozessualer Anspruch sich **9** auf mehrere selbständige Teile bezieht (Sodan/Ziekow/Wolff VwGO § 110 Rn 8; zB Anfechtungsklage gegen mehrere in einem VA zusammengefasste selbständige Verfügungen; Leistungsklage auf teilbare Leistungen; Planfeststellung für Teilstücke bei teilbarer Planung, BVerwG NVwZ 1996, 381, 382).

Keine Teilbarkeit iSd § 110 VwGO liegt vor bei einem einheitlichen prozessualen **10** Anspruch, der auf mehrere Anspruchsgrundlagen gestützt wird. Hier darf nicht durch Teilurteil vorab eine Anspruchsgrundlage ausgeschieden werden (Kopp/Schenke VwGO § 110 Rn 4). Gleiches gilt, wenn sich mehrere Anträge auf einen einheitlichen Anspruch beziehen, zB der Antrag auf Feststellung der Nichtigkeit eines VA sowie der hilfsweise gestellte Antrag auf dessen Aufhebung (Sodan/Ziekow/Wolff VwGO § 110 Rn 9).

11   Nicht trennbar sind Ausgangsbescheid und gleichzeitig angefochtener Widerspruchs-bescheid (Kopp/Schenke VwGO § 110 Rn 4). Anderes gilt im Falle des § 79 Abs 2 VwGO (S/S-A/P/Clausing VwGO § 110 Rn 6). Im Rahmen einer Verpflichtungsklage kann nicht durch Teilurteil über das implizite Anfechtungsbegehren hinsichtlich der Versagung ent-schieden werden (Kopp/Schenke VwGO § 110 Rn 4).

12   Durch Teilurteil kann nicht über eine Nebenbestimmung zu einem VA entschieden werden, selbst wenn diese hätte isoliert angefochten werden können (Kopp/Schenke VwGO § 110 Rn 4; diff Redeker/v. Oertzen/Kothe VwGO § 110 Rn 2). Auch bei einem unselb-ständigen Anschlussrechtsmittel kann ein Teilurteil nicht ergehen (Kopp/Schenke VwGO § 110 Rn 4).

C. Erlass des Teilurteils

13   Ist ein Teil eines teilbaren Streitgegenstandes **entscheidungsreif**, ist ein Teilurteil möglich (zum Ermessen s Rn 1). Ist der gesamte Streitgegenstand entscheidungsreif, hat ein Vollend-urteil zu ergehen (S/S-A/P/Clausing VwGO § 110 Rn 7).

14   Die Kostenentscheidung ist dem Schlussurteil vorbehalten, es sei denn es ist bereits im Teilurteil eine Kostenentscheidung hinsichtlich des gesamten Streitgegenstandes möglich (S/S-A/P/Clausing VwGO § 110 Rn 9), wie etwa bei nicht notwendiger Streitgenossenschaft (Kopp/Schenke VwGO § 110 Rn 9).

15   Das Teilurteil kann inhaltlich wie ein normales Endurteil ausfallen: abweisend oder zusprechend, Prozess- oder Sachurteil.

16   Die ausdrückliche Bezeichnung des Teilurteils als solches ist nicht zwingend, aber sinnvoll. Ob ein als solches nicht gekennzeichnetes Teilurteil vorliegt, hängt vom objektiv erkenn-baren Willen des Gerichts ab (BVerwGE 95, 269, 271; Sodan/Ziekow/Wolff VwGO § 110 Rn 15 f). Zum Problem des **verdeckten Teilurteils**, also eines Urteils, das als Vollendurteil erlassen wird, aber gleichwohl den Streitgegenstand nicht erschöpft, S S/S-A/P/Clausing VwGO § 110 Rn 13; Sodan/Ziekow/Wolff VwGO § 110 Rn 21. Das verdeckte Teilurteil ist kein Teilurteil iSd § 110 VwGO, sondern ein Vollendurteil (BVerwGE 95, 269, 271; OVG Münster Beschl v 31.10.2007, 11 A 1753/06.A, BeckRS 2007, 28010; S/S-A/P/Clausing VwGO § 110 Rn 13). Der Mangel ist durch Rechtsmittel zu rügen (Sodan/Ziekow/Wolff VwGO § 110 Rn 22).

D. Wirkungen des Teilurteils

17   Das Teilurteil erwächst als Endurteil bezüglich des entschiedenen Teils in formelle und materielle **Rechtskraft**. Es ist nach §§ 124 Abs 1, 132 Abs 1 VwGO anfechtbar. Ist es unanfechtbar geworden, bindet es die Beteiligten und die Rechtsmittelgerichte (Kopp/Schenke VwGO § 110 Rn 6). Das noch nicht unanfechtbare Teilurteil bindet das erlassende Gericht nach § 173 S 1 VwGO iVm § 318 ZPO.

18   Das Rechtsmittelgericht kann das Teilurteil nur im Hinblick auf den entschiedenen Teil überprüfen, der übrige Streitgegenstand bleibt in erster Instanz anhängig. Das Rechtsmittel-gericht darf den Rest des Streitgegenstandes nicht an sich ziehen, „heraufholen" – auch nicht mit Zustimmung oder auf Antrag der Beteiligten (BVerwGE 71, 73, 77; Kopp/Schenke VwGO § 110 Rn 7; S/S-A/P/Clausing VwGO § 110 Rn 9 mit Hinweis auf eine Aus-nahme im Falle der Anfechtung eines unzulässigen Teilurteils).

19   Ergeht ein Teilurteil, obwohl die Voraussetzung der Teilbarkeit des Streitgegenstandes nicht gegeben ist, liegt ein unzulässiges Teilurteil vor. Der Verfahrensmangel ist im Rechts-mittelverfahren geltend zu machen. Das Rechtsmittelgericht hebt – wenn eine Umdeutung in ein Endurteil nicht möglich ist (BVerwG NVwZ 1996, 381, 382 f.; Sodan/Ziekow/Wolff VwGO § 110 Rn 26) – das Teilurteil auf und weist die Sache zurück. Ist dagegen ein Rechtsmittel sowohl gegen das unzulässige Teilurteil als auch gegen das Schlussurteil anhän-gig, kann das Rechtsmittelgericht beide Verfahren verbinden und einheitlich über den

gesamten Streitgegenstand entscheiden (BGH NJW 1991, 3036; S/S-A/P/Clausing VwGO § 110 Rn 12).

Die weitere Verhandlung über den Rest des Streitgegenstandes ist auch vor Rechtskraft **20** des Teilurteils möglich und sinnvoll (Sodan/Ziekow/Wolff VwGO § 110 Rn 29).

§ 111 [Zwischenurteil über den Grund]

¹Ist bei einer Leistungsklage ein Anspruch nach Grund und Betrag streitig, so kann das Gericht durch Zwischenurteil über den Grund vorab entscheiden. ²Das Gericht kann, wenn der Anspruch für begründet erklärt ist, anordnen, daß über den Betrag zu verhandeln ist.

§ 111 VwGO gibt dem Gericht in Anlehnung an § 304 ZPO die Möglichkeit, im Falle von Leistungsklagen vorab durch Zwischenurteil über den Grund zu entscheiden, wenn der Anspruch nach Grund und Höhe (Betrag; Rn 4) streitig ist. Durch Grundurteil wird entschieden, ob der eingeklagte Anspruch als solcher (Rn 5) – vorbehaltlich einer Prüfung hinsichtlich der Höhe im nachfolgenden Betragsverfahren – gegeben ist. Im Gegensatz zum Zwischenurteil nach § 109 VwGO und anderen prozessualen Zwischenentscheidungen bezieht sich das Zwischenurteil über den Grund auf den materiellen Streitgegenstand selbst. Im Unterschied zum Teilurteil (§ 110 VwGO) wird beim Grundurteil nicht über den Teil eines Streitgegenstandes abschließend entschieden, sondern über den gesamten Streitgegenstand teilweise (in Hinblick auf den Grund). Ratio legis ist die ökonomische Gestaltbarkeit des Verfahrens, da die Vorabklärung, ob der eingeklagte Anspruch überhaupt besteht, ggf. aufwändige Untersuchungen über die Höhe erübrigt. Da der Anwendungsbereich des § 111 VwGO auf die Leistungsklage (Rn 3) beschränkt ist, ist seine praktische Bedeutung gering.

A. Regelungsgehalt und Anwendungsbereich

§ 111 VwGO enthält eine **doppelte objektiv-rechtliche Regelung**: (1) Er sieht das **1** Zwischenurteil über den Grund als zulässige Urteilsform vor und stellt (2) dessen Erlass in das **Ermessen** des Gerichts (S/S-A/P/Clausing VwGO § 111 Rn 8). Die Beteiligten haben dagegen keinen subjektiv-rechtlichen Anspruch auf Erlass eines Grundurteils, entsprechende Anträge können lediglich den Charakter einer Anregung haben.

Im Gegensatz zum Teilurteil (§ 110 VwGO) ist ein Zwischenurteil über den Grund nur **2** bei **Leistungsklagen** möglich, der Anwendungsbereich also erheblich eingeschränkt. § 111 VwGO findet auch im Rechtsmittelverfahren Anwendung, nicht indes im Verfahren nach § 80 VwGO, da dieses auf Anfechtungsklagen bezogen ist (S/S-A/P/Clausing VwGO § 111 Rn 4). Denkbar, angesichts des Eilcharakters aber wohl unangemessen ist eine Grundentscheidung im Falle des § 123 VwGO.

B. Voraussetzungen für den Erlass eines Zwischenurteils über den Grund

§ 111 VwGO beschränkt die Möglichkeit eines Grundurteils auf „**Leistungsklagen**". **3** Davon umfasst sind alle allgemeinen Leistungsklagen, insbes Zahlungsklagen. Bei allen **anderen Klagearten** ist § 111 VwGO **nicht** anwendbar (BVerwGE 29, 191, 192; OVG Hamburg NVwZ 1990, 682; Kopp/Schenke VwGO § 111 Rn 3): bei Anfechtungsklagen (auch nicht im Fall des § 113 Abs 1 S 2; Kopp/Schenke VwGO § 111 Rn 3), bei Feststellungsklagen (OVG Hamburg NVwZ 1990, 682) sowie bei Verpflichtungsklagen, mit denen der Erlass eines auf eine Geld- oder Sachleistung gerichteten Verwaltungsaktes begehrt wird (sehr str; BVerwGE 24, 253, 257; NVwZ 1996, 175; aA wohl zu Recht OVG Berlin NVwZ 1993, 499; S/S-A/P/Clausing VwGO § 111 Rn 3; Kopp/Schenke VwGO § 111 Rn 3; Sodan/Ziekow/Wolff VwGO § 111 Rn 13 ff).

Der Anspruch muss nach **Grund und Betrag** streitig sein (zur Auslegung der Norm **4** OVG Magdeburg Urt v 11.12.2012 – 1 L 9/12). Ist nur Grund **oder** Betrag streitig, muss – bei Entscheidungsreife – ein Endurteil ergehen. „Grund" meint die materiell-rechtliche Existenz des Anspruchs als solchem, „Betrag" die Höhe der geltend gemachten Geldzahlung oder der Leistung vertretbarer Sachen (S/S-A/P/Clausing VwGO § 111 Rn 6; Kopp/

Schenke VwGO § 111 Rn 4). Ist das Klagebegehren, also der prozessuale Anspruch, auf mehrere konkurrierende materiell-rechtliche Anspruchsgrundlagen gestützt, kann sich das Grundurteil auf die Bejahung eines Klagegrundes beschränken, soweit die anderen Anspruchsgrundlagen zweifelsfrei keinen weiterreichenden Anspruch gewähren würden (S/S-A/P/Clausing VwGO § 111 Rn 6).

C. Erlass des Zwischenurteils über den Grund

5   Ist der Streit über den Grund einer Leistungsklage entscheidungsreif, kann das Gericht (zum Ermessen Rn 1, zu den ermessensleitenden Gesichtspunkten S/S-A/P/Clausing VwGO § 111 Rn 8) ein Zwischenurteil über den Grund erlassen. Dieses darf nur zum Inhalt haben, dass der geltend gemachte Anspruch **ganz oder teilweise** besteht (BVerwG NVwZ 1996, 175, 177). Verneint das Gericht das Bestehen des Anspruches dem Grunde nach, hat es durch klageabweisendes Endurteil zu entscheiden (BGH NJW 1985, 1959).

6   Die Entscheidung nach § 111 VwGO kann nach Maßgabe des § 84 Abs 1 VwGO auch als **Gerichtsbescheid** ergehen, sie enthält keine Kostenentscheidung. Eine Entscheidung über die Höhe des Anspruchs ist im Grundurteil unzulässig. Kein Grundurteil, sondern ein Endurteil liegt vor, wenn das Gericht das Urteil zwar als Grundurteil bezeichnet, jedoch der Sache nach abschließend über Grund und Höhe entscheidet (Kopp/Schenke VwGO § 111 Rn 6).

D. Wirkungen des Zwischenurteils über den Grund

7   Das Grundurteil ist selbständig mit **Berufung und Revision** nach Maßgabe der §§ 124 VwGO ff, 132 VwGO ff angreifbar und der formellen, nicht indes der materiellen Rechtskraft fähig, da nicht über den gesamten Streitgegenstand entschieden wird (Kopp/Schenke VwGO § 111 Rn 7). Entscheidet das Verwaltungsgericht durch Zwischenurteil, obwohl die Voraussetzungen für dessen Erlass nicht vorlagen, weil nur der Grund, nicht jedoch auch die Höhe streitig waren, ist der Rechtsstreit im Berufungsverfahren auch hinsichtlich der Leistungsklage zur Endentscheidung spruchreif (OVG Magdeburg Urt v 11.12.2012 – 1 L 9/12). Es bindet Gericht und Beteiligte (§ 173 S 1 VwGO iVm § 318 ZPO), nach Eintritt der formellen Rechtskraft auch die Rechtsmittelgerichte. So ist etwa das Berufungsgericht an sein eigenes Grundurteil gebunden, wenn es in einem weiteren Berufungsverfahren mit der gleichen Sache befasst wird (BGH NJW-RR 1987, 1196).

8   Die **Bindungswirkung** des Grundurteils ist eingeschränkt (Kopp/Schenke VwGO § 111 Rn 8), sie erstreckt sich nur auf den Grund des Anspruchs, nicht indes auf die Prozessvoraussetzungen (Redeker/v. Oertzen/Kothe VwGO § 111 Rn 7), und nicht auf Anspruchsgrundlagen, die nicht im Grundurteil behandelt wurden. In entsprechender Anwendung des § 767 Abs 2 ZPO sind Einwendungen, die den Grund des Anspruches betreffen, im Betragsverfahren noch zu berücksichtigen, wenn sie auf Umständen beruhen, die erst nach dem Schluss der mündlichen Verhandlung über das Grundurteil entstanden sind (Kopp/Schenke VwGO § 111 Rn 8; Sodan/Ziekow/Wolff VwGO § 111 Rn 37). Zum Problem des unvollständigen sowie des unzulässigen Grundurteils s Sodan/Ziekow/Wolff VwGO § 111 Rn 39 f.

E. Das Betragsverfahren

9   Nach § 111 S 2 VwGO kann das Gericht ohne Antrag (anders § 304 Abs 2 ZPO) mit dem Erlass des Grundurteils die Verhandlung über den „Betrag" verfügen, ohne die formelle Rechtskraft des Grundurteils abwarten zu müssen. Wird das Grundurteil rechtskräftig, **muss** über den Betrag **verhandelt** werden. Ein über die Höhe des Betrages ergehendes Endurteil steht unter der auflösenden Bedingung der Aufhebung des Grundurteils (S/S-A/P/Clausing VwGO § 111 Rn 11). Im Betragsverfahren sind Einwendungen und Einreden gegen den Grund des Anspruchs nicht statthaft (zur entsprechenden Anwendung des § 767 Abs 2 ZPO s. Rn 8). Auch im Betragsverfahren kann die Klage insgesamt noch abgewiesen werden, wenn z. B. eine Sachentscheidungsvoraussetzung fehlt, sich herausstellt, dass ein „Betrag"

nicht existiert oder anspruchshindernde oder -vernichtende Einwendungen **nach** Erlass bzw. Rechtskraft des Grundurteils entstanden sind (Eyermann/Schmidt VwGO § 111 Rn 4).

§ 112 [Besetzung des Gerichts]

Das Urteil kann nur von den Richtern und ehrenamtlichen Richtern gefällt werden, die an der dem Urteil zugrunde liegenden Verhandlung teilgenommen haben.

An der Beschlussfassung über das Urteil dürfen nur diejenigen Richter und ehrenamtlichen Richter mitwirken, die an der der Beschlussfassung zugrunde liegenden (Rn 3) mündlichen Verhandlung teilgenommen haben (Rn 4) und daher ihre aus dieser Verhandlung gewonnenen Eindrücke und Einschätzungen in die Urteilsfindung einfließen lassen können. Ob die Richterbank ordnungsgemäß zusammengesetzt ist, ergibt sich nicht aus § 112 VwGO selbst, sondern ist dem Geschäftsverteilungsplan zu entnehmen. Die inhaltlich § 309 ZPO entsprechende Norm dient der Realisierung bzw Flankierung grundlegender, auch verfassungsrechtlicher Prozessmaximen: dem Grundsatz der mündlichen Verhandlung vor dem erkennenden Gericht (§ 101 Abs 1 VwGO), dem Grundsatz der Unmittelbarkeit des Verfahrens (§ 96 VwGO), der Wahrung des gesetzlichen Richters (Art 101 Abs 1 S 2 GG) sowie dem Gebot rechtlichen Gehörs (Art 103 Abs 1 GG) durch die Richter, die das Urteil dann auch fällen.

A. Entscheidung aufgrund mündlicher Verhandlung

§ 112 VwGO, der nicht nur für kollegial besetzte Spruchkörper, sondern auch für die **1** Entscheidung durch den **Einzelrichter** gilt (S/S-A/P/Clausing VwGO § 112 Rn 6), findet nur Anwendung, wenn die Entscheidung durch Urteil (auch Teil-, Zwischen- oder Grundurteil) aufgrund mündlicher Verhandlung ergeht, nicht indes, wenn es nach § 101 Abs 2 VwGO im schriftlichen Verfahren erlassen wird (BVerwG NVwZ 1985, 562; Kopp/Schenke VwGO § 112 Rn 6). Für Beschlüsse gilt § 112 VwGO entsprechend, wenn diese aufgrund mündlicher Verhandlung erlassen werden (Kopp/Schenke VwGO § 112 Rn 1, 6).

Wird nach mündlicher Verhandlung aufgrund übereinstimmender Erklärung der Beteiligten im **schriftlichen Verfahren** entschieden, ist § 112 VwGO nicht anwendbar (BVerwG **2** NVwZ 1985, 562; NVwZ 1990, 58). Allerdings kann die Entscheidung im schriftlichen Verfahren bei Richterwechsel dann nur auf Tatsachen und Beweise gestützt werden, die sich aus der Niederschrift über die mündliche Verhandlung sowie aus den sonstigen Akten ergeben (BVerwG NVwZ 1985, 562; aA BVerwG NVwZ 1990, 58). Verzichten die Beteiligten auf eine (weitere) mündliche Verhandlung und ergeht eine Entscheidung nicht auf Grund der mündlichen Verhandlung, ist § 112 VwGO grundsätzlich nicht anwendbar; eine andere Beurteilung ist nur geboten, wenn mit der Verfahrensrüge nach § 112 VwGO im Einzelnen substantiiert dargelegt wird, dass in dem Urteil nicht lediglich der Inhalt der Akten verwertet, sondern auch ein aus den Akten nicht ersichtlicher Umstand berücksichtigt worden ist, der in der mündlichen Verhandlung vorgebracht wurde (BVerwG Beschl v 12.7.2006, 4 BN 15/06).

Die der Fällung des Urteils zugrunde liegende **mündliche Verhandlung** iSd § 112 **3** VwGO ist diejenige, auf die hin das Urteil ergeht, die der Entscheidung also unmittelbar vorausgeht (BVerwG NJW 1986, 3155; Kopp/Schenke VwGO § 112 Rn 2). Wird entgegen der Zielsetzung in § 87 Abs 1 VwGO an mehreren Terminen mündlich verhandelt, kommt es ausschließlich auf die Besetzung der Richterbank im letzten mündlichen Verhandlungstermin an (S/S-A/P/Clausing VwGO § 112 Rn 3; Eyermann/Kormann VwGO § 112 Rn 1). Es müssen mithin nicht dieselben Richter an allen mündlichen Verhandlungsterminen teilnehmen. Auch bei Vertagung kommt es nur auf die Zusammensetzung der Richterbank im letzten Verhandlungstermin an.

B. Fällung des Urteils

Das Urteil ist zwingend von den Richtern zu fällen, die an der letzten mündlichen **4** Verhandlung **teilgenommen haben,** ihr insbes auch geistig gefolgt sind. Tiefer Schlaf während der Verhandlung begründet einen Verstoß gegen § 112 VwGO, kurze geistige „Absenzen" nicht (Sodan/Ziekow/Wolff VwGO § 112 Rn 13). Mit Fällung des Urteils ist die Beschlussfassung über den Tenor gemeint (BVerwG NJW 1987, 2247). Für die Beschlussfassung selbst gelten §§ 192 GVG ff (§ 55 VwGO). Für die Verkündung des Urteils gilt § 112 VwGO nicht (BVerwG NJW 1993, 1812). Aus § 112 VwGO ergibt sich nicht die Pflicht der Richter, das Urteil zu unterschreiben, diese folgt aus § 117 VwGO. Demnach müssen sich dem Urteilstenor individuell gestaltete Namenszüge anschließen, die nicht nur die Absicht erkennen lassen, eine volle Unterschrift zu leisten, sondern auch im Übrigen keine Zweifel daran offen lassen, dass sie von den Richtern, die der mündlichen Verhandlung beigewohnt haben, herrühren (vgl. OVG Greifswald Beschl v 17.2.2012 – 2 L 95/11).

C. Richterwechsel

5   § 112 VwGO steht einem **Richterwechsel** zwischen einzelnen Verhandlungsterminen in derselben Sache nicht entgegen (S/S-A/P/Clausing VwGO § 112 Rn 4). Es liegt selbst dann kein Verstoß gegen § 112 VwGO vor, wenn keiner der Richter, die an früheren mündlichen Verhandlungen teilgenommen haben, an der letzten mündlichen Verhandlung beteiligt ist (BGH NJW 1979, 2518). Allerdings sind die erkennenden Richter verpflichtet, sich nach Maßgabe der §§ 86, 108 VwGO um gesicherte Entscheidungsgrundlagen zu bemühen (BVerwG NVwZ 1990, 58). Es gibt keine Regelung des Inhalts, die einmal in einer mündlichen Verhandlung und Beweisaufnahme mit einer Sache befassten Richter müssten auch bis zur Entscheidung mit dieser Sache befasst bleiben: BVerwG v 14.3.2011 (8 B 61/10), Tz. 23.

6   Ist ein Richter, der an der letzten mündlichen Verhandlung teilgenommen hat, bei Fällung des Urteils (wegen Tod, längerer Krankheit, Versetzung an ein anderes Gericht oä) verhindert, kann das Urteil nicht gefällt werden. Es ist vielmehr notwendig, dass die mündliche Verhandlung unter Beteiligung des Nachfolgers oder Vertreters des verhinderten Richters nach § 104 Abs 3 VwGO **wiederholt**, das Verfahren insoweit also wieder aufgegriffen wird (BVerwG NJW 1987, 2247; Kopp/Schenke VwGO § 112 Rn 4). Im Falle nur vorübergehender Verhinderung eines Richters ist eine Wiederholung der mündlichen Verhandlung unter Beteiligung des Vertreters nur zulässig, wenn und infolge der Dauer der Verhinderung die Beschlussfassung nicht mehr unter dem Eindruck der mündlichen Verhandlung steht (Kopp/Schenke VwGO § 112 Rn 3).

7   Für die **Wiederholung** der mündlichen Verhandlung ist es in der Regel ausreichend, dass der Vorsitzende oder der Berichterstatter die Ergebnisse der bisherigen Verhandlung referiert und Niederschriften über Beweisaufnahmen verliest (BVerwG NVwZ-RR 1990, 166); die Beteiligten müssen erneut Gelegenheit erhalten, nach § 108 VwGO Stellung zu nehmen. Eine Wiederholung der Beweisaufnahme ist regelmäßig nicht geboten, es sei denn es kommt auf den persönlichen Eindruck des Zeugen an (BVerwG NJW 1985, 3155; Kopp/Schenke VwGO § 112 Rn 4). Einer erneuten Stellung der Anträge bedarf es nicht (S/S-A/P/Clausing VwGO § 112 Rn 4; str).

7a   Diese Grundsätze hat das BVerwG wie folgt präzisiert (Beschl. v 14.3.2011-8 B 61/10, Tz. 24): bei einem Richterwechsel sei es grundsätzlich ausreichend, wenn der Berichterstatter den Sachverhalt einschließlich des Prozessverlaufs vortrage. Selbst ein zu Unrecht unterbliebener Sachvortrag würde keinen absoluten Revisionsgrund darstellen. Er könnte nur erheblich sein, wenn er zu einer fehlenden oder mangelhaften Unterrichtung der mitwirkenden Richter und damit zu einer unzureichenden Entscheidungsgrundlage geführt hätte. Das sei nicht der Fall, wenn die zur Entscheidung berufenen Richter ihre Überzeugung aus dem Gesamtergebnis des Verfahrens bilden konnten, weil sie auf anderem Wege, insbesondere während der Beratung über alle entscheidungserheblichen Umstände informiert worden sind. Das sei regelmäßig anzunehmen. In gleicher Weise wie davon auszugehen sei, dass ein Gericht das Vorbringen der Beteiligten grundsätzlich zur Kenntnis nehme, spreche aufgrund der Bindung des Richters an Gesetz und Recht eine Vermutung dafür, dass in ähnlicher Weise wie im Falle der Entscheidung ohne mündliche Verhandlung allen Richtern im Rahmen der Beratung eine vollständige Unterrichtung über den Sach- und Streitstoff zuteil werde.

D. Verstoß gegen § 112 VwGO

Ein **Verstoß** gegen § 112 VwGO bedeutet, dass das Gericht bei der Fällung des Urteils **8** nicht ordnungsgemäß besetzt war. Dieser Fehler führt nicht zur Unwirksamkeit (Nichtigkeit) des Urteils, bildet aber einen wesentlichen Verfahrensmangel, der folgende Konsequenzen hat: Zulassung der Berufung (§ 124 Abs 2 Nr 5 VwGO) sowie der Revision (§ 132 Abs 2 Nr 3 VwGO). Die Berufung ist allerdings dann nicht zuzulassen, wenn das Urteil nicht auf dem Verstoß gegen § 112 VwGO beruhen kann. Die Verletzung des § 112 VwGO bildet einen Revisionsgrund nach § 138 Nr 1 VwGO sowie einen Wiederaufnahmegrund nach § 173 VwGO iVm § 579 Abs 1 Nr 1 ZPO. Zugleich dürfte eine Verletzung des Art 101 Abs 1 S 2 GG vorliegen (Kopp/Schenke VwGO § 112 Rn 1; aA Sodan/Ziekow/Wolff VwGO § 112 Rn 14); anders jetzt auch das BVerwG v 14.3.2011 (8 B 61/10): „Eine Missachtung von § 112 VwGO stellt keine Verletzung von Art. 101 I 2 GG dar".

Nach dem Beschl des BVerwG v 25.6.2010 (9 B 99/09) stellt ein Verstoß gegen die sich **9** aus § 112 VwGO ergebende Pflicht, nach einem Richterwechsel den zur Entscheidung berufenen Richter über den Sach- und Streitstand umfassen zu informieren, keinen absoluten Verfahrensfehler dar. Die Unterrichtung über den vollständigen Sach- und Streitstoff könne nicht nur im Rahmen der mündlichen Verhandlung, sondern auch auf anderem Weg erfolgen.

§ 113 [Urteilstenor]

(1) ¹Soweit der Verwaltungsakt rechtswidrig und der Kläger dadurch in seinen Rechten verletzt ist, hebt das Gericht den Verwaltungsakt und den etwaigen Widerspruchsbescheid auf. ²Ist der Verwaltungsakt schon vollzogen, so kann das Gericht auf Antrag auch aussprechen, daß und wie die Verwaltungsbehörde die Vollziehung rückgängig zu machen hat. ³Dieser Ausspruch ist nur zulässig, wenn die Behörde dazu in der Lage und diese Frage spruchreif ist. ⁴Hat sich der Verwaltungsakt vorher durch Zurücknahme oder anders erledigt, so spricht das Gericht auf Antrag durch Urteil aus, daß der Verwaltungsakt rechtswidrig gewesen ist, wenn der Kläger ein berechtigtes Interesse an dieser Feststellung hat.

(2) ¹Begehrt der Kläger die Änderung eines Verwaltungsakts, der einen Geldbetrag festsetzt oder eine darauf bezogene Feststellung trifft, kann das Gericht den Betrag in anderer Höhe festsetzen oder die Feststellung durch eine andere ersetzen. ²Erfordert die Ermittlung des festzusetzenden oder festzustellenden Betrags einen nicht unerheblichen Aufwand, kann das Gericht die Änderung des Verwaltungsakts durch Angabe der zu Unrecht berücksichtigten oder nicht berücksichtigten tatsächlichen oder rechtlichen Verhältnisse so bestimmen, daß die Behörde den Betrag auf Grund der Entscheidung errechnen kann. ³Die Behörde teilt den Beteiligten das Ergebnis der Neuberechnung unverzüglich formlos mit; nach Rechtskraft der Entscheidung ist der Verwaltungsakt mit dem geänderten Inhalt neu bekanntzugeben.

(3) ¹Hält das Gericht eine weitere Sachaufklärung für erforderlich, kann es, ohne in der Sache selbst zu entscheiden, den Verwaltungsakt und den Widerspruchsbescheid aufheben, soweit nach Art oder Umfang die noch erforderlichen Ermittlungen erheblich sind und die Aufhebung auch unter Berücksichtigung der Belange der Beteiligten sachdienlich ist. ²Auf Antrag kann das Gericht bis zum Erlaß des neuen Verwaltungsakts eine einstweilige Regelung treffen, insbesondere bestimmen, daß Sicherheiten geleistet werden oder ganz oder zum Teil bestehen bleiben und Leistungen zunächst nicht zurückgewährt werden müssen. ³Der Beschluß kann jederzeit geändert oder aufgehoben werden. ⁴Eine Entscheidung nach Satz 1 kann nur binnen sechs Monaten seit Eingang der Akten der Behörde bei Gericht ergehen.

(4) Kann neben der Aufhebung eines Verwaltungsakts eine Leistung verlangt werden, so ist im gleichen Verfahren auch die Verurteilung zur Leistung zulässig.

(5) [1] Soweit die Ablehnung oder Unterlassung des Verwaltungsakts rechtswidrig und der Kläger dadurch in seinen Rechten verletzt ist, spricht das Gericht die Verpflichtung der Verwaltungsbehörde aus, die beantragte Amtshandlung vorzunehmen, wenn die Sache spruchreif ist. [2] Andernfalls spricht es die Verpflichtung aus, den Kläger unter Beachtung der Rechtsauffassung des Gerichts zu bescheiden.

§ 113 VwGO regelt die Entscheidungsbefugnisse des Gerichts. Die Norm dient der Ausformung der Rechtsschutzgarantie des Art 19 Abs 4 GG im Verwaltungsprozess, indem sie festlegt, unter welchen Voraussetzungen (Rn 2) das Gericht Rechtsschutz gegen einen belastenden (Rn 16) Verwaltungsakt oder gegen die Versagung/Unterlassung eines begehrten Verwaltungsakts gewähren kann (Wolff/Decker/Wolff VwGO § 113 Rn 1). § 113 Abs 1 bis Abs 4 VwGO betrifft die Anfechtungsklage, § 113 Abs 5 VwGO die Verpflichtungsklage.

§ 113 Abs 1 S 1 VwGO regelt dabei die Voraussetzungen, unter welchen ein belastender Verwaltungsakt im Wege einer Anfechtungsklage aufgehoben (Rn 30) werden kann; S 2 (Rn 46) und S 3 (Rn 48) ergänzen diese Regelung ebenso wie Abs 2 (Rn 51) und Abs 3 (Rn 58). Abs 4 (Rn 64) enthält eine, systematisch mit § 113 Abs 1 S 2, S 3 VwGO vergleichbare Regelung über die Verbindung von Anfechtungs- und Leistungsklage. § 113 Abs 5 VwGO (Rn 69) nennt die Voraussetzungen, unter welchen der Erlass eines begehrten Verwaltungsakts im Wege der Verpflichtungsklage erreicht werden kann. § 113 Abs 1 S 4 VwGO (Rn 78) enthält schließlich eine Sonderregelung über die so genannte Fortsetzungsfeststellungsklage.

Die heutige Fassung des § 113 VwGO geht auf das 4. VwGO-Änderungsgesetz vom 17.12.1990 (BGBl I 2809) zurück. Durch dieses wurde Abs 3 eingefügt (die bisherigen Absätze 3 und 4 wurden zu den Absätzen 4 und 5) und Abs 2 wurde neu gefasst.

Übersicht

A. Aufhebung des Verwaltungsakts im Wege der Anfechtungsklage (§ 113 Abs 1 S 1 VwGO)

I. Vorbemerkung

Nach § 113 Abs 1 S 1 VwGO hebt das Gericht den Verwaltungsakt und einen etwaigen **1** Widerspruchsbescheid auf, soweit der Verwaltungsakt rechtswidrig ist und der Kläger dadurch in seinen Rechten verletzt wird. **Streitgegenstand** der Anfechtungsklage ist dabei der **prozessuale Aufhebungsanspruch** (vgl hierzu Martens DÖV 1964, 365, 368; Schenke Verwaltungsprozessrecht, 2005, Rn 610; Jacobi Spruchreife und Streitgegenstand im Verwaltungsprozess, 2001, 214 ff; Detterbeck Streitgegenstand und Entscheidungswirkungen im Öffentlichen Recht, 1995, 156 ff) **und** die die objektive Rechtswidrigkeit implizierende Feststellung der **Verletzung eines subjektiven Rechts** des Klägers (vgl § 121 VwGO Rn 34; Kopp/Schenke VwGO § 90 Rn 8 mwN zum Streitstand; ähnlich S/S/B/Clausing VwGO § 121 Rn 59 ff; **aA** BVerwGE 29, 210, 211 f; BVerwG Buchholz 402.25 § 5 AsylVfG Nr. 7; BVerwG Buchholz 406.11 § 127 BBauG/BauGB Nr. 60; BVerwG NVwZ 1993, 672; BVerwG BauR 2010, 1563; Eyermann/Schmidt VwGO § 113 Rn 3: „Streitgegenstand der Anfechtungsklage ist die Behauptung des Klägers, die angefochtenen Bescheide seien rechtswidrig und verletzten ihn in seinen Rechten"; das vermag jedoch nicht ohne weiteres zu überzeugen, da Rechtswidrigkeit und Rechtsverletzung in § 113 Abs 1 S 1 als Voraussetzungen für den Aufhebungsanspruch konzipiert sind (vgl Rn 2); siehe daher auch BVerwGE 115, 111, Rn 13, in welchem vom „Anspruch auf Aufhebung der Abschiebungsandrohung" als Streitgegenstand die Rede ist; allgemein zum Streitgegenstand bei der Anfechtungsklage s etwa Hößlein VerwArch 2008, 127). Der in § 113 Abs 1 S 1 VwGO vorgesehene **Anspruch auf Aufhebung** eines rechtswidrigen Verwaltungsakts betrifft dabei nicht nur gebundene Verwaltungsakte, sondern erstreckt sich auch auf Verwaltungsakte, die im Ermessen einer Behörde stehen oder bei denen der Behörde ein Beurteilungsspielraum eingeräumt ist (BVerwG v 2.5.2005 – 6 B 6/05 BeckRS 2005, 26958; BVerwG v 30.5.2006 – 6 B 28/06 BeckRS 2006 24176). Allerdings übt das Gericht insoweit nur eine Rechtmäßigkeits- und – anders als im Widerspruchsverfahren die Widerspruchsbehörde; vgl § 68 Abs 1 S 1 VwGO – keine Zweckmäßigkeitskontrolle aus. Es kann daher niemals sein Ermessen an die Stelle des Ermessens der Behörde setzen oder einen Verwaltungsakt wegen Zweckwidrigkeit aufheben (vgl § 114 VwGO Rn 26). Das Gericht kann jedoch überprüfen, ob die Behörde ein ihr eingeräumtes Ermessen ordnungsgemäß ausgeübt hat (§ 114 VwGO; vgl im Einzelnen die Erläuterungen bei § 114 VwGO).

1.1   § 113 Abs 1 S 1 VwGO liegt bei einer Zusammenschau mit den nachfolgenden Sätzen dabei erkennbar die Vorstellung zugrunde, dass ein Verwaltungsakt auch dann aufhebbar bleibt, wenn die Behörde bereits Vollzugsmaßnahmen ergriffen hat. Für diesen Fall eröffnet § 113 Abs 1 S 2 VwGO dem Gericht die Möglichkeit, gleichzeitig mit der Aufhebung auszusprechen, dass und wie die Vollziehung rückgängig zu machen ist. § 113 Abs 1 S 3 VwGO stellt klar, dass ein solcher Ausspruch nur in Betracht kommt, wenn die Behörde dazu imstande ist. Auf den engen Zusammenhang zwischen Aufhebbarkeit und Folgenbeseitigung hat das Bundesverwaltungsgericht bereits mehrfach hingewiesen (vgl BVerwGE 51, 15; 54, 314; 91, 276; BVerwG BauR 1999, 733).

2   § 113 Abs 1 S 1 VwGO normiert für die Aufhebung eines Verwaltungsakts durch das Verwaltungsgericht verschiedene **Voraussetzungen**: zunächst muss der (angefochtene) Verwaltungsakt objektiv (ganz oder teilweise) rechtswidrig sein; des Weiteren muss der Kläger in seinen subjektiven Rechten verletzt werden (teilweise wird insofern auch von der subjektiven Rechtswidrigkeit gesprochen; vgl Ehlers VerwArch 84 (1994), 139, 174 ff.; Ehlers JA 2004, 176, 177). Durch das Tatbestandsmerkmal „dadurch" in § 113 Abs 1 S 1 VwGO wird dabei die Verknüpfung zwischen Rechtswidrigkeit und Rechtsverletzung hergestellt, dh, eine Aufhebung erfolgt nur, soweit die Rechtswidrigkeit auch zu einer subjektiven Rechtsverletzung beim Kläger führt (siehe zur **Ausnahme** Rn 17a). Ein (zwar) rechtswidriger Verwaltungsakt, der den Kläger (aber) nicht in seinen Rechten verletzt, kann folglich nicht aufgehoben werden. Das ist namentlich bei der sog Drittanfechtungsklage von besonderer Bedeutung.

3   § 113 Abs 1 S 1 VwGO gilt unmittelbar nur für die **Anfechtungsklage** (§ 42 Abs 1 Alt 1 VwGO); die Norm kann aber im Rahmen der Rechtmäßigkeitsprüfung beim Anfechtungswiderspruch (§ 68 Abs 1 S 1 VwGO) entsprechend angewendet werden. Sie gilt nicht für die Verpflichtungsklage (insoweit enthält § 113 Abs 5 VwGO eine Spezialregelung) und ausweislich des klaren Wortlauts (Verwaltungsakt) nicht für die Feststellungsklage (§ 43 VwGO) oder die allgemeine Leistungsklage. Für diese gelten über § 173 VwGO ergänzend die Regelungen der ZPO.

II. Rechtswidrigkeit

4   Die Rechtswidrigkeit des Verwaltungsakt kann sich einmal aus einer Verletzung von Verfahrensvorschriften (sog formelle Rechtswidrigkeit) oder aus der Verletzung materiellen Rechts (sog materielle Rechtswidrigkeit) ergeben.

1. Formelle Rechtswidrigkeit

5   Der angefochtene Verwaltungsakt ist formell rechtswidrig, wenn er unter Verletzung von Verfahrensvorschriften zustande gekommen ist. Die **formelle Rechtmäßigkeit** eines Verwaltungsakts kann allerdings erst dann erörtert werden, wenn die maßgebliche Befugnisnorm feststeht, denn erst aus deren Normzusammenhang ergeben sich die Anforderungen an das jeweilige Verfahren.

6   Verfahrensrechtlich ist zwischen förmlichen Verfahren (zB Baugenehmigungs-, Planfeststellungs-, Genehmigungsverfahren nach BImSchG, AtomG, FStrG etc), für die besondere Verfahrensvorschriften bestehen, und „einfachen Verfahren" iSv § 10 VwVfG, für die nur die Vorgaben des VwVfG zu beachten sind, zu unterscheiden. Probleme, die im Zusammenhang mit der formellen Rechtmäßigkeit des angefochtenen Verwaltungsakts auftreten können, sind vor allem solche der Anhörung (§ 28 VwVfG, § 45 Abs 1 Nr 3 VwVfG), der Begründung (§ 39 VwVfG, § 45 Abs 1 Nr 2 VwVfG), der sachgerechten und neutralen Verfahrensdurchführung (§ 20 VwVfG, § 21 VwVfG: Mitwirkung von befangenen oder ausgeschlossenen Amtswaltern), der Form und der Bekanntgabe (§ 41 VwVfG, § 43 VwVfG) sowie, ob die örtlich (§ 3 VwVfG, § 44 Abs 2 Nr 3, Abs 3 Nr 1 VwVfG bzw § 46 VwVfG) und sachlich (nach dem jeweiligen Spezialgesetz) zuständige Behörde entschieden hat.

Kein Verfahrensfehler ist dagegen gegeben, bei Verstößen gegen nur **internes Verfah-**   7
rensrecht, wie zB die Geschäftsordnung eines Gemeinderates oder gegen Haushaltsrecht
(BVerwG NVwZ 1988, 1119) sowie gegen bloße Ordnungsvorschriften.

Liegt ein (beachtlicher) Verfahrensfehler vor, so ist der betreffende Verwaltungsakt grund-   8
sätzlich **formell rechtswidrig**. Bestimmte Verfahrensfehler können allerdings nach § 45
VwVfG geheilt werden. „Heilung" bedeutet dabei, dass der Fehler mit Wirkung ex tunc
beseitigt wird und nicht mehr zur Rechtswidrigkeit des Verwaltungsakts führt (Knack/Meyer
VwVfG § 45 Rn 15 mwN; Wolff/Decker/Wolff VwVfG § 45 Rn 15; Horn Die Verwaltung, 1992, 206; Fremuth JA 2012, 844, 845). Durch die „Heilung" wird der zunächst
rechtswidrige Verwaltungsakt mithin rechtmäßig (S/B/S/Sachs VwVfG § 45 Rn 39 mwN;
aA Kopp/Ramsauer VwVfG § 45 Rn 14). Die Aufzählung in § 45 Abs 1 VwVfG ist
abschließend; eine analoge Anwendung der einzelnen Heilungsmöglichkeiten (hierzu zB
Messerschmidt NVwZ 1985, 877, 878) auf andere Verfahrensfehler dürfte schon wegen der
Rechtsprechung des BVerfG zum Grundrechtsschutz durch Verfahrensvorschriften nicht
zulässig sein (Roßnagel JuS 1994, 927). Gem § 45 Abs 2 VwVfG kann die Heilung des
Verfahrensfehlers bis zum Abschluss eines verwaltungsgerichtlichen Verfahrens erfolgen. Zuständig für die Nachholung der Verfahrenshandlung ist grundsätzlich die Ausgangsbehörde,
nach Eintritt des Devolutiveffektes (§ 73 VwGO) auch die Widerspruchsbehörde.

Des Weiteren können die Folgen eines Verfahrensfehlers auch auf Grund von Normen   9
außerhalb des Verfahrensrechts eingeschränkt sein, wie etwa im Falle der Mitwirkung eines
befangenen Gemeinderatsmitglieds bei der Beschlussfassung im Gemeinderat (vgl Art 49
Abs 4 BayGO).

Ist der Verfahrensfehler jedoch weder geheilt noch sind seine Folgen eingeschränkt, so   10
führt dies zur Rechtswidrigkeit des Verwaltungsaktes; wird der Kläger hierdurch in seinen
Rechten verletzt (siehe unten Rn 17) ist der angefochtene Verwaltungsakt aufzuheben, es sei
denn, der Anspruch auf Aufhebung des Verwaltungsakts ist ausnahmsweise aufgrund einer
Spezialnorm (zB § 46 VwVfG) ausgeschlossen (siehe unten Rn 17.1).

2. Materielle Rechtswidrigkeit

Im Rahmen der **materiellen Rechtswidrigkeit** ist zu prüfen, ob der angefochtene   11
Verwaltungsakt mit der Rechtsordnung im Einklang steht, namentlich von einer entsprechenden Befugnisnorm gedeckt ist, die die Regelung des Verwaltungsaktes inhaltlich so
legitimiert. Der Verwaltungsakt ist danach materiell rechtmäßig, wenn die Befugnisnorm, auf
der er beruht, ihrerseits rechtmäßig ist, der Verwaltungsakt mit der Ermächtigungsgrundlage
in Einklang steht und nicht gegen höherrangiges Recht verstößt sowie ein etwaiges auszuübendes Ermessen fehlerfrei ausgeübt wurde.

Ob der Verwaltungsakt zum maßgeblichen Zeitpunkt (vgl unten Rn 21) rechtmäßig ist,   12
beurteilt das Gericht grundsätzlich – wegen des Amtsermittlungsprinzips, § 86 VwGO –
nach allen rechtlichen Gesichtspunkten. Es ist weder an die Rügen des Klägers noch an die
von der Behörde herangezogenen Normen und deren Subsumtionsvorgänge gebunden (S/
S/B/Gerhardt VwGO § 113 Rn 21). Das **Gericht prüft** den Verwaltungsakt damit **ins-**
gesamt auf seine **Rechtmäßigkeit** und kann daher zB den Verwaltungsakt auch auf eine
andere Befugnisnorm stützen als es die Behörde getan hat (BVerwG NVwZ 1991, 999) oder
ihn unter den Voraussetzungen des § 47 VwVfG auch umdeuten (BVerwG NVwZ 2000,
195). Eine andere als die von der Behörde angeführte Norm vermag allerdings den Verwaltungsakt nur dann zu tragen, wenn deren Voraussetzungen vorliegen und am Spruch des
Ausgangsbescheides nichts Wesentliches geändert wird (BVerwGE 80, 96 = NVwZ 1989,
471). Hat daher die Behörde zB eine gebundene Entscheidung getroffen, stellt sich im
Verfahren aber heraus, dass der Verwaltungsakt allenfalls von einer Norm gedeckt sein
könnte, die der Behörde ein Ermessen einräumt, so wird die Klage erfolgreich sein, da die
Behörde – aus ihrer Sicht richtigerweise – gerade kein Ermessen ausgeübt hat (sog Ermes-
sensausfall; s hierzu bei § 114 VwGO Rn 17). Zu weiteren Einzelheiten siehe unten unter
„Nachschieben von Gründen".

Nach rechtsstaatlichen Grundsätzen (Art 20 Abs 3 GG) genügt es zur Feststellung der   13
Rechtmäßigkeit einer behördlichen Entscheidung nicht, dass diese mit den Rechtsvorschriften, auf die sie gestützt wird, in Einklang steht; vielmehr müssen auch die Rechtsvorschriften

selbst, auf die es bei der Entscheidung ankommt, gesetzes- und verfassungsgemäß sein (Bosch/Schmidt § 72 II 1). Das Verwaltungsgericht **prüft** im Rahmen einer Anfechtungsklage gegen einen Verwaltungsakt daher auch **inzident** die Rechtmäßigkeit der **Befugnisnorm**, mithin ihre Vereinbarkeit mit höherrangigem Recht, womit zB auch geprüft wird, ob die Norm ordnungsgemäß zustande gekommen ist. Das gilt unabhängig davon, ob es sich um eine Norm des Europa-, des Bundes- oder des Landesrechts handelt. Insofern sind jedoch bestimmte Verwerfungsmonopole zu beachten, die das Gericht hindern können, die Unwirksamkeit einer Befugnisnorm selbst inzident feststellen zu dürfen.

13.1   Dabei ist wie folgt zu differenzieren:

- **Europarecht**: Im Rahmen des miteinander verschränkten und für wechselseitige Einwirkungen zugänglichen Zusammenwirkens von mitgliedstaatlicher Rechtsordnung und Gemeinschaftsrechtsordnung ist die Anwendung des Gemeinschaftsrechts weitgehend den nationalen Gerichten überlassen. Art 267 AEUV weist dem EuGH im sog **Vorabentscheidungsverfahren** jedoch die Aufgabe zu, das Gemeinschaftsrecht einheitlich auszulegen und die Beachtung des einheitlich ausgelegten Rechts zu gewährleisten (Oexle NVwZ 2002, 1328). Auf dieser Grundlage sind die Aufgaben zwischen den nationalen Gerichten und dem EuGH geteilt. Das jeweilige nationale Gericht ist für die Entscheidung des bei ihm anhängigen Rechtsstreits zuständig, hat also das Recht – einschließlich des Gemeinschaftsrechts – auf den Einzelfall anzuwenden. Sind für diese Einzelfallentscheidung Zweifel über die Auslegung des Gemeinschaftsrechts oder die Gültigkeit eines Gemeinschaftsrechtsaktes zu klären, so trifft der EuGH diese Vorabentscheidung gegenüber dem nationalen Gericht. Der EuGH stellt also dem nationalen Gericht einen bisher zweifelhaften Rechtsmaßstab in einer für die Gemeinschaft einheitlichen Auslegung zur Verfügung; das nationale Gericht wendet diesen europarechtlichen Maßstab zusammen mit dem sonst einschlägigen Recht zur Entscheidung des anhängigen Einzelfalles an. Dabei ist ein letztinstanzliches nationales Gericht unter den Voraussetzungen des Art 267 AEUV von Amts wegen grundsätzlich (zur Ausnahme siehe etwa EuGH C. I. L. F. I. T., NJW 1983, 1257) gehalten, den EuGH anzurufen (**Anrufungspflicht**). Ferner sind alle innerstaatlichen Gerichte – und zwar unabhängig davon, ob die Entscheidung mit Rechtsmitteln noch angreifbar ist oder nicht – zur Vorlage verpflichtet, wenn sie eine Handlung von Gemeinschaftsorganen für fehlerhaft halten; die nationalen Gerichte können die damit verbundenen Rechtsfolgen nicht selbst feststellen (EuGH Foto-Frost, NJW 1988, 1451) Auch insoweit besteht also ein Entscheidungsmonopol des EuGH (**Verwerfungsmonopol**).
- Besteht eine solche Vorlagepflicht muss das Gericht diese Frage dem EuGH zur Entscheidung vorlegen und sein Verfahren gem § 94 S 1 VwGO aussetzen.
- **Formelle Gesetze des Bundes- und des Landesrechts**: Über die Vereinbarkeit der formellen Bundesgesetze mit dem Grundgesetz und der Landesgesetze mit dem Grundgesetz oder mit den Bundesgesetzen entscheidet das BVerfG, über die Vereinbarkeit der Landesgesetze mit der jeweiligen Landesverfassung das Landesverfassungsgericht (S/S/B/Ehlers VwGO Anh zu § 40 Rn 48). Insofern normiert Art. 100 GG für die Vereinbarkeit mit dem Grundgesetz bzw. vergleichbare Bestimmungen der Landesverfassungen (vgl etwa Art. 65, 92 BayVerf) für die Vereinbarkeit mit Landesverfassungsrecht entsprechende Verwerfungsmonopole und Vorlagepflichten. Das Verwaltungsgericht kann solche Normen daher nicht selbst verwerfen. Es muss die Frage der Vereinbarkeit der Norm mit den Grundrechten des Grundgesetzes bzw. einer Landesverfassung dementsprechend dem zuständigen Verfassungsgericht vorlegen und das eigene Verfahren gem § 94 S 1 VwGO aussetzen.
- **Materielle unterbundesrechtliche Normen**: Für materielle unterbundesrechtliche Normen (Satzungen und Verordnungen auf bundesrechtlicher Ebene) sieht die deutsche Rechtsordnung keine Verwerfungsmonopole vor. Auch ein (konkretes) Normenkontrollverfahren gibt es insoweit nicht. Solche materiellen Gesetze können daher allein von den Verwaltungsgerichten im Wege der Inzidentprüfung einer Kontrolle unterzogen werden (siehe auch die nachfolgenden Erläuterungen).
- **Materielle unterlandesrechtliche Normen**: Auch materielle unterlandesrechtliche Normen (Satzungen und Verordnungen auf landesrechtlicher Ebene) unterliegen der Inzidentprüfung durch die Verwaltungsgerichte. Insoweit ist allgemein anerkannt (zB BVerwG SächsVBl 1998, 236; siehe auch Begründung des Regierungsentwurfes eines 6. VwGO-ÄndG, BT-Drs 13/3993, 10), dass durch die Möglichkeit einer Normenkontrollklage nach § 47 VwGO dem Verwaltungsgericht nicht die Befugnis genommen wird, unterlandesgesetzliche Normen auf ihre Vereinbarkeit mit höherrangigem Recht hin zu überprüfen und dann ggf. auch inzident zu verwerfen. Die Normprüfungszuständigkeit ist für die Gerichte gleichermaßen Recht wie Pflicht;

sie ist in dem von Gewaltenteilung und Gewaltenhemmung sowie vom Vorrang der Verfassung geprägten Rechtsstaat integraler Bestandteil des Rechtsbildungsprozesses (BayVerfGH BayVBl 1996, 238). Auch durch die zeitliche Beschränkung der Antragsfrist im Normenkontrollverfahren (§ 47 Abs 2 S 1 VwGO: ein Jahr ab Bekanntmachung) wird die Befugnis der Verwaltungsgerichte, Normen insoweit inzident auf ihre Vereinbarkeit mit höherrangigem Recht zu prüfen, nicht berührt (so ausdrücklich Begründung des Regierungsentwurfs, BT-Drs 13/3993, 10; ebenso: VGH Mannheim NVwZ-RR 1999, 625 = VBlBW 1999, 343; Kopp/Schenke VwGO § 47 Rn. 64; S/S/B/Gerhardt VwGO § 47 Rn. 35; Lotz BayVBl 1997, 257, 259; Decker BauR 2000, 1825; jetzt auch Eyermann/Schmidt VwGO § 47 Rn 74). Die Verwaltungsgerichte können sich also mit anderen Worten ihrer Verpflichtung zur Kontrolle einer unterlandesgesetzlichen Norm nicht mit der Begründung entziehen, eine Normenkontrollklage sei unzulässig, weil verfristet. Die Zulässigkeitsprobleme eines etwaigen Normenkontrollverfahrens stellen sich hier somit nicht.

- In diesem Zusammenhang ist **ferner zu beachten**, dass es § 113 Abs 1 S 1 VwGO den Verwaltungsgerichten nicht gestattet, von der inzidenten Feststellung der Unwirksamkeit einer unterlandesgesetzlichen Norm wegen der damit verbundenen mittelbaren Folgen abzusehen (wenn diese Frage entscheidungserheblich ist). Daher können insoweit weder verwaltungsgerichtliche Unvereinbarkeits- noch Appellentscheidungen zugelassen werden (BVerwG NVwZ-RR 1996, 54). Auch bietet die VwGO im Rahmen der Inzidentkontrolle für das entscheidende Verwaltungsgericht keine Grundlage, bei als unwirksam erkannten materiellen unterlandesgesetzlichen Normen entsprechend der auf § 31 Abs 2 und § 79 Abs 1 BVerfGG beruhenden Praxis des BVerfG bei der Behandlung verfassungswidriger Gesetze von der Unwirksamkeitserklärung abzusehen und stattdessen nur die Unvereinbarkeit der Norm mit höherrangigem Recht festzustellen sowie die Norm weiter – ggf auch nur für eine Übergangszeit – für anwendbar zu erklären (BVerwG KStZ 2010, 166; BVerwG Buchholz 310 § 113 VwGO Nr 23; BVerwG NVwZ-RR 2000, 457; VGH Kassel DVBl 2010, 1580 = KStZ 2010, 238; VGH Kassel DVBl 2011, 1580).

Der inmitten stehende Verwaltungsakt muss ferner durch eine Befugnisnorm gedeckt **14** sein. Er ist folglich rechtswidrig, wenn er

- infolge unrichtiger Anwendung oder Auslegung bestehender Rechtssätze zustande gekommen ist oder gegen höherrangiges Recht verstößt (Verstoß gegen den Vorrang des Gesetzes);
- durch die Befugnisnorm nicht gedeckt ist (Verstoß gegen den Vorbehalt des Gesetzes);
- auf falsche Tatsachenfeststellungen oder -bewertungen gestützt ist;
- gegen die Grundsätze der Verhältnismäßigkeit des Mittels und des geringst möglichen Eingriffs oder gegen den Grundsatz der Geeignetheit des Mittels verstößt.

Steht der Erlass eines Verwaltungsakts im Ermessen der zuständigen Behörde, so ist der **15** angefochtene Verwaltungsakt nur dann rechtmäßig, wenn die Behörde dieses Ermessen fehlerfrei ausgeübt hat (vgl § 114 VwGO; zu Einzelheiten siehe dort Rn 13 ff).

III. Rechtsverletzung

Stellt sich heraus, dass der angefochtene Verwaltungsakt formell oder materiell rechts- **16** widrig ist, so ist die Klage gleichwohl nur dann begründet, wenn der Kläger dadurch in seinen Rechten verletzt wird. § 113 Abs 1 S 1 VwGO bindet die Begründetheit der Anfechtungsklage damit streng an die **Rechtsschutzfunktion**, wie sie auch schon in § 42 Abs 2 VwGO zum Ausdruck kommt. Nicht jeder Bürger soll rechtswidriges Handeln der Verwaltung vor den Verwaltungsgerichten angreifen können, sondern nur die Bürger, die durch den rechtswidrigen Verwaltungsakt in ihren Rechten verletzt werden. Insofern unterscheidet sich die Begründetheit der Anfechtungsklage von der Begründetheit eines Normenkontrollantrages nach § 47 VwGO (beim Normenkontrollverfahren handelt es sich (auch) um ein objektives Rechtsbeanstandungsverfahren, BVerwGE 56, 174; BVerwGE 68, 12, 14; BVerwGE 78, 85, 91; BVerwGE 82, 225, 230; BVerwG DVBl 1992, 36; hat der Antragsteller daher die subjektive Zulässigkeitsschwelle der Antragsbefugnis nach § 47 Abs 2 VwGO überwunden, so prüft das OVG die Norm insgesamt auf ihre Vereinbarkeit mit höherrangigem Recht; stellt sich dabei heraus, dass die angegriffene Norm unwirksam ist, ist der Normenkontrollantrag begründet; einer Rechtsverletzung beim Antragsteller bedarf es insoweit nicht; zu weiteren Einzelheiten siehe § 47 VwGO Rn 3).

17   Eine Rechtsverletzung im Sinne von § 113 Abs 1 S 1 VwGO setzt voraus, dass der Kläger einen Anspruch auf Aufhebung des rechtswidrigen Verwaltungsakts hat. Diese Voraussetzung ist bei lediglich verfahrens- oder formfehlerhaften Verwaltungsakten nicht gegeben, wenn die Voraussetzungen des **§ 46 VwVfG** vorliegen (vgl Ehlers JA 2004, 176, 178; ungenau daher die hM, die von der Unbegründetheit einer Anfechtungsklage trotz Rechtsverletzung im Wege der teleologische Reduktion des § 113 Abs 1 S 1 VwGO in diesen Fällen ausgeht: siehe etwa Schenke DÖV 1986, 305; Kopp/Schenke VwGO § 113 Rn 55, 108 mwN). Die Vorschrift nimmt dem Betroffenen somit den Anspruch, die Aufhebung eines (gebundenen) Verwaltungsakts wegen eines formalen Fehlers zu verlangen, wenn der Verwaltungsakt sachlich richtig, mithin materiell rechtmäßig ist (vgl BVerwG NVwZ 1988, 61; S/B/S/Sachs VwVfG zu § 46 Rn 10). Der Verwaltungsakt selbst bleibt aber – anders als bei § 45 VwVfG – rechtswidrig. Lediglich aus verfahrensökonomischen Gründen schließt das Gesetz die Aufhebung des Verwaltungsakts aus, da die Behörde den Verwaltungsakt jederzeit, unter Vermeidung des formalen Fehlers, erneut erlassen könnte (S/B/S/Sachs VwVfG zu § 46 Rn 1).

17.1   Nach § 46 VwVfG (zum verfahrensfehlerhaften Verwaltungsakt gem. § 46 VwVfG vgl etwa Schenke DÖV 1986, 305; Schilling VerwArch 1987, 45; BVerwG NVwZ 1986, 126; OVG Lüneburg NVwZ 1985, 506) kann die Aufhebung eines Verwaltungsakts, der nicht nach § 44 VwVfG nichtig ist, nicht allein deshalb beansprucht werden, weil er unter Verletzung von Vorschriften über das Verfahren – die nicht schon nach § 45 VwVfG geheilt sind (dann ist kein Raum und auch kein Bedürfnis mehr für § 46 VwVfG, vgl Knack/Meyer VwVfG § 45 Rn 15) –, die Form oder die örtliche Zuständigkeit zustande gekommen ist, wenn keine andere Entscheidung in der Sache hätte ergehen können. Dem entsprechend findet § 46 VwVfG nur auf gebundene Verwaltungsakte Anwendung und in Fällen der Ermessensreduzierung auf Null (BVerwG NVwZ 2009, 530; BVerwG NVwZ 1988, 525; s auch Fremuth JA 2012, 844, 849, 850), denn nur dann kann der Verfahrensfehler keine Auswirkungen auf die Entscheidung gehabt haben. Dem gegenüber kann bei Ermessensentscheidungen nicht ausgeschlossen werden, dass bei Vermeidung des formalen Fehlers, die Entscheidung anders ausgefallen wäre. Hierfür reicht bereits die bloße Möglichkeit aus, wobei allerdings von der Rechtsprechung konkrete Entscheidungsalternativen verlangt werden (BVerwG NVwZ 1988, 527, 539; BVerwG DVBl 1993, 1149). Hat sich daher der Verfahrensfehler nachweislich auf die Entscheidungsfindung und den Entscheidungsinhalt nicht ausgewirkt (vgl VGH München BayVBl 1981, 401), war er also nicht kausal, so ist der Fehler gem § 46 VwVfG unbeachtlich. Die Frage der Kausalität ist dabei aus ex-ante-Sicht zu beantworten, also danach, ob die Behörde damals (bei ihrer Entscheidung) konkrete Entscheidungsalternativen gehabt hat.

17.2   § 46 VwVfG gilt mit den für Ermessensentscheidungen entwickelten Grundsätzen auch dann, wenn die Behörde einen Beurteilungsspielraum hat (siehe BVerwG Buchholz 421.0 Nr 283 für eine verfahrensfehlerhaft getroffene Prüfungsentscheidung; Knack/Meyer VwVfG § 46 Rn 28).

17a   Vom Erfordernis einer **subjektiven Rechtsverletzung** als Voraussetzung der Begründetheit einer Anfechtungsklage gibt es allerdings **Ausnahmen**. Insofern wären zum einen die im **Umwelt-Rechtsbehelfsgesetz** – UmwRG – (in der Fassung der Neubekanntmachung vom 8.4.2013, BGBl I S 753) genannten Fälle zu nennen; zum anderen die sich aus der Entscheidung des EuGH v 12.5.2011 (NuR 2011, 423 = DVBl 2011, 757 = EuZW 2011, 510 = UPR 2011, 268 = NJW 2011, 2779 = NVwZ 2011, 342 – **Trianel**; siehe hierzu zB Fellenberg/Scheller, UPR 2011, 321; Schlacke NVwZ 2011, 804; Müller EurUP 2011, 166; Leidinger NVwZ 2011, 1345; Berkemann DVBl 2011, 1253) ergebenden Konstellationen.

17a.1   Im Anwendungsbereich des Umwelt-Rechtsbehelfsgesetzes (§ 1 UmwRG) können zunächst **Vereinigungen** iSv § 3 UmwRG gegen eine Entscheidung nach § 1 Abs 1 S 1 UmwRG Anfechtungsklage erheben, ohne dass sie hierfür einer Klagebefugnis gemäß § 42 Abs 2 VwGO bedürfen, sofern die Voraussetzungen des § 2 UmwRG erfüllt sind (s hierzu OVG Koblenz v 6.2.2013, UPR 2013, 233). Nach § 4 Abs 1 UmwRG können diese Vereinigungen zudem die Aufhebung einer Entscheidung über die Zulässigkeit eines Vorhabens nach § 1 Abs 1 S 1 Nr 1 UmwRG verlangen, wenn eine nach den Bestimmungen des Gesetzes über die Umweltverträglichkeitsprüfung, nach der Verordnung über die Umweltverträglichkeitsprüfung bergbaulicher Vorschriften oder nach entsprechenden landesrechtlichen Vorschriften erforderliche Umweltverträglichkeitsprüfung (Nr. 1) oder erforderliche Vorprüfung des Einzelfalles über die UVP-Pflichtigkeit nicht durchgeführt und nicht nachgeholt worden ist (Nr. 2). Das gilt auch, wenn eine durchgeführte Vorprüfung des Einzelfalles über die UVP-Pflichtigkeit nicht dem Maßstab des § 3a S 4 des Gesetzes über die Umweltverträglichkeit genügt (§ 4 Abs. 1 S 2 UmwRG). Einer Rechtsverletzung iSv § 113 Abs 1 S 1 VwGO bedarf es nach dem eindeutigen Wortlaut der Norm insofern nicht. Folglich kann ein Umweltschutzverband unter den genannten Voraussetzungen mit einer Anfechtungsklage gegen einen entsprechenden Verwaltungsakt vorgehen und rügen, eine erforderliche Umweltverträglichkeitsprüfung sei nicht durchgeführt worden. Er wird mit einer solchen Klage auch ohne eigene Rechtsverletzung durchdringen, wenn eine erforderliche Umweltverträglichkeitsprüfung tatsächlich nicht durchgeführt wurde. Das BVerwG hat zudem den EuGH nach § 267 AEUV angerufen zur Klärung der Frage, ob Unionsrecht die Mitgliedstaaten verpflichtet, die Rechtsfolgenregelung des § 4 Abs 1 (iVm § 4 Abs 3) UmwRG auch auf eine fehlerhaft durchgeführte Umweltverträglichkeitsprüfung zu erstrecken (BVerwG NVwZ 2012, 248).

Gemäß § 4 Abs 3 UmwRG ist § 4 Abs 1 UmwRG auf Beteiligte nach § 61 Nr 1 und 2 VwGO **17a.2** entsprechend anwendbar. Das hat zur Folge, dass die unter Rn. 17a.1 genannten Verfahrensfehler auch insoweit unabhängig von den nach § 113 Abs 1 S 1 VwGO geltenden Maßgaben zur Begründetheit der Anfechtungsklage eines Dritten führen können (vgl etwa BVerwG Buchholz 310 § 42 Abs 2 VwGO Nr 33 Rn 21 f; BVerwGE 141, 282 Rn 34; BVerwG Buchholz 407.4 § 17 FStrG Nr 220 mit Anm Stüer DVBl. 2012, 449). Darin erschöpft sich allerdings auch der Regelungsgehalt der Bezugnahme. § 4 Abs 3 UmwRG ersetzt daher nicht die für eine entsprechende Klage erforderliche Klagebefugnis nach § 42 Abs 2 VwGO, denn weder der Gesetzeswortlaut noch die Stellung der Vorschrift im Gesetz deuten darauf hin, dass die Berufung auf die in Rede stehenden Verfahrensfehler weitergehend auch solchen Personen eröffnet werden sollte, die nicht schon aufgrund einer möglichen eigenen Betroffenheit in einem materiellen Recht klagebefugt sind. Im Unterschied zur Rechtslage bei den Umweltverbänden kommt die Vergünstigung des § 4 Abs 1 UmwRG daher nur einem solchen Kläger zugute, der in zulässiger Weise Klage erhoben hat (BVerwG v 27.6.2013 – 4 B 37.12).

Zweifelhaft erscheint allerdings, ob mit den Regelungen des Umwelt-Rechtsbehelfsgesetzes die **17a.3** Vorgaben des EuGH in der **Trianel-Entscheidung** (vgl oben Rn 17a) ausreichend umgesetzt worden sind. Danach steht es dem nationalen Gesetzgeber zwar frei, die Rechte, deren Verletzung ein Einzelner im Rahmen eines gerichtlichen Rechtsbehelfs gegen eine Entscheidung, Handlung oder Unterlassung iSv Art 10a der Richtlinie 85/337 geltend machen kann, auf subjektiv-öffentliche Rechte zu beschränken. Doch kann eine solche Beschränkung nicht auf Umweltverbände angewandt werden, weil dadurch die Ziele des Art 10a Abs 3 S 3 der Richtlinie 85/337 missachtet würden. Dabei ist Art. 10a Abs 3 S 3 der Richtlinie 85/337 in dem Sinne zu verstehen, dass zu den „Rechten, die verletzt werden können", als deren Träger die Umweltverbände gelten, zwingend die nationalen Rechtsvorschriften, die die Rechtsvorschriften der Europäischen Union im Bereich der Umwelt umsetzen, sowie die unmittelbar anwendbaren Vorschriften des Umweltrechts der Union gehören müssen. Das hat etwa zur Folge, dass eine Nichtregierungsorganisation im Sinne von Art 1 Abs 2 der Richtlinie 85/337, die sich für den Umweltschutz einsetzt, aus Art 10a Abs 3 Satz 3 der Richtlinie 85/337 das Recht herleiten kann, im Rahmen eines Rechtsbehelfs gegen eine Entscheidung, mit der Projekte, die im Sinne von Art 1 Abs 1 der Richtlinie 85/337 „möglicherweise erhebliche Auswirkungen auf die Umwelt haben", genehmigt wurden, sich vor Gericht zB auf die Verletzung von aus Art 6 der Richtlinie 92/43/EWG des Rates vom 21. Mai 1992 zur Erhaltung der natürlichen Lebensräume sowie der wildlebenden Tiere und Pflanzen in der durch die Richtlinie 2006/105/EG des Rates vom 20. November 2006 geänderten Fassung (sog Habitatrichtlinie) hervorgegangenen nationalen Rechtsvorschriften zu berufen, obwohl das nationale Verfahrensrecht (hier § 113 Abs 1 S 1 VwGO) dies nicht zulässt, weil die angeführten Vorschriften nur die Interessen der Allgemeinheit und nicht die Rechtsgüter Einzelner schützen (vgl Leidinger NVwZ 2011, 1345, 1346). Die Beschränkung der Anfechtungsmöglichkeit auf die fehlende Umweltverträglichkeitsprüfung durch das UmwRG wird diesen Anforderungen erkennbar nicht gerecht. Hieraus folgt, dass ein Umweltschutzverband unter den genannten Voraussetzungen mit einer Anfechtungsklage gegen einen entsprechenden Verwaltungsakt, z. B. einen Planfeststellungsbeschluss, unmittelbar unter Berufung auf europäisches Sekundärrecht vorgehen und die Verletzung sämtlichen unmittelbar geltenden europäischen Umweltrechts sowie sämtlicher objektiver Rechtsvorschriften des Umweltrechts, die Unionsrecht im Bereich der Umwelt umsetzen, rügen kann (vgl Leidinger NVwZ 2011, 1345, 1346). Stellt das Verwaltungsgericht die Verletzung einer solchen Vorschrift fest, dann wird der Umweltschutzverband mit seiner Klage auch ohne eigene Rechtsverletzung durchdringen.

IV. Zusammenhang zwischen Rechtswidrigkeit und Rechtsverletzung

Schließlich gilt es zu beachten, dass die Rechtsverletzung gerade auf der Rechtswidrigkeit **18** des Verwaltungsakts beruhen muss (sog **Rechtswidrigkeitszusammenhang**). Das wird durch die Wendung „dadurch" in § 113 Abs 1 S 1 VwGO klargestellt. Mit anderen Worten, die Rechtswidrigkeit muss zu einer Rechtsverletzung beim Kläger führen; tut sie das nicht, ist die Anfechtungsklage unbegründet.

19   Bei Anfechtung durch den Adressaten indiziert der materielle Mangel grundsätzlich die Rechtsverletzung, dh, ein rechtswidriger Verwaltungsakt verletzt den Adressaten grundsätzlich in seinen Rechten (zumindest in Art 2 Abs 1 GG, denn der Eingriff ist dann nicht von der Befugnisnorm gedeckt; vgl BVerwG v 19.7.2010 – 6 B 20/10 mit Hinweis auf etwaige Ausnahmefälle von dieser Regel); die Klage ist begründet. Handelt es sich dagegen um eine sog **Drittklage** (das ist die Konstellation, die von § 80a VwGO vorausgesetzt wird), so liegt eine Rechtsverletzung nur vor, wenn die verletzte materielle Norm zumindest auch dem Schutz des Klägers dient, mithin **drittschützend** ist. Bei Drittklagen ist es daher unverzichtbar, die Frage nach der drittschützenden Wirkung der verletzten Norm zu klären, denn allein die objektive Rechtswidrigkeit des Verwaltungsakts vermag dem Kläger nicht zum Erfolg zu verhelfen. Gerade auf der Verletzung der konkreten drittschützenden Norm muss somit die Rechtsverletzung beim Kläger beruhen. Ist das nicht der Fall, ist die Klage – trotz objektiver Rechtswidrigkeit des Verwaltungsakts – unbegründet.

19.1   **Beispiel**: B erhält eine Baugenehmigung für ein Einfamilienhaus, das zum Grundstück des A die Abstandsfläche einhält, nicht aber zum Grundstück des C. Nach erfolglosem Widerspruchsverfahren erhebt A Klage. Die Baugenehmigung ist zwar wegen des Verstoßes gegen das Abstandsflächenrecht rechtswidrig; auch sind die Regelungen über die Abstandsflächen nach hM drittschützend. Da die Abstandsflächen aber zu A eingehalten sind, verletzt die Baugenehmigung jedenfalls nicht den A in seinen Rechten (eine Rechtsverletzung läge nur bezüglich C vor).

20   Sofern der angefochtene Verwaltungsakt lediglich **formell rechtswidrig** ist und eine Heilung des Fehlers nicht in Betracht kommt, ist die Klage gleichwohl nur begründet, wenn die verletzte Verfahrensvorschrift gerade auch dem Schutz des Klägers zu dienen bestimmt war, da es grundsätzlich kein isoliert bestehendes Recht auf Einhaltung von Verfahrensvorschriften gibt (so zutreffend Happ/Allesch/Geiger/Metschke/Happ, 127). Verfahrensvorschriften haben dann drittschützenden Charakter, wenn sie im Interesse eines effektiven Rechtsschutzes den potentiell von dem Vorhaben betroffenen Dritten die Möglichkeit eröffnen, ihre Belange schon im Genehmigungsverfahren vorzubringen und sich damit schon frühzeitig gegen die Maßnahme zur Wehr zu setzen (BVerwG Buchholz 451.171 AtG Nr 14; s zum Problem der Verwaltungsvorschriften als subjektive Rechte auch Appel/Singer JuS 2007, 913). Bei einer auf die Verletzung solcher Verfahrensvorschriften gestützten Klage müsste für die Rechtsverletzung beim Kläger festgestellt werden können, dass sich der von ihm gerügte Verfahrensfehler auf seine materiell-rechtliche Position ausgewirkt hat (so BVerwG DÖV 1991, 249). Dabei ist im Grundsatz davon auszugehen, dass Verfahrensvorschriften im deutschen Recht keine subjektiven Rechte vermitteln (Appel/Singer, JuS 2007, 913, 917). Als drittschützende Verfahrensvorschrift ist zB § 10 Abs 2 S 2 BImSchG, nicht aber § 19 BImSchG anerkannt (vgl BVerwG NJW 1983, 1507). Auch § 15 Abs. 2 S 2 BImSchG ist nicht drittschützend (BVerwG ZNER 2012, 647 = ZUR 2013, 100).

V. Maßgeblicher Zeitpunkt für die gerichtliche Beurteilung der Rechtswidrigkeit von Verwaltungsakten

21   Eines der am schwierigsten zu behandelnden Themen ist die Frage nach dem **maßgeblichen Zeitpunkt für die gerichtliche Beurteilung** der Rechtswidrigkeit von Verwaltungsakten (s hierzu etwa Schenke JZ 2008, 732; Polzin JuS 2004, 211). Insofern ist vieles streitig und Gegenstand einer umfangreichen Kasuistik. So ist bereits umstritten, ob diesbezüglich zwischen einem prozessrechtlich und einem materiell-rechtlich maßgeblichen Zeitpunkt zu differenzieren ist (dafür Schenke Rn 782 ff.; dagegen Hufen, Verwaltungsprozessrecht, § 24 Rn 7). Nach ständiger Rechtsprechung des BVerwG (BVerwGE 120, 246; BVerwGE 78, 243, 244; BVerwGE 51, 15, 24; BVerwGE 34, 155, 157; NVwZ 1990, 654) ergibt sich für die Frage des richtigen Zeitpunkts für die Beurteilung der Sach- und Rechtslage aus dem Prozessrecht nur, dass ein Kläger im verwaltungsgerichtlichen Rechtsstreit mit einem Aufhebungsbegehren nur dann Erfolg haben kann, wenn er im Zeitpunkt der letzten gerichtlichen Entscheidung einen Anspruch auf die erstrebte Aufhebung des Verwaltungs-

aktes hat. Dem ist zuzustimmen. Eine Anfechtungsklage kann nur dann begründet sein, wenn im Zeitpunkt der letzten mündlichen Verhandlung bzw bei Fehlen einer solchen, im Zeitpunkt der Entscheidung des Gerichts, der Kläger einen Anspruch auf die Aufhebung des angegriffenen Verwaltungsaktes hat, weil dieser rechtswidrig ist und den Kläger in seinen Rechten verletzt. Von dieser Beurteilung ist allerdings die Frage zu trennen, ob ein solcher Anspruch besteht, dh, ob ein belastender Verwaltungsakt den Kläger im Sinne des § 113 Abs 1 S 1 VwGO rechtswidrig in seinen Rechten verletzt. Diese Frage beurteilt sich nach dem **materiellen (Fach-)Recht**, dem nicht nur die tatbestandlichen Voraussetzungen der Befugnisnorm, sondern auch die Antwort auf die Frage zu entnehmen ist, zu welchem Zeitpunkt diese Voraussetzungen erfüllt sein müssen (statt vieler: BVerwGE 120, 246 mwN; BVerwG Buchholz 428.1 § 12 InVorG Nr 10; s auch zusammenfassend Käß BayVBl 2009, 677).

Im Regelfall wird dies bei der Anfechtungsklage die Sach- und Rechtslage im Zeitpunkt **22** der **letzten Behördenentscheidung,** mithin der Erlass des Widerspruchsbescheides sein (BVerwG BeckRS 2006, 24769; BVerwG 27.12.1994, 11 B 152/94; ebenso Käß BayVBl 2009, 677, 678; Polzin JuS 2004, 211, 212). Änderungen der Sach- und Rechtslage nach diesem Zeitpunkt sind daher für das gerichtliche Verfahren unbeachtlich (VGH München BayVBl 1994, 404).

Von diesem Grundsatz gibt es jedoch verschiedene Ausnahmen bzw Besonderheiten, die im **22.1** Folgenden kurz angesprochen werden sollen:

- Im **Asylrechtsstreit** ist wegen § 77 Abs 1 AsylVfG stets auf die Sach- und Rechtslage im Zeitpunkt der letzten mündlichen Verhandlung bzw bei Fehlen einer solchen im Zeitpunkt der Entscheidung des Gerichts abzustellen; das gilt auch für Anfechtungsklagen, wie zB im Falle des Widerrufs (§ 73 Abs 1 AsylVfG) oder der Rücknahme (§ 73 Abs 2 AsylVfG) einer Asylanerkennung.
- **Ausweisung nach Ausländerrecht**: Nach der früher ständigen Rechtsprechung des BVerwG war für die verwaltungsgerichtliche Beurteilung der Rechtmäßigkeit einer Ausweisungsverfügung auf die Sach- und Rechtslage im Zeitpunkt der letzten Verwaltungsentscheidung abzustellen (BVerwG NVwZ 1999, 425); nachträglich eintretende Entwicklungen, soweit sie nicht lediglich die anfängliche Prognose retrospektiv bestätigen, konnten nicht berücksichtigt werden, sondern waren in der Regel der Geltendmachung in einem nachträglichen Befristungsverfahren vorbehalten (BVerwG Buchholz 402.240 § 45 AuslG 1990 Nr 9; BVerwGE 111, 369, 372; NVwZ 2005, 220). Das galt auch im Falle einer Ergänzung der Ermessensentscheidung der Verwaltungsbehörde im verwaltungsgerichtlichen Verfahren nach § 114 S 2 VwGO, da diese nicht zu einer Änderung des Streitgegenstandes und nicht zu einer Einbeziehung nachfolgender Umstände führt (BVerwG NVwZ 1999, 425). Von diesem Grundsatz machte das BVerwG zunächst für den Fall der Ausweisung von **Unionsbürgern** (BVerwG NVwZ 2005, 220) und dann von nach dem ARB 1/80 aufenthaltsberechtigten **türkischen Staatsangehörigen** (BVerwG NVwZ 2005, 1074) eine Ausnahme. Mit der Entscheidung vom 15.11.2007 (BVerwGE 130, 20 = NVwZ 2008, 434 = DVBl 2008, 392 = DÖV 2008, 334) hat das BVerwG dann seine bisherige Rechtsprechung auch bezüglich aller übrigen Ausländer aufgegeben und ausgesprochen, dass für die Beurteilung der Rechtmäßigkeit einer Ausweisungsentscheidung auch insoweit auf den Zeitpunkt der letzten mündlichen Verhandlung bzw bei Fehlen einer solchen, der Entscheidung des Tatsachengerichts maßgeblich abzustellen ist. Zur Begründung verweist das BVerwG zunächst auf die nach dem Inkrafttreten des sog Richtlinienumsetzungsgesetzes vom 19.8.2007 (BGBl I, 170) geänderte Rechtslage; in seinen (weiteren) Überlegungen stellt das BVerwG auf die Rechtsprechung des Europäischen Gerichtshofs für Menschenrechte (EGMR) und des BVerfG sowie auf die Rechtsprechung des EuGH (zB EuGH InfAuslR 2004, 268) zur Verhältnismäßigkeit von Ausweisungen im Hinblick auf einen möglichen Eingriff in das Privat- und Familienleben (Art 8 EMRK) und das Recht auf freie Entfaltung der Persönlichkeit (Art 2 Abs 1 GG) bzw die Arbeitnehmerfreizügigkeit (Art 45 ff AEUV), die alle nach den aktuellen Verhältnissen zu beurteilen seien, ab. Schließlich verlangten auch einige Rechtsakte des sekundären Gemeinschaftsrechts eine zeitnahe Beurteilung der Gefahr, die von dem Ausländer für die öffentliche Sicherheit und Ordnung ausgehe. Im Ergebnis bleibt damit festzuhalten, dass seit **15.11.2007** für die gerichtliche Überprüfung von Ausweisungsentscheidungen bzw Entscheidungen über den Verlust des Freizügigkeitsrechts **einheitlich auf den Zeitpunkt der letzten mündlichen Verhandlung** bzw bei Fehlen einer solchen, der Entscheidung des Tatsachengerichts maßgeblich abzustellen ist. Das entspricht nunmehr ständiger Rechtsprechung

des BVerwG (siehe etwa BVerwGE 144, 230 Rn 16 sowie Rn 28, wo ausdrücklich die Entscheidung vom 15.11.2007 in Bezug genommen wird; zur Ergänzung von Ermessensentscheidungen in diesem Fall s § 114 VwGO Rn 46). Das kann zur Folge haben, dass eine ursprünglich rechtmäßige und allein wegen einer nachträglichen Änderung der Sach- und Rechtslage rechtswidrig gewordene Ausweisung eines Ausländers im Anfechtungsprozess mit Wirkung ex tunc (und nicht nur ex nunc) aufzuheben ist (BVerwGE 144, 230).

- **Abschiebungsandrohung, die mit Ausweisung verbunden ist**: Wird eine Abschiebungsandrohung mit einer Ausweisung verbunden, dann soll sich deren gerichtliche Überprüfung ebenso wie bei der Ausweisung nach der Sach- und Rechtslage zum Zeitpunkt der letzten mündlichen Verhandlung bzw bei Fehlen einer solchen, der Entscheidung des Tatsachengerichts richten (VGH Mannheim v 28.5.2008 – 13 S 936/08 BeckRS 2008, 36222); das erscheint konsequent. Die Rechtmäßigkeit der Abschiebung selbst beurteilt sich dagegen nach der zum Zeitpunkt ihrer Vollziehung maßgeblichen Sach- und Rechtslage (BVerwGE 144, 230).

- **Aufenthaltserlaubnis, Rücknahme oder Widerruf:** Nach der bisherigen Rechtsprechung des BVerwG war bei einer Anfechtungsklage gegen die Rücknahme oder den Widerruf einer Aufenthaltserlaubnis auf den Zeitpunkt der letzten behördlichen Entscheidung abzustellen (vgl etwa BVerwGE 117, 380, 388). Diese Rechtsprechung hat das BVerwG mit der Entscheidung vom 13.4.2010 (AuAS 2010, 194 = InfAuslR 2010, 346) **ausdrücklich aufgegeben**. Bei der gerichtlichen Überprüfung der Rechtmäßigkeit eines Bescheids, durch den eine (unbefristete) Aufenthaltserlaubnis zurückgenommen oder widerrufen wird, ist folglich die Sach- und Rechtslage im Zeitpunkt der letzten mündlichen Verhandlung oder Entscheidung des Tatsachengerichts zugrunde zu legen. Das BVerwG hat damit seine bereits für die Zeitpunktverlagerung bei Ausweisungen (vgl oben) entwickelte und auf Ermessensentscheidungen über die Erteilung und Verlängerung von Aufenthaltserlaubnissen (s Rn 74.6) erstreckte Rechtsprechung auch auf die Aufenthaltsbeendigung durch Rücknahme und Widerruf eines Aufenthaltstitels übertragen.

- **Baurecht: Drittanfechtungsklage**: hinsichtlich des maßgeblichen Zeitpunktes differenziert das BVerwG wegen Art. 14 GG danach, ob sich eine Änderung der Sach- oder Rechtslage zu Gunsten oder zu Lasten des Bauherrn auswirkt. Ändert sich die Sach- und Rechtslage nachträglich zulasten des Bauherrn ist maßgeblicher Zeitpunkt der Zeitpunkt der Genehmigungserteilung (BVerwG BauR 1998, 895; OVG Weimar NuR 2000, 478; VGH München BayVBl 1992, 211). Bei nachträglichen Änderungen zugunsten des Bauherrn ist dagegen der Zeitpunkt der gerichtlichen Entscheidung maßgeblich (BVerwG NVwZ-RR 1996, 628; OVG Münster NVwZ-RR 1996, 637).

- **Baurecht: Anfechtungsklage der Gemeinde:** Im Unterschied zur Rechtslage bei Drittanfechtungsklagen durch Privatpersonen soll nach einer Entscheidung des BVerwG (BVerwG NVwZ 2008, 437) bei der Anfechtungsklage einer Gemeinde gegen einen Widerspruchsbescheid, mit dem sie zur Erteilung einer von ihr versagten Baugenehmigung verpflichtet wird (sog **Bescheidungswiderspruchsbescheid**), die Sach- und Rechtslage im Zeitpunkt der letzten mündlichen Verhandlung bzw bei Fehlen einer solchen, der Entscheidung des Tatsachengerichts maßgeblich sein, denn erst die erteilte Baugenehmigung vermittle dem Bauherrn eine Rechtsposition, die sich auch gegenüber Rechtsänderungen durchsetzen könne (s hierzu auch Schenke JZ 2008, 732).

- **Bauaufsichtsrecht:** Die Nutzungsuntersagung und die Baueinstellung sind Dauerverwaltungsakte; folglich ist der Zeitpunkt der letzten mündlichen Verhandlung bzw. der Entscheidung des Verwaltungsgerichts maßgebend (BVerwGE 28, 292; BVerwGE 22, 16). Nach Erlass der Anordnung eingetretene oder vorgenommene tatsächliche Änderungen sind im Rechtsbehelfsverfahren zu berücksichtigen (VGH München v 29.4.1975 – 137 II 74). Das Gericht hat die tatsächlichen Verhältnisse im Zeitpunkt der letzten mündlichen Verhandlung zugrunde zu legen. Das gilt vor dem Hintergrund des Art 14 GG in gleicher Weise für eine Beseitigungsanordnung, die sich allerdings in einem einmaligen Gebot erschöpft und keinen Dauerverwaltungsakt darstellt. Folglich kann eine zunächst rechtmäßige Beseitigungsanordnung, Nutzungsuntersagung oder Baueinstellung nachträglich rechtswidrig werden, wenn sich die Sach- und/oder Rechtslage in rechtserheblicher Weise ändert (BVerwG v. 23.1.1989 – 4 B 132/88; VGH München v. 24.1.1978 – 31 XV 74; zu weiteren Einzelheiten vgl Simon/Busse/Decker BayBO Art 76 Rn 451, 452 und Art 75 Rn 137 ff).

- Sog **Dauer-Verwaltungsakt** (= Verwaltungsakt, der sich nicht in einem einmaligen Gebot oder Verbot erschöpft; seine Wirkung tritt daher nicht zu einem bestimmten Zeitpunkt, sondern während eines bestimmten Zeitraums ein (BVerwG NVwZ 2012, 510 = Buchholz 310 § 113 Abs 1 VwGO Nr 39 Rn 13 mwN). Hierzu zählen etwa Verkehrszeichen oder auch ein Waffenbesitzverbot. Ein Dauer-Verwaltungsakt kann daher nicht nur für einen bestimmten Zeitpunkt, sondern auch für den gesamten Zeitraum seiner Wirksamkeit oder auch nur für Teile dieses Zeitraums angefochten werden (BVerwGE 28, 202, 205; BVerwGE 92, 32, 35 f). Stellt der Kläger seinen Aufhebungsantrag ohne nähere zeitliche Bestimmung, dann wird regelmäßig anzunehmen sein, dass er die Aufhebung des Dauer-Verwaltungsakts für den gesamten Zeitraum seiner Wirksamkeit begehrt (BVerwG NVwZ 2012, 510 = Buchholz 310 § 113 Abs 1 VwGO Nr 39 Rn 13). In diesem Fall ist auf den Zeitpunkt der letzten mündlichen Verhandlung abzustellen (Käß BayVBl 2009, 677, 681 ff; Polzin JuS 2004, 211, 212; s auch VG Freiburg v 1.6.2007 – 1 K 1972/06). Hat sich die Sach- oder die Rechtslage seither in ausschlaggebender Weise verändert, so muss der Kläger allerdings entscheiden, ob er sein Aufhebungsbegehren auf den Zeitraum nach der Veränderung beschränkt, und das Gericht wird, wenn der Verwaltungsakt erst durch die Veränderung rechtswidrig geworden ist, ihn nur für die nachfolgende Zeit aufheben und die ohne zeitliche Beschränkung aufrechterhaltene Klage im Übrigen, mithin für den früheren Zeitraum abweisen ; soweit sich der Dauer-Verwaltungsakt für die Vergangenheit erledigt hat, kann der Kläger insofern auch zur Fortsetzungsfeststellungsklage nach Abs 1 S 4 übergehen (BVerwG NVwZ 2012, 510 = Buchholz 310 § 113 Abs 1 VwGO Nr 39 Rn 13). Einen Sonderfall des Dauer-Verwaltungsakts stellt die **Gewerbeuntersagung** nach § 35 GewO dar. Wegen § 35 Abs 6 GewO soll insoweit ebenfalls die letzte Behördenentscheidung maßgeblich sein; neue Tatsachen sind im Wege eines Wiedergestattungsantrages geltend zu machen (so auch OVG Lüneburg BeckRS 2011, 46788 mwN für den Widerruf einer Gaststättenerlaubnis; Käß BayVBl 2009, 677, 681, 682).

- **Fahrerlaubnisrecht**: Das BVerwG vertritt in ständiger Rechtsprechung die Auffassung, dass es im Entziehungsverfahren für die Beurteilung der Eignung zum Führen von Kraftfahrzeugen auf die Sach- und Rechtslage bei Abschluss des Verwaltungsverfahrens, regelmäßig also bei Erlass des Widerspruchsbescheides, ankommt und dass späteres Wohlverhalten nur im Zusammenhang mit einem Antrag auf Wiedererteilung der Fahrerlaubnis berücksichtigt werden kann (vgl zB BVerwGE 51, 359, 361 f = NJW 1977, 1075; BVerwG NVwZ 1990, 654).

- **Immissionsschutzrecht**: Nach der Rechtsprechung des BVerwG ist für die Entscheidung über die Anfechtungsklage Drittbetroffener gegen die Erteilung einer immissionsschutzrechtlichen Genehmigung die Sach- und Rechtslage im Zeitpunkt der Behördenentscheidung (ggf. in Gestalt des Widerspruchsbescheids) maßgebend (BVerwG Buchholz 406.25 § 4 BImSchG Nr 5 = BayVBl 1991, 375 = NVwZ-RR 1991, 236 = UPR 1991, 235 = GewArch 1991, 276). Ist letzte Behördenentscheidung der Widerspruchsbescheid, dann sind Rechtsänderungen bis zu diesem Zeitpunkt zu berücksichtigen, gleichgültig, ob sie sich zugunsten oder zulasten des Anlagenbetreibers auswirken (VGH Mannheim v 14.5.2012 – 10 S 2693/09; OVG Berlin-Brandenburg v 29.6.2001 – 10 N 39.08; **aA** Eyermann/Schmidt, VwGO § 113 Rn 58, der in Anlehnung an die Rechtsprechung zum maßgeblichen Zeitpunkt bei Baunachbarklagen nach Ergehen der immissionsschutzrechtlichen Genehmigung nur Änderungen zugunsten des Anlagenbetreibers berücksichtigen will; ebenso Sodan/Ziekow/Wolff VwGO § 113 Rn 119; unklar dagegen S/S/B/Gerhardt VwGO § 113 Rn 21 Fn 109). In einer früheren Entscheidung hat das BVerwG (BVerwGE 65, 313) allerdings ausgesprochen, dass bei der Überprüfung von sog. **Altgenehmigungen**, die noch nicht bestandskräftig sind, weil sie in einem Verwaltungs- oder verwaltungsgerichtlichen Verfahren auf ihre Rechtmäßigkeit überprüft werden, gemäß § 67 Abs 1 BImSchG für diese Überprüfung „neues" Recht anzuwenden sei. Das bestätige auch § 67 Abs 4 BImSchG, wonach bereits begonnene Verfahren nach den Vorschriften des Bundesimmissionsschutzgesetzes und der aufgrund dieses Gesetzes erlassenen (Rechts- und) Verwaltungsvorschriften zu Ende zu führen seien. Das BVerwG hat diese Norm auch auf gerichtliche Verfahren angewendet, in denen die Erteilung einer Genehmigung begehrt wurde (BVerwGE 50, 49, 52 „Tunnelofen") bzw auf Drittanfechtungsklagen gegen nach „altem" Recht erteilte Genehmigungen (BVerwGE 65, 313).

- **Planfeststellungsverfahren**: In der Rechtsprechung des BVerwG ist geklärt, dass es für die Beurteilung der Rechtmäßigkeit eines Planfeststellungsbeschlusses maßgeblich auf die Sach- und Rechtslage zum Zeitpunkt seines Erlasses ankommt (BVerwGE 104, 337 = Buchholz 442.09 § 20 AEG Nr 16 S. 35 f. mwN; BVerwG v 28.1.1999 – 4 A 18.98; BVerwG v 25.5.2005 – 9 B 41.04; BVerwG v. 7.7.2010 – 7 A 3.10; BVerwG v 24.3.2011 -7 A 3.10; BVerwG v 17.1.2013 – 7 B 18.12

- Das gilt in gleicher Weise für die Begründetheit einer auf § 74 Abs 2 VwVfG gestützten Verpflichtungsklage auf Planergänzung (BVerwGE 104, 337 = Buchholz 442.09 § 20 AEG Nr 16 S 35; BVerwG v 17.1.2013 – 7 B 18.12). An der Maßgeblichkeit dieses Zeitpunktes ändert sich auch dann nichts, wenn der Planfeststellungsbeschluss nach seinem Ergehen im Wege einer Planergänzung oder durch ein Planergänzungsverfahren nach Maßgabe des § 75 Abs 1a VwVfG verändert wird, namentlich dann, wenn durch eine solche Änderung ursprüngliche Mängel des Planfeststellungsbeschlusses beseitigt werden sollen. Denn das Planergänzungsverfahren dient dazu, solche Rechtsfehler zu beheben, die für die Planungsentscheidung insgesamt nicht von so großem Gewicht sind, dass dadurch die Ausgewogenheit der Gesamtplanung oder eines abtrennbaren Planungsteils in Frage gestellt wird, und die durch eine Schutzauflage behoben werden können (BVerwGE 121, 72, 81 f mwN; BVerwG Buchholz 406.25 § 41 BImSchG Nr 55 Rn 28; BVerwG v 17.1.2013 – 7 B 18.12). Dieser auf Ergänzung einer im Übrigen nicht zu beanstandenden Planung gerichtete Charakter der Entscheidung über Schutzauflagen erfordert einen einheitlichen Prognosehorizont für die planerische Abwägung des Gesamtvorhabens und die Prüfung ergänzender Schutzmaßnahmen. Eine Verschiebung des Prognosezeitpunkts für die Entscheidung über weitergehende Schutzauflagen wäre nicht möglich, ohne die vom einem anderen Prognosezeitpunkt und damit auch einer anderen Tatsachengrundlage ausgehende planerische Abwägungsentscheidung insgesamt in Frage zu stellen. Dies stünde mit der auf Planerhaltung gerichteten Konzeption des Verfahrens auf Planergänzung durch Schutzauflagen nicht in Einklang (BVerwGE 134, 308 = Buchholz 407.4 § 17 FStrG Nr 203). Insofern spielt es keine Rolle, ob eine Planergänzung bzw ein Planergänzungsverfahren nach § 75 Abs 1a VwVfG von der Planfeststellungsbehörde von Amts wegen vorgenommen oder eingeleitet wird oder ob der Vorhabenträger, der einen Fehler des Planfeststellungsbeschlusses erkannt hat, im Wege eines Planänderungsverfahrens nach § 76 VwVfG von sich aus initiativ wird, um die Fehlerhaftigkeit des Planfeststellungsbeschlusses beseitigen zu lassen. Denn die Möglichkeit der Planänderung nach § 76 VwVfG gilt auch für (ursprünglich) rechtswidrige Planfeststellungsbeschlüsse; derartige Konstellationen bilden geradezu einen Hauptanwendungsfall der genannten Vorschrift (BVerwG Buchholz 451.22 AbfG Nr 44). Hieraus folgt, dass bei der Anfechtung eines Planfeststellungsbeschlusses, der durch einen nachfolgenden Beschluss – zur Fehlerheilung – im Rahmen von § 75 Abs. 1a oder § 76 VwVfG ergänzt/geändert wird, einheitlich auf die Sach- und Rechtslage im Zeitpunkt des Ergehens des (Ursprungs-) Planfeststellungsbeschlusses abzustellen ist. **Etwas anderes gilt nur dann**, wenn der Planänderungsbeschluss über die bloße Fehlerheilung hinausgehende (erstmalige) Regelungen enthält, die den Abwägungshorizont der Planfeststellungsbehörde aufweiten, etwa dergestalt, dass ein im Planfeststellungsbeschluss nach § 74 Abs 3 VwVfG enthaltener Vorbehalt aufgelöst wird, oder wenn durch die Fehlerheilung die Ausgewogenheit der Gesamtplanung oder eines abtrennbaren Planungsteils in Frage gestellt wird oder schließlich wenn die Identität des (ursprünglichen) Vorhabens nicht mehr gewahrt ist und daher eine neue Planung vorliegt (BVerwG v 17.1.2013 – 7 B 18.12). In solchen Fällen ist – in entsprechender Anwendung der soeben dargestellten Grundsätze – die Sach- und Rechtslage zum Zeitpunkt des Erlasses des **Planänderungsbeschlusses** maßgeblich.

- **Vermögensrecht**: für die Beurteilung der Sach- und Rechtslage kommt es im Vermögensrecht auch bei einer Anfechtungsklage des Verfügungsberechtigten gegen einen positiven Rückübertragungsbescheid auf den Zeitpunkt der letzten mündlichen Verhandlung an (BVerwGE 120, 246).

VI. Nachschieben von Gründen

23   Im Unterschied zur Bedeutung des maßgeblichen Zeitpunktes für die Beurteilung der Begründetheit der Klage geht es beim **Problem des Nachschiebens von Gründen** darum, ob die Behörde die Möglichkeit hat, anderweitige, dh bei Erlass des Verwaltungsakts vorhandene aber nicht angeführte Rechtsvorschriften oder Tatsachen, die den Verwaltungsakt zu stützen vermögen, im Verwaltungsprozess vorzubringen mit der Folge, dass das Gericht diese Rechtsgründe/Tatsachen seiner Entscheidung zugrunde zu legen hat (siehe ausführlich Schenke NVwZ 1988, 1). Lagen die Gründe nicht zum Zeitpunkt des Erlasses des Verwaltungsaktes vor, liegt kein Nachschieben vor, vielmehr ist eine Änderung der Sach- und Rechtslage gegeben (zu deren Berücksichtigung vgl oben Rn 21; s auch Kluckert DVBl 2013, 355).

24   Für die Begründetheit der Klage ist entscheidend, ob der Verwaltungsakt rechtmäßig oder rechtswidrig ist. Die Frage der Rechtmäßigkeit bezieht sich dabei zunächst primär auf den Tenor des Verwaltungsaktes. Wäre die materielle Begründung oder Rechtfertigung ein Teil des Verwaltungsaktes, dann würde aus deren Fehlerhaftigkeit auch die Rechtswidrigkeit des Verwaltungsaktes folgen. Die hM geht jedoch davon aus, dass die sachliche Rechtfertigung kein Teil des Verwaltungsaktes ist. Die Begründungspflicht nach § 39 VwVfG wird von der

überwiegenden Ansicht als rein formelle Begründungspflicht verstanden. Nach überwiegender Meinung hat der Bürger keinen Anspruch auf eine sachlich richtige Begründung in der Form, dass bei Verletzung des Anspruchs auch der zugrunde liegende Verwaltungsakt rechtswidrig wäre (aA Schenke NVwZ 1988, 1, 7, 8). Das Rechtsstaatsprinzip verlangt zwar ein rechtmäßiges Handeln überhaupt, aber nicht, dass der Betroffene immer die sachlich richtige Begründung kennt (Wolff/Decker/Wolff VwGO § 113 Rn 53; kritisch dagegen Schenke NVwZ 1988, 1, 8 f). Hieraus folgt für gebundene Verwaltungsakte, dass zunächst nur entscheidend ist, ob es überhaupt eine (rechtsgültige) Rechtsgrundlage für diesen Verwaltungsakt bei Vorliegen des objektiv gegebenen Sachverhaltes gibt. In diesem Fall kann das Gericht die zutreffende Rechtsgrundlage und die sachlich zutreffende Begründung aufgrund seiner Bindung an das objektive Recht und den geltenden Untersuchungsgrundsatz des § 86 VwGO seiner Entscheidung zugrunde legen, unabhängig davon, ob die Behörde dies vorträgt oder nicht (vgl BVerwG NVwZ 1991, 999 mwN). Eine andere als die von der Behörde angeführte Norm vermag allerdings den Verwaltungsakt nur dann zu tragen, wenn deren Voraussetzungen vorliegen und am Spruch des Ausgangsbescheides nichts Wesentliches geändert wird (BVerwGE 80, 96 = NVwZ 1989, 471). Erweist sich also ein angefochtener Verwaltungsakt aus anderen als den im Bescheid genannten Gründen als rechtmäßig, ohne dass durch den Austausch der Begründung der Verwaltungsakt in seinem Wesen geändert würde, dann ist der Verwaltungsakt iSv § 113 Abs 1 S 1 VwGO nicht rechtswidrig (BVerwG GewArch 2010, 302 = NVwZ-RR 2010, 636, für eine Ordnungsverfügung, die [unzutreffend] auf einen Verstoß gegen § 9 Abs 2 SpielV gestützt ist, aber auf § 9 Abs 1 S 1 SpielV gestützt werden kann).

Diese Grundsätze gelten bei **Ermessensverwaltungsakten** allerdings nur beschränkt. **25** Hier darf das Gericht von sich aus keine Änderungen in der Motivation der Auswahlentscheidung vornehmen, da es auf diese Weise in die Selbstständigkeit der Exekutive eingreifen würde. Wenn die Behörde aber von sich aus Änderungen vorträgt, muss das Gericht nur prüfen, ob dadurch die ursprüngliche Ermessensentscheidung ausgetauscht werden soll oder die Rechte des Betroffenen beeinträchtigt werden (Wolff/Decker/Wolff VwGO § 113 Rn 54). Zulässig ist das Nachschieben bei Ermessensentscheidungen, wenn die nachgeschobenen Erwägungen als Präzisierung des tragenden Gedankens der ursprünglichen Rechtfertigung zu verstehen sind (zu weiteren Einzelheiten siehe die Erläuterungen bei § 114 VwGO).

Dem entsprechend können nach ganz hM Gründe, auf die der Verwaltungsakt noch nicht **26** gestützt wurde nachgeschoben werden, wenn die nachgeschobenen Gründen schon zur Zeit des Erlasses des Verwaltungsakts vorgelegen haben, der Verwaltungsakt durch deren Berücksichtigung oder Änderung nicht in seinem Wesen oder Ausspruch geändert wird und dem Betroffenen die Rechtsverteidigung dadurch nicht unzumutbar erschwert wird (vgl BVerwG BayVBl 1982, 310; BVerwGE 38, 191, 195; BVerwGE 85, 163, 166; BVerwGE 105, 55, 59; Hufen, Verwaltungsprozessrecht, § 24 Rn 22).

Ein Verwaltungsakt wird **in seinem Wesen geändert**, wenn durch das Nachschieben von **26.1** Gründen der Sache nach ein neuer Verwaltungsakt gebildet wird, mag formal gesehen die Identität mit dem alten auch noch bestehen. MaW: solange nicht in die Identität des Verwaltungsakts, dh in seinen Regelungsausspruch eingegriffen wird, liegt keine Wesensänderung vor (BVerwG NVwZ 1993, 976, 977; Ehlers JA 2004, 176, 181: schlägt daher vor, insofern von Änderung der Identität des Verwaltungsaktes zu sprechen statt von Wesensänderung). Bleibt es somit beim Regelungsgehalt des Verwaltungsakts, ändert sich bei rechtlich gebundenen Verwaltungsakten durch das Nachschieben von Gründen prinzipiell nichts an der Identität des Verwaltungsakts. Es gilt dann der Grundsatz, **Reparatur vor Kassation** (vgl S/S/B/Gerhardt VwGO § 113 Rn 21). Eine Wesensänderung liegt zB dann vor, wenn der alte Verwaltungsakt in seinem Kern verändert wird, wie zB bei Veränderungen des Regelungsausspruchs des Verwaltungsakts (BVerwGE 64, 356, 358) oder bei der Auswechslung des dem Verwaltungsakt zugrunde liegenden Sachverhalts (siehe etwa BVerwGE 64, 356, 358); dagegen soll keine Wesensänderung vorliegen, wenn ein Straßenausbaubeitragsbescheid auf Erschließungsbeitragsrecht gestützt wird (BVerwG NVwZ 1991, 999).

Die Rechtsverteidigung des Betroffenen wird **unzumutbar erschwert**, wenn durch das Nach- **26.2** schieben von Gründen die wesentlichen Verfahrensrechte, wie vor allem das rechtliche Gehör oder der Grundsatz der Chancengleichheit, im Prozess verletzt werden würden (Überraschungsentscheidungen). Grundsätzlich dürfen nachgeschobene Gründe nur berücksichtigt werden, wenn hierdurch der Kläger nicht schlechter gestellt wird, als er gestanden hätte, wenn sie im Verwaltungsverfahren vorgebracht worden wären. Sind ihm im Verwaltungsverfahren besondere Mitwirkungsbefugnisse eingeräumt worden, die ihm im Verwaltungsprozess fehlen, wäre dies anzunehmen (Wolff/Decker/ Wolff VwGO § 113 Rn 62; siehe auch Schenke NVwZ 1988, 1, 6, der davon ausgeht, dass beim Nachschieben von Gründen immer die Rechtsverteidigung des Betroffenen erschwert wird).

VII. Spruchreife

27   Das Gericht darf eine Sachentscheidung grundsätzlich erst dann treffen, wenn die Sache **spruchreif** ist (BVerwG DVBl 1963, 263; BVerwGE 117, 200 = NVwZ 2003,1130; VGH München BayVBl 1990, 535). Das ergibt sich zwar nicht unmittelbar aus der VwGO, mittelbar aber aus § 113 Abs 2, Abs 3 VwGO, die Ausnahmen vom Erfordernis der Spruchreife enthalten (Wolff/Decker/Wolff VwGO § 113 Rn 23). Hieraus folgt zugleich – mit Blick auf § 86 Abs 1 S 1 VwGO iVm § 113 Abs 1 S 1 VwGO – die **Verpflichtung** der Verwaltungsgerichte **zur Spruchreifmachung** (BVerwG DVBl 2008, 1521 = NVwZ 2009, 254).

27.1   Zur verfahrensrechtlichen Komponente der Verpflichtung zur Spruchreifmachung und zu den Folgen eines Verstoßes hiergegen (Verfahrensfehler) s BVerwG DVBl 2008, 1521 = NVwZ 2009, 254.

28   Spruchreife liegt dann vor, wenn im Zeitpunkt der letzten mündlichen Verhandlung bzw bei deren Fehlen im Zeitpunkt der Entscheidung des Gerichts **ohne weitere Sachaufklärung** beurteilt werden kann, ob der Verwaltungsakt rechtswidrig ist und den Kläger in seinen Rechten verletzt, der Kläger mithin einen Anspruch auf Beseitigung des Verwaltungsakts hat (Kopp/Schenke VwGO § 113 Rn 21). Dabei ist – wie bereits ausgeführt – das Gericht nicht auf die Überprüfung der von der Behörde angeführten Befugnisnorm bzw gegebenen Begründung beschränkt, sondern kann – jedenfalls bei gebundenen Verwaltungsakten – auch eine andere Befugnisnorm heranziehen. Die gerichtliche Sachermittlungskompetenz ist aber dann enger, wenn der Behörde ein Ermessens- oder ein Beurteilungsspielraum eingeräumt ist. In diesem Fall kann das Gericht nur die von der Behörde getroffene Auswahlentscheidung aus den Gründen, die die Verwaltung herangezogen hat, kontrollieren und darf keine ergänzenden Ermessenserwägungen der Entscheidung beifügen. Hier kann das Gericht nur ermitteln, ob die von der Behörde herangezogenen Erwägungen ausreichen, um die Auswahlentscheidung zu tragen (vgl BVerwGE 68, 143, 145; BVerwGE 75, 26, 29).

29   Ist noch keine Spruchreife gegeben, muss das Gericht im Rahmen des Untersuchungsgrundsatzes (§ 86 VwGO) den tatsächlichen Streitstoff **weiter aufklären** und die Spruchreife herstellen. Lässt sich der Sachverhalt nicht weiter aufklären, ist über die Anwendung der Regeln über die materielle Beweislast (vgl etwa Wolff/Decker/Decker VwGO § 86 Rn 7) Spruchreife herbeizuführen.

VIII. Aufhebung, Teilaufhebung, Aufhebungsausschluss

1. Grundsatz

30   Soweit der Verwaltungsakt rechtswidrig und der Kläger dadurch in seinen Rechten verletzt ist, hebt das Gericht den Verwaltungsakt und den etwaigen Widerspruchsbescheid auf (§ 113 Abs 1 S 1 VwGO). Wie der Vergleich mit § 115 VwGO zeigt, stellt § 113 Abs 1 VwGO auf § 79 Abs 1 Nr 1 VwGO ab, wonach Gegenstand der so genannten Einheitsklage der Ausgangsbescheid in der Gestalt des Widerspruchsbescheides ist. Eine **isolierte Aufhebung** des Widerspruchsbescheides ohne gleichzeitige Aufhebung auch des Ausgangsbescheides ist damit in dieser Konstellation ausweislich des klaren Wortlauts der Norm nicht zulässig und rechtlich auch nicht möglich, denn nach hM erhält der Ausgangsbescheid bei Durchführung eines Widerspruchsverfahrens erst durch den Widerspruchsbescheid seine für das Klageverfahren letztlich maßgebliche materielle Gestalt. Das hat ua zur Folge, dass materielle Fehler der Widerspruchsbehörde von der Ausgangsbehörde zu vertreten sind (BVerwGE 78, 3, 5 f = NVwZ 1988, 51; VGH Mannheim NVwZ 1990, 1085).

Soweit der Kläger daher (auch) Fehler des Widerspruchsbescheides geltend macht und 31
dessen isolierte Aufhebung erreichen will, muss er gem § 115 VwGO iVm § 79 Abs 1 Nr 2
VwGO, § 79 Abs 2 VwGO auch insoweit Klage erheben.

2. Umfang der Aufhebung

Der Umfang des Aufhebungsausspruches des Gerichts ist in zweifacher Hinsicht be- 32
schränkt: zum einen durch den Klageantrag des Klägers (§ 88 VwGO) über den das Gericht
nicht hinausgehen darf. Zum anderen durch die Reichweite der Rechtswidrigkeit und die
dadurch bedingte Rechtsverletzung beim Kläger. Letzteres folgt aus der Formulierung
„soweit" in § 113 Abs 1 S 1 VwGO. Hierdurch wird klargestellt, dass der Verwaltungsakt
nur insofern aufgehoben werden kann, als er rechtswidrig ist. Eine darüber hinausgehende
Aufhebung ist folglich unzulässig (S/S/B/Gerhardt VwGO § 113 Rn 31). Eine **teilweise
Aufhebung** kommt jedoch nur in Betracht, wenn der angefochtene Verwaltungsakt teilbar
ist (siehe aber auch § 113 Abs 2 VwGO). Davon ist auszugehen, wenn die rechtlich unbedenklichen Teile nicht in einem untrennbaren inneren Zusammenhang mit dem rechtswidrigen Teil stehen (BVerwGE 105, 354, 358). Der rechtswidrige Teil des Verwaltungsakts muss
mithin in der Weise selbständig abtrennbar sein, dass der Verwaltungsakt im Übrigen ohne
Änderung seines Inhalts sinnvoller und rechtmäßiger Weise bestehen bleiben kann (BVerwG
Buchholz 310 § 113 VwGO Nr 137; BVerwG Buchholz 435.12 § 45 SGB X Nr 13;
BVerwG BeckRS 2006, 24176). Eine danach gebotene teilweise Aufhebung eines Verwaltungsakts kommt auch im Falle einer Verletzung des Verhältnismäßigkeitsgrundsatzes oder
bei Verwaltungsakten, die auf einer Ermessensentscheidung beruhen, in Betracht (BVerwG
BeckRS 2006, 24176).

> Hieraus ergeben sich folgende Konsequenzen: **32.1**
> – ist ein Verwaltungsakt unteilbar, kann der Kläger nur die Gesamtaufhebung des Verwaltungsakts
>   verlangen;
> – ist ein Verwaltungsakt teilbar, kann der Kläger nur Aufhebung des ihn belastenden Teils ver-
>   langen.
>
> Dem hat der Kläger bei der Antragstellung Rechnung zu tragen. Tut er dies nicht, riskiert er eine **32.2**
> Gesamtabweisung (im ersten Fall) bzw eine Teilabweisung (im zweiten Fall; vgl S/S/B/Gerhardt
> VwGO § 113 Rn 31).

3. Modifikationen des Aufhebungsanspruchs durch das materielle Recht

Ist der angefochtene Verwaltungsakt rechtswidrig und verletzt er den Kläger in seinen 33
Rechten kann das Gericht gleichwohl an der Aufhebung des Verwaltungsakts gehindert sein,
wenn sich im materiellen Recht insoweit eine Sonderregelung findet. Als Beispiel sei etwa
§ 75 Abs 1a S 2 VwVfG genannt, wonach erhebliche Mängel bei der Abwägung im
Planfeststellungsbeschluss nur dann zu dessen Aufhebung führen, wenn sie nicht durch Planergänzung oder durch ein ergänzendes Verfahren behoben werden können. Eine ähnliche
Regelung findet sich auch in § 18e Abs 6 S 2 AEG (siehe auch § 17e Abs 6 S 2 FStrG,
§ 14e Abs 6 S 2 BWaStrG, § 2d Abs 4 S 2 MagnetschwebebahnPlG, § 43e Abs 4 S 2
EnWG).

4. Teilaufhebung

Die Frage der Teilbarkeit von Verwaltungsakten hat mehrere Aspekte: eine persönliche, 34
eine inhaltliche (= sachlich-gegenständlich) und eine zeitliche Komponente.

Das Urteil ergeht zwischen den Beteiligten des Rechtsstreits in Bezug auf deren Ver- 35
waltungsrechtsverhältnis, womit die Aufhebung nur dieses Rechtsverhältnis betrifft (**persönliche Komponente**). Sind mehrere an einem Rechtsverhältnis beteiligt, wie zB bei
einem Planfeststellungsbeschluss, klagt aber nur einer oder klagen nur einzelne Betroffene
hiergegen, wirkt die Aufhebungsentscheidung des Gerichts auch nur diesen gegenüber (vgl
§ 121 VwGO). Dass damit eine unvollständige und unter Umständen nicht mehr vollziehbare Regelung entsteht, ist, worauf Gerhardt (S/S/B/Gerhardt VwGO § 113 Rn 31) zu-

treffend hinweist, ein außerhalb des Prozessrechts liegender Umstand, den das Gericht nicht berücksichtigen muss.

36   In **sachlich-gegenständlicher Hinsicht** kann ein angefochtener Verwaltungsakt teilweise aufgehoben werden, wenn die rechtlich unbedenklichen Teile nicht in einem untrennbaren Zusammenhang mit dem rechtswidrigen Teil stehen (BVerwGE 105, 354, 358). Der rechtswidrigen Teil des Verwaltungsakts muss in der Weise selbstständig abtrennbar sein, dass der Verwaltungsakt im Übrigen ohne Änderung seines Inhalts sinnvoller – und rechtmäßiger Weise bestehen bleiben kann (BVerwG Buchholz 310 § 113 VwGO Nr 137; BVerwG Buchholz 435.12 § 45 SGB X Nr 13; BVerwG v 30.5.2006 – 6 B 28/06 BeckRS 2006, 24176). Ob diese Voraussetzungen gegeben sind, hängt auch von der Auslegung des jeweiligen Verwaltungsakts ab und ist eine Frage des konkreten Einzelfalles (BVerwG BeckRS 2005, 26958).

36.1   Im Grundsatz dürfte von einer Teilbarkeit bei gebundenen Verwaltungsakten regelmäßig auszugehen sein. Bei Vorliegen der unter Rn 36 beschriebenen Voraussetzungen kann eine Teilaufhebung aber auch dann in Betracht kommen, wenn der angefochtene Verwaltungsakt auf einer Ermessensentscheidung beruht (vgl BVerwG v 2.5.2005 – 6 B 6.05 BeckRS 2005, 26958; OVG Lüneburg DVBl 2009, 531; BayVGH v 13.2.2009 – 10 ZB 08.3232). Ferner kommt die teilweise Aufhebung eines Verwaltungsakts im Falle einer Verletzung des Verhältnismäßigkeitsgebots in Betracht (BVerwG v 30.5.2006 – 6 B 28/06; BayVGH v 13.2.2009 – 10 ZB 08.3232).

37   Die Aufhebung wirkt grundsätzlich auf den Zeitpunkt zurück, ab dem der Verwaltungsakt rechtswidrig ist (zeitliche Komponente). Das ist in der Regel der Zeitpunkt seines Erlasses (so genannte ex tunc Wirkung, BVerwG NVwZ 1983, 608). Dies gilt unabhängig davon, ob die Klage aufschiebende Wirkung hatte oder nicht. Ist die Rechtswidrigkeit erst später eingetreten, zB weil zwischenzeitlich eine Rechtsnorm in Kraft getreten ist, die den Verwaltungsakt rechtswidrig macht, so tritt die Wirkung des Urteils erst ab diesem Zeitpunkt ein.

5. Aufhebungsausschluss

38   Im Bereich des besonderen Verwaltungsrechts finden sich zahlreiche Vorschriften, die für den Fall der nicht fristgerechten Erhebung von Einwendungen gegen ein Vorhaben eine so genannte **materielle Präklusion** des Einwendungsführers vorsehen. Beispielhaft seien hier § 10 Abs 3 S 5 BImSchG oder § 73 Abs 4 S 3 VwVfG genannt (siehe im Bereich des Prozessrechts auch § 47 Abs 2a VwGO). Die Frage, ob das Versäumen einer solchen Einwendungsfrist und die hierdurch bedingte materielle Präklusion eine solche der Zulässigkeit (bei der Klagebefugnis, § 42 Abs 2 VwGO) oder eine solche der Begründetheit ist, ist umstritten (für Zulässigkeit im Rahmen des BImSchG-Verfahrens die wohl herrschende Literatur: vgl Feldhaus BImSchG § 10 Anm. 15; Jarass BImSchG § 10 Rn 81; für Begründetheit die wohl herrschende Rspr: vgl BVerwG NJW 1984, 1250; VGH Mannheim DVBl 1977, 345). Wird insoweit der herrschenden Rechtsprechung gefolgt, so scheitert ein etwaiger Aufhebungsanspruch des Klägers in der Begründetheitsprüfung an der fehlenden Rechtsverletzung infolge der materiellen Präklusion seiner Einwendungen.

39   Ähnlich stellt sich die Problematik dar, soweit die klägerischen Rechte verwirkt oder dem Einwand des Rechtsmissbrauches ausgesetzt sind.

40   Ferner ist in der Rechtsprechung des BVerwG geklärt, dass bei objektiver Rechtswidrigkeit eines belastenden Verwaltungsakts, die beim Kläger zu einer Verletzung „in seinen Rechten" führt, weshalb dieser die Aufhebung dieses Verwaltungsakts verlangen kann, es denkbar ist, dass eine nachfolgende Rechtsänderung, die einen solchen Verwaltungsakt nunmehr zulässt, nicht nur dem objektiven Recht („für die Zukunft") einen anderen Inhalt gibt, sondern darüber hinaus auch die mit der vorangegangenen Rechtslage zusammenhängenden Aufhebungsansprüche beseitigt. Hat eine Rechtsänderung diesen Willen (und begegnet das unter den gegebenen Umständen keinen aus übergeordneten Recht, vor allem aus Verfassungsrecht, herleitbaren Bedenken), dann reagiert darauf das Prozessrecht mit dem – an das Fehlen eines Aufhebungsanspruchs anknüpfenden – Befehl der Klageabweisung (BVerwG Buchholz 310 § 113 VwGO Nr 218; BVerwG BeckRS 2005, 26958).

40.1   Zu § 46 VwVfG siehe bei der Rechtsverletzung – Rn 16 f.

IX. Entscheidung

Das Urteil im Anfechtungsprozess ist **Gestaltungsurteil**. Die Aufhebung durch das **41** Gericht beseitigt unmittelbar die Wirksamkeit des Verwaltungsakts und des ggf auf diesen bezogenen Widerspruchsbescheids (§ 113 Abs 1 S 1 VwGO); die Behörde muss also nicht zur Aufhebung des Verwaltungsakts verurteilt werden.

Ist die Anfechtungsklage unzulässig oder unbegründet, so weist das Gericht die Klage ab. **42** Erwächst diese Entscheidung in Rechtskraft, wird der angefochtene Verwaltungsakt unanfechtbar.

Streitig ist, ob im Rahmen einer Anfechtungsklage nach § 113 Abs 1 S 1 VwGO auch nichtige **42.1** Verwaltungsakte, die gem § 43 Abs 3 VwVfG unwirksam sind, aufgehoben werden können. Dies dürfte zu bejahen sein, da der Unterschied zwischen einem nichtigen und einem (nur) rechtswidrigen Verwaltungsakt nur ein gradueller ist und die Aufhebung des nichtigen Verwaltungsakts zumindest klarstellende Wirkung besitzt (S/S/B/Gerhardt VwGO § 113 Rn 23; Kuhla/Hüttenbrink/Hüttenbrink Rn 149 mwN).

B. Folgenbeseitigung (§ 113 Abs 1 S 2, S 3 VwGO)

I. Einführung

Soweit der angefochtene Verwaltungsakt bereits vollzogen ist und seine Folgen noch **43** rückgängig gemacht werden können (sonst allenfalls Fortsetzungsfeststellungsklage nach § 113 Abs 1 S 4 VwGO; vgl hierzu Rn 78 ff), kann das Gericht auch die Beseitigung der durch den Vollzug des rechtswidrigen Verwaltungsakts eingetretenen Folgen anordnen (§ 113 Abs 1 S 2 VwGO). Dieser Folgenbeseitigungsanspruch kann zusammen mit der Anfechtung des belastenden Verwaltungsakts – auch noch im Berufungs- oder Revisionsverfahren (BVerwG NVwZ 2003, 1385 mwN; BVerwG v 2.10.2008 – 2 B 12/08) – geltend gemacht werden und zwar prinzipiell auch im Zusammenhang mit einen Fortsetzungsfeststellungsantrag (BVerwGE 54, 314, 316) oder einer Verpflichtungsklage (vgl OVG Magdeburg v 29.7.2009 – 4 L 172/06 BeckRS 2009, 37925). § 113 Abs 1 S 2 VwGO eröffnet damit die Möglichkeit von Folgeentscheidungen für den Fall, dass das Gericht den angefochtenen Verwaltungsakt gem § 113 Abs 1 S 1 VwGO aufhebt. Der Gesetzgeber der VwGO wollte es mit dieser Regelung den durch einen fehlerhaften und anfechtbaren Verwaltungsakt Betroffenen ersparen, eine neue Klage auf Folgenbeseitigung durch eine an ihn zu bewirkende Leistung erheben zu müssen, nachdem der angefochtene Verwaltungsakt vom Verwaltungsgericht – möglicherweise nach einem mehrjährigen Verfahren – als rechtswidrig aufgehoben worden ist (Beckmann DVBl 1994, 1342, 1343). Die Regelung gestattet dem Kläger also, schon vor Rechtskraft der Aufhebungsentscheidung einen entsprechenden Antrag zu stellen, impliziert aber, dass die entsprechende Rechtskraft eintreten würde und will dem Kläger nur das Abwarten des Eintretens der (formellen) Rechtskraft ersparen (vgl Hößlein VerwArch 2008, 127, 133). Der sog **Folgenbeseitigungsausspruch** kann somit als gesonderter Antrag mit dem Aufhebungsantrag in einer Klage verbunden werden (stRspr; zB BVerwG Buchholz 232 § 87 BBG Nr 65). Damit eröffnet § 113 Abs 1 S 2 VwGO aus prozessökonomischen Gründen die Möglichkeit, ohne vorherige Durchführung eines Verwaltungsverfahrens, einen Anspruch auf Beseitigung der durch den Vollzug eines rechtswidrigen Verwaltungsakts entstandenen Folgen schon im Anfechtungsprozess zusammen mit der Anfechtungsklage gegen den in Frage stehenden Verwaltungsakt geltend machen zu können, obwohl der Anspruch auf Folgenbeseitigung materiellrechtlich erst dann entstehen kann, wenn die Entscheidung über die Aufhebung des fehlerhaften Verwaltungsakts rechtskräftig geworden ist (vgl auch amtliche Begründung, BT-Drs 3/55, 43). Es handelt sich hierbei um einen bundesrechtlich geregelten Fall der Stufenklage (vgl OVG MV NordÖR 2010, 88; s auch unter Rn 64).

Durch die Formulierung „kann" in S 2 wird dem Gericht kein Ermessen eingeräumt, **44** sondern die Befugnis eröffnet (im Sinne eines „dürfen") über einen Antrag auf Folgenbeseitigung unmittelbar im Anfechtungsprozess mitzuentscheiden; das Urteil ist dabei insoweit Leistungsurteil.

45   Es entspricht allgemeiner Meinung, dass § 113 Abs 1 S 2 VwGO keinen Folgenbeseitigungsanspruch enthält, sondern einen solchen (materiellen) Anspruch voraussetzt; die Norm
regelt mithin nur die prozessuale Geltendmachung eines Folgenbeseitigungsanspruches
(BVerwG BayVBl 1993, 442 mwN).

II. Die prozessualen Voraussetzungen des § 113 Abs 1 S 2 VwGO

46   Die Verbindung des Folgenbeseitigungsantrages mit dem Aufhebungsantrag ist nur unter
folgenden **Voraussetzungen** zulässig:
- der (angefochtene) Verwaltungsakt muss bereits **vollzogen** sein; das ist der Fall, wenn
  rechtlich bereits ein Zustand geschaffen worden ist, der für den Kläger mit einem zu
  beseitigenden unmittelbaren Nachteil verknüpft ist. Dabei spielt es keine Rolle, ob der
  Verwaltungsakt zwangsweise durchgesetzt wurde oder ob ihm der Betroffene freiwillig
  nachgekommen ist, weil sonst derjenige, der einer hoheitlichen Anordnung freiwillig
  nachkommt, schlechter stünde, als derjenige, der dazu gezwungen werden muss (BVerwG
  Buchholz 232 § 87 BBG Nr 65).
- **Antrag**; die Verbindung der gerichtlichen Geltendmachung des Folgenbeseitigungsanspruchs mit dem Anfechtungsbegehren setzt einen entsprechenden Antrag des Klägers
  voraus. Der Antrag kann auch noch im Revisionsverfahren gestellt werden; § 142 VwGO
  steht dem nicht entgegen (BVerwGE 22, 314, 315; BVerwGE 108, 364 = NVwZ 2000,
  77). Der Antrag ist immer gegen den Beklagten im Anfechtungsstreit zu richten (vgl
  Beckmann DVBl 1994, 1342).
- **Spruchreife** des Beseitigungsbegehrens (§ 113 Abs 1 S 3 Hs 2 VwGO); wie bereits ausgeführt, lässt § 113 Abs 1 S 2 VwGO die Verbindung des Folgenbeseitigungsbegehrens mit
  dem Anfechtungsbegehren aus prozessökonomischen Gründen zu. Um aber die Erledigung
  des Anfechtungsrechtsstreits infolge fehlender Entscheidungsreife des Folgenbeseitigungsantrages nicht zu verzögern, verlangt § 113 Abs 1 S 3 Hs 2 VwGO für die Verbindung die
  Spruchreife des Beseitigungsbegehrens. Spruchreife des Folgenbeseitigungsantrages ist gegeben, wenn im Zeitpunkt der Entscheidung über die Aufhebung des angefochtenen Verwaltungsakts keine weitere Sachverhaltsaufklärung erforderlich ist und die Entscheidung
  über das „Ob" und „Wie" der Rückgängigmachung nicht von einer Ermessensentscheidung
  der Verwaltung abhängt (Wolff/Decker/Wolff VwGO § 113 Rn 64). Eine Verpflichtung
  des Gerichts, die Spruchreife insoweit herzustellen, besteht aber wohl nicht (aA S/S/B/
  Gerhardt VwGO § 113 Rn 60). Fehlt es an der Spruchreife ist die Verbindung des Folgenbeseitigungsbegehrens mit dem Anfechtungsbegehren unzulässig. Das Gericht kann dann
  den Folgenbeseitigungsantrag abtrennen und in einem eigenen Verfahren verhandeln.

III. Materiell – rechtliche Voraussetzung des Folgenbeseitigungsantrages

47   Der Folgenbeseitigungsantrag ist auf die Durchsetzung eines entsprechenden Folgenbeseitigungsanspruches gerichtet. Dieser zielt auf die Beseitigung der unmittelbaren rechtswidrigen
Folgen öffentlich-rechtlichen Handelns ab und damit auf die Wiederherstellung jenes rechtmäßigen Zustandes, der unverändert bestünde, wenn es zu dem rechtswidrigen Eingriff nicht
gekommen wäre (BVerwGE 69, 366; BVerwG, Buchholz 310 § 113 VwGO Nr 160; BVerw-
GE 80, 178, 179; BVerwG, Buchholz 11 Art 14 GG Nr 280 S 66; s auch Scholz, VerwArch 79
(1988), 1, 23 f.). Der Folgenbeseitigungsanspruch erfasst aber nicht alle rechtswidrigen Folgen,
die durch ein Tun oder Unterlassen der Exekutive eingetreten sind, insbes nicht diejenigen
rechtswidrigen Folgen einer Amtshandlung, die erst dadurch eintreten, dass sich der Betroffene
zu einer bestimmten Maßnahme entschließt (BVerwG Buchholz 310 § 113 Abs 1 VwGO
Nr 27). Soweit es um die Beseitigung der Folgen des Vollzugs eines rechtswidrigen Verwaltungsaktes geht, wird auch vom **Vollzugsfolgenbeseitigungsanspruch** gesprochen.

47.1   Nach wie vor umstritten ist die Rechtsgrundlage des Folgenbeseitigungsanspruches. Teilweise
wird er auf das Rechtsstaatsprinzip, teilweise auf die Grundrechte oder auf § 12 BGB, § 862 BGB,
§ 1004 BGB, die analog anzuwenden seien, gestützt. Das BVerwG (BVerwGE 94, 100 = NVwZ
1994, 275) neigt dagegen der Auffassung zu, dass es sich beim Folgenbeseitigungsanspruch um einen
zunehmend durch Richterrecht geprägten Anspruch handele, nachdem Bundes- und Landesgesetzgeber ihre Regelungskompetenz nicht wahrgenommen hätten. Es unterliege keinen ernsthaften

Zweifeln, dass Grundsätze des materiellen Rechtsstaates, zu denen auch die Grundrechte gehörten, bei rechtswidrigen Handeln eine Sanktion verlangten, die sich nicht in der Zahlung einer Entschädigung erschöpfen könne (BVerwGE 94, 100 = NVwZ 1994, 275; siehe auch zur Entwicklung des Folgenbeseitigungsanspruch sehr instruktiv BVerwGE 69, 366).

Ungeachtet der Streitigkeiten über die dogmatische Verankerung des Folgenbeseitigungs-   **48** anspruchs, besteht aber jedenfalls hinsichtlich seiner **Voraussetzungen Einigkeit**. Danach setzt ein Folgenbeseitigungsanspruch einen hoheitlichen Eingriff voraus, der ein subjektives Recht des Betroffenen verletzt. Für den Betroffenen muss dadurch ein rechtswidriger Zustand entstanden sein, der andauert (BVerwGE 69, 366, 370; BVerwG Buchholz 406.16 Eigentumsschutz Nr 40 = NJW 1985, 1481; BVerwG BayVBl 1987, 817; BVerwGE 82, 24, 25; BVerwGE 82, 76, 95). Des Weiteren muss – siehe insoweit ausdrücklich § 113 Abs 1 S 3 Hs 1 VwGO – die Behörde zur Folgenbeseitigung in der Lage sein. Davon ist zB auszugehen, wenn die Erfüllung des Folgenbeseitigungsanspruchs für die Behörde tatsächlich und rechtlich möglich sowie zumutbar ist (BVerwGE 82, 76, 95). Rechtlich unmöglich ist die Wiederherstellung etwa dann, wenn der verpflichtete Rechtsträger nicht mehr die Rechtsmacht besitzt, den ursprünglichen Zustand wieder herzustellen. Das ist u. a. dann der Fall, wenn der erstrebte Zustand nach der dann geltenden Rechtsordnung unzulässig ist. Unzumutbar ist eine Wiederherstellung des ursprünglichen rechtmäßigen Zustands etwa dann, wenn damit ein unverhältnismäßig hoher Aufwand verbunden ist, der zu dem erreichbaren Erfolg bei allem Respekt für das Verlangen nach rechtmäßigen Zuständen in keinem vernünftigen Verhältnis mehr steht (BVerwGE 94, 100 = NVwZ 1994, 275).

Auf ein **Verschulden** der Behörde kommt es dagegen **nicht an** (BVerwGE 82, 76;   **49** BayVBl 1987, 541), allerdings ist ein etwaiges Mitverschulden des Betroffenen über § 254 BGB zu berücksichtigen. Letztlich darf der Anspruch nicht verjährt sein (3-Jahresfrist analog § 195 BGB iVm § 199 Abs 1 BGB; die absolute Verjährungsfrist beträgt analog § 199 Abs 4 BGB zehn Jahre). Im Einzelfall kann der Folgenbeseitigungsanspruch auch wegen unzulässiger Rechtsausübung ausgeschlossen seien (angedeutet bei BVerwG Buchholz 232 § 87 BBG Nr 65). Das setzt voraus, dass die Legalisierung des als rechtswidrig erkannten und andauernden Zustandes zeitlich unmittelbar bevorsteht (BVerwGE 94, 100 = NVwZ 1994, 275).

IV. Rechtsfolge des Folgenbeseitigungsanspruches

Der Anspruch auf Folgenbeseitigung folgt als Sanktionsrecht dem jeweiligen Sachrecht.   **50** Der Folgenbeseitigungsanspruch verpflichtet zur Beseitigung der durch den rechtswidrigen Eingriff entstandenen Folgen grundsätzlich in der Weise, dass der **ursprüngliche** rechtmäßige **Zustand** hergestellt und gerade dadurch die Fortdauer des rechtswidrigen Zustandes beendet wird (vgl BVerwGE 80, 178, 179 = NJW 1989, 118; BVerwGE 82, 76, 95 = NJW 1989, 2272). Als Ziel des Anspruchs gilt zwar die Wiederherstellung rechtmäßiger Zustände, gleichwohl ist sein Inhalt darauf begrenzt, den Eingriff in die subjektive Rechtsstellung zu beseitigen. Die Pflicht zur Beseitigung wird durch Art und Umfang der Beeinträchtigung begrenzt. Beim Folgenbeseitigungsanspruch geht es mithin um die Ausräumung der unmittelbaren Beschwer, die dadurch entstanden ist, dass ein Verwaltungsakt bereits vollzogen wurde, der nachträglich als fehlerhaft durch Urteil aufgehoben wird (BVerwG Buchholz 232 § 87 BBG Nr 65). Folglich kann der Folgenbeseitigungsanspruch mangels gesetzlicher Vorschriften nicht zu einem darüber hinaus gehenden Erfolg führen, insbes nicht zu einem Ausgleich für Schäden, die durch unrichtiges Verwaltungshandeln verursacht worden sind (BVerwG Buchholz 237.5 § 92 Nr 5; BayVBl 1987, 541).

C. Abänderung eines angefochtenen Geldverwaltungsaktes (§ 113 Abs 2 VwGO)

I. Abänderungsbefugnis (§ 113 Abs 2 S 1 VwGO)

1. Einführung

Begehrt ein Kläger die Änderung eines angefochtenen Verwaltungsakts, der einen Geld-   **51** betrag festsetzt, so gibt § 113 Abs 2 S 1 VwGO dem Gericht die Befugnis, den Betrag in anderer Höhe festzusetzen. Die Regelung soll eine **Ausnahme** vom Grundsatz der nur kassatorischen Anfechtungsentscheidung enthalten. Das erscheint jedoch zweifelhaft, denn in der Sache besteht kein Unterschied zur Teilaufhebung über § 113 Abs 1 S 1 VwGO. Ob nun – über § 113 Abs 1 S 1 VwGO – ein Geldleistungsbescheid teilweise aufgehoben wird (zB soweit mehr als 1000 EUR vom Kläger gefordert werden) oder ob das Gericht den maßgeblichen Betrag auf 1000 EUR festsetzt (§ 113 Abs 2 S 1 VwGO) ist allenfalls kosmetischer Natur. In beiden Fällen ist aber klar, dass vom Kläger nicht mehr als 1000 EUR verlangt werden können (so zutreffend Eyermann/Schmidt VwGO § 113 Rn 10).

52   § 113 Abs 2 S 1 VwGO soll auf die Verpflichtungsklage analog anwendbar sein (BVerwGE 55, 170, 172 noch zur alten Fassung des § 113 Abs 2 VwGO). Aus den vorgenannten Gründen besteht jedoch keine für eine Analogie erforderliche Regelungslücke.

2. Voraussetzungen

53   § 113 Abs 2 S 1 VwGO setzt zunächst das Vorliegen eines Verwaltungsakts, der einen Geldbetrag festsetzt oder eine darauf bezogene Feststellung trifft, voraus. Gegenstand kann also nur ein **Geldleistungsverwaltungsakt** im weitesten Sinne sein. In Betracht kommen hier im wesentlichen Gebührenbescheide, Ordnungsgeldbescheide, Beitragsbescheide und Festsetzungsbescheide über Kosten einer Ersatzvornahme oder sonstige öffentlich-rechtliche Abgaben.

54   Ferner darf der Behörde bezüglich der zu treffenden Festsetzung kein Ermessens- oder Beurteilungsspielraum eröffnet sein, denn § 113 Abs 2 VwGO gestattet den Gerichten nicht, ihr Ermessen an die Stelle des behördlichen Ermessens zu setzen (OVG Münster DVBl 1985, 1020, 1021).

II. Teilrückverweisung (§ 113 Abs 2 S 2, S 3 VwGO)

55   Abweichend von § 113 Abs 2 S 1 VwGO kann das Gericht unter den in § 113 Abs 2 S 2 VwGO genannten Voraussetzungen von der eigenen Ermittlung des der Höhe nach richtigen Betrags absehen und sich darauf beschränken, die für die Ermittlung maßgeblichen rechtlichen und tatsächlichen Verhältnisse so genau anzugeben, dass die Behörde den Betrag auf Grund der Entscheidung errechnen kann. Der Zweck der Regelung liegt zum einen darin, dass sie die Gerichte von umfangreichen Berechnungen, die die Behörden mit den ihnen zur Verfügung stehenden technischen Hilfsmitteln in der Regel schneller und reibungsloser bewältigen können, entlasten soll (vgl Begründung des Gesetzentwurfes BT-Drs 11/7030, 29). Zum anderen darin, den Streit der Beteiligten über die Berücksichtigung oder Nichtberücksichtigung bestimmter für die Errechnung der zutreffenden Höhe der in Rede stehenden Geldleistungspflicht maßgeblicher tatsächlicher oder rechtlicher Umstände möglichst abschließend zu klären, so dass der Behörde nur noch die Aufgabe verbleibt, in einem bloßen Rechenvorgang die gerichtlichen Vorgaben umzusetzen (BVerwG DVBl 2010, 1171).

56   Wie schon im Wortlaut des Satzes 2 zum Ausdruck kommt, liegt der Unterschied zur Regelung des § 113 Abs 2 S 1 VwGO allein darin, dass das Gericht den Vorgang der **Neuberechnung** der Behörde **überlassen** darf (vgl BVerwGE 87, 288; S/S/B/Gerhardt VwGO § 113 Rn 40 f.; Eyermann/Schmidt VwGO § 113 Rn 12). Die Einflussgrößen für die Berechnung muss das Gericht der Behörde hingegen in rechtlicher und tatsächlicher Hinsicht klar vorgeben und die dafür notwendigen tatsächlichen Ermittlungen selbst durchführen; für den Sachbearbeiter bei der Behörde dürfen also in keinem Punkt Zweifel verbleiben, welche Daten er in den Rechenvorgang einzubeziehen hat (diesbezügliche Mängel können mit Rechtsmitteln angegriffen werden, vgl VGH Kassel DVBl 2008, 1463). Insoweit unterliegt die grundsätzliche gerichtliche Verpflichtung, die Sache spruchreif zu machen, keinen Einschränkungen (BVerwG NVwZ 2005, 826; BVerwG DVBl 2010, 1171). Das Verwaltungsgericht hat daher zunächst den inmitten stehenden Verwaltungsakt im angegriffenen Umfang unter allen rechtlichen und tatsächlichen Aspekten zu prüfen und das Ergebnis seiner Entscheidung zugrunde zu legen. Aufgrund seiner Verpflichtung, die Sache spruchreif zu machen, muss es selbst – ggf mit Hilfestellung der beklagten Behörde – ermitteln, ob und wenn ja in welcher Höhe der angefochtene Geldleistungsverwaltungsakt aufrecht erhalten

bleiben kann (stRspr, s etwa BVerwGE 117, 200, 206; BVerwGE 134, 139, 145). Das Gericht muss daher zunächst versuchen, den richtigen Betrag selbst zu errechnen. Von der Befugnis des § 113 Abs 2 S 2 VwGO darf erst dann Gebrauch gemacht werden, wenn die Ermittlung des festzusetzenden oder festzustellenden Betrages einen nicht unerheblichen Aufwand erfordert. Folglich darf das Gericht die Errechnung des zutreffenden Betrages nur dann der Behörde überlassen, wenn die eigene Ermittlung auf ernsthafte Schwierigkeiten stößt und, wie der angesichts der Nähe von Betragsermittlung (Abs 2) und Sachaufklärung (Abs 3) gebotene Blick auf § 113 Abs 3 VwGO ergibt, eine solche „Zurückverweisung" der Sache an die Behörde unter Berücksichtigung der Belange der Beteiligten – namentlich deren Interesse an einer abschließenden gerichtlichen Entscheidung – diesen zumutbar ist (grundlegend BVerwG DVBl 2010, 1171; s auch OVG Bautzen BeckRS 2009, 35905). Das Gericht kann mithin lediglich eine rechtlich und tatsächlich gerichtlicherseits voll determinierte Neuberechnung der Behörde überlassen.

Die Voraussetzungen des § 113 Abs 2 S 2 sind zB bei Erschließungsbeiträgen regelmäßig nicht **56.1** erfüllt, weil sich in diesem Rechtsgebiet die richtige Höhe des Beitrags durchweg ohne weiteres aus dem Zahlenwerk in den dem Gericht vorliegenden Akten errechnen lässt oder vom Gericht unter Inanspruchnahme der Gemeinde ermittelt werden kann (BVerwGE 87, 288 = NVwZ 1992, 492). Für Straßenausbaubeiträge gilt im Grundsatz nichts anderes (BVerwG Buchholz 310 § 113 Abs 1 VwGO Nr 110 S 26; BVerwG DVBl 2010, 1171).

Bestimmt ein Gericht in Anwendung des § 113 Abs 2 S 2 die Änderung eines Geld- **56a** leistungsverwaltungsaktes durch Angabe der zu Unrecht berücksichtigten oder nicht berücksichtigten tatsächlichen oder rechtlichen Verhältnisse, so erwachsen die in den Entscheidungsgründen enthaltenen Vorgaben („Determinanten") für die Neuberechnung des Geldbetrages, soweit sie nicht mit Rechtsmitteln angegriffen werden, in Rechtskraft. Insofern gilt für die gerichtlichen Vorgaben in einem Bestimmungsurteil gemäß § 113 Abs 2 S 2 VwGO dasselbe wie bei einem Bescheidungsurteil gem § 113 Abs 5 S 2 VwGO (BVerwG DVBl 2010, 1171). Auch dort nehmen die tragenden Erwägungen der Entscheidungsgründe an der Rechtskraft teil (BVerwG Buchholz 310 § 121 VwGO Nr. 70 S 7 sowie Rn 77.4).

Umstritten war bisher, wie in den Fällen des § 113 Abs 2 S 2 VwGO zu **tenorieren** ist. Durch **56a.1** das Urteil vom 3.6.2010 (DVBl 2010, 1171) hat das **BVerwG** diesen Streit nunmehr im Sinne der (auch) an dieser Stelle (bisherige Rn. 56.2; ebenso bereits S/S/B/Gerhardt VwGO § 113 Rn 40, 42; Sodan/Ziekow/Wolff VwGO § 113 Rn 348 ff; Eyermann/Schmidt VwGO § 113 Rn 14; aA noch Kopp/Schenke VwGO § 113 Rn 158; Redeker DVBl 1991, 972, 974) vertretenen Auffassung **entschieden**. Will das Gericht bei einer Anfechtungsklage gegen einen Geldleistungsverwaltungsakt von der Befugnis gemäß § 113 Abs 2 S 2 VwGO Gebrauch machen, den Hauptanspruch des Tenors sachgerechter Weise wie folgt zu formulieren: „Der Bescheid des (…) vom (…) und der Widerspruchsbescheid des (…) vom (…) werden dahin geändert, dass der Betrag (… €) durch einen vom Beklagten nach Maßgabe der Entscheidungsgründe neu zu berechnenden Betrag ersetzt wird". War die Klage auf vollständige Aufhebung des angefochtenen Bescheids gerichtet oder folgt das Gericht den Einwänden des Klägers nicht in vollem Umfang, ist ergänzend zu tenorieren: „Im Übrigen wird die Klage abgewiesen". Eine solche Tenorierung, die das teilweise Unterliegen des Klägers und damit auch die für die Befugnis zur Einlegung von Rechtsmitteln grundsätzlich erforderliche Beschwer des Klägers im Entscheidungstenor eindeutig zum Ausdruck bringt, ist nach Ansicht des BVerwG, schon wegen des Gebots der Rechtsmittelklarheit geboten.

Gem § 113 Abs 2 S 3 VwGO teilt die Behörde den Beteiligten das Ergebnis der Neube- **57** rechnung unverzüglich (iSv § 121 BGB) formlos mit. Nach Rechtskraft der gerichtlichen Entscheidung ist der Verwaltungsakt mit dem geänderten Inhalt neu bekannt zu geben. Hiergegen sind wieder die üblichen Rechtsmittel möglich.

D. Zurückverweisung ohne Sachentscheidung (§ 113 Abs 3 VwGO)

I. Einführung

Hält das Gericht eine weitere Sachaufklärung für erforderlich, kann es gem § 113 Abs 3 **58** VwGO, ohne in der Sache selbst zu entscheiden, den Verwaltungsakt und den Widerspruchsbescheid aufheben, soweit nach Art oder Umfang die noch erforderlichen Ermittlungen erheblich sind und die Aufhebung auch unter Berücksichtigung der Belange der Beteiligten sachdienlich ist (BVerwG, BeckRS 2005, 26958). § 113 Abs 3 VwGO enthält damit eine **begrenzte Ausnahme** von der Verpflichtung des Gerichts, die Sache **spruchreif** zu machen (Eyermann/Schmidt VwGO § 113 Rn 21). Dabei ist § 113 Abs 3 VwGO auf die Situation zugeschnitten, dass der Verwaltungsakt auf der Grundlage, auf der er erlassen wurde, aus der Sicht des Gerichts nicht rechtmäßig ist; er könnte aber aus anderen Gründen und anderen Rechtsvorschriften, ohne dass dadurch der Verwaltungsakt in seinem Wesen verändert würde, rechtmäßig sein. Das Verwaltungsgericht hebt daher den Verwaltungsakt auf und weist die Sache zur weiteren Sachaufklärung an die Behörde zurück. Auf diese Weise kann die Behörde einen neuen Verwaltungsakt erlassen, ohne über § 121 VwGO an das Urteil gebunden zu sein. Als Ausnahmevorschrift ist die Regelung eng auszulegen (BVerwGE 117, 200).

58.1   § 113 Abs 3 VwGO betrifft, wie sich bereits aus der Systematik des § 113 VwGO entnehmen lässt, allein die – in § 113 Abs 1 bis Abs 4 VwGO erfasste – Anfechtungsklage. Daher ist die Norm wieder direkt noch analog auf die Verpflichtungsklage anwendbar (BVerwGE 107, 128 = NVwZ 1999, 65 mwN; BVerwG v 14.6.1999 – 7 B 332/98; Buchholz 402.25 § 34 AsylVfG Nr 4; VGH München v 28.5.2008 – 11 C 08.889; VGH München v 13.10.1997 – 11 B 96.32675 für eine auf Asylanerkennung und Abschiebeschutz gerichtete Verpflichtungsklage).

II. Voraussetzungen

59   Das Gericht muss zunächst eine weitere Sachaufklärung für erforderlich halten, es muss mithin der Überzeugung sein, dass die Sache noch nicht spruchreif ist.

Des weiteren müssen – nach Überzeugung des Gerichts – die noch erforderlichen Ermittlungen nach Art oder Umfang erheblich und die Aufhebung von Verwaltungsakt und Widerspruchsbescheid ohne Entscheidung zur Sache muss auch unter Berücksichtigung der Belange der Beteiligten (§ 63 VwGO) sachdienlich sein. Im Spannungsverhältnis zwischen dem öffentlichen Interesse an einer Entlastung der Gerichte von umfangreichen Sachverhaltsermittlungen und dem Bedürfnis der Beteiligten nach einer abschließenden und verbindlichen gerichtlichen Beurteilung des Rechtsstreits soll nach den § 113 Abs 3 VwGO tragenden Vorstellungen des Gesetzgebers das Interesse an der Entlastung der Justiz nur in besonders gelagerten Fällen überwiegen (vgl BT-Drs 11/7030, 29). Deshalb sind die hierfür genannten Tatbestandsvoraussetzungen **eng auszulegen**: nur dann, wenn die Behörde nach ihrer personellen und sachlichen Ausstattung eine Sachverhaltsermittlung besser durchführen kann als das Gericht und es auch unter übergeordneten Gesichtspunkten vernünftiger und sachgerechter ist, die Behörde tätig werden zu lassen, ist die Vorschrift heranzuziehen (BVerwGE 117, 200 = NVwZ 2003,1130). Im Rahmen der Prüfung, ob eine Zurückverweisungsentscheidung auch unter Berücksichtigung der Interessen der Beteiligten sachdienlich ist, sind in die erforderliche Abwägung die voraussichtliche Dauer der gerichtlichen und einer behördlichen Sachverhaltsermittlung sowie die wirtschaftlichen Interessen der Beteiligten einzustellen (BVerwGE 117, 200 = NVwZ 2003, 1130).

60   Schließlich bestimmt § 113 Abs 3 S 4 VwGO, dass eine Entscheidung nach § 113 Abs 3 S 1 VwGO nur innerhalb von **sechs Monaten** seit Eingang der Akten bei Gericht ergehen darf. Diese Frist beginnt mit den Eingang der (vollständigen) Behördenakten, die auf die erstmalige Verfügung des Verwaltungsgerichts gem § 99 VwGO vorgelegt werden; **sie beginnt nicht in jeder Instanz neu** (BVerwGE 117, 200 = NVwZ 2003,1130). Dem entsprechend hat die Regelung für das Rechtsmittelverfahren praktisch keine Bedeutung (vgl Demmel Das Verfahren nach § 113 Abs 3 VwGO, 1997, 50; S/S/B/Gerhardt VwGO § 113 Rn 94; Sodan/Ziekow/Spannowsky VwGO § 113 Rn 206). Nach der gesetzgeberischen Vorstellung ist das Gericht nach Ablauf der Frist des § 113 Abs 3 S 4 VwGO verpflichtet, im Interesse der Beschleunigung des Verfahrens die notwendigen Feststellungen selbst zu treffen. Die zeitliche Begrenzung soll im Interesse der Beteiligten die unbefriedigende Situation verhindern, dass das Gericht trotz längerer Prozessdauer von einer abschließenden Sachentscheidung absieht. Diesen Zweck würde es widersprechen, den Lauf der Frist in jeder Instanz neu beginnen zu lassen (BVerwGE 117, 200 = NVwZ 2003,1130).

Liegen die genannten Voraussetzungen vor, hebt das Gericht den den Kläger belastenden **61** Verwaltungsakt und gegebenenfalls den Widerspruchsbescheid auf der Grundlage des nur teilweise aufgeklärten Sachverhalts im vollen Umfang auf; es verbleibt insofern kein entscheidungsbedürftiger Reststreitstoff, so dass die Klage in vollem Umfang begründet ist (BVerwGE 107, 128 = NVwZ 1999,65 mwN).

III. Einstweilige Regelungsbefugnis, § 113 Abs 3 S 2, S 3 VwGO

§ 113 Abs 3 S 2 VwGO eröffnet dem Gericht auf Antrag die Möglichkeit, eine einst- **62** weilige Regelung bis zum Erlass eines neuen Verwaltungsakts zu treffen. Die Vorschrift bildet ein notwendiges Korrektiv zur Vermeidung von Regelungslücken in dem durch die zurückverweisende Aufhebung des angefochtenen Verwaltungsakts entstehenden ungeregelten Zeitraum.

Nach § 113 Abs 3 S 2 VwGO kann das Gericht für die Zeit vom Ergehen des Urteils bis **63** zum Erlass eines neuen Verwaltungsakts durch die Behörde auf Antrag eine **einstweilige Regelung** in Bezug auf das streitige Rechtsverhältnis treffen. So kann das Gericht etwa bestimmen, dass Sicherheiten geleistet werden, diese ganz oder zum Teil bestehen bleiben oder Leistungen zunächst nicht zurück zu gewähren sind.

> Über einen Antrag nach § 113 Abs 3 S 2 VwGO ist durch **Beschluss** zu entscheiden, gegen den **63.1** die Beschwerde (§ 146 VwGO) statthaft ist. § 113 Abs 3 S 3 VwGO eröffnet dabei dem Gericht die Möglichkeit, den nach § 113 Abs 3 S 2 VwGO gefassten Beschluss jederzeit zu ändern oder aufzuheben.

E. Verbindung von Anfechtungs- und Leistungsurteil (§ 113 Abs 4 VwGO)

Kann neben der Aufhebung eines Verwaltungsakts eine Leistung verlangt werden, so ist **64** nach § 113 Abs 4 VwGO im gleichen Verfahren auch die Verurteilung zur Leistung zulässig. § 113 Abs 4 VwGO ist systematisch mit § 113 Abs 1 S 2, S 3 VwGO vergleichbar und tritt neben diese, soweit es sich nicht um die Geltendmachung eines Folgenbeseitigungsanspruches handelt; insofern ist § 113 Abs 1 S 2 VwGO speziell (OVG Lüneburg OVGE MüLü 48, 446; Kopp/Schenke VwGO § 113 Rn 172; S/S/B/Gerhardt VwGO § 113 Rn 57). Der Sinn beider Vorschriften besteht darin, dem Kläger aus prozessökonomischen Gründen die Möglichkeit zu eröffnen, Ansprüche, die sich aus der Aufhebung des Verwaltungsakts ergeben, bereits im Rahmen des Anfechtungsprozesses geltend zu machen, während ohne eine solche Regelung derartige Folgeansprüche erst nach Rechtskraft des Aufhebungsurteils erhoben werden könnten (s auch Hößlein VerwArch 2008, 127, 133). Es handelt sich somit bei dieser Verbindung von Anfechtungs- und Leistungsantrag um eine besondere **Form der Stufenklage** (BVerwGE 80, 178, 183; BVerwG NVwZ 2000, 818; s auch Rn 43).

Dabei kann die Klage auf Leistung auch dann mit einer Anfechtungsklage verbunden **65** werden, wenn sich der Anspruch auf Leistung erst aus dem Erfolg der Klage ergibt; eines Vorverfahrens bzgl der begehrten Leistung bedarf es insoweit nicht, denn sonst wäre § 113 Abs 4 VwGO neben § 44 VwGO überflüssig und die von § 113 Abs 4 VwGO bezweckte Entlastung der Gerichte und der Beteiligten würde zudem nicht erreicht (BVerwG NVwZ 2000, 818; OVG Lüneburg v 17.7.2000 – 8 K 3374/99.KO). Das gilt selbst dann, wenn die Leistungsklage auf eine Verpflichtung zum Erlass eines Verwaltungsaktes geht (BVerwG NVwZ 2000, 818).

Um neben der Anfechtungsklage (und ggf einem Folgenbeseitigungsanspruch über § 113 **66** Abs 1 S 2 VwGO) auch die Verurteilung zu einer sonstigen Leistung zu erreichen, müssen Anfechtungsklage und Leistungsantrag in einem sachlichen Zusammenhang stehen. Dieser Sachzusammenhang ist zB bei Prozesszinsen regelmäßig gegeben (OVG Lüneburg v. 17.7.2000 – 8 K 3374/99.KO).

Hat der Kläger einen Antrag nach § 113 Abs 4 VwGO gestellt, muss das Gericht über **67** diesen Antrag entscheiden; gegebenenfalls kommt allerdings vorher ein Teilurteil (§ 110 VwGO) über die Anfechtungsklage in Betracht.

Wie § 113 Abs 1 S 2 VwGO, so enthält auch § 113 Abs 4 VwGO keinen Anspruch auf **68** Leistung, sondern setzt einen solchen voraus. **§ 113 Abs 4 VwGO gilt analog für die**

Verpflichtungsklage (BVerwG NVwZ 2000, 818; OVG Magdeburg v 29.7.2009 – 4 L 172/06 BeckRS 2009, 37925; OVG Lüneburg v 2.11.1999 – 7 L 3645/97 BeckRS 1999, 23047).

68.1   Umstritten ist indessen, ob es rechtlich zulässig ist, über § 113 Abs 4 VwGO neben einer Verpflichtungsklage auf behördliche Aufhebung eines bestandskräftigen Verwaltungsakts zugleich ein weiteres Verpflichtungsbegehren zu verfolgen, das auf einen Verwaltungsakt gerichtet ist, dessen Erlass den Erfolg der „ersten" Verpflichtungsklage voraussetzt. Hintergrund dieser Kontroverse ist, dass der mit dem zweiten Verpflichtungsantrag verfolgte Anspruch ein künftiger Anspruch ist, da er erst entsteht, wenn die Behörde in Erfüllung einer positiven gerichtlichen Entscheidung über das erste Verpflichtungsbegehren den bestandskräftigen Verwaltungsakt aufgehoben hat. Nach einer Auffassung ist der zweite Verpflichtungsantrag von vornherein unzulässig, da die VwGO die Verfolgung eines in einem Stufenverhältnis stehenden künftigen Anspruchs nur im Zusammenhang mit der Anfechtungsklage in § 113 Abs 1 S 2 und Abs 4 VwGO vorsehe und diese Regelungen auf die Verpflichtungsklage nicht analog anwendbar seien (vgl. VGH Kassel DVBl 1981, 1069; Sodan/Ziekow/Wolff VwGO § 113 Rn 392). Nach anderer Auffassung (VGH Mannheim ESVGH 27, 94, 98) soll in Anwendung des § 259 ZPO iVm § 173 S 1 VwGO die gleichzeitige Verfolgung des zweiten Verpflichtungsantrags zulässig sein, wenn der künftige Anspruch allein vom Erlass des mit dem ersten Verpflichtungsantrag begehrten Verwaltungsaktes abhängig ist, dh es sich bei dem künftigen Anspruch um einen – wenn auch bedingten – gebundenen Anspruch handelt. Nach einer dritten Auffassung schließlich wird eine in einer Verpflichtungsklage zulässige Verfolgung sowohl eines Anspruchs auf Aufhebung eines bestandskräftigen Verwaltungsaktes als auch eines Anspruchs, der von der behördlichen Aufhebung des bestandskräftigen Verwaltungsaktes abhängig ist, in analoger Anwendung des § 113 Abs 4 VwGO befürwortet (VGH Kassel v 26.10.2009 – 7 B 2707/09; OVG Lüneburg v 2.11.1999 – 7 L 3645/97; Kopp/Schenke VwGO § 113 Rn 177). Die eine Verfolgung beider Begehren in einer Verpflichtungsklage zulassenden Auffassungen tragen dabei dem Umstand, dass es sich bei dem zweiten Anspruch um einen künftigen handelt, dadurch Rechnung, dass der ihn betreffende gerichtliche Verpflichtungsausspruch unter der Bedingung der behördlichen Aufhebung des bestandskräftigen Verwaltungsaktes ergeht (vgl zum Streitstand VGH Kassel DVBl 2011, 113). Da nach hM (vgl Rn 68) § 113 Abs 4 VwGO für die Verpflichtungsklage analog gilt, erscheint die Auffassung, wonach die Norm auch auf die dargestellte Konstellation analog angewendet werden könne, vor allem aus prozessökonomischen Gründen vorzugswürdig. Zu beachten ist allerdings, dass die beiden Verpflichtungsklagen in einem Stufenverhältnis stehen. Dem entsprechend ist im Fall der Stattgabe der Klage auf behördliche Aufhebung eines bestandskräftigen Verwaltungsakts diesem Stufenverhältnis dadurch Rechnung zu tragen, dass die Verpflichtung zum Erlass des zweiten Verwaltungsakts unter der Bedingung ausgesprochen wird, dass der bestandskräftige Verwaltungsakt von der Behörde aufgehoben worden ist (so überzeugend VGH Kassel DVBl 2011, 113).

F. Begründetheit der Verpflichtungsklage (§ 113 Abs 5 VwGO)

I. Vorbemerkung

69   Die Verpflichtungsklage ist begründet, soweit die Ablehnung oder Unterlassung des (begehrten) Verwaltungsakts rechtswidrig und der Kläger dadurch in seinen Rechten verletzt ist (§ 113 Abs 5 S 1 VwGO). Diese Formulierung ist ersichtlich an § 113 Abs 1 S 1 VwGO angelehnt und ungenau. Im Rahmen der Begründetheit der Verpflichtungsklage kommt es nicht entscheidend auf die Rechtswidrigkeit des inmitten stehenden Verwaltungsakts und eine Rechtsverletzung an, sondern darauf, ob der Kläger einen Anspruch auf den abgelehnten oder unterlassenen Verwaltungsakt hat. **Streitgegenstand** der Verpflichtungsklage ist mithin der vom Kläger geltend gemachte prozessuale Anspruch auf den von der Behörde abgelehnten oder (im Falle einer Untätigkeitsklage) unterlassenen Verwaltungsakt (vgl § 121 VwGO Rn 35; Hößlein VerwArch 2008, 127, 140; OVG Münster DVBl 2010, 1309).

69.1   Nicht zum Streitgegenstand einer Verpflichtungsklage gehört hingegen die Aufhebung des/der ablehnenden Bescheide(s). Die ablehnende Entscheidung der Behörde ist im engeren Sinne überhaupt nicht Gegenstand des Verfahrens; ihre Aufhebung braucht weder beantragt noch vom Gericht ausgesprochen zu werden (BVerwGE 1, 291, 296). Sie stellt einen unselbständigen Anfechtungsannex dar, der nur im Interesse der Rechtsklarheit bei einer stattgebenden Entscheidung mittenoriert wird. Der Streitgegenstand wird durch die Aufhebung des entgegenstehenden Verwaltungsakts nicht geändert, denn der Anspruch auf Bescheiderlass hängt nicht davon ab, ob die Behörde den an sie gerichteten Antrag überhaupt beschieden bzw ob sie dies in fehlerhafter Weise getan hat (vgl BVerwG NVwZ 2007, 104; BVerwGE 98, 354 = NVwZ 1992, 563; BVerwGE 77, 317 = NVwZ 1987, 1074 = BRS 47 Nr. 58; BVerwGE 51, 15 = NJW 1976, 1760; OVG Münster DVBl 2010, 1309, 1310 mwN). Infolgedessen ist auch die Ersetzung eines Ablehnungsbescheids durch einen anderen Ablehnungsbescheid während eines Verwaltungsprozesses für die Bestimmung des Streitgegenstands der Verpflichtungsklage ohne Relevanz und die Einbeziehung des neuen Ablehnungsbescheids in die Klage keine Klageänderung. Die Behauptung des Klägers, durch einen Ablehnungsbescheid in seinen Rechten verletzt zu sein, ist ebenso wie das Begehren, ihn aufzuheben, lediglich ein unselbständiges Element der der Klage zugrunde liegenden Rechtsbehauptung, einen Anspruch auf Erlass des beantragten Verwaltungsakts zu haben (vgl BVerwGE 77, 317 = NVwZ 1987, 1074 = BRS 47 Nr 58; OVG Münster DVBl 2010, 1309, 1310).

Kernpunkt der Begründetheitsprüfung ist somit die Frage nach dem **Anspruch des** **69a** **Klägers** auf den begehrten Verwaltungsakt (BVerwG Buchholz 406.16 Eigentumsschutz Nr 17; BVerwG v 21.3.2012 – 2 B 101.11). Das ist entscheidend, nicht aber, ob die Behörde die Ablehnung des Antrages „richtig" begründet hat. Infolgedessen prüft die ganz herrschende Rechtsprechung (zB BVerwG Buchholz 401.47 Nr 4) grundsätzlich auch nicht die ablehnenden Bescheide nach, sondern beschränkt sich auf die Prüfung der Voraussetzungen einer materiellen Anspruchsgrundlage für die vom Kläger begehrte Leistung. Das gilt uneingeschränkt jedoch nur bei gebundenen Entscheidungen.

Anders ist es dann, wenn die Voraussetzungen eines sog Bescheidungsurteils (§ 113 Abs 5 **70** S 2 VwGO) erfüllt sind. Dann führt die Rechtswidrigkeit des ablehnenden Bescheides zwar nicht zum „vollen" (Verpflichtungs-)Klageerfolg, aber sie zwingt doch zu einer Art Zurückverweisung, um der zuständigen Verwaltungsbehörde Gelegenheit zur erneuten Bescheidung des Antrages zu geben. Ein Bescheidungsurteil darf aber nur erlassen werden, wenn – wie insbes bei einer Ermessensentscheidung – von der zuständigen Verwaltungsbehörde eine Entscheidungsbildung nachgeholt werden muss und weil infolgedessen ohne diese Entscheidungsbildung die Sache nicht „spruchreif ist" (§ 113 Abs 5 S 1 VwGO). Da sich bei Ermessensentscheidungen auch Verfahrensfehler auf die Sachentscheidung ausgewirkt haben können, führt dies dazu, dass das Gericht die entgegenstehenden Bescheide aufhebt und die Sache an die Behörde zurückverweist (BVerwG Buchholz 401.47 Nr 4). Insoweit verbleibt es daher bei der von der Anfechtungsklage bekannten Prüfung der formellen und materiellen Rechtmäßigkeit.

II. Anspruch des Klägers auf den begehrten bzw unterlassenen Verwaltungsakt

Hinsichtlich des **Streitgegenstandes** der **Verpflichtungsklage** ist zu differenzieren nach **71** dem Klageziel des Klägers: begehrt dieser die Verpflichtung der Behörde zum Erlass eines abgelehnten oder unterlassenen Verwaltungsakts (S 1) oder will er, zB weil eine Ermessensentscheidung inmitten steht, nur eine Neuverbescheidung seines Antrags erreichen (S 2). Im ersteren Fall ist Streitgegenstand die Rechtsbehauptung des Klägers, er habe einen Anspruch auf Erlass des beantragten Verwaltungsakts (BVerwG, NVwZ 2007, 227). **Streitgegenständlich** ist damit die Verurteilung der Behörde zum Erlass eines abgelehnten bzw unterlassenen Verwaltungsakts. Die Verpflichtungsklage ist also auf den Erlass eines Verwaltungsaktes gerichtet, mithin auf den Erlass einer Ausgangsentscheidung, grundsätzlich jedoch nicht auf den Erlass eines Widerspruchsbescheids. Letzteres folgt daraus, dass nach hM im Grundsatz kein Anspruch auf Erlass eines Widerspruchsbescheids besteht (vgl nur die umfangreichen Nachweise bei Schenke DöV 1996, 529, 530, Fn. 3 sowie Wolff/Decker/Decker VwGO vor § 68 Rn 12 ff); zudem erreicht der Kläger mit der Klage auf Erlass der Ausgangsentscheidung sein Klageziel in der Regel vollständig, sodass es einer Klage auf Erlass eines Widerspruchsbescheids nicht bedarf. Auch aus § 115 VwGO ergibt sich nichts anderes, da die Norm erkennbar auf die Anfechtungssituation zugeschnitten ist. Kommt allerdings ausnahmsweise ein Anspruch auf Erlass eines Widerspruchsbescheids in Betracht (vgl Wolff/Decker/Decker VwGO vor § 68 Rn 15, 16), ist § 113 Abs 5 VwGO entsprechend heranzuziehen.

Im Rahmen der Anspruchsprüfung muss das Gericht ferner darüber befinden, ob eine für die **71.1** konkrete Entscheidung maßgebliche Norm rechtsgültig ist. Auch bei der Verpflichtungsklage kann daher eine Inzidentprüfung erforderlich sein. Es gelten die insoweit zur Anfechtungsklage gemachten Ausführungen entsprechend.

71a   Bei der **Bescheidungsklage** ist der **Streitgegenstand** identisch mit dem prozessualen Anspruch, der seinerseits durch die erstrebte, im Klageantrag zum Ausdruck zu bringende Rechtsfolge, sowie den Klagegrund, mithin den Sachverhalt, aus dem sich die Rechtsfolge ergeben soll, gekennzeichnet ist (BVerwGE 96, 24, 25). Der Streitgegenstand wird also durch den prozessualen Anspruch (Klagebegehren) sowie den zugrunde liegenden Sachverhalt (Klagegrund) bestimmt. Begehrt ein Kläger statt der Verpflichtung zum Erlass eines Verwaltungsakts nur die Verpflichtung zur Neubescheidung entspricht der Streitgegenstand einer solchen Klage im Wesentlichen demjenigen der Verpflichtungsklage nach S 1 (vgl Detterbeck, Streitgegenstand und Entscheidungswirkungen im öffentlichen Recht, 1995, S 220 f). Dies ergibt sich schon daraus, dass der Bescheidungsantrag regelmäßig in der in dieselbe Richtung weisenden Verpflichtungsklage enthalten ist und nur inhaltlich hinter dem Antrag auf Verpflichtung zurückbleibt (vgl BVerwGE 120, 263, 275 f); er ist ein „Minus" zum Verpflichtungsbegehren. Ist aber Streitgegenstand der Verpflichtungsklage nach S 1 die Rechtsbehauptung des Klägers, er habe einen Anspruch auf Erlass des beantragten Verwaltungsakts, dann folgt hieraus, dass **Streitgegenstand** der Bescheidungsklage der prozessuale Anspruch des Klägers auf Neubescheidung ist (BVerwG, NVwZ 2007, 227 mwN).

71a.1   Hieraus folgt weiter, dass das Verwaltungsgericht bei seiner Entscheidungsfindung an das im Streitgegenstand zum Ausdruck kommende Klagebegehren gebunden ist (vgl § 88 VwGO), nicht jedoch an die Klagegründe (BVerwGE 111, 318, 320 = Buchholz 310 § 113 Abs 5 VwGO Nr 2). Es kann der Klage im Rahmen des Streitgegenstandes auch aus anderen Gründen stattgeben, als sie vom Kläger geltend gemacht werden. Der Kläger hat es mithin nicht in der Hand, das Gericht in der Entscheidungsfindung auf die Prüfung bestimmter rechtlicher Erwägungen festzulegen (vgl S/S/B/ Clausing VwGO § 121 Rn 57). Dies gilt auch bei Bescheidungsklagen. Auch der die Bescheidung begehrende Kläger kann die gerichtliche Prüfung nicht bestimmen (S/S/B/Gerhardt VwGO § 113 Rn 69). Diese beschränkt sich nicht auf die Prüfung, ob der Kläger einen Anspruch auf Neubescheidung hat, sondern erstreckt sich auch auf die im Fall der Verpflichtung zur Neubescheidung nach § 113 Abs 5 S 2 VwGO zu treffende Entscheidung, welche Rechtsauffassung die Behörde bei der erneuten Bescheidung zu beachten hat. Soweit der Kläger dazu in dem gerichtlichen Verfahren Ausführungen gemacht hat, werden diese – genauso wie sonstige Klagegründe – nicht Bestandteil des Streitgegenstandes, der in dem Anspruch auf Neubescheidung besteht. Deshalb ist der Kläger nicht gehalten, eine bei der Neubescheidung zu beachtende Rechtsauffassung zu benennen; vielmehr ergibt sich die nach § 113 Abs 5 S 2 VwGO der Neubescheidung zugrunde zu legende Rechtsauffassung des Gerichts aus der diesem obliegenden Amtsprüfung der Rechtslage (BVerwG, NVwZ 2007, 227).

III. Rechtsverletzung

72   Anders als bei der Anfechtungsklage, bei welcher zum Teil besondere Überlegungen hinsichtlich der Rechtsverletzung anzustellen sind, indiziert die rechtswidrige Versagung oder Unterlassung eines Verwaltungsakts grundsätzlich die Rechtsverletzung. Hat der Kläger einen Anspruch auf den begehrten Verwaltungsakt, ist er durch die Versagung/Unterlassung auch in seinen Rechten verletzt.

IV. Spruchreife

73   Wie bei der Anfechtungsklage ist das Gericht auch im Rahmen der Verpflichtungsklage verpflichtet (§ 86 Abs 1 S 1 VwGO, § 113 Abs 5 S 1 VwGO) die Sache spruchreif zu machen (BVerwGE 69, 198, 201; BVerwG Buchholz Nr 402.24, § 31 AuslG, Nr 1). Dabei bedeutet „**Spruchreife**", dass das Gericht aufgrund der von ihm getroffenen Feststellungen und Überlegungen eine abschließende Entscheidung über das Klagebegehren, mithin den geltend gemachten Anspruch, treffen kann (BVerwG Buchholz 402.24 § 31 AuslG Nr 2). Dazu ist es erforderlich, dass das Gericht den entscheidungserheblichen Sachverhalt vollständig feststellt (§ 113 Abs 3 VwGO gilt für die Verpflichtungsklage nicht, vgl oben Rn 58.1) und etwaige behördliche Aufklärungsdefizite selbst behebt (BVerwGE 107, 128) sowie unklare Rechtsfragen selbstständig entscheidet. Soweit sich der Sachverhalt nicht weiter aufklären lässt, ist die Spruchreife über die Anwendung der Grundsätze über die **materielle Beweislast** herbeizuführen. Kann die Spruchreife aus rechtlichen Gründen nicht hergestellt werden, wie zB wenn der Behörde auch nach Feststellung von Rechtswidrigkeit und Rechtsverletzung noch ein selbstständiger Entscheidungsspielraum verbleibt, wie dies regelmäßig bei Ermessensentscheidungen, bei Beurteilungsspielräumen oder beim Bestehen von planerischen Gestaltungsfreiheiten der Fall ist, so muss das Gericht gem § 113 Abs 5 S 2 VwGO verfahren. Voraussetzung hierfür ist aber in jedem Fall, dass das Gericht zuvor geprüft hat, ob die gesetzlichen Voraussetzungen für eine derartige Ermessensentscheidung gegeben sind (BVerwG NVwZ 1994, 266; BVerwGE 107, 128; Buchholz 310 § 113 Abs 5 VwGO Nr 5).

Eine **Ausnahme** von der Verpflichtung des Gerichts, die Sache spruchreif zu machen, besteht **73.1** allerdings dann, wenn die Behörde z. B. die Genehmigung eines Vorhabens, ohne seine Vereinbarkeit mit baurechtlichen oder sonstigen öffentlich-rechtlichen Vorschriften umfassend zu prüfen, wegen eines bestimmten Rechtsverstoßes ablehnt, es sich mithin um ein „stecken gebliebenes" **Genehmigungsverfahren** handelt. In einem solchen Fall sind die Gerichte selbst bei Erhebung einer Verpflichtungsklage berechtigt, sich auf ein Bescheidungsurteil zu beschränken, wenn ansonsten komplexe Fragen – etwa des Naturschutzrechts, des Immissionsschutzrechts, der Statik etc – erstmals im gerichtlichen Verfahren geklärt werden müssten. Eine Pflicht, die Sache spruchreif zu machen, besteht dann insoweit gem § 113 Abs 5 S 1 VwGO nicht (vgl BVerwG NVwZ 1990, 257; BVerwG NVwZ-RR 1999, 74; OVG Koblenz BauR 2005, 1606; OVG Münster ZNER 2007, 237; s auch OVG Koblenz v 27.1.2010 – 1 A 10779/09, wonach vorstehende Grundsätze erst recht gelten sollen, wenn der Bauherr, nachdem sein Bauantrag durch die Bauaufsichtsbehörde allein aus bauplanungsrechtlichen Gründen abgelehnt worden ist, sein Klagebegehren von vorneherein auf die Neubescheidung des Bauantrages nach gerichtlicher Klärung des behördlichen Ablehnungsgrundes beschränkt). Die Verpflichtung zur Neubescheidung setzt bei einer solchen Fallgestaltung allerdings voraus, dass die von der Behörde herangezogene Versagungsgrund die Ablehnung des Antrags nicht trägt und die Genehmigung nach dem bis zum Schluss der mündlichen Verhandlung gewonnenen Erkenntnisstand nicht schon aus anderen Gründen offensichtlich zu versagen ist (vgl OVG Lüneburg UPR 2009, 395).

V. Maßgeblicher Zeitpunkt

Es gelten insoweit zunächst die bei der Anfechtungsklage dargestellten Grundsätze (vgl **74** oben Rn 21). Prozessrechtlich muss der Kläger im Zeitpunkt der letzten mündlichen Verhandlung bzw bei Fehlen einer solchen, im Zeitpunkt der Entscheidung des Gerichts einen Anspruch auf Erlass des abgelehnten/unterlassenen Verwaltungsakts haben. Maßgeblich dafür, ob ein solcher Anspruch besteht, ist das **materielle Recht**. Das wird idR dazu führen, dass auf die Sach- und Rechtslage im Zeitpunkt der letzten mündlichen Verhandlung abzustellen ist (BVerwGE 61, 177, 191 f; s auch BVerwGE 120, 246, 250; BVerwGE 130, 113; Polzin JuS 2004, 211, 213).

Aufgrund der Bindung an Recht und Gesetz nach Art 20 Abs 3 GG sind folglich Rechts- **74.1** änderungen, die vor der behördlichen oder gerichtlichen Entscheidung über einen Antrag auf Vornahme eines Verwaltungsakts in Kraft getreten sind, bei der Entscheidung zu beachten, sofern das neu in Kraft gesetzte Recht nichts anderes bestimmt. Durch seine Auslegung ist zu ermitteln, ob Verpflichtungs- oder Neubescheidungsbegehren für bestimmte Fallkonstellationen noch nach altem, dh aufgehobenen oder inhaltlich geänderten Recht zu beurteilen sind (stRspr; BVerwGE 120, 246, 250; BVerwGE 121, 140, 143; BVerwG v 23.2.2012 – 2 C 76.10; BVerwG v 21.3.2012 – 2 B 101.11). Die Verwaltungsgerichte dürfen die Verwaltung zur Vornahme eines Verwaltungsakts oder zur erneuten Entscheidung über die Vornahme folglich nur dann verurteilen, wenn sich dem zur Zeit der Verurteilung geltenden Recht ein entsprechender Anspruch entnehmen lässt. Das gilt auch dann, wenn die Verwaltung die Vornahme rechtswidrig abgelehnt hat, diese Entscheidung aber von einer danach in Kraft getretenen Rechtsänderung gedeckt wird. Die Verurteilung zur Vornahme der rechtswidrig abgelehnten Amtshandlung setzt voraus, dass das neue Recht für diese Fälle die Anwendung des alten Rechts ausdrücklich anordnet oder in diesem Sinne ausgelegt werden kann (stRspr; BVerwGE 1, 291, 295 f; BVerwG Buchholz 11 Art 20 GG Nr 99 S 2; BVerwG Buchholz 237.7 § 15 NWLBG Nr 2 S 2; BVerwG v 23.2.2012 – 2 C 76.10; BVerwG v 21.3.2012 – 2 B 101.11).

74a   Dabei gilt es zu beachten, dass sich eine Beschränkung für die Revisionsinstanz daraus ergibt, dass in diesem Verfahren nur Rechtsänderungen, grds aber keine Sachverhaltsänderungen berücksichtigt werden können (vgl § 137 Abs 2 VwGO). Auch bei Verpflichtungsbegehren können sich jedoch hinsichtlich des maßgeblichen Zeitpunktes Abweichungen zur Regel ergeben.

74a.1   So werden zB Berufsangehörige grundsätzlich bei der Stellung eines Zulassungsantrages nach altem Recht behandelt, wenn der Antrag unter Geltung des früheren, günstigeren Rechts positiv hätte beschieden werden müssen (BVerwG DVBl 1961, 447). Etwas anderes kann sich allenfalls aus abweichenden Übergangsregelungen des neuen Rechts ergeben.

74a.2   Nach den materiell-rechtlichen Vorschriften des **Bundesvertriebenengesetz** (BVFG) ist grundsätzlich das zur Zeit der Aussiedlung geltende Recht maßgeblich (grundlegend BVerwGE 116, 119). Die Bescheinigung nach § 15 Abs 1 BVFG dient dem Bewerber zum Nachweis seiner Spätaussiedlereigenschaft. Sie bescheinigt die Spätaussiedlereigenschaft, setzt diese also voraus. Eine Bescheinigung nach § 15 Abs 1 BVFG steht demnach nur demjenigen zu, der in dem für die Ausstellung der Bescheinigung maßgeblichen Zeitpunkt die Spätaussiedlereigenschaft besitzt, dh Spätaussiedler ist (BVerwGE 116, 119). Wer Spätaussiedler ist, dh die Spätaussiedlereigenschaft besitzt, ist maßgeblich und insofern seit 1993 unverändert in § 4 Abs 1 und Abs 2 BVFG geregelt. Danach ist ua Spätaussiedler „ein deutscher Volkszugehöriger, der die Aussiedlungsgebiete nach dem 31. Dezember 1992 im Wege des Aufnahmeverfahrens verlassen und innerhalb von sechs Monaten im Geltungsbereich des Gesetzes seinen ständigen Aufenthalt genommen hat". Daraus ergibt sich, dass die Spätaussiedlereigenschaft dann entsteht bzw entstanden ist, wenn der aus den Aussiedlungsgebieten Kommende in Deutschland seinen ständigen Aufenthalt nimmt bzw genommen hat und zu dieser Zeit auch alle übrigen Voraussetzungen für die Spätaussiedlereigenschaft vorliegen (BVerwGE 116, 119). § 4 Abs 1 und Abs 2 BVFG bestimmt also sowohl Voraussetzungen für den Erwerb des Spätaussiedlerstatus als auch den Zeitpunkt, zu dem die Erwerbsvoraussetzungen vorliegen müssen, nämlich zu der Zeit, zu der der Einreisende in Deutschland seinen ständigen Aufenthalt nimmt. Nach der Rechtslage in diesem Zeitpunkt entscheidet sich somit, ob jemand Spätaussiedler geworden ist oder nicht (grundlegend BVerwGE 116, 119; ebenso BVerwG Buchholz 412.3 § 6 BVFG Nr. 101). Etwas anderes gilt jedoch dann, wenn eine Übergangsvorschrift Abweichendes anordnet, wie dies zB § 100a BVFG für die Änderungen durch das am 7.9.2001 in Kraft getretene Gesetz zur Klarstellung des Spätaussiedlerstatus vom 30.8.2001 (BGBl I 2266; sog Spätaussiedlerstatusgesetz) tut.

74a.3   Für die Geltendmachung eines **Subventionsanspruches** ist anerkannt, dass es in der Regel ausreicht, wenn der geltend gemachte Anspruch einmal bestanden hat; eine spätere Änderung der Sach- und/oder Rechtslage berührt diesen Anspruch nach dem Gleichheitssatz (Art 3 Abs 1 GG) iVm dem Rechtsstaatsprinzip regelmäßig nicht mehr (VGH München v 18.10.2008 – 21 BV 05/ 1690 BeckRS 2008, 36291). Ähnliches gilt bei einer **Kostenerstattungsforderung**. Hier ergibt sich aus der Natur der Sache, dass für die Frage ihrer Berechtigung auf den Zeitpunkt abzustellen ist, zu dem die Aufwendungen entstanden, in der Höhe bezifferbar und von der zuständigen Behörde unter Heranziehung der einschlägigen Rechtsgrundlagen auf ihre Erstattungsfähigkeit hin überprüfbar sind. Liegen die gesetzlichen Voraussetzungen für einen Anspruch auf Kostenerstattung zum Zeitpunkt der Behördenentscheidung vor, ist die Forderung berechtigt. Nachfolgende Änderungen der Sach- und/oder Rechtslage sind dann aus Gründen des Vertrauensschutzes unerheblich (VGH München v 18.10.2008 – 21 BV 05/1690 BeckRS 2008, 36291).

74a.4   Maßgeblicher Zeitpunkt für die Beurteilung der Frage, ob ein Soldat einen Anspruch auf Gewährung eines **Auslandsverwendungszuschlags** besitzt, ist nicht die Sach- und Rechtslage im Zeitpunkt der Entscheidung des Gerichts, sondern die Sach- und Rechtslage im Zeitpunkt der Durchführung des Auslandseinsatzes des Soldaten. Dies folgt aus dem materiellen Recht, namentlich aus § 56 Abs 2 BBesG und § 1 Abs 2 der Auslandsverwendungszuschlagsverordnung, wonach der Auslandsverwendungszuschlag die mit der besonderen Verwendung verbundenen materiellen und immateriellen Belastungen und Erschwernisse des Auslandseinsatzes abgelten soll. Ist dem aber so, dann sind hierfür die Verhältnisse im Zeitpunkt des Auslandseinsatzes maßgeblich, womit spätere Rechtsänderungen nicht berücksichtigt werden können (VGH München v 2.3.2009 – 14 B 06.749), wohl aber solche, die während des Auslandseinsatzes eintreten.

74a.5   Für die rechtliche Beurteilung **beihilferechtlicher Streitigkeiten** ist grundsätzlich die Sach- und Rechtslage zum Zeitpunkt des Entstehens der Aufwendungen maßgeblich, für die Beihilfen verlangt werden (BVerwGE 125, 21; BVerwGE 65, 184 [187]; BVerwG 21, 264).

74a.6   Im Hinblick auf Klagen auf **Verlängerung oder Erteilung eines Aufenthaltstitels im Ermessenswege** ging die Rechtsprechung früher davon aus, dass bei der gerichtlichen Überprüfung der behördlichen Ermessensentscheidung die Sach- und Rechtslage in dem Zeitpunkt, der für die gerichtliche Beurteilung der Anspruchsvoraussetzungen maßgeblich ist, zugrunde zu legen sei. Das führte dazu, dass bei Klagen auf Erteilung oder Verlängerung eines Aufenthaltstitels für die Überprüfung der Ermessensentscheidung regelmäßig der Zeitpunkt des Erlasses der letzten behördlichen Entscheidung maßgeblich war (vgl BVerwGE 97, 301, 310 mwN). Nach diesem Zeitpunkt eintretende Sachverhaltsänderungen zu Gunsten des Betroffenen konnten daher bei der gerichtlichen Überprüfung des Ermessens grundsätzlich nicht mehr berücksichtigt werden. Das BVerwG hat jedoch auch diese Rechtsprechung aufgegeben. In Anlehnung an seine Rechtsprechung zum maßgeblichen Zeitpunkt bei der Überprüfung einer Ermessensentscheidung im Falle der gerichtlichen Anfechtung einer Ausweisung (BVerwGE 130, 20, 22 ff; vgl oben Rn 22.1) geht es davon aus, dass nunmehr auch bei Klagen auf Erteilung bzw. Verlängerung eines Aufenthaltstitels für die Überprüfung der behördlichen Ermessensentscheidung auf den Zeitpunkt abzustellen ist, der für die gerichtliche Beurteilung der Anspruchsvoraussetzungen maßgeblich ist (BVerwGE 133, 329).

VI. Nachschieben von Gründen

Siehe hierzu die Ausführungen bei der Anfechtungsklage (Rn 23 ff), die sinngemäß **75** gelten. Zum Nachschieben von Gründen bei Ermessensentscheidungen siehe die Erläuterungen bei § 114 VwGO Rn 40 ff.

VII. Verpflichtungsausspruch

Wegen des Gewaltenteilungsgrundsatzes (Art. 20 Abs 2 S 2 GG) kann das Verwaltungs- **76** gericht nicht selbst den begehrten Verwaltungsakt erlassen; vielmehr kann es nur die Verpflichtung der Behörde zum Erlass des begehrten Verwaltungsakts aussprechen, wenn kein anderer als der begehrte Verwaltungsakt hätte ergehen dürfen, weil der Kläger hierauf einen Anspruch hat.

Ob am Ende der gerichtlichen Prüfung die Verpflichtung der Behörde steht, die be- **77** antragte Handlung vorzunehmen (sog **Vornahmeurteil**), hängt dabei entscheidend davon ab, ob die Sache „spruchreif" ist. Das wird bei gebundenen Entscheidungen regelmäßig der Fall sein. Bei Entscheidungen, die im Ermessen der erlassenden Behörde stehen, liegt „Spruchreife" dagegen nur dann vor, wenn der Tatbestand der Norm erfüllt ist und ein Fall der Ermessensreduzierung auf Null gegeben, also wenn nur eine einzige Entscheidung in der Sache richtig ist. Ansonsten wird das Gericht ein sog **Verbescheidungsurteil** erlassen, dh der Beklagte wird verpflichtet, den Kläger unter Beachtung der Rechtsauffassung des Gerichts erneut zu verbescheiden (§ 113 Abs 5 S 2 VwGO). Das Verbescheidungsurteil stellt zum Vornahmeurteil ein Minus dar (vgl BVerwGE 120, 263, 275 f.; BVerwG NVwZ 2007, 104), so dass bei einer Klage auf Verpflichtung und Verurteilung auf Neuverbescheidung die Klage im Übrigen abgewiesen werden muss.

Da sowohl Vornahme- als auch Verbescheidungsurteil die Behörde zu einem bestimmten Tun **77.1** verpflichten, ist es zweckmäßig und entspricht der gängigen Praxis der Verwaltungsgerichte, die entgegenstehenden Bescheide aufzuheben(siehe auch oben Rn 69.1. Dieser Ausspruch ist jedoch nur deklaratorisch, da sich mit dem Verpflichtungsausspruch der ablehnende Bescheid erledigt; die in ihm enthaltene Regelung wird durch die gerichtlicherseits getroffene Neubestimmung dessen, was zwischen den Beteiligten im Verwaltungsrechtsverhältnis (positiv) zu gelten hat, überholt (vgl S/S/ B/Gerhardt VwGO § 113 Rn 64; Wehr Jura 1998, 575, 579 mwN; Wehr DVBl 2001, 785, 791).

Erweist es sich bei der Prüfung einer Verpflichtungsklage, die auf Erteilung einer Genehmigung **77.2** zielt, dass ein Rechtsanspruch auf die beantragte Genehmigung deshalb nicht besteht, weil ein Sachverhalt fehlt, der eine solche Genehmigung erforderlich macht, so ist der Ablehnungsbescheid und ggf der Widerspruchsbescheid als rechtswidrig aufzuheben und im Übrigen die Verpflichtungsklage abzuweisen (BVerwGE 13, 54, 62; BVerwGE 39, 135).

Erhebt der Kläger von vornherein nur eine **Klage auf Neuverbescheidung** (das ist zB bei **77.3** einem Begehren auf weitergehenden aktiven Schallschutz im Wege einer Planergänzung grundsätzlich sachgerecht; vgl BVerwG NVwZ 2010, 1151 = SächsVBl 2010, 166), dann ist Streitgegenstand dieser Klage der geltend gemachte und vom Gericht nach Maßgabe der bestehenden Rechtslage zu prüfende Anspruch auf Neuverbescheidung. Das Gericht ist bei der Prüfung der Begründetheit der Klage nicht an die Klagegründe gebunden, sondern kann der Klage auch aus anderen Gründen stattgeben, als sie vom Kläger geltend gemacht wurden. Das Gericht wird auch dadurch, dass der Kläger ausdrücklich die Festlegung einer bestimmten, der Neuverbescheidung zugrunde zu legenden Rechtsauffassung anstrebt, nicht in seiner Prüfungsbefugnis eingeschränkt (BVerwG NVwZ 2007, 104).

77.4   Die in einem rechtskräftigen Bescheidungsurteil verbindlich zum Ausdruck gebrachte, für dieses Urteil maßgebliche Rechtsauffassung bestimmt dessen Rechtskraftwirkung im Sinne des § 121 VwGO (BVerwG NVwZ 2007, 104; BVerwGE 29, 1; Buchholz 427.6 § 15 BFG Nr 21; Buchholz 421.0 Prüfungswesen Nr 157). Da die Rechtsauffassung, die ein Bescheidungsurteil der Behörde zur Beachtung beim Erlass des neuen Verwaltungsakts vorschreibt, sich nicht aus der Urteilsformel selbst entnehmen lässt, ergibt sich der Umfang der materiellen Rechtskraft und damit der Bindungswirkung notwendigerweise aus den Entscheidungsgründen, die die nach dem Urteilstenor zu beachtende Rechtsauffassung des Gerichts im Einzelnen darlegen (BVerwG NJW 1996, 737 mwN). Die Rechtskraft eines Bescheidungsurteils umfasst damit nicht nur die Verpflichtung der Behörde, überhaupt neu zu entscheiden, sondern auch die „Rechtsauffassung des Gerichts" zu beachten (BVerwG NJW 1996, 737 mwN). Kommt die Behörde der Verpflichtung zur Bescheidung nicht nach, kann sie hierzu auf Antrag des Betroffenen vom Gericht gezwungen werden (§ 168 Abs 1 Nr 1 VwGO, § 172 VwGO). Lehnt die Bauaufsichtsbehörde den Antrag des Bauherrn, ihm in Erfüllung eines rechtskräftigen Bescheidungsurteils die zB beantragte Baugenehmigung zu erteilen, förmlich ab, dann darf der Bauherr den geltend gemachten „Erfüllungsanspruch" mit einer Verpflichtungsklage weiterverfolgen; er muss sich nicht auf einen Vollstreckungsantrag gem § 172 VwGO verweisen lassen (VGH München BayVBl 2008, 204; s auch Gaentzsch NVwZ 2008, 950).

77.5   Ist einer Behörde durch Urteil gem § 113 Abs 5 S 2 VwGO die Verpflichtung auferlegt worden, über einen Antrag des Klägers neu zu entscheiden, kann sie einem auf Vollziehung dieser Verpflichtung gerichteten Antrag entgegen halten, dass sich nach Eintritt der Rechtskraft des Bescheidungsurteils die Rechtslage zum Nachteil des Klägers geändert habe. Der Anspruch auf erneute Entscheidung über einen Antrag unter Beachtung der Rechtsauffassung des Gerichts steht, auch wenn er tituliert ist, unter dem Vorbehalt, dass sich die Sach- und Rechtslage nicht in rechtlich relevanter Weise ändert; insoweit reicht die Rechtskraft eines Bescheidungsurteils nicht weiter als eines Urteils, das die Behörde verpflichtet, die beantragte Erlaubnis, Genehmigung, Gestattung etc zu erteilen (BVerwGE 70, 227; BVerwG Buchholz 310 § 121 VwGO Nr 70; BVerwGE 117, 44, 47; BVerwG v 1.6.2007 – 4 B 13/07).

77.6   Zur Vollstreckung eines rechtskräftigen Bescheidungsurteils s VGH München v 18.1.2010 – 11 C 09.2813.

G. Fortsetzungsfeststellungsklage (§ 113 Abs 1 S 4 VwGO)

I. Einführung

78   Das Rechtsschutzbedürfnis für eine Anfechtungsklage entfällt (Schenke Rn 308), wenn sich der angefochtene Verwaltungsakt während des Klageverfahrens erledigt, weil dann mit der Aufhebung des Verwaltungsakts dem Kläger nicht mehr geholfen werden kann (er hat keinerlei Nutzen hiervon); die Klage wird unzulässig (Fechner NVwZ 2000, 121, 122 mwN). Das bedeutet aber nicht notwendigerweise, dass der Kläger kein Interesse mehr an dem Prozess hat und dass er auf die „Früchte seiner bisherigen Prozessführung" verzichten muss (zB BVerwG NVwZ 2012, 510 = Buchholz 310 § 113 Abs 1 VwGO Nr 39 Rn 12). Vielmehr sieht § 113 Abs 1 S 4 VwGO vor, dass der Kläger in diesem Fall von der Anfechtungsklage zur sog. Fortsetzungsfeststellungsklage übergehen kann.

79   Erledigt sich der Verwaltungsakt vor Klageerhebung, ist § 113 Abs 1 S 4 VwGO seinem Wortlaut nach nicht unmittelbar anwendbar. Die Interessenlage ist aber ähnlich zur Erledigung nach Klageerhebung. Folglich wurde in der Vergangenheit § 113 Abs 1 S 4 VwGO auf diese Konstellation analog angewendet. In der Entscheidung v 14.7.1999 (BVerwGE 109, 203 = NVwZ 2000, 63) geht das BVerwG aber wohl davon aus, dass für eine analoge Anwendung des § 113 Abs 1 S 4 VwGO kein Raum sei, vielmehr eine allgemeine Feststellungsklage nach § 43 VwGO zu erheben ist (s dazu unten III. – Rn 90 ff).

80   Obwohl § 113 Abs 1 S 4 VwGO unmittelbar nur auf die Anfechtungsklage Anwendung findet, wendet das BVerwG in ständiger Rechtsprechung die Vorschrift analog auch auf Verpflichtungsklagen an (vgl zB BVerwG BayVBl 1994, 119). Darüber hinaus soll ein bei seiner Einreichung zulässiger Normenkontrollantrag nach § 47 VwGO in entsprechender Anwendung des § 113 Abs 1 S 4 VwGO trotz des Außerkrafttretens der Norm während des

Normenkontrollverfahrens zulässig bleiben, wenn der Antragsteller noch ein berechtigtes Interesse an der Feststellung der Unwirksamkeit hat (VGH München v 12.5.2009 – 1 N 04.3145; VGH München v 1.10.2008 – 1 N 08.2771; VGH München v 10.5.2005 – 1 N 03.845; OVG MV v 30.1.2008 – 3 K 32/03); die von den genannten Entscheidungen z. T. in Bezug genommene Entscheidung des BVerwG (BVerwGE 68, 12) trägt dieses Ergebnis allerdings nicht, denn das BVerwG führt dort ausdrücklich aus, dass es einer entsprechenden Anwendung des § 113 Abs 1 S 4 VwGO nicht bedürfe, weil sich die Zulässigkeit des Normenkontrollantrages in solchen Fällen unmittelbar aus einer erweiternden Anwendung des § 47 Abs 2 S 1 VwGO über die Antragsbefugnis ergebe. Es erscheint allerdings zweifelhaft, ob die genannte Entscheidung des BVerwG, die noch zum Nachteilsbegriff des § 47 Abs 2 S 1 VwGO aF erging, auf § 47 Abs 2 S 1 VwGO in der aktuell geltenden und an § 42 Abs 2 VwGO angelehnten Fassung übertragbar ist. Von daher ist die Lösung über eine entsprechende Anwendung des § 113 Abs 1 S 4 VwGO konsequenter und folglich vorzugswürdig. Für die allgemeine Feststellungsklage (§ 43 VwGO) und die allgemeine Leistungsklage gilt § 113 Abs 1 S 4 VwGO nicht entsprechend, weil derselbe Zweck wie mit der Fortsetzungsfeststellungsklage auch mit der allgemeinen Feststellungsklage erreicht werden kann (Fechner NVwZ 2000, 121, 123 mwN; Schenke JuS 2007, 697, 699).

Nicht anwendbar ist § 113 Abs 1 S 4 VwGO im Widerspruchsverfahren, denn nach hM **80.1** (BVerwGE 26, 161; DÖV 1974, 835; BVerwGE 56, 24 = BayVBl 1978, 607; BayVBl 1989, 441; VGH München BayVBl 1992, 51; VGH München BayVBl 1993, 429; VGH Mannheim VBlBW 1981, 20; OVG Koblenz NJW 1982, 1361) gibt es im deutschen Verwaltungsprozessrecht keinen Fortsetzungsfeststellungswiderspruch.

Es entspricht ganz hM, dass § 113 Abs 1 S 4 VwGO in Verfahren des vorläufigen Rechtsschutzes **80.2** nach § 80 Abs 5 VwGO und nach § 123 VwGO weder direkt noch analog anwendbar ist (BVerwG NVwZ 1995, 586, 587; VGH München v 15.7.2009 – 7 CS 09.1347; VGH München v 7.1.2009 – 11 CS 08.1545; OVG Hamburg v 12.9.2007 – 1 Bs 79/07; VGH München v 8.1.1997 – 4 CS 96.1777; VGH Mannheim NVwZ-RR 1992, 442; VGH Kassel DöV 1990, 160; offen gelassen von VGH Mannheim v 17.11.2009 – 10 S 1851/09 BeckRS 2009, 41728), denn das Feststellungsinteresse, das einen Fortsetzungsfeststellungsantrag rechtfertigt, kann im Eilverfahren nicht befriedigt werden. Die aufgrund summarischer Prüfung ergehende Entscheidung im Eilverfahren dient der Sicherung eines Rechts oder der vorläufigen Regelung eines Rechtsverhältnisses; sie führt jedoch nicht zu einer rechtskräftigen Klärung der Rechtmäßigkeit oder Rechtswidrigkeit des inmitten stehenden Verwaltungsakts. Eine solche Klärung ist nur in einem Hauptsacheverfahren möglich.

Zu beachten ist ferner, dass die Fortführung einer Klage als Fortsetzungsfeststellungsklage dann **80.3** ausgeschlossen ist, wenn die Verfahrensbeteiligten in Bezug auf den Streitgegenstand den Rechtsstreit in der Hauptsache für erledigt erklärt haben. Denn das gerichtliche Verfahren ist mit dem Zeitpunkt der Abgabe übereinstimmender Erledigungserklärungen in der Hauptsache beendet und ist nach § 161 Abs 2 VwGO nur noch über die Kostenfolge zu entscheiden. Diese Verfahrensbeendigung in der Hauptsache tritt aufgrund der übereinstimmenden Erledigungserklärungen ohne Rücksicht darauf ein, ob die Hauptsache tatsächlich erledigt ist (vgl BVerwG NVwZ 1991, 160; OVG Hamburg v 30.11.2010 – 2 Bf 93/09.Z mwN).

II. Fortsetzungsfeststellungsklage bei Erledigung nach Klageerhebung

1. Änderung des Klageziels, Rechtsnatur der Klage, Zulässigkeitsvoraussetzungen

Erledigt sich der angefochtene Verwaltungsakt **nach Klageerhebung**, so kann der **81** Kläger gem § 113 Abs 1 S 4 VwGO zur Fortsetzungsfeststellungsklage übergehen (er kann den Rechtsstreit allerdings auch für erledigt erklären; **nicht zulässig** ist es jedoch, **hilfsweise** zur Umstellung auf eine Fortsetzungsfeststellungsklage den Rechtsstreit in der Hauptsache für erledigt zu erklären, denn ein primär auf Entscheidung gestellter Fortsetzungsfeststellungsantrag schließt ein solches Vorgehen aus; vgl BVerwG DVBl 1994, 1192; BVerwG Buchholz 310 § 113 VwGO Nr. 206 mwN). Dies stellt wegen § 173 VwGO iVm § 264 Nr 2 ZPO **keine Klageänderung** iSv § 91 VwGO dar, wenn der Streitgegenstand der Fortsetzungsfeststellungsklage von dem bisherigen Antrag umfasst war (BVerwG Buchholz 310 § 113 VwGO Nr 284; BVerwG DVBl 2010, 1434, 1435). Das Klageziel ändert sich dann von einem Gestaltungsbegehren in ein bloßes Feststellungsbegehren (streitgegenständlich ist dann die Behauptung des Klägers, der ursprüngliche Verwaltungsakt sei rechtswidrig gewesen; BVerwG DÖV 2002, 864). Die Umstellung auf eine Fortsetzungsfeststellungsklage ist auch noch in der Revisionsinstanz möglich (BVerwGE 114, 149, 151), es sei denn, der insoweit für die Beurteilung maßgebende Zeitpunkt deckt sich nicht mit dem für das ursprüngliche Klagebegehren (BVerwG Buchholz 310 § 113 VwGO Nr 284). Eine Fristbindung für die Umstellung der Anfechtungsklage auf eine Fortsetzungsfeststellungsklage besteht nicht (Schenke NVwZ 2000, 1255, 1256).

81.1   Die Fortsetzungsfeststellungsklage ist keine prozessuale Feststellungsklage, sondern ein Unterfall der – genauer ein **Minus** (so zutreffend Göpfert BayVBl 2000, 300, 302) **zur – Anfechtungsklage** und orientiert sich daher an deren Voraussetzungen. Dies ist freilich nicht unumstritten, ergibt sich aber aus der systematischen Stellung der Fortsetzungsfeststellungsklage im Gesetz (in § 113 Abs 1 VwGO, der die Grundsätze zur Begründetheit der Anfechtungsklage enthält) sowie aus Sinn und Zweck der Fortsetzungsfeststellungsklage, zu verhindern, dass die „Früchte der bisherigen Prozessführung" (der Anfechtungsklage) zunichte gemacht werden (ebenso: BVerwGE 26, 161; VGH München BayVBl 1993, 429; OVG Koblenz NJW 1982, 1302; Hellenbrand JA 1995, 153; Schenke NVwZ 2000, 1255, 1257; Pietzner/Ronellenfitsch § 11 Rn 13, der von einer „amputierten" Anfechtungsklage spricht; aA VGH München BayVBl 1992, 51; Schmitt Glaeser/Horn Rn 352).

81.2   Hieraus resultieren folgende besonderen Zulässigkeitsvoraussetzungen:
– Die Anfechtungsklage muss bis zum Eintritt des erledigenden Ereignisses zulässig gewesen sein.
– Der Verwaltungsakt muss sich erledigt haben.
– Ein besonderes Feststellungsinteresse muss gegeben sein.

82   Die Sacheentscheidungsvoraussetzungen müssen idR am Schluss der letzten mündlichen Verhandlung oder bei Entscheidung ohne mündliche Verhandlung im Zeitpunkt der Entscheidung – in der jeweiligen Instanz – vorliegen. Das gilt auch für die Beurteilung des Fortsetzungsfeststellungsinteresses (BVerwG Buchholz 310 § 113 Abs 1 VwGO Nr 6; BVerwGE 106, 295 = NVwZ 1998, 1295).

2. Zulässigkeit einer Anfechtungsklage bis zur Erledigung

83   Die Fortsetzungsfeststellungsklage ist ein **Minus** zur Anfechtungsklage und setzt diese fort. Hieraus folgt ohne weiteres, dass eine Fortsetzungsfeststellungsklage nur dann zulässig sein kann, wenn die in der Sache zunächst erhobene Anfechtungsklage zulässig war (Schmitt Glaeser/Horn Rn 353; Schenke Rn 339; Pietzner/Ronellenfitsch § 11 Rn 17; Hufen Verwaltungsprozessrecht § 18 Rn 82). Dh, es muss ein Verwaltungsakt nach § 35 VwVfG vorliegen, der Kläger muss gem § 42 Abs 2 VwGO klagebefugt gewesen und ein etwa nach § 68 Abs 1 VwGO erforderliches Widerspruchsverfahren muss erfolglos durchgeführt worden sein. Ferner muss die Klagefrist nach § 74 Abs 1 VwGO eingehalten worden sein, denn es kann nicht angehen, dass ein bereits bestandskräftiger Verwaltungsakt, nur weil er sich nach Eintritt seiner Unanfechtbarkeit erledigt hat, nunmehr Gegenstand einer Fortsetzungsfeststellungsklage werden kann. Die Bestandskraft entfällt nicht durch die Erledigung, sondern steht der Erhebung einer Fortsetzungsfeststellungsklage entgegen (BVerwGE 109, 203 = NVwZ 2000, 63; VGH München NVwZ-RR 1992, 218; Rozek JuS 1995, 697; Fechner NVwZ 2000, 121, 123).

3. Erledigung

84   Der Begriff der Erledigung ist in der VwGO nicht selbst definiert; er wird von § 113 Abs 1 S 4 VwGO vorausgesetzt. Es entspricht aber allgemeiner Meinung, dass sich ein Verwaltungsakt dann erledigt hat, wenn die sich aus ihm ergebende und mit der Klage bekämpfte Beschwer nachträglich weggefallen ist (vgl BVerwG NVwZ 1991, 570; aus neuerer Zeit: BVerwG v 8.8.2007 – 1 WB 52/06; s auch Heinze/Sahan JA 2007, 805; Ingold JA 2009, 711; S/S/B/Gerhardt VwGO § 113 Rn 81; s auch OLG Naumburg BeckRS 2011, 04400 zur Erledigung einer vorzeitigen Besitzeinweisung), wenn also der Verwaltungsakt nicht mehr geeignet ist, rechtliche Wirkungen zu erzeugen oder wenn die Steuerungsfunktion, die ihm ursprünglich innewohnte, nachträglich entfallen ist (BVerwG BayVBl 2009, 184, 185 mwN; BVerwG BauR 1999, 733 mwN). Erledigung ist mithin dann gegeben, wenn die Vollzugsfolgen des Verwaltungsakts nicht mehr rückgängig gemacht werden können, bzw. mit Blick auf § 43 VwVfG, wenn „der einer **Vollziehung fähige**

Regelungsgehalt des Verwaltungsakts" **gegenstandslos geworden** ist (Erichsen Jura 1994, 476, 479). Hiervon kann jedenfalls solange keine Rede sein, wie der mit der behördlichen Maßnahme erstrebte Erfolg noch nicht endgültig eingetreten ist. Der bloße Vollzug des Verwaltungsakts, und sei es auch im Wege des Verwaltungszwanges, der noch rückgängig gemacht werden kann, reicht daher nicht aus (BVerwG BayVBl 2009, 184; siehe zum Problem auch Labrenz NVwZ 2010, 22), wie auch § 113 Abs 1 S 2 VwGO zeigt. Erledigung iSv § 113 Abs 1 S 4 VwGO bedeutet mithin Wegfall der mit der Anfechtungsklage bekämpften beschwerenden Regelung, wobei sich der Eintritt des Wegfalls objektiv nach dem Regelungsgehalt des Verwaltungsaktes und nicht etwa vom Klägerinteresse her beurteilt. Allein die Tatsache, dass der Kläger kein Interesse an der weiteren Rechtsverfolgung mehr hat, begründet daher keine Erledigung der Hauptsache (vgl BVerwG NVwZ 1991, 570, 571; BVerwGE 46, 81; BVerwGE 73, 312; OVG Berlin-Brandenburg v 13.10.2009 – 3 N 39.08 BeckRS 2009, 40110; VGH München v 22.2.2010 – 2 ZB 08.2773; OVG Hamburg v 30.11.2010 – 2 Bf 93/09.Z). Kennzeichnend für eine Erledigung ist somit, dass jeweils ein vom Adressaten des Verwaltungsakts nicht beeinflusster Umstand dem Rechtsstreit seine Basis nimmt. In dieser Situation soll der Kläger sein Klagebegehren der neuen Prozesssituation durch Umstellung auf einen Feststellungsantrag unter gegenüber einer allgemeinen Feststellungsklage gemäß § 43 VwGO erleichterten Bedingungen anpassen können, damit er nicht um die „Früchte" der bisherigen Prozessführung gebracht wird, wenn er ein entsprechendes Feststellungsinteresse für die Fortsetzung des Verfahrens vorweisen kann (s etwa OVG Hamburg v 30.11.2010 – 2 Bf 93/09.Z).

84.1 Folglich erledigt sich etwa ein Beitragsbescheid grundsätzlich nicht mit der Zahlung des geschuldeten Betrages, denn der Geldbetrag kann nach Aufhebung des Verwaltungsakts im Wege der Folgenbeseitigung (§ 113 Abs 1 S 2 VwGO) zurückgezahlt werden. Auch die Entscheidung des Klägers, aus wirtschaftlichen oder persönlichen Gründen sein Klageziel nicht weiter zu verfolgen, begründet keine Erledigung des inmitten stehenden Verwaltungsakts (OVG Hamburg v 30.11.2010 – 2 Bf 93/09.Z).

84.2 Dagegen erledigt sich zB ein Antrag auf Zulassung zu einem Lehrgang und zu der anschließenden Prüfung, wenn dem Bewerber die Zulassung aus Gründen beschränkter Aufnahmekapazität versagt worden war und er aufgrund einer einstweiligen Anordnung an der Prüfung teilnahm und diese bestanden hat (BVerwG NVwZ 2001, 1288). Ein Vorauszahlungsbescheid nach Kommunalabgabenrecht ist erledigt, wenn der endgültige Beitragsbescheid ergangen ist, denn damit ist der festsetzende Teil des Vorauszahlungsbescheids gegenstandslos geworden. Den Rechtsgrund für die zu erbringenden Leistungen bildet nur noch der endgültige Beitragsbescheid (VGH München v 3.2.2000 – 6 B 95.2367; VGH München v 11.12.2009 – 6 B 08.682). Mit dem Eintritt eines Beamten in den Ruhestand nach Erreichen der gesetzlichen Altersgrenze erledigen sich entsprechende Verwendungsbegehren des Beamten sowie die darauf bezogenen ablehnenden Bescheide des Dienstherrn (OVG Magdeburg DVBl 2010, 324).

84.3 Zum Problem der Erledigung einer beamtenrechtlichen Konkurrentenklage im Falle der Besetzung der Stelle durch Ernennung eines Bewerbers s nunmehr BVerwGE 138, 102 (hierzu etwa Wieland DöD 2011, 69; Gärditz DVBl 2011, 1173; Munding DVBl 2011, 1512).

4. Besonderes Feststellungsinteresse

85 Nach der Rechtsprechung des BVerwG ist für die Schutzwürdigkeit des Interesses an einer Fortsetzungsfeststellungsklage kennzeichnend, dass eine Partei nicht ohne Not um die Früchte der bisherigen Prozessführung gebracht werden darf, wenn das Verfahren unter entsprechendem Aufwand einen bestimmten Stand erreicht hat und sich mit der Erledigung des ursprünglichen Antrages die Frage stellt, ob dieser Aufwand nutzlos gewesen sein soll und der Kläger der (häufig nicht auf sein Verhalten zurückgehenden) Erledigung wegen in diesem Verfahren leer ausgehen muss (BVerwG Buchholz 310 § 161 VwGO Nr 69 mwN). Der Gedanke der „Fruchterhaltung" ist dabei aber keine normative Voraussetzung für ein Feststellungsinteresse iSv § 113 Abs 1 S 4 VwGO, weshalb es nicht darauf ankommt, ob die bisherige Prozessführung schon „Früchte" erbracht hat (BVerwGE 106, 295 = NVwZ 1998, 1295; aA Göpfert NVwZ 1997, 143).

86 Gleichwohl kann nicht in jedem Fall einer Erledigung eine bereits anhängige Anfechtungsklage auf eine Fortsetzungsfeststellungsklage umgestellt werden. Dies ist vielmehr nur dann möglich, wenn der Kläger zur Zeit der letzten mündlichen Verhandlung bzw. bei Entscheidung ohne mündliche Verhandlung im Zeitpunkt der Entscheidung des Gerichts (BVerwGE 106, 295, 299 ff; VGH München v 7.7.2009 – 7 BV 08.254) ein **besonderes Feststellungsinteresse** hieran hat. Der Zeitpunkt der Erledigung ist somit – jedenfalls wenn dieser nach Klageerhebung liegt – nicht entscheidend (BVerwG Buchholz 310 § 113 Abs 1 VwGO Nr 6).

In Bezug auf das hiernach erforderliche besondere Feststellungsinteresse ist allerdings auch Art 19 Abs 4 GG zu beachten. Diese Norm garantiert den Rechtsweg nicht nur bei aktuell anhaltenden, sondern auch bei in der Vergangenheit erfolgten Rechtsverletzungen, wenn ein darauf bezogenes Rechtsschutzbedürfnis besteht (BVerfGE 104, 220, 232 f). Zwar kann die Zulässigkeit eines Rechtsschutzbegehrens vom Vorliegen eines schutzwürdigen Interesses bei der Verfolgung eines subjektiven Rechts abhängig gemacht werden; das ist verfassungsrechtlich unbedenklich (siehe nur BVerfG, NVwZ-RR 2011, 405). Damit der Rechtsschutz nicht unzumutbar beschränkt wird, dürfen aber an ein solches Rechtsschutzbedürfnis keine aus Sachgründen nicht zu rechtfertigenden Anforderungen gestellt werden (BVerfGE 78, 88, 99; BVerfGE 110, 77, 85; BVerfG, NVwZ-RR 2011, 405).

87 Im Einzelnen sind folgende Fallgruppen anerkannt (vgl hierzu zusammenfassend Rozek JuS 1995, 598 sowie Heinze/Sahan JA 2007, 805, 806; Ingold JA 2009, 711, 712):

87.1 **Rehabilitationsinteresse**: Ein Rehabilitationsinteresse begründet ein Feststellungsinteresse dann, wenn es bei vernünftiger Würdigung der Verhältnisse des Einzelfalles als schutzwürdig anzusehen ist (stRspr; vgl BVerwG Buchholz 310 § 113 I VwGO Nr 11; BVerwG NVwZ 2007, 224). Das kann der Fall sein, wenn die angefochtene Verwaltungsmaßnahme bei objektiver Betrachtungsweise, auch aufgrund der Begleitumstände, **diskriminierenden Charakter** hatte (BVerwG Buchholz 310, § 113 VwGO Nr 106; BVerwGE 61, 164; BVerwG NVwZ-RR 2002, 323). Die diskriminierende Wirkung eines Verwaltungsakts ist dann zu bejahen, wenn der Kläger ein schutzwürdiges Interesse an seiner Rehabilitierung hat, weil er noch im Zeitpunkt der Entscheidung des Gerichts durch die in Frage stehende Maßnahme objektiv in seinem grundrechtlich geschützten Persönlichkeitsrecht beeinträchtigt ist (BVerwGE 46, 283; BVerwGE 49, 36, 39; BVerwGE 53, 134, 138; BVerwGE 61, 164; s auch: BVerwG BeckRS 2005, 25487; BVerwG BeckRS 2006, 26700; s auch VGH München BayVBl 2009, 215, 216; VGH München BayVBl 2009, 343). Erforderlich ist somit, dass bei objektiver und vernünftiger Betrachtungsweise abträgliche Nachwirkungen der Maßnahme fortbestehen, denen durch eine gerichtliche Feststellung der Rechtswidrigkeit wirksam begegnet werden kann (BVerwG Buchholz 310 § 113 Abs 1 VwGO Nr 11; BVerwGE 61, 164, 166). Folglich reicht es nicht aus, dass der Betroffene die von ihm beanstandete Maßnahme als diskriminierend empfunden hat (BVerwG v 21.3.2013 – 3 C 6.12; BVerwG Buchholz 310 § 113 Abs 1 VwGO Nr 8 Rn 15). Eine Diskriminierung kann sich dabei auch aus den mit der Ablehnung eines Antrages zusammenhängenden Umständen ergeben (vgl Sodan/Ziekow/Wolff VwGO § 113 Rn 273 mwN) oder aus der Begründung der streitigen Verwaltungsentscheidung (BVerwG Buchholz 310 § 113 VwGO Nr 244; BVerwG NVwZ 2007, 224). Hat die Fahrerlaubnisbehörde für die (Wieder-)Erteilung der Fahrerlaubnis die Beibringung eines medizinisch-psychologischen Gutachtens gefordert und die (Wieder-)Erteilung wegen Nichtvorlage des Gutachtens abgelehnt, kann sich der Betroffene daher nur dann auf ein Rehabilitierungsinteresse berufen, wenn die Beibringungsanordnung wegen besonderer Umstände des Einzelfalles eine diskriminierende Wirkung hat. Allein die Aufforderung zur Vorlage eines solchen Gutachtens reicht hierfür nicht aus (BVerwG v 21.3.2013 – 3 C 6.12)

In folgenden Fällen hat die Rechtsprechung ein solches Rehabilitationsinteresse anerkannt:
- **Nichtversetzung eines Schülers** (in die nächst höhere Klasse): ein berechtigtes Interesse iSv § 113 Abs 1 S 4 VwGO besteht in diesen Fällen bereits dann, wenn sich die Entscheidung der Schule auf die weitere schulische oder berufliche Laufbahn des Schülers nachteilig auswirken kann. Ein solcher Nachteil muss weder unmittelbar bevorstehen noch sich konkret abzeichnen (BVerwG NVwZ 2007, 227 im Anschluss an BVerwGE 56, 155, 156 f und BVerwG Buchholz 421 Kultur- und Schulwesen Nr 68; VGH München BayVBl 2009, 343).
- **Versammlungsverbot:** Begründungen für das Versammlungsrecht beschränkende Maßnahmen können diskriminierend wirken, insbesondere wenn sie Ausführungen über die Persönlichkeit des Veranstalters oder zu seinem erwarteten kriminellen Verhalten auf Versammlungen enthalten (BVerwGE 110, 77, 92). Erforderlich ist aber, dass abträgliche Nachwirkungen der diskriminierenden Maßnahme fortbestehen, denen durch die gerichtliche Feststellung der Rechtswidrigkeit des Versammlungsverbots wirksam begegnet werden kann. Mit Blick auf die Gewährung effektiven Rechtsschutzes (Art 19 Abs 4 S 1 GG) und die verfassungsrechtlich verbürgte Versammlungsfreiheit (Art 8 GG) sind an das Vorliegen eines Fortsetzungsfeststellungsinteresses

in versammlungsrechtlichen Streitigkeiten keine überhöhten Anforderungen zu stellen (BVerfGE 110, 77, 85 ff; BVerwG NVwZ 2007, 224).

Wiederholungsgefahr: Die Wiederholungsgefahr setzt die hinreichend bestimmte Gefahr vo-   **87.2** raus, dass unter im Wesentlichen unveränderten tatsächlichen und rechtlichen Umständen ein gleich- artiger Verwaltungsakt ergeben bzw. eine gleichartige behördliche Entscheidung getroffen wird (BVerwG Buchholz 310 § 113 VwGO Nr 211 mwN; BVerwG Buchholz 310 § 113 VwGO Nr 284; BVerwG DokBer B 2008, 323 mwN; s auch BVerfGE 110, 77). Das erfordert zum einen die (konkrete) Möglichkeit, dass sich ein vergleichbarer Sachverhalt wieder ereignet, und zum anderen, dass die Behörde voraussichtlich an ihrer Rechtsauffassung festhalten wird (BVerfG NVwZ-RR 2011, 405). Notwendig ist also eine vergleichbare, nicht jedoch eine identische Situation (VGH München BayVBl 2009, 215). Daher bedarf es im Einzelfall nicht des Nachweises, das einem zukünftigen behördlichen Vorgehen in allen Einzelheiten die gleichen Umstände zu Grunde liegen werden wie vor Erledigung des Verwaltungsakts, denn entscheidend ist die Klärung der rechtlichen und tatsächlichen Voraussetzungen zukünftigen Verwaltungshandelns unter Anwendung der dafür maßgeblichen Rechtsvorschriften (BVerwG Buchholz 310 § 113 VwGO Nr 95; BayVBl 1994, 119; Buchholz 310 § 113 VwGO Nr 202; Buchholz 310 § 113 Abs 1 VwGO Nr 7; s auch BVerwG NZWehrR 2005, 29 bezüglich des Feststellungsinteresses nach Erledigung einer Personalmaßnahme bei Wiederholungsgefahr). Wenn dagegen nach Erledigung des Verwaltungsakts und vor der gericht- lichen Entscheidung neue Tatsachen eingetreten sind, die für die Rechtmäßigkeit eines entsprechen- den künftigen Verwaltungsakts bedeutsam sind, ist die gerichtliche Entscheidung über die Recht- mäßigkeit des unter anderen, jetzt nicht mehr gegebenen Umständen erlassenen Verwaltungsakts für das zukünftige Verwaltungshandeln bedeutungslos (BVerwG Buchholz 310 § 113 Abs 1 VwGO Nr 6 mwN), womit eine Wiederholungsgefahr zu verneinen ist. Das gilt in gleicher Weise, wenn sich die Wiederholungsgefahr bereits realisiert hat und der befürchtete weitere Verwaltungsakt bereits erlassen worden ist, denn die Wiederholungsgefahr begründet ein berechtigtes Feststellungsinteresse deshalb, weil die gerichtliche Feststellung den Beteiligten Richtschnur für ihr künftiges Verhalten bieten soll. Sie ist mit anderen Worten von der Erwartung getragen, dass eine Behörde von dem Erlass des erwarteten Verwaltungsaktes Abstand nehmen wird, wenn das Gericht feststellt, dass der erledigte Verwaltungsakt rechtswidrig gewesen ist. Diese Lenkungswirkung indes kann ein feststellendes Urteil nicht mehr entfalten, wenn der erwartete Verwaltungsakt bereits erlassen ist. In diesem Fall ist die Feststellung der Rechtswidrigkeit des erledigten Verwaltungsaktes für den Kläger nutzlos, weil der Erlass des Verwaltungsaktes nicht (mehr) abgewendet werden kann. Er bedarf der Feststellung auch nicht, weil er den nunmehr erlassenen Verwaltungsakt anfechten kann und muss, um seine Rechte wahrzunehmen (OVG Magdeburg BeckRS 2010, 56933). In **versammlungsrechtlichen Streitig- keiten** ist die Wiederholungsgefahr unter Berücksichtigung der Besonderheiten der Versammlungs- freiheit (Art 8 GG) zu bestimmen. Insofern reicht es aus, dass der Wille des Betroffenen erkennbar ist, in Zukunft Versammlungen abzuhalten, die ihrer Art nach zu den gleichen Rechtsproblemen und damit der gleichen Beurteilung ihrer Rechtmäßigkeit führen können. Angesichts des verfassungs- rechtlich geschützten Rechts des Veranstalters, über das Ziel sowie die Art und Weise der Durch- führung einer Versammlung selbst zu bestimmen, darf für die Bejahung des Feststellungsinteresses nicht verlangt werden, dass die möglichen weiteren Versammlungen unter gleichen Umständen, mit einem identischen Motto und am selben Ort durchgeführt werden (vgl. BVerfGE 110, 77, 90 f.). Jedoch sind Anhaltspunkte dafür zu fordern, dass die Behörde das Verbot solcher weiterer Versamm- lungen oder die Beschränkung ihrer Durchführung voraussichtlich wieder mit den gleichen Gründen rechtfertigen wird (vgl BVerfG NVwZ-RR 2011, 405, 406).

Vorbereitung eines nicht offensichtlich aussichtslosen Amtshaftungsprozesses: Ein Fest-   **87.3** stellungsinteresse ist von der Rechtsprechung des Weiteren dann bejaht worden, wenn der Kläger aufgrund der Entscheidung des Verwaltungsgerichts einen Amtshaftungsprozess oder einen sonstigen bürgerlich rechtlichen Rechtsstreit führen kann, es sei denn, dieser ist „offensichtlich aussichtslos" (BVerwG NVwZ 2004, 104; BVerwG NJW 1997, 71); der Schadensersatz- bzw Entschädigungs- prozess muss darüber hinaus bereits anhängig oder mit hinreichender Sicherheit zu erwarten sein (BVerwG v 9.3.2005 – 2 B 111/04; BVerwG Buchholz 310 § 113 Abs 1 VwGO Nr 21; BVerwG, Buchholz 310 § 113 VwGO Nr 19; BVerwGE 9, 196, 198; OVG Münster NVwZ-RR 2003, 696; OVG Münster v 17.12.2008 – 1 A 183/07). Die bloße unsubstantiierte oder nur aus prozess- taktischen Gründen aufgestellte Behauptung, einen Schadensersatzprozess führen zu wollen, genügt hierfür nicht (OVG Lüneburg v 29.8.2007 – 10 LA 31/06). Auch muss der Kläger substantiiert dartun, was er konkret anstrebt (vgl OVG Lüneburg v. 12.11.2007 – 2 LA 423/07 mwN). Von einer „offensichtlichen Aussichtslosigkeit" eines beabsichtigten zivilgerichtlichen Haftungsprozesses kann aber nur dann ausgegangen werden, wenn ohne eine ins Einzelne gehende Prüfung erkennbar ist, dass der behauptete zivilrechtliche Anspruch unter keinem rechtlichen Gesichtspunkt besteht

(BVerwG Buchholz 406.11 § 1 BBauG Nr 28 = NJW 1986, 1826; NVwZ 1992, 1092; NVwZ 1986, 556; NJW 1967, 1819). Diese Frage können die Verwaltungsgerichte selbst prüfen (BVerwG NJW 1988, 926; NVwZ 1992, 1092; BVerwG BeckRS 2003, 23406). Das Feststellungsinteresse ist etwa dann zu verneinen, wenn offensichtlich das für einen Amtshaftungsanspruch erforderliche Verschulden fehlt (BVerwG BayVBl 1996, 599). Nach der sog **Kollegialgerichts-Richtlinie** wird dabei als Regel angenommen, das einen Beamten kein Verschulden trifft, wenn ein mit mehreren Berufsrichtern besetztes Kollegialgericht die Amtstätigkeit als objektiv rechtmäßig ansieht, auch wenn sich diese Entscheidung im Nachhinein (etwa in der Rechtsmittelinstanz) als falsch erweist (BVerwG NVwZ 2004, 104; s auch BVerwG NVwZ 2009, 1431; BVerwG v 21.3.2013 – 3 C 6.12; VGH München BeckRS 2011, 47126; BGH NVwZ 2003, 166). Dem liegt die Erwägung zugrunde, dass von einem Beamten eine bessere Rechtseinsicht als von einem Kollegialgericht nicht erwartet und nicht verlangt werden kann (BVerwG NVwZ 2003, 1397). Die kollegial gerichtliche Billigung des Verwaltungshandelns als rechtmäßig schließt behördliches Verschulden nur dann nicht aus, wenn besondere Umstände dafür sprechen, dass die Behördenbediensteten es „besser" hätten wissen müssen; das kann namentlich dann der Fall sein, wenn das Gericht von einem falschen Sachverhalt ausgegangen ist (BVerwG Buchholz 428.2 § 10 VZOG Nr 4) oder eine eindeutige Vorschrift handgreiflich falsch ausgelegt hat (BVerwG BeckRS 2003, 23406; Buchholz 237.6 § 8 NdsLBG Nr 10; Buchholz 237.1 Art 86 BayLBG Nr 10; Buchholz 442.16 § 27 StVZO Nr 4) oder wenn die kollegialgerichtliche Billigung auf der Beantwortung einer Rechtsfrage beruht, die für die Behörde keine Rolle gespielt hat (BVerwG NVwZ 1989, 667; BVerwG NVwZ 1991, 270; OVG Saarlouis v. 19.11.2007 – 1 A 397/07). Voraussetzung für die Anwendbarkeit der Kollegialgerichts-Richtlinie ist allerdings, dass das Kollegialgericht das beanstandete Verhalten des Amtswalters nicht nur aufgrund einer überschlägigen, summarischen Prüfung, wie etwa in Verfahren des vorläufigen Rechtsschutzes, sondern auf der Grundlage einer vollständigen Klärung der Sach- und Rechtslage gebilligt hat (vgl OVG Lüneburg v 29.8.2007 – 10 LA 31/06; VGH Mannheim VBlBW 1991, 370; BGHZ 117, 240). Die Kollegialgerichts-Richtlinie ist nicht anwendbar, wenn ein Einzelrichter (sei es aufgrund Übertragung nach § 6 VwGO, sei es im Einverständnis mit den Beteiligten gem § 87a Abs 2, Abs 3 VwGO) entschieden hat (VGH München v 22.10.2008 – 22 BV 06.2701).

87.4   **Grundrechtsbeeinträchtigung**: In der Rechtsprechung des BVerwG ist ferner anerkannt, dass ein schutzwürdiges Interesse an der Rechtswidrigkeitsfeststellung nicht nur in Fällen in Betracht kommt, in denen abträgliche Nachwirkungen der erledigten Verwaltungsmaßnahme fortbestehen. Vielmehr kann es auch die Art des Eingriffs, insbes im grundrechtlich geschützten Bereich, verbunden mit dem durch Art 19 Abs 4 GG garantierten Anspruch auf effektiven Rechtsschutz erfordern, ein Feststellungsinteresse anzuerkennen (BVerwGE 61, 164, 166 unter Bezugnahme auf BVerfGE 51, 268, 279; BVerwG Buchholz 421 Kultur- und Schulwesen Nr 96; s auch BVerwGE 119, 341; BVerwG NZWehrR 2004, 163; BVerwG v 29.4.2008 – 1 WB 11/07). Hierzu zählen namentlich Feststellungsbegehren, die polizeiliche Maßnahmen zum Gegenstand haben (vgl BVerwG NJW 1997, 2534 mwN). Nach der Rechtsprechung des BVerfG ist es zwar mit dem Gebot, effektiven Rechtsschutz zu gewährleisten, grundsätzlich vereinbar, wenn die Gerichte ein Rechtsschutzinteresse nur solange als gegeben ansehen, als ein gerichtliches Verfahren dazu dienen kann, eine gegenwärtige Beschwer auszuräumen, einer Wiederholungsgefahr zu begegnen oder eine fortwirkende Beeinträchtigung durch einen an sich beendeten Eingriff zu beseitigen. Das Grundrecht auf effektiven Rechtsschutz gebietet es aber, dass der Betroffene Gelegenheit erhält, in Fällen tiefgreifender, tatsächlich jedoch nicht fortwirkender Grundrechtseingriffe auch dann die Rechtmäßigkeit des Eingriffs gerichtlich klären zu lassen, wenn die direkte Belastung durch den angegriffenen Hoheitsakt sich nach dem typischen Verfahrensablauf auf eine Zeitspanne beschränkt, in welcher der Betroffene die gerichtliche Entscheidung kaum erlangen kann. Der verwaltungsgerichtliche Rechtsschutz darf nicht von der weiteren Voraussetzung abhängig gemacht werden, dass an dem Betroffenen ein Exempel statuiert oder sein Ansehen in der Öffentlichkeit herabgesetzt wurde (vgl BVerfG NVwZ 1999, 290, 291 f zum Wasserwerfereinsatz; ferner BVerfGE 96, 27, 39 f mwN; BVerwG NVwZ 1999, 991; BVerwGE 61, 164 hinsichtlich der Verwendung eines bestimmten Lesebuches).

87.5   **Sonstige Gründe**: Die genannten Fallgruppen sind die wichtigsten in der Praxis. Die Aufzählung ist aber nicht abschließend, sodass sich ein Feststellungsinteresse auch aus anderen Gründen ergeben kann.

5. Begründetheit

88   Die Fortsetzungsfeststellungsklage richtet sich gegen den ursprünglich mittels Anfechtungsklage Beklagten (§ 78 VwGO). Sie ist begründet, wenn der erledigte Verwaltungsakt

rechtswidrig war und der Kläger dadurch in seinen Rechten verletzt wurde (§ 113 Abs 1 S 4 VwGO). Maßgeblich für diese Beurteilung ist der Zeitpunkt der Erledigung des Verwaltungsakts und die zu diesem Zeitpunkt bestehenden Sach- und Rechtslage (BVerwG NJW 1986, 796; BVerwGE 88, 354, 361; Ingold JA 2009, 711, 713). Bestand zum Zeitpunkt des erledigenden Ereignisses noch keine Spruchreife, muss das Verwaltungsgericht grundsätzlich die Spruchreife herstellen, um die begehrte Feststellung treffen zu können (BVerwGE 106, 295 = NVwZ 1998, 1295).

Zu beachten ist allerdings, dass mit einem Antrag nach § 113 Abs 1 S 4 VwGO nur die **88.1** Feststellung der Rechtswidrigkeit eines Verwaltungsakts begehrt werden kann, nicht jedoch die gerichtliche Feststellung eines bestimmten Rechtswidrigkeitsgrundes (BVerwG NVwZ-RR 2010, 154; BVerwGE 76, 258, 260 f; BVerwG Buchholz 310 § 113 VwGO Nr 280).

Hat das Verwaltungsgericht durch rechtskräftiges Urteil die Rechtswidrigkeit eines Ver- **89** waltungsakts nach § 113 Abs 1 S 4 VwGO festgestellt, dann entfaltet der Verwaltungsakt keine Regelungswirkung mehr (BVerwG DÖV 2002, 864). Damit ist allein die Rechtslage maßgebend, die ohne diesen Verwaltungsakt besteht (BVerwGE 105, 370, 373).

III. Klage bei Erledigung vor Klageerhebung

1. Allgemeines

§ 113 Abs 1 S 4 VwGO erfasst vom Wortlaut her nur den Fall, dass sich ein Verwaltungs- **90** akt nach Klageerhebung erledigt. Nicht direkt anwendbar ist die Norm daher in den Fällen, in denen sich der Verwaltungsakt mit seinem Vollzug, innerhalb offener Widerspruchsfrist, nach Erhebung des Widerspruchs, aber vor Ergehen des Widerspruchsbescheids, bzw nach Ergehen des Widerspruchsbescheides in offener Klagefrist erledigt. Von der bisher herrschenden Meinung wurde auf diese Konstellation § 113 Abs 1 S 4 VwGO analog angewendet (stRspr, vgl BVerwGE 12, 87, 90; BVerwGE 26, 161, 165; BVerwGE 36, 39; BVerwGE 81, 226, 227; siehe auch S/S/B/Gerhardt VwGO § 113 Rn 97, der jedoch unter Rn 99 die allgemeine Feststellungsklage bevorzugt; Kopp/Schenke VwGO § 113 Rn 128; Eyermann/ Schmidt VwGO § 113 Rn 72), weil der Zeitpunkt, in dem die Erledigung eintritt, häufig zufällig ist und nur durch eine Analogie zu § 113 Abs 1 S 4 VwGO eine sonst bestehende – und im Hinblick auf Art 19 Abs 4 GG unzulässige – Rechtschutzlücke bestünde. Diese Klage soll als **Rechtswidrigkeitsfeststellungsklage** bezeichnet werden (so Göpfert BayVBl 2000, 300, 304).

Mit der Entscheidung von 14.7.1999 (BVerwGE 109, 203 = NVwZ 2000, 63; vgl hierzu etwa **90.1** Hufen JuS 2000, 720; Schenke NVwZ 2000, 1255; Wehr DVBl 2001, 785; Wehr BayVBl 2003, 488) wollte das BVerwG aber wohl einen anderen Weg gehen (vgl zum Streitstand auch Heinze/ Sahan JA 2007, 805, 807 f; Schenke JuS 2007, 697, 699, 700). An Stelle der analogen Anwendung des § 113 Abs 1 S 4 VwGO soll die allgemeine Feststellungsklage nach § 43 VwGO die richtige Klageart sein. Hintergrund für diesen (neuen) dogmatischen Ansatz des BVerwG war dabei die Frage, ob für einen vorprozessual erledigten Verwaltungsakt eine Klagefrist einzuhalten ist, was das Gericht verneinte. Hierzu stellt das BVerwG nicht in erster Linie auf die Rechtsnatur der Klage ab, sondern zieht einen Vergleich zur vorprozessualen Erledigung eines formell bestandskräftigen Verwaltungsakts. Der Rechtsgedanke, dass eine Klage auf Feststellung der Rechtswidrigkeit eines unanfechtbaren Verwaltungsakts nicht zulässig sei, habe in § 43 Abs 2 S 1 VwGO Ausdruck gefunden. Die Interessenlage bei Erledigung vor Eintritt der Bestandskraft sei jedoch eine andere. Es sei nicht gerechtfertigt, einen Verwaltungsakt, dessen Regelungsgehalt gem § 43 Abs 2 VwVfG entfallen sei, im Hinblick auf den Fristenlauf eine fortdauernde Wirkung beizumessen. Auch seien Rechtssicherheit und Rechtsfriede in diesem Fall nicht in gleicher Weise berührt. Zwar liege es im Interesse der Verwaltung, nach einer bestimmten Frist nicht mehr einer Klage des möglicherweise rechtswidrig in Anspruch genommenen Adressaten ausgesetzt zu sein. Das Rechtsschutzsystem sei aber zur Wahrung der Interessen des Bürgers geschaffen, so dass die Interessen der Verwaltung für substanzielle Erschwernisse für den Rechtsschutz allein nicht ausschlaggebend sein könnten. Im Fall der Erledigung vor Bestandskraft könne aber die für den Bürger wesentliche aufschiebende Wirkung von Widerspruch und Anfechtungsklage nicht mehr erreicht werden. Deshalb sei ihm auch die Wahrung einer Klagefrist nicht in gleicher Weise zuzumuten. Die Interessen der Verwaltung seien durch das Erfordernis eines berechtigten Interesses und das Institut der Verwirkung hinreichend geschützt. Dies entspreche auch der gesetzlichen Interessenbewertung bei der allgemeinen Feststellungsklage nach § 43 VwGO (vgl auch Wehr DVBl 2001, 785, 786). Weiter führt das BVerwG aus, im Hinblick darauf, dass nach der Rechtsprechung für die Zulässigkeit einer Klage auf Feststellung der Rechtswidrigkeit eines erledigten Verwaltungsakts weder die Durchführung eines Vorverfahrens erforderlich noch eine Klagefrist vorgeschrieben sei und sich das Feststellungsinteresse an den Anforderungen des § 43 VwGO und nicht an dem für § 113 Abs 1 S 4 VwGO Vorausgesetzten orientiere, hätte es möglicherweise näher gelegen, von vornherein den Rechtsschutzbereich der allgemeinen Feststellungsklage des § 43 VwGO entsprechend weiterzuentwickeln (vgl Pietzner VerwArch 84 (1993), 261, 281). Deshalb sei zweifelhaft, ob bei einer nicht von vornherein als Anfechtungs- und Verpflichtungsklage erhobenen Klage auf Feststellung der Rechtswidrigkeit eines Verwaltungsakts überhaupt entsprechend auf § 113 Abs 1 S 4 VwGO zurückzugreifen ist.

90.2   Dieser Entscheidung **kann nur bedingt zugestimmt werden**. Abzulehnen ist die Annahme, die Klage gegen vorprozessual erledigte Verwaltungsakte sei eine allgemeine Feststellungsklage nach § 43 VwGO und § 113 Abs 1 S 4 VwGO sei nicht analog anzuwenden (ebenso Heinze/Sahan JA 2007, 805). Das folgt daraus, dass sich das für die Zulässigkeit einer allgemeinen Feststellungsklage erforderliche Rechtsverhältnis bei vorprozessual erledigten Verwaltungsakten nicht dogmatisch sauber begründen lässt (vgl insoweit nur die verschiedenen Begründungsversuche bei Wehr DVBl 2001, 785, 787, die allesamt nicht überzeugen); dieses Problem wurde zudem vom BVerwG in der genannten Entscheidung nicht näher untersucht. Das BVerwG begnügt sich allein mit der Feststellung, einer Feststellungsklage stünde jedenfalls nicht entgegen, dass es sich bei der Rechtswidrigkeit eines Verwaltungsakts nicht um ein feststellungsfähiges Rechtsverhältnis handeln würde. Wenn dem aber so ist, worin ist dann das für die Feststellungsklage erforderliche Rechtsverhältnis zu sehen? (ebenso Heinze/Sahan JA 2007, 805). Fehlt es aber an einem Rechtsverhältnis, dann wäre die Feststellungsklage bereits unzulässig. Des Weiteren steht § 43 Abs 2 S 1 VwGO der Annahme einer allgemeinen Feststellungsklage entgegen, denn auch beim vorprozessual erledigten Verwaltungsakt hätte der Kläger an sich eine Anfechtungsklage erheben können, wenn sich der Verwaltungsakt nicht vorher erledigt hätte (SG/H Rn 361). Ist aber eine allgemeine Feststellungsklage nicht zulässig und wird eine Analogie zu § 113 Abs 1 S 4 VwGO abgelehnt, dann bestünde gegenüber vorprozessual erledigten Verwaltungsakten kein Rechtsschutz. Ein mit Art 19 Abs 4 GG unvereinbares Ergebnis. Diese Rechtsschutzlücke kann daher nur durch die Analogie zu § 113 Abs 1 S 4 VwGO geschlossen werden (ebenso: Schenke NVwZ 2000, 1255, 1257; Fechner NVwZ 2000, 121, 127, 128; Heinze/Sahan JA 2007, 805; Schenke JuS 2007, 697; Ingold JA 2009, 711, 714; aA Wehr DVBl 2001, 785). Letztlich darf die Entscheidung vom 14.7.1999 (BVerwGE 109, 203 = NVwZ 2000, 63) auch nicht überbewertet werden. Seit dieser Entscheidung hat das BVerwG seine darin geäußerte Rechtsauffassung zur Maßgeblichkeit des § 43 VwGO – soweit ersichtlich – in keiner weiteren Entscheidung mehr bestätigt. Auch in den Entscheidungen vom 23.8.2007 (NVwZ 2007, 1311 und 1428) ging es nicht um die (nachträgliche) Zulässigkeit einer Feststellungsklage bei vorprozessual erledigtem Verwaltungsakt, sondern um die nachträgliche Zulässigkeit einer Feststellungsklage, der ursprünglich deren Subsidiarität entgegenstand (daher insofern wenig überzeugend Schübel-Pfister JuS 2008, 329, 331). Vielmehr geht das Gericht in den Entscheidungen vom 18.5.2005 (BeckRS 2004, 22795) und vom 12.4.2001 (NVwZ 2001, 1288) wie selbstverständlich von der Analogie zu § 113 Abs 1 S 4 VwGO bei vorprozessual erledigten Verwaltungsakten aus (ebenso OVG Hamburg v 12.9.2007 – 1 Bs 79/07; VGH Mannheim DVBl 2011, 245 = NVwZ-RR 2011, 231 mwN); in der Entscheidung vom 13.8.2009 (Az 7 B 30/09) wendet es sogar ausdrücklich § 113 Abs 1 S 4 VwGO analog auf vorprozessual erledigte Verwaltungsakte an.

90.3   Zustimmungswürdig ist allerdings die Auffassung des BVerwG, die Rechtswidrigkeitsfeststellungsklage unterliege keiner Fristbindung (ebenso Wehr DVBl 2001, 785, 791; VGH Mannheim DVBl 2010, 1569 mwN). Die genannten Argumente sind überzeugend und ohne weiteres auf die Klage analog § 113 Abs 1 S 4 VwGO übertragbar. Das gilt umso mehr, als die Fortsetzungsfeststellungsklage in direkter Anwendung des § 113 Abs 1 S 4 VwGO auch keiner Fristbindung unterliegt (vgl oben Rn 81) und es damit für eine Analogie zu § 74 VwGO bereits an einer Regelungslücke fehlt. Zudem kann über das Feststellungsinteresse (je länger der Betroffene mit einer Klage zögert, desto geringer dürfte sein Interesse an der Rechtswidrigkeitsfeststellung werden) und das Rechtsinstitut der Verwirkung den berechtigten Interessen der Verwaltung ausreichend Rechnung getragen werden.

90.4   Dem entsprechend ist nach wie vor bei vorprozessual erledigten Verwaltungsakten § 113 Abs 1 S 4 VwGO analog anzuwenden.

90.5   Hieraus resultieren folgende Zulässigkeitsvoraussetzungen:
- Vorliegen eines vorprozessual erledigten Verwaltungsakts
- Keine Bestandskraft dieses Verwaltungsakts vor seiner Erledigung

- Besonderes Feststellungsinteresse
- Klagebefugnis, § 42 Abs 2 VwGO analog
- Keine Verwirkung

2. Vorliegen eines vorprozessual erledigten Verwaltungsakts

Insoweit gelten die gleichen Grundsätze wie bei der Fortsetzungsfeststellungsklage. Die **91** Erledigung des inmitten stehenden Verwaltungsakts muss jedoch vor Klageerhebung erfolgt sein.

3. Keine Bestandskraft dieses Verwaltungsakts vor seiner Erledigung

Eine Rechtswidrigkeitsfeststellungsklage bei vorprozessual erledigten Verwaltungsakten **92** scheidet dann aus, wenn der Kläger es versäumt hat, vor Erledigung rechtzeitig Widerspruch oder Klage zu erheben. Ein bestandskräftiger Verwaltungsakt kann nicht Gegenstand der Rechtswidrigkeitsfeststellungsklage sein (vgl nur BVerwGE 109, 203 = NVwZ 2000, 63).

Hieraus ergeben sich folgende Konsequenzen: **92.1**
- Hat sich der Verwaltungsakt sofort mit seinem Vollzug erledigt oder innerhalb offener Widerspruchsfrist, kann unmittelbar – also ohne Widerspruchsverfahren – Rechtswidrigkeitsfeststellungsklage analog § 113 Abs 1 S 4 VwGO erhoben werden, da nach hM der VwGO ein Fortsetzungsfeststellungswiderspruch fremd ist (vgl Wolff/Decker/Decker VwGO § 68 Rn 19, 20, 21 und zu § 73 Rn 46 sowie oben Rn 80.1).
- Hat sich der Verwaltungsakt nach Erhebung des Widerspruchs erledigt, so ist das Widerspruchsverfahren einzustellen; eine Widerspruchsentscheidung in der Sache ist unzulässig (BVerwGE 81, 226, 228; NVwZ 2001, 1288; VGH Mannheim VBlBW 1995, 318, 319). Es kann aber unmittelbar Rechtswidrigkeitsfeststellungsklage analog § 113 Abs 1 S 4 VwGO erhoben werden.
- Hat sich der Verwaltungsakt nach Ergehen des Widerspruchsbescheides, aber innerhalb offener Klagefrist erledigt, kann ebenfalls sofort Rechtswidrigkeitsfeststellungsklage analog § 113 Abs 1 S 4 VwGO erhoben werden.
- Hat sich schließlich der Verwaltungsakt erst nach Eintritt seiner Bestandskraft erledigt, weil die Widerspruchs- oder Klagefrist abgelaufen ist, kann eine Rechtswidrigkeitsfeststellungsklage nicht mehr in zulässiger Weise erhoben werden.

4. Besonderes Feststellungsinteresse

Es gelten insoweit die gleichen Grundsätze wie im Rahmen der Fortsetzungsfeststellungs- **93** klage mit der Besonderheit, dass, wenn sich der Verwaltungsakt vor Klageerhebung erledigt hat, ein **Feststellungsinteresse** in Form eines beabsichtigten Amtshaftungsprozesses nicht geltend gemacht werden kann (siehe BVerwG Buchholz 310, § 113 VwGO Nr 202; BVerwG v 26.7.1996 – 1 B 121/96 unter ausdrücklicher Bestätigung der Entscheidung in Buchholz 310 § 113 VwGO Nr 202; VGH München NVwZ-RR 1997, 23; OVG Saarlouis NVwZ-RR 1993, 45; VGH Kassel v 27.6.1989 – 2 UE 531/89). Der Kläger ist dann vielmehr gezwungen, unmittelbar die Zivilgerichte anzurufen, gewährt doch Art 19 Abs 4 GG keinen Anspruch auf das sachnähere Gericht. Auch wäre eine zusätzliche Befassung der Verwaltungsgerichte prozessunökonomisch (BVerwG BayVBl 1989, 441; VGH Mannheim VBlBW 1991, 148). Diese Rechtsprechung gilt auch für den Fall, dass die vom Verwaltungsgericht begehrte Feststellung der Rechtswidrigkeit eines Verwaltungsakts nicht der Vorbereitung einer Amtshaftungsklage, sondern einer zivilgerichtlichen Klage auf Erlösauskehr nach § 816 BGB oder Art 223 § 16 Abs 2 EGBGB dient (BVerwG BeckRS 2004, 22795). Bei vorprozessualer Erledigung eines Verwaltungsakts begründet auch die Absicht, die Rechtswidrigkeit der Verfügung im Hinblick auf ein zwischenzeitlich eingeleitetes Bußgeldverfahren durch die „sachnäheren" Verwaltungsgerichte klären zu lassen, kein Fortsetzungsfeststellungsinteresse (VGH Mannheim NVwZ-RR 1995, 621).

5. Klagebefugnis (§ 42 Abs 2 VwGO analog)

94   Zur **Vermeidung** der dem Verwaltungsprozessrecht fremden **Popularklage** ist auch im Rahmen der Rechtswidrigkeitsfeststellungsklage § 42 Abs 2 VwGO entsprechend anzuwenden (BVerwG NJW 1982, 2513; VGH München BayVBl 1982, 152; VGH München BayVBl 1993, 430; SG/H Rn 364). Das bedeutet, dass der Kläger durch den erledigten Verwaltungsakt möglicher Weise in seinen Rechten verletzt worden sein muss.

6. Keine Verwirkung

95   Wie bereits ausgeführt, unterliegt die Rechtswidrigkeitsfeststellungsklage analog § 113 Abs 1 S 4 VwGO keiner Fristbindung. Das Recht, eine solche Klage zu erheben, kann daher allenfalls verwirkt werden (s bei § 74 VwGO Rn 38 und bei § 75 VwGO Rn 22).

7. Begründetheit

96   Die Rechtswidrigkeitsfeststellungsklage ist begründet, wenn festgestellt werden kann, dass der vorprozessual erledigte Verwaltungsakt rechtswidrig war und der Kläger dadurch in seinen Rechten verletzt wurde. Maßgeblich ist insoweit die Sach- und Rechtslage im Zeitpunkt der Erledigung des Verwaltungsakts (s oben Rn. 88 ff).

IV. Fortsetzungsfeststellungsklage in der Verpflichtungsklagesituation

97   Wie bereits ausgeführt (Rn 80), kann sich auch in der **Verpflichtungsklagesituation** die Notwendigkeit eines **Fortsetzungsfeststellungsantrages** ergeben, zB dann, wenn infolge einer Rechtsänderung der möglicherweise bestehende Anspruch auf einen Verwaltungsakt weggefallen ist, die Klage mithin nachträglich unbegründet geworden ist (vgl etwa BVerwGE 61, 128; s auch VGH München v 22.10.2008 – 22 BV 06.2701; OVG Hamburg v 16.11.2009 – 2 Bf 273/09.Z; OVG Hamburg v 30.11.2010 – 2 Bf 93/09.Z; VGH München BayVBl 2011, 248). Dass die Vorschrift bei Verpflichtungsklagen entsprechend gilt, mithin auch bei solchen Klagen das Verfahren trotz Erledigung mit dem Ziel fortgesetzt werden kann, die Rechtswidrigkeit der Ablehnung des beantragten Verwaltungsakts feststellen zu lassen, ist allgemeine Meinung in Literatur und Rechtsprechung (vgl nur BVerwGE 51, 264, 265; BVerwGE 61, 128; BVerwGE 89, 354 = NVwZ 1992, 563; BVerwG BayVBl 1994, 119; BVerwG Buchholz 424.4 PflSchG Nr 1; BVerwGE 106, 295; BVerwGE 121, 169; BVerwG v 23.1.2007 – 1 C 1/06; Ingold JA 2009, 711, 714 ff) ; das gilt auch dann, wenn die Verpflichtungsklage ursprünglich als Untätigkeitsklage (§ 75 VwGO) erhoben worden war (vgl BVerwGE 106, 295; VGH Mannheim DVBl 2010, 717). Der Übergang zur Fortsetzungsfeststellungsklage ist auch noch im Revisionsverfahren möglich (vgl BVerwG v 23.1.2007 – 1 C 1/06), unterliegt aber den gleichen Zulässigkeitsvoraussetzungen wie bei der Anfechtungsklage (s oben Rn 81.2), erfordert also insbes ein besonderes Feststellungsinteresse (vgl insbes Rn 87).

98   Ein zulässiges Fortsetzungsfeststellungsbegehren liegt jedoch auch bei einer erledigten Verpflichtungsklage grundsätzlich nur dann vor, wenn mit der beantragten Feststellung der Streitgegenstand nicht ausgewechselt oder erweitert wird (vgl BVerwGE 89, 354, 355 mwN = NVwZ 1992, 563). Das ergibt sich aus dem Zweck, dem diese Klage dient. Sie soll verhindern, dass ein Kläger, der infolge eines erledigenden Ereignisses seinen ursprünglichen, den Streitgegenstand kennzeichnenden Antrag nicht weiterverfolgen kann, um die „Früchte" der bisherigen Prozessführung gebracht wird (vgl BVerwG Buchholz 310 § 161 VwGO Nr 69 mwN; BVerwG v 16.5.2007 – 3 C 8/06). Er darf daher das in der Verpflichtungsklage subsidiär enthaltene Feststellungsbegehren als Hauptantrag fortführen, wenn er ein entsprechendes Feststellungsinteresse vorweisen kann. Ohne weiteres zulässig ist eine solche Fortsetzungsfeststellungsklage mithin nur, wenn der Streitgegenstand von dem bisherigen Antrag umfasst war (BVerwG BayVBl 1994, 119). Das hängt vom Streitgegenstand der (erledigten) Verpflichtungsklage ab. Bestandteil des Streitgegenstandes der Verpflichtungsklage ist nicht die Feststellung, dass der Verwaltungsakt, in dem die Ablehnung nach außen Gestalt gefunden hat, rechtswidrig ist, sondern die Feststellung, dass die Weigerung der Behörde in dem für das Verpflichtungsbegehren entscheidenden Zeitpunkt, den beantragten Verwaltungsakt

zu erlassen, die Rechtsordnung verletzt. Eine Weiterführung des Verfahrens mit dem Antrag, der ablehnende Bescheid sei rechtswidrig gewesen, ist daher grundsätzlich nur zulässig, wenn der für eine solche Feststellung maßgebliche Zeitpunkt sich mit dem des bisherigen Verpflichtungsbegehrens deckt (siehe zB VGH München v 22.10.2008 – 22 BV 06.2701). Andernfalls geht der Fortsetzungsfeststellungsantrag über den ursprünglichen Streitgegenstand hinaus. Richtet sich nach dem einschlägigen materiellen Recht die Begründetheit der Verpflichtungsklage nach dem Zeitpunkt der letzten mündlichen Verhandlung, so muss auch der Fortsetzungsfeststellungsantrag diesen Zeitpunkt betreffen (BVerwGE 89, 354, 356 = NVwZ 1992, 563). Weicht der Feststellungsantrag hiervon ab, so ist er nicht schon nach § 113 Abs 1 S 4 VwGO zulässig. Vielmehr liegt darin dann eine Klageänderung, die nur unter den Voraussetzungen des § 91 VwGO zulässig ist (BVerwGE 109, 74, 78 ff mwN; BVerwG NJW 2007, 2790).

Mit einer Fortsetzungsfeststellungsklage analog § 113 Abs 1 S 4 VwGO kann zB die Feststellung **98.1** begehrt werden, dass die Baugenehmigungsbehörde verpflichtet war, vor Inkrafttreten einer Veränderungssperre eine beantragte Baugenehmigung zu erteilen (BVerwG NVwZ 1999, 523; BayVGH v 10.3.2004 – 26 BV 02.1127; VGH München BayVBl 2011, 248). Die Klage kann auch auf die Feststellung gerichtet sein, dass dem Bauherrn während eines bestimmten Zeitraums ein Anspruch auf Erteilung einer Genehmigung oder eines Vorbescheids zustand. Dies betrifft etwa die Fälle, in denen ein Vorhaben nach Ablauf einer Veränderungssperre bis zum Erlass eines Bauleitplans oder einer erneuten Veränderungssperre für einen bestimmten Zeitraum genehmigungsfähig war (vgl. hierzu BVerwGE 109, 74; BVerwG v 21.10.2004 – 4 B 76/04; VGH München BayVBl 2011, 248). Vorstehende Feststellungsanträge umfassen jedoch allein die materiell-rechtliche Genehmigungsfähigkeit des Vorhabens, nicht aber die Frage, ab welchem Zeitpunkt oder in welchem Zeitraum die Bauaufsichtsbehörde den Bescheid ggf hätte erlassen müssen (VGH München BayVBl 2011, 248), denn es ist grundsätzlich zu unterscheiden zwischen der Frage der Bebaubarkeit, die Gegenstand eines klärungsfähigen Rechtsverhältnisses sein kann, und der Pflicht der Baugenehmigungsbehörde, die Baugenehmigung in angemessener Zeit zu erteilen. Letzteres kann nur Gegenstand eines vor den Zivilgerichten zu führenden Amtshaftungs- oder Entschädigungsprozesses sein. Die Zivilgerichte sind dabei an die (rechtskräftige) Feststellung des Verwaltungsgerichts, das im Zeitpunkt des erledigenden Ereignisses – oder in einem bestimmten Zeitraum – ein Anspruch auf Erteilung einer Baugenehmigung bestand, gebunden (BVerwGE 109, 74; BGH NVwZ-RR 1996, 65; VGH München BayVBl 2011, 248).

Ist die Klage zulässig und begründet, spricht das Gericht aus, dass die Versagung – oder die **99** Unterlassung – des beantragten Verwaltungsakts rechtswidrig gewesen ist (BVerwG Buchholz 424.4 PflSchG Nr 1).

Erledigt sich ein Verpflichtungsbegehren vor Klageerhebung, so ist nach obigen Ausführungen **100** gen § 113 Abs 1 S 4 VwGO (doppelt) analog anzuwenden (ebenso Ingold JA 2009, 711, 716). Allerdings wird sich dabei regelmäßig das Problem des besonderen Feststellungsinteresses stellen, weil solche Klagen idR zur Vorbereitung eines zivilrechtlichen Amtshaftungsprozesses erhoben werden, hierauf aber das Feststellungsinteresse bei vorprozessual erledigten Verwaltungsakten nicht gestützt werden kann (vgl Rn 93).

V. Fortsetzungsfeststellungsklage in der Situation der Untätigkeitsklage nach § 75 VwGO

Die Untätigkeitsklage nach § 75 VwGO ist keine eigene Klageart, sondern – je nach **101** Verfahrenssituation – entweder eine Verpflichtungsklage, wenn die Behörde innerhalb angemessener Frist nicht über einen Antrag oder über einen Widerspruch des Klägers entschieden hat, bzw eine Anfechtungsklage, wenn die Behörde über einen Anfechtungswiderspruch des Klägers innerhalb angemessener Frist nicht entschieden hat. Zur „Normalsituation" der Anfechtungs- oder Verpflichtungsklage liegt der Unterschied damit allein darin, dass eine Untätigkeitsklage entweder ohne eine das Verwaltungsverfahren abschließende behördliche Entscheidung oder jedenfalls ohne eine das Widerspruchsverfahren abschließende Entscheidung erhoben werden kann (vgl § 75 VwGO Rn 2). Erledigt sich das Klagebegehren daher nach Erhebung der Untätigkeitsklage, kann auch in diesem Fall auf eine Fortsetzungsfeststellungsklage nach § 113 Abs 1 S 4 VwGO entsprechend obigen Grundsätzen umgestellt werden.

102   Da in der Situation der Untätigkeitsklage bereits Klage erhoben worden ist, kann sich hier aber das Problem der Fortsetzungsfeststellungsklage bei vorprozessual erledigtem Verwaltungsakt nicht stellen.

VI. Sonderfall: Erledigung innerhalb offener Frist zur Begründung eines Antrages auf Zulassung der Berufung bzw der Nichtzulassungsbeschwerde

103   Tritt die Erledigung eines Verwaltungsakts erst nach dem Erlass des erstinstanzlichen Urteils, aber vor Ablauf der Frist zur Begründung eines Antrages auf Zulassung der Berufung ein, dann kommt eine Zulassung der Berufung nur in Betracht, wenn der Rechtsbehelfs-führer die Voraussetzungen des § 113 Abs 1 S 4 VwGO geltend machen kann (insbes das insoweit erforderliche Feststellungsinteresse) und er sie entsprechend im Zulassungsantrag ausreichend darlegt (OVG Berlin-Brandenburg v 5.4.2011 – 2 N 18.08; VGH München v 21.1.2008 – 11 ZB 07.371; VGH München v 28.7.2008 – 19 ZB 08.975; OVG Hamburg v 8.5.2008 – 19 f 108/07 ua; OVG Lüneburg NVwZ-RR 2007, 67; OVG Lüneburg NVwZ-RR 2004, 912; VGH Mannheim NVwZ-RR 1998, 371). Gelingt ihm das nicht, muss der Antrag auf Zulassung der Berufung schon deshalb erfolglos bleiben, weil sich dann die vom Verwaltungsgericht getroffene klageabweisende Entscheidung jedenfalls im Ergebnis als richtig erweist (vgl Eyermann/Happ VwGO § 124a Rn 78b). Erledigt sich der Rechtsstreit nach Ablauf der Frist des § 124a Abs 4 VwGO, so kann der Zulassungsantragsteller zwar noch ergänzend eine Erledigungserklärung abgeben oder auf einen Fortsetzungsfeststellungsantrag nach § 113 Abs 1 S 4 VwGO übergehen. Die Feststellung der Rechtswidrigkeit gemäß § 113 Abs 1 S 4 VwGO kommt allerdings nicht im Zulassungsverfahren, sondern erst nach erfolgter Zulassung im Berufungsverfahren in Betracht. Eine Zulassung der Berufung mit dem Ziel einer Entscheidung im Berufungsverfahren nach § 113 Abs 1 S 4 VwGO setzt jedoch auch hier voraus, dass der Antragsteller bereits im Zulassungsverfahren ein berechtigtes Interesse an der begehrten Feststellung darlegt (VGH Kassel v 9.2.2011 – 6 A 1871/10.Z mwN; s auch OVG Lüneburg NVwZ-RR 2004, 912).
         Zu weiteren Einzelheiten siehe auch die Erläuterungen zu § 124a VwGO Rn 57 f.

104   Vorstehende Ausführungen gelten in gleicher Weise, wenn sich der verfahrensgegen-ständliche Verwaltungsakt innerhalb der Frist zur Begründung der Nichtzulassungsbeschwer-de nach § 133 VwGO erledigt (BVerwG NVwZ-RR 1996, 122).

§ 114 [Nachprüfung von Ermessensentscheidungen]

[1]**Soweit die Verwaltungsbehörde ermächtigt ist, nach ihrem Ermessen zu handeln, prüft das Gericht auch, ob der Verwaltungsakt oder die Ablehnung oder Unterlassung des Verwaltungsakts rechtswidrig ist, weil die gesetzlichen Grenzen des Ermessens überschritten sind oder von dem Ermessen in einer dem Zweck der Ermächtigung nicht entsprechenden Weise Gebrauch gemacht ist.** [2]**Die Verwaltungsbehörde kann ihre Ermessenserwägungen hinsichtlich des Verwaltungsaktes auch noch im verwaltungsgerichtlichen Verfahren ergänzen.**

§ 114 VwGO regelt die inhaltliche Überprüfung von Ermessensentscheidungen (Rn 4) und ergänzt insofern § 113 VwGO. Die Vorschrift macht damit Vorgaben für den inneren Vorgang der richterlichen Rechtsfindung in der Sache, womit es sich um eine materielle und nicht um eine Verfahrensregelung handelt (BVerwG 19.3.2010 – 9 B 76/09). Dabei enthält § 114 S 1 VwGO keine Erweiterung des Prüfungsumfanges des Gerichts – wie der Wortlaut „prüft auch" nahe legen könnte – sondern im Ergebnis eine Einschränkung (Rn 26), denn das Gericht kann die behördliche Ermessensausübung nur darauf hin überprüfen, ob die gesetzlichen Grenzen (Rn 19) des Ermessens überschritten wurden oder von dem Ermessen in einer dem Zweck der Ermächtigung (Rn 24) nicht entsprechenden Weise Gebrauch gemacht worden ist. § 114 S 2 VwGO (Rn 37), der durch das 6. VwGO Änderungsgesetz vom 1.11.1996 (BGBl I 1626) eingefügt wurde, ermöglicht die Ergänzung unzureichender Ermessenserwägungen auch noch im Verwaltungsprozess. Die Norm ist rechtsdogmatisch verfehlt, denn sie gibt keine materielle Befugnis zur Nachbesserung von Ermessensentscheidungen, und ist daher zu recht auf massive Kritik in der Literatur gestoßen (vgl. etwa Redeker NVwZ 1996, 521; Kuhla/Hüttenbrink DVBl 1996, 717; Schenke NJW 1997, 81).

Übersicht

A. Anwendungsbereich

§ 114 VwGO findet im Rahmen der **Klagearten** der Anfechtungs-, Verpflichtungs- und **1** Fortsetzungsfeststellungsklage Anwendung. Nicht anwendbar ist die Norm dagegen auf die allgemeine Feststellungsklage nach § 43 VwGO, die allgemeine Leistungsklage sowie den Normenkontrollantrag nach § 47 VwGO.

Im **Widerspruchsverfahren** findet § 114 S 1 VwGO nur eingeschränkt Anwendung, **2** denn dort werden regelmäßig Rechtmäßigkeit und Zweckmäßigkeit des inmitten stehenden Verwaltungsakts überprüft (§ 68 Abs 1 S 1 VwGO). Das bedeutet für die Widerspruchsbehörde, dass sie in vollem Umfang in die Entscheidungsbefugnis der Ausgangsbehörde eintritt und nunmehr an deren Stelle eine eigene, möglicherweise auch völlig neue Entscheidung treffen kann. Sie ist also nicht auf die Überprüfung der Entscheidung und insbes auf die Überprüfung der Ermessenserwägungen der Ausgangsbehörde beschränkt, sondern kann eine eigene, ihr zweckmäßiger erscheinende Entscheidung treffen, auch wenn sie die Ermessensausübung durch die Ausgangsbehörde für rechtmäßig gehalten hat. Eine Ausnahme gilt allerdings dann, wenn die Widerspruchsbehörde auf eine reine Rechtmäßigkeitskontrolle beschränkt ist, was regelmäßig in Selbstverwaltungsangelegenheiten der Fall ist (Wolff/Decker/Decker VwGO § 68 Rn 12). In diesem Fall kann die Widerspruchsbehörde dann nur das von der Ausgangsbehörde ausgeübte Ermessen (analog § 114 S 1 VwGO) auf etwaige Ermessensfehler hin überprüfen, nicht aber ihr Ermessen an die Stelle des Ermessens der Ausgangsbehörde setzen. § 114 S 2 VwGO findet im Widerspruchsverfahren keine Anwendung, weil hierfür – mit Blick auf § 45 Abs 1 Nr 2, Abs 2 VwVfG (bzw Landesrecht) – kein Bedürfnis besteht.

B. Überprüfung von Ermessensentscheidungen (§ 114 S 1 VwGO)

I. Allgemeines

Die Bestimmung des § 114 S 1 VwGO ist ein Unterfall des § 113 Abs 1 S 1 VwGO, **3** denn die Ermessensfehlerhaftigkeit eines Verwaltungsakts führt zu dessen Rechtswidrigkeit. Dies ergibt sich eindeutig aus dem Wortlaut des § 114 S 1 VwGO („...rechtswidrig ist, weil..."). Die Abgrenzung zwischen Rechtsverletzung und Ermessensverletzung bedeutet somit keine Gegenüberstellung zweier gleichwertiger Begriffe. Vielmehr ist die Ermessensverletzung stets auch eine Rechtsverletzung.

II. Verwaltungsermessen

1. Begriff des Ermessens

4 Vielfach kann das gesetzgeberische Ziel nicht mit einer gebundenen Entscheidung (diese werden im Grundsatz nur an § 113 VwGO gemessen) erreicht werden. Dazu sind die möglichen Lebenssachverhalte zu unterschiedlich. Der Verwaltung muss die Möglichkeit gegeben werden, auf Besonderheiten des Einzelfalles angemessen reagieren zu können. Gesetzestechnisch geschieht dies dadurch, dass die anzuwendende Norm es zur Disposition der Verwaltung stellt, welche Rechtsfolge bei Vorliegen des Tatbestandes zu setzen ist. Der Behörde wird mithin ein Ermessen bezüglich der im Einzelfall zu treffenden Rechtsfolge eingeräumt. „Ermessen" bedeutet dabei die untrennbare Zusammenfassung aller für die jeweilige Entscheidung zu berücksichtigenden sachlichen und rechtlichen Gesichtspunkte in einem einheitlichen Akt.

5 Ermessen ist grundsätzlich **Rechtsfolgenermessen** (vgl etwa Schoch Jura 2004, 462; Vosskuhle JuS 2008, 117, 118). Auf der Tatbestandsseite ist Ermessen nie eingeräumt. Im Unterschied zur gebundenen Entscheidung, bei der die jeweilige Rechtsnorm auf der Rechtsfolgenseite nur eine Rechtsfolge vorsieht, ist Ermessen dann gegeben, wenn die Verwaltung bei Verwirklichung des (gesetzlichen) Tatbestandes auf der Rechtsfolgenseite zwischen mehreren Verhaltensweisen wählen kann (Lemke JA 2000, 150). Dieses Ermessen kann sich zum einen darauf beziehen, ob und wann die Behörde überhaupt handelt (sog **Entschließungsermessen**), zum anderen darauf wie und wem gegenüber die Behörde handelt, also welche von mehreren möglichen Handlungsformen sie ergreift (sog **Auswahlermessen**; vgl zB BVerwGE 81, 179, 211; BVerwG NVwZ-RR 1990, 39; vgl auch S/B/S/ Sachs VwVfG § 40 Rn 26; s auch Schoch Jura 2004, 462, 463). Kennzeichnend für solche Ermessensentscheidungen sind Gesetzesformulierungen wie „kann", „darf", „ist befugt", „soll" etc. (vgl zB VGH Mannheim DVBl 1999, 1265; OVG Lüneburg NordÖR 2007, 269; Beaucamp JA 2006, 74, 75). Im Einzelfall kann sich die Einräumung von Ermessen aber auch erst aufgrund einer entsprechenden Auslegung der Vorschrift ergeben bzw umgekehrt, ist trotz einer „Kann"-Formulierung nicht von einer Ermessensentscheidung auszugehen (wie zB im Falle von § 35 Abs 2 BauGB; das dort verwendete „können" ist wegen Art 14 Abs 1 GG als „muss" zu verstehen; so bereits BVerwGE 18, 247; s auch BVerwG Buchholz 406.11 § 35 BbauG Nr. 74).

2. Ermessensformen

6 Die Ermessensausübung im Rahmen einer der Behörde ein Ermessen eröffnenden Norm war ursprünglich frei von jeder gesetzlichen Vorgabe vorgesehen. Diese Vorstellung ist heute, wie vor allem § 40 VwVfG zeigt, antiquiert. Eine Ermessensermächtigung ist niemals unbeschränkt (BVerfGE 18, 353, 363), weshalb auch die durch die Ermessensermächtigung vermittelte Freiheit nicht als rechtsfreier Raum zu verstehen ist. Von Rechts wegen besteht immer nur ein **pflichtgemäßes Ermessen** (BVerwGE 51, 115, 120; BVerwGE 49, 44, 46; BVerwGE 44, 333, 335), das entsprechend dem Zweck der Ermächtigung auszuüben ist und die gesetzlichen Grenzen des Ermessens einzuhalten hat (Schoch Jura 2004, 462, 463, 464; Beaucamp JA 2006, 74, 75).

7 Das Ermessen kann jedoch rechtlich gebunden sein. Von einem **gebundenen Ermessen** wird gesprochen, wenn der Ermessensspielraum der Behörde durch die Befugnisnorm beschränkt ist. Das geschieht durch die teilweise zu findende Formulierung „soll". Hierdurch wird der Behörde zwar ebenfalls ein Ermessensspielraum eingeräumt. Dieser ist allerdings beschränkt. Das bedeutet, dass für die Behörde eine strikte Bindung für den Regelfall statuiert ist, womit sie entsprechend der im Gesetz angeordneten Rechtsfolge verfahren muss. Nur im atypischen Sonderfall – also wenn der zu entscheidende Sachverhalt von Sinn und Zweck der Vorschrift nicht erfasst ist und in wesentlichen Grundzügen mit den zu regelnden Fällen nicht übereinstimmt – sind Abweichungen von dieser Regel gestattet (BVerwG DVBl 2005, 648; S/B/S/Sachs VwVfG § 40 Rn 13 mwN; Borowski DVBl 2000, 149, 156 f).

8 Hiervon zu unterscheiden ist das sog **intendierte Ermessen** (s hierzu etwa Beuermann Diss 2001, Europ Hochschulschriften, Reihe 2 Band 3331; Schoch Jura 2010, 358; Rudersdorf Diss 2012). Von einem intendierten (bzw gelenkten) Ermessen wird gesprochen, wenn

es sich um eine Ermessensbetätigung handelt, „deren Richtung vom Gesetz vorgezeichnet ist ...., bei der also ein bestimmtes Ergebnis dem Gesetz näher steht, sozusagen im Gesetz gewollt ist und davon nur ausnahmsweise abgesehen werden darf (BVerwGE 72, 1, 6; Schoch Jura 2004, 462, 465). Folglich müssen besondere Gründe vorliegen, um eine gegenteilige Entscheidung zu rechtfertigen (vgl BVerwGE 105, 55 = NJW 1998, 2233; zum Begründungserfordernis in diesem Fall s Rn 10.1). Von einem intendierten Ermessen geht die Rechtsprechung etwa im Fall einer Baueinstellung (zB nach Art 75 BayBO) oder eine Nutzungsuntersagung (etwa nach Art 76 S 2 BayBO) aus oder auch in den Fällen der Rücknahme rechtwidrig begünstigender Verwaltungsakte nach § 48 Abs 2 VwVfG (bzw Landesrecht) sowie dem Widerruf rechtmäßig begünstigender Verwaltungsakt nach § 49 Abs 2, Abs 3 VwVfG (bzw. Landesrecht; in diesen Fällen gebieten es regelmäßig die haushaltsrechtlichen Grundsätze der Wirtschaftlichkeit und Sparsamkeit den inmitten stehenden Verwaltungsakt zurückzunehmen bzw zu widerrufen; vgl Wolff/Decker/Decker VwVfG § 48 Rn 37 und § 49 Rn 31, 32; s auch OVG Saarlouis v 19.2.2010 – 3 A 282/09 – BeckRS 2010, 46626).

Die Rechtsfigur des intendierten Ermessens wird in der Literatur – zu recht – überwiegend **8.1** abgelehnt (vgl etwa Vosskuhle JuS 2008, 117; Beaucamp JA 2006, 74; Erbguth JuS 2002, 333, 334; Pabst VerwArch 2002, 540; Volkmann DöV 1996, 282; s auch Schoch Jura 2004, 462, 465, aber ohne eigene Stellungnahme). Will der Gesetzgeber für den Regelfall eine bestimmte Verwaltungsentscheidung, von der nur in Ausnahmefällen abgewichen werden darf, dann möge er eine Soll- und keine Kann- Formulierung wählen. Zudem wird mit der Anerkennung des intendierten Ermessens entgegen § 39 Abs 1 S 3 VwVfG auf die Begründung der Ermessensentscheidung verzichtet (s auch unten Rn 10.1).

Von einer **Ermessensreduzierung auf Null** (ausführlich Di Fabio VerwArch 86 (1995), **9** 214) wird schließlich dann gesprochen, wenn nach Lage der Dinge alle denkbaren Alternativen nur unter pflichtwidriger Vernachlässigung eines eindeutig vorrangigen Sachgesichtspunktes gewählt werden könnten (vgl. BVerwG Buchholz 316 § 40 VwVfG Nr 8; s auch VGH München BayVBl 2008, 436). Die Wahlmöglichkeiten der Behörde haben sich mithin auf eine Alternative dergestalt reduziert, dass nur noch diese eine Entscheidung ermessensfehlerfrei ist, alle anderen dagegen ermessensfehlerhaft (vgl Vosskuhle JuS 2008, 117, 118). In diesem Fall ist die Behörde verpflichtet, diese eine Möglichkeit zu ergreifen; es handelt sich praktisch um eine gebundene Entscheidung. Liegt eine Ermessensreduzierung auf Null vor und ist die Entscheidung sachlich richtig, können sich Verfahrens- und Abwägungsfehler nicht auf das Ergebnis ausgewirkt haben. Bei der Verpflichtungsklage wird es daher zu einem Verpflichtungsurteil nach § 113 Abs 5 S 1 VwGO kommen, da die Fälle der Ermessensreduzierung auf Null es dem Gericht erlauben, einer Ermessensbehörde sozusagen „die Entscheidung aus der Hand zu nehmen".

3. Ausübung des Ermessens

Die Ermessensausübung besteht darin, dass die Behörde sämtliche Bestandteile des zu **10** entscheidenden Sachverhalts für sich bewertet und sodann ebenfalls alle Sachverhaltsbestandteile im Verhältnis zu einander gewichtet. In dem die Behörde dies tut, verknüpft sie die Sachverhaltsbestandteile und ihre rechtlichen Erwägungen – die Einzelbewertung der Sachverhaltsbestandteile und die normativen Relationen der festgestellten Wertigkeiten zu einander – zu einem **komplexen Ganzen** (Pöcker/Barthelmann DVBl 2002, 668, 674). Dabei setzt § 40 VwVfG insoweit eine Grenze, indem die Behörde ihr Ermessen nur entsprechend dem Zweck der Ermächtigung ausüben darf und die gesetzlichen Grenzen des Ermessens einzuhalten hat. Sie muss mithin ihr Ermessen pflichtgemäß ausüben und kann etwaigen Bindungen unterworfen sein. Insoweit unterzieht § 114 S 1 VwGO die behördliche Ermessensausübung auch der Kontrolle durch die Verwaltungsgerichte. Der nach Art 19 Abs 4 GG verfassungsrechtlich garantierte gerichtliche Rechtsschutz setzt dabei voraus, dass die Behörde offenbart, von welchen Gesichtspunkten sie sich bei der Ausübung des Ermessens hat leiten lassen. Diesem Zweck dient auch die Pflicht zur Begründung von Verwaltungsakten (vgl § 39 Abs 1 VwVfG; BVerwG AuAS 2007, 3; BVerwGE 102, 63; BVerwG Buchholz 402.24 § 2 AuslG Nr 20 S 125; vgl auch OVG Lüneburg BeckRS 2007, 22992).

10.1   Das Fehlen einer ausreichend substantiellen, nachvollziehbaren Begründung oder die „Vagheit" einer Begründung, der nichts Wesentliches zur Sache entnommen werden kann, ist bei Ermessensentscheidungen an sich schon ein Mangel, der als solcher den Verwaltungsakt rechtswidrig macht (OVG Lüneburg BeckRS 2011, 47494). Welche Anforderungen an den Inhalt und den Umfang der Begründung eines Verwaltungsakts, auch und gerade im Hinblick auf die **Begründung von Ermessensentscheidungen** (vgl § 39 Abs 1 S 3 VwVfG), zu stellen sind, bestimmt sich nach der Rechtsprechung des BVerwG (BVerwGE 38, 191; 72, 1) nach den Besonderheiten des jeweiligen Rechtsgebietes und nach den Umständen des Einzelfalles. Dabei kann vor allem eine Rolle spielen, ob es sich um eine Ermessensbetätigung handelt, deren Richtung bereits vom Gesetz vorgezeichnet ist (zB beim sog intendierten Ermessen; s Rn 8). Bei einer solchen Konstellation soll im Grundsatz gelten, dass es für die eine Ausnahme ablehnende Ermessensentscheidung einer Abwägung des „Für und Wider" nicht bedarf, womit auch eine entsprechende Begründungspflicht der Behörde entfallen soll (BVerwG Buchholz 406.11 § 35 BBauG Nr 186 S 126). Eine Begründung der Ermessenserwägungen ist nach dieser Rechtsprechung somit entbehrlich, wenn eine Ermessen einräumende Vorschrift dahin auszulegen ist, dass sie für den Regelfall von einer Ermessensausübung in einem bestimmten Sinn ausgeht und besondere Gründe vorliegen müssen, um ausnahmsweise eine gegenteilige Entscheidung zu rechtfertigen. Liegt ein vom Regelfall abweichender Sachverhalt nicht vor, versteht sich das Ergebnis der Abwägung von selbst, weshalb es nach Ansicht des BVerwG im Hinblick auf § 39 Abs 1 S 3 VwVfG auch keiner das Selbstverständliche darstellenden Begründung bedarf (BVerwGE 72, 1, 6; BVerwGE 91, 82, 90; BVerwG Buchholz 451.513 Sonst. Marktordnungsrecht Nr 1; BVerwGE 105, 55 = NJW 1998, 2233). Diese Rechtsprechung erscheint zweifelhaft; die Behörde muss in Ihrem Bescheid zumindest zu erkennen geben, dass sie sich des Umstandes einer Ermessensentscheidung bewusst war und dass nach ihrer Auffassung kein atypischer Sachverhalt gegeben ist.

11   Die Ermessensausübung dient in erster Linie der Herstellung der **Einzelfallgerechtigkeit** (s etwa Schoch Jura 2004, 462, 463). Das durch Gesetz eingeräumte Ermessen soll die handelnde Behörde in die Lage versetzen, ausgehend vom Regelungszweck der Norm eigenverantwortlich eine dem Einzelfall angemessene und sachgerechte Entscheidung zu treffen (vgl Vosskuhle JuS 2008, 117, 118). Um das Ermessen pflichtgemäß ausüben zu können ist es dabei zunächst erforderlich, dass die Behörde den zur Entscheidung stehenden Sachverhalt vollständig ermittelt (§ 24 VwVfG), um alle für die Ermessensausübung tragenden Gesichtspunkte in die Entscheidungsfindung einbeziehen zu können (BVerwG NJW 1979, 64, 68). Dabei ist jedoch die Erfassung typischer tatsächlicher Gegebenheiten ausreichend. Sodann muss die Behörde, um den Erfordernissen des § 40 VwVfG Genüge zu tun, nach dem Zweck der Ermächtigungsnorm fragen. Dieser ergibt sich entweder aus der Norm selbst, aus deren systematischer Stellung im Gesetz oder aus dem entsprechenden Gesetz. Zweckmäßigkeitserwägungen dürfen daher nur insofern in die Ermessensentscheidung einfließen, als sie sich im Rahmen der Zwecksetzung der anzuwendenden Norm halten. Kommen unter Beachtung dieser Grundsätze mehrere Handlungsalternativen im Rahmen pflichtgemäßer Ermessensausübung in Betracht, so hat die Behörde diejenige auszuwählen, die am wenigsten belastet, gleichwohl aber erforderlich, bestimmt und angemessen, mithin verhältnismäßig im engeren Sinne ist.

12   Die Ausübung des Ermessens unterliegt vielfachen **Bindungen**. Solche können sich zum einen unmittelbar aus dem Verfassungsrecht ergeben oder aus entsprechenden Verwaltungsanweisungen. Schließlich kann es auch sein, dass im Einzelfall nur eine einzige Entscheidung allein ermessensgerecht erscheint (Ermessensreduzierung auf Null; s Rn 9).

12.1   Aus dem Verfassungsrecht ergeben sich Bindungen aufgrund des Rechtsstaatsprinzips (BVerwGE 42, 133, 156), des Sozialstaatsprinzips (BVerwGE 42, 133, 156) sowie vor allem aus den einzelnen Grundrechten (S/B/S/Sachs VwVfG § 40 Rn 85), und hier vor allem aus dem allgemeinen Willkürverbot des Art 3 Abs 1 GG. Aus dem Gleichbehandlungsgebot bzw dem Willkürverbot folgt, dass die Behörde auch im Ermessensbereich zu gleichmäßiger Behandlung gleichgelagerter Fälle verpflichtet ist. Sie darf somit in einem erneut zur Entscheidung stehenden Fall, der mit den bisher entschiedenen vergleichbar ist, ohne besondere, spezielle für den neuen Fall zutreffende Gründe, keine abweichende Regelung treffen, da sie sonst gegen Art 3 Abs 1 GG verstoßen würde (S/B/S/ Sachs VwVfG § 40 Rn 124 – 130). Durch eine dauernde Verwaltungspraxis engt daher die Verwaltung ihren Ermessensspielraum selbst ein (sog **Selbstbindung der Verwaltung**). Diese Selbstbindung der Verwaltung gilt jedoch nicht absolut und für alle Zeit. So vermag zB die Änderung der soziologischen, technischen, politischen etc Verhältnisse eine andere Ermessenshandhabung sachlich rechtfertigen, da dann der Fall mit den bisher entschiedenen nicht mehr vergleichbar ist (BVerwG NJW 1980, 75). Auch die Erkenntnis der Verwaltung, dass ihre bisherige Handhabung unzweckmäßig ist und sie daher generell (also nicht nur im gerade zur Entscheidung anstehenden Einzelfall) zu einer anderen Praxis übergehen will, rechtfertigt eine andere Ermessensausübung als bisher (eingehend Maunz/Dürig/Dürig GG Art 3 Abs 1 Rn 449 – 460). Im Übrigen besteht selbstverständlich keine Bindung, soweit die Behörde rechtswidrig gehandelt hat (**keine Gleichbehandlung im Unrecht**).

Eine „Selbstbindung der Verwaltung" kann auch durch innerdienstliche Weisungen, insbes durch **12.2** Verwaltungsrichtlinien der Oberbehörden (sog ermessenslenkende Verwaltungsvorschriften) entstehen (vgl zB BVerwG NJW 1979, 2059; Schoch Jura 2004, 462, 463; Weyreuther DVBl 1976, 853, 855). Diese ermessenslenkenden Verwaltungsvorschriften zielen auf eine einheitliche und gleichmäßige Betätigung des Ermessens durch die (mitunter zahlreichen) zuständigen (nachgeordneten) Behörden und sollen eine bestimmte Ermessensbetätigung durch diese sicherstellen (s etwa Erichsen/Klüsche Jura 2000, 540, 543 ff). Ermessenslenkende Verwaltungsvorschriften haben in der Praxis eine große Bedeutung (Vosskuhle JuS 2008, 117, 118; Schoch Jura 2004, 462, 464). Als **Beispiel** für eine (zentrale) Bindung der Ermessensausübung sei hier etwa die Allgemeine Verwaltungsvorschrift zur StVO genannt (vgl VGH München v 25.9.2007 – 11 ZB 06.279). Allerdings beruht diese Selbstbindung nicht auf einer normativen Allgemeinverbindlichkeit der Verwaltungsvorschriften, die ihnen im Gegensatz zu Gesetz und Rechtsverordnungen als Quellen des objektiven Rechts nicht zukommt, sondern auf dem Gleichheitssatz des Art 3 Abs 1 GG (BVerwG NJW 1970, 675). Ein Abweichen von Verwaltungsvorschriften ist allerdings in atypischen Fallkonstellationen möglich, die in allgemeiner Form nicht berücksichtigt werden konnten (BVerwGE 85, 163, 167, 168; BVerwG NJW 1991, 650). Um dem Prinzip der Einzelfallgerechtigkeit Genüge zu tun, muss die Behörde daher auch bei Vorliegen von Verwaltungsvorschriften prüfen, ob nicht ein solcher Ausnahmefall gegeben ist. Ferner entfällt eine Bindung dann, wenn die Anwendung der Verwaltungsvorschrift durch die Vollzugsbehörden zu einem Ergebnis führen würde, das mit „außenwirkenden" (dh sich unmittelbar nicht nur an den Amtsträger der öffentlichen Verwaltung richtenden) Rechtsnormen – also der Verfassung, den förmlichen Gesetzen sowie Satzungen und Verordnungen sowie supranationalem Recht – unvereinbar wäre (VGH München v 25.9.2007 – 11 ZB 06.279).

III. Ermessensfehler

Ob die Ermessensausübung im Einzelfall pflichtgemäß oder fehlerhaft erfolgte, lässt sich **13** nur anhand der nach § 39 Abs 1 S 3 VwVfG erforderlichen Begründung ermitteln (vgl oben Rn 10.1). Ausgangspunkt für mögliche Ermessensfehler (vgl etwa Alexy JZ 1986, 701; Beaucamp JA 2012, 193) ist dabei **§ 40 VwVfG**. Zu beachten ist allerdings, dass sich die Frage nach Ermessensfehlern erst dann stellt, wenn vorher festgestellt wurde, dass die tatbestandlichen Voraussetzungen der einschlägigen Norm erfüllt sind und die Behörde überhaupt Ermessen ausüben durfte. Ist das nicht der Fall, ist ihre Entscheidung schon wegen Fehlens der tatbestandlichen Voraussetzungen rechtswidrig (Fall des § 113 Abs 1 S 1 VwGO), ohne dass es noch auf etwaige Ermessensfehler ankäme.

§ 114 S 1 VwGO nennt zwei Arten von rechtlich erheblichen Ermessensfehlern: zum **14** einen, wenn die Behörde die gesetzlichen Grenzen des Ermessens überschreitet (sog **Ermessensüberschreitung**), zum anderen, wenn sie von dem Ermessen in einer dem Zweck der Ermächtigung nicht entsprechenden Weise Gebrauch gemacht hat (sog **Ermessensfehleinschätzung**). Hinsichtlich letzterer kann weiter danach differenziert werden, ob die Behörde ihre Entscheidung auf einer unzureichenden Tatsachengrundlage getroffen hat (**Ermessensdefizit**) oder sich von sachfremden Erwägungen hat leiten lassen (sog **Ermessensfehlgebrauch**).

Die Aufzählung in § 114 S 1 VwGO ist jedoch nicht abschließend. Ein Ermessensfehler **15** liegt ferner dann vor, wenn die Behörde überhaupt kein Ermessen ausgeübt hat (sog **Ermessensausfall**).

Aus dieser Einteilung erwächst **die vierteilige Ermessensfehlerlehre** bestehend aus **16** dem Ermessensausfall, der Ermessensüberschreitung (Missachtung der gesetzlichen Grenzen), dem Ermessensdefizit sowie dem Ermessensfehlgebrauch. Bei all diesen Fehlern handelt es sich um Rechtsfehler der exekutiven Entscheidung.

1. Ermessensausfall (Ermessensnichtgebrauch)

17   Ein Ermessensausfall liegt vor, wenn es zu **gar keiner Ermessensentscheidung** gekommen ist (zB Beaucamp JA 2012, 193, 195), etwa deshalb, weil die Verwaltung die Tatsache, dass eine Ermessensnorm vorliegt übersehen hat oder sich – warum auch immer – gebunden fühlte (BVerwG NJW 1982, 1413; BVerwGE 84, 375, 389; BVerwGE 79, 274, 281; BVerwGE 78, 314, 320; BVerwGE 64, 7, 12; BVerwGE 19, 149, 153; BVerwGE 15, 196, 199; BVerwGE 7, 110, 111). Ob ein Ermessensfehler gegeben ist, ist anhand aller erkennbaren Umstände zu beurteilen, primär aus einer eventuell vorhandenen Entscheidungsbegründung. Gründe für einen Ermessensausfall können sich etwa daraus ergeben, dass die Behörde zu Unrecht davon ausgegangen ist, schon der Tatbestand der Ermessensnorm liege vom Sachverhalt her nicht vor. Ferner dann, wenn die Behörde die Befugnisnorm falsch ausgelegt oder übersehen hat, dass diese ein Ermessen eröffnet. Schließlich in den Fällen, in welchen sich die Behörde (fälschlicherweise) durch entsprechende Verwaltungsrichtlinien etc gebunden sah. Auch der Umstand, dass in dem inmitten stehenden Bescheid nicht von einer ein Ermessen eröffnenden Norm als Ermächtigungsgrundlage ausgegangen wird, kann die Annahme eines Ermessensnichtgebrauchs rechtfertigen (OVG Lüneburg BeckRS 2007, 22992).

18   Das Fehlen jeglicher Ermessenserwägungen soll nach der Rechtsprechung allerdings im Falle der Ermessensreduzierung auf Null und beim so genannten intendierten Ermessen unschädlich sein (BVerwGE 72, 1, 6; BVerwGE 105, 55, 57). Dies erscheint zweifelhaft.

2. Ermessensüberschreitung

19   Gemäß § 40 VwVfG hat die Behörde bei der Ermessensausübung (ua) die **gesetzlichen Grenzen** des Ermessens einzuhalten (sog äußere Ermessensgrenze); hierauf kann ihre Entscheidung vom Gericht nach § 114 S 1 VwGO überprüft werden. Die „gesetzlichen Grenzen" des Ermessens geben an, welche Handlungsmöglichkeiten überhaupt innerhalb des Ermessensbereichs liegen, und zwar nicht nur bei abstrakter Betrachtung, sondern auch bei konkreter Einzelfallbetrachtung (deutlich etwa BVerwGE 59, 104; BVerwGE 56, 56).

20   Wählt die Behörde eine Rechtsfolge, die sie für den konkreten Fall überhaupt nicht hätte wählen dürfen, liegt ein Überschreiten der gesetzlichen Grenzen vor. Das kann einmal dadurch geschehen, dass die Behörde die Reichweite der Ermessensnorm falsch bestimmt, etwa indem sie übersieht, dass das Ermessen auf einen Teil der Regelung beschränkt ist oder sie ein intendiertes Ermessen oder eine Soll-Bestimmung als freies Ermessen versteht, oder eine Rechtsfolge wählt, die die Ermessensnorm überhaupt nicht kennt (Wolff/Decker/Wolff VwGO § 114 Rn 21). Ein Überschreiten liegt weiter dann vor, wenn sich die Behörde nicht im Rahmen der ihr vom Gesetz eingeräumten Ermächtigung hält, etwa wenn sie eine Rechtsfolge setzt, die im Gesetz nicht vorgesehen ist (Beispiel: Überschreitung des im Gesetz vorgesehenen Gebührenrahmens). Letztlich ist ein Überschreiten der gesetzlichen Grenzen des Ermessens dann gegeben, wenn die Verwaltung eine Rechtsfolge wählt, die zwar grundsätzlich möglich, aufgrund der konkreten Umstände des Einzelfalls aber in dem konkreten Fall unzulässig ist (Wolff/Decker/Wolff VwGO § 114 Rn 22), zB weil die Entscheidung unter Verstoß gegen Grundrechte (zB Art 3 Abs 1 GG) oder allgemeine Verwaltungsgrundsätze ergeht oder weil entsprechende Ermessensbindungen nicht beachtet wurden.

3. Ermessensdefizit

21   Von einem Ermessensdefizit wird gesprochen, wenn die Behörde **nicht alle** nach Lage des Falles betroffenen **Belange** in ihre Ermessensentscheidung einstellt; hierzu gehört auch der Fall, dass die Behörde den Sachverhalt nicht vollständig ermittelt hat (vgl zB BVerwG NVwZ 1987, 144). Ferner liegt ein Ermessensdefizit dann vor, wenn die Behörde zwar alle wesentlichen Gesichtspunkte ermittelt hat, diese aber falsch gewichtet.

22   Um das Ermessen pflichtgemäß ausüben zu können, ist es erforderlich, dass die Behörde den zur Entscheidung stehenden Sachverhalt **sorgfältig** und vollständig **ermittelt** (§ 24 VwVfG), um alle für die Ermessensausübung wesentlichen Gesichtspunkte in die Entscheidungsfindung einbeziehen zu können (BVerwG NJW 1979, 64, 68; BVerwGE 102, 63, 70). Ein Gesichtspunkt ist wesentlich, wenn er sich ohne nähere Sachkenntnisse der jeweiligen

Entscheidung als erheblich aufdrängt. Insoweit ist jedoch die Erfassung typischer tatsächlicher Gegebenheiten ausreichend. Lässt die Behörde einen wesentlichen Belang außer Betracht, so ist ihre Entscheidung allein schon deshalb ermessensfehlerhaft.

Ein Ermessensfehler in der Form des Ermessensdefizits liegt ferner dann vor, wenn die **23** Behörde zwar alle wesentlichen sachgemäßen Belange herangezogen hat, diese aber offensichtlich **falsch gewichtet** hat bzw den Ausgleich der unterschiedlichen betroffenen Belange in einer Weise vorgenommen hat, die zu ihrer jeweiligen (objektiven) Gewichtigkeit erkennbar außer Verhältnis stehen. Vorgaben für die behördlicherseits vorzunehmende Gewichtung lassen sich der Ermessensnorm, insbes den intendierenden Ermessensnormen, den Grundrechten und rechtsstaatlichen Aspekten (Vertrauensschutz, Treu und Glauben, Verwirkungsgedanke) und der Folgenbeseitigungslast entnehmen.

4. Ermessensfehlgebrauch

Ein Ermessensfehlgebrauch liegt vor, wenn von dem durch die Befugnisnorm einge- **24** räumten Ermessen nicht in einer dem Zweck der Ermächtigung entsprechenden Weise Gebrauch (vgl § 40 VwVfG) gemacht worden ist (sog innere Ermessensgrenze). Zwar liegt in diesem Fall die gewählte Rechtsfolge innerhalb der gesetzlichen Grenzen der Befugnisnorm, die der Entscheidung zugrunde liegenden Erwägungen **entsprechen** aber **nicht** deren **Zielsetzungen** (BVerwGE 104, 154 = NVwZ 1998, 1300). Von einem Ermessensfehlgebrauch ist dementsprechend auszugehen, wenn sachfremde Gesichtspunkte eingestellt wurden oder ein Belang willkürlich falsch gewichtet worden ist.

Welche Belange berücksichtigt und welche nicht berücksichtigt werden dürfen, richtet **25** sich primär nach Sinn und Zweck der Ermessensnorm. Die gerichtliche Kontrolle muss daran anknüpfen, wie die Behörde im konkreten Fall ihr Ermessen gebildet hat (BVerwGE 69, 144). Die gerichtliche Prüfung, ob ein Aspekt einbezogen werden durfte, ist der Sache nach eher streng. So ist es zB fehlerhaft, motorsportlich organisierte Kraftfahrzeugrennen nicht zu den Veranstaltungen zu zählen, die vom generellen Verbot des § 29 Abs 1 StVO erfasst werden (BVerwGE 104, 154 = NVwZ 1998, 1300; siehe auch BVerwG Buchholz 239.2 § 28 SVG Nr 3).

IV. Gerichtlicher Prüfungsumfang

Im **verwaltungsgerichtlichen Verfahren** ist die **Überprüfung** einer Ermessensent- **26** scheidung durch § 114 S 1 VwGO auf die Feststellung etwaiger Ermessensfehler **beschränkt**. Niemals kann das Gericht eigenes Ermessen ausüben oder sein Ermessen an die Stelle des Ermessens der Behörde setzen (nur Ermessenskontrolle, keine Ermessensausübung), selbst wenn ihm eine dem Kläger günstigere Ermessensausübung nach den Umständen des konkreten Falles angemessener erscheint (BVerwG DVBl 2010, 1119); das entspricht dem Gewaltenteilungsgrundsatz des Art 20 Abs 2 S 2 GG. Das Gericht hat, abgesehen von den allgemeinen Voraussetzungen der Rechtmäßigkeit des Verwaltungsakts mithin nur zu prüfen, ob die in § 114 S 1 VwGO genannten Voraussetzungen (Überschreitung der Grenzen des Ermessens; zweckwidriger Gebrauch der Ermächtigung; vgl oben Rn 13) vorliegen, nicht aber, ob der Verwaltungsakt zweckmäßig ist oder nicht (Schoch Jura 2004, 462, 469); die Gerichte sind mithin nicht ermächtigt, ihre Zweckmäßigkeitserwägungen an die Stelle derjenigen der Behörde zu setzen (BVerwG DVBl 2010, 1119; VGH München BayVBl 2008, 436; Ausnahme: Ermessensreduzierung auf Null). Stellt das Gericht bei der Anfechtung eines belastenden Verwaltungsakts fest, dass die Behörde fehlerfrei entschieden hat, ist es ihm entsprechend dem Gewaltenteilungsprinzip untersagt, den Verwaltungsakt dennoch aufzuheben, weil das Gericht eine andere als die getroffene Entscheidung für zweckmäßiger hält (Lemke JA 2000, 150, 151). Stellt sich heraus, dass der Verwaltungsakt ermessensfehlerhaft ergangen ist, so hebt es den inmitten stehenden Verwaltungsakt auf (kassatorisches Urteil). Im Falle einer Verpflichtungsklage auf Erteilung eines im Ermessen der Behörde stehenden Verwaltungsakts, wird das Gericht regelmäßig nach § 113 Abs 5 S 2 VwGO zu verfahren haben, sofern es feststellt, dass die Behörde ihr Ermessen gar nicht oder fehlerhaft ausgeübt hat (sog Verbescheidungsurteil; vgl bei § 113 VwGO Rn 77 ff.). Das Verwaltungsgericht wird daher den ablehnenden Bescheid, ggf. in der Gestalt des Widerspruchsbescheids, aufheben und den Beklagten verpflichten, den Kläger unter Beachtung der Rechtsauffassung des Gerichts erneut zu verbescheiden. Nur im (seltenen) Fall einer Ermessensreduzierung auf Null kann das Verwaltungsgericht gem § 113 Abs 5 S 1 VwGO auch die Verpflichtung zum Erlass des abgelehnten Verwaltungsakts selbst aussprechen.

26.1   § 114 S 1 VwGO ist eine Norm, die den inneren Vorgang der richterlichen Rechtsfindung bestimmt, in dem sie für den Fall, dass die Behörde nach Ermessen handelt, die materielle Entscheidungsbefugnis des Gerichts definiert und damit insoweit die Ermächtigung in § 113 Abs 1 und Abs 5 VwGO ergänzt. § 114 S 1 VwGO regelt folglich nicht den äußeren Verfahrensablauf. Überschreitet daher ein Gericht die Grenzen seiner Kontrollbefugnis, die ihm nach § 114 S 1 VwGO eingeräumt ist, liegt darin ein materiellrechtlicher Fehler der Entscheidung, der im Anwendungsbereich des § 132 Abs 2 Nr 3 VwGO unbeachtlich ist (BVerwG v 11.3.2009 – 4 BN 7/09; BVerwG v 19.3.2010 – 9 B 76/09).

27   Nach § 79 Abs 1 Nr 1 VwGO ist Gegenstand der Anfechtungsklage der Ausgangsverwaltungsakt in der Gestalt, die er durch den Widerspruchsbescheid gefunden hat. Für Ermessensakte folgt daraus, dass die (materielle) gerichtliche Prüfung grundsätzlich am Widerspruchsbescheid auszurichten ist (BVerwG Buchholz 402.24 § 10 AuslG Nr 67). Das gilt für Verpflichtungsklagen entsprechend (BVerwG Buchholz 402.24 § 2 AuslG Nr 19; BVerwG NJW 1982, 1413). Ändert daher die **Widerspruchsbehörde** die eine Ermessensentscheidung tragenden Gründe des Ausgangsverwaltungsakts, ist der „umgestaltete" Bescheid Gegenstand der gerichtlichen Überprüfung (BVerwGE 78, 3, 5; BVerwGE 81, 356, 358). Maßgebend sind dann auch die Ermessenserwägungen der Widerspruchsbehörde (BVerwG NVwZ-RR 1997, 132, 133; OVG Bautzen NVwZ-RR 2002, 409, 410; VGH Kassel AgrarR 2000, 24; OVG Münster NWVBl 1998, 356; VGH Mannheim NVwZ 1990, 1085; Eyermann/Happ VwGO § 79 Rn 10; Kopp/Schenke VwGO § 79 Rn 1; Dawin NVwZ 1987, 872, 873). Dies gilt auch dann, wenn der Widerspruchsbescheid inhaltliche Fehler aufweist, die im Ausgangsbescheid noch nicht enthalten waren (BVerwG NJW 1982, 1413). In einem solchen Fall ist im Anfechtungsprozess sowohl der Ausgangs- als auch der Widerspruchsbescheid aufzuheben und nicht etwa nur der Widerspruchsbescheid (BVerwGE 19, 327, 330; OVG Bautzen NVwZ-RR 2002, 409, 410 mwN).

28   Eine auf **mehrere Gründe** gestützte Ermessensentscheidung ist grundsätzlich auch dann rechtmäßig, wenn nur einer der herangezogenen Gründe sie trägt, es sei denn, dass nach dem Ermessen der Behörde nur alle Gründe zusammen die Entscheidung rechtfertigen sollen (BVerwGE 62, 215, 222 = NVwZ 1982, 251 mwN; NJW 1988, 783). Vor Annahme eines auf Ermessensmangel beruhenden Fehlers der Verwaltungsbehörde bedarf es zudem der Prüfung, ob sich Ermessensüberlegungen der Behörde, auch wenn sie nicht ausdrücklich als solche verlautbart sind, aus den Umständen, insbes aus einer Auslegung des angegriffenen Verwaltungsaktes oder des Widerspruchsbescheids, ergeben (BVerwG NVwZ 1988, 525).

V. Unbestimmter Rechtsbegriff, Beurteilungsspielraum

1. Vorbemerkung

29   Für eine Ermessensentscheidung ist es kennzeichnend, dass die Verwaltung bei Anwendung einer Ermessensnorm auf einen konkreten Sachverhalt sowohl die eine als auch eine andere Rechtsfolge setzen kann, sofern diese gleichermaßen rechtmäßig wären. Fraglich ist nun, ob der Verwaltung auch eine entsprechende **Dispositionsbefugnis** auf der Tatbestandsseite einer Norm zustehen kann. Dies ist grundsätzlich zu verneinen, denn ein Sachverhalt bzw. bestimmte Tatsachen sind bei natürlicher Betrachtungsweise entweder vorhanden oder sie sind es nicht. Die Einräumung eines Ermessensspielraums bezüglich des zur Entscheidung zu stellenden Sachverhaltes widerspräche zudem dem Rechtsstaatsprinzip, wonach der Tatbestand einer Norm eindeutig umrissen und die Erfüllung seiner Voraussetzungen für den Bürger vorhersehbar und berechenbar sein muss (BVerfGE 8, 276, 325; Obermayer BayVBl 1975, 257). Daraus ist zu folgern, dass die Ausfüllung der Tatbestandsseite keine Ermessensfrage sein kann (so aber wohl die Vertreter der sog Vertretbarkeitslehre, vgl etwa Ule VerwArch 1985, 1, 15 ff; Schmidt-Eichstaedt DVBl 1985, 645).

30   Die meisten Normen enthalten aber auch auf ihrer Tatbestandsseite Begriffe, die einer Ausfüllung bedürfen. Es handelt sich um sog **unbestimmte Rechtsbegriffe**. Der Zwang für den Gesetzgeber, derartige Begriffe in die Tatbestandsseite einer Norm aufzunehmen, ergibt sich schon aus dem abstrakten Charakter der Vorschrift. Da eine Norm die verschiedenartigsten (realen) Tatbestände (abstrakt) erfassen soll, muss sie in einer Form abgefasst werden, die diesem Bestreben gerecht wird. Darüber hinaus ist es auch gesetzestechnisch kaum möglich, sämtliche Fallgestaltungen, die von einer Norm erfasst werden sollen, expressis verbis in der Vorschrift niederzulegen. Eine Regelung, die einen Tatbestand sehr „bestimmt" erfasst, läuft Gefahr, von jeder Änderung der soziologischen, technischen, politischen oder moralischen etc Verhältnisse und Anschauungen überholt zu werden.

Kombiniert eine Norm einen unbestimmten Rechtsbegriff (auf der Tatbestandsseite) mit **31** einer Ermessensermächtigung, wird von einer so genannten **Koppelungsvorschrift** gesprochen (BVerwGE 79, 274; BVerwGE 72, 1). Die Verwendung unbestimmter Rechtsbegriffe und die Einräumung von Ermessen schließen sich gesetzestechnisch nicht aus, sondern können kombiniert werden. Tatsächlich finden sich eine Vielzahl von Vorschriften, in denen auf der Tatbestandsseite unbestimmte Rechtsbegriffe zu finden sind und auf der Rechtsfolgenseite der Behörde ein Ermessen eingeräumt wird (zB § 5 Abs 1 Nr 3 GastG, § 21 Abs 1 Nr 3 BImSchG).

2. Unbestimmte Rechtsbegriffe

Das wesentliche Charakteristikum des „unbestimmten Rechtsbegriffs" ist, dass er – im **32** Gegensatz zur Ermessensentscheidung – grundsätzlich auf der **Tatbestandsseite** zu finden ist (vgl etwa Maurer § 7 Rn 26). Gemeinsam ist dem unbestimmten Rechtsbegriff mit der Ermessensentscheidung, dass die Verwaltung auch insoweit einen gewissen Beurteilungsspielraum dahingehend hat, zu entscheiden, welche Voraussetzungen für den unbestimmten Rechtsbegriff erfüllt sein müssen. Kernproblem ist dabei, inwieweit die Gerichte eine solche Beurteilung der Verwaltung überprüfen können. Das war und ist im Einzelnen umstritten (aus der umfangreichen Literatur zu diesem Themenkomplex zB: Sieckmann DVBl 1997, 101; Schmidt-Aßmann DVBl 1997, 281; Sendler DVBl 1994, 1089; Heintschel v Heinegg NWVBl. 1994, 441; Groß/Schmidt-Aßmann NVwZ 1993, 617; v Mutius/Sperlich DÖV 1993, 45).

Nach der Rechtsprechung des BVerfG (BVerfGE 84, 34 = NJW 1991, 2005 Juristen- **33** prüfung; BVerfGE 84, 59 = NJW 1991, 2008 Mediziner-Prüfung), denen das BVerwG umgehend gefolgt ist (vgl zB BVerwG NVwZ 1995, 788; BVerwG DVBl 1993, 842), sind die Gerichte grundsätzlich verpflichtet, die angefochtenen Verwaltungsakte in rechtlicher und tatsächlicher Hinsicht **vollständig nachzuprüfen** (siehe auch BVerfGE 85, 36 = NVwZ 1992, 361 bzgl der Überprüfung von Kapazitätsverordnungen für den Zugang zum Hochschulstudium; BVerfG JZ 1993, 784 bzgl der Zulassung einer Privatschule). Dies folge aus Art 19 Abs 4 GG und dem hieraus resultierenden Ansprüchen des Bürgers auf eine tatsächlich wirksame gerichtliche Kontrolle. Damit sei auch eine Bindung an die im Verwaltungsverfahren getroffenen Feststellungen und Wertungen im Grundsatz ausgeschlossen. Beruhe die angefochtene Verwaltungsentscheidung auf der Anwendung unbestimmter Rechtsbegriffe, so sei deren Konkretisierung grundsätzlich Sache der Gerichte, die die Rechtsanwendung der Verwaltungsbehörden **uneingeschränkt nachzuprüfen** haben. Damit gelten die Regeln über die eingeschränkte Kontrolle des Verwaltungsermessens nicht für die Auslegung und Anwendung unbestimmter Rechtsbegriffe (vgl BVerfGE 7, 129, 154; BVerfGE 64, 261, 279; BVerfGE 84, 34, 49 f; BVerfG NVwZ 2011, 1062). Allerdings können sich Einschränkungen insoweit aus dem einschlägigen Fachrecht ergeben (BVerfGE 61, 82, 111), soweit die Behörde – in verfassungsrechtlich unbedenklicher Weise – zu letztverbindlicher Entscheidung ermächtigt ist. Im Bereich der gebundenen Verwaltung können Kontrollrestriktionen etwa dann bestehen, wenn Entscheidungen in unwiederholbaren Situationen, wie etwa bei bestimmten Prüfungsentscheidungen, oder auf der Grundlage unvertretbarer Wertungen, so etwa bei dienstlichen Beurteilungen, oder durch pluralistisch zusammengesetzte weisungsunabhängige Gremien zu treffen waren. Einen behördlichen Beurteilungsspielraum hat das Gericht auch dann zu respektieren, soweit die Behörde auf Schätzungen oder Prognosen zurückgreifen darf oder muss (BVerwG NVwZ 2004, 991).

34   Im Ergebnis bedeutet dies, dass zwischen **unbestimmten Rechtsbegriffen ohne Beurteilungsspielraum**, die voll justiziabel sind, und **solchen mit Beurteilungsspielraum**, die
nur eingeschränkt überprüfbar sind, zu unterscheiden ist.

3. Unbestimmter Rechtsbegriff mit Beurteilungsspielraum

35   Wie ausgeführt (vgl Rn 10, Rn 33), geht die Rechtsprechung wegen Art 19 Abs 4 GG
im Grundsatz davon aus, dass die Gerichte die Verwaltungstätigkeit in tatsächlicher und
rechtlicher Hinsicht grundsätzlich vollständig nachzuprüfen haben (BVerfGE 15, 275, 282;
BVerfGE 73, 339, 373; BVerfGE 84, 34, 49; BVerfG NVwZ 2011, 1062, 1064). Der Gesetzgeber kann allerdings der Verwaltung für bestimmte Fälle einen Beurteilungsspielraum
einräumen und damit anordnen, dass sich die gerichtliche Nachprüfung auf die Einhaltung
der rechtlichen Grenzen dieses Spielraums zu beschränken habe (vgl BVerwG NJW 2007,
2790; s auch Beaucamp JA 2012, 193, 194), denn gerichtliche Kontrolle kann nicht weiter
reichen als die materiell-rechtliche Bindung der Instanz, deren Entscheidung überprüft
werden soll. Sie endet dort, wo das materielle Recht in verfassungsrechtlich unbedenklicher
Weise das Entscheidungsverhalten nicht vollständig determiniert und der Verwaltung einen
Einschätzungs- und Auswahlspielraum belässt (BVerfGE 88, 40, 61; BVerfGE 103, 142, 156 f;
BVerfGE 116, 1, 18; BVerfG NVwZ 2011, 1062, 1065). Hiervon kann namentlich in den
Fällen ausgegangen werden, in denen unbestimmte Rechtsbegriffe wegen der hohen Komplexität oder besonderen Dynamik der geregelten Materie so vage und ihre Konkretisierung
im Nachvollzug der Verwaltungsentscheidung so schwierig ist, dass die gerichtliche Kontrolle
an die Funktionsgrenzen der Rechtsprechung stößt (so wörtlich BVerfGE 84, 34 = NJW
1991, 2005 Juristenprüfung; BVerfGE 84, 59 = NJW 1991, 2008 Mediziner-Prüfung; offen
gelassen in BVerfG NVwZ 2011, 1062). Ob das Gesetz eine solche Beurteilungsermächtigung enthält, muss sich entweder ausdrücklich aus dem Gesetz ergeben oder durch Auslegung hinreichend deutlich zu ermitteln sein (BVerfG NVwZ 2011, 1062, 1065; BVerwGE
72, 195, 199; BVerwGE 81, 12, 17; BVerwGE 100, 221, 225; BVerwG NJW 2007, 2790)
und lässt sich nicht allgemein verbindlich feststellen, zumal eine allgemein anerkannte
Typologie möglicher Beurteilungsermächtigungen derzeit noch nicht existiert.

36   Nach der Rechtsprechung sind jedoch folgende Fallgruppen von Bedeutung:

36.1   **Prüfungsentscheidungen**: Prüfungsentscheidungen beruhen auf sog prüfungsspezifischen Wertungen, die einen Beurteilungsspielraum gewähren, da sie der Sache nach die
Verwaltung zur eigenen Standardbildung aufrufen. Folglich stößt die gerichtliche Kontrolle
von Prüfungsentscheidungen an Grenzen, weil der Bewertungsvorgang von zahlreichen
Unwägbarkeiten bestimmt ist, die sich in einem Verwaltungsprozess nur sehr schwer und
teilweise gar nicht erfassen lassen. Insbes ist die durch den Grundsatz der Chancengleichheit
gebotene gleichmäßige Beurteilung aller vergleichbaren Kandidaten, zumal auf der Basis der
persönlichen Erfahrungen und Vorstellungen der beteiligten Prüfer, nur erreichbar, wenn
den beteiligten Prüfern bei prüfungsspezifischen Wertungen ein Entscheidungsspielraum
verbleibt und die gerichtliche Kontrolle insoweit eingeschränkt wird (vgl BVerfGE 84, 34,
51 f). Gleichwohl muss die verbleibende gerichtliche Kontrolle vor allem bei berufsbezoge-
nen Prüfungen für einen wirkungsvollen Schutz der Berufsfreiheit zweckgerichtet, geeignet
und angemessen sein (BVerfGE 84, 59, 78). So ist eine gerichtliche Korrektur insbes dann
geboten, wenn die Prüfungsbehörden Verfahrensfehler begehen, anzuwendendes Recht ver-
kennen, von einem unrichtigen Sachverhalt ausgehen, allgemein gültige Bewertungsmaßstä-
be verletzen oder sich von sachfremden Erwägungen leiten lassen. Die Prüfungsentscheidung
ist ferner aufzuheben, wenn in Fachfragen eine vertretbare und mit gewichtigen Argumenten
folgerichtig begründete Lösung als falsch bewertet worden ist (BVerwGE 91, 262, 266). Der
Freiraum, innerhalb dessen sich die Verwaltung nur einer Vertretbarkeitsprüfung stellen muss,
bezieht sich nach der Rechtsprechung des BVerfG nicht auf die Prüfungsentscheidung
insgesamt, sondern nur auf die prüfungsspezifischen Wertungen, nicht aber auf die fachlich-
wissenschaftlichen Wertungen (BVerfGE 84, 34, 48 f.). Prüfungsspezifische Wertungen sind
dabei etwa die Einschätzung des Schwierigkeitsgrades einer Aufgabe, die Beurteilung, was an
Kenntnissen, Fertigkeiten usw von den Kandidaten im Hinblick auf die Art der Ausbildung
vernünftigerweise erwartet werden kann und gegebenenfalls muss, die Bewertung der Qualität der Darstellung und Überzeugungskraft der Argumentation, die Gewichtung der einzel-

nen Prüfungsteile allein, die Gewichtung der Fehler einer Bearbeitung sowie die auf durchschnittliche Anforderungen bezogene Einschätzung der Leistung. Ebenfalls vom Bewertungsfreiraum erfasst ist die zusammenfassende, abschließende Bewertung. Die fachwissenschaftlichen Wertungen können dagegen vom Gericht stärker, wenn auch nicht vollständig, überprüft werden. Eine fachliche Antwort lässt sich bei entsprechendem Fachwissen als „richtig", „falsch" oder bei bestehenden Unklarheiten zumindest als „vertretbar" bezeichnen. Ob eine als falsch bewertete Lösung diese Voraussetzungen erfüllt, muss das Gericht gegebenenfalls durch Sachverständige klären. Zum Ausgleich der nur unvollständigen gerichtlichen Überprüfbarkeit von Prüfungsentscheidungen muss ein eigenständiges verwaltungsinternes Kontrollverfahren vorgesehen werden, welches – in Ergänzung des gerichtlichen Rechtsschutzes – eine Komplementärfunktion für die Durchsetzung des Grundrechts der Berufsfreiheit (Art 12 GG; BVerwGE 92, 132, 137) darstellt.

Beamtenrechtliche Beurteilungen: Bei beamtenrechtlichen Beurteilungen (s zB **36.2** BVerwG NVwZ 2001, 92) oder Bedarfsprüfungen besteht eine Beurteilungsermächtigung in unterschiedlichem Zusammenhang. So geht die Rechtsprechung zB davon aus, dass bei der Feststellung der Bewährung eines Beamten auf Probe ein mit Art 19 Abs 4 GG zu vereinbarender Beurteilungsspielraum der Verwaltung besteht. Die Entscheidung der Verwaltung unterliegt danach nur im Hinblick darauf der verwaltungsgerichtlichen Überprüfung „ob der gesetzliche Begriff der Bewährung und ob die gesetzlichen Grenzen der Beurteilungsermächtigung verkannt worden sind, ob der Beurteilung ein unrichtigen Sachverhalt zu Grunde gelegt und ob allgemeine Wertungsmaßstäbe nicht beachtet oder sachfremde Erwägungen angestellt worden sind" (BVerwGE 85, 177, 180; DVBl 1984, 440 siehe auch Schulze-Fielitz JZ 1993, 772, 776).

Auswahlentscheidungen bei Bewerbungen: Diese unterliegen als Akt wertender **36.3** Erkenntnis lediglich einer eingeschränkten gerichtlichen Kontrolle. Die verwaltungsgerichtliche Nachprüfung beschränkt sich darauf, ob die Verwaltung den anzuwendenden Begriff oder den gesetzlichen Rahmen, in dem sie sich frei bewegen kann, verkannt hat oder ob sie von einem unrichtigen Sachverhalt ausgegangen ist, allgemeingültige Wertmaßstäbe nicht beachtet hat, sachfremde Erwägungen angestellt oder gegen Verfahrensvorschriften oder mit höherrangigem Recht vereinbare Richtlinien (Verwaltungsvorschriften) verstoßen hat (BVerwGE 115, 58; OVG Lüneburg IÖD 2008, 218; OVG Lüneburg NVwZ-RR 2003, 878 = NordÖR 2003, 311 mwN).

Entscheidungen eines weisungsunabhängigen Gremiums: Das BVerwG hat Geset- **36.4** zen ua dann eine Beurteilungsermächtigung für die Verwaltung entnommen, wenn der zu treffenden Entscheidung in hohem Maße wertende Elemente anhaften und das Gesetz für sie deshalb ein besonderes Verwaltungsorgan für zuständig erklärt, das weisungsfrei, mit besonderer fachlicher Legitimation und in einem besonderen Verfahren entscheidet (zB Bewertung von Weizensorten durch unabhängigen Sachverständigenausschuss nach dem Saatgutverkehrsgesetz: BVerwGE 62, 330; Zulassung eines Börsenmaklers durch Börsenvorstand: BVerwGE 72,195); dies gilt insbes dann, wenn es sich um ein Kollegialorgan handelt, das mögliche Auffassungsunterschiede bereits in sich zum Ausgleich bringt und die zu treffende Entscheidung damit zugleich versachlicht (BVerwGE 39, 197, 203; BVerwGE 59, 213, 217; BVerwGE 72, 195, 201; BVerwGE 91, 211, 215 f; BVerwG NJW 2007, 2790), wie zB die Indizierung jugendgefährdender Schriften durch die Prüfstelle nach § 1 GjS, § 8 GjS (BVerfGE 83, 147). Hierunter fallen auch Entscheidungen, die außerrechtliche Maßstäbe der Kunst, Kultur, Moral oder Religion zu beachten haben und die von Gremien außerhalb der Verwaltung getroffen werden (z. B. VGH Kassel NJW 1987, 1436; das BVerfG hält aber die Beurteilung eines Schriftwerks auf seinen „künstlerischen" Gehalt für voll überprüfbar: BVerfGE 83, 130, 145). Auch die Beurteilung der zuständigen Behörde, ob ein Wein in Aussehen, Geruch und Geschmack frei von Fehlern ist, kann vom Gericht nur eingeschränkt überprüft werden (BVerwG NJW 2007, 2790 unter Aufgabe von BVerwGE 94, 307).

Planungsermessen: Die für die Auslegung und Anwendung unbestimmter Rechts- **36.5** begriffe maßgebenden Gesichtspunkte gelten im Grundsatz auch für das Beurteilungsermessen bei Planungsakten, wie etwa im Fernstraßenbau (s aber auch BVerwG v 11.3.2009 – 4 BN 7/09, wonach § 114 S 1 VwGO auf Planungsentscheidungen entsprechend anwendbar ist). Der Behörde wird insofern ein weiter gestalterischer Beurteilungsspielraum eingeräumt, der gerichtlicherseits nur in engen Grenzen überprüft werden kann. Die Rechtsprechung hat hierzu über die Jahre eine komplexe Dogmatik der Planungskontrolle entwickelt, in deren Mittelpunkt die sog **Abwägungsfehlerlehre** steht (Vosskuhle JuS 2008, 117, 119). Eine fehlerhafte und damit rechtswidrige Abwägung liegt danach vor, wenn

- eine Abwägung überhaupt nicht stattgefunden hat (**Abwägungsausfall**);
- in die Abwägung an Belangen nicht eingestellt wurde, was nach Lage der Dinge in sie eingestellt werden muss (**Abwägungsdefizit**);
- die Bedeutung der betroffenen öffentlichen und privaten Belange verkannt wurde (**Abwägungsdisproportionalität 1. Stufe**);
- der Ausgleich zwischen diesen Belangen in einer Weise vorgenommen wurde, der zur objektiven Gewichtigkeit einzelner Belange außer Verhältnis steht (**Abwägungsdisproportionalität 2. Stufe**).

36.6   **Prognoseermessen, Prognoseentscheidungen**: Kennzeichnend für diese Fallgruppe ist, dass die Entscheidung auf zukünftigen Entwicklungen aufbaut, die sich aus ex ante-Sicht einer exakten Beurteilung und damit einer exakten Vorhersage entziehen und daher eine Beurteilung und Wertung erfordern (vgl BVerwG DVBl 1982, 302). Wird eine solche Prognoseentscheidung gerichtlich angegriffen, ist maßgeblicher Zeitpunkt für die Beurteilung der Rechtmäßigkeit des angegriffenen Verwaltungsaktes der Zeitpunkt der letzten Behördenentscheidung. Hieraus folgt, dass, wenn sich die Prognose zu diesem Zeitpunkt als rechtmäßig erweist, sie nicht dadurch rechtswidrig wird, dass sie sich nicht bewahrheitet; eine von der prognostizierten abweichende tatsächliche Entwicklung kann den Entscheidungsträger vielmehr nur dazu nötigen, seine Entscheidung zu überprüfen (BVerwG LKV 2010, 133, 135; BVerwGE 56, 110, 112; s auch BVerfGE 50, 290, 335). Hat sich daher nachträglich die Sachlage bei einer auf einer Prognose beruhenden Entscheidung geändert, so führt dies nicht zur nachträglichen Rechtswidrigkeit dieser Entscheidung (BVerwG Buchholz 270 § 18 BhV Nr 3; BVerwG NVwZ-RR 1995, 325).

Soweit eine hoheitliche Entscheidung Prognosen erfordert, kommt dem Entscheidungsträger ein **Prognosespielraum** zu, der vom Gericht (grundsätzlich) nur auf Prognosefehler hin überprüft werden kann. Das findet seinen Grund in den Sachgegebenheiten einer Prognose (vgl BVerwG LKV 2010, 133, 135). Prognoseentscheidungen, die sich nicht lediglich auf die allgemeine Lebenserfahrung stützen, beruhen auf der Anwendung statistischer Methoden, die Aussagen über die Wahrscheinlichkeit zukünftiger Entwicklungen ermöglichen. Ausgehend von gegenwärtigen Gegebenheiten, der sog Prognosebasis, wird das Ergebnis der Prognose dabei mit Hilfe mathematischer Verfahren gewonnen und in einem Zahlenwert ausgedrückt. Daher ist die Überprüfung durch das Gericht darauf begrenzt, ob die zugrunde gelegte Prognose auf der Grundlage fachwissenschaftlicher Maßstäbe methodisch fachgerecht erstellt wurde (vgl BVerwGE 72, 282, 286; BVerwG Buchholz 442.40 § 8 LuftVG Nr 10), ob also zutreffende Ausgangswerte zugrunde gelegt wurden, ob sich die Prognose methodisch auf ein angemessenes Prognoseverfahren stützen lässt und ob dieses Verfahren konsequent verfolgt wurde (BVerfGE 106, 62, 152 f; BVerwGE 87, 332, 354 f = Buchholz 442.40 § 9 LuftVG Nr 7 S 37; BVerwGE 116, 188, 189 ff = Buchholz 310 § 47 VwGO Nr 155 S 78 ff; BVerwGE 120, 227, 232 f = Buchholz 442.40 § 32 LuftVG Nr 10 S 4 f). Die Rechtmäßigkeit einer Prognoseentscheidung ist anhand der ihr zugrunde gelegten tatsächlichen Annahmen zu überprüfen. Lassen sich diese nicht oder nur unvollständig ermitteln oder sind sie fehlerhaft, lässt sich der Mangel nicht durch nachgeschobene Erwägungen korrigieren (BVerwG LKV 2010, 133). Mit einer derart eingeschränkten Kontrolldichte ist es im Übrigen unvereinbar, wenn ein Verwaltungsgericht seine eigene Prognose an die Stelle derjenigen der Behörde setzt (BVerwGE 87, 332 = NVwZ-RR 1991, 601).

Es gibt allerdings auch Prognoseentscheidungen, die einer vollen gerichtlichen Überprüfung unterliegen. So verlangt zwar zB § 34 Abs 3 BauGB eine Prognose (Gegenstand der im Anwendungsbereich des § 34 Abs. 3 BauGB anzustellenden Prognose [„… zu erwarten sein"] ist dabei das zur Genehmigung gestellte Vorhaben). Diese Prognose eröffnet der Behörde allerdings keinen gerichtlich nur eingeschränkt überprüfbaren Entscheidungsspielraum. Vielmehr handelt es sich um eine gebundene Entscheidung. Im Rahmen der Prognose sind alle Umstände des jeweiligen Einzelfalls in den Blick zu nehmen (BVerwG DVBl 2010, 516 = NVwZ 2010, 587 = BauR 2010, 732 = ZfBR 2010, 372; BVerwGE 129, 307).

Vergabe von Funkfrequenzen für den Mobilfunk: auch im Bereich der Vergabe von **36.7** Funkfrequenzen nach dem Telekommunikationsgesetz können überprüfungsfreie Beurteilungsspielräume bestehen. Insofern ist zu unterscheiden (vgl BVerwG NVwZ 2011, 1333):

- Die für den Erlass einer Vergabeanordnung gem § 55 Abs 9 S 1 TKG vorausgesetzte Frequenzknappheit kann sich entweder aus der bereits feststehenden Tatsache des Antragsüberhangs oder aus der Prognose einer mangelnden Verfügbarkeit von Frequenzen ergeben. Grundlage der Prognose ist dabei die Feststellung eines das verfügbare Spektrum übersteigenden Frequenzbedarfs; diese Feststellung unterliegt der vollen gerichtlichen Überprüfung.
- Hinsichtlich der Bestimmung der Art des Vergabeverfahrens steht der Bundesnetzagentur dagegen ein durch den gesetzlichen Vorrang des Versteigerungsverfahrens (§ 61 Abs 2 S 1 TKG) begrenzter Beurteilungsspielraum zu.
- Bei der Aufstellung der Versteigerungsregeln (§ 61 Abs 5 TKG), auch soweit sie sich auf eine Beschränkung der Bietrechte beziehe, steht der Bundesnetzagentur ebenfalls ein gerichtlich nur eingeschränkt überprüfbarer Ausgestaltungsspielraum zu.

Luftverkehrsrecht: Über die Zulassung militärischer Flüge unterhalb der in der Luft- **36.8** verkehrsordnung vorgeschriebenen Sicherheitsmindesthöhe (Tiefflüge) entscheidet das Bundesministerium der Verteidigung im Rahmen eines ihm zustehenden verteidigungspolitischen Beurteilungsspielraums. Die Verwaltungsgerichte haben diese Entscheidung nur darauf zu prüfen, ob das Bundesministerium von einem zutreffenden Sachverhalt ausgegangen ist, den durch § 30 Abs 1 S 3 LuftVG bestimmten Rahmen erkannt, sich von sachgerechten Erwägungen hat leiten lassen und ob es die zivilen Interessen einschließlich der Lärmschutzinteressen in die gebotene Abwägung eingestellt und nicht unverhältnismäßig zurückgesetzt hat (BVerwGE 97, 203 = DVBl 1995, 242 = NJW 1995, 1690 = Buchholz 442.40 § 30 LuftVG Nr 5 = NuR 1995, 533; ebenso BVerwG v 10.4.2013 – 4 C 3.12 Rn 17, 19).

Naturschutzrecht: siehe hierzu etwa Gassner DVBl 2012, 1479. **36.9**

C. Nachbesserung der Ermessensentscheidung (§ 114 S 2 VwGO)

I. Allgemeines

Gem § 114 S 2 VwGO kann die Verwaltungsbehörde ihre **Ermessenserwägungen** **37** hinsichtlich des Verwaltungsaktes auch noch im verwaltungsgerichtlichen Verfahren **ergänzen**. Mit dieser Vorschrift wollte der Gesetzgeber „entsprechend der Rechtsprechung des Bundesverwaltungsgerichts" klar stellen, dass die Verwaltung „auch noch während des gerichtlichen Verfahrens materiellrechtlich relevante Ermessenserwägungen in den Prozess einführen kann" (Beschlussempfehlung und Bericht des Rechtsausschusses, BT-Drs 13/5098, 24). Bis zur Einfügung des § 114 S 2 VwGO war nach der Rechtsprechung die Ergänzung einer Ermessensbegründung jedenfalls bei Identität von Ausgangs- und Widerspruchsbehörde auch noch während des verwaltungsgerichtlichen Verfahrens zulässig, wenn die nachträglich von der Behörde angegebenen Gründe schon bei Erlass des Verwaltungsaktes vorlagen, dieser durch sie nicht in seinem Wesen geändert und der Betroffene nicht in seiner Rechtsverteidigung beeinträchtigt wurde (BVerwG Buchholz 418.02 Tierärzte Nr 2; BVerwGE 64, 356, 358).

II. Sinn und Zweck der Regelung

Nach h. M. ermöglicht § 114 S 2 VwGO keine Mängelheilung (vgl auch Schmieszek **38** NVwZ 1996, 1151, 1153). Vielmehr kann sich die Befugnis, eine Ermessensentscheidung im gerichtlichen Verfahren nachzubessern, schon wegen der insoweit fehlenden Gesetzgebungskompetenz des Bundes (vgl Art 70 Abs 2 GG) nicht aus der VwGO ergeben, sondern allenfalls aus spezialgesetzlichen materiellen Regelungen oder aus § 45 VwVfG (BT-Drs 13/3993, 12; Schenke NJW 1997, 81, 87). Die (materielle) Zulässigkeit der Ergänzung von Ermessenserwägungen bestimmt sich sonach nicht nach § 114 S 2 VwGO. Sie ist vielmehr nach dem einschlägigen materiellen Recht sowie dem Verwaltungsverfahrensrecht zu prüfen (so ausdrücklich BVerwGE 106, 351 = NVwZ 1998, 425). Ist dem aber so, so kann § 114 S 2 VwGO nur die Bedeutung haben, dass einem danach zulässigen Nachholen von Ermessenserwägungen prozessuale Hindernisse nicht entgegenstehen (BVerwGE 106, 351 = NVwZ 1998, 425; BVerwGE 141, 253 = NVwZ 2012, 698; S/S/B/Gerhardt VwGO § 114 Rn 12c; vgl auch Schmieszek NVwZ 1996, 1151, 1155; Pöcker/Barthelmann DVBl 2002, 668; Kluckert DVBl 2013, 355, 357); die Bedeutung des § 114 S 2 VwGO erschöpft sich damit letztlich in der prozessualen Berücksichtigung des Nachschiebens von Gründen (BVerwG AuAS 2007, 3; Kopp/Schenke VwGO § 114 Rn 49); die Norm schafft mithin lediglich die prozessualen Voraussetzungen dafür, dass die Behörde defizitäre Ermessenserwägungen im gerichtlichen Verfahren ergänzen kann (BVerwG NJW 1999, 2912; BVerwG AuAS 2007, 3; BVerwGE 141, 253 = NVwZ 2012, 698; BVerwG BauR 2013, 78), nicht hingegen dafür, dass sie ihr Ermessen nachträglich erstmals ausübt (BVerwG NVwZ 2007, 470). Wie das **Prozessrecht** unter bestimmten Voraussetzungen Klageänderungen zulässt, also eine Änderung des Streitgegenstandes im laufenden Rechtsstreit ermöglicht, kann es auch eine Ergänzung des angefochtenen Verwaltungsaktes durch nachgeschobene Ermessenserwägungen zulassen. Dies hat die verwaltungsprozessuale Folge, dass eine der Vorschrift entsprechende Ergänzung der Ermessenserwägungen nicht zu einer Änderung des Streitgegenstandes führt, so dass sie weder eine Klageänderung noch die Durchführung eines erneuten Widerspruchsverfahrens erforderlich macht. Mit dem so umschriebenen Regelungsgehalt ist die Bestimmung verfassungsrechtlich nicht zu beanstanden (BVerwGE 106, 351 = NVwZ 1998, 425). Das gilt auch nach dem teilweisen Wegfall des Widerspruchsverfahrens in einigen Bundesländern (BVerwG NVwZ-RR 2010, 550 = BayVBl 2010, 672 = SächsVBl 2010, 191).

38.1   In einer neueren Entscheidung hat das BVerwG allerdings betont (BVerwGE 141, 253 = NVwZ 2012, 698), dass sich diese Rechtsprechung nur auf Entscheidungen beziehe, die von vornherein in das Ermessen der Behörde gestellt gewesen seien und deren gerichtliche Überprüfung sich nach der Sach- und Rechtslage im Zeitpunkt der letzten Behördenentscheidung gerichtet habe. Der in der Vorschrift angelegten prozessualen Ermächtigung der Behörde, ihre Ermessenserwägungen auch noch im gerichtlichen Verfahren zu ergänzen, sei kein generelles Verbot zu entnehmen, eine Ermessensentscheidung erstmals im gerichtlichen Verfahren zu treffen. Der systematische Zusammenhang mit § 114 S 1 VwGO mache deutlich, dass es um die gerichtliche Nachprüfung von behördlichen Ermessensentscheidungen gehe und hierbei – prozessual – auch nachträgliche Ermessenserwägungen der Behörde einbezogen werden dürften. Ob hiermit eine Abkehr von der ursprünglichen oben dargestellten Rechtsprechung eingeleitet werden soll, bleibt abzuwarten, zumal das BVerwG die Frage, ob § 114 S 2 VwGO bei Klagen gegen aufenthaltsbeendende Maßnahmen auch dann eine erstmalige Ermessensausübung zulasse, wenn es von vornherein einer Ermessensentscheidung bedurft, die Behörde dies aber verkannt habe, in dieser Entscheidung ebenso offen gelassen hat, wie die Frage, ob sich aus der Verlagerung des maßgeblichen Zeitpunktes für die Prüfung der Rechtmäßigkeit auch bei dieser Fallgestaltung für die Auslegung von § 114 S 2 VwGO – abweichend von der bisherigen Rechtsprechung – Konsequenzen ergeben würden (BVerwGE 141, 253 Rn 13).

39   Neben dieser prozessrechtlichen Bedeutung wird auch vertreten, § 114 S 2 VwGO in beschränktem Umfang materiell-rechtliche Bedeutung beizumessen und zwar im Zusammenhang mit der Nachbesserung der Begründung der Anordnung des Sofortvollzuges nach § 80 Abs 3 VwGO (vgl etwa Decker JA 1999, 1549; VGH Kassel HGZ 2001, 309; aA VGH Kassel DÖV 2004, 625). Das erscheint vorzugswürdig.

III. Umfang der Nachbesserung

40   Nach § 114 S 2 VwGO kann die Verwaltungsbehörde ihre Ermessenserwägungen hinsichtlich des Verwaltungsaktes auch noch im verwaltungsgerichtlichen Verfahren ergänzen. Die Vorschrift bezieht sich dabei auf **Ermessensentscheidungen** im **weitesten Sinn**, zu denen auch Entscheidungen mit Planungsermessen (Abwägungsgebot) gehören. § 114 S 2 VwGO ist auf alle behördlichen Entscheidungen anzuwenden, bei denen auch Abwägungen vorzunehmen sind (Redeker NVwZ 1997, 625, 627; ähnlich auch OVG Magdeburg NVwZ-RR 2011, 73 in Bezug auf die Auswahlentscheidung des Dienstherrn bei einer Dienstpostenbesetzung). Der Regelungsgehalt der Norm ist daher nicht auf Ermessenstatbestände im engeren Sinn beschränkt (str).

Die ganz hM (vgl etwa BVerwG BauR 2013, 78; BVerwG NVwZ-RR 2010, 550 = **41** BayVBl 2010, 672 = SächsVBl 2010, 191; BVerwG NVwZ-RR 2009, 604, 606; BVerwG NVwZ 2007, 470; BVerwGE 121, 297 = NVwZ 2005, 220; BVerwG RiA 2004, 35; BVerwGE 107, 164, 169; BVerwGE 106, 351, 365; OVG Magdeburg NVwZ-RR 2011, 73; OVG Lüneburg v 24.2.2010 – 5 ME 16/10; OVG Magdeburg v 2.9.2009 – 1 M 62/09; OVG Bautzen v 1.9.2008 – 2 B 461/07; OVG Lüneburg NVwZ-RR 2008, 552, 553; VGH München v 5.9.2007 – 14 ZB 07.1454; OVG Lüneburg BeckRS 2007, 23181; VGH Mannheim VBlBW 1998, 28; OVG Koblenz NVwZ-RR 1998, 315; VG München BayVBl 1998, 505; S/S/B/Gerhardt VwGO § 114 Rn 12e; Eyermann/Rennert VwGO § 114 Rn 89; Schenke NJW 1997, 81, 88 f; Redeker NVwZ 1997, 625; Löhnig JA 1998, 700;) geht im Hinblick auf den Wortlaut „**ergänzen**" in § 114 S 2 VwGO des Weiteren davon aus, dass ein (völliges) Auswechseln der Ermessenserwägungen ebenso nicht unter die Vorschrift subsumiert werden kann, wie eine erstmalige Begründung einer Ermessensentscheidung, zB weil erst im Prozess erkannt wird, dass der Behörde ein Ermessensspielraum eröffnet ist/war (s auch BVerfG NVwZ 2007, 1178, 1179). § 114 S 2 VwGO setzt mithin voraus, dass schon vorher bei der behördlichen Entscheidung Ermessenserwägungen hinsichtlich des Verwaltungsakts angestellt worden sind, das Ermessen also in irgendeiner Weise betätigt worden ist (OVG Lüneburg NordÖR 2007, 269; VGH München BeckRS 2010, 45847). Dies mag zwar, insbes mit Blick auf § 45 Abs 2 VwVfG wenig konsequent erscheinen, ist aber als prozessrechtliche Nachbesserungsgrenze hinzunehmen. Ein anderes Verständnis des § 114 S 2 VwGO verbietet sich auch mit Blick auf die Gesetzgebungsgeschichte (vgl nur Gesetzentwurf der Bundesregierung für ein 6. VwGO-Änderungsgesetz, BT-Drs 13/3993, 13).

§ 114 S 2 VwGO setzt somit voraus, dass bereits vorher, bei der behördlichen Entscheidung **41.1** schon „Ermessenserwägungen hinsichtlich des Verwaltungsakts" angestellt worden sind, das Ermessen also in irgendeiner Weise betätigt worden ist. Das wiederum setzt jedoch voraus, dass die Behörde überhaupt Anlass hatte, eine Ermessensentscheidung zu treffen (s bei Rn 45 aE genauer).

Ferner müssen die nachträglich angegebenen Gründe schon bei **Erlass** des Verwaltungs- **42** aktes oder des Widerspruchsbescheids **vorgelegen haben**, die Ergänzung darf keine Wesensänderung (OVG Bautzen v 1.9.2008 – 2 B 461/07; vgl auch B/F-K/K VwGO § 114 Rn 53 ff) bewirkt haben (in diesem Fall liegt aber wohl schon kein bloßes Ergänzen vor; keine Wesensänderung ist dann gegeben, wenn die für die Ermessensausübung maßgeblichen Gründe in der ursprünglichen Begründung nicht ausreichend wiedergegeben worden sind und nun nachträglich bekannt gegeben werden; vgl. OVG Lüneburg BeckRS 2007, 24006) und der Betroffene darf in seiner Rechtsverteidigung nicht unzumutbar beeinträchtigt werden (BVerwGE 105, 55 = NJW 1998, 2233; BVerwGE 141, 253 = NVwZ 2012, 698; OVG Münster BauR 2007, 1009; zu Einzelheiten siehe die Erläuterungen bei § 113 VwGO Rn 26 ff).

Dem entsprechend können über § 114 S 2 VwGO Ermessenserwägungen **nicht nach-** **43** **geschoben** werden,

- wenn hierdurch der angefochtene Verwaltungsakt in seinem Wesen geändert wird (BVerwG v 20.8.2003 – 1 WB 23/03; BVerwGE 141, 253 = NVwZ 2012, 698; OVG Lüneburg IÖD 2008, 218), wie zB bei der Änderung des Tenors des Verwaltungsakts (BVerwG DVBl 1983, 997: Änderung der Frist in einer Ordnungsverfügung; BVerwG Buchholz 236.1 § 3 SG Nr 32: Abweichung vom Modell der Bestenauslese unter Einschluss aller Versetzungsbewerber) oder wenn die Auswahlentscheidung unter verschiedenen Dienstpostenbewerbern im gerichtlichen Verfahren mit einem neuen argumentativen Unterbau versehen wird (BVerwG NVwZ-RR 2009, 604, 606; OVG Lüneburg v 16.5.2007 – 5 ME 116/07; OVG Lüneburg IÖD 2008, 218; OVG Lüneburg v 24.2.2010 – 5 ME 16/10, zB weil die Ablehnung der Bewerbung eines Klägers nachträglich auf aus einem Disziplinarverfahren hergeleiteten Eignungszweifeln zu begründen versucht wird; s auch BVerfG NVwZ 2007, 1178, 1179 f);
- wenn wesentliche Gründe für die Ermessensentscheidung nachgeschoben werden (VGH Mannheim NJW 1993, 1543, 1544 aE), die Ausgangsbehörde mit der Widerspruchsbehörde nicht identisch und gesetzlich vorgesehen ist, dass Rechtmäßigkeit und Zweckmäßigkeit des Verwaltungsakts im Widerspruchsverfahren nachzuprüfen sind (BVerwG NJW 1982, 1413; BVerwGE 85, 163 = JuS 1991, 427, wonach es für die Zulässigkeit des

Nachschiebens von Ermessenserwägungen bzw der Behebung eines Ermessensdefizits in erster Linie auf das jeweilige Fachrecht ankommen soll);

- wenn ein Ermessensausfall vorlag, also nunmehr erstmals eine Ermessensentscheidung getroffen wird (= vollständige Nachholung der die Ermessensentscheidung tragenden Gründe; so bereits BVerwG NJW 1982, 1413; BVerwG Buchholz 316 § 40 VwVfG Nr 8; BVerwG NJW 1999, 2912; s auch BVerwG v 16.7.2010 – 5 B 2/10 ua);
- wenn die die Ermessensentscheidung tragenden Gründe vollständig oder doch in ihrem Wesensgehalt ausgewechselt werden (BVerwG v 16.7.2010 – 5 B 2/10; BVerwG v 19.6.2009 – 1 B 12/08; BVerwG v 18.2.2008 – 5 C 12/07; BVerwGE 106, 351 = NVwZ 1998, 425; BVerwG NJW 1999, 2912);
- wenn erst in der Revisionsinstanz eine auf neue Tatsachen gestützte Ergänzung von Ermessenserwägungen erfolgt, weil diese neuen Tatsachen für das Revisionsgericht nach § 137 Abs 2 VwGO unbeachtlich sind (BVerwG Buchholz 239.2 § 28 SVG Nr 3).

43.1   Eine Ergänzung von Ermessenserwägungen kommt ferner nicht mehr in Betracht, wenn der Rechtsstreit um die Aufhebung eines Verwaltungsakts in der Hauptsache erledigt ist, die Behörde dem Verwaltungsakt keine Rechtswirkungen mehr beimisst und die Klage auf einen Fortsetzungsfeststellungsantrag umgestellt wurde (OVG Bautzen v 1.9.2008 – 2 B 461/07; OVG Münster NVwZ 2001, 1424; Eyermann/Rennert VwGO § 114 Rn 86; Kopp/Schenke VwGO § 113 Rn 73). Nach dem Zeitpunkt des im Klageverfahren eingetretenen erledigenden Ereignisses scheidet hiernach eine Ergänzung von Ermessensentscheidungen gem § 114 S 2 VwGO aus, weil die Ermessensergänzung begrifflich notwendigerweise einen noch wirksamen Verwaltungsakt voraussetzt, auf den sie sich beziehen kann und an dem es gem § 43 Abs 2 VwVfG nach der Erledigung des Verwaltungsakts fehlt (OVG Bautzen v 1.9.2008 – 2 B 461/07).

43a   Das Nachschieben von Ermessenserwägungen im Verwaltungsprozess setzt neben der Schriftform eine **prozessual eindeutige Erklärung der Behörde** dahingehend voraus, dass es sich um mehr als reinen Sachvortrag handeln soll. Die Behörde muss folglich klar und eindeutig zu erkennen geben, mit welcher Begründung sie den angefochtenen Bescheid nunmehr aufrechterhält (BVerwGE 141, 253 = NVwZ 2012, 698). Eine solche prozessual eindeutige Erklärung ist einerseits wegen der Bestimmtheit des (geänderten) Verwaltungsakts erforderlich, zum anderen aus Gründen der Waffengleichheit, weil die Klägerseite die Möglichkeit haben muss, auf eine Ermessensergänzung ihrerseits mit einer Prozesserklärung – sei es durch eine Erledigungserklärung, einen Vertagungsantrag oder einen Antrag auf Gewährung einer Schriftsatzfrist – oder auch mit rechtlichen Gegenargumenten reagieren zu können (VGH München v 1.10.2008 – 22 B 08.1660; OVG Magdeburg v 21.9.2006 – 2 L 168/05).

44   Wird von der Möglichkeit des § 114 S 2 VwGO, Ermessenserwägungen während des Rechtsstreits zu ergänzen, Gebrauch gemacht, so sind auch insofern die Verhältnisse im Zeitpunkt der letzten Behördenentscheidung maßgebend. Das bedeutet, dass später entstandene oder bekannt gewordene Erkenntnisse über die zu dem maßgeblichen Zeitpunkt bestehende Sachlage zu berücksichtigen sind, nicht aber, dass die von der Behörde getroffene Prognose durch später eingetretene Tatsachen gerechtfertigt oder widerlegt werden kann; die Entwicklung nach dem maßgebenden Zeitpunkt muss also unberücksichtigt bleiben (BVerwGE 106, 351 = NVwZ 1998, 425; **aA** VGH Mannheim VBlBW 1998, 28).

45   Eine (zunächst zeitlich begrenzte) Ausnahme von dieser engen Auslegung des § 114 S 2 VwGO hat das BVerwG in gemeinschaftsrechtskonformer Auslegung der Norm im Hinblick auf die Änderung der Rechtsprechung zum insofern maßgeblichen Zeitpunkt bezüglich **Ausweisungsentscheidungen** von freizügigkeitsberechtigten Unionsbürgern und unter das ARB 1/80 fallenden türkischen Staatsangehörigen zugelassen, um den Behörden die Möglichkeit zu geben, auf die geänderte Rechtsprechung angemessen reagieren zu können (BVerwG NVwZ 2005, 220 und BVerwG NVwZ 2005, 1074; vgl hierzu bei § 113 VwGO Rn 22.1). Der Ausländerbehörde wurde die Möglichkeit zur Anpassung ihrer Entscheidung (ggf auch unter Berücksichtigung neuer Tatsachen) und zur Anstellung aktueller Ermessenserwägungen gegeben und sei es auch in der Form der erstmaligen Ermessensausübung (BVerwGE 121, 297 = NVwZ 2005, 220). Mit der Entscheidung vom 15.11.2007 (BVerwGE 130, 20 = NVwZ 2008, 434 = DVBl 2008, 392 = DÖV 2008, 334) hat das BVerwG dann ausgesprochen, dass für die Beurteilung der Rechtmäßigkeit einer Ausweisungsentscheidung allgemein auf den Zeitpunkt der letzten mündlichen Verhandlung bzw bei Fehlen einer solchen, der Entscheidung des Tatsachengerichts maßgeblich abzustellen ist (vgl hierzu bei § 113 VwGO Rn 22.1). Vor diesem Hintergrund hat es seine Rechtsprechung ergänzt und ausgeführt, dass die Tatsachengerichte bei der Überprüfung von Ausweisungen die durch § 114 S 2 VwGO eröffnete prozessuale Möglichkeit der nachträglichen Ergänzung von Ermessenserwägungen zu beachten hätten. Der Einbeziehung nachträglicher Ermessenserwägungen könne in dieser Sondersituation nicht entgegengehalten werden, dass diese sich auf nach Erlass der Ausweisung entstandene Umstände beziehe. Die bisherige Rechtsprechung des BVerwG, wonach Ermessenserwägungen bei Ausweisungsentscheidungen nur insoweit ergänzt werden konnten, als die nachträglich von der Behörde angegebenen Gründe schon bei Erlass des Verwaltungsaktes vorlagen (vgl. BVerwGE 106, 351, 363), beziehe sich nicht auf Sachverhalte, in denen es aus Gründen des materiellen Rechts erforderlich ist, in eine Ermessensentscheidung auch Umstände einzubeziehen, die erst nach Erlass der Ausweisungsverfügung entstanden seien (grundlegend BVerwGE 130, 20 = NVwZ 2008, 434 = DVBl 2008, 392 = DÖV 2008, 334). Diese Rechtsprechung hat das BVerwG mit seinem Urt v 13.12.2011 (BVerwGE 141, 253 = NVwZ 2012, 698m Anm Fricke jurisPR-BVerwG 8/2012 Anm 4; krit hierzu Pfersich ZAR 2012, 303) fortgeführt (in diese Richtung bereits VGH Mannheim ESVGH 60, 125; OVG Hamburg AuAS 2011, 55). Danach schließt es § 114 S 2 VwGO im Rechtsstreit um die Ausweisung eines Ausländers nicht aus, eine behördliche Ermessensentscheidung erstmals im gerichtlichen Verfahren zu treffen und zur gerichtlichen Prüfung zu stellen, wenn sich aufgrund neuer Umstände die Notwendigkeit einer Ermessensausübung erst nach Klageerhebung ergibt. Bei der Nachholung einer behördlichen Ermessensentscheidung, aber auch allgemein bei der Ergänzung von behördlichen Ermessenserwägungen im gerichtlichen Verfahren muss die Behörde jedoch klar und eindeutig zu erkennen geben, mit welcher Begründung sie den angefochtenen Bescheid nunmehr aufrechterhält (siehe auch oben Rn 38.1). Im **Ergebnis** bleibt daher festzuhalten, dass bei Ausweisungsentscheidungen § 114 S 2 VwGO auch einer erstmaligen Ermessensausübung nicht entgegensteht (aA Kluckert DVBl 2013, 355), wenn durch Umstände, die nach Erlass der Ausweisungsverfügung entstanden sind, eine solche (erstmals) erforderlich wird (zB weil eine Regelausweisung über § 56 Abs 1 S 4 AufenthG zur Ermessensausweisung herabgestuft wird) oder deren Ergänzung notwendig erscheint (zB weil der ausgewiesene Ausländer eine(n) Deutsche(n) heiratet und damit Art 6 GG tangiert ist oder der ausgewiesene Ausländer als Flüchtling anerkannt wird).

IV. Folgen des Nachschiebens von Ermessenserwägungen

Liegen die Voraussetzungen des § 114 S 2 VwGO vor, handelt es sich mithin um eine **46** Ergänzung einer bisher unzureichenden Ermessensausübung seitens der Behörde, so sind die nachgeschobenen Ermessenserwägungen im laufenden Prozess **vom Gericht** ohne weiteres, also ohne Mitwirkung der Parteien, insbes ohne eine entsprechende Erklärung des Klägers, **zu berücksichtigen**; Gegenstand der Klage ist dann der angefochtene Verwaltungsakt in seiner durch die Ergänzung geänderten Form. Liegen folglich die tatbestandlichen Voraussetzungen der Befugnisnorm vor und ist das Ermessen nunmehr pflicht- und ordnungsgemäß ausgeübt, so ist die Klage abzuweisen (BVerwGE 106, 351 = NVwZ 1998, 425; Decker JA 1999, 1549; allgemein hierzu etwa Kluckert DVBl 2013, 355; kritisch: Pöcker/Barthelmann DVBl 2002, 668). Zur Vermeidung der Klageabweisung kann der Kläger aber, wenn er die ergänzenden Ermessenserwägungen als tragfähig anerkennt, auf diese geänderte Prozesssituation dadurch reagieren, dass er das Verfahren in der Hauptsache für erledigt erklärt. Das hat zur Folge, dass – sofern die Behörde sich dem anschließt – im Rahmen der dann gem § 161 Abs 2 S 1 VwGO nach billigem Ermessen zu treffenden Kostenentscheidung berücksichtigt werden kann, ob das Klagebegehren bis zum Eintritt des erledigenden Ereignisses begründet gewesen wäre, womit die Kosten des Verfahrens ganz oder teilweise dem Beklagten auferlegt werden können (BVerwG NVwZ-RR 2010, 550 = BayVBl 2010, 672 = SächsVBl 2010, 191; BVerwGE 106, 351, 365; BVerwGE 50, 2, 10 f; s auch Redeker NVwZ 1997, 625, 628; Hatje DÖV 1997, 477, 479).

46.1   Die Ergänzung von Ermessenserwägungen nach § 114 S 2 VwGO ist auch im Verfahren des
vorläufigen Rechtsschutzes nach § 80 Abs 5 VwGO zu beachten (OVG Lüneburg NordÖR 2008,
231 sowie oben Rn 39).

47   Handelt es sich dagegen um **keine Ergänzung** einer Ermessensentscheidung iSv § 114
S 2 VwGO, so kann im Nachschieben von Ermessenserwägungen, sei es auch in der Form
der erstmaligen Begründung einer Ermessensentscheidung, der **Erlass** eines **neuen Verwaltungsaktes** zu sehen sein (vgl BVerwGE 85, 163, 165; aA Kluckert DVBl 2013, 355,
357, 358: kein neuer Verwaltungsakt), der dann entsprechend den allgemeinen Regelungen
erneut angefochten werden könnte/müsste. In diesem Fall wird der neue Verwaltungsakt nur
dann Gegenstand des bereits anhängigen Verfahrens, wenn Kläger und Beklagter dies übereinstimmend erklären oder das Gericht die vom Kläger erklärte Einbeziehung des neuen
Verwaltungsaktes für sachdienlich hält (§ 91 Abs 1 VwGO). Im Übrigen bleibt der angefochtene ursprüngliche Verwaltungsakt Gegenstand des Verfahrens, wobei insofern durch
Auslegung zu klären ist, ob er durch den neuen Verwaltungsakt (ausdrücklich oder konkludent) aufgehoben wurde oder daneben fortbesteht (so ausdrücklich VG München BayVBl
1998, 505). Im ersten Fall hat sich das Verfahren erledigt mit den sich hieraus ergebenden
prozessrechtlichen Konsequenzen, im zweiten Fall bleibt der ursprüngliche Verwaltungsakt
Gegenstand des Klagebegehrens (§ 79 Abs 1 Nr 1 VwGO) mit der Folge, dass er dann ggf
aufzuheben ist (ebenso: S/S/B/Gerhardt VwGO § 114 Rn 12c–12g). Kann in den nachgeschobenen Ermessenserwägungen nicht der Neuerlass eines Verwaltungsakts gesehen werden, dann handelt es sich um den untauglichen Versuch der Behörde, einen „Geburtsfehler"
ihrer Entscheidung zu beseitigen. Der angefochtene Verwaltungsakt wird dann vom Verwaltungsgericht aufgehoben, die nachgeschobenen Ermessenserwägungen bleiben unberücksichtigt und ziehen keine weiteren Rechtsfolgen nach sich. Ob die Behörde ggf einen
neuen Verwaltungsakt erlassen wollte oder nicht, muss sie klar und eindeutig zu erkennen
geben (vgl oben Rn 43a; allgemein zu dieser Problematik etwa Kluckert DVBl 2013, 355).

§ 115 [Klagen gegen den Widerspruchsbescheid]

**§§ 113 und 114 gelten entsprechend, wenn nach § 79 Abs. 1 Nr. 2 und Abs. 2
der Widerspruchsbescheid Gegenstand der Anfechtungsklage ist.**

§ 115 VwGO erklärt § 113 VwGO und § 114 VwGO für entsprechend anwendbar,
wenn allein der Widerspruchsbescheid Gegenstand der Anfechtungsklage (Rn 1) ist. § 115
VwGO ist neben § 113 VwGO erforderlich, da § 113 VwGO nur auf den Ausgangsverwaltungsakt abstellt und den Widerspruchsbescheid nur insofern erfasst, als er dem Ausgangsbescheid im Sinne von § 79 Abs 1 Nr 1 VwGO „Gestalt" gibt.

A. Anwendungsbereich der Norm

1   § 115 VwGO korrespondiert – ausweislich seines Wortlauts – mit § 79 Abs 1 Nr 2
VwGO und § 79 Abs 2 VwGO. Er erfasst also die Fälle, in denen der **Widerspruchs-
bescheid** isolierter (alleiniger) Gegenstand der Anfechtungsklage ist (siehe hierzu etwa Kopp
JuS 1994, 742), weil dieser eine erstmalige oder eine zusätzliche Beschwer enthält. Im
Unterschied zur Begründetheitsprüfung bei der sog Einheitsklage nach § 79 Abs 1 Nr 1
VwGO, § 113 Abs 1 S 1 VwGO ist im Rahmen der Begründetheitsprüfung nach § 115
VwGO maßgeblich auf den Widerspruchsbescheid abzustellen, mithin auf dessen formelle
und materielle Rechtmäßigkeit.

2   Hieraus ergeben sich folgende **Konsequenzen**:
- Die Klage gegen einen Dritten erstmalig beschwerenden Widerspruchsbescheid (§ 79
  Abs 1 Nr 2 VwGO) ist dann begründet, wenn der Widerspruchsbescheid rechtswidrig ist
  und der Dritte dadurch in seinen Rechten verletzt wird (§§ 115, 113 Abs 1 S 1, 114
  VwGO). Das ist dann der Fall, wenn der Widerspruch des Widerspruchsführers bereits
  unzulässig war oder der Widerspruch des Widerspruchsführers zwar zulässig, aber unbegründet gewesen ist, weil entweder der Verwaltungsakt rechtmäßig oder zwar rechtswidrig war, den Widerspruchsführer aber nicht in seinen Rechten verletzte (vgl etwa

VGH München v 14.7.2010 – 6 B 08.2254; s auch VGH München v 7.3.2012 – 9 ZB 09.209).

- Die Klage gegen einen Widerspruchsbescheid, der den Widerspruchsführer zusätzlich beschwert (§ 79 Abs 2 VwGO), zB im Wege einer sog reformatio in peius (s hierzu § 68 VwGO Rn 11 ff), ist dann begründet, wenn der Widerspruchsbescheid formell oder materiell rechtswidrig ist und der Widerspruchsführer dadurch in seinen Rechten verletzt wird (§§ 115, § 113 Abs 1 S 1, § 114 VwGO).

Zum Teil wird vertreten (vgl Eyermann/Schmidt VwGO § 115 Rn 2; Kopp/Schenke **3** VwGO § 115 Rn 2; Redeker/von Oertzen VwGO § 115 Rn 1; Schenke DöV 1996, 529), dass § 115 VwGO auch auf die Verpflichtungsklage auf Erlass eines Widerspruchsbescheids entsprechend anwendbar sei. Das erscheint vorzugswürdig, setzt aber voraus, dass ein Anspruch auf Erlass eines Widerspruchsbescheids überhaupt anerkannt wird, was die hM für den Regelfall jedoch verneint (vgl zum Meinungsstand Wolff/Decker/Decker VwGO/VwVfG vor § 68 VwGO Rn 12 ff; s auch § 73 VwGO Rn 17; s jetzt aber auch BVerwG ZfBR 2013, 266 = DVBl 2013, 645, dem eine Klage auf Erlass eines Widerspruchsbescheids zugrunde lag; da der Senat zur Sache entschieden hat, ist davon auszugehen, dass er eine Klage des Bauherrn auf Erlass eines Widerspruchsbescheids jedenfalls dann für zulässig erachtet, wenn ein Dritter/Nachbar gegen eine Baugenehmigung Widerspruch einlegt und die Widerspruchsbehörde hierüber nicht entscheidet).

B. Konsequenzen

Soweit sich der Klageantrag (über § 88 VwGO iVm § 115 VwGO, § 113 Abs 1 S 1, **4** § 114 VwGO iVm § 79 Abs 1 Nr 2, Abs 2 VwGO) auf den Widerspruchsbescheid beschränkt, wird **nur** der **Widerspruchsbescheid aufgehoben** mit der Folge, dass der Ausgangsbescheid mit seinem ursprünglichen Inhalt wieder auflebt. Der erhobene Widerspruch ist dann erneut zu verbescheiden.

§ 116 [Verkündung und Zustellung des Urteils]

(1) ¹Das Urteil wird, wenn eine mündliche Verhandlung stattgefunden hat, in der Regel in dem Termin, in dem die mündliche Verhandlung geschlossen wird, verkündet, in besonderen Fällen in einem sofort anzuberaumenden Termin, der nicht über zwei Wochen hinaus angesetzt werden soll. ²Das Urteil ist den Beteiligten zuzustellen.

(2) Statt der Verkündung ist die Zustellung des Urteils zulässig; dann ist das Urteil binnen zwei Wochen nach der mündlichen Verhandlung der Geschäftsstelle zu übermitteln.

(3) Entscheidet das Gericht ohne mündliche Verhandlung, so wird die Verkündung durch Zustellung an die Beteiligten ersetzt.

In § 116 VwGO, der sein Vorbild in § 310 ZPO hat, wird geregelt, wie Urteile „erlassen" (Rn 11), dh nach außen hin kundgetan bzw bekannt gemacht werden. Die Vorschrift bietet hierfür zwei grundsätzlich gleichrangige Möglichkeiten an: Den Erlass durch Verkündung (Rn 2) des Urteils am Sitzungstag (Rn 3) oder in einem gesonderten Verkündungstermin (Rn 4) einerseits (§ 116 Abs 1 VwGO), den Erlass durch Zustellung (Rn 7) des Urteils an Verkündungs statt andererseits (§ 116 Abs 2, 3 VwGO). Die Modalitäten (Rn 6) der Verkündung werden in § 116 VwGO nicht genannt. Hierfür ist auf die Vorschriften der Zivilprozessordnung (§ 311 ZPO, § 312 ZPO) zurückzugreifen.

A. Anwendungsbereich

§ 116 VwGO gilt unmittelbar nur für **Urteile.** Auf **Gerichtsbescheide** ist die Vorschrift **1** über § 84 Abs 1 S 3 VwGO entsprechend anwendbar. Diese sind, weil sie ohne mündliche Verhandlung ergehen (§ 84 Abs 1 S 1 VwGO), stets zuzustellen, eine Verkündung findet nicht statt (§ 116 Abs 3 VwGO). § 116 VwGO ist auch, wenngleich § 122 Abs 1 VwGO eine ausdrückliche Verweisung nicht enthält, jedenfalls auf **Beschlüsse,** die ein selbständiges

Verfahren abschließen (vornehmlich Eilverfahren nach § 80 Abs 5, § 80a, § 123, § 47 Abs 6 VwGO), anwendbar. Diese können, wenn eine mündliche Verhandlung stattgefunden hat, verkündet, im Übrigen zugestellt werden. Hat eine Verkündung des Beschlusses stattgefunden, so bedarf es einer zusätzlichen Zustellung – sofern eine solche nicht ausdrücklich vorgeschrieben ist (§ 65 Abs 4 S 1 VwGO) – nicht mehr, § 116 Abs 1 S 2 VwGO ist nicht anwendbar. Dies ergibt sich aus § 56 Abs 1 VwGO (hierzu S/S-A/P/Clausing VwGO § 122 Rn 5).

B. Voraussetzungen des § 116 VwGO

I. Verkündung des Urteils, § 116 Abs 1 VwGO

2   § 116 VwGO sieht zwei Möglichkeiten der Verkündung des Urteils vor: Entweder wird das Urteil in dem Termin verkündet, in dem die mündliche Verhandlung geschlossen wird (**Sitzungstag**), oder es wird ein gesonderter **Verkündungstermin** anberaumt. Gesetzessystematisch ist die Verkündung am Sitzungstag die Regel, die Verkündung in einem Verkündungstermin die Ausnahme (so auch Sodan/Ziekow/Kilian VwGO § 116 Rn 7; B/F-K/K VwGO § 116 Rn 3; anders Eyermann/J. Schmidt VwGO § 116 Rn 1). Die in beiden Fällen zusätzlich vorgesehene Zustellung des (vollständigen) Urteils (§ 116 Abs 1 S 2 VwGO) hat nur noch für den Lauf der **Rechtsmittelfristen** Bedeutung (vgl § 124a Abs 2 S 1, Abs 4 S 1, § 133 Abs 2 S 1, § 134 Abs 1 S 2, § 139 Abs 1 S 1 VwGO).

1. Verkündung im Verhandlungstermin

3   „Termin" i. S. v. § 116 Abs 1 S 1 Hs 1 VwGO meint den **Sitzungstag**. Deshalb greift die Vorschrift auch dann ein, wenn die Verkündung nicht im unmittelbaren Anschluss an die mündliche Verhandlung erfolgt, sondern am Ende des Sitzungstages, wenn ggf zwischenzeitlich andere Sachen verhandelt worden sind.

2. Verkündung im Verkündungstermin

4   In **besonderen Fällen** – dies zu beurteilen steht im Ermessen des Gerichts, eine großzügige Auslegung ist hier freilich geboten (Eyermann/J. Schmidt VwGO § 116 Rn 4; Redeker/v Oertzen/M Redeker VwGO § 116 Rn 2; kritisch Sodan/Ziekow/Kilian VwGO § 116 Rn 12) – erfolgt die Verkündung in einem sofort – dh in der mündlichen Verhandlung – anzuberaumenden Termin (sog **Verkündungstermin**). Die Anberaumung des Verkündungstermins erfolgt durch Beschluss, der regelmäßig sogleich in der mündlichen Verhandlung verkündet wird. Dabei lautet der Beschlusstenor zweckmäßigerweise darauf, einen Termin zur Verkündung einer Entscheidung festzusetzen, nicht hingegen zur Urteilsverkündung (Eyermann/J. Schmidt VwGO § 116 Rn 3). Denn ggf ergibt sich, zumal nach nochmaliger Beratung der Sache, die Notwendigkeit, eine andere Entscheidung als bereits das Urteil – zB einen Beweisbeschluss – zu erlassen.

5   § 116 Abs 1 S 1 Hs 2 VwGO sieht ferner vor, dass der Verkündungstermin **binnen zwei Wochen** nach der mündlichen Verhandlung stattfinden soll. Zwingend ist diese Frist nicht, solange sichergestellt ist, dass das Urteil auf dem Ergebnis der mündlichen Verhandlung beruht (s hierzu Kopp/Schenke VwGO § 116 Rn 8, 12; strenger B/F-K/K VwGO § 116 Rn 5; Redeker/v Oertzen/M Redeker VwGO § 116 Rn 2).

3. Form der Urteilsverkündung

6   Die **Modalitäten der Verkündung** ergeben sich im Wesentlichen aus § 311 ZPO, § 312 ZPO, die gem § 173 VwGO Anwendung finden. Danach wird das Urteil durch Verlesung der schriftlich niedergelegten **Urteilsformel** – die Mitteilung der Urteilsgründe ist nicht erforderlich, aber zulässig (§ 311 Abs 3 VwGO) – verkündet (§ 311 Abs 2 S 1 ZPO). Bei Anerkenntnis- und Verzichtsurteilen bedarf es der vorherigen schriftlichen Niederlegung des Urteilstenors nicht (§ 311 Abs 2 S 3 ZPO). Im Übrigen kann die Verlesung der Urteilsformel durch eine Bezugnahme hierauf ersetzt werden, wenn bei der Verkündung keiner der Beteiligten anwesend ist (§ 311 Abs 2 S 2 ZPO); die Anwesenheit der Beteiligten ist nicht

Wirksamkeitsvoraussetzung für die Verkündung (§ 312 Abs 1 ZPO). Die Verkündung erfolgt stets **öffentlich** (§ 55 VwGO iVm § 173 GVG), regelmäßig – insbes zur Wahrung rechtlichen Gehörs derjenigen Beteiligten, die in der mündlichen Verhandlung nicht anwesend waren – nach (erneutem) Aufruf der Sache. Zuständig ist der Vorsitzende (§ 136 Abs 4 ZPO), die übrigen Mitglieder des Spruchkörpers brauchen bei einer Verkündung im Verkündungstermin nicht anwesend zu sein (§ 311 Abs 4 VwGO). Der Tag der Verkündung ist auf dem Urteil zu vermerken (§ 117 Abs 4 S 1 VwGO), die Vorgang der Verkündung ist im Protokoll ebenso festzustellen wie der verkündete Urteilstenor (§ 105 VwGO iVm § 160 Abs 3 Nr 6, 7, Abs 5 ZPO). Das Urteil muss bei der Verkündung noch nicht vollständig abgefasst sein, und zwar – abweichend von § 310 Abs 2 ZPO – auch dann nicht, wenn die Verkündung im Verkündungstermin erfolgt (§ 117 Abs 4 VwGO).

II. Zustellung an Verkündungs statt, § 116 Abs 2 VwGO

§ 116 Abs 2 VwGO sieht als weitere und alternative Form des Urteilserlasses, anders als **7** im Zivilprozess wegen § 310 ZPO, die **Zustellung** vor. Für die Form gelten § 56 Abs 2 VwGO iVm §§ 166 ZPO ff. Soll das Urteil an Verkündungs statt zugestellt werden, so ergeht in der mündlichen Verhandlung ein dahingehender, sogleich zu verkündender Beschluss. Das Urteil – ausreichend ist insoweit der von den Berufsrichtern unterschriebene **Urteilstenor**, das vollständige Urteil kann entsprechend § 117 Abs 4 S 2 VwGO alsbald nachgereicht werden (BVerwG NVwZ 2000, 1290) – ist sodann binnen einer **Frist von zwei Wochen** nach der mündlichen Verhandlung der Geschäftsstelle zu übergeben, die den Eingang aktenkundig zu machen hat (Sodan/Ziekow/Kilian VwGO § 116 Rn 31; B/F-K/ K VwGO § 116 Rn 9). Zuzustellen ist aber erst das vollständig abgefasste Urteil (Redeker/v Oertzen/M Redeker VwGO § 116 Rn 3), nicht bereits der übergebene Urteilstenor (VGH Kassel NVwZ-RR 2001, 542). Zu den Konsequenzen eines Verstoßes gegen die Fristbestimmung s § 116 Abs 2 VwGO s Rn 15.

Es steht im **gerichtlichen Ermessen**, ob das Urteil gem § 116 Abs 1 VwGO (mündlich) **8** verkündet oder gem § 116 Abs 2 VwGO (schriftlich) an Verkündungs statt zugestellt wird (strenger B/F-K/K VwGO § 116 Rn 8). Es bedarf nicht des Einverständnisses der Beteiligten, wenn das Urteil an Verkündungs statt zugestellt werden soll. Umstritten ist freilich, ob und inwieweit ein derartiges Verständnis des § 116 Abs 2 VwGO im Widerspruch steht zu **Art 6 Abs 1 S 2 EMRK**, wonach das Urteil öffentlich verkündet werden muss. Nach überwiegender Auffassung ist Art 6 Abs 1 EMRK jedenfalls auf einen Teil der Streitigkeiten, für die gem § 40 Abs 1 VwGO der Rechtsweg zu den Verwaltungsgerichten eröffnet ist, anwendbar (s Lippold NVwZ 1996, 137). In der Literatur wird deshalb mitunter vorgeschlagen, dass eine Zustellung an Verkündungs statt in Streitigkeiten, die Art 6 Abs 1 EMRK unterfallen, nur im Einverständnis mit den Beteiligten erfolgen soll (so Kopp/Schenke VwGO § 116 Rn 9; S/S-A/P/Clausing VwGO § 116 Rn 9; kritisch Sodan/Ziekow/Kilian VwGO § 116 Rn 9). In der Praxis dürfte dieses Vorgehen bislang die Ausnahme darstellen. Da den Beteiligten regelmäßig aufgrund des in der mündlichen Verhandlung zu verkündenden Beschlusses (Rn 7) bekannt ist, dass eine Zustellung des Urteils anstatt der Verkündung stattfinden soll, kann in der widerspruchslosen Hinnahme dieses Beschlusses ein Verzicht auf den nach Art 6 Abs 1 S 2 EMRK bestehenden Anspruch auf Verkündung gesehen werden (so Eyermann/J. Schmidt VwGO § 116 Rn 10).

III. Entscheidung ohne mündliche Verhandlung, § 116 Abs 3 VwGO

Entscheidet das Gericht mit Einverständnis der Beteiligten **ohne mündliche Verhand-** **9** **lung** (vgl § 101 Abs 2 VwGO), so wird das Urteil **stets zugestellt**, eine Verkündung findet nicht statt. Da Gerichtsbescheide gem § 84 Abs 1 S 1 VwGO ohne mündliche Verhandlung ergehen, findet § 116 Abs 3 VwGO über § 84 Abs 1 S 3 VwGO auch hierauf Anwendung.

Eine Frist, innerhalb derer das Urteil zugestellt sein muss, sieht § 116 Abs 3 VwGO nicht **10** vor. § 116 Abs 2 und die hierzu entwickelten Rechtsgrundsätze sind nicht entsprechend anwendbar (BVerwG NVwZ-RR 2003, 460), und zwar auch dann nicht, wenn zunächst eine mündliche Verhandlung stattgefunden und sodann in das schriftliche Verfahren übergewechselt wird (BVerwG Buchholz 310 § 116 VwGO Nr 27). Auch § 128 Abs 2 S 3 ZPO ist nicht entsprechend anwendbar (BVerwG Buchholz 310 § 116 VwGO Nr 27). Es muss aber gewährleistet sein, dass zwischen Beratung/Entscheidung einerseits und Fertigstellung des vollständigen Urteils mit anschließender Zustellung andererseits ein überschaubarer Zeitraum liegt.

C. Wirkungen von Verkündung und Zustellung

I. Erlass des Urteils

11   Mit der Verkündung (§ 116 Abs 1 VwGO) bzw Zustellung (§ 116 Abs 2, 3 VwGO) ist das **Urteil erlassen**. Der Erlass hat die **Bindungswirkung** gemäß § 173 VwGO, § 318 ZPO zur Folge. Abänderungen durch das erkennende Gericht sind dann nur noch nach Maßgabe der § 118 VwGO, § 119 VwGO, § 120 VwGO möglich, ansonsten im Rechtsmittelverfahren (s Eyermann/J. Schmidt VwGO § 116 Rn 1). Vor Urteilserlass sind Abänderungen, erneute Beratungen und ggf eine Wiedereröffnung der mündlichen Verhandlung jedoch möglich, mitunter – namentlich wenn neue entscheidungsrelevante Gesichtspunkte vorgetragen werden – sogar geboten.

12   Vor diesem Hintergrund ist die **exakte Bestimmung des Erlasszeitpunktes** geboten. Im Fall der Verkündung ist das Urteil erlassen, sobald die Urteilsformel vollständig verlesen ist. Eine etwaige Mitteilung der tragenden Entscheidungsgründe hat, da diese keinen notwendigen Bestandteil der Urteilsverkündung bildet, für die Bestimmung des Erlasszeitpunktes keine Relevanz. Im Anwendungsbereich des § 116 Abs 2 VwGO ist das Urteil nicht erst mit der Zustellung an alle Beteiligte erlassen, sondern bereits dann, wenn die der Geschäftsstelle übergebene Urteilsformel auch nur einem Beteiligten (formlos) mitgeteilt worden ist. Erfolgt eine derartige Mitteilung nicht, so ist das Urteil mit Aufgabe der ersten zuzustellenden Ausfertigung zur Post (gemeint ist hier das vollständig abgefasste Urteil) erlassen (iE str; vgl auch OVG Münster NVwZ-RR 2001, 409; OVG Weimar NVwZ 2000, 1308; weitergehend offenbar BVerwG BeckRS 2005 26584; s auch S/S-A/P/Clausing VwGO § 116 Rn 10; Sodan/Ziekow/Kilian VwGO § 116 Rn 33 f; Eyermann/J. Schmidt VwGO § 116 Rn 14; Redeker/v Oertzen/M Redeker VwGO § 116 Rn 7; B/F-K/K VwGO § 116 Rn 10 sowie Rn 13 betreffend Gerichtsbescheide und Urteile, die ohne mündliche Verhandlung ergehen).

II. Relevanz für Rechtsmittel

13   Die Verkündung hat keinen Einfluss auf den Lauf der **Rechtsmittelfristen**. Diese werden erst durch die **Zustellung** des vollständigen Urteils (§ 116 Abs 1 S 2, Abs 2, 3 VwGO) in Gang gesetzt (Rn 2), im Fall der Beschwerde gem § 147 Abs 1 S 2 VwGO durch Bekanntgabe des anzufechtenden Beschlusses (hierzu OVG Bautzen NVwZ-RR 2002, 56). Mit Erlass des Urteils – nicht aber vorher (OVG Bautzen LSK 2005, 030494 =SächsVBl 2004, 260) – besteht allerdings bereits die Möglichkeit, Rechtsmittel einzulegen. Ist ein Rechtsmittel nicht gegeben, so wird das Urteil mit der Verkündung bzw – in den Fällen des § 116 Abs 2, 3 VwGO – mit der Zustellung rechtskräftig.

III. Fehlerhafte Verkündung oder Zustellung

14   **Verkündungsfehler** führen ebenso wie **Mängel bei der Zustellung** des Urteils nur dann ausnahmsweise zu dessen Unwirksamkeit, wenn diese **besonders schwerwiegend** sind. Hierzu existiert eine umfangreiche Kasuistik (vgl S/S-A/P/Clausing VwGO § 116 Rn 8, 12; Sodan/Ziekow/Kilian VwGO § 116 Rn 24 f, 38; Eyermann/J. Schmidt VwGO § 116 Rn 7).

15   Ein Verstoß gegen die zwingende Bestimmung des § 116 Abs 2 VwGO, wonach im Fall der Zustellung an Verkündungs statt das Urteil binnen zwei Wochen nach der mündlichen Verhandlung der Geschäftsstelle zu übermitteln ist, begründet jedenfalls dann einen **absoluten Revisionsgrund iSv § 138 Nr 6 VwGO**, wenn nicht binnen einer **Frist von fünf Monaten nach der mündlichen Verhandlung** (bzw, wenn nicht am Tag der mündlichen Verhandlung beraten wurde, nach Abschluss der Beratung, so OVG Lüneburg NVwZ-RR 2005, 579) das vollständige, mit Rubrum, Tatbestand und Entscheidungsgründen versehene

Urteil abgefasst und der Geschäftsstelle übergeben worden ist (BVerwG NJW 1994, 273)– und zwar auch dann, wenn der Urteilstenor vorher der Geschäftsstelle übergeben worden ist (BVerwG NVwZ 1999, 1334). Die in Anlehnung an § 517, § 548 ZPO herangezogene absolute Ausschlussfrist von fünf Monaten gilt erst recht dann, wenn nicht einmal der Urteilstenor der Geschäftsstelle innerhalb dieser Frist übermittelt worden ist. Ob ggf schon zu einem früheren Zeitpunkt ein gewichtiger Verfahrensmangel derart anzunehmen ist, dass das verfahrensfehlerhafte Urteil hierauf beruhen kann (vgl § 132 Abs 2 Nr 3 VwGO), hängt von den Umständen des Einzelfalls ab (s zu einem solchen Einzelfall [verneinend] BVerwG NVwZ 2004, 610; OVG Koblenz IBRRS 41229). Auch bei Einhaltung der Fünf-Monats-Frist kann ein kausaler Verfahrensmangel vorliegen, wenn sich aus den Umständen des Falles ergibt, dass infolge der verzögerten Abfassung der Urteilsgründe die zuverlässige Wiedergabe des Beratungsergebnisses und der für die Entscheidungsfindung leitenden Erwägungen nicht mehr gewährleistet ist (BVerwG BeckRS 2004 22578).

Wird der Urteilstenor nicht binnen zwei Wochen nach der mündlichen Verhandlung der **16** Geschäftsstelle übergeben, so stellt dieser Verstoß gegen § 116 Abs 2 VwGO nicht zwingend einen absoluten Revisionsgrund dar (BVerwG NVwZ 2000, 1290; siehe aber auch BVerwG NVwZ 1998, 1176 betreffend den Fall, dass ein statt der Verkündung zuzustellendes Urteil später als zwei Wochen nach der mündlichen Verhandlung beschlossen wird).

§ 117 [Form und Inhalt des Urteils]

(1) ¹Das Urteil ergeht „Im Namen des Volkes". ²Es ist schriftlich abzufassen und von den Richtern, die bei der Entscheidung mitgewirkt haben, zu unterzeichnen. ³Ist ein Richter verhindert, seine Unterschrift beizufügen, so wird dies mit dem Hinderungsgrund vom Vorsitzenden oder, wenn er verhindert ist, vom dienstältesten beisitzenden Richter unter dem Urteil vermerkt. ⁴Der Unterschrift der ehrenamtlichen Richter bedarf es nicht.

(2) Das Urteil enthält

1. die Bezeichnung der Beteiligten, ihrer gesetzlichen Vertreter und der Bevollmächtigten nach Namen, Beruf, Wohnort und ihrer Stellung im Verfahren,
2. die Bezeichnung des Gerichts und die Namen der Mitglieder, die bei der Entscheidung mitgewirkt haben,
3. die Urteilsformel,
4. den Tatbestand,
5. die Entscheidungsgründe,
6. die Rechtsmittelbelehrung.

(3) ¹Im Tatbestand ist der Sach- und Streitstand unter Hervorhebung der gestellten Anträge seinem wesentlichen Inhalt nach gedrängt darzustellen. ²Wegen der Einzelheiten soll auf Schriftsätze, Protokolle und andere Unterlagen verwiesen werden, soweit sich aus ihnen der Sach- und Streitstand ausreichend ergibt.

(4) ¹Ein Urteil, das bei der Verkündung noch nicht vollständig abgefaßt war, ist vor Ablauf von zwei Wochen, vom Tag der Verkündung an gerechnet, vollständig abgefaßt der Geschäftsstelle zu übermitteln. ²Kann dies ausnahmsweise nicht geschehen, so ist innerhalb dieser zwei Wochen das von den Richtern unterschriebene Urteil ohne Tatbestand, Entscheidungsgründe und Rechtsmittelbelehrung der Geschäftsstelle zu übermitteln; Tatbestand, Entscheidungsgründe und Rechtsmittelbelehrung sind alsbald nachträglich niederzulegen, von den Richtern besonders zu unterschreiben und der Geschäftsstelle zu übermitteln.

(5) Das Gericht kann von einer weiteren Darstellung der Entscheidungsgründe absehen, soweit es der Begründung des Verwaltungsakts oder des Widerspruchsbescheids folgt und dies in seiner Entscheidung feststellt.

(6) ¹Der Urkundsbeamte der Geschäftsstelle hat auf dem Urteil den Tag der Zustellung und im Falle des § 116 Abs. 1 Satz 1 den Tag der Verkündung zu vermerken und diesen Vermerk zu unterschreiben. ²Werden die Akten elektronisch geführt, hat der Urkundsbeamte der Geschäftsstelle den Vermerk in einem geson-

derten Dokument festzuhalten. [3] **Das Dokument ist mit dem Urteil untrennbar zu verbinden.**

§ 117 VwGO regelt Form und Inhalt des Urteils. Vergleichbare, wenngleich deutlich ausführlichere Regelungen für den Zivilprozess enthalten § 313 ZPO und § 315 ZPO, ferner die nachträglich eingefügten § 313a ZPO und § 313b ZPO. § 117 VwGO ist systematisch und seine Übersichtlichkeit betreffend nicht sonderlich gelungen: Abs 1 (Rn 2) betrifft die Schriftform einschließlich der Unterschriften, Abs 2 (Rn 4) listet die notwendigen Bestandteile des Urteils auf. Abs 3 (Rn 12) enthält nähere Vorgaben für die Abfassung des Urteilstatbestandes, während Abs 4 (Rn 26) – insoweit besteht eine gewisse Parallele zu § 116 Abs 2 VwGO (dort Rn 15) – Regelungen betreffend den zeitlichen Zusammenhang zwischen der Verkündung des Urteils und dem Absetzen der (vollständigen) Urteilsgründe beinhaltet. Abs 5 (Rn 19) ermöglicht Erleichterungen bei der Darstellung der Entscheidungsgründe, und Abs 6 (Rn 29) regelt schließlich die Beurkundung des Urteilserlasses.

Übersicht

A. Anwendungsbereich

1   § 117 VwGO gilt unmittelbar für **Urteile**, über § 84 Abs 1 S 3 VwGO auch – allerdings mit Ausnahme von § 117 Abs 4 VwGO – für **Gerichtsbescheide**. § 122 Abs 1 VwGO ordnet eine entsprechende Anwendung des § 117 VwGO für **Beschlüsse** nicht ausdrücklich an, und § 122 Abs 2 VwGO trifft insoweit eine eigenständige Regelung über die Notwendigkeit einer Begründung, ohne dabei inhaltliche Voraussetzung zu statuieren. Wenngleich das Gericht somit bei der formalen und inhaltlichen Abfassung von Beschlüssen freier ist als bei Urteilen (vgl S/S-A/P/Clausing VwGO § 117 Rn 29), ist es in der Praxis üblich, jedenfalls bei Beschlüssen, die das Verfahren abschließen (zB in Eilverfahren oder Prozesskostenhilfeverfahren), sowie bei urteilsersetzenden Beschlüssen (zB nach § 125 Abs 2 S 2 VwGO oder nach § 130a VwGO) die für Urteile geltenden Vorschriften des § 117 VwGO entsprechend heranzuziehen (BVerwG NVwZ 2000, 190; BVerwG NVwZ 2000, 73).

B. Form und Inhalt des Urteils
I. Form des Urteils (Abs 1 S 2)

2   Das Urteil ist gem § 117 Abs 1 S 2 VwGO vollständig, dh hinsichtlich aller seiner Bestandteile, **schriftlich** und in **deutscher Sprache** (§ 55 VwGO iVm § 184 GVG) abzufassen. Die Verwendung von **Textbausteinen** ist zulässig, sofern sie Bestandteil des Urteils sind und sichergestellt und äußerlich erkennbar ist, dass deren Inhalt vollständig den Willen des Gerichts in der konkret zu entscheidenden Streitsache wiedergibt. Nicht zulässig ist hingegen – anders als bei einem mit Hilfe elektronischer Einrichtungen erlassenen Verwaltungsakt gem § 37 Abs 5 VwVfG – die Verwendung von Schlüssel- oder Kennzeichen,

die auf eine Begründung etc verweisen, die ihrerseits nicht unmittelbar Bestandteil des Urteils geworden ist (Sodan/Ziekow/Kilian VwGO § 117 Rn 24).

Dem Schriftlichkeitserfordernis ist auch dann genügt, wenn das Urteil in **elektronischer** 3 **Form** abgefasst wird. Dies sieht § 117 Abs 1 VwGO zwar nicht ausdrücklich vor. Aus anderen Vorschriften, namentlich den neu eingefügten § 118 Abs 2 S 3 VwGO oder § 119 Abs 2 S 6 VwGO sowie § 117 Abs 6 S 2 und 3 VwGO, geht jedoch ein entsprechender Wille des Gesetzgebers hinreichend deutlich hervor (iE Kopp/Schenke VwGO § 117 Rn 1).

II. Inhalt des Urteils

1. Das Rubrum (Abs 1 S 1, Abs 2 Nr 1 und 2)

Dem Rubrum vorangestellt ist der sog **Urteilseingang.** Hierzu gehört auch, wenngleich 4 dies im Gesetz nicht ausdrücklich erwähnt ist, das **Aktenzeichen.** Es folgt – die Reihenfolge wird unterschiedlich gehandhabt – die Formel **„Im Namen des Volkes"** (§ 117 Abs 1 S 1 VwGO) sowie die Bezeichnung **„Urteil".** Handelt es sich um eine besondere Urteilsform – etwa Zwischenurteil (§ 109 VwGO) oder Teilurteil (§ 110 VwGO) –, so kommt dies üblicherweise in der Bezeichnung zum Ausdruck (s Eyermann/J. Schmidt VwGO § 117 Rn 1; B/F-K/K VwGO § 117 Rn 2).

Das **Rubrum** enthält die zur Identifizierung des Rechtsstreits erforderlichen Angaben 5 (Zöller/Vollkommer ZPO § 313 Rn 3). Zu Beginn werden die **Beteiligten** nach Maßgabe des § 117 Abs 2 Nr 1 VwGO möglichst präzise und unter Hinweis auf ihre Stellung im Verfahren (Kläger, Beklagter, Beigeladener etc) bezeichnet. Die Bezeichnung der Beteiligten im Rubrum dient ihrer sicheren Identifizierung, um nicht zuletzt die Reichweite der Rechtskraft (§ 121 VwGO) in persönlicher Hinsicht bestimmen zu können. Hieran hat sich das Maß der Präzisierung zu orientieren. Des Weiteren zu nennen sind **gesetzliche Vertreter** der Beteiligten – unter Hinweis auf ihre Vertreterstellung – sowie etwaige **Prozessbevollmächtigte.** Werden Beteiligte durch eine Sozietät vertreten, der mehrere Rechtsanwälte angehören, so müssen nicht alle Rechtsanwälte in das Rubrum aufgenommen werden (S/S-A/P/Clausing VwGO § 117 Rn 12). Allerdings ist ein Hinweis zweckmäßig, dass nicht nur der genannte Rechtsanwalt – idR der Namensgeber der Sozietät – Prozessbevollmächtigter ist. Terminsvertreter gehören ebenso wenig wie Behördenvertreter in das Rubrum.

Hieran schließen sich die Bezeichnung des Gerichts und die Namen der Mitglieder, die 6 bei der Entscheidung mitgewirkt haben, an (§ 117 Abs 2 Nr 2 VwGO). Zu nennen sind das **Gericht,** der **Spruchkörper** (Senat, Kammer) sowie die **Namen der Richter** – einschließlich der ehrenamtlichen Richter –, die das Urteil iSd § 112 VwGO gefällt haben. Diese Angaben dienen in erster Linie dem Nachweis und ggf der Überprüfung der ordnungsgemäßen Besetzung des Gerichts. Deshalb ist auch deutlich zu machen, wenn die Entscheidung durch den Einzelrichter (§ 6 VwGO) ergeht („als Einzelrichter"). Weitere, in der Praxis übliche Angaben – insbes zur Funktion der mitwirkenden Richter („als Vorsitzender", „als weiterer Richter") oder zum Richteramt – sind rechtlich hingegen nicht geboten (anders offenbar Kopp/Schenke VwGO § 117 Rn 8; B/F-K/K VwGO § 117 Rn 7).

§ 117 VwGO sieht die Angabe eines **Entscheidungszeitpunktes** nicht ausdrücklich vor. 7 Insoweit besteht ein Unterschied zu § 313 Abs 1 Nr 3 ZPO, wonach der „Tag, an dem die mündliche Verhandlung geschlossen worden ist", im Urteil anzugeben ist. Es entspricht jedoch auch bei verwaltungsgerichtlichen Urteilen der allgemein üblichen Praxis, den Tag der Entscheidung durch Bezeichnung des Tages der mündlichen Verhandlung im Urteilskopf zu vermerken.

Ein Urteil, aus dem die Beteiligten oder das erkennende Gericht nicht hinreichend 8 deutlich hervorgehen, ist – sofern nicht eine Korrektur nach § 118 VwGO möglich ist (vgl Eyermann/J. Schmidt VwGO § 117 Rn 2) – unbestimmt und damit unwirksam (Kopp/Schenke VwGO § 117 Rn 8).

2. Urteilsformel (Abs 2 Nr 3)

Die **Urteilsformel (Tenor)** bildet das **Kernstück** des Urteils und ist im Hinblick darauf, 9 dass sie maßgeblich für die Bestimmung des Streitgegenstandes und damit für den Umfang der Rechtskraft ist, von besonderer Bedeutung. Dementsprechend ist sie auch äußerlich von den übrigen Bestandteilen des Urteils deutlich abzugrenzen und hervorzuheben. Der Tenor hat präzise, eindeutig und erschöpfend zu sein. Er muss grundsätzlich so abgefasst sein, dass aus ihm ohne weiteres, dh insbes ohne eines Rückgriffs auf Tatbestand und Entscheidungsgründe, die Vollstreckung betrieben werden könnte (vgl § 168 Abs 2 VwGO). Allerdings ist es zulässig und macht es das Urteil nicht unbestimmt (und damit nichtig), wenn zur Auslegung des Tenors auf Tatbestand und/oder Entscheidungsgründe zurückgegriffen werden muss – bei **Bescheidungsurteilen** iSv § 113 Abs 5 S 2 VwGO ist dies ggf sogar unausweichlich (B/F-K/K VwGO § 117 Rn 8). Ersetzt werden kann der Tenor hierdurch aber nicht. Bei Widersprüchen zwischen Tenor und Entscheidungsgründen geht der Tenor vor (B/F-K/K VwGO § 117 Rn 8).

10   In die Urteilsformel aufzunehmen ist der **Ausspruch zur Sache** (zB Aufhebung der angefochtenen Bescheide, Klageabweisung), der Ausspruch über die **Kosten** – einschließlich der Erstattungsfähigkeit der außergerichtlichen Kosten des Beigeladenen (§ 162 Abs 3 VwGO) –, die Entscheidung zur **vorläufigen Vollstreckbarkeit** sowie ggf die **Zulassung eines Rechtsmittels** (die Nichtzulassung eines Rechtsmittels muss nicht ausdrücklich ausgesprochen werden; ein derartiger Ausspruch ist aber auch nicht unzulässig, vgl Eyermann/J. Schmidt VwGO § 117 Rn 5; anders offenbar B/F-K/K VwGO § 117 Rn 8). Die Bestimmung des **Streitwertes** erfolgt regelmäßig in einem separaten Beschluss. Beim Hauptausspruch ist darauf zu achten, dass er erschöpfend ist, dh alle im Entscheidungszeitpunkt noch aufrechterhaltenen Anträge erfasst. Hat die Klage nur teilweise Erfolg, so ist sie im Übrigen abzuweisen und ist dies auch im Tenor zum Ausdruck zu bringen.

11   Ein Urteil, das keinen oder einen unklaren, auch nicht durch Auslegung zu ermittelnden Tenor aufweist, entfaltet keine Rechtswirkungen. Nachträgliche Berichtigungen (§ 118 VwGO) oder Ergänzungen (§ 120 VwGO) sind zulässig.

3. Tatbestand (Abs 2 Nr 4, Abs 3)

12   Der Urteilstatbestand beinhaltet die **Darstellung des Sach- und Streitstandes** (§ 117 Abs 3 S 1 VwGO). Aufgrund seiner Beurkundungsfunktion betreffend das mündliche Parteivorbringen (§ 173 VwGO iVm § 314 S 1 ZPO) und seiner sich hieraus ergebenden Beweiswirkung hat er insbes Bedeutung für ein ggf nachfolgendes Revisionsverfahren (vgl § 137 Abs 2 VwGO, ausführlich hierzu S/S-A/P/Clausing VwGO § 117 Rn 15).

13   Der Sach- und Streitstand soll im Tatbestand – unter Hervorhebung der gestellten (Sach-) Anträge – seinem wesentlichen Inhalt nach gedrängt dargestellt werden. Das Gesetz sieht deshalb, nicht zuletzt zum Zwecke der Verfahrensbeschleunigung, eine knappe Darstellung des Sach- und Streitstandes vor. Es muss aber bei allem Bemühen um Kürze und Konzentration auf das Wesentliche die Verständlichkeit gewahrt bleiben. Das richtige Maß ist hier eine Frage des Einzelfalls. Es sind die Schwierigkeit der rechtlichen Materie und die Komplexität des Sachverhaltes zu berücksichtigen. Unverzichtbar ist eine kurze Zusammenfassung des zugrunde liegenden **Sachverhalts**, die Angabe der bislang ergangenen **Behördenentscheidungen**, die **Prozessgeschichte** ihrem wesentlichen Inhalt nach – insbes der Zeitpunkt der Klageerhebung und die Durchführung einer Beweisaufnahme – sowie die gestellten **Anträge**. In das Verfahren eingeführte **Erkenntnismittel** sind im Tatbestand ebenso zu erwähnen wie das (tatsächliche) **Vorbringen der Beteiligten** (vgl § 314 ZPO). **Rechtsansichten** der Beteiligten können Erwähnung finden, insbes dann, wenn dies dem besseren Verständnis der Streitsache dient oder bestimmte Rechtsfragen von den Beteiligten unterschiedlich beurteilt werden.

14   § 117 Abs 3 S 2 VwGO erlaubt die **Bezugnahme** auf „Schriftsätze, Protokolle und andere Unterlagen". Diese Vorschrift ist, soll der mit ihr verfolgte Zweck der Verfahrens- und Darstellungsvereinfachung erreicht werden (vgl BVerwG BeckRS 2002 22314), in einem weiten Sinne zu verstehen. Sie erspart dem Gericht unnötige Mehrarbeit, wenn beispielsweise hinsichtlich des Ergebnisses einer umfangreichen Beweisaufnahme (zB Zeugenvernehmung, Gutachten eines Sachverständigen) auf die hierzu vorliegenden Schriftstücke verwiesen werden kann. Des Weiteren ist die Bezugnahme zulässig auf Unterlagen, die nur schwer mit der erforderlichen Präzision beschrieben werden können. So kann beispielsweise in Bausachen eine überblicksartige Beschreibung der Umgebung genügen und

im Übrigen auf die bei der Gerichtsakte befindlichen Lichtbilder Bezug genommen werden. Wenngleich auch die Bezugnahmen nach § 117 Abs 3 S 2 VwGO möglichst präzise sein, die in Bezug genommenen Unterlagen möglichst genau beschrieben werden sollten, ist auch die in der Praxis weit verbreitete **pauschale Bezugnahme** (auf die gewechselten Schriftsätze oder allgemein auf den Inhalt der zum Gegenstand der mündlichen Verhandlung gemachten Akten) zulässig (S/S-A/P/Clausing VwGO § 117 Rn 16; aA Kopp/Schenke VwGO § 117 Rn 13). Allerdings ist hier, ebenso wie bei sonstigen Bezugnahmen, darauf zu achten, dass der Tatbestand in sich verständlich bleibt. Der wesentliche Inhalt des Sach- und Streitstandes (§ 117 Abs 3 S 1 VwGO), der Kern des Rechtsstreits muss sich unmittelbar aus dem Urteilstatbestand, ohne dass ein Blick in anderweitige Unterlagen notwendig wird, ersehen lassen (B/F-K/K VwGO § 117 Rn 17).

Aufgrund der immer stärkeren Verbreitung der elektronischen Datenverarbeitung und **15** den sich hieraus ergebenden Möglichkeiten ist es auch zulässig, **sonstige – dh nicht textliche – Darstellungen** in den Tatbestand aufzunehmen. Keinen rechtlichen Bedenken unterliegt deshalb die mitunter bereits geübte Praxis, **graphische Darstellungen** – etwa einen Karten- oder Planauszug – unmittelbar in den Tatbestand einzufügen, nachdem vorher die Originaldokumente eingescannt worden sind. § 117 VwGO steht dem nicht entgegen: Das Urteil bleibt auch in einem solchen Fall „schriftlich" iSv § 117 Abs 1 S 2 VwGO, und der gedrängten Darstellung des Sach- und Streitstandes iSv § 117 Abs 3 S 1 VwGO wird eine graphische Darstellung häufig eher dienlich sein als eine umständliche und wortreiche Beschreibung der tatsächlichen Gegebenheiten. Im Übrigen kann auf § 117 Abs 3 S 2 VwGO verwiesen werden: Wenn danach eine Bezugnahme auf „externe" Unterlagen zulässig, sogar geboten ist, muss erst recht die Einfügung solcher Unterlagen unmittelbar in den Urteilstatbestand möglich sein.

Eine Sondervorschrift enthält § 84 Abs 4 VwGO, der die Bezugnahme auf den Tat- **16** bestand eines vorangegangenen **Gerichtsbescheides** ermöglicht. Nach allgemeiner Auffassung ist der Rechtsgedanke dieser Vorschrift, der in § 130b S 1 VwGO in vergleichbarer Weise zum Ausdruck kommt, auch anzuwenden, wenn andere vorgelagerte Entscheidungen existieren (vgl BVerwG NVwZ 2002, 730). So kann ebenso Bezug genommen werden auf den Tatbestand eines **Eilbeschlusses** in einem vorangegangenen Eilverfahren oder auf den Tatbestand eines vorangegangenen Beschlusses im **Prozesskostenhilfeverfahren** – sofern diese Entscheidungen, was rechtlich nicht geboten ist, einen Tatbestand (der regelmäßig nicht als solcher bezeichnet wird) enthalten. Eine weitere Sondervorschrift sieht § 77 Abs 2 AsylVfG vor. § 313a ZPO ist nicht entsprechend anwendbar.

Ein Urteil, das keinen oder nur einen unzulänglichen Tatbestand aufweist, ist eine iSv **17** § 138 Nr 6 VwGO nicht mit Gründen versehene Entscheidung. Nachträgliche Korrekturen gem § 118 VwGO und § 119 VwGO sind zulässig.

4. Die Entscheidungsgründe (Abs 2 Nr 5, Abs 5)

Die Entscheidungsgründe enthalten eine kurze Zusammenfassung der Erwägungen, auf **18** denen die Entscheidung in tatsächlicher und rechtlicher Hinsicht beruht (vgl § 313 Abs 3 ZPO). Sie geben die Gründe an, die für die richterliche Überzeugung leitend gewesen sind (vgl § 108 Abs 1 S 2 VwGO). Die Entscheidungsgründe bezwecken zweierlei: Zum einen sollen sie den Beteiligten ermöglichen, die für die richterliche Überzeugungsbildung maßgebenden Erwägungen und Umstände zu erkennen. Zum anderen sollen sie einem Rechtsmittelgericht die Überprüfung der Entscheidung ermöglichen (BVerwG NJW 2003, 1753). Aus diesen Kriterien ergeben sich die Mindestanforderungen an die Entscheidungsgründe. Diese müssen erkennen lassen, von welchem **Sachverhalt** das Gericht bei seiner Entscheidung ausgegangen ist. Hierzu ist ggf die Darstellung der Erwägungen erforderlich, die das Gericht im Rahmen einer **Beweiserhebung** und -würdigung angestellt hat. Des Weiteren sind die angewendeten **Rechtsgrundlagen** zu bezeichnen und schließlich – als Kernstück der juristischen Rechtserkenntnis – die **Subsumtion** des festgestellten Sachverhalts unter die herangezogenen Rechtsvorschriften. Dies muss, bei allem Bemühen um Kürze und Konzentration auf das Wesentliche, in einer verständlichen und nachvollziehbaren Form geschehen. Die Beteiligten wollen mit der gerichtlichen Entscheidung „bedient" werden. Ihr Vorbringen ist deshalb, sofern es nicht völlig abwegig ist, jedenfalls kurz zu würdigen und zu bewerten. Die Gründe müssen insgesamt aus sich heraus verständlich und nachvollziehbar sein. Hierzu gehört auch, dass nicht entscheidungserhebliche Fragen grundsätzlich ausgeklammert werden (näher Eyermann/J. Schmidt VwGO § 117 Rn 12).

19   Was die Möglichkeit von **Bezugnahmen** anbelangt, kann zunächst auf obige Ausführungen verwiesen werden: Auch in den Entscheidungsgründen kann das Gericht auf Gerichtsbescheide (§ 84 Abs 4 VwGO) sowie andere vorangegangene Entscheidungen verweisen, das Berufungsgericht kann auf die angefochtene Entscheidung Bezug nehmen (§ 130b S 2 VwGO; dies gilt auch dann, wenn schon das Verwaltungsgericht von der Möglichkeit des § 117 Abs 5 VwGO Gebrauch gemacht hat, seine Entscheidung in abgekürzter Form zu begründen, vgl BVerwG NVwZ 2002, 730). Darüber hinaus ermöglicht § 117 Abs 5 VwGO in teilweiser Übereinstimmung mit § 77 Abs 2 AsylVfG die Bezugnahme auf die Begründung des angefochtenen **Verwaltungsaktes** oder des **Widerspruchsbescheides**, sofern das Gericht dieser Begründung folgt und dies in den Entscheidungsgründen feststellt. Der Wortlaut der Vorschrift („weitere Darstellung der Entscheidungsgründe") legt dabei nahe, dass das Urteil zumindest noch ein Mindestmaß an Angaben inhaltlicher Art zur Begründung enthalten muss, eine vollständige Ersetzung der Entscheidungsgründe durch Bezugnahme also nicht statthaft ist (Kopp/Schenke VwGO § 117 Rn 26; B/F-K/K VwGO § 117 Rn 22; aA S/S-A/P/Clausing VwGO § 117 Rn 20; s auch VGH Mannheim NVwZ 2002, 1260). Das macht durchaus Sinn, denn die Entscheidungsgründe sollen, ebenso wie der Tatbestand, aus sich heraus verständlich bleiben.

20   Ein Urteil, das keine oder nur unbrauchbare Entscheidungsgründe aufweist, ist eine iSv § 138 Nr 6 VwGO nicht mit Gründen versehene Entscheidung (BVerwG NJW 2003, 1753). Nachträgliche Korrekturen gem § 118 VwGO und § 120 VwGO sind zulässig.

5. Die Rechtsmittelbelehrung (Abs 2 Nr 6)

21   Anders als das Urteil im Zivilprozess enthält das verwaltungsgerichtliche Urteil eine Rechtsmittelbelehrung. Diese ist, wie sich unmittelbar aus der Eingangsformel des § 117 Abs 2 VwGO ergibt, Teil des Urteils und hat deshalb noch **vor den Unterschriften der Richter** zu erfolgen (BVerwG NVwZ 2000, 190). Ob die Rechtsmittelbelehrung im Anschluss an die Entscheidungsgründe oder, wie dies ebenfalls mitunter gehandhabt wird, im Anschluss an den Urteilstenor erfolgt, wird durch § 117 Abs 2 VwGO nicht verbindlich vorgegeben.

22   Das Fehlen der Rechtsmittelbelehrung lässt das Urteil im Übrigen unberührt. Die Folgen einer fehlenden oder unrichtig erteilten Rechtsmittelbelehrung ergeben sich aus § 58 VwGO. Nachträgliche Korrekturen nach § 118 VwGO sind möglich.

6. Die Unterschriften der Richter (Abs 1 S 2 bis 4)

23   Durch die Unterschriften wird die **Verantwortung** aller Richter für die schriftlichen Entscheidungsgründe dokumentiert (BVerwG NVwZ-RR 1996, 299). Das Urteil ist von den Richtern, die es iSv § 112 VwGO gefällt haben, eigenhändig und handschriftlich zu unterschreiben, nicht allerdings von den ehrenamtlichen Richtern (§ 117 Abs 1 S 4 VwGO). Unterschrieben zu werden braucht nur die **Urschrift**, sofern die Ausfertigungen erkennen lassen (etwa durch den Vermerk „gez." bzw Beglaubigungsvermerk des Urkundsbeamten), dass die Urschrift unterschrieben worden ist (Sodan/Ziekow/Kilian VwGO § 117 Rn 36 f). Paraphe genügt nicht. Ein Richter, dessen Unterschrift benötigt wird, darf sich nicht weigern, diese zu leisten. Ggf ist nochmals zu beraten, in letzter Konsequenz muss auch über die endgültige Urteilsfassung abgestimmt werden (§ 55 VwGO iVm §§ 192 GVG ff). **Nachträgliche Veränderungen** können nur mit Wissen und Zustimmung aller zur Unterschrift verpflichteten Richter vorgenommen werden. Ein Einschätzungsvorrang des Vorsitzenden besteht nicht (B/F-K/K VwGO § 117 Rn 4).

24   Ist ein **Richter verhindert**, seine Unterschrift beizufügen (anders ist es zu sehen, wenn ein Richter an der Beschlussfassung, der Fällung des Urteils iSd § 112 VwGO gehindert ist, vgl Eyermann/J. Schmidt VwGO § 117 Rn 17; B/F-K/K VwGO § 117 Rn 5), so wird dies gem § 117 Abs 1 S 3 VwGO mit dem Hinderungsgrund vom Vorsitzenden oder, wenn er verhindert ist, vom dienstältesten beisitzenden Richter unter dem Urteil vermerkt. Die

Verhinderung kann rechtliche (zB Ausscheiden aus dem Richteramt, vgl BVerwG NJW 1991, 1192) oder tatsächliche (zB Erkrankung) Gründe haben, sie kann dauerhaft oder vorübergehend sein (ausführlich hierzu Sodan/Ziekow/Kilian VwGO § 117 Rn 42 ff). Ein strenger Maßstab bei der Anwendung des § 117 Abs 1 S 3 VwGO ist nicht erforderlich, die Beurteilung, ob eine Verhinderung iS der Vorschrift vorliegt, steht im Ermessen des Gerichts. Hierbei ist einerseits die voraussichtliche Dauer der Abwesenheit des Richters, andererseits die Notwendigkeit einer schnellen Entscheidung zu berücksichtigen. Der Hinderungsgrund wird schlagwortartig (zB „wegen Urlaubs") im Urteil vermerkt. Ein Einzelrichter kann nicht iSv § 117 Abs 1 S 3 VwGO an der Unterschriftsleistung verhindert sein (ausführlich Sodan/ Ziekow/Kilian VwGO § 117 Rn 49 ff).

Ein Urteil, das nicht unterschrieben ist, bleibt als Entwurf ohne Wirkungen nach außen **25** (vgl BVerwG NJW 1993, 1811 für Urteile, die ohne mündliche Verhandlung ergehen und gemäß § 116 Abs 3 VwGO zuzustellen sind). Die Unterschriften können aber nachgeholt werden (Kopp/Schenke VwGO § 117 Rn 3; Eyermann/J. Schmidt VwGO § 117 Rn 14; Redeker/v Oertzen/M Redeker VwGO § 117 Rn 3).

C. Absetzen der Urteilsgründe (Abs 4)

I. Regelungsgehalt des Abs 4

§ 117 Abs 4 VwGO dient der Verfahrensbeschleunigung ebenso wie dem Bestreben, die **26** inhaltliche Richtigkeit des Urteils zu gewährleisten. Liegt zwischen der mündlichen Verhandlung und der Beratung einerseits, der Abfassung der schriftlichen Urteilsgründe andererseits eine zu große Zeitspanne, so ist nicht mehr gewährleistet, dass die Urteilsgründe auf dem in der mündlichen Verhandlung gewonnenen Eindruck und auf den in der Beratung für tragend erachteten Erwägungen beruht. Deshalb hat die Abfassung des vollständigen Urteils möglichst zeitnah zu erfolgen (vgl BVerwG NJW 1991, 310).

§ 117 Abs 4 VwGO sieht als **Grundsatz** die Abfassung des vollständigen, mit Tatbestand, **27** Entscheidungsgründen und Rechtsmittelbelehrung versehenen Urteils und die Übermittlung an die Geschäftsstelle binnen zwei Wochen nach seiner Verkündung vor. Dabei unterscheidet die Vorschrift nicht zwischen der Verkündung am Sitzungstag oder in einem Verkündungstermin (vgl § 116 Abs 1 S 1 VwGO). Nur **ausnahmsweise** – insbes bei besonders schwierigen oder komplexen Verfahren, bei erheblicher Arbeitsbelastung sowie bei Urlaub oder Krankheit – braucht diese Frist nicht eingehalten zu werden, und es genügt die Übermittlung des unterschriebenen Urteils ohne Tatbestand, Entscheidungsgründe und Rechtsmittelbelehrung – vorhanden sein müssen also Rubrum und Urteilsformel – an die Geschäftsstelle binnen einer Frist von zwei Wochen seit der Verkündung. In diesem Fall ist das vollständige Urteil alsbald nachzureichen (s iE § 117 Abs 4 S 2 VwGO aE).

II. Rechtsfolgen eines Verstoßes gegen Abs 4

§ 117 Abs 4 VwGO ist **nicht nur eine Ordnungsvorschrift**. Nachdem lange Zeit **28** umstritten war, wann ein Urteil nicht mehr „alsbald" iSv § 117 Abs 4 S 2 VwGO abgefasst ist, ist nunmehr geklärt, dass ein bei Verkündung noch nicht vollständig abgefasstes – erforderlich ist hierfür die Unterschrift aller beteiligten Richter (BVerwG NVwZ-RR 1996, 299) – Urteil iS des § 138 Nr 6 VwGO nicht mit Gründen versehen ist, wenn Tatbestand und Entscheidungsgründe nicht **binnen fünf Monaten** nach Verkündung schriftlich niedergelegt, von den Richtern besonders unterschrieben und der Geschäftsstelle übergeben worden sind (GSOGB NJW 1993, 2603; auf den Zeitpunkt der Zustellung des Urteils an die Beteiligten kommt es nicht an, vgl BVerwG NVwZ 1999, 1218; anders Sodan/Ziekow/ Kilian VwGO § 117 Rn 91). Hierbei handelt es um eine **Höchstfrist**. Auch bei Einhaltung dieser Frist kann ein kausaler Verfahrensmangel vorliegen, wenn sich aus den Umständen des Falles ergibt, dass infolge der verzögerten Abfassung der Urteilsgründe die zuverlässige Wiedergabe des Beratungsergebnisses und der für die Entscheidungsfindung leitenden Erwägungen nicht mehr gewährleistet ist. Dabei ist ua die Dauer der Verzögerung, aber auch der konkrete Verfahrensablauf – etwa die Maßgeblichkeit einer aufwändigen Beweisaufnahme – von Bedeutung (BVerwG BeckRS 2004 22578). Zu den Folgen eines Verstoßes gegen die zweiwöchige Frist des § 117 Abs 4 S 2 VwGO s BVerwG NVwZ-RR 2001, 798; s auch § 116 Abs 2 VwGO Rn 15.

D. Verkündungs- bzw Zustellungsvermerk (Abs 6)

29   Mit dem **Vermerk** nach § 117 Abs 6 VwGO beurkundet der Urkundsbeamte die Übereinstimmung der verkündeten bzw der Geschäftsstelle übermittelten Urteilsformel mit der in der Urschrift des vollständigen Urteils enthaltenen Urteilsformel. Der Beweis der Verkündung bzw Zustellung kann mit dem Vermerk nicht geführt werden (S/S-A/P/Clausing VwGO § 117 Rn 28). Sein Fehlen hat prozessual keine Bedeutung und macht das Urteil nicht fehlerhaft.

30   Werden die **Akten elektronisch geführt**, ist der Vermerk in einem gesonderten Dokument festzuhalten (§ 117 Abs 6 S 2 VwGO). Dieses Dokument ist mit dem – ebenfalls in elektronischer Form abgefassten – Urteil untrennbar zu verbinden (§ 117 Abs 6 S 3 VwGO).

§ 118 [Urteilsberichtigung]

(1) Schreibfehler, Rechenfehler und ähnliche offenbare Unrichtigkeiten im Urteil sind jederzeit vom Gericht zu berichtigen.

(2) ¹Über die Berichtigung kann ohne vorgängige mündliche Verhandlung entschieden werden. ²Der Berichtigungsbeschluß wird auf dem Urteil und den Ausfertigungen vermerkt. ³Ist das Urteil elektronisch abgefasst, ist auch der Beschluss elektronisch abzufassen und mit dem Urteil untrennbar zu verbinden.

Die §§ 118–120 VwGO regeln Fälle, in denen eine Abänderung des erlassenen Urteils – trotz der bereits eingetretenen Bindungswirkung gemäß § 173 VwGO iVm § 318 ZPO – bei Vorliegen von Fehlern, die nicht die engere Entscheidungs- und Rechtsfindung des Gerichts betreffen, außerhalb eines Rechtsmittelverfahrens möglich ist. § 118 VwGO, der dem § 319 ZPO nachgebildet ist, verschafft dabei die Möglichkeit der Berichtigung „offenbarer Unrichtigkeiten" (Rn 5; Rn 3) im Urteil. § 118 Abs 1 VwGO (Rn 2) nennt die materiellen Voraussetzungen für eine derartige Korrektur, § 118 Abs 2 VwGO (Rn 8) regelt das Berichtigungsverfahren.

A. Anwendungsbereich

1   § 118 VwGO gilt unmittelbar nur für **Urteile**, ist aber gem § 122 Abs 1 VwGO auch auf **Beschlüsse** und über § 84 Abs 1 S 3 VwGO auf **Gerichtsbescheide** anwendbar. Auch fehlerhafte **Vergleiche** können gem § 118 VwGO korrigiert werden, sofern sie auf einem gerichtlichen Beschluss gem § 106 S 2 VwGO beruhen. Wird hingegen ein Vergleich zwischen den Beteiligten in der mündlichen Verhandlung protokolliert (§ 106 S 1 VwGO), und weist das Protokoll Fehler auf, so können derartige Fehler nur im Rahmen der Protokollberichtigung gem § 105 VwGO iVm § 164 ZPO korrigiert werden (S/S-A/P/Clausing VwGO § 118 Rn 2; siehe auch Sodan/Ziekow/Kilian VwGO § 118 Rn 37).

B. Die Voraussetzungen des § 118 VwGO
I. Die materiellen Voraussetzungen

2   § 118 Abs 1 VwGO statuiert die Voraussetzungen, unter denen Urteile in einem vereinfachten Verfahren korrigiert werden können. Wichtigste Voraussetzung ist das Vorliegen einer „**offenbaren Unrichtigkeit**". Die in § 118 Abs 1 VwGO ausdrücklich genannten Fallgruppen – Schreib- und Rechenfehler – sind lediglich Beispiele für typische derartige Fehler.

1. Unrichtigkeiten im Urteil

Eine **Unrichtigkeit** iSv § 118 Abs 1 VwGO liegt dann vor, wenn der Ausspruch des 3 Gerichts nicht mit dem Gewollten übereinstimmt – sei es, dass etwas anderes als das Gewollte ausgesagt wird, sei es, dass eine Aussage unvollständig geblieben ist. Es muss sich um einen **Erklärungsirrtum**, nicht um einen Irrtum bei der Willensbildung handeln. § 118 Abs 1 VwGO gibt nicht die Möglichkeit der nachträglichen Korrektur fehlerhafter Rechtsanwendung und inhaltlich fehlerhafter Entscheidungen, sondern stellt lediglich ein Instrument zur Behebung „technischer", bei der Umsetzung einer getroffenen Entscheidung aufgetretener Mängel zur Verfügung (OVG Hamburg NordÖR 2002, 535). Deshalb können auch Unvollständigkeiten, die auf einem Mangel bei der Entscheidungsbildung beruhen, nicht über § 118 VwGO korrigiert werden. Anders gewendet: Unrichtig iSv § 118 Abs 1 VwGO kann nur ein solcher Bestandteil des Urteils sein, über den das Gericht auch tatsächlich entschieden hat. Hat es das Gericht beispielsweise versehentlich versäumt, über die Kosten zu entscheiden, so kann es dieses Versäumnis nicht über § 118 VwGO korrigieren. In einem derartigen Fall greift § 120 VwGO (s OVG Bautzen NVwZ 2001, 1173).

„Unrichtigkeiten" iSv § 118 Abs 1 VwGO können **alle Bestandteile des Urteils**, die in 4 § 117 Abs 2 VwGO benannt sind, betreffen, namentlich das **Rubrum** (OVG Bautzen Beschl v 9.4.2002 – 3 BS 143/01 –), den **Urteilstenor** – einschließlich Kosten- und Vollstreckbarkeitsentscheidung –, den **Tatbestand** – § 119 VwGO ist insoweit nachrangig –, die **Entscheidungsgründe** sowie die **Rechtsmittelbelehrung** (vgl BVerwG Buchholz 310 § 132 Abs 1 VwGO Nr 2; VGH Mannheim NVwZ-RR 2003, 693), sofern sie nach den dargestellten Maßgaben fehlerhaft oder auch nur unvollständig sind. Von der Unrichtigkeit muss die **Urschrift** des Urteils betroffen sein. Ist die Urschrift korrekt, während die den Beteiligten zugesandten Ausfertigungen Fehler aufweisen, so ist die Korrektur derartiger Fehler Sache der Geschäftsstelle (s Eyermann/Rennert VwGO § 118 Rn 2; anders Sodan/Ziekow/Kilian VwGO § 118 Rn 9). Diese hat den Beteiligten Ausfertigungen des Urteils zur Verfügung zu stellen, die mit der Urschrift übereinstimmen.

2. Offensichtlichkeit

Eine Unrichtigkeit ist **offenbar**, wenn sich zweifelsfrei erkennen lässt, dass dem Gericht 5 bei der Abfassung des Urteils bzw. – genauer – bei der Umsetzung der getroffenen Entscheidung ein Fehler unterlaufen ist. Dies kann sich **aus dem Urteil selbst**, aber auch **aus sonstigen Umständen** ergeben, sofern diese in irgendeiner Weise nach außen hin – namentlich für die Beteiligten – ersichtlich geworden sind (B/F-K/K VwGO § 118 Rn 3). Als derartige den Beteiligten zugängliche Informationsquellen zu nennen sind etwa das **Protokoll** über die mündliche Verhandlung (vgl hierzu BVerwG LSK 2002, 070716 = ZfBR 2001, 419) oder **Parallelentscheidungen**, die die zu Tage getretene Unrichtigkeit nicht enthalten. Nicht offenbar iSv § 118 Abs 1 sind Unrichtigkeiten, die auf einem gerichtsinternen Versehen beruhen, weil die Beteiligten in die gerichtsinternen Abläufe regelmäßig keinen Einblick haben (Eyermann/Rennert VwGO § 118 Rn 4).

3. Berichtigung jederzeit durch das Gericht

Die Berichtigung offenbarer Unrichtigkeiten im Urteil ist **jederzeit** möglich, dh ab Erlass 6 des Urteils (vgl § 116 VwGO) ohne zeitliche Grenze. Weder die Einlegung eines Rechtsmittels noch der Eintritt der Rechtskraft stehen einer Korrektur nach § 118 VwGO entgegen. Ist bereits ein Rechtsmittel eingelegt, kann eine nachträgliche Berichtigung nach § 118 VwGO allerdings zum **Wegfall der Beschwer** führen. In diesem Fall trägt der Rechtsmittelführer das Kostenrisiko (s VGH Mannheim Beschl v 23.8.2000 – 2 S 44/00 –), sofern nicht nach beidseitiger Erledigungserklärung eine anders lautende Billigkeitsentscheidung auf der Grundlage des § 161 Abs 2 VwGO getroffen wird.

Die Berichtigung erfolgt **rückwirkend**, dh das korrigierte Urteil gilt als von vornherein 7 mit dem korrigierten Inhalt erlassen. Die Rechtswirkungen, die mit dem Erlass des Urteils einhergehen, richten sich grundsätzlich nach dem Erlasszeitpunkt des „ursprünglichen" Urteils, eine Verlagerung auf den Zeitpunkt des Erlasses des Berichtigungsbeschlusses findet grundsätzlich nicht statt.

II. Das Berichtigungsverfahren

8   Die Berichtigung erfolgt durch – wegen § 122 Abs 2 S 1 VwGO zu begründenden – **Beschluss**, ohne dass zunächst eine mündliche Verhandlung stattfinden hätte. Regelmäßig hat dem Beschluss aber, um rechtliches Gehör zu gewähren, eine **Anhörung** der Beteiligten vorausgehen (Redeker/v Oertzen/M Redeker VwGO § 118 Rn 4). Eine gesonderte Kostenentscheidung entfällt. Die **Ausgestaltung des Vermerks** nach § 118 Abs 2 S 2 VwGO steht im Ermessen des Gerichts. Dieses kann, insbes bei kleineren Korrekturen, den Berichtigungsbeschluss vollständig auf der Urschrift des Urteils sowie den Ausfertigungen, die zu diesem Zweck von den Beteiligten zurückzufordern sind, vermerken. Insbes bei umfangreichen Korrekturen ist aber auch ein kurzer Hinweis auf den Berichtigungsbeschluss, auf dessen Inhalt im Übrigen Bezug genommen wird, hinreichend, sofern deutlich gemacht wird, welcher Teil des Urteils abgeändert worden ist. Der neu hinzugefügte § 118 Abs 2 S 3 VwGO betrifft die Form der Urteilsberichtigung bei elektronisch abgefasstem Urteil.

9   § 118 Abs 2 S 2 VwGO soll nicht gelten, wenn eine fehlende bzw fehlerhafte **Rechtsmittelbelehrung nachträglich korrigiert** wird (vgl BVerwG NVwZ 2000, 190; VGH München Beschl v 6.12.2004 – 1 C 03.2374 –). Eine derartige Berichtigung soll entgegen den Anforderungen des § 118 Abs 2 S 2 VwGO nicht durch einen Vermerk des Berichtigungsbeschlusses auf dem Urteil und den Ausfertigungen, sondern durch Zustellung des Urteils in der berichtigten Form bewirkt werden. Dies soll daraus folgen, dass die Rechtsbehelfsbelehrung notwendiger Bestandteil des Urteils ist (§ 117 Abs 2 Nr 6 VwGO), dass Urteile zuzustellen sind (§ 116 Abs 1 S 2 und Abs 3 VwGO) und dass erst mit der Zustellung des Urteils die Rechtsbehelfsfrist zu laufen beginnt (§ 56 Abs. 1 VwGO, § 58 Abs. 1 VwGO).

10   Die Berichtigung erfolgt auf (nicht fristgebundenen) **Antrag** eines Beteiligten oder **von Amts wegen**. Zuständig ist das Gericht, das das zu korrigierende Urteil erlassen hat. Nicht notwendig ist, dass dieselben Richter mitwirken, von denen auch die ursprüngliche Urteilsfassung stammt – insoweit besteht ein Unterschied zu § 119 Abs 2 S 3 VwGO. Nach Einlegung eines Rechtsmittels kann auch das Rechtsmittelgericht die Korrektur nach § 118 VwGO vornehmen.

C. Rechtsmittel

11   Der Beschluss nach § 118 VwGO ist nach allgemeinen Grundsätzen mit der **Beschwerde gemäß §§ 146 VwGO ff** anfechtbar (anders für den Fall der Berichtigung einer Rechtsmittelbelehrung: VGH München Beschl v 6.12.2004 – 1 C 03.2374 –; aA VGH Kassel NVwZ-RR 1992, 668), und zwar anders als im Zivilprozess wegen § 319 Abs 3 ZPO auch dann, wenn der Antrag auf Urteilsberichtigung zurückgewiesen wird. Der Beschwerdefähigkeit des Berichtigungsbeschlusses steht nicht entgegen, dass das Urteil selbst nicht mehr anfechtbar ist, weil die Beschwerde nicht der Überprüfung des Urteils dient. Gegenstand der Beschwerde ist vielmehr die Frage, ob die Grenzen des § 118 Abs 1 VwGO eingehalten worden sind.

12   Die **Rechtswirkungen**, die mit dem Erlass des Urteils einhergehen, richten sich grundsätzlich nach dem Erlasszeitpunkt des „ursprünglichen" Urteils, eine Verlagerung auf den Zeitpunkt des Erlasses des Berichtigungsbeschlusses findet nicht statt. Dies gilt im Grundsatz auch für den **Lauf der Rechtsmittelfristen**: Dieser beginnt mit der Zustellung (vgl § 124a Abs 2 S 1, Abs 4 S 1 VwGO, § 133 Abs 2 S 1 VwGO, § 134 Abs 1 S 2 VwGO, § 139 Abs 1 S 1 VwGO) des ursprünglichen – später korrigierten – Urteils, der nachträgliche Erlass eines Berichtigungsbeschlusses bewirkt nicht, dass die Rechtsmittelfristen erneut zu laufen beginnen). Eine **Ausnahme** hiervon, die sich freilich bereits aus dem Gesetz ergibt (vgl § 58 VwGO), ist dann zu machen, wenn die Unrichtigkeit des Urteils darin besteht, dass die **Rechtsmittelbelehrung fehlt**. In diesem Fall läuft die Rechtsmittelfrist erst ab Zustellung des berichtigten Urteils. Weitere Ausnahmen sind dort zu machen, wo erst die Berichtigung des Urteils die **erforderliche Klarheit** über die Notwendigkeit eines Rechtsmittels verschafft. Dies ist beispielsweise dann anzunehmen, wenn erst das berichtigte Urteil eine Beschwer erkennen lässt (so auch VGH München Beschl v 20.9.2002 – 7 ZB 02.1219 –). Umstritten ist in einem solchen Fall, ob die Rechtsmittelfrist mit der Zustellung des

Berichtigungsbeschlusses erneut zu laufen beginnt, oder ob der Beschwerte einen Antrag auf Wiedereinsetzung in den vorherigen Stand (§ 60 VwGO) stellen kann (hierzu Kopp/ Schenke VwGO § 118 Rn 11; B/F-K/K VwGO § 118 Rn 5 einerseits, Sodan/Ziekow/ Kilian VwGO § 118 Rn 35 andererseits).

§ 119 [Berichtigung des Tatbestands eines Urteils]

(1) Enthält der Tatbestand des Urteils andere Unrichtigkeiten oder Unklarheiten, so kann die Berichtigung binnen zwei Wochen nach Zustellung des Urteils beantragt werden.

(2) [1] Das Gericht entscheidet ohne Beweisaufnahme durch Beschluß. [2] Der Beschluß ist unanfechtbar. [3] Bei der Entscheidung wirken nur die Richter mit, die beim Urteil mitgewirkt haben. [4] Ist ein Richter verhindert, so entscheidet bei Stimmengleichheit die Stimme des Vorsitzenden. [5] Der Berichtigungsbeschluß wird auf dem Urteil und den Ausfertigungen vermerkt. [6] Ist das Urteil elektronisch abgefasst, ist auch der Beschluss elektronisch abzufassen und mit dem Urteil untrennbar zu verbinden.

§ 119 VwGO, der dem § 320 ZPO nachgebildet ist, stellt neben § 118 VwGO und § 120 VwGO eine weitere Möglichkeit der Urteilsberichtigung durch das erkennende Gericht außerhalb eines Rechtsmittelverfahrens zur Verfügung. Die Vorschrift ist im Zusammenhang mit § 314 ZPO zu sehen, der dem Urteilstatbestand eine erhöhte Beweiskraft verleiht – die in § 314 S 1 ZPO allerdings auf das mündliche Parteivorbringen (Rn 2) beschränkt wird. Für die Beteiligten hat die Möglichkeit der Tatbestandsberichtigung nach § 119 VwGO Bedeutung vor allem im Hinblick auf die Vorbereitung einer Revision (Rn 1), weil im Revisionsverfahren neuer Tatsachenvortrag grundsätzlich nicht mehr erfolgen kann (vgl § 137 Abs 2 VwGO). Die Beteiligten haben deshalb ein Interesse daran, dass die tatsächlichen Feststellungen (Rn 5) im Urteil richtig und vollständig (Rn 3) sind. Zudem kann eine Tatbestandsberichtigung nach § 119 VwGO relevant sein, wenn anschließend ein Antrag auf Urteilsergänzung gem § 120 VwGO gestellt werden soll – hier ist eine Tatbestandsberichtigung nach § 119 VwGO mitunter Voraussetzung (s § 120 VwGO Rn 4) für einen erfolgreichen Antrag nach § 120 VwGO –, oder um den Streitgegenstand und damit die Reichweite der Rechtskraft gem § 121 VwGO bestimmen zu können. § 119 Abs 1 VwGO (Rn 3) nennt im Wesentlichen die materiellen Voraussetzungen für eine Tatbestandsberichtigung, § 119 Abs 2 VwGO (Rn 6) regelt das Berichtigungsverfahren.

A. Anwendungsbereich

§ 119 VwGO ist unmittelbar anwendbar auf **Urteile**, über § 84 Abs 1 S 3 VwGO auch **1** auf **Gerichtsbescheide** und über § 122 Abs 1 VwGO ferner auf **Beschlüsse**. Auch **Revisionsurteile** sind der Tatbestandsberichtigung gem § 119 VwGO grundsätzlich zugänglich, sofern sie eigene Feststellungen enthalten (S/S-A/P/Clausing VwGO § 119 Rn 3; Sodan/ Ziekow/Kilian VwGO § 119 Rn 5; Eyermann/Rennert VwGO § 119 Rn 3; Redeker/v Oertzen/M Redeker VwGO § 119 Rn 6). Jedenfalls lässt sich § 119 VwGO selbst eine Einschränkung dahin, dass Revisionsurteile der Vorschrift nicht unterfallen würden, nicht entnehmen.

Allerdings ist umstritten, ob berichtigungsfähig nach § 119 VwGO nur solche Feststel- **2** lungen sind, denen eine **erhöhte Beweiskraft nach § 314 ZPO** zukommt. Dann wären die tatsächlichen Feststellungen im Urteil nur insoweit einer Korrektur nach § 119 VwGO zugänglich, als sie das mündliche Parteivorbringen betreffen. In der Konsequenz könnte eine Tatbestandsberichtigung nach § 119 VwGO bei Urteilen, die mit Einverständnis der Beteiligten im schriftlichen Verfahren nach § 101 Abs 2 VwGO ergehen, nicht erfolgen. Gleiches würde für Gerichtsbescheide (wegen § 84 Abs 1 S 1 VwGO) sowie Beschlüsse, die ohne mündliche Verhandlung ergehen (vgl § 101 Abs 3 VwGO), gelten. Dem wird zu Recht entgegen gehalten, dass im Verwaltungsprozess, für den gemäß § 86 VwGO der Untersuchungsgrundsatz gilt, den tatsächlichen Feststellungen des Gerichts insgesamt eine erhöhte Beweiskraft zukommt (vgl S/S-A/P/Clausing VwGO § 119 Rn 2). Das mündliche Parteivorbringen, das den berücksichtigungsfähigen Streitstoff im Zivilprozess wegen des dort geltenden Beibringungsgrundsatzes entscheidend prägt, hat im Verwaltungsprozess keine vergleichbar herausgehobene Bedeutung. Von daher erscheint es nicht gerechtfertigt, den Anwendungsbereich des § 119 VwGO im Hinblick auf § 314 ZPO einzuschränken (im Ergebnis geht hiervon wohl auch BVerwG LSK 1999, 290935 = NordÖR 1998, 443, aus; wie hier im Übrigen Sodan/Ziekow/Kilian VwGO § 119 Rn 11; Eyermann/Rennert VwGO § 119 Rn 2; B/F-K/K VwGO § 119 Rn 2).

B. Voraussetzungen des § 119 VwGO

I. Materielle Voraussetzungen

3   Berichtigt werden können **Unrichtigkeiten und Unklarheiten**. Hierunter fallen falsche, den Tatsachen nicht entsprechende Feststellungen ebenso wie unklare, einer eindeutigen Interpretation nicht zugängliche und deshalb mehrdeutige Feststellungen. Ferner werden von § 119 Abs 1 VwGO unvollständige Feststellungen, die es zu ergänzen gilt, erfasst. Allerdings sind Feststellungen nicht unvollständig in diesem Sinne, sofern sie in zulässiger Weise durch eine Bezugnahme nach § 117 Abs 3 S 2 VwGO (dort Rn 14) in das Urteil einbezogen werden (iE B/F-K/K VwGO § 119 Rn 5).

4   § 119 VwGO ist **gegenüber § 118 VwGO nachrangig**. „Offenbare Unrichtigkeiten" können auf der Grundlage des § 118 Abs 1 VwGO korrigiert werden und unterfallen nicht dem § 119 Abs 1 VwGO. Die Unterscheidung ist theoretisch eindeutig, erweist sich praktisch indes mitunter als schwierig. Stimmt das Gesagte mit dem Gewollten (versehentlich) nicht überein, so ist – sofern die weiteren Voraussetzungen des § 118 Abs 1 VwGO erfüllt sind – die Annahme einer offenbaren Unrichtigkeit iSv § 118 Abs 1 VwGO gerechtfertigt. Sagt das Gericht demgegenüber aus, was es aussagen will, irrt sich aber über die Richtigkeit seiner Aussage, so liegt eine Unrichtigkeit iSv § 119 Abs 1 VwGO vor. § 119 Abs 1 VwGO erfasst somit, anders als § 118 Abs 1 VwGO, auch Fehler bei der Willensbildung des Gerichts. Seine Grenze findet die Berichtigungsmöglichkeit nach § 119 Abs 1 VwGO dort, wo nicht mehr die Darstellung des Gesagten (oder, sofern der Anwendungsbereich des § 119 Abs 1 VwGO nicht als mit dem des § 314 ZPO deckungsgleich angesehen wird, des sonst wie Ermittelten) fehlerhaft ist, sondern der Bereich der gerichtlichen Interpretation und Rechtsanwendung betroffen ist. Diese ist ggf in einem Rechtsmittelverfahren zu überprüfen.

5   Die zu berichtigenden Unrichtigkeiten und Unklarheiten müssen sich gem § 119 Abs 1 VwGO **im Tatbestand** befinden. Dieser Begriff ist untechnisch zu verstehen und erfasst **alle Feststellungen tatsächlicher Art**, auch dann, wenn sich diese beispielsweise in den Entscheidungsgründen finden (BVerwG NJW 2001, 1878). Zu den tatsächlichen Feststellungen gehört auch die Prozessgeschichte, insbes die gestellten Anträge oder das Ergebnis einer Beweisaufnahme. Beiläufige Bemerkungen, die offensichtlich für die Rechtsfindung ohne Bedeutung sind und auch unter keinen Umständen Bedeutung erlangen können, sind – so wenig sie in den Tatbestand eines Urteils gehören, der eine gedrängte Darstellung des Sach- und Streitstandes erfordert (§ 117 Abs 3 S 1 VwGO; dort Rn 13) – nicht nach § 119 Abs 1 VwGO berichtigungsfähig, da eine Berichtigung die Rechtsstellung der Beteiligten nicht verbessern würde. Umstritten ist, ob ein Berichtigungsantrag gem § 119 Abs 1 VwGO auch dann in zulässiger Weise gestellt werden kann, wenn die Unrichtigkeit der tatsächlichen Feststellungen gemäß § 314 S 2 VwGO durch das **Sitzungsprotokoll** belegt werden kann (Kopp/Schenke VwGO § 119 Rn 3; B/F-K/K VwGO § 119 Rn 2). Die praktische Relevanz dieser Frage ist im Falle der hier vertretenen extensiven, nicht auf den Anwendungsbereich des § 314 ZPO beschränkten Auslegung des § 119 Abs 1 VwGO gering.

II. Berichtigungsverfahren

6   Das Gericht entscheidet **nur auf Antrag** (§ 119 Abs 1 VwGO), nicht – anders als bei § 118 VwGO – von Amts wegen. Der Antrag ist binnen zwei Wochen nach Zustellung des zu berichtigenden Urteils zu stellen. Bei Fristversäumung ist **Wiedereinsetzung** in den vorherigen Stand (§ 60 VwGO) möglich. Eine Ausschlussfrist sieht § 119 VwGO, anders als § 320 Abs 2 S 3 VwGO, nicht vor. Die Entscheidung über den Antrag auf Urteilsberichtigung ergeht in Form eines **Beschlusses** (§ 119 Abs 2 S 1 VwGO), dem eine mündliche

Verhandlung vorausgehen kann, aber nicht muss. Eine vorherige **Anhörung** der Gegenpartei sollte aber stattfinden. Einer **Begründung** bedarf es nicht (§ 122 Abs 2 S 1 VwGO), sie ist aber mitunter – insbes wenn der Berichtigungsantrag als unzulässig abgelehnt wird und deshalb die Möglichkeit der Beschwerde eröffnet ist – zweckmäßig. Unzulässig ist die Durchführung einer **Beweisaufnahme** (§ 119 Abs 2 S 1 VwGO). Die zu treffende Entscheidung hat ausschließlich auf der Grundlage der Erinnerung der an der ursprünglichen Entscheidung beteiligten Richter zu ergehen, ggf unter Hinzuziehung der Akten und etwaiger sonstiger Aufzeichnungen. Der Berichtigungsbeschluss wird auf dem Urteil und den Ausfertigungen vermerkt (§ 119 Abs 2 S 5 VwGO). Hierfür gilt das zu § 118 Abs 2 S 2 VwGO Rn 8 Gesagte entsprechend. Der neu hinzugefügte § 119 Abs 2 S 6 VwGO betrifft die Form der Tatbestandsberichtigung bei elektronisch abgefasstem Urteil.

Bei der Entscheidung über den Berichtigungsantrag wirken nur diejenigen **Richter mit, 7 die auch bei dem zu berichtigenden Urteil mitgewirkt** haben (§ 119 Abs 2 S 3 VwGO). Eine Vertretung findet nicht statt, bei Stimmengleichheit im Falle der Verhinderung eines Richters (s § 117 Abs 1 S 3 VwGO) entscheidet die Stimme des Vorsitzenden (§ 119 Abs 2 S 4 VwGO). Die ehrenamtlichen Richter wirken an dem Berichtigungsbeschluss nur dann mit, wenn hierüber aufgrund mündlicher Verhandlung entschieden wird (vgl § 5 Abs 3 S 2 VwGO, § 19 VwGO; kritisch Eyermann/Rennert VwGO § 119 Rn 5). Dies gilt auch dann, wenn sie an der mündlichen Verhandlung, die vor Erlass des zu berichtigenden Urteils stattgefunden hat, mitgewirkt haben.

C. Rechtsmittel

Nach § 119 Abs 2 S 2 VwGO ist der Berichtigungsbeschluss sowohl im Fall der Stattgabe 8 als auch im Fall der Ablehnung **unanfechtbar**. Nach hM (Kopp/Schenke VwGO § 119 Rn 6; S/S-A/P/Clausing VwGO § 119 Rn 9; Eyermann/Rennert VwGO § 119 Rn 6; B/F-K/K VwGO § 119 Rn 8) ist die Beschwerde gem § 146 VwGO gleichwohl statthaft, wenn der Berichtigungsantrag ohne Sachentscheidung **als unzulässig abgelehnt** wird, oder wenn der (ablehnende) Berichtigungsbeschluss an einem **schweren Verfahrensmangel** – zB Verstoß gegen § 119 Abs 2 S 3 VwGO – leidet. In einem derartigen Fall kann aber nicht das Beschwerdegericht die Tatbestandsberichtigung vornehmen, sondern es hat die Sache an die Vorinstanz zurück zu verweisen (Eyermann/Rennert VwGO § 119 Rn 6). Unberührt bleibt die Möglichkeit, einen Verstoß gegen § 119 VwGO im Rahmen eines (regulären) Rechtsmittels gegen das Urteil zu rügen. Allerdings begründet eine Unrichtigkeit der tatsächlichen Feststellungen keinen im Rahmen einer Revision zu rügenden Verfahrensmangel (s BVerwG NJW 2001, 1878, st Rspr).

§ 120 [Urteilsergänzung]

(1) Wenn ein nach dem Tatbestand von einem Beteiligten gestellter Antrag oder die Kostenfolge bei der Entscheidung ganz oder zum Teil übergangen ist, so ist auf Antrag das Urteil durch nachträgliche Entscheidung zu ergänzen.

(2) Die Entscheidung muß binnen zwei Wochen nach Zustellung des Urteils beantragt werden.

(3) Die mündliche Verhandlung hat nur den nicht erledigten Teil des Rechtsstreits zum Gegenstand.

§ 120 VwGO, der dem § 321 ZPO nachgebildet ist, erlaubt dem Gericht die nochmalige Befassung mit einer bereits als beendet angesehenen Streitsache, wenn versehentlich (Rn 10) über den Streitgegenstand (Rn 6) nicht vollständig bzw abschließend entschieden worden oder eine Nebenentscheidung (Rn 7) unterblieben ist. Es ergeht dann nachträglich eine (weitere) Entscheidung (Rn 12), welche die ursprüngliche – unvollständige – Entscheidung ergänzt, nicht ersetzt. Den antragsberechtigten Beteiligten (Rn 11) verschafft § 120 VwGO eine Möglichkeit, ihrem Anspruch auf eine vollständige Erledigung des Verfahrens im Sinne einer Entscheidung über alle gestellten Anträge und erforderlichen prozessualen Nebenentscheidungen Geltung zu verschaffen. § 120 Abs 1 VwGO (Rn 6) nennt im Wesentlichen die materiellen Voraussetzungen für eine Urteilsergänzung, § 120 Abs 2 und 3 VwGO (Rn 11) regelt das Ergänzungsverfahren.

A. Anwendungsbereich

1   § 120 VwGO gilt unmittelbar für **Urteile**, sofern das Gericht einen gestellten Antrag versehentlich nicht beschieden bzw eine Nebenentscheidung versehentlich (Rn 10) nicht getroffen hat.

2   § 120 VwGO ist über § 84 Abs 1 S 3 VwGO auch auf **Gerichtsbescheide** anwendbar – dann kann auch die Ergänzung, sofern dies zweckmäßig ist, im Wege eines Gerichtsbescheides erfolgen (vgl S/S-A/P/Clausing VwGO § 120 Rn 10) –, ferner gem § 122 Abs 1 VwGO auf **Beschlüsse**. Voraussetzung für eine entsprechende Anwendung insoweit ist, dass diese eine Bindungswirkung gemäß § 318 ZPO entfalten und deshalb nicht ohne weiteres von Seiten des Gerichts abgeändert werden können. Namentlich für Beschlüsse im Eilverfahren (§ 80 Abs 5 VwGO, § 123 VwGO, § 47 Abs 6 VwGO) besteht danach die Ergänzungsmöglichkeit nach § 120 VwGO. Ergänzt werden können ferner Beschlüsse, die eine isolierte Kostenentscheidung enthalten (§ 92 Abs 3 S 1 VwGO, § 161 Abs 2 S 1 VwGO), sofern sie unvollständig sind (B/F-K/K VwGO § 120 Rn 2).

B. Abgrenzung zu §§ 118, 119 VwGO

3   § 118 VwGO, § 119 VwGO ermöglichen die Berichtigung, § 120 VwGO ermöglicht die Ergänzung eines Urteils.

4   Überschneidungen des Anwendungsbereichs von § 120 VwGO mit dem des **§ 119 VwGO** bestehen nicht. Allerdings kann ein Ergänzungsantrag nach § 120 VwGO eine vorherige Tatbestandsberichtigung nach § 119 VwGO erforderlich machen (s VGH Mannheim NVwZ-RR 2003, 318). Dies kann insbes dann der Fall sein, wenn die Feststellungen im Urteilstatbestand einen tatsächlich gestellten Antrag nicht enthalten – hier muss zunächst die Berichtigung des Tatbestandes gem § 119 VwGO beantragt werden –, über den dann auch nicht entschieden worden ist – dies ist sodann im Wege eines Ergänzungsantrages nach § 120 VwGO zu korrigieren.

5   Schwieriger ist mitunter die Abgrenzung zwischen § 120 VwGO und **§ 118 VwGO**. Überschneidungen können sich hier insbes dort ergeben, wo der Urteilsausspruch betroffen ist. Sowohl im Fall des § 118 VwGO als auch im Fall des § 120 VwGO ist das Urteil versehentlich fehlerhaft bzw unvollständig. Während unter § 120 VwGO die Fälle fallen, in denen das Gericht über den Streitgegenstand nicht vollständig bzw abschließend entschieden hat und sich deshalb auch im Urteil hierzu nicht verhält, setzt § 118 VwGO voraus, dass sich das Gericht mit dem gesamten Streitgegenstand in der Sache befasst und hierüber auch entschieden hat, ohne dies allerdings (vollständig) im Urteil zum Ausdruck zu bringen. Auch in dem letztgenannten Fall muss allerdings der Anwendungsbereich § 120 VwGO eröffnet sein, wenn es an der Offensichtlichkeit fehlt (Kopp/Schenke VwGO § 120 Rn 4; Eyermann/Rennert VwGO § 120 Rn 3).

C. Voraussetzungen des § 120 VwGO

I. Materielle Voraussetzungen

6   Eine nachträgliche Entscheidung nach § 120 VwGO kann hinsichtlich **aller Anträge** – auch Hilfsanträge, sofern nicht bereits der Hauptantrag positiv beschieden worden ist (Sodan/Ziekow/Kilian VwGO § 120 Rn 6; Eyermann/Rennert VwGO § 120 Rn 3) – beansprucht werden, sofern sich diese aus dem Tatbestand oder jedenfalls aus dem Sitzungsprotokoll (§ 314 S 2 ZPO) ergeben.

7   Ferner werden von § 120 VwGO die **prozessualen Nebenentscheidungen** erfasst. § 120 Abs 1 VwGO nennt hier ausdrücklich die Kostenfolge: Ist der Ausspruch über die Kosten (§ 161 Abs 1 VwGO) nicht oder nicht vollständig erfolgt, kommt eine Urteilsergänzung in Frage. Nicht vollständig ist eine Kostenentscheidung auch dann, wenn sie keine Aussage über die Erstattungsfähigkeit der **Kosten des Beigeladenen** (§ 162 Abs 3 VwGO) enthält (OVG Lüneburg NVwZ-RR 2002, 897; VGH Kassel NVwZ-RR 1991, 167).

Demgegenüber kann ein Ausspruch über die Notwendigkeit der **Hinzuziehung eines Bevollmächtigten im Vorverfahren** (§ 162 Abs 2 S 2 VwGO) nicht über § 120 VwGO herbeigeführt werden. Die Frage betrifft nicht die Kostenerstattungspflicht dem Grunde nach, sondern als Bestandteil des Kostenfestsetzungsverfahrens den Umfang der Kostenerstattung (BVerwG NVwZ-RR 2003, 246). Eine Entscheidung hierüber kann jederzeit, auch noch nachträglich, durch Beschluss erfolgen. Deshalb bedarf es der Urteilsergänzung nach § 120 VwGO nicht.

Auch eine fehlende oder unvollständige Entscheidung über die **vorläufige Vollstreck-** 8 **barkeit** (§ 167 Abs 1 VwGO iVm §§ 708 ZPO ff) kann über § 120 VwGO korrigiert werden. Dies ergibt sich aus einer entsprechenden Anwendung des § 716 ZPO.

Eine nachträgliche Entscheidung über die **Zulassung eines Rechtsmittels** kann grund- 9 sätzlich nicht über § 120 VwGO erstritten werden. Wird hierzu eine Entscheidung im verwaltungsgerichtlichen Urteil nicht getroffen, ist ein Antrag auf Zulassung der Berufung (§ 124a Abs 4 VwGO) zu stellen. Lässt das Oberverwaltungsgericht die Revision zum Bundesverwaltungsgericht nicht zu, ist die Nichtzulassung mit der Beschwerde nach § 133 VwGO anzufechten. Dem Anwendungsbereich des § 120 VwGO unterfällt allerdings der Fall, dass ein Antrag auf Zulassung der Berufung vom Oberverwaltungsgericht versehentlich nicht vollständig beschieden wird (OVG Bautzen NVwZ 2001, 1173).

Der Sachantrag bzw die Nebenentscheidung muss ganz oder zum Teil übergangen 10 worden, dh **versehentlich nicht beschieden** worden sein. Erledigt das Gericht einen Teil des Streitgegenstandes absichtlich nicht, so ist für die Anwendung des § 120 VwGO kein Raum. Dies gilt namentlich für Teilurteile (§ 110 VwGO). Hier haben die Beteiligten auf eine Erledigung des von dem Teilurteil nicht erfassten Teils des Streitgegenstandes auf andere Weise, etwa mit Hilfe eines Antrages auf Fortsetzung des Verfahrens, hinzuwirken. § 120 VwGO gelangt auch nicht zur Anwendung, wenn das Gericht aufgrund unzutreffender Auslegung der Anträge der irrigen Auffassung ist, über den gesamten Streitgegenstand bereits entschieden zu haben. Hiergegen muss im Rechtsmittelverfahren vorgegangen werden (BVerwG Buchholz 310 § 120 VwGO Nr 7; BVerwG NVwZ 1993, 62; OVG Bautzen NVwZ-RR 2002, 550). Hat ein Berufungsgericht die von ihm angeregte (§ 86 Abs 3 VwGO), dem erkennbaren Klageziel nicht voll entsprechende Fassung des protokollierten Berufungsantrags als maßgeblich zugrunde gelegt und über das in dieser Weise eingeschränkte Begehren des Klägers in vollem Umfang entschieden, so liegt darin kein Übergehen eines gestellten Antrages im Sinne des § 120 Abs 1 VwGO. Das Berufungsgericht hat vielmehr ein Vollendurteil erlassen, das an dem Verfahrensmangel einer Verletzung des § 88 VwGO leidet (vgl BVerwG Buchholz 310 § 88 VwGO Nr 25).

II. Ergänzungsverfahren

Eine Urteilsergänzung nach § 120 VwGO setzt einen **Antrag** voraus (§ 120 Abs 1, 2 11 VwGO). Dies gilt auch für eine Ergänzung hinsichtlich der prozessualen Nebenentscheidungen, die im Urteil von Amts wegen zu treffen gewesen wären (BVerwG NVwZ-RR 1999, 694; BVerwG NVwZ-RR 1994, 236; VGH Kassel NVwZ-RR 1991, 167). Der Antrag kann von allen iSd § 63 VwGO am Verfahren Beteiligten gestellt werden (OVG Lüneburg NVwZ-RR 2002, 897), und zwar **binnen zwei Wochen** nach Zustellung des Urteils (§ 120 Abs 2 VwGO). Ggf kann bei Fristversäumung **Wiedereinsetzung** in den vorherigen Stand (§ 60 VwGO) beantragt werden. Geht dem Antrag nach § 120 VwGO eine Tatbestandsberichtigung nach § 119 VwGO voraus, so beginnt die Frist des § 120 Abs 2 VwGO erst ab Zustellung des Berichtigungsbeschlusses nach § 119 Abs 2 S 1 VwGO zu laufen. Mit Ablauf der Frist des § 120 Abs 2 VwGO entfällt die Rechtshängigkeit des versehentlich nicht entschiedenen Teils des Streitgegenstandes. Er kann dann ggf erneut rechtshängig gemacht werden, sofern nicht Bestandskraft eingetreten ist (BVerwG NVwZ 1994, 117; BVerwG NVwZ-RR 1990, 134).

Über den Ergänzungsantrag wird grundsätzlich aufgrund **mündlicher Verhandlung** 12 entschieden, die nur den nicht erledigten Teil des Rechtsstreits zum Gegenstand hat (§ 120 Abs 3 VwGO). § 101 Abs 2 VwGO ist anwendbar, wobei str ist, ob ein ursprünglich erklärtes Einverständnis mit einer Entscheidung im schriftlichen Verfahren im Urteilsergänzungsverfahren nach § 120 VwGO fortwirkt (Sodan/Ziekow/Kilian VwGO § 120 Rn 20).

Die Entscheidung ergeht grundsätzlich in Form eines **Urteils** (§ 107 VwGO), bei entsprechender Anwendung des § 120 VwGO über § 84 Abs 1 S 3 VwGO, § 122 Abs 1 VwGO auch durch Gerichtsbescheid bzw Beschluss. Die prozessualen Nebenentscheidungen sind nach den allgemeinen Grundsätzen zu treffen.

13   Zuständig ist das Gericht, das die zu ergänzende Entscheidung erlassen hat. Die Zuständigkeit innerhalb des Gerichts richtet sich nach der Geschäftsverteilung, Personenidentität wie bei § 119 Abs 2 S 3 VwGO ist nicht erforderlich, wird aber – nicht zuletzt wegen der kurzen Antragsfrist gem § 120 Abs 2 VwGO – regelmäßig vorliegen.

D. Rechtsmittel

14   Gegen das Ergänzungsurteil bzw die Ablehnung eines Ergänzungsantrages sind die allgemeinen Rechtsmittel (Berufung, Revision) statthaft. Betrifft die Urteilsergänzung ausschließlich die Kostenfolge, so ist diese wegen § 158 Abs 1 VwGO nicht selbständig anfechtbar. Etwas anderes gilt dann, wenn sich der Rechtsmittelführer gegen die Zulässigkeit der Urteilsergänzung selbst richtet (BVerwG NVwZ-RR 1999, 694).

15   § 518 ZPO ist entsprechend anwendbar (iE BVerwG NVwZ-RR 1989, 519).

§ 121 [Rechtskraft]

Rechtskräftige Urteile binden, soweit über den Streitgegenstand entschieden worden ist,

1. die Beteiligten und ihre Rechtsnachfolger und

2. im Fall des § 65 Abs. 3 die Personen, die einen Antrag auf Beiladung nicht oder nicht fristgemäß gestellt haben.

Die durch das 4. VwGO-ÄndG vom 17.12.1990 (BGBl I 2809) neu gefasste Vorschrift regelt die materielle Rechtskraft, also die Frage der inhaltlichen Bindungswirkung des formell rechtskräftigen Urteils (Rn 5) für die Beteiligten und andere Personen. Die materielle Rechtskraft dient dem Rechtsfrieden und schützt das Vertrauen in die Beständigkeit gerichtlicher Entscheidungen. Voraussetzungen für den Eintritt der Bindungswirkungen der materiellen Rechtskraft sind die formelle Rechtskraft sowie die materielle Rechtskraftfähigkeit der jeweiligen Entscheidung. Die Bindungsmodalitäten der materiellen Rechtskraft, die von anderen Entscheidungswirkungen (vor allem Tatbestands- und Feststellungswirkung) zu unterscheiden sind, bestehen insbes darin, dass eine erneute Klage über den gleichen Streitgegenstand zwischen denselben Beteiligten unzulässig (Rn 16) ist, sowie in der Präjudizwirkung (Rn 19) im Rahmen anderer Verfahren. Zu unterscheiden ist zwischen der objektiven (inhaltlichen) und der subjektiven (personellen; Rn 48) Reichweite der materiellen Rechtskraft: Was erwächst in materielle Rechtskraft und wem gegenüber geschieht dies? Die materielle Rechtskraft steht zudem unter dem Vorbehalt, dass sich die Sach- (Rn 54) oder Rechtslage (Rn 55) nach Eintritt der formellen Rechtskraft nicht in entscheidungserheblicher Weise verändert hat. Schließlich ist die materielle Rechtskraft kein absolutes Prinzip, sie kann vielmehr in einer Reihe von Ausnahmefällen (Rn 57) durchbrochen werden, um im Einzelfall der Richtigkeit einer zwar formell rechtskräftigen, aber inhaltlich falschen oder verfahrensrechtlich fehlerhaft zustande gekommenen Entscheidung Vorrang gegenüber dem Grundsatz der Rechtssicherheit einzuräumen.

Übersicht

A. Regelungsstandort und Regelungszweck

§ 121 VwGO nimmt im 10. Abschnitt der VwGO eine systematische Sonderstellung ein. **1** Während sich die §§ 107 ff VwGO ganz überwiegend auf Inhalt und Form des Urteils beziehen, insofern also Handlungsanweisungen für das Gericht enthalten, entfaltet § 121 VwGO seine Wirkungen erst im Falle einer zukünftigen Auseinandersetzung zwischen denselben Beteiligten über denselben Streitgegenstand. Die materielle Rechtskraft gestaltet also an der **Schnittstelle** zwischen materiellem Recht und Prozessrecht die Rechtsbeziehungen zwischen den Beteiligten für die Zukunft (S/S-A/P/Clausing VwGO § 121 Rn 2).

Die materielle Rechtskraft ist eine klassische **allgemeine Kategorie** des Prozessrechts **2** (vgl §§ 322 ff ZPO; § 141 SGG; § 110 FGO), die die Rechtsbeständigkeit des Inhalts gerichtlicher Entscheidungen gewährleisten und damit der Rechtssicherheit wie dem Rechtsfrieden dienen soll (BVerfGE 60, 253, 267; BVerwG NVwZ 1986, 293; NVwZ 1993, 672). Worüber ein Gericht in einer unanfechtbaren Entscheidung judiziert hat, soll nicht mehr Gegenstand eines weiteren gerichtlichen Verfahrens zwischen denselben Beteiligten sein (BVerwG NVwZ 1994, 1115; 2002, 344); ein erneuter Streit in derselben Sache ist damit grundsätzlich unzulässig. Damit soll gleichzeitig eine Überlastung der Gerichte vermieden sowie der Gefahr sich widersprechender Entscheidungen begegnet werden (BVerwG NJW 1990, 199; Kopp/Schenke VwGO § 121 VwGO Rn 1). Liegt eine unanfechtbare Entscheidung vor, ist der grundrechtliche Anspruch aus Art 19 Abs 4 GG, der grundsätzlich kein Recht auf Wiederholung des Rechtsschutzverfahrens verbürgt (v. M/K/S/Huber GG Art 19 Abs 1 Rn 481), erfüllt (S/S-A/P/Clausing VwGO § 121 Rn 3).

Die materielle Rechtskraft kann ihren Zweck nur erfüllen, wenn sie grundsätzlich **auch 3** verfahrensmäßig oder inhaltlich **fehlerhafte Entscheidungen** erfasst. Auch das „falsche" Urteil erwächst grundsätzlich in materielle Rechtskraft und entfaltet die damit einhergehenden Bindungswirkungen (BVerwG NVwZ 1993, 673), es sei denn die Fehlerhaftigkeit ist von derartigem Gewicht, dass ein nichtiges oder gar ein Nichturteil vorliegt (s Rn 14) oder dass ausnahmsweise eine Durchbrechung der materiellen Rechtskraft angezeigt ist (s Rn 56 ff). Gesetzgeber und Rechtspraxis haben damit den Zielkonflikt zwischen materieller Richtigkeit und Gerechtigkeit auf der einen und der Rechtssicherheit auf der anderen Seite im Sinne praktischer Konkordanz aufgelöst: Die Richtigkeit der Entscheidung ist im gerichtlichen Verfahren, das rechtsstaatlichen Anforderungen genügen und nach Art 19 Abs 4 GG effektiven Rechtsschutz gewähren muss (BVerfGE 60, 253, 269), und durch zur Verfügung stehende Rechtsbehelfe zu erreichen. Ist die Entscheidung unanfechtbar, neigt sich die Waagschale zu Gunsten der Rechtssicherheit (BVerwG NVwZ 1993, 672), es sei denn die Bindungswirkung erscheint als grob unbillig (S/S-A/P/Clausing VwGO § 121 Rn 4).

B. Begriff der Rechtskraft

4   Traditioneller Weise unterscheidet man zwischen **formeller und materieller Rechtskraft**, wobei erstere eine Voraussetzung für den Eintritt letzterer ist. Die formelle Rechtskraft betrifft den Abschluss des gerichtlichen Verfahrens selbst, die materielle Rechtskraft die inhaltlichen Bindungswirkungen der Entscheidung (S/S-A/P/Clausing VwGO § 121 Rn 6).

I. Formelle Rechtskraft

5   Die VwGO definiert den Begriff nicht eigens, sondern setzt ihn voraus (zB in § 153 VwGO). Nach §§ 167 Abs 1, 173 S 1 VwGO gilt § 705 ZPO entsprechend (Kopp/Schenke VwGO § 121 Rn 2; Eyermann/Rennert VwGO § 121 Rn 1). Eine Entscheidung ist formell rechtskräftig, wenn sie nicht mehr mit **ordentlichen Rechtsmitteln** (Berufung, Revision Beschwerde) angegriffen werden kann, weil der Rechtsweg erschöpft, eine Rechtsmittelfrist verstrichen oder ein Rechtsmittel überhaupt nicht gegeben ist (S/S-A/P/Clausing VwGO § 121 Rn 6). Entscheidungen, die nicht (mehr) mit einem Rechtsmittel angegriffen werden können, werden mit ihrem wirksamen Erlass formell rechtskräftig (näher S/S-A/P/Clausing VwGO § 121 Rn 7). Die formelle Rechtskraft ist auf Antrag gem § 173 S VwGO iVm § 706 ZPO zu bescheinigen (Rechtskraftzeugnis).

6   Wird ein statthaftes und fristgerecht eingelegtes Rechtsmittel **verworfen**, tritt Rechtskraft mit der Rechtskraft der Verwerfungsentscheidung ein (GSOBG NJW 1984, 1027). Bei zulassungsbedürftigen, noch nicht in der Vorinstanz zugelassenen Rechtsmitteln (§§ 124a, 132 Abs 1 VwGO) hemmt der Zulassungsantrag (§ 124a Abs 4 S 1 VwGO) bzw die Einlegung der Nichtzulassungsbeschwerde (§ 133 Abs 1 VwGO) den Eintritt der formellen Rechtskraft (§§ 124a Abs 4 S 6, 133 Abs 4 VwGO). Mit Ablehnung des Antrages bzw der Beschwerde wird das Urteil oder der Beschluss formell rechtskräftig (§§ 124a Abs 5 S 4, 133 Abs 5 S 3 VwGO). Ist der Zulassungsantrag bzw die Nichtzulassungsbeschwerde erfolgreich, tritt die formelle Rechtskraft mit der Rechtskraft der Entscheidung über das nachträglich zugelassene Rechtsmittel ein (S/S-A/P/Clausing VwGO § 121 Rn 10).

7   Die fristgerechte **Einlegung** eines Rechtsmittels durch einen Beteiligten hemmt (§§ 167 Abs 1 VwGO iVm § 705 S 2 ZPO) den Eintritt der formellen Rechtskraft in vollem Umfang, also auch mit Wirkung gegenüber demjenigen, der ein Rechtsmittel nicht fristgerecht eingelegt hat (BGH NJW 1992, 2296; S/S-A/P/Clausing VwGO § 121 Rn 9). Dies ergibt sich aus der Zulässigkeit der Anschlussberufung auch nach Verstreichen der Berufungsfrist (§ 127 Abs 2 VwGO). Wird ein fristgerecht eingelegtes Rechtsmittel nach Ablauf der Rechtsmittelfrist wirksam zurückgenommen (zB nach § 126 VwGO), tritt formelle Rechtskraft (ex nunc) ein, wenn nicht ein anderer Beteiligter ebenfalls fristgerecht ein Rechtsmittel eingelegt hat, das nicht zurückgenommen und über das auch noch nicht wirksam entschieden worden ist. Des Weiteren wird eine Entscheidung formell rechtskräftig, wenn alle Beteiligten gegenüber dem Gericht (nicht: außergerichtlich) wirksam auf das an sich statthafte Rechtsmittel verzichten (Kopp/Schenke VwGO § 126 Rn 6).

8   Die Möglichkeit der Wiedereinsetzung (§ 60 VwGO), der Wiederaufnahme (§ 153 VwGO), der Anhörungsrüge (§ 152a VwGO) sowie der Verfassungsbeschwerde stehen der formellen Rechtskraft nicht entgegen (Kopp/Schenke VwGO § 121 Rn 2, § 152a Rn 4).

II. Materielle Rechtskraft

9   Materielle Rechtskraft meint die **inhaltliche Bindungswirkung** der formell rechtskräftigen Entscheidung, die Maßgeblichkeit und Rechtsbeständigkeit des Inhalts des Urteils. Die Beteiligten, ihre Rechtsnachfolger und die in § 121 Nr 2 VwGO genannten Personen sind an eine formell rechtskräftige Entscheidung auch materiell gebunden, soweit über den Streitgegenstand entschieden wurde, und zwar ohne Rücksicht auf die Frage, ob die Entscheidung des Gerichts richtig ist (Kopp/Schenke VwGO § 121 Rn 2). Die materielle Rechtskraft steht als prozessuales Institut nicht zur Disposition der Beteiligten, diese können also auf die Bindungswirkungen der materiellen Rechtskraft nicht verzichten; unbenommen bleibt die

Möglichkeit, durch außergerichtlichen Vertrag von der materiell rechtskräftigen Entscheidung abzuweichen (BVerwGE 35, 234, 236; S/S-A/P/Clausing VwGO § 121 Rn 31).

Die dogmatisch exakte Bestimmung von **Wesen** und **Wirkungsmodalitäten** der mate- 10 riellen Rechtskraft ist vor allem in der Zivilprozesslehre intensiv diskutiert worden (Nachweise bei S/S-A/P/Clausing VwGO § 121 Rn 19). Der Streit zwischen der materiellen und der prozessrechtlichen Rechtskrafttheorie ist praktisch ohne nennenswerte Bedeutung. Die materielle Rechtskrafttheorie, die heute kaum mehr vertreten wird, besagt, dass die formell rechtskräftige Entscheidung die Rechtsbeziehungen zwischen den Beteiligten auch materiell gestaltet mit der Folge, dass ein inhaltlich fehlerhaftes Urteil die Rechtslage partiell materiell ändert. Diese nicht nur aus kompetenzrechtlichen Aspekten, sondern auch aus dem Grundsatz der Gewaltenteilung heraus schwer vertretbare Konsequenz vermeidet die prozessrechtliche Rechtskrafttheorie, die auch im Verwaltungsprozessrecht heute ganz überwiegend vertreten wird (S/S-A/P/Clausing VwGO § 121 Rn 20; Kopp/Schenke VwGO § 121 Rn 2). Danach bindet die materielle Rechtskraft zwar die Beteiligten und Gerichte in einem künftigen Prozess inhaltlich an die formell rechtskräftige Entscheidung, soweit über den Streitgegenstand entschieden worden ist. Diese Bindung ist indes nur eine prozessrechtliche, sie lässt die materielle Rechtslage unberührt. Im Falle einer inhaltlich falschen Entscheidung weicht also diese von der materiellen Rechtslage ab, entfaltet aber im Interesse der Rechtssicherheit gleichwohl inhaltliche Bindungswirkung.

C. Voraussetzungen der materiellen Rechtskraft

Eine gerichtliche Entscheidung kann nur materiell rechtskräftig werden, wenn sie **for-** 11 **mell rechtskräftig** ist (Kopp/Schenke VwGO § 121 Rn 2). Allerdings ist die formelle Rechtskraft nur eine notwendige, nicht bereits eine hinreichende Bedingung für den Eintritt der materiellen Rechtskraft (S/S-A/P/Clausing VwGO § 121 Rn 13). Zwar wird grundsätzlich jede Entscheidung (Urteile und Beschlüsse mit Ausnahme der nicht selbständig anfechtbaren Zwischenurteile nach § 173 S 1 VwGO iVm § 303 ZPO; § 109 VwGO Rn 5; OVG Bremen DÖV 1991, 559) formell rechtskräftig, jedoch erwächst nicht jede formell rechtskräftige Entscheidung in materielle Rechtskraft. Sie muss darüber hinaus von ihrer Eigenart und ihrem Inhalt überhaupt der materiellen Rechtskraft fähig sein (Kopp/ Schenke VwGO § 121 Rn 17). Von der materiellen Rechtskraftfähigkeit zu unterscheiden ist die Durchbrechung der materiellen Rechtskraft, bei der eine materiell rechtskraftfähige Entscheidung zunächst vorliegt, deren Bindungswirkungen jedoch nachträglich wieder beseitigt werden (s Rn 56 ff).

Der materiellen Rechtskraft **fähig** sind: 12
- Formell rechtskräftige klageabweisende oder stattgebende **Endurteile** in Gestalt von Sach- oder Prozessurteilen. Der Inhalt des Endurteils hat Bedeutung für den Umfang der materiellen Rechtskraft (s Rn 30).
- **Gerichtsbescheide** gem § 84 Abs 1 S 3VwGO (S/S-A/P/Clausing VwGO § 121 Rn 14).
- **Beschlüsse** (Kopp/Schenke VwGO § 121 Rn 4; § 122 VwGO Rn 7) je nach Eigenart der jeweiligen Beschlussart (S/S-A/P/Clausing VwGO § 121 Rn 15): Die Rechtskraftwirkung kommt in Betracht, wenn nach Sinn und Zweck der durch Beschluss getroffenen Entscheidung die Streitfrage verbindlich und abschließend geregelt werden soll (S/S-A/ P/Clausing VwGO § 121 Rn 15; Beispiel: Beschlüsse nach §§ 80, 80a, 123 VwGO (OVG Münster Beschl v18.11.2010, 13 B 659/10) sowie urteilsvertretende Beschlüsse zB nach § 47 Abs 5 VwGO [BVerwG NVwZ 1986, 372, 373] § 122 VwGO Rn 1). Beschlüsse, die der materiellen Rechtskraft fähig sind, dürfen vom Gericht nach Erlass nicht frei abgeändert werden, es denn es ist ausdrücklich etwas anderes bestimmt (wie zB in § 80 Abs 7 VwGO, der analog auch bei § 123 VwGO gilt, Kopp/Schenke VwGO § 123 Rn 35).

Materiell rechtskraftfähig sind zudem Beschlüsse nach § 99 Abs 2 VwGO (BVerwGE 29, 13 72), § 166 VwGO (Prozesskostenhilfe; Kopp/Schenke VwGO § 121 Rn 4; Sodan/Ziekow/ Kilian § 121 Rn 40; aA OVG NW DVBl 1983, 952, 953; S/S-A/P/Clausing VwGO § 121 Rn 17; unentschieden OVG Bremen DÖV 1991, 560; vgl dazu auch Behn BayVBl 1983,

690, 693), Kostenfestsetzungsbeschlüsse. Hinsichtlich der Bindungswirkung von Verweisungsbeschlüssen nach § 17a GVG sind die dort geregelten Besonderheiten zu beachten.

14   Der materiellen Rechtskraft **nicht fähig** sind (Kopp/Schenke VwGO § 121 Rn 17):
- **Zwischenurteile** nach §§ 109, 111 VwGO (s § 111 VwGO Rn 7), da sie die Endentscheidung lediglich partiell vorbereiten (S/S-A/P/Clausing VwGO § 121 Rn 14); anderes gilt für Zwischenurteile, die einen Zwischenstreit mit einem Dritten beenden (Kopp/Schenke VwGO § 121 Rn 17);
- **Zurückverweisende** Entscheidungen im Rechtsmittelverfahren (§§ 130 Abs 2, 144 Abs 3 S 1 Nr 2 VwGO): BVerwG v 28.11.2012 NVwZ 2013, 665.
- **Nichtige** und **Nicht-Urteile** (VGH München BayVBl 1983, 502; allerdings fehlt es bei Nichturteilen trotz Anfechtbarkeit zur Beseitigung eines Rechtsscheins wohl bereits an der formellen Rechtskraft; s § 107 VwGO Rn 15 f);
- Unverständliche oder in sich widersprüchliche Urteile, die **keinen rechtskraftfähigen Inhalt** haben (Kopp/Schenke VwGO § 121 Rn 17);
- **Prozessvergleiche**, deren prozessrechtliche Wirkung in der Verfahrensbeendigung liegt (BVerwG 28, 332, 334; S/S-A/P/Clausing VwGO § 121 Rn 18).

D. Wirkungen der materiellen Rechtskraft

15   Materielle Rechtskraft meint die inhaltliche Bindungswirkung einer formell rechtskräftigen Entscheidung (s Rn 9). Diese entfaltet sich in verschiedenen Bindungsmodalitäten (1.), die von anderen Entscheidungswirkungen zu unterscheiden sind (2.):

I. Bindungsmodalitäten

1. Unzulässigkeit einer neuen Klage mit identischem Streitgegenstand

16   Die materielle Rechtskraft stellt ein von Amts wegen zu beachtendes **Prozesshindernis** dar (BVerwG NJW 1996, 737, 738) und schließt eine neue Verhandlung und Entscheidung über denselben Streitgegenstand – auch bei umgekehrten Parteirollen (BGH NJW 1995, 1757; Kopp/Schenke VwGO § 121 Rn 10) – aus. Klage oder Antrag im neuen Prozess sind nach der ganz herrschenden „ne bis in idem"-Lehre (S/S-A/P/Clausing VwGO § 121 Rn 19) ohne weitere Sachprüfung auf Grund der materiell rechtskräftigen Entscheidung über denselben Streitgegenstand als unzulässig abzuweisen. Eine Mindermeinung nimmt kein Prozesshindernis an, sondern lediglich ein materielles Abweichungsverbot (Detterbeck NVwZ 1994, 34, 37).

17   Zu achten ist darauf, ob der Streitgegenstand wirklich **identisch** ist (S/S-A/P/Clausing VwGO § 121 Rn 21). Das ist zB bei einer Anfechtungs- oder Verpflichtungsklage nur der Fall, wenn eine solche gegen denselben Verwaltungsakt bzw Versagungsbescheid gerichtet wird, hinsichtlich dessen eine bereits rechtskräftige Entscheidung vorliegt. Erlässt die Behörde dagegen einen neuen VA mit identischem Inhalt oder lehnt sie einen Antrag auf Erlass eines VA nach erneuter Sachbehandlung durch einen sog „Zweitbescheid" ab (anders bei der nur „wiederholenden Verfügung", wo ohne Sachbehandlung auf die bereits rechtskräftig abgewiesene Verpflichtungsklage verwiesen wird; BVerwG NVwZ 1986, 293, 294), liegt ein neuer Streitgegenstand vor, so dass einer erneuten Anfechtungs- oder Verpflichtungsklage die materielle Rechtskraft einer früheren Entscheidung nicht entgegensteht (BVerwG NVwZ 1993, 672; Kopp/Schenke VwGO § 121 Rn 11, 14; S/S-A/P/Clausing VwGO § 121 Rn 22). Dann kommt es auf die Frage an, ob und inwieweit die materielle Rechtskraft im neuen Verfahren in der Bindungsmodalität der Präjudizialität wirkt (s Rn 21). Ebenfalls ein neuer Streitgegenstand liegt vor, wenn die Beteiligten über die Pflicht zum Wiederaufgreifen eines abgeschlossenen Verfahrens nach § 51 VwVfG streiten (BVerwG NJW 1990, 199)

18   Eine Zweitklage ist entgegen dem „ne bis in idem"-Grundsatz ausnahmsweise möglich, wenn der Sinn und Zweck der materiellen Rechtskraft dem nicht entgegensteht. Das kann der Fall sein bei verloren gegangenen oder vernichteten und nicht mehr rekonstruierbaren rechtskräftigen Entscheidungen (BGH NJW 1957, 1111) oder zur Feststellung des Inhalts eines Urteils (Kopp/Schenke VwGO § 121 Rn 10).

2. Präjudizialität

Die materielle Rechtskraft entfaltet auch dann Bindungswirkungen in einem weiteren **19** Verfahren zwischen denselben Beteiligten (OVG Berlin-Brandenburg Beschl v 2.2.2012 – OVG 2 N 84.09), wenn der Streitgegenstand zwar nicht identisch, die rechtskräftig entschiedene Frage in einem weiteren Verfahren jedoch relevant, „**vorgreiflich**" ist. Die rechtskräftige Entscheidung entfaltet dann präjudizielle Wirkung, die von Amts wegen zu beachten ist. Grundsätzlich gilt: was rechtskräftig entschieden ist, darf nicht erneut zum Gegenstand einer gerichtlichen Verhandlung und Entscheidung gemacht werden (S/S-A/P/Clausing VwGO § 121 Rn 24). Maßgeblich ist der Umfang der Rechtskraft der ursprünglichen Entscheidung und damit der seinerzeitige Streitgegenstand (OVG Lüneburg BeckRS 2012, 49140). Das Gericht ist an die materiell rechtskräftige Entscheidung insofern gebunden, als diese der neuen Entscheidung ohne weitere Sachprüfung zu Grunde zu legen ist (BVerwG NVwZ 1993, 781, 782; VG Karlsruhe Urt v 17.4.2008 – 2 K 3360/07 BeckRS 2008 34965). Über die rechtskräftig entschiedene Frage wird nicht verhandelt, kein Beweis erhoben und nicht erneut entschieden (BVerwG NVwZ 2002, 344; Kopp/Schenke VwGO § 121 Rn 11). Etwas anderes dürfte gelten, wenn die Reichweite der materiellen Rechtskraft der Vorentscheidung selbst unklar und umstritten ist.

Beispiele für präjudizielle Wirkung: **19.1**
- Bei einer Klage gegen eine bauaufsichtrechtliche Beseitigungsanordnung ist die rechtskräftig bestätigte Ablehnung der Baugenehmigung präjudiziell (BVerwG NJW 1976, 340).
- Ist Streitgegenstand einer Baunachbarklage die Behauptung, eine bauliche Anlage verletze den Kläger in nachbarschützenden Rechten und wird der Hoheitsträger auf die Nachbarklage rechtskräftig verurteilt, gegenüber dem beigeladenen Nachbarn eine Nutzungsuntersagungsverfügung zu erlassen, ist bei gleichbleibender Sach- und Rechtslage im gegen die für sofort vollziehbar erklärte Nutzungsuntersagungsverfügung gerichteten Eilverfahren des Nachbarn nicht mehr zu prüfen, ob die Voraussetzungen bauaufsichtlichen Einschreitens gegeben sind (VG Neustadt Beschl v 4.11.2010 – 4 L 1070/10.NW BeckRS 2010, 55917).
- Der rechtskräftig bestätigten Ablehnung einer Bauvoranfrage kommt im Rahmen einer Klage auf Erteilung der Baugenehmigung präjudizielle Wirkung zu (VGH Mannheim NVwZ 1992, 896).
- Eine ablehnende Entscheidung im Rahmen des Normenkontrollverfahrens nach § 47 VwGO entfaltet zwischen den Beteiligten präjudizielle Wirkung in einem Anfechtungsverfahren gegen einen auf die streitgegenständliche Norm gestützten VA (BVerwG NJW 1984, 2903; Kopp/Schenke VwGO § 47 Rn 146).
- Ist die Beamteneigenschaft rechtskräftig festgestellt, kann diese im Rahmen einer Leistungsklage etwa auf Gehaltszahlung nicht mehr in Frage gestellt werden (Kopp/Schenke VwGO § 121 Rn 11; vgl auch BVerwGE 25, 7, 10).
- Die rechtskräftige Feststellung der Rechtmäßigkeit oder Rechtswidrigkeit eines hoheitlichen Handelns ist für eine spätere Klage auf Schadensersatz bindend. Bei einer rechtskräftig als rechtmäßig bewerteten Amtshandlung oder entsprechendem behördlichen Unterlassen ist ein Schadensersatzanspruch, der die schuldhafte Verletzung einer Rechtspflicht der Behörde voraussetzt, ausgeschlossen (BVerwG Beschl v 22.12.2011 – 2 B 71/10).

Keine präjudizielle Wirkung haben tragende Gründe einer Entscheidung über den Streitgegen- **19.2** stand hinaus auf andere Rechtsverhältnisse: Daher steht ein rechtskräftiges positives Bescheidungsurteil über einen geltend gemachten Subventionsanspruch einer Privatschule für einen bestimmten Zeitraum einer Klageabweisung für einen anderen (späteren) Zeitpunkt nicht entgegen (VGH Mannheim BeckRS 2010, 50416).

In dem oben bei Rn 17 genannten Beispiel (Behörde erlässt anstelle eines rechtskräftig **20** aufgehobenen VA trotz gleicher Sach- und Rechtslage erneut einen inhaltsgleichen VA) steht im (zulässigen) erneuten Anfechtungsverfahren infolge der rechtskräftigen Erstentscheidung ohne nähere Sachprüfung verbindlich fest, dass der VA rechtswidrig ist (BVerwG NVwZ 1993, 672; Kopp/Schenke VwGO § 121 Rn 11, 13 f; S/S-A/P/Clausing VwGO § 121 Rn 26). Vergleichbares gilt im Fall einer rechtskräftig abgewiesenen Verpflichtungsklage, wenn Behörde einen erneuten Antrag durch Zweitbescheid abweist. Im Rahmen der (zulässigen) erneuten Verpflichtungsklage steht auf Grund der Rechtskraft der Vorentscheidung bei gleicher Sach- und Rechtslage fest, dass der geltend gemachte Anspruch nicht besteht.

Allerdings ist die Behörde trotz rechtskräftig abgewiesenen Begehrens des Bürgers nicht gehindert, dieses doch noch – freiwillig – zu erfüllen, ebenso wie es dem Bürger offen steht, einem belastenden VA trotz rechtskräftiger Aufhebung des inhaltsgleichen VA in einem Vorprozess nachzukommen (BVerwG NVwZ 1993, 672; Kopp/Schenke VwGO § 121 Rn 13).

21   Wird eine Anfechtungsklage gegen einen belastenden VA abgewiesen, **tritt** die Rechtskraftwirkung zur **Bindungswirkung** nach § 43 Abs 2 VwVfG **hinzu**. Beides ist von einander zu trennen. Die gerichtliche Bestätigung des VA gibt diesem weder eine andere Qualität noch einen anderen Regelungsgehalt (S/S-A/P/Clausing VwGO § 121 Rn 27). Zwar wäre eine erneute Klage gegen den VA wegen entgegenstehender Rechtskraft unzulässig und bei inzidenter gerichtlicher Überprüfung müsste der VA infolge der Präjudizialität ohne weiteres als rechtmäßig behandelt werden. Allerdings ist die Behörde nicht gehindert, den VA nach § 49 VwVfG zurückzunehmen (Kopp/Schenke VwGO § 12 Rn 13) oder das Verfahren nach § 51 VwVfG wiederaufzugreifen.

22   Eine sehr umstrittene Frage ist, ob eine Präjudizialität auch bei einem VA anzunehmen ist, hinsichtlich dessen zwar kein rechtskräftiges Urteil vorliegt, der jedoch mangels Anfechtung bestandskräftig geworden ist. Eine solche Gleichsetzung von materieller Rechtskraft und Bestandskraft wird von der in der Literatur kritisierten (S/S-A/P/Clausing VwGO § 121 Rn 28 mwN; zust. dagegen Kopp/Schenke VwGO § 121 Rn 12) Rechtsprechung überwiegend abgelehnt (BVerwG NJW 1976, 340; BGH NJW 1994, 2091, 2092); Konsequenzen:
*   Die Verwaltungsgerichte sind bei einer Inzidentprüfung des VA nicht an dessen Bestandskraft gebunden.
*   Die Zivilgerichte können im Rahmen einer Amtshaftungsklage oder einer Klage wegen enteignungsgleichen Eingriffs den bestandskräftigen VA auf seine Rechtmäßigkeit hin überprüfen (BGH NJW 1991, 1169; NJW 1995, 394). Anders ist es, wenn in Bezug auf den VA ein rechtskräftiges Urteil vorliegt.

3. Gerichtszweigübergreifende Bindung

23   Die präjudizielle Wirkung materiell rechtskräftiger Urteil tritt nicht nur innerhalb der Verwaltungsgerichtsbarkeit ein, sondern ist grundsätzlich auch **gerichtszweigübergreifend** bei anderen Verfahren zwischen denselben Beteiligten zu beachten (BGH NJW 1994, 1950; Kopp/Schenke VwGO § 121 Rn 12; Sodan/Ziekow/Kilian VwGO § 121 Rn 66). Dies ist eine Folge der Gleichwertigkeit aller Gerichtszweige (BGH NJW 1992, 313, 314). Deshalb sind umgekehrt auch die Verwaltungsgerichte nach Maßgabe der Vorschriften anderer Prozessordnungen an rechtskräftige Urteile anderer Gerichtszweige gebunden (BVerwGE 16, 36, 38; Buchholz 310 § 108 Abs 1 VwGO Nr 29; Kopp/Schenke VwGO § 121 Rn 12).

23.1   **Beispiele:**
*   Bei Amtshaftungsklagen oder Entschädigungsklagen fühlt sich der BGH in st Rspr an rechtskräftige Entscheidungen der Verwaltungsgerichte über die Rechtmäßigkeit oder Rechtswidrigkeit des in Rede stehenden VA gebunden (BGH NJW 1985, 3025; 1991, 1169; WM 2008 Heft 14, 660; anders bei einem lediglich bestandskräftigen VA s Rn 22).
*   In einem familiengerichtlichen Verfahren ist das Zivilgericht an die rechtskräftige Entscheidung des Verwaltungsgerichts hinsichtlich des beamtenrechtlichen Versorgungsanspruchs gebunden (BGH NJW 1992, 313, 314).
*   Zur Wirkung der Rechtskraft eines arbeitsgerichtlichen Urteils in einer verwaltungsgerichtlichen Streitigkeit s VGH Mannheim Urt v 9.12.2009, 4 S 2158/07.

24   **Ausnahme**: Eine Bindung der **Strafgerichte** an rechtskräftige Entscheidungen der Verwaltungsgerichte besteht mangels Identität von Streitbeteiligten und Streitgegenstand nicht (OVG Kassel NVwZ 1988, 446; VG Frankfurt NVwZ 1988, 470; Kopp/Schenke VwGO § 121 Rn 12; aA wohl Lässig NVwZ 1988, 412; diff S/S-A/P/Clausing VwGO § 121 Rn 41 mwN auch zum Problem der „Verwaltungsakzessorietät des Strafrechts"). Richtigerweise sollte man eine Bindungswirkung der Strafgerichte an rechtskräftige Entscheidungen der Verwaltungsgerichte bejahen: Was das Verwaltungsgericht in einem dem Untersuchungsgrundsatz unterliegenden Verfahren rechtskräftig entschieden hat, sollte von einem anderen Gericht mindestens nicht ohne Grund (ein solcher wäre etwa die Existenz eines strafpro-

zessualen Erhebungs- oder Verwertungsverbotes) in Frage gestellt werden können (überzeugend S/S-A/P/Clausing VwGO § 121 Rn 41).

4. Verstoß gegen die Bindungsmodalitäten

Verstößt ein Gericht gegen die Bindungswirkungen der materiellen Rechtskraft, indem es 25 ohne Änderung der Sach- und Rechtslage eine erneute Klage zwischen denselben Beteiligten hinsichtlich des selben Streitgegenstandes für zulässig erklärt und eine Entscheidung in der Sache trifft oder bei nicht identischem Streitgegenstand die Präjudizialität einer rechtskräftigen Entscheidung verkennt, so gilt folgendes: Die darauf beruhende Entscheidung ist zwar fehlerhaft, also wirksam, **nicht nichtig** (S/S-A/P/Clausing VwGO § 121 Rn 30). Der Mangel ist durch das jeweils zur Verfügung stehende Rechtsmittel geltend zu machen. Steht ein solches nicht zur Verfügung oder wird es nicht oder verfristet eingelegt, wird die fehlerhafte Entscheidung rechtskräftig. Im Falle der Identität der Streitgegenstände kommt eine **Restitutionsklage** nach § 153 VwGO iVm § 580 Nr 7a ZPO in Betracht (S/S-A/P/Clausing VwGO § 121 Rn 30). Widersprechen sich bei beide rechtskräftigen Entscheidungen, soll dem ersten Urteil der Vorrang zukommen (BGH NJW 1981, 1517, 1518; VGH München NVwZ-RR 1995, 362, 363; S/S-A/P/Clausing VwGO § 121 Rn 30). Überzeugender dürfte es sein, in entsprechender Anwendung der Meistbegünstigungsformel der Entscheidung den Vorrang einzuräumen, die für den Bürger günstiger ist.

II. Andere Entscheidungswirkungen

Das Prozessrecht kennt neben der materiellen Rechtskraft mit ihren geschilderten Bin- 26 dungsmodalitäten (s Rn 16 ff) weitere davon zu unterscheidende Wirkungen:

Bindung des erkennenden Gerichts an seine **eigene Entscheidung** nach § 173 S 1 VwGO iVm § 318 ZPO: Das Gericht darf eine von ihm **erlassene** Entscheidung nicht mehr zurücknehmen oder ändern und im selben Verfahren von ihr nicht mehr abweichen (Ausnahme: §§ 118 VwGO ff).

Bindung an Entscheidung des Rechtsmittelgerichts bei **Zurückverweisung** (§§ 130 Abs 2, 144 Abs 6 VwGO).

Die **Tatbestandswirkung** (Kopp/Schenke VwGO § 121 Rn 5; Knöpfle BayVBl 1982, 27 225) einer Entscheidung meint zunächst schlicht die Tatsache, dass eine Entscheidung mit einem bestimmten Inhalt ergangen und deren Existenz und Gestaltungswirkung (S/S-A/P/Clausing VwGO § 121 Rn 37) grundsätzlich zu beachten ist. Darüber hinaus spricht man von Tatbestandswirkung einer gerichtlichen Entscheidung, wenn eine Rechtsnorm (zB § 153 VwGO iVm § 580 Nr. 3 ZPO) die Existenz einer Entscheidung als Tatbestandsmerkmal voraussetzt (BVerwG NVwZ 1990, 1069, 1070). Von der Tatbestandswirkung einer verwaltungsgerichtlichen Entscheidung zu unterscheiden ist die Tatbestandswirkung eines wirksamen Verwaltungsaktes (dazu Kopp/Ramsauer VwVfG § 43 Rn 16 ff; Knöpfle BayVBl 1982, 225 sowie Rn 21).

Die **Feststellungswirkung** von Entscheidungen, bei der die nicht an der materiellen 28 Rechtskraft teilnehmenden tatsächlichen Feststellungen oder rechtlichen Erwägungen (s Rn 31) für die Entscheidung in einem weiteren Verfahren kraft ausdrücklicher Anordnung in einer Rechtsnorm gleichwohl Bindungswirkung entfalten (BVerwG NVwZ 1990, 1069, 1070; Kopp/Schenke VwGO § 121 Rn 6; Knöpfle BayVBl 1982, 225, 227). Voraussetzungen und Umfang dieser erweiterten Bindungswirkung richten sich nach den besonderen Vorschriften, die die Feststellungswirkung (idR strafgerichtlicher Urteile) anordnen (zB § 35 Abs 3 GewO; § 4 Abs 3 StVG; § 77 Abs 1 WDO). Vergleichbares gilt für die (ebenfalls seltene) Feststellungswirkung von Verwaltungsakten (Kopp/Ramsauer VwVfG § 43 Rn 26 ff; vgl § 15 BVFG).

Weitere Wirkungen von Entscheidungen sind
- die **Vollstreckbarkeit**, wobei nicht jede rechtskräftige Entscheidung vollstreckbar ist (arg § 168 VwGO) und umgekehrt auch **nicht** rechtskräftige, aber gem § 167 VwGO iVm §§ 720 ff ZPO für vorläufig vollstreckbar erklärte Entscheidungen vollstreckbar sein können, sowie
- die Bindungswirkung eines **Bescheidungsurteils** nach § 113 Abs 5 S 2 VwGO.

E. Objektive Reichweite der materiellen Rechtskraft

29   Die Bindungsmodalitäten bringen zum Ausdruck, **in welcher Weise** die materielle Rechtskraft ihre Wirkungen entfaltet (s Rn 16 ff) und wie sich diese spezifischen Rechtskraftwirkungen von anderen Entscheidungswirkungen (s Rn 28 ff) unterscheiden. Damit ist noch nicht gesagt, **in welchem Umfang** die Bindungswirkungen eintreten. Das ist die Frage nach der objektiven Reichweite der materiellen Rechtskraft. § 121 VwGO begrenzt, wie andere Prozessordnungen auch, die materielle Rechtskraft durch die Formel „soweit über den Streitgegenstand entschieden worden ist". Dafür soll nach allgemeiner Meinung die Urteilsformel, der Entscheidungssatz (S/S-A/P/Clausing VwGO § 121 Rn 45 ff spricht insofern vom „Gegenstand" der materiellen Rechtskraft) maßgeblich sein.

I. Maßgeblichkeit des Entscheidungssatzes

30   Von der materiellen Rechtskraft wird nicht die formell rechtskräftige Entscheidung als ganze erfasst, sondern lediglich die Urteilformel (BVerwG NVwZ 1994, 1115; NVwZ 2002, 344; Kopp/Schenke VwGO § 121 Rn 18), genauer der **Entscheidung**ssatz („Subsumtionsschluss": S/S-A/P/Clausing VwGO § 121 Rn 45). Daraus ergibt sich, inwieweit das Gericht über den Streitgegenstand **entschieden** hat. Nicht in Rechtskraft erwachsen dagegen die einzelnen tatsächlichen und rechtlichen Begründungselemente, die dem Subsumtionsschluss zu Grunde liegen (BVerwG NVwZ 1994, 1115).

31   Den Bindungsmodalitäten der materiellen Rechtskraft unterliegen daher nicht:
- **Tatsachenfeststellungen** in der Entscheidung (BVerwG NVwZ 1994, 1115; BGH NJW 1995, 967; Kopp/Schenke VwGO § 121 Rn 18), die zwar insofern an der Rechtskraftwirkung der Entscheidungsformel partizipieren, als sie in einem Verfahren über denselben Streitgegenstand (nach Maßgabe der Urteilsformel) nicht mehr in Frage gestellt werden können, denen jedoch keine selbständige Rechtskraft dergestalt zukommt, dass sie in späteren Verfahren über einen anderen Streitgegenstand Bindungswirkung hätten (BGH NJW 1993, 2684; S/S-A/P/Clausing VwGO § 121 Rn 46).
- **Rechtsausführungen** zur Auslegung und Anwendung von Rechtsnormen, die zwar im Subsumtionsverfahren zum Subsumtionsschluss führen, in diesem selbst aber gerade nicht enthalten sind (BVerwG NVwZ 2002, 344); anders, indes in der Reichweite undeutlich BVerwG Beschl v 14.11.2007 – 8 B 81/07 BeckRS 2007, 28203, wonach an der Rechtskraft auch die „tragenden Gründe für die Verneinung des Anspruchs teilnehmen", ebenso wieder BVerwG DVBl 2008, 1247: „Wird eine Klage abgewiesen (oder einer Anfechtungsklage stattgegeben), geben erst die tragenden Gründe Aufschluss darüber, weshalb ein geltend gemachter Anspruch verneint (oder bejaht) wurde. Deshalb nehmen diese an der Rechtskraft des Urteils teil."; vgl auch OVG Münster Beschl v 29.6.2010 – 7 A 1790/09 BeckRS 2010, 51083, OVG Magdeburg BeckRS 2012, 48312 sowie VGH München BeckRS 2012, 56403.
- Aussagen über **präjudizielle Rechtsverhältnisse** oder die **Wirksamkeit einer Norm**, denen Rechtskraftwirkung nur zukommen kann, wenn die Beteiligten darüber einen gesonderten Rechtsstreit führen (zB im Wege einer Zwischenfeststellungsklage oder eines Normenkontrollverfahrens nach § 47 VwGO; BVerwG NJW 1984, 2903).
- Ausführungen über **Einreden** und Einwendungen des Prozessgegners (eine Ausnahme gilt für den Fall der Aufrechnung, in dem über § 173 VwGO § 322 Abs 2 ZPO anwendbar ist; vgl S/S-A/P/Clausing VwGO § 121 Rn 49 mwN).

32   Der Entscheidungssatz bedarf häufig, insbes bei Klageabweisung, der Auslegung, damit exakt bestimmt werden kann, worüber und in welchem Umfang entschieden worden ist (Kopp/Schenke VwGO § 121 Rn 18). Hierfür können zumal Tatsachenfeststellungen, Ausführungen zur Antraggestellung und Parteivortrag und Rechtsausführungen der Entscheidung sowie ggf der Inhalt der Akten herangezogen werden (BGH NJW 1994, 460; VGH Mannhein NVwZ 1991, 1197; Kopp/Schenke VwGO § 121 Rn 18), ohne dass diese dadurch in materielle Rechtskraft erwachsen würden (s Rn 31; dort auch zur Rechtskraft der „tragenden Gründe"). Auslegung ist nur insoweit angezeigt und zulässig, als Zweifel über den Inhalt des Entscheidungssatzes bestehen. Keine Berücksichtigung finden „obiter dicta" (BVerwG DVBl 1970, 281; Kopp/Schenke VwGO § 121 Rn 18). Im Falle einer Diskrepanz

von Tenor und Entscheidungsgründen geht grundsätzlich ersterer vor, es sei denn aus den Gründen ergibt sich zweifelsfrei ein anderer Entscheidungsinhalt, so dass der Tenor wegen offenbarer Unrichtigkeit nach § 118 VwGO berichtigt werden kann (S/S-A/P/Clausing VwGO § 121 Rn 51).

II. Streitgegenstand

1. Begriff des Streitgegenstandes

Streitgegenstand ist im Verwaltungsprozess nach hA der geltend gemachte prozessuale **33** Anspruch. Dieser bestimmt sich nach dem vom Kläger auf Grund eines bestimmten Sachverhaltes an das Gericht gerichtete Begehren um Rechtsschutz (**zweigliedriger Streitgegenstandsbegriff** aus Klageantrag und Klagegrund; BVerwG NVwZ 1994, 1115; VGH München Urt v 28.1.2009 – 12 B 08.2039; Kopp/Schenke VwGO § 90 Rn 7; S/S-A/P/ Clausing VwGO § 121 Rn 56). „Der Streitgegenstand ist identisch mit dem prozessualen Anspruch, der seinerseits durch die erstrebte, im Klageantrag zum Ausdruck zu bringende Rechtsfolge, sowie den Klagegrund, nämlich den Sachverhalt, aus dem sich die Rechtsfolge ergeben soll, gekennzeichnet ist" (BVerwG BeckRS 2007, 28203; BVerwG BeckRS 2010, 49811). Wird der geltend gemachte Anspruch auf mehrere Anspruchsgrundlagen oder sonstige Gründe gestützt, liegt ein einheitlicher Streitgegenstand vor (BVerwG DVBl 1995, 925). Maßgeblich für die Bestimmung des Streitgegenstandes ist zumal die Rechtsschutzform (Kopp/Schenke VwGO § 90 Rn 7).

Die Entscheidung einer **Vorfrage** nimmt an der Rechtskraft nicht teil, sofern sie nicht **33a** Gegenstand einer besonderen Zwischenfeststellung ist (BVerwG v 31.8.2011 8C 15/10, Tz. 22 am Beispiel des VermG).

2. Ermittlung des Streitgegenstandes bei einzelnen Klagearten

Zum Streitgegenstand bei den einzelnen Klagearten s § 90 VwGO Rn 10 sowie einge- **34** hend Kopp/Schenke VwGO § 90 Rn 8 ff; S/S-A/P/Clausing VwGO § 121 Rn 58 ff.

Streitgegenstand bei der **Anfechtungsklage** ist – orientiert an § 113 Abs 1 S 1 VwGO – der „Anspruch des Klägers auf Aufhebung der angefochtenen Entscheidung und die die objektive Rechtswidrigkeit implizierende Feststellung der Verletzung eines subjektiven Rechts des Klägers" (Kopp/Schenke VwGO § 90 Rn 8 mwN zum Streitstand; ähnlich S/S-A/P/Clausing VwGO § 121 Rn 59 ff; BVerwG NVwZ 1993, 672). Bei der **Fortsetzungsfeststellungsklage** ist Streitgegenstand die Feststellung der durch den rechtswidrigen VA erfolgten Verletzung subjektiver Rechte des Klägers (Kopp/Schenke VwGO § 90 Rn 8; aA S/S-A/P/Clausing VwGO § 121 Rn 67: Rechtswidrigkeit des VA).

Streitgegenstand bei der **Verpflichtungsklage** ist – orientiert an § 113 Abs 5 VwGO – **35** die Verletzung des Klägers in seinen subjektiven Rechten durch die rechtswidrige Ablehnung oder Unterlassung des beantragten VA sowie damit korrespondierend der Anspruch auf Erlass des VA bzw. auf ermessensfehlerfreie Verbescheidung unter Beachtung der Rechtsauffassung des Gerichts (BVerwG NVwZ 1986, 293; DVBl 1987, 1004; Kopp/Schenke VwGO § 90 Rn 9; S/S-A/P/Clausing VwGO § 121 Rn 63: „Anspruch auf Verpflichtung der Behörde zum Erlass des begehrten VA bzw zur Neubescheidung"). Bei der **allgemeinen Leistungsklage** sowie der **Unterlassungsklage** ist Streitgegenstand der auf einen bestimmten Sachverhalt gestützte Anspruch des Klägers gegen den Beklagten auf Vornahme der begehrten Leistung bzw auf Unterlassung des beanstandeten Tuns (BGH NJW 1992, 1172; Kopp/ Schenke VwGO § 90 Rn 10)

Streitgegenstand bei der **Feststellungsklage** ist der „Anspruch auf Feststellung des Be- **36** stehens oder Nichtbestehens des im Antrag bezeichneten Rechtsverhältnisses bzw der Nichtigkeit eines VA" (S/S-A/P/Clausing VwGO § 121 Rn 67; Kopp/Schenke VwGO § 121 Rn 11. Im **Normenkontrollverfahren** nach § 47 VwGO ist Streitgegenstand die Unwirksamkeit der angegriffenen Rechtsnorm (BVerwG NJW 1984, 2903; NVwZ 1992, 662; Kopp/Schenke VwGO § 121 Rn 11a).

III. Objektive Reichweite der Rechtskraft bei einzelnen Klagearten

37   Nach Maßgabe des jeweiligen Streitgegenstandes und der aus dem Entscheidungssatz zu ermittelnden Reichweite der Entscheidung lässt sich die objektive Reichweite bei den einzelnen Klagearten unterscheiden, soweit in der Sache entschieden worden ist. Bei einem **Prozessurteil**, also bei Abweisung der Klage oder des Antrages als unzulässig, erwächst nur die Entscheidung, dass der materiellen Prüfung des Streitgegenstandes ein (bestimmtes) prozessuales Hindernis entgegensteht, in Rechtskraft (BVerwG NJW 1968, 1795; Kopp/Schenke VwGO § 121 Rn 19). Wird dieses beseitigt, ist eine erneute Klage zulässig (BVerwG NJW 1968, 1795). Weist das Gericht die Klage als **unzulässig und unbegründet** ab, liegt ein Prozessurteil vor, das nur insoweit in Rechtskraft erwächst (die Ausführungen zur Begründetheit sind hinsichtlich der materiellen Rechtskraft wie „obiter dicta" zu behandeln s Rn 32). Lässt das Gericht dagegen die Zulässigkeit offen und entscheidet es in der Sache, liegt ein rechtskraftfähiges Sachurteil vor (S/S-A/P/Clausing VwGO § 121 Rn 91).

1. Entscheidungen über Anfechtungsklagen

38   Bei **Abweisung der Anfechtungsklage** durch Sachurteil als unbegründet erwächst in materielle Rechtskraft die Feststellung, dass der Kläger nicht in seinen Rechten verletzt ist und deswegen keinen Anspruch auf Aufhebung des VA hat (Kopp/Schenke VwGO § 121 Rn 21). Ob der VA rechtmäßig oder rechtswidrig ist, den Kläger aber nicht in seinen Rechten verletzt, ist aus den Entscheidungsgründen zu ermitteln (S/S-A/P/Clausing VwGO § 121 Rn 80). Eine erneute Anfechtungsklage ist unzulässig; bei einer Abweisung aus materiell-rechtlichen Gründen ist ebenso eine Nichtigkeitsfeststellungsklage unzulässig, OVG Münster Beschl v 4.3.2013 – 15 A 2421/12. Einem Verzicht auf die Durchsetzung des VA sowie einem Widerruf des VA durch die Behörde nach § 49 VwVfG steht die materielle Rechtskraft indes nicht entgegen (BVerwG NVwZ 1993, 672, 674). Anderes gilt bei einem VA mit Doppelwirkung zugunsten des beigeladenen Dritten. § 51 VwVfG bleibt durch die Rechtskraft unberührt (BVerwG NVwZ 1993, 672, 674); vgl. auch unten Rn 39a. Eine Pflicht zur Zurücknahme kann sich aus Gemeinschaftsrecht ergeben: Der in Art 4 III EUV verankerte Zusammenarbeitsgrundsatz kann unter bestimmten vom EuGH formulierten Voraussetzungen eine Behörde verpflichten, auf Antrag einen bestandskräftigen VA zurückzunehmen, um einer vom EuGH vorgenommenen Auslegung einer einschlägigen Bestimmung des Gemeinschaftsrechts Rechnung zu tragen (EuGH BayVBl 2004, 589m Anm Lindner; VGH Mannheim Urt v 18.6.2008 – 13 S 2809/07). Allerdings durchbricht ein EuGH-Urteil nicht die Rechtskraft (VGH Mannheim Beschl v 14.3.2008, 2 S 1505/07). Hat das Gericht im Rahmen der Anfechtungsklage inzident die Gültigkeit einer untergesetzlichen Rechtsvorschrift iSd § 47 Abs 1 VwGO bejaht, erwächst diese Feststellung nicht in materielle Rechtskraft (BVerwG NVwZ 1992, 662).

39   Wird der **Anfechtungsklage stattgegeben**, der angefochtene VA also aufgehoben, umfasst die materielle Rechtskraft den Aufhebungsanspruch und die die objektive Rechtswidrigkeit implizierende Feststellung der Verletzung eines subjektiven Rechts des Klägers (Rn 36; Kopp/Schenke VwGO § 121 Rn 21). Welche Handlungsalternativen der Verwaltung verbleiben, hängt vom Grund der Rechtswidrigkeit ab, der den Entscheidungsgründen zu entnehmen ist (BVerwG NVwZ 1993, 673; Kopp/Schenke VwGO § 121 Rn 21; S/S-A/P/Clausing VwGO § 121 Rn 81): Wird der VA wegen Zuständigkeits-, Verfahrens- oder Formfehlern aufgehoben, ist die (zuständige) Behörde nicht gehindert, einen nunmehr fehlerfreien VA mit gleichem materiellen Inhalt zu erlassen. Gleiches gilt bei ermessensfehlerhafter Begründung (Kopp/Schenke VwGO § 121 Rn 21). Beruht die Rechtswidrigkeit des VA dagegen auf „irreparablen" Verstößen gegen materielles Recht, darf Behörde ohne Änderung der Sach- und Rechtslage nicht erneut einen inhaltsgleichen VA erlassen (BVerwG NVwZ 1993, 672; sog „**Wiederholungsverbot**"; S/S-A/P/Clausing VwGO § 121 Rn 81). Tut sie dies dennoch, ist dagegen eine erneute Anfechtungsklage statthaft, bei der wegen der präjudiziellen Wirkung der materiellen Rechtskraft ohne weitere Sachprüfung von der Rechtswidrigkeit des wiederholenden VA auszugehen ist (Rn 17, 21). Dies gilt auch dann, wenn sich die Erstentscheidung im nachhinein als unrichtig, der VA also als doch rechtmäßig erweist, es sei denn es läge eine nachträglich eingetretene Änderung der Sach-

und Rechtslage vor (S/S-A/P/Clausing VwGO § 121 Rn 82; diff Maurer JZ 1993, 574; Kopp/Kopp NVwZ 1994, 1). Das Wiederholungsverbot erfasst aber nur inhaltsgleiche Verwaltungsakte, d. h. die Regelung desselben Sachverhalts durch Anordnung der gleichen Rechtsfolge: BVerwG NVwZ 2011, 1463.

Wird eine Anfechtungsklage mit der Begründung rechtskräftig **abgewiesen**, dass der VA **39a** rechtmäßig ist, so hindert § 121 VwGO die obsiegende Behörde, den VA nach § 48 Abs 1 S 1 VwVfG als rechtswidrig anzusehen und zurückzunehmen; dies gilt grundsätzlich auch, wenn sich aufgrund der späteren Klärung einer gemeinschaftsrechtlichen Rechtsfrage durch den EuGH der VA nachträglich als rechtswidrig und das Urteil als fehlerhaft erweist (VGH Mannheim Urt v 30.4.2008 – 11 S 759/06; Urt v 18.6.2008 – 13 S 2809/07). An einem Wiederaufgreifen nach § 51 VwVfG ist die Behörde durch § 121 VwGO indes nicht gehindert; BVerwG BeckRS 2009, 40437, BeckRS 2010, 45404 wonach die Rechtskraftbindung des § 121 VwGO nur auf gesetzlicher Grundlage überwunden werden könne und § 51 VwVfG eine solche Grundlage darstelle (bestätigt durch BVerwG Urt v 13.12.2011 – 5 C 9/11 = BayVBl. 2012, 478). Im Rahmen der erneuten Sachentscheidung sei die Behörde nicht auf die in § 48 Abs. 1 Satz 1 VwVfG und § 49 Abs. 1 VwVfG normierten Möglichkeiten der Aufhebung des Verwaltungsakts ex tunc oder ex nunc beschränkt, sondern sie habe zu entscheiden, ob der Verwaltungsakt zurückgenommen, geändert oder im Wege eines Zweitbescheids bestätigt werden solle (BeckRS 2010, 45404; krit Traulsen VerwArch 103 (2012), 337).

Wird eine Anfechtungsklage abgewiesen, erfasst die Rechtskraft des Urteils auch die **39b** Auslegung des Bescheids (BVerwG DVBl 2008, 1247).

Bestimmt das VG nach § 113 Abs 2 S 2 VwGO die Änderung eines GeldleistungsVA **39c** durch Angabe der zu Unrecht berücksichtigten oder nicht berücksichtigten tatsächlichen oder rechtlichen Verhältnisse, so erwachsen die in den Entscheidungsgründen enthaltenen Vorgaben für die Neuberechnung des Geldbetrages in Rechtskraft (BVerwG NVwZ 2010, 1308).

Die Rechtskraftwirkung einer erfolgreichen, auf Aufhebung der Baugenehmigung ge- **39d** richteten Nachbaranfechtungsklage umfasst auch die die Beteiligten bindende Feststellung der (Nachbar-)Rechtswidrigkeit des den Genehmigungsgegenstand bildenden Vorhabens. Die Rechtskraft einer die Baugenehmigung aufhebenden Entscheidung hindert den Bauherrn in einem anschließenden Rechtsstreit betreffend den Nachbaranspruch auf bauaufsichtliches Einschreiten gegen das betreffende genehmigungskonform ausgeführte Bauwerk bei unveränderter Sach- und Rechtslage daran, erfolgreich geltend zu machen, die Anlage sei doch materiell baurechtmäßig (OVG Münster v 18.10.2011 – 2A 2731/10).

2. Entscheidungen über Verpflichtungsklagen

Wird die **Verpflichtungsklage** als unbegründet **abgewiesen**, erwächst die Feststellung **40** in materielle Rechtskraft, dass der Kläger vom Beklagten den Erlass des begehrten VA nicht verlangen kann, dass also der behauptete Anspruch zu dem für die Entscheidung maßgeblichen Zeitpunkt nicht besteht (BVerwG Urt v 13.12.2011 – 5 C 9/11) und dass er durch die Ablehnung oder Unterlassung nicht in seinen Rechten verletzt ist (Kopp/Schenke VwGO § 121 Rn 21a). An der Rechtskraft nehmen die tragenden Gründe für die Verneinung des Anspruchs teil (s Rn 31). Einem erneuten Antrag auf Erlass des VA kann die Behörde allerdings stattgeben (Kopp/Schenke VwGO § 121 Rn 13; enger Traulsen VerwArch 103 (2012), 337), ihn aber auch unter Verweis auf das rechtskräftige Abweisungsurteil ablehnen (wiederholende Verfügung). Im Falle eines negativen echten Zweitbescheids ist eine erneute Verpflichtungsklage zulässig, indes unbegründet (Rn 17, 21; aA wohl BVerwG NVwZ 1986, 293, 294 sowie BVerwG Urt v. 13.12.2011 – 5 C 9/11; S/S-A/P/Clausing VwGO § 121 Rn 83). Liegen die Voraussetzungen für ein Wiederaufgreifen nach § 51 VwVfG vor, ist die Behörde verpflichtet, erneut in der Sache zu prüfen (dies gilt nicht bei Planfeststellungsverfahren, VGH Mannheim BeckRS 2012, 55842). Lehnt sie dies ab, ist eine Klage statthaft (BVerwG NVwZ 1993, 672). Zum Verhältnis von § 121 VwGO zu § 51 VwVfG im Rahmen einer Verpflichtungsklage s auch VGH München Beschl v 6.12.2010 – 11 ZB 08.822, Traulsen VerwArch 103 (2012), 337.

41   Ist die **Verpflichtungsklage begründet**, steht mit Rechtskraftwirkung fest, dass die Behörde zum Erlass des betreffenden VA verpflichtet ist und dass in dessen Ablehnung oder Unterlassung eine Verletzung subjektiver Rechte des Klägers liegt (s Rn 35); Kopp/Schenke VwGO § 121 Rn 21a). Die Behörde kann den Erlass des VA dann nicht mit der Begründung ablehnen, das Gericht habe unrichtig entschieden. Gegen einen ohne Änderung der Sach- und Rechtslage erneut ablehnenden Bescheid ist eine weitere Verpflichtungsklage in der Modalität der Versagungsgegenklage zulässig und wegen der Rechtskraftwirkung des Ersturteils begründet (Kopp/Schenke VwGO § 121 Rn 21a). Erlässt die Behörde den betreffenden VA zunächst auf Grund des Urteils, nimmt sie ihn jedoch wieder zurück (§ 48 VwVfG) oder widerruft sie ihn (§ 49 VwVfG), ist der Rücknahme- oder Widerrufsbescheid ohne Änderung der Sach- und Rechtslage rechtswidrig und mit der Anfechtungsklage anzugreifen (BVerwG NVwZ 1999, 302; 2000, 576; Urt v 22.11.2011 – 10 C 29/10; VG Karlsruhe BeckRS 2008 36691; Kopp/Schenke VwGO § 121 Rn 21a). Ob die Behörde den beantragten VA mit Nebenbestimmungen versehen darf, hängt vom konkreten Einzelfall ab; jedenfalls darf die Rechtskraftwirkung des Verpflichtungsurteils nicht unterlaufen werden (VGH Mannheim NVwZ 1991, 1197; S/S-A/P/Clausing VwGO § 121 Rn 84).

42   Im Falle einer **Verurteilung** des Behördenträgers zur **Neubescheidung** nach § 113 Abs 5 S 2 VwGO ist die Reichweite der materiellen Rechtskraft und damit der Umfang der Bindung der Behörde in Bezug auf das weitere Vorgehen den Entscheidungsgründen zu entnehmen (ausführlich zum Umfang der Bindungswirkung VGH München Urt v 25.2.2013 – 22 B 11.2587 m. w. N.). Diese haben insofern kraft ausdrücklicher gesetzlicher Anordnung in § 113 Abs 5 S 2 VwGO an der materiellen Rechtskraft teil (BVerwG NVwZ 1996, 66; Kopp/Schenke VwGO § 121 Rn 21a). Die Neubescheidung darf den tragenden Gründen des Bescheidungsurteils nicht widersprechen, insbes darf der Erlass des VA nicht aus den vom Gericht missbilligten, wohl aber aus anderen Gründen abgelehnt werden (BVerwG 29, 1, 2; S/S-A/P/Clausing VwGO § 121 Rn 85). Gerichtliche Hinweise zum weiteren Vorgehen, die keinen entscheidungstragenden Charakter haben, nehmen an der materiellen Rechtskraft nicht teil (BVerwG DVBl 1963, 64, 65). Nach dem BVerwG (Beschl v 24.10.2006 – 6 B 47/06) ist Streitgegenstand der Bescheidungsklage der mit der Klage geltend gemachte und vom Gericht nach Maßgabe der bestehenden Rechtslage zu überprüfende Anspruch auf Neubescheidung. Ein rechtskräftiges positives Bescheidungsurteil über einen geltend gemachten Anspruch (zB Subventionsanspruch einer Privatschule für einen bestimmten Zeitraum) steht einer Klageabweisung des Förderanspruchs – auch dem Grunde nach – für einen anderen (späteren) Zeitraum nicht entgegen (VGH Mannheim BeckRS 2010, 50416). Die Rechtskraft bei Bescheidungsurteilen umfasst nicht nur die Verpflichtung der Behörde zur Neubescheidung, sondern erstreckt sich auch auf die Entscheidung über das Vorliegen bzw. Nichtvorliegen der Tatbestandsvoraussetzungen der jeweiligen Norm: VGH Mannheim v 12.7.2011 6S 2579/10, Ls 1. Das rechtskräftige Bescheidungsurteil kann auch bezüglich der Frage, ob das (eröffnete) Ermessen auf Null reduziert ist, Bindungswirkung gem § 121 VwGO entfalten: VGH Mannheim v 12.7.2011 6S 2579/10, Ls 2.

3. Entscheidungen über Feststellungsklagen

43   Im Fall der **Abweisung** der **Feststellungsklage** als unbegründet ist hinsichtlich der materiellen Rechtskraftwirkung zu unterscheiden (dazu S/S-A/P/Clausing VwGO § 121 Rn 88):

- Ist die Klage auf das Nichtbestehen eines Rechtsverhältnisses gerichtet, so ist die materielle Rechtskraft dieselbe wie bei einem Urteil, das das kontradiktorische Gegenteil, also das Bestehen des Rechtsverhältnisses, positiv feststellt (BGH NJW 1995, 1757, 1758; BVerwG Beschl v 22.12.2011 – 2 B 71/10).
- Bezieht sich die Klage auf die Nichtigkeit eines VA, steht mit der Klageabweisung nicht zugleich rechtskräftig die Rechtmäßigkeit des VA fest.
- Wird eine positive Feststellungsklage abgewiesen, ist die materielle Rechtskraft des Abweisungsurteils identisch mit der eines Urteils, das das Nichtbestehen des streitigen Rechtsverhältnisses feststellt (BVerwG NVwZ 1993, 781, 782). Eine Leistungsklage, im Rahmen derer es auf das Bestehen des Rechtsverhältnisses ankommt, ist mangels Identität des Streitgegenstandes zwar zulässig, jedoch infolge der Präjudizwirkung des abweisenden

Feststellungsurteils unbegründet (BGH NJW 1989, 393, 394). Ist die **Feststellungsklage begründet**, erwächst die Feststellung des Bestehens oder Nichtbestehens des Rechtsverhältnisses oder der Nichtigkeit des VA in materielle Rechtskraft.

4. Entscheidungen über Leistungsklagen

Wird die **Leistungsklage abgewiesen**, erwächst die Feststellung, dass der vom Kläger **44** behauptete Leistungs- oder Unterlassungsanspruch nicht besteht, in materielle Rechtskraft (BGH NJW 1995, 1757, 1758; Kopp/Schenke VwGO § 121 Rn 20). Wir ihr **stattgegeben**, ist die Feststellung des Bestehens des Leistungs- oder Unterlassungsanspruches der materiellen Rechtskraft fähig (S/S-A/P/Clausing VwGO § 121 Rn 86). Die Behörde hat den Anspruch zu erfüllen, auch wenn das rechtskräftige Urteil fehlerhaft ist. Ist ein Leistungsbescheid vom Verwaltungsgericht aus materiell-rechtlichen Gründen als rechtswidrig aufgehoben worden, verbietet es die materielle Rechtskraft dieser Entscheidung, die gleiche Forderung aufgrund einer anderen Anspruchsgrundlage erneut geltend zu machen (OVG Koblenz BeckRS 2010, 48430).

5. Entscheidungen über Normenkontrollanträge

Wird ein **Normenkontrollantrag** nach § 47 VwGO als unbegründet **abgewiesen**, **45** erwächst die Feststellung der Wirksamkeit der angegriffenen Norm in materielle Rechtskraft. Die Rechtskraft wirkt allerdings nicht inter omnes, sondern intra partes (Kopp/Schenke VwGO § 47 Rn 146) und ist beschränkt auf die Rechtmäßigkeit im Hinblick auf solche Vorschriften, die im Normenkontrollverfahren als Prüfungsmaßstab (vgl § 47 Abs 3 VwGO) herangezogen werden können (BVerwG NJW 1984, 2903; Kopp/Schenke VwGO § 121 Rn 22a). Ein erneuter Antrag des Antragstellers im Hinblick auf dieselbe Rechtsvorschrift ist unzulässig. Andere Antragsteller können gegen dieselbe Vorschrift einen Normenkontrollantrag erheben, es sei denn sie wurden nach § 47 Abs 2 S 4 VwGO beigeladen (Kopp/Schenke VwGO § 47 Rn 146). Wird ohne Änderung der Sach- und Rechtslage eine inhaltsgleiche neue Vorschrift erlassen, ist ein erneuter Antrag zulässig, aber infolge der Rechtskraftwirkung der Vorentscheidung unbegründet. In einem anderen Verfahren, etwa einer Anfechtungsklage gegen den auf die entsprechende Rechtsnorm gestützten VA zwischen denselben Beteiligten entfaltet die abweisende Normenkontrollentscheidung insofern präjudizielle Wirkung, als das Gericht ohne weiteres von der Rechtswirksamkeit der Norm auszugehen hat (BVerwG NJW 1984, 2903). Wird ein Bebauungsplan nachträglich rechtswidrig, insbes funktionslos, steht einem erneuten Normenkontrollantrag die materielle Rechtskraft der früheren Entscheidung nicht entgegen (BVerwG NVwZ 1999, 986; Kopp/Schenke VwGO § 121 Rn 22); BVerfG BayVBl 2012, 174/176.

Ist der **Normenkontrollantrag begründet**, ist die Feststellung der Ungültigkeit bzw **46** Unanwendbarkeit der Rechtsvorschrift der materiellen Rechtskraft fähig. Die Unwirksamkeitserklärung ist allgemeinverbindlich. Der Erlass einer inhaltsgleichen Vorschrift unter Wiederholung der festgestellten Rechtsfehler ist ohne entsprechende Änderung der Sach- und Rechtslage unzulässig; die Rechtswidrigkeit ist einem erneut zulässigen Normenkontrollverfahren ohne weiteres festzustellen (BVerwG NVwZ 2000, 813; Kopp/Schenke VwGO § 121 Rn 22a).

F. Subjektive Reichweite der materiellen Rechtskraft

Die Bindungsmodalitäten (Rn 16) der materiellen Rechtskraft in ihrer objektiven Reich- **47** weite (Rn 30) gelten **nicht inter omnes** (Ausnahme: § 47 Abs 5 S 2 VwGO; zur davon zu unterscheidenden „inter omnes"-Wirkung von Gestaltungsurteilen, insbes der Aufhebung eines VA s S/S-A/P/Clausing VwGO § 121 Rn 94), sondern lediglich für den in § 121 Nr 1 und 2 VwGO genannten Personenkreis.

I. Bindung der Beteiligten

Von den Bindungswirkungen der materiellen Rechtskraft erfasst sind in erster Linie die **48** **Beteiligten**. § 121 VwGO definiert nicht selbst, wer Beteiligter ist, dies ergibt sich aus § 63

VwGO: Kläger, Beklagter, Beigeladener, der Vertreter des öffentlichen Interesses, falls er von seiner Beteiligungsbefugnis Gebrauch macht (aA Kopp/Schenke VwGO § 121 Rn 23). Weitere Beteiligte können sich aus spezialgesetzlichen Regelungen ergeben (Kopp/Schenke VwGO § 63 Rn 6; S/S-A/P/Clausing VwGO § 121 Rn 95). Wer Beteiligter in einem konkreten Verfahren ist, ergibt sich grundsätzlich aus dem Rubrum (§ 117 Abs 2 Nr 1 VwGO). Zur Bindungswirkung bei der Streitgenossenschaft s § 64 VwGO (S/S-A/P/Clausing VwGO § 121 Rn 96).

49   Ist eine Behörde als Beklagte am Verfahren beteiligt (§§ 78 Abs 1 Nr. 2, 61 Nr 3 VwGO), erfasst die materielle Rechtskraft den hinter der Behörde stehenden **Rechtsträger** sowie dessen Behörden (BVerwG NVwZ 2003, 217; S/S-A/P/Clausing VwGO § 121 Rn 96). Ist Rechtsträger als juristische Person des öffentlichen Rechts selbst Beteiligter, bindet die materielle Rechtskraft alle Organe und Behörden dieses Rechtsträgers. Bei einer Klage gegen einen VA in Gestalt des Widerspruchsbescheides wird sowohl der Rechtsträger der Ausgangsbehörde als auch – wenn nicht identisch – der Rechtsträger der Widerspruchsbehörde gebunden (Kopp/Schenke VwGO § 121 Rn 24; Eyermann/Rennert VwGO § 121 Rn 38). Vergleichbares gilt im Verhältnis von Selbstverwaltungskörperschaft und Aufsichtsbehörde (VGH Kassel DÖV 2004, 968). Im Übrigen werden nicht beteiligte juristische Personen und deren Organe und Behörden von der materiellen Rechtskraft nicht erfasst (BVerwG NVwZ 1996, 200; Kopp/Schenke VwGO § 121 Rn 24; S/S-A/P/Clausing VwGO § 121 Rn 40). Dies gilt auch für die Staatsanwaltschaft (Kopp/Schenke VwGO § 121 Rn 24). Zu Ausnahmen S Kopp/Schenke VwGO § 121 Rn 24 sowie BVerwG NVwZ 1999, 296 (Bundesauftragsverwaltung) und BVerwG NVwZ 1993, 781 (Feststellungsurteil über Bestehen der Staatsangehörigkeit).

50   Von der Rechtskraftwirkung wird auch der Beigeladene erfasst. § 121 VwGO differenziert nicht zwischen notwendiger und einfacher Beiladung (s ausführlich S/S-A/P/Clausing VwGO § 121 Rn 97–101). Der notwendig Beigeladene wird wegen § 65 Abs 2 VwGO in gleichem Umfang gebunden wie Kläger und Beklagter. Der einfach Beigeladene ist weniger eng an den Streitgegenstand gebunden; gleichwohl kann er in einem späteren Verfahren die Richtigkeit der Entscheidung, soweit sie ihn betrifft und er auf die Entscheidung Einfluss nehmen konnte (Kopp/Schenke VwGO § 121 Rn 25; aA S/S-A/P/Clausing VwGO § 121 Rn 97), nicht mehr in Frage stellen.

51   Ist eine **notwendige Beiladung** unterblieben, entfaltet das Urteil im Grundsatz überhaupt keine materielle Rechtskraft, auch nicht den übrigen Beteiligten gegenüber (BVerwG 16, 23, 25; Kopp/Schenke VwGO § 121 Rn 25 sowie § 65 Rn 43; anders BVerwG DVBl 1974, 235, 236; diff nach dem Inhalt der Entscheidung S/S-A/P/Clausing VwGO § 121 Rn 98 f.); ein entsprechendes Gestaltungsurteil ist unwirksam (BVerwG 18, 124, 126; diff wiederum S/S-A/P/Clausing VwGO § 121 Rn 99). Ist eine einfache Beiladung unterblieben, entfaltet die Entscheidung im Hinblick auf den einfach Beizuladenden keine materielle Rechtskraft.

II. Subjektive Rechtskrafterstreckung

52   § 121 VwGO erstreckt – wie § 325 ZPO – die Bindungswirkungen der materiellen Rechtskraft über die Beteiligten im Sinne des § 63 VwGO hinaus auf folgenden Personenkreis: Die **Rechtsnachfolger** der Beteiligten; wer darunter fällt, ergibt sich nicht aus der VwGO selbst, sondern aus dem jeweils einschlägigen materiellen Recht. Erfasst sind Gesamt- wie Einzelrechtsnachfolger (Kopp/Schenke VwGO § 121 Rn 26) kraft Gesetzes, Hoheitsakt oder Rechtsgeschäft sowie – auf Behördenseite – die funktionsnachfolgende Behörde. Die Rechtsnachfolge muss **nach** Eintritt der Rechtshängigkeit eingetreten sein (S/S-A/P/Clausing VwGO § 121 Rn 102). Tritt die Rechtsnachfolge während des gerichtlichen Verfahrens ein, muss der Rechtsnachfolger nicht notwendig beigeladen werden (BVerwG NJW 1985, 281; 1993, 79; Kopp/Schenke VwGO § 121 Rn 26). In Ergänzung zu § 65 Abs 3 VwGO regelt § 121 Nr 2 VwGO – rechtsstaatlich nicht völlig bedenkenfrei (Kopp/Schenke VwGO § 121 Rn 32) – die Rechtskrafterstreckung infolge einer **Beiladungsfiktion in Massenverfahren** (S/S-A/P/Clausing VwGO § 121 Rn 105). Weitere Fälle der Rechtskrafterstreckung regeln §§ 326, 327 ZPO, die gem § 173 VwGO anwendbar sind (Kopp/Schenke VwGO § 121 Rn 26).

Ein Bauantragsteller, der an einem Verwaltungsrechtsstreit, den der Nachbar mit einem **52a** anderen Bauantragsteller geführt hat, nicht selbst beteiligt war und auch nicht Rechtsnachfolger eines Beteiligten ist, muss sich nicht entgegen halten lassen, dass in dem Vorprozess eine Baugenehmigung oder ein Bauvorbescheid für ein sachlich identisches Vorhaben rechtskräftig aufgehoben worden ist (BVerwG BayVBl 2010, 544).

G. Zeitliche Dimension der materiellen Rechtskraft

Die Bindungsmodalitäten der materiellen Rechtskraft (Rn 16 ff) in ihrer objektiven **53** (Rn 31 ff) und subjektiven Dimension (s Rn 49 ff) stehen unter einem Vorbehalt auf der Schiene der Zeit. Zwar wirkt die materielle Rechtskraft im Grundsatz zeitlich unbegrenzt (BVerwG NVwZ 1993, 672), sie stellt jedoch keine absolute Rechtsschutzsperre dar, sondern wird durch die nachträgliche **Veränderung der Sach- oder Rechtslage** relativiert. Entscheidend dabei ist, dass die verändernden Umstände **nach** dem Zeitpunkt eintreten, auf den die materiell rechtkräftige Entscheidung abstellt. In einem solchen Fall liegt zumeist, freilich nicht immer ein neuer Streitgegenstand vor (BVerwG NVwZ 1988, 627; VG Hamburg Urt v 24.4.2008 – 10 A 382/07; Kopp/Schenke VwGO § 121 Rn 28). Für Klagen auf künftige, wiederkehrende Leistungen steht mit der Abänderungsklage (§ 173 S 1 iVm § 323 ZPO) eine spezielles Instrument zur Verfügung (vgl Kopp/Schenke VwGO § 121 Rn 28).

I. Änderung der Sachlage

Ähnlich wie bei § 51 Abs 1 Nr 1 VwVfG (zum Verhältnis der materiellen Rechtskraft zu **54** § 51 VwVfG grundsätzlich S/S-A/P/Clausing VwGO § 121 Rn 77 f, Traulsen VerwArch 103 (2012), 337) ist eine **Veränderung** der **Sachlage** jede nachträglich eintretende Entwicklung tatsächlicher Art, die den vom Streitgegenstand erfassten Sachverhalt verändert (BVerwG NVwZ 1991, 272, 273; S/S-A/P/Clausing VwGO § 121 Rn 72). Allein die Beibringung neuer Beweismittel verändert die Sachlage nicht (OVG Bremen NVwZ 1982, 50; vgl. auch VGH Mannheim BeckRS 2012, 55842); anderes gilt im Falle eines nachträglich weggefallenen Beweisnotstandes (BVerwGE 70, 156, 158; str). Die Gewinnung neuer wissenschaftlicher Erkenntnisse dürfte regelmäßig als Änderung der Sachlage zu werten sein (BVerwG NVwZ 1984, 102, 103; auf den Einzelfall abstellend S/S-A/P/Clausing VwGO § 121 Rn 72).

II. Änderung der Rechtslage

Eine **Änderung** der **Rechtslage** ist gegeben, wenn sich die rechtlichen Grundlagen (vor **55** allem das geschriebene materielle Recht, aber auch Gewohnheitsrecht und allgemeine Rechtsgrundsätze), die das Gericht in der rechtskräftigen Entscheidung zu berücksichtigen hatte, nachträglich in entscheidungsrelevanter Weise ändern (BVerwG NVwZ 1988, 627; S/S-A/P/Clausing VwGO § 121 Rn 73). Eine **Änderung** der Rechtslage in diesem Sinne **liegt nicht vor**:

- bei bloßer Änderung der Verwaltungspraxis (BVerwG NVwZ-RR 1994, 119);
- bei Änderung der höchstrichterlichen Rechtsprechung (BVerwG NVwZ-RR 1994, 119; NVwZ 1995, 388, 1097 [gilt auch für Urteile des EGMR]; VGH Mannheim Urt v 30.4.2008 – 11 S 759/06); Kopp/Schenke VwGO § 121 Rn 29; S/S-A/P/Clausing VwGO § 121 Rn 74 mwN; aA BVerwGE 17, 256, 260);
- bei der erstmaligen höchstrichterlichen Klärung einer Rechtsfrage (S/S-A/P/Clausing VwGO § 121 Rn 75; vgl aber zur Wirkung von Entscheidungen des EuGH s Rn 38;
- im Falle der Nichtigerklärung einer Norm (insoweit enthalten § 79 BVerfGG, §§ 47 Abs 5 S 3, 183 VwGO sowie vergleichbare Vorschriften des Landesrechts Sonderregelungen, die die Bestands- und Rechtskraft von Entscheidungen unangetastet lassen, jedoch die Vollstreckbarkeit ausschließen).

H. Durchbrechungen der materiellen Rechtskraft

Von der zeitlichen Begrenzung der materiellen Rechtskraft durch nachträgliche Verände- **56** rungen der Sach- und Rechtslage zu unterscheiden sind die Fallgestaltungen, die man unter dem Oberbegriff „**Durchbrechung der Rechtskraft**" zusammenfasst (davon wiederum zu unterscheiden und vorrangig zu prüfen ist die materielle Rechtskraftfähigkeit der Entscheidung, s Rn 11). Die materielle Rechtskraft ist kein absolutes Prinzip, sondern nur eines von mehreren Elementen der Rechtsstaatlichkeit (S/S-A/P/Clausing VwGO § 121 Rn 107). Der Gesetzgeber hat die Möglichkeit, bei der Herstellung praktischer Konkordanz zwischen der durch die Rechtskraft vermittelten Rechtssicherheit und der auf die inhaltliche Richtigkeit der Entscheidung zielende materiellen Gerechtigkeit letzterer den Vorrang einzuräumen. Dass der durch die Entscheidung hergestellte Zustand „schlechthin untragbar" ist, ist als solches noch kein Grund für eine Durchbrechung der Rechtskraft (str; BVerwG NVwZ 1993, 672; anders BVerwGE 28, 127; Kopp/Schenke VwGO § 121 Rn 30), kann aber im Einzelfall zur Anwendung des § 826 BGB führen (s Rn 58).

57   Die Bindungsmodalitäten der materiellen Rechtskraft treten in folgenden **Ausnahme-fällen** nicht ein:

- Gewährung der Wiedereinsetzung nach Versäumung der Rechtsmittelfrist (§ 60 VwGO);
- Wiederaufnahme des Verfahrens nach § 153 VwGO iVm §§ 578 ff ZPO; war der Verwaltungsakt Gegenstand des Verfahrens, besteht daneben die Möglichkeit des § 51 Abs 1 Nr 2 und 3 VwVfG (BVerwG NJW 1990, 199; OVG Magdeburg BeckRS 2012, 48312; Kopp/Schenke VwGO § 121 Rn 30; S/S-A/P/Clausing VwGO § 121 Rn 109);
- Abänderungsklage nach § 173 S 1 VwGO iVm § 323 ZPO (geringe Bedeutung im Verwaltungsprozessrecht; vgl VGH München BayVBl 1978, 53, 54; Kopp/Schenke VwGO § 121 Rn 30);
- Bestimmung des zuständigen Gericht nach § 53 Abs 1 Nr 5 VwGO;
- Aufhebung einer gerichtlichen Entscheidung aufgrund begründeter Verfassungsbeschwerde (§ 95 Abs 2 BVerfGG und entsprechende Vorschriften des Landesverfassungsrechts [zB Art 54 BayVfGHG]); zu den Folgen der Nichtigerklärung einer **Norm** s Rn 55. Keine Durchbrechung der Rechtskraft bewirken Entscheidungen des EGMR, da diese nicht kassatorisch sind, sondern eine Verletzung der EMRK „nur" feststellen. Allerdings kann die Verpflichtung entstehen, den erfolgreichen Beschwerdeführer von evtl Folgewirkungen der beanstandeten Entscheidung freizustellen.
- Zur Durchbrechung der Rechtskraft durch das Institut der Anhörungsrüge (§ 152a VwGO) s VGH Kassel v 19.10.2012 – 5 A 2011/12.

58   Wurde die materiell rechtskräftige Entscheidung durch unlautere Mittel eines Beteiligten unter Verstoß gegen die guten Sitten herbeigeführt oder macht ein Beteiligter von der Entscheidung in sittenwidriger Weise Gebrauch, kann in Entsprechung zur Rechtsprechung der Zivilgerichte eine Klage aus § 826 BGB in Betracht kommen (BVerwGE 16, 36, 40; Kopp/Schenke VwGO § 121 Rn 30; ausführlich S/S-A/P/Clausing VwGO § 121 Rn 114 ff). Dahinter steht der allgemeine Rechtsgrundsatz, dass niemand eine ihm unverdient oder gar sittenwidrig zugefallene Rechtsposition in sittenwidriger Weise für sich in Anspruch nehmen darf (BGH NJW 1987, 3256). Die Problematik hat im Verwaltungsprozessrecht auch wegen des Untersuchungsgrundsatzes keine nennenswerte Bedeutung erfahren (zu den Voraussetzungen, die der BGH aufstellt s BGH NJW 1987, 3256). Zur Korrektur unanfechtbarer Beschlüsse wegen groben Verstoßes gegen wesentliche Verfahrensgrundsätze § 122 VwGO Rn 7.

59   Ein späteres Urteil des **EuGH**, auf Grund dessen sich die Unrichtigkeit eines rechtskräftigen Urteils herausstellt, führt auch von Gemeinschaftsrechts wegen per se nicht zur Durchbrechung der Rechtskraft (VGH Mannheim Beschl v 14.3.2008 – 2 S 1505/07). Allerdings kann ein Wiederaufgreifen nach § 51 VwVfG notwendig sein (vgl dazu Rn 38).

§ 122 [Beschlüsse]

(1) §§ 88, 108 Abs. 1 Satz 1, §§ 118, 119 und 120 gelten entsprechend für Beschlüsse.

(2) ¹Beschlüsse sind zu begründen, wenn sie durch Rechtsmittel angefochten werden können oder über einen Rechtsbehelf entscheiden. ²Beschlüsse über die Aussetzung der Vollziehung (§§ 80, 80a) und über einstweilige Anordnungen (§ 123) sowie Beschlüsse nach Erledigung des Rechtsstreits in der Hauptsache

(§ 161 Abs. 2) sind stets zu begründen. [3]**Beschlüsse, die über ein Rechtsmittel entscheiden, bedürfen keiner weiteren Begründung, soweit das Gericht das Rechtsmittel aus den Gründen der angefochtenen Entscheidung als unbegründet zurückweist.**

§ 122 VwGO erklärt in Absatz 1 einige Vorschriften, die für das Urteilsverfahren und die Entscheidung durch Urteil gelten, auf Beschlüsse für entsprechend anwendbar. Diese Aufzählung ist nicht abschließend (Rn 6). Je nach Art und Funktion des Beschlusses gelten die Vorschriften über das Urteil (Rn 6)in unterschiedlicher Weise und Reichweite. Beschlüsse bedürfen der Bekanntgabe und unterliegen bestimmten Formerfordernissen. Der durch das 4. VwGOÄndG vom 17.12.1990 (BGBl I 2809) neu gefasste Absatz 2 enthält Maßgaben für die Frage, unter welchen Voraussetzungen Beschlüsse einer Begründung bedürfen (Rn 12).

A. Kategorien von Beschlüssen

1 Die VwGO kennt **unterschiedliche Arten** von Beschlüssen mit jeweils unterschiedlichen prozessualen Funktionen. Im Einzelnen lassen sich **5 Kategorien** unterscheiden: **Urteilsvertretende Beschlüsse** als Ausnahme vom Grundsatz des § 107 VwGO treten an die Stelle des Urteils und stehen diesen funktionell weitgehend gleich (Kopp/Schenke VwGO § 122 Rn 1): § 47 Abs 5 S 1 VwGO (Entscheidung im Normenkontrollverfahren durch Beschluss statt durch Urteil, wenn OVG/VGH mündliche Verhandlung nicht für notwendig hält); § 93a Abs 2 VwGO (Entscheidung über ausgesetzte Verfahren nach Musterverfahren durch Beschluss statt durch Urteil); § 125 Abs 2 S 2 VwGO (Verwerfung der Berufung als unzulässig durch Beschluss statt durch Urteil); § 130a VwGO (Entscheidung über die Berufung durch Beschluss statt durch Urteil); § 144 Abs 1 VwGO (Verwerfung der Revision als unzulässig durch Beschluss statt durch Urteil); hierher gehören auch Verweisungsbeschlüsse nach § 17a Abs 2 GVG, § 83 VwGO, nicht indes der Beschluss nach § 17a Abs 3 GVG.

2 **Selbständige, nicht urteilsvertretende, kontradiktorische Beschlüsse**, die ein Verfahren förmlich abschließen (Wolff/Decker/Wolff VwGO § 122 Rn 1): Hierher gehören in erster Linie die Beschlüsse nach §§ 80 Abs 5 und 7, 80b Abs 3 sowie 123 Abs 4 VwGO.

3 **Beschlüsse**, die ein **Verfahren nicht abschließen**, sondern sich auf eine im Vorfeld der Entscheidung zu treffende prozessuale Frage beziehen: Zu nennen sind beispielsweise § 65 Abs 4 VwGO (Beschluss über die Beiladung); § 86 Abs 2 VwGO (Beschluss über die Ablehnung eines in der mündlichen Verhandlung gestellten Beweisantrages); § 93 VwGO (Beschluss über Verbindung oder Trennung von Verfahren); Aussetzungsbeschlüsse nach §§ 93a Abs 1, 94 VwGO; § 95 VwGO (Anordnung des persönlichen Erscheinens).

4 Beschlüsse, die die **Beendigung eines Verfahrens infolge einer prozessualen Handlung** eines oder mehrerer Beteiligten sowie sich daraus ergebende Konsequenzen feststellen: § 92 Abs 3 S 1 VwGO (Beschluss im Falle der Klagerücknahme); § 161 Abs 2 VwGO (Beschluss über Kosten bei übereinstimmender Erledigterklärung).

5 **Prozessleitende Verfügungen**, die den „technischen" Ablauf des Verfahrens regeln und nach § 146 Abs 2 VwGO nicht mit der Beschwerde angegriffen werden können (zB Terminbestimmungen) stellen eine Form des Beschlusses dar (Wolff/Decker VwGO § 122 Rn 2; aA Kopp/Schenke VwGO § 122 Rn 2, der jedoch andererseits § 122 VwGO grundsätzlich auch auf prozessleitende Verfügungen anwenden will, Kopp/Schenke VwGO § 122 Rn 9).

B. Anwendbare Vorschriften über Urteil/Urteilsverfahren

6 Für die einzelnen Beschlussarten (s Rn 1 ff) gelten zunächst die dafür in den einschlägigen Bestimmungen jeweils vorgesehenen Regelungen. **Im Übrigen** ist – je nach Beschlusskategorie, deren Eigenart und Funktion – auf die Vorschriften über das Urteilsverfahren und das Urteil (§§ 81 ff, 107 VwGO ff) zurückzugreifen. Die Aufzählung der in § 122 Abs 1 VwGO genannten Vorschriften ist **nicht abschließend** (VGH München NVwZ 1991, 896; Eyermann/Happ VwGO § 122 Rn 4; Kopp/Schenke VwGO § 122 Rn 3). Hat das Beschlussverfahren urteilsvertretenden oder sonst kontradiktorischen Charakter (wie etwa in

den Fällen der §§ 80, 123 VwGO), „indiziert" dies die weitgehende Heranziehung der Vorschriften über Urteil und Urteilsverfahren (S/S-A/P/Clausing VwGO § 122 Rn 2). So sind neben den in § 122 Abs 1 VwGO genannten Vorschriften etwa auch (in nicht abschließender Aufzählung) anwendbar: § 60 VwGO; § 81 VwGO; § 82 VwGO (VGH München BayVBl 1992, 594); § 87a VwGO (VGH München NVwZ 1991, 896; Kopp/Schenke VwGO § 122 Rn 4); § 108 Abs 2 VwGO; §§ 109–112 VwGO (S/S-A/P/Clausing VwGO § 122 Rn 3); §§ 116, 117 VwGO. Ein Beschluss, mit dem nach § 130a VwGO über die Berufung entschieden wird, muss zwar keinen förmlichen Tatbestand im Sinne des § 117 VwGO, aber – sei es durch Bezugnahme, sei es durch Wiedergabe der wesentlichen Tatsachen im Rahmen der rechtlichen Ausführungen – ausreichende Feststellungen enthalten, die die tatsächliche Grundlage der Berufungsentscheidung für die Prozessbeteiligten und das Revisionsgericht hinreichend sicher kennzeichnen (BVerwG NVwZ 2000, 73). Zur Entbehrlichkeit eines Tatbestandes s OVG Magdeburg Beschl v 16.10.2009, 3 M 575/08 BeckRS 2009, 41257.

7   Darüber hinaus können – soweit für die jeweilige Beschlussart passend – auch weitere Vorschriften der VwGO sowie über § 173 S 1 VwGO auch **Normen** des GVG sowie der **ZPO** zur Anwendung kommen (VGH Mannheim NJW 1992, 707; Kopp/Schenke VwGO § 122 Rn 3). Beschlüsse, insbes urteilsvertretende, sind der materiellen Rechtskraft nach § 121 VwGO fähig (Kopp/Schenke VwGO § 122 Rn 4; s § 121 VwGO Rn 11 ff). Die Rechtskraftwirkung kommt in Betracht, wenn nach Sinn und Zweck der durch Beschluss getroffenen Entscheidung die Streitfrage verbindlich und abschließend geregelt werden soll (S/S-A/P/Clausing VwGO § 122 Rn 4; Beispiel: Beschlüsse nach §§ 80, 80a, 123 VwGO). Beschlüsse, die der materiellen Rechtskraft fähig sind, dürfen vom Gericht nach Erlass nicht frei abgeändert werden, es sei denn es ist ausdrücklich etwas anderes bestimmt (wie zB in § 80 Abs 7 VwGO, der analog auch bei § 123 gilt, Kopp/Schenke VwGO § 123 Rn 35). In bestimmten Einzelfällen kann es verfassungsrechtlich geboten sein, unanfechtbare Beschlüsse zu korrigieren, wenn ein grober Verstoß gegen wesentliche, verfassungsrechtlich vorgesehene Verfahrensgrundsätze (zB Art 103 Abs 1 GG) erfolgt ist (BVerfGE 73, 322, 326; BGHZ 71, 69; BVerwG NVwZ 1984, 450; NJW 1994, 674; S/S-A/P/Clausing VwGO § 122 Rn 4).

C. Bekanntgabe und Form von Beschlüssen

8   Beschlüsse müssen, damit sie wirksam werden, **bekannt gegeben werden**. Dies erfolgt – je nach Beschlussart und den dafür maßgeblichen Vorschriften – durch Verkündung, Zustellung oder formlose Mitteilung (auch fernmündlich; VGH Mannheim DÖV 1984, 776; Kopp/Schenke VwGO § 122 Rn 5). Nach § 56 Abs 1 VwGO sind Beschlüsse, durch die eine Frist in Lauf gesetzt wird (also vor allem rechtmittelfähige Beschlüsse), sowie Terminbestimmungen und Ladungen zuzustellen (nach § 56 Abs 2 VwGO von Amts wegen nach den Vorschriften der ZPO). Eine formlose mündliche (telefonische) Mitteilung genügt dafür nicht (VGH Mannheim NVwZ 1986, 488). Werden Beschlüsse (in der mündlichen Verhandlung) verkündet, ist eine zusätzliche Zustellung nur erforderlich, wenn dies ausdrücklich vorgeschrieben ist (§ 56 Abs 1 S 2 VwGO; Ausnahme: § 65 Abs 4 VwGO). Ob das Gericht nach mündlicher Verhandlung verkündet oder zustellt, steht in seinem Ermessen. Beschlüsse, für die weder eine Verkündung noch eine Zustellung vorgeschrieben ist, sind nach § 173 S 1 VwGO iVm § 329 Abs 2 ZPO mitzuteilen (S/S-A/P/Clausing VwGO § 122 Rn 5). In selbständigen Beschlussverfahren ist § 116 VwGO anwendbar (Kopp/Schenke VwGO § 122 Rn 5; Geiger BayVBl 2001, 46; a. A. für § 116 Abs 1 S 2: S/S-A/P/Clausing VwGO § 122 Rn 5).

9   Beschlüsse mit **Bindungswirkung** können vom Gericht nicht mehr geändert werden, sobald sich das Gericht der Entscheidung „entäußert" (S/S-A/P/Clausing VwGO § 122 Rn 6) hat: durch Verkündung, mündliche Mitteilung oder Hinausgabe zur Post. Ab diesem Zeitpunkt ist die Einlegung von Rechtsmitteln nach Maßgabe der einschlägigen Vorschriften sowie der §§ 146 ff. VwGO möglich (VGH Mannheim NVwZ 1984, 528). § 58 VwGO (Fristbeginn nur bei Rechtsbehelfsbelehrung) findet Anwendung. Zur Frage, ab wann der Beschluss für die Beteiligten bindend wird, S S/S-A/P/Clausing VwGO § 122 Rn 6. Die Bindung des Gerichts an einen fernmündlich oder per Fax bekannt gegebenen Beschluss tritt

mit der Bekanntgabe bereits an einen der Beteiligten ein (Kopp/Schenke VwGO § 122 Rn 5).

Hinsichtlich der **Form und des Inhalts** von Beschlüssen gilt § 117 VwGO mit der **10** Maßgabe, dass das Gericht in der Gestaltung des Beschlusses „freier" ist als in § 117 VwGO vorgesehen (BVerwG NVwZ 2000, 73; S/S-A/P/Clausing VwGO § 122 Rn 7). Sind Beschlüsse zu begründen (§ 122 Abs 2 VwGO), sind sie stets schriftlich abzufassen, auch wenn sie verkündet worden sind. Eine lediglich mündliche Begründung genügt nicht (OVG Münster NVwZ 1988, 370; Kopp/Schenke VwGO § 122 Rn 7). Die Beschlussfassung kann, wenn kein mitwirkender Richter widerspricht, im Umlaufverfahren erfolgen (BVerwG NJW 1992, 257; Kopp/Schenke VwGO § 122 Rn 4).

D. Pflicht zur Begründung von Beschlüssen

Die VwGO enthält **keinen allgemeinen Grundsatz**, dass alle Arten von Beschlüssen in **11** jedem Fall begründet werden müssten. Allerdings hat die Frage der Begründung von gerichtlichen Entscheidungen insofern eine verfassungsrechtliche Dimension, als das Rechtsstaatsprinzip, der Anspruch auf rechtliches Gehör (Art. 103 Abs 1 GG) sowie der verfahrensrechtliche Schutz der sachlich jeweils einschlägigen Grundrechte (BVerfG, Beschl. v 15.12.2005, 2 BvR 637/05 Rn 18) auch bei Beschlüssen ein Mindestmaß an Begründung verlangen (Kopp/Schenke VwGO § 122 Rn 6 mit dem zusätzlichen Hinweis auf Art 6 Abs 1 EMRK).

Die VwGO trägt diesem verfassungsrechtlichen Begründungspostulat zunächst insofern **12** Rechnung, als sie Begründungspflichten in Sonderregelungen enthält: zB § 86 Abs 2 VwGO (Ablehnung eines Beweisantrages), § 133 Abs 5 S 2 VwGO (Nichtabhilfe im Falle der Nichtzulassungsbeschwerde). Soweit keine Sonderregelung existiert, richtet sich die Frage der Begründungspflicht nach § 122 Abs 2 VwGO, der durch das 4. VwGOÄndG vom 17.12.1990 (BGBl I 2809) neu gefasst worden ist.

Danach sind **begründungsbedürftig**: **13**

Beschlüsse, die durch Rechtsmittel angefochten werden können. Ob dies der Fall ist, richtet zunächst nach der jeweiligen Sonderregelung (vgl zB die Vorschriften in §§ 65 Abs 4 S 3, 67a Abs 1 S 4, 83 S 2, 91 Abs 3, 92 Abs 3 S 2, 93a Abs 1 S 3 VwGO, die die jeweiligen Beschlüsse für unanfechtbar erklären). Fehlt eine Sonderregelung, richtet sich die Statthaftigkeit eines Rechtsmittels nach § 146 VwGO (Beschwerde), ausnahmsweise nach § 124 VwGO (Berufung in den Fällen des § 93a Abs 2 S 5 VwGO) und nach § 132 (Revision in den Fällen der §§ 93a Abs 2, 47 Abs 5 S 1, 125 Abs 2 S 2, 130a VwGO).

Beschlüsse, die über einen **Rechtsbehelf** entscheiden, also über Rechtsmittel und sons- **14** tige Rechtsbehelfe. Angesichts der Weite des Begriffs „Rechtsbehelf" sind nicht nur Beschlüsse über ordentliche, sondern auch solche über außerordentliche Rechtsbehelfe (zB das Wiedereinsetzungsgesuch nach § 60 VwGO) zu begründen (str; wie hier Kopp/Schenke VwGO § 122 Rn 6; aA S/S-A/P/Clausing VwGO § 122 Rn 8).

Stets zu begründen – da in weitem Ermessen des Gerichts stehend – sind Beschlüsse über die Aussetzung der Vollziehung nach §§ 80, 80a VwGO, über einstweilige Anordnungen nach § 123 VwGO sowie nach Erledigung des Rechtsstreites in der Hauptsache (§ 161 Abs 2 VwGO).

Ist eine Pflicht zur Begründung eines Beschlusses weder in einer Sonderregelung noch in **15** § 122 Abs 2 VwGO vorgesehen, kann sich eine Begründungspflicht aus den in Rn 11 genannten **verfassungsrechtlichen Gründen** ergeben (Kopp/Schenke VwGO § 122 Rn 6; S/S-A/P/Clausing VwGO § 122 Rn 9). Bei unanfechtbaren letztinstanzlichen Beschlüssen besteht zwar keine grundsätzliche verfassungsrechtliche Pflicht zur Begründung (BVerfGE 81, 97, 106; Kopp/Schenke VwGO § 122 Rn 6). Auf Grund des in Art 3 Abs 1 GG verankerten Willkürverbotes sind unanfechtbare Beschlüsse aber dann zu begründen, wenn in ihnen vom eindeutigen Wortlaut einer Rechtsnorm abgewichen wird und dies für die Beteiligten nicht ohne weiteres erkennbar ist (BVerfGE 71, 122, 136; BVerfG NVwZ 1993, 975).

Die Pflicht zur Begründung wird nur erfüllt, wenn – ebenso wie bei Urteilen – den **16** **Mindestanforderungen**, die an eine Begründung zu stellen sind, genügt wird. Es sind zumal die entscheidungstragenden Erwägungen mindestens knapp und vor allem nachvollziehbar darzutun, wobei eine bloße Wiedergabe des Gesetzestextes regelmäßig nicht ausreicht (S/S-A/P/Clausing VwGO § 122 Rn 10). Allerdings ist eine gesetzliche Begründungserleichterung durch Bezugnahmen vorgesehen: Nach Abs 2 S 3 ist dies möglich für die Zurückweisung eines Rechtsmittels als unbegründet aus den in der angefochtenen Entscheidung genannten Gründen (vgl die „Parallelregelungen" in §§ 117 Abs 5, 130b VwGO). Im Beschluss ist deutlich zu machen, inwiefern Bezug genommen wird und dass das Gericht die in Bezug genommenen Ausführungen teilt (Kopp/Schenke VwGO § 122 Rn 8). Neues Vorbringen ist zu berücksichtigen (S/S-A/P/Clausing VwGO § 122 Rn 10).

17   Fehlt eine nach Maßgabe der Rn 12 ff vorgeschriebene Begründung, liegt ein wesentlicher Verfahrensmangel vor, der bei anfechtbaren Beschlüssen in entsprechender Anwendung des § 130 Abs 2 Nr 1 VwGO die Zurückverweisung der Sache rechtfertigen kann (S/S-A/P/Clausing VwGO § 122 Rn 11)

11. Abschnitt Einstweilige Anordnung (§ 123)

§ 123 [Erlass einstweiliger Anordnungen]

(1) [1]Auf Antrag kann das Gericht, auch schon vor Klageerhebung, eine einstweilige Anordnung in bezug auf den Streitgegenstand treffen, wenn die Gefahr besteht, daß durch eine Veränderung des bestehenden Zustands die Verwirklichung eines Rechts des Antragstellers vereitelt oder wesentlich erschwert werden könnte. [2]Einstweilige Anordnungen sind auch zur Regelung eines vorläufigen Zustands in bezug auf ein streitiges Rechtsverhältnis zulässig, wenn diese Regelung, vor allem bei dauernden Rechtsverhältnissen, um wesentliche Nachteile abzuwenden oder drohende Gewalt zu verhindern oder aus anderen Gründen nötig erscheint.

(2) [1]Für den Erlaß einstweiliger Anordnungen ist das Gericht der Hauptsache zuständig. [2]Dies ist das Gericht des ersten Rechtszugs und, wenn die Hauptsache im Berufungsverfahren anhängig ist, das Berufungsgericht. [3]§ 80 Abs. 8 ist entsprechend anzuwenden.

(3) Für den Erlaß einstweiliger Anordnungen gelten §§ 920, 921, 923, 926, 928 bis 932, 938, 939, 941 und 945 der Zivilprozeßordnung entsprechend.

(4) Das Gericht entscheidet durch Beschluß.

(5) Die Vorschriften der Absätze 1 bis 3 gelten nicht für die Fälle der §§ 80 und 80a.

§ 123 VwGO regelt die Voraussetzungen, unter denen das Gericht eine einstweilige Anordnung erlässt. Die Ausformung dieser Rechtsschutzmöglichkeit orientiert sich an der der einstweiligen Verfügung im Zivilprozess. Das Verfahren auf Erlass einer einstweiligen Anordnung ist statthaft, wenn in der Hauptsache der Erlass eines Verwaltungsaktes begehrt wird oder wenn ein faktisches Verwaltungshandeln angestrebt oder abgewehrt werden soll (Rn 8). Das Verfahren gem § 123 VwGO ist gegenüber den Rechtsschutzmöglichkeiten aus §§ 80, 80a VwGO nachrangig. Es kommt nicht zur Anwendung, wenn es um den vorläufigen Rechtsschutz gegen einen belastenden Verwaltungsakt geht. § 123 VwGO findet auch keine Anwendung im Normenkontrollverfahren, § 47 Abs 6 VwGO trifft insoweit eine spezielle Regelung (Rn 16). Das Gericht erlässt aufgrund eines entsprechenden Antrags eine einstweilige Anordnung, wenn der Antragsteller einen Anordnungsanspruch (Rn 73) und einen Anordnungsgrund (Rn 119) glaubhaft gemacht hat. Der Anordnungsanspruch ist gegeben, wenn die Hauptsachenklage des Antragstellers voraussichtlich Erfolg haben wird (Rn 77). Der Anordnungsgrund liegt vor, wenn dem Antragsteller ein Abwarten der gerichtlichen Entscheidung in der Hauptsache nicht zugemutet werden kann (Rn 122) und (Rn 126).

Übersicht

A. Zulässigkeit des Antrags

1　　Für den Antrag auf Erlass einer einstweiligen Anordnung gelten die allgemeinen Zulässigkeitskriterien. Bei der Prüfung dieser Kriterien darf die besondere Rechtsschutzform nicht aus dem Blick geraten. Im Hinblick auf die Eilbedürftigkeit des Begehrens bestehen daher keine Bedenken dagegen, wenn das Gericht komplizierte Zulässigkeitsfragen für den Fall ungeklärt lässt, dass der Antrag offensichtlich unbegründet ist (Pietzner/Ronellenfitsch § 59 Rn 4)

I. Rechtsweg

2　　Der Antrag ist nur zulässig, sofern für die Hauptsache der **Verwaltungsgerichtsweg** eröffnet ist, vgl § 40 VwGO, s auch § 40 VwGO Rn 39. Es muss sich also um eine öffentlich-rechtliche Streitigkeit nicht verfassungsrechtlicher Art handeln (zu einzelnen Abgrenzungsproblemen im Hinblick auf Verfahren gem § 123 VwGO s auch S/S/B/Ehlers VwGO § 123 Rn 99).

2.1　　Von besonderer praktischer Bedeutung ist § 102 GWB, der **vergaberechtliche Streitigkeiten** den Vergabekammern zuweist. Dabei ist im Einzelfall zu prüfen, ob das Auswahlverfahren in einem dem Vergaberecht unterfallenden **Zuschlag** oder aber in einem Verwaltungsakt mündet, der im Rechtsweg gem § 40 VwGO anzugreifen ist (vgl OVG Magdeburg NZBau 2009, 206: Genehmigung zum Erbringen von Rettungsdienstleistungen ist nicht als Zuschlag zu qualifizieren; offen gelassen vom OVG Lüneburg NVwZ 2010, 1252 (Vorbeugender Rechtsschutz gegen die Ausschreibung von Rettungsdienstleistungen); aA für Brandenburg VG Frankfurt (Oder) BeckRS 2009, 31658; s auch Braun VergabeR 2009, 162).

2.2　　Umstritten war, ob der (einstweilige) Rechtsschutz in Vergabeverfahren, die Aufträge unterhalb der Schwellenwerte des § 100 Abs 1 GWB in Verbindung mit der Verordnung über die Vergabe öffentlicher Aufträge betreffen, durch die Verwaltungsgerichte zu gewähren ist (**bejahend**: OVG Münster NVwZ-RR 2006, 843; OVG Bautzen NZBau 2006, 393; OVG Koblenz DÖV 2007, 39; VG Dessau VergabeR 2006, 883; **verneinend**: VGH Mannheim BeckRS 2007, 20302; OVG Berlin NZBau 2006, 668; OVG Lüneburg NVwZ-RR 2006, 843; s auch Trautner VergabeR 2006, 355 und Irmer VergabeR 2006, 308). Dieser Streit ist geklärt: Im **Unterschwellenbereich** ist der **Verwaltungsrechtsweg nicht eröffnet** (BVerwG NJW 2007, 2275; dazu Özfirat-Skubinn DÖV 2010, 1005; Kallerhoff NZBau 2008, 97; Burgi NVwZ 2007, 737). Wenn im Verfahren über die Vergabe von Aufträgen unterhalb der Schwellenwerte regelmäßig kein Primärrechtsschutz zu erlangen ist, ist dies aus Sicht des BVerfG verfassungsrechtlich nicht zu beanstanden (BVerfG NZBau 2006, 791; s Sauer/Hollands NZBau 2006, 763).

2.3　　Wenn in einem **Stellenbesetzungsverfahren**, welches ein solches öffentliches Amt betrifft, das sowohl einem **Beamten** als auch einem **Angestellten** des öffentlichen Dienstes übertragen werden kann, der unterlegene Angestellte seinen Bewerbungsverfahrensanspruch gerichtlich geltend macht, so ist auch dann, wenn der ausgewählte Konkurrent Beamter ist, nicht der Verwaltungsrechtsweg, sondern der Weg zu den Arbeitsgerichten eröffnet (OVG Münster BeckRS 2010, 49104; Kuhla FS Raue 2006, 173 ff).

2.4　　Eine Entscheidung darüber, ob eine Maßnahme des Dienstherrn einen **Richter** in seinen Rechten verletzt, ist jedenfalls dann den Verwaltungsgerichten vorbehalten, wenn es nicht um die richterliche Unabhängigkeit geht (VG Arnsberg BeckRS 2008, 33635; s aber weitergehend VG Ansbach BeckRS 2009, 47037). Das Dienstgericht hat demgegenüber nur in den Fällen des § 78 DRiG zu entscheiden.

2.5　　Ein Antrag, der darauf gerichtet ist, den Eintritt von Umständen zu verhindern, die einer Verwirklichung des Gesetzentwurfs entgegenstehen könnten, der Gegenstand des **Volksbegehrens** ist, noch bevor dieses zustande gekommen ist, dient nicht der Sicherung des verfassungsrechtlich garantierten originären Rechts auf Teilnahme am Gesetzgebungsverfahren und gehört daher nicht zum Volksbegehren als Institut des Verfassungsrechts. Der Streit ist daher **nicht verfassungsrechtlicher** Natur, so dass der Verwaltungsrechtsweg gegeben ist (OVG Berlin BeckRS 2010, 49759 (Erhalt des Flughafens Tempelhof)).

2.6　　Für den Antrag eines Bürgers auf Erlass einer einstweiligen Anordnung mit dem Ziel, den **Beweisbeschluss eines parlamentarischen Untersuchungsausschusses** außer Vollzug zu setzen, ist der Rechtsweg zu den Gerichten der allgemeinen Verwaltungsgerichtsbarkeit eröffnet (OVG Saarlouis NVwZ 2010, 1315).

§ 17a GVG findet auch im Verfahren gem § 123 VwGO Anwendung (S/S/B/Ehlers 3
VwGO § 41, GVG § 17a Rn 47). Gem § 17a Abs 3 S 2 GVG ist das angerufene Gericht
grundsätzlich zu einer prozessualen Zwischenentscheidung verpflichtet, wenn eine Partei (im
Falle des § 123 VwGO typischerweise der Antragsgegner) die **Zulässigkeit des Rechts-
wegs rügt**. Diese Entscheidung unterliegt dann gem § 17a Abs 4 S 3 GVG iVm § 146
Abs 1 VwGO der Beschwerde zum OVG. Dieses Zwischenverfahren kann allerdings ein
Eilverfahren erheblich verzögern und so gegen das verfassungsrechtliche Gebot gem Art 19
Abs 4 GG verstoßen, effektiven Rechtsschutz zu gewähren. Das Verwaltungsgericht kann
daher ungeachtet einer solchen Rüge in der Sache entscheiden, wenn die Eilbedürftigkeit
des Rechtsschutzbegehrens ein Abwarten der Beschwerdeentscheidung über den Zwischen-
streit nicht erlaubt (VG Dresden Beschl v 10.9.2008 – 5 L 480/08; VG Neustadt (Weinstraße)
BeckRS 2006, 21578; S/S/B/Ehlers VwGO § 41, GVG § 17a Rn 47).

II. Beteiligten- und Prozessfähigkeit

Im Verfahren gem § 123 VwGO gelten für die **Beteiligtenfähigkeit** und die **Prozess-** 4
fähigkeit die allgemeinen Regelungen gem § 61 VwGO und § 62 VwGO.

Wenn das Verfahren einen **Organstreit** betrifft, ist beteiligtenfähig derjenige, der durch 5
das Recht mit eigenen Rechten ausgestattet wird. Die Organstellung muss positiv feststehen,
um die mit dem Organstatus verbundenen Rechte in Anspruch nehmen zu können. Hierfür
tragen die Mitglieder des Organs, die dessen Rechte sichern oder durchsetzen wollen, die
materielle Beweislast (OVG Münster Beschl v 19.6.2013 – 15 B 279/13 (Fraktion eines
Gemeinderats)).

Zur Beteiligungsfähigkeit eines **Fraktionsmitglieds** und der Fraktion im Falle des Fraktions- 5.1
ausschlusses OVG Saarlouis NVwZ-RR 2012, 613; zur Beteiligungsfähigkeit einer **Fraktion** des
Gemeinderats OVG Weimar LKV 2000, 358; VGH Kassel NVwZ-RR 1999, 188; VG Gera LKV
2003, 570; zur Beteiligtenfähigkeit eines **Ortsrats** im Saarland VG Saarlouis BeckRS 2008, 33914;
zur Beteiligtenfähigkeit eines **Beigeordneten**, dem durch Einzelentscheidung gesetzliche Zuständigkeiten entzogen worden sind, VG Potsdam LKV 1998, 409; allgemein Kuhla/Hüttenbrink/
Hüttenbrink D 271.

Unterschiedlich wird die **Beteiligtenfähigkeit** gesehen, wenn es um Verfahren geht, die 6
der **Sicherung eines Bürgerbehrens** dienen (s Rn 105). Die meisten Gerichte gehen
davon aus, dass die den Antrag stellenden **Gemeindebürger** eigene, subjektive öffentliche
Rechte wahrnehmen und daher also solche auch als Antragsteller Beteiligte im Verfahren
gem § 123 VwGO sind (VGH München NVwZ-RR 1999, 136; VGH Kassel NVwZ 1994,
396; VG Kassel BeckRS 2013, 46244). Demgegenüber wird auch die Auffassung vertreten,
die Bürger verteidigten in der Sache nicht „subjektive Rechte" des sog Außenrechtskreises,
sondern innerorganschaftliche Kompetenzen gegenüber einem „Kontrastorgan". Die Bürger
sollen nach dieser Auffassung nicht als mit subjektiven Rechten des Außenrechtskreises
ausgestattete Einzelne oder eine Vielzahl von Individuen in Erscheinung treten, sondern
quasi als **Organ** der gemeindlichen Verfassung beteiligtenfähig sein (OVG Koblenz IBRRS
42756; NVwZ-RR 1995, 411, 412; OVG Bautzen NVwZ-RR 1998, 253).

Der Antrag ist gegen den Funktionsträger bzw. das Organ oder den Organteil als 7
Antragsgegner zu richten, der dem Antragsteller Rechte streitig macht oder von dem ein
bestimmtes Verhalten erwartet wird.

Im Hinblick auf die Äußerungen eines ev Gemeindepfarrers ist die **Kirchengemeinde** und 7.1
nicht die Landeskirche auf Unterlassung in Anspruch zu nehmen, VGH München BeckRS 2007,
25595. Der einer GmbH gem § 123a Abs 2 BRRG – jetzt § 20 BeamtenstatusG – zugewiesene
Beamte kann seinen Bewerberverfahrensanspruch nur gegenüber dem **ör Dienstherrn** geltend
machen, VGH München Beschl v 18.4.2007 – 3 CE 07.471 und 3 CE 07.470. Die Initiatoren eines
Bürgerbegehrens müssen gegen den **Gemeinderat** vorgehen, wenn Maßnahmen verhindert werden
sollen, die einen durch das Begehren beantragten Bürgerentscheid unterlaufen, OVG Bautzen
NVwZ-RR 1998, 253. Ein Bürgermeister greift seine Abwahl durch Verfahren gegen den **Gemeinderat** an, OVG Weimar LKV 1996, 416.

Ein Antrag, der sich nicht ausdrücklich gegen einen Antragsgegner richtet, ist unzulässig 7a
(VG Gießen BeckRS 2011, 45146).

III. Statthaftigkeit des Antrags

1. Abgrenzung zum Verfahren gem § 80 Abs 5 VwGO

8   Ein Antrag gem § 123 VwGO ist nicht statthaft, wenn der Antragsteller im Verfahren gem §§ 80 VwGO, 80a VwGO einstweiligen Rechtsschutz erlangen kann, § 123 Abs 5 VwGO. Diese Regelung dient nicht nur der rechtstechnischen Abgrenzung zweier Verfahrensarten. Es handelt sich vielmehr um eine einfachgesetzliche Ausprägung des verfassungsrechtlichen Prinzips der Gewaltenteilung, das den Vorrang der Verfahren nach §§ 80, 80a VwGO verlangt (OVG Lüneburg NordÖR 2012, 426). Das Verfahren ist also unstatthaft, wenn der Antragsteller einstweiligen Rechtsschutz im Hinblick auf einen ihn **belastenden Verwaltungsakt** begehrt, der noch **nicht bestandskräftig** ist (BVerwG BeckRS 2006, 24724). Geht es dagegen um die Aufhebung eines **belastenden bestandskräftigen Verwaltungsakts**, dann ist das Begehren auf ein Wiederaufgreifen des Verfahrens iSd § 51 VwVfG gerichtet, also auf eine Begünstigung. Dieses Rechtsschutzziel kann statthaft im Verfahren gem § 123 VwGO verfolgt werden (nicht zutreffend daher OVG Berlin Beschl v 20.1.2009 – 5 S 27.08).

9   Das Verfahren gem § 123 VwGO ist auch nicht statthaft, soweit es um die **faktische Vollziehung** geht. Von der faktischen Vollziehung spricht man, wenn ein belastender Verwaltungsakt vollzogen wird, obwohl der belastete Adressat gegen die Entscheidung Widerspruch eingelegt hat, der aufschiebende Wirkung entfaltet. In diesen Fällen bietet grds nur das Verfahren gem § 80 Abs 5 VwGO Rechtsschutz (s § 80 VwGO Rn 7; Kuhla/Hüttenbrink/Kuhla Rn J 156). Ein Antrag gem § 123 VwGO kann allerdings statthaft werden, wenn der Antragsgegner eine gerichtliche Feststellung analog § 80 Abs 5 S 1 VwGO ignoriert oder dies aufgrund entsprechender tatsächlicher Anhaltspunkte mit ganz überwiegender Wahrscheinlichkeit zu erwarten ist (VGH Kassel BeckRS 2012, 48811). Der Antrag ist dann darauf zu richten, den Antragsteller so zu stellen, wie er stehen würde, wenn der angegriffene belastende Verwaltungsakt nicht faktisch vollzogen werden würde.

10   Vorläufiger vorbeugender Rechtsschutz mit dem Ziel, den **Erlass eines Verwaltungsakts zu verhindern**, ist dagegen nur im Rahmen eines Verfahrens gem § 123 VwGO möglich (VGH Kassel NVwZ-RR 1996, 317; VG Schleswig NVwZ 2002, 754; Kuhla/Hüttenbrink/Kuhla J 218). Für einen solchen Antrag fehlt allerdings regelmäßig im Hinblick auf den möglichen nachgängigen Rechtsschutz im Anfechtungsverfahren das Rechtsschutzbedürfnis, so dass er aus diesem Grunde unzulässig ist (VG München BeckRS 2010, 35560; s dagegen bei anderer Fallkonstellation VGH München BeckRS 2011, 49517).

11   In allen anderen Fällen, also wenn in der Hauptsache eine **Verpflichtungsklage**, eine **Leistungs-** oder **Unterlassungsklage** oder aber eine **Feststellungsklage** zu erheben wäre, ist das Verfahren gem § 123 VwGO statthaft (anschaulich: VGH München BeckRS 2007, 26545).

11a   Soweit das **Vollstreckungsrecht** die Geltendmachung von Einwendungen gegen den zu vollstreckenden Bescheid ermöglicht, die auf Tatsachen beruhen, die erst nach seinem Erlass entstanden sind (vgl zB Art 21 BayVwZVG) ist das Verfahren gem § 123 VwGO statthaft (OVG Münster BeckRS 2012, 48096; VGH München BeckRS 2009, 43041); das Rechtsschutzbedürfnis setzt allerdings voraus, dass ein zuvor bei der Vollstreckungsbehörde gestellter Antrag erfolglos war (VG Ansbach BeckRS 2008, 44129).

11b   Allgemein gilt, dass der Vollstreckungsschuldner zur Geltendmachung des Pfändungsschutzes zunächst einen Antrag bei der Vollstreckungsbehörde (in ihrer Funktion als Vollstreckungsgericht) stellen muss. Wird dieser Antrag abgelehnt, steht dem Vollstreckungsschuldner in der Hauptsache die Verpflichtungsklage gerichtet auf Beachtung des beantragten Vollstreckungsschutzes zur Verfügung. Im einstweiligen Rechtsschutz stellt in solchen Fällen das Verfahren auf Erlass einer einstweiligen Anordnung nach § 123 VwGO die statthafte Antragsart dar (VG Frankfurt (Oder) BeckRS 2009, 30610).

12   **Abgrenzungsprobleme** können entstehen, wenn nicht klar ist, ob es sich bei einer belastenden Maßnahme um einen **Verwaltungsakt** handelt (S/S/B /Schoch VwGO § 123 Rn 23; Sodan/Ziekow/Puttler VwGO § 123 Rn 32).

12.1   Verwaltungsakt **verneint: Wiederholende Verfügung** im Gegensatz zum Zweitbescheid (OVG Münster BeckRS 2009, 37677); **Aufrechnung** (BVerwG BeckRS 2005, 29237; OVG

Magdeburg BeckRS 2008, 38709; OVG Lüneburg BeckRS 2006, 24088; **Weisung an Beamten** sich einer **Untersuchung** zu unterziehen (BVerwG BeckRS 2012, 53130; VGH München BeckRS 2013, 46785; OVG Münster NVwZ-RR 2013, 198; OVG Bremen NordÖR 2013, 75 (unter Aufgabe der entgegenstehenden Rspr)); Weisung an einen Beamten, an einer **Qualifizierungs-maßnahme** teilzunehmen (OVG Münster BeckRS 2013, 46285); Weisung an Beamten zum **Dienstantritt** (BVerwG NVwZ-RR 2000, 174; OVG Koblenz NVwZ-RR 2003, 223); **Sperr-vermerk** auf einem ausländischen **Führerschein** nach § 47 Abs 2 S 2u 3 FeV (OVG Münster BeckRS 2013, 52003); Allgemeine Dienstanweisung eines Bürgermeisters, nach der seine Anord-nungen usw. denen anderer Vorgesetzter vorgehen (VGH Kassel NvwZ-RR 1992, 498); Bestim-mung des **Tätigkeitsumfangs eines Richteramts (**VG Arnsberg BeckRS 2008, 33635).

Verwaltungsakt bejaht: Im Wege unmittelbarer Ausführung vollzogene **Sicherstellung einer** 12.2 **Sache** (VGH Kassel BeckRS 2008, 35514); Maßnahmen in der **Zwangsvollstreckung** (OVG Koblenz BeckRS 2006, 27599)

Abgrenzungsprobleme kann es auch geben, wenn zwar ein Verwaltungsakt erlassen 13 wurde, aber im Hinblick auf die **beschränkte Reichweite der Regelung** fraglich ist, ob die durch einen hiergegen gerichteten Rechtsbehelf ausgelöste aufschiebende Wirkung als Rechtsschutz ausreicht.

Der Nachbarwiderspruch gegen eine Baugenehmigung bietet keinen Rechtsschutz, wenn der 13.1 Bauherr etwas anderes (ein aliud) baut (OVG Schleswig BauR 2005, 1214; Kuhla/Hüttenbrink/ Kuhla, J 186a); auf diesem Wege kann regelmäßig auch kein Schutz vor dem mit der Realisierung des Vorhabens verbundenem Baulärm erreicht werden (OVG Koblenz BeckRS 2010, 45379).

Im Ergebnis von **Deregulierungen** unterscheiden die Landesbauordnungen zwischen der „klas- 13.2 sischen" Baugenehmigung und der Genehmigung, die im vereinfachten Verfahren ergeht und die einen eingeschränkten Regelungsgehalt hat (Kuhla/Hüttenbrink/Kuhla K 104a).

Eine **Besitzeinweisung** im Rahmen eines Enteignungsverfahrens entzieht das Recht zum 13.3 Besitz. Inhaber dinglicher Rechte, die nicht zum Besitz berechtigen, können daher nicht gem § 80 VwGO gegen einen Besitzeinweisungsbeschluss vorgehen. Wenn sie einstweiligen Rechtsschutz erlangen wollen, sind sie darauf verwiesen, gegen das zugrunde liegende fachplanungsrechtliche Vorhaben nach § 123 VwGO vorzugehen (VGH München NVwZ-RR 2013, 171).

Die einem **Beamten** erteilten **Gehaltsabrechnungen** entfalten keine Wirkung über den 13.4 betreffenden Abrechnungsmonat hinaus; vielmehr können für die Zukunft jederzeit Änderungen vorgenommen werden, ohne dass es eines Widerrufs der früheren Gehaltsabrechnungen bedürfte. Damit scheidet ein Antrag nach § 80 Abs. 5 als unzulässig aus (OVG Berlin Beschl v 30.9.2011 – 4 S 38.11).

Der **Sozialhilfeleistungen vergleichbare Leistungen** (zB nach dem Unterhaltsvorschuss- 13.5 gesetz) werden grundsätzlich nicht als rentengleiche Dauerleistungen gewährt. Der Widerspruch gegen einen Bescheid, mit dem die Einstellung der Leistungsgewährung geregelt wird, hat also keine aufschiebende Wirkung. Rechtsschutz kann nur im Verfahren gem § 123 VwGO erlangt werden (VG Ansbach BeckRS 2006, 29496).

Abgrenzungsprobleme gibt es auch in **Drittbegünstigungsfällen**, in denen der 13a Antragsteller eine Begünstigung begehrt, die die Behörde an Stelle des Antragstellers einem Dritten durch Verwaltungsakt gewährt hat. In Fällen, in denen aus rechtlichen oder tatsäch-lichen Gründen die Zahl der Zulassungen (Begünstigungen) starr begrenzt ist, muss der Bewerber durch die Anfechtung einer Drittbegünstigung den Weg für die eigene Begüns-tigung frei machen, die er durch einen Verpflichtungsantrag durchsetzt. Daher kann der vorläufige Rechtsschutz nur gem § 80 Abs 1 VwGO bzw § 80 Abs 5 VwGO **und** § 123 VwGO erreicht werden (OVG Hamburg NVwZ-RR 2011, 815; VGH München BeckRS 2011, 45192; VGH Mannheim BeckRS 2007, 20250; OVG Greifswald NVwZ-RR 1997, 139; OVG Koblenz NVwZ-RR 1996, 651; Eyermann/Happ VwGO § 123 Rn 15; aA VG Frankfurt BeckRS 2006, 26189).

Abgrenzungsprobleme können sich auch auf Grund **spezieller materiellrechtlicher** 14 **Gestaltungen** ergeben.

Das **Aufenthaltsrecht** (früher: **Ausländerrecht**) verpflichtet den Ausländer in § 50 Abs. 1 14.1 AufenthG zur Ausreise, wenn er einen erforderlichen Aufenthaltstitel nicht (mehr) besitzt. Nach allgemeinen prozessrechtlichen Kriterien müsste der Ausländer, dessen Antrag auf Erteilung eines Aufenthaltstitels (Visum, Aufenthaltserlaubnis oder Niederlassungserlaubnis, vgl § 4 AufenthG) abgelehnt worden ist, daher zum Zwecke des einstweiligen Rechtsschutzes ein Verfahren auf Erlass einer einstweiligen Anordnung gem § 123 VwGO einleiten, um dieser gesetzlichen Ausreisepflicht zu begegnen. Einer solchen gerichtlichen Anordnung bedarf es jedoch nicht, weil der Aufenthalt des Ausländers für die Dauer des Verfahrens auf Erteilung des Aufenthaltstitels bei Vorliegen bestimmter gesetzlicher Voraussetzungen als erlaubt (§ 81 Abs 3 S 1 AufenthG) gilt, bzw die Wirkung eines ausgelaufenen Aufenthaltstitels für die Dauer des Verwaltungsverfahrens kraft Gesetztes verlängert wird (§ 81 Abs 4 AufenthG). Diese in § 81 Abs 4 AufenthG geregelte Fortgeltungsfiktion kommt allerdings nur dann zum Tragen, wenn der Verlängerungsantrag innerhalb der Geltungsdauer des vorherigen Aufenthaltstitels gestellt wird (OVG Berlin BeckRS 2012, 52911; OVG Lüneburg Beschl BeckRS 2010, 51699; OVG Berlin BeckRS 2010, 46133. **AA** OVG Bautzen BeckRS 2009, 42475: Antrag, der innerhalb einer Woche nach Ende der Geltungsdauer des alten Aufenthaltstitels gestellt wird, löst Fiktion noch aus; ebenso VGH München BeckRS 2009, 43769;. OVG Münster BeckRS 2009, 36323 neigt dazu auch Anträgen, die mehrere Wochen nach Auslaufen des alten Aufenthaltstitels gestellt worden sind, die Fiktionswirkung noch beizumessen.). Lehnt die Behörde die Erteilung des rechtzeitig beantragten Aufenthaltstitels ab, so erschöpft sich die Wirkung dieser Entscheidung also nicht in der Versagung. Die Ablehnung bringt auch die kraft Gesetzes bestehende Befugnis zum Verbleiben im Inland zum Erlöschen und bewirkt damit eine Belastung. Der Ausländer erreicht einstweiligen Rechtsschutz daher bereits durch die aufschiebende Wirkung des gegen die Versagung eingelegten Rechtsbehelfs. Allerdings hat der Widerspruch gegen die Versagung eines Antrags auf Erteilung oder Verlängerung eines Aufenthaltstitels gem § 84 Abs 1 Nr 1 AufenthG keine aufschiebende Wirkung. Der Ausländer muss daher ein Verfahren gem § 80 Abs 5 VwGO einleiten, um Rechtsschutz zu erlangen (vgl VGH München Beschl v 5.3.2007 – 24 CS 07.207). Zum **einstweiligen Rechtsschutz gem § 123 VwGO** in aufenthaltsrechtlichen Sachverhalten s Rn 87 ff.

14.2   Wenn im **Abgabenrecht** das Finanzamt die Vollziehung eines Grundlagenbescheids aussetzt, hat die Behörde, die auf dieser Grundlage einen Folgebescheid erlassen hat, dessen Vollziehung auszusetzen, § 361 Abs 3 S 1 AO. Der vorläufige Rechtsschutz ist auf ein neues Tätigwerden der Behörde gerichtet, nämlich den Erlass eines entsprechenden Verwaltungsakts (VG Gelsenkirchen BeckRS 2012, 54028). Diesem Begehren entspricht für die Hauptsache der Anspruch auf Aufhebung oder Änderung des – auch bestandskräftigen – Folgebescheids für den Fall, dass der Grundlagenbescheid aufgehoben oder geändert wird, § 175 AO (BVerwG NVwZ 1982, 193; OVG Magdeburg NVwZ-RR 2010, 53; OVG Weimar NVwZ-RR 2004, 206).

14.3   Im **Baurecht** kann eine Baugenehmigung nur im Umfange der konkreten Regelung Drittwirkung zu Lasten des Nachbarn entfalten. Der Widerspruch hat wegen § 212a Abs 1 BauGB keine aufschiebende Wirkung (Ortloff NVwZ 2005, 1381, 1385), so dass der Nachbar insoweit einstweiligen Rechtsschutz im Verfahren gem § 80 Abs 5 VwGO suchen muss. Soweit die (einfache) Baugenehmigung keine den Nachbarn belastende Regelung trifft (VGH München NJOZ 2013, 741; OVG Saarlouis BeckRS 2012, 50813) oder das Vorhaben von der Genehmigung freigestellt ist bzw genehmigungsfrei ist (VGH München BeckRS 2007, 29129; VG Gießen NVwZ-RR 2005, 166; VG Stuttgart NJOZ 2005, 1758, 1759; Ortloff NVwZ 2005, 1381, 1382) oder der Bauherr sich nicht an die Vorgaben der Baugenehmigung hält, also „schwarz" baut (OVG Schleswig NJOZ 2006, 791; OVG Münster BauR 2001, 380), bietet nur das Verfahren gem § 123 VwGO einstweiligen Rechtsschutz.

14.4   Wenn die **einfache Baugenehmigung** für ein Vorhaben vom Nachbarn im Verfahren gem § 80 Abs 5 VwGO angegriffen wird und dieser zugleich von der Behörde ein Einschreiten im Hinblick auf von der Genehmigung freigestellte Teile des Vorhabens verlangt, dann ist das Verfahren gem. § 80 Abs 5 VwGO vorrangig. Für den Fall, dass es erfolgreich ist, entfällt regelmäßig der Anordnungsgrund für das parallele Verfahren gem § 123 VwGO (VG Stuttgart NJOZ 2005, 1758, 1764).

14.5   Das Landesrecht sieht teilweise vor, dass im Falle eines **genehmigungsfreien Vorhabens Befreiungen** von den Festsetzungen eines Bebauungsplans gem § 31 BauGB von der Gemeinde zu erteilen sind. Der Nachbar, der die Befreiung nicht hinnehmen und den Bau verhindern will, muss gem § 80 Abs 5 VwGO gegen die Gemeinde und § 123 VwGO gegen das Land mit dem Ziel vorgehen, dass dieses zum Erlass einer Verfügung verpflichtet wird, mit der dem Bauherrn die Einstellung der Bauarbeiten aufgegeben wird. Die Anträge kann der Nachbar im Wege der subjektiven (s § 64 VwGO Rn 4) und objektiven Antragshäufung (s § 44 VwGO Rn 1) verfolgen (OVG Saarlouis BeckRS 2008, 30841). Wenn ein Rechtsbehelfsverfahren gegen die Befreiung eingeleitet worden ist, so dass sie noch nicht bestandskräftig werden kann, mag auf den Antrag nach § 80 Abs 5 VwGO einstweilen verzichtet werden (VG Saarlouis BeckRS 2009, 42092).

14.6   Trotz der weitreichenden Privatisierung der Versorgungsunternehmen gibt es immer noch Fälle, in denen Bauwerke im Wege **schlicht-hoheitlichen Verwaltungshandels** errichtet werden, zB Baumaßnahmen gem Art 49 des Zusatzabkommens zum NATO Truppenstatut, die von der für die Bauaufgaben des Bundes zuständigen deutschen Behörde durchgeführt werden. Nach den bauord-

nungsrechtlichen Bestimmungen der Länder bedürfen die Bauarbeiten für Vorhaben, die der Landes-
verteidigung dienen – dazu gehören auch die im Rahmen des NATO-Truppenstatuts errichteten
Wohnungen für die Angehörigen ausländischer Truppen – regelmäßig keiner Baugenehmigung (zB
Art 73 Abs 4 BayBO). Einstweiliger Rechtsschutz kann daher nur im Verfahren nach § 123 VwGO
erreicht werden (VGH München Beschl v 15.10.2008 – 14 CS 08.1812).

Der Antrag nach § 80 Abs 5 VwGO ist der zulässige Rechtsbehelf zur Erlangung vorläufigen **14.7**
Rechtsschutzes gegen die sofort vollziehbare **Zurückstellung des Bauantrags gem § 15 BauGB**
(OVG Koblenz NVwZ-RR 2002, 708; VG Stuttgart BeckRS 2009, 41442). Auf Antrag der
Gemeinde gem **§ 15 Abs 3 BauGB** hat die Baugenehmigungsbehörde die Entscheidung über die
Zulässigkeit von Vorhaben nach § 35 Abs. 1 Nr. 2 bis 6 BauGB für einen Zeitraum bis zu längstens
einem Jahr nach Zustellung der Zurückstellung des Baugesuchs auszusetzen, wenn die Gemeinde
beschlossen hat, einen Flächennutzungsplan aufzustellen, zu ändern oder zu ergänzen, mit dem die
Rechtswirkungen des § 35 Abs 3 S 3 BauGB erreicht werden sollen, und zu befürchten ist, dass die
Durchführung der Planung durch das Vorhaben unmöglich gemacht oder wesentlich erschwert
werden würde. Der Gemeinde steht es frei, ob sie versucht, die Zurückstellung im Wege des
Verfahrens gem § 123 VwGO durchzusetzen oder aber gegen die ohne ihr Einvernehmen und trotz
Zurückstellungsgesuchs erteilte Genehmigung gem § 80 Abs 5 vorgeht (VGH München Beschl v
8.12.2011 – 9 CE 11.2527)

Im **Beamtenrecht** wird Verwaltungsakten, die die **Beförderung** eines Beamten regeln, im **14.8**
Verhältnis zum konkurrierenden Bewerber zwar belastende Drittwirkung beigemessen(BVerwG
8.12.2011 – 2 B 106/11). Im Interesse der Ämterstabilität geht die Rechtsprechung aber davon aus,
dass sich der Bewerberverfahrensanspruch des Konkurrenten mit der Ernennung des ausgewählten
Beamten erledigt (Urkundsprinzip, Aushändigung der Ernennungsurkunde, vgl § 8 Abs 2 BeamtenstatusG). Für eine seiner Bewerbung entsprechende Entscheidung ist mangels verfügbarer Stelle dann
kein Raum mehr. Der Ernennungsakt unterliegt daher nicht der Drittanfechtung (BVerwG NVwZ
1989, 158; OVG Bautzen BeckRS 2011, 53209; OVG Lüneburg BeckRS 2011, 51596; den vom
BVerwG überraschend geäußerten Zweifel an dieser Rechtsprechung, BVerwG NVwZ 2002, 604,
hat sich BVerfG 1. Kammer des Zweiten Senats NVwZ 2003, 200 nicht zu eigen gemacht).
Einstweiliger Rechtsschutz ist daher nur im Vorfeld einer solchen Maßnahme (also vorbeugend) in
einem Verfahren gem § 123 VwGO möglich (BVerwG 8.12.2011 – 2 B 106/11; S/S/B/Schoch
VwGO § 123 Rn 40; Kuhla/Hüttenbrink/Kuhla K 209). Er ist darauf gerichtet, dass die zu
Gunsten des Konkurrenten getroffene Auswahlentscheidung umgesetzt wird, bevor das Beför-
derungsbegehren des unterlegenen Bewerbers erneut von der Dienstbehörde geprüft worden ist
(OVG Bautzen BeckRS 2011, 53209; VGH Kassel BeckRS 2011, 54790).

Der übergangene Bewerber bewahrt sich das Rechtsschutzinteresse für dieses Verfahren aber nur **14.9**
dann, wenn er gleichzeitig gegen die an ihn adressierte **Ablehnungsentscheidung,** bei der es sich
um einen Verwaltungsakt handelt (OVG Lüneburg NVwZ 2011, 891; **aA** OVG Bautzen BeckRS
2011, 53209 (Mitteilung der negativen Auswahlentscheidung ist kein Verwaltungsakt)) Widerspruch
einlegt bzw. Klage erhebt (BVerwG NVwZ 1989, 158; VGH Kassel NVwZ-RR 1995, 535; VG
Berlin BeckRS 2013, 52028; Johlen/Oerder MAH/Schnellenbach § 5 Rn 102).

Die **Umsetzung** eines Beamten ist kein Verwaltungsakt (OVG Magdeburg BeckRS 2009, **14.10**
33732), einstweiliger Rechtsschutz ist daher im Verfahren gem § 123 VwGO zu suchen. Dasselbe
gilt für eine **Änderung des Aufgabenbereichs** (vgl VGH München BeckRS 2010, 33676; VG
Saarlouis BeckRS 2009, 33382). S im Einzelnen unten Rn 100b.

Wenn sich im **Kommunalrecht** ein **ehrenamtlicher Funktionsträger** gegen seine **Abberu- 14.11
fung** wehren will und vorläufigen Rechtsschutz begehrt, dann ist zu unterscheiden: soweit es um
seine Funktion geht, die Gemeinde nach außen zu vertreten und in eigener Zuständigkeit in allen
Angelegenheiten zu entscheiden, die nicht anderen gemeindlichen Gremien zugewiesen sind,
beruht dies regelmäßig auf seiner Position als (Ehren-)Beamter. Die Abberufung hat daher Außenwirkung und ist als Verwaltungsakt zu qualifizieren, so dass der Rechtsschutz insoweit aus § 80
VwGO folgt. Soweit es dagegen um die organschaftliche Funktion im gemeindlichen Vertretungs-
organ geht, hat die Abberufung keine Außenwirkung, vorläufiger Rechtsschutz ist nur im Verfahren
gem § 123 VwGO zu erreichen (OVG Greifswald LKV 1998, 112; ebenso OVG Berlin NVwZ
1998, 198 für den Ausschluss aus der Fraktion).

Der von einem **Planfeststellungsbeschluss** rechtswidrig Betroffene hat vorrangig einen An- **14.12**
spruch auf Ergänzung des Plans (z.B. Schutzauflagen); nur wenn so die Rechtswahrung nicht
erreicht werden kann, besteht ein Anspruch auf Planaufhebung, (vgl OVG Koblenz BeckRS 2010,
49977; Kuhla/Hüttenbrink/Hüttenbrink D 29). Dementsprechend muss der Planbetroffene entscheiden, ob er eine Anfechtungs- oder (nur) eine Verpflichtungsklage erhebt und ob er ein Verfahren gem § 80 Abs 5 VwGO oder § 123 VwGO einleitet (s auch Kuhla NVwZ 2002, 542).

14.13   Im **Schulrecht** regeln die Landesschulgesetze differenziert die Voraussetzungen, bei deren Vorliegen ein Schüler in die nächst höhere Klassenstufe wechselt. Der Schüler begehrt mit der **Versetzung** eine Erweiterung seines Rechtskreises durch einen begünstigenden Verwaltungsakt. Wenn der Schüler im Falle der Nicht-Versetzung um einstweiligen Rechtsschutz nachsucht, ist das gerichtliche Verfahren daher auf den Erlass einer einstweiligen (Regelungs-)Anordnung iSd § 123 Abs 1 S 2 VwGO zu richten (VGH Mannheim NVwZ-RR 1993, 358, 359; VGH Kassel NVwZ-RR 1993, 387).

14.14   Alle landesgesetzlichen Regelungen unterscheiden inzwischen allerdings zwischen der Versetzung und dem **Aufrücken** (Kuhla/Hüttenbrink/Kuhla K 325a). Während bei der Versetzung der Wechsel in die nächst höhere Klassenstufe auf einer Verwaltungsentscheidung beruht, ergibt sich dieser Wechsel in den Fällen des Aufrückens als Rechtsfolge unmittelbar aus dem Gesetz. In Ausnahmefällen erlauben die Landesgesetze die Anordnung der Wiederholung der bisherigen Klassenstufe. Diese **Wiederholungsanordnung** ist ein belastender Verwaltungsakt, Rechtsschutz ergibt sich aus § 80 VwGO.

14.15   In den Fällen des § 4 Abs 7 S 1 **Treibhausgas-Emissionshandelsgesetzes** (TEHG) kann Rechtsschutz nur im Verfahren nach § 123 VwGO gewährt werden (VG Karlsruhe NVwZ 2005, 112).

14.16   Im **Beitragsrecht** gilt: Ein Anspruch auf Stundung eines Beitrages kann nicht im Rahmen eines Antrages nach § 80 Abs 5 VwGO auf Anordnung der aufschiebenden Wirkung eines Widerspruchs gegen den Beitragsbescheid verfolgt werden. Es handelt sich bei der Stundung des Beitrages um eine von der Beitragserhebung getrennte Billigkeitsmaßnahme. Sie ist als begünstigender Verwaltungsakt im Hauptsacheverfahren nur mit einer Verpflichtungsklage zu erreichen und muss im Verfahren des vorläufigen Rechtsschutzes demnach mit einem Antrag auf Erlass einer einstweiligen Anordnung nach § 123 VwGO verfolgt werden (OVG Magdeburg BeckRS 2008, 32896; VG Würzburg BeckRS 2010, 36676).

14.17   Der **Geschäftsverteilungsplan eines Gerichts** ist kein Verwaltungsakt sondern ein gerichtsinterner Organisationsakt. Ein Richter, der sich gegen Regelungen dieses Plans wehren will, muss im Hauptsachestreit eine Feststellungsklage erheben. Für den einstweiligen Rechtsschutz steht daher das Verfahren gem § 123 VwGO offen (VGH München BeckRS 2006 26825).

15   In **Zweifelsfällen** kann ein Antrag gem § 80 Abs 5 VwGO gestellt und hilfsweise der Erlass einer einstweiligen Anordnung beantragt werden. Das Gericht darf nicht am Wortlaut des Antrags haften, sondern muss auf das Begehren des Antragstellers abstellen. Ein Antrag gem § 123 VwGO kann daher nach § 80 Abs 5 VwGO behandelt werden, bzw aufgrund eines Antrags gem § 80 Abs 5 VwGO kann eine einstweilige Anordnung gem § 123 VwGO ergehen (OVG Magdeburg BeckRS 2009, 37914; OVG Saarlouis NVwZ-RR 1992, 382, 384; VG München BeckRS 2007, 36280; S/S/B/Schoch VwGO § 123 Rn 104; zu den Grenzen s VGH München BeckRS 2007, 29892) .

15a   Verschiedene Gerichte meinen allerdings, die Umdeutung eines von einem **anwaltlich vertretenen Antragsteller** gestellten Antrags nach § 80 Abs 5 VwGO in einen Antrag nach § 123 Abs 1 VwGO komme regelmäßig nicht in Betracht (OVG Greifswald BeckRS 2013, 49415; VGH München BeckRS 2012, 58261; OVG Lüneburg BeckRS 2010, 51699; OVG Berlin Beschl v 12.5.2003 – 3 S 22.02; s aber auch BVerfG NVwZ 2008, 417).

15b   Ein weites Verständnis des Antrags auf Gewährung vorläufigen Rechtsschutzes ist in den Fällen geboten, in denen der **Grundsatz der Meistbegünstigung** zum Tragen kommt. Danach hat der Adressat bei einer der Art oder Form nach inkorrekten, behördlichen Entscheidung die Wahl: Er kann gegen die Entscheidung entweder den für die Art und Form der tatsächlich ergangenen Entscheidung statthaften Rechtsbehelf einlegen oder den Rechtsbehelf nutzen, der einzulegen wäre, wenn die Behörde die richtige Entscheidungsart oder -form gewählt hätte (VGH München BeckRS 2012, 52824).

2. Abgrenzung zum Verfahren gem § 47 Abs 6 VwGO

16   Das Normenkontrollverfahren gem § 47 VwGO hat die Wirksamkeit von untergesetzlichen Normen zum Gegenstand. Gem § 47 Abs 6 VwGO kann das Gericht **im Normenkontrollverfahren** eine einstweilige Anordnung erlassen, wenn dies zur Abwehr schwerer Nachteile oder aus anderen wichtigen Gründen dringend geboten ist, s § 47 VwGO Rn 87 (s auch Jäde UPR 2009, 41). Der Streitgegenstand des Hauptsacheverfahrens begrenzt auch den möglichen Regelungsbereich dieser einstweiligen Anordnung: sie kann sich nur auf die

Aussetzung des Vollzugs der angegriffenen Norm beziehen; insoweit ist § 47 Abs 6 VwGO gegenüber § 123 VwGO lex specialis.

Im Hinblick auf die unterschiedlichen Streitgegenstände ist ein Nebeneinander der beiden 17 Verfahren daher nicht ausgeschlossen: Ein Nachbar kann den einem Bauvorhaben zu Grunde liegenden Bebauungsplan gem § 47 VwGO angreifen, in diesem Verfahren den Erlass einer einstweiligen Anordnung beantragen und gleichzeitig versuchen, die Realisierung des baugenehmigungsfreien Vorhabens durch einen Antrag gem § 123 VwGO zu verhindern (VGH München NVwZ-RR 2013, 392; OVG Schleswig LSK 2006, 460546; Ortloff NVwZ 1999, 955, 960). Fraglich ist, ob in einer solchen Konstellation aufgrund der konkreten Rechtsschutzmöglichkeit gem § 123 VwGO das Rechtsschutzinteresse für die viel weiter reichende Anordnung gem § 47 Abs 6 VwGO fehlt (verneinend: VGH München NVwZ-RR 2013, 392; bejahend: VGH Mannheim NVwZ-RR 1998, 613).

Der **vorläufige Rechtsschutz auf Normerlass** wird ausschließlich im Verfahren gem 18 § 123 VwGO gewährt (VGH Kassel NVwZ-RR 1992, 186).

3. Vorläufiger Rechtsschutz gegen die Vollstreckung aus Verwaltungsakten

§ 167 Abs 1 VwGO bestimmt für die Vollstreckung die entsprechende Anwendung der 18a Vorschriften des Achten Buches der ZPO. Dies gilt jedoch nur für die in § 168 VwGO genannten Vollstreckungstitel (OVG Magdeburg, Beschl v 3.4.2007 – 2 M 53/07). Verwaltungsakte rechnen nicht dazu. In der Hauptsache hat der Kläger sein auf die **Einstellung der Zwangsvollstreckung aus einem Verwaltungsakt** gerichtetes Begehr im Wege einer vorbeugenden Feststellungsklage nach § 43 VwGO zu verfolgen. Im Verfahren des vorläufigen Rechtsschutzes ist daher ein **Antrag nach § 123 Abs. 1 statthaft** (VGH Mannheim BeckRS 2011, 56371).

4. Vorläufiger Rechtsschutz im Gleichstellungsrecht

Gem § 22 Abs 3 BGleiG kann die Gleichstellungsbeauftragte das Verwaltungsgericht 18b anrufen, wenn ein nochmaliger Versuch gescheitert ist, mit der Dienstbehörde außergerichtlich zu einer einvernehmlichen Lösung zu gelangen. In der Rechtsprechung ist umstr, ob vor dem Scheitern dieses Einigungsversuches bereits ein Antrag gem § 123 VwGO statthaft ist (bejahend: OVG Hamburg BeckRS 2009, 35398; OVG Berlin BeckRS 2008, 35748; verneinend: OVG Bautzen Beschl v 17.8.2007 – 2 BS 208/07).

5. Vorrang von Wahlprüfungsverfahren

Das Wahlrecht unterwirft Maßnahmen und Entscheidungen, die der **Vorbereitung von** 19 **Wahlen** dienen, grundsätzlich speziellen, nachträglichen Rechtsbehelfen. So soll sichergestellt werden, dass Wahlen, denen in einem demokratischen Gemeinwesen eine herausragende Bedeutung zukommt, gleichzeitig und termingerecht durchgeführt werden können. Dies rechtfertigt es, die gerichtliche Kontrolle von Einzelentscheidungen während des Wahlablaufs zu begrenzen und die rechtliche Überprüfung grundsätzlich einem nach der Wahl stattfindenden Wahlprüfungsverfahren vorzubehalten. Es bestehen vor diesem Hintergrund keine Bedenken gegen landesrechtliche Wahlrechtsbestimmungen, die den **vorläufigen Rechtsschutz grundsätzlich ausschließen**. Das ist mit dem Gebot des effektiven Rechtsschutzes gem Art 19 Abs 4 GG vereinbar (BVerfG NJW 1962, 1435; OVG Münster BeckRS 2011, 56122; VG Düsseldorf NVwZ-RR 2000, 618).

In anderen Landeswahlrechtsbestimmungen wird dagegen im Stadium der Wahlvorbereitungen grundsätzlich die Möglichkeit einstweiligen Rechtsschutz gegen die Nichtzulassung eines Wahlvorschlags eröffnet, wenn die begehrte Wahlzulassung zu dem geplanten Wahltermin noch durchgesetzt werden kann und keine Wahlverschiebung erforderlich machen würde (VG Neustadt-Weinstraße BeckRS 2011, 56694).

Das **Wahlprüfungsverfahren** ist dazu bestimmt, im öffentlichen Interesse die gesetz- 20 mäßige Zusammensetzung der Volksvertretung zu gewährleisten. Der **Ausschluss des einstweiligen Rechtsschutzes** im einschlägigen Wahlrecht verstößt daher nicht gegen Art 19 Abs 4 GG. Diese Vorschrift eröffnet den Rechtsweg nur demjenigen, der durch die öffentliche Gewalt in seinen Rechten verletzt ist, setzt also ebenso wie § 123 Abs 1 VwGO das Bestehen eines subjektiven Rechts voraus; gegen eine angebliche Verletzung von Rechtssätzen, die den Einzelnen nur im Wege einer Reflexwirkung begünstigen, gewährleistet Art 19 Abs 4 GG dagegen keinen Rechtsschutz. Die Einhaltung derartiger Vorschriften kann der Einzelne vielmehr gerichtlich nur dann durchsetzen, wenn und soweit der Gesetzgeber ihn aus Gründen des Allgemeininteresses dazu ermächtigt (OVG Münster BeckRS 2011, 47499).

Ein Antrag auf Erlass einer **einstweiligen Anordnung** ist im Wahlprüfungsverfahren daher regelmäßig **unzulässig** (OVG Münster BeckRS 2011, 56122; OVG Münster BeckRS 2011, 47499; OVG Schleswig NVwZ-RR 2000, 616).

IV. Zuständiges Gericht

21   **Vor Anhängigkeit** der **Hauptsache** ist das Gericht anzurufen, das örtlich und sachlich (= instanziell) für die entsprechende **Hauptsache** zuständig wäre (Kuhla/Hüttenbrink/ Hüttenbrink C 128; C 138). Im Regelfall ist damit die Zuständigkeit des Verwaltungsgerichts gegeben, vgl § 45 VwGO, dazu § 45 VwGO Rn 2, es sei denn es besteht eine erstinstanzliche Zuständigkeit des OVG, vgl § 48 VwGO, § 48 VwGO Rn 5. Im Ausnahmefall kann auch die erstinstanzliche Zuständigkeit des BVerwG gem § 50 VwGO, § 50 VwGO Rn 5, begründet sein, so dass dann dieses Gericht für den Erlass der Anordnung zuständig ist (vgl BVerwG BeckRS 2006, 24724; NVwZ 2000, 189; Paetow NVwZ 2007, 36).

22   **Nach Anhängigkeit** der **Hauptsache** ist nur noch das **Gericht der Hauptsache** zuständig, § 123 Abs 2 S 1 VwGO. In den Fällen des § 6 VwGO bzw des § 87a Abs 2 und Abs 3 VwGO ist der Einzelrichter auch für den Antrag gem § 123 VwGO zuständig.

23   Das OVG wird zuständig mit Eingang der Berufung. Es soll seine Zuständigkeit als **Berufungsgericht** auch bereits mit Eingang des Zulassungsantrags beim VG begründen (so VGH München BeckRS 2012, 52647; VGH München NVwZ 2000, 210; OVG Münster BeckRS 2006, 26072; VG Augsburg BeckRS 2013, 49083). Erst mit der Zulassung der Berufung wird das OVG allerdings für die Hauptsache zuständig, so dass erst mit Zustellung des entsprechenden Beschlusses seine Zuständigkeit für den einstweiligen Rechtsschutz angenommen werden kann. Jedenfalls wird das OVG noch nicht mit einem auf das Zulassungsverfahren bezogenen Prozesskostenhilfe-Antrag zuständig (VGH Mannheim NVwZ-RR 2005, 860). Der Zuständigkeitswechsel erfolgt automatisch, einer Verweisung bedarf es insoweit nicht (Eyermann/Happ VwGO § 123 Rn 30).

24   Während eines **Revisionsverfahrens** fällt die Zuständigkeit allerdings an das Verwaltungsgericht zurück, § 123 Abs 2 S 2 VwGO (str, wie hier: S/S/B/Schoch VwGO § 123 Rn 113; Sodan/Ziekow/Puttler VwGO § 123 Rn 62; aA Hufen, Verwaltungsprozessrecht, § 33 Rn 5 (Berufungsgericht)). Das Revisionsverfahren beginnt mit Einlegung der (zugelassenen) (Sprung-)Revision oder mit Zugang des Nichtabhilfebeschlusses gem § 133 Abs 5 S 1 VwGO (VGH München DVBl 1981, 687; OVG Münster NJW 1966, 1770).

25   In dringenden Fällen kann an Stelle des zuständigen Spruchkörpers der **Vorsitzende allein** entscheiden, § 123 Abs 2 S 3 VwGO iVm § 80 Abs 8 VwGO.

V. Antrag und Zeitpunkt des Antrags
1. Antrag

26   Die einstweilige Anordnung wird nur auf **Antrag** erlassen. Das ist zwar nur in § 123 Abs 1 S 1 VwGO für die Sicherungsanordnung ausdrücklich geregelt. Das Antragserfordernis gilt aber gleichermaßen für die Regelungsanordnung. Alle in der VwGO geregelten Rechtsschutzverfahren werden vom **Dispositionsgrundsatz** beherrscht. Es ist danach allein Sache des Rechtsuchenden darüber zu entscheiden, ob er gerichtlichen Rechtsschutz in Anspruch nehmen will. Der Erlass einer einstweiligen Anordnung **von Amts wegen** scheidet aus.

27   Bei der **konkreten Fassung des Antrags** (Beispiel: Johlen/Oerder MAH/Johlen § 2 Rn 258) muss der Antragsteller bedenken, dass das Gericht bei der inhaltlichen Gestaltung der Anordnung einen erheblichen Spielraum hat, vgl Rn 139. Wenn die mit der gerichtlichen Anordnung getroffene Regelung hinter dem Antrag zurückbleibt, so kann dies eine teilweise nachteilige Kostenfolge haben. Das kann der Antragsteller vermeiden, indem er die

genaue Fassung des Tenors nach Maßgabe des im Antrag zum Ausdruck kommenden Begehrens in das Ermessen des Gerichts stellt (Eyermann/Happ VwGO § 123 Rn 45).

Der Antrag ist **schriftlich** (Telefax wahrt die Schriftform) oder zur Niederschrift des **28** Urkundsbeamten der Geschäftsstelle zu stellen, § 123 Abs 3 VwGO iVm § 920 Abs 3 ZPO. Str ist, ob in besonders dringlichen Fällen auch ein telefonisch gestellter Antrag zulässig ist (bejahend: VG Wiesbaden NVwZ 1988, 90; Pietzner/Ronellenfitsch § 59 Rn 13; verneinend Eyermann/Happ VwGO § 123 Rn 32).

Der Antrag muss den Antragsteller, den Antragsgegner und den Streitgegenstand bezeichnen, **29** § 82 Abs 1 S 1 VwGO. Die **Antragsschrift** sollte in entsprechender Anwendung von § 82 Abs 1 Nr 2 VwGO die zur Begründung des Antrags dienenden Tatsachen enthalten (s auch Johlen/Oerder MAH/Johlen 254; Rn 159). Diese **Tatsachen** sind **glaubhaft** zu machen, § 123 Abs 3 VwGO iVm § 920 Abs 2 ZPO und § 294 ZPO, dazu Rn 66. Es ist zweckmäßig, wenn dies bereits mit der Antragstellung geschieht, um dem Gericht so schnell wie möglich eine gesicherte Entscheidungsbasis zu verschaffen (aA Johlen/Oerder MAH/Johlen § 2 Rn 260).

Im Einzelfall kann es für den **nicht anwaltlich vertretenen Antragsteller** sehr schwer **30** sein sich zwischen § 80 Abs 5 VwGO und § 123 VwGO für die zulässige Rechtsschutzform zu entscheiden, vgl Rn 13 und Rn 14. Das Gericht kann den Antrag, der auf die nach seiner Rechtsauffassung unzulässige Rechtsschutzform zielt, daher gem § 88 VwGO anders **auslegen** bzw **umdeuten** (BVerwG NVwZ-RR 2000, 441; VGH München NVwZ-RR 2000, 35, 36). Die Umdeutung eines Antrags gem § 80 Abs 5 VwGO in einen solchen gem § 123 VwGO kommt im Hinblick auf das so gem § 123 Abs 3 VwGO iVm § 945 ZPO entstehende Schadensersatzrisiko (s Rn 186) nur mit Zustimmung des Antragstellers in Betracht (Redeker/v Oertezen/M. Redeker VwGO § 123 Rn 2).

Wenn der Antragsteller **anwaltlich vertreten** ist, dann scheidet die Umdeutung des **31** eindeutig gestellten Antrags aus (VGH Kassel NVwZ-RR 1995, 33).

2. Frist und Zeitpunkt der Antragstellung

Der Antrag gem § 123 VwGO ist grundsätzlich **nicht fristgebunden**. Die Neigung des **32** Fachgesetzgebers einstweiligen Rechtsschutz nur innerhalb bestimmter Fristen zu gewähren (vgl zu § 80 Abs 5 VwGO Kuhla/Hüttenbrink/Kuhla J 116) hat allerdings auch vor § 123 VwGO nicht Halt gemacht, vgl zB § 18a Abs 4 S 1 AsylVfG.

Der Antrag kann auch schon **vor** Einleitung des **Hauptsacheverfahrens** gestellt werden, **33** § 123 Abs 1 S 1 VwGO. Er ist auch **vor** Abschluss eines möglicherweise für die Zulässigkeit des Hauptsacheverfahrens erforderlichen **Widerspruchsverfahrens** zulässig (VGH München BayVBl 1995, 373). In einem solchen Falle kann allerdings das Rechtsschutzbedürfnis fehlen, vgl Rn 37.

Der Antrag bleibt zulässig, solange die Hauptsache nicht rechtskräftig entschieden ist **34** (VGH Kassel NVwZ-RR 1991, 199).

VI. Antragsbefugnis

Der Antrag ist nur zulässig, wenn der Antragsteller **antragsbefugt** ist. Insoweit gelten die **35** allgemeinen Regelungen über die Klagebefugnis entsprechend, vgl § 42 Abs 2 VwGO. Der Antragsteller muss geltend machen können, durch ein behördliches Handeln oder Unterlassen in eigenen Rechten verletzt oder gefährdet zu sein (Finkelnburg/Dombert/Külpmann Rn 73). Eine solche Rechtsbeeinträchtigung ist geltend gemacht, wenn sie nach dem Vortrag des Antragstellers **möglich** erscheint, vgl § 42 VwGO Rn 175. Konkret geht es um die Frage, ob subjektive eigene Rechte oder anderweitig geschützte rechtliche Interessen verletzt sein können (OVG Münster BeckRS 2010, 50157). Ist dagegen offensichtlich und eindeutig nach jeder Betrachtungsweise ausgeschlossen, dass eigene Rechte des Antragstellers verletzt oder in ihrer Verwirklichung gefährdet sein können, fehlt es an der Antragsbefugnis (Beispiel: Das Sondereigentum nach dem Wohnungseigentumsgesetz schließt öffentlich-rechtliche Nachbarschutzansprüche innerhalb der Gemeinschaft der Miteigentümer desselben Grundstücks aus, vgl BVerwG NVwZ 1998, 954; VGH München BeckRS 2013, 48097). Die bloße Behauptung einer etwaigen Rechtsverletzung genügt nicht (OVG Münster BeckRS 2010, 50157).

35.1   Die Antragsbefugnis kann nicht nur aus einer möglichen Verletzung von materiellen Rechten, sondern auch aus der möglichen Missachtung von **Beteiligungsrechten** resultieren: Ein anerkannter **Naturschutzverein** kann eine solche Verletzung seines Beteiligungsrechtes aus § 60 Abs 2 S 1 Nr 5 BNatSchG bspw geltend machen, wenn die Behörde ein naturschutzrechtliches Befreiungsverfahren, an dem der Verein zu beteiligen wäre, nicht durchführt und durch tatsächliches Handeln vollendete Tatsachen schafft (OVG Lüneburg BeckRS 2009, 30319 (Öffnung eines Weges in einem Naturschutzgebiet)).

35.2   **Ein Elternteil** ist **bei gemeinsamem Sorgerecht** im einstweiligen Rechtsschutzverfahren im **Schulrecht** auf Verpflichtung der Schulbehörde zur Aufnahme des Kindes an einer bestimmten Schule **nicht allein antragsbefugt** (OVG Berlin NVwZ-RR 2011, 983).

35.3   Bei der Anwendung von **Unionsrecht** bzw der unionsrechtskonformen Anwendung deutschen Rechts kann eine Rolle spielen, dass der EuGH den individualschützenden Charakter von Normen großzügiger bejaht (vgl Steinbeiß-Winkelmann NJW 2010, 1233, 1234).

36   Im **Organstreit** ist jeder antragsbefugt, der durch das Gesetz mit eigenen Rechten ausgestattet ist, soweit er geltend machen kann, durch die betreffende Maßnahme in eigenen, ihm durch Gesetz eingeräumten Rechtspositionen betroffen zu sein (VG Bremen BeckRS 2010, 55340).

36.1   **Beispiele: Stadtratsfraktion** ist antragsbefugt, soweit es um die mögliche Verletzung ihres organschaftlichen Initiativrechts geht (VG Gera LKV 2003, 570); **Unterzeichner eines Bürgerbegehrens** sind antragsbefugt für ein Verfahren, das auf die Sicherung dieses Begehrens zielt (OVG Bautzen NVwZ-RR 1998, 253), zu deren Beteiligungsfähigkeit s Rn 6; Ein **Mitglied des Gemeinderats** ist antragsbefugt, wenn es um seine konkreten, eigenen Rechte als Mitglied geht (OVG Greifswald LKV 1999, 109; VG Oldenburg NdsVBl 2003, 166); die Mitwirkung eines befangenen Ratsmitglieds an einer Abstimmung kann allerdings die Mitgliedschaftsrechte der übrigen **Ratsmitglieder** nicht verletzen (OVG Münster NVwZ-RR 1998, 325); Antrag des **Mitglieds eines Gemeinderats** auf Änderung der Tagesordnung ist mangels Antragsbefugnis unzulässig (VG Leipzig LKV 2000, 317).

VII. Rechtsschutzbedürfnis
1. Rechtsschutzbedürfnis im Allgemeinen

37   Der Antrag ist unzulässig, wenn dem Antragsteller das Rechtsschutzbedürfnis fehlt. Das ist insbes der Fall, wenn er sein Begehren auf **anderem Wege schneller** und **leichter** durchsetzen kann. So fehlt das Rechtsschutzbedürfnis für die Gewährung einstweiligen Rechtsschutzes mit dem Ziel der vorläufigen Studienzulassung an der Hochschule der Wahl außerhalb der festgesetzten Kapazität, wenn dem Studienbewerber die Aufnahme des gewünschten Studiums zulassungsfrei an einer anderen Hochschule im Bundesgebiet möglich oder möglich gewesen ist (OVG Münster BeckRS 2011, 54658; OVG Münster BeckRS 2011, 52808; s a unten Rn 103.

37a   Das Rechtsschutzbedürfnis ist aus diesem Grunde grundsätzlich auch dann zu verneinen, wenn der den Antrag stellende Bürger sich nicht **zuvor** an die **zuständige Verwaltungsbehörde** gewandt hat (VGH München BeckRS 2012, 57076; VGH Mannheim NVwZ-RR 2005, 174; OVG Münster NVwZ 2001, 1427; OVG Magdeburg NVwZ-RR 1996, 75, 76; VGH Kassel NVwZ 1989, 1183, 1184; VG München Beschl v 25.7.2012 – M 11 E 12.3119 (nachbarlicher Anspruch auf Einschreiten gegen Baumaßnahme); VG Neustadt (Weinstraße) BeckRS 2010, 45466 (Zugang zum Markt); VG Ansbach BeckRS 2008, 44129 (Abwehr von Vollstreckungsmaßnahmen); Finkelnburg/Dombert/Külpmann Rn 95). Ausnahmsweise ist zu erwägen, ob der danach ursprünglich unzulässige Antrag zulässig wird, wenn die Behörde im Verfahren den geltend gemachten Anspruch verneint (so Eyermann/Happ VwGO § 123 Rn 34).

38   Wenn allerdings nach Lage der Dinge nicht damit gerechnet werden kann, dass die Behörde dem Anliegen des Antragstellers entsprechen wird und während des deshalb voraussichtlich erfolglosen Verwaltungsverfahrens bereits eine Rechtsbeeinträchtigung zu befürchten ist, dann ist **ausnahmsweise** das Rechtschutzbedürfnis für die **sofortige Inanspruchnahme gerichtlichen Rechtsschutzes** gegeben (OVG Koblenz BeckRS 2010, 45379 (Einschreiten gegen Baulärm); OVG Münster BeckRS 2010, 46149 (Zulassung zum Studium); VGH München BeckRS 2010, 53732). Der Beteiligte, der durch die daraufhin erlassene einstweilige Anordnung belastet wird, kann den Antragsteller gerichtlich gem § 123 Abs 3 VwGO iVm § 926 Abs 1 ZPO verpflichten lassen, das Verwaltungsverfahren „nachzuholen" (VGH München NVwZ-RR 1998, 685), vgl Rn 177.

Ein **öffentlich-rechtlicher Rechtsträger** hat kein Rechtschutzbedürfnis, wenn er die **39** angestrebte Rechtsfolge selbst durch eine eigene öffentlich-rechtliche Regelung herbeiführen kann (OVG Hamburg NJW 1989, 605).

Der Antragsteller verliert das Rechtschutzbedürfnis, wenn über sein Begehren in der **40** Hauptsache bestandskräftig (VGH Kassel NVwZ-RR 1991, 199) oder rechtskräftig entschieden ist (S/S/B/Schoch VwGO § 123 Rn 102).

Das Rechtschutzbedürfnis geht auch verloren, wenn sich der Antrag **faktisch erledigt 41** hat, weil die angestrebte Regelung zu spät käme (VGH München Beschl v 25.10.2010 – 20 CE 10.2491).

Im **Baurecht** kommt der Erlass einer einstweiligen Anordnung auf **Stilllegung von Bau- 41.1 arbeiten** nicht mehr in Betracht, wenn das Vorhaben weitgehend fertig gestellt ist; etwaige Auswirkungen auf Nachbarrechte können dann nicht mehr durch einen bloßen Baustopp vorläufig unterbunden, sondern nur noch durch Beseitigung rückgängig gemacht werden (BVerwG NVwZ 1995, 586; VGH München BeckRS 2012, 52648; OVG Lüneburg BeckRS 2008, 40276 = NVwZ-RR 2009, 101 (dort nur Ls.); OVG Berlin UPR 1990, 195).

Im **Beamtenrecht** verliert der Antragsteller in der Konkurrenzsituation für den Antrag auf Erlass **41.2** eines Stellenbesetzungsverbots (Rn 95) das Rechtsschutzinteresse, sobald der Dienstherr die Stelle besetzt hat (BVerwG NJW 2004, 870; OVG Münster BeckRS 2005, 30791).

Für einen **Antrag** der **gegen kirchliche Körperschaften** gerichtet ist, kann das Rechts- **41a** schutzbedürfnis fehlen: Das verfassungsrechtlich garantierte kirchliche Selbstbestimmungsrecht (Art. 140 GG iVm. Art 137 Abs 3 WRV) bedingt zwar keine Freistellung von staatlicher Justizhoheit (so BGH NJW 2003, 2097; offen gelassen vom BVerfG NJW 2004, 3099; **aA** BVerwG NJW 2003, 2112 und VGH München NJW 2012, 1162). Dieses Selbstbestimmungsrecht unterliegt nach Art. 137 Abs. 3 WRV vielmehr den Schranken des für alle geltenden Gesetzes. Das kirchliche Selbstverwaltungsrecht umschließt allerdings die Befugnis, Möglichkeiten zu schaffen, innerkirchliche Streitigkeiten im Einklang mit dem kirchlichen Selbstverständnis durch die Anrufung eigener Gerichte oder Schlichtungsgremien beizulegen. Ist ein derartiger Rechtsweg geschaffen und von ihm ein effektiver Rechtsschutz auch zu erwarten (BGH NJW 2003, 2097: verneint für die Heilsarmee), fehlt das Rechtschutzbedürfnis für ein Verfahren vor den staatlichen Gerichten vor Erschöpfung des kirchlichen Rechtswegs (vgl. BVerfG NJW 1999, 349; VG Potsdam BeckRS 2013, 47622; Kirchberg, NVwZ 1999, 734).

Ein **Fortsetzungsfeststellungsantrag analog § 113 Abs 1 S 4 VwGO** ist mangels **42** Rechtschutzbedürfnis im einstweiligen Verfahren unzulässig, denn insoweit ist das Bedürfnis an einer vorläufigen Feststellung nicht vorstellbar (BVerwG NVwZ 1995, 586; OVG Münster BeckRS 2013, 48639; VGH München BeckRS 2012, 56407; OVG Berlin BeckRS 2012, 53042; OVG Bautzen BeckRS 2010, 53977; OVG Münster BeckRS 2010, 51966; OVG Magdeburg BeckRS 2008, 32509).

2. Rechtsschutzbedürfnis für vorbeugenden Rechtsschutz

Ein **besonderes Rechtsschutzbedürfnis** ist erforderlich, wenn der Antragsteller nicht **43** nur vorläufigen, sondern auch **vorbeugenden Rechtsschutz** begehrt. Aufgrund des verfassungsrechtlichen Grundsatzes der Gewaltenteilung (Art 20 Abs 2 GG) gewährt die VwGO grundsätzlich nur nachträglichen Rechtsschutz. Der Bürger muss den Erlass einer ihn betreffenden Verwaltungsmaßnahme abwarten und kann das Verwaltungsgericht erst anrufen, wenn diese Maßnahme getroffen worden ist. Die Bestimmungen der VwGO bieten mithin **grundsätzlich keinen vorbeugenden Rechtsschutz,** der das Ziel hätte, die Entscheidungsfreiheit der Verwaltung durch richterliche Anordnungen einzuengen (OVG Lüneburg NordÖR 2012, 426; VGH München NVwZ-RR 1993, 54).

44   Sofern es allerdings nach dem **Vortrag des Antragstellers** um die Abwehr von Maßnahmen der öffentlichen Gewalt geht, mit denen vollendete Tatsachen und irreparable Folgen herbeigeführt werden, kann im Interesse umfassenden Rechtsschutzes in der Hauptsache auch eine **vorbeugende Unterlassungsklage** (Kuhla/Hüttenbrink/Hüttenbrink D 215) oder **vorbeugende Feststellungsklage** zulässig sein (S/S/B/Schoch VwGO § 123 Rn 45).

45   Ein Antrag gem § 123 VwGO, mit dem **vorläufiger, vorbeugender Rechtsschutz** begehrt wird, ist nur dann zulässig, wenn der Antragsteller dafür ein besonderes Rechtsschutzbedürfnis geltend macht (OVG Lüneburg NordÖR 2012, 426; OVG Bautzen BeckRS 2011, 51101; VGH München BeckRS 2005, 39385; OVG Greifswald LKV 1999, 109; OVG Bremen NVwZ 1995, 793; OVG Schleswig NVwZ 1994, 918; VGH Mannheim NVwZ 1994, 801, 802; VG Gießen, NVwZ-RR 2004, 177; VG Frankfurt NVwZ 2001, 1188; Sodan/Ziekow/Puttler VwGO § 123 Rn 71). Regelmäßig fehlt dieses besondere Rechtschutzbedürfnis, weil es dem Antragsteller zuzumuten ist, die behördliche Maßnahme abzuwarten (OVG Bautzen BeckRS 2011, 51101; VG Mainz BeckRS 2010, 48806; VG Gießen BeckRS 2004, 23686; VG Berlin LKV 1992, 270, 271). Nur wenn ihm durch das Abwarten ein **irreparabler Schaden** droht (OVG Greifswald LKV 1999, 109; S/S/B/Schoch VwGO § 123 Rn 46), ist das Rechtsschutzbedürfnis zu bejahen (Beispiele bei S/S/B/Schoch VwGO § 123 Rn 46; s auch OVG Münster NVwZ 2001, 1315).

46   Der in der gerichtlichen Praxis bedeutsamste Anwendungsfall sind die **Beamten-Konkurrentenstreitigkeiten,** s Rn 95. Der übergangene Bewerber bewahrt sich das **Rechtsschutzinteresse** für dieses Verfahren aber nur dann, wenn er gleichzeitig gegen die an ihn adressierte **Ablehnungsentscheidung Widerspruch** einlegt (BVerwG NVwZ 1989, 158; VGH Kassel NVwZ-RR 1995, 535; Johlen/Oerder MAH/Schnellenbach § 5 Rn 102).

47   Wenn nach dem Vortrag des Antragstellers dieses besondere Rechtschutzbedürfnis für den vorbeugenden Rechtsschutz zu bejahen ist, dann ist – unter diesem Aspekt – nur die **Zulässigkeit** des Antrags geklärt. Im Rahmen der **Begründetheit**, konkret bei der Prüfung des **Anordnungsgrundes**, s Rn 132, ist dann zu klären, ob der vorbeugende Rechtsschutz auch zu gewähren ist.

VIII. Kein Rechtsschutz gegen behördliche Verfahrenshandlungen, § 44a VwGO

48   Die einstweilige Anordnung dient der Sicherung des Rechtsschutzes in der Hauptsache. Aufgrund dieser Akzessorietät der beiden Verfahren (Sodan/Ziekow/Puttler VwGO § 123 Rn 74) kann die einstweilige Anordnung keinen weitergehenden Rechtsschutz bieten als die Hauptsacheklage (zu Ausnahmen s Rn 158). Die Hauptsachenklage darf nicht ausschließlich gegen behördliche Verfahrenshandlungen gerichtet werden, vgl § 44a VwGO, s § 44a VwGO Rn 12. Der Antrag gem § 123 VwGO ist daher ebenfalls grundsätzlich unzulässig, wenn er sich gegen **behördliche Verfahrenshandlungen** richtet.

48.1   **Beispiele:** Ausschließung eines Beamten wegen **Besorgnis der Befangenheit** ((BVerwG BeckRS 2006, 23029); **Untersagung eines Anhörungstermins** für ein Planfeststellungsverfahren (BVerwG BeckRS 2005, 29398); **Akteneinsicht** (BVerwG NVwZ-RR 1997, 663); **Verhinderung der Ausschreibung** einer Stelle (OVG Bremen BeckRS 2010, 52773); kein einstweiliger Rechtsschutz schon während der hochschulinternen Vorauswahl vor endgültiger Auswahl eines Bewerbers für die Position eines Hochschullehrers wegen des **Inhalts der Stellenausschreibung** (VGH München BeckRS 2010, 46471); **Untersagung der Sachentscheidung** vor Gewährung der beantragten Akteneinsicht (VG Ansbach BeckRS 2010, 34264); **Ruhenlassen** eines Planfeststellungsverfahrens (VG Augsburg BeckRS 2007, 34928).

48a   Dasselbe gilt, wenn eine begehrte **Verfahrenshandlung** von der Behörde **versagt** wird (VGH München BeckRS 2013, 50826 (Übersendung von Akten zur Einsicht in den Kanzleiräumen)).

49   Nur **ausnahmsweise** ist Rechtsschutz zu gewähren, wenn es um Verfahrenshandlungen geht, die eine eigenständige Beeinträchtigung bewirken. Das sind zum einen die in § 44a

VwGO beschriebenen Fälle: behördliche Verfahrenshandlungen, die vollstreckt werden können oder gegen Nichtbeteiligte ergehen, s § 44a Rn 28 und § 44a Rn 31.

Das sind aber auch alle anderen Fälle, in denen es um Beeinträchtigungen durch Ver- **50** fahrenshandlungen geht, die für den Fall eines Obsiegens in der Hauptsache nicht – oder nur sehr schwer – wieder beseitigt werden könnten (Beispiel: Anordnung an einen Beamten, sich einer amtsärztlichen Untersuchung zur Überprüfung seiner Dienstfähigkeit zu stellen, s dazu OVG Saarlouis NVwZ-RR 2013, 477 und OVG Münster NVwZ-RR 2013, 198; s auch BVerwG NVwZ-RR 2000, 760; VGH München NVwZ-RR 1999, 641; Kuhla NVwZ 2002, 542, 549).

IX. Keine entgegenstehende Rechtskraft

Eine im Rechtsschutzverfahren nach § 123 VwGO ergangene Entscheidung erwächst **51** ebenso wie die im Hauptsacheverfahren zu treffende endgültige Entscheidung in analoger Anwendung von § 121 VwGO in materieller Rechtskraft (vgl § 121 VwGO Rn 12; OVG Saarlouis BeckRS 2011, 53834; OVG Magdeburg BeckRS 2008, 32678; VGH Kassel NVwZ 2001, 366; OVG Hamburg NVwZ-RR 1994, 366; Finkelnburg/Dombert/Külpmann Rn 79).

Das schließt jedoch einen neuen Antrag zum gleichen Gegenstand nicht aus, sofern der **52** Antrag auf neue Tatsachen oder neue Mittel der Glaubhaftmachung gestützt wird (OVG Magdeburg BeckRS 2008, 32678; VGH Kassel NVwZ-RR 2001, 366). Ein Anordnungsantrag kann zulässig dann erneut gestellt werden, wenn sich die Sach- oder Rechtslage so verändert hat, dass eine neue Beurteilungsgrundlage geschaffen worden und damit über einen neuen Streitgegenstand zu entscheiden ist (OVG Saarlouis BeckRS 2011, 53834).

X. Sonstige Zulässigkeitsvoraussetzungen

Für den Antrag auf Erlass einer einstweiligen Anordnung gelten im Übrigen alle sonstigen **53** Prozessvoraussetzungen: sachliche Zuständigkeit, vgl oben Rn 21, örtliche Zuständigkeit, vgl § 52 VwGO.

B. Begründetheit des Antrags

I. Arten der einstweiligen Anordnung

§ 123 Abs 1 VwGO regelt zwei Fälle der einstweiligen Anordnung: Wenn die Gefahr **54** besteht, dass durch eine Veränderung des bestehenden Zustandes die Verwirklichung eines Rechts des Antragstellers vereitelt oder wesentlich erschwert werden könnte, dann ergeht eine **Sicherungsanordnung**, § 123 Abs 1 S 1 VwGO. Die Sicherungsanordnung zielt also auf eine Sicherung des bestehenden Zustands, sie **bewahrt** den **status quo** (OVG Berlin BeckRS 2012, 49255; OVG Berlin BeckRS 2009, 42136; VGH Kassel NVwZ-RR 2003, 814, 815; S/S-A/P/Schoch VwGO § 123 Rn 50; Johlen/Oerder MAH/Johlen § 2 Rn 252; Sodan/Ziekow/Puttler VwGO § 123 Rn 42). Dementsprechend dient diese Anordnung regelmäßig der Durchsetzung von **Unterlassungsansprüchen** (Beispiele s VGH München BeckRS 2007, 25594 (Unterlassung von Äußerungen); VGH München BeckRS 2008, 32267 (Untersagung einer Grundstücksveräußerung)).

Eine **Regelungsanordnung** ergeht dagegen, wenn, vor allem bei dauernden Rechts- **55** verhältnissen, eine Anordnung zur Regelung eines vorläufigen Zustands in Bezug auf ein streitiges Rechtsverhältnis nötig ist, um wesentliche Nachteile abzuwenden oder drohende Gewalt zu verhindern, § 123 Abs 1 S 2 VwGO. Mit der Regelungsanordnung will der Antragsteller also eine Erweiterung seiner Rechtsposition erreichen, dh er begehrt eine **Veränderung des status quo** (OVG Berlin BeckRS 2012, 49255; VGH Kassel NVwZ-RR 2003, 814, 815; VGH Mannheim VBlBW 1992, 179; OVG Berlin NVwZ 1991, 1198; S/S-A/P/Schoch VwGO § 123 Rn 50; Sodan/Ziekow/Puttler VwGO § 123 Rn 42; Johlen/Oerder MAH/Johlen § 2 Rn 253). Die Regelungsanordnung bedient zumeist ein **Leistungs- oder Feststellungsbegehren** (Beispiel: Sicherung des aus einem wirksamen Verwaltungsakt zu Gunsten des Antragstellers resultierenden Rechts, VGH München BeckRS 2008, 32267).

56   In der verwaltungsgerichtlichen Praxis werden die beiden **Anordnungsformen** allerdings **kaum unterschieden**. Zum großen Teil lassen die Gerichte sogar offen, welche konkrete Regelungsnatur die einstweilige Anordnung hat (S/S-A/P/Schoch VwGO § 123 Rn 49). Dies mag seinen Grund darin haben, dass die Tatbestände nicht immer scharf voneinander zu trennen sind und sich jedenfalls teilweise überlappen. So kann eine Sicherungsanordnung nach den tatbestandlichen Voraussetzungen regelmäßig auch als Regelungsanordnung ergehen.

57   In der **Praxis** steht die **Regelungsanordnung im Vordergrund**, die Sicherungsanordnung hat eine geringe Bedeutung. Ob eine Abgrenzung zwischen beiden Tatbeständen einen praxisbedeutsamen Erkenntnisgewinn zur Folge hat, ist fraglich (Sodan/Ziekow/Puttler VwGO § 123 Rn 44 ff einerseits; S/S-A/P/Schoch VwGO § 123 Rn 49 andererseits). Das gilt jedenfalls soweit es um den Anordnungsanspruch geht, denn sowohl der Erlass einer Sicherungsanordnung als auch einer Regelungsanordnung kommt nur in Betracht, wenn ein Anordnungsanspruch gegeben ist (vgl Finkelnburg/Jank Rn 116 und Rn 150); zu den Differenzierungen auf der Ebene des Anordnungsgrundes s Rn 122 und Rn 126.

II. Feststellung der Tatsachen

58   Das Verfahren gem § 123 VwGO unterscheidet sich hinsichtlich der tatsächlichen Entscheidungsgrundlage unter zwei Aspekten vom Hauptsacheverfahren. Das Maß an richterlicher Überzeugung vom Vorliegen einer Tatsache, das erforderlich ist, damit das Gericht daran rechtliche Erkenntnisse knüpfen kann, ist weniger streng und zudem flexibler. Der Weg, auf dem das Gericht seine tatsächlichen Erkenntnisse gewinnt, ist „kürzer, aber auch schmaler", vgl Rn 60 und Rn 66.

1. Maß der Glaubhaftmachung

59   Das Verwaltungsgericht erlässt die einstweilige Anordnung, wenn der Anordnungsanspruch und der Anordnungsgrund **glaubhaft gemacht** sind, vgl § 123 Abs 3 VwGO iVm § 921 ZPO. Mit dem Begriff der Glaubhaftmachung ist ein bestimmtes **Maß an Überzeugungsbildung** des Gerichts hinsichtlich der entscheidungserheblichen **Tatsachen** angesprochen.

60   Im Rahmen des einstweiligen Anordnungsverfahrens sind die Anforderungen an die richterliche Überzeugung von dem Vorliegen einer streiterheblichen Tatsache im Vergleich zum Hauptsacheverfahren deutlich herabgesetzt; dh der Weg zur Erkenntnis ist „kürzer". In diesem Sinne ist es gerechtfertigt von einer **summarischen Prüfung** zu sprechen.

61   Im **Hauptsacheverfahren** darf der Richter eine Tatsache nur dann zum Gegenstand seiner rechtlichen Beurteilung machen, wenn er im Ergebnis der Beweisaufnahme die Überzeugung gewonnen hat, dass die behauptete Tatsache wahr ist. Der Richter muss zu einer persönlichen **Gewissheit** gekommen sein, welche Zweifeln Schweigen gebietet, ohne sie völlig auszuschließen (BGH NJW 1970, 946, 948).

62   Im einstweiligen **Anordnungsverfahren** kann sich der Richter dagegen hinsichtlich des Vorliegens der entscheidungserheblichen Tatsachen mit einem **Wahrscheinlichkeitsurteil** begnügen: eine Tatsache ist grundsätzlich bereits dann glaubhaft gemacht, wenn unter Berücksichtigung aller Umstände mehr dafür als dagegen spricht, dass sie zutrifft. Die „Überzeugung von der **überwiegenden Wahrscheinlichkeit des vorgetragenen Geschehensablaufs**" (so BGH NJW 1996, 1682; MüKo ZPO/Prütting ZPO § 294 Rn 24) ist allerdings nur eine erforderliche, nicht jedoch eine hinreichende Bedingung der Glaubhaftmachung.

63   Die Antwort auf die Frage, ob eine Tatsache glaubhaft gemacht ist, orientiert sich **nicht** an einem **Wahrscheinlichkeits-Maßstab von mathematischer Genauigkeit**. Maßgeblich ist vielmehr ein **relatives Kriterium**, das in jedem Einzelfall zu konkretisieren ist. Die jeweils erforderliche Intensität der richterlichen Überzeugungsbildung hängt von **zwei unterschiedlichen,** potentiell gegenläufigen **Faktoren** ab (zutreffend Sodan/Ziekow/Puttler VwGO § 123 Rn 94).

64   Für das Maß der Überzeugung kommt es zunächst auf die **Folgen** der zu treffenden **Entscheidung** an (Zöller/Greger, Zivilprozessordnung, 28. Aufl 2010, ZPO § 294 Rn 6). Das Gewicht der drohenden Rechtsbeeinträchtigung für den Antragsteller und die Tragweite der Entscheidung für den Antragsgegner entscheiden darüber, ob die Überzeugungsbildung sich dem Vollbeweis nähern muss oder aber bis an die Grenze des non liquet gehen darf (anschaulich VG Dresden BeckRS 2010, 53314; Pietzner/Ronellenfitsch § 59 Rn 21).

Das Maß der Überzeugung hängt aber aufgrund des Gebots effektiven Rechtsschutzes, **65** Art 19 Abs 4 GG, auch von der objektiven Entscheidungssituation ab. Von Bedeutung sind daher die **Dringlichkeit**, die tatsächlichen Darlegungsmöglichkeiten des Antragstellers und die tatsächlichen Ermittlungsmöglichkeiten des Gerichts. Diese können im Einzelfall die Anforderungen an das Maß der richterlichen Überzeugung wieder herabsetzen.

2. Darlegungslast und Amtsermittlung

Das Verwaltungsgericht bewertet den **Tatsachenvortrag** des Antragstellers, soweit dieser **66** **glaubhaft gemacht** ist. Gem § 294 ZPO wird die Glaubhaftmachung bestimmter Tatsachen (nur) durch präsente Beweismittel oder durch eine eidesstattliche Versicherung bewirkt; der Erkenntnisweg ist – im Vergleich zum Hauptsacheverfahren – „schmaler". In der Praxis hat unter den **Mitteln der Glaubhaftmachung** die eidesstattliche Versicherung die größte Bedeutung (Beispiel für die differenzierte Bewertung eidesstattlicher Versicherungen: VGH München Beschl v 1.9.2008 – 10 CE 08.2258). Teilweise kommt eine Glaubhaftmachung auch durch Urkunden in Betracht. Andere Beweismittel scheiden regelmäßig aus, weil für eine zeitaufwändige Beweiserhebung im einstweiligen Rechtsschutzverfahren kein Raum ist (OVG Bautzen BeckRS 2009, 33514; vgl auch Sodan/Ziekow/Puttler VwGO § 123 Rn 93).

Nach allgemeinen Regeln der **Darlegungs- und Beweislast** ist es zunächst Sache des **67** Antragstellers die Tatsachen darzulegen und glaubhaft zu machen, die auf das Vorliegen des Anordnungsanspruchs und des Anordnungsgrundes schließen lassen. Sodann obliegt es dem Antragsgegner – dh regelmäßig der Behörde – die Tatsachen vorzutragen und glaubhaft zu machen, die den Anspruch zu Fall bringen (OVG Bautzen BeckRS 2009, 33514). Eine **non-liquet-Situation** geht zu Lasten des Beteiligten, der die Tatsache darzulegen und glaubhaft zu machen hat (VGH Kassel BeckRS 2007, 24120).

Der **Amtsermittlungsgrundsatz** gem § 86 Abs 1 S 1 VwGO gilt grundsätzlich auch **68** im Verfahren gem § 123 VwGO. Im einstweiligen Rechtsschutzverfahren sind allerdings die Anforderungen an die richterliche Überzeugung von dem Vorliegen einer streiterheblichen Tatsache im Vergleich zum Hauptsacheverfahren herabgesetzt. Das hat Konsequenzen für die Intensität der Amtsermittlungspflicht (OVG Münster NVwZ 2000, 704, 706; VGH Mannheim NVwZ-RR 2000, 397; Breunig § 86 Rn 12 mwN; Berkemann NVwZ 1984, 561: „reflektierte Handhabung des § 86 Abs 1 VwGO"). Die Amtsermittlungspflicht erfährt – insbesondere durch die dem Antragsteller dieses Verfahrens obliegende Mitwirkungspflicht – Einschränkungen (VGH München BeckRS 2013, 52274 und BeckRS 2013, 50001). Grundsätzlich ist das Gericht im Eilverfahren zu weiteren Ermittlungen und Hinweisen nicht verpflichtet, vielmehr ergeht die Entscheidung im Hinblick auf die Eilbedürftigkeit aufgrund der innerhalb angemessener Zeit verfügbaren präsenten Beweismittel und von glaubhaft gemachten Tatsachen (OVG Bautzen BeckRS 2011, 51091; OVG Bautzen BeckRS 2010, 52248). Die im Interesse einer zügigen Entscheidung für das Verfahren der einstweiligen Anordnung angeordneten Erleichterungen heben die Sachaufklärungsbefugnis des Gerichts aber nicht auf. Auch im Verfahren des vorläufigen Rechtsschutzes ist dem Verwaltungsgericht daher eine eigenständige Sachaufklärung nicht verwehrt, wenn diese im Rahmen des für die Entscheidung zur Verfügung stehenden Zeitraums geleistet werden kann (insoweit zutreffend VGH Mannheim BeckRS 2011, 55731)

Die Beiziehung der **Verwaltungsvorgänge** (vgl VGH Mannheim BeckRS 2011, 55731; **68a** VG Würzburg BeckRS 2010, 36695) und ggf die Aufklärung des Sachverhalts durch telefonische Recherchen liegt in jedem Falle in der Ermittlungspflicht des Gerichts; eine bloße „Befugnis" des Gerichts, auch im Eilverfahren Umstände zu berücksichtigen, die sich aus den beigezogenen Behördenakten ergeben, wird § 86 VwGO nicht gerecht (so aber VGH Mannheim BeckRS 2011, 55731). Wenn das Gericht aus dem Akteninhalt entscheidungserhebliche Informationen gewinnt und die Verfahrensbeteiligten bei Anwendung der von ihnen zu verlangenden Sorgfalt nicht zu erkennen vermögen, dass es auf diese Tatsachen für die Entscheidung ankommen kann, dann gebietet Art 103 Abs 1 GG dem Gericht die Parteien darauf hinzuweisen (BVerfG 1. Kammer des Zweiten Senats BeckRS 2010, 56412).

69   Wenn die Versagung vorläufigen Rechtsschutzes zu einer erheblichen Beeinträchtigung führen kann (zB Ausbildungsverzögerung), sind besondere Erfordernisse an die Effektivität des Rechtsschutzes zu stellen (BVerfG 2. Kammer des Ersten Senats DVBl 1996, 1367). Die Gerichte sind gem Art 19 Abs 4 GG gehalten, die Versagung vorläufigen Rechtsschutzes jedenfalls dann auf eine **eingehende Prüfung der Sachlage** und der Rechtslage zu stützen, wenn diese Versagung zu schweren und unzumutbaren Nachteilen führt (BVerfG 3. Kammer des Ersten Senats BeckRS 2011, 52626 (Konkurrentenstreitverfahren (Besetzung einer Professorenstelle); BVerfG 2. Kammer des Ersten Senats NVwZ-RR 2005, 442 (Aufhebung der juristischen Fakultät der TU Dresden); BVerfG 2. Kammer des Ersten Senats NVwZ 2004, 1112 (Hochschulzulassungsangelegenheit)).

70   Die Aufklärungspflicht des Gerichts endet allerdings dort, wo die **Mitwirkungslast der Beteiligten** einsetzt (Kuhla/Hüttenbrink/Hüttenbrink E 160; E 166). Das besondere Interesse des Antragstellers an einer beschleunigten Behandlung seines Rechtsschutzbegehrens intensiviert seine Obliegenheit das Gericht über den entscheidungserheblichen Sachverhalt zu informieren und diesen glaubhaft zu machen (VGH München NVwZ-RR 2001, 477; Sodan/Ziekow/Puttler VwGO § 123 Rn 91). Dementsprechend verliert die Untersuchungspflicht des Gerichts an Gewicht, zu langwierigen Ermittlungen ist es nicht verpflichtet (Eyermann/Happ § 123 Rn 56).

71   Der Umstand, dass der Antragsteller **anwaltlich vertreten** ist, hat keine weitere **Verschärfung** seiner **Mitwirkungsobliegenheit** zur Konsequenz (aA wohl OVG Münster NVwZ-RR 2002, 583, 584).

III. Anordnungsanspruch
1. Verhältnis zum Anordnungsgrund

72   Die einstweilige (Sicherungs- oder Regelungs-)Anordnung ergeht, wenn ein **Anordnungsanspruch** und ein **Anordnungsgrund** für den vorläufigen Rechtsschutz gegeben ist. Es handelt sich um zwei voneinander völlig unabhängige Voraussetzungen, deren Vorliegen nach eigenständigen Maßstäben zu beurteilen ist. Zwischen dem Anordnungsanspruch und dem Anordnungsgrund gibt es also keine inhaltliche Beziehung der Art, dass das das Vorliegen des einen auf das Vorliegen des anderen schließen lässt (Sodan/Ziekow/Puttler VwGO § 123 Rn 95).

73   Der **Anordnungsanspruch** ist der zu sichernde bzw der zu regelnde **materielle Anspruch**, den der Antragsteller im Hauptsacheverfahren verfolgt (S/S-A/P/Schoch VwGO § 123 Rn 69 und 72; Sodan/Ziekow/Puttler VwGO § 123 Rn 77). Der Anordnungsanspruch ist grundsätzlich zu bejahen, wenn nach einer Prüfung der dem Gericht glaubhaft gemachten bzw von diesem ermittelten Tatsachen, ein **Obsiegen des Antragstellers in der Hauptsache** wahrscheinlich ist. Ist dagegen die (anhängige oder künftige) Hauptsachenklage offensichtlich unzulässig oder unbegründet, so ist der Anordnungsanspruch zu verneinen, die einstweilige Anordnung kann nicht ergehen. Der **Anordnungsgrund** ergibt sich dagegen nicht aus dem materiellen Recht, sondern aus der besonderen Dringlichkeit des Rechtsschutzbegehrens, vgl Rn 119.

74   Wenn ein Anordnungsanspruch und ein Anordnungsrund gegeben sind, dann ist die Anordnung zu erlassen, das Gericht hat insoweit **keinen Ermessensspielraum** (Sodan/Ziekow/Puttler VwGO § 123 Rn 76).

75   In der gerichtlichen Praxis werden diese beiden Anordnungsvoraussetzungen nicht in einer strengen Reihenfolge geprüft. Die Gerichte gehen vielmehr grundsätzlich pragmatisch vor: wenn bspw der Anordnungsgrund nicht gegeben ist, dann lassen sie offen, ob ein Anordnungsanspruch bestünde (OVG Münster ZLR 2005, 625). Im Einzelfall kann aber unter dem Gesichtspunkt der Effektivität des Rechtsschutzes eine vorrangige Prüfung des Anordnungsanspruchs geboten sein, weil sie Konsequenzen für das Vorliegen des Anordnungsgrunds haben kann: Die Bejahung des **Anordnungsanspruchs** bei einer Fallgestaltung, in der dieser bei Versagung des vorläufigen Rechtsschutzes fortschreitend endgültig vereitelt wird, ist für die Prüfung des **Anordnungsgrundes** in weitem Umfang **vorgreif-**

lich. Dies gilt jedenfalls dann, wenn insoweit auch Grundrechtspositionen von Gewicht in Rede stehen (BVerfG 3. Kammer des Ersten Senats BeckRS 2009, 39313).

2. Anordnungsanspruch im Allgemeinen

Der Anordnungsanspruch ist Ausdruck der **Akzessorietät zwischen** dem **Hauptsache-** 76 **verfahren** und dem einstweiligen **Anordnungsverfahren**. Das einstweilige Verfahren dient letztlich keinem materiellen Rechtsschutzziel, es soll nicht bewirken, dass die vom Antragsteller angestrebte materiellrechtliche Situation hergestellt oder festgestellt wird. Das einstweilige Verfahren hat ausschließlich einen **prozessrechtlichen Zweck**: Es soll die Rechtsschutzmöglichkeit in der **Hauptsache offen halten** (BVerwG NVwZ 1995, 586; OVG Berlin BeckRS 2012, 56931; VGH München BeckRS 2010, 22615). Soweit der Antragsteller durch eine einstweilige Anordnung zu diesem Zweck auch eine Verbesserung seiner materiellrechtlichen Situation erfährt, ist dies nicht das eigentliche Ziel der einstweiligen Anordnung, sondern bloße Folge dieser gerichtlichen Entscheidung.

Diese strenge Akzessorietät zum Hauptsacheverfahren hat Konsequenzen für das **Prü-** 77 **fungsprogramm**, soweit es um den **Anordnungsspruch** geht. Wenn die einstweilige Anordnung den Zweck hat, den Rechtsschutz in der Hauptsache offen zu halten, dann darf sie nur ergehen, wenn der Antragsteller **voraussichtlich** in der **Hauptsache Erfolg** haben wird (BVerfG 1. Kammer des Zweiten Senats NVwZ 2003, 200, 201; OVG Magdeburg BeckRS 2011, 53664 (der geltend gemachte Anspruch muss „mit größter Wahrscheinlichkeit begründet" sein); VGH München BeckRS 2012, 56554 und BeckRS 2011, 48638 (verlangt im Fahrerlaubnisrecht eine „deutlich überwiegende Wahrscheinlichkeit für das Bestehen der Fahrberechtigung" im Hinblick auf die erheblichen Gefahren für hochrangige Rechtsgüter Dritter); s a OVG Bautzen BeckRS 2011, 51091; VGH Kassel NVwZ-RR 2001, 366; Sodan/Ziekow/Puttler VwGO § 123 Rn 77). Die Entscheidung in der Hauptsache steht und fällt mit dem materiellen Anspruch. Für die **rechtliche Prüfung** des Anordnungsanspruchs gelten daher grundsätzlich dieselben Grundsätze, die für die Prüfung des Klageanspruchs in der Hauptsache zur Anwendung gelangen. Nur im Ausnahmefall darf sich das Gericht mit einer lediglich summarischen Prüfung oder sogar mit einer bloßen Interessenabwägung begnügen.

Grundsätzlich gilt: Auf der Grundlage des ermittelten bzw glaubhaft gemachten Sach- 78 verhalts ist das **Vorliegen eines Anordnungsspruchs** rechtlich zu prüfen (**Beispiele**: VGH München BeckRS 2010, 31815 und BeckRS 2010, 53222). Die im Vergleich zum Hauptsacheverfahren herabgesetzten Anforderungen an die richterliche Überzeugungsbildung beziehen sich ausschließlich auf die Tatsachenermittlung, nicht aber auf deren rechtliche Würdigung. § 123 VwGO begnügt sich also insoweit nicht mit einer bloß summarischen Prüfung, Rechtsfragen können nicht anhand eines Wahrscheinlichkeitsmaßstabs entschieden werden (Redeker/von Oertzen/M. Redeker VwGO § 123 Rn 18; kritisch Sodan/Ziekow/Puttler VwGO § 123 Rn 89: vertiefte Rechtsprüfung sei mit verfassungsrechtlichen Gebot effektiven Rechtsschutzes nicht immer vereinbar). Die Prüfung des Anordnungsanspruchs erfolgt ausschließlich auf der Grundlage des **einschlägigen materiellen Rechts** (Eyermann/Happ VwGO § 123 Rn 48; Redeker/von Oertzen/M.Redeker VwGO § 123 Rn 17). Für eine Interessenabwägung ist grundsätzlich kein Raum (S/S/B/Schoch VwGO § 123 Rn 65).

Da die Bejahung eines Anordnungsanspruchs nur davon abhängt, welche Erfolgsaussich- 79 ten im Hauptsacheverfahren bestehen, darf das Gericht im einstweiligen Anordnungsverfahren aber auch keine höheren Anforderungen an das Vorliegen des Anspruchs stellen als im parallelen Hauptsacheverfahren (BVerfG 3. Kammer des Ersten Senats BeckRS 2009, 39313; BVerfG 1. Kammer des Zweiten Senats NVwZ 2003, 200, 201).

Gegenstand des Verfahrens können Ansprüche sein, über die die Behörde im Rahmen 80 gebundener Verwaltung oder im Rahmen des gesetzlichen **Ermessens** entscheidet. Ein Anordnungsanspruch ist entweder dann gegeben, wenn nach allgemeinen Regeln des Verwaltungsrechts eine **Ermessensreduzierung auf Null** und eine daraus ggf resultierende anspruchsbegründende **Handlungspflicht** der Behörde festgestellt werden kann (VGH München BeckRS 2009, 40712; OVG Münster NVwZ 2000, 704).

80a Wenn eine solche Ermessensreduzierung nicht stattgefunden hat, dann kann der Anspruch auf eine **Neubescheidung** gerichtet sein (OVG Münster NJW 88, 89; VG Gelsenkirchen NWVBl 2004, 396; VG Oldenburg BeckRS 2003, 23972; grds eine solchen Anspruch **verneinend** BVerwGE 68, 110; VGH München NVwZ-RR 2002, 839).

80b Im Übrigen kann ein verbleibendes behördliches Ermessen nur dann zugunsten des Rechtsschutzsuchenden übergangen werden, wenn diesem andernfalls nicht nur eine schwere, sondern darüber hinaus eine irreversible Grundrechtsverletzung droht. Zudem muss davon auszugehen sein, die geschuldete Neuverbescheidung werde mit hoher Wahrscheinlichkeit zugunsten des Rechtsschutzsuchenden auszufallen haben (VGH München BeckRS 2013, 51179 unter Verweis auf Sodan/Ziekow/ Puttler VwGO § 123 Rn 107 mwN)

81 Wenn im einstweiligen Rechtsschutzverfahren die Ermessensentscheidung der Behörde überprüft wird, dann ist diese im Rahmen des Verfahrens gem § 123 VwGO nicht gehindert, ihre ursprünglich möglicherweise fehlerhafte Ermessensausübung zu ergänzen, **§ 114 S 2 VwGO** findet **Anwendung**. Eine vollständige Nachholung oder die Auswechslung der die Entscheidung tragenden Gründe scheidet danach aus (OVG Magdeburg BeckRS 2009, 37908; VGH München BeckRS 2011, 54120 (lässt die Frage offen); **aA** VGH Kassel BeckRS 2005, 26858 (§ 114 S 2 VwGO nicht anwendbar)).

82 Die Intensität und Sorgfalt dieser rechtlichen Prüfung wird auch durch den besonderen **Schutzzweck des Eilverfahrens** iVm Art 19 Abs 4 GG bestimmt. Grundsätzlich gilt: in Fällen, in denen die Versagung vorläufigen Rechtsschutzes zu einer erheblichen Beeinträchtigung (zB Ausbildungsverzögerung, vgl BVerfG 2. Kammer des Ersten Senats NVwZ 2004, 1112) führt, sind besondere Erfordernisse an die Effektivität des Rechtsschutzes zu stellen (BVerfG 2. Kammer des Ersten Senats NVwZ 1997, 479). Wenn eine Versagung des Rechtsschutzes zu schweren und unzumutbaren Nachteilen führt, dann muss einer solchen Entscheidung eine eingehende Prüfung der Rechtslage vorhergehen (BVerfG 1. Kammer des Ersten Senats BeckRS 2012, 60164; BVerfG 1. Kammer des Zweiten Senats BeckRS 2010, 54761; BVerfG 3. Kammer des Ersten Senats BeckRS 2009, 39313; BVerfG 2. Kammer des Ersten Senats NVwZ-RR 2005, 442, 443; OVG Berlin BeckRS 2013, 48540).

83 Dieses Vorgehen stößt aber auf **Grenzen**, wenn eben aus Gründen der Effektivität eine baldige Entscheidung geboten ist. Je mehr der Anordnungsgrund für die Dringlichkeit des Rechtsschutzbegehrens streitet, desto eher darf sich daher das Gericht mit einer „**überschlägigen" Beurteilung der Rechtslage** begnügen (BVerfG NJW 1988, 2290, 2292). Das kann bedeuten, dass die Entscheidung eher auf den Einzelfall bezogen und nicht in jeder Hinsicht dogmatisch abgesichert ist. Nur in diesem Sinne darf von einer „summarischen Prüfung" der Rechtslage gesprochen werden. Der Vorbehalt der besseren (anderen) Erkenntnis im Hauptsacheverfahren gewinnt dann besonderes Gewicht (BVerfG 2. Kammer des Ersten Senats NVwZ-RR 2005, 442).

84 Bei einer **besonders komplizierten Rechtslage** bzw bei einem **offenen Ausgang der Hauptsache** oder in Fällen **besonderer Dringlichkeit** ist ausnahmsweise über den Anordnungsanspruch anhand einer **Interessenabwägung** zu entscheiden (BVerfG BeckRS 2013, 47807; BVerfG BeckRS 2011, 52626; BVerfG NJW 2003, 1236; BVerfG 2. Kammer des Ersten Senats NVwZ 1997, 479; OVG Münster BeckRS 2013, 52020; OVG Berlin BeckRS 2013, 48540; VGH Mannheim BeckRS 2013, 46519; VGH München BeckRS 2012, 54424; OVG Hamburg BeckRS 2009, 3873; OVG Saarlouis BeckRS 2008, 40152; VGH München BeckRS 2009, 40712 (offen gelassen); OVG Lüneburg NordÖR 2003, 124; NVwZ-RR 2001, 241; Finkelnburg/Dombert/Külpmann Rn 137 f). Für diese Abwägung gilt ein klarer verfassungsrechtlicher Maßstab: Je schwerer die sich aus der Versagung vorläufigen Rechtsschutzes ergebenden Belastungen wiegen, je geringer die Wahrscheinlichkeit ist, dass sie im Falle des Obsiegens in der Hauptsache rückgängig gemacht werden können, umso weniger darf das Interesse an einer vorläufigen Regelung oder Sicherung der geltend gemachten Rechtspositionen zurückgestellt werden (BVerfG 2. Kammer des Ersten Senats NVwZ-RR 2005, 442).

85 Diese verfassungsrechtlich gebotene, besondere Form der **Interessenabwägung unterscheidet sich** in ihren Voraussetzungen und in ihrem Abwägungsspektrum von der, die das BVerfG im Rahmen des **§ 32 BVerfGG** vornimmt. Während dort die Interessenabwägung der **originäre** Entscheidungsmaßstab ist, hat die Abwägung im Rahmen des § 123 VwGO nur **subsidiäre** Bedeutung. Wenn das Gericht aufgrund der festgestellten Tatsachen einen

Anordnungsanspruch definitiv verneinen kann, dann ist für eine Interessenabwägung kein Raum. Im Rahmen der Abwägung werden im übrigen primär nur die Rechtsschutzinteressen des Antragstellers betrachtet, während bei der Entscheidung über die einstweilige Anordnung gem § 32 BVerfGG alle streitrelevanten öffentlichen und privaten Interessen in die Abwägung einbezogen werden (problematisch daher OVG Saarlouis BeckRS 2011, 45050 (polizeiliche Dauerobservation nach der Entlassung aus der Sicherungsverwahrung); s zu dem Problemkreis auch BVerfG 1. Kammer des Ersten Senats BeckRS 2012, 60164; VGH Mannheim BeckRS 2013, 46618).

Der Umstand als solcher, dass die Vereinbarkeit des streitentscheidenden nationalen **86** Rechts Gegenstand eines **Vorabentscheidungsverfahrens** vor dem **EuGH** ist, hat für die Beurteilung des Anordnungsanspruchs keine ausschlaggebende Bedeutung. Es ist lediglich die Möglichkeit zu berücksichtigen, dass das nationale Recht im Vorabentscheidungsverfahren für unvereinbar mit Unionsrecht erklärt wird (OVG Koblenz NVwZ 2004, 363).

Wenn die Beurteilung des Anordnungsanspruch von der Gültigkeit **sekundären euro-** **86a** **päischen Unionsrechts** (Kuhla/Hüttenbrink/Endler L 15) abhängt, ist das Verwaltungsgericht nur dann befugt, die Anwendung europarechtlicher Vorschriften im Verfahren auf Gewährung vorläufigen Rechtsschutzes einstweilen auszusetzen, wenn es erhebliche Zweifel an der Gültigkeit dieser Vorschriften hat (VG Saarlouis BeckRS 2010, 56952 (Vorschriften des Unionsrechts über die elektronische Kennzeichnung von Schafen und Ziegen, erhebliche Zweifel an der Gültigkeit verneint)). Dasselbe gilt, wenn es zwar nicht die Gültigkeit bezweifelt, aber keine Überzeugung von der richtigen Auslegung der Vorschriften gewonnen hat (EuGH NJW 1996, 1333; OVG Münster BeckRS 2010, 51578; VGH München BayVBl 2005, 280).

In der Praxis der unterschiedlichen Rechtsgebiete spielen in den Verfahren gem § 123 **86b** VwGO **bestimmte Ansprüche in typischen Fallkonstellationen** eine besondere Rolle (Eyermann/Happ VwGO § 123 Rn 87).

3. Anordnungsansprüche im Aufenthaltsrecht

Aufgrund der Ausgestaltung des materiellen Aufenthaltsrechts verfolgt der Ausländer **87** seinen Anspruch auf die Begründung eine Aufenthaltsrechts zumeist im Verfahren gem § 80 Abs 5 VwGO, vgl. Rn 14.1. In verschiedenen Fallgestaltungen kann allerdings Rechtsschutz nur im Verfahren gem § 123 VwGO in gesucht werden.

Soweit vorläufiger Rechtsschutz zur Sicherung eines Anspruchs auf Erteilung einer **Aufenthalts-** **87.1** **erlaubnis** (§ 30 AufenthG) nicht im Verfahren gem § 80 Abs 5 VwGO gesucht werden kann, ist er gem § 123 VwGO nur zu gewähren, wenn keine Zweifel am Anspruch bestehen und auch keine tragfähigen Ermessensgesichtspunkte gleichwohl eine Ablehnung rechtfertigen (Beispiel: VGH Mannheim BeckRS 2012, 57820).

Ein Ausländer, der ausgewiesen worden ist, darf nicht erneut in das Bundesgebiet einreisen und **87.2** sich darin aufhalten. Ihm wird auch bei Vorliegen der Voraussetzungen eines Anspruchs nach dem AufenthG kein Aufenthaltstitel erteilt, vgl § 11 AufenthG. Der Widerspruch gegen die Ausweisung nimmt dieser damit verbundenen Sperre nicht die Wirkung, vgl § 84 Abs 2 Satz 1 AufenthG. Der Ausländer kann daher vorläufigen Rechtsschutz nur im einstweiligen Anordnungsverfahren erlangen, das zu richten ist auf eine Verpflichtung zur vorläufigen **Befristung der Sperrwirkung nach** **§ 11 Abs 1 AufenthG** oder zur vorläufigen Erteilung einer Betretenserlaubnis nach § 11 Abs 2 AufenthG (OVG Lüneburg BeckRS 2012, 48765).

Wenn der Ausländer **vollziehbar ausreisepflichtig** ist (§ 50 Abs 1, 58 Abs 2 AufenthG), kann **87.3** er möglicherweise einen Anspruch auf **Duldung** im Verfahren gem § 123 VwGO durchsetzen: Nach der Konzeption des Aufenthaltsgesetzes ist der Ausreisepflichtige entweder unverzüglich abzuschieben oder zu dulden. Wenn die Abschiebung zwar grundsätzlich möglich ist, die Ausreisepflicht tatsächlich aber nicht ohne Verzögerung durchgesetzt werden kann, dann ist eine Duldung wegen einer **tatsächlichen Unmöglichkeit** der Abschiebung iSd § 60a Abs 2 AufenthG zu erteilen. Die Ausländerbehörde hat insofern nicht nur zu untersuchen, ob die Abschiebung des Ausländers überhaupt erfolgen kann, sondern auch innerhalb welchen Zeitraums diese zu erwarten ist. Ist die Abschiebung nicht alsbald möglich, der Zeitraum vielmehr ungewiss, besteht ein Duldungsanspruch, der im Verfahren gem § 123 VwGO durchgesetzt werden kann (OVG Berlin BeckRS 2011, 52889; OVG Münster BeckRS 2010, 56705).

87.4   Ein Anspruch auf Aussetzung der Abschiebung ist wegen einer **rechtlichen Unmöglichkeit** der Abschiebung nach § 60a Abs 2 S 1 AufenthG in Verbindung mit Art 6 Abs 1 GG und Art. 8 Abs. 1 EMRK gegeben (VGH München BeckRS 2013, 49136). Eine solche Unmöglichkeit kann aus dem Bestehen **ernsthafter Heiratsabsichten** des verlobten Ausreisepflichtigen folgen. Die rechtliche Unmöglichkeit der Abschiebung ist zu bejahen, wenn durch die drohende Abschiebung des Ausländers die in Art 6 Abs 1 GG gewährleistete Eheschließungsfreiheit der Verlobten in unverhältnismäßiger Weise beschränkt würde, weil die beabsichtigte Eheschließung unmittelbar bevorsteht. Von einer unmittelbar bevorstehenden Eheschließung kann allerdings nur dann ausgegangen werden, wenn die Verlobten alles in ihrer Macht Stehende getan haben, um eine Eheschließung zu erreichen (OVG Saarlouis BeckRS 2011, 54545). Eine tatsächliche Verbundenheit zwischen dem Antragsteller und seinem Kind im Sinne einer **familiären (Lebens-)Gemeinschaft** kann im Hinblick auf Art 6 GG eine rechtliche Unmöglichkeit der Abschiebung begründen (VGH München BeckRS 2013, 51398).

87.5   Mit Art 6 Abs 1 GG und Art. 8 Abs. 1 EMRK ist es grundsätzlich vereinbar, den Antrag auf Erteilung einer Aufenthaltserlaubnis zum Familiennachzug gem § 5 Abs 2 Satz 1 Nr 1 AufenthG abzulehnen, weil der antragstellende Ausländer **ohne das erforderliche Visum eingereist** ist (BVerfG BeckRS 2011, 52471; VGH München BeckRS 2013, 47531). Nur wenn die Familie im Kern die Funktion einer Beistandsgemeinschaft erfüllt, weil ein Familienmitglied auf die Lebenshilfe eines anderen Familienmitglieds angewiesen ist und dieser Beistand nur in Deutschland erbracht werden kann, weil einem beteiligten Familienmitglied ein Verlassen der Bundesrepublik nicht zumutbar ist, drängt die Pflicht des Staates, die Familie zu schützen, regelmäßig einwanderungspolitische Belange mit der Folge zurück, dass aufenthaltsbeendende Maßnahmen sich als unverhältnismäßig erweisen (BVerfG BeckRS 2011, 52471; VGH München BeckRS 2012, 58026).

87.6   Dasselbe gilt für den **Nachzugsanspruch eines Elternteils** zu einem unbegleiteten minderjährigen Flüchtling nach § 36 Abs. 1 Aufenth (BVerwG BeckRS 2013, 49802).

87.7   Die **psychische Erkrankung** eines ausreisepflichtigen Ausländers kann ein inlandsbezogenes Vollstreckungshindernis wegen rechtlicher Unmöglichkeit der Abschiebung gemäß § 60a Abs 2 AufenthG in zwei Fallgruppen begründen: Zum einen scheidet eine Abschiebung aus, wenn und solange der Ausländer wegen Erkrankung transportunfähig ist, dh sich sein Gesundheitszustand durch und während des eigentlichen Vorgangs des „Reisens" wesentlich verschlechtert oder eine Lebens- oder Gesundheitsgefahr transportbedingt erstmals entsteht (Reiseunfähigkeit im engeren Sinn). Zum anderen muss eine Abschiebung auch dann unterbleiben, wenn sie – außerhalb des eigentlichen Transportvorgangs – eine erhebliche konkrete Gesundheitsgefahr für den Ausländer bedeutet; dies ist der Fall, wenn das ernsthafte Risiko besteht, dass unmittelbar durch die Abschiebung als solche (unabhängig vom Zielstaat) sich der Gesundheitszustand des Ausländers wesentlich oder gar lebensbedrohlich verschlechtert (Reiseunfähigkeit im weiteren Sinne) (so OVG Berlin BeckRS 2013, 47073).

87.8   Ein Ausländer, der weder einen Pass oder Passersatz besitzt noch in zumutbarer Weise erlangen kann, hat einen Anspruch auf **Erteilung eines Ausweisersatzes** gem § 48 Abs. 2 AufenthG. Dieses Ausweispapier ist in der Praxis Anknüpfungspunkt für die Gewährung von Sozialleistungen oder den Abschluss privater Rechtsgeschäfte. Der Anspruch kann gem § 123 VwGO durchgesetzt werden (OVG Bremen BeckRS 2013, 45416).

87.9   Im **Beschwerdeverfahren** ist eine Änderung des Streitgegenstands wegen § 146 Abs 4 Satz 3 grundsätzlich nicht zulässig; Die Rechtsprechung macht von diesem Grundsatz im Aufenthaltsrecht eine Ausnahme, wenn bei identischem Sachverhalt nur deshalb von einem Antrag nach § 80 Abs 5 S 1 VwGO auf einen Antrag nach § 123 Abs 1 VwGO übergegangen wird, weil der ursprüngliche Antrag nicht statthaft gewesen ist (VGH Mannheim BeckRS 2011, 54725).

4. Anordnungsansprüche im Baurecht

88   Der **Bauherr** kann seinen Anspruch auf Erteilung einer **Baugenehmigung** im Verfahren gem § 123 VwGO regelmäßig nicht durchsetzen.

88.1   Das wird damit begründet, es gäbe keinen materiellen Anspruch auf eine lediglich vorläufige Genehmigung, so dass stets ein entsprechender Anordnungsanspruch fehle (OVG Münster BauR 2004, 313; OVG Bautzen NVwZ 1994, 81; VG Frankfurt a. M. BeckRS 2013, 45623; VG Koblenz NJOZ 2005, 1877). Dem wird entgegen gehalten, eine solche „vorläufige Genehmigung" im Wege der einstweiligen Anordnung enthalte nicht – auch nicht vorläufig – die Verleihung einer materiellen Rechtsposition, sondern lediglich die einstweilige, auf Prozessrecht beruhende Gestattung, tatsächliche Interessen wahrzunehmen, soweit das zur Gewährleistung effektiven Rechtsschutzes notwendig sei (OVG Bremen NordÖR 2005, 252; OVG Bremen NVwZ 1990, 780; OVG Koblenz Urt v 7.12.1995 – 1 B 13193/95; VG Saarlouis Beschl v 1.4.2005 – 5 F 5/05; s auch Redeker/von Oertzen/M. Redeker VwGO § 123 Rn 13; Maaß NVwZ 2004, 572). In der Praxis sind so Vorhaben, die eine bloße Nutzungsänderung zum Gegenstand haben, durch eine einstweilige Regelungsanordnung freigegeben worden (OVG Koblenz Urt v 7.12.1995 – 1 B 13193/95; OVG Bremen NVwZ 1990, 780). Ein auf die Erteilung einer befristeten Baugenehmigung für die Anbringung eines Werbeplakats an einem Gerüst gerichteter Anordnungsantrag ist aus denselben Erwägungen für zulässig angesehen worden (VG Ansbach BeckRS 2009, 47250; VG München BeckRS 2008, 46377).

Eine vorläufige Anordnung würde zudem zwingend zu einer Vorwegnahme der Hauptsache **88.2** führen (OVG Münster NVwZ-RR 2001, 17; OVG Lüneburg NVwZ 1994, 80; OVG Bautzen NVwZ 1994, 81). Dies ist nur unter bestimmten Voraussetzungen möglich, vgl Rn 154 (zur Frage, ob eine Regelungsanordnung in Betracht kommt, nach der die Bauaufsichtsbehörde ihre Entscheidung unter Beachtung der Rechtsauffassung des Gerichts zu treffen hat, s Kuhla/Hüttenbrink/ Kuhla K 9).

In Betracht kommt allerdings ein durch eine einstweilige Anordnung sicherungsfähiger Anspruch **88.3** auf eine **vorläufige Feststellung**, dass eine bestimmte, geplante Nutzung von einer bereits erteilten Baugenehmigung gedeckt wird (OVG Münster NVwZ-RR 2007, 661).

Dagegen scheidet ein Anspruch auf **Duldung** der nicht genehmigten Nutzung bis zur Ent- **88.4** scheidung über den Baugenehmigungsantrag regelmäßig aus (OVG Münster BeckRS 2009, 34924).

Die größte praktische Bedeutung hat der einstweilige **Rechtsschutz** im Baurecht **für** **89** **den Nachbarn**. Er geht im Verfahren gem § 123 VwGO vor, wenn der Bauherr ein Vorhaben ohne die erforderliche Baugenehmigung realisiert (**„Schwarzbau"**). Der Antrag richtet sich gegen die Bauordnungsbehörde (bzw die entsprechende Gebietskörperschaft) und hat den nachbarlichen **Anspruch auf Einschreiten** gegen den Bauherrn zum Gegenstand. Ist der Bauherr eine öffentlich-rechtliche Körperschaft, die zwar materiell aber nicht formell ordnungspflichtig ist, dann ist der Antrag direkt gegen diese Körperschaft zu richten. Das gilt auch dann, wenn gegen einen öffentlichen Rechtsträger öffentliche Unterlassungsansprüche gem §§ 906, 1004 BGB analog geltend gemacht werden (offen gelassen vom OVG Saarlouis BeckRS 2009, 39629).

Fraglich ist in diesen Fällen der konkrete Anordnungsanspruch: resultiert aus einem Verstoß **89.1** gegen eine nachbarschützende Norm ein **unbedingter Anspruch** des Nachbarn **auf Einschreiten**? Im Falle des klassischen „Schwarzbaus" wird ein unbedingter Anspruch auf Einschreiten von den meisten Obergerichten verneint. Ein solcher Anspruch soll im Ergebnis einer Reduzierung des behördlichen Ermessens nur gegeben sein, wenn eine schwere Gefahr für ein wichtiges Rechtsgut besteht oder erhebliche Verstöße gegen nachbarschützende Normen gegeben sind (BVerwG NVwZ-RR 1997, 271; VGH Mannheim VBlBW 1993, 19; OVG Bremen NVwZ 1991, 1007; VGH München BRS 48 Nr 174; Bock DVBl 2006, 12, 13; Kuhla/Hüttenbrink/Kuhla K 140; s aber auch OVG Münster BeckRS 2009, 34923, das grundsätzlich einen bundesrechtlichen Anspruch des Nachbarn auf Einschreiten gegen eine im Gewerbegebiet ausgeübte, nicht genehmigte reine Wohnnutzung bejaht). Für von der Genehmigung freigestelltes Vorhaben wird allerdings auch vertreten, eine Ermessensreduzierung sei bereits anzunehmen, wenn sowohl dem Grund der Baurechtsverletzung als auch der Intensität der davon ausgehenden Störung oder Gefährdung ein größeres Gewicht beizumessen sein, so dass nachbarliche Belange mehr als nur geringfügig berührt sind (OVG Schleswig NordÖR 2006, 361; VGH Mannheim NVwZ-RR 1995, 490).

Nur teilweise wird die Auffassung vertreten, dass der Nachbar hinsichtlich eines formell und **89.2** materiell illegalen Vorhabens, das seine Rechte verletzt, aufgrund einer entsprechenden Ermessensreduzierung grundsätzlich ein ordnungsbehördliches Einschreiten verlangen kann (so OVG Saarlouis BeckRS 2012, 50813; VGH Kassel BauR 2000, 873, 877; OVG Münster NVwZ-RR 2000, 205; OVG Saarlouis NVwZ-RR 1995, 493; OVG Münster NJW 1984, 883; VG Gelsenkirchen BeckRS 2011, 51667; Kuhla/Hüttenbrink/Kuhla K 140). Die Frage, ob eine solche Ermessensschrumpfung stattfindet, ist landesrechtlicher Natur (BVerwG NVwZ 1998, 395).

Auf die Entwicklung der Rechtsprechung in den Ländern könnten zwei gegenläufige Hinweise **89.3** des BVerwG Einfluss haben: Einerseits soll die Möglichkeit des Nachbarn, seine Rechte unmittelbar auf dem Zivilrechtsweg gegen den Bauherrn geltend zu machen (§§ 1004, 906, 823 Abs 2 BGB), ein beachtlicher Ermessensgesichtspunkt zum Nachteil des Nachbarn sein (BVerwG NVwZ 1998, 395). Andererseits stehe die Beachtung und Durchsetzung des materiellen Bauplanungsrechts nicht zur Disposition des Landesgesetzgebers (BVerwG BeckRS 2003, 31352697).

90   Das Verfahren gem § 123 VwGO gewinnt für den einstweiligen **Nachbarrechtsschutz** zunehmend an Bedeutung (Mehde/Hansen NVwZ 2010, 14), weil die Länder immer mehr Bauvorhaben von der **Genehmigungspflicht freistellen** bzw in den Katalog der **genehmigungsfreien Vorhaben** aufnehmen (Johlen/Oerder MAH/Kuchler § 8 Rn 20). Diese verfahrensrechtliche Behandlung berührt nicht die materielle Ordnungspflichtigkeit des Vorhabens, dh die Bindung an das materielle Baurecht bleibt bestehen (Johlen/Oerder MAH/Kuchler § 8 Rn 22).

90.1   Sofern man die Auffassung vertritt, dass der Nachbar hinsichtlich eines formell und materiell illegalen Vorhabens, das seine Rechte verletzt, aufgrund einer entsprechenden Ermessensreduzierung grundsätzlich ein ordnungsbehördliches Einschreiten verlangen kann (soeben Rn 89.2), gilt dies selbstverständlich auch in den Fällen, in denen sich ein formell genehmigungsfreies Vorhaben als materiell illegal erweist (OVG Saarlouis BeckRS 2012, 50813).

90.2   Die (wohl noch) herrschende Meinung macht der Anspruch auf Einschreiten dagegen von besonderen Voraussetzungen abhängig (soeben Rn 89.1; s auch Mehde/Hansen NVwZ 2010, 14 mwN). Diese Meinung muss sich allerdings mit folgender Erwägung auseinander setzen: Wenn der Nachbar im Verfahren gem § 80 Abs 1 VwGO und (wegen § 212a BauGB, s dazu Battis/Krautzberger/Löhr/Battis BauGB § 212a BauGB Rn 2) gem § 80a Abs 3 VwGO iVm § 80 Abs 5 VwGO gegen eine Baugenehmigung vorgeht, dann hat der Antrag auf Herstellung der aufschiebenden Wirkung (bereits) dann Erfolg, wenn die Baugenehmigung nach summarischer Prüfung rechtswidrig ist und den Nachbarn dadurch in seinen Rechten verletzt (Kuhla/Hüttenbrink/Kuhla K 89). Die Regelungen über das vereinfachte Genehmigungsverfahren, das Anzeigeverfahren und die Baufreistellung in den Landesbauordnungen (Johlen/Oerder MAH/Kuchler § 8 Rn 20; Kuhla/Hüttenbrink/Kuhla K 4) schränken die präventive Kontrolle durch die Bauaufsichtsbehörde ein. Aus Sicht des Drittschutzes gewinnt der Anspruch des Nachbarn auf Einschreiten entsprechendes Gewicht. Unter Rechtsschutzgesichtspunkten tritt er funktional an die Stelle des Verfahrens gem. § 80 Abs 1 VwGO bzw. § 80 Abs 5 VwGO. Im Hinblick auf die Gleichwertigkeit der einstweiligen Rechtsschutzformen (BVerfGE 51, 268, 285; VGH München NVwZ-RR 1993, 355) spricht das dafür, in diesen Fällen eine **Ermessensreduzierung auf Null** und damit einen **Anspruch auf Einschreiten** jedenfalls dann zu bejahen, wenn Nachbarrechte mehr als nur geringfügig beeinträchtigt werden (VGH München NVwZ 1997, 923; OVG Bautzen NVwZ 1997, 922; VGH Mannheim NVwZ-RR 1995, 490, 491; VG Gießen NVwZ-RR 2005, 166; Sodan/Ziekow/Puttler VwGO § 123 Rn 12 und Rn 106; B/F-K/K/Funke-Kaiser VwGO § 123 Rn 20; Kuhla/Hüttenbrink/Kuhla K 142). Ein sicherungsfähiger Anspruch auf Einschreiten gegen einen ordnungswidrigen Zustand kann im Einzelfall zu verneinen sein, wenn die fragliche Nutzung weder vom Eigentümer toleriert, noch von der Bauaufsicht geduldet wird (VG Saarlouis BeckRS 2009, 32129 (durch Jugendliche verursachter nächtlicher Lärm auf einem Sportfeld)).

90.3   Die Harmonisierung des Rechtsschutzes gem § 80 VwGO einerseits und § 123 VwGO andererseits kann in einigen Fällen statt auf der materiellrechtlichen aber auch auf der prozessrechtlichen Ebene erfolgen: Im einstweiligen Rechtsschutzverfahren gelingt es aufgrund der eingeschränkten Erkenntnismöglichkeiten nicht immer, die entscheidungserheblichen Rechtsfragen abschließend zu klären. Sowohl für das Verfahren gem. § 80 Abs 5 VwGO als auch für das gem § 123 VwGO gibt es daher ein Entscheidungsprogramm für den Fall der „offenen Rechtslage", vgl oben § 80 VwGO Rn 194 und Rn 78. Diese Entscheidungsprogramme sind unterschiedlich: während der Antrag gem § 80 Abs 5 bei VwGO offener Rechtslage aufgrund einer Interessenabwägung Erfolg haben kann, wird ein Antrag gem § 123 VwGO regelmäßig zurückzuweisen sein. Umstritten ist, ob eine materiell-rechtlich motivierte Harmonisierung des Nachbarrechtsschutzes gebiete, die Voraussetzungen für den Erfolg eines Antrags gem § 123 VwGO zu reduzieren. Konkret geht es um die Frage, ob einem solchen Antrag schon dann zu entsprechen ist, wenn gewichtige und ernst zu nehmende Bedenken gegen die Rechtmäßigkeit des Vorhabens in nachbarrechtlicher Hinsicht in einer Weise glaubhaft gemacht sind, dass der Ausgang des Hauptsacheverfahrens zumindest als offen angesehen werden muss und das Vorhaben – seine Rechtswidrigkeit unterstellt – nachbarliche Belange mehr als nur geringfügig berührt (in diesem Sinne OVG Münster 23.9.1996 – 11 B 2017/96 – zit in OVG Münster NVwZ-RR 1998, 218; VGH Mannheim NVwZ-RR 1995, 490; S/S/B/Schoch VwGO § 123 Rn 38; Uechtritz BauR 1998, 719, 729; kritisch OVG Lüneburg BeckRS 2008, 40276; OVG Münster NVwZ-RR 1998, 218)

90.4   Wenn eine einstweilige Anordnung ergeht, dann erleidet der Bauherr regelmäßig einen **Verzögerungsschaden**. Zu den (in den meisten Fällen nicht gegebenen) Schadensersatzansprüchen des Bauherrn s Kruse JuS 2009, 821.

Soweit materiell-rechtlich ein Anspruch auf Einschreiten bejaht wird, ist dieser regel- **90a** mäßig nur auf eine behördliche Verpflichtung des Bauherrn zu einer **vorläufigen Maßnahme** gerichtet. Das Gericht darf dem Antragsteller grundsätzlich nicht schon das gewähren, was er nur in einem Hauptsacheverfahren erreichen könnte. Regelmäßig geht es also um die Verpflichtung der Behörde eine **Baueinstellungsverfügung** oder eine **Nutzungsuntersagung** zu erlassen. Ein Anspruch auf **Abriss** oder **Beseitigung** kann dagegen im einstweiligen Anordnungsverfahren grundsätzlich nicht durchgesetzt werden (OVG Berlin BeckRS 2009, 40107). Der Anspruch ist allerdings auf ein effektives Tätigwerden der Behörde gerichtet. Der Nachbar kann daher verlangen, dass die Bauaufsichtsbehörde zum Erlass einer sofortig vollziehbaren Ordnungsverfügung verpflichtet wird (OVG Saarlouis NVwZ-RR 1995, 493).

Die Frage, ob die **Gemeinde** von der Bauaufsichtsbehörde ein **Einschreiten gegen ein** **91** **Bauvorhaben** im Gemeindegebiet oder in einem benachbarten Gebiet verlangen kann, ist anhand derselben Kriterien zu entscheiden (Kuhla/Hüttenbrink/Kuhla K 143a; s a VG Ansbach BeckRS 2006, 29966). Die Gemeinde kann auch ihr Begehren auf vorläufige Zurückstellung eines Baugesuchs gem § 15 BauGB im Verfahren gem § 123 VwGO verfolgen (VGH München BeckRS 2012, 50751).

Nicht nur Bauvorhaben, sondern auch **Abbruchvorhaben** können Ansprüche der **92** **Nachbarn** auslösen. Diese können verlangen, dass ein solches Vorhaben die Standsicherheit anderer baulicher Anlagen und die Tragfähigkeit des Baugrundes des Nachbargrundstücks nicht gefährden. Entsprechende Regelungen in den Landesbauordnungen dienen (auch) dem Nachbarinteresse am Erhalt von Sachwerten und der Vermeidung von Personenschäden (VG Aachen NJOZ 2006, 800).

5. Anordnungsansprüche im Beamten- und Richterrecht

Im **Beamten- und Richterrecht** geht es in Verfahren gem § 123 VwGO in erster Linie **92a** um die Sicherung des **Bewerbungsverfahrensanspruchs** (auch Bewerberverfahrensanspruch). Zunehmend wird aber auch die Sicherung anderer Ansprüche im einstweiligen Rechtsschutz verlangt, vgl. Rn 100a.

Der Beamte hat einen durch Art 33 Abs 2 GG verfassungskräftig und § 9 BeamStG **93** einfachgesetzlich verbürgten Anspruch darauf, dass er als Bewerber in einem von seinem Dienstherrn durchgeführten Beförderungsauswahlverfahren nach Maßgabe der **Grundsätze** **der Bestenauslese** ermessens-, beurteilungs- und grundsätzlich auch verfahrensfehlerfrei in einen Vergleich mit etwaigen Mitbewerbern einbezogen und entsprechend dem – in den Grenzen gerichtlicher Überprüfbarkeit rechtmäßigen – Ergebnis dieses Vergleichs behandelt wird (BVerfG 1. Kammer des Zweiten Senats NVwZ 2012, 366; BVerfG 2. Kammer des Zweiten Senats NVwZ 2009, 389; BVerfG 1. Kammer des Zweiten Senats NVwZ 2007, 691; BVerwG NVwZ-RR 2012, 241).

Art 33 Abs 2 GG begründet allerdings **kein Recht auf Einrichtung und Besetzung** **93a** **von Planstellen**, sondern vermittelt dem Bewerber um ein Amt ein grundrechtsgleiches Recht auf leistungsgerechte Einbeziehung in die Bewerberauswahl. Die organisations- und haushaltsrechtlichen Vorentscheidungen des Dienstherrn, die zur Existenz eines verfügbaren öffentlichen Amtes führen, sind nicht Gegenstand, sondern Voraussetzung der Gewährleistungen des Art 33 Abs 2 GG (BVerwG BeckRS 2012, 59692). Dies kommt auch in § 49 Abs 1 BHO zum Ausdruck, wonach ein Amt nur zusammen mit der Einweisung in eine besetzbare Planstelle verliehen werden kann.

Die Bestenauslese gem Art 33 Abs 2 GG hat nach Maßgabe der **Eignung, Befähigung** **94** und **fachlichen Leistung** zu erfolgen (zu diesen Begriffen Johlen/Oerder MAH/Schnellenbach § 5 Rn 78; s allgemein Eckstein ZBR 2009, 86), das sind die sog **Hauptkriterien.**

Bei der Bewerberauswahl darf anderen Kriterien (sog **Hilfskriterien**) nur dann Bedeutung **94.1** beigemessen werden, wenn sich aus dem Vergleich anhand leistungsbezogener Kriterien kein Vorsprung von Bewerbern ergibt (BVerwG NVwZ 2005, 456; NJW 1989, 538; OVG Magdeburg BeckRS 2010, 47154; Johlen/Oerder MAH/Schnellenbach § 5 Rn 89; Kuhla/Hüttenbrink/Kuhla K 223).

Grundlage des Leistungsvergleichs ist das **Anforderungsprofil** für die zu besetzende Stelle **94.2** (BVerwG NVwZ 2012, 884, 887, Rn 50; OVG Magdeburg BeckRS 2010, 55861; OVG Magdeburg BeckRS 2009, 37908). Bei der Bestimmung des Anforderungsprofils eines Beförderungsdienstpostens ist die öffentliche Verwaltung an die gesetzlichen Vorgaben gebunden. Eine Einengung des Kreises der nach Eignung, Befähigung und fachlicher Leistung zu vergleichenden Bewerber um ein öffentliches Amt kann deshalb nur auf Grund sachlicher Erwägungen erfolgen. Bei der Festlegung eines Anforderungsprofils steht dem Dienstherrn im Rahmen seiner Organisationsgewalt ein Einschätzungsspielraum zu. Weil es mit der Formulierung des Anforderungsprofils zu einer teilweisen Vorwegnahme der Auswahlentscheidung kommt, setzt bereits hier die **gerichtliche Kontrolle** an: Ein Fehler im Anforderungsprofil führt grundsätzlich zur Fehlerhaftigkeit des Auswahlverfahrens, weil die Auswahlerwägungen dann auf sachfremden, nicht am Leistungsgrundsatz orientierten Gesichtspunkten beruhen würden (BVerfG 1. Kammer des Zweiten Senats NVwZ 2011, 746; BVerfG 1. Kammer des Zweiten Senats NVwZ 2008, 69; BVerwG NVwZ 2012, 1477; OVG Münster BeckRS 2011, 54662; OVG Bautzen BeckRS 2009, 31776).

94.3 Der Dienstherr entscheidet im Rahmen seines Organisationsermessens, ob er bestimmte Merkmale im Anforderungsprofil lediglich als wünschenswert beschreibt oder ihr Vorliegen zur Voraussetzung erklärt, dass der Bewerber in das Auswahlverfahren einbezogen wird; es wird also zwischen **beschreibenden** oder **konstitutiven Merkmalen** unterschieden (vgl OVG Münster BeckRS 2012, 53065; VGH München BeckRS 2011, 54120; VGH Mannheim NVwZ-RR 2011, 290; VGH München BeckRS 2008, 34993). Das konstitutive Anforderungsprofil zeichnet sich dadurch aus, dass es für die Bestenauslese einen neuen, von den dienstlichen Beurteilungen jedenfalls vom Ausgangspunkt her „abgekoppelten" Maßstab enthält. Hat der Dienstherr im Rahmen seines Organisationsermessens dieses konstitutive Anforderungsmerkmal in einer nicht zu beanstandenden Weise festgelegt, „so liegt das in der Art eines Filters wirkende Anforderungsprofil somit gegenständlich und zeitlich vor dem Bewerbungsverfahrensanspruch" (so VGH München BeckRS 2011, 31827). Auch die Einhaltung dieser – zulässig formulierten – Maßstäbe unterliegt der **gerichtlichen Kontrolle**, weil mit der Festlegung des Anforderungsprofils ein wesentlicher Teil der Auswahlentscheidung vorweggenommen wird (OVG Bautzen BeckRS 2011, 54989; VGH München BeckRS 2011, 31827) und andere als im Anforderungsprofil der Stellenausschreibung ausdrücklich aufgeführte Kriterien bei der Ausschöpfung der Beurteilung nicht berücksichtigt werden dürfen.

94.4 Der Dienstherr kann im Rahmen seines Organisationsermessens entscheiden, ob er bestimmte Qualifikationsmerkmale als unverzichtbar ansieht und anhand solcher für zwingend erachteten Anforderungen eines Anforderungsprofils eine Vorauswahl trifft, oder ob er auf die **Formulierung eines Anforderungsprofils verzichtet**. Die Eignung der Bewerber wird dann ohne eine auf einem Anforderungsprofil beruhende Vorauswahl nur anhand von hinreichend umrissenen allgemeinen Anforderungen an die zu besetzende Stelle auf der Grundlage der dienstlichen Beurteilungen (dazu sogleich Rn 94.5) ermittelt (OVG Berlin NVwZ-RR 2007, 698).

94.5 Der für die Auswahlentscheidung maßgebliche Leistungsvergleich der Bewerber muss auf aussagekräftige, dh hinreichend differenzierte (OVG Münster BeckRS 2013, 48677: Beurteilung einer großen Zahl von Bewerbern mit der Spitzennote indiziert Verstoß gegen den Grundsatz der Bestenauslese) und auf gleichen Bewertungsmaßstäben beruhende (VGH München BeckRS 2013, 51512) und möglichst zu demselben Stichtag erstellte (OVG Magdeburg BeckRS 2011, 53664; VG Düsseldorf BeckRS 2006, 24055) **dienstliche Beurteilungen** gestützt werden (BVerfG 1. Kammer des Zweiten Senats NVwZ 2013, 573; VGH Mannheim NVwZ-RR 2005, 585, 586; Johlen/Oerder MAH/Schnellenbach § 5 Rn 77; Kuhla/Hüttenbrink/Kuhla K 237). Dies sind regelmäßig die **aktuellen** Beurteilungen (BVerwG NVwZ 2003, 1398; VGH München BeckRS 2013, 49241 (die Länge des Beurteilungszeitraums für Regelbeurteilungen liefert einen Maßstab, wie lange von der Aktualität einer dienstlichen Beurteilung auszugehen ist); VGH München BeckRS 2013, 49241 (das gilt allerdings nur, soweit seit der letzten Regelbeurteilung keine relevanten Veränderungen erfolgt oder signifikante Entwicklungen eingetreten sind); OVG Münster BeckRS 2008, 35036 (nicht älter als drei Jahre); OVG Berlin Beschl v 18.11.2008 – 4 S 43.08 (15 Monate zu alt); OVG Koblenz IÖD 2007, 220 (nicht älter als drei Jahre); OVG Lüneburg Beschl v 24.2.2000 – 2 M 172/00 (keine starre Grenze); OVG Magdeburg BeckRS 2010, 55861 (keine starre Grenze); VG Berlin NVwZ-RR 2005, 348, 349 (ein Jahr); Johlen/Oerder MAH/Schnellenbach § 5 Rn 82), die dem jeweiligen Beamten bekannt gegeben worden sind (VG Gelsenkirchen BeckRS 2006, 26782).

94.6 Wenn die vorliegenden **Regelbeurteilungen** für die zu betrachtenden Beförderungsbewerber nicht mehr aktuell sind, ist der Leistungsvergleich auf der Grundlage von Beurteilungen vorzunehmen, die im Hinblick auf die konkrete Auswahlentscheidung erstellt worden sind, sog **Anlassbeurteilungen** (Johlen/Oerder MAH/Schnellenbach § 5 Rn 83; zu dem Gebot die Anlassbeurteilung aus der Regelbeurteilung zu entwicklen s BVerwG NVwZ-RR 2013, 267).

94.7 **Ältere dienstliche Beurteilungen** sind in die Betrachtung mit einzubeziehen, wenn nur so erreicht werden kann, dass der Auswahlentscheidung wesentlich gleiche Beurteilungszeiträume zugrunde gelegt werden (VG Saarlouis BeckRS 2009, 41699 und BeckRS 2009, 35005). Im Übrigen können diese älteren Beurteilungen allenfalls bei gleichwertigen aktuellen Beurteilungen von Bewerbern den Ausschlag geben. Sie erlauben möglicherweise bei einem Vergleich dieser Bewerber bedeutsame Rückschlüsse und Prognosen über ihre künftige Bewährung in einem Beförderungsamt. Das kommt in Betracht, wenn frühere Beurteilungen positive oder negative Aussagen über Charaktereigenschaften, Kenntnisse, Fähigkeiten, Verwendungen und Leistungen sowie voraussichtliche weitere Entwicklung enthalten (VGH München BeckRS 2009, 42839). Sind die vorliegenden Beurteilungen nicht unmittelbar vergleichbar (anschaulich: VG Minden BeckRS 2009, 33142), so ist der Dienstherr zu allen erforderlichen Maßnahmen verpflichtet, um die gebotene Gleichheit der Beurteilungsmaßstäbe auf geeignete Weise herzustellen und miteinander vergleichbare Aussagen über Eignung, Befähigung und fachliche Leistung der Bewerber zu erlangen (OVG Münster BeckRS 2009, 31596).

Wenn die dienstlichen **Beurteilungen im Gesamturteil gleich** lauten, ist der Dienstherr zu **94.8** einer inhaltlichen Ausschöpfung der sich aus den Beurteilungen ergebenden Informationen verpflichtet (VGH München BeckRS 2013, 51512). Das geschieht durch eine Würdigung der Einzelfeststellungen. Im Rahmen des dem Dienstherrn dabei zukommenden Entscheidungsspielraums hat er auch andere als im Anforderungsprofil der Stellenausschreibung ausdrücklich aufgeführte Kriterien zu berücksichtigen (OVG Münster BeckRS 2013, 51566).

Beziehen sich die Beurteilungen der konkurrierenden Bewerber auf **unterschiedliche Status- 94.9 ämter**, so ist bei formal gleicher Bewertung die Beurteilung des Beamten im höheren Statusamt grds besser als diejenige des in einem niedrigeren Statusamt befindlichen Konkurrenten (BVerfG 1. Kammer des Zweiten Senats NVwZ 2013, 573; BVerfG 1. Kammer des Zweiten Senats NVwZ 2007, 691; OVG Münster Beschl v 26.6.2013 – 6 B 409/13: „**Statusvorsprung**"; OVG Münster BeckRS 2011, 565126; VGH München DÖV 2009, 590; OVG Koblenz NVwZ-RR 2007, 620). Dem kann in der Praxis dadurch Rechnung getragen werden, dass die im rangniedrigeren Amt erreichte Bewertung für die Zwecke der des Vergleichs pauschal abgesenkt wird (OVG Münster BeckRS 2008, 39664; zur Frage der Kompensation s a VGH München BeckRS 2012, 60522).

Im öffentlichen Interesse sind freie Dienstposten zeitnah zu besetzen, um die Funktionsfähigkeit **94.10** der Verwaltung zu erhalten. Dienstliche Beurteilungen sind daher grundsätzlich so, wie sie erstellt worden sind, für die Überprüfung der Auswahlentscheidung maßgeblich. Das gilt grundsätzlich auch dann, wenn **Beurteilungen mit** selbstständigen **Rechtsbehelfen angegriffen** worden sind; der Ausgang des Rechtsbehelfsverfahrens muss nicht abgewartet werden.

Rechtsfehler der **dienstlichen Beurteilung** eines **unterlegenen Bewerbers** sind allerdings **94.11** relevant, wenn die Fehlerhaftigkeit im Auswahlverfahren offen zutage tritt, die Beurteilung deshalb keine ausreichende Entscheidungsgrundlage darstellen kann und eine Auswahl nach fehlerfreier Beurteilung jedenfalls möglich erscheint (VGH München BeckRS 2010, 31292; OVG Bautzen SächsVBl 2005, 23; VGH Mannheim NVwZ-RR 2005, 585, 586; OVG Berlin NVwZ-RR 2004, 627). Die sog Vorbeurteilungen sind für die Überprüfung der Auswahlentscheidung ohne Belang (VGH Mannheim BeckRS 2005, 26531, insoweit in NVwZ-RR 2005, 585 nicht abgedruckt).

Eine Beurteilung kann aufgrund der **Befangenheit des Beurteilers** unbeachtlich sein. Ein **94.12** Vorgesetzter ist voreingenommen, wenn er nicht willens oder in der Lage ist, den Beamten sachlich und gerecht zu beurteilen. Dabei kann sich die Voreingenommenheit aus der Beurteilung selbst, aber auch aus dem Verhalten des Beurteilers in Angelegenheiten des zu beurteilenden Beamten oder diesem gegenüber ergeben (OVG Münster BeckRS 2006, 26860).

Ob die dienstliche Beurteilung des **beigeladenen, erfolgreichen Bewerbers** im Konkurren- **94.13** tenstreitverfahren der gerichtlichen Prüfung unterliegt, ist umstritten. Einerseits wird argumentiert, diese Beurteilung betreffe unmittelbar nur das Rechtsverhältnis zwischen diesem und seinem Dienstherrn; der seinen Bewerbungsverfahrensanspruch wahrende Antragsteller habe daher keinen Anspruch darauf, dass die dienstliche Beurteilung des erfolgreichen Konkurrenten zumindest inzident rechtlich überprüft wird (VGH München ZBR 1995, 204). Andererseits wird die Auffassung vertreten, der im Auswahlverfahren unterlegene Mitbewerber habe grundsätzlich einen Anspruch auch darauf, dass die für die Auswahlentscheidung maßgebliche dienstliche Beurteilung des ausgewählten Konkurrenten – ebenso wie eine als fehlerhaft angesehene eigene Beurteilung – einer inzidenten rechtlichen Überprüfung unterzogen wird. Ansonsten wäre nämlich der Rechtsschutz des unterlegenen Bewerbers in verfassungsrechtlich nicht hinnehmbarer Weise erschwert und eine effektive Kontrolle darüber nicht gewährleistet, ob das Auswahlverfahren den Maßstäben des Art. 33 Abs 2 GG entsprochen hat (OVG Magdeburg BeckRS 2011, 53664; OVG Magdeburg BeckRS 2010, 55861; OVG Greifswald NJOZ 2009, 4224; OVG Münster BeckRS 2008, 35036; Überprüfbarkeit offen gelassen von VGH Mannheim NVwZ-RR 2005, 585, 586; OVG Lüneburg NVwZ-RR 2003, 878, 881).

94.14   In verschiedenen Bundesländern ist inzwischen das **Widerspruchsverfahren abgeschafft** worden. Aufgrund der zentralen Bedeutung von Beurteilungen im Rahmen von Entscheidungen nach Art 33 Abs 2 GG einerseits und der nur eingeschränkt möglichen gerichtlichen Kontrolle von dienstlichen Beurteilungen andererseits könnte es verfassungsrechtlich geboten sein, dass der Beamte die verfahrensrechtlich gesicherte Möglichkeit hat, aufgrund seiner Einwendungen gegen die Beurteilung eine nochmalige Ausübung des Beurteilungsspielraums zu erreichen (noch offen gelassen von BVerwG NVwZ 2009, 1319).

94.15   **Auswahlgespräche** (OVG Bautzen BeckRS 2009, 31778; OVG Münster BeckRS 2008, 35036) oder **Assessment Center** (OVG Berlin NVwZ-RR 2001, 395) sind als bloße „Augenblicksaufnahmen" nicht geeignet eine Auswahlentscheidung zu tragen, sondern können diese nur abrunden (VGH München BeckRS 2013, 51512; s aber auch VGH München BeckRS 2013, 46981).

94.16   Die Ausgestaltung von Auswahlverfahren für mehrere zugleich zu besetzende gleiche Stellen („**Beförderungsrunden**") liegt im Organisationsermessen des Dienstherrn. Es ist grundsätzlich zulässig über die Besetzung von mehreren, neu im Haushalt eingestellten Beförderungsstellen nicht nur zentral zu entscheiden, sondern diese – ohne oder infolge einer Ausschreibung – Untergliederungen bzw. Untereinheiten zuzuordnen und sodann Auswahlentscheidungen im Ergebnis eines jeweils internen Leistungsvergleichs zu treffen. Ein solches Verfahren darf aber im Ergebnis nicht dazu führen, dass Beamte mit Spitzenbeurteilungen aus nur zufälligen (etwa organisatorischen) Gründen keine reelle Chance auf eine leistungsgerechte Einbeziehung in die Beförderungsauswahl erhalten. Dies setzt voraus, dass ein nicht unbeachtlicher Teil der Beförderungsstellen in einem zentralen Auswahlverfahren unter Berücksichtigung der verbliebenen leistungsstärksten Bewerber vergeben wird (OVG Magdeburg BeckRS 2009, 37909).

94.17   Im Ergebnis des Auswahlverfahrens ist der Dienstherr verpflichtet in einer **schriftlichen Begründung** niederzulegen, auf Grund welcher Erkenntnisse und mit welchen Erwägungen er den ausgewählten Bewerber für am Besten geeignet hält, die Aufgaben der zu besetzenden Position künftig wahrnehmen zu können (OVG Magdeburg BeckRS 2011, 53664; OVG Magdeburg BeckRS 2010, 55861; OVG Bautzen NVwZ 2007, 847; VGH Kassel NVwZ 1990, 284; VG Darmstadt NVwZ 2007, 1452; Scheffer NVwZ 2007, 779). Dies setzt voraus, dass die aktuellen Beurteilungen einer wertenden Betrachtung und Gewichtung unterzogen und die wesentlichen Erwägungen im Auswahlvermerk niedergelegt werden (OVG Bautzen BeckRS 2010, 45985). Diese Begründung kann im einstweiligen Rechtsschutzverfahren zwar nicht mehr nachgeholt werden (BVerfG 1. Kammer des Zweiten Senats NVwZ 2007, 1178; aA VGH Kassel NVwZ 1997, 615; 1993, 284); die Begründung kann aber noch ergänzt werden, vgl Rn 95.

94.18   Interessenten für einen Dienstposten, auf den sie ohne Statusänderung umgesetzt oder versetzt werden wollen (sog **Versetzungsbewerber**, vgl Kuhla/Hüttenbrink/Kuhla K 232) haben grds keinen Bewerbungsverfahrensanspruch (BVerwG NVwZ 2005, 702; VGH München BeckRS 2013, 49650; aA für den Bereich des Arbeitsrechts BAG NZA 2003, 798). Etwas anderes gilt nur dann, wenn der Dienstherr kraft Gesetzes oder aufgrund einer entsprechenden Organisationsentscheidung über die Besetzung der Stelle ausschließlich nach Maßgabe des Leistungsgrundsatz entscheiden darf bzw will (BVerwG NVwZ 2012, 1477; BVerwG NVwZ 2005, 702; VGH München BeckRS 2013, 49651; VGH Mannheim BeckRS 2007, 27398; OVG Lüneburg NVwZ-RR 2005, 588).

95   Der übergangene Bewerber kann allerdings nach Abschluss des Auswahlverfahrens (s Rn 48) zur Wahrung dieses Anspruchs gegen die beabsichtigte Ernennung (zum Zwecke der Einstellung oder Beförderung) eines Konkurrenten (sog **Statuskonkurrenz** vgl Johlen/Oerder MAH/Schnellenbach § 5 Rn 69; Kuhla/Hüttenbrink/Kuhla K 255; zur Dienstpostenkonkurrenz s Rn 96) nicht gem § 80 VwGO vorgehen, weil sich die aus diesem Verwaltungsakt resultierende belastende Drittwirkung mit der Ernennung des ausgewählten Beamten erledigt hat (soeben Rn 14.7). Der gebotene Rechtsschutz wird daher im Vorfeld der beabsichtigten Ernennung durch **vorläufigen, vorbeugenden Rechtsschutz** (dazu Rn 132) gewährt: dem Dienstherrn wird durch eine Anordnung gem § 123 VwGO die Ernennung (ggf auch mehrerer Konkurrenten, vgl BVerwG NVwZ-RR 2013, 267) solange untersagt, bis über das Begehren des übergangenen Bewerbers erneut entschieden worden ist (VGH München BeckRS 2013, 50087): „**Stellenbesetzungsverbot**". Der Anordnungsanspruch folgt dabei unmittelbar aus Art 33 Abs 2 GG (BVerwG 8.12.2011 – 2 B 106/11).

95a   Der Anordnungsanspruch ist gegeben, wenn der Antragsteller Tatsachen glaubhaft macht, die darauf schließen lassen, dass die **Auswahlentscheidung fehlerhaft** ist (BVerwG NVwZ 2005, 457; BVerwG NVwZ 2003, 1397; Johlen/Oerder MAH/Schnellenbach § 5 Rn 1114;

Kuhla/Hüttenbrink/Kuhla K 216; zur Rechtsqualität der Auswahlentscheidung s Schönrock ZBR 2013, 26).

Der Anordnungsanspruch besteht ferner, wenn das **Auswahlverfahren** an einem **Mangel** **95b** leidet (zB OVG Bautzen BeckRS 2011, 54992 und OVG Münster BeckRS 2009, 31655 (jeweils Fehler im Berufungsverfahren für einen Hochschullehrer); s auch Kuhla/Hüttenbrink/Kuhla K 233) und bei einem **rechtmäßigen Vorgehen** die Beförderungschancen des Antragstellers offen sind (so BVerfG 1. Kammer des Zweiten Senats NVwZ 2003, 200), der Antragsteller also **möglicherweise befördert** worden wäre (BVerfG 2. Kammer des Zweiten Senats NVwZ 2006, 1401; OVG Magdeburg BeckRS 2010, 55861; OVG Münster BeckRS 2010, 55299; VGH Mannheim NVwZ-RR 2008, 550; NVwZ-RR 2005, 585, 586; OVG Weimar NJOZ 2005, 4685, 4688; OVG Hamburg BeckRS 2005, 28655; Kühling NVwZ 2004, 656, 657; Wittkowski NJW 1993, 817, 819).

Es stellt keinen Verfahrensfehler dar, wenn der Dienstherr in die Auswahlentscheidung auch **95b.1** Bewerbungen einbezieht, die erst nach dem Ablaufen der Bewerbungsfrist eingereicht worden sind. Die **Bewerbungsfrist** ist **keine Ausschlussfrist**, sondern eine reine Ordnungsfrist, deren Ablauf grundsätzlich den Ausschluss vom Bewerbungsverfahren nicht rechtfertigt (OVG Magdeburg BeckRS 2012, 59618; OVG Münster BeckRS 2012, 53787).

Dieser spezifische vorbeugende, vorläufige Rechtsschutz hat Konsequenzen für das Ver- **95c** fahren, das zur Ernennung des Konkurrenten führen soll: Um es dem unterlegenen Bewer- ber zu ermöglichen, ein Verfahren auf Gewährung vorläufigen Rechtsschutzes einzuleiten, muss der Dienstherr **vor der Besetzung** der Stelle eine angemessene Frist **abwarten** (OVG Saarlouis NVwZ-RR 2012, 692; OVG Magdeburg BeckRS 2010, 55861).

Diese Frist beginnt zu laufen, wenn der unterlegene Bewerber über das Ergebnis der Auswahl- **95c.1** entscheidung informiert worden ist (BVerfG 3. Kammer des Zweiten Senats NJW 1990, 501). Die Rechtsprechung hält im Regelfall eine Frist von **zwei Wochen** für angemessen (VGH München BeckRS 2013, 50087; OVG Schleswig NVwZ-RR 1996, 266; OVG Münster BeckRS 2005, 30791: 13 Tage können ausreichen; s a BVerfG 1. Kammer des Zweiten Senats NVwZ 2007, 1178). Innerhalb dieser Frist besteht ein gesetzliches Stellenbesetzungsverbot (OVG Saarlouis NVwZ-RR 2012, 692). Der Umfang dieses Verbots richtet sich, wenn es um die Besetzung mehrerer Stellen geht, nach dem Antrag des unterlegenen Bewerbers; beschränkt dieser seinen Antrag nicht eindeutig auf einzelne Beförderungskandidaten, so ist es also umfassend (OVG Saarlouis NVwZ-RR 2012, 692; VGH Kassel BeckRS 2012, 51539). Der erfolglose Bewerber muss auch die Möglichkeit erhalten, die behauptete Verletzung seines Bewerbungsverfahrensanspruchs im Wege der **Verfas-sungsbeschwerde** zu verfolgen (BVerfG 1. Kammer des Zweiten Senats NVwZ 2007, 1178). Der Dienstherr sollte daher nach seinem Obsiegen im Konkurrentenstreitverfahren nach § 123 VwGO vor dem Oberverwaltungsgericht mit der Ernennung des ausgewählten Bewerbers regelmäßig einen Monat ab Bekanntgabe der obergerichtlichen Entscheidung warten, wenn der unterlegene Bewer- ber rechtzeitig, nämlich vor oder spätestens zwei Wochen nach der Bekanntgabe der gerichtlichen Entscheidung mitgeteilt hat, er werde das Bundesverfassungsgericht anrufen. In diesem Fall sollte ihm Gelegenheit gegeben werden, die Monatsfrist für die Einlegung der Verfassungsbeschwerde nach § 93 Abs 1 S 1 BVerfGG auszuschöpfen (so ausdrücklich BVerwG 8.12.2011 – 2 B 106/11).

Der **Verstoß** gegen diese **Verfahrensregelungen** hat weit reichende Konsequenzen: während **95c.2** der **Bewerberverfahrensanspruch** sich grundsätzlich durch die Ernennung des Konkurrenten erledigt (BVerwG NVwZ 1989, 158; OVG Münster BeckRS 2008, 35036), ist er im Falle eines derartigen Verfahrensverstoßes **nicht erledigt** (BVerwG NVwZ 2011, 358; BVerwG NJW 2004, 870: erforderlichenfalls ist eine neue Planstelle zu schaffen; VGH München BeckRS 2013, 50087; OVG Magdeburg BeckRS 2012, 53358; OVG Münster BeckRS 2008, 35036; OVG Münster NVwZ-RR 2007, 701). Nach einer den Rechtsschutz des Konkurrenten unterlaufenden Ernen- nung kann dieser allerdings seinen Bewerberverfahrensanspruch nicht mehr im Verfahren gem § 123 VwGO, sondern nur noch im Hauptsacheverfahren verfolgen, weil eine vorläufige Aufhebung der Ernennung des Ausgewählten nicht in Betracht kommt (VGH Mannheim BeckRS 2011, 49796).

Eine Erledigung tritt ferner dann nicht ein, wenn die Stellenbesetzung rückgängig gemacht werden kann, weil der ausgewählte Bewerber ohne Beförderung auf die Stelle versetzt oder umge- setzt werden soll (BVerwG DRiZ 2009, 263).

Im Übrigen hat ein **Verfahrensverstoß** in einem möglichen Amtshaftungsprozess bzw beam- **95c.3** tenrechtlichen **Schadensersatzprozess** (BVerwG NVwZ 2012, 1477; BVerwG NVwZ 2009, 787; BVerwG NVwZ 2006, 212, 214; Leppin NVwZ 2007, 1241) eine Umkehr der Darlegungs- und

Beweislast zur Folge: nicht der übergangene Bewerber muss darlegen, dass seine Bewerbung hätte Erfolg haben müssen, sondern der Dienstherr hat substantiiert vorzutragen, wie sich die Dinge bei pflichtgemäßen Verhalten entwickelt hätten. Ergibt dieser Vortrag nicht, dass der Mitbewerber auch bei ordnungsgemäß gestaltetem Verfahren in zulässiger Weise ausgewählt worden wäre, so ist davon auszugehen, dass dem Bewerber durch die verfahrensfehlerhafte Auswahlentscheidung ein Schaden entstanden ist (BVerwG NVwZ 2012, 1477; BVerwG NVwZ 2006, 212, 214; BGH NJW 1995, 2344).

95d   Für Beamte, die durch demokratisch legitimierte Gremien gewählt werden (**Wahlbeamten**), gelten dieselben beamtenrechtlichen Grundsätze für die Auswahlentscheidung, die sich aus Art 33 Abs 2 GG, § 9 BeamtStG ergeben (OVG Bremen NordÖR 2012, 196). Da sich die Wahlentscheidung selbst aber einer Überprüfung an diesem Maßstab entzieht, ist in der Praxis ein Anordnungsanspruch meist nur gegeben, wenn es bei einem der Wahlentscheidung vorausgegangenen Verfahrensschritt, soweit dieser die von Art 33 Abs 2 GG gewollte Bestenauslese sicherstellen soll, zu einem Fehler gekommen ist (OVG Weimar BeckRS 2008, 39413; OVG Schleswig NVwZ-RR 1999, 420; VG Meiningen BeckRS 2009, 31896). Das gilt gleichermaßen, wenn die Auswahlentscheidung durch ein mit besonderem Sachverstand ausgestattetes Gremium vorbereitet wird. Die fehlerhafte Besetzung einer **Berufungskommission**, die der Fakultät einen Berufungsvorschlag für die Besetzung eines Lehrstuhls mit einem **Universitätsprofessor** zu unterbreiten hat, begründet daher einen Anordnungsanspruch (OVG Münster BeckRS 2011, 47176).

95e   Bei Konkurrentenstreitigkeiten um **Hochschullehrer-Stellen** ist die besondere verfassungsrechtlich geschützte **Beurteilungskompetenz der Hochschule** (Art 5 Abs 3 Satz 1 GG) zu berücksichtigen, die die Qualifikation eines Bewerbers für eine Hochschullehrerstelle betrifft. Insoweit wird den an der Bewerberauswahl beteiligten Hochschulgremien ein Entscheidungsspielraum eingeräumt, der gerichtlich nur eingeschränkt überprüfbar ist (BVerwG NVwZ 1986, 374; OVG Berlin BeckRS 2012, 48879). Auch hier gilt daher: ein Anordnungsanspruch ist meist nur gegeben, wenn es bei einem der Auswahlentscheidung vorausgegangenen Verfahrensschritt, soweit dieser die von Art 33 Abs 2 GG gewollte Bestenauslese sicherstellen soll, zu einem Fehler gekommen ist (VGH München BeckRS 2012, 52583).

95f   Eine fehlerhafte Auswahlentscheidung kann in entsprechender Anwendung des **§ 114 S 2** im gerichtlichen Verfahren ergänzt werden. Das erlaubt allerdings nicht die vollständige Nachholung oder die Auswechslung der die Entscheidung tragenden Gründe (OVG Magdeburg BeckRS 2011, 53664; OVG Magdeburg BeckRS 2010, 55861; **aA** wohl (kein ausdrücklicher Bezug auf § 114 VwGO) OVG Hamburg NordÖR 2012, 212).

95g   Mit der Ernennung des ausgewählten Bewerbers (Urkundsprinzip, Aushändigung der Ernennungsurkunde, vgl § 8 Abs 2 BeamtenstatusG) **erledigt** sich das **Rechtsschutzanliegen** des unterlegenen Bewerbers (VGH München BeckRS 2013, 50087; OVG Münster BeckRS 2008, 35036; zu den Ausnahmen s Rn 95.2).

95h   Der Dienstherr darf ein **Stellenbesetzungsverfahren** aus Gründen **abbrechen**, die mit Art 33 Abs. 2 GG vereinbar sind (zu derartigen Gründen s VGH München BeckRS 2013, 51513; VGH München BeckRS 2013, 46146; VGH München BeckRS 2012, 59083). Über den Abbruch müssen alle in das Auswahlverfahren einbezogenen Kandidaten rechtzeitig und unmissverständlich informiert werden; der Abbruch muss in den Akten dokumentiert sein (BVerwG NVwZ 2012, 1477). Ein ungerechtfertigter Verfahrensabbruch steht von Verfassungs wegen einer Neuausschreibung entgegen. Eine auf einen solchen Verfahrensabbruch folgende, auf einer Neuausschreibung basierende Stellenbesetzung verletzt die Bewerber des ursprünglichen Auswahlverfahrens in deren Bewerbungsverfahrensanspruch (BVerfG 1. Kammer des Zweiten Senats NVwZ 2012, 366).

96   Die Beurteilung des Anordnungsanspruchs ist schwierig, wenn einem Beamten ein anderer, höher bewerteter Dienstposten zur Vorbereitung auf eine Beförderung übertragen wird (zu den verfassungsrechtlichen Bedenken gegen beamtenrechtliche Bestimmungen, die dies ermöglichen s OVG Lüneburg BeckRS 2006, 26618), ohne dass diese statusrechtliche Maßnahme sogleich erfolgt, sog **Dienstpostenkonkurrenz** (Johlen/Oerder MAH/Schnellenbach § 5 Rn 128; Kuhla/Hüttenbrink/Kuhla K 255; Günther NVwZ 1986, 697). Die sich aus dieser Dienstpostenkonkurrenz ergebenden verfahrensrechtlichen Fragen werden von der obergerichtlichen Rechtsprechung kontrovers beantwortet.

Die meisten Gerichte vertreten die Auffassung, ein im einstweiligen Rechtsschutzverfah- **97** ren als Anordnungsanspruch sicherbarer Bewerbungsverfahrensanspruch und ein Anordnungsgrund (dazu Rn 135.6) seien auch schon im Hinblick auf eine **Entscheidung** gegeben, die die **Beförderung lediglich vorbereitet**, also die Umsetzung auf einen höherwertigen Dienstposten. Dies wird damit begründet, dass der ausgewählte Bewerber auf dem neuen Dienstposten einen sog **Bewährungsvorsprung** (dazu BVerwG NVwZ 2012, 884, 885, Rn 30; BVerwG BeckRS 2011, 55138; OVG Weimar BeckRS 2013, 52375; VGH München BeckRS 2013, 51511; OVG Münster BeckRS 2011, 54662; VGH Kassel NVwZ-RR 2009, 527) erzielt, den der Konkurrent nicht mehr ausgleichen könne. Dementsprechend werde in diesen Fällen die **Auslese** für Beförderungsämter **vorverlagert** auf die Auswahl unter den Bewerbern um Beförderungsdienstposten. Dann müsse auch zu diesem Zeitpunkt Rechtsschutz gewährt werden (BVerfG 1. Kammer des Zweiten Senats NVwZ 2008, 69; VGH München BeckRS 2010, 33633 (für den Fall einer kommissarischen Übertragung des Dienstpostens); VGH München BeckRS 2013, 51511; OVG Münster BeckRS 2011, 54662; OVG Lüneburg BeckRS 2008, 39633; OVG Bautzen DVBl 2001, 1219; VGH Kassel NVwZ-RR 2009, 527; offen gelassen durch OVG Saarlouis BeckRS 2007, 28082 und OVG Schleswig NVwZ-RR 1995, 45).

Konkret: Die Übertragung eines höherwertigen Dienstpostens soll unter den Bedingungen **97.1** praktischer Tätigkeit die Prognose der zugrunde liegenden Auswahlentscheidung bestätigen, dass der künftige Inhaber des Dienstpostens – besser als etwaige Mitbewerber – nicht nur den Anforderungen seines konkreten Aufgabenbereichs, sondern auch denjenigen des von ihm als (End-)Ziel angestrebten, dem Dienstposten statusrechtlich zugeordneten Beförderungsamtes gerecht wird. Demgemäß hat letztendlich nur der auf einem solchen höherwertigen Dienstposten Erprobte die Chance der Beförderung in das dem Dienstposten zugeordnete Amt. Andere Interessenten, welche bei der Auswahlentscheidung über den Beförderungsdienstposten „leer ausgegangen" sind und die deshalb keine Gelegenheit erhalten haben, die grundsätzlich beamtenrechtlich vorgeschriebene Erprobungszeit zu absolvieren, kommen später, wenn die Entscheidung über die Beförderung ansteht, aus laufbahnrechtlichen Gründen für eine solche nicht in Betracht (so OVG Münster BeckRS 2003, 21530).

Andere Gerichte haben in Fällen der **Dienstpostenkonkurrenz** den **Anordnungs- 98 anspruch verneint** (OVG Lüneburg BeckRS 2007, 25208; OVG Magdeburg BeckRS 2008, 32747; OVG Weimar NVwZ-RR 2004, 52 (aufgegeben seit OVG Weimar BeckRS 2012, 58711); VGH Mannheim Beschl v 7.2.1997 – 4 S 73/97; OVG Koblenz NVwZ-RR 1996, 51; OVG Saarlouis NVwZ 1990, 687; OVG Bremen ZBR 1988, 65). Sie verweisen darauf, dass die Vergabe eines Dienstpostens grundsätzlich jederzeit rückgängig gemacht werden könne und eventuelle Bewährungsvorteile bis zur Bestandskraft der Auswahlentscheidung nicht berücksichtigt werden dürften (OVG Greifswald BeckRS 2004, 12830).

Die **Vergabe des Dienstpostens** im Wege einer Auswahlentscheidung hat **keine präju- 98a dizielle Bedeutung** für die anschließende **Beförderung**: Erhält ein Beamter einen höherwertigen Dienstposten auf Grund des Ergebnisses eines Leistungsvergleichs übertragen, macht dies einen weiteren Leistungsvergleich jedenfalls dann nicht entbehrlich, wenn zwischen der Übertragung des Förderdienstpostens und der Beförderung längere Zeit verstrichen ist (BVerwG NVwZ 2009, 787).

Der Dienstherr entscheidet im Rahmen seiner Organisationsfreiheit darüber, wie er eine **98b** freie Stelle wieder besetzen will. Es liegt in seinem personalwirtschaftlich bestimmten Ermessen, eine freie Stelle im Wege der Versetzung, Abordnung oder Umsetzung zu besetzen und auf eine Einstellung, Anstellung, Beförderung zu verzichten (VGH München BeckRS 2013, 51514; OVG Münster NVwZ-RR 2002, 362). Es findet dann eine sog **reine Dienstpostenkonkurrenz** statt, die **keine Beförderung vorbereitet**. Hat der Dienstherr den zugelassenen Bewerberkreis darauf beschränkt, dass lediglich Beamte berücksichtigt werden sollen, die sich bereits in einem der Wertigkeit der ausgeschriebenen Stelle entsprechenden statusmäßigen Amt befinden, ist mit der Übertragung somit kein beruflicher Aufstieg von Bewerbern aus niedrigeren Besoldungsgruppen und keine Statusveränderung verbunden („Versetzungsbewerber" bzw. „Umsetzungsbewerber" im Gegensatz zum „Beförderungsbewerber"), muss er diese Maßnahme nicht an den Maßstäben des Art 33 Abs 2 GG ausrichten (BVerfG 1. Kammer des Zweiten Senats NJW 2008, 909; OVG Münster BeckRS

2010, 50951; VGH München Beschl v 17.6.2008 – 3 CE 08.8849). Eine solche reine Dienstpostenkonkurrenz liegt auch vor, wenn ein Einstellungsbewerber und ein Versetzungsbewerber konkurrieren. Die in diesen Fällen zu treffende Auswahlentscheidung muss lediglich den Anforderungen an die Ausübung eines – sehr weiten, allerdings pflichtgemäßen – Ermessens genügen und darf sich nicht als willkürlich darstellen (VGH München BeckRS 2012, 57201).

98c   Die rechtlichen Anforderungen, die für die Bewältigung der Amts- und Dienstpostenkonkurrenz gelten, kommen auch zur Anwendung, wenn es um die Zulassung zu einer **Weiterbildungsmaßnahme** geht, deren erfolgreiches Absolvieren Voraussetzung für die Vergabe eines höherwertigen Dienstpostens ist (VGH München Beschl v 28.5.2010 – 3 CE 10.748).

99   Der übergangene Bewerber kann im Verfahren gem § 123 VwGO auch einen Anspruch durchsetzen, mit dem es seinem Dienstherrn untersagt werden soll, einen **konkurrierenden Angestellten** zu ernennen bzw höher zu gruppieren (OVG Weimar BeckRS 2012, 58711; OVG Magdeburg BeckRS 2008, 32748; OVG Münster NVwZ-RR 2004, 771; Kuhla FS Raue 2006, 173 ff).

100   Die für das Beamtenrecht entwickelten Grundsätze zum Konkurrentenrechtsschutz gelten gleichermaßen für das **Richterrecht** (BVerwG NJW 2011, 695; VGH München BeckRS 2012, 60522; OVG Münster BeckRS 2012, 50699; OVG Greifswald BeckRS 2012, 50482; OVG Bautzen BeckRS 2011, 54989; OVG Magdeburg BeckRS 2010, 55861; OVG Koblenz NVwZ 2008, 99; VGH Mannheim NVwZ-RR 2005, 585; VGH Kassel NVwZ 2003, 240; OVG Saarlouis NVwZ-RR 2003, 48; OVG Schleswig NJW 2001, 3495; VG Karlsruhe NVwZ-RR 2013, 233 (Stellenbesetzung am BGH)). Soweit Auswahlentscheidungen nach Maßgabe der Verfassung von einem **Richterwahlausschuss** getroffen werden, ist auch dieses Gremium an Art 33 Abs 2 GG gebunden (OVG Hamburg BeckRS 2012, 58542); es besteht aber ein Beurteilungsspielraum, der gerichtlich nur begrenzt überprüfbar ist (OVG Hamburg BeckRS 2012, 46986).

100a   Die für das Beamtenrecht entwickelten Grundsätze zum Konkurrentenrechtsschutz gelten schließlich auch für **Hochschullehrer** im öffentlichen Dienst (VGH München BayVBl 2011, 602), s dazu auch Rn 95e, und für andere Ämter, die in einem **öffentlich-rechtlichen Amtsverhältnis** besetzt werden (OVG Berlin BeckRS 2010, 45087 (Leiter der Antidiskriminierungsstelle des Bundes)).

100b   Ein Beamter, der sich gegen eine **Umsetzung** (zum Begriff s Johlen/Oerder MAH/Schnellenbach § 5 Rn 50) wehrt, verfolgt seinen Anspruch auf **Rückumsetzung** im Verfahren gem § 123 VwGO (vgl Rn 14.10). Der Antrag hat Erfolg, wenn die Umsetzung den Anspruch des Antragstellers auf **amtsangemessene Beschäftigung** verletzt; das ist in der Praxis selten der Fall (s aber VGH München BeckRS 2010, 33706). Wenn die neue Aufgabe amtsangemessen ist, dann kann die Umsetzung nach ständiger Rechtsprechung des Bundesverwaltungsgerichts nur auf Ermessensfehler überprüft werden. Bei dieser Ermessensausübung sind dem Dienstherrn grundsätzlich sehr weite Grenzen gesetzt. Die Ermessensentscheidung kann bei einer Umsetzung im Allgemeinen nur darauf überprüft werden, ob sie durch einen Ermessensmissbrauch maßgebend geprägt ist. Da Beamte im Interesse einer an den Grundsätzen der Sparsamkeit und Wirtschaftlichkeit ausgerichteten effektiven Verwaltung nicht nur für einen bestimmten Dienstposten, sondern im Hinblick auf die erforderliche vielseitige Verwendbarkeit, Austauschbarkeit und Mobilität für den gesamten Aufgabenbereich ihrer Laufbahn ausgebildet sind, ist die Übertragung eines Dienstpostens von vornherein mit der Möglichkeit der Umsetzung belastet (VGH München BeckRS 2013, 51515; OVG Bautzen BeckRS 2011, 53997; OVG Bautzen BeckRS 2010, 47705). Kurz: Der Dienstherr kann aus jedem sachlichen Grund den Aufgabenbereich des Beamten verändern, solange diesem ein dem statusrechtlichen Amt entsprechender Dienstposten verbleibt. Besonderheiten des bisherigen Aufgabenbereichs auch das Wahrnehmen einer etwaigen Leitungsfunktion, kommt keine das Ermessen des Dienstherrn einschränkende Bedeutung zu (so BVerwG NVwZ 1992, 572). Mit der organisatorischen Ermessensfreiheit des Dienstherrn bei Umsetzungen korrespondiert also das Fehlen eines Anspruches des Beamten auf unveränderte und ungeschmälerte Ausübung des ihm übertragenen konkreten Amtes im funktionellen Sinne (so OVG Magdeburg NVwZ-RR 2012, 409).

Ist eine Umsetzung wegen eines Verfahrensfehlers rechtswidrig, so kann sie nur dadurch **100c** wirksam rückgängig gemacht werden, dass – jedenfalls zunächst – der ursprüngliche Zustand durch die **Rückumsetzung** wieder hergestellt wird (OVG Magdeburg BeckRS 2009, 33732 (mangelnde Beteiligung des Personalrates)). Ungeachtet eines danach möglicherweise gegebenen Anordnungsanspruchs besteht für die mit einer solchen Regelungsanordnung verbundene Vorwegnahme der Hauptsache (vgl Rn 154) kein Anlass, wenn nicht dargelegt und glaubhaft gemacht wurde, dass der Beamte schlechthin unzumutbaren, anders nicht abwendbaren Nachteilen ausgesetzt wäre, wenn er auf den rechtskräftigen Abschluss eines Klageverfahrens verwiesen würde (OVG Bautzen Beschl v 8.5.2013 – 2 B 65/13; OVG Magdeburg BeckRS 2009, 33732).

Auch gegen eine **Änderung seines Aufgabenbereichs** geht der Beamte im Verfahren **100d** gem § 123 VwGO vor (vgl Rn 14.7). Ein Anordnungsanspruch ist allerdings zu verneinen, solange ihm ein amtsangemessener Aufgabenbereich verbleibt (VG Saarlouis BeckRS 2009 33382). Dasselbe gilt für sonstige, den Beamten betreffende, **behördeninterne Maßnahmen** (VGH München Beschl v 28.5.2010 – 3 CE 10.163 (Anordnung, künftig anstelle von Nachtdienst Dienst am Tage zu leisten); OVG Lüneburg BeckRS 2010, 51701 (Zuweisung eines anderen Dienstraums an einen Hochschullehrer)).

Der **Geschäftsverteilungsplan eines Gerichts** ist bezogen auf den einzelnen Richter **100e** kein Verwaltungsakt, sondern ein gerichtsinterner Organisationsakt, gegen den der betroffene **Richter** in der Hauptsache eine Feststellungsklage erheben kann. Im Wege einer einstweiligen Anordnung kann in diesen Fällen die Feststellung getroffen werden, dass der Antragsteller vorläufig nicht verpflichtet ist, seiner im Geschäftsverteilungsplan beschlossenen Zuweisung zu einem anderen Spruchkörper nachzukommen. Der erforderliche **Anordnungsanspruch** ist gegeben, wenn die Geschäftsverteilung ermessenswidrig erfolgt ist. Als mögliche Verletzungen der persönlichen Rechtsstellung des Richters, die den Ermessensspielraum des Präsidiums bei der Aufstellung eines Geschäftsverteilungsplans begrenzen, kommen insbesondere Verstöße gegen die richterliche Unabhängigkeit, Art 97 Abs 2 GG und gegen das Willkürverbot, Art 3 Abs 1 GG in Betracht (VGH Mannheim NJW-RR 2011, 861 (Geschäftsverteilungsplan des BGH)).

Die **unterjährige Änderung des Geschäftsverteilungsplans** eines Gerichts ist nur unter **100f** engen Voraussetzungen zulässig, vgl § 21e Abs 3 GVG. Eine danach rechtswidrige Änderung des Geschäftsverteilungsplans kann einen Anordnungsanspruch des **Richters** auf **Beibehaltung seiner bisherigen Zuständigkeit** begründen (VG Ansbach BeckRS 2009, 47037).

Wenn ein **beamteter Hochschullehrer** im Wege der einstweiligen Anordnung gem **100g** § 123 VwGO seine **Berufungszusage** durchsetzen will, dann ist ein Anordnungsanspruch zu verneinen, wenn diese Zusage unter einem sog Haushaltsvorbehalt steht (OVG Bautzen Beschl v 19.7.2000 – 2 BS 433/99; VG Sigmaringen BeckRS 2005, 30937).

Ein Anspruch auf **Aufnahme in den Vorbereitungsdienst** kann im Wege der einst- **100h** weiligen Anordnung gem § 123 VwGO durchgesetzt werden (OVG Bremen, 19.1.2012 – 2 B 275/11; VG Saarlouis BeckRS 2010, 56805 (Anspruch wurde jeweils verneint)).

Die Weisung an den Beamten sich einer **amtsärztlichen Untersuchung** zu unterziehen, **100i** um seine Dienstfähigkeit zu klären, ist kein Verwaltungsakt (BVerwG BeckRS 2012, 53130; VGH München BeckRS 2013, 46785; OVG Münster NVwZ-RR 2013, 198). Der Beamte hat einen Anspruch auf Aufhebung dieser Weisung wenn diese nicht durch konkrete Zweifel an der Dienstfähigkeit gerechtfertigt ist. Der Anspruch kann gem § 123 VwGO durchgesetzt werden (VGH München BeckRS 2013, 46785).

In der Praxis können zwischen dem Dienstherrn und dem Beamten **Streit über** dessen **100j** **Dienstfähigkeit** bestehen. Der Beamte kann in einer solchen Situation den ihm drohenden disziplinaren Sanktionen entgegenwirken, indem er gem § 123 VwGO einen Antrag auf Verpflichtung des Dienstherrn stellt, ihn wegen Dienstunfähigkeit vorläufig von der Verpflichtung zur Dienstleistung freizustellen (VGH München BeckRS 2012, 58272).

Ein Anspruch auf **Hinausschieben des Eintritts in den Ruhestand** eines Beamten **100k** kann im Wege der einstweiligen Anordnung gem § 123 VwGO gesichert werden (OVG Münster BeckRS 2013, 51567; OVG Münster BeckRS 2012, 55733 (der den Entscheidungen zu Grunde liegende § 32 Abs 1 LBG NRW ist mWv 1.6.2013 geändert und damit die Rechtsposition des Beamten geschwächt worden); VG Karlsruhe BeckRS 2012, 57775 hat auf der Grundlage von § 39 LBG BW einem solchen Antrag stattgegeben).

100l   Ein Beamter kann im Ausnahmefall auch nach Erlass einer **Zurruhesetzungsverfügung** entgegen dem Beamtengesetz (zB § 47 Abs 4 S 2 BBG) gestützt auf Art 19 Abs. 4 GG einen Anspruch auf Weiterzahlung seiner **vollen Besoldung** aus dem aktiven Beamtenverhältnis durch eine einstweilige Anordnung durchsetzen, wenn die Zurruhesetzung ersichtlich rechtsmissbräuchlich ist oder die Annahme der Dienstunfähigkeit aus der Luft gegriffen bzw. offensichtlich rechtswidrig ist (OVG Münster BeckRS 2013, 50201; VGH München BeckRS 2013, 50906).

100m   Ein Beamter kann von seinem Dienstherrn den **Schutz seiner Persönlichkeitsrechte** verlangen. Der Anspruch folgt aus der Fürsorgepflicht des Dienstherrn (§ 45 BeamtStG). Der Dienstherr kann bspw verpflichtet sein, dem Beamten **Beistand zu seiner Rechtsverteidigung in Strafsachen** zu gewähren, wenn das Verfahren einen dienstlichen bezug hat; ein solcher Anspruch kann im Verfahren gem § 123 VwGO verfolgt werden (s VGH Kassel BeckRS 2013, 52104).

100n   Die Fürsorgepflicht umfasst die in § 45 S 2 BeamtStG ausdrücklich angesprochene Verpflichtung des Dienstherrn, den Beamten bei seiner amtlichen Tätigkeit und in seiner Stellung als Beamter zu schützen. Dies verbietet es dem Dienstherrn nicht nur, den Beamten durch Kritik an seiner Amtsführung gegenüber Dritten (öffentlich) ohne rechtfertigenden sachlichen Grund bloßzustellen, sondern gebietet es auch, den Beamten **gegen unberechtigte Vorwürfe von außen in Schutz zu nehmen**. Bei Angriffen auf die Amtsführung eines Beamten durch unzutreffende Berichte in den Medien kann es danach im Einzelfall geboten sein, dem durch eine Klarstellung in einer **Presseerklärung** des Dienstherrn entgegenzutreten. Ein solcher Anspruch kann auch durch eine einstweilige Anordnung durchgesetzt werden (VGH München BeckRS 2013, 49652).

100o   Zur Einrichtung von **Telearbeitsplätzen** sind die Dienststellen einzelnen Beamten gegenüber nach pflichtgemäßem Ermessen nur im Rahmen der dienstlichen Möglichkeiten verpflichtet (BVerwG NVwZ 2008, 689). Ein durch eine einstweilige Anordnung sicherungsfähiger Anspruch ist daher regelmäßig nicht gegeben (OVG Lüneburg BeckRS 2012, 60114).

6. Anordnungsansprüche auf Erteilung von Informationen

101   Im Bund und in den Ländern begründen die **Informationsfreiheitsgesetze** einen weitreichenden Informationsanspruch des Bürgers gegenüber Behörden und sonstigen öffentlichen Stellen. Ein Anordnungsanspruch ist nach den gesetzlichen Regelungen regelmäßig zu verneinen, soweit und solange durch die Bekanntgabe der Information der Erfolg einer bevorstehenden behördlichen Maßnahme erheblich beeinträchtigt würde (vgl OVG Münster BeckRS 2008, 38481) oder die Auskunft nachteilige Auswirkungen auf die in § 3 Nr. 1 IFG genannten Belange haben kann (VG Frankfurt BeckRS 2009, 33680 (Verneinung des Informationsanspruchs eines Journalisten gegenüber der Bankenaufsicht)).

101a   Ein Antrag auf Informationszugang bzw. Auskunft kann im Verfahren gem § 123 VwGO durchgesetzt werden, wenn der antragstellende **Journalist** sich darauf berufen kann, dass die Themen, die Gegenstand seines Auskunftsersuchens sind, einen **starken Aktualitätsbezug** aufweisen und dass ihm eine von Art 5 Abs 1 GG geschützte Berichterstattung über diese Themen unzumutbar erschwert wird, wenn er die Entscheidung in einem Hauptsacheverfahren abwarten muss (OVG Berlin BeckRS 2012, 55340 (unter diesem Aspekt Anspruch bejaht); OVG Berlin LKV 2013, 88 (unter diesem Aspekt Anspruch verneint)).

101b   Das **Umweltinformationsgesetz** (UIG) begründet spezifische Informationsansprüche, die auch im Verfahren gem § 123 VwGO gesichert werden können (Beispiel: OVG Münster NVwZ-RR 2011, 855). Das UIG und die ihm zu Grunde liegende Umweltinformationsrichtlinie (Richtlinie 2003/4/EG vom 28.1.2003) sehen allerdings **keine speziellen Erleichterungen** für die Durchsetzung dieser Informationsansprüche im Verfahren des vorläufigen Rechtsschutzes vor (OVG Münster NVwZ-RR 2011, 855; VGH Kassel NVwZ 2007, 348). Der Umstand, dass der Anspruch auf Zugang zu Umweltinformationen nicht von der Darlegung eines rechtlichen Interesses abhängt (§ 3 Abs 1 Satz 1 UIG) und das Gesetz eine zügige Bearbeitung von Informationsanträgen vorsieht (§ 3 Abs 3, § 5 Abs 1 S 1 UIG), befreit nicht von den gesetzlichen Voraussetzungen für den Erlass einer einstweiligen Anordnung (OVG Berlin LKV 2013, 268).

Die **Landespressegesetze** und § 9a Rundfunkstaatsvertrag sehen besondere Auskunfts- 101c rechte für Medienunternehmen und -vertreter vor (vgl VG Berlin BeckRS 2013, 47359 (Auskunft über die frühere politische Tätigkeit eines nunmehrigen Kanzlerkandidaten); VG Dresden BeckRS 2009, 33677 (Auskunft über die DDR-Vergangenheit des Sächsischen Ministerpräsidenten)). Wenn der geltend gemachte Auskunftsanspruch nach eingehender Prüfung mit ganz überwiegender Wahrscheinlichkeit besteht, ist im Interesse einer von der Pressefreiheit geschützten **zeitnahen Berichterstattung** über Gegenstände von aktuellem Interesse eine einstweilige Anordnung zu erlassen, die die Hauptsache vorweg nimmt (OVG Münster BeckRS 2013, 45752).

7. Anordnungsansprüche im Fahrerlaubnisrecht

Nach § 28 Abs 1 Satz 1 FeV dürfen Inhaber einer gültigen **EU- oder EWR-Fahr-** 101d **erlaubnis**, die ihren ordentlichen Wohnsitz im Sinne des § 7 Abs 1 oder 2 FeV in Deutschland haben, im Umfang ihrer Berechtigung Kraftfahrzeuge im Inland führen (s auch Koehl DAR 2013, 241; Geiger DAR 2013, 61). § 28 Abs 4 FeV regelt Ausnahmen von dieser Berechtigung nach § 28 Abs 1 Satz 1 FeV. Unter anderem gilt nach § 28 Abs 4 Satz 1 Nr 2 FeV die Berechtigung grundsätzlich nicht für Inhaber einer EU- oder EWR-Fahrerlaubnis, die ausweislich des Führerscheins oder vom Ausstellungsmitgliedstaat herrührender, unbestreitbarer Informationen zum Zeitpunkt der Erteilung ihren ordentlichen Wohnsitz im Inland hatten (vgl OVG Münster BeckRS 2013, 52003; zur einschlägigen Beweiswürdigung VGH München BeckRS 2013, 52274). Diese nationalen Verordnungsbestimmungen beruhen auf dem unionsrechtlichen Grundsatz der Anerkennung von EU-Fahrerlaubnissen gem Art 2 Abs 1 der Richtlinie 2006/126/EG (s dazu EuGH NJW 2012, 1935; EuGH NJW 2008, 2403).

Wenn nach diesen unionsrechtlichen Bestimmungen die ausländische Fahrerlaubnis keine 101e Fahrberechtigung im Inland begründet, dann ist auf dem ausländischen Führerschein nach § 47 Abs 2 Sätze 2 und 3 FeV ein **Sperrvermerk** anzubringen. Bei diesem Vermerk handelt es sich nicht um einen Verwaltungsakt, sondern um einen **Realakt** (OVG Münster BeckRS 2013, 52003; VGH München BeckRS 2010, 36854). Der Erlaubnisinhaber, in dessen ausländischem Führerschein zu Unrecht ein Sperrvermerk eingetragen worden ist, hat einen Anspruch auf Löschung dieses Vermerks, den er im Verfahren gem § 123 VwGO durchsetzen kann (OVG Münster BeckRS 2013, 52003).

8. Anordnungsansprüche im Gewerberecht

Im **Gewerberecht** gibt es aufgrund des regelmäßig hohen Zeitdrucks zahlreiche Ver- 102 fahren gem § 123 VwGO, bei denen es um die Zulassung von Gewerbetreibenden zu **Märkten** (z B Weihnachtsmarkt) gem § 68 GewO und **Volksfesten** gem § 60b GewO geht (Kuhla/Hüttenbrink/Kuhla K 163g; allgemein zu Konkurrentenklagen bei begrenztem Kontingent s Rennert DVBl 2009, 1333).

Der Zulassungsanspruch steht regelmäßig im Ermessen der Behörde, vgl § 70 Abs 3 GewO. Die 102.1 das Ermessen steuernden Auswahlkriterien müssen den Grundsätzen der Transparenz und Nachvollziehbarkeit entsprechen, weil mit ihnen Eingriffe in das Grundrecht der Bewerber auf Berufsfreiheit (Art 12 GG) verbunden sind und Art 3 GG die Chancengleichheit aller Bewerber erfordert. (OVG Lüneburg BeckRS 2009, 41672; VG Gelsenkirchen BeckRS 2008, 36084); im Rahmen eines plausiblen Veranstaltungskonzepts findet lediglich eine Willkürkontrolle statt (VG Neustadt (Weinstraße) Beschl v 12.6.2009 – 4 L 511/09.NW). Ein Anordnungsanspruch ist nur im Falle einer Ermessensreduzierung auf Null gegeben (VGH München BeckRS 2013, 51179; OVG Münster BeckRS 2007, 26069; VGH Kassel BeckRS 2005, 26858; VG Oldenburg BeckRS 2013, 52666). Ein Anordnungsanspruch ist nicht allein deshalb gegeben, weil sich die zuständige Behörde dem mit der ordnungsgemäßen Ermessensausübung verbundenen Aufwand dadurch entzieht, dass sie die Plätze im Losverfahren vergibt (OVG Lüneburg NVwZ-RR 2006, 117). Der Umstand, dass bereits alle Plätze vergeben sind, schließt den Anordnungsanspruch nicht aus (BVerfG 2. Kammer des Ersten Senats NJW 2002, 3691; OVG Bautzen BeckRS 2009, 42483; **aA** VGH München BeckRS 2011, 45192; VG Augsburg BeckRS 2006, 30593).

Eine Verpflichtung zur **Neubescheidung** des Zulassungsantrags unter Beachtung der Rechts- 102.2 auffassung des Gerichts analog § 113 Abs 5 S 2 kommt in Betracht, wenn der Antragsteller ein berechtigtes Interesse hat, dass die Behörde möglichst frühzeitig und nicht erst nach Durchführung des Hauptsacheverfahrens in eine erneute Prüfung der Antragsvoraussetzungen eintritt, andererseits das Gericht in Bezug auf den Anordnungsgrund bei der Folgenabwägung eine vorläufige Einräumung der mit dem Antrag begehrten Rechtsposition für nicht vertretbar ansieht (OVG Münster BeckRS 2007, 26069; s a VGH München VGH München BeckRS 2013, 51179).

102.3   Bei einem Streit um die Wiedererteilung bzw Verlängerung einer **personenbeförderungsrechtlichen Genehmigung**, von der der eingerichtete und ausgeübte Gewerbebetrieb des Antragstellers abhängt, ist ein Anordnungsanspruch zu bejahen, wenn der geltend gemachte Wiedererteilungs- bzw. Verlängerungsanspruch mit hoher Wahrscheinlichkeit gegeben ist (OVG Hamburg BeckRS 2008, 37948; NVwZ-RR 2007, 760).

102a   Eine Gemeinde kann aber auch auf die eigene Durchführung eines Wochenmarktes verzichten und diese Aufgabe einem eigenverantwortlich agierenden privaten Marktveranstalter übertragen. Ein solches „Marktmodell" kann eine **vergaberechtsfreie Dienstleistungskonzession** zum Gegenstand haben. Die Interessenten haben einen Anspruch auf transparente und gleichmäßige Behandlung (OVG Berlin NVwZ-RR 2011, 293). Ein effektiver Primärrechtsschutz gebietet es, mindestens zwei Wochen nach Information der Bewerber über den Ausgang des Auswahlverfahrens abzuwarten, ehe mit dem ausgewählten Bewerber der Vertrag abgeschlossen wird (OVG Berlin NVwZ-RR 2011, 293).

102b   Behörden dürfen im Rahmen ihrer Kompetenzen durch **Information und Warnung der Öffentlichkeit**, konkrete Gewerbetreibende als Quelle einer bestehenden Gefahrensituation bezeichnen, wenn dies zur Erfüllung ihrer Aufgaben erforderlich ist und der Grundsatz der Verhältnismäßigkeit gewahrt ist (BVerwG NJW 1991, 1766 (Glykol-Wein)). § 40 Abs 1a Nr 2 LFGB begründet eine ausdrückliche Verpflichtung der Ordnungsbehörde zu einer solchen warnenden Information der Öffentlichkeit. Die Vorschrift begegnet allerdings erheblichen rechtlichen Bedenken (VGH München BeckRS 2013, 49568; VGH Mannheim BeckRS 2013, 46519; Schoch, NVwZ 2012, 1497). Ein Anspruch auf Unterlassung entsprechender Informationen der Öffentlichkeit (typischerweise im Internet) ist im Verfahren gem § 123 VwGO durchsetzbar (VGH München BeckRS 2013, 49568, VGH Mannheim BeckRS 2013, 46519; s auch Wollenschläger DÖV 2013, 7).

9. Anordnungsansprüche im Hochschulzulassungsrecht

103   Universitäre Ausbildungskapazitäten stehen nur begrenzt zur Verfügung. Art 12 Abs 1 GG in Verbindung mit dem allgemeinen Gleichheitssatz und dem Sozialstaatsgrundsatz gewährleistet ein **Recht auf Teilhabe** an vorhandenen Ausbildungsmöglichkeiten, soweit der Studierwillige die subjektiven Zulassungsvoraussetzungen erfüllt. Das so verstandene Recht auf Zulassung zum Hochschulstudium der Wahl kann nur durch Gesetz oder auf Grund eines Gesetzes eingeschränkt werden. Das Teilhaberecht steht unter dem Vorbehalt des Möglichen. Es ist zulässigerweise auf das begrenzt, was der Einzelne vernünftigerweise von der Gesellschaft beanspruchen kann (BVerfG NJW 1977, 569 (Numerus Clausus II)). Es gibt von Verfassungs wegen also keinen Anspruch, der auf die Schaffung oder Erhaltung von Ausbildungskapazitäten gerichtet ist (OVG Münster BeckRS 2009, 39667). Auf dieser Grundlage ist auch anerkannt, dass ein Studienbewerber seinen Anspruch auf Zulassung zum Studium an einer bestimmten Hochschule regelmäßig nicht mehr mit Erfolg geltend machen kann, wenn er einen entsprechenden Studienplatz an einer anderen Hochschule erlangt hat oder einen solchen ohne Zulassungsbeschränkungen erlangen kann (OVG Münster Beschl v 1.7.2013 – 3 C 21/13; OVG Münster BeckRS 2011, 54658 mwN); für das Verfahren gem § 123 VwGO fehlt dann das Rechtsschutzinteresse, vgl Rn 37.

103.1   Die Föderalismusreform (in Kraft seit 1.9.2006) hat wesentliche Bestandteile der bisherigen Regelungsbefugnisse des Bundes zum Hochschulrecht (Rahmenkompetenz nach Art 75 Abs 1 S 1 Nr 1a GG aF für die „allgemeinen Grundsätze des Hochschulwesens") auf die Länder übertragen. Der Bund hat aber noch gem Art 74 Abs 1 Nr 33 GG die konkurrierende Gesetzgebungsbefugnis für die „Hochschulzulassung". Die Länder dürfen von den Bundesregelungen nur nach Maßgabe des Art 72 Abs 3 Nr 6 GG abweichen (vgl BeckOK Epping/Hillgruber/Seiler GG Art 74 Rn 110).

103.2   Die maßgeblichen Vergaberegelungen finden sich in §§ 27 ff HRG, im Staatsvertrag über die Errichtung einer gemeinsamen Einrichtung für Hochschulzulassung (Hochschulzulassungs-StV) und in den Hochschulzulassungsgesetzen der Länder. Danach gibt es Studiengänge, für die die **Studien-**

platzvergabe zentral durch die **Stiftung für Hochschulzulassung** (Stiftung – früher ZVS) erfolgt; konkret geht es um die Studiengänge Medizin, Tiermedizin, Zahnmedizin und Pharmazie (vgl www.hochschulstart.de). Der Katalog der Studiengänge mit zentraler Zulassung wird durch gleichlautende Landes-Rechtsverordnungen auf der Grundlage von Art 12 Abs 1 Nr 6 Hochschulzulassungs-StV bestimmt. Die Zahl der in diesen Studiengängen im jeweiligen Studienjahr zu besetzenden Studienplätze wird nach Landesrecht ermittelt und festgesetzt (VG Münster BeckRS 2010, 55939), vgl Art 6 Hochschulzulassungs-StV. Die Studienplätze im Rahmen der so bestimmten Kapazität werden im Verhältnis 20 Prozent nach den Abiturbesten, 20 Prozent nach der Wartezeit und 60 Prozent im Auswahlverfahren der Hochschulen vergeben, Art 10 Hochschulzulassungs-StV.

Die Zulassung erfolgt für die beiden erstgenannten Gruppen (Abiturbeste und Wartezeit) durch **103.3** die Stiftung. Verschiedene Gerichte haben in den vergangenen Jahren im Zusammenhang mit der Entwicklung der **Wartezeit** betont, dass die Wartezeitzulassung ihre chancenwahrende Funktion nur erfüllt, solange sie unterhalb der in der Entscheidung des BVerfG „Numerus Clausus II" für verfassungswidrig gehaltenen Dauer von sechs bis sieben Jahren bleibt. Das für die Stiftung örtlich zuständige Verwaltungsgericht vertritt die Auffassung, dass das derzeitige Auswahlsystem, soweit es zu Wartezeiten von mehr als sechs Jahren führt, das aus **Art 12 Abs 1 GG** in Verbindung mit dem allgemeinen Gleichheitssatz und dem Sozialstaatsprinzip abgeleitete Teilhaberecht aller hochschulreifen Bewerber **verletzt.** (VG Gelsenkirchen BeckRS 2011, 54737). Es hat mit dieser Begründung die Stiftung im Verfahren gem § 123 VwGO zur Zulassung verpflichtet.

Die Gewährleistung des Art 12 GG umfasst grundsätzlich auch die Wahl des Studienortes und **103.4** kann so einen Anspruch auf Genehmigung eines **Studienplatztausches** begründen (Kiefer, NVwZ 2010, 351; OVG Saarlouis BeckRS 2008, 40152).

Soweit die Zulassung zum Hochschulstudium nicht durch die Stiftung vorgenommen wird, **103.5** erfolgt die **Studienplatzvergabe dezentral** durch die jeweilige Hochschule; diese erlässt auch die Ablehnungsbescheide, vgl Art 11 Hochschulzulassungs-StV. Das Auswahlverfahren der Hochschulen wird durch die Landes-Hochschulzulassungsgesetze im Rahmen von Art 10 Abs 1 Hochschulzulassungs-StV geregelt.

Eignungs- und Qualifikationsvoraussetzngen, die über die allgemeine Hochschulzugangsberech- **103.6** tigung hinausgehen, können durch Satzung festgelegt werden, vgl zB § 10 Abs 5 S 1 BerlHG. Das Landesrecht kann bestimmen, dass die Stiftung die Hochschule bei der Durchführung des Zulassungsverfahrens unterstützt, vgl Art 4 Hochschulzulassungs-StV.

Das Landeshochschulrecht regelt auch unter welchen Voraussetzungen Personen zum Studium **103.7** zugelassen werden können, die nicht die allgemeine Hochschuzugangsberechtigung haben (vgl VG Berlin BeckRS 2010, 56366).

Studienordnungen sehen vermehrt vor, dass die Zulassung von Studienanfängern für den Studi- **103.8** engang nur noch einmal jährlich zu einem bestimmten Semester erfolgt. Diese Regelungen sind Ausdruck der Organisationsfreiheit der Hochschule. Ein Anspruch auf Zulassung zu einem anderen Zeitpunkt ist damit wirksam ausgeschlossen (VG Berlin Beschl v 10.4.2008 – 3 A 54.08).

In Fällen, in denen die **Studienplatzvergabe zentral** durch die Stiftung für Hochschul- **104** zulassung erfolgt (vgl soeben Rn 103.2, kann der Antragsteller im einstweiligen Anordnungverfahren bspw geltend machen, er hätte nach Maßgabe der Härtefallregelung oder einer anders zu berechnenden Abiturnote einen Studienplatz **innerhalb der Kapazität** erhalten müssen (VG Berlin BeckRS 2010, 56365). Ein Anordnungsanspruch kann auch die im Hochschul-Auswahlverfahren angewendeten Kriterien in den Blick nehmen: Eine Zugangsregelung, die die Vergabe der Studienplätze allein nach der Durchschnittsnote der Hochschulzugangsberechtigung abhängig macht, ist rechtswidrig (VG München BeckRS 2006, 20232).

Wenn der Antrag auf Zulassung innerhalb der Kapazität keinen Erfolg hatte (ist ein solcher **104a** Antrag nicht gestellt worden, könnte der Anordnungsgrund zu verneinen sein, vgl Rn 135.8), dann kann der Antragsteller verlangen, dass die kapazitätsbestimmenden Faktoren gerichtlich überprüft werden. Diese Prüfung hat auch schon im Eilverfahren stattzufinden, weil der Antragsteller nur so seine tatsächliche Chance auf Zuweisung eines noch vorhandenen Studienplatzes bewahrt (BVerfG NVwZ 2004, 1112; einschränkend VG Sigmaringen BeckRS 2010, 56522). Für die Prüfung gilt das **Kapazitätserschöpfungsgebot** (OVG Münster BeckRS 2009, 39667): der antragstellende Studienwillige hat ein Recht auf Teilhabe an und Ausschöpfung der tatsächlich vorhandenen, nach den Regelungen der (Landes-)Kapazitätsverordnung unter Beachtung auch der Rechte der Hochschule ermittelten Ausbildungskapazität (OVG Hamburg BeckRS 2013, 51997; OVG Lüneburg BeckRS 2010, 55122).

104b   Dieser Antrag ist also auf eine Zulassung **außerhalb der festgesetzten Kapazität** gerichtet (VG Berlin BeckRS 2010, 56365; VG Münster BeckRS 2010, 56072; Brehm/ Zimmerling NVwZ 2008, 1303, 1306). Wenn das Gericht das Vorhandensein von Ausbildungsplätzen außerhalb der festgesetzten Kapazität ermittelt, deren Zahl aber für die Antragsteller nicht ausreicht, dann erfolgt die Vergabe der Plätze regelmäßig im Losverfahren (VG Münster BeckRS 2010, 56072; VG Düsseldorf BeckRS 2010, 55945).

104b.1   Das **Landesrecht** kann im Einzelnen regeln, unter welchen Voraussetzungen die Studienplätze vergeben werden können, die ein Gericht über die Zahl der von der Hochschule gemeldeten hinaus feststellt. Das Landesrecht kann so bestimmen, dass die Vergabe eines Studienplatzes außerhalb der festgesetzten Kapazität nur an solche Studienwillige erfolgen darf, die innerhalb einer bestimmten Frist bereits einen Antrag bei der Hochschule gestellt haben und die zudem auch ihre Zulassung im zentralen Vergabeverfahren in dem betreffenden Studiengang für den betreffenden Studienort beantragt haben, vgl § 24 Vergabeverordnung ZVS BW (s dazu VGH Mannheim BeckRS 2009, 40434). Eine landesrechtliche Bindung der Vergabe von Studienplätzen außerhalb der festgesetzten Kapazität an die Kriterien des für die innerkapazitäre Vergabe vorgesehenen Auswahlverfahrens der Hochschulen verstößt nicht gegen Bundesrecht (BVerwG BeckRS 2011, 50352).

104c   Dieselben Rechtsgrundsätze, die für die zentrale Vergabe von Studieplätzen gelten, kommen auch auf die **dezentrale Studienplatzvergabe durch die Hochschulen** zur Anwendung (s zB OVG Münster BeckRS 2011, 54658).

10. Anordnungsansprüche im Kommunalrecht

105   Das Landeskommunalrecht trifft zum Teil Regelungen, wonach über wichtige **Selbstverwaltungsaufgaben der Gemeinde** die Bürgerinnen und Bürger einen Bürgerentscheid beantragen können (**Bürgerbegehren**); ausgeschlossen vom Bürgerbegehren sind Fragen, die die Pflichtaufgaben zur Erfüllung nach Weisung oder Auftragsangelegenheiten betreffen (s Ritgen, NVwZ 2000, 129).

105a   Das Landesrecht verschließt dabei dem Bürgerbegehren regelmäßig Entscheidungen, die sich nicht auf eine **„Ja-Nein-Fragestellung"** reduzieren lassen, sondern erst im Ergebnis vielschichtiger Abwägungsprozesse getroffen werden können. Diese Entscheidungen bleiben allein dem Gemeinderat als Hauptorgan der Gemeinde vorbehalten (vgl VGH Mannheim BeckRS 2009, 32774 (Bürgerbegehren zu Fragen der Bauleitplanung)).

105b   In der forensischen Praxis haben Ansprüche zur **Sicherung von Bürgerbegehren** besondere Bedeutung. Konkret geht es darum – nach Maßgabe des jeweiligen Landesrechts – „überholende Beschlüsse" der Gemeindevertretung zu verhindern, dh einen Anspruch auf Nichtbefassung der Gemeindevertretung mit dem Gegenstand des Begehrens durchzusetzen. Der genaue Inhalt des Anordnungsanspruchs der Bürger, die das Begehren verfolgen (zu deren Beteiligtenfähigkeit im Verfahren gem § 123 VwGO s oben Rn 6, zu deren Antragsbefugnis s Rn 36.1) ist dabei vom jeweiligen Landeskommunalrecht abhängig (zum folgenden s auch Erlenkämper NVwZ 1999, 1295, 1309; zu den (landes-)verfassungsrechtlichen Grenzen eines Bürgerbegehrens BayVerfGH, NVwZ-RR 2000, 737).

106   Das Kommunalrecht sichert diese Befugnis teilweise dadurch, dass nach Feststellung der Zulässigkeit des Bürgerbegehrens (dazu Erlenkämper NVwZ 1999, 1295, 1308 mwN; s auch OVG Lüneburg NVwZ-RR 2005, 349) bis zur Durchführung des Bürgerentscheids eine dem Begehren entgegenstehende Entscheidung der Gemeindeorgane nicht getroffen oder mit dem Vollzug einer derartigen Entscheidung nicht mehr begonnen werden darf , sog **(absolute) Entscheidungssperre** (§ 26 Abs 6 S 6 GO NRW (vgl LT-Drs 14/3979, 133) und § 16g Abs 5 S 2 SHGO, s dazu OVG Schleswig BeckRS 2008, 40366 und NVwZ 2006, 362; Art 18a Abs 9 BayGO, dazu VGH München Beschl v 27.7.2009 – 4 CE 09.1055). So wird ein absolutes, sicherungsfähiges öffentliches Recht begründet, soweit das Bürgerbegehren zulässig ist (OVG Schleswig NVwZ 2006, 362).

107   In den meisten Ländern begründet das Kommunalrecht allerdings keine absolute, sondern nur eine **relative Entscheidungssperre**. Die Sperrwirkung des Bürgerbegehrens wird in diesen Fällen im Wege einer **Abwägung** bestimmt: Dem **Sicherungsrecht** der Vertreter des **Bürgerbegehrens** steht das Recht der Gemeinden und Landkreise auf **Selbstverwaltung** gegenüber.

Zum Selbstverwaltungsrecht gehört, dass die verfassungsmäßigen Organe der Gemeinden 108 und Landkreise funktionsfähig und in der Lage bleiben müssen, eigenständig und selbstverantwortlich über die Angelegenheiten der Gemeinde bzw des Landkreises zu entscheiden. Die zulässigen Maßnahmen der unmittelbaren Demokratie dürfen die Befugnisse der gewählten Vertretungsorgane der Gemeinden und Landkreise im Rahmen der repräsentativen Demokratie nicht so beschneiden, dass dadurch das Selbstverwaltungsrecht ausgehöhlt wird.

Ob dem Recht auf Absicherung des Bürgerentscheids das Selbstverwaltungsrecht der 109 Gemeinden und Landkreise vorgeht, ist abhängig von dem Ergebnis einer **Abwägung im Einzelfall**. Den Belangen zur Absicherung des Bürgerentscheids sind die Belange zum Schutz des kommunalen Selbstverwaltungsrechts im konkreten Falle gegenüberzustellen. Diese Notwendigkeit der Abwägung der gegenläufigen Interessen unterscheidet das Sicherungsrecht der Vertreter des Bürgerbegehrens wesentlich von der absoluten Entscheidungssperre, vgl soeben Rn 106. Auch bei dieser anderen gesetzlichen Ausgangslage ist im Ergebnis allerdings regelmäßig ein sicherungsfähiger Anspruch der das Bürgerbegehren tragenden Bürger zu bejahen (VGH Mannheim NVwZ-RR 2011, 837; VGH Kassel NVwZ-RR 2004, 281; OVG Koblenz IBRRS 42756; NVwZ-RR 1995, 411, 413; OVG Bautzen NVwZ-RR 1998, 253; OVG Greifswald NVwZ 1997, 306; VGH Kassel NVwZ 1994, 396).

Im Einzelfall kann problematisch sein, wann genau das **Sicherungsrecht entsteht.** Die 110 kommunalrechtlichen Regelungen heben in den meisten Ländern darauf ab, dass eine positive Entscheidung des Gemeinderats (vgl zB Art 18a Abs 8 BayGO) über die Zulassung des Bürgerbegehrens vorliegt. Ein Bürgerbegehren kann aber auch schon vor dieser Entscheidung durch einstweilige Anordnung gesichert werden, wenn die gerichtliche Abwägung ergibt, dass die Zulassungsvoraussetzungen des Bürgerbegehrens gesichert erscheinen (VGH München BeckRS 2010, 54011; OVG Bautzen NVwZ-RR 1998, 253; OVG Greifswald NVwZ 1997, 306; s aber VGH Mannheim BeckRS 2013, 46091: „Ist ein Bürgerbegehren beabsichtigt, aber noch nicht entsprechend den Anforderungen des § 21 Abs. 3 GemO eingereicht, fehlt es an einem sicherungsfähigen Anordnungsanspruch nach § 123 Abs. 1 VwGO." S dazu Porsch VBlBW 2013, 201). Eine solche Sicherungsanordnung ist durch den Umfang der gesetzlichen Sperrwirkung begrenzt.

Das **Sicherungsrecht erlischt,** wenn sich die Kommunalvertretung das Bürgerbegehren 111 zu eigen macht (OVG Hamburg BeckRS 2009, 35373 (verneint im Hinblick auf vom Bürgerbegehren inhaltlich abweichende Beschlussfassung)). Dasselbe gilt, wenn der Bürgerentscheid erfolglos bleibt (VGH München NVwZ-RR 1998, 256).

In einigen Bundesländern begründet ein Bürgerbegehren **keine Entscheidungssperre** 112 (VGH Mannheim BeckRS 2010, 49012; OVG Münster NVwZ-RR 1999, 140; OVG Lüneburg KommunalPraxis N-VwRR 1998, 246; VG Minden BeckRS 2007, 23597). Die Sperrwirkung wird in diesen Ländern erst durch den erfolgreichen Bürgerentscheid begründet (vgl Erlenkämper NVwZ 1999, 1295, 1309).

Gleichwohl kann im Einzelfall ein Anspruch auf **vorläufige Feststellung der Zulässigkeit des Bürgerbegehrens** gegeben sein. Eine solche Entscheidung hat einen Warneffekt für die Gemeinde, sich während der Dauer eines etwaigen Hauptsacheverfahrens der Risiken bewusst zu sein, die mit weiteren Vollzugsmaßnahmen einhergehen, wenn ihren Maßnahmen ggfs nachträglich die Grundlage entzogen wird und ihr hierdurch finanzielle Nachteile entstehen können (VGH Mannheim BeckRS 2011, 52300; VGH Mannheim BeckRS 2010, 49012).

Umstritten ist, ob die Vertreter des Bürgerbegehrens während des Verfahrens verlangen 113 können, dass **nachteilige Äußerungen** von **Gemeindevertretern** zum Gegenstand des Begehrens unterbleiben (bejahend VGH München NVwZ-RR 2000, 454; verneinend OVG Münster NVwZ-RR 2004, 283).

Ein Anspruch auf **vorläufige Zulassung eines Bürgerbegehrens** ist regelmäßig zu 113a verneinen (OVG Bautzen LKV 2008, 560).

Im Kommunalrecht geht es im Übrigen um die vorläufige Sicherung von Ansprüchen 114 bzw vorläufige Regelungen in unterschiedlichen Konstellationen des **Organstreits** (s auch Eyermann/Happ VwGO § 123 Rn 87 „Kommunalrecht").

114.1   Gestritten wird um die Sicherung des **Initiativrechts** von Gemeinderatsmitgliedern (VG Gera LKV 2003, 570), die Verteidigung der **Ausschussmitgliedschaft** eines Ratsmitglieds (VGH Kassel NVwZ 1999, 1369; OVG Berlin NVwZ 1998, 197; VG Potsdam LKV 2004, 478; VG Oldenburg NdsVBl 2003, 166), die Durchsetzung des **Akteinsichtsrechts** für Ratsmitglieder (OVG Greifswald LKV 1999, 106), die Sicherung des Anspruchs auf **rechtzeitige Information** des Ratsmitglieds durch Verhinderung der Beschlussfassung (OVG Greifswald LKV 1999, 109), die Behandlung eines Tagesordnungspunktes in **öffentlicher Sitzung** (VG Mageburg BeckRS 2012, 54080), die Durchsetzung eines Anspruchs auf Gewährung finanzieller **Zuwendungen** für die **Fraktionsgeschäftsführung** (VGH Kassel NVwZ-RR 1999, 188), die Durchsetzung des **Fragerechts** eines Gemeindevertreters in der Gemeindevertretung (VGH Kassel NVwZ-RR 1998; 773; OVG Brandenburg LKV 1999, 34), die **Unterlassung** öffentlicher **Äußerungen der Gemeinde** über einen Gemeinderat (VGH München BeckRS 2009, 37019), das an den **Bürgermeister** gerichtete Verlangen der Gemeindevertretung Widerspruch bzw **Klage gegen** eine **Baugenehmigung** zu erheben, die erteilt wurde, nachdem das gemeindliche Einvernehmen ersetzt worden ist (VG Wiesbaden NVwZ 2006, 959).

11. Anordnungsansprüche im Obdachlosenrecht

114a   Die Ordnungsbehörden der Länder haben die Aufgabe obdachlosen Menschen eine vorübergehende Unterkunft einfacher Art zu verschaffen (VG Würzburg BeckRS 2010, 36690). **Obdachlosigkeit im rechtlichen Sinne** setzt voraus, dass die betreffende Person weder über eine den Mindestanforderungen genügende Unterkunft verfügt, noch sich eine solche unter Ausschöpfung aller ihr zu Gebote stehenden zumutbaren Eigenmaßnahmen auch finanzieller Art selber verschaffen kann (VG München Beschl v 19.7.2012 – M 22 E 12.3295) und nicht aufgrund freiwilligen, selbstbestimmten Willensentschlusses ohne eine solche Unterkunft in Zukunft leben will (VGH Mannheim NVwZ-RR 1996, 439).

114b   Die zu Gunsten von obdachlosen Menschen bestehende Aufgabe der Gefahrenabwehr dient nicht der „wohnungsmäßigen Versorgung" (VG Oldenburg BeckRS 2012, 53330). Auch unter Berücksichtigung der humanitären Zielsetzung des Grundgesetzes ist es ausreichend, wenn obdachlosen Personen eine **Unterkunft** zugewiesen wird, die vorübergehend Schutz vor den Unbilden des Wetters bietet und Raum für die notwendigen Lebensbedürfnisse lässt. Obdachlose Personen müssen, weil ihre (ordnungsbehördliche) Unterbringung nur eine **Notlösung** sein kann, eine weitgehende Einschränkung ihrer Wohnansprüche hinnehmen. Die Grenze zumutbarer Einschränkungen liegt dort, wo die Anforderungen an eine menschenwürdige, das Grundrecht auf körperliche Unversehrtheit achtende Unterbringung nicht mehr eingehalten sind (VGH München BeckRS 2012, 57203). Die Gewährung und Sicherung einer Unterkunft auf Dauer ist grundsätzlich nicht Aufgabe der Gefahrenabwehrbehörde, sondern des zuständigen Trägers der Sozialhilfe (VGH Kassel NVwZ-RR 2011, 474). Ein Anspruch auf Wiedereinweisung in die bisherige Wohnung kommt daher nur unter strengen Voraussetzungen in Betracht (VGH München BeckRS 2012, 57203; VGH München BayVBl 1991, 114; VG Oldenburg BeckRS 2012, 53330).

12. Anordnungsansprüche im Prüfungsrecht

115   Im **Prüfungsrecht** wird Kandidaten die Zulassung zur Prüfung mit dem Argument verweigert, sie hätten sich einem vorangegangenen Prüfungsteil oder der fraglichen Prüfung selbst bereits erfolglos unterzogen und hätten daher von Gesetzes wegen keinen Anspruch auf erneute Beurteilung einer (weiterer oder neuen) Prüfungsleistung. Der Antragsteller versucht dann im Verfahren gem § 123 VwGO die **Zulassung zur Prüfung** zu erreichen (OVG Münster BeckRS 2008, 35620; Johlen Prozessformularbuch/Haase G II 1 Anm 8 ff).

116   Der **Anordnungsanspruch** besteht, sofern der Antragsteller glaubhaft macht, dass die negative Entscheidung über die vorangegangene Prüfung (OVG Schleswig NVwZ-RR 1993, 30) oder den vorangegangenen Prüfungsteil (VGH Kassel NVwZ-RR 2005, 330; OVG Lüneburg NordÖR 2003, 124; VG Ansbach BeckRS 2010, 34477) oder die Gleichstellung einer Nichtleistung mit einer nicht bestandenen Prüfung (OVG Bautzen BeckRS 2011, 47443; OVG Berlin BeckRS 2009, 40104) fehlerhaft ist (ausführlich zu der Frage, wie wahrscheinlich das Obsiegen in der Hauptsache sein muss: Zimmerling/Brehm NVwZ 2004, 651).

Die Rechtswidrigkeit der Prüfungsentscheidung kann dabei ihren Grund in **Bewertungsfehlern** (OVG Lüneburg NVwZ-RR 2009, 68 (Versagung eines Nachteilsausgleichs für Legastheniker); VGH Kassel NVwZ-RR 2005, 330; Beaucamp/Seifert NVwZ 2008, 261, 262; Kuhla/Hüttenbrink/Kuhla K 356) und **Verfahrensfehlern** haben (OVG Bautzen BeckRS 2011, 47443 (rechtswidrige Verneinung der Prüfungsunfähigkeit); OVG Bremen DÖV 2009, 772 (Ls); Beaucamp/Seifert NVwZ 2008, 261, 264; Kuhla/Hüttenbrink/Kuhla K 361).

Der Prüfungskandidat hat nach Maßgabe der jeweiligen Prüfungsordnung bzw. nach **117** allgemeinen Rechtsgrundsätzen eine **Rügepflicht** (besser: Rügeobliegenheit), die darauf gerichtet ist ein verwaltungsinternes Kontrollverfahren einzuleiten. Der Kandidat kann sich auf die Rechtswidrigkeit der Prüfung nicht (mehr) berufen, wenn er die Verletzung verzichtbarer Verfahrensrechte nicht beizeiten geltend gemacht hat, obwohl ihm dies zuzumuten gewesen wäre (Birnbaum NVwZ 2006, 286).

Die ordnungsgemäße Durchführung des **verwaltungsinternen Kontrollverfahrens 117a** setzt voraus, dass die Prüfungsbehörde substantiierte Einwände des Prüflings unverzüglich den Prüfern zum Zwecke des Überdenkens ihrer Bewertung zuleitet und die Prüfer die gerügten Bewertungen gleichermaßen unverzüglich überdenken. Die nicht ordnungsgemäße Durchführung des verwaltungsinternen Kontrollverfahrens geht zu Lasten der Prüfungsbehörde, soweit der Prüfling seinen Mitwirkungspflichten nachgekommen ist (OVG Münster BeckRS 2010, 46812).

Wenn es um **berufsbezogene Prüfungen** geht und wegen der Kürze der zur Verfügung **117b** stehenden Zeit die einschlägigen Rechtsfragen nicht mit der grundrechtlich gebotenen Intensität (Kuhla/Hüttenbrink/Kuhla J 133) geprüft werden können, so ist im Ausnahmefall über den Anordnungsanspruch auf der Grundlage einer **Folgenabwägung** ohne Berücksichtigung der Erfolgsaussichten in der Hauptsache zu entscheiden (BVerfG 2. Kammer des Ersten Senats NVwZ 1997, 480; VGH München BeckRS 2012, 54424; OVG Weimar BeckRS 2005, 27574; OVG Saarlouis NVwZ 2001, 942).

13. Anordnungsansprüche im Schulrecht

Im **Schulrecht** spielt der Antrag auf Zulassung zum Unterricht der nächst höheren Klasse **118** trotz **Nicht-Versetzung** (= Versagung der Erlaubnis zum Vorrücken, vgl. zB Art 53 Bayerisches Gesetz über das Erziehungs- und Unterrichtswesen) die größte praktische Rolle. Der Anordnungsanspruch ist gegeben, wenn der Antragsteller Tatsachen glaubhaft machen kann, aus denen sich ergibt, dass die Entscheidung über seine Nicht-Versetzung rechtswidrig ist und er bei rechtmäßiger Beurteilung seines Rechtsbegehrens mit überwiegender Wahrscheinlichkeit damit rechnen darf, versetzt zu werden (VGH München BeckRS 2012, 59122; VGH Mannheim BeckRS 2009, 42511; OVG Lüneburg BeckRS 2009, 39700; VG Berlin BeckRS 2012, 56431; VG Braunschweig BeckRS 2010, 52929; VG Dresden BeckRS 2010, 53314; Johlen/Oerder MAH/Budach § 15 Rn 153; Kuhla/Hüttenbrink/Kuhla K 328; Finkelnburg/Dombert/Külpmann Rn 1401).

Nach Maßgabe freier Plätze können die Erziehungsberechtigten einen Anspruch auf Einschulung **118.1** ihres Kindes in die gewünschte **Grundschule** haben, der im Verfahren gem § 123 VwGO durchsetzbar ist (VG Berlin BeckRS 2009, 37002).

Im **Schulrecht** geht es ferner um die Zulassung zu der **weiterführenden, höheren Schule 118.2** (VG Dresden BeckRS 2009, 40741). Diese kann zunächst von einer Empfehlung der Grundschule für eine bestimmte Schulform abhängen. Eine solche Schulformempfehlung ist gerichtlich nur auf Beurteilungsfehler überprüfbar (Verfahrensfehler, Verstöße gegen anzuwendendes Recht, Ausgehen von einem unrichtigen Sachverhalt, Verstoß gegen allgemeine Bewertungsgrundsätze, Orientierung an sachfremden Erwägungen, willkürliches Handeln, vgl OVG Münster NWVBl 2007, 488; Wallrabenstein DVBl 2010, 147; Beaucamp NVwZ 2009, 280). Der Anordnungsanspruch auf Zulassung zur weiterführenden Schule ist gegeben, wenn gegen die Rechtmäßigkeit der getroffenen negativen Zulassungsentscheidung ernsthafte Bedenken bestehen und es nach seinem Erkenntnisstand im Zeitpunkt der Eilentscheidung ganz überwiegend wahrscheinlich ist, dass die über die Zulassung entscheidende Stelle bei einer erneuten Befassung eine positive Zulassungsentscheidung treffen wird

(OVG Bautzen BeckRS 2011, 53930; VGH München Beschl v 11.9.2009 – 7 CE 09.2169; VGH Kassel BeckRS 2009 42012; OVG Lüneburg BeckRS 2009, 39700; VG Oldenburg BeckRS 2005, 22424; Beaucamp NVwZ 2009, 280; Kuhla/Hüttenbrink/Kuhla K 333).

118.3   Wenn der weitere Besuch einer weiterführenden Schule vom Bestehen einer **Probezeit** abhängig gemacht wird, dann ist ein Anordnungsanspruch zu bejahen, wenn sich die Entscheidung über das Nichtbestehen der Probezeit bei summarischer Prüfung als rechtswidrig erweist (VG Würzburg BeckRS 2010, 51494).

118.4   Wenn in einer weiterführenden Schule die **Aufnahmekapazität beschränkt** ist, dann ist das Vergabeverfahren so zu gestalten, dass die zeitliche Abfolge der Ablehnungs- und Aufnahmeentscheidungen **effektiven gerichtlichen Rechtsschutz** gegen rechtswidrige Ablehnungen ermöglicht. Durch Einräumung einer Zeitspanne ist sicherzustellen, dass die abgelehnten Schülerinnen und Schüler sowie ihre Erziehungsberechtigten tatsächlich Gelegenheit haben, ihren Zweifeln an der Rechtmäßigkeit der Ablehnung nachzugehen und das Verwaltungsgericht anzurufen, bevor alle Schülerplätze vergeben worden sind. Für einen Antrag auf Erlass einer einstweiligen Anordnung zum vorläufigen Freihalten eines Schülerplatzes wird in der Regel eine Woche als angemessene Überlegungsfrist ausreichen (VG Hannover BeckRS 2009, 31403). Wenn alle zur Verfügung stehenden Plätze durch Bescheid vergeben sind, verliert der nicht berücksichtigte Schüler seinen Zulassungsanspruch, der Grundlage des prozessualen Anordnungsanspruchs ist (OVG Lüneburg NVwZ-RR 2009, 372; VG Oldenburg BeckRS 2010, 50746).

118.5   Im **Schulrecht** kann es ferner um die **vorläufige Erteilung eines Abiturzeugnisses** gehen (VGH München NVwZ-RR 2005, 254).

118.6   Das Verlangen nach einer **Zurückstellung vom Schulbesuch** kann einen Anordnungsanspruch begründen (OVG Magdeburg BeckRS 2012, 57511; VGH München Beschl v 27.2.2009 – 7 CE 08.3351 (im konkreten Fall verneint)).

118.7   Das Schulrecht der Länder eröffnet der zuständigen Behörde bei der **Genehmigung einer privaten Ersatzschule** einen eigenen Einschätzungs- und Abwägungsspielraum (BVerfGE 88, 40). Das gilt insbesondere für die Prüfung des „besonderen pädagogischen Interesses" das in den meisten Ländern Genehmigungsvoraussetzung ist. Dieser Bewertungsvorrang der Behörde darf nicht missachtet werden, indem durch eine gerichtliche Eilentscheidung eine vorläufige Zulassung erzwungen wird. Ein Anordnungsanspruch wird aus diesem Grunde regelmäßig zu verneinen sein (VGH München Beschl v 8.10.2008 – 7 AE 08.2471).

14. Anordnungsansprüche auf Zugang zu gemeindlichen Einrichtungen

118a   Nach Maßgabe der Regelungen in den **Gemeindeordnungen der Länder** sind die Einwohner der Kommune berechtigt, die öffentlichen Einrichtungen der Gemeinde zu benutzen (vgl § 22 Abs 1 NGO). Der nach diesen Vorschriften grundsätzlich gegebene Zulassungsanspruch zu einer öffentlichen Einrichtung besteht allerdings nicht unbeschränkt. Vielmehr wird er durch den Zweck der öffentlichen Einrichtung begrenzt. Entscheidend ist der Inhalt der Widmung (VG Karlsruhe BeckRS 2009, 38709).

118b   Ein Zulassungsanspruch kann sich ferner aus **§ 5 ParteienG** ergeben (VGH München BeckRS 2011, 31791; OVG Saarlouis BeckRS 2009, 31665; VGH München BeckRS 2009, 40363; OVG Lüneburg BeckRS 2007, 27485). Politische Parteien haben im Hinblick auf den Zulassungsanspruch gem § 5 ParteienG ein **Recht auf Gleichbehandlung** bzw. Chancengleichheit (Art 3 Abs 1, Art 21 Abs 1 GG). Dieses Recht wird verletzt, wenn ein Träger öffentlicher Gewalt die Nutzung einer öffentlichen Einrichtung durch eine Partei verweigert oder beschränkt, obwohl er sie anderen Parteien unbeschränkt einräumt oder eingeräumt hat (vgl. BVerfG 3. Kammer des Zweiten Senats BeckRS 2007, 21805; OVG Berlin BeckRS 2012, 49724). Es bestehen daher keine Bedenken dagegen, wenn eine Kommune die Vermietung einer Halle vom Nachweis einer Haftpflichtversicherung abhängig macht (VG Augsburg BeckRS 2012, 60574, bestätigt durch BVerfG 2. Kammer des Zweiten Senats LKV 2013, 30).

IV. Anordnungsgrund

119   Der Anordnungsgrund liegt in der Notwendigkeit Rechtsschutz zu gewähren, bevor eine gerichtliche Entscheidung in der Hauptsache ergeht. Der Anordnungsgrund rechtfertigt, dass der Antragsteller „auf der prozessualen Überholspur an anderen Hauptsacheklägern vorbeifährt", um vor diesen gerichtlichen Rechtsschutz zu erreichen.

Der Anordnungsgrund muss zum Zeitpunkt der gerichtlichen Entscheidung (noch) vor- **120** liegen, anderenfalls ist der Antrag zurückzuweisen (OVG Berlin BeckRS 2011, 45065 (Anordnungsgrund für Antrag auf Verpflichtung zur Erteilung einer Aussagegenehmigung fehlt, wenn das Hauptsacheverfahren, in dem ein Schadensersatzanspruch geltend gemacht wird, ausgesetzt ist); VGH München NVwZ-RR 2006, 3).

Beim Anordnungsgrund spielen die unterschiedlichen Anordnungsarten eine Rolle, weil **121** § 123 VwGO insoweit die Anordnungsgründe unterschiedlich beschreibt (zutreffend S/S/B/Schoch VwGO § 123 Rn 76; Finkelnburg/Dombert/Külpmann Rn 108 und Rn 111 ff.; aA Sodan/Ziekow/Puttler VwGO § 123 Rn 45). In der forensischen Praxis wird allerdings selten differenziert. Dies mag daran liegen, dass die praktische Bedeutung der Sicherungsanordnung gering ist, so dass der von der Interessenabwägung geprägte Anordnungsgrund für die Regelungsanordnung in der Judikatur eine differenziertere Ausprägung erfahren hat.

1. Anordnungsgrund für die Sicherungsanordnung

Wenn es um eine Sicherung des bestehenden Zustands, die **Bewahrung des Status quo** **122** geht (VG Kassel BeckRS 2012, 59959), dann ist ein **Anordnungsgrund** für die **Sicherungsanordnung** gegeben, wenn durch eine Veränderung des bestehenden Zustandes die Verwirklichung eines Rechts des Antragstellers vereitelt oder wesentlich erschwert werden könnte, § 123 Abs 1 S 1 VwGO.

Die **Vereitelung** ist insbes zu befürchten, wenn der Antragsteller nach der behördlichen **123** Maßnahme aus rechtlichen oder tatsächlichen Gründen sein Recht nicht mehr wird durchsetzen können, also eine **irreversible Beeinträchtigung** droht.

> **Beispiele:** Verfolgung des **Bewerberverfahrensanspruchs**, s Rn 95. Das Verwaltungshandeln **123.1** durch **amtliche Informationen** ist irreversibel; bei Fehlinformationen können die dadurch bewirkten Folgen durch spätere Gegendarstellungen, Richtigstellungen oder sonstige Korrekturen nichts beseitigt werden, da die faktischen Wirkungen von Information regelmäßig nicht mehr eingefangen und umfassend beseitigt werden können (VGH Mannheim BeckRS 2013, 46519; Wollenschläger, DÖV 2013, 7, 13).

Ein Anordnungsgrund liegt aber auch vor, wenn die Rechtsverfolgung (nur) **wesentlich** **124** **erschwert** wird. Diese Voraussetzung ist bspw gegeben, wenn die drohende Veränderung der Situation zwar rein theoretisch wieder rückgängig gemacht werden kann, das jedoch nur mit einem Aufwand möglich ist, der praktisch gegen die Herstellung des Status quo ante spricht (vgl OVG Schleswig NVwZ 1994, 590, 592; weitere Beispiele bei S/S/B/Schoch VwGO § 123 Rn 78).

Bei dieser Tatbestandsalternative der wesentlichen Erschwerung gibt es eine Nähe zum **125** Anordnungsgrund für die Regelungsanordnung, dazu Rn 127. Ob es sich wirklich um eine **wesentliche** Erschwerung handelt, kann letztlich nur im Ergebnis einer wertenden Abwägung zwischen dieser drohenden Erschwerung und dem öffentlichen Interesse an der Konzentration auf den Hauptsacherechtsschutz entschieden werden.

Das **Unionsrecht** verpflichtet die Mitgliedstaaten für die **Rückzahlung rechtswidrig** **125a** **erlangter Beihilfen** Sorge zu tragen, um die dadurch bedingte Wettbewerbsverzerrung zu beseitigen. Das nationale Recht hat eine effektive Durchsetzung der Rückforderungsansprüche zu gewährleisten, sog. **Effektivitätsgrundsatz**, vgl Art 14 Abs 3 VO (EG) Nr. 659/1999 über Vorschriften für die Anwendung von Artikel 88 EG -Vertrag (jetzt Art 108 EGV) – BVVO (allgemein zu den prozessrechtlichen Auswirkungen des Effektivitätsgrundsatzes: Koenig/Hellstern EuZW 2011, 702). Aus dem Effektivitätsgrundsatz kann der Anordnungsgrund für den Erlass der einstweiligen Anordnung folgen (OVG Koblenz BeckRS 2013, 52194; s auch OVG Berlin NVwZ 2006, 104).

2. Anordnungsgrund für die Regelungsanordnung

Wenn es um die vorläufige Regelung eines streitigen Rechtsverhältnisses, also die **ange- 126** **strebte Veränderung des Status quo** geht (VG Kassel BeckRS 2012, 59959), dann ist der

Anordnungsgrund für die **Regelungsanordnung** gegeben, wenn diese nötig ist, um wesentliche Nachteile abzuwenden oder drohende Gewalt zu verhindern, § 123 Abs 1 S 2 VwGO.

127   Die Frage, ob eine vorläufige Regelung „nötig erscheint", ist auf der Grundlage einer **Interessenabwägung** vorzunehmen. Abzuwägen ist das Interesse des Antragstellers an der begehrten Regelung mit dem Interesse des Antragsgegners an der Beibehaltung des bestehende Zustands (S/S/B/Schoch, VwGO § 123 Rn 82). Zu diesem Zweck ist die Situation, die sich bei Erlass der einstweiligen Anordnung ergibt, mit der zu vergleichen, die sich ergibt, wenn der Antrag zurückgewiesen wird.

128   Das Gericht prüft also zunächst, welche **nachteiligen Folgen** der **Antragsteller** zu befürchten hat, wenn der Antrag auf Erlass einer einstweiligen Anordnung abgelehnt wird und sich im Hauptsacheverfahren herausstellt, dass der geltend gemachte Anspruch besteht. Die Gewichtung dieser Folgen ist verfassungsrechtlich durch Art 19 Abs 4 S 1 GG determiniert. Je schwerer die für den Antragsteller zu erwartenden Belastungen wiegen und je geringer die Wahrscheinlichkeit ist, dass sie im Falle des Obsiegens in der Hauptsache rückgängig gemacht werden können, umso weniger darf das Interesse an einer vorläufigen Regelung oder Sicherung der geltend gemachten Rechtsposition zurückgestellt werden (BVerfG 2. Kammer des Ersten Senats NVwZ-RR 2005, 442, 443). Einstweiliger Rechtsschutz ist insbes zu gewähren, wenn anders dem Antragsteller eine erhebliche, über Randbereiche hinausgehende Verletzung in seinen Grundrechten droht, die durch die Entscheidung in der Hauptsache nicht mehr beseitigt werden kann (BVerfG NJW 1989, 827; SG Fulda NZS 2011, 545 (Anordnung auf Bewilligung einer Drogentherapie, um eine Strafaussetzung zur Bewährung gem § 57 StGB zu ermöglichen). Bei der Gewichtung dieser Folgen kann eine Rolle spielen, ob der Antragsteller ohne Zeitverzug alles in seiner Möglichkeit Stehende veranlasst hat, um sein Interesse zu realisieren (OVG Münster BeckRS 2009, 34924; OVG Hamburg NVwZ-RR 1998, 314). Wenn allerdings eine aus Sicht des Antragstellers bereits erfolgte Rechtsverletzung Anlass für den Antrag auf einer Erlass einer einstweiligen Anordnung ist, ohne dass eine **konkrete Wiederholungsgefahr** gegeben ist, fehlt der Anordnungrund (VGH München BeckRS 2013, 52260).

129   Wesentliche Nachteile ergeben sich nicht allein aus einem **möglichen finanziellen Schaden**. Sie liegen vielmehr erst dann vor, wenn der Antragsteller so langfristig und nachhaltig in seiner wirtschaftlichen Betätigung beeinträchtigt wird, dass die erlittenen Einbußen bei einer späteren Regelung nicht mehr ausgeglichen werden können (OVG Bremen NordÖR 2005, 252; VG Hamburg BeckRS 2011, 46786; s auch OVG Münster BeckRS 2008, 32775). Teilweise wird für den Anordnungsgrund darüber hinausgehend verlangt, dass die finanzielle Einbußen in der Höhe erheblich erscheinen, sich anderweitig nicht abwenden lassen und mit einer gewissen Wahrscheinlichkeit zu einer die Existenz des Unternehmens führenden Gefährdung der finanziellen Verhältnisse führen werden (OVG Lüneburg BeckRS 2012, 48444; OVG Koblenz Urt v 7.12.1995 – 1 B 13193/95; VG Gießen NVwZ-RR 2006, 788).

130   Das Gericht untersucht ferner, welche **Nachteile** auf Seiten des **Trägers öffentlicher Gewalt** zu befürchten sind, sofern die einstweilige Anordnung erlassen wird und sich in einem späteren Hauptsacheverfahren herausstellt, dass der Antragsteller den geltend gemachten Anspruch nicht durchsetzen kann (OVG Schleswig NVwZ-RR 1992, 387). Das Gericht hat auch zu prüfen, ob dem Antragsgegner die Erfüllung des Anordnungsanspruchs unverzüglich bzw innerhalb einer bestimmten Frist tatsächlich möglich ist (verneint vom VGH München NVwZ 2005, 1094 für die Aufstellung eines Aktionsplans zur Luftreinhaltung gem § 47 BImSchG binnen zwei Wochen).

131   Im Rahmen der Interessenabwägung darf sich das Gericht im Ergebnis über **europäische Normen** hinwegsetzen, wenn es erhebliche Zweifel an deren Gültigkeit hat und nur so ein schwerer, irreparabler Schaden vom Antragsteller abgewendet werden kann (vgl Steinbeiß-Winkelmann NJW 2010, 1233, 1234). Bei der Beurteilung des Unionsrechts spielen Judikate aus anderen EU-Ländern eine wichtige Rolle. Wenn das Gericht sich mit derartigen Entscheidungen nicht inhaltlich auseinandersetzt, dann verstößt das gegen Art 19 Abs 4 GG (BVerfG 2. Kammer des Ersten Senats NVwZ 2004, 1346, 1347); zur Vorlagepflicht in diesen Fällen s Rn 166. Wenn das Gericht das an sich einschlägige Unionsrecht nicht anwendet, muss es bei seiner Entscheidung aber das Unionsinteresse im Übrigen angemessen berück-

sichtigen, zB durch entsprechende Sicherheitsleistungen (EuGH NJW 1996, 1333, 1335 unter 45. der Gründe).

Im Einzelfall kann die Bejahung des **Anordnungsanspruchs Indizwirkung** für das 131a **Vorliegen des Anordnungsgrunds** haben. Bei einer Fallgestaltung, in der dieser bei Versagung des vorläufigen Rechtsschutzes fortschreitend endgültig vereitelt wird, ist die Bejahung des Anordnungsanspruchs für die Prüfung des Anordnungsgrundes in weitem Umfang vorgreiflich. Dies gilt jedenfalls dann, wenn insoweit auch Grundrechtspositionen von Gewicht in Rede stehen (BVerfG 3. Kammer des Ersten Senats BeckRS 2009, 39313).

3. Anordnungsgrund für vorbeugenden Rechtsschutz

Die Antwort auf die Frage, ob dem Antragsteller auch **vorbeugender Rechtsschutz** zu 132 gewähren ist, stellt sich nicht erst bei der Prüfung des Anordnungsgrundes (so aber OVG Saarlouis NVwZ-RR 1994, 40), sondern ist zunächst vom Vorliegen eines besonderen Rechtsschutzbedürfnisses abhängig, s Rn 43. Wenn das besondere Rechtsschutzbedürfnis für einen Antrag auf vorläufigen, vorbeugenden Rechtsschutz zu bejahen ist, dann ist es eine Frage des **(besonderen) Anordnungsgrundes**, ob dieser Antrag – bei Vorliegen eines Anordnungsanspruchs – auch Erfolg hat.

Der **besondere Anordnungsgrund** liegt vor, wenn es dem Antragsteller **nicht zuge-** 133 **mutet** werden kann, die drohende Rechtsverletzung abzuwarten, um dann **nachträglichen Rechtsschutz** in Anspruch zu nehmen. Das Abwarten ist unzumutbar, wenn schon die kurzfristige Hinnahme der befürchteten Handlungsweise geeignet ist, den Betroffenen in seinen Rechten in besonders schwer wiegender Weise zu beeinträchtigen (OVG Münster BeckRS 2008, 31471 (verneint hinsichtlich des Verlangens eines Beamten die Genehmigung für eine Nebentätigkeit zu erhalten); VGH München BeckRS 2009, 33605 (verneint im Hinblick auf die angekündigte Versetzung eines Beamten)). Insoweit muss dem Antragsteller eine erhebliche, über Randbereiche hinausgehende Verletzung von Grundrechten drohen, die über die Entscheidung in der Hauptsache nicht mehr beseitigt werden kann (VGH Mannheim BeckRS 2013, 46519 (nachteilige Folgen für die Reputation eines Gaststättenbetriebs durch die drohende Veröffentlichung von behördlichen Warnhinweisen im Internet); OVG Münster NVwZ 2001, 1315). Der besondere Anordnungsgrund kann aber auch gegeben sein, wenn eine irreversible Beeinträchtigung von subjektiven öffentlichen Rechten droht, die einfachgesetzlicher Natur sind (OVG Münster BeckRS 2008, 34983; OVG Greifswald LKV 1999, 109; VG Frankfurt NJW 2005, 616; weitere Beispiele bei Kuhla/Hüttenbrink/Kuhla J 220; S/S/B/Schoch VwGO § 123 Rn 46).

In einem solchen Fall ist der Anordnungsgrund nur zu verneinen, wenn ausnahmsweise 134 überwiegende, besonders **gewichtige (öffentliche) Gründe** entgegenstehen (OVG Münster NVwZ 2001, 1315).

Muss der Antragsteller damit rechnen, bereits vor Klärung einer unklaren Rechtslage im 134a Rahmen eines gerichtlichen Verfahrens mit einer Vielzahl von **Bußgeldbescheiden überzogen** zu werden und Untersagungsverfügungen ausgesetzt zu sein, liegt ebenfalls der besondere Anordnungsgrund für den Erlass einer einstweiligen Anordnung nach § 123 VwGO vor (VGH München BeckRS 2010, 56426 und VGH München BeckRS 2011, 49517 (Unklare Reichweite des Rauchverbots in Gaststätten); s aber auch VG München BeckRS 2010, 36240).

4. Anordnungsgrund in klassischen Fallkonstellationen

Für einige klassische Fallkonstellationen sind in der Rechtsprechung weithin anerkannte, 135 **spezifische Abwägungskriterien** entwickelt worden, an Hand derer zu entscheiden ist, ob ein Anordnungsgrund gegeben ist (s auch Eyermann/Happ VwGO § 123 Rn 87).

Im **Ausbildungsförderungsrecht (BAFöG)** liegt ein Anordnungsgrund vor, wenn es ohne 135.1 Förderungsleistungen zu einer Gefährdung der laufenden Ausbildung kommt (VG Ansbach BeckRS 2006, 29579) und eine existenzielle Notlage glaubhaft gemacht ist (OVG Münster BeckRS 2013, 49463; VG Dresden Beschl v 20.1.2009 – 5 L 1790/08). Dagegen besteht grundsätzlich kein Anordnungsgrund, soweit es um Zahlungen für abgelaufene Zeiträume geht (OVG Bautzen Beschl v 4.3.2013 – 1 B 306/13; OVG Hamburg BeckRS 2013, 45166; VG Augsburg BeckRS 2009,

47470; VG Gießen BeckRS 2005, 35281, auch zu den Ausnahmen von diesem Grundsatz). Die zutreffende Förderungsart (Zuschuss und unverzinsliches Darlehen oder verzinsliches Darlehen) für einen zukünftigen Bewilligungszeitraum kann grundsätzlich nicht im Verfahren gem § 123 VwGO geklärt werden, weil der besondere Anordnungsgrund für den vorbeugenden Rechtsschutz fehlt (OVG Münster BeckRS 2013, 49457).

135.2   Im Ausländerrecht fehlt der Anordnungsgrund für Anträge, die die Zulassung oder Duldung des weiteren Aufenthalts eines Ausländers im Inland zum Gegenstand haben, wenn dieser sich ausländerbehördlichen Kontrolle nicht (mehr) stellt, also „untertaucht" (OVG Münster BeckRS 2005, 25433).

135.3   Im Baurecht kommt eine Regelungsanordnung regelmäßig nicht in Betracht, nach der die Baugenehmigungsbehörde verpflichtet wird, dem **Bauherrn** eine vorläufige Baugenehmigung zu erteilen, vgl Rn 88. In einem solchen Falle ist regelmäßig auch kein Anordnungsgrund gegeben (VG Koblenz NJOZ 2005, 1876).

135.4   Wenn im **Baurecht** der **Nachbar** einen Anordnungsanspruch gegen die Bauaufsichtsbehörde auf Einschreiten hat, vgl Rn 89 und Rn 90, dann ist regelmäßig auch ein Anordnungsgrund zu bejahen, weil die Fortsetzung von Bauarbeiten den rechtswidrigen Zustand weiter verfestigen würde (VG Augsburg BeckRS 2010, 35159). Das ist zu verneinen, wenn die Bauarbeiten (weitestgehend) abgeschlossen sind (VG Saarlouis BeckRS 2008, 32982).

135.5   Im **Beamtenrecht** ist der Anordnungsgrund in den Fällen der **Statuskonkurrenz** (dazu Rn 95) unproblematisch gegeben, weil die Beförderung des Konkurrenten nicht rückgängig gemacht werden kann. Der Anordnungsgrund entsteht allerdings erst mit dem Abschluss des Verwaltungsverfahrens. Ein Anordnungsgrund kann nicht mit der Begründung verneint werden, der nicht ausgewählte Bewerber hätte es unterlassen, den Dienstherrn mit Einwänden gegen die Auswahlentscheidung zu einer Aussetzung der Stellenbesetzung bis zu einer Entscheidung über seinen Widerspruch zu bewegen (OVG Berlin BeckRS 2012, 56681).

In der obergerichtlichen Rechtsprechung ist allerdings **umstritten**, ob der in das Auswahlverfahren einbezogene **Versetzungsbewerber** einen **Anordnungsgrund** geltend machen kann, wenn er die Auswahl eines Beförderungsbewebers angreifen und im Wege einstweiligen Rechtsschutzes verhindern will (Anordnungsgrund bejaht: OVG Greifswald NordÖR 2007, 323; tendenziell auch OVG Lüneburg BeckRS 2012, 49487; Anordnungsgrund verneint: VGH München BeckRS 2010, 53974; OVG Münster NVwZ-RR 2004, 437).

135.6   Inzwischen wird im **Beamtenrecht** zunehmend der Anordnungsgrund auch für den Fall der **Dienstpostenkonkurrenz** (dazu Rn 97) bejaht, soweit es um Versetzungen und Umsetzungen geht, die eine **Beförderung vorbereiten**. Die Dringlichkeit besteht, weil sich durch den Zeitablauf während des Hauptsacheverfahrens bei allen in die engere Auswahl einbezogenen Bewerbern Veränderungen ergeben können, deren – quasi künstliche – Ausblendung bei einer späteren neuen Auswahlentscheidung zu Ergebnissen führen könnte, die zu dem Zeitpunkt, in dem der streitbefangene Dienstposten endgültig besetzt werden kann, mit dem Grundsatz der Bestenauslese nicht mehr vereinbar wären (so zutreffend VGH München BeckRS 2009, 41043; VGH München BayVBl 2006, 91; VGH Mannheim NVwZ-RR 2006, 489; ähnlich OVG Münster BeckRS 2003, 21530 ; Kühling NVwZ 2004, 656, 660; aA noch OVG Lüneburg NVwZ-RR 2007, 829; OVG Münster BeckRS 2006, 25120; OVG Magdeburg BeckRS 2008, 32747; OVG Greifswald BeckRS 2004, 12830; OVG Weimar DÖV 1998, 607; OVG Koblenz NVwZ-RR 1996, 51).

135.7   Im Fall einer sog. **reinen Dienstpostenkonkurrenz** liegt dagegen kein Anordnungsgrund vor. Stellt sich nämlich im Hauptsacheverfahren die Rechtswidrigkeit der getroffenen Auswahlentscheidung zur Besetzung des Dienstpostens heraus, kann die Übertragung des Dienstpostens jederzeit rückgängig gemacht und der streitbefangene Dienstposten durch Versetzung oder Umsetzung wieder freigemacht werden (VGH München BeckRS 2012, 54420).

135.8   Für einen Antrag auf Erlass einer einstweiligen Anordnung, der auf die Verpflichtung des Dienstherrn zur **Fortführung eines abgebrochenen Stellenbesetzungsverfahrens** gerichtet ist, fehlt es in der Regel an einem Anordnungsgrund (OVG Münster BeckRS 2012, 58506; VGH München BeckRS 2010, 53735; OVG Münster BeckRS 2010, 53211; zu einem Ausnahmefall s VGH München BeckRS 2011, 31830). Im Rahmen von Stellenbesetzungsverfahren zur Ernennung von Hochschulprofessoren ist der Anordnungsgrund regelmäßig erst dann gegeben, wenn das Verwaltungsverfahren bis auf die Ernennung vollständig abgeschlossen ist (OVG Münster BeckRS 2008, 34983).

135.9   Einem Antrag, mit dem der Beamte gegen den gesetzlichen angeordneten **Übergang** seines Beamtenverhältnisses auf einen **anderen Dienstherrn** vorgeht, fehlt der Anordnungsgrund (OVG Bautzen Beschl v 16.1.2013 – 2 B 134/12; OVG Münster BeckRS 2008, 38287).

135.10   Einem Antrag, mit dem der Beamte den Einsatz auf einem **rauchfreien Dienstposten** anstrebt, fehlt der Anordnungsgrund (OVG Münster BeckRS 2011, 51125).

In Zeiten leerer öffentlicher Kassen häufen sich Anträge, mit denen Hochschullehrer **Beru-** 135.11 **fungszusagen** durchsetzen wollen. Ein Anordnungsgrund wird nur angenommen, wenn der Lehrstuhl des Antragstellers personell vollständig entblößt ist (VG Sigmaringen BeckRS 2005, 30937).

Im **Hochschulzulassungsrecht** fehlt der Anordnungsgrund, wenn der Antragsteller nicht das 135.12 ihm Mögliche und Zumutbare getan hat, um einen Studienplatz in dem gewünschten Studiengang zu erhalten (OVG Hamburg BeckRS 2012, 56131; OVG Magdeburg BeckRS 2012, 49399; aA OVG Münster BeckRS 2013, 48650 (unter ausdrücklicher Aufgabe der bisherigen Rspr)). Das bedeutet auch, dass der Antragsteller sich zum nächstmöglichen Zulassungstermin erneut um die Zulassung in dem angestrebten Studiengang bewerben muss; tut er dies nicht, dann verliert er den für den Erlass der einstweiligen Anordnung erforderlichen Anordnungsgrund (OVG Hamburg NordÖR 2013, 226).

Der **Anordnungsgrund fehlt**, wenn der Studienbewerber seinen **Antrag** gem § 123 VwGO 135.13 so spät stellt, dass eine erfolgversprechende Teilnahme an der Ausbildung im laufenden Semester nicht mehr möglich ist. In der Rechtsprechung ist streitig, ab wann genau der Anordnungsgrund fehlt. Teilweise wird vertreten, dies sei bereits dann der Fall, wenn der Antrag nicht **spätestens am ersten Vorlesungstag** gestellt worden ist (OVG Hamburg NVwZ-RR 1998, 314). Andere Gerichte verzichten auf eine starre Zeitgrenze für den Zeitpunkt der Antragstellung, fordern aber, dass ein sinnvoller Einstieg in das betreffende Semester noch möglich ist (OVG Lüneburg NVwZ 1983, 106; s a die erschöpfende Auswertung der Rspr in OVG Lüneburg BeckRS 2012, 60166).

Wenn der Antrag nach diesen Kriterien rechtzeitig gestellt ist, dann bleibt der Anordnungsgrund 135.14 unabhängig vom weiteren Verfahrensverlauf grundsätzlich bestehen (BVerfG 3. Kammer des Ersten Senats NVwZ 2005, 681; OVG Münster NVwZ-RR 2005, 416; VGH Mannheim NVwZ-RR 2004, 37; OVG Bautzen NVwZ-RR 2002, 752). Das soll selbst dann gelten, wenn zur Zeit des Ergehens der gerichtlichen Entscheidung das Semester bereits verstrichen ist (VGH Mannheim NVwZ-RR 2004, 37; VGH Kassel NVwZ-RR 2002, 750).

Der Anordnungsgrund fehlt, solange der Antragsteller auf Grund eines anderen verwaltungs- 135.15 gerichtlichen Eilverfahrens einen vorläufigen **Studienplatz** im selben Studiengang **an einer anderen Hochschule** innehat (OVG Münster BeckRS 2010, 47757 und BeckRS 2010, 46082) oder einen solchen Studienplatz ohne ausreichenden Grund ausgeschlagen hat (OVG Hamburg NVwZ-RR 2012, 600). Das Vorliegen eines Anordnungsgrundes hängt in einem solchen Falle nicht davon ab, wie es im Einzelnen zur Vergabe des den Anordnungsgrund ausschließenden anderweitigen Studienplatzes gekommen ist und wie „sicher" dieser anderweitige Studienplatz ist (VGH Mannheim NVwZ-RR 2007, 177; VGH Kassel NVwZ-RR 2002, 751).

Im **Informationsfreiheitsrecht** ist der Anordnungsgrund regelmäßig zu bejahen, wenn der 135.16 Antrag von einem Presseorgan gestellt wird, denn das Informationsinteresse der Öffentlichkeit hängt maßgeblich von der Aktualität der Berichterstattung ab. Die Presse ist daher zur Erfüllung ihrer Aufgaben auf eine **zeitnahe Informationsbeschaffung** angewiesen ist (OVG Berlin BeckRS 2012, 55340).

Im **Kommunalrecht** ist der Anordnungsgrund für die Verhinderung einer Sachentscheidung 135.17 des Rats gegeben, wenn das den Antrag stellende Ratsmitglied zuvor keine Beschlussunterlagen erhalten hat; das Ratsmitglied muss sich nicht auf den nachgängigen Rechtsschutz verweisen lassen (OVG Greifswald LKV 1999, 109). Der Anordnungsrund für die Zulassung eines Bürgerbegehrens ist gegeben, wenn nur so sichergestellt werden kann, dass es sich nicht durch einen inzwischen ergehenden Ratsbeschluss erledigt (OVG Münster NVwZ-RR 2004, 519; VG Augsburg BeckRS 2006, 30535).

Im **Planfeststellungsrecht** fehlt für einen statthaften Antrag gem § 123 VwGO auf Anordnung 135.18 einer zusätzlichen Schutzauflage der Anordnungsgrund, wenn diese ohne technische Probleme auch nach Abschluss der Bauarbeiten realisiert werden kann.

Im **Prüfungsrecht** ist der Anordnungsgrund für einen Antrag auf Zulassung zur Prüfung 135.19 gegeben, wenn – ohne gerichtliche Entscheidung – eine erhebliche Verzögerung der Ausbildung droht (VG Ansbach BeckRS 2006, 29576; Zimmerling/Brehm NVwZ 2004, 651, 653). Der Anordnungsgrund ist unabhängig davon auch deshalb zu bejahen, weil es dem Antragsteller nicht zumutbar ist, den erreichten Leistungsstand bis zur letztinstanzlichen Entscheidung in der Hauptsache zu bewahren (OVG Münster BeckRS 2009, 35620; OVG Saarlouis NVwZ 2001, 942; OVG Schleswig NVwZ-RR 1993, 30; Kuhla/Hüttenbrink/Kuhla K 382). Dementsprechend fehlt der Anordnungsgrund, wenn der Antragsteller die Möglichkeit hat, an einer Wiederholungsprüfung teilzunehmen und dadurch keine unzumutbare Verzögerung der Ausbildung eintritt (Zimmerling/ Brehm NVwZ 2004, 651, 653; Kuhla/Hüttenbrink/Kuhla K 383). Dem Prüfungskandidaten ist es daher auch zuzumuten zunächst den Ausgang seines Widerspruchsverfahrens abzuwarten (OVG Hamburg NJW 2007, 2874). Eine unzumutbare Verzögerung ist ferner nicht zu befürchten, wenn im nachfolgenden Semester eine Wiederholungsmöglichkeit gegeben ist (OVG Münster BeckRS 2007, 26476). Dies gilt auch dann, wenn die Wiederholung zur Verlängerung des Studiums um ein Semester führt (VGH München BeckRS 2007, 26476).

135.20   Für einen Antrag auf **Verbesserung der Prüfungsnote** gibt es keinen Anordnungsgrund (VG Lüneburg BeckRS 2006, 22550).

135.21   Im **Schulrecht** folgt der Anordnungsgrund für die begehrten Regelungen der (vorläufigen) **Aufnahme** in die **höhere Schule** oder der **Versetzung** regelmäßig aus dem Interesse des Schülers an einer altersgemäßen, verzögerungsfreien Ausbildung (VG Berlin BeckRS 2013, 45994; VG Darmstadt NVwZ-RR 1999, 380, 383; Johlen/Oerder MAH/Budach § 15 Rn 151). Dasselbe gilt in Fällen, in denen fraglich ist, ob der Schüler eine **Probezeit** bestanden hat (VG Würzburg BeckRS 2010, 51494). Allerdings ist auch zu prüfen, ob eventuell die Gesamtheit der Mitschüler in der nächsthöheren Klasse durch die Unterrichtsteilnahme des nicht versetzten Schülers unerträglich belastet und dieser vielleicht dadurch in seiner Ausbildung gehemmt wird (VGH Kassel NVwZ-RR 1993, 386).

135.22   Wenn es um die **Zulassung zu einem Markt** geht, dann ist der Anordnungsgrund regelmäßig zu bejahen, wenn mit einer Entscheidung im Hauptsacheverfahren eine Zulassungsentscheidung nicht mehr durchgesetzt werden könnte (VG Augsburg BeckRS 2006, 30593).

V. Entscheidungserheblicher Zeitpunkt

136   Der maßgebliche Zeitpunkt für die Beurteilung der Sach- und Rechtslage ist grundsätzlich der der Entscheidung des Gerichts in der Eilsache. Im Beschwerdeverfahren ist dies der Zeitpunkt der Beschwerdeentscheidung (VGH München NVwZ-RR 1990, 99, 100). Dieser Grundsatz gilt uneingeschränkt hinsichtlich des **Anordnungsgrundes** (OVG Münster BeckRS 2011, 47501).

137   Im Hinblick auf den **Anordnungsanspruch** ist derselbe Zeitpunkt maßgeblich, auf den in der Hauptsache abzustellen ist. Das ist in den Hauptsacheverfahren, deren Sicherung das Verfahren gem § 123 VwGO dient (Verpflichtungs-, Feststellungs-, Leistungs- und Unterlassungsklage), regelmäßig auch der Zeitpunkt der gerichtlichen Entscheidung, vgl § 113 VwGO Rn 74. Im Einzelfall ist auf einen anderen Zeitpunkt abzustellen, wenn dieser auch im Hauptsacheverfahren maßgeblich wäre (S/S/B/Schoch VwGO § 123 Rn 166).

C. Inhalt der einstweiligen Anordnung

138   Für den Inhalt der gerichtlichen Entscheidung im einstweiligen Anordnungsverfahren, die durch Beschluss ergeht, gelten eine Reihe von Besonderheiten. Es besteht einerseits keine strikte Bindung an den Antrag des Antragstellers. Die Tenorierung steht im Ermessen des Gerichts. Das hat auch Konsequenzen für die Begründung der Entscheidung. Andererseits ist der gerichtliche Entscheidungsspielraum eingeschränkt, weil grundsätzlich die Hauptsache nicht vorweg genommen werden darf. Eine weitere Einschränkung ergibt sich, weil vorbeugender Rechtsschutz nur ausnahmsweise gewährt werden darf.

I. Tenorierung

139   Gem § 173 VwGO findet § 938 Abs 1 ZPO im Verfahren gem § 123 VwGO Anwendung. Danach steht es im „**freien Ermessen**" des Gerichts, welche Anordnungen zur Erreichung des mit dem Antrag verfolgten Zwecks erforderlich sind. Dieses Ermessen ist allerdings unter verschiedenen Aspekten eingeschränkt.

140   Wenn der Antragsteller Tatsachen glaubhaft gemacht hat, die einen Anordnungsanspruch und einen auf diesen Anspruch bezogenen Anordnungsgrund tragen, dann hat das Gericht eine Anordnung zu erlassen. Hinsichtlich des „**Ob**" besteht **kein Ermessen** (Sodan/Ziekow/Puttler VwGO § 123 Rn 76).

141   Das dem Gericht **eingeräumte Ermessen** bezieht sich also ausschließlich auf den **Inhalt** der einstweiligen Anordnung, das „**Wie**" (OVG Greifswald BeckRS 2013, 52345; Sodan/Ziekow/Puttler VwGO § 123 Rn 109). Das Gericht ist insoweit an den das Verfahren einleitenden Antrag des Antragstellers nicht wörtlich gebunden (OVG Berlin Beschl v 13.1.2009 – 5 S 21.08; VGH München BeckRS 2007, 29129; VG Berlin BeckRS 2013, 45925). Sein Ermessen ist andererseits aber auch nicht völlig frei, sondern rechtlich determiniert durch den Zweck der einstweiligen Anordnung, durch den vom Antragsteller gestellten Antrag sowie den selbstverständlichen Grundsatz, dass von der Behörde nichts verlangt werden darf, was ihr tatsächlich oder rechtlich nicht möglich ist (OVG Schleswig NVwZ 2006, 363, 364).

Das Gericht unterliegt im Rahmen der Entscheidung über die einstweilige Anordnung **142** nicht denselben, engen rechtlichen Bindungen, die für die Entscheidung der Hauptsache gelten. Im Hinblick auf den Zweck der einstweiligen Anordnung (Offenhalten der Hauptsache) kommen vielmehr auch vorläufige Regelungen in Betracht, die in den einschlägigen materiell-gesetzlichen Regelungen so keine unmittelbare Grundlage finden (LSG Essen BeckRS 2010, 72653; S/S/B/Schoch VwGO § 123 Rn 140).

Das Gericht kann den **Tenor** seiner Entscheidung mithin **abweichend vom Antrag** **143** fassen, wenn sich aus dem Vortrag des Antragstellers ergibt, dass eine andere Fassung des Tenors dem Rechtsschutzbegehren besser entspricht. Dabei kann das Gericht nicht nur mit der einstweiligen Anordnung hinter dem Antrag zurückbleiben (minus), sondern unter Umständen auch eine geeignete andere Regelung (aliud) treffen (Beispiele: OVG Greifswald BeckRS 2013, 52345; OVG Schleswig NVwZ 2006, 363, 364; OVG Bautzen NVwZ-RR 1998, 253). Kurz: Das Gericht hat „losgelöst vom materiellen Recht einen auf den Einzelfall zugeschnittenen wirksamen Eilrechtsschutz zu gewährleisten" (so BVerwG BeckRS 2009, 33763).

Das Gericht darf seine Entscheidung auch durch Maßgaben (**Auflagen, Befristungen**) **144** ergänzen (VGH Mannheim BeckRS 2009, 42505 (Befristung analog § 80b Abs 1 S 1 VwGO); S/S/B/Schoch VwGO § 123 Rn 136) bzw die Wirkung seiner Entscheidung unter eine **auflösende Bedingung** stellen (OVG Schleswig NVwZ 2006, 363, 364; OVG Greifswald NVwZ 1997, 306) Das Gericht kann im Rahmen seines Ermessens gem § 123 Abs 3 iVm § 921 Abs 2 ZPO die Verpflichtung des Antragsgegners eine Leistung zu erbringen von einer **Sicherheitsleistung** des Antragstellers abhängig machen (OVG Lüneburg FEVS 29, 369). Das Gericht muss aber bei einer solchen Regelung den sich aus Art 19 Abs 4 S 1 GG ergebenden Anforderungen an die Effektivität des vorläufigen Rechtsschutzes Rechnung tragen, also verhindern, dass zu Lasten des Antragstellers eine erhebliche, über Randbereiche hinausgehende Verletzung in seinen Rechten eintritt, die durch die Entscheidung in der Hauptsache nicht mehr beseitigt werden kann, weil bspw die Erfüllung der ihm erteilten Auflagen nicht in seiner Rechtsmacht stehen (BVerfG 3. Kammer des Ersten Senats BeckRS 2009, 39313).

Die einstweilige Anordnung kann auch eine **(vorläufige) Feststellung** zum Inhalt haben **145** (BVerfG 2. Kammer des Ersten Senats NVwZ 2003, 856; OVG Münster ZLR 2005, 625; VGH München Beschl v 16.8.2010 – 11 CE 10.262 (Vorläufige Feststellung, dass der Antragsteller von einer ausländischen Fahrerlaubnis auf deutschem Gebiet Gebrauch machen darf); VG Hamburg BeckRS 2007, 21887; VG Gießen NVwZ-RR 2001, 431; S/S/B/Schoch VwGO § 123 Rn 139; aA noch OVG Koblenz NVwZ 1987, 145; VG Koblenz NJOZ 2005, 1876). Das kommt insbes in Betracht, wenn zwischen dem Antragsteller und der Behörde die ordnungsrechtliche Zulässigkeit eines bestimmten Verhaltens umstritten ist. Es verstieße dann gegen das Gebot eines effektiven Rechtsschutzes, wenn dem Antragsteller Eilrechtsschutz mit der Begründung verweigert würde, es sei ihm zumutbar, seine Rechte gegenüber der Verwaltung in einem möglichen Ordnungswidrigkeitenverfahren zu wahren (BVerfG 2. Kammer des Ersten Senats NVwZ 2003, 856; VG Gießen NVwZ-RR 2001, 431).

Wenn der Antragsteller eine Begünstigung begehrt, deren Gewährung im Ermessen der **146** Behörde steht oder wenn der den Anspruch begründende Tatbestand der Behörde einen Beurteilungsspielraum gibt, kann die einstweilige Anordnung bei Vorliegen eines Anordnungsgrundes nur auf eine **Neubescheidung** gerichtet sein (OVG Münster BeckRS 2007, 26069; OVG Münster NJW 1988, 89; VG Gelsenkirchen BeckRS 2008, 36084; VG Gelsenkirchen NWVBl 2004, 396; VG Oldenburg BeckRS 2003, 23972; **aA** OVG Bautzen BeckRS 2010, 53964).

Wenn es im Schulrecht um die vorläufige Versetzung geht, dann steht im Hauptverfahren **146.1** regelmäßig ein Anspruch auf Neubescheidung im Streit. In einem solchen Fall kann die einstweilige Anordnung auf die Neubescheidung beschränkt werden, sofern für die neue Verwaltungsentscheidung ausreichend Zeit zur Verfügung steht (zB große Ferien; OVG Münster NJW 1988, 89).

147   Das Gericht darf durch seine Entscheidung „die Hauptsache nicht vorwegnehmen". Der Antragsteller, der sich auf die „prozessuale Überholspur" begibt, kommt zwar schneller voran, wird dort im Regelfall aber nicht genauso weit gelangen wie im Hauptverfahren. Die abschließende gerichtliche Klärung des Rechtsstreits ist dem ordentlichen Erkenntnisverfahren vorbehalten (VGH Kassel NVwZ-RR 2005, 330; OVG Greifswald LSK 2006, 240779; VGH Mannheim NVwZ 2004, 630; OVG Frankfurt (Oder) BauR 2004, 1049; OVG Münster BauR 2004, 313). Im Verfahren gem § 123 VwGO ist nur eine **vorläufige Regelung** zu erreichen, die der Hauptsachenentscheidung noch Raum lässt. Aus dieser positiven Aussage wird immer noch geschlussfolgert, es gelte für das Verfahren gem § 123 VwGO grundsätzlich das **Verbot der Vorwegnahme der Hauptsache** (zu recht kritisch zu diesem Dogma Sodan/Ziekow/Puttler § 123 Rn 105). Das ist so nicht richtig, vgl Rn 154).

148   Die bloße Vorläufigkeit kann in einer im Verhältnis zur Hauptsachenentscheidung **reduzierten Durchsetzung der Interessen** des Antragstellers zum Ausdruck kommen. Die einstweilige Anordnung kann regelmäßig **nicht** auf eine **Verpflichtung zum Erlass eines Verwaltungsakts** gerichtet sein (Eyermann/Happ VwGO § 123 Rn 66d; Redeker/ v. Oertzen/M. Redeker VwGO § 123 Rn 13). Die Anordnung darf bspw auch nicht auf die Verpflichtung zum Widerruf einer dienstlichen Äußerung gerichtet sein, wohl aber die Verpflichtung zum Gegenstand haben, zu erklären, dass die Äußerung vorläufig nicht aufrechterhalten wird (eingeschränkter Widerruf, OVG Bautzen LKV 2002, 472).

148a   Die Geltung der einstweiligen Anordnung steht im Übrigen immer unter dem Vorbehalt der nachfolgenden Hauptsachenentscheidung (BVerfG 2. Kammer des Ersten Senats NVwZ 1997, 479, 481; BVerwG NJW 1994, 1601; OVG Lüneburg NordÖR 2003, 124). Dieser Aspekt der Vorläufigkeit kann im Tenor zum Ausdruck gebracht werden (Beispiel aus dem Beamtenkonkurrentenverfahren: Der Antragsgegner wird verpflichtet von einer erneuten Übertragung dieses Dienstpostens solange Abstand zu nehmen, bis über die Bewerbung des Antragstellers unter Beachtung der Rechtsauffassung des Gerichts erneut entschieden worden ist, vgl OVG Münster BeckRS 2005, 25760). Die bloße Tatsache, dass der in Folge der einstweiligen Anordnung verwirklichte Sachverhalt als solcher nicht wieder rückgängig gemacht werden kann, macht die vorläufige Regelung in einem solchen Fall nicht zu einer faktisch endgültigen (BVerfG 2. Kammer des Zweiten Senats NStZ 2004, 223; NVwZ 2003, 1112).

II. Begründung

149   Beschlüsse über einstweilige Anordnungen sind stets zu begründen, das bestimmt § 122 Abs 2 Satz 2 VwGO. Der Inhalt der Begründungpflicht entspricht der nach § 108 Abs 1 Satz 2 VwGO, vgl im Einzelnen § 122 VwGO Rn 16. Die Begründung muss erkennen lassen, **welche Überlegungen** für die richterliche Überzeugungsbildung in tatsächlicher und rechtlicher Hinsicht **maßgeblich** gewesen sind. Diese Begründungspflicht gewinnt besondere Bedeutung, wenn das Gericht sich mit dem Tenor seiner Entscheidung vom Antrag gelöst hat.

149a   Das Recht auf rechtliches Gehör (Art. 103 Abs 1 GG, § 108 Abs 2 VwGO) verpflichtet das Gericht, das Vorbringen jedes Verfahrensbeteiligten bei seiner Entscheidung in Erwägung zu ziehen, verlangt jedoch nicht, dass es das gesamte Vorbringen der Beteiligten in den Gründen der Entscheidung wiedergibt und zu jedem einzelnen Gesichtspunkt Stellung zu nehmen hat (VGH München BeckRS 2013, 46981). Das Verwaltungsgericht kann im Übrigen in analoger Anwendung von § 117 Abs 5 VwGO von einer weiteren Darstellung der Entscheidungsgründe absehen, soweit es der Antragserwiderung folgt (OVG Lüneburg BeckRS 2012, 60114).

III. Vorwegnahme der Hauptsache

1. Begriff der Vorwegnahme der Hauptsache

150   Aufgrund der Akzessorietät zwischen einstweiligem Anordnungs- und Hauptsacheverfahren gibt es immer einen inhaltlichen Bezug zwischen der einstweiligen Regelung und der Entscheidung in der Hauptsache. Die Hauptsachenentscheidung kann dabei in unterschiedlicher Weise vorweg genommen werden.

Die Hauptsache ist **endgültig vorweg genommen**, wenn die im einstweiligen Verfahren **151** erlassene Anordnung dem Hauptsachebegehren uneingeschränkt entspricht und nicht unter dem Vorbehalt der Hauptsacheentscheidung steht (BVerfG 2. Kammer des Zweiten Senats NVwZ 2003, 1112 („…Vorwegnahme der Hauptsache liegt nur dann vor, wenn die begehrte vorläufige Entscheidung faktisch einer endgültigen gleichkäme"); Finkelnburg/ Dombert/Külpmann Rn 176).

> **Beispiele:** Einstweilige Anordnung auf Gewährung beamtenrechtlicher Beihilfe (OVG Bautzen **151.1** BeckRS 2010, 47919); einstweilige Anordnung auf Erteilung einer Genehmigung zur Aussage vor einem parlamentarischen Untersuchungsausschuss (BVerwG NVwZ 2000, 189); einstweilige Anordnung, die die Ausstrahlung eines jugendschutzrechtlich bedenklichen Films vor 20 Uhr ermöglicht (OVG Berlin NJW 2003, 840).

Die Hauptsache ist dagegen nur **vorläufig vorweg genommen**, wenn die im einst- **152** weiligen Verfahren erlassene Anordnung dem Hauptsachebegehren zwar uneingeschränkt entspricht, aber unter dem Vorbehalt der Hauptsacheentscheidung steht (Finkelnburg/Dombert/Külpmann Rn 179).

> **Beispiele:** Einstweilige Anordnung, die auf die vorläufige Erteilung eines Abiturzeugnisses **152.1** gerichtet ist (VGH München NVwZ-RR 2005, 254); einstweilige Anordnung, die auf die Erteilung einer befristeten, endgültigen Taxengenehmigung abzielt (OVG Hamburg BeckRS 2008, 37948; s aber auch OVG Hamburg BeckRS 2012, 53523); einstweilige Anordnung, die auf eine vorläufige Einstellung gerichtet ist (OVG Münster BeckRS 2008, 31268); einstweilige Anordnung, die auf die Erteilung einer befristeten Baugenehmigung gerichtet ist (VG München BeckRS 2008, 46377); einstweilige Anordnung, die auf eine vorläufige Aufnahme eines Krankenhauses in den Krankenhausplan des Bundeslandes gerichtet ist (OVG Bautzen BeckRS 2011, 51091).

Von der **faktischen Vorwegnahme** wird schließlich gesprochen, wenn der Antragsteller **153** in Folge der einstweiligen Anordnung tatsächliche Vorteile erlangt, die an sich Folge der angestrebten Rechtsposition sind, die ihm aber (noch) nicht eingeräumt ist (Finkelnburg/ Dombert/Külpmann Rn 181).

> **Beispiele:** Genehmigungsbedürftige Nutzungsänderung findet (einstweilen) ohne Baugenehmi- **153.1** gung statt, vgl Rn 88.1; nicht versetzter Schüler nimmt am Unterricht der nächst höheren Klasse teil, vgl Rn 118; einstweilige Anordnung auf Auszahlung von Abschlägen auf die kindbezogene Förderung an eine Kindertagesstätte, die mangels endgültiger Rechtsgrundlage oder nach § 123 Abs 3 VwGO iVm § 945 ZPO zurückgefordert werden können (VGH München Beschl v 30.6.2010 – 12 CE 10.767); vorläufige Auszahlung von Wohngeld (VGH München BeckRS 2013, 48890).

2. Zulässigkeit der Vorwegnahme der Hauptsache

Die **vorläufige Vorwegnahme** (vgl Rn 152) begegnet **keinen Bedenken**. Im Gegen- **154** teil: Sie ist der Regelfall, wenn die einstweilige Anordnung ergeht (BVerfG NVwZ 2003, 1112, 1113; VGH Kassel NVwZ-RR 2001, 366; aA VGH München Beschl v 19.8.2008 – 7 CE 08.1414: grundsätzlich dürfen nur vorläufige Regelungen getroffen werden, die dem Antragsteller nicht schon in vollem Umfang – wenn auch nur auf beschränkte Zeit und unter Vorbehalt einer Entscheidung in der Hauptsache – das gewähren, was er nur in einem Hauptsacheprozess erreichen könnte.). Ein „im Rahmen von § 123 grundsätzlich geltendes Verbot der Vorwegnahme der Hauptsache" (so aber OVG Bautzen BeckRS 2011, 51102) gibt es also nicht (s ausführlich Hong NVwZ 2012, 468).

Dasselbe gilt für die **faktische Vorwegnahme** (vgl Rn 153), weil sie die materiell- **155** rechtliche Position des Antragstellers nicht verändert.

Die Einschränkung, nach der im Verfahren gem § 123 VwGO die Hauptsache nicht **156** vorweggenommen werden darf, hat also nur Bedeutung für die **endgültige Vorwegnahme**. Auch für diese Form der Vorwegnahme gilt die Einschränkung nicht immer. Im Interesse **effektiven Rechtsschutzes** (Art 19 Abs 4 GG) kann es geboten sein, die Hauptsache vorwegzunehmen, sofern eine Versagung vorläufigen Rechtsschutzes den Antragsteller **schwer und unzumutbar** oder **irreparabel** belasten würde (BVerfG NJW 2002, 3691; BVerwG NVwZ 2000, 189; VGH München BeckRS 2011, 54237; OVG Berlin BeckRS

2011, 45065; OVG Bautzen BeckRS 2010, 50450; OVG Münster BeckRS 2009, 37413; OVG Schleswig BeckRS 2008, 40366; OVG Münster BeckRS 2007, 21718; OVG Saarlouis NVwZ-RR 2005, 550). Der vorläufige Rechtsschutz ist also zu gewähren, wenn sonst dem Antragsteller eine erhebliche, über Randbereiche hinausgehende Verletzung in seinen Rechten droht, die durch die Entscheidung in der Hauptsache nicht mehr beseitigt werden kann, es sei denn, dass ausnahmsweise überwiegende, besonders gewichtige Gründe entgegenstehen (BVerfG 3. Kammer des Ersten Senats BeckRS 2009, 39313). Der Anordnungsgrund hat in diesen Fällen ein solches Gewicht, dass dem Antragsteller ein weiteres Zuwarten nicht zugemutet werden kann, weil Rechtsschutz dann nicht mehr gewährt werden könnte. Es müssen also unzumutbare Nachteile zu besorgen sein, die über die mit einem Zeitverlust stets einhergehenden Belastungen hinausgehen, welche die Dringlichkeit der erstrebten einstweiligen Anordnung rechtfertigen (zu Beispielen Kuhla/Hüttenbrink/Kuhla J 215; S/S/B/ Schoch VwGO § 123 Rn 155)

156.1   **Weitere Beispiele:** Erteilung einer Genehmigung zur Aussage vor einem parlamentarischen Untersuchungsausschuss (BVerwG NVwZ 2000, 189); Auskunft an die Presse im Interesse einer von der Pressefreiheit geschützten zeitnahen Berichterstattung (OVG Münster BeckRS 2013, 45752); Zugang einer politischen Partei zu einem kommunalen Versammlungssaal (VGH München BeckRS 2011, 31791); Verpflichtung zur Erteilung einer Tarifpreisgenehmigung iSv § 12 Bundestarifordnung Elektrizität (VGH München NJW 2007, 620); Fortsetzung der kommunalen Förderung einer Kindertageseinrichtung (VGH München BeckRS 2009, 38191); Sonderurlaub zur Pflege eines Angehörigen (OVG Saarlouis NVwZ-RR 2005, 550); Einstellung in den Vorbereitungsdienst (OVG Münster NWVBl 2000, 27); Erteilung einer an die abgelaufene personenbeförderungsrechtliche Genehmigung anschließenden Erlaubnis für einen bestimmten Zeitraum, innerhalb dessen voraussichtlich über die Hauptsache entschieden sein wird (VG Hamburg BeckRS 2006, 27113).

157   Die Gerichte verlangen teilweise als Voraussetzung für die Vorwegnahme der Hauptsache nicht nur einen solchen Anordnungsgrund von besonderem Gewicht. Sie machen vielmehr den Erlass der Anordnung davon abhängig, dass der Antragsteller hinsichtlich des **Anordnungsanspruchs** eine **sehr hohe Wahrscheinlichkeit** eines Obsiegens in der Hauptsache glaubhaft macht (grundlegend BVerfG NJW 1989, 827 (sub C 2b); BVerwG BeckRS 2013, 49802; OVG Weimar LKV 2012, 281; VGH München BeckRS 2011, 54237; OVG Greifswald LSK 2006, 240779; OVG Saarlouis NVwZ-RR 2005, 550; zu Beispielen s Kuhla/ Hüttenbrink/Kuhla J 216). Es soll vermieden werden, dass der Antragsteller im einstweiligen Verfahren etwas erhält, was er im Hauptverfahren nicht erreichen könnte (VG Schleswig Beschl v 27.9.2001 – 9 B 87/01).

IV. Überschreiten der Hauptsache

158   Von der Vorwegnahme der Hauptsache ist das **Überschreiten der Hauptsache** zu unterscheiden. Ein solches Überschreiten kommt insbes in Betracht, wenn es um einen Anordnungsanspruch geht, dessen Anerkennung von einer behördlichen Entscheidung abhängt, bei der die Behörde einen **Beurteilungs-** oder **Ermessensspielraum** hat. Wenn in derartigen Fällen mit den Erkenntnismitteln im einstweiligen Verfahren keine eindeutige Einschränkung dieser Entscheidungsspielräume zu bejahen ist, dann darf eine einstweilige Anordnung gleichwohl ergehen, wenn ansonsten eine Grundsrechtsposition des Antragstellers irreversibel vereitelt werden würde bzw ihm ein äußerst schwerwiegender Rechtsnachteil droht (VGH Kassel BeckRS 2010, 45232; Sodan/Ziekow/Puttler VwGO § 123 Rn 12 und Rn 106). Das temporäre Überschreiten der Hauptsache ist im Interesse effektiven Rechtsschutzes hinzunehmen.

158.1   Beispiel: Einstweilige Anordnung, die die Bauaufsichtsbehörde verpflichtet auf Antrag eines Nachbarn gegen ein von der Genehmigungspflicht frei gestelltes, materiell rechtswidriges Bauvorhaben einzuschreiten, vgl Rn 89 und Rn 90.

D. Verfahren auf Erlass der einstweiligen Anordnung

I. Antragsschrift

Die Ausgangslage eines Verfahrens gem § 123 VwGO unterscheidet sich wesentlich von **159** der eines Verfahrens gem § 80 Abs 5 VwGO. Soweit der Bürger Rechtsschutz gegen die Regelung eines Verwaltungsaktes begehrt, existiert auf Behördenseite immer ein teilweise umfänglicher Verwaltungsvorgang, anhand dessen sich das Gericht im Einzelnen über die Sachlage instruieren kann. Bei Einleitung eines Verfahrens gem § 123 VwGO ist es denkbar, dass auf Behördenseite keinerlei Unterlagen existieren bzw diese noch nicht zu einem eigentlichen Vorgang zusammengefasst sind. In dieser Situation muss der Antragsteller das erkennende Gericht umfassend über den entscheidungserheblichen Sachverhalt und seine Hintergründe informieren, um dem Gericht sogleich eine sichere Entscheidungsgrundlage zu verschaffen (Sodan/Ziekow/Puttler VwGO § 123 Rn 91; s auch Rn 29). Alsbald nach Einreichen der Antragsschrift sollte der Antragsteller im Kontakt mit dem Vorsitzenden der erkennenden Kammer bzw dem Berichterstatter klären, ob aus deren Sicht ergänzender Sachvortrag noch zweckmäßig ist.

II. Beiladung

Unter den Voraussetzungen des § 65 VwGO erfolgt auch im einstweiligen Anordnungs- **160** verfahren eine Beiladung. Der Antragsteller hat in der Praxis häufig Kenntnis davon, wer zweckmäßiger Weise oder zwingend beizuladen ist. Er sollte das in der Antragsschrift angeben.

III. Anhörung des Antragsgegners und des Beigeladenen

Das Gericht hat den Antragsgegner und die zum Verfahren Beigeladenen grundsätzlich **161** anzuhören. Im Rahmen der gerichtlichen Entscheidung dürfen nur solche Tatsachen verwertet werden, zu denen die Beteiligten vorher Stellung nehmen konnten (BVerfG 2. Kammer des Zweiten Senats NVwZ 2006, 1401).

Nur wenn der Schutz gewichtiger Interessen des Antragstellers eine sofortige Entschei- **162** dung erfordert, kann ausnahmsweise eine einstweilige Anordnung auch **ohne vorherige Anhörung** ergehen (VGH Mannheim NVwZ-RR 1999, 696). Die Anhörung ist dann nach Möglichkeit sofort nachzuholen (BVerfG NJW 1979, 154).

IV. Vorlagepflichten

Das Gericht kann in einem Verfahren gem § 123 VwGO zu der Erkenntnis gelangen, dass **163** eine für die Entscheidung maßgebliche bundes- bzw unionsrechtliche Norm verfassungs-widrig bzw ungültig ist. Im Hauptsacheverfahren muss das Gericht dann das grundgesetzliche Verwerfungsmonopol des BVerfG gem Art 100 GG (Kuhla/Hüttenbrink/Hüttenbrink E 317) bzw die richterrechtlich begründete exklusive Verwerfungskompetenz des EuGH beachten (Kuhla/Hüttenbrink/Endler L 101).

1. Vorlage gem Art 100 GG

Die **strikte Vorlagepflicht** des **Art 100 GG gilt nicht** für das einstweilige Anordnungs- **164** verfahren. Im Interesse des effektiven Rechtsschutzes ist der Entscheidungsspielraum des Gerichts hier größer. Hält das Verwaltungsgericht eine für seine Entscheidung maßgebliche Gesetzesnorm für verfassungswidrig, so **kann** es die Rechtssache gem Art 100 Abs 1 GG dem BVerfG zur Entscheidung **vorlegen** (Sodan/Ziekow/Puttler VwGO § 123 Rn 13). Praktisch wird das Gericht von dieser Möglichkeit aber kaum Gebrauch machen, weil das zeitaufwändige Vorlageverfahren mit der Dringlichkeit des Verfahrens gem § 123 VwGO nicht zu vereinbaren ist.

Für den Regelfall ist daher von Bedeutung, dass das Gericht **zur Vorlage** gem Art 100 **165** Abs 1 GG **nicht verpflichtet** ist. Das Gericht kann vielmehr seine verfassungsrechtliche Bewertung der entscheidungserheblichen Norm der Entscheidung zu Grunde zu legen und bereits vor der im Hauptsacheverfahren einzuholenden Entscheidung des BVerfG vorläufigen Rechtsschutz gewähren (BVerfG NJW 1992, 2749; VGH München BeckRS 2013, 46574; OVG Münster BeckRS 2010, 51578; OVG Berlin BeckRS 2009, 42130; OVG Hamburg BeckRS 2003, 24021; Sodan/Ziekow/Puttler VwGO § 123 Rn 13; s auch LSG Celle BeckRS 2010, 69014).

2. Vorlage gem Art 234 EG

166   In bestimmten Fällen haben die Gerichte in der Europäischen Union die Pflicht eine Rechtssache dem EuGH vorzulegen. Das gilt insbes, wenn das Gericht einen Unionsakt für ungültig hält und ihn deshalb nicht anwenden will (Kuhla/Hüttenbrink/Endler L 101; zur Vorlagepflicht in Verfahren, in denen das Gericht nationales Recht aufgrund eines Verstoßes gegen eine EU-Richtlinie nicht anwenden will, s Hummel NVwZ 2008, 36).

167   Im Verfahren gem § 123 VwGO gilt diese Vorlagepflicht nur modifiziert. Die Modifikation kommt zum Tragen, wenn das Verwaltungsgericht **erhebliche Zweifel an der Wirksamkeit** einer **Norm des sekundären Unionsrechts** (Kuhla/Hüttenbrink/Endler L 15) hat, diese für ungültig hält. Es ist dann unter engen Voraussetzungen befugt, diese Norm unangewendet zu lassen und durch eine einstweilige Anordnung eine vorläufige Maßnahme zu treffen. Eine solche Anordnung ist zulässig, wenn

- das Gericht erhebliche Zweifel an der Gültigkeit der Handlungen der Union hat (OVG Saarlouis NVwZ-RR 2011, 264; OVG Münster NWVBl 1996, 474),
- diese Gültigkeitsfrage, sofern der EuGH mit ihr noch nicht befasst ist, diesem vorlegt (OVG Saarlouis NVwZ-RR 2011, 264),
- die Entscheidung dringlich ist, um zu vermeiden, dass der Antragsteller einen schweren und nicht wieder gutzumachenden Schaden erleidet (OVG Saarlouis NVwZ-RR 2011, 264),
- das Gericht das Interesse der Union angemessen berücksichtigt (OVG Berlin BeckRS 2009, 42130) und
- wenn es bei der Prüfung all dieser Voraussetzungen die Entscheidungen des EuGH oder des EuG über die Rechtmäßigkeit der fraglichen Norm beachtet (EuGH NJW 1996, 1333; BVerfG 2. Kammer des Ersten Senats NVwZ 2004, 1346; Sodan/Ziekow/Puttler VwGO § 123 Rn 17 ff; Kuhla/Hüttenbrink/Endler L 76).

V. Mündliche Verhandlung

168   Die Anberaumung einer mündlichen Verhandlung über den Antrag steht gem § 123 Abs 3 VwGO iVm § 921 ZPO im Ermessen des Gerichts (VGH Mannheim NVwZ-RR 2005, 585).

VI. Zwischenregelung, „Hängebeschluss"

169   Der Erlass einer **Zwischenregelung** (auch **Hängebeschluss oder Zwischenverfügung**) kommt in Betracht, wenn zwar aktuell eine abschließende Sachentscheidung noch nicht getroffen werden kann, aber ein spezifisches auf den Erlass der Zwischenregelung bezogenes Sicherungsbedürfnis gegeben ist. Dies kann entstehen, weil zu befürchten ist, dass bis zur endgültigen gerichtlichen Eilentscheidung vollendete Tatsachen geschaffen werden (OVG Saarlouis BeckRS 2013, 45989; OVG Münster BeckRS 2013, 45114; OVG Berlin BeckRS 2013, 45191; OVG Bautzen BeckRS 2012, 60814; OVG Lüneburg BeckRS 2011, 51596; OVG Münster BeckRS 2006, 22097).

170   Eine Zwischenregelung darf nur erlassen werden, wenn das vorläufige Rechtsschutzbegehren nicht offensichtlich aussichtslos erscheint (OVG Saarlouis BeckRS 2007, 22893; OVG Berlin NVwZ-RR 1999, 212).

171   **Zwischenregelungen** sind prozessleitende, eine Sachentscheidung vorbereitende Verfügungen iSd § 146 Abs 2 VwGO, die noch keine die Instanz abschließende Sachentscheidung enthalten, diese vielmehr dem weiteren Verfahren vorbehalten (OVG Berlin NVwZ-RR 1999, 212; VGH Kassel NVwZ-RR 1995, 302; OVG Saarlouis NVwZ-RR 1993, 391). Zwischenregelungen sind daher grundsätzlich unanfechtbar (str, wie hier: OVG Berlin

NVwZ-RR 1999, 212; VGH Kassel NVwZ-RR 1995, 302; **aA** OVG Bautzen 27.7.2006 –
3 BS 151/06; OVG Münster NVwZ 1999, 785; OVG Saarlouis NVwZ-RR 1993, 391; s
ausführlich Guckelberger NVwZ 2001, 275).

Durch eine Zwischenregelung kann die Zeit bis zur eigentlichen, einstweiligen Ent- **172**
scheidung überbrückt werden, um den Antragsgegner bzw Beigeladenen zunächst einmal
anzuhören (Eyermann/Happ § 123 Rn 55: „praktische Konkordanz zwischen Art 19 Abs 4
GG und Art 103 Abs 1 GG"). Die so gewonnene Zeit kann vom Gericht auch genutzt
werden, um eine schwierige Sach- und Rechtslage sorgfältiger zu prüfen (OVG Münster
BeckRS 2006, 22097). Die Zwischenregelung kommt nur **für einen kurzen Zeitraum** in
Betracht. Die Durchführung einer Beweisaufnahme in diesem Zwischenstadium scheidet in
aller Regel aus (OVG Hamburg NVwZ 1989, 479).

VII. Entscheidungsform und Wirksamwerden, Erledigung

Das Gericht entscheidet durch **Beschluss**, § 123 Abs 4 VwGO. Das gilt auch, wenn eine **173**
mündliche Verhandlung stattgefunden hat.

Soweit das Rechtsmittel der Beschwerde gegeben ist, ist dem Beschluss eine entsprechen- **174**
de **Rechtsmittelbelehrung** beizugeben, vgl § 117 Abs 2 Nr 6 VwGO.

Die einstweilige Anordnung wird **wirksam** mit der Verkündung oder wenn sie allen **175**
Beteiligten bekannt gegeben worden ist (Eyermann/Happ VwGO § 123 Rn 72).

Wenn der Antragsteller das Verfahren **einseitig für erledigt** erklärt und der Antrags- **176**
gegner dem entgegentritt, dann kann der Antragsteller die Erledigung feststellen lassen (OVG
Bautzen Beschl v 17.8.2012 – 3 B 246/12; VGH Mannheim NVwZ-RR 2011, 932; zur
parallelen Prozesslage im Hauptsacheverfahren s BVerwG BeckRS 1995, 12100). Das Interesse an einer solchen Feststellung folgt unmittelbar daraus, daß es sich um die einzige Möglichkeit handelt, die Kostenlast zu vermeiden; dieses Interesse bedarf keiner gesonderten ausdrücklichen Feststellung in den Entscheidungsgründen.

Wenn die Beteiligten in der Hauptsache eine **übereinstimmende Erledigungserklä-** **176a**
rung abgegeben, ist das Verfahren einzustellen, § 92 Abs 3 analog. Ferner ist ggf festzustellen, dass ein in der Vorinstanz ergangener Beschluss unwirksam geworden ist, § 173 VwGO,
§ 269 Abs 3 ZPO analog (VGH München Beschl v 26.5.2011 – 3 CE 11.80; OVG Bautzen
BeckRS 2011, 51101).

Ein Verfahren auf Erlass einer einstweiligen Anordnung ist ferner erledigt, wenn der **176b**
Antragsgegner den behaupteten **Anspruch zur Abwendung der Zwangsvollstreckung**
erfüllt hat und dies auch bei abweichender Beschwerdeentscheidung nicht mehr rückgängig
gemacht werden kann. Damit ist das Verfahren erledigt, denn das durch die Akzessorietät des
einstweiligen Verfahrens bestimmte Verfahrensziel, die Sicherung der Erfüllbarkeit des materiellen Anspruchs – dazu Rn 76 –, ist bereits (über)erfüllt. Der Antragsgegner kann nach
Erledigung des Verfahrens auf Erlass einer einstweiligen Anordnung mit der Aufrechterhaltung seines Abweisungsantrags keine Sachentscheidung erreichen (OVG Berlin BeckRS
2012, 56931).

E. Anordnung des Hauptsacherechtsbehelfs

Die zivilprozessuale Vorschrift über die **gerichtliche Anordnung der Hauptsachen-** **177**
klage gem § 926 Abs 1 ZPO findet gem § 123 Abs 3 VwGO auf die einstweilige Anordnung entsprechende Anwendung. Diese Vorschrift dient dem Schutz des von einer einstweiligen Anordnung belasteten Beteiligten vor einer zu langen Bindung an eine im Hauptsacheverfahren nicht überprüfte Eilentscheidung (VGH München NVwZ-RR 1998, 685,
686; S/S/B/Schoch VwGO § 123 Rn 191). Der Umstand, dass der belastete Beteiligte ggf
auch gem § 80 Abs 7 VwGO vorgehen kann (s Rn 182), steht der Zulässigkeit eines solchen
Antrags nicht entgegen (VGH München NVwZ-RR 1998, 685, 686).

Bei der konkreten Anordnung gem § 926 Abs 1 ZPO ist den Besonderheiten des Ver- **178**
waltungsverfahrens Rechnung zu tragen. Wenn die einstweilige Anordnung ergangen ist,
ohne dass die zuständige Behörde bislang mit dem Sachverhalt befasst war, dann ist die
Anordnung darauf zu richten, dass zunächst ein dem Hauptsachebegehren entsprechender
Antrag bei der Behörde gestellt wird (OVG Berlin LKV 2012, 372). Wenn die Behörde in

Erfüllung der einstweiligen Anordnung bereits eine entsprechende Regelung getroffen hat, dann steht das der Zulässigkeit des Antrags gem § 926 Abs 1 ZPO nicht entgegen. Eine solche Regelung der Behörde beruht lediglich auf einer im vorläufigen Rechtsschutzverfahren nach summarischer Prüfung der Sach- und Rechtslage ergangenen Anordnung, während es jetzt um die Einleitung des Hauptsacheverfahrens geht, in welchem die rechtlichen Voraussetzungen der begehrten Regelung im einzelnen zu prüfen sind (VGH München NVwZ-RR 1998, 685, 686).

F. Aufhebung und Änderung der einstweiligen Anordnung

179   Wenn der Antragsteller es versäumt nach einer entsprechenden gerichtlichen Anordnung das Hauptsacheverfahren einzuleiten (vgl soeben Rn 177), diesen Rechtsbehelf einzulegen, dann kann der Beteiligte, der den Antrag gem § 926 Abs 1 ZPO gestellt hatte, die **Aufhebung** der einstweiligen Anordnung wegen **fehlender Hauptsachenklage** verlangen, § 123 Abs 3 VwGO iVm **§ 926 Abs 2 ZPO**.

180   Derselbe Anspruch kann sich aus § 123 Abs 3 VwGO iVm **§ 929 ZPO** ergeben. Diese Norm bestimmt, dass die einstweilige gerichtliche Entscheidung binnen eines Monats zu vollziehen ist. Konkret: Die Vollziehung der einstweiligen Anordnung ist unstatthaft, wenn seit dem Tag, an dem die Anordnung verkündet oder dem Beteiligten, auf dessen Gesuch sie erging, zugestellt ist, ein Monat verstrichen ist (OVG Berlin NJW 2012, 2216). Das gilt allerdings nur für Entscheidungen, die der Vollstreckung bedürfen und fähig sind; § 929 ZPO gilt also nicht für rechtsgestaltende Entscheidungen, die keinen vollstreckungsfähigen Inhalt haben (LSG Stuttgart BeckRS 2010, 74258).

180a   Wenn die gerichtliche Entscheidung dagegen einen vollstreckungsfähigen Inhalt hat, ist sie binnen eines Monats zu **vollziehen**. Die von Amts wegen erfolgende Zustellung des Beschlusses des Verwaltungsgerichts an den Antragsgegner genügt für die Vollziehung nicht: Diese Zustellung ist Wirksamkeitserfordernis der nicht verkündeten einstweiligen Anordnung und kann deshalb nicht zugleich ihrer Vollziehung dienen. Ihr fehlt das „spezifisch vollstreckungsrechtliche Element", dass der Gläubiger tätig wird und seinen Willen kundgibt, von dem Titel Gebrauch zu machen (VGH Mannheim BeckRS 2013, 49511; OVG Magdeburg NVwZ 2009, 855). Zweck des § 929 Abs 2 ZPO ist es – auch im Bereich des § 123 VwGO –, den Gläubiger anzuhalten, umgehend dem Schuldner Klarheit zu verschaffen, ob er von der Anordnung Gebrauch macht und damit das aus § 945 ZPO resultierende Schadensersatzrisiko in Kauf nimmt.

180b   Eine **Vollziehung** erfolgt entweder durch **Zustellung** der einstweiligen Anordnung im **Parteibetrieb** (dh gem §§ 192 ff ZPO durch Gerichtsvollzieher oder gem § 195 ZPO von Anwalt zu Anwalt) oder durch „eine ähnlich formalisierte oder urkundlich belegte, jedenfalls leicht feststellbare Maßnahme" (OVG Magdeburg NVwZ 2009, 855), zB einen **Antrag** auf **Festsetzung von Ordnungsmitteln** nach § 890 ZPO (VGH Mannheim BeckRS 2013, 49511).

180c   Wird die einstweilige Anordnung **nicht vollzogen**, so ist sie **aufzuheben**. In der Praxis kann so der Prozesserfolg im Verfahren gem § 123 VwGO vernichtet werden (OVG Magdeburg NVwZ 2009, 855; VGH München BeckRS 2009, 336407; OVG Münster NVwZ-RR 1992, 388; Beispiel bei Kuhla/Hüttenbrink/Kuhla J 225). Fraglich ist, ob die fehlende Vollziehung der einstweiligen Anordnung innerhalb der Monatsfrist den Aufhebungsanspruch auch dann begründen kann, wenn der Antragsgegner nach Erlass der Anordnung erklärt hat, er werde keine der gerichtlichen Entscheidung widersprechenden Fakten schaffen (verneint durch OVG Saarlouis NVwZ-RR 2008, 76).

181   Gem **§ 927 ZPO** kann der Arrest wegen **veränderter Umstände** auf Antrag aufgehoben werden. Es ist umstritten, ob diese Norm im Verfahren § 123 VwGO Anwendung findet, obwohl sie in § 123 Abs 3 VwGO ausdrücklich nicht für anwendbar erklärt wird.

181.1   Die Anwendbarkeit von § 927 ZPO wird von verschiedenen Gerichten bejaht (VGH Kassel NVwZ-RR 1996, 713 („Verweisung auf § 927 Abs 1 ZPO in § 123 Abs 3 VwGO versehentlich unterblieben"); OVG Schleswig NVwZ-RR 2003, 774 (zu § 47 Abs 6 VwGO); OVG Hamburg NVwZ-RR 1995, 180; OVG Koblenz NVwZ-RR 1991, 390). Dieser Ansicht ist nicht zu folgen: Der Gesetzgeber hatte in Kenntnis dieser vermeintlichen Verweisungslücke im Rahmen zahlreicher

Änderungen der VwGO die Möglichkeit dieses „Versehen" zu beseitigen. Das ist nicht geschehen. Damit ist der Weg zu § 927 ZPO endgültig versperrt (OVG Lüneburg BeckRS 2013, 50120).

Für den Rechtsschutz bedeutet die fehlende Anwendbarkeit des § 927 ZPO allerdings **182** keinen Abbruch. Im Gegenteil: Im einstweiligen Anordnungsverfahren ist im Hinblick auf die Abänderung oder Aufhebung einer verwaltungsgerichtlichen Entscheidung allein die verwaltungsprozessuale Norm **§ 80 Abs 7 VwGO analog** anzuwenden (OVG Lüneburg BeckRS 2013, 50120; OVG Bremen BeckRS 2012, 54831; OVG Münster BeckRS 2011, 46335 mwN; OVG Hamburg NVwZ-RR 2009, 543). Diese eröffnet – im Vergleich zu § 927 ZPO – erleichterte Abänderungsmöglichkeiten. Das Abänderungsverfahren kann gleichermaßen auf Antrag oder von Amts wegen (OVG Lüneburg BeckRS 2013, 50120) eingeleitet werden. Die Abänderungsbefugnis ist auch nicht auf Fälle beschränkt, in denen zuvor eine einstweilige Anordnung erlassen wurde, sondern erfasst auch vorhergehende, ablehnende Entscheidungen (VGH Mannheim NVwZ-RR 2002, 908; S/S/B/Schoch VwGO § 123 Rn 177; s auch Kuhla/Hüttenbrink/Kuhla J 165).

„**Veränderte Umstände**" gem § 80 Abs 7 S 2 VwGO, die einen Beteiligten zur **182a** Stellung eines solchen Antrags berechtigen, sind bei einer Veränderung der Tatsachenlage gegeben (BVerfG NVwZ 2008, 417). Sie liegen aber auch vor bei einer sich nachträglich ergebenden „Änderung der höchstrichterlichen Rechtsprechung oder der Klärung einer umstrittenen Rechtsfrage" (OVG Berlin BeckRS 2012, 60449; S/S/B/Schoch, § 80 Rn 585).

In **Hochschulzulassungssachen** kann der Antrag gem § 80 Abs 7 VwGO nur befristet gestellt **182a.1** werden: Ein im Verfahren des vorläufigen Rechtsschutzes rechtskräftig abgelehnter Studienbewerber kann seine Zulassung zum Studium außerhalb der festgesetzten Kapazität wegen veränderter oder im ursprünglichen Verfahren ohne Verschulden nicht geltend gemachter Umstände nur bis zum Vorlesungsende des Bewerbungssemesters erneut mit einem Abänderungsantrag gerichtlich geltend machen. Für einen nach diesem Zeitpunkt gestellten Abänderungsantrag Antrag fehlt es an einem Anordnungsgrund (so VGH BW VBlBW 2007, 34).

Das **Rechtsschutzinteresse** für das Verfahren gem § 80 Abs 7 VwGO analog fehlt, **182b** solange das Beschwerdeverfahren vor dem OVG noch anhängig ist (VG Dresden BeckRS 2010, 53307).

Der **Antragsgegner** kann nach einer entsprechenden Hauptsacheentscheidung die Auf- **183** hebung der einstweiligen Anordnung wegen veränderter Umstände gem § 80 Abs 7 S 2 VwGO verlangen.

In der obergerichtlichen Rechtsprechung ist umstritten, **welches Gericht** instanziell für **184** die Aufhebung einer einstweiligen Anordnung **zuständig** ist, die vom Rechtsmittelgericht erlassen worden ist (OVG Lüneburg BeckRS 2013, 50120; OVG Hamburg BeckRS 2009, 32793: Gericht der Hauptsache; OVG Koblenz NVwZ-RR 1991, 390: erstinstanzliches Gericht; OVG Münster NVwZ-RR 1990, 591: Rechtsmittelgericht).

G. Beschwerde

Gegen Entscheidungen des Verwaltungsgerichts gem § 123 VwGO steht den Beteiligten **185** die Beschwerde zu, vgl § 146 VwGO (s im Einzelnen § 146 VwGO Rn 8; zum **Rechtschutzbedürfnis** für die Beschwerde im Hinblick auf einen möglichen Schadensersatzanspruch nach § 123 Abs 3 VwGO i. V. § 945 ZPO für den Fall der Aufhebung der einstweiligen Anordnung in Sachverhalten, in denen der Antragsgegner einer Anordnung des Verwaltungsgerichts nachgekommen ist, s VGH München BeckRS 2013, 47781; zu den **besonderen Ermittlungspflichten** auch des Beschwerdegerichts s BVerfG 2. Kammer des Ersten Senats NVwZ 2004, 1112; zu den Zulässigkeitsvoraussetzungen einer **Anschlussbeschwerde** s OVG Lüneburg BeckRS 2005, 22737).

H. Schadensersatz

§ 123 Abs 3 VwGO erklärt auch **§ 945 ZPO** für entsprechend anwendbar. Bei Vorliegen **186** der tatbestandlichen Voraussetzungen ist daher der Antragsteller verpflichtet, dem Verfahrensgegner im Wege der **Gefährdungshaftung** den Schaden zu ersetzen, der diesen durch die Vollziehung der schließlich aufgehobenen einstweiligen Anordnung entstanden ist.

187   In der Praxis stellt sich die Frage nach dem Schadensersatz(risiko) insbes in Fällen, in denen eine einstweilige Anordnung begehrt wird, die die Behörde zum Erlass eines Verwaltungsaktes mit Doppelwirkung verpflichtet (vgl Rn 89 und Rn 90). Der Antragsteller möchte dann wissen, ob Schadensersatzansprüche drohen, sofern diese einstweilige Anordnung später einmal aufgehoben werden sollte. Der BGH vertritt in ständiger Rechtsprechung die Auffassung, dass der Anspruch gem § 945 ZPO nur vom Antragsgegner (hier also der Behörde), nicht aber vom Beigeladenen geltend gemacht werden könne (BGH NJW 1981, 349). Die Befürchtung des Antragstellers, er müsse im Falle einer Aufhebung der einstweiligen Anordnung den dem Beigeladenen entstandenen Schaden (häufig ein gewichtiger Verzögerungsschaden) ersetzen, ist also regelmäßig unbegründet (Johlen/Oerder MAH/Johlen, § 2 Rn 262; Kruse JuS 2009, 821).

188   **Ausnahmsweise** ist aber ein **Schadensersatzrisiko** gegeben. Es geht um die Fälle, in denen der Antragsteller nicht von dem Antragsgegner Behörde ein Vorgehen gegen den Ordnungspflichtigen verlangt, sondern den **Ordnungspflichtigen direkt** in Anspruch nimmt. Das kommt bspw in Betracht, wenn gegenüber dem störenden Träger öffentlicher Gewalt, der zwar materiell aber nicht formell ordnungspflichtig ist, direkt eine Unterlassungsanordnung erwirkt wird. Wenn diese später aufgehoben wird, dann ist in diesem zweipoligen Prozessrechtsverhältnis der Anspruch gem § 945 ZPO dem Grunde nach gegeben.

I. Verfassungsbeschwerde

189   Letztinstanzliche Entscheidungen im Verfahren gem § 123 VwGO unterliegen grundsätzlich der Verfassungsbeschwerde (BVerfG 3. Kammer des Ersten Senats BeckRS 2011, 87016; BVerfG 2. Kammer des Ersten Senats NVwZ-RR 2005, 442; BVerfG 2. Kammer des Zweiten Senats NStZ 2004, 223; zu einer Ausnahme BVerfG 1. Kammer des Ersten Senats NJW 2003, 1305).

189a   Eine **Erschöpfung des Rechtswegs in der Hauptsache** ist dann nicht geboten, wenn der Beschwerdeführer eine Grundrechtsverletzung geltend macht, die nur für das vorläufige Verfahren bedeutsam ist und im Hauptsacheverfahren nicht mehr ausgeräumt werden kann (BVerfG 2. Kammer des Ersten Senats NVwZ-RR 2005, 442; BVerfGE 69, 315, 339). Die Verweisung auf das Hauptsacheverfahren, ist ferner unzumutbar, wenn die Durchführung des Verfahrens von vornherein aussichtslos erscheint oder wenn die Entscheidung in der Hauptsache von keiner weiteren tatsächlichen oder rechtlichen Klärung abhängt und diejenigen Voraussetzungen gegeben sind, unter denen das BVerfG gemäß § 90 Abs 2 S 2 BVerfGG sofort entscheiden kann (BVerfG 1. Kammer des Zweiten Senats, BeckRS 2012, 51067). Andererseits ist die Erschöpfung des Rechtswegs in der Hauptsache geboten, wenn dort nach der Art des gerügten Grundrechtsverstoßes die Gelegenheit besteht, der verfassungsrechtlichen Beschwer abzuhelfen. Dies ist regelmäßig dann der Fall, wenn mit der Verfassungsbeschwerde Grundrechtsverletzungen gerügt werden, die sich auch auf die Hauptsache beziehen (BVerfG 1. Kammer des Zweiten Senats, BeckRS 2012, 51067).

190   Wenn der Grundrechtseingriff tiefgreifend und schwerwiegend ist, dann geht das BVerfG trotz **Erledigung** von Fortbestehen des Rechtsschutzbedürfnisses für eine Verfassungsbeschwerde aus (BVerfG 2. Kammer des Zweiten Senats NStZ 2004, 223).

191   Soweit es in diesem Verfahren um die Anwendung des § 123 VwGO geht, kann die Auslegung und Anwendung dieser Vorschrift vom Bundesverfassungsgericht nur dann beanstandet werden, wenn sie Fehler erkennen lässt, die auf einer grundsätzlich unrichtigen Auffassung von der Bedeutung der Grundrechte des Antragstellers und seines Anspruchs auf effektiven Rechtsschutz beruhen (BVerfG NVwZ 2008, 417; BVerfG 2. Kammer des Ersten Senats NVwZ-RR 2005, 442). Art 19 Abs 4 GG verlangt nicht nur bei Anfechtungs-, sondern auch bei Vornahmesachen die Gewährleistung vorläufigen Rechtsschutz jedenfalls dann, wenn ohne ihn schwere Nachteile entstünden, zu deren nachträglicher Beseitigung die Entscheidung in der Hauptsache nicht mehr in der Lage wäre (BVerfGE 46, 166, 179; BVerfGE 79, 69, 74). Deswegen sind die Gerichte gehalten, bei der Auslegung und Anwendung dieser Vorschrift der besonderen Bedeutung der jeweils betroffenen Grund-

rechte und den Erfordernissen eines effektiven Rechtsschutzes Rechnung zu tragen (BVerfGE 79, 69, 74).

J. Streitwert

Die Praxis orientiert sich bei der Bestimmung des Streitwerts regelmäßig am **Streitwert-** **192** **katalog für die Verwaltungsgerichtsbarkeit**, in der Fassung vom 7./8.7.2004 / http://www.bverwg.de/informationen/streitwertkatalog.php). Danach beträgt der Streitwert die Hälfte des Hauptsachewerts (VGH München BeckRS 2007, 30474). Wenn die Hauptsache ganz oder teilweise vorweg genommen wird, dann kann der Streitwert entsprechend bis zum Wert der Hauptsache bestimmt werden (VGH Mannheim BeckRS 2008, 33654).

Die Streitwertentscheidung des VG unterliegt der Beschwerde gem § 68 GKG, wenn die **193** Beschwer mehr als 200 EUR beträgt (VGH München BeckRS 2007, 30474).

Teil III Rechtsmittel und Wiederaufnahme des Verfahrens (§§ 124–153)

12. Abschnitt Berufung (§§ 124–131)

§ 124 [Zulässigkeit der Berufung]

(1) Gegen Endurteile einschließlich der Teilurteile nach § 110 und gegen Zwischenurteile nach den §§ 109 und 111 steht den Beteiligten die Berufung zu, wenn sie von dem Verwaltungsgericht oder dem Oberverwaltungsgericht zugelassen wird.

(2) Die Berufung ist nur zuzulassen,

1. wenn ernstliche Zweifel an der Richtigkeit des Urteils bestehen,
2. wenn die Rechtssache besondere tatsächliche oder rechtliche Schwierigkeiten aufweist,
3. wenn die Rechtssache grundsätzliche Bedeutung hat,
4. wenn das Urteil von einer Entscheidung des Oberverwaltungsgerichts, des Bundesverwaltungsgerichts, des gemeinsamen Senats der obersten Gerichtshöfe des Bundes oder des Bundesverfassungsgerichts abweicht und auf dieser Abweichung beruht oder
5. wenn ein der Beurteilung des Berufungsgerichts unterliegender Verfahrensmangel geltend gemacht wird und vorliegt, auf dem die Entscheidung beruhen kann.

§ 124 Abs 1 VwGO normiert den Grundsatz der allgemeinen Zulassungsberufung (Rn 5). Die Berufung gegen Urteile des Verwaltungsgerichts ist nur nach vorheriger Zulassung durch das Verwaltungsgericht oder das Oberverwaltungsgericht eröffnet. Liegen mehrere Streitgegenstände oder ein teilbarer Streitgegenstand vor, können sowohl die Zulassung als auch die Berufung selbst auf einen dieser Streitgegenstände bzw einen abtrennbaren Teil des Streitgegenstandes beschränkt werden (Rn 13). § 124 Abs 2 VwGO zählt die Gründe auf, aus denen eine Zulassung der Berufung in Betracht kommt, nämlich ernstliche Zweifel an der Richtigkeit des Urteils (Rn 23), besondere tatsächliche oder rechtliche Schwierigkeiten der Rechtssache (Rn 42), die grundsätzliche Bedeutung der Rechtssache (Rn 52), die Abweichung von einer Entscheidung eines übergeordneten Gerichts (Rn 64) sowie Verfahrensmängel (Rn 79).

Übersicht

A. Allgemeines

Die **Berufung** ist auf die grundsätzlich vollumfängliche rechtliche und tatsächliche Über- **1** prüfung (vgl § 128 VwGO) der Urteile des VG durch das OVG (den VGH) gerichtet (BVerwG NVwZ-RR 2002, 894). Das Berufungsverfahren hat die Funktion einer **zweiten Tatsacheninstanz**. Das OVG hat grundsätzlich auch neu vorgebrachte Tatsachen und Beweismittel zu berücksichtigen (§ 128 S 2 VwGO), sofern nicht die Voraussetzungen des § 128a Abs 1 VwGO vorliegen, unter denen neue Erklärungen und Beweismittel ausnahmsweise zurückgewiesen werden können (BVerwG NVwZ-RR 2002, 894).

Mit dem 6. VwGOÄndG vom 1.11.1996 wurde die bis dahin grundsätzlich zulassungs- **2** freie und nur in besonderen Fällen zulassungsbedürftige (vgl § 131 VwGO aF) Berufung durch die **allgemeine Zulassungsberufung** ersetzt. Seither sind Berufungen im verwaltungsgerichtlichen Verfahren nur noch nach Zulassung durch das VG oder das OVG zulässig, so dass das Verfahren zweistufig ausgestaltet ist: erst Berufungszulassung, dann Berufung.

Der Gesetzgeber ging bei der Einführung der allgemeinen Zulassungsberufung von einem **2.1** „Grundsatz" aus, dass eine Tatsacheninstanz regelmäßig ausreiche und die zweite Tatsacheninstanz nur in solchen Verfahren zur Verfügung stehen solle, in denen eine Überprüfung der Entscheidung von der Sache her notwendig sei (BT-Drs 13/3993, 13). In der Tat darf davon ausgegangen werden, dass die erstinstanzlichen Tatsachenfeststellungen in der überwiegenden Zahl der Fälle richtig sind. Der Rechtsstaat darf sich jedoch nicht damit begnügen, dass die Entscheidungen seiner Gerichte überwiegend oder meistens richtig sind, sondern muss ein höheres Maß an Richtigkeitsgewähr anstreben. Im Übrigen geht es bei der Berufungsinstanz nicht lediglich um eine Überprüfung der erstinstanzlichen Tatsachenfeststellungen, sondern nicht minder um eine Kontrolle der Gesetzesauslegung und -anwendung. Das Ziel einer möglichst hohen Richtigkeitsgewähr erzwingt keine unbedingte Eröffnung einer zweiten (Tatsachen)Instanz, steht jedoch zu restriktiven Zugangsvoraussetzungen entgegen. Die die Vorzugswürdigkeit einer Berufungsinstanz grundsätzlich in Abrede stellende Auffassung, eine von der Entscheidung des VG abweichende Entscheidung des OVG sei iSd Einzelfallgerechtigkeit keine gerechtere, sondern nur eine andere (B/F-K/S/vA/Bader VwGO § 124 Rn 18), vermag nicht zu überzeugen. Auch die Beförderung von Richtern ist gem Art 33 Abs 2 GG nach Eignung, Befähigung und fachlicher Leistung vorzunehmen (VGH Mannheim VBlBW 2006, 189, 190). Mit einem höheren Richteramt sind regelmäßig auch gesteigerte Anforderungen und ein größeres Maß an Verantwortung verbunden (BVerfG NVwZ 2007, 691, 692). Darüber hinaus erhöhen die im Durchschnitt größere Erfahrung der Richter am OVG und nicht zuletzt die geringeren Fallzahlen die Richtigkeitsgewähr einer Entscheidung. Es ist deshalb davon auszugehen, dass eine von der Entscheidung des VG abweichende Entscheidung des OVG nicht nur – bis zu einer möglicherweise korrigierenden Entscheidung des BVerwG – als richtig „gilt", dh als richtig fingiert wird, sondern zumindest in der größeren Zahl der Fälle auch wirklich richtig ist. Eben hierin liegt, neben der Sicherung der Einheit der Rechtsordnung, das Grundanliegen aller gerichtlichen Rechtsbehelfssysteme, nämlich eine **tendenziell bessere Gewähr der Einzelfallgerechtigkeit**, dh gemessen am jeweils anzuwendenden Recht der Richtigkeit gerichtlicher Entscheidungen, zu erzielen (BVerfGE 54, 277, 291; vgl Rosenberg/Schwab/Gottwald, Zivilprozessrecht, § 134 II). Angesichts des immer komplizierteren Rechtssystems leistet das Berufungsverfahren deshalb einen wesentlichen Beitrag zur Einzelfallgerechtigkeit und Akzeptanz der Rechtsprechung und Rechtsordnung und ist schlechthin unentbehrlich (treffend Eyermann/Happ VwGO vor § 124 Rn 1). Im Bereich des Landesrechts ist die Berufungsinstanz außerdem zur Wahrung der Rechtseinheitlichkeit unverzichtbar (Eyermann/Happ VwGO vor § 124 Rn 1).

2.2 Ziel der allgemeinen Zulassungsberufung war eine **Entlastung** der Berufungsgerichte und **Beschleunigung** der verwaltungsgerichtlichen Verfahren. Dieses Entlastungsziel wurde um den Preis erkauft, dass die OVG ähnlich wie das BVerwG ausweislich der beträchtlichen Zahl von Nichtzulassungsentscheidungen einen nicht unerheblichen Teil ihrer Arbeitskraft auf die Entscheidung über das Vorliegen von Berufungszulassungsgründen verwenden müssen, anstatt Sachentscheidungen zu treffen. Soweit es infolge der Zulassungsberufung zu einem Rückgang an Berufungsverfahren gekommen ist, hat dies zu Personaleinsparungen bei den OVG geführt (Stelkens NVwZ 2000, 155, 159), die die von vielen OVG-Richtern erhoffte, der Qualität der Entscheidung zugute kommende Entlastung zu großen Teilen wieder zunichte gemacht haben dürften. Unter dem Strich dürfte die allgemeine Zulassungsberufung weniger die Gerichte, sondern durch Personaleinsparungen die Haushalte der Länder entlastet haben, dies jedoch auf Kosten der Rechtsschutzmöglichkeiten der Beteiligten.

3 Die Zulassungsberufung ist kein Berufungsausschluss iSd § 135 VwGO und eröffnet deshalb nicht nach dieser Vorschrift die Revision. Die **Sprungrevision** wird durch die Zulassungsberufung nicht ausgeschlossen (vgl § 134 Abs 3 S 1; Kopp/Schenke VwGO § 124 Rn 2).

4 Grundsätzliche **verfassungsrechtliche Bedenken** gegen die Zulassungsberufung sowie gegen die Berufungszulassungsgründe des § 124 Abs 2 VwGO **bestehen nicht** (BVerfG NVwZ 2000, 1163, 1164). Ein Instanzenzug kann von Verfassungs wegen nicht beansprucht werden (BVerfG NVwZ 2007, 1046; NVwZ 2010, 634, 640). Wenn die Prozessordnung jedoch einen Instanzenzug eröffnet, dann müssen die Zulassungsgründe in einer verfassungsmäßigen Weise gehandhabt werden. Ihre Auslegung und Anwendung darf **nicht den Zugang zur Rechtsmittelinstanz in unzumutbarer**, aus Sachgründen nicht mehr zu rechtfertigender Weise erschweren, da sonst Art 19 Abs 4 GG (BVerfGE 78, 88, 99 = NVwZ 1988, 718; BVerfG NVwZ 2010, 634, 640; NVwZ 2011, 546, 547; NVwZ 2013, 136, 137) und die entsprechenden Grundrechte der Landesverfassungen verletzt werden (VerfGH Berlin NVwZ 2007, 813, 816). Das Rechtsmittelgericht darf ein von der Prozessordnung eröffnetes Rechtsmittel nicht ineffektiv machen und für den Rechtsmittelführer „leerlaufen" lassen (BVerfG NVwZ 2010, 1482, 1483; NVwZ-RR 2011, 963, 964). Die Ausgestaltung des Verfahrens muss insgesamt den verfassungsrechtlichen Anforderungen an die Wahrheitserforschung genügen (BVerfG NVwZ 2007, 1046 f).

B. Berufung

I. Zulassungsberufung

5 Die Berufung ist für alle Beteiligten nur eröffnet, wenn sie zuvor von dem VG oder dem OVG zugelassen worden ist (§ 124 Abs 1 VwGO). Ist mindestens ein Berufungszulassungsgrund erfüllt, **muss** die Berufung zugelassen werden („ist … zuzulassen"). Weder dem für eine Berufungszulassung nach § 124 Abs 2 Nr 3 und 4 VwGO zuständigen VG (§ 124a Abs 1 S 1 VwGO) noch dem OVG kommt bei der Berufungszulassung ein Ermessen zu (Kopp/Schenke VwGO § 124 Rn 5). Eine **willkürliche** Nichtzulassung verletzt Art 19 Abs 4 GG (vgl BVerfG NJW 1993, 456).

II. Berufungsfähige Entscheidungen

6 Mit der Berufung anfechtbar sind nur **Endurteile** des VG (S/S/B/Meyer-Ladewig/ Rudisile VwGO § 124 Rn 16) einschließlich der Teilurteile (§ 110 VwGO) und der Zwischenurteile über die Zulässigkeit der Klage (§ 109 VwGO) sowie über den Grund (§ 111 VwGO). Für **Gerichtsbescheide** gelten die Vorschriften über Urteile entsprechend (§ 84 Abs 1 S 3 VwGO), also auch zur Berufungsfähigkeit. Sie unterliegen der Berufung, wenn diese zugelassen worden ist (§ 84 Abs 2 Nr 1 und 2 VwGO). Die betreffende Entscheidung muss **ergangen** (existent) sein, was durch Verkündung, Zustellung oder Übergabe (des Tenors) an die Geschäftsstelle zum Zwecke der Bekanntgabe an die Beteiligten erfolgen kann (B/F-K/S/vA/Stuhlfauth VwGO § 116 Rn 10; Eyermann/Happ VwGO vor § 124

Rn 19; Kopp/Schenke VwGO vor § 124 Rn 19). Es genügt, dass die Entscheidung gegenüber einem der Beteiligten ergangen ist (OVG Berlin-Brandenburg NVwZ-RR 2006, 584). Unerheblich ist, ob sie auch schon dem Berufungskläger zugestellt oder sonst bekanntgegeben worden ist und ob für ihn die Rechtsmittelfrist läuft (Kopp/Schenke VwGO vor § 124 Rn 19).

Weder eine Berufung noch eine Berufungszulassung kommt in Betracht, wenn die **7** Berufung spezialgesetzlich **ausgeschlossen** ist (zB § 78 Abs 1 AsylVfG; § 137 Abs 3 S 1 TKG; BVerwG NVwZ-RR 2006, 580; zu weiteren Beispielen Kopp/Schenke VwGO § 124a Rn 3; S/S/B/Meyer-Ladewig/Rudisile VwGO vor § 124 Rn 25).

III. Berufungskläger

Als Berufungskläger kommen die **Beteiligten** des Verfahrens vor dem VG (§ 63 VwGO) **8** in Betracht, wenn und soweit sie durch das angefochtene Urteil **beschwert** sind (VGH Mannheim BeckRS 2005, 22795; Kopp/Schenke VwGO vor § 124 Rn 40). Zu Unrecht Beigeladene sowie zu Unrecht nicht Beigeladene können nicht zulässigerweise Berufungskläger sein, weil sie durch die angefochtene Entscheidung nicht beschwert werden (BVerwGE 110, 17, 19 = NVwZ 2000, 436, 437; BVerwGE 112, 335, 338). Der **Vertreter des öffentlichen Interesses** (§ 36 VwGO) kann Berufung einlegen, auch wenn er sich erst nach dem Erlass des Urteils zum Zwecke der Rechtsmitteleinlegung beteiligt, solange für die anderen Beteiligten die Rechtsmittelfrist noch nicht abgelaufen ist (BVerwGE 90, 337, 339 = NVwZ 1993, 182; BVerwG NVwZ-RR 1997, 519).

C. Gegenstand und Umfang von Berufungszulassung und Berufung

I. Berufungszulassung und Berufung bei mehreren Urteilsgründen

Ist das Urteil des VG auf mehrere Gründe tragend gestützt – nicht tragende obiter dicta **9** bleiben außer Betracht –, hängen die Voraussetzungen der Berufungszulassung respektive der Erfolg der Berufung vom logischen Verhältnis dieser Gründe ab (vgl Eyermann/Schmidt VwGO § 132 Rn 21; Kopp/Schenke VwGO § 124 Rn 5).

Ist das Urteil des VG auf **mehrere je selbständig tragende Gründe** gestützt (**mehr-** **10** **fache** oder **Doppelbegründung**: „weil a oder b"), muss in Bezug auf jeden dieser Gründe ein Zulassungs- bzw Berufungsgrund vorliegen (BVerwG DVBl 1994, 210; NVwZ 1998, 850; OVG Bautzen NVwZ-RR 2010, 624; BAG NZA 2010, 838). Dasselbe gilt, wenn die betreffenden Gründe nicht gleichstufig sind, sondern im Verhältnis von **Haupt- und Hilfs-begründung** stehen („weil a, jedenfalls b"). Dies setzt jedoch die **Gleichwertigkeit** der beiden Begründungen voraus. Sind die beiden je selbständigen Begründungen etwa wegen ihrer unterschiedlichen Rechtskraftwirkung nicht gleichwertig, genügt der Angriff gegen den weiterreichenden Entscheidungsgrund (BVerwG NJW 2003, 2255, 2256; OVG Lüneburg BeckRS 2012, 45747). Hebt etwa das VG einen Verwaltungsakt wegen fehlender Tatbestandsvoraussetzungen und wegen Ermessensfehlerhaftigkeit auf, kann die Behörde Rechtsmittel auch alleine wegen der ersteren Begründung einlegen, um danach den Verwaltungsakt ermessensfehlerfrei neu erlassen zu können (BVerwG NJW 2003, 2255, 2256).

Ist das Urteil des VG auf **mehrere unselbständig tragende Gründe** gestützt, die also **11** alle zusammen erfüllt sein müssen, um die Entscheidung zu tragen (**kumulative Begrün-dung**: „weil a und b"), genügt es, wenn in bezug auf einen dieser Gründe ein Zulassungs-bzw Berufungsgrund vorliegt.

Gleiches gilt, wenn das VG offen gelassen hat, welcher von mehreren in Betracht **12** kommenden, aber einander ausschließenden Gründen das Urteil trägt (**alternative Begrün-dung**: „weil entweder a oder b"). In diesem Fall genügt es, wenn hinsichtlich einer der alternativen Begründungen ein Zulassungs- bzw Berufungsgrund vorliegt (OVG Lüneburg NVwZ-RR 2004, 702, 703; VGH München NVwZ-RR 2004, 391).

II. Teilweise Berufungszulassung bzw Berufung

Bei Vorliegen mehrerer bzw teilbarer Streitgegenstände kommen sowohl für die Zulas- **13** sung als auch die Berufung gegenständliche Beschränkungen in Betracht.

1. Teilbarkeit

14   Sind aufgrund subjektiver oder objektiver Klagehäufung **mehrere Streitgegenstände** gegeben, können Berufungszulassung und Berufung auf einen dieser Streitgegenstände beschränkt werden (S/S/B/Meyer-Ladewig/Rudisile VwGO § 124a Rn 9, 134; vgl BGH BeckRS 2009, 20532), insbes auf einen von mehreren prozessualen Ansprüchen bzw Haupt- oder Nebenansprüchen (sachliche Beschränkung) oder auf einen von mehreren nicht notwendigen Streitgenossen (persönliche Beschränkung).

15   Liegt ein **teilbarer Streitgegenstand** vor, kommt ferner eine Beschränkung auf einen abtrennbaren, rechtlich und tatsächlich selbständigen Teil des Streitgegenstandes in Betracht (BVerwG BayVBl 2012, 478; OVG Berlin-Brandenburg Beschl v 22.10.2012, 2 B 17.11, juris, Rn 5; Kopp/Schenke VwGO § 124a Rn 8; S/S/B/Meyer-Ladewig/Rudisile VwGO § 124a Rn 134; vgl BGH NJW 2007, 1466, 1467; NJW 2011, 1228). **Keine** Teilbarkeit besteht hinsichtlich einzelner Rechts- oder Tatsachenfragen, unselbständiger Vorfragen sowie einzelner von mehreren konkurrierenden Anspruchsgrundlagen (BVerwG DVBl 1997, 907; BayVBl 2012, 478; OVG Berlin-Brandenburg Beschl v 22.10.2012, 2 B 17.11, juris, Rn 5; BGH NJW 2008, 1312, 1313; NJW 2008, 2351, 2352; NJW 2011, 1228).

2. Beschränkung der Berufungszulassung

16   Liegt ein Berufungszulassungsgrund nur in Bezug auf einen von mehreren Streitgegenständen oder einen abtrennbaren Teil eines Streitgegenstandes vor, ist die Berufung nur insoweit zuzulassen (Kopp/Schenke VwGO § 124a Rn 58). Besteht ein Zulassungsgrund hinsichtlich des **gesamten** oder eines **untrennbaren** Streitstoffes, ist die Berufung uneingeschränkt zuzulassen. Hat das VG dem **Hauptantrag** stattgegeben und deshalb über einen Hilfsantrag nicht entscheiden müssen, kann die Zulassung der Berufung nicht auf das im Hauptantrag formulierte Begehren beschränkt werden, sondern erfasst sie notwendig auch den **Hilfsantrag** (BVerwG NVwZ 1999, 642, 643). Die Berufungszulassung kann nicht auf einzelne Zulassungsgründe beschränkt werden, zB nicht auf die Klärung einer bestimmten Rechtsfrage (vgl BGH BeckRS 2009, 20532).

17   Eine vom VG oder OVG gewollte sachliche oder persönliche **Beschränkung** der Berufungszulassung muss im **Tenor** oder den **Entscheidungsgründen** (BGH NJW 2008, 2351; BeckRS 2009, 20532) in klarer und eindeutiger Weise zum Ausdruck kommen. Bestehen Zweifel über die Reichweite der Berufungszulassung, ist von einer uneingeschränkt zugelassenen Berufung auszugehen (Kopp/Schenke VwGO § 124a Rn 8). Im Falle einer unzulässigen Beschränkung der Berufungszulassung ist die Berufung als uneingeschränkt zugelassen anzusehen (BVerwG BayVBl 2012, 478; Kopp/Schenke VwGO § 124a Rn 8; S/S/B/Meyer-Ladewig/Rudisile VwGO § 124a Rn 9; vgl BGH NJW 2007, 1466, 1467). Die Umdeutung einer unzulässigen, zB auf einzelne Rechtsfragen beschränkten Berufungszulassung in eine weniger weitgehende zulässigerweise beschränkte Berufungszulassung ist aus Gründen der Rechtsmittelklarheit nicht möglich (BVerwG BVerwG BayVBl 2012, 478, 479).

3. Beschränkung der Berufung

18   Bei mehreren Streitgegenständen sowie bei teilbarem Streitgegenstand kann die Berufung – auch nach unbeschränkter Zulassung – auf einen Streitgegenstand, insbes auf die Entscheidung über einzelne selbständige Klageanträge, bzw einen abtrennbaren Teil des Urteils beschränkt werden (Kopp/Schenke VwGO § 124 Rn 3). Im Falle einer unzulässigen Beschränkung der Berufung sowie bei Zweifeln über das Gewollte ist die Berufung als unbeschränkt eingelegt anzusehen (Kopp/Schenke VwGO § 124 Rn 3).

III. Wirkung der Berufungszulassung

19   Sofern sie nicht oder nicht wirksam beschränkt wird, erfasst die Berufungszulassung das gesamte erstinstanzliche Urteil und eröffnet die Berufung in vollem Umfang (Kopp/Schenke VwGO § 124a Rn 13). Die Berufung hat dann die **gesamte Entscheidung** des VG zum Gegenstand und ist auf eine grundsätzlich vollumfängliche rechtliche und tatsächliche Überprüfung gerichtet (BVerwG NVwZ-RR 2002, 894). Die Berufung erfasst ohne weiteres die

in der Vorinstanz gestellten und nicht beschiedenen **Hilfsanträge**, desgleichen die **nicht beschiedenen Klagegründe** (BVerwGE 104, 260 = NVwZ 1997, 1132, 1133; BVerwG NVwZ 1999, 642, 643).

Ist die Berufungszulassung vom VG wirksam auf einen Teil des Streitstoffs beschränkt **20** worden, kann eine Berufung hinsichtlich des übrigen Streitstoffs zulässig nur eingelegt werden, wenn das **OVG** auf entsprechenden Zulassungsantrag die **Zulassung der Berufung erweitert** (Kopp/Schenke VwGO § 124a Rn 15). Soweit die Berufung nur eingeschränkt zugelassen ist, kann der Streit im Übrigen vom Berufungsbeklagten im Wege einer **Anschlussberufung** geltend gemacht werden (Kopp/Schenke VwGO § 124a Rn 8; vgl BVerwG NVwZ-RR 2000, 233, 234), da diese nach § 127 Abs 4 VwGO keiner Zulassung bedarf (B/F-K/S/vA/Bader VwGO § 127 Rn 18).

Eine Beschränkung durch den Berufungszulassungsgrund, der zur Berufungszulassung **21** geführt hat, findet in keinem Falle statt. Ist der Rechtsstreit in der Berufungsinstanz anhängig, prüft ihn das OVG innerhalb des gestellten Antrags ohne Bindung an den Zulassungsgrund (BVerwG DVBl 1997, 907).

Namentlich beschränkt der die grundsätzliche Bedeutung konstituierende Grund, dessentwegen **21.1** die Berufung zugelassen wurde, nicht den Umfang der gerichtlichen Prüfung durch das OVG. Desgleichen eröffnet die Berufungszulassung wegen eines Verfahrensmangels die volle Prüfung auch hinsichtlich des materiellen Rechts sowie der entscheidungserheblichen Tatsachenfragen.

D. Berufungszulassungsgründe

§ 124 Abs 2 VwGO zählt die Berufungszulassungsgründe **abschließend** auf („nur"). Die **22** Berufungszulassungsgründe der Nrn 3 bis 5 entsprechen den Revisionszulassungsgründen des § 132 Abs 2 VwGO, doch muss bei ihrer Auslegung berücksichtigt werden, dass das OVG im Unterschied zum Revisionsgericht auch Tatsacheninstanz ist. Die Berufungszulassungsgründe der Nrn 1 und 2 haben kein Vorbild im Revisionszulassungsrecht, ihre Auslegung ist infolgedessen auch besonders umstritten. Zur **Darlegung** der verschiedenen Zulassungsgründe § 124a VwGO Rn 62, zur **Umdeutung** geltend gemachter Berufungszulassungsgründe § 124a VwGO Rn 80.

I. Ernstliche Zweifel

Nach § 124 Abs 2 Nr 1 VwGO ist die Berufung zuzulassen, wenn ernstliche Zweifel an **23** der Richtigkeit des Urteils bestehen. Dieser Berufungszulassungsgrund steht nur dem OVG zur Verfügung, naturgemäß nicht dem VG (§ 124a Abs 1 S 1 VwGO).

1. Ernstliche Zweifel an der Richtigkeit des Urteils

§ 124 Abs 2 Nr 1 VwGO erfasst nur Fehler bei der **materiellen** Rechtsanwendung, **24** nicht auch Verfahrensfehler (VGH Mannheim NVwZ 1998, 645, 646; weiter nunmehr VGH Mannheim BeckRS 2009, 32245). Materielle Fehler sind Fehler bei der **Rechtsanwendung** (Normauslegung und Subsumtion) sowie Fehler bei der Feststellung des maßgeblichen **Sachverhalts** (BVerfGE 110, 77, 83 = NJW 2004, 2510; BVerfG NVwZ 2000, 1163, 1164; B/F-K/S/vA/Bader VwGO § 124 Rn 12; aA VGH Mannheim NVwZ 1998, 645, 646).

Es müssen ernstliche Zweifel am **Entscheidungsergebnis** bestehen, nicht nur an der **25** Begründung des Urteils (BVerwG NVwZ-RR 2004, 542, 543; OVG Lüneburg NJW 2011, 3673; VGH Mannheim NVwZ-RR 2011, 751, 752; OVG Münster NVwZ-RR 2011, 623, 624). Richtigkeit im Ergebnis ist auch anzunehmen, wenn das VG die Klage als **unbegründet** abgewiesen hat, das OVG die Klage aber schon für **unzulässig** hält (OVG Lüneburg BeckRS 2012, 45747; VGH München NVwZ 2004, 629), und umgekehrt (VGH München NVwZ-RR 2004, 223; Kopp/Schenke VwGO § 124 Rn 7a; aA VGH Kassel NJW 2001, 3722, 3723).

Zweifel an der Richtigkeit einzelner vom VG seiner Entscheidung zugrunde gelegter **26** tatsächlicher Feststellungen, an der Richtigkeit seiner Subsumtion unter Rechtssätze oder an der Richtigkeit aufgestellter Rechtssätze begründen jedoch **regelmäßig** Zweifel an der

Richtigkeit des Ergebnisses (BVerfG NVwZ 2000, 1163, 1164; BVerwG NVwZ-RR 2004, 542, 543). Mit anderen Worten: Zweifel an der Begründung **indizieren** Zweifel am Ergebnis der Entscheidung (vgl Kopp/Schenke VwGO § 124 Rn 7a: Vermutung). Jedoch schlagen Zweifel an der Richtigkeit einzelner Begründungselemente dann nicht auf das Ergebnis durch, wenn sich das angefochtene Urteil aus **anderen Gründen** als im Ergebnis richtig darstellt (BVerfG NVwZ 2007, 805, 806; BVerwG NVwZ-RR 2004, 542, 543; VGH München BeckRS 2008, 37932).

26.1   Das OVG ist weder verpflichtet noch befugt, im Zulassungsverfahren umfassend nachzuprüfen, ob das angefochtene Urteil aus anderen Gründen richtig ist, da das Zulassungsverfahren sonst sinnwidrig zu einem Berufungsverfahren würde. Wenn an der Richtigkeit einzelner Begründungselemente Zweifel bestehen, darf das OVG im Zulassungsverfahren nur dann auf andere Gründe abstellen, aus denen das angefochtene Urteil im Ergebnis richtig ist, wenn diese Gründe ohne weiteres auf der Hand liegen (BVerfG NVwZ 2007, 805, 806; BVerwG NVwZ-RR 2004, 542, 543), mit anderen Worten **offensichtlich** sind (BVerfG NVwZ 2006, 683, 684; VGH Mannheim NVwZ-RR 2011, 751, 752), und wenn diese Gründe nicht ihrerseits auf einen Zulassungsgrund führen (BVerfG NVwZ 2006, 683, 685; 2007, 805, 806). Die Heranziehung solcher anderen Gründe darf nicht über den Aufwand hinausgehen, der in einem Zulassungsverfahren mit Blick auf dessen Zweck vernünftigerweise zu leisten ist. Andernfalls ist die Berufung zuzulassen, wenn die Richtigkeit entscheidungstragender Gründe zweifelhaft ist (BVerwG NVwZ-RR 2004, 542, 543). In jedem Fall muss das OVG dem Rechtsmittelführer **rechtliches Gehör** gewähren, wenn es den Zulassungsantrag ablehnen will, weil sich das angefochtene Urteil aus anderen Gründen als richtig darstelle (BVerfG NVwZ 2007, 805, 806; BVerwG NVwZ-RR 2004, 542, 543).

26.2   Das OVG muss vom Vorliegen dieser anderen tatsächlichen oder rechtlichen Gründe, aus denen trotz ernstlicher Zweifel an der Begründung des angefochtenen Urteils dieses im Ergebnis richtig sein soll, nach dem Maßstab des § 108 Abs 1 S 1 VwGO **überzeugt** sein. Die Einschätzung, dass die betreffenden Gründe wahrscheinlich oder gar nur möglicherweise vorliegen, genügt nicht. Denn sonst würde der Sache nach eine Hauptsacheentscheidung unter Verstoß gegen den Überzeugungsgrundsatz getroffen.

2. Zu berücksichtigende Sach- und Rechtslage

27   Bei der Entscheidung über den Zulassungsgrund des § 124 Abs 2 Nr 1 VwGO ist das OVG nicht auf die Berücksichtigung der Sach- und Rechtslage im Zeitpunkt der Entscheidung des VG beschränkt. Da über § 128a VwGO hinaus eine Präklusion gesetzlich nicht vorgesehen ist, sind im Zulassungsverfahren **alle dargelegten tatsächlichen Gesichtspunkte** zu berücksichtigen, die für den Erfolg des angestrebten Rechtsmittels entscheidungserheblich sein können (BVerwG NVwZ-RR 2002, 894). Zu berücksichtigen sind sowohl **neue Tatsachen** als auch **Tatsachen, die zwar bereits vorlagen**, vom VG jedoch nicht berücksichtigt werden konnten, weil sie von den Beteiligten nicht vorgetragen und mangels entsprechender Anhaltspunkte auch nicht von Amts wegen zu ermitteln waren (BVerwG NVwZ-RR 2002, 894; VGH München BeckRS 2011, 56929; Kopp/Schenke VwGO § 124 Rn 7b). Ernstliche Zweifel können sich daher auch durch die Bezeichnung neuer Beweismittel im Zulassungsverfahren ergeben (OVG Lüneburg NJW 2011, 3673). Werden neue Beweismittel benannt, muss das voraussichtliche Beweisergebnis dargelegt und erläutert werden, weshalb sich hiernach Zweifel an den Tatsachenfeststellungen ergeben (OVG Lüneburg NJW 2011, 3673, 3674). Eine **vorweggenommene Beweiswürdigung** im Zulassungsverfahren ist jedoch **allenfalls in eng begrenztem Rahmen** zulässig (OVG Greifswald NVwZ-RR 2009, 544), weil das Zulassungsverfahren das **Berufungsverfahren nicht vorwegnehmen** soll (Rn 41). Ernstliche Zweifel können auch durch nach dem Urteil des VG bekanntgewordene oder ergangene Entscheidungen des OVG, BVerwG, BVerfG sowie des EuGH (VGH Mannheim BeckRS 2005, 20868) begründet werden.

28   Ernstliche Zweifel an der Richtigkeit des Urteils können sich auch aus einer nach materiellem Recht für die Beurteilung des Streitgegenstandes entscheidungserheblichen **Veränderung der Sach- oder Rechtslage** ergeben, die nach Erlass der verwaltungsgerichtlichen Entscheidung bis zur Entscheidung über den Zulassungsantrag eingetreten sind (BVerwG NVwZ 2003, 490, 491; NVwZ 2004, 744, 745; VGH München BeckRS 2008, 32848; OVG Münster NVwZ-RR 2011, 623; Kopp/Schenke VwGO § 124 Rn 7c). Das

Berufungsverfahren soll zu einer in tatsächlicher wie rechtlicher Hinsicht richtigen Entscheidung führen, und hierfür kommt es nicht darauf an, ob das VG angesichts der seinerzeitigen Sach- und Rechtslage richtig entschieden hat (BVerwG NVwZ-RR 2002, 894).

Allerdings muss die neue oder geänderte Sach- bzw Rechtslage **innerhalb der Frist** des **29** § 124a Abs 4 S 4 VwGO **zur Begründung** des Zulassungsantrags vom Antragsteller **dargelegt** werden (BVerwG NVwZ 2003, 490, 491; NVwZ 2004, 744; OVG Hamburg BeckRS 2009, 35189; VGH München BeckRS 2008, 32848; NJW 2011, 2822, 2823; Kopp/ Schenke VwGO § 124 Rn 7c; Sodan/Ziekow/Seibert VwGO § 124 Rn. 97; krit Eyermann/Happ VwGO § 124 Rn 22; aA OVG Münster NVwZ-RR 2011, 623; Gärditz/Dietz VwGO § 124 Rn 35), sonst ist sie auch dann nicht zu berücksichtigen, wenn sie vor der Entscheidung des OVG eintritt und diesem bekannt wird (Kopp/Schenke VwGO § 124 Rn 7c; aA Gärditz/Dietz VwGO § 124 Rn 35; Sodan/Ziekow/Seibert VwGO § 124 Rn. 97).

Da eine **Rechtsänderung** zwar nicht innerhalb der Begründungsfrist eintreten, jedoch inner- **29.1** halb der Begründungsfrist dargelegt werden muss, hat dies praktische Bedeutung dann, wenn der Antragsteller mit Blick auf eine bevorstehende Änderung der Rechtslage vor Ablauf der Begründungsfrist ernstliche Zweifel an der Richtigkeit des angefochtenen Urteils darlegt; in diesem Fall steht der Berücksichtigung der späteren Rechtsänderung nicht entgegen, dass sie erst nach Ablauf der Begründungsfrist, aber vor der Entscheidung des OVG über den Zulassungsantrag eintritt (BVerwG NVwZ 2004, 744; Sodan/Ziekow/Seibert VwGO § 124 Rn. 97). Praktisch bedeutsam ist dies bei Gesetzesänderungen, die innerhalb der Begründungsfrist beschlossen oder verkündet werden, aber erst nach Ablauf der Begründungsfrist in Kraft treten (vgl OVG Bremen BeckRS 2005, 27160). Entsprechendes gilt für **neue Tatsachen**, die zwar erst nach der zweimonatigen Begründungsfrist eintreten, sich aber bereits innerhalb derselben abzeichnen und auf die in der Begründung des Zulassungsantrags hingewiesen wird (OVG Hamburg BeckRS 2009, 35189; VGH München BeckRS 2008, 32848).

Soweit eine Ausnahme von der Fristgebundenheit der Darlegung befürwortet wird, wenn die **29.2** Änderung der Sach- und Rechtslage zu einer offensichtlichen Unrichtigkeit führt (Kopp/Schenke VwGO § 124 Rn 7c), steht dem der Zweck des Darlegungserfordernisses entgegen. Ohnehin ist es dem Prozessbevollmächtigten schon aus praktischen Gründen in aller Regel gar nicht möglich, die Sache auch noch im Anschluss an die fristgerechte Zulassungsbegründung fortlaufend auf eine etwaige Änderung der Sach- oder Rechtslage zu beobachten; da über die Berufungszulassung ohne mündliche Verhandlung entschieden wird und der genaue Zeitpunkt für das Ergehen der Entscheidung auch sonst nicht bekannt ist, würde dies den Prozessbevollmächtigten de facto zu einer fortwährenden Prüfung aller anhängigen Zulassungsverfahren nötigen, was einen unzumutbaren Aufwand verursacht und eine ordnungsgemäßen Sachbearbeitung mehr entspräche. Dass infolge beschränkter Berücksichtigungsmöglichkeiten im Zulassungsverfahren eine inhaltlich unrichtig gewordene, weil tatsächlich oder rechtlich überholte Entscheidung Bestand erlangen kann, ist demgegenüber keine untragbare Folge, weil die Rechtskraftwirkung dieser Entscheidung gerade aufgrund der geänderten Sach- und Rechtslage durchaus beschränkt ist. Viel eher stellt sich in einer derartigen Konstellation die Frage der Erledigung sowie des Fortbestehens des Rechtsschutzinteresses.

Dass vom Antragsteller innerhalb der Begründungsfrist vorgetragene und nach materiel- **30** lem Recht entscheidungserhebliche Tatsachen zu berücksichtigen sind, die erst nach Erlass der verwaltungsgerichtlichen Entscheidung eingetreten sind, gilt sogar dann, wenn der Rechtsmittelführer die **neue Tatsache selbst geschaffen** hat, um dem angegriffenen Urteil den Boden zu entziehen, vorausgesetzt, nach materiellem Recht kann die selbst geschaffene Tatsache im anhängigen Verfahren berücksichtigt werden (BVerwG NVwZ 2003, 490, 491; BVerwG BeckRS 2003, 20097).

Ermöglicht zB das materielle Recht der Behörde, den Mangel eines Verwaltungsakts nachträglich **30.1** zu beheben, dann ist eine auf **Heilung des Mangels** gerichtete Handlung als neue Tatsache auch dann zu berücksichtigen, wenn sie der zunächst erfolgreichen Klage den Boden entzieht (BVerwG NVwZ 2003, 490, 491; aA VGH München Beschl v 21.2.2000, 2 ZB 00.316: ernstliche Zweifel sollen nicht geschaffen, sondern nur aufgezeigt werden können). Die Behörde kann jedoch **nicht schon im Zulassungsverfahren Ermessenserwägungen nachschieben** (VGH Mannheim BeckRS 2005, 20868). Dass die Behörde nach § 114 S 2 VwGO Ermessenserwägungen auch noch im verwaltungsgerichtlichen Verfahren ergänzen kann (OVG Münster NVwZ-RR 2011, 623), hat

Konsequenzen für die Beurteilung der materiellen Rechtmäßigkeit des Verwaltungsakts, bedeutet aber nicht, dass deshalb die Verwaltungsgerichte die ergänzten Ermessenserwägungen in jedem Stadium des verwaltungsgerichtlichen Verfahrens berücksichtigen könnten. Die Auffassung, zwar könnten Ermessenserwägungen im Zulassungsverfahren nicht vollständig **nachgeholt**, wohl aber **ergänzt** werden (OVG Münster NVwZ-RR 2011, 623; Kopp/Schenke VwGO § 124 Rn 7c), macht nicht nur die Sachentscheidung, sondern den Rechtsweg von der nicht selten problematischen Abgrenzung von Nachholung und Ergänzung abhängig. Insbesondere wenn die Behörde mit neuen Ermessenserwägungen auf eine nachträgliche Änderung der Sach- oder Rechtslage reagiert und auf Gesichtspunkte eingeht, die nach der Sach- und Rechtslage bei Bescheiderlass gar nicht zu thematisieren waren, mögen zwar die schon vorhandenen Ausführungen zum Ermessen „ergänzt" werden, in der Sache werden aber vollständig neue Ermessenserwägungen angestellt und damit im Kern nachgeholt. Gegen die Berücksichtigung ergänzter Ermessenserwägungen im Zulassungsverfahren spricht zudem, dass dieses dadurch mit prozessualen und materiellen Prüfungen aufgeladen wird, für die das Zulassungsverfahren nicht gedacht ist. Das Zulassungsverfahren ist kein beschleunigtes oder vereinfachtes Berufungsverfahren und soll das Berufungsverfahren nicht vorwegnehmen, zumal mit der Nichtzulassung auch der Weg zum BVerwG versperrt ist. Wenn die Behörde im Hinblick auf vorgebrachte Angriffe gegen das erstinstanzliche Urteil oder im Hinblick auf eine später eingetretene Änderung der Sach- oder Rechtslage Anlass sieht, ihre Ermessenserwägungen zu ergänzen, spricht dies dafür, dass das erstinstanzliche Urteil im Ergebnis zweifelhaft ist. Ob die ergänzten Ermessenserwägungen einer Prüfung standhalten, muss im Berufungsverfahren und kann nicht im Zulassungsverfahren entschieden werden (VGH Mannheim BeckRS 2005, 20868), weil in diesem sonst statt der gesetzlich vorgesehenen Prüfung der Zulassungsvoraussetzungen eine volle und eigenständige materielle Entscheidung in der Sache stattfände. Eine solche Verlagerung der materiellen Prüfung ist zumal dann bedenklich, wenn, wie vielfach, die Besetzung des Senats im Zulassungsverfahren und im Berufungsverfahren eine andere ist (so zB § 109 Abs 1 JustizG NRW). Denn der Betroffene hat ein Recht darauf, dass über die materiellrechtliche Frage, ob (noch) Ermessensfehler vorliegen oder diese durch neue – nachgeholte oder ergänzte – Ermessenserwägungen ausgeräumt sind, das OVG in Urteilsbesetzung entscheidet. Hieran vermag auch die Gewährung rechtlichen Gehörs (OVG Münster NVwZ-RR 2011, 623) nichts zu ändern, da der Anspruch auf rechtliches Gehör den Anspruch einschließt, seinen Vortrag dem zuständigen Spruchkörper unterbreiten zu können, und es keine gesetzliche Vermutung gibt, dass der Senat in Urteilsbesetzung nach mündlicher Verhandlung zu demselben Ergebnis kommt wie der Senat in Beschlussbesetzung ohne mündliche Verhandlung im Zulassungsverfahren. Schließlich unterliegt die Berücksichtigung von Ermessensergänzungen im Zulassungsverfahren auch Bedenken im Hinblick auf Art 6 Abs 1 EMRK (dazu näher § 130a VwGO Rn 11), weil hiernach über entscheidungserhebliche Tatsachen ohne mündliche und damit öffentliche Verhandlung entschieden wird.

30.2 Mittels einer **Klageänderung** kann die Unrichtigkeit des Urteils jedoch **nicht** herbeigeführt werden, weil Gegenstand des Zulassungsverfahrens ausschließlich die Prüfung der Zulassungsvoraussetzungen ist und in ihm deshalb nicht über das Vorliegen der Voraussetzungen einer Klageänderung entschieden werden kann (VGH Mannheim NVwZ 2005, 104, 105; VGH München NJOZ 2006, 2134, 2135; OVG Münster BeckRS 2003, 23508).

31 Neue bzw neu vorgetragene Tatsachen sowie eine geänderte Rechtslage können nicht nur zur Begründung ernstlicher Zweifel angeführt werden. Sie können umgekehrt auch dazu führen, dass zunächst bestehende ernstliche Zweifel an der Richtigkeit des angefochtenen Urteils hierdurch beseitigt werden und sich dieses nunmehr **aus anderen Gründen als richtig** erweist (BVerwG NVwZ 2004, 744, 745; OVG Münster NVwZ-RR 2011, 623).

3. Meinungsstreit über den Maßstab der ernstlichen Zweifel

32 Wann vom Vorliegen „ernstlicher Zweifel" iSd § 124 Abs 2 Nr 1 VwGO auszugehen ist, gehört zu den **umstrittensten** Fragen des Berufungszulassungsrechts.

32.1 Vermutlich dürfte es in der deutschen Rechtsordnung überhaupt nur wenige gesetzliche Tatbestandsmerkmale geben, zu denen vergleichbar viele unterschiedliche Auffassungen vertreten werden (Kopp/Schenke VwGO § 124 Rn 7d: „Meinungswirrwarr"). Auch wenn in Rechnung gestellt wird, dass die **praktischen** Auswirkungen dieses Meinungsstreits in den meisten Fällen **gering** oder jedenfalls nicht nachweisbar sein dürften, handelt es sich dennoch nicht um einen nur akademischen Streit (so aber F/K/S/Schäfer VwGO § 124 Rn 62), da sich die unterschiedlichen Auffassungen gerade in den Grenzfällen auswirken können. Diese Meinungsvielfalt hinsichtlich eines zentralen Berufungszulassungsgrundes provoziert zumal angesichts der verfahrensmäßigen Unmöglichkeit, sie einer höchstrichterlichen Klärung zuzuführen, erhebliche Bedenken im Hinblick auf den **Gleichheitssatz** und das **Rechtsstaatsprinzip** (Roth VerwA 1997, 416, 420). Der Zugang zu den Gerichten muss allen Bürgern auf möglichst gleichmäßige Weise eröffnet sein; die Grundsätze über die Einlegung von Rechtsmitteln müssen sich durch ein besonderes Maß an Gleichheit, Klarheit und innerer Logik auszeichnen (BVerfGE 74, 228, 234 = NJW 1987, 2067). Dass die Auslegung von Rechtsnormen umstritten ist, möglicherweise selbst zwischen den Senaten desselben Gerichts, ist zwar an sich weder ungewöhnlich noch als solches verfassungsrechtlich zu beanstanden (BVerfG NJW 2002, 2308, 2309). Wenn dies jedoch nicht in eine verfassungswidrige Rechtsunsicherheit und Ungleichbehandlung umschlagen soll, muss eine verfahrensmäßige Möglichkeit bestehen, diesen Streit einer Klärung zuzuführen. Hieran fehlt es in Ansehung des § 124 Abs 2 VwGO (zu § 124b VwGO aF s dort). Die Nichtzulassung der Berufung durch das OVG kann nicht vor dem BVerwG angefochten werden, so dass der Beteiligte selbst keine weiteren Rechtsbehelfe hat.

Der die Berufungszulassung beantragende Antragsteller muss ermitteln, welche Auffassung der **32.2** für sein Zulassungsverfahren zuständige Senat des OVG vertritt. Ist dies, etwa weil die Senatszuständigkeit innerhalb des OVG nach Eingangsziffern bestimmt wird, vor Stellung des Berufungszulassungsantrags nicht möglich, muss die Berufungszulassung beantragt und sodann, wenn das Aktenzeichen des OVG rechtzeitig mitgeteilt wird, bei der Formulierung der Berufungszulassungsbegründung auf etwaige Besonderheiten der Senatsrechtsprechung Rücksicht genommen werden. Praktisch empfiehlt es sich, nach dem anwaltlichen **Vorsichtsprinzip** vorzugehen (B/F-K/S/vA/ Bader VwGO § 124 Rn 10), dh sich auf die restriktivste Auffassung einzustellen. Ohnehin wird sich die Darlegung zumeist nicht darin erschöpfen, lediglich ernstliche Zweifel an der Richtigkeit aufzuzeigen, vielmehr wird der Antragsteller versuchen, die Unrichtigkeit der Entscheidung darzutun.

Hinsichtlich des Maßstabs, wann gemäß der im Zulassungsverfahren nur möglichen **33** **summarischen Prüfung des erstinstanzlichen Urteils** (BVerfG NVwZ 2009, 515, 517) vom Vorliegen ernstlicher Zweifel an der Richtigkeit des Urteils auszugehen ist, werden – in absteigender Reihenfolge der Anforderungen – folgende Auffassungen vertreten:

Nach der verbreiteten restriktivsten Auffassung sollen ernstliche Zweifel an der Richtig- **34** keit des Urteils nur bestehen, wenn die Berufung **überwiegende Erfolgsaussichten** besitzt, wenn also ein Erfolg der Berufung wahrscheinlicher erscheint als ihr Misserfolg.

So zB OVG Frankfurt/O. LKV 2003, 91; VGH Mannheim NVwZ 1998, 305; OVG Münster **34.1** NVwZ 1998, 530, 531; NVwZ 1999, 202; Eyermann/Happ VwGO § 124 Rn 15; S/S/B/Meyer-Ladewig/Rudisile VwGO § 124 Rn 26p; Sodan/Ziekow/Seibert VwGO § 124 Rn 75.

Dem Erfordernis einer überwiegenden Erfolgswahrscheinlichkeit kommt die Formulie- **34a** rung gleich, wonach ernstliche Zweifel bestehen, wenn erhebliche Gründe dafür sprechen, dass die verwaltungsgerichtliche Entscheidung einer Prüfung wahrscheinlich nicht standhalten wird (OVG Münster NVwZ-RR 2011, 623).

Nach weniger restriktiver Auffassung liegen ernstliche Zweifel vor, wenn ein Erfolg der **35** Berufung (mindestens) **ebenso wahrscheinlich** oder **ähnlich wahrscheinlich** erscheint wie ihr Misserfolg.

So zB OVG Lüneburg NVwZ-RR 2007, 507; NJW 2011, 3673; VGH Mannheim NVwZ-RR **35.1** 1997, 758, 759; OVG Schleswig NVwZ 1999, 1354, 1356; Gaier NVwZ 2011, 385, 388; Kopp/ Schenke VwGO § 124 Rn 7.

Nach einer anderen Auffassung wiederum sollen **hinreichende Erfolgsaussichten** ge- **36** nügen (OVG Greifswald NVwZ-RR 1999, 476; NordÖR 2003, 505) oder es auf eine **hinreichend plausibilisierte Erfolgswahrscheinlichkeit** ankommen (Rudisile NVwZ 2012, 1425, 1427).

Teilweise wird auch formuliert, ernstliche Zweifel bestünden dann, wenn gegen die **37** Richtigkeit des Urteils **gewichtige Gründe** sprechen (VGH München BayVBl 2007, 213; Kopp/Schenke VwGO § 124 Rn 7).

Das **BVerfG** sieht ernstliche Zweifel an der Richtigkeit einer Gerichtsentscheidung **38** immer schon dann begründet, wenn ein einzelner tragender Rechtssatz oder eine einzelne erhebliche Tatsachenfeststellung **mit schlüssigen Gegenargumenten in Frage gestellt** werden. Schlüssige Gegenargumente liegen bereits dann vor, wenn substantiiert rechtliche oder tatsächliche Umstände aufgezeigt werden, aus denen sich die gesicherte Möglichkeit ergibt, dass die erstinstanzliche Entscheidung unrichtig ist (BVerfG NVwZ 2011, 546, 548).

38.1   BVerfGE 110, 77, 83 = NJW 2004, 2510; BVerfG NVwZ 2000, 1163, 1164; 2009, 515, 516; NJW 2009, 3642; NJW 2010, 1062, 1063; NVwZ 2010, 634, 641; NVwZ 2011, 546, 547; VerfGH Rheinland-Pfalz NVwZ-RR 2005, 218, 219; OVG Berlin-Brandenburg BeckRS 2009, 41737; VGH Kassel NJW 2001, 3722; 2009, 2470; OVG Lüneburg NJW 2007, 454, 456; NJW 2011, 3673; OVG Magdeburg ZfB 2012, 257; VGH Mannheim NVwZ-RR 2011, 751; NVwZ-RR 2012, 948, 949; NJW 2012, 2744; VGH München BeckRS 2012, 45759; B/F-K/S/vA/Bader VwGO § 124 Rn 18; Kugele VwGO § 124 Rn 13; Redeker/v. Oertzen/Redeker VwGO § 124 Rn 15a; krit Rudisile NVwZ 2012, 1425, 1426.

39   Nach dem **BVerwG** will § 124 Abs 2 Nr 1 VwGO den Zugang zu einer inhaltlichen Überprüfung des angefochtenen Urteils in einem Berufungsverfahren in den Fällen eröffnen, in denen die Richtigkeit des angefochtenen Urteils weiterer Prüfung bedarf, ein **Erfolg** der angestrebten Berufung nach den Erkenntnismöglichkeiten des Zulassungsverfahrens **möglich** ist (BVerwG NVwZ-RR 2002, 894; NVwZ-RR 2004, 542, 543; BayVerfGH BeckRS 2009, 36300; VGH Mannheim NJW 2012, 2744). Der vom BVerwG gebrauchte Maßstab des möglichen Erfolgs der Berufung ist sachlich identisch mit der Auffassung, dass ernstliche Zweifel immer dann bestehen, wenn die **Berufung** aufgrund der im Zulassungsverfahren nur möglichen kursorischen Prüfung **nicht offensichtlich aussichtslos** erscheint und deshalb näherer Prüfung in einem ordentlichen Berufungsverfahren bedarf (VGH München BayVBl 1999, 631; ähnlich VGH Mannheim NVwZ 1998, 196; VGH Kassel NVwZ 2008, 343; eingehend Roth VerwA 1997, 416 ff). Da ein Erfolg der Berufung bei kursorischer Überprüfung im Zulassungsverfahren immer dann möglich erscheint, wenn die Berufung nicht offensichtlich aussichtslos ist, handelt es sich hier um einen inhaltlich übereinstimmenden, die Frage lediglich aus anderer Perspektive betrachtenden Maßstab. Der Zulassungsantrag hat dann keinen Erfolg, wenn sich schon im Zulassungsverfahren zuverlässig sagen lässt, dass das VG die Rechtssache jedenfalls im Ergebnis richtig entschieden hat und die angestrebte Berufung daher keinen Erfolg haben wird (VGH Mannheim NJW 2012, 2744).

39.1   Mehrere miteinander unvereinbare Kriterien hat der VGH Mannheim in früheren Entscheidungen verknüpft, wenn er zunächst – zu Recht – ernstliche Zweifel an der Richtigkeit des Urteils annimmt, wenn die Richtigkeit des angefochtenen Urteils näherer Prüfung bedarf, ein Erfolg der angestrebten Berufung nach den Erkenntnismöglichkeiten des Zulassungsverfahrens daher möglich ist, dann jedoch anfügte, es komme dabei darauf an, ob vom Antragsteller ein tragender Rechtssatz oder eine erhebliche Tatsachenfeststellung mit schlüssigen Gegenargumenten derart in Frage gestellt worden ist, dass der Erfolg des Rechtsmittels mindestens ebenso wahrscheinlich ist wie sein Misserfolg (VGH Mannheim BeckRS 2007, 24124; 2007, 25420). Diese beiden Kriterien sind in Wirklichkeit inhaltsverschieden. Ein Erfolg der Berufung ist nicht nur dann möglich, wenn der Erfolg mindestens ebenso wahrscheinlich ist wie sein Misserfolg, sondern schon dann, wenn die Erfolgsaussichten nach den Erkenntnismöglichkeiten des Zulassungsverfahrens größer null sind.

39.2   Unklar ist auch die Auffassung, die einerseits darauf abstellt, dass ernstliche Zweifel vorliegen, wenn die erstinstanzliche Entscheidung an einem durchschlagenden Fehler leidet, der ohne eingehende Prüfung erkennbar ist, auf dem sie beruht und ohne den sie möglicherweise anders ausgefallen wäre, die zugleich aber anfügt, bestünden nicht ausräumbare Zweifel an der Richtigkeit des Urteils und könne das Ergebnis dennoch richtig sein, sei die Berufung zuzulassen, um die Sache näher zu prüfen (Gärditz/Dietz VwGO § 124 Rn 31 mit Fußn 37). Diese beiden Kriterien sind sowohl in sich nicht überzeugend als auch miteinander nicht kompatibel, da sie geradezu Gegensätzliches bezeichnen. Das erstgenannte Kriterium, es müsse ein durchschlagender Fehler vorliegen, der ohne eingehende Prüfung erkennbar ist, läuft der Sache nach darauf hinaus, ernstliche Zweifel lägen nur bei offensichtlichen Fehlern vor. Ein solches Verständnis ist viel zu restriktiv und weder mit dem Wortlaut des § 124 Abs 2 Nr 1 VwGO, der eben nicht auf die Offensichtlichkeit oder Greifbarkeit der Unrichtigkeit des angefochtenen Urteils abstellt, noch mit den Vorgaben des BVerfG vereinbar. Das zweitgenannte Kriterium, die Berufung sei auch dann zuzulassen, um die Sache näher zu prüfen, wenn nicht ausräumbare Zweifel an der Richtigkeit des Urteils bestünden und das Ergebnis dennoch richtig sein könne, ist zunächst insofern unverständlich, als die Berufung doch gewiss auch dann wegen ernstlicher Zweifel zuzulassen ist, wenn nicht ausräumbare Zweifel an der Richtigkeit des Urteils bestünden und das Ergebnis eben deshalb unrichtig sein kann. Dann aber läuft dieses Kriterium der Sache nach auf die zutreffende Ansicht hinaus, die Berufung wegen ernstlicher Zweifel zuzulassen, wenn nach summarischer Prüfung im Zulassungsverfahren nicht zuverlässig festgestellt werden kann, dass das erstinstanzliche Urteil im Ergebnis richtig ist, wenn also die Berufung nicht offensichtlich aussichtslos ist.

4. Berufung nicht offensichtlich aussichtslos

Richtigerweise ist nicht darauf abzustellen, ob ein Erfolg der Berufung wahrscheinlich **40** oder gar überwiegend wahrscheinlich ist. Vielmehr genügt es, dass der Erfolg der Berufung möglich ist, dh die **Berufung nicht offensichtlich aussichtslos** erscheint. Denn wenn diese Möglichkeit unter Zugrundelegung der im Zulassungsverfahren naturgemäß nur eingeschränkten Erkenntnismöglichkeiten nicht ausgeschlossen werden kann, bedarf und verdient die Sache weiterer Prüfung in einem ordentlichen Berufungsverfahren. Wenn sich hingegen ohne den Aufwand eines Berufungsverfahrens schon im Zulassungsverfahren **zuverlässig** sagen lässt, das VG habe im Ergebnis richtig entschieden und die angestrebte Berufung werde deshalb keinen Erfolg haben, bedarf es keiner Berufungszulassung (BVerwG NVwZ-RR 2004, 542, 543; BayVerfGH BeckRS 2009, 36300; VGH Mannheim BeckRS 2009, 32245). Ist eine derartige Aussage hingegen nicht zuverlässig möglich, ist das angefochtene Urteil also **nicht offensichtlich richtig**, dann ist die Berufung nach § 124 Abs 2 Nr 1 VwGO zuzulassen (Roth VerwA 1997, 416, 433). In tatsächlicher Hinsicht bedeutet dies, wenn der Antragsteller **schlüssige Argumente gegen die Tatsachenfeststellung** und Tatsachenwürdigung des VG vorbringt, dh substantiiert tatsächliche Umstände aufzeigt, aus denen sich die gesicherte Möglichkeit ergibt, dass die erstinstanzliche Entscheidung unrichtig ist, dann muss bei diesbezüglichen Unklarheiten die Berufung zugelassen und müssen die Tatsachen im Berufungsverfahren aufgeklärt werden; es ist nicht zulässig, diese Prüfung ins Zulassungsverfahren vorzuverlagern und damit die eigentlich erforderliche Beweisaufnahme zu umgehen (BVerfG NVwZ 2011, 546, 548).

Die restriktiveren Auffassungen werden der Funktion des Berufungszulassungsverfahrens **41** und der gesetzessystematischen Stellung des § 124 Abs 2 Nr 1 VwGO nicht gerecht. Sie befrachten das Zulassungsverfahren mit Prüfungen, die ihren Platz in einem ordentlichen Berufungsverfahren haben, und zwingen den Antragsteller in der Praxis, den Zulassungsgrund der ernstlichen Zweifel vorsorglich bereits nach Art einer Berufungsbegründung darzulegen, obgleich das Zulassungsverfahren gerade **nicht** die Aufgabe hat, das **Berufungsverfahren vorwegzunehmen** (BVerfG NVwZ 2000, 1163, 1164; NJW 2010, 1062, 1063; Gaier NVwZ 2011, 385, 388). Vor allem verschließen sie in einer beträchtlichen Zahl von Fällen den Zugang zur Berufungsinstanz, obwohl das Rechtsmittel Erfolg haben würde. Teilweise unterliegen die restriktiven Auffassungen auch verfassungsrechtlichen Bedenken.

Der Gesetzeszweck, im Interesse der Einzelfallgerechtigkeit „grob ungerechte Entscheidungen zu **41.1** korrigieren" und es dem Rechtsmittelgericht zu ermöglichen, „hinreichend sicher erkennbar unbegründete Anträge auf Zulassung der Berufung" abzulehnen (BT-Drs 13/3993, 13), spricht gegen die restriktiven Auffassungen. Zum einen heißt „grob ungerecht" nicht grob unrichtig. Zum anderen sollen eben nur erkennbar unbegründete Zulassungsanträge abgelehnt werden können, nicht hingegen hat der Gesetzgeber gewollt, dass man erkennbar begründeten Zulassungsanträgen stattzugeben sei (unzutreffend daher OVG Münster NVwZ 1998, 530, 531).

Der Hinweis auf die restriktive Auslegung des Begriffs der ernstlichen Zweifel in § 80 Abs 4 S 3 **41.2** VwGO (BT-Drs 13/3993, 13; VGH Mannheim NVwZ 1998, 305; OVG Münster NVwZ 1999, 202, 203) rechtfertigt die restriktive Handhabung des § 124 Abs 2 Nr 1 VwGO nicht, da zwischen beiden Vorschriften **wesentliche systematische und funktionale Unterschiede** bestehen (OVG Hamburg NVwZ-RR 2000, 190; OVG Münster NVwZ 1998, 530, 531; Kopp/Schenke VwGO § 124 Rn 7; Roth VerwA 1997, 416, 420). Bei § 80 Abs 4 S 3 VwGO geht es um die Entscheidung einer Behörde in einem vorläufigen Verfahren, die die Hauptsacheentscheidung nicht vorwegnimmt und zudem sowohl von der Behörde als auch dem Gericht geändert werden kann. Eine Nichtzulassung der Berufung führt hingegen zur Rechtskraft der Hauptsacheentscheidung (§ 124a Abs 5 S 4 VwGO) und ist weder reversibel noch mit Rechtsmitteln angreifbar. Während im vorläufigen Rechtsschutzverfahren, sofern keine irreversiblen Folgen geschaffen werden, möglicherweise eine hohe Unrichtigkeitsquote toleriert werden mag, ist es in Hauptsacheverfahren nicht hinnehmbar, bewusst und sehenden Auges Urteile rechtskräftig werden zu lassen, die mit bis zu 50%iger Wahrscheinlichkeit unrichtig sind, und dies trotz bestehender Abhilfemöglichkeit in Form der Durchführung eines Berufungsverfahrens (Roth VerwA 1997, 416, 425). Deshalb muss das OVG die Möglichkeit eines Berufungsverfahrens nutzen, um das Urteil einer näheren Überprüfung zu unterziehen; es muss entweder die Zweifel ausräumen und die Richtigkeit des Urteils bestätigen oder eben die Zweifel bestätigen und das Urteil aufheben.

41.3   Dass der Gesetzgeber in der Gesetzesbegründung auf § 80 Abs 4 S 3 VwGO Bezug genommen hat, zwingt nicht zu einer ebensolchen Auslegung des § 124 Abs 2 Nr 1 VwGO. Denn der Gesetzgeber wollte nach seiner eigentlichen Absicht nur erkennbar unbegründete Anträge von der Berufung ausschließen (BT-Drs 13/3993, 13) und hat verkannt, dass dieses eigentliche Ziel mit einem Maßstab wie bei § 80 Abs 4 S 3 VwGO aufgrund der bestehenden funktionellen und systematischen Unterschiede gar nicht zu erreichen ist (Roth VerwA 1997, 416, 436).

41.4   Die restriktivste Auffassung, ein die Berufungszulassung indizierender ernstlicher Zweifel liege nur vor, wenn die Berufung überwiegende Erfolgsaussichten habe, überspannt das verfassungsrechtlich Zulässige und ist **verfassungswidrig** (BVerfGE 110, 77, 83 = NJW 2004, 2510; BVerfG NVwZ 2009, 515, 516; NJW 2010, 1062, 1063; NVwZ 2010, 634, 641; Gaier NVwZ 2011, 385, 388). Hierdurch wird der Zugang zur Rechtsmittelinstanz in unzumutbarer, aus Sachgründen nicht mehr zu rechtfertigender Weise erschwert und folglich Art 19 Abs 4 GG verletzt (BVerfG NVwZ 2000, 1163, 1164; BeckRS 2007, 22765). Auch legitime Entlastungsinteressen des OVG sind kein sachlich vertretbarer Grund, die Überprüfung in einem Berufungsverfahren zu verweigern, wenn das angefochtene Urteil selbst nach Auffassung des OVG genauso gut falsch wie richtig sein kann. Im übrigen muss es dem Betroffenen als Ausdruck staatlicher Willkür erscheinen, wenn das OVG bestätigt, dass das erstinstanzliche Urteil zwar ebenso gut falsch wie richtig sein könne, ihm aber gleichwohl eine nähere Prüfung in einem ordentlichen Berufungsverfahren vorenthält (Roth VerwA 1997, 416, 430). Nachdem das BVerfG bereits seit Jahren wiederholt entschieden hat, dass jedenfalls dieser restriktive Maßstab mit den verfassungsrechtlichen Vorgaben nicht vereinbar ist, muss es befremden, wenn immer noch Oberverwaltungsgerichte die Berufungszulassung mit solchen Erwägungen ablehnen.

41.5   Rechtsstaatlichen Bedenken unterliegen jedoch auch die weniger restriktiven Auffassungen, die § 124 Abs 2 Nr 1 VwGO nur erfüllt sehen, wenn ein Erfolg der Berufung ebenso oder ähnlich wahrscheinlich ist wie ein Misserfolg. Nicht nur lässt sich ohnehin nicht sagen, wo die Grenze zwischen „ebenso" bzw „ähnlich" und „nicht ebenso" bzw „nicht ähnlich" wahrscheinlich verläuft. Außerdem lassen auch diese Auffassungen eine für eine Hauptsacheentscheidung nicht hinnehmbare Unrichtigkeitswahrscheinlichkeit zu (Roth VerwA 1997, 416, 425). Die Fragwürdigkeit dieser Auffassungen wird deutlich, wenn man ihren Bedeutungsgehalt in klare Worte fasst und sich vergegenwärtigt, was sie dem Betroffenen zumuten: Sie bedeuten nämlich nichts anderes, als dass das OVG dem Antragsteller sagen darf, es sprächen zwar in der Tat schlüssige Argumente für die Unrichtigkeit des angefochtenen Urteils, ja das Urteil sei mit bis zu 49 % Wahrscheinlichkeit falsch, man wisse das nicht so genau, wolle es aber auch nicht so genau wissen und sich damit nicht in einem Berufungsverfahren befassen. Es stellt einen großen Unterschied dar, ob überhaupt kein Rechtsmittel vorgesehen ist – dann bleibt die Unzufriedenheit mit einem Urteil notwendig Privatmeinung –, oder ob ein übergeordnetes Gericht die beträchtliche Wahrscheinlichkeit der Unrichtigkeit des Urteils amtlich bestätigen darf und dennoch die nähere Befassung damit verweigert. Mit einer solchen Aussage wird lediglich die Autorität des VG beschädigt und das rechtskräftig werdende Urteil amtlich bemakelt, ohne gleichzeitig für eine nähere Überprüfung nebst Bestätigung oder eben Abhilfe zu sorgen (Roth VerwA 1997, 416, 429).

41.6   Inwieweit auch gegen die auf hinreichende Erfolgsaussichten oder gewichtige Gründe für einen Erfolg abstellenden Auffassungen verfassungsrechtliche Bedenken zu erheben sind, hängt letztlich davon ab, wann die Erfolgsaussichten als „hinreichend" und die Gründe als „gewichtig" angesehen werden. Bedenken unterliegen diese Auffassungen schon deshalb, weil die von ihnen herangezogenen Maßstäbe zu unbestimmt sind (vgl BVerfG NVwZ 2000, 1163, 1164) und deshalb dem verfassungsrechtlichen Gebot der Gleichheit und Klarheit von Vorschriften über den Zugang zu Rechtsmitteln (Rn 32.1) nicht gerecht werden. Außerdem hat das BVerfG klargestellt, dass es im Rechtsstaat, der dem Einzelnen zu effektivem Rechtsschutz verpflichtet ist, keinen Gemeinwohlbelang darstellt, den Zugang zu den Gerichten generell zu erschweren, es vielmehr nur darum gehen kann, zur Wahrung der Funktionsfähigkeit der Rechtspflege solche Prozesse zu vermeiden, für welche die Inanspruchnahme der Gerichte nicht notwendig erscheint, insbes weil es dem verfolgten Anliegen an jeder Aussicht auf Erfolg mangelt (BVerfG NJW 2007, 979, 981). Nach diesen Maßstäben verdienen nur ersichtlich nicht erfolgversprechende Berufungen keinen Rechtsschutz; die Berufungszulassung von einschränkenden Voraussetzungen wie einer „hinreichenden" Erfolgsaussicht abhängig zu machen, schränkt die rechtsstaatliche Rechtsschutzgarantie demgegenüber zu sehr ein.

Für die auf die Möglichkeit eines Berufungserfolges abstellende Auffassung spricht schließlich die **41.7** Rechtsprechung des BVerfG, nach der ernstliche Zweifel iSd § 124 Abs 2 Nr 1 VwGO an der Richtigkeit einer Gerichtsentscheidung immer schon dann begründet sind, wenn ein einzelner tragender Rechtssatz oder eine erhebliche Tatsachenfeststellung **mit schlüssigen Gegenargumenten** in Frage gestellt werden (BVerfGE 110, 77, 83 = NJW 2004, 2510; BVerfG NVwZ 2000, 1163, 1164). Ein Gegenargument ist nicht erst dann schlüssig, wenn es durchgreift, sondern schon dann, wenn es im Berufungszulassungsverfahren nicht auszuräumen ist. Das BVerfG hat nämlich zugleich betont, dass das Zulassungsverfahren nicht die Aufgabe hat, das Berufungsverfahren vorwegzunehmen (BVerfG NVwZ 2000, 1163, 1164; NJW 2010, 1062, 1063). Es ist sowohl für den Antragsteller als auch das OVG ausgeschlossen, die rechtliche und tatsächliche Auseinandersetzung mit dem angegriffenen Urteil im Zulassungsverfahren in derselben Tiefe und Gründlichkeit zu führen wie im Berufungsverfahren, schon weil an die Begründung des Zulassungsantrags nicht dieselben Anforderungen gestellt werden dürfen wie an die spätere Berufungsbegründung (BVerfG NVwZ 2000, 1163, 1164). Die Erfolgsaussichten oder Erfolgswahrscheinlichkeiten der noch überhaupt nicht begründeten Berufung lassen sich daher im Zulassungsverfahren überhaupt nicht quantifizieren (VGH Mannheim NVwZ 1998, 196; Redeker/v Oertzen/Redeker VwGO § 124 Rn 15). Das OVG darf auch nicht die Sache im Rahmen des Zulassungsverfahrens abschließend entscheiden, ohne ein Berufungsverfahren mit den den Beteiligten darin offen stehenden Verfahrensrechten durchzuführen (BVerfG BeckRS 2007, 22765). Muss das OVG also die Zulassungsentscheidung in dem Bewusstsein treffen, dass der Berufungsführer im Berufungsverfahren in tatsächlicher und rechtlicher Hinsicht über die im Zulassungsverfahren dargelegten und darzulegenden Gründe für das Vorliegen ernstlicher Zweifel hinaus vortragen darf, so schließt auch dies eine restriktive Handhabung des Zulassungsgrundes der ernstlichen Zweifel aus, weil dies auf einen unzulässigen faktischen Zwang zur umfassenden Auseinandersetzung und zur de facto-Vorlage einer Berufungsbegründung bereits im Zulassungsverfahren hinausliefe.

II. Besondere tatsächliche oder rechtliche Schwierigkeiten

Nach § 124 Abs 2 Nr 2 VwGO ist die Berufung zuzulassen, wenn die Rechtssache **42** besondere tatsächliche oder rechtliche Schwierigkeiten aufweist. Dieser Berufungszulassungsgrund steht nur dem OVG zur Verfügung, nicht auch dem VG (§ 124a Abs 1 S 1 VwGO).

1. Maßstab der besonderen Schwierigkeiten

Besondere tatsächliche oder rechtliche Schwierigkeiten weist eine Rechtssache nicht auf, **43** wenn die Entscheidung der konkret entscheidungserheblichen Rechts- oder Tatsachenfragen (OVG Lüneburg BeckRS 2012, 45747; OVG Münster NVwZ 1997, 1004) lediglich durchschnittliche, also „normale" Schwierigkeiten bereitet. Der konkret zu entscheidende Fall muss vielmehr in tatsächlicher oder rechtlicher Hinsicht von normalen verwaltungsgerichtlichen Streitigkeiten **deutlich** abgehoben sein (VGH Mannheim BeckRS 2009, 32245). Im Übrigen ist der erforderliche Schwierigkeitsgrad jedoch umstritten. Nach einer restriktiveren Auffassung liegen besondere Schwierigkeiten erst dann vor, wenn die Rechtssache voraussichtlich in tatsächlicher oder rechtlicher Hinsicht Schwierigkeiten aufweist, die das Maß des in verwaltungsrechtlichen Streitigkeiten Üblichen **nicht unerheblich übersteigen** (OVG Hamburg NVwZ-RR 2000, 190; VGH Kassel NVwZ 2001, 1178, 1179; OVG Lüneburg NVwZ 1997, 1225, 1226; NJW 2011, 3673, 3674; BeckRS 2012, 45747; VGH München BeckRS 2012, 45759; Kopp/Schenke VwGO § 124 Rn 9). Nach der Gegenauffassung genügt es, wenn die Rechtssache **überdurchschnittliche Schwierigkeiten** aufweist (VGH Mannheim NVwZ 1998, 305, 306; OVG Münster NVwZ 2000, 86, 87; Kugele VwGO § 124 Rn 16; S/S/B/Meyer-Ladewig/Rudisile VwGO § 124 Rn 28).

Zu folgen ist der letzteren, weniger restriktiven Ansicht. Dass die Schwierigkeiten der **44** Rechtssache „erheblich" über dem Durchschnitt liegen müssen, wird vom Wortlaut des § 124 Abs 2 Nr 2 VwGO nicht gefordert. Die Forderung nach „besonderen" Schwierigkeiten kann auch als Abgrenzung zu den „allgemeinen" Schwierigkeiten und damit als Hinweis auf die Notwendigkeit einer auf die „speziellen" Schwierigkeiten des konkreten Einzelfalls bezogenen Beurteilung verstanden werden (OVG Münster NVwZ 2000, 86, 88). Auch der Zweck der Regelung lässt einen strengen Beurteilungsmaßstab nicht geboten erscheinen. Denn bereits überdurchschnittliche Schwierigkeiten machen die Fallbehandlung in besonderem, eben überdurchschnittlichem Maße fehleranfällig und rechtfertigen deshalb die Durchführung eines Berufungsverfahrens, um zu prüfen, ob sich dieses Risiko in der Entscheidung des VG realisiert hat (OVG Münster NVwZ 2000, 86, 88).

44.1   Auch das **BVerwG** dürfte einem weniger restriktiven Verständnis des § 124 Abs 2 Nr 2 VwGO zuneigen. Nach ihm kommt eine Berufungsentscheidung nach § 130a VwGO nicht in Betracht, wenn die Sache außergewöhnlich große Schwierigkeiten aufweist, doch hindert der Umstand, dass das OVG die Berufung wegen besonderer tatsächlicher oder rechtlicher Schwierigkeiten nach § 124 Abs 2 Nr 2 VwGO zugelassen hat, nicht stets eine Entscheidung im Verfahren nach § 130a VwGO (BVerwG BeckRS 2004, 25028). Dies impliziert, dass § 124 Abs 2 Nr 2 VwGO jedenfalls keine außergewöhnlich großen Schwierigkeiten voraussetzt.

44.2   Für die Beurteilung, ob eine Rechtssache überdurchschnittliche Schwierigkeiten aufwirft, ist ein **objektiver** Maßstab anzulegen, dh es ist darauf abzustellen, ob die konkrete Rechtssache im Vergleich zu sonstigen Verwaltungsrechtssachen überdurchschnittliche Schwierigkeiten aufwirft. Auf die Eigenart und die üblichen Schwierigkeiten speziell von verwaltungsgerichtlichen Verfahren der jeweiligen Eigenart ist nicht abzustellen, weil dies den Betroffenen in unzumutbarer Weise belastet. Erkenntnisse über das in vergleichbaren Streitverfahren übliche Maß an Komplexität kann sich ein nicht gerade auf das jeweilige Rechtsgebiet spezialisierter Rechtsanwalt mit zumutbarem Aufwand nicht beschaffen (BVerfG NVwZ 2000, 1163, 1164). Ferner ist zu beachten, dass Fachsenate in der Gefahr stehen, die Schwierigkeiten desto weniger wahrzunehmen, je mehr sie spezialisiert sind (BVerfG NVwZ 2000, 1163, 1164). Das OVG darf nicht die besondere Schwierigkeit deshalb verneinen, weil es selbst aufgrund bereits wiederholter und vertiefter Befassung mit diesen Fragen keine Schwierigkeiten hat, den Rechtsstreit richtig zu entscheiden. Der Berufungszulassungsgrund des § 124 Abs 2 Nr 2 VwGO verfolgt nicht den Zweck, dem OVG besonders herausfordernde Fälle zu verschaffen, sondern er soll Entscheidungen des VG einer berufungsgerichtlichen Kontrolle zuführen, die wegen der überdurchschnittlichen Schwierigkeit überdurchschnittlich fehleranfällig sind.

2. Anhaltspunkte für das Vorliegen besonderer Schwierigkeiten

45   Eine besondere Schwierigkeit **im Tatsächlichen** besteht insbes bei **komplexen** oder nur mit Hilfe besonderen Sachverstandes zu verstehenden wirtschaftlichen, technischen und wissenschaftlichen Zusammenhängen oder wenn der Sachverhalt aus sonstigen Gründen schwierig zu überschauen und zu ermitteln ist (OVG Magdeburg ZfB 2012, 257, 258; OVG Schleswig NVwZ 1999, 1354, 1356). Eine besondere Schwierigkeit **im Rechtlichen** ist bei **neuartigen** oder **ausgefallenen Rechtsfragen** anzunehmen (OVG Magdeburg ZfB 2012, 257, 258; OVG Schleswig NVwZ 1999, 1354, 1356). Gesellschaftspolitische Brisanz allein genügt nicht (VGH Kassel NJW-RR 1999, 120, 121; aA S/S/B/Meyer-Ladewig/Rudisile VwGO § 124 Rn 28e). Indiz für die besondere Schwierigkeit wird häufig der Umfang des **Begründungsaufwandes** des erstinstanzlichen Urteils sein (BVerfG NVwZ 2000, 1163, 1164; NJW 2009, 3642, 3643; BVerwGE 121, 211, 220 = NVwZ 2004, 1377, 1380; OVG Lüneburg NJW 2007, 3657, 3659; VGH Mannheim BeckRS 2009, 32245; Bitter/Goos JZ 2009, 740, 741; Gaier NVwZ 2011, 385, 390; Kugele VwGO § 124 Rn 16; krit Redeker/v Oertzen/Redeker VwGO § 124 Rn 18), sofern sich der Umfang nicht nur aus der Vielzahl der zu behandelnden, aber je für sich einfachen Punkte ergibt (VGH München BayVBl 2006, 446).

45.1   Die **Durchführung einer Beweisaufnahme** in erster Instanz reicht alleine für die Annahme besonderer tatsächlicher Schwierigkeiten nicht aus, wenn es um die Klärung einer einfachen Frage ging (OVG Greifswald NVwZ-RR 2009, 544). Die Notwendigkeit eines **Gutachtens** in der Berufungsinstanz spricht für die besondere Schwierigkeit (Redeker/v Oertzen/Redeker VwGO § 124 Rn 18). Dies gilt auch, wenn zu einer tatsächlichen Frage widerstreitende gerichtliche Sachverständigengutachten oder Privatgutachten vorliegen; die Entscheidung, welcher der einander widersprechenden Beurteilungen zu folgen ist, kann im Zulassungsverfahren nicht getroffen werden, da hierzu zumindest die persönliche Anhörung der Sachverständigen erforderlich sein wird.

46   Eine besondere Schwierigkeit einer Rechtssache ist regelmäßig anzunehmen, wenn die betreffende Frage in Rechtsprechung und (Fach)Literatur **sehr umstritten** ist (BVerwGE 121, 211, 218 = NVwZ 2004, 1377, 1379). Letzteres ist auch dann der Fall, wenn zwar höchstrichterliche Entscheidungen zu der Frage vorliegen, deren genaue Bedeutung und Tragweite jedoch umstritten ist (aA VGH Mannheim BeckRS 2009, 32247). Insbes wenn zwischen den OVG oder gar unter den Senaten desselben OVG unterschiedliche Auffassungen bestehen, aber auch bei erheblichen Entscheidungsdivergenzen zwischen den VG oder zwischen den Kammern desselben VG, erscheint die Bejahung der besonderen Schwierigkeit zwingend (Eyermann/Happ VwGO § 124 Rn 31).

Das OVG kann angesichts einer solchen Streitsituation nicht die Position einnehmen, die Frage **46.1** sei doch einfach zu beantworten und es sei unverständlich, wenn andere OVG sie anders beantworten. Auch wenn das über die Berufungszulassung entscheidende OVG mit seiner Auffassung vollkommen Recht hat, belegt dennoch allein das Bestehen abweichender Auffassungen anderer OVG die besondere Schwierigkeit. Dabei ist auch zu berücksichtigen, dass nur bei Zulassung der Berufung der Weg zu einer späteren Revision eröffnet ist, wohingegen die Nichtzulassung der Berufung den Weg zum BVerwG definitiv versperrt und damit eine höchstrichterliche Klärung verhindert.

Die Übertragung bzw Nichtübertragung des Rechtsstreits auf den **Einzelrichter** ist **kein 47** Beleg für oder gegen die besondere tatsächliche oder rechtliche Schwierigkeit iSd § 124 Abs 2 Nr 2 VwGO. Sie entfaltet erst recht keine diesbezügliche Bindungswirkung für das OVG, schon weil der Kammer im Rahmen des § 6 Abs 1 S 1 Nr 1 VwGO ein gewisses Ermessen zukommt (VGH Mannheim NVwZ 1998, 975, 976; OVG Münster NVwZ 1999, 202, 204).

3. Verhältnis zum Zulassungsgrund der ernstlichen Zweifel

Vielfach wird eine besondere Schwierigkeit der Sache auch angenommen, wenn die **48** Angriffe des Rechtsmittelführers gegen die Tatsachenfeststellungen oder die rechtliche Würdigung, auf denen das angefochtene Urteil beruht, begründeten **Anlass zu Zweifeln** an der Richtigkeit der erstinstanzlichen Entscheidung geben, die sich nicht ohne weiteres im Zulassungsverfahren klären lassen, sondern die Durchführung eines Berufungsverfahrens erfordern (OVG Lüneburg NVwZ 1997, 1129; OVG Münster NVwZ 1999, 202; F/K/S/ Schäfer VwGO § 124 Rn 72; Gärditz/Dietz VwGO § 124 Rn 38; Kopp/Schenke VwGO § 124 Rn 7a; Sodan/Ziekow/Seibert VwGO § 124 Rn 106; ähnlich Eyermann/Happ VwGO § 124 Rn 27).

Diese Auffassung ist zwar unter Rechtsschutzgesichtspunkten zu begrüßen, gesetzessyste- **49** matisch jedoch nicht überzeugend. Der Zulassungsgrund der Zweifel an der Richtigkeit des Urteils ist in § 124 Abs 2 Nr 1 VwGO erfasst, und angesichts des Wortlauts und der Systematik des § 124 Abs 2 VwGO spricht wenig dafür, dass der Gesetzgeber zwischen „ernstlichen" und anderen Zweifeln differenzieren und die Zulassung des Rechtsmittels wegen „anderer" – nicht ernstlicher – Zweifel als „Auffangtatbestand" (F/K/S/Schäfer VwGO § 124 Rn 75) in § 124 Abs 2 Nr 2 VwGO regeln wollte. Die Fassung des § 124 Abs 2 Nr 2 VwGO, in der von „Zweifeln" nicht die Rede ist und die sich auch sonst deutlich von § 124 Abs 2 Nr 1 VwGO abhebt, steht der Annahme entgegen, der Gesetzgeber habe zwei verschiedene Arten von Zweifeln ins Auge gefasst (OVG Hamburg NVwZ-RR 2000, 190; S/S/B/Meyer-Ladewig/Rudisile VwGO § 124 Rn 28a).

Hintergrund der Auffassung, besondere Schwierigkeiten lägen auch bei begründetem **50** Anlass zu Zweifeln an der Richtigkeit der angefochtenen Entscheidung vor, ist die zu restriktive Auslegung des Tatbestandsmerkmals der ernstlichen Zweifel in § 124 Abs 2 Nr 1 VwGO durch die hM (Rn 34). Diese schafft ein erkennbares Rechtsschutzdefizit, welches dann wortlaut- und systemwidrig durch einen Rückgriff auf § 124 Abs 2 Nr 2 VwGO kompensiert werden muss. Wird hingegen § 124 Abs 2 Nr 1 VwGO seiner Stellung und Funktion gemäß ausgelegt, bedarf es auch keiner Umfunktionierung des § 124 Abs 2 Nr 2 VwGO.

4. Maßgeblicher Zeitpunkt

Die Schwierigkeit der Rechtssache ist aus der Sicht des OVG und im **Zeitpunkt der 51 Zulassungsentscheidung** zu beurteilen (OVG Frankfurt/O. LKV 2003, 91). Ein ursprünglich schwieriger Fall, den das VG nach Aufklärung des Sachverhalts und sorgfältiger rechtlicher Aufarbeitung richtig entschieden hat oder dessen Problematik inzwischen anderweit geklärt worden ist, muss aus der maßgeblichen Sicht des OVG keine besonderen Schwierigkeiten mehr aufweisen (OVG Lüneburg NJW 2007, 3657, 3659), so wie umgekehrt ein ursprünglich an sich einfacher Fall aufgrund der erstinstanzlichen Entscheidung und ihrer Begründung nunmehr schwierige tatsächliche und rechtliche Fragen aufwerfen kann (OVG Lüneburg NVwZ 1997, 1225, 1226; OVG Münster NVwZ 1999, 202, 204; Kopp/Schenke VwGO § 124 Rn 8).

III. Grundsätzliche Bedeutung

52   Nach § 124 Abs 2 Nr 3 VwGO ist die Berufung zuzulassen, wenn die Rechtssache grundsätzliche Bedeutung hat. Der auch dem VG zur Verfügung stehende (§ 124a Abs 1 S 1 VwGO) Berufungszulassungsgrund der grundsätzlichen Bedeutung der Rechtssache entspricht dem Revisionszulassungsgrund des § 132 Abs 2 Nr 1 VwGO, wobei allerdings die Besonderheiten zu berücksichtigen sind, die sich daraus ergeben, dass das Berufungsgericht auch Tatsacheninstanz ist.

1. Begriff der grundsätzlichen Bedeutung

53   Eine Rechtssache hat grundsätzliche Bedeutung iSd § 124 Abs 2 Nr 3 VwGO, wenn sie eine fallübergreifende, **verallgemeinerungsfähige Rechts-** oder **Tatsachenfrage** aufwirft, die für das VG entscheidungserheblich war und auch für die Berufungsinstanz entscheidungserheblich und damit **klärungsfähig** ist, und die im Interesse der **Rechtssicherheit**, der **Rechtseinheit** oder der **Fortbildung des Rechts** einer **Klärung** im Berufungsverfahren **bedarf** (BVerfG NVwZ 2009, 515, 518; NVwZ 2010, 1482, 1485; NVwZ-RR 2011, 963, 964; OVG Bremen NJW 2011, 1018, 1019; VGH Kassel NVwZ 2010, 1254, 1255; OVG Koblenz NVwZ-RR 2011, 10, 13; OVG Lüneburg NJW 2006, 3018, 3019; NJW 2011, 3673, 3674; VGH Mannheim NVwZ 1997, 405, 406; NVwZ 1998, 305, 306; NJW 2012, 2744, 2747; vgl BVerwG NVwZ 2011, 507). Ob die Rechtssache eine solche Rechts- oder Tatsachenfrage aufwirft, bestimmt sich danach, ob deren Beantwortung zur richtigen Entscheidung des Rechtsstreites objektiv erforderlich ist; ob das erstinstanzliche Gericht die Problematik erkannt hat und auf die Rechtsfrage eingegangen ist, ist unerheblich (aA BAG NJW 2008, 1179). Eine **Rechtsfrage** ist eine Frage, die den Inhalt, den Geltungsbereich, die Wirksamkeit oder die Anwendbarkeit einer Rechtsnorm zum Gegenstand hat (BAG NJW 2008, 2364). Anders als die Grundsatzrevision erstreckt sich die Grundsatzberufung auch auf **Tatsachenfragen** von grundsätzlicher Bedeutung (VGH Mannheim NVwZ 1997, 405, 406; Kopp/Schenke VwGO § 124 Rn 10; Roth DÖV 1998, 191 ff). Ob eine Rechtssache grundsätzliche Bedeutung hat, lässt nur eine Antwort zu (BVerwGE 121, 292, 294 = NVwZ 2005, 98), ein Beurteilungsspielraum besteht nicht (Kopp/Schenke VwGO § 124a Rn 6). Grundsätzliche Bedeutung kommt einer Rechtssache nicht allein deshalb zu, weil ein erst- oder zweitinstanzliches Gericht wegen der betreffenden Frage in bindender Weise die Berufung oder Revision bzw Sprungrevision zugelassen hat (BVerwG NVwZ-RR 2011, 329); eine solche Zulassung hat zwar eine gewisse Indizwirkung (aA BVerwG NVwZ-RR 2011, 329), entfaltet für das konkrete Zulassungsverfahren jedoch keine Bindungswirkung und muss daher eigenständig geprüft werden (BVerwG NVwZ-RR 2011, 329).

2. Klärungsfähigkeit

54   Eine Rechts- oder Tatsachenfrage ist im Berufungsverfahren klärungsfähig, wenn sie für das angefochtene Urteil entscheidungserheblich war oder nur deshalb nicht entscheidungserheblich war, weil das VG eine andere Sach- oder Rechtsfrage unrichtig entschieden hat, und wenn die Frage – nach der im Zulassungsverfahren allein möglichen summarischen Einschätzung – voraussichtlich auch für das Berufungsurteil des OVG entscheidungserheblich sein wird. Es kommt nicht darauf an, ob sich das VG mit der Frage befasst, sie also beantwortet hat (missverständlich BAG NJW 2006, 3371, 3372; NJW 2013, 413, 414), sondern darauf, ob sich die Frage objektiv nach dem Begründungszusammenhang stellte. Nicht klärungsfähig sind Fragen, die sich erst stellen würden, wenn das Gericht anders entschieden hätte (BVerwG NVwZ 2008, 696, 697). Eine Gewissheit über die Entscheidungserheblichkeit für das Berufungsurteil kann nicht gefordert werden, weil dies eine vollständige Vorhersicht des Berufungsverfahrens erforderte. Nicht klärungsfähig sind Fragen, die nicht mehr der Entscheidung des OVG unterliegen, etwa weil hierüber bereits rechtskräftig entschieden oder das OVG diesbezüglich infolge einer Zurückverweisung gebunden ist (Sodan/Ziekow/Seibert VwGO § 124 Rn 149).

3. Klärungsbedürftigkeit

Die Rechts- oder Tatsachenfrage muss in einem Berufungsverfahren klärungsbedürftig **55** sein. **Klärungsbedürftig** sind solche Rechts- oder Tatsachenfragen, deren Beantwortung zweifelhaft ist oder zu denen unterschiedliche Auffassungen vertreten werden oder die noch nicht oder nicht hinreichend ober- und höchstrichterlich geklärt sind (BVerfG NJW 2011, 2276, 2277; BeckRS 2013, 47975 Rn 25). **Nicht** klärungsbedürftig ist eine Rechtsfrage, deren Beantwortung sich unter Heranziehung der anerkannten Auslegungsmethoden und unter Einbeziehung der ober- und höchstrichterlichen Rechtsprechung ohne weiteres aus dem Gesetz ergibt (BVerfG NVwZ 2010, 1482, 1485; VGH Kassel NVwZ 1998, 755, 756; OVG Magdeburg ZfB 2012, 257, 258; VGH Mannheim NVwZ 1998, 975, 977), so dass divergierende Entscheidungen nicht zu erwarten sind (vgl BAG NJW 2007, 1165). Eine Frage tatsächlicher Art ist nicht klärungsbedürftig, wenn die Antwort allgemeinkundig ist oder sich die Frage auf Grund von eindeutigen und widerspruchsfreien Gutachten, Auskünften und Stellungnahmen sachverständiger Stellen ohne weiteres beantworten lässt (OVG Münster BeckRS 2005, 24678; S/S/B/Meyer-Ladewig/Rudisile VwGO § 124 Rn 32; Sodan/Ziekow/Seibert VwGO § 124 Rn 143). **Rechtsprechungsdivergenzen** indizieren regelmäßig die Klärungsbedürftigkeit und begründen hierüber die grundsätzliche Bedeutung der Sache (Rn 66).

Nicht klärungsbedürftig ist eine Tatsachen- oder Rechtsfrage ferner dann, wenn sie zwar **56** einmal klärungsbedürftig war, aber bereits vor der Entscheidung über den Zulassungsantrag durch anderweitige Entscheidungen – ggf auch in einem Verfahren des vorläufigen Rechtsschutzes (OVG Greifswald NVwZ 1999, 789) – **geklärt** worden ist (BVerwG NVwZ 2005, 709, 710). Die Entscheidung in einem **Prozesskostenhilfeverfahren** kann aufgrund ihres summarischen Charakters **nicht die Klärungsbedürftigkeit entfallen** lassen (BVerfG NVwZ 2010, 1482, 1485). Durch wen die Klärung erfolgt sein muss, bedarf differenzierender Betrachtung: Handelt es sich um eine **Tatsachenfrage** oder um eine Frage **nicht revisiblen Landesrechts**, kommt es darauf an, ob sie durch eine Entscheidung des betreffenden **OVG** geklärt ist (OVG Greifswald NVwZ 1999, 789). Handelt es sich hingegen um eine Frage **revisiblen Rechts** (Bundesrecht oder ausnahmsweise revisibles Landesrecht), muss sie durch das **BVerwG** geklärt worden sein. Eine diesbezügliche Entscheidung des zur Entscheidung über den Zulassungsantrag berufenen OVG oder eines anderen OVG genügt bei solchen Rechtsfragen nicht, weil mit der Entscheidung über die Berufungszulassung gerade auch der Weg zum BVerwG eröffnet wird (BVerfG BeckRS 2009, 38580 Rn 36; VGH Mannheim NVwZ 2000, 1315; Kopp/Schenke VwGO § 124 Rn 10). Handelt es sich um eine noch klärungsbedürftige Frage des **Unionsrechts**, hinsichtlich der die Letztentscheidungsbefugnis des **EuGH** besteht, kann weder eine Entscheidung des OVG noch des BVerwG die grundsätzliche Bedeutung ausschließen (BVerfG NVwZ 2009, 519, 521).

Dies gilt selbst dann, wenn das entscheidende oder ein anderes OVG wegen dieser Frage bereits **56.1** in einem Parallelverfahren die Revision wegen grundsätzlicher Bedeutung nach § 132 Abs 2 Nr 1 VwGO zugelassen hat, weil sonst die durch die Entscheidung des BVerwG zu erwartende Klärung der Rechtsfrage im konkreten Verfahren nicht berücksichtigt werden könnte (VGH Mannheim NVwZ 2000, 1315).

Der Klärungsbedarf entfällt auch nicht schon deshalb, weil die Rechtsfrage durch die Recht- **56.2** sprechung eines anderen obersten Bundesgerichts geklärt scheint. Zwar kann der für die Revisionszulassung wegen grundsätzlicher Bedeutung erforderliche höchstrichterliche Klärungsbedarf auch dann zu verneinen sein, wenn die Frage durch die Rechtsprechung eines anderen obersten Bundesgerichts geklärt ist, das sich mit dieser oder mit einer gleichgelagerten Rechtsfrage bereits befasst hat, und das angerufene oberste Bundesgericht dieser Rechtsprechung folgt (BVerwG NVwZ 2008, 212, 213). Eben letztere Aussage kann zwar das BVerwG bei der Entscheidung über die Revisionszulassung treffen, nicht aber das OVG bei der Entscheidung über die Berufungszulassung, weshalb das OVG nicht durch Nichtzulassung der Berufung den Weg zum BVerwG verbauen darf, wenn die Frage noch nicht durch das BVerwG entschieden worden ist.

57   Ist die **Verfassungsmäßigkeit** und **Gültigkeit einer Rechtsnorm** bestritten und lassen sich die nachvollziehbaren Gültigkeitszweifel nicht ohne weiteres widerlegen, weist die Rechtsfrage grundsätzliche Bedeutung auf (BVerfG NVwZ 2010, 634, 641; VerfGH Rheinland-Pfalz NVwZ-RR 2005, 218, 220; BAG BeckRS 2007, 41225).

57a   Hängt die Entscheidung in der Hauptsache von der Auslegung und Anwendung von **EU-Recht** ab, so muss die grundsätzliche Bedeutung jedenfalls dann bejaht werden, wenn eine **Vorlagepflicht nach Art 267 Abs 3 AEUV** (= ex-Art 234 Abs 3 EGV) besteht (BVerfG NVwZ-RR 2008, 611, 612; NVwZ 2009, 519; NJW 2012, 598, 599; BVerwG NVwZ 1997, 178; NVwZ 2008, 1115, 1116; OVG Hamburg NJW 2006, 3593, 3595; Sodan/Ziekow/Seibert VwGO § 124 Rn 136). Da eine Vorlagepflicht nach Art 267 Abs 3 AEUV auch in Bezug auf **auslaufendes oder ausgelaufenes Unionsrecht** besteht, ist die grundsätzliche Bedeutung auch dann zu bejahen, wenn die Entscheidung von bislang ungeklärtem ausgelaufenem oder auslaufendem Unionsrecht abhängt (eingehend Roth FS Schenke, 2011, 1107, 1112 ff; zust. Kopp/Schenke VwGO § 132 Rn 11). Jedes Gericht ist zur Vorlage an den EuGH verpflichtet, wenn die Entscheidung auf die Ungültigkeit einer EU-Rechtsnorm oder eines sonstigen Aktes eines Organs der EU gestützt werden soll (EuGH EuGRZ 2006, 260, 262). Außerdem muss, da nach Nichtzulassung der Berufung keine ordentlichen Rechtsmittel vorgesehen sind und das **OVG** deshalb **bei der Nichtzulassungsentscheidung** als im konkreten Verfahren **letztinstanzliches Gericht** entscheidet, eine Vorlage ermöglicht werden, wenn die entscheidungserhebliche Frage des Unionsrechts durch den EuGH noch nicht beantwortet und in ihrer möglichen Beantwortung nicht unzweifelhaft ist, wenn eine etwaige vorliegende Rechtsprechung des EuGH die Frage möglicherweise noch nicht erschöpfend beantwortet hat bzw eine Fortentwicklung dieser Rechtsprechung nicht nur als entfernte Möglichkeit in Betracht kommt, oder wenn von einer vorliegenden Rechtsprechung des EuGH abgewichen werden soll (vgl EuGH Rs C-283/81 „CILFIT" Slg 1982, 3415 Rn 13 = NJW 1983, 1257, 1258; BVerfG EuGRZ 2006, 477, 478; NVwZ 2007, 197, 198; NJW 2010, 1268, 1269; NJW 2012, 598, 599; NVwZ 2012, 426, 427; Roth NVwZ 2009, 345, 346). Wenn eine entscheidungserhebliche Frage des Unionsrechts noch nicht Gegenstand einer (erschöpfenden) Auslegung des EuGH war, darf nach der **acte clair**-Doktrin von der Vorlage nur abgesehen werden, wenn die richtige Anwendung des Unionsrechts derart offenkundig ist, dass für einen vernünftigen Zweifel keinerlei Raum bleibt (EuGH EuGRZ 2006, 260, 261). Dabei genügt nicht, dass das OVG selbst keine Zweifel über die richtige Auslegung hegt, vielmehr muss es überzeugt sein, dass über die richtige Auslegung auch für die Gerichte der übrigen Mitgliedstaaten und den EuGH die gleiche Gewissheit besteht (EuGH Rs C-283/81 „CILFIT" Slg 1982, 3415 Rn 16 = NJW 1983, 1257, 1258; BVerfG NJW 2010, 1268, 1269; BGH NJW 2006, 1978, 1979; Roth NVwZ 2009, 345, 346 f; Roth FS Schenke, 2011, 1107, 1113). Ob diese Möglichkeit besteht, ist unter Berücksichtigung der Eigenheiten des EU-Rechts, der besonderen Schwierigkeiten seiner Auslegung (mehrere gleichermaßen verbindliche Sprachfassungen, eigenständige Terminologie, Gesamtzusammenhang und Entwicklungsstand des EU-Rechts) und der Gefahr divergierender Gerichtsentscheidungen innerhalb der EU zu beurteilen (EuGH Rs C-283/81 „CILFIT" Slg 1982, 3415 Rn 17 ff = NJW 1983, 1257, 1258; Rs C-495/03 „Intermodal Transports" Slg 2005 I-8151 Rn 33). Hiernach muss ein letztinstanzlich entscheidendes Gericht seiner Vorlagepflicht nachkommen, wenn sich in dem bei ihm anhängigen Verfahren eine entscheidungserhebliche Frage des Unionsrechts stellt, es sei denn, das Gericht hat festgestellt, dass die betreffende Bestimmung des Unionsrechts bereits Gegenstand einer Auslegung durch den EuGH war, oder wenn die richtige Auslegung derart offenkundig ist, dass für einen vernünftigen Zweifel keinerlei Raum bleibt (BVerfG NJW 2010, 1268, 1269; Roth NVwZ 2009, 345). Liegen abweichende Entscheidungen von Gerichten anderer Mitgliedstaaten vor, kann nicht mehr von einer Eindeutigkeit ausgegangen werden (vgl BVerfG NVwZ 2004, 1346, 1347). Auch ein Meinungsstreit in der Literatur spricht gegen die Offenkundigkeit der richtigen Auslegung (BVerfG NJW 2010, 1268, 1270).

Dass sich die verfassungsgerichtliche Prüfung bei der Rüge einer Vorlagepflichtverletzung auf **57a.1** offensichtliche Verstöße beschränkt (BVerfG EuGRZ 2006, 477, 478; NVwZ-RR 2008, 658, 659; NJW 2010, 1268; NJW 2010, 3422, 3427; NJW 2012, 426, 427), schränkt die unionsrechtliche Vorlagepflicht nicht ein. Einen Verstoß gegen Art 101 Abs 1 S 2 GG zu verneinen, wenn das letztinstanzliche Hauptsachegericht die durch den EuGH noch nicht geklärte entscheidungserhebliche unionsrechtliche Rechtsfrage in zumindest vertretbarer Weise beantwortet hat (BVerfG NVwZ 2007, 197, 198; NVwZ 2008, 780, 781; NVwZ 2009, 519, 520; NJW 2010, 3422, 3427; NJW 2012, 598, 599), sofern eine tragfähige Würdigung der unionsrechtlichen Aspekte vorliegt (BVerfG NVwZ 2009, 519, 521), greift deshalb zu kurz (eingehend Roth NVwZ 2009, 345). Für die verfassungsgerichtliche Prüfung der Vorlagepflichtverletzung kommt es nicht auf die Vertretbarkeit der fachgerichtlichen Auslegung des materiellen Unionsrechts an, sondern auf die Vertretbarkeit der Handhabung der Vorlagepflicht nach Art 267 Abs 3 AEUV (BVerfG BeckRS 2010, 52956; NJW 2012, 426, 428). Nach der acte clair-Doktrin des EuGH darf indes die Vorlage nur unterbleiben, wenn die richtige Beantwortung der unionsrechtlichen Rechtsfrage offenkundig und zweifelsfrei ist; die Vertretbarkeit der vom Gericht des Mitgliedstaates gefundenen Auslegung lässt die Vorlagepflicht unionsrechtlich nicht entfallen. Von der Vorlage schon deshalb abzusehen, weil die Auslegung der unionsrechtlichen Rechtsvorschrift vertretbar ist, stellt folglich eine offensichtlich unrichtige Anwendung des Art 267 Abs 3 AEUV dar und muss daher als Verletzung des Rechts auf den gesetzlichen Richter angesehen werden (Roth NVwZ 2009, 345, 350; Roth FS Schenke, 2011, 1107, 1119 f; so jetzt auch BVerfG NJW 2010, 1268, 1269; BeckRS 2010, 52956; aA BVerfG NJW 2010, 3422, 3427).

Ob Unionsrecht im konkreten Einzelfall nicht beachtet bzw verletzt worden ist, ist kein geeig- **57a.2** neter Gegenstand für ein Vorabentscheidungsverfahren (VGH München BeckRS 2007, 21252) und kann daher nicht die grundsätzliche Bedeutung der Rechtssache begründen, wohl aber ernstliche Zweifel an der Richtigkeit des erstinstanzlichen Urteils.

Kommt sowohl eine Vorlage nach Art 100 Abs 1 GG an das BVerfG als auch eine Vorlage nach **57a.3** Art 267 AEUV (= ex-Art 234 EGV) an den EuGH in Betracht, entscheidet das Gericht nach Zweckmäßigkeitserwägungen, welches Zwischenverfahren es zunächst einleitet (BVerfGE 116, 202 = NJW 2007, 51, 52).

Eine Rechtsfrage kann trotz ober- oder höchstrichterlicher Entscheidung ausnahmsweise **58** weiter klärungsbedürftig bleiben oder **wieder klärungsbedürftig** werden, wenn die Entscheidung in der Rechtsprechung der Instanzgerichte oder der rechtswissenschaftlichen Literatur **erheblicher Kritik** ausgesetzt ist oder erhebliche **neue Gesichtspunkte** vorgetragen werden, die in der damaligen Entscheidung keine Berücksichtigung fanden und geeignet sind, zu einer Überprüfung der Rechtsauffassung zu führen und ein anderes Ergebnis herbeizuführen (BVerfG NJW 2011, 2276, 2277; BeckRS 2012, 55220; BeckRS 2013, 47975 Rn 25; Kopp/Schenke VwGO § 124 Rn 10). Dies kann auch der Fall sein, wenn eine landesrechtliche Frage durch das zuständige OVG abschließend geklärt worden ist, ein anderes OVG jedoch trotz paralleler Gesetzeslage zu einem abweichenden Ergebnis kommt (aA OVG Münster NVwZ-RR 2007, 413, 414). Auch **neue tatsächliche Entwicklungen**, die in der zunächst klärenden Entscheidung nicht berücksichtigt werden konnten, können die Klärungsbedürftigkeit wieder entstehen lassen (BVerfG NVwZ 2009, 515, 518). Eine vereinzelte abweichende Entscheidung, die allgemein auf Ablehnung stößt, ist nicht geeignet, eine bereits seit langem geklärte Rechtsfrage in Frage zu stellen und wieder klärungsbedürftig werden zu lassen (BGH NJW 2006, 700, 701).

4. Allgemeines Klärungsinteresse

Die Klärung der Frage muss aus Gründen der Einheitlichkeit der Rechtsprechung oder **59** der Fortbildung des Rechts im **allgemeinen Interesse** liegen. Ausschlaggebend ist nicht das Interesse des einzelnen an der Entscheidung, sondern das abstrakte Interesse der Gesamtheit an der einheitlichen Entwicklung des Rechts (OVG Weimar NVwZ 1998, 194). Die Berührung der Interessen eines größeren Teils der Allgemeinheit genügt (BAG NJW 2009, 461). Eine Rechtsfrage muss mit Auswirkung über den Einzelfall hinaus in verallgemeinerungsfähiger Form zu beantworten sein (BVerwG NVwZ 2005, 709; Kopp/Schenke VwGO § 124 Rn 10). Allgemeines Interesse an der Klärung einer Tatsachenfrage besteht, wenn tatsächliche, zB wirtschaftliche oder soziale Auswirkungen die Interessen der Allgemeinheit berühren (S/S/B/Meyer-Ladewig/Rudisile VwGO § 124 Rn 30).

60   Weicht die angegriffene Entscheidung von der Rechtsprechung des OVG eines anderen Bundeslandes ab, kann die grundsätzliche Bedeutung der aufgeworfenen Frage zu bejahen sein, wenn das dem VG übergeordnete OVG diese Frage noch nicht entschieden hat und daher die Zulassung der Berufung wegen Abweichens von einer Entscheidung des im Instanzenzug übergeordneten Oberverwaltungsgerichts nicht in Betracht kommt (OVG Weimar NVwZ 1998, 194).

61   Bezieht sich die Rechtsfrage auf außer Kraft getretenes Recht (sog **ausgelaufenes Recht**), kommt ihr regelmäßig trotz noch anhängiger Fälle keine grundsätzliche Bedeutung mehr zu (BVerwG BeckRS 2006, 20910). Das gilt auch bei demnächst außer Kraft tretendem Recht (sog **auslaufendes Recht**) sowie bei bloßen **Übergangsvorschriften**. Ein anderes gilt dann, wenn die Klärung der Rechtsfrage für einen nicht überschaubaren Personenkreis in nicht absehbarer Zukunft von Bedeutung ist oder sein kann (BVerwG NVwZ-RR 1996, 712; NVwZ 2007, 84, 86). Ein Klärungsinteresse besteht in diesen Fällen auch, wenn sich die Rechtsfrage in gleicher Weise bei der Nachfolgeregelung stellt (BVerwG NVwZ-RR 1996, 712). Hierzu genügt es jedoch nicht, wenn nicht ausgeschlossen ist, dass sich die als rechtsgrundsätzlich angesehene Frage unter der Nachfolgeregelung in gleicher Weise stellt, vielmehr muss dies offensichtlich sein (BVerwG BeckRS 2005, 26591; BeckRS 2006, 20910). Anders verhält sich dies bei **auslaufendem oder ausgelaufenem Unionsrecht**; sofern eine Vorlagepflicht nach Art 267 Abs 3 AEUV besteht, ist die grundsätzliche Bedeutung zu bejahen (Rn 57a).

5. Maßgeblicher Zeitpunkt

62   Ob eine grundsätzlich bedeutsame, klärungsbedürftige Rechts- oder Tatsachenfrage vorliegt, beurteilt sich nach dem Zeitpunkt der **Entscheidung des OVG** über den Zulassungsantrag (BVerfG NVwZ 2009, 515, 518). Deshalb kann eine bei Antragstellung bestehende grundsätzliche Bedeutung infolge **nachträglicher Gesetzesänderung** entfallen (BVerwG NVwZ 2007, 84, 85; Kopp/Schenke VwGO § 124 Rn 10), sofern sie nicht nach den Grundsätzen über die grundsätzliche Bedeutung ausgelaufenen Rechts fortbesteht (Rn 61). Anders als im Revisionsverfahren (BVerwG NVwZ 2005, 709, 710) kann wegen der gem § 128 VwGO umfassenden Prüfungspflicht des Berufungsgerichts eine neue Gesetzeslage auch die grundsätzliche Bedeutung begründen, sofern die neue Gesetzeslage nach dem materiellen Recht der Berufungsentscheidung zugrunde zu legen ist (aA Eyermann/Happ VwGO § 124 Rn 37).

63   Desgleichen entfällt die grundsätzliche Bedeutung, wenn die Sach- oder Rechtsfrage nach Antragstellung durch eine ober- bzw höchstrichterliche Entscheidung **geklärt** worden und deshalb im Zeitpunkt der Entscheidung über den Zulassungsantrag nicht mehr klärungsbedürftig ist. Hat das OVG bzw BVerwG die Frage jedoch **anders** als das VG beantwortet, dann muss der auf § 124 Abs 2 Nr 3 VwGO gestützte Antrag in einen solchen nach § 124 Abs 2 Nr 4 VwGO **umgedeutet** und die Berufung wegen **nachträglicher Divergenz** zugelassen werden (§ 124a VwGO Rn 80.2).

IV. Divergenz

64   Nach § 124 Abs 2 Nr 4 VwGO ist die Berufung zuzulassen, und zwar auch vom VG (§ 124a Abs 1 S 1 VwGO), wenn das Urteil des VG von einer Entscheidung des OVG, des BVerwG, des GemSOGB oder des BVerfG abweicht und auf dieser Abweichung beruht. Der Zulassungsgrund der **Divergenzberufung** entspricht dem Revisionszulassungsgrund des § 132 Abs 2 Nr 2 VwGO, jedoch ergänzt um die Abweichung von einer Entscheidung des OVG.

1. Divergenzfähige Entscheidungen

65   Die Divergenzberufung ist nur im Falle einer Abweichung von Entscheidungen des **OVG**, des **BVerwG**, des **GemSOGB** und des **BVerfG** vorgesehen. Das in § 124 Abs 2 Nr 4 VwGO aufgeführte OVG meint allein das dem VG im Instanzenzug **übergeordnete** OVG (OVG Magdeburg ZfB 2012, 257, 258; VGH Mannheim NVwZ-RR 1998, 371; OVG Münster NVwZ-RR 2007, 413, 414).

Abweichungen von Entscheidungen anderer Gerichte erfüllen diesen Zulassungsgrund **66** nicht. Im Falle einer Abweichung von Entscheidungen **anderer OVG** ist jedoch in aller Regel die Berufung wegen **grundsätzlicher Bedeutung** (Rn 52) zuzulassen (BVerfG NVwZ 1993, 465; Kopp/Schenke VwGO § 124 Rn 12; S/S/B/Meyer-Ladewig/Rudisile VwGO § 124 Rn 38). Gleiches gilt für Abweichungen von Entscheidungen der **Gerichte anderer Rechtswege** sowie des **EuGH** (vgl OVG Münster GewArch 2006, 471; für eine analoge Anwendung der Vorschriften über die Divergenzberufung/Divergenzrevision Kopp/Schenke VwGO § 132 Rn 14).

Auch wenn die Einordnung des Zulassungsgrundes der Divergenz als Unterfall des Zulassungs- **66.1** grundes der grundsätzlichen Bedeutung (BVerfG NVwZ 1993, 465, 466; OVG Berlin NVwZ 2000, 1315) nicht unproblematisch ist (Sodan/Ziekow/Seibert VwGO § 124 Rn 156), liegt doch bei derartigen Abweichungen jedenfalls in aller Regel eine grundsätzliche Bedeutung vor, da solche Meinungsverschiedenheiten in der Rechtsprechung eine grundsätzliche Klärungsbedürftigkeit nahelegen (Rn 55). Die Umkehrung gilt jedoch nicht, die Zulassung wegen Divergenz kann also nicht wegen fehlender grundsätzlicher Bedeutung unterbleiben. Denn die Divergenzberufung ist als rechtlich selbständiger Zulassungsgrund ausgestaltet (Kopp/Schenke VwGO § 132 Rn 14). Wenn eine Divergenz iSd § 124 Abs 2 Nr 4 VwGO vorliegt, muss deshalb die Berufung auch dann zugelassen werden, wenn die Voraussetzungen einer Zulassung wegen grundsätzlicher Bedeutung nicht erfüllt wären, also beispielsweise auch bei Fehlen eines allgemeinen Klärungsinteresses (Rn 59).

Divergenzfähige Entscheidungen sind sowohl **Urteile** einschließlich **Gerichtsbescheide 67** als auch **Beschlüsse**, mit denen über einen Rechtsstreit **entschieden** wird (VGH Kassel NVwZ 2000, 1433). Es muss sich um die schriftlich abgefasste Entscheidung handeln; die mündliche Urteilsbegründung ist keine Grundlage für eine Divergenzberufung (BAG NJW 2012, 1164, 1165).

Entscheidungen, mit denen eine Berufung nicht zugelassen wird, sowie **Nichtzulassungs- 67.1 beschlüsse** des BVerwG sind divergenzfähige Entscheidungen, da mit ihnen der Rechtsstreit endgültig abgeschlossen wird. Freilich bedarf es der genauen Prüfung, inwieweit in einer solchen Entscheidung ein divergenzfähiger Rechtssatz aufgestellt oder lediglich im entschiedenen Einzelfall die Darlegung bzw das Vorliegen von Zulassungsgründen verneint worden ist (BVerwG BeckRS 2009, 32327). Divergenzfähige Entscheidungen sind auch **stattgebende Kammerbeschlüsse** des BVerfG (§ 93c Abs 1 S 2 BVerfGG; zu deren Bindungswirkung BVerfG NVwZ 2006, 586, 588; einschränkend BGH NJW 2006, 1529, 1533). **Keine** divergenzfähige Entscheidung sind demgegenüber **Nichtannahmebeschlüsse** (§ 93b BVerfGG); da mit diesen gerade die Annahme zur Entscheidung (§ 93a Abs 1 BVerfGG) verweigert wird, stellen sie im Rechtssinne keine Entscheidungen dar (M/SB/K/B/Graßhof BVerfGG § 93b Rn 17).

Die Berufung zulassende Beschlüsse des OVG und die Revision zulassende Beschlüsse des **67.2** BVerwG sind demgegenüber keine Entscheidungen iSd des § 124 Abs 2 Nr 4 VwGO, weil mit derartigen Beschlüssen die angesprochene Rechtsfrage nicht entschieden, sondern lediglich der Weg zur Entscheidung der Rechtsfrage durch das Rechtsmittelgericht eröffnet wird (BVerwG NVwZ 1999, 406; VGH Kassel NVwZ 2000, 1433). Soweit die Berufung oder Revision nur teilweise zugelassen wird, kommt der die Zulassung versagende Teil des Beschlusses als divergenzfähige Entscheidung in Betracht.

Bei **Vorlagebeschlüssen** ist zu differenzieren: Soweit es gerade um die vorgelegten Fragen geht, **67.3** stellen sie eine divergenzfähige Entscheidung dar (BAG MDR 1987, 168). Soweit jedoch in dem Vorlagebeschluss über bestimmte andere, nicht vorgelegte Fragen entschieden wird (zB über eine dem Großen Senat oder dem GemSOGB nicht vorgelegte Auslegungsfrage, zur Auslegung des einfachen Rechts bei Vorlage an das BVerfG, zur Auslegung des deutschen Rechts bei Vorlage an den EuGH), handelt es sich um eine divergenzfähige Entscheidung (offen BAG MDR 1987, 168; aA Sodan/Ziekow/Seibert VwGO § 124 Rn 170), die dann allerdings keinen Bestand mehr hat (Rn 68), wenn ihr durch die Beantwortung der Vorlagefrage der Boden entzogen wird (zB sich die Auslegung des einfachen Rechts als verfassungswidrig oder die Auslegung des deutschen Rechts als unionsrechtswidrig erweist).

Kostenentscheidungen sind divergenzfähige Entscheidungen, soweit sie sich nicht in einer **67.4** summarischen Prüfung erschöpfen, sondern eine Rechtsfrage tatsächlich entscheiden (Sodan/Ziekow/Czybulka VwGO § 132 Rn 86). Die gegenteilige, lediglich mit einem Hinweis auf § 158 VwGO begründete Auffassung (S/S/B/Pietzner/Buchheister VwGO § 132 Rn 63), beruht auf

einem Missverständnis, da es im hiesigen Kontext der Divergenzzulassung nicht darum geht, unzulässigerweise die Kostenentscheidung anzufechten, sondern vielmehr die Abweichung von einem
in der Kostenentscheidung aufgestellten Rechtssatz die Zulassung der Berufung gegen die abweichende Entscheidung begründen soll.

68   Die Divergenzentscheidung muss **noch Bestand** haben. Eine Divergenz ist daher nicht
gegeben, wenn die Divergenzentscheidung ihrerseits wegen einer nach ihrem Erlass eingetretenen **Gesetzesänderung** (Kugele VwGO § 124 Rn 24) oder einer wesentlichen **Änderung der Verhältnisse** (Eyermann/Happ VwGO § 124 Rn 41) als überholt anzusehen
ist, oder wenn OVG, BVerwG, GemSOGB bzw BVerfG selbst die in der betreffenden
Entscheidung vertretene Rechtsauffassung inzwischen **aufgegeben** haben (Kopp/Schenke
VwGO § 132 Rn 18). Dies setzt voraus, dass in dem anderen Verfahren nachträglich eine
abweichende Rechtsauffassung zu entscheidungserheblichen Rechtsfragen vertreten wurde,
die über den entschiedenen Fall hinaus einen verallgemeinerungsfähigen Inhalt hat (BVerwG
NVwZ 2007, 594). Dasselbe ist anzunehmen, wenn die Divergenzentscheidung des OVG
durch eine **spätere Entscheidung** seines Großen Senats (§ 12 VwGO), des BVerwG,
GemSOGB, BVerfG oder EuGH, oder wenn die Divergenzentscheidung des BVerwG durch
eine spätere Entscheidung seines Großen Senats (§ 11 VwGO), des GemSOGB, BVerfG
oder EuGH überholt ist (Kopp/Schenke VwGO § 132 Rn 18; Sodan/Ziekow/Seibert
VwGO § 124 Rn 175), und zwar unabhängig davon, ob diese spätere Entscheidung Bindungswirkung hat.

68.1   Es ist nicht erforderlich, dass sich das OVG bzw das BVerwG dieser späteren Entscheidung des
BVerfG oder EuGH ausdrücklich angeschlossen hat (hierfür Kopp/Schenke VwGO § 132 Rn 18),
da es oftmals von Zufällen abhängt, ob und wann das jeweils nachgeordnete Gericht noch einmal
mit derselben Rechtsfrage befasst wird. Es genügt, dass die Gefolgschaft nicht ausdrücklich verweigert worden ist, in welchem Falle wiederum eine divergenzfähige Entscheidung vorläge.

68.2   Liegen **mehrere voneinander abweichende Entscheidungen** verschiedener Senate des OVG
oder BVerwG vor, ohne dass der Große Senat entschieden hat und ohne dass die betreffenden Senate
ihre jeweilige Rechtauffassung aufgegeben haben, ist jede dieser Entscheidungen divergenzbegrün-
dend (F/K/S/Schäfer VwGO § 124 Rn 78; Redeker/v Oertzen/Redeker VwGO § 132 Rn 13; S/
S/B/Pietzner/Buchheister VwGO § 132 Rn 70; Sodan/Ziekow/Seibert VwGO § 124 Rn 175).

2. Divergierende Rechtsauffassung

69   Eine die Divergenzberufung begründende Abweichung liegt vor, wenn das VG mit einem
seine Entscheidung tragenden abstrakten Rechtssatz von einem in der Rechtsprechung eines
der genannten übergeordneten Gerichte aufgestellten eben solchen Rechtssatz abgewichen
ist (BVerwG NVwZ 1999, 406; NVwZ-RR 2000, 260). In aller Regel setzt eine solche
Abweichung voraus, dass beide Entscheidungen auf der Grundlage **derselben Rechtsvorschrift** ergangen sind (BVerwG NVwZ-RR 1996, 712, 713; NVwZ 1999, 406; BeckRS
2006, 24876; OVG Münster NVwZ 2000, 1430, 1431; Wysk/Kuhlmann VwGO § 124
Rn 41). Eine Divergenz kann nach umstrittener Ansicht auch vorliegen, wenn beide Ent-
scheidungen auf der Grundlage **inhaltsgleicher Vorschriften verschiedener Gesetze**
ergangen sind (BVerwG NVwZ 2004, 889, 890; Buchholz 251.2 § 91 BlnPersVG Nr 2;
BFH/NV 2003, 833, 834; Kopp/Schenke VwGO § 124 Rn 11; Redeker/v Oertzen/
Redeker VwGO § 132 Rn 14; grundsätzlich wohl auch BVerwG BeckRS 2006, 27068; aA
B/F-K/S/vA/Bader VwGO § 124 Rn 55; Eyermann/Schmidt VwGO § 132 Rn 13; S/S/
B/Meyer-Ladewig/Rudisile VwGO § 124 Rn 43). Inhaltsgleichheit setzt keine wörtliche
Übereinstimmung voraus, sondern kann auch vorliegen, wenn austauschbare Begriffe ver-
wandt werden und der jeweilige systematische Regelungszusammenhang sowie der aus den
Gesetzesmaterialien erkennbare Wille der jeweiligen Gesetzgeber übereinstimmen (BVerwG
Buchholz 251.2 § 91 BlnPersVG Nr 2). Dies wird vor allem dann in Betracht kommen,
wenn die betreffenden Gesetze letztlich dieselben Grundvorstellungen verfolgen und bundes-
verfassungs- oder bundesrechtlich in einer tendenziell auf Vereinheitlichung zielenden Weise
vorgeprägt sind (BVerwG Buchholz 251.2 § 91 BlnPersVG Nr 2). Die **bloße Gleichartigkeit** oder Parallelität der Rechtsfrage in verschiedenen Gesetzen oder bei verschiedenen
Vorschriften desselben Gesetzes genügt hingegen selbst bei Wortlautgleichheit für eine

Divergenzberufung nicht (Kopp/Schenke VwGO § 132 Rn 15), ebensowenig die bloße **Vergleichbarkeit** der Regelungsinhalte unterschiedlicher Normen (BVerwG NVwZ 2004, 889, 890). In den letzteren Fällen kommt jedoch eine Grundsatzberufung in Betracht.

Die Abweichung muss sich auf einen für beide Entscheidungen jeweils **tragenden** recht- **70** lichen Entscheidungsgrund (eine **ratio decidendi**) beziehen. Nicht entscheidend ist, ob die betreffenden entscheidungstragenden Rechtssätze in den zu vergleichenden Entscheidungen explizit ausformuliert sind, ihnen aus dem Zusammenhang zu entnehmen sind (BAG NJW 2008, 1179) oder den Entscheidungen lediglich gedanklich zugrunde liegen (vgl BVerwG NVwZ 2008, 911, 912; OVG Schleswig NVwZ 1999, 1354, 1356). Eine Divergenz hinsichtlich bloßer **obiter dicta** genügt nicht (OVG Münster NVwZ 2000, 1430, 1431). Eine solche kann jedoch Anhaltspunkt für eine grundsätzliche Bedeutung der Sache sein (Kopp/Schenke VwGO § 124 Rn 11).

Es genügt nicht, dass das VG einen entscheidungserheblichen Rechtssatz **lediglich über- 71 sieht** (VGH Kassel NVwZ-RR 1998, 203, 204) oder auf den von ihm zu entscheidenden Fall **unrichtig anwendet** (BVerwG NJW 2006, 2058; NVwZ 2009, 320, 321; Kopp/ Schenke VwGO § 132 Rn 14).

Nicht erforderlich ist eine gewollte oder bewusste Abweichung (OVG Greifswald Nord- **72** ÖR 2000, 190; VGH Kassel NVwZ-RR 1998, 203, 204). Unerheblich ist auch, ob das VG die Entscheidung des übergeordneten Gerichts kennt oder überhaupt kennen kann. Auch eine erst nach der Entscheidung des VG ergehende divergierende Entscheidung begründet die Divergenz. Dass die **Rechtsvorschrift außer Kraft** getreten ist, steht der Divergenzzulassung nicht entgegen und führt auch nicht dazu, diese an die besonderen Voraussetzungen der Grundsatzzulassung bei ausgelaufenem Recht (Rn 61) zu knüpfen. Denn bei der Divergenzzulassung steht die Wahrung der Rechtseinheit und Rechtsanwendungsgleichheit im Vordergrund, und dieser rechtsstaatliche Grundwert wäre gefährdet, wenn das VG bei der Anwendung von ausgelaufenem bzw. Übergangsrecht von ober- oder höchstrichterlichen Entscheidungen ohne Möglichkeit revisionsgerichtlicher Überprüfung abweichen könnte (BVerwG Buchholz 310 § 132 Abs 2 Ziff 1 VwGO Nr 15; Eyermann/P. Schmidt VwGO § 132 Rn 14; aA BVerwG NVwZ 1996, 1010; B/F-K/S/vA/Bader VwGO § 132 Rn 18).

3. Divergierende Tatsachenfeststellung

Wegen der Stellung des OVG als Tatsachengericht kann sich die Abweichung auch auf **73** eine **Tatsachenfeststellung** beziehen (VGH Kassel NVwZ 2000, 1433; Kopp/Schenke VwGO § 124 Rn 11; Roth DÖV 1998, 191, 197), und zwar regelmäßig des OVG, möglicherweise aber auch eine solche des BVerwG (VGH Kassel NVwZ 1998, 303, 304) oder des BVerfG (Roth DÖV 1998, 191, 197).

In tatsächlicher Hinsicht liegt eine Abweichung vor, wenn die Entscheidung des VG **74** tragend mit einer Tatsachenfeststellung begründet ist, die von einer die andere Entscheidung tragenden Tatsachenfeststellung abweicht. Eine Abweichung in einer Tatsachenfrage setzt jedoch voraus, dass in der vorherigen Entscheidung keine rein fallspezifische, individuell-konkrete Tatsache festgestellt, sondern eine generelle und verallgemeinerungsfähige Tatsachenentscheidung getroffen wurde (Kopp/Schenke VwGO § 124 Rn 11; S/S/B/Meyer-Ladewig/Rudisile VwGO § 124 Rn 42). Dass ähnlich gelagerte Sachverhalte in tatsächlicher Hinsicht lediglich unterschiedlich beurteilt werden, begründet keine Divergenz (BVerwG NVwZ 1999, 406).

Bei zeit- und umstandsabhängigen Feststellungen liegt keine zur Zulassung der Berufung **75** führende Abweichung vor, wenn sich die der früheren Entscheidung zugrunde liegenden **Verhältnisse geändert** haben (VGH Kassel NVwZ 2000, 1433).

4. Beruhenserfordernis

Die Entscheidung muss nach ausdrücklicher Bestimmung des § 124 Abs 2 Nr 4 VwGO **76** auf der Abweichung **beruhen**. Die in dem angefochtenen Urteil vertretene abweichende Rechtsauffassung oder abweichende Tatsachenfeststellung darf nicht fortgedacht werden können, ohne zu einem anderen Entscheidungsergebnis zu führen (Kopp/Schenke VwGO § 132 Rn 19). Es genügt, dass die Entscheidung auf der Abweichung beruhen kann, es also lediglich möglich bzw nicht auszuschließen ist, dass das VG zu einem anderen Ergebnis gekommen wäre, wenn es der Rechtsprechung, von der es tatsächlich abgewichen ist, gefolgt wäre.

76.1   OVG Koblenz NVwZ 1999, 198, 200; Redeker/v Oertzen/Redeker VwGO § 124 Rn 25; S/ S/B/Meyer-Ladewig/Rudisile VwGO § 124 Rn 45; Sodan/Ziekow/Seibert VwGO § 124 Rn 181; aA OVG Greifswald Beschl v 11.4.2000, 2 L 5/00, juris.

77   Die Entscheidungserheblichkeit einer Divergenz fehlt, wenn das Urteil noch auf einen weiteren selbständig tragenden (Rn 10) Grund gestützt ist (Eyermann/Happ VwGO § 124 Rn 46), es sei denn, für diesen liegen seinerseits beachtliche Zulassungsgründe vor. Soweit angenommen wird, dass die Entscheidungserheblichkeit auch dann fehle, wenn das VG einen zweiten Grund lediglich erwogen und dessen Tragfähigkeit offen gelassen hat, jedoch sicher davon auszugehen ist, dass der zweite Grund bei abschließender Prüfung die Entscheidung ebenfalls getragen hätte (OVG Greifswald NVwZ-Beil I 2000, 93 L = LSK 2000, 350155), ist zu beachten, dass das Zulassungsverfahren nicht sinnwidrig zu einem Berufungsverfahren werden darf und die Berücksichtigung einer vom VG offen gelassenen Begründungsalternative nur bei wirklicher Offensichtlichkeit in Betracht kommt (vgl Rn 26.1).

5. Maßgeblicher Zeitpunkt

78   Für die Berufungszulassung wegen Divergenz durch das VG kommt es notwendigerweise auf den Zeitpunkt seiner Entscheidung an. Für die Berufungszulassung durch das OVG ist hingegen nicht dieser Zeitpunkt, sondern der Zeitpunkt der Entscheidung des OVG maßgeblich. Hat das VG die Berufung zu Unrecht nicht zugelassen, etwa weil es eine im Zeitpunkt seiner Entscheidung bestehende Divergenzentscheidung übersehen hat, kann das OVG die Berufung infolgedessen nur dann wegen Divergenz zulassen, wenn die Divergenzentscheidung im Zeitpunkt seiner Zulassungsentscheidung noch besteht (Kopp/Schenke VwGO § 132 Rn 18; S/S/B/Meyer-Ladewig/Rudisile VwGO § 124 Rn 47). Umgekehrt hat das OVG die Berufung wegen Divergenz auch dann zuzulassen, wenn eine solche im Zeitpunkt der Entscheidung des VG noch nicht bestand, weil die Divergenzentscheidung damals noch nicht ergangen war (Kopp/Schenke VwGO § 132 Rn 17; Sodan/Ziekow/ Seibert VwGO § 124 Rn 174; krit B/F-K/S/vA/Bader VwGO § 124 Rn 58; aA BAG NJW 2012, 1164). Voraussetzung hierfür ist jedoch, dass diese nachträglich entstandene Divergenz innerhalb der Begründungsfrist dargelegt wird (B/F-K/S/vA/Bader VwGO § 124 Rn 58).

78.1   Das Bestehen einer divergenzbegründenden Entscheidung kann sich bereits aus einer **Pressemitteilung** insbes oberster Gerichte ergeben. Die Pressemitteilung kann zwar nicht Grundlage der Zulassungsentscheidung sein, doch ist es zur Gewährleistung effektiven Rechtsschutzes in aller Regel notwendig, nach Bekanntwerden der Pressemitteilung mit der Entscheidung über den Zulassungsantrag bis zur Veröffentlichung des vollständigen Textes der maßgebenden Entscheidung zu warten (vgl BVerfG NJW 2005, 1931, 1932).

V. Verfahrensmangel

79   Die Berufung ist schließlich nach § 124 Abs 2 Nr 5 VwGO zuzulassen, wenn ein der Beurteilung des OVG unterliegender Verfahrensmangel geltend gemacht wird und vorliegt, auf dem die Entscheidung beruhen kann. Der nur dem OVG und naturgemäß nicht dem VG (§ 124a Abs 1 S 1 VwGO) zur Verfügung stehende Zulassungsgrund des Verfahrensmangels entspricht dem der Verfahrensrevision des § 132 Abs 2 Nr 3 VwGO. Ziel ist die Gewährleistung einer ordnungsgemäßen Entscheidungsfindung.

79.1   Die Verfahrensberufung besitzt nicht dieselbe praktische Bedeutung wie die Verfahrensrevision. Denn letztere ist aufgrund der restriktiven Gestaltung der anderen beiden Revisionszulassungsgründe (§ 132 Abs 2 Nr 1 und 2 VwGO) vielfach die einzige Chance, Berufungsurteile anzugreifen, die zwar unrichtig sind, aber keine grundsätzlichen Fragen aufwerfen. Im Einzelfall unrichtige Urteile können im Bereich der Berufungszulassung jedoch auch über die Zulassungsgründe des § 124 Abs 2 Nr 1 und 2 VwGO angegriffen werden.

1. Begriff des Verfahrensmangels

Ein Verfahrensmangel iSd § 124 Abs 2 Nr 5 VwGO ist ein in der **unrichtigen Anwen-** 80
dung oder **fehlerhaften Nichtanwendung** prozessualer Vorschriften liegender Verstoß
gegen Regelungen des Verwaltungsprozessrechts (OVG Bautzen SächsVBl 2001, 94; OVG
Schleswig NVwZ 1999, 1354, 1355). Verfahrensmängel betreffen den Weg zu dem Urteil
und die Art und Weise des Urteilserlasses (error in procedendo), nicht inhaltliche Mängel der
sachlichen Entscheidung (error in judicando) (BVerwG NVwZ-RR 1996, 359; NVwZ
2008, 1025; Kopp/Schenke VwGO § 132 Rn 21; Sodan/Ziekow/Seibert VwGO § 124
Rn 187; krit S/S/B/Pietzner/Buchheister VwGO § 132 Rn 88). Fehler bei der Auslegung
und Anwendung materiellen Rechts sind auch im Falle objektiver Willkür keine Verfahrensfehler (BVerwG NVwZ 2012, 1490, 1491).

Nicht zum Verfahrensrecht gehören die Regeln und Grundsätze, die nicht den äußeren Ver- 80.1
fahrensablauf, sondern den inneren Vorgang der richterlichen Rechtsfindung bestimmen. Fehler, die
sich nicht im Verfahrensablauf, sondern ohne Auswirkung auf den Verfahrensgang lediglich „im
Kopf des Richters" ereignen, sind keine Verfahrensfehler, sondern Fehler, die die inhaltliche
Richtigkeit der Entscheidung betreffen (BVerwG NVwZ-RR 1996, 359). Trotz dieser im Ausgangspunkt scheinbar klaren Abgrenzung ist im Einzelnen vieles unklar und die Bejahung oder
Verneinung von Verfahrensfehlern von **Kasuistik** geprägt (Beispiele bei Kopp/Schenke VwGO
§ 132 Rn 21; S/S/B/Pietzner/Buchheister VwGO § 132 Rn 90; Sodan/Ziekow/Seibert VwGO
§ 124 Rn 195). Problematisch sind insbes Fehler bei der **Sachverhalts-** und **Beweiswürdigung**
sowie bei Verstößen gegen allgemeine Erfahrungssätze oder die Denkgesetze (Regeln der Logik).
Derartige Fehler sind regelmäßig, allerdings nicht immer, dem materiellen Recht zuzuordnen
(BVerwGE 142, 132 Rn 32; BVerwG NVwZ 2008, 914, 915; NVwZ 2009, 320; NVwZ 2011, 55;
NVwZ 2012, 1175, 1177). Es kommt darauf an, ob der Verstoß gegen die Denkgesetze und die
sonstigen Fehler sich auf das materielle Recht oder das Verfahrensrecht beziehen. Unterläuft bei der
Anwendung von Verfahrensrecht ein Denkfehler, so begründet dies einen Verfahrensmangel
(BVerwGE 84, 271, 273 = NJW 1990, 1681 für logische Fehler im Rahmen eines Indizienbeweises;
aA Eyermann/Schmidt VwGO § 132 Rn 17). Ein Verfahrensmangel kommt bei einer **aktenwidrigen**, **gegen die Denkgesetze verstoßenden** oder sonst von **objektiver Willkür** geprägten
Sachverhaltswürdigung in Betracht (BVerwGE 142, 132 Rn 32; BVerwG NVwZ 2008, 914, 915;
NVwZ 2009, 320, 321; NVwZ 2011, 55; VGH Mannheim NVwZ-RR 2012, 778, 779). Eine
einen Verfahrensfehler begründende **aktenwidrige Feststellung** liegt vor, wenn zwischen den in
der angegriffenen Entscheidung getroffenen tatsächlichen Annahmen und dem insoweit unumstrittenen Akteninhalt ein offensichtlicher, keiner weiteren Beweiserhebung bedürftiger „zweifelsfreier"
Widerspruch vorliegt (BVerwG NVwZ 2011, 55). Ein **Verstoß gegen Denkgesetze** liegt nur vor,
wenn das Gericht einen Schluss gezogen hat, der schlechterdings nicht gezogen werden kann. Es
genügt nicht, wenn das Tatsachengericht unrichtige oder fernliegende Schlüsse gezogen hat; ebenso
wenig genügen objektiv nicht überzeugende oder sogar unwahrscheinliche Schlussfolgerungen. Es
muss sich vielmehr um einen aus Gründen der Logik schlechthin unmöglichen Schluss handeln
(BVerwGE 142, 132 Rn 32; BVerwG NVwZ 2011, 55).

Grundsätzlich stellt es einen Verfahrensmangel dar, wenn das VG die Klage aufgrund einer 80.2
fehlerhaften Anwendung prozessualer Vorschriften **zu Unrecht durch Prozessurteil als unzulässig abweist**, statt durch Sachurteil zu entscheiden (BVerwG NVwZ-RR 2002, 323, 325; NVwZ-
RR 2011, 749, 750), etwa wegen zu hoher Anforderungen an das Vorliegen eines Rechtsschutzbedürfnisses oder Feststellungsinteresses (BVerwG NVwZ 2007, 227; NVwZ-RR 2011, 749, 750)
oder wegen fehlerhafter Annahme einer unzulässigen Klageänderung (BVerwG BeckRS 2006,
27035). Weist das VG jedoch die Klage **mangels Klagebefugnis als unzulässig** ab, weil der Kläger
unter keinem denkbaren **materiellrechtlichen** Gesichtspunkt in seinen Rechten verletzt sein
könne, begründet die Verneinung der Klagebefugnis keinen Verfahrensfehler, sondern allenfalls eine
fehlerhafte Anwendung des materiellen Rechts. Wird die Möglichkeit einer Rechtsverletzung auf
Grund einer fehlerhaften Beurteilung der materiellen Rechtslage ausgeschlossen, führt das nicht
deshalb zu einem Verfahrensfehler, weil anstelle eines Sachurteils ein Prozessurteil ergeht. Ein
Verfahrensfehler liegt in Fällen dieser Art nur dann vor, wenn die prozessualen Anforderungen an die
Möglichkeit einer Rechtsverletzung übersprannt werden (BVerwG BeckRS 2006, 25040).

Ein Verfahrensmangel ist auch dann anzunehmen, wenn das VG die Zulässigkeit der Klage irrig 80.3
bejaht oder ausdrücklich offen lässt und die Klage unzulässigerweise als unbegründet abweist
(BVerwG NVwZ-RR 2012, 86, 87). Da auch in einem solchen Fall die Sachabweisung in Rechtskraft erwächst (BVerwG NVwZ-RR 2012, 86, 87; BGH NJW 2008, 1227, 1228), kann hierin eine

Beschwer des abgewiesenen Klägers liegen, der die Berufung zu begründen vermag (BVerwG NVwZ-RR 2012, 86, 87).

2. Der Beurteilung des OVG unterliegender Verfahrensmangel

81   Der geltend gemachte Verfahrensmangel muss der Beurteilung des OVG unterliegen. Dies bestimmt sich nach § 173 VwGO iVm § 512 ZPO (Eyermann/Happ VwGO § 124 Rn 49). Diese sich ohnehin von selbst verstehende Voraussetzung hat auch nach Absicht des Gesetzgebers lediglich klarstellende Funktion (Sodan/Ziekow/Seibert VwGO § 124 Rn 198). Sie sollte insbes sicherstellen, dass die Übertragung des Rechtsstreites auf den Einzelrichter nicht der Überprüfung durch das OVG unterliegt, was sich freilich bereits aus § 6 Abs 4 VwGO iVm § 173 S 1 VwGO, § 512 ZPO ergibt (BVerwG NVwZ-RR 2002, 150, 151; VGH Mannheim NVwZ 2000, 1313, 1314; OVG Saarlouis NVwZ 1998, 645). Eine Ausnahme von der fehlenden Überprüfbarkeit dieser Entscheidung ist bei **Willkür** anzunehmen, weil dann zugleich der Anspruch auf den gesetzlichen Richter verletzt ist (BVerwG NVwZ-RR 2002, 150, 151; BGH NJW 2007, 1466, 1467).

82   Als Verfahrensmangel nicht rügbar sind neben Entscheidungen nach § 6 Abs 1 und 3 VwGO alle anderen **unanfechtbaren Vorentscheidungen** des VG (B/FK/S/vA/Bader VwGO § 124 Rn 61).

82.1   Unanfechtbar sind zB (s ferner Sodan/Ziekow/Seibert VwGO § 124 Rn 201) nach § 60 Abs 5 VwGO die Gewährung von Wiedereinsetzung (BVerwG NVwZ 1998, 531), nach § 65 Abs 4 S 3 VwGO eine erfolgte Beiladung, nach § 91 Abs 3 VwGO die Zulassung einer Klageänderung als sachdienlich (BVerwG NVwZ-RR 2000, 260).

83   Nicht nach § 124 Abs 2 Nr 5 VwGO geltend zu machen sind ferner **selbständig anfechtbare Vorentscheidungen**, die nicht in der eröffneten Weise angefochten worden sind (B/F-K/S/vA/Bader VwGO § 124 Rn 61), bspw die Ablehnung eines Ablehnungsantrags (BVerwG NVwZ-RR 2000, 260).

84   Eine Verfahrensrüge scheidet ferner aus, wenn der Antragsteller bereits in der Vorinstanz sein **Rügerecht verloren** hat (§ 173 S 1 VwGO iVm § 512 ZPO, § 534 ZPO, § 295 Abs 1 ZPO), indem er auf die Befolgung der Verfahrensvorschrift verzichtet oder sich rügelos auf das weitere Verfahren eingelassen hat (BVerwG NJW 1998, 3369; OVG Bautzen NVwZ-RR 1998, 693), vorausgesetzt, es handelt sich um eine Verfahrensvorschrift, auf deren Einhaltung der Beteiligte wirksam verzichten kann (§ 295 Abs 2 ZPO). Auch eine zunächst schriftsätzlich erhobene Rüge muss von einem rechtskundigen oder anwaltlich vertretenen Beteiligten **in der nächsten mündlichen Verhandlung** wiederholt werden (BSG NZS 2006, 549). Die Rüge ist zu Beweiszwecken in das Protokoll aufnehmen zu lassen. Der im Anschluss an den Verfahrensfehler erklärte Verzicht auf mündliche Verhandlung steht der rügelosen Verhandlung gleich (OVG Bautzen NVwZ-RR 1998, 693), desgleichen ein Antrag auf Terminsverlegung (VG Aachen BeckRS 2008, 39575).

84.1   Denkbar ist ein **Rügeverlust** beispielsweise (s ferner S/S/B/Pietzner/Buchheister VwGO § 132 Rn 103; Sodan/Ziekow/Seibert VwGO § 124 Rn 216) bei erkennbarer Nichtübersendung von Schriftstücken durch das Gericht (OVG Bautzen NVwZ-RR 1998, 693; VGH Kassel NVwZ-RR 2006, 364), Nichtgewährung von Akteneinsicht (BVerfG NVwZ 2010, 954, 956), mangelhafter Zustellung einer Anhörungsmitteilung (BVerwG Buchholz 310 § 125 VwGO Nr 14), Nichtbenachrichtigung von einer Ortsbesichtigung (BVerwG NJW 2006, 2058, 2059), Verhandeln ohne Stellung eines Befangenheitsantrags (BVerwG NVwZ-RR 2000, 260; NVwZ-RR 2008, 140), fehlerhafter Protokollierung (BVerwG NVwZ 2004, 627), Nichtbescheidung eines Beweisantrags, Nichtvereidigung von Zeugen (BVerwG NJW 1998, 3369; B/F-K/S/vA/Bader VwGO § 124 Rn 62), ergänzender Befragung von Sachverständigen (BSG 30.1.2006, B 2 U 358/05 B). Nicht verzichtbar ist beispielsweise (s ferner Sodan/Ziekow/Seibert VwGO § 124 Rn 215) die Einhaltung der Vorschriften bezüglich des gesetzlichen Richters (BVerwGE 102, 7, 10 = NJW 1997, 674).

84.2   Zu beachten ist, dass ein **Rügeverlust** etwa hinsichtlich eines Ablehnungsgrundes bei tatsächlichem und rechtlichem Zusammenhang der Verfahren nicht nur in dem anhängigen Verfahren, sondern **verfahrensübergreifend** eintritt (BVerwG NVwZ-RR 2008, 140, 141; BGH NJW 2006, 2776; OVG Münster BeckRS 2008, 26243; VG Aachen BeckRS 2008, 39575).

3. Vorliegen eines Verfahrensmangels

Eine Berufungszulassung nach § 124 Abs 2 Nr 5 VwGO setzt voraus, dass der geltend **85** gemachte Verfahrensmangel **tatsächlich vorliegt**. Das OVG muss dessen Vorliegen daher bereits im Zulassungsverfahren vollständig aufklären und kann die Frage nicht dem Berufungsverfahren überlassen. Es muss sich im Wege des **Freibeweises** Gewissheit verschaffen, ob der Mangel vorliegt oder nicht (B/F-K/S/vA/Bader VwGO § 124 Rn 60).

Maßgeblich für die Beurteilung, ob ein Verfahrensmangel vorliegt, ist der **materiell-** **86** **rechtliche Standpunkt des VG** (BVerwG NVwZ-RR 2000, 260; OVG Lüneburg NJW 2007, 1079), auch wenn dieser verfehlt sein sollte (BVerwG NJW 2006, 2648, 2649; OVG Bautzen SächsVBl 2001, 94; OVG Berlin-Brandenburg BeckRS 2009, 41737). Geht beispielsweise das VG aufgrund rechtsirriger Gesetzesauslegung davon aus, dass es auf bestimmte Tatsachen nicht ankommt, dann ist die Nichtaufklärung dieser Tatsachen iSd § 124 Abs 2 Nr 5 VwGO verfahrensfehlerhaft, auch wenn die betreffenden Tatsachen bei richtiger Gesetzesauslegung entscheidungserheblich wären (OVG Bautzen SächsVBl 2001, 94).

4. Doppelte Kausalität

§ 124 Abs 2 Nr 5 VwGO erfordert eine doppelte Erheblichkeits- oder Kausalitätprüfung **87** (OVG Münster NVwZ-RR 2004, 701; Sodan/Ziekow/Seibert VwGO § 124 Rn 219).

Zunächst muss die Entscheidung auf dem festgestellten Verfahrensmangel **beruhen kön-** **88** **nen**. Das ist der Fall, wenn mindestens die **Möglichkeit** besteht, dass das VG – unter Zugrundelegung seines materiellrechtlichen Standpunktes (Kopp/Schenke VwGO § 124 Rn 13) – ohne den Verfahrensverstoß zu einem dem Rechtsmittelführer günstigeren Ergebnis hätte gelangen können (OVG Münster NVwZ-RR 2004, 701; OVG Schleswig NVwZ 1999, 1354, 1355; vgl BVerfG NVwZ 2007, 691, 693). Das Beruhenserfordernis ist auch dann erfüllt, wenn sich mehrere Verfahrensfehler (zB aktenwidrige Feststellung, Verstoß gegen Überzeugungsgrundsatz) nach der Sachverhaltswürdigung des VG zwar nicht je für sich, wohl aber in ihrem Zusammenwirken auf die Entscheidung ausgewirkt haben können (BVerwG NJW 2012, 1672, 1675).

Jedoch auch wenn dem VG – unter Zugrundelegung seiner materiellrechtlichen Rechts- **89** auffassung – ein entscheidungserheblicher Verfahrensfehler unterlaufen ist, ist die Berufung **analog § 144 Abs 4 VwGO** nicht zuzulassen, wenn dieser Verfahrensfehler – nunmehr unter Zugrundelegung der Rechtsauffassung des OVG – letztlich für den Ausgang des angestrebten Berufungsverfahrens ohne Bedeutung ist (OVG Greifswald NordÖR 2000, 154; OVG Münster NVwZ-RR 2004, 701; NVwZ-RR 2012, 952; Kopp/Schenke VwGO § 124 Rn 13; zur Nichtzulassungsbeschwerde BVerwG NVwZ 1999, 191).

Es hätte keinen Sinn, die Berufung wegen eines Verfahrensfehlers des VG zuzulassen, wenn bei **89.1** Zugrundelegung der vom OVG für richtig erachteten Rechtsauffassung das angefochtene Urteil im Ergebnis gleichwohl richtig ist. Allerdings darf diese „Beruhensprüfung" nicht dazu führen, dass bereits im Berufungszulassungsverfahren Rechts- oder gar Tatsachenfragen entschieden werden, die erst im Berufungsverfahren geklärt werden können. Deshalb ist bei dieser Prüfung ein strenger Entscheidungsmaßstab anzulegen. Das OVG darf die Berufung ungeachtet des vorliegenden und für das VG entscheidungserheblichen Verfahrensmangels iSd § 124 Abs 2 Nr 5 VwGO (nur) dann nicht zulassen, wenn der Verfahrensmangel **mit Sicherheit** für das endgültige Ergebnis des OVG bedeutungslos ist (OVG Greifswald NordÖR 2000, 154; OVG Münster NVwZ-RR 2004, 701, 702). Eine solche Aussage wird sich, weil das Zulassungsverfahren nicht sinnwidrig in ein Berufungsverfahren umfunktioniert werden darf, im allgemeinen nur treffen lassen, wenn es allein auf die Beantwortung von Rechtsfragen ankommt und diese ohne Durchführung eines Berufungsverfahrens zu beantworten sind. Den Beteiligten ist in einem solchen Fall **rechtliches Gehör** zu gewähren (Eyermann/Schmidt VwGO § 133 Rn 22). Es gilt dasselbe wie im Rahmen des § 124 Abs 2 Nr 1 VwGO, wenn das OVG das Urteil aus anderen Gründen im Ergebnis für richtig erachtet (Rn 26.1).

5. Einzelne Verfahrensmängel

Das VG ist grundsätzlich verpflichtet, den **Sachverhalt von Amts wegen aufzuklären** **90** (§ 86 Abs 1 S 1 VwGO). Der **Untersuchungsgrundsatz** verpflichtet das Gericht, alle vernünftigerweise zu Gebote stehenden Aufklärungsmöglichkeiten bis zur Grenze der Zumutbarkeit zu nutzen (BVerwGE 142, 132 Rn 25). Die „Mahnung", die Tatsachengerichte sollten sich nicht „gleichsam ungefragt" auf Fehlersuche begeben, stellt keinen Rechtssatz dar, sondern umschreibt eine Maxime richterlichen Handelns, die die Geltung des **Amtsermittlungsgrundsatzes** nicht in Frage stellt (BVerwG NVwZ 2007, 223). Mit der verfahrensrechtlichen Verpflichtung zur Aufklärung des Sachverhalts von Amts wegen in engem Zusammenhang steht das verfahrensrechtliche Gebot zur **Spruchreifmachung**, dh der prozessualen Verpflichtung, die nach dem materiellen Recht entscheidungserheblichen Tatsachen so weit aufzuklären, wie es zu einer rechtsfehlerfreien Urteilsfindung erforderlich ist (BVerwG NVwZ 2009, 253, 254). Gleichwohl kann eine Verletzung der Pflicht des Gerichts zur erschöpfenden **Sachverhaltsaufklärung** durch Nichterhebung von Beweisen nicht geltend gemacht werden, wenn ein durch einen Rechtsanwalt vertretener Beteiligter von einem förmlichen Beweisantrag abgesehen hat (BVerwG NVwZ 2009, 329, 330; OVG Bautzen SächsVBl 2001, 94; OVG Lüneburg NJW 2007, 1079; VGH Mannheim VBlBW 1997, 299). Denn die **Aufklärungsrüge** ist kein Mittel, Versäumnisse in der Tatsacheninstanz, vor allem das Unterlassen von Beweisanträgen, zu kompensieren (BVerwGE 142, 132 Rn 25; BVerwG NJW 2009, 1289, 1291; VGH Mannheim BeckRS 2009, 32245). Ein anderes gilt, wenn sich dem Gericht eine bestimmte Sachverhaltsermittlung nach den Umständen des Falles einschließlich des Vortrags der Beteiligten auch ohne einen solchen Beweisantrag **aufdrängen** musste (BVerwGE 142, 132 Rn 26; BVerwG NVwZ 2008, 230). Dies ist der Fall, wenn das Gericht auf der Grundlage seiner Rechtsauffassung Anlass zu weiterer Aufklärung sehen muss, weil die bisherigen Tatsachenfeststellungen eine Entscheidung noch nicht sicher tragen (BVerwG NVwZ-RR 2011, 986, 989). Ob sich die Einholung eines **Sachverständigengutachtens** aufdrängen muss, hängt davon ab, ob die Aufklärung und Würdigung des Sachverhalts eine Sachkunde voraussetzt, die sich das Gericht nicht zuschreiben darf, weil es sich nicht mehr in den Lebens- und Erkenntnisbereichen bewegt, die den zur Entscheidung berufenen Richtern allgemein zugänglich sind (BVerwG NVwZ 2009, 329, 330). Die verfahrensfehlerhafte **Ablehnung eines Beweisantrags** verletzt § 86 Abs 1 VwGO (VGH Mannheim BeckRS 2005, 31039). Außerdem verletzt die prozessordnungswidrige Nichtberücksichtigung eines erheblichen Beweisantrags das rechtliche Gehör (BVerfG NJW 2011, 49; BVerwG NJW 2009, 2614; BGH NJW 2009, 2604; OVG Bautzen NVwZ-RR 2006, 741).

90.1   Wenn im erstinstanzlichen Verfahren eine mündliche Verhandlung stattfindet, muss in dieser ein entsprechender **Beweisantrag** gestellt werden; die Ankündigung eines solchen Beweisantrags in einem Schriftsatz genügt insoweit nicht (BVerwG NVwZ-RR 2007, 285, 286; OVG Lüneburg NJW 2006, 3018; VGH Mannheim NVwZ 1998, 975, 977). Etwas anderes gilt jedoch, wenn sich dem Gericht eine Beweiserhebung hätte aufdrängen müssen (BVerwG NVwZ 2008, 230). Dies ist etwa dann der Fall, wenn erhebliche Zweifel bestehen, ob die Darstellung von Beteiligten zutreffend sind oder das Gericht sie richtig verstanden hat (BVerwG NVwZ 2008, 230). Der Amtsermittlungsgrundsatz wird ferner verletzt, wenn sich das VG eine **Sachkunde** zuschreibt, die es nicht haben kann oder seine Entscheidungsgründe auf mangelnde Sachkunde schließen lassen (OVG Bautzen SächsVBl 2001, 94).

90.2   Hat das Gericht zur Feststellung oder Bewertung einer beweiserheblichen Tatsachenfrage bereits **Sachverständigenbeweis** erhoben oder hat es ein in einem anderen Verfahren erstelltes Gutachten nach den Regeln des Sachverständigenbeweises ordnungsgemäß in das Verfahren eingeführt, so hat es über den Beweisantrag, zu dieser Frage ein weiteres Gutachten einzuholen, nach pflichtgemäßem Ermessen zu entscheiden (BVerwG NJW 2009, 2614; NJW 2011, 1983). Alleine dass ein Verfahrensbeteiligter ein vorliegendes Gutachten für unrichtig hält oder ein abweichendes Gutachten vorliegt, erzwingt nicht die Einholung eines weiteren Gutachtens (BVerwG BeckRS 1993, 31246757; VGH Mannheim BeckRS 2013, 48314). Die **Nichteinholung eines zusätzlichen Sachverständigengutachtens** stellt einen Verfahrensmangel dar, wenn sich die Einholung eines weiteren Gutachtens wegen fehlender Eignung der vorliegenden Gutachten hätte aufdrängen müssen (BVerwG NVwZ 2009, 320). Gutachten und fachtechnische Stellungnahmen sind dann ungeeignet, wenn sie grobe, offen erkennbare Mängel oder unlösbare Widersprüche aufweisen, wenn sie von unzutreffenden sachlichen Voraussetzungen ausgehen, nicht dem Stand der Wissenschaft entsprechen oder Anlass zu Zweifeln an der Sachkunde oder der Unparteilichkeit des Gutachters besteht (BVerwG NVwZ 2009, 320; NJW 2009, 2614; BeckRS 2010, 46702; VGH Mannheim BeckRS 2013, 48314), ferner wenn es sich um besonders schwierige und umstrittene Fachfragen handelt, deren Beantwortung ein spezielles Fachwissen erfordert, das bei dem bisherigen Gutachter nicht vorhanden war (BVerwG BeckRS 1993, 31246757; VGH Mannheim BeckRS 2013, 48314).

Das Tatsachengericht darf ein Beweisangebot zu einer entscheidungserheblichen Tatsache nur **90.3** unberücksichtigt lassen, wenn sich ausschließen lässt, dass die Beweiserhebung zu neuen Erkenntnissen führen kann, die geeignet sind, die bisherige Überzeugung des Gericht zu erschüttern. Dies ist etwa der Fall, wenn die unter Beweis gestellte Tatsachenbehauptung ohne jeden greifbaren Anhaltspunkt „ins Blaue hinein" aufgestellt wird oder das Beweismittel offensichtlich untauglich ist. Hingegen darf ein Beweisangebot nicht schon deshalb übergangen werden, weil das Gericht die Wahrscheinlichkeit als gering einschätzt, dass durch die Beweiserhebung neue Erkenntnisse gewonnen werden (BVerwG NJW 2009, 2614).

Der **Anspruch auf rechtliches Gehör** (Art 103 Abs 1 GG, § 108 Abs 2 VwGO) ver- **91** pflichtet das Gericht, das Vorbringen der Beteiligten zur Kenntnis zu nehmen und bei der Entscheidung ernstlich in Betracht zu ziehen (BVerwG NVwZ 2000, 73, 74; NJW 2012, 1672, 1673). Die Gewährleistung gibt ein Recht zur Äußerung über **Tatsachen, Beweisergebnisse und zur Rechtslage** (BVerfG NJW 2008, 2170; NVwZ 2009, 580; 2009, 581, 584). In der Regel ist eine **vorherige Anhörung** geboten, außer wenn sonst der Zweck der Maßnahme vereitelt oder die Entscheidung zu spät käme (BVerfG NVwZ 2009, 580). Das Gericht muss grundsätzlich auch das Vorbringen in nach dem Schluss der mündlichen Verhandlung **nachgereichten Schriftsätzen** berücksichtigen (BAG NJW 2009, 1163, 1164); es hat ggf über eine **Wiedereröffnung der mündlichen Verhandlung** zu entscheiden (BAG NJW 2009, 1163, 1164), und zwar unter Beteiligung aller Richter, die an der Entscheidung mitwirken, nicht nur der Berufsrichter (BVerwG BeckRS 2008, 38118). Das rechtliche Gehör wird nicht schon dadurch verletzt, dass das Gericht dem Vorbringen eines Beteiligten nicht folgt, sondern es aus Gründen des formellen oder materiellen Rechts unberücksichtigt lässt (BVerwG NVwZ 2009, 329, 330), etwa Ausführungen eines Beteiligten außer Betracht lässt, die nach seinem Rechtsstandpunkt unerheblich oder offensichtlich unsubstantiiert sind (BVerwG NJW 2006, 2648, 2650). Der Anspruch auf rechtliches Gehör wird jedoch **verletzt**, wenn ein Gericht tatsächliches Vorbringen eines Beteiligten, obwohl es auf der Grundlage seiner Rechtsauffassung für seine Entscheidung erheblich ist, nicht zur Kenntnis nimmt, nicht in Erwägung zieht oder aus prozessrechtlich unzulässigen Gründen unberücksichtigt lässt (BVerwG NVwZ 2008, 230). Dementsprechend verletzt auch die vom Prozessrecht nicht gestützte Nichtberücksichtigung eines Beweisangebots das rechtliche Gehör (BVerfG NJW 2009, 1585, 1586; BVerwG NVwZ-RR 2013, 125, 126). Ob das übergangene Vorbringen auf der Grundlage der Rechtsauffassung des Gerichts entscheidungserheblich war, ist auf der Basis seiner rechtlichen Ausführungen und sonstigen tatsächlichen Feststellungen zu beurteilen; es genügt, wenn das Gericht bei Berücksichtigung des übergangenen Vorbringens möglicherweise anders entschieden hätte (BVerfG NVwZ 2009, 580, 581; BAG NJW 2009, 543). Der Anspruch auf rechtliches Gehör ist notwendig verletzt, wenn das VG ohne mündliche Verhandlung entscheidet, obwohl das nach § 101 Abs 2 VwGO erforderliche Einverständnis nicht vorlag (OVG Berlin-Brandenburg NJW 2011, 2152).

Das Gericht muss sich nicht mit jedem Vorbringen in den Entscheidungsgründen ausdrücklich **91.1** befassen (BVerfG NJW 2009, 1584; BVerwG NVwZ 2009, 329, 330). Grundsätzlich ist davon auszugehen, dass ein Gericht den von ihm entgegengenommenen Vortrag der Beteiligten in seine Erwägung einbezogen hat, und zwar auch dann, wenn einzelne Ausführungen der Beteiligten in den Entscheidungsgründen nicht gewürdigt werden. Nur wenn sich aus den besonderen Umständen **im Einzelfall klar ergibt**, dass das Gericht den Vortrag eines Beteiligten entweder überhaupt nicht zur Kenntnis genommen oder bei der Entscheidung nicht erwogen hat, wird der Anspruch auf Gewährung rechtlichen Gehörs verletzt (BVerfG NJW 2008, 1726, 1728; NJW 2009, 1584; NVwZ 2009, 581, 584; BVerwG NJW 1998, 553; NJW 2006, 2648, 2650). Besondere Umstände dieser Art liegen zB vor, wenn das Gericht das Gegenteil des Vorgebrachten annimmt oder den Vortrag eines Beteiligten als nicht vorgetragen behandelt (BVerfG BeckRS 2007, 20017), wenn es entgegen ausdrücklichem Vortrag Tatsachen irrig als unstreitig annimmt (BVerfG NJW 2008, 1726, 1728), wenn es auf den **wesentlichen Kern des Tatsachenvortrags** zu einer für das Verfahren zentralen Frage nicht eingeht (BVerfG NJW 2009, 1584; NVwZ 2009, 580; BVerwG NJW 2012, 1672, 1673;

BGH NJW 2009, 2139), oder wenn es Vortrag und Anträge zwar zur Kenntnis nimmt, aber in Verkennung des Sach- und Streitstandes bescheidet (BVerwG BeckRS 2007, 20764). Auch wenn wesentlicher rechtserheblicher Vortrag in den Entscheidungsgründen unberücksichtigt bleibt, kann dies für die Verletzung rechtlichen Gehörs sprechen (OVG Lüneburg NJW 2007, 3657, 3659). Gleiches gilt, wenn wesentlicher Vortrag zwar im Tatbestand erwähnt wird, dann jedoch ausweislich der Begründung gleichwohl nicht in die Entscheidungsfindung einfließt (BGH NJW 2009, 2137). Mit der bloß formelhaften Wendung, für einen bestimmten Umstand sei „nichts ersichtlich", darf diesbezüglicher ausführlicher Vortrag nicht übergangen werden (BAG NJW 2009, 461). Die bloße Unrichtigkeit einer Tatsachenfeststellung stellt für sich noch keine Verletzung des rechtlichen Gehörs dar (BAG NJW 2009, 543).

91.2   Die Gewährung rechtlichen Gehörs setzt voraus, dass die Beteiligten erkennen können, auf welchen rechtlichen oder tatsächlichen Vortrag es für die Entscheidung ankommen kann (BVerfG NVwZ 2010, 954, 955). Der Anspruch auf rechtliches Gehör kann deshalb dadurch verletzt werden, dass das Gericht die Möglichkeit der Beteiligten zu einem Sach- oder Rechtsvortrag beeinträchtigt, zB indem gebotene richterliche **Hinweise nicht oder zu spät erteilt** werden, etwa erst in der mündlichen Verhandlung, und hierdurch eine angemessene Reaktion unmöglich gemacht wird (BGH WM 2006, 2328). Die Hinweispflicht betrifft nicht nur rechtliche Gesichtspunkte, sondern auch dem Gericht, nicht hingegen den Verfahrensbeteiligten bekannte und für die Entscheidung relevante Tatsachen (BAG NJW 2008, 2364, 2365). Allerdings muss der Betroffene unter Geltendmachung der Verspätung des Hinweises eine Schriftsatzfrist nach § 139 Abs 5 ZPO erbitten, um sich die Rüge der Gehörsverletzung zu erhalten (BayVerfGH NJW-RR 2006, 997, 998). Erteilt das Gericht einen schriftlichen Hinweis, ohne eine konkrete Frist zur Stellungnahme zu setzen, muss es vor seiner Entscheidung eine angemessene Zeit auf den Eingang der Stellungnahme warten; der Zeitraum bestimmt sich danach, bis wann nach der konkreten Prozesslage bei sorgfältiger und auf die Förderung des Verfahrens bedachten Prozessführung des Beteiligten mit einer Stellungnahme zu rechnen ist (BGH NJW 2007, 1887). Richterliche Hinweise sind gem § 173 VwGO iVm. § 139 Abs 4 S 1 ZPO zu dokumentieren (Eyermann/Geiger VwGO § 86 Rn 56), sonst sind sie nach § 139 Abs 4 S 2 ZPO als nicht erteilt anzusehen (ThürVerfGH NVwZ-RR 2005, 145, 147). Die bewusst wahrheitswidrige Behauptung eines Verfahrensverstoßes unter Berufung auf ein als unrichtig erkanntes Protokoll („unwahre Protokollrüge") ist jedoch prozessual rechtsmissbräuchlich (BGHSt 51, 88 = NJW 2006, 3579; BGHSt 51, 298 = NJW 2007, 2419, 2423), das Protokoll kann nachträglich und „rügeverkümmernd" berichtigt werden (BVerfG NJW 2009, 1469).

91.3   Der Anspruch auf rechtliches Gehör kann auch durch **rechtswidrige Vorenthaltung von Prozesskostenhilfe** verletzt werden, die den Beteiligten um die Möglichkeit anwaltlicher Vertretung bringt (BVerwG NJW 2008, 3157), ferner durch prozessrechtswidrige **Verweigerung der Akteneinsicht** (BVerfG NVwZ 2010, 954, 956), durch Entscheidung ohne mündliche Verhandlung trotz fehlenden Einverständnisses hiermit (BVerwG NVwZ 2009, 59), durch **Ablehnung** des Antrags auf **Vertagung**, etwa wenn dem Prozessbevollmächtigten die Terminswahrnehmung nicht möglich ist (VGH Mannheim NVwZ 2002, 233), etwa wegen Erkrankung (OVG Lüneburg NJW 2011, 1986), doch besteht hier eine Obliegenheit, im Rahmen des Zumutbaren für eine anderweitige Prozessvertretung zu sorgen (OVG Magdeburg NVwZ 2009, 192, 193), ferner wenn aufgrund der Eigentümlichkeiten der Streitsache die persönliche Anwesenheit eines Beteiligten erforderlich und dieser unverschuldet verhindert ist (BVerwG NJW 2006, 2648, 2649). Voraussetzung ist jedoch, dass ein erheblicher Grund für eine Vertagung (§ 173 VwGO iVm § 227 ZPO) vorliegt und dem Gericht rechtzeitig unterbreitet worden ist (BVerwG NJW 2006, 2648, 2649; VGH Mannheim BeckRS 2006, 25103). Der Betroffene ist grundsätzlich nicht gehalten, einen anderen Prozessbevollmächtigten zu bestellen oder zumindest einen Terminsvertreter zu beauftragen, um sich durch Wahrnehmung des Verhandlungstermins rechtliches Gehör zu verschaffen, da ihm nicht ohne schwerwiegende Gründe vorgeschrieben werden kann, sich durch einen anderen als den Rechtsanwalt seines Vertrauens vertreten zu lassen; dies gilt jedenfalls dann, wenn er durch objektive Anhaltspunkte gestützt annimmt, die Kompliziertheit der Sach- und Rechtslage lasse eine Vertretung durch einen anderen Rechtsanwalt weniger erfolgversprechend erscheinen (BSG BeckRS 2007, 46332). Das rechtliche Gehör wird durch die **Verweigerung einer beantragten Vertagung oder Gewährung einer Schriftsatzfrist** verletzt, wenn dem Beteiligten hierdurch die Möglichkeit zu einem erschöpfenden und sachgerechten Vortrag genommen wird, zB wenn ein Beteiligter in der mündlichen Verhandlung von einem Hinweis des Gerichts überrascht wird, zu dem er nicht sofort Stellung nehmen kann (BVerfG LKV 2010, 468, 469), oder wenn sich ein Beteiligter in der mündlichen Verhandlung zu dem Vorbringen eines anderen Beteiligten nicht sachgerecht erklären kann, weil es ihm nicht rechtzeitig vor dem Termin mitgeteilt wurde (VGH Mannheim BeckRS 2013, 48314). Der Anspruch auf rechtliches Gehör wird ferner durch eine **Abkürzung der**

Ladungsfrist verletzt, wenn die gesetzlichen Voraussetzungen hierfür nicht vorliegen (§ 102 Abs 1 S 2 VwGO) und der Beteiligte wegen der Kürze der Ladungsfrist weder zur mündlichen Verhandlung erscheinen noch eine Terminsverlegung beantragen kann (BFH NVwZ-RR 2002, 615; BeckRS 2007, 25012862). Generell kann das Recht auf rechtliches Gehör durch **zu kurz bemessene richterliche Fristen** verletzt werden. Allerdings muss der Beteiligte in diesem Fall vor Fristablauf einen Verlängerungsantrag stellen, sonst ist er mit der Gehörsrüge ausgeschlossen (BVerwG Buchholz 310 § 130a VwGO Nr 47). Hat das Gericht eine **Äußerungsfrist** gesetzt, muss es diese **beachten**; es verletzt das rechtliche Gehör, wenn das Gericht wegen irriger Annahme des Fristablaufs eine in Wirklichkeit rechtzeitig eingereichte Stellungnahme nicht berücksichtigt (BVerfG NJW 2009, 3779).

Eine Verletzung des Anspruchs auf Gewährung rechtlichen Gehörs in Gestalt einer **Über-** **91.4** **raschungsentscheidung** liegt vor, wenn ein Gericht einen bis dahin weder im Verwaltungs- noch im verwaltungsgerichtlichen Verfahren erörterten rechtlichen oder tatsächlichen Gesichtspunkt zur Grundlage seiner Entscheidung macht und damit dem Rechtsstreit eine Wendung gibt, mit der auch ein gewissenhafter und kundiger Prozessbeteiligter nach dem bisherigen Prozessverlauf nicht zu rechnen brauchte, und er dadurch an entsprechendem Vortrag gehindert wird (BVerfG NVwZ 2006, 586, 587; BVerwGE 142, 132 Rn 29; BVerwG NVwZ 2008, 1025, 1027; NVwZ 2009, 329, 331; NVwZ 2012, 1490, 1491). Dies ist auch bei der Entscheidung über einen Wiedereinsetzungsantrag unzulässig (BGH NJW 2007, 1455, 1456). Das Gericht muss einen Hinweis geben, wenn es den bisherigen Vortrag eines Beteiligten als unzureichend oder nicht hinreichend substantiiert ansieht (BGH NJW 2008, 1742, 1743). Ein erforderlicher **richterlicher Hinweis** muss **unmissverständlich** sein und den Beteiligten die Möglichkeit eröffnen, ihren Vortrag sachdienlich zu ergänzen (BGH NJW 2008, 2036, 2037). Will das Gericht von seiner in einer richterlichen Verfügung geäußerten Auffassung später abweichen, muss es einen erneuten Hinweis geben (BGH NJW 2008, 2036, 2037; BFH NJW 2009, 943, 944). Hat ein Beteiligter einen nicht eindeutigen Hinweis falsch aufgenommen, ist der Hinweis zu präzisieren (BGH NJW 2008, 2036, 2037). Ein eindeutiger Hinweis muss jedoch nicht wiederholt werden (BGH NJW 2008, 2036, 2038). Der Anspruch auf rechtliches Gehör gebietet nicht, dass das OVG auf seine vom VG abweichende Rechtsauffassung in einer entscheidungserheblichen Rechtsfrage hinweist, wenn die angefochtene Entscheidung in diesem Punkt vom Rechtsmittelführer mit vertretbaren Ausführungen angegriffen wird, da der Rechtsmittelgegner in einem solchen Fall immer in Betracht ziehen muss, dass das OVG den Ausführungen des Rechtsmittelführers folgt, und es daher ohnehin nahe liegt, diesen Ausführungen zwecks Verteidigung der erstinstanzlichen Entscheidung entgegenzutreten (BVerwG BeckRS 2008, 38056). Ein allgemeiner **Anspruch auf ein Rechtsgespräch** oder einen Hinweis auf die Rechtsauffassung des Gerichts **besteht von Verfassungs wegen zwar nicht** (BVerfG NJW 2008, 2243, 2244; BVerwG NVwZ 2009, 329, 330). Allerdings schreibt **§ 104 Abs 1 VwGO** einfachgesetzlich eine **Erörterung der Sach- und Rechtslage** vor. Das Gericht ist jedoch nicht verpflichtet, vorab auf seine Rechtsauffassung oder die beabsichtigte Würdigung des Sachvortrags hinzuweisen, schon weil sich dies oftmals erst auf Grund der abschließenden Beratung ergeben mag (BVerwG NVwZ 2009, 329, 330 f; VGH München NJW 2012, 950).

Ob das VG, wenn es in der **Hauptsacheentscheidung** von seiner im vorangegangenen **Eil-** **91.5** **verfahren** bekundeten Rechtsauffassung oder Tatsachenwürdigung **abweichen** will, einen diesbezüglichen Hinweis erteilen muss (grundsätzlich verneinend VGH Kassel NVwZ-RR 2006, 364), ist differenzierend zu beantworten: Ein Hinweis ist entbehrlich, soweit in der Eilentscheidung in Bezug auf bestimmte Rechts- oder Tatsachenfragen klargestellt ist, dass diese einer Überprüfung im Hauptsacheverfahren unterzogen werden sollen, soweit es um von der Gegenseite konkret angegriffene rechtliche oder tatsächliche Punkte geht oder soweit die Eilentscheidung im Beschwerdeverfahren geändert worden ist. In diesen Fällen muss sich der Beteiligte, dem die in der Eilentscheidung des VG bekundete Auffassung günstig ist, ohne weiteres auf eine abweichende Hauptsacheentscheidung einstellen. Sofern jedoch im Eilverfahren bekundete Rechtsauffassungen und (wenngleich summarische) Tatsachenbeurteilungen von den Beteiligten als zutreffend angesehen und im Hauptsacheverfahren nicht mehr in Frage gestellt werden, brauchen die Beteiligten ohne nähere Anhaltspunkte nicht davon auszugehen, dass das VG seine Auffassung ändert. Es wäre auch schwerlich mit den Anforderungen der Prozessökonomie zu vereinbaren, den Beteiligten eine Prozessführung unter der generellen Prämisse abzuverlangen, das VG könne im Hauptsacheverfahren auch alles anders sehen als in seiner Eilentscheidung. Da derartige Auffassungsänderungen zwar vorkommen, in der Praxis aber eher die Ausnahme sind, kann eine solche Prozessführung auch aus Sicht des VG nicht zweckmäßig sein, weil die Beteiligten solchenfalls – meist unnötigerweise – Auffassungen verteidigen müssten, die das VG in der Eilentscheidung bereits bekundet hat. Schließlich ist darauf hinzuweisen, dass zB ein Berufungsverfahren gerade der Überprüfung des erstinstanzlichen Urteils dient und

dennoch eine in erster Instanz siegreiche Partei darauf vertrauen darf, vom Berufungsgericht recht-
zeitig einen Hinweis zu erhalten, wenn dieses in einem entscheidungserheblichen Punkt von der
Beurteilung der Vorinstanz abweichen will und deshalb eine Ergänzung des Vortrags oder ein
Beweisantritt erforderlich werden kann (BGH NJW-RR 2006, 937).

92   Wer die Verletzung rechtlichen Gehörs erfolgreich rügen will, muss in der Regel alle
verfahrensrechtlich eröffneten Möglichkeiten ausschöpfen, die ihm nach Lage des
Einzelfalls zumutbar sind, um sich rechtliches Gehör zu verschaffen (BVerfGE 112, 50, 62;
BVerfG LKV 2010, 468; VerfGH Berlin NVwZ 2007, 813, 817). Der **Gehörsverstoß** kann
durch das weitere Verfahren **geheilt** werden (BVerfG NJW 2009, 1584, 1585), und zwar
auch im Anhörungsrügeverfahren (BVerfG NVwZ 2009, 580, 581). War dem Beteiligten die
Verletzung des rechtlichen Gehörs bekannt oder musste sie ihm bekannt sein, muss er diesen
Mangel rügen, sobald ihm dies möglich ist, entweder in der fortgesetzten Verhandlung im
Anschluss an den Gehörsverstoß (BVerwG NJW 1998, 3369), andernfalls in der nächsten
mündlichen Verhandlung (OVG Bautzen NVwZ-RR 1998, 693; Kopp/Schenke VwGO
§ 124a Rn 57).

92.1   Nach verbreiteter Auffassung muss der Beteiligte zur Wahrung der Möglichkeit einer Verfahrensrüge das VG auf die seiner Ansicht nach **gehörsverletzende Ablehnung eines Beweisantrags**
hinweisen, um eine erneute Beschlussfassung über den Beweisantrag unter Berücksichtigung der
von ihm für die Gehörsverletzung angeführten Gesichtspunkte zu erreichen (VGH Kassel BeckRS
2005, 26796). Indessen würde die Annahme einer solchen Rügeobliegenheit nicht nur in der Praxis
weitgehend sinnlose „Zwischenstreitigkeiten" provozieren und zu Verfahrensverzögerungen führen,
sondern wäre auch gesetzessystematisch nicht stimmig, da sie der Sache nach auf eine von § 152a
Abs 1 S 2 VwGO gerade ausgeschlossene Anhörungsrüge gegen eine der Endentscheidung vorausgehende Zwischenentscheidung hinausliefe (VerfGH Berlin NVwZ 2007, 813, 817). Richtigerweise
trifft den Beteiligten daher – abgesehen von offensichtlichen Irrtümern oder Missverständnissen
seitens des Gerichts, auf die dieses hinzuweisen ist („Pannenkorrektur") – keine Rügeobliegenheit
gegenüber einer prozessrechtswidrigen Ablehnung eines Beweisantrages (VerfGH Berlin NVwZ
2007, 813, 817). Soweit eine Rügeobliegenheit anzunehmen ist, muss die Ablehnung eines Beweisantrages nicht noch in der mündlichen Verhandlung als prozessrechtswidrig beanstandet werden, in
der die Ablehnung ausgesprochen wird (OVG Bautzen NVwZ-RR 2006, 741; VGH Kassel
BeckRS 2005, 26796). Durch die Stellung eines **Hilfsbeweisantrags** verliert der Beteiligte nicht
das Recht, eine prozessrechtswidrige Ablehnung desselben im Rechtsmittelverfahren als Gehörsverletzung zu rügen (OVG Bautzen NVwZ-RR 2006, 741). In Bezug auf Zwischenentscheidungen, die für das weitere Verfahren Bindungswirkung entfalten und nicht mehr überprüft und
korrigiert werden können, bspw die Zurückweisung einer Richterablehnung, ist § 152a Abs 1 S 2
VwGO verfassungskonform dahin auszulegen, dass diese der Anhörungsrüge unterliegen (BVerfG
NJW 2009, 833).

92.2   Zur Wahrung des rechtlichen Gehörs kann auch ein **Antrag auf Vertagung** oder auf **Gewährung einer Schriftsatzfrist** gehören, um sich mit in der mündlichen Verhandlung erteilten Hinweisen zur Rechtslage oder zur Tatsachenwürdigung befassen und den Vortrag zur Sach- und
Rechtslage ergänzen zu können (BVerfG LKV 2010, 468), desgleichen ein **Antrag auf Wiedereröffnung** der mündlichen Verhandlung (BGH WM 2006, 2328; VGH Mannheim NVwZ 2002,
233). Gegenüber einem **Gerichtsbescheid** kann nicht die Rüge der Verletzung rechtlichen Gehörs
erhoben werden; der **Antrag auf mündliche Verhandlung** (§ 84 Abs 2 Nr 5 VwGO) hat
insoweit Vorrang (VGH Kassel NVwZ-RR 2001, 207; VGH Mannheim NVwZ-RR 2001, 409;
VGH München NVwZ-RR 2007, 719, 720; vgl BVerwG NVwZ-RR 2003, 902, 903).

93   Nach § 108 Abs 1 S 1 VwGO entscheidet das Gericht nach seiner freien, aus dem
Gesamtergebnis des Verfahrens gewonnenen Überzeugung. Das Gericht darf deshalb weder
Umstände, die zum Gegenstand des Verfahrens gehören, ohne zureichenden Grund ausblen-
den, noch seine Überzeugung auf Umstände gründen, die nicht zum Gegenstand des Verfahrens zählen (BVerwG NVwZ-RR 2011, 749, 750). Der **Überzeugungsgrundsatz**
gesteht dem Tatsachengericht eine gewisse Freiheit bei der Bewertung der für die Feststellung
des Sachverhalts maßgebenden Umstände zu (BVerwG BeckRS 2007, 22914). Die Grundsätze der Sachverhalts- und **Beweiswürdigung** sind dem sachlichen Recht zuzuordnen,
weshalb mit Angriffen gegen die Beweiswürdigung grundsätzlich kein Verfahrensmangel
begründet werden kann (vgl Rn 80.1). Ein **Verstoß** gegen § 108 Abs 1 S 1 VwGO liegt
jedoch vor, wenn der Tatrichter das vorgegebene Beweismaß der Überzeugungsgewissheit

verfehlt, weil er damit den ihm durch das Prozessrecht eröffneten Spielraum bei der Tatsachenwürdigung verlässt (BVerwG NVwZ 2011, 55, 56), insbes wenn die Sachverhalts- und Beweiswürdigung gegen die Denkgesetze verstößt oder sonst objektiv willkürlich ist (BVerwG NVwZ 2012, 162, 166; NJW 2012, 1672, 1673; VGH Mannheim NVwZ-RR 2012, 778, 779). Ein Verstoß gegen den Überzeugungsgrundsatz liegt ferner vor, wenn der Vorgang der Überzeugungsbildung an einem Fehler leidet, weil das Gericht gesetzliche Beweisregeln missachtet (BVerwG BeckRS 2007, 22914), wenn es Tatsachen berücksichtigt, die sich weder auf ein Beweisergebnis noch sonst auf den Akteninhalt stützen lassen (BVerwG BeckRS 2007, 22914), wenn das Gericht entscheidungserhebliche Umstände ungeprüft behauptet (BVerwG NVwZ-RR 2011, 749, 750), wenn es von einem unrichtigen oder unvollständigen Sachverhalt ausgeht, es insbes Umstände übergeht, deren Entscheidungserheblichkeit sich ihm hätte aufdrängen müssen (BVerwG NVwZ 2012, 162, 166). Ein solcher Verfahrensmangel liegt etwa vor, wenn das Gericht einzelne erhebliche Tatsachen oder Beweisergebnisse nicht zur Kenntnis nimmt und nicht in Erwägung zieht, ferner im Fall einer aktenwidrigen Feststellung (BVerwG NVwZ 2012, 162, 166). Eine **aktenwidrige Feststellung** liegt vor, wenn zwischen den der angegriffenen Entscheidung zugrunde liegenden tatsächlichen Annahmen und dem unstreitigen Akteninhalt offensichtlich (BVerwG NJW 2012, 1672, 1674) oder zweifelsfrei ein Widerspruch besteht (BVerwG NVwZ 2008, 1355; NVwZ 2011, 55). Es verstößt gegen die **Begründungspflicht** gem § 108 Abs 1 S 2 VwGO, wenn das Gericht gewichtige Tatsachen oder Tatsachenkomplexe in den Entscheidungsgründen übergeht (BVerwG BeckRS 2006, 22795).

Eine unzutreffende Ermittlung des **Klagebegehrens** verletzt § 88 VwGO und stellt **94** einen Verfahrensmangel dar (BVerwG NJW 2007, 1299, 1300).

Die **Ablehnung eines Befangenheitsantrags** ist nach § 146 Abs 2 VwGO unanfecht- **95** bar und kann deshalb nach § 173 S 1 VwGO iVm § 512 ZPO grundsätzlich nicht als ein Verfahrensfehler geltend gemacht werden, es sei denn, die Ablehnung des Befangenheitsantrags beruht auf Willkür oder einem ähnlich schweren Mangel des Verfahrens und begründet hierdurch einen Verstoß gegen den gesetzlichen Richter (BVerfG NVwZ-RR 2008, 289, 290; BVerwG NJW 2008, 3303, 3304; NVwZ 2008, 1025; vgl § 55 VwGO).

§ 124a [Zulassung und Begründung der Berufung]

(1) ¹Das Verwaltungsgericht lässt die Berufung in dem Urteil zu, wenn die Gründe des § 124 Abs. 2 Nr. 3 oder Nr. 4 vorliegen. ²Das Oberverwaltungsgericht ist an die Zulassung gebunden. ³Zu einer Nichtzulassung der Berufung ist das Verwaltungsgericht nicht befugt.

(2) ¹Die Berufung ist, wenn sie von dem Verwaltungsgericht zugelassen worden ist, innerhalb eines Monats nach Zustellung des vollständigen Urteils bei dem Verwaltungsgericht einzulegen. ²Die Berufung muss das angefochtene Urteil bezeichnen.

(3) ¹Die Berufung ist in den Fällen des Absatzes 2 innerhalb von zwei Monaten nach Zustellung des vollständigen Urteils zu begründen. ²Die Begründung ist, sofern sie nicht zugleich mit der Einlegung der Berufung erfolgt, bei dem Oberverwaltungsgericht einzureichen. ³Die Begründungsfrist kann auf einen vor ihrem Ablauf gestellten Antrag von dem Vorsitzenden des Senats verlängert werden. ⁴Die Begründung muss einen bestimmten Antrag enthalten sowie die im Einzelnen anzuführenden Gründe der Anfechtung (Berufungsgründe). ⁵Mangelt es an einem dieser Erfordernisse, so ist die Berufung unzulässig.

(4) ¹Wird die Berufung nicht in dem Urteil des Verwaltungsgerichts zugelassen, so ist die Zulassung innerhalb eines Monats nach Zustellung des vollständigen Urteils zu beantragen. ²Der Antrag ist bei dem Verwaltungsgericht zu stellen. ³Er muss das angefochtene Urteil bezeichnen. ⁴Innerhalb von zwei Monaten nach Zustellung des vollständigen Urteils sind die Gründe darzulegen, aus denen die Berufung zuzulassen ist. ⁵Die Begründung ist, soweit sie nicht bereits mit dem Antrag vorgelegt worden ist, bei dem Oberverwaltungsgericht einzureichen. ⁶Die Stellung des Antrags hemmt die Rechtskraft des Urteils.

(5) [1]Über den Antrag entscheidet das Oberverwaltungsgericht durch Beschluss. [2]Die Berufung ist zuzulassen, wenn einer der Gründe des § 124 Abs. 2 dargelegt ist und vorliegt. [3]Der Beschluss soll kurz begründet werden. [4]Mit der Ablehnung des Antrags wird das Urteil rechtskräftig. [5]Lässt das Oberverwaltungsgericht die Berufung zu, wird das Antragsverfahren als Berufungsverfahren fortgesetzt; der Einlegung einer Berufung bedarf es nicht.

(6) [1]Die Berufung ist in den Fällen des Absatzes 5 innerhalb eines Monats nach Zustellung des Beschlusses über die Zulassung der Berufung zu begründen. [2]Die Begründung ist bei dem Oberverwaltungsgericht einzureichen. [3]Absatz 3 Satz 3 bis 5 gilt entsprechend.

§ 124a VwGO regelt das Verfahren der Zulassung und Begründung der Berufung. Die Berufungszulassung kann sowohl durch das VG als auch das OVG erfolgen, was sich sowohl auf das Zulassungsverfahren als auch auf das anschließende Verfahren zur Begründung der zugelassenen Berufung auswirkt. Die Zulassung der Berufung durch das VG ist in § 124a Abs 1 VwGO geregelt (Rn 3), die Einlegung der vom VG zugelassenen Berufung in § 124a Abs 2 VwGO (Rn 18) und ihre Begründung in § 124a Abs 3 VwGO (Rn 28). Das Verfahren der Berufungszulassung durch das OVG ist in § 124a Abs 4 und 5 VwGO geregelt (Rn 49), die sich hieran anschließende Berufungsbegründung in § 124a Abs 6 VwGO (Rn 93).

Übersicht

A. Allgemeines

§ 124a VwGO wurde durch das 6. VwGOÄndG v 1.11.1996 (BGBl I 1626) im Zu- **1** sammenhang mit der Einführung der allgemeinen Zulassungsberufung neu in die VwGO aufgenommen und durch das RmBereinVpG v 20.12.2001 (BGBl I 3987) neu gefasst. Dabei wurde zum einen in den Fällen des § 124 Abs 2 Nr 3 und 4 VwGO auch eine Berufungszulassung durch das VG ermöglicht, zum anderen die Berufungsbegründungsfrist bei zugelassener Berufung verlängert. Zuletzt wurde durch Gesetz v 24.8.2004 (BGBl I 2198) mWv 31.8.2004 § 124a Abs 4 S 5 VwGO dahin geändert, dass die Begründung des Berufungszulassungsantrags beim OVG einzureichen ist.

§ 124a Abs 4 S 5 VwGO aF, der die Einreichung der Begründung des Zulassungsantrags beim **1.1** VG vorsah, war in der Sache verfehlt und hatte zahlreiche Fehler provoziert, weil nach Einreichung des Zulassungsantrags beim VG den Antragstellern vielfach bereits das Aktenzeichen des OVG und die Aktenübersendung mitgeteilt worden war, was immer wieder zu der irrigen Annahme verleitete, nunmehr die Begründung des Berufungszulassungsantrags beim OVG einreichen zu müssen (zur Problematik BVerfGE 110, 339 = NJW 2004, 2887; BVerfG NVwZ 2003, 728; Roth NVwZ 2003, 1189). Der Gesetzgeber hat zur Beseitigung dieser unnötigen Fehlerquelle die Einreichung der Berufungszulassungsbegründung nun zu Recht ebenso wie die der Berufungsbegründung bei dem OVG vorgesehen (BT-Drs 15/3482, 24). Zum Übergangsrecht OVG Lüneburg NVwZ-RR 2007, 431; VGH München NJW 2005, 2634; OVG Münster BeckRS 2005, 25443.

§ 124a VwGO regelt in den ersten drei Absätzen die Zulassung der Berufung durch das **2** VG und das Berufungsverfahren im Falle der Zulassung der Berufung durch das VG, in den folgenden drei Absätzen das Verfahren der Berufungszulassung durch das OVG und das sich an eine Berufungszulassung durch das OVG anschließende Berufungsverfahren.

B. Berufungsverfahren bei Zulassung durch das VG

I. Zulassung der Berufung durch das VG

Nach § 124a Abs 1 S 1 VwGO lässt das VG die Berufung in dem Urteil zu, wenn die **3** Berufungszulassungsgründe des § 124 Abs 2 Nr 3 oder Nr 4 VwGO vorliegen, dh bei grundsätzlicher Bedeutung der Rechtssache oder bei Abweichung von der Rechtsprechung des dem VG im Instanzenzug übergeordneten OVG, des BVerwG, des GemSOGB oder des BVerfG.

1. Keine Berufungszulassung bei spezialgesetzlichem Berufungs- oder Zulassungsausschluss

Eine Berufungszulassung durch das VG scheidet aus, wenn die Berufung spezialgesetzlich **4** **ausgeschlossen** (§ 124 VwGO Rn 7) oder wenn die Berufungszulassung spezialgesetzlich **dem OVG** vorbehalten ist (zB § 78 Abs 2 S 1 AsylVfG). Eine in solchen Fällen dennoch erfolgende Berufungszulassung durch das VG ist unwirksam, eine daraufhin eingelegte Berufung als unzulässig zu verwerfen (OVG Saarlouis NVwZ-RR 2004, 701; vgl BVerfG NVwZ 2006, 1291). Ist eine Berufungszulassung zwar möglich, aber dem OVG vorbehalten, muss dem Betroffenen ein richterlicher Hinweis gegeben und die Stellung eines Zulassungsantrags ermöglicht werden (OVG Saarlouis NVwZ-RR 2004, 701). Ggf ist Wiedereinsetzung in die versäumte Antragsfrist zu gewähren. Dasselbe gilt im umgekehrten Fall, wenn das VG die Berufung irrig für ausgeschlossen erachtet und deshalb unzulässigerweise und ohne Bindung für das BVerwG die Revision nach § 135 VwGO zulässt (BVerwG BeckRS 2006 22768).

2. Zulassung durch das VG von Amts wegen im Urteil

5   Ist der Zulassungsgrund des § 124 Abs 2 Nr 3 oder Nr 4 VwGO gegeben, muss das VG, ohne dass ihm ein Ermessen zukäme (§ 124 VwGO Rn 5), die Berufung **von Amts wegen** zulassen, ggf teilweise, wenn der Zulassungsgrund nur hinsichtlich einzelner Streitgegenstände oder hinsichtlich abtrennbarer Teile des Streitgegenstandes vorliegt (§ 124 VwGO Rn 13). Ein Zulassungsantrag vor dem VG ist nicht erforderlich. Allerdings kann eine diesbezügliche Anregung der Beteiligten und die Darlegung, weshalb die Rechtssache für grds bedeutsam erachtet wird, sinnvoll sein (Kopp/Schenke VwGO § 124a Rn 4).

6   Über die Berufungszulassung kann nicht nur die **Kammer** entscheiden, sondern auch der nach § 6 Abs 1 VwGO zuständige **Einzelrichter** (BVerwG NVwZ 2005, 821).

6.1   Der Einzelrichter ist nicht an die Bewertung der Kammer gebunden, dass die Rechtssache keine grundsätzliche Bedeutung habe, schon weil die jeweiligen Entscheidungen zu unterschiedlichen Zeitpunkten und aufgrund anderer Prüfungsdichte zu treffen sind. Der Einzelrichter ist auch nicht zur Rückübertragung des Rechtsstreits an die Kammer verpflichtet, wenn er entgegen deren Bewertung oder auf Grund einer wesentlichen Änderung der Prozesslage zu der Einschätzung gelangt, dass die Sache grundsätzliche Bedeutung aufweist. Vielmehr darf er in solchen Fällen im Rahmen seines Ermessens nach § 6 Abs 3 S 1 VwGO über den Rechtsstreit selbst entscheiden und zugleich die Berufung zulassen (BVerwGE 121, 292, 296 = NVwZ 2005, 98, 99; BVerwG NVwZ 2005, 821; VGH Mannheim BeckRS 2007, 27135).

7   Auch der nach § 87a Abs 2 oder 3 VwGO **konsentierte Einzelrichter** kann die Berufung zulassen (Kopp/Schenke VwGO § 124a Rn 4; Kugele VwGO § 124a Rn 10; Seibert NVwZ 2004, 821, 823; krit B/F-K/S/vA/Bader VwGO § 124a Rn 8).

8   **Maßgeblicher Zeitpunkt** für die Entscheidung über das Vorliegen der Zulassungsgründe des § 124 Abs 2 Nr 3 oder Nr 4 VwGO ist der Zeitpunkt der letzten mündlichen Verhandlung, bei Entscheidung ohne mündliche Verhandlung der Zeitpunkt der Entscheidung des VG (Kopp/Schenke VwGO § 124a Rn 5).

3. Ausspruch der Zulassung im Urteil

9   Die Zulassung der Berufung ist nach § 124a Abs 1 S 1 VwGO **im Urteil** oder im Gerichtsbescheid auszusprechen („lässt die Berufung in dem Urteil zu"), und zwar aus Gründen der Rechtsklarheit zweckmäßigerweise im **Urteilstenor**, zulässigerweise aber auch in den **Entscheidungsgründen** (BVerwGE 71, 73, 75 = NJW 1986, 862; VGH Mannheim NVwZ-RR 1996, 618, 619; VGH München NVwZ-RR 2006, 582, 583). Dass die dem Urteil beigefügte Rechtsmittelbelehrung eine Belehrung über die zugelassene Berufung enthält, genügt in aller Regel nicht für eine wirksame Berufungszulassung (BVerwGE 71, 73, 76 = NJW 1986, 862; BVerwG NVwZ 1990, 1170; VGH München NVwZ-RR 2006, 582, 583). Ein zusammen mit dem Urteil ergehender **Beschluss genügt nicht**, erst recht kein gesonderter Beschluss zur Nachholung der Berufungszulassung (Kopp/Schenke VwGO § 124a Rn 9). Eine nach dem Urteilstenor unbeschränkte Berufungszulassung ist als eine beschränkte anzusehen, wenn sich der Wille, die **Berufung nur beschränkt** zuzulassen, **klar und eindeutig** aus den Urteilsgründen ergibt (vgl BVerfG NJOZ 2011, 469, 470; BGH NJW 2007, 2182; NJW 2011, 2371). Dies ist anzunehmen, wenn die Tatsachen- oder Rechtsfrage, wegen der die Berufung zugelassen wurde, eindeutig nur für einen von mehreren Streitgegenständen relevant ist (BGH NJW 2011, 2371).

9.1   Bestehen dem VG zuzurechnende Unklarheiten, ob die Berufung zugelassen ist (zB Widerspruch zwischen Tenor und Entscheidungsgründen, Unklarheit der Begründung der Zulassungsentscheidung, Widerspruch zwischen dem Protokoll und der Urteilsformel), kann der Beteiligte nach dem prozessualen **Meistbegünstigungsprinzip** Berufung einlegen. Das Meistbegünstigungsprinzip gesteht den Beteiligten im Falle inkorrekter Entscheidungen ein **Wahlrecht** zu, ob sie das eigentlich zulässige oder das der ergangenen Entscheidung entsprechende Rechtsmittel einlegen (BVerwGE 139, 296, 299; Eyermann/Happ VwGO vor § 124 Rn 11; Kopp/Schenke VwGO vor § 124 Rn 22). Dasselbe gilt bei sonstigen Fehlern oder Unklarheiten der anzufechtenden Entscheidung, die für den Rechtsmittelführer zu einer Unsicherheit über das zulässige Rechtsmittel führen können (BVerwGE 139, 296, 299). Solchenfalls kann der Rechtsmittelführer zwischen dem Antrag auf Zulassung der Berufung oder der Einlegung der Berufung wählen (vgl BVerwGE 139,

296, 299 für die Wahl zwischen der Nichtzulassungsbeschwerde und der Einlegung der Revision). Nach dem **Gebot anwaltlicher Vorsicht** kann es in solchen Fällen aber uU geboten erscheinen, vorsorglich beide in Betracht kommenden Rechtsmittel einzulegen (vgl BVerfG NJOZ 2011, 469, 471).

Eine **Urteilsergänzung** nach §120 VwGO zur Nachholung der Berufungszulassung ist **10** **nicht** möglich (VGH Mannheim NVwZ-RR 1996, 618, 619; Eyermann/Happ VwGO § 124a Rn 3), da die Entscheidung über die Berufungszulassung nicht auf Antrag ergeht (B/F-K/S/vA/Bader VwGO § 124a Rn 4). Auch eine analoge Anwendung des §120 VwGO wird von der hM abgelehnt (Kopp/Schenke VwGO § 124a Rn 9). Lediglich eine **Urteilsberichtigung** nach §118 VwGO bei offenbarer Unrichtigkeit kann ausnahmsweise in Betracht kommen (Kugele VwGO § 124a Rn 7; S/S/B/Meyer-Ladewig/Rudisile VwGO § 124a Rn 8). Dies setzt jedoch voraus, dass die Versehentlichkeit der Nichtzulassung aus dem Entscheidungszusammenhang oder den Vorgängen bei der Urteilsfassung auch für Dritte ohne weiteres ersichtlich ist (BGH NJW 2005, 156; Eyermann/Happ VwGO § 124a Rn 3). Auch wenn das VG die Zulassung der Berufung nur versehentlich unterlassen hat, bleibt den Beteiligten daher allein der Antrag auf Zulassung der Berufung durch das OVG gemäß § 124a Abs 4 VwGO.

Das VG ist nicht verpflichtet, die Berufungszulassung zu begründen, da eine dem § 124a **11** Abs 5 S 3 VwGO entsprechende Regelung fehlt. Das Unterlassen einer Begründung für die Berufungszulassung macht diese daher weder fehlerhaft noch gar unwirksam und lässt nicht die Bindung des OVG an die Berufungszulassung entfallen (Kopp/Schenke VwGO § 124a Rn 10). Es ist jedoch zweckmäßig, wenn das VG in den Entscheidungsgründen den Zulassungsgrund benennt und, sofern nicht aus den Urteilsgründen ohnehin ersichtlich, kurz begründet, hinsichtlich welcher Fragen es eine grundsätzliche Bedeutung annimmt oder von welchen Entscheidungen es abgewichen ist (S/S/B/Meyer-Ladewig/Rudisile VwGO § 124a Rn 7). Eine Einschränkung der Prüfungsbefugnis und Prüfungspflicht des OVG ist damit nicht verbunden (§ 124 VwGO Rn 21).

4. Bindung des OVG an die Zulassung der Berufung

Nach § 124a Abs 1 S 2 VwGO ist das OVG an die Zulassung der Berufung durch das **12** VG **gebunden**, und zwar nicht nur im Falle der Berufungszulassung durch die Kammer, sondern auch bei Zulassung durch den Einzelrichter (BVerwGE 121, 292, 294 = NVwZ 2005, 98; BVerwG NVwZ 2005, 821; VGH Mannheim BeckRS 2009, 39202; aA VGH Mannheim NVwZ 2004, 893). Dies gilt jedoch nur, wenn die Zulassungsentscheidung im Urteil und aus den Gründen des § 124 Abs 2 Nr 3 oder Nr 4 VwGO getroffen wurde. **Keine Bindung** besteht im Falle einer nicht vorgesehenen Berufungszulassung durch Beschluss, einer unstatthaften Ergänzung der Entscheidung (Kopp/Schenke VwGO § 124a Rn 11) oder einer Zulassung aus anderen als den in § 124a Abs 1 S 1 VwGO genannten Gründen (Kopp/Schenke VwGO § 124a Rn 11; aA Eyermann/Happ VwGO § 124a Rn 5).

Unerheblich ist, ob der Rechtssache tatsächlich grundsätzliche Bedeutung zukommt oder **13** tatsächlich eine Divergenz vorliegt. Selbst wenn diese Zulassungsgründe offensichtlich nicht vorliegen, ist das OVG an die Berufungszulassung gebunden (VGH Mannheim BeckRS 2009, 39202; Kopp/Schenke VwGO § 124a Rn 11). Ein anderes ist jedoch anzunehmen, wenn die Berufungszulassung **willkürlich** erfolgt und damit die Garantie des gesetzlichen Richters (Art 101 Abs 1 S 2 GG) verletzt (offen BVerwG NVwZ 2005, 460). Keine Bindungswirkung besteht auch, wenn gegen Entscheidungen der fraglichen Art überhaupt keine Berufung statthaft ist (BVerwGE 121, 292, 293 = NVwZ 2005, 98) oder eine Berufungszulassung ausschließlich durch das OVG erfolgen kann (Rn 4).

Die Bindungswirkung nach § 124a Abs 1 S 2 VwGO betrifft allein die Zulassung der **14** Berufung, nicht auch sonstige **Zulässigkeitsvoraussetzungen** der Berufung, zB die Beteiligungs-, Prozess- und Postulationsfähigkeit, das Vorliegen einer Beschwer und eines Rechtsschutzinteresses. Deren Vorliegen hat das OVG nach allgemeinen Grundsätzen von Amts wegen zu prüfen (Kopp/Schenke VwGO § 124a Rn 11).

5. Keine Nichtzulassung der Berufung durch das VG

15   Das VG ist nicht zu einer Nichtzulassung der Berufung befugt (§ 124 Abs 1 S 3 VwGO). Sind nach seiner Auffassung die Voraussetzungen der Berufungszulassung nicht gegeben, so darf es weder im Urteilstenor noch in den Entscheidungsgründen ausführen, dass und warum die Berufung nicht zuzulassen sei (OVG Magdeburg ZfB 2012, 257; Sodan/Ziekow/Seibert VwGO § 124a Rn 23). Spricht das VG dennoch in seinem Urteil aus, dass die Berufung nicht zugelassen werde, ist dies unbeachtlich und gleichwohl die Zulassung der Berufung durch das OVG zu beantragen (Kopp/Schenke VwGO § 124 Rn 12; S/S/B/Meyer-Ladewig/Rudisile VwGO § 124a Rn 12). Eine Nichtzulassungsbeschwerde ist nicht vorgesehen und deshalb unstatthaft.

15.1   Denkbar ist allerdings, eine etwa erhobene „Beschwerde gegen die Nichtzulassung der Berufung" in einen Antrag auf Zulassung der Berufung umzudeuten. Denn nach allgemeinen Grundsätzen kommt es nicht auf die für das Rechtsmittel gewählte Bezeichnung, sondern auf das unter Berücksichtigung des Schriftsatzes in seiner Gesamtheit erkennbare Rechtsschutzziel an (BVerwG NVwZ 1999, 405; Kopp/Schenke VwGO vor § 124 Rn 14). Da freilich das Rechtsmittel durch einen Rechtsanwalt oder Rechtslehrer einzulegen ist (Rn 19), werden an eine solche Umdeutung strenge Maßstäbe angelegt (Kopp/Schenke VwGO § 124a Rn 12).

16   Einer Aufhebung der unstatthaften Nichtzulassungsentscheidung des VG durch das OVG bedarf es nicht, doch kann und sollte das OVG in seiner Entscheidung über den Zulassungsantrag aus Gründen der Rechtsklarheit den betreffenden Ausspruch deklaratorisch aufheben (Kopp/Schenke VwGO § 124a Rn 12).

16.1   Dasselbe gilt in den gesetzlich bestimmten Sonderfällen einer **zulassungsfreien Berufung** (zB § 64 Abs 1 S 1 BDG). Hier entfaltet die Nichtzulassung der Berufung durch das VG keine Wirkung, so dass ohne weiteres Berufung eingelegt werden kann. Die unstatthafte Nichtzulassungsentscheidung sollte dann jedoch im Berufungsurteil des OVG deklaratorisch aufgehoben werden. Auch in derartigen Fällen besteht jedoch an einer isolierten Aufhebung der Nichtzulassungsentscheidung ohne Einlegung der Berufung kein Interesse.

6. Wirkung der Berufungszulassung durch das VG

17   Die Berufungszulassung durch das VG wirkt grundsätzlich gegenüber **allen** Beteiligten (B/F-K/S/vA/Bader VwGO § 124a Rn 10; Kopp/Schenke VwGO § 124a Rn 14). Ein anderes gilt, wenn das VG bei einfacher Streitgenossenschaft die Zulassungsvoraussetzungen nur bezüglich einzelner Streitgenossen bejaht und deshalb eine **persönlich beschränkte Teilzulassung** der Berufung (§ 124 VwGO Rn 14) ausspricht (Kopp/Schenke VwGO § 124a Rn 14; S/S/B/Meyer-Ladewig/Rudisile VwGO § 124a Rn 9).

II. Einlegung der vom VG zugelassenen Berufung

18   Die Berufung ist, wenn sie vom VG zugelassen worden ist, innerhalb eines Monats nach Zustellung des vollständigen Urteils bei dem VG einzulegen (§ 124a Abs 2 S 1 VwGO).

1. Vertretungszwang, Schriftform

19   Für die Einlegung der Berufung besteht nach § 67 Abs 4 S 2 VwGO **Vertretungszwang** (VGH Mannheim NVwZ-RR 2008, 847, 848), und zwar auch dann, wenn die Berufungsschrift noch keinen bestimmten Antrag enthält.

19.1   Der frühere Streit zum Bestehen eines Vertretungszwangs für die Berufungseinlegung (hierzu bejahend VGH Mannheim NJW 2006, 250; NVwZ-RR 2008, 847) hat sich mit der Neufassung des § 67 Abs 4 S 2 VwGO zum 1.8.2008 in bejahendem Sinne erledigt. Eine ohne Beachtung des Vertretungszwangs eingelegte unzulässige Berufung kann von dem Beteiligten persönlich zurückgenommen werden (vgl BVerwG NVwZ 2009, 192).

20   Die Berufung ist gem § 81 Abs 1 S 1 VwGO iVm § 125 Abs 1 S 1 VwGO **schriftlich** einzulegen (zur Schriftform § 81 VwGO Rn 14; S/S/B/Meyer-Ladewig/Rudisile VwGO § 124a Rn 14 ff). Die Schriftlichkeit ist kein Selbstzweck, sondern soll gewährleisten, dass

aus dem Schriftstück der Inhalt der abzugebenden Erklärung und der Urheber derselben hinreichend zuverlässig entnommen werden können, und dass es sich nicht nur um einen Entwurf handelt, sondern es mit Wissen und Willen des Berechtigten dem Gericht zugeleitet worden ist; deshalb kann das Fehlen einer Unterschrift bei Vorliegen besonderer Umstände ausnahmsweise unschädlich sein, wenn sich aus anderen Anhaltspunkten eine vergleichbare Gewähr für die Urheberschaft und den Absendungswillen ergibt (BGH NJW 2005, 2086, 2088; NJW 2009, 2311; NJW 2010, 3661; BAG NJW 2009, 3596, 3597). Dass solche Anhaltspunkte nur zu berücksichtigen seien, wenn darüber kein Beweis erhoben werden muss (OVG Münster NVwZ 2008, 344), ist angesichts der Bedeutung des Zugangs zur Rechtsmittelinstanz zu restriktiv; das Berufungsgericht muss die relevanten Umstände ggf im Wege des Freibeweises aufklären (BGH NJW-RR 2008, 1020, 1021). Eine Einlegung der Berufung zur Niederschrift des Urkundsbeamten der Geschäftsstelle ist als Konsequenz des Vertretungszwangs nicht möglich (OVG Hamburg NJW 2009, 1159; B/F-K/S/vA/Bader VwGO § 124a Rn 15; Kopp/Schenke VwGO § 124a Rn 18).

Eine Einreichung in **elektronischer Form** ist nur unter den einschränkenden Voraussetzungen **20.1** des § 55a Abs 1 VwGO zulässig (OVG Koblenz DÖV 2005, 791). Sie ist zurzeit **nur für einen Teil** der OVG und VG vorgesehen. Es bestehen je nach Bundesland, Gerichtsbarkeit, Instanzen und Rechtsgebieten teilweise unterschiedliche und zudem sich schnell ändernde Regelungen (§ 55a VwGO Rn 4; ferner Kopp/Schenke VwGO § 55a Rn 7). Dies gemahnt zu größter Vorsicht und setzt eine genaue Prüfung der jeweils einschlägigen Regelungen voraus, wenn dieser gegenwärtig noch in der Erprobungsphase befindliche Weg gewählt werden soll. Eine einfache E-Mail genügt in keinem Fall (VGH Kassel DÖV 2006, 438).

2. Adressat der Berufungseinlegung

Die Berufung ist im Falle ihrer Zulassung durch das VG zwingend **bei dem VG** ein- **21** zulegen (§ 124a Abs 2 S 1 VwGO). Die Einlegung beim OVG wahrt die Einlegungsfrist nicht, da § 124a VwGO keine dem § 139 Abs 1 S 2 VwGO oder dem § 147 Abs 2 VwGO entsprechende Regelung enthält (OVG Münster NVwZ 1997, 1235; VGH Mannheim NVwZ-RR 2008, 847, 848). Ist die Antragsschrift an das OVG adressiert, so wird die Frist nicht dadurch gewahrt, dass die Antragsschrift an das VG gefaxt wird; der Wille, bei welchem Gericht der Antrag gestellt werden soll, ergibt sich aus der Adressierung des Schriftsatzes und nicht aus einer adressierungswidrigen bloßen Faxübersendung (OVG Koblenz BeckRS 2008, 30191).

Wird die Berufung fehlerhaft beim OVG eingelegt, muss dieses den Schriftsatz jedoch aus **22** Gründen der **prozessualen Fürsorgepflicht** (BVerfGE 93, 99, 114 = NJW 1995, 3173, 3175; BVerfG NJW 2006, 1579; BVerwG NJW 2002, 768, 769; vgl ferner EGMR NJW 2003, 1229, 1230) im **ordentlichen Geschäftsgang** (vgl hierzu BGH NJW 2012, 78) an das VG **weiterleiten** (BVerfGE 93, 99, 114 = NJW 1995, 3173, 3175; BVerwG NJW 2008, 932, 933; OVG Berlin-Brandenburg NVwZ-RR 2010, 376; OVG Magdeburg NJW 2010, 3321, 3322). Da es um die Einhaltung von Fristen geht, gebietet die prozessuale Fürsorgepflicht eine Weiterleitung **ohne schuldhaftes Zögern** (BVerfG NJW 2002, 3692, 3693; BVerwG NVwZ-RR 2003, 901). Ein **offensichtlich fehlgeleiteter Schriftsatz**, dessen Fristgebundenheit ohne weiteres erkennbar ist, muss grundsätzlich noch **am selben Tage** weitergeleitet werden (BVerwG NVwZ-RR 2003, 901, 902; aA BVerfG NJW 2006, 1579; OVG Hamburg NJW 1998, 696, 697; VGH München NVwZ-RR 2003, 531), voraus- gesetzt er geht zu einer Zeit beim OVG ein, zu der eine solche Weiterleitung bei ordnungs- gemäßem Geschäftsgang vom Richter noch veranlasst und durch die Geschäftsstelle aus- geführt werden kann (OVG Münster NVwZ 1997, 1235, 1236; VGH München NVwZ-RR 2006, 851, 852). Fünf Arbeitstage sind auf jeden Fall zu lang (BGH NJW 2006, 3499). Ist der Schriftsatz an das OVG adressiert und nicht trotz Adressierung an das VG nur versehentlich beim OVG eingereicht worden, wird die Offensichtlichkeit zumeist fehlen (OVG Lüneburg NJW 2007, 454, 455); bei einer auf fehlerhafter Beurteilung der Prozess- rechtslage beruhenden Einreichung eines Schriftsatzes beim unzuständigen Gericht besteht keine Verpflichtung desselben zur beschleunigten Prüfung der Zuständigkeit, um dem Betroffenen ggf noch vor Fristablauf einen entsprechenden Hinweis geben zu können (BGH

NJW 2008, 1890, 1891). Entsprechendes gilt, wenn der **Schriftsatz bei einem sonstigen Gericht** eingeht (BGH NJW 2011, 2053; OVG Bremen NJW 2010, 3674).

22a   Die gebotene Weiterleitung erfolgt auf dem **gewöhnlichen Postweg**; das Ergreifen besonderer Eilmaßnahmen wie telefonische Hinweise oder Versendung per Telefax ist grundsätzlich nicht gefordert (BVerfG NJW 2001, 1343; BVerwG NVwZ-RR 2003, 901; OVG Berlin-Brandenburg NVwZ-RR 2010, 376; OVG Lüneburg NJW 2007, 3225, 3226). Eine **Weiterleitung per Telefax** dürfte jedoch geboten sein, wenn offensichtlich ist, dass die Frist für den beim unzuständigen Gericht eingegangenen fristgebundenen Schriftsatz noch am selben Tag abläuft und deshalb eine Versendung im gewöhnlichen Postwege zwangsläufig zur Fristversäumnis führen wird, falls eine Weiterleitung per Fax an das zuständige Gericht noch vor dem offiziellen Dienstschluss möglich ist (offen OVG Lüneburg NJW 2007, 3225, 3226). Eine **gesteigerte Fürsorgepflicht**, die auch besondere Maßnahmen verlangt, besteht, wenn das Gericht selbst dazu beigetragen hat, dass es zu einer Fehladressierung gekommen ist (OVG Lüneburg NJW 2007, 3225, 3226). Allein die in einem Schriftsatz enthaltene Bitte um einen rechtzeitigen richterlichen Hinweis bei bestehenden Zulässigkeitsbedenken begründet keine gesteigerte Fürsorgepflicht im Sinne einer Pflicht zur sofortigen Prüfung außerhalb des ordnungsgemäßen Geschäftsgangs (BGH NJW 2012, 78).

23   Geht der Schriftsatz trotz ordnungsgemäßer Weiterleitung nicht mehr innerhalb der Berufungsfrist beim VG ein, so geht dies zu Lasten des Berufungsführers (Kopp/Schenke VwGO § 124a Rn 18). **Wiedereinsetzung** ist zu gewähren, wenn das OVG seiner Pflicht zur Weiterleitung nicht oder nicht ordnungsgemäß genügt hat, zB falsche Adressierung durch das OVG, Wahl einer länger dauernden Versendungsart (BVerwG NVwZ-RR 2003, 901, 902; OVG Berlin-Brandenburg NVwZ-RR 2010, 376), und der Schriftsatz andernfalls noch innerhalb der Berufungsfrist beim VG eingegangen wäre (BVerwG NVwZ-RR 2003, 901, 902; OVG Münster NVwZ 1997, 1235). Geht der vom OVG ordnungsgemäß weitergeleitete Schriftsatz verloren, ist Wiedereinsetzung zu gewähren, da sich hierin ein allgemeines Risiko verwirklicht, das dem Betroffenen ebensowenig anzulasten ist, wie wenn ein gleich an das VG adressierter Schriftsatz verlorengegangen wäre.

3. Frist zur Berufungseinlegung

24   Die Frist zur Einlegung der vom VG zugelassenen Berufung beträgt **einen Monat** nach Zustellung des vollständigen Urteils (§ 124a Abs 2 S 1 VwGO). Eine **Verlängerung** der Einlegungsfrist ist gesetzlich **nicht vorgesehen** und daher unzulässig (§ 57 Abs 2 VwGO iVm § 224 Abs 2 ZPO), eine dennoch ausgesprochene Fristverlängerung wäre unwirksam (B/F-K/S/vA/Bader VwGO § 124a Rn 19; Eyermann/Happ VwGO § 124a Rn 11). Bei Fristversäumnis kommt **Wiedereinsetzung** gem § 60 VwGO in Betracht, auch nach Stellung eines **Prozesskostenhilfeantrags**.

24.1   Reicht ein unbemittelter Berufungskläger vor Ablauf der Berufungsfrist (Kugele VwGO § 124a Rn 14) ein formell ordnungsgemäßes Prozesskostenhilfegesuch für das Berufungsverfahren ein, muss das OVG nach der Sach- und Rechtslage im Zeitpunkt der vollständigen Einreichung des Gesuchs entscheiden und die Erfolgsaussichten in der Hauptsache prüfen. Wird **Prozesskostenhilfe bewilligt**, ist Wiedereinsetzung in die versäumte Berufungsfrist zu gewähren, um den Betroffenen in die Lage zu versetzen, sich durch einen Rechtsanwalt zur Einlegung der Berufung vertreten zu lassen (BVerwG NVwZ 2004, 111; BGH NJW-RR 2013, 121, 122). Die Wiedereinsetzung in die versäumte Berufungsfrist ist binnen zwei Wochen zu beantragen (§ 60 Abs 2 S 1 Hs 1 VwGO). Die Zweiwochenfrist beginnt spätestens mit der Bekanntgabe des Beschlusses über die Bewilligung der Prozesskostenhilfe (BGH NJW 2007, 3354, 3355; NJW 2009, 854, 855). Der Auffassung, die Wiedereinsetzungsfrist beginne im Falle eines richterlichen Hinweises, dass die Voraussetzungen für die Gewährung von Prozesskostenhilfe nicht vorlägen, bereits mit Zugang dieses Hinweises, weil der Antragsteller dann nicht mehr mit einer Bewilligung rechnen könne (BGH NJW 2009, 854, 855), ist jedenfalls dann nicht zu folgen, wenn der Betroffene auf den richterlichen Hinweis seinen PKH-Antrag mit ergänzendem Vortrag aufrechterhält, weil der richterliche Hinweis gerade die Möglichkeit ergänzenden Vortrags schaffen soll und den Beschluss des Gerichts nicht ersetzen kann. Wird **Prozesskostenhilfe versagt**, ist dem Betroffenen Wiedereinsetzung in die abgelaufene Berufungsfrist zu gewähren, wenn er sich entschließt, das Verfahren auf eigene Kosten fortzusetzen (BVerfG NVwZ 2003, 341; NJW 2010, 2567; BVerwG NVwZ 2004, 111; B/F-K/S/vA/Bader VwGO

§ 166 Rn 52). Dies gilt auch dann, wenn die Prozesskostenhilfe mangels Erfolgsaussicht versagt worden ist (BVerfG NJW 2010, 2567). Bei Ablehnung des Prozesskostenhilfeantrags verlängert sich die Frist für den Wiedereinsetzungsantrag um eine **zusätzliche Überlegungszeit** von 3 bis 4 Tagen, ob der Rechtsstreit auf eigene Kosten geführt werden soll (BGH BeckRS 2007, 12692; B/F-K/S/vA/Bader VwGO § 124a Rn 30). Zu beachten ist, dass nach § 60 Abs 2 S 3 VwGO innerhalb der Antragsfrist auch die Berufung einzulegen ist. Hierdurch verkürzt sich die für die Berufungseinlegung sonst nach § 124a Abs 2 S 1 VwGO zur Verfügung stehende Frist von einem Monat auf zwei Wochen. Dies stellt zwar eine Benachteiligung dar (vgl Rn 34.1), doch dürfte diese angesichts der sehr geringen Anforderungen an eine Berufungseinlegung verfassungsrechtlich noch hinnehmbar sein.

Voraussetzung für den **Fristbeginn** ist die **Zustellung** (§ 56 VwGO) des **vollständigen** 25 (§ 117 VwGO), insbes mit Gründen versehenen schriftlichen Urteils (S/S/B/Meyer-Ladewig/Rudisile VwGO § 124a Rn 30). Wird das Urteil **mehrmals zugestellt**, läuft die Frist bereits mit der ersten wirksamen Zustellung (VGH München NJW 2012, 950, 951). Allerdings kommt Wiedereinsetzung in Betracht, wenn durch die innerhalb der noch laufenden Berufungsfrist erfolgte zweite Zustellung der Eindruck erweckt wird, die erste Zustellung sei unwirksam, und hierdurch beim Betroffenen ein Irrtum über den Fristbeginn hervorgerufen wird; dies gilt jedoch nicht, wenn die überflüssige zweite Zustellung nicht auf einem Versehen des Gerichts, sondern auf einer vorhergegangenen Täuschung oder einer treuwidrigen Zustellungsvereitelung des Adressaten beruht (VGH München NJW 2012, 950, 951). Da das Original des Urteils in den Gerichtsakten verbleibt, bedeutet Zustellung des Urteils Zustellung einer Ausfertigung desselben (BGH NJW 2010, 2519). Die Bekanntgabe des Urteils einschließlich der Urteilsgründe in der mündlichen Verhandlung oder einem Verkündungstermin genügt nicht (OVG Münster NVwZ 1988, 370; Kopp/Schenke VwGO § 124a Rn 17), ebensowenig die Zustellung allein des Urteilstenors (Roth NJW 1997, 1966). Außerdem setzt der Fristbeginn eine ordnungsgemäße **Rechtsmittelbelehrung** voraus (§ 58 Abs 1 VwGO). Zu dieser gehört auch die Belehrung über den Sitz des Gerichts, bei dem das Rechtsmittel einzulegen ist, dh die Angabe des Ortes (BVerwG NJW 2009, 2322). Das Ob und Wie der Rechtsmittelbelehrung sind im Interesse der Rechtsmittelklarheit **streng formalisiert**; es kommt weder auf eine etwaige anderweitige Kenntnis des Betroffenen noch auf eine Kausalität der unrichtigen Belehrung an (BVerwG NJW 2009, 2322, 2323). Bei **unrichtiger** Rechtsmittelbelehrung läuft die **Jahresfrist** des § 58 Abs 2 S 1 VwGO (BVerwG NVwZ 1998, 171). Ist bei einer **zweigliedrigen Belehrung** nur über die Begründung des Rechtsmittels unrichtig belehrt, die Belehrung hinsichtlich der Rechtsmitteleinlegung jedoch zutreffend, so gilt die Jahresfrist nur für die Begründung, wohingegen die Einlegungsfrist regulär läuft (VGH Mannheim NJW 2007, 2347; OVG Magdeburg NVwZ 2008, 584, 586). Die Frist läuft für jeden Beteiligten gesondert ab dem Zeitpunkt, in dem ihm das Urteil zugestellt und eine ordnungsgemäße Rechtsmittelbelehrung erteilt worden ist.

Eine **Urteilsberichtigung** nach § 118 VwGO oder § 119 VwGO hat **keinen Einfluss** 25a auf die laufende Berufungsfrist und setzt diese nicht erneut in Gang, es sei denn, erst die Urteilsberichtigung lässt die Beschwer erkennen oder verschafft dem Beteiligten die nötige Klarheit über sein prozessuales Verhalten (BVerwG NVwZ 1991, 681; NVwZ 2010, 962; BGH NJW 2003, 2991, 2992; OVG Magdeburg NVwZ 2008, 584, 585; VGH Mannheim NVwZ-RR 2008, 847, 848; Kopp/Schenke VwGO § 118 Rn 11, § 119 Rn 7; vgl § 118 VwGO Rn 12). Eine solche Unklarheit besteht auch dann, wenn das VG das Urteil innerhalb der Rechtsmittelfrist zwecks Berichtigung zurückverlangt und der Beteiligte nicht erkennen kann, in welchem Umfang eine Berichtigung vorgenommen werden soll; in diesem Fall beginnt die Rechtsmittelfrist mit Zustellung des berichtigten Urteils erneut zu laufen (OVG Magdeburg NVwZ 2008, 584, 585). Bei einer **Urteilsergänzung** nach § 120 VwGO laufen die Rechtsmittelfristen (Berufung, Berufungszulassung) für Teilurteil und Ergänzungsurteil grundsätzlich gesondert; die Rechtsmittelfrist für das zunächst ergangene Teilurteil beginnt nach § 173 S 1 VwGO iVm § 518 ZPO nur dann von neuem zu laufen, wenn das Ergänzungsurteil noch innerhalb der gegen das ergänzte Urteil laufenden Berufungs- oder Zulassungsantragsfrist ergeht (BVerwG NVwZ-RR 1989, 519; BGH NJW 2009, 442, 443; Eyermann/Rennert VwGO § 120 Rn 9).

4. Inhalt der Berufungsschrift

26   Die Berufungsschrift sollte, muss aber nicht notwendigerweise als „Berufung" bezeichnet sein; es muss jedoch deutlich werden, dass das nach der Zulassung gegebene Rechtsmittel der Berufung eingelegt werden soll (Sodan/Ziekow/Seibert VwGO § 124a Rn 33). Die Berufungsschrift muss keinen bestimmten Antrag enthalten. Ein solcher ist nach § 124a Abs 3 S 4 VwGO erst in der Berufungsbegründung vorgeschrieben (Rn 35).

27   Die Berufung muss das angefochtene Urteil bezeichnen (§ 124a Abs 2 S 2 VwGO). Hierzu sind grundsätzlich das **Gericht**, gegen dessen Urteil Berufung eingelegt werden soll, das **Datum** und **Aktenzeichen** der Entscheidung sowie die **Beteiligten** anzugeben (BGH NJW 1991, 2081). Die Berufungsschrift muss außerdem eindeutig erkennen lassen, wer **Berufungskläger** und wer **Berufungsbeklagter** sein soll (Kopp/Schenke VwGO § 124a Rn 20). Unvollständige oder unrichtige Angaben sind unschädlich, wenn gleichwohl eindeutig festgestellt werden kann, gegen welches Urteil Berufung eingelegt wird (BGH NJW-RR 2013, 121, 122; Kopp/Schenke VwGO § 124a Rn 20), etwa wenn in der Berufungsschrift auf eine beigefügte **Kopie** des angefochtenen Urteils verwiesen wird (BVerfG NJW 1991, 3140) oder wenn sich sonst vor Ablauf der Berufungsfrist im Zusammenhang mit den Prozessakten für das Berufungsgericht zweifelsfrei ergibt, welches Urteil von wem angegriffen wird (BGH NJW-RR 2007, 935; NJW-RR 2008, 1161; NJW 2011, 2371). Ist die Bezeichnung eines Beteiligten nicht eindeutig, ist sie durch **Auslegung** zu ermitteln (BAG NJW 2009, 1293; OVG Weimar NJW 2009, 2553, 2554), und zwar unter Berücksichtigung aller Umstände des Einzelfalls (BGH NJW 2011, 2371). Eine ungenaue oder erkennbar falsche Bezeichnung ist unschädlich und vom Amts wegen zu **berichtigen**, solange dies die Identität des Beteiligten nicht berührt (BAG NJW 2009, 1293). Dies gilt auch, wenn die Ermittlung des richtigen Beteiligten in der Vorinstanz unterblieben ist (OVG Weimar NJW 2009, 2553). Die Aufgabe des Gerichts, das Klage- und Rechtsmittelbegehren sachgerecht auszulegen und den richtigen Beklagten zu ermitteln, findet allerdings in der Dispositionsbefugnis der Partei ihre Grenze und darf sich nicht über den erklärten Willen des Klägers hinwegsetzen (OVG Weimar NJW 2009, 2553, 2554). Zur Bezeichnung des Berufungsklägers gehört grundsätzlich auch die Angabe der ladungsfähigen Anschrift, sofern sich diese nicht schon aus den Akten ergibt. Ändert sich diese nach Erlass des erstinstanzlichen Urteils, so ist, wenn die neue Anschrift vom Gericht nicht ohne Schwierigkeiten ermittelt werden kann und der Berufungskläger seine neue Anschrift trotz gerichtlicher Aufforderung ohne berechtigten Grund nicht mitteilt, die Berufung als unzulässig zu verwerfen (OVG Hamburg NJW 2006, 3082).

III. Begründung der vom VG zugelassenen Berufung

1. Vertretungszwang, Schriftform

28   Für die Berufungsbegründung besteht gem § 67 Abs 4 S 1 VwGO **Vertretungszwang** (BVerwG NVwZ 2004, 111; BeckRS 2012, 56327; Kopp/Schenke VwGO § 124a Rn 26). Vertretungszwang impliziert, dass der Prozessbevollmächtigte den Prozessstoff in rechtlicher und tatsächlicher Hinsicht durcharbeitet, sich mit der angefochtenen Entscheidung auf der Grundlage einer eigenständigen Sichtung und Durchdringung des Prozessstoffes auseinandersetzt und dem Gericht die für die Entscheidung über die Berufung notwendigen rechtlichen und tatsächlichen Gesichtspunkte geordnet darlegt (BVerwG BeckRS 2012, 56327; VGH Kassel NVwZ 1998, 755; OVG Lüneburg BeckRS 2004, 27334; VGH Mannheim NVwZ 1999, 429; NJW 2010, 3386).

28.1   Es stellt keine formgerechte Begründung der Berufung dar, wenn der Prozessbevollmächtigte sich Ausführungen der von ihm vertretenen Partei oder eines Dritten lediglich zu eigen macht, ohne dass erkennbar wird, dass er eine eigene Prüfung, Sichtung und rechtliche Durchdringung des Streitstoffs vorgenommen hat (BVerwG NJW 1997, 1865, 1866; BeckRS 2012, 56327; VGH Mannheim NJW 2010, 3386; VGH München BeckRS 2012, 48390). Der Prozessbevollmächtigte darf auch nicht lediglich unbesehen eine Ausarbeitung der Partei für seinen Schriftsatz übernehmen (VGH Mannheim NJW 2010, 3386). Eine Bezugnahme auf Ausführungen des Mandanten ist dem Rechtsanwalt grundsätzlich verwehrt (OVG Lüneburg NVwZ-RR 2002, 468; VGH Mannheim NJW 2010, 3386). Auch eine ausschließliche Bezugnahme auf ein Rechtsgutachten eines – nicht seinerseits bevollmächtigten – Hochschullehrers genügt nicht, selbst wenn dieser vertretungsbefugt wäre (BVerwG NVwZ 1990, 459, 460). Die Berufungsbegründung muss Ergebnis der geistigen Arbeit des Prozessbevollmächtigten sein (BGH NJW 2005, 2709; NJW 2008, 1311, 1312). Damit soll nicht nur ein bestimmtes fachliches Niveau sichergestellt, sondern auch erreicht werden, dass der Prozessbevollmächtigte die Verantwortung für die Ausführungen übernimmt (BVerwG NVwZ 1990, 459). Er muss den Schriftsatz zwar nicht selbst verfassen, aber nach eigenverantwortlicher Prüfung als eigenen genehmigen und unterschreiben (BVerfG NJW 1996, 713; BGH NJW 2005, 2086, 2087; OLG Rostock NJW 2007, 91, 92). Eine Blankounterschrift oder eine Unterschrift unter einen noch von einem anderen zu überarbeitenden Schriftsatz genügt daher nicht (BGH NJW 2005, 2709), ebenso wenig ein Unterschriftsstempel (BAG NJW 2009, 3596, 3597). Freilich besteht für ein Berufungsgericht in aller Regel kein Anlass, den Inhalt einer anwaltlich unterschriebenen Berufungsbegründung daraufhin zu überprüfen, in welchem Umfang und wie gründlich der Anwalt den Prozessstoff tatsächlich durchgearbeitet hat (BGH NJW 2008, 1311, 1312). Ein anderes gilt, wenn sich der Anwalt durch einen Zusatz von dem unterschriebenen Schriftsatz distanziert (BGH NJW 2008, 1311, 1312), zB durch Distanzierungsvermerke wie „auf nachdrücklichen Wunsch des Mandanten" und „auftragsgemäß", die darauf hindeuten, dass sich der Prozessbevollmächtigte vom Vortrag distanziert und lediglich das Begehren seines Mandanten vorträgt, ohne selbst dafür die Verantwortung übernehmen zu wollen (OLG Celle BeckRS 2009, 27707), oder wenn nach den Umständen, namentlich Form und Inhalt der Berufungsbegründung, außer Zweifel steht, dass der Rechtsanwalt den Schriftsatz ohne eigene Prüfung unterschrieben hat (BGH NJW-RR 2006, 342; NJW 2008, 1311, 1312).

Die Berufungsbegründung ist **schriftlich** einzureichen, Niederschrift bei dem Urkunds- **29** beamten ist nicht möglich. Wird jedoch vor Ablauf der Berufungsbegründungsfrist die Berufungsbegründung in einem Termin der mündlichen Verhandlung vor dem OVG durch den Prozessbevollmächtigten des Berufungsführers zu **richterlichem Protokoll** erklärt, so ist diese Erklärung der Einreichung eines Berufungsbegründungsschriftsatzes gleichzusetzen (BVerwG NVwZ 2000, 912).

2. Adressat der Begründungsschrift

Die Berufungsbegründung ist, sofern sie nicht bereits in der beim VG eingereichten **30** Berufungsschrift enthalten war, zwingend **bei dem OVG** einzureichen (§ 124a Abs 3 S 2 VwGO). Eine Einreichung bei dem VG wahrt die Berufungsbegründungspflicht nicht (BVerwG NVwZ-RR 2003, 901). Zur Weiterleitungsverpflichtung oben Rn 22.

Da § 124a Abs 3 S 2 VwGO für die Einreichung der Begründung beim VG darauf abstellt, ob **30.1** diese „zugleich mit der Einlegung der Berufung erfolgt", muss die Berufungsbegründung in der Berufungsschrift enthalten sein. Wird beim VG zunächst Berufung eingelegt und erst in einem weiteren Schriftsatz die Berufungsbegründung, dann ist die Voraussetzung des § 124a Abs 3 S 2 VwGO auch dann nicht erfüllt und die Berufungsbegründung beim falschen Gericht eingereicht, wenn die Frist für die Berufung noch nicht abgelaufen ist. Da allerdings das VG in einem solchen Fall die Berufungsbegründung an das OVG weiterleiten muss und die Begründungsfrist einen Monat länger dauert als die Einlegungsfrist, ist solchenfalls kaum vorstellbar, dass die weitergeleitete Begründungsschrift nicht innerhalb der Begründungsfrist beim OVG eingeht.

3. Frist zur Berufungsbegründung, Verlängerungsmöglichkeit

Nach § 124a Abs 3 S 1 VwGO ist die Berufung im Falle ihrer Zulassung durch das VG **31** innerhalb von **zwei Monaten** nach Zustellung des vollständigen Urteils zu begründen (zum Fristbeginn Rn 25). Die Begründungsfrist kann auf einen vor ihrem Ablauf gestellten Antrag von dem Vorsitzenden des Senats des OVG **verlängert** werden (§ 124a Abs 3 S 3 VwGO). Der **Fristverlängerungsantrag** ist nach § 57 Abs 2 VwGO iVm § 224 Abs 2 ZPO **zu begründen** (BVerwG NJW 2008, 3303, 3304).

Der Antrag auf Verlängerung der Frist zur Berufungsbegründung unterliegt als Teil des Verfahrens **31.1** vor dem OVG dem **Vertretungszwang** (§ 67 Abs 4 S 1 VwGO) sowie dem **Schriftformerfordernis** (BVerwGE 115, 302, 305 = NJW 2002, 1137, 1138). Ein Mangel in der Vertretung oder der Form führt jedoch nicht zur Unwirksamkeit einer dennoch gewährten Fristverlängerung (BVerwGE 115, 302, 305 = NJW 2002, 1137, 1139; BVerwG NVwZ-RR 2002, 894, 895). Ist der Antrag rechtzeitig und ordnungsgemäß gestellt worden, kann die Frist auch noch nach Ablauf der Begründungsfrist verlängert werden (Kopp/Schenke VwGO § 124a Rn 24). Hat der Berufungskläger fristgerecht und ordnungsgemäß einen Antrag auf Verlängerung der Begründungsfrist gestellt, darf das OVG nicht über die Berufung durch Beschluss nach § 125 Abs 2 S 1 VwGO entscheiden, ohne diesen Antrag zuvor beschieden zu haben. Es verletzt das rechtliche Gehör, wenn ein Beteiligter in der berechtigten Erwartung einer Entscheidung über seinen Fristverlängerungsantrag die Begründung zurückstellt und dann von der Sachentscheidung überrascht wird (BVerwG NVwZ 2000, 73, 74). Geht hingegen der **Fristverlängerungsantrag erst nach Ablauf** der Begründungsfrist ein, ist eine Fristverlängerung unzulässig, eine dennoch eingeräumte **Verlängerung unwirksam**, da sie die bereits eingetretene Rechtskraft nicht mehr beseitigen kann (BGHZ 116, 377, 378 = NJW 1992, 842; Kopp/Schenke VwGO § 124a Rn 24).

31.2   Für die Entscheidung über die Fristverlängerung sind die über § 173 S 1 VwGO heranzuziehenden Kriterien des **§ 520 Abs 2 S 2 und 3 ZPO** zu berücksichtigen. Eine Beschränkung auf die in § 520 Abs 2 S 3 ZPO genannte Monatsfrist findet jedoch nicht statt; die Berufungsfrist kann bei Darlegung erheblicher Gründe auch ohne Einwilligung des Gegners um **mehr als einen Monat verlängert** werden (Kopp/Schenke VwGO § 124a Rn 24). Allerdings wird eine Verlängerung um einen Monat häufig angemessen sein; vor allem bei erkennbar umfangreichen und schwierigen Rechtsstreitigkeiten kann auch eine längere Fristverlängerung angebracht sein. Einem ordnungsgemäß begründeten **erstmaligen Verlängerungsantrag** ist jedenfalls bei Darlegung **erheblicher Gründe** oder, und zwar auch ohne Darlegung solcher Gründe, bei **Einwilligung des Gegners** in der Regel zu entsprechen (BVerfG NJW 2001, 812, 813; 2007, 3342; BGH NJW 2004, 1742; 2009, 3100). Andernfalls hat der Rechtsmittelführer das Risiko zu tragen, dass der Vorsitzende des Senats in Ausübung pflichtgemäßen Ermessens die Verlängerung der Begründungsfrist versagt, ohne im Wiedereinsetzungsverfahren geltend machen zu können, er habe mit der beantragten Fristverlängerung rechnen dürfen (BGH NJOZ 2008, 300, 301). Eine **mehrmalige Fristverlängerung** ist zulässig, doch muss der Antrag jeweils vor Ablauf der zuletzt verlängerten Frist gestellt werden. Liegt die Einwilligung des Gegners vor, kann der Betroffene auch bei einem zweiten oder weiteren Verlängerungsantrag in der Regel auf die Fristverlängerung vertrauen (BGH NJW 2009, 3100, 3101; aA BGH NJW 2004, 1742). Es sollte daher vor Antragstellung die **Einwilligung** der Gegenseite schriftlich oder mündlich eingeholt, letztere gegenüber dem OVG anwaltlich versichert werden (BGH NJW 2005, 72), oder es sollten die **erheblichen Gründe** angegeben werden, weshalb die Fristverlängerung erfolgen soll, zB Krankheit, Urlaub, Arbeitsüberlastung des Prozessbevollmächtigten (BVerfG NJW 2007, 3342), Umfang und Schwierigkeit der Sache, verspätete Akteneinsicht, Notwendigkeit einer Rücksprache oder Informationsbeschaffung bei dem Mandanten (BGH NJW 2010, 1610, 1611; S/S/B/Meyer-Ladewig/Rudisile VwGO § 124a Rn 40; Sodan/Ziekow/Seibert VwGO § 124a Rn 50). Bei einem ersten Verlängerungsantrag sind keine besonders hohen Anforderungen an die erforderliche Darlegung der erheblichen Gründe für die Notwendigkeit der Fristverlängerung zu stellen (BGH NJW 2010, 1610, 1611). Eine vom Gericht gewährte Fristverlängerung ist auch dann wirksam, wenn die eigentlich erforderliche Einwilligung der Gegenseite gefehlt hat (BGH NJW-RR 2008, 1162).

31.3   Die Fristverlängerung kann zwar formlos, muss jedoch **ausdrücklich** erfolgen; eine stillschweigende Verlängerung scheidet aus (Kopp/Schenke VwGO § 124a Rn 24). In der Verlängerungsverfügung ist die **Dauer** der Fristverlängerung zu bestimmen. Ist die Dauer der Fristverlängerung nicht bestimmt, so ist die Verlängerung gleichwohl wirksam; die Frist läuft dann bis zur nachträglichen Bestimmung des Fristendes (Kopp/Schenke VwGO § 124a Rn 24). Wird die Frist zur Begründung der Berufung um einen bestimmten Zeitraum verlängert und fällt der letzte Tag der ursprünglichen Frist auf einen Samstag, Sonntag oder allgemeinen Feiertag, so beginnt der verlängerte Teil der Frist erst mit dem Ablauf des nächstfolgenden Werktags (BGH NJW 2006, 700; BeckRS 2009, 09096). Mit einer „antragsgemäßen" Verlängerung macht das Berufungsgericht den Fristverlängerungsantrag zum Inhalt der Fristverlängerung selbst, auch wenn die Frist im Antrag fehlerhaft berechnet ist (BGH NJW-RR 2008, 1162).

31.4   Nach dem BGH verbietet es die anwaltliche Sorgfaltspflicht mit Rücksicht darauf, dass der Vorsitzende die Fristverlängerung auch versagen oder für einen kürzeren Zeitraum als beantragt bewilligen kann, eine beantragte Fristverlängerung bereits als bewilligt im Fristenkalender einzutragen, vielmehr dürfe die verlängerte Frist erst als endgültig vermerkt werden, wenn die Verlängerung tatsächlich gewährt worden ist; in jedem Fall sei sicherzustellen, dass vor dem beantragten Fristablauf – ggf durch Rückfrage bei Gericht – das wirkliche Ende der Frist festgestellt werde (BGH BeckRS 2006 08247; NJOZ 2008, 300, 301). Wenn jedoch, wie insbesondere bei einem ersten Fristverlängerungsantrag, mit der Gewährung der Fristverlängerung gerechnet werden darf, darf der Fristverlängerungsantrag auch am letzten Tag der Frist gestellt werden und besteht keine Notwendigkeit für eine Rückfrage bei Gericht vor Ablauf der Frist (BGH NJW 2010, 1610, 1611).

4. Wiedereinsetzung und Prozesskostenhilfeantrag

Die **Wiedereinsetzung** in die versäumte gesetzliche oder gerichtlich verlängerte Begrün- 32
dungsfrist richtet sich nach § 60 VwGO (BVerwG NVwZ 2000, 66). Wird ein fristgerecht
gestellter Verlängerungsantrag nach Ablauf der Begründungsfrist abgelehnt, ist in der Regel
Wiedereinsetzung zu gewähren (B/F-K/S/vA/Bader VwGO § 124a Rn 34), jedenfalls
dann, wenn der Beteiligte mit einer Fristverlängerung rechnen durfte.

Reicht ein unbemittelter Berufungskläger vor Ablauf der Begründungsfrist ein formell 33
ordnungsgemäßes **Prozesskostenhilfegesuch** für das Berufungsverfahren ein, darf das OVG
die Berufung nicht vor der Entscheidung über den Prozesskostenhilfeantrag als unzulässig
verwerfen, sondern muss es zunächst nach der Sach- und Rechtslage im Zeitpunkt der
vollständigen Einreichung des Gesuchs entscheiden und die Erfolgsaussichten in der Hauptsache prüfen. Wird **Prozesskostenhilfe bewilligt**, ist Wiedereinsetzung in die versäumte
Berufungsbegründungsfrist zu gewähren, um den Betroffenen in die Lage versetzen, sich
durch einen ihm beigeordneten Rechtsanwalt zur Abgabe der Berufungsbegründung vertreten zu lassen (BVerwG NVwZ 2004, 111; BGH NJW-RR 2013, 121, 122). Die Wiedereinsetzung ist gem § 60 Abs 2 S 1 Hs 2 VwGO **innerhalb eines Monates** zu beantragen.
Die Frist zur Beantragung der Wiedereinsetzung in die versäumte Berufungsbegründungsfrist
beginnt erst mit der Mitteilung der Wiedereinsetzung in die versäumte Berufungsfrist, nicht
bereits mit der Mitteilung über die Gewährung von Prozesskostenhilfe, weil der mittellose
Beteiligte andernfalls genötigt wäre, die Berufung zu begründen, bevor er weiß, ob ihm
überhaupt Wiedereinsetzung in die versäumte Berufungsfrist gewährt wird (BGH NJW
2007, 3354, 3355). Wird **Prozesskostenhilfe versagt**, dann ist dem Betroffenen Wiedereinsetzung in die abgelaufene Begründungsfrist zu gewähren, wenn er sich entschließt, das
Verfahren auf eigene Kosten fortzusetzen (BVerfG NVwZ 2003, 341; BVerwG NVwZ 2004,
111; B/F-K/S/vA/Bader VwGO § 166 Rn 52). Bei Ablehnung des Prozesskostenhilfeantrags verlängert sich die Frist für den Wiedereinsetzungsantrag um drei bis vier Tage
Überlegungszeit, ob der Rechtsstreit auf eigene Kosten geführt werden soll (B/F-K/S/vA/
Bader VwGO § 124a Rn 30).

Zu beachten ist, dass nach § 60 Abs 2 S 3 VwGO **innerhalb der Antragsfrist** des § 60 34
Abs 2 S 1 Hs 2 VwGO auch die **Berufungsbegründung** als die versäumte Rechtshandlung
einzureichen ist (Kopp/Schenke VwGO § 60 Rn 33). Ein innerhalb der Nachholungsfrist
von einem Monat gestellter **Antrag auf Verlängerung der Begründungsfrist genügt
nach hM nicht**, weil die versäumte Rechtshandlung die Berufungsbegründung und nicht
der Antrag auf Verlängerung der Begründungsfrist ist (§ 60 VwGO Rn 39; B/F-K/S/vA/
Bader VwGO § 124a Rn 35; aA Eyermann/Schmidt VwGO § 139 Rn 18). Hierdurch
verkürzt sich die sonst nach § 124a Abs 3 S 1 VwGO vorgesehene zweimonatige Begründungsfrist unter Wegfall der gerichtlichen Verlängerungsmöglichkeit auf einen Monat.

Die Regelung des § 60 Abs 2 S 3 VwGO ist **verfassungsrechtlich bedenklich**, da sie zu einer 34.1
Benachteiligung der minderbemittelten Partei führt und ihr entgegen den verfassungsrechtlichen
Anforderungen (BVerfG NVwZ 2003, 341; NJW 2010, 288; NJW 2010, 1129) nicht den gleichen
Zugang zum Rechtsmittel eröffnet wie einer bemittelten Partei (Sodan/Ziekow/Seibert VwGO
§ 124a Rn 244). Mit der Regelung des § 60 Abs 2 S 1 Hs 2 VwGO wollte der Gesetzgeber die
Wiedereinsetzungsfrist bei versäumten Rechtsbehelfsbegründungsfristen gegenüber der kurzen
Zweiwochenfrist des § 60 Abs 2 S 1 Hs 1 VwGO verlängern (BT-Drs 15/3482, 23). Er hat dabei
übersehen, dass diese Regelung zu einer Verkürzung gegenüber der regulären Rechtsbehelfsbegrün-
dungsfrist und damit zu einer Schlechterstellung der bedürftigen Partei führt. Zugleich hat der
Gesetzgeber mit der Neufassung des § 60 Abs 2 S 1 VwGO – wohl unbeabsichtigt – der früheren
Rechtsprechung des BVerwG den Boden entzogen, nach der dem Betroffenen nach Zubilligung
von Prozesskostenhilfe die vollständige Begründungsfrist von zwei Monaten zustand (BVerwG
NVwZ 2002, 992). Da es gerade Absicht des Gesetzgebers war, eine solche Schlechterstellung zu
verhindern und der unbemittelten Partei die gleiche Frist zur Begründung des Rechtsmittels zur
Verfügung zu stellen wie der bemittelten Partei (BT-Drs 15/1508, 17 f zu § 234 ZPO), ist § 60
Abs 2 S 3 VwGO teleologisch und verfassungskonform dahingehend auszudehnen, dass die versäumte Berufungsbegründung innerhalb der Frist des § 124a Abs 3 S 1 VwGO nachzuholen ist.
Dass der Gesetzeswortlaut hinsichtlich der Frist eindeutig ist, steht einer teleologischen Korrektur
entsprechend dem Willen des Gesetzgebers nicht entgegen (Looschelders/Roth Juristische Methodik 1996, 241; aA BGH NJW 2007, 3354, 3356). Desgleichen stellt der **Ausschluss der Möglich-**

keit einer gerichtlichen Verlängerung der Begründungsfrist eine **gleichheitswidrige Benachteiligung** dar. Eine etwaige vom Vorsitzenden gleichwohl gewährte Fristverlängerung führt dazu, dass gegen die Versäumung der Einmonatsfrist des § 60 Abs 2 S 1 Hs 2 VwGO Wiedereinsetzung zu gewähren ist, weil sich der Betroffene auf die richterlich gewährte Fristverlängerung verlassen darf.

5. Mindestanforderungen an die Berufungsbegründung

35   Die Berufungsbegründung muss nach § 124a Abs 3 S 4 VwGO einen **bestimmten Antrag** enthalten (**Berufungsantrag**) sowie die im Einzelnen anzuführenden Gründe der Anfechtung (**Berufungsgründe**). Berufungsantrag und Berufungsgründe müssen nicht in einem Schriftsatz enthalten sein, sondern können bis zum Ablauf der Berufungsbegründungsfrist auch in gesonderten Schriftsätzen eingereicht werden (**gestaffelte Berufungsbegründung**, BVerwGE 142, 99, 104; Kopp/Schenke VwGO § 124a Rn 67). § 124a Abs 3 S 4 VwGO ist genügt, sobald der Schriftsatz eingeht, der alleine für sich oder in Verbindung mit bereits eingereichten Schriftsätzen die gesetzlichen Mindestanforderungen an die Berufungsbegründung erfüllt (BVerwGE 142, 99, 104). Die Berufungsbegründung muss als erforderliche, aber auch ausreichende **Mindestanforderung** hinreichend deutlich zum Ausdruck bringen, dass und weshalb der Berufungsführer an der Durchführung des zugelassenen Berufungsverfahrens festhalten will (BVerwG NVwZ-RR 2004, 541). Welche Mindestanforderungen jeweils an die Berufungsbegründung zu stellen sind, hängt wesentlich von den Umständen des konkreten Einzelfalls ab (BVerwG NVwZ 2000, 67). Die Anforderungen dürfen nicht überzogen und damit der Zugang zur Berufungsinstanz unzumutbar erschwert werden (BVerfG NVwZ 2000, 1163, 1164; NVwZ 2005, 1176, 1177; NJW 2009, 3642).

35.1   Das Begründungserfordernis soll im Interesse der Beschleunigung des Verfahrens in der Berufungsinstanz formale, nicht auf den konkreten Streitfall zugeschnittene Berufungsbegründungen ausschließen und dem Gericht und der Gegenseite vor Augen führen, welche Gesichtspunkte der Berufungskläger seiner Rechtsverfolgung oder -verteidigung zugrunde legt, insbes welche tatsächlichen oder rechtlichen Erwägungen des erstinstanzlichen Urteils er bekämpfen und auf welche Gründe er sich hierfür stützten will (BGH NJW 1993, 3073, 3074). Geht eine per Post oder Telefax übermittelte Berufungsbegründungsschrift vor Fristablauf nur unvollständig ein, so ist – noch vorrangig vor der Frage einer Wiedereinsetzung – zu prüfen, ob nicht bereits der wenngleich unvollständig eingegangene Teil den Mindestanforderungen an eine ordnungsgemäße Berufungsbegründung genügt (BGH NJW 2006, 3500).

6. Berufungsantrag

36   Zu dem von § 124a Abs 3 S 4 VwGO verlangten Berufungsantrag gehört ein **Rechtsmittelantrag**, dh die Erklärung, dass und inwieweit das angefochtene Urteil aufgehoben bzw abgeändert werden soll, und gegebenenfalls ein **Sachantrag**, dh die Erklärung, dass und inwieweit dem erstinstanzlichen Klageantrag bzw Klageabweisungsantrag stattgegeben werden soll (Eyermann/Happ VwGO § 124a Rn 25; Kopp/Schenke VwGO § 124a Rn 32). Freilich kann sich der Rechtsmittelantrag aus dem Sachantrag ergeben, und umgekehrt (Eyermann/Happ VwGO § 124a Rn 25). Ein **ausdrücklicher** und **förmlicher** Berufungsantrag ist zwar aus Gründen der Klarheit und zur Vermeidung unnötiger Komplikationen zweckmäßig, aber nicht zwingend vorgeschrieben (BVerwG NVwZ 2005, 821; OVG Lüneburg NVwZ 2009, 1050). Es muss dann jedoch in der Berufungsbegründung hinreichend deutlich zum Ausdruck kommen, **dass und in welchem Umfang** der Berufungsführer an der Durchführung des zugelassenen Berufungsverfahrens festhalten will (BVerwG NVwZ-RR 2004, 541; OVG Berlin NVwZ 2003, 239; ferner BGH NJW 2006, 2705). Es genügt, wenn das Ziel des Rechtsmittels aus der Tatsache seiner Einlegung allein oder in Verbindung mit den während der Rechtsmittelfrist abgegebenen Erklärungen erkennbar ist (OVG Lüneburg NVwZ 2009, 1050, 1051).

36.1   Je nach den Umständen des Einzelfalls kann ausreichen, dass der Berufungsführer innerhalb der Berufungsbegründungsfrist durch einen gesonderten Schriftsatz erkennbar zum Ausdruck bringt, dass er die Berufung durchführen will, oder wenn das Ziel des Rechtsmittels aus der Tatsache seiner Einlegung allein oder in Verbindung mit den während der Rechtsmittelfrist abgegebenen Erklärungen erkennbar ist (BVerwG NVwZ-RR 2004, 541; BVerwG Buchholz 442.066 § 50 TKG Nr 2). Das Fehlen eines formulierten Berufungsantrags macht die rechtzeitig begründete Berufung nicht unzulässig, wenn schon aus der Tatsache der Einlegung der Berufung und der Berufungsbegründung deutlich wird, dass der Beteiligte mit dem Rechtsmittel seinen in erster Instanz gestellten Sachantrag weiterverfolgt und das erstinstanzliche Urteil in vollem Umfang anfechten will (VGH Kassel BeckRS 2000, 20619; Kopp/Schenke VwGO § 124a Rn 32).

Ist der **Kläger** Berufungskläger, muss er notwendigerweise auch einen **Sachantrag** 37 stellen, mit dem er seinen Klageanspruch wenigstens teilweise weiterverfolgt (Kopp/Schenke VwGO § 124a Rn 32; S/S/B/Meyer-Ladewig/Rudisile VwGO § 124a Rn 49). Auch ein Antrag, die Sache nach § 130 Abs 2 VwGO an das VG zurückzuweisen, ist als ausreichend anzusehen (aA VGH Mannheim VBlBW 2003, 363), da ein auf Aufhebung und Zurückverweisung gerichteter Antrag in der Regel die Weiterverfolgung des erstinstanzlichen Sachantrags zum Ausdruck bringt (BGH NJW 2006, 2705). Ein bloßer Beweisantrag genügt allerdings nicht (VGH Mannheim VBlBW 2003, 363).

Fehlt es an den Mindestvoraussetzungen für einen bestimmten Berufungsantrag, stellt dies 38 einen nach Ablauf der Begründungsfrist nicht mehr heilbaren Mangel dar, der zur Verwerfung der Berufung als **unzulässig** führt (Eyermann/Happ VwGO § 124a Rn 25; Kopp/Schenke VwGO § 124a Rn 31).

Nach § 125 Abs 1 S 1 VwGO iVm § 88 VwGO ist das Berufungsgericht bei der Ermitt- 39 lung des Änderungsbegehrens an die **Fassung** der Anträge nicht gebunden, sondern hat das im Klageantrag und im gesamten Parteivorbringen zum Ausdruck kommende Rechtsschutzziel zu ermitteln (BVerwG DVBl 1997, 907; BeckRS 2009, 31856). Der Berufungsantrag ist nicht nach seinem Wortlaut allein, sondern nach seinem erkennbaren Sinn **auszulegen** (BVerfG Beschl v 21.4.2006, 1 BvR 2140/05). Die Anforderungen an die Stellung des Berufungsantrags dürfen **nicht überspannt** werden. Maßstab muss sein, ob der Berufungsantrag bestimmt genug ist, um dem Gericht unter Berücksichtigung der Berufungsbegründung eine Entscheidung in der Sache möglich zu machen (BVerfG Beschl v 21.4.2006, 1 BvR 2140/05). Im Zweifel ist davon auszugehen, dass das Urteil des VG in vollem Umfang angefochten werden soll und die erstinstanzlichen Anträge weiterverfolgt werden sollen (OVG Berlin NVwZ 2003, 239; Kopp/Schenke VwGO § 124a Rn 30). Sind die Mindestanforderungen erfüllt, kann der Berufungsantrag nach § 125 Abs 1 S 1 VwGO iVm § 86 Abs 3 VwGO noch während des nachfolgenden Berufungsverfahrens **präzisiert** werden (B/F-K/S/vA/Bader VwGO § 124a Rn 37).

Mit dem in die Berufungsbegründung aufzunehmenden Berufungsantrag legt der Beru- 40 fungskläger das Rechtsschutzziel der Berufung **verbindlich** fest. Deshalb kann der Berufungskläger nach zunächst unbeschränkt eingelegter Berufung (§ 124a Abs 2 S 1 VwGO) den **Berufungsantrag** in seiner Berufungsbegründung **beschränken**, ohne dass darin eine teilweise Rücknahme der Berufung (mit der Kostenfolge des § 155 Abs 2 VwGO) läge (BVerwG NJW 1992, 703, 704; VGH Mannheim NVwZ-RR 2012, 588, 589).

Erst die sachliche Auseinandersetzung mit den Gründen des angefochtenen Urteils, für die dem 40.1 Rechtsmittelführer die Begründungsfrist zur Verfügung steht, ermöglicht die abschließende Entscheidung, in welchem Umfang ein Rechtsmittel erfolgversprechend ist. Verlangt das Gesetz eine entsprechende Festlegung nicht schon bei Einlegung des Rechtsmittels, sondern erst bis zum Ablauf der Begründungsfrist, so wäre es widersprüchlich, das ohne bestimmten Antrag eingelegte Rechtsmittel bereits als umfassendes Rechtsmittel zu bewerten und den Rechtsmittelführer daran festzuhalten mit der Folge, dass er nur durch eine teilweise Rechtsmittelrücknahme mit entsprechender Kostenfolge wieder davon loskommen könnte (BVerwG NJW 1992, 703, 704).

Wird jedoch der in der Berufungsbegründung gestellte Berufungsantrag **später einge-** 41 **schränkt**, so liegt darin eine **Teilrücknahme** der Berufung, selbst wenn diese Beschränkung noch innerhalb der Berufungsbegründungsfrist erfolgt (VGH Mannheim NVwZ-RR 2012, 588, 589; Kopp/Schenke VwGO § 124a Rn 27; S/S/B/Meyer-Ladewig/Rudisile VwGO § 124a Rn 52).

Stellt der Berufungskläger zunächst einen **eingeschränkten** Berufungsantrag, kann er 42 diesen (nur) innerhalb der Berufungsbegründungsfrist **erweitern** (VGH München NVwZ-

RR 2002, 880; S/S/B/Meyer-Ladewig/Rudisile VwGO § 124 Rn 51; Sodan/Ziekow/Seibert VwGO § 124a Rn 103).

42.1 Der Auffassung, soweit die Berufung ausdrücklich auf einen von mehreren Klageanträgen beschränkt wird, sei hierin ein Rechtsmittelverzicht in Bezug auf die anderen Anträge zu sehen (BGH NJW 1990, 1118; Kopp/Schenke VwGO § 124 Rn 3), ist nicht beizupflichten. Wenn nicht ausdrücklich ein Rechtsmittelverzicht erklärt wird, kann der Berufungsführer bis zum Ablauf der Berufungsfrist (§ 124a Abs 2 S 1 VwGO) das Urteil auch noch hinsichtlich des zunächst nicht angegriffenen Klagegrundes anfechten (S/S/B/Meyer-Ladewig/Rudisile VwGO § 124a Rn 51; Sodan/Ziekow/Seibert VwGO § 124a Rn 98).

43 Der **Berufungsantrag** kann nur **soweit** reichen, wie die Berufung **zugelassen** worden ist. Weiterreichende Berufungsanträge sind unzulässig. Umgekehrt kann aber der Berufungsantrag bei **Teilbarkeit** des Streitgegenstandes (§ 124 VwGO Rn 14) hinter der durch die Zulassungsentscheidung eröffneten Berufungsmöglichkeit zurückbleiben. Ist der Streitgegenstand nicht teilbar, so ist eine Beschränkung des Berufungsantrags unwirksam und die umfassende Änderung des erstinstanzlichen Urteils beantragt. Hiervon unberührt bleibt die nach § 125 Abs 1 S 1 VwGO iVm § 91 VwGO zu beurteilende Möglichkeit einer **Klageänderung** (Kopp/Schenke VwGO § 124a Rn 29; dazu § 128 VwGO Rn 2).

7. Berufungsgründe

44 Die Berufungsbegründung muss außer dem Berufungsantrag auch die im Einzelnen darzustellenden **Berufungsgründe** enthalten. Diese müssen erkennen lassen, **weshalb** das angegriffene Urteil nach der Auffassung des Berufungsführers in tatsächlicher oder rechtlicher Hinsicht unrichtig ist und gemäß dem Berufungsantrag geändert werden muss. Die Berufungsgründe müssen **substantiiert** und **konkret** auf den zu entscheidenden Fall bezogen sein (BVerwG NVwZ 2000, 67; NVwZ 2012, 1490; vgl BGH NJW 2013, 174, 175). Sie müssen sich mit dem angefochtenen Urteil im Einzelnen **auseinandersetzen** und in tatsächlicher sowie rechtlicher Hinsicht im Einzelnen ausführen, weshalb das angefochtene Urteil nach der Auffassung des Berufungsführers unrichtig ist und geändert werden muss (BVerwGE 114, 155, 157 = NVwZ 2001, 1029; BVerwG NJW 2006, 3081; großzügiger BVerwG NVwZ 2012, 1490). Für die Zulässigkeit der Berufung ist jedoch unerheblich, ob die vorgebrachten Einwände schlüssig und rechtlich haltbar sind (BGH NJW-RR 2012, 440). Die **bloße Wiederholung des erstinstanzlichen Vortrags** oder eine bloße Bezugnahme hierauf **genügt** für eine ordnungsgemäße Berufungsbegründung **nicht** (OVG Berlin-Brandenburg Beschl v 22.10.2012, 2 B 17.11, juris, Rn 6; VGH Mannheim BeckRS 2009, 31384; Kopp/Schenke VwGO § 124a Rn 34). Eine Bezugnahme auf andere dem OVG bereits vorliegende oder gleichzeitig mit eingereichte Schriftsätze, zB ein Prozesskostenhilfegesuch, ist möglich, wenn diese von einem Rechtsanwalt unterzeichnet sind und ihrerseits den Anforderungen an eine Berufungsbegründung gerecht werden (BGH NJW 2008, 1740). UU kann sogar eine konkludente Bezugnahme genügen, wenn sie sich aus den Begleitumständen und aus dem Zusammenhang ergibt (BGH NJW 2008, 1740); es ist aber nicht zu empfehlen, sich auf eine solche großzügige Handhabung zu verlassen. **Keiner** Auseinandersetzung mit den Gründen des angefochtenen Urteils bedarf es, wenn und soweit die Berufung auf eine **nachträgliche Veränderung** der Sach- oder Rechtslage gestützt wird, die das VG bei seiner Entscheidung nicht berücksichtigen konnte (Kopp/Schenke VwGO § 124a Rn 35), oder wenn die Berufung – was nach § 128 S 2 VwGO im Rahmen des § 128a VwGO zulässig ist – ausschließlich auf **neu vorgebrachte Tatsachen und Beweismittel** gestützt wird (vgl BGH NJW-RR 2007, 934, 935).

45 Welche Mindestanforderungen an die Berufungsbegründung zu stellen sind, hängt wesentlich von den Umständen des konkreten Einzelfalles ab (BVerwGE 114, 155, 158 = NVwZ 2001, 1029; NVwZ 2012, 1490). Die Anforderungen an die Berufungsbegründung dürfen jedoch **nicht überspannt** werden (BVerwG NVwZ-RR 2004, 220, 221), insbes auch nicht hinsichtlich der Aufbereitung des Sachverhaltes (BVerwGE 114, 155, 159 = NVwZ 2001, 1029, 1030). Es ist nicht Aufgabe des Berufungsführers, die dem Gericht obliegende und vom VG versäumte Sachverhaltsaufklärung in der Berufungsbegründung vorzunehmen (BVerwG NVwZ 2000, 67).

Es ist nicht Sache des Berufungsführers, in der Berufungsbegründung Sachverhaltsfragen auf- **45.1** zuarbeiten, die bisher weder von der Behörde noch vom VG aufbereitet worden sind, sondern auch im Berufungsverfahren nach dem den Verwaltungsprozess beherrschenden Untersuchungsgrundsatz (§ 86 Abs 1 VwGO) in erster Linie Aufgabe des Gerichts, auf der Grundlage des Vorbringens des Berufungsführers die entscheidungserheblichen Tatsachen aufzuklären (BVerwGE 114, 155, 159 = NVwZ 2001, 1029, 1030). Der Berufungsführer muss in der Berufungsbegründung auch nicht auf alle Einzelheiten eingehen, die sich aus Tatsachenänderungen seit Erlass des erstinstanzlichen Urteils im Hinblick auf das Ergebnis des Berufungsverfahrens oder auf die frühere Begründung des erstinstanzlichen Gerichts ergeben könnten. Es reicht aus, dass in der Berufungsbegründung zum Ausdruck kommt, dass die Berufung trotz etwaiger tatsächlicher Änderungen aus der Sicht des Berufungsführers durchgeführt werden muss, weil er das erstinstanzliche Urteil noch immer als falsch bekämpft (BVerwG Buchholz 310 § 124a VwGO Nr 13).

Bei **mehreren Streitgegenständen** muss für jeden Streitgegenstand eine Berufungs- **46** begründung gegeben werden, soweit Abänderung beantragt ist (OVG Berlin-Brandenburg Beschl v 22.10.2012, 2 B 17.11, juris, Rn 4; BGH NJW 1993, 3073, 3074; NJW-RR 2012, 1207), desgleichen bei weiter verfolgten **Hilfsanträgen** (Kopp/Schenke VwGO § 124a Rn 35). Ist das angefochtene Urteil auf **mehrere selbständig tragende Gründe** gestützt, muss sich die Berufungsbegründung mit jedem dieser Gründe auseinandersetzen, sonst ist die Berufung unzulässig (BayVerfGH BayVBl 2007, 123; BGH NJW 2013, 174, 175; BAG NJW 2008, 2206).

Den gesetzlichen Anforderungen an die Berufungsbegründung ist jedoch genügt, wenn der nur **46.1** auf einen der beiden Gründe bezogene Berufungsangriff aus Rechtsgründen notwendigerweise auch den anderen Grund zu Fall bringt, auch wenn die Berufungsbegründung hierzu keine gesonderten Ausführungen enthält (BGH NJW 2007, 1534).

Neue Tatsachen und Beweismittel (§ 128 S 2 VwGO) können sowohl in der Beru- **47** fungsbegründung als auch, sofern dem Begründungserfordernis bereits genügt worden ist, nach Ablauf der Begründungsfrist vorgebracht werden (Kopp/Schenke VwGO § 124a Rn 36), sofern sie nicht nach § 128a VwGO präkludiert sind. Über § 128a VwGO hinaus ist eine Präklusion nur nach Fristsetzung gem § 125 Abs 1 S 1 VwGO iVm § 87b Abs 1 VwGO durch das OVG möglich. Wenn sich die tatsächlichen Verhältnisse nach dem Erlass der erstinstanzlichen Entscheidung, aber während des Laufs der Berufungsbegründungsfrist verändern, kann mit der zugelassenen Berufung ohne weiteres die tatrichterliche Klärung der nunmehr entstandenen Tatsachenlage durch das OVG begehrt werden (BVerwG NVwZ 2000, 315).

IV. Unzulässigkeit mangelhafter Berufungen

Erfüllt die Berufung oder Berufungsbegründung eine der in § 124a Abs 2 VwGO oder **48** § 124a Abs 3 VwGO statuierten formellen oder inhaltlichen Anforderungen nicht, so ist die Berufung gemäß § 124a Abs 3 S 5 VwGO **unzulässig** (BVerwG NVwZ 1998, 1311, 1312). Betrifft der Mangel nur einen abtrennbaren Teil der Berufung, so ist die Berufung in diesem Umfang **teilweise unzulässig** (BGH NJW 1991, 1683, 1685).

C. Berufungsverfahren mit Antrag auf Zulassung beim OVG

I. Antrag auf Zulassung der Berufung durch das OVG

Hat das VG die Berufung nicht oder nur für einen abtrennbaren Teil des Streitgegen- **49** standes zugelassen, so kann der durch das Urteil beschwerte Beteiligte die **Zulassung** der Berufung bzw die **Erweiterung** der zugelassenen Berufung durch das OVG beantragen (§ 124a Abs 4 VwGO). Der Antragsteller kann seinen Zulassungsantrag auch auf einzelne Streitgegenstände oder abtrennbare Teile eines Streitgegenstandes beschränken (§ 124 VwGO Rn 13). Durch den Zulassungsantrag wird die Rechtskraft des Urteils gehemmt (§ 124a Abs 4 S 6 VwGO). Dieser **Suspensiveffekt** erfasst das **gesamte Urteil**, auch wenn der Antragsteller die Zulassung bei Teilbarkeit des Streitgegenstandes (§ 124 VwGO Rn 14) nur für einen abgrenzbaren Teil beantragt. Der Antrag eines vor dem VG teilweise Unterlegenen auf Zulassung der Berufung hemmt die Rechtskraft des Urteils insgesamt, weil sich der andere Beteiligte im Falle der Berufungszulassung im Berufungsverfahren der Berufung anschließen (§ 127 VwGO) kann (BGH NJW 1992, 2296; NJW 1994, 657, 659; B/F-K/S/ vA/Bader VwGO § 124a Rn 44; Eyermann/Happ § 124a VwGO Rn 31; Kopp/Schenke VwGO vor § 124 Rn 18; S/S/B/Meyer-Ladewig/Rudisile VwGO vor § 124 Rn 2).

1. Vertretungszwang, Schriftform

50   Der Zulassungsantrag ist **schriftlich** einzureichen. Es besteht gem § 67 Abs 4 S 2 VwGO **Vertretungszwang** (VGH München NJW 2012, 3739, 3740). Eine Einlegung zur Niederschrift des Urkundsbeamten ist nicht möglich (BVerwG NVwZ 1995, 901; OVG Hamburg NJW 2009, 1159; OVG Münster NJW 1998, 2844).

2. Adressat des Zulassungsantrags

51   Der Antrag auf Zulassung der Berufung ist zwingend **bei dem VG** zu stellen (§ 124a Abs 4 S 2 VwGO). Einreichung beim OVG wahrt die Einlegungsfrist nicht (OVG Hamburg NJW 1998, 696; OVG Lüneburg NJW 2007, 454, 455; OVG Münster NVwZ 1997, 1235). Zur Weiterleitungsverpflichtung Rn 22.

3. Antragsfrist

52   Die Zulassung der Berufung ist innerhalb **eines Monats** nach Zustellung (§ 56 VwGO) des vollständigen (Rn 25) und mit ordnungsgemäßer Rechtsmittelbelehrung versehenen Urteils zu beantragen (§ 124a Abs 4 S 1 VwGO). Die Antragsfrist kann **nicht verlängert** werden (VGH Kassel NVwZ-RR 1998, 466, 467). **Wiedereinsetzung** ist nach allgemeinen Grundsätzen gem § 60 VwGO möglich (zu den strengen Anforderungen an den Prozessbevollmächtigten vgl OVG Koblenz NVwZ-RR 2003, 73). Der Antrag auf Wiedereinsetzung unterliegt dem **Vertretungszwang** (VGH Mannheim NVwZ-RR 2000, 398, 399). Der Antrag auf Zulassung der Berufung als die versäumte Rechtshandlung ist zwingend beim VG nachzuholen (VGH Mannheim NVwZ-RR 2000, 398, 399).

53   Wurde innerhalb der Antragsfrist des § 124a Abs 4 S 1 VwGO **Antrag auf Prozesskostenhilfe** gestellt – der Antrag ist bei dem OVG einzureichen (B/F-K/S/vA/Bader VwGO § 124a Rn 64; Eyermann/Happ VwGO § 124a Rn 43; aA VGH Kassel NVwZ-RR 2003, 390) – und wird hierüber nicht rechtzeitig entschieden, so besteht Anspruch auf Wiedereinsetzung in die versäumte Antragsfrist (vgl Rn 33).

54   Entgegen anderweitiger Rechtsprechung des BVerwG zur Wiedereinsetzung bei beantragter Prozesskostenhilfe in Verfahren über Nichtzulassungsbeschwerden (BVerwG NJW 1965, 1293; Rpfleger 1991, 63; S/S/B/Pietzner/Bier VwGO § 133 Rn 56) verlangen etliche OVG, dass der **Prozesskostenhilfeantragsteller** innerhalb der Zweimonatsfrist des § 124a Abs 4 S 4 VwGO **Zulassungsgründe darlegen** müsse, weil andernfalls entgegen § 114 S 1 ZPO die Erfolgsaussichten seines Zulassungsantrags nicht geprüft werden könnten und der Prozesskostenhilfeantrag zu einer reinen Bedürftigkeitsprüfung werde (OVG Lüneburg NVwZ-RR 2003, 906; VGH Mannheim NVwZ-RR 1998, 598; krit Kopp/Schenke VwGO § 124a Rn 42; S/S/B/Meyer-Ladewig/Rudisile VwGO § 124a Rn 81).

54.1   Um eine Überforderung der unbemittelten Partei und eine unzumutbare Erschwerung des Zugangs zur Rechtsmittelinstanz zu vermeiden und um nicht den Sinn des Vertretungszwanges bei Anträgen auf Zulassung der Berufung (§ 67 Abs 4 S 2 VwGO) zu unterlaufen (Kopp/Schenke VwGO § 124a Rn 42), sind jedenfalls die **Anforderungen**, die an die Darlegung eines Zulassungsgrundes bei dem Prozesskostenhilfeantrag zu stellen sind, **deutlich herabzusetzen** (BVerfG NVwZ 2005, 1418, 1419). Von dem **anwaltlich nicht vertretenen Prozesskostenhilfeantragsteller kann** nur verlangt werden, in laienhafter Weise und in Umrissen deutlich zu machen, was er gegen die angefochtene Entscheidung einzuwenden hat; dabei ist auf seine Kenntnisse und Fähigkeiten abzustellen (OVG Lüneburg NVwZ-RR 1997, 761; VGH Mannheim NVwZ-RR 1998, 598).

54.2   Auch ein **anwaltlich vertretener Prozesskostenhilfeantragsteller** muss lediglich in groben Zügen darlegen, welcher Zulassungsgrund in Betracht kommt, und lediglich ein gewisses Maß an Begründung geben, die dem Gericht eine ausreichende Grundlage für die Prüfung gibt, ob die beabsichtigte Rechtsverfolgung hinreichende Aussicht auf Erfolg bietet (BVerwG NJW 1965, 1293); eine Darlegung der Zulassungsgründe in der von § 124a Abs 4 S 4 VwGO gebotenen Weise kann nicht verlangt werden, da von dem Rechtsanwalt nicht erwartet werden kann, das Prozesskosten-hilfeverfahren so zu betreiben, als ob ihm bereits ein Vergütungsanspruch gegen die Staatskasse zustünde (VGH Mannheim NVwZ 1998, 647, 648; B/F-K/S/vA/Bader VwGO § 124a Rn 66).

4. Mindestinhalt des Zulassungsantrags

Der Antrag auf Zulassung der Berufung sollte sinnvollerweise als solcher bezeichnet **55** werden, doch ist dies nicht zwingend, sofern sich hinreichend deutlich ergibt, dass ein solcher Antrag gewollt ist (Sodan/Ziekow/Seibert VwGO § 124a Rn 166). Für die **Auslegung** kommt es nicht allein auf die **Bezeichnung** des Rechtsmittels, sondern auch auf die in dem Schriftsatz etwa gestellten **Anträge** und deren **Begründung** an (BVerwG NVwZ 1999, 641, 642). Eine solche dem erkennbaren Rechtsschutzziel Rechnung tragende **Auslegung von Prozesserklärungen analog § 133 BGB** (BAG NJW 2010, 956, 957) setzt allerdings voraus, dass der Schriftsatz überhaupt einer Auslegung zugänglich und nicht eindeutig das falsche Rechtsmittel gewählt worden ist (OVG Greifswald NVwZ 1997, 201, 202). Eine **Umdeutung** eines durch einen Anwalt fälschlich eingelegten Rechtsmittels ist **grundsätz-lich ausgeschlossen** (BVerwG NVwZ 1998, 1297; NVwZ 1999, 641, 642; OVG Berlin-Brandenburg NJW 2010, 953). Insbes kann eine zu Unrecht eingelegte Berufung nicht in einen Berufungszulassungsantrag umgedeutet werden, wenn weder die Bezeichnung noch die Anträge und deren Begründung einen Anhalt für die Absicht bieten, entgegen der Rechtsmittelerklärung nicht Berufung einzulegen, sondern die Zulassung der Berufung zu beantragen (BVerwG NVwZ 1999, 641; NJW 2009, 162, 163; VGH München BeckRS 2013, 46575; aA BGH BeckRS 2008, 17807). Eine Umdeutung ist aber möglich, wenn zwar zunächst Berufung eingelegt, dann jedoch innerhalb der Antragsfrist des § 124a Abs 4 S 1 VwGO mit weiterem Schriftsatz beantragt wird, diese Prozesshandlung als Antrag auf Zulassung der Berufung zu behandeln (BVerwG NJW 2009, 162, 164).

> Eine falsche Bezeichnung ist unschädlich, wenn der Wille, die Zulassung der Berufung zu **55.1** beantragen, nach dem objektiven Erklärungswert des Schriftsatzes in seiner Gesamtheit, wie der Empfänger die Erklärung nach den Umständen, insbes der recht verstandenen Interessenlage und dem erkennbar verfolgten Rechtsschutzziel, verstehen muss, nicht zweifelhaft ist (BVerwG NVwZ 1999, 405). Allein der Umstand anwaltlicher Vertretung ist kein mit Art 19 Abs 4 S 1 GG zu vereinbarender Grund, einen Schriftsatz nicht wohlwollend auszulegen und einen Antrag wegen eines Teilaspektes der Formulierung trotz des erkennbaren wahren Rechtsschutzzieles für unzulässig zu erachten (vgl BVerfG NVwZ 2008, 417, 418). Legt der Rechtsmittelführer ohne vorherige Zulassung derselben Berufung ein und kann diese nicht in einen Antrag auf Zulassung der Berufung umgedeutet werden, wird das Urteil des VG mit Ablauf der Antragsfrist des § 124a Abs 4 S 1 VwGO rechtskräftig (OVG Greifswald NVwZ 1997, 201, 202).

Der Antrag muss das angefochtene Urteil bezeichnen (§ 124a Abs 4 S 3 VwGO). Hierzu **56** sind grundsätzlich das **Gericht**, gegen dessen Urteil die Zulassung der Berufung beantragt werden soll, das **Datum** und **Aktenzeichen** der Entscheidung sowie die **Beteiligten** anzugeben (vgl Rn 27). Unvollständige oder unrichtige Angaben sind unschädlich, wenn gleichwohl eindeutig festgestellt werden kann, gegen welches Urteil Berufungszulassung beantragt wird (vgl BGH NJW 2006, 1003), etwa wenn in der Antragsschrift auf eine beigefügte Kopie des angefochtenen Urteils verwiesen wird (BVerfG NJW 1991, 3140). Die Antragsschrift muss außerdem eindeutig erkennen lassen, wer **Antragsteller** und wer **An-tragsgegner** des Zulassungsverfahrens sein soll.

5. Klageänderung und Erledigung der Hauptsache während des Zulassungsverfahrens, Klagerücknahme

Eine **Klageänderung im Zulassungsverfahren** ist grundsätzlich **unzulässig**. Das Zu- **57** lassungsverfahren dient der Prüfung der Zulassungsvoraussetzungen, weshalb in ihm nicht über das Vorliegen der Voraussetzungen einer erst in der Berufungsinstanz zulässigen Kla-geänderung entschieden werden kann (VGH Mannheim NVwZ 2005, 104, 105; VGH München NJOZ 2006, 2134, 2135; OVG Münster BeckRS 2003, 23508). Eine Ausnahme ist für die **Erledigungserklärung** als einer privilegierten Klageänderung zu machen. Wird im Laufe des Zulassungsverfahrens die **Hauptsache übereinstimmend für erledigt** erklärt, ohne dass ein fortbestehendes Entscheidungsinteresse geltend gemacht und dargelegt wird, stellt das OVG das Verfahren entsprechend § 92 Abs 3 S 1 VwGO ein, spricht nach § 173 S 1 VwGO iVm § 269 Abs 3 S 1 ZPO deklaratorisch aus, dass die Entscheidung des VG wirkungslos ist und entscheidet gem § 161 VwGO über die Kosten des gesamten Verfahrens (OVG Lüneburg NVwZ-RR 2007, 826; OVG Münster NVwZ-RR 2003, 701; OVG Schleswig NVwZ 2000, 1317). Wird der im Zulassungsverfahren erklärten **Erledigung widersprochen**, wandelt sich das Zulassungsverfahren in einen **Erledigungsrechtsstreit** um, in dem das OVG nunmehr über den Antrag auf Feststellung, dass sich das Zulassungsverfahren durch ein nachträgliches Ereignis erledigt habe, zu entscheiden hat (VGH Mannheim NVwZ-RR 2007, 823; vgl BVerwG BeckRS 2006, 24508; aA Eyermann/Happ VwGO § 124a Rn 78a). Wird die Erledigung bejaht, wird dies durch Beschluss festgestellt und die Entscheidung des VG nach § 173 S 1 VwGO iVm § 269 Abs 3 S 1 ZPO deklaratorisch für unwirksam erklärt (VGH Mannheim NVwZ-RR 2007, 823). Der Antragsteller kann für den Fall, dass die Erledigung verneint wird, seinen **Berufungszulassungsantrag hilfsweise** aufrechterhalten; ein Hilfsantrag auf Feststellung der Rechtswidrigkeit kommt hingegen nicht in Betracht, da eine solche Feststellung erst im Berufungsverfahren nach einer Berufungszulassung zulässig ist (VGH Mannheim NVwZ-RR 2007, 823, 824). Wird, was möglich ist, lediglich das Verfahren auf Zulassung der Berufung für erledigt erklärt, führt dies allein zur Beendigung des Zulassungsverfahrens; die erstinstanzliche Entscheidung ist davon nicht betroffen und wird damit rechtskräftig (OVG Schleswig NVwZ 2000, 1317).

57.1   Erledigt sich die Hauptsache nach Ergehen des Urteils des VG, kann die Zulassung der Berufung auch zu dem Zweck beantragt werden, das Urteil, das keine Bedeutung mehr hat, für wirkungslos erklären zu lassen (VGH Mannheim NVwZ-RR 2010, 416). Ferner kann die Berufung beantragt werden, um im Berufungsverfahren feststellen zu lassen, dass das streitige Recht vor Erledigungseintritt bestand, bzw um einen Fortsetzungsfeststellungsantrag nach § 113 Abs 1 S 4 VwGO zu stellen (OVG Lüneburg NVwZ-RR 2004, 912; NVwZ-RR 2007, 67; Kopp/Schenke VwGO § 124a Rn 51; vgl BVerwG NVwZ-RR 1996, 122). Hierzu muss jedoch über die Darlegung der Zulassungsgründe hinaus (Rn 62) bereits im Berufungszulassungsverfahren ein berechtigtes Interesse dargelegt werden (OVG Lüneburg NVwZ-RR 2004, 912; NVwZ-RR 2007, 67; VGH Mannheim NVwZ-RR 2007, 823; VGH München BeckRS 2011, 56928), und zwar grundsätzlich innerhalb der Begründungsfrist in der Zulassungsbegründung (VGH Mannheim NVwZ-RR 1998, 371; VGH München BeckRS 2011, 56928; vgl BVerwG NVwZ-RR 1996, 122). Tritt die Erledigung kurz vor Fristablauf ein, ist ggf Wiedereinsetzung zu gewähren (B/F-K/S/vA/Bader VwGO § 124a Rn 89). Tritt die Erledigung erst nach Ablauf der Begründungsfrist ein, kann das OVG dem Antragsteller eine Frist zur Darlegung des berechtigten Interesses setzen (OVG Lüneburg NVwZ-RR 2004, 912). Wird das Feststellungsinteresse nicht dargelegt oder besteht es nicht, ist der Zulassungsantrag als unzulässig bzw unbegründet abzulehnen.

58   Gleiches gilt für die während des Zulassungsverfahrens erklärte **Klagerücknahme**. Die nach § 92 Abs 1 S 1 VwGO bis zur Rechtskraft des Urteils und also auch während des Zulassungsverfahrens – mit Zustimmung des Beklagten (§ 92 Abs 1 S 2 VwGO) mögliche Klagerücknahme (Eyermann/Happ VwGO § 124a Rn 79) führt zur Einstellung des Verfahrens; das OVG spricht deklaratorisch aus, dass die Entscheidung des VG wirkungslos ist (VGH München Beschl v 9.12.1998 – 19 ZB 98.30361). Auch eine **fiktive Klagerücknahme** kommt unter den Voraussetzungen des § 92 Abs 2 VwGO im Zulassungsverfahren in Betracht (VGH Kassel BeckRS 2005, 26731; VGH München Beschl v 10.10.2003 – 26 AA 94.31171).

II. Begründung des Zulassungsantrags

1. Vertretungszwang, Schriftform, Adressat

59   Die Begründung des Zulassungsantrags unterliegt dem **Vertretungszwang** (§ 67 Abs 4 S 1 VwGO). Sie hat **schriftlich** zu erfolgen. Die Begründung des Zulassungsantrags ist, soweit sie nicht bereits „mit dem Antrag vorgelegt" worden ist, dh in dem Antragsschriftsatz enthalten war (Rn 30.1), zwingend **bei dem OVG** einzureichen (§ 124a Abs 4 S 5 VwGO).

Einreichung der Begründungsschrift bei dem VG wahrt die Frist nicht. Zur Weiterleitungsverpflichtung oben Rn 22.

2. Frist zur Begründung des Zulassungsantrags

Der Antrag auf Zulassung der Berufung ist innerhalb von **zwei Monaten** nach Zustellung 60 des vollständigen (Rn 25) Urteils zu begründen (§ 124a Abs 4 S 4 VwGO). War bereits in dem binnen Monatsfrist einzureichenden Zulassungsantrag eine Begründung enthalten, kann diese innerhalb der Zweimonatsfrist des § 124 Abs 4 S 4 VwGO ergänzt werden. Die Frist zur Begründung der Zulassungsantrags kann **nicht verlängert** werden.

Hat ein Rechtsmittelführer ordnungsgemäß **Prozesskostenhilfe beantragt** und deshalb 61 die Begründungsfrist versäumt, so ist ihm nach Gewährung der Prozesskostenhilfe bzw nach der Verweigerung derselben **Wiedereinsetzung** nach § 60 Abs 1 VwGO zu gewähren. Die Wiedereinsetzung in die versäumte Zulassungsbegründungsfrist ist binnen eines Monats zu beantragen (§ 60 Abs 2 Hs 2 VwGO). Nach § 60 Abs 2 S 3 VwGO ist innerhalb der nicht verlängerbaren Monatsfrist auch die Zulassungsbegründung als die versäumte Rechtshandlung einzureichen (Kopp/Schenke VwGO § 124a Rn 48; vgl Rn 34). Hierdurch verkürzt sich die sonst nach § 124a Abs 4 S 4 VwGO vorgesehene zweimonatige Begründungsfrist auf einen Monat (zu den diesbezüglichen Bedenken Rn 34.1).

3. Darlegung der Zulassungsgründe

Nach § 124a Abs 4 S 4 VwGO sind die Gründe darzulegen, aus denen die Berufung 62 zuzulassen ist. Ist die angefochtene Entscheidung auf **mehrere rechtlich selbständig tragende Gründe** gestützt (§ 124 VwGO Rn 10), muss in Bezug auf **jeden dieser Gründe** ein Zulassungsgrund dargelegt werden (VGH Kassel NVwZ 2001, 1178; OVG Lüneburg BeckRS 2012, 45747).

Die dem Revisionsrecht nachgebildete Darlegungspflicht als selbständiges Zulässigkeits- 63 erfordernis dient der **Entlastung** der Gerichte durch eine **Beschränkung des Prüfungsprogramms** im Zulassungsverfahren (VGH München NVwZ-RR 2013, 438, 440) und soll den Antragsteller zu einer sorgfältigen Prüfung anhalten, ob das Rechtsmittel sinnvoll ist (VGH München BeckRS 2008, 32848). Die Darlegung der Zulassungsgründe bestimmt den **Prüfungsumfang** des OVG bei der Entscheidung über den Zulassungsantrag (OVG Lüneburg BeckRS 2004, 27334; VGH Mannheim BeckRS 2008, 38173). Das OVG hat bei der Entscheidung über den Zulassungsantrag grundsätzlich nur die **fristgerecht geltend gemachten Zulassungsgründe** und die zu ihrer Begründung genannten Gesichtspunkte zu berücksichtigen (BVerwG NVwZ 2003, 490, 491; BayVerfGH BayVBl 2006, 430; OVG Münster NVwZ 1997, 1224; VGH München BeckRS 2012, 48390). Das OVG muss die Entscheidung über den geltend gemachten Zulassungsgrund anhand der Antragsbegründung und der angegriffenen Entscheidung treffen können, ohne darüber hinaus den gesamten bisherigen Prozessstoff aufarbeiten zu müssen (OVG Münster NVwZ 1999, 202, 204). Da es für die Zulassungsentscheidung des OVG prozessual grundsätzlich auf den Zeitpunkt seiner Entscheidung und materiell nach der in diesem Zeitpunkt **nach materiellem Recht maßgeblichen Sach- und Rechtslage** ankommt (OVG Münster NVwZ-RR 2011, 623), sind innerhalb der Begründungsfrist alle relevanten tatsächlichen und rechtlichen Gesichtspunkte darzulegen, die zur Berufungszulassung führen können, auch wenn diese erst nach der Entscheidung des VG entstanden oder bekanntgeworden sind.

An die Darlegung sind **nicht geringe Anforderungen** zu stellen (OVG Lüneburg 64 BeckRS 2004, 27334). Dem in § 124a Abs 4 S 4 VwGO statuierten Darlegungserfordernis ist nur dann Genüge getan, wenn der Antragsteller **eindeutig** einen oder mehrere der in § 124 Abs 2 VwGO aufgeführten **Zulassungsgründe geltend macht** sowie **fallbezogen und aus sich heraus verständlich** in rechtlicher und tatsächlicher Hinsicht **näher erläutert**, aus welchen Gründen jeweils **welcher der geltend gemachten Zulassungsgründe** für gegeben erachtet wird (VGH Kassel NVwZ 1998, 755; OVG Lüneburg NVwZ-RR 2009, 360; OVG Magdeburg NVwZ-RR 2009, 136; OVG Münster NVwZ 1997, 1224). Der Antragsteller muss herausarbeiten, aus welchen Gründen die von ihm angeführten Zulassungsgründe erfüllt sein sollen (OVG Berlin-Brandenburg NVwZ 2011, 1533). Ob die

Annahmen des Antragstellers zutreffen, ist eine Frage der Begründetheit des Zulassungsantrags (OVG Münster NVwZ 1997, 1224). Das bloße Benennen oder Geltendmachen eines
Zulassungsgrundes genügt dem Darlegungserfordernis nicht (OVG Greifswald NVwZ-RR
2003, 695).

65   Welche Anforderungen an die Darlegung im Einzelnen erfüllt sein müssen, hängt von
dem jeweiligen Zulassungsgrund ab (OVG Münster NVwZ 1997, 1224). Je offener ein
Zulassungsgrund auf der Hand liegt, desto geringere Anforderungen sind an seine Darlegung
zu stellen (Kopp/Schenke VwGO § 124a Rn 49). Soweit die Erheblichkeit einzelner vorgetragener Gesichtspunkte **evident** ist, kann weiterer Vortrag zu ihrer Darlegung nicht
gefordert werden (BVerfG NVwZ 2001, 552, 553; Kopp/Schenke VwGO § 124a Rn 49;
Sodan/Ziekow/Seibert VwGO § 124a Rn 203).

66   Die Anforderungen an die Darlegung der Zulassungsgründe dürfen schon mit Rücksicht
auf die Fristgebundenheit bei fehlender Verlängerungsmöglichkeit im Interesse effektiven
Rechtsschutzes **nicht überspannt** werden (BVerfG NVwZ 2009, 515, 516; NJW 2010,
1062, 1063; NVwZ 2011, 546, 547) und über ein **Mindestmaß an Substantiierung** nicht
hinausgehen (BVerfG NVwZ 2001, 552, 553). Unzulässig sind jedenfalls Anforderungen, die
von einem **durchschnittlichen**, nicht auf das gerade einschlägige Rechtsgebiet spezialisierten Rechtsanwalt mit **zumutbarem** Aufwand nicht mehr erfüllt werden können (BVerfG
NVwZ 2000, 1163, 1164; NJW 2009, 3642; NVwZ 2010, 634, 640; NVwZ-RR 2011,
963, 964; Rudisile NVwZ 2012, 1425, 1430). Dies gilt nicht nur hinsichtlich der Anforderungen an die Darlegung der Zulassungsgründe, sondern entsprechend ebenso für die
Auslegung und Anwendung der Zulassungsgründe selbst (BVerfG NJW 2009, 3642; NVwZ
2010, 634, 640; NVwZ 2010, 1482, 1483; NVwZ-RR 2011, 963, 964). Der Begründungs-
zwang soll den Aufwand des OVG für die Bearbeitung des Zulassungsantrags reduzieren (BT-
Drucks 13/3993, 13), nicht aber zu einer Ablehnung der Zulassung aufgrund bloßer
Formalismen führen, obwohl die Feststellung, ob der Zulassungsgrund vorliegt, nach dem
Vortrag des Antragstellers ohne weiteres möglich ist (BVerfG NVwZ 2005, 1176, 1177).
Außerdem soll das Zulassungsverfahren gerade **nicht das Berufungsverfahren vorweg-
nehmen** (BVerfG NVwZ 2000, 1163, 1164; 2009, 515, 516; 2010, 634, 641).

67   Will sich der Antragsteller auf **mehrere** in Betracht kommende **Zulassungsgründe**
stützen, muss er diese **je einzeln** in der gebotenen Weise darlegen. Es bedarf einer **Zuordnung** des tatsächlichen und rechtlichen Vorbringens **zu den einzelnen geltend gemachten Zulassungsgründen**; es ist nicht Aufgabe des OVG, aus dem gesamten Vortrag die den
einzelnen Zulassungsgründen zuzuordnenden Gesichtspunkte herauszusuchen (VGH Kassel
NVwZ 1998, 1096; NVwZ 2001, 1178; OVG Magdeburg NVwZ-RR 2009, 136). Eine
bloße Bezugnahme auf die zu einem anderen Zulassungsgrund und damit in einem anderen
Zusammenhang gemachten Ausführungen reicht nicht aus (OVG Lüneburg BeckRS 2004,
27334).

68   Die Darlegung des Zulassungsgrundes erfordert zunächst, den jeweiligen **Zulassungsgrund zu benennen**, entweder durch Anführung der einschlägigen Vorschrift aus § 124
Abs 2 VwGO oder durch eine vergleichbar unmissverständliche Bezeichnung des Zulassungsgrundes (OVG Hamburg NordÖR 1998, 305; OVG Lüneburg NVwZ-RR 2009, 360;
OVG Magdeburg NVwZ-RR 2009, 136; VGH München BeckRS 2008, 32848). Für die
Darlegung eines oder mehrerer Berufungszulassungsgründe ist es allerdings **nicht erforder-
lich**, dass der Antragsteller **ausdrücklich** einen der in § 124 Abs 2 normierten Zulassungs-
gründe benennt oder die dort angeführten Tatbestandsvoraussetzungen wiedergibt (BVerfG
NVwZ 2011, 346, 348; BeckRS 2010, 53157; Gaier NVwZ 2011, 385, 389). Fehlt die
ausdrückliche Benennung eines Zulassungsgrundes, so ist das unschädlich, wenn in dem
Zulassungsantrag der Sache nach **hinreichend klar** zum Ausdruck kommt, **auf welchen
Zulassungsgrund** der Antrag gestützt werden soll und sich das Vorbringen diesem Zulassungsgrund eindeutig zuordnen lässt (VGH Kassel NVwZ 1998, 649; NVwZ 2001, 1178;
OVG Münster NVwZ 1999, 202, 204). Es ist zwar nicht Aufgabe des OVG, aus einer Reihe
von ohne Bezug zu einem bestimmten Zulassungsgrund vorgebrachten Einwendungen
gegen die angefochtene Entscheidung selbst die relevanten Erwägungen herauszuarbeiten
und einzelnen Zulassungsgründen zuzuordnen (OVG Magdeburg NVwZ-RR 2009, 136).
Jedoch muss aufgrund des verfassungsrechtlichen Verbots, den Rechtsweg in unzumutbarer
Weise zu erschweren, bei der Prüfung der Zulassungsgründe der **Vortrag des jeweiligen**

Antragstellers angemessen gewürdigt werden; bei **berufungswürdigen Sachen** darf der Zugang zur Berufungsinstanz nicht nur deswegen versagt werden, weil er sich nicht auf den nach Auffassung des Gerichts zutreffenden Zulassungsgrund bezogen hat (BVerfG NJW 2009, 3642, 3643). Entscheidend ist, dass der Antragsteller bei der vom OVG von Amts wegen vorzunehmenden sachgerechten und **angemessenen Würdigung und Auslegung seines Vorbringens der Sache nach** einen oder mehrere Zulassungsgründe geltend macht und sich ermitteln lässt, welches Vorbringen welchen Zulassungsgründen zuzuordnen ist (BVerfG NVwZ 2011, 346, 348; BeckRS 2010, 53157). Ist dies möglich, dann ist es sogar unschädlich, wenn der Antragsteller sein Vorbringen unter dem falschen Berufungszulassungsgrund erörtert oder Gesichtspunkte, die bei unterschiedlichen Zulassungsgründen relevant sein können, miteinander vermengt (BVerfG NVwZ 2011, 346, 348; BeckRS 2010, 53157).

Die Zulassungsbegründung muss sich mit dem angefochtenen Urteil **konkret** und fall- **69** bezogen **auseinandersetzen**. Eine bloße Wiederholung des erstinstanzlichen Vorbringens oder eine Bezugnahme hierauf kann keine Auseinandersetzung mit dem Urteil darstellen und genügt daher nicht (OVG Lüneburg BeckRS 2004, 27334; NVwZ-RR 2009, 360; VGH Mannheim NVwZ-RR 2002, 472; BeckRS 2009, 31384). Der bloße Hinweis auf das abweichende Urteil eines anderen Gerichts, ohne auch nur ansatzweise auszuführen, aus welchem Grund es überzeugender sein soll als das angefochtene, genügt nicht (BVerfG NVwZ 2000, 1163, 1164; VGH Mannheim NVwZ 1999, 429, 430). Desgleichen ist der Verweis auf eine andere Entscheidung ungeeignet, wenn sich diese gar nicht mit den die angefochtene Entscheidung tragenden Gründen auseinandersetzt, sondern aus anderen Gründen zu dem abweichenden Ergebnis kommt (OVG Greifswald NVwZ-RR 2000, 549, 550).

Der Zulassungsantrag muss **aus sich heraus verständlich** sein. Deshalb genügen bloße **70** Bezugnahmen auf früheres Vorbringen oder den Vortrag in einem Parallelverfahren nicht (OVG Lüneburg BeckRS 2004, 27334). Der Antragsteller kann jedoch zur Vermeidung unnötiger Schreibarbeit seiner Begründungsschrift Kopien solcher Schriftsätze beifügen und darauf dann in seiner Begründung durch konkrete Verweise (Angabe genauer Seitenzahlen oder Gliederungspunkte) Bezug nehmen, vorausgesetzt, die in Bezug genommenen Ausführungen genügen ihrerseits in Verbindung mit dem Begründungsschriftsatz dem Darlegungserfordernis. Eine Bezugnahme setzt voraus, dass diese erkennbar das Ergebnis einer Prüfung, Sichtung, rechtlichen Durchdringung und Würdigung des Streitstoffes ist (OVG Lüneburg NVwZ-RR 2002, 468; vgl Rn 28). Wird der Zulassungsantrag, was zulässig ist (§ 124 VwGO Rn 27), auf **neue Tatsachen** gestützt, sind diese hinreichend zu **substantiieren**. Der Forderung, solche Tatsachen müssten glaubhaft gemacht werden (VGH Mannheim NVwZ 1998, 414, 415; Sodan/Ziekow/Seibert § 124 VwGO Rn 91), ist nicht beizupflichten, da der Untersuchungsgrundsatz (§ 86 Abs 1 VwGO) auch für das Zulassungsverfahren gilt.

Ohne substantiierte Darlegung wenigstens eines Zulassungsgrundes ist der Zulassungs- **71** antrag **unzulässig** (BVerwG NVwZ-RR 2000, 260; OVG Bautzen NVwZ-RR 1998, 693). Eine „Ergänzung" nach Ablauf der Begründungsfrist ist dann nicht mehr möglich, weil eine solche Ergänzung das Vorliegen fristgerechter Ausführungen mit ergänzungsfähigem Inhalt voraussetzt (OVG Greifswald NVwZ-RR 2003, 695; OVG Lüneburg NVwZ-RR 2009, 360; VGH München NVwZ-RR 2013, 438, 440). Desgleichen können nach Ablauf der Darlegungsfrist keine neuen, bislang nicht ordnungsgemäß dargelegten Zulassungsgründe geltend gemacht werden (VGH München NVwZ-RR 2013, 438, 440). Ist der Zulassungsantrag hingegen ordnungsgemäß und ausreichend begründet worden, können die rechtlichen und tatsächlichen Argumente später **ergänzt und vertieft** werden (VGH München NVwZ-RR 2013, 438, 440). Wird der Zulassungsantrag ohne unzulässige Überspannung der Darlegungsanforderungen wegen **mangelnder Darlegung der Zulassungsgründe** abgelehnt, so ist eine gegen die Nichtzulassung gerichtete **Verfassungsbeschwerde** wegen Verstoßes gegen den Grundsatz materieller Subsidiarität **unzulässig** (BVerfG NVwZ-RR 2008, 643). Dass ein ordnungsgemäß begründeter Zulassungsantrag letztlich nicht zu einer Berufungszulassung geführt hat, weil Zulassungsgründe nicht vorlagen, steht hingegen der Zulässigkeit der Verfassungsbeschwerde nicht entgegen (BVerfG NVwZ-RR 2008, 643).

III. Darlegung und Umdeutung der einzelnen Zulassungsgründe

1. Darlegung ernstlicher Zweifel

72   An die Darlegung der ernstlichen Zweifel (§ 124 VwGO Rn 23) werden unabhängig von dem materiellen Zweifelsmaßstab (§ 124 VwGO Rn 32) in formeller Hinsicht **hohe Anforderungen** gestellt. Die Darlegungsanforderungen im Einzelfall richten sich nach den Umständen des jeweiligen Verfahrens und hängen insbes von Umfang und Begründungstiefe der Begründung der verwaltungsgerichtlichen Entscheidung ab (OVG Lüneburg BeckRS 2004, 27334; VGH Mannheim BeckRS 2007, 24124). Je sorgfältiger das Urteil in tatsächlicher und rechtlicher Hinsicht begründet ist, desto höher werden regelmäßig die Anforderungen an die Darlegung ernstlicher Zweifel sein.

73   Die von § 124a Abs 4 S 4 VwGO geforderte Darlegung des Zulassungsgrundes der ernstlichen Zweifel darf sich nicht darauf beschränken, die Richtigkeit des Urteils des VG allgemein anzuzweifeln. Es genügt auch nicht die bloße Wiederholung des erstinstanzlichen Vorbringens (OVG Bautzen NVwZ-RR 1998, 693), desgleichen nicht das Ziel, eine vor dem VG erfolgte Beweisaufnahme in zweiter Instanz wiederholen zu lassen (OVG Greifswald NVwZ-RR 2009, 544). Vielmehr muss sich die Zulassungsbegründung **konkret fallbezogen** und hinreichend **substantiiert** mit den Gründen der angefochtenen Entscheidung **auseinandersetzen** (VGH Mannheim NVwZ 1998, 305, 306) und dartun, **dass und weshalb** das VG entscheidungstragende Rechts- und Tatsachenfragen unrichtig entschieden hat (OVG Lüneburg BeckRS 2004, 27334; OVG Münster NVwZ 1997, 1224; NVwZ 1999, 202, 205). Beziehen sich die ernstlichen Zweifel auf das Ergebnis einer Beweisaufnahme, muss dargelegt werden, weshalb das VG die Beweisergebnisse unzutreffend gewürdigt haben soll. Wird die Wiederholung einer Beweisaufnahme (zB Zeugenaussage) angestrebt, sind konkrete Anhaltspunkte aufzuzeigen, weshalb diese in zweiter Instanz zu einem anderen Ergebnis führen soll (OVG Greifswald NVwZ-RR 2009, 544). Ob an der Richtigkeit des Urteils des VG ernstliche Zweifel bestehen, wird allein anhand der Ausführungen in der angefochtenen Entscheidung sowie der vom Rechtsmittelführer zur Darlegung des geltend gemachten Zulassungsgrundes vorgetragenen Gesichtspunkte beurteilt; vom Rechtsmittelführer nicht genannte Umstände können nur dann berücksichtigt werden, wenn die **Unrichtigkeit des angefochtenen Urteils offensichtlich** ist (OVG Münster NVwZ 2000, 86; VGH Mannheim NVwZ-RR 2012, 948, 949; Kopp/Schenke VwGO § 124a Rn 50; Sodan/Ziekow/Seibert VwGO § 124a Rn 204). Eine nähere Auseinandersetzung mit einer aus sich heraus nicht nachvollziehbaren Begründung des VG kann allerdings nicht gefordert werden (BVerfGE 110, 77, 84 = NJW 2004, 2510).

74   Der Rechtsmittelführer muss nicht von sich aus darlegen, dass das angefochtene Urteil nicht **aus anderen Gründen im Ergebnis richtig** ist (BVerfG NVwZ 2006, 683, 684; NVwZ-RR 2011, 460, 461; BVerwG NVwZ-RR 2004, 542, 543). Zwar muss die Darlegung der ernstlichen Zweifel gegen die Richtigkeit des Ergebnisses gerichtet sein. Angriffe sind jedoch nur gegen die konkreten entscheidungstragenden Gründe des angefochtenen Urteils erforderlich. Das OVG muss dem Rechtsmittelführer deshalb **rechtliches Gehör** gewähren, wenn es den Zulassungsantrag ablehnen will, weil sich das angefochtene Urteil aus anderen, im erstinstanzlichen Urteil nicht berücksichtigten Gründen als richtig darstelle (BVerfG NVwZ 2006, 683, 684; NVwZ 2007, 688, 689; NVwZ-RR 2011, 460, 461; BVerwG NVwZ-RR 2004, 542, 543; aA VerfGH Sachsen NVwZ-RR 2002, 150). Deshalb ist schon im Interesse einer zügigen Durchführung des Zulassungsverfahrens allenfalls zurückhaltend von der Möglichkeit Gebrauch zu machen, das Urteil mit anderer Begründung halten zu wollen (Kopp/Schenke VwGO § 124 Rn 7a). Abgesehen hiervon kommt als das angefochtene Urteil im Ergebnis alternativ tragende Begründung zudem nur eine solche in Betracht, die **ohne Weiteres auf der Hand liegt**. Es widerspricht nämlich dem Sinn und Zweck des Zulassungsverfahrens und stellt deshalb eine unzumutbare und im Hinblick auf Art 19 Abs 4 GG nicht zu rechtfertigende Einschränkung des Zugangs zum Berufungsverfahren dar, wenn man das OVG bei seiner Zulassungsentscheidung das verwaltungsgerichtliche Urteil mit Erwägungen aufrechterhält, die nicht ohne Weiteres auf der Hand liegen und deren Heranziehung deshalb über den mit Blick auf den eingeschränkten Zweck des Zulassungsverfahrens zu leistenden Prüfungsumfang hinausgeht (BVerfG BeckRS 2011, 49213; Gaier NVwZ 2011, 385, 389).

2. Darlegung der besonderen Schwierigkeiten

Zur Darlegung der besonderen Schwierigkeiten der Rechtssache (§ 124 VwGO **75** Rn 42) sind die entscheidungserheblichen tatsächlichen oder rechtlichen Fragen **in fallbezogener Auseinandersetzung** mit der Entscheidung des VG **konkret zu benennen,** die diese Schwierigkeiten aufwerfen, und es ist anzugeben, dass und **aus welchen Gründen** die Beantwortung dieser Fragen besondere Schwierigkeiten bereitet (OVG Lüneburg NJW 2011, 3673, 3674; OVG Münster NVwZ 1998, 306, 307). Es ist eine Begründung dafür zu geben, weshalb die Rechtssache an den entscheidenden Richter (wesentlich) höhere Anforderungen stellt als im Normalfall (OVG Lüneburg NJW 2011, 3673, 3674; S/S/B/Meyer-Ladewig/Rudisile VwGO § 124a Rn 101). Die besonderen Schwierigkeiten müssen in fallbezogener Auseinandersetzung mit den Gründen des angefochtenen Urteils und bezogen auf den Zulassungsgrund des § 124 Abs 2 Nr 2 VwGO dargelegt werden (OVG Lüneburg BeckRS 2004, 27334; VGH Mannheim BeckRS 2009, 32245).

Ergibt sich die besondere Schwierigkeit der Sache schon aus dem **Begründungsaufwand** des **75.1** erstinstanzlichen Urteils, dann genügt der Antragsteller seiner Darlegungslast regelmäßig mit erläuternden Hinweisen auf die einschlägigen Passagen des Urteils (BVerfG NVwZ 2000, 1163, 1164). Ein knapp begründetes Urteil muss aber nicht auf das Fehlen besonderer Schwierigkeiten hindeuten, wenn seine Kürze vor allem auf die Ausklammerung der schwierigen Fragen zurückzuführen ist (S/S/B/Meyer-Ladewig/Rudisile VwGO § 124a Rn 101).

Die bloße Rüge vermeintlicher von dem VG **begangener Fehler** ist zur Darlegung besonderer **75.2** Schwierigkeiten **ungeeignet,** da solche auch in Sachen mit normalem Schwierigkeitsgrad unterlaufen können (OVG Hamburg NVwZ-RR 2000, 190; aA OVG Münster NVwZ 1999, 202, 205). Auch genügt zur Darlegung der besonderen Schwierigkeiten nicht der bloße Hinweis, die besonderen Schwierigkeiten ergäben sich bereits aus den zum Vorliegen ernstlicher Zweifel getätigten Ausführungen (OVG Lüneburg BeckRS 2004, 27334). Das schließt jedoch nicht aus, die gerügten Fehler als Ausweis für die besondere Schwierigkeit der Rechtssache heranzuziehen. Soweit die Schwierigkeiten des Falles darin erblickt werden, dass das VG auf bestimmte tatsächliche Aspekte nicht eingegangen ist oder notwendige Rechtsfragen nicht oder unzutreffend beantwortet hat, sind diese Gesichtspunkte in nachvollziehbarer Weise darzustellen und ihr Schwierigkeitsgrad plausibel zu machen (BVerfG NVwZ 2000, 1163, 1164).

3. Darlegung der grundsätzlichen Bedeutung

Zur Darlegung der grundsätzlichen Bedeutung (§ 124 VwGO Rn 52) ist eine bestimmte **76** ungeklärte und entscheidungserhebliche Frage **zu formulieren,** dh eine bestimmte, ober- oder höchstrichterlich noch ungeklärte Rechts- oder Tatsachenfrage, ferner die **Entscheidungserheblichkeit** der betreffenden Frage im Berufungsverfahren aufzuzeigen sowie anzugeben, worin die **allgemeine,** über den Einzelfall hinausgehende **Bedeutung** bestehen soll (VGH Kassel NVwZ 2010, 1254, 1255; OVG Lüneburg NJW 2006, 3018, 3019; NJW 2007, 3657, 3659; VGH Mannheim NVwZ 1998, 305, 306; VGH München BeckRS 2012, 45759; vgl BVerwG BeckRS 2006, 20912). Es ist in Auseinandersetzung mit der Rspr und Literatur darzulegen, in welchem Sinne und aus welchen Gründen die Beantwortung der Frage zweifelhaft und streitig ist (BFH NVwZ-RR 2007, 287), dass das angefochtene Urteil auf der falschen Beantwortung der Frage beruht (BAG NJW 2011, 2155) und warum es folglich erforderlich ist, dass sich das OVG klärend mit der aufgeworfenen Frage auseinandersetze (VGH Mannheim NJW 2012, 2744, 2747). Die geltend gemachte Unrichtigkeit der angefochtenen Entscheidung begründet als solche keine grundsätzliche Bedeutung (BVerwG BeckRS 2006, 22189; NVwZ 2012, 376, 378).

Die Frage ist regelmäßig so zu formulieren, dass sie mit „Ja" oder „Nein" beantwortet werden **76.1** kann. Nicht ausgeschlossen sind allerdings Fragen, die je nach den formulierten Voraussetzungen mehrere unterschiedliche Antworten zulassen. Unzulässig ist jedoch eine Fragestellung, deren Beantwortung von den Umständen des Einzelfalles abhängt und damit auf die Antwort „kann sein" hinausläuft (BAG NJW 2007, 1165; NJW 2010, 1222).

76a   Wird als grundsätzlich bedeutsam die Frage der **Verfassungswidrigkeit einer Rechts-norm** geltend gemacht, ist darzulegen, warum die Rechtsnorm verfassungswidrig sein soll (BAG BeckRS 2007, 41225).

76b   Wird die grundsätzliche Bedeutung mit der Notwendigkeit einer **Vorlage an den EuGH** begründet (§ 124 VwGO Rn 57), ist darzulegen, dass voraussichtlich eine Vorabentscheidung des EuGH einzuholen sein wird (BVerfG NJW 2012, 598, 599; BVerwG NVwZ 2008, 1115, 1116) und welche Frage der Auslegung des Unionsrechts dem EuGH vorgelegt werden soll (VGH München BeckRS 2007, 21252). Wird die Notwendigkeit einer Vorlage an den EuGH mit einer Abweichung von dessen Rechtsprechung begründet, ist darzulegen, welchen von der Rechtsprechung des EuGH abweichenden Rechtssatz das Gericht aufgestellt hat (BVerwG NVwZ 2008, 1115, 1116). Die Nichtzulassung der Berufung kann nur dann wegen Verletzung des Rechts auf den gesetzlichen Richter durch Nichtvorlage an den EuGH mit der Verfassungsbeschwerde angegriffen werden, wenn die Möglichkeit des Bestehens einer Vorlagepflicht nach Art 267 Abs 3 AEUV (= ex-Art 234 Abs 3 EGV) hinreichend substantiiert dargelegt wurde (BVerfG NVwZ-RR 2008, 611, 612).

77   Zur Darlegung der grundsätzlichen Bedeutung einer Rechtsfrage bei **ausgelaufenem** oder **auslaufendem Recht** (§ 124 VwGO Rn 61) gehört die substantiierte Darlegung, daß die Entscheidung noch für einen nicht überschaubaren Personenkreis in nicht absehbarer Zukunft von Bedeutung ist (BVerwG NVwZ-RR 1996, 712; BeckRS 2005, 26591).

77.1   Soll die grundsätzliche Bedeutung mit der Abweichung von einer anderen Entscheidung begründet werden (§ 124 VwGO Rn 66), ist die genaue Bezeichnung der Entscheidung, von der das Urteil abweicht, erforderlich, und zwar grundsätzlich durch genaue Benennung der abweichenden Entscheidung nach Gericht, Datum und Aktenzeichen oder Fundstelle, weil dies zur zweifelsfreien Identifizierung der in Betracht kommenden Entscheidung erforderlich ist und ihre zeitliche Einordnung ermöglicht (OVG Weimar NVwZ 1998, 194). Etwas anderes kann ausnahmsweise dann gelten, wenn sich die Angaben auf andere Weise eindeutig erschließen lassen, beispielsweise durch eine anliegende Kopie oder durch andere hinreichend deutliche Angaben in den Gerichtsakten (OVG Weimar NVwZ 1998, 194).

77.2   Will das OVG den Zulassungsantrag mit der Begründung ablehnen, dass sich die vom Antragsteller in Anknüpfung an die tragenden Gründe der verwaltungsgerichtlichen Entscheidung aufgeworfene Grundsatzfrage aus anderen als den vom VG herangezogenen Gründen im Berufungsverfahren nicht stelle, muss es vorab rechtliches Gehör gewähren (BVerfG NVwZ 2006, 683, 684).

4. Darlegung einer Divergenz

78   Für die ordnungsgemäße Darlegung einer Divergenz (§ 124 VwGO Rn 64) muss die **Entscheidung genau bezeichnet** werden, von der das Urteil abweicht (vgl § 133 Abs 3 S 3 VwGO), und zwar grundsätzlich durch Angabe des Gerichts, ferner des Datums und des Aktenzeichens oder der Fundstelle der betreffenden Entscheidung (Kopp/Schenke VwGO § 124a Rn 55). Des weiteren muss sowohl der der ober- oder höchstrichterlichen Entscheidung zugrunde liegende **abstrakte Rechtssatz** als auch der vom VG in der angefochtenen Entscheidung aufgestellte abstrakte Rechtssatz aufgezeigt werden, der hierzu im Widerspruch steht und die verwaltungsgerichtliche Entscheidung trägt (BVerwG NVwZ-RR 2000, 260; VGH Kassel NVwZ 1998, 755; VGH München BeckRS 2012, 45759; OVG Schleswig NVwZ 1999, 1354, 1356). Es bedarf eines **Obersatzvergleichs** (BGH NJW 2011, 2443) durch **Gegenüberstellung** der voneinander abweichenden Rechtssätze (BVerwG NVwZ-RR 1996, 712, 713; NVwZ 2008, 905, 906; NVwZ 2012, 376, 379; OVG Münster NVwZ 2000, 1430, 1431), desgleichen einer Darlegung, worin in Anwendung **derselben Rechtsvorschrift** der **Widerspruch** zwischen beiden zu sehen ist (OVG Münster NVwZ 2000, 1430, 1431). Soll die Aufstellung divergierender Rechtssätze bei der Anwendung inhaltsgleicher Vorschriften verschiedener Gesetze geltend gemacht werden (§ 124 VwGO Rn 69), ist darüber hinaus darzulegen, dass und weshalb die betreffenden Vorschriften **inhaltsgleich** sind.

78.1   Die in den Entscheidungen enthaltenen entscheidungserheblichen abstrakten Rechtssätze müssen so bezeichnet werden, dass sie ohne langes Suchen auffindbar sind (OVG Schleswig NVwZ 1999, 1354, 1356). Sind die betreffenden Rechtssätze in der Entscheidung nicht ausdrücklich ausgesprochen, müssen sie entsprechend herausgearbeitet werden (OVG Schleswig NVwZ 1999, 1354, 1356). Wird geltend gemacht, dass scheinbar nur fallbezogenen Ausführungen in Wirklichkeit ein abstrakter fallübergreifender Rechtssatz zugrunde liegt, so ist dies konkret zu begründen (BAG NJW 2007, 1164). Hierzu sind die Gesichtspunkte und Schlüsse darzulegen, aus denen sich ergibt, dass das Gericht bei seinen fallbezogenen Ausführungen von dem betreffenden Rechtssatz ausgegangen sein muss (BAG NJW 2013, 413, 414).

Die bloße Geltendmachung einer **unterbliebenen oder fehlerhaften Anwendung** ober- bzw **78.2** höchstrichterlich aufgestellter Rechtssätze genügt **nicht** (BVerwG NVwZ 2001, 918; NVwZ 2008, 905, 906; VGH Kassel NVwZ 1998, 755), ebenso wenig die Behauptung, das VG habe sich mit der obergerichtlichen Rspr nicht hinreichend befasst oder auseinandergesetzt (vgl BVerwG NVwZ-RR 2003, 901, 902). Aus der fehlerhaften Anwendung eines ober- oder höchstrichterlichen Rechtssatzes in einem Einzelfall kann nicht darauf geschlossen werden, das Gericht habe einen abweichenden Rechtssatz aufgestellt (BAG NJW 2007, 1164, 1165). Lässt die Entscheidung jedoch erkennen, dass dem VG nicht lediglich ein Fehler bei der Subsumtion unter den ober- oder höchstrichterlich aufgestellten Rechtssatz unterlaufen ist, sondern es diesem Rechtssatz zwar folgen wollte, ihn aber **grundlegend missverstanden** und deshalb in Wahrheit einen **anderen Rechtssatz angewendet** hat, dann liegt der Entscheidung ein divergenzbegründender abweichender Rechtssatz zugrunde (vgl BGH NJW 2011, 2443).

Nach einer unter Rechtsschutzgesichtspunkten begrüßenswerten Ansicht soll das OVG auch **78.3** divergierende Entscheidungen berücksichtigen, die nicht dargelegt wurden, ihm jedoch gleichwohl bekannt sind (Kopp/Schenke VwGO § 124 Rn 12). Diese Auffassung hat jedoch in der Rspr bislang keine Zustimmung gefunden.

5. Darlegung eines Verfahrensmangels

Zur Darlegung eines Verfahrensmangels (§ 124 VwGO Rn 79) ist die genaue Bezeich- **79** nung der **Tatsachen**, aus denen er sich ergibt (OVG Schleswig NVwZ 1999, 1354, 1355), sowie die Darlegung des **Beruhenkönnens**, dass und weshalb er sich auf das Ergebnis der Entscheidung auswirken kann, erforderlich. Der Verfahrensmangel muss sowohl in den ihn begründenden Tatsachen als auch in seiner rechtlichen Würdigung schlüssig dargelegt werden (BVerwG BeckRS 2006, 24176). Die Behauptung eines Verfahrensmangels „auf Verdacht" genügt nicht, vielmehr muss der Antragsteller diesen durch ihm mögliche nähere Angaben konkretisieren, die Anhaltspunkte für den Verfahrensverstoß aufzeigen (VGH Mannheim NVwZ-RR 2008, 429). Versteht sich die Kausalität des Verfahrensmangels für das Entscheidungsergebnis nach dem Vortrag von selbst, darf ihre nicht ausdrückliche Formulierung nicht als Mangel der Darlegung angesehen werden (BVerfG NVwZ 2005, 1176, 1177).

Zur Darlegung der Verletzung des Anspruchs auf **rechtliches Gehör** bedarf es der substantiier- **79.1** ten Darlegung, wodurch das rechtliche Gehör verletzt ist und warum die angefochtene Entscheidung auf dem behaupteten Mangel beruhen kann. Zur Darlegung einer **Überraschungsentscheidung** etwa müssen tatsächliche oder rechtliche Ausführungen des Urteils bezeichnet werden, zu denen sich der Beteiligte wegen der Verletzung seines Anspruchs auf rechtliches Gehör nicht äußern konnte. Wird das Vorliegen einer Überraschungsentscheidung mit einer Verletzung der gerichtlichen Hinweispflicht gem § 139 Abs 2 ZPO begründet, so muss die Berufungsbegründung den Inhalt des Rechtsgesprächs in dem Verhandlungstermin vor dem VG in einer Weise darlegen, dass das OVG beurteilen kann, ob die geltend gemachte Gehörsverletzung vorliegt (vgl BVerwG BeckRS 2008, 37284). Außerdem muss substantiiert dargelegt werden, was andernfalls vorgetragen worden wäre und warum dies entscheidungserheblich hätte sein können, dh weshalb die Möglichkeit der Beeinflussung der Entscheidung bestand (BVerwG NJW 2008, 3157; VGH Mannheim BeckRS 2006, 25103; OVG Schleswig NVwZ 1999, 1354, 1355; Kopp/Schenke VwGO § 124a Rn 57). Nicht erforderlich ist eine solche Darlegung dann, wenn die Verletzung des rechtlichen Gehörs nicht einzelne Feststellungen der Vorinstanz betrifft, sondern den gesamten Verfahrensstoff; betrifft die Verletzung des rechtlichen Gehörs den Verfahrensstoff insgesamt, so liegt nämlich stets ein Verfahrensmangel vor, auf dem das Urteil beruhen kann (BVerwG NJW 1995, 1441; NVwZ-RR 1999, 587; NJW 2008, 3157; VGH München NVwZ-RR 2007, 718, 719).

Will der Antragsteller rügen, das VG habe seinen schriftsätzlichen oder mündlichen **Vortrag nicht 79.2 zur Kenntnis genommen**, muss er diesen Vortrag in den Schriftsätzen oder im Protokoll mit exakten Fundstellenangaben (OVG Lüneburg NJW 2006, 3018; BAG NJW 2009, 1693, 1694) genau spezifizieren und konkrete Anhaltspunkte aufzeigen, aus denen sich erkennen lässt, dass das VG diesen Vortrag nicht zur Kenntnis genommen oder nicht ernstlich in Betracht gezogen hat (BVerwG NVwZ 2000, 73, 74; BGH NJW 2009, 1609). Dies kann etwa dann der Fall sein, wenn in der Entscheidung behauptet wird, der Beteiligte habe bestimmte Angaben oder Ausführungen nicht gemacht, obgleich er diese belegbar gemacht hat (BVerwG NJW 1998, 553), oder wenn die Entscheidung bestimmte Tatsachen als unstreitig und deshalb nicht weiter aufklärungsbedürftig darstellt, obwohl diese in Wirklichkeit bestritten worden sind. Desgleichen spricht für ein Übergehen von Vortrag, wenn dieser substantiiert und entscheidungserheblich war und zwingend eine nähere Befassung erforderte, jedoch mit keinem Wort im Urteil erörtert wird (vgl BVerwG NJW 1998, 553).

79.3   Für die ordnungsgemäße Begründung der **Rüge mangelhafter Sachaufklärung** (§ 86 Abs 1 VwGO) muss substantiiert dargelegt werden, hinsichtlich welcher tatsächlichen Umstände auf der Grundlage der materiell-rechtlichen Auffassung des VG Aufklärungsbedarf bestanden hat, welche für geeignet und erforderlich gehaltenen Aufklärungsmaßnahmen hierfür in Betracht gekommen wären, dh welche Beweismittel zu welchen Beweisthemen zur Verfügung gestanden hätten (BVerwG NVwZ 2004, 627, 628), welche zusätzlichen oder abweichenden tatsächlichen Feststellungen bei Durchführung der unterbliebenen Sachverhaltsaufklärung hätten getroffen werden können und inwiefern das verwaltungsgerichtliche Urteil unter Zugrundelegung der materiellrechtlichen Auffassung des VG auf der unterbliebenen Sachaufklärung beruhen kann, dh inwiefern deren Berücksichtigung auf der Grundlage der Rechtsauffassung des VG zu einem dem Rechtsmittelführer günstigeren Ergebnis hätte führen können (BVerwG BeckRS 2006, 24176; NVwZ 2012, 376, 378; NJW 2012, 1672, 1674). Soweit das BVerwG darüber hinaus auch eine substantiierte Darlegung fordert, welche Ergebnisse eine solche Beweisaufnahme voraussichtlich (BVerwG NVwZ 2004, 627, 628; NJW 2012, 1672, 1674) oder wahrscheinlich gebracht hätte, überspannt dies die Darlegungsanforderungen in verfassungswidriger Weise; es kann lediglich verlangt werden, die Möglichkeit eines günstigeren Beweisergebnisses darzulegen (BVerfG NVwZ 2005, 1176, 1177). Ferner muss dargelegt werden, dass bereits im Verfahren vor dem VG, insbes in der mündlichen Verhandlung, auf die Vornahme der Sachverhaltsaufklärung, deren Unterbleiben nunmehr gerügt wird, hingewirkt worden ist, namentlich durch Stellung eines Beweisantrages, oder dass und aufgrund welcher Anhaltspunkte sich dem VG die bezeichneten Ermittlungen von sich aus hätten aufdrängen müssen (BVerwG NVwZ 2004, 627, 628; NVwZ 2012, 376, 378; NJW 2012, 1672, 1674). Die Beweismittel, deren Heranziehung sich dem VG hätte aufdrängen müssen, müssen angegeben werden; Zeugen und Sachverständige sind zu benennen, andere Beweismittel genau zu bezeichnen.

79.4   Wird der Gehörsverstoß in dem unzulässigen **Übergehen eines Beweisantrags** gesehen, muss dessen Inhalt so wiedergegeben werden, dass eine Prüfung anhand der Zulassungsbegründungsschrift möglich ist (VGH Mannheim BeckRS 2006, 26805).

6. Umdeutung geltend gemachter Berufungszulassungsgründe

80   Angesichts der Meinungsverschiedenheiten hinsichtlich der Auslegung der Zulassungsgründe sowie der ohnehin bestehenden Überschneidungen, die eine trennscharfe Abgrenzung nicht durchweg erlauben, kommt der auch **von Amts wegen** vorzunehmenden (BVerfG DVBl 2000, 407) **Umdeutung** Relevanz zu, wenn nach Auffassung des OVG ein geltend gemachter Zulassungsgrund nicht gegeben ist, jedoch die Voraussetzungen eines nicht (explizit) dargelegten anderen Zulassungsgrundes vorliegen. Aufgrund des verfassungsrechtlichen Verbots, den Rechtsweg in unzumutbarer Weise zu erschweren, muss das OVG bei der Prüfung der Zulassungsgründe den Vortrag des Antragstellers angemessen würdigen und darf es bei berufungswürdigen Sachen den Zugang zur Berufung nicht nur deswegen versagen, weil er sich nicht auf den nach Auffassung des OVG zutreffenden Zulassungsgrund bezogen hat (BVerfG NVwZ 2005, 1176, 1177). Jedenfalls wenn sich aus der Zulassungsbegründung sehr deutlich ergibt, dass die Voraussetzungen eines bestimmten Zulassungsgrundes gegeben sind, muss die Berufung hiernach zugelassen werden, auch wenn dieser Zulassungsgrund als solcher nicht angeführt worden ist (BVerfG NVwZ 2005, 1176, 1177; aA OVG Magdeburg NVwZ-RR 2009, 136), vorausgesetzt, der Zulassungsantrag war ansonsten zulässig (BVerfG NVwZ 2000, 1163, 1165). Dasselbe gilt, wenn ein **zunächst gegebener Zulassungsgrund** aufgrund einer Entscheidung in einer anderen Rechtssache **nachträglich entfällt** und deshalb im Zeitpunkt der Entscheidung über den Zulassungsantrag nicht mehr erfüllt ist; da es mit Blick auf die Effektivität des Rechtsschutzes verfassungsrechtlich bedenklich wäre, eine bereits eröffnete verfahrensrechtliche Position als zufällige Konsequenz der vom Antragsteller nicht beeinflussbaren Reihenfolge der Entscheidung verschiedener Rechtssachen zu entziehen (BVerfG NJW 2008, 2493, 2494), ist in solchen Fällen die Berufung mittels einer geeigneten Umdeutung der Zulassungsgründe zuzulassen.

Hat der Antragsteller **besondere Schwierigkeiten dargelegt** und wird die Frage vor der Ent-   **80.1**
scheidung des OVG über den Zulassungsantrag in einem anderen Verfahren geklärt, kommt eine Zulassung nach § 124 Abs 2 Nr 2 VwGO nicht mehr in Betracht (§ 124 VwGO Rn 51). Jedoch ist die Berufung dann **wegen ernstlicher Zweifel zuzulassen**, wenn die betreffende Klärung entgegen der angefochtenen Entscheidung erfolgt ist (OVG Frankfurt/O. LKV 2003, 91, 92). Wurde die angefochtene Entscheidung allerdings bestätigt, bestehen an dieser auch keine ernstlichen Zweifel; der Antragsteller muss in einem solchen Fall den Zulassungsantrag für erledigt erklären oder zurück-nehmen, wenn er dessen Ablehnung vermeiden will (B/F-K/S/vA/Bader VwGO § 124 Rn 40); für den Kläger kann sich ggf auch anbieten, die Klage zurückzunehmen oder für erledigt zu erklären.

Hat der Antragsteller die **grundsätzliche Bedeutung dargelegt** und entfällt diese aufgrund   **80.2**
einer nachfolgenden Klärung durch eines der in § 124 Abs 2 Nr 4 VwGO genannten Gerichte, dann muss wegen Art 19 Abs 4 GG der Antrag nach § 124 Abs 2 Nr 3 VwGO in einen solchen nach § 124 Abs 2 Nr 4 VwGO umgedeutet und die Berufung **wegen nachträglicher Divergenz zugelassen** werden, wenn dieses die Frage anders als das VG beantwortet hat (BVerfG NVwZ 2000, 1163, 1165; DVBl 2000, 408; OVG Frankfurt/O. LKV 2003, 91, 92; OVG Lüneburg NVwZ 2011, 572, 573), vorausgesetzt, das auf den Gesichtspunkt der grundsätzlichen Bedeutung gestützte Rechtsmittel war zulässig (BVerfG NVwZ 2000, 1163, 1165). Entfällt die grundsätzliche Bedeutung infolge der Entscheidung eines nicht in § 124 Abs 2 Nr 4 VwGO genannten Gerichts und weicht die angefochtene Entscheidung hiervon ab, so dass die Berufung Erfolg verspricht, dann ist die Berufung **wegen ernstlicher Zweifel zuzulassen** (vgl BVerfGK 6, 79, 81 ff; BVerfG BeckRS 2010, 54616; BeckRS 2012, 55220).

Wenn der Antragsteller in seinem Zulassungsantrag zwar ausdrücklich nur die (nach Auffassung   **80.3**
des OVG nicht erfüllten) Zulassungsgründe der **besonderen Schwierigkeiten** oder **grundsätzlichen Bedeutung** anführt, sich hieraus jedoch ohne weiteres auch die Darlegung ergibt, dass er außerdem das angefochtene Urteil im Ergebnis für ernstlich zweifelhaft hält, ist die Berufung **wegen ernstlicher Zweifel zuzulassen** (aA OVG Hamburg NordÖR 1998, 305; zurückhaltend Kopp/Schenke VwGO § 124 Rn 7d). Das ist jedenfalls für die Auffassungen zwingend, die § 124 Abs 2 Nr 1 VwGO und § 124 Abs 2 Nr 2 VwGO in einem Komplementärverhältnis sehen und ersterem Tatbestand lediglich besonders restriktiv verstandene ernstliche Zweifel zuordnen, während Zweifel minderen, aber gleichwohl hinreichenden Gewichts dem zweiten Tatbestand zugeordnet sein sollen (§ 124 VwGO Rn 48). Da ein Antragsteller unmöglich wissen kann, für wie gewichtig das OVG die dargelegten Zweifel ansieht, muss dieses in solchen Fällen von Gerichts wegen eine Umdeutung im Verhältnis dieser Vorschriften vornehmen (Kopp/Schenke VwGO § 124 Rn 7d).

Macht der Antragsteller einen **Verfahrensfehler geltend**, ergeben sich aus seinen Ausführungen   **80.4**
aber sehr deutlich **ernstliche Zweifel**, so ist die Berufung wegen dieser zuzulassen (BVerfG NVwZ 2005, 1176, 1177).

Wird mit der **Divergenzrüge** die **fehlerhafte Anwendung einer Verfahrensvorschrift**   **80.5**
gerügt, liegt hierin zugleich die Rüge eines **Verfahrensmangels** (BVerwG NVwZ 2001, 918; NJW 2006, 1989; NVwZ 2007, 227, 228; Kopp/Schenke VwGO § 124 Rn 13).

Ist der geltend gemachte Zulassungsgrund nicht gegeben, erweist sich jedoch bei der Prüfung,   **80.6**
dass die angefochtene Entscheidung **offensichtlich unrichtig** ist, dann ist die Berufung auch dann nach § 124 Abs 2 Nr 1 VwGO zuzulassen, wenn der Antragsteller sich nicht auf den Zulassungs-grund der ernstlichen Zweifel gestützt hatte (VGH Kassel NVwZ-RR 2006, 846, 847; Eyermann/Happ VwGO § 124a Rn 83; Kopp/Schenke VwGO § 124a Rn 50; Sodan/Ziekow/Seibert VwGO § 124a Rn 204). Desgleichen ist die Berufung zuzulassen, wenn die angefochtene Entscheidung zwar nicht aus dem vom Antragsteller angeführten Grund ernstlich zweifelhaft, wohl aber aus einem anderen Grund offensichtlich unrichtig ist (VGH Mannheim NVwZ-RR 2002, 74, 75; OVG Münster NVwZ 1998, 530; aA B/F-K/S/vA/Bader VwGO § 124a Rn 79: auch offensicht-liche Umstände müssen zumindest knapp angesprochen werden).

IV. Zulassungsentscheidung des OVG

1. Zulassungsentscheidung

Das OVG entscheidet durch **Beschluss** über den Antrag auf Zulassung der Berufung   **81**
(§ 124a Abs 5 S 1 VwGO). Es ist im Regelfall ermessensgerecht, über den Zulassungsantrag

gem § 101 Abs 3 VwGO im schriftlichen Verfahren zu entscheiden (OVG Lüneburg BeckRS 2008, 34293). Im Einverständnis der Beteiligten kann der Vorsitzende bzw Berichterstatter allein entscheiden (OVG Berlin-Brandenburg NVwZ-RR 2006, 360). Im Verfahren über die Zulassung der Berufung erfolgen **keine Beiladungen** (OVG Lüneburg Beschl v 31.3.2008 – 10 LA 73/08 BeckRS 2008, 34293). Das OVG nimmt im Zulassungsverfahren grds **keine Beweisaufnahme** vor (BVerfG NJW 2010, 1062, 1064; Kugele VwGO § 124 Rn 15), sondern entscheidet **nach Aktenlage** (Eyermann/Happ § 124a VwGO Rn 77). Haben Beteiligte wirksam auf Rechtsmittel verzichtet, ist ihr Antrag auf Zulassung der Berufung unzulässig (OVG Münster NJW 2012, 872). Hängt die Entscheidung von der Aufklärung einer Tatsachenfrage ab, für die es einer Beweisaufnahme bedarf, muss die Berufung zugelassen werden (BVerfG NJW 2010, 1062, 1064). Das Maß der vom OVG anzustellenden Ermittlungen richtet sich nach dem jeweiligen Zulassungsgrund (Eyermann/Happ § 124a VwGO Rn 77). Im Rahmen des § 124 Abs 2 Nr 1 VwGO genügt es, dass der neue Tatsachenvortrag nicht offensichtlich unzutreffend ist; er ist dann für das Zulassungsverfahren als zutreffend zugrunde zu legen und es ist auf dieser Grundlage über die Zulassung der Berufung zu entscheiden. Über das Vorliegen behaupteter **Verfahrensmängel** ist hingegen im Wege des **Freibeweises** zu entscheiden (Eyermann/Happ VwGO § 124a Rn 77).

82   Die Berufung wird **zugelassen** – ein Ermessen besteht nicht –, wenn wenigstens ein Zulassungsgrund dargelegt ist und vorliegt (§ 124a Abs 5 S 2 VwGO). Ist ein Zulassungsgrund nur in bezug auf eines von mehreren erstinstanzlichen Klagebegehren bzw hinsichtlich eines abtrennbaren Teils des Streitgegenstandes gegeben (vgl Rn 5), wird die Berufung insoweit **teilweise** zugelassen. Dasselbe gilt, wenn der Antragsteller wirksam nur eine teilweise Zulassung der Berufung beantragt hat (BVerwG BeckRS 2009, 36012), da das OVG über den Zulassungsantrag nicht hinausgehen darf (§ 125 Abs 1 S 1 VwGO iVm § 88 VwGO), selbst wenn hinsichtlich der weiteren Teile Zulassungsgründe gegeben wären. Eine Berufungszulassung, die über einen wirksam beschränkten Zulassungsantrag hinausgeht, kann nicht die insoweit bereits eingetretene Rechtskraft entfallen lassen und führt insoweit nicht zur Fortsetzung des Zulassungsverfahrens als Berufungsverfahren (BVerwG NVwZ 1999, 642, 643). Hat das OVG über den Zulassungsantrag nur teilweise entschieden, ist der **Zulassungsbeschluss** auf entsprechenden Antrag gemäß § 122 Abs 1 VwGO iVm § 120 VwGO zu **ergänzen** (OVG Bautzen NVwZ 2001, 1173; S/S/B/Meyer-Ladewig/Rudisile VwGO § 124a Rn 144).

83   Ist der Zulassungsantrag unzulässig oder unbegründet, wird der Antrag auf Zulassung der Berufung **abgelehnt** (§ 124a Abs 5 S 4 VwGO). Eine differenzierende Tenorierung (Verwerfung bei Unzulässigkeit, Ablehnung bei Unbegründetheit) ist möglich, aber vom Gesetz nicht vorgesehen; ein praktisches Bedürfnis für eine solche Unterscheidung besteht jedenfalls nicht (B/F-K/S/vA/Bader VwGO § 124a Rn 96; S/S/B/Meyer-Ladewig/Rudisile VwGO § 124a Rn 141). Wird der Antrag auf Zulassung der Berufung in vollem Umfange abgelehnt, ist in dem Beschluss zugleich gemäß § 154 Abs 2 VwGO über die Kosten zu entscheiden. Wird die Berufung (zumindest teilweise) zugelassen, bleibt die **Kostenentscheidung** insgesamt dem Hauptsacheverfahren vorbehalten (OVG Hamburg NVwZ-RR 1997, 461; Eyermann/Happ VwGO § 124a Rn 90).

2. Begründung des Beschlusses

84   Der die Berufung **zulassende** Beschluss **soll kurz begründet** werden (§ 124a Abs 5 S 3 VwGO). Die Begründung kann sich jedoch auf die bloße Benennung des vom OVG für gegeben erachteten Zulassungsgrundes beschränken, wenn angesichts der Darlegungen des Antragstellers im Zulassungsverfahren keine Zweifel über die Gründe bestehen können (B/F-K/S/vA/Bader VwGO § 124a Rn 104; Eyermann/Happ VwGO § 124a Rn 92). **In dem Beschluss** über die Zulassung der Berufung muss der **Berufungsführer über die Notwendigkeit der Berufungsbegründung** nach § 124a Abs 6 VwGO **belehrt** werden (BVerwGE 107, 117, 122 = NVwZ 1998, 1311, 1313; BVerwG NJW 2009, 2322; NVwZ-RR 2013, 128).

85   Der die Berufungszulassung **ablehnende** Beschluss **muss grundsätzlich begründet** werden (B/F-K/S/vA/Bader VwGO § 124a Rn 104; Kopp/Schenke VwGO § 124a

Rn 59; S/S/B/Meyer-Ladewig/Rudisile VwGO § 124a Rn 142), und zwar in Bezug auf alle geltend gemachten Zulassungsgründe (Eyermann/Happ VwGO § 124a Rn 92).

Zwar bedarf von Verfassungs wegen nicht jede Entscheidung einer Begründung, insbes wenn es **85.1** sich um letztinstanzliche Entscheidungen handelt, die den Rechtsweg abschließen und keinem ordentlichen Rechtsmittel mehr unterliegen (BVerfG NJW 2001, 2161, 2162). Der Gesetzgeber ist hierüber jedoch hinausgegangen und hat eine Begründung im Wege einer Soll-Bestimmung vorgeschrieben. Ein Absehen von einer Begründung kommt nur in besonderen Ausnahmefällen in Betracht, nämlich wenn die Unzulässigkeit des Zulassungsantrags oder das Fehlen der Zulassungsgründe offensichtlich ist (Kopp/Schenke VwGO § 124a Rn 59). Allerdings ist zu bedenken, dass eine Begründung der Förderung der Akzeptanz der Entscheidung dient und hilft, Anhörungsrügen zu vermeiden (Eyermann/Happ VwGO § 124a Rn 92). Schon deshalb sprechen gute Gründe dafür, selbst in solchen Ausnahmefällen nicht von einer Begründung abzusehen, zumal bei wirklich offensichtlich unzulässigen oder unbegründeten Zulassungsanträgen zumeist eine sehr kurze Begründung genügen wird. Schließlich ist darauf hinzuweisen, dass das BVerfG ohne Begründung der Nichtzulassung im Rahmen einer Verfassungsbeschwerde nicht prüfen kann, ob die Zulassung willkürfrei versagt wurde, was zur Aufhebung der Nichtzulassungsentscheidung führen kann (BVerfG NVwZ 1993, 465; Kopp/Schenke VwGO § 124a Rn 59).

3. Wirkung der Nichtzulassung

Mit der Ablehnung des Antrags auf Zulassung der Berufung wird das Urteil des VG ohne **86** weiteres **rechtskräftig** (§ 124a Abs 5 S 4 VwGO), die bis dahin bestehende Hemmung der Rechtskraft (§ 124a Abs 4 S 6 VwGO) entfällt. Bei **teilweiser Berufungszulassung** wird das Urteil des VG in dem Umfange **teilweise rechtskräftig**, in dem die Berufung nicht zugelassen wurde, es sei denn, insofern wird Anschlussberufung (§ 127 VwGO) eingelegt (S/S/B/Meyer-Ladewig/Rudisile VwGO § 124a Rn 144; vgl § 127 VwGO Rn 7).

Die Rechtskraft tritt **mit Wirksamwerden** des Beschlusses ein, nicht erst mit seiner Bekannt- **86.1** gabe (vgl BVerwGE 95, 64, 67 = NVwZ 1994, 1206, 1207). Der ablehnende Beschluss wird in dem Zeitpunkt wirksam, in dem er endgültig aus dem Verfügungsbereich des Senats hinausgelangt, so dass auch eine Zurückholung in den Senat, etwa zum Zwecke einer Änderung oder Ergänzung im Hinblick auf eine noch eingegangene Stellungnahme eines Beteiligten, tatsächlich nicht mehr möglich ist, grundsätzlich also mit der Herausgabe des ablehnenden Beschlusses aus dem Gerichtsgebäude zur Beförderung mit der Post (BVerwGE 95, 64, 67 = NVwZ 1994, 1206, 1207). Das OVG ist verpflichtet, diesen Zeitpunkt in der Gerichtsakte zu dokumentieren (BVerwGE 95, 64, 67 = NVwZ 1994, 1206, 1207).

Die Ablehnung der Berufungszulassung ist **unanfechtbar** (BVerwG Buchholz 310 § 124a **87** VwGO Nr 16). Es ist weder die Revision noch eine Beschwerde eröffnet, auch **keine** außerordentliche Beschwerde (BVerwG NVwZ 2005, 232) oder **Gegenvorstellung** (OVG Lüneburg NJW 2006, 2506; VGH Kassel BeckRS 2012, 58878; Kopp/Schenke VwGO § 124a Rn 64; vgl allgemein zur Unstatthaftigkeit von Gegenvorstellungen BVerfG NJW 2006, 2907; 2007, 2538, 2539; BVerwG NVwZ-RR 2011, 709; BFH NJW 2008, 543, 544; VGH Kassel NJW 2009, 2761; OVG Lüneburg NVwZ-RR 2010, 983; aA BFH NVwZ-RR 2009, 703, 704; BSG NJW 2006, 860; BGH NJW-RR 2007, 1654; OVG Weimar NJW 2008, 1609; offen BVerfG NJW 2009, 829, 831).

Die Ablehnung der Berufungszulassung kann auch nicht indirekt angefochten werden, indem **87.1** trotz Nichtzulassung Berufung eingelegt und gegen die daraufhin erfolgende Berufungsverwerfung Nichtzulassungsbeschwerde eingelegt wird; hat das OVG den Antrag auf Zulassung der Berufung abgelehnt und sodann nach § 125 Abs 2 S 2 VwGO die dennoch eingelegte Berufung als unzulässig verworfen, ist dem BVerwG im anschließenden Beschwerdeverfahren wegen Nichtzulassung der Revision die Prüfung verwehrt, ob der Antrag auf Zulassung der Berufung zu Recht abgelehnt worden ist (BVerwG NVwZ-RR 1999, 539).

Eine **Anhörungsrüge** (§ 152a VwGO) ist statthaft (VGH Mannheim NJW 2005, 920) **87a** und führt im Falle ihrer Begründetheit zur **Fortführung des Berufungszulassungsverfahrens** (OVG Münster NVwZ-RR 2012, 779). Mit der Anhörungsrüge kann jedoch nur eine neue und eigenständige Verletzung des **rechtlichen Gehörs** durch das OVG geltend gemacht werden, nicht auch mittelbar eine Gehörsverletzung durch das VG (zur **Unzuläs-sigkeit sekundärer Gehörsrügen** BVerfG NJW 2007, 3418, 3419; NJW 2008, 2635; BVerwG NJW 2009, 457; BGH NJW 2008, 923; NJW 2008, 2126, 2127). Die Rüge, das OVG habe die Darlegungsanforderungen im Berufungszulassungsverfahren überspannt, be-trifft nicht die Verletzung des Anspruchs auf rechtliches Gehör nach Art 103 Abs 1 GG, sondern des Grundrechts aus Art 19 Abs 4 GG, und ist daher nicht mittels Anhörungsrüge, sondern mittels Verfassungsbeschwerde geltend zu machen (BVerfG NJW 2008, 3275).

87b   § **152a VwGO** ist **analog** auf die Verletzung vergleichbarer anderer grundlegender **Verfahrensgrundrechte** (gesetzlicher Richter, faires Verfahren einschließlich Grundsatz der Waffengleichheit, Verbot prozessualer Willkür) anzuwenden (BGH NJW 2004, 2529; 2006, 1978; OVG Bautzen, Beschl. v. 20.12.2011 – 5 B 97/11 –, juris, Rn 4; VGH Kassel NJW 2009, 2761, 2763; OVG Lüneburg NJW 2006, 2506, 2507; VGH Mannheim NJW 2005, 920; B/F-K/S/vA/Bader VwGO § 152a Rn 3; Kettinger BayVBl 2007, 489; Kopp/Schenke VwGO § 152a Rn 3; im Ergebnis ebenso BGH NJW-RR 2007, 1654; NJW 2011, 1516: Gegenvorstellung in analoger Anwendung der Verfahrensvorschriften über die Anhörungsrüge; aA BVerfG NJW 2008, 2167, 2168; BVerwG NJW 2009, 457, 458; BGH NJW 2008, 2126, 2127; NJW 2011, 1516; BFH NJW 2007, 2576; OVG Frankfurt/O NVwZ 2005, 1213; VGH München NVwZ-RR 2006, 739, 740; Eyermann/Happ VwGO § 152a Rn 4; Wysk/Kuhlmann VwGO § 152a Rn 3).

87b.1   Für die analoge Anwendung des § 152a VwGO auf andere Verfahrensgrundrechte spricht nicht nur die vergleichbare Interessenlage, sondern auch die oft schwierige Abgrenzung der verschiede-nen, zudem vielfach miteinander einhergehenden Verfahrensverstöße. Die Plenarentscheidung des BVerfG v 30.4.2003 steht dieser Analogie nicht entgegen. Das Plenum hat zwar die mangelnde Rechtsmittelklarheit außerordentlicher Rechtsbehelfe bemängelt, diese aber nicht für unstatthaft erklärt (BVerfG NJW 2009, 829, 830), sondern vielmehr lediglich die Konsequenz gezogen, dass deren vorherige Einlegung nicht zur Rechtswegerschöpfung vor Erhebung einer Verfassungs-beschwerde gefordert werden kann (BVerfGE 107, 395, 417 = NJW 2003, 1924, 1928; BVerfG NJW 2009, 829, 830). Es wäre daher folgerichtig, zwar die analoge Anwendung des § 152a VwGO zuzulassen, die Einlegung dieses Rechtsbehelfs jedoch **nicht als Voraussetzung der Verfassungs-beschwerde** anzusehen (BVerfG NJW 2008, 2167, 2168; VerfGH Berlin NVwZ 2007, 813, 819; ebenso BVerfG NJW 2009, 829, 831 für die Gegenvorstellung, soweit eine solche nach einfachem Recht zulässig ist). Da letzteres jedoch noch nicht als geklärt angesehen werden kann, empfiehlt sich zur Vermeidung von Rechtsverlusten die parallele Einlegung beider Rechtsbehelfe (ebenso Tege-bauer DÖV 2008, 954, 956).

87c   Da eine erfolgreiche Anhörungsrüge zur Fortsetzung des Verfahrens führt und damit auch die Verletzung anderer formeller oder materieller Grundrechtsverstöße beseitigt, führt das Unterlassen einer nicht offenkundig aussichtslosen Anhörungsrüge wegen Verstoßes gegen den Subsidiaritätsgrundsatz nicht nur in Bezug auf die Gehörsverletzung, sondern insgesamt zur Unzulässigkeit der Verfassungsbeschwerde (BVerfG NJW 2005, 3059; 2007, 3054; 2010, 669; VerfGH Berlin NJW 2008, 3421; HessStGH NJW 2005, 2217, 2218; 2005, 2219, 2220; krit Zuck NJW 2006, 1703, 1705; Tegebauer DÖV 2008, 954, 958; aA wohl BayVerfGH NJW 2006, 283, 285). Ob mittels einer Anhörungsrüge ein Verstoß gegen das rechtliche Gehör gerügt werden konnte, ist dabei nach dem objektiven Gehalt der möglichen Rügen zu beurteilen, nicht nach deren rechtlichen Einordnung durch den Betroffenen (VerfGH Berlin NJW 2008, 3421).

88   Die Nichtzulassung der Berufung kann folglich, von der Anhörungsrüge abgesehen, lediglich mit der **Verfassungsbeschwerde** angefochten werden, und zwar sowohl zum BVerfG als auch, da es sich um die Entscheidung des Gerichtes eines Landes handelt, zu dem Verfassungsgericht des betreffenden Landes, sofern eine **Landesverfassungsbeschwerde** eröffnet ist (VerfGH Berlin NJW 2008, 3420; VerfGH Rheinland-Pfalz NVwZ-RR 2005, 218, 219).

4. Wirkung der Berufungszulassung

89   Lässt das OVG die Berufung zu, so wird das bisherige Antragsverfahren ohne weiteres **als Berufungsverfahren fortgesetzt**; der Einlegung einer Berufung bedarf es nicht (§ 124a Abs 5 S 5 VwGO), wohl aber einer Begründung der zugelassenen Berufung (§ 124a Abs 6

VwGO). Die Rechtskraft der angefochtenen Entscheidung bleibt weiterhin nach § 124a Abs 4 S 6 VwGO gehemmt.

Wird die Zulassung der Berufung von mehreren Beteiligten beantragt, ist über jeden **90** Antrag gesondert zu entscheiden. Die Berufungszulassung wirkt nur für den **jeweiligen Antragsteller**. Beteiligte, die keinen Zulassungsantrag gestellt haben oder deren Zulassungsantrag erfolglos blieb, können lediglich die unselbständige **Anschlussberufung** (§ 127 VwGO) einlegen.

B/F-K/S/vA/Bader VwGO § 124a Rn 97; Eyermann/Happ VwGO § 124a Rn 88; F/K/S/ **90.1** Schäfer VwGO § 124a Rn 71; Redeker/v Oertzen/Redeker VwGO § 124a Rn 42; S/S/B/Meyer-Ladewig/Rudisile VwGO § 124a Rn 137; ebenso BVerwG NVwZ 2001, 201, 202 zu der parallelen Vorschrift des § 139 Abs. 2 VwGO; aA Kopp/Schenke VwGO § 124a Rn 61; Sodan/ Ziekow/Seibert VwGO § 124a Rn 308.

Dass die vom VG zugelassene Berufung für alle Beteiligten gilt, impliziert nicht, dass dasselbe **90.2** auch für die Berufungszulassung durch das OVG gelten müsste (so aber Kopp/Schenke VwGO § 124a Rn 61). Denn im letzteren Fall ist ein besonderes Zulassungsverfahren vorausgegangen, in dem allein der Antragsteller seine Rechte weiter verfolgt hat. Es gibt keinen Grund, Beteiligte, die den Aufwand und das Kostenrisiko eines Zulassungsverfahrens nicht auf sich nehmen wollten bzw unzulässige oder unbegründete Zulassungsanträge gestellt haben, von dem erfolgreichen Zulassungsantrag eines anderen Beteiligten profitieren zu lassen und ihnen die Möglichkeit einer selbständigen Berufung zuzugestehen.

Die Zulassung der Berufung ist **unanfechtbar**, Rechtsbehelfe hiergegen sind nicht **91** gegeben. Die Zulassung der Berufung durch das OVG stellt für das BVerwG eine unanfechtbare Vorentscheidung dar, die nicht zu einer Zulassung der Revision nach § 132 Abs 2 Nr 3 VwGO führen kann (BVerwG Buchholz 310 § 132 Abs 2 Ziff 3 VwGO Nr 32).

Das OVG ist **an die Zulassung gebunden** und darf die im Zulassungsverfahren zu **92** prüfenden und zu entscheidenden Fragen nicht nochmals im Berufungsverfahren prüfen, insbes die zugelassene Berufung nicht wegen fehlender Zulassungsgründe oder wegen etwaiger Mängel des Zulassungsverfahrens als unzulässig verwerfen (BVerwG Buchholz 310 § 124a VwGO Nr 9; BeckRS 2009, 31217). Auch das Fortbestehen der Zulassungsgründe ist unerheblich (BVerwG Buchholz 310 § 124a VwGO Nr 13). Noch im Berufungsverfahren beachtlich ist allerdings das Fehlen eines fristgerecht gestellten Zulassungsantrags, da keine Berufungseinlegung vorgesehen ist und deshalb nur der Zulassungsantrag selbst kraft des ihm zukommenden Devolutiveffekts in Verbindung mit der gerichtlichen Zulassungsentscheidung die Berufung vor dem OVG anhängig werden lässt (BVerwG NVwZ 1999, 642, 643; Sodan/Ziekow/Seibert VwGO § 124a Rn 306). Das OVG ist bei seiner Entscheidung über die Berufung nicht an die Gründe gebunden, die für die Zulassung der Berufung maßgeblich waren, schon weil es im Berufungsverfahren den Streitstoff in tatsächlicher und rechtlicher Hinsicht umfassend aufbereiten muss (BVerwG DVBl 1997, 907; Buchholz 430.4 Versorgungsrecht Nr 46). Mit der Zulassung der Berufung ist jedoch weder eine bindende Entscheidung über die Zulässigkeit der Berufung noch über die Zulässigkeit der Klage getroffen (BVerwG BeckRS 2009, 31217).

V. Begründung der vom OVG zugelassenen Berufung

1. Notwendigkeit einer Berufungsbegründung

Die vom OVG nach § 124a Abs 5 VwGO zugelassene Berufung muss begründet werden **93** (§ 124a Abs 6 S 1 VwGO). Die **Berufungsbegründung** muss gem § 124a Abs 6 S 3 VwGO iVm § 124a Abs 3 S 4 VwGO einen bestimmten Antrag (**Berufungsantrag**) sowie die im Einzelnen anzuführenden Gründe der Berufung (**Berufungsgründe**) enthalten, sonst ist die Berufung unzulässig (§ 124a Abs 6 S 3 VwGO iVm § 124a Abs 3 S 5 VwGO; vgl Rn 35).

Eine gesonderte Berufungsbegründung nach Zulassung der Berufung ist **in jedem Fall** **94** **erforderlich** (BVerwG NJW 2008, 1014). Der Berufungskläger muss durch Einreichen seiner Begründungsschrift nach Zulassung der Berufung fristgebunden eindeutig zu erkennen geben, dass und inwieweit er nach wie vor an der Durchführung eines Berufungsverfahrens interessiert ist (BVerwGE 114, 155, 157 = NVwZ 2001, 1029; BVerwG NVwZ

2003, 868; NJW 2008, 1014, 1015; ebenso BGH NJW 2008, 588, 589). Es **genügt nicht**, dass die Anträge und die Begründung der Berufung schon **im Antrag auf Zulassung** der Berufung enthalten waren und das Vorbringen im Zulassungsverfahren an sich (auch) den Anforderungen einer Berufungsbegründung genügen würde (BVerwGE 107, 117, 120 = NVwZ 1998, 1311, 1312; BVerwG NVwZ-RR 2004, 541; OVG Münster NVwZ 2007, 115, 116).

94.1   Die Pflicht, die Berufung zu begründen, soll das Verfahren verkürzen und beschleunigen sowie die Berufungsgerichte entlasten. Es ist Sache des Berufungsklägers zu prüfen, ob überhaupt und mit welcher Begründung eine zugelassene Berufung durchgeführt werden soll. Dem OVG soll außerdem anhand eines klaren prozessualen Kriteriums, nämlich des Ausbleibens eines fristgerechten Begründungsschriftsatzes, ohne weitere Prüfung ermöglicht werden, die Berufung gemäß § 125 Abs. 2 VwGO zu verwerfen, ohne das Vorbringen im Zulassungsverfahren auf seine Eignung für die Begründung der Berufung sichten und beurteilen zu müssen (BVerwGE 107, 117, 121 = NVwZ 1998, 1311, 1312; BVerwG NJW 2008, 1014, 1015; die gegenteilige frühere Auffassung in BVerwG DVBl 1997, 1325 wurde ausdrücklich aufgegeben). Zudem käme es ohne gesonderte Berufungsbegründung zu nicht lösbaren Problemen hinsichtlich des nach § 127 Abs 2 S 2 VwGO an die Zustellung der Berufungsbegründungsschrift geknüpften Beginns der Anschlussberufungsfrist (vgl BGH NJW 2008, 588).

94.2   Keine Berufungsbegründung in dem erforderlichen Sinne ist ein Schriftsatz, den der Rechtsmittelführer vor Zustellung des Beschlusses über die Berufungszulassung in Erwiderung auf einen gegnerischen Schriftsatz an das OVG gesandt hat, um seinen Zulassungsantrag zu verteidigen. Denn mit einem solchen Schriftsatz kann der Sinn der Berufungsbegründung, klarzustellen, dass der Rechtsmittelführer auch nach Zulassung seiner Berufung noch die Durchführung des Berufungsverfahrens erstrebt, nicht erreicht werden (BVerwG NVwZ-RR 2001, 142, 143).

95   Über die **Notwendigkeit** und **Fristgebundenheit** der Berufungsbegründung ist der Berufungsführer gemäß § 58 Abs 1 VwGO in dem Beschluss über die Zulassung der Berufung zu **belehren** (Rn 84), nicht jedoch auch über die Möglichkeit einer Fristverlängerung.

96   In dem hiernach zwingend einzureichenden Schriftsatz zur Berufungsbegründung ist zur Vermeidung bloßer Wiederholungen grundsätzlich eine konkret auf die erfolgreiche Begründung des Zulassungsantrags verweisende **Bezugnahme** zulässig, wenn damit hinreichend zum Ausdruck gebracht werden kann, dass und weshalb das erstinstanzliche Urteil weiterhin angefochten wird (BVerwGE 126, 243 = NVwZ 2006, 1420; NJW 2008, 1014, 1015). Wendet sich die Berufungsbegründung gegen Rechtsausführungen des Erstgerichts, denen folgend dieses Sachvortrag als unerheblich angesehen hat, dann wird mit dem Vortrag zu den Rechtsausführungen des Erstgerichts inzidenter auch der Sachvortrag vor dem Erstgericht aufrechterhalten und in Bezug genommen (BGH NJW 2007, 3070). Im Falle einer Bezugnahme auf die Zulassungsbegründung ist jeweils zu prüfen, ob die in Bezug genommenen Passagen den Anforderungen an eine Berufungsbegründung genügen.

96.1   Nur in diesem Sinne lässt sich (etwas missverständlich) davon sprechen, dass eine Berufung bereits vor der Zulassungsentscheidung des OVG begründet werden kann (BVerwG BeckRS 2005, 31450). Eine solche Bezugnahme kommt jedoch nur in Betracht, sofern sich die Zulassungsbegründung mit eben den tatsächlichen oder rechtlichen Fragen auseinandersetzt, die sich auch im Berufungsverfahren stellen. Dies ist vor allem bei den Zulassungsgründen der ernstlichen Zweifel und des Verfahrensmangels der Fall (Sodan/Ziekow/Seibert VwGO § 124a Rn 355). Hingegen ist zu beachten, dass die besondere Schwierigkeit oder grundsätzliche Bedeutung der Rechtssache zwar Zulassungsgründe, aber für die Begründung der Berufung als solche irrelevant sind und deshalb eine Bezugnahme auf solche Darlegungen zur Berufungsbegründung nicht genügen kann (vgl BVerwG NJW 2006, 3081; ferner BSG MDR 1997, 273). Auch die Divergenz ist zwar als solche kein Berufungsgrund (BSG MDR 1997, 273). Indessen wird der Berufungsführer, der erfolgreich eine entscheidungserhebliche Abweichung geltend gemacht und damit die Berufungszulassung erreicht hat, in aller Regel die Divergenzentscheidung des übergeordneten Gerichts für richtig und folglich die abweichende Entscheidung des VG für unrichtig erachten; es genügt daher, wenn er auf den Zulassungsbeschluss Bezug nimmt, ohne die betreffenden Gründe im einzelnen wiederholen zu müssen (BVerwGE 114, 155, 159 = NVwZ 2001, 1029, 1030; BVerwG NJW 2006, 3081; Sodan/Ziekow/Seibert VwGO § 124a Rn 357). Dasselbe gilt für die Bezugnahme wegen eines Verfahrensmangels (BVerwG NJW 2006, 3081). Wurde beispielsweise im Zulassungsverfahren erfolgreich eine bestimmte unterlassene Aufklärung gerügt, kann zur Berufungsbegründung hierauf Bezug genommen werden (BVerwG NVwZ-RR 2004, 220, 221).

Das Fehlen einer ausdrücklichen Bezugnahme auf das bereits im Antrag auf Zulassung der **96.2** Berufung enthaltene Begehren und die dort genannten Gründe ist unschädlich, wenn sich beides aus dem Gesamtzusammenhang (Urteil erster Instanz, Antrag auf Zulassung der Berufung und Zulassungsbeschluss) hinreichend deutlich ergibt (BVerwG NVwZ-RR 2004, 541).

2. Berufungsantrag

Die Berufungsbegründung nach Zulassung durch das OVG muss einen **bestimmten** **97** **Antrag** (Berufungsantrag) enthalten (§ 124a Abs 6 S 3 VwGO iVm § 124a Abs 3 S 4 VwGO). Erforderlich, aber auch ausreichend ist, dass hinreichend deutlich zum Ausdruck kommt, **dass und in welchem Umfang** der Berufungsführer an der Durchführung des zugelassenen Berufungsverfahrens festhalten will (BVerwG NVwZ-RR 2004, 541; Kopp/ Schenke VwGO § 124a Rn 68). Auch nach unbeschränkt beantragter und unbeschränkt zugelassener Berufung kann der Berufungskläger die Berufung in der Berufungsbegründung **beschränken**, ohne dass dies als eine teilweise Rücknahme der Berufung (mit der Kostenfolge des § 155 Abs 2 VwGO) anzusehen wäre (B/F-K/S/vA/Bader VwGO § 124a Rn 37, 119; Eyermann/Happ VwGO § 124a Rn 26; Kopp/Schenke VwGO § 124a Rn 69; vgl BVerwG NJW 1992, 703, 704). Im Übrigen gilt für den Berufungsantrag nach der vom OVG zugelassenen Berufung dasselbe wie bei der vom VG zugelassenen Berufung (Rn 36).

3. Berufungsgründe

Die Berufungsbegründung nach Zulassung durch das OVG muss im Einzelnen die **98** Gründe anführen, aus denen der Berufung stattzugeben sein soll (§ 124a Abs 6 S 3 VwGO iVm § 124a Abs 3 S 4 VwGO). Die Berufungsgründe müssen nicht mit den Gründen übereinstimmen, aus denen die Berufung zugelassen wurde (BVerwG NVwZ 2000, 1042). Im Übrigen gilt für die Darlegung der Berufungsgründe dasselbe wie bei der vom VG zugelassenen Berufung (Rn 44).

Eine konkrete **Bezugnahme** in dem Berufungsbegründungsschriftsatz auf die Begrün- **99** dung des Zulassungsantrags ist zulässig und ausreichend, wenn diese ihrerseits den Anforderungen an eine ordnungsgemäße Berufungsbegründung genügt (BVerwGE 107, 117, 122 = NVwZ 1998, 1311, 1312; BVerwGE 114, 155, 157 = NVwZ 2001, 1029; BVerwG NVwZ-RR 2004, 541; OVG Berlin-Brandenburg Beschl v 22.10.2012, 2 B 17.11, juris, Rn 6).

4. Vertretungszwang, Schriftform, Adressat, Begründungsfrist

Für die Berufungsbegründung besteht **Vertretungszwang** (§ 67 Abs 4 S 1 VwGO). Sie **100** ist **schriftlich** einzureichen, und zwar zwingend **bei dem OVG** (§ 124a Abs 6 S 2 VwGO).

Die Frist zur Einreichung der Berufungsbegründung beträgt **einen Monat** nach Zustel- **101** lung des Beschlusses über die Zulassung der Berufung (§ 124a Abs 6 S 1 VwGO). Enthält dieser Beschluss keine ordnungsgemäße Belehrung über die Notwendigkeit der Berufungsbegründung (Rn 84), so läuft die Monatsfrist nicht (BVerwG NJW 2009, 2322). Die Begründungsfrist kann auf einen vor ihrem Ablauf gestellten Antrag von dem Vorsitzenden des Senats **verlängert** werden (§ 124a Abs 6 S 3 VwGO iVm § 124a Abs 3 S 3 VwGO; vgl Rn 31).

§ 124b [aufgehoben]

§ 124b VwGO ist am 1.1.2005 außer Kraft getreten.

Einzelkommentierung

§ 124b VwGO aF statuierte eine Vorlagepflicht der OVG, die Rechtssache dem BVerwG **1** zur Entscheidung über die Auslegung von § 124 Abs 2 VwGO oder § 124a Abs 4 S 4

VwGO vorzulegen, wenn die Rechtsfrage grundsätzliche Bedeutung für die Auslegung dieser Bestimmungen hatte oder die Fortbildung des Rechts oder die Sicherung einer einheitlichen Rechtsprechung eine Entscheidung des BVerwG zur Auslegung dieser Bestimmungen erforderte. Die Vorschrift wurde durch das RmBereinVpG vom 20.12.2001 in die VwGO eingeführt, um eine Klärung von Zweifelsfragen bei der Auslegung der Berufungszulassungsgründe zu ermöglichen (BT-Drs 14/6393, 11 f; Kienemund NJW 2002, 1231, 1232; Seibert NVwZ 2002, 265, 267). Die Geltung der Vorschrift war von vornherein bis zum 31.12.2004 beschränkt, so dass sie am 1.1.2005 außer Kraft getreten ist.

2   Angesichts der großen Umstrittenheit einiger Zulassungsgründe sowie der Darlegungsanforderungen haben die OVG ihrer Vorlagepflicht nicht genügt. Die vom Gesetzgeber erhoffte Klärung von Zweifelsfragen bei der Auslegung der Berufungszulassungsgründe durch das BVerwG konnte infolge dieser Missachtung der Vorlageverpflichtung nicht erreicht werden, weshalb ein Großteil der Klärung auf entsprechende Verfassungsbeschwerden durch das BVerfG erfolgte (hierzu näher Rudisile NVwZ 2012, 1425). Die Konzeption des § 124b VwGO aF erweist sich in der Rückschau somit als Fehlschlag. Der Gesetzgeber hätte besser daran getan, eine (befristete) Beschwerde zum BVerwG gegen die Nichtzulassung der Berufung durch das OVG einzuführen.

§ 125 [Berufungsverfahren; Entscheidung bei Unzulässigkeit]

(1) [1]Für das Berufungsverfahren gelten die Vorschriften des Teils II entsprechend, soweit sich aus diesem Abschnitt nichts anderes ergibt. [2]§ 84 findet keine Anwendung.

(2) [1]Ist die Berufung unzulässig, so ist sie zu verwerfen. [2]Die Entscheidung kann durch Beschluß ergehen. [3]Die Beteiligten sind vorher zu hören. [4]Gegen den Beschluß steht den Beteiligten das Rechtsmittel zu, das zulässig wäre, wenn das Gericht durch Urteil entschieden hätte. [5]Die Beteiligten sind über dieses Rechtsmittel zu belehren.

§ 125 Abs 1 VwGO erklärt für das Berufungsverfahren die Vorschriften über das erstinstanzliche Hauptsacheverfahren grundsätzlich für entsprechend anwendbar. § 125 Abs 2 VwGO enthält eine Regelung zur erleichterten Verwerfung unzulässiger Berufungen durch Beschluss des OVG.

A. Allgemeines

1   § 125 VwGO wurde durch das 4. VwGOÄndG mit Wirkung vom 1.1.1991 neu gefasst. § 125 Abs 1 VwGO statuiert den Grundsatz, dass das Berufungsverfahren entsprechend den Vorschriften über das erstinstanzliche Hauptsacheverfahren zu gestalten ist. § 125 Abs 2 VwGO erleichtert die Verwerfung unzulässiger Berufungen im Beschlusswege. Eine teilweise an diesem Regelungsvorbild orientierte erleichterte Zurückweisung bzw Stattgabe einer zulässigen Berufung ist nunmehr über § 130a VwGO eröffnet.

B. Geltung der allgemeinen Verfahrensvorschriften für das Berufungsverfahren

2   Nach § 125 Abs 1 S 1 VwGO gelten die Vorschriften des Teils II mit Ausnahme des § 84 VwGO (§ 125 Abs 1 S 2 VwGO) für das **Berufungsverfahren** entsprechend, soweit sich aus dem 12. Abschnitt (dh §§ 124 bis 130b VwGO) nichts anderes ergibt. Hierdurch kommt der Grundsatz zum Ausdruck, dass das Berufungsverfahren grundsätzlich **denselben Verfahrensregeln** wie das erstinstanzliche Hauptsacheverfahren folgt. Das **Berufungszulassungsverfahren** zählt nach der systematischen Stellung des § 124a VwGO im 12. Abschnitt „Berufung" zum Berufungsverfahren iSd § 125 Abs 1 S 1 VwGO und ist daher gleichfalls nach diesen Verfahrensregeln durchzuführen (OVG Berlin-Brandenburg NVwZ-RR 2006, 360, 361; B/F-K/S/vA/Bader VwGO § 125 Rn 2; S/S/B/Meyer-Ladewig/Rudisile VwGO § 125 Rn 3; aA Eyermann/Happ VwGO § 125 Rn 1).

Die pauschale Anordnung einer „entsprechenden" Geltung der Vorschriften des Teils II ist etwas **2.1** unpräzise, da zumal die Vorschriften des 7. Abschnitts (§§ 54 bis 67a VwGO) als **allgemeine** Verfahrensvorschriften ohnehin auch für das Berufungsverfahren gelten (Sodan/Ziekow/Seibert VwGO § 125 Rn 10). So gilt nicht zuletzt § 67 Abs 4 VwGO im Berufungsverfahren vor dem OVG unmittelbar und nicht nur entsprechend. Insoweit ist § 125 Abs 1 S 1 VwGO als klarstellende Regelung zu verstehen, die betreffenden Vorschriften sind jedoch unmittelbar anzuwenden (Sodan/Ziekow/Seibert VwGO § 125 Rn 10, 12).

Auch die Einschränkung, dass die entsprechende Geltung der Vorschriften des Teils II aus- **2.2** geschlossen ist, wenn sich aus §§ 124 bis 130b VwGO ein anderes ergibt, ist nicht wörtlich, sondern sinngemäß zu verstehen. Selbst wenn die Geltung einer bestimmten Verfahrensvorschrift nicht ausdrücklich ausgeschlossen ist, hängt ihre Anwendbarkeit davon ab, ob sie ihrem **Regelungsgehalt** und **Wesen** nach in dem Berufungsverfahren Anwendung finden kann (B/F-K/S/vA/Bader VwGO § 125 Rn 2). Aus diesem Grund sind sowohl die Vorschriften über das Vorverfahren (§§ 68 bis 79 VwGO) als auch über die Klageerhebung (§ 81 VwGO) nicht auf das Berufungsverfahren anwendbar (B/F-K/S/vA/Bader VwGO § 125 Rn 2), freilich möglicherweise im Rahmen der Entscheidung über die Berufung bei der Prüfung des erstinstanzlichen Urteils maßgeblich (Sodan/Ziekow/Seibert VwGO § 125 Rn 13). Desgleichen finden die Vorschriften über das Eilverfahren (§§ 80 bis 80b VwGO, § 123 VwGO) im Berufungsverfahren als einem Hauptsacheverfahren ebensowenig Anwendung wie im erstinstanzlichen Verfahren, knüpfen freilich teilweise an dasselbe an, namentlich zur aufschiebenden Wirkung (Sodan/Ziekow/Seibert VwGO § 125 Rn 13). Zu den entsprechend anwendbaren Vorschriften im Einzelnen Sodan/Ziekow/Seibert VwGO § 125 Rn 14 ff.

Wenn das **OVG** als **erstinstanzlich** zuständiges Gericht in einem Klageverfahren ent- **3** scheidet (§ 48 VwGO), gelten die diesbezüglichen Vorschriften, nicht diejenigen über das Berufungsverfahren. Auch der Erlass eines Gerichtsbescheides nach § 84 VwGO ist in einem solchen Verfahren vor dem OVG zulässig. Bei **Normenkontrollverfahren** vor dem OVG (§ 47 VwGO) finden die Vorschriften des Teils II entsprechende Anwendung, nicht jedoch § 84 VwGO (B/F-K/S/vA/Stuhlfauth VwGO § 84 Rn 3; Kopp/Schenke VwGO § 84 Rn 3).

C. Entscheidung bei unzulässiger Berufung

I. Unzulässigkeit einer Berufung

Eine **unzulässige** Berufung ist zu **verwerfen** (§ 125 Abs 2 S 1 VwGO). Das OVG prüft **4** **von Amts wegen**, ob eine eingelegte Berufung zulässig ist. Die Zulässigkeitsvoraussetzungen der Berufung müssen zur **vollen Überzeugung** des Gerichts bewiesen sein (BGH NJW 2007, 1457; NJW-RR 2012, 509, 510), dh es gelten insoweit die gleichen Anforderungen wie nach § 108 Abs 1 S 1 VwGO. Jedoch verschafft sich das Gericht die Überzeugung über das Vorliegen von Zulässigkeitsvoraussetzungen ohne Beschränkung auf die gesetzlichen Beweismittel im Wege des **Freibeweises** (BGH NJW 2007, 1457; NJW-RR 2012, 509, 510), so dass neben den üblichen Beweismitteln auch eidesstaatliche Versicherungen zu berücksichtigen sind (BGH NJW-RR 2012, 509, 510). Die Zulässigkeit der Berufung darf nur dann offen gelassen werden, wenn sich hieraus keine Auswirkungen auf die materielle Rechtskraft ergeben (B/F-K/S/vA/Bader VwGO § 125 Rn 5), insbes dann, wenn die Berufung aus den Gründen der angefochtenen Entscheidung auch unbegründet ist (Sodan/Ziekow/Seibert VwGO § 125 Rn 39).

Eine Berufung ist insbes unzulässig, wenn sie trotz Zulassungsbedürftigkeit **nicht zuge-** **5** **lassen** ist, ferner dann, wenn sie zwar zugelassen, aber **nicht fristgerecht** oder nicht ordnungsgemäß begründet worden ist (§ 124a Abs 3 S 5 VwGO, ggf iVm § 124a Abs 6 S 3 VwGO).

Ist die Berufung zugelassen worden, so kann sie nicht mit der Begründung als unzulässig **6** verworfen werden, dass die Zulassung zu Unrecht erfolgt sei und Zulassungsgründe in Wirklichkeit nicht vorlägen oder nicht ordnungsgemäß dargelegt worden seien (§ 124a VwGO Rn 12). Darüber hinaus entfaltet die Berufungszulassung keine Bindungswirkung. Die Zulässigkeit der Berufung kann deshalb auch aus Gründen verneint werden, die bereits die Ablehnung der Berufungszulassung gerechtfertigt hätten, wie zB die fehlende Beschwer, ein fehlendes Rechtsschutzinteresse, fehlende Prozess-, Beteiligten- oder Postulationsfähigkeit (Kopp/Schenke VwGO § 125 Rn 4; Sodan/Ziekow/Seibert VwGO § 124a Rn 304).

Die Zulässigkeit der Berufung ist eine Prozessvoraussetzung, von der das gesamte weitere Verfahren nach Einlegung der Berufung abhängt und daher in jedem Verfahrensstadium von Amts wegen zu prüfen ist (BGH NJW 2011, 926, 927).

II. Verwerfung durch Urteil oder Beschluss

7   Nach § 125 Abs 1 S 1 VwGO iVm § 107 VwGO ist auch über die Berufung grundsätzlich durch **Urteil** zu entscheiden. Eine Ausnahme hiervon ist nur zulässig, wenn sie gesetzlich vorgesehen ist, also nur in den Fällen des § 125 Abs 2 VwGO und des § 130a VwGO. § 125 Abs 2 VwGO ermöglicht zur Vereinfachung und Beschleunigung des Verfahrens eine Verwerfung unzulässiger Berufungen durch **Beschluss**. Eine Verwerfung durch Beschluss ist auch noch zulässig, nachdem eine mündliche Verhandlung stattgefunden hat.

8   Ob das OVG über eine unzulässige Berufung durch Urteil oder durch Beschluss entscheidet, steht in seinem **Ermessen** (BVerwGE 72, 59, 62 = NJW 1986, 1368). Bei lediglich teilweiser Unzulässigkeit der Berufung wird idR eine einheitliche Entscheidung durch Urteil sinnvoll sein, damit es nicht zu mehreren Entscheidungen über dieselbe Berufung kommt (B/F-K/S/vA/Bader VwGO § 125 Rn 7).

9   Der Beschluss ist **zu begründen** (§ 125 Abs 1 S 1 VwGO iVm § 122 Abs 2 S 1 VwGO), bedarf aber keines Tatbestandes gem § 117 VwGO (§ 125 Abs 1 S 1 VwGO iVm § 122 Abs 1 VwGO). Er muss jedoch hinreichend verlässlich erkennen lassen, von welchen **tatsächlichen Grundlagen** das OVG bei seiner Entscheidung ausgegangen ist, entweder durch Bezugnahme auf den Tatbestand des erstinstanzlichen Urteils, durch Bezugnahme auf eine ausreichende Sachverhaltsdarstellung im Berufungszulassungsbeschluss oder durch Darstellung in den Beschlussgründen selbst (BVerwGE 109, 272, 273 = NVwZ 2000, 73, 74).

III. Vorherige Anhörung

10   Nach § 125 Abs 2 S 3 VwGO ist den Beteiligten **vor Verwerfung der Berufung**, nicht hingegen auch vor Verwerfung eines unzulässigen Antrags auf Zulassung der Berufung (OVG Münster NVwZ-RR 2012, 872), **rechtliches Gehör** zu gewähren. An die **Anhörungsmitteilung** sind in formeller und inhaltlicher Hinsicht **strenge Anforderungen** zu stellen, da sie es dem OVG ermöglicht, ohne die auch im Berufungsverfahren grundsätzlich vorgesehene (BVerwG NVwZ 2009, 59) mündliche Verhandlung (§ 125 Abs 1 VwGO, § 101 Abs 1 VwGO) zu entscheiden (BVerwG NVwZ 1999, 1107). Die Anhörungsmitteilung muss **unmissverständlich** erkennen lassen, **dass** das OVG eine Verwerfung der Berufung als unzulässig in Betracht zieht. Die Mitteilung der **Gründe** ist nicht vorgeschrieben (aA F/K/S/Schäfer VwGO § 125 Rn 8), aber zweckmäßig, um den Beteiligten eine substantiierte Stellungnahme zu ermöglichen, und jedenfalls dann unabdingbar, wenn es sonst zu einer unzulässigen Überraschungsentscheidung käme (Sodan/Ziekow/Seibert VwGO § 125 Rn 47). Ergibt sich die Unzulässigkeit aus einem möglicherweise (zB durch Wiedereinsetzung) **behebbaren Fehler**, ist der Berufungskläger hierauf **hinzuweisen** (BGH NJW 1991, 2081; B/F-K/S/vA/Bader VwGO § 125 Rn 12; Kugele VwGO § 125 Rn 7; Wysk/Kuhlmann VwGO § 125 Rn 6). Eine Anhörung nach § 125 Abs 2 S 3 VwGO deckt aufgrund ihres anderen Gegenstandes keine Zurückweisung der Berufung als unbegründet gem § 130a VwGO (BVerwG NVwZ-RR 2004, 220, 221).

11   Die Anhörungsmitteilung muss nicht mit einer bestimmten **Äußerungsfrist** verbunden werden, doch ist die explizite Setzung einer **angemessenen** Äußerungsfrist üblich und zur Vermeidung von Unsicherheiten und Streitigkeiten sinnvoll (BVerwG NVwZ 2005, 466). Wird die Anhörungsmitteilung mit einer Äußerungsfrist verbunden, muss die Fristsetzung wegen ihrer rechtlichen Tragweite von dem Vorsitzenden oder dem Berichterstatter unterzeichnet und die Anhörungsmitteilung gem § 56 Abs 1 VwGO **zugestellt** werden (BVerwG Buchholz 310 § 130a VwGO Nr 11), und zwar gem § 56 Abs 2 VwGO von Amts wegen nach den Vorschriften der ZPO. Eine Entscheidung vor Ablauf der gesetzten Frist verletzt den Anspruch auf rechtliches Gehör (Art 103 Abs 1 GG). Es müssen auch **kurz vor Fristablauf** eingehende Stellungnahmen berücksichtigt werden. Es ist ratsam, diese Berücksichtigung im Beschluss ausdrücklich festzuhalten (BVerwG NJW 1998, 553; B/F-K/S/vA/Bader VwGO § 125 Rn 10). Einen Antrag auf Einräumung einer bestimmten Äußerungsfrist oder

einen innerhalb der Äußerungsfrist gestellten Antrag auf Verlängerung der gesetzten Äußerungsfrist muss das OVG bescheiden, bevor es zur Sache entscheidet (BVerwG NVwZ 2005, 466).

Hat das OVG keine bestimmte Äußerungsfrist gesetzt, dann muss es vor seiner Ent- **12** scheidung eine angemessene Zeit zuwarten und im übrigen jede Stellungnahme berücksichtigen, die bis zur Herausgabe seiner Entscheidung zur Versendung an die Beteiligten eingeht (BVerwG NVwZ 2005, 466).

Das Unterbleiben einer ordnungsgemäßen Anhörung begründet einen Verstoß gegen das **13** Gebot der Gewährung **rechtlichen Gehörs**, mit der Folge, dass die Entscheidung gem § 138 Nr 3 VwGO stets als auf der Verletzung von Bundesrecht beruhend anzusehen ist (BVerwG NVwZ 1999, 1107). Eine mangelhafte Anhörungsmitteilung kann jedoch nicht mehr als Verfahrensfehler gerügt werden, wenn durch rügeloses Einlassen **Rügeverlust** eingetreten ist (BVerwG Buchholz 310 § 125 VwGO Nr 14).

IV. Rechtsmittel und Rechtsmittelbelehrung

Gegen den Beschluss nach § 125 Abs 2 S 2 VwGO steht den Beteiligten das Rechtsmittel **14** zu, das zulässig wäre, wenn das OVG durch Urteil entschieden hätte (§ 125 Abs 2 S 4 VwGO), falls zugelassen also die Revision (§ 132 Abs 1 VwGO), sonst die Beschwerde gegen die Nichtzulassung der Revision (§ 133 Abs 1 VwGO). Die Beteiligten sind hierüber zu belehren (§ 125 Abs 2 S 5 VwGO).

Hat das OVG trotz Unzulässigkeit der Berufung in der Sache entschieden, kann auch **15** noch das BVerwG die Berufung als unzulässig verwerfen, da die Unzulässigkeit der Berufung als Mangel einer Sachurteilsvoraussetzung in jedem Verfahrensstadium und damit auch im Revisionsverfahren von Amts wegen zu beachten ist (BVerwGE 71, 73, 74 = NJW 1986, 862).

Wenn eine Berufung rechtskräftig als unzulässig verworfen worden ist, kann die Partei **16** von diesem Rechtsmittel nochmals Gebrauch machen, sofern die Rechtsmittelfrist noch nicht abgelaufen ist (BVerwG NVwZ 1998, 170, 172). Die Bindungswirkung der früheren Verwerfungsentscheidung hindert nicht, nunmehr die Zulässigkeit des Rechtsmittels zu bejahen, wenn der Sachverhalt nunmehr in entscheidungserheblichen Punkten anders liegt, insbes der zur Verwerfung der ersten Berufung führende Mangel behoben worden ist (BVerwG NVwZ 1998, 170, 172).

§ 126 [Zurücknahme der Berufung]

(1) ¹**Die Berufung kann bis zur Rechtskraft des Urteils zurückgenommen werden.** ²**Die Zurücknahme nach Stellung der Anträge in der mündlichen Verhandlung setzt die Einwilligung des Beklagten und, wenn ein Vertreter des öffentlichen Interesses an der mündlichen Verhandlung teilgenommen hat, auch seine Einwilligung voraus.**

(2) ¹**Die Berufung gilt als zurückgenommen, wenn der Berufungskläger das Verfahren trotz Aufforderung des Gerichts länger als drei Monate nicht betreibt.** ²**Absatz 1 Satz 2 gilt entsprechend.** ³**Der Berufungskläger ist in der Aufforderung auf die sich aus Satz 1 und § 155 Abs. 2 ergebenden Rechtsfolgen hinzuweisen.** ⁴**Das Gericht stellt durch Beschluß fest, daß die Berufung als zurückgenommen gilt.**

(3) ¹**Die Zurücknahme bewirkt den Verlust des eingelegten Rechtsmittels.** ²**Das Gericht entscheidet durch Beschluß über die Kostenfolge.**

Die Zurücknahme der Berufung ist nach ähnlichen Maßgaben möglich wie die Klagerücknahme, nach Stellung der Anträge in der mündlichen Verhandlung jedoch nur mit Einwilligung des Berufungsbeklagten und ggf des Vertreters des öffentlichen Interesses (Rn 3). Sie bewirkt den Verlust der Berufung (Rn 20). Bei Nichtbetreiben des Berufungsverfahrens trotz Aufforderung des Gerichts wird die Berufungszurücknahme gesetzlich fingiert (Rn 12).

Übersicht

A. Allgemeines

1   § 126 VwGO regelt die Zurücknahme der Berufung im Wesentlichen in derselben Weise wie § 92 VwGO die Zurücknahme der Klage, weshalb die zur Klagerücknahme entwickelten Grundsätze im Wesentlichen zu übertragen sind. Anders als die – auch noch im Berufungsverfahren mögliche – Klagerücknahme (Rn 5) betrifft die Zurücknahme der Berufung jedoch nur das Rechtsmittel und führt, wenn nicht Berufungen anderer Beteiligter anhängig bleiben, mit Ablauf der Berufungsfrist zur Rechtskraft des Urteils.

2   § 126 Abs 2 VwGO wurde durch das 6. VwGOÄndG v 1.11.1996 in Ergänzung der gesetzlichen Regelung des § 92 Abs 2 VwGO zur fingierten Klagerücknahme eingefügt (BT-Drs 13/3993, 13). Allerdings wurde § 126 VwGO durch das 1. JustizmodernisierungsG v 24.8.2004 nicht an die Änderungen des § 92 VwGO angepasst. Die Frist für die Rücknahmefiktion in § 126 Abs 2 VwGO ist nunmehr einen Monat länger als die in § 92 Abs 2 VwGO. Außerdem kennt § 126 VwGO nicht die in § 92 Abs 1 S 3 VwGO vorgesehene Einwilligungsfiktion.

B. Zurücknahme der Berufung
I. Erklärung der Berufungsrücknahme
1. Zurücknahme der Berufung

3   Nach § 126 Abs 1 S 1 VwGO kann die Berufung **bis zur Rechtskraft** des Urteils des OVG **zurückgenommen** werden. Infolgedessen kann die Berufung auch noch bei Anhängigkeit der Nichtzulassungsbeschwerde bzw der Revision zurückgenommen werden (BVerwG NVwZ 1995, 372; Redeker/v Oertzen/M. Redeker VwGO, § 126 Rn 1; Sodan/ Ziekow/Blanke VwGO § 126 Rn 6; Wysk/Kuhlmann VwGO § 126 Rn 3; aA Gärditz/ Dietz VwGO § 126 Rn 14), was zur Erledigung des Nichtzulassungsbeschwerde- bzw des Revisionsverfahrens führt (BVerwG NVwZ 1995, 372). Bei mehreren oder teilbaren Streitgegenständen (§ 124 VwGO Rn 13) ist eine **teilweise** Berufungsrücknahme möglich (B/F-K/S/vA/Bader VwGO § 126 Rn 2). Ist eine Teilbarkeit nicht gegeben, ist die erklärte teilweise Berufungsrücknahme unwirksam und die Berufung nicht zurückgenommen.

4   Die Rücknahmeerklärung (zur Auslegung S/S/B/Meyer-Ladewig/Rudisile VwGO § 126 Rn 5) ist eine **bedingungsfeindliche** (BGH NJW-RR 2008, 85, 86) sowie **unanfechtbare** und **unwiderrufliche Prozesshandlung** (BGH NJW 2007, 1460, 1461; NJW 2007, 3640, 3643). Die Bindung an die Rücknahmeerklärung besteht bei erforderlicher Einwilligung zur Berufungsrücknahme (Rn 8) bis zur Versagung der Einwilligung; die Rücknahmeerklärung ist auch während des Schwebezustandes nicht widerruflich (OVG Münster BeckRS 2007, 27202). Der Widerruf **einer Rücknahmeerklärung** ist nur unter bestimmten engen Voraussetzungen zulässig, nämlich wenn ein Festhalten an der Erklärung Treu und Glauben widersprechen würde (BVerwG NVwZ 2006, 834, 835), etwa bei einem für Gericht und Prozessgegner sogleich offenbaren und in diesem Sinne offenkundigen Versehen (BVerwG NVwZ 1997, 1210, 1211; BeckRS 2007, 27721; BGH NJW 2007, 3640, 3643; OVG Weimar NVwZ-RR 2001, 411), wenn der Prozessbevollmächtigte die Rücknahme aufgrund eines **offensichtlichen Irrtums über den wirklichen Willen** des Rechtsmittelführers erklärt (BGH NJW-RR 2008, 85, 86), wenn ein Wiederaufnahmegrund

gegeben ist (BVerwG NVwZ 1997, 1210, 1211; NVwZ 2006, 834, 835; BGH NJW 2007, 3640, 3643; OVG Münster BeckRS 2007, 27202), oder wenn die Rücknahme durch eine strafbare Handlung erschlichen wurde (BGH NJW 2007, 3640, 3643). Ausnahmsweise kann eine Rücknahmeerklärung auch unwirksam bzw widerrufbar sein, wenn der Beteiligte durch eine **unrichtige richterliche Belehrung oder Empfehlung** zu der Erklärung bewogen wurde (BFH NJW 2006, 255, 256; OVG Münster BeckRS 2007, 27202). Ein bloßer **Motivirrtum ist unbeachtlich** und rechtfertigt selbst dann keinen Widerruf der Rücknahmeerklärung, wenn der Motivirrtum offensichtlich ist (BGH NJW-RR 2008, 85, 86).

Nach dem BFH kann eine Rücknahmeerklärung unwirksam sein, wenn diese auf einer un- **4.1** zulässigen Beeinflussung durch die Behörde oder das Gericht beruht, und zwar in Ausnahmefällen auch dann, wenn die Rücknahme von einem rechtskundigen Prozessbevollmächtigten erklärt wird (BFH NJW 2006, 255, 256). Der BFH hat mit Blick auf die sich aus Art 86 Abs 3 VwGO ergebende „prozessuale Garantenstellung" einen solchen Ausnahmefall einer unwirksamen Rücknahmeerklärung angenommen, nachdem der Vorsitzende Richter des angerufenen Senats vor dem Hintergrund einer verfahrensrechtlich komplizierten Rechtslage schriftlich den (unzutreffenden) richterlichen Hinweis gegeben hatte, dass gegen die Zulässigkeit Bedenken bestehen, und eine Zurückweisung als unzulässig in Aussicht gestellt wurde (BFH NJW 2006, 255, 256). Allein eine aus Sicht des Betroffenen falsche Behandlung der Sache durch das Gericht kann jedoch nicht zur Widerruflichkeit einer Rücknahmeerklärung führen, vielmehr muss der Betroffene hier eine Korrektur im Rechtswege anstreben (OVG Münster BeckRS 2007, 27202).

Legen namens des unterlegenen Beteiligten zwei Prozessbevollmächtigte unabhängig voneinan- **4.2** der Berufung ein und nimmt einer von ihnen später „die Berufung" ohne einschränkenden Zusatz zurück, zB dass die Rücknahme nur seine Prozesshandlung betreffen solle, so ist die Berufung insgesamt zurückgenommen, weil durch die mehrfache Einlegung nur ein einziges Berufungsverfahren anhängig geworden ist (vgl BGH NJW 2007, 3640, 3642).

Die Zurücknahme der Berufung ist von der **Klagerücknahme** zu unterscheiden. Wird **5** die Klage zurückgenommen, so wird das angefochtene **Urteil wirkungslos** (§ 173 S 1 VwGO iVm § 269 Abs 3 S 1 ZPO). Das Berufungsverfahren erledigt sich damit, das OVG entscheidet nur noch über die Kosten; die Wirkungslosigkeit des Urteils des VG kann deklaratorisch festgestellt werden. Gleiches gilt, wenn die Beteiligten in der Berufungsinstanz den Rechtsstreit in der **Hauptsache** übereinstimmend für **erledigt erklären** (BVerwG NVwZ 2012, 1558, 1559; OVG Berlin-Brandenburg BeckRS 2006, 23167). Werden sowohl die Rücknahme der Klage als auch der Berufung erklärt, geht die Klagerücknahme als weitergehende Erklärung vor (B/F-K/S/vA/Bader VwGO § 126 Rn 3; Kopp/Schenke VwGO § 126 Rn 5). Möglich ist auch eine **einseitige Erledigungserklärung** des Berufungsführers, durch die nicht der Rechtsstreit als solcher, sondern nur das Berufungsverfahren für erledigt erklärt wird; in diesem Fall ist die Erledigung des Berufungsverfahrens festzustellen, wenn dieses zulässig eingeleitet worden war und sich objektiv erledigt hat (VGH Mannheim NVwZ-RR 2007, 356, 357).

Ein **rechtsgeschäftliches Berufungsrücknahmeversprechen** ist ebenso möglich wie **5a** die rechtsgeschäftliche Vereinbarung eines Verzichts auf die Berufung (vgl VGH München NJW 2009, 247, 250). Der Wille, keine Berufung zu erheben bzw die Berufung zurückzunehmen, muss klar und deutlich zum Ausdruck kommen, das Versprechen muss außerdem den Vorschriften des materiellen Rechts entsprechen (VGH München NJW 2009, 247, 248). Es wirkt als **Einrede** hat zur Folge, dass die Berufung wegen Verstoßes gegen den Grundsatz von Treu und Glauben als unzulässig abzuweisen ist, wenn sich der Gegner auf diese Verpflichtung beruft (VGH München NJW 2009, 247, 250).

2. Adressat, Vertretungszwang, Form

Die Rücknahme der Berufung ist gegenüber dem **OVG** zu erklären, nicht gegenüber **6** dem VG (Kopp/Schenke VwGO § 126 Rn 3). Ist der Rechtsstreit beim BVerwG anhängig, so ist die Berufungsrücknahme gegenüber dem **BVerwG** zu erklären (Redeker/v Oertzen/ M. Redeker VwGO, § 126 Rn 1; Sodan/Ziekow/Blanke VwGO § 126 Rn 6; Wysk/ Kuhlmann VwGO § 126 Rn 3). Die Rücknahmeerklärung unterliegt dem **Vertretungszwang** (§ 67 Abs 4 S 1 VwGO). Ein nicht postulationsfähiger Berufungskläger ist jedoch befugt, die von ihm eingelegte und damit unzulässige Berufung selbst zurückzunehmen (B/

F-K/S/vA/Bader VwGO § 126 Rn 4; Gärditz/Dietz VwGO § 126 Rn 9; Redeker/v Oertzen/M. Redeker VwGO § 126 Rn 4; Wysk/Kuhlmann VwGO § 126 Rn 3).

7   Die Berufungsrücknahme ist **schriftlich** oder zu **richterlichem Protokoll** zu erklären, etwa in der mündlichen Verhandlung, einem Erörterungstermin (§ 87 Abs 1 S 2 Nr 1 VwGO) oder dem beauftragten oder ersuchten Richter (§ 96 Abs 2 VwGO). Eine Berufungsrücknahme zur Niederschrift des Urkundsbeamten ist nicht möglich (Kopp/Schenke VwGO § 126 Rn 3; S/S/B/Meyer-Ladewig/Rudisile VwGO § 126 Rn 3 Fn 12; aA Sodan/Ziekow/Blanke VwGO § 126 Rn 5).

3. Einwilligung

8   Die Zurücknahme der Berufung nach Stellung der Anträge in der mündlichen Verhandlung setzt die **Einwilligung** des Berufungsbeklagten (BVerwG NVwZ 1995, 372, 372) voraus (§ 126 Abs 1 S 2 VwGO). Zweck des Einwilligungserfordernisses ist es, das Interesse des Berufungsbeklagten an einer Sachentscheidung zu schützen und ihm die Früchte des weit vorangeschrittenen Berufungsverfahrens zu erhalten (vgl Sodan/Ziekow/Neumann VwGO § 140 Rn 21; rechtspolitisch krit Kopp/Schenke VwGO § 92 Rn 12) und eine etwaige Anschlussberufung zu sichern (Eyermann/Happ VwGO § 126 Rn 5; Sodan/Ziekow/Blanke VwGO § 126 Rn 6). **Antrag** in diesem Sinne ist der **mündlich gestellte**, durch Aufnahme in das Protokoll dokumentierte Antrag; die schriftsätzliche Ankündigung eines Antrags genügt nicht (BVerwG NVwZ 2009, 666, 667; Gärditz/Dietz VwGO § 126 Rn 10). Die Einwilligung ist Wirksamkeitsvoraussetzung (BVerwG NVwZ 1995, 372, 373). Hat ein **Vertreter des öffentlichen Interesses** (§ 36 VwGO) an der mündlichen Verhandlung teilgenommen, bedarf es auch seiner Einwilligung. Der Einwilligung sonstiger Beteiligter bedarf es nicht, auch nicht notwendig Beigeladener (Kopp/Schenke VwGO § 126 Rn 3).

9   Hat keine mündliche Verhandlung stattgefunden, weil die Beteiligten darauf verzichtet haben (§ 101 Abs 2 VwGO) oder weil das OVG in den Fällen des § 125 Abs 2 S 2 VwGO bzw § 130a VwGO durch Beschluss ohne mündliche Verhandlung (§ 101 Abs 3 VwGO) entscheiden will, ist die Rücknahme der Berufung ohne Einwilligung bis zum Ergehen der Entscheidung zulässig (Kopp/Schenke VwGO § 92 Rn 14; Redeker/v Oertzen/M. Redeker VwGO § 126 Rn 2; aA B/F-K/S/vA/Bader VwGO § 126 Rn 5; S/S/B/Meyer-Ladewig/Rudisile VwGO § 126 Rn 9; Wysk/Kuhlmann VwGO § 126 Rn 4).

9.1   Die Rücknahme der Berufung ist auch dann bis zur Stellung der Anträge ohne Einwilligung des Berufungsbeklagten zulässig, wenn der Verzicht auf eine mündliche Verhandlung erklärt war, das Berufungsgericht aber gleichwohl eine mündliche Verhandlung durchführt, zB wegen einer nach dem Verzicht auf mündliche Verhandlung eingelegten Anschlussberufung (BVerwG NVwZ 2009, 666; VGH München NVwZ-RR 2007, 720).

10   Die Einwilligung muss **gegenüber dem OVG** schriftlich oder zu Protokoll erklärt werden und unterliegt seit der Neufassung des § 67 Abs 4 S 1 VwGO dem **Vertretungszwang** (B/F-K/S/vA/Bader VwGO § 126 Rn 7; aA Gärditz/Dietz VwGO § 126 Rn 10 Fußn 11). Bei einem anwaltlich nicht vertretenen Berufungsbeklagten vom Vertretungszwang mit dem Argument abzusehen, ihn treffe wegen § 155 Abs 2 VwGO bei der Berufungsrücknahme keine Kostenlast und damit sei er nicht schutzbedürftig (Gärditz/Dietz VwGO § 126 Rn 10 Fußn 11), greift zu kurz, weil die Entscheidung, ob in die Berufungsrücknahme eingewilligt werden oder eine Berufungsentscheidung erzwungen werden soll, über die Kostenfrage hinaus prozesstaktische Überlegungen auch über das konkrete Streitverfahren hinaus erfordern kann, zB das Interesse am Erhalt eines obergerichtlichen Präjudizes. Bloßes Schweigen stellt weder eine Einwilligung noch deren Versagung dar (OVG Münster BeckRS 2007, 27202). Eine konkludente Einwilligung ist vorstellbar (OVG Münster BeckRS 2007, 27202), etwa in Gestalt eines Kostenfestsetzungsantrags (Kopp/Schenke VwGO § 126 Rn 3). Die Einwilligungsfiktion des § 92 Abs 1 S 3 VwGO bei der Klagerücknahme ist nicht entsprechend anwendbar (Kopp/Schenke VwGO § 126 Rn 3), da der Gesetzgeber mit § 126 Abs 1 VwGO die Berufungszurücknahme abschließend regeln wollte.

4. Zurücknahme der Berufung in der Revisionsinstanz

Die Berufungsrücknahme ist infolge der Hemmung der Rechtskraft des Urteils des OVG **11** (§ 133 Abs 4 VwGO) auch noch in der Revisionsinstanz möglich, nämlich entweder bis zur Zurückweisung der Nichtzulassungsbeschwerde (§ 133 Abs 5 S 3 VwGO) oder bis zu der rechtskräftigen Entscheidung des BVerwG. Eine während des Revisionsverfahrens erklärte Zurücknahme der Berufung kann auch dem BVerwG gegenüber erklärt werden. Sie führt zur Erledigung des Revisionsverfahrens. Das Urteil des OVG wird unwirksam (BVerwG NVwZ 1995, 372, 373).

II. Rücknahmefiktion

Nach § 126 Abs 2 S 1 VwGO gilt die Berufung als zurückgenommen, wenn der **12** Berufungskläger das Verfahren trotz Aufforderung des Gerichts länger als drei Monate nicht betreibt. Nach § 126 Abs 2 S 2 VwGO iVm § 126 Abs 1 S 2 VwGO setzt diese Rechtsfolge jedoch die Einwilligung des Berufungsbeklagten sowie ggf des Vertreters des öffentlichen Interesses voraus. Die Fiktion der Berufungsrücknahme gem § 126 Abs. 2 VwGO gründet ebenso wie die Fiktion der Klagerücknahme gem § 92 Abs 2 VwGO auf einem unterstellten Wegfall des Rechtsschutzinteresses wegen Nichtbetreibens des Verfahrens (BVerfG NVwZ 2013, 136, 138). Als solches ist die Rücknahmefiktion verfassungsrechtlich nicht zu beanstanden, muss jedoch wegen der möglicherweise irreversiblen Folgen im Lichte des Art 19 Abs 4 S 1 GG als Ausnahme eng ausgelegt werden (BVerfG NVwZ 2013, 136, 138; Wysk/ Kuhlmann VwGO § 126 Rn 6).

1. Betreibensaufforderung

Die Aufforderung steht im **Ermessen** des OVG und ergeht durch nicht selbständig **13** anfechtbare (§ 146 Abs 2 VwGO) **prozessleitende Verfügung** des Vorsitzenden oder Berichterstatters (OVG Lüneburg NVwZ 1998, 529). Sie muss inhaltlich klar bestimmt auf die Vornahme konkreter Verfahrenshandlungen gerichtet sein (VGH Kassel NVwZ-RR 1999, 4; B/F-K/S/vA/Bader VwGO § 126 Rn 10).

Da die Betreibensaufforderung die Frist des § 126 Abs 2 S 1 VwGO auslöst, muss sie nach **14** § 56 VwGO förmlich **zugestellt** werden (VGH München NVwZ 1998, 528, 529). Sie muss nach § 126 Abs 2 S 3 VwGO eine **Belehrung** über die Konsequenzen weiteren Nichtbetreibens sowie über die Kostentragungspflicht gem § 155 Abs 2 VwGO enthalten, sonst tritt die gesetzliche Rücknahmefiktion nicht ein.

2. Konkreter Anlass

Die fiktive Berufungszurücknahme setzt ebenso wie die fiktive Klagerücknahme nach **15** § 92 Abs 2 S 1 VwGO aus verfassungsrechtlichen Gründen (Art 19 Abs 4 GG, Art 103 Abs 1 GG) voraus, dass im Zeitpunkt des Erlasses der Betreibensaufforderung nach dem bisherigen Gang des Verfahrens aufgrund des fallbezogenen Verhaltens des Berufungsklägers, zB aus der Verletzung prozessualer Mitwirkungspflichten, **sachlich begründete Anhaltspunkte** für sein Desinteresse an der weiteren Verfolgung seines Begehrens bestanden und damit der Schluss auf einen **Wegfall seines Rechtsschutzinteresses** gerechtfertigt war (BVerfG NVwZ 1994, 62, 63; NVwZ 2013, 136, 138; BVerwG NVwZ 2001, 918). Diesbezügliche Anhaltspunkte können sich insbes aus einer Verletzung der prozessualen Mitwirkungspflichten ergeben (BVerfG NVwZ 2013, 136, 138). Die Betreibensaufforderung ist hingegen kein Hilfsmittel zur vorsorglichen Sanktionierung prozessleitender Verfügungen (BVerwG NVwZ 2001, 918). Fehlt es an der Voraussetzung für den Erlass einer Betreibensaufforderung, tritt die Wirkung der Rücknahmefiktion nicht ein und bleibt das Berufungsverfahren anhängig (BVerwG NVwZ 2001, 918).

3. Betreiben

Zur Vermeidung der Rücknahmefiktion muss der Berufungskläger das Verfahren betrei- **16** ben, dh grundsätzlich die ihm in der Betreibensaufforderung aufgegebene Handlung vornehmen. Unzureichendes Betreiben steht dem Nichtbetreiben gleich. Waren dem Berufungskläger mehrere Handlungen aufgegeben worden, liegt kein Nichtbetreiben vor, wenn er zumindest eine davon rechtzeitig und ordnungsgemäß vornimmt (Kopp/Schenke VwGO § 92 Rn 22), es sei denn, diese ist zur Erfüllung seiner prozessualen Mitwirkungspflicht offensichtlich von nur untergeordneter Bedeutung (BVerwG NVwZ 1987, 605, 606).

17   Die bloße Erklärung, das Verfahren betreiben zu wollen, genügt ebensowenig wie die Beteuerung, nach wie vor ein Rechtsschutzinteresse zu haben. Jedoch kann, wenn dem Betroffenen die fristgerechte Vornahme der Handlung nicht möglich ist, der Eintritt der Rücknahmefiktion verhindert werden, wenn er innerhalb der Frist substantiiert darlegt, weshalb ihm die Handlung nicht möglich und weshalb das Rechtsschutzinteresse trotz der bestehenden Zweifel nicht entfallen ist (BVerfG NVwZ 1994, 62, 63; NVwZ 2013, 136, 138).

18   Die Dreimonatsfrist des § 126 Abs 2 S 1 VwGO kann **nicht verlängert** werden (VGH München NVwZ 1998, 528, 529). Einer solchen Verlängerungsmöglichkeit bedarf es auch nicht, da der Eintritt der Rücknahmefiktion bereits durch die substantiierte Darlegung verhindert werden kann, weshalb die fristgerechte Handlung nicht innerhalb der drei Monate möglich ist (Rn 17). Die Vornahme der erbetenen Handlung nach Fristablauf kann die eingetretene Rücknahmefiktion nicht mehr beseitigen. **Wiedereinsetzung** in den vorigen Stand nach § 60 VwGO ist möglich (S/S/B/Meyer-Ladewig/Rudisile VwGO § 126 Rn 22; Wysk/Kuhlmann VwGO § 126 Rn 8; aA Kopp/Schenke VwGO § 126 Rn 8). Diese soll jedoch nach hM nur bei Fristversäumnis infolge **höherer Gewalt** gewährt werden (BVerwG NVwZ 1987, 605, 606; NVwZ-RR 1991, 443, 445; VGH München NVwZ 1998, 528, 529). Diese Einschränkung findet im Gesetz keine Grundlage und ist abzulehnen (B/F-K/S/vA/Bader VwGO § 126 Rn 11; S/S/B/Meyer-Ladewig/Rudisile VwGO § 126 Rn 22).

4. Wirkung

19   Wenn die sonstigen Voraussetzungen vorliegen, tritt die Rücknahmefiktion mit fruchtlosem Fristablauf kraft Gesetzes ein und führt zu einer vom OVG zwingend zu beachtenden **Verfahrenserledigung**. Das OVG kann die kraft Gesetzes eingetretene Erledigung nicht im Nachhinein beseitigen und darf nicht unter Weiterführung des Berufungsverfahrens zur Sache entscheiden (BVerwG NVwZ-RR 1991, 443, 445). Das OVG, und zwar der Vorsitzende oder Berichterstatter, nicht notwendig der Senat (Eyermann/Happ VwGO § 126 Rn 8; Kopp/Schenke VwGO § 126 Rn 9; Wysk/Kuhlmann VwGO § 126 Rn 9; aA VGH München BayVBl 2001, 21; B/F-K/S/vA/Bader VwGO § 126 Rn 14), stellt durch **deklaratorischen Beschluss** fest, dass die Berufung als zurückgenommen gilt (§ 126 Abs 2 S 4 VwGO). Der Beschluss ist **unanfechtbar** (VGH München NVwZ 1999, 896, 897).

III. Wirkung der Zurücknahme der Berufung

20   Die erklärte oder gesetzlich fingierte Zurücknahme der Berufung bewirkt den **Verlust der eingelegten Berufung** (§ 126 Abs 3 S 1 VwGO). Solange die Frist zur Einlegung und Begründung noch nicht abgelaufen ist, kann nach Zurücknahme **erneut Berufung** eingelegt werden (Kopp/Schenke VwGO § 126 Rn 2). Ein anderes gilt nur, wenn die Zurücknahme zugleich einen **Verzicht** auf die Berufung beinhaltet. Dies ist ggf durch Auslegung der Erklärung zu ermitteln. Ein **Rechtsmittelverzicht** muss wegen seiner weitreichenden Folgen klar und unmissverständlich formuliert sein und darf keinen Zweifel am Willen lassen, das Urteil unwiderruflich als endgültig hinzunehmen (BAG NJW 2006, 1995, 1996; VGH München NJW 2009, 247, 248). Erforderlich und ausreichend ist, dass die Beteiligten den klaren und eindeutigen Willen zum Ausdruck gebracht haben, das erstinstanzliche Urteil hinnehmen zu wollen (OVG Münster NJW 2012, 872). Die Wirksamkeit eines in der mündlichen Verhandlung erklärten Rechtsmittelverzichts ist nicht davon abhängig, dass er ordnungsgemäß protokolliert wurde (BGH NJW-RR 2007, 1451).

21   Die Zurücknahme der Berufung wirkt auch bei Streitgenossen nur für den Beteiligten, der sie erklärt hat (Kopp/Schenke VwGO § 126 Rn 4). Liegt der Fall einer eigentlichen notwendigen Streitgenossenschaft vor, bleibt der Berufungskläger, der die Berufung zurück-

genommen hat, solange Berufungskläger, solange noch ein anderer die Berufung aufrechterhält (Kopp/Schenke VwGO § 126 Rn 4).

Soweit nicht Berufungen anderer Beteiligter anhängig bleiben, wird das Urteil des VG **22** mit Ablauf der Berufungsfrist rechtskräftig. Ergeht trotz Zurücknahme der Berufung ein Berufungsurteil, so ist dieses unwirksam, was vom BVerwG nach eingelegter Revision deklaratorisch festzustellen ist (BVerwG NVwZ 1997, 1210).

Ist das Berufungsverfahren durch Zurücknahme der Berufung erledigt, wird das Berufungs- **23** verfahren entsprechend § 92 Abs 3 S 1 VwGO durch Beschluss **eingestellt** (OVG Münster NVwZ-RR 2007, 212) und über die **Kosten** entschieden (§ 126 Abs 3 S 2 VwGO). Dieser Beschluss ist **unanfechtbar**. War bei Rücknahme der Berufung bereits ein Berufungsurteil ergangen, ist dieses im Einstellungsbeschluss für unwirksam zu erklären (B/F-K/S/vA/Bader VwGO § 126 Rn 20; S/S/B/Meyer-Ladewig/Rudisile VwGO § 126 Rn 26).

> Hat das OVG die Streitwertfestsetzung abgeändert und wird hierdurch die erstinstanzliche **23.1** Kostenentscheidung offensichtlich unrichtig, so ist die Kostenentscheidung im Einstellungsbeschluss zu ändern (OVG Münster NVwZ-RR 2007, 212, 213).

IV. Rücknahmestreit

Wird die Wirksamkeit der Rücknahmeerklärung oder das Vorliegen der Voraussetzungen **24** einer Rücknahmefiktion **bestritten**, ist zur Klärung dieses Streites auf Antrag das Berufungsverfahren **fortzusetzen** und darüber durch Urteil oder durch Beschluss nach § 130a VwGO zu entscheiden (BVerfG NVwZ 1998, 1173; BVerwG NVwZ 1997, 1210, 1211; OVG Lüneburg NVwZ 1998, 529; VGH München NVwZ 1999, 896, 897). Wird die Wirksamkeit der Zurücknahme bejaht, wird in der Endentscheidung festgestellt, dass die Berufung zurückgenommen ist. Wird die Wirksamkeit der Zurücknahme bzw die Voraussetzung der Rücknahmefiktion verneint, kann dies entweder durch (anfechtbares) Zwischenurteil ausgesprochen oder in den Gründen des nach Fortsetzung des Berufungsverfahrens später ergehenden Endurteils in der Sache festgestellt werden (BVerwG NVwZ 1997, 1210, 1211).

§ 127 [Anschlussberufung]

(1) ¹**Der Berufungsbeklagte und die anderen Beteiligten können sich der Berufung anschließen. ²Die Anschlussberufung ist bei dem Oberverwaltungsgericht einzulegen.**

(2) ¹**Die Anschließung ist auch statthaft, wenn der Beteiligte auf die Berufung verzichtet hat oder die Frist für die Berufung oder den Antrag auf Zulassung der Berufung verstrichen ist. ²Sie ist zulässig bis zum Ablauf eines Monats nach der Zustellung der Berufungsbegründungsschrift.**

(3) ¹**Die Anschlussberufung muss in der Anschlussschrift begründet werden. ²§ 124a Abs. 3 Satz 2, 4 und 5 gilt entsprechend.**

(4) Die Anschlussberufung bedarf keiner Zulassung.

(5) Die Anschließung verliert ihre Wirkung, wenn die Berufung zurückgenommen oder als unzulässig verworfen wird.

Die zulassungsfreie Anschlussberufung gibt dem Berufungsbeklagten im Interesse der prozessualen Waffengleichheit ein Instrument an die Hand, selbst nach Verzicht auf die eigene Berufung oder nach Versäumung der Berufungsfrist die Berufung „aufzubrechen" und im Sinne einer Gegenberufung den Berufungskläger dem Risiko eine reformatio in peius auszusetzen.

Übersicht

A. Allgemeines

1 „Anschließung" an die Berufung meint nicht Unterstützung der Berufung, sondern bezeichnet eine Antragstellung innerhalb einer fremden Berufung (BVerwG NVwZ-RR 1998, 457; NVwZ 2008, 314). Es handelt sich der Sache nach um eine privilegierte **Gegenberufung** mit dem Ziel, dem Berufungskläger einen Vorteil aus dem erstinstanzlichen Urteil zu nehmen, den er ohne die Einlegung seiner Berufung hätte behalten können. Die Anschlussberufung ermöglicht es dem Berufungsbeklagten, den Berufungsantrag „aufzubrechen" und dem Berufungskläger ggf die Vorteile aus dem erstinstanzlichen Urteil zu nehmen. Sie dient der prozessualen **Waffengleichheit** und **Billigkeit** sowie der **Prozessökonomie** (BT-Drucks 14/6393, 13; BVerwGE 100, 104, 107 = NVwZ 1996, 803; BVerwG NVwZ-RR 2000, 233, 234). § 127 VwGO gilt entsprechend für die **Anschlussrevision** (§ 141 VwGO) sowie die **Anschlussbeschwerde** (VGH Mannheim NVwZ-RR 2012, 869; Kopp/Schenke VwGO § 127 Rn 24).

1.1 Ein an sich „friedfertiger" Beteiligter, der bei teilweisem Obsiegen und teilweisem Unterliegen in der ersten Instanz willens ist, sich mit dem Urteil zufriedenzugeben, kann so abwarten, ob sich auch die Gegenseite mit der Entscheidung abfindet, ohne durch die Versäumung der eigenen Berufungsfrist einseitig prozessuale Nacheile in Kauf nehmen zu müssen (BVerwG NVwZ-RR 2008, 214). Er muss nicht allein wegen einer möglichen Berufung des Gegners sicherheitshalber selbst Rechtsmittel einlegen, sondern kann noch selbst in den Prozess eingreifen, wenn das Rechtsmittel des Gegners erst kurz vor Ablauf der Rechtsmittelfrist eingelegt wird und er deshalb eine eigene Berufung nicht mehr führen kann. Zugleich soll die Anschließung einen möglichen Berufungskläger vor der leichtfertigen Einlegung der Berufung warnen. Infolge der Anschlussberufung entfällt die Bindung des OVG an den Antrag des Berufungsklägers (§ 129 VwGO), die anderenfalls eine Änderung zum Nachteil des Berufungsklägers verbietet (Verbot einer reformatio in peius). Im Rahmen der Anschlussberufung ist eine Entscheidung zu Ungunsten des Berufungsklägers möglich.

2 § 127 VwGO wurde durch das RmBereinVpG v 20.12.2001 grundlegend novelliert. Abweichend von der früheren Rechtslage wurde die Möglichkeit einer selbständigen Anschlussberufung aufgegeben, da hierfür kein Bedarf gesehen wurde (BT-Drs 14/6393, 13). Es ist nunmehr nur noch eine **unselbständige** Anschlussberufung möglich, die nach § 127 Abs 5 VwGO mit Rücknahme oder Verwerfung der Hauptberufung ihre Wirkung verliert (OVG Koblenz NVwZ-RR 2003, 317).

3 Die Einlegung einer Anschlussberufung gehört zur **Erschöpfung des Rechtsweges** iSd § 90 Abs 2 S 1 BVerfGG vor Erhebung der Verfassungsbeschwerde (BVerfG NJW 2006, 1505). Lässt das OVG lediglich die Berufung des einen Beteiligten zu, nicht aber die des anderen, muss letzterer wegen des Grundsatzes der Subsidiarität Anschlussberufung einlegen. Wird die Anschlussberufung wegen Rücknahme oder Verwerfung der Berufung wirkungslos, ist nach § 93 Abs 2 BVerfGG Wiedereinsetzung in die versäumte Verfassungsbeschwerdefrist zu gewähren (BVerfG NJW 2006, 1505).

B. Anschlussberufung

I. Anschließung an die Berufung

4 Nach § 127 Abs 1 S 1 VwGO können sich der Berufungsbeklagte und die anderen Beteiligten der **Berufung anschließen**, nicht hingegen einem Antrag auf Zulassung der Berufung (BVerwGE 116, 169, 172 = NVwZ 2002, 1250, 1251; OVG Koblenz NVwZ-RR 2003, 317). Die Anschlussberufung bedarf keiner Zulassung (§ 127 Abs 4 VwGO).

4a Ein **Berufungsverzicht** und die **Versäumung der Frist** für die Berufung oder den Antrag auf Zulassung der Berufung stehen der Anschließung nicht entgegen (§ 127 Abs 2 S 1 VwGO). Auch die Rücknahme einer bereits eingelegten Berufung oder eines Antrags auf Zulassung der Berufung steht der Anschlussberufung nicht entgegen (B/F-K/S/vA/ Bader VwGO § 127 Rn 16; Eyermann/Happ VwGO § 127 Rn 16).

Beachtlich ist jedoch ein ausdrücklicher **Verzicht auf die Anschließung** (B/F-K/S/vA/ **4b** Bader VwGO § 127 Rn 15; S/S/B/Meyer-Ladewig/Rudisile VwGO § 127 Rn 7a). Unter engen Voraussetzungen kommt ferner eine **Verwirkung** des Rechts auf die Anschließung in Betracht.

Ist die Berufung durch das VG zugelassen worden, ist die Anschließung zulässig, **nach- 5 dem** durch einen anderen Beteiligten **Berufung eingelegt** worden ist (Kopp/Schenke VwGO § 127 Rn 10). Eine vorsorgliche oder durch die spätere Berufungseinlegung bedingte Anschließung ist nicht zulässig und muss nach Einlegung der Berufung erneut erklärt werden (Kopp/Schenke VwGO § 127 Rn 10).

Ist die Berufung vom OVG zugelassen worden, wird das Zulassungsverfahren als Beru- **6** fungsverfahren fortgesetzt, ohne dass es einer Berufungseinlegung bedarf (§ 124a Abs 5 S 5 VwGO). In diesen Fällen ist die Anschlussberufung **vom Zeitpunkt der Zulassung an** zulässig (Kopp/Schenke VwGO § 127 Rn 10).

Wurde die Berufung für den Kläger und den Beklagten zugelassen und ist die zugelassene **6a** Berufung vom Prozessgegner eingelegt worden, hat der Berufungsbeklagte die **freie Wahl**, ob er Rechtsschutz im Wege der selbständigen Berufung oder im Wege der Anschluss- berufung anstrebt (BVerwG NVwZ 2008, 314; OVG Münster BeckRS 2008, 37215); allerdings sind Hauptberufung und Anschließung nicht nebeneinander zulässig (BVerwG NVwZ 2008, 314).

Die Einlegung einer **unzulässigen selbständigen Berufung** verbraucht nicht das Wahl- **7** recht, unter Einhaltung der dafür geltenden Zulässigkeitsvoraussetzungen noch Anschluss- berufung einzulegen. Der Berufungsbeklagte kann deshalb, wenn seine eigene Berufung etwa wegen Verfristung unzulässig ist, diese dadurch „retten", dass er innerhalb der Anschlie- ßungsfrist gegenüber dem OVG die zulässige Anschlussberufung einlegt (BVerwG NVwZ 2008, 314; F/K/S/Schäfer VwGO § 127 Rn 12). Dies kann auch durch eine Prozesserklä- rung erfolgen, die unzulässige Berufung als Anschlussberufung aufrecht zu erhalten, wird aber auch ohne ausdrückliche Erklärung in der Regel dem mutmaßlichen Parteiwillen entsprechen (BGH NJW 2009, 442, 443), in welchem Fall die **unzulässige Berufung in eine zulässige Anschlussberufung umzudeuten** ist (BVerwG NVwZ 2008, 314; NJW 2009, 162, 164; BGH NJW 2009, 442, 443).

Nach dem **BVerwG** und der hM ist die **Anschlussberufung unstatthaft**, soweit zuvor **7a** der eigene **Berufungszulassungsantrag des Anschlussberufungsklägers wegen dessel- ben Teils des Streitgegenstandes abgelehnt** worden ist (BVerwG NVwZ-RR 2008, 214; Eyermann/Happ VwGO § 127 Rn 16; F/K/S/Schäfer VwGO § 127 Rn 12; Kugele VwGO § 127 Rn 7; Redeker/v Oertzen/Redeker VwGO § 127 Rn 2; S/S/B/Meyer- Ladewig/Rudisile VwGO § 127 Rn 7c; Wysk/Kuhlmann VwGO § 127 Rn 8). Der Aus- schluss der Anschlussberufung nach erfolglosem Zulassungsantrag **überzeugt bereits ein- fachgesetzlich nicht** (B/F-K/S/vA/Bader VwGO § 127 Rn 17; krit auch Kopp/Schenke VwGO § 127 Rn 12). Nach § 127 Abs 4 VwGO bedarf die Anschlussberufung keiner Zulassung. Die Vorschrift differenziert nicht danach, ob die Zulassung nicht beantragt wurde oder der Zulassungsantrag keinen Erfolg hatte. Da die Anschlussberufung keiner Zulassung bedarf, kann ihr auch die Ablehnung des Zulassungsantrags nicht entgegenstehen. Mit Ablehnung des Zulassungsantrags tritt weder Rechtskraft noch Teilrechtskraft ein, die der Anschlussberufung entgegenstünden. Die hM ist zudem in ihren **praktischen Konsequen- zen bedenklich**, da sie dem Betroffenen bei – wie meist – ungewisser Erfolgsaussicht des Zulassungsantrags die **Entscheidung abnötigt, ob** von einem eigenen Zulassungsantrag **abgesehen werden soll**, um sich die Anschlussberufung offenzuhalten, freilich um den Preis ihrer Unselbständigkeit (Gatz JurisPR-BVerwG 4/2008 Anm 1). Angesichts der Weite und Unbestimmtheit zentraler Zulassungsgründe (wann sind Zweifel „ernstlich"?, wann hat eine Sache „grundsätzliche Bedeutung"?) und der damit oftmals zu konstatierenden Unvorher- sehbarkeit, ob ein Zulassungsantrag Erfolg haben wird, stellt die Entweder-Oder-Alternative eines Zulassungsantrags oder einer unselbständigen Berufung den Beteiligten und seinen Prozessbevollmächtigten vor ein praktisch kaum lösbares Dilemma. Dies erscheint mit Blick auf den Gleichheitssatz, die Garantie effektiven Rechtsschutzes und das Gebot der Rechts- mittelklarheit auch **verfassungsrechtlich bedenklich**.

7a.1   Gegen die Statthaftigkeit der Anschlussberufung nach abgelehntem Zulassungsantrag kann nicht die Vorschrift des § 124a Abs 5 S 4 VwGO angeführt werden, wonach mit der Ablehnung eines Zulassungsantrags Rechtskraft eintritt. § 124a Abs 5 S 4 VwGO regelt allein den Fall, dass nur ein Beteiligter Zulassung der Berufung beantragt; nur dann tritt mit Ablehnung des Zulassungsantrags Rechtskraft ein. Hingegen kann, wenn beide Beteiligte, die vor dem VG jeweils teilweise unterlegen waren, die Zulassung der Berufung beantragen bzw einer die Zulassung der Berufung beantragt und der andere die zugelassene Berufung einlegt, das Urteil mit der Ablehnung des einen Zulassungsantrags unmöglich rechtskräftig werden, weil ja der Zulassungsantrag bzw die Berufung des anderen anhängig bleibt und den Eintritt der Rechtskraft hindert. § 124a Abs 5 S 4 VwGO ist deshalb in diesen Fallkonstellationen überhaupt nicht anwendbar. Vorstellbar wäre hier allenfalls, dass dem erfolglos die Zulassung der Berufung Beantragenden gegenüber Teilrechtskraft eintritt. § 124a Abs 5 S 4 VwGO spricht jedoch nicht von Teilrechtskraft und enthält auch keine auf den Eintritt von Teilrechtskraft hindeutende Formulierung. Es ist auch nicht möglich, die Vorschrift entsprechend anzuwenden. Zum einen ist nicht nachweisbar, dass die fehlende Anordnung von Teilrechtskraft eine unbewusste Gesetzeslücke darstellt. Zum anderen wäre es ohnehin verfassungsrechtlich bedenklich, dem Rechtsmittelführer den Rechtsschutz unter analoger Anwendung prozessualer Vorschriften betreffend die Rechtskraft abzuschneiden. Hätte der Gesetzgeber mit § 124a Abs 5 S 4 VwGO auch Teilrechtskraft anordnen wollen, hätte er dies ausdrücklich vorsehen müssen (zB „Mit der Ablehnung des Antrags wird das Urteil insoweit rechtskräftig"). Da § 124a Abs 5 S 4 VwGO diesen Fall nicht regelt, bleibt es bei dem Grundsatz, dass, wenn beide Beteiligte die Zulassung der Berufung beantragen, jeder dieser Anträge nach § 124a Abs 4 S 6 VwGO gerade auch wegen der Möglichkeit der Anschließung die Rechtskraft des gesamten Urteils hemmt (BGH NJW 1992, 2296; NJW 1994, 657, 659; B/F-K/S/vA/Bader VwGO § 127 Rn 18; Eyermann/Happ VwGO § 124a Rn 31; Kopp/Schenke VwGO vor § 124 Rn 18; S/S/B/Meyer-Ladewig/Rudisile VwGO vor § 124 Rn 2). **Teilrechtskraft** tritt daher **erst mit Ablauf der Frist für die Anschließung** (vgl BGH NJW 1994, 657, 659; OLG Oldenburg NJW-RR 2005, 368) oder mit Verzicht auf die Anschlussberufung ein, nicht bereits mit der Nichtzulassung der Berufung.

7a.2   Dass ein erfolgloser Zulassungsantrag der Anschließung entgegensteht, folgt auch nicht daraus, dass dieser Fall in § 127 Abs 2 S 1 VwGO nicht ausdrücklich angeführt ist. Zum einen ist § 127 Abs 2 S 1 VwGO nicht abschließend formuliert („auch"), zum anderen dient die Vorschrift lediglich der Klarstellung, dass der Anschlussberufung nicht entgegengehalten werden kann, der Anschlussberufungskläger habe versäumt, selbst Berufung zu führen. Da weder § 124a Abs 5 S 5 VwGO noch § 127 Abs 2 S 1 VwGO der Anschließung nach erfolglosem Zulassungsantrag entgegenstehen, verbleibt es bei § 127 Abs 4 VwGO, wonach die Anschlussberufung keiner Zulassung bedarf, ohne dass danach differenziert würde, ob die Zulassung nicht beantragt wurde oder der Zulassungsantrag keinen Erfolg hatte. Der Anschlussberufung nach Nichtzulassung der Berufung kann auch nicht entgegengehalten werden, das OVG habe mit der Nichtzulassung bereits die Berufungswürdigkeit dieses Teils des Streitgegenstandes verneint. Denn indem § 127 Abs 4 VwGO die Anschlussberufung ohne Zulassung eröffnet, hat der Gesetzgeber die Wertung getroffen, dass es für die Anschlussberufung auf die Berufungswürdigkeit nicht ankommt. Da die Anschlussberufung gem § 127 Abs 4 VwGO keiner Zulassung bedarf, kann ihr auch nicht entgegengehalten werden, die beantragte Berufungszulassung sei abgelehnt worden.

7a.3   Eine einschränkende Auslegung des § 127 Abs 4 VwGO ist auch nicht deshalb angezeigt, weil in diesem Fall nicht von einem „friedfertigen" Beteiligten gesprochen werden kann. Die Auffassung, allein dem an sich „friedfertigen" Berufungsbeklagten sei aufgrund der Gesichtspunkte der prozessualen Waffengleichheit und der Billigkeit ein eigenes Eingreifen in den Prozess zu ermöglichen (BVerwG NVwZ-RR 2008, 214), widerspricht der vom BVerwG anerkannten Möglichkeit, eine unzulässige Berufung durch entsprechende prozessuale Erklärung in eine Anschlussberufung umzudeuten und dadurch zu retten (BVerwG NVwZ 2008, 314); auch in letzterem Fall kann von einem an sich „friedfertigen" Berufungsbeklagten nicht die Rede sein, und doch wird ihm die Anschlussberufung zugestanden. Hinzu kommt, dass die „Friedfertigkeit" ohnehin eine bloß scheinbare sein kann, zB wenn der Berufungsbeklagte aufgrund entsprechender Ankündigung der Gegenseite weiß, dass diese Berufung einlegen wird, und er von vornherein entschlossen ist, hierauf mit einer Anschlussberufung zu reagieren, oder wenn die Gegenseite ohne Ausschöpfung der Frist bereits Berufung eingelegt hat. Es erscheint nicht gerechtfertigt, diesen nur scheinbar „friedfertigen" Anschlussberufungskläger gegenüber demjenigen zu privilegieren, der mit offenen Karten spielt und (erfolglos) selbst Zulassung der Berufung beantragt.

7a.4   Der Ausschluss der Anschlussberufung nach erfolglosem Zulassungsantrag ist um so weniger gerechtfertigt, als die Ablehnung eines Zulassungsantrags nicht mit der materiellrechtlichen Berechtigung der Berufung korrelieren muss, vielmehr die Erfolglosigkeit des eigenen Zulassungsantrags des Berufungsbeklagten auf Umständen beruhen kann, die mit der Begründetheit seiner Berufung nichts zu tun haben. Gibt etwa das VG einer Klage teilweise statt und beantragen beide Parteien Zulassung der Berufung, bleibt jedoch der eine Zulassungsantrag zB wegen fehlender grundsätzlicher Bedeutung erfolglos, während der andere Zulassungsantrag wegen grundsätzlicher Bedeutung Erfolg hat, so ist nicht erkennbar, weshalb nunmehr letzterer Antragsteller seine Berufung ohne das Risiko einer Anschlussberufung soll durchführen können. Die Ablehnung des ersteren Zulassungsantrags hat nichts mit den Gründen zu tun, weshalb der Gesetzgeber die Anschlussberufung gerade ohne Zulassung zugelassen hat. Vielmehr ist es sachgerecht, wenn auch der erfolgreiche Antragsteller bei der von ihm zu treffenden Entscheidung, ob er die zugelassene Berufung auch tatsächlich durchführen will, aus Gründen der prozessualen Waffengleichheit, Billigkeit und Prozessökonomie die Möglichkeit einer Anschlussberufung in Rechnung stellen muss.

II. Inhalt der Anschlussberufung

1. Ziel der Anschlussberufung

Mit der Anschlussberufung muss mehr erstrebt werden als lediglich die Zurückweisung **8** der Berufung. Der Anschlussberufungsantrag muss darauf gerichtet sein, das mit der Berufung angefochtene Urteil **zu Ungunsten** des Berufungsklägers und **zu Gunsten** des Berufungsbeklagten zu ändern (BVerwG NVwZ-RR 1990, 379, 380; NVwZ-RR 1995, 58). Wegen der weiterreichenden Rechtskraft eines klageabweisenden Sachurteils (BVerwG NVwZ-RR 2012, 86, 87) kann der Beklagte auch Anschlussberufung einlegen, um statt der Klageabweisung als unzulässig eine Klageabweisung als unbegründet zu erreichen. Nach hM genügt das Begehren einer Änderung der Kostenentscheidung (VGH Mannheim VBlBW 1983, 242, 244; Eyermann/Happ VwGO § 127 Rn 9; Kopp/Schenke VwGO § 127 Rn 7).

Da es Ziel der Anschlussberufung ist, den Berufungsantrag „aufzubrechen", also über **9** dessen Gegenstand hinauszugehen (BVerwGE 100, 104 = NVwZ 1996, 803), ist die Identität der Gegenstände von Hauptberufung und Anschlussberufung nicht Voraussetzung einer Anschlussberufung (BVerwG NVwZ-RR 2000, 233, 234). Die Anschlussberufung **muss nicht denselben Streitgegenstand** betreffen wie die Hauptberufung (BVerwGE 125, 44, 46; 142, 99, 103; OVG Münster BeckRS 2008, 37215). Sofern die Anschlussberufung andere prozessuale Ansprüche betrifft, muss allerdings gem § 44 VwGO, § 89 Abs 1 S 1 VwGO ein **sachlicher Zusammenhang** mit der Berufung bestehen (BVerwGE 125, 44, 47; 142, 99, 103), dh ein rechtlicher oder wirtschaftlicher Zusammenhang (vgl BGH NJW 2008, 920, 922). Die Anschlussberufung muss sich auch **nicht im Rahmen der zugelassenen Berufung** bewegen (BVerwGE 116, 169, 173 = NVwZ 2002, 1250, 1251; BVerwGE 117, 332, 343 = NVwZ 2003, 1271, 1274; BVerwGE 142, 99, 103; aA Sodan/Ziekow/ Blanke VwGO § 127 Rn 4). Sie kann daher Streitgegenstände oder abgrenzbare Teile eines Streitgegenstandes erfassen, hinsichtlich der die Berufung nicht zugelassen worden ist, so dass der **gesamte** erstinstanzliche Streitstoff durch Berufung und Anschlussberufung einer Prüfung im Berufungsverfahren zugänglich gemacht werden kann (BVerwG NVwZ-RR 2002, 233; offen gelassen von BVerwGE 116, 169, 174 = NVwZ 2002, 1250, 1251).

> Würde die Befugnis des Berufungsbeklagten zur Einlegung der Anschlussberufung weitgehend **9.1** von einer Identität der Gegenstände von Berufung und Anschlussberufung abhängig gemacht, so würde er dafür, dass seine „Friedfertigkeit" vom Berufungskläger nicht erwidert worden ist, nicht oder nur unvollkommen entschädigt (BVerwGE 116, 169, 173 = NVwZ 2002, 1250, 1251). Der früheren gegenteiligen Rechtsprechung (BVerwG NVwZ-RR 1997, 253, 254; OVG Hamburg NVwZ-RR 1999, 145; VGH Mannheim NVwZ 1998, 1320, 1321) ist jedenfalls durch § 127 Abs 4 VwGO der Boden entzogen, da hiernach die Anschlussberufung ausdrücklich ohne Zulassung zulässig ist und sie deshalb auch nicht auf den Rahmen der vom Berufungskläger betriebenen Berufungszulassung begrenzt werden kann (BVerwGE 116, 169, 173 = NVwZ 2002, 1250, 1251).

Die Anschlussberufung setzt **keine Beschwer** des Anschlussberufungsführers voraus **10** (OVG Münster NVwZ 1999, 1252, 1253; aA S/S/B/Meyer-Ladewig/Rudisile VwGO § 127 Rn 6), jedoch ein **Rechtsschutzinteresse** (B/F-K/S/vA/Bader VwGO § 127 Rn 19; Kugele VwGO § 127 Rn 9; aA VGH Mannheim VBlBW 1983, 242, 244). Entscheidend ist, dass mit der Anschlussberufung mehr erstrebt wird als die bloße Zurückweisung der Berufung. Dies ist auch der Fall, wenn der in erster Instanz obsiegende Kläger und nunmehrige Berufungsbeklagte Anschlussberufung einlegt, um seine **Klage zu ändern** oder **zu erweitern** (BVerwG NVwZ 1999, 1000, 1001; BGH NJW 2008, 1953, 1954; OVG Münster NVwZ 1999, 1252, 1253), zB um einen **Hilfsantrag** zu stellen, einen neuen Klagegrund in das Berufungsverfahren einzuführen (BGH NJW 2008, 1953, 1954) oder die Aufrechnung zu erklären (BGH NJW 2008, 1953, 1955). Die Anschlussberufung kann auch eingelegt werden, um **Widerklage** zu erheben (B/F-K/S/vA/Bader VwGO § 127 Rn 20; Eyermann/Happ VwGO § 127 Rn 9).

2. Anschließungsberechtigte

11   Nach Sinn und Zweck der Anschlussberufung kann diese der **Berufungsbeklagte** selbst einlegen, ein anderer Beteiligter nur, wenn sich die Berufung (auch) gegen ihn richtet (B/F-K/S/vA/Bader VwGO § 127 Rn 11). Ein Beigeladener kann also nicht Anschlussberufung einlegen, um die Berufung zu unterstützen (BVerwG NVwZ-RR 1998, 457, 458; Kopp/Schenke VwGO § 127 Rn 7). Ein anderes gilt lediglich für den **Vertreter des öffentlichen Interesses**, der auch zur Unterstützung des Berufungsklägers Anschlussberufung einlegen kann (Kopp/Schenke VwGO § 127 Rn 11).

12   Ferner müssen sich die mit der Anschlussberufung geltend zu machenden prozessualen Ansprüche **gegen den Berufungskläger** oder dessen notwendige Streitgenossen richten, nicht gegen sonstige Verfahrensbeteiligte (OVG Weimar ThürVBl 2002, 143; Kopp/Schenke VwGO § 127 Rn 11; S/S/B/Meyer-Ladewig/Rudisile VwGO § 127 Rn 5).

3. Eventualanschließung

13   Da die Anschlussberufung lediglich einen Antrag innerhalb des vom Berufungskläger eingelegten Rechtsmittels darstellt, ist im Unterschied zur normalen Berufung auch eine **bedingte** Anschlussberufung zulässig, zB für den Fall, dass die Berufung Erfolg hat oder das Gericht eine bestimmte Rechtsfrage, auf der die Sachentscheidung unmittelbar beruht, verneint (OVG Koblenz NVwZ-RR 2003, 317; F/K/S/Schäfer VwGO § 127 Rn 13; Kugele VwGO § 127 Rn 5; Wysk/Kuhlmann VwGO § 127 Rn 9).

III. Adressat, Form, Frist der Anschließung

14   Die Anschlussberufung ist **bei dem OVG** einzulegen (§ 127 Abs 1 S 2 VwGO). Sie unterliegt dem **Vertretungszwang** (§ 67 Abs 4 S 1 VwGO) und bedarf der **Schriftform**. Eine Erklärung der Anschließung zu **richterlichem Protokoll** in der mündlichen Verhandlung ist an sich möglich (vgl BVerwG NVwZ 2000, 912; BGH NJW 2005, 3067, 3068; aA B/F-K/S/vA/Bader VwGO § 127 Rn 4; Kopp/Schenke VwGO § 127 Rn 15; Kugele VwGO § 127 Rn 5), doch handelt es sich hierbei wegen der Anschließungsfrist (§ 127 Abs 2 S 2 VwGO) um eine wohl nur theoretische Option; außerdem dürfte eine ordnungsgemäße Anschlussberufungsbegründung in der Regel nur schriftlich möglich sein. Ob die Einlegung einer **Anschlussberufung** oder einer **eigenständigen Berufung** gewollt ist, ggf durch **Auslegung** zu ermitteln, wobei der Grundsatz zu beachten ist, dass im Zweifel dasjenige gewollt ist, was nach den Maßstäben der Rechtsordnung vernünftig ist und der wohlverstandenen Interessenlage des Erklärenden entspricht (BGH NJW 2011, 1455, 1456).

15   Die Anschließung ist zulässig bis zum Ablauf **eines Monats** nach der Zustellung der Berufungsbegründungsschrift (§ 127 Abs 2 S 2 VwGO). Einer Belehrung über den Fristbeginn bei der Zustellung bedarf es nicht (BVerwGE 142, 99, 106; F/K/S/Schäfer VwGO § 127 Rn 16; Wysk/Kuhlmann VwGO § 127 Rn 10). Innerhalb der Monatsfrist kann die Anschlussberufung erweitert werden (Kopp/Schenke VwGO § 127 Rn 18). Wenn der Berufungskläger innerhalb der Berufungsbegründungsfrist seinen zunächst gestellten **Berufungsantrag erweitert** (§ 124a VwGO Rn 42), läuft die Anschließungsfrist ab Zustellung der den erweiterten Berufungsantrag enthaltenden Berufungsbegründung erneut (Kopp/Schenke VwGO § 127 Rn 14). Der Anschlussberufungskläger kann in diesem Fall auch seine Anschlussberufung erweitern (BGH NJW 2005, 3067, 3068).

15.1   Sind die Berufungsgründe in mehreren Schriftsätzen enthalten (**gestaffelte Berufungsbegründung**), kommt es für den Lauf der Anschließungsfrist auf die **Zustellung des ersten fristgerecht** eingereichten Begründungsschriftsatzes an, mit dessen Eingang bei Gericht die Voraussetzungen des § 124a Abs 3 S 4 VwGO (vollständig) erfüllt werden (BVerwGE 142, 99, 103; VGH Mannheim BeckRS 2010, 57081; B/F-K/S/vA/Bader VwGO § 127 Rn 22; Kopp/Schenke VwGO § 127 Rn 14; S/S/B/Meyer-Ladewig/Rudisile VwGO § 127 Rn 7d). Eine Belehrung über den Lauf der Frist zur Anschlussberufung ist nicht vorgeschrieben, auch nicht bei Zustellung einer weiteren Berufungsbegründung (BVerwGE 142, 99, 106; für Belehrungspflicht B/F-K/S/vA/ Bader VwGO § 127 Rn 23; S/S/B/Meyer-Ladewig/Rudisile VwGO § 127 Rn 7d). Reicht der Berufungskläger nach einer ordnungsgemäßen Berufungsbegründungsschrift noch nachträglich eine zusätzliche Begründung mit neuem Vortrag ein, setzt dies die Anschließungsfrist nicht erneut in Lauf (VGH Mannheim BeckRS 2010, 57081; aA Kopp/Schenke VwGO § 127 Rn 14; Wysk/Kuhlmann VwGO § 127 Rn 10). Die Anschlussberufung hat nämlich nicht den Sinn, dem Anschlussberufungskläger eine Auseinandersetzung mit dem Vortrag und der Begründung des Berufungsklägers zu ermöglichen; dies ist Aufgabe der Berufungserwiderung. Der Anschließungsberechtigte kann und muss aufgrund der Tatsache der Berufungseinlegung mit Blick auf den gestellten Berufungsantrag entscheiden, ob er mittels einer Anschließung zum Gegenangriff übergehen will. Die für die Berufung gegebene Begründung hat hierfür keine Bedeutung.

Eine **Verlängerung der Frist** für die Anschlussberufung ist **nicht vorgesehen**, da **16** § 124a Abs 3 S 3 VwGO von § 127 Abs 3 S 2 VwGO nicht in Bezug genommen wird. Die Frist für die Anschließung gilt auch für eine den Streitgegenstand verändernde Anschlussberufung (vgl BGH NJW 2008, 1953). Wiedereinsetzung kommt nach § 60 VwGO in Betracht (Eyermann/Happ VwGO § 127 Rn 15; aA BGH NJW 2005, 3067).

Die Erwägung des Gesetzgebers, einer besonderen Frist zur Begründung der Anschlussberufung **16.1** bedürfe es nicht, weil dem Beteiligten aus der Berufungsbegründungsschrift die Angriffe des Berufungsklägers bekannt sind und ihm Überlegungen zur Anschließung ermöglichen (BT-Drucks 14/6393, 13 f.), die Regelung über die Begründungsfrist sei für die Anschlussberufung ohne Bedeutung (BT-Drucks 14/7474, 16), geht fehl. Die Anschlussberufung ist eben nicht zur Abwehr der Berufung gedacht, sondern als Gegenangriff, der auch andere Streitgegenstände oder andere Teile eines Streitgegenstandes betreffen kann. Die gegenüber der Frist für die Berufungsbegründung kürzere Frist für die Anschlussberufungsbegründung, jedenfalls das Fehlen einer Möglichkeit zur Fristverlängerung verstoßen gegen den Grundsatz prozessualer Waffengleichheit und sind zumindest rechtspolitisch verfehlt (Eyermann/Happ VwGO § 127 Rn 15; S/S/B/Meyer-Ladewig/Rudisile VwGO § 127 Rn 7d), wenn nicht verfassungsrechtlich bedenklich.

IV. Begründung der Anschlussberufung

Die Anschlussberufung muss in der Anschlussschrift begründet werden (§ 127 Abs 3 S 1 **17** VwGO). Trotz dieser Formulierung ist es, wie sich aus dem Verweis auf § 124a Abs 3 S 2 VwGO in § 127 Abs 3 S 2 VwGO ergibt, zulässig, zunächst die Anschließung zu erklären und dann die Anschlussberufungsbegründung in einem weiteren Schriftsatz nachzureichen (OVG Münster BeckRS 2008, 37215; B/F-K/ S/vA/Bader VwGO § 127 Rn 26; Kopp/ Schenke VwGO § 127 Rn 18; Redeker/v Oertzen/Redeker VwGO § 127 Rn 7; aA S/S/ B/Meyer-Ladewig/Rudisile VwGO § 127 Rn 7e). Allerdings muss eine etwaige gesonderte Anschlussberufungsbegründung **innerhalb der** Monatsfrist des § 127 Abs 2 S 2 VwGO eingereicht werden (OVG Münster BeckRS 2008, 37215).

Die Anschlussberufung muss nicht ausdrücklich als solche bezeichnet sein. Es reicht aus, wenn sie **17.1** als solche erkennbar ist und in dem betreffenden Schriftsatz klar und eindeutig der Wille zum Ausdruck kommt, innerhalb des eingelegten Rechtsmittels über die bloße Zurückweisung der Berufung hinaus die Änderung des vorinstanzlichen Urteils zugunsten des Rechtsmittelbeklagten und zu Lasten des Rechtsmittelklägers zu erreichen (BVerwG NVwZ-RR 1995, 58).

Die Anschlussberufungsbegründung muss nach § 127 Abs 3 S 2 VwGO iVm § 124a **18** Abs 3 S 4 VwGO einen bestimmten Antrag enthalten (**Anschlussberufungsantrag**) und die Gründe der Anschlussberufung im Einzelnen anführen (**Anschlussberufungsgründe**). Sie unterliegt damit denselben Anforderungen wie die Berufungsbegründung. Mangelt es an einem dieser Erfordernisse, ist die Anschlussberufung unzulässig (§ 127 Abs 3 S 2 VwGO iVm § 124a Abs 3 S 5 VwGO).

V. Unselbständigkeit

19   Die Anschließung verliert gem § 127 Abs 5 VwGO ihre Wirkung, wenn die Berufung zurückgenommen oder als unzulässig verworfen wird. Dasselbe gilt, wenn das Berufungsverfahren durch Abschluss eines Prozessvergleichs beendet oder einvernehmlich für erledigt erklärt wird (VGH Kassel NJW 2012, 2458; Kopp/Schenke VwGO § 127 Rn 20).

20   Die Unwirksamkeit der Anschlussberufung wird in der das Verfahren abschließenden Entscheidung **deklaratorisch** festgestellt (BVerwG NVwZ 2009, 666, 668; Kopp/Schenke VwGO § 127 Rn 22). Ein anderes gilt jedoch, wenn der Anschlussberufungskläger die Anschlussberufung trotz ihres Unwirksamwerdens **ausdrücklich aufrechterhält**; in diesem Falle ist sie durch Urteil **als unzulässig abzuweisen** (BVerwG NVwZ 2009, 666, 668). Liegt in Wirklichkeit keine Anschlussberufung, sondern eine selbständige Berufung vor, so stellt der Ausspruch über die „Wirkungslosigkeit der Anschlussberufung" in Wahrheit eine Verwerfung der Berufung als unzulässig dar, die dementsprechend mit der Nichtzulassungsbeschwerde angegriffen werden kann (BGH NJW 2011, 1455, 1456).

20a   Die Anschlussberufung wird hinsichtlich der **Kostenentscheidung** als selbständiges Rechtsmittel behandelt (Kopp/Schenke VwGO § 127 Rn 23). Nimmt der Berufungskläger die Berufung einwilligungsfrei zurück oder wird diese als unzulässig verworfen, so hat dieser auch die Kosten einer zulässigen, aber unwirksam gewordenen Anschlussberufung zu tragen (BVerwGE 72, 165, 169; BVerwG NVwZ 2009, 666, 668). Wird diese ausdrücklich aufrechterhalten und deshalb als unzulässig abgewiesen, so sind die Kosten nach dem Wert von Berufung und Anschlussberufung zu quoteln (BVerwG NVwZ 2009, 666, 668). Desgleichen ist eine Kostenquotelung nach dem Wert der Berufung und der Anschlussberufung gerechtfertigt, wenn die Berufung mit Zustimmung des Anschlussberufungsklägers als Berufungsbeklagtem zurückgenommen wird (BVerwG NVwZ 2009, 666, 668).

VI. Anschließung an die Anschlussberufung

21   Nach **ganz hM** kann sich der Berufungskläger nicht an die Anschlussberufung des Berufungsbeklagten anschließen, eine **Gegenanschließung** ist hiernach **nicht statthaft** (BGH NJW 1984, 437, 438; NJW 1986, 1494; NJW 2008, 920, 922; B/F-K/S/vA/Bader VwGO § 127 Rn 11; Eyermann/Happ VwGO § 127 Rn 11; Kopp/Schenke VwGO § 127 Rn 11; S/S/B/Meyer-Ladewig/Rudisile VwGO § 127 Rn 5; Wysk/Kuhlmann VwGO § 127 Rn 4). Praktisch bedeutsam ist dies dann, wenn von den Prozessgegnern, die vor dem VG jeweils teilweise unterlegen waren, nur ein Beteiligter Berufung einlegt, dies jedoch nicht im vollen Umfang seiner Beschwer, sondern nur auf einen Teil des Streitgegenstandes bezogen, und er später als Reaktion auf die Anschlussberufung seinerseits im Wege einer Anschließung an die Anschlussberufung doch noch weitere Teile des Streitgegenstandes der Entscheidung des OVG zuführen will, für die entweder keine Berufungszulassung erfolgt ist oder die Frist für eine Erweiterung des Berufungsantrags abgelaufen ist (§ 124a VwGO Rn 42).

22   Richtigerweise ist die **Gegenanschließung** entgegen der hM **zuzulassen** (MünchKommZPO/Rimmelspacher § 524 ZPO Rn 10; Rosenberg/Schwab/Gottwald Zivilprozessrecht, 16. Aufl, § 136 Rn 12; Stein/Jonas/Grunsky § 521 ZPO Rn 22; Fenn JZ 1984, 478; Baumbach/Lauterbach/Hartmann § 524 ZPO Rn 7). Der Wortlaut des § 127 VwGO steht nicht entgegen. Die terminologische Differenzierung von Berufung und Anschlussberufung in § 127 VwGO ergibt sich aus dessen Regelungsgegenstand und bedeutet nicht, dass die Anschlussberufung keine Berufung im Sinne des Gesetzes wäre und als anschließungsfähige Berufung nicht auch eine Anschlussberufung in Betracht käme. Bestätigt wird dies dadurch, dass (mit Ausnahme der Regelungen über die Zulassung der Berufung) alle Vorschriften des 12. Abschnitts über die Berufung ohne weiteres auf die Anschlussberufung Anwendung finden, und dies nicht nur analog, sondern unmittelbar. Dass § 127 Abs 3 S 2 VwGO von einer „entsprechenden" Anwendung des § 124a Abs 3 S 2, 4 und 5 VwGO spricht, ist in demselben Sinne gemeint wie die Aussage in § 124a Abs 6 S 3 VwGO, dass § 124a Abs 3 S 3 bis 5 VwGO „entsprechend" gelten. In beiden Fällen handelt es sich um die Formulierung einer Verweisung, nicht um die Aussage, dass die betreffenden Vorschriften nicht passten. Wäre der Gesetzgeber davon ausgegangen, dass die Vorschriften über die

Berufung nicht auf die Anschlussberufung anzuwenden sind, hätte er generell eine entsprechende Anwendung der Vorschriften über die Berufung anordnen müssen.

Der Statthaftigkeit der Gegenanschließung lässt sich nicht entgegenhalten, der Berufungs- **23** kläger bedürfe ihr nicht, weil er es in der Hand gehabt habe, seine Berufung von vornherein entsprechend weit zu fassen (BGH NJW 1984, 437, 438). Dies wendet sich nicht nur gegen die Gegenanschließung, sondern gegen das Institut der Anschlussberufung überhaupt, weil ja auch der Berufungsbeklagte hätte Berufung einlegen können und deshalb nicht auf die Anschlussberufung angewiesen gewesen wäre (MünchKommZPO/Rimmelspacher § 524 ZPO Rn 10). Die Gegenanschließung steht auch mit Sinn und Zweck des Instituts der Anschlussberufung in Einklang, dem an sich „friedfertigen" Berufungsbeklagten auch dann noch ein Eingreifen in den Prozess zu ermöglichen, wenn das Rechtsmittel des Gegners erst kurz vor Ablauf der Rechtsmittelfrist eingelegt wird und er deshalb eine eigene Berufung nicht mehr führen kann. Die Frage der Gegenanschließung stellt sich nur, wenn der Berufungskläger nicht bereits mit seiner Berufung das Urteil des VG im vollen Umfang seines Unterliegens anficht, sondern sich eben zunächst mit einem Teil seines Unterliegens abzufinden bereit ist. Insoweit ist er durchaus „friedfertig". Auch besteht ein Interesse der Prozessökonomie, den Berufungskläger, der teilweise „friedfertig" sein will, nicht durch die Versagung der Gegenanschließung sofort zu einer vollumfänglichen Berufung zu zwingen.

Dies lässt sich leicht an einem Beispiel verdeutlichen. Angenommen, ein Verwaltungsakt enthält **23.1** vier belastende Bestimmungen, von denen auf Anfechtungsklage vom VG zwei aufgehoben und zwei bestätigt werden. Der Bürger verfolgt mit seiner Berufung seinen Angriff gegen eine der vom VG bestätigten Bestimmungen weiter und ist bereit, die andere hinzunehmen. Nun legt die Behörde Anschlussberufung ein, um die vom VG aufgehobenen zwei Bestimmungen doch noch durchzusetzen. Daraufhin will der Bürger im Wege der Gegenanschließung auch die Bestimmung angreifen, die er sonst hingenommen hätte. Alle Zwecke der Anschlussberufung (Rn 1)sprechen dafür, dies zuzulassen. Andernfalls wäre der Bürger nämlich entgegen seiner insoweitigen Hinnahmebereitschaft im Hinblick auf die mögliche Anschlussberufung gezwungen, seine Berufung vorsorglich von vornherein auf beide Punkte zu erstrecken. Außerdem kann die Zulassung der Gegenanschließung den Berufungsbeklagten von einer leichtfertigen Anschlussberufung abhalten (Fenn JZ 1984, 478, 479).

Die Anschließung an die Anschlussberufung ist innerhalb eines Monats nach der Zu- **24** stellung der Anschlussberufungsbegründungsschrift zulässig (§ 127 Abs 2 S 2 VwGO). Die Gegenanschlussberufung bedarf keiner Zulassung (§ 127 Abs 4 VwGO), ist freilich unselbständig und verliert mit der Rücknahme oder Verwerfung der Anschlussberufung als unzulässig ihre Wirkung (§ 127 Abs 5 VwGO).

§ 128 [Umfang der Nachprüfung]

[1]**Das Oberverwaltungsgericht prüft den Streitfall innerhalb des Berufungsantrags im gleichen Umfang wie das Verwaltungsgericht.** [2]**Es berücksichtigt auch neu vorgebrachte Tatsachen und Beweismittel.**

Die Vorschrift regelt den Prüfungsumfang des OVG. Diesem obliegt eine grundsätzlich umfassende tatsächliche und rechtliche Prüfung und Entscheidung des Streitfalles innerhalb der Berufungsanträge. Es berücksichtigt auch neu vorgebrachte Tatsachen und Beweismittel.

A. Umfassende Prüfung

I. Eigenständige Entscheidung des Rechtsstreites

Das OVG **prüft** den Streitfall innerhalb des Berufungsantrages (und eines etwaigen **1** Anschlussberufungsantrags gem § 127 VwGO) in **tatsächlicher** und **rechtlicher** Hinsicht im gleichen Umfang wie das VG (§ 128 S 1 VwGO), und zwar ohne Bindung an die Gründe, die für die Zulassung der Berufung maßgeblich waren (§ 124 VwGO Rn 21). Hat das VG dem Hauptantrag stattgegeben und deshalb **Hilfsanträge** nicht beschieden, fallen diese mit der Berufung gegen das stattgebende Urteil ohne weiteres in der Berufungsinstanz an. Das OVG hat grundsätzlich alle Tatsachen und die Rechtslage im Zeitpunkt seiner

Entscheidung zu beachten und seiner Entscheidung zugrunde zu legen, unabhängig davon, ob das VG diese berücksichtigt hat oder auch nur berücksichtigen konnte. Will das OVG in einem entscheidungserheblichen Punkt von der Beurteilung des VG abweichen, ist dem erstinstanzlich obsiegenden Beteiligten ein diesbezüglicher rechtzeitiger Hinweis zu erteilen, wenn infolge dessen eine Ergänzung des Vortrags oder ein Beweisantritt erforderlich werden kann (vgl BGH NJW-RR 2006, 937; NJW 2010, 363, 365).

1.1   In der Aufgabenstellung, den Streitfall zu prüfen, kommt zum Ausdruck, dass das OVG nicht das Urteil des VG zu prüfen hat; die Berufung ist anders als die Revision nicht auf die Prüfung von Rechtsfehlern des angefochtenen Urteils konzipiert, sondern auf eine eigenständige Entscheidung des Rechtsstreites. Dies ist allerdings nicht dahin zu verstehen, dass die Ergebnisse und Erkenntnisse der ersten Instanz mit der Berufung sozusagen hinfällig würden und das OVG gänzlich von vorne beginnen müsste. Dem steht schon entgegen, dass der Berufungsführer in seiner Berufungsbegründung im Einzelnen die Gründe angeben muss, weshalb er die angefochtene Entscheidung für unzutreffend hält. Hierdurch wird die Auseinandersetzung zunächst auf die Prüfung der angefochtenen Entscheidung fokussiert. Gleichwohl ist das OVG bei seiner Entscheidung nicht auf diese Gesichtspunkte beschränkt. Eine Beschränkung der Sachprüfung entsprechend § 146 Abs 4 S 6 VwGO (zur Notwendigkeit einer einschränkenden Auslegung dieser Vorschrift VGH Mannheim NVwZ-RR 2006, 75, 76) kennt das Berufungsverfahren nicht. Es kann die Berufungsentscheidung auf tatsächliche und rechtliche Gründe stützen, die weder das VG noch die Beteiligten angeführt haben.

1.2   Kommt das OVG bei der Prüfung des Streitfalles zu der Erkenntnis, dass dem VG Verfahrensmängel oder Rechtsfehler unterlaufen sind, kommt eine Zurückverweisung an das VG nur unter den Voraussetzungen des § 130 Abs 2 VwGO in Betracht, die deutlich restriktiver sind als die des § 144 Abs 3 S 1 Nr 2 VwGO. Im Regelfall muss das OVG den Streitfall daher auch bei Fehlerhaftigkeit des angefochtenen Urteils selbst entscheiden. Erweist sich dieses dann trotz seiner Mängel im Ergebnis als zutreffend, wird die Berufung entsprechend dem Rechtsgedanken des § 144 Abs 4 VwGO zurückgewiesen. Andernfalls wird das angefochtene Urteil geändert und anderweitig entschieden.

2   Der Kläger des Ausgangsverfahrens kann im Rahmen einer zulässigen Berufung oder Anschlussberufung bis zum Schluss der mündlichen Verhandlung vor dem OVG seine **Klage ändern** (§ 125 Abs 1 S 1 VwGO iVm § 91 VwGO), der Beklagte des Ausgangsverfahrens kann **Widerklage** erheben (§ 125 Abs 1 S 1 VwGO iVm § 89 VwGO), unabhängig von ihrer jeweiligen Parteirolle im Berufungsverfahren. Allerdings setzt eine zulässige Klageänderung in der Berufungsinstanz die Zulässigkeit der Berufung voraus (VGH München NJOZ 2006, 2134, 2135; vgl BAG NJW 2005, 1884; KG NJW 2006, 3505). Da die Berufung nur dann zulässig ist, wenn der Berufungskläger mit ihr die Beseitigung einer in dem angefochtenen Urteil liegenden Beschwer erstrebt, muss mit der Berufung der im ersten Rechtszug erhobene Anspruch wenigstens teilweise weiterverfolgt werden; eine Berufung oder Anschlussberufung allein zur Erweiterung oder Änderung der Klage ist unzulässig (BGH NJW-RR 2006, 1502; BAG NJW 2005, 1884). Eine Klageänderung liegt nicht vor, wenn sich der Kläger im Berufungsverfahren lediglich auf eine andere materielle Anspruchsgrundlage beruft (BGH NJW-RR 2006, 1502) oder wenn der in der Klage angeführte Lebenssachverhalt lediglich weiter erläutert und ggf teilweise berichtigt, im Kern jedoch nicht verändert wird (BGH NJW 2007, 83, 84).

II. Prüfungsumfang

3   Der Nachprüfung durch das OVG unterliegen nach § 173 S 1 VwGO iVm § 512 ZPO auch alle dem angefochtenen Urteil vorausgegangen **nicht selbständig anfechtbaren Entscheidungen** des VG. Demgegenüber sind die unanfechtbaren sowie die selbständig anfechtbaren Vorentscheidungen, die nicht angefochten worden sind, für das OVG verbindlich (OVG Münster NVwZ-RR 1990, 163; Kopp/Schenke VwGO § 128 Rn 4) und können daher keine Zurückverweisung nach § 130 Abs 2 VwGO rechtfertigen.

4   Im Berufungsverfahren bleiben ferner die nicht widerruflichen **Prozesshandlungen** der Beteiligten maßgeblich, sofern sich diese nicht (wie zB ein Verzicht auf die mündliche Verhandlung) ihrem Wesen oder Inhalt nach allein auf die Vorinstanz bezogen haben.

Wollte das VG ein Vollendurteil erlassen und hat es irrtümlich den wirklichen Streit- 5
gegenstand nicht voll erschöpft und in unzulässiger Weise nur über einen nicht trennbaren
Teil des Klagebegehrens entschieden (sog **verdecktes Teilurteil**), so ist das Urteil unvollständig und verfahrensfehlerhaft (BVerwG NVwZ 1994, 1116). Ist unbeschränkt Berufung
eingelegt, muss das OVG über den gesamten Streitgegenstand entscheiden (sog **Heraufholen
von Prozessresten**, BVerwG NVwZ 2010, 1308, 1310; VGH Mannheim NVwZ 1989,
882, 883). Dies gilt auch, wenn das VG nur über den Hilfsantrag entschieden hat, ohne den
Hauptantrag zu bescheiden (VGH Mannheim NVwZ 1989, 882, 883). Zur Frage der
reformatio in peius § 129 VwGO Rn 5.

Anders hingegen, wenn das VG durch ein **echtes Teilurteil** gem § 110 VwGO nur über 6
einen Teil des Streitgegenstandes entschieden hat und hiergegen die Berufung anhängig ist.
In einem solchen Fall kann das OVG nicht über die noch beim VG anhängigen Teile des
Streitgegenstandes entscheiden (BVerwGE 71, 73, 77 = NJW 1986, 862), und zwar auch
nicht mit Einwilligung der Beteiligten (B/F-K/S/vA/Bader VwGO § 128 Rn 8; Kopp/
Schenke VwGO § 128 Rn 1; S/S/B/Meyer-Ladewig/Rudisile VwGO § 128 Rn 3).

Hat das VG **versehentlich** einen vom Kläger gestellten und vom VG auch als solchen 7
erkannten **Antrag nicht beschieden**, kann dies nur mit einem Antrag auf **Urteilsergänzung** (§ 120 VwGO) – ggf nach Berichtigung des Tatbestandes (§ 119 VwGO) – geltend
gemacht werden, nicht mit der Berufung (BVerwG NVwZ 1993, 62; NVwZ 1994, 1116,
1117).

B. Zweite Tatsacheninstanz

Die Berufungsinstanz ist eine grundsätzlich vollwertige **zweite Tatsacheninstanz** 8
(BVerwG NVwZ-RR 2002, 894), die einer fehlerfreien und überzeugenden und damit
richtigen, dh der materiellen Gerechtigkeit entsprechenden Entscheidung des Einzelfalles
dient (BGH NJW 2005, 1583, 1584). Auch für das OVG gilt der **Untersuchungsgrundsatz**, es ermittelt den Sachverhalt von Amts wegen. Es berücksichtigt dabei auch **neu**
vorgebrachte Tatsachen und Beweismittel (§ 128 S 2 VwGO) und erhebt die notwendigen
Beweise (§ 130 Abs 1 VwGO). Dies gilt auch dann, wenn der neue Vortrag bei pflichtgemäßer Wahrnehmung der prozessualen Pflichten eines Beteiligten eigentlich schon in der
ersten Instanz vorzubringen gewesen wäre (OVG Frankfurt/O. LKV 2004, 555), es sei denn,
der neue Vortrag ist ausnahmsweise nach § 128a VwGO ausgeschlossen. Neuer Tatsachenvortrag der Beteiligten und weitere Sachverhaltsermittlungen des OVG sind auch noch
zulässig, nachdem ein erstes Berufungsurteil auf Revision aufgehoben und der Rechtsstreit
nach § 144 Abs 3 S 1 Nr 2 VwGO an das OVG zurückverwiesen worden ist (BVerwG
NVwZ 2013, 665, 667), und zwar ungeachtet dessen, dass die neuen Tatsachenfeststellungen
zu einer entscheidungserheblichen Änderung des Streitstoffes führen und damit der Bindung
gem § 144 Abs 6 VwGO den Boden entziehen können (BVerwG NVwZ 2013, 665, 667).

Soweit die Beteiligten in der Berufungsinstanz nicht ihre Anträge und ihren Vortrag 9
ändern, wirken ihre Anträge und ihr Vortrag aus der ersten Instanz fort und müssen nicht
wiederholt werden (Kopp/Schenke VwGO § 128 Rn 2).

Hat der Kläger in erster Instanz einen förmlichen Beweisantrag gestellt und hinsichtlich des unter 9.1
Beweis gestellten Sachverhalts obsiegt, muss er diesen Beweisantrag vor dem OVG nicht förmlich
wiederholen, vielmehr muss sich diesem auch ohne erneuten förmlichen Beweisantrag eine entsprechende Sachverhaltsaufklärung aufdrängen, wenn es die Tatsache abweichend beurteilen will
(BVerwG NJW 1994, 2243). Dasselbe gilt, wenn das VG einen förmlichen Beweisantrag nicht
erledigt hat, weil es hierauf nach seiner materiellen Auffassung nicht ankam; diesen muss das OVG
im Berufungsverfahren auch ohne erneuten Antrag erledigen, wenn es nach seiner Rechtsauffassung
nunmehr darauf ankommt.

Das OVG ist nicht an die Beweiserhebung vor dem VG gebunden, sondern kann nach 10
seinem Ermessen die **Beweisaufnahme** ganz oder teilweise **wiederholen**. Es muss
jedoch nicht das gesamte Verfahren erster Instanz wiederholen. Grundsätzlich kann das
OVG die Ergebnisse ordnungsgemäß durchgeführter Beweisaufnahmen des VG übernehmen (BVerwG NVwZ 2012, 379, 380; Kopp/Schenke VwGO § 128 Rn 2).

11   Eine **erneute Beweisaufnahme** ist jedoch erforderlich, wenn das VG die Beweiserhebung **verfahrensfehlerhaft** durchgeführt hat, wenn die Beweisergebnisse oder Beweiswürdigung von den Beteiligten **substantiiert** in Frage gestellt werden oder wenn das OVG unabhängig vom Vortrag der Beteiligten selbst **Zweifel** an der Richtigkeit oder Vollständigkeit der entscheidungserheblichen Feststellungen hat (BVerfG NJW 2003, 2524; BGH NJW 2005, 1583, 1584; NJW-RR 2009, 1291), ihm zB aufgrund gerichtskundiger Umstände Zweifel an einer Zeugenaussage oder einem Sachverständigengutachten kommen. Eine erneute Beweisaufnahme gebietende Zweifel in diesem Sinne können sich schon aus der Möglichkeit einer unterschiedlichen Wertung ergeben (BVerfG NJW 2003, 2524).

12   Eine erneute Beweisaufnahme ist ferner zwingend erforderlich, wenn das OVG die vom VG erhobenen Beweise **abweichend würdigen** will. Deshalb ist eine erneute Vernehmung erforderlich, wenn das OVG die **Glaubwürdigkeit** eines Zeugen oder Beteiligten **anders beurteilen** oder eine protokollierte Aussage anders verstehen will als das VG (BVerfG NJW 2005, 1487; NJW 2011, 49, 50; BVerwG NVwZ 2011, 629, 630; NVwZ 2012, 379, 380; BGH NJW 2011, 1364; S/S/B/Meyer-Ladewig/Rudisile VwGO § 128 Rn 5), desgleichen, wenn das Berufungsgericht die protokollierten Aussagen eines Zeugen für zu vage und deshalb präzisierungsbedürftig erachtet (BAG NJW 2008, 2364). Dasselbe gilt, wenn das VG die Glaubwürdigkeit insoweit offen gelassen hat, es eben hierauf für die Entscheidung aber ankommt (BVerwG NVwZ 2011, 629, 630). Eine erneute Vernehmung kann allenfalls dann unterbleiben, wenn das OVG seine abweichende Würdigung auf Umstände stützt, die weder die Urteilsfähigkeit, das Erinnerungsvermögen, die Wahrheitsliebe oder sonst die Glaubwürdigkeit des Zeugen noch die Vollständigkeit und Widerspruchsfreiheit seiner Aussage betreffen (BVerfG NJW 2011, 49, 50, BGH NJW 2011, 1364). Unterbleibt eine hiernach gebotene erneute Beweisaufnahme, liegt hierin eine Verletzung des rechtlichen Gehörs (BVerfG NJW 2011, 49; BGH NJW-RR 2009, 1291).

§ 128a [Neue Erklärungen und Beweismittel; Verspätung; Ausschluss]

(1) [1]Neue Erklärungen und Beweismittel, die im ersten Rechtszug entgegen einer hierfür gesetzten Frist (§ 87b Abs. 1 und 2) nicht vorgebracht worden sind, sind nur zuzulassen, wenn nach der freien Überzeugung des Gerichts ihre Zulassung die Erledigung des Rechtsstreits nicht verzögern würde oder wenn der Beteiligte die Verspätung genügend entschuldigt. [2]Der Entschuldigungsgrund ist auf Verlangen des Gerichts glaubhaft zu machen. [3]Satz 1 gilt nicht, wenn der Beteiligte im ersten Rechtszug über die Folgen einer Fristversäumung nicht nach § 87b Abs. 3 Nr. 3 belehrt worden ist oder wenn es mit geringem Aufwand möglich ist, den Sachverhalt auch ohne Mitwirkung des Beteiligten zu ermitteln.**

(2) Erklärungen und Beweismittel, die das Verwaltungsgericht zu Recht zurückgewiesen hat, bleiben auch im Berufungsverfahren ausgeschlossen.

§ 128a VwGO ermöglicht im Interesse einer Straffung und Beschleunigung des Berufungsverfahrens unter bestimmten engen Voraussetzungen die Präklusion von neuen Erklärungen und Beweismitteln als Sanktion für die schuldhafte Verletzung von Mitwirkungspflichten im erstinstanzlichen Verfahren. § 128a Abs 1 VwGO erleichtert die Präklusion von Erklärungen und Beweismitteln im Berufungsverfahren, wenn bereits das VG die tatbestandlichen Voraussetzungen des § 87b VwGO geschaffen hat (Rn 5). Nach § 128a Abs 2 VwGO bleiben durch das VG zu Recht ausgeschlossene Erklärungen oder Beweismittel ohne weiteres auch im Berufungsverfahren ausgeschlossen (Rn 16).

A. Allgemeines

1   Nach § 128 S 2 VwGO sind neu vorgebrachte Tatsachen und Beweismittel grundsätzlich auch im Berufungsverfahren zu berücksichtigen. Die VwGO kennt keine generelle Sanktionierung verspäteten Vorbringens, macht also die Berücksichtigungsfähigkeit neuer Tatsachen und Beweismittel insbes nicht davon abhängig, ob der Beteiligte diese auch schon im erstinstanzlichen Verfahren hätte vorlegen können oder nach den Maßstäben ordnungsgemäßer Prozessführung gar hätte vorbringen müssen (OVG Frankfurt/Oder LKV 2004, 555).

Entstehen allerdings durch schuldhaft verspätetes Vorbringen Kosten, können diese nach § 155 Abs 4 VwGO dem Beteiligten auferlegt werden (Kopp/Schenke VwGO § 128 Rn 2).

Von diesem Grundsatz macht der zusammen mit § 87b VwGO durch das 4. VwGO- **2** ÄndG in die VwGO eingefügte § 128a VwGO eine Ausnahme. § 128a VwGO ermöglicht im Interesse einer Straffung und Beschleunigung des Berufungsverfahrens unter bestimmten engen Voraussetzungen die Präklusion von neuen Erklärungen und Beweismitteln als Sanktion für die schuldhafte Verletzung von Mitwirkungspflichten im erstinstanzlichen Verfahren. Diese Verletzung soll nicht dadurch sanktionslos bleiben, dass der Vortrag ohne Einschränkung im Berufungsverfahren nachgeholt werden kann, und wirkt deshalb in das Berufungsverfahren nach. § 128a VwGO gilt nach § 141 VwGO im **Revisionsverfahren** (BR-Drucks 135/90, 95) sowie entsprechend auch im **Beschwerdeverfahren**.

Grundsätzliche verfassungsrechtliche Bedenken gegen § 128a VwGO bestehen nicht (vgl **3** BVerfG NJW 2005, 1768, 1769). Präklusionsvorschriften haben jedoch **strengen Ausnahmecharakter**, weil sie sich zwangsläufig nachteilig auf das Bemühen um eine materiell richtige Entscheidung auswirken (BVerfGE 75, 302, 312 = NJW 1987, 2733, 2734; BGH NJW 2008, 1312, 1316). Ihre Anwendung unterliegt daher über eine bloße Willkürkontrolle hinaus einer **strengeren** verfassungsgerichtlichen Kontrolle als sonst die Anwendung einfachen (Prozess)Rechts (BVerfGE 75, 302, 312 = NJW 1987, 2733, 2734). Gleichwohl impliziert nicht jede fehlerhafte Anwendung einer Präklusionsvorschrift eine Verletzung des Art 103 Abs 1 GG. Der Anspruch auf Gewährung rechtlichen Gehörs ist bei der fehlerhaften Anwendung von Präklusionsvorschriften nur dann verletzt, wenn dadurch eine verfassungsrechtlich gebotene Anhörung nicht stattgefunden hat (BVerfGE 81, 97, 105 = NJW 1990, 566). Lässt sich weder den Entscheidungsgründen noch den übrigen Umständen entnehmen, ob die von der Präklusionsnorm abweichende Rechtsanwendung vor Art 103 Abs 1 GG standhält, ist von einem Verfassungsverstoß auszugehen (BVerfGE 81, 97, 106 = NJW 1990, 566, 567).

B. Ausschluss von Erklärungen und Beweismittel

Erklärungen iSd § 128a VwGO sind nur solche zum Sachverhalt, also nicht auch **4** Prozesshandlungen sowie Erklärungen und Anträge zum Verfahren (Kopp/Schenke VwGO § 128a Rn 2). § 128a VwGO schließt nicht aus, dass das OVG selbst nach § 125 Abs 1 S 1 VwGO iVm § 87b VwGO vorgeht und durch entsprechende Fristsetzung tatsächliches Vorbringen und Beweismittel selbst alle Präklusionsvoraussetzungen schafft. § 128a VwGO erleichtert hierüber hinaus die Präklusion im Berufungsverfahren, wenn bereits das VG die tatbestandlichen Voraussetzungen des § 87b VwGO geschaffen oder die Erklärungen oder Beweismittel ausgeschlossen hat.

I. Ausschluss neuer Erklärungen und Beweismittel durch das OVG

Neue Erklärungen und Beweismittel werden vom OVG nicht berücksichtigt, wenn die **5** Voraussetzungen des § 128a Abs 1 VwGO **kumulativ** erfüllt sind. Dem OVG kommt kein Ermessen zu, jedoch hat es innerhalb der Tatbestandsvoraussetzungen des § 128a Abs 1 VwGO einen gewissen Beurteilungsspielraum.

1. Neues Vorbringen

Neue Erklärungen und Beweismittel sind solche, die trotz ihrer Entscheidungserheblich- **6** keit bis zum Schluss der mündlichen Verhandlung vor dem VG nicht oder nur gänzlich unsubstantiiert vorgebracht worden sind (Sodan/Ziekow/Blanke VwGO § 128a Rn 2). Das Vorbringen muss sich aus dem Tatbestand des Urteils, dem Protokoll oder den vom VG in Bezug Schriftsätzen ergeben (S/S/B/Meyer-Ladewig/Rudisile VwGO § 128a Rn 4). Auch verspätet vor dem VG vorgebrachte Erklärungen sind im Berufungsverfahren nicht mehr neu und unterliegen daher nicht der Präklusion nach § 128a Abs 1 VwGO. Außerdem wird nur **gänzlich** oder **in wesentlichen Punkten** neues Vorbringen erfasst; Ergänzungen und

Präzisierungen des erstinstanzlichen Vortrags sind nie ausgeschlossen (Kopp/Schenke VwGO § 128a Rn 2; vgl BGH NJW 2007, 1531, 1532).

7   **Unstreitige Tatsachen**, die erstmals im Berufungsrechtszug vorgetragen werden, sind ebenso wie im Zivilprozess (BGH NJW 2008, 3434) stets zu berücksichtigen (S/S/B/Meyer-Ladewig/Rudisile VwGO § 128a Rn 14). Dies gilt auch für die erstmals in der Berufung erhobene **Einrede der Verjährung**, wenn deren tatsächlichen Voraussetzungen unstreitig sind (BGH NJW 2008, 3434, 3435; NJW 2009, 685).

7.1   § 128a VwGO ist der Vorschrift des § 528 ZPO aF nachgebildet (BR-Drs 135/90, 95), so dass auf die diesbezügliche Rechtsprechung zurückgegriffen werden kann (Kopp/Schenke VwGO § 128a Rn 2). Für diese Präklusionsvorschrift war jedoch anerkannt, dass sie nur streitiges und daher beweisbedürftiges Vorbringen betraf, nicht hingegen unstreitigen Sachvortrag (NJW 2008, 1312, 1314; BGH NJW 2005, 291, 292). Zwar besteht insofern ein Unterschied zum Verwaltungsprozess, als selbst ein Geständnis die Verwaltungsgerichte nicht bindet und von der Amtsermittlungspflicht entbindet, weshalb die Unstreitigkeit des Sachvortrags hier nicht notwendig seine Beweisbedürftigkeit entfallen lässt. Gleichwohl gilt die Erkenntnis, dass das Gericht nicht sehenden Auges auf einer falschen, von keinem Beteiligten vorgetragenen Grundlage entscheiden darf (BGH NJW 2005, 291, 293), für den Verwaltungsprozess nicht weniger als für den Zivilprozess. Die Beteiligten dürfen daher zumal angesichts des strengen Ausnahmecharakters aller Präklusionsvorschriften (Rn 3) nicht allein zur Beschleunigung des Berufungsverfahrens gehindert werden, übereinstimmend die erstinstanzlichen Feststellungen im Interesse einer materiell richtigen Entscheidung des Berufungsgerichts zu ergänzen (BGH NJW 2005, 291, 293). Dies gilt auch dann, wenn infolgedessen vor der Sachentscheidung eine Beweisaufnahme notwendig wird (BGH NJW 2005, 291, 293). Sollte das OVG trotz des übereinstimmenden Vortrages konkrete Anhaltspunkte für die Unrichtigkeit der Tatsachenbehauptung sehen, muss es dem – anders als das Zivilgericht – nachgehen, eine Zurückweisung der Erklärung nach § 128a Abs 1 VwGO scheidet jedoch aus.

2. Nichterklärung trotz Fristsetzung mit Belehrung

8   Das VG muss den Kläger zur Angabe der ihn beschwerenden Tatsachen (§ 87b Abs 1 VwGO) bzw einen sonstigen Beteiligten **aufgefordert** haben, zu bestimmten Vorgängen Tatsachen anzugeben oder Beweismittel zu bezeichnen oder Urkunden etc vorzulegen (§ 87b Abs 2 VwGO). Die Aufforderung muss unter **Fristsetzung** erfolgen und mit einer **Belehrung** gem § 87b Abs 3 Nr 3 VwGO über die Folgen einer Fristversäumung verbunden sowie vom Richter unterschrieben **zugestellt** worden sein (VGH Kassel NVwZ-RR 1998, 208). Eine bloße Mitteilung der Geschäftsstelle über eine solche Fristsetzung löst die Präklusionsfolge auch dann nicht aus, wenn die Mitteilung zugestellt wurde (vgl BGH NJW 2009, 515). Der Betroffene darf die geforderte Erklärung nicht fristgerecht abgegeben haben.

3. Verzögerung der Erledigung des Rechtsstreites

9   Die Zulassung dieses neuen Vortrages muss nach der freien Überzeugung des OVG die Erledigung des Rechtsstreites verzögern. Eine **Verzögerung** liegt vor, wenn der Rechtsstreit in der **Berufungsinstanz** bei Zulassung des Vortrages **länger dauern** würde (B/F-K/S/vA/ Bader VwGO § 128a Rn 5).

9.1   Das Abstellen auf die **freie Überzeugung** soll es dem Gericht ersparen, möglicherweise aufwendige und ihrerseits zeitraubende und zudem naturgemäß mit Unsicherheiten belastete Erwägungen zur Feststellung des hypothetischen Geschehensablaufs bei rechtzeitigem Vorbringen anstellen müssen. Zugleich soll es dem Gericht aber auch ermöglicht werden, bei der Anwendung der Präklusionsvorschriften den Grundsatz der Verhältnismäßigkeit zu wahren, dh diese „scharfe Waffe" mit Vorsicht und dem rechtsstaatlich gebotenen Augenmaß zu handhaben (BVerfGE 75, 302, 317 f. = NJW 1987, 2733, 2735 f.).

10   Zugrunde zu legen ist ein **absoluter Verzögerungsbegriff**. Es kommt nicht darauf an, ob das Verfahren bei rechtzeitigem Vortrag vielleicht genauso lang oder womöglich sogar (zB wegen einer damit angestoßenen Beweiserhebung) noch länger gedauert hätte. Maßgeblich ist, ob im Zeitpunkt des neuen Vortrages dessen Zulassung **nunmehr** zu einer Verzögerung

des Berufungsverfahrens führen würde (BVerwG NVwZ-RR 1998, 592, 593). Wenn jedoch offenkundig oder ohne jeden Aufwand erkennbar ist, dass das verspätete Vorbringen allein **nicht kausal** für eine Verzögerung ist, darf das verspätete Vorbringen nicht ausgeschlossen werden (BVerfGE 75, 302, 316 = NJW 1987, 2733, 2735; BVerfG NJW 1995, 1417; OVG Lüneburg NVwZ 2001, 1062; B/F-K/S/vA/Bader VwGO §128a Rn 5). Das ist etwa der Fall, wenn das Verfahren ohnehin noch nicht entscheidungsreif ist, zB weil noch Beweis erhoben werden muss (Kopp/Schenke VwGO §87b Rn 11). Das Gericht ist verpflichtet, alle zumutbaren Maßnahmen zu ergreifen, um das Eintreten einer Verfahrensverzögerung zu vermeiden und so den neuen Vortrag doch noch berücksichtigen zu können (BVerfGE 81, 97, 105 = NJW 1990, 566; B/F-K/S/vA/Bader VwGO §128a Rn 5).

4. Keine Entschuldigung

Der Beteiligte muss den Vortrag in der ersten Instanz schuldhaft unterlassen haben (Kopp/ **11** Schenke VwGO §128a Rn 2). Für die Frage, ob die Verspätung genügend entschuldigt ist, sind die zu §60 Abs 1 VwGO entwickelten Grundsätze entsprechend heranzuziehen (BVerwG NVwZ 2000, 1042, 1043).

Der Entschuldigungsgrund ist **auf Verlangen** des Gerichts – also nicht notwendig aus **12** eigener Initiative bei dem Vortrag der Entschuldigungsgründe – **glaubhaft** zu machen (§128a Abs 1 S 2 VwGO), dh das OVG muss von ihrer überwiegenden Wahrscheinlichkeit überzeugt werden (OVG Schleswig NVwZ 1993, 702).

5. Kein geringer Aufwand

Eine Zurückweisung ist unzulässig, wenn es mit geringem Aufwand möglich ist, den **13** Sachverhalt auch ohne Mitwirkung des Beteiligten von Amts wegen zu ermitteln (§128a Abs 1 S 3 VwGO).

6. Entscheidung und rechtliches Gehör

Die **Zulassung** neuen Vortrages erfordert keinen besonderen Beschluss, sondern kann **14** stillschweigend durch Berücksichtigung desselben erfolgen (Kopp/Schenke VwGO §128a Rn 4). Ggf führt die Berücksichtigung zum Erlass eines Beweisbeschlusses (S/S/B/Meyer-Ladewig/Rudisile VwGO §128a Rn 11).

Nach hM soll auch die **Nichtzulassung** neuen Vortrages keines vorherigen Beschlusses **15** oder auch nur prozessleitenden Hinweises bedürfen; es soll ausreichen, die Gründe für die Nichtzulassung im Urteil darzulegen, ohne dass dem Betroffenen zuvor die Möglichkeit gegeben werden müsste, seine Schuldlosigkeit an der Fristversäumung geltend zu machen, da er dies mit dem gegen die Sachentscheidung gegebenen Rechtsbehelf tun könne (BVerwG NVwZ 2000, 1042, 1043; Kopp/Schenke VwGO §128a Rn 4). Das überzeugt nicht. Richtigerweise muss das OVG zur Gewährung rechtlichen Gehörs vorab hinweisen, dass es in Erwägung zieht, neuen Vortrag nach §128a Abs 1 VwGO nicht zuzulassen (B/F-K/S/ vA/Bader VwGO §128a Rn 8; S/S/B/Meyer-Ladewig/Rudisile VwGO §128a Rn 11; Sodan/Ziekow/Blanke VwGO §128a Rn 5; Wysk/Kuhlmann VwGO §128a Rn 9). Neues Vorbringen in der Berufungsinstanz ist grundsätzlich zulässig, die Präklusion schon unter rechtsstaatlichen Gesichtspunkten eine eng zu handhabende Ausnahme. Außerdem kann der Beteiligte in der Regel nicht wissen, ob sich der Rechtsstreit nach freier Überzeugung des Gerichts durch Zulassung seines neuen Vortrags verzögern würde, weshalb er nicht gehalten ist, schon vorsorglich Entschuldigungsgründe glaubhaft zu machen. Den Betroffenen allein hierzu in die Revisionsinstanz zu zwingen, verstößt nicht nur gegen die Verfahrensökonomie (Kopp/Schenke VwGO §128a Rn 4), sondern ist auch eine gänzlich unnötige und daher unverhältnismäßige Erschwerung des Rechtsschutzes.

II. Fortgeltung der Präklusion durch das VG

Nach §128a Abs 2 VwGO bleiben Erklärungen und Beweismittel, die das VG zu Recht **16** nach §87b Abs 3 VwGO zurückgewiesen hat, auch im Berufungsverfahren ausgeschlossen. Dem OVG kommt insoweit kein Ermessen zu. Es muss jedoch inzident überprüfen, ob die

Zurückweisung durch das VG **zu Recht** erfolgt war, dh ob die Tatbestandsvoraussetzungen des § 87b VwGO vorgelegen haben, ob die Verspätung nicht genügend entschuldigt war und ob das **VG** von seinem **Zurückweisungsermessen** fehlerfrei Gebrauch gemacht hat. Die Ausübung dieses Ermessens muss ohne weiteres erkennbar oder vom VG in seinem Urteil nachvollziehbar dargelegt worden sein, sonst darf das OVG nicht davon ausgehen, dass die Zurückweisung zu Recht erfolgt ist (BVerwG NVwZ 2000, 1042, 1043). Hat das VG einen Vortrag mit fehlerhafter Begründung und damit **zu Unrecht** als präkludiert zurückgewiesen, darf das OVG die **Präklusionsbegründung nicht auswechseln** und die Zurückweisung des Vortrags auf eine andere als die vom VG angewandte Vorschrift stützen (vgl BGH NJW 2006, 1741). § 128a Abs 2 VwGO ist in diesem Falle nicht erfüllt, eine Präklusion im Berufungsverfahren allein nach den Vorgaben des § 128a Abs 1 VwGO möglich.

III. Rechtsbehelfe

17   Die Nichtzulassung neuer Erklärungen und Beweismittel nach sowie ihr weiterer Ausschluss nach sind **nicht selbständig anfechtbar** (§ 146 Abs 2 VwGO). Die **fehlerhafte Nichtzulassung** ist im Rahmen des Rechtsbehelfs gegen die Sachentscheidung geltend zu machen (BVerwG NVwZ 2000, 1042, 1043). Eine etwaige **fehlerhafte Zulassung** und Berücksichtigung von Vortrag ist hingegen auch mit der Revision nicht angreifbar (BGH NJW 2005, 1583, 1585; 2006, 1741, 1742; BAG NJW 2008, 2362, 2363; Kopp/Schenke VwGO § 128a Rn 6).

§ 129 [Bindung an die Anträge]

Das Urteil des Verwaltungsgerichts darf nur soweit geändert werden, als eine Änderung beantragt ist.

§ 129 VwGO überträgt als Ausdruck der Dispositionsmaxime die Regelung des § 88 VwGO auf das Berufungsverfahren. Die Gerichte dürfen nicht über die gestellten Anträge hinausgehen, sind jedoch nicht an deren wörtliche Fassung gebunden, sondern haben das tatsächliche Rechtsschutzziel zu ermitteln und ihrer Entscheidung zugrunde zu legen. § 129 VwGO verbietet eine reformatio in peius zu Lasten des Berufungsklägers, schließt es aber gleichzeitig auch aus, ihm mehr zuzusprechen als beantragt.

A. Allgemeines

1   § 129 VwGO überträgt die Regelung des § 88 VwGO auf das Berufungsverfahren. Die Vorschrift ist Ausdruck der im Verwaltungsprozess herrschenden **Dispositionsmaxime** in ihrer Ausprägung für das Berufungsverfahren (BVerwG NVwZ 2010, 188). Allerdings ist das OVG bei der Entscheidung über Anträge nicht an deren wörtliche Fassung gebunden, sondern muss das tatsächliche Rechtsschutzziel ermitteln und seiner Entscheidung zugrunde legen (§ 125 Abs 1 S 1 VwGO iVm § 88 VwGO). § 129 VwGO gilt für Revisions – (§ 141 VwGO) und Beschwerdeverfahren entsprechend.

B. Änderungsbefugnis des Berufungsgerichts
I. Maßgeblichkeit des Berufungsantrags

2   Nach § 129 VwGO darf das OVG das Urteil des VG nur soweit ändern, als eine **Änderung beantragt** ist. Inhalt und Reichweite des Änderungsbegehrens ergeben sich vorrangig aus dem **Berufungsantrag**, wie er in der **mündlichen Verhandlung** vor dem OVG gestellt wird. Hat keine mündliche Verhandlung stattgefunden, ist das Änderungsbegehren anhand des **schriftlichen Berufungsantrags** (§ 124a Abs 3 S 4 VwGO) und ggf der sonstigen Prozesserklärungen zu ermitteln (BVerwG DVBl 1997, 907).

3   Das OVG ist bei der Ermittlung des Änderungsbegehrens nach § 125 Abs 1 S 1 VwGO iVm § 88 VwGO **nicht** an die **Fassung** der Anträge gebunden, sondern hat das im Berufungsantrag und im gesamten Parteivorbringen zum Ausdruck kommende wirkliche

Rechtsschutzziel zu ermitteln (BVerwGE 116, 326, 330 = NVwZ 2003, 356, 357). Entscheidend ist das **Rechtsschutzbegehren, nicht der Wortlaut** der Anträge; letztere sind anhand des erkennbaren Begehrens auszulegen (BVerwG NVwZ 2010, 188). Die Möglichkeit einer sachdienlichen Auslegung des Begehrens findet ihre Grenze in dem ausdrücklich bekundeten Willen (BVerwGE 116, 326, 330 = NVwZ 2003, 356, 357).

II. Begrenzungswirkung der Anträge

Die Begrenzungswirkung des § 129 VwGO bezieht sich grundsätzlich allein auf den **4** **Tenor** der Entscheidung, **nicht** auf die **Entscheidungsgründe** (Kopp/Schenke VwGO § 129 Rn 2). Das OVG kann deshalb die angefochtene Entscheidung mit anderen Gründen bestätigen oder aus anderen als den vom Berufungskläger genannten Gründen ändern. Ein anderes gilt jedoch, soweit die Entscheidungsgründe Relevanz für die Reichweite des Urteilsausspruchs haben, zB bei Bescheidungsurteilen (S/S/B/Meyer-Ladewig/Rudisile VwGO § 129 Rn 6; Wysk/Kuhlmann VwGO § 129 Rn 3). Eine lediglich klarstellende Aufhebung eines Verwaltungsakts ohne Regelungsgehalt (BVerwG Buchholz 402.240 § 51 AuslG Nr 22) oder eines wirkungslos gewordenen Urteils verstößt nicht gegen § 129 VwGO. Eine über § 129 VwGO hinausgehende Änderung des angefochtenen erstinstanzlichen Urteils durch das Berufungsgericht führt auf die Revision zu einer entsprechenden (Teil-) Aufhebung des Berufungsurteils (BVerwG NVwZ 2010, 188, 189).

1. Verbot der Verböserung

Die Bindungswirkung des § 129 VwGO schließt eine **reformatio in peius**, dh eine **5** Abänderung des angefochtenen Urteils zum Nachteil des Berufungsklägers aus. Als unzulässige Verböserung ist es auch anzusehen, wenn dem Berufungskläger ein prozessualer Anspruch aberkannt wird, den er gar nicht zur Entscheidung gestellt hat (BGH NJW 1991, 1683, 1684).

Es stellt keine unzulässige reformatio in peius dar, wenn das OVG bei einer allein vom **6** Kläger eingelegten Berufung die vom VG als unbegründet abgewiesene Klage als unzulässig abweist (BVerwG NVwZ-RR 1991, 443, 445; vgl BVerwG NVwZ-RR 2012, 86, 87). Die Ersetzung eines die Klage als unzulässig abweisenden Prozessurteils durch ein die Klage als unbegründet abweisendes Sachurteil ist nach hM zulässig, selbst wenn nur der Kläger Berufung eingelegt hat (BVerwGE 22, 45, 46; Gärditz/Dietz VwGO § 129 Rn 8; krit B/F-K/S/vA/Bader VwGO § 129 Rn 8; Kugele VwGO § 129 Rn 5). Da eine solche Änderung für den Berufung führenden Kläger eine Verböserung darstellt, sollte sie jedoch richtigerweise nur zugelassen werden, wenn die zur Unzulässigkeit führenden Gründe nicht behebbar sind.

Nach überwiegend vertretener Auffassung ist es nicht als unzulässige Verböserung anzuse- **7** hen, wenn das OVG auf die Berufung des vor dem VG nur teilweise erfolgreichen Klägers die Klage wegen des **Fehlens zwingender Prozess- oder Sachurteilsvoraussetzungen** insgesamt abweist (BVerwG NVwZ 1991, 443, 445; B/F-K/S/vA/Bader VwGO § 129 Rn 9; F/K/S/Schäfer VwGO § 129 Rn 5; Gärditz/Dietz VwGO § 129 Rn 9; Kopp/Schenke VwGO § 129 Rn 3; Redeker/v Oertzen/M. Redeker VwGO § 129 Rn 2; Wysk/Kuhlmann VwGO § 129 Rn 7). Dem ist in dieser Allgemeinheit nicht beizupflichten (zu Ausnahmen unten Rn 10). Denn selbst grob fehlerhafte Urteile können eben nur auf Rechtsmittel hin überprüft und aufgehoben werden. Die Gerichte müssen zwar zwingende Prozessvoraussetzungen in jedem Verfahrensstadium von Amts wegen beachten (BVerwG NVwZ 1991, 443, 445), dies aber nur im Rahmen der von ihnen zu treffenden Entscheidung, da auch die Rechtsmittelgerichte nicht über eine Art Selbsteintrittsrecht verfügen (wie hier VGH Kassel NJW 1980, 358; Eyermann/Happ VwGO § 129 Rn 4; S/S/B/Meyer-Ladewig/Rudisile VwGO § 129 Rn 6; Sodan/Ziekow/Blanke VwGO § 129 Rn 6). Die Möglichkeit der Berufungsrücknahme zur Vermeidung einer reformatio in peius (B/F-K/S/vA/Bader VwGO § 129 Rn 9; Gärditz/Dietz VwGO § 129 Rn 9; Wysk/Kuhlmann VwGO § 129 Rn 7) schützt den in erster Instanz teilweise erfolgreichen Berufungskläger nicht ausreichend, schon weil die Berufungsrücknahme nach Stellung der Anträge in der mündlichen Verhandlung der Einwilligung des Berufungsbeklagten bedarf (§ 126 Abs 1 S 2

VwGO), diese aber kaum zu erreichen sein wird, wenn das OVG darauf hingewiesen hat, dass es eine gänzliche Klageabweisung in Betracht ziehe, oder wenn gar ein klagabweisendes Berufungsurteil schon vorliegt. Auch kann der Berufungskläger nicht gezwungen sein, zur Vermeidung einer reformatio in peius durch Berufungsrücknahme sich der Möglichkeit einer Nichtzulassungsbeschwerde bzw Revision zu begeben. Legt er aber Nichtzulassungsbeschwerde ein und wird diese abgelehnt, so tritt ohne weiteres Rechtskraft ein (§ 133 Abs 5 S 3 VwGO), so dass es dann für eine Berufungsrücknahme zu spät ist.

7.1   Gibt das VG einer unzulässigen Klage teilweise statt, so ist, wenn der Zulässigkeitsmangel seiner Art nach auf die Zulässigkeit des Rechtsmittels durchschlägt, die weitergehende Berufung des Klägers zwar unzulässig, ansonsten unbegründet; das fehlerhaft ergangene Urteil hat jedoch Bestand, sofern nicht der Beklagte seinerseits Berufung oder Anschlussberufung eingelegt hat. Deshalb führen etwa Mängel bei der Klageerhebung, die unzutreffende Bejahung der Klagebefugnis, die fehlende vorherige Antragstellung bei der Verpflichtungsklage, die Verletzung der Vorschriften über das Vorverfahren oder die Versäumung der Klagefrist, wenn das VG zu Unrecht die Klage nicht als unzulässig abgewiesen, sondern ihr teilweise stattgegeben hat und nur der Kläger Berufung einlegt, zwar zur Zurückweisung der Berufung, nicht hingegen zur vollumfänglichen Abweisung der Klage durch das OVG.

7.2   Selbst wenn der Verfahrensmangel eine **Wiederaufnahme** rechtfertigen würde, befreit dies das OVG außerhalb eines Wiederaufnahmeverfahrens nicht vom Verbot der reformatio in peius (aA B/F-K/S/vA/Bader VwGO § 129 Rn 9; S/S/B/Meyer-Ladewig/Rudisile VwGO § 129 Rn 6). Denn auch bei Vorliegen eines Wiederaufnahmegrundes ist es Sache der Beteiligten, diesen in einem ordnungsgemäßen Wiederaufnahmeverfahren geltend zu machen (vgl BGH NJW 2013, 1009, 1010) und findet keine Wiederaufnahme von Amts wegen statt.

7a   Nach hM gilt das Verbot der reformatio in peius gleichfalls nicht, wenn das VG trotz sachlicher Unteilbarkeit des Klagebegehrens über die Klage **unzulässigerweise nur teilweise entschieden** hat (BVerwGE 111, 318, 321 = NVwZ 2001, 200, 201; Eyermann/Happ VwGO § 129 Rn 4; S/S/B/Meyer-Ladewig/Rudisile VwGO § 129 Rn 7), zB wenn es dem Hilfsantrag stattgegeben hat, ohne über den Hauptantrag zu entscheiden und diesen abzuweisen (Kopp/Schenke VwGO § 129 Rn 3), oder wenn es ein das Gebot der Widerspruchsfreiheit von Teil- und Schlussurteil (hierzu BGH NJW 2011, 2736, 2737; NJW 2011, 2800, 2801; NJW 2013, 1009) verletzendes Teilurteil erlassen hat (BGH NJW 2011, 2736, 2737; NJW 2011, 2800, 2802). In diesen Fällen soll der Streitgegenstand einheitlich in das Berufungsverfahren übergehen und das OVG nicht durch § 129 VwGO gehindert sein, über den vom Kläger geltend gemachten Anspruch umfassend zu entscheiden (BVerwGE 111, 318, 321 = NVwZ 2001, 200, 201; B/F-K/S/vA/Bader VwGO § 129 Rn 8). Auch dieser Einschränkung des § 129 VwGO ist nicht zuzustimmen. Dass das VG ein unzulässiges (erklärtes oder verdecktes) Teilurteil erlassen hat, entbindet nicht vom Verbot der reformatio in peius, soweit der durch den unzulässig übergangenen Teil des Klageantrags beschwerte Kläger keine Berufung oder Anschlussberufung einlegt (BGH NJW 2013, 1009, 1010). Hat etwa das VG unzulässig nur über den Hilfsantrag entschieden und legt nur der gemäß dem Hilfsantrag verurteilte Beklagte Berufung ein, so darf das OVG nur über den Hilfsantrag entscheiden, nicht hingegen auch über den Hauptantrag und diesem womöglich stattgeben. Und umgekehrt darf das OVG dem Rechtsmittelführer nicht aberkennen, was ihm das VG bereits rechtskräftig zugesprochen hat (BGH NJW 2013, 1009, 1010).

7a.1   Die sich aus § 129 VwGO ergebende Begrenzung ist keine Verfügung der Beteiligten über zwingende, im öffentlichen Interesse gebotene Sachentscheidungsvoraussetzungen (Kopp/Schenke VwGO § 129 Rn 3), sondern Folge ihrer Dispositionsbefugnis über den Streitgegenstand (BGH NJW 2013, 1009, 1010). So wie der Kläger jederzeit befugt ist, seinen Hauptantrag fallenzulassen und nur noch eine Bescheidung seines Hilfsantrags zu begehren, kann er auch davon absehen, den fehlerhaft nicht beschiedenen Hauptantrag zum Gegenstand eines Berufungsverfahrens zu machen. Lässt er sich ohne eigene Berufung oder Anschlussberufung auf ein Berufungsverfahren allein über den Hilfsantrag ein, darf deshalb das OVG nicht über den Hauptantrag entscheiden. Problematisch sind die Fälle, in denen der Beklagte durch das fehlerhafte Urteil des VG zu einer vom Gesetz an sich nicht vorgesehenen Leistung verpflichtet wird. Indessen ist auch insoweit eine Durchbrechung des § 129 VwGO nicht angezeigt. Da der Beklagte auch ganz von der Berufung absehen könnte und das fehlerhafte Urteil dann ebenfalls rechtskräftig würde, selbst wenn es gegen zwingendes Recht verstößt (S/S/B/Meyer-Ladewig/Rudisile VwGO § 129 Rn 6), ist kein zwingender Grund ersichtlich, bei eingelegter Berufung das fehlerhafte Urteil sozusagen von Amts wegen reparieren zu müssen, auch wenn das kein Beteiligter mit Berufung oder Anschlussberufung beantragt hat. Zwingend ist allein, dass das OVG durch seine Entscheidung nicht dazu beitragen darf, das ohnehin fehlerhafte Urteil durch seine Berufungsentscheidung noch fehlerhafter zu machen.

Wird die Berufung in unzulässiger Weise nur gegen einen nicht abtrennbaren Teil des **8** Urteils eingelegt und ist der Berufungsantrag nicht dahin auszulegen, dass insgesamt Berufung eingelegt werden soll, ist die Berufung unzulässig; das OVG darf nicht über den nicht angegriffenen Teil des Urteils entscheiden (Kopp/Schenke VwGO § 129 Rn 4).

2. Verbot des Mehrzuspruchs

Nach § 129 VwGO darf dem Berufungskläger auch nicht mehr zugesprochen werden als **9** beantragt, ihm insbes kein nicht erhobener Anspruch zuerkennt werden (BGH NJW 1991, 1683, 1684), selbst wenn es aus Sicht des OVG offensichtlich ist, dass ihm mehr zustünde.

Soweit in dieser Hinsicht reziprok zur reformatio in peius gelegentlich von einem Verbot einer **9.1** **reformatio in melius** gesprochen wird (BVerwG Buchholz 310 § 129 VwGO Nr 2), ist dies streng genommen begrifflich nicht ganz korrekt, da Bezugsobjekt der reformatio die vorangegangene Entscheidung und nicht der Antrag ist, eine Änderung des angefochtenen Urteils zugunsten des Berufungsklägers indes gerade Sinn und Zweck der Berufung ist.

III. Ausnahmen von der Begrenzungswirkung

Zwar entbindet entgegen vielfach vertretener Auffassung auch der Verstoß gegen zwin- **10** gende Klage- und Prozessvoraussetzungen nicht generell von der Bindung an den Berufungsantrag und dem Verbot der reformatio in peius (Rn 7). Eine Ausnahme ist für bestimmte vom OVG von Amts wegen zu prüfende und zu berücksichtigende zwingende Klage- und Prozessvoraussetzungen zu machen, die nicht nur die Zulässigkeit der Klage betreffen, sondern dem Erlass eines stattgebenden Urteils den Boden entziehen. So sind der **Wegfall der Rechtshängigkeit** und die **Verfahrenserledigung** (BVerwG NVwZ-RR 1991, 443, 445) sowie das **Entfallen des Rechtsschutzinteresses** jederzeit auch im Berufungsverfahren zu beachten. Das OVG muss in solchen Fällen die angefochtene Entscheidung auch zum Nachteil des Berufungsklägers ändern, insbes die in der Vorinstanz teilweise erfolgreiche Klage des Berufungsklägers ganz abweisen (B/F-K/S/vA/Bader VwGO § 129 Rn 9; Kopp/Schenke VwGO § 129 Rn 3; aA Eyermann/Happ VwGO § 129 Rn 4).

Keine Bindung an etwaige Anträge besteht hinsichtlich der **Kostenentscheidung** (§ 173 **11** S 1 VwGO iVm § 308 Abs 2 ZPO) sowie hinsichtlich der Festsetzung des **Streitwertes**. Schließlich entfällt die Begrenzungswirkung des § 129 VwGO im Falle einer **Anschlussberufung** (§ 127 VwGO).

§ 130 [Zurückverweisung]

(1) Das Oberverwaltungsgericht hat die notwendigen Beweise zu erheben und in der Sache selbst zu entscheiden.

(2) Das Oberverwaltungsgericht darf die Sache, soweit ihre weitere Verhandlung erforderlich ist, unter Aufhebung des Urteils und des Verfahrens an das Verwaltungsgericht nur zurückverweisen,

1. soweit das Verfahren vor dem Verwaltungsgericht an einem wesentlichen Mangel leidet und aufgrund dieses Mangels eine umfangreiche oder aufwändige Beweisaufnahme notwendig ist oder

2. wenn das Verwaltungsgericht noch nicht in der Sache selbst entschieden hat

und ein Beteiligter die Zurückverweisung beantragt.

(3) Das Verwaltungsgericht ist an die rechtliche Beurteilung der Berufungsentscheidung gebunden.

Nach dem Grundsatz des § 130 Abs 1 VwGO hat das OVG die notwendigen Beweise zu erheben und in der Sache selbst zu entscheiden. Eine Zurückverweisung der Sache kommt im Interesse der Verfahrensbeschleunigung nach § 130 Abs 2 VwGO nur unter eingeschränkten Voraussetzungen in Betracht, nämlich bei wesentlichen Verfahrensmängeln (Rn 4), wenn hiernach eine umfangreiche oder aufwendige Beweisaufnahme durch das OVG notwendig würde, oder wenn das VG noch nicht in der Sache selbst entschieden hat (Rn 6). Die Zurückverweisung setzt in jedem Fall einen entsprechenden Antrag eines Beteiligten voraus (Rn 8), steht jedoch im Ermessen des OVG (Rn 9). Die Zurückverweisung eröffnet die erste Instanz neu (Rn 16), doch ist das VG nach § 130 Abs 3 VwGO an die rechtliche Beurteilung des OVG gebunden (Rn 17).

Übersicht

A. Allgemeines

1   § 130 Abs 1 VwGO statuiert den **Grundsatz**, dass das OVG den Rechtsstreit selbst zu entscheiden und hierfür etwa notwendigen Beweise selbst zu erheben hat. Nur unter engen Voraussetzungen wird dem OVG durch § 130 Abs 2 VwGO die Zurückverweisung der Sache an das VG gestattet. Die **Zurückverweisung** dient der **Entlastung** des Berufungsgerichts; dieses soll zur Erleichterung seiner Entscheidung auf die Beweisergebnisse und die rechtlichen und tatsächlichen Überlegungen des VG zurückgreifen können. Die Zurückverweisungsmöglichkeit wurde bei der Neufassung des § 130 VwGO durch das RmBereinVpG v 20.12.2001 (BGBl I 3987) mWv 1.1.2002 im Interesse der **Verfahrensbeschleunigung** gegenüber dem früheren Rechtszustand beträchtlich eingeschränkt (BT-Drs 14/6393, 14).

1.1   Verfassungsrechtliche Bedenken bestehen gegen § 130 VwGO nicht, auch wenn die Beteiligten durch Nichtzurückverweisung eine Tatsacheninstanz einbüßen. Allerdings müssen die für und gegen eine Zurückverweisung sprechenden Gründe sachgerecht abgewogen werden; eine willkürliche Handhabung würde das Recht auf den gesetzlichen Richter (Art 101 Abs 1 S 2 GG) verletzen (Kopp/Schenke VwGO § 130 Rn 2).

2   § 130 VwGO gilt entsprechend in **Beschwerdeverfahren** (Kopp/Schenke VwGO § 130 Rn 3), namentlich in Verfahren gem § 146 VwGO iVm § 80 VwGO bzw § 123 VwGO (OVG Berlin NVwZ 2002, 1267; VGH Kassel NVwZ-RR 2007, 824; VGH Mannheim NVwZ-RR 2003, 532), vorausgesetzt, die Zurückverweisung beeinträchtigt nicht die Effektivität des Eilrechtsschutzes (VGH Kassel NVwZ 1999, 891, 892). Die Zurückverweisung durch das **Revisionsgericht** ist in § 144 Abs 3 und 5 VwGO eigenständig, und zwar wegen der Funktion der Revisionsinstanz deutlich großzügiger geregelt, weshalb § 130 VwGO dort keine Anwendung findet.

B. Zurückverweisung der Entscheidung
I. Zurückverweisungsgründe

3   § 130 Abs 2 VwGO führt **abschließend** die Gründe auf, die zu einer Zurückverweisung an das VG führen können.

1. Wesentlicher Verfahrensmangel

Eine Zurückverweisung nach § 130 Abs 2 Nr 1 VwGO setzt voraus, dass das erstinstanz- **4** liche Verfahren an einem **wesentlichen Mangel** leidet. Es muss also ein der Beurteilung des OVG unterliegender und für das Entscheidungsergebnis kausaler **Verfahrensmangel** iSd § 124 Abs 2 Nr 5 VwGO vorliegen. Ob ein Verfahrensfehler vorliegt, ist allein auf Grund des materiell-rechtlichen Standpunkts des VG zu beurteilen, auch wenn dieser verfehlt ist oder das OVG ihn für verfehlt erachtet (BGH NJW-RR 2010, 1048, 1049; NJW-RR 2012, 1207, 1208). Als **wesentliche** Verfahrensmängel sind die in § 138 VwGO genannten an- zusehen (Kopp/Schenke VwGO § 130 Rn 9), ferner sonstige **schwerwiegende** Mängel, aufgrund deren die Beteiligten einen schweren prozessualen Nachteil bei ihrer Rechtsver- folgung oder Rechtsverteidigung erlitten haben (VGH Kassel NVwZ-RR 1996, 179, 181; Kugele VwGO § 130 Rn 4). Der Mangel muss nach Art und Gewicht dazu führen, dass das erstinstanzliche Verfahren keine ordnungsgemäße Entscheidungsgrundlage mehr darstellt (Redeker/v Oertzen/M. Redeker VwGO § 130 Rn 5; S/S/B/Meyer-Ladewig/Rudisile VwGO § 130 Rn 6).

Soweit die hM als wesentlich iSd § 130 Abs 2 Nr 1 VwGO alle Verfahrensmängel ansieht, bei **4.1** denen nicht auszuschließen ist, dass die Entscheidung ohne sie anders ausgefallen wäre (OVG Münster, NVwZ-RR 1997, 760; F/K/S/Schäfer VwGO § 130 Rn 14; Gärditz/Dietz VwGO § 130 Rn 10; Kopp/Schenke VwGO § 130 Rn 9; Sodan/Ziekow/Blanke VwGO § 130 Rn 9), dürfte dies der Begrenzungsfunktion dieses Tatbestandsmerkmals nicht ausreichend gerecht werden, da dies bereits Voraussetzung für die Kausalität ist, ohne die schon kein zur Berufungszulassung führender entscheidungserheblicher Verfahrensmangel iSd § 124 Abs 2 Nr 5 VwGO vorliegt. Eine Zurückverweisung kommt als Ausnahme von der in § 130 Abs 1 statuierten Verpflichtung des OVG, die notwendigen Beweise zu erheben und in der Sache selbst zu entscheiden, nur in Betracht, wenn das erstinstanzliche Verfahren an einem so wesentlichen Mangel leidet, dass es keine Grundlage für eine instanzbeendende Entscheidung sein kann (BGH NJW-RR 2010, 1048, 1049). Es kann auch nicht darauf abgestellt werden, ob der von dem Verfahrensmangel Betroffene einen erheblichen Nachteil erleiden würde, wenn das Verfahren beim OVG fortgesetzt wird (so B/F-K/S/vA/Bader VwGO § 130 Rn 4), da die Berufungsinstanz keine geringeren Möglichkeiten zur Rechtswahr- nehmung bietet und deshalb ein solcher Nachteil eigentlich nicht entstehen kann.

Ferner muss gerade **aufgrund** dieses Mangels eine **umfangreiche** oder **aufwendige** **5** **Beweisaufnahme** in der Berufungsinstanz notwendig sein. Ein sonstiger beim OVG ent- stehender möglicherweise beträchtlicher Aufwand rechtfertigt keine Zurückverweisung.

Als umfangreiche Beweisaufnahme ist etwa die Vernehmung einer Vielzahl von Zeugen oder **5.1** Sachverständigen anzusehen, als aufwendig etwa eine Beweisaufnahme an einem weit entfernten Ort. Die einfache Vernehmung eines Zeugen fällt nicht unter diese Klausel, es sei denn, sie muss zB im Ausland stattfinden (BT-Drs 14/6393, 14).

2. Fehlende Sachentscheidung

Nach § 130 Abs 2 Nr 2 VwGO kommt eine Zurückverweisung ferner in Betracht, wenn **6** das VG noch nicht in der Sache, dh über den Streitgegenstand (VGH Kassel NVwZ-RR 2007, 824; VGH Mannheim NVwZ-RR 2003, 532, 533) entschieden hat. Dies ist vor allem dann der Fall, wenn das VG nur durch **Prozessurteil** entschieden und kein Sachurteil erlassen hat (BVerwG NVwZ-RR 2012, 431, 432). Außerdem ist denkbar, dass das VG aufgrund einer **falschen Weichenstellung** bei einer tatsächlichen oder rechtlichen Vorfrage zum eigentlichen Streitgegenstand überhaupt **nicht vorgedrungen** ist (BVerwG NVwZ 1982, 500, 501; NVwZ-RR 2012, 431, 432; VGH Mannheim NVwZ-RR 2003, 532, 533; VBlBW 2012, 229, 230; Eyermann/Happ VwGO § 130 Rn 13; Kugele VwGO § 130 Rn 7; einschränkend Kopp/Schenke VwGO § 130 Rn 11; Redeker/v Oertzen/M. Rede- ker VwGO § 130 Rn 6b; aA Gärditz/Dietz VwGO § 130 Rn 13).

Keine Entscheidung in der Sache liegt etwa vor (vgl Eyermann/Happ VwGO § 130 Rn 13; S/ **6.1** S/B/Meyer-Ladewig/Rudisile VwGO § 130 Rn 8; Sodan/Ziekow/Seibert VwGO § 130 Rn 11), wenn das VG aufgrund einer fehlerhaften Auslegung des streitgegenständlichen Verwaltungsakts den eigentlichen Gegenstand des Streites verfehlt (BVerwG NVwZ-RR 2012, 431, 432; OVG Berlin

NVwZ 2002, 1267), zu Unrecht von einer Verwirkung (VGH Kassel NVwZ-RR 1999, 540, 541), Verjährung oder einer materiellrechtlichen Präklusion ausgeht und deshalb das eigentliche Begehren nicht behandelt, die Rechtsgrundlage (zB Rechtsverordnung oder Satzung) irrig für nichtig erachtet und deshalb den angefochtenen Verwaltungsakt als solchen nicht mehr prüft, über die Klage mit unzutreffenden gemeinschaftsrechtlichen Erwägungen entscheidet und sich hierdurch den Weg zu der gebotenen Überprüfung anhand des deutschen Rechts verstellt (VGH Mannheim NVwZ-RR 2003, 532, 533).

6.2   Keine Zurückweisung nach § 130 Abs 2 Nr 2 VwGO kommt in Betracht, wenn das VG die Sachfragen **hilfsweise** oder im Wege von **obiter dicta** behandelt hat. Es liegt dann zwar keine „Entscheidung" in der Sache vor, weil diese Ausführungen nicht entscheidungstragend sind. Aber das VG hat in solchen Fällen die betreffenden Gesichtspunkte gleichwohl in tatsächlicher und rechtlicher Hinsicht näher untersucht, weshalb es keinen Sinn hätte, die Sache an das VG zurückzuverweisen.

II. Zurückverweisungsentscheidung

1. Erforderlichkeit weiterer Verhandlung

7   Eine Zurückverweisung kommt nur in Betracht, soweit eine weitere Verhandlung der Sache erforderlich ist (§ 130 Abs 2 VwGO). Sie scheidet aus, wenn die Sache aus anderen Gründen entscheidungsreif ist oder alsbald spruchreif gemacht werden kann (B/F-K/S/vA/ Bader VwGO § 130 Rn 11).

2. Antrag

8   Die Zurückverweisung setzt auch bei besonders schweren Mängeln (BVerwG Buchholz 310 § 130 VwGO Nr 16) den **Antrag** wenigstens eines Beteiligten voraus, auch eines Beigeladenen oder des Vertreters des öffentlichen Interesses. Der Antrag unterliegt dem **Vertretungszwang** (§ 67 Abs 4 S 1 VwGO).

8.1   Das Antragserfordernis soll die Rechtsposition der Beteiligten stärken, weil sie hierdurch die Möglichkeit erhalten, trotz Vorliegens eines Zurückverweisungsgrundes übereinstimmend eine Sachentscheidung des Rechtsmittelgerichts herbeiführen zu können (BT-Drs 14/6393, 14; VGH Mannheim NVwZ-RR 2003, 532, 533).

3. Zurückverweisungsermessen

9   Dem OVG kommt ein – revisionsgerichtlich nur eingeschränkt überprüfbares (BVerwG NVwZ-RR 1994, 118, 119) – **Ermessen** („darf") zu, ob es die Sache trotz des Verfahrensmangels oder der ausstehenden Sachentscheidung des VG selbst entscheidet oder ob es sie an das VG zurückverweist (VGH Kassel NVwZ-RR 2007, 824; VGH Mannheim NVwZ 1989, 882, 883). Das OVG muss dieses Ermessen **pflichtgemäß** ausüben (BGH NJW-RR 2010, 1048, 1049). Bei dieser Ermessensentscheidung sind insbesondere die Gesichtspunkte der Arbeitsentlastung des OVG, der Prozessökonomie, der Verkürzung des Rechtswegs und der Beschleunigung des Verfahrens zu berücksichtigen (VGH Kassel NVwZ-RR 2007, 824; VGH Mannheim NVwZ 1989, 882, 883). Es ist zu berücksichtigen, dass eine Zurückverweisung der Sache in aller Regel zu einer Verteuerung und Verzögerung des Rechtsstreits führt, was den schützenswerten Interessen der Beteiligten entgegenstehen kann (BGH NJW-RR 2010, 1048, 1049; NJW-RR 2011, 1365, 1366). Dies gilt insbes dann, wenn die Sache bereits einmal zurückverwiesen worden war (BGH NJW-RR 2011, 1365, 1366).

10   Das OVG muss eine **Zurückverweisung begründen** (B/F-K/S/vA/Bader VwGO § 130 Rn 12; Kugele VwGO § 130 Rn 10). Da die eigene Entscheidung durch das OVG nach § 130 Abs 1 VwGO nunmehr den gesetzlichen Regelfall darstellt, bedarf sie grundsätzlich keiner besonderen Begründung (B/F-K/S/vA/Bader VwGO § 130 Rn 12). Ein anderes dürfte jedoch gelten, wenn die Beteiligten einvernehmlich die Zurückverweisung beantragen und das OVG dem nicht folgt.

4. Zurückverweisungsadressat

Die Zurückverweisung erfolgt an das VG, das in erster Instanz entschieden hat, bei **11** geänderter Gerichtsorganisation an das nunmehr zuständige VG (Kopp/Schenke VwGO § 130 Rn 7). Eine Prüfung der sachlichen und örtlichen Zuständigkeit findet nach § 83 VwGO iVm § 17a GVG im Rahmen der Entscheidung nach § 130 Abs 2 VwGO nicht statt (Kopp/Schenke VwGO § 130 Rn 7).

Das OVG kann den Rechtsstreit analog § 563 Abs 1 S 2 ZPO bei besonderem Anlass an **12** eine **andere Kammer** zurückverweisen (B/F-K/S/vA/Bader VwGO § 130 Rn 13; S/S/B/ Meyer-Ladewig/Rudisile VwGO 130 Rn 12), nicht jedoch an eine bestimmte Kammer unabhängig von der Geschäftsverteilung (B/F-K/S/vA/Bader VwGO § 130 Rn 13; Kopp/ Schenke VwGO § 130 Rn 7).

Der zurückverwiesene Rechtsstreit fällt auch dann bei der **Kammer** an, wenn die auf- **13** gehobene Entscheidung durch den **Einzelrichter** erlassen worden war (B/F-K/S/vA/Bader VwGO § 130 Rn 14). Denn die Zurückverweisung erfolgt unter Aufhebung des Verfahrens, weshalb eine erneute Entscheidung nach § 6 VwGO erforderlich wird.

III. Anfechtbarkeit des Zurückverweisungsentscheidung

Das zurückverweisende Urteil ist im Hinblick auf die Revision ein Endurteil und daher **14** mit **Revision** bzw **Nichtzulassungsbeschwerde** anfechtbar (BVerwGE 54, 116, 120). Die Beteiligten sind schon deshalb durch die Zurückverweisung beschwert, weil sie vor dem Berufungsgericht eine abschließende Sachentscheidung begehrt haben (BGH NJW-RR 2011, 1365, 1366). Die verfahrensfehlerhafte Anwendung des § 130 VwGO ist als Verfahrensmangel zu rügen (vgl BGH NJW-RR 2011, 1365, 1366). Für unrichtig erachtete rechtliche Beurteilungen des OVG muss der durch die Zurückverweisung beschwerte Beteiligte mit der Sachrüge angreifen, da sie sonst nach § 130 Abs 3 VwGO Bindungswirkung für das VG entfalten.

Die **Kostenentscheidung** bleibt dem VG vorbehalten, das die abschließende Sachent- **15** scheidung zu treffen hat (VGH Kassel NVwZ-RR 2003, 756; VGH Mannheim NVwZ-RR 2003, 532, 534).

IV. Wirkungen der Zurückverweisung

1. Neueröffnung der ersten Instanz

Die das verwaltungsgerichtliche Urteil insgesamt aufhebende und zurückverweisende **16** Berufungsentscheidung wird zwar formell rechtskräftig, wenn sie ihrerseits nicht oder ohne Erfolg angefochten wird, ist jedoch einer materiellen Rechtskraftwirkung (§ 121 VwGO) nicht zugänglich (BVerwG NVwZ 2013, 665, 666). Die formell rechtskräftige (Kugele VwGO § 130 Rn 11) Zurückverweisung eröffnet in ihrem Umfang die erste Instanz neu. Sie erfolgt nicht nur unter **Aufhebung des Urteils** des VG, sondern auch unter **Aufhebung des Verfahrens** (§ 130 Abs 2 VwGO). Hierdurch werden die vom VG zuvor getroffenen **unanfechtbaren Vorentscheidungen gegenstandslos**. Die Beteiligten können außerdem neue Anträge stellen und ohne Präklusion gem § 87b VwGO neu vortragen. Soweit sie nicht gerade durch die Zurückverweisung gegenstandslos geworden sind, bleiben Prozesshandlungen aus dem früheren Verfahren wirksam, müssen jedoch zum Gegenstand der mündlichen Verhandlung gemacht werden (Sodan/Ziekow/Blanke VwGO § 130 Rn 13).

2. Bindungswirkung

Das VG ist bei seiner erneuten Entscheidung in mehrfacher Hinsicht gebunden. Zunächst **17** ist das VG nach § 173 S 1 VwGO iVm § 318 ZPO an seine **frühere Entscheidung** insoweit gebunden als diese von der Aufhebung und Zurückverweisung nicht betroffen ist (Kopp/Schenke VwGO § 130 Rn 12), dh bei bloß teilweiser Berufung oder einer möglichen Teilzurückverweisung (Kopp/Schenke VwGO § 130 Rn 6). An seine materiell-rechtliche Beurteilung in dem aufgehobenen Urteil ist das VG hingegen grundsätzlich nicht gebunden (BVerwG NVwZ 2000, 1299) und kann seine erneute Entscheidung daher auch völlig anders begründen (B/F-K/S/vA/Bader VwGO § 130 Rn 17).

18   Ferner muss das VG bei seiner erneuten Entscheidung analog § 129 VwGO das Verbot der **reformatio in peius** beachten (Kopp/Schenke VwGO § 130 Rn 13; Sodan/Ziekow/ Blanke VwGO § 130 Rn 16).

18.1   Der vor dem OVG im Sinne der Zurückverweisung erfolgreiche Berufungskläger darf durch die Zurückverweisung nicht schlechter gestellt werden als er bei einer unmittelbaren Entscheidung des OVG gestanden hätte. Deshalb muss das VG die Beschränkungen beachten, die das OVG bei einer eigenen abschließenden Entscheidung zu beachten hätte (Kopp/Schenke VwGO § 130 Rn 13).

19   Schließlich ist das VG gem der dem § 144 Abs 6 VwGO nachgebildeten Vorschrift des § 130 Abs 3 VwGO nach der Zurückverweisung an die **rechtliche Beurteilung der Berufungsentscheidung** gebunden, und zwar unabhängig davon, ob das OVG die Zurückverweisung zu Recht ausgesprochen hat (BVerwG NVwZ-RR 1989, 506, 507). Wird die Zurückverweisung im Revisionsverfahren nur im Ergebnis, jedoch aus anderen Gründen bestätigt, ist das VG an diese Gründe gebunden (Kopp/Schenke VwGO § 130 Rn 14; Kugele VwGO § 130 Rn 11). Bindungswirkung entfalten nur die für die Aufhebung und Zurückverweisung entscheidungstragenden rechtlichen Erwägungen des OVG, einschließlich der davon mitumfassten notwendigen Voraussetzungen (BVerwG NVwZ 2000, 1299; NVwZ 2007, 594, 595), also auch die rechtlichen Erwägungen, wegen derer das OVG die anderweitige Ergebnisrichtigkeit verneint hat (BVerwG NVwZ 2013, 665, 667), nicht hingegen obiter dicta (Kopp/Schenke VwGO § 130 Rn 12). Hat das OVG das Urteil des VG allein aus materiellrechtlichen Gründen aufgehoben, so hat dieses nach der Zurückverweisung bei unveränderter Sach- und Rechtslage bei seiner neuen Entscheidung davon auszugehen, dass alle unverzichtbaren Prozessvoraussetzungen gegeben sind (BVerwG NVwZ 2007, 594, 595). Hat das zurückverweisende Urteil bestimmte Klageansprüche abschließend verneint, so ist das VG hieran gebunden (VGH München BayVBl 2007, 400, 401). Hat der Berufungskläger mit seinem Berufungsantrag die Aufhebung des angegriffenen Verwaltungsakts begehrt, so ist das VG auch an die im zurückverweisenden Berufungsurteil angeführten materiellrechtlichen Gründe dafür gebunden, weshalb dieser weitergehende Antrag erfolglos geblieben ist (BVerwG NVwZ 2007, 594, 595). Hat das OVG vor der Zurückverweisung aufgrund eigener Beweisaufnahme oder in Übernahme der erstinstanzlichen Beweisergebnisse **tatsächliche Feststellungen** getroffen, ist das VG grundsätzlich auch an diese sowie deren rechtliche Bewertung durch das OVG gebunden, sofern sich nicht aufgrund der weiteren Beweisaufnahme oder sonstiger neuer Umstände ein abweichender Sachverhalt ergibt (BVerwGE 54, 116, 118 f.; S/S/B/Meyer-Ladewig/Rudisile VwGO § 130 Rn 16). Hat das OVG die zurückverweisende Entscheidung auf mehrere unselbständig tragende Gründe gestützt, bindet jeder dieser Gründe (BVerwGE 54, 116, 118). **Missachtet** das VG die Bindungswirkung bei seiner erneuten Entscheidung, so stellt dies einen **Verfahrensmangel** dar (BVerwG NVwZ 2013, 665, 667).

20   Die **Bindung** gem § 130 Abs 3 VwGO **entfällt**, wenn sich die maßgebliche **Rechts oder Sachlage ändert** (BVerwG NVwZ 1984, 432; NVwZ 2013, 665, 667). Eine wesentliche Änderung der Sachlage kann sich durch **neue Tatsachenermittlungen**, **weitere Beweisaufnahmen** oder auch aus **neuem Vorbringen** der Beteiligten ergeben, aufgrund dessen sich die tatsächlichen Umstände nunmehr anders darstellen (BVerwG NVwZ 2013, 665, 667). Dies gilt gleichermaßen bei einer nachträglichen entscheidungserheblichen Änderung der Sachlage als auch im Falle der gerichtlichen Feststellung bereits zuvor bestehender, aber nicht bekannter, übersehener, nicht hinreichend zur Kenntnis genommener oder aus sonstigen Gründen nicht ermittelter Tatsachen (BVerwG NVwZ 2013, 665, 667). Die Bindungswirkung entfällt ferner dann, wenn die maßgebliche **Rechtsfrage inzwischen** durch das BVerwG, den GemSOGB, das BVerfG oder den EuGH in einem vergleichbaren Fall **anders entschieden** wurde (GemSOGB BVerwGE 41, 363, 369 = NJW 1973, 1273, 1274; BGH NJW 2013, 1310, 1311; Kopp/Schenke VwGO § 130 Rn 15), außerdem dann, wenn das **OVG** selbst zwischenzeitlich in einem anderen Fall **neue Rechtsgrundsätze** aufgestellt hat (B/F-K/S/vA/Bader VwGO § 130 Rn 18; Wysk/Kuhlmann VwGO § 130 Rn 14; vgl BGH NJW 2013, 1310, 1311). Dies setzt jedoch voraus, dass in dem anderen Verfahren nachträglich eine abweichende Rechtsauffassung zu entscheidungserheblichen Rechtsfragen vertreten wurde, die über den dort entschiedenen Fall hinaus einen verallgemeinerungsfähigen Inhalt und fallübergreifende Bedeutung hat (BVerwG NVwZ 2007, 594).

Die Bindungswirkung erfasst grundsätzlich auch Fragen der **Gültigkeit und Auslegung**   20a **von Unionsrecht**. Da jedoch das nationale Prozessrecht nicht die Vorlagebefugnis des VG gem Art 267 Abs 2 AEUV einschränken kann, steht § 130 Abs 3 VwGO nicht der Befugnis des VG entgegen, ein **Vorabentscheidungsersuchen** an den EuGH richten, wenn es die Auffassung des OVG zur Gültigkeit oder zur Auslegung von Unionsrecht nicht teilt (Sodan/ Ziekow/Dörr EVR Rn 124). Eine Abweichung von der rechtlichen Beurteilung des OVG ohne vorherige Einholung einer Vorabentscheidung des EuGH ist hingegen nicht zulässig, da Art 267 Abs 2 AEUV den Instanzgerichten zwar eine eigene und nicht entziehbare Befugnis zur Anrufung des EuGH gewährt, sie aber darüber hinaus nicht von den Bindungen des Instanzenzuges befreit. Ohne vorherige Einholung einer Entscheidung des EuGH ist das VG daher auch in Fragen des Unionsrechts an die in der zurückverweisenden Entscheidung bekundete Auffassung des OVG gebunden.

3. Selbst- und Rückbindung des Berufungs- und Revisionsgerichts

Gelangt das Verfahren nach Zurückverweisung an das VG und dessen neuer Entscheidung 21 erneut vor das OVG, dann ist dieses bei der zweiten Berufungsentscheidung grundsätzlich an die rechtliche Beurteilung aus seiner früheren Entscheidung gebunden (BVerwGE 54, 116, 119). Dieselbe Rückbindung gilt für das BVerwG in einem auf das zweite Urteil folgenden Revisions- oder Sprungrevisionsverfahren (BVerwGE 54, 116, 121; vgl BGH NJW 2013, 1310, 1311).

Diese **Selbstbindung** oder **Rückbindung entfällt** in den Fällen, in denen auch die 22 Bindung des VG entfällt (Rn 20), insbes also, wenn das OVG oder das BVerwG zwischenzeitlich in einem anderen Fall **neue Rechtsgrundsätze** aufgestellt haben. Die Bindung entfällt außerdem, wenn das OVG bzw das BVerwG im konkreten Fall neue Rechtsgrundsätze erarbeiten will (Kopp/Schenke VwGO § 130 Rn 17; Sodan/Ziekow/Neumann VwGO § 144 Rn 80; aA BVerwGE 54, 116, 121; B/F-K/S/vA/Bader VwGO § 130 Rn 19; Eyermann/Happ VwGO § 130 Rn 27; Kugele VwGO § 130 Rn 13; S/S/B/ Meyer-Ladewig/Rudisile VwGO § 130 Rn 18; offen GemSOGB BVerwGE 41, 363, 370).

Für die Zulässigkeit einer **Rechtsprechungskorrektur im konkreten Fall** spricht, dass es eine 22.1 reine Zufälligkeit ist, ob das OVG zwischenzeitlich in einem anderen Rechtsstreit Gelegenheit hatte, seine Rechtsansicht zu korrigieren. Dass die Beteiligten den Rechtsstreit auf der Grundlage der bisherigen Rechtsauffassung des OVG fortgesetzt haben (B/F-K/S/vA/Bader VwGO § 130 Rn 19), steht dem nicht entgegen, da das Vertrauen in den Fortbestand dieser Rechtsauffassung ebenso enttäuscht wird, wenn das OVG diese in einem anderen Verfahren aufgibt. Wenn die Beteiligten das Entfallen der Rückbindung des OVG aufgrund einer Rechtsprechungsänderung in einem anderen Verfahren, an dem sie noch nicht einmal beteiligt sind und daher auch nicht ihre Rechtsauffassung verteidigen können, hinnehmen müssen, dann ist nicht zu sehen, weshalb die Rückbindung nicht in dem konkreten Verfahren unter ihrer Beteiligten in Wegfall geraten können soll. Solange und soweit keine Rechtskraftbindung eingetreten ist – und ein insgesamt aufhebendes und zurückverweisendes Urteil entfaltet keine materielle Rechtskraft (BVerwG NVwZ 2013, 665, 666) –, müssen die Beteiligten daher, auch wenn es für den dann Unterliegenden fraglos unglücklich ist, Änderungen der Rechtsauffassung hinnehmen. Dass im Vertrauen auf den Bestand der in der zurückverweisenden Entscheidung geäußerten Rechtsauffassung gegen diese Entscheidung keine Rechtsmittel eingelegt wurden (B/F-K/S/vA/Bader VwGO § 130 Rn 19), kann einer solchen Änderung nicht entgegenstehen. Denn in einem solchen Fall entfällt auch die Bindung des BVerwG, so dass das zweite Urteil des OVG in vollem Umfang der revisionsrichterlichen Prüfung unterliegt.

§ 130a [Entscheidung durch Beschluss]

[1] **Das Oberverwaltungsgericht kann über die Berufung durch Beschluß entscheiden, wenn es sie einstimmig für begründet oder einstimmig für unbegründet hält und eine mündliche Verhandlung nicht für erforderlich hält.** [2] **§ 125 Abs. 2 Satz 3 bis 5 gilt entsprechend.**

§ 130a VwGO ermöglicht im Interesse einer Verfahrensbeschleunigung und Entlastung des OVG eine Entscheidung über die Berufung ohne mündliche Verhandlung durch Beschluss, wenn der Senat die Berufung einstimmig für begründet oder einstimmig für unbegründet hält und eine mündliche Verhandlung nach pflichtgemäßem Ermessen nicht erforderlich erscheint. Voraussetzung für eine Entscheidung durch Beschluss ist jedoch, dass eine mündliche Verhandlung nicht aufgrund des bisherigen Verfahrensablaufes bzw des Vortrags in der Berufungsinstanz von Gesetzes wegen geboten ist. Außerdem darf die Sache in rechtlicher oder tatsächlicher Hinsicht nicht außergewöhnlich schwierig sein.

Übersicht

A. Allgemeines

1   § 130a VwGO soll **einfach** gelagerte Streitsachen einer Entscheidung ohne mündliche Verhandlung zugänglich machen (BVerwGE 121, 211, 215 = NVwZ 2004, 1377). Nach dem Willen des Gesetzgebers soll die Bestimmung dem OVG das notwendige Instrument an die Hand geben, um „eindeutig aussichtslose" – respektive nunmehr auch eindeutig Erfolg versprechende – Berufungen „rasch und ohne unangemessenen Verfahrensaufwand zu erledigen", damit es die ersparte Arbeitskapazität „nutzbringend für die Entscheidung schwierigerer Streitsachen verwenden" kann (BT-Drs 11/7030, 31 f).

1.1   Die Ermöglichung einer Zurückweisung der Berufung durch einstimmigen Beschluss geht zurück auf Art 2 § 5 S 1 des Gesetzes zur Entlastung der Gerichte in der Verwaltungs- und Finanzgerichtsbarkeit – EntlG – v 31.3.1978 (BGBl I 446). Sie wurde in Gestalt des § 130a VwGO durch das 4. VwGOÄndG v 17.12.1990 (BGBl I 2809) mWv 1.1.1991 in die VwGO eingefügt. Das 6. VwGOÄndG v 1.11.1996 (BGBl I S 1626) erweiterte § 130a VwGO mWv 1.1.1997 um die Möglichkeit, durch Beschluss der Berufung auch stattgeben zu können. Die Möglichkeit der Entscheidung durch Beschluss hat infolge der Einführung der allgemeinen Zulassungsberufung an Bedeutung verloren, da bereits das Zulassungserfordernis viele aussichtslose Rechtsmittel aussortiert (B/F-K/S/vA/Bader VwGO § 130a Rn 2).

1.2   § 130a VwGO lässt über die in § 125 Abs 2 S 2 VwGO vorgesehene Verwerfung unzulässiger Berufungen durch Beschluss hinaus eine weitere Ausnahme von dem nach § 125 Abs 1 S 1 VwGO iVm § 101 Abs 1 VwGO auch für das Berufungsverfahren geltenden Grundsatz mündlicher Verhandlung zu. Die Vorschrift tritt funktionell an die Stelle des im Berufungsverfahren gemäß § 125 Abs 1 S 2 VwGO nicht statthaften Gerichtsbescheides (§ 84 VwGO).

1.3   Grundsätzliche **verfassungsrechtliche Bedenken** bestehen gegen § 130a VwGO **nicht** (BVerwG NVwZ 1992, 890; NVwZ 1999, 404). Es bedarf jedoch einer die Garantien des Art 103

Abs 1 GG (rechtliches Gehör) und des Art 6 Abs 1 EMRK (öffentliche Verhandlung) beachtende Auslegung und Handhabung.

B. Voraussetzungen der Entscheidung durch Beschluss
I. Einstimmigkeit bezüglich der Begründetheit oder Unbegründetheit

Eine Entscheidung über die Berufung durch Beschluss setzt nach § 130a S 1 VwGO **2** voraus, dass das OVG die Berufung **einstimmig** für begründet oder einstimmig für unbegründet hält. Die Berufung braucht nicht offensichtlich begründet oder unbegründet zu sein (Kopp/Schenke VwGO § 130a Rn 6). Ein solches Offensichtlichkeitserfordernis ist auch nicht von Verfassungs wegen geboten (BVerfG NJW 2003, 281).

> Das Einstimmigkeitserfordernis ist auf eine erhöhte Richtigkeitsgewähr angelegt (BVerwGE 111, **2.1**
> 69, 71 = NVwZ 2000, 1040) und soll verhindern, dass bei Uneinigkeit innerhalb des Richterkollegiums gegen den Willen der Beteiligten eine Entscheidung ohne mündliche Verhandlung ergeht (BVerwGE 121, 211, 216 = NVwZ 2004, 1377, 1379). Zum einen belegt eine solche Uneinigkeit, dass noch weiterhin Erörterungsbedarf besteht. Zum anderen könnte in den Ländern, in denen die Senate der OVG unterschiedlich besetzt sind, je nachdem ob eine Entscheidung aufgrund mündlicher Verhandlung ergeht oder nicht, eine Entscheidung durch Beschluss trotz Uneinigkeit der Berufsrichter das Entscheidungsergebnis beeinflussen.

Nicht erforderlich ist, dass die Berufung in vollem Umfang begründet oder unbegründet **3** ist. § 130a VwGO ist auch anwendbar, wenn das Gericht die Berufung einstimmig für **teilweise begründet** hält und sie im übrigen einstimmig zurückweisen will (VGH Mannheim NVwZ 1997, 691, 692), und zwar unabhängig davon, ob die Berufung im übrigen unbegründet, unzulässig oder teils unbegründet und teils unzulässig ist (B/F-K/S/vA/Bader VwGO § 130a Rn 5). § 130a VwGO ist auch anwendbar, wenn die Berufung einstimmig für teilweise unbegründet und im Übrigen für unzulässig erachtet wird (B/F-K/S/vA/Bader VwGO § 130a Rn 9). Ist die Berufung in vollem Umfange unzulässig, kommt auch bei Einstimmigkeit keine Entscheidung nach § 130a VwGO in Betracht; hier ist eine Verwerfung durch Beschluss nach § 125 Abs 2 zulässig (S/S/B/Meyer-Ladewig/Rudisile VwGO § 130a Rn 4). § 130a erlaubt nur eine einheitliche Beschlussentscheidung über die Berufung; das OVG kann also nicht bei mehreren Streitgegenständen über einzelne davon nach § 130a und über andere nach mündlicher Verhandlung durch Urteil entscheiden (zu § 522 Abs 2 ZPO Fölsch NJW 2006, 3521; aA OLG Rostock NJW 2003, 2754).

Das **Einstimmigkeitserfordernis** bezieht sich nur auf das **Ergebnis**, dh den Entschei- **4** dungstenor, nicht auch auf die Begründung der Entscheidung (BVerwG NVwZ 1984, 792; Kopp/Schenke VwGO § 130a Rn 6). Das gilt auch dann, wenn die Begründung, zB für den Umfang der Bindungswirkung, von rechtlicher Bedeutung ist (S/S/B/Meyer-Ladewig/ Rudisile VwGO § 130a Rn 4).

> Ein Beschluss nach § 130a VwGO setzt nicht voraus, dass sich das OVG den Urteilsgründen des **4.1**
> VG anschließt. Das OVG kann also eine Berufung nach § 130a VwGO zurückweisen, obschon es die Begründung des erstinstanzlichen Urteils für verfehlt und das Urteil lediglich im Ergebnis für zutreffend hält (BVerwG NVwZ 1982, 115; B/F-K/S/vA/Bader/Bader VwGO § 130a Rn 9). Eine Entscheidung nach § 130a kommt auch dann in Betracht, wenn das VG die Klage als unzulässig abgewiesen und das OVG sie für unbegründet hält oder umgekehrt (BVerwG NVwZ 1982, 115). Das Verschlechterungsverbot des § 129 VwGO bleibt hiervon allerdings unberührt (Kopp/ Schenke VwGO § 130a Rn 5a; S/S/B/Meyer-Ladewig/Rudisile VwGO § 130a Rn 4 Fn 35).

II. Zulässigkeit einer Entscheidung ohne mündliche Verhandlung

Eine Anwendung des § 130a VwGO scheidet trotz Einigkeit hinsichtlich des Ergebnisses **5** aus, wenn eine mündliche Verhandlung von Gesetzes wegen geboten ist, sei es nach der VwGO, sei es nach Art 6 Abs 1 EMRK.

1. Mündliche Verhandlung durch die VwGO geboten

6   Eine Vorgehensweise nach § 130a VwGO ist ausgeschlossen, wenn das VG **verfahrens-fehlerhaft** ohne mündliche Verhandlung entschieden hat, etwa ohne das erforderliche Einverständnis der Beteiligten (§ 101 Abs 2 VwGO). Gleiches gilt, wenn das VG ohne ordnungsgemäße Ladung eines Beteiligten in dessen Abwesenheit verhandelt und entschieden hat. Hingegen kommt ein Beschluss nach § 130a VwGO in Betracht, wenn ein Beteiligter trotz ordnungsgemäßer Ladung an der mündlichen Verhandlung erster Instanz nicht teilgenommen hat (BVerwG Buchholz 310 § 130a VwGO Nr 11).

7   § 130a VwGO findet, wie sich aus dem Zusammenhang mit § 84 Abs 2 VwGO ergibt, keine Anwendung, wenn das VG ohne mündliche Verhandlung durch **Gerichtsbescheid** entschieden hat und keine Möglichkeit bestand, mündliche Verhandlung zu beantragen (BVerwGE 116, 123, 125 = NVwZ 2002, 993, 994).

7.1   Dies ist bei zugelassener Berufung immer der Fall (§ 84 Abs 2 Nr 1 VwGO), bei nicht zugelassener Berufung dann, wenn der unterlegene Beteiligte die Zulassung der Berufung beantragt (§ 84 Abs 2 Nr 2 VwGO). Hat also der Kläger ohne mündliche Verhandlung vor dem VG durch Gerichtsbescheid in vollem Umfang obsiegt und legt der Beklagte die zugelassene Berufung ein, dann darf das OVG dieser nicht im Beschlusswege nach § 130a VwGO stattgeben (BVerwG NJW 2003, 1544).

8   Entsprechend ist ein Vorgehen nach § 130a VwGO ausgeschlossen, wenn das VG nach der Entscheidung von Musterverfahren über das Nachverfahren gemäß § 93a Abs 2 S 1 VwGO durch Beschluss entschieden hat (B/F-K/S/vA/Bader VwGO § 130a Rn 8).

9   Desgleichen ist eine Entscheidung nach § 130a VwGO unzulässig, wenn das OVG infolge einer **Klageänderung in der Berufungsinstanz** erstmals mit neuen Rechts- und Tatsachenfragen konfrontiert wird, weil sonst den Beteiligten die Möglichkeit genommen würde , ihren Standpunkt zu dem geänderten Streitgegenstand in einer öffentlichen mündlichen Verhandlung vorzutragen (BVerwG NVwZ 1999, 1000, 1001). Gleiches gilt bei im Berufungsverfahren **neu vorgebrachten** Tatsachen und Beweismitteln.

2. Garantie öffentlicher Verhandlung nach Art 6 Abs 1 EMRK

10   Eine Entscheidung nach § 130a VwGO scheidet aus, wenn eine öffentliche und damit mündliche Verhandlung durch **Art 6 Abs 1 EMRK** geboten ist; § 130a VwGO ist insoweit konventionskonform auszulegen und anzuwenden (Roth EuGRZ 1998, 495, 502; Kugele VwGO § 130a Rn 2).

10.1   Der Geltungsbereich des Art 6 Abs 1 EMRK („Streitigkeiten über zivilrechtliche Ansprüche und Verpflichtungen") ist weit zu verstehen. Er schließt verwaltungsgerichtliche Verfahren ein, die unmittelbare Auswirkungen auf zivilrechtliche Rechte und Pflichten (zB Eigentum) haben können (BVerwGE 110, 203, 207 = NVwZ 2000, 810; BVerwG NVwZ 2004, 108, 109). Asyl- und ausländerrechtliche Streitigkeiten fallen nicht in den Anwendungsbereich des Art 6 Abs 1 EMRK (EGMR NJW 2002, 3453; BVerwGE 116, 123, 125 = NVwZ 2002, 993, 994; BVerwG Buchholz 310 § 130a VwGO Nr 69).

11   Nach der Rechtsprechung des **EGMR** (EGMR NJW 1992, 1813; EGMR EuGRZ 1991, 419; Kopp/Schenke VwGO § 130a Rn 2; ausführlich Roth EuGRZ 1998, 495 ff.), der sich das **BVerwG** angeschlossen hat (BVerwGE 110, 203, 206 = NVwZ 2000, 810; BVerwGE 138, 289 = NVwZ 2011, 629, 631; BVerwG NVwZ 2002, 87; NVwZ 2004, 108, 109), fordert Art 6 Abs 1 EMRK eine **mündliche Verhandlung** in der **Berufungsinstanz** grundsätzlich auch dann, wenn in erster Instanz bereits eine mündliche Verhandlung stattgefunden hat. Eine mündliche Verhandlung kann je nach den Besonderheiten des Rechtsmittelverfahrens **entbehrlich** sein. Dies ist etwa der Fall, wenn **lediglich Rechtsfragen** zu entscheiden oder die **Tatsachen unstreitig** oder zugestanden sind (BVerwG NVwZ 2004, 108, 110), bzw wenn sich bei bestrittener Tatsachenlage sämtliche erforderlichen Beweismittel bei den Akten befinden und eine der Sachlage angemessene Beweiswürdigung allein aufgrund der Aktenlage sachgerecht möglich ist (BVerwGE 138, 289 = NVwZ 2011, 629, 631; BVerwG Buchholz 140 Art 6 EMRK Nr 10), vorausgesetzt, die Sache hat

geringe Bedeutung für die Beteiligten und die Entscheidung des OVG unterliegt dem Verbot einer reformatio in peius (Roth EuGRZ 1998, 495, 501).

Die Einschränkung, eine mündliche Verhandlung vor dem OVG sei trotz der Entscheidung **11.1** streitiger Tatsachenfragen entbehrlich, wenn „im Wesentlichen nur Rechtsfragen" zu entscheiden sind (BVerwG BeckRS 2004, 25028) und die Beurteilung von Tatsachenfragen die Berufungsentscheidung nicht in einer Weise „prägen", dass angenommen werden könnte, das OVG habe „in einem eine mündliche Verhandlung gebietenden Umfang über Tatsachenfragen entschieden" (BVerwG BeckRS 2006, 20910), findet in der Rechtsprechung des EGMR keine Grundlage. Auch wenn die Berufungsentscheidung vornehmlich von Rechtsfragen abhängt, haben die Beteiligten doch einen Anspruch darauf, die Beurteilung der entscheidungserheblichen Tatsachenfragen in mündlicher Verhandlung zu erörtern.

Will das OVG von erstinstanzlichen Feststellungen und Beweiswürdigungen **abweichen**, **12** dann muss es eine mündliche Verhandlung durchführen (BVerwG NVwZ 2002, 1381; Roth EuGRZ 1998, 495, 502). Dasselbe gilt, wenn ein Beteiligter **substantiiert Einwände** gegen die erstinstanzliche Beweiswürdigung erhebt oder nach § 128 S 2 VwGO zulässigerweise **neue Tatsachen und Beweismittel** in das Berufungsverfahren einbringt (Roth EuGRZ 1998, 495, 502).

Dass das OVG den Sachverhalt nicht anders als das erstinstanzliche Gericht beurteilen, sondern **12.1** dessen tatsächlichen Feststellungen übernehmen will, macht die mündliche Verhandlung alleine noch nicht entbehrlich (missverständlich BVerwG BeckRS 2004, 23481). Dass sich das OVG der erstinstanzlichen Beweiswürdigung anschließen will, heißt nämlich nicht, dass das OVG nur über Rechtsfragen entscheiden würde; denn über substantiierte Einwände gegen die erstinstanzliche Beweiswürdigung kann das OVG nur aufgrund eigener Beweiserhebung und Beweiswürdigung entscheiden.

Den Anforderungen des Art 6 Abs 1 EMRK kann genügt sein, wenn zwar keine mündliche **12.2** Verhandlung, jedoch eine Beweisaufnahme vor der voll besetzten Richterbank des OVG stattgefunden hat, den Beteiligten hierbei Gelegenheit zur Äußerung gegeben war, das OVG seine Auffassung über das Ergebnis der Beweisaufnahme mitgeteilt hat und – aus einem anderen Gesichtspunkt heraus – nur noch Rechtsfragen zu entscheiden sind (BVerwG NVwZ 1999, 763, 764; S/S/ B/Meyer-Ladewig/Rudisile VwGO § 130a Rn 7).

III. Absehen von mündlicher Verhandlung
1. Senat hält mündliche Verhandlung nicht für erforderlich

Hält der **Senat** die Berufung einstimmig für begründet bzw unbegründet und ist eine **13** mündliche Verhandlung nicht von Gesetzes wegen geboten, kann er durch Beschluss nach § 130a VwGO entscheiden, wenn es eine mündliche Verhandlung **nicht für erforderlich hält**. Die Entscheidung, ob von einer mündlichen Verhandlung abgesehen und durch Beschluss entschieden werden soll, kann der Senat mit **einfacher** Mehrheit treffen; das Einstimmigkeitserfordernis bezieht sich nach dem klaren Wortlaut des § 130a VwGO nur auf die Begründetheit oder Unbegründetheit (BVerwGE 121, 211, 213 = NVwZ 2004, 1377, 1378; BVerwGE 138, 289 = NVwZ 2011, 629, 631; Kopp/Schenke VwGO § 130a Rn 6).

Eine Entscheidung durch Beschluss kommt auch noch in Betracht, nachdem bereits eine **13.1** mündliche Verhandlung oder eine Beweisausnahme stattgefunden hat (BVerwG Buchholz 310 § 130a VwGO Nr 69; NVwZ-RR 2012, 295). Gleiches gilt für den Fall, dass ein Termin zur mündlichen Verhandlung bereits anberaumt war und dann aufgehoben wurde (BVerwG NVwZ 1999, 1109; BVerwG BeckRS 2004, 25028). Eine Entscheidung nach § 130a VwGO ist auch zulässig, nachdem ein erstes Urteil oder ein erster Beschluss vom BVerwG aufgehoben wurde und das OVG erneut zu entscheiden hat (BVerwG Buchholz 310 § 130a VwGO Nr 63; NVwZ-RR 2012, 295). Desgleichen kommt eine Entscheidung nach § 130a VwGO auch noch in Betracht, nachdem das OVG im Anschluss an eine mündliche Verhandlung das Verfahren zunächst zur Einholung einer Entscheidung des BVerfG oder des EuGH ausgesetzt hatte (BVerwG NVwZ-RR 2012, 295).

14   Einer Zustimmung der Beteiligten bedarf es nicht. Sind diese mit einer Entscheidung ohne mündliche Verhandlung einverstanden, kann das OVG vielmehr nach dem auch im Berufungsverfahren anwendbaren § 101 Abs 2 VwGO vorgehen.

2. Ermessen

15   Es steht im **pflichtgemäßen Ermessen** des OVG, ob ohne mündliche Verhandlung durch Beschluss entschieden werden soll (BVerwGE 121, 211, 213 = NVwZ 2004, 1377, 1378; BVerwGE 138, 289 = NVwZ 2011, 629, 631). Da § 130a VwGO keine materiellen Vorgaben für die Ermessensentscheidung enthält, kann der Verzicht auf die mündliche Verhandlung vom Revisionsgericht nur beanstandet werden, wenn er auf **sachfremden Erwägungen** oder auf **grober Fehleinschätzung** beruht (BVerwGE 121, 211, 213 = NVwZ 2004, 1377, 1378; BVerwGE 138, 289 = NVwZ 2011, 629, 631; BVerwG NVwZ 2012, 379; NVwZ-RR 2012, 295).

16   Bei der Ermessensentscheidung, ob durch Beschluss entschieden werden soll, ist der legitime **Entlastungs- und Beschleunigungszweck** einer Beschlussentscheidung auf der einen Seite (vgl EGMR NJW 2003, 1921, 1923) gegen die **Funktion** der mündlichen Verhandlung auf der anderen Seite abzuwägen. Die mündliche Verhandlung und das darin vorgesehene **Rechtsgespräch** (§ 104 Abs 1 VwGO) haben wesentliche Bedeutung sowohl für die **Sachaufklärung** und Förderung der **Ergebnisrichtigkeit** auch für die notwendige **Befriedungsfunktion** der gerichtlichen Entscheidung (BVerwG NJW 2011, 1830, 1831; Gärditz/Dietz VwGO § 130a Rn 8). Dabei ist zu beachten, dass die **mündliche Verhandlung** im System des verwaltungsgerichtlichen Rechtsschutzes nach wie vor gesetzlicher **Regelfall** und **Kernstück** auch des Berufungsverfahrens ist (BVerwGE 111, 69, 74 = NVwZ 2000, 1040; BVerwG NJW 2011, 1830, 1831), weshalb das Verfahren nach § 130a VwGO die **Ausnahme** bleiben muss (BVerwGE 121, 211, 214 = NVwZ 2004, 1377, 1378; BVerwGE 138, 289 = NVwZ 2011, 629, 631) und an das Vorliegen der in dieser Vorschrift statuierten Voraussetzungen **strenge Anforderungen** zu stellen sind (BVerwG Beschl v 5.9.2007, 3 B 33.07, BeckRS 2007, 26953).

16.1   Der besonderen Bedeutung, die der Gesetzgeber der mündlichen Verhandlung im Verwaltungsprozess zugewiesen hat, liegt die Vorstellung zugrunde, dass die gerichtliche Entscheidung im Grundsatz auch das Ergebnis eines **diskursiven Prozesses** zwischen dem Gericht und den Beteiligten im Rahmen der mündlichen Verhandlung sein soll. Deshalb verpflichtet § 104 Abs. 1 VwGO den Vorsitzenden, in der mündlichen Verhandlung die Streitsache mit den Beteiligten in tatsächlicher und rechtlicher Hinsicht zu erörtern (BVerwGE 121, 211, 214 = NVwZ 2004, 1377, 1378; BVerwGE 138, 289 = NVwZ 2011, 629, 631). Diese **Erörterungspflicht** einschließlich der Verpflichtung zu einem **Rechtsgespräch** mag über das verfassungsrechtliche Minimum des Art 103 Abs 1 GG hinausgehen, der keinen allgemeinen Anspruch auf ein Rechtsgespräch gewährt (BVerfG NJW 2008, 2243, 2244), ist einfachgesetzlich aber gleichwohl bindend (Redeker NJW 2007, 343; dies übersieht VGH München NVwZ-RR 2006, 739). Insbes bei Verfahren von (subjektiv oder objektiv) großer oder gar existenzieller persönlicher, beruflicher oder wirtschaftlicher Tragweite für den Betroffenen ist in der Regel die Durchführung einer mündlichen Verhandlung geboten (BVerwG NJW 2011, 1830, 1831; Gärditz/Dietz VwGO § 130a Rn 8), erst recht dann, wenn dieser um eine persönliche Anhörung in mündlicher Verhandlung bittet (BVerwG NJW 2011, 1830, 1832).

16.2   Die mündliche Verhandlung soll außerdem eine **öffentliche Kontrolle** der Gerichtsbarkeit ermöglichen. Hieran besteht zumal im Verwaltungsprozess ein öffentliches Interesse, da sich hier typischerweise Staat und Bürger als Beteiligte gegenüberstehen. Die Öffentlichkeit des Verfahrens dient dem Schutz des Beteiligten vor einer „Geheimjustiz" und ist ein Mittel, das Vertrauen in die Gerichte aufrechtzuerhalten und ein faires Verfahren sicherzustellen (EGMR NJW 1986, 2177, 2178; BVerwG NVwZ 2004, 108, 109). Dieses Anliegen ist auch in den Fällen in die Abwägung einzustellen, in denen nicht schon Art 6 Abs 1 S 1 EMRK die öffentliche Verhandlung gebietet. Die Gestaltung des Berufungsverfahrens ist nach dem Willen des Gesetzgebers allgemein an den Anforderungen des Art 6 Abs 1 EMRK orientiert. Das ist bei der Handhabung des § 130a VwGO unabhängig davon zu beachten, ob Gegenstand des konkreten Verwaltungsrechtsstreits eine „zivilrechtliche Streitigkeit" iSd 6 Abs 1 EMRK ist oder nicht (BVerwGE 116, 123, 127 = NVwZ 2002, 993, 995).

In die vom OVG vorzunehmende Ermessensentscheidung ist vor allem die **Komplexität** 17
und **Schwierigkeit** des Streitfalles in rechtlicher oder tatsächlicher Hinsicht einzustellen
(BVerwGE 121, 211, 213 = NVwZ 2004, 1377, 1378; NVwZ 2012, 379, 380). Je schwieriger die Rechtssache, desto gewichtigere Gründe sprechen gegen die Anwendung des § 130a
VwGO und für die Durchführung einer mündlichen Verhandlung (BVerwGE 121, 211, 214
= NVwZ 2004, 1377, 1378). Das OVG überschreitet die Grenzen seines Ermessens jedenfalls dann, wenn es nach § 130a VwGO ohne mündliche Verhandlung entscheidet, obwohl
die Sache **außergewöhnlich große Schwierigkeiten** in tatsächlicher oder rechtlicher
Hinsicht aufweist (BVerwGE 121, 211, 217 = NVwZ 2004, 1377, 1379; BVerwGE 138, 289
= NVwZ 2011, 629, 631).

Ob die Entscheidung einer Berufungssache außergewöhnlich schwierig ist, ist nach den 18
Gesamtumständen des Einzelfalles zu beurteilen (BVerwGE 121, 211, 217 = NVwZ 2004,
1377, 1379). Eine Entscheidung nach § 130a VwGO kommt jedenfalls nicht in Betracht,
wenn eine erneute Beweisaufnahme erforderlich (dazu § 128 Rn 11) ist (BVerwG NVwZ
2012, 379, 380) oder wenn über Rechtsfragen zu entscheiden ist, deren Beantwortung
deutlich aus dem Rahmen des Üblichen fallende Anforderungen stellt (BVerwG BeckRS
2009, 39590), etwa weil eine verwaltungsgerichtlich noch wenig aufgearbeitete neue und
vielgestaltige Rechtsmaterie mit neuartigen Rechtsinstituten betroffen ist, wenn es sich um
in Rechtsprechung und Literatur höchst umstrittene Fragen handelt, oder wenn der zu
bewältigende Streitstoff besonders umfangreich ist (BVerwGE 121, 211, 218 = NVwZ 2004,
1377, 1379; BVerwGE 138, 289 = NVwZ 2011, 629, 631). Ein großer Begründungsaufwand kann Anzeichen außergewöhnlicher Schwierigkeiten sein (BVerwGE 121, 211, 220 =
NVwZ 2004, 1377, 1380). Alleine dass das OVG von der Ansicht des VG abweicht, schließt
eine Entscheidung nach § 130a VwGO nicht aus (BVerwG NVwZ-RR 2011, 3).

> Dass die Berufung wegen besonderer tatsächlicher oder rechtlicher Schwierigkeiten, grund- **18.1**
> sätzlicher Bedeutung oder wegen Divergenz zugelassen wurde, ist ein zu berücksichtigender Gesichtspunkt, hindert jedoch nicht notwendig eine Entscheidung im Verfahren nach § 130a VwGO
> (BVerwG BeckRS 2004, 25028), jedenfalls dann nicht, wenn sich die Rechts- und Sachlage
> nunmehr einfacher darstellt (B/F-K/S/vA/Bader VwGO § 130a Rn 14). Gleiches gilt, wenn das
> OVG die Berufung wegen ernstlicher Zweifel zugelassen hatte (BVerwG BeckRS 2004, 23481).

IV. Vorherige Anhörung

Nach § 130a S 2 VwGO iVm § 125 Abs 2 S 3 VwGO ist den Beteiligten vor Erlass des 19
Beschlusses **rechtliches Gehör** zu gewähren. An die **Anhörungsmitteilung** sind in
formeller und inhaltlicher Hinsicht strenge Anforderungen zu stellen, da das damit eingeleitete Verfahren es dem OVG ermöglicht, ohne die auch im Berufungsverfahren grundsätzlich vorgesehene mündliche Verhandlung zu entscheiden (BVerwG NVwZ 1999, 1107).

1. Zeitpunkt der Anhörung

Die Anhörung kommt in der Regel frühestens nach Eingang der Berufungsbegründung 20
in Betracht (Kopp/Schenke VwGO § 130a Rn 5); ein anderes kann gelten, wenn eine
ausführliche Zulassungsbegründung vorliegt, die dem OVG eine sachgerechte Entscheidung
über eine Anhörungsmitteilung erlaubt (BVerwG Buchholz 310 § 130a VwGO Nr 41). Sie
setzt nicht voraus, dass der Senat die Sache bereits vorberaten hat und sich hinsichtlich des
Ergebnisses einig ist. Der Vorsitzende oder Berichterstatter kann also die Anhörung durchführen, ohne den Senat mit der Sache zu befassen. Einstimmigkeit hinsichtlich des Ergebnisses muss erst bei der Beschlussfassung vorliegen. Ist diese dann allerdings nicht zu
erreichen, ist zum regulären Berufungsverfahren überzugehen (BVerwGE 111, 69, 76 =
NVwZ 2000, 1040, 1041).

2. Inhaltliche Anforderungen an die Anhörungsmitteilung

Eine ordnungsgemäße Anhörung setzt voraus, dass die Anhörungsmitteilung unmissver- 21
ständlich erkennen lässt, wie das OVG zu entscheiden beabsichtigt (BVerwG BeckRS 2007,
26953). Die Beteiligten müssen der Anhörungsmitteilung oder den sonstigen Umständen

entnehmen können, ob das Gericht die Berufung für begründet oder für unbegründet hält. Soll der Berufung nur teilweise stattgegeben werden, muss mitgeteilt werden oder sonst klar erkennbar sein, in welchem Umfang das Rechtsmittel Erfolg haben wird (BVerwGE 111, 69, 73 = NVwZ 2000, 1040, 1041; Eyermann/Happ VwGO § 130a Rn 7; Kopp/Schenke VwGO § 130a Rn 3). Die Anhörung hat sowohl **zur Verfahrensweise** als auch **zur Sache** selbst zu erfolgen (BVerwGE 111, 69, 74 = NVwZ 2000, 1040, 1041; BVerwG BeckRS 2007, 26953; Kopp/Schenke VwGO § 130a Rn 3). Die Anhörungsmitteilung muss deshalb den unmissverständlichen Hinweis enthalten, dass sich die Beteiligten nicht nur zur beabsichtigten Verfahrensweise, sondern auch zur Sache äußern können (Kugele VwGO § 130a Rn 10). Eine Anhörung nach § 125 Abs 2 S 3 VwGO ermöglicht nicht die Zurückweisung der Berufung als unbegründet nach § 130a VwGO (BVerwG NVwZ-RR 2004, 220, 221).

21.1   Nur eine solche konkrete Mitteilung entspricht den Grundsätzen eines fairen Verfahrens, da sie nur dann ihrer Funktion, den Beteiligten eine verfahrensangemessene Äußerungsmöglichkeit zu eröffnen, gerecht werden und damit den Wegfall der mündlichen Berufungsverhandlung wenigstens teilweise kompensieren kann. Sie dient zugleich der Prozessökonomie, weil sie den Beteiligten sachdienlichen Vortrag ermöglicht und verhindert, dass sie sich vorsorglich zu gar nicht entscheidungserheblichen oder bereits geklärten Tatsachen- und Rechtsfragen äußern müssen (BVerwGE 111, 69, 74 = NVwZ 2000, 1040, 1041). Die Anhörungsmitteilung darf hinsichtlich des vom OVG erwogenen Ausgangs des Berufungsverfahrens **nicht irreführend** und dadurch objektiv geeignet sein, die Beteiligten in ihrer Rechtsverteidigung zu beeinträchtigen (BVerwG NVwZ 1999, 1107, 1108).

22   Vorbehaltlich des in jedem Fall zu beachtenden **Verbots von Überraschungsentscheidungen** (BVerwG BeckRS 2010, 56000; Eyermann/Happ VwGO § 130a Rn 7) erachtet die **hM** die Mitteilung der Gründe, **warum** das OVG die Berufung für begründet bzw unbegründet hält, nicht für erforderlich (BVerwG BeckRS 2010, 56000; B/F-K/S/vA/Bader VwGO § 130a Rn 21; Eyermann/Happ VwGO § 130a Rn 7; S/S/B/Meyer-Ladewig/ Rudisile VwGO § 130a Rn 9; krit Redeker NJW 2007, 343, 344). Indes droht die Anhörung sinnentleert zu werden, wenn die vom OVG erwogenen Gründe nicht mitgeteilt werden; die Beteiligten können dann nicht gezielt Stellung nehmen, sondern letztlich nur ihren Vortrag wiederholen, was auch aus Sicht des OVG nicht sinnvoll sein kann (Redeker NJW 2007, 343, 344). **Richtigerweise** hat das OVG im Verfahren nach § 130a VwGO gem **§ 173 S 1 VwGO iVm § 522 Abs 2 S 2 ZPO** auch **auf die Gründe** für die beabsichtigte Beschlussentscheidung hinzuweisen und Gelegenheit zur Stellungnahme hierzu zu geben.

22.1   Dass § 130a S 1 VwGO, § 125 Abs 2 S 3 VwGO insoweit abschließend wären und keinen Rückgriff auf § 522 Abs 2 S 2 ZPO zuließen (S/S/B/Meissner VwGO § 173 Rn 264), trifft nicht zu. § 125 Abs 2 S 3 VwGO schreibt lediglich unspezifisch eine vorherige Anhörung vor und beschränkt den Inhalt der Anhörungsmitteilung in keiner Weise. Folglich ist über die in § 173 S 1 VwGO allgemein vorgesehene dynamische Verweisung auf die ZPO auf die erst im Jahr 2001 geschaffene Vorschrift des § 522 Abs 2 S 2 ZPO zurückzugreifen. Die Unterschiede beider Verfahrensarten stehen dem nicht entgegen; ganz im Gegenteil ist nicht ersichtlich, weshalb die Beteiligten im verwaltungsgerichtlichen Berufungsverfahren geringere Anhörungsrechte haben sollen als die Parteien im zivilgerichtlichen Berufungsverfahren. Die vom Gesetzgeber mit § 522 Abs 2 S 2 ZPO verfolgten Ziele, die Transparenz des Beschlussverfahrens zu gewährleisten, die Parteien vor einer überraschenden Verfahrensweise zu schützen und ihnen die Möglichkeit zu geben, dem Berufungsgericht noch Gesichtspunkte zu unterbreiten, die eine ihnen ungünstige Beschlussentscheidung verhindern sollen (BT-Drs 14/4722, 97), gelten für das Verfahren nach § 130a VwGO in derselben Weise.

3. Formelle Anforderungen an die Anhörungsmitteilung

23   Das Gesetz schreibt nicht vor, die Anhörungsmitteilung mit einer vom Richter zu bestimmenden Äußerungsfrist zu verbinden. Die explizite Setzung einer **bestimmten Äußerungsfrist** ist jedoch weithin üblich und zur Vermeidung von Unsicherheiten und Streitigkeiten über die angemessene Wartezeit sinnvoll (BVerwG NVwZ 2005, 466).

Wird die Anhörungsmitteilung mit einer Äußerungsfrist verbunden, muss die Fristsetzung wegen **23.1** ihrer rechtlichen Tragweite von dem Vorsitzenden oder dem Berichterstatter **unterzeichnet** (BVerwG Buchholz 310 § 130a VwGO Nr 11) und die Anhörungsmitteilung gem § 56 Abs 1 VwGO **zugestellt** werden (BVerwG Buchholz 310 § 130a VwGO Nr 11; Kugele VwGO § 130a Rn 11; offen BVerwG BeckRS 2005, 27852), und zwar gem § 56 Abs 2 VwGO von Amts wegen nach den Vorschriften der ZPO. In jedem Falle ist die Anhörung nur dann ordnungsgemäß erfolgt, wenn der Zugang der Anhörungsmitteilung nachgewiesen ist; das OVG trifft insoweit eine verfahrensrechtliche Beweislast. Das Fehlen des Nachweises begründet einen wesentlichen Mangel des Gerichtsverfahrens und eine Verletzung des rechtlichen Gehörs (BVerwG BeckRS 2005, 27852).

Die den Beteiligten einzuräumende oder zu setzende Frist zur Stellungnahme muss **24** **angemessen** sein (BVerwG NVwZ 2005, 466). Welche Frist angemessen ist, hängt von den Umständen des Einzelfalles ab, namentlich dem Umfang sowie der Komplexität und Schwierigkeit der Sache. Die Frist muss so bemessen sein, dass sich der Prozessbeteiligte sachgerecht, zweckentsprechend, erschöpfend und unter insgesamt zumutbaren Bedingungen äußern kann (BVerwG BeckRS 2006, 20879). Eine Frist von 10 Tagen ist in der Regel zu kurz (B/F-K/S/vA/Bader VwGO § 130a Rn 23), sie sollte 14 Tage nicht unterschreiten (S/S/B/Meyer-Ladewig/Rudisile VwGO § 130a Rn 11; Sodan/Ziekow/Seibert VwGO § 130a Rn 23), zumal zu besonderer Eile zumeist kein Anlass bestehen wird. Ist die Frist zu kurz, muss der Beteiligte allerdings vor Fristablauf einen **Verlängerungsantrag** stellen, sonst ist er mit der Gehörsrüge ausgeschlossen (BVerwG Buchholz 310 § 130a VwGO Nr 47; B/ F-K/S/vA/Bader VwGO § 130a Rn 23).

Einen Antrag auf Einräumung einer bestimmten Äußerungsfrist oder einen innerhalb der **25** Äußerungsfrist gestellten Antrag auf Verlängerung der gesetzten Äußerungsfrist muss das OVG bescheiden, bevor es zur Sache entscheidet (BVerwG NVwZ 2005, 466; BVerwG Buchholz 310 § 130a VwGO Nr 68). Bei gerichtlich bestimmter Äußerungsfrist müssen auch kurz vor Fristablauf eingehende Stellungnahmen berücksichtigt werden. Es ist ratsam, diese Berücksichtigung im Beschluss ausdrücklich festzuhalten (BVerwG NJW 1998, 553; B/ F-K/S/vA/Bader VwGO § 130a Rn 23). Hat das OVG keine bestimmte Äußerungsfrist gesetzt, so muss es eine angemessene Zeit abwarten und jede Stellungnahme berücksichtigen, die bis zur Herausgabe seiner Entscheidung zur Versendung an die Beteiligten eingeht (BVerwG NVwZ 2005, 466).

4. Erneute Anhörung

Nach einer **fehlerhaften** oder **ungenügenden** Anhörung kommt ein Beschluss nach **26** § 130a VwGO nur nach einer erneuten – korrekten – Anhörungsmitteilung in Betracht (BVerwG NVwZ 1999, 1107, 1108). Eine erneute Anhörung ist gleichfalls geboten, wenn das OVG von seiner in der ersten Anhörungsmitteilung geäußerten **Auffassung abweichen** will oder wenn die erste Anhörung durch ein weiteres Anhörungsschreiben nachträglich entwertet wird (BVerwG BeckRS 2007, 26953).

Eine erneute Anhörung ist ferner erforderlich, wenn sich unter Zugrundelegung der – **27** insoweit maßgeblichen (BVerwG NVwZ 2004, 108, 109; NVwZ 2008, 1025, 1027) – Rechtsauffassung des OVG die **prozessuale Lage** des konkreten Rechtsstreits nach einer Anhörungsmitteilung **wesentlich ändert**, etwa dadurch, dass ein Prozessbeteiligter seinen bisherigen Sachvortrag in erheblicher Weise **ergänzt** oder erweitert oder **Beweisanträge** stellt, und das Gericht auch angesichts dieser veränderten Prozesslage an seiner Absicht festhalten will, durch Beschluss zu entscheiden (BVerwG NVwZ 2000, 73, 74; NVwZ 2008, 1025, 1026; NVwZ 2010, 845, 846; NVwZ 2012, 376, 377). Ergänzender Vortrag des Beteiligten ist auch dann zu berücksichtigen, wenn er erst nach Ablauf der gesetzten Äußerungsfrist, aber noch vor Erlass der Entscheidung bei Gericht eingeht (BSG NZS 2007, 335; vgl BVerfG NJW 1988, 1963).

Insbes muss der Beteiligte, der nach der (ersten) Anhörungsmitteilung **Beweisanträge** gestellt **27.1** hat, durch eine erneute Anhörungsmitteilung auf die (unverändert) beabsichtigte Verfahrensweise und damit darauf hingewiesen werden, dass das Gericht seinem Beweisantrag nicht nachgehen werde (BVerwG NVwZ 2000, 73, 74; NVwZ 2008, 1025, 1026). Ein anderes gilt, wenn der Beweisantrag unsubstantiiert oder offensichtlich rechtlich unerheblich ist (BVerwG NVwZ-RR 1999, 537; NVwZ 2008, 1025, 1026), weil er auf der Basis der materiellrechtlichen Beurteilung des OVG nicht entscheidungserheblich ist oder als wahr unterstellt wird (BVerwG Buchholz 310 § 130a VwGO Nrn 45, 62; NVwZ 2010, 845, 846). Einer Vorabentscheidung über einen gestellten Beweisantrag oder der vorherigen Mitteilung der Gründe für die Nichtberücksichtigung eines Beweismittels bedarf es im Rahmen des Verfahrens nach § 130a VwGO nicht (BVerwG Buchholz 310 § 130a VwGO Nr 62). Allerdings muss aus den Entscheidungsgründen des Beschlusses ersichtlich sein, dass das OVG die Ausführungen des Beteiligten zur Kenntnis genommen und jeden einzelnen Beweisantrag vorher auf seine Rechtserheblichkeit geprüft hat (BVerwG NVwZ-RR 1999, 537; NVwZ 2010, 845, 846). Hiernach muss das OVG Beweisanträge, denen es ohne Begründung in der Anhörungsmitteilung nach § 130a VwGO nicht nachkommt, in der später ergehenden Entscheidung bescheiden und dabei die Ablehnung begründen (BVerwG BeckRS 2006, 24126).

27.2   Kein eine erneute Anhörung erfordernder erheblicher Vortrag liegt vor, wenn das Vorbringen früheren Vortrag oder frühere Beweisanträge lediglich **wiederholt** (BVerwG BeckRS 2009, 38084), **unsubstantiiert** ist, **neben der Sache** liegt oder sonst auf der Grundlage der materiellrechtlichen Auffassung des OVG **unter keinem rechtlichen Gesichtspunkt für die Entscheidung erheblich** ist (BVerwG Buchholz 310 § 130a VwGO Nr 16; NVwZ 2010, 845, 846).

C. Senatsbeschluss

28   Beschlüsse nach § 130a VwGO darf nur der **Senat** als Kollegialorgan treffen, nicht der Vorsitzende oder Berichterstatter als konsentierter Einzelrichter (BVerwGE 111, 69, 70 = NVwZ 2000, 1040). Die Beschlussfassung kann im Umlaufverfahren erfolgen, wenn sämtliche an der Entscheidung beteiligten Richter mit dieser Form der Beratung und Abstimmung einverstanden sind (BVerwG NJW 1992, 257).

29   Der Beschluss muss **keinen Tatbestand** gem § 117 Abs 2 Nr 4 VwGO enthalten (§ 125 Abs 1 S 1 VwGO iVm § 122 Abs 1 VwGO). Er muss jedoch hinreichend verlässlich erkennen lassen, von welchen **tatsächlichen Grundlagen** das OVG bei seiner Entscheidung ausgegangen ist, entweder durch Bezugnahme auf den Tatbestand des erstinstanzlichen Urteils, durch Bezugnahme auf eine ausreichende Sachverhaltsdarstellung im Berufungszulassungsbeschluss oder durch Darstellung in den Beschlussgründen selbst (BVerwGE 109, 272, 273 = NVwZ 2000, 73, 74).

30   Die Ermessensentscheidung für ein Vorgehen nach § 130a VwGO ist zu begründen, doch genügt die Darlegung in den Beschlussgründen, der Senat sei einstimmig der Auffassung, dass die Berufung begründet bzw unbegründet ist, und dass eine mündliche Verhandlung nicht erforderlich sei (BVerwG NVwZ 1999, 1109).

D. Rechtsmittel
I. Rechtsmittel und Rechtsmittelbelehrung

31   Gegen den Beschluss nach § 130a S 1 VwGO steht den Beteiligten das Rechtsmittel zu, das zulässig wäre, wenn das OVG durch Urteil entschieden hätte (§ 130a S 2 VwGO iVm § 125 Abs 2 S 4 VwGO), falls zugelassen also die **Revision** (§ 132 Abs 1 VwGO), sonst die **Nichtzulassungsbeschwerde** (§ 133 Abs 1 VwGO). Die Beteiligten sind hierüber zu **belehren** (§ 130a S 2 VwGO iVm § 125 Abs 2 S 5 VwGO).

II. Gehörsrüge

32   Eine Gehörsrüge in Zusammenhang mit Entscheidungen nach § 130a VwGO kommt in zweierlei Form in Betracht, zum einen als Rüge der Verletzung der Anhörungspflicht gem § 130a S 2 VwGO iVm § 125 Abs 2 S 3 VwGO, zum anderen als Rüge der Entscheidung ohne mündliche Verhandlung. Beide Rügen unterliegen unterschiedlichen Anforderungen und sind deshalb genau zu unterscheiden.

1. Rüge der Verletzung der Anhörungspflicht

33   Unterbleibt die Anhörung ganz oder erfolgt sie in ungenügender Weise, ist eine Entscheidung nach § 130a VwGO unzulässig. Ein gleichwohl ergehender Beschluss verletzt das rechtliche Gehör mit der Folge, dass die Entscheidung gem § 138 Nr 3 VwGO als auf der

Verletzung von Bundesrecht beruhend anzusehen ist, ohne dass zu prüfen wäre, ob der Gehörsverstoß zu einer konkreten Benachteiligung in der Sache geführt hat (BVerwG NVwZ 1999, 1107, 1108). Der Betroffene kann diese Verletzung jedoch mit der Revision nur geltend machen, wenn er die verfrühte, ungenügende oder unangemessen kurz befristete Anhörungsmitteilung beanstandet und die Durchführung einer mündlichen Verhandlung verlangt hat (BVerwG NVwZ-RR 1996, 477).

Hat hingegen eine Anhörung stattgefunden und macht der Rechtsmittelführer geltend, es **34** habe eine zweite Anhörung erfolgen müssen, muss er schlüssig und substantiiert darlegen, dass sich nach der ersten Anhörung unter Zugrundelegung der Rechtsauffassung des OVG die Prozesssituation entscheidungserheblich verändert hat (BVerwG NVwZ 2008, 1025, 1026), und was er im Falle einer erneuten Anhörung weiter vorgetragen oder beantragt hätte (BVerwG Buchholz 310 § 130a VwGO Nr 16).

2. Rüge der Entscheidung ohne mündliche Verhandlung

Rügt der Rechtsmittelführer, dass das OVG unzulässig durch Beschluss nach § 130a **35** VwGO entschieden und damit seinen Anspruch auf rechtlichen Gehör verletzt hat, muss er schlüssig und substantiiert darlegen (§ 133 Abs 3 S 3 VwGO), was er nach der Anhörungsmitteilung vorgebracht hat, um dem behaupteten Anspruch auf eine mündliche Verhandlung Geltung zu verschaffen (BVerwG Buchholz 11 Art 103 Abs 1 GG Nr 67), und weshalb das OVG angesichts dieses tatsächlichen und rechtlichen Vorbringens eine mündliche Verhandlung durchführen musste (B/F-K/S/vA/Bader VwGO § 130a Rn 26). Der Betroffene muss auf die Anhörungsmitteilung reagieren und alles ihm Zumutbare zur Erlangung einer mündlichen Verhandlung unternehmen, andernfalls er keine Gehörsverletzung rügen kann (BVerwG NJW 2003, 1544; vgl EGMR NJW 2003, 1921, 1922). Da das Revisionsgericht die Entscheidung für die Durchführung des vereinfachten Berufungsverfahrens nur darauf überprüfen kann, ob das OVG die weit gezogenen Grenzen seines Ermessens eingehalten hat, muss der Rechtsmittelführer darlegen, dass eine mündliche Verhandlung von Gesetzes wegen geboten war oder die Sache außergewöhnlich große Schwierigkeiten aufgewiesen hat.

Lagen unter Berücksichtigung dieser Maßstäbe die Voraussetzungen für ein Absehen von **36** der mündlichen Verhandlung auf der Grundlage des § 130a VwGO nicht vor, verstößt der angefochtene Beschluss gegen § 125 Abs 1 S 1 VwGO iVm § 101 Abs. 1 VwGO und verletzt damit den Anspruch auf rechtliches Gehör. Dies stellt einen absoluten Revisionsgrund iSd § 138 Nr 3 VwGO dar, weshalb ein solcher Beschluss ohne weitere Prüfung als auf der Verletzung von Bundesrecht beruhend anzusehen ist (BVerwGE 121, 211, 221 = NVwZ 2004, 1377, 1380; BVerwG BeckRS 2007, 26953).

Ein Postulat, der Rechtsmittelführer müsse substantiiert darlegen, dass das OVG bei Durchführung **36.1** einer mündlichen Verhandlung auf der Grundlage seiner Rechtsauffassung zu einem anderen Ergebnis gelangt wäre (BVerwG NVwZ 2004, 108, 109), geht an der gesetzlichen Kausalitätsvermutung des § 138 Nr 3 VwGO vorbei. Es genügt, wenn nicht offensichtlich ausgeschlossen werden kann, dass bei Durchführung der mündlichen Verhandlung eine andere Entscheidung getroffen worden wäre (vgl insoweit BVerwG NVwZ 2004, 108, 109). Insofern muss in der Nichtzulassungsbeschwerde dargelegt werden, welche neuen Aspekte zu der maßgeblichen Rechts- oder Tatsachenfrage in einer mündlichen Verhandlung noch hätten vorgetragen werden können, die infolge der Entscheidung im Beschlusswege ungehört geblieben sind (BVerwG NVwZ-RR 2011, 3).

Auch im Falle einer Gehörsverletzung iSd § 138 Nr 3 VwGO ist eine Zurückweisung der **36.2** Revision nach § 144 Abs 4 VwGO denkbar, wenn sich die Gehörsverletzung nur auf einzelne Feststellungen bezieht, auf die es für das Gesamtergebnis nicht ankommt. Erfasst jedoch die Gehörsverletzung die Berufungsentscheidung in ihrer Gesamtheit und nicht nur in Bezug auf eine für die Entscheidung unerhebliche Tatsachenfeststellung, kommt eine Zurückweisung der Revision nach § 144 Abs 4 VwGO nicht in Betracht (BVerwGE 121, 211, 221 = NVwZ 2004, 1377, 1380; BVerwG NVwZ 2003, 1129, 1130).

III. Verletzung des Rechts auf den gesetzlichen Richter

Bei einer objektiv willkürlichen Vorgehensweise nach § 130a VwGO liegt, wenn infolge- **37** dessen über die Berufung durch Beschluss in der Besetzung mit drei Berufsrichtern unter

Übergehung der ehrenamtlichen Richter entschieden wird, zugleich eine nicht vorschriftsmäßige Besetzung des Gerichts iSd § 138 Nr 1 VwGO und eine Verletzung des Rechts auf den gesetzlichen Richter (Art 101 Abs 1 S 2 GG) vor (offen BVerwG Buchholz 310 § 130a VwGO Nr 11).

§ 130b [Vereinfachte Abfassung des Berufungsurteils]

[1]**Das Oberverwaltungsgericht kann in dem Urteil über die Berufung auf den Tatbestand der angefochtenen Entscheidung Bezug nehmen, wenn es sich die Feststellungen des Verwaltungsgerichts in vollem Umfange zu eigen macht. [2]Von einer weiteren Darstellung der Entscheidungsgründe kann es absehen, soweit es die Berufung aus den Gründen der angefochtenen Entscheidung als unbegründet zurückweist.**

§ 130b VwGO ermöglicht dem OVG zur Entlastung von unnötiger Formulierungs- und Schreibarbeit eine abgekürzte Abfassung des Berufungsurteils durch Bezugnahmen auf die erstinstanzliche Entscheidung.

A. Allgemeines

1   Die Vorschrift des § 130b VwGO wurde durch das 4. VwGOÄndG v 17.12.1990 in die VwGO aufgenommen und durch das 6. VwGOÄndG v 1.11.1996 neu gefasst. Die Regelung soll das OVG von unnötiger Formulierungs- und Schreibarbeit entlasten (BT-Drs 13/ 3993, 22), nicht hingegen von der Verpflichtung zur Sachverhaltsaufklärung freistellen (Eyermann/Happ VwGO § 130b Rn 2).

2   § 130b VwGO gilt unmittelbar nur für Berufungsurteile, ist jedoch **auf Beschlüsse gem § 130a VwGO analog anzuwenden** (Eyermann/Happ VwGO § 130b Rn 1). In Revisionsverfahren findet § 130b VwGO keine Anwendung (§ 141 S 2 VwGO). Auf Beschlüsse in Beschwerdeverfahren ist § 130b S 1 VwGO nicht entsprechend anzuwenden, da diese keines Tatbestandes bedürfen; eines Rückgriffs auf § 130b S 2 VwGO bedarf es nicht, weil § 122 Abs 2 S 3 VwGO eine vergleichbare Regelung enthält.

B. Vereinfachte Abfassung des Berufungsurteils

3   Nach § 125 Abs 1 S 1 VwGO iVm § 108 Abs 1 S 2 VwGO sind im Berufungsurteil die Gründe anzugeben, die für die richterliche Überzeugung leitend gewesen sind. Das OVG muss unter Berücksichtigung des Vortrags der Verfahrensbeteiligten nachvollziehbar darlegen, auf welche **tatsächlichen und rechtlichen Gesichtspunkte** es seine Entscheidung stützt (BVerwG BayVBl 2006, 163). § 130b VwGO erleichtert diese Begründungspflicht auf zwei Arten, die auch **kumulativ** Anwendung finden können. In jedem Fall muss jedoch das Berufungsurteil in Verbindung mit den darin enthaltenen Bezugnahmen eine **revisionsrechtliche Nachprüfung ermöglichen** (BGH NJW 2005, 830, 831; NJW 2006, 1523).

I. Bezugnahme auf den Tatbestand des erstinstanzlichen Urteils

4   Nach § 130b S 1 VwGO kann das OVG in dem Berufungsurteil **pauschal** auf den Tatbestand der angefochtenen Entscheidung Bezug nehmen, wenn es sich die **Feststellungen** des VG in vollem Umfange zu eigen macht. Es kommt allein auf die Übernahme der Feststellungen zum Sachverhalt an, unerheblich ist, ob das OVG das Urteil des VG bestätigt oder – aufgrund anderer Rechtsansicht – ändert. Über die Bezugnahme nach § 130b S 1 VwGO hinaus muss im Tatbestand seines Urteils den **Fortgang** des Verfahrens in der Berufungsinstanz (Berufungsanträge, Berufungsbegründung) wiedergeben (BAG NJW 1998, 774; B/F-K/S/vA/Bader VwGO § 130b Rn 3).

5   Das OVG muss sich die Feststellungen **in vollem Umfang** zu eigen machen. Hierdurch sollen **Lesbarkeit** und **Verständlichkeit** des Tatbestands sichergestellt und **Unklarheiten** über die Reichweite der Bezugnahme verhindert werden (Eyermann/Happ VwGO § 130b Rn 2; Gärditz/Dietz VwGO § 130b Rn 5), schon im Hinblick die **Beweiswirkung** des Tatbestands (Eyermann/Happ VwGO § 130b Rn 2) und die **revisionsgerichtliche Über-**

prüfung. Weicht das OVG auch nur in einem Punkt ab, scheidet die von § 130b S 1 VwGO zugelassene pauschale Bezugnahme aus (Kopp/Schenke VwGO § 130b Rn 1). In dem in diesem Fall zu formulierenden Tatbestand kann das OVG jedoch nach § 125 Abs 1 S 1 VwGO iVm § 117 Abs 3 S 2 VwGO wegen **bestimmter**, genau zu bezeichnender Einzelheiten auch auf das Urteil des VG verweisen (Kopp/Schenke VwGO § 130b Rn 1; S/S/B/ Meyer-Ladewig/Rudisile VwGO § 130b Rn 2a; Wysk/Kuhlmann VwGO § 130b Rn 4).

II. Absehen von weiterer Begründung

Nach der § 117 Abs 5 VwGO und § 122 Abs 2 S 3 VwGO vergleichbaren Regelung des **6** § 130b S 2 VwGO kann das OVG von einer weiteren Darstellung der Entscheidungsgründe absehen, soweit es die Berufung aus den Gründen der angefochtenen Entscheidung als unbegründet zurückweist. Das gilt auch dann, wenn das VG seinerseits von der Bezugnahmemöglichkeit des § 117 Abs 5 VwGO Gebrauch gemacht hat (BVerwG NVwZ 2002, 730, 733).

§ 130b S 2 VwGO setzt nicht voraus, dass das OVG den Erwägungen des VG in vollem **7** Umfang folgt, es genügt, dass es diesem **in bestimmten Punkten** folgen will („soweit"). Die in Bezug genommenen Gründe müssen jedoch **genau bezeichnet** werden, wodurch sie zusammen mit ergänzenden Erwägungen des OVG Bestandteil der Begründung des Berufungsurteils werden (BVerwG NVwZ-RR 1993, 53; BayVBl 2006, 163). Unerheblich ist, ob die betreffenden Gründe für das Urteil des VG entscheidungstragend waren (BVerwG NVwZ-RR 1993, 53), ferner, ob es sich um tatsächliche oder rechtliche Erwägungen handelt.

Eine Begründung durch Bezugnahme gemäß § 130b S 2 VwGO scheidet aus, wenn ein **8** Verfahrensbeteiligter **neuen Vortrag** in das Berufungsverfahren einführt. Stellt ein Beteiligter die entscheidungserhebliche tatsächliche oder rechtliche **Würdigung des VG substantiiert in Frage**, fordert das Gebot der Gewährung rechtlichen Gehörs (Art 103 Abs 1 GG, § 108 Abs 2 VwGO), dass das OVG hierauf in den Gründen der Berufungsentscheidung inhaltlich eingeht (BVerwG BayVBl 2006, 163). Das OVG muss in den Gründen der Berufungsentscheidung zumindest knapp erläutern, aus welchen Gründen es die neu vorgebrachten Argumente nicht für überzeugend hält (BVerwG BayVBl 2006, 163).

§ 130b S 2 VwGO schließt nicht die seit jeher zugelassene **Bezugnahme** auf eine genau **9** bezeichnete **andere Entscheidung** aus (zB behördliche Entscheidung, frühere Gerichtsentscheidung, auch im Eilverfahren, Parallelentscheidung), sofern die Beteiligten die in Bezug genommene Entscheidung kennen oder von ihr ohne Schwierigkeiten Kenntnis nehmen können und sofern die Beteiligten sowie das Rechtsmittelgericht aus den mitgeteilten Entscheidungsgründen in Verbindung mit der in Bezug genommenen Entscheidung die für die nunmehrige Entscheidung maßgeblichen Gründe mit hinreichender Klarheit entnehmen können (BVerwG NVwZ 2002, 730, 733; BeckRS 2006, 20583).

Nach diesen allgemeinen Grundsätzen ist auch in den Fällen einer unzulässigen und sogar **10** einer begründeten Berufung eine Bezugnahme auf die Gründe des angefochtenen Urteils zulässig; dies kann (Kopp/Schenke VwGO § 130b Rn 2; S/S/B/Meyer-Ladewig/Rudisile VwGO § 130b Rn 5; Sodan/Ziekow/Seibert VwGO § 130b Rn 17), muss aber nicht auf eine analoge Anwendung des § 130b S 2 VwGO gestützt werden.

III. Fehlerfolgen

Eine fehlerhafte Anwendung des § 130b VwGO begründet einen Verfahrensfehler. Das **11** solchenfalls nicht ordnungsgemäß nach § 108 Abs 1 S 2 VwGO mit Gründen versehene Berufungsurteil beruht gem § 138 Nr 6 VwGO auf diesem Verstoß (BVerwG BayVBl 2006, 163).

§ 131 [aufgehoben]

§ 131 VwGO aF enthielt Regelungen zur Beschränkung der Berufung. Die Vorschrift wurde mit Einführung der allgemeinen Zulassungsberufung (§ 124 Abs 1 VwGO) durch Art 1 Nr 25 des 6. VwGOÄndG vom 1.11.1996 (BGBl I 1626) mit Wirkung vom 1.1.1997 aufgehoben. Die Überleitungsvorschriften enthielt Art 10 Abs 1 des 6. VwGOÄndG. § 131 VwGO aF galt zunächst aufgrund besonderer Verweisungsregelungen weiter für die Zulassungsberufung nach § 46 Abs 2 BLG (aufgehoben durch Art 2 G v 20.12.2001 – BGBl I 3987) und § 64 Abs 8 SchwBG (aufgehoben durch Art 63 SGB IX v 19.6.2001 – BGBl I 1045).

13. Abschnitt Revision (§§ 132–145)

§ 132 [Zulassung der Revision]

(1) Gegen das Urteil des Oberverwaltungsgerichts (§ 49 Nr. 1) und gegen Beschlüsse nach § 47 Abs. 5 Satz 1 steht den Beteiligten die Revision an das Bundesverwaltungsgericht zu, wenn das Oberverwaltungsgericht oder auf Beschwerde gegen die Nichtzulassung das Bundesverwaltungsgericht sie zugelassen hat.

(2) Die Revision ist nur zuzulassen, wenn

1. **die Rechtssache grundsätzliche Bedeutung hat,**
2. **das Urteil von einer Entscheidung des Bundesverwaltungsgerichts, des Gemeinsamen Senats der obersten Gerichtshöfe des Bundes oder des Bundesverfassungsgerichts abweicht und auf dieser Abweichung beruht oder**
3. **ein Verfahrensmangel geltend gemacht wird und vorliegt, auf dem die Entscheidung beruhen kann.**

(3) Das Bundesverwaltungsgericht ist an die Zulassung gebunden.

Die Revision als **zulassungsbedürftiges Rechtsmittel** eröffnet den Verfahrensbeteiligten eine auf materielle Rechtsverletzungen und Verfahrensmängel beschränkte Rechtskontrolle der Entscheidung der Vorinstanz durch das BVerwG. Sie dient als Grundsatz- bzw Divergenzrevision vorrangig der Fortentwicklung des Rechts sowie der Rechtssicherheit und -einheit; die **Verfahrensrevision** ist vor allem auf die einzelfallbezogene Entscheidungsrichtigkeit und damit Einzelfallgerechtigkeit bezogen. Mit Ausnahme der tatsächlichen Grundlagen geltend gemachter Verfahrensmängel ist die Revision unter Bindung an die verfahrensfehlerfrei getroffenen tatsächlichen Feststellungen der Vorinstanz (§ 137 Abs 2 VwGO) auf eine rechtliche Prüfung beschränkt. Nach Abschaffung der zulassungsfreien Verfahrensrevision durch das 4. VwGOÄndG ist die Revision nur nach – das BVerwG bindender – Zulassung durch das OVG statthaft oder dann, wenn das BVerwG die Revision selbst zugelassen hat. Die Entscheidung über die Zulassung der Revision ist eine an die drei abschließend genannten Zulassungsgründe Grundsatz, Divergenz und Verfahrensmangel geknüpfte gebundene Entscheidung ohne Zulassungs- oder Annahmeermessen.

Übersicht

A. Gegenstand der Revision

Die von § 132 VwGO erfasste Revision bezieht sich auf **Entscheidungen des OVG/** **1** **VGH**. Unerheblich ist, ob das OVG als Berufungsgericht entschieden hat oder aufgrund erstinstanzlicher Zuständigkeit (§ 48 VwGO). Entscheidungen des VG können Gegenstand der Revision nur sein, wenn die Berufung kraft Gesetzes ausgeschlossen (§ 135 VwGO) oder die Sprungrevision zugelassen (§ 134 VwGO) ist.

Möglicher Gegenstand der Revision sind **Urteile** des OVG/VGH. Erfasst sind damit alle **2** die Instanz abschließenden Endurteile (Sach- oder Prozessurteile; 107 VwGO), aber auch Teilurteile (§ 110 VwGO), Zwischenurteile (§§ 109, 111 VwGO) sowie Ergänzungsurteile (§ 120 VwGO). Revisionsfähig sind auch für das Rechtsmittel **den Urteilen gleichgestellte Entscheidungen**, mithin ein Gerichtsbescheid des im ersten Rechtszug entscheidenden OVG (§ 84 Abs 2 Nr 2 VwGO), ein die Berufung verwerfender (§ 125 Abs 2 S 3 VwGO) oder zurückweisender (§ 130a) Beschluss und Beschlüsse im Anschluss an rechtskräftige Entscheidungen in Musterverfahren (§ 93a Abs 2 S 2, 4 VwGO). Revisionsfähig sind ferner die Beschlüsse im Normenkontrollverfahren (§ 47 Abs 5 S 1 VwGO), die ohne mündliche Verhandlung an Stelle eines Urteils treten. Sonstige verfahrensbeendende Beschlüsse (zB nach tatsächlicher (§ 125 VwGO iVm § 92 Abs 3 S 1 VwGO) bzw fiktiver Rücknahme der Berufung (§ 126 Abs 2 S 3 VwGO) oder nach Erledigung der Hauptsache (§ 161 Abs 2 VwGO)) unterliegen weder der Revision noch der Beschwerde nach § 146 VwGO.

Für die Revisionsfähigkeit ist grundsätzlich die **Form maßgeblich**, in der das OVG **3** entschieden hat. Hat das OVG nicht in der gesetzlich vorgeschriebenen Form entschieden, gilt im Ansatz der Grundsatz der Meistbegünstigung (BFH NVwZ 1996, 519 – Rechtsmittel gegen Gerichtsbescheid auf unklarer verfahrensrechtlicher Grundlage; Eyermann/Kraft VwGO § 132 Rn 6; aA S/S/B/Pietzner/Buchheister VwGO § 132 Rn 19a): Bei nach Art oder Form inkorrekter Entscheidung kann der Beschwerte sowohl das Rechtsmittel einlegen, das bei nach Art und Form korrekter Entscheidung eröffnet gewesen wäre (BVerwGE 89, 27 = NVwZ-RR 1992, 664), weil nach allgemeinen prozessrechtlichen Grundsätzen ein Beteiligter durch ein unrichtiges Verfahren des Gerichts keine Nachteile in seinen prozessualen Rechten erleiden darf (BVerwG NVwZ 1986, 46 = BVerwGE 71, 213), als auch das Rechtsmittel, das gegen die nach Art und Form tatsächlich ergangene Entscheidung eröffnet ist.

B. Berechtigung zur Revisionseinlegung

I. Beteiligtenstellung

Zur Einlegung der – zugelassenen – Revision an das BVerwG berechtigt sind die **an** dem **4** **vorinstanzlichen Verfahren Beteiligten** (§ 63 VwGO), mithin der Kläger, der Beklagte sowie die zu diesem Verfahren Beigeladenen (§ 65 VwGO). Die Beiladung muss tatsächlich erfolgt sein; der rechtswidrig nicht Beigeladene kann mangels Beteiligtenstellung die Revision nicht einlegen (BVerwGE 38, 290; VIZ 2000, 261; für entgegen § 47 Abs 2 S 4 nicht Beigeladenen offen gelassen BVerwGE 116, 296) und auch sonst nicht mit einem Rechtsbehelf geltend machen, zu Unrecht nicht beigeladen worden zu sein. Das OVG kann eine Beiladung auch noch nach Erlass des Urteils bis zu dessen Rechtskraft oder bis zur Einlegung eines Rechtsmittels anordnen (BVerwG NJW 1954, 444 = BVerwGE 1, 27). Der erst im

Revisionsverfahren notwendig Beigeladene (§ 142 VwGO) ist auf eine Anschlussrevision beschränkt (§ 141 VwGO iVm § 127 VwGO). Die Beteiligtenstellung muss im Zeitpunkt der Rechtsmitteleinlegung noch bestehen (keine rechtswirksame Beendigung der Verfahrensbeteiligung zB durch Aufhebung des Beiladungsbeschlusses, wirksame Rechtsmittelrücknahme oder Verlust der Beteiligtenfähigkeit).

5   Ein **Vertreter des öffentlichen Interesses** (VöI – § 63 VwGO) wird Beteiligter erst, wenn er von seinem Beteiligungsrecht Gebrauch macht (§ 63 Nr 4 VwGO), und kann erst dann Revision einlegen; bei erfolgter Beteiligungserklärung bleibt er zur Revisionseinlegung befugter Beteiligter (BVerwGE 25, 170, 174 f). Ein VöI kann sich noch nach dem Abschluss des Berufungsverfahrens, jedenfalls bis zum Ablauf der Revisionsfrist, an dem Verfahren beteiligen, um Revision einzulegen (BVerwG NJW 1964, 683 = BVerwGE 16, 265); nach Ablauf der Revisionsfrist scheidet eine Beteiligungserklärung zum Zwecke der Anschlussrevision aus (BVerwG NVwZ 1993, 182 = BVerwGE 90, 337). Der Vertreter des Bundesinteresses beim BVerwG (VBI) (§ 35) ist wegen seiner besonderen Rechtsstellung als „unbeteiligter Mittler" (Redeker/v Oertzen/Redeker VwGO § 132 Rn 3) sowie seiner Aufgabe, als qualifizierte Einrichtung der Rechtspflege das BVerwG bei der Rechtsfindung zu unterstützen und im öffentlichen Interesse an der Verwirklichung des Rechts mitzuwirken, nicht berechtigt, selbst Revision einzulegen, und darf auch keine Anschlussrevision erheben (BVerwG NVwZ 1995, 999 = BVerwGE 96, 258).

II. Beschwer

6   Die Revision ist als Rechtsmittel nur dann zulässig, wenn der Beteiligte auch beschwert ist, die anzugreifende Entscheidung im Entscheidungsausspruch für den Rechtsmittelführer mithin nachteilig ist. Die **Beschwer** ist bei mehreren Rechtsmittelführern gesondert zu prüfen (BFHE 150, 445). Die Beschwer kann nicht schon in den Gründen der angefochtenen Entscheidung liegen, sondern nur gegeben sein, wenn die angefochtene Entscheidung im Ergebnis von dem Antrag, über den sie entscheidet, zuungunsten des Rechtsuchenden abweicht (BVerwGE 17, 352; NJW 2002, 2122); dies gilt auch für den Beklagten, dessen Klageabweisungsantrag in vollem Umfang entsprochen worden ist, mit Blick auf ihm nachteilige Urteilsgründe (BVerwG NJW 2002, 285). Für den **Kläger** ist grundsätzlich auf die **formelle Beschwer**, also darauf abzustellen, ob der Entscheidungsausspruch hinter dem zuletzt beantragten Begehren zurückbleibt (BGH NJW 1991, 703, 704; die formelle Beschwer, mit der regelmäßig das Rechtsschutzinteresse für das Rechtsmittel indiziert wird (BVerwG NVwZ 1994, 270), genügt ausnahmsweise nicht, wenn der Kläger hinsichtlich des konkreten Streitgegenstandes die prozessuale Stellung derart gewechselt hat, dass er wie ein Beigeladener zu behandeln ist (BVerwG VIZ 2000, 659).

6.1   Die Beschwer ist abzugrenzen von der für die Begründetheit der Revision erforderlich Rechtsverletzung (s § 137 VwGO Rn 35): Dass eine Norm des revisiblen Rechts nicht oder nicht richtig angewendet worden ist, ist als solches unerheblich; ein „Obsiegen aus falschem Rechtsgrund" kann ein nicht beschwerter Beteiligter nicht als „Beschwer in der Begründung" geltend machen.

6.2   Einen Sonderfall bildet im Verfahren nach zugelassener Revision die „Gegenrüge" des durch die Vorinstanzentscheidung nicht beschwerten Rechtsmittelgegners. Mit ihr kann geltend gemacht werden, dass eine – an sich bindende – Tatsachenfeststellung unbeachtlich ist, weil sie verfahrensfehlerhaft getroffen wurde (zu Einzelheiten s § 137 VwGO Rn 50).

7   Der **materiell beschwerte Beklagte** muss in der Vorinstanz keinen Sachantrag gestellt haben (BVerwG NVwZ 1995, 999 = BVerwGE 96, 258). Für die Rechtsmittelbefugnis des Beigeladenen ist erforderlich, dass er materiell beschwert, mithin auf Grund der Bindungswirkung des angefochtenen Urteils nach § 121 VwGO präjudiziell und unmittelbar in entsprechender Anwendung von § 42 Abs 2 VwGO möglicherweise in eigenen Rechten verletzt ist (BVerwG ZOV 2004, 312; BVerwG NVwZ 2000, 436 = BVerwGE 110, 17; BVerwGE 104, 289). Bei materieller Beschwer ist der Beigeladene auch ohne formelle Beschwer zur Rechtsmitteleinlegung befugt, muss also in der Vorinstanz keinen Antrag gestellt haben (BVerwG NVwZ 2000, 1048). Keine für die Rechtsmittelbefugnis des Beigeladenen erforderliche (materielle) Beschwer ist gegeben, wenn er im vorinstanzlichen Verfahren zu Unrecht beigeladen wurde (BVerwG VIZ 2001, 317 = BVerwGE 112, 335);

die Unanfechtbarkeit der Beiladung ist eine Verfahrensposition, begründet aber keine wehrfähigen materiellen Rechte.

Bei einem **VöI** folgt die Rechtsmittelbefugnis bereits unmittelbar aus der (fristgerechten) **8** Beteiligungsbefugnis, ohne dass eine formelle oder materielle Beschwer hinzutreten muss. Soweit kraft Bundesrechts besonderen Vertretern des öffentlichen Interesses (zB der Vertreter der Interessen des Ausgleichsfonds – § 316 LAG) besondere Beteiligungsrechte am Verfahren eingeräumt sind, bemisst sich ihre Rechtsmittelbefugnis und die Notwendigkeit einer materiellen Beschwerde nach der Reichweite der eingeräumten Befugnisse.

C. Zulassung der Revision

I. Zulassungserfordernis

1. Statthaftigkeitsvoraussetzung

Ohne ihre Zulassung ist eine Revision nicht statthaft. Die VwGO kennt **keine zulas-** **9** **sungsfreie Revision** mehr. Entscheidend ist unabhängig vom Vorliegen materieller Zulassungsgründe der formelle Akt der Zulassung: Die tatsächlich bewirkte Zulassung der Revision durch das OVG oder das BVerwG ist auch dann beachtlich, wenn materiell Zulassungsgründe nicht vorliegen oder nachträglich weggefallen sind (BVerwG NJW 1961, 1737); das materielle Vorliegen von Revisionsgründen ist bis zur Zulassung der Revision aber unbeachtlich. Eine ohne Zulassung eingelegte Revision ist bis zu ihrer Zulassung als nicht statthaft unzulässig (BVerwG Buchholz 310 § 133 VwGO Nr 57). Die tatsächlich eingelegte Revision kann aber durch eine nachträgliche Zulassung statthaft werden und braucht dann nicht erneut eingelegt zu werden (BVerwG NJW 1965, 2124 = BVerwGE 21, 286).

Die Zulassung eröffnet die Revision, soweit sie nicht wirksam auf einen Teil des Streit- **10** gegenstandes beschränkt worden ist, hinsichtlich des gesamten Streitgegenstandes und hinsichtlich aller überhaupt revisiblen Fragen (§ 137 VwGO) auch sonst in vollem Umfange (BVerwGE 14, 342). Die zugelassene Revision ist insbes nicht auf die Gründe beschränkt, wegen derer sie zugelassen worden ist (**Grundsatz der Vollprüfung**): Zulassungs- und Revisionsgrund können auseinander fallen.

2. Teilweise Zulassung

Die Zulassung der Revision kann sachlich auf einen **abtrennbaren Teil des Streit-** **11** **gegenstandes** beschränkt werden; sie muss auf diesen Teil **beschränkt** werden, wenn nur in Bezug auf diesen Teil des Streitgegenstandes ein Zulassungsgrund vorliegt (Eyermann/Kraft VwGO § 132 Rn 60; Kopp/Schenke VwGO § 132 Rn 32a). Voraussetzung für eine Beschränkung ist, dass es sich um einen tatsächlich und rechtlich selbständigen und abtrennbaren Teil des Klageanspruchs handelt; Kriterium ist, ob hinsichtlich des Beteiligten oder des Streitgegenstandes ein Teilurteil hätte ergehen können oder ein Beteiligter die Revision auf diesen Teil beschränken könnte (BVerwGE 50, 292, 295). Unzulässig ist es dagegen, die Zulassung auf bestimmte Rechtsfragen oder Anspruchsgrundlagen zu beschränken (BVerwGE 50, 292, 295; Buchholz 421.2 Hochschulrecht Nr 43; BGH NJW 2004, 3264; BFH/NV 1993, 461). Eine wirksame Zulassung erfasst auch unbeschiedene Hilfsanträge (BVerwG Buchholz 402.240 § 53 AuslG Nr 36).

Eine **Beschränkung** der Revisionszulassung auf einzelne abtrennbare Teile des Streit- **12** gegenstandes muss bei der Zulassungsentscheidung selbst **klar und unmissverständlich** zum Ausdruck kommen und sollte regelmäßig in die Entscheidungsformel aufgenommen werden. Der Umfang der Zulassung ist ggfls. unter Berücksichtigung des Grundsatzes der Rechtsmittelklarheit durch Auslegung zu ermitteln (BVerwG Urt. v. 31.1.2013 – 10 C 15.12).

Ein Rückschluss von dem bezeichneten Zulassungsgrund auf den Umfang der Zulassung kommt **12.1** nur ausnahmsweise und nur dann in Betracht, wenn der bezeichnete Zulassungsgrund eindeutig nur auf einen klar abtrennbaren Teil des Streitgegenstandes bezogen werden kann (BGH NJW 2004, 1324: Beschränkung auf bestimmten Unterhaltszeitraum; BGH NJW 2004, 3264; BGH NJW-RR 2005, 715: Relevanz Grundsatzfrage nur für einen Teil der Klageforderung). Bei **unklarem Zulassungsausspruch** ist im Zweifelsfall von einer uneingeschränkten Zulassung auszugehen; eine allein auf die Revision, nicht auch teilweise auf eine Nichtzulassungsbeschwerde gerichtete Rechtsmittelbelehrung spricht für eine unbeschränkte Zulassung (BVerwG Buchholz 402.44 VersG Nr 1; Buchholz 421.2 Hochschulrecht Nr 43). Ist die Revisionszulassung unzulässigerweise auf einen unselbständigen Teil des Streitgegenstandes oder eine bestimmte Anspruchsgrundlage beschränkt, ist diese Beschränkung, nicht die Revisionszulassung, fehlerhaft und die Revision unbeschränkt zugelassen (BGH NJW 1984, 615; NJW 2003, 2529).

12.2   Die Frage, ob eine Revision beschränkt oder unbeschränkt zugelassen worden ist, ist gegebenenfalls durch Auslegung aller maßgebenden Umstände, insbes der Zulassungsbegründung zu ermitteln ist. Aus Gründen der Rechtssicherheit und Rechtsmittelklarheit kann aber nur dann von einer beschränkten Zulassung ausgegangen werden, wenn sich dies bei der Auslegung eindeutig ergibt (BVerwG NVwZ 2011, 1277; s. a. BVerfGK 16, 362; Buchholz 436.61 § 18 SchwbG Nr 6).

II. Reichweite Revisionszulassung

13   Strittig ist die **personelle Reichweite einer Revisionszulassung**, soweit sie nicht ausdrücklich auf einzelne, auch hinsichtlich der Beteiligten (bei subjektiver Klagehäufung) abtrennbare Streitgegenstände beschränkt ist. Nach wohl überwiegender Ansicht (Kopp/Schenke VwGO § 132 Rn 30; Eyermann/Kraft VwGO § 132 Rn 66) hat die Revisionszulassung stets streitgegenstands- und nicht personenbezogen zu erfolgen, so dass sie vorbehaltlich einer ausdrücklichen Beschränkung für alle Beteiligten wirkt, und zwar unabhängig davon, ob sie selbst Nichtzulassungsbeschwerde eingelegt haben oder nicht. Das BVerwG hat demgegenüber nach Inkrafttreten des 4. VwGOÄndG unter Aufgabe seiner bisherigen Rechtsprechung dahin erkannt, dass jedenfalls die aufgrund einer Beschwerde erfolgte Zulassung der Revision nur noch zugunsten des Beschwerdeführers wirkt (BVerwG NVwZ 2001, 201; s a B/F-K/S/vA VwGO § 132 Rn 7); letzteres erscheint vorzugswürdig, zumal den weiteren Beteiligten, soweit sie nicht fristgerecht eine eigene durchgreifende Nichtzulassungsbeschwerde eingelegt haben, die Möglichkeit der (unselbständigen) Anschlussrevision bleibt. Bei der Zulassung durch das OVG stellt sich das Problem der personellen Reichweite regelmäßig mangels ausdrücklicher Beschränkung nicht.

III. Ausdrückliche Revisionszulassung

14   Die Zulassung der Revision muss **ausdrücklich** erfolgen. Bei einer Zulassung durch Abhilfebeschluss des OVG bzw durch Beschluss des BVerwG (§ 133 Abs 5 VwGO, § 139 Abs 2 VwGO) sind Tatsache und Umfang einer Zulassung regelmäßig aus der Beschlussformel eindeutig erkennbar; entsprechendes gilt, wenn einer Nichtzulassungsbeschwerde nicht abgeholfen und sie durch das BVerwG abgelehnt wird (§ 133 Abs 5 S 3 VwGO). Klärungsbedarf kann bei der Entscheidung des OVG selbst entstehen.

14.1   Das Gebot ausdrücklicher Zulassung der Revision erfordert nicht, dass sie in die Urteilsformel aufgenommen wird. Dies ist in der Praxis üblich und im Interesse der Rechtsklarheit sinnvoll, indes nicht kraft Gesetzes Wirksamkeitsvoraussetzung der Zulassung. Die Zulassung kann auch in den Entscheidungsgründen erfolgen, wenn und soweit sie dort ausdrücklich und unmissverständlich ausgesprochen ist (BVerwG Buchholz 451.53 Fischwirtschaft Nr 1; BVerwGE 71, 73 (zur Berufungszulassung); s a Sodan/Ziekow/Czybulka VwGO § 132 Rn 131). Eine Rechtsmittelbelehrung, die zur Revision weist, bedeutet für sich allein in aller Regel keine Revisionszulassung und indiziert diese auch nicht (BVerwG Buchholz 310 § 131 VwGO Nr 2; BVerwG NJW 1986, 862 = BVerwGE 71, 73; s a BSG NZS 2004, 334); die hiernach fehlerhafte Rechtsmittelbelehrung über ein unzulässiges Rechtsmittel macht das Rechtsmittel auch sonst nicht zulässig (BVerwG Buchholz 402.25 § 32 AsylVfG Nr 1).

15   Die Entscheidung über die Zulassung der Revision ist von Amts wegen zu treffen. Enthält das anzufechtende Urteil keine positive Aussage zur Zulassung der Revision, ist diese mangels ausdrücklicher Zulassung nicht zugelassen, und zwar auch dann nicht, wenn das OVG die Entscheidung über die Nichtzulassung der Revision nicht näher begründet hat (für die etwa erforderliche Begründung genügt jedenfalls der Hinweis im Berufungsurteil, die Voraussetzungen des § 132 Abs 2 VwGO für eine Zulassung der Revision seien nicht erfüllt; s BVerwG NJW 1991, 190). 15.1

Die **fehlende positive Zulassungsentscheidung** bedeutet der Sache nach eine negative Entscheidung; das „Schweigen" bewirkt schon deswegen keine Entscheidungslücke, die durch Urteilsergänzung (§ 120 VwGO) geschlossen werden könnte, weil die Revisionszulassung nicht von einem Sachantrag der Beteiligten abhängt (BSGE NJW 1967, 597; BFHE 125, 150; aA Sodan/Ziekow/Czybulka VwGO § 132 VwGO Rn 135 [entsprechende Anwendung § 120 VwGO]). Neben der nachträglichen Zulassung durch Abhilfe (§ 139 Abs 2 VwGO) kommt eine Urteilsberichtigung (§ 118 VwGO) in Betracht (zB bei verkündeter, aber nicht in schriftliche Urteilsfassung aufgenommener Revisionszulassung).

D. Zulassungsgründe

I. Allgemeines

1. Abschließende Aufzählung

Die **allgemeinen Revisionszulassungsgründe** sind in § 132 Abs 2 VwGO abschließend geregelt. Nach dem insoweit eindeutigen Wortlaut („nur") sind sie auch zur Herstellung von Einzelfallgerechtigkeit, bei materiell eindeutig falschen Entscheidungen oder sonst zur Wahrung des Rechtsfriedens nicht erweiternd auszulegen. **16**

Die **Beschränkung des Zugangs zur Revisionsinstanz** ist **verfassungsrechtlich unbedenklich**. Unabhängig von der im Detail umstrittenen Frage, ob bzw in welchem Umfange dem Rechtsstaatsprinzip, der aus Art 19 Abs 4 GG folgenden Garantie effektiven Rechtsschutzes und der Erwähnung des BVerwG in Art. 95 GG einen Rechtsmittelzug garantieren, sind die Begrenzungen durch die drei „klassischen" Revisionsgründe sachlich gerechtfertigt und bedeuten keine unzumutbare, aus Sachgründen nicht mehr zu rechtfertigende Erschwerung des Zugangs zur Revisionsinstanz (vgl BVerfG NVwZ 2000, 1163 zu § 124 VwGO). **16.1**

Die Gründe des Abs 2 gelten gleichermaßen für die alle Zulassungsentscheidungen, mithin für die des OVG, für die Zulassung durch das BVerwG aufgrund einer Nichtzulassungsbeschwerde (§ 139 Abs 2 VwGO), die Zulassung einer Revision durch das VG bei ausgeschlossener Berufung (§ 135 VwGO) und – unter Ausschluss der Verfahrensmängel – für die Zulassung der Sprungrevision (§ 134 Abs 2 S 1 VwGO). Sondergesetzlich geregelte Revisionszulassungsgründe (zB § 127 Nr 1 BRRG dazu BVerwG NVwZ 1999, 406) gehen vor. **17**

2. Kein Zulassungsermessen

Die Zulassungsgründe binden die Zulassungsentscheidung rechtlich und eröffnen **kein Zulassungsermessen**. Bei Vorliegen eines Zulassungsanspruchs besteht ein Zulassungsanspruch. Die willkürlich fehlerhafte, durch sachliche Gründe nicht mehr zu rechtfertigende Nichtzulassung kann den Anspruch des Beteiligten auf den gesetzlichen Richter (Art 101 Abs 1 S 2 GG) verletzen (Kopp/Schenke VwGO § 132 Rn 6). Vor allem verletzt sie Art 19 Abs 4 GG, weil der Zugang zu der in der Verfahrensordnung vorgesehenen Revisionsinstanz nicht in unzumutbarer, aus Sachgründen nicht mehr zu rechtfertigender Weise erschwert werden darf. **18**

3. Entscheidungserheblichkeit Zulassungsgrund

Die Revision und ihre Zulassung zielen auf eine Ergebnis-, nicht auf eine Begründungskontrolle der anzufechtenden Entscheidung. Für alle Revisionszulassungsgründe gilt, dass sie auf eine diese **Entscheidung tragende Begründung** bezogen sein müssen. In Fällen, in denen ein Urteil auf mehrere die Entscheidung selbständig tragende Begründungen gestützt ist **(„kumulative Mehrfachbegründung")**, kann die Revision nicht zugelassen werden, wenn nicht hinsichtlich jeder dieser tragenden Gründe ein Zulassungsgrund geltend gemacht worden ist/besteht (BVerwG Buchholz 310 § 132 Nr 158; Buchholz 451.90 EWG-Recht Nr 53; Buchholz 310 § 132 Abs 2 Nr 1 VwGO Nr 4; NVwZ 1998, 850; stRspr; s auch § 137 VwGO Rn 37); eine Rückausnahme gilt, wenn bei einem in je selbständiger Weise doppelt begründeten Urteil die Begründungen hinsichtlich der Rechtskraftwirkung nicht gleichwertig sind (BVerwG NJW 2003, 2255). **19**

20   Bei einem lediglich **alternativ begründeten Urteil**, das ohne abschließende Entscheidung zwischen diesen auf dem einen oder dem anderen tragenden Grund beruht, reicht ein Zulassungsgrund in Bezug auf nur einen dieser beiden Gründe aus. Von der hiernach zu beurteilenden Beachtlichkeit eines Zulassungsgrundes zu trennen ist die Frage, ob bei Durchgreifen eines Zulassungsgrundes die Zulassung in entsprechender Anwendung des § 144 Abs 4 VwGO versagt werden kann bzw muss, weil die zuzulassende Revision aus anderen Gründen keinen Erfolg haben kann (s § 133 VwGO Rn 86 ff).

4. Maßgeblicher Zeitpunkt

21   **Maßgeblicher Zeitpunkt** für die **Beurteilung, ob ein Zulassungsgrund vorliegt, ist der der Entscheidung** über die Zulassung. Der Zulassungsanspruch kann – objektiv – durch eine nachträglich ergehende, divergenzbegründende Entscheidung des BVerwG zu einer (scheinbar) grundsätzlich nicht klärungsbedürftigen Rechtsfrage erst entstehen. Der Zulassungsgrund kann aber auch durch eine die aufgeworfene Grundsatzfrage im Sinne des Beschwerdeführers klärende Entscheidung des BVerwG oder eine Gesetzesänderung nachträglich entfallen, welche die aufgeworfene Frage zu einer des auslaufenden Rechts (s unten Rn 31) macht. Veränderungen nach der Zulassung sind wegen der Bindung an die Zulassung, die auch für eine Zulassung durch das BVerwG selbst gilt (s unten Rn 58), unerheblich.

21.1   Eine Rechtsfrage, die sich nur auf eine nach der Berufungsentscheidung in Kraft getretene neue Rechtsgrundlage bezieht, verleiht der Sache auch dann keine grundsätzliche Bedeutung, wenn diese Norm bei einer Zurückverweisung der Rechtssache nach durchgeführter Revision vom Berufungsgericht anzuwenden wäre, sie die (erste) Berufungsentscheidung des Berufungsgerichts unter keinem Gesichtspunkte maßgeblich und entscheidungserheblich gewesen sein kann (BVerwG NVwZ 2005, 709).

II. Grundsätzliche Bedeutung der Rechtssache (Abs 2 Nr 1)

1. Definition

22   Eine Rechtssache hat dann iSd § 132 Abs 2 Nr 1 VwGO „grundsätzliche Bedeutung", wenn für die Entscheidung der Vorinstanz eine konkrete, jedoch fallübergreifende Rechtsfrage von Bedeutung war, deren noch ausstehende höchstrichterliche Klärung im Revisionsverfahren zu erwarten ist und zur Erhaltung der Einheitlichkeit der Rechtsprechung oder zu einer bedeutsamen Weiterentwicklung des Rechts geboten erscheint (BVerwG NJW 1962, 218 = BVerwGE 13, 90; BVerwG NVwZ 2002, 1235; NVwZ 2005, 709; stRspr). Es muss sich mithin um eine entscheidungserhebliche, klärungsfähige, klärungsbedürftige und fallübergreifend bedeutsame Frage des revisiblen Rechts iSv § 137 Abs 1 VwGO handeln (so auch BGHZ 154, 288; BFH BFH/NV 2003, 1574; stRpsr).

22.1   Verallgemeinerungsfähige Tatsachenfragen (zB in Bezug auf die Verfolgungslage im Herkunftsstaat in Asylverfahren) können auch dann nicht die Revisionszulassung rechtfertigen, wenn ihre Klärung in einer Vielzahl instanzgerichtlicher Verfahren von Bedeutung wäre; die für die Berufungszulassung wegen grundsätzliche Bedeutung nach § 78 Abs 3 Nr 1 AsylVfG abweichende Rechtsprechung (BVerwG 70, 24 = NVwZ 1985, 199).

2. Entscheidungserheblichkeit Rechtfrage

23   Die **Entscheidungserheblichkeit** der aufgeworfenen Rechtsfrage und damit ihre Klärungsfähigkeit bemisst sich nach der angegriffenen Entscheidung. Rechtsfragen, die sich in dieser Entscheidung noch den nicht mit beachtlichen Verfahrensrügen angegriffenen, bindenden (§ 137 Abs 2 VwGO) tatsächlichen Feststellungen nicht stellen, sind auch in einem Revisionsverfahren nicht entscheidungserheblich und damit klärungsfähig (BFH BFH/NV 2005, 1018; BVerwG Buchholz 442.09 § 18 AEG Nr 65); dies gilt etwa, wenn lediglich die Möglichkeit besteht, dass eine Rechtsfrage nach Zurückverweisung der Sache an das Berufungsgericht aufgrund weiterer Sachverhaltsaufklärung entscheidungserheblich werden könnte (Buchholz 310 § 132 Abs 2 Nr 1 VwGO Nr 12; Nr 35).

Der Revisionszulassung wegen grundsätzlicher Bedeutung steht die mangelnde Entschei- **24** dungserheblichkeit dann nicht entgegen, wenn für die Rechtsfrage bedeutsame Tatsachen von der Vorinstanz nicht festgestellt wurden, die in der Vorinstanz ordnungsgemäß beantragte Sachverhaltsaufklärung aber deswegen unterblieben ist, weil das Tatsachengericht die als rechtsgrundsätzlich bedeutsam bezeichnete Frage anders als der Beschwerdeführer beantwortet und deswegen die Beweisaufnahme als nicht entscheidungserheblich abgelehnt hat (BVerwG NVwZ 2000, 1298 = BVerwGE 111, 61). Von dem Tatsachengericht bewusst **offen gelassene Rechtsfragen**, deren Beantwortung die Entscheidung ersichtlich nicht tragen oder die sich erst stellen würden, wäre von einem anderen als dem positiv festgestellten Sachverhalt auszugehen, sind ebenso wenig erheblich wie solche, die sich erst durch Gesetzesänderungen nach Erlass der angegriffenen Entscheidung ergeben (BVerwG NVwZ 2005, 709).

3. Klärungsbedürftigkeit

Nicht jede Frage sachgerechter Auslegung und Anwendung einer Vorschrift des revisiblen **25** Rechts enthält gleichzeitig eine nach § 132 Abs 2 Nr 1 VwGO erst im Revisionsverfahren zu klärende Fragestellung (BVerwG NVwZ-RR 2000, 255 ff = BVerwGE 109, 268). Die **Klärungsbedürftigkeit fehlt** einer aufgeworfenen Rechtsfrage, wenn sie höchstrichterlich (insbes BVerwG, BVerfG, GmS-OBG) **bereits** (hinreichend eindeutig) **geklärt** ist; dies kann auch in einem Nichtzulassungsbeschwerdeverfahren erfolgt sein. Liegt zwar Rechtsprechung zu der konkret aufgeworfenen Rechtsfrage noch nicht vor, lässt sich diese aber auf der Grundlage der vorhandenen Rechtsprechung und mit Hilfe der üblichen Regeln sachgerechter Gesetzesinterpretation ohne weiteres beantworten, besteht kein Bedarf nach Klärung in einem Revisionsverfahren (BVerwG NVwZ 2005, 465; stRspr). Entsprechendes gilt, wenn sich die Antwort auf die Rechtsfrage ohne Weiteres, also auch ohne eingehende Begründung **unmittelbar aus dem Gesetz** erschließt, und ihre Beantwortung in Rechtsprechung und Schrifttum nicht ernsthaft umstritten ist; vereinzelte Stimmen im Schrifttum oder divergierende untergerichtliche Rechtsprechung nimmt der aus dem Gesetz folgenden Rechtslage nicht schon ihre Klarheit.

Bloße Rechtsanwendungsfehler im Einzelfall in einer rechtsgrundsätzlich geklärten Rechtsfrage **25.1** haben keine grundsätzliche Bedeutung und können allenfalls im Rahmen der Divergenz- oder Verfahrenszulassung beachtlich werden.

Nach § 132 Abs 2 Nr 2 VwGO unerhebliche **Divergenzen in der obergerichtlichen** **26** **Rechtsprechung** oder zu anderen Gerichtshöfen des Bundes (BVerwG Buchholz 310 § 132 VwGO Nr 225; Buchholz 310 § 132 Abs 2 Ziff 2 VwGO Nr 13) oder Abweichungen von einem für die Rechtsentwicklung bedeutsamen obiter dictum (BVerwG Buchholz 407.4 § 17 FStrG Nr 56) indizieren dagegen regelmäßig grundsätzlichen Klärungsbedarf (BVerfG NVwZ 1993, 465).

Da die Revisionszulassung wegen grundsätzlicher Bedeutung (im Gegensatz zur Divergenz- **26.1** zulassung) nicht rechtswegbezogen ist, kann umgekehrt ein höchstrichterlicher Klärungsbedarf dann zu verneinen sein, wenn die Frage durch die Rechtsprechung eines anderen obersten Bundesgerichts geklärt ist, das sich aufgrund seiner originären Zuständigkeit mit dieser oder mit einer gleich gelagerten Rechtsfrage bereits befasst hat und das angerufene oberste Bundesgericht dieser Rechtsprechung folgt (BVerwG Buchholz 424.01 § 29 FlurbG Nr 1).

Divergenzen innerhalb eines Obergerichts in einer entscheidungserheblichen Rechtsfrage des **26.2** Landesrechts können weder mit der der Grundsatz- noch der Divergenzrüge, sondern allenfalls mit der Verfahrensrüge wegen der Verletzung der Pflicht zur Vorlage an den Großen Senat des OVG/ VGH (§ 12 Abs 1 iVm § 11 Abs 2, 3 VwGO) geltend gemacht werden (BVerwG NVwZ 2006, 1404).

Eine höchstrichterlich bereits geklärte Rechtsfrage kann **erneut klärungsbedürftig** **27** werden, wenn hierfür vernünftige und gewichtige Gründe angeführt werden können (BVerfG NJW 1994, 2817 = BVerfGE 91, 93), etwa weil die Frage in Rechtsprechung und Schrifttum weiterhin umstritten ist und die Instanzgerichte mit neuen Argumenten der klärenden Leitentscheidung die Gefolgschaft versagen, neue, bislang nicht berücksichtigte

Argumente und Umstände von Gewicht bezeichnet werden oder sich die für die Auslegung rechtlich erheblichen Umstände gewandelt haben; insoweit sind jedenfalls keine strengeren Anforderungen zu stellen als an den Wegfall der Bindungswirkung verfassungsgerichtlicher Entscheidungen. Eine höchstrichterlich bereits entschiedene Rechtsfrage gewinnt aber nicht schon dadurch wieder grundsätzliche Bedeutung, dass ein Tatsachengericht von dieser Rechtsprechung abweicht (BVerwG NVwZ-RR 2000, 457).

4. Rechtsfrage revisiblen Rechts

28   Die aufgeworfene Rechtsfrage muss eine Rechtsfrage revisiblen Rechts (s § 137 VwGO Rn 3 ff) sein, für die der Verwaltungsrechtsweg eröffnet ist. Auf die Handhabung technischer Regelwerk bezogene Fragen reichen auch dann nicht aus, wenn hiervon das Ergebnis der Anwendung von Bundesrecht abhängt (BVerwG NVwZ 2008, 914; NVwZ 2007, 708). Die grundsätzliche Zuständigkeit der Verwaltungsgerichtsbarkeit zur Klärung soll fehlen, wenn der Rechtsstreit zwar vom Zivilgericht mit bindender Wirkung an das Verwaltungsgericht verwiesen worden ist, eine weitere Befassung der Verwaltungsgerichte mit den Streitfragen aber wegen Zuständigkeit der Zivilgerichte nicht zu erwarten ist (BVerwG NVwZ-RR 1997, 194; BVerwG, BeckRS 2006 20584; BSG NZS 2006, 273; aA Sodan/Ziekow/Czybulka VwGO § 132 Rn 66). Entsprechendes soll bei einem Wechsel der Rechtswegzuständigkeit weg von den Verwaltungsgerichten gelten (BVerwG, BeckRS 2005 26587).

5. Vorlagebedürftige Rechtsfragen

29   Klärungsbedürftigkeit ist eine Rechtsfrage auch dann, wenn sie nicht abschließend durch das BVerwG selbst geklärt werden kann, sondern eine **Vorabentscheidung** des EuGH nach Art 234 EGV einzuholen oder die Rechtsnorm im **konkreten Normenkontrollverfahren** (Art 100 GG) dem BVerfG vorzulegen ist (BVerwG NVwZ 2008, 1115; Buchholz 451.511 § 6 MOG Nr 9). Das Unionsrecht ist iSd § 137 Abs 1 VwGO revisibles Bundesrecht (BVerwG NZBau 2000, 529; s auch § 137 VwGO Rn 14 ff); zulassungserheblicher Klärungsbedarf besteht, wenn über Fragen des Unionsrechts zu entscheiden ist, die durch die Rechtsprechung des Europäischen Gerichtshofs nicht beantwortet und in ihrer möglichen Beantwortung nicht unzweifelhaft sind, oder wenn in einer das Gemeinschaftsrecht betreffenden Frage von der Rechtsprechung des Europäischen Gerichtshofs abgewichen wird (BVerwG NVwZ 1997, 178).

29.1   Wegen der prinzipiell eröffneten Möglichkeit, die Zulassung der Revision zu erwirken, unterliegt das Berufungsgericht nicht der unionsrechtlichen Pflicht, klärungsbedürftige Fragen des Unionsrechts im Wege des Vorabentscheidungsersuchens (Art. 267 AEUV) vorzulegen (EuGH EuZW 2002, 476); das BVerwG ist dann das letztinstanzliche, zur Prüfung auch der Vorlagepflicht verantwortliche Gericht. Der Vorlagepflicht selbst kann – wie auch bei der Vorlage nach Art. 100 GG – nur im Revisionsverfahren und nicht schon im Nichtzulassungsbeschwerdeverfahren Rechnung getragen werden.

30   In Bezug auf entscheidungserhebliches Bundesrecht kann die grundsätzliche Bedeutung aus Zweifeln an der Verfassungsgemäßheit folgen (BVerwG Buchholz 436.36 § 18b BAföG Nr 5). Strittig ist, ob sich die grundsätzliche Bedeutung der Rechtssache allein auf rechtsgrundsätzlich klärungsbedürftige Fragen zu den als Kontrollmaßstab herangezogenen Regelungen des Grundgesetzes zu beziehen hat (so für die Verfassungsgemäßheit irrevisiblen Landesrechts BVerwG NVwZ-RR 2000, 339) oder ob – so die vorzugswürdige Ansicht – die Anwendung rechtsgrundsätzlich geklärten Verfassungsrechts auf die Prüfung von Bundesrecht hinreicht. Jedenfalls besteht kein Klärungsbedarf, wenn auf der Grundlage der tatsächlichen Feststellungen des Berufungsgerichts im Hinblick auf die Rechtsprechung des Bundesverfassungsgerichts keine ernsthaften Zweifel an der Verfassungsmäßigkeit der entscheidungserheblichen Norm des Bundesrechts bestehen (zum Prüfungsmaßstab s BVerwG NVwZ 1999, 669; BVerwG NVwZ 2003, 866, BVerwG Buchholz 436.61 § 5 SchwbG Nr 2).6. Auslaufendes/ ausgelaufenes bzw neues Recht

31   Die Revisionszulassung wegen grundsätzlicher Bedeutung ist auf eine für die Zukunft geltende Klärung gerichtet. Rechtsfragen, die sich auf **ausgelaufenes bzw auslaufendes Recht** beziehen (BVerwG NVwZ-RR 1996, 712; stRspr) oder bloße **Übergangsrege-**

lungen betreffen (BVerwG Buchholz 310 § 132 Abs 2 Ziff 1 VwGO Nr 21), kommt regelmäßig mangels Klärungsbedarf keine grundsätzliche Bedeutung mehr zu. Anderes gilt, wenn sich die aufgeworfene Frage in gleicher Weise bei einer im Kern identischen Nachfolgebestimmung stellt (BVerwG Buchholz 406.13 ROG Nr 2; BVerwG Buchholz 310 § 132 Abs 2 Nr 1 VwGO Nr 9; st Rspr) oder ausnahmsweise in Fällen, in denen die Klärung der aufgeworfenen Rechtsfrage noch für einen nicht überschaubaren Personenkreis in nicht absehbarer Zukunft von Bedeutung sein kann und deshalb die Rechtseinheit gefährdet sein könnte (BVerwG NVwZ-RR 1996, 712; BVerwG Buchholz 310 § 132 Abs 2 Nr 1 VwGO Nr 21).

Diese Voraussetzungen hat ein Beschwerdeführer substantiiert darzulegen, indem er tatsächlich **31.1** gegebene Anhaltspunkte für eine erhebliche Zahl von Altfällen bezeichnet (BVerwG Buchholz 310 § 132 Abs 2 Nr 1 VwGO Nr 29; Buchholz 430.3 Kammerbeiträge Nr 31).

Dies gilt auch für auslaufenden oder ausgelaufenes Unionsrecht. Für die Verfahrensentscheidung, **31.2** ob die Revision zuzulassen ist, und in diesem Zusammenhang, ob der Rechtssache grundsätzliche Bedeutung zukommt, ist unerheblich, in welchem Sinne die Rechtsfrage zu klären sein wird und ob diese Klärung in der alleinigen Zuständigkeit des Revisionsgerichts liegt oder aber die Einholung einer Vorabentscheidung des EuGH erfordern würde (BVerwG Buchholz 451.511 § 6 MOG Nr 9; B. v. 8.10.2007 – 3 B 16.07; BVerwG Buchholz 442.066 § 24 TKG Nr 4).

Eine Rechtsfrage, die sich nur auf eine nach der Berufungsentscheidung in Kraft getretene **32** neue Rechtsgrundlage bezieht, kann für das Berufungsgericht einer Rechtssache ebenfalls keine grundsätzliche Bedeutung verleihen; zur Zulassung der Revision können nur solche Fragen führen, die für das Berufungsgericht hätten entscheidungserheblich sein können (BVerwG NVwZ 2005, 709 zu § 25 AufenthG).III. Abweichung (Abs 2 Nr 2)

1. Funktion

Die Revision wegen entscheidungserheblicher **Abweichung** von einer Entscheidung des **33** BVerwG, BVerfG oder GmSOBG wird weithin als Unterfall der Grundsatzrevision gesehen (BVerfG NVwZ 1993, 465; BVerwG NVwZ 1985, 199; BVerwG Buchholz 310 § 132 VwGO Nr 49; BVerwG Buchholz 310 § 132 Abs 2 Ziff 2 VwGO Nr 2; Eyermann/Kraft VwGO § 132 Rn 30). Dies ist ungenau: Ihre auf **Wahrung der Rechtseinheit und der Rechtsanwendungsgleichheit** gerichtete Funktion (BVerwG Buchholz 310 § 132 VwGO Nr 49; Buchholz 310 § 132 Abs 2 Nr 1 VwGO Nr 15) gebietet die Zulassung wegen Divergenz auch bei ausgelaufenem, aber für Altfälle noch geltendem Recht (s auch Sodan/ Ziekow/Czybulka VwGO § 132 Rn 71; aA Buchholz 310 § 132 Abs 2 Nr 2 VwGO Nr 8).

Bei ausgelaufenem bzw. auslaufendem Recht scheint die Divergenzzulassung allerdings dann aus, **33.1** wenn in einem Revisionsverfahren über die vom Beschwerdeführer behauptete Divergenz aufgrund der inzwischen eingetretenen Rechtsänderung nicht mehr zu befinden wäre (BVerwG Buchholz 310 § 132 Abs 2 Ziff 2 VwGO Nr 18; BVerwG NVwZ 1996, 1010).

Die Zulassung wegen Rechtssatzdivergenz erfordert keine grundsätzliche Klärungsbedürf- **34** tigkeit. Sie dient so neben der Einheitlichkeit der Rechtsprechung auch der Rechtssicherheit im Einzelfall und ist Ausgleich für die dem deutschen Prozessrecht unbekannte stare-decisis-Doktrin als strikter Bindung an Präjudizien (Eyermann/Kraft § 132 Rn 30). Die strukturelle Nähe von Grundsatz- und Divergenzrevision rechtfertigt aber Erleichterungen bei der Darlegung der Zulassungsgründe (Übergang von der Grundsatz- zur Divergenzrüge und umgekehrt; s § 133 VwGO Rn 53).

2. Begriff „Abweichung" bei der Rechtssatzdivergenz

Eine **Abweichung** iSd Abs 2 Nr 2 liegt vor, wenn die Vorinstanz einen inhaltlich **35** bestimmten, die angefochtene Entscheidung tragenden, abstrakten Rechtssatz aufgestellt hat, mit dem die Vorinstanz einem in der Rechtsprechung des Bundesverwaltungsgerichts, des Gemeinsamen Senats der Obersten Gerichtshöfe des Bundes oder des Bundesverfassungsgerichts aufgestellten ebensolchen Rechtssatz in Anwendung derselben Rechtsvorschrift widersprochen hat (BVerwG NVwZ-RR 2002, 217; BVerwG NJW 1997, 3328; stRspr).

Nicht erfasst sind Entscheidungen des EuGH; hier kommt allein eine Grundsatzrüge in Betracht.

35.1   Ein grundsätzlicher Klärungsbedarf unter dem Gesichtspunkt einer Abweichung von der Rspr des EuGH besteht aber nur, wenn die von der EuGH- Rspr abweichenden Rechtssätze, die das Oberverwaltungsgericht aufgestellt hat, geeignet sein könnten, die mit der EuGH- Rspr erreichte Klärung wieder in Frage zu stellen und deshalb Anlass zu erneuter Klärung in einem Revisionsverfahren und gegebenenfalls einem Vorabentscheidungsverfahren nach Art. 234 EG zu geben (BVerwG NVwZ 2008, 1115): dies ist von der Beschwerde darzulegen. Ein Abweichung von der Rspr des EuGH ist als solche nicht divergenzfähig (Buchholz 442.066 § 24 TKG Nr 4).

36   Nicht ausreichend ist, wenn eine bestimmte Rechtsfrage nicht gesehen und daher nicht entschieden worden ist, wenn ein als solcher nicht in Frage gestellter, von einem Divergenzgericht aufgestellter **Rechtssatz** schlicht übersehen oder in dem Einzelfall **fehlerhaft angewendet** worden ist (BVerwG NJW 1997, 3328; BVerwG NVwZ 2002, 1235; BVerwG NVwZ-RR 2003, 902). Die im Ergebnis abweichende Beurteilung ähnlicher oder gar vergleichbarer Sachverhalte als solche ist für die Rechtssatzdivergenz unerheblich; dies gilt auch für das Asylverfahren (zur Rechtsmittelrelevanz verallgemeinerungsfähiger Tatsachenfragen bei der Berufungszulassung im Asylverfahren BVerwG NVwZ 1985, 199).

37   Die **Divergenz** muss **objektiv** bestehen, es muss aber kein Akt bewusster „Auflehnung" der Vorinstanz gegen das BVerwG vorliegen; hinreichend ist eine Abweichung von einer nach Erlass der Berufungsentscheidung ergangenen oder bekannt gewordenen Entscheidung (BVerfG NVwZ-Beil 2000, 33; BVerwG Buchholz 310 § 132 Abs 2 Nr 2 VwGO Nr 2).

3. Divergenzerhebliche Gerichte

38   Der **Urheberkreis divergenzfähiger Entscheidungen** ist abschließend aufgezählt. Mit der Aufnahme des BVerfG hat der Gesetzgeber mit dem 5. BVerfGG-ÄndG (1993) die engere Rechtsprechung des BVerwG (NVwZ 1990, 1163 = BVerwGE 85, 295) korrigiert. Erfasst werden auch Entscheidungen nach § 93c BVerfGG (Senatsentscheidungen ersetzende stattgebende Kammerentscheidungen; VGH Kassel NVwZ-Beil. 1996, 43 zu § 78 Abs 3 Nr 2 AsylVfG; aA VGH Kassel NVwZ-RR 1995, 56). Die Benennung des GmSOBG trägt § 18 Abs 1 RsprEinhG Rechnung.

38.1   § 127 BRRG erweitert für die Klagen aus dem Beamtenverhältnis den Kreis der divergenzerheblichen Entscheidungen auf die anderer Oberverwaltungsgerichte, solange eine Entscheidung des Bundesverwaltungsgerichts in der Rechtsfrage nicht ergangen ist (BVerwG BayVBl 1997, 573). Die Divergenzzulassung scheidet aber dann aus, wenn die von verschiedenen Oberverwaltungsgerichten erlassenen Urteile, deren Divergenz geltend gemacht wird, jeweils auf der Anwendung von Vorschriften verschiedener Länder beruhen (BVerwGE 27, 155).

39   Bei **Entscheidungen des BVerwG** kommt es nicht darauf an, ob es sich um Judikate des über die Zulassung entscheidenden Senats oder eines anderen Spruchkörpers handelt; bei innerhalb des BVerwG uneinheitlicher Rechtsprechung reicht die Abweichung von einer Entscheidung (Eyermann/Kraft VwGO § 132 Rn 36). Abweichungen zu in Abs 2 Nr 2 nicht genannten Gerichten sind für die Divergenzzulassung unerheblich, können aber zur Zulassung nach Nr 1 führen (s o Rn 26).

4. Entscheidungstragende Rechtssätze zur selben Rechtsvorschrift

40   Der von der Vorinstanz aufgestellte abstrakte Rechtssatz muss von einem Rechtssatz eines divergenzerheblichen Gerichts abweichen, das dessen Entscheidung trägt. Auf eine Divergenz gegenüber einem **obiter dictum** (BVerwG NVwZ 1996, 377 = BVerwGE 99, 351), in einem die Revision wegen grundsätzlicher Bedeutung zulassenden Beschluss (BVerwG NVwZ 1999, 406), einem Vorlagebeschluss (BVerwG Buchholz 235.15 § 28 HessBesG Nr 2) oder einer in Hinweisen an das OVG in einer zurückverweisenden Entscheidung (§ 144 Abs 3 Nr 2 VwGO) enthaltenen Rechtsauffassung kann eine Abweichungsrüge nicht gestützt werden. Der herangezogene Rechtssatz muss noch „aktuell" und darf zwischenzeitlich nicht durch Rechtsprechungsänderung aufgegeben (BVerwG NVwZ 2000, 65) oder durch Rechtsänderung überholt sein (BVerwGE 116, 169 zur Divergenzvorlage nach § 11 Abs 2 VwGO).

Die voneinander abweichenden Rechtssätze müssen sich grundsätzlich auf **dieselbe** **41** **Rechtsvorschrift des revisiblen Rechts** (dazu § 137 Abs 1 VwGO) beziehen (BVerwG NJW 1960, 979). Eine bloße Gleichartigkeit oder Vergleichbarkeit der Rechtsfrage reicht auch bei im Kern identischem Wortlaut nicht aus (BVerwG NJW 1963, 1467 = BVerwGE 16, 53), zumal wenn unterschiedlich gefasste Vorschriften in verschiedenen Gesetzen hinsichtlich einzelner Begriffsbestimmungen unterschiedlich ausgelegt werden können (BVerwGE 30, 225; aA Redeker/v Oertzen/Redeker VwGO § 132 Rn 14, die dafür plädieren, dass bei Parallelgesetzgebung für die Abweichung entscheidend sein sollte, ob die in verschiedenen Gesetzen befindlichen Bestimmungen im gleichen Sinne interpretiert werden können; s. a. Gärditz/Winkelmüller/van Schwewick § 132 Rn 53). Dies gilt auch bei einer mit revisiblem Recht wort- und inhaltsgleichen Regelung des nichtrevisiblen Rechts (BVerwG NVwZ-RR 1999, 374). Unschädlich sind unterschiedliche Fassungen ein und derselben Regelung, soweit das spätere Gesetz an das außer Kraft getretene anschließt bzw auf diesem aufbaut (BGH NJW 1993, 3069) und sich der Wortlaut sowie der Normkontext nicht mehr als bloß redaktionell verändert haben.

Der abweichende Rechtssatz muss ausdrücklich oder doch so klar erkennbar aufgestellt worden **41.1** sein, dass kein Zweifel besteht, dass das Instanzgericht – objektiv – einem divergenzfähigen Rechtssatz widerspricht. In der fehlerhaften Nicht-oder Falschanwendung eines nicht bestrittenen Rechtssatzes liegt regelmäßig keine konkludente Aufstellung eines abweichenden Rechtssatzes oder bloße Subsumtionsfehler (Eyermann/Kraft § 132 Rn 37).

5. Beruhenserfordernis

Dass das Urteil der Vorinstanz „auf dieser Abweichung beruht", unterstreicht das für alle **42** Zulassungsgründe geltende **Erheblichkeitserfordernis**. Es ist auch bei der Divergenz nicht erfüllt, wenn die Entscheidung auf mehrere, jeweils selbständig tragende Erwägungen gestützt ist und sich der geltend gemachte Zulassungsgrund nur auf eine dieser „Säulen" bezieht („kumulative Mehrfachbegründung"; s oben Rn 19). Die Entscheidungserheblichkeit kann in entsprechender Anwendung des § 144 Abs 4 VwGO (§ 133 VwGO Rn 86 ff) fehlen, wenn sich das Urteil der Vorinstanz aus einem anderem Grund als richtig erweist (str; aA Kopp/Schenke VwGO § 132 Rn 19). Bei Rechtsänderungen entfällt die Entscheidungserheblichkeit nur, wenn das neue Recht auch im Revisionsverfahren anzuwenden ist, sich die geltend gemachte Divergenz nicht mehr auswirkte und daher das Revisionsverfahren ungeeignet wäre, die Divergenz zu beseitigen (Eyermann/Kraft VwGO § 132 Rn 33 f.).

IV. Verfahrensmangel

1. Funktion

Der Zulassungsgrund „Verfahrensmangel" dient der **Sicherung einer ordnungsgemä-** **43** **ßen Entscheidungsfindung** durch die Vorinstanz und wegen der Verfahrensabhängigkeit materiell richtiger Entscheidungen im Kern der **Einzelfallgerechtigkeit**; durch die einzelfallbezogene Klarstellung und Ausformung der verfahrensrechtlichen Grundlagen der Urteilsfindung dient der Zulassungsgrund auch der Rechtssicherheit und -einheit und trägt durch die Durchsetzung des Verfahrensrechts, dessen Beachtung Voraussetzung für die Akzeptanz der Entscheidung ist, zum Rechtsfrieden bei. Eine fallübergreifende Bedeutung oder allgemeiner Klärungsbedarf sind nicht erforderlich. Für die Zulassung muss der geltend gemachte Verfahrensmangel auch tatsächlich vorliegen (seine schlüssige Darlegung reicht nicht aus), die Entscheidung muss auf ihm beruhen können, was bei den absoluten Revisionsgründen kraft Gesetzes vermutet wird (Fiktion der Kausalität; s § 138 VwGO Rn 3 ff).

Die für das Vorliegen eines Verfahrensmangels erforderlichen tatsächlichen Grundlagen des **43.1** gerügten Verfahrensmangels sind im Nichtzulassungsbeschwerdeverfahren von Amts wegen aufzuklären. Für die dazu erforderlichen Feststellungen stehen Erhebung, Verfahren und Beweismittel im Ermessen des Revisionsgerichts; Anlaß, in ein Freibeweisverfahren einzutreten, besteht für das

Gericht indes erst aufgrund eines schlüssigen und substantiierten Vorbringens (BVerwG NJW 1998, 2377).

44   **Überschneidungen mit den anderen Zulassungsgründen** können sich bei grundsätzlich klärungsbedürftigen Fragen des Verfahrensrechts ergeben; eine ausschließlich Verfahrensrecht betreffende Divergenzrüge ist zugleich als Verfahrensrüge aufzufassen (BVerwG Buchholz 310 § 132 VwGO Nr 154; BVerwG Buchholz 310 § 132 VwGO Nr 313). Die Zulassungsbefugnis des OVG im Abhilfeverfahren (§ 139 Abs 2 S 1 VwGO) erstreckt sich auch auf die Zulassung wegen eines Verfahrensmangels und unterläuft nicht die insoweit dem BVerwG nach § 133 Abs 6 VwGO eröffnete vereinfachte Zurückverweisung, mag diese auch verfahrensökonomischer sein (aA Redeker/v Oertzen/Redeker VwGO § 132 Rn 17); regelmäßig scheidet die Verfahrenszulassung aber aus, weil das OVG von ihm erkannte Verfahrensfehler vor der Sachentscheidung zu beheben hat. Wegen des Erfordernisse, dass ein Verfahrensfehler „geltend gemacht wird", kommt eine Zulassung durch OVG/VGH ohnehin nur im Abhilfeverfahren in Betracht (BVerwG NVwZ 2009, 59).

2. Abgrenzung Verfahrens-/ Sachmangel

45   Ein Verfahrensmangel iSd Nr 3 liegt vor bei einem der Beurteilung des BVerwG unterliegenden Verstoß gegen eine Vorschrift des Verfahrensrechts, die den (äußeren) Weg zum Urteil oder die Art und Weise seines Erlasses betreffen (**„error in procedendo"**) inkl. solcher Regelungen, die Sachurteilsvoraussetzungen aufstellen (Buchholz 424.02 § 63 LwAnpG Nr 6). Es gilt sicherzustellen, dass die Vorinstanz ihre Entscheidungen auf der Grundlage eines ordnungsgemäß durchgeführten Verfahrens trifft; es geht mithin um die Kontrolle des äußeren Verfahrensganges, nicht des inneren Vorganges der richterlichen Rechtsfindung („error in iudicando"; BVerwG NVwZ-RR 1996, 359).

46   Fragen des materiellen Rechts einschließlich der Sachverhalts- und Beweiswürdigung (BVerwG NVwZ-RR 1995, 310; BVerwG NVwZ-RR 1996, 359; BVerwG NVwZ-RR 2002, 140; stRspr), der Regeln über Darlegungs- bzw materielle Beweislast (BVerwGE 18, 168; BVerwG Buchholz 427.3 § 335a LAG Nr 47; BVerwG NVwZ 1989, 370 = BVerwGE 80, 290 [296 f.]), oder der Beachtung von Denkgesetzen und Erfahrungssätzen bei der Entscheidungsfindung (BVerwG NJW 1975, 1135 = BVerwGE 47, 330, 361; NVwZ-RR 1990, 166) sind dem materiellen Recht zuzuordnen und betreffen nicht Verfahrensmängel. Abgrenzungsfragen ergeben sich ua bei der fehlerhaften Beurteilung von Sachentscheidungsvoraussetzungen (BVerwG NJW 1968, 2075 = BVerwGE 30, 111; s a Sodan/Ziekow/ Czybulka VwGO § 132 Rn 104), bei einem Verstoß gegen Denkgesetze (s auch § 137 VwGO Rn 54), der sich auf die tatsächliche Würdigung beschränkt (BVerwG NJW 1990, 1681 = BVerwGE 84, 271 – Indizienbeweis) und nicht die rechtliche Subsumtion betrifft (Beschl vom 3.4.1996 – 4 B 253.95 – Buchholz 310 § 108 VwGO Nr 269; Beschl vom 2.8.2007 – 8 B 23.07), oder bei einer aktenwidrigen, gegen die Denkgesetze verstoßenden sonst von objektiver Willkür geprägten Sachverhaltswürdigung in Betracht (BVerwG NVwZ 2008, 914; s. a. Eyermann/Kraft § 132 Rn 47 ff, der § 108 VwGO in vollem Umfange dem Verfahrensrecht zuordnet).

46.1   Auch die im Asylrechtsstreit gebotene Auseinandersetzung mit der abweichenden Würdigung verallgemeinerungsfähiger Tatsachen durch andere Oberverwaltungsgerichte ist grundsätzlich Teil der dem materiellen Recht zuzuordnenden Sachverhalts- und Beweiswürdigung, so dass eine fehlende Auseinandersetzung mit abweichender obergerichtlicher Rechtsprechung als solche in aller Regel nicht als Verfahrensmangel iSd § 132 Abs 2 Nr 3 VwGO gerügt werden kann (BVerwG Buchholz 402.25 § 1 AsylVfG Nr 324; stRspr). In der unterlassenen Auseinandersetzung mit der Rechtsprechung eines anderen Oberverwaltungsgerichts liegt aber dann ausnahmsweise ein rügefähiger Verfahrensmangel, wenn sich ein Beteiligter einzelne tatrichterliche Feststellungen eines Oberverwaltungsgerichts als Parteivortrag zu Eigen macht, es sich um ein zentrales und entscheidungserhebliches Vorbringen handelt und das Berufungsgericht hierauf nicht eingeht oder sonst erkennen lässt, dass und in welcher Weise es diesen Vortrag zur Kenntnis genommen und erwogen hat (s BVerwG, Beschl vom 21.7.2003 – 1 B 298.02 –, 5.4.2007 – 1 B 165. 06 – und 14.5.2007 – 1 B 103.06).

Das prozessuale Vorgehen ist vom **materiellrechtlichen Standpunkt der Tatsachen-** **47** **instanz** aus zu beurteilen, selbst wenn dieser verfehlt sein sollte (BVerwG NVwZ 1998, 628 = BVerwGE 106, 115; NVwZ 2005, 447; stRspr; krit Sodan/Ziekow/Czybulka VwGO § 132 Rn 107). Trifft diese materielle Rechtsauffassung nicht zu, liegt darin eine Verletzung materiellen Rechts, für verfahrensrechtliche Beanstandungen des Umfangs der Sachaufklärung fehlt dagegen die Grundlage (BVerwG Buchholz 310 § 132 Abs 2 Ziff 2 VwGO Nr 2).

3. Mängel des gerichtlichen Verfahrens

Zulassungserhebliche Verfahrensmängel können regelmäßig nur das gerichtliche Verfahren **48** betreffen. Mängel des Verwaltungsverfahrens können mit der Nichtzulassungsbeschwerde nicht gerügt werden, es sei denn, sie haben sich auf das gerichtliche Verfahren unmittelbar ausgewirkt (BVerwG NVwZ 1999, 1218) und verhindert, dass Grundsätze und Vorschriften des Prozessrechts ihren Zweck erfüllen können (BVerwG NVwZ 1984 234 – Einwendungsausschluss mit Wirkung für das verwaltungsgerichtliche Verfahren). Mängel des erstinstanzlichen Verfahrens, die in der Berufungsinstanz nicht fortwirken, reichen zur Zulassung ebenfalls nicht aus (BVerwG NVwZ 1982, 555; BVerwG NJW 1991, 190; BVerwG LKV 2004, 27); ein „**Durchschlagen**" erstinstanzlicher **Verfahrensmängel** scheidet wegen der umfassenden Prüfungskompetenz der Berufungsinstanz im Verfahren nach zugelassener Berufung indes regelmäßig aus.

> Verfahrensfehler iSd § 132 Abs. 2 Nr 3 VwGO sind nur solche, die den „Weg zum angefochte- **48.1** nen Urteil" oder die Art und Weise seines Erlasses betreffen, nicht auch Fehler/Behinderungen während des Verfahrens über die Nichtzulassungsbeschwerde (BVerwG Buchholz 421.2 Hochschulrecht Nr 164).

4. Rügeverlust

Nicht zulassungserheblich ist die Verletzung von Verfahrensvorschriften, auf deren Be- **49** achtung verzichtet werden kann und die nicht (rechtzeitig) gerügt worden sind (Rügeverlust nach § 173 iVm §§ 295, 556 ZPO; BVerwGE 50, 344; BVerwG NJW 1989, 601; NJW 1998, 3369). Insbes kann sich auf eine Versagung des rechtlichen Gehörs nicht berufen, wer die im konkreten Fall gegebenen prozessualen Möglichkeiten, sich Gehör zu verschaffen, nicht genutzt hat (BVerwGE 19, 231, 234; BVerwG Buchholz 448.0 § 12 WPflG Nr 113; stRspr).

Für den objektiven Rügeverlust infolge Verzichts auf Befolgung der Vorschrift oder **50** Nichtgeltendmachung in der nächst folgenden mündlichen Verhandlung ist kein **subjektiver Verzichtwille** erforderlich; eine Rüge muss konkret, eindeutig und vorbehaltlos erfolgt sein. Der Rügeverlust kann nur bei verzichtbaren Verfahrensvorschriften eintreten, zB also nicht in Bezug auf die Besetzung des Gerichts (BVerwG BVerwG NJW 1997, 674 = BVerwGE 102, 7, 10 f).

> Nach § 295 Abs 2 ZPO kommt hiernach als verzichtbar ein **Rügeverlust** in Betracht zB bei den **50.1** Vorschriften über
> - die Ladung (BVerwG NJW 1989, 601; NJW 1989, 678),
> - Zustellungsmängel bei einer anderweitig bekannt gewordenen Anhörungsmitteilung (BVerwG Buchholz 310 § 125 VwGO Nr 14),
> - en Ablauf der mündlichen Verhandlung (BFH BFH/NV 1997, 414) (auch Übersetzungsfehler des gerichtlich bestellten Dolmetschers: BVerwG NVwZ 1999, 65),
> - die Öffentlichkeit des Verfahrens (BVerwG Buchholz 303 § 295 ZPO Nr 1;),
> - die Entscheidung über ein Ablehnungsgesuch (BVerwG NJW 1992, 1186),
> - die Ablehnung eines in der mündlichen Verhandlung gestellten Beweisantrages (BVerwG NJW 1989, 1233; NVwZ-RR 1990, 669) oder die Beeidigung eines Zeugen (BVerwG NJW 1988, 3369),
> - die richterliche Aufklärungspflicht (BVerwG Buchholz 310 § 86 Abs 2 VwGO Nr 36), die Einholung amtlicher Auskünfte (BVerwG NJW 1988, 2491) oder die Durchführung eines Beweisbeschlusses (BVerwG Buchholz 3033 § 295 ZPO Nr 4) oder
> - die Unmittelbarkeit (BVerwG Buchholz 303 § 295 ZPO Nr 4; NJW 1994, 1975), die Parteiöffentlichkeit (BVerwG Buchholz 310 § 86 Abs 1 VwGO Nr 120; NJW 2001, 1878) oder die

Protokollierung (BVerwG NJW 1977, 263; NJW 1983, 2275; NJW 1988, 579) einer Beweisaufnahme oder eines Erörterungstermins.

5. Rügeausschluss

51 Unbeachtlich sind weiterhin alle **Verfahrensmängel, die nicht der Beurteilung durch das BVerwG unterliegen**. Dies sind insbes Mängel in nicht angefochtenen bzw nicht anfechtbaren (§ 152 VwGO) Vorentscheidungen, die der Nachprüfung durch das Revisionsgericht ausdrücklich entzogen sind (§ 173 VwGO iVm § 557 Abs 2 ZPO).

52 Dies betrifft zB
- die Ablehnung eines Aussetzungsantrags gem § 94 VwGO (BVerwG NJW 1998, 2301),
- die Zurückweisung der Ablehnung eines Sachverständigen (BVerwG Buchholz 303 § 548 ZPO Nr 4) oder eines Richters (BVerwG NVwZ-RR 2000, 260; BVerwG NVwZ 1991, 261; BVerwG Buchholz 310 § 54 VwGO Nr 32),
- die Gewährung von Wiedereinsetzung in die versäumte Berufungsfrist (BVerwG NJW 1988, 1863),
- die Zulassung einer Klageänderung als sachdienlich (BVerwG NVwZ-RR 2000, 260),
- ein Mangel der nach § 6 Abs 4 S 1 VwGO unanfechtbaren Übertragungsentscheidung (BVerwG, BeckRS 2004 27062),
- Verbindungs- oder Trennungsbeschlüsse nach § 93 VwGO (Buchholz 310 § 132 VwGO Nr 217),
- die positive Entscheidung über die Zulassung der Berufung (BVerwG, Beschl. v. 27.10.1999 – 9 B 386.99 -),
- die Ablehnung des Antrags auf Verlängerung der Frist zur Stellungnahme gem § 130a VwGO (BVerwG Buchholz 310 § 130a VwGO Nr 30),
- der Beiziehung eines Dolmetschers (BVerwG InfAuslR 1998, 219–220), oder
- einer Terminsaufhebung oder Terminsverlegung (Buchholz 310 § 132 VwGO Nr 266).

52.1 Nicht ausgeschlossen ist aber die Rüge, es sei verfahrensfehlerhaft eine Entscheidung, die – wäre sie ergangen – als unanfechtbare Vorentscheidung nur ausnahmsweise – im Falle von Willkür oder vergleichbar schweren Mängeln – der Überprüfung zugänglich, gar nicht erst ergangen (BVerwG NVwZ-RR 2011, 621 (übergangener Befangenheitsantrag)).

53 **Überprüfbar** und mit der Zulassungsrüge angreifbar bleiben aber **Fern- und Folgewirkungen**, die aus der unanfechtbaren Vorentscheidung resultieren und weiterwirkend der angefochtenen Hauptsacheentscheidung selbst anhängen (BVerwGE 39, 319 (324); Buchholz 310 § 132 Abs 2 Ziff 3 VwGO Nr 43), zB eine Verletzung des rechtlichen Gehörs (BVerwG InfAuslR 1998, 219–220), des gesetzlichen Richters (BVerwG, BeckRS 2004 27062) oder der Sachaufklärungspflicht (BVerwG NVwZ 1999, 184).

6. Erheblichkeit/ Beruhen

54 Die Entscheidung muss auf dem vorliegenden Verfahrensfehler **beruhen** können. Erfasst ist nur die Hauptsacheentscheidung. Verfahrensmängel, die lediglich eine unselbständige Kostenentscheidung betreffen können, unterfallen nicht Abs 2 Nr 3 (Buchholz 310 § 158 VwGO Nr 6). Bei kumulativer Mehrfachbegründung (s oben Rn 19) muss sich der Verfahrensmangel auf alle die Entscheidung tragenden Erwägungen beziehen. Bei Vorliegen eines absoluten Revisionsgrundes (§ 138 VwGO) gilt die Beruhensvermutung unwiderleglich auch für die Revisionszulassung.

55 Auf der Verletzung von verfahrensrechtlichen **Ordnungsvorschriften** ohne Bezug zum Entscheidungsinhalt (Buchholz 310 § 117 VwGO Nr 16 fehlerhafte Bezeichnung Beigeladener im Rubrum) oder Bestimmungen zur Rechtsmittelzulassung der Rechtsmittelbelehrung (BVerwG Buchholz 310 § 132 VwGO Nr 111; BVerwG NJW 1991, 190) kann das Urteil zur Sache nicht beruhen.

56 Es muss – aus der insoweit maßgeblichen Perspektive des iudex a quo und dessen Rechtsauffassung – zumindest die **Möglichkeit** bestehen, dass das Gericht ohne den Verfahrensverstoß zu einem für den Rechtsmittelführer sachlich **günstigeren Ergebnis** hätte kommen können (BVerwG NJW 1962, 2121 = BVerwGE 14, 342, 346 f; stRspr); ob dies der Fall ist,

kann nur dem Urteil selbst und nicht den nachträglichen Erklärungen der beteiligten Richter entnommen werden, dass sie im Ergebnis ebenso entschieden haben würden, wenn der Verfahrensfehler nicht vorgekommen wäre (BVerwG NJW 1968, 1842 = BVerwGE 29, 261). Geboten ist eine wertende Betrachtung (BVerwG NVwZ 2004, 610 = BVerwGE 119, 229 geringfügige Überschreitung der Frist des § 116 Abs 2 VwGO; s aber NVwZ 1998, 1176 = BVerwGE 106, 366).

Bei einem möglicherweise verfahrensfehlerhaft übergangenem Beweisantrag kann für die Beru- **56.1** hensprüfungkonstitutiv auch nicht auf ergänzende Erläuterungen und Erwägungen in einem Nicht- abhilfebeschluss abgestellt werden.

Zu den zulassungsrechtlich beachtlichen Verfahrensmängeln gehören vor allem die **abso-** **57** **luten Revisionsgründe** des § 138 VwGO, mithin die vorschriftswidrige Besetzung des Gerichts (§ 138 VwGO Rn 16 ff), die Mitwirkung ausgeschlossener oder abgelehnter Rich- ter (§ 138 VwGO Rn 31 ff), die Versagung des rechtlichen Gehörs (§ 138 VwGO Rn 34 ff), die fehlende/ mangelhafte Vertretung (§ 138 VwGO Rn 63 ff), die fehlende Öffentlichkeit des Verfahrens (§ 138 VwGO Rn 72 ff) und fehlende Entscheidungsgründe (§ 138 VwGO Rn 80 ff) (zur Darlegung s § 133 VwGO Rn 55).

E. Wirkung der Zulassung (Abs 3)

I. Bindungswirkung

Eine tatsächlich ausgesprochene Zulassung entfaltet für das BVerwG umfassend und aus- **58** nahmslos **Bindungswirkung**. Bindend ist auch die vom BVerwG selbst ausgesprochene Zulassung (BVerwG NJW 1961, 1737; BVerwG NVwZ 1995, 698). Die bis zum 4. VwGOÄndG (1990) entwickelten Ausnahmen ua bei Zulassung durch unstatthaftes Ergän- zungsurteil oder greifbarer Gesetzwidrigkeit (s BVerwG NVwZ 1991, 781; eingehend Lässig, Die fehlerhafte Revisionszulassung; S/S/B/Pietzner/Buchheister VwGO § 132 Rn 128 ff) sind damit überholt (s BT-Drs 11/7030, 33). Auch die fehlende Revisibilität einer Rechts- frage lässt die Bindung des Revisionsgerichts an die Zulassung der Revision durch das Berufungsgericht nicht entfallen und führt auch sonst nicht zur Unzulässigkeit der Revision (BVerwG NJW 2006, 632); dies bewirkt allein, das mangels sachlicher Prüfungsbefugnis (§ 137 Abs 1 VwGO) die Revision insoweit keinen Erfolg haben kann. Verfahrensfehler im Zulassungsverfahren (zB Versagung rechtlichen Gehörs) berühren nicht die Bindungswir- kung und können auch sonst im nachfolgenden Revisionsverfahren nicht geltend gemacht werden.

II. Keine umfassende Vorabentscheidung zu Statthaftigkeit/ Zulässigkeit Revision

Die Zulassung der Revision beseitigt allein die vom Zulassungserfordernis errichtete **59** Schranke beim Zugang zur Revisionsinstanz und lässt die **weiteren Voraussetzungen der Statthaftigkeit und Zulässigkeit einer Revision unberührt**. Mit der Zulassung wird das Revisionsverfahren gegen eine nach der Art der Entscheidung abstrakt nicht statthafte Revision nicht statthaft (BFH NVwZ 1999, 807). Insbes bleibt eine Entscheidung, die vom Gesetz der Anfechtung entzogen ist, auch bei – irriger – Rechtsmittelzulassung unanfechtbar (BGH NJW 2003, 211); die bei unanfechtbaren Entscheidungen mit ihrem Erlass eintretende formelle Rechtskraft kann durch eine fehlerhafte Rechtsmittelzulassung nicht beseitigt wer- den. Auch sonst sind die allgemeinen und besonderen Anforderungen an die Statthaftigkeit und Zulässigkeit einer Revision im Revisionsverfahren selbständig und ohne präjudizielle Wirkung der Zulassungsentscheidung zu beurteilen (BVerwG NVwZ-RR 2006, 580).

§ 133 [Beschwerde gegen die Nichtzulassung der Revision]

(1) **Die Nichtzulassung der Revision kann durch Beschwerde angefochten wer-** **den.**

(2) [1]**Die Beschwerde ist bei dem Gericht, gegen dessen Urteil Revision eingelegt werden soll, innerhalb eines Monats nach Zustellung des vollständigen Urteils ein- zulegen.** [2]**Die Beschwerde muß das angefochtene Urteil bezeichnen.**

(3) [1]Die Beschwerde ist innerhalb von zwei Monaten nach der Zustellung des vollständigen Urteils zu begründen. [2]Die Begründung ist bei dem Gericht, gegen dessen Urteil Revision eingelegt werden soll, einzureichen. [3]In der Begründung muß die grundsätzliche Bedeutung der Rechtssache dargelegt oder die Entscheidung, von der das Urteil abweicht, oder der Verfahrensmangel bezeichnet werden.

(4) Die Einlegung der Beschwerde hemmt die Rechtskraft des Urteils.

(5) [1]Wird der Beschwerde nicht abgeholfen, entscheidet das Bundesverwaltungsgericht durch Beschluß. [2]Der Beschluß soll kurz begründet werden; von einer Begründung kann abgesehen werden, wenn sie nicht geeignet ist, zur Klärung der Voraussetzungen beizutragen, unter denen eine Revision zuzulassen ist. [3]Mit der Ablehnung der Beschwerde durch das Bundesverwaltungsgericht wird das Urteil rechtskräftig.

(6) Liegen die Voraussetzungen des § 132 Abs. 2 Nr. 3 vor, kann das Bundesverwaltungsgericht in dem Beschluß das angefochtene Urteil aufheben und den Rechtsstreit zur anderweitigen Verhandlung und Entscheidung zurückverweisen.

Die Beschwerde gegen die Nichtzulassung der Revision ist ein eigenständiger **Rechtsbehelf** besonderer Art, der mit dem Ziel der **Revisionszulassung** auf die Aufhebung der Nichtzulassungsentscheidung der Ausgangsentscheidung gerichtet ist (BVerwG NJW 1990, 1313). Sie ist kein Rechtsmittel gegen die Hauptsacheentscheidung selbst; beseitigt werden soll eine Zugangsschranke zur Revisionsinstanz. Bezogen auf die Hauptsache hat sie **Suspensiv-**, aber erst nach der Nichtabhilfeentscheidung **Devolutiveffekt**. Die Norm regelt das Verfahren für diesen eigenständigen Verfahrensabschnitt, insbes Frist und Inhalt der Nichtzulassungsbeschwerde und die Anforderungen an ihre Begründung, Form und Gestaltung einer die Zulassung ablehnenden Entscheidung sowie die Möglichkeit des BVerwG, bei Vorliegen eines revisionszulassungsrechtlich beachtlichen Verfahrensfehlers den Rechtsstreit aus Gründen der Verfahrensökonomie ohne Durchführung eines Revisionsverfahrens an das Berufungsgericht zurückzuverweisen.

Übersicht

A. Allgemeines

I. Statthaftigkeit/Gegenstand

Die Nichtzulassungsbeschwerde ist eröffnet, wenn das Tatsachengericht (OVG; VG **1** (§ 135 VwGO)) in einer Entscheidung, die ihrer Art nach der Revision unterliegt (§ 132 VwGO Rn 2), die **abstrakt statthafte Revision** nicht zugelassen hat. Sie ist kein allgemeiner Rechtsbehelf gegen verfahrensbeendende OVG-Entscheidungen. Die Nichtzulassungsbeschwerde ist etwa nicht statthaft gegen die Entscheidung über die Nichtzulassung der Berufung, und zwar auch als Inzidentprüfung im Rahmen einer Nichtzulassungsbeschwerde gegen die Verwerfung einer nicht zugelassenen Berufung (BVerwG NVwZ-RR 1999, 539), oder die Nichtzulassung der Beschwerde gegen eine Rechtswegentscheidung nach § 17a GVG (BVerwG NVwZ-RR 2004, 542). Der Rechtsbehelf richtet sich – negativ – gegen die **Nichtzulassung der Revision**. Gegen die bindende (§ 132 Abs 3 VwGO) – positive – Entscheidung über die Revisionszulassung ist kein Rechtsbehelf eröffnet.

Gegenstand des besonderen Rechtsbehelfs ist die **abgelehnte bzw nicht erfolgte 2 Zulassung der Revision**, also die insoweit zu treffende Nebenentscheidung, mit dem Ziel, die Revision gegen die Hauptsacheentscheidung zu eröffnen; nicht erfasst ist die unanfechtbare (§ 134 Abs 2 S 3 VwGO) Ablehnung eines Antrages auf Zulassung der Sprungrevision. Der Prüfungsumfang ist daher auf das Vorliegen von Zulassungsgründen fokussiert.

II. Wirkung Einlegung

3 Die Einlegung der Nichtzulassungsbeschwerde hemmt die Rechtskraft des Urteils (Abs 4). Als Rechtsbehelf ist die Nichtzulassungsbeschwerde bedingungsfeindlich und deshalb **unbedingt einzulegen** (BVerwG Buchholz 310 § 133 VwGO Nr 83; BFH NVwZ 1983, 439). Sie darf nicht von der positiven Entscheidung über einen gleichzeitig gestellten PKH-Antrag abhängig gemacht werden (BVerwG NJW 1981, 698 = BVerwGE 59, 302). Bei einer „vorsorglichen" Einlegung ist durch Auslegung zu ermitteln, ob der Rechtsmittelführer das Rechtsmittel vorerst zur Wahrung der Rechtsmittelfrist „unbedingt" eingelegt (BVerwG Buchholz 448.0 § 25 Nr 111), aber in Aussicht gestellt hat, es unter bestimmten Umständen zurücknehmen zu wollen (BVerwG Buchholz 310 § 132 VwGO Nr 231).

4 Auf tatsächlich und rechtlich abtrennbare Teile kann sie nur dann beschränkt werden, wenn diese auch Gegenstand einer (isolierten) Revision werden könnten (s § 132 VwGO Rn 11). Keine **gegenständliche Beschränkung** ist statthaft in Bezug auf einzelne Anspruchsgrundlagen oder Rechtsfragen bzw die Zulässigkeit der Klage (BGH NJW 1987, 3264). Im Zweifelsfall gilt die unbeschränkte Revisionszulassung als gewollt. Bei beschränkter Nichtzulassungsbeschwerde erwächst das Urteil im Übrigen in Rechtskraft.

III. Beschwerdeberechtigung

1. Berechtigte

5 Als eigenständiges Rechtsmittel mit dem Ziel der Revisionszulassung kann die Nichtzulassungsbeschwerde nur von solchen **Beteiligten** eingelegt werden, **die** im Falle der Zulassung auch **selbst die Revision einlegen könnten** (s § 132 VwGO Rn 4). Ausgeschlossen sind insbes der Vertreter des Bundesinteresses beim BVerwG, der zu Unrecht Beigeladene (BVerwGE 37, 43) oder der zu Unrecht nicht notwenig Beigeladene (BVerwG Buchholz 310 § 133 (nF) VwGO Nr 39).

2. Beschwer

6 Die Nichtzulassungsbeschwerde erfordert als selbständiger, wenn auch vorbereitender Rechtsbehelf, dass der Rechtsmittelführer durch die angegriffene Entscheidung in der Hauptsache beschwert ist. Sie kann – auch bei greifbarer Gesetzwidrigkeit – nicht selbständig isoliert gegen die Kostenentscheidung gerichtet werden (§ 158 VwGO; BVerwG NVwZ 2002, 1385), und zwar auch dann nicht, wenn der Prozessbevollmächtigte eines Beteiligten mit Kosten belastet worden ist (BVerwG Buchholz 310 § 67 VwGO Nr 60; BFH BFH/NV 1997, 865 mit Kosten belastete vollmachtlose Vertreter).

7 Die **Beschwer** muss sich – wie bei der Revision – aus der **Urteilsformel** selbst und darf sich nicht nur aus den Urteilsgründen ergeben (BVerwGE 17, 352; BVerwG NJW 2002, 2122). Bei gegebener (formeller bzw materieller) Beschwer nicht erforderlich ist, dass diese gerade auf den geltend gemachten Zulassungsgrund zurückzuführen ist (BVerwG Buchholz 421.2 Hochschulrecht Nr 42 und Nr 43).

3. Keine Anschlussbeschwerde

8 Die beschwerdebefugten Beteiligten können nur eine selbständige Beschwerde einlegen. Nicht statthaft ist in Anbetracht des begrenzten Streitgegenstands des Nichtzulassungsbeschwerdeverfahrens, in dem es nicht um die Sache selbst, sondern nur um das Vorliegen von Zulassungsgründen geht, eine (unselbständige) **Anschlussbeschwerde** (BVerwG; Beschl. v. 10.6.1998 –7 B 398.98 -); § 141 VwGO ist nicht entsprechend anzuwenden (BVerwG NJW 1970, 824 = BVerwGE 34, 351).

4. Beiladung

9 Eine einfache Beiladung im Nichtzulassungsbeschwerde-Verfahren scheidet aus; § 142 Abs 1 S 1 VwGO gilt sinngemäß auch für das Beschwerdeverfahren (BVerwG Buchholz 310 § 142 VwGO Nr 13). Da sich das Verfahren auf die Prüfung der Zulassungsgründe gem § 132 Abs 2 VwGO beschränkt, kann es den wesentlichen Zweck der **notwendigen**

Beiladung, nämlich eine einheitliche Sachentscheidung gegenüber allen an dem streitigen Rechtsverhältnis beteiligten Personen zu ermöglichen, nicht erfüllen, weil die mit der Zurückweisung der Nichtzulassungsbeschwerde durch das BVerwG eintretende Rechtskraft des angegriffenen Urteils der Vorinstanz den erst im Beschwerdeverfahren beigeladenen Dritten nicht binden würde; es ist daher auch § 142 Abs 1 S 2 VwGO nicht entsprechend anzuwenden (BVerwG NVwZ 2001, 202). Bei Revisionszulassung sind die schutzwürdigen Belange des notwendig Beizuladenden durch dessen Beiladung (§ 142 Abs 1 S 2 VwGO), bei Zurückverweisung nach § 133 Abs 4 VwGO durch Beiladung in dem dann fortzusetzenden Hauptverfahren zu wahren.

B. Einlegung der Beschwerde

I. Einlegungsort

Die Nichtzulassungsbeschwerde ist bei dem Gericht, gegen dessen Entscheidung Be- **10** schwerde eingelegt werden soll, einzulegen (**iudex a quo**; Abs 2 S 1). Die Einlegung bei dem BVerwG genügt nicht und wahrt insbes nicht die Frist. Neue Revisionszulassungsgründe sind auch dann beim Ausgangsgericht – und nicht beim BVerwG – einzureichen, wenn die Beschwerde gegen die Nichtzulassung der Revision dem BVerwG bereits vorgelegt worden ist (BVerwG NVwZ 1997, 1209).

Wird die Beschwerde infolge eines Anwaltsversehens oder eines Rechtsirrtums beim **11** **iudex ad quem** statt beim iudex a quo eingelegt, scheidet Wiedereinsetzung regelmäßig aus (BVerwGE 32, 357; BVerwG Buchholz 310 § 60 VwGO Nr 208). Das BVerwG hat die Nichtzulassungsbeschwerde aber im Zuge des ordentlichen Geschäftsgangs an das Ausgangsgericht weiterzuleiten (BVerfG NJW 2001, 1343); wäre sie dort noch fristwahrend eingegangen, ist auf Antrag Wiedereinsetzung auch dann zu gewähren, wenn die Beschwerde infolge von Verzögerungen und Fehlleitungen verspätet eingegangen ist (BVerfG NJW 1995, 3173 = BVerfGE 93, 99).

II. Schriftform; Vertretungszwang

Die Nichtzulassungsbeschwerde unterliegt als bestimmender Schriftsatz der **Schriftform** **12** (auch elektronisch § 55a VwGO; BVerwG NJW 1991, 1193) und muss grundsätzlich unterschrieben sein. Das Fehlen der Unterschrift kann nur bei Vorliegen besonderer Umstände ausnahmsweise unschädlich sein (BVerwG Buchholz 310 § 81 VwGO Nr 16; BVerwG NJW 2003, 1544: Begründung der Nichtzulassungsbeschwerde); es muss die verlässliche Zuordnung an eine bestimmte Person als verantwortlicher Urheber und ihr Charakter als gewollte Prozesserklärung und nicht bloßer Entwurf hinreichend gesichert sein (BVerwG NVwZ 1989, 673 = BVerwGE 81, 164). Wegen des Vertretungszwangs (s § 67 VwGO Rn 1, 12 ff) scheidet eine Einlegung durch Niederschrift des Urkundsbeamten bei der Geschäftsstelle aus (BVerwG NVwZ 1995, 901 = BVerwGE 98, 126; NVwZ 1998, 171).

Die Beschwerdeschrift ist von einem **postulationsfähigen Vertreter** zu unterzeichnen **13** (und zu verantworten BVerwG NJW 1997, 1865), also regelmäßig von einem Rechtsanwalt, einem Hochschullehrer des Rechts oder – bei Behörden – durch einen Bediensteten mit der Befähigung zum Richteramt oder einen Diplomjuristen (Einzelheiten s § 67 VwGO Rn 4 ff). Die Erklärungen eines nicht postulationsfähigen Beteiligten reichen auch dann nicht aus, wenn sie von einem postulationsfähigen Vertreter ohne eigene Sachprüfung in Bezug ge- oder übernommen werden (BVerwG NJW 1997, 1865; BVerwG NVwZ 1998, 961 = BVerwGE 107, 1).

III. Bestimmtheit Einlegung

Aus dem Schriftsatz muss **hinreichend bestimmt** hervorgehen, dass eine **Nichtzulas-** **14** **sungsbeschwerde** (und kein anderes Rechtsmittel) eingelegt worden ist. Eine unzutreffende oder fehlende Bezeichnung kann unschädlich sein, wenn sich aus den Umständen als maßgebender objektiver Erklärungswert hinreichend deutlich ergibt, dass die Revisionszulassung erstrebt wird und nicht eine zulassungsfreie Sachüberprüfung der angefochtenen Entscheidung gewollt wird (Eyermann/Kraft VwGO § 133 Rn 14).

14.1   Die erforderliche Auslegung der Prozesshandlungen der Beteiligten eines Rechtsstreits (BVerwG NVwZ 1999, 405) umfasst nicht deren Umdeutung. Regelmäßig muss sich ein rechtskundiger, postulationsfähiger Vertreter, der ein unstatthaftes Rechtsmittel eingelegt hat, an einer **falschen Bezeichnung** festhalten lassen, so dass eine Umdeutung in das statthafte Rechtsmittel nach Ablauf der Beschwerdefrist grundsätzlich ausscheidet (BVerwG NJW 1962, 883; BVerwG Buchholz 310 § 125 VwGO Nr 11; NVwZ 1998, 1297; Buchholz 2002, 310 § 133 nF VwGO Nr 63); Behördenvertreter (BVerwG NVwZ-RR 1996, 60; Buchholz 310 § 67 VwGO Nr 103) und Hochschullehrer (BVerwG Buchholz 310 § 60 VwGO Nr 70) unterliegen dabei denselben Sorgfaltspflichten wie ein Rechtsanwalt. Bei einer nicht postulationsfähigen Person ist zu prüfen, ob der Eingabe ein Antrag auf Bewilligung von Prozesskostenhilfe für ein Beschwerdeverfahren zu entnehmen ist.

14.2   Von der Umdeutung einer von einem rechtskundigen Vertreter abgegebenen, eindeutig auf ein nicht statthaftes Rechtmittel gerichteten Erklärung zu unterscheiden der Fall, dass in noch offener Frist durch eine weitere Prozesserklärung zu erkennen gegeben bzw. ausdrücklich erklärt worden ist, dass das statthafte Rechtsmittel hat eingelegt werden sollen. Eine solche „Umdeutung" ist nicht ausgeschlossen, wenn innerhalb der laufenden Rechtsmittelfrist das unstatthafte Rechtsmittel (Berufung bzw. Revision) eingelegt worden ist, dann aber beantragt worden ist, dieses Prozesshandlung als statthaftes Rechtsmittel (Antrag auf Zulassung der Berufung bzw. Nichtzulassungsbeschwerde) zu behandeln, denn eine fehlerhafte Prozesshandlung ist in eine zulässige, wirksame und vergleichbare umzudeuten ist, wenn deren Voraussetzungen eingehalten sind, die Umdeutung dem mutmaßlichen Parteiwillen entspricht und kein schutzwürdiges Interesse des Gegners entgegensteht (BVerwG NJW 2009, 162 [163]). Über das Rechtsmittel ist dann einheitlich zu entscheiden (BVerwG 26.3.2008 – 6 B 11.08 BeckRS 2008, 34006), der das unstatthafte Rechtmittel verwerfende Beschluss ist aufzuheben (BVerwG NVwZ 1999, 405).

14.3   Wird durch denselben Beteiligten mehrfach Beschwerde eingelegt, so ist über diese Rechtsmittel einheitlich zu entscheiden; ist und bleibt die erste Einlegung wirksam, so ist die wiederholte Rechtsmitteleinlegung wirkungslos (BVerwG Buchholz 402.5 WaffG Nr 95).

IV. Bezeichnung angegriffene Entscheidung

15   Die Beschwerde muss das angefochtene **Urteil bezeichnen** (Abs 2 S 2), regelmäßig durch Mitteilung von Gericht, Aktenzeichen und Entscheidungsdatum. Es muss feststehen, gegen welche Entscheidung sich das Rechtsmittel richtet. Für die Bezeichnung hinreichend, wegen der Einlegung beim iudex a quo aber bei anderweitig bestimmter Benennung nicht erforderlich ist die Beifügung einer Ausfertigung oder Abschrift der angefochtenen Entscheidung.

V. Einlegungsfrist
1. Dauer

16   Die Beschwerde ist **innerhalb eines Monats** nach Zustellung des vollständigen Urteils einzulegen (Abs 2 S 1). Maßgeblich ist die Zustellung an den beschwerdeführenden Beteiligten. Die Einlegungsfrist ist eine Ausschlussfrist, die mangels gesetzlicher Ermächtigung nicht verlängert werden kann (BVerwG Buchholz 310 § 132 VwGO Nr 131; NJW 1990, 1313); eine gleichwohl erfolgte Verlängerung ist unwirksam und kann Bedeutung allenfalls für eine Wiedereinsetzung haben (Sodan/Ziekow/Czybulka VwGO § 133 Rn 26).

2. Ordnungsgemäße Zustellung vollständige Urteil

17   Die Frist wird mit der fehlerfreien Zustellung eines ordnungsgemäßen und vollständigen Urteils in Lauf gesetzt. Die Beschwerde kann wirksam bereits vor der Zustellung ab Verkündung der hierdurch wirksamen Entscheidung eingelegt werden. Anträge auf Urteilsberichtigung (§ 118 VwGO), Berichtigung des Tatbestandes (§ 119 VwGO) oder Urteilsergänzung (§ 120 VwGO) und ihre Ablehnung hemmen den Fristlauf nicht.

18   Die Zustellung einer Urteils- oder Tatbestandsberichtigung lässt den Fristlauf regelmäßig unberührt, soweit nicht ausnahmsweise erst durch die Berichtigung die Beschwer (BVerwG Buchholz 310 § 133 (nF) VwGO Nr 23) oder die Nichtzulassung der Revision (BGH NJW-RR 2004, 712) erkennbar wird, der Beteiligte den Umfang der anstehenden Berichtigung bei Urteilsrückforderung nicht abschätzen konnte (BVerwG NVwZ 1991, 681) oder diese beim Beschwerdeführer die Vorstellung geweckt hat, dass die Beschwerdeeinlegungs- und -begründungsfrist erst am Tage des Zugangs der Urteilsneuausfertigung zu laufen beginne (BVerwG Buchholz 310 § 133 VwGO Nr 5). Bei einer Urteilsergänzung (§ 120 VwGO) innerhalb der Beschwerdefrist beginnt die Beschwerdefrist auch gegen das ursprüngliche Urteil von neuem zu laufen (§ 173 VwGO iVm § 517 ZPO); bei einer Ergänzung nach Ablauf der Beschwerdefrist kann allein durch Wiedereinsetzung in den vorigen Stand Abhilfe geschaffen werden (BVerwG NVwZ-RR 1989, 519).

3. Fehlerfreie Rechtsmittelbelehrung

Bei fehlender oder unrichtiger Rechtsmittelbelehrung muss die Beschwerde innerhalb der **19** Jahresfrist des § 58 Abs 2 S 1 VwGO nicht nur eingelegt, sondern – wegen des selbständigen Laufes der Begründungsfrist – auch begründet werden (BVerwG NVwZ-RR 2000, 325). Die Rechtsmittelbelehrung für die Einlegung der Beschwerde wird nicht dadurch unrichtig, dass ein Hinweis auf die Notwendigkeit ihrer fristgebundenen Begründung fehlt (BVerwG Buchholz 310 § 58 VwGO Nr 32) oder nicht auf den Vertretungszwang in Bezug auf eine mögliche Sprungrevision hingewiesen worden ist (BVerwGE 52, 226); der Hinweis in der Rechtsmittelbelehrung, dass die Nichtzulassung der Revision durch Beschwerde „zum Bundesverwaltungsgericht" angefochten werden könne, ist bei zutreffender Belehrung über den Ort der Einlegung weder unrichtig noch irreführend (BVerwG Buchholz 310 § 58 VwGO Nr 59).

VI. Prozesskostenhilfe und Nichtzulassungsbeschwerde

1. Form- und fristgerechter Prozesskostenhilfeantrag

Ein durch einen nicht postulationsfähigen Beteiligten gestellter Antrag auf Bewilligung **20** von Prozesskostenhilfe (§ 173 VwGO iVm §§ 114 ZPO ff) oder Beiordnung eines Notanwalts (§ 173 VwGO iVm § 78 ZPO) wahrt weder Form noch Frist für die Nichtzulassungsbeschwerde, wohl aber die Chance, bei hinreichenden Erfolgsaussichten Wiedereinsetzung zu erlangen. Der im Wesentlichen prüffähige **Prozesskostenhilfeantrag** (einschließlich der vordruckgebundenen Erklärung über die persönlichen und wirtschaftlichen Verhältnisse) muss hierzu **innerhalb der Beschwerdefrist** gestellt werden (BVerwGE 15, 306; BVerwG Buchholz 310 § 166 VwGO Nr 34; Buchholz 310 § 166 VwGO Nr 38; Buchholz 310 § 60 VwGO Nr 182), und zwar bei dem BVerwG als dem „Prozessgericht" (BVerwG Buchholz 310 § 60 VwGO Nr 133); der iudex a quo kann nur einer beachtlichen, insbes auch formwirksamen Nichtzulassungsbeschwerde abhelfen, nicht aber für das Verfahren über eine noch einzulegende Nichtzulassungsbeschwerde Prozesskostenhilfe, die dann für den ganzen Rechtszug wirkte (BVerwG NJW 2008, 3157), bewilligen (S/S/B/Pietzner/ Bier VwGO § 133 Rn 50; aA wohl Eyermann/Kraft VwGO § 133 Rn 10; uneindeutig BVerwG Buchholz 310 § 166 VwGO Nr 34).

Da kein Vertretungszwang besteht (BVerwG Buchholz 310 § 166 VwGO Nr 34), kann **21** der Prozesskostenhilfeantrag auch zur Niederschrift des Urkundsbeamten der Geschäftsstelle gestellt werden; bei Niederschrift beim VG oder OVG muss diese fristgerecht an das BVerwG weitergeleitet werden.

2. Bezeichnung von Zulassungsgründen?

Der bereits oder noch anwaltlich vertretene bedürftige Beteiligte hat in dem Prozess- **22** kostenhilfeantrag bis zum Anlauf der Beschwerdefrist anzugeben, welchen Zulassungsgrund er mit der Beschwerde geltend machen will und hierzu ein **Mindestmaß** einer an § 133 Abs 3 VwGO orientierten **Begründung** vorzulegen (BVerwG NJW 1965, 266; BVerwG Buchholz 310 § 60 VwGO Nr 133); die bloße Wiederholung des Wortlauts eines oder mehrerer der gesetzlichen Zulassungsgründe reicht dafür nicht aus (BVerwG Buchholz 436.36 § 17 BAföG Nr 16). Dies gründet in der Obliegenheit, bei einem von Darlegungen abhängigen Zulassungsrechtsmittel die für eine Prüfung der Erfolgsaussichten erforderlichen Angaben zu machen; dies setzt – ungeachtet der ungewissen Erfolgsaussichten – auch keinen unentgeltlichen Arbeitseinsatz des Rechtsanwalts voraus, weil ein anwaltlicher Gebühren-anspruch auch bei Versagung von Prozesskostenhilfe besteht.

23   Entgegen der gefestigten Rechtsprechung des BVerwG (NJW 1965, 1293; s auch NJW 1993, 732; Rpfleger 1991, 63; OVG Bremen NordÖR 2001, 507) ist der unbemittelten Partei abzuverlangen, nach Maßgabe einer Parallelwertung in der Laiensphäre darzulegen, aus welchen Gründen die Vorentscheidung angefochten werden soll (so auch BFH BFH/NV 1988, 179; 1997, 146; s auch VGH Mannheim NVwZ-RR 2005, 437; OVG Lüneburg NVwZ-RR 2003, 906; NVwZ-RR 1997, 761; VGH Kassel NVwZ-RR 2003, 390; aA Eyermann/Kraft VwGO § 133 Rn 11). Es kann zwar von einem nicht anwaltlich Ver-tretenen, der einen Antrag auf Prozesskostenhilfe stellt, nicht verlangt werden, dass er für die beabsichtigte Beschwerde gegen die Nichtzulassung der Revision die grundsätzliche Bedeu-tung der Rechtssache darlegt oder die Entscheidung, von der das Urteil abweicht, oder den Verfahrensmangel in der Weise bezeichnet, wie dies für die Begründung der Nichtzulassungs-beschwerde selbst erforderlich wäre; es muss sich aus der Begründung des Prozesskostenhilfe-antrags das Vorliegen eines Zulassungsgrundes aber in groben Zügen erkennen lassen (BVerwG 8.9.2008 – 3 PKH 3.08). Soweit indes bei nicht bemittelten Beteiligten die Erfolgsaussichten von Amts wegen zu prüfen sein sollten, ist es konsequent, wenn auch dem Rechtsfrieden nicht dienlich (s auch Plagemann VSSR 1991, 237, 248), im Interesse der prozessualen „Waffengleichheit" die Prozesskostengewährung nicht zu begründen, um dem beigeordneten Rechtsanwalt keine gerichtliche Rechtsberatung zukommen zu lassen. Für den Antrag auf Bestellung eines Notanwalts (§ 78b Abs 1 ZPO) sind innerhalb der Ein-legungsfrist ernsthafte Bemühungen glaubhaft zu machen, zumindest eine Mehrzahl postula-tionsfähiger Personen zur Mandatsübernahme zu bewegen (S/S/B/Pietzner/Bier VwGO § 133 Rn 60).

3. Einlegung nach Prozesskostenhilfeentscheidung

24   Wird für das Nichtzulassungsbeschwerdeverfahren Prozesskostenhilfe bewilligt, ist in Ver-bindung mit dem **Wiedereinsetzungsantrag** die **Nichtzulassungsbeschwerde** innerhalb eines Monats **einzulegen** (§ 60 Abs 2 S 1 Hs 2 VwGO) und wegen des selbständigen, von der Einlegung der Beschwerde unabhängigen Laufs der regelmäßig ebenfalls bereits abge-laufenen Begründungsfrist auch **zu begründen.**

24.1   Weitergehend noch zur Rechtslage vor der Änderung des § 60 VwGO durch das 1. JustizModG für den Fall, dass keine gesonderte Wiedereinsetzungsentscheidung hinsichtlich der Einlegung ergangen ist, die mit einer sich daran anschließenden einmonatigen Begründungsfrist verbunden wäre, BVerwG NVwZ 2002, 992: gerechnet von der Zustellung der Bewilligungsentscheidung vollständige Begründungsfrist von zwei Monaten; für die Begründungsfrist s auch BVerwG NJW 1992, 2307: einmonatige Frist, beginnend mit der Zustellung des die Wiedereinsetzung hinsichtlich der Einlegungsfrist gewährenden Beschlusses.

25   Die **Prozesskostenhilfebewilligung** für das Verfahren über die Nichtzulassungs-beschwerde erstreckt sich im Falle der Zulassung der Revision auf das mit dem Zulassungs-beschluss beginnende **Revisionsverfahren** (BVerwG NVwZ–RR 1995, 545; BFH BFH/NV 2004, 1289).

C. Beschwerdebegründung

I. Frist und Form

26   Die Beschwerdebegründung ist unter Darlegung der Zulassungsgründe binnen **zwei Monaten nach Zustellung des vollständigen Urteils** bei dem Gericht einzulegen, gegen dessen Entscheidung Revision eingelegt werden soll. Die Begründungsfrist ist eine von der Einlegung der Nichtzulassungsbeschwerde unabhängige, selbständige Ausschlussfrist, die mangels gesetzlicher Ermächtigung nicht durch richterliche Verfügung verlängert werden kann (BVerwG NVwZ 2001, 799).

27   Die **selbständige Begründungsfrist** läuft auch dann weiter, wenn die Einlegungsfrist versäumt und insoweit Wiedereinsetzung beantragt worden ist (BVerwG NJW 1992, 2780); der Wiedereinsetzungsantrag zur Einlegungsfrist bildet ungeachtet der Ungewissheit über

seine Erfolgsaussichten kein Hindernis für die fristgerechte Begründung der Nichtzulassungsbeschwerde. Für den Fristlauf und die Schriftform s oben Rn 12, 16 (zur Beschwerdeeinlegung).

II. Einlegungsort

Die Beschwerdebegründung ist **stets bei** dem **iudex a quo** einzureichen (BVerwG   **28** NVwZ 1997, 1209; BVerwG NVwZ 2005, 1422), und zwar auch dann, wenn dieses bereits vor Ablauf der Begründungsfrist über die Nichtabhilfe entschieden, die Akten dem BVerwG übersandt und dies dem Beschwerdeführer mitgeteilt hatte (BVerwG Buchholz 310 § 60 VwGO Nr 118; BVerfG NVwZ 1984, 301 = BVerfGE 65, 219) und das BVerwG dadurch Gericht der Hauptsache iSd §§ 80, 80a geworden ist (BVerwG NVwZ 2005, 1422). Allein die Information über die Weiterleitung enthebt den rechtskundigen Verfahrensbevollmächtigen nicht von der Beachtung zwingenden Gesetzesrechts und gebietet auch nicht, iSd Wiedereinsetzungsrechts die Nichtbeachtung des Gesetzeswortlauts als unverschuldet zu werten (s auch BVerfG NJW 2004, 2887 = BVerfGE 110, 339). Zur Weiterleitung im normalen Geschäftsgang s oben Rn 11.

III. Vertretungszwang und Verantwortung für Beschwerdevorbringen

1. Eigenständige Sichtung und rechtliche Durchdringung des Streitstoffs

Die Beschwerdebegründung muss von einer postulationsfähigen Person (s oben Rn 13;   **29** § 67 VwGO Rn 4 ff) unterzeichnet sein und so auf deren **Sichtung, Prüfung und rechtlichen Durchdringung des Sach- und Streitstoffes** gründen, dass damit in vollem Umfange die inhaltliche Verantwortung übernommen wird (BVerwG NJW 1996, 1554). Hierfür reicht die Übernahme einer vom Kläger persönlich verfassten Rechtsmittelschrift durch Beifügung des Anwaltsstempels und Unterschrift (BVerwG NJW 1997, 1865) oder die pauschale Erklärung des Prozessbevollmächtigten, das Begründungsschreiben der Kläger werde „vollinhaltlich zum Gegenstand des Beschwerdevortrags gemacht" (BVerwG NVwZ 1999, 643) ebenso wenig wie die bloße Bezugnahme auf ein beigefügtes Rechtsgutachten, und zwar selbst dann nicht, wenn es von einer ihrerseits postulationsfähigen, aber eben nicht bevollmächtigten Person stammt (BVerwG NVwZ 1990, 459).

Auch sonst muss bei der grundsätzlich nicht ausreichenden Bezugnahme auf Ausführungen   **29.1** Dritter, zumal wenn diese nicht postulationsfähig sind (BVerwG Buchholz 130 § 25 RuStAG Nr 8), die eigenständige Sichtung und rechtliche Durchdringung des Streitstoffs durch den Rechtsanwalt, der die Beschwerdebegründung unterzeichnet hat, erkennbar werden.

2. Verweise und Bezugnahmen

Die Pflicht zur eigenständigen Durchdringung schließt **Verweise und Bezugnahmen**   **30** auf früheres Vorbringen, Ausführungen bzw. Aufstellungen eines Beteiligten (BGH NJW 1993, 1866) oder Dritter zwar nicht grundsätzlich aus, soweit sie sich nicht auf eine unzulässige pauschale Bezugnahme beschränken (BVerwG NJW 1961, 425; BVerwG Buchholz 130 § 25 RuStAG Nr 8): Wegen der für eine ordnungsgemäße Darlegung geforderten Sichtung und Durchdringung in Auseinandersetzung mit der angegriffenen Entscheidung im Hinblick darauf, ob Revisionszulassungsgründe vorliegen, ist Zurückhaltung geboten und anzuraten.

Eine **Bezugnahme auf Rechtsausführungen in den Vorinstanzen** ist deswegen   **31** regelmäßig nicht geeignet, Revisionszulassungsgründe iSd § 132 Abs 2 Nr 1 VwGO darzutun, weil sich das Vorliegen von Revisionszulassungsgründen meist erst nach Erlass der Berufungsentscheidung beurteilen lässt (BVerwG Buchholz 130 § 25 RuStAG Nr 8). Eine Bezugnahme darf die **strukturierende Aufbereitung der Zulassungsgründe** in der Beschwerdebegründung lediglich ergänzen, nicht ersetzen.

IV. Zulassungsgrundübergreifende Anforderungen an die Darlegung

1. Bezeichnung Zulassungsgrund

32   Die Beschwerdebegründung muss bezeichnen, welcher der in § 132 Abs 2 VwGO bezeichneten Zulassungsgründe geltend gemacht wird, und „darlegen", dass und aus welchen Gründen er vorliegt. **„Darlegen"** ist nach dem allgemeinen Sprachgebrauch im Sinne von **„erläutern" und „erklären"** bzw „näher auf etwas eingehen" zu verstehen (BVerwG BVerwGE 13, 90; Buchholz 310 § 133 (nF) VwGO Nr 11; BeckRS 2006 24497; BFH BFHE 90, 369, 370).

33   Dies stellt **Anforderungen an die Klarheit, Verständlichkeit und Überschaubarkeit des Beschwerdevorbringens**: Es ist nicht Aufgabe des Beschwerdegerichts, sich aus einem derartigen Gemenge das herauszusuchen, was möglicherweise – bei wohlwollender Auslegung – zur Darlegung eines Zulassungsgrundes im Sinne des § 132 Abs 2 VwGO geeignet sein könnte (BVerwG NJW 1996, 1554). Dem genügt eine umfangreiche Beschwerdebegründung nicht, wenn die Ausführungen zu den Zulassungsgründen in unübersichtlicher, ungegliederter, unklarer, kaum auflösbarer Weise mit Einlassungen zu irrevisiblen oder für das Beschwerdeverfahren sonst unerheblichen Fragen vermengt sind (BVerwG Buchholz 310 § 132 VwGO Nr 99; Buchholz 310 § 133 [nF] VwGO Nr 83).

2. Bezug auf bestimmten Zulassungsgrund

34   Die Darlegung muss auf einen **bestimmten Zulassungsgrund** und dessen Voraussetzungen bezogen sein, nicht auf die Ergebnisrichtigkeit der angefochtenen Entscheidung. Insbes begründet die Möglichkeit einer fehlerhaften Anwendung von Rechtssätzen, die das BVerwG in seiner Rechtsprechung aufgestellt hat, weder eine grundsätzliche Bedeutung der Rechtssache noch eine Divergenz. Eine unzutreffende Bezeichnung eines Zulassungsgrundes ist unschädlich, wenn zweifelsfrei feststeht, welcher Zulassungsgrund geltend gemacht wird und auf welchen Grund die Darlegung bezogen sein soll.

34.1   So kann eine auf den Revisionszulassungsgrund der grundsätzlichen Bedeutung gestützte Beschwerde gegen die Nichtzulassung der Revision, die verfahrensrechtliche Probleme aufzeigen soll, kann als Verfahrensrüge (Abs 2 Nr 3) zu verstehen sein, wenn damit der Sache nach ein Verfahrensmangel geltend gemacht wird (BVerwG Buchholz 310 § 132 Abs 2 Ziff 1 VwGO Nr 36); entsprechendes gilt für eine Divergenzrüge, die sich auf die Anwendung von prozessrechtlichen Vorschriften bezieht (su Rn 58, 83).

35   Das BVerwG hat nicht generell von Amts wegen das auf einen bestimmten Zulassungsgrund bezogene Vorbringen nicht auf seine **Erheblichkeit** auch im Hinblick auf einen **anderen Zulassungsgrund** zu untersuchen. Anderes kommt wegen deren struktureller Nähe für die Grundsatz- und Divergenzzulassung namentlich bei **nachträglicher Divergenz** in Betracht (s unten Rn 53). Nicht ausreichend ist, zu Beginn der Antragsschrift abstrakt mehrere der in Abs 3 aufgeführten Zulassungsgründe geltend zu machen und es dann im Rahmen einer einheitlichen, nicht nach Zulassungsgründen differenzierenden Begründung dem Berufungsgericht zu überlassen, den Sachvortrag den geltend gemachten Zulassungsgründen zuzuordnen.

36   Denkbar sind **„interne" Bezugnahmen** dahin, dass das Vorbringen zur Stützung eines Zulassungsgrundes auch für die Darlegung eines anderen Zulassungsgrundes gelten soll

36.1   Anzuraten ist dies zB bei der Divergenzrüge, wenn zweifelhaft sein kann, ob das Oberverwaltungs- oder das Divergenzgericht den je behaupteten Rechts- oder Tatsachensatz aufgestellt hat und sich dieser auch auf eine mit der Grundsatzrüge zur Prüfung zu stellende klärungsbedürftige entscheidungserhebliche Rechtsfrage grundsätzlicher Bedeutung bezieht. Denn wird mit der Nichtzulassungsbeschwerde zu Unrecht geltend gemacht, das Urteil beruhe auf der Abweichung von einer Entscheidung des BVerwG, wird aber durch die Behauptung einer Abweichung in Wirklichkeit eine Rechtsfrage aufgeworfen, die der Rechtssache grundsätzliche Bedeutung gibt, so ist die Revision wegen dieser Frage zuzulassen (BVerwGE 24, 91).

3. Darlegung der Entscheidungserheblichkeit

Die Darlegungen müssen mit der Maßgabe, dass bei einem vorliegenden absoluten 37
Revisionsgrund hiervon auszugehen ist, die **(allgemeine) Entscheidungserheblichkeit**
des geltend gemachten Zulassungsgrundes ergeben. Dies gilt einerseits in Bezug auf die
angefochtene Entscheidung: Ist diese auf mehrere, selbständig tragende Erwägungen gestützt
(**„kumulative Begründung"**), müssen die Darlegungen zu den Zulassungsgründen zum
Nachweis der Entscheidungserheblichkeit auf jeden dieser Gründe eingehen (BVerwG Buchholz 310 § 132 VwGO Nr 320; s § 132 VwGO Rn 19).

Die Entscheidungserheblichkeit der Zulassungsfrage ist, sofern dazu Veranlassung besteht, auch in **37.1**
Bezug auf die angestrebte Revisionsentscheidung aufzuzeigen; hat sich der angefochtene Verwaltungsakt (erst) nach Einlegung der Nichtzulassungsbeschwerde erledigt, ist mit der Beschwerdebegründung innerhalb der Begründungsfrist des § 133 Abs 3 S 1 VwGO auch das erforderliche
Fortsetzungsfeststellungsinteresse substantiiert darzulegen (BVerwG NVwZ-RR 1996, 122).

4. Grenzen der Darlegungsanforderung

Bei den Anforderungen an die Darlegung ist zu berücksichtigen, dass **Art 19 Abs 4 GG** 38
eine Auslegung und Anwendung von Rechtsnormen, die den Zugang zu einem Rechtsmittel regeln, verbietet, die die Beschreitung des eröffneten (Teil-)Rechtsweges in einer
unzumutbaren, aus Sachgründen nicht mehr zu rechtfertigenden Weise erschwert (BVerfG
BVerfGE 77, 275, 284; NVwZ 1988, 718 = BVerfGE 78, 88, 99 f; BVerfG NVwZ 1993,
465 f.; NVwZ-Beil. 1994, 27; NVwZ-Beil. 1995, 17; NVwZ-Beil. 1996, 10; BVerfG
NVwZ 2000, 1163; BVerfG NJW 2002, 3692; BVerfG NVwZ 2001, 552; BVerfG NJW
2004, 2887 = BVerfGE 110, 339).

Für die Grundsatzrüge folgt daraus, dass nicht von vornherein zu allen sich möglicherweise im **38.1**
Zusammenhang mit der Grundsatzfrage stellenden Rechtsproblemen umfassend Stellung genommen werden muss, sondern es für die **Darlegung** ausreicht, wenn die aufgeworfene Grundsatzfrage
rechtlich derart aufbereitet wird, wie dies nach **Maßgabe der Begründung in der angegriffenen
Entscheidung** des VG erforderlich ist (BVerfG NVwZ-Beil. 1994, 65, 66).

Das **Verbot sachwidrig überspannter Darlegungsanforderungen** gebietet nicht, die 39
Anforderungen so zu bestimmen, dass im Regelfall zumindest ein den Darlegungsanforderungen entsprechender Zulassungsantrag möglich/denkbar sein muss; dem steht die vom
Gesetzgeber gewollte Filter- und Begrenzungsfunktion der abschließenden Zulassungsgründe entgegen.

V. Darlegung der Grundsatzrüge

1. Formulierung klärungsbedürftige Rechtsfrage

Für die Grundsatzrevision erfordert die Darlegung die **Formulierung** einer bestimmten, 40
höchstrichterlich noch ungeklärten und für die Revisionsentscheidung erheblichen **Rechtsfrage** des revisiblen Rechts und zudem die Angabe, worin die allgemeine, über den Einzelfall
hinausgehende Bedeutung bestehen soll (BVerwG NJW 1962, 218 = BVerwGE 13, 90, 91;
NJW 1997, 3328; PersR 1996, 27).

Die klärungsbedürftige Rechtsfrage ist ausdrücklich zu formulieren oder doch so eindeu- 41
tig zu bezeichnen, dass erkennbar wird, welche Rechtsfrage zur Prüfung gestellt wird; sie
muss sich grundsätzlich auf eine bestimmte Norm beziehen und deren Voraussetzungen und
Rechtsfolgen betreffen (BVerwG WissR 2001, 377). Es muss sich um eine (reine) Rechtsfrage handeln, die nicht von tatsächlichen Feststellungen abhängen darf, die vom Berufungsgericht nicht getroffen worden sind, und die dem revisiblen Recht (s § 137 Rn 3 ff)
zuzuordnen ist (BVerwG KirchE 38, 322; BVerwG NZBau 2000, 529).

2. Bezeichnung Klärungsbedürftigkeit

Für jede aufgeworfene Rechtsfrage ist darzutun, dass und aus welchen Gründen sie der 42
grundsätzlichen Klärung bedarf, weil es sich um eine rechtssystematisch bedeutsame, über

den Einzelfall hinausreichende und in einem Revisionsverfahren **klärungsbedürftige und -fähige Rechtsfrage** handelt. Die Anführung eines gesetzlichen Tatbestandsmerkmals und die Erklärung, dass der Entscheidung hierüber grundsätzliche Bedeutung zukomme (BVerwG NJW 1962, 218 = BVerwGE 13, 90, 91), die Umwandlung der Rechtsausführungen der angefochtenen Entscheidungen in Frageform (BVerwG NNVwZ-RR 1993, 276) oder der Hinweis, das Berufungsgericht habe falsch entschieden, genügt auch dann nicht, wenn das Berufungsgericht eine entscheidungserhebliche Rechtsfrage grundsätzlicher Bedeutung überhaupt nicht erkannt hat.

42.1   Die Darlegung der Klärungsfähigkeit erfordert über die bloße Benennung von Rechtsfragen und die Behauptung ihrer grundsätzlichen Bedeutung hinaus konkrete Hinweise dazu, weshalb die Entscheidung über die Rechtssache von der Beantwortung der bezeichneten Rechtsfrage abhängt. Die Beschwerde muss hierzu konkret auf die Rechtsfrage, ihre Klärungsbedürftigkeit und Klärungsfähigkeit sowie ihre über den Einzelfall hinausgehende Bedeutung eingehen (s BVerwG NJW 1997, 3328; Beschl vom 11.5.2006 – 5 B 23.06 -).

42.2   Die Klärungsbedürftigkeit muss sich aufgrund des vorinstanzlich festgestellten Sachverhalts ergeben. Nicht ausreichend ist, wenn das Berufungsgericht eine Tatsache nicht festgestellt hat, die für die Entscheidung der mit der Nichtzulassungsbeschwerde angesprochenen Rechtsfrage in dem erstrebten Revisionsverfahren erheblich sein würde, vielmehr lediglich die Möglichkeit besteht, dass sie nach Zurückverweisung der Sache aufgrund weiterer Sachaufklärung entscheidungserheblich werden kann (BVerwG Buchholz 310 § 132 Abs 2 Ziff 1 VwGO Nr 12; Buchholz 310 § 132 Abs 2 Ziff 1 VwGO Nr 35; stRspr).42.3

Wird unter Hinweis auf eine Abweichung des angefochtenen Urteils von einer Entscheidung eines anderen obersten Bundesgerichts die grundsätzliche Bedeutung des Rechtsstreits geltend gemacht (BVerwG Buchholz 310 § 132 VwGO), muss sich (auch) die grundsätzliche Bedeutung aus dem Vortrag der Beschwerde ergeben (BVerwG Buchholz 310 § 47 VwGO Nr 69). Daran fehlt es insbes dann, wenn die herangezogene Entscheidung und die Entscheidung des Berufungsgerichts unterschiedliche Sach- und Regelungsbereiche betreffen (BVerwG Beschl v 18.1.2006 – 6 B 71.05 -).

42.4   Grundsätzliche Bedeutung kommt einer Rechtssache auch nicht allein deshalb zu, weil ein erst- oder zweitinstanzliches Gericht wegen der von der Beschwerde aufgeworfenen Frage die Berufung oder Revision bzw. Sprungrevision zugelassen hat; die bewirkte Zulassung darf zwar revisionsgerichtlich nicht überprüft werden (§ 132 Abs 3, § 134 Abs 2 S 2 VwGO), entfaltet für parallel gelagerte Nichtzulassungsbeschwerdeverfahren aber weder eine Indiz- noch gar eine Bindungswirkung (BVerwG NVwZ-RR 2011, 329).

43   Die Klärungsbedürftigkeit ist nicht schon mit dem Hinweis dargetan, die aufgeworfene Rechtsfrage sei vom BVerwG noch nicht (ausdrücklich) entschieden (BVerwG Buchholz 310 § 132 Abs 2 Ziff 1 VwGO Nr 51) oder die herangezogene Rechtsnorm sei **verfassungsrechtlich bedenklich** (BVerwG NJW 1993, 2825; BFH BFH/NV 2005, 1783); die schlüssige Darlegung dieses Zulassungsgrundes erfordert eine substantiierte Auseinandersetzung mit den Vorgaben des Grundgesetzes und der dazu ergangenen Rechtsprechung.

44   Soll die grundsätzliche Bedeutung aus der Klärungsbedürftigkeit von Gemeinschaftsrecht und der Notwendigkeit, eine **Vorabentscheidung des EuGH** einzuholen, hergeleitet werden, ist darzulegen, dass in dem erstrebten Revisionsverfahren zur Auslegung einer entscheidungsrelevanten gemeinschaftsrechtlichen Regelung voraussichtlich eine Vorabentscheidung des EuGH einzuholen sein wird und keine hinreichenden Gründe vorliegen, die die Einholung einer Vorabentscheidung entbehrlich erscheinen lassen (BVerwG NJW 1988, 664; BVerwG NVwZ-RR 1998, 752).

3. Auseinandersetzung mit Rechtsprechung und Literatur

45   Liegt zu einem Rechtsgebiet bereits höchstrichterliche Rechtsprechung vor, muss sich die Darlegung darauf erstrecken, dass die aufgeworfene Rechtsfrage durch diese Rechtsprechung nicht bereits ausdrücklich geklärt ist und sich deren Beantwortung auch nicht unmittelbar aus dieser Rechtsprechung erschließt. Für die Darlegung der Klärungsbedürftigkeit ist im Ansatz auch auszuführen, dass und aus welchen Gründen die **Rechtsfrage in Rechtsprechung oder Schrifttum umstritten** und daher im Interesse der Rechtseinheit oder Weiterentwicklung des Rechts der Klärung bedarf (s BFH BFH/NV 2005, 560; BFH/NV

2005, 1970; enger Eyermann/Kraft VwGO § 133 Rn 25 f.). Eine umfassende Aufbereitung des Meinungsstandes in Rechtsprechung und Schrifttum überspannte indes die Anforderungen.

Bei vorliegender Grundsatzentscheidung erfordert die **Darlegung neuerlichen oder** 46 **weiteren Klärungsbedarfs** eine Auseinandersetzung mit der bereits vorliegenden Entscheidung unter Bezeichnung gewichtiger neuer rechtlicher Gesichtspunkte, die in der vorliegenden Entscheidung nicht oder nicht hinreichend geprüft worden sind, oder die Angabe von Gründen, aus denen – etwa wegen einer Veränderung des „normativen Umfeldes" – eine erneute Entscheidung des BVerwG erforderlich ist (BVerwG DVBl. 1960, 854; BVerwG Buchholz 303 § 579 ZPO Nr 1). Nicht ausreichend ist eine Kritik der Leitentscheidung als falsch unter Hinweis auf Argumente einer im Schrifttum vertretenen Mindermeinung, wenn die Leitentscheidung diese Argumente bereits erwogen hat (BFH BFH/NV 1997, 124).

4. Fragen ausgelaufenes oder auslaufendes Rechts

Bei Rechtsfragen, die ausgelaufenes oder auslaufendes Recht betreffen, ist der Beschwer- 47 deführer für das Vorliegen eines Ausnahmefalls fortbestehenden Klärungsbedarfs, weil die Entscheidung noch für einen nicht überschaubaren Personenkreis in nicht absehbarer Zukunft von Bedeutung ist, darlegungspflichtig. Anhaltspunkte für eine erhebliche Zahl von Altfällen müssen substantiiert dargetan und ersichtlich sein (BVerwG Buchholz 310 § 132 VwGO Nr 297; BVerwG NVwZ-RR 1996, 712); der bloße Hinweis auf nicht abgeschlossene Parallelfälle reicht nicht, weil sich daraus ihre Zahl nicht feststellen und damit der Kreis der Betroffenen abgrenzen lässt (BVerwG, Beschl. v. 22.12.1999 –10 B 6.98 -).

VI. Darlegung Divergenzrüge
1. Gegenüberstellung abstrakter Rechtssätze

Die Darlegung des Zulassungsgrundes der Divergenz erfordert, dass und inwiefern die 48 Vorinstanz in Anwendung derselben Rechtsvorschrift mit einem ihre Entscheidung tragenden abstrakten Rechtssatz zu einem in der herangezogenen Entscheidung des BVerwG, des BVerfG oder des GmSOBG aufgestellten ebensolchen Rechtssatz in Widerspruch gesetzt wird (BVerwG Buchholz 310 § 133 (nF) VwGO Nr 18; Buchholz 310 § 132 VwGO Nr 302); die Gegenüberstellung der voneinander abweichenden Rechtssätze ist unverzichtbar (BVerwG NVwZ-RR 1996, 712). Unter Rechtssätzen ist die sprachliche Form zu verstehen, die sich mit der bloßen Wiedergabe des Gesetzeswortlauts nicht begnügt, sondern den Inhalt der Norm näher umschreibt, der von Rechts wegen Geltung beansprucht (BVerwG, Beschl v. 7.3.2001 – 8 B 36.01), und so die Norm durch einen abstrakten richterrechtlichen Rechtssatz näher konkretisiert (BVerwG, Beschl v. 15.4.2013 – 11 B 22.12 -).

Das Aufzeigen einer fehlerhaften oder unterbliebenen Anwendung von Rechtssätzen, die 49 in divergenzfähigen Entscheidungen aufgestellt worden sind, genügt den Zulässigkeitsanforderungen nicht (vgl BVerwG NJW 1997, 3328; BVerwG WissR 2001, 377; BVerwG NVwZ 2005, 447); dies gilt insbes dann, wenn sich die Vorinstanz ausdrücklich auf die herangezogene höchstrichterliche Rechtsprechung gestützt hat, diese aber „missversteht" (BVerwG Buchholz 310 § 132 Nr 168; BVerwG Buchholz 310 § 108 VwGO Nr 264). Auch die abweichende Würdigung, ob eine bestimmte Rechtsfrage vom EuGH geklärt ist oder nicht, begründet keine Rechtssatzdivergenz iSd § 132 Abs 2 Nr 2 VwGO (BVerwG, Beschl v. 15.4.2013 – 11 B 22.12).

2. Bestimmtheit Bezeichnung divergierender Rechtssatz

Die divergenzfähige Entscheidung und der hierin aufgestellte entscheidungserhebliche, zu 50 derselben Rechtsnorm ergangene Rechtssatz müssen so klar bezeichnet werden, dass eine **Identifizierung** (zB durch wörtliche Wiedergabe des Rechtssatzes unter Bezeichnung von Gericht, Aktenzeichen und Datum der Entscheidung) und eine Heranziehung durch das Revisionsgericht unschwer möglich ist. Die Bezeichnung allein nach dem Datum reicht nicht, weil dem BVerwG nicht die Durchsicht aller an einem bestimmten Tage ergangenen

Entscheidungen auf Divergenzrelevanz abzuverlangen ist (BVerwG Buchholz 310 § 132 VwGO Nr 48).

50.1   Unzureichend ist zB der Hinweis, die Vorinstanz weiche „von den selbst zitierten Entscheidungen des Bundesverwaltungsgerichts ab"; es ist nicht Sache des BVerwG, im Rahmen eines Beschwerdeverfahrens aus mehreren zitierten Urteilen das „einschlägige" herauszufinden und dann dort nach ebenfalls nicht angegebenen, vermeintlich divergierenden Rechtssätzen zu suchen (BVerwG, Beschl. v. 6.4.2000 –8 B 84.00 -).

51   Die einander gegenüberstehenden **Rechtssätze** müssen dabei in der jeweiligen Entscheidung **tatsächlich aufgestellt** worden sein. Soll die Divergenz von einem nicht ausdrücklich formulierten Rechtssatz geltend gemacht werden, ist für eine „stillschweigende Aufstellung" darzulegen, dass sich der nicht ausdrücklich formulierte, divergenzfähige Rechtssatz eindeutig und frei von vernünftigen Zweifeln aus der Entscheidung selbst ergibt und als deren abstrakte Grundlage der Entscheidung klar formulieren lässt.

3. Entscheidungserheblichkeit divergierende Rechtssätze

52   Bei der Gegenüberstellung der abstrakten Rechtssätze ist jeweils deren **Entscheidungserheblichkeit** darzulegen, also aufzuzeigen, dass sowohl die angefochtene Entscheidung als auch die herangezogene Entscheidung den jeweiligen Rechtssatz nicht nur aufgestellt haben, sondern auf diesem auch beruhen (S/S/B/Pietzner/Bier VwGO § 133 Rn 36). Diese strengen Anforderungen an die Darlegung der Divergenz sind abzumildern, wenn der Beschwerdeführer die Entscheidung, aus der sich die Divergenz ergibt, noch nicht vollständig kennt bzw. sie sich noch nicht beschaffen konnte, weil sie noch nicht vollständig abgesetzt oder den Beteiligten zugestellt war; hierauf muss er dann aber in noch offener Begründungsfrist hinweisen (BVerfGE 81, 22 = NVwZ 1990, 551).

4. Nachträgliche Divergenz

53   In den Fällen der **„überholten Grundsatzbeschwerde"** kommt die Zulassung wegen Divergenz auch ohne fristgerechte Erfüllung der Bezeichnungsanforderungen wegen nachträglich gerügter Divergenz in Betracht, wenn in Bezug auf die Rechtsfrage, hinsichtlich der abgewichen worden sein soll, vor Ablauf der Beschwerdebegründungsfrist die Zulassung der Revision wegen grundsätzlicher Bedeutung beantragt worden ist (BVerfG NVwZ 1993, 465; BVerwG Buchholz 310 § 132 VwGO Nr 49, BVerwG Buchholz 310 § 132 VwGO Nr 240); einem (zunächst) hinreichenden Zulassungsantrag soll bei objektivem Vorliegen eines anderen Zulassungsgrundes durch nachträgliche Änderungen nicht die Grundlage entzogen werden. Voraussetzung ist, dass durch ein nach Ablauf der Beschwerdebegründungsfrist ergangenes Urteil des BVerwG das Vorinstanzurteil nachträglich von der Rechtsprechung des BVerwG abweicht und auf dieser Abweichung beruht („nachträgliche Divergenz") (BVerwG Buchholz 310 § 132 Abs 2 Ziff. 2 VwGO Nr 15).

54   Der auf die grundsätzliche Bedeutung gestützte Zulassungsantrag muss aber **fristgerecht** die **grundsätzliche Bedeutung** der entscheidungserheblichen Rechtsfrage hinreichend dargelegt haben (BVerwG NVwZ 1988, 1035).

VII. Darlegung Verfahrensfehler

1. Verfahrensfehlerübergreifende Anforderungen

55   Die Darlegung eines Verfahrensfehlers erfordert, dass der Verfahrensfehler, dessen Vorliegen geltend gemacht wird, klar und substantiiert bezeichnet, die Tatsachen, aus denen sich das Vorliegen dieses Verfahrensmangels (schlüssig) ergibt, vollständig benannt und ausgeführt wird, dass die Entscheidung auf dem tatsächlich vorliegenden Verfahrensfehler beruht, insbes kein Rügeverlust eingetreten ist (BVerwG NJW 1997, 3328; Buchholz 310 § 133 (nF) VwGO Nr 60). Der Verfahrensmangel muss sowohl in den ihn (vermeintlich) **begründenden Tatsachen als auch in seiner rechtlichen Würdigung substantiiert dargetan** sein (BVerwG Buchholz 303 § 314 ZPO Nr 5). Das BVerwG muss anhand der Verfahrensrüge alle Voraussetzungen der Verfahrenszulassung auch in Bezug auf den Sach(verhalts)vortrages zumindest auf ihre Schlüssigkeit vollständig beurteilen können (Buchholz 310 § 86 Abs 1 VwGO Nr 308).

Die im Regelfall erforderliche Darlegung, dass vergeblich alle prozessrechtlich eröffneten **56** Mittel ergriffen worden sind, den **Verfahrensmangel abzuwenden** bzw. dieser gerügt worden ist, und daher kein Rügeverlust eingetreten ist (BVerwG NVwZ 1999, 65 = BVerwGE 107, 128; BVerwG NVwZ 2004, 627), ist dann entbehrlich, wenn sich dies schon aus dem Urteil selbst oder den ihm zugrunde liegenden Unterlagen ergibt (BVerwG NJW 1959, 1100 = BVerwGE 8, 149); bei verzicht- oder heilbaren Verfahrensmängeln sind auch Rechtsausführungen zur Frage angezeigt, dass der Mangel nicht geheilt oder auf die Beachtung der Verfahrensnorm nicht verzichtet worden ist (BSG SozR 1500 § 160a SGG Nr 61).

Von der regelmäßig erforderlichen Darlegung des Beruhenkönnens (BVerwG Buchholz **57** 310 § 132 Abs 2 Nr 3 VwGO Nr 27) ist der Beschwerdeführer bei den **absoluten Revisionsgründen** durch die Beruhensvermutung des § 138 VwGO entbunden.

Der jeweilige Verfahrensmangel ist grundsätzlich ausdrücklich geltend zu machen und **58** **schlüssig darzutun.** Eine hinreichend erkennbare Verfahrensrüge kann aber auch in einer nicht durchgreifenden Divergenzrüge folgen, deren Begründung schlüssig auf einen Verfahrensmangel führt (BVerwG NVwZ-RR 2000, 259). Auch sonst ist eine Divergenzrüge, die ausschließlich Verfahrensrecht betrifft, regelmäßig zugleich als Verfahrensrüge aufzufassen (BVerwG Buchholz 310 § 132 VwGO Nr 154; BVerwG Buchholz 310 § 132 VwGO Nr 313; BVerwG NVwZ 2001, 918).

Die Anforderungen an die Darlegung eines Verfahrensverstoßes hängen von den Umstän- **59** den des Einzelfalles und dem jeweils geltend gemachten Verfahrensmangel ab. Weil grundsätzlich von der Ordnungsmäßigkeit des Verfahrens in der Vorinstanz auszugehen ist (BVerwG DVBl 1981, 493), kann eine **Verfahrensrüge allein nach strengen formellen Regeln Gehör** finden (BVerwG Buchholz 310 § 132 Abs 2 Ziff 3 VwGO Nr 9).

2. Darlegung Besetzungsrüge

Eine vorschriftswidrige Besetzung des Gerichts (s § 138 VwGO Rn 16 ff) ist mit der **60** Besetzungsrüge nur dann zulässig vorgebracht, wenn der Revisionskläger die nach seiner Meinung den Mangel begründenden Tatsachen in einer Weise vorträgt, die dem Revisionsgericht deren Beurteilung ermöglichen (BVerwG Buchholz 310 § 132 Abs 2 Nr 3 VwGO Nr 9; BVerwG Buchholz 310 § 138 Nr 1 VwGO Nr 24; BVerwG NJW 2001, 2898). Die zur Beurteilung des Verfahrensmangels erforderlichen **Tatsachen** müssen so **konkret und umfassend** dargetan werden, dass diese Tatsachen als solche – also unabhängig von der Frage der Beweisbarkeit – ausreichen und geeignet sind, den geltend gemachten Verfahrensmangel auch tatsächlich auszufüllen.

Dies erfordert bei der Rüge eines Verstoßes gegen den **Geschäftsverteilungsplan** die **61** Auseinandersetzung mit dessen Einzelheiten, den möglichen Gründen, die eine Mitwirkung berufener, tatsächlich aber nicht mitwirkender Richter ausgeschlossen haben können, und, weil nicht jeder Verfahrensfehler bei der Zuständigkeitsbestimmung den Anspruch auf den gesetzlichen Richter verletzt (BVerwGE 20, 39), die Bezeichnung von Anhaltspunkten für einen „qualifizierten" Verstoß durch dessen willkürliche Anwendung (BVerwG Buchholz 310 § 139 VwGO Nr 53; Buchholz 310 § 133 VwGO Nr 90; BVerwGE 62, 325). Hierfür muss der Beschwerdeführer ggf Erkundigungen nach dem jeweiligen Geschäftsverteilungsplan einziehen und Einsicht in ihm zugänglich gemachte Urkunden nehmen (BVerwG Buchholz 310 § 138 Nr 1 VwGO Nr 24; BVerwG Buchholz 310 § 132 Abs 2 Nr 3 VwGO Nr 9); andernfalls handelt es sich um eine unbeachtliche „**Rüge auf Verdacht**" (BVerwG NVwZ 1999, 654: Wechsel ehrenamtlicher Richter). Soweit die Tatsachen im Verantwortungsbereich des Gerichts liegen, dürfen insoweit die Anforderungen nicht überspannt werden; es kann die Darlegung ausreichen, dass sich der Beschwerdeführer während der Beschwerdebegründungsfrist vergeblich um Aufklärung bemüht hat.

An die Substantiierung der Rüge, das Gericht sei wegen eines in der mündlichen Ver- **62** handlung **eingeschlafenen Richters** nicht ordnungsgemäß besetzt gewesen, sind strenge Anforderungen zu stellen (BVerwG NJW 2006, 2648; s auch BVerwG Buchholz 310 § 138 Ziff 1 VwGO Nr 38; Buchholz 310 § 133 (nF) VwGO Nr 88). Es sind konkrete Tatsachen vorzutragen, welche eine Konzentration des Richters auf die wesentlichen Vorgänge in der Verhandlung ausschließen. Dabei sind der Zeitpunkt, die Dauer und die Einzelheiten des Verhaltens des Richters genau anzugeben, auszuführen, was während dieser Zeit in der mündlichen Verhandlung geschehen ist und welche für die Entscheidung wichtigen Vorgänge der Richter während seines „Einnickens" nicht habe erfassen können (vgl BVerwG, Buchholz 310 § 138 Nr 1 VwGO Nr 26; BFH BFH/NV 1991, 1491; § 138 VwGO Rn 20, Rn 30); bei hinreichender Darlegung kann es geboten sein, im Nichtzulassungs-beschwerdeverfahren der Richtigkeit des Vorbringens durch Beweiserhebung nachzugehen (BVerwG Buchholz 310 § 133 [nF] VwGO Nr 88).

62.1   Vergleichbar hoch sind die Anforderungen an die Darlegung, dass die als unanfechtbare Vorentscheidung grundsätzlich nicht der Beurteilung des Revisionsgerichts unterliegende Ablehnung eines Befangenheitsantrages (BVerwG NVwZ-RR 2000, 260; NJW 2008, 3303–3304) auf Willkür oder einem vergleichbar schweren Mangel des Verfahrens beruht, dass die fehlerhafte Entscheidung ausnahmsweise zu einer vorschriftswidrigen Besetzung des Gerichts führt (BVerwG NVwZ 2006, 936).

3. Darlegung Verletzung rechtliches Gehör

63   Die Darlegung einer Verletzung des rechtlichen Gehörs (s § 138 VwGO Rn 34 ff) erfordert den schlüssigen Vortrag von Tatsachen, aus denen sich die behauptete Verletzung des rechtlichen Gehörs ergeben kann unter klarer Bezeichnung, durch welche Handlung oder Unterlassung das Verwaltungsgericht welches entscheidungserhebliche Vorbringen abgeschnitten oder welches Vorbringen nicht zur Kenntnis genommen oder erwogen hat (s auch § 138 VwGO Rn 43).

64   Grundsätzlich ist also substantiiert darzulegen,
- **dass und welcher zusätzliche Tatsachenstoff** (ausnahmsweise auch Rechtsausführungen) **vorgetragen worden wäre**, hätte das Verwaltungsgericht – aus Sicht des Antragstellers – hinreichendes rechtliches Gehör gewährt,
- aus welchen Gründen dieses abgeschnittene Vorbringen geeignet gewesen wäre, zur Klärung des geltend gemachten Anspruches oder Gegenanspruches beizutragen (BVerwG Buchholz 310 § 108 VwGO Nr 105; Buchholz 310 § 52 VwGO Nr 26),
- dass kein Rügeverlust eingetreten ist und
- dass der Beschwerdeführer auch sonst alle verfahrensrechtlich eröffneten und nach Lage der Dinge tauglichen Möglichkeiten ausgeschöpft hat, um sich das rechtliche Gehör in dem von ihm für geboten erachteten Umfang zu verschaffen (BVerwG NJW 1980, 1972; NJW 1992, 3185: Stellung eines Wiedereröffnungsantrags durch den Anwalt bei Terminversäumung; Buchholz 310 § 104 VwGO Nr 27; BVerwG Beschl v 8.8.2007 – 4 BN 35.07 –: Antrag auf Unterbrechung mündlicher Verhandlung zur Durchsicht von Unterlagen; BVerwG Buchholz 310 § 132 Abs 2 Ziff 3 VwGO Nr 50: erneute Stellung eines abgelehnten Beweisantrages nach vermeintlicher Verkennung des Beweisthemas durch das Gericht).

Die Darlegungsdetails korrespondieren den Voraussetzungen der unterschiedlichen Fallgruppen möglicher Gehörsverstöße (s § 138 VwGO Rn 44 ff).

64.1   Die allgemeine Behauptung in der Beschwerdeschrift, die in der Klageschrift angebotenen Beweise seien nicht erhoben, insbes nicht alle Zeugen vernommen worden, reicht allein nicht aus, um einen wesentlichen, zur Zulassung der Revision führenden Verfahrensmangel aufzuzeigen (BVerwG NJW 1962, 832).

65   Wird die Verletzung rechtlichen Gehörs durch **Übergehen von Beteiligtenvorbringen** geltend gemacht, so wird dem Bezeichnungserfordernis nur genügt, wenn exakt angegeben wird oder ohne weiteres erkennbar ist, welche Schriftsätze, Protokolle oder sonstige Unterlagen den übergangenen Vortrag enthalten, und welche besonderen Umstände den Schluss nahe legen, es sei übergangen worden.

65.1   Es ist nicht Sache des Revisionsgerichts, den gesamten bisherigen Akteninhalt auf jenes Vorbringen hin durchzusehen und auf diese Weise erst die **Gehörsrüge schlüssig** zu machen. Art. 103 Abs 1 GG verpflichtet das Gericht zwar, den Vortrag der Beteiligten zur Kenntnis zu nehmen und bei seiner Entscheidung in Erwägung zu ziehen, nicht aber, jedes Vorbringen der Beteiligten zu bescheiden (s. etwa BVerfGE 86, 133 [146]; 87, 363 [392 f.]). Es sind daher im Einzelfall **besondere Umstände** deutlich zu machen, dass tatsächliches Vorbringen entweder überhaupt nicht zur Kenntnis genommen oder bei der Entscheidung ersichtlich nicht in Erwägung gezogen worden ist (s BVerfGE 86, 133, 46; 87, 363, 392; 96, 205, 217; stRspr: s a BVerwG 2006, 589).

Dass es sich bei der Verletzung rechtlichen Gehörs um einen absoluten Revisionsgrund **66** handelt, steht nach der ständigen Rechtsprechung des BVerwG nicht entgegen, dass wenigstens vorzutragen ist, welches **entscheidungserhebliche Vorbringen** der Partei verhindert worden ist (BVerwG Buchholz 310 § 138 Nr 3 VwGO Nr 23; Buchholz 310 § 108 VwGO Nr 105; NJW 1997, 3328).

Eine Umgehung des § 138 Nr 3 VwGO liegt in dieser Bezeichnungslast nicht, weil ein Gehörs- **66.1** verstoß bereits tatbestandlich zumindest die Möglichkeit weiteren entscheidungserheblichen Vorbringens voraussetzt. Kann es revisionsrechtlich auf das (vermeintlich) abgeschnittene Vorbringen unter keinem rechtlichen Gesichtspunkt ankommen, ist eine Versagung rechtlichen Gehörs bei einer einzelnen tatsächlichen Feststellung unschädlich (BVerwGE 15, 24; BVerwG NJW 1977, 1355 = BVerwGE 52, 33, 42; stRspr).

Die Darlegung des durch eine verfahrensrechtswidrige Versagung rechtlichen Gehörs abgeschnit- **66.2** tenen Vorbringens ist allerdings dann entbehrlich, wenn der Gehörsverstoß nicht einzelne Feststellungen, sondern das Ergebnis des Gesamtverfahrens erfasst (BVerwG NJW 1995, 1441 = BVerwGE 96, 368: Verstoß gegen Vertagungspflicht des Gerichts bei unverschuldeter Verhinderung des Prozessbevollmächtigten; NJW 1992, 3185; NVwZ-RR 1999, 408; NVwZ-RR 1999, 587: Verhinderung anwaltlicher Vertretung in mdl Verhandlung infolge fehlerhafter PKH-Ablehnung); BFH BFH/NV 2002, 122: Entscheidung trotz Abwesenheit Rechtsmittelführer in mdl. Verhandlung).

Bei einem **hilfsweise gestellten Zeugenbeweisantrag**, bei dem der Beteiligte lediglich **67** auf die nach § 86 Abs 2 angezeigte vorgängige Bescheidung durch Beschluss verzichtet (BVerwGE 30, 57, 58), ist neben der Tatsache der hilfsweisen Antragstellung darzulegen, dass seine Nichtberücksichtigung nicht von Gründen des formellen oder materiellen Rechts getragen worden ist, welche konkreten Bekundungen über welche konkreten Wahrnehmungen von dem Zeugen zu erwarten gewesen wären und inwieweit schließlich das Ergebnis einer solchen Beweisaufnahme zu einem für die Kläger günstigen Ergebnis geführt hätte (BVerwG NJW 1989, 1233); entsprechendes gilt für die Nichterhebung hilfsweise beantragten Sachverständigenbeweises.

Bei verfahrensrechtswidriger **Nichtbescheidung eines Hauptbeweisantrages** vor **68** Schluss der mündlichen Verhandlung (§ 86 Abs 2 VwGO; s auch § 138 VwGO Rn 49) ist darzulegen, dass vergeblich auf Bescheidung gedrungen worden ist und welche neuen Tatsachen vorgetragen oder welche weiteren Beweisanträge bei Beachtung des § 86 Abs 2 VwGO gestellt worden wären (BVerwG Buchholz 310 § 86 Abs 2 VwGO Nr 20).

4. Darlegung Aufklärungsrüge

Für die Sachaufklärungsrüge (§ 86 Abs 1 VwGO) ist **substantiiert** darzulegen, **69**
– hinsichtlich welcher tatsächlichen Umstände **Aufklärungsbedarf** bestanden hat,
– welche für geeignet und erforderlich gehaltenen **Aufklärungsmaßnahmen** hierfür in Betracht gekommen wären,
– welche tatsächlichen Feststellungen bei Durchführung der unterbliebenen Sachverhaltsaufklärung voraussichtlich getroffen worden wären und
– dass entweder bereits im Verfahren vor dem Tatsachengericht auf die Vornahme der Sachverhaltsaufklärung, deren Unterbleiben nunmehr gerügt wird, hingewirkt worden ist, oder
– dass sich dem Gericht die bezeichneten Ermittlungen auch ohne ein solches Hinwirken von sich aus hätten **aufdrängen** müssen (BVerwG NJW 1997, 3328; BVerwG Buchholz 428 § 1 VermG Nr 154; Beschl vom 13.7.2007 – 9 B 1.07 –; Buchholz 235.1 § 69 BDG Nr 5; stRspr).

Die Aufklärungsrüge ist kein Mittel, um Versäumnisse eines Verfahrensbeteiligten in der Tatsa- **69.1** cheninstanz, vor allem das **Unterlassen der Stellung von Beweisanträgen**, zu kompensieren (BVerwG NVwZ 1987, 323 = BVerwGE 74, 222; Buchholz 310 § 132 Abs 2 Nr 1 VwGO Nr 28;

NVwZ 2005, 447). Die Beweismittel, deren Heranziehung sich dem vorinstanzlichen Gericht nach dem Beschwerdevorbringen hätten aufdrängen müssen, müssen aufgeführt werden. Es müssen zB die Zeugen und Sachverständigen benannt und die im Einzelnen konkret in ihr Wissen gestellten Tatsachen dargelegt und angegeben werden, inwiefern das Urteil im Einzelnen auf der unterbliebenen Vernehmung beruht oder beruhen kann (BVerwG NVwZ 2004, 1369 = BVerwGE 120, 298, 303). Lediglich schriftsätzlich angekündigte Beweisanträge genügen dem nicht (BVerwG Buchholz 310 § 86 Abs 1 VwGO Nr 265; Beschl vom 5. Juli 2007 – 4 BN 27.07 -)

70   Für die **Darlegung der Entscheidungserheblichkeit** ist vom materiellrechtlichen Standpunkt der Tatsacheninstanz auszugehen, selbst wenn dieser für verfehlt gehalten wird oder materiellrechtlich angreifbar sein sollte (BVerwG NVwZ 2005, 447). Die Nichterhebung hiernach unerheblicher Beweise wird entscheidungserheblich erst dann, wenn dieser Rechtsauffassung ihrerseits mit beachtlichen Revisions(zulassungs)gründen die Grundlage entzogen wird.

5. Darlegung Vertretungsrüge

71   Die Darlegung eines Verstoßes gegen Vorschriften über die Vertretung von Beteiligten (Vertretungsrüge, s § 138 VwGO Rn 63 ff) erfordert neben der Angabe der Tatsachen, die eine **prozessrechtswidrige Vertretung** auszufüllen geeignet sind, die Darlegung, dass und aus welchen Gründen der **Prozessführung nicht zugestimmt** worden ist. Soll der Vertretungsmangel in der fehlenden Prozessfähigkeit eines Klägers begründet liegen, sind die für eine positive Feststellung der Prozessunfähigkeit erforderlichen Tatsachen innerhalb der Beschwerdebegründungsfrist im Einzelnen – ggf auf der Grundlage geeigneter ärztlicher Stellungnahmen – darzulegen (BVerwG, Beschl v 2.6.1997 – 2 B 65.97 -).

72   Beruht der Vertretungsmangel darauf, dass der Beteiligte mangels ordnungsgemäßer Ladung von einem **Termin zur mündlichen Verhandlung** keine Kenntnisse hatte, ist darzulegen, dass ihm (oder seinem Bevollmächtigten) dies nicht zuzurechnen ist. Mängel der Vertretungsmacht oder Postulationsfähigkeit bestellter Vertreter (BVerwG, NJW 2005, 3018) reichen aus Sachgründen nicht aus, um einen Vertretungsmangel auszufüllen; die Nichtverlegung eines Termins, zu dem ordnungsgemäß geladen worden ist, trotz Verhinderung des Bevollmächtigten oder die Terminsdurchführung trotz Fernbleiben des Vertreters bewirkt keinen Vertretungsmangel, kann aber das rechtliche Gehör (§ 138 Nr 3 VwGO) verletzen.

6. Öffentlichkeit des Verfahrens

73   Die Darlegung einer Verletzung der Vorschriften über die Öffentlichkeit des Verfahrens (Öffentlichkeitsrüge, s § 138 VwGO Rn 72 ff) hat schlüssig Tatsachen vorzutragen, die – ihre Richtigkeit unterstellt – den **(rechtlichen oder faktischen) Ausschluss der Öffentlichkeit** während der Verhandlung ergeben (s auch § 138 VwGO Rn 79). Der Berufungszulassungsführer muss sich bei Zweifeln an der Wahrung der Öffentlichkeit grundsätzlich Aufklärung zu verschaffen suchen und im Zulassungsantrag das Ergebnis von Aufklärungsbemühungen mitteilen; von der Fehlerhaftigkeit einer Verfahrenshandlung darf er nur ausgehen, wenn seine Ermittlungen in dem Sinne ergebnislos verlaufen, dass ihm die Aufklärung ganz oder teilweise verweigert wird, ihm die erhaltene Auskunft unzutreffend erscheint oder wenn der angegebene Grund das gerichtliche Verfahren nicht rechtfertigt (BVerwG Buchholz 310 § 133 VwGO Nr 64, 47).

74   Bei faktischen Beschränkungen der Öffentlichkeit ist über die Tatsache des Ausschlusses hinaus weiter darzulegen, dass und aus welchen Gründen das Gericht die Zugangsbeschränkung bemerkt hat oder bei Beachtung der nötigen Sorgfalt hätte bemerken müssen, also ein qualifizierter Verstoß vorliegt

7. Darlegung eines Begründungsmangel

75   Soll mit der Begründungsrüge geltend gemacht werden, dass ein bei seiner Verkündung noch nicht vollständig abgefasstes Urteil als nicht mit Gründen versehen gilt, weil Tatbestand und Entscheidungsgründe **nicht binnen fünf Monaten nach Verkündung** schriftlich niedergelegt, von den Richtern besonders unterschrieben und der Geschäftsstelle übergeben

worden sind (GmSOBG NJW 1993, 2603 = BVerwGE 92, 367; BVerwG NVwZ 2000, 1290 = BVerwGE 110, 40; BVerwG NVwZ-RR 2000, 317; s auch § 138 VwGO Rn 87 ff), ist der Zeitpunkt der Übergabe des vollständigen Urteils an die Geschäftsstelle darzulegen. Bei Einhaltung dieser Fünf-Monats-Frist ist zur Darlegung, dass infolge der verzögerten Abfassung der Urteilsgründe die zuverlässige Wiedergabe des Beratungsergebnisses und der für die Entscheidungsfindung leitenden Erwägungen nicht mehr gewährleistet ist (BVerwG NVwZ-RR 2001, 798), auf die Dauer der Verzögerung, den konkreten Verfahrensablauf und konkrete fallbezogene Anhaltspunkte dafür einzugehen, dass die Verzögerung der Urteilsabfassung im konkreten Fall Zweifel an der Übereinstimmung von Beratungsergebnis und Entscheidungsbegründung rechtfertigt.

Bei fristgerecht abgesetzten Entscheidungsgründen ist für eine nicht den Anforderungen **76** des § 138 Nr 6 VwGO (s § 138 VwGO Rn 80 f) entsprechende, **mangelhafte Begründung** darzulegen, dass diese ihre doppelte Funktion, die Beteiligten über die dem Urteil zugrunde liegenden tatsächlichen und rechtlichen Erwägungen zu unterrichten und um dem Rechtsmittelgericht die Nachprüfung der Entscheidung auf ihre inhaltliche Richtigkeit in prozessrechtlicher und materiellrechtlicher Hinsicht zu ermöglichen, nicht mehr erfüllen können; dies ist nicht nur der Fall, wenn der Entscheidungsformel überhaupt keine Gründe beigegeben sind, sondern auch dann, wenn die Begründung nicht erkennen lässt, welche Überlegungen für die Entscheidung maßgebend gewesen sind, weil die angeführten Gründe rational nicht nachvollziehbar, sachlich inhaltslos oder sonst wie völlig unzureichend sind (BVerwG NJW 2003, 1753 = BVerwGE 117, 228; s auch § 138 VwGO Rn 82 ff).

> Da nicht ausreichend ist, dass die Entscheidungsgründe lediglich unklar, unvollständig, oberfläch- **76.1** lich oder unrichtig sind (BVerwG NJW 1954, 1542), und das Gericht nicht gehalten ist, sich mit jedem einzelnen vorgetragenen Gesichtspunkt auseinanderzusetzen BVerwG Buchholz 402.25 § 1 AsylVfG Nr 214), ist der **Grat zu verfahrensrechtlich nicht durchgreifenden Sachrügen** gegen die Überzeugungskraft der Berufungsentscheidung **schmal**.

Darzulegen ist, dass die **Begründung völlig unverständlich und verworren** ist, so dass **77** sie in Wirklichkeit nicht erkennen lässt, welche Überlegungen für die Entscheidung maßgebend gewesen sind, die Entscheidungsgründe mithin rational nicht nachvollziehbar, sachlich inhaltslos oder aus sonstigen Gründen derart unbrauchbar sind, dass die angeführten Gründe unter keinem denkbaren Gesichtspunkt geeignet sind, den Urteilstenor zu tragen (BVerwG Buchholz 310 § 138 Nr 6 VwGO Nr 35) oder das Urteil einzelne Streitgegenstände oder Streitgegenstandsteile (nicht: Tatumstände oder Anspruchselemente) vollständig übergeht (BVerwG NJW 1998, 3290).

> Unter dem Gesichtspunkt des § 138 Nr 6 VwGO ist es unerheblich, wenn einzelne Angriffs- **77.1** und Verteidigungsmittel, die für die Entscheidung offensichtlich unerheblich sind, übergangen wurden (BVerwG Buchholz 237.2 § 190 LBG Berlin 66 Nr 1); unschädlich sind dabei Bezugnahmen auf die erstinstanzliche Entscheidung (BVerwG Buchholz 310 § 122 VwGO Nr 6; differenzierter für noch nicht bekanntgewordene Leit- oder Parallelentscheidungen BVerwG Buchholz 310 § 138 Nr 6 VwGO Nr 30). Die Begründungsrüge ist auch kein Mittel, eine aus Sicht des Rechtsmittelführers sachlich falsche Sachverhalts- oder Beweiswürdigung der Tatsacheninstanz der revisionsgerichtlichen Prüfung zuzuführen.

8. Darlegung aktenwidriger Sachverhalt

Die unzureichende **Verwertung des vorliegenden Tatsachenmaterials** ist regelmäßig **78** der Sachverhalts- und Beweiswürdigung und revisionsrechtlich damit dem **sachlichen Recht** zuzuordnen (s auch § 137 VwGO Rn 48). Für den Ausnahmefall einer „aktenwidrigen" Feststellung des Sachverhalts, die den Grundsatz der freien Beweiswürdigung und damit das Gebot der sachgerechten Ausschöpfung des vorhandenen Prozessstoffs (vgl § 86 Abs 1 VwGO, § 108 S 1 VwGO) betrifft (BVerwG Buchholz 115 Sonst Wiedervereinigungsrecht Nr 51), ist schlüssig ein zweifelsfreier, also ohne weitere Beweiserhebung offensichtlicher Widerspruch zwischen den tatsächlichen Feststellungen des Berufungsgerichts und dem insoweit unumstrittenen Akteninhalt darzulegen (BVerwGE 68, 338; BVerwG Buchholz 406.11 § 153 BauGB Nr 1; 22.10.2008 – 9 B 58.08).

79   Die Darlegung des Verfahrensmangels hat zu beachten, dass lediglich geltend gemacht werden kann, dass der Vorgang der Überzeugungsbildung an einem Fehler leidet, weil er Tatsachen berücksichtigt, die sich weder auf ein Beweisergebnis noch sonst wie auf den Akteninhalt stützen lassen (BVerwG NJW 1985, 393), **nicht** aber Fehler, welche die **Bewertung von Tatsachen und Beweisergebnissen,** dh die Bewertung der für die Feststellung des Sachverhalts maßgebenden Umstände, betreffen (BVerwG NVwZ-RR 2003, 873).

VIII. Rechtskrafthemmung

80   Die Einlegung der Beschwerde hat nach Abs 4 **Suspensiveffekt.** Er erfasst im Umfang der Beschwerdeeinlegung das gesamte Urteil, nicht nur die Entscheidung über die Nichtzulassung der Revision. Die Rechtskrafthemmung tritt grundsätzlich auch bei einer unzulässigen Beschwerde ein; dies gilt jedenfalls dann, wenn den Darlegungsanforderungen des Abs 3 nicht entsprochen ist.

D. Verfahren und Entscheidung über die Nichtzulassungsbeschwerde
I. Beschwerdegegenstand und Prüfungsumfang
1. Gegenstand

81   Gegenstand des Verfahrens ist die **Entscheidung über die (Nicht)Zulassung der Revision,** mit Maßgabe der dem BVerwG in Abs 6 eröffneten Zurückverweisungsmöglichkeit nicht die Hauptsache selbst. Die Abhilfe- bzw. Zulassungsentscheidung ist eine an die Zulassungsgründe des § 132 Abs 2 VwGO gebundene Rechtsentscheidung: Der Beschwerde ist ohne ein Zulassungsermessens abzuhelfen bzw. stattzugeben, wenn sie zulässig und begründet ist.

81.1   Wegen des begrenzten Prüfungsgegenstandes scheidet im Verfahren nach § 133 VwGO neben der auch im Revisionsverfahren ausgeschlossenen einfachen Beiladung auch die notwendige Beiladung aus; § 142 Abs 1 S 2 VwGO ist nicht entsprechend anzuwenden (BVerwG NVwZ 2001, 202).

2. Fristgerecht dargelegte Gründe

82   OVG und BVerwG sind bei der Entscheidung über die Nichtzulassungsbeschwerde auf die **Zulassungsgründe** beschränkt, die **innerhalb der Beschwerdebegründungsfrist** dargelegt worden sind (BVerwG NJW 1990, 3102). Nach Ablauf der Beschwerdebegründungsfrist können fristgerecht erhobene und dargelegte Zulassungsgründe vertiefend begründet werden, nicht aber neue Zulassungsgründe geltend gemacht werden. Es ist nicht von Amts wegen zu untersuchen, ob nicht benannte Zulassungsgründe vorliegen.

83   Die Bindung an die dargelegten Zulassungsgründe hindert indes nicht, in Ausnahmefällen **Zulassungsvorbringen** auch **unter einem** anderen als dem geltend gemachten **Gesichtspunkt** zu berücksichtigen. So liegt in der fristgerechten **Divergenzrüge in Bezug auf eine prozessrechtliche Regelung,** mit der in der Sache die fehlerhafte Anwendung eines von einem Divergenzgericht aufgestellten Rechtssatzes geltend gemacht wird, ungeachtet der Bezeichnung zugleich auch eine beachtliche Verfahrensrüge (BVerwG NVwZ 2001, 918: Anforderungen an Betreibensaufforderung nach § 92 VwGO; BVerwG NVwZ 2004, 220: überzogene Anforderungen an Berufungsbegründung). Vorbringen zur Stützung einer **Divergenzrüge** ist darauf zu prüfen, ob es zugleich den Darlegungsanforderungen der Grundsatzrüge entspricht. Bei nachträglicher Klärung kann die frist- und ordnungsgemäß erhobene **Grundsatzrüge** zur Divergenzzulassung führen (s oben Rn 53 f; BVerfG NVwZ-Beil 2000, 33–34).

3. Maßgeblicher Zeitpunkt; Erledigung

84   Maßgeblich für die Entscheidung über die Nichtzulassungsbeschwerde ist die Sach- und Rechtslage im **Zeitpunkt der Entscheidung,** nicht der Einlegung (BVerwG BayVBl 1997,

573). Die Nichtzulassungsbeschwerde kann bis zu ihrer Entscheidung zurückgenommen werden (BFH BFH/NV 2003, 1089); die anderen Beteiligten müssen auch nach Zustellung der Beschwerde nicht zustimmen.

Das Nichtzulassungsbeschwerdeverfahren kann sich in der **Hauptsache erledigen**, wenn **85** die Entscheidungserheblichkeit der geltend gemachten Revisionszulassungsgründe (zB durch klärende Gesetzesänderung) entfällt (BVerwG BauR 2000, 79); bei übereinstimmenden Erledigungserklärungen ist das Nichtzulassungsbeschwerdeverfahren einzustellen (§ 92 VwGO analog) und nach § 161 Abs 2 VwGO über die Kosten zu befinden zur Zulässigkeit einer auf das Beschwerdeverfahren beschränkten Erledigungserklärung s BVerwG Buchholz 310 § 161 VwGO Nr 96; Nr 106; Buchholz 406.11 § 133 BauGB Nr 138).

Das Nichtzulassungsbeschwerdeverfahren kann sich auch dadurch erledigen, dass sich der Rechts- **85.1** streit selbst (zB durch Aufhebung des angefochtenen Bescheides) in der Hauptsache erledigt (BVerwG Buchholz 310 § 161 VwGO Nr 67). In diesem Fall kann bei hierauf bezogenen über- einstimmenden Erledigungserklärungen auch der Rechtsstreit selbst für in der Hauptsache erledigt erklärt oder – bei einseitiger Erledigungserklärung – die Erledigung mit den entsprechenden Aus- sprüchen zur Wirksamkeit der vorinstanzlichen Entscheidung festgestellt werden (BVerwG Buchholz 310 § 161 VwGO Nr 103; BFH BFH/NV 2000, 721). Dass dem BVerwG eine Entscheidung zur Hauptsache erst nach Revisionszulassung eröffnet ist, hindert nicht die Feststellung der Erledigung auch der Hauptsache (s. a. Eyermann/Kraft VwGO § 133 Rn 61), die Gegenansicht gewichtete Aspekte der Prozessökonomie nicht hinreichend und hätte nach der Nichtabhilfeentscheidung eine gespaltene Entscheidungszuständigkeit für die Einstellung des Rechtsmittelverfahrens (BVerwG) und des Hauptsacheverfahrens (OVG) zur Konsequenz. Bei Erledigung der Hauptsache kann die Erledi- gungserklärung auf das Nichtzulassungsbeschwerdeverfahren beschränkt werden (BVerwG NVwZ 1995, 372; BVerwG Buchholz 310 § 161 VwGO Nr 96).

II. Nichtzulassung bei Ergebnisrichtigkeit (§ 144 Abs 4 VwGO entsprechend)

§ 144 Abs 4 VwGO (**Zurückweisung bei Ergebnisrichtigkeit**) ist im Nichtzulassungs- **86** beschwerdeverfahren entsprechend anwendbar (BVerwGE 54, 99; BVerwG Buchholz 310 § 130a VwGO Nr 16; BVerwG Buchholz 310 § 144 VwGO Nr 34; S/S/B/Pietzner/Bier VwGO § 133 Rn 76 ff). Auch bei (objektivem) Vorliegen eines Zulassungsgrundes kann die Beschwerde als unbegründet zurückgewiesen werden, wenn das Urteil sich iSd § 144 Abs 4 als aus anderen Gründen richtig erweist; ggf ist hierzu rechtliches Gehör zu gewähren.

Die entsprechende Anwendung des § 144 Abs 4 VwGO stößt wegen des faktischen Zwangs, **86.1** schon im Nichtzulassungsbeschwerdeverfahren nicht nur zu den vorgetragenen Zulassungsgründen, sondern vorsorglich umfassend zur Begründetheit der Revision vortragen zu müssen, und der unterschiedlichen Besetzung im Nichtzulassungsbeschwerdeverfahren einerseits, im Revisionsver- fahren andererseits teils auf Kritik (s. – mwN – Gärditz/Winkelmüller/van Schewick VwGO § 133 Rn 41). Die Beschränkung auf „evidente" bzw. „offenkundige" Fälle (s. Eyermann/Kraft BwGO § 133 Rn 51) vernachlässigt, dass es – hinreichende Tatsachenfeststellungen unterstellt – um die Beurteilung von Rechtsfragen geht und dem Besetzungseinwand dann allenfalls über ein Einstim- migkeitserfordernis Rechnung zu tragen wäre.

Diese Erweiterung des Prüfungsumfangs bereits im Nichtzulassungsbeschwerdeverfahren **87** erfolgt aus Gründen der Prozessökonomie und berechtigt OVG/BVerwG zu einer an § 144 Abs 4 VwGO angelehnten Inzidentprüfung der Ergebnisrichtigkeit. BVerwG/OVG sind im Nichtzulassungsbeschwerdeverfahren aber **nicht** zu einer **vorgelagerten Vollprüfung** aller nach § 144 Abs 4 VwGO heranzuziehenden Aspekte verpflichtet; anderes kommt nur in Betracht, wenn sich die Ergebnisrichtigkeit als offenkundig aufdrängt. Die Revisionszulas- sung bedeutet daher regelmäßig nicht die – das Revisionsgericht selbst bindende – Fest- stellung, dass Gründe iSd § 144 Abs 4 VwGO nicht vorliegen, und hindert nicht die Prüfung des § 144 Abs 4 VwGO im Verfahren nach zugelassener Revision.

Die nach § 144 Abs 4 VwGO analog **heranzuziehenden Gründe** müssen ihrerseits **88** feststehen und **frei von Zulassungsgründen** sein. Die Beschränkungen, die aus § 138 VwGO für die Anwendung des § 144 Abs 4 VwGO folgen (s § 138 VwGO Rn 38 ff), gelten auch im Nichtzulassungsbeschwerdeverfahren (S/S/B/Pietzner/Bier VwGO § 133 Rn 77).

III. Entscheidung des OVG/ VGH

1. Abhilfemöglichkeit

89   Die beim iudex a quo einzulegende Nichtzulassungsbeschwerde hat keinen gesetzes-
unmittelbaren Devolutiveffekt; er wird durch die **Abhilfemöglichkeit** gehemmt und überlagert. Das Ausgangsgericht hat darüber zu entscheiden, ob es der Beschwerde abhilft. Es
entscheidet in der Beschlussbesetzung, bei erklärtem Einverständnis zur Sachentscheidung
durch den Berichterstatter (§ 87a Abs 2, 3 VwGO) allein durch diesen.

90   Das Berufungsgericht kann über die Beschwerde entweder nur positiv entscheiden oder
ihr nicht abhelfen; zur Ablehnung der Beschwerde oder Korrektur eines entscheidungserheblichen Verfahrensfehlers ist das Berufungsgericht nicht befugt. Das OVG hat auch bei
offenkundiger Unzulässigkeit **keine Verwerfungsbefugnis** (BVerwG NJW 1963, 554).

2. Wirkung positiver Abhilfebeschluss

91   Die in einem **Abhilfebeschluss** ausgesprochene **Zulassung der Revision** hat dieselbe
Bindungswirkung wie die Zulassung im Urteil selbst (s § 132 VwGO Rn 58) und bewirkt
nach § 139 Abs 2 VwGO die Fortsetzung des Beschwerdeverfahrens als Revisionsverfahren
(zu Einzelheiten s. § 139 VwGO Rn 16 ff). Vor einem stattgebenden Abhilfebeschluss ist
den anderen Verfahrensbeteiligten aus rechtsstaatlichen Gründen rechtliches Gehör zu gewähren (Eyermann/Kraft VwGO § 133 Rn 48); ein Verstoß hiergegen führt nicht zur
Unwirksamkeit der Revisionszulassung und eröffnet, weil allein eine Nebenentscheidung
über die Rechtsmittelzulassung eröffnet ist, als selbst nicht rechtsmittelfähige Entscheidung
nicht die Anhörungsrüge (§ 152a VwGO).

92   Der zulassende Abhilfebeschluss ist keine Entscheidung über ein Rechtsmittel iSd § 122
Abs 2 VwGO, auch sonst ist eine zulässige **Begründung** rechtlich nicht geboten; die aus
Gründen der Rechtsklarheit gebotene Bezeichnung des Zulassungsgrundes ist nicht Wirk-
samkeitsvoraussetzung der Revisionszulassung.

3. Devolutiveffekt Nichtabhilfe

93   Wird der Beschwerde nicht oder nicht vollständig abgeholfen, ist sie dem BVerwG
vorzulegen (§ 148 Abs 1 VwGO analog); die Abhilfemöglichkeit endet mit der Vorlage. Mit
dem durch die **Vorlage** eintretenden **Devolutiveffekt** wird das BVerwG ungeachtet des
begrenzten Gegenstandes des Nichtzulassungsbeschwerdeverfahrens „Gericht der Hauptsache" iSd §§ 80, 80a, 123 (BVerwG NVwZ 1998, 1065), und zwar auch bei einem
„verfrühten" Nichtabhilfebeschluss (BVerwGE 124, 201). Dies erfasst auch bereits anhängige
Verfahren des vorläufigen Rechtsschutzes (BVerwG Buchholz 310 § 80 VwGO Nr 29),
ohne dass ein neuer Antrag gestellt werden muss (BVerwG NJW 1972, 886 = BVerwGE 39,
229) (enger B/F-K/S/vA VwGO § 133 Rn 36, nach dem eine einfache Abgabe nicht
ausreicht und es der Verweisung bedarf).

94   Zur Entscheidung über einen Antrag auf einstweilige Einstellung der Zwangsvollstreckung nach § 719 Abs 2 ZPO soll das BVerwG bereits ab Einlegung der Beschwerde gegen
die Nichtzulassung der Revision bei dem Gericht, gegen dessen Urteil Revision eingelegt
werden soll, und damit vor der Nichtabhilfeentscheidung zuständig sein (BVerwGE 29, 290;
NVwZ 1998, 1177).

4. Form/ Zeitpunkt Nichtabhilfeentscheidung

95   Die Nichtabhilfeentscheidung sollte regelmäßig die **Beschwerdebegründung(sfrist)
abwarten**; erst dann ist eine umfassende Beurteilung des Zulassungsbegehrens möglich. Eine
frühere Entscheidung ist nicht unwirksam, eine erneute Entscheidung nach Vorlage der
Beschwerdebegründung ist dann nicht möglich, wenn die Beschwerde dem BVerwG vorgelegt ist.

96   Die Nichtabhilfeentscheidung ergeht typischerweise durch Beschluss, der keiner Begründung bedarf und den Beteiligten nicht zuzustellen, sondern lediglich aktenkundig zu machen
ist; ein förmlicher Nichtabhilfebeschluss ist aber nicht erforderlich (BVerwG NJW 1963,
554). Eine Abhilfeentscheidung des OVG ist aus Gründen der Prozessökonomie ausnahms-

weise verzichtbar, wenn eine positive Abhilfeentscheidung offenkundig ausscheidet (S/S//B/ Pietzner/Bier VwGO § 133 Rn 70).

IV. Entscheidung des BVerwG

1. Form/ Verfahren Beschluss BVerwG

Das BVerwG entscheidet über die Nichtzulassungsbeschwerde durch **Beschluss** (Abs 5   **97** S 1), der regelmäßig ohne mündliche Verhandlung (§ 101 Abs 3 VwGO) und – Ausnahme bei der Verfahrensrüge sind denkbar – ohne weitere Sachverhaltsaufklärung ergeht. Sind durch ein- und denselben Beteiligten mehrfach Nichtzulassungsbeschwerden erhoben worden, ist hierüber einheitlich zu entscheiden (S/S/B/Pietzner/Bier VwGO § 133 Rn 71).

Die **Zurückweisung** der Beschwerde kann „a limine" ohne deren Zustellung an die   **98** anderen Verfahrensbeteiligten erfolgen, denen vor einer stattgebenden Entscheidung rechtliches Gehör zu gewähren ist. Der Nichtzulassungsbeschwerdeführer ist vor einer Entscheidung nur dann zu hören, wenn die Zurückweisung aus einem für ihn nicht erkennbaren Gesichtspunkt erfolgen soll.

2. Begründung ablehnender Entscheidung

Der Beschluss über die Nichtzulassungsbeschwerde soll **kurz begründet** werden (Abs 5   **99** S 2); von einer Begründung kann abgesehen werden, wenn sie nicht geeignet ist, zur Klärung der Revisionszulassungsvoraussetzungen beizutragen. Bei einer Revisionszulassung kann sich die Begründung regelmäßig auf die Bezeichnung des zur Zulassung führenden Grundes beschränken. Bei einer Beschwerdeablehnung umfasst die im Regelfall („soll") geschuldete „kurze" Begründung einen **Hinweis auf die wesentlichen Erwägungen**, aus denen die geltend gemachten Zulassungsgründe jeweils nicht durchgreifen. Da sich die Begründung einer gerichtlichen Entscheidung ohnehin nicht mit jedem einzelnen vorgetragenen Gesichtspunkt auseinanderzusetzen hat, sind bei der Begründungstiefe der zudem unanfechtbaren Entscheidung weitere Abstriche zu rechtfertigen.

Die Voraussetzungen für den im **Ermessen** stehenden **Verzicht auf eine Begründung**   **100** sind regelmäßig gegeben. Die (allgemeinen) Voraussetzungen für die Zulassung einer Revision sind in Rechtsprechung und Schrifttum weitestgehend geklärt, fallübergreifend klärungsbedürftige oder -fähige Rechtsfragen des Revisionszulassungsrechts werden m Regelfall nicht aufgeworfen und eine weitere Klärung ist durch die regelmäßig im Vordergrund stehende fallbezogene Anwendung dieser Voraussetzungen weder möglich noch zu erwarten. Die „Eignung" zur Klärung bezieht sich dabei auf die Voraussetzungen der Revisionszulassung selbst, nicht die „Aufklärung" des jeweiligen, nach § 67 VwGO normativ ja sachkundig vertretenen Nichtzulassungsbeschwerdeführers.

3. Wirkung ablehnender Entscheidung

Bei Verwerfung bzw. Zurückweisung der Berufungsentscheidung wird die angegriffene   **101** Entscheidung (Urteil; Beschluss nach § 130a VwGO) rechtskräftig (Abs 5 S 3). Die **Rechtskraft** tritt ein, wenn der die Zulassung versagende Beschluss wirksam wird; nach der Rechtsprechung (BVerwGE 95, 67 = NVwZ 1994, 1206) ist hierfür maßgeblich der gerichtsinterne Vorgang der Herausgabe des ablehnenden Beschlusses aus dem Gericht an die Post, nicht bereits der Eingang des unterschriebenen Beschlusses auf der Geschäftsstelle und auch nicht erst dessen Zustellung bzw. Bekanntgabe an die Beteiligten.

Wegen der mit der Ablehnung eintretenden Rechtskraftwirkung ist eine neuerliche   **102** Nichtzulassungsbeschwerde auch dann unzulässig, wenn die Beschwerdefrist (etwa wegen eines Fehlers der Rechtsmittelbelehrung) noch nicht abgelaufen war; dies gilt nicht, wenn die erste Beschwerde nur als unzulässig verworfen worden ist (BSG NVwZ 1995, 1040; weitergehend BGH NJW 1991, 1116; s auch BVerwG NVwZ 1998, 170). Die Möglichkeit der Anhörungsrüge (§ 152a VwGO) hemmt nicht die Rechtskraftwirkung; erst bei Abhilfe wird unter nachträglichem Wegfall der Rechtskraft das Nichtzulassungsbeschwerdeverfahren in die vorherige Lage versetzt und fortgeführt.

4. Zulassung durch BVerwG

103   Eine begründete Nichtzulassungsbeschwerde führt zur **Revisionszulassung durch das BVerwG**, soweit nicht bei der Verfahrensrevision eine Zurückverweisung erfolgt (Rn 104 ff). Die Zulassung erfasst den gesamten Streitgegenstand, soweit sie nicht – bei teilbarem Streitgegenstand – auf einen Teil zu beschränken ist. Die aufgrund einer Beschwerde erfolgte Zulassung wirkt nur zugunsten des Beschwerdeführers (BVerwG NVwZ 2001, 201; Eyermann/Kraft VwGO § 132 Rn 64; krit. Kopp/Schenke VwGO § 132 Rn 30); die VwGO kennt keine § 116 Abs 7 FGO entsprechende Regelung. Die Zulassung überführt kraft Gesetzes das Beschwerdeverfahren in das Revisionsverfahren (§ 139 Abs 2 VwGO) und setzt bei entsprechender Belehrung (§ 58 VwGO) die in Zulassungsfällen einmonatige Revisionsbegründungsfrist in Lauf.

E. Zurückverweisung durch BVerwG (Abs 6)

I. Zweck/ Funktion Zurückverweisungsmöglichkeit

104   Bei vorliegendem Verfahrensmangel (§ 132 Abs 2 Nr 3 VwGO kann das BVerwG zur Verfahrensbeschleunigung das angegriffene Urteil durch Beschluss aufheben und die Sache zur anderweitigen Verhandlung und Entscheidung zurückweisen (Abs 6); dies gilt auch bei auf das Verfahrensrecht bezogenen Divergenzrügen, soweit sie zugleich als Verfahrensrügen zu behandeln sind (BVerwG NVwZ 1992, 890). Aufhebung und Zurückverweisung stehen im Ermessen des Gerichts, das sich an den von Abs 6 zu Grunde liegenden Zielen der **Verfahrensvereinfachung und -beschleunigung** zu orientieren hat, ohne die revisionsgerichtliche Aufgabe, Rechtssicherheit und -einheit zu bewirken, aus dem Blick zu verlieren.

II. Voraussetzungen Zurückverweisung

105   Die Zurückverweisung kann im Interesse der Prozessökonomie auch dann erfolgen, wenn neben dem **Verfahrensmangel** die Grundsatz- oder Divergenzrüge erhoben ist und der Verfahrensmangel auch im Falle der Revisionszulassung zur Zurückverweisung an das VG führen würde (BVerwG NVwZ-RR 1994, 120: Grundsatzrüge; VIZ 2000, 654: Divergenzrüge; BVerwG VIZ 2000, 654; Buchholz 401.68 Vergnügungssteuer Nr 42). Die **weiteren Zulassungsgründe** müssen vor einer Zurückverweisung nicht vorrangig abschließend darauf geprüft werden, ob auch sie eine Revisionszulassung rechtfertigten; allein der Umstand, dass bei vorliegendem Verfahrensmangel auch im Revisionsverfahren regelmäßig nur eine Zurückverweisung in Betracht kommt, hindert indes die Revisionszulassung wegen weiterer Zulassungsgründe nicht (enger wohl Kopp/Schenke VwGO § 133 Rn 22).

III. Wirkung Zurückverweisungsbeschluss

106   Der zurückverweisende Beschluss entfaltet hinsichtlich der entscheidungstragenden Rechtsauffassung **Bindungswirkung** nach § 144 Abs 6 VwGO, die insbes die mit der zurückverweisenden Entscheidung sinngemäß bejahte Zulässigkeit der Klage sowie der weiteren unverzichtbaren Prozessvoraussetzungen erfasst (BVerwG NJW 1997, 3456). Die Tatsacheninstanz ist aber nach der Zurückverweisung an die in dem aufgehobenen Urteil vertretene seinerzeitige Auffassung grundsätzlich nicht gebunden, wenn das angefochtene Urteil wegen eines Verfahrensfehlers auf der Grundlage einer bestimmten materiellen Rechtsauffassung des Tatsachengerichts aufgehoben worden ist (BVerwG NVwZ 2000, 1299). Hinweise im Zurückverweisungsbeschluss zur weiteren Sachbehandlung sind nicht entscheidungstragend und daher nicht bindend.

107   Beim Berufungsgericht muss nur dann ein anderer **Spruchkörper** als im ersten Verfahrensdurchgang tätig werden, wenn der zurückweisende Beschluss dies ausdrücklich bestimmt (BVerwG Buchholz 310 § 133 (nF) VwGO Nr 24).

IV. Durchentscheiden statt Zurückverweisung

108   Das BVerwG ist grundsätzlich auf die Aufhebung und Zurückverweisung beschränkt. Es kann sich auf eine **bloße Aufhebung** beschränken, wenn hiernach kein sinnvoller Ver-

fahrensgegenstand für ein Verfahren nach Zurückverweisung mehr bleibt (Eyermann/Kraft §133 Rn 59; zB BVerwG NVwZ 2002, 1048: bei Sachentscheidung trotz wirksamer Klagerücknahme; NVwZ-RR 1999, 694: Aufhebung eines unzulässigen, weil nicht beantragten Ergänzungsurteils; VIZ 1999, 409: Verletzung des Gebots, über das Klagebegehren nicht hinauszugehen).

Ein Durchentscheiden unter **Änderung der angegriffenen Entscheidung** ohne Zu- 109 rückverweisung kommt aus Gründen der Prozessökonomie nach bestrittener (Eyermann/ Kraft VwGO §133 Rn 60) Rechtsprechung in Betracht, wenn dies den von Abs 6 verfolgten Zielen der Prozessökonomie und Verfahrensbeschleunigung entspricht und der Vorinstanz bei Beachtung des §144 Abs 7 VwGO faktisch kein Entscheidungsspielraum verbleibt (BVerwG NVwZ 2004, 1008; s auch BVerwG VIZ 1996, 392: Klageabweisung als unzulässig statt Sachentscheidung; ebenso Buchholz 310 §133 (nF) VwGO Nr 28; NJW 1999, 160: Änderung in Vorbehaltsurteil unter Zurückverweisung allein des Nachverfahrens bei Aufrechnung mit rechtswegfremder Gegenforderung) oder gar ein bestimmtes Verfahrensergebnis prozessrechtlich zwingend ist (BVerwG NVwZ-RR 2012, 86 [Umwandlung Sachurteil in Prozessurteil]). Hat ein Verwaltungsgericht zu Unrecht einen Berufungsausschluss iSd §135 S 1 VwGO angenommen und dementsprechend eine Entscheidung über die Nichtzulassung der Revision getroffen, so kann in entsprechender Anwendung von Abs 6 die Nichtzulassungsentscheidung isoliert aufgehoben werden (BVerwG NJW 2002, 2262).

F. Kosten; Rücknahme

I. Streitwert

Der **Streitwert** für Beschwerdeverfahren entspricht dem für das Revisionsverfahren (§47 110 Abs 3, §52 GKG). Eine – auf §154 Abs 2 VwGO gestützte – **Kostenlastentscheidung** ist nur bei (teilweiser) Zurückweisung der Beschwerde zu treffen; bei Zulassung oder Zurückverweisung ist die Kostenentscheidung mit der abschließenden Sachentscheidung zu treffen. Für das erfolgreiche Beschwerdeverfahren entsteht keine zusätzliche Gebühr. Bei Verwerfung oder Zurückweisung fallen zwei Gerichtsgebühren an, die sich bei Rücknahme oder anderweitiger Erledigung auf eine Gebühr ermäßigen. Für die Rechtsanwaltsgebühren sind das Verfahren über ein Rechtsmittel und das Nichtzulassungsbeschwerdeverfahren verschiedene Angelegenheiten (§17 Nr 9 RVG); die 1,6 Verfahrensgebühr (Nr 3506 VV RVG) wird allerdings auf die Verfahrensgebühr für ein nachfolgendes Revisionsverfahren angerechnet.

II. Rücknahme

Die Nichtzulassungsbeschwerde kann bis zur Wirksamkeit des ablehnenden Beschlusses 111 ohne Zustimmung anderer Beteiligter zurückgenommen werden; für die **Rücknahmeerklärung** besteht kein Vertretungszwang (Kopp/Schenke VwGO §133 Rn 20). Die Neufassung des §67 VwGO durch das Gesetz zur Neuregelung des Rechtsmittelrechts (v 12.12.2007, BGBl I, 2840) hat hieran insbes für den Fall nicht geändert, dass bereits die Beschwerde ohne Beachtung des Vertretungszwangs eingelegt worden war (BVerwG NVwZ 2009, 192). Bei wirksamer Klagerücknahme entfällt für eine Nichtzulassungsbeschwerde, die sich damit erledigt, das Rechtsschutzbedürfnis. Bei **Eintritt eines die Hauptsache erledigenden Ereignisses** erledigt sich auch das hierauf bezogene Nichtzulassungsbeschwerdeverfahren, dass bei übereinstimmenden Erledigungserklärungen einzustellen ist (BVerwGE 72, 93). In Verfahren der Nichtzulassungsbeschwerde tritt eine Erledigung in den Fällen ein, in denen die Entscheidungserheblichkeit der geltend gemachten Revisionszulassungsgründe (jedenfalls) infolge des Inkrafttretens einer – auch den zugrunde liegenden Rechtsstreit erfassenden – Gesetzesänderung entfallen ist; bei nur einseitiger Erledigungserklärung ist zu prüfen und zu entscheiden, ob die geltend gemachte Erledigung eingetreten ist (BVerwG BauR 2000, 79).

§134 [Sprungrevision]

(1) [1]Gegen das Urteil eines Verwaltungsgerichts (§49 Nr. 2) steht den Beteiligten die Revision unter Übergehung der Berufungsinstanz zu, wenn der Kläger und

der Beklagte der Einlegung der Sprungrevision schriftlich zustimmen und wenn sie von dem Verwaltungsgericht im Urteil oder auf Antrag durch Beschluß zugelassen wird. [2] Der Antrag ist innerhalb eines Monats nach Zustellung des vollständigen Urteils schriftlich zu stellen. [3] Die Zustimmung zu der Einlegung der Sprungrevision ist dem Antrag oder, wenn die Revision im Urteil zugelassen ist, der Revisionsschrift beizufügen.

(2) [1] Die Revision ist nur zuzulassen, wenn die Voraussetzungen des § 132 Abs. 2 Nr. 1 oder 2 vorliegen. [2] Das Bundesverwaltungsgericht ist an die Zulassung gebunden. [3] Die Ablehnung der Zulassung ist unanfechtbar.

(3) [1] Lehnt das Verwaltungsgericht den Antrag auf Zulassung der Revision durch Beschluß ab, beginnt mit der Zustellung dieser Entscheidung der Lauf der Frist für den Antrag auf Zulassung der Berufung von neuem, sofern der Antrag in der gesetzlichen Frist und Form gestellt und die Zustimmungserklärung beigefügt war. [2] Läßt das Verwaltungsgericht die Revision durch Beschluß zu, beginnt der Lauf der Revisionsfrist mit der Zustellung dieser Entscheidung.

(4) Die Revision kann nicht auf Mängel des Verfahrens gestützt werden.

(5) Die Einlegung der Revision und die Zustimmung gelten als Verzicht auf die Berufung, wenn das Verwaltungsgericht die Revision zugelassen hat.

Die Sprungrevision eröffnet den Beteiligten die Möglichkeit, im Interesse effektiven Rechtsschutzes die Revisionsinstanz unter Übergehung des Berufungsverfahrens direkt zu erreichen, um bei geklärter Tatsachengrundlage materielle Rechtsfragen grundsätzlicher Bedeutung schnell und kostengünstig einer höchstrichterlichen Klärung zuzuführen oder Divergenzen zu beseitigen. Sie erweitert nach gemeinsamer Disposition der Beteiligten und hieran anknüpfender Zulassungsentscheidung die Rechtsmittelmöglichkeiten. Nach Einführung der Zulassungsberufung (§§ 124, 124a VwGO) ermöglicht sie, eine zu rigide berufsgerichtliche Zulassungspraxis zu umgehen. Ein gewisses „Prozessrisiko" liegt für die Beteiligten in der Bindung an die tatrichterlichen Feststellungen des VG.

Übersicht

A. Voraussetzungen der Sprungrevision

I. Gegenstand/Statthaftigkeit einer Revision

Die Sprungrevision ist statthaft bei allen **Entscheidungen des VG**, gegen die ansonsten 1 der Art nach eine Berufung statthaft wäre. Dies sind Urteile, soweit diese nicht unanfechtbar (§ 78 Abs 1 S 1 AsylVfG) sind oder die Berufung ausgeschlossen ist (§ 135 VwGO), Beschlüsse nach § 93a Abs 2 S 1 VwGO (§ 93a Abs 2 S 5 VwGO) und erstinstanzliche Gerichtsbescheide (§ 84 Abs 2 Nr 3 VwGO; aA B/F-K/S/vA VwGO § 134 Rn 5).

Bei **Entscheidungen**, die **durch den Einzelrichter** getroffen worden sind, ist die 2 zugelassene Sprungrevision ungeachtet dessen statthaft, dass die Voraussetzungen der Einzel-richterübertragung und der Zulassung der Sprungrevision inkompatibel sind (s Rn 26; ebenso zur Berufungszulassung oben § 124a Rn 6 f; aA B/F-K/S/vA VwGO § 134 Rn 6); die Bindungswirkung nach erfolgter Zulassung (Abs 2 S 2) und der Umstand, dass die Sprungrevision nicht auf Mängel des Verfahrens gestützt werden kann, schließen eine Inzidentprüfung der Einzelrichterübertragung aus und sperren im Ergebnis auch die Rüge, der gesetzliche Richter sei verletzt worden.

> Aus Gründen der Rechtssicherheit gilt die Bindung des Revisionsgerichts an die Zulassung der 2.1 Sprungrevision durch den Einzelrichter (BVerwG NVwZ 2005, 98) auch für den Ausnahmefall, dass sie im Einzelfall unter Verletzung des Verfassungsgebots des gesetzlichen Richters ergangen ist (offengelassen BVerwG NVwZ 2005, 460).

Die Statthaftigkeit der Sprungrevision gegen Urteile, gegen die – wie im Regelfall 3 (§§ 124, 124a VwGO) – eine Berufung der Zulassung bedürfte, ist nicht von der **Zulassung der Berufung** selbst, sondern nur vom Vorliegen der Voraussetzungen für die Zulassung der Berufung abhängig (BVerwGE 92, 220). Für die vorausgesetzte Berufungsfähigkeit ist eine positive Berufungszulassungsentscheidung des VG (§ 124a Abs 1 S 1 VwGO) unschädlich; sie ist aber nicht erforderlich, zumal sich die nach Abs 2 S 1 beachtlichen Zulassungsgründe nach § 132 Abs 2 Nr 1 und 2 VwGO mit jenen des § 124 Abs 2 Nr 3 und 4 VwGO weitgehend decken.

Ausgeschlossen ist die Sprungrevision bei berufungsfähigen Urteilen des VG nach dem 4 **AsylVfG** (§ 78 Abs 2 S 2 AsylVfG) sowie in gerichtlichen Disziplinarverfahren nach § 69 BDG, der § 134 VwGO nicht in Bezug nimmt (Sodan/Ziekow/Neumann VwGO § 134 Rn 12).

II. Zustimmung Rechtsmittelgegner zur Einlegung der Sprungrevision

1. Zustimmungsberechtigte

Die **Hauptbeteiligten** (Kläger und Beklagter), typischerweise also der jeweilige Rechts- 5 mittelgegner, müssen ihre **Zustimmung zur Sprungrevision** erklären. Nicht zustimmen müssen die sonstigen Beteiligten, zB Beigeladene (GmS OBG NJW 1976, 1682); führen sie das Rechtsmittel, müssen sie die Zustimmung beider Hauptbeteiligter beibringen. Die Zustimmung soll als Zulässigkeitsvoraussetzung der Sprungrevision (BVerwGE 91, 140 = NJW 1993, 2256) den Verfahrensgegner vor dem unfreiwilligen Verlust einer zweiten Tatsacheninstanz oder der Möglichkeit schützen, Verfahrensmängel geltend zu machen. Sie ist auf Gegenseitigkeit angelegtes, vorbehalts- und bedingungsfeindliches Prozesshandeln.

2. Bestimmtheit Zustimmungserklärung

Die Zustimmung ist eine an den Revisionsführer gerichtete Einverständniserklärung, die 6 eindeutig auf die Einlegung des Rechtsmittels der Revision zum BVerwG bezogen sein muss. Hinreichend ist die Zustimmung zur „Revision" ohne den Zusatz „Sprung"revision. Einge-willigt werden muss **eindeutig und bestimmt in eine „Einlegung" der Sprungrevision** durch den Rechtsmittelführer. Dem Bestimmtheitserfordernis genügt in aller Regel nicht die Zustimmung zur Zulassung der Sprungrevision durch das VG (BVerwG NVwZ 1986, 119; NVwZ-RR 1993, 219; BVerwGE 81, 81 = NVwZ 1989, 1057), und zwar auch dann nicht, wenn sich der Beteiligte in der mündlichen Verhandlung vor dem VG dem Antrag der

Gegenseite anschließt, die Sprungrevision zuzulassen (BVerwG 18.9.2008 – 2 C 125.07; BVerwG BeckRS 2002 21653; BVerwG NJW 2005, 3367).

6.1   Die Erklärung, „einer eventuell beabsichtigten Sprungrevision zuzustimmen, die in der mündlichen Verhandlung abgegeben wird, genügt den strengen Anforderungen an die Eindeutigkeit des Erklärten, die an eine solche Vorabzustimmung wegen des damit verbundenen Verzichts auf die Einlegung der Berufung und auf Verfahrensrügen ohne Kenntnis des Urteils zu stellen sind (BVerwG, Urt. v. 30.1.2013 – 9 C 1.12).

6.2   Besonderer Umstände, z. B. Besonderheiten der Verfahrensgeschichte, können es ausnahmsweise zulassen, die noch vor der Zulassung der Sprungrevision erklärte Zustimmung zur Zulassung der Sprungrevision auch als – hinreichende – Zustimmung zu deren Einlegung zu verstehen (BVerwG NVwZ-RR 2010, 146).

7   Ein hilfsweise gestellter **Antrag auf Zulassung der Sprungrevision** für den Fall des eigenen Unterliegens enthält nicht zugleich die Zustimmung zur Einlegung der Revision durch den Prozessgegner (BVerwG Buchholz 310 § 134 VwGO Nr 47). In der nach Zustellung des vollständigen Urteils abgegebenen Zustimmungserklärung zur Zulassung der Revision, die in Kenntnis des Urteilsinhalts abgegeben wurde, kann ausnahmsweise gleichzeitig auch die Zustimmung zu deren Einlegung zu sehen sein, sofern dies nach den erkennbaren Umständen dem wirklichen Willen des Erklärenden entspricht (BVerwG Buchholz 310 § 134 VwGO Nr 41).

8   Die **Erklärung kann vor Zustellung oder gar Erlass des Urteils** abgegeben werden (BVerwG NVwZ 2002, 90), muss sich wegen ihrer Warn- und Schutzfunktion dann eindeutig und unbedingt auf die Zustimmung zur Einlegung der Revision gegen ein noch zu erlassendes/ zuzustellendes Urteil unabhängig von dessen Inhalt beziehen (BSG SozR 4– 1500 § 161 Nr 1).

3. Form Zustimmungserklärung

9   Die Zustimmung ist formgebunden und muss **schriftlich oder elektronisch** (§ 55a VwGO) erklärt werden (allgemein zur prozessualen Schriftform s § 81 VwGO Rn 14 ff). Ausreichend ist die Aufnahme einer eindeutigen Erklärung in die Sitzungsniederschrift über die mündliche Verhandlung vor dem VG (BVerwGE 92, 220; Buchholz 310 § 134 VwGO Nr 47); es ist Sache des künftigen Rechtsmittelführers, auf eine eindeutige Protokollierung zu achten, eine etwaige Protokollberichtigung muss innerhalb der Revisionsbegründungsfrist nachgewiesen worden sein (BVerwG NVwZ 1984, 302; NVwZ-RR 1993, 219). Als gegenüber dem Rechtsmittelführer mögliche Erklärung unterliegt die Zustimmung nicht dem Vertretungszwang des § 67 Abs 1 VwGO (BVerwGE 39, 314; NVwZ 1990, 974: Sprungrechtsbeschwerde).

4. Unbedingtheit/Widerruf Zustimmungserklärung

10   Die Zustimmung darf **nicht** mit einer **Bedingung, Befristung oder einem sonstigen Vorbehalt** versehen werden; ist ein solcher Vorbehalt gemacht, ist sie insgesamt unwirksam. Bis zur Einlegung der Revision durch den Rechtsmittelführer kann die Zustimmung zur Sprungrevision jedenfalls dann **widerrufen** werden, wenn die Fristen für ein anderweitiges Rechtsmittel (Berufung; Antrag auf Zulassung der Berufung) noch laufen (BVerwG NVwZ 2006, 834; Eyermann/Kraft VwGO § 134 Rn 17; Kopp/Schenke VwGO § 134 Rn 20; weitergehend – auch bei nachträglicher Zulassung durch das VG stets bis zur Revisionseinlegung – Sodan/Ziekow/Neumann VwGO § 134 Rn 37).

10.1   Ist die Sprungrevision bereits durch das VG-Urteil zugelassen worden, **widerruft** ein (teilweise unterlegener) Beteiligter, der der Sprungrevision bereits vor Erlass des Urteils zugestimmt hatte, die Zustimmung regelmäßig **konkludent** durch Einlegung der Berufung, wenn diese vor Einlegung der Sprungrevision erfolgt (BVerwG NVwZ 2006, 834); eine zwingende, einzelfallunabhängige Auslegungsregeln ist dies nicht (s. EyermannKraft VwGO § 134 Rn 17). Dem auf die Zustimmung vertrauenden Rechtsmittelführer, der deswegen die Berufungsfrist versäumt hat, muss dann grundsätzlich Wiedereinsetzung in den vorigen Stand gewährt werden (BVerwG NVwZ 2006, 834); ihm bleibt zudem die Anschlussberufung (§ 127).

B. Zulassung Sprungrevision im Urteil des VG

I. Zulassungsbefugnis VG

Die Sprungrevision muss durch das VG im Urteil oder auf Antrag durch Beschluss **11** zugelassen worden sein. Das VG entscheidet **exklusiv und unanfechtbar (Abs 2 S 3) über die Zulassung der Sprungrevision**. Das BVerwG kann die Sprungrevision nicht selbst zulassen (BVerwG Buchholz 310 § 124a VwGO Nr 16); gegen die ablehnende Entscheidung des VG ist keine Nichtzulassungsbeschwerde eröffnet. Die Zulassung kann auf einen abtrennbaren selbständigen Teil des Streitgegenstandes beschränkt werden

II. Zulassungsvoraussetzungen

Die Zulassung der Sprungrevision erfordert, dass die Rechtssache **grundsätzliche Be-** **12** **deutung** hat (§ 132 Abs 2 Nr 1 VwGO; vgl § 132 VwGO Rn 22 ff) oder eine **Divergenz** (§ 132 Abs 2 Nr 2 VwGO; vgl § 132 VwGO Rn 33) vorliegt (Abs 2 S 1); Verfahrensmängel, auf die eine Sprungrevision auch nicht gestützt werden könnte (Abs 4), rechtfertigen die Zulassung nicht. Das VG hat in eigener Verantwortung die Rechtsfrage zu entscheiden, ob ein Revisionszulassungsgrund vorliegt.

Der an § 132 Abs 2 VwGO orientierte Wortlaut spricht nicht für eine Zulassungspflicht, **13** weil lediglich eine Wahlmöglichkeit in Bezug auf ein weiteres Rechtsmittel eröffnet wird und keine Nichtzulassungsbeschwerde eröffnet ist (str; wie hier etwa Sodan/Ziekow/Neumann VwGO § 134 Rn 54; aA etwa Kopp/Schenke VwGO § 134 Rn 5). Bei der Betätigung seines **Zulassungsermessens** hat das VG gerade bei einer Zulassung der Berufung nach § 124a Abs 1 S 1 VwGO zu gewichten, ob zusätzlich eine weitere berufungsgerichtliche Rechts- oder Tatsachenklärung entbehrlich erscheint bzw gewichtige Belange der Rechtssicherheit oder -einheit eine umgehende revisionsgerichtliche Befassung nahe legen.

III. Bestimmtheit/ Reichweite Zulassung im Urteil VG

Die **Zulassung** im Urteil muss **ausdrücklich** erfolgen und sollte in die Entscheidungs- **14** formel aufgenommen werden. Eine Zulassung in den Entscheidungsgründen ist möglich (NVwZ 2009, 1431); sie muss aber Tatsache sowie Reichweite der Zulassung der Sprungrevision unmissverständlich erkennen lassen. Eine entsprechende Rechtsmittelbelehrung reicht nur dann aus, wenn dies ausreichend die Zulassungsabsicht des VG erkennen lässt (BVerwG Buchholz 310 § 134 VwGO Nr 13; Buchholz 310 § 134 VwGO Nr 15).

Die Zulassung im Urteil erfolgt von Amts wegen, ein entsprechender Antrag vor Erlass **15** des Urteils ist als Anregung zu werten, von Amts wegen zuzulassen, und unterliegt nicht den Erfordernissen des Abs 1 S 2 und 3. Die Zulassung im Urteil gilt **für alle Verfahrensbeteiligten**; die Zustimmung der Hauptbeteiligten zur Revisionseinlegung braucht noch nicht vorzuliegen.

IV. Fristen

Bei Zulassung im Urteil beginnt mit dessen Zustellung bei ordnungsgemäßer Rechts- **16** mittelbelehrung (§ 58 Abs 1 VwGO) die einmonatige **Frist für die Einlegung der (Sprung)Revision** (§ 139 Abs 1 S 1 VwGO) und der Lauf der zweimonatigen **Revisionsbegründungsfrist** (§ 139 Abs 3 VwGO). Die dem Urteil beizufügende Rechtsmittelbelehrung muss ordnungsgemäß sowohl über das Rechtsmittel der Sprungrevision als auch über das der Berufung bzw – bei deren Nichtzulassung – über den Antrag auf Zulassung der Berufung belehren (BVerwGE 81, 81 = NVwZ 1989, 1057). Fehlt eine der erforderlichen Rechtsmittelbelehrungen oder ist sie unzutreffend, ist die Rechtsmittelbelehrung insgesamt in Bezug auf beide Rechtsmittel unzureichend, so dass die Jahresfrist des § 58 Abs 2 VwGO auch für das Rechtsmittel läuft, über das (zutreffend) belehrt worden ist (BVerwGE 91, 140 = NJW 1993, 2256); § 58 Abs 2 VwGO erfordert insoweit keinen Kausalzusammenhang zwischen Belehrungsmangel und verspäteter bzw unterlassener Prozesshandlung (BVerwGE 81, 81 = NVwZ 1989, 1057).

17   Nach kritikwürdiger Rechtsprechung gehört die Unterrichtung über die Beibringung
der Zustimmungserklärung im Falle der Sprungrevision nicht zum notwendigen Inhalt einer
Rechtsmittelbelehrung (BVerwG Buchholz 310 § 134 VwGO Nr 5; BVerwGE 81, 81 =
NVwZ 1989, 1057). Enthält sie indes Aussagen zur Beibringung der Zustimmungserklärung,
müssen diese auch zutreffend sein (BVerwG NVwZ-RR 1994, 361).

C. Zulassung Sprungrevision durch nachträglichen Beschluss des VG
I. Zulassungsantrag Rechtsmittelführer

18   Eine nachträgliche Zulassung der Sprungrevision erfordert einen entsprechenden **Antrag
des Rechtsmittelführers** bei dem VG. Der Zulassungsantrag ist innerhalb eines Monats
nach Zustellung des vollständigen Urteils zu stellen (Abs 1 S 2); der Lauf dieser Frist erfordert
keine hierauf bezogene Belehrung, weil der Zulassungsantrag kein Rechtsmittel oder sonstiger Rechtsbehelf iSd § 58 Abs 1 VwGO ist (BVerwGE 18, 53, 55 = NJW 1964, 1539;
Buchholz 310 § 58 VwGO Nr 38).

18.1   Bei Zulassung durch nachträglichen Beschluss ist strittig, ob das BVerwG im Falle einer verspäteten Antragstellung an die durch Beschluß erfolgte Zulassung der Sprungrevision durch das
erstinstanzliche Gericht gebunden wäre (so Eyermann/Kraft VwGO § 134 Rn 29; offen BVerwGE
104,1) oder ob die Zustimmungserklärung innerhalb der Antragsfrist formgerecht eingereicht
worden ist. Vorzugswürdig ist die Bindung an die Zulassungsentscheidung unter Verzicht auf eine
revisionsgerichtliche Überprüfung des Zulassungsverfahrens. Diese Bindung erfasst indes nicht Zulässigkeit der zugelassenen Revision selbst.

19   Der Zulassungsantrag kann bereits **vor Zustellung des Urteils** gestellt werden, zB nach
mündlicher Urteilsverkündung zu Protokoll genommen werden (Sodan/Ziekow/Neumann
VwGO § 134 Rn 66). Der Zulassungsbeschluss selbst muss bezeichnen, dass und in welchem
Umfange und aus welchem Zulassungsgrund die Sprungrevision zugelassen wird; einer
weitergehenden Begründung bedarf es nicht.

20   Der Zulassungsantrag ist **Verfahrenshandlung** und daher schriftlich oder elektronisch
(§ 55a) einzureichen; die Protokollierung in der mündlichen Verhandlung ist ausreichend;
als Antrag unterliegt er dem Vertretungszwang des § 67 Abs 1 VwGO (aA Sodan/Ziekow/
Neumann VwGO § 134 Rn 65). Er muss auf die Zulassung der Sprungrevision gerichtet
sein; eine zulassungsfrei bereits eingelegte Sprungrevision ersetzt nicht den Zulassungsantrag
und ist regelmäßig nicht in einen solchen umzudeuten. Das Darlegungserfordernis des § 133
Abs 3 S 3 VwGO gilt nicht für den Zulassungsantrag (Sodan/Ziekow/Neumann VwGO
§ 134 Rn 69).

II. Zulassungsantrag und Zustimmungserklärung

21   Die nach Abs 1 S 1 erforderliche **Zustimmung** ist dem **Zulassungsantrag „beizufügen".** Hinreichend ist, wenn sie innerhalb der einmonatigen Antragsfrist nachgereicht wird
(BVerwGE 65, 27 = NVwZ 1982, 372). Bei unverschuldeter Fristversäumung kommt nach
§ 60 VwGO Wiedereinsetzung in Betracht; allein der Umstand, dass der Prozessgegner sich
mit der Zustimmung zu lange Zeit gelassen habe, schließt ein Verschulden nicht aus.

22   Die Erteilung dieser Zustimmung muss der Rechtsmittelführer dem Gericht nachweisen,
indem er die schriftliche Zustimmungserklärung dem Zulassungsantrag beifügt. Dies dient
dem Nachweis, dass die Zustimmung ordnungsgemäß erteilt worden ist, und erfordert
grundsätzlich, dass das **Original der Zustimmungserklärung** beim Gericht eingereicht
wird (BVerwG NJW 2005, 3367). Der Vorlage des Originals kann eine Abschrift oder einer
Ablichtung gleichgestellt werden, wenn sie in ihrem Beweiswert der Vorlage des Originals
entspricht, weil durch Beglaubigung einer hierzu ermächtigten Stelle (zB Gericht oder
Notar, der anwaltliche Beglaubigungsvermerk reicht nicht aus BVerwG 18.9.2008 – 2 C
125.07; NVwZ 2006, 599; NJW 2005, 3367) die Übereinstimmung mit dem Original
gewährleistet ist, dass die vorgelegte Abschrift oder die Ablichtung mit dem Original übereinstimmt. Nicht ausreichend ist die Vorlage der Ablichtung der dem Rechtsmittelführer per
Telefax übermittelten Zustimmungserklärung (BVerwG NJW 2005, 3367; NVwZ 2006,
599).

Für die **Vorlage des Originals** der verkörperten Zustimmungserklärung sind für den Zulas-   **22.1**
sungsantrag oder die Abgabe der Erklärung selbst zugelassene **Übertragungswege** (zB Telekopie,
Telefax oder Computerfax) nicht ausreichend (BVerwG NJW 2005, 3367). Bei zugelassener elektronischer Kommunikation (§§ 55a, 55b VwGO) ausreichend ist die Weiterleitung eines durch qualifizierte Signatur dem Schriftformerfordernis entsprechenden elektronischen Dokuments, weil hier die
Signatur für die Authentizität und Integrität der Erklärung bürgt; ein lediglich eingescanntes
Originaldokument (Rossnagel/Wilke NJW 2006, 2145) muss in einem geprüften und zertifizierten
System erzeugt, durch eine zur Beglaubigung befugte Person signiert und mit einem Transformati-
onsvermerk versehen sein.

Haben die Hauptbeteiligten der Einlegung der Sprungrevision in der mündlichen Ver-   **23**
handlung vor dem VG zugestimmt und ist die Zustimmung in der **Niederschrift über die
Sitzung** protokolliert, befindet sich mithin das Originaldokument bereits in den Verfahrensakten, muss dem Zulassungsantrag oder der Revisionsschrift keine beglaubigte Niederschrift
beigefügt werden (BVerwG NJW-RR 2011, 1250; NVwZ 2009, 392; NVwZ 2002, 90; aA
BSG NVwZ 1996, 104). Ausreichend ist dann ein bloßer Hinweis auf die Niederschrift oder
eine unbeglaubigte Abschrift. Entsprechendes gilt, wenn der Rechtsmittelgegner – fristgerecht und formwirksam – die Zustimmung zur Einlegung unmittelbar dem Gericht
gegenüber erklärt und eine für den Rechtsmittelführer bestimmte Erklärung unmittelbar an
dieses adressiert.

III. Fristen

Bei nachträglicher Zulassung durch Beschluss beginnt mit der Zustellung des Beschlusses   **24**
bei ordnungsgemäßer Rechtsmittelbelehrung (§ 58 Abs 1 VwGO) die einmonatige **Frist
für die Einlegung** der (Sprung)Revision (Abs 3 S 2; § 139 Abs 1 S 1 VwGO) und der Lauf
der zweimonatigen **Revisionsbegründungsfrist** (§ 139 Abs 3 VwGO). Hierüber ist zu
belehren. Einer neuerlichen Belehrung über die Berufung bzw den Antrag auf Zulassung der
Berufung, die bei sachgerechtem Verlauf bereits in dem Urteil erfolgt ist, bedarf es nicht.

D. Wirkung der Entscheidung über Zulassung

I. Negative Zulassungsentscheidung

Die **Ablehnung** der Zulassung ist **unanfechtbar** (Abs 2 S 3). Ist bereits in dem Urteil   **25**
selbst eine negative Entscheidung über die Zulassung der Sprungrevision getroffen worden,
hindert dies an sich die nachträgliche Zulassung auf Antrag durch Beschluss. Eine gleichwohl
ergehende Zulassung ist zwar verfahrensfehlerhaft ergangen, aber nicht „nichtig" und entfaltet daher Bindungswirkung (BSG NJW 1989, 1885).

II. Positive Zulassungsentscheidung

Das **BVerwG** ist an die (positive) Zulassungsentscheidung **gebunden** (Abs 2 S 2), auch   **26**
bei einer Zulassung durch den Einzelrichter (BVerwGE 121, 292 = NVwZ 2005, 98 zu
§ 124a VwGO; offen gelassen für den Fall der Verletzung des Art 101 Abs 1 S 2 GG
BVerwGE 122, 94 = NVwZ 2005, 460). Ohne Einschränkung gilt dies für die Zulassung der
Sprungrevision durch den konsentierten Berichterstatter (§ 87a Abs 2, Abs 3 VwGO)
(BVerwG NVwZ 2009, 392)

Die Bindungswirkung erstreckt sich auf das Vorliegen eines Zulassungsgrundes und   **27**
darauf, ob das Verfahren bis zur Zulassungsentscheidung fehlerfrei gewesen ist. Auch in
Fällen der nachträglichen Zulassung durch Beschluss hat das BVerwG aber selbständig und
bindungsfrei zu entscheiden, ob die **weiteren Voraussetzungen der (Sprung)Revision**
vorliegen. Es kann insbes die Wirksamkeit einer dem VG vorgelegten Erklärung darauf
nachprüfen, ob eine wirksame Zustimmung zur Einlegung der Sprungrevision vorliegt und
fristgerecht vorgelegt worden ist; Abs 1 S 1 normiert einheitlich mit dem Zustimmungserfordernis eine revisionsgerichtlicher Kontrolle unterworfene Zulässigkeitsvoraussetzung der
Sprungrevision.

Mit der Zulassung der Sprungrevision werden lediglich die Fristen für deren Einlegung in   **28**
Lauf gesetzt, nicht aber das Revisionsverfahren selbst eingeleitet. Hierzu bedarf es der

gesonderten Rechtsmitteleinlegung des Rechtsmittelführers, der bis zur Einlegung der Revision (Abs 5) noch wählen kann, welches der dann eröffneten Rechtsmittel er einlegen will.

E. Ablehnung der Zulassung der Sprungrevision

I. Rechtsmittel bei ausdrücklicher Ablehnung im Urteil

29   Wird die Zulassung der Sprungrevision bereits im Urteil selbst durch ausdrücklichen Ausspruch abgelehnt (keine stillschweigende Anlehnung), ist nach allgemeinen Grundsätzen zu beurteilen, ob bzw welches Rechtsmittel eröffnet ist. Besonderheiten ergeben sich auch nicht zum Fristlauf.

II. Rechtsmittel bei Ablehnung Zulassungsantrag

30   Bei der Ablehnung eines form- und fristgerecht gestellten Zulassungsantrages beginnt mit der Zustellung der ablehnenden Entscheidung der **Lauf der Frist für den Antrag auf Zulassung der Berufung** von neuem; eine Umdeutung des Zulassungsantrages in ein anderes Rechtsmittel scheidet aus. Voraussetzung für den neuerlichen Fristlauf ist, dass der Zulassungsantrag allen Formerfordernissen entsprach und ihm eine wirksame Zustimmungserklärung beigefügt war. Der Rechtsmittelführer soll durch den Versuch, die Zulassung der Sprungrevision zu erwirken, nicht schlechter, aber auch nicht besser gestellt werden als ein Rechtsmittelführer, der sich auf den Antrag auf Zulassung der Berufung bzw die Berufung selbst beschränkt hat.

31   Nicht ausdrücklich geregelt ist der Fall, dass das VG im Urteil zwar nach § 124a Abs 1 S 1 VwGO die **Berufung zugelassen** hat, den **Antrag auf Zulassung der Sprungrevision** aber ablehnt. Dies kann ua vorkommen, weil die Zulassungsgründe zwar weitgehend, aber zB hinsichtlich der divergenzfähigen Gerichte nicht vollständig identisch sind. Zur Schließung dieser offenkundig unbeabsichtigten, zum 1.1.2002 durch die Wiedereinführung der Möglichkeit der Berufungszulassung durch das VG aufgerissenen Regelungslücke ist Abs 3 S 1 entsprechend anzuwenden (Kopp/Schenke VwGO § 134 Rn 13; Eyermann/Kraft VwGO § 134 Rn 27; Sodan/Ziekow/Neumann VwGO § 134 Rn 104); alles andere nähme dem Rechtsmittelführer die vom Gesetz eröffnete Wahlmöglichkeit oder zwänge ihn dazu, zur Fristwahrung Berufung einzulegen.

32   Der **ablehnende Beschluss ist unanfechtbar** (Abs 2 S 3). Mit Blick auf Abs 3 S 1 sollte der Beschluss klarstellen, ob bzw. aus welchem Grunde der Zulassungsantrag als unzulässig verworfen oder mangels Zulassungsgrundes oder in Betätigung des Zulassungsermessens (s o Rn 13) als unbegründet zurückgewiesen wird. Eine weitergehende Begründung ist kraft Gesetzes nicht vorgeschrieben und von Verfassungs wegen regelmäßig nicht geboten (aA B/F-K/S/vA VwGO § 134 Rn 28: Begründung nach § 122 Abs 2 S 1 VwGO).

33   Weil durch ihn die ursprünglich dem Urteil beigefügte **Rechtsmittelbelehrung** unrichtig geworden ist, hat der ablehnende Beschluss über den **neuerlichen Lauf der Fristen für den Antrag auf Zulassung der Berufung bzw. die Berufung** selbst zu belehren (Sodan/Ziekow/Neumann VwGO § 134 Rn 107). Mangels neuerlichen Fristlaufes keiner Rechtsmittelbelehrung bedarf es, wenn der Zulassungsantrag als unzulässig verworfen worden ist, weil der Zulassungsantrag nicht in der gesetzlichen Frist und Form gestellt oder ihm eine wirksame Zustimmungserklärung nicht beigefügt worden war. Eine gleichwohl erteilte Rechtsmittelbelehrung zum neuerlichen Fristlauf wirkt nicht konstitutiv. Bei gleichwohl gestelltem Antrag auf Berufungszulassung hat das OVG selbständig zu überprüfen, ob die Frist nach Abs 3 S 1 erneut in Lauf gesetzt worden ist.

F. Verfahren bei zugelassener Sprungrevision

I. Revisionsverfahren

34   Die zugelassene Sprungrevision unterscheidet sich im Ganzen kaum von der (durch das OVG oder das BVerwG zugelassenen) „normalen" Revision. Sie ist, weil die Zulassung erst die Möglichkeit ihrer Einlegung eröffnet, allerdings innerhalb eines Monats (Abs 3 S 1;

§ 139 Abs 1 S 1 VwGO; nach Zustellung des Urteils bzw. des zulassenden Beschlusses) gesondert einzulegen und binnen zweier Monate (§ 139 Abs 3 VwGO) zu begründen. Hierüber ist nach § 58 Abs 1 VwGO zu belehren.

Für die Durchführung des Revisionsverfahrens und die abschließende Entscheidung **35** gelten ansonsten die **allgemeinen Revisionsvorschriften**. Ist die Rechtssache wegen Sachaufklärungsbedarf zurückzuverweisen, kann dies an das VG oder an das zuständige OVG erfolgen (§ 144 V; s dort Rn 43). Bei Zurückverweisung an das OVG ist die Sache als zugelassene Berufung zu behandeln.

Mit der **Einlegung der Sprungrevision** verliert das Berufungsgericht sein funktionelle **36** Zuständigkeit und wird das **BVerwG Gericht der Hauptsache** iSd §§ 80 V, VII in Bezug auf die Gewährung vorläufigen Rechtsschutzes (BVerwG Buchholz 310 § 80 VwGO Nr 29 Revision). Abweichend vom Wortlaut des § 146 Abs 1 VwGO ist das BVerwG auch dann zur Entscheidung zuständig, wenn im Zusammenhang mit einer Sprungrevision gegen eine vom VG nach § 80 Abs 5 VwGO getroffene Entscheidung Beschwerde eingelegt wird (BVerwG Buchholz 310 § 80 VwGO Nr 35).

II. Beifügung Zustimmungserklärung

Bei Zulassung der Sprungrevision bereits in dem Urteil ist der **Revisionsschrift** die **37** **Zustimmung des Rechtsmittelgegners** zu der Sprungrevision **beizufügen** bzw. in noch offener Revisionsfrist im Original nachzureichen, soweit sich das Original nicht schon bei den Verfahrensakten befindet (zu den Anforderungen an die Zustimmung und die Vorlage s oben Rn 6 ff).

Ist eine Sprungrevision bereits vor dem Eingang der Zustimmungserklärung oder ihrer **38** Zulassung durch das VG eingelegt worden, steht dies ihrer Zulässigkeit nicht entgegen, wenn diese Mängel in noch offener Frist behoben werden (BVerwG NVwZ 1996, 174); rechtzeitige **nachträgliche Zulassung** und Vorlage der Einverständniserklärung wirken auf den Zeitpunkt der Revisionseinlegung zurück.

III. Ausschluss Verfahrensrüge

Die Sprungrevision kann durch den Revisionsführer nicht auf einen **Mangel des Ver-** **39** **fahrens** gestützt werden (Abs 4). Begrenzt wird nur der Prüfungsmaßstab; berührt ist die Begründetheit, nicht die Zulässigkeit der Revision (aA BVerwG Buchholz 310 § 134 VwGO Nr 26). Eine vom Revisionskläger gleichwohl erhobene Verfahrensrüge ist sachlich nicht zu prüfen und für die Begründetheit unbeachtlich.

Ein sonstiger Beteiligter, von dessen Einwilligung die Sprungrevision nicht abhängt (s. **40** Eyermann/Kraft VwGO § 134 Rn 32), kann Form- und Verfahrensfehler, insb in Bezug auf die getroffenen tatsächlichen Feststellungen im Revisionsverfahren mit der nicht frist- und formgebundenen „**Gegenrüge**" geltend machen (GmS OBG BVerwGE 50, 369 [375]; BVerwG Buchholz 310 § 134 VwGO Nr 39). Das BVerwG selbst wird durch Abs 4 nicht gehindert, seiner Entscheidung rügeunabhängig von Amts wegen zu beachtende Verfahrensmängel zu Grunde zu legen (BVerwG NVwZ 1998, 954: Klagebefugnis; BVerwGE 117, 93 = NVwZ 2003, 605).

IV. Anschlussrevision

Bei eingelegter zugelassener Sprungrevision kann eine **(unselbständige) Anschlussrevi-** **41** **sion** (§ 141 S 1 VwGO iVm § 127 Abs 4 VwGO) ohne Zustimmung oder gesonderten Antrag eingelegt werden (BVerwGE 65, 27 = NVwZ 1982, 372). Alle Voraussetzungen der Sprungrevision einschließlich der entsprechenden Zulassung müssen lediglich für eine selbständige Anschlussrevision erfüllt sein; der Rechtsmittelgegner, der selbst ein Rechtsmittel einzulegen gedenkt, sollte bei der antragsanhängigen Zulassung einen eigenen Antrag stellen und die entsprechende Zustimmung zur Einlegung einholen, um sein Rechtsmittel vom Erstrechtsmittelführer abzukoppeln.

G. Berufung und Sprungrevision

I. Wahlrecht Rechtsmittelführer

42   Berufung bzw Berufungszulassungsantrag und Sprungrevision stehen als mögliche Rechtsmittelalternativen zunächst selbständig nebeneinander. Die Zulassung der Sprungrevision eröffnet den hieraus berechtigten Beteiligten eine Wahlmöglichkeit, die sie wahrnehmen können, aber nicht wahrnehmen müssen. Beide Rechtsmittel können indes nicht nebeneinander auch durchgeführt werden. Vorrang hat die zugelassene und tatsächlich eingelegte Sprungrevision: Sie begründet für alle Verfahrensbeteiligten den Zugang zur Revisionsinstanz, begründet endgültig deren umfassende Zuständigkeit und beseitigt endgültig die der Berufungsinstanz (BVerwGE 14, 298; BVerwGE 65, 27 = NVwZ 1982, 372; BSG NZS 1995, 44).

42.1   Soweit nicht die der Revisionseinlegung vorangehende Einlegung der Berufung/ein Antrag auf Zulassung der Berufung als statthafter Widerruf der Revisionseinlegung zu werten ist (so Rn 10.1), wird die Berufung/ der Berufungszulassungantrag gegenstandslos.

II. Fiktiver Berufungsverzicht

43   Die Rechtsmittelabgrenzung wird durch die **Fiktion** bewirkt, dass die Einlegung der Revision und die Zustimmung als **Verzicht auf die Berufung** gelten, wenn das VG die Revision zugelassen hat (Abs 5). Zulassung oder Zustimmung für sich allein reichen nicht, wenn nicht die Einlegung hin zukommt. Die Fiktionswirkung stellt unabhängig von verfahrensbezogenen Erklärungen der Hauptverfahrensbeteiligten im Interesse der Rechtssicherheit klar, welches Rechtsmittel Vorrang hat, und verhindert eine Aufspaltung des Verfahrensgegenstandes auf verschiedene konkurrierende Rechtsmittel.

44   Der fingierte Berufungsverzicht erfasst in entsprechender Anwendung auch den der Berufung vorgelagerten **Antrag auf Zulassung der Berufung**. Er gilt über die Hauptverfahrensbeteiligten hinaus auch für die **sonstigen Beteiligten**, insbes auch die (notwendig oder einfach) Beigeladenen (BVerwG Buchholz 310 § 134 VwGO Nr 39; GmS OBG BVerwGE 50, 369). Dies stößt in Bezug auf einen durch ein Urteil gebundenen (§ 121 VwGO) notwendig Beigeladenen auf Kritik, zumal dieser der Sprungrevision auch nicht zuzustimmen haben muss (s oben Rn 5; Eyermann/KraftVwGO § 134 Rn 36). Die Möglichkeit der Gegenrüge (BVerwG Buchholz 310 § 134 VwGO Nr 39) gleich dies nicht vollständig aus.

45   Die **Fiktionswirkung** tritt erst ein, wenn eine **wirksame Einlegung** der zugelassenen Sprungrevision mit einer rechtzeitigen und wirksamen Zustimmung zusammentrifft (BGH NJW 1997, 2387). Fehlt es an einer fristgerechten oder wirksamen Zustimmung oder ist die Sprungrevision nicht wirksam eingelegt, tritt keine Verzichtsfiktion ein; eine anhängige Berufung bleibt zulässig (BVerwG Buchholz 310 § 134 VwGO Nr 33; zu § 134 VwGO aF).

46   Die Verzichtsfiktion entzieht einer bereits eingelegten **Berufung bzw einem Berufungszulassungsantrag** die Grundlage und bewirkt deren **Erledigung**. Sie sind nach entsprechenden Erklärungen einzustellen. Die (außergerichtlichen und gerichtlichen) Kosten sind Teil der Verfahrenskosten, über deren Tragung in der Schlussentscheidung zu befinden ist. Eine trotz wirksam eingelegter Sprungrevision eingelegte Berufung ist von vornherein unzulässig (BSG NZS 1995, 44).

47   Der fingierte **Verzicht auf die Berufung** ist **endgültig**. Die Berufungs(zulassungs)möglichkeit lebt für keinen der Verfahrensbeteiligten wieder auf, wenn die Revision zurückgenommen wird oder eine wirksam eingelegte Sprungrevision – etwa mangels fristgerechter Begründung – unzulässig ist. Erweist sich eine vermeintlich wirksam zugelassene und eingelegte Sprungrevision, der die Beteiligten Verzichtswirkung beigemessen haben, als unzulässig, etwa weil die Zustimmung nicht wirksam erteilt oder frist- und formgerecht vorgelegt worden ist, ist die Fiktionswirkung tatsächlich nicht eingetreten (s oben Rn 45). Das Berufungsgericht kann (wieder) über ein etwa noch anhängiges form- und fristgerechtes Rechtsmittel (Berufung; Berufungszulassungsantrag) entscheiden. Die regelmäßig für die Einlegung bereits abgelaufenen Rechtsmittelfristen werden indes nicht neu in Lauf gesetzt, Abs 3 S 1 ist nicht entsprechend anzuwenden.

§ 135 [Revision bei Ausschluss der Berufung]

[1] **Gegen das Urteil eines Verwaltungsgerichts (§ 49 Nr. 2) steht den Beteiligten die Revision an das Bundesverwaltungsgericht zu, wenn durch Bundesgesetz die Berufung ausgeschlossen ist.** [2] **Die Revision kann nur eingelegt werden, wenn das Verwaltungsgericht oder auf Beschwerde gegen die Nichtzulassung das Bundesverwaltungsgericht sie zugelassen hat.** [3] **Für die Zulassung gelten die §§ 132 und 133 entsprechend.**

Die Norm regelt im Interesse der Rechtssicherheit und -einheit den Zugang zur Revisionsinstanz, wenn durch Bundesrecht die Berufung ausgeschlossen ist. Insoweit ergänzt sie spezialgesetzliche Bestimmungen zum Berufungsausschluss. Die Revision bedarf der Zulassung durch das VG oder das BVerwG, die Bestimmungen über die Revision gegen berufungsgerichtliche Entscheidungen (§ 132 VwGO) und das Nichtzulassungsbeschwerdeverfahren (§ 133 VwGO) gelten entsprechend.

A. Voraussetzungen und Reichweite

Der unmittelbare Zugang zur Revisionsinstanz wird in Fällen eröffnet, in denen durch ein **1** **Bundesgesetz** die Berufung generell ausgeschlossen ist. Landesgesetzliche Berufungsausschlüsse sind nicht zugelassen und ohnehin wegen Verstoßes gegen § 124 VwGO unwirksam (Art 31 GG). Erfasst werden über den Wortlaut hinaus **alle** an sich **berufungs- bzw. revisionsfähigen,** dem Urteil gleichstehenden **verwaltungsgerichtlichen Entscheidungen** (s § 124 VwGO Rn 6, 132 VwGO Rn 2), mithin auch Gerichtsbescheide (§ 82 Abs 2 Nr 2 VwGO) und urteilsersetzende Beschlüsse in Massenverfahren (§ 93a Abs 2 S 1 VwGO). Bloße Berufungsbeschränkungen, insbes das Zulassungserfordernis nach § 124 VwGO oder Wertgrenzen, sind unabhängig davon nicht erfasst, ob im Einzelfall der Zugang zur Berufungsinstanz eröffnet ist bzw wird.

Der Bundesgesetzgeber kann **weitergehende Rechtsmittelbeschränkungen** anordnen, **2** die § 135 VwGO dann vorgehen. So sind im Asylverfahren bei Klageabweisung als offensichtlich unzulässig oder unbegründet Berufung und Revision ausgeschlossen (§ 78 I AsylVfG).

Hat ein Verwaltungsgericht zu Unrecht einen Berufungsausschluss im Sinne des § 135 S 1 **3** VwGO angenommen und dementsprechend eine Entscheidung über die Nichtzulassung der Revision getroffen, so kann in entsprechender Anwendung von § 133 Abs 4 die Nichtzulassungsentscheidung isoliert aufgehoben werden, um dem Beschwerten die Möglichkeit zu verschaffen, die Zulassung des Rechtsmittels der Berufung zu erstreiten (BVerwG NJW 2002, 2262); nach dem Meistbegünstigungsprinzip kann auch direkt die Zulassung der Berufung beantragt werden (Eyermann/Kraft VwGO § 135 Rn 3).

B. Einzelbeispiele

Der Bundesgesetzgeber hat in verschiedenen Gesetzen durch Berufungsausschluss das **4** Verfahren auf zwei verwaltungsgerichtliche Instanzen beschränkt; soweit er dies mit einem Beschwerdeausschluss verbunden hat, erfasst dies nicht die in Satz 2 iVm § 133 VwGO vorausgesetzte Nichtzulassungsbeschwerde.

Die Vorschrift setzt voraus, dass die Berufung nach Inkrafttreten der VwGO, also nach dem **4.1** 1.4.1960, bundesgesetzlich ausgeschlossen worden ist (BVerwGE 28, 22). Die Berufung ist nur ausgeschlossen, wenn ein entsprechender Gesetzeswille in einer Zweifel ausschließenden Weise im Gesetz selbst deutlich hervortritt (BVerwG NJW 2002, 2262).

Exemplarisch zu nennen sind (s. a. S/S-A/P/Meyer-Ladewig/Rudisile VwGO Vorb **5** § 124 Rn 25):
- § 27 Abs 1 S 2 **Berufliches Rehabilitierungsgesetz** (BerRehaG; i. d. F. der Bekanntmachung v 1.7.1997, BGBl I 1626)
- § 20 Abs 2 Ernährungssicherstellungsgesetz (ESG; idF der Bekanntmachung vom 27.8.1990, BGBl I S 1802)

- § 23 Abs 2 S 1 **Investitionsvorranggesetz** (InVorG; idF der Bekanntmachung v 4.8.1997, BGBl I 1996)
- § 10 Abs 2 S 1 Kriegsdienstverweigerungsgesetz (KDVG; v. 9.8.2003, BGBl I 1593)
- § 339 Abs 1, 3 **Lastenausgleichsgesetz** (LAG; idF der Bekanntmachung v 2.6.1993, BGBl I 845)
- § 58 **Saatgutverkehrsgesetz** (SaatG; v 20.8.1985, BGBl I 1663)
- § 137 Abs 3 **Telekommunikationsgesetz** (TKG; v 22.6.2004, BGBl I 1190; in Bezug auf Beschlusskammerentscheidungen nach § 132 TKG) (nicht in sonstigen Regulierungsstreitigkeiten oder solchen nach dem PostG; BVerwG NVwZ-RR 2006, 580)
- § 22 **Verkehrssicherstellungsgesetz** (VerkSiG; idF der Bekanntmachung v 8.10.1968, BGBl I 1082)
- § 37 Abs 2 S 1 **Vermögensgesetz** (VermG; idF der Bekanntmachung v 9.2.2005, BGBl I 205)
- § 6 Abs 1 S 2 **Vermögenszuordnungsgesetz** (VZOG; idF der Bekanntmachung v. 29.3.1994, BGBl I 709)
- § 16 Abs 1 S 2 **Verwaltungsrechtl. Rehabilitierungsgesetz** (VwRehaG; idF der Bekanntmachung v 1.9.1997, BGBl I 1620)
- § 12 S 1 **Wirtschaftssicherstellungsgesetz** (WiSiG; idF der Bekanntmachung v. 3.10.1968, BGBl I 1069)
- § 34 S 1 **Wehrpflichtgesetz** (WpflG; idF der Bekanntmachung v 15.8.2011, BGBl I 1730)
- § 75 **Zivildienstgesetz** (ZDG; idF der Bekanntmachung v 17.5.2005, BGBl I 1346).

C. Rechtsfolgen

6   Bei Berufungsausschluss ist der Zugang zur Revisionsinstanz im Vergleich zu einem Berufungsurteil nicht erleichtert. Die **Revision** bedarf der **Zulassung** durch das VG oder das BVerwG. Für die Anwendung der §§ 132, 133 tritt das VG an die Stelle des OVG. Der in Satz 2 vorausgesetzten Einlegung der Revision bedarf es nach dem insoweit spezielleren und damit vorrangigen § 139 Abs 2 VwGO nicht, wenn der Nichtzulassungsbeschwerde vom VG abgeholfen wird oder das BVerwG die Revision zulässt.

7   Hat das Verwaltungsgericht durch Gerichtsbescheid entschieden, kann der Beteiligte in den Fällen des § 135 VwGO mit der Nichtzulassungsbeschwerde nicht eine **Verletzung rechtlichen Gehörs als Verfahrensmangel** erfolgreich geltend machen, wenn er die Möglichkeit nicht wahrgenommen hat, gem § 84 Abs 2 Nr 4 VwGO mündliche Verhandlung zu beantragen, und kann auch keine Verfahrensrügen erheben, die sich gegen die Richtigkeit der festgestellten Tatsachen richten (BVerwG NVwZ-RR 2003, 902).

8   Die Möglichkeit, mit der Nichtzulassungsbeschwerde auch den Verfahrensmangel einer Verletzung des Anspruchs auf rechtliches Gehör geltend machen zu können (s § 132 VwGO Rn 57, § 133 VwGO Rn 63), steht trotz ausgeschlossenem Zugang zu einer weiteren Tatsacheninstanz einer **Anhörungsrüge** nach § 152a VwGO entgegen (s auch BVerwG NVwZ 2003, 1132 Ausschluss Abhilfeverfahren nach § 321a ZPO).

§ 136 [aufgehoben]

§ 136 VwGO wurde durch Art 1 Nr 28 des 6. VwGOÄndG vom 1.11.1996 (BGBl I 1626) mit Wirkung vom 1.1.1997 aufgehoben.

§ 137 [Zulässige Revisionsgründe]

(1) Die Revision kann nur darauf gestützt werden, daß das angefochtene Urteil auf der Verletzung

1. von Bundesrecht oder

2. einer Vorschrift des Verwaltungsverfahrensgesetzes eines Landes, die ihrem Wortlaut nach mit dem Verwaltungsverfahrensgesetz des Bundes übereinstimmt,

beruht.

(2) Das Bundesverwaltungsgericht ist an die in dem angefochtenen Urteil ge-troffenen tatsächlichen Feststellungen gebunden, außer wenn in bezug auf diese Feststellungen zulässige und begründete Revisionsgründe vorgebracht sind.

(3) ¹ Wird die Revision auf Verfahrensmängel gestützt und liegt nicht zugleich eine der Voraussetzungen des § 132 Abs. 2 Nr. 1 und 2 vor, so ist nur über die geltend gemachten Verfahrensmängel zu entscheiden. ² Im übrigen ist das Bundesverwaltungsgericht an die geltend gemachten Revisionsgründe nicht gebunden.

§ 137 VwGO bestimmt den Umfang der revisionsgerichtlichen Überprüfbarkeit angefochtener Urteile sowohl in rechtlicher als auch in tatsächlicher Hinsicht. Das BVerwG ist in seiner Prüfung in dreifacher Hinsicht beschränkt:

Es darf erstens die angefochtene Entscheidung nur auf die Verletzung revisiblen Rechts (Rn 3 ff) überprüfen, § 137 Abs 1 VwGO.

Zweitens sind gem § 137 Abs 2 VwGO die tatsächlichen Feststellungen in der angefochtenen Entscheidung für das BVerwG grds bindend (Rn 44 ff).

Und drittens beschränkt § 137 Abs 3 VwGO den Prüfungsumfang (Rn 66 ff) in bestimmten Fällen auf die geltend gemachten Revisionsgründe.

Die Norm betrifft allein die Begründetheit der Revision. Wenngleich sich § 137 VwGO nicht unmittelbar auf die Zulassung der Revision gem § 132 VwGO bezieht, wirkt die Regelung mittelbar bereits auf die Entscheidung über die Zulassung ein. Denn diese kann nur aus Rechtsfragen, die im angestrebten Revisionsverfahren klärungsfähig sind, erfolgen.

In tatsächlicher Hinsicht ist das Revisionsgericht an die Feststellungen der Vorinstanz gebunden, sofern nicht dagegen gem Abs 2 zulässige und begründete Revisionsgründe vorgebracht sind. Das Revisionsgericht unterliegt grds keiner Bindung an die geltend gemachten Revisionsgründe (Abs 3 S 2). Wenn die Revision aber lediglich auf Verfahrensrügen gestützt wird, ist es dem BVerwG grds verwehrt, das Urteil auch in materiellrechtlicher Hinsicht zu überprüfen (Abs 3 S 1).

Die Begründetheit der Revision setzt voraus, dass das angegriffene Urteil auf der Verletzung revisiblen Rechts beruht. Das ist bei Verstößen gegen materielles Recht der Fall, wenn die Vorinstanz bei Unterbleiben des Rechtsverstoßes zu einem anderen Ergebnis gelangt wäre. Bei Verfahrensmängeln genügt hingegen die Möglichkeit einer abweichenden Entscheidung bei rechtmäßigem Verfahrensablauf. Insoweit unterscheiden sich die Revisionsgründe iSv § 137 VwGO von den absoluten Revisionsgründen nach § 138 VwGO, bei denen das Beruhen der Entscheidung auf einem Bundesrechtsverstoß unwiderleglich vermutet wird (s § 138 VwGO Rn 3 ff).

Auch das Beruhen des angegriffenen Urteils auf der Verletzung revisiblen Rechts gem Abs 1 führt die Revision dann nicht zum Erfolg, wenn sich die Entscheidung selbst aus anderen Gründen als richtig darstellt (§ 144 Abs 4 VwGO).

Übersicht

A. Grundsätzliches

1   § 137 VwGO geht zurück auf die **Vorgängerregelung** in § 56 BVerwGG v 23.9.1952 (BGBl I 625). Bis heute entspricht die Norm in Abs 1 Nr 1, Abs 2 und Abs 3 ihrer 1960 verabschiedeten Ursprungsfassung. Abs 1 ist durch § 97 Nr 3 VwVfG vom 25.5.1976 (BGBl I 1253) neu gefasst worden.

1.1   Dabei wurde die Nr 2 in Abs 1 eingefügt und das Wort „beruhe" durch „beruht" ersetzt. Die Änderung soll die Rechtseinheit auf dem Gebiet des Verwaltungsverfahrensrechts sicherstellen, vgl BT-Drucks 7/4798, 2 f.

2   In § 137 VwGO werden drei **Kernaussagen** des Revisionsrechts getroffen:
Durch Abs 1 wird der Prüfungsumfang beschränkt auf die **Verletzung revisiblen Rechts**.
Abs 2 bindet das BVerwG prinzipiell an die Tatsachenfeststellungen der Vorinstanz. Damit wird die Revision auf die Funktion der **Rechtmäßigkeitskontrolle** ausgerichtet.
Abs 3 regelt schließlich, inwieweit das BVerwG seine Rechtmäßigkeitskontrolle vAw vornimmt oder aber auf die Überprüfung gerügter Verstöße beschränkt bleibt.
Indem die Vorschrift lediglich für Verfahrensverletzungen einen Rügevorbehalt statuiert, wird für das materielle Recht der **Grundsatz der Vollrevision** aufgestellt.

B. Verletzung revisiblen Rechts (Abs 1)

3   Unter revisiblem Recht sind all jene Rechtssätze zu verstehen, die als Prüfungsmaßstab für die Nachprüfung einer angefochtenen Entscheidung durch das BVerwG in rechtlicher Hinsicht in Betracht kommen (vgl Sodan/Ziekow/Neumann VwGO § 137 Rn 27). Darunter fallen gem Abs 1 Nr 1 vor allem **Rechtssätze des Bundesrechts** (Bertrams DÖV 1992, 97, 97; Kopp/Schenke VwGO § 137 Rn 4; Redeker/v. Oertzen/Redeker VwGO § 137 Rn 2). Nur **ausnahmsweise** ist **Landesrecht** revisibel (Kopp/Schenke VwGO § 137 Rn 4), sofern Bundes- oder Landesrecht dies vorsehen. Bei Sachverhalten mit **Gemengelagen** von Bundes- und Landesrecht ist dementsprechend auf das Recht abzustellen, bzgl dessen eine Rechtsverletzung (angeblich) vorliegt. So ist bspw ein Bebauungsplan zwar ein Rechtsinstitut des Bundesrechts, allerdings führt dies nicht zur Revisibilität der landesrechtlichen Vorschriften über die Organkompetenz zum Erlass von Bebauungsplänen. Denn ob bei einer solchen Beschlussfassung die gemeindliche Kompetenzordnung eingehalten wurde, ist ein formelles Gültigkeitserfordernis, das allein nach Landesrecht zu beurteilen ist (BVerwG DVBl 2008, 1461, LS 3). Zu schwierigen Gemengelagen s auch Rn 22 f, Rn 30 u Rn 32 f.

I. Bundesrecht

1. Grundsätze

4   Nach Abs 1 Nr 1 stellt das gesamte Bundesrecht revisibles Recht dar. Dieser Begriff knüpft an den Normgeber an. Maßgeblich ist darauf abzustellen, welches Organ den **Rechtsanwendungsbefehl** erteilt hat (Sodan/Ziekow/Neumann VwGO § 137 Rn 38; Wysk/Kuhlmann VwGO § 137 Rn 2, 5). Revisibles Bundesrecht setzt daher voraus, dass die in Rede stehende Norm kraft eines Gesetzgebungsbefehls des Bundesgesetzgebers gilt (BVerwG Buchholz 310 § 137 VwGO Nr 160; BVerwGE 123, 303, 306 = NVwZ 2005, 964, 966; BVerwG NVwZ-RR 2013, 462, 463; S/S/B/Eichberger VwGO § 137 Rn 33). Nicht entscheidend ist, ob sich die bundesrechtliche Norm auf das ganze Bundesgebiet oder nur Teile davon erstreckt (May Die Revision 2. Aufl 1997 Kap VI Rn 38; Redeker/ v. Oertzen/Redeker VwGO § 137 Rn 6; aA Bertrams, DÖV 1992, 97, 97). Auch partielles Bundesrecht ist demnach revisibel (BVerwGE 81, 1, 2 = NJW 1989, 3168, 3168; B/F-K/S/ Bader VwGO § 137 Rn 3; S/S/B/Eichberger VwGO § 137 Rn 35; Sodan/Ziekow/Neumann VwGO § 137 Rn 39). Die Bedeutung partiellen Bundesrechts wird mit der Einführung der sog Abweichungsgesetzgebung in Art 72 Abs 3 GG durch die am 1.9.2006 in Kraft getretene Föderalismusreform I nicht unerheblich zunehmen. Denn auf den in der Norm enumerierten Gebieten gehen spätere von einer bundesgesetzlichen Regelung abweichende

Gesetze eines oder mehrerer Länder zwar in Anwendung des lex posterior-Grundsatzes vor (Art 72 Abs 3 S 3 GG). Indes besitzen die divergierenden Landesgesetze lediglich einen Anwendungsvorrang im Bereich der betreffenden Länder (Sachs/Degenhart GG Art 72 Rn 40; Jarass/Pieroth GG Art 72 Rn 32). Soweit Länder von ihrem Abweichungsrecht keinen Gebrauch machen, bleibt es dagegen bei der Anwendbarkeit des Bundesrechts.

Maßstab der Revision sind nur **Rechtssätze**. Daraus folgt, dass Denk- und allgemeine 5 Erfahrungssätze (vgl unten Rn 25, Rn 52 ff) nicht für sich, sondern nur mittelbar über die jeweils anzuwendenden Rechtsnormen Maßstab der Revision sind (S/S/B/Eichberger VwGO § 137 Rn 19; zur revisionsgerichtlichen Überprüfung von Indizienbeweisen vgl Brunn NJOZ 2011, 1873 ff). Anerkannte **Regeln der Technik** (BVerwG Buchholz 310 § 137 VwGO Nr 9 = NJW 1962, 506, 506), die **VOB** (BVerwGE 112, 360, 365 = Buchholz 316 § 49 VwVfG Nr 40; BVerwG NJW 2001, 1440, 1441), **DIN-Normen** (BVerwG NVwZ-RR 1997, 214, 214) und **beamtenrechtliche Beurteilungsrichtlinien** (BVerwG BeckRS 2013, 48595) sind keine Rechtssätze iSv § 137 VwGO (Eyermann/Kraft VwGO § 137 Rn 13). Zur grds fehlenden Revisibilität von **Verwaltungsvorschriften** s unten Rn 21.

2. Das revisible Bundesrecht im Einzelnen

Unter Heranziehung der vorstehend skizzierten Grundsätze lassen sich die folgenden 6 Normen als **Bundesrecht iSv Abs 1 Nr 1** (vgl Bertrams DÖV 1992, 97 ff; Kopp/Schenke VwGO § 137 Rn 5 ff; May Die Revision 2. Aufl 1997 Kap VI Rn 37 f; Sodan/Ziekow/ Neumann VwGO § 137 Rn 42 ff) differenzieren:

a) **Grundgesetz**. Maßstab der Revision sind die **Rechtssätze des Grundgesetzes**. Dies 7 schließt die Prüfung ein, ob das Tatsachengericht die **Grundsätze der verfassungskonformen Auslegung** beachtet hat (BVerwGE 78, 347, 352 = NVwZ 1988, 527, 528; BVerwG NJW 1997, 814, 814; NJW 2002, 2122, 2122). Während unterverfassungsrechtliche Grundsätze nicht revisibel sind, kommen als Maßstab der Revision auch die Grundsätze in Betracht, die als Ausprägungen oder **Konkretisierungen von Verfassungsrechtsprinzipien** begriffen werden. So handelt es sich bei zahlreichen der vom BVerwG über die allgemeinen Grundsätze des Verwaltungsrechts für revisibel erklärten Rechtssätze um verfassungsrechtliche Vorgaben. Zudem können sich Abgrenzungsschwierigkeiten ergeben gegenüber landesrechtlichen und damit nicht revisiblen Bestimmungen, in denen der Landesgesetzgeber verfassungsrechtlich geprägte Materien ausgestaltet. Insoweit bleibt es dabei, dass das Landesrecht nicht selbst, sondern lediglich seine Bundesrechtskonformität Maßstab der revisionsgerichtlichen Kontrolle ist.

b) **Parlamentsgesetze des Bundes**. Revisibel sind **nachkonstitutionelle förmliche** 8 **Bundesgesetze**. Soweit Entscheidungen des BVerfG gem § 31 Abs 2 BVerfGG Gesetzeskraft haben, ist deren Beachtung konsequenterweise ebenfalls Maßstab der Revision (S/S/B/ Eichberger VwGO § 137 Rn 36).

c) **Rechtsverordnungen, Satzungen**. Gegenstand der Revision sind ferner gem Art 80 9 Abs 1 GG ergangene **Rechtsverordnungen des Bundes**, nicht aber eine lediglich auf bundesrechtlicher Ermächtigung beruhende landesrechtliche Verordnung (Sodan/Ziekow/ Neumann VwGO § 137 Rn 43).

Revisibel ist autonomes **Satzungsrecht**, das **von bundesunmittelbaren Körperschaf-** 10 **ten** erlassen wird (S/S/B/Eichberger VwGO § 137 Rn 36).

d) **Fortgeltendes Recht**. Vorkonstitutionelles Recht unterfällt § 137 Abs 1 Nr 1 11 VwGO, wenn es **gem Art 124 bis 125 GG als Bundesrecht fort gilt** (B/F-K/S/Bader VwGO § 137 Rn 3; Eyermann/Kraft VwGO § 137 Rn 16; Sodan/Ziekow/Neumann VwGO § 137 Rn 45). Als Recht iSv Art 123 ff GG kommen Rechtsnormen aller Art in Betracht, also neben Parlamentsgesetzen auch Rechtsverordnungen (BVerfGE 28, 119, 132 ff), Satzungen (vgl BVerfGE 44, 216, 226) und Gewohnheitsrecht (BVerfGE 41, 251, 263 = NJW 1976, 1309, 1310).

Revisibel ist das gem Art 9 Abs 2 und 4 EVertr fortgeltende **Recht der DDR**, wenn es 12 das Gebiet der ausschließlichen Gesetzgebung des Bundes betrifft und das betreffende Sachgebiet in den alten Bundesländern bundesgesetzlich geregelt ist (Redeker/v. Oertzen/Redeker VwGO § 137 Rn 9a). Nicht revisibel ist vor dem Beitritt ausgelaufenes DDR-Recht

(BVerwGE 117, 233, 235 = Buchholz 115 Sonst Wiedervereinigungsrecht Nr 44; BVerwG BeckRS 2007, 26407; BVerwG BeckRS 2010, 47297; Eyermann/Kraft VwGO § 137 Rn 17).

13   **e) Allgemeine Regeln des Völkerrechts, Transformationsgesetze.** Die **allgemeinen Regeln des Völkerrechts** sind **gem Art 25 GG** Bestandteil des Bundesrechts und damit revisibel (Redeker/v. Oertzen/Redeker VwGO § 137 Rn 11; S/S/B/Eichberger VwGO § 137 Rn 38). Ferner sind Gegenstand der Revision die **Gesetze des Bundes zur Transformation** völkerrechtlicher Verträge. Voraussetzung der Revisibilität ist freilich, dass die Vertragsnorm nach ihrem Wortlaut, Zweck und Inhalt geeignet und hinreichend bestimmt ist, wie eine innerstaatliche Vorschrift rechtliche Wirkung zu entfalten, also keiner weiteren normativen Ausfüllung mehr bedarf (vgl BVerwGE 44, 156, 160 = Buchholz 427.3 § 360 Nr 48; BVerwGE 92, 116, 118 = NVwZ 1993, 782, 783).

14   **f) Unionsrecht.** Das **Recht der Europäischen Gemeinschaft bzw Union** ist revisibel. Dies gilt sowohl für das primäre Vertragsrecht als auch für das organgeschaffene sekundäre Unions- bzw. vormals Gemeinschaftsrecht (BVerwGE 35, 277, 278 = BayVBl 1970, 363, 363; BVerwG NVwZ 1997, 178, 178; Petzold NVwZ 1999, 151, 152). Das BVerwG hat dies zunächst damit begründet, dass es auf Grund einheitlicher Kompetenz im ganzen Bundesgebiet gelte (BVerwGE 35, 277, 278 = BayVBl 1970, 363, 363). Während die Revisibilität des primären Unionsrechts konstruktiv noch über das jeweilige Hoheitsrechts-übertragungsgesetz begründet werden könnte, scheidet dieser Weg für das sekundäre von vornherein aus. Obwohl Gemeinschaftsrecht kein Bundesrecht ist und daher in anderem Kontext – etwa der Art 83 GG ff – eine pauschale Gleichsetzung von Gemeinschaftsrecht und Bundesgesetzen ausgeschlossen sein kann (Suerbaum Die Kompetenzverteilung beim Verwaltungsvollzug des Europäischen Gemeinschaftsrechts in Deutschland, 1998, 209 ff, bes 236 ff; zust Dreier/Hermes GG Art 83 Rn 10 ff; v. M/K/S/Trute GG Art 83 Rn 66), wird die umfassende Revisibilität des Gemeinschafts- bzw. Unionsrechts im Ergebnis mit Recht nicht mehr in Zweifel gezogen (BVerwG NVwZ 1997, 178, 178; B/F-K/S/Bader VwGO § 137 Rn 3; Sodan/Ziekow/Neumann VwGO § 137 Rn 54). An dieser Stelle kommt – ausnahmsweise – der Gedanke der bundesweiten Geltung zum Tragen, so dass eine dem Telos der Revisionsbestimmungen entsprechende Einbeziehung erfolgt.

15   Entgegen verbreiteter Behauptung setzt die Revisibilität **nicht** die **unmittelbare Anwendbarkeit** des Unionsrechts voraus. Die Kontrolle des BVerwG erstreckt sich vielmehr insbes auch auf die Beachtung des Gebots richtlinienkonformer Auslegung (vgl BVerwGE 102, 282, 286 ff = NJW 1997, 753 f; BVerwGE 110, 302, 312 = NVwZ 2000, 1171, 1173). Selbstverständlich ist das BVerwG indes nicht zur verbindlichen Interpretation des Unionsrechts befugt, sondern hat als letztinstanzliches Gericht unter den Voraussetzungen des Art 267 Abs 3 AEUV ggf seiner **Vorlagepflicht** an den EuGH zu genügen.

16   **g) Gewohnheitsrecht. Rechtssätze des Gewohnheitsrechts** sind revisibel, soweit sie in den Bereich der Rechtsetzungskompetenz des Bundes fallen (BVerwGE 2, 22, 24 = NJW 1955, 1609, 1610; B/F-K/S/Bader VwGO § 137 Rn 3; Sodan/Ziekow/Neumann VwGO § 137 Rn 55).

17   **h) Allgemeine Grundsätze des Verwaltungsrechts.** Die **allgemeinen Grundsätze des Verwaltungsrechts** sind Rechtssätze, die unabhängig von einem bestimmten Sachgebiet grds für alle Materien des Verwaltungsrechts gelten (Sodan/Ziekow/Neumann VwGO § 137 Rn 56; vgl zur Begriffsbildung zur Kirchhof FS Menger 1985, 813, 819 f). Sie sind nicht als solche, dh nicht deshalb revisibel, weil sie allgemeine Grundsätze des Verwaltungsrechts sind (BVerwG NJW 1972, 269, 269), stellen aber revisibles Bundesrecht dar, soweit sie Bundesrecht ergänzen. Hingegen sind sie, wenn sie der Ergänzung von Landesrecht dienen, nicht revisibel (BVerwGE 2, 22, 22 = NJW 1955, 1609, 1609; BVerwG Buchholz 310 § 144 VwGO Nr 69; BVerwG Buchholz 310 § 137 Abs 1 VwGO Nr 21, BVerwG NJW 2006, 791, 792; so nunmehr auch Eyermann/Kraft VwGO § 137 Rn 22).

18   Wenn und soweit solche Grundsätze aber selbst auf das Bundesrecht rückführbar sind, ergibt sich bereits daraus ihre Revisibilität, ohne dass daran ihre Stellung als allgemeine Grundsätze etwas ändert (BVerwG NJW 1972, 269, 269; S/S/B/Eichberger VwGO § 137 Rn 68; Kopp/Schenke VwGO § 137 Rn 7). Über die Revisibilität ist dann nicht nach dem Prinzip der Normergänzung zu entscheiden. Aus dem Bundesrecht abgeleitete und daher **stets revisible** allgemeine **Grundsätze** des Verwaltungsrechts sind beispielsweise (vgl So-

dan/Ziekow/Neumann VwGO § 137 Rn 62; krit hierzu Eyermann/Kraft VwGO § 137 Rn 24):
- der Grundsatz der Verhältnismäßigkeit (BVerwGE 45, 51, 58 = NJW 1974, 807, 809; BVerwG NJW 2002, 2122, 2122; Bertrams DÖV 1992, 97, 99);
- das Abwägungsgebot (BVerwG NJW 1982, 1473, 1473);
- der Grundsatz des Vertrauensschutzes (BVerwGE 51, 310, 315);
- der Grundsatz der Chancengleichheit (BVerwG NVwZ 1993, 686, 687 f);
- der Grundsatz der Folgenbeseitigung (BVerwG NJW 1972, 269, 269);
- das rechtsstaatliche Bestimmtheitsgebot (BVerwG NJW 1992, 2243, 2244);
- das im Rechtsstaatsprinzip verankerte Willkürverbot (BVerwGE 57, 112, 119 = Buchholz 421.2 Hochschulrecht Nr 69; vgl auch BVerfGE 75, 39, 42 = NJW 1982, 983, 983);
- das allgemeine Koppelungsverbot bei Verwaltungsakten und öffentlich-rechtlichen Verträgen (Kopp/Schenke VwGO § 137 Rn 7).

Die unterschiedliche Würdigung allgemeiner Rechtsgrundsätze im Hinblick auf ihre **19** Revisibilität führt zu Unsicherheiten bei der **Abgrenzung** revisibler und nicht revisibler Rechtsgrundsätze. Soweit sich ein bundesverfassungsrechtlicher Geltungsgrund nicht nachweisen lässt, sollte daher vom Prinzip der Normergänzung ausgegangen werden (S/S/B/ Eichberger VwGO § 137 Rn 68). Dementsprechend sind auch die allgemeinen Regeln über die Folgen fehlerhaften staatlichen Handelns dem Recht zuzuordnen, das fehlerhaft angewandt worden ist (BVerwG NVwZ 2009, 719, 720).

Die Anwendung von **Grundsätzen des bürgerlichen Rechts** im Verwaltungsrecht **20** richtet sich durchweg nach der Rechtsqualität der zu ergänzenden Normen (BVerwG Buchholz 310 § 137 Abs 1 VwGO Nr 12; BVerwG BeckRS 2009, 39244; BVerwG DVBl 2010, 575, 577; Sodan/Ziekow/Neumann VwGO § 137 Rn 66; S/S/B/Eichberger VwGO § 137 Rn 76). Zur Verwirkung als Ausfluss des Grundsatzes von Treu und Glauben vgl BVerwG NVwZ-RR 1998, 513, 514; BVerwG Buchholz 310 § 137 Abs 1 VwGO Nr 21; zum Rechtsgedanken der unzulässigen Rechtsausübung vgl BVerwG BeckRS 2006, 24501.

i) Verwaltungsvorschriften. Verwaltungsvorschriften stellen wegen ihres grundsätz- **21** lich verwaltungsinternen Charakters idR keine Rechtsnormen dar und sind daher im Grundsatz auch nicht revisibel (BVerwG NJW 1988, 2907, 2907; BVerwG BeckRS 2006, 25272; BVerwG NVwZ 2007, 708, 708; BVerwG BeckRS 2009, 33952; Eyermann/Kraft VwGO § 137 Rn 10; Sodan/Ziekow/Neumann VwGO § 137 Rn 29; Kugele VwGO § 137 Rn 3; Gärditz/Winkelmüller/v. Schewick VwGO § 137 Rn 11). Jedoch unterliegen die als allgemeine Verwaltungsvorschriften erlassenen Beihilfevorschriften nach der Rspr des BVerwG hinsichtlich ihrer Auslegung und Anwendung der revisionsgerichtlichen Prüfung im gleichen Umfang wie revisible Rechtsnormen (BVerwGE 121, 103, 108 = NVwZ 2005, 713, 714). Denn diese konkretisieren die Fürsorgepflicht des Dienstherrn im Interesse einer gleichmäßigen Behandlung aller Beamten, indem sie das Ermessen der zur Erfüllung der Fürsorgepflicht berufenen Stellen binden (BVerwGE 79, 249, 251 = NJW 1989, 788, 789). Selbiges gilt für die gem § 69 Abs 4 S 1 BBesG zu § 69 Abs 2 BBesG erlassene Verwaltungsvorschrift aufgrund ihres quasi-normativen Charakters (BVerwGE 119, 265, 267 = NVwZ 2004, 1003, 1004). Auslegung und Anwendung normkonkretisierender Verwaltungsvorschriften (insbes TA-Lärm, TA-Luft) sind revisibel (BVerwGE 114, 342, 343 = NVwZ 2001, 1165, 1165; diesen Grundsatz auf die normativen Grenzwertbestimmungen in § 5 Abs 1 Nr 2 der 17. BImSchV übertragend BVerwG NVwZ 2007, 1086, 1086; Eyermann/Kraft VwGO § 137 Rn 11; Sodan/Ziekow/Neumann VwGO § 137 Rn 32). Im Übrigen sind Verwaltungsvorschriften im Revisionsverfahren als Tatsachen zu behandeln (Kopp/Schenke VwGO § 137 Rn 18).

j) Rechtssätze zu Begriffen des Bundesrechts. Als eigenständige Kategorie neben **22** den vorstehenden Rechtssätzen des Bundesrechts werden mitunter **Rechtssätze zu bundesrechtlichen Rechtsbegriffen** genannt, wie zB der Begriff der politischen Partei, der Prüfung, Eignung oder Zuverlässigkeit (vgl Bertrams DÖV 1992, 97, 100; Redeker/v. Oertzen/Redeker VwGO § 137 Rn 10).

Die genannten Fälle können allerdings mit Hilfe der allgemeinen Grundsätze für die **23** Abgrenzung revisiblen und nicht revisiblen Rechts gelöst werden. So unterliegt der Begriff der Partei auch bei Verwendung im Landesrecht deshalb der vollen revisionsgerichtlichen

Kontrolle, weil er durch die verfassungsrechtlichen Vorgaben des Art 21 GG und des Parteiengesetzes des Bundes umfassend und abschließend bundesrechtlich geprägt ist. Daher bleibt bei einem Rekurs im Landesrecht kein Raum zu autonomer Regelung, die lediglich auf ihre Bundesrechtskonformität zu prüfen wäre.

24   Ob ein Verwaltungsakt als Anknüpfungspunkt bestimmter prozessrechtlicher Regelungen vorliegt, ist anhand der bundesrechtlichen Regelungen der VwGO zu beantworten. Weil dort ein eigenständiger Verwaltungsaktbegriff nicht etabliert wird, ist auf § 35 VwVfG des Bundes zurückzugreifen (Brüning/Suerbaum Examensfälle zum Öffentlichen Recht, 2005, 9). Nach zutreffender Auffassung des BVerwG ist die Frage, ob ein **Verwaltungsakt iSd Prozessrechts** vorliegt, auch dann eine dem revisiblem Bundesrecht zugehörige Frage, wenn sich der Verwaltungsakt materiell nach Landesrecht richtet (BVerwGE 41, 305, 306 = DÖV 1973, 533, 533; BVerwG BeckRS 2011, 47895; BVerwG NVwZ 2012, 506, 507; Redeker/v. Oertzen/Redeker VwGO § 137 Rn 8). Lediglich für das inzident zu prüfende Merkmal, ob eine Rechtsfolgesetzung intendiert ist, kann Landesrecht maßgeblich sein, so dass es insoweit an der Revisibilität fehlt.

25   **k) Unselbständige Revisionsgründe.** Zu den sog **unselbständigen Revisionsgründen** zählen allgemeine Auslegungsgrundsätze, Denkgesetze und Erfahrungssätze. Sie sind mangels Rechtsnormcharakters nicht für sich, sondern allenfalls vermittels der Rechtsnormen des Bundesrechts, zu deren Interpretation und Anwendung sie herangezogen werden, revisibel (May Die Revision 2. Aufl 1997 Kap VI Rn 28; S/S/B/Eichberger VwGO § 137 Rn 27).

26   Im Einzelnen sind demgemäß **allgemeine Auslegungsgrundsätze**, ebenso wie die allgemeinen Grundsätze des Verwaltungsrechts, nur revisibel, wenn sie zur Auslegung revisiblen Rechts herangezogen werden (BVerwG BeckRS 2010, 46226; BVerwG BeckRS 2008, 34379; BVerwG BeckRS 2006, 25553; Bertrams DÖV 1992, 97, 99 f; S/S/B/Eichberger VwGO § 137 Rn 69; Sodan/Ziekow/Neumann VwGO § 137 Rn 71; Gärditz/Winkelmüller/v Schewick VwGO § 137 Rn 30). Denn eine generelle Zuordnung der Auslegungsregeln zum Bundesrecht als eine allgemeine rechtsstaatliche Vorgabe für die richterliche Tätigkeit würde dazu führen, dass auch jede Fehlauslegung irrevisiblen Rechts, der immer ein Verstoß gegen Auslegungsgrundsätze zu Grunde liegt, wegen dieses Verstoßes zur Verletzung von Bundesrecht deklariert und damit revisibel gemacht werden könnte (BVerwG NVwZ 2008, 337, 338; BVerwG BeckRS 2008, 36614). Die Revisibilität von **Denkgesetzen und allgemeinen Erfahrungssätzen** liegt vor, wenn und soweit sie der Auslegung und Anwendung von Bundesrecht dienen (Kopp/Schenke VwGO § 137 Rn 8).

II. Landesrecht

27   **Landesrecht** ist das von einem Landesorgan gesetzte, nur im Hoheitsbereich eines Landes geltende, ausschließlich von Landesbehörden auszuführende Recht (Bertrams DÖV 1992, 97, 100; zum Glücksspielstaatsvertrag als irrevisibles Landesrecht BVerwG NVwZ 2011, 1319, 1319; zu Promotions- bzw Habilitationsordnungen BVerwG BeckRS 2013, 50103). Es umfasst vor allem das Landesverfassungsrecht, die förmlichen Landesgesetze sowie untergesetzliche Rechtsvorschriften, insbes Rechtsverordnungen und Satzungen (Eyermann/Kraft VwGO § 137 Rn 20; Wysk/Kuhlmann VwGO § 137 Rn 10). Gewohnheitsrecht ist Landesrecht, wenn es Landesrecht ergänzt (S/S/B/Eichberger VwGO § 137 Rn 43, 65).

28   Landesrecht ist **grundsätzlich nicht revisibel.** Auch die wörtliche Übereinstimmung mit Bundesrecht führt nicht zur Revisibilität landesrechtlicher Normen (BVerwG Buchholz 310 § 137 Abs 1 VwGO Nr 5; B/F-K/S/Bader VwGO § 137 Rn 8; Kopp/Schenke VwGO § 137 Rn 9; Kugele VwGO § 137 Rn 3). Selbiges gilt für die Verwendung von Begriffen des materiellen Verwaltungsrechts, die auch im Bundesrecht vorhanden sind (Redeker/v. Oertzen/Redeker VwGO § 137 Rn 8). Eine landesrechtliche Norm wird nicht deshalb revisibel, weil sie einen durch das BVerfG geprägten Begriff aufnimmt, wenn dieser noch für konkretisierende Gestaltungen durch den Landesgesetzgeber offen ist (BVerwG NVwZ 1997, 61, 63 für den durch die Auslegung und Anwendung des Art 5 Abs 1 GG geprägten Begriff der Grundversorgung). Dies gilt aber dann nicht, wenn ein Begriff des Bundesrechts insofern eine zwingende Vorgabe darstellt, als er Konkretisierungen durch den Landesgesetzgeber aufgrund des Faktums, dass er bundesrechtlich umfassend und abschlie-

ßend geprägt ist, ausschließt (vgl oben Rn 22 sowie S/S/B/Eichberger VwGO § 137 Rn 55, wo als Bsp der Begriff der politischen Partei angeführt wird; weitere Fälle bei Bertrams DÖV 1992, 97, 100).

Revisibilität landesrechtlicher Rechtssätze kann **durch Bundesgesetz** (Abs 1 Nr 2; **29** sogleich Rn 30; § 127 Nr 2 BRRG, der gem § 63 Abs 3 S 2 BeamtStG fortgilt) **oder gem Art 99 Alt 2 GG durch Landesgesetz** eingeräumt werden. Soweit das Landespersonal-vertretungsrecht materiell dem Landesbeamtenrecht zuzuordnen ist, unterliegt es gem § 127 Nr 2 BRRG revisionsgerichtlicher Kontrolle (Sodan/Ziekow/Neumann VwGO § 137 Rn 93). Von den durch Bundesgesetz eröffneten Fällen der Revisibilität von Landesrecht ist die durch Art 99 Alt 2 GG eröffnete Möglichkeit zu unterscheiden, durch Landesgesetz die Revision zu eröffnen. Eine Zuweisung nach Art 99 Alt 2 GG kann auch darin liegen, dass der Landesgesetzgeber, ohne das BVerwG ausdrücklich zu erwähnen, für bestimmte Streitsachen eine dritte Instanz vorsieht (Sodan/Ziekow/Neumann VwGO § 137 Rn 96; Kopp/Schenke VwGO § 137 Rn 11). Da die Ermächtigung des Art 99 Alt 2 GG sich auf Entscheidungen „im letzten Rechtszug" beschränkt, kommt nach dem Verfassungswortlaut eine umfassende Verlagerung der Entscheidungszuständigkeit ohne vorherige Zuständigkeit eines Gerichtes des jeweiligen Landes nicht in Betracht (ebenso Dreier/Schulze-Fielitz GG Art 99 Rn 13; aA v. Münch/Kunig/Meyer GG Art 99 Rn 9).

> Von der Ermächtigung des Landesgesetzgebers in Art 99 Alt 2 GG, bei der Anwendung von **29.1** Landesrecht im letzten Rechtszug die Entscheidungskompetenz durch Landesgesetz einem obersten Gerichtshof des Bundes iSv Art 95 GG zu übertragen, ist nur vereinzelt Gebrauch gemacht worden. Einen Anwendungsfall liefert Art 97 BayVwVfG, der über den Anwendungsbereich der bereits durch § 137 Abs 1 Nr 2 VwGO eröffneten Revisibilität wortgleichen Landesverwaltungsverfahrens-rechts hinaus umfassend die Revision zum BVerwG eröffnet. Zu den staatsvertraglich durch die Länder begründeten Revisionszuständigkeiten s Gundel NVwZ 2000, 408 ff.

Abs 1 Nr 2 dient der Wahrung der Einheitlichkeit der Auslegung und Anwendung der **30** Verwaltungsverfahrensgesetze des Bundes und der Länder (BVerwG NVwZ-RR 1995, 299, 300; Kopp/Schenke VwGO § 137 Rn 15). Die Revisibilität der landesrechtlichen Vorschrift setzt voraus, dass sie **Teil eines allgemeinen VwVfG** im Typus des VwVfG des Bundes ist (BVerwG Buchholz 310 § 137 Abs 1 VwGO Nr 5; bestätigend BVerwG BeckRS 2011, 54920; BVerwG NVwZ-RR 2012, 431, 431). Dabei verlangt Abs 1 Nr 2 lediglich die **wörtliche Übereinstimmung** der miteinander zu vergleichenden Normen (BVerwG BeckRS 2006, 25554; B/F-K/S/Bader VwGO § 137 Rn 10; Roth NVwZ 1999, 388, 388; S/S/B/Eichberger VwGO § 137 Rn 61), nicht aber eine Identität der Normkomplexe in ihrer Gesamtheit (BVerwG Buchholz 310 § 137 Abs 1 VwGO Nr 5; Kopp/Schenke VwGO § 137 Rn 15; May Die Revision 2. Aufl 1997 Kap VI Rn 54). Daher bleiben landesrecht-liche Vorschriften des Verfahrensrechts, die vom VwVfG des Bundes im Wortlaut abweichen, ebenso irrevisibel wie landesrechtliche Vorschriften, für die es in diesem Bundesgesetz über-haupt keine entsprechende Regelung gibt (BVerwG NVwZ-RR 1995, 299, 300). Als über-einstimmender Wortlaut ist es anzusehen, wenn das Landesgesetz an Stelle der bundesrecht-lichen Bezeichnung der Behördenorganisation die des Landesrechts verwendet oder eine mundartlich andere Bezeichnung gebraucht (Eyermann/Kraft VwGO § 137 Rn 32; Rede-ker/v. Oertzen/Redeker VwGO § 137 Rn 2a). Zur Frage, ob die Änderung des Begriffs „offenkundig" in „**offensichtlich**" in § 44 Abs 1 VwVfG eine relevante Abweichung in Bezug auf die den Begriff „offenkundig" weiterhin verwendenden Landesgesetze darstellt, vgl Redeker/v. Oertzen/Redeker VwGO § 137 Rn 2a; Roth NVwZ 1999, 388 f; S/S/B/Eichberger VwGO § 137 Rn 62.

Allein der Umstand, dass Landesrecht in Erfüllung einer **rahmenrechtlichen Anpas-** **31** **sungspflicht** nach Art 75 GG aF ergangen ist, führt nicht zu dessen Revisibilität. Es ist zu unterscheiden, welchen inhaltlichen Vorgaben der Landesgesetzgeber durch das Rahmenge-setz unterworfen ist (Sodan/Ziekow/Neumann VwGO § 137 Rn 79). Sofern eine rahmen-rechtliche Verpflichtung zur wörtlichen Übernahme besteht und die wörtliche Übernahme erfolgt, stellt das Landesrecht revisibles Recht dar (BVerwG NVwZ 1987, 976, 976; B/F-K/S/Bader VwGO § 137 Rn 5; aA Kopp/Schenke § 137 Rn 9). Besteht hingegen Raum zur Ausfüllung des bundesgesetzlich vorgegebenen Rahmens, existiert also keine Pflicht zur wörtlichen Übernahme der bundesrechtlichen Rahmenvorschrift, ist das gesetzte Landesrecht irrevisibel (Sodan/Ziekow/Neumann VwGO § 137 Rn 81). In einem solchen Fall ist auch dann keine Revisibilität gegeben, wenn die landesrechtliche Norm wörtlich mit der rahmengesetzlichen Bundesvorschrift übereinstimmt (BVerwG NVwZ-RR 1999, 239, 239). Ist Prüfungsmaßstab für das Revisionsgericht eine Vorschrift des Bundesrahmenrechts, hat das BVerwG zu prüfen, ob sich die Vorinstanz bei der Auslegung und Anwendung irrevisiblen Landesrechts innerhalb der vom Rahmenrecht gezogenen Grenzen gehalten hat (BVerwGE 118, 10, 10 = NJW 2003, 3217, 3217; S/S/B/Eichberger VwGO § 137 Rn 45).

32   Falls Landesrecht auf Bundesrecht verweist, erlangen die **rezipierten Normen** die Qualität nicht revisiblen Landesrechts (stRspr, BVerwG Buchholz 310 § 137 VwGO Nr 160; BVerwGE 91, 77, 81 = NVwZ 1993, 977, 978; BVerwG BeckRS 2007, 26009; BVerwG NVwZ 2009, 1037, 1037; BVerwG NVwZ-RR 2013, 462, 463; S/S/B/Eichberger VwGO § 137 Rn 47). Dies gilt auch dann, wenn Rechtssätze des Bundesrechts in Ausfüllung einer Lücke des geschriebenen Landesrechts zu dessen Ergänzung herangezogen werden (BeckRS 2007, 26009; BVerwG Beschl v 25.2.2009 – 8 B 1/09). Denn die Anwendung rezipierter Normen beruht allein auf dem Gesetzgebungsbefehl des Landesgesetzgebers, ebenso, wie wenn das Land mit jenen Vorschriften wörtlich übereinstimmende Gesetzesbestimmungen erlassen hätte (BVerwG NVwZ 2003, 995, 996; Bertrams DÖV 1992, 97, 98). Dies gilt auch bei dynamischen Verweisungen (BVerwGE 91, 77, 81 = NVwZ 1993, 977, 978).

33   Nimmt hingegen irrevisibles Landesrecht in der Weise auf eine bundesrechtliche Regelung Bezug, dass es an diese Regelung mit dem ihr durch den Bundesgesetzgeber zugemessenen Inhalt **anknüpft**, ohne ihren Anwendungsbereich zu erweitern, behält sie den Charakter revisiblen Bundesrechts (BVerwG NVwZ-RR 2013, 4,62, 463; BVerwGE 51, 268, 268 = DÖV 1977, 254, 254; Sodan/Ziekow/Neumann VwGO § 137 Rn 75; Gärditz/Winkelmüller/v Schewick VwGO § 137 Rn 40). Macht der Landesgesetzgeber also eine bundesrechtliche Regelung lediglich zum Anknüpfungspunkt einer eigenen Regelung, ohne sie in sein Recht zu rezipieren, bleibt sie revisibles Bundesrecht (May Die Revision 2. Aufl 1997 Kap VI Rn 38; S/S/B/Eichberger VwGO § 137 Rn 48). Ob ein Fall der Rezeption oder Anknüpfung vorliegt, ist anhand des maßgebenden Gesetzgebungsbefehls zu bestimmen (Eyermann/Kraft VwGO § 137 Rn 21). Die verweisende Norm ist insofern auszulegen (S/S/B/Eichberger VwGO § 137 Rn 50). Jedoch wird idR eine bloße Verweisung (Rezeption) vorliegen (vgl Nachweise bei S/S/B/Eichberger VwGO § 137 Rn 51, 52).

III. Sonstiges Recht

34   **Ausländisches Recht** ist nicht revisibel (BVerwGE 120, 298, 302 = NVwZ 2004, 1369, 1370; Redeker/v. Oertzen/Redeker VwGO § 137 Rn 3), allerdings kann mit Blick auf § 173 VwGO, § 293 ZPO die unterbliebene oder mangelhafte Ermittlung ausländischen Rechts als Verfahrensmangel gerügt werden (S/S/B/Eichberger VwGO § 137 Rn 42; Kopp/Schenke VwGO § 137 Rn 14). Selbiges gilt für das Recht der **Religionsgemeinschaften** (BVerwGE 66, 241, 248 = NJW 1983, 2580, 2581). Allerdings können diese über §§ 135, 127 BRRG in Bezug auf ihr Dienstrecht die Revisibilität begründen (BVerwGE 66, 241, 245 = NJW 1983, 2580, 2581).

IV. Rechtsverletzung

35   Eine Rechtsverletzung liegt gem § 137 VwGO, § 546 ZPO vor, wenn eine Norm des revisiblen Rechts nicht oder nicht richtig angewendet worden ist, wenn also das Urteil nicht mit dem Gesetz in Einklang steht (Redeker/v. Oertzen/Redeker VwGO § 137 Rn 12; Gärditz/Winkelmüller/v Schewick VwGO § 137 Rn 45). Bei dieser Prüfung sind für das BVerwG **Rechtsänderungen**, die während des Rechtsstreits eintreten, im selben Umfang beachtlich, wie sie die Vorinstanz berücksichtigen müsste, wenn sie jetzt entschiede (BVerwGE 1, 291, 298 = BVerwG NJW 1955, 434, 436; BVerwG NVwZ-RR 2002, 93, 93; BVerwG NVwZ 2009, 328, 328; BVerwG NVwZ-RR 2012, 529, 530). Das BVerwG hat seiner Entscheidung folglich geändertes Recht zugrunde zu legen, wenn nach materiellem Recht der Zeitpunkt der Entscheidung des Gerichts ausschlaggebend ist und wenn das geänderte Recht sich nach seinem zeitlichen und inhaltlichen Geltungsanspruch auf den festgestellten Sachverhalt erstreckt (BVerwGE 100, 346, 348 = LKV 1997, 66, 67). Dem-

gegenüber ist das Revisionsgericht gem Abs 2 an die im Urteil getroffenen tatsächlichen Feststellungen gebunden. Dadurch wird die Tatsachengrundlage der Entscheidung des BVerwG grds durch die Feststellungen der Vorinstanz in zeitlicher Hinsicht fixiert (S/S/B/ Eichberger VwGO § 137 Rn 96).

V. Kausalität

Das angefochtene Urteil kann nur aufgehoben werden, wenn es auf der Verletzung 36 revisiblen Rechts **beruht** und der Gesetzesverstoß daher für das angegriffene Urteil ursächlich war. Bzgl der Anforderungen an die Kausalität wird nach überwiegender Ansicht zwischen **formellen** und **materiellen** Fehlern differenziert (vgl Eyermann/Kraft VwGO § 137 Rn 42 f; S/S/B/Eichberger VwGO § 137 Rn 108; Sodan/Ziekow/Neumann VwGO § 137 Rn 17; Gärditz/Winkelmüller/v Schewick VwGO § 137 Rn 47). Letztere erfordern stets, dass das Gericht ohne die Rechtsverletzung eine andere Entscheidung getroffen hätte. Hingegen genügt bei Verfahrensverstößen bereits die Möglichkeit, dass das Gericht ohne den Rechtsverstoß zu einem für den Rechtsmittelführer sachlich günstigeren Ergebnis hätte gelangen können (BVerwGE 14, 342, 346 = NJW 1962, 2121, 2122; aA Kopp/Schenke VwGO § 137 Rn 23; May Die Revision 2. Aufl 1997 Kap VI Rn 310; Redeker/v. Oertzen/Redeker VwGO § 137 Rn 14, die diesen Maßstab für die Beruhensprüfung wohl auch bei materiellen Fehlern zur Anwendung gelangen lassen wollen). Die dargelegte Unterscheidung rechtfertigt sich damit, dass sich bei Verfahrensfehlern oftmals keine Gewissheit darüber gewinnen lässt, welchen Inhalts die Entscheidung des Gerichts bei gesetzeskonformem Verfahren gewesen wäre (S/S/B/Eichberger VwGO § 137 Rn 108; Sodan/Ziekow/Neumann VwGO § 137 Rn 17). Im Übrigen wird, wenn einer der in § 138 VwGO aufgezählten absoluten Revisionsgründe vorliegt, das Beruhen des Urteils auf dem Gesetzesverstoß unwiderleglich vermutet (Redeker/v. Oertzen/Redeker VwGO § 137 Rn 14).

Stützt sich das angefochtene Urteil auf **mehrere Gründe**, richtet sich die Ursächlichkeit 37 der Rechtsverletzung nach dem Verhältnis derselben. Ist jeder der angeführten Gründe selbständig die getroffene Entscheidung zu tragen geeignet (**kumulative Mehrfachbegründung**), beruht das angefochtene Urteil nur dann auf der Rechtsverletzung, wenn der Rechtsverstoß sämtlichen herangezogenen Begründungen anhaftet (Eyermann/Kraft VwGO § 137 Rn 42; S/S/B/Eichberger VwGO § 137 Rn 109). Wenn aber einer der Entscheidung kumulativ tragenden Gründe nicht gegen revisibles Recht verstößt, beruht das Urteil nicht auf der Rechtsverletzung (Sodan/Ziekow/Neumann VwGO § 137 Rn 19). Stützt sich die angefochtene Entscheidung hingegen auf eine **alternative Mehrfachbegründung**, ist die Ursächlichkeit der Rechtsverletzung bereits zu bejahen, wenn lediglich einer der Gründe von der Rechtsverletzung erfasst ist (Eyermann/Schmidt VwGO 12. Aufl § 137 Rn 20; S/S/B/Eichberger VwGO § 137 Rn 109).

VI. Bindung des Revisionsgerichts gem § 173 VwGO, § 560 ZPO

1. Grundsatz

Gem § 173 VwGO, § 560 ZPO ist die Entscheidung der Vorinstanz über das Bestehen 38 und den Inhalt von irrevisiblem Recht, insbes von Landesrecht und ausländischem Recht, für die auf die Revision ergehende Entscheidung maßgebend (vgl S/S/B/Eichberger VwGO § 137 Rn 82). Daher muss das BVerwG nicht revisibles Recht grds in der Form und mit dem Inhalt **ohne eigene Nachprüfungsmöglichkeit** als gegeben hinnehmen, wie es das vorinstanzliche Gericht bei seiner Entscheidung anwandte (Kopp/Schenke VwGO § 137 Rn 12; Sodan/Ziekow/Neumann VwGO § 137 Rn 100). Wenn sich die Vorinstanz lediglich in einem die Entscheidung nicht tragenden obiter dictum zu einer Vorschrift geäußert hat, liegt aber keine das BVerwG gem § 173 VwGO, § 560 ZPO bindende Entscheidung vor (BVerwGE 120, 175, 185 = NVwZ 2004, 1128, 1130). Falls die Bindung gem § 173 VwGO, § 560 ZPO Platz greift, umfasst sie den in der Vorinstanz festgestellten Inhalt und den Geltungsbereich des irrevisiblen Rechts und die Frage, ob eine bestimmte Rechtsnorm existiert und Anwendung findet (S/S/B/Eichberger VwGO § 137 Rn 82). Danach besteht eine Bindung sowohl in positiver als auch in negativer Hinsicht (S/S/B/Eichberger VwGO § 137 Rn 82).

2. Ausnahmen

39   Die folgenden Ausnahmen entheben das Revisionsgericht der Bindung gem § 173 VwGO, § 560 ZPO. Bei ihrem Vorliegen geht das BVerwG von seiner Befugnis aus, das zur Anwendung gelangende irrevisible Recht **selbst festzustellen, auszulegen und anzuwenden** (BVerwGE 72, 300, 325 = NVwZ 1986, 208, 215; BVerwGE 75, 67, 72 = NJW 1987, 270, 271; Kopp/Schenke VwGO § 137 Rn 32; S/S/B/Eichberger VwGO § 137 Rn 79; Sodan/Ziekow/Neumann VwGO § 137 Rn 115 ff). Es steht aber im revisionsgerichtlichen Ermessen, davon Gebrauch zu machen oder die Sache gem § 144 Abs 3 S 1 Nr 2 VwGO an die Vorinstanz zurückzuverweisen (BVerwGE 97, 79, 82 = NJW 1995, 3067, 3068; Kopp/Schenke VwGO § 137 Rn 32; S/S/B/Eichberger VwGO § 137 Rn 84). In der Literatur wird ein zurückhaltender Gebrauch der dargelegten Befugnis befürwortet (Kopp/Schenke VwGO § 137 Rn 32; S/S/B/Eichberger VwGO § 137 Rn 89; Sodan/Ziekow/Neumann VwGO § 137 Rn 119 f).

40   Nach stRspr des BVerwG ist die **Auslegung irrevisiblen Landesrechts** daraufhin zu überprüfen, ob sie **in Einklang mit Bundesrecht** steht (BVerwGE 75, 67, 69 = NJW 1987, 270, 270; BVerwGE 79, 339, 341 = NJW 1988, 1924, 1925; BVerwG NVwZ 1998, 501, 501; BVerwG NJW 2002, 2122, 2122; BVerwG BeckRS 2013, 50103; Bertrams DÖV 1992, 97, 100; Kopp/Schenke VwGO § 137 Rn 12u 31; Redeker/v. Oertzen/Redeker VwGO § 137 Rn 7). Insbes unterliegt revisionsgerichtlicher Kontrolle, ob die Auslegung von Landesrecht bundesverfassungsrechtliche Rechtssätze verletzt, wie das Rechtsstaatsprinzip, etwa in der speziellen Ausprägung des Verhältnismäßigkeitsgrundsatzes, dem Äquivalenzprinzip, dem Gebot effektiven Rechtsschutzes oder dem Gebot der Normenklarheit (BVerwG NVwZ 1989, 246, 247; BVerwG BeckRS 2009, 37584 = JuS 2010, 275; Sodan/Ziekow/Neumann VwGO § 137 Rn 109). Eine Verletzung des Art 20 Abs 3 GG iVm den Grundrechten des Grundgesetzes kann vorliegen, wenn sich das OVG bei der Auslegung irrevisiblen Landesrechts so weit vom zugrunde gelegten Gesetz entfernt hat, dass die Begründung der Entscheidung den Zusammenhang mit dem Gesetz nicht mehr hinreichend erkennen lässt (BVerwGE 96, 350, 352 = NJW 1995, 344, 345). Das BVerwG prüft zudem nach, ob die Vorinstanz bei der Auslegung irrevisiblen Landesrechts das Gebot bundesrechtskonformer, insbes verfassungskonformer Auslegung beachtet hat (BVerwGE 78, 347, 352 = NVwZ 1988, 527, 528). Die Rüge, Landesrecht sei unter Verstoß gegen Verfassungsrecht des Bundes angewandt worden, vermag jedoch für sich genommen noch keine klärungsbedürftige Frage des Bundesrechts aufzuzeigen. In einem derartigen Fall muss vielmehr zusätzlich dargelegt werden, dass die Auslegung der einschlägigen Normen des Bundes(verfassungs)rechts durch die höchstrichterliche Rspr nicht oder nicht hinreichend ausdifferenziert und entwickelt ist, um einen Maßstab für das Landesrecht abzugeben (BVerwG BeckRS 2007, 26980).

41   Nicht jedwede Heranziehung von Bundesrecht zur Auslegung landesrechtlicher Normen vermag eine Verletzung revisiblen Bundesrechts zu begründen (vgl Sodan/Ziekow/Neumann VwGO § 137 Rn 104 ff). Vielmehr ist herangezogenes Bundesrecht nur dann verletzt, wenn die Vorinstanz davon ausging, der Inhalt des irrevisiblen Rechts werde **durch Bundesrecht bestimmt** (BVerwGE 89, 69, 74 = NVwZ 1992, 977, 978; BVerwG Buchholz 11 Art 140 GG Nr 55; BVerwG BeckRS 2005, 28151; BVerwG NJW 2006, 632, 634 = Buchholz 422.2 Rundfunkrecht Nr 40). Zieht die Vorinstanz hingegen Bundesrecht lediglich als Auslegungshilfe heran, um den maßgeblichen Inhalt der allein einschlägigen irrevisiblen Norm zu gewinnen, hat sie damit kein Bundesrecht angewandt (Sodan/Ziekow/Neumann VwGO § 137 Rn 105). Wird bei der Auslegung von Landesrecht nämlich auf Bundesrecht zurückgegriffen, das keine rechtliche Vorgabe für das auszulegende Landesrecht enthält, liegt darin lediglich die Anwendung irrevisiblen Landesrechts (BVerwG NJW 1997, 814, 814). Wenn sich das OVG aber durch Bundesrecht zu einer bestimmten Auslegung des Landesrechts für verpflichtet hält, wendet es insoweit revisibles Bundesrecht an (BVerwG NVwZ 2001, 435, 435; Bertrams DÖV 1992, 97, 100; S/S/B/Eichberger VwGO § 137 Rn 80). Keine Rolle spielt dann, ob sich aus Bundesrecht tatsächlich eine solche Bindung ergibt (Sodan/Ziekow/Neumann VwGO §137 Rn 107). Überträgt die Vorinstanz aber Rechtsfolgen des Bundesrechts auf einen nicht geregelten Tatbestand des Landesrechts wegen vermeintlich wertungsmäßiger Gleichheit, wird der Sache nach nur der landeseigenen Regelungskompetenz vorgegriffen. Das analog angewandte Bundesrecht soll in diesem Fall ein inhaltsgleiches Landesgesetz ersetzen, es wird also nicht „als Bundesrecht", sondern als ungeschriebenes Landesrecht herangezogen (BVerwGE 123, 303, 307 = NVwZ 2005, 964, 966).

Keine Bindung gem §173 VwGO, §560 ZPO tritt ein, wenn das OVG einschlägiges **42** **Landesrecht fehlerhaft nicht angewandt** hat (B/F-K/S/Bader VwGO §137 Rn 9; May Die Revision 2. Aufl 1997 Kap VI Rn 61; Redeker/v. Oertzen/Redeker VwGO §137 Rn 15). In einem solchen Fall ist das Revisionsgericht zur Anwendung der landesrechtlichen Normen befugt (BVerwG NVwZ 1991, 570, 571; BGH NJW 1997, 2115, 2117; BVerwGE 118, 345, 349 = NVwZ 2003, 1507, 1508). Selbiges gilt bei Landesrecht, das erst nach Erlass des Berufungsurteils in Kraft getreten ist (BVerwGE 97, 79, 82 = NJW 1995, 3067, 3068; BVerwG NVwZ-RR 1993, 65, 65; Kopp/Schenke VwGO §137 Rn 31). Keine landesrechtliche Änderung stellt es aber dar, wenn neu erlassene Vorschriften die materielle Rechtslage unverändert lassen (BVerwG NJW 1990, 2768, 2768).

Der revisionsgerichtlichen Überprüfung obliegt zudem, ob das Berufungsgericht eine **43** Rechtsnorm des an sich anzuwendenden **ausländischen Rechts** übersehen hat oder vom Berufungsgericht überhaupt nicht selbst ausgelegt wurde (Kopp/Schenke VwGO §137 Rn 31).

C. Bindung an die tatsächlichen Feststellungen (Abs 2)

I. Grundsatz

Nach Abs 2 Hs 1 ist das BVerwG an die in dem angefochtenen Urteil getroffenen **44** tatsächlichen Feststellungen gebunden. **Bindung** bedeutet in diesem Zusammenhang, dass das Revisionsgericht die Feststellungen der Vorinstanz seiner rechtlichen Beurteilung zugrunde legen muss und selbst nicht prüfen darf (S/S/B/Eichberger VwGO §137 Rn 147). Die Norm schließt daher die Feststellung neuer Tatsachen durch das Revisionsgericht aus (BVerwG Buchholz 402.25 §1 AsylVfG Nr 19; S/S/B/Eichberger VwGO §137 Rn 119), den Beteiligten ist der Vortrag neuer Tatsachen grds verwehrt (BVerwGE 61, 285, 286; BVerwG Buchholz 239.2 §28 SVG Nr 3; Redeker/v. Oertzen/Redeker VwGO §137 Rn 17; Kopp/Schenke VwGO §137 Rn 24). Ein trotzdem erfolgter Tatsachenvortrag bleibt außer Betracht (BVerwGE 91, 104, 106 = NVwZ 1993, 275, 275). Das BVerwG ist somit darauf beschränkt, neben der Einhaltung des Verfahrens die Rechtsanwendung der Vorinstanz zu überprüfen (Eyermann/Kraft VwGO §137 Rn 44). Als Regel gilt mithin, dass die Tatsachengerichte den entscheidungserheblichen Sachverhalt ermitteln und würdigen, während das Revisionsgericht auf die rechtliche Überprüfung beschränkt ist (BVerwGE 114, 16, 26 = NVwZ 2001, 815, 817). Damit soll der Gefahr einer „Endlosigkeit" des verwaltungsgerichtlichen Verfahrens vorgebeugt und verhindert werden, dass einer in rechtlicher Hinsicht nicht zu beanstandenden Berufungsentscheidung nachträglich die Grundlage entzogen wird (BVerwG Buchholz 402.25 §1 AsylVfG Nr 19; S/S/B/Eichberger VwGO §137 Rn 179).

Die **Bindungswirkung** greift unabhängig davon ein, ob sich die tatsächlichen Feststel- **45** lungen aus dem Tatbestand, den Entscheidungsgründen (BVerwG NVwZ 1985, 337, 338; Redeker/v. Oertzen/Redeker VwGO §137 Rn 15) oder aus Schriftsätzen, Protokollen usw, auf die gem §117 Abs 3 S 2 VwGO Bezug genommen wird, ergeben (Eyermann/Schmidt VwGO 12. Aufl §137 Rn 21d; Kopp/Schenke VwGO §137 Rn 24). Allein ausschlaggebend ist mithin die inhaltliche Bedeutung der Aussage (Sodan/Ziekow/Neumann VwGO §137 Rn 135). Die Bindungswirkung erfasst auch die den tatsächlichen Feststellungen zugrunde liegende Sachverhalts- und Beweiswürdigung durch die Vorinstanz (B/F-K/S/Bader VwGO §137 Rn 12; Eyermann/Kraft VwGO §137 Rn 44; S/S/B/Eichberger VwGO §137 Rn 147).

Die Bindung des Revisionsgerichts erfordert die **Feststellung** der Tatsachen, wofür nicht **46** genügt, dass das Gericht in seiner Entscheidung lediglich bestimmte Angaben referierend wiedergibt, aber keine Stellung dazu bezieht, ob diese zutreffen oder nicht (Sodan/Ziekow/Neumann VwGO § 137 Rn 136). Von festgestellten Tatsachen hat das BVerwG auch dann auszugehen, wenn es von deren Wahrheit nicht überzeugt ist (May Die Revision 2. Aufl 1997 Kap VI Rn 454) oder sie für die angefochtene Entscheidung nicht erheblich waren (B/F-K/S/Bader VwGO § 137 Rn 14; S/S/B/Eichberger VwGO § 137 Rn 134). Nicht entscheidungserhebliche Feststellungen sind aber revisionsrechtlich nur verwertbar, wenn dem in der Vorinstanz obsiegenden Revisionsbeklagten die Möglichkeit eingeräumt wird, **Rügen** gegen die tatsächlichen Feststellungen zu erheben (BVerwGE 68, 290, 291 = BVerwG Buchholz 424.01 § 5 FlurbG Nr 1).

II. Wegfall der Bindung

47   Keiner Bindung an die tatsächlichen Feststellungen unterliegt das Revisionsgericht, wenn gem Abs 2 Hs 2 in Bezug auf diese Feststellungen **zulässige und begründete Revisionsgründe** vorgebracht werden. Der Wegfall der Bindung gem Abs 2 Hs 2 erfordert stets sowohl die Zulässigkeit als auch die Begründetheit einer entsprechenden Rüge (Sodan/Ziekow/Neumann VwGO § 137 Rn 158). Die Norm erfasst die Verletzung von rügepflichtigen Verfahrensfehlern (May Die Revision 2. Aufl 1997 Kap VI Rn 455; S/S/B/Eichberger VwGO § 137 Rn 163). Insbes fallen unter Abs 2 Hs 2 Verstöße gegen das Gebot, den Sachverhalt vAw zu ermitteln (§ 86 Abs 1 VwGO), gegen das Gebot rechtlichen Gehörs (Art 103 Abs 1 GG) oder Verstöße gegen den Überzeugungsgrundsatz (§ 108 Abs 1 S 1 VwGO; Sodan/Ziekow/Neumann VwGO § 137 Rn 157).

48   Die Grundsätze der **Beweiswürdigung** werden grds dem materiellen Recht zugerechnet (BVerwG NVwZ-RR 1995, 310, 311; BVerwG NVwZ-RR 1996, 359, 359; BVerwGE 84, 271, 272 = NJW 1990, 1681, 1683; BVerwG NJOZ 2012, 90, 91). Zudem betrifft die Würdigung des Sachverhalts und der Beweise die Tatsachenebene, die prinzipiell dem Tatrichter vorbehalten und der revisionsgerichtlichen Kontrolle entzogen ist (vgl S/S/B/Eichberger VwGO § 137 Rn 170). Der Überprüfung durch das BVerwG unterliegt indes die dem Verfahren zugeordnete Frage, ob die Beweiswürdigung allgemeine Grundsätze, namentlich das Gebot der Einhaltung von allgemeinen Erfahrungssätzen, Denkgesetzen und Auslegungsregeln missachtet (BVerwGE 84, 271 = NJW 1990, 1681, 1683) oder auf einem Rechtsirrtum beruht (BVerwGE 84, 157, 161 = NJW 1990, 2700, 2701).

49   Die von der Bindungswirkung gem Abs 2 Hs 2 ausgeschlossenen Feststellungen sind nicht mehr Bestandteil des vom Revisionsgericht der Entscheidung zugrunde zu legenden Prozessstoffes; sie sind von ihm als nicht geschrieben anzusehen (BVerwGE 68, 290, 296; S/S/B/Eichberger VwGO § 137 Rn 166). **Soweit** die **Bindung entfällt**, kann das BVerwG daher tatsächliche Feststellungen durch eine auf eigener Auslegung und Würdigung beruhende Tatsachenfeststellung ersetzen (Redeker/v. Oertzen/Redeker VwGO § 137 Rn 17). Fehlt es nach einem Wegfall der Bindung aber an festgestellten für eine Subsumtion erforderlichen tatsächlichen Umständen, dürfen diese nicht vom Revisionsgericht selbst festgestellt werden (vgl BVerwGE 84, 157 = NJW 1990, 2700, 2701; May Die Revision 2. Aufl 1997 Kap VI Rn 455), vielmehr ist die Sache gem § 144 Abs 3 S 1 Nr 2 VwGO an das Tatsachengericht zurückzuverweisen (Redeker/v. Oertzen/Redeker VwGO § 137 Rn 17; S/S/B/Eichberger VwGO § 137 Rn 162, 166).

50   Dem in der Vorinstanz erfolgreichen Beteiligten ist mit der **Gegenrüge** die Befugnis eingeräumt, die Fehlerhaftigkeit ihm möglicherweise nachteiliger tatsächlicher Feststellungen zu beanstanden (Sodan/Ziekow/Neumann VwGO § 137 Rn 159). Dies ist dann zweckmäßig, wenn der obsiegende Beteiligte damit rechnen muss, dass sich die festgestellten Tatsachen unter anderer rechtlicher Bewertung zu seinen Ungunsten auswirken (BVerwGE 126, 378, 382 = NVwZ 2007, 81, 82; May Die Revision 2. Aufl 1997 Kap VI Rn 455). Die Gegenrüge ist an keine Frist gebunden und kann bis zum Schluss der mündlichen Verhandlung vorgebracht werden (BVerwGE 126, 378, 382 = NVwZ 2007, 81, 82; B/F-K/S/Bader VwGO § 137 Rn 16). Ihre Berücksichtigung erfordert, dass sie inhaltlich den Anforderungen entspricht, die auch im Übrigen an die Rüge von Verfahrensfehlern gestellt werden (Sodan/Ziekow/Neumann VwGO § 137 Rn 160).

51   In der Revisionsinstanz besteht keine Bindung an **widersprüchliche Feststellungen** (B/F-K/S/Bader VwGO § 137 Rn 17; Eyermann/Kraft VwGO § 137 Rn 70), insbes **akten-**

widrige Feststellungen (BVerwGE 79, 291, 297 = NVwZ 1988, 941, 942; BVerwG NVwZ 2009, 595, 596). So werden tatsächliche Feststellungen im Urteil des Tatsachengerichts bezeichnet, die im Widerspruch zum Inhalt der Akten stehen, die Gegenstand der mündlichen Verhandlung vor dem Tatsachengericht waren und von diesem ausgewertet worden sind (BVerwGE 79, 291, 297 f = NVwZ 1988, 941, 942; Sodan/Ziekow/Neumann VwGO § 137 Rn 161). Der Widerspruch zwischen den in der angegriffenen Entscheidung getroffenen tatsächlichen Annahmen und dem insoweit unumstrittenen Akteninhalt muss offensichtlich sein, so dass es einer weiteren Beweiserhebung zur Klärung des richtigen Sachverhalts nicht bedarf (BVerwG BeckRS 2012, 58309; BVerwG NVwZ 2002, 87, 88). Die Widersprüchlichkeit ist vAw zu berücksichtigen (BVerwG NVwZ 2009, 595, 596), jedoch muss dem dadurch Betroffenen rechtliches Gehör gewährt werden (S/S/B/Eichberger VwGO § 137 Rn 151).

Der revisionsgerichtlichen Überprüfung unterliegt immer, ob die getroffene tatsächliche **52** Feststellung nicht zugleich eine nicht bindende rechtliche Würdigung darstellt (B/F-K/S/ Bader VwGO § 137 Rn 12). Insofern ergeben sich Abgrenzungsschwierigkeiten bei der Überprüfung der **Auslegung von Willenserklärungen** (vgl S/S/B/Eichberger VwGO § 137 Rn 152 ff). Bei der Feststellung des gewollten Inhalts von Willenserklärungen handelt es sich um Tatsachenfeststellungen gem Abs 2 (BVerwGE 84, 157, 162 = NJW 1990, 2700, 2701; BVerwG NVwZ-RR 2003, 874, 874; BeckRS 2010, 51735). Bindend für das Revisionsgericht sind daher die tatrichterlichen Feststellungen über den Wortlaut der Erklärung, den inneren Willen des Erklärenden und die Begleitumstände der Erklärung (S/S/B/ Eichberger VwGO § 137 Rn 153). Die Auslegung von Willenserklärungen durch das Tatsachengericht kann vom BVerwG aber dahingehend überprüft werden, ob allgemeine Erfahrungssätze, Denkgesetze oder Auslegungsregeln (§§ 133, 157 BGB) verletzt wurden (BVerwG BeckRS 2012, 48392; BVerwG NVwZ-RR 2010, 776, 777; BVerwGE 84, 157, 162 = NJW 1990, 2700, 2701; BVerwG NVwZ 1982, 196, 196; Kopp/Schenke VwGO § 137 Rn 25a; B/F-K/S/Bader VwGO § 137 Rn 13; Gärditz/Winkelmüller/v Schewick VwGO § 137 Rn 52). In diesen Fällen kann das BVerwG auch eine eigene Auslegung vornehmen, sofern diese nicht die Ermittlung bisher nicht festgestellter tatsächlicher Umstände erfordert (BVerwG NVwZ-RR 2003, 874, 874; S/S/B/Eichberger VwGO § 137 Rn 153). Gleiches gilt, soweit die Vorinstanz den Inhalt einer Willenserklärung, eines Vertrages, einer behördlichen Erklärung oder eines Verwaltungsaktes gar nicht ermittelt hat. Danach ist die eigene Auslegung eines (bestandskräftigen) VA durch das Revisionsgericht zumindest dann möglich, wenn das Tatsachengericht in seiner Entscheidung bzgl des konkreten Inhalts und damit auch des Umfangs der Bestandskraft eines VA nichts Näheres ausgeführt hat, insbes sein Auslegungsergebnis nicht näher begründet hat (BVerwG BeckRS 2008, 38638). Die Frage, welche Rechtsqualität ein vom Tatsachengericht festgestellter konkreter Inhalt einer behördlichen Erklärung hat, ist dagegen eine Rechtsfrage und daher revisibel (BVerwG NVwZ 2010, 133, 134).

Die **Beweiswürdigung** ist in erster Linie Sache der Tatsacheninstanzen und nicht des **53** BVerwG, weshalb sie durch das BVerwG nur eingeschränkt überprüft werden kann (BVerwG NVwZ-RR 1995, 310, 311; BVerwG NVwZ-RR 1996, 359, 360; Sodan/Ziekow/Neumann VwGO § 137 Rn 174). Eine revisionsgerichtliche Überprüfung ist aber insoweit möglich, als die Vorinstanz **allgemeine Beweiswürdigungsgrundsätze** verletzt hat, indem gegen Denkgesetze, gesetzliche Beweisregeln, allgemeine Erfahrungssätze oder Auslegungsregeln verstoßen wurde (BVerwG NJW 1988, 1864, 1864; BVerwG NVwZ-RR 1996, 359, 360; BVerwG NVwZ 2006, 1288, 1289; May Die Revision 2. Aufl 1997 Kap VI Rn 164; Sodan/Ziekow/Neumann VwGO § 137 Rn 182 ff).

Ein Verstoß gegen **Denkgesetze** liegt vor, wenn der gezogene Schluss aus Gründen der **54** Logik schlechthin nicht gezogen werden kann (BVerwG NVwZ-RR 1995, 310, 311; B/F-K/S/Bader VwGO § 137 Rn 17; S/S/B/Eichberger VwGO § 137 Rn 174). **Allgemeine Erfahrungssätze** sind jedermann zugängliche Sätze, die nach allgemeiner Erfahrung unzweifelhaft gelten und durch keine Ausnahmen durchbrochen sind. Sie unterliegen im Revisionsverfahren der Nachprüfung wie Rechtsnormen, weil sie allgemeingültig und selbst nicht Tatsachen, sondern Maßstäbe zur Beurteilung von Tatsachen sind (BVerwG Buchholz 406.11 § 128 BBauG Nr 15). Es ist daher revisionsgerichtlich zu überprüfen, ob der von der Vorinstanz herangezogene Erfahrungssatz besteht und ob gegen ihn verstoßen wurde

(BVerwGE 88, 312, 320 = NJW 1992, 128, 130). Im Hinblick auf die Nachprüfbarkeit stehen den allgemeinen Erfahrungssätzen die Sätze der geschichtlichen Erfahrung gleich (Sodan/Ziekow/Neumann VwGO § 137 Rn 186). Das BVerwG darf seiner Entscheidung geschichtliche Tatsachen zu Grunde legen, die in der Öffentlichkeit als feststehend erachtet werden oder sich aus allgemein zugänglichen Quellen ergeben (BVerwGE 114, 68, 72 = NVwZ 2002, 94, 95). Hingegen ist die Anwendung **spezieller Erfahrungssätze** durch das BVerwG nur eingeschränkt nachprüfbar (Kopp/Schenke VwGO § 137 Rn 25; S/S/B/Eichberger VwGO § 137 Rn 176). Spezielle Erfahrungssätze sind solche, die örtlich und sachlich begrenzt sind oder deren Feststellung besondere Sachkenntnis voraussetzt (BVerwG Buchholz 406.11 § 128 BBauG Nr 15; Sodan/Ziekow/Neumann VwGO § 137 Rn 184).

55   Die **freie Überzeugungsbildung** des Gerichts gem § 108 Abs 1 S 1 VwGO setzt die ausreichende Erforschung des Sachverhalts gem § 86 Abs 1 S 1 VwGO voraus (Kopp/Schenke VwGO § 137 Rn 25a) und gebietet, dass das Gesamtergebnis des Verfahrens der richterlichen Überzeugungsbildung zugrunde gelegt wird (BVerwG BeckRS 2012, 58309; B/F-K/S/Stuhlfauth VwGO § 108 Rn 8). Der Überzeugungsgrundsatz erfordert weiterhin, dass das Gericht den Inhalt der Akten vollständig und einwandfrei berücksichtigt (Sodan/Ziekow/Neumann VwGO § 137 Rn 180).

56   Ein Verstoß gegen die Pflicht zur Sachaufklärung liegt nicht vor, wenn das Gericht Tatsachen unaufgeklärt lässt, auf die es nach der von ihm zugrunde gelegten Rechtsauffassung nicht ankommt (BVerwG NJW 1985, 393, 394). Der Nachprüfbarkeit entzogen ist weiterhin die Frage, ob die Beweiswürdigung überzeugend ist (BVerwG NJW 1985, 393, 395; Redeker/v. Oertzen/Redeker VwGO § 137 Rn 16), ob festgestellte Einzelumstände mit dem ihnen zukommenden Gewicht in die abschließende Würdigung des Sachverhalts eingegangen sind und ob solche Einzelumstände ausreichen, die Würdigung zu tragen (Sodan/Ziekow/Neumann VwGO § 137 Rn 181). Hingegen kann das BVerwG die Beweiswürdigung dahingehend überprüfen, ob sie willkürlich ist oder sonst unter Verstoß gegen verfassungsrechtliche Grundsätze erfolgt oder ob die Schlussfolgerungen handgreiflich falsch sind (Kopp/Schenke VwGO § 137 Rn 25a). Der revisionsgerichtlichen Prüfung unterliegt zudem, ob die Vorinstanz von einem zweifelsfrei unrichtigen oder unvollständigen Sachverhalt ausgegangen ist, insbes in das Verfahren eingeführte Umstände übergangen hat, deren Entscheidungserheblichkeit sich aufdrängte (BVerwG NVwZ-RR 1996, 359, 360).

III. Berücksichtigung neuer Tatsachen

57   **Neue Tatsachen**, dh solche, die sich weder aus dem angefochtenen Urteil noch aus der Sitzungsniederschrift noch aus den Gerichtsakten ergeben, können in der Revisionsinstanz grds nicht berücksichtigt werden (Kopp/Schenke VwGO § 137 Rn 26; Redeker/v. Oertzen/Redeker VwGO § 137 Rn 17). Dieser Grundsatz wird durch die im Folgenden dargestellten **Ausnahmen** durchbrochen (vgl BVerwGE 91, 104, 106 f = NVwZ 1993, 275, 275; Kopp/Schenke VwGO § 137 Rn 26; Sodan/Ziekow/Neumann VwGO § 137 Rn 146 ff).

58   **Sachurteilsvoraussetzungen** sind revisionsgerichtlich vAw zu prüfen und das BVerwG muss dazu ggf auch vAw Tatsachen feststellen (BVerwGE 78, 347, 351 = NVwZ 1988, 527, 528; BVerwG NJW 1997, 2897, 2897; BVerwGE 115, 302, 305 = NJW 2002, 1137, 1138; Kopp/Schenke VwGO § 137 Rn 26; S/S/B/Eichberger VwGO § 137 Rn 211; Gärditz/ Winkelmüller/v Schewick VwGO § 137 Rn 65). Fehlt eine Sachurteilsvoraussetzung für die Entscheidung der Vorinstanz, dann ist auch eine Sachentscheidung des BVerwG ausgeschlossen (BVerwGE 71, 73, 74 = NJW 1986, 862, 862).

59   **Prozesshandlungen** können im Gegensatz zu materiellrechtlichen Willenserklärungen vom Revisionsgericht stets selbständig und uneingeschränkt ausgelegt werden (BVerwGE 84, 157, 161 = NJW 1990, 2700, 2701; BVerwG NJW 1991, 508, 509; BVerwGE 116, 5, 7 = NJW 2002, 2966, 2966). Dabei hat es den Inhalt und die rechtliche Bedeutung ohne Bindung an die tatrichterliche Auslegung selbständig festzustellen und ggf die Auslegung selbst vorzunehmen (BVerwG NJW 1991, 508, 509).

60   In Ausnahmefällen können neue Tatsachen im Revisionsverfahren dann beachtlich sein, wenn ihre Nichtberücksichtigung mit der **Prozessökonomie** in hohem Maße unvereinbar wäre (Sodan/Ziekow/Neumann VwGO § 137 Rn 148; Wysk/Kuhlmann VwGO § 137

Rn 29). Das kann der Fall sein, wenn ein nachträglich eingetretener oder nicht festgestellter einzelner Umstand völlig unstreitig ist, wenn sich bestimmte, nach Erlass der angefochtenen Entscheidung vorgenommene Prozesshandlungen des Klägers in einem vorgreiflichen Verfahren aus den beigezogenen Akten dieses Verfahrens ergeben, wenn sich aus den von der Vorinstanz in Bezug genommenen Beiakten ohne weiteres lediglich ergänzende Feststellungen treffen lassen oder schließlich unter bestimmten Voraussetzungen, wenn der neue Umstand eine Wiederaufnahme des Verfahrens nach § 153 VwGO iVm § 580 ZPO begründet haben würde (BVerwG Buchholz 402.25 § 1 AsylVfG Nr 19; BVerwGE 91, 104, 107 = NVwZ 1993, 275, 275; vgl auch BVerwG NVwZ 1993, 781, 782; B/F-K/S/ Stuhlfauth VwGO § 108 Rn 21; krit zur Fallgruppe der „völligen Unstreitigkeit" May Die Revision 2. Aufl 1997 Kap VI Rn 339; S/S/B/Eichberger VwGO § 137 Rn 194; Sodan/ Ziekow/Neumann VwGO § 137 Rn 149). Die genannten Ausnahmefälle sind dadurch gekennzeichnet, dass die Berücksichtigung der neuen Umstände dem BVerwG eine abschließende Entscheidung in der Sache selbst ermöglicht (BVerwGE 91, 104, 107 = NVwZ 1993, 275, 275; S/S/B/Eichberger VwGO § 137 Rn 193) und ihre Verwertung daher der endgültigen Streitbeilegung dient (BVerwG NVwZ 1993, 781, 782). Zu verlangen ist aber, dass die neuen Tatsachen nicht weiter beweisbedürftig sind und dass durch ihre Berücksichtigung keine schützenswerten Interessen der Beteiligten berührt werden (BVerwG NVwZ 1993, 781, 782).

Offenkundige Tatsachen gem § 291 ZPO bedürfen keines Beweises. Sie vermögen **61** eine Ausnahme im vorliegenden Kontext darzustellen (Sodan/Ziekow/Neumann VwGO § 137 Rn 150; Wysk/Kuhlmann VwGO § 137 Rn 29). Offenkundige Tatsachen lassen sich in allgemeinkundige und gerichtskundige Tatsachen untergliedern (May Die Revision 2. Aufl 1997 Kap VI Rn 341). Erstere sind solche Tatsachen, von denen verständige und erfahrene Menschen regelmäßig ohne weiteres Kenntnis haben oder von denen sie sich aus allgemein zugänglichen, zuverlässigen Quellen unschwer überzeugen können (May Die Revision 2. Aufl 1997 Kap VI Rn 343; Musielak/Huber ZPO § 291 Rn 1; vgl zur Berücksichtigung der nachträglich eingetretenen allgemeinkundigen Änderung verfolgungsbegründender Machtverhältnisse im Herkunftsland eines Asylbewerbers BVerwGE 91, 104, 105 = NVwZ 1993, 275, 275; Redeker/v. Oertzen/Redeker VwGO § 137 Rn 15; weitere Nachweise bei S/S/B/Eichberger VwGO § 137 Rn 199). Hingegen sind Tatsachen gerichtskundig, wenn sie dem Gericht vAw bekannt sind (May Die Revision 2. Aufl 1997 Kap VI Rn 345; Musielak/Huber ZPO § 291 Rn 2). Diese sind revisionsgerichtlich verwertbar (Sodan/Ziekow/Neumann VwGO § 137 Rn 153).

Offenkundige Tatsachen sind durch das BVerwG indes nicht unbeschränkt verwertbar. **62** Eine nachträglich eingetretene Tatsache kann trotz Allgemeinkundigkeit dann keine Berücksichtigung finden, wenn die Auswirkungen dieser Tatsache auf zukünftige Entwicklungen unklar sind (BVerwGE 87, 52, 62 = NVwZ 1991, 377, 382). Die eine Berücksichtigung der offenkundigen Tatsache ausschließenden Prognoseschwierigkeiten können sowohl in tatsächlicher als auch rechtlicher Hinsicht bestehen (BVerwG Buchholz 402.25 § 1 AsylVfG Nr 19).

Das BVerwG darf Ergänzungen von Ermessenserwägungen gem **§ 114 S 2 VwGO** **63** berücksichtigen, wenn sie auf schon festgestellte Tatsachen gestützt werden (Eyermann/Kraft VwGO § 137 Rn 58; Redeker/v. Oertzen/Redeker VwGO § 137 Rn 17; enger S/S/B/ Eichberger VwGO § 137 Rn 210, der solche Ergänzungen nur dann zulassen will, wenn sie zudem einer abschließenden Sachentscheidung des Revisionsgerichts nicht entgegenstehen; aA B/F-K/S/Bader VwGO § 137 Rn 22; Sodan/Ziekow/Neumann VwGO § 137 Rn 156, die eine Ergänzung von Ermessenserwägungen im Revisionsverfahren für grds unzulässig erachten). Hingegen ist die auf neue Tatsachen gestützte Ergänzung der Ermessenserwägungen im Revisionsverfahren unzulässig (BVerwG Buchholz 239.2 § 28 SVG Nr 3).

Nachdem die Heilung formeller Fehler im Verwaltungsverfahren gem § 45 Abs 1 **64** VwVfG über die vorherige zeitliche Grenze des Abschlusses des Verwaltungsverfahrens in § 45 Abs 2 VwVfG aF durch die **Neufassung des § 45 Abs 2 VwVfG des Bundes** durch das Genehmigungsverfahrensbeschleunigungsgesetz v 12.9.1996 auf das gerichtliche Verfahren erweitert worden ist, war zunächst streitig, wie sich dies auf die Berücksichtigung insoweit relevanter neuer Tatsachen im Rahmen der Revision auswirkte (zu der seinerzeitigen, inzwischen überholten Diskussion eingehend S/S/B/Eichberger VwGO § 137 Rn 208). Seitdem § 45 Abs 2 VwVfG des Bundes in seiner ab dem 1.2.2003 geltenden Fassung des 3. VwVfGÄndG nunmehr eindeutig bestimmt, dass die Handlungen nach Abs 1 nur **bis zum Abschluss der letzten Tatsacheninstanz** eines verwaltungsgerichtlichen Verfahrens nachgeholt werden können, wie es der Bundesrat bereits in seiner Stellungnahme zum Regierungsentwurf des Genehmigungsverfahrensbeschleunigungsgesetzes vorgeschlagen hatte (BT-Drs 13/3995 S 11 Nr 2), scheidet eine Heilung von Verfahrensfehlern gem § 45 VwVfG in der Revision aus (B/F-K/S/Bader VwGO § 137 Rn 22; Kopp/Schenke VwGO § 137 Rn 27).

65   Das BVerwG ist zur Berücksichtigung neuer Tatsachen verpflichtet, wenn diese erst mit Blick auf eine während des Revisionsverfahrens **eingetretene Rechtsänderung** von Bedeutung sind (BVerwGE 61, 285, 286 = NJW 1981, 1225, 1225; Eyermann/Kraft VwGO § 137 Rn 59; S/S/B/Eichberger VwGO § 137 Rn 180; Sodan/Ziekow/Neumann VwGO § 137 Rn 147). Diese Pflicht stellt aber lediglich eine scheinbare Ausnahme von der grundsätzlichen Unbeachtlichkeit neuer Tatsachen dar. Die Beachtlichkeit des neuen Vorbringens ist lediglich Folge des andernfalls nicht zu verwirklichenden Grundsatzes, dass eine nach der Berufungsentscheidung erfolgte Änderung der Rechtslage auch im Revisionsverfahren zu beachten ist (BVerwG Buchholz 402.25 § 1 AsylVfG Nr 19; BVerwGE 91, 104, 106 = NVwZ 1993, 275, 275). Auch bei der revisionsgerichtlichen Berücksichtigung eines Zustandes, der nach dem von der Vorinstanz festgestellten Beginn einer Entwicklung zwangsläufig durch **Zeitablauf** eingetreten ist, handelt es sich um solch eine scheinbare Ausnahme (BVerwG Buchholz 402.25 § 1 AsylVfG Nr 19; BVerwGE 91, 104, 106 = NVwZ 1993, 275, 275).

D. Prüfungsumfang (Abs 3)

I. Bedeutung der Norm

66   Der Rahmen, innerhalb dessen das Revisionsgericht die angefochtene Entscheidung überprüft, wird durch die Revisionsanträge festgelegt (§ 141 S 1 iVm § 129 VwGO; vgl Redeker/v. Oertzen/Redeker VwGO § 137 Rn 19). Das in diesem Rahmen zur Anwendung gelangende Prüfprogramm richtet sich nach Abs 3 (S/S/B/Eichberger VwGO § 137 Rn 218). Die Norm regelt, inwiefern das Revisionsgericht an die geltend gemachten Revisionsgründe gebunden ist (Sodan/Ziekow/Neumann VwGO § 137 Rn 191). Daher betrifft Abs 3 den **Umfang der Prüfungsbefugnis** des BVerwG im Rahmen der Begründetheit der Revision (Kopp/Schenke VwGO § 137 Rn 34). Voraussetzung für die Anwendung der Norm ist aber stets, dass die Revision zugelassen wurde (BVerwGE 19, 157, 159 = NJW 1965, 168, 169; Kopp/Schenke VwGO § 137 Rn 34).

67   Grds untersucht das BVerwG das angefochtene Urteil umfassend und ohne Bindung an die Revisionszulassungsgründe (**Grundsatz der Vollrevision**, vgl Eyermann/Kraft VwGO § 137 Rn 84; B/F-K/S/Bader VwGO § 137 Rn 24; Gärditz/Winkelmüller/v Schewick VwGO § 137 Rn 63) oder die geltend gemachten Revisionsgründe auf Verstöße gegen revisibles materielles Recht (Kopp/Schenke VwGO § 137 Rn 34; Sodan/Ziekow/Neumann VwGO § 137 Rn 191). Hingegen werden Mängel des Verfahrens von der revisionsgerichtlichen Prüfung nur erfasst, wenn sie als Verfahrensmängel gerügt sind (BVerwGE 19, 157, 158 = NJW 1965, 168, 169; S/S/B/Eichberger VwGO § 137 Rn 221, 229, 251 ff). Dies folgt bereits aus § 139 Abs 3 S 4 VwGO, wo für die Revisionsbegründung verpflichtend die Angabe der Tatsachen, aus denen sich gerügte Verfahrensmängel ergeben, vorgesehen ist (BVerwGE 106, 115, 118 = NVwZ 1998, 628, 628; Sodan/Ziekow/Neumann VwGO § 137 Rn 191). Der Verfahrensrüge kommt daher konstitutive Bedeutung für die revisionsgerichtliche Verfahrenskontrolle zu (S/S/B/Eichberger VwGO § 137 Rn 222).

68   Abs 3 statuiert in seinen beiden Sätzen ein **Regel-Ausnahme-Verhältnis** (vgl S/S/B/Eichberger VwGO § 137 Rn 219; Sodan/Ziekow/Neumann VwGO § 137 Rn 193). Die Regel enthält S 2, wonach das Revisionsgericht die Verletzung revisiblen Rechts durch das angefochtene Urteil ohne Bindung an die Revisionsgründe prüft. Hingegen sieht die Norm in S 1 für Verfahrensmängel eine die Beschränkung des Prüfungsumfanges herbeiführende Ausnahmeregelung vor, wobei eine Gegenausnahme die Rückkehr zur Regel des S 2 bei Vorliegen der Voraussetzungen von § 132 Abs 2 Nr 1 oder Nr 2 VwGO anordnet.

II. Verfahrensmängel gem Abs 3 S 1

Abs 3 S 1 erfasst die **ausschließlich auf Verfahrensmängel** gestützte Revision 69 (BVerwGE 19, 231, 232 = Buchholz 310 § 138 Ziff 3 VwGO Nr 9; BVerwGE 107, 128, 128 = NVwZ 1999, 65, 65). Ob dies der Fall ist, richtet sich ausschließlich nach der Revisionsbegründung und hängt nicht davon ab, aus welchen Gründen die Revision zugelassen wurde (S/S/B/Eichberger VwGO § 137 Rn 256). Rügefähig sind lediglich Mängel des **gerichtlichen Verfahrens** (S/S/B/Eichberger VwGO § 137 Rn 227). Da gem Abs 3 S 1 nur über die „geltend gemachten" Verfahrensmängel zu entscheiden ist, wird die Prüfung nicht geltend gemachter Verfahrensmängel dem Grundsatz nach ausgeschlossen (BVerwGE 19, 157, 158 = NJW 1965, 168, 169). Daher ist dem BVerwG die Prüfung nicht gerügter Verfahrensmängel verwehrt (BVerwGE 106, 115, 120 = NVwZ 1998, 628, 628; S/S/B/Eichberger VwGO § 137 Rn 219). Mit der Formulierung, es seien „nur" die geltend gemachten Verfahrensmängel zu prüfen, wenn nicht zugleich eine der Voraussetzungen von § 132 Abs 2 Nr 1 oder Nr 2 vorliegt, schließt Abs 3 S 1 zudem die Prüfung materiellrechtlicher Mängel bei der ausschließlich auf Verfahrensmängel gestützten Revision aus (BVerwGE 19, 157, 158 = NJW 1965, 168, 169; Kopp/Schenke VwGO § 137 Rn 35). Das BVerwG bleibt dann auf die Prüfung der geltend gemachten Verfahrensmängel beschränkt.

Keiner Beschränkung unterliegt das BVerwG, wenn die Revision nicht nur auf Mängel 70 des gerichtlichen Verfahrens, sondern auch des Verwaltungsverfahrens gestützt wird (B/F-K/ S/Bader VwGO § 137 Rn 24), da **Mängel des Verwaltungsverfahrens Verstöße gegen materielles Recht** darstellen (S/S/B/Eichberger VwGO § 137 Rn 228; Wysk/Kuhlmann VwGO § 137 Rn 31). Geltend gemacht sind Verfahrensmängel, wenn sie fristgerecht unter Angabe der den Mangel ergebenden Tatsachen (§ 139 Abs 3 S 4 VwGO) gerügt werden (Eyermann/Schmidt VwGO 12. Aufl § 137 Rn 31).

Liegen gem Abs 3 S 1 die Voraussetzungen des § 132 Abs 2 Nr 1 VwGO (**Grundsatz-** 71 **revision**) oder § 132 Abs 2 Nr 2 VwGO (**Divergenzrevision**) vor, ist das angegriffene Urteil im Interesse der Rechtseinheit und Rechtsfortbildung (B/F-K/S/Bader VwGO § 137 Rn 24; Wysk/Kuhlmann VwGO § 137 Rn 31) am gesamten revisiblen materiellen Recht zu messen (BVerwG NVwZ 1985, 428, 428; Kopp/Schenke VwGO § 137 Rn 35; so nunmehr auch Eyermann/Kraft VwGO § 137 Rn 88). Die Erweiterung des Prüfungsumfanges durch Abs 3 S 1 erfordert weder, dass die Revision aus Gründen des § 132 Abs 2 Nr 1 oder Nr 2 VwGO zugelassen wurde, noch dass diese Gründe geltend gemacht werden (S/S/B/Eichberger VwGO § 137 Rn 263). Vielmehr genügt deren bloßes Vorliegen (Sodan/Ziekow/Neumann VwGO § 137 Rn 196), wobei die grundsätzliche Bedeutung bzw Divergenz jedoch **auf dem Gebiet des materiellen Rechts** vorliegen muss (Eyermann/ Kraft VwGO § 137 Rn 88; Redeker/v. Oertzen/Redeker VwGO § 137 Rn 20; S/S/B/ Eichberger VwGO § 137 Rn 261 f). Da nur ausdrückliche Verfahrensrügen zur revisionsgerichtlichen Entscheidung über Verfahrensfragen führen (BVerwGE 106, 115, 120 = NVwZ 1998, 628, 628), kann die Rechtsgrundsätzlichkeit dieser Verfahrensfragen gem § 132 Abs 2 Nr 1 VwGO eine unbeschränkte Entscheidungsbefugnis des BVerwG nicht rechtfertigen (BVerwGE 19, 231, 233 = Buchholz 310 § 138 Ziff 3 VwGO Nr 9). Hat die Rechtssache daher grundsätzliche Bedeutung gem § 132 Abs 2 Nr 1 VwGO ausschließlich in Bezug auf eine verfahrensrechtliche Frage oder divergiert die angefochtene Entscheidung zu einer solchen Frage gem § 132 Abs 2 Nr 2 VwGO, bleibt der revisionsgerichtliche Prüfungsumfang auf die gerügten Verfahrensfehler beschränkt (S/S/B/Eichberger VwGO § 137 Rn 261; Sodan/Ziekow/Neumann VwGO § 137 Rn 198). Ob die Voraussetzungen des § 132 Abs 2 Nr 1 oder Nr 2 VwGO gegeben sind, ist vom BVerwG vAw zu ermitteln (S/S/B/Eichberger VwGO § 137 Rn 264).

III. Umfassende Prüfungsbefugnis gem Abs 3 S 2

Wird die Revision ausschließlich auf materielle Rechtsverletzungen gestützt oder werden 72 neben Verfahrensmängeln **zumindest auch Verletzungen des materiellen Rechts gerügt**, ist das BVerwG gem Abs 3 S 2 an die geltend gemachten Revisionsgründe nicht gebunden. Die Norm enthebt das Revisionsgericht aber nicht jedweder Bindung an die geltend gemachten Revisionsgründe (Sodan/Ziekow/Neumann VwGO § 137 Rn 203).

Verfahrensfehler können stets nur auf Rüge Beachtung finden (BVerwGE 106, 115, 120 = NVwZ 1998, 628, 628; so jetzt auch Eyermann/Kraft VwGO § 137 Rn 84). Werden keine Verfahrensfehler gerügt, beschränkt sich die Prüfungsbefugnis des BVerwG auf Verstöße gegen revisibles materielles Recht (Sodan/Ziekow/Neumann VwGO § 137 Rn 203). Soweit die umfassende Prüfungsbefugnis gem Abs 3 S 2 Platz greift, ist aber eine Beschränkung der Revision auf bestimmte materielle Rügen unwirksam (Kopp/Schenke VwGO § 137 Rn 35; Redeker/v. Oertzen/Redeker VwGO § 137 Rn 19).

IV. Von Amts wegen zu beachtende Verfahrensmängel

73   Entgegen dem grundsätzlichen Rügevorbehalt in Abs 3 S 1 sind vom BVerwG in eng umgrenzten Fällen Verfahrensmängel vAw zu prüfen (vgl Kopp/Schenke VwGO § 137 Rn 39 f; S/S/B/Eichberger VwGO § 137 Rn 347 ff). Das gilt für das Vorliegen der **Sachurteilsvoraussetzungen** der angefochtenen Entscheidung (BVerwG NJW 1997, 2897; Kopp/Schenke VwGO § 137 Rn 39) und das **Unterlassen einer notwendigen Beiladung** (BVerwGE 16, 23, 25 = DVBl 1963, 679, 680; Wysk/Kuhlmann VwGO § 137 Rn 33). Das BVerwG ist aber gem § 142 Abs 1 S 2 VwGO berechtigt, die unterbliebene Beiladung nachzuholen. Verfahrensmängel, die auf das Verfahren in der Revisionsinstanz derart **fortwirken**, dass ein auf die Sache eingehendes Revisionsurteil nicht möglich ist, sind vAw zu beachten. Dies ist etwa der Fall bei einer Sachentscheidung über eine bereits zuvor wirksam zurückgenommene Berufung, da die Zurücknahme gem § 126 Abs 3 S 1 VwGO den Verlust des Rechtsmittels bewirkt und eine Entscheidung über die nicht mehr anhängige Berufung „schlechthin unwirksam" ist (BVerwG NJW 1997, 2897, 2897). Auch ein unklarer Tenor bewirkt die vAw zu berücksichtigende Unwirksamkeit des Urteils (S/S/B/Eichberger VwGO § 137 Rn 248). Ebenfalls vAw zu berücksichtigen ist ein offensichtlicher Widerspruch zwischen den tatsächlichen Feststellungen im Urteil des Tatsachengerichts und der Aktenlage, jedenfalls soweit sich dieser aus der Gerichtsakte ergibt (BVerwG NVwZ 2009, 595, 596; Kopp/Schenke VwGO § 137 Rn 40 aE). Nicht gerügte Verfahrensmängel, die mit ordnungsgemäß gerügten Verfahrensfehlern in unlösbarem Zusammenhang stehen, sind dann beachtungsfähig, wenn sich der nicht gerügte Verfahrensmangel den nach § 139 Abs 3 S 4 VwGO anzugebenden Tatsachen entnehmen lässt (S/S/B/Eichberger VwGO § 137 Rn 250; Kopp/Schenke VwGO § 137 Rn 39).

§ 138 [Absolute Revisionsgründe]

Ein Urteil ist stets als auf der Verletzung von Bundesrecht beruhend anzusehen, wenn

1. **das erkennende Gericht nicht vorschriftsmäßig besetzt war,**
2. **bei der Entscheidung ein Richter mitgewirkt hat, der von der Ausübung des Richteramts kraft Gesetzes ausgeschlossen oder wegen Besorgnis der Befangenheit mit Erfolg abgelehnt war,**
3. **einem Beteiligten das rechtliche Gehör versagt war,**
4. **ein Beteiligter im Verfahren nicht nach Vorschrift des Gesetzes vertreten war, außer wenn er der Prozeßführung ausdrücklich oder stillschweigend zugestimmt hat,**
5. **das Urteil auf eine mündliche Verhandlung ergangen ist, bei der die Vorschriften über die Öffentlichkeit des Verfahrens verletzt worden sind, oder**
6. **die Entscheidung nicht mit Gründen versehen ist.**

§ 138 VwGO enthält eine abschließende Aufzählung (Rn 1) der absoluten Revisionsgründe (Rn 16). Diese beinhalten Verletzungen zentraler Verfahrensvorschriften. Die Norm regelt, dass beim Vorliegen eines absoluten Revisionsgrundes das Urteil stets als auf der Verletzung von Bundesrecht beruhend (Rn 3) anzusehen ist. Damit enthält § 138 VwGO zwei unwiderlegbare Vermutungen. Einerseits wird bei Vorliegen eines absoluten Revisionsgrundes ein Verstoß gegen Bundesrecht vermutet. Zum anderen schließt die Norm die Vermutung ein, dass die Rechtsverletzung ursächlich für das angefochtene Urteil war. § 138 VwGO unterfallen nur

Verfahrensverstöße der Gerichtsinstanz, deren Entscheidung angegriffen wird. Auf Verfahrensmängel, die einem mit der Revision angegriffenen Berufungsurteil in erster Instanz vorausgegangen sind, findet § 138 VwGO keine Anwendung. § 138 VwGO erfordert stets die Zulassung der Revision. Die Geltendmachung absoluter Revisionsgründe beeinflusst dabei das Zulassungsverfahren dergestalt, dass sich die gem § 132 Abs 2 Nr 3 VwGO vorgesehene Prüfung erübrigt, ob die Entscheidung auf dem Verfahrensmangel beruhen kann. Nach der allgemeinen Regel des § 137 Abs 3 VwGO richtet sich, ob das Bestehen absoluter Revisionsgründe vom Revisionsgericht vAw oder nur auf Rüge (Rn 15) hin zu prüfen ist. Eine Heilung der in § 138 VwGO aufgezählten Verfahrensfehler ist in der Revisionsinstanz möglich, wenn der Zweck der verletzten Norm noch erreichbar ist. Ob der Revisionskläger auf deren Einhaltung verzichten kann, bestimmt sich nach § 173 VwGO, § 295 ZPO. Nach der Rspr des BVerwG scheidet die Richtigkeitsprüfung aus der Sicht des Revisionsgerichtes gem § 144 Abs 4 VwGO (Rn 38) beim Vorliegen absoluter Revisionsgründe grds aus. Lediglich bei Gehörsverletzungen iSv § 138 Nr 3 VwGO (Rn 34) kommt ausnahmsweise eine Aufrechterhaltung ergebnisrichtiger Entscheidungen über § 144 Abs 4 VwGO in Betracht.

Übersicht

A. Grundsätzliches

I. Abschließender Charakter des § 138 VwGO

§ 138 VwGO zählt in seinen Nr 1 bis 6 **abschließend** die sog absoluten Revisionsgründe **1** auf (Sodan/Ziekow/Neumann VwGO § 138 Rn 3; Wysk/Kuhlmann VwGO § 138 Rn 1).

1.1   Die nunmehr in § 138 Nr 1 bis 6 VwGO enumerierten absoluten Revisionsgründe entsprechen mit Ausnahme der Nr 3 dem bis zum 4. VwGOÄndG v 17.12.1990 (BGBl I 2809) in § 133 aF enthaltenen Katalog, der bis zur Aufhebung der Norm die zulassungsfreie Verfahrensrevision eröffnete. Zur Entstehungsgeschichte der heutigen Fassung ausführlich S/S/B/Eichberger VwGO § 138 Rn 1 f.

2   Werden nicht von der Aufzählung erfasste Rechtsverletzungen gerügt, bedarf es dagegen der Prüfung, ob **revisibles Recht** verletzt ist und die angefochtene Entscheidung darauf **beruht**.

II. Fiktionswirkung

1. Fiktion der Kausalität

3   § 138 VwGO begründet für die in Nr 1 bis 6 enumerierten sog absoluten Revisionsgründe die **unwiderlegliche Vermutung**, dass das angegriffene Urteil auf der betreffenden Rechtsverletzung beruht. Damit wird die **Ursächlichkeit** einer Rechtsverletzung, die im Rahmen der Revision festgestellt wird, für die streitgegenständliche Entscheidung fingiert (Wysk/Kuhlmann VwGO § 138 Rn 4; Gärditz/Winkelmüller/v. Schewick VwGO § 138 Rn 3). Anders als im Anwendungsbereich des § 137 Abs 1 VwGO entfällt die Prüfung, ob die Rechtsverletzung kausal für die Entscheidung war. Infolgedessen bedarf es insoweit auch bereits bei der Begründung der Zulassungsbeschwerde bzw der Revision keiner Ausführungen.

4   Durch die Beruhensfiktion wird zwar unwiderleglich vermutet, dass das Urteil auf der betreffenden Rechtsverletzung beruht (vgl BVerwGE 106, 345, 349). Das Eingreifen dieser Fiktion setzt jedoch einen – feststehenden – **Verfahrensverstoß** iSv § 138 Nr 1 bis 6 VwGO voraus, so dass eine ggf im Rahmen des eventuellen Rechtsverstoßes anzustellende Kausalitätsprüfung erforderlich bleibt (Eyermann/Kraft VwGO § 138 Rn 4). Dies gewinnt vor allem für die Feststellung eines Verstoßes gegen das Gebot rechtlichen Gehörs Bedeutung (siehe dazu unten Rn 34 ff).

5   Zudem bezieht sich die durch § 138 VwGO aufgestellte Fiktion auf die Ursächlichkeit eines Verfahrensverstoßes für die angegriffene Entscheidung. Daraus folgt, dass nur Verfahrensverstöße der **Vorinstanz** relevant sein können, welche die betroffene Entscheidung erlassen hat (Kopp/Schenke VwGO § 138 Rn 3), also in aller Regel solche des Berufungsgerichts. Dagegen bleiben Mängel hinsichtlich des nicht mit der Revision angegriffenen erstinstanzlichen Urteils außer Betracht, es sei denn sie wirken als Verfahrensfehler der Berufungsinstanz fort (S/S/B/Eichberger VwGO § 138 Rn 28).

2. Fiktion einer Verletzung von Bundesrecht

6   Nach dem eindeutigen Wortlaut des § 138 VwGO wird außer der Kausalität von Rechtsverletzung und Entscheidung zugleich bei Vorliegen eines absoluten Revisionsgrundes die **Verletzung von Bundesrecht** fingiert (Wysk/Kuhlmann VwGO § 138 Rn 4; Gärditz/Winkelmüller/v. Schewick VwGO § 138 Rn 3). Diese Fiktionswirkung greift ein, wenn ausnahmsweise landesrechtliche Bestimmungen, namentlich solche des jeweiligen Ausführungsgesetzes zur VwGO oder des Geschäftsverteilungsplans eines VG oder OVG (§ 21e GVG) bzw des Spruchkörpers (vgl § 21g GVG), Regelungen im tatbestandlichen Anwendungsbereich der absoluten Revisionsgründe nach § 138 Nr 1 bis 6 VwGO treffen.

III. Verhältnis von § 138 zu § 144 Abs 4 VwGO und anderen Vorschriften

1. Verhältnis zu § 144 Abs 4 VwGO

7   Problematisch ist, welche Bedeutung § 138 VwGO im systematischen Zusammenhang des Revisionsrechts beizumessen ist. Diese Positionsbestimmung des **§ 138 VwGO** anhand seines **Telos** determiniert das Verhältnis zu den in anderen Vorschriften getroffenen Regelungen, wie namentlich § 144 Abs 4 VwGO. Nach dieser Vorschrift ist die Revision zurückzuweisen, wenn die Entscheidungsgründe zwar eine Verletzung des bestehenden Rechts ergeben, sich die Entscheidung selbst aber aus anderen Gründen als richtig darstellt. § 144

Abs 4 VwGO ermöglicht daher eine Richtigkeitsprüfung des Ergebnisses der angegriffenen Entscheidung. Anders als die Prüfung des Beruhens im Rahmen der Revisionsgründe nach § 137 VwGO erfolgt insoweit aber keine Richtigkeitskontrolle aus der Perspektive der Vorinstanz. Vielmehr sieht § 144 Abs 4 VwGO die Prüfung **aus der Sicht des Revisionsgerichts** vor, ob sich die Entscheidung ungeachtet eines Verstoßes gegen revisibles Recht als im Ergebnis richtig erweist.

Zweifelhaft ist nun, ob § 138 VwGO mit seiner Fiktion des Beruhens der Entscheidung **8** auf einer Rechtsverletzung iSv Nr 1 bis 6 zugleich die Möglichkeit ausschließt, ein Urteil gem **§ 144 Abs 4 VwGO** aufrechtzuerhalten, dessen Entscheidungsgründe zwar eine Verletzung des bestehenden Rechts ergeben, bei dem sich die Entscheidung aber aus Sicht des BVerwG aus anderen Gründen als richtig darstellt. Außerhalb der absoluten Revisionsgründe verhelfen Rechtsverletzungen revisiblen Rechts der Revision nur dann zum Erfolg, wenn die Entscheidung auf dem Rechtsverstoß beruht, § 137 Abs 1 VwGO. Rechtsverletzungen, die für die angegriffene Entscheidung nicht kausal sind, bleiben daher für den Erfolg der Revision irrelevant. Damit folgt aus § 137 Abs 1 VwGO, dass es der Gesetzgeber für mit den Grundfunktionen der Revision (Individualrechtsschutz, Wahrung der Rechtseinheit, Rechtsfortbildung; siehe BVerwGE 19, 323, 327) prinzipiell vereinbar erachtet, Entscheidungen aufrechtzuerhalten, die sich trotz eines Rechtsverstoßes als sachlich richtig erweisen. Die Aufrechterhaltung eines in der Sache richtigen Urteils dient der Prozessökonomie. Allerdings wird dies infolge der Sanktionslosigkeit des Rechtsverstoßes erkauft mit einer Relativierung der Geltungskraft des Verfahrensrechts (krit Hufen Verwaltungsprozessrecht § 41 Rn 14).

Dagegen kommt bei einem Verstoß gegen die prozessualen Kardinalpflichten, an die **9** § 138 Nr 1 bis Nr 6 VwGO anknüpfen, eine Aufrechterhaltung des Entscheidungsergebnisses gem § 144 Abs 4 VwGO prinzipiell nicht in Betracht (BVerwG NVwZ 2003, 224, 225; BVerwGE 121, 211, 221 = NVwZ 2004, 1377, 1380; B/F-K/S/Bader VwGO § 144 Rn 21; Kopp/Schenke VwGO § 144 Rn 6; Gärditz/Winkelmüller/v. Schewick VwGO § 138 Rn 7). Indem § 138 VwGO über die Beruhensfiktion eine Richtigkeitsprüfung aus Sicht des Instanzgerichts ausschließt, trägt die Vorschrift dem Gewicht der Verstöße gegen elementare rechtsstaatliche Sicherungen, wie etwa die Garantie des gesetzlichen Richters, das Anhörungserfordernis oder den Grundsatz der Öffentlichkeit, Rechnung. Nach der Wertung des Gesetzgebers ist es demnach bei Missachtung der in den absoluten Revisionsgründen enumerierten grundlegenden Verfahrensregelungen nicht tolerabel, eine Entscheidung aufrechtzuerhalten, die sich zwar im Ergebnis als richtig erweist, die aber auf einer rechtsstaatlich nicht hinnehmbar fehlerhaften verfahrensrechtlichen Grundlage fußt.

Dieser Regelungszweck schließt nicht nur eine Kausalitätsbetrachtung innerhalb der **10** Begründung der angegriffenen Entscheidung, sondern auch eine Richtigkeitsprüfung durch das BVerwG aus. In den Fällen des § 138 Nr 1 bis 6 VwGO verbietet sich damit ein Rückgriff auf § 144 Abs 4 VwGO und die Überlegung, ob sich die revisionsgegenständliche Entscheidung aus anderen Gründen als im Ergebnis richtig erweist. Infolgedessen stellt der Gesetzgeber sicher, dass dem Rechtsmittelführer nicht eine Instanz durch eine Entscheidung abgeschnitten wird, die selbst grundlegenden verfahrensrechtlichen Anforderungen nicht genügt (vgl Eyermann/Kraft VwGO § 138 Rn 8).

Dagegen soll nach einer Mindermeinung im Schrifttum § 144 Abs 4 VwGO grundsätzlich auch **10.1** bei Verstößen iSv § 138 Nr 1 bis 6 VwGO zur Anwendung kommen können (ausführlich S/S/B/ Eichberger VwGO § 138 Rn 13 ff; vgl auch Sodan/Ziekow/Neumann VwGO § 138 Rn 8 f, allerdings mit der Einschränkung, dass der Verfahrensfehler nicht die Urteilsgrundlage insgesamt, sondern nur einzelne Feststellungen erfassen dürfe, was im Ergebnis „wohl nur bei der Versagung des rechtlichen Gehörs denkbar" sei.). Begründet wird diese Auffassung vor allem mit der Entstehungsgeschichte einiger Parallelvorschriften in anderen Prozessordnungen, in denen eine prozessökonomische Zielsetzung prädominant gewesen sei. Insoweit wird in Anwendung des § 144 Abs 4 VwGO bei anderweitiger Ergebnisrichtigkeit ein Ermessen des Revisionsgerichts angenommen, bei dessen Betätigung zwischen dem Sanktionscharakter des Revisionsverfahrens gegenüber Verfahrensfehlern und der prozessökonomischen Zielsetzung des § 138 VwGO abzuwägen sei (vgl S/S/B/Eichberger VwGO § 138 Rn 21).

Allerdings muss auch diese Ansicht konzedieren, dass es vielfach wegen des Verfahrensverstoßes **10.2** an der erforderlichen Tatsachengrundlage fehlt, so dass nur eine Zurückverweisung in Betracht komme (S/S/B/Eichberger VwGO § 138 Rn 20). Auch erscheint die Tragfähigkeit des Arguments von der prozessökonomischen Zielsetzung des § 138 VwGO fragwürdig, weil die Beruhensfiktion zwar dem Revisionsgericht die Prüfung von Kausalitätserwägungen abnimmt, der Rechtsstreit insgesamt aber nicht abschließend entschieden wird, so dass insoweit eine Prüfung der Richtigkeit aus der Sicht des Revisionsgerichts generell als prozessökonomischer erscheinen müsste (aA S/S/B/ Eichberger VwGO § 138 Rn 16). Vor allem trägt aber die Ansicht, die den Rekurs auf § 144 Abs 4 VwGO auch bei absoluten Revisionsgründen prinzipiell zulassen will, dem besonderen Gewicht der Rechtsverstöße iSv §·138 VwGO nicht Rechnung. Dies ist indes, wie das BVerwG zutreffend in seiner Entscheidung vom 26.2.2003 zum Ausdruck bringt (BVerwG NVwZ 2003, 1129, 1130), tragender Grund für den Ausschluss eines Rückgriffs auf § 144 Abs 4 VwGO. Allein dieses systematische Verständnis von § 138 VwGO gegenüber § 144 Abs 4 VwGO trägt zudem der Bedeutung der rechtsstaatlich und grundrechtlich geforderten Einhaltung zentraler Verfahrensregelungen Rechnung.

11   **Besonderheiten** gelten nach der Rspr des BVerwG für die **Gehörsrüge** (s im Einzelnen unten zu Rn 38 ff).

2. Verhältnis zu § 78 Abs 3 Nr 3 AsylVfG

12   Unmittelbare Auswirkung hat § 138 VwGO und dessen Auslegung durch die revisionsrechtliche Rechtsprechung des BVerwG auf die **Berufungszulassung** im gerichtlichen **Asylverfahren** (ausführl Fritz/Vormeier/Berlit GK-AsylVfG § 78 Rn 66, 208 ff). Denn nach § 78 Abs 3 Nr 3 AsylVfG ist die Berufung (neben den Fällen der Grundsatz- und Divergenzberufung) zuzulassen, wenn ein in § 138 VwGO bezeichneter Verfahrensmangel geltend gemacht wird und vorliegt.

IV. Zulassungsbedürftigkeit – Prüfung auf Rüge bzw von Amts wegen

1. Zulassungsbedürftigkeit

13   Nach geltendem Recht bedarf die Revision stets, also auch hinsichtlich der Rüge absoluter Revisionsgründe, der **Zulassung**.

13.1   Die in § 133 VwGO aF vorgesehene zulassungsfreie Verfahrensrevision ist durch das 4. VwGO-ÄndG v 17.12.1990 (BGBl I 2809) ersatzlos gestrichen worden.

14   Zudem betrifft § 138 VwGO ausschließlich die Begründetheit der Revision, so dass es der Einhaltung der allgemeinen **Zulässigkeitsvoraussetzungen** bedarf (Kopp/Schenke VwGO § 138 Rn 2; Gärditz/Winkelmüller/v. Schewick VwGO § 138 Rn 2).

2. Rügevorbehalt

15   Ob ein absoluter Revisionsgrund von Amts wegen oder lediglich auf eine entsprechende Rüge hin zu prüfen ist, richtet sich nach den allgemeinen Regeln, also nach **§ 137 Abs 3 VwGO**. Wird die Revision auf Verfahrensmängel gestützt und liegt nicht zugleich eine der Voraussetzungen des § 132 Abs 2 Nr 1 und 2 VwGO vor, so ist nach § 137 Abs 3 S 1 VwGO nur über die geltend gemachten Verfahrensmängel zu entscheiden. Auch die absoluten Revisionsgründe werden insoweit nur auf eine ordnungsgemäße Rüge geprüft (Wysk/ Kuhlmann VwGO § 138 Rn 3). Wird die Revision dagegen nicht nur auf Verfahrensmängel gestützt, ist das BVerwG gem § 137 Abs 3 S 2 VwGO nicht an die geltend gemachten Revisionsgründe gebunden.

B. Die einzelnen absoluten Revisionsgründe

I. Vorschriftswidrige Besetzung des Gerichts (Nr 1)

1. Regelungszweck

16   Nr 1 soll trotz seines engeren Wortlautes Verstöße gegen die **Garantie des gesetzlichen Richters (Art 101 Abs 1 S 2 GG)** sanktionieren und verhindern (Kopp/Schenke VwGO § 138 Rn 4; S/S/B/Eichberger VwGO § 138 Rn 34; Sodan/Ziekow/Neumann VwGO

§ 138 Rn 17). Die Auslegung der Norm richtet sich daher nach Art 101 Abs 1 S 2 GG (S/ S/B/Eichberger VwGO § 138 Rn 34), so dass die Rüge nach Nr 1 VwGO nur dann durchgreift, wenn in dem geltend gemachten Verfahrensmangel zugleich eine Verletzung des Anspruchs auf den gesetzlichen Richter nach Art 101 Abs 1 S 2 GG liegt (BVerwGE 110, 40, 46 = NVwZ 2000, 1290, 1292; BVerwG BeckRS 2007, 25140; BVerwG Buchholz 450.2 § 70 WDO 2002 Nr 3). Demnach sichert Nr 1 einfachrechtlich den verfassungsrechtlich garantierten gesetzlichen Richter ab (Sodan/Ziekow/Neumann VwGO § 138 Rn 19). Der gesetzliche Richter ergibt sich aus dem GVG, den Prozessordnungen sowie den Geschäftsverteilungs- und Besetzungsregelungen des Gerichts (BVerfGE 89, 28, 36 = NJW 1993, 2229, 2229). Durch Art 101 Abs 1 S 2 GG soll der Gefahr vorgebeugt werden, dass durch Manipulation der rechtsprechenden Organe aufgrund von sachfremden Einflüssen anstelle des nach der gesetzlichen und geschäftsplanmäßigen Regelung vorgesehenen Richters ein anderer tätig wird (BVerwGE 65, 287, 291 = NVwZ 1982, 618, 619; BVerfGE 95, 322, 327 = NJW 1997, 1497, 1498; BVerfG NJW 2005, 2689, 2689). Eine Verletzung des Art 101 Abs 1 S 2 GG respektive § 138 Nr 1 VwGO liegt daher nur vor, wenn willkürliche oder manipulative Erwägungen für die Fehlerhaftigkeit des gerügten Mangels bestimmend gewesen sind (BVerwG NVwZ-RR 2002, 150, 151; BVerwGE 110, 40, 46 = NVwZ 2000, 1290, 1292; BVerwG NVwZ 2000, 915, 916; BVerwG BeckRS 2007, 25140; krit Gärditz/ Winkelmüller/v. Schewick VwGO § 138 Rn 10), die sich nicht mehr durch sachliche Erwägungen rechtfertigen lassen (BVerwG Buchholz 450.2 § 70 WDO 2002 Nr 3; S/S/B/ Eichberger VwGO § 138 Rn 35; Wysk/Kuhlmann VwGO § 138 Rn 19). Vorsatz ist insofern nicht erforderlich (B/F-K/S/Bader VwGO § 138 Rn 4).

2. Gericht iSv § 138 Nr 1 VwGO

Erkennendes Gericht gem Nr 1 ist das auf die mündliche Verhandlung entscheidende **17** Gericht (Eyermann/Kraft VwGO § 138 Rn 15; S/S/B/Eichberger VwGO § 138 Rn 37). Ausschlaggebend ist die **Besetzung bei der letzten mündlichen Verhandlung**, eine vorhergehende vorschriftswidrige Besetzung fällt nicht unter § 138 VwGO (Redeker/ v. Oertzen/Redeker VwGO § 138 Rn 2). Daher ist die Richterbank einer vorangegangenen Erörterungsverhandlung (B/F-K/S/Bader VwGO § 138 Rn 3) oder jene im Stadium der Beweisaufnahme (BVerwG NVwZ 1998, 1066, 1066; Kopp/Schenke VwGO § 138 Rn 4) nicht erkennendes Gericht gem Nr 1. Auch ist erkennendes Gericht nicht die Richterbank, die das Urteil verkündet (Sodan/Ziekow/Neumann VwGO § 138 Rn 26). Wenn die angefochtene Entscheidung ohne mündliche Verhandlung ergeht, ist erkennendes Gericht dasjenige der letzten Beratung (S/S/B/Eichberger VwGO § 138 Rn 38).

3. Mängel in der Person des Richters

Eine vorschriftswidrige Besetzung gem Nr 1 kann aus dem Umstand folgen, dass **Richter 18 des erkennenden Gerichts gesetzliche Anforderungen nicht erfüllen**. Nr 1 ist daher zu bejahen, wenn ein Richter an der Entscheidung mitgewirkt hat, der nicht zur Ausübung des Richteramtes nach dem DRiG befähigt oder dessen Berufung in das Richteramt unwirksam ist (Redeker/v. Oertzen/Redeker VwGO § 138 Rn 2). Zudem setzt die Vorschrift voraus, dass der berufene Richter die Entscheidung in eigener Person trifft (BVerwG BeckRS 2010, 54600). Dem steht aber nicht entgegen, dass sich der Richter bei seiner Entscheidungsfindung einer bestehenden Rechtsprechung oder Literaturansicht anschließt (BVerwG BeckRS 2010, 54600).

Die Besetzung des Gerichts ist nur dann vorschriftsgemäß, wenn der Richter die Fähigkeit **19** besitzt, die wesentlichen Vorgänge der Verhandlung wahrzunehmen und in sich aufzunehmen (BVerwGE 65, 240, 241 = DVBl 1982, 1144, 1144; BVerwG BeckRS 2007, 25119; Sodan/Ziekow/Neumann VwGO § 138 Rn 32). Er muss körperlich und geistig in der Lage sein, der Verhandlung in allen ihren wesentlichen Abschnitten zu folgen (BVerwG NJW 1986, 2721, 2721; BVerwG BeckRS 2007, 25119). Bei einem **blinden Richter** ist dies lediglich dann nicht der Fall, wenn der Verfahrensvorgang, wie die Einnahme des Augenscheins (insofern einschränkend S/S/B/Eichberger VwGO § 138 Rn 43), zwingend das Sehvermögen des Richters voraussetzt (BVerwGE 65, 240, 241 = DVBl 1982, 1144, 1145;

dies gilt entsprechend für einen **tauben Richter**, vgl Eyermann/Kraft VwGO § 138 Rn 17). Tiefer **Schlaf** lässt die Möglichkeit für den Richter entfallen, sich den Verhandlungsstoff anzueignen (BVerwG NJW 1986, 2721, 2721; BVerwG BeckRS 2007, 25119). Kurzfristige Ermüdungserscheinungen sind hingegen unschädlich (Kopp/Schenke VwGO § 138 Rn 6; Redeker/v. Oertzen/Redeker VwGO § 138 Rn 2). Geschlossene Augen und selbst „das Aufstützen und Absacken des Kopfes mit anschließendem Aufschrecken oder auch Wiederaufrichten" sollen nach Ansicht des BVerwG kein hinreichend sicheres Zeichen für das Schlafen eines Richters sein (BVerwG NJW 1986, 2721, 2722; ferner BVerwG NJW 2001, 2898, 2898; BVerwG NJW 2006, 2648, 2648 f; BVerwG BeckRS 2007, 25119).

20   Wer sich darauf beruft, dass wegen eines eingeschlafenen Richters ein Verstoß gegen Nr 1 vorliegt, muss konkrete Tatsachen vortragen, welche eine Konzentration des Richters auf die wesentlichen Vorgänge in der Verhandlung ausschließen (BVerwG NJW 2001, 2898, 2898; BVerwG NJW 2006, 2648, 2648). Dabei sind der Zeitpunkt, die Dauer und die Einzelheiten des Verhaltens des Richters genau anzugeben, und es ist darzulegen, was während dieser Zeit in der mündlichen Verhandlung geschehen ist und welche für die Entscheidung wichtigen Vorgänge der eingeschlafene Richter nicht wahrnehmen konnte (BVerwG NJW 2001, 2898, 2898; BVerwG NJW 2006, 2648, 2648). Ein Verstoß nach Nr 1 liegt nicht vor, wenn ein Richter nicht über ausreichende Erfahrung in den zu verhandelnden Streitsachen verfügt und deshalb die Verhandlung nicht sicher geführt hat, da keine Vorschrift mit dem Inhalt existiert, dass die Richterbank jeweils mit den über die besten Rechtskenntnisse verfügenden Richtern zu besetzen sei (BVerwG DÖV 1981, 969, 970). Die zeitweise Abwesenheit eines Richters während der Verhandlung oder der Beweisaufnahme verletzt Nr 1 (B/F-K/S/Bader VwGO § 138 Rn 5; Kopp/Schenke VwGO § 138 Rn 6; Redeker/v. Oertzen/Redeker VwGO § 138 Rn 2; Sodan/Ziekow/Neumann VwGO § 138 Rn 53).

21   Das Gericht ist nicht vorschriftsmäßig besetzt, wenn ein **ehrenamtlicher Richter** an der Entscheidung mitgewirkt hat, der gem § 21 VwGO vom Amt des ehrenamtlichen Richters ausgeschlossen ist oder nach § 22 VwGO zum ehrenamtlichen Richter nicht berufen werden kann (Sodan/Ziekow/Neumann VwGO § 138 Rn 33). Das Gericht ist vorschriftswidrig besetzt, wenn ein ehrenamtlicher Richter an einer mündlichen Verhandlung ohne die zu Beginn seiner Amtszeit gebotene Vereidigung gem § 45 Abs 2 DRiG mitwirkt (B/F-K/S/Bader VwGO § 138 Rn 12). Dieser Mangel lässt sich durch nachgeholte Vereidigung nur beheben, wenn die mündliche Verhandlung in ihren wesentlichen Teilen wiederholt wird (BVerwG NVwZ 2005, 231, 231).

22   Bei einer **fehlerhaften Heranziehung ehrenamtlicher Richter** greift § 138 Nr 1 VwGO nur ein, wenn dieser manipulative oder willkürliche Motive zugrunde liegen (BVerwG NVwZ-RR 2000, 474, 475; B/F-K/S/Bader VwGO § 138 Rn 12; S/S/B/Eichberger VwGO § 138 Rn 42; Sodan/Ziekow/Neumann VwGO § 138 Rn 70). Die Mitwirkung eines fehlerhaft gewählten ehrenamtlichen Richters führt nur dann zum Vorliegen von Nr 1, wenn der Rechtsverstoß eine Verletzung von Art 101 Abs 1 S 2 GG darstellt (S/S/B/Eichberger VwGO § 138 Rn 42). Dies trifft hauptsächlich bei Fehlern zu, die so schwer wiegen, dass von einer Wahl im Rechtssinne nicht mehr gesprochen werden kann (BVerwG NVwZ 1988, 724, 725).

23   Eine falsche Entscheidung über ein Ablehnungsgesuch wegen der Besorgnis der **Befangenheit** (§ 54 Abs 1 VwGO, § 45 ZPO) führt grds keine vorschriftswidrige Besetzung des Gerichts herbei (B/F-K/S/Bader VwGO § 138 Rn 7). Nach § 173 VwGO, § 557 Abs 2 ZPO unterliegen der Beurteilung durch das Revisionsgericht nicht die unanfechtbaren Entscheidungen, die dem Endurteil vorausgegangen sind, was gem § 173, § 152 Abs 1 VwGO, § 46 Abs 2 ZPO auch für die Frage der Befangenheit gilt (vgl BVerwG NVwZ-RR 2000, 260, 260). Zudem enthält Nr 2 eine Spezialregelung für diese Fallgruppe (S/S/B/Eichberger VwGO § 138 Rn 45). Die Rüge einer nicht vorschriftsgemäßen Besetzung des Gerichts ist aber bei einer unrichtigen Entscheidung über ein Ablehnungsgesuch gerechtfertigt, wenn diese Entscheidung auf Willkür oder einem vergleichbar schweren Mangel beruht (BVerwG RÜ BARoV 2000, Nr 10, 11–12; BVerwG NVwZ 2006, 936, 937; B/F-K/S/Bader VwGO § 138 Rn 7; Kopp/Schenke VwGO § 138 Rn 9; S/S/B/Eichberger VwGO § 138 Rn 45; Sodan/Ziekow/Neumann VwGO § 138 Rn 80). Willkürlich ist eine Entscheidung dabei erst dann, wenn sie unter keinem denkbaren Gesichtspunkt rechtlich vertretbar ist und sich so der Schluss aufdrängt, sie beruhe auf sachfremden Erwägungen. Dies kann jedoch erst

angenommen werden, wenn eine offensichtlich einschlägige Norm in krasser Weise fehl-interpretiert wird. Die bloß fehlerhafte Auslegung eines Gesetzes allein genügt für die Annahme von Willkür nicht (BVerwG NVwZ 2008, 1025). In der Ablehnungsentscheidung muss eine Manipulation der Richterbank zum Ausdruck kommen (Sodan/Ziekow/Neumann VwGO § 138 Rn 80). Ob Befangenheitsgründe gegen die Mitwirkung eines Richters sprechen, berührt aufgrund der Garantie des Art 101 Abs 1 S 2 GG die Rechtsstellung der Verfahrensbeteiligten. Diese besitzen daher einen Anspruch auf Mitteilung der Selbstanzeige eines Richters wegen möglicher Ablehnungsgründe (BVerfGE 89, 28, 28 = NJW 1993, 2229, 2229; B/F-K/S/Bader VwGO § 138 Rn 7). Hierbei kann die Revision grds auf das behauptete Vorliegen eines erst nachträglich bekannt gewordenen Befangenheitsgrundes nicht gestützt werden. Nur wenn der Richter der Vorinstanz tatsächlich und eindeutig die gebotene Distanz und Neutralität hat vermissen lassen, so dass jede andere Würdigung als die einer Besorgnis der Befangenheit willkürlich erschiene, begründet dies einen Besetzungsfehler iSv § 138 Nr 1 VwGO, der auch nach Beendigung der Vorinstanz noch mit Erfolg gerügt werden kann (BVerwG BeckRS 2012, 50234).

4. Mängel bei der Zusammensetzung der Richterbank und Verstöße gegen den Geschäftsverteilungsplan

Die **Zusammensetzung der Richterbank** muss den gesetzlichen Bestimmungen ent- **24** sprechen. Diese folgen für das VG aus § 5 VwGO, § 6 VwGO, für das OVG aus § 9 VwGO und für das BVerwG aus § 10 VwGO. Verstöße gegen § 29 S 1 DRiG, wonach bei einer gerichtlichen Entscheidung **nicht mehr als ein Richter auf Probe** oder ein **Richter kraft Auftrags** oder ein **abgeordneter Richter** mitwirken darf, unterfallen Nr 1 (Eyermann/Kraft VwGO § 138 Rn 18; S/S/B/Eichberger VwGO § 138 Rn 41), es sei denn, es besteht für die Mitwirkung eine sachliche Notwendigkeit (BVerwGE 102, 7, 7 = NJW 1997, 674, 674). Eine nicht vorschriftsmäßige Besetzung des Gerichts liegt vor, wenn objektiv gegen eine den Vorsitz eines Fachsenats des OVG unmittelbar betreffende gesetzliche Regelung (§ 4 VwGO, § 21 f Abs 1 GVG) verstoßen wird (BVerwGE 106, 345, 349 = Buchholz 424.01 § 139 FlurbG Nr 17).

Der Beschluss gem § 6 Abs 1 S 1 VwGO, mit dem die Kammer den Rechtsstreit auf eines **25** ihrer Mitglieder **als Einzelrichter überträgt**, ist **gem § 6 Abs 4 S 1 VwGO unanfechtbar** und daher nach § 173 VwGO, § 557 Abs 2 ZPO revisionsgerichtlicher Nachprüfung entzogen. Dadurch wird die Rüge solcher Verfahrensmängel aber nicht ausgeschlossen, die als Folgen der beanstandeten Vorentscheidung weiterwirkend der angefochtenen Sachentscheidung **anhaften** (BVerwGE 110, 40, 44 = NVwZ 2000, 1290, 1291). Ein dem Urteil des Einzelrichters anhaftender Übertragungsmangel ist mit Rücksicht auf den in § 6 Abs 4 VwGO zum Ausdruck kommenden gesetzgeberischen Willen nur dann anzunehmen, wenn der Verstoß gegen § 6 VwGO zugleich eine Verletzung der prozessualen Gewährleistungen der Verfassung darstellt (BVerwG NVwZ-RR 2002, 150, 151; Kopp/Schenke VwGO § 138 Rn 5). Ein insofern relevanter Verstoß gegen die Garantie des gesetzlichen Richters liegt vor, wenn der Übertragung willkürliche oder manipulative Erwägungen zugrunde liegen (BVerwGE 110, 40, 46 = NVwZ 2000, 1290, 1292; B/F-K/S/Bader VwGO § 138 Rn 13) oder es an einer wirksamen Übertragung des Rechtsstreits auf den Einzelrichter fehlt (BVerwG NVwZ-RR 2002, 150, 151; Sodan/Ziekow/Neumann VwGO § 138 Rn 46). Nr 1 ist aber zu verneinen, wenn die Übertragung gem § 6 Abs 1 S 1 aktenkundig beschlossen wurde, der Beschluss aber erst nach dem Verhandlungstermin bekannt gegeben wurde (BVerwG NVwZ-RR 2002, 150, 150). Die willkürliche Annahme einer Sachentscheidungskompetenz durch den **konsentierten Einzelrichter** gem § 87a Abs 2 VwGO führt zur Verletzung des Art 101 Abs 1 S 2 GG (S/S/B/Eichberger VwGO § 138 Rn 55). Dieser Fall ist bei einer Entscheidung nach § 87a Abs 2 VwGO erforderliche Einverständnis der Beteiligten gegeben (Sodan/Ziekow/Neumann VwGO § 138 Rn 48). Ein Verstoß gem Nr 1 liegt vor, wenn bei der Urteilsberatung Personen anwesend waren, die dazu gem § 4 S 1 VwGO, § 193 GVG nicht befugt sind (Kopp/Schenke VwGO § 138 Rn 6; Redeker/v. Oertzen/Redeker VwGO § 138 Rn 2; Sodan/Ziekow/Neumann VwGO § 138 Rn 36).

Verstöße gegen Vorschriften über die **Geschäftsverteilung** (§ 4 S 1 VwGO, § 21e bis **26** 21g GVG) sind geeignet, zu einer vorschriftswidrigen Besetzung des erkennenden Gerichts zu führen. Auf Gerichtsebene muss ein Geschäftsverteilungsplan gem § 4 S 1 VwGO, § 21e GVG vorhanden sein. Ein überbesetzter Spruchkörper erfordert zudem einen spruchkörperinternen Geschäftsverteilungsplan (S/S/B/Eichberger VwGO § 138 Rn 47). Der Geschäftsverteilungsplan muss in schriftlicher Form und in abstrakt-genereller Weise eine hinreichend klare, möglichst eindeutige Vorherbestimmung der Richter erlauben, die in einem bestimmten Verfahren mitwirken (BVerfGE 95, 322, 328 = NJW 1997, 1497, 1498; Eyermann/Kraft VwGO § 138 Rn 19). Er darf keinen vermeidbaren Spielraum bei der Heranziehung der einzelnen Richter zur Entscheidung einer Sache und damit keine unnötige Unbestimmtheit hinsichtlich des gesetzlichen Richters lassen, sondern er muss sicherstellen, dass die Sache „blindlings" an den entscheidenden Richter gelangt (BVerfGE 95, 322, 329 = NJW 1997, 1497, 1498; BVerfG NJW 2005, 2689, 2689). Bereits das Fehlen eines diesen Anforderungen entsprechenden Geschäftsverteilungsplans stellt einen Verstoß gegen die Garantie des gesetzlichen Richters dar (Sodan/Ziekow/Neumann VwGO § 138 Rn 60). Die Verwendung auslegungsbedürftiger Rechtsbegriffe ist unschädlich (Kopp/Schenke VwGO § 138 Rn 5; S/S/B/Eichberger VwGO § 138 Rn 48).

27   Mängel bei der **Auslegung und Anwendung eines Geschäftsverteilungsplans** begründen nur dann einen Verstoß gegen Art 101 Abs 1 S 2 GG, wenn sie auf sachfremden und willkürlichen Erwägungen beruhen (BVerwG DVBl 2002, 60, 61; B/F-K/S/Bader VwGO § 138 Rn 14; S/S/B/Eichberger VwGO § 138 Rn 51; aA Sodan/Ziekow/Neumann VwGO § 138 Rn 71; differenzierend Gärditz/Winkelmüller/v. Schewick VwGO § 138 Rn 12). Ein bloßer Irrtum des Gerichts über die Geschäftsverteilung genügt dazu nicht (Redeker/v. Oertzen/Redeker VwGO § 138 Rn 3). Art 101 Abs 1 S 2 GG schließt Neuregelungen des Geschäftsverteilungsplans auch betreffend bereits anhängiger Verfahren nicht aus, um unvorhersehbaren Entwicklungen Rechnung zu tragen. Die Neuregelung muss aber generell gelten und darf nicht aus sachwidrigen Gründen geschehen (BVerfG NJW 2005, 2689, 2690).

28   Die willkürliche Verletzung einer gesetzlich vorgesehenen **Vorlagepflicht** unterfällt Nr 1 (B/F-K/S/Bader VwGO § 138 Rn 21; S/S/B/Eichberger VwGO § 138 Rn 56). Dies ist etwa bei pflichtwidriger Nichtvorlage einer Streitsache an den Großen Senat eines OVG gem § 12 Abs 1 VwGO iVm § 11 Abs 2, 3 VwGO der Fall (BVerwG NVwZ 2006, 1404, 1406). Ein Verstoß gegen den gesetzlichen Richter durch Nichtvorlage einer Sache an den Großen Senat des OVG wegen Abweichung von einer Entscheidung eines anderen Senats setzt aber voraus, dass es sich um eine Divergenz in einer entscheidungserheblichen Rechtsfrage bei Anwendung ein und derselben Norm des Landesrechts handelt (BVerwG NVwZ 2006, 1404, 1406; S/S/B/Pietzner VwGO § 11 Rn 16, 18; aA B/F-K/S/Funke-Kaiser VwGO § 11 Rn 4; Eyermann/Geiger VwGO § 11 Rn 3; Kopp/Schenke VwGO § 11 Rn 4; Redeker/v. Oertzen/Redeker VwGO § 11 Rn 2; Sodan/Ziekow/Kronisch VwGO § 11 Rn 36, nach deren Auffassung genügen soll, dass sich die Abweichung auf im Wesentlichen gleichlautende Vorschriften in verschiedenen Gesetzen bezieht). Gem Art 267 Abs 3 AEUV besteht die Vorlagepflicht zum EuGH nur für letztinstanzliche Gerichte. Daraus folgt, dass diese Vorlagepflicht für die revisionsgerichtliche Kontrolle anhand Nr 1 ohne Bedeutung ist (S/S/B/Eichberger VwGO § 138 Rn 56; Sodan/Ziekow/Neumann VwGO § 138 Rn 83).

29   Ist der **Verwaltungsrechtsweg** nicht gegeben, folgt daraus keine unvorschriftsmäßige Besetzung der Richterbank (BVerwG NJW 1992, 1579, 1579). Dasselbe gilt für den Fall der **örtlichen Unzuständigkeit** (B/F-K/S/Bader VwGO § 138 Rn 19). Nr 1 ist aber zu bejahen, wenn das Gericht willkürlich seine Zuständigkeit ignoriert (S/S/B/Eichberger VwGO § 138 Rn 57).

5. Begründungsanforderungen

30   An die Begründung einer **Besetzungsrüge** sind strenge Anforderungen zu stellen. Die Rüge ist nur dann in zulässiger Weise vorgebracht, wenn der Revisionskläger den Mangel begründenden Tatsachen so vorträgt, dass dem Revisionsgericht eine abschließende Beurteilung möglich ist (BVerwG NVwZ 2000, 915, 917; Redeker/v. Oertzen/Redeker VwGO § 138 Rn 2; Sodan/Ziekow/Neumann VwGO § 138 Rn 86). Dies erfordert eine Auseinandersetzung mit den Einzelheiten der Geschäftsverteilung sowie ggf die Einholung von

Auskünften des Gerichts und notfalls eigene Ermittlungen, um sich über das Vorgehen des Gerichts hinreichende Gewissheit zu verschaffen (BVerwG NVwZ 2000, 915, 917; S/S/B/ Eichberger VwGO § 138 Rn 58). Der bloße Verdacht fehlerhafter Besetzung ist nicht ausreichend (Kopp/Schenke VwGO § 138 Rn 5). Eine Besetzungsrüge ist aber stets beachtlich, wenn der gerügte Verstoß nach Aktenlage klar und eindeutig zutage tritt (BVerwG NVwZ 2000, 915, 917; B/F-K/S/Bader VwGO § 138 Rn 23).

II. Mitwirkung eines ausgeschlossenen oder abgelehnten Richters (Nr 2)

1. Zweck und Anwendungsbereich der Vorschrift

Der absolute Revisionsgrund der Nr 2 erfordert, dass bei der Entscheidung entweder ein **31** Richter mitgewirkt hat, der von der Ausübung des Richteramts gem § 54 Abs 1, 2 VwGO, § 41 ZPO **kraft Gesetz ausgeschlossen** oder nach § 54 Abs 1, 3 VwGO, §§ 42 ff ZPO **wegen Besorgnis der Befangenheit mit Erfolg abgelehnt** war. Die Norm ist Ausdruck des Rechtsgedankens, dass kein Beteiligter eines gerichtlichen Verfahrens vor einem Richter stehen soll, dem es an der gebotenen Neutralität fehlt (BVerfGE 89, 28, 36 = NJW 1993, 2229, 2229; Kopp/Schenke VwGO § 138 Rn 7), und sichert die gesetzeskonforme Besetzung des Gerichts (Sodan/Ziekow/Neumann VwGO § 138 Rn 88). Nr 2 erfasst nur die Mitwirkung des ausgeschlossenen oder erfolgreich abgelehnten Richters an der Beratung des Gerichts, auf die die angefochtene Entscheidung ergeht (Sodan/Ziekow/Neumann VwGO § 138 Rn 93; S/S/B/Eichberger VwGO § 138 Rn 62). Die Teilnahme an der Beweisaufnahme oder der Urteilsverkündung fällt nicht darunter (Kopp/Schenke VwGO § 138 Rn 7; Redeker/v. Oertzen/Redeker VwGO § 138 Rn 4).

2. Mögliche Verstöße iSv § 138 Nr 2 VwGO

Eine erfolgreiche Ablehnung wegen Besorgnis der Befangenheit nach Nr 2 setzt eine **32** positive Entscheidung des Gerichts (vgl § 54 Abs 1 VwGO, §§ 45 f ZPO) über das Ablehnungsgesuch voraus (B/F-K/S/Bader VwGO § 138 Rn 24; Gärditz/Winkelmüller/v. Schewick VwGO § 138 Rn 18). Anders als bei den gesetzlichen Ausschließungsgründen genügt das bloße Vorliegen der Gründe, aus denen sich die Besorgnis der Befangenheit ergibt, nicht (Sodan/Ziekow/Neumann VwGO § 138 Rn 97). Daher kommt der Entscheidung, die dem Ablehnungsgesuch stattgibt, **konstitutiver Charakter** zu (S/S/B/Eichberger VwGO § 138 Rn 65). Solange über das Ablehnungsgesuch noch nicht entschieden wurde, fällt die Mitwirkung des abgelehnten Richters nicht unter Nr 2 (Kopp/Schenke VwGO § 138 Rn 8; Redeker/v. Oertzen/Redeker VwGO § 138 Rn 4). Gem § 54 Abs 1 VwGO, § 47 Abs 1 ZPO hat ein abgelehnter Richter vor Erledigung des Ablehnungsgesuchs aber nur solche Handlungen vorzunehmen, die keinen Aufschub gestatten. Ein Verstoß dagegen kann nicht nach § 138 Nr 2 VwGO berücksichtigt werden, unterfällt aber ggf § 137 VwGO (Eyermann/Kraft VwGO § 138 Rn 28; Sodan/Ziekow/Neumann VwGO § 138 Rn 99).

Aufgrund des Erfordernisses der erfolgreichen Ablehnung erfasst Nr 2 nicht den Fall eines **33** zu Unrecht zurückgewiesenen Ablehnungsantrages (B/F-K/S/Bader VwGO § 138 Rn 24; Wysk/Kuhlmann VwGO § 138 Rn 21). Auch im Rahmen der Besetzungsrüge nach Nr 1 ist die erfolgreiche Geltendmachung dieses Verfahrensmangels nur bei einer auf Willkür basierenden Zurückweisung möglich, nicht aber wenn die Entscheidung schlicht falsch ist (S/S/B/Eichberger VwGO § 138 Rn 60). Nr 2 greift nur bei vor der Urteilsfällung entstandenen Ausschluss- und Ablehnungsgründen (S/S/B/Eichberger VwGO § 138 Rn 62). Hat das Gericht erst nach Erlass des Urteils positiv über das Ablehnungsgesuch entschieden, liegt kein Fall der Nr 2 vor (Sodan/Ziekow/Neumann VwGO § 138 Rn 98). Das Anbringen eines Ablehnungsgesuches nach Erlass des Urteils ist unbeachtlich (Kopp/Schenke VwGO § 138 Rn 8), auch wenn die Befangenheitsgründe bereits vor Urteilsfällung vorlagen (S/S/B/Eichberger VwGO § 138 Rn 65).

III. Versagung des rechtlichen Gehörs (Nr 3)
1. Grundlagen

34   Der sich aus Art 103 Abs 1 GG ergebende Anspruch auf rechtliches Gehör soll sicherstellen, dass der Einzelne nicht bloßes Objekt des gerichtlichen Verfahrens ist (S/S/B/Eichberger VwGO § 138 Rn 70). Vielmehr muss den Beteiligten die Möglichkeit offen stehen, durch sachlich fundierten Vortrag die Willensbildung des Gerichts zu beeinflussen (BVerfGK 1, 259, 263 = NVwZ-RR 2004, 3, 4). Das Gebot rechtlichen Gehörs dient der Gewährleistung effektiven Rechtsschutzes (B/F-K/S/Bader VwGO § 138 Rn 26) und soll sicherstellen dass gerichtliche Entscheidungen möglichst frei von Verfahrensfehlern ergehen (BVerfG – Kammer – NJW-RR 2002, 68, 69). Die den einzelnen Verfahrensordnungen überlassene nähere Ausgestaltung des rechtlichen Gehörs (vgl BVerfGK 3, 274, 276 = NJW 2004, 3551, 3552) ist in der VwGO ua in den Verfahrensvorschriften der § 6 Abs 3 S 1 VwGO; § 56a VwGO; § 60 VwGO; § 65 Abs 4 VwGO; § 84 Abs 1 S 2, Abs 2 Nr 4 VwGO; § 86 Abs 4 S 3 VwGO; § 87a Abs 2 VwGO; § 100 VwGO; § 101 Abs 1, 2 VwGO; § 102 Abs 1, 2 VwGO; § 103 Abs 3 VwGO, § 104 Abs 1 VwGO; § 108 Abs 2 VwGO; § 125 Abs 2 S 3 VwGO; § 130a S 2 VwGO iVm § 125 Abs 2 S 3 VwGO erfolgt (vgl Kopp/Schenke VwGO § 138 Rn 10; S/S/B/Eichberger VwGO § 138 Rn 73; Sodan/Ziekow/Neumann VwGO § 138 Rn 113 f). Ein Verstoß gem Nr 3 kann sowohl in der Versagung des durch Art 103 Abs 1 GG verfassungsrechtlich garantierten Anspruches auf rechtliches Gehör als auch in der Verletzung der angeführten einfachgesetzlichen Ausprägungen liegen (B/F-K/S/Bader VwGO § 138 Rn 26; Eyermann/Kraft VwGO § 138 Rn 29 f; Kopp/Schenke VwGO § 138 Rn 10; S/S/B/Eichberger VwGO § 138 Rn 74; einschränkend Sodan/Ziekow/Neumann VwGO § 138 Rn 114, der bei Verletzung einer das rechtliche Gehör ausgestaltenden Norm zugleich die Feststellung verlangt, dass der Anspruch auf rechtliches Gehör verletzt ist).

2. Anforderungen an die Gewährung rechtlichen Gehörs

35   Das Gebot rechtlichen Gehörs erfordert zum einen, dass dem Beteiligten die Möglichkeit eingeräumt wird, in tatsächlicher wie rechtlicher Hinsicht all das vorzutragen, was aus seiner Sicht zur Rechtsverfolgung oder -verteidigung notwendig ist (B/F-K/S/Bader VwGO § 138 Rn 26; Eyermann/Kraft VwGO § 138 Rn 31; S/S/B/Eichberger VwGO § 138 Rn 71). Um den Beteiligten in die Lage zu versetzen, sachgerechten Vortrag zu leisten, umfasst der Anspruch auf rechtliches Gehör auch die Verpflichtung des Gerichts, den Beteiligten von allen Vorgängen im Verfahren zu unterrichten (S/S/B/Eichberger VwGO § 138 Rn 71; Sodan/Ziekow/Neumann VwGO § 138 Rn 106). Denn eine dem verfassungsrechtlichen Anspruch genügende Gewährung rechtlichen Gehörs setzt voraus, dass der Verfahrensbeteiligte bei der Anwendung der von ihm zu verlangenden Sorgfalt zu erkennen vermag, auf welchen Tatsachenvortrag es für die Entscheidung ankommen kann (BVerfG – Kammer – BeckRS 2006, 25322). Demgemäß ist das Gericht zwar grds nicht zu einem Hinweis auf seine Rechtsauffassung verpflichtet (BVerfGE 67, 90, 95 = NJW 1984, 2147, 2148), vielmehr müssen die Verfahrensbeteiligten grds alle vertretbaren rechtlichen Gesichtspunkte von sich aus in Betracht ziehen und ihren Vortrag daran anpassen. Ausnahmsweise kann es für das Gericht aber geboten sein, die Prozessbeteiligten auf seine Rechtsauffassung hinzuweisen, die es seiner Entscheidung zugrunde legen will. Denn es kann im Ergebnis der Verhinderung eines Vortrages zur Rechtslage gleichkommen, wenn das Gericht ohne vorherigen Hinweis auf einen rechtlichen Aspekt abstellt, mit dem auch ein gewissenhafter und kundiger Verfahrensbeteiligter selbst unter Berücksichtigung der verschiedenen vertretbaren Rechtsanschauungen nicht zu rechnen braucht (BVerwG BeckRS 2008, 38056).

35.1   Dementsprechend hat das Gericht zur Gewährung rechtlichen Gehörs die Pflicht, die in einem Urteil verwerteten Erkenntnisse anderer Gerichte oder anderer Entscheidungen desselben Gerichts so in das Verfahren einzuführen, dass die Beteiligten ausreichend Gelegenheit haben, zu diesen Dokumenten und den dort wiedergegebenen Tatsachenschilderungen Stellung zu nehmen und auch ihre sonstige Prozessführung darauf einzurichten (VGH BW DÖV 2011, 784 LS).

Zum anderen muss das Gericht, um dem Anspruch auf rechtliches Gehör Rechnung zu **36** tragen, die Ausführungen der Prozessbeteiligten nicht nur zur Kenntnis nehmen, sondern auch in Erwägung ziehen (BVerfG – Kammer – NJW-RR 2002, 68, 69; BVerfGK 1, 259, 263 = NVwZ-RR 2004, 3, 4; BVerwG NVwZ 2003, 224, 225; BVerwG BeckRS 2007, 20760; BVerwG BayVBl 2010, 55, 55; BVerfG BeckRS 2011, 26768; VGH München BeckRS 2012, 59131; VGH München BeckRS 2013, 46873; OVG Münster BeckRS 2013, 52354; OVG Münster BeckRS 2013, 49522; Redeker/v. Oertzen/Redeker VwGO § 138 Rn 5; S/S/B/Eichberger VwGO § 138 Rn 71; Gärditz/Winkelmüller/v. Schewick VwGO § 138 Rn 19). Daraus folgt aber keine Verpflichtung des Gerichts, jeglichen Vortrag in den Entscheidungsgründen ausdrücklich zu bescheiden (BVerwG Buchholz 310 § 108 Abs 2 VwGO Nr 4; BVerwG NJW 2006, 2648, 2649; BVerwG BayVBl 2010, 55, 55; BVerwG NJW 2012, 1672, 1673; VGH München BeckRS 2012, 54575; VGH München BeckRS 2013, 47550). Vielmehr ist regelmäßig davon auszugehen, dass ein Gericht das von ihm entgegengenommene Vorbringen zur Kenntnis genommen und in Erwägung gezogen hat (BVerfGK 1, 259, 263 = NVwZ-RR 2004, 3, 4; BVerwG Buchholz 310 § 138 Ziff 3 VwGO Nr 64; BVerwG NJW 2006, 2648, 2649; BVerwG BeckRS 2006, 26116; OVG Saarlouis BeckRS 2012, 45546; OVG Münster BeckRS 2012, 52227; Kopp/Schenke VwGO § 138 Rn 13; S/S/B/Eichberger VwGO § 138 Rn 71). Etwas anderes gilt aber, wenn besondere Umstände deutlich ergeben, dass das Gericht ein bestimmtes Vorbringen nicht berücksichtigt hat (BVerwG BeckRS 2006, 26116; VGH München BeckRS 2012, 58583; OVG Münster BeckRS 2013, 52354; VGH München BeckRS 2013, 51425; BVerfG BeckRS 2011, 26768). Die Kenntnisnahme und Berücksichtigung entscheidungserheblichen Vorbringens wird zudem von allen an der Entscheidung mitwirkenden Richtern gefordert (vgl § 112 VwGO); die Kenntnisnahme allein der Berufsrichter von nachgereichten Schriftsätzen, die innerhalb der eingeräumten Äußerungsfrist eingehen, genügt dagegen nicht (BVerwG BeckRS 2008, 38118).

Da es sich bei dem Anspruch auf rechtliches Gehör um ein streitgegenstandsbezogenes **37** Recht handelt, das nicht bezweckt, den Beteiligten Äußerungen jedweder Art zu ermöglichen (Eyermann/Schmidt VwGO 12. Aufl § 138 Rn 19; Sodan/Ziekow/Neumann VwGO § 138 Rn 127), kann eine Verletzung rechtlichen Gehörs nur dann festgestellt werden, wenn das Gericht auf Beteiligtenvorbringen, das **entscheidungserheblich** sein könnte, in den Urteilsgründen nicht eingeht (BVerwG Buchholz 310 § 108 Abs 2 VwGO Nr 4; BVerwG Buchholz 310 § 138 Ziff 3 VwGO Nr 64; S/S/B/Eichberger VwGO § 138 Rn 75; Sodan/Ziekow/Neumann VwGO § 138 Rn 115). Hingegen scheidet bei nicht entscheidungserheblichen Sachverhalten ein Gehörsverstoß aus. Ob vorgenanntes Erfordernis erfüllt ist, bestimmt sich nach der materiellen Rechtsauffassung des Gerichts, das die angefochtene Entscheidung erlassen hat (BVerwG Buchholz 310 § 138 Ziff 3 VwGO Nr 64). Es liegt demnach keine für Nr 3 relevante Verletzung vor, wenn der Beteiligte auch dann, wenn er nicht am Vortrag gehindert worden wäre, nichts Entscheidungserhebliches mehr vorgebracht hätte (BVerwG Buchholz 310 § 138 Ziff 3 VwGO Nr 23; Sodan/Ziekow/Neumann VwGO § 138 Rn 127) oder wenn übergangenes Vorbringen für das angefochtene Urteil insofern nicht maßgeblich war (vgl Kopp/Schenke VwGO § 138 Rn 20), als es nach der Rechtsauffassung der Vorinstanz unter keinem rechtlichen Gesichtspunkt darauf ankommen konnte (BVerwG BeckRS 2008, 38118; Eyermann/Kraft VwGO § 138 Rn 32; S/S/B/Eichberger VwGO § 138 Rn 76). Enthält das Urteil aber zu einem zentralen rechtlichen Gesichtspunkt aus dem Vortrag eines Beteiligten keine Auseinandersetzung in den Entscheidungsgründen und auch keinen Hinweis darauf, weshalb dieses Argument nach Ansicht des Gerichts nicht entscheidungserheblich ist, liegt ein Verstoß gegen den Anspruch auf rechtliches Gehör vor (BVerwG NVwZ 2003, 224, 225; BVerwG Beschl v 4.7.2008 – 3 B 18.08). Art 103 Abs 1 GG gewährt aber keinen Schutz gegen Entscheidungen, die den Sachvortrag eines Beteiligten aus Gründen des formellen oder materiellen Rechts ganz oder teilweise außer Betracht lassen (BVerwG Buchholz 424.01 § 2 FlurbG Nr 1; S/S/B/Eichberger VwGO § 138 Rn 72).

3. Gehörsrüge und Richtigkeitsprüfung nach § 144 Abs 4 VwGO

Die Richtigkeitsprüfung gem **§ 144 Abs 4 VwGO** ist beim Vorliegen absoluter Revisi- **38** onsgründe grds ausgeschlossen (BVerwG NVwZ 2003, 224, 225; BVerwGE 121, 211, 221 =

NVwZ 2004, 1377, 1380; B/F-K/S/Bader VwGO § 144 Rn 21; Kopp/Schenke VwGO § 144 Rn 6; Kugele VwGO § 138 Rn 8). Der Gesetzgeber hat die in § 138 VwGO normierten Verfahrensmängel für derart schwerwiegend erachtet, dass sie auch dann zur Aufhebung und Zurückweisung führen sollen, wenn das Urteil in der Sache zu Recht ergangen ist (BVerwG NVwZ 2003, 1129, 1130; BVerwGE 106, 345, 350; aA S/S/B/ Eichberger VwGO § 138 Rn 11 ff, der dem prozessökonomischen Zweck des § 144 Abs 4 VwGO Geltung neben § 138 VwGO verschafft wissen will, wobei es in das Ermessen des Revisionsgericht gestellt werden soll, ob § 144 Abs 4 VwGO Anwendung findet).

39   Bei einer Verletzung des rechtlichen Gehörs kann § 144 Abs 4 VwGO ausnahmsweise zur Anwendung gelangen (BVerwGE 121, 211, 221 = NVwZ 2004, 1377, 1380). Insofern ist die Versagung des rechtlichen Gehörs in Bezug auf eine besondere tatsächliche Feststellung der Vorinstanz von der Versagung rechtlichen Gehörs mit der Folge, dass sich ein Beteiligter überhaupt nicht zu dem entscheidungserheblichen Sachverhalt äußern konnte, zu unterscheiden (BVerwG NVwZ 1994, 1095, 1096). Im letztgenannten Fall fehlt dem Revisionsgericht jede Grundlage für eine materiell-rechtliche Entscheidung, so dass die Möglichkeit der Feststellung, das Berufungsurteil sei im Ergebnis richtig, ausscheidet (BVerwG NVwZ 1994, 1095, 1096; BVerwG NVwZ 2003, 1129, 1130; Sodan/Ziekow/Neumann VwGO § 138 Rn 130).

40   Diese Sachlage ist stets bei einer Entscheidung ohne mündliche Verhandlung gegeben (BVerwG NVwZ 2000, 810, 813; BVerwG NVwZ 2003, 1129, 1129; BVerwG NVwZ 2009, 59). Wenn sich hingegen die Versagung rechtlichen Gehörs nicht auf das Gesamtergebnis des Verfahrens, sondern nur auf einzelne Feststellungen bezieht, auf die es für die Entscheidung nach der – insofern maßgeblichen – materiellrechtlichen Beurteilung des Revisionsgerichts unter keinem Gesichtspunkt ankommen kann, findet § 144 Abs 4 VwGO Anwendung (BVerwG NVwZ 1996, 378, 378; BVerwG NVwZ 2003, 1129, 1130, wo offen bleibt, ob dies auch bei einer unabänderlich unzulässigen Klage gilt; BVerwGE 121, 211, 221 = NVwZ 2004, 1377, 1380; BVerwG BeckRS 2009, 31230 für den Fall der Entscheidung durch das Gericht vor Ablauf der zuvor gewährten Äußerungsfrist; BVerwG BeckRS 2009, 36019; B/F-K/S/ Bader VwGO § 138 Rn 27; Eyermann/Kraft VwGO § 138 Rn 38; Redeker/v. Oertzen/ Redeker VwGO § 138 Rn 5; Sodan/Ziekow/Neumann VwGO § 138 Rn 131). Denn das BVerwG kann die Revision gem § 144 Abs 4 VwGO unter Verwertung der von dem Verfahrensfehler nicht betroffenen Feststellungen zurückweisen, wenn nach seiner Rechtsauffassung die unter Verstoß gegen das Gebot rechtlichen Gehörs getroffenen Feststellungen nicht erheblich sind (Sodan/Ziekow/Neumann VwGO § 138 Rn 131).

41   Kann daher eine unter Versagung rechtlichen Gehörs getroffene Feststellung des Berufungsurteils hinweggedacht werden, ohne dass die Richtigkeit der Entscheidung nach der Rechtsauffassung des Revisionsgerichts in Frage gestellt wird, ist die Revision nach § 144 Abs 4 VwGO zurückzuweisen (BVerwG NVwZ 1994, 1095, 1096; B/F-K/S/Bader VwGO § 144 Rn 21; Eyermann/Kraft VwGO § 144 Rn 10; Redeker/v. Oertzen/ Redeker VwGO § 138 Rn 1; Sodan/Ziekow/Neumann VwGO § 138 Rn 9). Die angefochtene Entscheidung muss sich im Ergebnis aus solchen Gründen als richtig darstellen, zu denen der Verfahrensmangel keinen Bezug hat und auf die er sich nicht, auch nicht mittelbar, ausgewirkt haben kann (BVerwGE 109, 283, 285 = NVwZ-RR 2000, 233, 234; Sodan/ Ziekow/Neumann VwGO § 138 Rn 9). § 144 Abs 4 VwGO findet auch dann Anwendung, wenn lediglich nicht hinreichend Gelegenheit bestand, zu Rechtsfragen Stellung zu nehmen (BVerwG NVwZ 2003, 1129, 1130; BVerwG BeckRS 2011, 48122 = NVwZ 2011, 696, 696). Nichts anderes gilt, wenn der Vortrag eines Beteiligten zu Rechtsfragen vom Tatsachengericht nicht in Erwägung gezogen wurde. Denn ein solcher Mangel ist im Revisionsverfahren heilbar (Kopp/Schenke VwGO § 138 Rn 18) und führt deswegen zwar zur Zulassung der Revision nach § 132 Abs 2 Nr 3 VwGO, nicht aber auch ohne weiteres zu ihrem Erfolg (nach BVerwGE 21, 174, 175, gilt dies „jedenfalls" außerhalb einer reinen Verfahrensrevision; insoweit ungenau zit in BVerwG NVwZ 2003, 224, 225: Ausnahme bei reiner Verfahrensrevision). Die ausnahmsweise Anwendbarkeit des § 144 Abs 4 VwGO erfordert stets die – aus Sicht der Vorinstanz zu bestimmende – Entscheidungserheblichkeit der unter Verstoß gegen das Gebot des rechtlichen Gehörs getroffenen Feststellung. Andernfalls liegt schon keine für Nr 3 relevante Verletzung rechtlichen Gehörs vor (vgl S/S/B/ Eichberger VwGO § 138 Rn 78).

Ein Verstoß gem Nr 3 erfordert kein Verschulden des Gerichts (B/F-K/S/Bader VwGO **42**
§ 138 Rn 26). Ein Beteiligter muss aber sämtliche verfahrensrechtlich eröffneten Möglichkeiten nutzen, sich rechtliches Gehör zu verschaffen, soweit ihm dies zumutbar ist (BVerwG
NVwZ-RR 2003, 902, 903; OVG Bremen BeckRS 2009, 40494; VGH München BeckRS
2012, 54807; B/F-K/S/Bader VwGO § 138 Rn 48; Eyermann/Kraft VwGO § 138 Rn 35;
Sodan/Ziekow/Neumann VwGO § 138 Rn 111). Ansonsten scheidet eine Verletzung des
Gebots rechtlichen Gehörs aus, denn sich äußern kann auch, wer lediglich die Möglichkeit
hat, sich Gehör zu verschaffen (BVerwG NVwZ-RR 2003, 902, 903).

4. Gehörsrüge und Anhörungsrüge nach § 152a VwGO

Die Anhörungsrüge nach § 152a VwGO ist ein subsidiärer außerordentlicher Rechts- **42a**
behelf, dh soweit ein Rechtsmittel oder ein anderer Rechtsbehelf gegen eine Entscheidung
statthaft ist, kommt eine Anhörungsrüge nicht in Betracht (Sodan/Ziekow/Guckelberger
VwGO § 152a Rn 13; Eyermann/Happ VwGO § 152a Rn 10). Eine Gehörsrüge nach
§ 138 Nr 3 VwGO ist hinsichtlich der Verletzung rechtlichen Gehörs also grds vorrangig.
Tauglicher Gegenstand und Hauptanwendungsbereich der Anhörungsrüge nach § 152a
VwGO sind demnach verfahrensabschließende Urteile des BVerwG und unanfechtbare
Beschlüsse des OVG (S/S/B/Rudisile VwGO § 152a Rn 14u 16; Kopp/Schenke VwGO
§ 152a Rn 5; Guckelberger NVwZ 2005, 11, 12). Inhaltlich setzen sowohl § 138 Nr 3
VwGO als auch § 152a VwGO einen Verstoß gegen den durch Art 103 Abs 1 GG verbürgten Anspruch auf rechtliches Gehör oder eine Verletzung einer entsprechenden einfachgesetzlichen Konkretisierung voraus (S/S/B/Rudisile VwGO § 152a Rn 1). Erforderlich ist,
dass sich der Gehörsverstoß auf einen entscheidungserheblichen Gegenstand bezieht (S/S/B/
Rudisile VwGO § 152a Rn 19); es darf also nicht ausgeschlossen sein, dass das Gericht ohne
eine Verletzung des Anspruchs auf rechtliches Gehör zu einer anderen Entscheidung gekommen wäre (Kopp/Schenke VwGO § 152a Rn 13). Ist dies der Fall, kommt die Vermutung
des § 138 Nr. 3 VwGO zum Tragen (vgl § 152a VwGO Rn 10; S/S/B/Rudisile VwGO
§ 152a Rn 19). Handelt es sich um eine Gehörsverletzung, die sich auf das gesamte Verfahren erstreckt, ist eine Entscheidungserheblichkeit anzunehmen, ohne dass eine Kausalitätsprüfung vorzunehmen ist (B/F-K/S/Bader VwGO § 152a Rn 6).

5. Darlegungsanforderungen

Die Rüge nach Nr 3 ist nur dann erfolgreich, wenn der Beteiligte substantiiert und **43**
schlüssig **darlegt**, an welchem Vortrag er gehindert war bzw welcher Vortrag durch das
Gericht nicht zur Kenntnis genommen oder nicht in Erwägung gezogen wurde und dass
dieser nicht berücksichtigte Vortrag entscheidungserheblich war (B/F-K/S/Bader VwGO
§ 138 Rn 49; S/S/B/Eichberger VwGO § 138 Rn 76; Sodan/Ziekow/Neumann VwGO
§ 138 Rn 117). Die Darlegung der Entscheidungserheblichkeit ist entbehrlich, wenn der
Gehörsverstoß nicht lediglich einzelne Feststellungen, sondern das Gesamtergebnis des Verfahrens betrifft, da in diesem Fall von der Entscheidungserheblichkeit der Verletzung rechtlichen Gehörs auszugehen ist (S/S/B/Eichberger VwGO § 138 Rn 77, 84; Wysk/Kuhl-
mann VwGO § 138 Rn 28).

6. Einzelne Fallgruppen möglicher Gehörsverstöße

Einem Urteil, das trotz ausgebliebenen Einverständnisses gem § 101 Abs 2 VwGO **ohne** **44**
mündliche Verhandlung ergeht, fehlt jede materiellrechtliche Grundlage und es verletzt
daher rechtliches Gehör (BVerwG NVwZ 2003, 1129, 1129; BVerwG NVwZ 2009, 59;
Kopp/Schenke VwGO § 138 Rn 15; Sodan/Ziekow/Neumann VwGO § 138 Rn 170).
Gleiches gilt, soweit sich ein zunächst erklärtes Einverständnis zur Entscheidung ohne
mündliche Verhandlung zwischenzeitlich verbraucht hat (OVG Berlin-Brandenburg BeckRS
2011, 49110 = NJW 2011, 2152 ff). Die Entscheidung nach § 101 Abs 2 VwGO hängt aber
nicht nur von der Zustimmung der Beteiligten ab, sondern liegt darüber hinaus im Ermessen
des Gerichts (zu entsprechenden Ermessenserwägungen bei § 130a VwGO auch mit Blick
auf Art 6 EMRK vgl BVerwG BeckRS 2011, 46455 = NVwZ 2011, 629, 631; zur Durchführung des vereinfachten Berufungsverfahrens nach mündlicher Verhandlung vgl BVerwG

NVwZ-RR 2012, 295, 295). Das Gericht hat dafür einzustehen, dass trotz der unterbleibenden mündlichen Verhandlung das rechtliche Gehör der Beteiligten nicht verletzt wird (BVerwG NVwZ-RR 2004, 77). Eine Entscheidung ohne mündliche Verhandlung scheidet daher aus, wenn infolgedessen eine Verletzung rechtlichen Gehörs droht (B/F-K/S/Bader VwGO § 138 Rn 36). Die irrtümliche Annahme des Gerichts, ein Verzicht auf Durchführung der mündlichen Verhandlung läge vor, ist für das Vorliegen des Verfahrensverstoßes ohne Bedeutung (BVerwG BayVBl 2003, 671; BVerwG NVwZ 2009, 59).

45   Ob der Vorsitzende die mündliche Verhandlung trotz Ausbleibens eines ordnungsgemäß geladenen Beteiligten zur Terminszeit gem § 103 Abs 1 VwGO sogleich **eröffnet** oder noch eine gewisse Zeit abwartet, liegt grds in seinem Ermessen (S/S/B/Eichberger VwGO § 138 Rn 104; Sodan/Ziekow/Neumann VwGO § 138 Rn 155). Dabei sind einerseits das voraussichtliche Interesse des Beteiligten an der Teilnahme und andererseits das Interesse des Gerichts sowie der Verfahrensbeteiligten der später angesetzten Sachen an möglichst pünktlicher Einhaltung der Tagesordnung zu berücksichtigen (BVerwG NVwZ 1989, 857, 858). Hat ein Beteiligter sein Erscheinen oder die Möglichkeit einer geringen Verspätung ausdrücklich angekündigt, kann er im Allgemeinen damit rechnen, dass eine gewisse Zeit gewartet wird und die Verhandlung zB nicht bereits zehn Minuten nach der Terminszeit abgeschlossen ist (BVerwG NVwZ 1989, 857, 858; B/F-K/S/Bader VwGO § 138 Rn 36). Erfährt das Gericht vor Beginn der mündlichen Verhandlung, dass der Prozessbevollmächtigte einer Partei aus von ihm nicht zu vertretenden Gründen nicht pünktlich erscheinen kann, hat es zur Wahrung des rechtlichen Gehörs mit der Eröffnung der mündlichen Verhandlung zu warten, sofern und solange das mit dem Interesse an der Einhaltung der Tagesordnung zu vereinbaren ist (BVerwG NVwZ 1989, 857, 858; BVerwG NJW 1992, 3185, 3185). Erscheint ein (weiteres) Zuwarten nicht (mehr) vertretbar, muss der Termin zur Gewährung rechtlichen Gehörs vAw aufgehoben oder verlegt werden, wenn der Prozessbevollmächtigte alles in seinen Kräften Stehende und Erforderliche getan hat, um den Verhandlungstermin rechtzeitig wahrzunehmen, hieran jedoch ohne sein Verschulden gehindert wurde (S/S/B/Eichberger VwGO § 138 Rn 104; Sodan/Ziekow/Neumann VwGO § 138 Rn 157). Ein Verstoß gem Nr 3 scheidet dennoch aus, wenn der Prozessbevollmächtigte es unterlassen hat, die Wiedereröffnung der unverschuldet versäumten mündlichen Verhandlung zu beantragen (BVerwG NJW 1992, 3185, 3186).

46   Verwirft das Gericht die **Berufung gem § 125 Abs 2 S 1, 2 VwGO** ohne mündliche Verhandlung durch Beschluss als unzulässig und findet entgegen § 125 Abs 2 S 3 VwGO keine Anhörung der Beteiligten statt, liegt ein Verstoß gegen das Gebot rechtlichen Gehörs vor (Sodan/Ziekow/Neumann VwGO § 138 Rn 168).

47   Das Gebot rechtlichen Gehörs ist verletzt, wenn trotz Vorliegens erheblicher Gründe gem § 173 VwGO, § 227 Abs 1 S 1 ZPO in der Person des Beteiligten einem begründeten **Antrag auf Aufhebung, Verlegung oder Vertagung** eines Termins nicht entsprochen wird (BVerwG NVwZ-RR 1999, 408, 408; BVerwG NJW 2006, 2648, 2649; BVerwG BeckRS 2007, 25771; B/F-K/S/Bader VwGO § 138 Rn 45; Eyermann/Schmidt VwGO § 108 Rn 15; differenzierend Sodan/Ziekow/Neumann VwGO § 138 Rn 159 und Rn 174, der zwischen der Vertagung einerseits und der Verlegung und Aufhebung andererseits insofern unterscheidet, als bei der rechtswidrigen Ablehnung eines Antrages auf Vertagung die Verletzung rechtlichen Gehörs erfordere, dass das Gericht dem Revisionskläger die Möglichkeit zu weiterem entscheidungserheblichen Vortrag abgeschnitten hat, da im Falle der beantragten Vertagung bereits eine mündliche Verhandlung stattfand, in der sich der Revisionskläger äußern konnte). Die „erheblichen" Gründe iSd § 227 Abs 1 S 1 ZPO sind nur solche Umstände, die auch und gerade zur Gewährleistung des rechtlichen Gehörs eine Zurückstellung des Beschleunigungs- und Konzentrationsgebotes erfordern (BVerwG BeckRS 2004, 22548). Bei der Entscheidung gem § 173 VwGO, § 227 Abs 1 S 1 ZPO verbleibt dem Gericht kein Ermessensspielraum, wenn die Vertagung zur Gewährung rechtlichen Gehörs notwendig ist. Diese Notwendigkeit ist zu bejahen, wenn ein Beteiligter alles in seinen Kräften Stehende und nach Lage der Dinge Erforderliche getan hat, um sich durch Wahrnehmung des Verhandlungstermins rechtliches Gehör zu verschaffen, dazu aber ohne Verschulden nicht in der Lage war (BVerwGE 96, 368, 370 = NJW 1995, 1441, 1441). Die Vorlage eines ärztlichen Attestes, das dem Beteiligten eine krankheitsbedingte Verhinderung bescheinigt, ist grds als ausreichende Entschuldigung anzusehen (BVerwG BeckRS 2007,

25771; nach OVG Bautzen BeckRS 2010, 45867 genügt ein nur die Arbeitsunfähigkeit bescheinigendes Attest aber nicht, sofern dies zur Art und Schwere der Erkrankung keine Angaben macht). Das Gesagte gilt entsprechend, wenn im Falle anwaltlicher Vertretung der Anwalt des Beteiligten unverschuldet an der Terminswahrnehmung gehindert wurde (BVerwGE 96, 368, 370 = NJW 1995, 1441, 1442; Sodan/Ziekow/Neumann VwGO § 138 Rn 175). Das Fehlen einer ordnungsgemäßen Vertretung in der mündlichen Verhandlung ist in der Regel ein erheblicher Grund für eine Terminsaufhebung. Denn das Ermessen des Gerichts verdichtet sich angesichts des hohen Rangs des Anspruchs auf rechtliches Gehör regelmäßig auf eine entsprechende Verpflichtung zur Terminsaufhebung (BVerwG NJW 2001, 2735, 2735). Ist ein Rechtsanwalt an der Wahrnehmung eines Termins gehindert, so ist es diesem allerdings grds zumutbar, einen Anwalt aus derselben Sozietät oder Bürogemeinschaft oder einen anderen Rechtsanwalt im Wege der Unterbevollmächtigung heranzuziehen. Dies gilt jedenfalls, soweit eine Einarbeitung des Vertreters in den Prozessstoff möglich und zumutbar ist (OVG Magdeburg NVwZ 2009, 192, 193). Die prozessuale Mitwirkungspflicht jedes Beteiligten gebietet, einen Antrag auf Terminsverlegung unverzüglich zu stellen, nachdem die Verhinderung bekannt wird (BVerwG BeckRS 2004, 22548).

Der Verfahrensverstoß der Nichtaufhebung, -verlegung oder -vertagung trotz Vorliegens **48** erheblicher Gründe gem § 227 Abs 1 S 1 ZPO, haftet der vorinstanzlichen Entscheidung insgesamt an (BVerwG NVwZ-RR 1999, 408, 409). Daher muss der Revisionskläger in der Regel nicht näher dartun, welchen Vortrag er im Falle der Gewährung rechtlichen Gehörs geleistet hätte und inwiefern dies zu für ihn günstigeren Ergebnissen geführt hätte (BVerwG NVwZ-RR 1999, 408, 409). Er muss aber das Bestehen eines erheblichen Grundes vortragen und darlegen, dass dem Vorsitzenden der Vorinstanz ein solcher Grund unterbreitet wurde, so dass dieser, wenn er Zweifel an der Richtigkeit der Darstellung hatte, den Kläger hätte auffordern müssen, den Grund gem § 173 VwGO, § 227 Abs 2 ZPO glaubhaft zu machen (BVerwG NJW 1999, 2608, 2608; B/F-K/S/Bader VwGO § 138 Rn 49).

Art 103 Abs 1 GG gebietet die Berücksichtigung erheblicher **Beweisanträge** (BVerfG **49** -Kammer – NJW-RR 2001, 1006, 1007), schützt aber nicht gegen eine nach Meinung eines Prozessbeteiligten sachlich unrichtige Ablehnung eines Beweisantrages durch das Gericht (BVerwG NVwZ 1992, 890, 891). Die Ablehnung begründet nur dann eine Verletzung gem Nr 3, wenn die Nichtberücksichtigung eines Beweisangebotes im Prozessrecht keine Stütze findet (BVerwG BeckRS 2004, 22206; OVG Münster Beschl v 19.12.08 – 8 A 3053/08 BeckRS 2009, 30381; aA S/S/B/Eichberger VwGO § 138 Rn 98). Diese Voraussetzung ist gegeben, wenn der Beweisantrag aus Gründen abgelehnt wird, die eine Ablehnung schlechthin nicht rechtfertigen (B/F-K/S/Bader VwGO § 138 Rn 32; Kopp/Schenke VwGO § 138 Rn 15 Fn 29), oder sich das Gericht in völlig unzureichender Weise mit dem Vorbringen eines Beteiligten auseinandergesetzt hat und die Ablehnung des Beweisantrags daher erkennbar willkürlich erscheint (OVG Saarlouis BeckRS 2009, 32740). Wenn über einen Beweisantrag, der in der mündlichen Verhandlung gestellt wurde, nicht durch Gerichtsbeschluss gem § 86 Abs 2 VwGO, sondern erst im Urteil entschieden wird, liegt eine Verletzung gem Nr 3 vor (B/F-K/S/Bader VwGO § 138 Rn 32).

Hat das Verwaltungsgericht durch **Gerichtsbescheid** entschieden, kommt eine Verlet- **50** zung gem Nr 3 insoweit nicht in Betracht, als die Möglichkeit nicht wahrgenommen wurde, gem § 84 Abs 2 Nr 4 VwGO die mündliche Verhandlung zu beantragen (BVerwG NVwZ-RR 2003, 902, 902).

Art 103 Abs 1 GG ist verletzt, wenn die **Anhörung gem § 130a S 2 VwGO, § 125** **51** **Abs 2 S 3 VwGO** zu einer Entscheidung im vereinfachten Berufungsverfahren nach § 130a S 1 VwGO unterbleibt oder nicht unmissverständlich erkennen lässt, wie das Berufungsgericht zu entscheiden beabsichtigt (BVerwGE 111, 69, 69 = NVwZ 2000, 1040, 1040; BVerwG BeckRS 2007, 26953; B/F-K/S/Bader VwGO § 138 Rn 43). Dabei müssen die Beteiligten der Anhörungsmitteilung oder den sonstigen Umständen entnehmen können, ob das Gericht die Berufung für begründet oder für unbegründet hält (BVerwGE 111, 69, 73 = NVwZ 2000, 1040, 1041; BVerwG DÖV 2008, 79). Selbiges gilt, wenn das Gericht gem § 130a S 1 VwGO entschieden hat, ohne den Ablauf der in der Anhörungsmitteilung gesetzten Äußerungsfrist abzuwarten, weil dadurch der Zweck der Anhörungsfrist, den Beteiligten Gelegenheit zu bieten, ihre Sachargumente vorzutragen und ggf die Gründe darzulegen, aus denen sie eine mündliche Verhandlung für sachdienlich halten, beeinträchtigt wird (BVerwG BeckRS 2006, 22143). Dieser Verfahrensverstoß rechtfertigt aber nur dann die Rüge nach Nr 3, wenn es dem betroffenen Beteiligten nicht möglich war, sich mit den Mitteln des Prozessrechts rechtliches Gehör zu verschaffen (BVerwG Buchholz 11 Art 103 Abs 1 GG Nr 55). Diese Möglichkeit bestand, wenn das Gericht zwar vor Ablauf der gesetzten Anhörungsfrist entschieden hat, den Beschluss aber erst nach Fristablauf absandte, da das Gericht im Fall der Entscheidung ohne mündliche Verhandlung den Beteiligtenvortrag zur Kenntnis nehmen muss, der bis zur Herausgabe der Entscheidung zur Versendung an die Beteiligten eingeht (BVerwG Buchholz 11 Art 103 Abs 1 GG Nr 55; S/S/B/Eichberger VwGO § 138 Rn 89; Sodan/Ziekow/Neumann VwGO § 138 Rn 171). Welche Frist zu einer abschließenden Stellungnahme bei einer Anhörung nach § 130a S 2 VwGO, § 125 Abs 2 S 3 VwGO im Lichte des Art 103 Abs 1 GG angemessen ist, kann aber nur nach den Umständen des jeweiligen Einzelfalls bestimmt werden (BVerwG Beschl v 20.4.1999 – 9 B 97/99). Rechtliches Gehör wird auch dann verletzt, wenn das Gericht die Anhörung nach § 130a S 2 VwGO, § 125 Abs 2 S 3 VwGO unter Verstoß gegen § 67 Abs 3 S 3 VwGO an den Kläger persönlich gerichtet hat (BVerwG Buchholz 310 § 130a VwGO Nr 53).

52   Eine Entscheidung nach § 130a S 1 VwGO ist unzulässig, wenn der Klage in erster Instanz durch Gerichtsbescheid stattgegeben wurde (BVerwGE 116, 123, 123 = NVwZ 2002, 993, 993). Denn der Gesetzgeber hat das vereinfachte Berufungsverfahren nur unter der Voraussetzung zugelassen, dass in erster Instanz eine mündliche Verhandlung stattgefunden hat oder dem Berufungskläger jedenfalls eröffnet war (BVerwGE 116, 123, 125 = NVwZ 2002, 993, 994). Die Rüge der prozessrechtlich unzulässigen Entscheidung nach § 130a S 1 VwGO scheidet aber aus, wenn der Berufungskläger nicht alles ihm Zumutbare zur Durchführung einer mündlichen Verhandlung unternommen hat (BVerwG NJW 2003, 1544, 1544). Eine Entscheidung nach § 130a S 1 VwGO verstößt gegen den Anspruch auf rechtliches Gehör, wenn die Rechtssache außergewöhnlich große Schwierigkeiten in rechtlicher und/oder tatsächlicher Hinsicht aufweist (BVerwGE 121, 211 = NVwZ 2004, 1377). Die Entscheidung nach § 130a S 1 VwGO darf nur der Senat des OVG als Kollegialorgan treffen und nicht der im Einverständnis der Beteiligten nach § 87a Abs 2, 3 VwGO zur Entscheidung berufene konsentierte Einzelrichter, wie sich aus dem Erfordernis der Einstimmigkeit gem § 130a S 1 VwGO ergibt (BVerwGE 111, 69, 70 f = NVwZ 2000, 1040, 1040; S/S/B/Eichberger VwGO § 138 Rn 101).

53   Hat das Berufungsgericht eine Anhörung zum vereinfachten Berufungsverfahren durchgeführt und stellt ein Beteiligter danach einen Beweisantrag, der in der mündlichen Verhandlung gem § 86 Abs 2 VwGO beschieden werden müsste, so muss es in der Regel zur Gewährung des rechtlichen Gehörs den Beteiligten in einer erneuten Anhörungsmitteilung auf das unverändert beabsichtigte vereinfachte Berufungsverfahren und damit darauf hinweisen, dass es seinem Beweisantrag nicht nachgehen werde (BVerwG NVwZ 1992, 890, 891; BVerwG Buchholz 11 Art 103 Abs 1 GG Nr 55; Sodan/Ziekow/Neumann VwGO § 138 Rn 165).

54   Räumt das Gericht einem Beteiligten eine **Frist zur Äußerung** ein, dann verletzt es nach stRspr grundsätzlich dessen Anspruch auf rechtliches Gehör, wenn es die selbstgesetzte Äußerungsfrist nicht abwartet und vor deren Ablauf entscheidet (BVerwG Buchholz 310 § 139 Abs 3 VwGO Nr 7; BVerwG BeckRS 2009, 31230; Kopp/Schenke VwGO § 138 Rn 15). Dasselbe gilt, wenn die vor Erlass einer Entscheidung gesetzte Frist zur Äußerung objektiv nicht ausreicht, wobei diese Sachlage von den Umständen des Einzelfalls abhängt (BVerfG – Kammer – NVwZ 2003, 859, 860; B/F-K/S/Bader VwGO § 138 Rn 33). Eine Entscheidung des Gerichts trotz beantragter Fristverlängerung für die Begründung eines Antrages verletzt das Gebot rechtlichen Gehörs (BVerfG – Kammer – NVwZ 2003, 859, 861).

55   Ist die **Ladung** dem Kläger nicht ordnungsgemäß zugestellt worden und verhandelt das Gericht in der mündlichen Verhandlung dennoch über die Klage, verletzt das klageabweisende Urteil den Anspruch des Klägers auf rechtliches Gehör (BVerwG Beschl v 25.1.2005 – 7 B 93/04; S/S/B/Eichberger VwGO § 138 Rn 102; Sodan/Ziekow/Neumann VwGO § 138 Rn 152). Selbiges gilt, wenn infolge der nicht ordnungsgemäßen Ladung ein Beteiligter im Termin zur mündlichen Verhandlung unvertreten bleibt (BVerwG Buchholz 310 § 133 VwGO Nr 39; Kopp/Schenke VwGO § 138 Rn 15). Eine zu kurzfristige Terminsanberaumung und Ladung zur mündlichen Verhandlung kann zu einer Ver-

letzung des Anspruchs auf Gewährung rechtlichen Gehörs führen (BVerwG Buchholz 310 § 102 VwGO Nr 21; Sodan/Ziekow/Neumann VwGO § 138 Rn 151). Auch hier gilt, dass Voraussetzung einer begründeten Rüge der Versagung rechtlichen Gehörs die (erfolglose) Ausschöpfung sämtlicher verfahrensrechtlich eröffneten und nach Lage der Dinge tauglichen Möglichkeiten ist, sich rechtliches Gehör zu verschaffen (BVerwG BeckRS 2010, 45498; BVerwG Buchholz 310 § 102 VwGO Nr 21). Bleibt ein Beteiligter trotz ordnungsgemäßer Ladung der mündlichen Verhandlung fern, scheidet eine Verletzung rechtlichen Gehörs aus (B/F-K/S/Bader VwGO § 138 Rn 36; S/S/B/Eichberger VwGO § 138 Rn 99).

Die Verweigerung von **Akteneinsicht** unter Verstoß gegen § 100 VwGO verletzt das **56** Gebot rechtlichen Gehörs (Buchholz 310 § 138 Ziff 3 VwGO Nr 19; S/S/B/Eichberger VwGO § 138 Rn 92).

Der Anspruch auf rechtliches Gehör ist verletzt, wenn dem Beteiligten in rechtswidriger **57** Weise **Prozesskostenhilfe** vorenthalten und ihm damit die Möglichkeit anwaltlichen Beistandes in der mündlichen Verhandlung genommen wird (BVerwG NVwZ-RR 1999, 587, 587; aA Eyermann/Schmidt VwGO 12. Aufl § 138 Rn 18a). Eine unterlassene oder verspätete Entscheidung im Prozesskostenhilfeverfahren kann auf das Hauptsacheverfahren aber nur dann Auswirkungen haben, wenn dadurch die bedürftige Partei nicht durch einen Bevollmächtigten vertreten war, obwohl eine Vertretung angezeigt gewesen wäre (OVG Münster BeckRS 2008, 34321). Der Gehörsverstoß kann vor dem Revisionsgericht auch bei Unanfechtbarkeit des die Prozesskostenhilfe ablehnenden Beschlusses gerügt werden (S/S/B/ Eichberger VwGO § 138 Rn 106; Sodan/Ziekow/Neumann VwGO § 138 Rn 172). Die Überprüfung des Beschlusses über die Gewährung von Prozesskostenhilfe ist aber darauf beschränkt, ob das Tatsachengericht den Sinn der Prozesskostenhilfe als verfahrensrechtliche Ausgestaltung des rechtlichen Gehörs verkannt hat (B/F-K/S/Bader VwGO § 138 Rn 40; Sodan/Ziekow/Neumann VwGO § 138 Rn 172), ob es sich bei seiner Entscheidung von sachfremden Erwägungen leiten ließ und ob die Entscheidung auf einem Mangel an Sorgfalt bei der Ermittlung der für die Entscheidung erheblichen Tatsachen beruht (BVerwGE 51, 111, 114 = Buchholz 310 § 138 Ziff 3 VwGO Nr 25).

Nach § 62 Abs 4 VwGO iVm § 57 Abs 1 ZPO ist die Bestellung eines **Prozesspflegers** **58** durch das Prozessgericht nur für den Fall vorgesehen, dass der Beklagte nicht prozessfähig und mit dem Verzug Gefahr verbunden ist. In der Rspr des BVerwG ist über den Wortlaut des § 57 ZPO hinaus die Bestellung eines Prozesspflegers auch für den prozessunfähigen Kläger in bestimmten Fällen in engen Grenzen für erforderlich erklärt worden, etwa auf dem Gebiet der Sozialhilfe, wenn die geltend gemachte Hilfsbedürftigkeit auf demselben Mangel beruht, der auch zur Prozessunfähigkeit führt, oder auf dem Gebiet der Eingriffsverwaltung (BVerwG Buchholz 303 § 57 ZPO Nr 2; S/S/B/Eichberger VwGO § 138 Rn 106). Im letzteren Fall ist die Erwägung maßgebend, dass die Stellung eines durch einen Eingriffsakt betroffenen Klägers der des Beklagten im Zivilprozess vergleichbar ist (BVerwG Buchholz 310 § 62 VwGO Nr 21; Sodan/Ziekow/Neumann VwGO § 138 Rn 173). Der Anspruch auf rechtliches Gehör verpflichtet das Gericht nicht, bei Klagen Prozessunfähiger durch Bestellung eines Prozesspflegers auch außerhalb der gesetzlich gebotenen Fälle in der Sache selbst einen Vortrag und eine Entscheidung zu ermöglichen (BVerwG Buchholz 310 § 62 VwGO Nr 21).

Der Grundsatz rechtlichen Gehörs steht der Existenz von **Präklusionsvorschriften** **59** (§ 87b Abs 3 VwGO, § 128a VwGO) nicht entgegen (B/F-K/S/Bader VwGO § 138 Rn 39; Eyermann/Schmidt VwGO § 108 Rn 13). Da sie sich zwangsläufig nachteilig auf das Bemühen um eine materiell richtige Entscheidung auswirken (BVerfGE 75, 302, 312 = NJW 1987, 2733, 2734), sind sie eng auszulegen (S/S/B/Eichberger VwGO § 138 Rn 90). Nicht jede fehlerhafte Anwendung von Präklusionsvorschriften verletzt Art 103 Abs 1 GG (BVerfGE 75, 302, 302 = NJW 1987, 2733, 2733; aA S/S/B/Eichberger VwGO § 138 Rn 90). Eine Verletzung gem Nr 3 liegt aber vor, wenn die Rechtsanwendung willkürlich oder offenkundig unrichtig war oder wenn richterliches Fehlverhalten, namentlich eine unzulängliche Verfahrensleitung oder eine Verletzung der gerichtlichen Fürsorgepflicht, die Verzögerung mit verursacht hat (BVerfGE 75, 302, 312 f = NJW 1987, 2733, 2734; B/F-K/ S/Bader VwGO § 138 Rn 39).

Eine den Grundsatz des rechtlichen Gehörs verletzende **Überraschungsentscheidung** **60** liegt nach ständiger Rechtsprechung vor, wenn das Gericht einen bis dahin nicht erörterten rechtlichen oder tatsächlichen Gesichtspunkt zur Grundlage seiner Entscheidung macht und damit dem Rechtsstreit eine Wendung gibt, mit der alle oder einzelne Beteiligte nach dem bisherigen Verlauf des Verfahrens nicht zu rechnen brauchten (BVerwGE 109, 357, 362 = NVwZ 2000, 445, 446; BVerwG NVwZ 2001, 789, 800; BeckRS 2011, 48122 = NVwZ 2011, 696, 696; BVerwG BeckRS 2011, 51865; OVG Münster BeckRS 2013, 52353; VGH München BeckRS 2013, 50881; B/F-K/S/Bader VwGO § 138 Rn 43; Redeker/v. Oertzen/Redeker VwGO § 138 Rn 6) oder wenn das Gericht eine Sachentscheidung trifft, obwohl die Beteiligten damit nach Lage des Verfahrens nicht oder noch nicht zu rechnen brauchten (BVerwG NVwZ 2002, 87, 89; S/S/B/Eichberger VwGO § 138 Rn 97). Eine Überraschungsentscheidung scheidet allerdings aus, wenn das Rechtsmittelgericht abweichend vom erstinstanzlichen Gericht zu einer Rechtsfrage Stellung nimmt, die zwischen den Prozessbeteiligten von Anfang an umstritten war und bis zuletzt kontrovers diskutiert wurde (BVerwG BeckRS 2008, 38056 = DVBl 2008, 1266 L). In einem gerichtlichen Verfahren, in dem die Beteiligten anwaltlich vertreten sind, müssen diese auch ohne besonderen Hinweis des Gerichts damit rechnen, dass das Gericht bei seiner Entscheidung die höchstrichterliche Rechtsprechung zu Grunde legt (BVerwG NVwZ 2001, 789, 800). Im Fall der anwaltlichen Vertretung darf das Gericht zudem davon ausgehen, dass sich der Prozessbevollmächtigte mit der maßgeblichen Sach- und Rechtslage hinreichend vertraut gemacht hat (BVerwG NVwZ-RR 2001, 798, 800). Ein Beteiligter, der trotz ordnungsgemäßer Ladung nicht zu einer mündlichen Verhandlung erscheint, muss aber nicht davon ausgehen, dass ein neuer Streitgegenstand in das Verfahren eingeführt wird und dass auf Grund der mündlichen Verhandlung sofort über diesen neuen Streitgegenstand entschieden wird (BVerwG NJW 2001, 1151; Sodan/Ziekow/Neumann VwGO § 138 Rn 163). Der nicht anwesende, aber ordnungsgemäß geladene Beteiligte muss damit rechnen, dass die sonstigen Beteiligten in der mündlichen Verhandlung ihr Vorbringen in tatsächlicher und rechtlicher Hinsicht ergänzen (VGH München Beschl v 8.1.2010 – 13a ZB 09.30227; Sodan/Ziekow/Neumann VwGO § 138 Rn 163). Stützt das Gericht seine Entscheidung auf einen mit den beigezogenen Verwaltungsvorgängen nicht übereinstimmenden (aktenwidrigen) Sachverhalt, kann darin eine Überraschungsentscheidung liegen (BVerwG NJW 1988, 275, 275; Kopp/Schenke VwGO § 138 Rn 11).

61   Das **Recht auf Wiedereinsetzung** stellt eine Ausprägung des Art 103 Abs 1 GG dar (BVerwG NJW 1994, 673, 674). Daher bedeutet die Versagung der Wiedereinsetzung beim Vorliegen der Voraussetzungen des § 60 VwGO einen Verstoß gem Nr 3 (B/F-K/S/Bader VwGO § 138 Rn 46; S/S/B/Eichberger VwGO § 138 Rn 106; Sodan/Ziekow/Neumann VwGO § 138 Rn 180). Zwar kommt gem § 60 Abs 1 VwGO eine Wiedereinsetzung nur bei Nichteinhaltung einer gesetzlichen Frist in Betracht. Eine über den Gesetzeswortlaut hinausgehende entsprechende Anwendung des § 60 VwGO ist aber dann geboten, wenn Sinn und Zweck des Wiedereinsetzungsrechts, nämlich die Durchsetzung des Anspruchs auf rechtliches Gehör, dies verlangen (BVerwG NJW 1994, 673, 674). Ein solcher Fall liegt vor, wenn eine richterlich gesetzte Frist durch den Beteiligten versäumt wurde, ohne dass dieser seine prozessuale Sorgfaltspflicht verletzt hat und deshalb sein verspätetes Vorbringen bei der gerichtlichen Entscheidung unberücksichtigt bleiben würde (BVerwG NJW 1994, 673, 673; Sodan/Ziekow/Neumann VwGO § 138 Rn 180).

62   Grds steht die **Wiedereröffnung** der mündlichen Verhandlung gem § 104 Abs 3 S 2 VwGO im Ermessen des Tatsachengerichts (BVerwG NVwZ-RR 2002, 217, 217; S/S/B/Eichberger VwGO § 138 Rn 105). Dieses Ermessen ist jedoch an dem Gebot der Gewährung rechtlichen Gehörs auszurichten und kann sich zu einer Wiedereröffnungspflicht verdichten, wenn sich die Notwendigkeit weiterer Ermittlungen ergibt (BVerwG NVwZ 1989, 857, 858; BVerwG NJW 1995, 2303, 2308; BVerwG BeckRS 2004, 25961). In diesem Fall kann die Ablehnung des Antrages auf Wiedereröffnung den Anspruch auf rechtliches Gehör verletzen, was revisionsgerichtlicher Nachprüfung unterliegt (B/F-K/S/Bader VwGO § 138 Rn 47; S/S/B/Eichberger VwGO § 138 Rn 105). Ein Anspruch auf Wiedereröffnung ergibt sich aber bei versäumten Klageanträgen nicht (BVerwG NVwZ-RR 2002, 217, 217). Nachgelassene Schriftsätze erzwingen nur dann eine Wiedereröffnung, wenn das Gericht ihnen wesentlich neues Vorbringen entnimmt, auf das es seine Entscheidung stützen will (BVerwG NJW 1995, 2303, 2308; NVwZ-RR 2002, 217, 217).

IV. Verstoß gegen Vorschriften über die Vertretung von Beteiligten (Nr 4)

1. Zweck und Anwendungsbereich

Der absolute Revisionsgrund nach Nr 4 liegt vor, wenn ein Beteiligter im Verfahren nicht **63** nach den Vorschriften des Gesetzes vertreten war, außer wenn er der Prozessführung ausdrücklich oder stillschweigend zugestimmt hat. Die Norm intendiert den Schutz vertretungsbedürftiger Personen, die ihre Angelegenheiten nur mit Hilfe eines Dritten regeln können (BVerwG Buchholz 310 §133 VwGO Nr 79; OVG Bremen BeckRS 2009, 34672; Kopp/Schenke VwGO §138 Rn 21). Sie soll gewährleisten, dass niemand bloßes Objekt eines Gerichtsverfahrens wird, von dem der Betroffene nichts weiß oder in dem er nicht wirksam handeln kann (B/F-K/S/Bader VwGO §138 Rn 50; S/S/B/Eichberger VwGO §138 Rn 107; Sodan/Ziekow/Neumann VwGO §138 Rn 182). Da es sich bei §138 Nr 4 VwGO um eine **Schutzvorschrift** für den Beteiligten handelt, der nicht vorschriftsmäßig vertreten war, kann dieser Mangel nur von ihm gerügt werden (BVerwG NVwZ-RR 1997, 319, 321; Eyermann/Kraft VwGO §138 Rn 39; S/S/B/Eichberger VwGO §138 Rn 109).

Nr 4 findet auf **sämtliche Beteiligten** Anwendung, auch den Vertreter des öffentlichen **64** Interesses und den Beigeladenen (B/F-K/S/Bader VwGO §138 Rn 50; Redeker/v. Oertzen/Redeker VwGO §138 Rn 7; S/S/B/Eichberger VwGO §138 Rn 108; Sodan/Ziekow/Neumann VwGO §138 Rn 184; Kopp/Schenke VwGO §138 Rn 21). Die Beiladung muss für die Anwendung von Nr 4 tatsächlich erfolgt sein. Dass der Betroffene lediglich notwendig beizuladen gewesen wäre, genügt nicht (BVerwGE 74, 19, 21 f = NJW 1986, 2775, 2775; S/S/B/Eichberger VwGO §138 Rn 108).

2. Vertretungsmängel

Der Mangel in der Vertretung gem Nr 4 kann sich sowohl aus Verletzungen des materiel- **65** len Rechts als auch des Prozessrechts ergeben (Kopp/Schenke VwGO §138 Rn 21; Redeker/v. Oertzen/Redeker VwGO §138 Rn 7). Der Verstoß muss sich nicht auf das gesamte Verfahren beziehen, vielmehr reicht sein Vorliegen in der mündlichen Verhandlung, auf die das Urteil erging, aus (S/S/B/Eichberger VwGO §138 Rn 110; Sodan/Ziekow/Neumann VwGO §138 Rn 183).

Ein Beteiligter ist im Fall der **Prozessunfähigkeit** nicht den Vorschriften des Gesetzes **66** entsprechend vertreten, wenn überhaupt keine Vertretung oder keine Vertretung durch den gesetzlichen Vertreter erfolgt (BVerwG Buchholz 310 §138 Ziff 4 VwGO Nr 3; Kopp/Schenke VwGO §138 Rn 21; Sodan/Ziekow/Neumann VwGO §138 Rn 185). Die Prüfung der Prozessfähigkeit eines Beteiligten erfolgt durch das Gericht aber nur dann vAw, wenn sich vernünftige Zweifel an seiner Geschäftsfähigkeit ergeben (BVerwG Buchholz 310 §138 Nr 4 VwGO Nr 3). Ein Verstoß gem Nr 4 kommt auch dann in Betracht, wenn eine in Wahrheit prozessunfähige Partei vom Gericht für prozessfähig gehalten wird (BVerwG Buchholz 310 §133 VwGO Nr 29) oder es bei einem prozessfähigen Beteiligten Prozessunfähigkeit annimmt (Kopp/Schenke VwGO §138 Rn 21).

Das Führen des Prozesses durch einen anderen unter dem Namen des Beteiligten oder **67** einen vollmachtslosen Vertreter stellt einen Fall der Nr 4 dar (Eyermann/Schmidt VwGO 12. Aufl §138 Rn 24; Sodan/Ziekow/Neumann VwGO §138 Rn 192; Gärditz/Winkelmüller/v. Schewick VwGO §138 Rn 27). Führt derjenige, der bis zur **Volljährigkeit** des Beteiligten dessen gesetzlicher Vertreter war, den Prozess nach dem Eintritt der Volljährigkeit weiter, liegt ein Fall der Nr 4 vor, wobei sich aus den Umständen ergeben kann, dass der Beteiligte die weitere Prozessführung durch seinen bisherigen gesetzlichen Vertreter stillschweigend genehmigt hat (BVerwG Buchholz 310 §133 VwGO Nr 34; Sodan/Ziekow/Neumann VwGO §138 Rn 187).

Bei einer noch andauernden Unterbrechung des Verfahrens durch den **Tod eines Betei- 68 ligten** gem §173 S 1 VwGO, §239 Abs 1 ZPO soll eine die Rechtsnachfolger des verstorbenen Beteiligten bindende Entscheidung nicht ergehen (BVerwG Buchholz 310 §133 VwGO Nr 79). Widrigenfalls kann ein Mangel gem Nr 4 vorliegen (B/F-K/S/Bader VwGO §138 Rn 53; S/S/B/Eichberger VwGO §138 Rn 116).

69   Nr 4 findet auch dann Anwendung, wenn der Betroffene **nicht beteiligtenfähig** ist (Kopp/Schenke VwGO § 138 Rn 21; Sodan/Ziekow/Neumann VwGO § 138 Rn 189) oder wenn er seine Prozessführungsbefugnis verliert (S/S/B/Eichberger VwGO § 138 Rn 114). Wird eine **Terminsvollmacht** vom Gericht versehentlich als allgemeine Prozessvollmacht behandelt, liegt darin regelmäßig ein Vertretungsmangel iSv § 138 Nr 4 (BVerwG Buchholz 310 § 138 Ziff 4 VwGO Nr 6; Redeker/v. Oertzen/Redeker VwGO § 138 Rn 7; B/F-K/S/Bader VwGO § 138 Rn 52). Aus der erneuten Erteilung einer Terminsvollmacht kann für sich genommen noch nicht geschlossen werden, der Vertretene habe der allgemeinen Prozessführung durch den Terminsbevollmächtigten zugestimmt (BVerwG Buchholz 310 § 138 Nr 4 VwGO Nr 6). Die Bestellung eines Prozessbevollmächtigten, dem die erforderliche **Postulationsfähigkeit fehlt**, führt nicht zum Vorliegen von Nr 4, sondern bewirkt lediglich, dass der Beteiligte die für die betreffende Prozesshandlung vorgeschriebene Form verfehlt (BVerwG NJW 2005, 3018; B/F-K/S/Bader VwGO § 138 Rn 52). Denn es liegt in der Verantwortung des jeweiligen Beteiligten, eine vertretungsberechtigte Person auszuwählen, die für ihn vor Gericht wirksam handeln kann (BVerwG NJW 2005, 3018, 3018).

70   Ein Mangel gem Nr 4 liegt vor, wenn der Beteiligte nicht oder **nicht ordnungsgemäß** zur mündlichen Verhandlung **geladen** war und an ihr daher weder selbst noch durch einen Bevollmächtigten teilnehmen konnte (BVerwGE 66, 311, 311; BVerwG NJW 1991, 583, 583; Redeker/v. Oertzen/Redeker VwGO § 138 Rn 7; S/S/B/Eichberger VwGO § 138 Rn 118). Dies gilt auch dann, wenn ein Beteiligter ordnungsgemäß geladen wurde, das Gericht aber zu einem anderen als dem in der Ladung bestimmten Zeitpunkt die Verhandlung in Abwesenheit des Klägers durchgeführt hat (BVerwGE 66, 311, 312). Auch ein Beteiligter, dessen Prozessbevollmächtigter zum Verhandlungstermin nicht erschienen ist, weil der Vorsitzende den **Termin aufgehoben** hat, war bei gleichwohl durchgeführter mündlicher Verhandlung nicht nach Vorschrift des Gesetzes vertreten (BVerwG NJW 1991, 583, 583; Redeker/v. Oertzen/Redeker VwGO § 138 Rn 7). Im Falle einer ordnungsgemäßen Ladung scheidet Nr 4 aus, wenn der Beteiligte oder sein Prozessbevollmächtigter der mündlichen Verhandlung aus Gründen fernbleiben, die in ihren eigenen Verantwortungsbereich fallen (S/S/B/Eichberger VwGO § 138 Rn 118), selbst wenn diese Umstände unverschuldet eintraten (Sodan/Ziekow/Neumann VwGO § 138 Rn 195). Auch wenn das Gericht entgegen § 101 Abs 2 VwGO trotz fehlenden Einverständnisses der Beteiligten ohne mündliche Verhandlung entscheidet, liegt eine Verletzung gem Nr 4 vor (B/F-K/S/Bader VwGO § 138 Rn 51; Kopp/Schenke VwGO § 138 Rn 21).

3. Zustimmung

71   Keine Anwendung findet Nr 4, wenn der nicht nach den Vorschriften des Gesetzes vertretene Beteiligte der Prozessführung **ausdrücklich oder stillschweigend zustimmt** (Wysk/Kuhlmann VwGO § 138 Rn 39). Die Zustimmung muss sich auf die gesamte Prozessführung beziehen und darf sich nicht lediglich auf einzelne Prozesshandlungen beschränken (Redeker/v. Oertzen/Redeker VwGO § 138 Rn 7; Sodan/Ziekow/Neumann VwGO § 138 Rn 197). Die Heilung des Mangels tritt dann rückwirkend ein (S/S/B/Eichberger VwGO § 138 Rn 111). Keine Bedeutung hat der Zeitpunkt der Zustimmung (Sodan/ Ziekow/Neumann VwGO § 138 Rn 197). Sie kann auch noch nach der Einlegung der Revision erfolgen (Buchholz 310 § 138 Ziffer 4 VwGO Vertretung Nr 1).

V. Verletzung der Vorschriften über die Öffentlichkeit des Verfahrens (Nr 5)

1. Funktion und Anwendungsbereich des Öffentlichkeitsgrundsatzes

72   Die Vorschriften über die Öffentlichkeit des Verfahrens, auf die Nr 5 Bezug nimmt, finden sich in den § 169, § 171a bis § 175 GVG. Diese Normen sollen das Vertrauen der Allgemeinheit in die **Objektivität der Rechtspflege** sichern (BVerwG Buchholz 310 § 133 VwGO Nr 31) und die **Kontrolle** des gerichtlichen Verfahrens **durch die Öffentlichkeit** ermöglichen (S/S/B/Eichberger VwGO § 138 Rn 119; Sodan/Ziekow/Neumann VwGO § 138 Rn 202). Die § 169, § 171a bis § 175 GVG sind über die Verweisung des § 55 VwGO entsprechend anzuwenden.

Für das Vorliegen der Nr 5 ist ausschließlich entscheidend, ob die genannten Vorschriften **73** **in der letzten mündlichen Verhandlung**, auf die das angegriffene Urteil ergeht, verletzt wurden (S/S/B/Eichberger VwGO § 138 Rn 122; Sodan/Ziekow/Neumann VwGO § 138 Rn 199; Gärditz/Winkelmüller/v. Schewick VwGO § 138 Rn 35). Daher erstreckt sich der Anwendungsbereich der Nr 5 nicht auf Verstöße gegen die Öffentlichkeit der Urteilsverkündung nach § 55 VwGO, § 173 Abs 1 GVG (BVerwG BeckRS 2010, 54598; BVerwG NJW 1990, 1249, 1249; B/F-K/S/Bader VwGO § 138 Rn 54; Kopp/Schenke VwGO § 138 Rn 24; S/S/B/Eichberger VwGO § 138 Rn 122). Eine Entscheidung ohne jedwede mündliche Verhandlung fällt nicht unter Nr 5, da die Norm voraussetzt, dass eine mündliche Verhandlung stattfand, bei der die Vorschriften über die Öffentlichkeit des Verfahrens verletzt werden konnten (BVerwG Buchholz 310 § 133 VwGO Nr 46; Eyermann/Kraft VwGO § 138 Rn 52; S/S/B/Eichberger VwGO § 138 Rn 123; aA Kopp/Schenke VwGO § 138 Rn 24). Erörterungstermine gem § 87 Abs 1 S 2 Nr 1 VwGO und die vor der mündlichen Verhandlung erfolgende Beweisaufnahme durch den beauftragten Richter nach § 96 Abs 2 VwGO sind lediglich beteiligtenöffentlich (§ 97 S 1 VwGO) und daher nicht geeignet, einen Verstoß gegen § 55 VwGO, § 169 S 1 GVG zu begründen (BVerwG NVwZ-RR 1989, 167, 168; B/F-K/S/Bader VwGO § 138 Rn 54; S/S/B/Eichberger VwGO § 138 Rn 122; Sodan/Ziekow/Neumann VwGO § 138 Rn 200). Nr 5 gilt nicht für die Beteiligten nach § 63 VwGO (B/F-K/S/Bader VwGO § 138 Rn 54; Redeker/v. Oertzen/Redeker VwGO § 138 Rn 8), da sie nicht Teil der Öffentlichkeit sind (S/S/B/Eichberger VwGO § 138 Rn 121; Sodan/Ziekow/Neumann VwGO § 138 Rn 213). Aufgrund der in § 55 VwGO, § 171b Abs 3 GVG angeordneten **Unanfechtbarkeit** scheidet **gem § 173 VwGO, § 557 Abs 2 ZPO** bei Entscheidungen nach § 171b Abs 1, 2 GVG eine revisionsgerichtliche Überprüfbarkeit aus.

2. Anforderungen des Öffentlichkeitsgrundsatzes

Der Grundsatz der Öffentlichkeit verlangt, dass jedermann ohne Ansehung seiner Zu- **74** gehörigkeit zu bestimmten Gruppen der Bevölkerung und ohne Ansehung bestimmter persönlicher Eigenschaften die Möglichkeit hat, an den Verhandlungen der Gerichte als Zuhörer teilzunehmen (BVerwG Buchholz 310 § 133 VwGO Nr 31). Eine Verhandlung ist demnach öffentlich, wenn sie in Räumen stattfindet, die während der Dauer der Verhandlung **grds jedermann zugänglich** sind (BVerwG NVwZ-RR 1989, 168, 168; BVerwG NJW 1990, 1249, 1249; BVerwG NVwZ 2000, 1298, 1298 [insoweit in BVerwGE 111, 61 nicht abgedruckt]). Dazu ist es nach der Rspr nicht erforderlich, dass die mündliche Verhandlung in jedem Fall durch Aushang bekannt gemacht werden muss (BVerwG NVwZ-RR 1989, 168, 168; BVerwG DVBl 1999, 95, 95 = Buchholz 300 § 169 GVG Nr 9). Unschädlich ist, wenn die mündliche Verhandlung in einem Raum stattfindet, in dem nur eine begrenzte Anzahl von Zuhörern Platz findet und in dem nur wenige Sitzgelegenheiten zur Verfügung stehen (BVerwG NJW 1990, 1249, 1249; Sodan/Ziekow/Neumann VwGO § 138 Rn 204). Die verfügbare Zahl von Zuhörerplätzen muss aber eine tatsächliche Ausübung des Zutrittsrechts ermöglichen (S/S/B/Eichberger VwGO § 138 Rn 126). Die Öffentlichkeit ist gewahrt, wenn die Eingangstür des Gerichtsgebäudes verschlossen ist, Zuhörer sich aber mit Hilfe einer Klingel Einlass verschaffen können (BVerwG NJW 1990, 1249, 1249; BVerwG NVwZ 2000, 1298, 1298; B/F-K/S/Bader VwGO § 138 Rn 55; S/S/B/Eichberger VwGO § 138 Rn 127). Das gilt auch dann, wenn damit Wartezeiten von einigen Minuten einhergehen (BVerwG NVwZ 2000, 1298, 1299).

Das Gebot der Öffentlichkeit schließt es nicht aus, dass die Verhandlung in einem dafür **75** im Allgemeinen nicht benutzten Raum erfolgt (BVerwG NJW 1990, 1249, 1249). Es genügt, wenn sich Interessierte davon ohne Schwierigkeit Kenntnis verschaffen können (BVerwG DVBl 1999, 95, 95 = Buchholz 300 § 169 GVG Nr 9; B/F-K/S/Bader VwGO § 138 Rn 56). Die Öffentlichkeit des Verfahrens ist auch dann gewahrt, wenn ein Teil der mündlichen Verhandlung, zB im Anschluss an eine Ortsbesichtigung, hinter „verschlossenen Türen" stattfindet (BVerwG NJW 1990, 1249, 1249; Sodan/Ziekow/Neumann VwGO § 138 Rn 205). Entscheidend ist lediglich, dass während der Dauer der Verhandlung grds jedermann der Zutritt offen steht (BVerwG NVwZ-RR 1989, 168, 168; BVerwG NJW 1990, 1249, 1249). Wenn sich ein Zuhörer vor Beginn der Verhandlung ausweisen und möglicherweise aus Sicherheitsgründen seinen Ausweis hinterlegen oder sich durchsuchen lassen muss, liegt darin keine Verletzung der Öffentlichkeit der Verhandlung (BVerwG Buchholz 303 § 295 ZPO Nr 1), jedenfalls solange die Zugangskontrollen nicht unverhältnismäßig sind (OVG Berlin-Brandenburg NJW 2010, 1620, 1621; B/F-K/S/Bader VwGO § 138 Rn 55; S/S/B/Eichberger VwGO § 138 Rn 128; zur Frage der Beeinträchtigung des Grundsatzes der Öffentlichkeit von Gerichtsverhandlungen durch Videoüberwachung vgl Klotz NJW 2011, 1186 ff). Fragen nach dem Grund der Teilnahme an der Sitzung sind unzulässig (BVerwG NVwZ 2000, 1298, 1299; B/F-K/S/Bader VwGO § 138 Rn 55; S/S/B/Eichberger VwGO § 138 Rn 128; Sodan/Ziekow/Neumann VwGO § 138 Rn 204).

76   Ein Verstoß gegen die § 169, § 171a bis § 175 GVG stellt nur dann eine für Nr 5 erhebliche Verletzung dar, wenn er vom erkennenden Gericht bemerkt wurde oder bei Anwendung der gebotenen Sorgfalt hätte bemerkt werden können (BVerwG NVwZ 2000, 1298, 1299; Kopp/Schenke VwGO § 138 Rn 24; S/S/B/Eichberger VwGO § 138 Rn 120). Die Verletzung muss **dem Gericht objektiv zuzurechnen** sein (vgl Sodan/Ziekow/Neumann VwGO § 138 Rn 207; Gärditz/Winkelmüller/v. Schewick VwGO § 138 Rn 36). Der Umstand, dass die Tür zum Verhandlungsraum abgeschlossen wurde, ohne dass das Gericht dies bemerkt hat oder hätte bemerken müssen, stellt daher nach der revisionsrechtlichen Rspr keine Verletzung des Grundsatzes der Verfahrensöffentlichkeit dar (BVerwG Buchholz 310 § 133 VwGO Nr 31). Denn eine dem Gericht nicht erkennbare Beschränkung der Öffentlichkeit lässt keine Gefährdung des Vertrauens der Allgemeinheit in die Objektivität der Rechtspflege befürchten (BVerwG Buchholz 310 § 133 VwGO Nr 31). Der Öffentlichkeitsgrundsatz ist aber verletzt, wenn sich das Gericht, obwohl die Verhandlung nicht im Dienstgebäude, sondern in anderen Räumlichkeiten stattfand, nicht vergewisserte, ob die Öffentlichkeit nach Dienstschluss weiterhin ungehinderten Zugang zu der mündlichen Verhandlung hatte (BVerwGE 104, 170, 173; B/F-K/S/Bader VwGO § 138 Rn 55).

77   Indem das BVerwG den Normzweck, das Vertrauen der Allgemeinheit in die Objektivität der Rechtspflege nicht zu gefährden, in den Vordergrund stellt, bleiben dem Gericht nicht anzulastende Beeinträchtigungen der gebotenen Öffentlichkeit außerhalb der Sanktionswirkung des § 138 Nr 5 VwGO. Auch in jenen Fällen ist aber ein (Teil-) Zweck des Öffentlichkeitsgrundsatzes, nämlich Transparenz zu schaffen und Kontrolle durch Öffentlichkeit sicherzustellen, objektiv beeinträchtigt. Gerichtsöffentlichkeit ist insoweit zum einen Ausprägung des Demokratieprinzips (vgl BVerfGE 70, 324, 358 = NJW 1986, 907). Zum anderen dient sie in ihrer rechtsstaatlichen Komponente dem Zweck, „die Einhaltung des formellen und materiellen Rechts zu gewährleisten und zu diesem Zweck Einblick in die Funktionsweise der Rechtsordnung zu ermöglichen" (BVerfGE 103, 44 = NJW 2001, 1633, 1635 f). Daher erscheint es geboten, das Revisionsrecht mit seiner disziplinierenden Wirkung im Hinblick auf Öffentlichkeitsverstöße jedenfalls nicht weiter zurückzudrängen.

3. Verletzungsvarianten

78   Ein Verstoß gem Nr 5 liegt jedenfalls vor, wenn die **Öffentlichkeit ausgeschlossen** wurde, obwohl die Gründe nach § 55 VwGO, § 172 GVG nicht vorlagen (S/S/B/Eichberger VwGO § 138 Rn 131; Sodan/Ziekow/Neumann VwGO § 138 Rn 210). Dagegen könnte gegen die Anwendbarkeit des § 138 Nr 5 VwGO auf den Fall eines rechtsfehlerhaft unterbliebenen Ausschlusses der Öffentlichkeit angeführt werden, dass dieser Rechtsverstoß die Grundfunktion der Öffentlichkeit, Transparenz zu schaffen und eine Kontrolle der Justiz zu ermöglichen, nicht beeinträchtigt. Der eindeutige Wortlaut des § 138 Nr 5 VwGO ist indes weiter gefasst und beschränkt sich nicht auf den rechtswidrigen Ausschluss der Öffentlichkeit, sondern sanktioniert als absoluten Revisionsgrund jede „Verletzung der Vorschriften über die Öffentlichkeit". Daher greift Nr 5 auch ein, wenn die gesetzlichen Voraussetzungen für den Ausschluss der Öffentlichkeit gegeben waren, ein **Ausschluss** aber **unterblieben** ist (S/S/B/Eichberger VwGO § 138 Rn 131; Sodan/Ziekow/Neumann VwGO § 138 Rn 210; aA Kopp/Schenke VwGO § 138 Rn 24; Wysk/Kuhlmann VwGO § 138 Rn 46). Das Öffentlichkeitsgebot ist ferner verletzt, wenn die Gründe für den Ausschluss der Öffentlichkeit nach § 55 VwGO, § 172 GVG nicht mit ausreichender Bestimmtheit im Ausschließungsbeschluss gem § 55 VwGO, § 174 Abs 1 S 3 GVG mitgeteilt werden (BVerwG NJW

1983, 2155, 2155; B/F-K/S/Bader VwGO § 138 Rn 57). Es genügt nicht, dass sich der Ausschließungsgrund aus dem Sachzusammenhang ergeben könnte (BVerwG NJW 1983, 2155, 2155; Sodan/Ziekow/Neumann VwGO § 138 Rn 211).

4. Rüge und Heilung

Erklären die Beteiligten gem § 101 Abs 2 VwGO ihr Einverständnis zur Entscheidung **79** ohne mündliche Verhandlung, kommt die Rüge der Verletzung des Öffentlichkeitsgebots nicht mehr in Betracht (BVerwG Buchholz 303 § 295 ZPO Nr 1; Kopp/Schenke VwGO § 138 Rn 25). Ein versehentlicher Verstoß gegen die Öffentlichkeit der Verhandlung wird geheilt, wenn der Teil der mündlichen Verhandlung, der unter Ausschluss der Öffentlichkeit stattfand, nach Wiederherstellung der Öffentlichkeit wiederholt wird (BVerwGE 104, 170, 174; Eyermann/Kraft VwGO § 138 Rn 53; Sodan/Ziekow/Neumann VwGO § 138 Rn 209).

VI. Fehlende Entscheidungsgründe (Nr 6)
1. Allgemeines

§ 117 Abs 2 Nr 5 VwGO schreibt vor, dass das Urteil **Entscheidungsgründe** enthalten **80** muss. Aus § 108 Abs 1 S 2 VwGO folgt die Pflicht des Gerichts, im Urteil die Gründe anzugeben, die für die richterliche Überzeugung leitend gewesen sind. Diese Normen haben eine **Doppelfunktion**. Sie sollen erstens die Beteiligten über die dem Urteil zugrunde liegenden tatsächlichen und rechtlichen Erwägungen unterrichten. Zweitens ermöglichen sie dem Rechtsmittelgericht die Nachprüfung der angegriffenen Entscheidung (BVerwG NJW 1998, 3290, 3290; BVerwGE 117, 228, 230 = NJW 2003, 1753, 1753; BVerwG BeckRS 2008, 36562; Eyermann/Kraft VwGO § 138 Rn 54; Gärditz/Winkelmüller/v. Schewick VwGO § 138 Rn 39). Gem § 173 VwGO, § 313 Abs 3 ZPO enthalten die Entscheidungsgründe eine kurze Zusammenfassung der Erwägungen, auf denen die Entscheidung in tatsächlicher und rechtlicher Hinsicht beruht. Über die Beurkundung der gerichtlichen Erwägungen erfüllt die Urteilsbegründung ihre vorstehend skizzierte zweifache Aufgabe.

Der absolute Revisionsgrund der Nr 6 greift ein, wenn das angefochtene Urteil entgegen **81** der genannten Bestimmungen nicht mit Gründen versehen ist. Nicht mit Gründen versehen ist eine Entscheidung nur dann, wenn die Entscheidungsgründe die ihnen zukommende Doppelfunktion nicht mehr erfüllen (BVerwG BeckRS 2008, 41398; Wysk/Kuhlmann VwGO § 138 Rn 48). Die Norm sanktioniert ausschließlich Verletzungen der **formellen Begründungspflicht**. Ob die Gründe inhaltlich richtig sind, prüft das Revisionsgericht im Rahmen von Nr 6 nicht (S/S/B/Eichberger VwGO § 138 Rn 135).

Eine Entscheidung, die nicht mit Gründen iSv § 138 Nr 6 VwGO versehen ist, kann auch nicht **81.1** nach § 118 Abs 1 VwGO berichtigt werden (BVerwG NVwZ 2010, 186, 187). Hat das OVG sein Urteil durch einen Berichtigungsbeschluss ergänzt, ist für eine Rüge der Verletzung des § 138 Nr 6 VwGO daher auf das Urteil in seiner unberichtigten Fassung abzustellen. Zu den Darlegungsanforderungen vgl § 133 VwGO Rn 75 ff.

2. Begründungsanforderungen

Der absolute Revisionsgrund des § 138 Nr 6 VwGO liegt jedenfalls dann vor, wenn eine **82** Entscheidung **überhaupt keine Gründe** enthält. Ein Urteil ist aber darüber hinaus iSv Nr 6 bereits dann nicht mit Gründen versehen, wenn die Entscheidungsgründe derart mangelhaft sind, dass sie ihre doppelte Funktion nicht mehr erfüllen können (BVerwG NJW 1998, 3290, 3290; BVerwG NVwZ-RR 2000, 257, 257; BVerwGE 117, 228, 230 = NJW 2003, 1753, 1753; BVerwG BeckRS 2013, 51141; Sodan/Ziekow/Neumann VwGO § 138 Rn 217). Dies setzt indes nicht voraus, dass der Entscheidungsformel gar keine Gründe beigegeben sind, sondern ist auch dann anzunehmen, wenn ein „grober Formmangel" vorliegt (BVerwG NJW 1998, 3290, 3290; Redeker/v. Oertzen/Redeker VwGO § 138 Rn 9; S/S/B/Eichberger VwGO § 138 Rn 144; BVerwG NVwZ-RR 1989, 334: „grober Formfehler"). Ein solcher ist gegeben, wenn die vorhandene Begründung nicht erkennen lässt, welche Überlegungen für die Entscheidung maßgebend waren, weil die angeführten Gründe rational nicht nachvollziehbar, sachlich inhaltslos oder sonst wie völlig unzureichend und unbrauchbar sind (BVerwG NJW 1998, 3290, 3290; BVerwG NVwZ-RR 2000, 257, 257; BVerwGE 117, 228, 228 f = NJW 2003, 1753, 1754; BVerwG BeckRS 2009, 36024; B/F-K/S/Bader VwGO § 138 Rn 59; Kopp/Schenke VwGO § 138 Rn 27). Angeführte Gründe sind auch dann nicht geeignet, den Urteilstenor zu tragen, wenn sie völlig unverständlich und verworren sind, so dass sie in Wirklichkeit nicht erkennen lassen, welche Überlegungen für die Entscheidung maßgebend gewesen sind (BVerwG NJW 1998, 3290, 3290; BVerwG BeckRS 2006, 21569; BVerwG BeckRS 2006, 26997; BVerwG BeckRS 2013, 51141; VGH München BeckRS 2013, 46873; VGH München BeckRS 2013, 47783; VGH München BeckRS 2013, 51431; Eyermann/Kraft VwGO § 138 Rn 57: zB in wesentlichen Teilen widersprüchliche Entscheidungsgründe). Die Entscheidungsgründe können mangelhaft sein, wenn der Tatbestand gem § 117 Abs 2 Nr 4, Abs 3 VwGO fehlt oder so unzulänglich ist, dass nicht erkennbar ist, auf welchen Tatsachen die rechtliche Würdigung basiert (Kopp/Schenke VwGO § 138 Rn 26; S/S/B/Eichberger VwGO § 138 Rn 138; Sodan/Ziekow/Neumann VwGO § 138 Rn 220; aA Redeker/v. Oertzen/Redeker VwGO § 138 Rn 9). Lediglich unklare, unvollständige, oberflächliche oder unrichtige Entscheidungsgründe begründen dagegen keinen Fall der Nr 6 (BVerwG NVwZ-RR 1989, 334, 334; BVerwG NVwZ-RR 2000, 257, 257; BVerwG BeckRS 2013, 51141; VGH München Beschl v 8.4.2008 – 14 ZB 06/30767; VGH München BeckRS 2013, 47543; Kopp/Schenke VwGO § 138 Rn 26). Dies führt zu der mitunter **schwierigen Abgrenzung einer sachlich unzulänglichen von einer formell ungenügenden Begründung**, die allein den Revisionsgrund eröffnet.

83   § 138 Nr 6 VwGO ist nicht erfüllt, wenn das angegriffene Urteil auf mehrere jeweils selbständig den Entscheidungstenor tragende Gründe gestützt wird, von denen nur einer den geschilderten Anforderungen nicht genügt (BVerwG Buchholz 310 § 132 VwGO Nr 320; Sodan/Ziekow/Neumann VwGO § 138 Rn 218).

84   Bereits aus § 173 VwGO, § 313 Abs 3 ZPO folgt, dass knappe Entscheidungsgründe nicht zum Vorliegen der Nr 6 führen (vgl Eyermann/Kraft VwGO § 138 Rn 55aE). Eine für Nr 6 relevante Fehlerhaftigkeit der Entscheidungsgründe lässt sich auch nicht bereits deshalb bejahen, weil eine entscheidungserhebliche Rechtsvorschrift nicht oder jedenfalls nicht erkennbar in die Prüfung einbezogen wurde (BVerwG NJW 1998, 3290, 3290; Sodan/Ziekow/Neumann VwGO § 138 Rn 223). Es ist nicht erforderlich, dass sich das Urteil mit jedem vorgebrachten Gesichtspunkt auseinandersetzt (BVerwG BeckRS 2006, 26997; Kopp/Schenke VwGO § 138 Rn 26; Sodan/Ziekow/Neumann VwGO § 138 Rn 223). Die **Lückenhaftigkeit der Entscheidungsgründe** kann allerdings dann anders zu beurteilen sein, wenn das Urteil auf einzelne Ansprüche oder einzelne selbständige Angriffs- und Verteidigungsmittel überhaupt nicht eingeht (BVerwG BeckRS 2010, 52491; BVerwG NJW 1998, 3290, 3290; S/S/B/Eichberger VwGO § 138 Rn 145). Dies kommt aber nur in Betracht, sofern die Gründe gänzlich lückenhaft sind, namentlich weil einzelne Streitgegenstände vollständig übergangen sind, während es für die Verletzung der formellen Begründungspflicht nicht ausreicht, wenn lediglich einzelne Tatumstände oder Anspruchselemente unerwähnt geblieben sind oder sich eine hinreichende Begründung aus dem Gesamtzusammenhang der Entscheidungsgründe erschließen lässt (BVerwG NJW 1998, 3290, 3290; BVerwG BeckRS 2008, 36562; BVerwG BeckRS 2010, 52491).

85   Weil die Anforderungen an die Missachtung der formellen Begründungspflicht durch eine entsprechende Lückenhaftigkeit vergleichsweise hoch sind, dürfte im Hinblick auf das **Verhältnis zu § 138 Nr 3 VwGO** gelten, dass die Voraussetzungen einer Verletzung rechtlichen Gehörs typischerweise eher erfüllt sein werden (ebenso S/S/B/Eichberger VwGO § 138 Rn 141). Liegt auch ein Verstoß gegen Nr 6 vor, finden die beiden absoluten Revisionsgründe nebeneinander Anwendung.

86   In den Entscheidungsgründen sind **Bezugnahmen und Verweisungen** auf andere Entscheidungen und Schriftstücke grds zulässig (B/F-K/S/Bader VwGO § 138 Rn 61). Gesetzlich normierte Fälle finden sich in § 117 Abs 5 VwGO, § 130b S 2 VwGO. § 117 Abs 5 VwGO ermöglicht dem Gericht, von einer weiteren Darstellung der Entscheidungsgründe abzusehen, soweit es der Begründung des Verwaltungsaktes oder des Widerspruchsbescheides folgt und dies in seiner Entscheidung feststellt. Diese Möglichkeit wird durch § 130b S 2 VwGO auch dem OVG eingeräumt, soweit es die Berufung aus den Gründen der angefoch-

tenen Entscheidung als unbegründet zurückweist. Die Ersetzung der Entscheidungsgründe durch Bezugnahme auf Schriftstücke oder Entscheidungen in anderen Verfahren ist nur insoweit zulässig, als diese den Beteiligten **bekannt** sind (BVerwG Buchholz 310 § 138 Ziff 6 VwGO Nr 30) oder spätestens mit der Zustellung des Urteils bekannt werden (Sodan/Ziekow/Neumann VwGO § 138 Rn 228) bzw die Beteiligten problemlos vom Schriftstück Kenntnis nehmen können und sofern sich für sie und das Rechtsmittelgericht aus einer Zusammenschau der Ausführungen in der Bezug nehmenden Entscheidung und dem in Bezug genommenen Schriftstück die für die richterliche Überzeugung maßgeblichen Gründe mit hinreichender Klarheit ergeben (BVerwG BeckRS 2008, 41398). Unzulängliche Entscheidungsgründe liegen hingegen vor, wenn sie nur mit einer Verweisung auf andere Entscheidungen, die mit der Streitsache nichts zu tun haben und eventuell sogar das Gegenteil besagen oder den Beteiligten gar nicht bekannt oder zumindest nicht ohne weiteres bekannt sind, belegt werden (BVerwG BeckRS 2006, 26133). Wird das in Bezug genommene Schriftstück einem Beteiligten erst nach der Zustellung der Entscheidung bekannt, so kann der darin liegende Begründungsmangel durch erneute Zustellung behoben werden (BVerwG Buchholz 310 § 138 Ziff 6 VwGO Nr 30; B/F-K/S/Bader VwGO § 138 Rn 61; S/S/B/Eichberger VwGO § 138 Rn 153; aA Sodan/Ziekow/Neumann VwGO § 138 Rn 228). Der Verweis auf ein unbekanntes Urteil ist unschädlich, wenn es lediglich die Auffassung des Gerichts wiedergibt und der Verweis nur zusätzlich und bestätigend zur bereits dargelegten Begründung erfolgt (Eyermann/Kraft VwGO § 138 Rn 58; Redeker/v. Oertzen/Redeker VwGO § 138 Rn 9; Sodan/Ziekow/Neumann VwGO § 138 Rn 227), sofern es sich um eine veröffentlichte Entscheidung handelt (BVerwG BeckRS 2013, 48825; S/S/B/Eichberger VwGO § 138 Rn 151).

3. Zeitliche Anforderungen

Gem § 108 Abs 1 S 2 VwGO sind im Urteil die Gründe anzugeben, die für die **87** richterliche Überzeugung leitend gewesen sind. Dieser Verpflichtung wird nur dann genügt, wenn die Entscheidungsgründe mit den Gründen übereinstimmen, die nach dem Ergebnis der auf die mündliche Verhandlung folgenden Urteilsberatung für die richterliche Überzeugung maßgeblich waren (GemSOBG BVerwGE 92, 367, 371 = NJW 1993, 2603, 2603 f; BVerwG NJW 2012, 1672, 1672 f). Die den Entscheidungsgründen zukommende Beurkundungsfunktion (S/S/B/Eichberger VwGO § 138 Rn 154; Sodan/Ziekow/Neumann VwGO § 138 Rn 232 ff) wird daher beeinträchtigt, wenn die Länge des Zeitraums zwischen der Fällung des Urteils und dem Absetzen der Urteilsgründe aufgrund des abnehmenden richterlichen Erinnerungsvermögens (vgl GemSOBG BVerwGE 92, 367, 372 = NJW 1993, 2603, 2604) keine Gewähr mehr dafür bietet, dass die Gründe jenen entsprechen, die das Gericht der gefällten Entscheidung zugrunde legte (OVG Bautzen BeckRS 2010, 47709; Sodan/Ziekow/Neumann VwGO § 138 Rn 233). Daher ist in § 117 Abs 4 S 1 VwGO die Verpflichtung des Gerichts normiert, ein Urteil, das bei der Verkündung noch nicht vollständig abgefasst war, vor Ablauf von zwei Wochen vollständig abgefasst der Geschäftsstelle zu übermitteln. Kann dies ausnahmsweise nicht geschehen, ist das Urteil ohne Tatbestand, Entscheidungsgründe und Rechtsmittelbelehrung gem § 117 Abs 4 S 2 Hs 1 VwGO innerhalb dieser zwei Wochen der Geschäftsstelle zu übermitteln; Tatbestand, Urteilsgründe und Rechtsmittelbelehrung sind dann gem § 117 Abs 4 S 2 Hs 2 VwGO „alsbald" nachträglich niederzulegen.

Diese Frist zur alsbaldigen nachträglichen Niederlegung der Urteilsgründe hat der **88** GemSOBG zur Sicherung der Beurkundungsfunktion (GemSOBG BVerwGE 92, 367, 375 = NJW 1993, 2603, 2605) und zur Vermeidung von Fehlerinnerungen unter Heranziehung des § 548 ZPO begrenzt. Ein bei Verkündung noch nicht vollständig abgefasstes Urteil gem § 117 Abs 4 S 1 VwGO ist iSd § 138 Nr 6 VwGO nicht mit Gründen versehen, wenn Tatbestand und Entscheidungsgründe nicht **binnen fünf Monaten** nach Verkündung schriftlich niedergelegt, von den Richtern besonders unterschrieben und der Geschäftsstelle übergeben worden sind (GemSOBG BVerwGE 92, 367, 367 = NJW 1993, 2603, 2603; stRspr, vgl nur BVerwG BeckRS 2009, 33967). Die Frist beginnt demnach mit der Verkündung des noch nicht vollständig abgefassten Urteils (S/S/B/Eichberger VwGO § 138 Rn 160; Sodan/Ziekow/Neumann VwGO § 138 Rn 239). Sie ist gewahrt, wenn das Urteil vor Fristablauf in vollständiger Form der Geschäftsstelle übergeben wird, wobei es nicht auf den Zeitpunkt der Zustellung ankommt (S/S/B/Eichberger VwGO § 138 Rn 160; Sodan/Ziekow/Neumann VwGO § 138 Rn 240). Keine Bedeutung hat in diesem Zusammenhang die Frage, wie viel Zeit zwischen der mündlichen Verhandlung und der Fällung des Urteils liegt (S/S/B/Eichberger VwGO § 138 Rn 158). Die Frist von fünf Monaten stellt eine starre äußerste Grenze für die Abfassung der Urteilsgründe dar, bei deren Überschreiten stets ein Fall der Nr 6 vorliegt (BVerwG Beschl v 3.5.2004 – 7 B 60/04 – juris; S/S/B/Eichberger VwGO § 138 Rn 157). § 222 Abs 2 ZPO findet auf die Frist nach seinem Sinn und Zweck keine Anwendung (vgl S/S/B/Eichberger VwGO § 138 Rn 161; Sodan/Ziekow/Neumann VwGO § 138 Rn 241; aA Kopp/Schenke VwGO § 138 Rn 27).

89   Das zu § 117 Abs 4 VwGO Gesagte gilt entsprechend in den Fällen des § 116 Abs 2 VwGO, in denen anstelle der Verkündung eine **Zustellung** des Urteils erfolgt (BVerwG NVwZ 1999, 1334, 1334; BVerwG NVwZ 2001, 1150, 1151; BVerwG BeckRS 2004, 22578). Die Frist zur Abfassung des vollständigen Urteils ist dann gewahrt, wenn das mit Tatbestand und Entscheidungsgründen versehene und von den Richtern unterzeichnete Urteil innerhalb von fünf Monaten nach dem Tag der abschließenden Beratung der Geschäftsstelle übergeben wird (BVerwG NVwZ 2001, 1150, 1150; Sodan/Ziekow/Neumann VwGO § 138 Rn 245 f). Der Beratungsabschluss und damit der Beginn der Fünfmonatsfrist wird regelmäßig durch die Niederlegung des Urteilstenors bei der Geschäftsstelle in entsprechender Anwendung des § 117 Abs 4 S 2 Hs 1 VwGO markiert (BVerwG NVwZ 2000, 1290, 1292; S/S/B/Eichberger VwGO § 138 Rn 162; Eyermann/Kraft VwGO § 138 Rn 60; Sodan/Ziekow/Neumann VwGO § 138 Rn 246; nunmehr auch B/F-K/S/ Bader VwGO § 138 Rn 62; aA Kopp/Schenke VwGO § 138 Rn 27: Fristbeginn mit Abschluss der mündlichen Verhandlung). Das gilt auch dann, wenn die unterschriebene Urteilsformel erst nach Ablauf der Frist des § 117 Abs 4 S 2 Hs 1 VwGO analog der Geschäftsstelle übermittelt wird (Sodan/Ziekow/Neumann VwGO § 138 Rn 246). Maßgeblich für die Wahrung der Frist ist der Zeitpunkt der Übergabe des vollständigen Urteils an die Geschäftsstelle des Gerichts (BVerwG NVwZ 2001, 1150, 1151). Auf den Zeitpunkt der Zustellung des Urteils an die Beteiligten kommt es nicht an (BVerwG NVwZ 2001, 1150, 1151; BVerwG BeckRS 2004, 22578; Redeker/v. Oertzen/Redeker VwGO § 138 Rn 10).

90   Hat die Geschäftsstelle ein Urteil innerhalb der Frist von fünf Monaten erhalten, kann die Beurkundungsfunktion des Urteils im Einzelfall dennoch nicht gewahrt sein, wenn infolge der verzögerten Abfassung die zuverlässige Wiedergabe der für die Entscheidungsfindung leitenden Erwägungen nicht mehr gewährleistet ist (BVerwG BeckRS 2005, 25463; BVerwG BeckRS 2009, 30621; Wysk/Kuhlmann VwGO § 138 Rn 52). Dafür müssen aber, anders als nach Verstreichen der Fünfmonatsfrist, außer dem bloßen Zeitablauf konkrete Umstände auf den Mangel hindeuten (BVerwG Beschl v 7.5.1999 -7 B 77/99; S/S/B/Eichberger VwGO § 138 Rn 157). Insofern kann neben der Dauer der Verzögerung auch der konkrete Verfahrensablauf, etwa die Maßgeblichkeit einer aufwändigen Beweisaufnahme (BVerwG BeckRS 2004, 22578; BVerwG BeckRS 2009, 30621), oder eines für die Entscheidungsfindung maßgeblichen persönlichen Eindrucks (BVerwG NVwZ-RR 2001, 798, 799) von Bedeutung sein. Allein der Umstand, dass die fünfmonatige Frist nur knapp gewahrt ist, genügt nicht (Sodan/Ziekow/Neumann VwGO § 138 Rn 242).

91   Trifft das Gericht seine Entscheidung gem § 101 Abs 2 VwGO ohne mündliche Verhandlung, findet die Frist von fünf Monaten keine Anwendung (BVerwG NVwZ-RR 2003, 460, 460; B/F-K/S/Bader VwGO § 138 Rn 62; Eyermann/Kraft VwGO § 138 Rn 62). Dies gilt selbst dann, wenn zwar ein Verhandlungstermin stattgefunden hat, die Beteiligten sich danach aber mit einem schriftlichen Verfahren einverstanden erklärten (BVerwG NVwZ-RR 2003, 460, 460). § 116 Abs 3 VwGO beschränkt sich bei Entscheidungen ohne mündliche Verhandlung auf die Regelung, dass die Verkündung durch Zustellung an die Beteiligten ersetzt wird und sieht keine bestimmten Fristen für die Übergabe des vollständigen Urteils vor (vgl BVerwG NVwZ-RR 2003, 460, 461).

§ 139 [Frist; Revisionseinlegung; Revisionsbegründung]

(1) [1]Die Revision ist bei dem Gericht, dessen Urteil angefochten wird, innerhalb eines Monats nach Zustellung des vollständigen Urteils oder des Beschlusses über die Zulassung der Revision nach § 134 Abs. 3 Satz 2 schriftlich einzulegen. [2]Die Revisionsfrist ist auch gewahrt, wenn die Revision innerhalb der Frist bei dem Bundesverwaltungsgericht eingelegt wird. [3]Die Revision muß das angefochtene Urteil bezeichnen.

(2) [1]Wird der Beschwerde gegen die Nichtzulassung der Revision abgeholfen oder läßt das Bundesverwaltungsgericht die Revision zu, so wird das Beschwerdeverfahren als Revisionsverfahren fortgesetzt, wenn nicht das Bundesverwaltungsgericht das angefochtene Urteil nach § 133 Abs. 6 aufhebt; der Einlegung einer Revision durch den Beschwerdeführer bedarf es nicht. [2]Darauf ist in dem Beschluß hinzuweisen.

(3) [1]Die Revision ist innerhalb von zwei Monaten nach Zustellung des vollständigen Urteils oder des Beschlusses über die Zulassung der Revision nach § 134 Abs. 3 Satz 2 zu begründen; im Falle des Absatzes 2 beträgt die Begründungsfrist einen Monat nach Zustellung des Beschlusses über die Zulassung der Revision. [2]Die Begründung ist bei dem Bundesverwaltungsgericht einzureichen. [3]Die Begründungsfrist kann auf einen vor ihrem Ablauf gestellten Antrag von dem Vorsitzenden verlängert werden. [4]Die Begründung muß einen bestimmten Antrag enthalten, die verletzte Rechtsnorm und, soweit Verfahrensmängel gerügt werden, die Tatsachen angeben, die den Mangel ergeben.

Die Vorschrift regelt Form, Frist und Ort der Einlegung der Revision, soweit dies nicht nach ihrer Zulassung entbehrlich ist, sowie Form, Frist, Ort und notwendigen Inhalt der Revisionsbegründung. Keiner Revisionseinlegung bedarf es, wenn die Revision erst auf eine Zulassungsbeschwerde hin zugelassen worden ist. Die Norm erfasst damit die zentralen Zulässigkeitsvoraussetzungen der Revision, und zwar für alle Revisionstypen (Regelrevision (§ 132 VwGO), Sprungrevision (§ 134 VwGO), Revision bei Berufungsausschluss (§ 135 VwGO) und Anschlussrevision (§ 142 VwGO)).

Übersicht

A. Einlegung der Revision
I. Notwendigkeit und Umfang der Revisionseinlegung

1   Als Rechtsmittel bedarf die Revision der **Einlegung**. Im Interesse der Verfahrensvereinfachung- und -beschleunigung hat der Gesetzgeber hiervon die Fälle der Revisionszulassung auf eine Nichtzulassungsbeschwerde hin ausgenommen, in denen das Beschwerdeals Revisionsverfahren fortgeführt wird (s unten Rn 16). Der Einlegung der Revision ist daher nur in den Fällen erforderlich, in denen die Revision bereits durch die angefochtene Entscheidung zugelassen worden ist.

2   Bei der **Sprungrevision** bedarf die Revision stets der Einlegung. Die Zulassung der Sprungrevision eröffnet dem Rechtsmittelführer erst ein **Wahlrecht,** von dem er Gebrauch zu machen hat. Dies gilt auch bei nachträglicher Zulassung der Sprungrevision durch das VG (s § 134 VwGO Rn 18), durch die einem entsprechenden Antrag stattgegeben, aber nicht einer Nichtzulassungsbeschwerde abgeholfen wird.

3   Die Revision kann statthaft nur in dem Umfang eingelegt werden, in dem sie zugelassen worden ist. Bei einer auf einen abtrennbaren Teil des Streitgegenstandes **beschränkten Revisionszulassung** (s § 132 VwGO Rn 11) ist im Zweifelsfall davon auszugehen, dass nur in diesem Umfang Revision eingelegt werden sollte. Der Revisionskläger selbst kann bereits die Einlegung der Revision auf einzelne abtrennbare Teile des Streitgegenstandes beschränken und das Urteil im Übrigen rechtskräftig werden lassen. Da der Revisionsantrag erst in der Begründung (Abs 3 S 1) zu stellen ist, folgt aus einem eingeschränkt formulierten Revisionsantrag nicht zwingend eine nur beschränkte Einlegung; im Zweifelsfall ist von einer unbeschränkten Revisionseinlegung auszugehen. Eine eindeutig beschränkt eingelegte Revision kann wegen der mit Ablauf der Revisionseinlegungsfrist eintretende Rechtskraft indes nicht durch Erweiterung des Revisionsantrages auf bislang nicht angefochtene Teile erstreckt werden.

II. Frist und Ort der Einlegung
1. Frist

4   Die Revision ist **innerhalb eines Monats** nach Zustellung der vollständigen, revisionszulassenden Entscheidung, die angefochten werden soll, bzw des nachträglich die Sprungrevision zulassenden Beschlusses einzulegen. Der Lauf der Monatsfrist setzt eine den Anforderungen des § 58 Abs 1 VwGO entsprechende Rechtsmittelbelehrung und eine auch sonst wirksame Zustellung voraus. Bei Zustellung an die vertretene Partei statt an den Prozessbevollmächtigten beginnt keine Frist zu laufen (BVerwG Buchholz 310 § 137 VwGO Nr 14).

4.1   Im Gegensatz zur Revisionsbegründungsfrist (Abs 3 S 3) kann die Revisionseinlegungsfrist nicht verlängert werden.

5   Zugestellt worden sein muss das **vollständige Urteil**. Die Verkündung setzt die Frist nicht in Lauf. Die Zustellung einer geringfügig unrichtigen Ausfertigung (zB unrichtiges Aktenzeichen infolge eines Schreibfehlers) reicht aus; das Berichtigungsverfahren hat auf den Fristablauf grundsätzlich keinen Einfluss (BVerwG Buchholz 310 § 133 (nF) VwGO Nr 23). Eine Urteilsberichtigung (§ 118 VwGO) setzt die Frist nur dann erneut in Lauf, wenn das Urteil vor der Berichtigung keine hinreichend klare Grundlage für die Entschließungen des Rechtsmittelführers gebildet hat (BVerwG RdL 1966, 251) oder der Beteiligte bei Rück-

forderung der Urteilausfertigung zur Berichtigung deren Umfang nicht absehen konnte (BVerwG NVwZ 1991, 681; s auch BGH VIZ 2004, 278). Bei einer Urteilsergänzung (§ 120 VwGO) innerhalb der Revisionsfrist beginnt mit der Zustellung der nachträglichen Entscheidung der Fristlauf gegen das zuerst ergangene Urteil von neuem (§ 173 VwGO iVm § 517 ZPO entsprechend; BVerwG NVwZ-RR 1989, 519); bei Ergänzung nach Ablauf der Revisionsfrist kann Abhilfe allein durch Wiedereinsetzung (§ 60 VwGO) geschaffen werden.

Die **Revision** kann wirksam auch schon **vor** der **Zustellung** des vollständigen Urteils 6 oder – dann aber mit dem Risiko der Verwerfung als unstatthaft – ihrer Zulassung eingelegt werden. Die bis zur Zulassung unstatthafte Revision wird mit ihrer Zulassung ungeachtet dessen zulässig (BVerwG NJW 1965, 2124; NVwZ 1985, 428), dass es in Nichtzulassungsbeschwerdefällen der Revisionseinlegung ohnehin nicht mehr bedarf.

2. Revisionsfrist und Prozesskostenhilfe/Notanwalt

Die Revisionseinlegungsfrist ist grundsätzlich auch von dem mittellosen Revisionskläger 7 zu beachten. Er kann, ohne nach § 67 VwGO vertreten sein zu müssen, **Prozesskostenhilfe** unter Beiordnung eines Rechtsanwalts beantragen (zu Einzelheiten s § 166 VwGO). Wiedereinsetzung in die versäumte Revisionsfrist kann aber nur gewährt werden, wenn der im Wesentlichen vollständige, bescheidungsfähige Prozesskostenhilfeantrag innerhalb der Einlegungsfrist bei dem BVerwG gestellt worden ist (s – zu § 132 VwGO – BVerwG Buchholz 310 § 166 VwGO Nr 34; NJW 1992, 2307). Entsprechendes gilt für den Antrag auf Beiordnung eines Notanwalts (§ 173 VwGO iVm § 78b Abs 1 ZPO), der innerhalb noch laufender Rechtsmittelfrist zu stellen ist (BVerwG Buchholz 303 § 78b ZPO Nr 2).

Bei Gewährung von Prozesskostenhilfe unter Beiordnung eines Rechtsanwalts bzw. bei 8 Bestellung eines Notanwalts ist innerhalb der ausnahmsweise einmonatigen (§ 60 Abs 2 S 1 Hs 2) Wiedereinsetzungsfrist **Wiedereinsetzung** zu beantragen und die Revisionseinlegung nachzuholen; diese Frist wird mit der Zustellung des Beschlusses an den Revisionskläger selbst in Lauf gesetzt, soweit er nicht bereits durch einen Prozessbevollmächtigten vertreten ist. Bei Antrag binnen Monatsfrist kommt eine Wiedereinsetzung auch bei einer Prozesskostenhilfeablehnung in Betracht, wenn die mittellose Partei sich gleichwohl entschließt, das Revisionsverfahren durchzuführen (BGH NJW 2001, 2720). Daneben ist der selbständige Lauf der Revisionsbegründungsfrist zu beachten (su Rn 42 f).

3. Ort der Einlegung

Die Revision ist bei dem Gericht einzulegen, dessen Entscheidung angefochten werden 9 soll (**iudex a quo**). Dies ist in den Fällen der §§ 134, 135 VwGO ausnahmsweise das VG und im Übrigen das OVG. Die Einlegungsfrist (anders bei der Begründungsfrist) ist aber auch gewahrt, wenn die Revision bei dem BVerwG eingelegt wird.

III. Form

Die Revision ist **schriftlich** (s § 81 VwGO Rn 14 ff) durch einen postulationsfähigen 10 (§ 67 Abs 1 VwGO) Vertreter einzulegen. Möglich ist auch die Übermittlung eines qualifiziert signierten elektronischen Dokuments (§ 55a VwGO iVm der Verordnung über den elektronischen Rechtsverkehr beim BVerwG v 26.11.2004, BGBl I 3091). Zur Niederschrift bei der Geschäftsstelle kann sie nicht eingelegt werden (BVerwG Buchholz 310 § 58 VwGO Nr 35; NVwZ 1997, 1211).

Bei elektronischer Einreichung kann vom Formerfordernis einer qualifizierten elektronischen 10.1 Signatur auch nicht ausnahmsweise abgesehen werden, selbst wenn sich aus einer E-Mail oder begleitenden Umständen die Urheberschaft und der Wille, das elektronische Dokument in den Verkehr zu bringen, hinreichend sicher ergibt (BVerwGE 143, 5 (Berufungseinlegung)). Eine sog. Containersignatur der gesamten Nachricht ist ausreichend (BFH BFH/NV 2007, 354). Für § 55a Abs 1 VwGO hat sich die Rspr des BFH zu § 52a Abs 1 S 3 FGO (BFH NJW 2009, 1903) nicht durchgesetzt, nach der es sich bei der Regelung, dass für Dokumente, die einem schriftlich zu unterzeichnenden Schriftstück gleichstehen, eine qualifizierte elektronische Signatur vorzuschreiben ist, um eine Vorgabe an den Verordnungsgeber handelt, die nicht durch Rspr ersetzt werden kann, so dass Rechtsmittel und andere bestimmende Schriftsätze an den BFH elektronisch übermittelt werden könnten, ohne dass die Verwendung einer qualifizierten elektronischen Signatur erforderlich sei.

11   Das mit dem Vertretungszwang verbundene Schriftformerfordernis soll für den für das Revisionsverfahren bestimmenden Schriftsatz sicherstellen, dass sich der postulationsfähige Vertreter dieses Schriftsatzes nach eigener **Prüfung, Sichtung und Durchdringung des Streitstoffes** willentlich entäußert hat und es sich nicht lediglich um einen Entwurf handelt. Ist dies sichergestellt, kann die Übermittlung des eigenhändig unterschriebenen Original-schriftsatzes durch andere Übermittlungsformen, zB Telebrief der Post (BVerwGE 77, 38), klassisches Telefax oder durch elektronische Übertragung einer Textdatei mit eingescannter Unterschrift auf ein Faxgerät des Gerichts (sog Computerfax; GmS OBG NJW 2000, 2340) ersetzt werden.

12   Das Fehlen der Unterschrift kann ausnahmsweise unschädlich sein, wenn sich aus den bis Fristablauf erkennbaren Umständen zweifelsfrei eine der Unterschrift vergleichbare Gewähr für die Urheberschaft und den Willen ergibt, das Schreiben in den Rechtsverkehr zu bringen (BVerwG NJW 2003, 1544). Dem Unterschriftserfordernis genügt nicht die Zeichnung mit einer Paraphe oder einem Hand- oder Namenszeichen (Eyermann/Kraft VwGO § 139 Rn 8).

IV. Inhalt der Revisionseinlegung

13   Aus der Revisionsschrift muss hinreichend **deutlich** der Wille hervorgehen, dass das **Rechtsmittel der Revision** (und kein anderes Rechtsmittel) eingelegt werden soll. Eine ausdrückliche Bezeichnung als Revision ist anzuraten, aber nicht erforderlich, wenn der objektive Erklärungsinhalt durch Auslegung hinreichend erkennbar wird. Eine fehlerhafte Bezeichnung des einzulegenden Rechtsmittels ist jedenfalls dann unschädlich, wenn auf-grund der Umstände (Zulassung der Revision durch VG oder OVG; Ankündigung eines Revisionsantrags) das gewollte Rechtsmittel offenkundig ist und keine Anhaltspunkte (zB Art der Begründung) dafür vorliegen, dass der rechtskundige Vertreter gerade und nur das bezeichnete, wenn auch unstatthafte Rechtsmittel hat einlegen wollen (s Eyermann/Kraft VwGO § 139 Rn 10).

13.1   Die **Rechtsprechung** sieht dies teils **strikter** (BVerwG Buchholz 310 § 125 VwGO Nr 11: zur Umdeutung Berufung in einen Antrag auf Zulassung der Berufung; BSG NZS 2004, 334: Umdeu-tung einer unzulässigen Berufung in eine Nichtzulassungsbeschwerde). Da die Revisionseinlegung selbst keinen weiteren Darlegungs- oder Begründungsanforderungen unterliegt, die einer Umdeu-tung entgegenstehen, wird regelmäßig der durch Einreichung eines bestimmenden Schriftsatzes dokumentierte Wille ausreichen, das angefochtene Urteil nicht rechtskräftig werden zu lassen und das Verfahren fortzusetzen.

14   Die Revisionseinlegung ist **Prozesshandlung** und darf daher nicht an eine Bedingung (zB die Bewilligung von Prozesskostenhilfe) geknüpft oder hilfsweise eingelegt (BVerwG Buchholz 310 § 133 VwGO Nr 83 zur Nichtzulassungsbeschwerde) werden. Eine lediglich bedingt eingelegte Revision ist als unzulässig zu verwerfen (§ 144 Abs 1 VwGO).

15   Die Revisionsschrift muss das **angefochtene Urteil bezeichnen** (Abs 1 S 3). Erforder-lich, aber auch ausreichend ist, dass zweifelsfrei festzustellen ist, gegen welches Urteil Revision eingelegt werden soll. Dies kann durch Beifügung einer Ablichtung des angefoch-tenen Urteils oder durch Bezeichnung von Entscheidungsdatum und Aktenzeichen der Vorinstanz, soweit zur Identifizierung geboten auch durch Mitteilung der weiteren Ver-fahrensbeteiligten erfolgen. Die hinreichende Bezeichnung kann nach Ablauf der Revisions-frist nicht nachgeholt werden.

15.1   Für die Revisionseinlegung ist der genaue Umfang des Revisionsangriffs nicht erforderlich. Die im Zweifel in dem gesamten statthaften Umfang eingelegte Revision kann durch den in der Begründung zu stellenden Revisionsantrag eingeschränkt werden, ohne dass hierin eine teilweise Revisionsrücknahme liegt (BVerwG NJW 1992, 703). Weil umgekehrt eine eindeutig auf einen abtrennbaren Teil beschränkte Revisionseinlegung den Rest des Urteils mit Ablauf der Revisions-einlegungsfrist rechtskräftig werden lässt, ist (s Rn 3), ist von beschränkenden Zusätzen abzuraten.

V. Fortführung Beschwerdeverfahren als Revisionsverfahren

1. Entbehrlichkeit Revisionseinlegung

Das Nichtzulassungsbeschwerdeverfahren wird bei Zulassung der Revision nach Abs 2 **16** kraft Gesetzes als **Revisionsverfahren** fortgesetzt, **ohne** dass es der **Revisionseinlegung** oder einer sonstigen Erklärung des Rechtsmittelführers bedarf, soweit der Rechtsstreit nicht schon nach § 133 Abs 6 VwGO zurückverwiesen worden ist. Wegen den Koppelung der Fortsetzungswirkung an die Nichtzulassungsbeschwerde tritt diese Wirkung **nur für den Rechtsmittelführer** ein, welcher die zur Zulassung führende Nichtzulassungsbeschwerde eingelegt hat (BVerwG NVwZ 2001, 201; zweifelnd Eyermann/Kraft VwGO § 139 Rn 13 (Systembruch, der aber nur durch den Gesetzgeber korrigiert werden könnte)). Beteiligte, die nicht selbst die Zulassung beantragt haben, können keine (selbständige) Revision einlegen; für eine Gesetzeslücke fehlt hinreichender Anhalt (S/S/B/Pietzner/Buchheister VwGO § 139 Rn 32 f).

Das Beschwerdeverfahren wird nur in dem **Umfang** als **Revisionsverfahren** fortgesetzt, **17** in dem der Beteiligte die Zulassung der Revision beantragt und in dem das Ausgangsgericht die Revision zugelassen hat. Dasjenige von mehreren Klagebegehren, hinsichtlich dessen keine Beschwerde gegen die Nichtzulassung der Revision gestellt worden ist, gelangt auch dann nicht in die Revisionsinstanz, wenn das Berufungsgericht – über den eingeschränkten Beschwerdeantrag hinausgehend – die Revision auch hinsichtlich dieses Begehrens zulässt (BVerwG NVwZ 1999, 642 für die Berufungszulassung). Bei auf einen abtrennbaren Teil des Streitgegenstandes **beschränkter Revisionszulassung** wird nur dieser Streitgegenstand des Revisionsverfahrens.

Bei einer zugelassenen Revision gegen den Ausspruch zum Hauptantrag wird regelmäßig auch **17.1** der deswegen nicht beschiedene **Hilfsantrag** im Revisionsverfahren Streitgegenstand; bei zum Haupt- und Hilfsantrag klagabweisender Ausgangsentscheidung kommt es darauf an, ob der Zulassungsantrag und -beschluss erkennbar beide Begehren umfasst (Sodan/Ziekow/Neumann VwGO § 139 Rn 34).

2. Prozesskostenhilferechtliche Einheit Nichtzulassungsbeschwerde-/ Revisionsverfahren

Beschwerdeverfahren und nachfolgendes Revisionsverfahren werden aus der Sicht des **18** Prozesskostenhilferechts als Einheit gesehen. Die Bewilligung von **Prozesskostenhilfe für ein Beschwerdezulassungsverfahren** erstreckt sich daher auch auf ein mit dem Zulassungsbeschluss beginnendes **Revisionsverfahren** (BVerwG NVwZ-RR 1995, 545), und zwar auch dann, wenn sich Prozesskostenhilfeantrag und Beschlussformel allein auf das Nichtzulassungsbeschwerdeverfahren beziehen.

3. Hinweispflicht und Rechtsmittelbelehrung

In dem Zulassungsbeschluss ist darauf hinzuweisen, dass es der Zulassung der Revision **19** nicht bedarf. Durch die in Abs 3 im Einklang mit § 56 Abs 1 VwGO vorausgesetzte Zustellung des Zulassungsbeschlusses an den Nichtzulassungsbeschwerdeführer wird die Revisionsbegründungsfrist in Lauf gesetzt (Abs 3 S 1 Hs 2), über die dementsprechend nach § 58 Abs 1 VwGO ebenfalls zu belehren ist. Eine Zustellung an die anderen Verfahrensbeteiligten ist zur Rechtsklarheit anzuraten, auch wenn nicht iSd § 56 Abs 1 VwGO Fristen in Lauf gesetzt werden.

Bei Zulassung der Revision ist über die Notwendigkeit zu belehren, die Revision zu **20** begründen. Die **Rechtsmittelbelehrung** muss umfassen die Bezeichnung des BVerwG als Gericht, bei dem die Revisionsbegründung einzureichen ist sowie die zu beachtende Frist (BVerwG NVwZ 1999, 653); Hinweise auf die Formvorschriften und den gesetzlichen Inhalt der Revisionsbegründung (Abs 3 S 4) gehören nicht zum notwendigen Inhalt der Rechtsmittelbelehrung (BVerwG NJW 1961, 382 zu § 132 Abs 3 S 3 VwGO aF). Der Hinweis auf den Vertretungszwang gehört ebenfalls nicht zum notwendigen Inhalt (s Sodan/Ziekow/Neumann VwGO § 139 Rn 49; BVerwGE 52, 226; s a NVwZ 1995, 901).

20.1   Die Rechtsmittelbelehrung darf aber nicht den Eindruck erwecken, als könne die Revision ohne postulationsfähigen Vertreter begründet werden (BVerwG NVwZ 1997, 1211) und muss jedenfalls dann auch auf den Vertretungszwang hinweisen, wenn sie ansonsten durch die Vielzahl der in ihr enthaltenen Informationen den Eindruck erweckt, alle zu erfüllenden Anforderungen vollständig aufgelistet zu haben (BVerwG Buchholz 310 § 58 VwGO Nr 83). Bei fehlerhafter Belehrung wird die Jahresfrist des § 58 Abs 2 VwGO maßgeblich (BVerwG Buchholz 310 § 139 Abs 3 VwGO Nr 7).

B. Revisionsbegründung
I. Funktion der Revisionsbegründung

21   Die Revisionsbegründung ist eine eigenständige **Prozesshandlung**. Ihre form- und fristgerechte Einreichung ist vom Amts wegen zu prüfende (§ 143 VwGO) Zulässigkeitsvoraussetzung; bei Nichterfüllung ist die Revision zu verwerfen (§ 144 Abs 1 VwGO). Die Revisionsbegründung dient der Vorbereitung und **Strukturierung des Revisionsverfahrens** (BSG NZS 1997, 342), dadurch der Entlastung des Revisionsgerichts (BFH/NV 2001, 184, 185) und letztlich – als Beitrag zur richtigen Rechtsfindung (BAG NJW 2000, 686; NZA 2000, 1238) – der Qualität der revisionsgerichtlichen Entscheidung.

22   Der bestimmte Revisionsantrag konkretisiert und fixiert vorbehaltlich von Anschlussrevisionen den Streitgegenstand des Revisionsverfahrens; bei der Rüge von Verfahrensmängeln begrenzt die Revisionsbegründung den bei Fragen des materiellen Rechts geltenden Grundsatz der Vollrevision und lässt die Prüfung von Verfahrensmängeln grundsätzlich nur aufgrund von frist- und formgerecht erhobenen und durch Tatsachenvortrag gestützten Revisionsrügen zu (BVerwGE 106, 115).

II. Einreichungsort

23   Die Revisionsbegründung ist ausnahmslos **bei dem BVerwG einzureichen**. Dies gilt auch dann, wenn die Begründung bereits mit der Einlegung der Revision beim iudex a quo verbunden wird. Die Revisionsbegründungsfrist ist dann nur gewahrt, wenn die Begründung innerhalb der Frist bei dem BVerwG vorgelegt wird; hiervon wird der Rechtsmittelführer bei fristgerechter Berufungseinlegung und ordentlichem Geschäftsgang im Regelfall ausgehen können s S/S/B/Pietzner/Buchheister VwGO § 139 Rn 36).

24   Über den **Ort der Einlegung** der Begründung ist in der zulassenden Ausgangsentscheidung oder in dem Zulassungsbeschluss **zu belehren**. Wird die Begründung gleichwohl bei dem Gericht der Ausgangsentscheidung eingereicht, ist dieses verpflichtet, die Begründungsschrift im normalen Geschäftsgang an das BVerwG weiterzureichen; erreicht die Begründungsschrift dann wegen ungewöhnlicher bzw. vermeidbarer Verzögerungen bei der Weiterleitung nicht rechtzeitig das BVerwG, kommt Wiedereinsetzung in Betracht (BVerwG NVwZ-RR 2003, 901).

24.1   Bei erkennbar drohender Fristversäumung eine wünschenswerte „Serviceleistung" des iudex a quo – von Verfassungs wegen im Regelfall aber nicht geboten – sind besondere Eilmaßnahmen bei der Weiterleitung oder eine umgehende (fernmündliche) Unterrichtung des Rechtsmittelführers. Anderes gilt, wenn der iudex a quo durch missverständliche oder falsche Hinweise Unklarheiten geschaffen oder geduldet hat (BVerfG NJW 2004, 2887; s auch OVG Münster NVwZ-RR 2003, 688).

III. Form der Revisionsbegründung

25   Die Revisionsbegründung ist schriftlich durch einen postulationsfähigen (§ 67 Abs 1) Vertreter einzulegen; ausreichend ist auch die Übermittlung eines qualifiziert signierten elektronischen Dokuments (§ 55a VwGO iVm Verordnung über den elektronischen Rechtsverkehr beim BVerwG v 26.11.2004, BGBl I 3091). Durch den Vertretungszwang (§ 67 Abs 1 VwGO) soll eine sach- und fachkundige Revisionsgründung sichergestellt werden, die auf der Sichtung und Durchdringung des Sach- und Streitstoffes unter sachlicher Auseinandersetzung mit den tragenden Gründen der angefochtenen Entscheidung durch den postulationsfähigen Verfahrenbevollmächtigten gründet (s unten Rn 55 f). Eine vom Kläger persönlich verfasste Rechtsmittelschrift, die einen Anwaltsstempel trägt und von einem Rechtsanwalt unterschrieben ist, genügt nicht dem Vertretungszwang (BVerwGE 22, 38; BVerwG NJW 1997, 1865 zu § 133 Abs 3 VwGO).

Die **Schriftform** der Revisionsbegründung ist nicht ausdrücklich angeordnet, ist aber für **26** den bestimmenden Schriftsatz vorausgesetzt (s auch § 173 VwGO iVm § 551 Abs 2 S 1 ZPO). Die Schriftform erfordert für den Regelfall die eigenhändige Unterschrift durch einen postulationsfähigen Vertreter (zu Einzelheiten s oben Rn 10; § 81 VwGO Rn 14 ff).

Die Revisionsbegründung muss der Zulassung der Revision nachfolgen. Bei Zulassung **27** auf Nichtzulassungsbeschwerde hin ist ein **gesonderter Begründungsschriftsatz** erforderlich. Es genügt nicht, wenn sich die Begründung und der Antrag dem Vorbringen im Nichtzulassungsbeschwerdeverfahren entnehmen lassen (BVerwG NVwZ 1998, 1311; NVwZ 2000, 190; BayVBl 2003, 442 zu § 124a Abs 3 VwGO; aA – zu § 551 Abs 3 S 1 ZPO – BGH NJW 2004, 2981; zum Ganzen s auch Eyermann/Kraft VwGO § 139 Rn 32 ff).

C. Revisionsbegründungsfrist

I. Regelfrist für die Revisionsbegründung

Die Frist für die Revisionsbegründung ist eine von dem Lauf der Einlegungsfrist un- **28** abhängige, **selbständige prozessuale Notfrist**, die nicht an die Revisionseinlegungsfrist gebunden ist (BVerwG NVwZ-RR 1994, 361). Die Dauer der Frist zur Revisionsbegründung beträgt bei der Revisionszulassung in dem angefochtenen Urteil selbst oder bei nachträglicher Zulassung der Sprungrevision zwei Monate, bei Zulassung auf Nichtzulassungsbeschwerde einen Monat. Die Frist kann auf Antrag hin verlängert werden (s unten Rn 31 ff).

Die zweimonatige Frist zur Revisionsbegründung wird durch die **Zustellung des voll-** **29** **ständigen**, die Revisionszulassung aussprechenden **Urteils** bzw der Zustellung des Beschlusses über die nachträgliche Zulassung der Sprungrevision in Lauf gesetzt. Vorausgesetzt ist dabei eine den Anforderungen des § 58 Abs 1 VwGO genügende Rechtsmittelbelehrung.

In den Fällen der Zulassung auf Nichtzulassungsbeschwerde hin (Abs 2) wird die ein- **30** monatige Frist zur Revisionsbegründung bei ordnungsgemäßer Rechtsmittelbelehrung (§ 58 Abs 1 VwGO) durch die **Zustellung des Beschluss über die Zulassung** in Lauf gesetzt. Nach hier vertretener Ansicht (s oben Rn 16) wirkt die Zulassung nur für den Nichtzulassungsbeschwerdeführer, so dass der zulassende Beschluss für die anderen Verfahrensbeteiligten keine Fristen (etwa eine einheitliche Revisionseinlegungs- und –begründungsfrist) in Lauf setzt.

II. Verlängerung der Revisionsbegründungsfrist

1. Fristgerechter Verlängerungsantrag

Die Revisionsbegründung kann auf einen vor ihrem Ablauf gestellten Antrag von dem **31** Vorsitzenden des zuständigen Revisionssenats verlängert werden. Der **Verlängerungsantrag** ist bei dem BVerwG zu stellen (BVerwG Buchholz 310 § 139 VwGO Nr 85), und zwar schriftlich (bzw. nach § 55a elektronisch) (BVerfG NVwZ 1994, 781; BVerwG NJW 2002, 1137). Der Antrag unterliegt dem Vertretungszwang (BVerwG Buchholz 310 § 139 VwGO Nr 9). Eine auf formwidrigen Antrag hin bewilligte Verlängerung ist verfahrensfehlerhaft, wegen ihrer Unanfechtbarkeit indes wirksam (BGH NJW 1985, 1558; NJW-RR 1999, 286).

Der formgerechte Verlängerungsantrag muss **vor Ablauf der Frist** für die Revisions- **32** begründung bei dem BVerwG eingegangen sein. Ist dies der Fall, kann dies Frist auch nach ihrem Ablauf rückwirkend verlängert werden (BVerwGE 10, 75); eine Entscheidung in noch offener Frist verlangt das Gesetz nicht, so dass er auch nicht so rechtzeitig eingereicht worden sein muss, dass mit Entscheidung vor Fristablauf hätte gerechnet werden können (BGHZ 83, 217; s auch S/S/B/Pietzner/Buchheister VwGO § 139 Rn 59).

33   Die fristgerechte Antragstellung hemmt nicht den Ablauf der Begründungsfrist (so aber Kopp/Schenke VwGO § 139 Rn 9), sondern sichert nur die Möglichkeit einer wiedereinsetzungsähnlichen Verlängerungsentscheidung, welche die zwischenzeitlich eingetretene Rechtskraft durchbricht und die Revision wieder zulässig werden lässt (Sodan/Ziekow/Neumann VwGO § 139 Rn 66). Statthaft ist der Antrag erst, wenn die Frist zur Revisionsbegründung bereits in Lauf gesetzt ist (BVerwG Buchholz 310 § 139 VwGO Nr 78).

2. Entscheidung über Verlängerungsantrag

34   Eine mögliche **Verlängerung** der Revisionsbegründungsfrist steht nach Grund und Dauer im **Ermessen des Vorsitzenden**, der die Belange der Verfahrensförderung und -beschleunigung mit den geltend gemachten oder erkennbaren Verlängerungsgründen abzuwägen hat. Bei der ersten Fristverlängerung kann der Bevollmächtigte für den Regelfall erwarten, dass zumindest einem plausibel begründeten Antrag (unvorhergesehene Arbeitsüberlastung, umfangreiche Einarbeitung, verzögerte Akteneinsicht, Schwierigkeiten bei der Kontaktaufnahme zum Mandanten) entsprochen wird (BVerfG NJW 1998, 3703; NJW 2001, 812); in diesen Fällen muss der Bevollmächtigte sich nicht vor Fristablauf über Antragseingang und Verlängerungsentscheidung erkundigen.

35   Die **Fristverlängerung** muss **ausdrücklich** erfolgen, zumindest aktenkundig gemacht und den Beteiligten bekannt gegeben werden (BGH NJW-RR 1990, 67: keine „stillschweigende" Verlängerung), was auch formlos erfolgen kann (weitergehend aus Vertrauensschutzgründen bei fernmündlich gewährter Fristverlängerung BGH NJW 1985, 1558).

36   Zu einer ersten Fristverlängerung brauchen die anderen Beteiligten nicht gehört zu werden. Zu einer weiteren Fristverlängerung sind die anderen **Beteiligten anzuhören** (§ 57 Abs 2 VwGO, § 225 Abs 2 ZPO), die indes nicht einzuwilligen brauchen. Die Frist kann um einen bestimmten Zeitraum, der dann gesetzliche Frist iSd § 57 Abs 2 VwGO, § 224 Abs 2, 3 ZPO) ist, oder zu einem bestimmten Termin verlängert werden. Die Fristverlängerung wirkt nur für den jeweiligen Antragsteller (BVerwGE 3, 233 = NJW 1956, 1122).

III. Wiedereinsetzung

1. Überwachung Revisionsbegründungsfrist

37   Mit Ablauf der Revisionsbegründungfrist wird das angefochtene Urteil rechtskräftig und ist die Revision durch Beschluss zu verwerfen (§ 144 Abs 1 VwGO) soweit nicht Wiedereinsetzung (§ 60 VwGO) zu gewähren ist. Die **Wiedereinsetzung** kann auch nach Revisionsverwerfung beantragt und gewährt werden (BVerwG Buchholz 310 § 60 VwGO Nr 232; BGH FamRZ 2005, 791 Berufung).

38   Die Revisionsbegründungsfrist gehört nicht zu den Fristen, deren Feststellung und Berechnung gut ausgebildetem und sorgfältig beaufsichtigtem Büropersonal überlassen werden darf; ihr Ablauf ist von dem Prozessbevollmächtigten in jedem Fall dann eigenverantwortlich zu prüfen, wenn ihm die Akten im Zusammenhang mit einer fristgebundenen Prozesshandlung vorgelegt werden (BVerwG NJW 1995, 2122). Den bevollmächtigten Rechtsanwalt trifft bei der Überprüfung und Kontrolle der Revisionsbegründungsfrist eine **gesteigerte Sorgfaltspflicht** (BVerwG NJW 1982, 2458; NJW 1992, 852).

39   Wiedereinsetzung kann in eine versäumte Revisionsbegründungsfrist nicht nur insgesamt, sondern auch hinsichtlich einzelner Revisionsgründe oder -rügen beantragt und gewährt werden (s BGH NJW 2000, 364; Kopp/Schenke VwGO § 139 Rn 10; aA BVerwGE 18, 18; 29, 21). Hier sind aber besondere Anforderungen an den Ausschluss des Verschuldens zu stellen.

2. Wiedereinsetzung und Antrag Verlängerung Revisionsbegründungsfrist

40   Wird die fristgerecht beantragte **Verlängerung der Revisionsbegründungsfrist** nach deren Ablauf **nicht gewährt**, kommt Wiedereinsetzung in die Versäumung der Revisionsbegründungsfrist in Betracht (s. a. S/S/B/Pietzner/Buchheister VwGO § 139 Rn 61, 78). Sie ist zu gewähren, wenn der Rechtsmittelführer nach den Umständen des Einzelfalles und der Gerichtspraxis, namentlich bei einem ersten Antrag, eine entsprechende Verlängerung

erwarten durfte (BVerfG NJW 1989, 1147; NJW 1998, 3703:Berufungsbegründungsfrist; BFH/NV 2000, 1479). Innerhalb der Wiedereinsetzungsfrist ist die versäumte Revisionsbegründung nachzuholen (BVerwG Buchholz 310 §139 VwGO Nr 85).

Eine Wiedereinsetzung hinsichtlich des **Antrags auf Verlängerung der Revisions-** 41 **begründungsfrist ist** nicht möglich (BVerwG Buchholz 310 §139 VwGO Nr 26). Dies gilt auch dann, wenn die Revisionsbegründungsfrist versäumt worden ist, weil ein rechtzeitig abgesandter Antrag auf Verlängerung der Revisionsbegründungsfrist auf dem Postwege verloren gegangen ist (BVerwG NJW 1996, 2808); hier kommt nur Wiedereinsetzung in die Revisionsbegründungsfrist selbst in Betracht.

3. Wiedereinsetzung nach Prozesskostenhilfebewilligung

Wegen des von der Einlegungsfrist selbständigen Laufes der Revisionsbegründungsfrist 42 erfasst in den Fällen, in denen für das Revisionsverfahren Prozesskostenhilfe bewilligt und dann in der **Revisionseinlegungsfrist** Wiedereinsetzung gewährt worden ist, die Wiedereinsetzung nicht auch die – regelmäßig bereits abgelaufene **Revisionsbegründungsfrist**.

Bei der gesondert zu treffenden Wiedereinsetzung in die versäumte Revisionsbegrün- 43 dungsfrist war bereits nach früherer Rechtsprechung sicherzustellen, dass nach der Bewilligung von Prozesskostenhilfe eine **Begründungsfrist von einem Monat** verbleibt, deren Lauf mit der Zustellung des Beschlusses beginnt, mit dem dem Rechtsmittelführer wegen Versäumung der Einlegungsfrist Wiedereinsetzung in den vorigen Stand gewährt worden ist (BVerwG NJW 1992, 2307; Buchholz 310 §139 VwGO Nr 84). §60 Abs 2 S 1 Hs 2 VwGO stellt dies nunmehr sicher.

IV. Vorbringen nach Ablauf der Revisionsbegründungsfrist

Nach Ablauf der Frist kann die Revisionsbegründung lediglich **ergänzt und vertieft,** 44 aber nicht hinsichtlich des notwendigen Inhalts (Rn 13 ff) „nachgebessert" werden. Verfahrensrügen können nach Fristablauf nicht nachgeschoben oder durch ergänzendes Vorbringen oder neuen Tatsachenstoff nachträglich schlüssig gemacht werden (BVerwGE 28, 18; BVerwG NJW 2001, 1878). Anderes gilt, wenn insoweit Wiedereinsetzungsgründe vorliegen, die form- und fristgerecht geltend gemacht sind, sowie bei Vorliegen von Restitutionsgründen (Kopp/Schenke VwGO §139 Rn 11)

Bei **Vorbringen zum materiellen, revisiblen Recht,** das nach §137 Abs 3 S 2 45 VwGO von Amts wegen und ohne an die Bindung an die geltend gemachten Revisionsgründe zu prüfen ist (s §137 VwGO Rn 67), ist bei fristgerecht geltend gemachter Sachrüge ergänzendes Vorbringen stets zu berücksichtigen. Es ist aber wegen des Grundsatzes der Vollrevision keine fristgebundene Revisionsbegründung (Eyermann/Kraft VwGO §139 Rn 31), sondern eine Anregung an das BVerwG, diesen Gesichtspunkt im Rahmen der Prüfung nach §137 Abs 3 S 2 VwGO aufzugreifen (S/S/B/Pietzner/Buchheister VwGO §139 Rn 66).

V. Rechtfolgen der Versäumung der Revisionsbegründungsfrist

Wird die Revisionsbegründungsfrist versäumt, wird die **Revision unzulässig.** Dies gilt, 46 wenn überhaupt keine Revisionsbegründung eingereicht wird, eine Revisionsbegründung erst nach Ablauf der Begründungsfrist eingereicht wird oder die innerhalb der Frist vorgelegte Begründung nicht den Mindestanforderungen des Abs 3 S 4 (s unten Rn 48 ff) genügt. Die Revision ist durch Beschluss zu verwerfen (§144 Abs 1 VwGO), auch in den Fällen des Abs 2 (BVerwG NVwZ-RR 1995, 545). Mit dem fruchtlosen Ablauf der Revisionsbegründungsfrist wird das angefochtene Urteil mithin rechtskräftig.

Die Rechtskraftwirkung kann durch die **nachträgliche Verlängerung der Revisions-** 47 **begründungsfrist** oder durch **Wiedereinsetzung** in den vorigen Stand wieder beseitigt werden. Die unzulässig gewordene Revision wird hierdurch wieder zulässig.

D. Inhalt der Revisionsbegründung

I. Allgemeines

48   Abs 3 S 4 bestimmt den **Mindestinhalt** einer Revisionsbegründung: Sie muss einen bestimmten Antrag enthalten und die verletzte Rechtsnorm bezeichnen, auf welche die Revision gestützt wird; soweit Verfahrensmängel geltend gemacht sind, sind auch die Tatsachen anzugeben, die den Mangel ausfüllen (sollen). Genügt die Revisionsbegründung diesen Mindestanforderungen nicht, ist die Revision als unzulässig (§ 143 VwGO) zu verwerfen (§ 144 Abs 1 VwGO).

49   Die Revisionsbegründung **konkretisiert das Ziel des Revisionsklägers** und damit den Streitgegenstand des Revisionsverfahrens. Sie eröffnet die abschließende Prüfung, ob Anschlussrevision eingelegt werden soll, und setzt die Frist für eine (unselbständige) Anschlussrevision in Lauf (§ 141 Abs 1 VwGO iVm § 127 Abs 2 S 2 VwGO). Die Revisionsbegründung ist daher jedenfalls dann zuzustellen, wenn eine Anschlussrevision in Betracht kommt (§ 56 Abs 1 VwGO).

II. Revisionsantrag

50   Der Revisionsantrag soll das Ziel der Revision hinreichend deutlich und zweifelsfrei umschreiben. Dieser Zweck ist bei eindeutiger **Erkennbarkeit von Ziel und Umfang des Rechtsmittels** erfüllt (BVerwG NJW 1992, 703). Ein ausformulierter, förmlicher Antrag ist daher ausnahmsweise dann entbehrlich, wenn das Ziel der Revision aus der Tatsache der Revisionseinlegung, den erhobenen Rügen und den weiteren während der Revisionsbegründungsfrist eingegangenen Erklärungen klar erkennbar ist (BVerwG NJW 1955, 235; Buchholz 310 § 139 VwGO Nr 59). Für die Antragstellung kann auf die in den Vorstanzen gestellten Anträge Bezug genommen werden, wenn erkennbar das ursprüngliche Klageziel weiter verfolgt wird (BVerwGE 23, 41; 106, 202).

50.1   Das erkennbare Begehren eines in der Vorinstanz unterlegenen Revisionsklägers ist vorbehaltlich abweichender Anhaltspunkte regelmäßig in dem Umfange auf **Änderung bzw. Aufhebung** des Berufungsurteils gerichtet, in dem die Revision durch Zulassung statthaft und eine **Beschwer** gegeben ist (s S/S/B/Pietzner/Buchheister VwGO § 139 Rn 40). Dies gilt auch für Erweiterungen, soweit der Kläger nicht durch eindeutige Begrenzung bereits einer nach Abs 1 erforderlichen Revisionseinlegung das Urteil der Vorinstanz teilweise hat in Rechtskraft erwachsen lassen.

51   Erst mit dem Revisionsantrag in der Fassung, wie sie sich am Ende der Revisionsbegründungsfrist ergibt, fixiert der Revisionskläger sein Rechtsmittelziel. Bei ohne bestimmten Antrag uneingeschränkt eingelegter Revision bedeutet eine **eingeschränkte**, auf abtrennbare Teile des Verfahrensgegenstandes bezogene Antragstellung mithin **keine** (kostenträchtige) **Teilrücknahme** einer unbeschränkt eingelegten Revision (BVerwG NJW 1992, 703; NVwZ-RR 1993, 621; BFH BFH/NV 2005, 1273).

III. Bezeichnung der verletzten Rechtsnorm

52   Die Revisionsbegründung muss weiterhin die verletzte **Rechtsnorm** angeben. Die Angabe der verletzten Vorschrift mit der Paragraphennummer ist nicht erforderlich, doch muss sie deutlich genug umschrieben sein (BVerwG Buchholz 310 § 139 VwGO Nr 28).

52.1   Nicht ausreichend ist die formelhafte Rüge einer „Verletzung materiellen Rechts", des Verstoßes gegen die in einem bestimmten Rechtsgebiet entwickelten Rechtsgrundsätze oder der Nichtbeachtung nicht näher bezeichneter Regelungen eines umfangreicheren Gesetzes. Die als verletzt behauptete Rechtsnorm kann zum materiellen Recht – einschließlich allgemeiner Rechtsgrundsätze – oder zum Verfahrensrecht gehören. Bei behaupteter Verletzung allgemeiner Rechtsgrundsätze ist auch darzulegen, dass und mit welchem Inhalt dieser ungeschriebene allgemeine Rechtsgrundsatz besteht.

53   Die Revisionsbegründung muss eine **Verletzung** dieser hinreichend bestimmten Norm geltend machen. Nicht ausreichend ist die Benennung bloßer Zweifel zu dieser Norm, zB in Bezug auf ihre Verfassungs- oder Gemeinschaftsrechtskonformität, oder die für die Grund-

satzrüge hinreichende (s § 133 VwGO Rn 40 ff) Bezeichnung grundsätzlich klärungsbedürftiger Rechtfragen.

Die Revision ist auch dann nicht nach Abs 3 S 4 unzulässig, wenn die als verletzt gerügte **54** **Rechtsnorm nicht revisibel** ist. Dem formellen Begründungserfordernis ist Genüge getan, wenn die Verletzung einer Rechtsnorm gerügt wird, die mit der Revision als revisibel bezeichnet wird; ob die Norm bzw. der Rechtsgrundsatz tatsächlich revisibel ist, ist eine Frage der Begründetheit (BVerwG NVwZ 1997, 591).

54.1 Auch sonst kommt es für das formelle Bezeichnungserfordernis nicht darauf an, ob die Behauptung einer Rechtsverletzung schlüssig, vertretbar oder sonst überzeugend ist (Sodan/Ziekow/Neumann VwGO § 139 Rn 95).

IV. Durchdringung Streitstoff

Dem Bezeichnungserfordernis ist für die Revisionsbegründung entnommen worden, dass **55** sie mehr erfordert als die Benennung einer Rechtsnorm und die schlichte Behauptung, sie sei verletzt (s Sodan/Ziekow/Neumann VwGO § 139 Rn 94 ff.). Erforderlich ist hiernach eine Sichtung und rechtliche Durchdringung des Streitstoffes und eine damit verbundene sachliche **Auseinandersetzung mit** den die **Entscheidung** des Berufungsgerichts tragenden Gründen, aus der hervorgeht, warum der Revisionskläger diese Begründung nicht als zutreffend erachtet (BVerwG NVwZ 1998, 735).

Die Revisionsbegründung muss grundsätzlich **aus sich heraus verständlich** und in **56** hinreichend systematischer, direkter Weise auf die Erwägungen bezogen sein, welche die angegriffene Entscheidung tragen. Nicht ausreichend sind formelhaft-allgemeine Ausführungen ohne hinreichenden Bezug zu den entscheidungstragenden Erwägungen, zB materiellrechtlichen Ausführungen gegenüber einem Berufungsurteil das die Berufung als unzulässig verworfen hat (BSG NVwZ 1986, 336). Die Intensität der erforderlichen Auseinandersetzung hängt dabei auch von Art und Umfang der Begründung der angefochtenen Entscheidung ab. Zu Bezugnahmen s unten Rn 61 ff.

V. Begründung Verfahrensmangel

Abs 3 S 4 setzt voraus, dass die Revisionsbegründung selbst den **Verfahrensmangel 57 nennt**, auf den die Revision gestützt wird, oder insoweit zumindest auf die Nichtzulassungsbeschwerde oder den Zulassungsbeschluss verweist (BVerwG NVwZ 1989, 557); bei Bezugnahme auf die Nichtzulassungsbeschwerde oder den Zulassungsbeschluss muss allerdings klar sein, welcher von evtl. mehreren Verfahrensmängeln (weiterhin) geltend gemacht werden soll. Dies gilt insbes dann, wenn in der Nichtzulassungsbeschwerde verschiedene Verfahrensmängel geltend gemacht worden sind, die Revision aber nach § 132 Abs 2 Nr 1 oder 2 VwGO erfolgt ist.

Eine bestimmte und dann auch zulässige Bezugnahme liegt vor, wenn im Zulassungs- **57.1** verfahren ein Verfahrensfehler geltend gemacht worden ist, den das Revisionsgericht – ohne nach § 133 Abs 6 VwGO zu verfahren – als durchgreifenden Zulassungsgrund bejaht hat. Die Prüfung des BVerwG ist auf die fristgerecht bezeichneten und begründeten Verfahrensmängel beschränkt, soweit nicht gleichzeitig die Voraussetzungen des § 132 Abs 2 Nr 1 oder 2 VwGO vorliegen (§ 137 Abs 3 S 1 VwGO).

Ein Verfahrensmangel ist nur dann hinreichend bezeichnet, wenn er sowohl in den ihn **58** begründenden **Tatsachen** als auch in seiner rechtlichen Würdigung im Einzelnen dargetan wird (BVerwG NVwZ 2004, 1369). Es sind alle Tatsachen, die den Tatbestand des Verfahrensmangels begründen, vollständig darzustellen und in hinreichend geordneter Weise auf die gesetzlichen Tatbestandsmerkmale zu beziehen.

Wie schon für die Nichtzulassungsbeschwerde (s § 133 VwGO Rn 55) müssen dabei die **59** vorgetragenen Tatsachen dem **BVerwG ohne weitere Ermittlungen** eine abschließende Beurteilung des gerügten Verfahrensmangels ermöglichen und diesen, die Richtigkeit des Vortrages unterstellt, schlüssig ausfüllen (BVerwGE 62, 325; BVerwG NVwZ 1993, 692).

Hierfür hat der **Revisionskläger** gegebenenfalls **eigene Ermittlungen** anzustellen (BVerwGE **59.1** 62, 325: Verhinderungsgründe bei der Besetzungsrüge), bei gerichtsinternen oder ihm sonst nicht unmittelbar zugänglichen Vorgängen darzulegen, dass vergeblich zweckentsprechende Aufklärung gesucht worden ist (BGH NJW 1992, 512: keine Besetzungsrüge „auf Verdacht") und Tatsachen zu bezeichnen, die schlüssig erkennen lassen, dass kein Rügeverlust eingetreten oder ein heilbarer Verfahrensmangel nicht geheilt worden ist (Eyermann/Kraft VwGO § 139 Rn 38, § 133 Rn 35 ff; a. A. Kopp/Schenke VwGO § 139 Rn 16).

60   Welche Anforderungen an den substantiierten Vortrag zum Vorliegen einer Verfahrensrüge zustellen sind, ergibt sich aus deren sachlichen Voraussetzungen (§ 138 VwGO Rn 16 ff) und knüpft an die Darlegungsanforderungen zu einzelnen Verfahrensfehlern an (s § 133 VwGO Rn 55 ff).

60.1   Für die ordnungsgemäße Begründung der **Rüge mangelhafter Sachaufklärung** (§ 86 Abs 1 VwGO) muss dementsprechend substantiiert dargelegt werden, hinsichtlich welcher tatsächlichen Umstände Aufklärungsbedarf bestanden hat, welche für geeignet und erforderlich gehaltenen Aufklärungsmaßnahmen hierfür in Betracht gekommen wären, welche tatsächlichen Feststellungen bei Durchführung der unterbliebenen Sachverhaltsaufklärung voraussichtlich getroffen worden wären und inwiefern deren Berücksichtigung auf der Grundlage der vordergerichtlichen Rechtsauffassung zu einem anderen Ergebnis hätte führen können. Weiterhin muss entweder dargelegt werden, dass bereits im Verfahren vor dem Tatsachengericht, insbes in der mündlichen Verhandlung, auf die Vornahme der Sachverhaltsaufklärung, deren Unterbleiben nunmehr gerügt wird, hingewirkt worden ist oder dass sich dem Gericht die bezeichneten Ermittlungen auch ohne ein solches Hinwirken von sich aus hätten aufdrängen müssen (vgl BVerwG NJW 1997, 3328; NVwZ 1998, 628; NVwZ 2004, 1369 = BVerwGE 120, 298).

60.2   Zur Stützung der Rüge einer Verletzung des rechtlichen Gehörs (§ 108 Abs 2 VwGO) durch eine sog „**Überraschungsentscheidung**" ist in Auseinandersetzung mit dem bisherigen Verfahrensverlauf substantiiert darzulegen, dass das Gericht einen bis dahin nicht erörterten rechtlichen oder tatsächlichen Gesichtspunkt zur Grundlage seiner Entscheidung gemacht und damit dem Rechtsstreit eine Wendung gegeben hat, mit der die Beteiligten nach dem bisherigen Verlauf des Verfahrens nicht zu rechnen brauchten (BVerwG Buchholz 451.512 MGVO Nr 61; Buchholz 310 § 108 VwGO Nr 235).

VI. Bezugnahmen
1. Allgemeine Anforderungen

61   Das Gebot, dass die Revisionsbegründung aus sich heraus verständlich sein und auf einer eigenständigen Sichtung und Durchdringung des Sach- und Streitstoffes in Auseinandersetzung mit der angefochtenen Entscheidung durch den postulationsfähigen Bevollmächtigten gründen muss, schließt Bezugnahmen auf eigene oder fremde Schriftstücke nicht aus. Bei **Bezugnahmen** ist **besondere Sorgfalt** angezeigt und danach zu differenzieren, zur Begründung welcher Revisionsrüge auf welche anderen Texte (Schriftsätze, Gutachten, Entscheidungen) Bezug genommen werden soll.

62   Allgemeine Voraussetzung einer Bezugnahme ist ihre hinreichende **Bestimmtheit**: Es muss klar sein, dass und in welchem Umfange auf welche Schriftstücke zur Stützung welcher Revisionsrüge Bezug genommen werden soll. Unzureichend ist eine – auch ergänzende – pauschale Bezugnahme auf das gesamte bisherige Vorbringen in den Vorinstanzen und/ oder im Nichtzulassungsbeschwerdeverfahren (BVerwG NJW 2001, 1878).

63   Der Verweis auf **Vortrag**, der **vor dem Erlass des angefochtenen Urteils** liegt, reicht zur ordnungsgemäßen Revisionsbegründung auch dann nicht aus, wenn die Entscheidung über die Revision nur von der Auslegung einer einzigen Vorschrift abhängt (BVerwG NJW 1962, 459; Buchholz 310 § 139 VwGO Nr 56).

2. Ausarbeitungen Dritter

64   Die **Bezugnahme auf Schriftsätze, Gutachten, Ausarbeitungen Dritter** (Partei, Gutachter, Sachverständiger, Zeitschriftenaufsätze) bildet keine formgerechte Revisionsbegründung, wenn der Bevollmächtigte sich Ausführungen der von ihm vertretenen Partei oder eines Dritten lediglich zu eigen macht, ohne dass erkennbar wird, dass er eine eigene Prüfung, Sichtung und rechtliche Durchdringung des Streitstoffs vorgenommen, er sich

aufgrund dieser Prüfung das Vorbringen zu eigen gemacht hat und dafür die Verantwortung übernimmt (BVerwGE 22, 38; Buchholz 310 § 67 VwGO Nr 81; NVwZ 1998, 616 [erstinstanzliche Klage]); für diese Durchdringung, Sichtung und Aneignung unzureichend ist ein bloß formaler anwaltlicher Vermerk auf einem im Übrigen ersichtlich fremderstellten Schriftstück (BVerwG Buchholz 310 § 67 VwGO Nr 47; NJW 1997, 1865) oder eine entsprechende Erklärung (BVerwG NVwZ 1999, 643).

Diese Anforderungen gelten im Ansatz auch für das **Rechtsgutachten** eines nicht 65 (ergänzend) mit der Vertretung beauftragten, nach § 67 Abs 1 VwGO postulationsfähigen Hochschullehrers (BVerwG NVwZ 1990, 459). Für den Regelfall kann hier indes eine hinreichende Aneignung nach sachkundiger Prüfung angenommen werden (s Kopp/Schenke VwGO § 139 Rn 20).

3. Schriftsätze Nichtzulassungsbeschwerdeverfahren

Der Verweis auf **Schriftsätze im Nichtzulassungsbeschwerdeverfahren** genügt nicht 66 ohne weiteres den Anforderungen (BVerwG NJW 1963, 1640), weil der Revisionsführer angehalten werden soll, die Revisionsbegründung individuell und beschränkt auf die im Rahmen des Revisionsverfahrens erheblichen rechtlichen Momente abzufassen (BVerwG NJW 1979, 828). Daher reicht die Bezugnahme auf Schriftsätze, die im Verfahren über die Nichtzulassung der Revision eingereicht worden sind, grundsätzlich nicht aus, um den Vorschriften über die Revisionsbegründung zu genügen (BVerwG NJW 1963, 1640; NJW 1985, 1235).

Die **Verweisung auf die zur Begründung der Nichtzulassungsbeschwerde** einge- 67 reichten Schriftsätze kann dann genügen, wenn (kumulativ)
– der Bevollmächtigte nach Prüfung zu dem Ergebnis gekommen ist, dass das damalige Vorbringen auch unter Berücksichtigung des Zulassungsbeschlusses geeignet ist, die Revision zu begründen (BVerwG NJW 1979, 828),
– dieser Schriftsatz auch sachlich das zur Revisionsbegründung Erforderliche enthält, er mithin den Anforderungen auch an eine Revisionsbegründung genügt und ferner
– hinreichend deutlich zum Ausdruck gebracht wird, hinsichtlich welcher Zulassungsgründe Bezug genommen wird (BVerwG NJW 1985, 1235; NVwZ 1989, 477; NVwZ 1998, 1311 zu § 124a Abs 3 VwGO).

Diese Voraussetzungen können insbes bei der Rüge von bereits im Zulassungsverfahren 68 geltend gemachte **Verfahrensmängeln** vorliegen, wenn wegen dieser Verfahrensmängel die Revision auch zugelassen worden ist; bei einer Revisionszulassung wegen grundsätzlicher Bedeutung reicht die unspezifische Bezugnahme auf die Nichtzulassungsbeschwerdeschrift zur Begründung (auch) darin geltend gemachter Verfahrensmängel nicht aus (BVerwG NJW 1985, 1235; Buchholz 402.5 WaffG Nr 46; NuR 1988, 384).

Die Bezugnahme auf die entsprechende Begründung der Nichtzulassungsbeschwerde 69 kann bei der Zulassung wegen **Divergenz** ausreichen, wenn bereits mit der Beschwerde deutlich gemacht worden ist, dass in der Sache der Begründung der Entscheidung zu folgen ist, von der abgewichen worden ist. Bei der **Grundsatzzulassung** erfordert eine hinreichende Bezugnahme, dass bereits in der Nichtzulassungsbeschwerde über die Darlegung der grundsätzlichen Bedeutung hinaus ausgeführt ist, dass und aus welchen Gründen die mit der Nichtzulassungsbeschwerde aufgeworfene, zur Zulassung führende Grundsatzfrage zu einer bestimmten Rechtsnorm auch in bestimmter, von der Vorinstanz abweichender Weise im Sinne des beschwerten Revisionsklägers zu beantworten ist.

4. Zulassungsbeschluss

Die **Bezugnahme auf die Zulassungsentscheidung**, die wegen eines **Verfahrens-** 70 **mangels** erfolgt ist, genügt zur Begründung des im Zulassungsbeschluss bezeichneten Verfahrensmangels (BVerwG, Beschl v 22.2.2001 – 7 C 14.00 -); zumindest sie ist erforderlich, weil nicht auszuschließen ist, dass ein Revisionsführer auf die Geltendmachung einer Verfahrensrüge, die ihm den Weg in die Revisionsinstanz eröffnet hat, verzichtet, um eine auf die materiellrechtlichen Fragen des Rechtsstreits abstellende Revisionsentscheidung zu erstreiten.

71   Bei der **Divergenzzulassung** genügt in der Regel ebenfalls eine Bezugnahme auf den Zulassungsbeschluss, weil erkennbar wird, dass sich der Revisionskläger die Einschätzung des Rechtsmittelgerichts zur Abweichung und die dafür maßgebenden Erwägungen zu eigen macht (BVerwG NVwZ 2001, 1029 zu § 124a Abs 3 VwGO).

72   Nicht ausreichend ist die Bezugnahme auf den Zulassungsbeschluss bei der Revisionszulassung wegen **grundsätzlicher Bedeutung**, weil die Bezeichnung einer Rechtsfrage als klärungsbedürftig noch nicht auf eine Rechtsverletzung weist (BVerwG NJW 2006, 3081).

§ 140 [Zurücknahme der Revision]

(1) ¹Die Revision kann bis zur Rechtskraft des Urteils zurückgenommen werden. ²Die Zurücknahme nach Stellung der Anträge in der mündlichen Verhandlung setzt die Einwilligung des Revisionsbeklagten und, wenn der Vertreter des Bundesinteresses beim Bundesverwaltungsgericht an der mündlichen Verhandlung teilgenommen hat, auch seine Einwilligung voraus.

(2) ¹Die Zurücknahme bewirkt den Verlust des eingelegten Rechtsmittels. ²Das Gericht entscheidet durch Beschluß über die Kostenfolge.

Übersicht

Die Regelung unterstreicht die Verfügungsbefugnis der Beteiligten über Streitgegenstand und Prozess (Dispositionsmaxime) auch für das Revisionsverfahren. Sie regelt Möglichkeit und Voraussetzungen der Rücknahme der Revision und deren Rechtsfolgen. Strukturell entspricht die Norm mit der Maßgabe §§ 92, 126 VwGO, als sie allein auf das Rechtsmittel bezogen ist und keine Rücknahmefiktion bei Nichtbetreiben des Verfahrens (§ 92 Abs 2 S 2 VwGO, § 126 Abs 2 S 2 VwGO) vorsieht.

A. Rücknahme der Revision

I. Rücknahmeerklärung

1. Form; Vertretungszwang

1   Die **Rücknahme** der Revision ist eine gegenüber dem Revisionsgericht als Prozesshandlung abzugebende **Erklärung des Revisionsklägers**, dass nicht länger die Überprüfung der angefochtenen Entscheidung im Revisionsverfahren begehrt werde. Sie bedarf grundsätzlich der **Schriftform**, kann aber auch in der mündlichen Verhandlung zu Protokoll erklärt werden.

2   Als das Revisionsverfahren beendende Erklärung unterliegt die Rücknahmeerklärung grundsätzlich dem **Vertretungserfordernis** des § 67 VwGO (aA zu § 62a FGO BFH BFH/NV 2002, 511). Eine prozessunfähige Partei, die keinen gesetzlichen Vertreter hat und in dem angefochtenen Urteil für prozessfähig gehalten worden ist, kann indes ein von ihr gegen das Urteil eingelegtes Rechtsmittel wirksam zurücknehmen (BVerwG NJW 1964, 1819). Hat der nicht postulationsfähige Revisionskläger die Revision unter Verstoß gegen

§ 67 VwGO eingelegt, kann er sie auch selbst wirksam wieder zurücknehmen (BVerwGE 14, 19 = NJW 1962, 1170).

2. Reichweite

Die Rücknahmeerklärung ist **grundsätzlich unwiderruflich** (BGH NJW 1991, 2839: 3 Berufungsrücknahme), als Prozesserklärung bedingungsfeindlich (BVerfGE 40, 272) und auch nicht anfechtbar (BVerwGE 57, 342; BVerwG NVwZ 1997, 1210 [Berufungsrück-nahme]). Ausnahmen kommen bei Vorliegen eines Wiederaufnahmegrundes (BVerwG Buchholz 310 § 92 VwGO Nr 3) oder bei einem für Gericht und Rechtsmittelgegner offenkundigen Versehen (BVerwG NVwZ 1997, 1210 [Berufungsrücknahme]) in Betracht, bei dem die Erklärung nach Treu und Glauben als unwirksam zu behandeln ist (BGH NJW 1991, 2839).

Die Rücknahme kann auf einen **abtrennbaren Teil des Streitgegenstandes** beschränkt 4 werden. Der für das Revisionsverfahren maßgebliche Streitgegenstand wird durch den in der Revisionsbegründung erforderlichen bestimmten Antrag (§ 139 Abs 3 S 4 VwGO) be-stimmt; es stellt daher keine teilweise Rücknahme der Revision dar, wenn in der Revisions-begründungsfrist ein eingeschränkter Antrag gestellt wird, nachdem in der Revisionsschrift ohne Einschränkung erklärt worden war, es werde Revision eingelegt (BVerwG NJW 1992, 703).

Bei mehrfach oder **wiederholt eingelegter Revision** eines Beteiligten bilden diese eine 5 einheitliche Revision (BFH NJW 1996, 679), die auch nur einheitlich zurückgenommen werden kann; im Zweifel erfasst eine Rücknahmeerklärung alle Einlegungsakte.

3. Zeitpunkt

Die Rücknahme kann **bis zur Rechtskraft des Urteils** (des BVerwG) erklärt werden. 6 Dem Urteil gleich steht der urteilersetzende Beschluss nach § 144 Abs 1 VwGO, durch den eine unzulässige Revision verworfen wird. Ein Revisionsurteil wird mit seiner Verkündung rechtskräftig, in den Fällen des § 116 Abs 2 (verkündungsersetzende Zustellung) oder Abs 3 VwGO (Entscheidung ohne mündliche Verhandlung) mit der Zustellung des Urteils. Die nach Rechtskraft erklärte bzw bei dem Revisionsgericht eingehende Rücknahme ist gegen-standslos.

4. Nichtzulassungsbeschwerde; Adressat Rücknahme

§ 140 VwGO ist auf die Rücknahme der **Beschwerde gegen die Nichtzulassung der** 7 **Revision** entsprechend anzuwenden. Ist sie bei dem Ausgangsgericht eingelegt worden (§ 139 Abs S 1, Abs 3 S 2 VwGO), trifft dieses als Kollegium die Entscheidungen nach Abs 2 S 2, bis der Beschwerde nicht abgeholfen und die Akten dem BVerwG vorgelegt worden sind (OVG Bautzen SächsVBl. 20111, 140BayVGH BayVBl. 2013, 59; OVG Greifs-wald 8.1.2013 – 1 L 27/09). Die bei dem Ausgangsgericht einzulegende (§ 139 Abs 1 S 1 VwGO) Revision kann bis zur Vorlage an das BVerwG durch Erklärung gegenüber dem Ausgangsgericht zurückgenommen werden. Diese kann aus Gründen der Prozessökonomie dann auch die (deklaratorische) Einstellung aussprechen und die Kostenentscheidung treffen (aA für die Revision wegen des bereits mit der Einlegung eintretenden Devolutiveffekts Sodan/Ziekow/Neumann VwGO § 140 Rn 36).

II. Einwilligung

Nach Stellung der Anträge in der mündlichen Verhandlung erfordert die Revisionsrück- 8 nahme die **Einwilligung des Revisionsbeklagten** und bei dessen Beteiligung auch des **Vertreters des Bundesinteresses**; geschützt wird das Sachentscheidungsinteresse anderer Beteiligter bei fortgeschrittenem Verfahren. Die Anträge müssen in der mündlichen Ver-handlung tatsächlich bereits gestellt sein; nicht ausreichend ist ihre schriftsätzliche Ankündi-gung. Wenn ein ordnungsgemäß geladener Beteiligter an der mündlichen Verhandlung nicht teilnimmt, reicht die Antragstellung durch einen der erschienenen Beteiligten aus. **Nicht erforderlich** ist die **Einwilligung anderer Verfahrensbeteiligter**, zB eines (notwendig)

Beigeladenen (soweit dieser nicht selbst Revisionsbeklagter ist); entscheidend für die Beklagtenstellung ist das Revisionsverfahren.

9   Die Einwilligungserklärung unterliegt nicht dem Vertretungszwang. Eine **nachträglich erklärte Einwilligung** wirkt auf den Zeitpunkt zurück, zu dem die Rücknahme erklärt worden ist (BVerwGE 26, 297). Ohne Einwilligung ist die Rücknahme unwirksam und das Verfahren fortzusetzen.

10   Bei einer **Entscheidung ohne mündliche Verhandlung** wird das Einwilligungserfordernis mit dem Eingang der letzten nach § 102 VwGO erforderlichen Einverständniserklärung ausgelöst (BVerwGE 26, 144; aA Redeker/v Oertzen/v Nicolai VwGO § 140 Rn 1: Absendung der Revisionsentscheidung). Wird die Rücknahmeerklärung in Unkenntnis des Eingangs aller Einverständniserklärungen abgegeben, liegt hierin zugleich der Widerruf zu einer Sachentscheidung ohne mündliche Verhandlung; das Gericht muss jedenfalls den Revisionskläger auf das Einwilligungserfordernis hinweisen und diesem Gelegenheit geben, die ausstehenden Einwilligungserklärungen einzuholen.

III. Wirkungen der Rücknahme; Entscheidung des Gerichts

1. Wegfall Rechtshängigkeit

11   Die Rücknahmeerklärung wird **mit dem Eingang** bei dem Revisionsgericht **wirksam**, bei erforderlicher Einwilligung, die dann zurück wirkt, ist sie bis zu deren Eingang schwebend unwirksam.

12   Die wirksame Rücknahme führt unmittelbar zum sofortigen **Wegfall der Anhängigkeit des Revisionsverfahrens** (Abs 2 S 1), und zwar ex tunc, und erfasst auch eine unselbständige Anschlussrevision. Der in der Praxis übliche **Einstellungsbeschluss** hat insoweit lediglich **deklaratorische Wirkung** und ist konstitutiv nur hinsichtlich der durch § 155 Abs 2 VwGO vorgezeichneten Kostenlastentscheidung. Ein Revisionsurteil darf nach Rücknahme nicht mehr ergehen; eine gleichwohl ergangene Entscheidung ist schlechthin unwirksam und durch Beschluss der an der Entscheidung mitwirkenden Richter für unwirksam zu erklären (BVerwG Buchholz 310 § 140 Nr 1). Bei gleichzeitiger Erklärung von Berufungs- und Revisionsrücknahme geht die Berufungsrücknahme vor (BVerwGE 26, 297).

12.1   Die wirksame Revisionsrücknahme bewirkt für den Revisionskläger nur den Verlust des eingelegten Rechtsmittels; sie bedeutet nicht den Verzicht auf die Revisionseinlegung insgesamt. Der Rechtsmittelführer kann, soweit die Revisionseinlegungsfrist noch offen ist, neuerlich Revision einlegen. Die Rücknahme einer mangels Zulassung unzulässigen Revision berührt nicht ein anhängiges Nichtzulassungsbeschwerdeverfahren und ein späteres, diesem bei Zulassung nachfolgendes Revisionsverfahren. Bei mehrfacher Revisionseinlegung eines Beteiligten bilden diese Revisionen eine Einheit; die Rücknahmeerklärung erfasst alle Einlegungsakte, soweit sie nicht eindeutig auf einzelne Einlegungsakte beschränkt wird (Eyermann/Kraft VwGO § 140 Rn 7).

2. Streit über Wirksamkeit Rücknahme

13   Bei **Streit über die Wirksamkeit der Zurücknahme einer Revision** ist durch Urteil zu entscheiden. Wird die Wirksamkeit der Zurücknahme bejaht, ergeht dieser Spruch unabhängig davon, ob zuvor bereits ein Beschluss nach § 140 Abs 2 S 2 VwGO ergangen ist, durch eine Endentscheidung, in der festgestellt wird, dass die Revision zurückgenommen ist (BVerwG NVwZ 1997, 1210 [zum gleichgelagerten Fall der Berufungsrücknahme]). Ansonsten ist das Revisionsverfahren fortzusetzen.

3. Entscheidung über Kostenfolge

14   Die bei wirksamer Rücknahme erforderliche **Entscheidung über die Kostenfolge** (Abs 2 S 2) richtet sich nach § 155 Abs 2 VwGO, nach dem die Kosten des Revisionsverfahrens derjenige zu tragen hat, der die Revision zurückgenommen hat (zu Einzelheiten s § 155 VwGO Rn 5 ff). Ist die Revision nach § 139 Abs 1 VwGO bei der Vorinstanz eingelegt und dort auch zurückgenommen worden, hat diese die Kostenentscheidung zu treffen

(aA wegen des mit der Einlegung eintretenden Devolutiveffekts Sodan/Ziekow/Neumann VwGO § 140 Rn 36).

Die **Verfahrensgebühr** für die Revision von 5,0 ermäßigt sich bei Eingang der Rück- **15** nahme bis zur deren Begründung (Nr 5131 KV GKG: auf 1,0) bzw vor Schluss der mündlichen Verhandlung bzw abschließender Sachentscheidung (Nr 5132 KV GKG: auf 3,0).

B. Sonstige Formen der Beendigung eines Revisionsverfahrens

I. Klagerücknahme

Der Kläger kann unabhängig von seiner Rolle im Revisionsverfahren mit Einwilligung **16** des Beklagten und ggf eines beteiligten Vertreters des öffentlichen Interesses bis zum rechtskräftigen Verfahrensabschluss die Klage zurücknehmen (§ 92 Abs 1 VwGO). Eine wirksame **Klagerücknahme** entzieht auch dem Revisionsverfahren die Grundlage. Das Verfahren ist durch das BVerwG insgesamt – einschließlich des Revisionsverfahrens – unter Ausspruch der gesetzlichen Kostenfolge (§ 155 Abs 2 VwGO) einzustellen; die Vorentscheidungen sind für unwirksam zu erklären (§ 173 VwGO iVm § 269 Abs 4 ZPO). Bei zeitgleichem Eingang von Klage- und Revisionsrücknahme geht die weitergehende Klagerücknahme vor, wenn auch insoweit die erforderlichen Einwilligungserklärungen vorliegen (BVerwGE 26, 297: Berufungsrücknahme); ansonsten wird die Revisionsrücknahme mit der Folge wirksam, dass die Vorentscheidungen rechtskräftig werden und für eine Klagerücknahme kein Raum ist.

II. Berufungsrücknahme

Auch die Berufung kann bis zum rechtskräftigen Verfahrensabschluss zurückgenommen **17** werden (§ 126 Abs 1 VwGO), nach Ergehen des Berufungsurteils aber nur mit Einwilligung des Berufungsbeklagten und eines etwa beteiligten Vertreters des öffentlichen Interesses. Im Gegensatz zur Klagerücknahme beendet die wirksame **Berufungsrücknahme** nicht das Verfahren insgesamt, sondern nur das Berufungsverfahren. Mit der Berufungsrücknahme wird das Berufungsurteil unwirksam und verliert das Revisionsverfahren seinen Gegenstand, wird aber nicht beendet (BVerwG NVwZ 1995, 372) oder gegenstandslos (so aber BVerwGE 26, 297). Wird keine das Revisionsverfahren beendende Erklärung abgegeben, ist die unstatthaft gewordene Revision nach § 144 Abs 1 VwGO zu verwerfen.

Bei **zeitgleichem Eingang von Berufungs- und Revisionsrücknahme** geht die **18** weitergehende Berufungsrücknahme vor, wenn auch insoweit die erforderlichen Einwilligungserklärungen vorliegen (BVerwGE 26, 297); ansonsten wird die Revisionsrücknahme mit der Folge wirksam, dass die Vorentscheidungen rechtskräftig werden und für eine Berufungsrücknahme kein Raum ist.

III. Hauptsacheerledigung

Die Beteiligten können durch übereinstimmende **Erledigungserklärungen** den Rechts- **19** streit insgesamt oder nur das Revisionsverfahren beenden. Bei Erledigung des gesamten Rechtsstreits sind die Vorentscheidungen für unwirksam zu erklären (§ 173 VwGO iVm § 269 Abs 3 S 1 ZPO analog). Wird lediglich das Revisionsverfahren für erledigt erklärt (zur Zulässigkeit s BVerwG NVwZ 1995, 372), ist das Revisionsverfahren einzustellen und nach § 161 Abs 2 VwGO nur noch über die Verfahrenskosten zu entscheiden; die Vorentscheidungen erwachsen in Rechtskraft.

IV. Vergleich

Zur Beendigung des Revisionsverfahrens führt auch ein entsprechender, im Revisions- **20** verfahren möglicher (§§ 141, 126 VwGO) **gerichtlicher Vergleich** (§ 106 VwGO). Ein **außergerichtlicher Vergleich** beendet nicht unmittelbar das Verfahren und bedarf der Umsetzung durch verfahrensbeendende Erklärungen (Rücknahme; Hauptsacheerledigung).

V. Revisionsverzicht

21 Ein Verzicht auf die Revision, der wirksam erst nach Erlass des anzufechtenden Urteils erklärt werden kann, bezieht sich auf das Rechtsmittel der Revision schlechthin und bewirkt, dass das Urteil, auf das sich der Rechtsmittelverzicht bezieht, rechtskräftig wird. Eine gleichwohl eingelegte Revision ist unzulässig und nach § 144 Abs 1 VwGO zu verwerfen. Eine erst nach eingelegter Revision abgegebene **Verzichtserklärung** umschließt aber regelmäßig auch die Revisionsrücknahme.

§ 141 [Revisionsverfahren]

[1]Für die Revision gelten die Vorschriften über die Berufung entsprechend, soweit sich aus diesem Abschnitt nichts anderes ergibt. [2]Die §§ 87a, 130a und 130b finden keine Anwendung.

Die Norm ergänzt die ausdrücklichen Regelungen zum Revisionsverfahren, indem sie die entsprechende Anwendung der Vorschriften über die Berufung (§§ 124 ff VwGO) anordnet, die ihrerseits auf die Vorschriften zum Verfahren (§§ 54 ff VwGO – Teil II) Bezug nehmen (§ 125 Abs 1 S 1 VwGO). Bereits ausdrücklich ausgenommen sind einige dem Revisionsverfahren nicht wesensgerechte Regelungen. Die entsprechende Anwendung des § 127 VwGO bildet die Grundlage für die Anschlussrevision.

Übersicht

A. Entsprechende Anwendung der Verfahrensvorschriften

I. Zweck und Reichweite der Regelung

1   Die VwGO regelt im 13. Abschnitt (§§ 132 ff VwGO) das Revisionsverfahren nicht vollständig und abschließend, sondern beschränkt sich auf Regelungen, die Besonderheiten des Zugangs zur Revisionsinstanz, des Prüfungsumfangs und Maßstabes, der Verfahrens sowie der abschließenden Sachentscheidung betreffen. Die entsprechende Anwendung der Vorschriften über die Berufung umfasst auch die in § 125 Abs 1 S 1 VwGO angeordnete **entsprechende Anwendung** der allgemeinen Verfahrensvorschriften und der Bestimmungen zum Verfahren im ersten Rechtszug und zum Urteil und stellt sicher, dass für die im Revisionsverfahren auftretenden Verfahrensfragen ein **geschlossenes Normengefüge** zur Anwendung bereit steht.

2   § 141 VwGO verdrängt nicht § 173 VwGO, über den die Regelungen der ZPO zur Revision (§ 542 ZPO) sowie die allgemeinen **Verfahrensregelungen der ZPO** ergänzend Anwendung finden können, soweit dies mit den allgemeinen Grundsätzen des Verwaltungsprozesses und seinen Besonderheiten sowie dessen Ausgestaltung des Revisionsrecht vereinbar ist (zB §§ 557 Abs 2, 560 ZPO). Für die Anwendung und Auslegung der §§ 132 ff VwGO kann zudem auf die Rechtsprechung zu inhaltsgleichen oder gleichgerichteten ZPO-Regelungen zurückgegriffen werden.

II. Grenzen der entsprechenden Anwendung; nicht anzuwendende Regelungen

Vorrang vor der entsprechenden Anwendung haben die **ausdrücklichen Regelungen** 3
des 13. Abschnitts; soweit sie inhaltsgleiche oder abweichende Regelungen treffen, schließen sie die Anwendung der Regelungen zum Berufungsverfahren aus. Aus der lediglich
entsprechenden Anwendung folgt, dass solche Vorschriften nicht anzuwenden sind, wenn die
Eigenart des Revisionsverfahrens einer entsprechenden Anwendung entgegensteht oder eine
Regelung wegen ihres Regelungsinhalts nicht auf das Revisionsverfahren sinnvoll anzuwenden ist. Schließlich hat der Gesetzgeber selbst einige Vorschriften ausdrücklich für nicht
anwendbar erklärt.

Wegen des Vorrangs des 13. Abschnitts **nicht anzuwenden** sind insbes die Bestimmungen 3.1
zum Zugang zur Berufungsinstanz (§§ 124, 124a VwGO), zur Verwerfung der unzulässigen Berufung (§ 125 Abs 2 VwGO und zwar auch nicht in Bezug auf die Anhörungspflicht in S 3), zur
Berufungsrücknahme (§ 126 VwGO), zum Überprüfungsumfang (§ 128 VwGO) sowie zu neuem
Vorbringen (§ 128a VwGO).

Von den **allgemeinen Verfahrensvorschriften** sind hiernach ua nicht anwendbar die Regelun- 3.2
gen zur einfachen Beiladung (§ 65 I), zu Form, Inhalt und Zustellung der Klageschrift (§§ 81, 82,
85), zur Widerklage (§ 89 [zu Ausnahmen s § 142 Rn 7], zur Rechtshängigkeit der Klage (§ 90
VwGO) sowie zur Klageänderung und -rücknahme (§§ 91, 92 VwGO). § 144 Abs 1 VwGO
schließt auch aus, dass über einen Antrag auf Wiedereinsetzung in die Revisionsbegründungsfrist
gem §§ 141, 125 Abs 1, 101 Abs 1, 107 und 173 VwGO iVm § 303 ZPO aufgrund mündlicher
Verhandlung durch Urteil zu entscheiden ist (BVerwG NJW 1987, 1349).

Wegen **Unvereinbarkeit mit dem Wesen des Revisionsverfahrens** oder wegen ihres 4
Regelungsinhalts nicht anwendbar sind von den allgemeinen Verfahrensvorschriften ua die
Regelungen zur Belehrung beim Verwaltungsakt (§ 59 VwGO), zum Widerspruchsverfah-
ren (§ 68 bis 77 VwGO) und zur Zurückweisung verspäteten Vorbringens (§ 87b VwGO).

Bei den Regelungen zur gerichtlichen Tatsachenfeststellung (§§ 96 bis 98 VwGO) fehlt es 4.1
grundsätzlich wegen der Bindung an die tatrichterlichen Feststellungen (§ 137 Abs 2 VwGO) an
einem sinnvollen Anwendungsbereich. Soweit ausnahmeweise eine revisionsgerichtliche Tatsachenfeststellung erforderlich wird (zB in Bezug auf Sachurteilsvoraussetzungen oder das Vorliegen von
Verfahrensfehlern), kommt auch deren Anwendung in Betracht.

Von der entsprechenden Anwendung sind durch S 2 **ausdrücklich ausgenommen** die 5
Regelungen zur Einzelrichterentscheidung im vorbereitenden Verfahren (§ 87a VwGO), zur
Rechtsmittelzurückverweisung durch Beschluss (§ 130a VwGO) und zur vereinfachten Entscheidungsbegründung (§ 130b VwGO); über den Verweis auf § 125 Abs 1 S 2 VwGO ist
auch eine Entscheidung durch Gerichtsbescheid (§ 84 VwGO) ausgeschlossen.

III. Entsprechend anwendbare Regelungen

Durch den ausdrücklichen Ausschluss nach S 2 und wegen der vorrangigen, gleichge- 6
richteten Regelungen zum Revisionsverfahren verbleiben für eine entsprechende Anwendung der **Vorschriften über die Berufung** (§§ 124 ff VwGO) lediglich
- die Bindung an den Rechtsmittelantrag (§ 129 VwGO), die insoweit § 88 VwGO
  ausformt,
- die Bestimmung über die Anschlussberufung (§ 127 VwGO) sowie
- die Weiterverweisung auf die entsprechende Anwendung der Regelungen des Teil II,
  mithin insb. der allgemeinen Verfahrensvorschriften (§§ 54 ff VwGO),
- des Verfahrens im ersten Rechtszug (§§ 81 ff VwGO) und
- zum Urteil (§§ 107 ff VwGO; § 125 Abs 1 S 1 VwGO).

Nach der Weiterverweisung (§ 125 Abs 1 S 1 VwGO) unmittelbare bzw entsprechend 7
anzuwenden sind von den **allgemeinen Verfahrensvorschriften**
- die Regelungen zur Ausschließung und Ablehnung von Gerichtspersonen (§ 54 VwGO),
- zur entsprechenden Anwendung der GVG-Regelungen ua zum Grundsatz der Öffentlichkeit (§ 55 VwGO),
- zum elektronischen Rechtsverkehr (§§ 55a, b VwGO),
- zur Zustellung (§§ 56, 56a VwGO),

- zu Fristen und Fristlauf (§§ 57, 58 VwGO),
- zur Wiedereinsetzung (§ 60 VwGO),
- zu den Beteiligten und ihren Rechten (§§ 60 bis 67a VwGO ausgenommen die einfache Beiladung),
- zum Gegenstand der Anfechtungsklage (§ 79 VwGO),
- zur gerichtlichen Entscheidung im vorläufigen Rechtsschutz (§§ 80 bis 80b, 123 VwGO).

8   Aus dem Abschnitt zum **Verfahren im ersten Rechtszug** und zum Urteil (§§ 81 ff VwGO, §§ 107 ff VwGO) werden erfasst die Regelungen
- zum Untersuchungsgrundsatz (§ 86 VwGO),
- zu vorbereitenden Anordnungen (§ 87 VwGO), soweit sie nicht auf revisionsrechtlich verwehrte Tatsachenfeststellungen zielen,
- zur Bindung an das Klagebegehren (§ 88 VwGO), die durch die entsprechende Anwendung des § 129 VwGO ergänzt wird,
- zur Verfahrensverbindung, -trennung und -aussetzung (§§ 93, 94 VwGO),
- zu Musterverfahren (§ 93a VwGO),
- zum Vorladungsrecht (§ 95 VwGO),
- zur Akteneinsicht (§ 100 VwGO),
- zu Ablauf und Gestaltung der mündlichen Verhandlung (§§ 101 bis 105 VwGO) einschließlich der Möglichkeit, auf eine mündliche Revisionsverhandlung zu verzichten,
- zum Vergleich (§ 106 VwGO),
- zum Urteil (§§ 107 ff VwGO) und
- zu Beschlüssen (§ 122 VwGO).

B. Anschlussrevision (§ 141 S 1 VwGO iVm § 127 VwGO)

I. Allgemeines/Funktion

9   Das Revisionsrecht der VwGO enthält keine § 554 ZPO entsprechende, eigenständige Regelung zur Anschlussrevision und regelt dieses **Anschlussrechtsmittel** durch die entsprechende Anwendung des § 127 VwGO. Es steht nicht im Streit, dass dieses Anschlussrechtsmittel mit dem Wesen der Revision vereinbar ist. Für die entsprechende Anwendung des § 127 VwGO ohne erhebliche Auswirkungen ist die im Detail strittige dogmatische Einordnung als Antrag im Rahmen eines fremden Rechtsmittels (s etwa BGH NJW-RR 2005, 727; BVerwG NVwZ 2008, 314) oder als eigenes Rechtsmittel, dessen Bestand lediglich von einem fremden Rechtsmittel abhängt (s dazu S/S/B/Dawin VwGO § 141 Rn 15 ff; Sodan/Ziekow/Neumann VwGO § 141 Rn 17; Eyermann/Kraft VwGO § 141 Rn 3).

10   Mit der Neufassung des § 127 VwGO zum 1.1.2002 ist die frühere, zudem irreführende (Sodan/Ziekow/Neumann VwGO § 141 Rz 20 f) terminologische Unterscheidung zwischen der **selbständigen Anschlussrevision** als statthafte, in offener Frist eingelegte eigenständige Revision in Reaktion auf die Revision eines anderen Verfahrensbeteiligten und der **unselbständigen Anschlussrevision** als nach Ablauf der Revisionsfrist in Reaktion auf eine Reaktion des Hauptrechtmittelführers eingelegte Revision **überholt** (Eyermann/Kraft VwGO § 141 Rn 4; s auch BVerwG NVwZ 2003, 1271). Anschlussrevision ist die in der Wirkung von der Revision abhängige, zulassungsfreie und auch bei Revisionsverzicht oder Ablauf der Frist zur Einlegung von Revision bzw Nichtzulassungsbeschwerde fristgebunden mögliche Revision in Reaktion auf die Revision eines anderen Verfahrensbeteiligten.

11   In diesem Sinne **keine Anschlussrevision** ist eine **Revision**, die ein Beteiligter nach Zulassung durch das VG/ OVG / BVerwG in noch offener Frist einlegt, die lediglich zeitlich der Revision eines anderen Verfahrensbeteiligten nachfolgt. Diese Revision ist unabhängig vom Bestand der anderen Revision. Erfüllt eine als eigenständiges, vollgültiges Rechtsmittel gewollte Revision nicht alle Voraussetzungen, die an die Statthaftigkeit dieses Rechtsmittels zu stellen sind (zB fehlende Zulassung), so kann sie in eine Anschlussrevision umgedeutet werden, soweit deren Voraussetzungen vorliegen (BGH NJW 1987, 3263) und der Rechtsmittelführer eine Prozesserklärung abgibt, er halte seine ursprünglich selbständige Berufung nunmehr als Anschlussberufung aufrecht (BVerwG NVwZ 2008, 314).

Allein der Umstand, dass die Anschlussrevision auch in noch offener Revisionsfrist eingelegt **11.1** werden kann, wirft regelmäßig keinen Klärungsbedarf auf, ob es sich um eine Anschlussrevision handele (s auch BGH NJW 2003, 2388 „selbständige Anschlussberufung").

II. Anschlussrevisionsberechtigte

Zur Anschlussrevision berechtigt sind alle in der Vorinstanz am Verfahren **Beteiligten**, die **12** bei entsprechender Beschwer und Zulassung auch **selbst Revision einlegen könnten** (s § 132 VwGO Rn 4). Ein Vertreter des öffentlichen Interesses kann die Beteiligungserklärung zum Zwecke der (Anschluss)Revision nach dem Berufungsurteil nur noch abgeben, solange für die anderen Beteiligten die Rechtsmittelfrist noch nicht abgelaufen ist (BVerwG NVwZ 1993, 182; NVwZ-RR 1997, 519; Buchholz 310 § 60 VwGO Nr 223). Der Vertreter des Bundesinteresses kann wegen seiner besonderen Funktion auch keine Anschlussrevision einlegen (BVerwG NVwZ 1995, 999; Eyermann/Kraft VwGO § 141 Rn 8). Auch der erst im Revisionsverfahren notwendig Beigeladene ist von der Anschlussrevision ausgeschlossen.

Die Anschlussrevision zielt auf eine Erweiterung des Streitgegenstandes des Revisions- **13** verfahrens, indem ein nicht schon von der Revision erfasster Teil des Streitgegenstandes einbezogen wird (BVerwG NVwZ 1996, 803: Anschlussberufung), und erfordert grundsätzlich eine **Beschwer des Anschlussrevisionsführers** (str; s Sodan/Ziekow/Neumann VwGO § 141 Rn 24 f, 27; aA Eyermann/Kraft VwGO § 141 Rn 9, der indes zu Recht darauf verweist, dass wegen des Verbot der Klageänderung im Revisionsverfahren [§ 142 Abs 1 S 1] diese Frage nur geringe Bedeutung hat). Sie ist nur zulässig, wenn ein der Revision entgegentretender Antrag verfolgt wird (BVerwG NJW 1985, 393), der über den bloß auf Zurückweisung der Revision gerichteten Antrag hinausgeht. Die entgegenstehenden Begehren haben sich auf unterschiedliche Streitgegenstandsteile bzw Streitgegenstände zu beziehen.

Die früher vertretene Auffassung, Haupt- und Anschlussrechtsmittel müssten sich auf einen **13.1** identischen Streitgegenstand beziehen, oder das Anschlussrechtsmittel müsse sich im Rahmen des zugelassenen Hauptrechtsmittels halten (BVerwGE 104, 260), ist jedenfalls seit der Neufassung des § 127 Abs 4 VwGO auch für die Revision die Grundlage entzogen (BVerwGE 116, 169; 125, 144; BVerwG NVwZ 2012, 1045 = BVerwGE 142, 99; sa Eyermann/Kraft VwGO § 141 Rn 7). Soweit für die Anschlussrevision ein sachlicher Zusammenhang zwischen den gegenläufigen prozessualen Ansprüchen gefordert wird (BVerwGE 116, 169; 125, 44; BVerwG NVwZ 2012, 1045 = BVerwGE 142, 99) sind überspannten Anforderungen nicht zu stellen, zumal das Verbot der Klageänderung und damit auch –erweiterung eine Ablösung von dem Verfahrensbund nach § 44 VwGO ausschließt.

III. Form und Frist; Begründung; Zulassungsfreiheit

1. Form

Die Anschlussrevision ist bei dem Bundesverwaltungsgericht (§ 141 Abs 1 S 1 VwGO **14** iVm § 127 Abs 1 S 2) VwGO durch einen bestimmenden Schriftsatz (**Anschlussschrift**) einzulegen, der dem Vertretungszwang (§ 67 Abs 1 VwGO) unterliegt. Für die Form gelten die Anforderungen an die Revisionseinlegung entsprechend (s § 139 VwGO Rn 10). Bei der Anschlussrevision gilt nicht die für die Revision vorgesehene, auch zeitliche Stufung zwischen Einlegung und Begründung; die Anschlussrevision muss in der Anschlussschrift begründet werden (§ 141 Abs 1 S 1 VwGO iVm § 127 Abs 3 S 1 VwGO).

Die Anschlussschrift muss unabhängig von der ausdrücklichen Bezeichnung als „An- **15** schlussrevision" den **Willen** erkennen lassen, durch das **Anschlussrechtsmittel** zulasten des Revisionsklägers eine Änderung der von diesem angegriffenen Entscheidung erwirken zu wollen; ein Revisionsabweisungsantrag reicht nicht aus.

2. Frist

Die Anschlussrevision ist zulässig bis zum Ablauf **eines Monats nach der Zustellung 16 der Revisionsbegründungsschrift**, und zwar auch dann, wenn auf die Revision verzichtet worden war oder die Rechtsmittelfristen bereits abgelaufen sind. Entscheidend ist die letzte noch ausstehende Begründungsschrift; der Fall der vor Zulassung wirksam begründeten Revision (BGH NJW 2004, 2981) ist im Verwaltungsprozess ausgeschlossen (s § 139 VwGO Rn 28). Bei einer gestaffelten Revisionsbegründung wird die Monatsfrist durch die Zustellung des Schriftsatzes in Lauf gesetzt, durch den in Verbindung mit vorangehenden Schriftsätzen erstmals den Anforderungen des § 141 iVm § 139 Abs 3 S 4 VwGO entspricht; vorangehende Schriftsätze, die lediglich Teil der Rechtsmittelbegründung vorwegnehmen, dürfen formlos übermittelt werden (BVerwG NVwZ 2012, 1045 = BVerwGE 142, 99 [zur Anschlussberufung]).

17   Die Frist erfordert eine den Anforderungen des § 56 VwGO entsprechende **Zustellung**; die bloße Übersendung der **Revisionsbegründungsschrift** setzt die Anschlussrevisionsfrist nicht in Lauf, ebenso wenig der bloße Ablauf der Revisionsbegründungsfrist, zumal diese nach § 139 Abs 3 VwGO verlängert werden kann. Über die Frist zur unselbständigen Anschlussrevision braucht nicht nach § 58 Abs 1 VwGO belehrt zu werden (str; wie hier Sodan/Ziekow/Neumann VwGO § 141 Rn 33; Eyermann/Kraft VwGO § 141 Rn 12; s. a. – zur Anschlussberufung – BVerwG NVwZ 2012, 1045 = BVerwGE 142, 99).

3. Begründung

18   Die Anschlussrevision kann auch schon **vor Zustellung der Revisionsbegründung** eingelegt werden, muss dann aber auch bereits in der Anschlussschrift begründet werden. Frühestens denkbar ist die Anschlussrevision aber erst nach Einlegung der Revision.

19   Die Anschlussrevision ist **in der Anschlussschrift zu begründen**. Eine formgerechte Begründung bis zum Ablauf der Anschlussfrist ist ausreichend, weil hierin dann eine Bekräftigung der Anschlussrevision liegt. Die Begründungsfrist für die Anschlussrevision kann nicht nach § 139 Abs 3 S 3 VwGO verlängert werden.

20   Die Begründung muss einen bestimmten Antrag enthalten sowie die im Einzelnen anzuführenden Gründe der Anfechtung (Revisionsgründe) (§ 141 Abs 1 S 1 VwGO iVm §§ 127 Abs 3 S 2 VwGO, § 124a Abs 3 S 4 VwGO). Auch wenn nach der Verweisungstechnik § 139 Abs 4 VwGO nicht unmittelbar anzuwenden ist, ist er bei dessen entsprechender Anwendung zur Auslegung des § 124a Abs 3 S 4 VwGO heranzuziehen.

4. Keine Zulassung

21   Die Anschlussrevision bedarf nicht der Zulassung. Durch die zum 1.1.2002 in Kraft getretene Neuordnung der Anschlussrevision ist die frühere Rechtsprechung (s BVerwG NVwZ 1997, 1132:Anschlussberufung; NVwZ 2003, 1271), nach der ein von der Zulassung der Revision ausgenommener Teil eines Urteils nicht durch eine Anschlussrevision angefochten werden konnte, überholt. Die Anschlussrevision ist daher auch in solchen Fällen ohne Zulassung statthaft, in denen die durch Nichtzulassungsbeschwerde erwirkte Zulassung nur zugunsten des Rechtsmittelführers wirkt.

21.1   Die Anschlussrevision soll indes unstatthaft sein, wenn der Anschlussrechtsmittelführer sich hinsichtlich des ihn beschwerenden Streitgegenstands vergeblich mit der Nichtzulassungsbeschwerde um die Zulassung des Rechtsmittels bemüht hat, weil insoweit das Urteil mit der Zurückweisung der Beschwerde rechtskräftig werde (§ 133 Abs 5 S 3 VwGO) (BVerwG NVwZ-RR 2008, 214 [zur Anschlussberufung]; s a Eyermann/Kraft VwGO § 141 Rn 11). Diese teleologische Reduktion der Anschlussrevisionsmöglichkeit wird durch den Hinweis, dass der Anschlussrechtmittelführer nicht „friedfertig zugewartet" habe, nicht gerechtfertigt.

IV. Unwirksamwerden der Anschlussrevision

22   Bei Rücknahme oder Verwerfung der Revision **verliert** die **Anschlussrevision** ihre **Wirkung** (§ 141 Abs 1 S 1 VwGO, § 127 Abs 5 VwGO). Diese Wirkung erfordert keine verfahrensbeendende Erklärung: Die Anschlussrevision erledigt sich kraft Gesetzes. Eine deklaratorische Einstellung ist rechtlich nicht geboten, zur Rechtsklarheit aber sinnvoll. Für eine Umdeutung einer Anschlussrevision in eine „selbständige" Revision ist nach der

Neufassung des § 127 VwGO kein Raum (s auch Kopp/Schenke VwGO § 141 Rn 8); eine form- und fristgerecht eingelegte, statthafte eigene Revision ist indes schon nicht als Anschlussrevision zu werten.

Die Regelung ist entsprechend anzuwenden, wenn aus anderem Grund über das Haupt- **23** rechtsmittel nicht mehr zu entscheiden ist, etwa weil die Beteiligten den Rechtsstreit übereinstimmend in der **Hauptsache für erledigt** erklärt oder sich insoweit verglichen haben (s Sodan/Ziekow/Neumann VwGO § 141 Rn 50).

Die **Kosten der Anschlussrevision** trägt bei Rücknahme der Revision oder ihrer **24** Verwerfung als unzulässig grundsätzlich der Revisionskläger, weil er die Unwirksamkeit durch ein ihm zuzurechnendes prozessuales Verhalten bewirkt hat (BVerwG NVwZ 1986, 555; BGH NJW-RR 2005, 727; s auch Kopp/Schenke VwGO § 141 Rn 8; S/S/B/Dawin VwGO § 141 Rn 36 ff; aA für die Annahmerevision BGH NJW 1981, 1790); dies gilt nicht, wenn die zur Verwerfung führende Unzulässigkeit der Revision bei der Einlegung der Anschlussrevision bereits fest stand oder die Anschlussrevision als unzulässig verworfen wird. Bei Revisionsrücknahme mit nach § 140 Abs 1 S 2 erforderlicher Zustimmung des Anschlussrevisionsführers hat dieser die Kosten der Anschlussrevision zu tragen (s Sodan/ Ziekow/Neumann VwGO § 141 Rn 52), ebenso bei Rücknahme der Anschlussrevision (§ 155 Abs 2 VwGO; s auch BGH NJW-RR 2005, 727).

V. Entscheidung über die Anschlussrevision

Über die zulässige Anschlussrevision wird zusammen mit der Revision in dem normalen **25** Revisionsverfahren entscheiden. Die Entscheidung über die Anschlussrevision ist dann **Teil der Endentscheidung**, deren Inhalt sich nach § 144 VwGO bestimmt. Die Kostenlastentscheidung richtet sich in Abhängigkeit vom Verfahrensergebnis nach § 154 Abs 1, 2 VwGO, § 155 Abs 1 VwGO.

Unabhängig von ihrer dogmatischen Einordnung erlaubt das Gesetz **keine isolierte** **26** **Vorabentscheidung** über eine unzulässige, etwa unstreitig verfristete Anschlussrevision durch Beschluss nach § 144 Abs 1 VwGO. Ist sie lediglich ein unselbständiger Gegenangriff im Rahmen eines fremden Rechtsmittels, fehlt es an einer selbständig verwerfungsfähigen Revision. Bei Einordnung als akzessorisches, aber eigenes Rechtsmittel steht einer isolierten Vorabentscheidung durch einen ein Teilurteil (§ 110 VwGO) ersetzenden Verwerfungsbeschluss gerade die Akzessorietät entgegen (S/S/B/Dawin VwGO § 141 Rn 35).

§ 142 [Unzulässigkeit von Klageänderungen und Beiladungen]

(1) ¹Klageänderungen und Beiladungen sind im Revisionsverfahren unzulässig. ²Das gilt nicht für Beiladungen nach § 65 Abs. 2.

(2) ¹Ein im Revisionsverfahren nach § 65 Abs. 2 Beigeladener kann Verfahrensmängel nur innerhalb von zwei Monaten nach Zustellung des Beiladungsbeschlusses rügen. ²Die Frist kann auf einen vor ihrem Ablauf gestellten Antrag von dem Vorsitzenden verlängert werden.

Das **Verbot von Klageänderungen** und einfachen **Beiladungen** sichert die Funktion des Revisionsverfahrens, auf regelmäßig verbindlich (§ 137 Abs 2 VwGO) tatrichterlich festgestellter Tatsachengrundlage eine Rechtskontrolle durchzuführen. Der Stabilität der revisionsgerichtlichen Entscheidungsgrundlage wird der Vorzug gegeben vor dem Aspekt der Prozessökonomie, auf veränderte Umstände durch Klageänderung reagieren und so die bisherigen Prozessergebnisse optimal verwerten zu können: Der Rechtsstreit soll – wie nach § 137 Abs 2 VwGO vorausgesetzt – in genau der Gestalt in die Revisionsinstanz übergehen, die er nach den Feststellungen im angefochtenen Urteil in der Vorinstanz zuletzt erlangt hatte. Zur Verfahrensbeschleunigung wird hiervon die notwendige, aber tatrichterlich unterlassene Beiladung ausgenommen und dem neu ins Verfahren eingetretenen Beigeladenen die befristete Möglichkeit eröffnet, durch Verfahrensrügen auch auf die tatsächliche Entscheidungsgrundlage einzuwirken.

Übersicht

A. Regelverbot von Klageänderung

I. Funktion des Verbots

1 Abs 1 S 1 schließt Klageänderungen im Revisionsverfahren ausdrücklich und ausnahmslos aus. Das Verbot entspricht dem § 137 Abs 2 VwGO zu entnehmenden Grundsatz, dass der Rechtsstreit in der Gestalt in die Revisionsinstanz übergeht, die er nach den Feststellungen im angefochtenen Urteil in der Vorinstanz zuletzt erlangt hatte, und dass der **Prozessstoff** in der Revisionsinstanz **keine Änderung** mehr erfahren darf (BVerwG Buchholz 310 § 113 VwGO Nr 216; Buchholz 310 § 88 VwGO Nr 15; Buchholz 237.4 § 35 HmbBG Nr 1; NJW 1997, 71).

II. Begriff „Klageänderung"

2 Der **Begriff „Klageänderung"** ist ebenso wie in § 91 VwGO vorausgesetzt, aber nicht definiert. Er umfasst die Veränderung des Streitgegenstandes nach Rechtshängigkeit durch Disposition des Klägers. Erfasst ist sowohl der Fall einer Änderung des Klagebegehrens oder -grundes (Buchholz 402.24 § 2 AuslG Nr 51), dass anstelle oder neben des bisher dem Klagebegehren zugrunde liegenden Lebenssachverhalts ein anderer zur Grundlage des zur Entscheidung gestellten Anspruchs gemacht wird (**objektive Klageänderung**; NVwZ-RR 2000, 172), als auch der gewillkürte Wechsel der Hauptverfahrensbeteiligten (**subjektive Klageänderung**). Klageänderungen sind unabhängig davon ausgeschlossen, ob die Beteiligten einwilligen oder sie objektiv sachdienlich ist.

2.1 Eine unzulässige Klageänderung liegt auch dann vor, wenn die Revision wieder auf Begehren/ Streitgegenstände erstreckt wird, die deswegen nicht mehr rechtshängig sind (BVerwGE 81, 12), weil die hierauf zielenden Anträge in der Vorinstanz nicht beschieden, also übergangen worden sind und es der Revisionskläger versäumt hat, binnen der Zwei-Wochen-Frist (§ 120 Abs 2 VwGO) die Urteilergänzung zu beantragen (s Eyermann/Kraft VwGO § 142 Rn 4).

3 Eine Klageänderung ist auch dann unzulässig, wenn sie keine dem Revisionsgericht verwehrte Ermittlung oder Bewertung neuer, tatrichterlich nicht festgestellter Tatsachen erfordert (s Eyermann/Kraft VwGO § 142 Rn 1). Bei **gleich bleibendem Klageziel** ist unstatthaft, wenn statt des bisher dem Klagebegehren zugrunde liegenden Lebenssachverhalts oder neben diesem ein anderer zur tatsächlichen Grundlage des zur Entscheidung gestellten Anspruchs gemacht wird (BVerwG Buchholz 402.24 § 2 AuslG Nr 51:grundlegender Wechsel des Aufenthaltsgrundes; NVwZ-RR 2000, 172: Stellenbesetzung aufgrund weiterer Ausschreibung).

4 Nicht ausgeschlossen sind auf den Streitgegenstand bezogene **Veränderungen, die iSd. § 91 VwGO keine Klageänderung** sind. Dies erfasst auch die Fälle, die nach § 91 VwGO, § 173 VwGO iVm § 264 ZPO nicht als Klageänderung gelten (insbes Ergänzung oder Berichtigung rechtlicher oder tatsächlicher Ausführungen inkl. Berichtigungen oder Klarstellungen des Begehrens (BVerwG NJW 1998, 2758); (quantitative) Erweiterung oder Beschränkung des Klagantrages in der Hauptsache oder in Bezug auf Nebenforderungen (zB in Bezug auf Zinsen, soweit diese nicht neuer Hauptgegenstand sind) im Rahmen des bsiherigen Streitgegenstandes). Bereits im Ansatz keine Klageänderung liegt vor, wenn ohne Veränderung das Klagebegehren lediglich konkretisiert wird, zB wenn bei gleich bleibendem

Klagegrund ohne substantielle Änderung des Klagebegehrens der Klagantrag lediglich umformuliert wird.

Das Verbot der Klageänderung im Revisionsverfahren steht auch nicht der Prüfung im **5** Revisionsverfahren entgegen, ob VG oder OVG die **Zulässigkeit einer Klageänderung** verfahrensfehlerhaft verneint haben (BVerwG NVwZ-RR 2000, 172); bedarf es keiner weiterer tatsächlicher Feststellungen, kann die in der Berufungsinstanz unterbliebene Prüfung, ob die Klageänderung sachdienlich sind, im Revisionsverfahren nachgeholt werden (BVerwG Buchholz 310 § 88 VwGO Nr 15).

III. Einzelheiten

Zu **Einzelheiten** der Klageänderung s die Kommentierung zu § 91 VwGO. Für das **6** Revisionsverfahren problematisch sind insbes **Erweiterungen des Klageantrages** (Rn 6.1), insbes bei verändertem Klagegrund (Rn 6.2), „Reformulierungen des Klagebegehrens bei unverändertem Klagegrund durch **Wechsel zwischen den Klagearten** (Rn 6.3), vor allem in **Reaktion auf Rechtsänderungen** (Rn 6.4), sowie **Parteiwechsel** auf Beklagten- (Rn 6.6) oder Klägerseite (Rn 6.7).

Nach § 264 Nr 2 ZPO ist es nicht als Klageänderung anzusehen, wenn ohne Änderung des **6.1** Klagegrundes der Klageantrag in der Hauptsache oder in Bezug auf Nebenforderungen erweitert oder beschränkt wird. Für eine Beschränkung ist dem uneingeschränkt zuzustimmen. Eine **Erweiterung des Klageantrages** ist jedenfalls dann unzulässig, wenn ungeachtet des im Kern gleich bleibenden Klagegrundes zur Beurteilung des erweiterten Begehrens ein Sachverhalt zu würdigen wäre, zu dem keine hinreichenden tatrichterlichen Feststellungen vorliegen (S/S/B/Dawin VwGO § 142 Rn 5; weitergehend zu 123 FGO BFHE 138, 292, der Erweiterungen für schlechthin unzulässig hält) oder aus dem selben Lebenssachverhalt ein neuer Streitgegenstand eingeführt wird (BVerwG Buchholz 11 Art 33 Abs 5 GG Nr 68: Erweiterung Kommunalverfassungsstreit um beamtenrechtliche Dimension). Unschädlich ist eine Erweiterung durch einen hilfsweise gestellten Feststellungsantrag, durch den der eigentliche Kern des Rechtsstreits aufgriffen wird (BVerwG NJW 1991, 2783). Der Antrag auf Folgenbeseitigung nach VwGO § 113 Abs 1 S 2 kann auch noch im Revisionsverfahren gestellt werden (BVerwGE 22, 314; NVwZ 2000, 77), ebenso der Verzinsungsantrag, soweit nicht die Prozesszinsen nicht als Nebenforderung, sondern wegen Erledigung der Hauptforderung als zusätzliche Hauptforderung eingeführt werden sollen (BVerwG Buchholz 310 § 142 VwGO Nr 2). Zur Widerklage s unten Rn 7.

Erweiterungen oder Beschränkungen iSd § 264 Nr 2 ZPO sind nur bei **unverändertem 6.2 Klagegrund** keine Klageänderung. Eine Rückkehr vom Fortsetzungsfeststellungsantrag zum Verpflichtungsantrag erweitert bei einer Ermessensentscheidung unter Verschiebung des maßgeblichen Beurteilungszeitpunkts den sachlichen Streitstoff und ist daher eine unzulässige Klageänderung (BVerwG Buchholz 310 § 142 VwGO Nr 10: Beamtenbeförderung); entsprechendes gilt für den Übergang von der Anfechtungsklage gegen einen Beitragsfestsetzungsbescheid zu einer Untätigkeitsklage mit dem Ziel des Erlasses bzw einer Stundung der festgesetzten Beiträge wegen unbilliger Härte (BVerwGE 69, 227). Eine unzulässige Auswechslung/ Erweiterung des Streitgegenstandes bewirkt auch der Übergang von einer (unzulässigen) Anfechtungsklage gegen eine als Rechtsnorm ergangene Anordnung zur vorbeugenden Unerlassungsklage bzw. zum Normenkontrollantrag (BVerwGE 26, 251) oder die Ergänzung des auf Kassation abzielenden Normenkontrollantrages um einen Antrag betreffend Normerlass (BVerwG NVwZ 2004, 620).

Als im Revisionsverfahren mögliche, nicht klageänderungen Umstellungen werden „**Reformulie- 6.3 rungen" des sachlich unveränderten Klagebegehrens** (§ 88 VwGO) durch Übergang zu einer anderen Klageart bewertet. Beispiele sind
– der Übergang von der Verpflichtungsklage auf die Bescheidungsklage (NVwZ 2002, 341) und umgekehrt (BVerwG NVwZ 2005, 601),
– der Übergang von der Anfechtungs- zur Verpflichtungsklage (BVerwG NVwZ 1984, 173: Billigkeitserlass Gewerbesteuer) und umgekehrt (BVerwG NJW 1998, 323),
– von der Verpflichtungsklage zu einem kassatorischen Gestaltungsantrag (BVerwGE 106, 64),
– von der Leistungsklage zur Feststellungsklage, von dem ursprünglichen Klagantrag zum Erledigungsfeststellungsantrag (BVerwG NVwZ 1989, 862; NVwZ 2001, 1286) oder umgekehrt die Rückkehr vom Erledigungsfeststellungsantrag zum Sachantrag (BVerwG NVwZ 1999, 404),
– bei identischer Beurteilungsgrundlage und gleichem Beurteilungszeitpunkt der Übergang von der Anfechtungsklage (BVerwGE 8, 59) oder der Verpflichtungsklage (BVerwG NJW 1981, 2426; Buchholz 310 § 113 VwGO Nr 206; NVwZ-RR 1995, 172; NVwZ 1999, 404; NVwZ

2000, 436) zum Fortsetzungsfeststellungantrag oder von einem Feststellungsbegehren zum An-fechtungsantrag (BVerwG Buchholz 448.11 § 44 ZDG Nr 1) bzw der der Übergang von einer Festsetzungsfeststellungsklage zur (allgemeinen) Feststellungsklage nach § 43 Abs 1 bei Gleichheit des Klagegrundes (BVerwGE 59, 148). Der Übergang von der Verpflichtungs- zur Fortsetzungs-feststellungsklage bedeutet ausnahmsweise dann eine unzulässige Klageänderung, wenn Ver-pflichtungs- und Feststellungszeitpunkt auseinanderfallen und sich damit der entscheidungserheb-liche Sachverhalt verändert (BVerwG Buchholz 310 § 113 VwGO Nr 216; NJW 1997, 71).

6.4 Ergeben sich während des Revisionsverfahrens **Rechtsänderungen**, die das BVerwG im glei-chen Umfang zu beachten hat, wie sie die Vorinstanz berücksichtigen müsste, wenn sie jetzt entschiede, können diese durch Antragsumstellung berücksichtigt werden, wenn der entscheidungs-erhebliche Sachverhalt im Kern unverändert bleibt (BVerwG NVwZ 2004, 473; NVwZ 2005, 1061: Flugroutenfestlegung durch RVO). Behebt die Gemeinde im ergänzenden Verfahren nach § 215a BauGB einen festgestellten Mangel, bleibt der ursprüngliche Satzungsbeschluss weiterhin tauglicher Gegenstand des Revisionsverfahren und sind die im ergänzenden Verfahren eingefügten Regelungen an Abs 1 S 1 zu messen (BVerwG NVwZ 2003, 1259: Ergebnis offen gelassen). Nach § 173 VwGO iVm § 264 Abs 1 Nr 3 ZPO nicht als eine Klageänderung gilt bei gleich bleibendem Klagegrund auch sonst die Reaktion auf veränderte Umstände (NVwZ 1985, 194: Ergänzung Klage auf Zivil-dienstausnahme um Hilfsantrag Entlassung aus dem Zivildienstverhältnis).

6.5 Hat die Berufungsinstanz einen **Klageantrag übergangen**, steht Abs 1 S 1 dem Versuch ent-gegen, ihn in der Revisionsinstanz erneut zu stellen; der Kläger ist auf die Urteilsergänzung (§ 120 Abs 1 VwGO) zu verweisen (BVerwG Buchholz 427.3 § 249 LAG Nr 35).

6.6 Eine gesetzlich angeordnete Gesamtrechtsnachfolge erfasst das Prozessrechtsverhältnis, bewirkt auf der **Beklagtenseite** einen gesetzlichen **Parteiwechsel** (§ 173 VwGO iVm §§ 239 ZPO ff) und bildet keine Klageänderung (BVerwG NVwZ 2002, 483). Entsprechendes gilt für einen behörd-lichen **Zuständigkeitswechsel**, soweit er die behördliche Sachbefugnis auch in der streitbefangen Sache erfasst (BVerwGE 44, 148; NJW 1980, 1640) oder eine sondergesetzlich angeordnete Funk-tionsnachfolge (BVerwG Buchholz 310 § 142 VwGO Nr 12). Die **gewillkürte Auswechselung des Beklagten** bedeutete eine unstatthafte Klageänderung (BVerwG NVwZ 1987, 215; NJW 1988, 1228). Mangels Veränderung bereits im Ansatz keine Klageänderung ist die (klarstellende) Berichti-gung des Rubrums, durch die der Parteifähigkeit einer Behörde Rechnung getragen (BVerwG Buchholz 316 § 80 VwVfG Nr 33) oder die zutreffende Bezeichnung des passiv legitimierten, in Anspruch genommenen Beklagten in das Passivrubrum aufgenommen wird (BVerwG NVwZ-RR 1990, 44). Die gesetzlich angeordnete Form der Prozessstandschaft nach Veräußerung der streitbe-fangenen Sache (§ 265 Abs 2 S 1 ZPO) ist ebenfalls nicht als Klageänderung zu qualifizieren (NVwZ 2004, 1235).

6.7 Auf der **Klägerseite** bedeutet keine Klageänderung der – allerdings zu erklärende – Eintritt des volljährig gewordenen Wehrpflichtigen in die von seinem gesetzlichen Vertreter für ihn erhobene Klage (BVerwG NJW 1971, 479). In Fällen der Gesamtrechtsnachfolge (BVerwG NJW 1958, 35; s auch Buchholz 412.3 § 3 BVFG Nr 46) (insb Erbschaft) ist die Vererblichkeit des materiellen Anspruchs zu prüfen; einen wegen Anspruchsuntergangs anfallenden eigenen Anspruch kann der Erbe im Revisionsverfahren nicht geltend machen (BVerwGE 50, 292). Unzulässig ist aber der **Parteiwechsel auf Klägerseite**, der nicht auf gesetzlicher Rechtsnachfolge, sondern **durch rechtsgeschäftlichen Vorgang** bewirkt ist (BVerwG Buchholz 451.74 § 1 KHG Nr 9). Gleiches gilt für die Einbeziehung eines weiteren Klägers in den Prozess, und zwar auch bei materiellrechtlich notwendiger Streitgenossenschaft (BVerwG NJW 1983, 1133: Änderung des Ehenamens).

IV. Widerklage

7 Kein Fall der nach Abs 1 S 1 ausgeschlossenen Klageänderung ist die **Widerklage** (§ 89 Abs 1 VwGO). Nach Sinn und Zweck des Abs 1 S 1, dass entsprechend der Funktion des Revisionsgerichts, die sich auf eine Rechtskontrolle beschränkt, kein neuer Streitstoff einge-führt wird, weil dadurch eine dem Revisionsgericht verschlossene neue Tatsachenprüfung erforderlich würde, ist auch sie indes in dessen entsprechender Anwendung im Revisions-verfahren grundsätzlich ausgeschlossen. Dies gilt aber nicht, wenn die Erhebung der Wider-klage keinen neuen Streitstoff in den Prozess einführt, sondern nur in prozessual richtiger Form einen von Anbeginn des Rechtsstreits unter den Beteiligten erörterten Anspruch aufgreift, über den sie schon in den Vorinstanzen gestritten haben und der deshalb keiner nachzuholenden tatsächlichen Begründung bedarf (BVerwGE 44, 351 = NJW 1974, 1207).

B. Beiladungen

I. Reichweite/Zweck

Das **Verbot** der Beiladung im Revisionsverfahren (Abs 1 S 1) erfasst wegen der Aus-   8
nahmeregelung des Satzes 2 nur die **einfache Beiladung** (§ 65 Abs 1 VwGO; zur Abgrenzung s § 65 VwGO Rn 3), gilt dann aber umfassend und ausnahmslos. In der Tatsacheninstanz vorgenommene (einfache oder notwendige) Beiladungen wirken auch im Revisionsverfahren fort; ihre Berechtigung ist grundsätzlich nicht zu überprüfen (§ 65 Abs 4 S 2 VwGO). Die unterlassene einfache Beiladung ist kein Verfahrensfehler, auf dem die Entscheidung beruhen könnte (Sodan/Ziekow/Czybulka VwGO § 65 Rn 181 ff). Das BVerwG kann aber eine unwirksame Beiladung klarstellend auch im Revisionsverfahren aufheben (BVerwGE 72, 165 = NVwZ 1986, 555: Beiladung nicht beteiligungsfähiger Bundesbehörde).

Das Verbot der Beiladung im Revisionsverfahren greift bereits im **Revisionszulassungs-**   9
verfahren (BVerwG BauR 2002, 1830). Im Verfahren über die Beschwerde wegen der Nichtzulassung der Revision kommt eine notwendige Beiladung in entsprechender Anwendung des Abs 1 S 2 allerdings nicht in Betracht (BVerwG NVwZ 2001, 202; Eyermann/Kraft VwGO § 142 Rn 17). Bei Zulassung der Revision werden die schutzwürdigen Belange des notwendig Beizuladenden hinreichend durch die Beiladung im Revisionsverfahren selbst gewahrt, zumal die Revisionszulassung sich allein nach § 132 Abs 2 VwGO richtet und keine abschließende Sachentscheidung bedeutet. Bei Aufhebung und Zurückverweisung nach § 133 Abs 6 VwGO sind die Verfahrensrechte des übergangenen notwendig Beizuladenden im neuerlichen Berufungsverfahren zu wahren. Die Interessenwahrungsfunktion der (notwendigen) Beiladung kann sich im Revisionszulassungsverfahren nicht wirksam entfalten.

II. Notwendige Beiladungen

1. Ausnahmsweise Beiladungsmöglichkeit

Notwendige Beiladungen können auch im Revisionsverfahren erfolgen (Abs 1 S 2).   10
Diese durch das 4. VwGOÄndG geschaffene Möglichkeit dient der Verfahrensökonomie: Ohne die „Heilungsmöglichkeit" wäre in Fällen, in denen eine nach § 65 Abs 2 VwGO notwendige Beiladung unterblieben ist, auch ohne entsprechende, innerhalb der Revisionsbegründungsfrist zu erhebende Rüge dieser Mangel im Revisionsverfahren von Amts wegen zu berücksichtigen und die Sache grundsätzlich an die Vorinstanz zurückzuverweisen (BVerwG NJW 1984, 70), soweit nicht auszuschließen ist, dass die unterbliebene Beiladung sich auf das Urteil ausgewirkt haben könnte (BVerwG NVwZ 1984, 507).

Abs 1 S 1 hebt lediglich das strikte Beiladungsverbot im Revisionsverfahren auf. Er   11
bewirkt **keine ausnahmslose Beiladungspflicht**: Das BVerwG muss eine mögliche notwendige Beiladung nicht stets auch auszusprechen (BVerwG Buchholz 310 § 144 VwGO Nr 64; str, aA etwa Eyermann/Kraft VwGO § 142 Rn 13; S/S/B/Dawin VwGO § 142 Rn 9 ff). Einer Beiladung bedarf es dann nicht, wenn dem am gerichtlichen Verfahren nicht beteiligten Dritten Nachteile nicht entstehen können (BVerwG Buchholz 310 § 144 VwGO Nr 64; NVwZ 1984, 507) oder weil offenkundig nur eine Urteilsaufhebung und Zurückverweisung wegen eines Verfahrensmangels in Betracht kommt; die im Ansatz berechtigte Kritik, es könne nicht im Zeitpunkt der möglichen Beiladungsentscheidung bereits das Ergebnis des Revisionsverfahrens vorweg genommen werden (s a Sodan/Ziekow/NeumannVwGO § 142 Rn 25 f), greift in diesen Fällen nicht durch (s a Eyermann/Kraft VwGO § 142 Rn 13). Eine Beiladung ist jedenfalls dann auszusprechen, wenn in deren Folge keine weiteren Tatsachenfeststellungen erforderlich werden und zu erwarten steht, dass im Revisionsverfahren abschließend entschieden werden kann. Eine Beiladung kommt auch dann in Betracht, wenn wegen eines berechtigten Interesses des notwendig Beizuladenen eine Zurückverweisung zu erwarten steht; § 144 Abs 3 S 2 VwGO setzt die Beiladung auch in diesem Fall voraus, weil auch dann nach § 144 Abs 6 VwGO bindende Festlegungen zur rechtlichen Beurteilung denkbar sind.

2. Rechtsfolgen der Beiladung im Revisionsverfahren

12   Durch die Beiladung im Revisionsverfahren wird der Beigeladene Verfahrensbeteiligter (§ 63 Nr 1 VwGO) und durch eine rechtskräftige Revisionsentscheidung gebunden (§ 121 Nr 1 VwGO). Er erlangt damit alle **Verfahrensbeteiligtenrechte**, die dem Beigeladenen zustehen (§ 66 VwGO Rn 3 ff);ausgeschlossen ist allerdings die (selbständige und unselbständige) Anschlussrevision (BVerwGE 38, 290).

13   Verfahrensmängel kann der erst im Revisionsverfahren Beigeladene nur binnen zweier Monate nach Zustellung des Beiladungsbeschlusses rügen. Diese Frist kann nach den Grundsätzen, die für die Verlängerung der Revisionsbegründungsfrist gelten (s § 139 VwGO Rn 31 ff), auf vor Fristablauf gestelltem Antrag verlängert werden. Mit der **Verfahrensrüge** kann der Beigeladene vor allem Mängel der tatrichterlichen Sachverhaltsermittlung und -feststellung geltend machen. Allein die unterlassene Beiladung und eine hierdurch bewirkte Versagung des rechtlichen Gehörs weist indes nicht auf einen Verfahrensmangel; da es sich insoweit um einen absoluten Revisionsgrund handelt (§ 138 Nr 3 VwGO), der stets zur Aufhebung und Zurückverweisung nötigte (s § 138 VwGO Rn 7 ff, 38 ff), unterliefe ansonsten § 144 Abs 3 S 2 VwGO, nach dem die Zurückverweisung ein berechtigtes Interesse voraussetzt.

13.1   Das **fristgebundene Rügerecht** ist kein Rechtsmittel oder Rechtsbehelf iSd § 58 Abs 1 VwGO, der Fristlauf erfordert keine entsprechende Belehrung (Sodan/Ziekow/Neumann VwGO § 142 Rn 32). Die Zweimonatsfrist ist aber eine prozessuale Frist, bei deren unverschuldeter Versäumung Wiedereinsetzung (§ 60 VwGO) zu gewähren ist; die Unkenntnis der Frist ist regelmäßig indes nicht unverschuldet. Auch nach Ablauf der Zweimonatsfrist kann der im Revisionsverfahren Beigeladene in Bezug auf Tatsachen, die erst im Revisionsverfahren entscheidungserheblich werden, eine Gegenrüge zu den im angefochtenen Urteil getroffenen tatsächlichen Feststellungen erheben.

14   Der Beigeladene kann bei berechtigtem Interesse hieran eine **Zurückverweisung** an die Tatsacheninstanz erwirken (§ 144 Abs 3 S 2 VwGO). Der als Entscheidungsmöglichkeit des BVerwG korrespondier ein entsprechender Anspruch auf ermessensfehlerfreie Zurückverweisungsentscheidung in Fällen, in denen – ohne dass ein rügefähiger Verfahrensverstoß vorliegt – die Vorinstanz aus Sicht des Beigeladenen die entscheidungserheblichen Tatsachen unzureichend oder fehlerhaft festgestellt hat.

§ 143 [Prüfung der Zulässigkeitsvoraussetzungen]

¹**Das Bundesverwaltungsgericht prüft, ob die Revision statthaft und ob sie in der gesetzlichen Form und Frist eingelegt und begründet worden ist. ²Mangelt es an einem dieser Erfordernisse, so ist die Revision unzulässig.**

Die Norm bekräftigt, dass das BVerwG von Amts wegen die Statthaftigkeit und bestimmte Zulässigkeitsvoraussetzungen der Revision zu prüfen hat, und stellt klar, dass eine mangelhafte Revision unzulässig ist; der hierfür maßgebliche Zeitpunkt ist nicht ausdrücklich bestimmt. Eine hiernach unzulässige Revision ist nach § 144 Abs 1 VwGO durch Beschluss zu verwerfen. Der eigenständige dogmatische Gehalt der Bestimmung ist begrenzt.

A. Statthaftigkeit der Revision

1   Die **Prüfung der Statthaftigkeit und Zulässigkeit** der Revision ist systematisch der Sachentscheidung vorgelagert und von Amts wegen vorzunehmen; sich hierbei ergebende Tatsachenfragen sind im Wege des Freibeweises zu beantworten (BVerwGE 25, 1). Statthaft ist die Revision nur dann, wenn sie sich gegen eine ihrer Art nach revisionsfähige Entscheidung richtet (s § 132 VwGO Rn 2) und soweit sie nach §§ 132 VwGO ff zugelassen worden ist (BVerwG Buchholz 436.61 § 18 SchwbG Nr 6); wegen der Bindungswirkung der Zulassung (§ 132 Abs 3 VwGO, § 134 Abs 2 S 2 VwGO) ist die Prozessrechtskonformität der Zulassung nicht zu prüfen. Bei wirksam auf einen abtrennbaren Teil des Streitgegenstandes begrenzter Revisionszulassung, aber unbeschränkter Revisionseinlegung ist die Revision nur teilweise statthaft.

Bereits die subjektive **Revisionsberechtigung und die Beschwer** rechnen nach hier **2** vertretener Ansicht zu den Zulässigkeits-, nicht den Statthaftigkeitsvoraussetzungen der Revision (aA wohl BVerwG NJW 1980, 2268; Sodan/Ziekow/Neumann § 143 Rn 3; S/S/ B/Pietzner VwGO § 143 Rn 2, 10: **konkrete „Statthaftigkeit"** meint alle Zulässigkeits- voraussetzungen mit Ausnahme der form- und fristgerechten Einlegung und Begründung). Die Statthaftigkeit ist in Bezug auf jeden Rechtsmittelführer und für jeden selbständigen Klaganspruch (BVerwG DÖV 1960, 192) gesondert zu prüfen und zu entscheiden. Erfasst sind alle Revisionen, mithin auch die Sprungrevision; bei der Anschlussrevision stellt sich die Statthaftigkeitsfrage regelmäßig deswegen nicht, weil sie keiner Zulassung bedarf (§ 141 Abs 1 S 1 VwGO iVm § 127 Abs 4 VwGO).

B. Zulässigkeit der Revision

Satz 1 hebt von den **Zulässigkeitsvoraussetzungen** der Revision nur die gesetzliche **3** Form und Frist (§ 139 Abs 1 S 1 VwGO) sowohl der erforderlichen Einlegung als auch der Begründung (§ 139 Abs 3 VwGO) hervor. „**Form**" umfasst neben der Schriftform auch die Beachtung des § 67 Abs 1 VwGO (BVerwG Buchholz 310 § 143 VwGO Nr 2). Nach allgemeinen Grundsätzen sind auch alle weiteren Zulässigkeitsvoraussetzungen zu prüfen. Die Regelung beschränkt nicht den Prüfungsumfang und begrenzt die Unzulässigkeit der Revision und die hieran anknüpfende Möglichkeit der Revisionsverwerfung durch Beschluss (§ 144 Abs 1 VwGO) nicht auf die benannten Erfordernisse. Zu den von S 1 erfassten Formerfordernissen der Revisionsbegründung rechnen bei verständiger Auslegung auch die in § 139 Abs 3 S 4 VwGO normierten Mindestinhalte.

Ergibt die Prüfung, dass die Revision nicht als unzulässig zu verwerfen ist, kann über ihre **3.1** Zulässigkeit nach Ermessen des zuständigen Senats (BVerwG 14, 273) auch positiv durch Zwi- schenurteil entschieden werden (BVerwGE 65, 27); der Zweck des Zwischenurteils, die entschei- dungsreife Zulässigkeitsfrage zu klären, bevor sich das Gericht und die Verfahrensbeteiligten mit dem – möglicherweise schwierigen und umfangreichen – Prozessstoff abschließend in der Sache selbst befassen, gilt in Bezug auf die Zulässigkeit von Berufung und Revision nicht weniger als in Bezug auf die Zulässigkeit der Klage.

Zu den hiernach zu prüfenden **Zulässigkeitsvoraussetzungen**, die nach dem hier abge- **4** lehnten weiten Begriff der Statthaftigkeit bereits die „**konkrete Statthaftigkeit**" prägen (S/ S/B/Pietzner VwGO § 143 Rn 10 ff), gehören zusätzlich zu der ausdrücklich hervorgeho- benen form- und fristgerechten Einlegung und Begründung der Revision und ihrer Statt- haftigkeit alle Voraussetzungen einer zulässigen Sachentscheidung der Revisionsinstanz.

Zu prüfen sind als **Zulässigkeitsvoraussetzungen** insbes (zu Einzelheiten s etwa S/S/B/ **4.1** Pietzner VwGO 143 Rn 13):

- beteiligtenbezogene Sachentscheidungsvoraussetzungen (Beteiligten- und Prozessfähigkeit; Pos- tulationsfähigkeit)
- Wirksamkeit der Revisionseinlegung (insbes Unbedingtheit)
- Rechtsmittelbefugnis des Revisionsklägers
- Beschwer
- Nichtvorliegen besonderer Entscheidungshindernisse (zB Rechtsmittelverzicht oder -rücknahme, Verpflichtung zur Rechtsmittelrücknahme; Verwirkung oder sonst unzulässige Rechtsausübung)
- allgemeines Rechtsschutzbedürfnis.

Sonstige Sachurteilsvoraussetzungen, die nicht zugleich Zulässigkeitsvoraussetzungen **5** der Revision sind, werden von S 2, § 144 Abs 1 VwGO nicht erfasst und berühren lediglich die Begründetheit der Revision (Kopp/Schenke VwGO § 143 Rn 2; S/S/B/Pietzner VwGO Rn 3; s auch BVerwG NVwZ-RR 1989, 581: rechtsirrig als zulässig erachtete Berufung).

Dies gilt insbes für die Sachurteilsvoraussetzungen der Vorinstanzen. Dies hat das BVerwG **5.1** ebenfalls von Amts wegen zu prüfen (BVerwGE 16, 23; 57, 204; 71, 73) und schließen hindern eine Sachentscheidung auch des Revisionsgerichts aus.

C. Wirkung

6   Die Formulierung des S 2, dass eine nach S 1 mangelhafte Revision unzulässig „ist", bedeutet nicht, dass die **formelle Rechtskraft** gesetzesunmittelbar bereits zum Zeitpunkt der Unzulässigkeit eintritt und der nach § 144 Abs 1 VwGO vorgesehene Verwerfungsbeschluss lediglich deklaratorische Bedeutung hat (aA noch – zu §§ 124, 126 FGO – BFHE 103, 36). Jedenfalls dann, wenn ein an sich statthaftes und rechtzeitig eingelegtes Rechtsmittel gegen ein Urteil nach Ablauf der Rechtsmittelfrist verworfen wird, tritt die Rechtskraft des Urteils im Sinne von § 705 ZPO mit der Rechtskraft der Verwerfungsentscheidung ein (GmS OBG NJW 1984, 1027; s auch BGH NJW-RR 1990, 323). Anderes soll gelten für von Anbeginn unstatthafte Rechtsmittel sowie bei Versäumung der Revisionseinlegungs- oder -begründungsfrist (S/S/B/Pietzner VwGO § 143 Rn 25). Der Verwerfungsbeschluss nach § 144 Abs 1 VwGO steht einer Wiedereinsetzung nicht entgegen (BVerwG Buchholz 310 § 60 VwGO Nr 232).

D. Maßgeblicher Zeitpunkt

7   Maßgeblicher Zeitpunkt für die Prüfung von Statthaftigkeit und Zulässigkeit der Revision ist die **Sach- und Rechtslage im Zeitpunkt der Entscheidung** des BVerwG. So kann eine zunächst unstatthafte Revision durch nachträgliche Zulassung der (Sprung)Revision statthaft werden (BVerwG NVwZ 1982, 372; NVwZ 1985, 428).

8   Zu beurteilen sind Statthaftigkeit und Zulässigkeit „der" Revision, und zwar des jeweiligen Revisionsklägers (BVerwG NVwZ 1982, 372). **Mehrfache Revisionseinlegungen** durch denselben Revisionskläger bilden eine einheitliche Revision (S/S/B/Pietzner VwGO § 143 Rn 6; BGH NJW 1993, 3141: mehrfache Berufungseinlegung bei Übermittlung per Telefax und Nachreichung des Originalschriftsatzes), über die nur einmal zu entscheiden ist (BGH NJW-RR 2005, 780). Sie ist insgesamt statthaft und zulässig, wenn nur eine der Revisionseinlegungen den Anforderungen des S 1 genügt und die weiteren Zulässigkeitsvoraussetzungen erfüllt (BFH NJW 1996, 679).

§ 144 [Revisionsentscheidung]

(1) **Ist die Revision unzulässig, so verwirft sie das Bundesverwaltungsgericht durch Beschluß.**

(2) **Ist die Revision unbegründet, so weist das Bundesverwaltungsgericht die Revision zurück.**

(3) ¹**Ist die Revision begründet, so kann das Bundesverwaltungsgericht**

1. **in der Sache selbst entscheiden,**
2. **das angefochtene Urteil aufheben und die Sache zur anderweitigen Verhandlung und Entscheidung zurückverweisen.**

²**Das Bundesverwaltungsgericht verweist den Rechtsstreit zurück, wenn der im Revisionsverfahren nach § 142 Abs. 1 Satz 2 Beigeladene ein berechtigtes Interesse daran hat.**

(4) **Ergeben die Entscheidungsgründe zwar eine Verletzung des bestehenden Rechts, stellt sich die Entscheidung selbst aber aus anderen Gründen als richtig dar, so ist die Revision zurückzuweisen.**

(5) ¹**Verweist das Bundesverwaltungsgericht die Sache bei der Sprungrevision nach § 49 Nr. 2 und nach § 134 zur anderweitigen Verhandlung und Entscheidung zurück, so kann es nach seinem Ermessen auch an das Oberverwaltungsgericht zurückverweisen, das für die Berufung zuständig gewesen wäre.** ²**Für das Verfahren vor dem Oberverwaltungsgericht gelten dann die gleichen Grundsätze, wie wenn der Rechtsstreit auf eine ordnungsgemäß eingelegte Berufung bei dem Oberverwaltungsgericht anhängig geworden wäre.**

(6) **Das Gericht, an das die Sache zur anderweitigen Verhandlung und Entscheidung zurückverwiesen ist, hat seiner Entscheidung die rechtliche Beurteilung des Revisionsgerichts zugrunde zu legen.**

(7) [1]Die Entscheidung über die Revision bedarf keiner Begründung, soweit das Bundesverwaltungsgericht Rügen von Verfahrensmängeln nicht für durchgreifend hält. [2]Das gilt nicht für Rügen nach § 138 und, wenn mit der Revision ausschließlich Verfahrensmängel geltend gemacht werden, für Rügen, auf denen die Zulassung der Revision beruht.

Die Norm fasst verschiedene Regelungen zu Form, Inhalt und Folgen der revisionsgerichtlichen Entscheidungen zusammen. Unzulässige Revisionen sind durch Beschluss zu verwerfen, unbegründete Revisionen durch Urteil zurückzuweisen. Der Verfahrensökonomie dient, dass die Revision auch bei Vorliegen eines Rechtsmangels, aber anderweitiger Ergebnisrichtigkeit zurückzuweisen ist. Bei begründeten Revisionen kann das BVerwG durchentscheiden oder den Rechtsstreit zurückverweisen, wobei es bei Sprungrevisionen die Wahl zwischen Ausgangs- oder Berufungsinstanz hat. Die Vorinstanz ist nach Zurückverweisung an die rechtliche Beurteilung des zurückverweisenden Urteils gebunden, die auch Selbstbindung entfaltet. Bei nicht § 138 VwGO unterfallenden Verfahrensrügen gelten Begründungserleichterungen.

Übersicht

A. Anwendungsbereich

Die Regelung regelt nur die **verfahrensbeendende Entscheidung über eine Revision**. Nicht erfasst sind sonstige Entscheidungen des BVerwG im Revisionsverfahren bzw. in Vor- oder Nebenverfahren, deren Notwendigkeit/Möglichkeit, Form und Inhalt sich nach den Regelungen zum Zulassungsverfahren (§ 133 Abs 5 VwGO, § 139 Abs 2 VwGO) oder den in Bezug (§ 141 Abs 1 VwGO iVm § 125 Abs 1 S 1 VwGO) genommenen allgemeinen Verfahrensregelungen bzw den Bestimmungen zum Verfahren im ersten Rechtszug ergeben (zu Einzelheiten s Eyermann/Kraft VwGO § 144 Rn 1). **1**

B. Entscheidung bei unzulässiger Revision
I. Verwerfung durch Beschluss als Regelform

2   Eine unzulässige Revision ist durch **Beschluss** zu verwerfen. Zur Verwerfung können über die in § 143 S 1 VwGO erfassten Gründe hinaus alle Zulässigkeitsmängel führen, die von Amts wegen oder auf Rüge hin zu berücksichtigen sind. Die Beschlussform ist auch dann zu wählen, wenn aufgrund fakultativer (§ 141 Abs 1 VwGO iVm § 125 Abs 1 S 1 VwGO, § 101 Abs 3 VwGO) mündlicher Verhandlung in dann erweiterter Besetzung (§ 10 Abs 3 VwGO) entschieden worden ist (BVerwGE 74, 289 = NJW 1987, 1349). Ob ausnahmsweise eine mündliche Verhandlung durchzuführen ist, entscheidet das BVerwG nach pflichtgemäßem prozessualen Ermessen. Die Beschlussform ist nur für negative Verwerfungsbeschlüsse vorgesehen, nicht für die durch Zwischenurteil zu treffende (s § 143 Rn 3.1) positive Zwischenentscheidungen über die Zulässigkeiten.

3   Der **Verwerfungsbeschluss** kann **andere Entscheidungen** einbinden, die ebenfalls in Beschlussform ergehen dürfen. Folgt die Unzulässigkeit der Revision aus der Versäumung der Einlegungs- oder Begründungsfrist, kann die Ablehnung eines Wiedereinsetzungsantrages mit dem Verwerfungsbeschluss verbunden werden (BVerwGE 74, 289 = NJW 1987, 1349; NJW 1991, 2096). Entsprechendes gilt für die Versagung von Prozesskostenhilfe für die unzulässige Revision.

4   Aus Gründen der Prozessökonomie und Verfahrensklarheit darf die **Verwerfung** dann **in einem Urteil** erfolgen, wenn im selben Verfahren durch Urteil auch zur Sache, zB über eine zulässige Revision eines Dritten zu entscheiden (BVerwGE 90, 337 = NVwZ 1993, 182; Buchholz 436.36 § 54 BAföG Nr 1) oder die Revision teils unzulässig, teils unbegründet ist. Eine Abtrennung des als unzulässig zu verwerfenden Teils ist rechtlich möglich, regelmäßig aber nicht zweckmäßig (S/S/B/Pietzner VwGO § 143 Rn 18).

II. Verwerfungsermessen

5   Die Revision ist nur bei nach § 143 VwGO zu prüfender, aber feststehender Unzulässigkeit durch Beschluss zu verwerfen. Der systematische Vorrang der Prüfung der Zulässigkeit vor der Begründetheit ist aber **kein strikter Prüfungs- und Entscheidungsvorrang** mit der Folge, dass das BVerwG auch bei offenkundig unbegründeter Revision schwierige Zulässigkeitsfragen durchzuprüfen und abschließend zu entscheiden hätte (s Eyermann/Kraft VwGO § 144 Rn 4; einschränkend S/S/B/Pietzner VwGO § 143 Rn 8). Dies bildet den gesetzlich intendierten Regelfall, lässt indes Ausnahmen zu. Das BVerwG kann bei schwierigen Zulässigkeitsfragen, insbes solchen, die weitere Ermittlungen erforderten, nach Maßgabe seines pflichtgemäß zu betätigenden Verfahrensermessens unter Berücksichtigung etwa unterschiedlicher Entscheidungswirkungen die Zulässigkeit offen lassen und die Revision als unbegründet zurückweisen.

5.1   Die Einordnung der Zulässigkeit als Sachurteilsvoraussetzung steht dem nicht entgegen, weil § 143 VwGO kein Gebot der Vollprüfung aller Zulässigkeitsfragen birgt und die Verwerfung nur bei festgestellter Unzulässigkeit vorgegeben ist. Unterschiede in den Entscheidungswirkungen ergeben sich regelmäßig nicht; allerdings darf dem Rechtsmittelführer nicht die theoretisch denkbare Möglichkeit genommen werden, nach Verwerfung einer unzulässigen Revision in etwa noch offener oder wieder zu eröffnender Frist eine neuerliche, nunmehr zulässige Revision einzulegen. Der gesetzliche Richter (Art 101 Abs 1 S 2 GG) ist ungeachtet der unterschiedlichen Besetzung bei Entscheidung durch Urteil oder Verwerfung durch Beschluss ohne mündliche Verhandlung (§ 10 Abs 3 VwGO) nicht verletzt, weil auch der Verwerfungsbeschluss nach mündlicher Verhandlung in der Besetzung von fünf Richtern ergehen kann.

III. Verfahren

6   Die Beschlussverwerfung setzt **keine gesonderte Anhörung** voraus. §§ 143, 144 Abs 1 VwGO sehen eine solche Anhörung nicht vor; § 125 Abs 2 S 3 VwGO ist wegen dieser insoweit abschließenden Regelungen nicht nach § 141 Abs 1 (s § 141 VwGO Rn 3, 3.1) entsprechend anzuwenden (aA (zur Wahrung des rechtlichen Gehör grundsätzlich vorherige

Anhörung) Eyermann/Kraft VwGO § 144 Rn 3; B/F-K/K VwGO § 144 Rn 2). Das BVerwG kann in klaren Fällen a limine und ohne Anhörung des Rechtsmittelführers, die aber im Einzelfall nach allgemeinen Grundsätzen geboten sein kann, oder der anderen Verfahrensbeteiligten verwerfen.

Eine Anhörung zu dem Zulässigkeitsmangel kann aber nach allgemeinen Grundsätzen insbes **6.1** erforderlich sein, um einen Verstoß gegen den Grundsatz des **rechtlichen Gehörs** und den daraus folgenden Anspruch auf ein faires Verfahren bzw. das Verbot einer Überraschungsentscheidung zu vermeiden (S/S/B/Eichberger VwGO § 144 Rn 17), insbes dann, wenn die Unzulässigkeit aus Umständen folgt, die der Rechtsmittelführer nicht kennt oder als entscheidungserheblich erkannt hat (S/S/B/Pietzner VwGO § 143 Rn 16). Eine Anhörung des Rechtsmittelführers ist insbes bei Fristversäumnissen angezeigt, bei denen eine Wiedereinsetzung nicht offenkundig ausscheidet; zur Kontrolle der Wiedereinsetzungsfrist (§ 60 VwGO) sollte das Hinweis- und Anhörungsschreiben, das keine Frist iSd § 56 Abs 1 VwGO in Lauf setzt, zugestellt werden.

Der Verwerfungsbeschluss ist zu **begründen** (§ 141 Abs 1 VwGO iVm § 122 Abs 2 S 1 **7** VwGO). Die Begründungserleichterung nach Abs 7 bezieht sich allein auf die mit der Revision erhobenen Verfahrensrügen, nicht die Zulässigkeit der Revision selbst, und ist nicht anzuwenden. Der Verwerfungsbeschluss ist zur Rechtsklarheit – zumindest dem Rechts-mittelführer – zuzustellen.

IV. Wirkung der Verwerfung

Der Verwerfungsbeschluss beendet das Verfahren über die eingelegte Revision. Er hat **8** urteilsersetzende Funktion und ist der materiellen Rechtskraft zugänglich (S/S/B/Eichberger VwGO § 144 Rn 19). Jedenfalls mit der Zustellung des Verwerfungsbeschlusses erwächst die angegriffene Entscheidung in Rechtskraft. Die **Rechtskraft des Verwerfungsbeschlusses** steht einer neuerlichen Revisionseinlegung in noch offener Frist nicht entgegen, die den zur Verwerfung führenden Rechtsmangel vermeidet und einen in entscheidungserheblichen Punkten anders gelagerten Sachverhalt unterbreitet (BVerwG NVwZ 1998, 170: neuerliche Berufungseinlegung; BGH NJW 1991, 1116). Es kann nach der Verwerfung auch Wieder-einsetzung beantragt und gewährt werden (BVerwGE 11, 322 = NJW 1961, 573).

Der Verwerfungsbeschluss ist mit ordentlichem Rechtsmittel **unanfechtbar**. Bei einer **9** Verletzung des rechtlichen Gehörs ist die fristgebundene Anhörungsrüge (§ 152a VwGO) eröffnet (s bereits BVerwG NJW 1994, 674). Auf andere Verfahrensfehler ist dies nicht zu übertragen. Allgemeine Gegenvorstellungen sind wegen der Rechtskraft ausgeschlossen. Bei nachträglicher Wiedereinsetzung wird der auf eine Fristversäumung abstellende Verwerfungs-beschluss unwirksam; zur Rechtsklarheit kann dies deklaratorisch festgestellt werden.

C. Zurückweisung der unbegründeten Revision (Abs 2)

I. Entscheidungsform

Die Revision ist nach Abs 2 zurückzuweisen, wenn sie sich als unbegründet erweist. Die **10** **Zurückweisung** erfolgt als Sachentscheidung stets **durch Urteil**. Im Gegensatz zum erst-instanzlichen Verfahren kann sich das BVerwG im Revisionsverfahren nicht des Gerichts-bescheides (§ 84 VwGO) bedienen (§ 141 Abs 1 VwGO iVm § 125 Abs 1 S 2 VwGO). Die Zurückweisung in entsprechender Anwendung des § 130a VwGO ist ausdrücklich ausgeschlossen (§ 141 S 2 VwGO); § 552a ZPO ist daher nicht entsprechend (§ 173 VwGO) anzuwenden.

Das zurückweisende Revisionsurteil ergeht, soweit die Beteiligten nicht übereinstimmend **11** auf **mündliche Verhandlung** verzichtet haben (§ 141 Abs 1 VwGO iVm § 125 Abs 1 S 1 VwGO, § 101 Abs 2 VwGO), aufgrund mündlicher Verhandlung und in beiden Fällen in der **Besetzung** mit fünf Berufsrichtern (§ 10 Abs 3 VwGO).

II. Begriff Unbegründetheit

Abs 2 setzt voraus, dass die Revision unbegründet ist, regelt aber selbst nicht den **Maß-** **12** **stab**. Dieser ist in § 137 VwGO enthalten. Eine Revision ist hiernach unbegründet, wenn das Urteil in dem für die Beurteilung maßgeblichen Zeitpunkt im Ergebnis nicht auf der Verletzung von revisiblem Recht (Bundesrecht; ausnahmsweise revisibles Landesrecht; vgl § 137 VwGO) beruht. Das Revisionsverfahren ist auf eine Ergebniskontrolle gerichtet.

13   Das BVerwG überprüft mit Ausnahme von Verfahrensmängeln, über die grundsätzlich nur auf eine ordnungsgemäße Verfahrensrüge hin zu befinden ist (s auch § 137 VwGO Rn 73), bei einer zulässigen Revision das angefochtene Urteil von Amts wegen in jeder Hinsicht auf Verstöße gegen revisibles Recht (**Grundsatz der Vollrevision**; S/S/B/Eichberger VwGO § 144 Rn 24). **Maßgeblicher Zeitpunkt** für die Begründetheitsprüfung ist in Bezug auf die Rechtslage der Zeitpunkt der Revisionsentscheidung, soweit nach materiellem Recht auf den Zeitpunkt der Entscheidung des Gerichts abzustellen ist (s § 137 VwGO Rn 35), in Bezug auf die Tatsachenlage grundsätzlich der Zeitpunkt der letzten mündlichen Verhandlung in der Vorinstanz (s § 137 VwGO Rn 57 ff; S/S/B/Eichberger VwGO § 144 Rn 25).

14   Bei Verletzung revisiblen Rechts ist die Revision nur begründet, wenn die Entscheidung – ausgehend von der tragenden Begründung der Vorinstanz – auf diesem Rechtsfehler „beruht", er mithin für das Entscheidungsergebnis nach Maßgabe der insoweit heranzuziehenden Rechtsansicht des Berufungsrechts ursächlich geworden ist (s BVerwG NVwZ 1994, 1095; zu Einzelheiten s § 137 VwGO Rn 36 f). Diese **Kausalität** wird nur für die in § 138 VwGO genannten Rechtsverletzungen (absolute Revisionsgründe) unwiderleglich vermutet und ist im Übrigen festzustellen; fehlt es hieran, ist die Revision bereits nach Abs 2 unbegründet. Nach Abs 4 ist in die Kausalitätsbetrachtung die Prüfung einzubeziehen, ob sich das Urteil aus anderen, vom Verstoß gegen revisibles Recht nicht erfassten Gründen als richtig erweist (s nachfolgend Rn 15 ff, § 138 VwGO Rn 7 ff).

D. Zurückweisung der Revision bei anderweitiger Ergebnisrichtigkeit (Abs 4)

I. Zweck und Struktur der Regelung

1. Allgemeines

15   Nach Abs 4 ist die Revision auch dann zurückzuweisen, wenn sich die angefochtene Entscheidung als im Ergebnis richtig erweist. Die Regelung dient der **Verfahrensbeschleunigung und der Prozessökonomie**, indem sie das BVerwG auch zur Ergebniskontrolle verpflichtet und ihm hierzu die Möglichkeit eröffnet, den unveränderten Entscheidungsausspruch im Ergebnis durch eine von der Vorinstanz nicht herangezogene rechtliche Erwägung zu stützen (**Auswechselung der Begründung**). Ein Verfahren soll nicht fortgeführt werden um eines Fehlers willen, der mit Sicherheit für das endgültige Ergebnis bedeutungslos bleiben wird (BVerwG Buchholz 310 § 144 VwGO Nr 34). Die Norm erweitert die in § 137 VwGO vorausgesetzte Berufenprüfung, indem die für Abs 2 maßgebliche Sicht der Vorinstanz durch eine Beruhensprüfung aus der Perspektive des BVerwG ergänzt wird (BVerwGE 17, 16).

16   Mit der Überprüfung der Ergebnisrichtigkeit trifft das BVerwG eine eigene Sachentscheidung (S/S/B/Eichberger VwGO § 144 Rn 29). Die Möglichkeit und Verpflichtung zur Begründungsersetzung erweitert die kassatorische Rechtmäßigkeitskontrolle hin zu einer **umfassenden Ergebniskontrolle**. Dies erweitert auch den Prüfungsumfang (s Rn 23) und kann Auswirkungen auf Inhalt und Reichweite von Rechtskraft und Bindungswirkung nach § 121 VwGO haben (S/S/B/Eichberger VwGO § 144 Rn 44).

17   Die Anwendung des Abs 4 steht grds nicht im Verfahrensermessen des BVerwG (**Anwendungspflicht**). Die anderweitige Ergebnisrichtigkeit ist in Fällen einer ansonsten nach Abs 3 begründeten Revision von Amts wegen und umfassend zu prüfen. Ein Randermessen besteht nur in Bezug auf die selbständige Anwendung und Auslegung irreversiblen Rechts, insbes Landesrechts (S/S/B/Eichberger VwGO § 144 Rn 41, 43).

17.1   Im Nichtzulassungsbeschwerdeverfahren ist Abs 4 entsprechend anwendbar (BVerwG NVwZ 1998, 737; Buchholz 406.11 § 133 BauGB Nr 138).

2. Keine vorrangige Prüfung der Rechtsverletzung

Die Ergebnisprüfung nach Abs 4 setzt nach ihrem Wortlaut voraus, dass die Entschei- **18** dungsgründe eine Verletzung des bestehenden Rechts ergeben. Dies zwingt ab er nicht durchweg zu einer zweistufigen Struktur der Begründetheitsprüfung. Der prozessökonomische Zweck des Abs 4 gebietet indes eine einschränkende Auslegung, weil es widersinnig wäre, bei (offenkundiger) anderweitiger Ergebnisrichtigkeit ohne Not komplexe, vorgelagerte Rechtsfragen entscheiden zu müssen (Eyermann/Kraft VwGO § 144 Rn 9). Das BVerwG kann daher nach Maßgabe seines pflichtgemäß zu betätigenden Ermessens **offenlassen, ob das Urteil** zu einer bestimmten Rechtsfrage **gegen revisibles Bundesrecht verstößt**, wenn es sich auf der Grundlage der von der Vorinstanz getroffenen tatsächlichen Feststellungen als anderweitig richtig erweist (BVerwGE 100, 275 = NVwZ-RR 1997, 18; S/S/B/ Eichberger VwGO § 144 Rn 34 ff; Eyermann/Kraft VwGO § 144 Rn 9).

Stellt das BVerwG positiv eine Verletzung des bestehenden Rechts fest, ist diese Fest- **19** stellung von Abs 4 und der Funktion der Revision, zur Rechtseinheit, -fortbildung und -sicherheit beizutragen, gedeckt und – auch iSd § 132 Abs 2 Nr 2 VwGO – kein bloßes obiter dictum (S/S/B/Eichberger VwGO § 144 Rn 34 ff).

3. Anwendbarkeit bei der isolierten Verfahrensrevision

Die Revisionszurückweisung wegen anderweitiger Ergebnisrichtigkeit ist auch dann mög- **20** lich, wenn die Revision ausschließlich auf einen Verfahrensmangel gestützt ist (BVerwGE 17, 16; 58, 146; Buchholz 448.0 § 8a WpflG Nr 12 ; DÖV 1985, 679). § 137 Abs 3 S 1 VwGO, nach dem bei der **isolierten Verfahrensrevision** nur über den geltend gemachten Verfahrensmangel zu entscheiden ist, begrenzt den Prüfungsumfang für die nach Abs 2, 3 vorzunehmende Prüfung, ob ein Bundesrechtsverstoß vorliegt, nicht aber für die aus Gründen der Verfahrensökonomie aufgegebene Kontrolle der anderweitigen Ergebnisrichtigkeit.

II. Anwendungsvoraussetzungen

1. Ausreichende Tatsachengrundlage

Die Revisionszurückweisung wegen anderweitiger Ergebnisrichtigkeit setzt voraus, dass **21** die **Tatsachenfeststellungen** des angefochtenen Urteils diese Beurteilung tragen. Der Beurteilung des BVerwG unterliegen insoweit alle unmittelbar oder mittelbar aus dem Urteil der Tatsacheninstanz ersichtlichen Tatsachen, und zwar ohne Rücksicht darauf, ob sie von dieser verwertet worden sind (Buchholz 310 § 144 VwGO Nr 40; s a S/S/B/Eichberger VwGO § 144 Rn 37), soweit sie nicht mit begründeten Verfahrensrügen angegriffen sind. Diese Feststellungen können auch in einem Verweis nach § 117 Abs 3 S 2 VwGO liegen (BVerwGE 69, 344 = NJW 1985, 1570).

Im Umfang der Bindung an die tatsächlichen Feststellungen der Vorinstanz kommt es mithin **21.1** **nicht** darauf an, **ob** diese die festgestellten Tatsachen auch **als** möglicherweise **entscheidungserheblich erachtet** hat (aA Kopp/Schenke VwGO § 144 Rn 5). Bei einer prozessrechtswidrig ohne mündliche Verhandlung ergangenen Entscheidung fehlt allerdings jede tatrichterliche Grundlage für eine materiellrechtliche Prüfung nach Abs 4 (BVerwG NVwZ 2003, 1129; NVwZ 2003, 224).

Abs 4 ist **nicht** anwendbar, wenn die abschließende Beurteilung der anderweitigen **22** Ergebnisrichtigkeit **zusätzliche tatsächliche Feststellungen** erfordert; hierzu ist das BVerwG weder verpflichtet noch berechtigt (Kopp/Schenke VwGO § 144 Rn 5). Eigenständige revisionsgerichtliche Tatsachenfeststellungen verfehlen die gesetzlich vorgegebene Aufgabenverteilung zwischen Tatgericht und Revisionsgericht und berühren Art 101 Abs 1 S 2 GG (BVerfG NJW 1991, 2893).

Tatrichterlich nicht festgestellte, etwa während des Revisionsverfahrens eingetretene gerichts- **22.1** kundige Umstände können aber dann berücksichtigt werden, wenn es sich um nicht beweisbedürftige Tatsachen handelt, deren Beachtung der raschen und endgültigen Streitentscheidung dient (BVerwGE 37, 151; 66, 192), ohne schützenswerte Interessen des Klägers zu beeinträchtigen

(BVerwGE 58, 146); dieser Ausnahmefall liegt aber nicht vor, wenn der Rechtsstreit ohnehin aus anderen Gründen zurückzuverweisen ist (BVerwG, Urt vom 13.6.2013 – 10 C 13.12. – Rz 10).

2. Prüfung der Rechtslage

23   Die anderweitige Entscheidungsrichtigkeit muss bei einer eigenständigen **Rechtsprüfung durch das BVerwG** feststehen. Das BVerwG hat auf der Basis des festgestellten Sachverhaltes eigenständig eine umfassende Prüfung jedenfalls des revisiblen Rechts durchzuführen. Es besteht insoweit **keine Beschränkung durch § 137 Abs 3 S 1 VwGO**. Das BVerwG kann bei einer fehlerhaften Prozessabweisung durch die Vorinstanz die Klage auf der Grundlage der vom Berufungsgericht getroffenen tatsächlichen Feststellungen aus Sachgründen abweisen (BVerwG NJW 1972, 173; NVwZ 1982, 103; BVerwGE 116, 169 = NVwZ 2002, 1250; stRspr) oder bei bundesrechtswidriger Sachentscheidung auf die Unzulässigkeit der Klage abstellen (S/S/B/Eichberger VwGO § 144 Rn 49; so a BFH NVwZ 1974, 174).

24   Für die Auslegung und **Anwendung irreversiblen Rechts** ist das BVerwG gebunden, soweit die Vorinstanz hierzu Feststellungen getroffen hat (§ 173 VwGO iVm § 560 ZPO; zu Reichweite und Ausnahmen s a § 137 VwGO Rn 38 ff). Besteht keine Bindung, ist das BVerwG zur selbständigen Auslegung auch an sich irreversiblen Landesrechts befugt (BVerwGE 61, 15 = NJW 1981, 535). Es kann aber nach seinem Ermessen (§ 173 VwGO iVm § 563 Abs 4 ZPO) dem Berufungsgericht die Auslegung des Landesrechts überlassen und die Sache insoweit zurückverweisen (§ 143 Abs 3 Nr 1 VwGO; BVerwG NVwZ 1991, 570; NJW 2003, 1063; s a Eyermann/Kraft § 144 Rn 13; S/S/B/Eichberger VwGO § 144 Rn 41).

25   **Maßgeblicher Zeitpunkt** für die Prüfung der Ergebnisrichtigkeit ist der der Entscheidung des BVerwG. Nach allgemeinen Grundsätzen (s § 137 VwGO Rn 35) können dabei auch solche Rechtsänderungen berücksichtigt werden, die erst während des Revisionsverfahrens in Kraft getreten sind.

III. Ausschluss bei absoluten Revisionsgründen

26   Abs 4 VwGO findet auf **absolute Revisionsgründe** iSd § 138 VwGO **grundsätzlich keine Anwendung** (BVerwGE 62, 6 = NJW 1981, 1852; s a NVwZ-RR 2004, 220: verfahrensfehlerhafte Berufungsentscheidung im schriftlichen Verfahren; NVwZ 2009, 59; stRspr; s a § 138 VwGO Rn 7 ff). Anderes ist bei Klageabweisung durch ein vorschriftsmäßig besetztes Gericht (§ 138 Nr 1 VwGO) zu erwägen, wenn die Klage insgesamt offensichtlich und eindeutig unzulässig ist (BVerwGE 106, 345; NVwZ 2003, 1129).

27   Bei einer **Verletzung rechtlichen Gehörs** ist Abs 4 ausnahmsweise anwendbar, wenn die unter Verstoß gegen das rechtliche Gehör getroffene Feststellung zu einer einzelnen Tatsache nach der – für die Prüfung nach Abs 4 maßgeblichen – materiellrechtlichen Beurteilung des Revisionsgerichts unter keinem denkbaren Gesichtspunkt erheblich war (BVerwGE 15, 24; 62, 6 = NJW 1981, 1852; NVwZ 1994, 1095; BVerwGE 109, 283 = NVwZ-RR 2000, 233; 4.7.2008 – 3 B 18.08), wenn lediglich nicht hinreichend Gelegenheit bestand, zu Rechtsfragen Stellung zu nehmen, oder wenn der Vortrag eines Beteiligten zu Rechtsfragen vom Tatsachengericht nicht in Erwägung gezogen wurde (BVerwG NVwZ 2003, 1129; s a § 138 VwGO Rn 38 ff); ein solcher Mangel ist im Revisionsverfahren heilbar und führt außer bei der reinen Verfahrensrevision nicht ohne weiteres zu ihrem Erfolg (BVerwG VIZ 2003, 68 mwN). Keine Anwendung findet Abs 4, wenn sich die Versagung des rechtlichen Gehörs auf das Gesamtergebnis des Verfahrens bezieht (BVerwGE 121, 211 = NVwZ 2004, 1377) oder der Gehörsverstoß einen Verfahrensbeteiligten gehindert hat, sich überhaupt zum entscheidungserheblichen Sachverhalt zu äußern (BVerwG Buchholz 401.61 Zweitwohnungssteuer Nr 26 [Entscheidung vor Ablauf einer vom Gericht eingeräumten Äußerungsfrist]).

E. Entscheidung bei im Ergebnis begründeter Revision (Abs 3)

I. Allgemeines

28   Bei begründeter Revision sieht das Gesetz als Entscheidungsmöglichkeiten eine **abschließende Sachentscheidung** durch das BVerwG (Abs 3 S 1 Nr 1) oder die **Zurückverwei-**

sung an die Vorinstanz (Abs 3 S 1 Nr 2) vor. Der abschließenden Entscheidung in der Sache selbst entspricht die – bereits durch Beschluss nach § 133 Abs 6 VwGO mögliche (s § 133 VwGO Rn 104 ff) – bloße **Aufhebung der Vorinstanz**, wenn damit dem revisionsrechtlich beachtlichen Rechtsschutzbegehren abschließend Rechnung zu tragen ist (BVerwG VIZ 1999, 409; S/S/B/Eichberger VwGO § 144 Rn 64).

Nach dem Wortlaut sind die **Entscheidungsvarianten** grundsätzlich **gleichrangig,** 29 soweit nicht Abs 3 S 2 greift (s unten Rn 44 ff). Die Wahl der Entscheidungsform wird determiniert durch Verfahrensrecht (zB Vorliegen absoluter Revisionsgründe) und die „Spruchreife" auf der Grundlage der tatsächlichen Feststellungen der Vorinstanz. Ein **Ermessen bzw Wahlrecht** zwischen Zurückverweisung und rechtlich möglicher Durchentscheidung ist dem BVerwG regelmäßig nicht zuzubilligen; Ausnahmen kommen in Betracht bei der Auslegung und Anwendung irreversiblen Landesrechts und in Fällen, in denen ausnahmsweise eigene Tatsachenfeststellungen des BVerwG in Betracht kommen (zu Einzelheiten S/S/B/Eichberger VwGO § 144 Rn 71). Ansonsten verdient aus Gründen der Prozessökonomie die rechtlich mögliche originäre Sachentscheidung den Vorrang (s Eyermann/Kraft VwGO § 144 Rn 17 [unter Verweis auf GmSOGB BVerwGE 50, 369]; aA – für Ermessen – Kopp/Schenke VwGO § 144 Rn 7).

II. Endentscheidung in der Sache (Abs 3 S 1 Nr 1)

1. Voraussetzungen

Das **Durchentscheiden in der Sache** kommt bei gegebenem Verstoß gegen revisibles 30 Recht nur in Betracht, wenn die Rechtslage auf der Grundlage der tatrichterlichen Feststellung abschließend beurteilt werden kann und die Sache insoweit **spruchreif** ist (§ 173 VwGO iVm 563 Abs 3 ZPO). Das BVerwG ist an die tatrichterlichen Feststellungen gebunden (§ 137 Abs 2 VwGO); seiner Beurteilung unterliegen aber alle unmittelbar oder mittelbar aus dem Urteil der Tatsacheninstanz ersichtlichen Tatsachen ohne Rücksicht darauf, ob sie von dieser als entscheidungserheblich erkannt oder sonst verwertet worden sind (Buchholz 310 § 144 VwGO Nr 40; s oben Rn 21). Auf die sog Gegenrüge des Revisionsbeklagten zu unzutreffenden, insbes aktenwidrigen Tatsachenfeststellungen der Vorinstanz hat das Revisionsgericht bei der Prüfung, ob sich die angefochtene Entscheidung aus anderen Gründen als richtig erweist, von dem im Revisionsverfahren von den Beteiligten unstreitig gestellten Sachverhalt auszugehen (BVerwGE 126, 378).

Eigene Tatsachenfeststellungen zur materiellen Rechtslage sind dem BVerwG auch in den 31 Fällen des Abs 3 S 1 Nr 1 verwehrt. Ausnahmen gelten für die Feststellung unstreitiger Tatsachen sowie – in den Grenzen des § 137 Abs 2 VwGO – für die Beweiswürdigung, zB bei der Auslegung von Willenserklärungen oder Prozesshandlungen (s S/S/B/Eichberger VwGO § 144 Rn 77).

Für die **maßgebliche Rechtslage** hat das BVerwG auf die Rechtslage abzustellen, welche 32 die Vorinstanz anzuwenden hätte, entschiede sie zu demselben Zeitpunkt wie die Revisionsinstanz; nach Schluss der mündlichen Verhandlung in der Vorinstanz eingetretene Rechtsänderungen sind für das Revisionsgericht in dem Umfang beachtlich, in dem sie das Berufungsgericht zu berücksichtigen hätte (s etwa BVerwGE 41, 227 = NJW 1973, 1014; 89, 14 = NJW 1992, 451; 96, 86 = NVwZ 1995, 1127; stRspr; s auch § 137 VwGO Rn 35).

Das BVerwG kann für die abschließende Sachentscheidung in den durch § 137 Abs 2 33 VwGO gezogenen Grenzen auch **irreversibles Landesrecht** anwenden und auslegen. Dies gilt insbes in Fällen, in denen die Vorinstanz sich mit der landesrechtlichen Norm nicht befasst hat (BVerwGE 39, 329 = JuS 1972, 596; NJW 1981, 700, BVerwGE 68, 121 = NVwZ 1984, 173; stRspr) oder es dieses unter Verstoß gegen Bundesrecht ausgelegt hat, weil es dann an einer der Bindung zugänglichen tatrichterlichen Entscheidung fehlt (S/S/B/Eichberger VwGO § 144 Rn 85, § 137 Rn 79 ff: Eyermann/Kraft VwGO § 137 Rn 80; § 137 VwGO Rn 39).

2. Durchentscheiden bei Vorliegen eines absoluten Revisionsgrundes

Bei Vorliegen eines **absoluten Revisionsgrundes** kommt ein **positives Durchent-** 34 **scheiden** zugunsten des von dem Verfahrensfehler betroffenen Revisionsklägers nach Abs 3

S 1 Nr 1 zumindest unter denselben Voraussetzungen (s Rn 26 f) in Betracht wie eine für ihn negative Entscheidung nach Abs 4 (S/S/B/Eichberger VwGO § 144 Rn 73, 76). Ob dies auch für den Fall der fehlerhaften Besetzung (§ 138 Nr 1 VwGO) gilt, hat das BVerwG ausdrücklich offen gelassen (BVerwGE 106, 345).

35   Bei den absoluten Revisionsgründen, die nicht zu den vom Amts wegen zu prüfenden (S/S/B/Eichberger VwGO § 137 Rn 247 f) Verfahrensmängeln rechnen, spricht jedenfalls für die Fälle der Nr 2, 3 und 4 die **Schutzrichtung zugunsten einzelner Verfahrensbeteiligter** dafür, dass ein Durchentscheiden zugunsten des hiervon Betroffenen Revisionsklägers durch § 138 VwGO nicht ausgeschlossen ist.

3. Entscheidungsinhalt

36   Für den **Entscheidungsinhalt** bei eigener Sachentscheidung gilt, dass das BVerwG alle Entscheidungen treffen kann, die bei bundesrechtskonformer Entscheidung die Vorinstanz hätte treffen können und müssen (Sodan/Ziekow/Neumann VwGO § 144 Rn 40 f). Das BVerwG ist an das erkennbare Begehren, nicht aber an den Wortlaut des Revisionsantrags gebunden. Das BVerwG hat ggf auch über hilfsweise zur Prüfung gestellte Begehren zu befinden.

37   Beim Durchentscheiden ändert das BVerwG die Entscheidung der Vorinstanz nicht nur in der Sache. Es trifft nach § 161 VwGO auch eine dem Verfahrensausgang entsprechende, die Kosten auch der Vorinstanz erfassende neue **Kostenentscheidung**.

III. Allgemeine Zurückverweisung (Abs 3 S 1 Nr 2)

1. Voraussetzungen/Notwendigkeit der Zurückverweisung

38   Eine Zurückverweisung ist außer in den Fällen des S 2 (Rn 44 ff) dann erforderlich, wenn die Vorinstanz entscheidungserheblich gegen Bundesrecht verstoßen hat, sich die Entscheidung nicht nach Abs 4 als anderweitig richtig erweist und die Sache nach den tatrichterlichen Sachverhaltsfeststellungen **nicht spruchreif** ist.

38.1   Die Zurückverweisungsmöglichkeit reagiert damit auf die weitgehenden Beschränkungen der Revisionsinstanz, den Rechtsstreit durch weitere Tatsachenfeststellungen spruchreif zu machen. Bei Vorliegen **absoluter Revisionsgründe**, auf die nicht schon durch Beschluss nach § 133 Abs 6 VwGO reagiert worden ist, hat die Zurückverweisung der Regelfall zu sein.

39   Eine Zurückverweisung kommt auch dann in Betracht, wenn ein Durchentscheiden in Betracht kommt, dies aber die Auslegung von **irreversiblem Landesrecht** oder eine ausnahmsweise dem Revisionsgericht zugängliche Tatsachenfeststellung erfordert, die sinnvollerweise der Vorinstanz überlassen bleiben sollte (Sodan/Ziekow/Neumann VwGO § 144 Rn 47).

40   Bei teilbarem Streitgegenstand kann die Zurückverweisung auf einen von mehreren Streitgegenständen oder Streitgegenstandsteilen beschränkt und im Übrigen nach Abs 1 oder 2, Abs 3 S 1 Nr 1 abschließend entschieden werden. Die nicht zurückverwiesenen Teile, für die im Regelfall eine eigene Kostenentscheidung zu treffen ist, werden mit der Entscheidung des BVerwG rechtskräftig.

2. Adressat der Zurückverweisung

41   Die Zurückverweisung erfolgt regelmäßig an das **Gericht und den Spruchkörper, das die Entscheidung**, die aufgehoben wird, **erlassen hat**. Maßgeblich ist der Geschäftsverteilungsplan des Gerichts (BVerwG Buchholz 310 § 133 (nF) VwGO Nr 24). Die Richter, die an der aufgehobenen Entscheidung mitgewirkt haben, sind nach Zurückverweisung nicht von der Ausübung des Richteramtes ausgeschlossen (BVerwG NJW 1975, 1241).

41.1   Bei einer verwaltungsgerichtlichen **Einzelrichterentscheidung** (§ 6 VwGO) bleibt es wegen der Einheit von Ausgangs- und zurückverwiesenem Verfahren auch nach der Zurückverweisung bei der Einzelrichterzuweisung (S/S/B/Eichberger VwGO § 144 Rn 102; Eyermann/Kraft VwGO § 144 Rn 22; BFHE 187, 206 = NVwZ-RR 1999, 543); es kann aber auch ausdrücklich an den vollbesetzten Spruchkörper zurückverweisen werden (BFHE 180, 509 = NJW 1996, 2680; BFH/NV 2005, 191).

Beim **konsentierten Einzelrichter** (§ 87a Abs 2, 3 VwGO) ist mit der berufungsgerichtlichen **41.2** Sachentscheidung die Zustimmungserklärung „verbraucht"; der Rechtsstreit fällt mit der Zurückverweisung beim Senat an (S/S/B/Eichberger VwGO § 144 Rn 101).

Möglich ist **ausnahmsweise** auch die **Zurückverweisung an einen anderen Spruch- 42 körper** desselben Gerichts (§ 173 VwGO iVm § 563 Abs 1 S 2; BVerwG NJW 1964, 1736). Eine entsprechende, dann von Amts wegen zu treffende Ermessensentscheidung des Gerichts sollte nur ergehen, wenn dies aus überwiegenden Gründen des Vertrauens der Beteiligten in die Rechtspflege, etwa wegen ernstlicher Zweifel an der Unvoreingenommenheit des bisherigen Spruchkörpers, erforderlich ist; allein die fehlerhafte Rechtsanwendung begründet solche Zweifel nicht. Der anderweitig zuständige Spruchkörper bestimmt sich nach der Geschäftsverteilung und ist vom BVerwG nicht in deren Durchbrechung konkret zu bezeichnen (S/S/B/Eichberger VwGO § 144 Rn 104 f; Eyermann/Kraft VwGO § 144 Rn 22; Sodan/Ziekow/Neumann VwGO § 144 Rn 56; aA Kopp/Schenke VwGO § 144 Rn 9). Nicht statthaft ist die Zurückverweisung an ein anderes Gericht desselben Rechtszugs (BVerwG NJW 1964, 1736).

Bei der **Sprungrevision** kann das BVerwG den Rechtsstreit nach seinem Ermessen auch **43** an das **zuständige Berufungsgericht** zurückverweisen (Abs 5 S 1), das den Rechtsstreit dann wie eine statthafte und ordnungsgemäß anhängig gewordene Berufung zu behandeln hat. Dies kommt zur sachgemäßen Förderung des Verfahrens zB in Betracht, wenn Parallelverfahren bereits in der Berufungsinstanz anhängig sind (BVerwG NJW 1979, 1421).

Hat das VG in der irrigen Annahme, dass die Berufung ausgeschlossen sei, die Revision **43.1** zugelassen und ist diese Revision eingelegt worden, kann die angezeigte Verwerfung der tatsächlich nicht statthaften Revision nicht durch eine Zurückverweisung an das OVG in entsprechender Anwendung des Abs 5 vermieden werden (BVerwG NVwZ-RR 2006, 580).

IV. Zurückverweisung bei nachträglicher Beiladung (Abs 3 S 2)

Der Rechtsstreit ist auch bei **berechtigtem Interesse** des erst in der Revisionsinstanz **44 notwendig Beigeladenen** zurückzuverweisen. Sinn dieser Zurückverweisungsmöglichkeit ist, dem Beigeladenen eine Möglichkeit der Einwirkung auf den der Entscheidungsfindung zu Grunde liegenden Tatsachenstoff zu eröffnen, der über die fristgebundene Möglichkeit (§ 142 Abs 2 S 1 VwGO) hinausgeht, Verfahrensrügen geltend zu machen (Sodan/Ziekow/Neumann VwGO § 144 Rn 84 f). Bei der gebotenen **objektiven Betrachtung** besteht ein berechtigtes Interesse an der Zurückverweisung daher in Fällen, in denen der notwendig Beigeladene zusätzliche, nicht offenkundig entscheidungsunerhebliche Tatsachen oder Beweismittel in das Verfahren einführen möchte, ohne dies hinreichend durch Verfahrensrügen bewirken zu können.

Nach dem Zweck des § 142 Abs 2 S 1 VwGO ist auch das **berechtigte Interesse 45** grundsätzlich innerhalb der auf Antrag zu verlängernden (§ 142 VwGO Rn 13) **Zweimonatsfrist** geltend zu machen und **substantiiert darzulegen**, dass und aus welchen Gründen die Möglichkeit, Verfahrensfehler zu rügen, zur Interessenverfolgung nicht ausreicht (Sodan/Ziekow/Neumann VwGO § 144 Rn 86; Eyermann/Kraft VwGO § 142 Rn 15; Kopp/Schenke VwGO § 144 Rn 10; aA S/S/B/Eichberger VwGO § 144 Rn 92 (für das Begehren auf Zurückverweisung). Die Zurückverweisung selbst ist aber von einem ausdrücklichen Antrag unabhängig. Fehlt es an fristgerechtem Vorbringen, indiziert dies für die von Amts wegen vorzunehmende Zurückverweisungsprüfung, dass kein berechtigtes Interesse vorliegt (S/S/B/Eichberger VwGO § 144 Rn 92).

Der besondere Schutzzweck des Abs 3 S 2 ist nicht auf die Fälle beschränkt, in denen **46** ansonsten im Durchentscheiden nach S 1 Nr 1 in Betracht kommt. Ein berechtigtes Interesse an der **Zurückverweisung** kann auch **in Fällen des Abs 2** bestehen, in denen der notwendig Beigeladene, der die bisherigen Tatsachengrundlagen zu erweitern anstrebt, materiell im Interessenlager des Revisionsklägers steht, dessen Revision ansonsten zurückzuweisen wäre (Sodan/Ziekow/Neumann VwGO § 144 Rn 87).

V. Allgemeine Wirkungen der Zurückverweisung

47   Mit der Zurückverweisung wird der Rechtsstreit im Umfang der Zurückverweisung (wieder) bei dem Gericht anhängig, an das er verwiesen worden ist. Das **bisherige Verfahren** wird in der Vorinstanz fortgesetzt und bildet mit dem **ursprünglichen Verfahren** eine **Einheit**. Bisherige Zwischenentscheidungen und Prozesserklärungen behalten ihre Wirkung, soweit sie nicht durch die Revisionsentscheidung aufgehoben sind oder sie durch die mit dem Revisionsverfahren eingetretene Veränderung der Prozesslage „verbraucht" sind (zB Zustimmung zur Entscheidung ohne mündliche Verhandlung nach § 101 Abs 2 VwGO oder durch den konsentierten Einzelrichter nach § 87a Abs 2, 3 VwGO). Auch die für die gesamte Berufungsinstanz ausgesprochene Bewilligung von Prozesskostenhilfe wirkt bei einer Zurückverweisung der Sache durch das Revisionsgericht fort (BVerwG NJW 2008, 3157).

48   In dem fortzusetzenden Verfahren können in den durch §§ 87b, 128a VwGO gezogenen Grenzen **neue Tatsachen und Beweismittel** eingeführt, neue Anträge gestellt und auch sonst alle prozessualen Einwirkungsmöglichkeiten genutzt werden, die in der Tatsacheninstanz eröffnet sind; das Verbot von Klageänderung und einfacher Beiladung (§ 142 VwGO) wirkt nicht fort.

49   Die **Vorinstanz** ist im Rahmen der Bindungswirkung (Abs 6; Rn 50 ff) in der weiteren **Gestaltung des Verfahrens und der Entscheidungsfindung** frei. Es kann die im ersten Durchgang verfahrensfehlerfrei getroffenen Tatsachenfeststellungen verwerten, ist in deren Bewertung aber ebenso frei wie darin, neue Tatsachen festzustellen. Es kann seine neuerliche Entscheidung auf bislang nicht herangezogene tatsächliche oder rechtliche Gründe stützen. Die Vorinstanz muss grundsätzlich erneut mündlich verhandeln; eine bei erstmaliger Befassung mit der Sache vom Berufungsgericht durchgeführte mündliche Verhandlung steht bei Vorliegen der Voraussetzung nach Zurückverweisung einer Entscheidung durch Beschluss nach § 130a VwGO nicht entgegen (BVerwG NVwZ 2005, 336; s auch NJW 1981, 935).

VI. Bindungswirkung (Abs 6)

1. Zweck/Funktion

50   Die Bindung des Gerichts, an das zurückverweisen ist, dient der **Rechtseinheit sowie -sicherheit**. Sie schließt im Interesse der Verfahrensökonomie prozessuale „Endlosschleifen" bei fortbestehendem Dissens zwischen Revisions- und Vorinstanz aus, verhindert so, dass justizinterne Divergenzen zwischen den Instanzen auf dem Rücken der Verfahrensbeteiligten ausgetragen werden, um so die Autorität der Gerichte zu wahren und das Vertrauen des Bürgers in die Stetigkeit der Rechtsprechung in derselben Streitsache nicht zu enttäuschen (BVerwGE 54, 116). Bewirkt wird eine – gesetzlich angeordnete und daher zulässige – Ausnahme von dem Grundsatz, dass der Richter bei der Gesetzesanwendung nur an das Gesetz und an sein Gewissen gebunden ist (GmS OBG BVerwGE 41, 363 = NJW 1973, 1273).

51   Die gesetzliche Bindungswirkung besteht nur **in demselben Verfahren**, nicht für Parallelverfahren zwischen denselben Beteiligten zur identischen Rechtsfrage (BVerwG NVwZ 1982, 120; Buchholz 428 § 1 Abs 8 VermG Nr 40) oder neue Rechtsstreitigkeiten, in denen dieselbe Rechtsfrage entscheidungserheblich wird. Die Bindungswirkung besteht unabhängig davon, ob die zurückverweisende Entscheidung überzeugend, zutreffend oder falsch ist; strittig ist, ob extreme Mängel eine Bindung an die zurückverweisende Entscheidung ausnahmsweise entfallen lassen könnten (s S/S/B/Eichberger VwGO § 144 Rn 117; offen gelassen BVerwG NVwZ-RR 1989, 506).

2. Reichweite der Bindung

52   Bindend wirkt die rechtliche Beurteilung des Revisionsgerichts. Dies beschränkt sich nicht auf die dem Zurückverweisungsurteil „unmittelbar" zugrunde liegende rechtliche Würdigung, sondern erstreckt sich auf alle Punkte des Zurückverweisungsurteils, die für die Aufhebung des ersten Urteils ursächlich (tragend) gewesen sind (BVerwG NJW 1967, 900). Die Bindungswirkung umfasst die den unmittelbaren Zurückverweisungsgründen vorhergehenden Gründe jedenfalls insoweit, als diese die notwendige (logische) Voraussetzung für die unmittelbaren Aufhebungsgründe waren (BVerwGE 42, 243; Buchholz 310 § 144 VwGO Nr 71; NVwZ 2000, 1299; BVerwG Urt. v. 28.11.2012 – 8 C 21.11; stRspr; s auch S/S/B/Eichberger VwGO § 144 Rn 119; Eyermann/Kraft VwGO § 144 Rn 26).

Zu den **entscheidungstragenden Rechtsauffassungen** einschließlich der davon mit 53 umfassten logischen Voraussetzungen (BVerwG NVwZ 2000, 1299) gehören ua die Ausführungen im Revisionsurteil, welche die Verletzung von Bundesrecht dartun und die Aufhebung des angefochtenen Urteils unmittelbar herbeigeführt haben, und diejenigen Gründe, die eine Bestätigung des angefochtenen Urteils nach § 144 Abs 4 VwGO ausgeschlossen haben (Buchholz 310 § 144 Nr 21, 46; Eyermann/Kraft VwGO § 144 Rn 26); sie erfasst auch die in der aus materiellrechtlichen Gründen zurückverweisenden Entscheidung sinngemäß bejahte **Zulässigkeit der Klage** (BVerwG NJW 1997, 3456; NVwZ 2000, 1299), soweit nicht die Zurückverweisung ihrerseits aus verfahrensrechtlichen Gründen erfolgte (BVerwG Buchholz 310 § 144 VwGO Nr 69).

Die Bindung erstreckt sich auch auf die Beurteilung, dass eine nachkonstitutionelle Rechtsnorm 53.1 mit dem Grundgesetz vereinbar sei, und in diesem Rahmen auf die revisionsgerichtliche Beurteilung, dass die Norm verfassungskonform auslegbar ist, und den Inhalt der verfassungskonformen Auslegung; eine dem widerstreitende **Vorlage des Instanzgerichts (Art 100 Abs 1 GG)** ist unzulässig (BVerfGE 6, 222 = NJW 1957, 625; 29, 29).

Nach der Rechtsprechung des EuGH (EuGH NJW 1974, 440; EuZW 1996, 636) gebieten der 53.2 Vorrang des Unionsrechts und seine effektive Durchsetzung, dass in Fällen, in denen die Revisionsinstanz ohne Vorlage nach Art 267 AEUV zurückverwiesen hat, die Vorinstanz eine aus ihrer Sicht erforderliche **Vorabentscheidung durch den EuGH** einholen kann, ohne an den Vorlageverzicht in der zurückverweisenden Entscheidung gebunden zu sein (zu Einzelheiten s S/S/B/Eichberger VwGO § 144 Rn 124).

Keine Bindungswirkung entfalten **obiter dicta**, die die zurückverweisende Entschei- 54 dung ersichtlich nicht iS einer kumulativen Mehrfachbegründung selbständig tragen sollen, Hinweise, die des Weiteren für das neue Berufungsverfahren angefügt werden (sog „**Segelanweisung**"; BVerwG Buchholz 310 § 144 VwGO Nr 29; BFHE 174, 103), materiellrechtliche Erwägungen bei einer wegen eines Verfahrensmangels aufhebenden Revisionsentscheidung (BVerwG BVerwGE 102, 7 = NJW 1997, 674) oder vom BVerwG aufgeworfene, aber offen gelassene Rechtsfragen (S/S/B/Eichberger VwGO § 144 Rn 120).

Rechtsfragen des irreversiblen Landesrechts unterliegen in dem Umfang, in dem sie 55 das Revisionsgericht gem § 173 VwGO iVm § 560 ZPO hinzunehmen hat, nicht der Bindungswirkung zurückverweisender Entscheidungen (Buchholz 310 § 144 VwGO Nr 71).

3. Selbstbindung des Revisionsgerichts

Das **BVerwG selbst** ist nach einem ungeschriebenen, dem Rechtsstaatsprinzip zu ent- 56 nehmenden Grundsatz des Verfahrensrechts bei neuerlicher Befassung mit derselben Sache (sog. Rückläufer) grundsätzlich in demselben Umfang wie die Vorinstanz an die Rechtsauffassung der ersten zurückverweisenden Entscheidung **gebunden** (GmS OBG BVerwGE 41, 363 = NJW 1973, 1273; BVerwG Buchholz 310 § 144 VwGO Nr 23; stRspr); diese Rückbindung schließt bei unveränderter Sach- und Rechtslage eine Revisionszulassung zur Korrektur einer im ersten Revisionsurteil geäußerten Rechtsauffassung aus (BVerwG ZMR 2008, 581). Eine weitergehender allgemeiner Grundsatz der Selbstbindung des Gerichts an seine früheren Entscheidungen besteht nicht und lässt sich auch nicht aus dem Gesichtspunkt der materiellen Rechtskraft herleiten (BVerwG Buchholz 430.3 Kammerbeiträge Nr 33).

Die gerichtsinterne Selbstbindung soll das Revisionsgericht im Verfahren der Sprung- 57 revision auch an die materiellrechtliche Rechtsansicht binden, die ein Berufungsgericht seiner die Sache an das Verwaltungsgericht zurückverweisenden Entscheidung zugrunde gelegt hat (**Rückbindung an Berufungsinstanz**; BVerwGE 54, 116; s a BGHZ 25, 200 = NJW 1958, 59; aA zu Recht Eyermann/Kraft VwGO § 144 Rn 29).

Die Umstände, welche die Bindung der Vorinstanz entfallen lassen (s u Rn 59 ff), 58 bewirken auch den **Wegfall der Selbstbindung** des BVerwG.

4. Wegfall der Bindungswirkung

59   Die Bindungswirkung entfällt bei einer entscheidungserheblichen Änderung der Sach-
und Rechtslage nach der Revisionsentscheidung (BVerwGE 42, 243; BVerwG NJW 1997,
3456). Eine derart wesentliche Änderung liegt immer dann vor, wenn auch die Rechtskraft
einer gerichtlichen Entscheidung wegen deren zeitlicher Grenze (BVerwGE 115, 118 =
NVwZ 2002, 343) infolge nachträglicher Veränderung der zur Zeit des Urteils maßgeblichen
Sach- oder Rechtslage entfiele (S/S/B/Eichberger VwGO § 144 Rn 125). Die Bindungswirkung entfällt auch, wenn nach Zurückverweisung der Sache im zweiten Rechtsgang
neuer Sachvortrag der Beteiligten oder neue Sachverhaltsermittlungen des Tatsachengerichts
zu einer in entscheidungserheblicher Weise veränderten Tatsachengrundlage führen, und
zwar auch dann, wenn es sich um bereits zur Zeit des ersten Rechtsgangs vorliegende
Tatsachen handelt, die von der Vorinstanz noch nicht festgestellt oder übersehen worden
waren (BVerwG, Urt v 28.11.2012 – 8 C 21.11).

59.1   Weil die Bindung an die rechtliche Beurteilung des Revisionsgerichts unter dem Vorbehalt
derselben im Berufungsverfahren erneut zu prüfenden Tatsachenlage steht, hindert sie die Behörde
auch nicht, in den Grenzen des § 114 S 2 VwGO die entscheidungserhebliche Sachlage durch
ergänzende Ermessenserwägungen zu ihren Gunsten zu verändern (BVerwG NVwZ 2011, 760).

60   Von der Bindungswirkung befreien auch **der zurückverweisenden Entscheidung
vorgehende Entscheidungen**. Dies kommt in Betracht bei
* Entscheidungen des BVerfG zu verfassungsrechtlichen Fragen (BFHE 77, 605 = NJW
  1964, 224) zB Verfassungswidrigkeitserklärung (BVerwGE 39, 300, 306),
* abweichenden Entscheidungen des EuGH zum Unionsrecht (BVerwGE 87, 154 =
  NVwZ 1992, 783; BVerwGE 89, 320 = NVwZ 1992, 781) oder
* zu derselben Rechtsfrage ergangene Entscheidungen des GmS OBG oder des Großen
  Senats (s auch BSGE 17, 50 = NJW 1962, 1541).

60.1   In entscheidungserheblichen Fragen des Unionsrecht hindert die Bindungswirkung der
revisionsgerichtlichen Beurteilung das Berufungsgericht nicht, zu diesen Fragen ein Vorabentscheidungsersuchen an den EuGH zu richten, sofern es der Auffassung ist, dass die
Entscheidung des Revisionsgerichts nicht in Einklang mit dem Unionsrecht steht (OVG
Hamburg EzAR-NF 98 Nr 48 [im Anschluss an EuGH EuZW 2010, 97 (Elchinov)]).

61   Die Bindungswirkung entfällt auch bei einer zwischenzeitlichen **Rechtsprechungsänderung** zu der entscheidungserheblichen Rechtsfrage in einer anderen Sache (GmS OBG
BVerwGE 41, 360 = NJW 1973, 1273 zur Selbstbindung). Nach vorzugswürdiger Ansicht
darf wegen der Selbstbindung die Rechtsprechungsänderung nicht im zweiten Rechtsgang
in derselben Sache bewirkt werden (S/S/B/Eichberger VwGO § 144 Rn 130; BVerwGE
54, 116; BVerwG VersorgW 2011, 293; BFHE 129, 404; differenzierend Sodan/Ziekow/
Neumann VwGO § 144 Rn 80; aA Kopp/Schenke VwGO § 144 Rn 16; offen gelassen
GmS OBG BVerwGE 41, 360 = NJW 1973, 1273).

5. Verstoß gegen Bindungswirkung

62   Ein **Verstoß gegen die Bindungswirkung** ist ein **Verfahrensmangel** (§ 132 Abs 2
Nr 3 VwGO) und revisionsgerichtlich nicht über die Rechtssatzdivergenz zu korrigieren
(BVerwG Buchholz 310 § 132 VwGO Nr 154; NJW 1997, 3456; NVwZ 1998, 631;
NVwZ 2004, 1008).

63   Kommt das Tatsachengericht der revisionsgerichtlichen Forderung im zurückverweisenden Urteil nach, bestimmte tatsächliche Feststellungen zu treffen, so ist ein ihm bei der
nachgeholten Beweiswürdigung unterlaufener Fehler kein Verstoß gegen § 144 Abs 6
VwGO VwGO (BVerwG Buchholz 310 § 144 VwGO Nr 57; BeckRS 2004 27058).

F. Begründung der Revisionsentscheidung (Abs 7)

64   Revisionsurteile sind nach allgemeinen Grundsätzen zu begründen (§ 141 S 1 VwGO
iVm § 125 Abs 1 S 1 VwGO, § 117 Abs 2 Nr 5 VwGO). Abs 7 eröffnet dem BVerwG
nunmehr ausdrücklich (zur Anwendung des § 565a ZPO aF s BVerwGE 80, 228 = NVwZ-

RR 1989, 109; NVwZ 1989, 670) zu seiner Entlastung bei nicht durchgreifenden Verfahrensrügen die **Möglichkeit, auf eine Begründung zu verzichten**.

Diese Begründungserleichterung ist verfassungsrechtlich unbedenklich (Eyermann/Kraft VwGO **64.1**
§ 144 Rn 31; Sodan/Ziekow/Neumann VwGO § 144 Rn 90; aA Kopp/Schenke VwGO § 144
Rn 17): Dem Grundgesetz lässt sich nicht entnehmen, dass jede – auch eine mit ordentlichen
Rechtsmitteln nicht mehr anfechtbare letztinstanzliche – gerichtliche Entscheidung mit einer Begründung zu versehen ist (BVerfGE 50, 287 = NJW 1979, 1161; BVerfGE 81, 97 = NJW 1990,
566; NJW 1997, 1693; stRspr).

Von der **Begründungserleichterung ausgenommen** sind die absoluten Revisions- **65**
gründe (§ 138 VwGO) sowie bei der Verfahrensrevision die Rügen, auf denen die Zulassung
der Revision beruht. Die Begründungserleichterung enthebt nicht von der Pflicht (Art 103
Abs 1 GG), die Verfahrensrügen zur Kenntnis zu nehmen und zu erwägen Auf die Begründung verzichtet werden kann nur bei unzulässigen oder unbegründeten Rügen; bei begründeten Rügen ist die (stattgebende) Entscheidung zu begründen. Verzichtbar ist die Begründung auch, wenn es auf die Verfahrensrügen nicht ankommt, weil die Revision bereits aus
anderen Gründen Erfolg hat.

Der **Verzicht** auf die Begründung bei unzulässigen oder unbegründeten Verfahrensrügen **66**
steht im **Ermessen des Gerichts**, dessen Betätigung durch einen Hinweis auf Abs 7 zu
kennzeichnen, aber nicht weiter zu begründen ist. Bei der Betätigung des Verzichtsermessens
ist ua die rationalitätsverbürgende und akzeptanzstiftende Funktion einer Begründung mit
dem Begründungsaufwand namentlich bei einer Vielzahl nicht unberechtigter und unstrukturiert erhobener Verfahrensrügen abzuwägen (BVerwG NVwZ-RR 1989, 109; S/S/B/
Eichberger VwGO § 144 Rn 136).

§ 145 [aufgehoben]

§ 145 VwGO wurde durch Art 1 Nr 29 des 6. VwGOÄndG vom 1.11.1996 (BGBl I
1626) mit Wirkung vom 1.1.1997 aufgehoben.

14. Abschnitt Beschwerde, Erinnerung, Anhörungsrüge (§§ 146–152a)

§ 146 [Statthaftigkeit der Beschwerde]

**(1) Gegen die Entscheidungen des Verwaltungsgerichts, des Vorsitzenden oder
des Berichterstatters, die nicht Urteile oder Gerichtsbescheide sind, steht den Beteiligten und den sonst von der Entscheidung Betroffenen die Beschwerde an das Oberverwaltungsgericht zu, soweit nicht in diesem Gesetz etwas anderes bestimmt ist.**

**(2) Prozeßleitende Verfügungen, Aufklärungsanordnungen, Beschlüsse über eine Vertagung oder die Bestimmung einer Frist, Beweisbeschlüsse, Beschlüsse über
Ablehnung von Beweisanträgen, über Verbindung und Trennung von Verfahren
und Ansprüchen und über die Ablehnung von Gerichtspersonen sowie Beschlüsse
über die Ablehnung der Prozesskostenhilfe, wenn das Gericht ausschließlich die
persönlichen oder wirtschaftlichen Voraussetzungen der Prozesskostenhilfe verneint, können nicht mit der Beschwerde angefochten werden.**

**(3) Außerdem ist vorbehaltlich einer gesetzlich vorgesehenen Beschwerde gegen
die Nichtzulassung der Revision die Beschwerde nicht gegeben in Streitigkeiten
über Kosten, Gebühren und Auslagen, wenn der Wert des Beschwerdegegenstands
zweihundert Euro nicht übersteigt.**

**(4) ¹Die Beschwerde gegen Beschlüsse des Verwaltungsgerichts in Verfahren des
vorläufigen Rechtsschutzes (§§ 80, 80a und 123) ist innerhalb eines Monats nach
Bekanntgabe der Entscheidung zu begründen. ²Die Begründung ist, sofern sie
nicht bereits mit der Beschwerde vorgelegt worden ist, bei dem Oberverwaltungsgericht einzureichen. ³Sie muss einen bestimmten Antrag enthalten, die Gründe
darlegen, aus denen die Entscheidung abzuändern oder aufzuheben ist, und sich**

mit der angefochtenen Entscheidung auseinander setzen. ⁴Mangelt es an einem dieser Erfordernisse, ist die Beschwerde als unzulässig zu verwerfen. ⁵Das Verwaltungsgericht legt die Beschwerde unverzüglich vor; § 148 Abs. 1 findet keine Anwendung. ⁶Das Oberverwaltungsgericht prüft nur die dargelegten Gründe.

Als Grundvorschrift gilt § 146 VwGO für Beschwerden gegen Entscheidungen des VG. Soweit es sich um Entscheidungen des OVG handelt, ist die Beschwerde nur in den ausdrücklich vorgesehenen Fällen eröffnet (§ 152 VwGO). Abs 4 enthält Sonderregelungen für die Beschwerde gegen Entscheidungen im vorläufigen Rechtsschutzverfahren (Rn 8). Die Beschwerde ist das statthafte (Rn 1) Rechtsmittel zur Überprüfung von Entscheidungen in tatsächlicher und rechtlicher Hinsicht, die nicht Urteile oder Gerichtsbescheide sind. Ihr kommt in Ausnahmefällen (§ 149 VwGO) Suspensivwirkung und, vorbehaltlich des Abhilfeverfahrens (§ 148 VwGO), auch Devolutivwirkung zu. Sie unterliegt im Wesentlichen denselben Vorschriften wie die übrigen Rechtsmittel, so beispielsweise hinsichtlich der Anschließung (§ 173 S 1 VwGO iVm § 567 Abs 3 ZPO; § 127 VwGO), der Zurücknahme (§ 126 VwGO; Rn 18), dem Verbot der reformatio in peius (§ 129 VwGO) sowie der Zurückverweisung (§ 130 VwGO). Als Prozesshandlung gelten für die Einlegung die allgemeinen Regeln. Eine bedingte Einlegung ist nicht zulässig. Nach § 146 Abs 2 VwGO ist die Beschwerde hinsichtlich prozessleitender Verfügungen (Rn 2) ausgeschlossen. Eine Beschwer und ein Rechtsschutzbedürfnis müssen gegeben sein. Die Beschwerdefähigkeit der Kosten (Rn 6) ist in § 146 Abs 3 VwGO geregelt. Der maßgebliche Zeitpunkt für den Beschwerdewert (Rn 7) ist die Einlegung der Beschwerde (S/S-A/P/Meyer-Ladewig/Rudisile VwGO § 146 Rn 4). Wenn das Ausgangsgericht nicht abhilft, entscheidet das Beschwerdegericht über Zulässigkeit und Begründetheit der Beschwerde. Die Entscheidung kann ohne mündliche Verhandlung ergehen (§ 101 Abs 3 VwGO). § 144 Abs 4 VwGO ist entsprechend anzuwenden. Letztlich entscheidend soll immer sein, ob ein Verfahrensfehler sich auch auf das Endergebnis auswirken kann.

A. Statthaftigkeit (Abs 1)

1   Nach § 146 Abs 1 VwGO sind die Entscheidungen des VG, des Vorsitzenden oder des Berichterstatters, soweit es sich nicht um Urteile, Gerichtsbescheide sowie Beschlüsse nach § 93a Abs 2 S 1 VwGO handelt (§ 93a Abs 2 S 5 VwGO), grundsätzlich mit der Beschwerde anfechtbar. Keine solche Entscheidung ist beispw die Gewährung von Akteneinsicht (VGH Mannheim Beschl v 25.10.2011 – 3 S 1616/11). Eine Erweiterung des Streitgegenstandes im Beschwerdeverfahren ist nicht statthaft (Sächsisches OVG Beschl v 7.10.2011 – 2 B 241/11). Die Beschwerde findet auch statt, wenn nach den über § 173 VwGO entsprechend anwendbaren Vorschriften der ZPO oder des GVG die Beschwerde oder die sofortige Beschwerde gegeben ist. Beschwerdefähig ist bspw die abgelehnte Beiladung (VGH Kassel NVwZ-RR 2004, 704), die abgelehnte Urteilsberichtigung (§ 118 VwGO; S/S-A/P/Meyer-Ladewig/Rudisile VwGO § 146 Rn 7), der Beschluss über die Zulässigkeit oder Unzulässigkeit des Rechtswegs nach § 17a Abs 4 S 3 GVG (OVG Magdeburg Beschl v 18.3.2008 – 3 O 15/07 BeckRS 2008, 34605), die Nichtzulassung der Revision (§ 133 VwGO), die Entscheidung über die Notwendigkeit der Zuziehung eines Bevollmächtigten im Vorverfahren nach § 162 Abs 2 S 2 VwGO (OVG Magdeburg Beschl v 5.3.2007 – 3 O 97/06 BeckRS 2008, 32869; OVG Weimar NVwZ-RR 2001, 487), die Zurückweisung eines Prozessbevollmächtigten (OVG Koblenz NVwZ-RR 2004, 703), die Entscheidungen bei der Zwangsvollstreckung (VGH Kassel NVwZ-RR 2004, 524), die richterliche Durchsuchungs- und Beschlagnahmeanordnung gem § 4 VereinsG im vereinsrechtlichen Ermittlungsverfahren (OVG Bremen NVwZ-RR 2006, 692; VGH Mannheim NVwZ 2003, 368), die richterliche Durchsuchungsanordnung, wenn der Antragsteller darlegt, dass der Fortbestand des Durchsuchungsbeschlusses ihn noch in seinen Rechten beeinträchtigt und somit fortwirkt (OVG Berlin-Brandenburg Beschl v 21.12.2012 – 1 L 82.12), die Ablehnung der Prozesskostenhilfe (VGH München Beschl v 22.8.2011 – 12 C 11.1436), die Zwischenentscheidung über die vorläufige Anordnung der aufschiebenden Wirkung bis zur Entscheidung über den Eilantrag (VGH München Beschl v 2.12.2011 – 14 CS 11.2675; VG Gießen Beschl v 10.2.2012 – 8 L 204/12.GI) sowie die Aussetzung des gerichtlichen Verfahrens (OVG Magdeburg DÖV 2009, 299; OVG Bremen NVwZ-RR 2008, 851; OVG Bautzen NVwZ-RR 1998, 339), sofern sie nicht iVm einer Vorlage an das BVerfG gem

Art 100 GG oder iVm einer Vorlage an den EuGH gem Art 267 AEUV (ex-Art 234 EGV) erfolgt (Kopp/Schenke VwGO § 146 Rn 7). Beschwerdebefugt sind die Verfahrensbeteiligten (§ 63 VwGO), auch wenn sie nach der Kostenentscheidung in dem Beschluss die Kosten des Verfahrens nicht tragen müssen (OVG Bautzen Beschl v 23.7.2009 – 5 E 80/09 BeckRS 2009, 37812), sowie sonst von der Entscheidung Betroffene, wie Sachverständige, Zeugen und Bevollmächtigte (OVG Koblenz NVwZ-RR 2004, 703), die vom Verfahren, nicht aber von der Sachentscheidung in ihren Rechten berührt werden. Nicht beschwerdebefugt sind der entgegen des Antrag eines Verfahrensbeteiligten nicht Beigeladene (offen gelassen wegen Verfristung für den Fall der Handlung des nicht Beigeladenen in „einer Art Prozessstandschaft") (VGH Mannheim, Beschl v 4.7.2011 – 10 S 1311/11) sowie der entgegen § 65 Abs 2 VwGO zu Unrecht nicht Beigeladene (VGH Mannheim NVwZ 1986, 141). Dies gilt jedoch nicht für den Beschluss, mit dem der Antrag auf Beiladung abgelehnt wurde (VGH Kassel NVwZ-RR 2004, 704). Das Rechtsschutzbedürfnis fehlt, wenn die Beschwerde im Falle ihres Erfolges die Rechtsstellung der Antragsteller nicht (mehr) verbessern würde (OVG München Beschl v 26.1.2012 – 2 CE 11.2767), so z. B. wenn Regelungen hinsichtlich eines bereits verstrichenen Termins begehrt werden (OVG Sachsen Beschl v 7.10.2011 – 2 B 241/11) oder sich die Beschwerde gegen eine Zwangsgeldandrohung richtet, deren zugrunde liegende Anordnung der Antragsteller fristgerecht befolgt hat (VGH München BeckRS 2012, 52541).

B. Ausschluss bei prozessleitenden Verfügungen (Abs 2)

I. Begriff

Ausgeschlossen ist die Beschwerde in den Fällen des § 146 Abs 2 VwGO sowie in den sonst **2** in der VwGO speziell geregelten Fällen (S/S-A/P/Meyer-Ladewig/Rudisile VwGO § 146 Rn 9). Prozessleitende Verfügungen iS des § 146 Abs 2 VwGO sind dabei Entscheidungen des Gerichts oder des Vorsitzenden, die sich auf den äußeren, förmlichen Fortgang des Verfahrens beziehen (Kopp/Schenke VwGO § 146 Rn 10). Ihnen kommt im Vergleich zu verfahrensbeendenden Entscheidungen nur eine untergeordnete Bedeutung zu, weshalb nach der in § 146 Abs 2 VwGO zum Ausdruck kommenden gesetzlichen Wertung die **Verzögerung** des Rechtsstreits durch Eröffnung einer gegen diese Entscheidungen gegebene Beschwerdemöglichkeit nicht sinnvoll ist (OVG Berlin NVwZ-RR 2007, 719; OVG Bautzen NVwZ 2004, 1134). Vielmehr soll das Gericht im Interesse der **Verfahrensbeschleunigung** in die Lage versetzt werden, erst einmal in der Sache zu entscheiden. Die Beteiligten können dann gegen die Endentscheidung Rechtsmittel einlegen (BVerwG NVwZ-RR 1990, 579). Die Vorschrift findet keine Anwendung auf die Ablehnung von Sachverständigen (OVG Hamburg Beschl v 27.4.2011 – 1 So 15/11 BeckRS 2011, 50464). Von dem Begriff „Gerichtspersonen" sind die Urkundsbeamten in § 54 VwGO sowie die in §§ 41 bis 49 ZPO benannten Richter, ehrenamtliche Richter und Urkundsbeamten der Geschäftsstelle erfasst (VGH München Beschl v 13.7.2011 – 12 C 11.1039; OVG Münster Beschl v 18.9.2007 – 19 E 826/06 BeckRS 2007, 26721; VGH München NJW 2004, 90; VGH Mannheim NVwZ-RR 1998, 689).

Mit Inkrafttreten des **Gesetzes zur Änderung des Prozesskostenhilfe- und Bera- 2a tungshilferechts** zum 1.1.2014 (BGBl I 3533) werden auch Beschlüsse über die Ablehnung von Prozesskostenhilfe von der Beschwerde ausgenommen, wenn das Gericht ausschließlich die persönlichen oder wirtschaftlichen Voraussetzungen der Prozesskostenhilfe verneint. Im Umkehrschluss **bleibt** die Beschwerde **zulässig,** wenn das Gericht die **Erfolgsaussichten in der Hauptsache verneint** hat (so ausdrücklich die Gesetzesbegründung, BT-Drs. 17/11472, S. 48 f.). Insgesamt verfolgt das Gesetz das Ziel, die Prozesskostenhilfe und die Beratungshilfe effizienter zu gestalten. Die Gerichte sollen durch umfassende Aufklärung der persönlichen und wirtschaftlichen Verhältnisse früh Klarheit schaffen und Missbrauch vorbeugen (Gesetzesbegründung, BT-Drs. 17/11472, S. 1, 16 ff.).

II. Beispiele

Verfügungen iSd § 146 Abs 2 VwGO sind bspw die Aufforderung, sich schriftlich zur **3** Klage zu äußern (§ 85 S 2 VwGO) oder Schriftsätze einzureichen (§ 86 Abs 4 S 2 VwGO), vorbereitende Maßnahmen und Aufklärungsanordnungen (§ 82 Abs 2 VwGO, § 86 Abs 3, 4 S 2 VwGO, § 87 VwGO, § 87b VwGO), Betreibensaufforderungen nach § 92 Abs 2

VwGO, § 126 Abs 2 VwGO (OVG Lüneburg NVwZ 1998, 529) sowie die Ablehnung der Beiziehung bestimmter Akten durch den Berichterstatter (OVG Magdeburg Beschl v 10.1.2012 – 1 O 2/12). Ebenfalls nicht beschwerdefähig sind Beweisbeschlüsse und deren Aufhebung, die Ablehnung von Beweisanträgen (S/S-A/P/Meyer-Ladewig/Rudisile VwGO § 146 Rn 11) sowie die Beauftragung oder Ersuchung nach § 96 Abs 2 VwGO und die Ablehnung eines Antrags auf Protokollberichtigung (VGH Kassel NVwZ-RR 2006, 849; VGH Mannheim NVwZ-RR 2003, 318; aA VGH München NVwZ-RR 2000, 843). Unanfechtbar sind schließlich auch die Vertagung oder ihre Ablehnung (S/S-A/P/Meyer-Ladewig/Rudisile VwGO § 146 Rn 10), die Terminsbestimmung (OVG Bautzen Beschl v 28.1.2010 – 5 E 5/10 BeckRS 2010, 46554), es sei denn sie erfolgt so spät, dass sie einer Rechtsschutzverweigerung gleichkommt (OLG Frankfurt NJW 1974, 1715) sowie die Aufhebung oder die Ablehnung einer Terminsbestimmung (VGH Mannheim NVwZ 2003, 885). Wird ein Beteiligter in der mündlichen Verhandlung mit neuem Vorbringen oder unvorhersehbaren rechtlichen Bewertungen überrascht, kann die Ablehnung eines entsprechenden Vertagungsantrags eine **Verletzung des rechtlichen Gehörs** darstellen (OLG Köln NJW-RR 1998, 1076) und im Rahmen eines Rechtsmittels gegen die Hauptsacheentscheidung geltend gemacht werden. Aussetzungsentscheidungen des VG nach § 75 S 3 VwGO und § 94 VwGO sind, weil mit der Aussetzung auch eine materielle Entscheidung über das Vorliegen eines vorgreiflichen Rechtsverhältnisses verbunden ist, grundsätzlich beschwerdefähig (OVG Hamburg Beschl v 15.11.2010 – 2 So 155/10 BeckRS 2010, 56890). Setzt das VG das Verfahren aus, um die Sache dem **BVerfG** oder dem **EuGH** zur Entscheidung vorzulegen, ist eine Beschwerde grundsätzlich unzulässig (VGH Mannheim NVwZ-RR 2002, 236). Etwas anderes muss jedoch gelten, wenn die **Vorlagefrage** nach der Rspr von BVerfG oder EuGH **offensichtlich** unerheblich ist. Gegen den Beschluss, mit dem ein Verwaltungsgericht ein bei ihm anhängendes Klageverfahren im Hinblick auf ein Vorabentscheidungsersuchen aussetzt, das ein anderes Gericht an den EuGH gerichtet hat, ist die Beschwerde zum OVG grundsätzlich zulässig. Das Gericht prüft hier jedoch nur, ob die formellen Tatbestandsvoraussetzungen für eine Aussetzung vorlagen und ob das Verwaltungsgericht ermessensfehlerfrei entschieden hat (OVG Bremen NVwZ-RR 2008, 851).

III. Untätigkeitsbeschwerde

4   Zur Gewährung des effektiven Rechtsschutzes gem Art 19 Abs 4 GG ist dieser durch das Gericht in **angemessener** Zeit sicherzustellen (BVerfG NVwZ-RR 2008, 657 (658); NVwZ-RR 1999, 217). Da eine Nichtentscheidung ebenso wie eine falsche Entscheidung zum **Rechtsverlust** führen kann, muss eine Beschwerdemöglichkeit eröffnet sein (BVerfG NVwZ 2003, 858; ThürVfGH NJW 2001, 2708). Die Untätigkeitsbeschwerde ist jedoch im Hinblick auf die verfassungsrechtlichen Anforderungen an die Rechtsmittelklarheit (BVerfG NJW 2007, 2538) nur statthaft, wenn eine unangemessene und außerhalb jedes vertretbaren Rahmens liegende und praktisch zu einer Rechtsverweigerung führende Verfahrensverzögerung ernsthaft anzunehmen ist oder zumindest substanziiert gerügt wird (OVG Münster Beschl v 1.6.2011 – 18 E 577/11 BeckRS 2011, 51411; VGH München Beschl v 3.11.2010 – 3 C 10.2670; OVG Münster Beschl v 1.6.2010 – 5 E 587/10 BeckRS 2010, 49953). Die hinnehmbare Verfahrensdauer hängt ua von der Verursachung durch eigenes prozessuales Verhalten der Beteiligten sowie der **individuellen Bedeutung** der Sache ab (BVerfG NJW 2004, 3320). Im Einzelfall kann eine bevorzugte Bearbeitung unabhängig vom Eingang erforderlich sein (BVerfG NVwZ 2004, 471).

IV. Besonderheiten

5   Gegen den Beschluss des OVG über die Rechtmäßigkeit der Weigerung der obersten Aufsichtsbehörde, ihrer Aktenvorlage und Auskunftspflicht nachzukommen, ist die Beschwerde zulässig (§ 99 Abs 2 S 12 VwGO). Dies gilt jedoch nicht für die Ablehnung der Übersendung der Akten an den Rechtsanwalt (VGH Mannheim Beschl v 13.7.2010 – 4 S 1383/10 BeckRS 2010, 51180; OVG Berlin-Brandenburg BeckRS 2010, 47994) und die Beiziehung bestimmter Verwaltungsvorgänge (OVG Koblenz NVwZ-RR 2002, 612). Die Verweigerung der beantragten Akteneinsicht stellt aber regelmäßig eine **Verletzung des**

rechtlichen Gehörs dar (§ 138 Nr 3 VwGO), wenn das VG entscheidet, ohne dass sich die Beteiligten auf andere zumutbare Weise über den **erheblichen** Akteninhalt informieren konnten (Kopp/Schenke VwGO § 100 Rn 10). Erfolgt die Verweigerung der Akteneinsicht durch den Urkundsbeamten der Geschäftsstelle, ist die Erinnerung (§ 151 VwGO) statthaft, vgl auch § 151 VwGO Rn 3. Die Ablehnung von Gerichtspersonen ist seit dem 6. VwGO-ÄndG nicht mehr beschwerdefähig. Dies gilt nicht für die Ablehnung von Sachverständigen (VGH Mannheim NVwZ-RR 1998, 689). Die als **Hängebeschlüsse** im vorläufigen Rechtsschutzverfahren bezeichneten Zwischenentscheidungen des VG sind **nicht** lediglich **prozessleitend** und daher anfechtbar (OVG Berlin-Brandenburg Beschl v 17.12.2012 – OVG 6 S 50.12; OVG Berlin-Brandenburg Beschl v 10.3.2010 – 11 S 11.10 BeckRS 2010, 47082; OVG Bautzen NVwZ 2004, 1134; OVG Rheinland-Pfalz Beschl v 10.12.2012 – 1 B 11231/12; aA S/S-A/P/Meyer-Ladewig/Rudisile VwGO § 146 Rn 11a). Sie sollen verhindern, dass vor der Entscheidung vollendete Tatsachen geschaffen werden. Im Falle ihrer Anfechtung mit der Beschwerde ist das OVG nicht auf die Überprüfung der Zwischenentscheidung beschränkt, sondern zur abschließenden Entscheidung berufen (VGH München DVBl 2000, 925, 926). Gegen eine **Rubrumsberichtigung**, durch die das Verwaltungsgericht eine sich materiell-rechtlich auswirkende Entscheidung getroffen (und nicht lediglich infolge einer Auslegung des Begehrens des Klägers das Rubrum berichtigt) hat, ist die Beschwerde statthaft und das Beschwerderecht nicht durch § 146 Abs 2 VwGO ausgeschlossen (OVG Bautzen Beschl v 16.9.2009 – 1 E 68/09 BeckRS 2009, 40029).

C. Ausschluss bei Streitigkeiten über Kosten (Abs 3)

I. Begriff und Beispiele

Wegen der relativ geringen wirtschaftlichen Bedeutung der in § 146 Abs 3 VwGO **6** genannten Streitigkeiten ist die Beschwerde im Interesse der Entlastung der Beschwerdegerichte ausgeschlossen, soweit der Beschwerdegegenstand 200 EUR nicht übersteigt. Dabei sind Kosten hier solche, die im Zusammenhang mit dem gerichtlichen Verfahren entstanden sind (VGH Kassel NVwZ-RR 1990, 113). Die Kostenentscheidung ist gem § 158 Abs 1 VwGO nur zusammen mit der Hauptsacheentscheidung anfechtbar (S/S-A/P/Meyer-Ladewig/Rudisile VwGO § 146 Rn 12). Nicht erfasst von § 146 Abs 3 VwGO werden Entscheidungen zu Kostenfragen, die nicht Gegenstand von **Nebenentscheidungen** oder **Nebenverfahren** sind, sondern einen selbstständigen Verfahrensgegenstand bilden (VGH Kassel NVwZ-RR 1990, 113). **Einbezogen** sind somit die Kosten- und Vergütungsfestsetzung (§ 11 RVG) sowie die Festsetzung der Reiseentschädigung (VGH München BayVBl 2003, 92). Entsprechende **Sonderregelungen** gibt es für den Kostenansatz (§ 66 GKG), die Streitwertfestsetzung (§ 68 GKG), die Gegenstandswertfestsetzung (§ 33 RVG), die Festsetzung der Zeugenentschädigung und der Vergütung der Sachverständigen (§ 4 JVEG), den Vergütungsanspruch des PKH-Anwalts (§ 56 RVG) sowie für den übergegangenen Vergütungsanspruch (§ 59 RVG). Von § 146 Abs 3 VwGO erfasst wird auch die Ablehnung einer Reisekostenbeihilfe für mittellose Personen aufgrund von landesrechtlichen Verwaltungsvorschriften (OVG Bautzen NVwZ-RR 1999, 814). Die Beschwerde gegen die Versagung der PKH fällt dagegen nicht unter § 146 Abs 3 VwGO (Kopp/Schenke VwGO § 146 Rn 16).

II. Beschwerdesumme

Der Vorbehalt für die **Nichtzulassungsbeschwerde** betrifft die Fälle, in denen ein **7** Hauptsacheverfahren nur wegen der Kosten, Gebühren und Auslagen anhängig ist (S/S-A/P/Meyer-Ladewig/Rudisile VwGO § 146 Rn 12). Die **Beschwerdesumme** ergibt sich aus der Differenz zwischen Rechtsmittelantrag und dem, was das VG zugesprochen hat. Zinsen und die darauf entfallene Mehrwertsteuer sind, im Gegensatz zu den geschuldeten und gegebenenfalls zu erstattenden Kosten, nicht mitzurechnen (Kopp/Schenke VwGO § 146 Rn 20). Bei der Berechnung der Höhe ist die ggf. anfallende Vergütung für den Prozessbevollmächtigten des Beschwerdeführers für das Vorverfahren maßgeblich (OVG Greifswald Beschl v 8.2.2012 – 1 O 125/11). Bei Verfahrenstrennung oder Teilabhilfe ist die jeweils verbleibende Beschwerdesumme maßgeblich, es sei denn, Trennung oder Teilabhilfe erfolgten **willkürlich** und unter Verstoß gegen **Art 3 GG** (BVerfG NJW 1997, 649). Für die

Wertberechnung gilt § 173 VwGO iVm §§ 3 ff ZPO. Bei verschiedenen Ansprüchen in subjektiver Klagehäufung ist die Summe der Ansprüche maßgeblich für das Erreichen der Beschwerdesumme (OVG Bautzen Beschl v 18.10.2012 – 2 O 150/11). Maßgeblicher Zeitpunkt ist nach § 173 VwGO iVm § 4 Abs 1 S 1 ZPO grundsätzlich die Einlegung der Beschwerde (S/S-A/P/Meyer-Ladewig/Rudisile VwGO § 146 Rn 12). Zwar darf das Beschwerdegericht den Streitwert nachträglich heraufsetzen, nicht jedoch durch Herabsetzung die Unzulässigkeit der Beschwerde herbeiführen (Kopp/Schenke VwGO § 146 Rn 21).

D. Vorläufiger Rechtsschutz (Abs 4)

8   Im Bereich des vorläufigen Rechtsschutzes wird vom Gesetzgeber grundsätzlich die Konzentration auf eine Instanz angestrebt. Diese gewollte Beschränkung gegenüber dem Hauptverfahren gebietet eine strikte und enge Auslegung des § 146 Abs 4 VwGO (VGH Mannheim NVwZ 2002, 883). Eine Antragsänderung entsprechend § 91 VwGO ist mit dem im vorläufigen Rechtschutzverfahren verfolgten Ziel der Verfahrensbeschleunigung nur schwer vereinbar (OVG Kassel Beschl v 9.1.2008 – 1 TG 2464/07 BeckRS 2008, 33446; OVG Hamburg NVwZ 2003, 1529; NVwZ-RR 2004, 621) und wird daher regelmäßig als unzulässig betrachtet (OVG Lüneburg Beschl v 4.8.2010 – 11 ME 279/10 BeckRS 2010, 51699; OVG Berlin-Brandenburg BeckRS 2010, 49759; OVG Berlin-Brandenburg Beschl v 24.5.2012 – OVG 2 S 109.11; OVG Magdeburg BeckRS 2010, 48763; VGH Kassel DÖV 2008, 470). Sie ist ausnahmsweise analog § 91 VwGO zulässig, wenn sie das Beschwerdegericht nicht mit einem vollständig neuen Streitstoff konfrontiert und darüber hinaus geeignet ist, den sachlichen Streit zwischen den Beteiligten im Verfahren des vorläufigen Rechtsschutzes endgültig auszuräumen (VGH München Beschl v 11.5.2010 – 11 CS 10.68; OVG Münster NVwZ 2009, 1317, 1318; VGH München Beschl v 9.6.2005 – 11 CS 05.478, LSK 2005, 510424).

I. Anwendungsbereich

9   Der Anwendungsbereich umfasst alle positiven und negativen Beschlüsse in vorläufigen Rechtsschutzverfahren nach § 80 VwGO, § 80a VwGO und § 123 VwGO. Nicht anfechtbar ist die Entscheidung des VG, mit der eine Änderung oder Aufhebung von Amts wegen nach § 80 Abs 7 S 1 VwGO abgelehnt wurde (VGH Mannheim NVwZ-RR 2002, 908, 910; aA S/S-A/P/Meyer-Ladewig/Rudisile VwGO § 146 Rn 13). Ein Rechtsschutz entsprechend Abs 4 soll auch dann geboten sein, wenn über einen Antrag auf vorläufigen Rechtsschutz nicht innerhalb einer **angemessenen** Zeit entschieden wird (Kopp/Schenke VwGO § 146 Rn 32).

II. Fristen (Abs 4 S 1)

1. Einlegungsfrist

10   Die Einlegungsfrist von zwei Wochen nach Bekanntgabe der vollständigen, mit einer schriftlichen Rechtsmittelbelehrung versehenen Entscheidung bestimmt sich nach § 147 Abs 1 VwGO. Eine Einlegung zur Niederschrift des Urkundsbeamten ist wegen des Vertretungszwangs für alle Beschwerden in vorläufigen Rechtsschutzverfahren nicht möglich. Der Vertretungszwang besteht auch vor dem VG, wenn die Einlegung bei diesem fristwahrend erfolgen kann (VGH Mannheim NVwZ 2003, 885). Wird dies in der Rechtsmittelbelehrung nicht deutlich gemacht, läuft die Jahresfrist nach § 58 Abs 2 VwGO, selbst wenn zugleich über den Vertretungszwang belehrt wird (VGH München Beschl v 12.4.2010 – 7 CE 10.405 BeckRS 2010, 49160; OVG Münster NVwZ-RR 2002, 912).

2. Begründungsfrist

11   Für die Begründung der Beschwerde sieht § 146 Abs 4 S 1 VwGO eine Frist von einem Monat nach Bekanntgabe der Entscheidung vor. Eine Verlängerung der Frist ist nicht möglich (VGH München Beschl v 22.11.2012 – 11 CS 12.2390; VGH München Beschl v 25.3.2004 – 12 CS 04.554). Der Beschwerdeführer kann nach Ablauf der Frist die vorgebrachten Gründe ergänzen und erläutern, jedoch weder substanziell neue Gesichtspunkte noch einen neuen Streitgegenstand einführen (OVG Bautzen SächsVBl 2010, 78, 79; OVG

Weimar Beschl v 19.10.2009 – 4 EO 26/09). Nach Fristablauf erstmals abgegebene Beschwerdegründe bleiben unberücksichtigt, selbst in dem Fall, in dem der Beschwerdeführer zur Geltendmachung bestimmter Tatsachen innerhalb der Beschwerdefrist nicht in der Lage war (OVG Berlin-Brandenburg NVwZ-RR 2010, 275, 276; VGH Mannheim NVwZ-RR 2006, 849; aA OVG Weimar Beschl v 19.10.2009 – 4 EO 26/09). Durch den Eingang einer **separaten** Beschwerdebegründung beim VG wird die Monatsfrist **nicht** gewahrt (OVG Münster NVwZ-RR 2003, 688). Der **Lauf** der Begründungsfrist setzt eine gesonderte Belehrung (VGH München Beschl v 6.2.2012 – 11 CE 11.2964; OVG Münster Beschl v 30.1.2012 – 13 B 1396/11; VGH Mannheim NVwZ-RR 2003, 693; aA S/S-A/P/Meyer-Ladewig/Rudisile VwGO § 146 Rn 13a) sowie die Bekanntgabe von Tenor und Begründung der Entscheidung voraus (Kopp/Schenke VwGO § 146 Rn 38). Wird die Beschwerde **nach** Bewilligung der PKH innerhalb der Wiedereinsetzungsfrist eingelegt, steht dem erstmals mit dem Verfahren befassten Prozessbevollmächtigten die vollständige Begründungsfrist von einem Monat ab Zustellung der Bewilligung zu, soweit keine **gesonderte** Wiedereinsetzungsentscheidung ergangen ist (VGH Mannheim NVwZ-RR 2003, 789). Eine Entscheidung des Gerichts über die Beschwerde vor Ablauf der Frist des § 146 Abs 1 S 4 VwGO kann geboten sein, wenn andernfalls effektiver Rechtsschutz nicht mehr gewährleistet ist (OVG Lüneburg Beschl v 19.3.2008 – 7 ME 41/08 BeckRS 2008 34316).

III. Einlegungsort (Abs 4 S 2)

Hinsichtlich der Einlegung der Beschwerde enthält § 146 Abs 4 S 2 VwGO keine von **12** § 147 VwGO abweichenden Bestimmungen. Die Einlegung kann somit sowohl beim VG als auch beim OVG erfolgen. Die Begründung ist demgegenüber **zwingend** beim OVG einzulegen, sofern sie nicht bereits mit der Beschwerde vorgelegt worden ist, § 146 Abs 4 S 2 VwGO. Für das VG besteht gegebenenfalls eine gesteigerte Pflicht zur Weiterleitung an das OVG (OVG Münster NVwZ-RR 2003, 688; Verpflichtung zur Weiterleitung per Fax OVG Lüneburg NJW 2007, 3225). Erfolgt die Einlegung der Begründung beim VG am Tag des Fristablaufs, ist die Frist nicht gewahrt (OVG Münster Beschl v 10.2.2012 – 15 B 58/12).

IV. Begründungsinhalt (Abs 4 S 3)

1. Allgemeines und Antrag

Die Beschwerdebegründung muss grundsätzlich nach § 146 Abs 4 S 3 VwGO einen **13** bestimmten Antrag enthalten, die Gründe darlegen, aus denen die Entscheidung abzuändern oder aufzuheben ist, und sich mit der angefochtenen Entscheidung auseinandersetzen. Ein ausdrücklicher Antrag kann ausnahmsweise entbehrlich sein, wenn aufgrund der Beschwerdebegründung das Rechtsschutzziel unzweifelhaft feststeht (OVG Lüneburg Beschl v 11.12.2012 – 10 ME 130/12; zur Auslegung des Antrags: OVG Berlin-Brandenburg Beschl v 18.12.2012 – OVG 11 S 58.12). Es obliegt regelmäßig dem Beschwerdeführer, den **Überprüfungsumfang** für das OVG durch seinen Antrag zu bestimmen. Ein Antrag kann im Nachhinein nur geändert oder erweitert werden, soweit es um eine sachdienliche Antragserweiterung geht, mit der der Beschwerdeführer einer Änderung der Sachlage Rechnung trägt, die vor Ablauf der Beschwerdebegründungsfrist eingetreten ist und daher noch in das Beschwerdeverfahren eingeführt werden kann (VGH Mannheim Beschl v 18.10.2010 – 1 S 2029/10 BeckRS 2010, 55157). Nach Ansicht des VGH München ist eine Antragserweiterung iSd Effektivität des Rechtsschutzes bereits zulässig, wenn die allgemeinen Voraussetzungen für eine Antragsänderung entsprechend § 91 Abs 1 und 2 VwGO vorliegen, das neu hinzugekommene Rechtsschutzbegehren innerhalb der Frist des § 146 Abs 4 S 1 VwGO anhängig gemacht wurde und der Beschwerdeführer hierfür fristgerecht eine den inhaltlichen Anforderungen des § 146 Abs. 4 S 3 VwGO genügende Begründung gegeben hat (VGH München Beschl v 6.2.2012 – 11 CE 11.2964). Ausnahmsweise reicht ein nicht näher begründeter Antrag, wenn das Rechtsschutzziel klar und eindeutig bestimmbar ist (OVG Münster Beschl v 14.3.2012 – 1 B 1042/11; VGH München Beschl v 1.3.2010 – 11 CS 09.2433; VGH München BeckRS 2012, 52541; OVG Berlin-Brandenburg BeckRS 2009, 40080; VGH Mannheim NVwZ 2002, 1388; OVG Weimar DVBl 2004, 844; OVG Greifswald Beschl v 9.7.2009 – 2 M 108/09). Es ist jedoch nicht Aufgabe des Gerichts, auf sachdienliche Anträge hinzuwirken und Unklarheiten zu beseitigen (OVG Greifswald Beschl v 9.7.2009 – 2 M 108/09). Eine Beschränkung des Antrags auf tatsächlich oder rechtlich abtrennbare Teile ist möglich. Zur Bezeichnung der angegriffenen Entscheidung sollte die Angabe des VG, der Beteiligten, des Entscheidungsdatums und des Aktenzeichens erfolgen (S/S-A/P/Meyer-Ladewig/Rudisile VwGO § 146 Rn 13c). Grundlage ist dabei die Sachlage zum Zeitpunkt der angefochtenen Entscheidung. Änderungen, die sich erst nach Ergehen der Entscheidung ergeben, sind in der Regel auch dann nicht zu berücksichtigen, wenn sie innerhalb der Begründungsfrist dargelegt werden (OVG Lüneburg Beschl v 11.12.2012 – 7 ME 131/12).

2. Darlegung und Auseinandersetzung

14   Innerhalb der Monatsfrist hat der Beschwerdeführer darzulegen, warum die konkrete Entscheidung des VG änderungsbedürftig sei. Die Begründung muss **konkret** ausführen, weshalb die Entscheidung unrichtig sein soll (VGH München NVwZ 2003, 632). Wurde die mit der Beschwerde angegriffene Entscheidung als unzulässig abgelehnt, so muss die Beschwerdebegründung nicht nur darlegen, weshalb die Klage bzw. der Antrag zulässig, sondern dass er begründet war (OVG Lüneburg Beschl v 23.1.2012 – 11 ME 420/11). Erforderlich ist, dass im Beschwerdevorbringen die der Entscheidung zugrunde liegenden tragenden Überlegungen, die der Beschwerdeführer in tatsächlicher und/oder rechtlicher Hinsicht für falsch oder unvollständig hält, genau bezeichnet sind und sodann im Einzelnen substantiiert ausgeführt wird, warum diese unrichtig sind, welche rechtlichen Konsequenzen sich daraus ergeben und was richtigerweise zu gelten hat. (OVG Berlin-Brandenburg Beschl v 14.9.2012 – OVG 10 S 29.12; OVG Münster BeckRS 2010, 47536; OVG Greifswald Beschl v 24.5.2012 – 2 M 15/ 12). Diese schlüssigen und erheblichen Einwände müssen sich jeweils gegen konkrete Argumente bzw. Schlussfolgerungen der Entscheidung des VG richten (VGH Kassel BeckRS 2011, 55136). Nicht ausreichend ist es, wenn der Beschwerdeführer sich darauf beschränkt, sein erstinstanzliches Vorbringen zu wiederholen (stRspr vgl zuletzt: OVG Lüneburg Beschl v 15.8.2012 – 2 NB 359/11; OVG Münster BeckRS 2011, 54444; OVG Berlin-Brandenburg Beschl v 6.7.2011 – OVG 5 S 13.11; VGH München Beschl v 13.7.2009 – 11 CS 09.1120 BeckRS 2010, 53524; VGH München BeckRS 2012, 52540; OVG Greifswald Beschl v 24.5.2012 – 2 M 15/12) oder nur darauf verweist (OVG Berlin-Brandenburg Beschl v 27.2.2012 – OVG 10 S 39.11; VGH München Beschl v 25.3.2010 – 11 CS 09.2887; weniger streng VGH München BeckRS 2012, 52837) oder sich mit pauschalen und formelhaften Rügen begnügt (OVG Lüneburg Beschl v 15.8.2012 – 2 NB 359/11; VGH München Beschl v 21.5.2010 – 15 CS 10.744; VGH München Beschl v 10.3.2010 – 11 CS 10.275; VGH München BeckRS 2012, 51932; VGH Mannheim NVwZ 2002, 883; OVG Greifswald Beschl v 24.5.2012 – 2 M 15/12). Gleiches gilt für eine Bezugnahme „auf den gesamten Akteninhalt" (VGH München Beschl v 15.4.2010 – 10 CS 10.497). Eine lediglich ergänzende Inbezugnahme kann nicht die Darlegung weiterer, nicht in der Beschwerdebegründung angeführter Beschwerdegründe in dem Sinne ersetzen, dass das OVG gehalten wäre, die verwaltungsgerichtliche Entscheidung umfassend unter dem Gesichtspunkt des erstinstanzlichen Vorbringens zu überprüfen (OVG Saarlouis Beschl v 16.2.2011 – 2 B 352/10 BeckRS 2011, 47538). Es bedarf folglich einer geordneten Auseinandersetzung mit der angegriffenen Entscheidung (OVG Münster Beschl v 17.3.2008 – 18 B 388/08 BeckRS 2008, 34513) dergestalt, dass der Beschwerdeführer den Streitstoff sichtet, ihn rechtlich durchdringt und sich mit den Gründen des angefochtenen Beschlusses befasst (VGH München Beschl v 10.8.2012 – 12 CE 12.1559; VGH München BeckRS 2012, 52538; VGH München BeckRS 2012, 52540; OVG Bautzen BeckRS 2011, 50326; BeckRS 2010, 50554). Der Beschwerdeführer muss das Entscheidungsergebnis, die entscheidungstragenden Rechtssätze oder die für die Entscheidung erhebliche Tatsachenfeststellungen mit schlüssigen Gegenargumenten in Frage stellen (VGH München Beschl v 10.8.2012 – 12 CE 12.1559; OVG Magdeburg Beschl v 28.6.2010 – 4 M 130/10 BeckRS 2010, 50593; VGH München Beschl v 11.5.2010 – 11 CS 10.68). Es reicht nicht aus, wenn der Beschwerdeführer lediglich geltend macht, „dass" sich tatsächliche oder rechtliche Gegebenheiten seinem Vortrag entsprechend darstellen, sondern er hat Argumente dafür anzuführen, „warum" es sich in der von ihm behaupteten Weise verhält (OVG Berlin-Brandenburg Beschl v 21.2.2012 – OVG 5 NC 286.11); der Vortrag von Gründen zur Stützung einer Rechtsbehauptung ist in besonderem Maße im Zusammenhang mit der

Auslegung einer entscheidungserheblichen Norm erforderlich (VGH München Beschl v 7.7.2010 – 11 CS 10.1452). Die Beschwerdebegründung muss notwendigerweise eine **neue** Begründung sein. Erfolgt keine umfassende Rüge aller Begründungselemente der gerichtlichen Entscheidung, führt dies nicht zu einem Verstoß gegen das Erfordernis der Auseinandersetzung des § 146 Abs 4 S 3 VwGO, sondern lediglich dazu, dass das Oberverwaltungsgericht nur das auf einen Punkt eingeschränkte Beschwerdevorbringen prüft (OVG Berlin-Brandenburg Beschl v 29.3.2010 – 11 S 58.09). Bei **kumulativer** Begründung des angefochtenen Beschlusses durch das Gericht hat die Beschwerdebegründung auf **alle** selbständig tragenden Gründe der Entscheidung argumentativ einzugehen (OVG Greifswald BeckRS 2011, 54038; VGH München Beschl v 26.10.2009 – 19 CS 09.2242; Beschl v 17.1.2007 – 24 CS 06.3375; OVG Münster NVwZ-RR 2004, 706). Bei **Parallelverfahren** müssen die Gründe für jedes Verfahren einzeln dargelegt werden (OVG Lüneburg NVwZ-RR 2004, 800; VGH Mannheim NVwZ-RR 2004, 391). Die Anforderungen sind auf den gesetzlichen Regelfall, die einmonatige Begründungsfrist, zugeschnitten und unterfallen somit keinen durchgreifenden verfassungsrechtlichen Bedenken (BVerfG NJW 2003, 3689). Dies darf jedoch nicht zu einer **Überspannung** der Anforderungen führen, insbes wenn aufgrund der Eilbedürftigkeit einer Sache oder einer knappen oder gar fehlenden Entscheidungsbegründung eine Darlegung in der tatsächlich zur Verfügung stehenden Zeit nicht möglich erscheint (BVerfG NVwZ 2004, 1112). Diese Einschränkung ist erforderlich, um auch in solchen Fällen effektiven Rechtsschutz zu gewährleisten (S/S-A/P/Meyer-Ladewig/Rudisile VwGO § 146 Rn 13c). Die Ergebnisrichtigkeit eines erstinstanzlichen Beschlusses kann auch mit einer auf nachträglich eingetretene oder bei der Entscheidung nicht berücksichtigte Gründe gestützten Beschwerde angegriffen werden (Kopp/Schenke VwGO § 146 Rn 42).

Besteht Vertretungszwang gemäß § 67 Abs 4 VwGO, so muss die Begründung durch den Vertreter erfolgen, dieser darf nicht lediglich die Begründung des Antragstellers in seinen Schriftsatz aufnehmen ohne sie sich zu eigen zu machen (OVG Münster BeckRS 2011, 53939). Dabei ist es erforderlich, dass der bevollmächtigte Rechtsanwalt in ersichtlicher Weise eine eigene Prüfung, Sichtung und rechtliche Durchdringung des Streitstoffes vorgenommen hat (st. Rspr, zuletzt: VGH München Beschl v 15.2.2012 – 7 CE 12.180).

V. Verwerfung (Abs 4 S 4)

Soweit die Beschwerde keinen Antrag oder keine ausreichende Begründung enthält oder 15 diese erst nach Fristablauf beim OVG eingegangen sind, ist sie nach § 146 Abs 4 S 4 VwGO als unzulässig zu verwerfen. Die Entscheidung ergeht durch begründeten Beschluss. Die anderen Beteiligten müssen hierzu nicht gehört werden. Dem Beschwerdeführer ist zuvor Gelegenheit zur Stellungnahme zu geben (S/S-A/P/Meyer-Ladewig/Rudisile VwGO § 146 Rn 13d).

VI. Vorlage (Abs 4 S 5)

Die unverzügliche Vorlagepflicht des VG hinsichtlich der Beschwerde und der Akten nach 16 § 146 Abs 4 S 5 VwGO ergibt sich aus der fehlenden Abhilfebefugnis (§ 148 VwGO) und der beabsichtigten Verfahrensbeschleunigung. Infolge des durch die Einlegung der Beschwerde bestehenden Devolutiveffekts ist es dem VG auch verwehrt, die Vollziehung der angefochtenen Entscheidung gem § 149 Abs 1 S 2 VwGO einstweilen auszusetzen (Kopp/Schenke VwGO § 146 Rn 44). Bei der Beschwerde im PKH-Verfahren für ein Verfahren des vorläufigen Rechtsschutzes besteht dagegen die Abhilfemöglichkeit nach § 148 Abs 1 VwGO, da dieses Verfahren nicht von Abs 4 erfasst wird (S/S-A/P/Meyer-Ladewig/Rudisile VwGO § 146 Rn 13e).

VII. Prüfungsbefugnis (Abs 4 S 6)

Das OVG ist bei seiner Entscheidung über die Beschwerde in der Sache grundsätzlich auf 17 die in der Beschwerdebegründung dargelegten Gründe beschränkt (OVG Magdeburg Beschl v 23.2.2011 – 1 M 16/11 BeckRS 2011, 48530), soweit sie sich mit den Gründen der angefochtenen Entscheidung auseinandersetzen (VGH München Beschl v 29.7.2009 – 4 CE 09.1055);BVerfG NJW 2004, 2510, 2511; OVG Münster Beschl v 9.6.2008 – 13 B 660/08) und nicht lediglich eine Wiederholung erstinstanzlichen Vorbringens darstellen (OVG Lüneburg Beschl v 15.8.2012 – 2 NB 359/11; VGH München, Beschl v 21.11.2011 – 11 CS 11.2247; VGH München BeckRS 2012, 52540). Verfassungsrechtliche Bedenken bestehen insoweit nicht (BVerfG NJW 2003, 3689). Die Beschränkung soll eine zeitnahe Entscheidung ermöglichen (VGH München, Beschl v 2.11.2011 – 2 CS 11.1558; VGH München, Beschl v 21.11.2011 – 11 CS 11.2247). Nicht ausgeschlossen ist jedoch, dass das OVG neue unstreitige oder offensichtliche Umstände berücksichtigt, wenn sich dadurch keine Verfahrensverzögerung ergibt und sich der Streitgegenstand nicht ändert. Eine unzulässige Änderung des Streitgegenstands liegt vor, wenn der geltend gemachte Anspruch zwar auf dieselbe Anspruchsgrundlage, jedoch auf einen anderen mit dem bisherigen Vorbringen nicht in Zusammenhang stehenden Sachverhalt gestützt wird (OVG Münster Beschl v 7.1.2010 – 18 B 1303/09 BeckRS 2010, 45534). Mit einem Vortrag, der bereits in erster Instanz zum Gegenstand der Prüfung hätte gemacht werden können, aber „aufgespart“ wurde, kann der Beschwerdeführer im Verfahren des einstweiligen Rechtsschutzes nicht mehr gehört werden (OVG Lüneburg Beschl v 20.7.2012 – 12 ME 75/12; OVG Lüneburg NuR 2010, 290, 295). Denn qualitativ neues Vorbringen. das über eine Konkretisierung der fristgerecht geltend gemachten Beschwerdegründe hinausgeht, ist nicht zulässig (VGH Mannheim Beschl v 6.11.2012 – 3 S 2003/12). Auch eine Berücksichtigung von Umständen, die erst nach Ablauf der Frist entstanden sind, kommt in Betracht. Diese können berücksichtigt werden, weil der Beschwerdeführer sonst gehalten wäre, einen Abänderungsantrag nach § 80 Abs 7 VwGO zu stellen, was gegen den Gedanken der Verfahrensökonomie verstieße (OVG Lüneburg Beschl v 11.12.2012 – 7 ME 131/12, VGH Mannheim Beschl v 8.3.2011 – 10 S 161/09 BeckRS 2011, 48632; OVG Bautzen Beschl v 24.2.2009 – 5 B 266/08; aA OVG Münster Beschl v 30.6.2009 – 15 B 524/09 BeckRS 2009, 35821). Eine **vollumfängliche** Prüfung durch das OVG, auch in zwei verschiedenen Prüfungsstufen, ist mit der vom Gesetzgeber beabsichtigten **Reduktion** des Umfangs der Begründetheitsprüfung **nicht** vereinbar (S/S-A/P/Meyer-Ladewig/Rudisile VwGO § 146 Rn 14). Vielmehr sollte der **Wortlaut** der Vorschrift weitestgehend respektiert und nur in eng umgrenzten, am Kriterium der **Offensichtlichkeit** orientierten Ausnahmefällen überschritten werden (OVG Münster DVBl 2010, 442, 444; OVG Bautzen Beschl v 15.4.2008 – 5 BS 239/07; S/S-A/P/Meyer-Ladewig/Rudisile VwGO § 146 Rn 15). Ist die Entscheidung des VG fehlerhaft, muss das OVG prüfen, ob sich die angefochtene Entscheidung aus anderen, in der Entscheidung des VG nicht angeführten Gründen als im Ergebnis richtig erweist (VGH Kassel NVwZ-RR 2006, 832). Dies gilt entsprechend, soweit die angegriffene Entscheidung aus anderen als den dargelegten Gründen offensichtlich **rechtswidrig** ist (S/S-A/P/Meyer-Ladewig/Rudisile VwGO § 146 Rn 15). Es wäre in einem solchen Fall untragbar, wenn das Gericht bei einer offensichtlich **unrichtigen** Entscheidung die Beschwerde zurückzuweisen hätte und damit die Entscheidung aufrechterhalten würde. In den Fällen, in denen die angegriffenen Entscheidung ihre Rechtswidrigkeit gewissermaßen auf der Stirn geschrieben steht, bedarf es auch keiner weiteren verfahrensverzögernden gerichtlichen Nachprüfung, um deren Unrichtigkeit festzustellen (Kopp/Schenke VwGO § 146 Rn 43). Soweit eine Änderung der Sach- und Rechtslage nach der Entscheidung, jedoch vor Ablauf der Begründungsfrist, eingetreten ist, muss ihre Berücksichtigung zulässig sein, wenn sie durch den Beschwerdeführer benannt wurde und ihre Auswirkungen für die Entscheidung offensichtlich sind (S/S-A/P/Meyer-Ladewig/Rudisile VwGO § 146 Rn 15).

VIII. Rücknahme und Erledigung

18   Die Rücknahme der Beschwerde ist bis zur Entscheidung des OVG entsprechend § 126 Abs 1 VwGO ohne Zustimmung anderer Beteiligter möglich. Die angegriffene Entscheidung wird dadurch unanfechtbar. Bei Rücknahme des zugrunde liegenden Eilantrags erfolgen die Verfahrenseinstellung, die Unwirksamkeitserklärung des Beschlusses des VG und die Kostenentscheidung durch das OVG. Dieses ist in Verfahren des vorläufigen Rechtsschutzes zur **endgültigen** Entscheidung befugt, da die Sache durch die Beschwerdeeinlegung beim OVG angefallen ist. Wird das Beschwerdeverfahren für erledigt erklärt, entscheidet das OVG insoweit entsprechend § 161 Abs 2 VwGO über die Kosten. Die Entscheidung des VG wird unanfechtbar. Im Falle der Erledigung des Eilverfahrens insgesamt, wird die Entscheidung

des VG für unwirksam erklärt. Bei der Prüfung der Erfolgsaussichten hinsichtlich der Kostenentscheidung nach § 161 Abs 2 VwGO sind vom OVG nur die dargelegten Gründe und
offensichtlichen Umstände zu berücksichtigen (VGH München NVwZ-RR 2004, 622).
Bei Erledigung der Hauptsache zwischen den Instanzen ist zu beachten, dass im Verfahren
des vorläufigen Rechtsschutzes das Rechtsschutzinteresse für eine Beschwerde in der Regel
zu verneinen ist (OVG Bremen Beschl v 23.3.2010 – 2 B 449/09; VGH Mannheim NVwZ-
RR 2010, 416; OVG Münster NVwZ-RR 2002, 895, aA vgl ua VGH Mannheim NVwZ-
RR 2003, 392; OVG Bautzen Beschl v 20.8.2009 – 5 B 265/09 BeckRS 2009, 39599; OVG
Münster NVwZ-RR 2003, 701).

§ 147 [Form; Frist]

(1) ¹**Die Beschwerde ist bei dem Gericht, dessen Entscheidung angefochten
wird, schriftlich oder zur Niederschrift des Urkundsbeamten der Geschäftsstelle
innerhalb von zwei Wochen nach Bekanntgabe der Entscheidung einzulegen.** ²**§ 67
Abs. 4 bleibt unberührt.**

**(2) Die Beschwerdefrist ist auch gewahrt, wenn die Beschwerde innerhalb der
Frist bei dem Beschwerdegericht eingeht.**

§ 147 VwGO regelt die Beschwerdeeinlegung hinsichtlich Form (Rn 2) und Frist
(Rn 4). Über den notwendigen Inhalt der Beschwerdeschrift (Rn 3) sagt § 147 VwGO
nichts aus. Die jetzige Fassung des § 147 Abs 1 S 1 VwGO geht auf das 4. VwGOÄndG
zurück, das die Beschwerde auch gegen Entscheidungen des Berichterstatters ermöglichen
sollte. § 147 VwGO gilt für die Beschwerde nach § 146 VwGO sowie für die Beschwerde
nach § 17a Abs 4 S 3 GVG gegen den Beschluss des VG über den Rechtsweg. Spezielle
Regelungen bestehen hinsichtlich der Beschwerde gegen die Nichtzulassung der Revision
nach § 133 VwGO und für die Beschwerde im Verfahren des vorläufigen Rechtsschutzes
nach § 146 Abs 4 VwGO. Weitere Sonderregeln gibt es bspw für den Kostenansatz (§ 66
GKG), die Streitwertfestsetzung (§ 68 GKG), die Gegenstandswertfestsetzung (§ 33 RVG),
den Vergütungsanspruch des PKH-Anwalts (§ 56 RVG) und den übergegangenen Vergütungsanspruch (§ 59 RVG).

A. Die Einlegung

Die Einlegung der Beschwerde erfolgt grundsätzlich bei dem Gericht, in der Regel dem **1**
VG, dessen Entscheidung angefochten wird. Mit der Einlegung beim Beschwerdegericht
(§ 150 VwGO) wird die Beschwerdefrist nach § 147 Abs 2 VwGO aber ebenfalls gewahrt.
Anderes gilt nur für die **Nichtzulassungsbeschwerde** bei der Revision (§ 133 VwGO
Rn 10). Beschwerdegericht ist nach § 46 Nr 2 VwGO das OVG. Soweit nach § 152 VwGO
Beschwerden gegen Entscheidungen des OVG gegeben sind, ist Beschwerdegericht das
BVerwG (§ 49 Nr 3 VwGO). Wird die Beschwerde beim Beschwerdegericht eingelegt,
muss dieses dem Erstgericht nach § 148 VwGO die Gelegenheit zur Abhilfe geben.

B. Die Form

Die Beschwerde ist schriftlich oder zur Niederschrift der Geschäftsstelle einzulegen. Im **2**
Hinblick auf den **Vertretungszwang** nach § 67 Abs 4 VwGO kommt der Einlegung zur
Niederschrift nur noch untergeordnete Bedeutung zu, relevant ist sie insbes für die PKH-
Beschwerde (S/S-A/P/Meyer-Ladewig/Rudisile VwGO § 147 Rn 4). Soweit der Vertretungszwang besteht, gilt dieser auch für die Einlegung der Beschwerde beim VG, da hiermit
ein Verfahren vor dem OVG eingeleitet wird (OVG Münster Beschl v 12.1.2012 – 12 E
1340/11; VGH München Beschl v 1.12.2011 – 21 CS 11.2545 OVG Hamburg NVwZ-RR
2009, 452). Bei schriftlicher Einlegung ist grundsätzlich ein eigenhändig unterschriebener
Schriftsatz erforderlich (VGH München Beschl v 22.2.2007 – 8 C 07.181), ein maschinen-
schriftlicher Namenszug reich nicht aus (VGH München Beschl v 9.12.2011 – 12 C
11.1275). Die Beschwerde kann aber auch durch Telegramm, Fernschreiben oder Telefax
eingelegt werden (VGH München, Beschl v 3.11.2011 – 21 C 11.2537; S/S-A/P/Meyer-

Ladewig/Rudisile VwGO § 147 Rn 4). In der mündlichen Verhandlung kann die Beschwerde zu Protokoll erklärt werden (Kopp/Schenke VwGO § 147 Rn 2). Eine Pflicht des Gerichts zur Protokollierung besteht allerdings nicht.

C. Die Beschwerdeschrift

3   Besondere inhaltliche Anforderungen an die Beschwerdeschrift stellt § 147 VwGO nicht, insbes ist eine ausdrückliche Bezeichnung als Beschwerde nicht erforderlich. Es muss jedoch erkennbar sein, welche Entscheidung angegriffen werden soll (VGH Mannheim NVwZ-RR 1995, 126). Die Beschwerdeschrift ist der Auslegung zugänglich. Soweit sich das Ziel der Beschwerde, die gewollte Überprüfung der angefochtenen Entscheidung, aus dem Schriftsatz ergibt, ist ein genau gefasster Antrag entbehrlich (S/S-A/P/Meyer-Ladewig/Rudisile VwGO § 147 Rn 5). Eine **Begründung** ist zweckmäßig, aber mit Ausnahme der Nichtzulassungsbeschwerde nach § 133 Abs 3 VwGO und der Beschwerde nach § 146 Abs 4 VwGO nicht vorgeschrieben (Kopp/Schenke VwGO § 147 Rn 2). Die zur Begründung dienenden Tatsachen und Beweismittel sollten jedoch entsprechend § 124a Abs 3 S 4 VwGO angegeben werden.

D. Die Frist

4   Die Beschwerdefrist beträgt **zwei Wochen** nach Bekanntgabe der Entscheidung. Dies gilt auch für die PKH-Beschwerde (OVG Bremen Beschl v 11.1.2012 – 2 S 269/11; VGH München Beschl v 6.8.2009 – 21 C 09.1853; OVG Greifswald NVwZ-RR 2004, 544) sowie die Beschwerde nach § 17a Abs 4 S 3 GVG. Die **Wochenfrist** des § 181 Abs 1 GVG wird durch § 147 VwGO insoweit verdrängt (S/S-A/P/Meyer-Ladewig/Rudisile VwGO § 147 Rn 6; aA Kopp/Schenke VwGO § 147 Rn 3). Entsprechend abweichende oder fehlende Regelungen der Fristen in Kostengesetzen (GKG, RVG, JVEG) sind vorrangig zu beachten. Eine fristungebundene Beschwerde gegen die Ablehnung einer Wertfestsetzung kennt die VwGO jedoch nicht (OVG Hamburg NVwZ-RR 2002, 896). Die Frist läuft ab der Bekanntgabe der Entscheidung, unter der Voraussetzung, dass gemäß § 58 Abs 1 VwGO schriftlich über den Rechtsbehelf belehrt worden ist. Dabei ist die **Zustellung** des mit einer Rechtsmittelbelehrung versehenen **Tenors** nicht ausreichend (S/S-A/P/Meyer-Ladewig/Rudisile VwGO § 147 Rn 8). Die Gewährleistung eines effektiven Rechtsschutzes verlangt vielmehr die vollständige Kenntnis der Entscheidung **unter Einschluss der Gründe**. Nur so kann der Beschwerdeführer dem Darlegungserfordernis des § 146 Abs 4 S 3 VwGO nachkommen. Eine erneute Zustellung mit Gründen setzt eine neue Frist in Lauf. Weist die Rechtsmittelbelehrung zwar auf das Vorliegen des Vertretungszwangs, zugleich aber auch auf die Möglichkeit der Einlegung zur Niederschrift hin, gilt wegen Irreführung die **Jahresfrist** nach § 58 Abs 2 VwGO (VGH Mannheim Beschl v 1.9.2004 – 12 S 1750/04 BeckRS 2004, 24440). Eine solche Rechtsbehelfsbelehrung ist jedoch dann nicht als irreführend anzusehen, wenn unmittelbar nach dem Hinweis auf den Vertretungszwang zusätzlich klargestellt wird, dass dieser auch für Prozesshandlungen gilt, durch die ein Verfahren vor dem Oberverwaltungsgericht eingeleitet wird (VGH München Beschl v 12.4.2010 – 7 CE 10.405 BeckRS 2010, 49160). Sofern die Möglichkeit besteht, eine Beschwerde in elektronischer Form gem § 55a VwGO zu begründen, findet die Jahresfrist gem § 58 Abs 2 VwGO dann Anwendung, wenn laut Rechtsbehelfsbelehrung die Beschwerde schriftlich zu begründen ist, da aus einem solchen Hinweis die Möglichkeit der Begründung in elektronischer Form nicht deutlich hervorgeht (OVG Berlin-Brandenburg Beschl v 3.5.2010 – 2 S 106.09). Eine Verlängerung der Beschwerdefrist ist nicht möglich, dem Beschwerdeführer kann jedoch unter den Voraussetzungen des § 60 VwGO Wiedereinsetzung gewährt werden (VGH Mannheim NVwZ-RR 2003, 789). Nach der Fristversäumnis ist auch eine Anschlussbeschwerde noch möglich, sofern ein anderer Beteiligter fristgemäß Beschwerde eingelegt hat (S/S-A/P/Meyer-Ladewig/Rudisile VwGO § 147 Rn. 7). Die Einlegung der Beschwerde ist bereits **vor** der **Zustellung** zulässig, wenn die anzugreifende Entscheidung zumindest unterschrieben der Geschäftsstelle vorliegt und durch eine telefonische **Bekanntgabe** existent geworden ist (Kopp/Schenke VwGO § 147 Rn 3).

§ 148 [Abhilfe; Vorlage an das Oberverwaltungsgericht]

(1) Hält das Verwaltungsgericht, der Vorsitzende oder der Berichterstatter, dessen Entscheidung angefochten wird, die Beschwerde für begründet, so ist ihr abzuhelfen; sonst ist sie unverzüglich dem Oberverwaltungsgericht vorzulegen.

(2) Das Verwaltungsgericht soll die Beteiligten von der Vorlage der Beschwerde an das Oberverwaltungsgericht in Kenntnis setzen.

Nach § 148 Abs 1 VwGO ist das VG verpflichtet, einer zulässigen und begründeten Beschwerde abzuhelfen. Mit der Abhilfeentscheidung (Rn 2) besteht für das VG die Möglichkeit der Selbstkontrolle. Nutzt das VG diese Möglichkeit, so gelangt die Beschwerde, in Durchbrechung des Rechtsmitteln (Rn 4) grundsätzlich eigenen Devolutiveffekts, nicht in die höhere Instanz. Vor diesem Hintergrund der grundsätzlich möglichen Verfahrensbeschleunigung ist die Einlegung einer Beschwerde beim Beschwerdegericht, soweit eine Abhilfe (Rn 1) angestrebt wird, wenig sinnvoll. Rechtsfolge (Rn 4) der Abhilfe ist die Erledigung (Rn 2) des Verfahrens.

A. Abhilfe

Bei der Prüfung der **Zulässigkeit** und **Begründetheit** der Beschwerde hat das VG auch **1** neu vorgebrachte Tatsachen zu berücksichtigen. Es kann ermitteln und mündlich verhandeln, muss jedoch vor der Abhilfe **rechtliches Gehör** gewähren (S/S-A/P/Meyer-Ladewig/Rudisile VwGO § 148 Rn 3). Die Abhilfe ist grundsätzlich auch bei einer nicht zulässigen, aber sachlich berechtigten Beschwerde möglich (Kopp/Schenke VwGO § 148 Rn 1). Eine Verpflichtung zur Prüfung besteht jedoch nur bei zulässigen Beschwerden. Wird die Beschwerde beim OVG eingelegt, hat dieses die Sache an das VG zurückzugeben. Ausnahmen bestehen nur bei **Eilbedürftigkeit.** Die Abhilfe ist nicht (mehr) möglich bei rechtskräftiger Entscheidung über die Beschwerde, nach der Vorlage zum Beschwerdegericht sowie zum **isolierten** Austausch der Entscheidungsbegründung. Das VG kann jedoch mit **neuer** Begründung negativ über die Frage der Abhilfe entscheiden und vorlegen (S/S-A/P/Meyer-Ladewig/Rudisile VwGO § 148 Rn 4; aA Kopp/Schenke VwGO § 148 Rn 3). Eine Abhilfemöglichkeit besteht auch nicht bei Beschwerden gegen Beschlüsse im einstweiligen Rechtsschutz nach § 146 Abs 4 (S/S-A/P/Meyer-Ladewig/Rudisile VwGO § 148 Rn 4). Will das VG die Gründe für einen versagenden Beschluss nicht aufrechterhalten, darf es nicht nur den versagenden Beschluss aufheben, sondern muss auch über die Bewilligung selbst befinden (OVG Magdeburg NVwZ-RR 2009, 271).

B. Abhilfeentscheidung und Erledigung

Über die Abhilfe entscheidet **dasselbe** Gericht oder Organ, das auch die angegriffene **2** Entscheidung getroffen hat. Dies gilt auch für den **Einzelrichter**, da die Aufzählung in Abs 1 insoweit nicht abschließend ist (Kopp/Schenke VwGO § 148 Rn 2). Die Abhilfe bedarf derselben Form wie die angefochtene Entscheidung. Dabei ist auch über die Kosten zu entscheiden. Bei möglicher **Teilabhilfe** und Vorlage iÜ bleibt die Kostenentscheidung der Schlussentscheidung des OVG vorbehalten. Eine fehlerfreie Abhilfeentscheidung zur Sache heilt Mängel der angegriffenen Entscheidung, auch wenn sie im Ergebnis der Beschwerde nicht abhilft (VGH München NVwZ 1991, 1198). Eine Pflicht des Verwaltungsgerichts zur Begründung der Nichtabhilfeentscheidung besteht grundsätzlich nur, wenn der mit der Beschwerde angegriffene Beschluss nicht dem Gesetz entsprechend begründet war oder ein Festhalten an der Begründung der angegriffenen Entscheidung aufgrund des Beschwerdevorbringens des Beschwerdeführers schlechterdings rechtlich nicht mehr zu vertreten ist (VGH Kassel DVBl 2010, 267). Bei vollumfänglicher Abhilfe tritt **Erledigung** ein. Der Benachteiligte kann nunmehr gegen die Abhilfeentscheidung Beschwerde einlegen (S/S-A/P/Meyer-Ladewig/Rudisile VwGO § 148 Rn 5). Bei Rücknahme sowie Erledigung durch Vergleich oder übereinstimmende Erklärung, erfolgen Verfahrenseinstellung und Kostenentscheidung durch das VG (OVG Münster NVwZ-RR 1995, 479). Ist die Rücknahme streitig oder wird der Erledigungserklärung widersprochen, muss zur Entscheidung an das OVG vorgelegt werden (Kopp/Schenke VwGO § 148 Rn 4a)

C. Vorlage

3   Vorzulegen ist dem Beschwerdegericht jede Beschwerde, der das Gericht nicht abhilft. Dies gilt auch bei offensichtlich nicht statthaften oder sonst unzulässigen sowie offensichtlich unbegründeten Beschwerden (S/S-A/P/Meyer-Ladewig/Rudisile VwGO § 148 Rn 9). Die Vorlage hat **unverzüglich**, dh ohne schuldhaftes Zögern zu erfolgen. Eine Frist ist gesetzlich nicht vorgesehen. Erst nach der Nichtabhilfeentscheidung und mit Eingang der Beschwerde beim OVG wird die Sache dort anhängig (Kopp/Schenke VwGO § 148 Rn 5). Die Nichtabhilfeentscheidung bedarf keiner bestimmten Form und kann auch **konkludent** durch Vorlage der Akten beim OVG erfolgen (Kopp/Schenke VwGO § 148 Rn 4). Das VG soll die Beteiligten gemäß § 148 Abs 2 VwGO von der Vorlage unterrichten. Dies kann auch telefonisch geschehen. Als **Sollvorschrift** zieht ein Verstoß gegen Abs 2 keine Rechtsfolgen nach sich (S/S-A/P/Meyer-Ladewig/Rudisile VwGO § 148 Rn 9).

D. Rechtsfolgen und Rechtsmittel

4   Durch die Abhilfe wird das Beschwerdeverfahren beendet. Ein gesonderter Rechtsbehelf gegen die Nichtabhilfe ist nicht gegeben und auch nicht erforderlich, da die Beschwerde dem OVG zur Entscheidung vorgelegt wird (Kopp/Schenke VwGO § 148 Rn 7). Das OVG entscheidet über die Beschwerde sowie gegebenenfalls über die Anschlussbeschwerde, welche nach Anfall der Sache ebenfalls dort einzulegen ist. Bei formalen Mängeln kommt ausnahmsweise auch eine **Zurückverweisung** entsprechend § 130 VwGO an das VG in Betracht (OVG Saarlouis NVwZ-RR 2008, 215), und zwar insbes, wenn über die Abhilfe nicht entschieden worden ist (S/S-A/P/Meyer-Ladewig/Rudisile VwGO § 148 Rn 8). Ein formeller Fehler des Abhilfeverfahrens oder des Abhilfebeschlusses nach § 148 Abs 1 VwGO macht weder den mit der Beschwerde angefochtenen Beschluss rechtswidrig noch zwingt er zur Aufhebung des angefochtenen Beschlusses bzw des Nichtabhilfebeschlusses oder zur Rückgabe des Verfahrens zur ordnungsgemäßen Abhilfeprüfung an die Ausgangsinstanz (VGH Mannheim BeckRS 2010, 48312). Verfahrensgegenstand bei Teilabhilfe ist die ursprüngliche Entscheidung in der Gestalt, die sie durch die Teilabhilfe gefunden hat. Das Beschwerdegericht kann bereits vor Einlegung oder Vorlage der Beschwerde über die PKH entscheiden (S/S-A/P/Meyer-Ladewig/Rudisile VwGO § 148 Rn 10).

§ 149 [Aufschiebende Wirkung]

(1) [1]Die Beschwerde hat nur dann aufschiebende Wirkung, wenn sie die Festsetzung eines Ordnungs- oder Zwangsmittels zum Gegenstand hat. [2]Das Gericht, der Vorsitzende oder der Berichterstatter, dessen Entscheidung angefochten wird, kann auch sonst bestimmen, dass die Vollziehung der angefochtenen Entscheidung einstweilen auszusetzen ist.

(2) §§ 178 und 181 Abs. 2 des Gerichtsverfassungsgesetzes bleiben unberührt.

Der Beschwerde kommt idR keine aufschiebende Wirkung (Rn 1) zu, und daher ändert ihre Einlegung nichts an der Vollziehbarkeit eines Beschlusses. Etwas Anderes gilt nur in den ausdrücklich benannten Ausnahmefällen des Abs 1. Nach Eingang der Beschwerde hat das Gericht von Amts wegen oder auf Antrag einen Beschluss über die Einstellung der Vollziehung zu erlassen. Die Bestimmung der Aussetzung erfolgt durch das Ausgangsgericht (Rn 2), gegebenenfalls durch das Beschwerdegericht (Rn 3).

A. Aufschiebende Wirkung der Beschwerde

1   Nach § 149 Abs 1 S 1 VwGO hat die Beschwerde **aufschiebende Wirkung**, wenn sie sich gegen die Festsetzung eines Ordnungs- oder Zwangsmittels richtet. Dazu gehören ua Ordnungsmittel gegen Zeugen und Sachverständige (§ 98 VwGO iVm § 380 ZPO, § 390

ZPO, § 409 Abs 1 ZPO, § 411 ZPO), Ordnungsmittel für schuldhaftes Ausbleiben von Beteiligten (§ 95 Abs 1 und 2 VwGO) und ehrenamtlichen Richtern (§ 33 VwGO) sowie gegen Behörden (§ 172 VwGO). Gleiches gilt für Zwischenurteile nach § 98 VwGO iVm § 387 ZPO über die Rechtmäßigkeit der Zeugnisverweigerung (S/S-A/P/Meyer-Ladewig/ Rudisile VwGO § 149 Rn 3). Die Beschwerde hat hingegen **keine aufschiebende Wirkung** hinsichtlich der materiellen Bindungswirkung der gerichtlichen Entscheidung, gegen die sie erhoben wird (VGH München Beschl v 6.7.2012 – 10 CS 12.1367).

Auch der Beschwerde gegen die Zurückweisung eines Befangenheitsantrags kommt keine aufschiebende Wirkung zu (OVG Münster NJW 1990, 1749). Durch den Verweis in § 149 Abs 2 VwGO auf § 181 Abs 2 GVG besteht für die Beschwerde gegen die Festsetzung von Ordnungsmitteln wegen Ungebühr in einer Sitzung (§ 178 GVG) keine aufschiebende Wirkung, wohl aber gegen entsprechende Beschlüsse bei Amtshandlungen **außerhalb** der Sitzung nach § 180 GVG (S/S-A/P/Meyer-Ladewig/Rudisile VwGO § 149 Rn 4).

B. Bestimmung durch das Ausgangsgericht

Für die Aussetzung ist das Organ zuständig, das die angegriffene Entscheidung erlassen 2 hat. Dies gilt für das VG jedoch nur bis zur **Abhilfeentscheidung**, danach ist das OVG zuständig. Die Entscheidung kann auf **Antrag** oder von **Amts** wegen erfolgen (Kopp/ Schenke VwGO § 149 Rn 2). Voraussetzung einer Aussetzungsverfügung ist zunächst, dass die angegriffene Entscheidung einen vollziehbaren Inhalt hat. Es gilt ein weiter **Vollziehungsbegriff**, der auch Entscheidungen umfasst, die einem Wiederherstellungsantrag entsprochen haben (Kopp/Schenke VwGO § 149 Rn 1). Bei der zu treffenden **Ermessensentscheidung** sind die Erfolgsaussichten der Beschwerde summarisch zu prüfen, wobei dem Beschwerdeführer durch die weitere Vollziehung größere Nachteile drohen müssen als den anderen Beteiligten im Falle der Aussetzung (BGH NJW 2002, 1658). Die gesetzliche Grundentscheidung nach § 149 Abs 1 S 1 VwGO ist bei der Ausübung des Ermessens zu berücksichtigen. Die angegriffene Entscheidung muss sich aufgrund **rechtzeitigen** Beschwerdevorbringens (§ 146 Abs 4 S 6 VwGO) mit **überwiegender** Wahrscheinlichkeit als **fehlerhaft** erweisen oder die vorzeitige Vollziehung für den unterlegenen Verfahrensbeteiligten erkennbar **unzumutbar** sein (VGH Kassel NVwZ-RR 2006, 740). Die Aussetzung kann teilweise ergehen, von der Erfüllung von Auflagen oder einer Sicherheitsleistung abhängig gemacht und befristet werden (Kopp/Schenke VwGO § 149 Rn 4). Wird ausgesetzt, kann nicht vollstreckt werden. Eine bereits eingeleitete Zwangsvollstreckung ist einzustellen (S/S-A/P/Meyer-Ladewig/Rudisile VwGO § 149 Rn 5). § 80 Abs 7 S 1 VwGO ist entsprechend anwendbar (Kopp/Schenke VwGO § 149 Rn 6). Gegen den Beschluss des Ausgangsgerichts ist in einem eingeschränkten Anwendungsbereich bis zur Vorlegung wiederum die Einlegung einer Beschwerde möglich (S/S-A/P/Meyer-Ladewig/ Rudisile VwGO § 149 Rn 6).

C. Bestimmung durch das Beschwerdegericht

Die Zuständigkeit des Beschwerdegerichts ist gegeben, soweit das VG die Sache **vorlegt** 3 oder nicht abhilfeberechtigt ist (VGH Kassel NVwZ-RR 2004, 388). Zur Sicherung **effektiven Rechtsschutzes** kann das Beschwerdegericht die Vollziehung auch bereits vor der Abhilfeentscheidung aussetzen und eine einstweilige Anordnung erlassen (S/S-A/P/Meyer-Ladewig/Rudisile VwGO § 149 Rn 7). Bei Beschwerde gegen die Aussetzung kann diese wiederum vorläufig ausgesetzt werden (VGH Kassel NVwZ-RR 2004, 388). Erfolgt die Zurückweisung des Aussetzungsantrags oder die Anordnung des Sofortvollzugs durch das VG, kann das Beschwerdegericht die Vollziehung einstweilen aussetzen. Es kann die Vollstreckung anordnen oder vornehmen, soweit sich die Beschwerden gegen Beschlüsse richten, die derartige Maßnahmen aufgehoben haben (Kopp/Schenke VwGO § 149 Rn 5). Im Anwendungsbereich des § 146 Abs 4 VwGO steht dem VG weder eine Abhilfe- noch eine Aussetzungsbefugnis zu (OVG Greifswald NVwZ-RR 2003, 534). Mit Einlegung der Beschwerde ist die Sache beim OVG angefallen (Devolutiveffekt). Ein Beschluss über die Aussetzung entfaltet bis zu seiner Änderung oder einer abschließenden Entscheidung über die Beschwerde Wirkungen. Rechtsmittel gegen den Beschluss des Beschwerdegerichts stehen nicht zur Verfügung (S/S-A/P/Meyer-Ladewig/Rudisile VwGO § 149 Rn 8).

§ 150 [Entscheidung durch Beschluss]

Über die Beschwerde entscheidet das Oberverwaltungsgericht durch Beschluß.

Das OVG entscheidet über Beschwerden, denen das VG nicht vollständig abgeholfen hat (§ 148 VwGO) oder die sich nicht auf andere Weise erledigt haben. Die Entscheidung (Rn 2) ist grundsätzlich unanfechtbar (Rn 3) und erfolgt durch begründeten Beschluss (§ 122 Abs 2 S 1 VwGO; Rn 2). Eine mündliche Verhandlung ist zulässig, aber nicht obligatorisch. Der Grundsatz des rechtlichen Gehörs gilt auch im Beschwerdeverfahren.

A. Verfahren

1   Vorbehaltlich der Fälle des § 152 VwGO entscheidet das OVG über die Beschwerde durch Beschluss. Den Beteiligten ist nach den allgemeinen Grundsätzen **rechtliches Gehör** zu gewähren, soweit sie beschwert sind (S/S-A/P/Meyer-Ladewig/Rudisile VwGO § 150 Rn 2). Die Beschwerde muss zulässig, dh statthaft, form- und fristgerecht eingelegt worden sein. Wird die Hauptsache für erledigt erklärt, stellt das OVG das **gesamte** Verfahren ein und entscheidet nach § 161 VwGO auch über die Kosten des **Hauptsacheverfahrens** (OVG Weimar NVwZ-RR 1999, 278). Das OVG entscheidet unter Einbeziehung **neuer** Tatsachen und Beweismittel in **tatsächlicher** und **rechtlicher** Hinsicht neu (S/S-A/P/Meyer-Ladewig/Rudisile VwGO § 150 Rn 4). Als zweites Tatsachengericht ist das OVG grundsätzlich nicht auf die Kontrolle von Rechtsfehlern beschränkt, sondern kann eine eigene **Ermessensentscheidung** treffen (VGH Kassel NVwZ-RR 2004, 704). Eine Einschränkung besteht ua nach Maßgabe des § 146 Abs 4 S 6 VwGO für die Überprüfung der Interessenabwägung des Ausgangsgerichts im Rahmen des einstweiligen Rechtsschutzverfahrens (Kopp/Schenke VwGO § 146 Rn 43).

B. Entscheidung

2   Die Entscheidung ergeht durch begründeten Beschluss (§ 122 Abs 2 S 1 VwGO). Ausnahmen gelten für die **Nichtzulassungsbeschwerde** gemäß § 133 Abs 5 S 2 VwGO. Unzulässige Beschwerden werden verworfen, unbegründete zurückgewiesen. Das Verbot der reformatio in peius ist zu beachten (S/S-A/P/Meyer-Ladewig/Rudisile VwGO § 150 Rn 5). Eine Aufhebung oder Änderung der angegriffenen Entscheidung und eine Zurückverweisung kommen in Betracht, soweit die Beschwerde zulässig und begründet ist (OVG Saarlouis NVwZ-RR 2008, 215; VGH Mannheim NVwZ-RR 2004, 230). Eine Verpflichtung zur Zurückverweisung besteht selbst dann nicht, wenn das VG statt durch **Urteil** durch Beschluss entschieden hat (aA Kopp/Schenke VwGO § 150 Rn 2). In diesem Fall entscheidet das OVG im Beschwerdeverfahren durch **Urteil** (S/S-A/P/Meyer-Ladewig/Rudisile VwGO § 150 Rn 5).

C. Rechtsmittel

3   Eine Anfechtung der Beschlüsse des OVG scheidet grundsätzlich aus (§ 152 VwGO). Eine weitere Beschwerde ist in der VwGO nicht vorgesehen. Lediglich § 17a Abs 4 S 4 GVG eröffnet hinsichtlich der Rechtswegfrage eine **weitere Beschwerde**, soweit sie vom OVG wegen grundsätzlicher Bedeutung oder Divergenz zugelassen wurde (S/S-A/P/Meyer-Ladewig/Rudisile VwGO § 150 Rn 9).

§ 151 [Beauftragter oder ersuchter Richter; Urkundsbeamter]

[1] Gegen die Entscheidungen des beauftragten oder ersuchten Richters oder des Urkundsbeamten kann innerhalb von zwei Wochen nach Bekanntgabe die Entscheidung des Gerichts beantragt werden. [2] Der Antrag ist schriftlich oder zur

Niederschrift des Urkundsbeamten der Geschäftsstelle des Gerichts zu stellen.
³§§ 147 bis 149 gelten entsprechend.

Der Antrag auf Entscheidung des Gerichts (Erinnerung) tritt an die Stelle der Beschwerde und dient der Rechtmäßigkeitskontrolle durch dasselbe Gericht. Mangels Devolutiveffekts ist die Erinnerung auch gegen Beschlüsse möglich, für die die Beschwerde gesetzlich ausgeschlossen ist. Die Statthaftigkeit (Rn 1) richtet sich nach der abschließenden Aufzählung in § 151 S 1 VwGO. Für das Verfahren (Rn 2) sind Form und Frist gesetzlich festgeschrieben. Sonderregeln bestehen insbes im Kostenrecht nach den Regelungen von GKG, RVG und JVEG sowie in § 167 VwGO iVm § 766 ZPO. § 151 VwGO gilt auch in Verfahren vor dem BVerwG (§ 152 Abs 2 VwGO). Rechtsmittel (Rn 3) gegen die Entscheidung über die Erinnerung ist die Beschwerde nach den allgemeinen Vorschriften.

A. Statthaftigkeit

Statt einer Beschwerde ist gegen Entscheidungen des beauftragten oder ersuchten Rich- 1
ters (§ 96 Abs 2 VwGO) und des Urkundsbeamten der Geschäftsstelle (§ 13 VwGO) der Antrag auf Entscheidung des Gerichts (**Erinnerung**) gemäß § 151 S 1 VwGO statthaft (OVG Magdeburg BeckRS 2010, 56202. Zur Beschwerde auf die Erinnerung nach §§ 165, 151 VwGO vgl OVG Bautzen BeckRS 2011, 53223). Verhängt der verordnete Richter aber ein **Ordnungsgeld** wegen Ungebühr oder wird über die Rechtmäßigkeit der **Zeugnisverweigerung** bei Vernehmungen auf Ersuchen einer Behörde nach § 180 S 2 VwGO durch Beschluss entschieden, ist die **Beschwerde** möglich (S/S-A/P/Meyer-Ladewig/Rudisile VwGO § 151 Rn 3). Gegen die Kostenfestsetzung nach § 165 VwGO findet die Erinnerung statt (VGH München Beschl v 26.1.2012 – 9 C 11.3040). Ein als „Widerspruch" bezeichneter Rechtsbehelf gegen einen Kostenfestsetzungsbeschluss kann als Antrag auf gerichtliche Entscheidung nach § 165 VwGO iVm § 151 VwGO gewertet werden (VG Berlin BeckRS 2012, 51789). Gegen die Art und Weise der **Zwangsvollstreckung** nach § 167 Abs 1 VwGO iVm § 766 ZPO ist die Erinnerung statthaft, wenn die Maßnahmen ohne Anhörung getroffen wurden; hat eine Anhörung stattgefunden, ist die Beschwerde gegeben (VGH Kassel NVwZ-RR 1998, 77). Eine **Anschlusserinnerung** ist gesetzlich nicht vorgesehen, aber in analoger Anwendung der §§ 127 Abs 1, 173 VwGO iVm § 567 Abs 3 ZPO zulässig (VG Stuttgart NVwZ-RR 2007, 216; aA VG Neustadt NVwZ-RR 2004, 160). Eine außerordentliche Beschwerde kommt dagegen nicht in Betracht (OVG Berlin-Brandenburg NVwZ 2006, 614)

B. Verfahren

Nach § 151 S 2 VwGO ist der Antrag **schriftlich** oder zur **Niederschrift** des Urkunds- 2
beamten der Geschäftsstelle des Gerichts einzulegen. Daher besteht auch vor dem OVG und dem BVerwG kein **Vertretungszwang** (aA Eyermann VwGO § 151 Rn 3). Die Erinnerung ist an den Richter oder den Urkundsbeamten zu richten, der entschieden hat. Fristwahrend ist auch der Eingang beim Gericht, welches über die Erinnerung zu entscheiden hat (S/S-A/P/Meyer-Ladewig/Rudisile VwGO § 151 Rn 4). Die Frist beträgt zwei Wochen nach Bekanntgabe der Entscheidung. Fehlt eine ordnungsgemäße **Rechtsmittelbelehrung,** läuft die Jahresfrist (§ 58 Abs 2 VwGO). Für die Wiedereinsetzung gelten die allgemeinen Regeln. Über die Erinnerung entscheidet das Gericht, das den Richter ersucht hat oder dem der beauftragte Richter oder der Urkundsbeamte angehört. Dabei ist der ersuchte oder beauftragte Richter von der Mitwirkung ausgeschlossen, soweit seine Entscheidung angefochten wurde (Kopp/Schenke VwGO § 151 Rn 2). Das Gericht entscheidet durch Beschluss bei freigestellter mündlicher Verhandlung (S/S-A/P/Meyer-Ladewig/Rudisile VwGO § 151 Rn 4). Gericht iS des § 151 VwGO kann die Kammer, der Einzelrichter, der Vorsitzende oder der Berichterstatter sein. Bei Erinnerungen gegen den **Kostenfeststellungsbeschluss** entscheidet das Gericht in der Besetzung, in der die Kostenlastentscheidung getroffen wurde (VGH München NVwZ-RR 2004, 309). Die Zuständigkeit des Berichterstatters oder des Vorsitzenden nach § 87a Abs 1 und 3 VwGO scheidet aus, wenn die mündliche Verhandlung vor der Kammer erfolgte und das Verfahren darin beendet worden

ist (BVerwG NVwZ 2005, 466). Über § 151 S 3 VwGO ist § 148 VwGO hinsichtlich der Abhilfe und Vorlage entsprechend anwendbar. Gegen den Abhilfebescheid ist erneut die Erinnerung gegeben (S/S-A/P/Meyer-Ladewig/Rudisile VwGO § 151 Rn 4). Ist die Erinnerung begründet, wird die angefochtene Entscheidung aufgehoben. Die unzulässige Erinnerung wird verworfen, die unbegründete zurückgewiesen. Für die aufschiebende Wirkung gilt § 149 VwGO.

C. Rechtsmittel

3   Über die Erinnerung wird durch **begründeten** Beschluss entschieden. Gegen diese Entscheidung des Gerichts ist nach den allgemeinen Voraussetzungen die **Beschwerde** gegeben (Kopp/Schenke VwGO § 151 Rn 3). Eine erfolglose Erinnerung gegen die Entscheidung des Urkundsbeamten der Geschäftsstelle über die Akteneinsicht ist mit der Beschwerde angreifbar, da es sich dabei nicht um eine **prozessleitende** Verfügung iS des § 146 Abs 2 VwGO handelt (VGH München NVwZ-RR 1998, 686). Gegen die Ablehnung einer **Protokollberichtigung** ist dagegen keine Beschwerde gegeben (S/S-A/P/Meyer-Ladewig/Rudisile VwGO § 151 Rn 5). Der **Vertretungszwang** des § 67 Abs 1 S 2 VwGO besteht auch für Beschwerden gegen die Zurückweisung der Kostenerinnerung (VGH München NVwZ-RR 2003, 690).

§ 152 [Beschwerde zum Bundesverwaltungsgericht]

(1) Entscheidungen des Oberverwaltungsgerichts können vorbehaltlich des § 99 Abs. 2 und des § 133 Abs. 1 dieses Gesetzes sowie des § 17a Abs. 4 Satz 4 des Gerichtsverfassungsgesetzes nicht mit der Beschwerde an das Bundesverwaltungsgericht angefochten werden.

(2) Im Verfahren vor dem Bundesverwaltungsgericht gilt für Entscheidungen des beauftragten oder ersuchten Richters oder des Urkundsbeamten der Geschäftsstelle § 151 entsprechend.

Der Beschwerdeausschluss (Rn 1) nach § 152 VwGO ist vor dem verfassungsrechtlichen Hintergrund des Art 19 Abs 4 GG unbedenklich, da die Eröffnung einer weiteren Instanz nicht zwingend ist (BVerfG NJW 1997, 2163; NVwZ 1988, 718, 719). Zur Entlastung des BVerwG und zur Verfahrensstraffung werden Beschwerden grundsätzlich nur gegen Entscheidungen des VG zugelassen. Ausnahmen (Rn 2) sind nur in den Fällen des § 152 Abs 1 VwGO zulässig. Als Folge der Nichtanfechtbarkeit (Rn 3) ist das OVG grundsätzlich an seine Entscheidung gebunden. Nach § 152 Abs 2 VwGO sind die Regelungen über die Erinnerung (Rn 4) im Verfahren vor dem BVerwG entsprechend anwendbar.

A. Beschwerdeausschluss

1   Der Beschwerdeausschluss nach § 152 Abs 1 VwGO bezieht sich auf die Entscheidung des OVG, des Vorsitzenden und des Berichterstatters. Dabei ist gleichgültig, ob diese Entscheidung vom OVG als **Beschwerdegericht** oder **erstinstanzlich** gefällt wurde, welche Rechtsmängel gerügt werden und ob in der Hauptsache ein Rechtsmittel an das BVerwG gegeben ist (Kopp/Schenke VwGO § 152 Rn 1).

B. Ausnahmen

2   Gegen Entscheidungen des OVG über die Vorlage- und Auskunftspflicht von Behörden nach § 99 Abs 2 VwGO ist die Beschwerde zulässig. Beschwerdegegenstand ist dabei ausschließlich der Beschluss des **Zwischenentscheidungssenats** über die Rechtmäßigkeit der Verweigerung der Vorlage oder Auskunft (S/S-A/P/Meyer-Ladewig/Rudisile VwGO § 152 Rn 4). Zulässig ist auch die Beschwerde gegen die **Nichtzulassung** der Revision durch das OVG nach § 133 VwGO oder durch das VG nach § 135 VwGO. Gleiches gilt für Beschlüsse des OVG, soweit dagegen die Revision möglich ist (§ 125 Abs 2 S 4 VwGO, § 130a VwGO). Im Fall des § 17a Abs 4 S 4 GVG bedarf sowohl die Beschwerde als auch die

weitere Beschwerde der Zulassung im Beschluss des OVG. Das BVerwG ist an die Zulassung der Beschwerde gemäß § 17a Abs 4 S 6 GVG gebunden. Die Nichtzulassung der Beschwerde ist nicht anfechtbar (BVerwG NVwZ 1994, 782). Umstritten ist, ob eine weitere Beschwerde auch im Verfahren des **vorläufigen Rechtsschutzes** in Betracht kommt (dafür VGH München NVwZ 1999, 1015). In Anlehnung an den Wortlaut ist von einer grundsätzlichen Anwendbarkeit auszugehen, soweit keine schweren und nicht wiedergutzumachenden Schäden drohen (S/S-A/P/Meyer-Ladewig/Rudisile VwGO § 152 Rn 4).

C. Folgen der Nichtanfechtbarkeit

Das OVG ist grundsätzlich an seine nicht mehr anfechtbare Entscheidung gebunden und **3** kann sie, soweit dies nicht gesetzlich zugelassen ist (§ 80 Abs 7 VwGO), weder auf Antrag noch von Amts wegen ändern (Kopp/Schenke VwGO § 152 Rn 2). Dies gilt jedoch nur, wenn ein Beschluss auch **Rechtskraftwirkung** entfaltet. Eine **Gegenvorstellung** kommt seit der Schaffung von § 152a VwGO nicht mehr in Betracht (S/S-A/P/Meyer-Ladewig/Rudisile VwGO § 152 Rn 7). Ausgeschlossen ist damit auch eine **außerordentliche Beschwerde** zum BVerwG (Kopp/Schenke VwGO § 152 Rn 2). Dagegen bleiben **Untätigkeitsbeschwerden** weiterhin zulässig (§ 152a VwGO Rn 29).

D. Erinnerung

Für die Erinnerung gegen Entscheidungen des beauftragten oder ersuchten Richters oder **4** des Urkundsbeamten der Geschäftsstelle des BVerwG gilt § 151 VwGO entsprechend. Die Erinnerung kann auch zur Niederschrift eingelegt werden; es besteht **kein Vertretungszwang.**

§ 152a [Anhörungsrüge]

(1) [1] Auf die Rüge eines durch eine gerichtliche Entscheidung beschwerten Beteiligten ist das Verfahren fortzuführen, wenn

1. ein Rechtsmittel oder ein anderer Rechtsbehelf gegen die Entscheidung nicht gegeben ist und

2. das Gericht den Anspruch dieses Beteiligten auf rechtliches Gehör in entscheidungserheblicher Weise verletzt hat.

[2] Gegen eine der Endentscheidung vorausgehende Entscheidung findet die Rüge nicht statt.

(2) [1] Die Rüge ist innerhalb von zwei Wochen nach Kenntnis von der Verletzung des rechtlichen Gehörs zu erheben; der Zeitpunkt der Kenntniserlangung ist glaubhaft zu machen. [2] Nach Ablauf eines Jahres seit Bekanntgabe der angegriffenen Entscheidung kann die Rüge nicht mehr erhoben werden. [3] Formlos mitgeteilte Entscheidungen gelten mit dem dritten Tage nach Aufgabe zur Post als bekannt gegeben. [4] Die Rüge ist schriftlich oder zur Niederschrift des Urkundsbeamten der Geschäftsstelle bei dem Gericht zu erheben, dessen Entscheidung angegriffen wird. [5] § 67 Abs. 4 bleibt unberührt. [6] Die Rüge muss die angegriffene Entscheidung bezeichnen und das Vorliegen der in Absatz 1 Satz 1 Nr. 2 genannten Voraussetzungen darlegen.

(3) Den übrigen Beteiligten ist, soweit erforderlich, Gelegenheit zur Stellungnahme zu geben.

(4) [1] Ist die Rüge nicht statthaft oder nicht in der gesetzlichen Form oder Frist erhoben, so ist sie als unzulässig zu verwerfen. [2] Ist die Rüge unbegründet, weist das Gericht sie zurück. [3] Die Entscheidung ergeht durch unanfechtbaren Beschluss. [4] Der Beschluss soll kurz begründet werden.

(5) [1] Ist die Rüge begründet, so hilft ihr das Gericht ab, indem es das Verfahren fortführt, soweit dies aufgrund der Rüge geboten ist. [2] Das Verfahren wird in die Lage zurückversetzt, in der es sich vor dem Schluss der mündlichen Verhandlung befand. [3] In schriftlichen Verfahren tritt an die Stelle des Schlusses der mündlichen

Verhandlung der Zeitpunkt, bis zu dem Schriftsätze eingereicht werden können. [4]Für den Ausspruch des Gerichts ist § 343 der Zivilprozessordnung entsprechend anzuwenden.

(6) § 149 Abs. 1 Satz 2 ist entsprechend anzuwenden.

Eingefügt wurde die Regelung durch das AnhörungsrügenG vom 9.12.2004 (BGBl I 3220) mit Wirkung vom 1.1.2005. Sie trägt dem Plenarbeschluss des BVerfG vom 30.4.2003 Rechnung (NJW 2003, 1924). Soweit ein Gericht in entscheidungserheblicher Weise den Anspruch auf rechtliches Gehör verletzt, macht der allgemeine Anspruch auf Justizgewährung iVm dem Grundsatz des rechtlichen Gehörs (Art 103 Abs 1 GG) die Gewährleistung fachgerichtlicher Abhilfe notwendig (Kopp/Schenke VwGO § 152a Rn 1). Dabei führt das BVerfG den allgemeinen Justizgewährungsanspruch auf das Rechtsstaatsprinzip iVm Art 2 Abs 1 GG zurück (BVerfGE 93, 99, 107 = NJW 1995, 3173; jüngst BVerfG NVwZ 2008, 772 773). Daraus lassen sich auch Normzweck (Rn 1) und Anwendungsbereich (Rn 2) der Regelung herleiten. Neben der Erwartung der Rechtsmittelklarheit wird als eines der wesentlichen Ziele der Neuregelung die Entlastung des BVerfG von Verfassungsbeschwerden gegen die Verletzung des rechtlichen Gehörs angesehen. Ihrer Rechtsnatur (Rn 3) nach stellt die Anhörungsrüge einen außerordentlichen Rechtsbehelf ohne Suspensiv- oder Devolutiveffekt dar (BT-Drs 15/3706, 22). Als Ausgleich für die fehlende Hemmung der Rechtskraft der angegriffenen Entscheidung sieht Abs 6 durch den entsprechend anzuwendenden § 149 Abs 1 S 2 VwGO die Möglichkeit der einstweiligen Aussetzung der weiteren Vollziehung (Rn 4) vor. Die Voraussetzungen von Statthaftigkeit (Rn 5) und Begründetheit der Anhörungsrüge werden in Abs 1 geregelt. Form (Rn 12) und Frist (Rn 13) ergeben sich aus Abs 2. Die Vorgaben für die eigentliche Entscheidung (Rn 15) des Gerichts sind in Abs 4 und 5 enthalten. Der Klärung bedarf schließlich noch das Verhältnis zur Verfassungsbeschwerde (Rn 22) sowie die Möglichkeit einer analogen Anwendung (Rn 25) der Regelung.

Übersicht

A. Normzweck und Anwendungsbereich

I. Normzweck

Der Normzweck besteht zunächst darin, fachgerichtlichen Rechtsschutz gegen Gehörs- **1** verletzungen in rechtsstaatlich einwandfreier Weise im Wege der **Selbstkontrolle** sicherzustellen. Die Anhörungsrüge gewährleistet die Möglichkeit, die behauptete Verletzung des rechtlichen Gehörs einer einmaligen gerichtlichen Kontrolle durch das Fachgericht selbst, das die Gehörsverletzung begangen haben soll, unterziehen zu lassen (BayVerfGH Entscheidung v 30.5.2012 – Vf. 45-VI-11). Gehörsverstöße sollen durch Nachholung einer unterbliebenen Kenntnisnahme und Berücksichtigung von Vorbringen der Verfahrensbeteiligten geheilt werden (OVG Münster Beschl v 6.12.2011 – 18 B 1472/11). Die Ablehnung eines Richters wegen Besorgnis der Befangenheit kann im Rahmen einer Anhörungsrüge daher nicht allein darauf gestützt werden, dass der Richter mit der Sache vorbefasst war (BVerwG NVwZ-RR 2009, 662). Ob die mit dem Gesetz verbundene Erwartung einer Entlastung des BVerfG eintritt, bleibt abzuwarten. Der Gesetzgeber geht davon aus, dass die Gehörsverstöße idR **versehentlich** geschehen und ein **gleichlaufendes** Interesse von Beteiligtem und Gericht besteht, den Fehler zu korrigieren (S/S-A/P/Rudisile VwGO § 152a Rn 45). Oft werden aber auch Verhaltensweisen oder Entscheidungen gerügt, welche gerade nicht versehentlich getroffen wurden. In diesen Fällen ist mit einer Abhilfe nach § 152a VwGO auch künftig nicht zu rechnen. Dann bleibt nur die Verfassungsbeschwerde um den möglicherweise fortbestehenden Verfassungsverstoß zu beseitigen (zur Verfassungsbeschwerde: Kopp/Schenke VwGO, 16. Aufl 2010, § 152a Rn 16). Das Rügeverfahren dient jedoch nicht dazu, die Rechtsanwendung des Gerichts, die für unrichtig gehalten wird, infrage zu stellen (VGH München Beschl v 25.1.2012 – 8 ZB 12.90).

II. Anwendungsbereich

Ihrem Wortlaut nach findet die Regelung nur auf Gehörsverletzungen Anwendung. An **2** eine entsprechende Anwendung ist aber auch bei der Verletzung sonstiger Verfahrensgrundrechte oder bei offensichtlichen Verfahrensverstößen zu denken (Kopp/Schenke VwGO § 152a Rn 17 ff; aA OVG Frankfurt/Oder NVwZ 2005, 1213). Bis zur Klärung des genauen Anwendungsbereichs von § 152a VwGO sollte die Anhörungsrüge **parallel** zur Verfassungsbeschwerde eingelegt werden, um dem Argument der fehlenden Rechtswegerschöpfung die Grundlage zu entziehen (BVerfG NJW 2005, 3059; Zuck NVwZ 2005, 739 ff). Bei Vorliegen der tatbestandlichen Voraussetzungen der Norm kommt nun ausschließlich die Anhörungsrüge nach § 152a VwGO zur Anwendung. Die bisher praktizierte Konstruktion über eine **Gegenvorstellung** ist überholt (VGH Kassel NJW 2009, 2761 mwN; VGH München Beschl v 23.6.2009 – 3 ZB 09.826; OVG Lüneburg Beschl v 4.3.2008 – 10 LA 62/08; VGH München BayVBl 2007, 221). Soweit möglich, können die nach bisherigem Verständnis als Gegenvorstellung bezeichneten Rechtsbehelfe in Anhörungsrügen **umgedeutet** werden (VGH München Beschl v 6.3.2008 – 12 CE 08.332; OVG Lüneburg DÖV 2005, 966; OVG Berlin NVwZ 2005, 470). Allerdings soll eine Gegenvorstellung neben der Anhörungsrüge dann zulässig sein, wenn mit ihr keine Verletzung des rechtlichen Gehörs gerügt wird (OVG Weimar NJ 2008, 85, BeckRS 2008, 32240; Anschluss an BFH NJW 2006, 861 und BSG NJW 2006, 860; aA Schenke NVwZ 2005, 729; VGH München Beschl v 20.7.2006 – 5 ZB 06.462 mwN) und das Gericht nach der maßgeblichen gesetzlichen Regelung zu einer Abänderung seiner vorangegangenen Entscheidung befugt ist (VGH München Beschl v 19.1.2010 – 7 ZB 09.1199; OVG Lüneburg NVwZ-RR 2009, 983).

B. Rechtsnatur und Aussetzung der Vollziehung

I. Rechtsnatur

Systematisch einzuordnen ist die Anhörungsrüge als **außerordentlicher Rechtsbehelf**, **3** mit der Folge, dass ihr der **Devolutiveffekt** eines Rechtsmittels fehlt und die Rechtsmittelbelehrung auf sie nicht hinzuweisen braucht (BVerwG Beschl v 29.7.2009 – 5 B 46/09, 5 B 80/08 BeckRS 2009, 38085; BT-Drs 15/3706, 22; S/S-A/P/Rudisile VwGO § 152a Rn 7).

Mangels **Suspensiveffekts** hindert die Anhörungsrüge auch nicht den Eintritt der formellen Rechtskraft einer gerichtlichen Entscheidung (§ 173 VwGO iVm § 705 ZPO). Sie wurde vielmehr, angelehnt an die Neufassung des § 321a ZPO, als rechtskraftdurchbrechender Rechtsbehelf ausgestaltet, der weder die Rechtskraft der angegriffenen Entscheidung berührt noch der Vollstreckung entgegensteht (BT-Drs 15/3706, 16, 22). Die Anhörungsrüge lässt aber die Rechtshängigkeit des der angegriffenen Entscheidung zugrunde liegenden Verfahrens bis zur Entscheidung über die Rüge nach § 152a Abs 4 VwGO fortdauern bzw begründet sie erneut (OVG Lüneburg NVwZ-RR 2006, 295).

II. Aussetzung der Vollziehung

4   Zum Ausgleich des fehlenden Suspensiveffekts der Anhörungsrüge ist in § 152a Abs 6 VwGO die entsprechende Anwendung von § 149 Abs 1 S 2 VwGO vorgesehen. Damit kann das Gericht, dessen Entscheidung gerügt wird, bestimmen, dass die Vollziehung der angefochtenen Entscheidung einstweilen ausgesetzt wird. Über § 167 Abs 1 S 1 VwGO findet auch § 707 ZPO entsprechende Anwendung, so dass eine Sicherheitsleistung zur Bedingung für die Einstellung der Vollstreckung gemacht werden kann (S/S-A/P/Rudisile VwGO § 152a Rn 33). Der Erlass einer einstweiligen Anordnung nach §§ 152a Abs 6, 149 Abs 1 S 2 VwGO scheidet jedenfalls dann aus, wenn die Erfolglosigkeit des Anhörungsrügeverfahrens feststeht (OVG Lüneburg Beschl v 21.1.2010 – 8 MC 11/10 BeckRS 2010, 46304).

C. Statthaftigkeit (Abs 1)

5   Gegenstand der Anhörungsrüge können alle Entscheidungen des VG, OVG und BVerwG sein, die in Rechte des Beteiligten eingegriffen haben und nicht mit einem Rechtsmittel oder einem anderen Rechtsbehelf angreifbar sind. Dies gilt nicht nur für unanfechtbare Urteile, sondern auch für unanfechtbare Beschlüsse (Kopp/Schenke VwGO § 152a Rn 4). Dazu gehören bspw auch förmliche Ablehnungsbeschlüsse bei Befangenheitsanträgen (BVerfG, Beschl v 6.5.2010 – 1 BvR 96/19; VG Freiburg Beschl v 5.12.2011 – 3 K 2353/11). Neben dem Fehlen eines Rechtsmittels oder Rechtsbehelfs (Abs 1 S 1 Nr 1) ist als zweite Voraussetzung der Statthaftigkeit die Verletzung rechtlichen Gehörs in Abs 1 S 1 Nr 2 normiert. Schließlich bestimmt Abs 1 S 2, dass gegen eine der Endentscheidung vorausgehende Zwischenentscheidung keine Anhörungsrüge möglich ist.

I. Fehlen eines Rechtsmittels oder Rechtsbehelfs

1. Urteile und Fristversäumnis

6   Verfahrensabschließende Urteile des BVerwG sind grds nicht mit Rechtsmitteln oder anderen Rechtsbehelfen angreifbar. Gegen Urteile des VG steht der Antrag auf Zulassung der Berufung bzw die Berufung selbst zur Verfügung (§ 124a Abs 1 oder 4 VwGO iVm § 124 Abs 2 Nr 5 VwGO). Daher sind Mängel des verwaltungsgerichtlichen Verfahrens nicht im Rahmen einer Anhörungsrüge geltend zu machen (VGH München Beschl v 3.12.2012 – 10 ZB 12.1857). Bei gesetzlichem Ausschluss der Berufung besteht die Möglichkeit der Geltendmachung des Anhörungsmangels im Rahmen einer vom VG zugelassenen oder durch Nichtzulassungsbeschwerde erreichten Revision (Kopp/Schenke VwGO § 152a Rn 5). Gegen Urteile des OVG besteht die Möglichkeit der **Nichtzulassungsbeschwerde** oder der Revision (§ 133 VwGO oder § 132 Abs 1, Abs 2 Nr 3 VwGO). Ist ein Rechtsmittel gegeben, erfolgt in dessen Rahmen die Überprüfung des behaupteten Anhörungsmangels als Verfahrensfehler (BT-Drs 15/3706, 13). Die Anhörungsrüge ist insofern gegenüber Rechtsmitteln oder anderen Rechtsbehelfen, durch die der Anhörungsmangel beseitigt werden kann, **subsidiär** (S/S-A/P/Rudisile VwGO § 152a Rn 14). Sind die Fristen für die gegebenen Rechtsmittel oder Rechtsbehelfe durch den Anhörungsrügeführer versäumt worden, ist die Erhebung der Anhörungsrüge ausgeschlossen, denn § 152a VwGO soll als subsidiärer Rechtsbehelf nur Anwendung finden, wenn eine Behebung nicht im Rahmen anderer zur Überprüfung der Entscheidung gegebener Rechtsmittel oder Rechtsbehelfe möglich ist (S/S-A/P/Rudisile VwGO § 152a Rn 15).

2. Sonstige Entscheidungen des VG

Entscheidungen des VG, die keine Urteile oder Gerichtsbescheide sind, unterliegen nach 7
§ 146 Abs 1 und 4 VwGO grundsätzlich der Beschwerde, die die Anhörungsrüge ausschließt. Dies gilt vorbehaltlich der Einschränkung aus § 146 Abs 3 VwGO. Übersteigt der
Beschwerdegegenstand lediglich für **einen** Verfahrensbeteiligten **nicht** die 200 EUR Grenze, ergibt sich für diesen über § 127 VwGO zwar die Möglichkeit der **Anschlussbeschwerde**. Diese steht jedoch der **Statthaftigkeit** der Anhörungsrüge nicht entgegen, weil die
Anschlussbeschwerde entsprechend § 127 Abs 5 VwGO ihre Wirkung verlieren und damit
keinen ausreichenden Rechtsschutz gegen Gehörsverletzungen bieten kann (Kopp/Schenke
VwGO § 152a Rn 6).

3. Beschlüsse des OVG

Beschlüsse des OVG können grundsätzlich Gegenstand der Anhörungsrüge sein, soweit 8
sie nach § 152 Abs 1 VwGO unanfechtbar sind. Eine Anhörungsrüge gegen die Entscheidung eines Gerichts über eine vorausgegangene Anhörungsrüge ist danach nicht vorgesehen,
da die Anhörungsrüge kein Rechtsmittel zur inhaltlichen Überprüfung der vorausgegangenen, eigentlichen instanzabschließenden Endentscheidung darstellt (OVG Lüneburg Beschl v
25.11.2010 – 8 ME 299/10 BeckRS 2010, 56345; OVG Lüneburg Beschl v 31.3.2008 – 10
LA 73/08 BeckRS 2008 34293). Statthaft ist die Anhörungsrüge hingegen insbes für
ablehnende Beschlüsse hinsichtlich der Zulassung der Berufung gegen Urteile des VG. Auch
Beschlüsse aller Instanzen in **vorläufigen Rechtsschutzverfahren** können, soweit sie unanfechtbar sind, mit der Anhörungsrüge angegriffen werden. § 80 Abs 7 S 2 VwGO stellt
insoweit keinen anderweitigen Rechtsbehelf dar (S/S-A/P/Rudisile VwGO § 152a Rn 16;
aA VGH München Beschl v 13.7.2009 – 8 CS 09.1533; Guckelberger NVwZ 2005, 11, 13).
Eine **Blockade** der Anhörungsrüge im Verfahren des vorläufigen Rechtsschutzes erfolgt
auch nicht durch die mögliche Einräumung rechtlichen Gehörs im Hauptsacheverfahren
oder in einem gegen dieses gerichteten Rechtsmittelverfahren. Eine entsprechende Verweisung auf den Rechtsschutz in der Hauptsache würde grundsätzlich mit unzumutbaren
Nachteilen für den Betroffenen verbunden sein und somit den nach Art 19 Abs 4 GG
gebotenen vorläufigen Rechtsschutz weitestgehend entwerten (Kopp/Schenke VwGO
§ 152a Rn 6). Eine **Korrektur** erst im Hauptsacheverfahren kommt insbes dann **nicht** in
Betracht, wenn die Eilentscheidung endgültige Verhältnisse schafft oder wegen der Dauer des
Hauptsacheverfahrens faktisch zu endgültigen Verhältnissen führt (BT-Drs 15/3706, 14).

4. Anderweitige Rechtsbehelfe

Wie sich bereits aus dem Zweck der Vorschrift ergibt, stellt die Verfassungsbeschwerde 9
keinen der Anhörungsrüge entgegenstehenden Rechtsbehelf dar (BT-Drs 15/3706, 1). Als
anderweitige Rechtsbehelfe kommen nur solche fachgerichtlichen Rechtsbehelfe in Betracht, die ausdrücklich geregelt sind. Dazu zählen insbes der Antrag auf Wiedereinsetzung
nach § 60 VwGO oder der Antrag auf mündliche Verhandlung nach einem Gerichtsbescheid
gem § 84 Abs 3 VwGO (S/S-A/P/Rudisile VwGO § 152a Rn 17).

II. Gehörsverstoß

Mit der Entscheidung muss gem § 152a Abs 1 S 1 Nr 2 VwGO der Anspruch auf recht- 10
liches Gehör verletzt worden sein. Eine derartige Verletzung liegt beispielsweise vor, wenn
das erkennende Gericht auf einen wesentlichen **Kern** des Tatsachenvortrags eines Beteiligten
nicht eingeht, der für das Verfahren von zentraler Bedeutung ist und nach dem gerichtlichen
Rechtsstandpunkt weder unerheblich noch offensichtlich unsubstantiiert ist (BVerfG
NVwZ-RR 2004, 3, 4). Ein Gehörsverstoß ist auch gegeben, wenn sich die angefochtene
Entscheidung auf Tatsachen oder Beweisergebnisse stützt, zu denen sich die Beteiligten nicht
äußern konnten (§ 108 Abs. 2 VwGO) oder wenn das erkennende Gericht das (entscheidungserhebliche) tatsächliche oder rechtliche Vorbringen der Beteiligten nicht zur Kenntnis
genommen und nicht erwogen hat (VGH München Beschl v 11.12.2012 – 8 ZB 12.2397;
OVG Bautzen Beschl v 3.12.2012 – 4 B 184/12; VGH München Beschl v 29.2.2012 – 21

VwGO § 152a   Teil III Rechtsmittel und Wiederaufnahme des Verfahrens (§§ 124–153)

ZB 12.82). Der Grundsatz des rechtlichen Gehörs verbietet zudem **Überraschungsentscheidungen**. Solche sind anzunehmen, wenn das Gericht unter Verletzung der Hinweis-
und Erörterungspflichten einen Umstand zur Entscheidungsgrundlage gemacht und damit
dem Verfahren eine Wende gegeben hat, mit der die Beteiligten nicht zu rechnen brauchten
(st Rspr, vgl BVerwG Beschl v 12.12.2007 – 8 B 57/07). Die Herabsetzung eines erstinstanzlich nicht streitigen Streitwerts ist nicht überraschend (VGH München Beschl v
21.7.2011 – 9 CS 11.753). Eine Überraschungsentscheidung liegt bspw vor, wenn das
Gericht seine Entscheidung auf Rechtsgründe stützt, die im Verfahren nicht erörtert wurden
und auch nicht offensichtlich waren, ohne die Beteiligten darauf hingewiesen zu haben
(VGH München Beschl v 4.4.2011 – 2 ZB 10.2973). Bei der Überraschungsentscheidung
wird der Anspruch auf rechtliches Gehör jedoch erst dann verletzt, wenn das Gericht ohne
vorherigen Hinweis Anforderungen an den Sachvortrag stellt, mit denen auch ein gewissenhafter und kundiger Rechtsbeteiligter, selbst unter Berücksichtigung der Vielfalt vertretbarer
Rechtsauffassungen, nach dem bisherigen Prozess- bzw Verfahrensverlauf nicht zu rechnen
brauchte. Gleiches gilt, wenn das Gericht in seiner Entscheidung auf einen Gesichtspunkt
abhebt, mit dem ein sachkundiger Prozessbeteiligter nach dem bisherigen Verlauf des Verfahrens nicht rechnen musste (OVG Münster Beschl v 30.3.2011 – 15 E 217/11 BeckRS
2011, 49615). Eine Gehörsverletzung liegt jedoch nicht bereits vor, wenn das Gericht dem
zur Kenntnis genommenen und in Erwägung gezogenen Vorbringen des Beteiligten nicht
folgt, sondern aus Gründen des materiellen Rechts oder des Prozessrechts zu einem anderen
Ergebnis gelangt (BVerwG BeckRS 2011, 53906; VGH München Beschl v 3.12.2012 – 10
ZB 12.1857;VGH München Beschl v 16.5.2012 – 21 ZB 12.30144 BeckRS 2012, 51999;
VGH München Beschl v 16.5.2011 – 15 ZB 11.1050; BVerwG BeckRS 2010, 47847;
BVerwG NVwZ 2009, 329; BVerwG BeckRS 2008, 33751). Es ist zudem nicht verpflichtet,
jedes Vorbringen in den Gründen seiner Entscheidung ausdrücklich zu bescheiden (OVG
Bautzen Beschl v 3.9.2012 – 4 A 461/12; BVerwG BeckRS 2011, 53906; VGH München
Beschl v 16.3.2011 – 6 CE 11.362; VGH München Beschl v 26.10.2010 – 7 ZB 10.2331;
VGH München Beschl v 20.9.2010 – 15 ZB 10.2055; BVerwG BeckRS 2010, 50867;
BVerfG NVwZ 2009, 1489) oder die Beteiligten vorab auf seine Rechtsauffassung oder die
beabsichtigte Würdigung des Sachverhalts hinzuweisen (OVG Münster BeckRS 2011,
49615). Die Vorbereitung des Entwurfs einer Pressemitteilung, die im Anschluss an die
Beratung und Abstimmung über die Sache verfasst und nach Urteilsverkündung veröffentlicht wird, begründet keine voreingenommene Wertung des Parteivortrags in der mündlichen Verhandlung (BVerwG BeckRS 2010, 56874). Es ist nicht Sinn der Anhörungsrüge
gem § 152a VwGO, das Gericht zu einer Ergänzung oder Erläuterung der angegriffenen
Entscheidung zu veranlassen (VGH München Beschl v 14.10.2010 6 CS 10.2144; OVG
Münster BeckRS 2010, 52785). Art 103 Abs 1 GG ist insbes nicht verletzt, wenn das Gericht
dem Vortrag der Beteiligten in materiell-rechtlicher Hinsicht nicht die aus deren Sicht
richtige Bedeutung beimisst und entsprechende Folgerungen zieht (OVG Bautzen Beschl v
3.9.2012 – 4 A 461/12; VGH München Beschl v 26.7.2011 – 3 ZB 11.1224; OVG Münster
BeckRS 2010, 45673). Ein Gehörsverstoß liegt nicht vor, wenn das Beschwerdegericht das
Vorbringen eines Beteiligten aus Gründen prozessualer Darlegungspflichten unberücksichtigt
lässt (OVG Münster BeckRS 2010, 54828; BVerwG NVwZ 2009, 329) oder allein das
Vorbringen des Beschwerdeführers in den Blick nimmt (OVG Lüneburg BeckRS 2010,
45558). Mit der Rüge der Verletzung des rechtlichen Gehörs können eine (vermeintlich)
fehlerhafte Feststellung und Bewertung des Sachverhalts sowie seine rechtliche Würdigung
nicht beanstandet werden (OVG Münster BeckRS 2010, 51251). Denn die Anhörungsrüge
stellt keinen Rechtsbehelf zur Überprüfung der inhaltlichen Richtigkeit der angefochtenen
Entscheidung dar (BVerwG Beschl v 24.11.2011 – Az. 8 C 13.11; OVG Bautzen Beschl v
3.12.2012 – 4 B 184/12; VHG München Beschl v 25.7.2012 – 15 ZB 10.2220). Darüber
hinaus kann die Anhörungsrüge nicht auf einen Rechtsfehler bei der Überprüfung eines
angeblichen Verstoßes der Vorinstanz gegen das rechtliche Gehör gestützt werden und muss
sich grundsätzlich auf eine eigenständige Verletzung des rechtlichen Gehörs stützen (BVerwG
Beschl v 6.7.2010 – 5 B 13.10 (5 B 21.09, 5 PKH 16.09) BeckRS 2010, 51155; BVerwG
NJW 2009, 457; VGH München, Beschl v 11.12.2012 – 8 ZB 12.2397; VGH München,
Beschl v 10.10.2012 – 14 ZB 12.1707).OVG Saarlouis Beschl v 26.4.2012 – 2A 134/12).
Grundsätzlich ist auch bei fehlender ausdrücklicher Behandlung des Vorbringens der Betei-

ligten davon auszugehen, dass das Gericht das Vorbringen zur Kenntnis genommen hat (VG Augsburg Beschl v 1.10.2010 – Au 7 K 10.822); eine Verletzung des Anspruchs auf rechtliches Gehör liegt nur dann vor, wenn sich im Einzelfall aus besonderen Umständen ergibt, dass das Gericht seiner Pflicht zur Kenntnisnahme des Vorbringens der Parteien nicht nachgekommen ist (BVerfG BeckRS 2010, 48243). Aus der Tatsache, dass das Gericht einen Aspekt des Beteiligtenvorbringens nicht in den Urteilsgründen behandelt hat, kann nur in dem Fall darauf geschlossen werden, dass das Gericht den Aspekt nicht berücksichtigt hat, wenn es sich nach dem Rechtsstandpunkt des Gerichts um eine Frage von zentraler Bedeutung handelt (BVerwG Beschl v 5.8.2010 – 2 C 29.10 (2 C 33.09) BeckRS 2010, 52452). Das erstmalige Ansprechen einer Auslegungsmöglichkeit mit der Anhörungsrüge schließt eine Gehörsverletzung aus (OVG Bautzen BeckRS 2011, 53219). Die Verletzung muss **entscheidungserheblich** gewesen sein, dh das Entscheidungsergebnis muss auf der Verletzung beruhen (BVerwG BeckRS 2007, 20771), wenn also nicht ausgeschlossen werden kann, dass das Gericht ohne die Verletzung des Anspruchs auf rechtliches Gehör zu einer anderen Entscheidung gekommen wäre (VGH München Beschl v 10.7.2012 – 9 AS 12.1312; VGH München Beschl v 29.2.2012 – 21 ZB 12.82). Dies ist grundsätzlich anzunehmen, wenn die Gehörsverletzung das Verfahren in seiner Gesamtheit betroffen hat. Andernfalls ist eine **Kausalitätsprüfung** erforderlich. Für eine Übertragbarkeit der Kausalitätsvermutung nach § 138 Nr 3 VwGO ist die Bezugnahme des Gehörsverstoßes auf einen entscheidungserheblichen Gegenstand erforderlich (S/S-A/P/Rudisile VwGO § 152a Rn 19). Dabei umfasst die Prüfung nach § 152a VwGO nicht nur die Einhaltung des verfassungsrechtlich geschützten Mindeststandards in Art 103 Abs 1 GG, sondern auch die Beachtung der **einfachgesetzlichen** Ausprägungen der Garantie des rechtlichen Gehörs, die sie konkretisieren und inhaltlich erweitern (Kopp/Schenke VwGO § 152a Rn 3).

III. Endentscheidung

Nach § 152a Abs 1 S 2 VwGO ist eine Anhörungsrüge hinsichtlich einer der Endent- **11** scheidung vorausgehenden Entscheidung, also einer **Zwischenentscheidung**, nicht statthaft (VGH München Beschl v 18.6.2009 – 3 ZB 09.1285; OVG Magdeburg Beschl v 29.2.2008 – 3 O 364/08 BeckRS 2008, 34606). Dies entspricht dem in § 146 Abs 2 VwGO zum Ausdruck gekommenen gesetzgeberischen Willen, zur Sicherung eines zügigen Verfahrensablaufes eine Anfechtung von Zwischenentscheidungen grundsätzlich auszuschließen. Außerdem kann regelmäßig erst zum **Zeitpunkt** der Endentscheidung festgestellt werden, ob der Gehörsverstoß zu einer Beschwer geführt hat und **entscheidungserheblich** war (BT-Drs 15/3706, 16). Diese Einschränkung, nach der Anhörungsmängel zunächst im weiteren Verfahren zu beseitigen sind, ist eine weitere Ausprägung der **Subsidiarität** der Anhörungsrüge (S/S-A/P/Rudisile VwGO § 152a Rn 20). Da eine unanfechtbare Zwischenentscheidung, die an schweren Verfahrensfehlern leidet, keine **Bindungswirkung** für die Endentscheidung entfaltet (BVerwG NVwZ 1982, 370), kann ihre Fehlerhaftigkeit im Verfahren der Endentscheidung durch **Nachholung** des rechtlichen Gehörs geheilt werden. Das gilt immer dann, wenn das betreffende Gericht in der Lage ist, das Vorbringen zu berücksichtigen. Diese Voraussetzung ist schon dann als erfüllt anzusehen, wenn das Gericht einem Gehörsverstoß durch bloße Rechtsausführungen im Anhörungsrügebeschluss zum Vorbringen des Betroffenen in der Anhörungsrüge abhelfen kann (BVerfG NVwZ 2009, 580). Unterbleibt die Heilung, so beruht auch die Endentscheidung auf einer Verletzung des rechtlichen Gehörs und kann mit den gegebenen Rechtsmitteln und Rechtsbehelfen bzw subsidiär mit der Anhörungsrüge angefochten werden (Kopp/Schenke VwGO § 152a Rn 7). Daneben können die Verfahrensbeteiligten auch eine Änderung der unanfechtbaren Zwischenentscheidung von Amts wegen anregen, da einer solchen Änderung keine Rechtskraftwirkung entgegensteht (S/S-A/P/Rudisile VwGO § 152a Rn 21).

D. Form und Frist (Abs 2)
I. Form und Inhalt

Nach § 152a Abs 2 S 4 und 5 VwGO kann die Anhörungsrüge schriftlich oder, sofern **12** nicht nach § 67 Abs 4 VwGO **Vertretungszwang** besteht, zur Niederschrift des Urkundsbeamten der Geschäftsstelle erhoben werden. Die Rüge gegen Entscheidungen des BVerwG oder des OVG unterliegt dem Vertretungszwang, wenn dieser für die **konkret** angegriffene Entscheidung bestand (S/S-A/P/Rudisile VwGO § 152a Rn 25; VGH München Beschl v 3.12.2012 – 10 ZB 12.1857; VGH München Beschl v 25.10.2011 – 10 ZB 11.2384). Im Falle des Vertretungszwanges reicht es nicht aus, dass ein vertretungsberechtigter Rechtsanwalt, quasi als Bote, Schriftstücke seines Mandanten einreicht. Der Rechtsanwalt muss vielmehr selbst den Streitstoff durchdringen (VGH München Beschl v 4.1.2012 – 8 ZB 11.2841, 8 ZB 11.2803). Die Rüge muss die angegriffene Entscheidung durch die Angabe des Gerichts, des Aktenzeichens, des Entscheidungsdatums und der Beteiligten bezeichnen. Unvollständige oder falsche Angaben schaden nicht, wenn gleichwohl unzweifelhaft ist, um welche Entscheidung es sich handelt (Kopp/Schenke VwGO § 152a Rn 10). Der Gehörsverstoß muss dargelegt werden. Dazu muss der Betroffene entweder die Tatsachen oder Beweisergebnisse benennen, auf die das Gericht seine Entscheidung gestützt hat und zu denen er sich nicht äußern konnte oder sein tatsächliches oder rechtliches Vorbringen sowie die besonderen Umstände des Einzelfalles anführen, die die Annahme rechtfertigen, dass das Gericht entgegen der bestehenden Vermutung sein Vorbringen nicht zur Kenntnis genommen oder nicht erwogen hat (VGH München Beschl v 29.2.2012 – 21 ZB 12.82; VGH München Beschl v 27.5.2011 – 21 ZB 11.959; VGH München BeckRS 2012, 51999). Außerdem sind die Bemühungen des Beteiligten um Gehörsverschaffung zu benennen sowie die **Entscheidungserheblichkeit** zu begründen. Es genügt eine Darlegung in laienhafter Weise und in groben Zügen (VGH München Beschl v 1.9.2010 – 20 ZB 10.2207 / 20 ZB 10.1801). An der Darlegung einer entscheidungserheblichen Gehörsverletzung fehlt es, wenn letztlich lediglich beanstandet wird, das Gericht sei der Auffassung des Rügenden nicht gefolgt, da mit einem Angriff auf die inhaltliche Richtigkeit der betreffenden Entscheidung eine Verletzung des Anspruchs auf rechtliches Gehör nicht begründet werden kann (VGH München Beschl v 18.10.2011 – 21 ZB 11.2028; VGH München Beschl v 25.5.2011 – 16a DZ 11.120; OVG Bautzen Beschl v 7.1.2011 – 4 A 652/10 BeckRS 2011, 47474; VG Ansbach Beschl v 11.11.2010 – AN 1 K 10.02122; BVerwG Beschl v 29.7.2009 – 5 B 46.09 (5 B 80.08) BeckRS 2009, 38085). Führt der Beschwerdeführer lediglich aus, dass er die betroffene Entscheidung für unrichtig und widersprüchlich halte und er deshalb eine Überprüfung der Entscheidung beantrage, so hat dies eine offenkundige Unzulässigkeit der Anhörungsrüge zur Folge (BayVerfGH Entsch v 27.1.2011 – Vf. 140-VI-09 BeckRS 2011, 46645). Insbes besteht keine Pflicht des Gerichts, den Beschwerdeführer darauf hinzuweisen, seinen Vortrag im Zulassungsantrag zu substanziieren (VGH München Beschl v 4.4.2011 – 2 ZB 10.2973). Die Anforderungen an die Darlegung dürfen jedoch vor dem Hintergrund der Wahrung der **Effektivität** des Rechtsbehelfs und der relativ kurzen Darlegungsfrist nicht überspannt werden (S/S-A/P/Rudisile VwGO § 152a Rn 26). Auch darf sich das Vorbringen des Antragstellers auch nicht allein auf eine Wiedergabe und reine Wiederholung einer abweichenden gerichtlichen Rechtsauffassung beschränken (VGH München Beschl v 31.10.2012 – 11 CE 12.146).

II. Frist

13   Die Rüge muss innerhalb der **Notfrist** von zwei Wochen nach Kenntnis des Beteiligten von der Gehörsverletzung erhoben werden, wobei der Zeitpunkt der Kenntniserlangung glaubhaft zu machen ist. Für den Fristbeginn kommt es nicht auf den **Zeitpunkt** an, in dem sich der Einzelne erstmals über die zutreffende rechtliche Einordnung eines Umstandes bewusst wurde. Vielmehr ist auf die **Kenntnis aller Umstände** abzustellen, aus denen sich die Berechtigung zur Erhebung der Anhörungsrüge ergibt (S/S-A/P/Rudisile VwGO § 152a Rn 22). Der Zeitpunkt der Kenntnis ist jedenfalls dann, wenn für einen späteren Zeitpunkt keine Anhaltspunkte bestehen, identisch mit dem Zeitpunkt der Bekanntgabe der Entscheidung (VGH München Beschl v 25.10.2010 12 ZB 10.2020; VGH München Beschl v 1.10.2009 – 12 ZB 09.2099). Soweit in einem Verfahren, welches zu einer Entscheidung führt, gegen die die Anhörungsrüge gerichtet ist, gem § 152a Abs 2 S 5, § 67 Abs 4 VwGO Vertretungszwang besteht und die Entscheidung demnach an die Prozessbevollmächtigten zuzustellen war, ist die Kenntnis dieser Prozessbevollmächtigten von den behaupteten Gehörsverletzungen maßgeblich und nicht die Kenntnis der betroffenen Partei persönlich (VGH

München Beschl v 20.7.2010 – 21 ZB 10.1448; VGH München BeckRS 2012, 52962). Es ist nur das Vorbringen zu berücksichtigen, das dem Gericht innerhalb der Frist des § 152a Abs 2 S 1 Hs 1 VwGO zugegangen ist (VGH München Beschl v 25.3.2010 – 11 ZB 09.863; vgl auch OVG Lüneburg Beschl v 2.8.2010 – 7 LA 66/10 BeckRS 2010, 51708). Da es sich bei der Anhörungsrüge um einen außerordentlichen Rechtsbehelf handelt, ist eine **Rechtsbehelfsbelehrung**, wie sie § 58 VwGO für die ordentlichen Rechtsbehelfe vorschreibt, nicht erforderlich (BVerwG Beschl v 29.7.2009 – 5 B 46/09, 5 B 80/08 BeckRS 2009, 38085; VGH München Beschl v 30.6.2008 – 3 ZB 08.1467; BVerwG Beschl v 15.11.2005 – 6 B 69/05 BeckRS 2006, 20909; BT-Drs 15/3760, 22). Erlangt das Gericht nachträglich Kenntnis von der Verletzung rechtlichen Gehörs, muss es die Verfahrensbeteiligten darauf hinweisen und so die Erhebung der Anhörungsrüge ermöglichen, ohne die es der Verletzung nicht abhelfen kann (Kopp/Schenke VwGO § 152a Rn 8). Nach Ablauf der Jahresfrist gem § 152a Abs 2 S 2 VwGO kann die Rüge nicht mehr erhoben werden. Hierbei handelt es sich um eine **materielle Ausschlussfrist**, die einer Wiedereinsetzung in den vorigen Stand nicht zugänglich ist (BT-Drs 15/3706, 16). Formlos mitgeteilte Entscheidungen gelten nach § 152a Abs 2 S 3 VwGO mit dem dritten Tag nach Aufgabe zur Post als bekannt gegeben, wobei diese Fiktion eine tatsächlich früher oder später erfolgte Bekanntgabe unberücksichtigt lässt (Kopp/Schenke VwGO § 152a Rn 9). Erfolgt die Bekanntgabe tatsächlich erst später und führt dies dazu, dass die Frist nicht eingehalten werden kann, kommt aber eine Wiedereinsetzung in den vorigen Stand gem § 60 VwGO in Betracht (S/S-A/P/Rudisile VwGO § 152a Rn 22).

E. Verfahren (Abs 3)

Den übrigen Beteiligten ist, soweit erforderlich, Gelegenheit zur Stellungnahme zu geben. **14** Diese Verpflichtung ist ihrerseits eine Ausprägung des Grundsatzes des rechtlichen Gehörs und besteht nur dann, wenn das Gericht beabsichtigt, der Anhörungsrüge stattzugeben (Kopp/Schenke VwGO § 152a Rn 11). Nur dann wird die durch die rechtskräftige Entscheidung gewährte Begünstigung wieder in Frage gestellt, da das Verfahren dann nach § 152a Abs 5 S 1 VwGO fortzusetzen ist. Beabsichtigt das Gericht dagegen, die Rüge als unzulässig zu verwerfen (Abs 4 S 1) oder als unbegründet zurückzuweisen (Abs 4 S 2), bedarf es der Anhörung der übrigen Beteiligten mangels Verschlechterung der bereits erreichten Rechtsposition nicht (S/S-A/P/Rudisile VwGO § 152a Rn 27).

F. Entscheidung des Gerichts (Abs 4 und 5)

Die Anhörungsrüge dient der **Selbstkorrektur**. Für die Entscheidung ist daher das **15** Gericht, das die angegriffene Entscheidung getroffen hat, in der Besetzung der Ausgangsentscheidung zuständig (OVG Münster Beschl v 6.12.2011 – 18 B 1472/11), allerdings ohne Mitwirkung der ehrenamtlichen Richter. Das Gericht muss nicht notwendigerweise in der genauen Besetzung entscheiden, in welcher der Spruchkörper bei der angefochtenen Entscheidung tätig geworden ist; es genügt die sich aus dem aktuellen Geschäftsverteilungsplan ergebende Besetzung (OVG Münster BeckRS 2012, 52618). Die Behandlung der Anhörungsrüge steht nicht im **Ermessen** des Gerichts (BVerfG NJW 2003, 1924, 1928). Genügt die Rüge nicht den Darlegungserfordernissen, ist sie nicht vom postulationsfähigen Vertreter eingelegt, ist sie verfristet, fehlt es an einer rügefähigen Endentscheidung oder steht noch ein anderer Rechtsbehelf zur Verfügung, so ist sie unzulässig (Abs 4 S 1). Hinsichtlich der Begründetheit prüft das Gericht das Vorliegen eines Gehörsverstoßes, seine Ursächlichkeit und ob der Beteiligte alles Zumutbare zur Gehörsverschaffung unternommen hat (Abs 4 S 2). Eine Richterablehnung kommt erst dann in Betracht, wenn die Rüge Erfolg hat und das Verfahren fortgeführt wird. Zuvor steht die Rechtskraft der Entscheidung der Zulässigkeit entgegen (S/S-A/P/Rudisile VwGO § 152a Rn 28). In einem solchen Verfahren über die Anhörungsrüge kann jedoch die Besorgnis der Befangenheit der an der Entscheidung beteiligten Richter geltend gemacht werden. (BayVerfGH Entscheidung v 30.5.2012 – Vf. 45-VI-11)

I. Erfolglose Rüge

1. Unzulässige Rüge

16   Die Rüge ist gem § 152a Abs 4 S 1 VwGO als unzulässig zu verwerfen, wenn sie nicht statthaft oder nicht in der gesetzlichen Form oder Frist erhoben wurde. Zur Verwerfung kommt es demnach, wenn gegen die Entscheidung noch ein anderer Rechtsbehelf zur Verfügung steht oder seine ursprünglich zulässige Einlegung versäumt wurde, keine rügefähige Endentscheidung vorliegt, die Rüge verfristet oder sonst nicht ordnungsgemäß erhoben ist oder den Darlegungsanforderungen nicht genügt.

2. Unbegründete Rüge

17   Im Rahmen der Begründetheitsprüfung wird untersucht, ob die Gehörsverletzung wirklich vorliegt, sie gegebenenfalls ursächlich für die angegriffene Entscheidung war und ob der Betroffene alle Möglichkeiten ausgeschöpft hat, um sich im Ausgangsverfahren rechtliches Gehör zu verschaffen (Kopp/Schenke VwGO § 152a Rn 13). Verneint das Gericht eine dieser **kumulativen** Voraussetzungen, so weist es die Anhörungsrüge gem § 152a Abs 4 S 2 VwGO als unbegründet zurück (S/S-A/P/Rudisile VwGO § 152a Rn 31).

3. Begründungserfordernis

18   Bei erfolgloser Rüge ergeht die Entscheidung des Gerichts durch unanfechtbaren Beschluss, der kurz begründet werden soll (Abs 4 S 3 und 4). Das Gericht muss also grundsätzlich in verständlicher Weise die Gründe für den fehlenden Erfolg der Rüge benennen, darf aber bei **offensichtlichem** Fehlen der Gehörsverletzung von dieser Verpflichtung abweichen (Kopp/Schenke VwGO § 152a Rn 12). Grundsätzlich ist das Gericht nicht dazu verpflichtet sich mit jedem Vorbringen in der Begründung seiner Entscheidung ausdrücklich zu befassen, insbes dann nicht, wenn das Vorbringen nach dem Rechtsstandpunkt des Gerichts unerheblich ist (VGH München Beschl v 18.5.2011 – 12 ZB 09.2969; VGH München Beschl v 16.5.2011 – 15 ZB 11.1050; BVerfG Beschl v 23.7.2003 NVwZ-RR 2004, 3). Das Erfordernis der Entscheidungserheblichkeit ist jedoch mit Blick auf die Funktion der Selbstkorrektur eigenständig zu prüfen (BVerwG Beschl v 12.1.2012 – 9 A 21/11, 9 A 12/19). Mit diesem herabgesetzten Begründungserfordernis soll sichergestellt werden, dass eine Anhörungsrüge gegen eine Entscheidung über eine **Nichtzulassungsbeschwerde** nicht zur Herbeiführung einer Begründungsergänzung eingelegt werden kann (BT-Drs 15/3706, 16). Vergleichbares soll gelten, wenn sich die Rüge gegen einen die Berufungszulassung ablehnenden Beschluss des OVG gem § 124a Abs 5 S 3 und 4 VwGO richtet, bei welchem der geltend gemachte Gehörsverstoß verneint wurde (S/S-A/P/Rudisile VwGO § 152a Rn 29).

II. Erfolgreiche Rüge

19   Die zulässige Rüge ist begründet, wenn eine entscheidungserhebliche Verletzung des rechtlichen Gehörs vorliegt. Voraussetzung ist jedoch, dass der Beteiligte die Ausführungen, die angeblich nicht zur Kenntnis genommen, nicht erwogen oder nicht beschieden worden sind, vor diesem Gericht überhaupt gemacht hat (VGH München Beschl v 16.5.2011 – 8 C 11.1094). Ist dies gegeben, so ist eine Gehörsverletzung immer dann anzunehmen, wenn **nicht ausgeschlossen** werden kann, dass das Gericht ohne die Verletzung des Anspruchs auf rechtliches Gehör zu einer **anderen Entscheidung** gekommen wäre (VGH München Beschl v 23.5.2011 – 21 AS 11.22; BVerfG NJW 1994, 1053, 1054; BT-Drs 15/3706, 16). An der **Entscheidungserheblichkeit** fehlt es beispielsweise, wenn sich der Gehörsverstoß nur auf ein hilfsweise herangezogenes Beweismittel bezieht oder in dem nicht berücksichtigten Schriftsatz offensichtlich keine neuen Gesichtspunkte von Erheblichkeit für die Entscheidung vorgetragen wurden (Jarass/Pieroth GG Art 103 Rn 12). Nicht erforderlich ist hingegen, dass die Entscheidung bei Gewährung des rechtlichen Gehörs tatsächlich günstiger ausgefallen wäre, da über diese Frage regelmäßig erst nach Abschluss des fortzuführenden Verfahrens entschieden werden kann (Kopp/Schenke VwGO § 152a Rn 13). Für die An-

nahme einer Gehörsverletzung reicht ein **objektiver** Verstoß aus. Ein schuldhaftes Handeln des Gerichts ist nicht erforderlich.

1. Fortführungsbeschluss

Das Gericht hilft einer begründeten Rüge ab, indem es das Verfahren fortführt, soweit 20 dies aufgrund der Rüge geboten ist (Abs 5 S 1). Ein ausdrücklicher Abhilfe- oder Fortführungsbeschluss des Gerichts ist zwar gesetzlich nicht vorgeschrieben, jedoch für die **Transparenz** des Verfahrens von großem Gewinn und daher vorzugswürdig. Er muss inhaltlich auf die Anordnung der Fortführung beschränkt sein und darf dem Ergebnis der nachfolgenden Prüfung nicht vorgreifen (S/S-A/P/Rudisile VwGO § 152a Rn 32.) Unzulässig ist es insbes, bereits im Fortführungsbeschluss die unter Verletzung des rechtlichen Gehörs ergangene Entscheidung aufzuheben; die (teilweise) Aufhebung oder Aufrechterhaltung ist erst **Ergebnis der Fortführung** des Verfahrens (Kopp/Schenke VwGO § 152a Rn 14). Fortgeführt wird nach Abs 5 S 1 die Verhandlung jener **Teile des Streitgegenstands**, die von der Verletzung des rechtlichen Gehörs betroffen sind (BT-Drs 15/3706, 16). Beschränkt sich der entscheidungserhebliche Gehörsverstoß auf einen **abgrenzbaren** Teil des Streitgegenstandes, wird auch nur über diesen verhandelt (Guckelberger NVwZ 2005, 11, 15). Dabei wird das Verfahren nach Abs 5 S 2 in die Lage zurückversetzt, in der es sich vor dem Schluss der mündlichen Verhandlung befand. Im schriftlichen Verfahren tritt nach Abs 5 S 3 an die Stelle der mündlichen Verhandlung der Zeitpunkt, bis zu dem Schriftsätze eingereicht werden können. Die Prüfung im fortgeführten Verfahren muss sich nicht auf die Berücksichtigung des bislang nicht gehörten Vortrags beschränken, sondern kann auch eine zusätzliche **Beweisaufnahme** umfassen, insbes wenn der Gehörsverstoß in der unzulässigen Ablehnung eines Beweisantrags lag (S/S-A/P/Rudisile VwGO § 152a Rn 32).

2. Entscheidungstenor und reformatio in peius

Das Verbot der **reformatio in peius** gilt, anders als für ordentliche Rechtsmittel und 21 Rechtsbehelfe, nicht für den außerordentlichen Rechtsbehelf der Anhörungsrüge (Kopp/Schenke VwGO § 152a Rn 15). Hinsichtlich der **Grundstruktur** des abschließenden Ausspruchs des Gerichts ist § 343 ZPO über § 152a Abs 5 S 4 VwGO entsprechend anzuwenden (S/S-A/P/Rudisile VwGO § 152a Rn 34). Das bedeutet, dass im Falle der **Übereinstimmung** der am Ende der neuen Verhandlung zu erlassenden Entscheidung mit der ursprünglichen Entscheidung, im Entscheidungstenor auszusprechen ist, dass die Entscheidung insoweit aufrecht erhalten wird. Stimmen ursprüngliche und neu zu erlassende Entscheidung dagegen nicht überein, ist die frühere Entscheidung aufzuheben und durch die neue zu ersetzen (Kopp/Schenke VwGO § 152a Rn 15).

G. Verfassungsbeschwerde

Bei Erfolglosigkeit der Anhörungsrüge bleibt dem Verfahrensbeteiligten die Möglichkeit, 22 wegen des vermeintlichen Gehörsverstoßes Verfassungsbeschwerde zu erheben (OVG Berlin-Brandenburg Beschl v 23.8.2011 – OVG 5 RN 4.11; S/S-A/P/Rudisile VwGO § 152a Rn 35). Diese ist dann nicht nur gegen den Beschluss nach § 152a VwGO, sondern auch gegen die **Ausgangsentscheidung** zu richten (Kopp/Schenke VwGO, 16. Aufl. 2011 § 152a Rn 16). Der Lauf der Monatsfrist für die Beschwerdeerhebung beginnt gem § 93 Abs 1 S 2 BVerfGG infolge der Subsidiarität der Verfassungsbeschwerde erst mit dem Zugang des nicht stattgebenden Beschlusses (BVerfG NJW 2002, 3387). Etwas anderes gilt nur dann, wenn die Anhörungsrüge offensichtlich unzulässig ist. In diesem Fall ist ihre Erhebung nicht geeignet, die Frist zur Erhebung der Verfassungsbeschwerde offen zu halten (BVerfG NJW-RR 2008, 75, 76, ebenso BayVerfGH Entsch v 28.11.2012 – Vf. 67-VI-10 auf der Grundlage des Art 51 Abs 2 S 2 VfGHG). Bloße Vermutungen über eine voraussichtliche Erfolglosigkeit des Rechtsbehelfs stellen die Zumutbarkeit der Anhörungsrüge jedoch ebenso wenig infrage wie das persönliche Misstrauen des Verfahrensbeteiligten gegen die beteiligten Richter (BayVerfGH Entscheidung v 30.5.2012 – Vf. 45-VI-11).

I. Verstoß gegen Art 103 Abs 1 GG

23   Rügt der Verfahrensbeteiligte nur einen Verstoß gegen Art 103 Abs 1 GG, ist die Anhörungsrüge der allein in Betracht kommende Rechtsbehelf (Zuck NVwZ 2005, 739, 740). Problematisch sind jedoch die Fälle, in denen sich hinter dem **Vorwand** eines Verstoßes gegen Art 103 Abs 1 GG tatsächlich eine Rüge aus dem konkurrierenden Grundrechtsbereich der Art 3 Abs 1, 19 Abs 4, 20 Abs 3 iVm Art 2 Abs 1, Art 101 Abs 1 S 2 GG versteckt (Schenke NVwZ 2005, 729). Hier kann angenommen werden, dass die Instanzgerichte die Anhörungsrüge nicht für statthaft halten, während das BVerfG aufgrund seiner beabsichtigten **Entlastung** durch den § 152a VwGO sowie des **Subsidiaritätsgrundsatzes** eher eine **ausdehnende Auslegung** des Art 103 Abs 1 GG und die Notwendigkeit der Anhörungsrüge befürworten wird (Zuck NVwZ 2005, 739, 740). Vielfach geht auch die Verletzung anderer verfassungsrechtlich gewährleisteter Verfahrensrechte mit einer über § 152a VwGO rügbaren Verletzung des rechtlichen Gehörs einher (Kopp/Schenke VwGO § 152a Rn 20). Nach einer aktuellen Entscheidung des BVerfG ist die Verfassungsbeschwerde nicht nur in Bezug auf die behauptete Verletzung des rechtlichen Gehörs, sondern insgesamt unzulässig, wenn der Verfahrensbeteiligte die Erhebung einer nicht offensichtlich aussichtslosen Anhörungsrüge unterlässt.(BVerfG NJW 2005, 3059; BVerfG Beschl v 20.6.2012 – 2 BvR 1565/11). Dies gilt umso mehr, wenn die sonstigen Grundrechtsrügen inhaltlich über die erhobene Rüge der Verletzung des rechtlichen Gehörs nicht hinausgehen (BayVerfGH Entscheidung v 30.5.2012 – Vf. 45-VI-11). Diese Entscheidung bestärkt den Weg des **Doppelverfahrens**, nach dem parallel zur Verfassungsbeschwerde die Anhörungsrüge erhoben werden sollte, um das Argument der fehlenden Rechtswegerschöpfung entkräften zu können (BVerfG NJW 2005, 3059; Zuck NVwZ 2005, 739, 740).

II. Verstoß gegen materielles und formelles Verfassungsrecht

24   Ist neben einem Gehörsverstoß auch die Verletzung materiellen Verfassungsrechts möglich, kann die Verfassungsbeschwerde unter bestimmten Umständen der Anhörungsrüge vorausgehen. Gegenstand der Verfassungsbeschwerde ist dann nur der **materielle Verfassungsverstoß**. Die Rüge des Verstoßes gegen **Art 103 Abs 1 GG** gehört in das Verfahren nach § 152a VwGO (Lechner/Zuck 5. Aufl 2006, BVerfGG § 90 Rn 148). Nach § 152a Abs 5 VwGO erfolgt die Fortführung des Ausgangsverfahrens soweit dies geboten erscheint, betrifft also nur die Verhandlung solcher Teile des Streitgegenstands, die von der Verletzung des rechtlichen Gehörs betroffen sind. Besteht ein davon **abtrennbarer** Teil, kann für diesen Teil der Einwand der fehlenden **Rechtswegerschöpfung** nach § 90 Abs 2 BVerfGG nicht erhoben werden (Zuck NVwZ 2005, 739, 741; vgl auch BVerfG NJW 2005, 3059, 3060). Dies muss dann auch entsprechend für den **Grundsatz der formellen Subsidiarität** gelten. Andernfalls könnte der Beschwerdeführer nach Erhebung der Anhörungsrüge auf diese verwiesen werden, mit der Folge, dass die Verfassungsbeschwerde nunmehr unzulässig wäre (Zuck NVwZ 2005, 739, 741). Bliebe diese dann auch noch erfolglos, wäre die Frist für die Verfassungsbeschwerde hinsichtlich des **materiellen** Verfassungsverstoßes verstrichen. Ist die Anhörungsrüge begründet, wird die Ausgangsentscheidung aufgehoben und zugleich das Rechtsschutzziel der Verfassungsbeschwerde nach § 95 Abs 2 BVerfGG erreicht. Infolge des Wegfalls des **Rechtsschutzinteresses** ist die Verfassungsbeschwerde durch den Beschwerdeführer zurückzunehmen. Wird die Ausgangsentscheidung dagegen nach § 152a Abs 5 S 4 VwGO iVm § 343 ZPO aufrechterhalten, hat der Antragsteller zu prüfen, ob er den Beschluss nunmehr mit einer weiteren auf Art 103 Abs 1 GG gestützten Verfassungsbeschwerde angreifen oder die Entscheidung akzeptieren will (Zuck NVwZ 2005, 739, 741).

H. Analoge Anwendung

25   Klärungsbedarf besteht hinsichtlich der Rechtsschutzmöglichkeiten gegen die Verletzung anderer verfassungsrechtlich garantierter Verfahrensrechte, wie beispielsweise **Art 101 GG** und **Art 19 Abs 4 GG**, die nicht vom Wortlaut des § 152a VwGO erfasst werden. Zur Sicherung dieser Rechte sind nach dem Willen des BVerfG entsprechende fachgerichtliche Rechtsschutzmöglichkeiten zu schaffen (BVerfG NJW 2003, 1924, 1926). Solche stehen aber

bisher noch aus. Diese Rechtsschutzlücke kann durch eine analoge Anwendung von § 152a VwGO oder durch die Übertragung seiner modellhaften Strukturen auf einen gesetzlich nicht vorgesehenen Rechtsschutz geschlossen werden (Kopp/Schenke VwGO § 152a Rn 22). Eine vom Gesetzgeber gewollte Beschränkung des Anwendungsbereichs auf die Gehörsrüge steht dem nicht entgegen (aA Lechner/Zuck 5. Aufl 2006, BVerfGG § 90 Rn 147; Guckelberger NVwZ 2005, 11, 13), denn die Ausführungen des BVerfG zeigen ungeachtet des konkret nur auf Art 103 Abs 1 GG gerichteten Gesetzgebungsauftrags, dass der Verweis auf die tradierten außerordentlichen Rechtsbehelfe, wie **Gegenvorstellung** und **außerordentliche Beschwerde**, mit dem Gebot der **Rechtsmittelklarheit** nicht zu vereinbaren ist (BVerfG NJW 2003, 1924, 1928; Schenke NVwZ 2005, 729, 734).

I. Grundsatz des gesetzlichen Richters

Da auf die **Gegenvorstellung** nach bisherigem Verständnis nicht mehr zurückgegriffen **26** werden kann (VGH München Beschl v 25.10.2010 – 12 ZB 10.2020; Schenke NVwZ 2005, 729, 734), ist für einen Verstoß gegen Art 101 Abs 1 S 2 GG von Verfassungs wegen eine gesetzliche Regelung notwendig (S/S-A/P/Rudisile VwGO § 152a Rn 36). Soweit in der Gesetzesbegründung die weitere Zulässigkeit der außerordentlichen Rechtsbehelfe unterstellt wurde (BT-Drs 15/3706, 14), fehlte offensichtlich das Bewusstsein für das bestehende **Regelungsdefizit** (Guckelberger NVwZ 2005, 11, 13). Die **Regelungslücke** kann daher als anfänglich und unbewusst charakterisiert werden und die Basis für eine Analogie bilden (S/S-A/P/Rudisile VwGO § 152a Rn 36). Auch sonst ist die Situation bei den Verfahrensgrundrechten in Art 103 Abs 1 GG und Art 101 Abs 1 S 2 GG insofern vergleichbar, als das auch hier die fachgerichtliche **Selbstkontrolle** den sachgerechten Weg zur Überprüfung und Entlastung des BVerfG darstellt. Eine **analoge** Anwendung des § 152a VwGO auf den Fall des Art 101 Abs 1 S 2 GG ist daher gerechtfertigt (S/S-A/P/Rudisile VwGO § 152a Rn 36; VGH Mannheim NVwZ 2006, 1084; zumindest gegen eine direkte Anwendung von § 152a VwGO: VGH München Beschl v 16.5.2011 – 15 ZB 11.1050). Keiner Analogie bedarf es jedoch in solchen Fällen, in denen über eine **extensive Interpretation** oder direkte Anwendung vorhandener Vorschriften, wie es zB für § 152a VwGO bei einer **gleichzeitig** vorliegenden Gehörsverletzung geschehen kann, ein ausreichender Rechtsschutz sichergestellt ist (Schenke NVwZ 2005, 729, 735). Die **Gegenvorstellung** im bisherigen Verständnis kommt bei Verstößen von Endentscheidungen gegen den Grundsatz des gesetzlichen Richters nicht mehr in Betracht (Schenke NVwZ 2005, 729, 734). Die allgemeine **formlose** Gegenvorstellung bleibt aber als Anregung an das Gericht zur Überprüfung seiner Entscheidung erhalten (Schenke NVwZ 2005, 729, 733, 739). Sie vermag allerdings nicht die Abänderung unanfechtbarer Endentscheidungen zu erreichen und bietet daher keinen der Anhörungsrüge vergleichbaren Rechtsschutz (S/S-A/P/Rudisile VwGO § 152a Rn 37).

II. Sonstige Verfahrensrechte

Infolge der eingeschränkten Vergleichbarkeit weiterer aus der Verfassung ableitbarer Verfahrensrechte mit den durch das BVerfG ausdrücklich benannten Art 103 Abs 1 GG und **27** Art 101 Abs 1 S 2 GG, sieht sich eine **entsprechende Erweiterung** der analogen Anwendung des § 152a VwGO dem **Einwand** der fehlenden klaren Konturierung ausgesetzt (aA Kopp/Schenke VwGO § 152a Rn 22). Gleiches gilt für die generelle Einbeziehung von Verstößen gegen § 138 VwGO (S/S-A/P/Rudisile VwGO § 152a Rn 38). Soweit **zugleich** eine Verletzung des Art 103 Abs 1 GG vorliegt, ist eine derartige Begrenzung der Analogie auch durchaus vertretbar, da in diesen Fällen die Anhörungsrüge bereits direkt anwendbar ist (Kopp/Schenke VwGO § 152a Rn 20 f). Andernfalls bleibt die Möglichkeit der Einlegung der Verfassungsbeschwerde bestehen. Für die **Gegenvorstellung** im bisherigen Verständnis bleibt auch hier kein Raum (S/S-A/P/Rudisile VwGO § 152a Rn 38).

III. Materiell grob gesetzwidrige Entscheidungen

Schwierigkeiten hinsichtlich einer analogen Anwendung des § 152a VwGO ergeben sich **28** auch dann, wenn eine Entscheidung aus **materiellrechtlichen** Gründen **grob** gesetzwidrig ist und mit der materiellen Rechtsverletzung nicht zugleich eine Verletzung des rechtlichen Gehörs einhergeht (Schenke NVwZ 2005, 736). Der Weg über die **außerordentliche Beschwerde** ist spätestens aufgrund der Erwägungen des BVerfG zur Rechtsmittelklarheit und der entsprechenden Aktivitäten des Gesetzgebers versperrt (BVerwG Beschl BeckRS 2009, 34760; OVG Hamburg NVwZ 2009, 62; VGH Mannheim NJW 2005, 920). Die unzutreffende Annahme des Gesetzgebers, die außerordentliche Beschwerde würde fortbestehen können (so auch OVG Lüneburg NVwZ-RR 2009, 983), begründete eine unbewusste **Regelungslücke** (S/S-A/P/Rudisile VwGO § 152a Rn 39). Es fehlt in diesem Fall jedoch an der inhaltlich vergleichbaren Situation mit der Verletzung von Verfahrensrechten (VGH Mannheim NJW 2005, 920; aA Kopp/Schenke VwGO § 152a Rn 22). Für die hier erforderliche Korrektur unvertretbarer materieller Rechtspositionen des Ausgangsgerichts erscheint der Weg der **Selbstkontrolle** nicht geeignet (S/S-A/P/Rudisile VwGO § 152a Rn 39). Mit hoher Wahrscheinlichkeit ist die materiellrechtlich greifbar falsche Entscheidung des Gerichts aufgrund einer **fehlerhaften Rechtsüberzeugung** ergangen und wird daher auf eine Rüge entsprechend dem § 152a VwGO hin kaum korrigiert werden (aA Schenke NVwZ 2005, 729, 737). Letztlich bleibt für diese Fälle nur die Korrekturmöglichkeit im Rahmen der **Verfassungsbeschwerde**, mit der eine Verletzung verfassungsrechtlich geschützter Rechte gerügt und überprüft werden kann (S/S-A/P/Rudisile VwGO § 152a Rn 39).

IV. Verzögerungsrüge

29   Zum 3.12.2011 ist das Gesetz über den Rechtsschutz bei überlangen Gerichtsverfahren und strafrechtlichen Ermittlungsverfahren (BGBl I, 2302) in Kraft getreten. Damit ist der Gesetzgeber den bisherigen (auch an dieser Stelle in Vorauflagen geäußerten) Forderungen nach einem Rechtsbehelf gegen eine **überlange Verfahrensdauer** nachgekommen (EGMR NJW 2001, 2694, 2700 f; Schenke NVwZ 2005, 729, 738). Ziel des Gesetzes ist es, Gefährdungen oder Verletzungen des aus Art 19 Abs 4 GG, Art 20 Abs 3 GG und Art 6 Abs 1 EMRK folgenden Anspruchs auf Rechtsschutz in angemessener Zeit entgegenzuwirken (BT-Drs 17/3802, 1). In seinem Zentrum steht die Einführung eines **Entschädigungsanspruchs** für überlange Gerichtsverfahren, der sich für verwaltungsgerichtliche Verfahren aus § 173 S 2 VwGO iVm §§ 198 ff GVG ergibt. Voraussetzung für die spätere Geltendmachung des Entschädigungsanspruch ist, dass der Verfahrensbeteiligte bei dem mit der Sache befassten Gericht die Dauer des Verfahrens gem § 173 S 2 VwGO iVm § 198 Abs 3 S 1 GVG gerügt hat (s zu Einzelheiten BeckOK Graf/Graf GVG § 198 Rn 1 ff (Stand 06/2012)). Die Rüge kann schriftlich oder in mündlicher Form erhoben werden (BT-Drs 17/3802, 22). Über die Entschädigung entscheidet bei Klage gegen ein Land gem § 173 S 2 VwGO iVm § 201 Abs 1 S 1 GVG das OVG, in dessen Bezirk das streitgegenständliche Verfahren durchgeführt wurde. Für die Klage auf Entschädigung gegen den Bund ist gem § 173 S 2 VwGO iVm § 201 Abs 1 S 1 GVG der BGH zuständig.

15. Abschnitt Wiederaufnahme des Verfahrens (§ 153)

§ 153 [Wiederaufnahme des Verfahrens]

(1) Ein rechtskräftig beendetes Verfahren kann nach den Vorschriften des Vierten Buchs der Zivilprozeßordnung wiederaufgenommen werden.

(2) Die Befugnis zur Erhebung der Nichtigkeitsklage und der Restitutionsklage steht auch dem Vertreter des öffentlichen Interesses, im Verfahren vor dem Bundesverwaltungsgericht im ersten und letzten Rechtszug auch dem Vertreter des Bundesinteresses beim Bundesverwaltungsgericht zu.

Die Bindungswirkung rechtskräftiger Urteile § 121 VwGO bezweckt den Ausschluss einander widerstreitender gerichtlicher Entscheidungen selbst dann, wenn sich eine Entscheidung im Einzelfall als unrichtig erweist (vgl BVerwGE 14, 359, 363). Beruht die Unrichtigkeit der Entscheidung allerdings auf einer Straftat (Rn 32) oder war das Gericht fehlerhaft besetzt (Rn 28), so greifen ausnahmsweise die Vorschriften über die Wiederaufnahme des Verfahrens nach § 153 VwGO iVm §§ 578 ZPO ff (vgl BVerwGE 82, 272). Für gravierende Verfahrensmängel ist dabei die Nichtigkeitsklage (§ 579 ZPO; Rn 27), bei unrichtigen Entscheidungsgrundlagen ist die Restitutionsklage (§ 580 ZPO; Rn 32) einschlägig.

Bei der Wiederaufnahme des Verfahrens handelt es sich demnach um einen gegen rechtskräftige Gerichtsentscheidungen gerichteten außerordentlichen Rechtsbehelf, dem weder Devolutiv- (es entscheidet das ursprünglich erkennende Gericht – Rn 8) noch Suspensiveffekt (vgl aber § 167 VwGO iVm § 707 ZPO) zukommt. Die Wiederaufnahme des Verfahrens ermöglicht eine Durchbrechung der Rechtskraft durch Gestaltungsurteil in enumerativ begrenzten Ausnahmefällen zugunsten einer materiell richtigen Entscheidung (BVerwGE 104, 182, 186). Dem Gesetzgeber obliegt dabei zuvörderst die Austarierung der beiden aus dem Rechtsstaatsprinzip fließenden Komponenten Rechtssicherheit und materielle Gerechtigkeit, daher sind die Wiederaufnahmetatbestände nicht beliebig durch die Gerichte erweiterbar.

Das Wiederaufnahmeverfahren gliedert sich in drei einander nachgeschaltete Abschnitte (BVerwG NVwZ 1987, 218; BGH JZ 2004, 1075, 1077): Zunächst ist die Zulässigkeit (Rn 43) des Wiederaufnahmebegehrens zu prüfen, dann dessen Begründetheit (Rn 45) – also das Vorliegen eines Wiederaufnahmegrundes – und schließlich wird in einem weiteren Schritt in der Hauptsache (Rn 46) neu verhandelt und entschieden.

Übersicht

A. Rechtskräftig beendetes Verfahren

I. Rechtskräftige Endurteile

Gem § 153 VwGO iVm § 578 Abs 1 ZPO kann die Wiederaufnahme nur in Verfahren **1** erfolgen, die durch **rechtskräftiges Endurteil**, sei es Prozess- (BVerwGE 32, 124, 125) oder Sachurteil (zum nichtigen Urteil VGH München BayVBl 1983, 502), auch in Form des Gerichtsbescheids (§ 84 Abs 3 VwGO), beendet sind. Gegen Zwischenentscheidungen findet eine Wiederaufnahme gem § 583 ZPO nur im Rahmen einer Wiederaufnahmeklage gegen die das jeweilige Verfahren beendende Gerichtsentscheidung statt.

Aus Gründen der Prozessökonomie muss das Gericht auf vorliegende Restitutions- oder **2** Nichtigkeitsgründe allerdings bereits vor Abschluss des Gerichtsverfahrens reagieren (BVerwG NJW 1990, 925, 927; NVwZ-RR 1995, 360, 361) und Vorbringen, das zu einer

Wiederaufnahme führen müsste, **noch in der Instanz** durch Wiedereröffnung der mündlichen Verhandlung berücksichtigen (BVerwG DVBl 2003, 868; Dolderer DÖV 2000, 491, 492 f), jedenfalls dann, wenn ihm eine abschließende Entscheidung in der Sache möglich ist. Auch kann eine Prozesshandlung, etwa eine Rücknahmeerklärung zu einer Nichtzulassungsbeschwerde oder eine Erledigungserklärung, **widerrufen** werden, wenn ein Wiederaufnahmegrund gegeben ist.

3   Wird in einem **Normenkontrollverfahren** die Unwirksamkeit einer Norm festgestellt, so findet wegen der Allgemeinverbindlichkeit der Entscheidung keine Wiederaufnahme des Verfahrens statt (VGH Mannheim ESVGH 13, 79, 80; anders bei abgelehntem Antrag VGH Mannheim NJW 1995, 210).

II. Verfahrensbeendende Beschlüsse

4   Der Zweck des Wiederaufnahmeverfahrens, aus Gründen materieller Gerechtigkeit unanfechtbare Gerichtsentscheidungen aufzuheben, beschränkt sich nicht auf Gerichtsentscheidungen in Form von Urteilen(OVG Münster NVwZ-RR 2003, 535). Daher unterliegen auch **verfahrensbeendende Beschlüsse** der Wiederaufnahme. Das gilt für so genannte **urteilsvertretende Beschlüsse**, durch welche die Berufung verworfen oder zurückgewiesen wird (§§ 130a, 125 Abs 2 VwGO; zu Musterverfahren vgl § 93a Abs 2 S 1 VwGO) ebenso wie für Beschlüsse, die ein Verfahren rechtskräftig beenden (Ablehnung der Zulassung der Berufung oder der Revision, BVerfG NJW 1993, 3256; BVerwG Buchholz 310 § 153 VwGO Nr 31; OVG Münster NVwZ-RR 2003). An die Stelle der Nichtigkeits- oder Restitutionsklage tritt ein **Wiederaufnahmeantrag** (BVerfG NJW 1992, 1030, 1031), eine etwaige erneute Entscheidung in der Sache ergeht selbst in Beschlussform (OVG Münster NVwZ-RR 2003, 535).

5   Bei einer Einstellung des Gerichtsverfahrens nach **Klagerücknahme** (§ 92 Abs 3 VwGO) findet keine Wiederaufnahme statt, weil der Gerichtsbeschluss lediglich deklaratorisch die kraft Gesetzes eingetretene Verfahrensbeendigung feststellt. Hier ist vielmehr ein Antrag auf Fortsetzung des Verfahrens zu stellen. Gleiches gilt für Prozessvergleiche (BVerwGE 28, 332, 333 f).

III. Wiederaufnahme im vorläufigen Rechtsschutzverfahren

6   Bei Entscheidungen über Anträge auf **einstweilige Anordnungen** scheidet eine Wiederaufnahme mangels Rechtsschutzbedürfnisses aus, weil (jedenfalls) bei veränderten Umständen ein erneuter Antrag auf Erlass einer einstweiligen Anordnung möglich ist (BVerwGE 76, 127, 128; VGH München NJW 1985, 779, 880; aA VGH Kassel NJW 1984, 378 f). Zwar entfalten Beschlüsse im vorläufigen Rechtsschutzverfahren Bindungswirkung für die Beteiligten, auch führt die ggf nur summarische Prüfung zur endgültigen Regelung eines vorläufigen Zustands (OVG Hamburg DÖV 2004, 583; OVG Lüneburg NVwZ-RR 2004, 170). Beschlüsse sind jedoch gem **§ 80 Abs 7 VwGO** – der analog auf einstweilige Anordnungen anwendbar ist (VGH Mannheim NVwZ-RR 2002, 908, 909) – jederzeit abänderbar, ein solcher Antrag ist daher der einfachere Rechtsbehelf (VGH Mannheim VBlBW 1991, 179 f; OVG Münster Beschl v 22.3.2007, 18 B 311/07).

IV. Wiederaufnahme bei Beschlüssen zur PKH

7   Auch bei **ablehnenden Prozesskostenhilfebeschlüssen** scheidet eine Wiederaufnahme des Verfahrens aus. Zwar erwachsen die der befristeten Beschwerde unterliegenden Prozesskostenhilfeentscheidungen in formelle Rechtskraft, die nur bei Vortrag neuer Umstände aufhebbar ist (OVG Bremen NVwZ-RR 1992, 219, 220), sie treffen aber keine Streitentscheidung zwischen Streitparteien. Jedenfalls ist der Antrag auf Abänderung des Prozesskostenhilfebeschlusses gegenüber der Wiederaufnahme des Verfahrens der einfachere Rechtsbehelf.

B. Zuständigkeit

Sachlich und örtlich ausschließlich zuständig ist gem § 584 Abs 1 ZPO dasjenige **Ge-**   8
richt, dessen Entscheidung angefochten ist. Gem § 584 Abs 1 ZPO ist das **zweitins-**
tanzliche Gericht für die Wiederaufnahme zuständig, wenn mit dieser sowohl das verwaltungsgerichtliche als auch das hierauf gestützte Urteil des Berufungsgerichts angegriffen
werden. Dadurch sollen die Doppelung von Wiederaufnahmeverfahren in einem Verfahrens-
zug vermieden werden. Das Wiederaufnahmegesuch ist allerdings dann an die erste Instanz
zu richten, wenn die Berufung verworfen wurde und ausschließlich ein Mangel der erstinstanzlichen Gerichtsentscheidung gerügt wird.

Die Zuständigkeit für Wiederaufnahmen **revisionsinstanzlicher** Gerichtsentscheidun-   9
gen ist gem § 584 Abs 1 Hs 2 und 3 ZPO **gespalten.** Das **Berufungsgericht** ist für
Wiederaufnahmegründe gem § 580 Nr 1–3, 6 und 7 ZPO zuständig. „Berufungsgericht" ist
dabei das zuletzt entscheidende Tatsachengerichts, kann also auch das erstinstanzlich entscheidende OVG sein (BVerwG Buchholz 310 § 153 VwGO Nr 9; VGH Mannheim
NVwZ 1995, 1006). Das Berufungsgericht ist ferner zuständig, wenn die Revision als
unzulässig verworfen wurde und kein das Revisionsverfahren betreffender Wiederaufnahmegrund geltend gemacht wird (BFH/NV 1998, 1239).

Das **Revisionsgericht** ist für Wiederaufnahmegründe nach §§ 579 und 580 Nr 4, 5
ZPO zuständig, soweit es eine Sachentscheidung getroffen hat oder sich die Einwendungen
gegen sein Verfahren richten (BVerwG Buchholz 310 § 153 VwGO Nr 33). Richtet sich das
Wiederaufnahmebegehren etwa gegen einen Nichtzulassungsbeschluss der Revisionsinstanz,
mit dem die Rüge nicht vorschriftsmäßiger Besetzung des Berufungsgerichts verworfen wird,
ist mangels Sachentscheidung nur das Berufungsgericht zuständig (BVerwG Buchholz 310
§ 153 VwGO Nr 20; VGH München DVBl 1993, 55, 56; zur Rüge fehlender Postulationsfähigkeit vgl BVerwGE 48, 201, 203). Hat das Revisionsgericht ausnahmsweise selbst tatsächliche Feststellungen getroffen und werden diese mit der Wiederaufnahme angefochten
werden, ist es ebenfalls zuständig (VGH Mannheim NVwZ 1995, 1006).

Wurde das **unzuständige** Gericht angerufen, so ist eine **Verweisung** analog § 83 VwGO   10
an das zuständige Gericht von Amts wegen möglich (BVerwG Beschl v 15.8.1996 – 11 C
17/95).

C. Zur Wiederaufnahme berechtigte Personen

Zur Wiederaufnahme des Verfahrens **berechtigt** sind diejenigen, die von der Durch-   11
brechung der Rechtskraft einer Gerichtsentscheidung betroffen sind, also die durch die
rechtskräftige Entscheidung **gebundenen Beteiligten** (§ 63 VwGO) und ihre **Rechts-**
nachfolger (§ 121 Nr 1 VwGO). Unterblieb unrichtiger Weise eine Beiladung, so fehlt es
an einer Rechtskrafterstreckung auf diese Person, weswegen sie auch keine Wiederaufnahme
begehren kann (BVerwGE 104, 182, 184 ff).

Gem § 153 Abs 2 VwGO sind der **VöI** und des **VBI** beim BVerwG zur Wiederaufnahme   12
berechtigt.

Zur Wiederaufnahme berechtigt sind nur solche, die durch die angegriffene Entscheidung   13
beschwert, also in ihren rechtlichen Interessen durch das rechtskräftige Urteil negativ
berührt werden (OVG Lüneburg DÖV 1960, 239; vgl aber § 153 Abs 2 VwGO). Daher
kann etwa die mangelnde gesetzliche Vertretung eines anderen Beteiligten nicht geltend
gemacht werden (Kopp/Schenke VwGO § 153 Rn 4).

Die **Rücknahme** einer Nichtigkeitsklage „verbraucht" diese **nicht** (so aber BVerwGE   14
95, 64, 71 f), innerhalb der Wiederaufnahmefrist des § 586 ZPO kann sie erneut angebracht
werden. Ein **Klageverzicht** wird nach Erlass der das Gerichtsverfahren abschließenden
Entscheidung und in Kenntnis des Anfechtungsgrundes allerdings als wirksam angesehen (B/
L/A/H/Hartmann ZPO § 578 Rn 17).

D. Klageschrift

Für die Erhebung der Klagen gelten gem § 585 ZPO die **allgemeinen Vorschriften**   15
(vgl etwa § 81 Abs 1 VwGO). Gem § 587 ZPO muss die Klage die angegriffene Gerichts-

entscheidung bezeichnen sowie erklären, ob Nichtigkeits- oder Restitutionsklage erhoben wird (nach aA gilt hier § 82 VwGO, vgl S/S-A/P/Meyer-Ladewig/Rudisile VwGO § 153 Rn 16; zum weiteren Inhalt der Klageschrift vgl die Soll-Vorschrift § 588 Abs 1 sowie § 588 Abs 2 ZPO).

16   Wird die Wiederaufnahme eines Verfahrens begehrt, für welches **Vertretungszwang** bestand (vgl § 67 Abs 1 S 1 VwGO), muss sich der Beteiligte auch im Wiederaufnahmeverfahren durch eine postulationsfähige Person vertreten lassen (dazu § 173 VwGO iVm § 81 ZPO).

E. Frist

17   Gem § 586 ZPO muss das Wiederaufnahmegesuch innerhalb **eines Monats ab Kenntnis** des Anfechtungsgrunds gestellt werden, wobei die Frist frühestens mit der Rechtskraft der Gerichtsentscheidung zu laufen beginnt. Diese Monatsfrist ist eine **Notfrist**, sie ist weder abkürzbar noch verlängerbar (§ 57 Abs 2 VwGO iVm § 224 Abs 2 ZPO). Für **jeden** Wiederaufnahmegrund läuft dabei eine **eigene Wiederaufnahmefrist**. Werden zB nacheinander mehrere Urkunden aufgefunden, beginnt jedes Mal eine neue Frist (BGH BGHZ 57, 211, 217). Für die Nichtigkeitsklage wegen mangelnder Vertretung enthält § 586 Abs 3 ZPO eine Sonderregelung. Gem § 589 Abs 2 ZPO sind die Tatsachen, die ergeben, dass die Klage vor Ablauf der Notfrist erhoben worden ist, **glaubhaft zu machen** (§ 294 ZPO).

18   Der **Fristbeginn** verschiebt sich, wenn der Beteiligte erst zu einem **späteren Zeitpunkt** Kenntnis von einem Anfechtungsgrund erlangt (§ 586 Abs 2 S 1 Hs 1 ZPO), wobei es nicht auf seine Kenntnis der rechtlichen Bedeutung des Anfechtungsgrunds ankommt, sondern auf die der den Anfechtungsgrund begründenden **tatsächlichen Umstände** (BGH BFHE 152, 35, 39). Auf ein **Kennenmüssen** kommt es dabei **nicht** an, allerdings wird ein bewusstes Sich-Verschließen positiver Kenntnis gleichgestellt (BGH NJW 1993, 1596, 1597; NJW 1995, 332, 333). Gem § 173 VwGO iVm § 85 Abs 2 ZPO wird die Kenntnis des Prozessbevollmächtigten zugerechnet.

19   Für die **Kenntnis einer Behörde** kommt es auf dass Gelangen des Vorgangs in den Geschäftsbereich der das Restitutionsverfahren betreibenden Behörde an (BVerwGE 34, 113, 120). Da das Gesetz nicht auf das Kennenmüssen abstellt, kommt es auf die Kenntnis des nach der innerbehördlichen Geschäftsverteilung **zuständigen Amtswalters** an (vgl BGH MDR 1968, 119).

20   Gem § 586 Abs 2 S 2 ZPO kann nach Ablauf von **fünf Jahren** seit Rechtskraft der Entscheidung **keine** Wiederaufnahme mehr begehrt werden. Eine Wiedereinsetzung in den vorigen Stand nach § 60 VwGO ist nicht möglich (VGH München BayVBl 1992, 405, 406; vgl zur Verfassungsmäßigkeit der Frist auch BVerwG Buchholz 310 § 153 Nr 1).

21   Da die Wiederaufnahmeklage kein Rechtsmittel iSv § 58 VwGO ist, wird die Wiederaufnahmefrist **ohne Rechtsbehelfsbelehrung** in Lauf gesetzt. Bei unverschuldeter Fristversäumnis ist eine **Wiedereinsetzung** in den vorigen Stand nach § 60 VwGO **möglich**.

22   Wird ein Wiederaufnahmegesuch beim **unzuständigen Gericht** eingereicht und erst nach Fristablauf verwiesen, so bleiben gem § 83 Abs 1 S 1 VwGO iVm § 17b Abs 1 S 2 GVG die Wirkungen der Rechtshängigkeit bei einem Verweisungsbeschluss bestehen (OVG Koblenz NVwZ-RR 1986, 181).

F. Verfahren

23   Da auch über ein Rechtsmittel **ohne mündliche Verhandlung** entschieden werden kann, wenn es unzulässig oder nach einstimmiger Auffassung (un)begründet ist (vgl §§ 125, 130a VwGO), kann auch über die Wiederaufnahme ohne mündliche Verhandlung entschieden werden (OVG Bremen NJW 1990, 2337; OVG Münster NVwZ 1995, 95).

24   **Richter**, die an der von der Wiederaufnahme betroffenen Entscheidung **mitgewirkt** haben sind **nicht** generell nach § 54 VwGO iVm § 41 ZPO von der Mitwirkung **ausgeschlossen** (VGH Mannheim VBlBW 1990, 135), da es sich bei der Wiederaufnahmeklage um kein Rechtsmittel handelt (BVerwG BeckRS 2003 23603). Ausnahmsweise kann dann Befangenheit zu besorgen sein, wenn ein Richter des vorangegangenen Verfahrens die Wiederaufnahme verhindern will (OLG Zweibrücken NJW 1974, 955, 956).

G. Arten des Wiederaufnahmeverfahrens

Gem § 153 VwGO iVm § 578 Abs 1 ZPO kann die Wiederaufnahme des Verfahrens **25** durch **Nichtigkeits-** oder durch **Restitutionsklage** erfolgen. § 579 ZPO normiert das Nichtigkeitsverfahren, §§ 580–582 ZPO regeln das Restitutionsverfahren. Nichtigkeits- und Restitutionsgründe können – innerhalb der Frist des § 586 ZPO – **kombiniert** werden, gem § 578 Abs 2 ZPO ist zunächst über die weitergehende Nichtigkeitsklage zu entscheiden.

Die Wiederaufnahmegründe sind in §§ 579 ff ZPO **abschließend** aufgeführt. Eine **26** Wiederaufnahme des Verfahrens kann daher **nicht** damit begründet werden, dass eine **Norm**, auf welcher die angegriffene Entscheidung beruht, für **nichtig** erklärt worden ist oder sich die höchstrichterliche Rechtsprechung nunmehr geändert habe (B/F-K/K/Bader VwGO § 153 Rn 12).

I. Nichtigkeitsklage nach § 579 ZPO

Die Nichtigkeitsgründe des § 579 Abs 1 ZPO beziehen sich auf die **Verletzung** so **27** **bedeutsamer Verfahrensvorschriften**, dass – unabhängig von ihrer Auswirkung im Einzelfall – angenommen wird, dass sich der Verfahrensmangel auf den Inhalt der Gerichtsentscheidung ausgewirkt hat (vgl aber Subsidiaritätsvorschrift § 579 Abs 2 ZPO). Wer die Wiederaufnahme des Verfahrens begehrt, den trifft die materielle Beweislast für das Vorliegen des Nichtigkeitsgrundes (VGH Mannheim NVwZ-RR 1996, 539, 540).

1. Einzelne Nichtigkeitsgründe

Die einzelnen Nichtigkeitsgründe sind:　　　　　　　　　　　　　　　　　**28**
- **§ 579 Abs 1 Nr 1 ZPO**
  Dieser § 138 Nr 1 VwGO (vgl § 597 Abs 2 ZPO) entsprechende Nichtigkeitsgrund erfordert eine **Verletzung** des **gesetzlichen Richters** iSd Art 101 Abs 1 S 2 GG (BFHE 165, 569, 575), etwa wenn der Vorsitzende oder der Berichterstatter vorschriftswidrig (vgl § 87a VwGO) statt des Spruchkörpers entschieden hat, nicht hingegen bei jedem Verstoß gegen Geschäftsverteilungspläne.
- **§ 579 Abs 1 Nr 2 ZPO**
  Für den ausgeschlossenen Richter gelten § 54 VwGO iVm §§ 41–49 ZPO.
- **§ 579 Abs 1 Nr 3 ZPO**
  Vgl hierzu den absoluten Revisionsgrund des § 138 Nr 2 VwGO.
- **§ 579 Abs 1 Nr 4 ZPO**
  Die Vorschrift (vgl auch § 138 Nr 4 VwGO) bezweckt den **Schutz des nicht vertretenen Beteiligten** vor einer Gerichtsentscheidung, die – bis zu ihrer Aufhebung – gegen sie wirkt, obwohl sie in einem „schlechthin wertlosen Verfahren" ergangen ist (BVerwGE 104, 182, 184), etwa weil einem unvertretenen Beteiligten die **Prozessfähigkeit** fehlte (BVerwGE 48, 201, 204; VGH Mannheim NVwZ-RR 1996, 539). Die Nichtigkeitsklage ist selbst dann erfolgreich, wenn die Prozessfähigkeit im Hauptsacheverfahren ausdrücklich bejaht wurde (VGH Mannheim NVwZ-RR 1996, 539; BGH BGHZ 84, 27). § 579 Abs 1 Nr 4 ZPO ist auch gegeben, wenn ein **vollmachtloser Prozessvertreter** auftrat (BVerfG NJW 1998, 745; BGH NJW 1965, 2252) und wird auf Fälle mangelnder Parteifähigkeit entsprechend angewendet (BGH JZ 1959, 127; BAG NJW 1991, 1252, 1253). Hatte eine Person **keine Kenntnis vom Prozess**, weil sie nicht ordnungsgemäß geladen war vgl BGH NJW 1965, 2252, 2253; BAG NJW 1991, 1252, 1253; KG NJW-RR 1987, 1215, 1216).
  Nicht hierunter fällt der **Mangel der Postulationsfähigkeit** (BFHE 145, 500, 501; s auch BAG NJW 1991, 1252, 1253) oder eine **fehlerhaft unterbliebene Beiladung** (BVerwGE 104, 182, 185). Zur genehmigten Prozessführung VGH Kassel NJW 1986, 209, 210.
  Der Streit, ob eine Wiederaufnahme des Verfahrens in erweiternder Auslegung des § 579 Abs 1 Nr 4 ZPO bei **Verletzungen des rechtlichen Gehörs** begehrt werden kann, ist

obsolet, seit zum 1.1.2005 der außerordentliche Rechtsbehelf der **Anhörungsrüge** zur Verfügung steht.

2. Subsidiarität

29   Die Nichtigkeitsklage findet gem § 579 Abs 2 ZPO bei den Nichtigkeitsgründen des § 579 Abs 1 Nr 1, 3 ZPO **nicht** statt, wenn deren Geltendmachen mittels – irgend eines – **Rechtsmittels** (vgl S/S-A/P/Meyer-Ladewig/Rudisile VwGO § 153 Rn 10) **schuldhaft** (so für die ZPO Zöller/Greger ZPO § 579 Rn 11; Musielak ZPO § 579 Rn 11) **unterblieb**.

30   Allgemein wird die Nichtigkeitsklage nur dann als zulässig angesehen, wenn der infrage stehende **Nichtigkeitsgrund bloß übersehen**, nicht aber im vorigen Verwaltungsprozess schon geprüft und ausdrücklich verneint wurde (BFHE 188, 1, 4; B/F-K/K/Bader VwGO § 153 Rn 9).

31   Da sich § 579 Abs 2 ZPO nicht auf Abs 1 Nr 2 und 4 bezieht, hat der Beteiligte in diesen Fällen die **Wahl** zwischen der Einlegung eines **Rechtsmittels** und der Erhebung einer **Nichtigkeitsklage** nach Eintritt der Rechtskraft (VGH Mannheim NVwZ-RR 1996, 539). Legt er zulässig Rechtsmittel ein, so fehlt ihm das Rechtsschutzbedürfnis für eine weitere Beantragung der Wiederaufnahme des Verfahrens wegen dieses Fehlers (VGH Mannheim NVwZ-RR 1996, 539).

II. Restitutionsklage

32   Liegt ein Restitutionsgrund des § 580 ZPO vor, so ist damit die Grundlage der Gerichtsentscheidung für jedermann erkennbar so erschüttert, dass ein Festhalten an ihr als **unerträglich** erschiene (BGH BGHZ 103, 121, 125). Im Gegensatz zu den Nichtigkeitsgründen des § 579 ZPO muss bei Restitutionsgründen allerdings festgestellt werden, dass sie für die betroffene Gerichtsentscheidung **kausal** wurden (B/F-K/K/Bader VwGO § 153 Rn 10). Nach § 582 ZPO hat die Restitutionsklage nur Hilfsnatur.

1. Einzelne Restitutionsgründe

33   a) **§ 580 Nr 1–5 ZPO.** Die Restitutionsgründe des § 580 Nr 1–5 ZPO nehmen Bezug auf **strafbare Handlungen**. Die erforderliche Kausalität zwischen der Straftat und der aufzuhebenden Gerichtsentscheidung liegt dann vor, wenn nicht auszuschließen ist, dass diese ohne den Restitutionsgrund einen anderen Inhalt aufweisen würde (Musielak ZPO § 580 Rn 3). Vgl auch § 581 ZPO, der regelmäßig eine strafrechtliche Verurteilung voraussetzt.

- **§ 580 Nr 1 ZPO**
  scheidet im Bereich der VwGO mangels eidlicher „Parteivernehmung" aus (vgl Verweisung § 98).
- **§ 580 Nr 2 ZPO**
  Hier geht es um Straftaten der **Urkundenfälschung** (§ 267 StGB) und **Falschbeurkundung** (§ 271 StGB, als Amtsdelikt § 348 StGB). Der Täter muss keinen Bezug zu einem Prozessbeteiligten aufweisen.
- **§ 580 Nr 3 ZPO**
  Einschlägig sind hier **Aussagedelikte** (§§ 153 ff StGB) wie uneidliche Falschaussage (§ 153 StGB) im Prozess oder falsche eidesstattliche Versicherung (§ 156 StGB), nicht jedoch diejenige eines Beteiligten (OVG Koblenz RdL 1974, 333).
- **§ 580 Nr 4 ZPO**
  Hier geht es um **Prozessbetrug** (§ 263 StGB), **Nötigung** (§ 240 StGB) oder **Erpressung** (§ 253 StGB) mit Bezug auf den Rechtsstreit.
- **§ 580 Nr 5 ZPO**
  Einschlägig sind Straftaten der **Bestechung** (§ 334 StGB) oder **Rechtsbeugung** (§ 339 StGB).

34   Für Restitutionsklagen nach **§ 580 Nr 1–5 ZPO** genügt nicht die bloße Behauptung einer Straftat, vielmehr bedarf es gem § 581 Abs 1 ZPO der **rechtskräftigen Verurteilung** mit Strafurteil bzw des Scheiterns eines Strafverfahrens aus anderen als beweisrechtlichen

Gründen, etwa wegen Geringfügigkeit der Tat oder Verjährungseintritt (vgl BSGE 81, 46, 49 f). Eine Wiederaufnahme ist deshalb nach strafgerichtlichem Freispruch nicht möglich (BGH BGHZ 50, 115, 119). Liegt eine rechtskräftige Verurteilung vor, so erklärt das Gericht die Wiederaufnahme für zulässig und prüft im Anschluss das Vorliegen des Restitutions- grundes selbständig (BVerwG NVwZ 1987, 218, 219). Da § 581 ZPO die Statthaftigkeit der Wiederaufnahmeklage regelt, muss bei Nichtvorliegen seiner Voraussetzungen die Klage als unzulässig verworfen werden (VGH Mannheim NJW 1997, 145, 146).

b) § 580 Nr 6 ZPO. Die Restitutionsklage ist statthaft, wenn ein das angegriffene Urteil **35** **stützendes anderes Urteil** rechtskräftig **aufgehoben** wird. Dabei genügt es nicht, wenn eine Gerichtsentscheidung zwar zur gleichen Rechtsfrage, aber nicht in demselben Fall ergangen ist (VGH München DVBl 1993, 55, 56). „Sondergerichte" sind solche nach § 14 GVG, also keine ausländischen (BVerwG NVwZ 1999, 1335; OLG Köln NJW-RR 1999, 363).

§ 580 Nr 6 ZPO ermöglicht eine Wiederaufnahme, wenn die rechtliche Grundlage einer **36** Gerichtsentscheidung wegfällt und dadurch ihre Richtigkeit in unerträglichem Maße infrage gestellt wird (BAGE 34, 275, 277 ff; BGH NJW 1988, 1914, 1915). Dies wird – über den Gesetzeswortlaut hinaus – **auch** dann angenommen, wenn ein **Verwaltungsakt** für das Gericht Tatbestandswirkung entfaltete (BAGE 34, 275, 280).So wird ein Restitutionsgrund bejaht, wenn eine Anfechtungsklage gegen einen Rückzahlungsbescheid wegen wirksamer Bewilligungsbescheide abgewiesen wurde und diese nachträglich aufgehoben werden (BVerwG Buchholz 310 § 94 VwGO Nr 7).

Ursprünglich vertrat das BVerfG die Ansicht, dass es sowohl mit dem GG als auch der **37** **EMRK** vereinbar ist, ein Gerichtsverfahren trotz der Feststellung einer Konventionsverlet- zung nicht wieder aufzunehmen. Art 50 EMRK erlaube es, von einer Naturalrestitution abzusehen und eine bloße Entschädigung zuzusprechen (BVerfG NJW 1986, 1425, 1426 f; in diesem Sinne auch BVerwG NJW 1999, 1652 f). In seiner jüngeren Rechtsprechung meint das BVerfG, die Gerichte seien nach dem Grundsatz des Gesetzesvorrangs zur **Berück-** **sichtigung der Gewährleistungen der EMRK** sowie der Entscheidungen des EGMR im Rahmen **methodisch vertretbarer Auslegung** verpflichtet (BVerfG NJW 2004, 3407 ff). Auch hieraus wird jedoch kein zwingender Vorrang einer Naturalrestitution (und damit die Annahme eines Restitutionsgrundes „Entscheidung des EGMR") abgeleitet (BVerfG NJW 2004, 3409; Bausback NJW 1999, 2483 f; vgl aber § 359 Nr 6 StPO).

c) § 580 Nr 7a, b ZPO. Bei der lit a muss das nunmehr **aufgefundene Urteil** in **38** derselben Sache, nicht jedoch notwendig zwischen denselben Beteiligten ergangen sein, sofern seine Rechtskraft sich auf sie erstreckt (vgl BFHE 164, 504, 505). Auf unanfechtbare Verwaltungsakte wird diese Vorschrift nicht ausgeweitet (BVerwG Buchholz 310 § 153 VwGO Nr 10).

Nr 7b bezieht sich auf **aufgefundene Urkunden.** Eine Urkunde ist eine schriftliche **39** Gedankenerklärung, auch eine Fotokopie (BGH NJW-RR 1991, 380) oder eine auslän- dische Gerichtsentscheidung (BVerwG NVwZ 1999, 1335; BGH NJW-RR 1991, 380, 381), nicht jedoch ein Augenscheinsobjekt (BVerwG Buchholz 310 § 153 VwGO Nr 7, Granat- splitter). Die Restitutionsklage ist **ausgeschlossen,** wenn die Urkunde bereits im früheren Prozess vorlag bzw verfügbar war, der Beteiligte diese **nur versehentlich** nicht nutzte oder nunmehr deren abweichende gerichtliche Würdigung erreichen will (BVerwG Buchholz 303 § 580 ZPO Nr 3). Wegen des Amtsermittlungsgrundsatzes wird § 580 Nr 7 ZPO ebenfalls abgelehnt, wenn das Gericht die Möglichkeit der Verwertung dieser Urkunde im früheren Verfahren ungenutzt ließ (VGH Mannheim VBlBW 1991, 181 f). **Öffentlich ausgelegte** oder **leicht zugängliche** Urkunden (BVerwG Buchholz 310 § 153 VwGO Nr 8, Nr 10 Bauleitplan; VGH Mannheim NJW 1995, 210 Flächennutzungsplan) unterfallen ebenfalls **nicht** § 580 Nr 7b ZPO.

Die Restitutionsklage bezieht sich lediglich auf Urkunden, die schon zur Zeit des Vor- **40** prozesses **vorhanden** waren und nicht auf solche, die erst nach rechtskräftigem Abschluss des Vorprozesses errichtet worden sind wie etwa neue Sachverständigengutachten (BVerwGE 20, 344, 345 f; BVerwG NJW 1990, 925, 927; NVwZ 1999, 1335; aA Kopp/Schenke VwGO § 153 Rn 8), schriftliche Zeugenerklärungen (BFH/NV 2004, 805) oder nachträglich einge- holte Interpolauskünfte (VG Freiburg NVwZ-RR 1999, 683).

41   Nach dem Wortlaut des § 580 Nr 7 ZPO muss die Urkunde **geeignet** sein, eine dem Beteiligten **günstigere** Gerichtsentscheidung herbeigeführt zu haben. Sie muss also zu einem anderen Beweisergebnis zu Tatsachenfeststellungen führen (VGH Mannheim NVwZ 1995, 1006), das eine für den Beteiligten günstigere Gerichtsentscheidung herbeigeführt haben würde (BVerwG Buchholz 310 § 153 VwGO Nr 18; VGH Mannheim NVwZ 1995, 1006, 1008). Für diese Feststellung sind außer der Urkunde nur der Prozessstoff des Vorprozesses und die im Zusammenhang mit der Urkunde vom Restitutionskläger neu aufgestellten Behauptungen zu berücksichtigen, nicht dagegen die Einlassungen des Restitutionsbeklagten (BGH BGHZ 38, 333 ff) oder neue Zeugenvernehmungen oder Gutachten (Zöller/Greger ZPO § 580 Rn 27). An der gebotenen **Kausalität fehlt** es, wenn die Gerichtsentscheidung auf einer **weiteren, selbstständig tragenden Begründung** beruht. Für die Beurteilung der Entscheidungserheblichkeit kommt es dabei nicht auf die Sicht der Rechtslage durch den Richter des Vorprozesses, sondern auf die des Restitutionsrichters an (BVerwGE 34, 113, 115 f).

2. Hilfsnatur der Restitutionsklage

42   Nach § 582 ZPO ist ein Restitutionsverfahren unzulässig, wenn der Kläger bei **sorgfältiger** Verfahrensweise den Restitutionsgrund auch schon im früheren Verfahren **hätte geltend machen können**. Wegen der grundlegenden Bedeutung der Rechtskraft für die Rechtssicherheit schließt bereits **leichte Fahrlässigkeit** die Zulässigkeit der Restitutionsklage aus (BVerwG Buchholz 310 § 153 VwGO Nr 25; BVerwG DVBl 2003, 868, 869). So wird von den Beteiligten erwartet, sich durch geeignete Maßnahmen rechtzeitig in den Besitz einer beweiserheblichen Urkunde zu setzen und ihren Inhalt und Verbleib ausfindig zu machen (BVerwG DVBl 2003, 868, 869) oder sich Kenntnis vom Inhalt eines relevanten Gutachtens zu verschaffen (OVG Bremen NJW 1990, 2337). Eine Nachforschung „auf Verdacht" wird dagegen nicht erwartet (BVerwG DVBl 2003, 868).

H. Entscheidung

I. Zulässigkeit des Wiederaufnahmebegehrens

43   Gem § 153 Abs 1 VwGO iVm § 589 Abs 1 ZPO prüft das Gericht **von Amts wegen**, ob das Wiederaufnahmegesuch **statthaft** und in der gesetzlichen Form und Frist erhoben ist. Andernfalls ist das Wiederaufnahmegesuch – nach vorheriger Anhörung des Rechtsbehelfsführers – **als unzulässig zu verwerfen** (§ 153 VwGO iVm § 589 Abs 1 S 2 ZPO).

44   Hält das Gericht das Wiederaufnahmegesuch für **zulässig**, kann es dies gesondert (BGH NJW 1993, 1928, 1929) oder im Rahmen der Begründung seiner Endentscheidung aussprechen.

II. Begründetheit des Wiederaufnahmebegehrens

45   Das Gericht prüft **von Amts** wegen, ob ein **Wiederaufnahmegrund** vorliegt. Dabei muss es die sichere Überzeugung gewinnen, die rechtskräftige Gerichtsentscheidung beseitigen zu dürfen (BVerwG Buchholz 310 § 153 VwGO Nr 11). Ist das Wiederaufnahmebegehren begründet, so ist die angefochtene Gerichtsentscheidung rückwirkend durch **Zwischenurteil** (Rosenberg/Schwab/Gottwald Zivilprozessrecht, § 160 IV 2) oder im **Endurteil** (Gestaltungsurteil) **aufzuheben**. Andernfalls weist es das Wiederaufnahmegesuch durch Sachentscheidung als unbegründet zurück.

III. Eintritt in die Hauptsache

46   Gem § 590 Abs 1 ZPO wird in der Hauptsache neu verhandelt, **soweit** sie von dem **Anfechtungsgrund** betroffen ist. Dazu wird das Verfahren in die Lage vor Erlass der angefochtenen Gerichtsentscheidung zurückversetzt (vgl BVerwG NVwZ-RR 1993, 667) und die Sache erneut rechtshängig (BVerwG NVwZ 1989, 89). Sachverhaltsänderungen und neues Vorbringen sind dabei ebenso zu berücksichtigen wie zwischenzeitliche Änderungen der Rechtslage (BVerwG NVwZ 1989, 68).

IV. Form der Gerichtsentscheidung

Mangels einer entsprechenden Bestimmung im Vierten Buch der ZPO zur **Form** der 47
Gerichtsentscheidung richtet sich diese nach der VwGO (VGH Mannheim NJW 1997, 145).
Entscheidend ist, welche Form der **Gerichtsentscheidung** mittels des außerordentlichen
Rechtsbehelfs der Wiederaufnahme ersetzt werden soll: Über ein Wiederaufnahmebegehren
zu einem Beschluss ist in Beschlussform zu entscheiden (OVG Münster NVwZ-RR 2003,
535), richtet es sich gegen eine Berufungsentscheidung, so sind die hier einschlägigen Entscheidungsformen maßgebend. Das **OVG** kann analog § 130a VwGO unter den dort
genannten Voraussetzungen durch **Beschluss** entscheiden (OVG Münster NVwZ 1995, 95;
s auch VGH Mannheim NJW 1997, 145). Kann eine unzulässige Berufung gem § 125 Abs 2
S 2 durch Beschluss verworfen werden, so gilt dies auch für ein unzulässiges Wiederaufnahmebegehren (BVerwG Buchholz 310 § 153 VwGO Nr 29; VGH Mannheim NVwZ-
RR 1996, 539; NJW 1997, 145).

I. Rechtsmittel

Die im Wiederaufnahmeverfahren ergangene neue Entscheidung ist mit den Rechts- 48
mitteln angreifbar, die gegen die **angegriffene** Entscheidung gegeben waren(§ 591 ZPO).

J. Erneutes Wiederaufnahmebegehren

Ein erneuter Wiederaufnahmeantrag kann, wenn ein früheres Wiederaufnahmebegehren 49
ohne Erfolg geblieben war, nur auf einen **anderen Anfechtungsgrund** gestützt werden
(BayVerfGH BayVBl 2000, 159, 160). Denkbar ist auch die Wiederaufnahme des Wiederaufnahmeverfahrens, soweit geltend gemacht wird, in diesem Verfahren sei ein zur Aufnahme
berechtigender Fehler unterlaufen.

K. Kosten

Es gelten die allgemeinen Vorschriften (§§ 154 ff VwGO). Wird in der Sache entschieden, 50
ergeht eine **einheitliche Kostenentscheidung** über die Kosten des früheren sowie die des
Wiederaufnahmeverfahrens (vgl auch § 154 Abs 4 VwGO).

Teil IV Kosten und Vollstreckung (§§ 154–172)

16. Abschnitt Kosten (§§ 154–166)

§ 154 [Kostentragungspflicht]

(1) Der unterliegende Teil trägt die Kosten des Verfahrens.

(2) Die Kosten eines ohne Erfolg eingelegten Rechtsmittels fallen demjenigen zur Last, der das Rechtsmittel eingelegt hat.

(3) Dem Beigeladenen können Kosten nur auferlegt werden, wenn er Anträge gestellt oder Rechtsmittel eingelegt hat; § 155 Abs. 4 bleibt unberührt.

(4) Die Kosten des erfolgreichen Wiederaufnahmeverfahrens können der Staatskasse auferlegt werden, soweit sie nicht durch das Verschulden eines Beteiligten entstanden sind.

§ 154 VwGO bildet mit seinen Regelungen in Abs 1 und 2 gemeinsam mit der Vorschrift des § 155 Abs 1 und 2 VwGO die Grundlage für die Kostenentscheidungen in verwaltungsgerichtlichen Verfahren. § 154 Abs 1 VwGO (Rn 1) regelt den verfassungsrechtlich nicht zwingend vorgegebenen Unterliegensgrundsatz, der in Abs 2 (Rn 6) auf die Einlegung von Rechtsmitteln erstreckt wird. Abs 3 (Kostentragungspflicht des Beigeladenen – Rn 10) und Abs 4 (Kosten eines erfolgreichen Wiederaufnahmeverfahrens – Rn 15) sind dagegen von eher untergeordneter praktischer Bedeutung. Zu den Kostenbestimmungen der VwGO finden sich in der Praxis nur wenige gerichtliche Entscheidungen. Denn die Gerichte beschränken sich – in der Regel – auf einen gerichtlichen Hinweis, ohne die konkrete Kostenentscheidung näher zu begründen.

A. Kostentragungspflicht des Unterlegenen (Abs 1)

I. Verfassungsrechtliche Vorgaben

1   Nach dem BVerfG folgt aus dem Gleichheitssatz und dem Rechtsstaatsgebot, dass für die Verfahrensbeteiligten eine vergleichbare Kostensituation geschaffen und das Risiko am Verfahrensausgang gleichmäßig verteilt werden soll (BVerfGE 52, 131, 144 = NJW 1979, 1925). Daraus ist aber nicht zu schließen, dass der im gerichtlichen Verfahren Unterlegene ausnahmslos die Verfahrenskosten zu tragen und dem obsiegenden Teil dessen Kosten zu erstatten hat. Dieser Grundsatz ist zwar nahe liegend – und vom Gesetzgeber in den Prozessordnungen auch verwirklicht worden (zB § 91 ZPO) –, er ist jedoch **nicht** von Verfassung wegen vorgegeben (BVerfGE 74, 78 = NJW 1987, 2569).

II. Grundsatz

2   § 154 Abs 1 VwGO legt für sämtliche Verfahren nach der VwGO den Grundsatz fest, dass der unterlegene Beteiligte die Kosten des gesamten Verfahrens trägt. Abs 1 ist nur bei einem **vollständigen** Unterliegen heranzuziehen; ansonsten gilt grundsätzlich § 155 Abs 1 VwGO Rn 1. Die Gründe des Misserfolgs der Klage oder des Antrags sind für die Anwendung von § 154 Abs 1 nicht von Bedeutung (BVerwG Buchholz 310 § 144 VwGO Nr 69). Maßgeblich für die Feststellung des Unterliegens nach Abs 1 ist der Ausspruch zur Hauptsache in der jeweiligen gerichtlichen Entscheidung. Dementsprechend ist § 154 Abs 1 auch dann heranzuziehen, wenn das Gericht dem Hauptantrag des Klägers gefolgt ist und lediglich seinen Antrag nach § 162 Abs 2 S 2 VwGO abgelehnt oder § 17b Abs 2 S 2 GVG anwendet hat. Das Obsiegen in einer vorangegangenen Instanz ist für die Anwendung von Abs 1 grundsätzlich nicht von Bedeutung. Generell regeln die Kostenentscheidungen nach §§ 154 VwGO ff lediglich, wer von den Beteiligten im Verhältnis zueinander wie zur Gerichtskasse die im Verfahren angefallenen Kosten zu tragen hat. Wer die Kosten endgültig zu tragen hat,

ist nicht in §§ 154 VwGO ff geregelt, sondern eine Frage des materiellen Rechts (VGH Mannheim NVwZ 1985, 284). Von Bedeutung ist dies insbes für körperschaftsinterne Organstreitigkeiten (Rn 3).

Einer Kostenentscheidung nach §§ 154 vwGO ff bedarf es nicht, wenn das Gesetz ausdrücklich bestimmt, dass das gerichtliche Verfahren kostenfrei ist und auch die Kosten unter den Beteiligten nicht erstattet werden (zB § 68 Abs 3 GKG).

III. Persönlicher Anwendungsbereich

Eine Kostenentscheidung nach Abs 1 kann nur gegenüber dem Kläger oder dem 3 Beklagten (**Hauptbeteiligte**) ergehen. Eine Kostenentscheidung zu Lasten eines Beigeladenen ist nur unter den Voraussetzungen des § 154 Abs 3 VwGO Rn 10 möglich. § 154 Abs 1 VwGO ist auch auf Kläger oder Beklagte kraft Amtes anwendbar (zB Insolvenz- oder Nachlassverwalter); die Haftung beschränkt sich dann aber auf das jeweils vertretene Vermögen. Erfasst werden auch beteiligungs- oder prozessunfähige Hauptbeteiligte. Denn das für den Kostenerstattungsanspruch maßgebliche Prozessrechtsverhältnis entsteht unabhängig vom Vorliegen der Prozessvoraussetzungen (BGHZ 121, 397 = NJW 1993, 1865 unter Aufgabe der Gegenansicht BGH NJW 1992, 2575). Abs 1 ist auch in verwaltungsrechtlichen Organstreitverfahren (**Innenrechtsstreitigkeiten**) unmittelbar anwendbar. Die materiell-rechtliche Frage, ob das nach den Bestimmungen der VwGO im gerichtlichen Verfahren kostenpflichtige Organ (oder Organteil) einen Aufwendungsersatzanspruch gegen die hinter ihm stehende juristische Person hat (VGH Mannheim NVwZ 1985, 284), ist für die prozessuale Kostenerstattung nicht von Bedeutung (S/S-A/P/Olbertz VwGO Vorb § 154 Rn 13). Die gerichtliche Praxis geht davon aus, dass die Körperschaft, deren Organe (oder auch nur deren Teile, zB ein Mitglied des Gemeinderats) an dem Verfahren beteiligt waren, die Kosten zu tragen hat, sofern das Gerichtsverfahren nicht mutwillig aus sachfremden Gründen in Gang gesetzt worden war (OVG Saarlouis NVwZ 1982, 140). Voraussetzung ist aber, dass sich das Rechtsschutzbegehren überhaupt auf die Geltendmachung eigener organschaftlicher Rechtspositionen bezieht (VGH Mannheim NVwZ 1985, 284).

Die Anwendung des § 154 Abs 1 VwGO entfällt, wenn es an einem unterliegenden Teil fehlt (zB Aussetzung des Verfahrens). Dies gilt auch für den Fall, dass einer Beschwerde eines Beteiligten gegen eine Verweisungsentscheidung des Verwaltungsgerichts stattgegeben wird und der andere Beteiligte der Beschwerde nicht entgegengetreten ist (VGH Mannheim InfAuslR 2001, 382).

IV. Kosten

Unter Kosten sind die **Kosten sämtlicher Instanzen** zu verstehen, auch wenn der nach 4 § 154 Abs 1 VwGO kostenpflichtige Hauptbeteiligte in vorangegangenen Instanzen obsiegt hat (§ 162 Abs 1 VwGO). Erfasst werden auch die Kosten unselbstständiger Zwischen- oder Nebenverfahren, in denen keine eigene Kostenentscheidung ergeht. Bezogen auf die einzelne Instanz folgt auch aus § 154 Abs 1 VwGO, dass wegen des Grundsatzes der Einheitlichkeit der Kostenentscheidung eine solche erst in der die Instanz beendenden gerichtlichen Entscheidung getroffen wird und eine Aufteilung der Kosten zB nach Zeitabschnitten ausscheidet.

V. Vorrangige Sonderregelungen

Die Sonderregelungen nach § 155 Abs 3 und 4 VwGO (dort Rn 9) gehen der Anwen- 5 dung des § 154 Abs 1 VwGO vor. Ist ein Rechtsmittel erfolglos, so richtet sich die Kostenentscheidung nach Abs 2 (Rn 6) und nicht nach Abs 1. Auch gegenüber § 154 Abs 4 VwGO (Rn 15), § 155 Abs 2 VwGO (dort Rn 5) und § 156 VwGO ist die Regelung des Abs 1 nachrangig. Die Anwendung von § 17b Abs 2 S 2 GVG (Mehrkosten der Verweisung) steht der Heranziehung von § 154 Abs 1 VwGO nicht entgegen.

B. Kosten eines erfolglosen Rechtsmittels (Abs 2)

6   Gelegentlich wird der Eindruck erweckt, Abs 2 habe im Regelfall gegenüber der Regelung des Abs 1 keine besondere Bedeutung und sei nur für die Kostentragungspflicht Dritter (zB Beigeladener, Vertreter des öffentlichen Interesses oder Vertreter des Bundesinteresses beim BVerwG nach § 35 VwGO) relevant (S/S-A/P/Olbertz VwGO § 154 Rn 11; Kopp/ Schenke VwGO § 154 Rn. 5). Diese Ansicht wird der Bedeutung des Abs 2 nicht gerecht. Denn nicht Abs 1, sondern **ausschließlich** Abs 2 ist für die Kostenentscheidung maßgeblich, wenn ein Rechtsmittel eines Hauptbeteiligten erfolglos bleibt (Eyermann/Rennert VwGO § 154 Rn 3). Im Gegensatz zu Abs 1 gilt Abs 2 auch für andere Beteiligte als Kläger und Beklagter, insbes für den – mit seinem Rechtsmittel erfolglosen – Beigeladenen oder den Vertreter des öffentlichen Interesses.

7   § 154 Abs 2 VwGO kommt nur zur Anwendung, wenn das Rechtsmittel verworfen oder (vollständig) zurückgewiesen wird. In diesen Fällen bleibt die Kostenentscheidung der gerichtlichen Entscheidung der Vorinstanz unberührt. Das Rechtsmittelgericht ist aber auch in diesem Fall befugt, die Kostenentscheidung der Vorinstanz anlässlich seiner Entscheidung (auch Nichtannahme der Revision) von Amts wegen zu ergänzen oder abzuändern (BVerwGE 14, 171, 174; BGH NJW-RR 2001, 642 mwN). Kommt Abs 2 nicht zur Anwendung, richtet sich die Kostenentscheidung in der Rechtsmittelentscheidung nach § 154 Abs 1 VwGO oder § 155 VwGO. In diesen Fällen wird auch die Kostenentscheidung der Vorinstanz geändert.

8   Wird das gegen ein **Teilurteil** (§ 110 VwGO) gerichtete Rechtsmittel zurückgewiesen, so sind die Kosten des Rechtsmittelverfahrens nicht dem Endurteil vorzubehalten, sondern nach § 154 Abs 2 VwGO dem Rechtsmittelkläger aufzuerlegen (BVerwGE 36, 16, 21). Ist das vom Vertreter des öffentlichen Interesses eingelegte Rechtsmittel erfolglos, so hat er auch die Kosten des – auf seiner Seite stehenden – Beklagten zu tragen, wenn dieser keinen Sachantrag gestellt hat. Denn der Beklagte kann sich durch das Unterlassen eines eigenen Rechtsmittelantrags vor weiteren Kosten bewahren; dementsprechend muss er auch nicht seine Kosten im Rechtsmittelverfahren tragen, wenn nur der Vertreter des öffentlichen Interesses ein Rechtsmittel eingelegt hat (BVerwGE 94, 269, 279 = NJW 1994, 3024, 3027).

9   Führt das prozessuale Verhalten des **Hauptrechtsmittelführers** (zB Rücknahme) zur Unwirksamkeit des Anschlussrechtsmittels, so trägt der Kostenpflichtige der Hauptsache grundsätzlich auch die Kosten des Anschlussrechtsmittels (BVerwGE 72, 165, 169 mwN). Eine Ausnahme gilt für den Fall, dass der Anschlussrechtsmittel in die Rücknahme eingewilligt hat und diese Einwilligung rechtlich auch erforderlich war (BVerwGE 26, 297, 300 f mwN; vgl § 155 VwGO Rn 8).

C. Kostentragungspflicht des Beigeladenen (Abs 3)

10   § 154 Abs 3 VwGO setzt in den Fällen der einfachen wie der notwendigen Beiladung die **ausdrückliche** Stellung eines Sachantrags des Beigeladenen oder die Einlegung eines Rechtsmittels voraus. Ausführungen des Beigeladenen im gerichtlichen Verfahren zur Sach- und Rechtslage reichen für die Anwendung von Abs 3 ebenso wenig aus wie Verfahrensanträge, wie etwa ein Beweisantrag (VGH München NVwZ 2003, 236 mwN). Für selbstständige Angriffs- und Verteidigungsmittel des Beigeladenen (§ 66 VwGO), der nicht nach § 154 Abs 3 kostenpflichtig ist, gilt § 159 S 1 VwGO iVm § 100 Abs 3 ZPO (vgl § 159 VwGO Rn 3). Hat der Beigeladene keinen Sachantrag gestellt, so kann er aufgrund von § 155 Abs 4 VwGO (dort Rn 11) mit Kosten belastet werden. § 154 Abs 3 VwGO gilt auch für das Normenkontrollverfahren.

11   § 154 Abs 3 VwGO ermächtigt das Gericht **nicht** zu einer Ermessensentscheidung. Hat der Beigeladene einen Antrag gestellt oder ein Rechtsmittel eingelegt und ist er damit unterlegen, so hat ihm das Gericht auch Kosten aufzuerlegen (Kopp/Schenke VwGO § 154 Rn 8; S/S-A/P/Olbertz VwGO § 154 Rn 15; OVG Berlin NVwZ 1990, 681; aA VGH München NVwZ 2003, 236). Die Verwendung der Worte „darf" oder „kann" deutet nicht in jedem Fall darauf hin, dass der Berechtigte Ermessen auszuüben hat (vgl zB § 11 Abs 8 S 1 FeV).

Nimmt der Beigeladene seinen Sachantrag vor der Entscheidung des Gerichts **zurück**, 12
so können ihm nach Abs 3 keine Kosten auferlegt werden. § 155 Abs 2 VwGO ist nicht
anwendbar, wenn der zurückgenommene Antrag kein eigenes Verfahren in Gang gesetzt hat
(VGH Kassel ESVGH 28, 32, 36; Redeker/v Oertzen/Kothe VwGO § 154 Rn 6; aA
Eyermann/Rennert VwGO § 154 Rn 9; S/S-A/P/Olbertz VwGO § 154 Rn 15). In diesen
Fällen kommt die Anwendung von § 155 Abs 4 VwGO (dort Rn 11) in Betracht.

Die Anwendung von Abs 3 setzt das Unterliegen des Beigeladenen voraus, ansonsten gilt 13
§ 162 Abs 3 VwGO. Unterliegt der Beigeladene im Rechtsmittelverfahren neben einem
Hauptbeteiligten, so richtet sich die Kostenentscheidung nach § 159 S 1 VwGO iVm § 100
ZPO (vgl § 159 VwGO Rn 3). Nur wenn der Beigeladene am Vorverfahren beteiligt war,
können ihm diese Kosten auferlegt werden (BVerwG NVwZ 1988, 53).

Der durch das RmBereinVpG vom 20.12.2001 (Art 1 Nr 20, BGBl I 3987) in Hs 2 14
eingefügte Verweis auf § 155 Abs 4 VwGO (dort Rn 11) hat lediglich **klarstellende**
Bedeutung. Erfasst wird hierdurch zB der Fall, dass eine Gemeinde rechtswidrig und vorwerfbar ihr nach § 36 BauGB für die Erteilung der Baugenehmigung erforderliches Einvernehmen versagt hat. Dieser Gemeinde können als notwendig Beigeladene auch dann die
Kosten einer für den Bauantragsteller erfolgreichen Verpflichtungsklage auferlegt werden,
wenn sie im gerichtlichen Verfahren keinen Sachantrag gestellt hat.

D. Erfolgreiches Wiederaufnahmeverfahren (Abs 4)

Abs 4 sieht für das Wiederaufnahmeverfahren (§ 153 VwGO) eine Ausnahme vom 15
Unterliegensprinzip des Abs 1 vor. Die Bestimmung beschränkt sich auf die ausscheidbaren
Kosten des Wiederaufnahmeverfahrens und erfasst nicht zugleich die Kosten des fortgesetzten
Erstverfahrens. Durch eine Entscheidung des Gerichts nach Abs 4 können sämtliche Ver-
fahrensbeteiligten begünstigt werden. Die Belastung der Staatskasse (Bund oder betreffendes
Land) mit den ausscheidbaren Kosten des Wiederaufnahmeverfahrens kann nur erfolgen,
wenn hierfür ein besonderer Anlass gegeben ist. Dies gilt insbes dann, wenn der Grund für
die Wiederaufnahme dem Gericht zuzurechnen ist (zB unvorschriftsmäßige Besetzung des
Gerichts nach § 579 Abs 1 Nr 1 ZPO). Eine Kostenbelastung der Staatskasse nach Abs 4 ist
dagegen zB ausgeschlossen, wenn ein Fall des § 580 Nr 7 ZPO gegeben ist, weil dann von
einem Verschulden ausgegangen werden kann.

§ 155 [Kostenverteilung]

**(1) ¹Wenn ein Beteiligter teils obsiegt, teils unterliegt, so sind die Kosten gegen-
einander aufzuheben oder verhältnismäßig zu teilen. ²Sind die Kosten gegeneinander aufgehoben, so fallen die Gerichtskosten jedem Teil zur Hälfte zur Last. ³Ei-
nem Beteiligten können die Kosten ganz auferlegt werden, wenn der andere nur zu
einem geringen Teil unterlegen ist.**

**(2) Wer einen Antrag, eine Klage, ein Rechtsmittel oder einen anderen Rechts-
behelf zurücknimmt, hat die Kosten zu tragen.**

**(3) Kosten, die durch einen Antrag auf Wiedereinsetzung in den vorigen Stand
entstehen, fallen dem Antragsteller zur Last.**

**(4) Kosten, die durch Verschulden eines Beteiligten entstanden sind, können
diesem auferlegt werden.**

Die Kostenentscheidung in verwaltungsgerichtlichen Verfahren richtet sich, sofern nicht
§ 154 Abs 1 und 2 VwGO maßgeblich ist, in erster Linie nach § 155 Abs 1 (Rn 1) und 2
(Rn 5) VwGO. Wie jene Vorschrift so ist auch § 155 Abs 1 und 2 VwGO Ausfluss des von
Verfassung wegen nicht zwingend vorgeschriebenen Unterliegensgrundsatzes. Die Kosten-
regelung für einen erfolgreichen Antrag auf Wiedereinsetzung in den vorigen Stand (Abs 3 –
Rn 9) und für durch Verschulden eines Beteiligten entstandene (Mehr-) Kosten (Abs 4 –
Rn 11) sind Ausnahmeregelungen. Auch deshalb ist Abs 4 zurückhaltend anzuwenden und
eröffnet dem Gericht nicht die Möglichkeit einer Kostenentscheidung nach allgemeinen
Billigkeitserwägungen.

A. Kostenverteilung bei teilweisem Obsiegen (Abs 1)

1   Abs 1 erstreckt den verfassungsrechtlich nicht zwingend vorgegeben Unterliegensgrundsatz des § 154 Abs 1 VwGO (dort Rn 1) auf den Fall des nur **teilweisen** Obsiegens des Klägers/ Rechtsmittelführers. Im Gegensatz zu § 154 Abs 1 VwGO gilt 155 Abs 1 auch für den **Beigeladenen** (vgl § 154 VwGO Rn 3). Dem Unterliegensprinzip würde es widersprechen, wenn der Beigeladene lediglich beim vollständigen Unterliegen Kosten tragen müsste (Fahl NVwZ 1996, 1189, 1190). Maßgeblich für die Frage, ob überhaupt und in welchem Umfang ein Teilobsiegen vorliegt, ist der Vergleich des Sachantrags des Klägers/ Rechtsmittelführers oder Beigeladenen mit dem Ausspruch des Gerichts zur Hauptsache. Danach kommt Abs 1 in Betracht, wenn das Gericht die Klage „im Übrigen abgewiesen" hat. Ein etwaiges Fehlverhalten eines Beteiligten ist für Abs 1 nicht von Bedeutung. Zu berücksichtigen ist dies nur bei Abs 4. Hat der Kläger die Verpflichtung der Behörde zum Erlass eines bestimmten VA beantragt, steht dieser aber im **Ermessen** der Behörde und ist das Ermessen nicht auf Null reduziert, so kommt bei einer Fehlerhaftigkeit der bisherigen ablehnenden Entscheidung der Behörde nur ein Bescheidungsurteil in Betracht (§ 113 Abs 5 S 2 VwGO). Das Zurückbleiben dieser gerichtlichen Entscheidung hinter dem Antrag führte zur Abweisung der Klage im Übrigen und muss nach Abs 1 auch kostenrechtliche Konsequenzen haben (idR mindestens Teilunterliegen von ¼). Handelt es sich um einen gebundenen VA, hat das Gericht jedoch keine Spruchreife hergestellt und deshalb die Behörde lediglich zur Neubescheidung verurteilt, so ist § 155 Abs 1 VwGO nicht anwendbar (Kopp/ Schenke VwGO § 155 Rn 2).

2   Die verhältnismäßige Teilung der Kosten iSv § 155 Abs 1 S 1 Alt 2 VwGO erfolgt in Form einer **Quotelung** der Kosten. Die sonst vorgeschlagene Belastung eines Beteiligten mit einem bestimmten Betrag und Überbürdung des Restes auf den Gegner (Kopp/Schenke VwGO § 115 Rn 3; Eyermann/Rennert VwGO § 155 Rn 4) hat allenfalls theoretische Bedeutung.

2a   Für das objektive Verfahren der **Normenkontrolle** nach § 47 VwGO bestehen nach der Rspr des BVerwG besondere Regeln. Dringt ein Antragsteller mit seinem Begehren in der Sache durch, so ist § 154 Abs 1 VwGO und nicht § 155 Abs 1 VwGO anzuwenden, selbst wenn die Satzung nur teilweise für nichtig erklärt wird (BVerwGE 88, 268 = NVwZ 1992, 373). Ob ein Mangel zur Gesamt- oder nur zur Teilnichtigkeit des Plans führe, hänge von Umständen ab, mit deren Abschätzung der Betreffende regelmäßig überfordert sei. Deshalb seien von einem Antragsteller regelmäßig keine Überlegungen zu einer etwaigen Teilnichtigkeit zu erwarten. Wenn das Gericht die Nichtigerklärung dagegen auf Teile beschränkt, deren Ungültigkeit dem Antragsteller nichts nützt und der Antragsteller sein eigentliches Ziel nicht vollständig erreicht, so ist dies für § 155 Abs 1 VwGO zu beachten (BVerwG NVwZ 1997, 896, 898).

3   Hat das Gericht nach Abs 1 S 2 entschieden, dass die Kosten des Verfahrens **gegeneinander aufgehoben** werden, so haben die Beteiligten die Gerichtskosten jeweils zur Hälfte sowie ihre eigenen außergerichtlichen Kosten zu tragen. Die Ermessensentscheidung des Gerichts, ob die Kosten gequotelt (zB ½) oder gegeneinander aufgehoben werden, wirkt sich dahingehend aus, dass sich die Beteiligten bei der Quotelung an den außergerichtlichen Kosten des jeweils anderen zu beteiligen haben. Bei der ihnen obliegenden Ermessensentscheidung sollten die Gerichte auch berücksichtigen, dass die Behörden oftmals Bedienstete beschäftigen, deren Aufgabe es ist, die Körperschaft nach § 67 Abs 1 VwGO im Prozess zu vertreten. Deshalb kommt die Heranziehung von S 2 in Verwaltungsprozessen auch dann in Betracht, wenn nur der Kläger/Antragsteller anwaltlich vertreten ist (aA Kopp/Schenke VwGO § 155 Rn 3).

4   Obwohl der Kläger/Antragsteller mit seinem Antrag nicht vollständig obsiegt hat bzw vollständig unterlegen ist, kommt bei einem nur **geringen Unterliegen** die Auferlegung der gesamten Kosten des Verfahrens auf den anderen Hauptbeteiligten in Betracht. Gerade Verwaltungsgerichte, die häufig behördliche Ermessensfehler rügen, sollten sich verpflichtet fühlen, ihre Ermessensentscheidung (BVerwG NVwZ 2002, 1385) nach § 155 Abs 1 S 3 VwGO auch zu begründen, und nicht lediglich auf diese Norm als Begründung verweisen. Zur Orientierung bei der ihm obliegenden Ermessensentscheidung bietet sich für das Ge-

richt die Parallelvorschrift des § 92 Abs 2 ZPO an. In Bezug auf eine Zuvielforderung des Klägers zieht die zivilgerichtliche Praxis die Grenze bei einem Bruchteil von 1/10 des Klagebetrags (Thomas/Putzo ZPO § 92 Rn 8 ff; OVG Brandenburg FEVS 54, 40, 45). Geht es nicht um Geldleistungen, so kommt die Anwendung von Abs 1 S 3 in Betracht, wenn ein Bebauungsplan im Normenkontrollverfahren wegen behebbaren Mängel nur für unwirksam erklärt wird, obwohl der Antragsteller dessen Nichtigerklärung beantragt hatte (BVerwG NVwZ 2002, 1385 f zu § 47 Abs 5 VwGO aF). Weiteres Bsp aus der Rspr des BVerwG: Klage auf Aufenthaltsgenehmigung gegenüber einer Anfechtungsklage gegen die Festsetzung der Ausreisefrist und gegen die Abschiebungsandrohung (NVwZ 1989, 765, 768).

B. Kosten bei Rücknahme (Abs 2)

Auch die Kostenregelung des Abs 2 in den Fällen der **Rücknahme** eines Rechtsbehelfs 5 ist vom Unterliegensgrundsatz geprägt. Denn die Rücknahme erfolgt regelmäßig zur Vermeidung einer negativen gerichtlichen Endentscheidung. Die Kostenentscheidung nach Abs 2 ergeht aber ohne Prüfung der Erfolgsaussichten des Rechtsbehelfs und damit zB auch dann, wenn das Gericht von der Begründetheit der Klage ausgegangen ist. § 155 Abs 4 VwGO ist gegenüber Abs 2 vorrangig. Auch andere Spezialregelungen gehen Abs 2 vor (§ 155 Abs 3s Rn 9 und § 156 VwGO sowie § 17b Abs 2 GVG).

Wird nur ein Rechtsmittel zurückgenommen, so gilt Abs 2 nur für die Kostenentschei- 6 dung dieses Verfahrens. In Bezug auf die Vorinstanzen verbleibt es bei den bisherigen Kostenentscheidungen. Nimmt der Kläger dagegen seine Klage im **Rechtsmittelverfahren** zurück, so hat er die Verfahrenskosten der vorangegangenen Instanzen auch dann zu tragen, wenn er in diesen obsiegt hat.

Wird eine Klage nur teilweise zurückgenommen, so wird wegen des Grundsatzes der 7 Einheitlichkeit der Kostenentscheidung über die Kosten in der Schlussentscheidung nach § 155 Abs 2 entschieden. Insoweit ist die Entscheidung nach § 158 Abs 2 VwGO grundsätzlich unanfechtbar; dies ist bei der Rechtsmittelbelehrung zu beachten. Nach der neuen Rspr des BVerwG zu § 158 Abs 2 VwGO dürfte der auf § 155 Abs 2 VwGO beruhende Teil der Kostenentscheidung zumindest dann anfechtbar sein, wenn diese Entscheidung wegen des zurückgenommenen und des nicht zurückgenommenen Teils inhaltlich auf denselben Gründen beruht (BVerwG NJW 2006, 536 mwN). Ist zB durch die Klagerücknahme einer der Beteiligten der Sache nach aus dem Verfahren ausgeschieden, kommt eine Kostenentscheidung auch durch einen gesonderten Beschluss in Betracht.

§ 155 Abs 2 VwGO gilt auch für die Rücknahme eines Rechtsbehelfs durch einen 8 Prozessunfähigen und durch einen vollmachtlosen Vertreter. Abs 2 ist aber nicht ohne weiteres anwendbar, wenn die Rücknahme eines Rechtsbehelfs auf einem **außergerichtlichen Vergleich** beruht. Maßgeblich ist hier, ob die Beteiligten dem Gericht den außergerichtlichen Vergleich, der selbst noch nicht unmittelbar zur Beendigung des Verfahrens führt, anzeigen (vgl § 160 VwGO Rn 5). Bei einem unselbstständigen **Anschlussrechtsmittel** trägt grundsätzlich der Hauptrechtsmittelführer auch die Kosten des – akzessorischen – Anschlussrechtsmittels, wenn er sein Rechtsmittel zurücknimmt (BVerwGE 72, 165, 169 = NVwZ 1986, 555). Eine Ausnahme gilt aber für den Fall, dass der Anschlussrechtsmittelführer seine notwendige Einwilligung (§ 126 Abs 1 S 2 VwGO und § 140 Abs 1 S 2 VwGO) in die Rücknahme des Hauptrechtsmittels erteilt hat (BVerwGE 26, 297, 300 f mwN).

C. Kostenpflicht bei Wiedereinsetzung (Abs 3)

Ist Wiedereinsetzung in den vorigen Stand (§ 60 VwGO) gewährt worden und hat die 9 Wiedereinsetzung ausscheidbare Kosten verursacht, so hat das Gericht nach Abs 3 über diese Kosten gesondert zu entscheiden. Einer solchen Entscheidung bedarf es dagegen **nicht**, wenn der Rechtsbehelf ungeachtet der gewährten Wiedereinsetzung erfolglos geblieben ist oder die Wiedereinsetzung keine besonderen Kosten verursacht hat. Die Entscheidung erfolgt in der Schlussentscheidung oder in dem vorherigen Gerichtsbeschluss, in dem über die Wiedereinsetzung entschieden wird.

D. Kosten durch Verschulden eines Beteiligten (Abs 4)

10   Durch das RmBereinVpG wurde der frühere Abs 5 Abs 4. Abs 4 aF betraf die Kosten bei Verweisung an ein anderes Gericht; diese Regelung findet sich jetzt in § 17b Abs 2 GVG (Art 2 Nr 2 4. VwGOÄndG).

11   § 155 Abs 4 VwGO(Ausnahme vom Unterliegensprinzip) geht als lex specialis sämtlichen sonstigen Kostenregelungen vor. Andererseits setzt Abs 4 ein **Verschulden** eines Beteiligten voraus und ermächtigt das Gericht nicht generell zu einer Billigkeitsentscheidung hinsichtlich der Verfahrenskosten. Abs 4 ist eine Ermessensnorm und zudem eine Ausnahmeregelung, die zurückhaltend anzuwenden ist. Erfasst von dieser Sonderregel werden ausscheidbare Mehrkosten, die kausal auf ein Verschulden eines Verfahrensbeteiligten zurückzuführen sind. Abs 4 meint aber auch die gesamten Rechtsmittel- oder Prozesskosten, falls das Fehlverhalten eines Verfahrensbeteiligten überhaupt erst Anlass für den Prozess war. Der Verschuldensbegriff entspricht dem des § 60 VwGO, so dass bereits leichte Fahrlässigkeit ausreicht. Der Beteiligte muss sich das Verschulden seines Bevollmächtigten zurechnen lassen.

12   In Bezug auf die **Verwaltungsbehörde** kommt als Ursache sowohl **vorprozessuales** als auch **prozessuales** Fehlverhalten in Betracht. Dieses Fehlverhalten kann seine Ursache in einem individuellen Verschulden eines Bediensteten oder auch in einem Organisationsverschulden haben. Abs 4 greift ein bei einer falschen Rechtsbehelfsbelehrung, so dass der Kläger beim falschen Gericht Klage erhoben hat (OVG Bremen NJW 1985, 2045 f) oder sogleich ohne vorherige Durchführung des Vorverfahrens geklagt hat. Heilt die Behörde Verfahrensfehler nach der Klageerhebung (zB durch das Nachschieben von Ermessenserwägungen während des gerichtlichen Verfahrens aufgrund von § 114 S 2 VwGO) und wird die Hauptsache daraufhin nicht übereinstimmend für erledigt erklärt, so kommt grundsätzlich die Anwendung von Abs 4 zum Nachteil der Behörde in Betracht (BVerwGE 80, 178, 183 = NJW 1989, 118, 120). Denkbar ist die Anwendung auch in den Fällen, in denen eine Behörde ohne erforderliche Beweisaufnahme einen belastenden VA erlässt und damit der Betroffene zur Klärung der Grundlage der Verfügung in das Klageverfahren gedrängt wird. Hat eine unzuständige Behörde entschieden, so führt dies wegen § 46 VwVfG uU nicht zur Rechtswidrigkeit des VA. In Bezug auf die Mehrkosten, die durch die Rechtsverfolgung bei dem für die unzuständige Behörde örtlich zuständigen Gericht entstehen, gilt aber Abs 4 (BVerwGE 71, 63, 71 = NVwZ 1986, 126).

13   Auch dem **Kläger** können in Anwendung von Abs 4 Kosten auferlegt werden. Dies gilt insbes für den Fall, dass der Kläger im Verwaltungsverfahren bei der Sachverhaltsklärung nicht mitgewirkt hat und der Sachverhalt erst im gerichtlichen Verfahren zu seinen Gunsten aufgeklärt wird. Zu Lasten des Klägers kommt Abs 4 auch zur Anwendung, wenn er einem Anhörungstermin fern geblieben ist (Anerkennung als Kriegsdienstverweigerer) und er erst im Klageverfahren obsiegt (BVerwGE 77, 240, 242 = NVwZ 1987, 202).

§ 156 [Kosten bei sofortigem Anerkenntnis]

Hat der Beklagte durch sein Verhalten keine Veranlassung zur Erhebung der Klage gegeben, so fallen dem Kläger die Prozeßkosten zur Last, wenn der Beklagte den Anspruch sofort anerkennt.

§ 156 VwGO hat – als Ausnahme vom Unterliegensprinzip (Rn 1) – im Verwaltungsprozess im Gegensatz zum Zivilprozess (§ 93 ZPO) kaum praktische Bedeutung. Gemeinsam mit § 87a Abs 1 Nr 2 VwGO bringt § 156 VwGO aber zum Ausdruck, dass auch im Verwaltungsprozess Anerkenntnisse grundsätzlich möglich sind (zur Zulässigkeit von Anerkenntnisurteilen im Verwaltungsprozess nach § 173 VwGO iVm § 307 ZPO, BVerwGE 104, 27 = NVwZ 1997, 576; aA hinsichtlich der Anfechtungsklage BVerwGE 62, 18).

1   §§ 154 ff VwGO folgen grundsätzlich dem verfassungsrechtlich nicht vorgegebenen Unterliegensprinzip. Hiervon regelt § 156 eine – praktisch kaum bedeutsame – **Ausnahme**. Denn obwohl er in der Hauptsache obsiegt, trägt der Kläger/Antragsteller die gesamten Prozesskosten, wenn der Beklagte/Antragsgegner zur Erhebung der Klage/zur Antragstellung keine Veranlassung gegeben hat. § 156 VwGO gilt grundsätzlich für sämtliche Urteils- und Beschlussverfahren, die eine selbstständige Kostenentscheidung enthalten. § 156 VwGO findet eher Anwendung im Bereich der Verpflichtungs- und der Leistungsklage. Im Anfechtungsprozess erscheint die Heranziehung wegen des grundsätzlich vorangegangenen Vorverfahrens kaum möglich (gegen ein Anerkenntnisurteil im Bereich der Anfechtungsklage, BVerwGE 62, 18). Bei Untätigkeitsklagen (§ 75 VwGO) ist § 161 Abs 3 VwGO zu beachten. Ein Anerkenntnis liegt nicht vor, wenn die Behörde den begehrten VA erlässt oder die schlichthoheitliche Leistung von sich aus erbringt. Hier ergeht eine Kostenentscheidung nach § 161 Abs 2 VwGO. Auf Verzichtsurteile (§ 173 VwGO iVm § 306 ZPO) findet § 156 VwGO entsprechende Anwendung (Kopp/Schenke VwGO § 156 Rn 1).

Die Voraussetzungen – fehlende Veranlassung zur Klage und sofortiges Anerkenntnis – 2 müssen **kumulativ** erfüllt sein. Die Klage ist veranlasst, wenn sich der Beklagte vor der Klageerhebung so verhalten hat, dass ein vernünftiger Kläger annehmen musste, nur durch eine Klage sein Ziel erreichen zu können (OLG Düsseldorf NJW-RR 1993, 74 mwN). Auf ein Verschulden des Beklagten kommt es nicht an (Thomas/Putzo ZPO § 93 Rn 4 ff). Veranlassung iSv § 156 VwGO ist stets gegeben, wenn der Beklagte den vom Kläger geltend gemachten Anspruch vorprozessual bestreitet oder trotz eindeutiger Fälligkeit einer Geldforderung nicht leistet. Im Übrigen bedarf es grundsätzlich einer vorherigen Aufforderung oder Mahnung, die auch telefonisch oder per Telefax erfolgen kann (KG NJW 1993, 3336 Abmahnung per Telefax mit Stundenfrist). Der Kläger muss der Behörde aber sein Begehren in einer Form unterbreitet haben, dass diese über den Antrag auch entscheiden konnte. Auf das Verhalten des Beklagten nach der Klageerhebung kommt es nicht an. Das Gesetz stellt auf die für die Klagerhebung maßgeblichen Umstände ab.

Der Beklagte muss den Anspruch **sofort** und **vorbehaltlos** anerkennen, um in den 3 Genuss der ihn begünstigenden Kostenvorschrift zu kommen. Findet eine mündliche Verhandlung statt, so muss das Anerkenntnis spätestens in dieser erklärt werden. Ergeht das Urteil ohne mündliche Verhandlung, so hat das Anerkenntnis grundsätzlich in der Verzichtserklärung iSv § 101 Abs 2 VwGO zu erfolgen. Voraussetzung ist aber jeweils, dass die Klage bis zu diesem Zeitpunkt in einer Weise begründet worden ist, dass dem Beklagten zumindest der Streitgegenstand und die wesentlichen tatsächlichen und rechtlichen Gründe der Klage bekannt sind, so dass er über ein Anerkenntnis entscheiden kann. Wird die Klage erst später begründet, so muss dem Beklagten auch eine angemessene Frist belassen werden, um die Berechtigung des geltend gemachten Anspruchs zu prüfen.

Die Kostenentscheidung ist nach § 158 Abs 2 VwGO unanfechtbar. 4

§ 157 (weggefallen)

§ 157 VwGO wurde durch Gesetz v 22.12.1966 (BGBl I 681) aufgehoben. 1

§ 158 [Anfechtung der Kostenentscheidung]

(1) Die Anfechtung der Entscheidung über die Kosten ist unzulässig, wenn nicht gegen die Entscheidung in der Hauptsache ein Rechtsmittel eingelegt wird.

(2) Ist eine Entscheidung in der Hauptsache nicht ergangen, so ist die Entscheidung über die Kosten unanfechtbar.

Durch den Ausschluss der isolierten Anfechtbarkeit von Kostenentscheidungen sollen die Gerichte entlastet werden (Rn 1). Die Vorschrift regelt in Abs 1, dass die mit einer Sachentscheidung ergangene Kostenentscheidung nur mit dieser zusammen angefochten werden kann (Rn 4); Abs 2 erstreckt die Unanfechtbarkeit auch auf sog isolierte Kostenentscheidungen (Rn 5 f).

A. Allgemeines

Der Ausschluss der isolierten Anfechtbarkeit von Kostenentscheidungen dient der Ent- 1 lastung der Gerichte; das Rechtsmittelgericht soll von der Pflicht freigestellt werden, ohne Entscheidung zur Hauptsache allein die Kostenentscheidung überprüfen zu müssen.

2   Greift der Ausschluss der Beschwerde nach § 158 VwGO, so ist nach der neueren Rechtsprechung auch **keine außerordentliche Beschwerde** statthaft (BVerwG Beschluss vom
20.8.2003 – 20 F 11/03 – ; BVerwG NJW 2002, 2657; VGH München NVwZ-RR 2003,
72; Beschluss vom 14.5.2007 – 11 C 07.1087 –; OVG NRW NVwZ-RR 2004, 706; OVG
Magdeburg BeckRS 2012, 51420; offen gelassen OVG Lüneburg BeckRS 2005, 24312; vgl
allgemein zum Ausschluss außerordentlicher Rechtsbehelfe auch in Fällen „greifbarer Gesetzeswidrigkeit" BVerwG BeckRS 2005, 28558; NVwZ 2005, 232; zur Unzulässigkeit von
Gegenvorstellungen gegen die Kostenentscheidung in einem rechtskräftigen Urteil BVerwG
BeckRS 2007, 51729).

2.1   Zur Begründung wird dabei angeführt, dass sich der Gesetzgeber im Rahmen des Zivilprozess-
reformgesetzes vom 27.7.2001 (BGBl I 1887, 1902) der Fälle angenommen hat, die im Wesentlichen Anlass zur Entwicklung der außerordentlichen Beschwerde gegeben haben (vgl zur bisherigen
Rechtsprechung zB BVerwG BayVBl 2000, 764) und sich dafür entschieden hat, dass derjenige
Gericht ggf für Abhilfe zu sorgen hat, dem der Fehler unterlaufen ist. Dieser Rechtsgedanke liege
namentlich dem Rügeverfahren bei Verletzung des Anspruchs auf rechtliches Gehör durch unanfechtbare Entscheidungen in § 321a ZPO sowie der Abhilfemöglichkeit des Erstgerichts im
Beschwerdeverfahren nach § 572 Abs 1 ZPO zugrunde. Mit dieser gesetzgeberischen Entscheidung,
die über § 173 VwGO auch für den Bereich der VwGO gelte (vgl auch die durch Gesetz vom
9.12.2004 (BGBl I 3220) eingeführte Anhörungsrüge nach § 152a VwGO), sei die Zulassung eines
außerordentlichen Rechtsbehelfs nicht vereinbar (vgl im Einzelnen BVerwG NJW 2002, 2657).

3   Der Ausschluss der Beschwerde gegen eine Kostenentscheidung erstreckt sich auch auf die
Erstattungsfähigkeit der außergerichtlichen Kosten von **Beigeladenen** (VGH Kassel
NVwZ-RR 1994, 122; NVwZ-RR 1992, 222; VGH München NVwZ-RR 1992, 223;
OVG Berlin NVwZ-RR 1996, 546). Nach hM wird dagegen die Entscheidung über die
Notwendigkeit der **Hinzuziehung eines Bevollmächtigten** nach § 162 Abs 2 S 2 VwGO
nicht vom Rechtsmittelausschluss nach § 158 VwGO erfasst; denn diese Entscheidung
gehört materiell zum Kostenfestsetzungsverfahren, nicht aber zur Kostengrundentscheidung
(vgl BVerwG NJW 1967, 1580; DÖV 1981, 343; VGH Mannheim VBlBW 1996, 340;
VGH Kassel NVwZ-RR 1996, 616; OVG Greifswald NVwZ 2002, 1129; OVG Weimar
NVwZ-RR 2001, 487; OVG Berlin-Bbg, 6.2.2006 – 9 L 37.05 –; OVG Lüneburg,
29.5.2006 – 1 O 11/06 –; S/S-A/P/Olbertz VwGO § 158 Rn 3; B/F-K/K VwGO § 158
Rn 2; **aA** VGH München NVwZ-RR 1993, 221; Kopp/Schenke VwGO § 158 Rn 2).

B. Unzulässigkeit der isolierten Anfechtung von Kostenentscheidungen (§ 158 Abs 1 VwGO)

4   Nach § 158 Abs 1 VwGO ist die Anfechtung von Kostenentscheidungen unzulässig,
wenn nicht gegen die Entscheidung in der Hauptsache ein Rechtsmittel eingelegt wird.
Voraussetzung für eine isolierte Anfechtung der Kostenentscheidung ist, dass das Rechtsmittel
in der Hauptsache **zulässig** ist (vgl BVerwG NVwZ-RR 1999, 692). Denn § 158 Abs 1
VwGO steht der Anfechtung (auch) der Kostenentscheidung nur dann nicht entgegen, wenn
das Rechtsmittel zur Hauptsache zu einer Sachentscheidung führen kann. Bei Rechtsmitteln,
die der **Zulassung** bedürfen, ist dies erst nach der Zulassung möglich (BVerwG NVwZ
2002, 1385; OVG Bautzen Beschl v 7.12.2010 – 4 A 638/09 BeckRS 2011, 45241). § 158
Abs 1 VwGO steht der Zulässigkeit eines Rechtsmittels außerdem auch dann entgegen,
wenn es allein dem Zweck dient, eine Korrektur der vorinstanzlichen Kostenentscheidung
zu erreichen; als missbräuchlich und damit unzulässig wird das Rechtsmittel allerdings nur
dann anzusehen sein, wenn der Wille, das vorinstanzliche Urteil nur wegen des Kosten-
punktes zu bekämpfen, gleichsam „mit den Händen zu greifen" ist (BVerwG NVwZ 2002,
1385; VGH München Beschl v 3.6.2013 – 10 CS 13.847). Nach überwiegender Auffassung
kann allerdings ein Rechtsmittel mit dem Ziel der **Erledigung** und einer damit verbundenen
Kostenentscheidung nach § 161 Abs 2 VwGO eingelegt werden (OVG Hamburg MDR
1995, 956; VGH Mannheim NVwZ-RR 2002, 75; S/S-A/P/Olbertz VwGO § 158 Rn 5;
Kopp/Schenke VwGO § 158 Rn 2; **aA** VGH München NVwZ-RR 1990, 56; zur Erledigung der Hauptsache zwischen den Instanzen im Verfahren des einstweiligen Rechtsschutzes
vgl. VGH Mannheim NVwZ-RR 2010, 416).

§ 158 Abs 1 VwGO gilt nur für gerichtliche Entscheidungen und ist für Kostenentschei- **4a** dungen in Verwaltungsakten auch nicht entsprechend anwendbar (OVG Lüneburg BeckRS 2007 22796).

C. Unanfechtbarkeit isolierter Kostenentscheidungen (§ 158 Abs 2 VwGO)

§ 158 Abs 2 VwGO regelt die sog isolierte Kostenentscheidung, bei der keine Ent- **5** scheidung in der Hauptsache ergangen ist. Hierzu gehören etwa die Kostenentscheidungen nach **Erledigung der Hauptsache** (§ 161 Abs 2 VwGO), nach **Klage- oder Rechtsmittelrücknahme** (§ 155 Abs 2 VwGO) oder nach Abschluss eines **Vergleichs ohne selbständige Kostenregelung** (vgl BT-Drs 11/7030, 36).

Hat sich ein Rechtsstreit **teilweise erledigt** und wird die Kostenentscheidung auch für **6** den erledigten Teil in dem die Instanz abschließenden Urteil über den nicht erledigten Teil ausgesprochen, greift der Anfechtungsausschluss im Hinblick auf den Gesetzeszweck (vgl Rn 1) jedenfalls dann nicht ein, wenn zum einen formal nur eine einzige Kostenentscheidung vorliegt und zum anderen inhaltlich die Kostenentscheidung wegen des erledigten und des nicht erledigten Teils auf denselben Gründen beruht (BVerwG BeckRS 2005, 31315).

§ 159 [Mehrere Kostenpflichtige]

[1]Besteht der kostenpflichtige Teil aus mehreren Personen, so gilt § 100 der Zivilprozeßordnung entsprechend. [2]Kann das streitige Rechtsverhältnis dem kostenpflichtigen Teil gegenüber nur einheitlich entschieden werden, so können die Kosten den mehreren Personen als Gesamtschuldnern auferlegt werden.

§ 159 VwGO regelt nur die Erstattungspflicht gegenüber dem Gegner, wenn der kostenpflichtige Teil aus mehreren Personen (denkbar auch Hauptbeteiligter und Beigeladener) besteht. Das Erstattungsverhältnis zwischen diesen Personen wird durch § 159 VwGO nicht geregelt. Vorrangig verweist das Gesetz auf § 100 ZPO und enthält nur für notwendige Streitgenossen in S 2 eine gesonderte Regelung.

Während § 100 Abs 1 ZPO vom unterliegenden Teil spricht, ist in § 159 S 1 VwGO **1** lediglich vom **kostenpflichtigen Teil** die Rede. Dementsprechend erfasst § 159 S 1 VwGO grundsätzlich sämtliche Fälle, in denen der kostenpflichtige Teil aus mehreren Personen (Kläger, Beklagte oder sonstige Beteiligte) besteht. Der rechtliche Grund der Kostenentscheidung ist nicht von Bedeutung (dh zum einen § 154 Abs 1 und 2 VwGO, zum anderen auch bei der Kostentragungspflicht nach § 155 Abs 3 und 4 VwGO). Besteht die gemeinschaftliche Kostentragungspflicht lediglich hinsichtlich eines Teils der Kosten, so gilt § 159 S 1 VwGO dementsprechend nur für diesen. Auch mehrere Beigeladene können einen kostenpflichtigen Teil im Sinne von § 159 S 1 bilden. S 1 ist auch auf den Fall anwendbar, dass neben dem Hauptbeteiligten ein Nebenbeteiligter (Beigeladener oder VöI) kostenpflichtig ist. § 159 S 1 VwGO regelt **allein** das **Außenverhältnis**; für das Innenverhältnis der Kostenpflichtigen untereinander sind vertragliche Absprachen oder § 426 BGB maßgeblich. Diese Regelungen sind danach für die gerichtliche Kostenentscheidung nicht von Bedeutung.

§ 159 VwGO regelt **nicht** den Fall, dass mehrere Personen **erstattungsberechtigt** sind. **2** Auch wenn den Streitgenossen die Hauptsache als Gesamtgläubiger zugesprochen wird, sind diese hinsichtlich der Kosten nur Gläubiger nach Kopfteilen und nicht Gesamtgläubiger. Das Vorhandensein mehrerer Berechtigter kommt erst bei der Kostenfestsetzung zum Ausdruck. Jeder Berechtigte hat nur Anspruch auf Erstattung der ihm entstandenen Prozesskosten. Bei Kosten, die mehreren Personen entstanden sind (zB Anwalt), erfolgt eine Festsetzung nach **Kopfteilen** ungeachtet interner Vereinbarungen zwischen den betroffenen Personen.

Der **Inhalt** der Kostenentscheidung nach § 159 S 1 VwGO ergibt sich aus der ent- **3** sprechenden Anwendung des **§ 100 Abs 1 bis 4 ZPO**. § 100 Abs 3 ZPO ist lex specialis gegenüber den übrigen Bestimmungen des § 100 ZPO und auch gegenüber § 159 S 2 VwGO. § 155 Abs 3 und 4 VwGO bleibt aber unberührt. Entscheidungen nach § 100 Abs 2 und 3 ZPO müssen in der Kostenentscheidung ausdrücklich erfolgen. Die überwiegende Ansicht geht demgegenüber davon aus, dass das Gericht seine Entscheidungen, sofern es § 100 Abs 1 und 4 ZPO anwendet, nicht zum Ausdruck bringen muss. Im Interesse der Klarstellung sollte das Gericht aber auch seine Entscheidung nach Kopfteilen bzw als Gesamtschuldner in den Tenor aufnehmen (Eyermann/Rennert VwGO § 160 Rn 8).

4   Die Verpflichtung als **Gesamtschuldner** kommt zum einen in Betracht, wenn mehrere Streitgenossen in der Hauptsache als Gesamtschuldner verurteilt worden sind (§ 159 S 1 VwGO iVm § 100 Abs 4 ZPO). § 100 Abs 3 ZPO findet auch hier Anwendung und geht Abs 4 im Einzelfall vor. Zum anderen sieht § 159 S 2 VwGO eine gesamtschuldnerische Haftung bei notwendigen Streitgenossen (§ 64 VwGO) vor. S 2 ist auf den **notwendig Beigeladenen** im Verhältnis zu der von ihm unterstützten Hauptpartei **nicht** anzuwenden. Hier erfolgt eine Kostenverteilung nach Bruchteilen. Dies ergibt sich bereits aus der Entstehungsgeschichte der Norm (BT-Drucks 3/55, zu § 155, jetzt § 159 VwGO). Der ursprünglich vorgesehene Hinweis auf § 154 Abs 3 VwGO wurde nicht in § 159 VwGO aufgenommen. Im Übrigen besteht zB im Baunachbarstreit zwischen Behörde und dem Beigeladenen kein Verhältnis iSv § 159 S 2 VwGO (Eyermann/Rennnert VwGO § 159 Rn 6).

5   Unterliegen **einfache Streitgenossen** (Kläger oder Beklagte) im Verfahren (vollständig oder teilweise) **unterschiedlich**, so richtet sich die Kostenentscheidung grundsätzlich nach § 154 Abs 1 VwGO und § 155 Abs 1 VwGO und nicht nach § 159 S 1 VwGO iVm § 100 ZPO. Bei der Berechnung nach der sog. Baumbach'schen Formel, die zwischen den Gerichtskosten und den außergerichtlichen Kosten der Beteiligten unterscheidet, sind aber § 100 Abs 1 bis 3 ZPO ergänzend heranzuziehen (S/S-A/P VwGO § 159 Rn 5–12). Bei der Berechnung und Gewichtung nach der Baumbach'schen Formel sind die „Streitwerte" der verschiedenen prozessualen Verhältnisse zusammenzurechnen; an dieser Gesamtsumme orientiert sich der Anteil des einzelnen Prozessrechtsverhältnisses.

§ 160 [Kostenpflicht bei Vergleich]

[1] **Wird der Rechtsstreit durch Vergleich erledigt und haben die Beteiligten keine Bestimmung über die Kosten getroffen, so fallen die Gerichtskosten jedem Teil zur Hälfte zur Last.** [2] **Die außergerichtlichen Kosten trägt jeder Beteiligte selbst.**

§ 160 VwGO regelt unmittelbar lediglich die Kostenverteilung bei einem gerichtlichen Vergleich (§ 106 VwGO), der keine Bestimmung über die Kosten enthält. Da die Beteiligten im verwaltungsgerichtlichen Verfahren in aller Regel im Vergleich auch die Kostenverteilung regeln, hat § 160 VwGO nur eine geringe praktische Bedeutung. Gelegentlich versuchen aber insbes Gemeinden oder Kreise mit Blick auf die ihnen drohende kommunalaufsichtliche Überprüfung eine ausdrückliche Kostenverteilung zu ihren Lasten zu vermeiden. Der Verzicht auf eine ausdrückliche Kostenregelung im Vergleich, der zugleich Prozesshandlung und öffentlich-rechtlicher Vertrag ist, stellt eine elegante Möglichkeit dar, dem Vorwurf zu entgehen, durch eine ausdrückliche Kostenregelung im Vergleich seien der Körperschaft Kosten entstanden.

1   Die in § 160 VwGO vorgesehene gesetzliche Kostenverteilung ist **subsidiär**. Sie gilt nur für den Fall, dass die Beteiligten im **gerichtlichen** Vergleich die Kostenverteilung nicht geregelt haben. Dann bedarf es aber auch **keiner** gesonderten gerichtlichen Entscheidung mehr, weil sich die Kostenverteilung unmittelbar aus dem Gesetz ergibt. Die dennoch vom Gericht getroffene Kostenentscheidung hat lediglich deklaratorische Bedeutung. Weicht die trotz des Vorliegens der Voraussetzungen des § 160 VwGO vom Gericht getroffene Kostenentscheidung von dieser Regelung ab, so ist die gerichtliche Entscheidung zu beachten und nach § 158 Abs 2 VwGO unanfechtbar (zur Möglichkeit einer Gegenvorstellung, um eine Änderung des Beschlusses zu erreichen; vgl Eyermann/Geiger VwGO § 160 Rn 3). Materiell-rechtlich ist aber ein Ausgleich möglich (S/S-A/P/Olbertz VwGO § 160 Rn 4). Nach § 160 VwGO gelten die Kosten des Verfahrens als gegeneinander aufgehoben (vgl § 155 Abs 1 S 1 und 2 VwGO Rn 3). § 160 VwGO erfasst nicht die Kosten eines dem Klageverfahren vorangegangenen Widerspruchsverfahrens. Der im Vorverfahren unterlegene Kläger bleibt zur Zahlung der Widerspruchsgebühr verpflichtet (VGH Mannheim NVwZ-RR 2002, 325), weil es sich insoweit um seine eigenen außergerichtlichen Kosten handelt. Da

den Beteiligten die Vorschrift des § 160 VwGO idR nicht bekannt ist, sollte das Gericht im Rahmen der Vergleichsverhandlungen hierauf ausdrücklich hinweisen.

Beschränkt sich aber der Vergleich auf die **Hauptsache**, kommt aber eine Einigung über die 2 Kosten nicht zu Stande (erkennbar zB daran, dass die Beteiligten in der mündlichen Verhandlung ausdrückliche Kostenanträge stellen), so fehlt es an einer Erledigung des (gesamten) Rechtsstreits iSv § 160 VwGO; erledigt ist lediglich die Hauptsache. Die Kostenentscheidung erfolgt in diesem Fall in einem gesonderten Beschluss nach Maßgabe des § 161 Abs 2 VwGO. Durch die Anträge haben die Beteiligten die Anwendung von § 160 VwGO abgelehnt und konkludent eine Entscheidung nach § 161 Abs 2 VwGO beantragt (BGH NJW 1965, 103). Die Anträge lassen erkennen, dass eine Regelung nach § 160 VwGO abgelehnt, sondern vielmehr eine Entscheidung des Gerichts nach billigem Ermessen unter Berücksichtigung des Sach- und Streitstands angestrebt wird. Die Beteiligten des Verfahrens können im Vergleich die Kostenentscheidung aber auch ausdrücklich dem Gericht nach Maßgabe des § 161 Abs 2 VwGO überantworten.

Betrifft der Vergleich nur einen **Teil** des Rechtsstreits, so kann das Gericht abtrennen 3 (insoweit Kostenentscheidung nach § 160 VwGO). Erfolg keine Abtrennung, so ergeht eine einheitliche Kostenentscheidung. In Bezug auf den durch den Prozessvergleich geregelten Bereich ist § 160 VwGO zu berücksichtigen.

Sind die Kosten eines **Beigeladenen** im Vergleich nicht geregelt worden und hat dieser 4 dem Vergleich auch nicht zugestimmt, so ist § 160 VwGO auf dessen Kosten nicht anwendbar. Das Gericht hat nach § 161 Abs 1 VwGO über die Kosten unter Berücksichtigung von § 162 Abs 3 VwGO zu entscheiden. Entsprechend § 160 S 1 VwGO sind die Kosten des Beigeladenen dann idR den Hauptbeteiligten jeweils zur Hälfte aufzuerlegen.

§ 160 VwGO gilt grundsätzlich entsprechend für den **außergerichtlichen Vergleich**, 5 wenn sich dem Willen der Beteiligten nicht ausdrücklich oder konkludent etwas anderes entnehmen lässt. Die in § 160 VwGO zum Ausdruck kommende Überlegung, dass eine von den Parteien des Vergleichs unterlassene Kostenregelung zu einer gleichmäßigen Kostenverteilung der Beteiligten führt, entspricht ihrem mutmaßlichen Willen (BVerwGE 22, 339, 341). Jenseits dieses Grundsatz herrscht gerade im Hinblick auf das Verhältnis von § 160 und § 161 Abs 2 VwGO Uneinigkeit (S/S-A/P/Olbertz VwGO § 160 Rn 9 ff; Kopp/Schenke VwGO § 160 Rn 3; Eyermann/Geiger VwGO § 160 Rn 9 f). Da der außergerichtliche Vergleich das gerichtliche Verfahren nicht beendet, muss die Klage zurückgenommen oder die Hauptsache von den Beteiligten übereinstimmend für erledigt erklärt werden. Im Falle einer im Vergleich vorgesehenen Klagerücknahme gilt entweder die vorrangige Kostenregelung des Vergleichs oder die dem mutmaßlichen Willen der Beteiligten entsprechende Bestimmung des § 160 VwGO. Die für den Fall der Klagerücknahme (einseitige) Kostenbestimmung des § 155 Abs 2 VwGO wird den Interessen der Beteiligten, die eine Einigung erzielt haben, idR nicht gerecht (S/S-A/P Olbertz VwGO § 160 Rn 11 f mwN; aA Eyermann/Geiger VwGO § 160 Rn 10). Die Anwendung des § 155 Abs 2 VwGO birgt die Gefahr eines Folgerechtsstreits um die Kostenverteilung in sich. **Zeigen** die Beteiligten dem Gericht den Abschluss eines **außergerichtlichen Vergleichs nicht an**, so gilt im Falle der Klagerücknahme nicht § 160 VwGO, sondern § 155 Abs 2 VwGO auch dann, wenn die Beteiligten im Vergleich vereinbart haben, dass jede Partei ihre außergerichtlichen Kosten selbst trägt. Diese Vereinbarung kann im Kostenfestsetzungsverfahren geltend gemacht werden (OVG Münster OVGE 8, 17 f). Erklären die Beteiligten die Hauptsache im Hinblick auf den außergerichtlichen Vergleich übereinstimmend für erledigt (konkludent auch durch den Hinweis auf den außergerichtlichen Vergleich gegenüber dem Gericht), so gilt für die Kostenentscheidung in erster Linie die Vereinbarung der Beteiligten. § 161 Abs 2 VwGO kommt von vornherein nicht in Betracht, wenn durch den Vergleich tatsächlich keine Erledigung eingetreten ist (BVerwGE 22, 339, 341). Auch im Übrigen geht § 160 VwGO als die dem mutmaßlichen Willen der Beteiligten entsprechende Bestimmung § 161 Abs 2 VwGO vor. § 161 Abs 2 VwGO und nicht § 160 VwGO ist aber anwendbar, wenn die Heranziehung von § 160 VwGO zu unbilligen Ergebnissen führt (BVerwG Buchholz 310 § 160 VwGO Nr 4 mwN, Kostenentscheidung nach § 160 VwGO steht zum jeweiligen Obsiegen der Beteiligten in einem krassen Missverhältnis). Haben aber die Beteiligten im außergerichtlichen Vergleich bewusst auf eine Kostenentscheidung verzichtet, so ist die analoge Anwendung von § 160 VwGO ausgeschlossen. Die Kostenentscheidung ergeht hier nach § 161 Abs 2 VwGO (vgl Rn 3).

§ 161 [Kostenentscheidung; Erledigung der Hauptsache]

(1) Das Gericht hat im Urteil oder, wenn das Verfahren in anderer Weise beendet worden ist, durch Beschluß über die Kosten zu entscheiden.

(2) ¹Ist der Rechtsstreit in der Hauptsache erledigt, so entscheidet das Gericht außer in den Fällen des § 113 Abs. 1 Satz 4 nach billigem Ermessen über die Kosten des Verfahrens durch Beschluß; der bisherige Sach- und Streitstand ist zu berücksichtigen. ²Der Rechtsstreit ist auch in der Hauptsache erledigt, wenn der Beklagte der Erledigungserklärung des Klägers nicht innerhalb von zwei Wochen seit Zustellung des die Erledigungserklärung enthaltenden Schriftsatzes widerspricht und er vom Gericht auf diese Folge hingewiesen worden ist.

(3) In den Fällen des § 75 fallen die Kosten stets dem Beklagten zur Last, wenn der Kläger mit seiner Bescheidung vor Klageerhebung rechnen durfte.

§ 161 Abs 1 VwGO bestimmt, dass bei Abschluss jedes anhängigen Verfahrens über die Kosten durch Beschluss zu entscheiden ist (Rn 1 ff). § 161 Abs 2 VwGO enthält Regelungen hinsichtlich der Erledigung des Rechtsstreits in der Hauptsache (Rn 4 ff): § 161 Abs 2 S 1 VwGO bestimmt zunächst für den Fall, dass die Beteiligten durch übereinstimmende prozessuale Erklärungen die Erledigung des Rechtsstreits in der Hauptsache herbeiführen, dass das Gericht nach billigem Ermessen unter Berücksichtigung des bisherigen Sach- und Streitstandes über die Kosten des Verfahrens entscheidet (Rn 11 ff). Der durch das Erste Justizmodernisierungsgesetz vom 24.8.2004 (BGBl I 2198, 2204) eingeführte § 161 Abs 2 S 2 VwGO enthält insoweit eine Fiktion der Einwilligung des Beklagten, wenn dieser der Erledigungserklärung des Klägers nicht innerhalb von zwei Wochen seit Zustellung des die Erledigungserklärung enthaltenden Schriftsatzes widerspricht und er vom Gericht auf diese Folge hingewiesen worden ist (Rn 11). Billigem Ermessen entspricht es in der Regel, demjenigen Beteiligten die Verfahrenskosten aufzuerlegen, der nach summarischer Prüfung ohne die Erledigung voraussichtlich unterlegen wäre oder der die Erledigung des Rechtsstreits aus eigenem Willensentschluss herbeiführt hat (Rn 14 f). Nicht ausdrücklich geregelt ist die einseitige Erledigungserklärung des Klägers; in diesem Fall ist das Verfahren als Streit über die Erledigung fortzusetzen (Rn 18 f). Durch die Kostenregelung in § 161 Abs 3 VwGO soll der Kläger vor einer Kostenbelastung bewahrt werden, wenn er berechtigterweise die Gerichte in Anspruch genommen hat, um eine unangemessene Verzögerung der Bearbeitung seines Antrags zu verhindern. Die Vorschrift findet auf alle Fälle der Untätigkeitsklage Anwendung (Rn 20). Voraussetzung für die Kostenüberbürdung ist, dass der Kläger mit seiner Bescheidung vor Klageerhebung rechnen durfte; dies ist nur dann nicht gegeben, wenn der Beklagte für die Nichtbescheidung einen zureichenden Grund hatte und dieser Grund dem Kläger bekannt war oder bekannt sein musste (Rn 22).

Übersicht

A. Entscheidung über die Kosten (Abs 1)

§ 161 Abs 1 VwGO bestimmt, dass bei Abschluss jedes anhängigen Verfahrens über die **1** Kosten zu entscheiden ist. Außer für Verfahren, die durch **Urteil** abgeschlossen werden, gilt dies auch für **selbständige Beschlussverfahren**, zB Verfahren nach § 80 Abs 5, § 123 oder § 47 VwGO. Grundsätzlich ist auch in Verfahren, die nicht mit einer Sachentscheidung beendet werden, eine Entscheidung über die Kosten erforderlich, zB bei Verfahrensabschluss nach Klagerücknahme oder Rücknahmefiktion (§ 92 Abs 2 VwGO) oder beiderseitiger Erledigungserklärung (§ 161 Abs 2 VwGO). Eine Kostenentscheidung ist weiter in **selbständigen Zwischenverfahren** zu treffen, die besondere Kostenfolgen auslösen, vor allem, wenn Dritte an dem Zwischenverfahren teilnehmen, die nicht Beteiligte des Ausgangsverfahrens sind (S/S/B/Clausing VwGO § 161 Rn 5), etwa beim Verfahren nach § 99 Abs 2 VwGO. Keiner Kostenentscheidung bedürfen dagegen unselbständige Zwischenentscheidungen (zB die Entscheidung über die Aussetzung nach § 94 VwGO) sowie grundsätzlich Zwischenurteile nach § 109 VwGO, Teilurteile nach § 110 VwGO und Grundurteile nach § 111 VwGO, bei denen der Umfang des Obsiegens bzw Unterliegens noch nicht feststellbar ist.

Die Kostenentscheidung hat **von Amts wegen** zu ergehen; es ist daher kein Antrag der **2** Beteiligten erforderlich (vgl LSG Berlin, LSK 2005, 090651). § 161 Abs 1 VwGO betrifft nur die Entscheidung über die Kostenerstattungspflicht **dem Grunde nach**; hierzu gehört nicht die Entscheidung über die Notwendigkeit der Zuziehung eines Bevollmächtigten für das Vorverfahren gem § 162 Abs 2 S 2 VwGO (BVerwG NVwZ-RR 2003, 246).

Die Kostenentscheidung ist in die **Entscheidungsformel** aufzunehmen und in den **3** Gründen der Hauptsacheentscheidung zu begründen. Ist die Entscheidung über die Kosten im Rahmen der Hauptsacheentscheidung unterblieben, ist eine Ergänzung gem § 120 VwGO möglich (Kopp/Schenke VwGO § 161 Rn 4; Redeker/v Oertzen/Redeker VwGO § 161 Rn 2). Fehlt der Kostenausspruch nur im Tenor und ergibt sich aus den Gründen eindeutig, dass das Gericht über die Kosten in einem bestimmten Sinn entscheiden wollte, kann die Berichtigung nach § 118 VwGO beantragt werden (S/S/B/Clausing VwGO § 161 Rn 7; Redeker/v Oertzen/Redeker VwGO § 161 Rn 2). Bei Beendigung der Verfahrens ohne abschließende Sachentscheidung ist über die Kosten immer durch Beschluss zu entscheiden, sog **isolierte Kostenentscheidung** (S/S/B/Clausing VwGO § 161 Rn 4; Kopp/Schenke VwGO § 161 Rn 5). Wegen des Erfordernisses einer einheitlichen Kostenentscheidung muss bei nur **teilweise** nichtstreitiger Beendigung die Entscheidung über die Kosten des erledigten Teils zusammen mit der abschließenden Entscheidung über den Streitrest ergehen (S/S/B/Clausing VwGO § 161 Rn 4).

B. Erledigung der Hauptsache (Abs 2)

I. Erledigung der Hauptsache

1. Begriff

Die Erledigung der Hauptsache ist nach der Rechtsprechung des BVerwG (NVwZ 2004, **4** 610; NVwZ 2001, 1286; NVwZ 1993, 979; NVwZ 1991, 162) dadurch gekennzeichnet, dass ein nach Klageerhebung eingetretenes außerprozessuales Ereignis dem Klagebegehren die Grundlage entzogen hat und die Klage aus diesem Grund für den Kläger gegenstandslos geworden ist. Bei **Anfechtungsklagen** ist das der Fall, wenn der Verwaltungsakt zurückgenommen, widerrufen, anderweitig aufgehoben oder durch Zeitablauf oder auf andere Weise erledigt ist (vgl § 43 Abs 2 VwVfG) und die damit verbundene Beschwer entfällt, bei **Verpflichtungsbegehren** oder sonstige Leistungsbegehren, wenn der geltend gemachte Anspruch erfüllt, erloschen, weggefallen oder auf sonstige Weise gegenstandslos geworden ist (S/S/B/Clausing VwGO § 161 Rn 10; vgl zu Leistungsbegehren auch OVG Münster NWVBl 1992, 325). Bei einer **Feststellungsklage** können die nachträgliche Änderung der Umstände, die das streitige Rechtsverhältnis begründen (BVerwG Buchholz 310 § 161 VwGO Nr 69) sowie der Fortfall des Feststellungsinteresses (S/S/B/Clausing VwGO § 161 Rn 10) zur Erledigung führen.

5   Das erledigende Ereignis kann auch in der **Änderung der Rechtslage** liegen (BVerwG NVwZ 1993, 979; vgl auch BVerwG NVwZ 1998, 729; OVG NRW NWVBl 1992, 325; VGH Mannheim NVwZ-RR 1995, 302; Deckenbrock/Dötsch JuS 2004, 489). Nach der Rechtsprechung genügt es sogar, dass der Rechtsstreit infolge einer Rechtsänderung eine derartige Wendung zu Ungunsten des Klägers nimmt, dass die Erfolgsaussichten einer bis dahin aussichtsreichen Klage entscheidend geschmälert werden, etwa weil der angefochtene Verwaltungsakt rückwirkend eine ordnungsgemäße Rechtsgrundlage (zB infolge einer Satzungsänderung) erhält (BVerwG BeckRS 2006, 20869; BVerwG NVwZ 1993, 979 mwN). Die höchstrichterliche Klärung einer Tat- oder Rechtsfrage ist allerdings nicht einer nachträglichen, zur Erledigung führenden Änderung der Tat- oder Rechtslage gleichzusetzen (BVerwG BeckRS 2007, 23821). Ein erledigendes Ereignis liegt **nicht** (mehr) vor, wenn der Bescheid im Laufe des gerichtlichen Verfahrens geändert wurde und der Kläger sein **Klage gegen den geänderten Verwaltungsakt fortgeführt** hat (BVerwG NVwZ 2004, 610; VG Magdeburg Beschluss v. 7.12.2005 – 4 A 312/04 –).

6   Von der Erledigung der Hauptsache ist begrifflich die Erledigung des Rechtsstreits in der Hauptsache zu unterscheiden, die den Rechtsstreit an sich betrifft und eine besondere Form der Verfahrensbeendigung durch prozessuale Erklärungen darstellt (S/S/B/Clausing VwGO § 161 Rn 8; Deckenbrock/Dötsch JuS 2004, 489).

2. Prozessuale Konsequenzen

7   Mit Eintritt der Erledigung **entfällt** nach hM das **Rechtsschutzbedürfnis** für die Klage (BVerwG NVwZ-RR 1999, 277; Buchholz 310 § 161 VwGO Nr 89; OVG Hamburg NVwZ-RR 2003, 700; S/S/B/Clausing VwGO § 161 Rn 12; B/F-K/K VwGO § 161 Rn 4; Kremer NVwZ 2003, 797; **aA** Kopp/Schenke VwGO Vorb § 40 Rn 45). Dem Kläger droht daher die kostenpflichtige (§ 154 Abs 1 VwGO) Klageabweisung. Hat der Kläger Anfechtungsklage erhoben und hat sich der Verwaltungsakt erledigt, so kann er ggf zu einer Fortsetzungsfeststellungsklage gem § 113 Abs 1 S 4 VwGO übergehen; Entsprechendes gilt für die Erledigungssituation im Falle einer Verpflichtungsklage (§ 113 Abs 1 S 4 VwGO analog). Eine Fortsetzungsfeststellungsklage setzt jedoch ein besonderes Feststellungsinteresse voraus; fehlt es daran, muss der Kläger weiterhin mit der kostenpflichtigen Klageabweisung rechnen. Auch im Fall der Klagerücknahme, die nach Stellung der Anträge gem § 92 Abs 1 S 2 VwGO nur mit Einwilligung des Beklagten möglich ist, hätte der Kläger die Kosten des Verfahrens zu tragen (§ 155 Abs 2 VwGO). Die Beteiligten können jedoch durch übereinstimmende prozessuale Erklärungen die Erledigung des Rechtsstreits in der Hauptsache als besondere Form der Verfahrensbeendigung herbeiführen; gem § 161 Abs 2 VwGO entscheidet das Gericht dann nach billigem Ermessen über die Kosten des Verfahrens (Rn 12 ff). Nicht ausdrücklich geregelt ist dagegen die einseitige Erledigungserklärung des Klägers (Rn 18 ff).

3. Erledigungserklärung

8   Auch nach Eintritt eines erledigenden Ereignisses setzt der Übergang zur Erledigungserklärung oder zur Feststellung der Erledigung einen – gegebenenfalls durch Auslegung zu ermittelnden – Antrag voraus; eine stillschweigende Antragsänderung ist dem Prozessrecht fremd und kann nicht unterstellt werden (VGH Mannheim, BeckRS 2011, 52079). Die Möglichkeit der Erledigungserklärung ist **in allen Verfahrensarten** eröffnet, mithin auch in Normenkontrollverfahren nach § 47 VwGO (BVerwG NVwZ-RR 2002, 152). Für den Übergang vom ursprünglichen Klageantrag zur Erledigungserklärung gibt es grundsätzlich keine zeitliche Grenze. Der Kläger kann vielmehr **in jedem Stadium des Verfahrens** eine Erledigungserklärung abgeben, ggf auch erst im Revisionsverfahren, obwohl die Erledigung bereits während des erstinstanzlichen Verfahrens eingetreten ist (BVerwG NVwZ 2001, 1286; NVwZ 2004, 353). Dies gilt auch für Asylverfahren (BVerwG NVwZ 2004, 353). Die Erledigungserklärung muss allerdings rechtzeitig vor der gerichtlichen Entscheidung in der Hauptsache abgegeben werden, wobei der Kläger ggf die durch eine verspätete Erklärung verursachten Mehrkosten gem § 155 Abs 4 VwGO zu tragen hat (BVerwG NVwZ 2004, 353). In der Rechtsmittelinstanz ist es möglich, nicht den Rechtsstreit als solchen, sondern lediglich das Rechtsmittelverfahren für erledigt zu erklären (VGH Mannheim VGHBW-Ls 2000, Beilage 1, B3 mwN; OVG Münster Beschl v 15.12.2008 – 18 B 1648/08; vgl auch VGH Mannheim Beschl v 22.9.2006 – NC 9 S 90/06 – zur einseitigen Erledigungserklärung in der Beschwerdeinstanz). Bei einer Erledigung „zwischen den Instanzen" kommt nach hM eine Beschwerde nach § 146 Abs 4 VwGO mit dem Ziel der Herbeiführung einer günstigeren Kostenentscheidung nach § 161 Abs 2 VwGO in Betracht (VGH Mannheim NVwZ-RR 2003, 392 mwN; ausführlich S/S/B/Clausing VwGO § 161 Rn 18 f).

Bis zur Abgabe einer entsprechenden Erklärung durch den Beklagten kann der Kläger **9** seine Erledigungserklärung **zurücknehmen** bzw **widerrufen** und zu seinem ursprünglichen Sachantrag zurückkehren (BVerwG NVwZ-RR 2010, 562; 1992, 276; NVwZ-RR 1999, 277; NVwZ 1999, 404; OVG Hamburg NVwZ-RR 2003, 700; S/S/B/Clausing VwGO § 161 Rn 14). Nach diesem Zeitpunkt ist ein Widerruf dagegen nur unter den engen Voraussetzungen des § 173 VwGO iVm §§ 578 ZPO ff möglich (BVerwG NVwZ-RR 1999, 407; Buchholz 310 § 161 VwGO Nr 120; Deckenbrock/Dötsch JuS 2004, 489) oder wenn es mit dem Grundsatz von Treu und Glauben unvereinbar wäre, einen Beteiligten an einer von ihm vorgenommenen Prozesshandlung festzuhalten, etwa weil sie durch Drohung, sittenwidrige Täuschung, unzulässigen Druck u. ä. herbeigeführt wurde (VGH München Urt v 29.1.2009 – 13 A 08.1688).

Die Erledigungserklärung ist als **Prozesshandlung** bedingungsfeindlich. Von innerpro- **10** zessualen Bedingungen (wie etwa der Wirksamkeit eines gerichtlichen Vergleichs) kann die Erklärung dagegen abhängig gemacht werden. Eine anwaltliche Vertretung ist für die Abgabe der Erledigungserklärung auch vor dem BVerwG nicht erforderlich (BVerwG NVwZ 1990, 69; NJW 1971, 479). Sie ist gegenüber dem Gericht zu erklären, bei dem das Verfahren anhängig ist. Zur stillschweigenden Erledigungerklärung vgl Rn 11.

II. Übereinstimmende Erledigungserklärung

1. Erklärungen der Hauptbeteiligten

Für die Annahme übereinstimmender Erledigungserklärungen kommt es nur auf die **11** Erklärungen der Hauptbeteiligten an (Kläger und Beklagter). Einer Erklärung sonstiger Beteiligter wie etwa des Beigeladenen (§ 65 VwGO) bedarf es nicht (BVerwG NVwZ-RR 1992, 276; vgl auch VGH Mannheim VGHBW-Ls 2000, Beilage 1, B3). Auf **Kläger**seite setzt dies nach Eintritt des erledigenden Ereignisses einen entsprechenden **Antrag** voraus; ein **stillschweigender** Übergang zur Erledigungserklärung wäre dem Prozessrecht fremd und kann **nicht** unterstellt werden (VGH Mannheim, ESVGH 61, 246); **§ 161 Abs 2 S 2 VwGO** stellt demgegenüber klar, dass der Rechtsstreit auch in der Hauptsache erledigt ist, wenn der Beklagte der Erledigungserklärung des Klägers nicht innerhalb von zwei Wochen seit Zustellung des die Erledigungserklärung enthaltenden Schriftsatzes widerspricht und er vom Gericht auf diese Folge hingewiesen worden ist. Diese **Fiktion der Einwilligung des Beklagten** vollzieht die gleichzeitig eingeführte Bestimmung in § 91a Abs 1 S 2 ZPO nach (BT-Drs 15/3482, 24).

2. Einstellung des Verfahrens und Kostenentscheidung

Haben die Beteiligten den Rechtsstreit übereinstimmend für erledigt erklärt, stellt das **12** Gericht das Verfahren in entsprechender Anwendung von § 92 Abs 3 S 1 VwGO durch **Beschluss** (deklaratorisch) ein (BVerwG NVwZ-RR 1999, 407) und entscheidet nur noch über die Kosten. Im vorbereitenden Verfahren entscheidet der Vorsitzende bzw der Berichterstatter (§ 87a Abs 1 und 3 VwGO). An der materiellen Rechtslage ändert sich durch die Beendigung der Rechtshängigkeit nach übereinstimmender Erledigungserklärung nichts; hat sich der Verwaltungsakt tatsächlich nicht erledigt, so bleibt er wirksam und kann vollzogen werden (VGH München BayVBl 1984, 691; OVG Berlin NVwZ 1986, 672; S/S/B/Clausing VwGO § 161 Rn 17). Erledigt sich die Hauptsache nur **teilweise**, so ergeht insoweit kein gesonderter Beschluss. Vielmehr trifft das Gericht die Entscheidung über die Verfahrenseinstellung und die Kostentragung zusammen mit der Sachentscheidung über den nicht erledigten Teil der Hauptsache in dem Schlussurteil (BVerwG NVwZ-RR 1999, 407; Buchholz 310 § 161 Abs 2 VwGO Nr 16; Buchholz 310 § 161 VwGO Nr 101).

13   Die Kostenentscheidung erfolgt gem § 161 Abs 2 S 1 VwGO nach billigem Ermessen unter Berücksichtigung des bisherigen Sach- und Streitstandes. Der in § 161 Abs 2 S 1 VwGO zum Ausdruck kommende Grundsatz der Prozesswirtschaftlichkeit befreit das Gericht nach Erledigung des Rechtsstreits in der Hauptsache davon, abschließend über den Streitstoff zu entscheiden (BVerwG BeckRS 2006, 21285; Beschl v 16.10.2012 – 2 B 7/12 –); es erfolgt vielmehr eine lediglich **summarische Prüfung**. Eine Klärung bisher höchstrichterlich nicht geklärter Rechtsfragen soll nicht allein im Hinblick auf die noch offene Kostenentscheidung erfolgen (vgl BVerwG BeckRS 2006, 21285; Beschl v 16.10.2012 – 2 B 7/12 –). Auch ist eine Beweiserhebung zur weiteren Klärung des Sachverhalts nicht mehr zulässig (BVerwGE 46, 215; OVG Lüneburg Beschl v 7.11.1996 – 12 L 3604/96; VGH Mannheim VGH BW-Ls 1996, Beilage 8, B2).

14   **Billigem Ermessen** entspricht es in der Regel, demjenigen Beteiligten die Verfahrenskosten aufzuerlegen, der ohne die Erledigung **voraussichtlich unterlegen** wäre oder der die Erledigung des Rechtsstreits aus eigenem Willensentschluss **herbeigeführt** hat (BVerwG Beschl v 7.4.2008 – 9 VR 6/07; BVerwG BeckRS 2006, 21285; BVerwG NVwZ 1991, 872; VGH Mannheim VGHBW-Ls 2000, Beilage 1, B3; VGH München Beschl v 5.12.2007 – 23 N 07.3168 –; ablehnend hinsichtlich der Herbeiführung der Erledigung Kopp/Schenke VwGO § 161 Rn 17). Kann der Verfahrensausgang anhand einer lediglich summarischen Prüfung nicht prognostiziert werden – sind also die Erfolgsaussichten **offen** – entspricht es billigem Ermessen, die Verfahrenskosten zwischen den Beteiligten entsprechend § 155 Abs 1 VwGO angemessen zu verteilen (BVerwG BeckRS 2006, 21285). In der Regel sind die Kosten aufzuheben (so zB BVerwG BeckRS 2006, 21285; BVerwG Buchholz 310 § 161 VwGO Nr 107 für Fälle, in denen sonst bisher nicht geklärte Rechtsfragen zu entscheiden wären; ablehnend gegenüber der Kostenaufhebung, sofern nur der Kläger anwaltlich vertreten ist: S/S/B/Clausing VwGO § 161 Rn 22; Kopp/Schenke VwGO § 161 Rn 17) oder hälftig zu teilen (VGHBW-Ls 1997, Beilage 7, B3–4; VGH BW NVwZ-RR 1995, 302).

15   Ein Herbeiführen der Erledigung, das nach der Rechtsprechung zur Kostentragung führt (s Rn 14), liegt insbes vor, wenn der Beklagte ohne Änderung der Sach- und Rechtslage den Verwaltungsakt aufhebt, weil er nicht mehr an seiner Rechtsauffassung festhält (BVerwG Buchholz 310 § 161 VwGO Nr 102); denn er hat sich in diesem Fall freiwillig in die Rolle des Unterlegenen begeben. Es ist aber stets zu prüfen, ob dies nicht auf einem außerhalb des Einflussbereichs des Beteiligten liegenden Ereignis beruht oder durch eine Handlung des Gegners veranlasst ist (S/S/B-Clausing VwGO § 161 Rn 24 mwN; vgl auch OVG Münster NJW 2004, 3730). Erklärt der Kläger den Rechtsstreit für erledigt, obwohl kein erledigendes Ereignis vorliegt und es sich um eine „verschleierte" Klagerücknahme handelt, trifft ihn die Kostentragungspflicht nach § 155 Abs 2 VwGO (BVerwG Buchholz 310 § 161 Abs 2 VwGO Nr 41; NVwZ 1989, 860). Besondere kostenrechtliche Regelungen sind ihrem Grundgedanken nach auch im Rahmen der Kostenentscheidung nach § 161 Abs 2 VwGO zu berücksichtigen, etwa § 155 Abs 4 VwGO bei Verschulden eines Beteiligten (VG Frankfurt BeckRS 2004, 20063; VG Sigmaringen Beschl v 9.11.2003 – 9 K 1665/03; S/S/B/Clausing VwGO § 161 Rn 25) oder § 156 VwGO bei fehlender Veranlassung der Klageerhebung (vgl OVG Saarlouis Beschl v 31.5.2000 – 9 R 19/98; OVG Lüneburg Beschl v 22.5.1996 – 12 L 6595/96).

16   Unter dem Gesichtspunkt des Verschuldens können ggf auch dem **Beigeladenen** die Verfahrenskosten auferlegt werden (vgl OVG Münster NVwZ-RR 2002, 702; VG Sigmaringen Beschl v 9.11.2003 – 9 K 1665/03). Hat ein Beigeladener dagegen die Erledigung des Rechtsstreits herbeigeführt, ohne dass ihm die Kosten des Verfahrens auferlegt werden können, entspricht es billigem Ermessen, die Kosten demjenigen Hauptbeteiligten aufzuerlegen, der bei einer Fortsetzung des Verfahrens voraussichtlich unterlegen wäre (VG Stuttgart BeckRS 2005, 25730).

17   Der Einstellungsbeschluss nach Erledigung der Hauptsache ist in entsprechender Anwendung des § 92 Abs 3 S 2 VwGO **unanfechtbar**; das gleiche gilt gem § 158 Abs 2 VwGO für die Kostenentscheidung, die in diesem Falle nach § 161 Abs 2 VwGO vorgesehen ist (BVerwG NVwZ-RR 1999, 407). Am Grundsatz der Unanfechtbarkeit ändert sich auch dann nichts, wenn das Gericht bei einer Teilerledigung der Hauptsache die in analoger Anwendung des § 92 Abs 3 S 1 VwGO und nach § 161 Abs 2 VwGO gebotene Entscheidung in dem Urteil trifft, in dem es im Übrigen zur Sache Stellung nimmt (BVerwG NVwZ-RR 1999, 407; NVwZ 1982, 372).

III. Einseitige Erledigungserklärung

Gesetzlich nicht geregelt ist der Fall, dass lediglich der Kläger den Rechtsstreit in der **18** Hauptsache für erledigt erklärt (eine einseitige Erledigungserklärung des Beklagten hat keine selbständige prozessuale Wirkung und ist lediglich als Hinweis auf ein erledigendes Ereignis zu werten, BVerwG BeckRS 2008, 40582; OVG Hamburg NVwZ-RR 2003, 700). Schließt sich der Beklagte der Erledigungserklärung des Klägers nicht an, so ist der Rechtsstreit nicht beendet (vgl BVerwG NVwZ 1999, 404). Nach ständiger Rechtsprechung des BVerwG (vgl zB NJW 1965, 1035; NVwZ-RR 1988, 56; NVwZ 1991, 162) ist das Verfahren vielmehr als **Streit über die Erledigung** fortzusetzen. Das Gericht hat dann grundsätzlich nur noch die Frage zu prüfen, ob sich das ursprüngliche Klagebegehren durch ein nach Klageerhebung eingetretenes Ereignis außerhalb des Prozesses erledigt hat. Dabei ist die Umstellung vom ursprünglichen Klageantrag auf den Antrag, die Erledigung des Rechtsstreits in der Hauptsache auszusprechen, von den für Klageänderungen geltenden einschränkenden Voraussetzungen der §§ 91, 142 VwGO freigestellt (BVerwG NVwZ-RR 2002, 152; NVwZ 1993, 979; NVwZ 1991, 162).

Die **ursprüngliche Begründetheit** der Klage ist nach der verwaltungsgerichtlichen **19** Rechtsprechung grundsätzlich nicht zu prüfen; etwas anderes gilt ausnahmsweise nur, wenn der Beklagte über ein Feststellungsinteresse entsprechend § 113 Abs 1 S 4 VwGO verfügt (vgl zB BVerwG NVwZ 1989, 862; NVwZ 1991, 162; OVG Bautzen IBRRS 54396; abweichend die Rechtsprechung des BGH, nach der die ursprünglich erhobene Klage zulässig und begründet sein muss, vgl zB BGH NJW 2003, 3134; NJW 1986, 588 jeweils mwN). Ein solches Feststellungsinteresse liegt etwa vor, wenn die Behörde ein schutzwürdiges Interesse an der Sachentscheidung hat, um die „Früchte des Rechtsstreits" zu erhalten (BVerwG NVwZ-RR 2002, 152). Nicht einheitlich beantwortet wird hingegen die Frage, ob die **Zulässigkeit** der ursprünglichen Klage stets oder ebenfalls nur bei Vorliegen eines berechtigten Interesses des Beklagten an einer gerichtlichen Entscheidung über diesen Punkt zu prüfen ist. Während in einigen Entscheidungen angenommen wird, dass die ursprüngliche Klage stets zulässig gewesen sein muss (vgl BVerwG NVwZ 1989, 862; OVG Bautzen IBRRS 54396), kann nach wohl nach vor überwiegender Auffassung (BVerwG NVwZ 1991, 162; BVerwGE 73, 312; BVerwG NJW 1965, 1035; VG Hannover BeckRS 2004 20491; offen gelassen in BVerwG Buchholz 310 § 40 VwGO Nr 164) der vom Kläger allein noch beantragte Ausspruch des Gerichts, dass sich der Rechtsstreit in der Hauptsache erledigt habe, regelmäßig nicht von der ursprünglichen Zulässigkeit der Klage abhängig sein. Denn nach der Erledigungserklärung des Klägers soll das Gericht einer aufwendigen Prüfung des ursprünglichen Klagebegehrens gerade enthoben sein, weil der Kläger eine Entscheidung hierüber nicht mehr begehrt.

C. Kosten der Untätigkeitsklage (Abs 3)

I. Anwendungsbereich der speziellen Kostenregelung in § 161 Abs 3 VwGO

Die spezielle Kostenregelung in § 161 Abs 3 VwGO zielt darauf ab, den einzelnen vor **20** einer Kostenbelastung zu bewahren, wenn er berechtigterweise die Gerichte in Anspruch genommen hat, um eine unangemessene Verzögerung der Bearbeitung seines Antrags (bzw seines Widerspruchs) zu verhindern (BVerwG NVwZ 1991, 1180). § 161 Abs 3 VwGO findet in **allen Fällen der Untätigkeitsklage** gem § 75 VwGO Anwendung und nicht nur in den Fällen des § 75 S 4 VwGO. Es kommt daher nicht darauf an, dass die Entscheidung der Verwaltung für den Kläger positiv ist, also seinem Begehren entspricht; die Vorschrift ist vielmehr auch anwendbar, wenn der Kläger nach Erhebung der Untätigkeitsklage den Rechtsstreit auf eine **ablehnende** Entscheidung der Behörde für erledigt erklärt (BVerwG NVwZ 1991, 1180; OVG Münster AnwBl 1993, 402; VG Hamburg Beschl v 12.3.1996 – 16 VG 5302/95; VG Weimar ThürVBl 1996, 22; S/S/B/Clausing VwGO § 161 Rn 40; Kopp/Schenke VwGO § 161 Rn 37; B/F-K/K VwGO § 161 Rn 37; **aA** BVerwG Buchholz 310 § 161 VwGO Nr 46). Da dem Kläger kein Nachteil daraus erwachsen soll, wenn er statt der Erledigungserklärung die **Klagerücknahme** wählt, gilt § 161 Abs 3 VwGO auch in diesem Fall als lex specialis zu § 155 Abs 2 VwGO (BVerwG NVwZ 1991, 1180; OVG NRW AnwBl 1993, 402; VG des Saarlandes Beschl v 23.11.2007 – 5 K 822/07; S/S/B/ Clausing VwGO § 161 Rn 43; Kopp/Schenke VwGO § 161 Rn 34; **aA** OVG Lüneburg JurBüro 1987, 1850; Eyermann VwGO § 161 Rn 22).

21   § 161 Abs 3 VwGO ist dagegen nicht einschlägig, wenn mit der Klage nur ein schlichtes Tätigwerden der Behörde erstrebt wird (OVG Hamburg Beschl v 24.8.1998 – 4 Bf 247/98; S/S/B/Clausing VwGO § 161 Rn 39). Die Vorschrift findet auch keine Anwendung, wenn die Untätigkeit des Beklagten ihr Ende gefunden hat und der Kläger nach Ablehnung des beantragten Verwaltungsakts den Rechtsstreit fortsetzt und unterliegt; denn mit der Fortsetzung des Verfahrens hat der Kläger das normale Kostenrisiko eines Verwaltungsprozesses auf sich genommen (BVerwG NVwZ 1991, 1180; vgl auch BVerwG Buchholz 310 § 161 VwGO Nr 94; OVG Hamburg Beschl v 20.7.2000 – 2 Bf 476/98; VG Bremen Beschl v 5.7.2002 – 1 K 376/02; VG Stuttgart Beschl v 5.8.2002 – 4 K 1756/02). Der förmlichen Fortsetzung des Verfahrens nach Erledigung steht es insofern gleich, wenn das Verfahren beendet und das Klageziel mit einer neuen Klage weiterverfolgt wird (VG Bremen Beschl v 5.7.2002 – 1 K 376/02; VG Göttingen Beschl v 6.11.2003 – 3 A 200/03; VG Stuttgart Beschl v 5.8.2002 – 4 K 1756/02). Nicht einschlägig ist § 161 Abs 3 VwGO weiter, wenn das Gericht zur Sache entscheidet, bevor eine Bescheidung durch die Behörde erfolgt; die Untätigkeit der Behörde kann aber im Rahmen des § 155 Abs 4 VwGO berücksichtigt werden (OVG Magdeburg Beschl v 28.4.2006 – 4 L 365/05 mwN). Eine Anwendung der Vorschrift scheidet schließlich auch aus, wenn der Kläger die Klage zurückzieht, bevor sich der Beklagte in der Sache geäußert hat (BVerwG NVwZ 1991, 1180).

II. Annahme der rechtzeitigen Bescheidung

22   Eine Kostenüberbürdung erfolgt stets, wenn der Kläger mit seiner Bescheidung vor Klageerhebung rechnen durfte. Das ist nur dann nicht der Fall, wenn der Beklagte für die Nichtbescheidung einen **zureichenden Grund** hatte und dem Kläger dieser Grund **bekannt** war oder bekannt sein musste (BVerwG NVwZ 1991, 1180). Ein Grund kann dabei nur dann zureichend sein, wenn er mit der Rechtsordnung in Einklang steht (BVerwG NVwZ 1991, 1180). Soweit die Behörde nichts Gegenteiliges unter Angabe des Grundes mitteilt, darf ein Kläger idR entsprechend § 75 VwGO bei nicht besonders umfangreichen und komplizierten Fällen mit einer Entscheidung innerhalb von drei Monaten, spätestens aber innerhalb eines Jahres rechnen (Kopp/Schenke VwGO § 161 Rn 36). Behördenbedingte Engpässe, die auf urlaubs- oder krankheitsbedingte Abwesenheiten oder eine generelle Überlastung bzw angespannte Personallage zurückzuführen sind, stellen keinen zureichenden Grund für eine Verzögerung dar (VG Aachen Beschl v 27.5.2003 – 8 K 2183/02; VG Bremen NVwZ-RR 1997, 768). Dagegen kann sich ein Kläger nicht darauf berufen, dass er iSv § 161 Abs 3 VwGO mit einer früheren Entscheidung über einen Widerspruch rechnen durfte, wenn er etwa damit einverstanden gewesen ist, dass mit der Entscheidung über den Widerspruch bis zum Ausgang eines Musterrechtsstreits gewartet wird; in diesem Fall muss er die Widerspruchsentscheidung anmahnen, wenn er nicht länger zuwarten und eine Untätigkeitsklage erheben will (OVG Hamburg NVwZ 1990, 1092). Der Unkenntnis des Klägers von dem zureichenden Grund steht es gleich, wenn dieser auf Anfragen oder Erinnerungen keine Zwischennachricht von der Behörde erhält und so aus den der Behörde zuzurechnenden Umständen über den Verfahrensstand in Ungewissheit bleibt (VG Weimar ThürVBl 1996, 22).

§ 162 [Erstattungsfähige Kosten]

(1) Kosten sind die Gerichtskosten (Gebühren und Auslagen) und die zur zweckentsprechenden Rechtsverfolgung oder Rechtsverteidigung notwendigen Aufwendungen der Beteiligten einschließlich der Kosten des Vorverfahrens.

(2) ¹Die Gebühren und Auslagen eines Rechtsanwalts oder eines Rechtsbeistands, in Abgabenangelegenheiten auch einer der in § 67 Abs. 2 Satz 2 Nr. 3 genannten Personen, sind stets erstattungsfähig. ²Soweit ein Vorverfahren ge-

schwebt hat, sind Gebühren und Auslagen erstattungsfähig, wenn das Gericht die Zuziehung eines Bevollmächtigten für das Vorverfahren für notwendig erklärt. [3]Juristische Personen des öffentlichen Rechts und Behörden können an Stelle ihrer tatsächlichen notwendigen Aufwendungen für Post- und Telekommunikationsdienstleistungen den in Nummer 7002 der Anlage 1 zum Rechtsanwaltsvergütungsgesetz bestimmten Höchstsatz der Pauschale fordern.

(3) Die außergerichtlichen Kosten des Beigeladenen sind nur erstattungsfähig, wenn sie das Gericht aus Billigkeit der unterliegenden Partei oder der Staatskasse auferlegt.

Die Regelung über die erstattungsfähigen Kosten des § 162 VwGO knüpft an die in §§ 154 bis 161 VwGO logisch vorrangig normierte Kostentragungspflicht der Verfahrensbeteiligten an (vgl § 154 VwGO Rn 1). Mit ihr werden Art und Umfang der Kosten festgelegt, über deren Verteilung das Gericht mit seiner Kostenentscheidung (§ 161 VwGO), die Beteiligten in einem Vergleich oder ggf auch der Gesetzgeber entschieden haben (vgl etwa § 160 VwGO). § 162 VwGO schafft damit die Grundlage für den Kostenansatz (vgl § 164 VwGO Rn 1) sowie für die Kosten- (vgl § 164 VwGO Rn 1) und die Vergütungsfestsetzung (vgl § 164 VwGO Rn 1). Erstattungsfähige Kosten sind die Gerichtskosten (Gebühren und Auslagen; Rn 2); sie sind anhand der Bestimmungen des Gerichtskostengesetzes und der gerichtlichen Streitwertfestsetzung zu ermitteln (§ 162 Abs 1 VwGO). Erstattungsfähig sind ferner die zur zweckentsprechenden Rechtsverfolgung oder Rechtsverteidigung notwendigen Aufwendungen der Beteiligten einschließlich der Kosten des behördlichen Vorverfahrens (§ 162 Abs 1 VwGO; Rn 48). Dies wird durch § 162 Abs 2 und 3 VwGO wie folgt konkretisiert: Generell erstattungsfähig sind die Gebühren und Auslagen eines von einem Beteiligten bevollmächtigten Rechtsanwalts; sie sind anhand der gerichtlichen Streit- oder Gegenstandswertfestsetzung und der Vorschriften des Rechtsanwaltsvergütungsgesetzes zu bestimmen (§ 162 Abs 2 S 1 VwGO; Rn 65). Die im Vorverfahren angefallenen Rechtsanwaltskosten sind allerdings nur dann erstattungsfähig, wenn das Gericht die Zuziehung eines Bevollmächtigten für das Vorverfahren für notwendig erklärt (§ 162 Abs 2 S 2 VwGO; Rn 81). § 162 Abs 2 S 3 VwGO eröffnet juristischen Personen des öffentlichen Rechts und Behörden die Möglichkeit, bestimmte Aufwendungen mit einer Pauschale in Ansatz zu bringen (Rn 87). Über die Erstattungsfähigkeit der außergerichtlichen Kosten des Beigeladenen entscheidet das Gericht nach Maßgabe von Billigkeitserwägungen (Rn 88).

Übersicht

A. Kosten des Verfahrens und des Vorverfahrens (§ 162 Abs 1 VwGO)

1 § 162 Abs 1 VwGO enthält eine **Legaldefinition** für den Begriff der „Kosten". Gemeint sind allerdings nur die Kosten des verwaltungsgerichtlichen Verfahrens und diejenigen eines behördlichen Vorverfahrens, sofern diesem ein verwaltungsgerichtliches Verfahren nachgefolgt ist. § 162 Abs 1 VwGO stellt damit klar, was unter „Kosten" isv § 33 Abs 1 S 1, § 87a Abs 1 Nr 5, § 120 Abs 1, § 126 Abs 3 S 2, § 140 Abs 2 S 2, § 146 Abs 3, §§ 154 – 161, § 164, § 165, § 167 Abs 2 und § 188 VwGO zu verstehen ist. Keine Anwendung findet die Legaldefinition dagegen auf § 72, § 73 Abs 3 S 3 und § 80 Abs 2 S 1 Nr 1 VwGO.

1.1   Für das **vergaberechtliche Nachprüfungsverfahren** vgl § 128 Abs 4 S 3 GWB. Diese Regelung betreffend die Erstattung von Aufwendungen entspricht den § 155 Abs 2 und § 162 Abs 1 VwGO (Vergabekammer BaWü Beschl v 11.2.2011 – 1 VK 76/10). Für das **Bundesdisziplinarrecht** hat der Bundesgesetzgeber den Kostenbegriff ausdrücklich auch auf die Kosten des behördlichen Disziplinarverfahrens erstreckt (vgl § 77 Abs 1 und 4 BDG; vgl hierzu auch VGH Mannheim BeckRS 2013, 46849).

I. Gerichtskosten (Gebühren und Auslagen)

1. Allgemeines

2 Verwaltungsgerichtliche Verfahren sind nach § 1 Abs 2 S 1 GKG grundsätzlich **gerichtskostenpflichtig**. Dies gilt auch für den Bund und die Länder als Beteiligte eines verwaltungsgerichtlichen Verfahrens (vgl § 2 Abs 1 GKG). § 2 Abs 4 S 1 GKG bestimmt generell, dass vor den Gerichten der Verwaltungsgerichtsbarkeit bundes- oder landesrechtliche Vorschriften über persönliche Kostenfreiheit keine Anwendung finden. Anwendbar bleiben hingegen die Vorschriften über die sachliche Kostenfreiheit (§ 2 Abs 4 S 2 GKG). Verwaltungsgerichtliche Verfahren sind daher nur dann gerichtskostenfrei, wenn dies durch spezialgesetzliche Regelung ausdrücklich bestimmt wird (vgl etwa § 188 S 2 VwGO dort Rn 5 und § 83b AsylVfG).

2.1   Zur Kostenpflichtigkeit der Mitgliedsverbände des Deutschen Roten Kreuzes vgl VG Neustadt NVwZ-RR 2007, 832. Vorkonstitutionelle Vorschriften über die persönliche Kostenfreiheit dieser

Verbände können im verwaltungsgerichtlichen Verfahren wegen § 2 Abs 4 S 1 GKG nicht zur Anwendung kommen.

Dem Kostenansatz sind die dem Gericht entstandenen Kosten desjenigen Gerichtsver- **3** fahrens zu Grunde zu legen, auf das sich die gerichtliche Entscheidung (§ 161 VwGO) oder die durch Vergleich geschaffene Regelung (§ 106 VwGO, § 160 VwGO) über die Kostentragung und -verteilung bezieht (Kostenentscheidung). Wie bereits oben gezeigt (vgl § 161 VwGO Rn 1), ist jedes anhängige **selbständige Urteils- und Beschlussverfahren** mit einer solchen Entscheidung abzuschließen. Nur unselbständige Zwischenverfahren – etwa das Verfahren betreffend die Ablehnung eines Richters oder die Aussetzung eines selbständigen Verfahrens – bedürfen keiner gesonderten Kostenentscheidung. Ist ein selbständiges Verfahren – etwa ein Verfahren des vorläufigen Rechtsschutzes – versehentlich ohne Kostenentscheidung abgeschlossen worden, besteht keine Möglichkeit, die in diesem Verfahren angefallenen Gerichtskosten auf der Grundlage der auf ein anderes Verfahren – etwa das Hauptsacheverfahren – bezogenen Kostenentscheidung in Ansatz zu bringen. Ein Kostenansatz ist hier vielmehr nur dann möglich, wenn das Gericht die bislang unterbliebene Kostenentscheidung nachholt.

Gerichtskosten, die durch unrichtige Sachbehandlung entstanden sind, werden nicht **4** erhoben (§ 21 Abs 1 S 1 GKG). Das Gleiche gilt für Auslagen, die durch eine von Amts wegen veranlasste Verlegung eines Termins oder Vertagung einer Verhandlung entstanden sind (§ 21 Abs 1 S 2 GKG). Dagegen besteht keine Möglichkeit, in Fällen unrichtiger Sachbehandlung durch das Gericht die den Beteiligten entstandenen außergerichtlichen Kosten der Staatskasse aufzuerlegen (OVG Bremen JurBüro 2010, 370). Für abweisende Entscheidungen sowie bei Zurücknahme eines Antrags kann von der Erhebung von Kosten abgesehen werden, wenn der Antrag auf unverschuldeter Unkenntnis der tatsächlichen oder rechtlichen Verhältnisse beruht (§ 21 Abs 1 S 3 GKG). Zur Entscheidung über die **Niederschlagung von Gerichtskosten** vgl § 21 Abs 2 GKG. Zu weiteren Einzelheiten vgl Hartmann GKG § 21 Rn 5. Die **Stundung** und der **Erlass von Gerichtskosten** bestimmen sich nach dem jeweils anwendbaren Landesrecht (Beispiel: § 9 Abs 2 und 3 des Landesjustizkostengesetzes von Baden-Württemberg und die VwV Kostenerlass des Justizministeriums Baden-Württemberg vom 20.2.2006, Justiz 2006, 193; vgl im Übrigen die Übersicht bei Hartmann Kostengesetze VII D Rn 4).

2. Gerichtsgebühren

a) Art und Anzahl der Gerichtsgebühren. Welche und wie viele Gerichtsgebüh- **5** **ren** in einem verwaltungsgerichtlichen Verfahren anfallen, ergibt sich aus dem Teil 5 des Kostenverzeichnisses (KV GKG) in Anlage 1 zum Gerichtskostengesetz. Zusätzlich zu den nach dem Kostenverzeichnis zu erhebenden Gebühren kann das Gericht einem Beteiligten eine besondere Gebühr auferlegen, wenn durch sein Verschulden die Erledigung des Rechtsstreits verzögert worden ist (§ 38 GKG); die Entscheidung hierüber erfolgt idR durch gesonderten Beschluss (vgl Hartmann Kostengesetze GKG § 38 Rn 22). Diese Bestimmungen sind im Rahmen einer kompletten Neufassung des Gerichtskostengesetzes am 1.7.2004 durch Art 1 des Kostenrechtsmodernisierungsgesetzes – KostRMoG – v 5.5.2004 (BGBl I 718) eingeführt worden. Durch Art 3 des 2. Kostenrechtsmodernisierungsgesetzes – 2. KostRMoG – vom Juni 2013 (vgl BR-Drs 381/13 und BT-Drs. 17/14120) werden die Bestimmungen des Gerichtskostengesetzes mit Wirkung zum 1.8.2013 noch einmal umfangreich geändert. Die nach zähem Ringen zwischen dem Bund und den Ländern auf Vorschlag des Vermittlungsausschusses verabschiedete Fassung des 2. KostRMoG weicht in zahlreichen Punkten vom Gesetzentwurf der Bundesregierung (BR-Drs 517/12 und BT-Drs. 17/11471) ab. Daher empfiehlt es sich, einführende Literatur, die sich auf den Regierungsentwurf bezieht, nur mit einer gewissen Vorsicht heranzuziehen.

Im **Verfahren vor dem Verwaltungsgericht** fallen grundsätzlich drei Gebühren für das **Ver-** **5.1** **fahren im Allgemeinen** an (Nr 5110 KV GKG), im Verfahren des vorläufigen Rechtsschutzes 1,5 Gebühren (Nr 5210 KV GKG). Die Verfahrensgebühren nach Nr 5110 KV GKG ermäßigen sich auf eine Gebühr, wenn die Klage rechtzeitig zurückgenommen wird, ein Anerkenntnis- oder Verzichtsurteil ergeht, ein gerichtlicher Vergleich geschlossen wird oder sich das Verfahren durch

Erledigungserklärungen nach § 161 Abs 2 erledigt (zu Einzelheiten vgl Nr 5111 KV GKG sowie BVerwG NVwZ-RR 2010, 335; VGH Mannheim NVwZ-RR 2009, 453); im Verfahren des vorläufigen Rechtsschutzes ermäßigt sich die Verfahrensgebühr unter entsprechenden Voraussetzungen auf eine halbe Gebühr (Nr 5211 KV GKG). Die Gebührenermäßigung setzt allerdings voraus, dass das gesamte Verfahren unstreitig erledigt worden ist (OVG Münster NJW 2008, 457). Die Gebühren für das Verfahren im Allgemeinen werden regelmäßig mit der gerichtlichen Streitwertfestsetzung nach Einreichung der Klage- oder Antragsschrift fällig (§ 6 Abs 1 S 1 Nr 5 und Abs 2 GKG) und belasten damit zunächst den Kläger bzw Antragsteller (§ 22 Abs 1 S 1 GKG iVm § 1 Abs 2 Nr 1 GKG). Obsiegt der Kläger bzw Antragsteller und werden dem Beklagten bzw Antragsgegner durch Entscheidung nach § 161 VwGO die Kosten des Verfahrens auferlegt, so hat er die Möglichkeit, die von ihm bereits entrichteten Gebühren im Kostenfestsetzungsverfahren gegen den Beklagten bzw Antragsgegner geltend zu machen. Neben oder an Stelle der Gebühren für das Verfahren im Allgemeinen kommen **weitere Gebühren** nach Nr 5300, 5301, 5400, 5600 und 5601 KV GKG in Betracht. Im selbständigen Beweisverfahren fällt eine Gebühr an (Nr 5300 KV GKG). Im Verfahren über Anträge auf gerichtliche Handlungen der Zwangsvollstreckung beträgt die Gebühr seit dem Inkrafttreten des 2. KostRModG (Rn 70) pauschal 20,00 Euro (bislang: 15,00 Euro) (Nr 5301 KV GKG). Auch bei Verwerfung oder Zurückweisung einer Anhörungsrüge nach § 152a VwGO fällt eine pauschale Gebühr an (seit dem Inkrafttreten des 2. KostRModG 60 Euro (bislang: 50 Euro), Nr 5400 KV GKG). Bei Abschluss eines gerichtlichen Vergleichs wird neben der Gebühr für das Verfahren im Allgemeinen eine 0,25 Gebühr erhoben, soweit der Vergleich über nicht gerichtlich anhängige Gegenstände geschlossen wird (Nr 5600 KV GKG in der Fassung nach Inkrafttreten des 2. KostRModG). Schließlich kommt noch die gerichtliche Auferlegung einer Verzögerungsgebühr nach § 38 GKG in Betracht, deren Höhe durch das Gericht zu bestimmen ist (Nr 5601 KV GKG).

5.2   Im **erstinstanzlichen Verfahren vor dem Oberverwaltungsgericht** fallen für das **Verfahren im Allgemeinen** vier Gebühren an (Nr 5112 KV GKG). Im Verfahren des vorläufigen Rechtsschutzes sind es 1,5 Gebühren, wenn der Eilrechtsschutzantrag beim Oberverwaltungsgericht gestellt wird, während dieses bereits mit einer Berufung oder einem Berufungszulassungsantrag in Bezug auf das Hauptsacheverfahren befasst ist (Nr 5210 KV GKG). Betrifft der Eilrechtsschutzantrag eine Materie, für die das Oberverwaltungsgericht gem § 47 VwGO, § 48 VwGO erstinstanzlich zuständig ist, fallen für das Verfahren des vorläufigen Rechtsschutzes zwei Gebühren an (Nr 5220 KV GKG). Im Falle der unstreitigen Erledigung ermäßigen sich die Gebühren nach Nr 5112 KV GKG auf 2 Gebühren (Nr 5113 KV GKG), diejenigen nach Nr 5210 KV GKG auf eine 0,5 Gebühr (Nr 5211 KV GKG) und diejenige nach Nr 5220 KV GKG auf eine 0,75 Gebühr (Nr 5221 KV GKG). Die Fälligkeit und Einstandspflicht für diese Gebühren bestimmt sich wiederum nach § 6 Abs 1 S 1 Nr 4 und Abs 3 GKG sowie § 22 Abs 1 GKG (vgl hierzu bereits oben Rn 5.1); seit dem Inkrafttreten des 2. KostRModG (Rn 70) werden diese Regelungen durch § 6 Abs 1 S 2 GKG ergänzt, wonach im Verfahren über ein Rechtsmittel, das vom Rechtsmittelgericht zugelassen worden ist, die Verfahrensgebühr mit der Zulassung fällig wird. Der Anfall von **weiteren Gebühren** nach Nr 5300, 5301, 5400, 5600 KV GKG und Nr 5601 KV GKG kommt auch im Bereich der erstinstanzlichen Zuständigkeiten des Oberverwaltungsgerichts in Betracht (vgl auch hierzu oben Rn 5.1).

5.3   Im **Rechtsmittelverfahren vor dem Oberverwaltungsgericht** ist mit dem Anfall folgender Gebühren zu rechnen: Das **Berufungszulassungsverfahren** nach § 124a Abs 4 und 5 VwGO ist gerichtsgebührenfrei, wenn es mit der Zulassung der Berufung durch das Oberverwaltungsgericht endet (Nr 5121 KV GKG). Wird der Zulassungsantrag hingegen abgelehnt, fällt eine Gebühr an (Nr 5120 KV GKG); zur Fälligkeit der Gebühr vgl § 6 Abs 3 GKG. Hat der Antragsteller den Zulassungsantrag zurückgenommen oder wird das Verfahren durch anderweitige Erledigung beendet, ist eine 0,5 Gebühr in Ansatz zu bringen (Nr 5121 KV GKG).

5.4   Für das **Berufungsverfahren** im Allgemeinen fallen vier Gebühren an (Nr 5122 KV GKG); zur Fälligkeit vgl auch hier § 6 Abs 1 S 2 und Abs 3 GKG (Rn 5.2) und die obigen Ausführungen zum Verfahren vor dem Verwaltungsgericht (Rn 5.1). Die Nr 5123 KV GKG und Nr 5124 KV GKG enthalten Ermäßigungstatbestände. Die Gebühr Nr 5122 KV GKG ermäßigt sich danach auf eine Gebühr, wenn die Berufung oder die Klage zurückgenommen wird, bevor die Berufungsbegründungsschrift bei Gericht eingegangen ist; entsprechendes gilt bei Abgabe von Erledigungserklärungen nach § 161 Abs 2 VwGO, wenn das Gericht keine Entscheidung über die Kosten zu treffen hat (zu Einzelheiten vgl Nr 5123 KV GKG). In sonstigen Fällen der unstreitigen Erledigung des Berufungsverfahren ermäßigt sich die Verfahrensgebühr unter den Voraussetzungen der Nr 5124 KV GKG auf zwei Gebühren (vgl hierzu OVG Koblenz NVwZ-RR 2011, 711).

5.5   Bei **Beschwerden** gegen verwaltungsgerichtliche Entscheidungen im Verfahren des vorläufigen Rechtsschutzes (§ 80 Abs 5 VwGO, § 80a Abs 3 VwGO, § 123 VwGO) fallen für das Beschwerdeverfahren im Allgemeinen zwei Gebühren an (Nr 5240 KV GKG); zur Fälligkeit vgl § 6 Abs 3 GKG und die obigen Ausführungen zum Verfahren vor dem Verwaltungsgericht (Rn 5.1). Bei Zurücknahme der Beschwerde ermäßigt sich die Verfahrensgebühr auf eine Gebühr (Nr 5241 KV GKG). In sonstigen Beschwerdeverfahren – etwa Beschwerden gegen verwaltungsgerichtliche Entscheidungen im Kostenfestsetzungsverfahren – fallen Gerichtsgebühren nur dann an, wenn die Beschwerde verworfen oder zurückgewiesen wird; hier ist seit dem Inkrafttreten des 2. KostRModG (Rn 70) eine pauschale Gebühr iHv 60 Euro (bislang: 50 Euro) in Ansatz zu bringen (Nr. 5502 KV GKG). Beschwerden betreffend den Kostenansatz, die gerichtliche Streit- oder Gegenstandswertfestsetzung sowie die gerichtliche Vergütungsfestsetzung sind generell gebührenfrei (§ 66 Abs 8 S 1 GKG, § 68 Abs 3 S 1 GKG, § 33 Abs 9 RVG, § 56 Abs 2 S 2 RVG). Für die nach Erledigung des Rechtsmittelverfahrens erhobene **Anhörungsrüge** (§ 152a VwGO) wird im Falle einer abschlägigen Entscheidung des Oberverwaltungsgerichts eine pauschale Gebühr iHv 50 Euro erhoben. Das Rügeverfahren ist dagegen gebührenfrei, wenn der Rüge durch das Gericht abgeholfen wird oder das Rügeverfahren unstreitig – etwa durch Zurücknahme der Rüge – endet. **Weitere Gebühren** können im Rechtsmittelverfahren nach Nr 5600 KV GKG und Nr. 5601 KV GKG anfallen (vgl auch oben Rn 5.1).

Für das **Verfahren vor dem Bundesverwaltungsgericht** sieht das Gerichtskostengesetz folgende Gebührenregelungen vor: Wird das Bundesverwaltungsgericht nach § 50 VwGO oder aufgrund spezialgesetzlicher Regelung (vgl etwa § 18e Allgemeines Eisenbahngesetz, § 17e Bundesfernstraßengesetz, § 14e Bundeswasserstraßengesetz; vgl hierzu auch BeckOK Posser/Wolff/Berstermann VwGO § 50 Rn 2) **erstinstanzlich** tätig, fallen für das Verfahren im Allgemeinen fünf Gebühren an (Nr 5114 KV GKG), die sich im Falle unstreitiger Erledigung unter Voraussetzungen der Nr 5115 KV GKG auf drei Gebühren ermäßigen (vgl hierzu BVerwG NVwZ-RR 2010, 335). Handelt es sich um ein Verfahren des vorläufigen Rechtsschutzes, beträgt die Verfahrensgebühr im Bereich der erstinstanzlichen Zuständigkeiten des BVerwG 2,5 Gebühren (Nr 5230 KV GKG), die sich bei unstreitiger Erledigung auf eine Gebühr ermäßigen können (Nr 5231 KV GKG). Ist das Bundesverwaltungsgericht mit einem Eilrechtsschutzantrag befasst, der im Laufe eines Revisions- oder Nichtzulassungsbeschwerdeverfahrens gestellt worden ist, sind 1,5 Gebühren in Ansatz zu bringen (Nr 5210 KV GKG), die sich im Falle unstreitiger Erledigung auf eine 0,5 Gebühr ermäßigen können (Nr 5211 KV GKG). Zur Fälligkeit der Gebühren nach Nr 5114, 5210 und 5230 KV GKG vgl § 6 Abs 1 S 2 und Abs 3 GKG wie die obigen Ausführungen zum Verfahren vor dem Verwaltungsgericht und Oberverwaltungsgericht. **5.6**

Das Verfahren über die **Beschwerde gegen die Nichtzulassung der Revision** (§ 133 VwGO) ist gebührenfrei, wenn es für den Beschwerdeführer zum Erfolg führt. Wird die Beschwerde dagegen verworfen oder zurückgewiesen, fallen zwei Gebühren an (Nr 5500 KV GKG). Im Falle der unstreitigen Erledigung des Beschwerdeverfahrens bleibt es bei einer Gebühr (Nr 5501 KV GKG); auch diese entsteht nicht, soweit die Revision zugelassen wird. **5.7**

Für das **Revisionsverfahren** sind fünf Gebühren in Ansatz zu bringen (Nr. 5130 KV GKG); zur Fälligkeit vgl erneut § 6 Abs 1 S 2 und Abs 3 GKG sowie die obigen Ausführungen zum Verfahren vor dem Verwaltungsgericht und dem Oberverwaltungsgericht. Die Nr 5131 KV GKG und Nr 5132 KV GKG enthalten wiederum Ermäßigungstatbestände. Die Gebühr Nr 5130 KV GKG ermäßigt sich danach auf eine Gebühr, wenn die Revision oder die Klage zurückgenommen wird, bevor die Revisionsbegründungsschrift bei Gericht eingegangen ist; entsprechendes gilt bei Abgabe von Erledigungserklärungen nach § 161 Abs 2 VwGO, wenn das Gericht keine Entscheidung über die Kosten zu treffen hat (zu Einzelheiten vgl Nr 5131 KV GKG). In sonstigen Fällen des unstreitigen Erledigung des Berufungsverfahren ermäßigt sich die Verfahrensgebühr unter den Voraussetzungen der Nr 5132 KV GKG auf drei Gebühren. **5.8**

Zu den Gebühren für das **Anhörungsrügeverfahren** (§ 152a VwGO) vgl Nr 5400 KV GKG und die obigen Ausführungen zum Verfahren vor dem Oberverwaltungsgericht. Auch im Verfahren vor dem Bundesverwaltungsgericht kommen **weitere Gebühren** nach Nr 5600 KV GKG und Nr 5601 KV GKG in Betracht (vgl die obigen Ausführungen zum Verfahren vor dem Verwaltungsgericht Rn 5.1). **5.9**

Bei **Prozesstrennung** nach § 93 S 2 VwGO fällt unter Anrechnung des Teils der Verfahrensgebühr, der vor der Trennung soweit entstanden war, in jedem neuen Verfahren die Gerichtsgebühr nach § 3, § 6 Abs 1 S 1 Nr 5 GKG erneut an (OVG Münster NJW 2011, 871). Zu den Auswirkungen der Prozesstrennung auf die Entstehung von Rechtsanwaltsgebühren vgl unten Rn 70.2 sowie BVerwG BeckRS 2009, 39945. **5a**

In Prozessverfahren vor den Gerichten der Verwaltungsgerichtsbarkeit wird die Verfahrensgebühr mit der Einreichung der Klage-, Antrags- oder Rechtsmittelschrift oder mit der **6**

Abgabe der entsprechenden Erklärung zu Protokoll fällig (§ 6 Abs 1 S 1 Nr 5 GKG). Bedarf es für die Berechnung der Höhe dieser Gebühr der (vorläufigen) Festsetzung des Streitwertes durch das Gericht (vgl hierzu nachfolgend Rn 8 und § 164 VwGO Rn 1.1), so wird die Gebühr erst mit dieser gerichtlichen Entscheidung fällig (§ 6 Abs 2, § 63 GKG). Für Kläger, Antragsteller und Rechtsmittelführer besteht damit grundsätzlich eine **Vorausleistungspflicht.** Werden die Kosten des Verfahrens mit der gerichtlichen Kostengrundentscheidung schließlich einem anderen Beteiligten auferlegt, so kann der vorausgeleistete Verfahrensgebühr im Kostenfestsetzungsverfahren gegen den Kostenschuldner als erstattungsfähige Aufwendung geltend gemacht werden.

6.1   Unterlässt es ein Kläger, seiner Vorausleistungspflicht nachzukommen, kann dies eine Betreibensaufforderung durch das Gericht nach § 92 Abs 2 VwGO und bei weiterer Untätigkeit des Klägers den Eintritt der **Klagrücknahmefiktion** zur Folge haben (VG Hannover NVwZ-RR 2011, 176).

7   Die im verwaltungsgerichtlichen Verfahren angefallenen Gerichtsgebühren bemessen sich gem § 3 Abs 1 GKG idR nach dem Wert des Streitgegenstandes (**Streitwert**). Die Berechnung der **streitwertabhängigen Gerichtsgebühren** aus dem gerichtlich festgesetzten Streitwert erfolgt nach Maßgabe von § 34 GKG sowie anhand der Gebührentabelle für Streitwerte in Anlage 2 zum Gerichtskostengesetz. Zum **Streitwertfestsetzungsverfahren** vgl § 61, 63 GKG und Hartmann Kostengesetze GKG § 63.

7.1   Das Gerichtskostengesetz legt für das verwaltungsgerichtliche Verfahren nur in einzelnen Fällen Gerichtsgebühren mit Festbeträgen fest (vgl Nr 5301, 5400, 5502 KV GKG) oder überlässt die Bestimmung der Gebührenhöhe der Entscheidung des Gerichts (vgl Nr 5601 KV GKG). Modifikationen der Gebührenberechnung aus den festgesetzten Streitwerten folgen zudem aus § 36 Abs 2 und 3 GKG; vgl Hartmann Kostengesetze GKG § 36 Rn 5 ff.

8   **b) Bemessung des Gebührenstreitwerts.** Die **Bemessung des Gebührenstreitwerts** bestimmt sich im verwaltungsprozessualen Streitwertfestsetzungsverfahren nach folgenden Regelungen:

9   **aa) Bemessung des Gebührenstreitwerts im Klage- oder Antragsverfahren erster Instanz.** Für das **Klage- oder Antragsverfahren erster Instanz** ist die Wertbemessung nach der **Grundregel** des § 52 Abs 1 und 7 GKG vorzunehmen, die in engem Zusammenhang mit der Auffangbestimmung des § 52 Abs 2 GKG steht. Danach hat das Gericht den Streitwert nach der sich aus dem Antrag des Klägers für ihn ergebenden Bedeutung der Sache (vgl unten Rn 10) nach **Ermessen** (vgl unten Rn 13) zu bestimmen; bei Antragsverfahren steht dem Kläger gleich, wer sonst das Verfahren erster Instanz beantragt hat. Bietet der Sach- und Streitstand für die Bestimmung des Streitwerts keine genügenden Anhaltspunkte, ist ein Streitwert von **5000 Euro** anzunehmen (**Auffangwert**; vgl unten Rn 19). Die Grundregel ist im Verhältnis zu anderen einschlägigen Bemessungsvorschriften des Gerichtskostengesetzes oder in speziellen Fachgesetzen nachrangig; sie kommt nur zur Anwendung, „**soweit nichts anderes bestimmt ist**" (vgl unten Rn 22). Mit der Eröffnung des gerichtlichen „Ermessens" bieten sich außerdem Möglichkeiten, sich bei der Streitwertbemessung auch an für den Verwaltungsprozess nicht unmittelbar anwendbaren Bestimmungen des Gerichtskostengesetzes und der Zivilprozessordnung zu orientieren (vgl unten Rn 25).

10   Ausgangspunkt der Überlegungen zur Streitwertbemessung in Klage- oder Antragsverfahren erster Instanz ist – bei Anwendbarkeit der Grundregel des § 52 Abs 1 und 7 GKG – die Frage, welche **Bedeutung der Sache** aus Sicht des Klägers zuzumessen ist:
Maßgeblich ist allein das Interesse des **Klägers**. Interessen anderer Verfahrensbeteiligter (Beklagte, Beigeladene, kraft Gesetzes oder Beitrittserklärung Beteiligte) oder am Verfahren nicht beteiligter Dritter spielen für die Streitwertbemessung grundsätzlich keine Rolle.
Für die Streitwertbemessung ist es daher auch ohne Bedeutung, ob die Klage zu dem Zweck erhoben worden ist, ein Musterverfahren in Gang zu setzen, dessen Ausgang zugleich eine Klärung zahlreicher weiterer Rechtsstreitigkeiten herbeiführen wird (vgl BVerwG Buchholz 360 § 13 GKG Nr 104).

10.1   Eine – Verwaltungsprozess seltene – Ausnahme vom Grundsatz der Maßgeblichkeit des klägerischen Interesses folgt aus § 45 Abs 3 GKG (hilfsweise geltend gemachte Aufrechnung durch den Beklagten).

Grundlage für die Beurteilung des Interesses des Klägers ist dessen das Verfahren in Gang **11** setzender **Antrag** sowie unter Umständen spätere Prozesserklärungen des Klägers, mit denen Änderungen des Streitgegenstandes herbeigeführt werden (insbes Klageänderung, Teilerledigungserklärung, teilweise Klagerücknahme). Maßgeblich ist hier der tatsächlich gestellte Antrag und nicht etwa derjenige, der vom Gericht bei der gegebenen Sach- und Rechtslage als sachdienlich angesehen würde (VGH Mannheim NVwZ-RR 2002, 470). Die antragsbezogene Bestimmung des klägerischen Interesses erfolgt unter Berücksichtigung des zur Begründung des Antrags mitgeteilten Sachvortrags und ggf der vom Kläger nach § 61 GKG abzugebenden (für das Gericht allerdings unverbindlichen) Wertangaben.

Ungeachtet der Formulierung „Bedeutung der Sache für den Kläger" (§ 52 Abs 1 GKG) **12** ist bei der Streitwertbemessung nicht auf das spezielle subjektive Interesse des Klägers am Ausgangs des Verfahrens abzustellen; entscheidend ist vielmehr das **objektive Interesse** eines durchschnittlichen vernünftigen Klägers in vergleichbarer Situation. Dies bedeutet zum einen, dass besondere persönliche Verhältnisse und Befindlichkeiten des Klägers (etwa sein Alter, sein Gesundheitszustand oder sein auf ein bestimmtes Schicksal oder gewisse Erfahrungen zurückzuführendes Affektationsinteresse an einem bestimmten Gegenstand), die nicht selbst zum Gegenstand des Rechtsstreits zählen, sondern lediglich dazu führen, dass er ein vom Durchschnitt abweichendes Interesse am Ausgang des Verfahrens hat, keinen Eingang in die Streitwertbemessung finden. Zum anderen ist grundsätzlich nur auf das unmittelbare Interesse des Klägers am Obsiegen in Bezug auf den konkreten Streitgegenstand abzustellen. Von ihm mit dem Betreiben des verwaltungsgerichtlichen Verfahrens zugleich mit anvisierte Folge- oder Begleitwirkungen der gerichtlichen Entscheidung über seinen Antrag haben daher bei der Streitwertbemessung in der Regel außer Betracht zu bleiben. Zu Einzelheiten vgl Mutschler/Kunze, Kostenrecht in öffentlich-rechtlichen Streitigkeiten, 2003, § 2 Rn 111.

Ermessen des Gerichts bei der Bestimmung der Bedeutung der Sache. Dem **13** Gericht ist bei der Bestimmung der Bedeutung der Sache für den Kläger gem § 52 Abs 1 GKG „**Ermessen**" eingeräumt. Dies ist allerdings nicht etwa als Entschließungs- oder Auswahlermessen iSd § 40 VwVfG, § 114 VwGO zu verstehen. Vielmehr steht der Begriff „Ermessen" für den **Beurteilungsspielraum**, über den das Gericht bei der Würdigung des objektiven klägerischen Interesses an dem gerichtlichen Verfahren verfügt. Dieser ermöglicht es dem Gericht, der Streitwertbemessung Schätzungen zu Grunde zu legen und sich an Pauschalen zu orientieren, die an der verwaltungsgerichtlichen Praxis der Bewertung bestimmter Streitgegenstände entwickelt worden sind. Die Grenzen dieser Schätzungs- und Pauschalierungsbefugnis sind erreicht, wenn der bisherige Sach- und Streitstand keine Anhaltspunkte zu Tage gefördert hat, die als tragfähige Grundlage einer Schätzung und Pauschalierung dienen könnten. Hier ist das Gericht nicht befugt, den Streitwert „frei zu greifen"; vielmehr hat es ihn gem § 52 Abs 2 GKG mit dem Auffangwert von 5000 Euro festzusetzen.

> Unzulässig wäre es ferner, die Streitwertbemessung (auch) an Gesichtspunkten auszurichten, die **13.1** sich nicht auf das klägerische Interesse an der Sache zurückführen lassen. So wäre es sachfremd und mit den Vorgaben des § 52 Abs 1 GKG nicht zu vereinbaren, auf den Aufwand abzustellen, den die Betreuung des Verfahrens für den Kläger oder seinen Bevollmächtigten mit sich bringt. Unzulässig wäre es ferner, sich bei der Streitwertbemessung an der finanziellen Leistungsfähigkeit der Verfahrensbeteiligten zu orientieren oder danach zu differenzieren, ob mit der Klage Rechtsfragen von grundsätzlicher Bedeutung aufgeworfen werden.

Erste **Anhaltspunkte für die Ermessensausübung** ergeben sich aus zwingenden **ver- 14 fassungsrechtlichen Vorgaben**, wie sie sich aus der Gewährleistung effektiven Rechtsschutzes (Art 19 Abs 4 GG), dem Justizgewährungsanspruch (Art 2 Abs 1 GG iVm dem Rechtsstaatsprinzip) dem Anspruch der Verfahrensbeteiligten auf rechtliches Gehör (Art 103 Abs 1 GG) und dem Willkürverbot (Art 3 Abs 1 GG) ableiten lassen (BVerfG NJW 2007, 2032 und NVwZ 1999, 1104 mwN). Mit Blick auf die Bedeutung der Streitwertfestsetzung für die Rechtsanwaltsvergütung (vgl § 2 Abs 1 RVG, § 23 RVG, § 32 RVG) ist zudem Art 12 GG zu berücksichtigen (BVerfG NJW 2007, 2098; 2005, 2980).

> Der Streitwert darf danach nicht so hoch angesetzt werden, dass das hieraus für den Kläger **14.1** resultierende Kostenrisiko außer Verhältnis zu dem mit dem Verfahren angestrebten wirtschaftlichen

Erfolg steht. Zudem ist das Gericht verpflichtet, den Sachvortrag der Verfahrensbeteiligten zur Höhe des Streitwerts zur Kenntnis zu nehmen und bei der Entscheidungsfindung zu berücksichtigen. Des Weiteren ist auszuschließen, dass in die Streitwertbemessung sachfremde Erwägungen Eingang finden (etwa Berücksichtigung eines „Missbrauchszuschlags" wegen Verfolgung eines offensichtlich aussichtslosen Rechtsschutzbegehrens). In diesem Zusammenhang ist auch der Beschluss des BVerfG vom 23.8.2005 zu sehen (NJW 2005, 2980), mit dem das Gericht darauf hingewiesen hat, dass mit der Reduzierung der Vergütungssätze der im Wege der Prozesskostenhilfe beigeordneten Rechtsanwälte in § 123 BRAGO (heute: § 49 RVG) durch das Kostenrechtsmodernisierungsgesetz der Gesetzgeber dem Ziel einer Schonung öffentlicher Kassen bereits umfassend Rechnung getragen habe; im Hinblick auf Art 12 GG sei es daher ausgeschlossen, diesen fiskalischen Belang nochmals zur Rechtfertigung einer Reduzierung des Streitwerts und damit zur weiteren Absenkung der Rechtsanwaltsvergütung heranzuziehen.

15   Weitere Anhaltspunkte können aus **einfachgesetzlichen Bewertungsvorschriften** vor allem des Gerichtskostengesetzes und der Zivilprozessordnung abzuleiten sein, die im konkreten Fall zwar nicht unmittelbar anwendbar sein mögen, jedoch Vorstellungen des Gesetzgebers zur Bewertung von bestimmten Sachfragen zum Ausdruck bringen, die auch über den eigentlichen Anwendungsbereich der jeweiligen Bewertungsvorschrift hinaus Bedeutung erlangen kann.

15.1   Von erheblicher praktischer Bedeutung ist hier etwa die Möglichkeit, in Fällen subjektiver oder objektiver **Klagehäufung** die Bestimmung des § 5 ZPO entsprechend anzuwenden (vgl zB BVerwG Buchholz 310 § 132 Abs 2 Ziff 1 VwGO Nr 27; OVG Lüneburg AGS 2005, 355; VGH Mannheim BeckRS 2004, 24265; OVG Berlin InfAuslR 2004, 201; OVG Bremen NVwZ-RR 2003, 702). Bei Streitigkeiten um regelmäßig **wiederkehrende** oder über längere Zeiträume andauernde **Belastungen oder Nutzungs- bzw Gewinnerzielungsmöglichkeiten** wird in der Praxis häufig eine Begrenzung des Streitwerts auf maximal den Jahresbetrag des finanziellen Interesses des Klägers an einem Obsiegen in der Sache angenommen.

16   Mit Blick auf die Rechtssicherheit und die Berechenbarkeit finanzieller Risiken aus der Führung eines Verwaltungsprozesses kommt bei der Konkretisierung des den Gerichten eingeräumten „Ermessens" vor allem dem Aspekt einer gefestigten **Streitwertbemessungspraxis** in der verwaltungsgerichtlichen Rechtsprechung besondere Bedeutung zu. Diese kommt etwa im **„Streitwertkatalog für die Verwaltungsgerichtsbarkeit"** (in seiner jüngsten Fassung vom Juli 2004, NVwZ 2004, 1327; vgl hierzu auch Herrmann VBlBW 2005, 424; Geiger DAR 2005, 491; Tysper AnwBl 2004, 644) zum Ausdruck, der durch die Mitglieder einer aus Richtern der Verwaltungsgerichtsbarkeit zusammen gesetzten Arbeitsgruppe entwickelt worden ist.

16.1   Der Streitwertkatalog 2004 ersetzt den Streitwertkatalog 1996 (NVwZ 1996, 563), der wiederum an die Stelle des ursprünglichen Streitwertkatalogs von 1991 (NVwZ 1991, 1156) getreten war. Zum vorangegangenen Entwurf eines Streitwertkatalogs (NVwZ 1989, 1042) vgl Sendler NVwZ 1989, 1041. Mit dem Streitwertkatalog 2004 ist zum einen die Umstellung des Streitwertkatalogs auf Eurobeträge vorgenommen worden. Zum anderen ist den durch das Kostenrechtsmodernisierungsgesetz (KostRMoG) vom 5.5.2004 (BGBl I 718) erfolgten Änderungen von für den Verwaltungsprozess maßgeblichen Kostenvorschriften (vgl hierzu Stuttmann DVBl 2004, 681; Brehm/Zimmerling NVwZ 2004, 1207; Schneider AnwBl 2004, 129) Rechnung getragen worden. Hierzu zählt ua die Anhebung des Auffangwertes von 4000 Euro auf 5000 Euro (§ 52 Abs 2 GKG). Aufgrund der hierdurch bedingten **Neuorientierung der gerichtlichen Praxis** im Bereich der Streitwertbemessung erscheint es ratsam, sich bei der Streitwertbemessung vornehmlich an der Rechtsprechungspraxis auszurichten, die sich seit Juli 2004 entwickelt hat.

17   Ergänzt wird der „Streitwertkatalog für die Verwaltungsgerichtsbarkeit" durch spezielle **„Streitwertannahmen"**, die von den **Bausenaten** verschiedener Oberverwaltungsgerichte entwickelt worden sind (vgl etwa die Streitwertannahmen der Bausenate des OVG Lüneburg nach dem 1.1.2002, NordÖR 2002, 197, und den Streitwertkatalog der Bausenate des OVG Münster vom 17.9.2003, BauR 2003, 1883).

18   Im Übrigen ist auf die **aktuelle Streitwertbemessungspraxis** des jeweils angerufenen Gerichts bzw des für das Verfahren zuständigen Spruchkörpers abzustellen. Vgl etwa Kopp/Schenke VwGO Anh § 164 Rn 11.

Auffangwert des § 52 Abs 2 GKG. Bietet der bisherige Sach- und Streitstand keine 19 genügenden Anhaltspunkte für die Klärung der Frage, welche Bedeutung der Sache aus Sicht des Klägers zuzumessen ist (vgl hierzu OVG Greifswald NJW 2008, 2936), so hat das Gericht den Streitwert in Höhe des Auffangwerts des § 52 Abs 2 GKG festzusetzen. Seit dem 1.7.2004 ist dieser mit dem Betrag von **5000 Euro** festgelegt.

Diese Festsetzung ist durch Art 1 des Kostenrechtsmodernisierungsgesetzes (KostRMoG) vom 19.1 5.5.2004 (BGBl I 718) erfolgt. In der Zweit zwischen dem 1.1.2002 und dem 1.7.2004 hatte der Aufwangwert 4000 Euro betragen (vgl Art 1 Abs 1 Nr 7 des Gesetzes zur Umstellung des Kostenrechts und der Steuerberatergebührenverordnung auf Euro (KostREuroUG) vom 27.4.2001, BGBl I 751). § 72 Nr 1 GKG trifft in diesem Zusammenhang eine **Übergangsregelung für „Altverfahren".** Danach ist in Rechtsstreitigkeiten, die vor dem 1.7.2004 anhängig geworden sind „altes Recht" anzuwenden, dh ein Auffangwert von 4000 Euro zu Grunde zu legen. Dies gilt allerdings nicht im Verfahren über ein Rechtsmittel, das nach dem 1.7.2004 eingelegt worden ist; hier ist „neues Recht" anzuwenden, also ein Auffangwert von 5000 Euro anzunehmen. Zum Begriff des Rechtsmittels in § 72 Nr 1 GKG vgl VGH München NVwZ-RR 2006, 150.

Fraglich ist allerdings, welchen Auffangwert das Rechtsmittelgericht seit dem 1.7.2004 zu 19.2 Grunde legt, wenn es über die Streitwertfestsetzung in einem vorinstanzlichen Verfahren zu befinden hat, das bereits vor dem 1.7.2004 abgeschlossen worden ist. Diese Frage kann sich etwa stellen, wenn über Streitwertbeschwerden (§ 68 GKG) zu befinden ist oder wenn das Rechtsmittelgericht von seiner Befugnis Gebrauch machen möchte, eine vorinstanzliche Streitwertfestsetzung von Amts wegen zu ändern (vgl § 63 Abs 3 GKG). Hier wird auf den bis zum 1.7.2004 maßgeblichen Wert abzustellen sein. Denn die Änderungsmöglichkeiten nach § 63 Abs 3 GKG dienen dem Zweck, eine als unzutreffend angesehene Streitwertfestsetzung zu korrigieren. Sie sind jedoch kein Instrument, eine vorinstanzliche Streitwertfestsetzung an ein erst später in Kraft getretenes Gesetz „anzupassen".

Die **Regelung** des § 52 Abs 2 GKG **ist zwingend** und eröffnet den Verwaltungsgerich- 20 ten grundsätzlich keine Entscheidungsspielräume. Dies gilt uneingeschränkt für die **Frage, ob der Auffangwert festzusetzen ist.** Allerdings wird den Gerichten bei der Beurteilung der Frage ein gewisser Spielraum zuzubilligen sein, ob der bisherige Sach- und Streitstand genügende Anhaltspunkte für eine Ermessensausübung nach § 52 Abs 1 GKG bietet (vgl hierzu auch OVG Greifswald NJW 2008, 2936).

Der **Spielraum der Verwaltungsgerichte** bei der Beurteilung der Frage, ob genügende 20.1 Anhaltspunkte für eine Ermessensausübung nach § 52 Abs 1 GKG vorliegen, folgt aus dem Ausnahmecharakter der Regelung in § 52 Abs 2 GKG, die lediglich ein „freies Greifen" des Streitwerts ausschließen soll, das in dem klägerischen Interesse an dem Verfahren keine Grundlage mehr findet. § 52 Abs 2 GKG hindert das Gericht dagegen nicht, das klägerische Interesse zu schätzen oder sich an Pauschalen zu orientieren, die für bestimmte typische Fallkonstellationen entwickelt worden sind. Anlass, von der Schätzungs- und Pauschalierungsbefugnis des Gerichts Gebrauch zu machen, wird vor allem dann bestehen, wenn der Auffangwert in offenkundigem Missverhältnis zur Bedeutung des klägerischen Interesses steht (BVerwG NVwZ-RR 1996, 237; OVG Berlin NVwZ-RR 2001, 277; aA VGH Mannheim NVwZ-RR 1999, 813). Durch die Festlegung auf den „Sach- und Streitstand" ist das Gericht nicht gehindert, den Beteiligten aufzugeben, bestimmte Angaben zu machen, die für die Streitwertbemessung von Bedeutung sein können. Auch sind eigene Ermittlungen des Gerichts nicht generell ausgeschlossen. § 52 Abs 2 GKG steht jedoch einer förmlichen Beweisaufnahme entgegen, die allein zu dem Zweck durchgeführt wird, bestimmte für die Streitwertbemessung maßgebliche Umstände zu klären.

Die **Höhe des Auffangwerts** ist – wie gezeigt – gesetzlich auf 5000 Euro festgelegt. Bei 21 Verwaltungsstreitverfahren in den neuen Bundesländern ist es allerdings nach wie vor ins Ermessen der Gerichte gestellt, den Auffangwert um bis zu 1/3 zu vermindern (Anlage I Kapitel III Nr 19 Buchstabe b des Einigungsvertrages).

„Soweit nichts anderes bestimmt ist". Die Grundregel des § 52 Abs 1 und 7 GKG 22 kommt nur zur Anwendung, soweit nicht im GKG oder in anderen Gesetzen „anderes bestimmt" ist. In Betracht kommen hierbei **abschließende Sonderregelungen für bestimmte Querschnittsfragen.** Unabhängig von der thematischen Zuordnung der Verwaltungsstreitverfahren werden im GKG bestimmte auf den jeweiligen Gegenstand des Begehrens bezogene Querschnittsfragen aufgegriffen und einer abschließenden Sonderregelung unterworfen. Dies gilt etwa für Verwaltungsstreitverfahren um Miet-, Pacht- und ähnliche Nutzungsverhältnisse (§ 41 GKG; zu „ähnlichen Nutzungsverhältnissen" vgl etwa BVerwG NVwZ-RR 1994, 420 – Werbenutzungsvertrag). Von praktischer Bedeutung ist vor allem die Sonderbestimmung in § 52 Abs 3 GKG, die für die Wertbemessung maßgeblich ist, wenn der Antrag des Klägers eine **bezifferte Geldleistung oder einen hierauf gerichteten Verwaltungsakt** betrifft.

22.1   Betrifft der Antrag des Klägers eine **bezifferte Geldleistung oder einen hierauf gerichteten Verwaltungsakt**, so ist gem § 52 Abs 3 S 1 GKG deren Höhe maßgebend. Das Gericht verfügt hier im **Grundsatz** über keinen Beurteilungs- oder Wertungsspielraum (zur Ausnahme vgl unten). Ein Verwaltungsstreitverfahren um eine **Geldleistung** liegt vor, wenn das Verfahren den Übergang eines bestimmten Geldbetrags in ein anderes Vermögen betrifft. Hierbei spielt es keine Rolle, ob dieser Übergang auf Dauer angelegt ist. Auch der Rechtsstreit um die Verpflichtung zur Gewährung oder um die Auszahlung eines Darlehens fällt danach unter § 52 Abs 3 S 1 GKG. Nicht erfasst wird hingegen die Einforderung eines bloßen Sicherungsmittels, wie dies etwa der Fall ist, wenn um die Hinterlegung eines bestimmten Geldbetrags als Sicherheit gestritten wird. § 52 Abs 3 S 1 GKG findet gleichermaßen Anwendung, ob der Kläger eine Geldleistung fordert (bzw einen auf die Erbringung einer Geldleistung gerichteten Bewilligungsbescheid) oder aber – wie typischerweise bei Streitigkeiten aus dem Bereich des Abgabenrechts – bestrebt ist, ein an ihn gerichtetes Zahlungsbegehren (bzw einen an ihn adressierten Abgabe- oder Leistungsbescheid) abzuwenden. Unerheblich ist ferner, ob durch allgemeine Leistungsklage die Verurteilung zu einer Geldleistung gefordert wird oder ob mit einer Feststellungsklage (§ 43 VwGO) die Feststellung begehrt wird, dass ein Anspruch auf eine Geldleistung besteht. Die auf die Feststellung des Nichtbestehens eines solchen Anspruchs gerichtete negative Feststellungsklage erfüllt hingegen nicht die Voraussetzungen des § 52 Abs 3 GKG; ihr Streitwert ist nach § 52 Abs 1 GKG zu bemessen (vgl VGH München NVwZ-RR 2001, 277). Mit dem Inkrafttreten des 2. KostRModG (Rn 70) werden die Gerichte einen Spielraum erhalten, dem Umstand Rechnung zu tragen, dass auch der Rechtsstreit um eine bezifferte Geldleistung oder einen hierauf gerichteten Verwaltungsakt über den konkreten Gegenstand der Auseinandersetzung hinausgehende Bedeutung haben kann. § 52 Abs 3 S 2 GKG gibt ihnen künftig vor, den sich aus § 52 Abs 3 S 1 GKG **offensichtlich absehbare Auswirkungen auf künftige Geldleistungen oder auf noch zu erlassende, auf derartige Geldleistungen bezogene Verwaltungsakte** ergebenden Streitwert anzuheben, wenn der Antrag des Klägers für diesen hat. In diesen Fällen wird der Streitwert über den Betrag der bezifferten Geldleistung hinaus um den Betrag der offensichtlich absehbaren zukünftigen Auswirkungen für den Kläger anzuheben sein. Die Summe des dreifachen Wertes des bezifferten Geldbetrages darf allerdings nicht überschritten werden.

22.2   § 52 Abs 3 GKG findet nur dann Anwendung, wenn um eine **bezifferte** – also in einem konkreten Geldbetrag ausgedrückte – Geldleistung gestritten wird. Dies ist nicht der Fall, wenn die geforderte Geldleistung vom Kläger lediglich ihrer Art nach angegeben wird (zB beamtenversorgungsrechtliche Übernahme der Kosten einer bestimmten ärztlichen Behandlung). Hier ist das Gericht bei der Streitwertbemessung nicht gehalten, in weitere Ermittlungen einzutreten und Berechnungen zur konkreten Höhe der geforderten Leistung anzustellen. Vielmehr kann es sich in Anwendung von § 52 Abs 1 GKG darauf beschränken, die Beteiligten um Stellungnahme zur Höhe des Streitwerts zu bitten und sodann ggf im Ermessen zu entscheiden. Beim Streit um – hinsichtlich der Einzelleistungen bezifferte **wiederkehrende Leistungen** wird wie folgt zu differenzieren sein: Liegt ein Fall des § 42 GKG vor, ist der Streitwert allein nach dieser Bestimmung zu bemessen. Ansonsten hängt die Anwendbarkeit von § 52 Abs 3 GKG davon ab, ob der Kläger nicht nur den Betrag der einzelnen Leistungen, sondern auch den Takt und den Zeitraum angibt, in denen die Leistungen zu erbringen sind. Liegen solche Angaben nicht vor, erfolgt die Streitwertbemessung nach § 52 Abs 1 GKG (ggf in Orientierung an den Bestimmungen der § 41 GKG, § 42 GKG oder § 9 ZPO).

23   **Sonstige vorrangige Bestimmungen zur Streitwertbemessung.** Hinzuweisen ist schließlich auf eine ganze Reihe weiterer Bestimmungen zur Streitwertbemessung für bestimmte Rechtsgebiete, die der Grundregel des § 52 Abs 1 und 7 GKG zwar vorgehen, jedoch keine abschließende Regelung treffen (vgl insbes § 41, § 42 Abs 2 (= § 42 Abs 3 vor Inkrafttreten des 2. KostRModG), § 52 Abs 5 GKG). Hier kommt § 52 Abs 1 und 7 GKG zur Anwendung, soweit die speziellere Bestimmung keine Regelung trifft.

23.1   Hinsichtlich ihrer Regelungsintensität lassen sich diese Bestimmungen wie folgt unterscheiden: Für einzelne Rechtsgebiete hat der Gesetzgeber zwar keine umfassende Sonderregelung getroffen, jedoch hinsichtlich des Streits um **einzelne Sachfragen** die Streitwertbemessung abschließend geregelt. Von praktischer Bedeutung sind hier vor allem die Bestimmungen über **öffentlich-recht-liche Dienst- oder Amtsverhältnisse** (der Beamten, Richter, Berufssoldaten und Soldaten auf Zeit) in § 52 Abs 5 GKG und § 42 Abs 2 S 2 GKG (= § 42 Abs 3 S 2 GKG vor Inkrafttreten des 2. KostRModG (Rn 70)). § 52 Abs 5 GKG betrifft sog **Statusstreitigkeiten** im öffentlichen Dienst (vgl im Einzelnen Hartmann Kostengesetze GKG § 52 Rn 25 ff). Speziell mit Beförderungsstreitig-keiten (**Konkurrentenklagen**) sowie mit Streitigkeiten um die Versetzung in den Ruhestand befasst sich § 52 Abs 5 S 3 GKG (= § 52 Abs 5 S 2 GKG vor Inkrafttreten des 2. KostRModG) (vgl hierzu VG Ansbach BeckRS 2012, 52247). Im – in der Praxis vorwiegenden – Verfahren des vorläufigen Rechtsschutzes findet § 52 Abs 5 GKG hingegen keine unmittelbare Anwendung. Vielmehr hat das Gericht gem § 53 Abs 3 Nr 1 und 2 GKG iVm § 52 Abs 1 GKG nach Ermessen zu ent-scheiden. Hierbei ist es allerdings nicht gehindert, sich an den Vorgaben des § 52 Abs 5 S 3 GKG zu orientieren. Zur uneinheitlichen Entscheidungspraxis vgl etwa OVG Hamburg Beschl v 31.3.1995 – Bs I 3/95 –; OVG Saarlouis JurBüro 1996, 83; VGH München NVwZ-RR 2000, 332. Von § 52 Abs 5 GKG tatbestandlich nicht erfasst werden Streitigkeiten wegen eines sog **Teilstatus** (Ansprüche auf erhöhte Versorgung, Besoldung oder Zulagen sowie Anrechnungs- und Ruhegehaltsbeträge); hier ist auf die Grundregel des § 52 Abs 1 und ggf auf § 52 Abs 3 GKG zurückzugreifen (BVerwG NVwZ-RR 2000, 188). Dasselbe gilt für Verwaltungsstreitverfahren um eine Versetzung, Abord-nung, Umsetzung, Beurlaubung, dienstliche Beurteilung, um die Festsetzung des Besoldungsdienst-alters, die Gewährung von Erholungsurlaub oder Trennungsgeld, die Durchführung oder Bewertung einer Laufbahnprüfung sowie alle sonstigen beamtenrechtlichen Streitigkeiten, die in § 52 Abs 5 GKG keine Erwähnung finden. Durch § 42 Abs 2 GKG (= § 42 Abs 3 GKG vor Inkrafttreten des 2. KostRModG) abschließend geregelt ist die Streitwertbemessung bei Streitigkeiten um **Ansprü-che auf wiederkehrende Leistungen** aus einem öffentlich-rechtlichen Dienst- oder Amtsverhält-nis (aber auch bei gesetzlicher Dienstpflicht – insbes Wehrdienst – oder an Stelle einer gesetzlichen Dienstpflicht geleistetem Ersatzdienst – insbes Zivildienst –). § 42 Abs 2 GKG bezieht sich hierbei nur auf dauernd gleichartige wiederkehrende Leistungen (vor allem regelmäßige Dienstbezüge und Zulagen). Nicht erfasst werden hingegen anlassbezogene Leistungen. Hier ist wieder nach § 52 Abs 1 oder 3 GKG zu entscheiden.

23.2 Eine weitere Gruppe von Sonderbestimmungen findet sich in **§ 52 Abs 4 GKG**. Sie dient dem Zweck, das Kostenrisiko bestimmter Verwaltungsprozesse zu begrenzen. Hier erfolgt die Streitwert-bemessung zwar grundsätzlich nach den allgemeinen Bestimmungen (insbes nach der Grundregel des § 52 Abs 1 und 7 GKG sowie uU nach § 52 Abs 2 GKG). Es findet jedoch eine **Deckelung** der danach zu bestimmenden Streitwerte auf bestimmte Maximalbeträge statt. So darf in Verfahren über Ansprüche nach dem **Vermögensgesetz** der Streitwert nicht über 500.000 Euro angenom-men werden (§ 52 Abs 4 Nr 3 GKG; zu Einzelheiten der Streitwertbemessung in vermögensrecht-lichen Verwaltungsstreitverfahren vgl Abschn II.48 des Streitwertkatalogs für die Verwaltungs-gerichtsbarkeit, NVwZ 2004, 1327, sowie Anders/Gehle/Kunze, Streitwert-Lexikon, 4. Aufl 2002, Stichwort „Verwaltungsgerichtliches Verfahren" Rn 50 ff). Die Rechtsprechung wendet diese Be-stimmung entsprechend auf Verwaltungsstreitverfahren um Ansprüche nach dem Investitionsvor-ranggesetz an (BVerwG Buchholz 360 § 13 GKG Nr 102). Bei Rechtsstreitigkeiten nach dem **Krankenhausfinanzierungsgesetz** ist der Streitwert auf maximal 2,5 Mio Euro begrenzt.

23.3 Keine Regelung zur Streitwertbemessung, sondern – aufgrund der Gerichtsgebührenfreiheit des **Asylstreitverfahrens** – eine solche zur Gegenstandswertbemessung (vgl Rn 71) ist die Vorschrift des § 30 RVG. Seit dem Inkrafttreten des 2. KostRModG (Rn 70) ist gem § 30 Abs 1 RVG für Klageverfahren nach dem AsylVfG der Gegenstandswert mit 5000 Euro (bislang: 3000 Euro), bei Verfahren des vorläufigen Rechtsschutzes mit 2500 Euro (bislang: 1500 Euro) festzusetzen sein. Sind mehrere natürliche Personen an demselben Verfahren beteiligt, erhöht sich der Wert für jede weitere Person in Klageverfahren um 1000 Euro (bislang: 900 Euro) und in Verfahren des vorläufigen Rechtsschutzes um 500 Euro (bislang: 600 Euro). Das Gericht hat aber die Möglichkeit, von diesen Werten nach Billigkeit abzuweisen (§ 30 Abs 2 RVG).

24 **bb) Bemessung des Gebührenstreitwerts im Verfahren des vorläufigen Rechts-schutzes.** Ausnahmsweise Vorrang vor den „anderen Bestimmungen" des Gerichtskostenge-setzes genießt die Grundregel des § 52 Abs 1 und 7 GKG und die Auffangwert-Bestimmung des § 52 Abs 2 GKG in Verfahren des vorläufigen Rechtsschutzes nach § 47 Abs 6 VwGO, § 80 Abs 5 bis 8 VwGO, § 80a Abs 3 VwGO und § 123 VwGO (§ 53 Abs 3 Nr 1 und 2 GKG). So hat das Verwaltungsgericht beispielsweise bei Verfahren um die Anordnung der aufschiebenden Wirkung des Widerspruchs gegen einen Abgabenbescheid (§ 80 Abs 2 S 1 Nr 1 VwGO iVm § 80 Abs 5 und 6 VwGO) den Streitwert nicht nach der Bestimmung des § 52 Abs 3 GKG zu bemessen. Vielmehr ist ihm bei der Streitwertbemessung der Beurteilungsspielraum („**Ermessen**") des § 52 Abs 1 GKG eröffnet (zur Spruchpraxis vgl Abschn II.1.5 und II.3 des Streitwertkatalogs für die Verwaltungsgerichtsbarkeit, NVwZ 2004, 1327).

24.1   Der **Streitwertkatalog für die Verwaltungsgerichtsbarkeit** (NVwZ 2004, 1327) spricht hierzu in seinem Abschn II.1.5 folgende Empfehlung aus:

> „In Verfahren des vorläufigen Rechtsschutzes beträgt der Streitwert in der Regel ½, in den Fällen des § 80 Abs 2 S 1 Nr 1 VwGO und bei sonstigen auf bezifferte Geldleistungen gerichteten Verwaltungsakten ¼ des für das Hauptsacheverfahren anzunehmenden Streitwertes. In Verfahren des vorläufigen Rechtsschutzes, die die Entscheidung in der Sache ganz oder zum Teil vorwegnehmen, kann der Streitwert bis zur Höhe des für das Hauptsacheverfahren anzunehmenden Streitwerts angehoben werden".

25   Allerdings finden die vom Gesetzgeber in den „anderen Bestimmungen" des GKG formulierten Vorgaben für die Streitwertbemessung bei der Ausübung des „Ermessens" Eingang. Dies gilt insbes für die in § 52 Abs 4 GKG festgelegten Streitwerthöchstbeträge. Weitere normative Anleitungen für die Ermessensausübung können sich auch hier aus nicht unmittelbar auf den Verwaltungsprozess bezogenen Wertbemessungsbestimmungen des GKG und der ZPO ergeben.

26   Anlass, im Verfahren des vorläufigen Rechtsschutzes den **vollen Hauptsachestreitwert** anzusetzen, wird in der Regel dann bestehen, wenn mit der Entscheidung im Eilrechtsschutzverfahren vollendete Tatsachen geschaffen werden, die auch durch eine gegenläufige Hauptsacheentscheidung nicht mehr (vollständig) ausgeräumt werden können (vgl auch Abschn II.1.5 des Streitwertkatalogs für die Verwaltungsgerichtsbarkeit, NVwZ 2004, 1327). Eine einheitliche Streitwertbemessungspraxis der Verwaltungsgerichte hat sich in diesem Bereich allerdings bislang nicht herausgebildet.

26.1   Der Ansatz des vollen Hauptsachestreitwerts wird beispielsweise in Betracht kommen bei Verfahren des vorläufigen Rechtsschutzes betreffend ein Versammlungsverbot, die Einberufung zu einer Wehrübung, die Zuweisung von Sendezeit für einen Wahlwerbespot, die Anordnung des Abrisses einer baulichen Anlage, die Erteilung einer Baugenehmigung für ein Wohngebäude bei Eilrechtsschutzverfahren nach § 80a Abs 3 und Abs 1 Nr 2 VwGO (so etwa VGH Mannheim NVwZ-RR 2008, 656), die Erteilung einer ausländerrechtlichen Duldung (nach VGH Mannheim AuAS 2002, 7 ist der volle Hauptsachestreitwert hier allerdings nur dann anzusetzen, wenn das Eilrechtsschutzbegehren der Sicherung eines bereits geltend gemachten – jedoch nicht streitgegenständlichen – Anspruchs auf Erteilung einer Aufenthaltstitels dient).

27   **cc) Bemessung des Gebührenstreitwerts im Rechtsmittel(zulassungs)verfahren.**
In § 47 GKG und – ergänzend – § 45 Abs 2 GKG finden sich die Bestimmungen über die Bemessung des Streitwerts für das **Rechtsmittelverfahren** (Beschwerde-, Berufungs- und Revisionsverfahren). Danach ist der Streitwert grundsätzlich nach den Anträgen des Rechtsmittelführers oder – mangels solcher Anträge – nach dessen Beschwer zu bemessen. Auch hier verfügt das Gericht über einen Beurteilungsspielraum, der ihm Schätzungs- und Pauschalierungsmöglichkeiten eröffnet. Dabei wird in der Rechtsprechung zumeist davon ausgegangen, dass der Streitwert für das Rechtsmittelverfahren demjenigen des erstinstanzlichen Verfahrens entspricht (allerdings nur dann, wenn in beiden Verfahren der Sache nach über denselben Streitgegenstand zu befinden ist). Das BVerwG geht von der regelmäßigen Übereinstimmung des Streitwerte für das erstinstanzliche Verfahren und das Rechtsmittelverfahren selbst dann aus, wenn das Rechtsmittel nicht vom Kläger, sondern vom erstinstanzlich unterlegenen Beklagten oder Beigeladenen geführt wird (vgl BVerwG NVwZ-RR 89, 280; Buchholz 406.12 § 4 BauNVO Nr 7; OVG Münster NVwZ 2000, 335; aA VGH Mannheim VGHBW-Ls 1996 (Beil 12), B 4; VGH Kassel BRS 49 Nr 179; NVwZ-RR 1990, 223).

28   In jedem Fall **begrenzt der Wert** des – im Rechtsmittelverfahren unveränderten – Streitgegenstandes **der ersten Instanz** den Gebührenstreitwert für die Rechtsmittelinstanz (§ 47 Abs 2 GKG). Nach der Rechtsprechung des Bundesverwaltungsgerichts ist hierbei allerdings nicht der durch das Verwaltungsgericht förmlich festgesetzte, sondern der – durch das Rechtsmittelgericht eigenständig zu ermittelnde – „objektiv angemessene" Wert des Streitgegenstandes erster Instanz maßgebend (vgl BVerwG NVwZ-RR 1989, 288; Buchholz 360 § 14 GKG Nr 4). Von diesem Standpunkt aus kann das Rechtsmittelgericht bei der

Festsetzung des Streitwerts für das Rechtsmittelverfahren über den für das erstinstanzliche Verfahren bereits festgesetzten Wert auch dann hinausgehen, wenn es davon absieht, die erstinstanzliche Streitwertfestsetzung gem § 63 Abs 3 GKG zu ändern. Macht das Rechtsmittelgericht dagegen von seiner Änderungsbefugnis nach § 63 Abs 3 GKG Gebrauch, ist es befugt, die durch die Streitwertänderung nachträglich offenbar unrichtig gewordene erstinstanzliche Kostenentscheidung nach § 118 Abs 1 VwGO ebenfalls zu ändern (OVG Münster NVwZ-RR 2007, 212).

Für Verfahren über **Anträge auf Zulassung von Rechtsmitteln** (vgl § 124a Abs 4 **29** VwGO – Antrag auf Zulassung der Berufung -, § 134 Abs 1 VwGO – Antrag auf Zulassung der Sprungrevision -) oder über die **Beschwerde gegen die Nichtzulassung von Rechtsmitteln** (§ 133 VwGO – Beschwerde gegen die Nichtzulassung der Revision -) sind die für das jeweilige Rechtsmittelverfahren maßgebenden Werte anzusetzen (§ 47 Abs 3 GKG).

dd) Maßgeblicher Zeitpunkt für die Bemessung des Gebührenstreitwerts. „Für **30** die Wertberechnung" ist gem § 40 GKG „der Zeitpunkt der den jeweiligen Streitgegenstand betreffenden Antragstellung maßgebend, die den Rechtszug einleitet". Diese Regelung betrifft (und verneint) ausschließlich die Frage, ob sich im Laufe des Verfahrens eintretende Wertänderungen bei unverändertem Streitgegenstand auf die Streitwertbemessung auswirken können.

> **Beispiel:** Ein Anstieg der Marktpreise für bebaubare Grundstücke führt nicht zur Erhöhung des **30.1** Streitwerts einer Verpflichtungsklage, mit der der Kläger die Erteilung eines Bauvorbescheids in Gestalt einer Bebauungsgenehmigung erstrebt. In Fällen dieser Art wird in der Rechtsprechung bei der Streitwertbemessung häufig auf die mit dem Bauvorbescheid erzielbare Bodenwertsteigerung abgestellt (vgl BVerwG Buchholz 360 § 13 GKG Nr 67 und 86; NVwZ 2001, 1055; VGH Mannheim NVwZ-RR 1995, 126; NVwZ-RR 1998, 459; VGH München NVwZ-RR 1997, 195; aA VGH München BayVBl 2002, 158; OVG Hamburg Beschl v 5.9.1996 – Bf II 10/95; Abschn II.9.2 des Streitwertkatalogs für die Verwaltungsgerichtsbarkeit, NVwZ 2004, 1327).

§ 40 GKG trifft hingegen keine Regelung für den Fall, dass sich im Laufe des Verfahrens **31** **Wertänderungen** ergeben, die unmittelbar aus einer **Änderung des Streitgegenstands** (etwa Klageänderung, teilweise Klagrücknahme oder Teilerledigung des klägerischen Begehrens) resultieren. Denn es ist auf die „den jeweiligen Streitgegenstand betreffende Antragstellung" abzustellen. Maßgeblich ist also nicht allein die die Instanz insgesamt einleitende Antragstellung. Vielmehr kommt es auf den Zeitpunkt der Abgabe der Prozesserklärung an, die zur Änderung des Streitgegenstands geführt hat. Unter der „den Rechtszug einleitenden" Antragstellung ist der Eingang der Klage-, Rechtsmittel- oder Antragsschrift beim Gericht zu verstehen und nicht etwa die förmliche Antragstellung in der mündlichen Verhandlung (OVG Münster BeckRS 2010, 47528). Die Rechtsmittelinstanz wird nicht erst mit der Einlegung des eigentlichen Rechtsmittels, sondern bereits mit dem Antrag auf Zulassung des Rechtsmittels bzw mit der Beschwerde gegen dessen Nichtzulassung eingeleitet. Im weiteren Verlauf des gerichtlichen Verfahrens eintretende Wertänderungen sind (bei unverändertem Streitgegenstand) damit unbeachtlich.

ee) Gegenstand der Bemessung des Gebührenstreitwerts. Gegenstand der Wert- 32 bemessung ist – wie gezeigt (vgl Rn 10) – die **Bedeutung der Sache** für den Kläger, Antragsteller oder Rechtsmittelführer, wie sie sich aus seinen Anträgen ergibt (§ 52 Abs 1 GKG, § 47 Abs 1 GKG). Abzustellen ist hierbei auf das Haupt- und – unter den Voraussetzungen des § 45 Abs 1 S 2 und Abs 3 GKG – auch auf das Hilfsbegehren (vgl hierzu etwa VGH München BayVBl 2002, 642). Der Wert zugleich geltend gemachter **Nebenforderungen** bleibt dagegen unberücksichtigt (§ 43 Abs 1 GKG). Dies gilt auch für die **Verwaltungsgebühren**, die für den und zumeist auch in dem Bescheid festgesetzt worden sind, der den Gegenstand des Verwaltungsstreitverfahrens bildet. Betrifft das Verfahren **wiederkehrende Leistungen** iSd § 42 Abs 2 GKG (= § 42 Abs 3 GKG vor Inkrafttreten des 2. KostRModG (Rn 70)) ist der Streitwert aus der Addition der bereits fälligen Beträge und dem dreifachen Jahresbetrag der künftigen Leistungen zu errechnen.

Bleibt der Streitgegenstand im Laufe des gesamten Verfahrens einer Instanz unverändert, **33** so wird für das Verfahren dieser Instanz im Regelfall auch nur ein Streitwert zu bemessen und festzusetzen sein. Anderes kann allerdings dann gelten, wenn das Verfahren einen **mehrgliedrigen, also teilbaren Streitgegenstand** betrifft und sich das Prozessrechtsverhältnis des Klägers zu einem Beteiligten nur auf einen Teil des Streitgegenstands beschränkt (Beispiele: Kläger ficht mit seiner Klage einen Verwaltungsakt des Beklagten A an und erstrebt zugleich – in objektiver Klagehäufung – eine Leistung des Beklagten B; Kläger ficht einen den notwendig beizuladenden C begünstigenden Verwaltungsakt an und beantragt zugleich die Verpflichtung des Beklagten zur Erbringung einer die Interessen des C nicht berührenden Leistung). Hier wird das Gericht sich nicht darauf beschränken, einen den gesamten Streitgegenstand betreffenden Streitwert zu bemessen und festzusetzen. Vielmehr wird es darüber hinaus Streitwertfestsetzungen für diejenigen Teile des Streitgegenstands vornehmen, auf die sich das Prozessverhältnis des Klägers zu einzelnen Beteiligten beschränkt (vgl OVG Lüneburg NVwZ 2001, 278; OVG Koblenz Beschl v 25.6.2001 – 10 E 10782/01).

34   Ändert sich der Streitgegenstand im Laufe des Verfahrens (sei es durch Prozesserklärungen des Klägers, sei es auf Grund eines Verbindungsbeschlusses des Gerichts – vgl hierzu OVG Saarlouis Beschl v 13.3.2001 – 1 Y 1/01), ist dem nach Maßgabe des § 36 Abs 1 GKG bei der Streitwertbemessung und -festsetzung Rechnung zu tragen. Nach § 21 Abs 1 GKG sind für **Handlungen, die einen Teil des Streitgegenstand betreffen**, die Gerichtsgebühren nur nach dem Wert dieses Teils zu berechnen. Jede Gebühr ist folglich am Maßstab des Streitwerts des im Zeitpunkt ihres Anfalls aktuell gegebenen Streitgegenstands zu berechnen. Ändert sich der Streitgegenstand vor dem Anfall der Gebühr, ändert sich damit zugleich die Grundlage für die Gebührenberechnung. Das Gericht kann sich in diesen Fällen nicht auf die Festsetzung eines einheitlichen Streitwerts für die gesamte Instanz beschränken. Vielmehr ist es gehalten, für jeden von einer Änderung des Streitgegenstands betroffenen Abschnitt des Verfahrens, in dem Gerichts- oder Rechtsanwaltsgebühren angefallen sind, einen gesonderten Streitwert festzusetzen.

34.1   Hinsichtlich der formalen Ausgestaltung der Streitwertfestsetzung dürfte es sich anbieten, den jeweiligen Verfahrensabschnitt zu bezeichnen (Beispiel: „Der Streitwert des Verfahrens bis zur teilweisen Rücknahme der Klage am … wird auf … Euro und im Übrigen auf … Euro festgesetzt.").

35   **c) Streitwertunabhängige Gerichtsgebühren.** Der Streitwert bildet nur dann die Grundlage für die Berechnung der Gerichtsgebühren, wenn im Gesetz „nichts anderes bestimmt ist" (§ 3 Abs 1 GKG). Eine Reihe anderweitiger Regelungen in diesem Sinne ergibt sich aus dem Kostenverzeichnis in Anlage 1 zum GKG (KV GKG).

35.1   So hat das Gericht die Höhe einer von ihm § 38 GKG verhängten Verzögerungsgebühr nach billigem Ermessen festzulegen (Nr 5601 KV GKG). In Verfahren über Anträge auf gerichtliche Handlungen der Zwangsvollstreckung gem § 169 VwGO, § 170 VwGO oder § 172 VwGO beträgt die Gerichtsgebühr seit dem Inkrafttreten des 2. KostRModG (Rn 70) 20 Euro (bislang: 15 Euro), Nr 5301 KV GKG. Für erfolglose Beschwerden gegen Prozesskostenhilfebeschlüsse wird seit dem Inkrafttreten des 2. KostRModG gem Nr 5502 KV GKG eine Gebühr iHv 60 Euro (bislang: 50 Euro) erhoben; bei nur teilweiser Verwerfung oder Zurückweisung kann das Gericht die Gebühr nach billigem Ermessen auf die Hälfte ermäßigen oder bestimmen, dass von einer Gebührenerhebung ganz abzusehen ist. Derselbe Gebührensatz gilt für zurückgewiesene oder verworfene Beschwerden, die ihrer Art nach in den Nrn 5110 KV GKG ff nicht besonders aufgeführt sind (Nr 5502 GKG). Für erfolglose Anhörungsrügen (§ 152a VwGO) wird seit dem Inkrafttreten des 2. KostRModG ebenfalls eine Festgebühr iHv 60 Euro (bislang: 50 Euro) erhoben; dies gilt allerdings nur, wenn die Rüge in vollem Umfang verworfen oder zurückgewiesen wird (Nr 5400 KV GKG).

3. Auslagen des Gerichts

36   Die Auslagen des Gerichts zählen ebenfalls zu den Gerichtskosten (§ 162 Abs 1 VwGO). Sie werden – wie auch die Gerichtsgebühren – nach dem **Kostenverzeichnis zum GKG** erhoben (§ 3 Abs 2 GKG). Dies bedeutet, dass Auslagen des Gerichts nur dann einem Verfahrensbeteiligten in Rechnung gestellt werden können, wenn sie im Kostenverzeichnis aufgeführt sind. Auch hinsichtlich der Höhe der erstattungsfähigen Auslagen sind grundsätzlich die Regelungen des Kostenverzeichnisses maßgebend. Einschlägig ist hier der **Teil 9** des Kostenverzeichnisses (Vorbemerkung 9 sowie Nr 9000 KV GKG ff). In Bezug auf die Geltendmachung von Post- und Telekommunikationsdienstleistungen ist in § 162 Abs 2 S 3 VwGO eine spezielle (und damit vorrangige) Regelung getroffen worden. Auslagen, die durch eine für begründet befundene Beschwerde entstanden sind, werden nicht erhoben,

soweit das Beschwerdeverfahren gebührenfrei ist; dies gilt jedoch nicht, soweit das Beschwerdegericht die Kosten dem Gegner des Beschwerdeführers auferlegt hat (Vorbemerkung 9 Abs 1). Entsprechendes dürfte für Auslagen gelten, die durch eine für ganz oder teilweise begründete Anhörungsrüge entstanden sind. Sind Auslagen durch verschiedene Rechtssachen veranlasst, werden sie auf die mehreren Rechtssachen angemessen verteilt (Vorbemerkung 9 Abs 2). Dies ist etwa bei Übernachtungs- und Fahrtkosten des Gerichts der Fall, die anlässlich einer mehrtägigen Reise des Gerichts anfallen, in deren Verlauf mehrere Augenscheinstermine zu unterschiedlichen Verfahren durchgeführt werden.

Für den Verwaltungsprozess von Bedeutung sind vornehmlich folgende Regelungen über 37 die Geltendmachung von Auslagen:

Nr 9000 KV GKG: Pauschale für die **Herstellung und Überlassung von Dokumen-** 38 **ten** (Ausfertigungen, Kopien, Ausdrucke und elektronisch gespeicherte Dateien). Die Pauschale fällt ua an, wenn ein Beteiligter es unterlassen hat, bei von Amts wegen zuzustellenden Schriftstücken die erforderliche Zahl von Abschriften beizufügen (vgl Nr 9000 Nr 1 KV GKG; zur Beschränkung der Kostenschuldnerschaft auf den betreffenden Beteiligten vgl § 28 Abs 2 GKG sowie OVG Bautzen JurBüro 2009, 543). Dies gilt auch dann, wenn der Beteiligte die erforderlichen Mehrfertigungen lediglich per Telefax übersendet und das Gericht also gehalten ist, hiervon Ausdrucke anzufertigen (Nr 9000 Nr 1 lit b KV GKG; VGH Mannheim NJW 2008, 536). Zum Anfall der Dokumentenpauschale für die Überlassung größerer Mengen elektronisch gespeicherter Dateien vgl Meyer JurBüro 2013, 9. Die Auslagenerhebung für die Versendung von Entscheidungsabdrucken an Dritte richtet sich im Bereich der Verwaltungsgerichte der Länder nach landesrechtlichen Bestimmungen; vgl zB Nr 5 des Gebührenverzeichnisses zum baden-württembergischen Landesjustizkostengesetz (13 EUR je Entscheidung);

Nr 9001 KV GKG: Auslagen für **Telegramme**; 39
Nr 9002 KV GKG: Kosten für **Zustellungen**; 40
Nr 9003 KV GKG: Pauschale für die **Versendung von Akten**; 41
Nr 9004 KV GKG: Kosten, die durch eine **öffentliche Bekanntmachung** entstehen; 42
Nr 9005 KV GKG: an Zeugen, Sachverständige, Dolmetscher und Übersetzer gemäß 43 den Bestimmungen des **JVEG** zu zahlende Beträge. Dabei besteht in dem der Dispositionsmaxime unterliegenden Verwaltungsprozess kein Anspruch fremdsprachiger Beteiligter, von den Kosten, die durch die Beiziehung eines Dolmetschers entstanden sind, freigestellt zu werden; ein solcher Anspruch ergibt sich auch nicht aus Art 6 Abs 3 Buchst e EMRK (OVG Greifswald NVwZ-RR 2011, 712);

Nr 9006 KV GKG: bestimmte Kosten anlässlich der Erledigung von **Geschäften außer-** 44 **halb der Gerichtsstelle** (an die beteiligten Gerichtspersonen zu gewährende Vergütungen – Reisekosten, Auslagenersatz –, Kosten für die Bereitstellung von Räumen, Kosten aus der Nutzung von Dienstkraftfahrzeugen);

Nr 9008 Nr 2 KV GKG: **Zahlungen an mittellose Personen für die Reise** zum Ort 45 einer Verhandlung und für die Rückreise;

Nr 9013 KV GKG: Beträge, die einer **inländischen Behörde, öffentlichen Einrich-** 46 **tungen** oder Bediensteten als Ersatz für bestimmte **Auslagen** zustehen (typischer Fall: Reisekosten des Bediensteten einer am Verfahren nicht beteiligten Fachbehörde, die vom Gericht als „amtliche Auskunftsperson" angehört werden soll);

Nr 9014 KV GKG: Beträge, die ausländische Behörden, Einrichtungen oder Personen im 47 Ausland zustehen, sowie Kosten des **Rechtshilfeverkehrs mit dem Ausland.**

II. Außergerichtliche Kosten der Beteiligten

Zu den erstattungsfähigen Kosten zählen gem § 162 Abs 1 VwGO neben den Gerichts- 48 kosten auch die „zur zweckentsprechenden Rechtsverfolgung oder Rechtsverteidigung notwendigen Aufwendungen der Beteiligten einschließlich der Kosten des Vorverfahrens".

1. Relevanter Personenkreis

§ 162 Abs 1 VwGO trifft eine einheitliche Regelung für alle Beteiligen des Verfahrens 49 (vgl VGH Mannheim BeckRS 2012, 49759 mwN). Dies sind die in § 63 VwGO genannten

Personen sowie die aufgrund spezialgesetzlicher Vorschrift zu beteiligenden oder bereits unmittelbar Kraft Gesetzes beteiligten Personen. Eine Privilegierung beteiligter Hoheitsträger erfolgt durch § 162 Abs 2 S 3 VwGO. Zur kostenrechtlichen Sonderstellung der Beigeladenen vgl § 154 Abs 3 VwGO und § 162 Abs 3 VwGO.

2. Aufwendungen

50   Aufwendungen sind die tatsächlich entstandenen persönlichen Auslagen der Beteiligten (einschließlich etwaiger an das Gericht im Voraus geleisteter Gerichtsgebühren) sowie die Gebühren und Auslagen ihrer Verfahrens- und Prozessbevollmächtigten. Zu Einzelheiten vgl die nachfolgenden Ausführungen.

3. Notwendigkeit von Aufwendungen zur zweckentsprechenden Rechtsverfolgung oder Rechtsverteidigung

51   Ob bestimmte ihrer Art nach erstattungsfähige Aufwendungen eines Beteiligten zur zweckentsprechenden Rechtsverfolgung oder -verteidigung „notwendig" waren, ist grundsätzlich im Kostenfestsetzungsverfahren (vgl § 164 VwGO Rn 1) zu klären. Die Notwendigkeit einer bestimmten Aufwendung ist auf Grund einer wertenden Betrachtung im konkreten Einzelfall mit Blick auf dessen jeweilige Gegebenheiten zu klären. Die Praxis orientiert sich hierbei an folgenden Eckpunkten: Die Beteiligten unterliegen einer **Kostenminimierungspflicht** (BVerwG NJW 2000, 2832; OVG Koblenz Beschl v 9.1.2012, 8 E 11451/11; OVG Bautzen Beschl v 23.4.2008 – 5 E 6/08; BayVGH NVwZ-RR 2006, 221; VGH Mannheim NVwZ 1994, 184; VG München Beschl v 22.12.2010 – M 11 M 10.31152; VG Sigmaringen BeckRS 2009, 31254; VG Dresden JurBüro 2008, 320). Danach sind nur solche Aufwendungen erstattungsfähig, die ein **objektiver verständiger Beteiligter**, der bemüht ist, die Kosten so niedrig wie möglich zu halten, im Zeitpunkt ihres Anfalls **(ex-ante-Sicht)** nach Art und Höhe als **geeignet, erforderlich und angemessen** ansehen würde, um das mit ihnen zu befördernde prozessuale Ziel zu erreichen (BVerwG BeckRS 2008 38104; OVG Koblenz Beschl v 9.1.2012, 8 E 11451/11; OVG Magdeburg BeckRS 2008 37799; VG Berlin BeckRS 2012,55266). Abzustellen ist dabei auf den Zeitpunkt der die Aufwendungen verursachenden Handlung. Ohne Belang ist, ob sich die Handlung im Prozessverlauf als unnötig herausstellt (BVerwG BeckRS 2008 38104; VGH München Beschl v 4.1.2010, 9 C 09.488; OVG Magdeburg BeckRS 2008 37799).

51.1   Dies gilt auch dann, wenn dem nicht durch einen Rechtsanwalt vertretenen obsiegenden Kläger außergerichtliche Kosten angefallen sind, die im Falle der Mandatierung eines Rechtsanwaltes nicht angefallen wären. Eine „Deckelung" auf die Aufwendungen einer zwar möglichen, gesetzlich aber nicht vorgeschriebenen Einschaltung eines Rechtsanwalts ist dem Gesetz nicht zu entnehmen (VG Sigmaringen BeckRS 2009, 31254).

51a   **Als ungeeignet auszuscheiden** sind zunächst diejenigen Aufwendungen, die bei verständiger Würdigung bereits im Zeitpunkt ihres Anfalls nicht erwarten lassen, dass sie für den Ausgang des Verfahrens von Bedeutung sein werden. Erforderlich ist ein bestimmter Aufwand nicht mehr, soweit sich der vom Beteiligten angestrebte Zweck mit geringerem Aufwand hätte erreichen lassen. Unangemessen ist ein Aufwand, wenn er außer Verhältnis zu dem unmittelbar mit ihm angestrebten Zweck, zum Interesse des Beteiligten an einem Obsiegen oder zu den zu erwartenden Gesamtkosten des Verfahrens steht.

52   Ob und in welcher Hinsicht bei der Bestimmung der **Notwendigkeit einer Aufwendung** auch danach zu differenzieren ist, ob es sich bei dem Beteiligten dem sie entstanden ist, um eine Privatperson oder um einen **Träger hoheitlicher Gewalt** handelt, wird in der verwaltungsgerichtlichen Praxis unterschiedlich eingeschätzt (zu Nachweisen aus der Judikatur vgl unten Rn 66 und Rn 86 ff). Grundsätzlich ist aber auch in diesem Bereich vom Prinzip der Waffengleichheit der Beteiligten auszugehen (VG Berlin BeckRS 2012, 55266). Bund, Länder, Kommunen und sonstige Hoheitsträger sind daher ungeachtet ihrer prozessualen Kostenminimierungspflicht grundsätzlich nicht gehalten, von der Beauftragung eines Rechtsanwalts abzusehen. Dagegen sind solche Aufwendungen nicht erstattungsfähig, die daraus resultieren, dass eine Behörde ihrer nach allgemeinem oder besonderem Ver-

waltungsverfahrensrecht bestehenden Amtsermittlungspflicht nachkommt (vgl etwa § 24 VwVfG). Dies gilt auch dann, wenn sie im laufenden Verfahren durch das Gericht dazu angehalten worden ist, eine bestimmte Sachfrage zu klären.

4. Aufwendungen aus dem Gerichts- und dem behördlichen Vorverfahren

Nach § 162 Abs 1 VwGO sind – unmittelbar Kraft Gesetzes – **alle Aufwendungen** der **53** Beteiligten erstattungsfähig, die ihnen anlässlich des Gerichtsverfahrens (einschließlich eines vorangegangenen selbständigen Beweisverfahrens, vgl VGH München Beschl v 14.4.2008, 22 C 07.2396 BeckRS 2008 36266) oder anlässlich eines zuvor durchgeführten behördlichen Verfahrens entstanden sind, sofern und soweit sie zur zweckentsprechenden Rechtsverfolgung oder Rechtsverteidigung notwendig waren. Anderes gilt nur für denjenigen Aufwand eines Beteiligten, der sich daraus ergibt, dass er bereits für das behördliche Vorverfahren (§ 68 VwGO) einen Rechtsanwalt eingeschaltet hat und diesem für die Tätigkeit im Vorverfahren zur Honorarzahlung und Auslagenerstattung verpflichtet ist. Dieser Aufwand ist nur dann erstattungsfähig, wenn das Gericht die Zuziehung eines Bevollmächtigten für das Vorverfahren für notwendig erklärt hat (§ 162 Abs 2 S 2 VwGO). Die gesetzlich vorgesehenen Gebühren und Auslagen eines Rechtsanwalts, die aus Anlass seines Wirkens im gerichtlichen Verfahren anfallen, sind dagegen nach § 162 Abs 2 S 1 VwGO stets erstattungsfähig; nur in ungewöhnlichen Ausnahmefällen – etwa bei krassem Verstoß gegen die Kostenminimierungspflicht – kommt ein Ausschluss oder eine Minderung des Kostenerstattungsanspruchs in Betracht (OVG Hamburg NVwZ 2006, 1301).

Unter dem Begriff **„Vorverfahren"** sind das Widerspruchsverfahren nach §§ 68 ff **54** VwGO sowie vergleichbar konzipierte Verfahren der behördlichen Selbstkontrolle zu verstehen (enger offenbar OVG Berlin-Brandenburg BeckRS 2010, 55539; VG Würzburg Urt v 12.4.2011 – w 4 K 10.118: nur Widerspruchsverfahren nach §§ 68 ff VwGO). Anwaltskosten, die in einem Verwaltungsverfahren (§ 9 VwVfG) – etwa im Rahmen einer Anhörung (§ 28 VwVfG) – oder einem Planfeststellungsverfahren (§ 72 VwVfG) entstehen, zählen nicht zu den nach § 162 Abs 1 VwGO erstattungsfähigen Kosten (BVerwG NVwZ 1990, 59; VGH München BeckRS 2013, 48082; VG Ansbach BeckRS 2012, 54880; VG Würzburg aaO). Auch für die allgemeine Leistungsklage sieht die VwGO keine Erstattung vorgerichtlicher Anwaltskosten vor (VGH Mannheim Beschl v 27.6.2006 – 11 S 2613/05; VG Ansbach BeckRS 2012, 54880; VG Gießen BeckRS 2011, 45179). Ebenso wenig zählen die in einem behördlichen Aussetzungs- oder Anordnungsverfahren nach § 80 Abs 4, 6, § 80a Abs 1, 2 VwGO angefallenen Aufwendungen zu den Kosten des „Vorverfahrens" (OVG Greifswald BeckRS 2012, 48065; VG Cottbus BeckRS 2012, 48495).

Für das Bundesdisziplinarrecht gelten die Sonderregelungen in §§ 41 ff BDG und § 77 BDG; **54.1** vgl. hierzu VGH Mannheim BeckRS 2013, 46849; VG Ansbach Beschl v 11.10.2010 – AN 13a M 10.01669.

Unerheblich ist, ob dem Widerspruchsverfahren ein **zwei- oder mehrpoliges Rechts-** **54a** **verhältnis** zu Grunde gelegen hat (BVerwG NVwZ 2006, 1294). Kennzeichnend für das Vorverfahren ist, dass es der Nachprüfung eines bereits ergangenen oder eines abgelehnten Verwaltungsaktes durch die Verwaltung dienen soll (OVG Magdeburg BeckRS 2010, 48766). Das **Verwaltungsverfahren vor der Ausgangsbehörde** zählt ebensowenig zum Vorverfahren wie ein etwaiges vorangegangenes Bauleitplanungsverfahren oder ein Wahlprüfungsverfahren (OVG Magdeburg BeckRS 2010, 48766 und BeckRS 2010, 54487 mit Anm Mayer FD-RVG 2010, 10381; VGH Mannheim NJW 2009, 1895; OVG Lüneburg BeckRS 2008, 33692; VGH München NVwZ-RR 2007, 497; OVG Münster NVwZ-RR 2006, 856 – behördliches Aussetzungsverfahren nach § 80 Abs 4 VwGO; VG Dessau NVwZ-RR 2003, 908). Dies gilt auch dann, wenn die Ausgangs- und Widerspruchsbehörde identisch sind (vgl § 73 Abs 1 S 2 Nr 2 und 3 sowie S 3 VwGO).

Die Kosten eines behördlichen Vorverfahrens können nach hM nur im Zusammenhang **54b** mit der Durchführung eines **gerichtlichen Hauptsacheverfahrens** in Ansatz gebracht werden; dagegen ist die Geltendmachung der Kosten des Vorverfahrens anlässlich der Durchführung eines gerichtlichen Verfahrens des vorläufigen Rechtsschutzes ausgeschlossen (str zum Meinungsstand vgl Kopp/Schenke VwGO § 162 Rn 16 sowie Mutschler/Dollinger,

Kostenrecht in öffentlich-rechtlichen Streitigkeiten, 2003, § 2 Rn 95). Hat sich an ein Widerspruchsverfahren ein gerichtliches Hauptsacheverfahren angeschlossen, bestimmt sich die Frage der Kostenerstattung allein nach § 162 VwGO; § 80 VwVfG/LVwVfG findet keine Anwendung (BVerwG NVwZ 2006, 1294). Dies gilt auch in den Fällen des § 63 SGB X (VGH München Beschl v 30.11.2009 – 12 ZB 08.2361).

54b.1   Kosten des Vorverfahrens sind zudem nur erstattungsfähig, **soweit** dem Vorverfahren ein gerichtliches Hauptsacheverfahren nachfolgt. Kosten, die im Zusammenhang mit Rechtsschutzanliegen entstanden sind, die zwar noch im behördlichen Vorverfahren geltend gemacht worden sind, im gerichtlichen Hauptsacheverfahren – aus welchen Gründen auch immer – aber nicht mehr weiter verfolgt werden, sind damit nicht erstattungsfähig (OVG Münster NVwZ-RR 2005, 584; VGH München BayVBl 1995, 599; VGH Mannheim NVwZ-RR 1992, 540).

54b.2   Zur Frage der **Anrechnung** der im Widerspruchsverfahren entstandene **Geschäftsgebühr** (Nr 2300 VV RVG) auf die im verwaltungsgerichtlichen Verfahren entstandene **Verfahrensgebühr** vgl unten Rn 70.2.

54c   Durchaus zweifelhaft ist, ob auch die Kosten der Beteiligten an einer **gerichtsinternen Mediation** nach § 162 Abs 1 VwGO erstattungspflichtig sein können. In der verwaltungsgerichtlichen Rechtsprechung wird dies häufig bejaht (vgl etwa OVG Lüneburg BeckRS 2011, 55314; VGH Kassel ZKM 2008, 61; OVG Greifswald NordÖR 2006, 299; VG Stuttgart BeckRS 2011, 55926 mit Anm Mayer FD-RVG 2011, 325699). Die praktische Bedeutung dieser Frage nimmt jedoch deutlich ab, seitdem das Gesetz zur Förderung der Mediation und anderer Verfahren der außergerichtlichen Konfliktbeilegung (BGBl I 2012, 1577) am 26.7.2012 in Kraft getreten ist. Nach § 9 des mit diesem Gesetz eingeführten Mediationsgesetzes werden die bisherigen Verfahren der gerichtsinternen Mediation nur noch während einer Übergangszeit – bis zum 1.8.2013 – weiterhin durchgeführt werden können. An ihre Stelle tritt das Bemühen um eine konsensuale Streitbeilegung vor dem **Güterichter** (vgl § 173 S 1 VwGO iVm § 278 Abs 5 ZPO).

5. Aufwendungen aus der Erhebung einer Gebühr für den Erlass eines Widerspruchsbescheides

54d   Obsiegt ein Kläger mit seinem Begehren, einen behördlichen Bescheid nebst Widerspruchsbescheid aufzuheben, wird regelmäßig kein Anlass bestehen, die Gebühr für den Erlass eines Widerspruchsbescheides als Aufwendung des Klägers aus dem Vorverfahren im Kostenfestsetzungsverfahren in Ansatz zu bringen. Denn im Regelfall wird die Gebührenfestsetzung mit dem Widerspruchsbescheid verbunden und teilt dann dessen Schicksal. Fraglich ist, wie zu verfahren ist, wenn die Gebührenfestsetzung durch gesonderten Bescheid erfolgt. Hier wird zum Teil vertreten, über die durch gesonderten Bescheid festgesetzte Widerspruchsgebühr sei in einem weiteren Verwaltungs- und ggf -streitverfahren zu entscheiden; denn der Bestand der Gebührenfestsetzung richte sich nach materiellem Gebührenrecht und nicht nach den kostenrechtlichen Bestimmungen des Verwaltungsprozessrechts (vgl etwa Sodan/Ziekow/Neumann VwGO § 162 Rn 96 mwN). Die Gegenauffassung hält dem zu Recht den Wortlaut des § 162 VwGO sowie den Gesichtspunkt der Prozessökonomie entgegen (VG Magdeburg BeckRS 2012, 51473; VG Weimar JurBüro 2007, 369); auch die Aufwendungen aus einer in Bestandskraft erwachsenen gesonderten Festsetzung einer Widerspruchsgebühr können daher im Kostenfestsetzungsverfahren in Ansatz gebracht werden.

6. Aufwendungen aus der Vorausleistung von Gerichtsgebühren (§ 6 Abs 1 S 1 Nr 5 und Abs 2 GKG) und aus Kostenzahlungen an den unterlegenen Prozessgegner im Verlaufe des Verwaltungsstreitverfahrens

55   Die vom Kläger, Antragsteller oder Rechtsmittelführer im Voraus an das Gericht gezahlte **Verfahrensgebühr** (§ 6 Abs 1 S 1 Nr 5 und Abs 2 GKG) zählt zu seinen erstattungsfähigen Aufwendungen, wenn das Gericht mit der von ihm zu treffenden Kostengrundentscheidung die Kosten des Verfahrens (auch) einem anderen Beteiligten auferlegt hat.

55a   Ebenfalls zu den erstattungsfähigen Aufwendungen gehören **Kostenerstattungszahlungen**, die der im Verfahren letztlich obsiegende Beteiligte im Verlaufe des Verfahrens an einen letztlich unterliegenden Beteiligten erbracht hat (§ 173 VwGO iVm § 91 Abs 4 ZPO; VG Hannover BeckRS 2012, 53710).

7. Aufwendungen aus der Bevollmächtigung Dritter

Die Gebühren und Auslagen eines **Rechtsanwalts** oder eines **Rechtsbeistands**, in **56** Abgabenangelegenheiten (vgl OVG Hamburg NVwZ-RR 2010, 859: nur Rechtsstreitigkeiten betreffend Steuer- und Monopolsachen nach § 1 Abs 1 StBerG) auch eines **Steuerberaters** oder **Wirtschaftsprüfers**, sind stets erstattungsfähig (§ 162 Abs 2 S 1 VwGO). Nur in ungewöhnlichen Ausnahmefällen – etwa bei krassem Verstoß gegen die Kostenminimierungspflicht – kommt ein Ausschluss oder eine Minderung des Kostenerstattungsanspruchs in Betracht (OVG Hamburg NVwZ 2006, 1301; strenger hingegen OVG Magdeburg BeckRS 2010, 54108 und 54451; VG Augsburg BeckRS 2012, 53242: Verstoß gegen Treu und Glauben). Dies kann etwa angenommen werden, wenn ein Beteiligter einen Rechtsanwalt bestellt, nachdem das Gericht bei eingetretener Erledigung der Hauptsache und beiderseitig bereits in Aussicht gestellten Erledigterklärungen zur Abgabe einer Erledigterklärung geraten hat (OVG Bautzen Beschl v 23.4.2008 – 5 E 6/08). Auch bei Erhebung einer Beschwerde wegen Nichtzulassung der Revision kann die Einschaltung eines Rechtsanwalts durch den Beschwerdegegner „voreilig" sein; dies jedenfalls dann, wenn das Bundesverwaltungsgericht bewusst davon absieht, dem Beschwerdegegner die Beschwerdebegründung zuzustellen (VGH München Beschl v 19.1.2012, 15 M 09.2165). Entsprechendes wird auch für das Berufungszulassungsverfahren anzunehmen sein; hier ist die Einschaltung eines Rechtsanwalts durch den in erster Instanz Obsiegenden „voreilig", wenn er bislang nur durch das Verwaltungsgericht formlos über die Einlegung eines Rechtsmittels informiert worden ist, den Berufungszulassungsantrag des Prozessgegners aber noch nicht zu Gesicht bekommen hat (VG Augsburg BeckRS 2012, 53242). Ein Ausnahmefall liegt dagegen nicht bereits dann vor, wenn eine Klage „nur zur Fristwahrung" erhoben worden ist, um den Eintritt der Bestandskraft eines Bescheides während des Laufs eines parallel betriebenen gerichtlichen Eilrechtsschutzverfahrens zu verhindern (OVG Lüneburg BeckRS 2009 39535; OVG Hamburg NVwZ-RR 2007, 825). Auch in Fällen dieser Art sind die Aufwendungen der Beklagtenseite aus der Einschaltung eines Bevollmächtigten für das Hauptsacheverfahren regelmäßig erstattungsfähig – selbst dann, wenn die Klage nach Ablehnung des Antrags auf vorläufigen Rechtsschutz unverzüglich zurückgenommen wird. Zu Einzelheiten vgl Rn 65 und Rn 66. Die Erstattungsfähigkeit beschränkt sich er Höhe nach stets auf die gesetzlichen Gebühren, Vergütungen und Entschädigungen (VG Minden BeckRS 2008, 36216). Vgl § 162 Abs 2 S 1 VwGO sowie unten Rn 67.

Die Kosten eines **Unterbevollmächtigten**, der für einen urlaubs- oder terminsbedingt abwe- **56.1** senden **Hauptbevollmächtigten** einen Termin zur mündlichen Verhandlung wahrgenommen hat, sind auf der Grundlage von § 162 Abs 1 VwGO nur insoweit erstattungsfähig, als sie die Kosten nicht übersteigen, die entstanden wären, wenn der Hauptbevollmächtigte den Termin wahrgenommen hätte (OVG Münster BeckRS 2009, 41800). Denn mit Blick auf die jeden Beteiligten treffende Kostenminimierungspflicht (Rn 51) ist es einem Beteiligten grundsätzlich zuzumuten, durch einen Terminsverlegungsantrag (§ 173 VwGO iVm § 227 ZPO) darauf hinzuwirken, dass eine Vertretung durch den Hauptbevollmächtigten erfolgen kann.

Die Rechtsanwaltskosten des obsiegenden Klägers aus einem dem Hauptsacheverfahren voran- **56.2** gegangenen **Prozesskostenhilfe-Beschwerdeverfahren** sind auch im nachfolgenden Hauptsacheverfahren nicht erstattungsfähig (§ 127 Abs 4 ZPO iVm § 166 VwGO; VGH München Beschl v 24.8.2012 mit Anm Mayer FD-RVG 2012, 337647).

Erfolgt die Vertretung im Prozess nicht durch einen Rechtsanwalt, sondern durch einen **57** **Rechtslehrer an einer deutschen Hochschule** (vgl § 67 Abs 1 VwGO) oder durch einen **Patentanwalt**, finden auf die Erstattungsfähigkeit der hierdurch entstandenen Kosten aus der Geltendmachung von Gebühren und Auslagen dieselben Grundsätze Anwendung, wie bei der Prozessführung durch einen Rechtsanwalt (BVerwG NJW 1978, 1173; Eyermann/Schmidt VwGO § 162 Rn 11; Kopp/Schenke VwGO § 162 Rn 14).

8. Aufwendungen aus der Beauftragung eines Privatgutachters oder Privatdetektivs

58   Honorar- und Auslagenerstattungsansprüche eines von einem Beteiligten beauftragten **Privatgutachters** (sei es aus der Erstellung eines Gutachtens, sei es aus der persönlichen Mitwirkung an einem Gerichtstermin; vgl hierzu BVerwG BeckRS 2008, 38104) werden in der verwaltungsgerichtlichen Praxis bereits dem Grunde nach **nur ausnahmsweise** als erstattungsfähig angesehen (BVerwG BeckRS 2008, 38104; OVG Koblenz NVwZ-RR 2012, 453; OVG Lüneburg NVwZ-RR 2012, 454; VGH Kassel BeckRS 2011, 50810 und BeckRS 2011, 50911 mit Anm Hirsch IBR 2011, 3049; VGH München BeckRS 2011, 50297; 2011, 50298 und 2011, 50299; OVG Schleswig BeckRS 2009, 28518; vgl aber auch BVerwG NJW 2012, 1827: Voraussetzung der Erstattungsfähigkeit ist, dass die Aufwendungen für ein privates Gutachten in unmittelbarem Zusammenhang mit dem Rechtsstreit entstanden und zur zweckentsprechenden Rechtsverfolgung notwendig sind). In Betracht kommen dabei von vornherein nur solche Aufwendungen, die im Gerichtsverfahren entstanden sind. Als Vorbereitungskosten können auch Kosten für einen im Vorfeld des gerichtlichen Verfahrens beauftragten privaten Gutachter erstattungsfähig sein. Vorausgesetzt ist, dass die Zuziehung in diesem Stadium bereits notwendig war und die vorprozessuale Tätigkeit des Gutachters in einem engen sachlichen und zeitlichen Zusammenhang mit dem Prozess steht (VGH München Beschl v 23.3.2011 – 1 M 09.2344). Diese Voraussetzung kann im behördlichen Vorverfahren erfüllt sein. Gutachterkosten aus dem behördlichen Ausgangsverfahren lassen sich dagegen nie berücksichtigen (VGH München Beschl v 12.9.2008, 13 M 08.1271). Eine Anerkennung von Aufwendungen aus der Einholung eines Privatgutachtens erfolgt – mit Blick auf den Gesichtspunkt der Waffengleichheit – grundsätzlich nur dann, wenn der betreffende Beteiligte mangels genügender Sachkunde sein Begehren tragende Behauptungen nur mit Hilfe des eingeholten Gutachtens darlegen oder unter Beweis stellen kann (**„prozessuale Notlage"**; BVerwG BeckRS 2008, 38104; OVG Koblenz NVwZ-RR 2012, 453; VGH München Beschl v 30.12.2011 – 15 M 11.2473 und BayVBl 2012, 703; VGH Mannheim Beschl v 22.12.2009 – 5 S 1904/09; VGH Kassel BeckRS 2009, 36455; OVG Schleswig BeckRS 2009, 28518; OVG Magdeburg BeckRS 2008, 37799; VG München BeckRS 2012, 49053; zu einem Beispiel aus dem Bereich des Prüfungsrechts: OVG Münster BeckRS 2008, 34802). Dies wird vor allem in Fallkonstellationen in Betracht kommen, wenn ein Kläger oder Beigeladener als Laie mit dem Nachvollziehen von Berechnungen oder technischen Zusammenhängen überfordert wäre und es seine prozessuale Mitwirkungspflicht gebietet, sich selbst sachkundig zu machen (BVerwG BeckRS 2009, 41656, 2008 40515 und 2008, 34802; OVG Lüneburg NVwZ-RR 2012, 454; VGH Kassel BeckRS 2011, 50810 und BeckRS 2011, 50911 mit Anm Hirsch IBR 2011, 3049; OVG Magdeburg BeckRS 2008, 37799). Dagegen besteht für einen Kläger idR keine Veranlassung, unter Einschaltung eines Sachverständigen Sachverhaltsaufklärung „von Grund auf" zu betreiben (VG Frankfurt Beschl v 11.3.2009, 3 O 2038/08.F). Auch die Kosten für ein vorprozessual zur Beurteilung der Erfolgsaussichten einer Klage privat eingeholtes Rechtsgutachten eines Anwalts oder Hochschullehrers können regelmäßig nicht als notwendige Aufwendungen iSd § 162 Abs 1 VwGO angesehen werden (OVG Lüneburg BeckRS 2009, 41315; etwas großzügiger VGH München Beschl v 20.5.2010 – 1 C 08.412 und S/S/B/Olbertz § 162 Rn 27: „Vorbereitungskosten" können erstattungsfähig sein, wenn die Zuziehung des Gutachters bereits in diesem Stadium notwendig war und die Tätigkeit des Gutachters in einem engen sachlichen und zeitlichen Zusammenhang mit dem Prozess steht). Maßgebend ist die **ex-ante-Sicht**; daher spielt es keine Rolle, ob sich die kostenverursachende Maßnahme im Nachhinein als zweckmäßig oder unnötig erweist (BVerwG BeckRS 2008, 40515; OVG Koblenz NVwZ-RR 2012, 453; OVG Lüneburg NVwZ-RR 2012, 454; VGH München BayVBl 2012, 703; VG Frankfurt BeckRS 2009, 32593).

58.1   Restriktiv handhabt die Rechtsprechung die Anerkennung der Erstattungsfähigkeit von Kosten eines von einem Beteiligten beigezogenen **Architekten** im bauplanungs- oder bauordnungsrechtlichen Verwaltungsstreitverfahren. Die Beiziehung eines Architekten sei hier regelmäßig nicht notwendig, da es um Rechtsfragen gehe und nicht um Fragen der architektonischen Gestaltung oder der technischen Durchführung des Vorhabens oder um mögliche und sinnvolle Tekturen (VGH München Beschl v 6.5.2009, 2 C 09.535).

Zusätzlich wird verlangt, dass die **Verfahrenssituation** die Einholung des Gutachtens 58a „herausgefordert" hat und dessen Inhalt zudem auf die Verfahrensförderung zugeschnitten ist (vgl BVerwG BeckRS 2008 40515; OVG Koblenz Beschl v 9.1.2012, 8 E 11451/11; VGH München Beschl v 11.1.2012, 15 C 10.2937 und BeckRS 2011, 50299; VGH Mannheim Beschl v 22.12.2009, 5 S 1904/09; VGH Kassel BeckRS 2009, 36455; OVG Münster NVwZ-RR 2008, 503; OVG Lüneburg NVwZ-RR 2002, 703; VG München BeckRS 2012, 49053; vgl auch BGH NJW 2008, 1597). Dies ist jedenfalls ab dann nicht mehr der Fall, wenn das Gericht selbst in eine Beweiserhebung durch Bestellung eines neutralen Gutachters eintritt (VG Oldenburg BeckRS 2008, 35837). Dagegen ist von der Erstattungsfähigkeit angefallener Gutachterkosten auszugehen, wenn die Teilnahme des Gutachters in der mündlichen Verhandlung durch eine entsprechende Aufforderung des Gerichts veranlasst worden ist (BVerwG Beschl v 8.1.0.2008 – 4 KSt 2000/8 -; VGH München BeckRS 2011, 50297). Im Übrigen gelten für die Erstattungsfähigkeit der Kosten eines prozessbegleitend eingeholten Privatgutachtens besonders strenge Anforderungen (OVG Schleswig BeckRS 2009, 28518). Außerdem sind die angefallenen Kosten nur dann erstattungsfähig, wenn das Gutachten vom Auftraggeber im gerichtlichen Verfahren auch tatsächlich vorgelegt worden ist; die Berücksichtigung des Gutachtens als interne Stellungnahme in einem anwaltlichen Schriftsatz reicht für sich allein dagegen nicht aus (OVG Lüneburg BeckRS 2012, 46209 und BeckRS 2009, 42068; VGH Kassel BeckRS 2009 36455; OVG Münster NVwZ-RR 2008, 503; VGH München BeckRS 2008 40515; VGH Mannheim NVwZ-RR 2002, 315).

Vor allem im **Verfahren des vorläufigen Rechtsschutzes**, in dem eine Beweisaufnahme durch 58a.1 das Gericht grundsätzlich nicht erfolgt, können diese Voraussetzungen erfüllt sein (VGH München Beschl v 9.8.2010 – 15 CS 10.794 und v 20.5.2010 – 1 C 08.412; OVG Münster AGS 2002, 60; VG Gelsenkirchen BeckRS 2008, 40087; VG Minden BeckRS 2008, 38408). Dies gilt insbes dann, wenn mit der Entscheidung im Eilrechtsschutzverfahren die Hauptsache praktisch vorweggenommen wird (OVG Lüneburg NJW 2012, 1828); ist dagegen absehbar, dass sich das Gericht unabhängig von den Erfolgsaussichten in der Hauptsache im Wege der Abwägung der widerstreitenden Interessen entscheiden wird, lehnt die Rechtsprechung die Anerkennung der Erstattungsfähigkeit privater Gutachterkosten regelmäßig ab (BVerwG NJW 2012, 1827). Im Hauptsacheverfahren bejaht die Rechtsprechung häufig in **wasserrechtlichen** (vgl etwa VGH München BeckRS 2011, 50297; 2008, 40763 und 2008, 39594) und **immissionsschutzrechtlichen Streitigkeiten** (vgl etwa VG München Beschl v 14.3.2011 – M 24 M 10.6001) die Voraussetzungen eines Ausnahmefalls.

Ist ein Beteiligter mit der Einholung eines Gutachtens zugleich seiner **eigenen Amtsermitt-** 58a.2 **lungspflicht** nachgekommen (§ 24 Abs 1 S 1 VwVfG), scheidet eine Erstattung der hierdurch verursachten Kosten in aller Regel aus (OVG Schleswig BeckRS 2009, 28518; zu einem Ausnahmefall vgl VGH München NVwZ-RR 2003, 603). Dasselbe gilt für **Gutachterkosten eines Planungsträgers**, die dieser aufgewendet hat, um seine Planung im gerichtlichen Klage- oder Normenkontrollverfahren zu verteidigen (OVG Lüneburg JurBüro 2012, 205; VGH Kassel BeckRS 2011, 50810 und BeckRS 2011, 50911 mit Anm Hirsch IBR 2011, 3049; VGH München Beschl v 4.4.2012 – 8 C 10.1607 - und NVwZ-RR 2010, 663). Dabei ist auch zu berücksichtigen, dass die Anerkennung der Erstattungsfähigkeit dieser Kosten nach § 162 Abs 1 VwGO das mit einer Klage gegen das Vorhaben verbundene Kostenrisiko unangemessen erhöhen und eine im Hinblick auf Art 19 Abs 4 GG kaum hinnehmbare Barrierewirkung für den Rechtsschutz der Planbetroffenen schaffen würde (OVG Koblenz NVwZ-RR 2012, 453; OVG Lüneburg NVwZ-RR 2012, 454; VGH Kassel BeckRS 2011, 50810; VGH München NVwZ-RR 2010, 663). Grundsätzlich nicht zu erstatten sind ferner die Kosten eines Privatgutachtens, dessen Einholung einem Verfahrensbeteiligten im Laufe des Widerspruchsverfahrens **behördlicherseits aufgegeben** worden ist (OVG Lüneburg NVwZ-RR 2005, 143).

Hat das von einem Beteiligten eingeholte Privatgutachten sowohl für das **Verfahren des vor-** 58a.3 **läufigen Rechtsschutzes** als auch für das gerichtliche **Hauptsacheverfahren** Bedeutung erlangt, so sind die aus der Einholung des Gutachtens entstandenen Aufwendungen des Beteiligten im Rahmen der Kostenfestsetzung grundsätzlich dem Hauptsacheverfahren zuzuordnen (BVerwG NJW 2007, 453).

Die **Höhe der** dem Grunde nach **notwendigen Aufwendungen** aus der Einschaltung 58b eines privaten Gutachters ist nicht auf die Kosten beschränkt, die im Falle einer Bestellung des Gutachters durch das Gericht entstanden wären. Der mit dem Gutachter vertraglich vereinbarte Stundensatz ist vielmehr nur dann nicht (voll) erstattungsfähig, wenn das Honorar offensichtlich unangemessen ist (OVG Münster NVwZ-RR 2008, 503). Bei der Beurteilung der Angemessenheit des vereinbarten Honorars können die im JVEG vorgesehenen Vergütungssätze als Anhaltspunkt dienen. Werden diese Sätze nicht überschritten, besteht regelmäßig kein Anlass, die Angemessenheit der Aufwendungen in Zweifel zu ziehen (OVG Koblenz NVwZ-RR 2011, 789). Von einer strikten „Deckelung" der notwendigen Aufwendungen durch die JVEG-Sätze kann dabei aber nicht ausgegangen werden (OVG Koblenz aaO; VGH München Beschl v 23.3.2011 – 1 M 09.2344).

59   Die vorstehenden Grundsätze über die Erstattungsfähigkeit von Aufwendungen aus der Beauftragung eines Privatgutachters lassen sich auf die Beauftragung eines **Privatdetektivs** übertragen. Eine Kostenerstattung wird danach nur in besonders gelagerten Ausnahmefällen in Betracht kommen.

59.1   Ein solcher Fall wird nur dann anzunehmen sein, wenn der betreffende Beteiligte mangels genügender Kenntnisse über die entscheidungserhebliche Tatsachenlage sein Begehren tragende Behauptungen nur mit Hilfe der Ermittlungsergebnisse des eingeschalteten Detektivs darlegen oder substantiiert unter Beweis stellen kann. Hinsichtlich der Höhe der erstattungsfähigen Kosten kommt eine Anlehnung an Bestimmungen des JVEG nicht in Betracht. Über die Höhe der erstattungsfähigen Kosten ist daher nach allgemeinen Grundsätzen zu entscheiden (vgl Rn 51).

9. Aufwendungen aus der Beauftragung eines Dolmetschers oder Übersetzers

60   Die Aufwendungen aus der Beauftragung eines Dolmetschers oder Übersetzers, die ein der deutschen Sprache nicht kundiger Beteiligter vornimmt, um hinsichtlich des abzurechnenden Verfahrens mit seinem Prozessbevollmächtigten oder – vor allem im vorbereitenden Verfahren – mit dem Gericht kommunizieren zu können, sind grundsätzlich erstattungsfähig (VG Regensburg AuAS 1997, 156; S/S/B/Olbertz VwGO § 162 Rn 33; einschränkend OVG Münster NVwZ-RR 1992, 54). Auch hier können die Bestimmungen des JVEG als Orientierungshilfe herangezogen werden (vgl insbes § 8, § 8a, § 9, § 11, § 12 JVEG).

10. Aufwendung aus der Beauftragung eines Sachbeistandes

60a   Ist ein Prozessbeteiligter an der persönlichen Teilnahme an der mündlichen Verhandlung gehindert, kommt die Entsendung eines mit dem Sachverhalt vertrauten Sachbeistandes in Betracht. Kann die Mitwirkung eines solchen Sachbeistandes der gerichtlichen Sachverhaltsermittlung in der mündlichen Verhandlung förderlich sein, kommt es durchaus in Betracht, die Mitwirkung als zur zweckentsprechenden Rechtsverfolgung notwendig und die hierdurch entstandenen Aufwendungen als nach § 162 Abs 1 VwGO erstattungsfähige Parteikosten anzusehen. Dies setzt allerdings voraus, dass sich der Sachbeistand in der mündlichen Verhandlung dem Gericht gegenüber zu erkennen gibt und als Auskunftsperson in der mündlichen Verhandlung zur weiteren Sachaufklärung für das Gericht tatsächlich zur Verfügung steht. Hieran fehlt es, wenn der entsandte Sachbestand die mündliche Verhandlung lediglich als Teil der Öffentlichkeit im Zuschauerraum verfolgt, ohne das Gericht selbst oder durch den Prozessbevollmächtigten des Prozessbeteiligten auf den Grund seiner Teilnahme und seine Mitwirkungsbereitschaft hinzuweisen (BVerwG NVwZ-RR 2012, 46).

11. Aufwendungen aus der persönlichen Mitwirkung am Verfahren

61   Erstattungsfähig sind ferner die notwendigen persönlichen Aufwendungen der Beteiligten. Von praktischer Bedeutung sind hier vor allem folgende Positionen:

62   **Reisekosten** (Fahrtkosten, Parkgebühren, Übernachtungskosten), die einem Beteiligten im Zusammenhang mit der persönlichen Wahrnehmung von Gerichtsterminen oder mit der Teilnahme an Informationsgesprächen mit seinem Prozessbevollmächtigten entstehen (vgl zu Einzelheiten Schneider JurBüro 2011, 620).

62.1   Die Erstattungsfähigkeit von Reisekosten aus der persönlichen **Teilnahme an Gerichtsterminen** ist dem Grunde nach stets anzunehmen; dies gilt jedenfalls dann, wenn der Beteiligte zur persönlichen Teilnahme an dem Termin berechtigt ist – unabhängig davon, ob durch das Gericht sein persönliches Erscheinen angeordnet worden ist. Dies gilt auch für die Termine vor dem

Güterichter (§ 173 S 1 VwGO iVm § 278 Abs 5 ZPO; zur Rechtslage vor Inkrafttreten des Gesetzes zur Förderung der Mediation und anderer Verfahren der außergerichtlichen Konfliktbeilegung v 21.7.2012 (BGBl I S 1577) vgl VGH Mannheim BeckRS 2012, 59308). Ist ein Beteiligter eine juristische Person oder ein (sonstiges) beteiligtenfähiges Unternehmen, hängt es von den jeweiligen Umständen des Einzelfalles ab, wen und wie viele Vertreter der Beteiligte zur Teilnahme an dem Gerichtstermin entsendet (vgl hierzu etwa BVerwG Beschl v 4.9.2008, 4 KSt 1010/07): Bei juristischen Personen des öffentlichen Rechts wird regelmäßig die Entsendung nur eines Sitzungsvertreters als ausreichend anzusehen sein. Anderes gilt allerdings dann, wenn sich der Fall in tatsächlicher oder rechtlicher Hinsicht als nicht einfach gelagert erweist und es daher nahe liegt, nicht nur einen prozessvertretungsbefugten Bediensteten zu entsenden, sondern darüber hinaus einen oder mehrere Mitarbeiter, die mit der Bearbeitung des konkreten Falles oder von Fällen vergleichbarer Art betraut sind. Bei juristischen Personen des privaten Rechts und (sonstigen) beteiligtenfähigen Unternehmen werden ähnliche Maßstäbe anzulegen sein. Allerdings wird man es grundsätzlich jedem Vorstandsmitglied bzw jedem Geschäftsführer/geschäftsführenden Gesellschafter zubilligen müssen, dass er persönlich an dem Gerichtstermin teilnimmt. Dies gilt jedenfalls dann, wenn sein Aufgaben- und Entscheidungsbereich durch den Ausgang des Verfahrens berührt sein kann. Die Verbindung einer zur zweckentsprechenden Rechtsverfolgung oder Rechtsverteidigung notwendigen Anreise zu einem Verhandlungsort mit einem **Privataufenthalt** am Ort der mündlichen Verhandlung schließt die Erstattungsfähigkeit der Reisekosten als notwendige Aufwendungen im Sinne des § 162 VwGO dann nicht aus, wenn der Privataufenthalt lediglich „bei Gelegenheit" des Verhandlungstermins erfolgt und auf wenige Tage beschränkt ist (BVerwG NJW 2012, 1827).

Bedürftigen Beteiligten hat das Gericht die Teilnahme an der mündlichen Verhandlung auf **62.2** Antrag durch Erteilung einer **Fahrkostenerstattung in Form eines Fahrscheins** zum Gerichtsort zu ermöglichen. Dies gilt auch dann, wenn die Bewilligung von Prozesskostenhilfe mangels hinreichender Erfolgsaussichten nicht in Betracht kommt. Denn der Anspruch auf rechtliches Gehör und das in ihm enthaltene Äußerungsrecht gegenüber dem Gericht (Art 103 Abs 1 GG) gebieten, einem Beteiligten Gelegenheit zu geben, an einem Termin zur mündlichen Verhandlung persönlich teilzunehmen (VGH München BayVBl 2009, 608; aA OVG Hamburg DÖV 2010, 703).

Hinsichtlich der Teilnahme an **Informationsgesprächen mit dem Prozessbevollmächtigten** **62.3** gilt die Regel, dass für jede Instanz zumindest ein Informationsgespräch als zur zweckentsprechenden Rechtsverfolgung notwendig anzusehen ist (VGH Kassel BeckRS 2009, 36455; VGH Mannheim Beschl v 26.2.1985, 2 S 3220/84). Je nach den Umständen des Einzelfalles, insbes nach dem Schwierigkeitsgrad des Falles und der Art der gerichtlichen Verfahrensgestaltung kann aber auch die Notwendigkeit weiterer Informationsgespräche anzuerkennen sein; die Rechtsprechung neigt hier allerdings zu einer restriktiven Handhabung (vgl VGH Kassel BeckRS 2009, 36455; VG Frankfurt Beschl v 11.3.2009, 3 O 2038/08.F). Weitere Informationsgespräche können etwa angezeigt sein, wenn ein Verfahren, das über längere Zeit nach § 173 VwGO iVm § 251 ZPO geruht hat, wieder angerufen wird, oder wenn ein Gericht nach mündlicher Verhandlung den Beschluss fasst, dass die mündliche Verhandlung zum Zwecke der weiteren Beweisaufnahme wieder eröffnet wird. Auch aus der Komplexität des Verfahrens kann sich die Notwendigkeit weiterer Informationsgespräche ergeben.

Die **Höhe der erstattungsfähigen Reisekosten** privater Personen richtet sich nach § 91 Abs 1 **62.4** S 2 ZPO iVm § 5 JVEG (BVerwG NJW 2012, 1827; VG Würzburg Beschl v 23.1.2009, W 4 M 08.1340). Ein Ansatz von Übernachtungskosten kommt in Betracht, wenn diese tatsächlich entstanden sind und der Zeitaufwand für die Hinfahrt zum Wohn- und Geschäftsort, die Terminswahrnehmung und die Rückreise zum Wohnort insgesamt 10 Stunden übersteigt (arg e § 19 Abs 2 S 1 JVEG). Die Höhe der erstattungsfähigen Reisekosten von Behördenvertretern ist nach Maßgabe des jeweiligen Reisekostengesetzes zu bestimmen.

Grundsätzlich sind auch die Reisekosten zum Zweck der Terminswahrnehmung durch **Vertreter** **62.5** **einer Behörde** erstattungsfähig (OVG Greifswald Beschl v 14.8.2003 – 2 O 15/01; VG Berlin BeckRS 2012, 55266). Dabei darf sich die Behörde bei der Auswahl des den Termin wahrnehmenden Mitarbeiters an ihrer internen Geschäftsverteilung und Organisation ausrichten; sie ist nicht gehalten, mit Blick auf das allgemeine Kostenminimierungsgebot stets einen Mitarbeiter von einem dem Gericht nächstgelegenen Dienstsitz auszuwählen (VG Berlin BeckRS 2012, 55266). Benutzt der Vertreter einer Behörde für die Fahrt zur mündlichen Verhandlung einen **Dienstwagen der Behörde**, ist entsprechend § 5 Abs 2 S 1 Nr 1 JVEG ein Betrag von 0,25 Euro je gefahrenen Kilometer als Reisekosten erstattungsfähig (VG Gießen BeckRS 2009, 32920; VG Sigmaringen BeckRS 2008 37276). Denn anders als bei der Vergütung für Sachverständige und ehrenamtliche Richter, die gem § 5 Abs 2 S 1 Nr 2 JVEG 0,30 € je gefahrenen Kilometer erhalten, sind bei Dienstfahrzeugen von Behörden die Anschaffungs- und Unterhaltungskosten nicht als durch die

Teilnahme an dem konkreten Gerichtstermin verursacht in Ansatz zu bringen. Hat die Behörde ihrem Bediensteten als Terminsvertreter nach den einschlägigen Beamtengesetzen **Reisekosten** zu **erstatten**, so sind auch diese als notwendige Kosten iSd § 162 Abs 1 VwGO anzuerkennen (str. – wie hier etwa VG Ansbach BeckRS 2012, 58725; VG Berlin BeckRS 2012, 55266; VG Gießen BeckRS 2009, 32920 mit zahlreichen Nachweisen; aA etwa VGH Mannheim ESVGH 16, 86; VG Gießen BeckRS 2009, 32566; Eyermann/Schmidt § 162 Rn 6: Berücksichtigung von Reisekosten nach Maßgabe des JVEG). Zu im vorliegenden Zusammenhang aufgeworfenen Einzelfragen vgl. Neumann DÖV 2012, 510.

63   **Sachaufwendungen**, die sich aus der Kommunikation mit dem Gericht, dem Prozessbevollmächtigten oder sonstigen Dritten ergeben und die als für die zweckentsprechende Rechtsverfolgung oder Rechtsverteidigung notwendig anzusehen sind (hierzu zählen insbes **Schreibauslagen, Vervielfältigungs- und Speicherungskosten, Porto-, Telefon- und Telefaxkosten**). Fotokopien, die eine Behörde für den eigenen Gebrauch aus den eigenen Akten anfertigt, sind allerdings grundsätzlich nicht erstattungsfähig (VG München BeckRS 2012, 46614); dies gilt auch dann, wenn die Behörde zur Vorlage der Akten an das Gericht verpflichtet ist (VG München Beschl v 14.11.2011 – M 18 M 11.2556). Zu weiteren Grenzen vgl FG Hamburg BeckRS 2013, 94373. Zu Porto- und Telekommunikationsauslagen von beteiligten juristischen Personen des öffentlichen Rechts vgl § 162 Abs 2 S 3 VwGO (Rn 87).

63.1   Stehen die genannten Aufwendungen in einem konkreten Bezug zu dem abzurechnenden Gerichtsverfahren und durfte sie der Beteiligte als notwendig ansehen (vgl Rn 51), so sind die tatsächlich entstandenen Kosten in voller Höhe in Ansatz zu bringen.

64   Der mit der Prozessführung allgemein für einen Beteiligten verbundene **Zeitaufwand** zählt in der Regel nicht zu den erstattungsfähigen Kosten des § 162 Abs 1 VwGO (vgl etwa FG Hamburg BeckRS 2013, 94373). Dies gilt insbes für den Zeitaufwand, der daraus resultiert, dass ein Prozessbevollmächtigter gesucht, Schriftsätze erstellt und gelesen oder diverse Informationen oder Dokumente beschafft, geordnet und übersandt werden müssen. Als erstattungsfähig ist dagegen der Zeitaufwand anzusehen, der sich für einen Beteiligten unmittelbar aus der Wahrnehmung von Gerichtsterminen oder aus notwendigen Informationsfahrten zum Prozessbevollmächtigten ergibt (vgl § 173 VwGO iVm § 91 Abs 1 S 2 ZPO iVm § 20, § 21, § 22 JVEG). Auch insofern beschränkt sich die Erstattungsfähigkeit allerdings auf den Zeitaufwand, der für die erforderlichen Reisen des Beteiligten zu veranschlagen ist; die Rechtsprechung lehnt es hingegen ab, den für die Terminwahrnehmung an sich entstandenen Zeitaufwands zu berücksichtigen (VGH München NVwZ-RR 2006, 221). Der einem Behördenvertreter anlässlich einer Terminswahrnehmung entstandene Zeitaufwand kann generell nicht in Ansatz gebracht werden (BVerwG NVwZ 2005, 466).

64.1   Hinsichtlich der **Höhe der Entschädigung für Zeitaufwand** wird in § 173 VwGO iVm § 91 Abs 1 S 2 ZPO auf die Entschädigungsregelungen für Zeugen verwiesen. Danach richtet sich die Entschädigung grundsätzlich nach dem regelmäßigen Bruttoverdienst des Betroffenen einschließlich der vom Arbeitgeber zu tragenden Sozialversicherungsbeiträge; sie kann mit maximal 17 Euro/Stunde (seit dem Inkrafttreten des 2. KostRModG (Rn 70): 21 Euro/Stunde) angesetzt werden (§ 22 JVEG). Personen, die einen eigenen Haushalt für mehrere Personen führen, erhalten eine Entschädigung für Nachteile bei der Haushaltsführung von 14 Euro/Stunde (vor Inkrafttreten des 2. KostRModG: 12 Euro/Stunde), wenn sie nicht erwerbstätig sind oder wenn sie teilzeitbeschäftigt sind und außerhalb ihrer vereinbarten regelmäßigen täglichen Arbeitszeit herangezogen werden (§ 21 JVEG). In sonstigen Fällen kann die Entschädigung für Zeitaufwand mit 3,50 Euro/Stunde (vor Inkrafttreten des 2. KostRModG: 3 Euro/Stunde) angesetzt werden (§ 20 JVEG).

64a   Nicht erstattungsfähig sind **lediglich mittelbare und fiktive Aufwendungen** eines Beteiligten (FG Hamburg BeckRS 2013, 94373). Dies betrifft etwa vom Beteiligten errechnete Beträge für die eigene Arbeitsleistung, für entgangene Einkünfte oder ersparte zusätzliche Bevollmächtigtenkosten. Auch Schmerzensgeld- und sonstige Schadenersatzansprüche lassen sich nicht als „Kosten" iSd § 162 VwGO geltend machen.

B. Erstattungsfähigkeit bestimmter außergerichtlicher Kosten (§ 162 Abs 2)

I. Aufwendungen aus der Bevollmächtigung eines Rechtsanwalts, Rechtsbeistands, Steuerberaters oder Wirtschaftsprüfers für das gerichtliche Verfahren Abs 2 S 1)

1. Relevante Aufwendungen und relevanter Personenkreis

Die Gebühren und Auslagen eines **Rechtsanwalts** oder eines **Rechtsbeistands** sind stets **65** erstattungsfähig; dies gilt auch dann, wenn der Auftraggeber selbst rechtskundig ist (§ 162 Abs 2 S 1 VwGO; vgl auch Rn 56 sowie OVG Lüneburg BeckRS 2009, 39535; OVG Hamburg NVwZ 2006, 1301; enger OVG Magdeburg BeckRS 2009, 39398 für die Einschaltung eines Rechtsanwalts im Beschwerdeverfahren sowie BeckRS 2010, 54451 und 54108 für die Einschaltung eines Rechtsanwalts im Berufungszulassungsverfahren; zur Verfassungskonformität dieser Regelung vgl BVerfG Beschl v 11.12.1991 – 1 BvR 808/88). § 162 Abs 2 S 1 VwGO ist auf andere Prozessbevollmächtigte im Verwaltungsstreitverfahren nicht analog anwendbar (VGH München NJW 1992, 853; VG München BeckRS 2013, 48299).

In Abgabenangelegenheiten ist der Kreis möglicher Bevollmächtigter, deren Gebühren **65a** und Auslagen ebenfalls stets als erstattungsfähig anzuerkennen sind, noch erheblich weiter gezogen: Er umfasst neben den Rechtsanwälten und Rechtsbeiständen noch weitere Personen, Gesellschaften und Vereinigungen, die sich aus der Verweisung in § 162 Abs 2 S 1 VwGO auf § 67 Abs 2 S 2 Nr 3 VwGO ergeben. In § 67 Abs 2 S 2 Nr 3 VwGO werden folgende Personen, Vereinigungen und Gesellschaften als mögliche Bevollmächtigte in Abgabenangelegenheiten genannt: Steuerberater, Steuerbevollmächtigte, Wirtschaftsprüfer, vereidigte Buchprüfer, Personen und Vereinigungen iSd § 3 Nr 4 des Steuerberatungsgesetzes sowie Gesellschaften iSd § 3 Nr 2 und 3 des Steuerberatungsgesetzes, die durch Personen iSd § 3 Nr 1 des Steuerberatungsgesetzes handeln.

§ 162 Abs 2 S 1 VwGO findet grundsätzlich auch dann Anwendung, wenn sich eine **66** juristische Person des öffentlichen Rechts oder eine **Behörde**, die über Mitarbeiter mit der Befähigung zum Richteramt verfügt, durch einen Rechtsanwalt als Prozessbevollmächtigten vertreten lässt (vgl etwa OVG Berlin-Brandenburg BeckRS 2013, 49985; OVG Münster BeckRS 2012, 51657 und 2012, 51432; OVG Greifswald BeckRS 2012, 48066; VGH München Beschl v 29.5.2009, 6 C 08.851; VGH Mannheim BeckRS 2008, 40757; VG Hannover BeckRS 2009, 32042). Dabei spielt es auch keine Rolle, ob das Gesetz Vertretungszwang vorschreibt (OVG Berlin-Brandenburg BeckRS 2013, 49985) und ob sich die Gegenseite ebenfalls rechtsanwaltlich vertreten lassen hat (VG München Beschl v 27.6.2011, M 10 M 11.2262). Die Erstattungsfähigkeit der Aufwendungen ist nur dann nicht anzuerkennen, wenn die Hinzuziehung eines Rechtsanwalts gegen Treu und Glauben verstößt, weil sie offensichtlich nutzlos und objektiv dazu angetan ist, dem Gegner Kosten zu verursachen (OVG Berlin-Brandenburg BeckRS 2012, 53561; OVG Greifswald BeckRS 2012, 48066; OVG Münster BeckRS 2012, 51657 und 2012, 51432: Einschaltung eines Rechtsanwalts durch ein Versorgungswerk für Rechtsanwälte; OVG Bautzen BeckRS 2010, 47720; OVG Magdeburg BeckRS 2010, 54451 und 54108: Einschaltung eines Rechtsanwalts durch den Antragsgegner im Berufungszulassungsverfahren ohne Kenntnis der Zulassungsgründe; VGH München Beschl v 29.5.2009 – 6 C 08.051; OVG Lüneburg BeckRS 2008, 37723; vgl ferner VGH Mannheim BeckRS 2008, 41428; OVG Lüneburg NVwZ-RR 2004, 155; VG Berlin BeckRS 2010, 50602; VG Hannover BeckRS 2009, 32042 – jeweils zu Hochschulzulassungsverfahren; VG Dresden JurBüro 2008, 320). Von einem treuwidrigen Verhalten kann dabei nicht bereits dann ausgegangen werden, wenn die Behörde einen Rechtsanwalt unmittelbar nach Zustellung einer Klage einschaltet, die ausdrücklich „vorsorglich und zur Fristwahrung" sowie ohne nähere Begründung erhoben worden ist (OVG Berlin-Brandenburg BeckRS 2012, 53561). Lässt sich eine Behörde im Prozess durch ihre eigenen Bediensteten mit der Befähigung zum Richteramt vertreten, kommt eine Erstattung der Aufwendungen in Höhe der einem Rechtsanwalt nach dem RVG zustehenden Gebühren und Auslagen nicht in Betracht (VGH München BayVBl 2003, 29).

Die **Erstattungsfähigkeit** beschränkt sich der **Höhe** nach auf die gesetzlichen Gebühren, **67** Vergütungen und Entschädigungen. Für Rechtsanwälte sind hierbei die Bestimmungen des

Rechtsanwaltsvergütungsgesetzes zu beachten (vgl hierzu VG Düsseldorf BeckRS 2010, 50906). Diese Bestimmungen sind auch auf die Vergütung von Steuerberatern im Verfahren vor den Gerichten der Verwaltungsgerichtsbarkeit sinngemäß anzuwenden (§ 45 StBGebV). Greifen keine gesetzlichen Gebührenregelungen ein, ist auf die getroffenen vertraglichen Vereinbarungen abzustellen. Hier bildet die „Notwendigkeit der Aufwendung" (vgl Rn 51) die maßgebliche Grenze; eine Erstattung kommt in keinem Fall in Betracht, soweit die vereinbarte Vergütung über den im RVG für die Tätigkeit eines Rechtsanwalts vorgesehenen Vergütungssätzen liegt (VG Neustadt NVwZ-RR 2004, 160).

68   In **eigener Sache auftretende Rechtsanwälte** haben nach herrschender Auffassung denselben Anspruch auf Gebühren- und Auslagenersatz wie bei der Vertretung Dritter (§ 173 VwGO iVm § 91 Abs 2 S 3 ZPO; zu Einzelheiten vgl BVerwGE 61, 100; VG München BeckRS 2013, 48299; Kopp/Schenke VwGO § 162 Rn 9). Anderes gilt hingegen, wenn der Rechtsanwalt im Verfahren als Vormund, Betreuer, Pfleger, Verfahrenspfleger, Verfahrensbeistand, Testamentsvollstrecker, Insolvenzverwalter, Sachwalter, Mitglied des Gläubigerausschusses, Nachlassverwalter, Zwangsverwalter, Treuhänder oder in ähnlicher Funktion auftritt. Hier ist die Anwendung des RVG grundsätzlich ausgeschlossen; lediglich für die Wahrnehmung bestimmter Einzelaufgaben im Rahmen der genannten Tätigkeiten können Honoraransprüche nach anwaltlichem Gebührenrecht geltend gemacht werden (§ 1 Abs 2 RVG iVm § 1835 Abs 3 BGB; vgl ferner OVG Berlin-Brandenburg BeckRS 2010, 51543).

68.1   **Übersteigt** ein zwischen dem kostenerstattungsberechtgten Beteiligten und seinem Rechtsanwalt vereinbartes **Honorar** den Betrag der nach dem **festgesetzten Streitwert** berechneten Rechtsanwaltsgebühren, ist ausnahmsweise auch der betroffene Beteiligte befugt, Streitwertbeschwerde mit dem Ziel der Anhebung des festgesetzten Streitwerts einzulegen (VGH Mannheim NVwZ-RR 2002, 900; VGH München NVwZ 1997, 195).

68a   Kosten aus der gleichzeitigen oder zeitlich aufeinander folgenden Beauftragung **mehrerer Bevollmächtigter** sind gem § 173 VwGO iVm § 91 Abs 2 S 2 ZPO grundsätzlich nur insoweit zu erstatten, als sie die Kosten eines Bevollmächtigten nicht übersteigen oder als in der Person des Bevollmächtigten ein Wechsel eintreten musste (OVG Berlin-Brandenburg BeckRS 2011, 52890; VGH Mannheim NVwZ-RR 2011, 384 mit Anm Mayer FD-RVG 2011, 315481).

69   Erfolgt die Vertretung im Prozess nicht durch einen Rechtsanwalt, sondern durch einen **Rechtslehrer an einer deutschen Hochschule** (vgl § 67 Abs 1 VwGO) oder durch einen **Patentanwalt**, finden auf die Erstattungsfähigkeit der hierdurch entstandenen Kosten aus der Geltendmachung von Gebühren und Auslagen dieselben Grundsätze Anwendung, wie bei der Prozessführung durch einen Rechtsanwalt (BVerwG NJW 1978, 1173; VGH München NJW 1992, 853; VG München BeckRS 2013, 48299; Eyermann/Schmidt VwGO § 162 Rn 11; Kopp/Schenke VwGO § 162 Rn 14).

2. Rechtsanwaltsgebühren

70   Lässt sich ein Beteiligter im Verwaltungsprozess durch einen Rechtsanwalt vertreten, können **Rechtsanwaltsgebühren** nach Maßgabe von Teil 3 des Vergütungsverzeichnisses in Anlage 1 zum Rechtsanwaltsvergütungsgesetz anfallen (§ 2 Abs 2 RVG; vgl ferner § 14 Abs 1 RVG und Rn 72c). Für die Vertretung im behördlichen Vorverfahren können zudem nach Maßgabe von Teil 2 des Vergütungsverzeichnisses Rechtsanwaltsgebühren anfallen; die Geltendmachung dieser Gebühren setzt allerdings voraus, dass das Gericht die Notwendigkeit der Zuziehung eines Bevollmächtigten im Vorverfahren für notwendig erklärt hat (§ 162 Abs 2 S 2 VwGO). Das am 1.7.2004 als Art 3 des Kostenrechtsmodernisierungsgesetzes – **KostRMoG** – v 5.5.2004 (BGBl I S 718) in Kraft getretene Rechtsanwaltsvergütungsgesetz hat die frühere Bundesrechtsanwaltsgebührenordnung – BRAGO – abgelöst. Durch Art 8 des 2. Kostenrechtsmodernisierungsgesetzes – **2. KostRMoG** – vom Juni 2013 (vgl BR-Drs 381/13 und BT-Drs. 17/14120) werden die Bestimmungen des Rechtsanwaltsvergütungsgesetzes mit Wirkung zum 1.8.2013 umfangreich geändert. Die nach zähem Ringen zwischen dem Bund und den Ländern auf Vorschlag des Vermittlungsausschusses verabschiedete Fassung des 2. KostRMoG weicht in zahlreichen Punkten vom Gesetzentwurf der

Bundesregierung (BR-Drs 517/12 und BT-Drs 17/11471) ab. Daher empfiehlt es sich, einführende Literatur, die sich auf den Regierungsentwurf bezieht (vgl etwa Enders JurBüro 2013, 281) mit einer gewissen Vorsicht heranzuziehen.

Das **Verwaltungsverfahren vor der Ausgangsbehörde** und das auf Widerspruch eingeleitete **70.1** behördliche Vorverfahren werden gebührenrechtlich als verschiedene Angelegenheiten behandelt (§ 17 RVG). Ein Rechtsanwalt kann daher sowohl für seine Tätigkeit im Ausgangsverfahren, als auch für seine Mitwirkung im behördlichen Vorverfahren jeweils eine Geschäftsgebühr beanspruchen (Nr 2300 VV RVG). Dabei kann nach Abschluss eines nachfolgenden verwaltungsgerichtlichen Verfahrens nur die auf das behördliche Vorverfahren bezogene Geschäftsgebühr im gerichtlichen Kostenfestsetzungsverfahren (§ 164 VwGO) geltend gemacht werden (OVG Bautzen, Beschl v 8.10.2012 – 5 E 42/12; OVG Magdeburg NVwZ-RR 2011, 85 mit Anm Mayer FD-RVG 2010, 310381). Für die Vertretung im Ausgangsverfahren und im **behördlichen Vorverfahren** bestimmt das Vergütungsverzeichnis seit dem Inkrafttreten des 2. KostRMoG (1.8.2013) einen einheitlichen Gebührenrahmen von 0,5 bis 2,5 Gebühren. Eine Gebühr von mehr als 1,3 kann allerdings nur gefordert werden, wenn die Tätigkeit umfangreich oder schwierig war (BVerwG Urt v 17.8.2005 – 6 C 13/04; VG Stuttgart Beschl v 13.1.2013 – 7 K 2641/12). Ist ein Rechtsanwalt für seinen Mandanten sowohl im Ausgangs- als auch im Widerspruchsverfahren tätig geworden, so erfolgte bislang durch Nr 2301 VV RVG eine Begrenzung des Gebührenrahmens (0,5 bis 1,3 Gebühren). Mit dem 2. KostRModG (vgl Rn 70) ist diese Regelung aufgehoben und durch eine **Anrechnungs**bestimmung ersetzt worden: Die im Ausgangsverfahren entstandene Geschäftsgebühr ist zur Hälfte, jedoch höchstens mit einem Gebührensatz von 0,75 auf die im Widerspruchsverfahren entstandene Geschäftsgebühr anzurechnen (Abs 4 S 1 der Vorbemerkung 2.3 VV RVG). Dafür ist bei der Bemessung der Geschäftsgebühr für das Widerspruchsverfahren nicht mehr gesondert zu berücksichtigen, dass der Umfang der Tätigkeit infolge der vorangegangenen Tätigkeit geringer ist (Abs 4 S 3 der Vorbem 2.3 VV RVG). Die Rechtsprechung zur „abgesenkten Mittelgebühr" nach Nr 2301 Abs 2 VV RVG (vgl etwa OVG Bautzen Beschl v 8.10.2012, 5 E 42/12; OVG Koblenz NJW 2010, 3729) wird man auf die Rechtslage nach Inkrafttreten des 2. KostRMoG nicht übertragen können. Im Übrigen gilt für die Bemessung § 14 RVG. Zur Anwaltsvergütung im Zusammenhang mit einer außergerichtlichen Mediation vgl Enders JurBüro 2013, 169, 225.

Im **Verfahren vor dem Verwaltungsgericht** fällt grundsätzlich eine 1,3 **Verfahrensgebühr** an **70.2** (Vorb 3 Abs 2 und Nr 3100 VV RVG); dies gilt auch für ein selbstständiges Beweisverfahren (Enders JurBüro 2013, 113). Vorausgesetzt ist allerdings, dass der Rechtsanwalt im Verfahren als Prozessbevollmächtigter auftritt; die Beratung eines Verfahrensbeteiligten „im Hintergrund" führt dagegen nicht zum Anfall der Verfahrensgebühr (VGH München Beschl v 20.12.2010, 15 C 10.2512). Zur Abgrenzung der Verfahrensgebühr nach Nr 3100 VV RVG von derjenigen nach Nr 3309 VV RVG vgl VGH Mannheim NVwZ-RR 2009, 702 und BeckRS 2009 33484 sowie die Gegenauffassung VG Stuttgart NVwZ-RR 2010, 456. Zum erneuten Anfall der Verfahrensgebühr nach gerichtlicher Trennung von Verfahren vgl BVerwG BeckRS 2009, 39945; zu den Auswirkungen der Verfahrenstrennung auf die Entstehung der Gerichtsgebühren vgl oben Rn 5a und OVG Münster NJW 2011, 871. Zum lediglich einmaligen Anfall der Verfahrensgebühr bei Diagonalverweisung von einem Obergericht an ein Gericht eines niedrigeren Rechtszugs eines anderen Rechtswegs vgl VGH München NVwZ-RR 2010, 663.

Auf den Streit um die Frage, ob im Kostenfestsetzungsverfahren gem der Vorb 3 Abs 4 zu Teil 3 **70.2a** VV RVG eine **Anrechnung der im Verwaltungsverfahren angefallenen Geschäftsgebühr** (VV Nr 2300–2302 RVG) auf die Verfahrensgebühr nach VV Nr 3100 RVG erfolgt, hat der Gesetzgeber mit der Einführung von § 15a RVG durch Gesetz vom 30.7.2009 (BGBl I 2449) mit Wirkung ab dem 5.8.2009 reagiert (vgl Müller-Rabe NJW 2009, 2913; Enders JurBüro 2009, 505; von König Rpfleger 2009, 487; vgl ferner OVG Bautzen Beschl v 8.10.2012 – 5 E 42/12). Danach kann der Rechtsanwalt – wenn das Gesetz die Anrechnung einer Gebühr auf eine andere Gebühr vorsieht –, beide Gebühren fordern, jedoch nicht mehr als den um den Anrechnungsbetrag verminderten Gesamtbetrag der beiden Gebühren. Ein Dritter kann sich auf die Anrechnung nur berufen, soweit er den Anspruch auf eine der beiden Gebühren erfüllt hat, wegen eines dieser Ansprüche gegen ihn ein Vollstreckungstitel besteht oder beide Gebühren in demselben Verfahren gegen ihn geltend gemacht werden (VG München BeckRS 2012, 47601). Wenn sowohl die Verfahrens- als auch die Geschäftsgebühr im selben Kostenfestsetzungsverfahren geltend gemacht werden, kann sich nach § 15a Abs 2 RVG auch der unterlegene Prozessgegner auf die Anrechnung berufen (VGH Mannheim BeckRS 2011, 48263 mAnm Mayer FD-RVG 2011, 315481). Die Vorbemerkung 3 Abs 4 zu Teil 3 VV RVG stellt nicht darauf ab, ob es sich um dieselbe Angelegenheit iSd § 16 RVG oder verschiedene Angelegenheiten iSv § 17 RVG handelt; maßgebend ist vielmehr, ob Widerspruchs-

und Gerichtsverfahren „denselben Gegenstand" haben, also im Wesentlichen denselben Streitgegenstand im prozessualen Sinne haben (OVG Bautzen Beschl v 8.10.2012 – 5 E 42/12; OVG Magdeburg NVwZ-RR 2008, 501). Danach ist eine Anrechnung der Geschäftsgebühr für das Widerspruchsverfahren auf die Verfahrensgebühr eines vorläufigen gerichtlichen Rechtsschutzverfahrens ausgeschlossen (OVG Münster BeckRS 2013, 52005; OVG Berlin-Brandenburg BeckRS 2013, 51657). Zu Einzelheiten vgl Meyer JurBüro 2010, 292 (selbständiges Beweisverfahren); Enders JurBüro 2010, 281 (Vergleich) sowie JurBüro 2009, 393 und 449; Müller-Rabe NJW 2009, S 2913; Quaas/Dahns, NJW 2009, 2705, und Hansens RVGreport 2009, 161. Zur **Anrechung der im selbstständigen Beweisverfahren angefallenen Verfahrensgebühr** auf die im verwaltungsgerichtlichen Hauptsacheverfahren angefallenen Verfahrensgebühr vgl Vorb 3 Abs 5 zu Teil 3 VV RVG sowie Enders JurBüro 2013, 113.

70.2b   Nach wie vor streitig ist die Frage, ob § 15a RVG auch auf **Altfälle** Anwendung findet (zur Einführung vgl Enders JurBüro 2009, 561). Ein Teil der Rechtsprechung bejaht diese Frage. Zur Begründung wird – wenig überzeugend – geltend gemacht, durch § 15a RVG sei lediglich die bereits seit dem Kostenrechtsmodernisierungsgesetz bestehende Rechtslage klargestellt worden; die Übergangsvorschrift des § 60 RVG sei für Fälle dieser Art nicht geschaffen (vgl etwa BGH – I., III., IV., VI., VII., VIII., IX. Senat – AnwBl 2010, 878; JurBüro 2010, 239; NJW 2009, 3101; OLG Stuttgart AnwBl 2009, 721; OLG Koblenz AGS 2009, 420; OLG Köln AGS 2009, 512; OLG München Beschl v 13.10.2009 – 11 W 2244/09; FG Düsseldorf Beschl v 12.10.2009 – 14 Ko 2495/09 KF; Schons AnwBl 2009, 799 und AnwBl 2010, 98; Redaktion AnwBl 2009, 880). Nach der Gegenansicht findet § 15a RVG auf Altfälle keine Anwendung. Für diese Auffassung spricht der klare Wortlaut der Übergangsvorschrift des § 60 RVG. Danach ist die Vergütung bei Altfällen nach bisherigem Recht zu berechnen (so etwa BGH – X. Senat – NJW 2010, 76; VGH München Beschl v 14.11.2011 – 2 C 10.2444 sowie BeckRS 2010, 52529; OVG Münster BeckRS 2011, 47563 mAnm Mayer FD-RVG 2011, 315014; OVG Bremen BeckRS 2010, 46253; OVG Lüneburg NJW 2010, 250; VG München BeckRS 2012, 47601; VG Bremen Beschl v 23.11.2009 – 5 E 1688/09; VG Ansbach Beschl v 11.11.2009 – AN 1 M 09.01885; VG Minden BeckRS 2009 38477). Zur **Rechtslage vor Inkrafttreten von § 15a RVG** vgl die Übersichten bei Rietdorf JurBüro 2009, 171; Schmeding RVGreport 2008, 91; Enders JurBüro 2008, 459; 2008, 581; 2009, 225; Hansens RENOpraxis 2009,18.

70.2c   Vertritt der Rechtsanwalt in derselben Angelegenheit (vgl § 7 RVG und § 15 Abs 2 RVG) **mehrere Auftraggeber**, so erhöht sich die Verfahrens- oder Geschäftsgebühr für jede weitere Person gem Nr 1008 VV RVG um 0,3 (**Erhöhungsgebühr**). Dies gilt bei Wertgebühren allerdings nur, soweit der Gegenstand der anwaltlichen Tätigkeit derselbe ist (Nr 1008 Abs 1 VV RVG; vgl hierzu etwa VG München BeckRS 2012, 54768) und soweit es sich tatsächlich um die Vertretung mehrerer natürlicher oder juristischer Personen handelt (OVG Berlin-Brandenburg BeckRS 2012, 58980). Hiervon kann etwa bei der Vertretung von Miteigentümern in einem flurbereinigungsgerichtlichen Verfahren ausgegangen werden (VGH München NVwZ-RR 2008, 431). Die Erhöhung wird nach dem Betrag berechnet, an dem die Personen gemeinschaftlich beteiligt sind (Nr 1008 Abs 2 VV RVG). Mehrere Erhöhungen dürfen einen Gebührensatz von 2,0 nicht übersteigen (Nr 1008 Abs 3 VV RVG). Vertritt der beigeordnete Rechtsanwalt mehrere Auftraggeber, ohne dass dieselbe Angelegenheit nach § 7 Abs 1 RVG vorliegt, dann erfolgt keine Erhöhung des Gebührensatzes der Verfahrensgebühr; dem mit der Mehrfachvertretung verbundenen zusätzlichen Aufwand ist vielmehr durch eine Erhöhung des Streit- bzw Gegenstandswerts Rechnung zu tragen (vgl § 22 RVG und OVG Münster NJW 2012, 1750). Überschreiten dabei die zusammengerechneten Streit- bzw Gegenstandswerte die Obergrenze des § 49 RVG (30000 Euro), so erhält der Rechtsanwalt in Bezug auf die Verfahrensgebühr (nicht jedoch in Bezug auf die Terminsgebühr) den Mehrfachvertretungszuschlag nach Nr 1008 Abs 1 VV RVG analog (VGH Mannheim BeckRS 2009, 34369 mit Anm Mayer FD-RVG 2009, 283842). Zur Gebührenerhöhung wegen Auftraggebermehrheit, wenn mehrere Mitglieder eines Familienverbandes jeweils für sich und für die anderen Mitglieder Ansprüche auf Aufenthaltstitel geltend machen vgl VG Berlin NVwZ-RR 2011, 791. Zur – im konkreten Fall verneinten – Erstattungsfähigkeit von Mehrfachvertretungsgebühren bei Baunachbarklage für die Komplementärin der Beigeladenen vgl VG München BeckRS 2012, 55825.

70.3   Darüber hinaus entsteht eine 1,2 **Terminsgebühr** für die **Vertretung in einem** Verhandlungs-, Erörterungs- oder Beweisaufnahmetermin oder für die Wahrnehmung eines von einem gerichtlich bestellten Sachverständigen anberaumten Termins (Vorbem 3 Abs 3 und Nr 3104 VV RVG; allgemein zu den Kosten des Terminsvertreters in der Kostenfestsetzung vgl. Enders JurBüro 2012, 1; 2012, 57; 2012, 113). Auch den Termin in der Güteverhandlung vor dem **Güterichter** wird man hierzu zählen können (§ 173 S 1 VwGO iVm § 278 Abs 5 ZPO); allerdings fällt die Gebühr nur einmal an, auch dann, wenn sich nach erfolgloser Güteverhandlung eine Termine im streitigen Verfahren anschließen (Enders JurBüro 2013, 225). Voraussetzung des Anfalls der Terminsgebühr ist, dass die Besprechung gerade mit den Prozessgegnern stattfindet; eine Besprechung eines Hauptbeteiligten mit dem Beigeladenen reicht dagegen nicht aus (OVG Münster BeckRS 2011, 4763 mAnm Mayer FD-RVG 2011, 315014). Die Gebühr entsteht, wenn der **Termin** durch Aufruf der Sache beginnt und der Rechtsanwalt zu diesem Zeitpunkt vertretungsbereit anwesend ist. Verbindet das Gericht nach Aufruf der Sache mehrere Verfahren zur gemeinsamen Verhandlung, kann die bereits entstandene Terminsgebühr dadurch nicht mehr beeinflusst werden (BVerwG NJW 2010, 1391); dies gilt regelmäßig auch dann, wenn das Verwaltungsgericht schon ladungsbegleitend die Verfahren nur zur gemeinsamen Verhandlung verbunden hat (OVG Lüneburg BeckRS 2010, 45908). In Fällen dieser Art bleibt es bei getrennten Terminsgebühren, die auf der Grundlage des für jedes der verbundenen Verfahren geltenden Streitwerts zu ermitteln sind (VGH Kassel NVwZ-RR 2012, 496; OVG Lüneburg BeckRS 2010, 45908). Werden mehrere Verfahren zur gemeinsamen Verhandlung verbunden, sind sämtliche im Zusammenhang mit der mündlichen Verhandlung entstandenen notwendigen Aufwendungen auf die verbundenen Verfahren entsprechend dem Verhältnis der Einzelstreitwerte zu verteilen; eine Zuordnung bestimmter Aufwendungen zu einzelnen Verfahren findet nicht statt (VGH Kassel BeckRS 2011, 50810).

Die **Terminsgebühr** entsteht auch, wenn mit Einverständnis der Beteiligten gem § 101 Abs 2 VwGO oder gem § 307 ZPO iVm § 173 VwGO **ohne mündliche Verhandlung** entschieden wird, wenn das Gericht gem § 84 Abs 1 S 1 VwGO einen Gerichtsbescheid erlässt, mit dem das erstinstanzliche Verfahren auch tatsächlich beendet wird (Nr 3104 Abs 1 Nr 1 und 2 VV RVG; OVG Münster DÖV 2012, 532), oder wenn auf Vorschlag des Gerichts ein schriftlicher Vergleich nach § 106 S 2 VwGO geschlossen wird (OVG Münster DÖV 2009, 776). Eine Terminsgebühr nach Nr 3104 Abs 1 Nr 1 VV RVG entsteht dagegen nicht, wenn ein verwaltungsgerichtliches Verfahren nach übereinstimmenden Erledigungserklärungen der Beteiligten durch Beschluss eingestellt und nur noch über die Kosten entschieden wird (VGH München BeckRS 2012, 56797; OVG Lüneburg DVBl 2010, 1520; vgl auch VG Regensburg BeckRS 2012, 50728). Eine Terminsgebühr fällt außerdem nicht an, wenn das Gericht nach rechtskräftigem Abschluss eines Musterverfahrens über das ausgesetzte Verfahren nach § 93a Abs 2 VwGO durch Beschluss entschieden hat (BVerwG JurBüro 2008, 142); eine analoge Anwendung der Nr 3104 Abs 1 Nr 2 VV RVG kommt hier nicht in Betracht. Werden Verfahren zur gemeinsamen Verhandlung verbunden (§ 93 VwGO), so hat dies zur Folge, dass die bis dahin selbständigen Angelegenheiten für die Dauer der mündlichen Verhandlung als eine Angelegenheit zu werten sind; die für die anwaltliche Vertretung in dieser Verhandlung anfallende Terminsgebühr errechnet sich sodann nach den jeweiligen Einzelstreitwerten (OVG Lüneburg NVwZ-RR 2010, 540; OVG Münster BeckRS 2009, 41424; VGH München NVwZ-RR 2008, 504; VG Hamburg NVwZ-RR 2008, 741; aA VGH Mannheim NVwZ-RR 2006, 855: die Terminsgebühr errechnet sich anteilig aus der Summe der Einzelstreitwerte der zur gemeinsamen Verhandlung verbundenen Verfahren).

Die **Terminsgebühr** kann nach der Vorbem 3 Abs 3 zum Teil 3 des VV RVG unter bestimmten Voraussetzungen auch für **Besprechungen ohne Beteiligung des Gerichts** anfallen. Wie sich aus der durch das 2. KostRMoG neu gefassten Vorbemerkung ergibt, spielt es hier keine entscheidende Rolle, ob das Prozessrecht für das gerichtliche Verfahren grundsätzlich eine mündliche Verhandlung vorsieht; daher kann die Terminsgebühr auch für Besprechungen in einem Eilverfahren (§ 80 Abs 5, § 80a, § 123 VwGO) anfallen (str! OVG Münster BeckRS 2013, 52005 mwN; a. A. VGH Mannheim NJW 2007, 860; OVG Münster NVwZ-RR 2010, 864; OVG Berlin-Brandenburg JurBüro 2009, 426; VG Berlin BeckRS 2008, 37132). Bloße Besprechungen mit dem Auftraggeber genügen allerdings nicht (Vorbem 3 Abs 3 S 3 Nr 2 2. HS). Eine Besprechung in diesem Sinne ist vielmehr ein Gespräch, welches der Anwalt mit einem Vertreter der Gegenseite führt, nachdem dieser seine Bereitschaft erklärt hat, in Verhandlungen zur Vermeidung oder Erledigung eines gerichtlichen Verfahrens einzutreten (OVG Münster BeckRS 2013, 52005). Für das Entstehen der Gebühr reicht es aus, wenn in Telefonaten zwischen dem Behördenvertreter und dem klägerischen Rechtsanwalt auch über die Möglichkeit einer einvernehmlichen Lösung des Verwaltungsstreitverfahrens gesprochen wurde (OVG Münster BeckRS 2013, 52005; VG Berlin BeckRS 2012, 51449). Auf die Länge des geführten Telefonats kommt es nicht entscheidend an (VG München Beschl v 5.11.2012 – M 16 M 12.3908). Das geführte Gespräch muss noch nicht notwendig auf eine Einigung, wohl aber auf die Vermeidung oder Erledigung des Verfahrens gerichtet sein (OVG Lüneburg NJW 2011, 1619). Es genügt nicht, wenn die beklagte Behörde während des Klageverfahrens von sich aus oder auf Nachfrage des Klägers lediglich mitteilt, dass sie auf Grund eines behördeninternen Entscheidungsprozesses den angefochtenen Verwaltungsakt aufhebt oder ansonsten dem Klagebegehren entspricht (OVG Münster NJW 2009, 2840; VGH Kassel Beschl v 11.11.2009, 1 E 2412/09). Ebenso

70.3a

70.3b

wenig genügen bloße Informationsgespräche, Gespräche zu reinen Verfahrensfragen und allgemeine Gespräche über die grundsätzliche Bereitschaft oder abstrakte Möglichkeit einer außergerichtlichen Erledigung (OVG Lüneburg NJW 2011, 1619; VG Berlin BeckRS 2012, 51449). Auf die Ursächlichkeit für die spätere Erledigung dieses Verfahrens kommt es dagegen – anders als bei der Erledigungsgebühr – nicht an; denn die Terminsgebühr ist keine Erfolgsgebühr (OVG Berlin-Brandenburg BeckRS 2012, 53562; OVG Bremen BeckRS 2008 38194; VG Leipzig Beschl v 6.4.2009, 1 K 44/05). Ein Verweisungsbeschluss führt nicht zur Entstehung einer Terminsgebühr (VG Schleswig NVwZ-RR 2007, 216). Wird in einem Termin ohne Beteiligung des Gerichts versucht, ein Verfahren nicht rechtshängige Ansprüche in eine Einigung einzubeziehen, fällt immer nur eine einheitliche Terminsgebühr im Ausgangsverfahren an; diese wird aus dem addierten Streitwert der rechtshängigen und der dort nicht rechtshängigen Ansprüche berechnet (Abs 2 der Anm zu Nr. 3104 VV RVG; vgl auch VG Bayreuth BeckRS 2013, 51268).

70.4   Hat der Rechtsanwalt des Klägers während eines laufenden verwaltungsgerichtlichen Verfahrens an einer außergerichtlichen, auf die Erledigung des Verfahrens zielenden – auch telefonischen – Besprechung mit einem Behördenvertreter teilgenommen und ist daraufhin der **angefochtene Bescheid von der Behörde aufgehoben, geändert oder dauerhaft außer Vollzug gesetzt** sowie das **verwaltungsgerichtliche Verfahren erledigt** worden, so ist neben der Terminsgebühr gem Nr 3104 VV RVG auch eine **Erledigungsgebühr** nach Nr 1002 VV RVG entstanden (zu den Grundvoraussetzungen der Nr 1002 VV RVG vgl VGH München BeckRS 2009, 32076; VG Bayreuth BeckRS 2013, 51259 und 51268; VG München BeckRS 2013, 46846; zum Konkurrenzverhältnis zur Einigungsgebühr nach Nr 1000 VV RVG vgl Hartmann VV 1002 Rn 1; zur Kritik der Anwaltschaft an der geltenden Regelung vgl Niehren AnwBl 2011, 682). Sie bemisst sich auch in Fällen einer nur teilweisen Erledigung der Hauptsache nach der vollen ursprünglichen Klageforderung (VG Ansbach JurBüro 2008, 197). Die Erledigungsgebühr ist eine Erfolgsgebühr; sie honoriert die Entlastung des Gerichts und das erfolgreiche anwaltliche Bemühen um eine möglichst weit gehende Herstellung des Rechtsfriedens (VGH Kassel Beschl v 11.11.2009 – 1 E 2412/09; VGH München Beschl v 11.2.2008 – 13 M 07.3352; OVG Lüneburg NVwZ-RR 2007, 215; VGH Mannheim NVwZ-RR 2008, 654; VG Würzburg BeckRS 2013, 48276; VG Gelsenkirchen BeckRS 2012, 59004; VG Regensburg BeckRS 2012, 50728). Erledigung in diesem Sinne genügt nicht bereits die formelle Beendigung eines bestimmten Verfahrens; erforderlich ist vielmehr auch die materielle Erledigung des Rechtsstreits (OVG Münster BeckRS 2011, 46711; OVG Greifswald JurBüro 2010, 646; VG München BeckRS 2013, 46846; VG Gelsenkirchen BeckRS 2012, 59004). Außerdem muss der Bevollmächtigte bei seiner anwaltlichen Tätigkeit über den Erfolg hinaus die außergerichtliche Erledigung bezweckt und ein **besonderes Bemühen** an den Tag gelegt haben, eine solche **Erledigung zu erreichen** (VGH München BeckRS 2012, 56797; OVG Lüneburg NVwZ-RR 2008, 500; OVG Münster NVwZ-RR 1999, 812; VG München BeckRS 2013, 51809; VG Würzburg BeckRS 2013, 48276; VG Ansbach BeckRS 2012, 58725; VG Regensburg BeckRS 2012, 50728; VG Dresden JurBüro 2009, 482). Der Rechtsanwalt muss zwar die Erledigung nicht überwiegend oder allein herbeiführen; die Erledigungsgebühr fällt jedoch nur an, wenn er einen nicht ganz unerheblichen oder untauglichen Beitrag für die Beilegung des Rechtsstreits ohne streitige Entscheidung leistet (VG München BeckRS 2013, 51809). Der Umfang der Tätigkeit des Rechtsanwalts muss dabei über die Tätigkeit hinausgehen, die bereits durch die Tätigkeitsgebühren – insbes die Verfahrensgebühr – abgegolten ist (BVerwG NVwZ 1982, 36 und BayVBl 1986, 158, vgl ferner BVerwG BeckRS 2011, 56476 mit Anm Mayer FD-RVG 2011, 326223 „zum Anfall der Erledigungsgebühr im Vorverfahren"; OVG Berlin-Brandenburg BeckRS 2010, 55846; VG München BeckRS 2013, 51809; VG Gelsenkirchen BeckRS 2012, 59004; VG Leipzig Beschl v 6.4.2009 – 1 K 44/05; VG Ansbach Beschl v 23.6.2008 – AN 1 M 08.00236). Tätigkeiten eines Rechtsanwaltes, die von ihm im Rahmen seiner Bevollmächtigung und einer ordnungsgemäßen Prozessführung ohnehin zu erwarten sind, lösen daher keine Erledigungsgebühr aus; hierzu gehören alle bereits durch die Tätigkeitsgebühren abgegoltenen Maßnahmen des Anwalts, die nur allgemein auf die Verfahrensförderung gerichtet sind (VG München BeckRS 2012, 57685, 56768 und 56190; VG Regensburg BeckRS 2012, 51510; VG Berlin BeckRS 2012, 51449). Eine Erledigungsgebühr fällt danach nicht an, wenn der Bevollmächtigte eines Klägers, der sich gegen einen belastenden Verwaltungsakt zur Wehr setzt, im Verfahren ausschließlich darauf hinwirkt, die gerichtliche Aufhebung des Bescheides zu erlangen (VG Würzburg BeckRS 2013, 48276; VG München BeckRS 2013, 46846; VG Gelsenkirchen BeckRS 2010, 54856). Hebt die Beklagtenseite den angefochtenen Bescheid auf, um ein absehbares Unterliegen im Prozess abzuwenden, so genügt die „Annahme" der von der Beklagtenseite ausgesprochenen Erledigungserklärung für sich allein noch nicht, um den Anfall einer Erledigungsgebühr zu bewirken (VG Frankfurt NVwZ-RR 2007, 829); ebenso wenig die Beratung des eigenen Mandanten mit dem Ziel, sich in dieser Situation auf eine einvernehmliche

Beendigung des Rechtsstreits einzulassen (VG München BeckRS 2013, 51809). Ein weiteres Erfordernis für die Entstehung der Erledigungsgebühr besteht darin, dass der Bevollmächtigte durch sein Verhalten **(mit-) ursächlich dazu beigetragen** hat, **den Rechtsstreit ohne Entscheidung des Gerichts in der Hauptsache zu erledigen** (VGH München BeckRS 2012, 56797; OVG Münster BeckRS 2009, 39490; OVG Bremen BeckRS 2008, 38194; VGH Mannheim BeckRS 2008, 33466; OVG Koblenz NVwZ-RR 2007, 564; VG München BeckRS 2012, 60387; VG Gelsenkirchen BeckRS 2012, 59004; VG Ansbach BeckRS 2012, 58725). Allein der Hinweis an den Beklagten, unter welchen Voraussetzungen der Kläger bereit ist, das Verfahren in der Hauptsache für erledigt zu erklären, genügt für die Entstehung einer Erledigungsgebühr noch nicht (OVG Lüneburg NVwZ-RR 2008, 500); ebenso wenig die bloße Mitwirkung bei der Klärung der Frage, wie der materiell bereits erledigte Rechtsstreit formal beendet werden soll (OVG Münster BeckRS 2008, 40134; VG Gelsenkirchen BeckRS 2012, 59004). Eine Erledigungsgebühr fällt außerdem nicht bereits dann an, wenn sich der Rechtsanwalt mit der Aussetzung oder dem Ruhen des Verfahrens bis zu einer Entscheidung in einem vorgreiflichen Verfahren einverstanden erklärt (VGH München Beschl v 9.7.2009 – 10 C 09.1200).

Wirkt der Rechtsanwalt beim **Abschluss eines Vertrages (insbes eines Vergleiches)** mit, **70.4a** durch den der Streit oder die Ungewissheit der Beteiligten über ein Rechtsverhältnis beseitigt wird, fällt nach Nr 1000, 1003 VV RVG eine **Einigungsgebühr** an (vgl hierzu VGH München BeckRS 2009, 32076; VG München BeckRS 2012, 60387, 57020 und 47601; VG Berlin BeckRS 2010, 47590; VG Hamburg NVwZ-RR 2008, 741). Diese Gebühr entsteht nach der Vorbem 1 zu Teil 1 VV RVG „neben den in anderen Teilen bestimmten Gebühren". Lediglich im Rahmen einer Prozesskostenhilfebewilligung kann der Anspruch des beigeordneten Anwalts auf die Festsetzung einer Einigungsgebühr beschränkt und daneben eine zusätzliche Verfahrens- oder Terminsgebühr ausgeschlossen sein, wenn die Beteiligten eines verwaltungsgerichtlichen Eilverfahrens einen Mehrvergleich auch über das Hauptsacheverfahren geschlossen haben (OVG Münster BeckRS 2013, 52005; OVG Hamburg BeckRS 2013, 49150). Für ein Mitwirkung des Rechtsanwalts im oben genannten Sinne reicht es aus, wenn er den Einigungs- oder Vergleichsvorschlag prüft, den von ihm vertretenen Beteiligten berät und auch aufgrund seiner Bemühungen die Einigung zustande kommt. Dies kann auch im Rahmen der Mitwirkung im Güteverfahren an einem Termin vor dem Güterichter geschehen (§ 173 S 1 VwGO iVm § 278 Abs 5 ZPO; Enders JurBüro 2013, 225). Ein besonderes, darüber hinausgehendes Bemühen des Rechtsanwalts um eine Einigung ist keine Voraussetzung für den Anfall der Einigungsgebühr (OVG Münster NJW 2011, 3113). Der Rechtsanwalt muss auch nicht die ausschlaggebende Ursache für die Einigung gesetzt haben (VG München BeckRS 2012, 49814, 49815 und 49816). Denn durch die zusätzliche Gebühr soll die mit der Einigung verbundene Mehrbelastung und erhöhte Verantwortung des beteiligten Rechtsanwalts vergütet und die Belastung der Gerichte vermindert werden (BGH NJW 2007, 2187; VG München BeckRS 2012, 60387). Eine Einigungsgebühr fällt lediglich dann nicht an, wenn sich die Einigung darauf beschränkt, dass die Gegenseite einen einseitigen Verzicht erklärt oder ein Anerkenntnis abgibt (Abs 1 S 2 der Anm zu Nr 1000 VV RVG; VGH München BeckRS 2013, 45324; VG München BeckRS 2012, 60387 und 57020). Sie kann auch bei übereinstimmender Erledigterklärung anfallen, wenn gleichzeitig eine Einigung über den in Frage stehenden materiell-rechtlichen Anspruch erzielt worden ist (VGH München BeckRS 2013, 45324; OVG Münster NJW 2009, 2840; VG Bayreuth BeckRS 2013, 51259 und 51268; VG München BeckRS 2012, 60387 und 57020). Hilft die Behörde hingegen unter dem Eindruck einer Beweisaufnahme und nach einem richterlichen Hinweis dem Anliegen des Klägers ab und wird sodann der Rechtsstreit übereinstimmend für erledigt erklärt, so führt dies noch nicht zum Anfall einer Einigungsgebühr (VG München BeckRS 2012, 46470). Ebenso wenig fällt eine Einigungsgebühr an, wenn eine bloße prozessuale Übereinkunft erzielt worden ist, die eine weitere Befassung mit der zentralen materiell-rechtlichen Frage überflüssig macht (OVG Berlin-Brandenburg BeckRS 2012, 46216). Eine Einigung über die Kostenverteilung führt außerdem nur dann zum Ansatz einer Einigungsgebühr, wenn sie in eine Einigung über das Verfahren als Ganzes integriert ist (VG Berlin BeckRS 2008, 37132). Außerdem ist erforderlich, dass die Einigung (auch) zwischen den Hauptbeteiligten des Prozesses erfolgt (OVG Münster BeckRS 2011, 47563 mAnm Mayer FD-RVG 2011, 315014). Zum Konkurrenzverhältnis zwischen der Einigungsgebühr nach Nr 1000 VV RVG und der Erledigungsgebühr nach Nr 1002 VV RVG vgl Hartmann VV 1002 Rn 1.

Im **erstinstanzlichen Verfahren vor dem Oberverwaltungsgericht** kommen eine 1,6 Ver- **70.5** fahrensgebühr (Nr 3302 Ziff 2 VV RVG) und eine 1,2 Terminsgebühr (Vorbem 3.3.1 iVm Nr 3104 VV RVG) in Ansatz.

Im **Rechtsmittelverfahren vor dem Oberverwaltungsgericht** ist mit dem Anfall folgender **70.6** Rechtsanwaltsgebühren zu rechnen:

Das **Berufungszulassungsverfahren** nach § 124a Abs 4 und 5 VwGO ist mit dem Anfall einer 1,6 Verfahrensgebühr verbunden (Vorbem 3.2 Abs 1 iVm Nr 3200 VV RVG).

70.7   Für das **Berufungsverfahren** im Allgemeinen ist eine 1,6 Verfahrensgebühr (Nr 3200 VV RVG) und ggf eine 1,2 Terminsgebühr (Nr 3202 VV RVG) in Ansatz zu bringen.

70.8   Bei **Beschwerden** gegen verwaltungsgerichtliche Entscheidungen fällt idR eine 0,5 Verfahrensgebühr (Nr 3500 VV RVG; OVG Magdeburg JurBüro 2012, 298) und ggf – jedoch selten – eine 0,5 Terminsgebühr (Nr 3513 VV RVG) an. Die Tätigkeit des Rechtsanwalts im auf eine einstweilige Maßnahme des Beschwerdegerichts nach § 570 Abs 3 ZPO iVm § 173 S 1 VwGO gerichteten Verfahren stellt grundsätzlich eine mit dem Beschwerdeverfahren zusammenhängende Tätigkeit iSd § 19 Abs 1 S 2 Nr 11 RVG und § 2 RVG iVm Nr 3328 VV RVG dar, die nach den genannten Vorschriften nur bei abgesonderter mündlicher Verhandlung eine weitere halbe Gebühr auslöst (VGH Kassel NJW 2008, 679). Für die nach Erledigung des Rechtsmittelverfahrens erhobene **Anhörungsrüge** (§ 152a VwGO) wird eine 0,5 Verfahrensgebühr (Nr 3330 VV RVG) in Ansatz gebracht. Die Rechtsanwaltsvergütung aus einem erfolgreichen **Prozesskostenhilfe**-Beschwerdeverfahren ist nicht erstattungsfähig (§ 127 Abs 4 ZPO iVm § 166 VwGO; VGH München Beschl v 24.8.2102 – 19 C 12.1262 mit Anm Mayer FD-RVG 2012, 337647).

70.9   Für das **Verfahren vor dem Bundesverwaltungsgericht** sieht das RVG folgende Gebührenregelungen vor:

Wird das Bundesverwaltungsgericht nach § 50 VwGO **erstinstanzlich** tätig, fallen eine 1,6 Verfahrensgebühr (Nr 3302 Ziff 2 VV RVG) und ggf eine 1,2 Terminsgebühr an (Vorbem 3.3.1 iVm Nr 3104 VV RVG).

70.10   Das Verfahren über die **Beschwerde gegen die Nichtzulassung der Revision** (§ 133 VwGO) ist mit dem Anfall einer 1,6 Verfahrensgebühr (Nr 3506 VV RVG) verbunden.

70.11   Für das **Revisionsverfahren** sind eine 1,6 Verfahrensgebühr (Nr 3206 VV RVG) und ggf eine 1,5 Terminsgebühr (Nr 3210 VV RVG) in Ansatz zu bringen.

70.12   Bei **Verfahren des vorläufigen Rechtsschutzes** ist zu beachten, dass das Abänderungsverfahren nach § 80 Abs 7 VwGO dieselbe Angelegenheit (§ 15 Abs 2 GKG) betrifft wie das vorangegangene Verfahren nach § 80 Abs 5 VwGO oder § 80a VwGO. Ein Rechtsanwalt, der bereits im Verfahren nach § 80 Abs 5 VwGO tätig geworden ist, kann daher für das Verfahren nach § 80 Abs 7 VwGO nicht erneut Gebühren verlangen (VGH München NJW 2007, 2715).

70.13   Nach § 15 Abs 2 RVG iVm § 7 RVG kann der Rechtsanwalt die Gebühren in **derselben Angelegenheit** nur einmal fordern (vgl hierzu VGH München Beschl v 26.1.2012, 9 C 11.3040), in gerichtlichen Verfahren allerdings in jedem Rechtszug (OVG Magdeburg BeckRS 2012, 59536m Anm Mayer FD-RVG 2012, 340345). Welche Tätigkeiten zu einem Rechtszug gehören, wird in § 19 Abs 1 RVG genannt. Was unter „derselben Angelegenheit" zu verstehen ist, ergibt sich aus § 16 RVG; sie ist abzugrenzen von „verschiedenen Angelegenheiten" (§ 17 RVG) und „besonderen Angelegenheiten" (§ 18 RVG). „Verschiedene Angelegenheiten" sind etwa das Verfahren in der Hauptsache auf der einen Seite sowie ein Antrag auf Gewährung vorläufigen Rechtsschutzes nach § 80 Abs 5, § 80a Abs 3, § 123 VwGO und ein Abänderungsantrag nach § 80 Abs 7 VwGO auf der anderen. „Dieselbe Angelegenheit" sind dagegen das Ausgangsverfahren auf Gewährung vorläufigen Rechtsschutzes nach § 80 Abs 5, § 80a Abs 3 VwGO im Verhältnis zum Abänderungsverfahren nach § 80 Abs 7 VwGO (§ 16 Nr 5 RVG; VG Berlin BeckRS 2012, 60121) sowie – im Beschwerdeverfahren – der im Rahmen der Beschwerde gestellte Antrag nach § 149 Abs 1 S 2 VwGO auf einstweilige Aussetzung der Vollziehung der angefochtenen Entscheidung (OVG Magdeburg JurBüro 2012, 298). Ist der Rechtsanwalt in beiden Verfahren tätig, entstehen seine Gebühren für den jeweiligen Rechtszug bereits im Ausgangsverfahren und sind im Abänderungsverfahren nicht nochmals erstattungsfähig (VGH München BeckRS 2012, 52607; VGH Mannheim BeckRS 2011, 55855; VG Berlin BeckRS 2012, 60121 mit Anm Mayer FD-RFG 2011, 325127). Anderes gilt nur dann, wenn der Rechtsanwalt im Ausgangsverfahren noch nicht tätig war; in diesem Fall entstehen seine Gebühren für den jeweiligen Rechtszug erst im Abänderungsverfahren (VGH München BeckRS 2012, 52607; VGH Mannheim BeckRS 2011, 55855; VG Berlin BeckRS 2012, 60121).

70.13a   Zum **Rechtszug** zählen nach § 19 RVG auch alle Vorbereitungs-, Neben- und Abwicklungstätigkeiten sowie solche Verfahren, die mit dem Rechtszug zusammenhängen. Dies betrifft etwa das Güteverfahren vor dem Güterichter (§ 173 S 1 VwGO iVm § 278 Abs 5 ZPO; Enders JurBüro 2013, 225), aber auch Verfahren, die auf die Berichtigung oder Ergänzung der Entscheidung oder ihres Tatbestands zielen (VGH München Beschl v 25.5.2009 – 6 C 07.2206). Ob mehrere Gegenstände dieselbe Angelegenheit oder mehrere darstellen, hängt davon ab, ob sie von einem einheitlichen Auftrag umfasst werden, zwischen ihnen ein innerer Zusammenhang besteht und der Rechtsanwalt einen einheitlichen Tätigkeitsrahmen wahrt (BVerwG Urt v 9.5.2000 – 11 C 1/99; OVG

Münster BeckRS 2011, 50884; VG Berlin BeckRS 2010, 50602; VG Düsseldorf BeckRS 2010, 50906). Unter diesen Voraussetzungen ist es gerechtfertigt, eng zusammengehörige anwaltliche Tätigkeiten auch dann zu einer Gebührenbemessungseinheit zusammenzufassen, wenn es nicht zu einer Verfahrensverbindung nach § 93 VwGO gekommen ist (BVerwG NJW 2000, 2289; VG Berlin BeckRS 2010, 50602). Dass der Anwalt seinen Auftrag von unterschiedlichen Auftraggebern erhalten hat, steht der Annahme eines einheitlichen Auftrags und damit der Annahme einer Angelegenheit iSd § 7 Abs 1 RVG nicht entgegen (VGH Mannheim Beschl v 11.7.2002 – 8 S 1520/02; VG Düsseldorf BeckRS 2010, 50906); doch handelt es sich um verschiedene Gegenstände, wenn bei einem Verwaltungsakt jeder Auftraggeber nur in seinem persönlichen Recht und nicht lediglich als Teil einer Rechtsgemeinschaft betroffen ist (OVG Magdeburg BeckRS 2010, 50549). Mitunter können auch mehrere selbständige gerichtliche Verfahren Teile derselben Angelegenheit sein. In der Regel ist allerdings davon auszugehen, dass bei verschiedenen gerichtlichen Verfahren ein ausreichender innerer Zusammenhang nicht besteht und der Rechtsanwalt an einer einheitlichen Vorgehensweise gehindert ist (vgl etwa VG Minden BeckRS 2008, 36216 mit zahlreichen Nachweisen; ferner Hartmann § 15 RVG Rn 8 ff). Hat das Gericht für mehrere Gegenstände zum Zwecke der Berechnung der Gerichtsgebühren jeweils Einzelstreitwerte festgesetzt, besteht keine Möglichkeit, für Zwecke der Berechnung der Anwaltsgebühren von „derselben Angelegenheit" iSd § 15 Abs 2 RVG auszugehen (vgl § 32 Abs 1 RVG und OVG Lüneburg JurBüro 2009, 251).

Nach § 15 Abs 2 S 2 RVG kann der Rechtsanwalt in gerichtlichen Verfahren die **Gebühren in** **70.13b** **jedem Rechtszug** fordern. Das Rechtsmittelverfahren und das Verfahren über die Zulassung des Rechtsmittels gelten dabei als dieselbe Angelegenheit (§ 16 Nr 11 HS 1 RVG) − unabhängig davon, in welcher Reihenfolge das Rechtsmittel eingelegt und der Zulassungsantrag gestellt worden sind; auf die Frage, ob die Verfahren beim Rechtsmittelgericht mit demselben oder unterschiedlichen Aktenzeichen geführt worden sind, kommt es dabei nicht an (OVG Münster BeckRS 2011, 50884). Wird eine Sache durch das Rechtsmittelgericht an ein untergeordnetes Gerichts zurückverwiesen, dann gilt das weitere Verfahren vor diesem Gericht als ein neuer Rechtszug (§ 21 Abs 1 RVG).

Die vorstehenden Ausführungen gelten auch dann, wenn der Rechtsanwalt in derselben Angele- **70.14** genheit für **mehrere Auftraggeber** tätig wird oder wenn mehrere Auftraggeber von mehreren Rechtsanwälten einer Partnerschaftsgesellschaft vertreten worden sind; letzteres allerdings nur dann, wenn die Auftraggeber jeweils die Partnerschaftsgesellschaft als solche oder insgesamt die in der Gesellschaft verbundenen Rechtsanwälte bevollmächtigt haben (VG Düsseldorf BeckRS 2010, 50906). In Betracht kommt hier allerdings der Anfall einer Erhöhungsgebühr (vgl oben Rn 70.2b).

Zur Behandlung von **„Altfällen"** nach Maßgabe der durch das RVG abgelösten **BRAGO** vgl **70.15** § 61 Abs 1 RVG sowie BVerfGE 107, 133; OVG Bautzen BeckRS 2011, 53223; OVG Berlin-Brandenburg BeckRS 2011, 52890 und VGH München Beschl v 6.7.2011, 8 C 11.945.

Die im verwaltungsgerichtlichen Verfahren angefallenen Rechtsanwaltsgebühren bemes- **71** sen sich gem § 2 Abs 1 RVG idR nach dem Wert, den der Gegenstand der anwaltlichen Tätigkeit hat (**Gegenstandswert**). Die Vorgaben für die Berechnung der Rechtsanwaltsgebühren aus dem gerichtlich festgesetzten oder anderweitig zu ermittelnden Gegenstandswert ergeben sich aus § 13 RVG und aus der Gebührentabelle für Gegenstandswerte in Anlage 2 zum RVG sowie − bei bewilligter Prozesskostenhilfe − aus §§ 49, 50 RVG. Zur Gebührenberechnung des Prozessbevollmächtigten im disziplinargerichtlichen Verfahren vgl BVerwG NVwZ-RR 2010, 166.

Hat das Gericht einen **Gebührenstreitwert** für die Berechnung der Gerichtsgebühren **72** **festgesetzt**, so bildet diese Festsetzung zugleich die Grundlage für die Berechnung der Rechtsanwaltsgebühren (§ 32 Abs 1 GKG; vgl hierzu VGH Kassel BeckRS 2012, 47860; VG München BeckRS 2012, 49813). Die Maßgeblichkeit der Streitwertfestsetzung für die Gebühren des Rechtsanwalts beschränkt sich dabei nicht auf denjenigen Prozessbevollmächtigten, der die Wertfestsetzung beantragt hat; sie gilt vielmehr allgemein für die im Verfahren aufgetretenen Rechtsanwälte (OVG Greifswald NJW 2008, 2936).

Zum **Gegenstandswertfestsetzungsverfahren** vgl § 2 RVG und §§ 22 bis 33 RVG sowie § 164 VwGO Rn 1.1 und OVG Münster BeckRS 2010, 47528.

Besonderheiten sind bei der gerichtlichen **Trennung von Verfahren** (§ 93 S 2 VwGO) zu **72.1** beachten. Neu entstandene Rechtsanwaltsgebühren sind nach der Trennung für jedes Verfahren nach seinem in deren Folge geltenden Streitwert zu berechnen. Im Zeitpunkt des Trennungsbeschlusses bereits entstandene Gebühren werden weder in ihrem Bestand verändert noch entstehen sie neu (OVG Magdeburg BeckRS 2010, 50549). Vielmehr sind sie im Kostenfestsetzungsverfahren proportional nach dem Verhältnis der Einzelstreitwerte der getrennten Verfahren auf die verschiedenen Prozesse zu verteilen (OVG Magdeburg BeckRS 2010, 50549; VGH München NVwZ-RR 2006, 221).

72a Ist im verwaltungsgerichtlichen Verfahren eine **Streitwertfestsetzung** hingegen **nicht erfolgt** – vor allem in gerichtskostenfreien Verfahren –, so bestimmt sich der Wert des Gegenstands der anwaltlichen Tätigkeit idR nach den für die Gerichtsgebühren maßgebenden Wertvorschriften (§ 23 Abs 1 GKG). Dies gilt allerdings nur dann, wenn für die jeweilige Sachmaterie keine spezialgesetzlichen Regelungen getroffen worden sind. Solche speziellen Vorschriften für die Gegenstandswertbemessung gelten etwa für asylverfahrensrechtliche Streitigkeiten (§ 30 RVG (vgl Rn 23.3)) und für Verwaltungsstreitverfahren nach dem Vermögenszuordnungsgesetz (§ 6 Abs 3 S 2 VZOG).

72a.1 Hinsichtlich der Bemessung der im **verwaltungsbehördlichen Vorverfahren** angefallenen **Rechtsanwaltsgebühren** wird wie folgt differenziert: Hat sich dem behördlichen Vorverfahren ein verwaltungsgerichtliches Klageverfahren angeschlossen, ist die für dieses Verfahren erfolgte gerichtliche Streit- oder Gegenstandswertfestsetzung zugleich die Grundlage für die Berechnung der bereits zuvor angefallenen Rechtsanwaltsgebühren, soweit die Gegenstände des Widerspruchs- und des sich anschließenden Klageverfahrens identisch sind (§ 32 Abs 1 RVG). Kommt es hingegen nicht zu einem gerichtlichen Verfahren, weil dem Widerspruch durch die Ausgangsbehörde abgeholfen oder durch die Widerspruchsbehörde stattgegeben wird oder weil sich der Widerspruchsführer mit seinem Unterliegen im Widerspruchsverfahren abfindet (ggf nach erfolglosem gerichtlichen Eilrechtsschutzverfahren), so erfolgt die Bemessung des Wertes der anwaltlichen Tätigkeit im verwaltungsbehördlichen Vorverfahren in Anwendung der Wertvorschriften des Gerichtskostengesetzes (§ 23 Abs 1 S 2 und 3 RVG).

72b Mit § 22 Abs 2 RVG und § 23 Abs 1 S 4 RVG hat der Gesetzgeber strikte **Obergrenzen** für die Bemessung des Gegenstandswerts festgelegt. Danach beträgt in derselben Angelegenheit der Gegenstandswert höchstens 30 Mio Euro, soweit nicht durch spezialgesetzliche Regelung ein niedrigerer Höchstwert bestimmt ist (§ 22 Abs 2 S 1 RVG). Sind in derselben Angelegenheit mehrere Personen Auftraggeber, beträgt der Wert für jede Person höchstens 30 Mio Euro, insgesamt jedoch nicht mehr als 100 Mio Euro (§ 22 Abs 2 S 2 RVG). Die Verfassungsmäßigkeit dieser Kappung des Gegenstandswerts ist vom BVerfG bestätigt worden (BVerfG AnwBl 2007, 535).

72c Sind die im Verfahren angefallenen Gebühren des Rechtsanwalts nach dem Vergütungsverzeichnis zum RVG als **Rahmengebühren** ausgestaltet, bestimmt der Rechtsanwalt die Gebühr im Einzelfall unter Berücksichtigung aller Umstände, vor allem des Umfangs und er Schwierigkeit der anwaltlichen Tätigkeit, der Bedeutung der Angelegenheit sowie der Einkommens- und Vermögensverhältnisse des Auftraggebers, nach billigem Ermessen (§ 14 Abs 1 S 1 RVG). Ein besonderes Haftungsrisiko des Rechtsanwalts kann bei der Bemessung herangezogen werden (§ 14 Abs 1 S 2 RVG; vgl hierzu etwa VG Berlin BeckRS 2010, 56751). Die Rechtsprechung geht davon aus, dass dem Rechtsanwalt mit diesen Regelungen ein gewisser Spielraum bei der Bestimmung der Gebührenhöhe zugebilligt worden ist. Im Festsetzungsverfahren ist die vom Rechtsanwalt getroffene Bestimmung der Gebührenhöhe aber nicht verbindlich, wenn sie sich als „unbillig" erweist (§ 14 Abs 1 S 4 RVG). Dabei legt die Rechtsprechung zugrunde, dass die Tätigkeit des Rechtsanwalts immer dann mit dem **mittleren Gebührensatz** angemessen bewertet ist, wenn sie sich unter den im Gesetz genannten Gesichtspunkten nicht nach oben oder unten vom Durchschnitt abhebt; ein Spielraum für die Erhebung einer höheren Gebühr besteht nur dann, wenn im konkreten Fall besondere Umstände eine Erhöhung über den Mittelwert hinaus rechtfertigen (BVerwG NJW 2006, 247; VGH München Beschl v 12.2.2009, 16a CD 08.2917; VG Berlin BeckRS 2010, 56751 und BeckRS 2010, 56368). Die Vornahme pauschaler Zuschläge zur Mittelgebühr bei bestimmten Verfahrensgegenständen ist daher grundsätzlich ausgeschlossen. Fallen **mehrere Rahmengebühren** an, ist die zutreffende Gebühr innerhalb der jeweiligen Gebührenrahmen unter Berücksichtigung des vorgenannten Maßstabs jeweils gesondert zu bestimmen (VG Berlin BeckRS 2010, 56751 und BeckRS 2010, 56368).

72d Der **maßgebliche Zeitpunkt** für die Gebührenberechnung ist derjenige der Auftragserteilung (§ 60 RVG). Nachfolgende Gesetzesänderungen verändern diese Gebühren nicht mehr.

3. Auslagen eines Rechtsanwalts

Auslagen eines mit der Prozessführung beauftragten **Rechtsanwalts** sind erstattungs- 73
fähig, soweit diese im Teil 7 des Vergütungsverzeichnisses in Anlage 1 zum RVG aufgeführt
werden. Danach können Auslagen eines Rechtsanwalts nur in den folgenden Grenzen
zusätzlich zu den angefallenen Gebühren geltend gemacht werden:

Entgelte für **Post- und Telekommunikationsdienstleistungen** (Nr 7001 und 7002 74
VV RVG): nach Wahl des Rechtsanwalts entweder in Höhe der tatsächlich von ihm zu
zahlenden Entgelte oder in Höhe des sich aus Nr 7002 VV RVG ergebenden Pauschalsatzes
(20 % der Gebühren – höchstens 20 Euro).

Dokumentenpauschale für Abschriften und Kopien von Dokumenten sowie für die 75
Überlassung elektronisch gespeicherter Daten (Nr 7000 VV RVG): Aufwendungen des
Rechtsanwalts aus der Anfertigung von Abschriften und Kopien sowie aus der elektronischen
Speicherung von Daten zählen zu seinen allgemeinen Geschäftsunkosten, die grundsätzlich
mit den im Prozess anfallenden Rechtsanwaltsgebühren entgolten werden (Vorbem 7 Abs 1
VV RVG). Sie können nur dann gesondert in Ansatz gebracht werden, wenn sie in Nr 7000
VV aufgeführt sind. Ist dies der Fall, gelten seit dem Inkrafttreten des 2. KostRModG (Rn 70)
folgende Pauschalsätze: 0,50 Euro/Seite für die ersten 50 abzurechnenden Seiten in schwarz-
weiß sowie 1 Euro/Seite für die ersten 50 abzurechnenden Seiten in Farbe; 0,15 Euro für
jede weitere Seite in schwarz-weiß sowie 0,30 Euro für jede weitere Seite in Farbe; 1,50
(bislang: 2,50) Euro/Datei für die Überlassung von elektronisch gespeicherten Dateien,
jedoch insgesamt höchstens 5 Euro für die in einem Arbeitsgang überlassenen, bereitgestellten oder in einem Arbeitsgang auf denselben Datenträger übertragenen Dokumente.

Ein gesonderter Ansatz ist zulässig für **Kopien und Ausdrucke aus Behörden- und Gerichts-** 75.1
akten, soweit deren Herstellung **zur sachgemäßen Bearbeitung der Rechtssache geboten** war
(Nr 7000 Nr 1 Buchst a VV RVG); hierbei ist die **ex-ante-Sicht** maßgebend (VG Würzburg
BeckRS 2012, 50786 und 50740). Ob dies der Fall ist, bestimmt sich nicht nach der subjektiven
Auffassung des Rechtsanwalts, sondern nach der allgemeinen Verkehrsanschauung im Prozessrechts-
verkehr (OVG Koblenz JurBüro 2010, 370 (zu Farbkopien aus einem Bebauungsplan); VG Würz-
burg BeckRS 2012, 50786 und 50740; VG Stuttgart BeckRS 2009, 32946). Diese billigt dem
Rechtsanwalt einen gewissen Beurteilungsspielraum zu und nötigt nicht zu kleinlicher Handhabung
bei der erforderlichen Glaubhaftmachung (OVG Koblenz JurBüro 2010, 370; VG Würzburg
BeckRS 2012, 50786 und 50740; VG Gelsenkirchen BeckRS 2010, 54854: „Ermessen"; VG
Leipzig Beschl v 6.4.2009 – 1 K 44/05: „Ermessen"; OVG Münster Beschl v 18.10.2006 – 7 E
1339/05; VG Stuttgart BeckRS 2009, 32946). Vom Beurteilungsspielraum nicht mehr gedeckt wäre
eine Handhabung, ohne vorherige inhaltliche Auseinandersetzung kurzerhand die gesamte Behör-
den- und Gerichtsakte ablichten zu lassen (VG Würzburg BeckRS 2012, 50786 und 50740). Die
komplette Kopie eines Verwaltungsvorgangs kann daher als Indiz für eine unterbliebene Prüfung der
Notwendigkeit der jeweiligen Fotokopien gewertet werden. Dies schließt es allerdings in Einzelfällen nicht aus, bei besonderer Begründung auch die Notwendigkeit einer kompletten Kopie
anzuerkennen (VG Gelsenkirchen BeckRS 2010, 54754). Erfolgt eine solche Begründung nicht, ist
es gerechtfertigt, die angegebenen Aufwendungen in der Kostenfestsetzung unberücksichtigt zu
lassen. In der Rspr wird es zum Teil mit Blick auf den Belang der Verfahrensökonomie aber auch
akzeptiert, wenn der Urkundsbeamte die angegebenen Aufwendungen pauschal um die Hälfte kürzt
(VG Würzburg BeckRS 2012, 50786 und 50740)

Zurückhaltung ist insbesondere bei der **Anfertigung von Kopien aus Behörden- und** 75.2
Gerichtsakten für den Mandanten angezeigt. Denn der Rechtsanwalt hat zu berücksichtigen,
dass die Bearbeitung der Rechtssache ihm und nicht dem Mandanten obliegt (VG Leipzig Beschl v
6.4.2009 – 1 K 44/05). Nicht ansatzfähig sind Kopien und Ausdrucke solcher Aktenbestandteile, die
dem Mandanten des Rechtsanwalts durch das Gericht oder die Behörde bereits in Abschrift oder
Kopie zu einem früheren Zeitpunkt übermittelt wurden oder die er sich selbst beschafft hat (VG
Würzburg BeckRS 2012, 50786 und 50740; VG Gelsenkirchen BeckRS 2010, 54854 und BeckRS
2010, 54754). Auch die Kosten für Kopien aufgrund eines Anwaltswechsels gehören nicht zu den
notwendigen Aufwendungen iSd § 162 VwGO; denn es kann nicht zu Lasten des kostenpflichtigen
Gegners gehen, wenn Unterlagen des früheren Prozessbevollmächtigten eines Beteiligten nicht an
den neuen Prozessbevollmächtigten weitergereicht werden (VG Leipzig Beschl v 6.4.2009 – 1 K 44/
05; a. A. VG Würzburg BeckRS 2012, 50786 und 50740: Kosten für Kopien aufgrund eines
Anwaltswechsels sind erstattungsfähig, nicht aber die Auslagen des ersten Bevollmächtigten).

75.3   Nach einer älteren Entscheidung des VGH Mannheim (VBlBW 1984, 376) sind Kopien und Ausdrucke aus Akten aber auch insoweit nicht geboten, als das abgelichtete Schriftgut dem Rechtsanwalt zur sachgemäßen Bearbeitung der Rechtssache nicht ständig zur Verfügung stehen muss und es ihm zugemutet werden kann, sich die erforderliche Aktenkenntnis notfalls auch durch mehrmalige Akteneinsicht zu verschaffen. Diese Entscheidung ist zu Recht als „überholt" bezeichnet worden (VG Sigmaringen NVwZ-RR 2003, 910). Denn mit der Einführung der **Aktenübersendungspauschale** in das Gerichtskostenrecht ist für die Beteiligten ein neuer Kostenfaktor geschaffen worden, der bei der Beurteilung der Notwendigkeit der Anfertigung von Kopien berücksichtigt werden muss. Die mehrmalige Anforderung der Akten statt der Anfertigung von Kopien kann einem Beteiligten nur dann zugemutet werden, wenn die Kosten für die Fertigung von Kopien die Aktenübersendungspauschale (von derzeit 12 Euro (nebst ggf USt) je Sendung, vgl Nr 9003 KV GKG) deutlich übersteigen würden. Die Aktenübersendungspauschale trifft gem § 28 Abs 2 GKG denjenigen, der die Versendung beantragt hat. Dies kann sowohl der Verfahrensbeteiligte selbst als auch sein Bevollmächtigter sein (str! OVG Lüneburg BeckRS 2010, 46054; VGH München NJW 2007, 1483; OLG Karlsruhe BeckRS 2006, 02613; VG Meiningen JurBüro 2006, 36; aA OVG Hamburg BeckRS 2006, 22661; VG Düsseldorf NVwZ-RR 2006, 744: Verpflichtung allein des Mandanten). Ist der Bevollmächtigte nach § 28 Abs 2 GKG verpflichtet, kann er seinen Mandanten für die hieraus entstehenden Aufwendungen allenfalls nach Maßgabe des § 675 BGB iVm § 670 BGB in Anspruch nehmen (vgl Vorb 7 Abs 1 S 2 zu Teil 7 VV RVG). In diesem Fall wird die Aktenversendungspauschale zu einem der Umsatzsteuer unterliegenden Entgelt (BVerwG JurBüro 2010, 476; OVG Lüneburg BeckRS 2010, 46054). **Kurierkosten** für den Rücktransport der Akte – nach Einsichtnahme in der Kanzlei des Prozessbevollmächtigten – zum Verwaltungsgericht sind nicht erstattungsfähig (VG Hamburg JurBüro 2008, 153).

75.4   Kopien und Ausdrucke können ferner in Ansatz gebracht werden, soweit mehr als 100 Seiten zu fertigen waren, um **Zustellungen und Mitteilungen an Gegner** oder Beteiligte und Verfahrensbevollmächtigte zu bewerkstelligen, die entweder durch Rechtsvorschrift vorgegeben sind oder auf Aufforderung des Gerichts erfolgen (Nr 7000 Nr 1 lit b VV RVG). Dasselbe gilt, wenn mehr als 100 Seiten zu fertigen waren, um **notwendige Unterrichtungen des Auftraggebers** vorzunehmen (Nr 7000 Nr 1 lit c VV RVG). Dies setzt allerdings eine „doppelte Notwendigkeit" voraus (VG Leipzig Beschl v 6.4.2009, 1 K 44/05): Zum einen muss es überhaupt notwendig gewesen sein, den Mandanten zu unterrichten, zum anderen muss es notwendig gewesen sein, dass zu diesem Zweck gerade die übersandten Kopien hergestellt wurden. Hierzu zählen allerdings die eigenen Schriftsätze des Rechtsanwalts und die der Gegenseite. Denn der Mandant hat ein Recht darauf zu wissen, was sein Rechtsanwalt in seinem Namen vorträgt und was die Gegenseite erwidert (VG Leipzig Beschl v 6.4.2009, 1 K 44/05). Sonstige Kopien und Ausdrucke werden mit den Rechtsanwaltsgebühren entgolten, es sei denn, sie sind im **Einverständnis mit dem Auftraggeber** angefertigt worden (Nr 7000 Nr 1 lit d VV RVG).

75.5   Eine Übermittlung durch den Rechtsanwalt per **Telefax** wird der Herstellung einer Kopie gleichgestellt (Abs 1 der Anm zu Nr 7000 VV RVG).

75.6   Zum **Scannen von Dokumenten** trifft Abs 2 der Anm zu Nr 7000 VV RVG folgende Regelung: Werden zum Zweck der Überlassung von elektronisch gespeicherten Daten Dokumente im Einverständnis mit dem Auftraggeber zuvor von der Papierform in die elektronische Form übertragen, beträgt die Dokumentenpauschale nach Nr 7000 Nr 2 VV RVG nicht weniger, als die Dokumentenpauschale im Fall der Nr 7000 Nr 1 VV RVG betragen würde.

76   Aufwendungen aus der Durchführung von **Geschäftsreisen** (Nr 7003, 7004, 7005, 7006 VV RVG): Vorbem 7 Abs 2 VV RVG beschränkt die Erstattungsfähigkeit von Aufwendungen aus der Durchführung von Geschäftsreisen vor vornherein auf durch die Wahrnehmung des Mandats bedingte Reisen, die zu einem **Reiseziel** führen, das außerhalb der Gemeinde liegt, in der sich die Kanzlei oder die Wohnung des Rechtsanwalts befindet. Ob Aufwendungen eines Rechtsanwalts aus der Durchführung einer Geschäftsreise zu den erstattungsfähigen Kosten des Verwaltungsprozesses zählen, hängt ferner davon ab, ob die Geschäftsreise zur zweckentsprechenden Rechtsverfolgung oder Rechtsverteidigung **„notwendig"** war (vgl oben Rn 51); § 91 Abs 2 ZPO findet weder unmittelbar noch – über § 173 VwGO – mittelbar Anwendung (BVerwG NJW 2007, 3656; VGH München Beschl v 24.2.2010, 11 C 10.81; OVG Bautzen Beschl v 13.2.2009, 2 E 101/08; OVG Münster Beschl v 5.5.2008 – 13 E 61/08 BeckRS 2008, 34789; VG Würzburg BeckRS 2012, 59748; VG München BeckRS 2012, 47485; VG Aachen BeckRS 2010, 50033; FG Hamburg BeckRS 2012, 95829; aA VG Würzburg Beschl v 23.1.2009, W 4 M 08.1340). Im Grundsatz kann davon ausgegangen werden, dass Reisekosten eines Rechtsanwalts erstattungsfähig sind, wenn er seine **Kanzlei am Sitz oder im Bezirk des angerufenen Gerichts** oder am **Wohn- oder Geschäftssitz des Mandanten** oder in der Nähe hat (VGH München Beschl v 24.2.2010, 11 C 10.81; VGH Mannheim NJW 2009, 1895; VG Koblenz BeckRS 2012, 57466; aA, jedoch in Verkennung des generellen Kostenminimierungsgebots, VG Aachen BeckRS 2010, 50033: Mangels gegenteiliger gesetzlicher Regelung sei es in den Grenzen von Treu und Glauben ohne kostenrechtliche Nachteile möglich, jeden beliebigen Rechtsanwalt in Deutschland mit der Prozessvertretung zu beauftragen). Zur Aufteilung der angefallenen Reisekosten bei Wahrnehmung mehrerer Termine vgl die Vorb 7 Abs 3 S 1 VV RVG sowie BVerwG Beschl v 4.9.2008, 4 KSt 1010/07.

Bei **Mandatierung eines auswärtigen** – nicht am Gerichtsort oder Wohn-/Geschäftsort **77** des Mandanten – ansässigen **Rechtsanwalts** kommt eine Erstattung von Reisen des Rechtsanwalts an den Gerichtsort (insbes zur Wahrnehmung von Gerichtsterminen) oder zum Wohn-/Geschäftsort des Mandanten (zur Durchführung von Besprechungen mit diesem) nur in Betracht, wenn es dem Beteiligten ungeachtet seiner prozessualen Kostenminimierungspflicht nicht zuzumuten war, einen ortsansässigen Rechtsanwalt zu mandatieren, der bei der Wahrnehmung solcher Termine keine gesondert abrechnungsfähige Geschäftsreise durchzuführen hätte (vgl Vorbem 7 Abs 2 VV RVG; VG München BeckRS 2012, 47485). Die Frage der Vergleichbarkeit ist dabei aus Sicht eines verständigen, nicht notwendigerweise rechtskundigen Beteiligten zu beantworten (FG Hamburg BeckRS 2012, 95829). Die Kosten eines auswärtigen Rechtsanwalts sind danach zu erstatten, wenn der Verfahrensbeteiligte im Kostenfestsetzungsverfahren nachweisen kann, dass er gute Gründe dafür hatte, den auswärtigen Rechtsanwalt mit der Wahrnehmung seiner Interessen zu betrauen (str.! VG Würzburg BeckRS 2012, 59748; aA etwa OVG Berlin-Brandenburg BeckRS 2012, 53561: Ausschluss der Erstattungsfähigkeit nur bei Verstoß gegen Treu und Glauben). Maßgeblich sind die Verhältnisse in dem Zeitpunkt, zu dem der Beteiligte erstmals einen Rechtsanwalt beauftragt (OVG Hamburg NVwZ-RR 2007, 563). Zur Notwendigkeit von Geschäftsreisen des Rechtsanwalts zum Mandanten, die aus Anlass von Informationsgesprächen mit diesem durchgeführt werden, vgl die Ausführungen in Rn 62.3 sowie BVerwG BeckRS 2009 41656.

Die **Unzumutbarkeit der Mandatierung eines ortsansässigen Rechtsanwalts** wird regel- **77.1** mäßig anzunehmen sein, wenn der beauftragte Rechtsanwalt über spezielle Fachkenntnisse im Bereich des Verwaltungsrechts verfügt, auf die es im Verfahren ankommen kann (OVG Berlin-Brandenburg BeckRS 2013, 49985; VGH München Beschl v 24.2.2010, 11 C 10.81; VGH Mannheim NJW 2009, 1895; OVG Bautzen Beschl v 13.2.2009, 2 E 101/08; VG Würzburg BeckRS 2012, 59748; FG Hamburg BeckRS 2012, 95829). Die Beauftragung eines auswärtigen Rechtsanwalts wird ferner dann notwendig sein, wenn zwischen ihm und seinem Mandanten ein besonderes Vertrauensverhältnis besteht und der Gegenstand des Verfahrens es für den Beteiligten angezeigt erscheinen lässt, sich keinem anderen Rechtsanwalt anzuvertrauen (OVG Berlin-Brandenburg BeckRS 2013, 49985; VGH München Beschl v 10.10.2011, 20 C 11.1784; OVG Bautzen Beschl v 13.2.2009, 2 E 101/08; OVG Weimar NVwZ 1996, 812; VGH Mannheim NVwZ-RR 1996; VG Würzburg BeckRS 2012, 59748; VG Gelsenkirchen BeckRS 2008, 39901; VG Stuttgart DÖV 2005, 749; VG Bremen NVwZ-RR 2004, 231). Dies ist vom BVerwG etwa angenommen worden, wenn ein Rechtsanwalt als „Hausanwalt" eines Naturschutzverbandes für dessen Regionalverband beim BVerwG eine naturschutzrechtliche Verbandsklage erhebt und sein Kanzleisitz weiter von Leipzig entfernt liegt als der Sitz der Regionalverbandes (BVerwG NJW 2007, 3656). Auch der Umstand, dass ein Beteiligter in zahlreiche Verfahren vergleichbarer Art eingebunden ist und sich in diesen Fällen stets durch einen Prozessbevollmächtigten vertreten lässt, mit dem er eine Rahmenvereinbarung geschlossen hat, wird regelmäßig als Umstand zu werten sein, der den Ansatz der Reisekosten eines auswärtigen Rechtsanwalts rechtfertigt (OVG Münster BeckRS 2008, 34789). Die Erstattung von Reisekosten eines auswärtigen Rechtsanwalts kommt weiter dann in Betracht, wenn auch der am Verfahren Beteiligte ein „Auswärtiger" ist (VG Bremen NVwZ-RR 2004, 231). Denn jedem Beteiligten ist grundsätzlich zumindest eine – erstattungsfähige – Informationsfahrt zu seinem Rechtsanwalt zuzubilligen (vgl Rn 62.2). Entsprächen aber die Kosten der Informationsfahrt des Beteiligten zu einem am Gerichtsort ansässigen Rechtsanwalt denjenigen Kosten, die sein auswärtiger Anwalt bei der Wahrnehmung eines Gerichtstermins aufzuwenden hat, so bleibt es ihm unbenommen, den auswärtigen Rechtsanwalt zu beauftragen. **Verlegt der ortsansässige Rechtsanwalt seine Kanzlei** an einen anderen Ort, kann er bei Fortführung eines ihm vorher erteilten Auftrags

Auslagen nach den Nr 7003 bis 7006 nur insoweit verlangen, als sie auch von seiner bisherigen Kanzlei aus entstanden wären (Vorbem 7 Abs 3 S 2 VV RVG); welche Kosten hypothetisch bei Beauftragung eines Terminsvertreters angefallen wären, ist insoweit unbeachtlich (VG München Beschl v 24.3.2011 – M 3 M 10.4272).

78   Ist demgemäß eine notwendige Geschäftsreise durchgeführt worden, sind die **Fahrtkosten** (Nr 7003, 7004 VV RVG) und **Übernachtungskosten** des Rechtsanwalts (Nr 7006 VV RVG) sowie das ihm zustehende **Tage- und Abwesenheitsgeld** (Nr 7005 VV RVG) erstattungsfähig. Dient die Reise mehreren Geschäften – etwa der Wahrnehmung von Gerichtsterminen, wenn das Gericht an einem Sitzungstag mehrere Asylverhandlungen unter Beteiligung von Mandanten des Rechtsanwalts durchführt –, so sind die entstandenen Auslagen nach dem Verhältnis der Kosten zu verteilen, die bei gesonderter Ausführung der einzelnen Geschäfts entstanden wären (Vorbem 7 Abs 3 S 1 VV RVG).

78.1   Die **Höhe der ansatzfähigen Reisekosten** wird im Vergütungsverzeichnis in Anlage 1 zum RVG wie folgt festgelegt (zu Einzelheiten vgl Enders JurBüro 2012, 225):
Hinsichtlich der **Fahrtkosten** ist danach zu unterscheiden, ob der Rechtsanwalt ein **eigenes Kraftfahrzeug** oder sonstige Verkehrsmittel genutzt hat. Die Wahl des Verkehrsmittels liegt grundsätzlich im Ermessen des Rechtsanwalts. Bei Nutzung eines eigenen Kraftfahrzeugs dürfen 0,30 Euro für jeden gefahrenen Kilometer (Nr 7003 VV RVG) zzgl der durch die Benutzung des Kraftfahrzeugs speziell aus Anlass der Geschäftsreise anfallenden baren Auslagen (insbes Park-, Straßenbenutzungs- und Fährgebühren, nicht aber Treibstoffkosten) angesetzt werden (Nr 7006 VV RVG). Mit der Fahrtkostenerstattung nach Nr 7003 VV RVG sind die Anschaffungs-, Unterhaltungs- und Betriebskosten sowie die Abnutzung des Kfz abgegolten.

78.2   Bei Nutzung **anderer Verkehrsmittel** ist auf die tatsächlichen Aufwendungen abzustellen, soweit diese angemessen sind (Nr 7004 VV RVG). Welcher Aufwand „angemessen" ist, bestimmt sich auch hier nach den Gegebenheiten des Einzelfalles. Als Leitlinie gilt: „weder luxuriös noch schäbig, sondern den Gesamtumständen angepasst" (Hartmann Kostengesetze RVG VV 7006 Rn 23). Hierbei sind insbes die zu erwartenden Gesamtkosten des Verfahrens, der Streitwert, die Stellung des Anwalts, aber auch diejenige seines Mandaten in den Blick zu nehmen. Bei Fahrten mit öffentlichen Verkehrsmitteln wird dem Rechtsanwalt idR die Nutzung der 1. Klasse zuzubilligen sein (VG Freiburg AnwBl 1996, 589). Auch Kosten aus der Nutzung eines Flugzeugs sind im Grundsatz erstattungsfähig (vgl hierzu Enders JurBüro 2012, 225, 226).

78.3   Auch die **Übernachtungskosten** sind in Höhe der tatsächlichen Aufwendungen zu erstatten, soweit sie angemessen sind (Nr 7006 VV RVG). Hinsichtlich der Frage der Angemessenheit der angefallenen Kosten gelten dieselben Grundsätze wie beim Fahrtkostenersatz nach Nr 7004 VV RVG).

78.4   Als **Tage und Abwesenheitsgeld** erhält der Rechtsanwalt seit Inkrafttreten des 2. KostRModG (Rn 70) bei einer Geschäftsreise von nicht mehr als vier Stunden 25 Euro (bislang: 20 Euro), von mehr als vier bis acht Stunden 40 Euro (bislang: 35 Euro) und von mehr als acht Stunden 70 Euro (bislang: 60 Euro), vgl Nr 7005 S 1 VV RVG. Bei Auslandsreisen können diese Sätze um einen Zuschlag von bis zu 50 % erhöht werden (Nr 7005 S 2 VV RVG).

79   Aufwendungen aus einer **Haftpflichtversicherung** des Rechtsanwalts können nur in sehr engen Grenzen in Ansatz gebracht werden. Erstattungsfähig ist allein eine im Einzelfall gezahlte Versicherungsprämie für Vermögensschäden, soweit die Prämie auf Haftungsbeträge von mehr als 30 Mio Euro entfällt (Nr 7007 VV RVG).

80   Grundsätzlich erstattungsfähig ist dagegen die vom Rechtsanwalt auf seinen Mandanten abgewälzte **Umsatzsteuer** auf erstattungsfähige Leistungen des Rechtsanwalts (Nr 7008 S 1 VV RVG; vgl etwa BVerwG JurBüro 2010, 476; OVG Lüneburg BeckRS 2010, 46054: Aktenversendungspauschale). Dies gilt allerdings nicht, wenn die Umsatzsteuer nach § 19 Abs 1 UStG unerhoben bleibt (Nr 7008 S 2 VV RVG). Eine Erstattung kommt ferner dann nicht in Betracht, wenn der Mandant hinsichtlich der Leistungen des Rechtsanwalts nach § 15 UStG zum Vorsteuerabzug berechtigt ist (str VGH Mannheim JurBüro 1992, 26; VG München BeckRS 2013, 46667; 2013, 46668; 2012, 54457; VG Hamburg HmbJVBl 1991, 71; aA VG Aachen JurBüro 1992, 323). Im Rahmen der Kostenfestsetzung genügt insofern allerdings regelmäßig bereits die Erklärung des Rechtsanwalts, dass sein Mandant nicht zum Vorsteuerabzug berechtigt ist; anderes gilt nur bei greifbarer Unrichtigkeit der Erklärung (§ 104 Abs 2 S 3 ZPO iVm § 173 VwGO; VGH Mannheim NVwZ-RR 2004, 310). Liegt eine entsprechende Erklärung nach § 104 Abs 2 S § ZPO iVm § 173 VwGO vor, ist auch bei einem pauschalierenden Landwirt die von seinem Prozessbevollmächtigten in Rechnung gestellte Umsatzsteuer als erstattungsfähig anzusehen (OVG Lüneburg BeckRS 2011, 55314). Bei der Kostenfestsetzung ist der auf die anwaltliche Vergütung zu zahlende Umsatzsteuersatz zu berücksichtigen, der im Zeitpunkt der Fälligkeit der Vergütung gilt (OVG Münster BeckRS 2008 40134).

II. Aufwendungen aus der Zuziehung eines Rechtsanwalts, Rechtsbeistands, Steuerberaters oder Wirtschaftsprüfers für das behördliche Vorverfahren (Abs 2 S 2)

1. Systematischer Zusammenhang mit anderen Vorschriften

Nach **§ 162 Abs 1 VwGO** sind die notwendigen Aufwendungen der Beteiligten zwar **81** „einschließlich der Kosten des Vorverfahrens" erstattungsfähig. Für die Aufwendungen aus der Bevollmächtigung eines Rechtsanwalts, Rechtsbeistands, Steuerberaters oder Wirtschaftsprüfers gilt dies aufgrund der **Sonderregelung des § 162 Abs 2 S 2 VwGO** aber nur dann, wenn das Gericht die Zuziehung eines Bevollmächtigten für das Vorverfahren für notwendig erklärt hat. Unter **„Zuziehung"** eines Bevollmächtigten ist hierbei die Vollmachterteilung zur Vertretung nach außen zu verstehen (OVG Greifswald NordÖR 2005, 121). Kosten aus der Inanspruchnahme rein interner Beratungsleistungen eines Rechtsanwalts, Rechtsbeistands, Steuerberaters oder Wirtschaftsprüfers im Vorverfahren sind damit per se nicht erstattungsfähig (VG Gießen BeckRS 2013, 51683). Dasselbe gilt für Kosten, die dem Beteiligten daraus entstehen, dass er durch einen Bevollmächtigten einen Antrag nach § 80 Abs. 4 VwGO stellen lassen hat; denn für eine analoge Anwendung des § 162 Abs 2 S 2 VwGO auf Fälle behördlicher Aussetzungsverfahren besteht mangels Regelungslücke keine Möglichkeit (OVG Münster NVwZ-RR 2006, 856). Damit finden § 162 Abs 1 VwGO iVm Abs 2 S 2 VwGO nur auf diejenigen Beteiligten des gerichtlichen Verfahrens Anwendung, die auch am vorausgegangenen Vorverfahren beteiligt waren (VG Augsburg Beschl v 10.6.2008 – Au 5 K 06.535). Zum Begriff des „Vorverfahrens" und zu der Einschränkung, dass dem Vorverfahren ein gerichtliches Hauptsacheverfahren nachgefolgt sein muss, vgl oben Rn 54; zu den Aufwendungen eines Bevollmächtigten, die im Falle der gerichtlichen Feststellung der Notwendigkeit der Zuziehung des Bevollmächtigten im Vorverfahren in Ansatz gebracht werden können, vgl oben Rn 65 ff.

Anderes gilt für das **Vergütungsfestsetzungsverfahren** nach § 11 RVG (vgl hierzu VGH Kassel **81.1** BeckRS 2010, 51914). Hier bedarf es keiner gesonderten Feststellung durch das Gericht, dass die Hinzuziehung eines Bevollmächtigten für das Vorverfahren notwendig war. Denn maßgeblich für den Vergütungsanspruch des Rechtsanwalts gegenüber seinem Mandanten ist allein der Inhalt des Auftragsverhältnisses.

Besonderheiten gelten im **Bundesdisziplinarrecht**. Gem § 77 Abs 1 und 4 BDG iVm § 162 **81.2** Abs 2 S 2 VwGO kann das Gericht die Zuziehung eines Bevollmächtigten des Beamten nicht nur in Bezug auf das Vorverfahren, sondern in Bezug auf das gesamte behördliche Disziplinarverfahren für notwendig erklären (VGH Mannheim BeckRS 2013, 46849). Die in § 37 Abs 5, § 44 Abs 4 BDG geregelte Gebührenfreiheit des behördlichen Disziplinarverfahrens schließt es allerdings aus, gemäß § 77 Abs 1 und 4 BDG iVm § 162 Abs 2 S 2 VwGO die Zuziehung eines vom Dienstherrn im behördlichen Disziplinarverfahren bevollmächtigten Rechtsanwaltes für notwendig zu erklären (VGH Mannheim BeckRS 2013, 46849).

2. Antrag, Entscheidung und Anfechtung der Entscheidung

Die **Entscheidung** über die Notwendigkeit der Zuziehung eines Bevollmächtigten ist eine **82** vom Gericht der Hauptsache – durch gesonderten richterlichen Ausspruch (OVG Berlin-Brandenburg BeckRS 2010, 55539) – zu treffende kostenrechtliche Nebenentscheidung. Sie ist kein Bestandteil der Kostengrundentscheidung (§ 161 VwGO). Vielmehr handelt es sich um einen das Kostenfestsetzungsverfahren betreffenden Ausspruch des Gerichts, der die Notwendigkeit einer einzelnen Kostenposition feststellt und die Höhe der erstattungsfähigen Kosten regelt (§ 164 VwGO; OVG Greifswald BeckRS 2012, 48065; OVG Bautzen Beschl v 8.10.2012 – 5 E 42/12; VGH München BeckRS 2009, 33079; OVG Münster Beschl v

25.5.2008 – 12 E 608/07; VG München BeckRS 2012, 60209). Diese kostenrechtliche Nebenentscheidung kann entweder zusammen mit der Entscheidung in der Hauptsache oder aber durch gesonderten Beschluss erfolgen. Ein gesonderter Beschluss ergeht insbes dann, wenn keine Entscheidung in der Hauptsache gefällt oder ein Antrag nach § 162 Abs 2 S 2 VwGO erst nach der Hauptsacheentscheidung gestellt wird (vgl hierzu BVerwG NVwZ-RR 2003, 246). Über den erst später gestellten Antrag nach § 162 Abs 2 S 2 VwGO entscheidet das Gericht des ersten Rechtszugs auch dann, wenn in der Hauptsache ein Rechtsmittelverfahren durchgeführt oder noch anhängig ist (OVG Bautzen Beschl v 8.10.2012 – 5 E 42/12; VG München BeckRS 2012, 60209). Die Vorschrift des § 120 VwGO betreffend die Urteilsergänzung findet keine Anwendung (VGH München BeckRS 2009, 33079; VG München BeckRS 2012, 60209). Wird ein Verfahren durch **Vergleich** erledigt, der auch eine abschließende Regelung über die Kosten enthält, ist für eine nachträgliche gerichtliche Feststellung der Notwendigkeit der Zuziehung eines Bevollmächtigten im Vorverfahren kein Raum (VGH München NVwZ-RR 2012, 623; VG München BayVBl 2012, 222). Entsprechendes gilt, wenn die Beteiligten den Rechtsstreit einvernehmlich für erledigt erklärt und auch über die Kostenfolge umfassend Einigkeit erzielt haben. Ergibt hingegen die Auslegung, dass sich die Einigung nur auf die Verteilung der erstattungsfähigen Kosten bezieht, nicht aber auch darauf, welche Kosten als erstattungsfähig anzusehen sind, dann ist eine gerichtliche Feststellung der Notwendigkeit der Zuziehung eines Bevollmächtigten im Vorverfahren grundsätzlich möglich (VGH München Beschl v 9.1.2012, 4 C 11.2968; VG Ansbach Beschl v 17.7.2012 – AN 9 K 10.02259; VG Hamburg BeckRS 2012, 47336).

82.1   Wird die Notwendigkeit der Zuziehung eines Bevollmächtigten für das Vorverfahren erst nach Erlass des Kostenfestsetzungsbeschlusses durch das Gericht festgestellt, so hat dies zur Folge, dass der **Kostenfestsetzungsbeschluss** insoweit automatisch **gegenstandslos** wird (OVG Bautzen NVwZ 2007, 116). Zu den Konsequenzen für die Kostenfestsetzung vgl unten § 164 VwGO Rn 24.1.

83   § 158 VwGO findet auf die Entscheidung nach § 162 Abs 2 S 2 VwGO keine Anwendung (OVG Bautzen BeckRS 2013, 49570; OVG Berlin-Brandenburg Beschl v 16.7.2009, 11 L 26.09; OVG Greifswald NVwZ 2002, 1129; OVG Weimar NVwZ-RR 2001, 487). Die Entscheidung ist allerdings nur nach Maßgabe von § 146 Abs 3 VwGO mit der **Beschwerde** anfechtbar (OVG Bautzen BeckRS 2013, 49570; VGH München Beschl v 9.1.2012 – 4 C 11.2968; OVG Berlin-Brandenburg Beschl v 16.7.2009 – 11 L 26.09; VGH Kassel NVwZ-RR 2005, 581); über die beim Oberverwaltungsgericht der zuständige Senat in der Besetzung mit drei Richtern entscheidet (§ 9 Abs 3 S 1 Hs 1 VwGO; OVG Bautzen BeckRS 2009, 31780). Die Beschwerde ist auch dann der statthafte Rechtsbehelf, wenn die Entscheidung nach § 162 Abs 2 S 2 VwGO in einem Urteil getroffen worden ist und nun isoliert angefochten werden soll (OVG Magdeburg, Beschl v 2.6.2004 – 2 L 3/03).

84   Die Entscheidung wird idR auf **Antrag** des Beteiligten getroffen, der den Bevollmächtigten im Vorverfahren zugezogen hat; mangels entgegen stehender Regelung in der VwGO kann sie jedoch auch von Amts wegen erfolgen. Da die VwGO keine Fristen für einen Antrag nach § 162 Abs 2 S 2 VwGO bestimmt, kann ein solcher noch nach Erledigung des Hauptsacheverfahrens gestellt werden (VG München Beschl v 4.9.2011 – M 6b K 10.4075); über diesen ist – wie gezeigt – im Wege des gesonderten Beschlusses und nicht durch Urteilsergänzung nach § 120 VwGO zu entscheiden (BVerwG NVwZ-RR 2003, 246; VGH München Beschl v 20.11.2009 – 12 ZB 08.2361). Ist in der Hauptsache ein Rechtsmittelverfahren anhängig, kann der Antrag nach § 162 Abs 2 S 2 VwGO sowohl beim Eingangs- als auch beim Rechtsmittelgericht gestellt werden. Das Rechtsmittelgericht bleibt so lange **zuständig**, bis das Rechtsmittelverfahren rechtskräftig abgeschlossen ist (VGH München BeckRS 2009, 33079).

84a   Für das Verfahren und die Entscheidung nach § 162 Abs 2 S 2 VwGO fallen weder **Gerichtskosten** (§ 3 Abs 2 GKG) noch **Anwaltsgebühren** an (§ 19 Abs 1 S 2 Nr 14 RVG).

3. Notwendigkeit der Zuziehung eines Bevollmächtigten für das Vorverfahren

85   In der Entscheidung nach § 162 Abs 2 S 2 VwGO ist über die **Notwendigkeit der Zuziehung eines Bevollmächtigten** an sich zu befinden und nicht über die Notwendigkeit bestimmter Aufwendungen des Bevollmächtigten (VGH Kassel NJW 2006, 460). Der Frage nach der Notwendigkeit iSd § 162 Abs 2 S 2 VwGO ist also mit Blick auf das „Ob" der Zuziehung und nicht im Hinblick auf das „Wie" der Wahrnehmung des Mandats nachzugehen. Erforderlich ist allerdings, dass im Vorverfahren überhaupt eine förmliche Bevollmächtigung eines Bevollmächtigten erfolgt ist und der Bevollmächtigte eine nach außen gerichtete Tätigkeit entfaltet hat; ist dies nicht gegeben, dann fehlt einem Antrag nach § 162 Abs 2 S 2 VwGO bereits das Rechtsschutzbedürfnis (OVG Greifswald BeckRS 2012, 48065; VG Regensburg BeckRS 2012, 49444).Wird die Notwendigkeit der Zuziehung eines Bevollmächtigten gerichtlich festgestellt, so erfolgt die Klärung der Frage, welche der durch die Wahrnehmung des Mandats verursachten Aufwendungen notwendig iSd § 162 Abs 1 VwGO waren, im Rahmen des Kostenfestsetzungsverfahrens (vgl oben Rn 51 und unten § 164 VwGO Rn 1).

Die **Voraussetzungen für die Annahme der Notwendigkeit der Zuziehung** eines 86 Bevollmächtigten werden weder in § 162 Abs 2 VwGO noch in anderen Regelungen gesetzlich konkretisiert. Die Rechtsprechung zu dieser Frage ist unübersichtlich und keineswegs einheitlich. Das **BVerwG** geht davon aus, dass in § 162 Abs 2 S 2 VwGO (wie auch in § 80 Abs 2 VwVfG) die Einschätzung des Gesetzgebers zum Ausdruck komme, im behördlichen Vorverfahren sei eine Vertretung des Bürgers durch Rechtsanwälte oder sonstige Bevollmächtigte im Grundsatz weder üblich noch erforderlich (BVerwG NVwZ-RR 2002, 446). Damit werde allerdings **kein echtes Regel-Ausnahme-Verhältnis** begründet (BVerwG BeckRS 2012, 48647; 2005, 30303; ebenso VG Ansbach Beschl v 17.7.2012 – AN 9 K 10.02259). Nach einer in der Rechtsprechung sehr verbreiteten Gegenmeinung ist es den Bürgern und Vertretern juristischer Personen des privaten Rechts im Normalfall nicht zuzumuten, ihre Rechte ohne rechtskundigen Rat materiell und verfahrensrechtlich gegenüber der Verwaltung ausreichend zu wahren. Die Notwendigkeit der Zuziehung eines Bevollmächtigten im Vorverfahren sei daher in der Regel zu bejahen (vgl beispielsweise VG München BeckRS 2012, 60209). Einvernehmen besteht darin, dass nach **Lage des Einzelfalls** unter Würdigung der jeweiligen Verhältnisse zu entscheiden ist (BVerwG BeckRS 2009, 41660; OVG Greifswald BeckRS 2012, 48065). Für die Feststellung der Notwendigkeit der Zuziehung eines Bevollmächtigten für das Vorverfahren ist allerdings generell generell kein Raum, wenn dem Mandanten nach der gerichtlichen Kostengrundentscheidung ohnehin kein **Kostenerstattungsanspruch** zusteht (VGH Mannheim BeckRS 2013, 52329: zu § 80 VwVfG).

Die **Notwendigkeit** der Zuziehung eines Bevollmächtigten wird in der Rechtsprechung **idR** ua 86.1 dann **bejaht**, wenn die behördliche Begründung des Bescheides, mit dem ein Antrag abgelehnt wurde, so dürftig ist, dass der Antragsteller und spätere Kläger nicht erkennen kann, welche Voraussetzungen einer Stattgabe nicht erfüllt sein sollen und warum die Behörde zu dieser Einschätzung gelangt ist (VG Frankfurt BeckRS 2011, 50319). Ferner, wenn sich das Verfahren auf polizeirechtliche Maßnahmen bezieht, die in engem Zusammenhang mit einem Strafverfahren stehen (OVG Bautzen, Beschl v 29.11.2005 – 3 B 782/04), oder wenn eine Entscheidung im Streit steht, die die berufliche Zukunft des Widerspruchsführers in Frage stellt (vgl etwa OVG Koblenz AGS 2002, 11: juristische Staatsprüfung). Ein weiteres Beispiel ist der Streit um die Feststellung der Ergebnisse der Wertermittlung im Flurbereinigungsverfahren (VGH München Beschl v 7.12.2010 – 13 A 05.3207). Auch in Kriegsdienstverweigerungssachen wird die Notwendigkeit der Zuziehung eines Bevollmächtigten regelmäßig zu bejahen sein (OVG Bautzen Beschl v 9.11.2009 – 2 D 156/09).

Dagegen wird die Notwendigkeit der Zuziehung **idR verneint**, wenn im Vorverfahren um die 86.2 baurechtliche Zulässigkeit der gewerblichen Errichtung von Werbetafeln gestritten wird (VGH Mannheim VBlBW 2007, 474; OVG Bautzen SächsVBl 2004, 162) oder der Vollmachtgeber im Vorverfahren nicht als Widerspruchsführer, sondern lediglich als Dritter involviert ist (OVG Saarlouis BeckRS 2006, 20326; der Auffassung des VGH München NVwZ-RR 2003, 904, der davon ausgeht, dass § 162 Abs 2 S 2 VwGO in dieser Fallkonstellation keine Anwendung findet und über die Erstattungsfähigkeit von Aufwendungen allein nach § 80 Abs 2 und 3 VwVfG wird, ist das BVerwG NVwZ 2006, 1294, entgegen getreten). Die Zuziehung ist ferner nicht notwendig, wenn es nach § 68 Abs. 1 S 2 VwGO der Durchführung eines Vorverfahrens als Sachurteilsvoraussetzung nicht bedurfte. So ist etwa die Zuziehung eines Bevollmächtigten für das Vorverfahren nach bereits erhobener Untätigkeitsklage nicht notwendig, wenn die Einleitung des Vorverfahrens mit Blick auf das anhängige gerichtliche Verfahren entbehrlich war (OVG Lüneburg NVwZ-RR 2008, 849;

VGH Kassel DÖV 2008, 341; OVG Münster BeckRS 2008 35618). Anderes gilt mit Blick auf den Meistbegünstigungsgrundsatz aber dann, wenn der angegriffene Ausgangsbescheid mit einer Rechtsmittelbelehrung versehen ist, in der rechtsfehlerhaft auf die Möglichkeit und Erforderlichkeit der Durchführung eines Vorverfahrens hingewiesen wird (OVG Greifswald Beschl v 23.7.2008 – 1 O 108/08; OVG Lüneburg NVwZ-RR 2005, 660).

86a   Dabei ist rückblickend auf die Situation des Vollmachtgebers im Zeitpunkt der Mandatierung abzustellen (**ex ante-Sicht**; BVerwG BeckRS 2012, 48647 und 51092; VG Berlin BeckRS 2012, 52970; VG Frankfurt BeckRS 2011, 50319) und die **Sicht einer verständigen, umsichtigen, aber nicht rechtskundigen Person** zu Grunde zu legen (BVerwG BeckRS 2009, 41660; OVG Greifswald BeckRS 2012, 48065; OVG Bautzen BeckRS 2010, 47682; VG Berlin BeckRS 2012, 52970 und 49588; VG Ansbach Beschl v 17.7.2012 – AN 9 K 10.02259; VG Hamburg BeckRS 2010 46186; VG Düsseldorf BeckRS 2009, 31605). Weiter ist darauf abzustellen, ob es dem Widerspruchsführer nach seinen persönlichen Verhältnissen und nach den Umständen der vorgefundenen Sach- und Rechtslage zugemutet werden konnte, das Vorverfahren ohne Unterstützung eines Rechtsanwalts zu bestreiten (BVerwG BeckRS 2012, 48647 und 51092; OVG Bautzen BeckRS 2013, 49570; OVG Greifswald BeckRS 2012, 48065; VGH München Beschl v 29.4.2010 – 20 BV 10.1045; OVG Berlin-Brandenburg Beschl v 16.7.2009 – 11 L 26.09; OVG Weimar Urt v 22.9.2008 – 3 KO 1011/05; OVG Greifswald Beschl v 23.7.2008 – 1 O 108/08; VG Berlin BeckRS 2012, 49588; VG Stuttgart BeckRS 2010, 49457; VG Göttingen BeckRS 2008, 41140); oder anders gewendet: ob sich ein **vernünftiger Bürger mit gleichem Bildungs- und Erfahrungsstand** bei der gegebenen Sachlage eines Rechtsanwalts bedient hätte (BVerwG BeckRS 2012, 51092; OVG Bautzen BeckRS 2013, 49570; VGH München BeckRS 2012, 54421).

86b   Die Notwendigkeit der Hinzuziehung wird auch durch die **Bedeutung der Streitsache** für den Beschwerdeführer bestimmt (BVerwG BeckRS 2012, 51092). Aber auch bei weniger bedeutenden Streitsachen kann eine kurzfristige Belastung mit einer erheblichen Anzahl von Fällen ein relevanter Gesichtspunkt sein, sich trotz eigener Sachkunde der Unterstützung durch einen Rechtsanwalt zu bedienen (VG Berlin BeckRS 2012, 52970).

86c   Tritt ein **Rechtsanwalt** im Vorverfahren **in eigener Sache** auf oder lässt er sich durch einen Bevollmächtigten vertreten, so ist auf die Sicht einer verständigen, umsichtigen und rechtskundigen Person abzustellen (OVG Greifswald NVwZ 2002, 1129 und Beschl v 23.7.2008 – 1 O 108/08).

86d   Die Zuziehung eines Bevollmächtigten durch die Behörde, deren Verwaltungsakt im Vorverfahren zu überprüfen ist, wird in aller Regel nicht als notwendig iSd § 162 Abs 2 S 1 VwGO einzustufen sein (OVG Bautzen BeckRS 2009, 35067; VGH Mannheim Justiz 2005, 440; VG Koblenz Beschl v 22.11.2010 – 7 K 220/10.KO); Ausnahmen kommen allenfalls dann in Betracht, wenn sich einer kleineren Gemeinde im Vorverfahren komplexe oder außergewöhnliche Rechtsfragen stellen (OVG BeckRS 2009, 35067; VG Koblenz BeckRS 2012, 48377). In einem Widerspruchsverfahren, in dem sich eine Gemeinde gegen eine Baugenehmigung für ein Vorhaben auf dem Gebiet einer benachbarten Gemeinde wendet, ist die Zuziehung eines Rechtsanwalts regelmäßig als notwendig einzustufen (OVG Koblenz BeckRS 2011, 45973).

III. Aufwendungen der öffentlichen Hand für Post- und Telekommunikationsdienstleistungen (§ 162 Abs 2 S 3 VwGO)

87   Durch § 162 Abs. 2 S 3 VwGO wird eine die öffentliche Hand privilegierende **Sonderregelung zu § 162 Abs 1 VwGO** getroffen. Juristische Personen des öffentlichen Rechts und Behörden können an Stelle ihrer tatsächlichen Aufwendungen für Post- und Telekommunikationsdienstleistungen den in Nr 7002 VV RVG bestimmten Höchstsatz der Pauschale (derzeit 20 Euro) fordern. Zu den Gründen für die Rechtfertigung dieses **Wahlrechts der Behörde** vgl VG München BeckRS 2012, 47589 und VG Berlin BeckRS 2012, 55266. Die Zuerkennung der Pauschale entbindet den Kostengläubiger von der nachprüfbaren Darlegung der konkret angefallenen Aufwendungen; die Geltendmachung der Pauschale setzt allerdings die schlüssige Darlegung durch den Kostengläubiger voraus, dass überhaupt Auslagen in relevanter Höhe entstanden sind (VG Berlin BeckRS 2012, 51432; VG München

Beschl v 21.12.2010 – M 11 M 10.3646; Fichte DVBl 2009, 888). Dagegen ist es nicht erforderlich, dass das Gericht – wie in den Fällen des § 162 Abs 2 S 2 VwGO – die Erstattungsfähigkeit der geltend gemachten Aufwendungen dem Grunde nach förmlich feststellt (VG Berlin BeckRS 2012, 60473). Die Pauschale kann für jede Instanz im gerichtlichen Instanzenzug (VG München Beschl v 21.12.2010 – M 11 M 10.3646) und zusätzlich auch für das behördliche Vorverfahren in Ansatz gebracht werden (VG Gelsenkirchen NVwZ-RR 2008, 359; aA VG Berlin BeckRS 2012, 47661 mAnm Mayer FD-RVG 2012, 329146; VG Gelsenkirchen BeckRS 2009, 31719; VG Sigmaringen Beschl v 8.10.2004, 2 K 1923/03). Für die Mitwirkung des Jugendamts als gesetzlicher Vormund kann im Kostenfestsetzungsverfahren die Pauschale des § 162 Abs 2 S 3 VwGO geltend gemacht werden, obwohl das Jugendamt nicht Beteiligter des gerichtlichen Verfahrens ist und die Aufwendungen von ihm selbst und nicht von seinem Mündel getätigt werden (VG Berlin BeckRS 2009 41496).

C. Erstattungsfähigkeit der außergerichtlichen Kosten des Beigeladenen (Abs 3)

I. Systematischer Zusammenhang mit anderen Vorschriften

Auch § 162 Abs 3 VwGO trifft eine **Sonderregelung zu § 162 Abs 1 VwGO**, indem **88** er die Erstattungsfähigkeit der außergerichtlichen Kosten des Beigeladenen davon abhängig macht, dass das Gericht der Hauptsache diese Aufwendungen in einer förmlichen Entscheidung der unterliegenden Partei oder der Staatskasse auferlegt. Zugleich **ergänzt** § 162 Abs 3 VwGO die Vorschriften über die **Kostengrundentscheidung** (BVerfG BeckRS 2009, 38643; OVG Münster Beschl v 17.2.2009, 10 A 3416/07; OVG Lüneburg NVwZ-RR 2002, 987; OVG Saarlouis Beschl v 11.12.1998, 2 Y 7/98). Die Auferlegung der außergerichtlichen Kosten des Beigeladenen bestimmt sich daher nicht nach den Regelungen in § 154, § 155, § 156, § 159, § 160 und § 161 VwGO (VGH München BayVBl 1998, 605). Vielmehr hat das Gericht nach Billigkeit zu entscheiden.

II. Entscheidung und Anfechtung der Entscheidung

Da die **Entscheidung** nach § 162 Abs 3 VwGO – anders als die der nach § 162 Abs 2 **89** S 2 VwGO zu treffenden Entscheidung über die Notwendigkeit der Zuziehung eine Bevollmächtigten im Vorverfahren (vgl oben Rn 81) – zu den Bestandteilen der Kostengrundentscheidung zählt, gelten für sie auch die Bestimmungen über den **Erlass und die Anfechtbarkeit** der Kostengrundentscheidung (§ 161, § 158 VwGO; vgl OVG Berlin NVwZ-RR 1996, 546). Einer Entscheidung über die Zuweisung der außergerichtlichen Kosten des Beigeladenen bedarf es nicht nur im Zusammenhang mit einer streitigen Sachentscheidung des Gerichts, sondern auch dann, wenn das Gericht nach Klagerücknahme oder nach einvernehmlicher Erledigung des Verfahrens eines Kostengrundentscheidung zu treffen hat (§ 92 Abs 3 S 1, § 155 Abs 2, § 161 Abs 2 VwGO; vgl OVG Münster Beschl v 17.2.2009, 10 A 3416/07).

Unterbleibt eine ausdrückliche Entscheidung über die Auferlegung von außergerichtlichen Aufwendungen des Beigeladenen, so hat dies unmittelbar zur Konsequenz, dass **90** eine bereits getroffene Kostengrundentscheidung diese Aufwendungen nicht erfasst und dass die Aufwendungen im Kostenfestsetzungsverfahren nicht in Ansatz gebracht werden dürfen. Hat das Gericht nicht bewusst davon abgesehen, eine Entscheidung nach § 162 Abs 3 VwGO zu treffen, sondern ist die Entscheidung versehentlich unterblieben, so ist **auf Antrag** (BVerwG NVwZ-RR 1994, 236; OVG Lüneburg NVwZ-RR 2008, 740; OVG Bautzen DÖV 1998, 936) des betroffenen Beteiligten eine **Urteilsergänzung** (§ 120 VwGO) vorzunehmen, wenn die Kostengrundentscheidung in einem Urteil getroffen worden ist. In anderen Fällen entscheidet das Gericht durch einen gesonderten **Beschluss** (in entsprechender Anwendung von § 120 VwGO; vgl § 122 Abs 1 VwGO und VG München BeckRS 2012, 47438; VG Gelsenkirchen Beschl v 7.7.2009, 5 K 5800/08; VG Augsburg Beschl v 11.3.2009, Au 5 K 08.1383). Dabei ist für den Antrag die 2-Wochen-Frist des § 120 Abs 2 VwGO zu beachten (VG München BeckRS 2012, 47438). Die Frist wird allerdings nicht in Gang gesetzt, wenn der Beschluss den Beteiligten nicht zugestellt, sondern nur formlos bekannt gegeben worden ist (OVG Lüneburg NVwZ-RR 2008, 740).

III. Relevanter Personenkreis

91   § 162 Abs 3 VwGO befasst sich nach seinem Wortlaut nur mit den außergerichtlichen Aufwendungen eines nach § 65 VwGO **Beigeladenen**. Die Vorschrift findet über ihren Wortlaut hinaus aber auch (analoge) Anwendung auf die außergerichtlichen Aufwendungen sonstiger Dritter, die unmittelbar kraft Gesetzes am Verfahren beteiligt sind, ohne dass es eines gerichtlichen Beiladungsbeschlusses bedarf. Dasselbe gilt für die Aufwendungen von Dritten, denen die Befugnis eingeräumt ist, sich an einem Verfahren zu beteiligen (vgl etwa die Beteiligungsbefugnis des Bundesbeauftragten für Asylangelegenheiten nach § 6 Abs 2 S 1 AsylVfG). Auch auf Anhörungsberechtigte nach § 47 Abs 2 S 3 VwGO findet die Vorschrift entsprechende Anwendung. Ebenso auf den Vertreter des öffentlichen Interesses (§§ 35 VwGO ff); allerdings geht die Rechtsprechung zu Recht davon aus, dass es idR nicht der Billigkeit entspricht, dem Vertreter des öffentlichen Interesses die Erstattung seiner außergerichtlichen Kosten zuzubilligen (VG Sigmaringen NVwZ-RR 1998, 696). Dagegen handelt es sich bei der Beiladung nach § 99 Abs 2 S 6 VwGO nicht um einen Fall des § 162 Abs 3 VwGO, sondern um eine besondere Art der Behördenbeteiligung im in camera-Verfahren. Eines Ausspruchs zur Erstattungsfähigkeit der außergerichtlichen Kosten des nach § 99 Abs 2 S 6 VwGO Beigeladenen bedarf es daher nicht; vielmehr werden diese Kosten bereits von der gerichtlichen Kostengrundentscheidung nach §§ 154 ff VwGO erfasst (BVerwG JurBüro 2012, 197).

92   **Belastung der unterliegenden Partei oder der Staatskasse?** Die außergerichtlichen Kosten eines Beteiligten können entweder der unterliegenden Partei oder der Staatskasse auferlegt werden. Erfolgt eine Kostenauferlegung, wird in Anwendung des hinter § 154 Abs 1 und 2 VwGO stehenden allgemeinen Rechtsgedankens idR die unterliegende Partei zu belasten sein. Für eine Belastung der Staatskasse wird nur in Fällen unrichtiger Sachbehandlung durch das Gericht Anlass bestehen (vgl auch § 21 GKG). Dies ist vor allem dann der Fall, wenn das Gericht eine Person zu Unrecht beigeladen hat, der zu Unrecht Beigeladene die Beiladung nicht selbst beantragt hat und ihm im Zusammenhang mit dem Verfahren erhebliche Aufwendungen entstanden sind (BVerfG BeckRS 2009 38643; VGH München, NZM 2006, 230; LSK 2006, 170325; ausdrücklich offen gelassen von BVerwG BayVBl 2002, 125).

93   **„Unterliegende Partei"** iSd § 163 Abs 3 VwGO ist jeder Beteiligter, der nach der gerichtlichen Kostengrundentscheidung die Kosten des Verfahrens ganz oder teilweise zu tragen hat. Dies kann in den Fällen des § 154 Abs 3 VwGO auch ein anderer Beigeladener sein. Ist nach § 155 Abs 1 VwGO und § 159 VwGO die Kostenlast auf mehrere Beteiligte verteilt, so wird diesen jeweils entsprechend dem von ihnen zu tragenden Anteil an den Gesamtkosten auch ein Anteil an den außergerichtlichen Kosten des erstattungsberechtigten Beigeladenen zuzuweisen sein. Endet das Verfahren durch einen **Vergleich**, der keine Regelung über die Erstattung von außergerichtlichen Kosten des Beigeladenen enthält, so entscheidet das Gericht durch Beschluss nach § 162 Abs 3 VwGO (in Orientierung an § 160 S 1 VwGO).

93.1   „Unterliegende Partei" ist in diesem Falle derjenige Beteiligte, der nach Maßgabe des Vergleichs die Kosten des Verfahrens zu tragen hat. Enthält der Vergleich keine Kostenregelung, werden die außergerichtlichen Kosten des Beigeladenen den Beteiligten zu gleichen Teilen aufzuerlegen sein, wenn es überhaupt der Billigkeit entspricht, den Beigeladenen von seinen außergerichtlichen Kosten zu entlasten.

IV. Umfang der Auferlegung von Aufwendungen

94   Da das Gericht nach § 162 Abs 3 VwGO eine den Gegebenheiten des jeweiligen Einzelfalles gerecht werdende Billigkeitsentscheidung zu treffen hat, kommt nicht nur die vollständige, sondern auch die teilweise Auflegung von Aufwendungen des Beigeladenen in Betracht. Die außergerichtlichen Kosten des Beigeladenen sind daher nur erstattungsfähig,

„**wenn**" **und** – über den Wortlaut des § 162 Abs 3 VwGO hinaus – „**soweit**" sie das Gericht einem Beteiligten oder der Staatskasse auferlegt. Vgl auch hierzu BVerfG BeckRS 2009 38643 mit zahlreichen Nachweisen aus der Rspr.

V. Entscheidung nach Billigkeit

Die Entscheidung über die Auferlegung von außergerichtlichen Kosten des Beigeladenen **95** ist nach Billigkeit zu treffen. Aus § 162 Abs 3 VwGO selbst ergeben sich nur insofern **Maßstäbe für diese Billigkeitsentscheidung**, als mit dieser Vorschrift die Grundregel des § 162 Abs 1 VwGO durchbrochen wird, dass die nach § 161 VwGO zu treffende Kostengrundentscheidung die notwendigen Aufwendungen aller Beteiligten erfasst. Die mit § 162 Abs 3 VwGO herbeigeführte Einschränkung dieser Grundregel trägt dem Umstand Rechnung, dass das Maß der Einbindung eines Beigeladenen in das gerichtliche Verfahren sehr unterschiedlich sein kann. Es kann sich auf eine rein formale Beteiligung beschränken, die dem Beigeladenen keinen relevanten Aufwand bereitet und ihm kein oder nur geringes Engagement abverlangt. Hier wird es regelmäßig nicht angezeigt sein, dem Beigeladenen eine Erstattung von Kosten zuzubilligen. Die Stellung eines Beigeladenen kann aber in puncto **Aufwand, Engagement und Teilhabe am Prozessrisiko** auch derjenigen eines Hauptbeteiligten sehr nahe kommen. Ist dies der Fall, wird es regelmäßig der Billigkeit entsprechen, den Beigeladenen kostenrechtlich wie einen Hauptbeteiligten zu behandeln und ihm im Falle des Obsiegens von seinen außergerichtlichen Kosten zu entlasten (VGH Mannheim BeckRS 2011, 46315; VGH München NVwZ-RR 2000, 333). Letztentscheidend sind aber stets die **konkreten Umstände des jeweiligen Einzelfalls**.

Die Teilhabe eines Beigeladenen am Prozessrisiko bestimmt sich hinsichtlich des Streit- **96** gegenstandes der Hauptsache nach § 121 VwGO und hinsichtlich der Kosten nach § 154 Abs 3 VwGO. Da es nach **§ 154 Abs 3 VwGO** weit gehend in der Hand des Beigeladenen liegt, ob er in Bezug auf die Kosten des Gerichts und der anderen Beteiligten ein finanzielles Risiko eingeht, entspricht es der gerichtlichen Praxis, ihm jedenfalls im Regelfall die Kostenerstattung nach § 162 Abs 3 VwGO zuzubilligen, wenn und soweit er dieses Risiko durch Stellung von Anträgen oder Einlegung von Rechtsmitteln auf sich genommen hat und er mit Blick auf den Ausgang des Verfahrens in der prozessualen Stellung als Kläger oder Beklagter nach §§ 154 VwGO ff von seinen außergerichtlichen Kosten zu entlasten wäre (VGH München BeckRS 2012, 52882; VGH Mannheim BeckRS 2011, 46315; OVG Bautzen BeckRS 2010, 47693; OVG Münster BeckRS 2008, 38459; VG Würzburg BeckRS 2012, 49355; VG Düsseldorf BeckRS 2011, 53330; VG Augsburg Beschl v 5.11.2009, Au 5 K 09.860; VG Ansbach Urt v 12.2.2009, AN 14 K 07.00690). Hieraus folgt etwa, dass der Beigeladene grundsätzlich nicht von seinen außergerichtlichen Kosten entlastet wird, wenn die Kostengrundentscheidung den Beklagten belastet, der im Verfahren ein Anliegen des Beigeladenen vertreten hat, wie dies etwa bei einer erfolgreichen Nachbarklage gegen die Erteilung einer Baugenehmigung der Fall ist (OVG Münster NVwZ-RR 2004, 247). Darüber hinaus verlangt die Rechtsprechung im Regelfall, dass der Beigeladene durch eigenen Tatsachen- oder Rechtsvortrag das Verfahren gefördert hat (BVerwG Beschl v 17.2.1993 – 4 C 16.92; VGH München Beschl v 1.8.2011, 2 C 11.1470). Hieraus ergibt sich folgende **Grundregel:** Kostenerstattung nach § 162 Abs 3 VwGO nur dann, wenn „**Teilhabe am Kostenrisiko + Prozessförderung + Obsiegen**".

Die Formel „Teilhabe am Kostenrisiko + Prozessförderung + Obsiegen" kann angesichts **97** der umfangreichen und keineswegs einheitlichen Rechtsprechung der Verwaltungsgerichte zu § 162 Abs 3 VwGO allerdings nur als „Daumenregel" dienen. Es werden verschiedene **Ausnahmen** zugelassen, die insbes die Kriterien „Teilhabe am Kostenrisiko" und „Prozessförderung" betreffen.

Keine Kostenerstattung trotz Teilhabe am Kostenrisiko und erfolgter Prozessför- 97.1 derung: Dies wird etwa angenommen, wenn die Anträge im Verfahren betreffend die Beschwerde gegen Nichtzulassung der Revision ohne Aufforderung durch das Gericht gestellt werden (BVerwG NVwZ-RR 2001, 276; NJW 1995, 2867). Die Erstattungsfähigkeit von Kosten des Beigeladenen aus seiner Mitwirkung im Berufungszulassungsverfahren (§§ 124, 124a VwGO) wird in der Rechtsprechung zum Teil sogar generell abgelehnt (VGH München NVwZ-RR 2002, 786; einschränkend VGH München Beschl v 1.8.2011, 2 C 11.1470 „grundsätzlich"; OVG Bautzen SächsVBl

2000, 220 „in der Regel"; OVG Saarlouis NVwZ-RR 2007, 359: keine Kostenerstattung, wenn der Beigeladene lediglich einen Zurückweisungsantrag gestellt hat, der Zulassungsantrag indes nicht begründet worden ist und deshalb in entsprechender Anwendung von § 125 Abs 2 S 1 VwGO verworfen wird). Ähnlich streng verfährt die Rechtsprechung zum Teil im Beschwerdeverfahren nach § 146 Abs 4 VwGO, wenn die Einschaltung des Rechtsanwalts durch den Beigeladenen erfolgt, bevor das Gericht in die förmliche Anhörung der Verfahrensbeteiligten zu dem Beschwerdevorbringen eingetreten ist (OVG Magdeburg BeckRS 2009, 39398). Ferner kommt die Erstattung von Kosten des Beigeladenen nach § 162 Abs 3 VwGO nicht in Betracht, wenn der Beiladungsbeschluss auf Antrag des Beigeladenen aufgehoben worden ist (OVG Lüneburg NVwZ-RR 2002, 897). Der VGH München (Beschl v 25.6.2008, 1 N 06.3111) geht davon aus, dass es bei Normenkontrollanträgen gegen Bebauungspläne idR der Billigkeit entspricht, das Kostenrisiko des Antragstellers zu begrenzen und die außergerichtlichen Kosten des Beigeladenen auch dann nicht für erstattungsfähig zu erklären, wenn dieser einen Sachantrag gestellt hat. Ebenso argumentiert das OVG Bremen (BeckRS 2010, 48660) bei Verfahren gegen Planfeststellungsbeschlüsse, wenn zwischen dem beklagten Träger der Planfeststellungsbehörde und dem beigeladenen Vorhabenträger weitgehende Interessenidentität besteht.

97.2   **Kostenerstattung, obwohl keine Teilhabe am Kostenrisiko (und ggf auch keine Prozessförderung):** Unter bestimmten Voraussetzungen verzichtet die Rechtsprechung auf die Kriterien „Teilhabe am Kostenrisiko" und „Prozessförderung". So wird zT etwa angenommen, dass es bei erfolglosen Nachbarklagen gegen erteilte Baugenehmigungen der Billigkeit entspricht, den notwendig beigeladenen Bauherrn allein deshalb von seinen außergerichtlichen Kosten zu entlasten, weil er ohne sein Zutun in ein Verwaltungsstreitverfahren hineingezogen worden ist (VGH München NVwZ-RR 2000, 333; OVG Magdeburg Beschl v 27.12.1996, B 2 S 503/96; aA dagegen – unter ausdrücklicher Aufgabe der bisherigen Rechtsprechung – VGH Mannheim BeckRS 2011, 46315; speziell zur Anwendung von § 162 Abs 3 VwGO in einem vom Nachbarn betriebenen Vollstreckungsverfahren vgl OVG Münster NVwZ-RR 1993, 383). In dem auf Antrag eines anderen Beteiligten eingeleiteten Berufungszulassungsverfahren tragen Beigeladene auch im Falle eigener Antragstellung kein Kostenrisiko; hier genügt es für eine Entlastung eines Beigeladenen von seinen außergerichtlichen Kosten, wenn er das Berufungszulassungsverfahren durch eigenen Sachvortrag gefördert hat (OVG Münster BeckRS 2013, 45276). Auch dann, wenn dem Beigeladenen durch Klage- oder Antragsrücknahme die Möglichkeit genommen worden ist, Anträge zu stellen und Ausführungen zur Sach- und Rechtslage zu machen, wird ihm zT die Kostenerstattung nach § 162 Abs 3 VwGO zugebilligt (VG Lüneburg, Beschl v 29.12.2004 – 3 A 212/03). Das OVG Hamburg lässt es im Verfahren des vorläufigen Rechtsschutzes als Voraussetzung für eine Kostenerstattung nach § 162 Abs 3 VwGO genügen, wenn der Beigeladene dem Begehren des Antragstellers ausdrücklich entgegen getreten ist, ohne die Ablehnung des Eilrechtsschutzantrags förmlich beantragt zu haben (Beschl v 24.9.1996, Bs II 159/96).

§ 163 (weggefallen)

1   Durch § 163 Abs 1 VwGO wurde bestimmt, dass bundes- und landesrechtliche Vorschriften über die persönliche Kostenfreiheit der öffentlichen Hand im Bereich des Verwaltungsprozesses keine Anwendung finden. Nach § 163 Abs 2 VwGO blieb die den Kirchen und anderen Religionsgemeinschaften des öffentlichen Rechts durch Art 140 GG gewährte Kostenfreiheit unberührt. Die Vorschrift ist durch Art 4 § 1 Nr 1 des GerichtskostenÄndG vom 20.8.1975 (BGBl I 2189) mit Wirkung zum 15.9.1975 aufgehoben worden. § 163 Abs 1 VwGO wurde hierbei durch eine entsprechende Regelung im Gerichtskostengesetz (heute: § 2 Abs 4 GKG) ersetzt. Die in § 163 Abs 2 VwGO enthaltene Klarstellung ist dagegen nicht in das Gerichtskostengesetz übernommen worden (vgl S/S/B/ Pietzner VwGO § 163 Rn 2).

§ 164 [Kostenfestsetzung]

Der Urkundsbeamte des Gerichts des ersten Rechtszugs setzt auf Antrag den Betrag der zu erstattenden Kosten fest.

Die Kostenfestsetzung zielt auf die Titulierung des Kostenerstattungsanspruchs eines Beteiligten des Hauptsacheverfahrens gegen einen anderen Beteiligten dieses Verfahrens. Sie dient damit dem Interesse derjenigen Beteiligten des Hauptsacheverfahrens, die aus der gerichtlichen Kostengrundentscheidung (§ 161, § 162 Abs 3 VwGO) oder aus einem im Verfahren geschlossenen Vergleich einen Anspruch gegen einen anderen Beteiligten auf zumindest teilweise Erstattung seiner im Verfahren und ggf im Vorverfahren angefallenen Kosten abzuleiten vermag. Die Verwaltungsgerichtsordnung trifft nur wenige eigenständige Regelungen über die Kostenfestsetzung. Dies ist zum einen die Regelung der funktionellen Zuständigkeit für die Kostenfestsetzung in § 164 VwGO (Rn 2) und zum anderen die Vorschrift über die Anfechtung der Kostenfestsetzung in § 165 VwGO. Darüber hinaus bestimmt § 162 VwGO, welche Aufwendungen der Beteiligten in der Kostenfestsetzung Berücksichtigung finden dürfen. Im Übrigen sind gemäß § 173 S 1 VwGO die in der Zivilprozessordnung für die Kostenfestsetzung getroffenen Regelungen entsprechend anzuwenden (§§ 103, 104, 105, 106, 107 ZPO; § 173 VwGO Rn 9.1).

Übersicht

A. Einordnung der Kostenfestsetzung in das System kostenrechtlicher Entscheidungen

Die Durchführung eines Verwaltungsstreitverfahrens wirft **verschiedene Kostenfragen** 1 auf, die jeweils durch Entscheidung des Gerichts zu klären sind. Je nach Gegenstand der zu treffenden Entscheidung finden besondere Vorschriften über die funktionelle Zuständigkeit, das zu beachtende Verfahren, die Form der Entscheidung und die gegen sie eröffneten Rechtsbehelfe Anwendung.

Zu unterscheiden sind danach die Vorschriften über 1.1
- die Bewilligung von **Prozesskostenhilfe** (§ 166, § 67 Abs 1 S 2, § 146 Abs 1 VwGO, §§ 114 ff, § 569 Abs 3 Nr 2 ZPO) und von **Entschädigungen für die Reise zur mündlichen Verhandlung** (entsprechende Anwendung der Regelungen über die Prozesskostenhilfe, da Akt der Rechtsprechung; im Übrigen Anwendung der hierzu von den Landesjustizverwaltungen erlassenen allgemeinen Verfügungen über die Bewilligung von Reiseentschädigungen; *vgl BVerwG Buchholz 310 § 166 VwGO Nr 37; OVG Greifswald NVwZ-RR 2004, 160; VGH München BayVBl 2003, 92; OVG Bautzen SächsVBl 2001, 201);
- die **Kostengrundentscheidung** (§ 154, § 155, § 156, § 158, § 159, § 161, § 162 Abs 3 VwGO), mit der geklärt wird, welche Verfahrensbeteiligten die Gerichtskosten und die erstattungsfähigen Kosten anderer Verfahrensbeteiligter zu tragen haben;
- die **Entscheidung über die Notwendigkeit der Zuziehung eines Bevollmächtigten** für das Vorverfahren (§ 162 Abs 2 S 2, § 146 Abs 3 VwGO), mit der dem Grunde nach geklärt wird, ob Aufwendungen eines Verfahrensbeteiligten aus der Zuziehung eines Bevollmächtigten

im Vorverfahren den erstattungsfähigen Aufwendungen dieses Beteiligten zugerechnet werden können;

- die **Festsetzung des Streitwerts** (§ 3, §§ 39 – 47, §§ 52, 53, 63, 68 GKG), mit der der Maßstab für die Bemessung der im Verfahren angefallenen wertabhängigen Gerichts- und Rechtsanwaltsgebühren festgelegt wird;

- die **Festsetzung des Gegenstandswerts** (§ 2, §§ 22 – 33 RVG), mit der – sofern keine Streitwertfestsetzung erfolgt – der Maßstab für die Bemessung der im Verfahren angefallenen wertabhängigen Rechtsanwaltsgebühren festgelegt wird (vgl etwa OVG Münster BeckRS 2010, 47528);

- den **Kostenansatz** (§ 162 Abs 1 VwGO, §§ 19, 20, 21, 66 GKG), mit dem die zu erstattenden Gerichtskosten zusammen gestellt und die erstattungspflichtigen Kostenschuldner bezeichnet werden; zur Kostenerhebung im ruhenden Verfahren vgl Kreutz/Franz/Maske DVBl 2006, 221; zu den Voraussetzungen der Anordnung der aufschiebenden Wirkung einer Kostenerinnerung nach § 66 Abs 7 GKG vgl VG Trier BeckRS 2009, 32180;

- die **Kostenfestsetzung** (§§ 162, 164, 165, 173 VwGO, §§ 103, 104, 105, 106, 107, 108 ZPO), mit der der Kostenerstattungsanspruch eines Beteiligten gegen den nach der Kostengrundentscheidung (oder einem Vergleich) kostentragungspflichtigen Beteiligten tituliert wird; die Kostenfestsetzung betrifft die Frage, wer wem welchen Betrag aufgrund der Kostengrundentscheidung erstatten muss (VGH München Beschl v. 3.6.2009, 6 C 07.565); die Kostengrundentscheidung bezieht sich dabei allein auf im gerichtlichen und im behördlichen Vorverfahren angefallene Kosten, nicht aber auf solche, die im vorangegangenen Verwaltungsverfahren vor der Ausgangsbehörde entstanden sind (OVG Magdeburg BeckRS 2010, 54487);

- die **Vergütungsfestsetzung** (§§ 11, 45, 46, 47, 48, 49, 50, 52, 54, 55, 56, 58, 59 RVG), die idR auf Antrag eines im Verfahren tätig gewordenen Rechtsanwalts erfolgt und vornehmlich dem Zweck dient, ihm zur Durchsetzung seiner Vergütungsansprüche gegen seinen Mandanten oder – im Falle der Bewilligung von Prozesskostenhilfe – gegen die vergütungspflichtige Kasse zu verhelfen (vgl etwa OVG Lüneburg NVwZ-RR 2010, 662; VGH Kassel BeckRS 2010, 51914; OVG Berlin-Brandenburg JurBüro 2010, 307 <zur Substantiierung der Einwendungen nach § 11 Abs 5 RVG>; OVG Hamburg NVwZ-RR 2009, 452; VGH München NJW 2008, 2203; VG Gelsenkirchen BeckRS 2009, 30661); zur Vollstreckung eines verwaltungsgerichtlichen Vergütungsfestsetzungsbeschlusses vgl VGH Kassel NJW 2011, 1468;

- die **Festsetzung von Sachverständigen-, Dolmetscher- und Übersetzervergütungen** sowie der **Entschädigungen für ehrenamtliche Richter, Zeugen und Dritte** (Justizvergütungs- und -entschädigungsgesetz – JVEG; vgl insbes § 4 JVEG); vgl hierzu etwa OVG Lüneburg NJW 2012, 1307.

B. Zuständigkeit für die Kostenfestsetzung

2   Die Kostenfestsetzung erfolgt nach rechtskräftigem Abschluss oder sonstiger Erledigung des Hauptsacheverfahrens einheitlich für das Verfahren in sämtlichen Rechtszügen (also auch für die in der Rechtsmittelinstanz angefallenen Kosten) beim **Gericht des ersten Rechtszugs** (§ 164 VwGO). Die Kosten werden durch den **Urkundsbeamten der Geschäftsstelle** (zum Begriff vgl BVerwG NVwZ-RR 2007, 717; Kopp/Schenke VwGO § 13 Rn 3, 4) desjenigen Spruchkörpers festgesetzt, der mit dem abzurechnenden Verfahren erstinstanzlich betraut war (§ 164 VwGO). Entscheidet das Rechtsmittelgericht während eines anhängigen Berufungs- oder Revisionsverfahrens als Gericht der Hauptsache über einen Eilrechtsschutzantrag (§ 80 Abs 5, § 80a Abs 3, § 123 VwGO), ist für die Festsetzung der wegen dieses Verfahrens zu erstattenden Kosten der Urkundsbeamte des Rechtsmittelgerichts zuständig (VGH Mannheim BeckRS 2012, 57185 = JurBüro 2013, 32). Der zur Entscheidung im der Hauptsache berufene Spruchkörper ist nicht befugt, in einer Entscheidung nach § 162 Abs 2 S 2 VwGO verbindliche Regelungen über die Höhe der zu erstattenden Kosten zu treffen (VGH Kassel NJW 2006, 460). Andererseits hat der der Urkundsbeamte nicht zu prüfen, ob die dem Kostenfestsetzungsverfahren zu Grunde liegende gerichtliche Entscheidung falsch ist. Die vom Gericht getroffene Kostengrundentscheidung ist für ihn bindend (VG Ansbach Beschl v 5.5.2009, AN 14 M 07.01970).

2.1   Anders als der Kostenbeamte beim Kostenansatz (vgl hierzu oben Rn 1.1 sowie Mutschler/ Kunze, Kostenrecht in öffentlich-rechtlichen Streitigkeiten, 2003, § 2 Rn 225 ff und § 2 Abs 1 der Kostenverfügung – KostVfg -, abgedruckt in Hartmann Kostengesetze VII A) handelt der Urkundsbeamte im Kostenfestsetzungsverfahren als richterliches Organ und ist daher **nicht an Weisungen** des Gerichtspräsidenten oder des Bezirksrevisors **gebunden** (BVerwG NVwZ-RR 2007, 717). Dies hat zur Folge, dass für den Bereich der Kostenfestsetzung die Funktion des Urkundsbeamten der Geschäftsstelle gerichtsorganisatorisch idR von Rechtspflegern wahrgenommen wird. Dies ist allerdings nicht zwingend, da § 21 Nr 1 RPflG auf den Verwaltungsprozess keine Anwendung findet.

C. Verfahren der Kostenfestsetzung

Das Verfahren der Kostenfestsetzung ist in der VwGO nur insoweit geregelt, als nach **2a** § 164 VwGO der Urkundsbeamte des Gerichts des ersten Rechtszugs auf Antrag den Betrag der zu erstattenden Kosten festsetzt und nach § 165 VwGO die Beteiligten die Festsetzung der zu erstattenden Kosten unter entsprechender Anwendung des § 151 VwGO anfechten können. Ergänzend sind nach § 173 VwGO die §§ 103 ff ZPO entsprechend anzuwenden (vgl etwa OVG Hamburg NVwZ 2006, 1302).

I. Kostenfestsetzungsantrag

1. Antragserfordernis, Frist

Die Kostenfestsetzung wird nur auf **Antrag** eines Kostenerstattungsberechtigten vor- **3** genommen (§ 164 VwGO); § 105 Abs 3 ZPO findet im Verwaltungsprozess keine Anwendung. Eine bestimmt **Frist** ist für den Antrag im Gesetz nicht vorgesehen. Daher steht die Rücknahme eines Kostenfestsetzungsantrags später einem neuerlichen Antrag nicht entgegen (VG Berlin BeckRS 2012, 60473).

2. Antragsbefugnis

Antragsbefugt ist, wer aus der gerichtlichen Kostengrundentscheidung oder aus der in **4** einem Vergleich vereinbarten Kostenregelung einen Kostenerstattungsanspruch gegen einen Verfahrensbeteiligten abzuleiten vermag. Ihm fehlt allerdings das Rechtsschutzinteresse, wenn zwischen ihm und dem kostenerstattungspflichtigen Dritten bereits ein vollständiger Kostenausgleich vorgenommen worden ist und über dessen Inhalt und Abwicklung kein Streit besteht. Zu Einzelheiten vgl Gierke SGb 2012, 141.

Der im Prozess für einen Beteiligten tätig gewordene **Rechtsanwalt** ist grundsätzlich **5** nicht befugt, im eigenen Namen einen Kostenfestsetzungsantrag zu stellen. Anderes gilt nur dann, wenn der Rechtsanwalt einem kostenerstattungsberechtigten Beteiligten gemäß § 166 VwGO iVm § 121 Abs 2 oder 5 ZPO beigeordnet worden ist. Denn in diesem Fall ist der Rechtsanwalt berechtigt, seine Gebühren und Auslagen im eigenen Namen bei dem kostentragungspflichtigen Dritten beizutreiben (§ 166 VwGO iVm § 126 Abs 1 ZPO).

3. Vertretung durch einen Prozessbevollmächtigten

Für den Kostenfestsetzungsantrag besteht gemäß § 173 VwGO iVm § 78 Abs 3 ZPO **6** auch dann **kein Anwaltszwang**, wenn er beim Verwaltungsgerichtshof/Oberverwaltungsgericht oder beim Bundesverwaltungsgericht zu stellen ist (S/S/B/Olbertz VwGO § 164 Rn 8; S/S/B/Meissner VwGO § 67 Rn 57; Eyermann/Geiger VwGO § 164 Rn 5; B/F-K/K/Bader VwGO § 164 Rn 2).

Die einem Prozessbevollmächtigten durch seinem Mandaten für das Hauptsacheverfahren **7** eingeräumte **Vertretungsbefugnis** erstreckt sich im Zweifel auch auf das Kostenfestsetzungsverfahren (BVerwG NJW 1987, 1657).

4. Notwendiger Inhalt des Kostenfestsetzungsantrags

Regelungen über den Inhalt des Kostenfestsetzungsverfahrens finden sich in § 173 **8** VwGO iVm § 103 Abs 2 S 2 ZPO sowie § 104 Abs 1 S 2 und Abs 2 ZPO.

Der Kostenfestsetzungsantrag umfasst danach **8.1**
- die Kostenberechnung, also eine Auflistung der einzelnen Ansätze der gemäß § 162 VwGO erstattungsfähigen Kosten des Antragstellers (§ 173 VwGO iVm § 103 Abs 2 S 2 ZPO),

- eine Abschrift der Kostenberechnung für den Gegner (§ 173 VwGO iVm § 103 Abs 2 S 2 ZPO),
- die zur Glaubhaftmachung (§ 173 VwGO iVm § 104 Abs 2 S 1 ZPO und § 294 ZPO) der einzelnen Ansätze erforderlichen Erklärungen und Belege. Hinsichtlich der einem Rechtsanwalt erwachsenen Auslagen für Post- und Telekommunikationsdienstleistungen genügt hierbei die Versicherung des Rechtsanwalts, dass die Auslagen entstanden sind; zur Berücksichtigung von Umsatzsteuerbeträgen genügt die Erklärung des Antragstellers, dass er die Beträge nicht als Vorsteuer abziehen kann (vgl § 173 VwGO iVm § 104 Abs 2 S 2 und S 3 ZPO; VGH Mannheim NVwZ-RR 2004, 310). Der Umstand, dass die tatsächlichen Voraussetzungen für den Anfall einer Gebühr zwischen den Parteien erkennbar streitig sind, steht der beantragten Festsetzung der Gebühr nicht entgegen, sofern eine ausreichende Glaubhaftmachung der dafür notwendigen tatsächlichen Voraussetzungen erfolgt ist (VGH München Beschl v 14.7.2010, 2 M 08.1906).
- Außerdem sollte dem Festsetzungsantrag ein Antrag beigefügt werden, auszusprechen, dass die festgesetzten Kosten vom Eingang des Festsetzungsantrags ab mit 5 % über dem Basiszinssatz nach § 247 BGB zu verzinsen sind (§ 173 VwGO iVm § 104 Abs 1 S 2 ZPO; vgl VGH Mannheim BeckRS 2012, 59308; VG Berlin BeckRS 2012, 60473 und 55266; FG Hamburg BeckRS 2011, 95558).

II. Anhörung von Beteiligten

9   Der erstattungspflichtige **Gegner** ist im Kostenfestsetzungsverfahren anzuhören. Ihm ist insbes eine Abschrift der eingereichten Kostenberechnung zu übermitteln und Gelegenheit zur Stellungnahme zu geben. Außerdem ist ihm auf Antrag Akteneinsicht zu gewähren (§ 100 Abs 1 VwGO; vgl aber auch VG München BeckRS 2012, 47589).

9.1   Die Übermittlung der Abschrift der Kostenrechnung hat spätestens mit der Zustellung des Kostenfestsetzungsbeschlusses zu erfolgen (§ 173 VwGO iVm § 104 Abs 1 S 3 ZPO).

III. Verfahren bei mehreren Kostenerstattungsberechtigten oder -verpflichteten

10   Sind im Verfahren mehrere Personen kostenerstattungsberechtigt (insbes bei Kostenquotelung in der Kostengrundentscheidung, aber auch bei Obsiegen mehrerer Streitgenossen), soll das Gericht darauf hinwirken, dass **über sämtliche erstattungsfähigen Kosten einheitlich entschieden** wird. Im Falle der Kostenquotelung hat es daher nach Eingang des Festsetzungsantrags eines Kostenerstattungsberechtigten die anderen Kostenerstattungsberechtigten aufzufordern, binnen einer Woche die Berechnung ihrer Kosten einzureichen (§ 173 VwGO iVm § 106 Abs 1 ZPO). Entsprechend wird im Falle des Obsiegens mehrerer Streitgenossen verfahren.

11   Kommen die anderen Berechtigten dieser Aufforderung nach, kann über die Festsetzung sämtlicher außergerichtlicher Kosten entschieden werden. Tun sie es nicht, hat das Gericht über den eingereichten Festsetzungsantrag isoliert zu entscheiden. Hierdurch sind die anderen Berechtigten nicht gehindert, später doch noch Kostenfestsetzungsanträge zu stellen. Im Falle der Kostenquotelung können ihnen jedoch **Mehrkosten** (insbes die Auslagen des Gerichts) auferlegt werden, die durch das weitere Verfahren entstehen (§ 173 VwGO iVm § 106 Abs 2 S 2 ZPO).

11a   Wird bei einem von **mehreren Klägern** betriebenen Gerichtsverfahren das Verfahren eines Klägers, der seine **Klage zurückgenommen** hat, **abgetrennt**, unter einem neuen Aktenzeichen fortgeführt und unter diesem eingestellt, sind die festzusetzenden Kosten, soweit nicht in dem abgetrennten Verfahren auf dieses bezogene neue Verfahrenshandlungen hinzukommen, aus dem im Ausgangsverfahren festgesetzten Streitwert anteilig für den Kläger festzusetzen. Die für mehrere Kläger geltende Kostendegression einer Sammelklage bleibt im Fall der Abtrennung ohne Hinzutreten neuer Verfahrenshandlungen, die nicht nur der Abwicklung des ursprünglichen Verfahrens dienen, für den zurücknehmenden Beteiligten erhalten (VGH Kassel BeckRS 2013, 45257).

D. Einwendungen des Gegners im Kostenfestsetzungsverfahren

Einwendungen des Gegners gegen die Kostenfestsetzung sind nur dann berücksichti- **12** gungsfähig, wenn vorgetragen wird, dass der geltend gemachte Kostenerstattungsanspruch (in dieser Höhe) nie bestanden hat (**rechtshindernde Einwendungen**). Dies ist der Fall, wenn eine gerichtliche Kostengrundentscheidung nicht getroffen worden ist (etwa im PKH-Beschwerdeverfahren; vgl VG Regensburg BeckRS 2012, 50728), aber auch, wenn nach der gerichtlichen Kostengrundentscheidung oder der in einem Vergleich vereinbarten Kostenverteilungsregelung eine Kostentragungspflicht des Gegners der Kostenfestsetzung nicht begründet worden ist. Dasselbe gilt, wenn die angesetzten Kosten nicht angefallen oder nicht erstattungsfähig sind.

Zum Streit über den **Inhalt einer im Vergleich getroffenen Kostenverteilungsregelung** vgl **12.1** VG München Beschl v 18.4.2011, M 16 M 11.1673.

Die hälftige **Anrechnung der Geschäftsgebühr** nach der Vorbem 3 Abs 4 S 1 zu Teil 3 VV **12.2** RVG ist auch für die Kostenfestsetzung nach § 164 VwGO zu berücksichtigen. Sie wirkt nicht lediglich im Innenverhältnis zwischen Auftraggeber/Mandant und Rechtsanwalt, sondern auch im kostenfestsetzungsrechtlichen Außenverhältnis zwischen Mandant und kostenpflichtigem Prozessgegner (OVG Münster BeckRS 2013, 52005).

Rechtshemmende oder rechtsvernichtende Einwendungen (insbes der Einwand, **13** dass die Kosten bereit erstattet worden sind, dass die Aufrechnung mit einer Forderung der Kostenschuldners erklärt wurde, dass die Kostenforderung verjährt ist oder aufgrund Verwirkung, Verzichts oder späteren Vergleichsschlusses nicht mehr geltend gemacht werden kann) können im Kostenfestsetzungsverfahren dagegen in aller Regel **keine Berücksichtigung** finden (BVerwG JurBüro 2008, 142; VGH Mannheim BeckRS 2012, 59308). **Ausnahmen**: Unstreitigkeit oder Offenkundigkeit der Einwendung oder Einrede (BVerwG JurBüro 2008, 142; VGH Mannheim BeckRS 2012, 59308; OVG Hamburg NordÖR 2009, 475; OVG Bautzen BeckRS 2009, 34348; OVG Greifswald NordÖR 2008, 265; VG Ansbach Beschl v 1.3.2011, AN 11 M 11.00518; Aufrechnung mit einer rechtskräftig titulierten Forderung, vgl VGH München Beschl v 3.6.2009, 6 C 07.565). Liegt kein solcher Ausnahmefall vor, sind materiell-rechtliche Einwendungen zwischen den Beteiligten gegen den Kostenerstattungsanspruch des Gegners im Rahmen einer Vollstreckungsgegenklage gegen den Kostengläubiger (§ 167 Abs 1 VwGO iVm § 767 ZPO; vgl etwa BVerwG NJW 2005, 1962; VGH Mannheim BeckRS 2012, 59308) oder mit einem Antrag auf Einstellung der Zwangsvollstreckung aus dem Kostenfestsetzungsbeschluss (§ 167 Abs 1 VwGO iVm § 775 Nr 5 ZPO) geltend zu machen; zur einstweiligen Aussetzung der Vollziehung eines Kostenfestsetzungsbeschlusses vgl unten Rn 26.

Die Verjährungsfrist des prozessualen Kostenerstattungsanspruchs aufgrund einer rechtskräftigen **13.1** Kostengrundentscheidung beträgt gemäß § 197 Abs 1 Nr 3 BGB 30 Jahre (BGH NJW 2006, 1962; VG Berlin BeckRS 2012, 51199 und 51789). Auf die Verjährung des anwaltlichen Vergütungsanspruchs des Bevollmächtigten des Kostengläubigers kann sich der Kostenschuldner im Kostenfestsetzungsverfahren allenfalls dann berufen, wenn der Kostengläubiger gegenüber seinem Rechtsanwalt in Bezug auf diesen Vergütungsanspruch bereits die Einrede der **Verjährung** erhoben hat (OVG Bautzen BeckRS 2012, 48355).

Die fehlende Anmeldung des prozessualen Kostenerstattungsanspruchs aus der Kostengrundent- **13.2** scheidung nach den §§ 174 ff InsO hindert nicht, dass der obsiegende Beteiligte seine Forderung nach Aufhebung des **Insolvenzverfahrens** während der Wohlverhaltensperiode gegen den unterlegenen Teil im Kostenfestsetzungsverfahren geltend macht (VG Berlin BeckRS 2012, 51199).

Einwendungen gegen die gerichtliche **Kostengrundentscheidung** (§§ 161, 158 **13a** VwGO) können im Kostenfestsetzungsverfahren ebenfalls nicht berücksichtigt werden. Dasselbe gilt für materiell-rechtliche Einwendungen, mit denen die Richtigkeit der gerichtlichen Entscheidung in Frage gestellt wird, auf die sich die Kostenentscheidung bezieht (OVG Bautzen Beschl v 15.10.2009, NC 2 E 116/09; VG Berlin Beschl v 1.3.2012, 35 KE 39.11; VG München Beschl v 21.12.2010 – M 10 M 10.5891). Dies betrifft auch den Fall des vollmachtlosen Vertreters des Klägers, dem das Gericht gem § 173 S 1 VwGO, § 89 Abs 1 S 3 ZPO, § 179 BGB die Kosten des Verfahrens auferlegt hat. Legt der Vertreter die

Vollmacht im Kostenfestsetzungs- oder Erinnerungsverfahren noch vor, so lässt dies die getroffene Kostengrundentscheidung unberührt und hindert auch nicht seine Heranziehung zur Kostenerstattung (VG München BeckRS 2012, 51590). Er bleibt daher darauf verwiesen, die gegen ihn festgesetzten Kosten selbst gegen seinen Mandanten geltend zu machen. Ebenso wenig kann sich der Kostenschuldner mit Erfolg darauf berufen, dass dem Kostengläubiger **Prozesskostenhilfe** bewilligt worden ist (OVG Berlin-Brandenburg BeckRS 2009, 41965).

13b   Ebenso wenig kann sich der Kostenschuldner darauf berufen, dass bestimmte Aufwendungen des Kostengläubigers auf eine unrichtige Sachbehandlung durch das Gericht zurückzuführen seien. In diesem Fall kommt zwar eine **Niederschlagung der Gerichtskosten** in Betracht (§ 21 GKG). Dagegen besteht keine gesetzliche Vorschrift, die es ermöglichen würde, im Fall unrichtiger Sachbehandlung durch das Gericht entstandene außergerichtliche Kosten eines Beteiligten der Staatskasse aufzuerlegen. Eine entsprechende Anwendung von § 21 GKG oder § 154 Abs 4, § 155 Abs 5 und § 162 Abs 3 VwGO kommt aufgrund des Ausnahmecharakters dieser Vorschriften nicht in Betracht (BVerwG Beschl v 2.6.1999, 4 B 30.99, und v 4.6.1991, 4 B 189.90; VG Berlin BeckRS 2012, 46694 mAnm Mayer FD-RVG 2012,329146).

E. Form, Inhalt und Bekanntgabe der Kostenfestsetzung

I. Form der Kostenfestsetzung

14   Der Urkundsbeamte entscheidet über die Kostenfestsetzung idR durch **Beschluss** iSd § 122 VwGO. § 173 VwGO iVm § 105 ZPO eröffnen zwar daneben auch die Möglichkeit eines vereinfachten Kostenfestsetzungsbeschlusses; von dieser Möglichkeit wird in der verwaltungsgerichtlichen Praxis jedoch so gut wie kein Gebrauch gemacht.

II. Inhalt des Kostenfestsetzungsbeschlusses

15   Zum notwendigen Inhalt eines Kostenfestsetzungsbeschlusses zählen die genaue Bezeichnung
- der kostenerstattungsberechtigten und der kostenerstattungspflichtigen **Beteiligten**,
- des der Kostenfestsetzung zu Grunde liegenden **Titels** (gerichtliche Kostengrundentscheidung oder Kostenregelung im gerichtlichen Vergleich) und
- des bezifferten **Gesamtbetrags der erstattungsfähigen Kosten** (hier hat der Urkundsbeamte § 88 VwGO zu beachten; er darf daher über die Kostenberechnung des Antragstellers nicht hinausgehen und etwa „vergessene" Positionen von Amts wegen ergänzen).

15.1   Kostenregelungen in außergerichtlich getroffenen **Musterverfahrensvereinbarungen** können im Kostenfestsetzungsverfahren nur dann berücksichtigt werden, wenn sie unstreitig sind (BVerwG JurBüro 2008, 142).

15.2   Die hälftige **Anrechnung der Geschäftsgebühr** nach der Vorbem 3 Abs 4 S 1 VV RVG ist für die Kostenfestsetzung nach § 164 VwGO zu berücksichtigen. Sie wirkt nicht lediglich im Innenverhältnis zwischen Auftraggeber/Mandant und Rechtsanwalt, sondern auch im kostenfestsetzungsrechtlichen Außenverhältnis zwischen Mandant und kostenpflichtigem Prozessgegner (OVG Münster BeckRS 2013, 52005).

16   Eine **Entscheidung über** die Verteilung der **Kosten des Kostenfestsetzungsverfahrens** wird nur dann zu treffen sein, wenn beim Gericht erstattungsfähige Auslagen angefallen sind oder ein Verfahrensbeteiligter den Anfall erstattungsfähiger Auslagen geltend macht. Ist Letzteres der Fall, soll im Kostenfestsetzungsbeschluss nicht nur über die Verteilung der Kosten entschieden, sondern – zur Vermeidung eines weiteren Festsetzungsverfahrens – zugleich die Festsetzung der erstattungsfähigen Kosten des Beteiligten vorgenommen werden (S/S/B/Olbertz VwGO § 164 Rn 19; Sodan/Ziekow/Neumann VwGO § 164 Rn 53).

17   Einer **Streitwert- oder Gegenstandswertfestsetzung** bedarf es nicht, da das Kostenfestsetzungsverfahren gerichtsgebührenfrei ist; es können auch keine Rechtsanwaltsgebühren anfallen, da die Tätigkeit des Rechtsanwalts im Kostenfestsetzungsverfahren (vor dem Urkundsbeamten) gem § 19 Abs 1 Nr 13 RVG zum Rechtszug zählt.

Eine **Begründung** des Kostenfestsetzungsbeschlusses ist nach § 122 Abs 2 VwGO nicht **18** zwingend. Denn gegen die Entscheidung des Urkundsbeamten ist nur die Erinnerung möglich, die Mangels Devolutivwirkung nicht als „Rechtsmittel" iSd § 122 Abs 2 S 1 VwGO einzuordnen ist. Dennoch erscheint es mit Blick auf das Interesse des Gerichts an der Vermeidung von Erinnerungen gegen die Kostenfestsetzung sinnvoll, Kostenfestsetzungsbeschlüsse regelmäßig mit einer Begründung zu versehen.

Ferner sollten Kostenfestsetzungsbeschlüsse in entsprechender Anwendung von § 117 **19** Abs 2 Nr 6 VwGO eine **Rechtsbehelfsbelehrung** enthalten.

III. Bekanntgabe des Kostenfestsetzungsbeschlusses

Hinsichtlich der Bekanntgabe des Kostenfestsetzungsbeschlusses trifft § 173 VwGO iVm **20** § 104 Abs 1 S 3 und S 4 ZPO folgende Regelung: Wird einem Kostenfestsetzungsbeschluss vollständig entsprochen, ist der Kostenfestsetzungsbeschluss dem Gegner von Amts wegen zuzustellen; gegenüber dem Antragsteller genügt eine formlose Mitteilung. Wird der Antrag abgelehnt, ist die Entscheidung dem Antragsteller zuzustellen; dagegen genügt nun eine formlose Mitteilung an den Gegner. Wird dem Antrag teilweise entsprochen, ist der Beschluss beiden Seiten von Amts wegen zuzustellen.

F. Kosten der Kostenfestsetzung

Im Kostenfestsetzungsverfahren fallen **keine Gerichtsgebühren** an. Werden im Ver- **21** fahren aber **Auslagen**tatbestände des 9. Teils des Kostenverzeichnisses zum Gerichtskostengesetz erfüllt, ist zur Auslagenerstattung derjenige heranzuziehen, der nach der im Kostenfestsetzungsbeschluss dann notwendig enthaltenen Kostengrundentscheidung die Kostenlast zu tragen hat (vgl bereits oben Rn 16). Diese Entscheidung ist in Anwendung der § 154, § 155, § 156, § 159 und § 161 VwGO zu treffen.

Auch (weitere) **Rechtsanwaltsgebühren** fallen im Kostenfestsetzungsverfahren grund- **22** sätzlich nicht an (§ 19 Abs 1 Nr 13 RVG). Anderes gilt für das Rechtsbehelfsverfahren. So zählt bereits die durch den Prozessbevollmächtigten eingelegte Erinnerung gegen den Kostenfestsetzungsbeschluss nicht mehr zum Rechtszug; dasselbe gilt für eine etwaige nachfolgende Beschwerde (vgl § 16 Nr 12 RVG). Die Verfahrensgebühr für das Verfahren über die Erinnerung und diejenige für das Verfahren über die Beschwerde beträgt jeweils 0,5 Gebühren (Nr 3500 VV RVG). Zum Anfall von Rechtsanwaltsgebühren bei der Vollstreckung von Kostenfestsetzungsbeschlüssen vgl § 168 Abs 1 Nr 4 VwGO, § 170 VwGO, § 171 VwGO, § 788 Abs 1 ZPO, Nr 3309 VV RVG sowie VGH München BayVBl 2004, 571. Die notwendigen **Auslagen** der Beteiligten sind im Kostenfestsetzungsverfahren erstattungsfähig (§ 162 VwGO). Auch die Geltendmachung notwendiger Auslagen durch einen Beteiligten macht also eine gerichtliche Kostengrundentscheidung erforderlich.

G. Änderung der Kostenfestsetzung

Kostenfestsetzungsbeschlüsse erwachsen mit Eintritt der Unanfechtbarkeit in **formelle** **23** **und materielle Rechtskraft** (VGH Kassel BeckRS 2012, 47860; OVG Lüneburg NVwZ-RR 2010, 661). Kostenfestsetzungsbeschlüsse können unter den – engen – Voraussetzungen des § 118 Abs 1 iVm § 122 Abs 1 VwGO vom judex a quo **berichtigt** (OVG Magdeburg BeckRS 2010, 50549) und nach Maßgabe des § 120 iVm § 122 Abs 1 VwGO von ihm auch **ergänzt** werden. Eine Berichtigung oder Ergänzung des Kostenfestsetzungsbeschlusses hat nur dann Einfluss auf den Ablauf der Frist für die Einlegung der Erinnerung (§ 165 S 2 VwGO iVm § 151 S 1 VwGO), wenn die zunächst zugestellte Entscheidung insgesamt – also einschließlich der Entscheidungsgründe – nicht klar genug war, um die Grundlage für die Entschließungen und das weitere Handeln der Parteien sowie für die Entscheidung des Rechtsmittelgerichts zu bilden und erst die berichtigte Fassung der Entscheidung die Partei in die Lage versetzt, sachgerecht über die Frage der Einlegung des Rechtsmittels und dessen Begründung zu entscheiden (OVG Magdeburg BeckRS 2010, 50549).

Werden die gerichtliche **Kostengrundentscheidung oder** die **Streitwertfestsetzung** **24** **aufgehoben oder geändert**, hat dies zur Folge, dass ein zuvor vom Urkundsbeamten der

Geschäftsstelle erlassener Kostenfestsetzungsbeschluss gegenstandslos wird. Der Urkundsbeamte der Geschäftsstelle ist daher befugt, seinen Kostenfestsetzungsbeschluss von Amts wegen oder auf Antrag nach § 107 ZPO iVm § 173 VwGO aufzuheben (VGH Kassel BeckRS 2012, 47860; VG München Beschl v 25.10.2011, M 5 M 10.1565). Dasselbe gilt, wenn das Gericht durch nachträglichen Beschluss nach § 162 Abs 2 S 2 VwGO die **Zuziehung eines Bevollmächtigten für das Vorverfahren** für notwendig erklärt (vgl BeckOK Posser/Wolff/Kunze VwGO § 162 Rn 85 ff) und dieser Umstand in dem bereits zuvor erlassenen Kostenfestsetzungsbeschluss keine Berücksichtigung gefunden hat (OVG Bautzen NVwZ 2007, 116).

24.1   Ändert das Gericht auf **Antrag nach § 80 Abs 7 VwGO** eine zuvor nach § 80 Abs 5 VwGO getroffene Eilrechtsschutzentscheidung, lässt dies die im Eilrechtsschutzverfahren getroffene Kostengrundentscheidung grundsätzlich unberührt (VGH München Beschl v 3.6.2009, 6 C 07.565).

24.2   Der Kostenfestsetzungsbeschluss wird durch die nachträgliche gerichtliche Feststellung der **Notwendigkeit der Zuziehung eines Bevollmächtigten** für das Vorverfahren automatisch gegenstandslos; der damit noch unbeschiedene Kostenfestsetzungsantrag ist daher vom Urkundsbeamten vom Amts wegen wieder aufzugreifen (OVG Bautzen NVwZ 2007, 116).

25   **Sonstige Möglichkeiten** einer inhaltlichen Überprüfung und Abänderung seiner Entscheidung sind dem Urkundsbeamten hingegen nicht eröffnet. Insbes hat er keine Möglichkeit, ihm unterlaufene Rechtsanwendungsfehler von Amts wegen zu korrigieren. § 63 Abs 3 S 3 GKG findet im Kostenfestsetzungsverfahren weder direkt noch entsprechend Anwendung. Damit ist auch weder dem Spruchkörper, der über eine Erinnerung gegen den Kostenfestsetzungsbeschluss zu entscheiden hätte, noch dem Beschwerdegericht die Möglichkeit eröffnet, eine vom Urkundsbeamten der Geschäftsstelle vorgenommene Kostenfestsetzung von Amts wegen zu ändern.

25a   Von der Änderung oder Ergänzung eines Kostenfestsetzungsbeschlusses ist die Durchführung einer **Nachfestsetzung** bislang nicht berücksichtigter Kostenpositionen auf Antrag des Kostengläubigers zu unterscheiden. Bindungswirkungen unterliegt der Urkundsbeamte nur, soweit sein Kostenfestsetzungsbeschluss in Rechtskraft erwachsen ist (OVG Lüneburg BeckRS 2010, 48612). Die Rechtskraft reicht aber nur so weit, als über geltend gemachte Aufwendungen entschieden wurde. Rechtskraftfähig sind nur die einzelnen Posten, nicht aber der Gesamtbetrag der festgesetzten Kosten (vgl auch hierzu OVG Lüneburg BeckRS 2010, 48612). Bisher nicht angemeldete Kosten werden daher von der Rechtskraftwirkung nicht erfasst. Sie können – bis zur Grenze der Verjährung (§ 197 Abs 1 Nr 3 BGB) – auch nach Eintritt der Rechtskraft eines Kostenfestsetzungsbeschlusses geltend gemacht und festgesetzt werden (vgl VG Minden BeckRS 2008, 35725; VG Sigmaringen BeckRS 2008, 33853).

H. Vollstreckung des Kostenfestsetzungsbeschlusses

26   Die Vollstreckung von Kostenfestsetzungsbeschlüssen bestimmt sich nach den § 167 VwGO iVm den Vorschriften des Achten Buchs der ZPO. Vollstreckungsgericht ist das Gericht des ersten Rechtszugs (§ 167 Abs 1 S 2 VwGO). Die Einlegung der Erinnerung oder der Beschwerde entfaltet keine aufschiebende Wirkung, hindert also die Vollstreckung aus dem Kostenfestsetzungsbeschluss grundsätzlich nicht (§ 165 VwGO iVm § 151 S 3 VwGO und § 149 Abs 1 S 1 VwGO). Allerdings kann das Gericht durch den Spruchkörper, dessen Entscheidung angefochten wird, bestimmen, dass die Vollziehung des Kostenfestsetzungsbeschlusses einstweilen auszusetzen ist (§ 165 VwGO iVm § 151 S 3 VwGO und § 149 Abs 1 S 2 VwGO). Dies wird zumeist auf Antrag, kann aber auch von Amts wegen geschehen.

27   Bei der Vollstreckung von Kostenfestsetzungsbeschlüssen ist stets die Wartefrist von zwei Wochen nach § 173 VwGO iVm § 798 ZPO einzuhalten. Darüber hinaus billigt die Rechtsprechung der öffentlichen Hand für die Begleichung von Forderungen aus vollstreckbaren Kostenfestsetzungsbeschlüssen eine Zahlungsfrist von in der Regel einem Monat zu (VGH München BayVBl 2004, 571 – in analoger Anwendung von § 882a ZPO oder § 170 Abs 2 VwGO).

Dem Kostenschuldner steht für den Rechtsschutz bei der Vollstreckung aus einem **28** Kostenfestsetzungsbeschluss die Weg der Vollstreckungsgegenklage (§ 167 Abs 1 VwGO iVm § 767 ZPO; vgl hierzu etwa OVG Hamburg BeckRS 2009 38459; VGH München Beschl v 17.8.2009, 20 ZB 09.797; VG Cottbus BeckRS 2012, 46336; VG Ansbach Urt v 10.3.2010, AN 9 K 09.01103) oder – falls die Vollstreckungsreife des Kostenfestsetzungsbeschlusses bestritten wird (vgl hierzu VG Ansbach v 10.3.2010, AN 9 K 09.01103) – als „Klauselerinnerung" (§ 167 Abs 1 S 1 VwGO iVm § 732 ZPO) zur Verfügung.

§ 165 [Anfechtung der Kostenfestsetzung]

[1]**Die Beteiligten können die Festsetzung der zu erstattenden Kosten anfechten.** [2]**§ 151 gilt entsprechend.**

Nach § 165 S 1 VwGO können die Beteiligten die Kostenfestsetzung anfechten. Die Einzelheiten der Anfechtung von Kostenfestsetzungsbeschlüssen werden durch § 165 S 2 VwGO iVm § 151 VwGO und §§ 147 bis 149 VwGO geregelt. Danach ist ein Kostenfestsetzungsbeschluss – ebenso wie der Kostenansatz (§ 66 GKG) und der Vergütungsfestsetzungsbeschluss (§ 56 RVG) – zunächst mit einem Antrag auf Entscheidung des Gerichts (Erinnerung) anzugreifen (Rn 1 ff). Gegen diese Entscheidung ist in den Grenzen des § 146 Abs 3 VwGO und § 152 VwGO die Beschwerde gegeben (Rn 12 ff).

Übersicht

A. Erinnerung gegen den Kostenfestsetzungsbeschluss
I. Zulässigkeit der Erinnerung

Die **Statthaftigkeit** der Erinnerung gegen Kostenfestsetzungsbeschlüsse des Urkunds- **1** beamten der Geschäftsstelle folgt aus § 165 iVm § 151 S 1 VwGO. Ist ein Kostenfestsetzungsbeschluss aufgrund nachträglicher Änderung der dem Beschluss zugrunde liegenden Streit- oder Gegenstandswertfestsetzung unrichtig geworden, kann nach § 107 ZPO iVm § 173 VwGO die Änderung des Kostenfestsetzungsbeschlusses beantragt werden. Zwischen der Erinnerung und dem Antrag nach § 107 ZPO iVm § 173 besteht grds ein Wahlrecht (VG München Beschl v 25.10.2011 – M 5 M 10.1565).

Zur Erinnerung befugt ist jeder, der geltend macht, unmittelbar durch den Kostenfest- **2** setzungsbeschluss einen rechtlichen Nachteil erlitten zu haben (**Erinnerungsbefugnis**). Dies kann zum einen der im Beschluss ausgewiesene Kostenschuldner sein, der geltend macht, überhaupt nicht oder jedenfalls nicht in der festgesetzten Höhe für die Kosten des Antragstellers einstehen zu müssen. Erinnerungsbefugt ist aber auch der antragstellende Kostenerstattungsberechtigte, wenn seinem Antrag mit dem Beschluss nicht oder nicht in voller Höhe entsprochen wurde.

Der **Prozessbevollmächtigte** eines kostenerstattungsberechtigten Beteiligten ist grund- **3** sätzlich **nicht befugt**, im eigenen Namen Erinnerung gegen den Kostenfestsetzungsbeschluss einzulegen (str OVG Münster NVwZ-RR 2011, 752; VGH Kassel JurBüro 1999,

35; aA VG München BeckRS 2012, 56768; Eyermann/Happ VwGO § 165 Rn 4; Kopp/
Schenke VwGO § 165 Rn 4). Mit Blick auf die Kostenfolge der Einlegung einer Erinnerung (vgl Nr 3500 VV RVG) besteht – anders als bei der Stellung des Kostenfestsetzungsantrags (vgl oben § 164 VwGO Rn 7) – auch keine Vermutung, dass das dem Prozessbevollmächtigten für das Hauptsacheverfahren erteilte Mandat die Einlegung einer Erinnerung im
Kostenfestsetzungsverfahren umfasst. Ohne ein solches Mandat ist der Prozessbevollmächtigte
daher idR darauf beschränkt, sein Vergütungsinteresse im Rahmen des Vergütungsfestset-
zungsverfahrens nach § 11, § 55 RVG zu verfolgen. Eine **Ausnahme** gilt allerdings für den
einem Beteiligten im Zusammenhang mit der Bewilligung von Prozesskostenhilfe gemäß
§ 166 VwGO iVm § 121 ZPO beigeordneten Rechtsanwalt.

3.1   Der gem § 166 VwGO iVm § 121 ZPO beigeordnete Rechtsanwalt ist befugt, seine Gebühren
und Auslagen im eigenen Namen gegen den in die Prozesskosten verurteilten Prozessgegner geltend
zu machen (§ 166 VwGO iVm § 126 Abs 1 ZPO). Ihm steht damit nicht nur das Recht zu, im
eigenen Namen die Festsetzung der Kosten zu beantragen; vielmehr kann er auch einen sein
Vergütungsinteresse berührenden Kostenfestsetzungsbeschluss mit der Erinnerung angreifen.

4   Die Zulässigkeit der Erinnerung hängt nicht von der Erreichung eines bestimmten Wertes
der geltend gemacht Beschwer ab (**Beschwerdewert**). Der allein auf das Rechtsmittel der
Beschwerde bezogene § 146 Abs 3 VwGO findet im Erinnerungsverfahren keine Anwendung.

5   Die zu beachtende **Form** der Erinnerung wird durch § 165 S 2 iVm § 151 S 2 VwGO
bestimmt. Danach ist die Erinnerung schriftlich oder zur Niederschrift des Urkundsbeamten
der Geschäftsstelle des Gerichts einzureichen, das mit dem Verfahren erstinstanzlich betraut
war. Bei schriftlicher Einlegung ist die handschriftliche Unterschrift des Erinnerungsführers
oder seines Bevollmächtigten unter dem Text erforderlich (vgl hierzu VG Ansbach BeckRS
2012, 58725). Dem Schriftformerfordernis genügt unter den Voraussetzungen des § 55a
VwGO aber auch die elektronische Übermittlung eines mit einer qualifizierten elektronischen Signatur (§ 2 Nr 3 SignaturG) versehenen Dokuments an das Gericht. Eine Pflicht
zur Begründung der Erinnerung ist den §§ 165, 151 VwGO nicht zu entnehmen (vgl hierzu
OVG Magdeburg BeckRS 2010, 50549). Zur Wiedereinsetzung in den vorigen Stand
entsprechend § 60 VwGO bei Heilung von Formmängeln nach Ablauf der Erinnerungsfrist
vgl VG Ansbach BeckRS 2012, 58725).

6   Die Erinnerung gegen den Kostenfestsetzungsbeschluss ist an die Beachtung einer **Frist**
von **zwei Wochen** nach Bekanntgabe des Beschlusses gebunden (§ 165 S 2 VwGO iVm
§ 151 S 1 VwGO; vgl hierzu VG Ansbach BeckRS 2012, 58725; VG Berlin BeckRS 2012,
51789; VG München BeckRS 2012, 51276). Diese Frist beginnt nur zu laufen, wenn der
Kostenfestsetzungsbeschluss mit einer ordnungsgemäßen Rechtsmittelbelehrung versehen
worden ist (§ 58 Abs 1 VwGO). Fehlt die Belehrung oder leidet sie an relevanten Mängeln,
verlängert sich die Frist für die Einlegung der Erinnerung auf ein Jahr (§ 58 Abs 2 VwGO).
Bei Fristversäumung kann das Gericht nur unter den Voraussetzungen des § 60 VwGO eine
Wiedereinsetzung in den vorigen Stand gewähren; eine Wiedereinsetzung in den vorigen
Stand kann unter diesen Voraussetzungen auch dann erfolgen, wenn ein relevanter Formfehler erst nach Ablauf der Erinnerungsfrist geheilt wird (VG Ansbach BeckRS 2012,
58725).

6a   Eine **Berichtigung oder Ergänzung des Kostenfestsetzungsbeschlusses** (§§ 118,
120 iVm 122 Abs 1 VwGO) hat nur dann Einfluss auf den Ablauf der Frist für die Einlegung
der Erinnerung, wenn die zunächst zugestellte Entscheidung insgesamt – also einschließlich
der Entscheidungsgründe – nicht klar genug war, um die Grundlage für die Entschließungen
und das weitere Handeln der Parteien sowie für die Entscheidung des Rechtsmittelgerichts
zu bilden und erst die berichtigte Fassung der Entscheidung die Partei in die Lage versetzt,
sachgerecht über die Frage der Einlegung des Rechtsmittels und dessen Begründung zu
entscheiden (OVG Magdeburg BeckRS 2010, 50549). Bei unverschuldeter Fristversäumnis
ist nach Maßgabe des § 60 VwGO Wiedereinsetzung in den vorigen Stand zu gewähren.

6b   Wird die einem **Kostenfestsetzungsbeschluss** zugrunde liegende Kostenlastentscheidung **aufgehoben oder geändert**, hat dies zur Folge, dass der Kostenfestsetzungsbeschluss
gegenstandslos wird und vom Urkundsbeamten von Amts wegen aufgehoben werden kann.
Dasselbe gilt, wenn das Gericht durch nachträglichen Beschluss nach § 162 Abs 2 S 2

VwGO die Zuziehung eines Bevollmächtigten für das Vorverfahren für notwendig erklärt und dieser Umstand in dem bereits zuvor erlassenen Kostenfestsetzungsbeschluss keine Berücksichtigung gefunden hat (OVG Bautzen NVwZ 2007, 116). Für eine Erinnerung gegen den (gegenstandslos gewordenen) Kostenfestsetzungsbeschluss besteht daher kein **Rechtsschutzbedürfnis** (VG München Beschl v 9.6.2011 – M 19B M 10.2425).

Bei der Frage nach zu Zulässigkeit einer **Erweiterung der Erinnerung nach Ablauf** **6c** **der Erinnerungsfrist** ist wie folgt zu differenzieren (FG Hamburg Beschl v 11.7.2012 – 3 KO 49/12): Die Erinnerung eines Kostenschuldners, die sich gegen die Festsetzung von Kosten für den obsiegenden Gegner richtet, kann außerhalb der Erinnerungsfrist zulässig erweitert werden. Die Erweiterung der Erinnerung eines Kostengläubigers, die sich gegen die Nichtfestsetzung von Kosten gegen den unterliegenden Gegner richtet, ist dagegen unzulässig, wenn es sich um eine Anspruchserweiterung, d. h. ein Nachschieben von Kostenpositionen handelt. Denn die Zulässigkeit der Erinnerung setzt stets eine Beschwer des Erinnerungsführers durch die angegriffene Ausgangsentscheidung sowie das Bestreben des Erinnerungsführers voraus, diese Beschwer mit Hilfe der Erinnerung zu beseitigen.

II. Wirkung der Einlegung der Erinnerung

Die Erinnerung gegen den Kostenfestsetzungsbeschluss entfaltet **keine aufschiebende** **6d** **Wirkung** (§ 165 S 2 iVm § 151 S 3 und § 149 Abs 1 S 1 VwGO). Das Gericht (vgl Rn 8) hat jedoch die Möglichkeit, die Vollziehung des Kostenfestsetzungsbeschlusses durch förmlichen Beschluss einstweilen auszusetzen (§ 165 S 2 iVm § 151 S 3 und § 149 Abs 1 S 2 VwGO).

III. Abhilfe durch den Urkundsbeamten der Geschäftsstelle

Nach Einlegung der Erinnerung prüft zunächst der Urkundsbeamte der Geschäftsstelle, **7** ob er dem Rechtsbehelf abzuhelfen vermag. Hält er die Erinnerung für begründet, hat er – nach Anhörung der aus der Kostenfestsetzung Begünstigten – Abhilfe zu schaffen und seinen Kostenfestsetzungsbeschluss aufzuheben oder entsprechend abzuändern (§ 165 S 2 VwGO iVm § 151 S 3 VwGO und § 148 Abs 1 Hs 1 VwGO). Hilft er ihr nicht ab, hat er die Erinnerung unverzüglich dem Spruchkörper vorzulegen, der für das erstinstanzliche Verfahren zuständig war (§ 165 S 2 VwGO iVm § 151 S 3 VwGO und § 148 Abs 1 Hs 2 VwGO). Gegen den Abhilfebeschluss ist erneut die Möglichkeit der Einlegung einer Erinnerung gegeben (VG München BeckRS 2012, 60382); nach Einlegung eines solchen Erinnerung prüft der Urkundsbeamte erneut die Möglichkeit einer Abhilfe.

IV. Zuständigkeit für die Entscheidung über die Erinnerung

Das **Gericht** entscheidet über die Erinnerung gegen einen Kostenfestsetzungsbeschluss **8** des Urkundsbeamten **in der Besetzung, in der die zu Grunde liegende Kostengrund-** **entscheidung getroffen wurde** (BVerwG NVwZ 1996, 786; VGH München NJW 2008, 2664; VG Bayreuth BeckRS 2013, 51259 und 61268; VG Stuttgart Beschl v 1.3.2013 – 7 K 2641/12; VG Würzburg BeckRS 2013, 48276; VG Berlin BeckRS 2012, 60473 und 55266; VG München BeckRS 2012, 60387; VG Regensburg BeckRS 2012, 50728; aA VG Berlin BeckRS 2011, 51588: grundsätzlich Entscheidung in der Besetzung mit drei Berufsrichtern, sofern nicht im Erinnerungsverfahren selbst einer der Tatbestände des § 87a VwGO verwirklicht wird; arg: Erinnerungsverfahren als gegenüber dem Hauptsacheverfahren unabhängiges Beschlussverfahren). Hieraus folgt: Ist das erstinstanzliche Verfahren bereits im Verlauf des vorbereitenden Verfahrens – also noch vor einer mündlichen Verhandlung vor dem zur Entscheidung berufenen Spruchkörper (BVerwG NVwZ 2005, 466) – erledigt worden, hat der Vorsitzende oder der Berichterstatter über die Erinnerung zu entscheiden (vgl § 87a Abs 1 Nr 5 und Abs 3 VwGO; VGH München BeckRS 2012, 52493; VG München BeckRS 2012, 60387; VG Gelsenkirchen BeckRS 2012, 59004). Dasselbe gilt, wenn der Vorsitzende oder der Berichterstatter das Verfahren im Einverständnis der Beteiligten zu Ende geführt hat (vgl § 87a Abs 2 VwGO). Der Vorsitzende ist ferner zur Entscheidung berufen, wenn er nach § 80 Abs 8 VwGO oder § 123 Abs 2 S 3 VwGO iVm § 80 Abs 8 VwGO eine Dringlichkeitsentscheidung im Verfahren des vorläufigen Rechtsschutzes getroffen hat.

In den übrigen Fällen ist für die Erinnerungsentscheidung je nach Verlauf des erstinstanzlichen Verfahrens die Kammer, der Senat oder der Einzelrichter zuständig. Hat der Einzelrichter die Kostengrundentscheidung getroffen, obliegt dem Einzelrichter auch dann die Entscheidung über die Erinnerung gegen einen Kostenfestsetzungsbeschluss, wenn der Rechtsstreit zwischenzeitlich auf ein anderes Referat innerhalb des Spruchkörpers übertragen worden ist (VG München BeckRS 2012, 47601).

V. Form und Inhalt der Entscheidung über die Erinnerung

9   Das Gericht entscheidet über die Erinnerung durch förmlichen **Beschluss**. Bleibt die Erinnerung ohne Erfolg, wird sie „zurückgewiesen". Soweit sich das Gericht die Ausführungen im Kostenfestsetzungsbescheid zu Eigen macht, kann es in der Begründung seines Beschlusses auf diesen verweisen (VG Ansbach Beschl v 14.7.2008, AN 1 M 08.01164). Ist die Erinnerung dagegen zulässig und zumindest teilweise begründet, „ändert" das Gericht den Kostenfestsetzungsbeschluss des Urkundsbeamten der Geschäftsstelle und trifft sodann eine eigene Entscheidung (zum **Inhalt** vgl § 164 VwGO Rn 15 ff). Diese kann auch in der ausdrücklichen Feststellung bestehen, dass der Kostenfestsetzungsbeschluss an bestimmten Rechtsanwendungsfehlern leidet und dass die Neufassung eines Kostenfestsetzungsbeschlusses dem Urkundsbeamten der Geschäftsstelle übertragen wird (§ 173 VwGO iVm § 573 Abs 1 S 3, § 572 Abs 3 ZPO; VGH München NVwZ-RR 2004, 309). Gegenstand des Beschlusses des Gerichts ist auch die für das Erinnerungsverfahren nach Maßgabe der §§ 154, 155, 159, 161 VwGO zu treffende **Kosten(grund)entscheidung** (VG München BeckRS 2012, 56768).

10   Bei der Entscheidung über die Erinnerung gegen den Kostenfestsetzungsbeschluss hat das Gericht § 88 VwGO zu beachten. Anders als bei der Erinnerung gegen den Kostenansatz gilt damit grundsätzlich ein **Verböserungsverbot**. Begehrt der im Kostenfestsetzungsbeschluss als **Kostenschuldner** angegebene Erinnerungsführer eine Herabsetzung der festgesetzten Kosten, ist das Gericht daher grundsätzlich gehindert, bei der Kostenfestsetzung zu Unrecht nicht berücksichtigte Kostenpositionen in die Berechnung einzubeziehen und auf diese Weise den Betrag der vom Kostenschuldner zu erstattenden Kosten noch zu erhöhen. Dagegen ist das Gericht nicht gehindert, mit der Erinnerung angegriffene Kostenpositionen durch andere Positionen auszutauschen, die bei der Kostenfestsetzung zu Unrecht unberücksichtigt geblieben waren (str VGH München BayVBl 1983, 478; VG München BeckRS 2012, 60387; wohl auch FG Hamburg Beschl v 11.7.2012 – 3 KO 49/12; aA Kopp/Schenke VwGO § 165 Rn 3). Im Übrigen findet im Rechtsbehelfsverfahren **keine umfassende Überprüfung** des geltend gemachten Kostenerstattungsanspruchs statt, sondern nur eine Entscheidung über die vom Kostenschuldner erhobenen Einwendungen und Einreden (OVG Hamburg NVwZ 2006, 1301; aA wohl FG Hamburg Beschl v 11.7.2012, 3 KO 49/12: Amtsermittlungsgrundsatz).

10a   Ist die Erinnerung durch den **Kostengläubiger** eingelegt worden, darf das Gericht den festgesetzten Betrag der zu erstattenden Kosten nicht absenken (VG Leipzig Beschl v 6.4.2009, 1 K 44/05). Es ist jedoch befugt, die Erinnerung mit der Begründung zurückzuweisen, dass berücksichtigungsfähige Kosten zwar zu Unrecht nicht anerkannt worden seien, dies jedoch im Ergebnis keine Rolle spiele, weil in mindestens derselben Höhe Kostenpositionen anerkannt worden seien, die bei richtiger Sachbehandlung nicht anzuerkennen gewesen wären (str! – wie hier VGH München BayVBl 1983, 478; aA VG Leipzig Beschl v 6.4.2009, 1 K 44/05; Eyermann/Happ § 165 Rn 8; Kopp/Schenke § 165 Nr 3). Im Gegenzug ist der Kostengläubiger als Erinnerungsführer befugt, im Kostenerinnerungsverfahren einen berechtigten Einzelposten an Stelle eines unberechtigten nachzuschieben (VG München BeckRS 2012, 60387).

VI. Kosten des Erinnerungsverfahrens

11   Im Erinnerungsverfahren fallen **keine Gerichtsgebühren** an (VGH München Beschl v 27.2.2012, 3 C 11.2650; OVG Bautzen BeckRS 2011, 53223; OVG Berlin-Brandenburg Beschl v 19.3.2010, 1 K 8.10; VG München BeckRS 2012, 56768); daher bedarf es keiner Streitwertfestsetzung (VG München BeckRS 2013, 51394). Allerdings können bei Einschal-

tung von Prozessbevollmächtigten 0,5 **Rechtsanwaltsgebühren** entstehen (Nr 3500 VV RVG; vgl hierzu auch Bischof JurBüro 2006, 346). Daher ist ggf ein Gegenstandswert festzusetzen; dieser bemisst sich entsprechend § 52 Abs 3 GKG nach dem noch streitigen Gebührenanteil (VG Bayreuth BeckRS 2013, 51259 und 51268). § 18 Nr 5 RVG ist berichtigend dahingehend auszulegen, dass er auch die Erinnerung gegen Kostenfestsetzungen des Urkundsbeamten der Geschäftsstelle in der Verwaltungsgerichtsbarkeit als besondere Angelegenheit umfasst (BVerwG NVwZ-RR 2007, 717; aA VG Regensburg RVGreport 2005, 382). Auch können nach Maßgabe von § 162 VwGO (vgl auch Teil 9 KV GKG und Teil 7 VV RVG) **Auslagen** des Gerichts und der Verfahrensbeteiligten zu erstatten sein (OVG Magdeburg BeckRS 2010, 50549; VG Würzburg BeckRS 2012, 50786). § 66 Abs 8 S 2 GKG findet keine Anwendung (OVG Berlin-Brandenburg BeckRS 2010, 47753; aA VGH München BeckRS 2012, 52493 und Beschl v 9.6.2010, 14 C 10.897); stattdessen ist auf § 165 VwGO iVm § 151 VwGO abzustellen. Ein Ausschluss der Kostenerstattung ist daher nicht vorgesehen (VG Würzburg BeckRS 2012, 50786). Das Gericht hat folglich gem §§ 154 ff VwGO eine Kostengrundentscheidung in Bezug auf das Erinnerungsverfahren zu treffen (VGH München Beschl v 27.2.2012 – 3 C 11.2650).

B. Beschwerde gegen die Entscheidung des Gerichts über die Erinnerung gegen den Kostenfestsetzungsbeschluss

I. Zulässigkeit der Beschwerde

Gegen die Entscheidung des Gerichts über die Erinnerung steht den Beteiligten des **12** Kostenfestsetzungsverfahrens – nicht aber dem Prozessbevollmächtigten eines Beteiligten (OVG Münster BeckRS 2011, 46711) – die **Beschwerde** zu (§ 146 VwGO). Diese ist grundsätzlich nicht durch § 158 VwGO ausgeschlossen (OVG Bautzen BeckRS 2009, 35067); zu einer Ausnahme vgl Rn 13. Für die Statthaftigkeit der Beschwerde spielt es auch keine Rolle, ob der Beschwerdeführer zuvor bereits Erinnerung eingelegt hatte oder ob die Erinnerungsentscheidung durch einen Dritten herbeigeführt worden ist.

Die Beschwerde ist allerdings **nicht statthaft,** **13**
– wenn der **Beschwerdewert 200 Euro** nicht übersteigt (§ 146 Abs 3 VwGO; zur Berechnung des Beschwerdewerts vgl OVG Magdeburg BeckRS 2012, 59536m Anm Mayer FD-REVG 2012, 340345; VGH München Beschl v 28.10.2009 – 3 C 09.1937),
– wenn sich die Beschwerde ausschließlich dagegen wendet, dass dem Beschwerdeführer mit der Entscheidung über die Erinnerung die **Kosten des Erinnerungsverfahrens** auferlegt worden sind (§ 158 VwGO; zu einem Ausnahmefall vgl OVG Bautzen NVwZ 2007, 116),
– wenn sie sich gegen eine Erinnerungsentscheidung des **VGH/OVG** oder des **BVerwG** beziehen würde (zum Ausschluss der Beschwerde gegen Entscheidungen des Verwaltungsgerichtshofs/Oberverwaltungsgerichts vgl § 152 Abs 1 VwGO; zum entsprechenden Ausschluss beim BVerwG vgl §§ 146 ff VwGO) oder
– wenn es sich um ein Verfahren handelt, bei dem die **Beschwerde gegen Entscheidungen des VG generell ausgeschlossen** ist (so etwa in Verfahren nach dem Asylverfahrensgesetz, § 80 AsylVfG (VGH Mannheim Beschl v 2.9.2011, A 12 S 2451/11), nach dem Vermögensgesetz, § 37 Abs 2 S 1 VermG, nach dem Wehrpflichtgesetz, § 34 WPflG, nach dem Zivildienstgesetz, § 75 S 1 ZDG, oder nach dem Kriegsdienstverweigerungsgesetz, § 10 Abs 2 KDVG).

Eine **weitere Beschwerde** gegen Beschwerdeentscheidungen des VGH/OVG ist in der **14** VwGO nicht vorgesehen (§ 152 Abs 1 VwGO; VGH München BeckRS 2010, 52529).

Hinsichtlich der **Form** und des **Orts** der Beschwerdeeinlegung ist § 147 Abs 1 S 1 **15** VwGO zu beachten: Danach ist die Beschwerde bei dem Gericht, dessen Entscheidung angefochten wird, schriftlich (vgl auch § 55a VwGO) oder zur Niederschrift des Urkundsbeamten der Geschäftsstelle einzulegen.

Die Beschwerde ist binnen einer **Frist** von **zwei Wochen** nach der Bekanntgabe der **16** Erinnerungsentscheidung einzulegen (§ 147 Abs 1 S 1 VwGO); diese Frist wird auch durch Einlegung der Beschwerde beim Beschwerdegericht gewahrt (§ 147 Abs 2 VwGO).

17   Für Beschwerden gegen Erinnerungsentscheidungen im Kostenfestsetzungsverfahren gilt
gemäß § 147 Abs 1 S 2 und § 67 Abs 1 S 2 VwGO **Vertretungszwang** (VGH München
BeckRS 2013, 49637; VGH Kassel NVwZ 2009, 1445; aA OVG Münster NVwZ-RR
1999, 474; S/S/B/Olbertz VwGO § 165 Rn 14; ausdrücklich offen gelassen mit ausführlicher Darstellung des Streitstandes durch OVG Saarlouis BeckRS 2010, 46627). Für den
Antrag auf Beiordnung eines Notanwalts zur Einlegung der Beschwerde bedarf es hingegen
keines Bevollmächtigten (VGH Kassel aaO).

II. Wirkung der Beschwerdeeinlegung

18   Die Beschwerde entfaltet **keine aufschiebende Wirkung** und hindert daher auch nicht
die Vollstreckung des Kostenfestsetzungsbeschlusses (§ 149 Abs 1 S 1 VwGO). Allerdings
kann das Gericht, der Vorsitzende oder der Berichterstatter, dessen Entscheidung angefochten wird, durch förmlichen Beschluss bestimmen, dass die Vollziehung der angefochtenen
Entscheidung einstweilen auszusetzen ist (§ 149 Abs 1 S 2 VwGO).

III. Abhilfe durch das Verwaltungsgericht

19   Das Verwaltungsgericht, dessen Erinnerungsentscheidung angefochten wird, kann der
Beschwerde abhelfen (§ 148 Abs 1 VwGO). Hält es an seiner Entscheidung fest, hat es die
Beschwerde unverzüglich dem VGH/OVG vorzulegen (§ 148 Abs 1 VwGO).

IV. Entscheidung des Beschwerdegerichts

20   Die Beschwerdeentscheidung ergeht durch **Beschluss des Senats** (§ 150 VwGO) in der
Besetzung mit drei Richtern (§ 9 Abs 3 S 1 VwGO; OVG Münster BeckRS 2013,
52005; OVG Greifswald BeckRS 2012, 48066; VGH München BeckRS 2010, 52584). Es
handelt sich nicht um eine Entscheidung nach § 87a Abs 1 Nr 5 VwGO (OVG Bautzen
BeckRS 2011, 53223; OVG Münster BeckRS 2011, 50884; VGH Kassel BeckRS 2009,
36455; VGH Mannheim BeckRS 2008, 40757; VGH München NVwZ-RR 2007, 497);
auch § 66 Abs 6 S 1 GKG findet keine Anwendung (VGH Kassel BeckRS 2010, 51914;
OVG Münster BeckRS 2009, 39490; VGH Mannheim DÖV 2009, 216). Abzulehnen ist
die Auffassung, dass in Fällen, in denen die dem Kostenfestsetzungsverfahren zugrunde
liegende Kostenlastentscheidung vom Einzelrichter (§ 6 VwGO) getroffen wurde, der Berichterstatter des Senats über die Beschwerde zu entscheiden hat (so aber VGH München
Beschl v 4.4.2012 – 8 C 10.1607 – und Beschl v. 24.2.2010 – 11 C 10.81, unter fehl
gehendem Verweis auf VGH München NVwZ-RR 2004, 309 und § 66 Abs 6 S 1 GKG).
Anderes gilt, wenn sich ein im Rahmen der Bewilligung von Prozesskostenhilfe beigeord-
neter Prozessbevollmächtigter mit der Beschwerde gegen die gem § 55 RVG erfolgte Festsetzung der ihm aus der Staatskasse zu zahlenden Vergütung wendet. Hier findet die Sonderregelung in § 56 Abs 2 S 1 RVG Anwendung, die auf § 33 Abs 8 RVG verweist. Danach
entscheidet über die Beschwerde der Einzelrichter, wenn die angefochtene Entscheidung
von einem Einzelrichter erlassen wurde (vgl VGH München BeckRS 2010, 52584).

20a   Das Beschwerdegericht ist – wie auch das Verwaltungsgericht bei der Entscheidung über
die Erinnerung gegen den Kostenfestsetzungsbeschluss – **an den Antrag** des Beschwerdeführers **gebunden** (§ 88 VwGO). Eine umfassende Überprüfung des streitgegenständlichen
Kostenerstattungsanspruchs findet im Rechtsbehelfsverfahren nicht statt. Vielmehr beschränkt sich das Beschwerdegericht darauf, über die vom Rechtsbehelfsführer erhobenen
Einwendungen und Einreden zu entscheiden (OVG Hamburg NVwZ 2006, 1301).

21   Mit der Entscheidung über die Beschwerde ist zugleich gem §§ 154, 155, 159, 161
VwGO eine **Entscheidung über die Kosten** des Beschwerdeverfahrens zu treffen (vgl
VGH Mannheim BeckRS 2012, 59308; OVG Bautzen NVwZ 2007, 116).

V. Kosten des Beschwerdeverfahrens

22   Nach Inkrafttreten des 2. KostRModG (vgl BeckOK Posser/Wolff/Kunze VwGO § 162
Rn 70) entsteht für das Beschwerdeverfahren gem Nr 5502 KV GKG eine **pauschale
Gerichtsgebühr** iHv 60 EUR (bislang: 50 EUR), wenn die Beschwerde verworfen oder

zurückgewiesen wird. Wird die Beschwerde nur teilweise verworfen oder zurückgewiesen, kann das Gericht die Gebühr nach billigem Ermessen auf die Hälfte ermäßigen oder bestimmen, dass eine Gebühr nicht zu erheben ist. Ansonsten ist das Beschwerdeverfahren gerichtsgebührenfrei (OVG Bautzen BeckRS 2011, 53223). Die erfolgreiche Beschwerde ist gerichtsgebührenfrei (OVG Greifswald BeckRS 2012, 48065).

Da gerichtliche Wertgebühren im Beschwerdeverfahren nicht anfallen können, ist eine **23** **Streitwertfestsetzung** nach § 63 Abs 1 S 1 und Abs 2 GKG ausgeschlossen.

Für die im Beschwerdeverfahren auftretenden Rechtsanwälte der Verfahrensbeteiligten **24** entstehen nach Maßgabe von Nr 3500 VV RVG 0,5 **Rechtsanwaltsgebühren**. Der Ausschluss der Kostenerstattung nach § 66 Abs 8 S 2 GKG findet hier keine Anwendung (OVG Berlin-Brandenburg BeckRS 2010 47753), stattdessen ist auf § 165 VwGO iVm § 151 VwGO abzustellen.

Auslagen des Gerichts und der Verfahrensbeteiligten können nach Maßgabe von § 162 **25** VwGO (vgl auch Teil 9 KV GKG und Teil 7 VV RVG) geltend gemacht werden.

§ 165a [Prozesskostensicherheit]

§ 110 der Zivilprozessordnung gilt entsprechend.

Die Vorschrift stellt klar, dass § 110 ZPO im Verwaltungsgerichtsprozess entsprechend anwendbar ist. Gemäß § 110 Abs 1 ZPO leisten Kläger (Rn 2), die ihren gewöhnlichen Aufenthalt nicht in einem Mitgliedstaat der Europäischen Union oder einem Vertragsstaat des Abkommens über den Europäischen Wirtschaftsraum haben (Rn 3), auf Verlangen des Beklagten (Rn 5) wegen der Prozesskosten Sicherheit. Davon ausgenommen sind die in § 110 Abs 2 ZPO aufgeführten Fälle (Rn 6).

A. Allgemeines

§ 165a VwGO wurde durch das Gesetz zur Bereinigung des Rechtsmittelrechts im **1** Verwaltungsprozess (RmBereinVpG) vom 20.12.2001 (BGBl I 3987) mit Wirkung vom 1.1.2002 eingeführt. Dass die Vorschrift nur auf § 110 ZPO verweist, beruht auf einem Redaktionsversehen; über § 173 S 1 VwGO sind ergänzend auch die übrigen Regelungen der §§ 108 bis 113 ZPO anwendbar, soweit sie sich auf die Prozesskostensicherheit beziehen (B/F-K/K/vA/Bader VwGO § 165a Rn 1). Wenn auch im Einzelfall das verfassungsrechtliche Gebot effektiven Rechtsschutzes der Auferlegung von Prozesskostensicherheit entgegenstehen mag, so kann dies jedoch nicht generell für Anfechtungsklagen angenommen werden, weil § 165a VwGO sonst weitgehend ins Leere liefe (S/S-A/P/Olbertz VwGO § 165a Rn 4; **aA** B/F-K/K/vA/Bader VwGO § 165a Rn 3). Das Gericht kann Prozesskostensicherheit nur in Hauptsacheverfahren, nicht aber in Verfahren des vorläufigen Rechtsschutzes festsetzen (VGH München BeckRS 2012, 56998 mwN). Abgesehen vom Wortlaut der Vorschrift („Kläger", „auf Verlangen des Beklagten") widerspräche die Festsetzung einer Prozesskostensicherheit unter Bestimmung einer Frist zur Leistung auch der Eilbedürftigkeit des Verfahrens zur Erlangung vorläufigen Rechtsschutzes.

B. Voraussetzungen

I. Klägerstellung

Zur Leistung der Prozesskostensicherheit ist ausschließlich der **Kläger des ersten** **2** **Rechtszugs** verpflichtet, unabhängig von seiner Stellung in den nachfolgenden Rechtsmittelverfahren; auf den Antragsteller in einem **Eilverfahren** ist § 165a VwGO iVm § 110 ZPO **nicht** anwendbar (S/S-A/P/Olbertz VwGO § 165a Rn 7; Kopp/Schenke VwGO § 165a Rn 2; B/L/A/H/Hartmann ZPO, § 110 Rn 19). Der **Beigeladene** ist grundsätzlich nicht zur Leistung von Prozesskostensicherheit verpflichtet; eine solche Verpflichtung besteht aber ausnahmsweise dann, wenn er Anträge stellt oder Rechtsmittel einlegt und ihm Kosten des Beklagten auferlegt werden können (Eyermann/P.Schmidt VwGO § 165a Nachtrag N2 zur 11. Auflage; Kopp/Schenke VwGO § 165a Rn 2; **aA** S/S-A/P/Olbertz VwGO § 165a Rn 7 und FN 25).

3   Von der Verpflichtung zur Leistung von Prozesskostensicherheit sind Kläger ausgenommen, die ihren gewöhnlichen Aufenthalt in einem **EU- oder EWR-Mitgliedstaat** (neben den Mitgliedstaaten der EU mithin auch Island, Liechtenstein und Norwegen) haben; die Vorschrift wurde damit den gemeinschaftsrechtlichen Anforderungen angepasst (vgl hierzu EuGH NJW 1993, 2431 und NJW 1997, 3299). Für den **gewöhnlichen Aufenthalt** ist die einwohnermelderechtliche Anmeldung nicht entscheidend, bietet aber einen erheblichen Anhaltspunkt (B/L/A/H/Hartmann ZPO § 110 Rn 4). Bei juristischen Personen kommt es auf ihren Sitz an; das ist gemäß § 17 Abs 1 S 2 ZPO der Ort, wo die Verwaltung geführt wird (Eyermann/P.Schmidt VwGO § 165a Nachtrag N4 zur 11. Auflage).

4   Kläger, denen Prozesskostenhilfe bewilligt worden ist (§ 122 Abs 1 Nr 2 ZPO) sowie heimatlose Ausländer iSv § 11 des Gesetzes über die Rechtsstellung heimatloser Ausländer im Bundesgebiet vom 25.4.1951 (BGBl I 269) und internationale Flüchtlinge iSv Art 16 des Genfer Abkommens vom 28.7.1951 über die Rechtsstellung der Flüchtlinge (vgl das Gesetz vom 1.9.1953, BGBl II 559) sind unabhängig von den Voraussetzungen des § 110 Abs 2 ZPO von der Sicherheitsleistung befreit. In Asylsachen kommt daher keine Prozesskostensicherheit in Betracht (S/S-A/P/Olbertz VwGO § 165a Rn 9).

II. Verlangen des Beklagten

5   Der Beklagte muss die Prozesskostensicherheit verlangen; zu den Voraussetzungen für die Rüge mangelnder Sicherheitsleistung in der Revisionsinstanz vgl BGH NJW 2001, 3630. Der **Beigeladene**, dessen außergerichtliche Kosten nach § 162 Abs 3 VwGO dem Kläger gegenüber erstattungsfähig sind, ist dem Beklagten vergleichbar berechtigt, Prozesskostensicherheit zu verlangen (Eyermann/P.Schmidt VwGO § 165a Nachtrag N2 zur 11. Auflage und Kopp/Schenke VwGO § 165a Rn 4; **aA** S/S-A/P/Olbertz VwGO § 165a Rn 5).

C. Ausnahmen von der Verpflichtung zur Sicherheitsleistung

6   Ausnahmen von der Prozesskostensicherheitspflicht ergeben sich aus **§ 110 Abs 2 ZPO**, etwa wenn aufgrund völkerrechtlicher Verträge keine Sicherheit verlangt werden kann (Nr 1), wenn die Entscheidung über die Erstattung der Prozesskosten an den Beklagten aufgrund völkerrechtlicher Verträge vollstreckt werden könnte (Nr 2) oder wenn der Kläger im Inland ein zur Deckung der Prozesskosten hinreichendes Grundvermögen oder dinglich gesicherte Forderungen besitzt (Nr 3). Die Regelungen in § 110 Abs 2 Nr 4 und Nr 5 ZPO betreffen die Fälle der Widerklage und des für den Verwaltungsprozess nicht relevanten Aufgebotsverfahrens.

Beteiligte, denen **Prozesskostenhilfe** bewilligt ist, sind gemäß § 166 VwGO iVm § 122 Abs 1 Nr 2 ZPO von der Verpflichtung zur Sicherheitsleistung befreit.

D. Entscheidung des Gerichts

7   Über § 173 S 1 VwGO gelten die §§ 111 bis 113 ZPO entsprechend. Die Anordnung der Sicherheitsleistung gemäß § 173 S 1 VwGO iVm § 113 S 1 ZPO erfolgt durch **Zwischenurteil** (BGH NJW 2001, 3630; S/S-A/P/Olbertz VwGO § 165a Rn 19; Kopp/Schenke VwGO § 165a Rn 7; B/F-K/K/vA/Bader VwGO § 165a Rn 17; **aA** Eyermann/P.Schmidt VwGO § 165a Nachtrag N15 zur 11. Auflage). Der Beklagte kann gegen ein Zwischenurteil, mit dem sein Antrag abgelehnt wird, unzweifelhaft mit Rechtsmitteln vorgehen (S/S-A/P/Olbertz VwGO § 165a Rn 23). Während der Kläger im Zivilprozess nach wohl überwiegender Auffassung ein stattgebendes Zwischenurteil nicht selbständig anfechten kann (vgl BGH NJW 1988, 173), wird für den Verwaltungsprozess im Hinblick auf die hier nicht eingreifenden zivilprozessualen Besonderheiten sowie Art 19 Abs 4 GG eine selbständige Anfechtbarkeit angenommen (ausführlich hierzu S/S-A/P/Olbertz VwGO § 165a Rn 23; B/F-K/K/vA/Bader VwGO § 165a Rn 19). Das Gericht bestimmt die **Höhe** nach § 112 ZPO und setzt dem Kläger eine angemessene **Frist** für die Sicherheitsleistung. Wird die Anordnung der Prozesskostensicherheit nach Fristablauf bis zur Entscheidung nicht befolgt, wird die Klage auf Antrag des Beklagten gemäß § 173 S 1 VwGO iVm § 113 S 2 ZPO **für zurückgenommen erklärt**; diese Entscheidung ergeht durch Beschluss

(Kopp/Schenke VwGO § 165a Rn 7), der gemäß § 92 Abs 3 S 2 VwGO unanfechtbar ist (B/F-K/K/vA/Bader VwGO § 165a Rn 19).

§ 166 [Prozesskostenhilfe]

(1) [1]Die Vorschriften der Zivilprozeßordnung über die Prozeßkostenhilfe sowie **§ 569 Abs. 3 Nr. 2 der Zivilprozessordnung gelten entsprechend. (***ab 1.1.2014:*** [2]Einem Beteiligten, dem Prozesskostenhilfe bewilligt worden ist, kann auch ein Steuerberater, Steuerbevollmächtigter, Wirtschaftsprüfer oder vereidigter Buchprüfer beigeordnet werden. [3]Die Vergütung richtet sich nach den für den beigeordneten Rechtsanwalt geltenden Vorschriften des Rechtsanwaltsvergütungsgesetzes.)**

(2) Die Prüfung der persönlichen und wirtschaftlichen Verhältnisse nach den §§ 114 und 115 der Zivilprozessordnung einschließlich der in § 118 Absatz 2 und 4 der Zivilprozessordnung bezeichneten Maßnahmen, der Beurkundung von Vergleichen nach § 118 Absatz 1 Satz 3 der Zivilprozessordnung und der Entscheidungen nach § 118 Absatz 3 der Zivilprozessordnung obliegt dem Urkundsbeamten der Geschäftsstelle des jeweiligen Rechtszugs, wenn der Vorsitzende ihm das Verfahren nach Maßgabe des Landesrechts insoweit überträgt; liegen die Voraussetzungen für die Bewilligung der Prozesskostenhilfe hiernach nicht vor, erlässt der Urkundsbeamte die den Antrag ablehnende Entscheidung; anderenfalls vermerkt der Urkundsbeamte in den Prozessakten, dass dem Antragsteller nach seinen persönlichen und wirtschaftlichen Verhältnissen Prozesskostenhilfe gewährt werden kann und in welcher Höhe gegebenenfalls Monatsraten oder Beträge aus dem Vermögen zu zahlen sind.

(3) Dem Urkundsbeamten obliegen im Verfahren über die Prozesskostenhilfe ferner die Bestimmung des Zeitpunkts für die Einstellung und eine Wiederaufnahme der Zahlungen nach § 120 Absatz 3 der Zivilprozessordnung sowie die Änderung und die Aufhebung der Bewilligung der Prozesskostenhilfe nach den §§ 120a und 124 Absatz 1 Nummer 2 bis 5 der Zivilprozessordnung.

(4) [1]**Der Vorsitzende kann Aufgaben nach den Absätzen 2 und 3 zu jedem Zeitpunkt an sich ziehen.** [2]**§ 5 Absatz 1 Nummer 1, die §§ 6, 7, 8 Absatz 1 bis 4 und § 9 des Rechtspflegergesetzes gelten entsprechend mit der Maßgabe, dass an die Stelle des Rechtspflegers der Urkundsbeamte der Geschäftsstelle tritt.**

(5) § 87a Absatz 3 gilt entsprechend.

(6) Gegen Entscheidungen des Urkundsbeamten nach den Absätzen 2 und 3 kann innerhalb von zwei Wochen nach Bekanntgabe die Entscheidung des Gerichts beantragt werden.

(7) Durch Landesgesetz kann bestimmt werden, dass die Absätze 2 bis 6 für die Gerichte des jeweiligen Landes nicht anzuwenden sind.

§ 166 Abs 1 VwGO erklärt die Regelungen der ZPO über die Prozesskostenhilfe für entsprechend anwendbar. Die Bewilligung von Prozesskostenhilfe setzt nach § 166 Abs 1 VwGO iVm § 114 S 1 ZPO voraus, dass der Beteiligte bedürftig ist (Rn 5 ff) und die beabsichtigte Rechtsverfolgung oder -verteidigung hinreichende Aussicht auf Erfolg bietet (Rn 24 ff) und nicht mutwillig erscheint (Rn 28). § 166 Abs 1 VwGO iVm § 115 ZPO regelt, unter welchen Voraussetzungen der Beteiligte sein Einkommen und sein Vermögen einzusetzen hat (Rn 6 ff); soweit diese Vorschrift auf die Bestimmungen des Sozialhilferechts verweist, haben die in jüngerer Zeit vorgenommenen Änderungen in diesem Bereich auch Anpassungen des Prozesskostenhilferechts erforderlich gemacht (Rn 7). Zur Ermittlung des einzusetzenden Einkommens sind von den Einkünften in Geld oder Geldeswert (Rn 8) die in § 115 Abs 1 S 3 ZPO genannten Beträge abzuziehen (Rn 9 ff). Vermögen ist gem § 166 Abs 1 VwGO iVm § 115 Abs 3 ZPO mit Ausnahme der in § 90 Abs 2 SGB XII genannten Vermögenswerte (Rn 20) und unter Berücksichtigung der Härteklausel nach § 90 Abs 3 SGB XII (Rn 21) einzusetzen. Bei der Auslegung des Erfordernisses der hinreichenden Erfolgsaussicht haben die Fachgerichte den verfassungsgebotenen Zweck der Prozesskostenhilfe zu beachten, dem Unbemittelten den weitgehend gleichen Zugang zu Gericht zu ermöglichen (Rn 24 ff).

Dem Antrag auf Bewilligung von Prozesskostenhilfe (Rn 30 ff) ist gem § 166 Abs 1 VwGO iVm § 117 ZPO eine Erklärung über die persönlichen und wirtschaftlichen Verhältnisse beizufügen (Rn 33 ff). Ist nur ein Prozesskostenhilfegesuch, dieses aber innerhalb der Klage- oder Rechtsmittelfrist eingereicht worden und wird Prozesskostenhilfe erst nach Ablauf der Frist bewilligt, so kommt Wiedereinsetzung in den vorigen Stand gem § 60 VwGO in Betracht (Rn 38 ff). Das Gericht entscheidet über die Bewilligung von Prozesskostenhilfe durch Beschluss (Rn 43 ff). Mit Wirkung **zum 1.1.2014** erfährt die Vorschrift eine wesentliche Änderung durch das **Gesetz zur Änderung des Prozesskostenhilfe- und Beratungshilferechts** (BGBl I S 3533). Außerdem werden die Vorschriften der ZPO, auf die § 166 Abs 1 VwGO verweist, durch dieses Gesetz maßgeblich geändert.

Übersicht

A. Allgemeines

1   Die Prozesskostenhilfe soll das Gebot der Rechtsschutzgleichheit, das für verwaltungsgerichtliche Verfahren aus Art 3 Abs 1 GG iVm Art 19 Abs 4 GG folgt, verwirklichen, indem sie Bemittelte und Unbemittelte in den Chancen ihrer Rechtsverfolgung gleichstellt. Sie dient der Deckung einer spezifischen Bedarfssituation und stellt daher eine Form der Hilfe in besonderen Lebenslagen dar (grundlegend hierzu BVerfG NJW 1988, 2231). Die VwGO verzichtet auf eine eigenständige Regelung der Prozesskostenhilfe und erklärt die Regelungen der ZPO für entsprechend anwendbar; dabei handelt es sich um eine dynamische Verweisung (Redeker/v.Oertzen/Redeker VwGO § 166 vor Rn 1). Die Vorschriften der § 166 Abs 1 VwGO, §§ 114 ff ZPO über die Prozesskostenhilfe sind eine abschließende Sonderregelung (BVerwG Buchholz 310 § 166 VwGO Nr 30 und 32); sozialhilferechtliche Vorschriften kommen in diesem Bereich nur zur Anwendung, soweit in den §§ 114 ff ZPO auf sie verwiesen wird (Eyermann/P.Schmidt VwGO § 166 Rn 7).

2   Prozesskostenhilfe kann für jedes gerichtliche Verfahren in jedem Stadium gewährt werden, in **gerichtskostenfreien Verfahren** aber nur, sofern die Beiordnung eines Rechtsanwalts in Frage kommt (BVerwG NVwZ-RR 1989, 665; VGH Mannheim VBlBW 2005, 152; OVG Greifswald NVwZ-RR 2006, 77). Eine solche Beiordnung ist im Verfahren vor dem OVG und dem BVerwG notwendig, für die gem § 67 Abs 1 VwGO grundsätzlich Vertretungszwang besteht, soweit nicht die dort aufgeführten Ausnahmen greifen, und sonst gem § 166 Abs 1 VwGO iVm § 121 Abs 2 ZPO geboten, wenn die Vertretung durch einen Rechtsanwalt erforderlich erscheint (je nach Schwierigkeit der Sach- und Rechtslage) oder der Gegner durch einen Rechtsanwalt vertreten ist. Für das Prozesskostenhilfebewilligungs-

verfahren selbst kann keine Prozesskostenhilfe gewährt werden (BVerwG JurBüro 1991, 570; OVG Münster Beschl v 12.5.2009, 18 E 510/09; VGH Kassel DVBl 2010, 1588).

Durch das Gesetz zur Umsetzung gemeinschaftsrechtlicher Vorschriften über die grenz- **3** überschreitende Prozesskostenhilfe in Zivil- und Handelssachen in den Mitgliedstaaten in den **EG-Prozesskostenhilfegesetz – EG-PKHG –** vom 15.12.2004 (BGBl I 3392) wurde **§ 114 S 2 ZPO** eingefügt, der für die grenzüberschreitende Prozesskostenhilfe innerhalb der EU ergänzend auf die §§ 1076 bis 1078 ZPO verweist. Auf verwaltungsrechtliche Angelegenheiten, für die die Vorschriften der ZPO über die Prozesskostenhilfe gem § 166 Abs 1 VwGO lediglich entsprechend gelten, finden diese Bestimmungen allerdings keine Anwendung. Dies ergibt sich aus der Gesetzesbegründung (BT-Drs 15/3281,10), die insoweit auf den Anwendungsbereich der zugrunde liegenden gemeinschaftsrechtlichen Bestimmungen verweist.

Die Vorschriften dienen der Umsetzung der **RL 2003/8/EG** des Rates vom 27.1.2003 (ABl Nr **3.1** L 26 vom 31.1.2003, berichtigt im ABl Nr L 32 vom 7.2.2003). Dem Unionsbürger soll es ermöglicht werden, in dem Mitgliedstaat, in dem er seinen Wohnsitz hat, in seiner Muttersprache Prozesskostenhilfe für einen in einem anderen Mitgliedstaat durchzuführenden Rechtsstreit in Zivil- oder Handelssachen zu beantragen (BT-Drs 15/3281, 10; vgl auch die Verordnung zur Einführung eines Vordrucks für die Erklärung über die persönlichen und wirtschaftlichen Verhältnisse bei Prozesskostenhilfe sowie eines Vordrucks für die Übermittlung der Anträge auf Bewilligung von Prozesskostenhilfe im grenzüberschreitenden Verkehr – EG-Prozesskostenhilfevordruckverordnung – EG-PKHVV – vom 21.12.2004, BGBl I 3538). Von einer Definition des Anwendungsbereichs der §§ 1076 bis 1078 ZPO hat der Gesetzgeber bewusst abgesehen; bei der Auslegung des Begriffs der grenzüberschreitenden Prozesskostenhilfe soll die RL 2003/8/EG heranzuziehen sein. Steuer- und Zollsachen sowie verwaltungsrechtliche Angelegenheiten werden von der Richtlinie aber nicht erfasst (vgl Art 1 Abs 2 S 2 RL 2003/8/EG; BT-Drs 15/3281, 10).

Für die Einordnung als verwaltungsrechtliche Angelegenheit oder Zivil- oder Handelssache **3.2** kommt es auf die Art der Gerichtsbarkeit nicht an (vgl Art 1 Abs 2 S 1 RL 2003/8/EG). Hinsichtlich des Begriffs der verwaltungsrechtlichen Angelegenheit kann dabei sinngemäß auf die zu § 40 VwGO ergangene Rechtsprechung zurückgegriffen werden (vgl zu der entsprechenden Regelung in Art 1 Abs 1 EuGVVO Thomas/Putzo/Hüßtege ZPO Art 1 EuGVVO Rn 2 mwN).

Zum 1.1.2014 tritt das **Gesetz zur Änderung des Prozesskostenhilfe- und Bera-** **3a** **tungshilferechts** in Kraft, das ua eine Änderung von § 166 VwGO (vgl Überblick), der §§ 114 ff ZPO sowie eine Einschränkung der Beschwerdemöglichkeit nach § 146 Abs 2 VwGO vorsieht (vgl Rn 52). Vor dem Hintergrund der in den vergangenen Jahren gestiegenen Ausgaben der Länderhaushalte für Prozesskostenhilfe und Beratungshilfe verfolgt das Gesetz das Ziel einer effizienteren Ausgestaltung dieser Bereiche. Es sieht ua Änderungen in den Bereichen Aufklärung und Bewilligungsverfahren sowie bei der Ratenberechnung vor. Die im ursprünglichen Gesetzentwurf (vgl BT-Drs 17/11472) noch vorgesehene Senkung der Freibeträge für Erwerbsfähige und für Ehegatten oder Lebenspartner wurde nach der Beratung im Rechtsausschuss des Bundestages ebenso aufgegeben wie die ursprünglich beabsichtigte Erhöhung der Ratenhöchstzahlungsdauer von 48 auf 72 Monate (vgl BT-Drs 17/13538).

Das ursprünglich angestrebte Entlastungsvolumen für die Länderhaushalte wird damit nicht **3a.1** erreicht. Bei den Beratungen des 2. Kostenrechtsmodernisierungsgesetzes – 2. KostRMoG – vom Juni 2013 (vgl BR-Drs 381/13 und BT-Drs. 17/14120) wurde auf eine Beschlussempfehlung des Vermittlungsausschusses im Hinblick auf den stark defizitären Kostendeckungsgrad der Justiz eine lineare Anpassung verschiedener streitwertabhängiger Gerichtsgebühren an die aktuelle Preisentwicklung vorgenommen (BT-Drs 17/14120). Das Gesetz, das auch eine Erhöhung der Vergütung für Rechtsanwälte und Notare vorsieht, soll bereits am 1.8.2013 in Kraft treten.

B. Voraussetzungen

Die Bewilligung von Prozesskostenhilfe setzt nach § 166 Abs 1 VwGO iVm § 114 S 1 **4** ZPO voraus, dass der Beteiligte bedürftig ist und die beabsichtigte Rechtsverfolgung oder -verteidigung hinreichende Aussicht auf Erfolg bietet und nicht mutwillig erscheint. Während die wirtschaftlichen Verhältnisse vom Gericht abschließend zu prüfen sind (vgl BVerfG NVwZ 2004, 334), darf und muss sich das Gericht hinsichtlich der Erfolgsaussichten mit einer vorläufigen Prüfung begnügen (BVerfG NJW 2003, 3190).

I. Wirtschaftliche Voraussetzungen

5   Voraussetzung ist zunächst, dass der Beteiligte nach seinen persönlichen und wirtschaftlichen Verhältnissen die Kosten der Prozessführung nicht, nur zum Teil oder nur in Raten aufbringen kann (§ 114 S 1 ZPO). Verfassungsrechtlich ist insoweit geboten, dass die Kostenbeteiligung der unbemittelten Partei ihr Existenzminimum nicht gefährdet. Eine Kostenbeteiligung darf nicht verlangt werden, wenn ihr Einkommen den sozialhilferechtlichen Regelsatz nicht übersteigt. Dieser muss vielmehr nach Zahlung der Raten ungeschmälert für die Lebensführung zur Verfügung stehen. Denn die gerichtliche Rechtsverfolgung gehört nicht zum Grundbedarf, der durch den sozialhilferechtlichen Regelsatz gewährleistet wird, sondern stellt eine – sozialhilferechtlich durch die Hilfe in besonderen Lebenslagen erfasste – spezifische Bedarfssituation dar (BVerfG NJW 1988, 2231).

6   § 166 Abs 1 VwGO iVm § 115 ZPO regelt, unter welchen Voraussetzungen der Beteiligte sein **Einkommen** und sein **Vermögen** einzusetzen hat. Zur Abgrenzung der beiden Begriffe hat das BVerwG (NJW 1999, 3210) für den Bereich des Sozialhilferechts entschieden, dass Einkommen alles das ist, was jemand in der Bedarfszeit wertmäßig dazu erhält, und Vermögen das, was er in der Bedarfszeit bereits hat (Zuflusstheorie). Einkommen wird damit in der nachfolgenden Bedarfszeit – soweit es noch vorhanden ist – Vermögen (BVerwG NJW 1999, 3210), in der Regel also mit Ablauf des Monats, in dem es zugeflossen ist (S/S-A/P/Olbertz VwGO § 166 Rn 36).

7   Soweit § 115 ZPO hinsichtlich der wirtschaftlichen Voraussetzungen der Leistungsgewährung auf die Regelungen des Sozialhilferechts verweist, hat die Vorschrift in jüngerer Zeit wesentliche Änderungen erfahren. Anlass hierfür waren jeweils Änderungen im Bereich des Sozialhilferechts.

7.1   So wurde dem Gesetzgeber mit Urteil des BVerfG vom 9.2.2010 (BVerfGE 125, 175) zuletzt aufgegeben, die Regelbedarfe nach dem SGB II und dem SGB XII verfassungskonform neu zu bemessen. Einen besonderen Stellenwert hat das BVerfG dabei den Bedarfen von Kindern und Jugendlichen beigemessen. Mit dem Gesetz zur Ermittlung von Regelbedarfen und zur Änderung des Zweiten und Zwölften Buches Sozialgesetzbuch vom 24.3.2011 (BGBl I 453) wurden die bisherigen Vorschriften für die Regelsatzbemessung im SGB XII und in der Regelsatzverordnung ersetzt. In § 28 SGB XII ist nunmehr geregelt, dass die Anpassung der Regelbedarfe (in den Jahren der Neuermittlung und entsprechender Neufestsetzung) durch Gesetz zu erfolgen hat; in den Jahren der Fortschreibung erfolgt die Anpassung durch Rechtsverordnung gem § 40 SGB XII. Die Länder erhalten zudem in § 29 Abs 2 und 4 SGB XII ein Abweichungsrecht gegenüber der Neufestsetzung und Fortschreibung. Die vom Bund ermittelten und fortgeschriebenen Regelsätze werden in der Anlage zu § 28 SGB XII veröffentlicht. An die Stelle des Begriffs des Haushaltsvorstands ist der „alleinstehende oder alleinerziehende Leistungsberechtigte" in Regelbedarfsstufe 1 getreten. Zugleich wurde durch entsprechende Änderung von § 115 ZPO das Prozesskostenhilferecht angepasst; es übernimmt dadurch nunmehr auch die altersabhängigen, eigenständig ermittelten Regelsätze für Kinder (BT-Drs 17/3404, 45).

1. Einkommen

8   Gem § 166 Abs 1 VwGO iVm § 115 Abs 1 S 1 ZPO hat der Beteiligte sein Einkommen einzusetzen. Dabei sind zunächst die nach § 115 Abs 1 S 2 ZPO maßgeblichen **Einkünfte in Geld oder Geldeswert** zu ermitteln. Der Einkommensbegriff des § 115 Abs 1 ZPO knüpft insofern – dem Charakter der Prozesskostenhilfe als eine Form der Sozialhilfe im Bereich der Rechtspflege entsprechend – an denjenigen des Sozialhilferechts (vgl § 82 Abs 1 SGB XII) an (BGH NJW 2005, 2393).

8.1   Zu den Einkünften in Geld oder Geldeswert gehören insbes Lohn und Gehalt, Weihnachts- und Urlaubsgeld, Zinseinkünfte, Einkünfte aus Vermietungen und Verpachtungen und Renten (weitere Beispiele bei B/L/A/H/Hartmann ZPO § 115 Rn 16 ff.). Steuererstattungen sind nicht als Vermögen, sondern im Jahr der Erstattung als Einkommen zu berücksichtigen (OLG Nürnberg NJOZ 2006, 3135). Auch Sozialleistungen des Staates werden als Einkommen angesehen (vgl BT-Drs 17/11472 S. 30; ebensoS/S-A/P/Olbertz VwGO § 166 Rn 39; Eyermann/P.Schmidt VwGO § 166 Rn 13; einschränkend Hk-ZPO/Rathmann/Pukall ZPO § 115 Rn 6; gegen eine Anrechnung als Einkommen: Thomas/Putzo/Reichold ZPO § 115 Rn 3 jeweils mwN). Verfassungsrechtlich ist insoweit nur geboten, dass das Existenzminimum des unbemittelten Beteiligten nicht gefährdet wird (BVerfG NJW 1988, 2231).

Nach der Rechtsprechung des BVerwG zum BSHG ist **Kindergeld** grundsätzlich sozialhilfe- **8.2** rechtlich anrechenbares Einkommen (BVerwG NVwZ 2002, 96 mwN). Das Sozialhilferecht hat seit dem 1.1.2005 allerdings insofern eine Einschränkung erfahren, als nach § 82 Abs 1 S 2 SGB XII bei Minderjährigen das Kindergeld dem jeweiligen Kind als Einkommen zuzurechnen ist, soweit es bei diesem zur Deckung des notwendigen Lebensunterhalts benötigt wird. Mit dieser Änderung hat der Gesetzgeber das Ziel verfolgt, die Sozialhilfebedürftigkeit möglichst vieler Kinder zu beseitigen (BT-Drs 15/1514, 65). Der BGH hat diesen Gedanken auf das Prozesskostenhilferecht übertragen: Das an die Prozesskostenhilfe begehrende Partei gezahlte Kindergeld ist danach lediglich insoweit zum Einkommen eines Elternteils zu rechnen, als es nicht zur Bestreitung des notwendigen Lebensunterhalts eines minderjährigen Kindes zu verwenden ist (BGH NJW 2005, 2393). Entsprechendes gilt, wenn ein volljähriges Kind Leistungen zur Sicherung des Lebensunterhalts nach dem SGB II bezieht und bei der Berechnung dieser Leistungen das Kindergeld als Einkommen des Kindes angerechnet wird (OLG Schleswig OLGR Schleswig 2005, 768). Soweit das Kindergeld zur Deckung des notwendigen Lebensunterhalts des Kindes benötigt wird, ist es jedoch insoweit nach § 11 Abs 1 S 3 SGB II, § 82 Abs 1 S 2 SGB XII Einkommen des Kindes (OLG Hamm NJW 2005, 1380; OLG Frankfurt BeckRS 2005 13222).

Ob der nicht realisierte Wert der eigenen Arbeitskraft gem § 115 ZPO anzurechnen ist, ist in der **8.3** obergerichtlichen Rechtsprechung umstritten. Ein Teil der Rechtsprechung setzt ein solches fiktives Einkommen nur dann an, wenn es sonst zu einer missbräuchlichen Inanspruchnahme von Prozesskostenhilfe durch arbeitsunwillige Personen käme (OLG Karlsruhe FamRZ 2004, 1120; OLG Naumburg FamRZ 2001, 924; OLG Koblenz NJW-RR 1997, 389). Nach anderer Ansicht soll ein fiktives Einkommen in der bei ordnungsgemäßem Verhalten erzielbaren Höhe schon dann anzusetzen sein, wenn der Antragsteller ohne weiteres auf eine nach der Arbeitsmarktlage mögliche Arbeitsaufnahme verwiesen werden kann (OLG Köln MDR 1998, 1434). Das BVerfG (NJW-RR 2005, 1725) hat hierzu ausgeführt, dass es jedenfalls gegen Art 3 Abs 1 GG in seiner Ausprägung als Willkürverbot verstößt, wenn ein Gericht die Ansetzung eines fiktiven Einkommens unterlässt und die Bewilligung von Prozesskostenhilfe allein aufgrund der Feststellung ablehnt, dass kein hinreichender Nachweis für die Bemühung der Arbeitsaufnahme erbracht ist.

Ausgehend von den Einkünften in Geld oder Geldeswert ist das einzusetzende Ein- **9** kommen durch **Abzug der in § 115 Abs 1 S 3 ZPO genannten Beträge** zu ermitteln. Dabei sind die Beträge maßgeblich, die zum Zeitpunkt der Bewilligung der Prozesskostenhilfe gelten (§ 166 VwGO iVm § 115 Abs 1 S 4 ZPO). Von dem nach den Abzügen verbleibenden Teil des monatlichen Einkommens sind unabhängig von der Zahl der Rechtszüge höchstens 48 Monatsraten aufzubringen, deren Höhe sich aus § 115 Abs 2 ZPO ergibt. Die bisher dort vorgesehene Tabelle zur Berechnung der Raten soll zum 1.1.2014 abgeschafft werden, weil sie bei Einkommen, die nahe dem Wert für einen Ratensprung liegen, zu unbefriedigenden Ergebnissen führt. Nach der durch das Gesetz zur Änderung des Prozesskostenhilfe- und Beratungshilferechts **ab dem 1.1.2014** eingeführten Neuregelung hat der Prozesskostenhilfeempfänger die **Hälfte des einzusetzenden Einkommens als Rate** zu zahlen. Bei einem einzusetzenden Einkommen von mehr als 600 Euro beträgt die Monatsrate 300 Euro zuzüglich des Teils des einzusetzenden Einkommens, der 600 Euro übersteigt. Raten von weniger als 10 Euro werden nicht festgesetzt.

a) Nach § 166 Abs 1 VwGO iVm § 115 Abs 1 S 3 Nr 1a ZPO sind die in **§ 82 Abs 2** **10** **SGB XII** bezeichneten Beträge vom Einkommen abzusetzen.

Danach sind vom Einkommen abzusetzen: **10.1**
- die auf das Einkommen entrichteten **Steuern** (§ 82 Abs 2 Nr 1 SGB XII),
- die Pflichtbeiträge zur **Sozialversicherung** einschließlich der Beiträge zur Arbeitsförderung (§ 82 Abs 2 Nr 2 SGB XII),
- die Beiträge zu **anderen Versicherungen**, die entweder gesetzlich vorgeschrieben sind oder die nach Grund und Höhe angemessen sind, sowie geförderte Altersvorsorgebeiträge nach § 82 EStG, soweit sie den Mindesteigenbeitrag nach § 86 EStG nicht überschreiten (§ 82 Abs 2 Nr 3 SGB XII); hierzu gehören etwa Kranken- und Unfallversicherungen oder der Altersvorsorge dienende Lebensversicherungen (vgl OLG Stuttgart Beschl v 22.12.2006 – 16 WF 289/06), Sterbegeldversicherungen sowie private Haftpflichtversicherungen (Kfz-Haftpflichtversicherung nur, wenn die Nutzung des Pkw beruflich notwendig ist, OLG Köln FamRZ 1993, 579).

- die mit der Erzielung des Einkommens verbundenen Ausgaben (§ 82 Abs 2 Nr 4 SGB XII), sog **Werbungskosten**; hierzu gehören notwendige Aufwendungen für Arbeitsmittel, für Fahrten zwischen Wohnung und Arbeitsstätte, Beiträge für Berufsverbände oder Mehraufwendungen für doppelte Haushaltsführung,
- das **Arbeitsförderungsgeld** und Erhöhungsbeträge des Arbeitsentgelts iSv § 43 S 4 SGB IX.

11   **b)** Gem § 166 Abs 1 VwGO iVm § 115 Abs 1 S 3 Nr 1b ZPO ist bei Beteiligten, die ein Einkommen aus Erwerbstätigkeit erzielen, ein Betrag in Höhe von 50 % des höchsten Regelsatzes, der für den alleinstehenden oder alleinerziehenden Leistungsberechtigten gemäß der Regelbedarfsstufe 1 nach der Anlage zu § 28 SGB XII festgesetzt oder fortgeschrieben ist (sog **Erwerbstätigenbonus**). Um eine bundeseinheitliche Regelung der Absatzbeträge sicherzustellen, gilt der jeweils höchste durch Rechtsetzungsakt des Bundes oder der Länder (unter Berücksichtigung regionaler Besonderheiten, § 29 Abs 2 oder Abs 4 SGB XII) festgesetzte Regelsatz (BT-Drs 17/2404, 135). Nach der Prozesskostenhilfebekanntmachung 2013 v 9.1.2013 (BGBl I S 81) beläuft sich der Erwerbstätigenbonus seit dem 1.1.2013 auf **201 Euro**.

12   **c)** § 166 Abs 1 VwGO iVm § 115 Abs 1 S 3 Nr 2 ZPO regelt die vom Einkommen des Beteiligten abzusetzenden **Grundfreibeträge**. Für den Beteiligten und seinen Ehegatten oder Lebenspartner ist danach jeweils ein Betrag in Höhe des um 10 % erhöhten höchsten Regelsatzes in Abzug zu bringen, der für den alleinstehenden oder alleinerziehenden Leistungsberechtigten gemäß der Regelbedarfsstufe 1 nach der Anlage zu § 28 SGB XII festgesetzt oder fortgeschrieben worden ist (§ 115 Abs 1 S 3 Nr 2a ZPO). Nach der Prozesskostenhilfebekanntmachung v 9.1.2013 gilt seit dem 1.1.2013 ein Freibetrag von **442 Euro**.

12.1   Der beibehaltene Sicherheitszuschlag von 10 % auf den Regelsatz soll berücksichtigen, dass dem Leistungsberechtigten nach den Vorschriften des SGB XII über den monatlichen Regelsatz hinaus Leistungen durch Einmalzahlungen, etwa gem § 31 SGB XII, zufließen können. Zudem wird durch den Sicherheitszuschlag gewährleistet, dass bei einer künftigen Erhöhung der Regelsätze im Laufe einer mehrjährigen Ratenzahlungsverpflichtung Prozesskostenhilfe nicht aus Einkommen zurückgezahlt werden muss, das der Sicherung des Existenzminimums dient (BT-Drs 17/3404, 135).

13   Als Freibetrag für **unterhaltsberechtigte** Personen (§ 166 Abs 1 VwGO iVm § 115 Abs 1 S 3 Nr 2b ZPO) sind nach der Prozesskostenhilfebekanntmachung vom 9.1.2013 für **Erwachsene** seit dem 1.1.2013 **354 Euro** abzusetzen, für **Jugendliche vom Beginn des 15. bis zur Vollendung des 18. Lebensjahres 338 Euro,** für **Kinder vom Beginn des 7. bis zur Vollendung des 14. Lebensjahres 296 Euro** und für **Kinder bis zur Vollendung des 6. Lebensjahres 257 Euro.** Maßgeblich ist jeweils das Alter des Kindes im Bewilligungszeitpunkt. Erreicht das Kind im Laufe einer mehrjährigen Ratenzahlungsverpflichtung eine höhere Regelbedarfsstufe, ist der höhere Freibetrag auf Antrag des Empfängers zu berücksichtigen, wenn er dazu führt, dass keine Rate mehr zu zahlen ist (§ 120 Abs 4 S 1 HS 2 ZPO).

13.1   Der 10-prozentige Sicherheitszuschlag wird beibehalten, um weitere im SGB XII vorgesehene Bedarfe für Kinder abzudecken, z. B. den persönlichen Schulbedarf (vgl BT-Drs 17/3404, 136). Von diesem Sicherheitszuschlag ist auch der – neue – Bedarf für Kinder unter 18 Jahren zur Finanzierung von Vereinsbeiträgen, Musikunterricht usw gem § 34 Abs 6 SGB XII in Höhe von 10 Euro monatlich abgedeckt. Der Bedarf für mehrtägige Klassenfahrten galt schon nach bisherigem Recht als besondere abzugsfähige Belastung gem § 115 Abs 1 S 3 Nr 4 ZPO, ebenso wie der Bedarf für Nachhilfeunterricht gem § 34 Abs 4 SGB XII (BT-Drs 17/3404, 136).

14   Die Freibeträge nach § 115 Abs 1 S 3 Nr 2 ZPO **vermindern** sich um **eigenes Einkommen der unterhaltsberechtigten Person** (§ 166 Abs 1 VwGO iVm § 115 Abs 1 S 7 ZPO).

15   **d)** Nach **§ 166 Abs 1 VwGO iVm § 115 Abs 1 S 3 Nr 3 ZPO** sind weiter die **Kosten der Unterkunft und Heizung** abzuziehen, soweit sie nicht in einem auffälligen Missverhältnis zu den Lebensverhältnissen des Beteiligten stehen. Zu ihnen gehören Nettomiete und Mietnebenkosten einschließlich vertraglich vereinbarter Umlagen der Betriebskosten (Thomas/Putzo/Reichold ZPO § 115 Rn 11). In einem auffallenden Missverhältnis zu den Lebensverhältnissen des Beteiligten stehen diese Kosten ausnahmsweise dann, wenn sie gemessen an seinem gesamten Lebenszuschnitt ohne verständlichen Grund außerordentlich überhöht sind (OLG München FamRZ 1997, 299).

§ 166 Abs 1 VwGO iVm dem zum 1.1.2014 neu eingeführten § 115 Abs 1 S 3 Nr 4 **15a** ZPO stellt nunmehr klar, dass auch staatliche Leistungen für Mehrbedarfe nach § 21 SGB II und nach § 30 SGB XII (die zunächst als Einkommen zu behandeln sind) sodann pauschal wieder abzuziehen sind. Nach der Gesetzesbegründung (BT-Drs 17/11472) soll die Inanspruchnahme dieses weiteren Freibetrags auch möglich sein, wenn der Beteiligte seinen Lebensunterhalt aus eigenem Einkommen bestreitet; in diesem Fall sind die sozialrechtlichen Tatbestandsvoraussetzungen für die Mehrbedarfe darzulegen und glaubhaft zu machen.

e) Weitere Beträge sind gem **§ 166 Abs 1 VwGO iVm § 115 Abs 1 S 3 Nr 5** ZPO **16** nF) abzusetzen, wenn dies mit Rücksicht auf **besondere Belastungen** angemessen ist. Dabei handelt es sich um eine Härteklausel, die verhindern soll, dass sich der Beteiligte in seinen Lebensverhältnissen wegen des Prozesses wesentlich einschränken muss (Thomas/Putzo/Reichold ZPO § 115 Rn 13). Aus der systematischen Stellung der Vorschrift ergibt sich, dass die Belastung über die bereits in Nr 1 bis 3 berücksichtigten Umstände hinausgehen muss. Die Angemessenheit wird vom Gericht nach pflichtgemäßem Ermessen beurteilt.

> **Beispiele:** Laufende Unterhaltsleistungen können besondere Belastungen in diesem Sinn sein, **16.1** soweit sie einer sittlichen Pflicht oder einer Rücksichtnahme auf den Anstand entsprechen (OLG Stuttgart FamRZ 2005, 1182). Zur Anrechnung eines Mehrbedarfs bei überobligatorischer Tätigkeit neben der Erziehung von Kindern unter 16 Jahren OLG Stuttgart FamRZ 2005, 1183. Auch die Kosten einer nicht von der Krankenversicherung erstatteten Zahnbehandlung können eine besondere Belastung darstellen (OLG Saarbrücken, OLGR Saarbrücken 2005, 505). Strittig ist, ob Zahlungen auf einen Vertrag zur vermögenswirksamen Anlage besondere Belastungen iSv § 115 Abs 1 S 3 ZPO darstellen (verneinend im Hinblick darauf, dass die Zahlungen in der Regel ohne weiteres ausgesetzt werden können OLG Stuttgart FamRZ 2005, 1183 mwN zum Streitstand). Schulden, die der Beteiligte eingegangen ist, ohne von dem bevorstehenden Prozess etwas zu wissen, und die jetzt noch getilgt werden müssen, sind in der Regel zu berücksichtigen (OVG Bautzen BeckRS 2009, 37787).

Nach § 115 Abs 1 S 3 Nr 5 HS 2 ZPO nF gilt § 1610a BGB entsprechend; behinderte **17** Antragsteller müssen ihren **behinderungsbedingten Mehrbedarf** daher bis zur Höhe der bezogenen Sozialleistungen nicht konkret darlegen.

2. Vermögen

Der Einsatz des Vermögens ist in § 166 Abs 1 VwGO iVm § 115 Abs 3 ZPO geregelt. **18** Nach S 1 dieser Vorschrift hat der Beteiligte sein Vermögen einzusetzen, soweit dies zumutbar ist. Satz 2 verweist auf die sozialhilferechtliche Regelung über das einzusetzende Vermögen in § 90 SGB XII. Nach § 90 Abs 1 SGB XII ist grundsätzlich das gesamte **verwertbare Vermögen** einzusetzen. Das Kriterium der Verwertbarkeit ist in wirtschaftlicher Hinsicht zu verstehen; es kommt nur Vermögen in Betracht, durch dessen Verwertung dem Bedarf abgeholfen und das dafür rechtzeitig verwertet werden kann (BVerwG NJW 1998, 1879). Hierzu gehören auch realisierbare Forderungen. Als Bestandteil des Vermögens ist auch eine Rechtsschutzversicherung vorrangig einzusetzen (BSG BeckRS 2006, 42938).

Ausgenommen sind bestimmte in § 90 Abs 2 SGB XII aufgeführten Vermögenswerte. **19** Von besonderer praktischer Bedeutung ist dabei § 90 Abs 2 Nr 8 SGB XII (kein Einsatz eines **selbst genutzten angemessenen Hausgrundstücks**). Eine erst nach Durchführung von Renovierungsarbeiten bewohnbare Immobilie gehört nicht zum schutzwürdigen Vermögen (VGH München Beschl v 5.8.2008 – 15 C 08.597). Zum Schonvermögen gehören außerdem **kleinere Barbeträge und Geldwerte** nach § 90 Abs 2 Nr 9 SGB XII; gem § 1 Abs 1 Nr 1b DVO zu § 90 Abs 2 Nr 9 SGB XII – BGBl I 2003, 3022, 3060 – beträgt die Grenze insoweit 2600 EUR (vgl hierzu etwa OLG Karlsruhe NJOZ 2005, 2559). Der Betrag erhöht sich um 614 EUR für den Ehepartner (oder eingetragenen Lebenspartner) und um 256 EUR für jede Person, der Unterhalt gewährt wird. Gem § 2 DVO zu § 90 Abs 2 Nr 9 SGB XII können die Beträge allerdings bei besonderen Notlagen erhöht oder bei schuldhafter Herbeiführung der Voraussetzungen für die Prozesskostenhilfegewährung herabgesetzt werden.

Darüber hinaus ist die **Härteklausel** gem § 166 Abs 1 VwGO iVm § 115 Abs 3 ZPO, § 90 **20** Abs 3 SGB XII zu beachten. Danach darf die Hilfegewährung nicht vom Einsatz eines Vermögens abhängig gemacht werden, soweit dies für den Beteiligten oder seine unterhaltsberechtigten Angehörigen eine Härte bedeuten würde (§ 90 Abs 3 S 1 SGB XII), insbes soweit eine angemessene Lebensführung oder die Aufrechterhaltung einer angemessenen Alterssicherung dadurch wesentlich erschwert würde (§ 90 Abs 3 S 2 SGB XII).

20.1   **Beispiele: Schmerzensgeld ist im Rahmen der Prozesskostenhilfe grundsätzlich nicht als Vermögen einzusetzung (BVerwG BeckRS 2011, 51679).** Dagegen begründet es keine Härte iSv § 166 VwGO iVm § 115 Abs 3 ZPO, § 90 Abs 3 SGB XII, dass der Rückkaufswert einer **Lebensversicherung** oder einer Rentenversicherung mit Kapitalabfindungswahlrecht um mehr als die Hälfte hinter den auf sie erbrachten Eigenleistungen des Versicherungsnehmers zurückbleibt (BVerwG NJW 1998, 1879 zu § 88 Abs 3 BSHG; OLG Stuttgart FamRZ 2004, 1651; OLG Karlsruhe FamRZ 2005, 1917). Die **Aufrechterhaltung einer angemessenen Alterssicherung** wird iSv § 90 Abs 3 S 2 SGB XII durch den Einsatz eines Vermögenswerts dann wesentlich erschwert, wenn dieser Vermögenswert für die Alterssicherung erforderlich ist, was lediglich dann bejaht werden kann, wenn die Schlussfolgerung möglich ist, dass die Alterssicherung dereinst unzureichend sein wird (OLG Karlsruhe FamRZ 2005, 1917 mwN). Der Hinweis auf das Ablaufdatum der Versicherung dürfte vor diesem Hintergrund noch nicht genügen (so aber wohl OLG Frankfurt, FamRZ 2006, 135); denn allein aus diesem Umstand lässt sich noch nicht erkennen, dass sich aus dem Erwerbseinkommen keine genügende gesetzliche Rente aufbauen lässt. Strittig ist, ob **Grundvermögen**, das kein Schonvermögen gem § 166 VwGO iVm § 115 Abs 3 S 2 ZPO, § 90 Abs 2 Nr 8 SGB XII ist, in jedem Fall einzusetzen ist (so etwa OLG RP FamRZ 2004, 1298) oder ob die Feststellung erforderlich ist, dass der Beteiligte das Grundstück zeitnah verkaufen und voraussichtlich einen zur Deckung der Prozesskosten ausreichenden Erlös erzielen könnte, dh dass es ihm unter Berücksichtigung seiner Einkommensverhältnisse zu zumutbaren Konditionen gelingen kann, für die Prozesskosten ein Darlehen gegen Bestellung eines Grundpfandrechts zu erlangen (OLG RP MDR 2005, 1368; OLG Celle FamRZ 2005, 1185). Unzumutbar ist schließlich die Verwertung von Vermögen, das aus Beiträgen gebildet wurde, die nach § 82 Abs 2 Nr 3 SGB XII vom Einkommen abgesetzt werden können (OLG Stuttgart NJOZ 2006, 3392 im Hinblick auf Beiträge zu einer Rentenversicherung).

3. Sonderregelungen für die Partei kraft Amtes sowie für juristische Personen oder beteiligungsfähige Vereinigungen (§ 166 Abs 1 VwGO iVm § 116 ZPO)

21   **a)** Eine **Partei kraft Amtes** erhält nach § 166 Abs 1 VwGO iVm § 116 S 1 Nr 1 ZPO auf Antrag Prozesskostenhilfe, wenn die Kosten aus der verwalteten Vermögensmasse nicht aufgebracht werden können und den am Gegenstand des Rechtsstreits wirtschaftlichen Beteiligten nicht zuzumuten ist, die Kosten aufzubringen. Zu den Parteien kraft Amtes gehören insbes der Insolvenzverwalter, der Testamentsvollstrecker, der Nachlassverwalter und der Zwangsverwalter. **Wirtschaftlich beteiligt** iSv § 116 S 1 Nr 1 ZPO ist derjenige, dessen endgültigem Nutzen der geplante Rechtsstreit dienen soll (BGH NJW 1999, 1404). Für die **Zumutbarkeit** spielt das Verhältnis des vom Prozess zu erwartenden Nutzens zu den aufzubringenden Kosten eine Rolle (BGH NJW 1991, 40).

21.1   **Beispiele:** Wirtschaftlich beteiligt iSv § 116 S 1 Nr 1 ZPO sind im Prozess des Insolvenzverwalters die Gläubiger, die bei erfolgreichem Prozessausgang mit einer zumindest teilweisen Befriedigung rechnen können (BGH NJW 1999, 1404; vgl auch OVG Berlin-Brandenburg BeckRS 2012, 48744; zu der umstrittenen Rechtslage bei Massegläubigern iSv § 55 InsO vgl KG Berlin ZIP 2005, 2031 mwN). Zu den wirtschaftlich Beteiligten können auch die Finanzbehörden gehören (BVerwG BeckRS 2006, 21575). Für Arbeitnehmer ist die Aufbringung der Kosten wegen ihrer eingeschränkten wirtschaftlichen Leistungsfähigkeit und der zumeist erbrachten Vorleistungen nicht zumutbar (BGH NJW 1991, 40). Ebenfalls nicht zumutbar ist die Aufbringung der Kosten für öffentlich-rechtliche Insolvenzgläubiger im Hinblick auf ihre Sozialleistungen, mit denen sie die Insolvenzmasse bereits entlasten (vgl Thomas/Putzo/Reichold ZPO § 116 Rn 1). Dem Insolvenzverwalter ist für einen die Masse betreffenden Aktivprozess grundsätzlich Prozesskostenhilfe nach § 116 S 1 Nr 1 ZPO zu bewilligen, weil es mit der von ihm geleisteten Wahrnehmung im öffentlichen Interesse liegender Aufgaben unvereinbar wäre, wenn ihm die Führung eines solchen Prozesses auf eigenes Kostenrisiko zugemutet werden würde (BGH NJW-RR 2004, 136). Das Erfordernis der Unzumutbarkeit gilt auch für den Steuerfiskus; eine generelle Freistellung des Fiskus von der Kostenaufbringung gibt es nicht (BGH NJW 1998, 1868; NJW 1999, 1404).

22   **b)** Eine **juristische Person** oder **beteiligungsfähige Vereinigung** (vgl § 62 Nr 2 VwGO), die im Inland oder in einem anderen Mitgliedstaat der Europäischen Union oder des EWR (mithin außer den Mitgliedstaaten der EU auch Island, Liechtenstein, Norwegen)

gegründet und dort ansässig ist, erhält gem § 166 Abs 1 VwGO iVm § 116 S 1 Nr 2 ZPO auf Antrag Prozesskostenhilfe, wenn die Kosten weder von ihr noch von den am Gegenstand des Rechtsstreits wirtschaftlich Beteiligten aufgebracht werden können und wenn die Unterlassung der Rechtsverfolgung oder Rechtsverteidigung allgemeinen Interessen zuwiderlaufen würde. Im Unterschied zu § 116 S 1 Nr 1 ZPO kommt es dabei nicht auf die Zumutbarkeit der Aufbringung des Kosten an. Die Erweiterung des Anwendungsbereichs der Vorschrift auf juristische Personen und beteiligungsfähige Vereinigungen, die in einem Mitgliedstaat der Europäischen Union oder des EWR gegründet worden sind und dort ihren Sitz haben, wurde mit dem EG-Prozesskostenhilfegesetz – EG-PKHG – vom 15.12.2004 (BGBl I 3392) eingefügt. **Wirtschaftlich Beteiligte** iSv § 116 S 1 Nr 2 ZPO sind zum einen diejenigen, auf deren Vermögenslage sich ein Obsiegen oder Unterliegen der juristischen Person wirtschaftlich auswirkt (BVerwG Beschl v 16.3.2011 – 9 B 10/11, 9 PKH 2/11 –). Darüber hinaus ist als wirtschaftlich Beteiligter auch anzusehen, wer ein eigenes Interesse am Streitgegenstand hat und als sachlich Betroffener durch die juristische Person repräsentiert wird; denn auch hier greift der Zweck der Regelung ein, dass derjenige, der sich für seine Belange einer juristischen Person bedient, deren Vermögenslosigkeit nicht nutzen darf, um Rechtsstreitigkeiten hinsichtlich seiner Belange auf Kosten der Allgemeinheit führen zu können (OVG Münster NJW 2005, 3512).

Beispiele: Wirtschaftlich beteiligt iSv § 116 S 1 Nr 2 ZPO sind insbes die Gesellschafter einer **22.1** GmbH (BVerwG Beschl v 16.3.2011 – 9 B 10/11, 9 PKH 2/11 –; OVG Magdeburg, Beschluss v. 29.6.2005 – 2 O 78/05 –), aber auch die Mitglieder von – selbst gemeinnützigen – Idealvereinen (OVG Münster NJW 2005, 3512 mwN); vgl auch KG Berlin (Beschl v 13.4.2006, 12 U 249/04) zu einem eingetragenen Verein, dessen wesentlicher Vereinszweck in der „Bildung einer Religionsgesellschaft" besteht. Die Unterlassung der Rechtsverfolgung liefe **allgemeinen Interessen zuwider**, wenn ohne die Durchführung des Rechtsstreits die juristische Person bzw beteiligungsfähige Vereinigung behindert würde, der Allgemeinheit dienende Aufgaben zu erfüllen oder wenn die Entscheidung größere Kreise der Bevölkerung oder des Wirtschaftslebens anspricht und soziale Wirkungen wie den Verlust einer größeren Zahl von Arbeitsplätzen (BGHZ 25, 183) oder die Schädigung einer Vielzahl von Gläubigern nach sich ziehen könnte (BGH NJW 1991, 703). Das Erfordernis des Zuwiderlaufens allgemeiner Interessen ist nach verfassungskonformer Auslegung der Vorschrift auch anzunehmen, wenn Grundrechte der jeweiligen Körperschaft berührt sind (BVerfG NJW 1974, 229). Wenn für eine juristische Person deren Insolvenzverwalter Prozesskostenhilfe beantragt, ist nicht § 116 S 1 Nr 2 ZPO, sondern Nr 1 anzuwenden, unabhängig davon, ob der Insolvenzverwalter den Betrieb der juristischen Person liquidiert oder (vorerst) fortführt (BGH NJW-RR 2005, 1640). Bei einer juristischen Person, die eine Windkraftanlage betreiben will, besteht kein Anlass für die Annahme, dass es allgemeinen Interessen zuwider läuft, wenn das Verfahren nicht durchgeführt werden kann (OVG Magdeburg Beschl v 29.6.2005 – 2 O 78/05). Allein der Hinweis, dass der Antragsteller auf Bewilligung von Prozesskostenhilfe ein anerkannter Träger der Jugendhilfe sei, genügt nicht für Annahme, dass die Unterlassung der Rechtsverfolgung allgemeinen Interessen zuwiderlaufen würde. Gleiches gilt für den Hinweis auf die Anerkennung der Gemeinnützigkeit (OVG Sachsen-Anhalt Beschl v 28.1.2008 – 3 O 65/08).

II. Hinreichende Aussicht auf Erfolg

Nach § 166 Abs 1 VwGO iVm § 114 S 1 ZPO ist für die Gewährung von Prozess- **23** kostenhilfe weiter erforderlich, dass die beabsichtigte Rechtsverfolgung hinreichende Aussicht auf Erfolg hat. Dies ist nach ständiger Rechtsprechung des BVerfG nicht zu beanstanden (vgl BVerfGE 81, 347 sowie die neueren Entscheidungen in NJW 2003, 576; NJW 2003, 1857; NJW 2003, 2976; NJW 2003, 3190; FuR 2004, 400; NVwZ-RR 2004, 933; NJW-RR 2005, 140; BeckRS 2007, 20173). Allerdings hat das BVerfG gerade in neueren Entscheidungen die verfassungsrechtlich gebotenen Grenzen bei der Auslegung des Merkmals der hinreichenden Erfolgsaussicht gezogen. Die Auslegung und Anwendung des § 114 ZPO obliegt dabei in erster Linie den zuständigen **Fachgerichten**, die dabei den verfassungsgebotenen Zweck der Prozesskostenhilfe zu beachten haben. Diese überschreiten ihren Entscheidungsspielraum allerdings dann, wenn sie die Anforderungen an die Erfolgsaussicht der beabsichtigten Rechtsverfolgung oder Rechtsverteidigung überspannen und dadurch der Zweck der Prozesskostenhilfe, dem Unbemittelten den weitgehend gleichen Zugang zu

Gericht zu ermöglichen, deutlich verfehlt wird (BVerfG NJW 1991, 413; NJW 2003, 576; NJW 2003, 1857; NJW 2003, 2976; FuR 2004, 400; NVwZ-RR 2004, 933; NJW-RR 2005, 140; BeckRS 2007, 20173). Die Prüfung der Erfolgsaussicht soll nicht dazu dienen, die Rechtsverfolgung oder Rechtsverteidigung selbst in das Nebenverfahren der Prozesskostenhilfe vorzuverlagern und dieses an die Stelle des Hauptsacheverfahrens treten zu lassen (BVerfG NJW 1991, 413). Das Gericht darf und muss sich mit einer **vorläufigen Prüfung** der Erfolgsaussicht begnügen (BVerfG NJW 2003, 3190).

24   Ein Rechtsschutzbegehren hat in aller Regel dann hinreichende Aussicht auf Erfolg, wenn die Entscheidung in der Hauptsache von der Beantwortung einer **schwierigen, bislang ungeklärten Rechtsfrage** abhängt (BVerfG NJW-RR 2004, 1153; NJW 1991, 413). Prozesskostenhilfe braucht daher nicht schon dann gewährt werden, wenn die entscheidungserhebliche Rechtsfrage zwar noch nicht höchstrichterlich geklärt ist, ihre Beantwortung aber im Hinblick auf die einschlägige gesetzliche Regelung oder die durch die bereits vorliegende Rechtsprechung gewährten Auslegungshilfen nicht in dem genannten Sinne als „schwierig" erscheint. Schwierige, noch nicht geklärte Rechtsfragen, die in vertretbarer Weise auch anders beantwortet werden können, dürfen dagegen nicht im Prozesskostenhilfe-Verfahren „durchentschieden" werden; dem Beteiligten darf nicht die Möglichkeit genommen werden, im Hauptsacheverfahren durch vertiefte Darstellung des eigenen Rechtsstandpunkts auf die Meinungsbildung des Gerichts Einfluss zu nehmen (vgl BVerfG NJW 2003, 1857; FuR 2004, 400). Dies gilt insbes dann, wenn diese Fragen auch die Grundrechte des Beteiligten berühren (vgl BVerfG NJW 2003, 576). Denn die Prozesskostenhilfe soll nicht den Erfolg in der Hauptsache prämieren, sondern den Rechtsschutz nur ermöglichen. Hinreichende Erfolgsaussichten bestehen weiter auch dann, wenn das Gericht, das über die Prozesskostenhilfe zu entscheiden hat, die Berufung wegen grundsätzliche Bedeutung zugelassen hat (OVG Bremen Beschl v 1.12.2010 – 2 S 14/10 BeckRS 2010, 56619).

25   Diesen Anforderungen wird es nicht gerecht, wenn ein Gericht die Bewilligung von Prozesskostenhilfe allein unter Hinweis auf die Gründe des am gleichen Tag ergangenen Urteils ablehnt, obwohl es die Erfolgsaussichten der Klage zu einem früheren Zeitpunkt mindestens für offen gehalten hat (vgl BVerfG NJW 2003, 3190; im konkreten Fall hatte das OVG die Berufung zugelassen und das Erscheinen des Beteiligten zum Zwecke seiner ausführlichen Befragung in der mündlichen Verhandlung ausdrücklich als ratsam bezeichnet). In aller Regel ist eine Entscheidung über das Prozesskostenhilfegesuch vor der Hauptsacheentscheidung im Klageverfahren zumindest in angemessener Frist vor der mündlichen Verhandlung erforderlich (VGH Mannheim VBlBW 2005, 196; VBlBW 2004, 385). Im Verfahren des einstweiligen Rechtsschutzes kann zwar eine zeitgleiche Entscheidung über den Prozesskostenhilfeantrag ergehen; der im Prozesskostenhilfeverfahren anzulegende Prüfungsmaßstab muss allerdings den unterschiedlichen Anforderungen beider Verfahren Rechnung tragen (VGH Mannheim VBlBW 2005, 196; Zimmerling/Brehm NVwZ 2004, 1207 lehnen die Möglichkeit einer gleichzeitigen Entscheidung über den Prozesskostenhilfeantrag und den Antrag auf vorläufigen Rechtsschutz im Hinblick auf die Gebührenermäßigung gem Kostenverzeichnis Nr 5211 im Falle einer Antragsrücknahme nach erfolglosem Prozesskostenhilfeverfahren ab).

26   Die Annahme der Fachgerichte, dass eine **Beweisantizipation** im Prozesskostenhilfe-verfahren in eng begrenztem Rahmen zulässig ist, hat das BVerfG zwar grundsätzlich unbeanstandet gelassen (vgl zB BVerfG NJW 1997, 2745). Dem Gebot der Rechtsschutzgleichheit würde es jedoch zuwider laufen, dem Unbemittelten wegen fehlender Erfolgsaussichten seines Rechtsschutzbegehrens Prozesskostenhilfe zu verweigern, wenn eine Beweisaufnahme ernsthaft in Betracht kommt und keine konkreten und nachvollziehbaren Anhaltspunkte dafür vorliegen, dass die Beweisaufnahme mit großer Wahrscheinlichkeit zum Nachteil des Beschwerdeführers ausgehen würde (BVerfG NJW-RR 2002, 1069; NJW 2003, 2976; NJW-RR 2005, 140; vgl hierzu auch OVG Saarlouis BeckRS 2006, 20965; OVG Magdeburg BeckRS 2010, 49969). Dies kann etwa in Fällen eines **unzulässigen Ausforschungsbeweises** gegeben sein, wenn die unter Beweis gestellte Tatsache so ungenau bezeichnet ist, dass ihre Erheblichkeit nicht beurteilt werden kann, oder wenn sie zwar in das Gewand einer bestimmt aufgestellten Behauptung gekleidet ist, diese aber auf das Geratewohl gemacht, gleichsam „ins Blaue hinein" aufgestellt, also aus der Luft gegriffen ist und sich deshalb als Rechtsmissbrauch darstellt. Bei der Annahme einer solchen rechtsmissbräuchlichen Ausforschung wird allerdings Zurückhaltung gefordert (vgl BVerfG NJW 2003, 2976; zu den

Anforderungen an einen unzulässigen Ausforschungsbeweis vgl etwa BGH NJW 1996, 394; NJW-RR 2000, 208). Wird Prozesskostenhilfe **für ein vorläufiges Rechtsschutzverfahren** begehrt, ist die Würdigung des Sachverhalts und des Vorbringens der Beteiligten im Prozesskostenhilfeverfahren nach den gleichen Maßstäben wie im vorläufigen Rechtsschutz zulässig (OVG Potsdam BeckRS 2012, 54870).

III. Keine Mutwilligkeit

Die Rechtsverfolgung darf gem § 166 Abs 1 VwGO iVm § 114 ZPO schließlich nicht **27** mutwillig erscheinen. Nach dem durch das Gesetz zur Änderung des Prozesskostenhilfe- und Beratungshilferechts zum 1.1.2014 neu eingeführten § 114 Abs 2 ZPO ist die Rechtsverfolgung oder Rechtsverteidigung mutwillig, wenn eine Partei, die keine Prozesskostenhilfe beansprucht, bei verständiger Würdigung aller Umstände von der Rechtsverfolgung oder Rechtsverteidigung absehen würde, obwohl eine hinreichende Aussicht auf Erfolg besteht. Diese Legaldefinition übernimmt die Auslegung des Begriffs durch die Rechtsprechung und soll die eigenständige Bedeutung des Merkmals der Mutwilligkeit betonen; Maßstab soll das hypothetische Verhalten des selbst zahlenden Beteiligten sein. Zugleich wird in der Gesetzesbegründung (BT-Drs. 17/11472) klargestellt, dass Rechtsstreitigkeiten um geringe Beträge weiterhin nicht wegen ihres niedrigen Streitwerts mutwillig sind, da auch Selbstzahler Prozesse um geringfügige Beträge führen, sofern sie die Erfolgsaussichten für ausreichend halten. Mutwilligkeit kann danach angenommen werden, wenn eine Klage hätte vermieden werden können, indem der Kläger ihm schon bekannte, erstmals mit der Klage vorgetragene Umstände spätestens im Widerspruchsverfahren vorgebracht und so die Widerspruchsbehörde in die Lage versetzt hätte, den angefochtenen Verwaltungsakt unter allen maßgeblichen Gesichtspunkten zu überprüfen; Gleiches gilt wenn der Prozess gegen die Behörde nur aufgrund vorsätzlicher falscher Angaben des Betreffenden erforderlich wurde (OVG Berlin-Brandenburg BeckRS 2013, 48529). Häufig wird im Falle der Mutwilligkeit bereits das Rechtsschutzbedürfnis für den Prozesskostenhilfeantrag fehlen (S/S-A/P/Olbertz VwGO § 166 Rn 28).

> **Beispiele**: Eilantrag vor Erlass einer angekündigten Entscheidung des Antragsgegners (OVG **27.1** Bremen NVwZ 1988, 843); Klage, die nicht die rechtliche oder wirtschaftliche Stellung des Klägers zu verbessern geeignet ist, sondern nur den Zweck verfolgt, dem Gegner zu schaden oder das Gericht zu belästigen (VG Meiningen NVwZ-RR 1996, 720)).

IV. Besonderheiten im Rechtsmittelverfahren

Gem § 166 Abs 1 VwGO iVm § 119 Abs 1 S 1 ZPO erfolgt die Bewilligung der Prozess- **28** kostenhilfe für jeden Rechtszug besonders. In höherer Instanz ist nach § 166 Abs 1 VwGO iVm § 119 Abs 1 S 2 ZPO allerdings nicht zu prüfen, ob die Rechtsverfolgung oder Rechtsverteidigung hinreichende Aussicht auf Erfolg bietet oder mutwillig erscheint, wenn der Gegner das Rechtmittel eingelegt hat. Davon macht die Rechtsprechung eine **Ausnahme**, wenn sich die Sachlage eindeutig geändert hat (BGH NJW-RR 1989, 702 mwN; OVG Weimar NVwZ 1998, 866; OVG Koblenz NVwZ-RR 1994, 123; weitere Beispiele bei S/S-A/P/Olbertz VwGO § 166 Rn 32). Der Nachweis des wirtschaftlichen Unvermögens muss dagegen trotz Bewilligung von Prozesskostenhilfe in der ersten Instanz für die Rechtmittelinstanz erneut geführt werden (Redeker/v.Oertzen/Redeker VwGO § 166 Rn 4).

C. Bewilligungsverfahren

I. Antrag

1. Allgemeines

Der Antrag auf Bewilligung von Prozesskostenhilfe ist gem § 166 Abs 1 VwGO iVm § 117 **29** Abs 1 S 1 ZPO schriftlich oder zu Protokoll der Geschäftsstelle bei dem Prozessgericht zu stellen. Er muss vor Beendigung der Instanz gestellt werden (BVerwG JurBüro 1992, 346). Der Antrag kann **isoliert oder zusammen mit der Klage** bzw dem Rechtsmittel eingelegt werden. Wird er in Verbindung mit der Klageschrift eingereicht, muss deutlich gemacht werden, ob die Klage bereits erhoben werden soll oder ob es sich nur um den Prozesskostenhilfe-

antrag handelt (vgl BVerwG NJW 1981, 698; Buchholz 310 § 166 VwGO Nr 22; Redeker/
v. Oertzen/Redeker VwGO § 166 Rn 5; Thomas/Putzo/Reichold ZPO § 117 Rn 2), etwa
durch die Bezeichnung eines neben dem Prozesskostenhilfeantrag beigefügten Schriftsatzes als
„Klageentwurf" (vgl VGH Mannheim BeckRS 2008, 39689; NVwZ-RR 1997, 502). Eine
solche Klarstellung kann im verwaltungsgerichtlichen Verfahren – anders als nach der Rechtsprechung der Zivilgerichte – nicht durch die Erklärung erreicht werden, über die Prozesskostenhilfe solle „vorab" entschieden werden (VGH Mannheim BeckRS 2008, 39689). Allein
der Prozesskostenhilfeantrag wahrt die Klage- bzw Rechtmittelfrist nicht; es kommt jedoch eine
Wiedereinsetzung in den vorigen Stand gem § 60 VwGO in Betracht (vgl Rn 33 ff). Beantragt
ein Beteiligter Prozesskostenhilfe und die Beiordnung eines Rechtsanwalts, ist er an der formwirksamen, fristgerechten Einlegung der Beschwerde nur dann unverschuldet verhindert, wenn
er ein den gesetzlichen Anforderungen entsprechendes Prozesskostenhilfegesuch innerhalb der
Beschwerdefrist gestellt hat. Auch einem nicht anwaltlich beratenen Beteiligten muss sich
wegen des Hinweises auf das Vertretungserfordernis in der Rechtsmittelbelehrung der angegriffenen Entscheidung aufdrängen, das dort bezeichnete Gericht innerhalb der Beschwerdefrist zu
informieren und um Hilfe zu bitten, wenn mangels ausreichender finanzieller Mittel kein
Anwaltsmandat erteilt werden kann (BVerwG Beschl v 18.8.2009 – 8 B 79/09).

30   Für den Antrag gelten die **allgemeinen Sachentscheidungsvoraussetzungen** (S/S-A/
P/Olbertz VwGO § 166 Rn 9). Das Rechtsschutzbedürfnis entfällt, wenn die Bewilligung von
Prozesskostenhilfe überflüssig ist, etwa wenn ein Verfahren bereits abgeschlossen ist und bei dem
Beteiligten keine Kosten anfallen. Außerdem ist ein erneut gestellter Antrag auf Bewilligung
von Prozesskostenhilfe mangels Rechtsschutzbedürfnisses unzulässig, wenn sich der Zweit-
antrag in der Wiederholung des im Erstantrag bereits Vorgetragenen erschöpft (OVG Lüneburg
NVwZ-RR 2005, 437; vgl auch VGH München Beschl v 18.7.2006 – 24 C 06.1454 –).

31   Die beabsichtigte Klage oder das beabsichtigte Rechtsmittel muss in wesentlichen Umrissen erkennbar werden (S/S-A/P/Olbertz VwGO § 166 Rn 17). Eine Darlegung der hinreichenden Erfolgsaussicht ist nicht erforderlich; vielmehr hat das Gericht dies auf der Grundlage des dargestellten Streitverhältnisses selbst zu prüfen (Eyermann/P.Schmidt VwGO § 166
Rn 30). Wenn jedoch das Rechtsmittel, für das Prozesskostenhilfe beantragt wird, eine
besondere **Begründung** erfordert, wie dies beim Antrag auf Zulassung der Berufung und
bei der Nichtzulassungsbeschwerde der Fall ist, ist es erforderlich, dass zumindest der **anwaltlich vertretene** Rechtsmittelführer sein Prozesskostenhilfegesuch innerhalb der für den
beabsichtigten Zulassungsantrag selbst geltenden Frist stellt und darin oder doch noch innerhalb derselben Frist in großen Zügen darlegt, aus welchen Gründen er das ergangene Urteil
für falsch hält (BVerwG Buchholz 436.36 § 17 BAföG Nr 16; VGH Mannheim NVwZ-RR
2005, 437; NVwZ-RR 1998, 598; VGH Kassel NVwZ-RR 2003, 390; S/S-A/P/Olbertz
VwGO § 166 Rn 19; zur Begründung der Beschwerde OVG Bremen NordÖR 2005, 159;
aA Eyermann/P. Schmidt VwGO § 166 Rn 30: keine Begründung erforderlich). Von einem **anwaltlich nicht vertretenen** Rechtsmittelführer kann dem entsprechend verlangt
werden, dass er dies zumindest in laienhafter Weise plausibel macht (VGH Mannheim
NVwZ-RR 2005, 437; NVwZ-RR 1998, 598; VGH Kassel NVwZ-RR 2003, 390 und
BeckRS 2010, 51121; **aA** S/S-A/P/Olbertz VwGO § 166 Rn 19; Eyermann/P. Schmidt
VwGO § 166 Rn 30: keine Begründung erforderlich). Von dieser Darlegungspflicht ist ein
Antragsteller nicht dadurch entbunden, dass er innerhalb der Begründungsfrist das Angebot
einer „gerichtsnahen Mediation" annimmt (VGH Kassel BeckRS 2010, 51121).

31a   § 118 Abs 1 S 1 ZPO in der durch das Gesetz zur Änderung des Prozesskostenhilfe- und
Beratungshilferechts ab dem 1.1.2014 eingeführten Fassung sieht darüber hinaus vor, dass
dem Gegner **Gelegenheit zur Stellungnahme** zu geben ist, ob er die Voraussetzungen für
die Bewilligung von Prozesskostenhilfe für gegeben hält, soweit dies aus besonderen Gründen
nicht unzweckmäßig erscheint. Der Gesetzgeber hat damit deutlich gemacht, dass dem
Gegner grundsätzlich auch Gelegenheit zur Äußerung zu den persönlichen und wirtschaftlichen Verhältnissen des Antragstellers zu geben ist. Dies wird damit begründet, dass dem
Gegner die vom Antragsteller hierzu eingereichten Unterlagen zwar nur ausnahmsweise
zugänglich sind, wenn der Antragsteller zustimmt oder der Gegner gegen den Antragsteller
einen materiell-rechtlichen Anspruch auf Auskunft über Einkommen und Vermögen hat
(§ 117 Abs 2 S 2 ZPO). Jedoch wisse der Gegner in jedem Fall, dass der Antragsteller
Prozesskostenhilfe beantragt und somit geltend gemacht habe, nur über ein geringes Ein-

kommen und nicht über nennenswertes Vermögen zu verfügen (BT-Drs 17/11472). Allerdings gestatte die Vorschrift dem Gericht, von einer Stellungnahme abzusehen, wenn der Gegner erkennbar nur Vermutungen über die wirtschaftlichen Verhältnisse des Antragstellers ohne belastbare Anhaltspunkte anstellen könne. Vor diesem Hintergrund dürfte die praktische Auswirkung der Neuregelung eher begrenzt sein, weil die Voraussetzungen für ein Absehen von einer Stellungnahme häufig gegeben sein dürften.

2. Erklärung über die persönlichen und wirtschaftlichen Verhältnisse, § 166 VwGO iVm § 117 ZPO

Da das Gericht die wirtschaftlichen Voraussetzungen für die Bewilligung von Prozess- **32** kostenhilfe – im Unterschied zu den Erfolgsaussichten – abschließend zu prüfen hat, muss der Antragsteller nach § 166 VwGO iVm § 117 Abs 2 ZPO eine Erklärung über seine persönlichen und wirtschaftlichen Verhältnisse abgeben und alle nötigen Belege beifügen. Seit der Einführung der Vordrucke **muss** er sich dieser bedienen (§ 117 Abs 4 ZPO). Diese Regelung ist verfassungsrechtlich nicht zu beanstanden (BVerfG NVwZ 2004, 334 mwN).

Eine Erleichterung sieht § 2 Abs 2 der Prozesskostenhilfevordruckverordnung – PKHVV – **33** für Personen vor, die **laufende Leistungen zum Lebensunterhalt nach dem SGB XII** beziehen. Sie können die Felder E bis J des Vordrucks unausgefüllt lassen, wenn sie dem Prozesskostenhilfeantrag ihren letzten Bewilligungsbescheid des Sozialamtes beifügen. Dies gilt nach § 2 Abs 3 PKHVV nur dann nicht, wenn das Gericht ausdrücklich anordnet, den gesamten Vordruck auszufüllen. Tut es dies nicht, so darf es nicht allein wegen des nicht vollständig ausgefüllten Vordrucks das Prozesskostenhilfegesuch ablehnen (BVerfG NVwZ 2004, 334).

Da das Prozesskostenhilfeverfahren, das durch Gleichstellung Bemittelter und Unbemittel- **34** ter in den Chancen ihrer Rechtsverfolgung das aus Art 3 Abs 1 iVm Art 19 Abs 4 GG folgende Gebot der Rechtsschutzgleichheit verwirklichen soll, den grundgesetzlich gebotenen Rechtsschutz nicht selbst bietet, sondern ihn erst zugänglich macht, dürfen die Anforderungen insbes an den **Vortrag des Beteiligten** nicht überspannt werden (BVerfG NJW 2003, 576; NVwZ 2004, 334). Ein Gesuch darf daher nach § 166 Abs 1 VwGO iVm § 118 Abs 2 S 4 ZPO nicht insgesamt abgelehnt werden, wenn einzelne Angaben fehlen. Ist die Erklärung über die wirtschaftlichen Verhältnisse unvollständig, darf das Gericht das Gesuch nicht mit dieser Begründung ablehnen, ohne zuvor den Antragsteller unter Fristsetzung aufgefordert zu haben, die Erklärung zu vervollständigen (VGH Mannheim NVwZ-RR 2004, 230; OVG Hamburg NVwZ-RR 1992, 668; OVG Lüneburg NVwZ-RR 2007, 142; **aA** wohl VGH Mannheim NVwZ-RR 1996, 262; VBlBW 1991, 470). Auch wenn eine Erklärung ganz fehlt, darf das Gesuch nicht abgelehnt werden, wenn der Antragsteller auf frühere Verfahren oder in Parallelverfahren eingereichte Erklärungen und Unterlagen verweist und erklärt, es habe sich nichts geändert (BVerfG NVwZ 2004, 334; OLG Bamberg FamRZ 2001, 628).

Gem § 166 Abs 1 VwGO iVm § 118 Abs 2 S 1 ZPO kann das Gericht verlangen, dass der **34a** Antragsteller seine tatsächlichen Angaben **glaubhaft** macht; in der ab dem 1.1.2014 geltenden Fassung wird zudem klargestellt, dass das Gericht insbes auch die Abgabe einer Versicherung an Eides statt fordern kann. Eine vom Gericht zur Glaubhaftmachung der persönlichen und wirtschaftlichen Voraussetzungen gesetzte Frist nach § 166 Abs 1 VwGO iVm § 118 Abs 2 S 2 und 4 ZPO stellt dabei keine Ausschlussfrist dar; vielmehr sind ein nach Ablauf der Frist eingehendes, nachgeholtes Vorbringen und nachgereichte Belege im Rahmen der Entscheidung über die Bewilligung der Prozesskostenhilfe grundsätzlich zu berücksichtigen. Dies folgt bereits daraus, dass nachgereichte Erklärungen und Belege regelmäßig auch einen erneut zu stellenden Prozesskostenhilfeantrag stützen könnten und sich deshalb die Berufung auf den Fristablauf als überflüssige Förmelei darstellen würde (VGH Mannheim BeckRS 2008, 33469). Wurden im Prozesskostenhilfeverfahren nach Ablauf einer solchen richterlichen Frist, aber vor der Abhilfeentscheidung über die Beschwerde eingegangene Unterlagen nicht berücksichtigt, so kann das Beschwerdegericht den Beschluss des Ausgangsgerichts auf Antrag aufheben und die Sache an das Ausgangsgericht zur erneuten Entscheidung über den Prozesskostenhilfeantrag zurückverweisen (VGH Mannheim BeckRS 2008 33469).

Da das Gericht seine Entscheidung auf zeitnahe Daten stützen muss, kann es im Laufe **35** eines längeren Prozesskostenhilfeverfahrens **mehrere Erklärungen** über die persönlichen und wirtschaftlichen Verhältnisse anfordern. Wenn es aber alleine die von den Gerichten zu verantwortende Verfahrensdauer nötig macht, mehrfach Erklärungen anzufordern, und dies die Gefahr einer versehentlichen Falschangabe erhöht, sind die Gerichte in besonderer Weise gehalten, bei fehlenden oder unvollständigen Angaben die früheren Erklärungen zu berücksichtigen und bei Zweifeln nachzufragen (BVerfG NVwZ 2004, 334).

36   Im sog Anwaltsprozess gehört die **Benennung eines Rechtsanwalts** (§ 121 Abs 1 ZPO) ebenso zu den Pflichten eines Prozesskostenhilfe beantragenden Beteiligten wie die Erklärung über die persönlichen und wirtschaftlichen Verhältnisse nach § 117 Abs 2 ZPO (BVerwG NVwZ 2004, 888). Die Benennung muss jedoch noch nicht innerhalb der Rechtsmittelfrist erfolgen, sondern kann noch innerhalb der Wiedereinsetzungsfrist nachgeholt werden (BVerwG NVwZ 2004, 888).

36a   Die **Prüfung der persönlichen und wirtschaftlichen Voraussetzungen** der Prozesskostenhilfe obliegt in der Verwaltungsgerichtsbarkeit bislang vollständig dem **Richter** im Rahmen der einheitlichen Entscheidung über den Prozesskostenhilfeantrag. Das **Gesetz zur Änderung des Prozesskostenhilfe- und Beratungshilferechts** sieht demgegenüber eine **Länderöffnungsklausel** vor, wonach zur Entlastung des Richters der **Urkundsbeamte der Geschäftsstelle** (nach Übertragung durch den Vorsitzenden) nach Maßgabe des Landesrechts umfassend an der Prüfung der persönlichen und wirtschaftlichen Verhältnisse mitwirken kann (ab dem 1.1.2014: § 166 Abs 2 VwGO). § 166 Abs. 3 VwGO idF des Gesetzes zur Änderung des Prozesskostenhilfe- und Beratungshilferechts sieht außerdem eine Zuständigkeit des Urkundsbeamten für die Bestimmung des Zeitpunkts für die Einstellung und eine Wiederaufnahme der Zahlungen nach § 120 Abs. 3 ZPO sowie die Änderung und die Aufhebung der Bewilligung der Prozesskostenhilfe nach den §§ 120a und 124 Abs 1 Nr 2–5 ZPO vor. § 166 Abs 4 VwGO sieht vor, dass der Vorsitzende die Aufgaben nach Abs. 2 und 3 jederzeit an sich ziehen kann. Gegen Entscheidungen des Urkundsbeamten soll § 166 Abs 6 VwGO innerhalb von zwei Wochen nach Bekanntgabe die Entscheidung des Gerichts beantragt werden können. Gem § 166 Abs 7 VwGO kann durch Landesgesetz bestimmt werden, dass die Absätze 2–6 für die Gerichte des jeweiligen Landes nicht anzuwenden sind.

3. Wiedereinsetzung in den vorigen Stand

37   Ist nur ein Prozesskostenhilfegesuch, dieses aber innerhalb der Klage- oder Rechtsmittelfrist eingereicht worden und wird Prozesskostenhilfe erst nach Ablauf der Frist bewilligt, so kommt Wiedereinsetzung in den vorigen Stand gem § 60 VwGO in Betracht. Die Nichtbescheidung des Antrags stellt ein der Klage entgegenstehendes Hindernis iSv § 60 Abs 1 VwGO dar; dies gilt auch, wenn das Gericht faktisch nicht mehr vor Ablauf der Frist entscheiden kann (BGH NJW 1998, 1230). Die Anforderungen daran, was der Betroffene tun muss, um Wiedereinsetzung zu erhalten, dürfen nicht überspannt werden (BVerfG NVwZ 2003, 341).

38   Das der Rechtsverfolgung entgegenstehende Hindernis der Mittellosigkeit entfällt, wenn das Gericht dem Antrag auf Bewilligung von Prozesskostenhilfe stattgibt. Zugleich beginnt die in § 60 Abs 2 S 1 VwGO bestimmte **Wiedereinsetzungsfrist** zu laufen, innerhalb derer nach § 60 Abs 2 S 3 VwGO die Einlegung des Rechtsmittels nachgeholt werden muss (BVerwG NVwZ 2004, 888; Buchholz 310 § 60 VwGO Nr 177). Die Wiedereinsetzungsfrist beträgt nach § 60 Abs 2 S 1 Hs 1 VwGO zwei Wochen bzw bei Versäumung der Frist zur Begründung der Berufung, des Antrags auf Zulassung der Berufung, der Revision, der Nichtzulassungsbeschwerde oder der Beschwerde nach § 60 Abs 2 S 1 Hs 2 VwGO einen Monat. Hat das OVG über den vor Ablauf der Frist zur Begründung der zugelassenen Berufung gestellten (ordnungsgemäßen) Antrag auf Bewilligung von Prozesskostenhilfe nicht vorab entschieden, darf es die Berufung nicht wegen Versäumung der Berufungsbegründungsfrist als unzulässig verwerfen (BVerwG NVwZ 2004, 111).

39   Wiedereinsetzung in den vorigen Stand nach § 60 VwGO darf allerdings nur dann gewährt werden, wenn der Antragsteller bis zum Ablauf der Rechtsmittelfrist ein **vollständiges Prozesskostenhilfegesuch** mit allen dazugehörigen Unterlagen eingereicht hat und dieses lediglich nicht innerhalb der Frist beschieden worden ist (BVerwG NVwZ 2004, 888 mwN; OVG Greifswald NVwZ-RR 2006, 77; S/S-A/P/Bier VwGO § 60 Rn 17, 35; OVG Münster BeckRS 2012, 47142). Denn nur unter diesen formellen Voraussetzungen hat der Antragsteller alles getan, was zur Wahrung der Frist erwartet werden konnte, und ist es gerechtfertigt, die dennoch eingetretene Fristversäumnis als unverschuldet anzusehen. Der Prozesskostenhilfe-

antrag muss daher den Anforderungen des § 117 ZPO genügen (vgl dazu Rn 30 ff). Die im Anwaltsprozess erforderliche Benennung des beizuordnenden Rechtsanwalts kann jedoch im Unterschied dazu noch innerhalb der durch die Prozesskostenhilfebewilligung ausgelösten Wiedereinsetzungsfrist nachgeholt werden (BVerwG NVwZ 2004, 888).

Wird der Prozesskostenhilfeantrag abgelehnt, ist eine Wiedereinsetzung nur möglich, **40** wenn der Antragsteller nicht mit dieser Ablehnung rechnen musste, etwa weil er sich für arm halten durfte (S/S-A/P/Olbertz VwGO § 166 Rn 14 mwN).

Eine Wiedereinsetzung in den vorigen Stand kommt nicht in Betracht, wenn das Ver- **41** fahren, für das Prozesskostenhilfe beantragt wird, **gerichtskostenfrei** ist (§ 188 S 2 VwGO) und kein Vertretungszwang besteht (BVerwG NVwZ-RR 1989, 665; VGH Mannheim NVwZ-RR 1997, 502; NVwZ-RR 2001, 802; OVG Hamburg NJW 1998, 2547; VGH Kassel MDR 1994, 1147; BeckRS 2005, 27793; OVG Bautzen SächsVBl 2005, 119; S/S-A/P/Olbertz VwGO Rn 16; Strnischa NVwZ 2005, 267). Dies gilt nach überwiegender Auffassung auch dann, wenn der Antrag auf Beiordnung eines Rechtsanwalts gerichtet ist. Denn in diesem Fall kann ohne Kostenrisiko Klage erhoben und zugleich – ebenfalls kostenfrei – die Beiordnung eines Rechtsanwalts im Wege der Prozesskostenhilfe beantragt werden; ein unverschuldetes Hindernis iSv § 60 VwGO für eine rechtzeitige Klageerhebung oder Einlegung eines Rechtsmittels besteht insoweit nicht (VGH Mannheim NVwZ-RR 1997, 502; NVwZ-RR 2001, 802; VGH Kassel NVwZ-RR 2005, 860; BeckRS 2005, 27793; S/S-A/P/Olbertz VwGO § 166 Rn 16; OVG Bautzen SächsVBl 2005, 119; Strnischa NVwZ 2005, 267; offen gelassen OVG Greifswald NVwZ-RR 2006, 77; **aA** OVG Münster NJW 1983, 2046).

II. Entscheidung des Gerichts
1. Entscheidung durch Beschluss

Das Gericht entscheidet über die Bewilligung von Prozesskostenhilfe ohne mündliche **42** Verhandlung durch Beschluss (§ 166 Abs 1 VwGO iVm § 127 Abs 1 S 1 ZPO). **Zuständig** ist das Gericht des ersten Rechtszuges; ist das Verfahren in einem höheren Rechtszug anhängig, so ist das Gericht dieses Rechtszuges zuständig (§ 166 VwGO iVm § 127 Abs 1 S 2 ZPO). Gem § 122 Abs 2 S 1 Alt 1 VwGO sind Beschlüsse zu **begründen**, wenn sie durch Rechtsmittel angefochten werden können. Der Beschluss über die Prozesskostenhilfe muss somit begründet werden, wenn die Bewilligung ganz oder teilweise abgelehnt oder die Beiordnung eines Rechtsanwalts versagt wird (vgl Rn 53). Bei Verstoß gegen die Begründungspflicht ist der Beschluss mit der Beschwerde anfechtbar (S/S-A/P/Olbertz, VwGO § 166 Rn 62).

Die **Ablehnung** des Antrags erwächst **nicht in materielle Rechtskraft**, weil sie nicht **43** den Streitgegenstand betrifft (Eyermann/P. Schmidt VwGO § 166 Rn 28; **aA** Kopp/Schenke VwGO § 166 Rn 17). Im isolierten Prozesskostenhilfeverfahren erfolgt auch **keine Rechtswegverweisung** an das für die beabsichtigte Rechtsverfolgung zuständige Gericht; § 17a GVG findet insoweit weder unmittelbar noch entsprechend Anwendung (VGH München Beschl v 23.10.2008 – 5 C 08.2789; OVG Lüneburg BeckRS 2009, 30140; BayVGH Beschl v 23.2.2010 – 5 C 09.3081).

Die Bewilligung der Prozesskostenhilfe erfolgt **für jeden Rechtszug** besonders (§ 166 **44** Abs 1 VwGO iVm § 119 Abs 1 S 1 ZPO. Unter einem Rechtszug iSv § 119 Abs 1 S 1 ZPO ist grundsätzlich jeder Verfahrensabschnitt zu verstehen, der besondere Kosten verursacht. Stehen mehrere Verfahrensabschnitte jedoch in notwendigem innerem Zusammenhang, so bilden sie auch dann einen einheitlichen Rechtszug, wenn sie jeweils mit Kosten verbunden sind. Die Bewilligung von Prozesskostenhilfe für das Verfahren der Nichtzulassungsbeschwerde erstreckt sich im Falle der Zulassung der Revision auf das mit dem Zulassungsbeschluss beginnende Revisionsverfahren (BVerwG NVwZ-RR 1995, 545).

2. Maßgeblicher Zeitpunkt

Prozesskostenhilfe wird grundsätzlich für die Zukunft bewilligt. Verzögert sich aber die **45** Entscheidung des Gerichts, obwohl der Antragsteller rechtzeitig alle Voraussetzungen erfüllt hat und liegt die Ursache für die Verzögerung in der Sphäre des Gerichts, so stellt sich die Frage, welcher Zeitpunkt für die **Beurteilung der Erfolgsaussichten** maßgeblich ist. Ein

Teil der Rechtsprechung hält auch in diesen Fällen an dem Grundsatz fest, dass bei Verpflichtungs- und Leistungsbegehren auf den Zeitpunkt der gerichtlichen Entscheidung abzustellen ist (OVG Lüneburg DÖV 2005, 34; OVG Koblenz NVwZ-RR 1990, 384; VGH Mannheim VBlBW 1987, 297). Nach zutreffender Ansicht (vgl BVerwG NVwZ 2004, 111; SächsOVG Beschl v 10.4.2008 – 4 E 162/07; OVG Münster NWVBl 1992, 72; OVG Koblenz NVwZ 1991, 595; VGH München Beschl v 13.9.2006 – 24 C 06.967; Beschl v 28.12.2005 – 24 C 05.2694; NVwZ-RR 1997, 501; OVG Bremen NVwZ-RR 2003, 389; VGH Mannheim VBlBW 2004, 385; OVG Hamburg NordÖR 2004, 201; OVG Weimar NVwZ 1998, 866; S/S-A/P/Olbertz VwGO § 166 Rn 53; Eyermann/P. Schmidt VwGO § 166 Rn 40; Kopp/Schenke VwGO § 166 Rn 16; Thomas/Putzo/Reichold ZPO § 119 Rn 4; Linke NVwZ 2003, 421; offen gelassen in BVerwG BeckRS 2007, 26678) ist für die Entscheidung über den Prozesskostenhilfeantrag dagegen der Zeitpunkt der **Entscheidungsreife** maßgeblich; denn Verzögerungen des Gerichts dürfen nicht zu Lasten des Antragstellers gehen. Ob dabei generell auf den Zeitpunkt der Entscheidungsreife abgestellt wird (OVG Münster NWVBl 1992, 72; OVG Koblenz NVwZ 1991, 595; B/F-K/K VwGO § 166 Rn 34; OVG Münster BeckRS 2012, 49007) oder zwar grundsätzlich der Beschlusszeitpunkt für maßgeblich erachtet, der Zeitpunkt der Entscheidungsreife aber herangezogen wird, wenn das Gericht die Entscheidung verzögert und dem Antragsteller hierdurch ein Nachteil entstehen würde (OVG Greifswald NordÖR 2005, 181; VGH Mannheim NVwZ 1998, 1098; OVG Bautzen DVBl 2001, 1128; OVG Berlin NVwZ 1998, 650; OVG Hamburg NordÖR 2004, 201; VGH München Beschl v 24.1.2008 – 11 C 07.2133; Thomas/Putzo/Reichold ZPO § 119 Rn 4), führt in der Praxis zu keinen abweichenden Ergebnissen, weil sich die Frage nach dem zutreffenden Beurteilungszeitpunkt regelmäßig nur im Falle einer Verzögerung durch das Gericht stellt (S/S-A/P/Olbertz VwGO § 166 Rn 52). Die Entscheidungsreife tritt regelmäßig erst nach Vorlage der vollständigen Prozesskostenhilfeunterlagen sowie nach einer Anhörung der Gegenseite mit angemessener Frist zur Stellungnahme ein (BVerwG BeckRS 2007, 26678; OVG Münster Beschl v 19.11.2007 – 18 E 124/07 BeckRS 2007, 28445).

46   Im Unterschied dazu ist für die **Beurteilung der persönlichen und wirtschaftlichen Verhältnisse** stets auf den Zeitpunkt der **gerichtlichen Entscheidung** abzustellen (OVG Münster NVwZ-RR 1993, 168; Eyermann/P. Schmidt VwGO § 166 Rn 41; B/F-K/K VwGO § 166 Rn 36; S/S-A/P/Olbertz VwGO § 166 Rn 55; HessVGH Beschl v 27.1.2010 – 10 D 2892/09 –). Diese Grundsätze gelten auch im Eilverfahren (OVG Hamburg FamRZ 2005, 464).

3. Beiordnung

47   Soweit gem § 67 Abs 4 VwGO Vertretungszwang besteht, wird dem Beteiligten ein zur Vertretung bereiter Rechtsanwalt seiner Wahl beigeordnet (§ 166 Abs 1 VwGO iVm § 121 Abs 1 ZPO), im Übrigen erfolgt die Beiordnung auf Antrag, wenn die Vertretung durch einen Rechtsanwalt erforderlich erscheint oder der Gegner anwaltlich vertreten ist (§ 166 VwGO iVm § 121 Abs 2 ZPO). Wird der Antrag auf Bewilligung von Prozesskostenhilfe von einem Prozessbevollmächtigten gestellt, so liegt darin ein konkludenter Antrag auf Beiordnung desselben, auch wenn kein Anwaltszwang besteht (OVG Berlin-Brandenburg Beschl v 30.3.2010 – 11 M 16.10 BeckRS 2010, 48039). Eine Beiordnung ist erforderlich, wenn es um nicht einfach zu überschauende Tat- oder Rechtsfragen geht (BVerwG DÖV 1977, 367). Allein mit dem Hinweis auf den Amtsermittlungsgrundsatz im Verwaltungsgerichtsprozess darf die Anwaltsbeiordnung nicht abgelehnt werden; denn die Aufklärungs- und Beratungspflicht des Anwalts geht über die Amtsermittlungspflicht des Gerichts hinaus (BVerfG NJW 1997, 2104). Im Hinblick auf die Gewährung effektiven Rechtsschutzes dürfen insoweit keine überspannten Anforderungen gestellt werden (LSG Berlin-Bbg BeckRS 2007, 40457). Zu den Grenzen einer Beschränkung der Beiordnung eines Rechtsanwalts im Rahmen der Prozesskostenhilfe auf die Bedingungen eines am Gerichtsort ansässigen Rechtsanwalts gem § 166 Abs 1 VwGO iVm § 121 Abs 3 ZPO vgl VGH Mannheim BeckRS 2006, 26643; SächsOVG BeckRS 2011, 50331). Ausländische Anwälte können, jedenfalls soweit sie nicht nach dem Gesetz über die Tätigkeit europäischer Rechtsanwälte in Deutschland (EuRAG) deutschen Rechtsanwälten gleichgestellt sind, nicht gem § 121 ZPO beigeordnet werden (OVG Berlin-Brandenburg BeckRS 2012, 46218).

Der durch das Gesetz zur Änderung des Prozesskostenhilfe- und Beratungshilferechts ab **47a**
dem 1.1.2014 neu eingeführte § 166 Abs 1 S 2 VwGO sieht auch die Möglichkeit der
Beiordnung eines Steuerberaters, Steuerbevollmächtigten, Wirtschaftsprüfers oder vereidig-
ten Buchprüfers vor, deren Vergütung sich nach dem Rechtsanwaltsvergütungsgesetz richten
soll (S 3). Dieser Personenkreis ist bisher zwar prozessvertretungsbefugt, kann aber nicht im
Rahmen der Prozesskostenhilfe beigeordnet werden.

4. Bewilligung nach Verfahrensabschluss

Die Bewilligung von Prozesskostenhilfe setzt in der Regel voraus, dass die Rechtsver- **48**
folgung noch beabsichtigt ist. Dies bedeutet allerdings nicht, dass nach Abschluss des Verfahrens vor dem Gericht des betreffenden Rechtszugs Prozesskostenhilfe überhaupt nicht
mehr bewilligt werden kann. Eine auf den Zeitpunkt der Antragstellung zurückwirkende
Bewilligung nach Verfahrensabschluss kommt vielmehr ausnahmsweise in Betracht, wenn der
Bewilligungsantrag während des Verfahrens gestellt, aber nicht verbeschieden worden ist und
der Antragsteller mit seinem Antrag bereits alles für die Bewilligung der Prozesskostenhilfe
Erforderliche getan hat (BVerwG Beschl v 19.4.2011 – 1 PKH 7/11 (1c 6/10); JurBüro 1992,
346; Beschl v 3.3.1998, 1 PKH 3/98; VGH Mannheim NVwZ-RR 2002, 791; OVG
Münster NVwZ-RR 1994, 124; OVG Brandenburg NVwZ-RR 2002, 789; VGH München
BayVBl 2002, 348; OVG Berlin NVwZ 1998, 650; OVG Weimar NVwZ 1998, 866; offen
gelassen OVG Schleswig NVwZ-RR 2004, 460; OVG Lüneburg Beschl v 5.5.2009 – 4 PA
70/09 BeckRS 2009, 34371). Dies ist allerdings nicht der Fall, wenn eine den Anforderungen
des § 166 VwGO iVm § 117 ZPO genügende Erklärung erst nach Abschluss der Instanz
vorgelegt wird; eine nachträgliche Bewilligung von Prozesskostenhilfe für die bereits abgeschlossene Instanz scheidet dann aus (OVG Münster BeckRS 2006, 26481; OVG Lüneburg
Beschl v 5.5.2009 – 4 PA 70/09 BeckRS 2009, 34371). Ebensowenig genügt für eine
ausnahmsweise rückwirkende Bewilligung, dass die notwendigen Unterlagen erst mit der
Antrags- oder Klagerücknahme eingereicht werden (OVG Potsdam BeckRS 2012, 54190).
Aus Billigkeitsgründen kann ferner dann eine rückwirkende Bewilligung nach Verfahrensabschluss erfolgen, wenn sich während des Klageverfahrens die Hauptsache ohne Zutun des
Klägers erledigt und die Beteiligten daraufhin übereinstimmend die Hauptsache für erledigt
erklären (OVG Weimar NVwZ 1998, 866). Entsprechendes gilt, wenn der Betroffene Prozesskostenhilfe in einem Verfahren des vorläufigen Rechtsschutzes gegen eine Maßnahme
beantragt hat, die sich auf eine kurze Zeitspanne bezieht; in diesem Fall ist eine auf den
Zeitpunkt der Bewilligungsreife des Antrags zurückwirkende Gewährung von Prozesskostenhilfe auch für die rechtskräftig abgeschlossene Instanz möglich (OVG Münster Beschl v
17.3.2010 – 5 E 1700/09 BeckRS 2010, 47762). Eine nachträgliche Bewilligung von Prozesskostenhilfe kommt nach übereinstimmender Erledigterklärung aber jedenfalls dann nicht in
Betracht, wenn die Erledigterklärung einer Klagerücknahme gleich kommt (VGH München
Beschl v 7.12.2010 – 11 C 10.2466). Schließlich kommt auch keine nachträgliche Bewilligung von Prozesskostenhilfe mehr in Betracht, wenn es an einer hilfebedürftigen Partei fehlt
(zB wenn der Kläger verstorben ist, OVG Bautzen Beschl v 24.11.2010 – 5 D 162/10 BeckRS
2011, 45173). Nach der neueren Rechtsprechung des BGH (FamRZ 2010, 197) ist demgegenüber dem Beklagten Prozesskostenhilfe auch nach Klagerücknahme (unabhängig von
der Entscheidungsreife des Prozesskostenhilfegesuchs) zu bewilligen, wenn Rechtsverteidigung und Prozesskostenhilfeantragstellung bereits zuvor erfolgt waren und die Rechtsverteidigung hinreichende Aussicht auf Erfolg hatte. Die Entscheidung betont jedoch ausdrücklich
die besondere Situation der Beantragung von Prozesskostenhilfe durch den Beklagten; in der
Tat sollte es diesem nicht zum Nachteil gereichen, wenn der Kläger allein aufgrund des
Verteidigungsvorbringens des Beklagten zurücknimmt. Diese Konstellation dürfte im Verwaltungsprozess keine praktische Bedeutung haben. Eine Übertragung dieser Rechtsprechung auf die Beantragung von Prozesskostenhilfe durch den Kläger erscheint demgegenüber
nicht sachgerecht (aA ohne nähere Begründung OVG Berlin-Brandenburg BeckRS 2010,
48039). Erledigt sich der Streit zwischen den Beteiligten in der Hauptsache dagegen während
des Prozesskostenhilfeverfahrens **vor** Klageerhebung, so ist für die Bewilligung von Prozesskostenhilfe kein Raum mehr (OVG Saarlouis NVwZ-RR 2006, 656).

5. Änderung

49   Gem § 166 Abs 1 VwGO iVm § 120 Abs 4 ZPO (ab 1.1.2014: § 120a ZPO) kann (ab 1.1.2014: soll) das Gericht die Entscheidung über die zu leistenden Zahlungen ändern, wenn sich die für die Prozesskostenhilfe maßgebenden **persönlichen und wirtschaftlichen Verhältnisse wesentlich geändert** haben. Mit der durch das Gesetz zur Änderung des Prozesskostenhilfe- und Beratungshilferechts beabsichtigten Ausgestaltung als Soll-Vorschrift soll verdeutlicht werden, dass dem Gericht bei Vorliegen der Voraussetzungen für eine Änderung in der Regel kein Ermessensspielraum eingeräumt ist. Damit bleiben auch weiterhin Ausnahmen in atypisch gelagerten Fällen möglich (BT-Drs 17/11472). Auf Verlangen des Gerichts hat sich der Beteiligte darüber zu erklären, ob eine Änderung der Verhältnisse eingetreten ist (§ 166 VwGO iVm § 120 Abs 4 S 2 ZPO, ab 1.1.2014: § 120a Abs 1 S 3 ZPO). In dem zum 1.1.2014 eingeführten § 120a Abs 4 ZPO wird klargestellt, dass für eine Erklärung über die Änderung der persönlichen und wirtschaftlichen Verhältnisse der gem § 117 Abs 3 ZPO eingeführte Vordruck benutzt werden muss.

49a   Nach § 166 Abs 1 VwGO iVm dem **ab dem 1.1.2014** geltenden § 120a Abs. 2 ZPO hat der Beteiligte dem Gericht eine wesentliche Verbesserung der wirtschaftlichen Verhältnisse oder eine Änderung der Anschrift dem Gericht unverzüglich **mitzuteilen** (Satz 1); eine Verpflichtung, dem Gericht unaufgefordert über eine Verbesserung der Einkommens- und Vermögensverhältnisse zu berichten, besteht nach der Rechtsprechung zu der bisherigen Rechtslage nicht. Bezieht der Beteiligte ein laufendes monatliches Einkommen, ist eine Einkommensverbesserung nur **wesentlich**, wenn die Differenz zu dem bisher zu Grunde gelegten Bruttoeinkommen **nicht nur einmalig 100 Euro übersteigt** (§ 120a Abs. 2 S 2 ZPO idF ab 1.1.2014). Dies gilt entsprechend, soweit abzugsfähige Belastungen (wie z. B. PKH-Raten aus früheren Verfahren, niedrigere Wohnungskosten) entfallen (S 3). Hierüber und über die Folgen eines Verstoßes ist der Beteiligte bei der Antragstellung in dem gemäß § 117 Abs 3 ZPO eingeführten Formular zu belehren (Satz 4). Eine wesentliche Änderung (Besserung) liegt im Übrigen auch vor, wenn der Beteiligte statt der ratenfreien Prozesskostenhilfe zur Zahlung von Monatsraten in der Lage ist (LSG Thüringen BeckRS 2005, 40942).

49b   § 120a Abs. 3 ZPO idF ab 1.1.2014 stellt – entsprechend der zu § 120 Abs 4 ZPO ergangenen Rechtsprechung – künftig klar, dass eine wesentliche Verbesserung der wirtschaftlichen Verhältnisse insbesondere dadurch eintreten kann, dass der Beteiligte durch die Rechtsverfolgung oder Rechtsverteidigung etwas erlangt (S 1). Das Gericht soll nach der rechtskräftigen Entscheidung oder der sonstigen Beendigung des Verfahrens prüfen, ob eine Änderung der Entscheidung über die zu leistenden Zahlungen mit Rücksicht auf das durch die Rechtsverfolgung oder Rechtsverteidigung Erlangte geboten ist (S 2). S 3 der Vorschrift enthält außerdem eine Präzisierung dahingehen, dass die Abänderung der Entscheidung in bestimmten Konstellationen ausgeschlossen ist, etwa wenn das Erlangte dem Schonvermögen gemäß § 90 SGB XII unterfällt und daher bei rechtzeitiger Leistung gem § 115 Abs 3 ZPO nicht hätte eingesetzt werden müssen (vgl BT-Drs 17/13538). Eine Änderung zum Nachteil des Beteiligten ist ausgeschlossen, wenn seit der rechtskräftigen Entscheidung oder sonstigen Beendigung des Verfahrens vier Jahre vergangen sind (§ 166 Abs 1 VwGO iVm § 120a Abs 1 S 4 ZPO nF).

6. Aufhebung

50 • Nach dem bisherigen Wortlaut der Vorschrift kann das Gericht die Bewilligung der Prozesskostenhilfe unter den dort genannten Voraussetzungen **aufheben**; die Bedeutung des Wortes „kann" war bislang umstritten (vgl BT-Drs 17/11472). § 124 Abs 1 ZPO idF ab 1.1.2014 enthält demgegenüber eine Soll-Vorschrift, die zwar bei Vorliegen der tatbestandlichen Voraussetzungen eine Aufhebung als Regelfall vorsieht, in atypischen Fällen aber eine andere Entscheidung zulässt. Die Gründe für eine Aufhebung der Bewilligung der Prozesskostenhilfe sind in § 124 ZPO abschließend (Eyermann/P. Schmidt VwGO § 166 Rn 53; B/F-K/K VwGO § 166 Rn 63) aufgeführt: § 124 Abs 1 Nr 1 ZPO: Vortäuschen der Prozesskostenhilfevoraussetzungen durch unrichtige Darstellung des Streitverhältnisses (nach überwiegender Auffassung muss die Täuschung zum Zeitpunkt der Bewilligungsreife stattgefunden haben; verschweigt der Antragsteller eine nachträglich eingetretene Änderung, rechtfertigt dies nicht die Aufhebung der Bewilligung von Prozesskostenhilfe, vgl. OVG Hamburg BeckRS 2011, 50470 mwN; VG Dresden, Beschl v 11.4.2012 – 3 K 1987/08); allerdings darf die Bewilligung von Prozesskostenhilfe nur aufgehoben werden, wenn die vorsätzlich unrichtige Darstellung des Streitverhältnisses zu einer günstigeren Bewilligungsentscheidung geführt hat, als sie bei richtiger Darstellung ergangen wäre (Sächsisches OVG BeckRS 2013, 48128).

- § 124 Abs 1 Nr 2 ZPO: absichtlich oder aus grober Nachlässigkeit unrichtige Angaben über die persönlichen und wirtschaftlichen Verhältnisse
- § 124 Abs 1 Nr 3 ZPO: die persönlichen oder wirtschaftlichen Voraussetzungen für die Prozesskostenhilfe haben nicht vorgelegen
- § 124 Abs. 1 Nr 4 ZPO nF: wesentliche Verbesserungen der Einkommens- und Vermögensverhältnisse oder Änderungen der Anschrift wurden absichtlich oder aus grober Nachlässigkeit unrichtig oder nicht unverzüglich mitgeteilt
- § 124 Nr 4 ZPO (ab 1.1.2014: § 124 Abs. 1 Nr 5 ZPO): der Beteiligte ist länger als drei Monate mit der Zahlung einer Monatsrate oder eines sonstigen Betrags im Rückstand; dies setzt schuldhaften Verzug voraus (BGH NJW 1997, 1077).

Mit der Aufhebung entfallen in den Fällen des § 124 Abs 1 Nr 1 bis 3 ZPO die **51** Wirkungen der Prozesskostenhilfe rückwirkend ab dem Zeitpunkt der Bewilligung (Thomas/Putzo/Reichold ZPO § 124 Rn 6; S/S-A/P/Olbertz VwGO § 166 Rn 60; B/F-K/K VwGO § 166 Rn 63; einschränkend Eyermann/P. Schmidt VwGO § 166 Rn 53: nur in den Fällen der Nr 1 und 2), in den Fällen des § 124 Nr 4 ZPO (Zahlungsverzug) mit Wirkung für die Zukunft (Eyermann/P. Schmidt VwGO § 166 Rn 53; B/F-K/K VwGO § 166 Rn 63; offen: Thomas/Putzo/Reichold ZPO § 124 Rn 6; **aA** – ab Bewilligung – S/S-A/P/Olbertz VwGO § 166 Rn 60).

Durch das Gesetz zur Änderung des Prozesskostenhilfe- und Beratungshilferechts wird **51a** zum 1.1.2014 die Möglichkeit einer Teilaufhebung der Bewilligung für bestimmte Beweiserhebungen eingeführt (§ 124 Abs 2 ZPO nF). Danach kann das Gericht die Bewilligung der Prozesskostenhilfe aufheben, soweit die beantragte Beweiserhebung auf Grund von Umständen, die im Zeitpunkt der Bewilligung der Prozesskostenhilfe nicht berücksichtigt werden konnten, keine hinreichende Aussicht auf Erfolg bietet oder der Beweisantritt mutwillig erscheint. Bei der Beurteilung der Erfolgsaussichten der beantragten Beweiserhebung bei der Teilaufhebung ist derselbe Maßstab anzulegen wie bei den Erfolgsaussichten im Rahmen der Bewilligung von Prozesskostenhilfe (vgl dazu Rn 23 ff; BT-Drs 17/11472).

D. Rechtsmittel

I. Rechtsmittel gegen die Ablehnung von Prozesskostenhilfe

Gegen die (vollständige oder teilweise) Ablehnung der Prozesskostenhilfe (auch gegen die **52** Anordnung von Ratenzahlungen) **durch das VG** sowie gegen die Versagung der Beiordnung eines Rechtsanwalts ist bis zum 31.12.2013 gem § 146 Abs 1 VwGO die **Beschwerde** statthaft. Das zum 1.1.2014 in Kraft tretende Gesetz zur Änderung des Prozesskostenhilfe- und Beratungshilferechts sieht eine Einschränkung der Beschwerdemöglichkeit im Verfahren der Prozesskostenhilfe durch entsprechende Änderung von § 146 Abs 2 VwGO vor. Danach soll – in Anpassung an § 172 Abs 3 Nr 2 des Sozialgerichtsgesetzes – die Ablehnung der Prozesskostenhilfe mit der Beschwerde nur noch angefochten werden können, wenn die Erfolgsaussichten in der Hauptsache vom Gericht verneint wurden. Hat das Gericht hingegen die persönlichen oder wirtschaftlichen Voraussetzungen verneint, ist die Beschwerde gegen diese Entscheidung nicht statthaft. § 67 Abs 4 S 1 VwGO nimmt Beschwerden gegen PKH-Beschlüsse ausdrücklich **vom Vertretungszwang aus.** Die Beschwerde ist innerhalb von zwei Wochen nach Bekanntgabe der Entscheidung beim VG einzulegen (§ 147 Abs 1 VwGO); § 127 Abs 2 S 3 ZPO gilt im verwaltungsgerichtlichen Verfahren nicht (OVG Münster NVwZ-RR 2004, 544; VGH München BayVBl 2003, 573; OVG Lüneburg BeckRS 2010, 49304). Entscheidungen des **OVG** können dagegen gem § 152 Abs 1 VwGO nicht mit der Beschwerde angefochten werden.

Ergeht in eilbedürftigen Verfahren zeitgleich eine Entscheidung über den Sachantrag und **53** den Prozesskostenhilfeantrag, so muss die **Rechtsmittelbelehrung** den unterschiedlichen Anforderungen der Beschwerde im einstweiligen Rechtsschutz- und im Prozesskostenhilfeverfahren hinsichtlich des Vertretungszwangs und der Begründungserfordernisse (vgl Rn 32) Rechnung tragen. Eine Vermengung der unterschiedlichen Anforderungen in einer Rechtsmittelbelehrung kann häufig geeignet sein, Missverständnisse bei den Beteiligten zu verursachen (VGH Mannheim VBlBW 2005, 196).

II. Rechtsmittel gegen die Bewilligung von Prozesskostenhilfe

54   Gegen die Bewilligung der Prozesskostenhilfe durch das VG ist für den **Prozessgegner** gem § 166 Abs 1 VwGO iVm § 127 Abs 2 ZPO kein Rechtsmittel gegeben. Die **Staatskasse** kann nach § 166 Abs 1 VwGO iVm § 127 Abs 3 ZPO dagegen Beschwerde einlegen, die allerdings nur darauf gestützt werden kann, dass der Beteiligte nach seinen persönlichen und wirtschaftlichen Verhältnissen Zahlungen zu leisten habe. Diese Beschränkung des Beschwerderechts der Staatskasse besteht auch nach dem Gesetz zur Änderung des Prozesskostenhilfe- und Beratungshilferechts (entgegen dem ursprünglichen Gesetzesentwurf, vgl BT-Drs 17/11472) fort.

17. Abschnitt Vollstreckung (§§ 167–172)

§ 167 [Anwendung der ZPO; vorläufige Vollstreckbarkeit]

(1) ¹Soweit sich aus diesem Gesetz nichts anderes ergibt, gilt für die Vollstreckung das Achte Buch der Zivilprozeßordnung entsprechend. ²Vollstreckungsgericht ist das Gericht des ersten Rechtszugs.

(2) Urteile auf Anfechtungs- und Verpflichtungsklagen können nur wegen der Kosten für vorläufig vollstreckbar erklärt werden.

Die Zwangsvollstreckung ist in der VwGO unvollständig geregelt. Eine umfassende Regelung fehlt. Die wenigen speziellen Regelungen befassen sich nur mit der Vollstreckung aus den in § 168 Abs 1 VwGO genannten Vollstreckungstiteln. Sie gelten nicht für die Verwaltungsvollstreckung, also die Vollstreckung aus Verwaltungsakten (zustimmend BGH NZBau 2010, 713). § 167 VwGO enthält den sog Allgemeinen Teil des verwaltungsgerichtlichen Vollstreckungsrechts (neben §§ 168, 171 VwGO über Titel und Klausel). Die Vorschrift enthält drei Kernaussagen. Abs 1 verweist im Grundsatz auf das 8. Buch der ZPO und bestimmt das Gericht des ersten Rechtszuges als Vollstreckungsgericht. Abs 2 nimmt Urteile in Anfechtungs- und Verpflichtungsklagen in der Hauptsache mit Rücksicht auf die Eigenart hoheitlicher Verwaltungstätigkeit von der vorläufigen Vollstreckbarkeit aus.

Übersicht

A. Allgemeines

1   Die Bestimmungen des 17. Abschn der VwGO regeln die verwaltungsgerichtliche Vollstreckung nur **unvollständig**, sie bedürfen der Ergänzung. Dazu dienen die Verweise auf das 8. Buch der ZPO (§ 167 Abs 1 S 1 VwGO) und auf die Verwaltungsvollstreckungsgesetze des Bundes und der Länder (§§ 169, 170 VwGO).

2   §§ 167 VwGO ff enthalten **keine eigenständigen „Vollstreckungsmodelle"**, aus denen über den eigentlichen Regelungsgehalt hinaus verwaltungsgerichtliche Vollstreckungsgrundsätze abzuleiten sind, die die Anwendung der ZPO ausschließen (so zu Recht Eyermann/Kraft VwGO § 167 Rn 3, gegen S/S-A/P/Pietzner VwGO Vorb § 167 Rn 12; § 170 Rn 7; § 172 Rn 11). Allerdings führt diese Einschätzung auch nicht umgekehrt

immer zu einer kumulativen Anwendung der §§ 167 VwGO ff, vor allem nicht im Verhältnis der §§ 170 und 172 VwGO zu § 169 VwGO (so aber gegen die hM Eyermann/Kraft VwGO § 170 Rn 6; s unten § 170 VwGO Rn 1, 3).

Die Möglichkeit einer wirkungsvollen Vollstreckung gegen den Staat als Hoheitsträger ist **3** Bestandteil der **Gewährleistung effektiven Rechtsschutzes**, GG Art 19 Abs 4 (ebenso S/ S-A/P/Pietzner VwGO Vorb § 167 Rn 9). Für den Staat ist die Bindung an die §§ 167 VwGO ff eine Einengung gegenüber dem Bereich der Verwaltungsvollstreckung, für den die Prinzipien der Selbstvollstreckung und Selbsttitulierung gelten. Die Verwaltung hat dort das Recht, ihre Anordnungen selbst – bzw durch eigene Vollstreckungsbehörden – durchzusetzen (vgl zB §§ 4, 7 VwVG), sie ist dort auch nicht gezwungen, sich erst einen prozessualen Titel zu verschaffen (ausdrücklich § 3 Abs 1 VwVG; vgl im Einzelnen S/S-A/P/Pietzner VwGO Vorb § 167 Rn 6 f mN).

B. Entsprechende Anwendung der ZPO

Nach § 167 S 1 VwGO gilt für die Vollstreckung das 8. Buch der ZPO entsprechend, **4** soweit sich aus der VwGO nichts Anderes ergibt.

Nicht eingeschlossen in die entsprechende Anwendung sind die **Vorschriften über** **5** **Arrest und einstweilige Verfügung**, weil insoweit §§ 80, 123 VwGO abschließende Spezialregeln darstellen, sich also aus der VwGO Anderes ergibt (§ 123 Abs 3 VwGO verweist selbst wiederum auf die entsprechenden ZPO-Bestimmungen; Eyermann/Kraft VwGO § 167 Rn 2; S/S-A/P/Pietzner VwGO Vorb § 167 Rn 11; Redeker/v Oertzen/ v Nicolai VwGO § 167 Rn 3; Sodan/Ziekow/Heckmann VwGO § 167 Rn 9).

Nicht geregelt in der VwGO ist die **Vollstreckung unter Privaten** (Eyermann/Kraft **6** VwGO § 167 Rn 8; B/F-K/S/vA/Bader VwGO § 167 Rn 1). Dazu sind auch öffentlich-rechtliche Kreditinstitute (s u § 170 VwGO Rn 18) und der Staat in seiner Eigenschaft als Fiskus zu zählen. Unter Privaten spielt vor allem eine Rolle die Vollstreckung aus Kostenfestsetzungsbeschlüssen oder vergleichen, wenn das Erstattungsverhältnis zwischen Privaten besteht. Ein häufiges Beispiel dafür bieten die öffentlich-rechtlichen Nachbarstreitigkeiten (vgl BVerwG NJW 1993, 191; 1969, 524; OVG Münster NVwZ-RR 1994, 619; VGH München NVwZ 1982, 563 f; VGH Mannheim ESVGH 17, 145; VGH Kassel ESVGH 28, 106; S/S-A/P/Pietzner VwGO Vorb § 167 Rn 29). Die Vollstreckung unter Privaten wird vollständig von den Vorschriften der ZPO erfasst, ohne dass es des § 167 Abs 1 S 1 VwGO bedarf. Die Zuständigkeit der Verwaltungsgerichte besteht nur in Ausnahmefällen (S/S-A/P/ Pietzner VwGO Vorb § 167 Rn 30).

Die ZPO-Bestimmungen sind **entsprechend** anwendbar. Dies verlangt ihre Anwendung **7** unter Rücksichtnahme auf das verwaltungsgerichtliche Verfahren und die dabei maßgeblichen Rechtsverhältnisse (BVerwGE 16, 254; NVwZ-RR 1998, 1177; VGH Mannheim NVwZ-RR 2003, 71; Eyermann/Kraft VwGO § 167 Rn 4; B/F-K/S/vA/Bader VwGO § 167 Rn 1).

Die **allgemeinen Vollstreckungsvoraussetzungen** (Titel, Klausel, Zustellung) werden **8** in §§ 167 VwGO ff nicht geregelt, sondern vorausgesetzt. In bestimmten Fällen sind diese Voraussetzungen teilweise entbehrlich (vgl § 171 VwGO). Welche Titel Grundlage der verwaltungsgerichtlichen Vollstreckung sein können, ist in § 168 VwGO abschließend bestimmt. §§ 169, 170 und 172 VwGO enthalten besondere Regelungen, die nicht die Voraussetzungen, sondern die Durchführung der Vollstreckung betreffen (Eyermann/Kraft VwGO § 167 Rn 6; zur ergänzenden Heranziehung der ZPO-Vorschriften aus Gründen eines effektiven Rechtsschutzes vgl BVerfG NVwZ 1999, 1330). Die Bestimmungen regeln kein eigenständiges, vom Vollstreckungsverfahren losgelöstes Verfahren.

C. Verfahren

Um das Vollstreckungsverfahren durchzuführen, müssen die **allgemeinen Vollstre-** **9** **ckungsvoraussetzungen** vorliegen, soweit sie nicht entbehrlich sind (vgl zB § 171 VwGO). Die Vollstreckung erfolgt auf **Antrag** des Vollstreckungsgläubigers. Der Antrag muss Gläubiger und Schuldner in eindeutiger Weise namentlich bezeichnen (§ 750 Abs 1 S 1 ZPO), deren Identität muss sich mindestens aus Titel und Vollstreckungsklausel ergeben (VGH Mannheim

NJW 1998, 3291). Ein missbräuchlich gestellter Antrag ist unzulässig (vgl OVG Münster NVwZ 1996, 126; Missbräuchlichkeit liegt aber nicht schon vor, wenn Kleinbeträge vollstreckt werden sollen (OVG Berlin 8.8.2006 OVG 9 L 27.06). Umstr ist, ob eine Beiladung im Vollstreckungsverfahren möglich ist. Eine – einfache – Beiladung ist sinnvoll, wenn der Titel auf den Erlass eines VA gegen den Dritten gerichtet ist. Eine notwendige Beiladung gibt es dagegen iRd §§ 167 ff nicht (zT wird eine Beteiligung Dritter vollständig abgelehnt, so OVG Münster NVwZ-RR 1994, 121; Redeker/v Oertzen/v Nicolai VwGO § 172 Rn 5; B/F-K/ S/vA/Bader VwGO § 167 Rn 3). Zusätzlich müssen etwaige **besondere Vollstreckungsvoraussetzungen** vorliegen (zB §§ 726, 751, 756 ZPO). Dem Schuldner muss eine angemessene Frist zur Leistung eingeräumt worden sein (vgl zB VGH München BayVBl 2004, 571). Die Entscheidung über den Antrag wird durch **Beschluss** getroffen. Dies gilt auch im Falle der Durchführung einer mündlichen Verhandlung. Vollstreckungsverfahren stellen selbstständige Verfahren dar, deshalb sind zB Antragsrücknahme ebenso wie Erledigung der Hauptsache möglich. Zu den **Rechtsbehelfen** s u Rn 30. Zur **Kostenentscheidung** s u Rn 35.

D. Vollstreckungsgericht

10 § 167 Abs 1 S 2 VwGO bestimmt als Vollstreckungsgericht in Abweichung von der ZPO das **Gericht des ersten Rechtszuges**. Nach der ZPO ist Vollstreckungsgericht grundsätzlich das Amtsgericht (§ 764 Abs 1 ZPO).

11 Vollstreckungsgericht iSd Vollstreckungsrechts ist damit grundsätzlich das **Verwaltungsgericht**, das OVG bzw das BVerwG nur in Ausnahmefällen. Eine Übertragung der Zuständigkeit auf den Einzelrichter nach § 6 VwGO ist möglich (vgl OVG Münster NVwZ-RR 1994, 619; Kopp/Schenke VwGO § 167 Rn 5; S/S-A/P/Pietzner VwGO § 167 Rn 82).

12 § 167 Abs 1 S 2 VwGO regelt nicht nur die **sachliche Zuständigkeit**, sondern legt auch den **Verwaltungsrechtsweg** für das Vollstreckungsverfahren fest (OVG Münster NJW 1986, 1191; Kopp/Schenke VwGO § 167 Rn 5). Ob damit gleichzeitig auch – ebenso auch in § 170 VwGO – die **örtliche Zuständigkeit** geregelt wird, ist streitig. Nach richtiger Auffassung finden § 167 Abs 1 S 1 VwGO iVm den Vorschriften der ZPO, vor allem §§ 764 Abs 2, 828 Abs 2 ZPO, keine Anwendung, da mit der Zuweisung an das Erkenntnisgericht ein eigenes verwaltungsgerichtliches Verfahren geschaffen wurde, auf das die Zuständigkeitsbestimmung für die Amtsgerichte nicht übertragbar ist. Vielmehr gilt § 52 VwGO (wie hier Eyermann/Kraft VwGO § 167 Rn 12; B/L/A/H/Hartmann ZPO § 764 Rn 52; aA VGH München NJW 1984, 2484; Kopp/Schenke VwGO § 167 Rn 5; S/S-A/P/Pietzner VwGO § 167 Rn 88 f, § 170 Rn 89; Sodan/Ziekow/Heckmann VwGO § 170 Rn 37; s auch u § 170 VwGO Rn 8; § 172 VwGO Rn 19).

13 Bei Anordnungen nach § 169 VwGO ist der **Vorsitzende** das Vollstreckungsgericht. In diesem Fall ist eine Übertragung der Zuständigkeit auf den Einzelrichter nicht möglich (VG Weimar NVwZ-RR 1995, 480). Laut VGH Mannheim ist in Flurbereinigungssachen das Flurbereinigungsgericht (§ 138 Abs 1 FlurbG) als Vollstreckungsgericht im Sinne von § 167 Abs 1 S 2 VwGO für die Vollstreckung aus einem Kostenfestsetzungsbeschluss zuständig und nicht gemäß § 169 S 2 VwGO dessen Vorsitzender als Vollstreckungsbehörde (VGH Mannheim NVwZ-RR 2011, 714).

14 Die Zuweisung der Aufgabe als Vollstreckungsgericht in § 167 Abs 1 S 2 VwGO ist **abschließend**.

14.1 Deshalb ist das Gericht des ersten Rechtsweges auch zuständig für die Abnahme eidesstattlicher Versicherungen (OVG Münster NJW 1984, 2484; S/S-A/P/Pietzner VwGO § 167 Rn 86; aA VG Berlin NJW 1976, 1420, 1421). Dem Vorsitzenden obliegen, soweit er im Rahmen des § 169 VwGO als Vollstreckungsgericht handelt, auch die nach § 915 ZPO dem Amtsgericht zugewiesenen das Schuldnerverzeichnis betreffenden Aufgaben. Dies folgt bereits aus § 169 Abs 1 S 1 VwGO iVm § 5 Abs 1 BVwVG (Kopp/Schenke VwGO § 167 Rn 7; S/SA/P/Pietzner VwGO § 167 Rn 86).

15 Bei den in §§ 167 VwGO ff geregelten Gerichtsständen handelt es sich um **ausschließliche Gerichtsstände**, vgl § 802 ZPO (S/S-A/P/Pietzner VwGO § 167 Rn 92; Redeker/ v Oertzen/v Nicolai VwGO § 167 Rn 2). Bei Verstößen gegen die örtliche Zuständigkeit sind Vollstreckungsakte zwar anfechtbar, nicht jedoch nichtig (S/S-A/P/Pietzner VwGO § 167 Rn 92 mN B/L/A/H/Hartmann ZPO § 802 Rn 4). Ob **Verstöße** gegen die sachli-

che Zuständigkeit die Nichtigkeit oder die Anfechtbarkeit zur Folge haben, ist umstritten (für Nichtigkeit: Redeker/v Oertzen/v Nicolai VwGO § 167 Rn 2 unter Verweis auf B/L/A/H/Hartmann ZPO § 802 Rn 4). Richtig ist wohl, auf das Gewicht des Zuständigkeitsfehlers abzustellen, dies dürfte bei sachlicher Unzuständigkeit innerhalb desselben Gerichtszweigs regelmäßig gering sein, was für die Anfechtbarkeit und gegen die Nichtigkeit spricht (ebenso S/S-A/P/Pietzner VwGO § 167 Rn 92; ähnlich bei VerwEntsch Kopp/Ramsauer VwVfG § 44 Rn 15 f).

Die VwGO verwendet nicht den Begriff des **Prozessgerichts**. Hierunter versteht man **16** das Gericht des Erkenntnisverfahrens, in dem der Vollstreckungstitel geschaffen wurde (vgl BGH NJW 1980, 188, 189; S/S-A/P/Pietzner VwGO § 167 Rn 81; Heckmann hält demgegenüber die Unterscheidung zwischen Vollstreckungsgericht und Prozessgericht für überflüssig, Sodan/Ziekow/Heckmann VwGO § 167 Rn 14). Das Gericht des ersten Rechtszugs wird im Rahmen der §§ 167 VwGO ff vereinzelt als Prozessgericht tätig, so iRv §§ 172, 169 VwGO, und auch dann, wenn es nach den Regeln der ZPO vollstreckt und diese dem Prozessgericht der ersten Instanz Kompetenzen zuweisen, wie in §§ 887 ZPO ff (S/S-A/P/Pietzner VwGO § 167, Rn 94 ff). In diesen Fällen bleiben zuständigkeitsverändernde Umstände nach Erlass des Titels unbeachtlich, so zB ein Umzug des Vollstreckungsschuldners nach Erlass des Titels (OVG Münster OVGE 35, 244, 245 f = NJW 1981, 2771; S/S-A/P/Pietzner VwGO § 167 Rn 97).

Demgegenüber prüft das Gericht des ersten Rechtszuges als **Vollstreckungsgericht 17** weder beim Erlass der Vollstreckungsverfügung noch bei der Durchführung der Vollstreckung gegen den Anspruch gerichtete Einwendungen. Dies gilt zB im Falle des § 170 VwGO, ebenso bei der nach dem 8. Buch der ZPO ablaufenden Vollstreckung zwischen Privaten und bei der Beitreibung zu Gunsten der öffentlichen Hand gem § 169 VwGO (zutr S/S-A/P/Pietzner VwGO § 167 Rn 99 unter Hinweis auf den Normenverweis über § 169 Abs 1 S 1VwGO, § 5 Abs 1 VwVG auf § 249 Abs 1 S 3 AO). Wird das Gericht des ersten Rechtszuges als Vollstreckungsgericht tätig, bleiben zuständigkeitsverändernde Umstände nach Erlass des Titels beachtlich (VGH München NJW 1984, 2484; VG Köln NJW 1975, 2224; S/S-A/P/Pietzner VwGO § 167 Rn 90).

E. Vorläufige Vollstreckbarkeit

Die vorläufige Vollstreckbarkeit richtet sich grundsätzlich nach **§§ 708–720 ZPO**. Da- **18** nach muss das Verwaltungsgericht im Urteil von Amts wegen, ggf ergänzend, unter Beachtung der gestellten Anträge über die vorläufige Vollstreckbarkeit entscheiden. Die vorläufige Vollstreckbarkeit kann von jedem der Beteiligten beantragt werden. Im Berufungsverfahren ist es dabei nicht erforderlich, dass der Beteiligte selbst Rechtsmittel eingelegt hat.

Die vorläufige Vollstreckbarkeit endet mit der Rechtskraft des Urteils, diese führt zur **19** Erledigung etwaiger auf die vorläufige Vollstreckbarkeit gerichtete Anträge (BVerwG NJW 1993, 2066; Sodan/Ziekow/Heckmann VwGO § 167 Rn 24). Beschlüsse sind grundsätzlich sofort vollstreckbar, § 149 VwGO (Kopp/Schenke VwGO § 167 Rn 8; zT aA VGH Mannheim GewArch 1993, 489; 1997, 346; Sodan/Ziekow/Heckmann VwGO § 167 Rn 26).

Neben § 167 Abs 2 VwGO bestehen weitere Ausnahmen, in denen die vorläufige Voll- **20** streckbarkeit sich nicht nach §§ 708 ZPO richtet ff. Darunter fallen zB Klagen auf Unterlassung eines Verwaltungsaktes (s unten Rn 24).

Nach herrschender Auffassung **entscheidet** das Prozessgericht über die vorläufige Voll- **21** streckbarkeit ebenso wie im Zivilprozess von Amts wegen und grundsätzlich **ohne Ermessen** (Ermessen nur hinsichtlich Art und Höhe der Sicherheit – wie hier S/S-A/P/Pietzner VwGO § 167 Rn 138; BVerwGE 16, 254, 255; OVG Bremen NJW 1967, 2222, 2223; Kopp/Schenke VwGO § 167 Rn 9 mW; Sodan/Ziekow/Heckmann VwGO § 167 Rn 24; aA OVG Münster DVBl 1964, 38). Allerdings ist das Berufungsgericht nicht an die Entsch des VG gebunden, wenn in dessen Urteil die Anordnung der vorläufigen Vollstreckbarkeit fehlt (VGH Mannheim NVwZ-RR 1996, 542; Kopp/Schenke VwGO § 167 Rn 9). Die Entscheidung über die vorläufige Vollstreckbarkeit der erstinstanzlichen Kostenentscheidung kann auch noch nach § 718 ZPO im Berufungsverfahren und im Verfahren auf Zulassung der Berufung durch das Berufungsgericht nachgeholt werden (OVG Münster BeckRS 2010,

55283; ebenso VGH Mannheim NVwZ-RR 2012, 165; OVG Weimar NVwZ-RR 2002, 907; OVG Magdeburg NVwZ-RR 2008, 366). S Rn 29.

22   Mit der vorläufigen Vollstreckbarkeit ist die **vorläufige Vollziehbarkeit** wie in § 80 VwGO gemeint. Aus diesem Grunde können auch Feststellungsurteile für vorläufig vollstreckbar erklärt werden (Kopp/Schenke VwGO § 167 Rn 10). Berufungsurteile in vermögensrechtlichen Streitigkeiten sind nach § 173 Abs 1 VwGO, §§ 708 Nr 10, 711 ZPO für vorläufig vollstreckbar zu erklären (Kopp/Schenke VwGO § 167 Rn 10). Ein entsprechender Antrag nach § 719 Abs 2 ZPO kann bereits im Verfahren der Nichtzulassungsbeschwerde gestellt werden (BVerwGE 29, 290; NVwZ 1998, 1177; S/S-A/P/Pietzner VwGO § 167 Rn 155).

23   Nach § 167 Abs 2 VwGO ist die vorläufige Vollstreckbarkeit bei Urteilen über Anfechtungs- und Verpflichtungsklagen nur hinsichtlich der Kosten zulässig (dazu VGH Kassel NVwZ 1990, 275). Das Substitut bildet der einstweilige Rechtsschutz nach §§ 80, 80a, 123 VwGO. Einstweiliger Rechtsschutz nach §§ 80, 80a, 123 VwGO ist auch noch nach Erlass eines Urteils möglich, solange dies nicht rechtskräftig ist (Kopp/Schenke VwGO § 167 Rn 11).

24   Bei **Klagen auf Unterlassung eines VA** wird § 167 Abs 2 VwGO entsprechend angewendet (VGH Kassel NVwZ 1990, 272, 273; OVG Lüneburg NVwZ 2000, 578; NVwZ 1990, 275 mN; Eyermann/Kraft VwGO § 167 Rn 5; Kopp/Schenke VwGO § 167 Rn 11; S/S-A/P/Pietzner VwGO § 167 Rn 133, ebenso bei **Leistungsklagen auf sonstiges hoheitliches Handeln**, das nicht als VA zu qualifizieren, einem solchen aber ähnlich ist). Das können zB Organakte oder hoheitliche Organisationsakte mit oder ohne Außenwirkung sein (VGH Mannheim DVBl 1999, 992; Kopp/Schenke VwGO § 167 Rn 11; Eyermann/Kraft VwGO § 167 Rn 5). Unter Hinweis darauf, dass nicht die Entscheidungsform, sondern der Inhalt maßgeblich ist, sollen auch **Schiedssprüche** nur dann für vorläufig vollstreckbar erklärt werden dürfen, wenn sie nicht zum Erlass eines Verwaltungsaktes verpflichten (Sodan/Ziekow/Heckmann VwGO § 167 Rn 20; zweifelhaft).

25   ZT wird die Auffassung vertreten, § 167 Abs 2 VwGO sei entsprechend auf sämtliche **Leistungsklagen** anzuwenden (VGH Mannheim DVBl 1999, 992; Sodan/Ziekow/Heckmann VwGO § 167 Rn 21; B/F-K/S/vA/Bader VwGO § 167 Rn 18; Wolfrum NVwZ 1990, 240; differenzierend S/S-A/P/Pietzner VwGO § 167 Rn 135). Das ist abzulehnen (s zutr VGH Kassel NVwZ 1990, 272; Kopp/Schenke VwGO § 167 Rn 11). Der klare Wortlaut verbietet eine solche Ausdehnung. Bei Leistungsklagen ist dem Gläubiger vor Rechtskraft eines ergangenen Urteils durch die Möglichkeit, einstweiligen Rechtsschutz nach § 123 VwGO zu erlangen, ausreichender und effektiver Rechtsschutz eingeräumt.

26   Unter § 167 Abs 1 VwGO fällt auch die Verurteilung zu einer **Geldzahlung, die nicht in Vollziehung eines VA erfolgt** (S/S-A/P/Pietzner VwGO § 167 Rn 135; Kopp/Schenke VwGO § 167 Rn 11) sowie die Verurteilung zu einer Unterlassung schlicht-hoheitlichen Handelns (VGH Kassel NVwZ 1990, 272 zur Unterlassung militärischer Tiefflüge; Kopp/Schenke VwGO § 167 Rn 11; aA OVG Lüneburg, NVwZ 1990, 275 zu militärischen Tiefflügen; Sodan/Ziekow/Heckmann VwGO § 167 Rn 21; Wolfrum NVwZ 1990, 240).

27   Bei Aufhebung eines Urteils ist Folge der vorläufigen Vollstreckung die **Schadensersatzpflicht** des Schuldners der vorläufigen Vollstreckung, § 167 Abs 1 VwGO, § 717 Abs 2 ZPO (BVerwGE 60, 334; NJW 1960, 1875; OVG Lüneburg NdsVBl 2002, 22; Kopp/Schenke VwGO § 167 Rn 13a; S/S-A/P/Pietzner VwGO § 167 Rn 109). Die Folge tritt nicht ein, wenn aufgrund einer Hauptsacheerledigung das Urteil unwirksam wird (BVerwGE 60, 334).

28   Die Absicherung etwaiger Schadensersatzansprüche erfolgt durch die Anordnung einer **Sicherheitsleistung** (VGH Mannheim NVwZ-RR 1993, 520; S/S-A/P/Pietzner VwGO § 167 Rn 109). Ausnahmen bilden für den Gläubiger §§ 710, 720a ZPO, für den Schuldner § 708 Nr 4–11 ZPO). Die Sicherheitsleistung muss im Urteilstenor dem Grunde und der Höhe nach festgesetzt werden (BVerwGE 16, 254, 256; OVG Weimar NVwZ-RR 2002, 907; Kopp/Schenke VwGO § 167 Rn 13).

29   **§ 718 Abs 1 ZPO**, wonach in der Berufungsinstanz über die vorläufige Vollstreckbarkeit auf Antrag vorab zu verhandeln und zu entscheiden ist, gilt im Rahmen der verwaltungsgerichtlichen Vollstreckung für das Berufungszulassungsverfahren **entsprechend** (VGH Mannheim v 3.11.2011 – 6 S 2904/11; OVG Magdeburg NVwZ-RR 2008, 366; OVG Weimar NVwZ-RR 2002, 907; OVG Lüneburg NVwZ2000, 578; vgl auch VGH Kassel NVwZ 1990, 275). Eine solche Entscheidung ist auch dann noch möglich, wenn die Zwei-

Wochen-Frist des § 716 ZPO iVm § 120 Abs 2 VwGO für die Beantragung eines Ergänzungsurteils (§ 716 ZPO) bereits abgelaufen ist (OVG Münster BeckRS 2010, 55283).

F. Rechtsschutz

Mögliche Rechtsbehelfe gegen Vollstreckungsmaßnahmen des **Vollstreckungsgerichts** 30 sind Erinnerung, Beschwerde, Vollstreckungsgegenklage, Drittwiderspruchsklage und Vorzugsklage.

Gegen die Entscheidungen des Vollstreckungsgerichts (mit Ausnahme von OVG bzw 31 BVerwG) steht als Rechtsbehelf die **Beschwerde** (§ 146 VwGO) zur Verfügung (OVG Lüneburg NVwZ-RR 2000, 62 f; VGH Mannheim NJW 1978, 287; Kopp/Schenke VwGO § 172 Rn 7). Nach Ansicht des OVG Greifswald unterliegen verwaltungsgerichtliche Beschlüsse über die Ablehnung eines Vollstreckungsantrags nach den §§ 167 ff VwGO, die auf einem Titel aus einem Verfahren nach §§ 80, 80a oder § 123 VwGO beruhen, dem erhöhten Begründungsbedürfnis des § 146 Abs. 4 S. 4, 6 VwGO (OVG Greifswald, NVwZ-RR 2011, 997; aA Sodan/Ziekow/Guckelberger VwGO § 146 Rn 54; Kopp/Schenke VwGO § 146 Rn 31; Hk-VerwR § 146 Rn 17; OVG Lüneburg NVwZ-RR 2000, 62). Die sofortige Beschwerde nach § 793 ZPO tritt hinter der Beschwerde nach § 146 VwGO zurück (OVG Münster NJW 1987, 3029; Renck-Laufke BayVBl 1991, 45; S/S-A/P/Pietzner VwGO § 167 Rn 3).

Dagegen kann gegen die Art und Weise der Vollstreckungsmaßnahmen (des Gerichtsvoll- 32 ziehers ebenso wie des Vollstreckungsgerichts) **Erinnerung**, § 766 ZPO eingelegt werden (zur Abgrenzung von Erinnerung und Beschwerde vgl S/S-A/P/Pietzner VwGO § 167 Rn 14 ff). Die Erinnerung ist nicht fristgebunden. § 151 VwGO findet nach hM keine Anwendung (S/S-A/P/Pietzner VwGO § 167 Rn 11 mN; aA Redeker/v Oertzen/v Nicolai VwGO § 167 Rn 5; Kopp/Schenke VwGO § 167 Rn 2).

Daneben steht der Rechtsbehelf der **Vollstreckungsgegenklage** gegen den rechtskräftig 33 festgestellten Anspruch zur Verfügung (im Einzelnen S/S-A/P/Pietzner VwGO § 167 Rn 18 ff; Guckelberger NVwZ 2004, 662; BVerwG NVwZ 2003, 214; VGH Kassel NVwZ-RR 2004, 796). Mit der Vollstreckungsgegenklage kann auch vorgebracht werden, dass der titulierte Anspruch erfüllt wurde (VGH Kassel NVwZ-RR 2004, 796; Kopp/Schenke VwGO § 167 Rn 2; Guckelberger, NVwZ 2004, 662; aA VGH Mannheim NVwZ-RR 1998, 785). Zur Vollstreckungsgegenklage bei Erlass einer nachträglichen Veränderungssperre durch die Gemeinde Spieler BauR 2008, 1397.

Auch Anträge auf **einstweilige Einstellung der Zwangsvollstreckung**, §§ 769, 771 34 Abs 3 ZPO (VGH München NVwZ-RR 2007, 353; OVG Münster NJW 1968, 442; aA VGH Mannheim NVwZ-RR 2012, 165: für einen Antrag auf vorläufige Einstellung der Zwangsvollstreckung aus einem Leistungsbescheid sei § 123 VwGO die statthafte Antragsart, wohingegen § 769 VwGO nicht anwendbar sei) bzw §§ 719, 707 Abs 1 ZPO (BVerwG NVwZ 1998, 1177; OVG Berlin NVwZ-RR 1999, 811; VGH München v 3.5.2010 – 4 M 10.861) und die **Vorzugsklage** § 805 ZPO (Kopp/Schenke VwGO § 167 Rn 2) sind möglich. Zu Rechtsbehelfen gegen die **Klauselentscheidungen** s § 171 VwGO Rn 7. Zum Rechtsschutz gegen Maßnahmen bei der **Vollstreckungs- und Amtshilfe** s u § 169 VwGO Rn 27 ff.

G. Kosten

Es ist umstritten, ob für die Kosten des Verfahrens nach §§ 170, 172 VwGO die 35 Bestimmungen der §§ 154 VwGO ff als abschließende Regelung gelten oder ob stattdessen § 788 ZPO Anwendung findet (für die abschließende Anwendung von §§ 154 VwGO ff: OVG Münster OVGE 38, 227, 229; VGH Mannheim VBlBW 1998, 298, 299; Kopp/ Schenke VwGO § 167 Rn 3 mN; S/S-A/P/Pietzner VwGO § 167 Rn 72; für die Anwendung von § 788 ZPO: BVerfGE 84, 6, 7 f = NJW 991, 2758; OVG Münster OVGE 35, 106, 107 f; Redeker/v Oertzen/Kothe VwGO § 161 Rn 4; F/K/W/Porz VwGO § 167 Rn 13: § 788 ZPO mit Ausnahme der in der Zuständigkeit des Prozessgerichts liegenden Entscheidungen, für die §§ 154 VwGO ff gelten sollen). Richtig ist die Anwendung der §§ 154 VwGO ff, da die §§ 170, 172 VwGO ein eigenes verwaltungsgerichtliches Vollstreckungsverfahren begründen (s auch § 170 VwGO Rn 20 ff).

§ 168 [Vollstreckungstitel]

(1) Vollstreckt wird

1. **aus rechtskräftigen und aus vorläufig vollstreckbaren gerichtlichen Entscheidungen,**
2. **aus einstweiligen Anordnungen,**
3. **aus gerichtlichen Vergleichen,**
4. **aus Kostenfestsetzungsbeschlüssen,**
5. **aus den für vollstreckbar erklärten Schiedssprüchen öffentlich-rechtlicher Schiedsgerichte, sofern die Entscheidung über die Vollstreckbarkeit rechtskräftig oder für vorläufig vollstreckbar erklärt ist.**

(2) Für die Vollstreckung können den Beteiligten auf ihren Antrag Ausfertigungen des Urteils ohne Tatbestand und ohne Entscheidungsgründe erteilt werden, deren Zustellung in den Wirkungen der Zustellung eines vollständigen Urteils gleichsteht.

Der an §§ 704, 794 ZPO anknüpfende § 168 Abs 1 VwGO zählt abschließend die gerichtlichen Vollstreckungstitel auf. Daneben nennt Abs 1 die drei Kategorien vollstreckbarer Entscheidungen und Vereinbarungen, nämlich (1) in Rechtskraft erwachsene (unanfechtbare), (2) anfechtbare, aber vorläufig vollstreckbare und (3) aufgrund ihrer Rechtsnatur sofort vollstreckbare Entscheidungen und Vereinbarungen. Abs 2 regelt die Erteilung einer abgekürzten Ausfertigung des Urteils, ähnlich § 317 Abs 2 S 2 ZPO.

Übersicht

A. Allgemeines

1   **Allgemeine Voraussetzung** für die Vollstreckung nach der VwGO sind Vollstreckungstitel (§ 168 VwGO), Vollstreckungsklausel (§ 724 Abs 1 ZPO für Urteile, §§ 936, 928, 929 ZPO für einstweilige Anordnungen, § 795 ZPO für übrige Titel), die Zustellung des Titels (§§ 750, 795 ZPO) sowie die Zustellung der Klausel in den Fällen der §§ 750 Abs 2, 795 ZPO (vgl VGH Mannheim NVwZ-RR 1994, 520; 1995, 619; Eyermann/Kraft VwGO § 168 Rn 18).

2   § 168 VwGO führt in Abs 1 die Vollstreckungstitel abschließend auf (Eyermann/Kraft VwGO § 168 Rn 1; BVerwG Buchholz 428 § 37 VermG Nr 25). Er enthält Regelungen über die Grundlagen der Vollstreckung. Die Vorschrift knüpft an §§ 704, 794 ZPO an. In Abs 2 entspricht sie § 317 Abs 2 S 2, 3 ZPO.

3   Die Vorschrift meint mit den in Abs 1 aufgeführten Vollstreckungstiteln **Titel aus verwaltungsgerichtlichen Verfahren**. Sie folgt dem Grundsatz, dass die Herkunft des Titels den Vollstreckungsrechtsweg bestimmt. Die Rechtsnatur des Anspruchs ist nicht maßgeblich (OVG Münster NJW 1984, 2484; VGH München NVwZ 1982, 563; S/S-A/P/Pietzner VwGO § 168 Rn 2; Eyermann/Kraft VwGO § 168 Rn 1; Redeker/v Oertzen/v Nicolai VwGO § 168 Rn 1; Sodan/Ziekow/Heckmann VwGO § 168 Rn 5).

4   Der **Vollstreckungstitel** ist die öffentliche Urkunde, die dem Vollstreckungsantrag auch gleichzeitig begründet und begrenzt. Fehlt bei der Vollstreckung der Titel, sind die Vollstreckungsakte zwingend unwirksam (BGHZ 121, 98, 101 = NJW 1993, 735; S/S-A/P/Pietzner VwGO § 168 Rn 4). Der Titel muss mit der **Vollstreckungsklausel** versehen sein, um die Vollstreckung ausüben zu können. Die **Zustellung** des mit der Klausel versehenen

Titels markiert den Beginn der Vollstreckung. Vollstreckungsakte aufgrund eines Titels, aber ohne Klausel und ohne Zustellung sind wirksam, aber anfechtbar (BGHZ 66, 79, 82 = NJW 1976, 851).

Die Voraussetzungstrias Titel, Klausel, Zustellung ist Ausdruck der **Formalisierung** der 5 Zwangsvollstreckung (BGHZ 85, 110, 113 = NJW 1983, 232). Der Rückgriff auf materielle Einwendungen in der Zwangsvollstreckung ist grundsätzlich verboten.

> Folge des Grundsatzes der Formalisierung der Zwangsvollstreckung ist, dass die Vollstreckung 5.1 solange währt wie sie nicht nach § 775 Nr 1–5 ZPO eingestellt ist. Zwar können formelle Einwendungen gegen die Vollstreckung (ihre Zulässigkeit, ihre Art und Weise) vorgebracht werden, diese sind im Erinnerungsverfahren zu klären (§§ 766, 732 ZPO). Materielle Einwendungen müssen dagegen mit der Vollstreckungsgegenklage beim Prozessgericht des ersten Rechtszuges vorgetragen werden (§ 767 Abs 1 ZPO; vgl näher S/S-A/P/Pietzner VwGO § 168 Rn 5; zur Vollstreckungsgegenklage in der VwGO Guckelberger, NVwZ 2004, 662).

B. Vollstreckungstitel

Der Vollstreckungstitel muss einen **vollstreckungsfähigen Inhalt** haben. Er muss zu 6 einer Leistung, Duldung oder Unterlassung verpflichten. Feststellungsklagen sind der Vollstreckung nicht fähig. Gleiches gilt für Gestaltungsklagen, die die Rechtsänderung bereits selbst herbeiführen, und für klageabweisende Entscheidungen. Bei allen drei Entscheidungsarten ist nur der Kostenausspruch vollstreckungsfähig (Eyermann/Kraft VwGO § 168 Rn 1).

> Wird eine Anfechtungsklage abgewiesen, so wird der angefochtene Verwaltungsakt bestands- 6.1 kräftig. Dieser ist selbst ein Vollstreckungstitel in der Verwaltungsvollstreckung. Wird die Berufung verworfen oder zurückgewiesen, wird das erstinstanzliche Urteil rechtskräftig und bildet den Vollstreckungstitel.

> Urteile nach § 113 Abs 2 VwGO ändern den Verwaltungsakt unmittelbar. Sie sind ebenfalls 6.2 nicht vollstreckungsfähig, selbst dann nicht, wenn sie einen Erstattungsanspruch zum Gegenstand haben (VGH München BayVBl 1982, 692, 693; S/S-A/P/Pietzner VwGO § 168 Rn 8). Die Auszahlung muss mit der Leistungsklage erstritten werden.

Weiter muss der Vollstreckungstitel hinreichend **bestimmt** sein. Sein Inhalt muss sich aus 7 dem Titel selbst ergeben oder durch Auslegung bestimmbar sein. Die Auslegung durch die Vollstreckungsorgane ist beschränkt auf Umstände, die unmittelbar aus der Urkunde ableitbar sind (Eyermann/Kraft VwGO § 168 Rn 1; S/S-A/P/Pietzner VwGO § 168 Rn 9). An der hinreichenden Bestimmtheit fehlt es zB, wenn die Gegenleistung erst aus einem Gutachten bestimmt werden muss (BVerfG (Kammerentscheidung) NJW 1997, 2167; Eyermann/Kraft VwGO § 168 Rn 1). Zu Anforderungen an die Bestimmtheit gerichtlicher Vergleiche vgl OVG Magdeburg NVwZ-RR 2012, 126. Der Einwand der Unbestimmtheit eines gerichtlichen Vergleichs ist im Wege der sog. Titelabwehrklage analog § 767 ZPO geltend zu machen (OVG Berlin-Brandenburg v 1.7.2011 – 2 A 14.10; OVG Weimar, NJOZ 2010, 128).

> Bei Unklarheiten ist streitig, wie vorzugehen ist. Die hM hält eine Klage auf Feststellung des 7.1 Titelinhalts für richtig, da für eine erneute Leistungsklage das Rechtsschutzbedürfnis fehle (BGHZ 36, 11, 14 = NJW 1962, 109; S/S-A/P/Pietzner VwGO § 168 Rn 10 mN; Sodan/Ziekow/Heckmann VwGO § 168 Rn 15; aA Thomas/Putzo ZPO Vor § 704 Rn 22: Leistungsklage; zT wird ein Wahlrecht angenommen (MünchKommZPO/Krüger ZPO § 704 Rn 9)).

I. Gerichtliche Entscheidungen, Nr 1

Gerichtliche Entscheidungen sind Urteile, Gerichtsbescheide und Beschlüsse. Die **Urteile** 8 müssen rechtskräftig sein. Es sind nur stattgebende Leistungsurteile denkbar. Anfechtungs- und Verpflichtungsurteile können wegen § 167 Abs 2 VwGO nur hinsichtlich der Kosten hierunter fallen. Sonstigen Gestaltungs- und auch Feststellungsurteilen fehlt ein vollstreckungsfähiger Inhalt (mit Ausnahme des Kostenausspruchs). **Gerichtsbescheide** stehen Urteilen in ihren Wirkungen gleich, wenn nicht rechtzeitig mündliche Verhandlung beantragt wurde, § 84 Abs 1 S 3, Abs 3 VwGO (Eyermann/Kraft VwGO § 168 Rn 2). Zu den **Beschlüssen** zählen nicht einstweilige Anordnungen und Kostenfestsetzungsbeschlüsse (insoweit gelten Nr 2, 4). Beschlüsse sind vollstreckbar wie Urteile, soweit sie an deren Stelle treten (Eyermann/Kraft VwGO § 168 Rn 2). Kostenentscheidungen sind nicht selbst vollstreckungsfähig, sie können nur Grundlage eines Kostenfestsetzungsbeschlusses sein (Sodan/ Ziekow/Heckmann VwGO § 168 Rn 27). Auch Beschlüsse nach §§ 80 Abs 5, 80a Abs 3 VwGO fallen unter Nr 1, soweit sie einen vollstreckungsfähigen Inhalt haben und nicht nur die aufschiebende Wirkung gestalten (OVG Münster NJW 1987, 396; Kopp/Schenke VwGO § 168 Rn 3; Sodan/Ziekow/Heckmann VwGO § 168 Rn 31 mN).

9   Gerichtliche Entscheidungen müssen **rechtskräftig** sein **oder vorläufig vollstreckbar**. Bei Urteilen genügt die vorläufige Vollstreckbarkeit nicht, gefordert ist die Erklärung der vorläufigen Vollstreckbarkeit. Sie erfolgt von Amts wegen durch das Prozessgericht (BVerwGE 16, 254; s o § 167 VwGO Rn 22). Bei Beschlüssen richtet sich die vorläufige Vollstreckbarkeit, soweit sie nicht an die Stelle des Urteils treten, nach § 149 VwGO. Beschlüsse sind danach vorläufig vollstreckbar, wenn die gegen sie gerichtete Beschwerde keine aufschiebende Wirkung hat (Eyermann/Kraft VwGO § 168 Rn 12; Kopp/Schenke VwGO § 168 Rn 3). Zuständig in Beschwerdeverfahren des vorläufigen Rechtsschutzes ist das OVG (§ 173, § 572 Abs 3 ZPO). Bei der Nichtzulassungsbeschwerde ist das BVerwG nach der Nichtabhilfeentscheidung der Vorinstanz zuständig. Zur einstweiligen Einstellung der Zwangsvollstreckung vgl BVerwG NVwZ-RR 1998, 1177.

II. Einstweilige Anordnungen, Nr 2

10   Gemeint sind einstweilige Anordnungen nach § 123 VwGO, nicht allerdings deren Ablehnung oder Aufhebung, da insoweit § 168 Abs 1 Nr 1 VwGO gilt. Die einstweiligen Anordnungen müssen einen vollstreckungsfähigen Inhalt haben. Daran fehlt es bei der Aussetzung des Vollzugs eines Bebauungsplanes (VGH München BayVBl 1984, 370; Kopp/ Schenke VwGO § 168 Rn 4). Nicht erfasst ist auch der Arrestbefehl zur Sicherung der Zwangsvollstreckung gegen Geldforderungen, da stattdessen gerade § 123 VwGO gilt (VGH Mannheim NVwZ-RR 1989, 588; S/S-A/P/Pietzner VwGO § 168 Rn 17: ebenso kommt im Rahmen der vorläufigen Vollstreckbarkeit die Sicherungsvollstreckung nach § 720a ZPO in Betracht).

10.1   Einstweilige Anordnungen sind sofort vollstreckbar. Eine Vollstreckungsklausel ist nur erforderlich bei Vollstreckungen für oder gegen andere als die im Titel genannten Personen (§ 123 Abs 3 VwGO, § 929 Abs 1 ZPO). Zu beachten ist die Vollziehungsfrist von einem Monat in § 929 Abs 2 ZPO. Ist sie verstrichen, ist eine Vollziehung unstatthaft. Nach Fristablauf durchgeführte Vollstreckungsmaßnahmen sind unwirksam (S/S-A/P/Pietzner VwGO § 168 Rn 18).

III. Gerichtliche Vergleiche, Nr 3

11   Gerichtliche Vergleiche nach § 106 VwGO sind anderen Titeln gleichgestellt (OVG Lüneburg NVwZ-RR 1991, 387; VGH Kassel NVwZ 1990, 481).

11.1   Es gelten jedoch §§ 169 VwGO ff, wenn der Staat in seiner Eigenschaft als Hoheitsträger Gläubiger oder Schuldner aus einem Prozessvergleich ist. Dagegen findet die Vollstreckung nach § 167 Abs 1 VwGO iVm § 883 ZPO ff statt, wenn es sich um einen gerichtlichen Vergleich zwischen Privaten (vgl zB BVerwG NJW 1992, 191; VGH München NVwZ 1982, 563 f) handelt. Letzteres ist auch dann der Fall, wenn die öffentliche Hand als Fiskus an einem solchen Vergleich beteiligt ist (zutr insoweit S/S-A/P/Pietzner VwGO § 168 Rn 19; VGH Mannheim NVwZ-RR 1990, 447; weitergehend noch OVG Münster NVwZ 1992, 897).

12   Der Vergleich muss nach den **Anforderungen des § 106 VwGO** formgültig sein. Außergerichtliche Vergleiche sind nicht erfasst, auch nicht Vergleiche in einem Verwaltungsverfahren (vgl BVerwG NJW 1994, 2306; VGH Kassel NVwZ 1990, 481; Kopp/Schenke VwGO § 168 Rn 5; S/S-A/P/Pietzner VwGO § 168 Rn 20).

12.1   Ist die Form des § 106 VwGO nicht eingehalten, weil zB der Vergleich als Prozesshandlung unwirksam ist, kann er ggf als öffentlich-rechtlicher Vergleichsvertrag nach § 55 VwVfG wirksam sein. Dies hängt im Einzelfall vom hypothetischen Parteiwillen ab (vgl dazu BVerwG NJW 1994, 2306).

Wird in einem Prozessvergleich ein Verwaltungsakt teilweise geändert, kann anschließend **13** nur noch nach § 169 VwGO gerichtlich vollstreckt werden. Grund ist der Grundsatz der Einheit des Vollstreckungstitels (S/S-A/P/Pietzner VwGO § 168 Rn 25). Umgekehrt ist dann, wenn im Prozessvergleich die Bestandskraft eines zuvor angefochtenen Bescheides vereinbart wird oder ein Rechtsmittel gegen eine Anfechtungsklage zurückgenommen wird, idR der nunmehr bestandskräftige Bescheid Vollstreckungstitel. Die Vollstreckung erfolgt dann nach dem VwVG (VGH München BayVBl 2001, 474; Kopp/Schenke VwGO § 168 Rn 5). Auch wenn ein außergerichtlicher Vergleich durch Protokollerklärungen vor Gericht nur geändert wird, liegt kein Fall des § 168 Abs 1 Nr 3 vor (OVG Münster NVwZ-RR 1998, 535; B/F-K/S/vA/Bader VwGO § 168 Rn 7).

Auch zivilrechtliche Ansprüche, die in einem verwaltungsgerichtlichen Prozessvergleich **14** niedergelegt werden, fallen unter § 168 VwGO. Dies folgt aus dem Grundsatz, dass die Herkunft des Titels den Vollstreckungsrechtsweg bestimmt (hM; s o Rn 3; ebenso: BVerwG NJW 1992, 191; Eyermann/Kraft VwGO § 168 Rn 14; S/S-A/P/Pietzner VwGO § 168 Rn 23 mN; offenbar anders BVerwGE 96, 326, 329 = NJW 1995, 1104; auch BGHZ 102, 343 = NJW 1988, 1264).

IV. Kostenfestsetzungsbeschlüsse, Nr 4

Gemeint sind Kostenfestsetzungsbeschlüsse nach § 164 VwGO und nach GKG. Nach **15** hM sind auch Vergütungsfestsetzungsansprüche nach § 11 Abs 2 RVG als Vollstreckungstitel erfasst (VGH Kassel NJW 2011, 1468; VGH Mannheim NVwZ-RR 2008, 581; OVG Münster NVwZ-RR 2004, 311; Kopp/Schenke VwGO § 168 Rn 6; Eyermann/Kraft VwGO § 168 Rn 15; B/F-K/S/vA/Bader VwGO § 168 Rn 8; Redeker/v Oertzen/v Nicolai VwGO § 168 Rn 12; aA wohl OVG Lüneburg NJW 1984, 2485; OVG Koblenz NJW 1980, 1541). Zuständig für die Vergütungsfestsetzung ist der Urkundsbeamte der Geschäftsstelle (§ 11 Abs 3 S 1 RVG).

V. Schiedssprüche, Nr 5

Schiedssprüche öffentlich-rechtlicher Schiedsgerichte fallen unter § 168 VwGO, wenn sie **16** für vollstreckbar erklärt worden sind und die Vollstreckbarkeitserklärung rechtskräftig oder vorläufig vollstreckbar ist (iE ist auf § 173 VwGO iVm §§ 1060 ZPO f zu verweisen).

VI. Weitere Vollstreckungstitel

Weitere Vollstreckungstitel gibt es nicht. § 61 VwVfG, der sich auf Verwaltungsverträge **17** mit Unterwerfungsklausel bezieht, ordnet die entsprechende Anwendung der §§ 170, 172 VwGO an, ist aber nicht selbst ein weiterer Vollstreckungstitel (Sodan/Ziekow/Heckmann VwGO § 168 Rn 7 f). Ein Rückgriff auf § 794 Abs 1 Nr 5 ZPO über § 167 Abs 1 VwGO ist wg des enumerativen Charakters des § 168 VwGO ausgeschlossen (Kopp/Schenke VwGO § 168 Rn 8).

C. Vollstreckungsklausel und Zustellung, Abs 2

Die Vollstreckung erfolgt nie aus dem Original des Titels, sondern aus einer Ausfertigung. **18** Dies ergibt sich aus § 168 Abs 2 VwGO. Zur Beschleunigung der Vollstreckung lässt § 168 Abs 2 VwGO die Zustellung des Urteils in abgekürzter Form zu. Dabei erfolgt die Ausfertigung des abgekürzten Urteils im Unterschied zum Zivilprozess (§ 317 Abs 2 S 2 ZPO) nur auf Antrag.

Die Ausfertigung in abgekürzter Form dient nur der Vollstreckung. Sie löst nicht iÜ die **19** Wirkungen eines Urteils aus (zB Beginn der Rechtsmittelfristen). Vgl S/S-A/P/Pietzner VwGO § 168 Rn 39 – darum ist auch keine Rechtsmittelbelehrung erforderlich.

§ 169 [Vollstreckung zugunsten der öffentlichen Hand]

(1) [1]**Soll zugunsten des Bundes, eines Landes, eines Gemeindeverbands, einer Gemeinde oder einer Körperschaft, Anstalt oder Stiftung des öffentlichen Rechts vollstreckt werden, so richtet sich die Vollstreckung nach dem Verwaltungsvollstreckungsgesetz.** [2]**Vollstreckungsbehörde im Sinne des Verwaltungsvollstreckungsgesetzes ist der Vorsitzende des Gerichts des ersten Rechtszugs; er kann für die Ausführung der Vollstreckung eine andere Vollstreckungsbehörde oder einen Gerichtsvollzieher in Anspruch nehmen.**

(2) Wird die Vollstreckung zur Erzwingung von Handlungen, Duldungen und Unterlassungen im Wege der Amtshilfe von Organen der Länder vorgenommen, so ist sie nach landesrechtlichen Bestimmungen durchzuführen.

§ 169 VwGO regelt die verwaltungsgerichtliche Vollstreckung von durch einen Titel gem § 168 VwGO bestätigten Forderungen zugunsten der öffentlichen Hand gegen Privatpersonen. Abs 1 verweist für die Vollstreckung auf das VwVG und bestimmt in Satz 2 die Vollstreckungsbehörde. Dabei enthalten Satz 2 und Abs 2 ergänzend Regelungen über die Vollstreckungshilfe und die Amtshilfe.

Übersicht

A. Allgemeines

1   § 169 VwGO regelt die Vollstreckung zu Gunsten der öffentlichen Hand. Die Vorschrift legt fest, dass allgemein die Vollstreckung nach dem VwVG erfolgen soll.

2   § 169 VwGO erfasst alle **Vollstreckungszweige**. Mit dem Verweis auf die Vorschriften des VwVG wird das Verfahren der verwaltungsgerichtlichen Vollstreckung zu Gunsten der öffentlichen Hand im Wesentlichen wie die Verwaltungsvollstreckung von Verwaltungsakten behandelt, allerdings ohne die der Verw zustehenden Rechte der Selbsttitulierung und Selbstvollstreckung. Dies dient der Vereinfachung der Vollstreckung.

3   Soweit **§§ 170, 172 VwGO** anwendbar sind, gehen diese als **lex specialis** der Anwendung des § 169 VwGO vor. Dies ist einhellige Auffassung (Eyermann/Kraft VwGO § 169 Rn 1; Kopp/Schenke VwGO § 169 Rn 1; S/S-A/P/Pietzner VwGO § 169 Rn 7; s auch u § 170 VwGO Rn 3; § 172 VwGO Rn 6 ff). Streit besteht allerdings darüber, welche Reichweite der Vorrang hat.

3.1   Die Frage des Verhältnisses von § 169 und § 170 VwGO stellt sich bei Vollstreckungen, bei denen die öffentliche Hand sowohl Vollstreckungsgläubiger als auch Vollstreckungsschuldner ist (öffentliche Hand gegen öffentliche Hand). Nach zutr Auffassung wird § 169 VwGO von den Spezialregelungen in §§ 170, 172 VwGO vollständig verdrängt. § 169 VwGO erfasst insoweit nur die Vollstreckung gegen private Vollstreckungsschuldner (ebenso S/SA/P/Pietzner VwGO § 169 Rn 7, § 170 Rn 7, § 172 Rn 24; B/F-K/S/vA/Bader VwGO § 169 Rn 1; Kopp/Schenke VwGO § 169 Rn 1; Sodan/Ziekow/Heckmann VwGO § 169 Rn 4, 20; ebenso VGH Kassel NJW 1976, 1766). § 169 VwGO gilt danach für die Vollstreckung der öffentlichen Hand gegen die öffentliche Hand überhaupt nicht. Demgegenüber geht die Gegenauffassung davon aus, dass § 170 VwGO nur vorrangig, nämlich im Umfang seines Regelungsinhalts, dem 169 VwGO vorgeht, auch bei der

Vollstreckung der öffentlichen Hand gegen die öffentliche Hand wg einer Geldforderung die Vollstreckung nach dem VwVG stattfindet, nur mit dem Unterschied, dass das Gericht des ersten Rechtszuges Vollstreckungsgericht ist (Eyermann/Kraft VwGO § 170 Rn 6, 10; wohl auch Fehling/Kastner/Wahrendorf/Porz VwGO § 169 Rn 2). Die Anwendung des VwVG bei der Vollstreckung zwischen öffentlichen Händen hätte, worauf Pietzner zu Recht hinweist, Systembrüche zur Folge. Außerdem ist der der öffentlichen Hand durch §§ 170, 172 eingeräumte spezifische Vollstreckungsschutz eingeschränkt (S/SA/P/Pietzner VwGO § 169 Rn 7; § 170 Rn 7; Sodan/Ziekow/Heckmann VwGO § 169 Rn 20).

Nach VGH Mannheim ist für die Geltendmachung von Kostenerstattungsansprüchen des Bürgermeisters gegen ein Gemeinderatsmitglied aus einem vorangegangenen Kommunalverfassungsstreit § 169 VwGO anwendbar (VGH Mannheim NVwZ-RR 2003, 519)   **3.2**

Der Anwendungsbereich des § 169 VwGO soll auf Vollstreckungsfälle beschränkt sein, **4** bei denen der Vollstreckungsschuldner in einem Unterordnungsverhältnis zum Vollstreckungsgläubiger steht. Daran fehlt es, wenn zB öffentlich-rechtliche Gebietskörperschaften auf der Ebene der Gleichordnung über die Zuordnung früheren Reichsvermögens streiten (VGH Kassel DVBl 2000, 357).

Die § 169 VwGO **zu Grunde liegenden Vollstreckungstitel** entstammen weitgehend **5** der allgemeinen Leistungsklage – andere Klagen haben entweder keine vollstreckungsfähigen Inhalt oder sind, soweit sie gegen Privatpersonen gerichtet sind, nicht statthaft (Anfechtungs-, Verpflichtungsklage). Daneben erfasst § 169 VwGO Vollstreckungstitel aus gerichtlichen Vergleichen (OVG Weimar NVwZ-RR 1995, 480; VGH Mannheim NVwZ-RR 1997, 795; OVG Münster NVwZ-RR 1994, 619; VGH Kassel NVwZ 1990, 481; S/S-A/P/Pietzner VwGO § 169 Rn 12; aA VGH München NVwZ 2000, 1312, allerdings mit falscher Bezugnahme auf das Schrifttum) und Kostenfestsetzungsbeschlüsse.

Da § 169 VwGO auf das VwVG Bezug nimmt, wird das Vollstreckungsgericht (nach **6** Abs 1 S 2 der Vorsitzende des Gerichts des ersten Rechtszugs) als „**Vollstreckungsbehörde**" bestimmt. Dieser wird aber gleichwohl als Vollstreckungsgericht tätig (vgl OVG Münster NVwZ-RR 2001, 188 f; Kopp/Schenke VwGO § 167 Rn 7; § 169 Rn 2). Der Vorsitzende ist auch dann zuständig, wenn im Erkenntnisverfahren das Verfahren zur Entscheidung dem Einzelrichter übertragen war. Die Zuständigkeit des Vorsitzenden als Vollstreckungsbehörde kann nicht auf den Einzelrichter übertragen werden, eine im Erkenntnisverfahren erfolgte Übertragung wirkt nicht für das Vollstreckungsverfahren (OVG Weimar NVwZ-RR 1995, 480; vgl auch OVG Münster NVwZ-RR 1994, 619; B/F-K/S/vA/ Bader VwGO § 169 Rn 3; Kopp/Schenke VwGO § 169 Rn 2; aA VG Darmstadt NVwZ-RR 2000, 734; nach OVG Weimar BeckRS 2010, 50377 ist der Begriff „Vorsitzender" in § 169 Abs 1 S 2 Hs1 VwGO im „funktionalen" Sinne zu verstehen).

Eine **analoge Anwendung** des § 169 VwGO auf die Vollstreckung anderer Vollstre- **7** ckungstitel als derjenigen in § 168 VwGO ist **nicht zulässig** (zustimmend VG Berlin NVwZ-RR 2012, 167). Insbes scheidet eine analoge Anwendung bei der Vollstreckung gerichtlich bestätigter Verwaltungsakte aus (Kopp/Schenke VwGO § 167 Rn 14; Sodan/ Ziekow/Heckmann VwGO § 169 Rn 2).

So ist eine Anwendung in kirchengerichtlichen Verfahren ausgeschlossen (VG Gelsenkirchen **7.1** DÖV 2002, 748). Vgl zur Zuständigkeit des Vorsitzenden als Durchsuchungs- und Haftrichter ausf S/S-A/P/Pietzner VwGO § 169 Rn 31 ff mN; aA VG Berlin v 8.9.2011 – 6 M 2.11).

Vollstreckungsgläubiger sind die in Abs 1 genannten juristischen Personen des öffent- **8** lichen Rechts. Anders als in § 170 VwGO sind öffentlich-rechtliche Kreditinstitute nicht ausgenommen (S/S-A/P/Pietzner VwGO § 169 Rn 5; Redeker/v Oertzen/v Nicolai VwGO § 169 Rn 2). Die Vorschrift erfasst auch Landkreise als Körperschaft des öffentlichen Rechts (vgl OVG Weimar DVBl 2010, 1110 = BeckRS 2010, 50377; ebenso hA im Schrifttum, zB Sodan/Ziekow/Heckmann VwGO § 170 Rn 23) Vollstreckungsgläubiger ist der Verwaltungsträger als juristische Person, nicht die Behörde, die ggf den Titel für den Verwaltungsträger erstritten hat (S/S-A/P/Pietzner VwGO § 169 Rn 6). Mit der Festlegung des Vollstreckungsgerichts ist gleichzeitig auch die örtliche Zuständigkeit geregelt (Redeker/ v Oertzen/v Nicolai VwGO § 169 Rn 5; VG Bremen NVwZ-RR 1998, 789; VG Dessau NVwZRR 2002, 238).

B. Vollstreckung wegen Geldforderungen
I. Anwendbarkeit des VwVG

9   Hauptanwendungsfall sind Schadensersatzansprüche und Ansprüche aus öffentlich-rechtlichen Verträgen (letztere, soweit nicht die sofortige Vollstreckung vereinbart wird, § 61 Abs 2 VwVfG).

10   Bei der Vollstreckung finden die Vorschriften des VwVG nicht durchgängig Anwendung. § 1 Abs 1 und 2 VwVG werden von § 169 Abs 1 S 1 VwGO verdrängt (B/F-K/S/vA/ Bader VwGO § 169 Rn 2). Ebenfalls unanwendbar sind § 2 VwGO (Vorrang der Bestimmung des Vollstreckungsschuldners im Vollstreckungstitel), § 3 Abs 1, 4 VwVG, da bereits ein Titel vorliegt, § 3 Abs 2 lit a und b VwVG (durch § 168 VwGO verdrängt). Vgl Sodan/ Ziekow/Heckmann VwGO § 169 Rn 39 ff; S/S-A/P/Pietzner VwGO § 169 Rn 11; Eyermann/Kraft VwGO § 169 Rn 5 mN.

II. Vollstreckungsvoraussetzungen

11   Erforderlich ist zunächst ein **Vollstreckungsantrag**. Dies folgt, obwohl in § 169 VwGO nicht ausdrücklich erwähnt, aus dem allgemein geltenden Antragsprinzip. Eine Vollstreckungsanordnung durch den Vollstreckungsgläubiger mit § 3 Abs 1 VwVG ist nicht erforderlich (so zutr Eyermann/Kraft VwGO § 169 Rn 5 mN; B/F-K/S/vA/Bader VwGO § 169 Rn 2).

11.1   § 3 Abs 1 VwVG ist iR der Vollstreckung nach § 169 VwGO nicht anwendbar, da die Vollstreckungsanordnung insoweit durch den Vollstreckungstitel ersetzt wird (Eyermann/Kraft VwGO § 169 Rn 5; VGH München NVwZ 1985, 352; Renck-Laufke BayVBl 1991, 44). Soweit demgegenüber auch iRv § 169 VwGO eine Vollstreckungsanordnung gefordert wird, ist diese an das Vollstreckungsgericht zu richten, in ihr liegt dann der Vollstreckungsantrag (so OVG Münster NVwZ 1984, 111; VGH Mannheim NVwZ 1993, 73, 74; OVG Weimar NVwZ-RR 1995, 480; Kopp/Schenke VwGO § 169 Rn 5; S/S-A/P/Pietzner VwGO § 169 Rn 36; OVG Bautzen BeckRS 2009, 40070).

11.2   Entgegen Pietzner (S/S-A/P/Pietzner VwGO § 169 Rn 38, 44) ist das Vollstreckungsgericht Herr des Vollstreckungsverfahrens. Deshalb müssen im Antrag nicht die Auswahl der Vollstreckungsmaßnahmen erfolgen und das Verhältnismäßigkeitsprinzip beachtet werden. Dies ist Sache des Vollstreckungsgerichts (so zu Recht OVG Lüneburg NVwZ-RR 1991, 387; Sodan/Ziekow/Heckmann VwGO § 169 Rn 36, 49).

12   Neben den allgemeinen Vollstreckungsvoraussetzungen (Titel nach § 168 VwGO sowie Zustellung; eine Vollstreckungsklausel ist nicht erforderlich, § 171 VwGO) sind die **Vollstreckungsvoraussetzungen des VwVG** zu beachten. Dies sind insbes die **Schonfristen** in § 3 Abs 2 lit c VwVG und § 3 Abs 3 VwVG. Danach ist eine Frist von einer Woche nach Zustellung des Titels bzw nach Eintritt der Fälligkeit sowie im Regelfall (Soll-Vorschrift) die durch Mahnung eingeräumte weitere Zahlungsfrist von einer Woche zu beachten. Die Mahnung erfolgt durch die Behörde, da sie Voraussetzung für die Vollstreckung, nicht Teil der Durchführung ist (BVerwG NVwZ-RR 1993, 662, 663). Ggf ist der **Nachweis der Sicherheitsleistung** erforderlich (zu den Schonfristen vgl Sodan/Ziekow/Heckmann VwGO § 169 Rn 45 f; S/S-A/P/Pietzner VwGO § 169 Rn 49 f).

III. Vollstreckung

13   Die Vollstreckung wird vom Vollstreckungsgericht durch „**Vollstreckungsverfügung**" entspr § 170 Abs 1 S 1 VwGO eingeleitet (S/S-A/P/Pietzner VwGO § 169 Rn 51; Kopp/Schenke VwGO § 169 Rn 3).

13.1   Diese Vollstreckungsverfügung ist nicht mit der Vollstreckungsanordnung nach § 3 Abs 1 VwVG zu verwechseln. Letzterer bedarf es iRv § 169 VwGO nicht. In der Vollstreckungsverfügung wird durch den Vorsitzenden (das Vollstreckungsgericht) quasi das Ob der Vollstreckung verfügt.

14   Das **Vollstreckungsgericht** bestimmt mit der Einleitung der Vollstreckung auch die vorzunehmenden Vollstreckungsmaßnahmen. Der Vorsitzende kann die Vollstreckung selbst

ausführen und gem § 5 Abs 1 VwVG verfahren. Über § 5 VwVG finden auch Vorschriften der AO Anwendung. Er kann auch eine andere Vollstreckungsbehörde oder den Gerichtsvollzieher mit der Ausführung beauftragen (§ 169 Abs 1 S 2 Hs 2 VwGO). Die beauftragte Vollstreckungsbehörde bzw der beauftragte Gerichtsvollzieher führen die Vollstreckung in diesem Fall nach der ZPO durch. Hat der Vorsitzende im Wege der Amtshilfe Organe der Länder oder Kommunen beauftragt (zB eine Gemeinde mit der Durchführung der Ersatzvornahme) gilt für die Tätigkeit Landesvollstreckungsrecht (OVG Lüneburg NVwZ-RR 1991, 387; Eyermann/Kraft VwGO § 169 Rn 6; Kopp/Schenke VwGO § 169 Rn 4). Verantwortlich für die Vollstreckung bleibt aber in diesen Fällen der als Vollstreckungsgericht handelnde **Vorsitzende** (Redeker/v Oertzen/v Nicolai VwGO § 169 Rn 6; Eyermann/ Kraft VwGO § 169 Rn 6). Eine vollständige Übertragung der Vollstreckung ist nicht zulässig.

C. Vollstreckung zur Vornahme von Handlungen, Duldungen und Unterlassungen

I. Anwendbarkeit des VwVG

Auch bei der sog Erzwingungsvollstreckung sind nicht alle Vorschriften des VwVG **15** anwendbar. § 169 VwGO verweist maßgeblich auf §§ 9 VwVG ff. §§ 68, 13 Abs 2, 17, 18 VwVG finden dagegen keine Anwendung (Sodan/Ziekow/Heckmann VwGO § 169 Rn 60 ff).

II. Vollstreckungsvoraussetzungen

Auch bei der Erzwingungsvollstreckung müssen die allgemeinen Vollstreckungsvoraus- **16** setzungen (Titel und Zustellung) sowie die besonderen Vollstreckungsvoraussetzungen (Vollziehungsfrist, Nachweis der Sicherheitsleistung) vorliegen.

III. Vollstreckungsverfahren
1. Androhung des Zwangsmittels

Erste Stufe der Vollstreckung ist die **Androhung des Zwangsmittels** (§ 13 VwVG). Die **17** Androhung erfolgt durch den Vorsitzenden als Vollstreckungsbehörde (S/S-A/P/Pietzner VwGO § 169 Rn 92; Sodan/Ziekow/Heckmann VwGO § 169 Rn 67; aA Redeker/v Oertzen/v Nicolai VwGO § 169 Rn 9).

Die Androhung erfolgt schriftlich durch **Verwaltungsakt** (BVerwG NVwZ 1998, 393). **18** Dieser ist nach § 56 Abs 1 VwGO zuzustellen, § 13 Abs 7 VwVG gilt nicht (S/S-A/P/ Pietzner VwGO § 169 Rn 127; aA OVG Lüneburg OVGE 31, 491, 495). Der Vollstreckungsschuldner ist vor der Androhung anzuhören (S/S-A/P/Pietzner VwGO § 169 Rn 126).

Die Androhung muss **hinreichend bestimmt** sein. Sie muss eine Frist zur Erfüllung **19** enthalten. Sie muss sich auf ein bestimmtes Zwangsmittel beziehen. Die Festsetzung eines anderen Zwangsmittels als des angedrohten ist von der Androhung nicht gedeckt (Engelhardt/App VwVG § 13 Rn 4). Eine erneute Androhung ist möglich, allerdings erst, wenn die vorherige Androhung fruchtlos war, § 13 Abs 4 S 2 VwVG (BVerwG NVwZ 1998, 393: keine Androhung für „jeden Fall der Zuwiderhandlung"; ebenso Eyermann/Kraft VwGO § 169 Rn 13). Bei erneuter Androhung kann das ursprüngliche Zwangsgeld nicht mehr festgesetzt werden (Engelhardt/App VwVG § 13 Rn 28). Die Androhung verpflichtet nicht zur Festsetzung und Beitreibung (str, OVG Berlin NJW 1968, 1105; aA OVG Koblenz NVwZ 1988, 652).

2. Zwangsmittelfestsetzung

Zweite Stufe der Vollstreckung ist die **Zwangsmittelfestsetzung**. Es handelt sich um **20** eine förmliche Entscheidung dem Schuldner gegenüber (Redeker/v Oertzen/v Nicolai VwGO § 169 Rn 10; Eyermann/Kraft VwGO § 169 Rn 14 mN).

3. Zwangsmittel

21 **Zwangsmittel** sind
– die Ersatzvornahme,
– das Zwangsgeld und
– der unmittelbare Zwang (numerus clausus, § 9 Abs 1 VwVG).

22 **Ersatzvornahme** ist die Durchführung der Handlung an Stelle des pflichtigen Vollstreckungsschuldners. Dabei sieht das VwVG die Selbstvornahme nicht als Ersatzvornahme, sondern als unmittelbaren Zwang an, beschränkt die Ersatzvornahme mit anderen Worten auf die Drittvornahme (§§ 10, 12 VwVG; zur Abgrenzung vgl Engelhardt/App VwVG § 10 Rn 1 ff).

23 **Kosten der Ersatzvornahme** können nach § 169 VwGO iVm § 10 VwVG gemeinsam mit dem Zwangsmittel als Vorschuss festgesetzt werden (VGH Mannheim NVwZ-RR 1994, 120, 121; S/S-A/P/Pietzner VwGO § 169 Rn 103). Die endgültigen Ersatzvornahmekosten sind anschließend durch Beschl innerhalb eines Jahres festzusetzen, § 19 VwVG, § 346 Abs 2 AO (S/S-A/P/Pietzner VwGO § 169 Rn 104; zu Kosten der Vollstreckungshilfe vgl OVG Lüneburg NVwZ-RR 1991, 387, 388).

24 Die Festsetzung von **Zwangsgeld** ist bei vertretbaren Handlungen gegenüber der Ersatzvornahme nachrangig (§ 11 Abs 1 S 2 VwVG). Ihre Verhängung ist zulässig, wenn die Ersatzvornahme untunlich ist, nach § 11 Abs 1 S 2 VwVG bes, wenn der Pflichtige außer Stande ist, die bei der Ausführung durch einen Anderen entstehenden Kosten zu tragen.

24.1 Der Begriff **„untunlich"** ist ein unbestimmter Rechtsbegriff, der Vollstreckungsbehörde ist kein Ermessen eingeräumt. Untunlich ist die Ersatzvornahme, wenn sie schlechterdings unangemessen (Engelhardt/App VwVG § 11 Rn 7) bzw in hohem Maße unangemessen oder unzweckmäßig ist (VGH Kassel NVwZ 1990, 481; S/SA/P/Pietzner VwGO § 169 Rn 112).

24.2 Das Zwangsgeld ist anders als im Falle des § 172 VwGO nicht von Amts wegen beizutreiben. Der Vollstreckungsgläubiger bleibt insoweit Herr der Zwangsvollstreckung (vgl BGH NJW 1983, 1859, 1860 zu § 888 ZPO; S/SA/P/Pietzner VwGO § 169 Rn 130). Beigetriebenes Zwangsgeld ist an die Staatskasse abzuführen.

24.3 Im Landesvollstreckungsrecht bestehen zT weitergehende Möglichkeiten der Zwangsgeldfestsetzung, zB Art 32 S 2 BayVwZG (Regelzwangsmittel) – krit dazu S/S-A/P/Pietzner VwGO § 169 Rn 106). Umgekehrt schließt die zivilprozessuale Zwangsvollstreckung bei vertretbaren Handlungen Zwangsgeld vollständig aus (§ 887 ZPO).

25 Das Zwangsmittel des **unmittelbaren Zwangs** ist ultima ratio der Zwangsvollstreckung, dh gegenüber Ersatzvorname und Zwangsgeld nachrangig, § 12 VwVG (vgl dazu OVG Berlin NVwZ-RR 1998, 412, 413).

26 Im Falle eines Herausgabeanspruchs kommt bei Anwendung unmittelbaren Zwangs die Wegnahme in Betracht. Das Zwangsmittel schließt jedoch nicht die Abgabe der eidesstattlichen Versicherung ein, da eine § 883 Abs 2 ZPO vergleichbare Regelung fehlt (S/S-A/P/ Pietzner VwGO § 169 Rn 97).

D. Rechtsschutz, Kosten

27 Mögliche Rechtsbehelfe gegen Vollstreckungsmaßnahmen des **Vollstreckungsgerichts** nach § 169 VwGO sind Erinnerung, Beschwerde, Vollstreckungsgegenklage, Drittwiderspruchsklage, Vorzugsklage (s o § 167 VwGO Rn 31 ff).

28 Soweit iR der Vollstreckung **Vollstreckungshelfer** tätig werden, zB Gerichtsvollzieher, Vollziehungsbeamte der Gerichtskassen bzw Justizbeitreibungsstellen, sind diese im Namen des Vollstreckungsgerichts handelnde Verwaltungshelfer. Auch in diesem Fall kommen die allgemeinen Rechtsmittel gegen Maßnahmen des Vollstreckungsgerichts in Betracht. Umstr sind Art und Zuständigkeit bei Rechtsmitteln, wenn ein anderer Vorsitzender als Vollstreckungshelfer tätig wird. Richtigerweise müssen dessen Maßnahmen nicht mit der Erinnerung, sondern der Beschwerde nach §§ 146 VwGO ff angegriffen werden (ebenso Eyermann/Kraft VwGO § 169 Rn 16; aA Kopp/Schenke VwGO § 169 Rn 9). Das Rechtsmittel ist entgegen § 250 AO in diesem Fall nicht nur soweit es um die Zulässigkeit der Anordnung der Zwangsvollstreckung geht, sondern auch, wenn die Durchführung der Zwangsvollstreckung (Art und Weise) angegriffen wird, an das ersuchende Vollstreckungs-

gericht zu richten, nicht dagegen an das ersuchte Gericht (so aber Redeker/v Oertzen/v Nicolai VwGO § 169 Rn 13; unklar Eyermann/Kraft VwGO § 169 Rn 6, 11; wie hier wohl S/S-A/P/Pietzner VwGO § 169 Rn 143).

Demgegenüber bildet die **Vollstreckungshilfe durch Organe der Liegenschafts-** 29 **kataster** eine Ausnahme. Hier ergreift die Überleitung der Vollstreckung auch den Rechtsschutz. So ist gegen entspr Entscheidungen des Grundbuchamtes nach hM allein die Beschwerde nach §§ 71 ff GBO (zuvor Rechtspflegeerinnerung, § 11 RPflG) möglich (KG NJW-RR 1987, 592; S/S-A/P/Pietzner VwGO § 169 Rn 141; B/L/A/H/Hartmann ZPO § 867 Rn 19).

IR der **Amtshilfe durch Landesbehörden** richten sich Rechtsmittel gegen die Art und 30 Weise der Zwangsvollstreckung nach den landesrechtlich geltenden Vorschriften für die Vollstreckung. Die Länder haben zT angeordnet, dass Rechtsbehelfe gegen Maßnahmen der Zwangsvollstreckung abw von § 80 Abs 1 VwGO keine aufschiebende Wirkung besitzen (s dazu Redeker/v Oertzen/v Nicolai VwGO § 169 Rn 14).

Die Kosten der Zwangsvollstreckung nach § 169 trägt der Schuldner. Zuständig für die 31 Festsetzung ist das Vollstreckungsgericht, dh der Vorsitzende (OVG Münster NWVBl 2001, 65; Redeker/v Oertzen/v Nicolai VwGO § 169 Rn 15).

Die **Kostenentscheidung** ergeht nach zutreffender Ansicht nach §§ 154 ff VwGO, nicht 32 über § 167 Abs 1 S 1 VwGO nach ZPO-Vorschriften, da das Verfahren als verwaltungsgerichtliches Vollstreckungsverfahren ausgestaltet ist (str; s o § 167 VwGO Rn 36 und u § 170 VwGO Rn 20; § 172 VwGO Rn 33; wie hier Kopp/Schenke VwGO § 167 Rn 3).

§ 170 [Vollstreckung gegen die öffentliche Hand]

(1) [1] **Soll gegen den Bund, ein Land, einen Gemeindeverband, eine Gemeinde, eine Körperschaft, eine Anstalt oder Stiftung des öffentlichen Rechts wegen einer Geldforderung vollstreckt werden, so verfügt auf Antrag des Gläubigers das Gericht des ersten Rechtszugs die Vollstreckung.** [2] **Es bestimmt die vorzunehmenden Vollstreckungsmaßnahmen und ersucht die zuständige Stelle um deren Vornahme.** [3] **Die ersuchte Stelle ist verpflichtet, dem Ersuchen nach den für sie geltenden Vollstreckungsvorschriften nachzukommen.**

(2) [1] **Das Gericht hat vor Erlaß der Vollstreckungsverfügung die Behörde oder bei Körperschaften, Anstalten und Stiftungen des öffentlichen Rechts, gegen die vollstreckt werden soll, die gesetzlichen Vertreter von der beabsichtigten Vollstreckung zu benachrichtigen mit der Aufforderung, die Vollstreckung innerhalb einer vom Gericht zu bemessenden Frist abzuwenden.** [2] **Die Frist darf einen Monat nicht übersteigen.**

(3) [1] **Die Vollstreckung ist unzulässig in Sachen, die für die Erfüllung öffentlicher Aufgaben unentbehrlich sind oder deren Veräußerung ein öffentliches Interesse entgegensteht.** [2] **Über Einwendungen entscheidet das Gericht nach Anhörung der zuständigen Aufsichtsbehörde oder bei obersten Bundes- oder Landesbehörden des zuständigen Ministers.**

(4) **Für öffentlich-rechtliche Kreditinstitute gelten die Absätze 1 bis 3 nicht.**

(5) **Der Ankündigung der Vollstreckung und der Einhaltung einer Wartefrist bedarf es nicht, wenn es sich um den Vollzug einer einstweiligen Anordnung handelt.**

§ 170 VwGO enthält die wesentlichen – nicht die vollständigen – Regelungen für die Vollstreckung von auf Geldforderungen gerichteten Titeln gem § 168 VwGO gegen die öffentliche Hand. Die Vorschrift erfasst Geldforderungen privater wie auch die Vollstreckung zwischen öffentlichen Händen. Im Vordergrund stehen Bestimmungen zum Vollstreckungsverfahren (Abs 1 und Abs 2) und zum Vollstreckungsschutz für das Verwaltungsvermögen (Abs 3). Durch Abs 4 wird öffentlich-rechtlichen Kreditinstituten ein vollstreckungsrechtlicher Sonderstatus eingeräumt. Abs 5 enthält Sonderregelungen für die Vollstreckung einstweiliger Anordnungen. Die praktische Bedeutung der Vorschrift ist gering, da die öffentliche Hand titulierte Geldforderungen in aller Regel freiwillig erfüllt.

A. Allgemeines Verhältnis zu den übrigen Vollstreckungsvorschriften

1   **Regelungsgegenstand** der Vorschrift ist die Vollstreckung von Geldforderungen gegen die öffentliche Hand. Die Vorschrift ist Ausfluss des Gebots effektiven Rechtsschutzes und des Rechtsstaatsprinzips gegen die früher verbreitete Vorstellung, gegen den Staat selbst könne mit Hilfe gerichtlichen Zwangs Recht nicht durchgesetzt werden (vgl Sodan/Ziekow/Heckmann VwGO § 170 Rn 3 mN). § 170 VwGO enthält nach verbreiteter Auffassung ein selbstständiges Beschlussverfahren (Kopp/Schenke VwGO § 170 Rn 2; S/S-A/P/Pietzner VwGO § 170 Rn 25, 40; Sodan/Ziekow/Heckmann VwGO § 170 Rn 5; aA Eyermann/Kraft VwGO § 170 Rn 7).

2   **Zweck** der Vorschrift ist nicht nur die Festlegung von Verfahrensregeln. § 170 VwGO ist vielmehr auch Schutznorm zu Gunsten der öffentlichen Hand aufgrund – missverständlich – als „Fiskus-Privilegien" (BVerwGE 61, 82, 106; S/S-A/P/Pietzner VwGO § 170 Rn 1) bezeichneter Schutzbestimmungen (zB vorgeschaltete Aufforderung zur Vollstreckungsabwendung; Vollstreckungsschutz in Abs 3).

3   Für das **Verhältnis** des § 170 VwGO **zu den anderen Vollstreckungsvorschriften** gilt: Im Fall der Vollstreckung zwischen öffentlichen Händen geht § 170 VwGO dem für die Vollstreckung zu Gunsten der öffentlichen Hand geltenden § 169 VwGO als lex specialis vor. § 169 VwGO findet weder ergänzend noch als Auffangregelung Anwendung (hM; s o § 169 VwGO Rn 3 mN; vgl auch Sodan/Ziekow/Heckmann VwGO § 170 Rn 4, 33). Zum Verhältnis des § 170 VwGO zu § 172 VwGO s u § 172 VwGO Rn 6 ff. Die Vorschriften des § 170 VwGO und des § 882a ZPO schließen sich gegenseitig aus (VG Cottbus v 1.2.2010 – 6 M 15/09; B/L/A/H/Hartmann ZPO § 882a Rn 15; Sodan/Ziekow/Heckmann VwGO § 170 Rn 13 ff).

4   Im Anwendungsbereich des § 170 ist auch der besondere Vollstreckungsschutz für Gemeinden in **§ 15 EGZPO** nicht anwendbar. Er gilt nur für die zivilprozessuale Zwangsvollstreckung. Deshalb findet ein erweiterter Vollstreckungsschutz der Gemeinden in landesrechtlichen Vorschriften keine Anwendung iR von § 170 VwGO. Ebenso wenig gibt es Vollstreckungsschutz bei der Verfolgung dinglicher Rechte (S/S-A/P/Pietzner VwGO § 170 Rn 8; Sodan/Ziekow/Heckmann AO § 15, 17 mN; B/L/A/H/Albers EGZPO § 15 Rn 3; OVG Münster DÖV 1987, 653; VGH Kassel ESVGH 38, 22, 23).

4.1   § 15 EGZPO räumt die Möglichkeit ein, außerhalb der verwaltungsgerichtlichen Vollstreckung zum Schutze von Gemeinden und Gemeindeverbänden zusätzliche (landesrechtliche) Verfahrensanforderungen zu stellen. Hiervon haben die Länder Gebrauch gemacht. Vor allem gilt das Erfordernis einer Zulassungsverfügung durch die Aufsichtsbehörde (Sodan/Ziekow/Heckmann VwGO § 170 Rn 18; Pencereci/Siering LKV 1996, 401; B/L/A/H/Albers EGZPO § 15 Rn 15).

5   **Vollstreckungsschuldner** ist die öffentliche Hand, § 170 Abs 1 S 1 VwGO. Darunter fallen sämtliche Träger der unmittelbaren staatlichen Verw (zu diesen Sodan/Ziekow/Heckmann VwGO § 170 Rn 19 ff). Zu den Körperschaften gehören auch Religionsgemeinschaften über Art 140 GG, Art 137 Abs 5 WRV, soweit es um verwaltungsgerichtliche Titel geht (BVerwGE 25, 226, 230; 95, 379; zu nicht rechtsfähigen Stiftungen vgl Sodan/Ziekow/Heckmann VwGO § 170 Rn 25). Die öffentliche Hand als Fiskus ist ebenfalls erfasst, soweit es um verwaltungsgerichtliche Titel geht. Maßgeblich ist allein die Herkunft des Titels. Umstr ist, ob Beliehene erfasst sind (dafür: S/S-A/P/Pietzner VwGO § 170 Rn 10). Richtigerweise fallen sie nicht unter § 170 VwGO, da die dortige enumerative Aufzählung sie nicht erfasst (zweifelnd auch Sodan/Ziekow/Heckmann VwGO § 170 Rn 28). Öffentliche Unternehmen in Privatrechtsform sind keine Vollstreckungsschuldner iS von § 170 VwGO.

Vollstreckungsgläubiger kann neben Privatpersonen auch die öffentliche Hand sein. **6** Dies ist der Fall bei der Vollstreckung zwischen öffentlichen Händen. Hier findet ausschließlich § 170 VwGO Anwendung, § 169 VwGO wird vollständig verdrängt (str, wie hier VGH Kassel NJW 1976, 1766; Kopp/Schenke VwGO § 170 Rn 1; S/S-A/P/Pietzner VwGO § 170 Rn 7; Sodan/Ziekow/Heckmann VwGO § 170 Rn 33; für eine kumulative Anwendung dagegen Eyermann/Kraft VwGO § 170 Rn 6).

B. Vollstreckungsgericht und Vollstreckungsverfahren

Abs 1 S 1 bestimmt das Gericht des ersten Rechtszuges, damit das Prozessgericht als **7** **sachlich zust** Vollstreckungsgericht.

Wonach sich die **örtliche Zuständigkeit** richtet, ist streitig. Nach richtiger Auffassung **8** finden wie bei § 167 VwGO § 167 Abs 1 S 1 VwGO mit den Vorschriften der ZPO, vor allem §§ 764 Abs 2, 828 Abs 2 ZPO, keine Anwendung. Vielmehr gilt § 52 VwGO (s o § 167 VwGO Rn 12; wie hier Eyermann/Kraft VwGO § 167 Rn 10; B/L/A/H/Hartmann ZPO § 764 Rn 52; aA VGH München NJW 1984, 2484; Kopp/Schenke VwGO § 167 Rn 5; S/S-A/P/Pietzner VwGO § 167 Rn 88 f; Sodan/Ziekow/Heckmann VwGO § 170 Rn 37).

Die Vollstreckung muss wg einer **Geldforderung** erfolgen. Damit werden Vollstre- **9** ckungstitel iSv § 168 VwGO erfasst, die unmittelbar auf Zahlung von Geld gerichtet sind. Da § 170 VwGO nicht wie § 882a ZPO eine Einschränkung in Bezug auf die Verfolgung dinglicher Rechte enthält, kommt auch der Vollstreckungszugriff auf Immobilien in Betracht (S/S-A/P/Pietzner VwGO § 170 Rn 13). Verpflichtungsurteile nach § 113 Abs 5 VwGO werden ausschließlich nach § 172 VwGO vollstreckt (Kopp/Schenke VwGO § 170 Rn 1; Sodan/Ziekow/Heckmann VwGO § 170 Rn 51). (Geld)Erstattungstitel iRv Folgenbeseitigungsansprüchen (§ 113 Abs 1 S 2 VwGO) werden von § 170 VwGO erfasst. Die Anwendung des § 172 VwGO scheidet aus (hM: wie hier Kopp/Schenke VwGO § 170 Rn 1; Eyermann/Kraft VwGO § 170 Rn 3 ff; S/S-A/P/Pietzner VwGO § 170 Rn 14; Sodan/Ziekow/Heckmann VwGO 170 Rn 44; aA Redeker/v Oertzen/v Nicolai VwGO § 170 Rn 1). Umstr ist auch, ob ein nach § 172 VwGO festgesetztes Zwangsgeld nach § 170 VwGO vollstreckt werden kann (bejahend Sodan/Ziekow/Heckmann VwGO § 170 Rn 47 mN; aA S/S-A/P/Pietzner VwGO § 170 Rn 14; § 172 Rn 47: Vorgehen nach JBeitrO).

Bei der Vollstreckung sind die **besonderen Vollstreckungsvoraussetzungen** zu be- **10** achten. Soweit gefordert muss die Sicherheitsleistung nachgewiesen sein (§ 167 Abs 1 S 1 VwGO iVm § 751 Abs 2 ZPO). Die zweiwöchige Wartefrist nach § 798 ZPO muss beachtet werden (zB bei Kostenfestsetzungsbeschlüssen, die nicht auf das Urt gesetzt sind). Zusätzlich findet nach der Rechtsprechung des BVerfG als ungeschriebene Vollstreckungsvoraussetzung eine zusätzliche Erfüllungsfrist Anwendung, um der öffentlichen Hand Gelegenheit zu geben, die Vollstreckung durch freiwillige Leistung abzuwenden. Welche Frist angemessen ist, soll sich nach dem Einzelfall richten (BVerwGE 84, 6, 8 = NJW 1991, 2758: bei Vollstreckung gegen den Bund sechs Wochen; BVerfG NVwZ 1999, 402 (LS) = NJW 1999, 778; zust Kopp/Schenke VwGO § 170 Rn 5). Angesichts des bereits vorhandenen Vollstreckungsschutzes in § 170 Abs 2 ist diese RSpr wenig überzeugend (S/S-A/P/Pietzner VwGO § 170 Rn 20 f; Sodan/Ziekow/Heckmann VwGO § 170 Rn 54). Die Forderung einer solchen zusätzlichen Erfüllungsfrist wird mit haushaltstechnischen Schwierigkeiten begründet. Das VG Cottbus befürwortet in seiner Entscheidung vom 1.2.2010 – 6 M 15/09 – eine Analogie zu § 170 Abs 2 VwGO bzw einen Rückgriff auf dessen Rechtsgedanken in Bezug auf die Angemessenheit der Zuteilungsfrist von einem Monat. Ebenso BayVGH BayVBl 2004, 571 (entweder Analogie zu § 882a ZPO oder § 170 Abs 2 VwGO).

Die Vollstreckung erfolgt auf **Antrag**, Abs 1. Eine Vollstreckung von Amtswegen ist nicht **11** möglich. Eine Antragsfrist besteht nicht. Der Antrag kann auf das der Vollstreckungsverfügung vorgelagerte Verfahren nach Abs 2 beschränkt werden. Antragsberechtigt ist der Gläubiger, der im Titel genannt ist sowie sein Rechtsnachfolger.

12   Das Gericht erlässt zunächst eine **Aufforderung zur Vollstreckungsabwendung**, Abs 2. Es handelt sich um ein zwingendes Vorverfahren. Dies dient dazu, das Ansehen des Staates zu wahren. Die Aufforderung ist nach § 56 VwGO zuzustellen (Kopp/Schenke VwGO § 170 Rn 5). Umstr ist, ob die Aufforderung selbstständig bereits mit der Beschwerde anfechtbar ist (zu Recht dafür: Kopp/Schenke VwGO § 170 Rn 6; OVG Münster DÖV 1987, 653; ablehnend: Sodan/Ziekow/Heckmann VwGO § 170 Rn 66: formlose Einwendungen möglich). Die Aufforderung ist Bestandteil des Vollstreckungsverfahren (Eyermann/ Kraft VwGO § 170 Rn 11; anders S/S-A/P/Pietzner VwGO § 170 Rn 19). In der Aufforderung wird die Abwendungsfrist bestimmt, die den Umständen des Einzelfalls nach angemessen sein, aber innerhalb der Höchstgrenze von einem Monat liegen muss (Abs 2 S 2). Sie muss die Möglichkeit für die Verw schaffen, die Geldforderung zu erfüllen. Wird dies beachtet, bleibt kein Grund für die zusätzlich vom BVerfG geforderte ungeschriebene Erfüllungsfrist (s o Rn 10; ebenso Sodan/Ziekow/Heckmann VwGO § 170 Rn 69).

13   Die **Vollstreckungsverfügung**, Abs 1 S 1, 2 bestimmt die Vollstreckungsmaßnahmen und enthält das Ersuchen an die zuständige Stelle, diese vorzunehmen. Das Ersuchen entspricht einem verbindlichen Auftrag, Vollzugshilfe zu leisten, vergleichbar mit § 14 VwGO (Sodan/Ziekow/Heckmann VwGO § 170 Rn 71). Die Vollstreckungsverfügung ist durch Abs 1, 2, 5 verfahrensmäßig ausgeschaltet und durch Abs 2 gegenständlich beschränkt. Sie ergeht durch Beschluss. Welche Maßnahmen bestimmt werden, liegt im Ermessen des Gerichts.

14   Die ersuchte Stelle wird als **Vollstreckungshelfer** (Abs 1 S 2, 3) tätig. Sie führt die Maßnahmen „nach den für sie geltenden Vollstreckungsvorschriften" aus (Abs 1 S 3). Als Vollstreckungshelfer prüft sie nicht selbst das Vorliegen der Vollstreckungsvoraussetzungen. Rechtsbehelfe sind daher gegen das Vollstreckungsgericht zu richten (von Ausnahmen bei der Immobiliarzwangsvollstreckung abgesehen (Sodan/Ziekow/Heckmann VwGO § 170 Rn 77 ff; S/S-A/P/Pietzner VwGO § 169 Rn 141 ff; s a o § 169 VwGO Rn 28).

15   Beim **Vollzug einstweiliger Anordnungen** entfällt das Erfordernis der Vollstreckungsankündigung und damit auch die Abwendungsfrist (Abs 5). Umgekehrt gilt allerdings für den Vollstreckungsgläubiger die Frist des § 929 Abs 2 ZPO (S/S-A/P/Pietzner VwGO § 170 Rn 19).

C. Schutz des Verwaltungsvermögens, Abs 3

16   Neben der Abwendungsfrist enthält Abs 2 mit dem besonderen Vollstreckungsschutz ein zweites Privileg der öffentlichen Hand. Mit dem geschützten Vermögen ist das **Verwaltungsvermögen** gemeint. Die von Abs 3 erfassten Sachen sind bewegliche Sachen und Grundstücke, Forderungen sind nicht erfasst (S/S-A/P/Pietzner VwGO § 170 Rn 33). Unentbehrlich für die Erfüllung öffentlicher Aufgaben sind Sachen, derer die Verw dringend bedarf. Dazu zählen zB Verwaltungsgebäude, Dienstfahrzeuge, öffentliche Verkehrsmittel (vgl zur Unterscheidung zwischen (unpfändbarem) Verwaltungsvermögen und (pfändbarem) Finanzvermögen, BVerfGE 10, 20, 37; 64, 1, 44; 92, 215, 218; 97, 240, 241; Sodan/Ziekow/ Heckmann VwGO § 170 Rn 96; S/SA/P/Pietzner VwGO § 170 Rn 32; vgl auch Art 21 f EV: dort ist Verwaltungsvermögen das unmittelbar bestimmten Verwaltungsaufgaben dienende Vermögen). Sachen, deren Veräußerung ein öffentliches Interesse entgegen steht (Abs 3 S 1 Alt 2) erweitern das Kriterium „unentbehrlich". Die entgegenstehende Auffassung von Heckmann (Sodan/Ziekow/Heckmann VwGO § 170 Rn 99 f) überzeugt nicht. Ein entgegenstehendes öffentliches Interesse dürfte liegt vor zB bei Kunstschätzen, auch wenn diese im Einzelfall nicht unentbehrlich sind.

17   **Abs 2 S 2** sieht ein als spezialgesetzliche Erinnerung ausgestaltetes **besonderes Rechtsbehelfsverfahren** vor, indem es Einwendungen gegen die Vollstreckung in von Abs 3 erfasste Sachen ermöglicht. Das besondere Rechtsbehelfsverfahren betrifft nur die Voraussetzungen des Abs 3. Es steht dem Vollstreckungsschuldner wie dem Vollstreckungsgläubiger zur Verfügung (ebenso Sodan/Ziekow/Heckmann VwGO § 170 Rn 100; Redeker/v Oertzen/v Nicolai VwGO § 170 Rn 11). Vor der Entsch über die Einwendungen ist die in Abs 3 S 2 genannten Aufsichtsbehörden anzuhören. Die Entsch über die Einwendungen ergeht durch Beschl, dagegen kann Beschwerde eingelegt werden.

D. Öffentlich-rechtliche Kreditinstitute, Abs 4

Öffentlich-rechtliche Kreditinstitute sind von den Privilegien der öffentlichen Hand aus- **18** geschlossen. § 170 VwGO stellt sie insoweit mit den privatrechtlichen Kreditinstituten gleich, mit denen sie im Wettbewerb stehen.

E. Rechtsschutz, Kosten

Der Vollstreckungsschuldner kann gegen die nach § 170 VwGO erlassenen Beschlüsse **19** Beschwerde einlegen (Ausnahme bei den Verfahren vor dem OVG und BVerwG). Dies schließt die Beschwerde gegen die Aufforderung zur Vollstreckungsabwendung nach Abs 2 ein (s o Rn 12 mN). Bei Vollstreckungsmaßnahmen, die das von Abs 3 erfasste Vermögen der öffentlichen Hand betreffen, besteht der Rechtsbehelf der besonderen Erinnerung (Abs 3 S 2), anschließend notfalls ebenfalls die Beschwerde. Der besondere Rechtsbehelf des Abs 3 S 2 steht auch dem Vollstreckungsgläubiger zur Verfügung. IÜ können wie allgemein Vollstreckungsgegenklage und Drittwiderspruchsklage erhoben werden. Vgl zu den Rechtsbehelfen o § 167 VwGO Rn 31 ff).

Nach hM wird über die **Kosten** nach §§ 154 VwGO ff entschieden, nicht über § 167 **20** Abs 1 S 1 VwGO nach ZPO-Vorschriften, da die Vollstreckung nach § 170 VwGO ebenso wie in den Fällen der §§ 169 und 172 VwGO als verwaltungsgerichtliches Vollstreckungsverfahren vor dem G des ersten Rechtszuges ausgestaltet ist (str; wie hier OVG Koblenz DVBl 1986, 288; OVG Saarlouis NVwZ 1982, 254; VGH München BayVBl 1977, 668; VGH Mannheim VBl 1988, 298 (§ 172 VwGO); Kopp/Schenke VwGO § 170 Rn 2; S/S-A/P/Pietzner VwGO § 170 Rn 40; aA OVG Münster DÖV 1981, 545; OVG Lüneburg NJW 1971, 2324; B/L/A/H/Hartmann ZPO § 788 Rn 52).

§ 171 [Vollstreckungsklausel]

In den Fällen der §§ 169, 170 Abs. 1 bis 3 bedarf es einer Vollstreckungsklausel nicht.

Die Bestimmung legt Ausnahmen vom grundsätzlich auch in der verwaltungsprozessualen Vollstreckung geltenden Erfordernis einer Vollstreckungsklausel fest.

§ 171 VwGO bestimmt, dass in bestimmten Fällen eine Vollstreckungsklausel entbehrlich **1** ist. Es handelt sich um eine **Ausnahmevorschrift**. Außerhalb von § 171 VwGO bedürfen Vollstreckungen nach der VwGO einer Vollstreckungsklausel (zutr B/F-K/S/vA/Bader VwGO § 171 Rn 1). Der Umfang bestimmt sich insoweit nach dem 8. Buch der ZPO (§ 167 Abs 1 S 1 VwGO).

In den Fällen des § 171 VwGO genügt zur Vollstreckung eine einfache Ausfertigung **2** des Titels, der aber zugestellt werden muss (§ 750 ZPO). Bei Urteilen ist die Zustellung einer Ausfertigung ohne Tatbestand und Entscheidungsgründe zur Vollstreckung ausreichend (§ 168 Abs 2 VwGO). Nach dem klaren Wortlaut gilt § 171 VwGO nur für die Fälle der §§ 169, 170 Abs 1 bis 3 VwGO und ist nicht auf den Fall des § 172 VwGO übertragbar (aA S/S-A/P/Pietzner VwGO § 171 Rn 12; neuerdings auch Eyermann/Kraft VwGO § 171 Rn 4).

Die Vorschrift dient der **Vereinfachung**. Dem Vollstreckungsgericht wird durch sie die **3** Prüfung der Vollstreckungsvoraussetzungen erspart. Die Prüfung wird in das Vollstreckungsverfahren verlagert.

Umstritten ist, ob § 171 VwGO auch gilt, wenn die **Vollziehung für bzw gegen** **4** **andere** als die im Titel genannten Personen vorgesehen ist (dafür: Eyermann/Kraft VwGO § 171 Rn 5; S/S-A/P/Pietzner VwGO § 171 Rn 15 f; Sodan/Ziekow/Heckmann VwGO § 171 Rn 8; aA: VGH Mannheim NJW 1982, 902; NVwZ-RR 1993, 520; NJW 2003, 1205; Kopp/Schenke VwGO § 171 Rn 3; B/F-K/K VwGO § 171 Rn 2).

Das Erfordernis einer Vollstreckungsklausel **außerhalb des Anwendungsbereichs von** **5** **§ 171 VwGO** bestimmt sich nach §§ 724 ZPO ff. Die Vollstreckungsklausel wird vom Urkundsbeamten der Geschäftsstelle dem Vollstreckungstitel (§ 168 Abs 1 VwGO) beigefügt (§§ 724, 725, 795 ZPO; zu Sonderfällen s §§ 726 ZPO ff). Für einstweilige Anordnungen ist eine Vollstreckungsklausel nur erforderlich, wenn die Vollziehung für bzw gegen andere als den in der Anordnung bezeichneten Gläubiger oder Schuldner erfolgen soll (§§ 123 VwGO, 929 Abs 1 ZPO). Kostenfestsetzungsbeschlüsse können nach § 105 ZPO in vereinfachter Form auf das Urteil gesetzt werden (mit der Folge des § 795a ZPO).

6 **Vollstreckungsmaßnahmen**, die **ohne Vollstreckungsklausel** ergehen, obwohl eine solche erforderlich ist, sind gleichwohl wirksam, allerdings mit der Erinnerung angreifbar (S/S-A/P/Pietzner VwGO § 171 Rn 3; BGH NJW 1992, 2159, 2160).

7 **Rechtsbehelfe gegen die Klauselentscheidungen** des Urkundsbeamten sind für Gläubiger die Erinnerung (§ 151 VwGO) bzw gegen Entscheidungen des Rechtspflegers die sog Rechtspflegererinnerung (§ 11 RPflG), mit nachfolgender Beschwerde (Eyermann/Kraft VwGO § 171 Rn 6; Sodan/Ziekow/Heckmann VwGO § 171 Rn 31 mN). Für den Schuldner besteht ebenfalls der Rechtsbehelf der Erinnerung, wobei umstr ist, ob nach § 151 VwGO (Eyermann/Kraft VwGO § 171 Rn 6) oder nach § 167 Abs 1 iVm § 732 ZPO (Sodan/Ziekow/Heckmann VwGO § 171 Rn 32 mN). Außerdem kann der Gläubiger, wenn er den Urkundsbeweis nicht führen kann, entsprechend § 731 ZPO Klage auf Erteilung der Vollstreckungsklausel erheben. Der Schuldner kann bei qualifizierten Vollstreckungsklauseln statt der Erinnerung auch Klage gegen die Vollstreckungsklausel (Klauselgegenklage) entsprechend § 768 ZPO erheben.

§ 172 [Zwangsgeld gegen die Behörde]

[1]Kommt die Behörde in den Fällen des § 113 Abs. 1 Satz 2 und Abs. 5 und des § 123 der ihr im Urteil oder in der einstweiligen Anordnung auferlegten Verpflichtung nicht nach, so kann das Gericht des ersten Rechtszugs auf Antrag unter Fristsetzung gegen sie ein Zwangsgeld bis zehntausend Euro durch Beschluß androhen, nach fruchtlosem Fristablauf festsetzen und von Amts wegen vollstrecken. [2]Das Zwangsgeld kann wiederholt angedroht, festgesetzt und vollstreckt werden.

§ 172 VwGO regelt in Ergänzung des Geldforderungen gegen die öffentliche Hand betreffenden § 170 VwGO die Festsetzung und Beitreibung von Zwangsgeld gegen Behörden im Falle der Vollstreckung von stattgebenden Urteilen auf Folgenbeseitigung, von Verpflichtungsurteilen und von einstweiligen Anordnungen. Satz 1 legt das Zwangsgeld als einziges Zwangsmittel fest, regelt seine Höhe, Androhung, Festsetzung und Vollstreckung und bestimmt das Vollstreckungsgericht. Satz 2 betrifft die Wiederholung des Zwangsmittels bei Nichtbefolgung.

Übersicht

A. Allgemeines

1 § 172 VwGO regelt neben § 170 VwGO einen weiteren Fall der Vollstreckung gegen die öffentliche Hand. Die Anwendungsbereiche der §§ 170, 172 VwGO sind aber deutlich verschieden. Die möglichen Vollstreckungsmaßnahmen sind gegenüber § 170 VwGO eingeschränkt, dafür fehlt in § 172 VwGO ein § 170 VwGO vergleichbarer Vollstreckungsschutz.

2 **Zweck** der Vorschrift ist es, den Besonderheiten der Vollstreckung gegen die öffentliche Hand Rechnung zu tragen. Dem dient auch die Beschränkung der Vollstreckung auf einen „Beugezwang" (dazu OVG Berlin NVwZ 1999, 411; Sodan/Ziekow/Heckmann VwGO § 172 Rn 11). Diese Beschränkung und die betragsmäßige Höchstgrenze von 10.000 EUR für das Zwangsgeld privilegiert die öffentliche Hand. Die Effektivität eines so niedrigen,

zudem gegen die Behörde gerichteten Zwangsmittels bleibt aber auch nach Heraufsetzung der Obergrenze zweifelhaft (krit auch S/S-A/P/Pietzner VwGO § 172 Rn 9 f).

Die Regelung selbst ist klar gefasst, dagegen werfen die Bestimmungen des Anwendungs- **3** bereichs und des Regelungsumfanges erhebliche Schwierigkeiten auf. Über eine Vielzahl der mit § 172 VwGO verbundenen Rechtsfragen besteht Streit.

Anders als die übrigen verwaltungsgerichtlichen Vollstreckungsvorschriften bezieht sich **4** § 172 VwGO auf die ihrer Verpflichtung nicht nachkommende **Behörde**. Die Festsetzung des Zwangsgeldes erfolgt gegen die Behörde selbst, nicht gegen ihren Rechtsträger. Dies gilt auch dann, wenn die Behörde nicht Beteiligte im Erkenntnisverfahren war. Vollstreckungs- schuldner bleibt der Rechtsträger, dem das Handeln der Behörde zuzurechnen ist (VGH Mannheim DVBl 1977, 211; S/S-A/P/Pietzner VwGO § 172 Rn 8; aA VGH München NVwZ-RR 1989, 669). „Behörde" iSv § 172 ist zum Erlass des VA verpflichtete Ver- waltungsstelle, nicht dagegen der zuständige Beamte (Sodan/Ziekow/Heckmann VwGO § 172 Rn 17).

Vollstreckungsgläubiger kann sowohl eine Privatperson als auch die öffentliche Hand **4a** sein. Im Falle der Vollstreckung zwischen öffentlichen Händen findet § 172 VwGO ebenfalls Anwendung, § 169 VwGO wird in diesem Fall verdrängt (s o § 169 VwGO Rn 3; s auch u Rn 8).

Die **Beteiligung Dritter** ist nach dem Maßstab des § 65 VwGO möglich. Eine – **5** einfache – Beiladung ist sinnvoll, wenn der Titel auf den Erlass eines VA gegen den Dritten gerichtet ist (zustimmend VG Frankfurt BeckRS 2011, 56158, wenn rechtliche Interessen des Dritten berührt sind). Eine notwendige Beiladung gibt es dagegen iRd § 172 VwGO nicht (S/S-A/P/Pietzner VwGO § 172 Rn 39; Sodan/Ziekow/Heckmann VwGO § 172 Rn 21). ZT wird eine Beteiligung Dritter vollständig abgelehnt (OVG Münster NVwZ-RR 1994, 121; Redeker/v Oertzen/v Nicolai VwGO § 172 Rn 5).

B. Anwendungsbereich

Über den Anwendungsbereich des § 172 VwGO besteht erheblicher Streit, sowohl im **6** Verhältnis zu den anderen Vollstreckungsvorschriften der §§ 167 VwGO ff als auch – vor allem – über die Abgrenzung zur Vollstreckung nach § 167 Abs 1 S 1 VwGO iVm den ZPO-Bestimmungen. Die Versuche einer dogmatischen Begr der Begrenzungen in § 172 VwGO (vgl dazu zB Roth VerwArch 91 (2000), 12 ff mN) sind nicht geeignet, die Wider- sprüche bei der Einordnung der Vorschrift in das übrige, die öffentliche Hand betr Vollstre- ckungsregime zu lösen.

Bei **Geldleistungstiteln** geht § 170 VwGO als speziellere Regelung vor, § 172 wird **7** verdrängt (s o § 170 VwGO Rn 3; Sodan/Ziekow/Heckmann VwGO § 172 Rn 29, 49, § 170 Rn 46 f, jeweils mN).

Bei der **Vollstreckung zwischen öffentlichen Händen** ist § 172 VwGO (wie auch **8** § 170 VwGO) im Verhältnis zu § 169 VwGO die speziellere Regelung, die die Anwendung des § 169 VwGO ausschließt (hM: s o § 169 VwGO Rn 3; § 170 VwGO Rn 3, jeweils mN).

Umstr ist vor allem, **ob der Anwendungsbereich auf** die in § 172 VwGO **ausdrück- 9 lich genannten Fälle** (§ 113 Abs 1 S 2 und Abs 5 VwGO, § 123 VwGO; Urteile und einstweilige Anordnungen) **beschränkt** ist – mit der Folge, dass für die nicht erfassten Fälle über § 167 Abs 1 S 1 VwGO §§ 883 ZPO Anwendung finden – oder er in entsprechender Anwendung weitere Fälle erfasst. Diese Frage hat nicht nur dogmatische Bedeutung, sondern – insb bei gerichtlichen Vergleichen und bei allgemeinen Leistungsklagen – erhebliche praktische Relevanz, da die ZPO deutlich weitergehende Zwangsmöglichkeiten vorsieht.

Eine **restriktive Auffassung** versteht § 172 VwGO wortgetreu, verneint jede Erweiterung über **9.1** die ausdrücklich bestimmten Fälle hinaus und legt gleichzeitig den Wortlaut der Vorschrift eng aus (so zB VGH München BayVBl 1977, 668; OVG Münster DÖV 1976, 170). Umgekehrt soll § 172 VwGO nach **extensiver Auffassung** weitgehend auf alle Vollstreckungsfälle gegen die öffentliche Hand anwendbar sein (soweit nicht § 170 VwGO vorgeht). Die in § 172 VwGO aufgezählten Fälle werden nur als Beispiele verstanden (so zB OVG Münster, NVwZ 1998, 534 f; VGH Kassel DVBl 1999, 115; OVG Frankfurt (Oder) NVwZ-RR 2002, 904; S/S-A/P/Pietzner VwGO § 172 Rn 11, 14 ff; Sodan/Ziekow/Heckmann VwGO § 172 Rn 38, 41 ff; B/F-K/S/vA/Bader VwGO § 172

Rn 3; Correll NVwZ 1998, 469; vgl auch schon Hoffmann-Becking VerwArch 62 (1971), 191, 198). Zwischen diesen beiden Auffassungen existieren **differenzierte Positionen** (vgl dazu die Kategorien und Nachweise bei Roth VerwArch 91 (2000), 12, 16 f sowie die Nachweise u).

9.2 Grundlage der extensiven Auffassung ist das Verständnis des § 172 VwGO als abschließende Sonderregelung für die Erzwingung hoheitlicher, nicht auf Geldleistung gerichteter Amtshandlungen. Aus diesem Ansatz wird abgeleitet, die in § 172 VwGO genannten Fälle seien aus historischen Gründen bzw durch redaktionelle Fehler zu eng gefasst und teleologisch zu erweitern. Im Ergebnis werden die in § 172 VwGO genannte Vollstreckungskategorien damit zu bloßen Beispielfällen (ebenso Roth VerwArch 91 (2000), 12, 16). Dieser Auffassung steht der klare Wortlaut der Vorschrift entgegen. Abgesehen davon, dass auch eine weite entsprechende Anwendung des § 172 VwGO die Widersprüchlichkeiten bei der Vollstreckung gegen die öffentliche Hand nicht zu lösen vermag, kann nicht mit dem Hinweis auf mangelndes Problembewusstsein des Gesetzgebers die in § 172 VwGO enthaltene Begrenzung des Regelungsumfangs auf die Kategorie „redaktioneller Unschärfe" herabgestuft und dann gegen den Wortlaut der Anwendungsbereich weit ausgedehnt werden. Eine solche Erweiterung des Anwendungsbereichs kann nur der Gesetzgeber vornehmen (zu Recht ebenso OVG Weimar ThürVBl 2010, 230; Eyermann/Kraft VwGO § 172 Rn 5; zur Grenze zulässiger Analogie bei § 172 VwGO vgl auch Roth VerwArch 91 (2000), 12, 23 ff).

10 Beide Extremauffassungen überzeugen nicht. Ob § 172 VwGO anwendbar bzw entspr anwendbar ist, ist **nach richtiger Auffassung** vielmehr **differenziert** nach einzelnen Vollstreckungstiteln und Fallkonstellationen **zu entscheiden**.

11 Nach seinem Wortlaut erfasst § 172 VwGO **Verpflichtungs- und Bescheidungsurteile** nach § 113 Abs 5 VwGO und **Folgenbeseitigungsurteile** nach § 113 Abs 1 S 2 VwGO. Dies schließt Urteile ein, die auf Bescheidung eines Antrags auf Erlass eines VA gerichtet sind (VGH Kassel NVwZ-RR 1999, 805; VGH Mannheim, NVwZ-RR 2003, 320; Eyermann/Kraft VwGO § 172 Rn 4; Kopp/Schenke VwGO § 172 Rn 1). Nicht eingeschlossen sind Urteile, die auf die Vornahme anderer Amtshandlungen als den Erlass von Verwaltungsakten gerichtet sind, da der Begriff der Amtshandlung in § 113 Abs 5 identisch ist mit dem VA (vgl Kopp/Schenke VwGO § 113 Rn 178). Folgenbeseitigungsurteile nach § 113 Abs 1 S 2 VwGO können auf den Erlass eines VA zur Folgenbeseitigung, aber auch auf schlichtes Verwaltungshandeln gerichtet sein (Kopp/Schenke VwGO § 172 Rn 1; Redeker/v Oertzen/v Nicolai VwGO § 172 Rn 2; Sodan/Ziekow/Heckmann VwGO § 172 Rn 36). Selbstständige Folgenbeseitigungsurteile fallen nicht unter § 113 Abs 1 S 2 VwGO, sie sind nach § 167 Abs 1 S 1 VwGO iVm § 887 ZPO zu vollstrecken (Sodan/Ziekow/Heckmann VwGO § 172 Rn 36; Eyermann/Kraft VwGO § 172 Rn 4).

12 Nach seinem Wortlaut ausdrücklich anwendbar ist § 172 VwGO auch auf Verpflichtungen in **einstweiligen Anordnungen nach § 123 VwGO**. Eine Einschränkung enthält § 172 VwGO insoweit nicht. Aus dem Sachzusammenhang, in dem die in § 172 VwGO genannten Vollstreckungsfälle stehen, folgt jedoch, dass nur solche einstweiligen Anordnungen erfasst sind, die den Verpflichtungen aus unter § 172 VwGO fallenden Urteilen entsprechen. Der Anwendungsbereich für die Vollstreckung einstweiliger Anordnungen folgt daher im Umfang dem Anwendungsbereich bei der Vollstreckung von Urteilen (hM: OVG Weimar ThürVBl 2010, 230 Rn 12 mN; VGH Mannheim NJW 1973, 1580 f; OVG Berlin NVwZ 2001, 99; OVG München NVwZ-RR 1989, 669; OVG Münster NJW 1974, 1917 f; Eyermann/Happ VwGO § 123 Rn 82; Kopp/Schenke VwGO § 172 Rn 1; gegen eine solche Einschränkung: OVG Lüneburg DÖV 2000, 385; Eyermann/Kraft VwGO § 172 Rn 5; S/S-A/P/Pietzner VwGO § 172 Rn 16). Nach OVG Münster BeckRS 2010, 50967 kann an Stelle eines Vollstreckungsantrags nach § 172 VwGO ausnahmsweise ein erneuter Antrag auf Erlass einer einstweiligen Anordnung zulässig sein, wenn die Behörde ihrer Verpflichtung unter Berufung auf eine Änderung der Sach- und Rechtslage nicht nachkommt.

13 Umstr ist, ob der in § 172 VwGO genannte Vollstreckungsfall des § 123 VwGO auch vergleichbare – vollstreckbare – **Sicherungsanordnungen nach § 80a Abs 3, § 80 Abs 2 Nr 2 Alt 2 VwGO** erfasst. Obwohl dies über den Wortlaut hinausgeht, bejaht die hM eine entsprechende Anwendung (VGH Kassel NVwZ-RR 1998, 158; OVG Lüneburg NVwZ-RR 2000, 62; OVG Münster NVwZ 93, 383; Roth VerwArch 91 (2000), 12, 28; Kopp/Schenke VwGO § 172 Rn 2, Redeker/v Oertzen/v Nicolai VwGO § 80 Rn 63; S/S-A/

P/Pietzner VwGO § 172 Rn 17; B/F-K/S/vA/Bader VwGO § 172 Rn 4; Kuhla/Hüttenbring Rn I 52; aA Eyermann/Kraft VwGO § 172 Rn 8). Dem ist zuzustimmen, soweit durch solche Anordnungen zum Erlass eines VA verpflichtet wird.

Auch auf **andere Urteile, die zum Erlass eines VA verpflichten**, ist § 172 VwGO **14** entspr anzuwenden. Dies gilt namentlich für die verbundenen Leistungsurteile nach § 113 Abs 4 VwGO und für Urteile nach § 113 Abs 3 S 2 VwGO. Das lässt sich mit der § 172 VwGO zu Grunde liegenden gesetzgeberischen Wertentscheidung begründen, mit der Regelung in § 172 alle Verpflichtungen zum Erlass eines VA zu erfassen (ebenso Roth VerwArch 91 (2000), 12, 25 f; OVG Berlin NVwZ-RR 2001, 99 f; VGH Mannheim VBl BW 1991, 297; Sodan/Ziekow/Heckmann VwGO § 172 Rn 37; gegen eine entsprechende Anwendung: OVG Münster DÖV 1976, 170; Eyermann/Kraft VwGO § 172 Rn 4). Auch die ausdrückliche verfahrensmäßige Gleichstellung durch § 113 Abs 4 VwGO spricht hierfür.

Nach zutr hM findet § 172 VwGO auch entspr Anwendung, wenn statt eines Urt ein **15** **Prozessvergleich** vorliegt, indem die Behörde sich zum Erlass eines VA verpflichtet hat. Die Nichterwähnung des Prozessvergleichs ist als redaktionelles Versehen zu werten, Unterschiede zu einem Urt sind nicht ersichtlich, da über § 61 Abs 2 S 3 VwVfG selbst Verwaltungsverträge mit Unterwerfungsklausel der Vollstreckung nach § 172 unterliegen (ebenso OVG Münster NWVBl 2006, 467; NVwZ 1998, 534; DÖV 1976, 170; Eyermann/Kraft VwGO § 172 Rn 9; Kopp/Schenke VwGO § 172 Rn 2; S/S-A/P/Pietzner VwGO § 172 Rn 21; B/F-K/S/vA/Bader VwGO § 172 Rn 5; Sodan/Ziekow/Heckmann VwGO § 172 Rn 38; Correll NVwZ 1998, 469; aA: OVG Lüneburg NJW 1980, 414; OVG Münster NVwZ 1992, 897). Auch für Prozessvergleiche gelten allerdings iÜ die Grenzen des Anwendungsbereichs des § 172 VwGO (zu weitgehend daher Eyermann/Kraft VwGO § 172 Rn 9; Redeker/v Oertzen/v Nicolai VwGO § 172 Rn 3; F/K/W/Porz VwGO § 172 Rn 5).

ZT wird die entsprechende Anwendung von § 172 VwGO befürwortet auf **andere 16** **hoheitliche Maßnahmen, wenn sie einem VA vergleichbar sind**, bei denen der Staat eine spezifisch hoheitliche Regelungsbefugnis für sich in Anspruch nimmt bzw die auf unvertretbare Handlungen der Verw gerichtet sind (so neben den Befürwortern einer extensiven Auslegung des § 172 VwGO vor allem Kopp/Schenke VwGO § 172 Rn 1; Sodan/Ziekow/Heckmann VwGO § 172 Rn 41; abl OVG Berlin NVwZ-RR 1999, 411; OVG Koblenz NJW 1987, 1220, 1221; VGH Mannheim DVBl 1977, 211; Eyermann/Kraft VwGO § 172 Rn 2 ff; F/K/W/Porz VwGO § 172 Rn 4; enger auch Roth VerwArch 91 (2000), 12, 29 ff; OVG Berlin NVwZ-RR 2001, 99). Als Beispiele hierfür werden auf Organakte, Umsetzungen oder Normerlass gerichtete allgemeine Leistungsklagen genannt (Kopp/Schenke VwGO § 172 Rn 1; Sodan/Ziekow/Heckmann VwGO § 172 Rn 41). Nach der extensiven Auffassung soll § 172 noch weitergehend auch **sonstige Verpflichtungen zu einer Handlung, Duldung oder Unterlassung** erfassen (so vor allem S/S-A/P/Pietzner VwGO § 172 Rn 18 ff – soweit nicht Geldleistungstitel betroffen sind – Nachweise s o Rn 9). Eine solche Ausweitung der Anwendung widerspricht dem klaren Wortlaut und ist mit geltenden Analogieregeln nicht begründbar. Sie kann nur durch den Gesetzgeber erfolgen (so zutr Eyermann/Kraft VwGO § 172 Rn 5; Roth VerwArch 91 (2000), 29 ff; Redeker/v Oertzen/v Nicolai VwGO § 172 Rn 3; F/K/W/Porz VwGO § 172 Rn 4; OVG Weimar ThürVBl 2010, 230; OVG Berlin NVwZ-RR 1999, 411; 2001, 99; OVG Koblenz NJW 1987, 1220, 1221; VGH Mannheim DVBl 1977, 211).

Dies schließt ein, dass auch **allgemeine Unterlassungspflichten** von § 172 VwGO nicht erfasst **16.1** werden (hM: OVG Berlin NVwZ-RR 2001, 99 f; VGH München NVwZ-RR 1989, 669 f; NVwZ 2001, 822, 823; VGH Mannheim NJW 1973, 1519; Redeker/v Oertzen/v Nicolai VwGO § 172 Rn 3; Kopp/Schenke VwGO § 172 Rn 1; aA VGH Kassel NVwZ-RR 2000, 730; OVG Frankfurt (Oder) NVwZ-RR 2002, 904; Sodan/Ziekow/Heckmann VwGO § 172 Rn 44; S/S-A/P/Pietzner VwGO § 172 Rn 18).

Ebenfalls nicht von § 172 VwGO erfasst wird die **Verpflichtung zur Abgabe von Willens-** **16.2** **erklärungen**, stattdessen findet § 167 Abs 1 S 1 VwGO iVm § 894 ZPO Anwendung (Kopp/ Schenke VwGO 172 Rn 10; Roth VerwArch 91 (2000), 12, 27, 37 f; Rupp AöR 85 (1960), 301, 336; aA Sodan/Ziekow/Heckmann VwGO § 172 Rn 47; Hoffmann-Becking VerwArch 62 (1971), 191, 198).

16.3   Schließlich wird auch die Vollstreckung zur **Erwirkung der Herausgabe von Sachen** nicht von § 172 VwGO erfasst (Kopp/Schenke VwGO § 172 Rn 9; Roth VerwArch 91 (2000), 12, 14 f; Sodan/Ziekow/Heckmann VwGO § 172 Rn 52; aA S/SA/P/Pietzner VwGO § 172 Rn 18 ff).

16.4   Zum Meinungsstand bzgl der Frage der analogen Anwendung der §§ 170, 172 VwGO bei gerichtlichen Entscheidungen auf dem Gebiet des Strafvollzugsrechts vgl BVerfG BeckRS 2010, 56336.

17   Auch die Vollstreckung von **Schiedssprüchen** richtet sich nach § 167 Abs 1 S 1 VwGO iVm ZPO-Bestimmungen. Dies gilt auch dann, wenn sie Urteile ersetzen, die unter § 172 VwGO fallen würden. Eine Analogie vergleichbar wie bei den Prozessvergleichen lässt sich nicht begründen (ebenso Eyermann/Kraft VwGO § 172 Rn 9; aA Sodan/Ziekow/Heckmann VwGO § 172 Rn 40).

C. Vollstreckungsgericht, Vollstreckungsverfahren

I. Vollstreckungsgericht

18   **Sachlich zust** ist das Gericht des ersten Rechtszuges, in aller Regel das VG. Dies entspricht § 167 Abs 1 S 2 VwGO (s dazu o § 167 VwGO Rn 10 ff; zur Unterscheidung zwischen Prozess- und Vollstreckungsgericht vgl o § 167 VwGO Rn 17 f).

19   Für die **örtliche Zuständigkeit** ist entgegen der hM auf § 52 VwGO abzustellen. Diese Regelung wird nicht durch § 167 Abs 1 VwGO verdrängt (s o § 170 VwGO Rn 8; § 167 VwGO Rn 12). Insoweit gilt nichts Anderes als zB bei der Frage, welche Kostenvorschriften maßgeblich sind (s dazu o § 170 VwGO Rn 20 mN; unten Rn 33; unzutr daher VG Köln NJW 1975, 2224; Kopp/Schenke VwGO § 167 Rn 5; S/S-A/P/Pietzner VwGO § 167 Rn 88; Sodan/Ziekow/Heckmann VwGO § 172 Rn 26). Zuständigkeitsveränderungen nach Abschluss des Erkenntnisverfahrens sind, wie bei § 170 VwGO, unbeachtlich (OVG Münster NJW 1981, 2771; Kopp/Schenke VwGO § 167 Rn 5; Sodan/Ziekow/Heckmann VwGO § 172 Rn 28; s auch § 170 VwGO Rn 8).

II. Vollstreckungsvoraussetzungen

20   Zunächst müssen die **allgemeine Vollstreckungsvoraussetzungen** vorliegen. Dazu gehört ein vollstreckbarer Titel iSd § 168 VwGO (Kopp/Schenke VwGO § 172 Rn 5 mN). Welche Vollstreckungstitel in Betracht kommen, richtet sich nach § 172 und dessen Anwendungsbereich. Umstritten ist, ob § 171 VwGO entsprechend anwendbar ist und dementsprechend eine Vollstreckungsklausel vorliegen muss (gegen die analoge Anwendung VGH BW NVwZ-RR 1993, 520; OVG Berlin-Brandenburg BeckRS 2011, 52799; aA OVG Münster NWVBL 201, 191 = BeckRS 2010, 56719 und NWVBl 2006, 467; S/S-A/P/Pietzner VwGO § 172 Rn 32; Sodan/Ziekow/Heckmann VwGO § 172 Rn 55; in diese Richtung tendierend, aber letztlich offen gelassen OVG Saarlouis NVwZ 2011, 698).

21   Daneben fordert § 172 VwGO das Vorliegen besonderer Vollstreckungsvoraussetzungen. Die Behörde darf der ihr auferlegten Verpflichtung nicht nachgekommen sein. Die Rechtsprechung versteht diese Vollstreckungsvoraussetzung iSe „**grundlosen Säumnis**" (BVerfG NJW 1981, 2457; BVerwGE 33, 230, 232 = NJW 1969, 476; VGH Mannheim DÖV 1976, 606; NVwZ-RR 1993, 447; OVG Münster NVwZ-RR 2010, 750; Kopp/Schenke VwGO § 172 Rn 5 f; krit Sodan/Ziekow/Heckmann VwGO § 172 Rn 58). Der Verwaltungsbehörde muss die Möglichkeit eingeräumt worden sein, die Verpflichtung zu erfüllen. Dies erfordert in aller Regel eine **angemessene Erfüllungsfrist**. Deren Länge hängt von den Umständen des Einzelfalles ab (vgl S/S-A/P/Pietzner VwGO § 172 Rn 33; Redeker/v Oertzen/v Nicolai VwGO § 172 Rn 4; zur Länge der Frist bei schwieriger Rechtsmaterie BVerwG Buchholz 310, § 172 Nr 1; OVG Weimar VIZ 2002, 105). Auf ein Verschulden der Säumnis kommt es nicht an, soweit das Zwangsgeld darauf gerichtet ist, ein künftiges Verhalten zu erzwingen (VGH München 22.3.2011 6 C 11.33; Eyermann/Kraft VwGO § 172 Rn 15; B/F-K/S/vA/Bader VwGO § 172 Rn 7). Anders wegen § 890 ZPO bei der Durchsetzung von Duldungs- bzw Unterlassungspflichten (VGH München 22.3.2011 6 C 11.33).

Allgemeine **Gründe für die Säumnis** genügen allerdings nicht. Insoweit können die Maßstäbe **21.1** wie bei § 75 VwGO hergezogen werden (Eyermann/Rennert VwGO § 75 Rn 9 – nicht allerdings für die Frage, ob die Frist angemessen ist).

Die Verpflichtung muss zudem **vollständig** erfüllt sein. Auch eine schlechte Erfüllung der **21.2** Verpflichtung führt zu einer grundlosen Säumnis. Beispiele hierfür bilden die Bewilligung einer Leistung durch VA, aber anschließender Zahlungsverweigerung (Kopp/Schenke VwGO § 170 Rn 1) und der Erlass eines VA gegenüber einem Dritten, ohne dass anschließend bei Nichtbefolgung Maßnahmen zur Durchsetzung dieses VA ergriffen werden (OVG Münster NVwZRR 1992, 518 f; 1993, 383, 384; S/S-A/P/Pietzner VwGO § 172 Rn 34; aA OVG Saarlouis NVwZ 1986, 763 f: keine Verpflichtung, Vollzugsmaßnahmen zu ergreifen; weitere Beispiele bei Sodan/Ziekow/ Heckmann VwGO § 172 Rn 59 ff). Eine Änderung der Sach- und Rechtslage nach rechtskräftigem Abschluss des Verfahrens genügt in aller Regel nicht (OVG Münster NVwZ-RR 2010, 750). Die Behörde muss der ihr auferlegten Verpflichtung effektiv nachkommen, sie schuldet hingegen keinen sofortigen Erfolg; soweit keine bestimmten Maßnahmen auferlegt worden sind, hat die Behörde zudem einen Ermessensspielraum , auf welche Weise sie ihren Verpflichtungen nachkommen möchte (OVG Münster BeckRS 2011, 46341).

Ob eine grundlose Säumnis vorliegt, muss das Vollstreckungsgericht vor Einleitung der **22** Zwangsmaßnahmen prüfen (Sodan/Ziekow/Heckmann VwGO § 172 Rn 58 mN).

Bei einstweiligen Anordnungen gilt zudem die einmonatige **Vollziehungsfrist nach 23 § 929 Abs 2 ZPO**. Sie wird gewahrt durch den Antrag auf Zwangsgeldandrohung (S/S-A/ P/Pietzner VwGO § 172 Rn 37; B/L/A/H/Hartmann ZPO § 929 Rn 24). Wann die Vollziehungsfrist beginnt, ist umstr.

ZT wird die Auffassung vertreten, bei einstweiligen Anordnungen laufe die Frist ab Zustellung, **23.1** dies folge aus der unmittelbaren Anwendung des § 929 Abs 2 ZPO über § 123 Abs 3 VwGO (OVG Münster NVwZ-RR 1992, 388; VGH München BayVBl 2004, 247; VGH Mannheim NVwZ 2000, 692; S/S-A/P/Schoch VwGO § 123 Rn 172; Kopp/Schenke VwGO § 123 Rn 40; Finkelburg/Jank Rn 562; B/L/A/H/Hartmann ZPO § 929 Rn 24). Nach anderer Auffassung soll die Frist demgegenüber erst zu dem Zeitpunkt beginnen, indem für den Gläubiger erkennbar ist, dass die Behörde ihrer Pflicht nicht oder nur unzureichend nachkommen werde (so VGH Mannheim VBl BW 1984, 150; OVG Lüneburg BRS 47 Nr 205). Dies ist in aller Regel der Ablauf der Erfüllungsfrist (so S/S-A/P/Pietzner VwGO § 172 Rn 36; Sodan/Ziekow/Heckmann VwGO § 172 Rn 65).

Bei Dreiecksverhältnissen dürfte § 929 Abs 2 ZPO allerdings nicht entspr anwendbar sein, ein **23.2** Schutz des notwendig beigeladenen durch die Vollziehungsfrist dürfte ausscheiden (ebenso VGH Kassel NVwZ 1990, 977; Melullis MDR 1990, 594; B/L/A/H/Hartmann ZPO § 929 Rn 24).

Unklar ist darüber hinaus auch die Anwendung des § 929 Abs 2 ZPO bei einstweiligen **23.3** Anordnungen, die auf Unterlassung gerichtet sind (vgl dazu Kopp/Schenke VwGO § 123 Rn 40 mN; S/S-A/P/Schoch VwGO § 123 Rn 173). Diese Frage spielt nur dann eine Rolle, wenn man von einem weiten Anwendungsbereich des § 172 ausgeht (extensive Auffassung, s o Rn 9, 16).

III. Durchführung der Vollstreckung

Der Vollstreckungsgläubiger besitzt einen **Anspruch** auf Vollstreckung (zustimmend VG **24** Koblenz BeckRS 2011, 52841). Die Bestimmung der Höhe des Zwangsgeldes und der Dauer der Vollziehungsfrist liegt demgegenüber im Ermessen des Vollstreckungsgerichts (Redeker/v Oertzen/v Nicolai VwGO § 172 Rn 5; S/S-A/P/Pietzner VwGO § 172 Rn 42).

Die Vollstreckung wird durch **Antrag** des Vollstreckungsgläubigers eingeleitet. Andro- **25** hung und Festsetzung der Vollstreckung sind gesondert zu beantragen. Die Möglichkeit eines Vollstreckungsantrags nach § 172 VwGO beseitigt nicht das Rechtsschutzbedürfnis für eine neue Klage (BVerwG NVwZ 2010, 1151 Rn 23 für den Fall einer Neubescheidungsklage auf weitergehenden aktiven Schallschutz im Fernstraßenrecht). Zur Bestimmung des wirtschaftlichen Interesses des Antragstellers bzw Beschwerdeführers an einem Vollstreckungsverfahren gemäß § 172 VwGO vgl OVG Münster NVwZ-RR 2010, 999 mwN.

Die Anträge auf Androhung und auf Festsetzung des Zwangsgeldes müssen zwar beide beantragt **25.1** werden, sie können aber miteinander verbunden werden (so zutr Eyermann/Kraft VwGO § 172 Rn 16; Redeker/v Oertzen/v Nicolai VwGO § 172 Rn 6; aA S/S-A/P/Pietzner VwGO § 172

Rn 45; Sodan/Ziekow/Heckmann VwGO § 172 Rn 70; nach VGH Mannheim VBl BW 1993, 376 ist der Antrag auf Androhung als minus im Antrag auf Festsetzung enthalten). Der Antrag auf Festsetzung kann bereits den Antrag auf wiederholte Festsetzung enthalten (S/S-A/P/Pietzner VwGO § 172 Rn 45, 49).

25.2 　　Der Antrag kann zurückgenommen oder in der Hauptsache für erledigt erklärt werden (mit der Folge der Beendigung des Vollstreckungsverfahrens durch Beschl; S/S-A/P/Pietzner VwGO § 172 Rn 31).

26 　　Das Zwangsgeld ist zunächst unter Fristsetzung **anzudrohen**, § 172 S 1 VwGO. Die Höhe des Zwangsgelds muss bereits in der Androhung bestimmt sein. Sie muss angemessen und verhältnismäßig sein. Angesichts der begrenzten Erträge dürfte die Höchstsumme allerdings in aller Regel angemessen sein (zustimmend VG Koblenz DVBl 2011, 1171 = BeckRS 2011, 52841; S/S-A/P/Pietzner VwGO § 172 Rn 43 f; Sodan/Ziekow/Heckmann VwGO § 172 Rn 74). Eine besondere Abwendungsaufforderung entspr § 170 Abs 2 VwGO ist nicht erforderlich. Der Schuldner muss jedoch zuvor angehört werden.

27 　　Bei Nichterfüllung innerhalb der Frist erfolgt die **Festsetzung** des Zwangsgeldes, einen entsprechenden Antrag vorausgesetzt.

28 　　Im Gegensatz zu Androhung und Festsetzung des Zwangsgeldes erfolgt die **Vollstreckung von Amts wegen** (OVG Berlin NVwZ 1999, 411), insoweit abw von § 888 ZPO. Da es sich um eine Geldforderung gegen die öffentliche Hand handelt, findet dafür § 170 VwGO Anwendung (hM, s o § 170 VwGO Rn 3; wie hier Kopp/Schenke VwGO § 172 Rn 6; Redeker/v Oertzen/v Nicolai VwGO § 172 Rn 7; aA S/S-A/P/Pietzner VwGO § 172 Rn 7, 47; Sodan/Ziekow/Heckmann VwGO § 172 Rn 82: Vollstreckung nach der JBeitrO).

29 　　Eine **wiederholte Festsetzung** – die beantragt sein muss – setzt voraus, dass das zuerst angedrohte Zwangsgeld erfolglos geblieben ist (wie hier OVG Lüneburg NVwZ 1988, 654; Redeker/v Oertzen/v Nicolai VwGO § 172 Rn 7; S/S-A/P/Pietzner VwGO § 172 Rn 49; Sodan/Ziekow/Heckmann VwGO § 172 Rn 83; aA VGH München BayVBl 1969, 277 f; OVG Berlin NJW 1968, 1108: ausr sei Fristablauf). Einer vorherigen Beitreibung des ersten Zwangsgeldes bedarf es nicht (OVG Lüneburg NVwZ 1988, 654; S/S-A/P/Pietzner VwGO § 172 Rn 49; aA Redeker/v Oertzen/v Nicolai VwGO § 172 Rn 7).

30 　　Die Vollstreckung muss **eingestellt** werden, wenn der verfolgte Zweck erreicht ist, in der Regel bei Erfüllung der titulierten Forderung. Aufgrund des Charakters des Zwangsgeldes als Beugemittel kann das Zwangsgeld im Falle der Zweckerreichung, auch wenn es bereits festgesetzt wurde, dann nicht mehr beigetrieben werden (S/S-A/P/Pietzner VwGO § 172 Rn 50). Zu einer Einstellung kommt es auch, wenn die Erfüllung unmöglich geworden ist oder nicht mehr im Gläubigerinteresse liegt, so, wenn der Gläubiger infolge Zeitablaufs kein Interesse mehr an der Durchsetzung des Titels hat (OVG Berlin NVwZ-RR 1999, 411; Eyermann/Kraft VwGO § 172 Rn 17; S/S-A/P/Pietzner VwGO § 172 Rn 51 mit weiterem Beispielen; vgl auch OVG Schleswig NVwZ-RR 1992, 517; OVG Münster NVwZ-RR 1992, 518 f).

31 　　Entgegen der Auffassung von Heckmann (Sodan/Ziekow/Heckmann VwGO § 172 Rn 9; § 170 Rn 47) findet der besondere Vollstreckungsschutz des **§ 170 Abs 3 VwGO keine entsprechende Anwendung** bei § 172 VwGO.

D. Rechtsschutz, Kosten

32 　　Gegen die Entscheidungen des Vollstreckungsgerichts (mit Ausnahme von OVG bzw BVerwG) steht als Rechtsbehelf die **Beschwerde** (§ 146 VwGO) zur Verfügung (OVG Lüneburg NVwZ-RR 2000, 62 f; VGH Mannheim NJW 1978, 287; Kopp/Schenke VwGO § 172 Rn 7). Die Beschwerde hat aufschiebende Wirkung (§ 149 Abs 1 S 1 VwGO). Die Beschwerde nach § 176 Abs 1 VwGO ist auch dann das richtige Rechtsmittel, wenn die Androhung des Zwangsgeldes fälschlicherweise auf § 80a Abs 3 VwGO iVm Abs 2 S 1 Nr 2 VwGO gestützt wird (OVG Lüneburg NVwZ-RR 2000, 62; Kopp/Schenke VwGO § 172 Rn 7). Daneben steht der Rechtsbehelf der **Vollstreckungsgegenklage** gegen den rechtskräftig festgestellten Anspruch zur Verfügung (dazu im Einzelnen S/S-A/P/Pietzner VwGO § 172 Rn 54 ff; Guckelberger NVwZ 2004, 662). So können beispielsweise nachträgliche Änderungen der Sach- und Rechtslage nur mit der Vollstreckungsgegenklage, nicht jedoch im Verfahren nach § 172 VwGO geltend gemacht werden (BVerwG, NVwZ-RR 2002, 314; OVG Saarlouis NVwZ 2011, 698; OVG Münster NVwZ-RR 2010, 750).

Die **Kostenentscheidung** ergeht nach hM nach §§ 154 VwGO ff, nicht über § 167 **33** Abs 1 S 1 VwGO nach ZPO-Vorschriften, da das Verfahren als verwaltungsgerichtliches Vollstreckungsverfahren ausgestaltet ist (str; s § 170 VwGO Rn 20).

Teil V Schluß- und Übergangsbestimmungen (§§ 173–195)

§ 173 [Entsprechende Anwendung des GVG und der ZPO]

[1] Soweit dieses Gesetz keine Bestimmungen über das Verfahren enthält, sind das Gerichtsverfassungsgesetz und die Zivilprozeßordnung einschließlich § 278 Absatz 5 und § 278a entsprechend anzuwenden, wenn die grundsätzlichen Unterschiede der beiden Verfahrensarten dies nicht ausschließen. [2] Die Vorschriften des Siebzehnten Titels des Gerichtsverfassungsgesetzes sind mit der Maßgabe entsprechend anzuwenden, dass an die Stelle des Oberlandesgerichts das Oberverwaltungsgericht, an die Stelle des Bundesgerichtshofs das Bundesverwaltungsgericht und an die Stelle der Zivilprozessordnung die Verwaltungsgerichtsordnung tritt. [3] Gericht im Sinne des § 1062 der Zivilprozeßordnung ist das zuständige Verwaltungsgericht, Gericht im Sinne des § 1065 der Zivilprozeßordnung das zuständige Oberverwaltungsgericht.

§ 173 S 1 VwGO enthält die subsidiäre Generalverweisung auf das GVG und die ZPO und normiert die zwei zentralen Voraussetzungen (planwidrige Lücke und keine Wesensverschiedenheit). Der durch G vom 24.11.2011 neu eingefügte S 2 regelt für den Verwaltungsprozess sowohl den Verzögerungsnachteilsentschädigungsanspruch als auch dessen Durchsetzbarkeit durch Verweis auf die §§ 198 GVG. S 3 verdeutlicht, dass die Verwaltungsgerichte als Schiedsgerichte tätig werden können und legt für diesen Fall den Instanzenzug fest.

Übersicht

A. Allgemein

I. Überblick

1 § 173 VwGO normiert die entsprechende Anwendbarkeit von Normen aus den zivilrechtlichen Prozessordnungen in drei unterschiedlichen Weisen. Einmal ordnet er die analoge Anwendung allgemein an, dann noch einmal konkret für den Bereich der gütlichen Streitbeilegung und für den Verzögerungsanspruch.

2 § 173 S 1 VwGO will die **VwGO** als Gesetzeswerk **entlasten**, zugleich die **Schließung** von **Lücken** ermöglichen und zudem die Parallelität der Verwaltungsgerichtsordnung und der Zivilprozessordnung in den Bereichen ermöglichen, in denen sie sachgerecht ist (ausführlich S/S/B/Meissner VwGO § 173 Rn 12 ff). Die Norm ist rechtspolitisch umstritten, weil an ihr deutlich wird, dass trotz der Besonderheiten der VwGO große Übereinstimmungen zwischen den verschiedenen Prozessordnungen bestehen und daher die Frage bleibt, weshalb der Gesetzgeber keine einheitliche Prozessordnung normiert (ausführlich Sodan/Ziekow/ Schmid VwGO § 173 Rn 1 f).

II. Entstehungsgeschichte

Die Regelung des § 173 S 1 VwGO ist seit Erlass der VwGO enthalten, war früher aber **2a** in § 169 VwGO geregelt. S 3 ist (als damaliger S 2) durch das Schiedsverfahrens-Neuregelungsgesetz v 22.12.1997 (BGBl I 3224) angefügt worden. Demnach können Verwaltungsgerichte von den Parteien als Schiedsgerichte bestimmt werden. Der erste Satz bestand ursprünglich ohne den ausdrücklichen Verweis auf § 278 Abs. 5 und § 278a ZPO. Dieser Verweis wurde mit G v 21.7.2012 (BGB I 577) eingefügt. Der S 2 ist nicht viel älter. Er wurde durch das Gesetz über den Rechtsschutz bei überlangen Gerichtsverfahren und strafrechtlichen Ermittlungsverfahren v 24.11.2011 (BGBl I 2302) eingefügt und der alte S 2 wurde zu S 3.

B. Die Generalverweisung – S 1

I. Tatbestandsvoraussetzungen

1. Lücke in der Verwaltungsgerichtsordnung

Die Feststellung, dass die VwGO eine erforderliche Regelung nicht enthält, ist die erste **3** zentrale Tatbestandsvoraussetzung des § 173 VwGO. Entscheidend ist, ob eine **planwidrige Lücke** vorliegt. Die Feststellung wirft eine Reihe von methodischen Fragen auf, die nicht ohne ein wertendes Urteil des Rechtsanwenders zu beantworten sind. Liegt eine sog. „Lücke" vor und fehlt es an der anderen Voraussetzung des § 173 VwGO, so muss diese unter Rückgriff auf die Analogie zu anderen Bestimmungen, über das Institut der allgemeinen Rechtsgrundsätze oder im Wege der richterlichen Rechtsfortbildung geschlossen werden. Ein analoger Rückgriff auf die ZPO oder das GVG dürfte in diesem Fall allerdings ausgeschlossen sein, weil insoweit § 173 VwGO spezieller ist (Kopp/Schenke VwGO § 173, Rn 6 f).

Mit Verfahren ist dabei das **gesamte Prozessverfahren** gemeint, nicht nur die Ver- **4** fahrensbestimmungen ieS § 173 VwGO bezieht sich daher auf Regelungslücken innerhalb des gesamten Anwendungsbereichs der VwGO (S/S/B/Meissner VwGO § 173, Rn 22). Eine „Lücke" ist ebenfalls nicht gegeben, wenn die „fehlende Norm" durch die Analogiebildung zu einer anderen VwGO-Bestimmung gebildet werden kann (H.-J. v. Oertzen, in: Redeker/v. Oertzen § 173, Rn 2; ausführlich Sodan/Ziekow/Schmid VwGO § 173, Rn 14). Dies gilt aber nur, wenn zu der analog herangezogenen VwGO-Regelung zugleich die größere Sachnähe besteht. An einer planwidrigen Lücke fehlt es auch, wenn die VwGO eine Frage absichtlich nicht geregelt hat. Keine Lücke liegt weiter vor, wenn die VwGO durch speziellere Vorschriften auf das GVG oder die ZPO verweist (s nur § 4, § 55, § 83, § 149 Abs 2 zum GVG und § 54 Abs 1, § 57 Abs 2, § 62 Abs 4, § 64, § 98, § 105, § 123 Abs 3, § 153 Abs 1, § 159 S 1, § 166, § 167 Abs 1 zur ZPO – ausführlich S/S/B/Meissner VwGO § 173, Rn 30–45). Wird bei diesem spezielleren Verweis eine bestimmte ZPO- oder GVG-Bestimmung ausgespart, kann diese nicht über § 173 VwGO zur Anwendung kommen.

2. Kein Ausschluss durch grundsätzliche Unterschiede

Grundsätzliche Unterschiede der beiden Verfahrensarten dürfen die Verweisung nicht **5** ausschließen. Als grundsätzliche Unterschiede lassen sich ohne Anspruch auf Vollständigkeit nennen: der Untersuchungsgrundsatz, die unterschiedlichen Ausgestaltungen des Dispositionsgrundsatzes, die unterschiedliche Handhabung des Prinzips der Waffengleichheit, der unterschiedliche Einfluss materieller Rechtsgebiete. Die grundsätzlichen Verschiedenheiten können sich dabei verfahrensspezifisch auf eine bestimmte Verfahrensart oder Klageart auswirken und nur dort einer analogen Anwendung entgegenstehen.

6   Der **Untersuchungsgrundsatz** weist primär dem Gericht die Verantwortung für die Sachverhaltsermittlung zu (§ 86 VwGO), während im Zivilprozess diese schwerpunktmäßig bei den Beteiligten liegt. Der Untersuchungs- und der Beibringungsgrundsatz sind weder in der ZPO noch in der VwGO in ihrer theoretischen Reinform verwirklicht, dennoch bleiben merkbare Unterschiede von erheblichem Gewicht. Normen der ZPO, die mit dem Beibringungsgrundsatz in Zusammenhang stehen, sind daher im Zweifel nicht auf die VwGO übertragbar.

6.1   Ausgeschlossen ist daher der Verweis auf das Geständnis (§ 288 ff ZPO), auf die Versäumnisurteile (§§ 330 ff ZPO) und auf das Mahnverfahren (§§ 688 ff ZPO).

7   **Grundsatz der Waffengleichheit.** Im Verwaltungsprozess stehen sich bei abstrakter Betrachtung in der Regel zwei Beteiligte von unterschiedlicher Stärke entgegen. Die Seite der öffentlichen Hand wird durch die grundsätzliche Befugnis zum Einsatz von Hoheitsgewalt, eine häufig umfassendere Sachkunde und Spezialisierung und eine regelmäßig größere Finanzkraft geprägt. Diese Vorteile dürfen nicht unangemessen in den Prozess hineinwirken. Daher kann es bei der Verwaltungsgerichtsbarkeit zu einer differenzierenden Strenge der Prüfung bestimmter Voraussetzungen je nach Beteiligten kommen. Das gängigste Beispiel ist die Nachsicht, mit der die Rechtsprechung eine undeutliche Antragstellung des Bürgers über das Institut der „Antragsauslegung" behandelt, und die Strenge, mit der sie der öffentlichen Hand, etwa beim Fehlen der Sachurteilsvoraussetzungen der §§ 68 ff VwGO, begegnet, indem sie schon ein hilfsweises Eingehen auf die Sache als Verzichtserklärung auf die Rüge des fehlenden Vorverfahrens deutet. In der Kommentarliteratur wird daher zu Recht von dem Grundsatz der Beteiligten-(Kläger)-Begünstigung gesprochen (Sodan/Ziekow/Schmid VwGO § 173, Rn 27 f). Im Zivilprozess herrscht dagegen grundsätzlich eine strenge förmliche Gleichheit der Parteien. Bei der analogen Anwendung zivilprozessualer Vorschriften, die durch die förmliche Gleichheit geprägt sind, insbes hinsichtlich der Auslegung der Vorschriften über die Befangenheit des Richters, kann es daher zu Differenzen in der Anwendung kommen.

7.1   Weitere Beispiele für die Bürgerbegünstigung wären: die Frage, inwieweit die Angabe einer ladungsfähigen Anschrift des Klägers (§ 253 Abs 4 iVm § 130 Nr 1 ZPO) wie im Zivilprozess Zulässigkeitsvoraussetzung ist (A. Decker, VerwArch 86 (1995), 266, 269 f.); die Auslegung einer bestimmenden Willenserklärung (BVerwG NJW 1991, 508, 510 – nur Widerspruchseinlegung); zur Vollständigkeit der Bezeichnung des Beklagten (BVerwG DVBl 1993, 562).

8   Der **Dispositionsgrundsatz** gilt im Zivilprozess ebenso wie im Verwaltungsprozess und kann als solcher daher die Verweisung auf Vorschriften, die von diesem geprägt sind, nicht sperren. Sofern jedoch die Existenz des Vertreters des öffentlichen Interesses im Verwaltungsprozess oder die weitgehend fehlende Disponibilität der Rechte und der Rechtsnormen im öffentlichen Recht Auswirkungen auf den Dispositionsgrundsatz besitzen, kann eine Verweisung ausgeschlossen sein. So wird etwa im Verwaltungsprozess das Versäumnisurteil aus diesem Grunde generell nicht für statthaft gehalten (BVerwG, NJW 1957, 885, 886).

9   Das Zivilprozessrecht ist anders als das Verwaltungsverfahrensrecht weitgehend unabhängig von dem **materiellen Recht**, aber nicht vollständig. So kann es sein, dass die Heranziehung bestimmter zivilprozessualer Normen der Besonderheit des materiellen (Verwaltungs-)Rechts nicht gerecht werden würde. Dies gilt vor allem dann, wenn hinter dem subjektiven Recht des Bürgers zentrale Elemente grundrechtlicher Schutzbereiche stehen. So hat das BVerwG im gerichtlichen Verfahren im Streit um die Anerkennung als Kriegsdienstverweigerer bei Nichterscheinen des Klägers in der mündlichen Verhandlung eine Pflicht zur Anberaumung einer Vertagung von Amts wegen angenommen trotz § 227 Abs 1 S 2 ZPO (iVm § 173 VwGO) (vgl Sodan/Ziekow/Schmid VwGO § 173, Rn 30).

9.1   Analog anwendbar (ausführlich dazu S/S/B/Meissner VwGO § 173, Rn 111 ff.; Eyermann/Schmidt VwGO § 173, Rn 5) sind folgende ZPO-Bestimmungen: § 5 ZPO: OVG Magdeburg: NVwZ-RR 2013, 167/ §§ 72 ff. ZPO: VGH Koblenz, NVwZ-RR 2008, 846/ § 78 Abs 3 ZPO: OVG Bautzen, NVwZ 1999, 891/ § 78b ZPO: BVerwG NJW 2013, 711/ § 79 ZPO: VGH Kassel,

ESVGH 20, 147/ § 81 ZPO: BVerwG, NJW 1997, 2897/ § 83 ZPO: BVerwG, NJW 1997, 2897 / § 84 S 1 ZPO: BVerwG, NJW 1998, 3582/ § 85 Abs 2 ZPO: BVerwG, NJW 1997, 3390/ § 87 Abs 1 ZPO: BVerwG, NVwZ 2000, 65/ § 88 Abs 2 ZPO: GSOGB, BVerwGE 69, 380/ § 89 ZPO: BVerwG, NVwZ 1997, 491; BVerwG, BVerwGE 109, 169 = NJW 1999, 3357/ § 91 Abs 1 S 2 ZPO: VGH Kassel, NVwZ-RR 1999, 213/§ 91 Abs. 2: BVerwG, NJW 2007, 3656/ § 91 Abs 4 ZPO: VG Hannover, NVwZ-RR 2012, 912/ §§ 103–107 ZPO: BayVGH, BayVBl 1999, 317/ § 104 Abs 1 S 2 ZPO: VGH Mannheim, NVwZ-RR 1998, 691/ § 104 Abs 2 S 1 ZPO: VGH Kassel, NVwZ-RR 1999, 213/ § 130 Nr 1 ZPO: BVerwG, NJW 1999, 2608/ § 141 Abs 2 S 2 HS 1 ZPO: VGH Kassel, NVwZ-RR 1988, 404/ § 227 ZPO: BVerwG, NJW 1999, 2131/ § 240 ZPO: VGH Kassel, NVwZ 1998, 1315/ § 251 ZPO: BVerwG, NVwZ-RR 1997, 621/ § 253 Abs 4 ZPO: BVerwG, NJW 1999, 2608/ § 256 Abs. 2 ZPO,:BVerwG BVerwGE 141, 311 = NVwZ 2012, 1184/;§ 264 ZPO: BVerwG, BVerwGE 100, 83, 102 = NJW 1997, 71; BVerwG, BVerwGE 88, 24 = NJW 1991, 2783; ZPO: BVerwGE 77, 317 = NVwZ 1987, 1074/§ 265: BVerwG, NJW 1985, 281/ § 266 Abs 1 ZPO: VGH Mannheim, NVwZ 1998, 975/ § 269 Abs 3 S 1 ZPO: BVerwG, BVerwGE 81, 356, 362 = NVwZ 1989, 768/ § 278 ZPO: OVG Saarlouis, NJW 2007, 3656/ § 283 ZPO: VGH Mannheim, NVwZ-RR 2008, 429/ § 287 ZPO: BVerwG, NVwZ 1999, 77/ § 291 ZPO: BVerwG, BVerwGE 109, 29/ § 293 ZPO: BVerwG NJW 2012, 3461/ § 295 ZPO: BVerwG, NJW 1998, 3369/§ 299 Abs. 2 ZPO: VGH Mannheim NJW 2012, 1163/ § 302 ZPO: BVerwG, NJW 1999, 160/ § 303 ZPO: BVerwG, NJW 1997, 2897/ § 307 ZPO: BVerwG, BVerwGE 104, 27 = NVwZ 1997, 576; a. A. BVerwG, BVerwGE 62, 18 [für die Anfechtungsklage]/ § 311 Abs 2 ZPO: VGH Mannheim, NVwZ 1999, 669/ § 318 ZPO: BVerwG, NJW 1997, 2897/ § 323 ZPO: VGH München, BayVBl 1978, 54/ §§ 485, 486 ZPO: OVG Schleswig, NVwZ-RR 1992, 444/§ 512 ZPO: OVG Bautzen, NVwZ-RR 2011, 543/ § 515 ZPO: OVG Saarlouis, NVwZ 1998, 645/ § 537 ZPO: BVerwG, BVerwGE 71, 73, 77 = NJW 1986, 862/ § 548 ZPO: BVerwG, NVwZ 1997, 1210 / § 549: BVerwG, NJW 1999, 2608/ § 558 ZPO: BVerwG, NJW 1998, 3369/ § 559 Abs 2 S 2 ZPO: BVerwG, BVerwGE 106, 115, 120 = NVwZ 1998, 628/ § 560 ZPO: BVerwG, BVerwGE 142, 234 = NVwZ 2012, 1314/ § 562 ZPO: BVerwG, NVwZ 1999, 183/ § 565 Abs 1 S 2 ZPO: BVerwG, NJW 1964, 1736/ § 565: BVerwG, BVerwGE 109, 203 = NVwZ 2000, 63/§ 571: VGH Kassel ESVGH 60, 179/ § 572 Abs 3 ZPO: OVG Lüneburg, NVwZ 1999, 209/ § 577a ZPO: BayVGH, BayVBl 1999, 182. Aus dem GVG sind anwendbar zumindest: § 17a GVG, OVG Münster NVwZ-RR 2012, 801/ § 201 GVG: OVG Greifswald NVwZ-RR 2013, 76.

II. Rechtsfolge

Liegen eine Lücke und eine Vergleichbarkeit vor, sind die Normen innerhalb der ZPO, **10** die die Lücke ausfüllen, **entsprechend anwendbar**. § 173 VwGO verweist nicht auf die Bestimmungen in der ursprünglichen Fassung bei Erlass der VwGO, sondern auf alle Bestimmungen beider Gesetzeswerke in der jeweils geltenden Form und mit dem jeweils geltenden Inhalt (Sodan/Ziekow/Schmid VwGO § 173, Rn 16).

Die Verweisung des § 173 VwGO bezieht sich auf die **Gesetzesnormen** und **nicht** **11** zugleich auf die **Auslegung** dieser Normen durch die Zivilgerichte. Die Verwaltungsgerichte bleiben frei, diese durch Verweisung in die VwGO inkorporierten Normen abweichend von den Zivilgerichten zu interpretieren. Auch prozessuales Richterrecht oder ungeschriebene Rechtsinstitute müssen sie nicht übernehmen, es bleibt ihnen aber möglich. Andererseits spricht die Ratio des § 173 VwGO für eine wohlwollende Prüfung hinsichtlich der Übernahme der Auslegung der Normen der ZPO und des GVG durch die Zivilgerichte, sowie der Übernahme möglicher ungeschriebener Institute in Ergänzung zu den betreffenden Normen durch die Verwaltungsgerichte. § 173 VwGO möchte nicht nur die VwGO als Kodifikation von unnötigen Regelungen entlasten, sondern zugleich eine weitgehende Parallelität der Prozessordnungen in den Bereichen herstellen, in denen die Besonderheiten der jeweiligen Prozessordnung nicht entgegenstehen. Dies spricht dafür, auch die richterliche Norminterpretation zu übernehmen, sofern dies der eigenen Rechtsauslegung nicht widerspricht (ähnlich Kopp/Schenke VwGO § 173 Rn 2).

Die Rechtsfolge liegt in der „entsprechenden" Anwendung. Fraglich ist, ob die ent- **12** sprechende Anwendung allein in der Anwendung der ZPO- oder GVG-Norm für die VwGO liegt. Relevant wäre dies für die Befugnis der Gerichte, die jeweilige Regelung des GVG und der ZPO für die VwGO zu modifizieren. Verneint man dies, wären die Gerichte darauf beschränkt, die Vorschrift ohne jede Veränderung, gewissermaßen „eins zu eins" heranzuziehen („sind anzuwenden"). Die VwGO differenziert in anderen Bestimmungen zwischen den Fällen einer entsprechenden Heranziehung (§ 4, § 54 Abs 1, § 55, § 62 Abs 4, § 64, § 83, § 105, § 123 Abs 3, § 159, § 166 und § 167 Abs 1 VwGO) und einer unmittelbaren Heranziehung (Fristenregelung – § 57 Abs 2 VwGO; Wiederaufnahme – § 153 Abs 1 VwGO; sowie der aufschiebenden Wirkung der Beschwerde gegen Ordnungsmittel – § 149 Abs 2 VwGO). Bei einer so pauschalen Verweisung, wie der des § 173 VwGO auf die beiden anderen prozessualen Regelungswerke, liegt es nahe, den Begriff **„entsprechend" auch auf die Rechtsfolge** zu beziehen. Dann sind Anpassungen der Regelung an die Besonderheiten der VwGO zulässig (BVerwG NJW 1985, 1178).

12.1   So haben etwa die Verwaltungsgerichte die Frage der Nachprüfung der Vollmacht eines Prozessbevollmächtigten (§ 88 Abs 2 Alt 2 ZPO) im Bereich des Verwaltungsprozesses modifiziert angewendet. So soll das grundsätzliche Verbot der ZPO, einen Mangel der Vollmacht von Amts wegen zu berücksichtigen, wenn ein Rechtsanwalt auftritt, unter Einfluss des im Verwaltungsprozessrecht geltenden Untersuchungsgrundsatzes nur soweit gelten, als nicht „besondere Umstände" dazu Anlass geben, die Bevollmächtigung des Anwalts in Zweifel zu ziehen (BVerwG NJW 1985, 1178).

C. Die Mediation im Verwaltugsprozess

I. Allgemein

13   Mit Art 6 des Gesetzes zur Förderung der Mediation und anderer Verfahren der außergerichtlichen Konfliktbeilegung v 21.7.2012 wurden die Worte „einschließlich § 278 Abs 5 und § 278a" eingefügt. Diese Normen wurden mit dem gleichen Gesetz in die ZPO eingefügt bzw geändert. Auf diese Weise wurden der gerichtsnahen und der gerichtsinternen Mediation eine gesetzliche Grundlage geschaffen. Durch den ausdrücklichen Verweis auf die ZPO wird klargestellt, dass die Zulässigkeit der gerichtsinternen Mediation auch für den Verwaltungsprozess gilt (BT-Drs 17/5335, 25). Im Bereich der gütlichen Einigung sind drei Formen zu unterscheiden:

- die Bemühungen des Spruchkörpers, eine gütliche Einigung insbesondere einen Prozessvergleich zu erreichen (s. v.a § 87 Abs. 1 Nr. 1 VwGO bzw. § 278 ZPO iVm § 173 VwGO),
- die Möglichkeit, die Beteiligten an einen Güterichter zu verweisen (§ 278 Abs 5 ZPO iVm § 173 VwGO),
- die Möglichkeit des Vorschlags der gerichtsnahen Mediation gem § 278a ZPO iVm § 173 VwGO.

Die ursprünglich als vierte Form gedachte gerichtsinterne Mediation (§ 17 GVG-E) ist während des Gesetzgebungsverfahrens aufgegeben worden (BT-Drs 17/8058, 21 – s ausführlich dazu Karsten-Michael Ortloff, NVwZ 2012, 1057 ff).

II. Der Güterichter

14   Nach § 278 Abs 5 ZPO iVm § 173 VwGO kann das Gericht die Parteien für die Güteverhandlung sowie für weitere Güteversuche vor einen hierfür bestimmten und nicht entscheidungsbefugten Richter (Güterichter) verweisen. Das Besondere dieser Möglichkeit besteht darin, dass diese Form der gerichtsinternen Konfliktbeilegung außerhalb des erkennenden Spruchkörpers stattfindet. Gem § 9 Abs 2 iVm Abs 1 MediationsG darf der Güterichter nur noch bis zum 1.8.2013 die Bezeichnung „gerichtlicher Mediator" in der bisherigen Form führen. Danach darf er zwar materiell noch Mediation betreiben, sich aber nicht mehr als Mediator bezeichnen. Der Zweck der Auslagerung der Güteverhandlung liegt darin, die gütliche Einigung von prozesstaktischen Überlegungen zu befreien und die Möglichkeit einer eigenverantwortlichen Lösung zu erhöhen. Die Beteiligten werden so ermuntert, dem Güterichter Informationen mitzuteilen, die sie im Prozess nicht mitteilen würden.

15   Der Güterichter ist kein Mediator. Es gelten folgende Unterschiede. Die Verweisung bedarf anders als die Anordnung der Mediation nicht der Zustimmung der Beteiligten, die Güteverhandlung ist Teil des gerichtlichen Verfahrens, eine Protokollierung der Verhandlung

ist möglich und der Güterichter setzt den Termin zur Güteverhandlung fest. Nach Auffassung der Gesetzesbegründung ist der Güterichter gesetzlicher Richter (BT-Drs 17/5335, 20). Die gegenwärtige Ausgestaltung dürfte mit Art 92 GG vereinbar sein. Art. 92 GG weist die Streitentscheidung den Gerichten zu und schließt es damit grundsätzlich auch aus, dass die Beteiligten gezwungen werden, vor einem Zugang zu dem Gericht, eine Streitbeilegung vor einer nichtrichterlichen Person zu suchen. Der Güterichter ist als unselbstständiger Teil des Gerichtsverfahrens anzusehen und Teil der rechtsprechenden Gewalt iSv Art 92 GG.

Die Verweisung an den Güterichter liegt im Ermessen des erkennenden Spruchkörpers, **16** eine Zustimmung der Parteien ist nicht erforderlich. Sinnvoll ist die Verweisung nur, wenn beide Parteien grundsätzlich bereit sind, sich auf ein solches Verfahren einzulassen. Die Möglichkeit, einen externen Güterichter zu bestimmen, mindert nicht die Befugnis des Spruchkörpers, insbesondere des Vorsitzenden selbst, eigene Güteversuche zu unternehmen, dies ergibt sich schon aus § 87 Abs 1 Nr 1 VwGO. § 173 VwGO iVm § 278 Abs 5 ZPO soll eine zusätzliche Möglichkeit zur gütlichen Streitbeilegung schaffen. Verweisung meint die Fortführung des Verfahrens vor dem Güterichter. Die Verhandlungen vor dem Güterichter führen zu keiner Unterbrechung oder Aussetzung, vielmehr wandelt sich das Verfahren kurzzeitig in ein Verfahren zwecks Prüfung der Möglichkeit einer gütlichen Einigung.

Der Güterichter muss vom Gericht für diese Aufgaben bestimmt worden sein. Er muss **17** zutreffender Ansicht nach, zwar von dem Gericht bestimmt worden sein, aber nicht diesem Gericht angehören. Im GVG und in der ZPO bzw VwGO ist nicht vorgesehen, dass die Gerichte einen Güterichter bestimmen müssen. Diese Pflicht ergibt sich aber mittelbar daraus, dass nur so dem erkennenden Spruchkörper die gesetzlich vorgesehene Entscheidung über die Verweisung möglich ist (aA BeckOK ZPO/Vorwerk/Wolf/Bacher ZPO § 278 Rn 22). Zutreffender Ansicht nach darf der Güterichter nicht Mitglied des zur Entscheidung berufenen Spruchkörpers sein.

Der Güterichter soll eine Güteverhandlung durchführen, wozu er auch das Mittel der **18** Mediation einsetzen kann (§ 278 Abs. 5 S. 2 ZPO iVm § 173 VwGO). Eine solche Mediation unterfällt formal nicht den Vorschriften des Mediationsgesetzes, kann aber nach denselben Verfahrensregeln durchgeführt werden. Die Güteverhandlungen sind keine Verhandlungen vor dem erkennenden Gericht, so dass unklar ist, welche Normen über das gerichtliche Verfahren hinaus anwendbar sind. Das Verfahren ist aus diesem Grunde nicht öffentlich. Ein Anwaltszwang besteht zutreffender Ansicht nach nicht, eine Vertretung ist aber zulässig. Der Güterichter fällt keine richterliche Entscheidung, kann aber richterliche Verfügungen, wie insbesondere Terminladungen, vornehmen. Er darf Einsicht in die Verfahrensakten nehmen und kann gem. § 173 VwGO iVm § 159 Abs. 2 S 2 ZPO ein Protokoll erstellen, das Bestandteil der Gerichtsakten werden soll (BeckOK ZPO/Vorwerk/Wolf/Bacher ZPO § 278 Rn 27).

Das Verfahren vor dem Güterichter endet mit einer Rückverweisung an das erkennende **19** Gericht. Eine Rückgabe an das erkennende Gericht ist geboten, wenn eine gütliche Streitbeilegung zustande gekommen ist oder wenn keine Aussicht auf das Zustandekommen einer gütlichen Konfliktbeilegung mehr besteht. Eine Aufhebung der Verweisung durch das erkennende Gericht dürfte zulässig, aber nun in extremen Ausnahmesituationen sinnvoll sein. Eine gefundene gütliche Einigung berührt das laufende Verfahren nicht unmittelbar, vielmehr greifen hier die allgemeinen Möglichkeiten des Abschlusses eines Prozessvergleichs, der Klagerücknahme, des Anerkenntnisses oder der Erledigungserklärung.

III. Die Mediation

Gem § 173 VwGO iVm § 278a Abs. 1 ZPO kann das Gericht den Beteiligten eine **20** Mediation oder ein anderes Verfahren der außergerichtlichen Konfliktbeilegung vorschlagen. Entscheiden sich die Beteiligten zur Durchführung einer Mediation oder eines anderen Verfahrens der außergerichtlichen Konfliktbeilegung, ordnet das Gericht gem. Abs 2 das Ruhen des Verfahrens an. Die außergerichtliche Mediation und die Pflichten eines außergerichtlichen Mediators sind seit 2012 im Mediationsgesetz geregelt (zu Zweifeln an der Gesetzgebungskompetenz, insoweit Guckelberger NVwZ 2011, 390 ff). § 278a Abs. 1 ZPO normiert die „gerichtsnahe" Mediation. Die „gerichtsinterne Mediation" im strengen Sinne gibt es nicht mehr, sie ist vielmehr in dem Güterichter gem. § 278 Abs. 5 ZPO iVm § 173 VwGO aufgegangen.

21   Die gerichtliche Tätigkeit erschöpft sich in der Anregung zur außergerichtlichen Streitbeilegung und zur Verfahrensaussetzung. Die Beteiligten sind bei der Art und Weise der außergerichtlichen Streitbeilegung frei. Diese ist nur mit ihrer Zustimmung möglich. Sie sind bei der Wahl des Mediators frei. Das Gericht regt das Verfahren an und wartet dann den Ausgang des Verfahrens ab. Die Verfahrensaussetzung kann das Gericht wieder beenden, wenn es der Meinung ist, das außergerichtliche Streitbeilegungsverfahren würde nicht vorankommen. Es kann daher auch nach einem Sachstand fragen. Ansprechpartner sind die Beteiligten, nicht der Mediator. Für das Streitbeilegungsverfahren in der Form der Mediation greift das Mediationsgesetz.

D. § 173 S 2 VwGO
I. Allgemein
1. Historie

22   Nach S 2 sind die Vorschriften des Siebzehnten Titels des Gerichtsverfassungsgesetzes mit der Maßgabe entsprechend anzuwenden, dass an die Stelle des Oberlandesgerichts das Oberverwaltungsgericht, an die Stelle des Bundesgerichtshofs das Bundesverwaltungsgericht und an die Stelle der Zivilprozessordnung die Verwaltungsgerichtsordnung tritt. Die Norm wurde mit dem Gesetz über den Rechtsschutz bei überlangen Gerichtsverfahren und strafrechtlichen Ermittlungsverfahren v 24.11.2011 (BGBl I 2302) eingefügt und ist am 3.12.2011 in Kraft getreten. Hintergrund der Neuregelung (s dazu BT-Drs. 17/3802) ist der Anspruch auf eine gerichtliche Entscheidung in angemessener Zeit, der sowohl aus Art 6 EMRK als auch ungeschrieben aus dem Rechtsstaatsprinzip (Art 19 Abs 4 GG) (BVerfG (Kammer), NVwZ 2011, 486, 488) oder dem Justizgewährleistungsanspruch (BVerfGE 107, 305, 401) folgt (Guckelberger, DÖV 2011, 289, 289; s. nur zu Art 19 Abs 4 GG). Gem. Art 13 EMRK muss jeder das Recht haben, eine Verletzung der Rechte der EMRK wirksam vor einer innerstaatlichen Instanz rügen zu können. Hinsichtlich des Beschleunigungsgebots war dies nach zutreffender Auffassung des EGMR nicht der Fall, weshalb er Deutschland aufforderte, bis Ende 2011 Abhilfe zu schaffen. Dies ist mit der Normierung des Verzögerungsnachteilsentschädigungsanspruchs geschehen. Die Neuregelung geht dabei weiter als die völkerrechtliche Bindung an Art 6 EMRK, weil der Verzögerungsnachteilsentschädigungsanspruch für alle öffentlich-rechtlichen Verfahren gewährt wird, auch für die, die vom EGMR nicht als „zivilrechtlich" iSv Art. 6 EMRK qualifiziert wurden (s dazu Meyer-Ladewig, EMRK, 3. Aufl 2011, Art 6, Rn 6 f).

2. Charakter

23   Der Anspruch ist dabei ein eigenständiger Entschädigungsanspruch für immaterielle und materielle Schäden, die durch überlange Verfahren entstanden sind. Der Verzögerungsnachteilsentschädigungsanspruch ist verschuldensunabhängig. Es handelt sich um einen materiellrechtlichen Anspruch gegen den Staat für die Verletzung des Rechts auf eine gerichtliche Entscheidung in angemessener Zeit, dessen Durchsetzbarkeit aber je nach Verfahrensordnung unterschiedlich geregelt ist. § 173 S 2 VwGO bezieht sich nur auf das verwaltungsprozessuale Verfahren. Eine selbstständige Untätigkeitsbeschwerde, d. h. ein eigenständiger präventiver Rechtsbehelf, mit dem der Verfahrensbeteiligte eine Beschleunigung des Verfahrens erreichen kann, wurde nicht eingeführt.

3. Überblick

24   Der Verzögerungsnachteilsentschädigungsanspruch hat folgende Voraussetzungen:
- Verfahrensbeteiligter (§ 198 Abs 1 iVm § 198 Abs 6 Nr 2 GVG)
- Verwaltungsgerichtliches Verfahren (§ 173 S 2 VwGO iVm § 198 Abs 6 Nr 1 GVG)
- Überlange Verfahrensdauer (§ 198 Abs 1 GVG)
- Materieller und/ oder immaterieller Nachteil (§ 198 Abs 1 GVG)
- Bei immateriellem Nachteil: Keine Wiedergutmachung auf andere Weise (§ 198 Abs 2 S 2 iVm Abs 4 GVG)

- Kausalität zwischen Verfahrensdauer und Nachteil
- Verzögerungsrüge gem § 198 Abs 3 GVG
- Anspruchsgegner: Land oder Bund

Die Rechtsfolge ist eine angemessene Entschädigung (§ 198 Abs 1 GVG). 25
Gerichtlich ist der Anspruch vor dem OVG oder dem BVerwG geltend zu machen (§ 173
S 2 VwGO iVm § 201 GVG).

II. Der materielle Anspruch

1. Verfahrensbeteiligter

Gem. § 198 Abs 1 S 1 iVm Abs 6 Nr 2 GVG kann der Anspruch nur Verfahrensbetei- 26
ligten zustehen. Dies sind die Beteiligten des Verwaltungsprozesses (§ 63 VwGO). Ist der
Beteiligte ein Träger öffentlicher Verwaltung, steht ihm der Anspruch nicht zu. Träger
öffentlicher Verwaltung sind alle juristischen Personen des öffentlichen Rechts. Nach zutreffender Ansicht zählen zu den Trägern öffentlicher Verwaltung auch juristische Personen
des Zivilrechts, an denen die öffentliche Hand mehrheitlich beteiligt ist. Den Trägern öffentlicher Verwaltung steht entgegen des genannten Grundsatzes der Anspruch dann zu, wenn
und soweit sie in Wahrnehmung eines Selbstverwaltungsrechts an dem Verfahren beteiligt
sind. Der Begriff des Selbstverwaltungsrechts ist weit auszulegen. Darunter können fallen:
Personalkörperschaften (Handwerkskammer etc), Universitäten, Rundfunkanstalten und Religionsgemeinschaften.

2. Verwaltungsgerichtliches Verfahren

Relevant für § 173 S 2 VwGO iVm § 198 Abs 1 S 2 GVG sind nur Verfahren vor den 27
Verwaltungsgerichten. Diese werden umfassend erfasst, dh, inklusive einstweiliger Rechtsschutzverfahren, Wiedereinsetzungsanträgen und Rechtsmitteln. Nicht hierher zu zählen
sind die Unterbrechungen, die durch Vorlagen zum BVerfG oder zum EuGH (Art 100 Abs 1
GG, Art 267 AEUV) herbeigeführt werden, es sei denn, der Antrag ist offensichtlich unhaltbar (Guckelberger, DÖV 2101, 289, 294 f). Das Widerspruchsverfahren ist nach zutreffender
Ansicht nicht einzubeziehen.

3. Unangemessene Verfahrensdauer

Der Anspruch setzt eine unangemessene Länge des Verfahrens voraus. Die Beurteilung 28
der angemessenen Verfahrensdauer richtet sich nach dem jeweiligen Einzelfall. Entscheidend
sind nach § 198 S 2 GVG ua die Schwierigkeiten des Verfahrens, die Bedeutung des Verfahrens, das Verhalten der Verfahrensbeteiligten und das Verhalten Dritter. Das Verhalten
Dritter ist dem Gericht nur zurechenbar, sofern es Einfluss auf diese hat. Zur Konkretisierung
des Merkmals kann auch auf die Rechtsprechung des EGMR zu Art 6 EMRK zurückgegriffen werden (ausführlich Meyer-Ladewig, Kommentar zur EMRK, 3. Aufl, 2011, Art 6,
Rn 194; s a Schenke, NVwZ 2012, 257 ff). In der Regel dürften zwei Jahre für eine Instanz
bei komplizierten Fällen als grobe Richtlinie möglich sein (acht Jahre für Amtspflichtverlet-
zungsverfahren in drei Instanzen und vorm BVerfG hielt der EGMR noch für angemessen
(Urt v 8.10.2008, 23279/06 – Yildiz/Deutschland)). Dagegen wurden zwei Jahre und elf
Monate für zwei Instanzen im Verwaltungsprozess über eine Behinderteneigenschaft nicht
mehr für angemessen gehalten (EGMR Urt v 15.3.2007, 1921/04 Nr 58–60 – Georghe/
Rumänien).

4. Kausaler Nachteilseintritt (§ 198 Abs 1 S 1 iVm Abs 2 iVm Abs 4 GVG)

Durch die unangemessene Verfahrensverzögerung muss kausal ein materieller und/ oder 29
immaterieller Nachteil entstanden sein. Dessen Vorliegen und die Kausalität sind vom
Anspruchsteller zu beweisen. Der Nachteil wird nicht definiert. Erfasst werden finanzielle
und nicht finanzielle Einbußen. Ob sie vor oder nach Erhebung der Verzögerungsrüge
entstanden sind, ist unerheblich. Beispiele materieller Nachteile sind etwa die Kostenerhö-
hungen im Ausgangsverfahren auf Grund der Verzögerung und die notwendigen Anwalts-

kosten für die vorprozessuale Verfolgung des Entschädigungsanspruchs. Immaterielle Nachteile können sein: psychische Beeinträchtigungen, Rufschädigungen, Entfremdung eines Kindes von einem Elternteil (BT-Drs 17/3802, 19). Eine schwerwiegende Beeinträchtigung der Persönlichkeitsrechte ist nicht Voraussetzung. Gem. § 198 GVG iVm § 173 S 2 VwGO wird die Existenz eines immateriellen Nachteils bei Vorliegen überlanger Verfahrensdauer vermutet. Allerdings genügt das Vorliegen eines immateriellen Nachteils für die Entstehung eines Entschädigungsanspruchs gem. § 198 Abs 2 S 2 GVG iVm § 173 S 2 VwGO nur, wenn die Wiedergutmachung auf andere Weise gem. § 198 Abs 4 GVG nicht ausreichend ist. Eine solche anderweitige Wiedergutmachung kann etwa die Feststellung des Entschädigungsgerichts sein, dass die Verfahrensdauer unangemessen war.

5. Verzögerungsrüge

30   Erforderlich ist zudem die Geltendmachung einer Verzögerungsrüge. Es handelt sich um eine materielle Voraussetzung des Verzögerungsnachteilsentschädigungsanspruchs und nicht nur um ein Zulässigkeitskriterium für dessen prozessuale Durchsetzbarkeit (Guckelberger, DÖV 2011, 289, 292). Die Rügeobliegenheit soll dem Richter das Problem verdeutlichen und verhindern, dass die Beteiligten schweigen und anschließend Entschädigung verlangen. Damit soll ein sog. „Dulden und Liquidieren" verhindert werden. In den Verfahren mit Anwaltszwang erstreckt sich dieser auch auf die Erhebung der Rüge.

31   Die Verzögerungsrüge ist kein selbständiger Rechtsbehelf. Sie kann wirksam nicht schon bei Verfahrensbeginn erhoben werden, sondern erst, wenn Anlass zur Besorgnis besteht, dass das Verfahren nicht in einer angemessenen Zeit abgeschlossen werden wird. Diese Besorgnis der unangemessenen Verfahrensdauer besteht, wenn der Verfahrensbeteiligte konkrete Anhaltspunkte für eine Verzögerung des Verfahrens hat. Einer Gewissheit bedarf es nicht. Eine Rüge zu einem späteren Zeitpunkt bleibt möglich. Den Verfahrensbeteiligten soll Geduld nicht zum Nachteil gereichen. Die Wirksamkeit der Rüge wird erst im Entschädigungsprozess geprüft. Sie kann mündlich erhoben werden und muss nicht rechtlich begründet und auch nicht ausdrücklich als solche bezeichnet werden. Allerdings muss sie die Umstände anführen, die für die Verfahrensförderung maßgeblich sind und noch nicht im Verfahren eingeführt wurden. Als Beispiele werden ein drohender Wohnungsverlust oder eine bevorstehende Insolvenz genannt (BT-Drs 17/3802, S 21). Eine mehrfache Erhebung der Verzögerungsrüge gegenüber demselben Gericht ist möglich, unter bestimmten – allerdings nicht sehr klaren Voraussetzungen – auch nötig. Die Verzögerungsrüge kann jedoch grundsätzlich erst nach sechs Monaten wiederholt werden (§ 198 Abs 3 S 2 GVG iVm § 173 S 2 VwGO). Diese Frist gilt auch, wenn die erste Rüge verfrüht war, da die sechsmonatige Sperrfrist dem Schutz der Gerichte vor „Kettenrügen" in kurzen Abständen dient. Die Verzögerungsrüge ist zu unterscheiden von der bloßen Bitte um Beschleunigung. Diese kann schon vor dem Zeitpunkt der Besorgnis der unangemessenen Verfahrensdauer an das Gericht herangetragen werden. Sie setzt weder die Sperrfrist von sechs Monaten für die Erhebung der Verzögerungsrüge in Gang, noch lässt sie den Entschädigungsanspruch entstehen.

6. Anspruchsgegner

32   Der Verzögerungsnachteilsentschädigungsanspruch richtet sich bei Nachteilen, die auf Grund von Verzögerungen durch ein VG und das OVG/ den VGH eingetreten sind, gegen das Land, bei Nachteilen, die auf Grund von Verzögerungen des BVerwG eingetreten sind, gegen den Bund (§ 200 GVG iVm § 173 S 2 VwGO).

7. Rechtsfolge

33   Die Rechtsfolge ist eine angemessene Entschädigung gem. § 198 Abs 1 S 1 GVG. Der Anspruch geht nicht auf Ersatz des entgangenen Gewinns (§ 252 BGB). Er ist kein Schadensersatzanspruch. Es heißt bewusst „Nachteil" und nicht „Schaden" und weiter „angemessen" und nicht „vollständig". Der EGMR bezieht mitunter den entgangenen Gewinn ein. In diesen Fällen ist ggf. eine konventionsfreundliche Auslegung erforderlich (EGMR, NJW 1997, 2809, 2811; Guckelberger, DÖV 2101, 289, 296). Ansonsten bleibt es dabei, dass die angemessene Entschädigung nur den Ausgleich einer Minderung eines

Bestandes an immateriellen und materiellen Gütern durch die Verfahrensverzögerung erfasst. Welche Entschädigungshöhe angemessen ist, lässt die gesetzliche Regelung offen. Bei materiellen Nachteilen geht es zunächst um den grundsätzlich umfassenden Ersatz der Vermögenseinbußen und ggf. unter bestimmten Umständen auch um den Verlust von Vorteilen, aber ohne den entgangenen Gewinn. Für die immateriellen Nachteile besteht in § 198 Abs 2 GVG eine Regelvorgabe, nach der für jedes Jahr der Verzögerung Entschädigung iHv 1200 Euro (dh 100 Euro pro Monat) beansprucht werden kann, es sei denn, diese Summe ist nach den Umständen des Einzelfalls unangemessen. Bei der Bewertung der Angemessenheit kann auch einfließen, wie schwerwiegend die Verzögerung war und ob die Nachteile unmittelbar oder lediglich mittelbar durch die Verzögerung verursacht wurden (Althammer/ Schäuble, NJW 2012, 1, 3).

8. Konkurrenzen

Zwischen dem Verzögerungsnachteilsentschädigungsanspruch nach § 198 GVG iVm **34** § 173 S 2 VwGO und dem Amtshaftungsanspruch gem. § 839 BGB iVm Art 34 GG besteht Anspruchskonkurrenz (Schenke, NVwZ 2012, 257, 262.). Nicht eindeutig ist, ob die Verzögerungsrüge als ein Rechtsbehelf angesehen wird, der gem. § 839 Abs 3 BGB dem Amtshaftungsanspruch vorgeht (Guckelberger, DÖV 2101, 289, 297).

III. Die prozessuale Durchsetzung

Der Verzögerungsnachteilsentschädigungsanspruch kann auch außergerichtlich von der **35** Justizverwaltung erfüllt werden. Er kann aber ebenso eingeklagt werden. Gem § 201 GVG iVm § 173 S 2 VwGO ist für die Klage auf Entschädigung gegen ein Land das Oberverwaltungsgericht zuständig, in dessen Bezirk das streitgegenständliche Verfahren durchgeführt wurde. Für die Klage auf Entschädigung gegen den Bund ist es das Bundesverwaltungsgericht, sofern nicht das Bundesverfassungsgericht zuständig ist.
Für die Klage auf Durchsetzung des Verzögerungsnachteilsentschädigungsanspruchs sieht das Gesetz ein festes Zeitfenster vor. Die Klage muss nach § 198 Abs 2 GVG iVm § 173 S 2 VwGO spätestens sechs Monate nach rechtskräftiger Beendigung des Ausgangverfahrens erhoben werden. Es handelt sich um eine Ausschlussfrist. Frühestens kann die Klage dabei sechs Monate nach (wirksamer) Geltendmachung der Verzögerungsrüge erhoben werden. Sie kann auch schon während des Ausgangverfahrens erhoben werden, wobei das Ausgangsgericht, in diesem Fall das Entschädigungsgericht, das Verfahren gem. § 201 Abs 3 GVG iVm § 173 S 2 VwGO aussetzen kann.
Auf das Verfahren der Entschädigungsklage finden gem. § 201 Abs 2 GVG iVm § 173 **36** S 2 VwGO die Vorschriften der VwGO über das Verfahren im ersten Rechtszug entsprechende Anwendung. Die statthafte Klageart ist grundsätzlich die allgemeine Leistungsklage, ausnahmsweise die Feststellungsklage. Der auf den Ersatz immaterieller Nachteile gerichtete Antrag muss nicht beziffert werden. Er kann auf die Feststellung beschränkt werden, dass die Verfahrensdauer unangemessen war. Voraussetzung für diese Feststellung ist jedoch neben der unangemessenen Verfahrenslänge das Vorliegen eines immateriellen Nachteils. Wurde die Verzögerungsrüge nicht erhoben und ist daher der Verzögerungsnachteilsentschädigungsanspruch ausgeschlossen, kann dennoch die isolierte Feststellung der Unangemessenheit der Verfahrensdauer ausgesprochen werden (§ 198 Abs 4 S 3 Hs. 2 GVG iVm § 173 S 2 VwGO).
Die Verfassungsbeschwerde wegen Verletzung des Gebots der Entscheidung in angemes- **37** sener Zeit kann erst nach Geltendmachung des Verzögerungsnachteilsentschädigungsanspruchs vor den Verwaltungsgerichten gem. § 173 S 2 VwGO erhoben werden.

E. § 173 S 3 VwGO

Verwaltungsgerichte können von den Parteien als Schiedsgerichte bestimmt werden. Das **38** ursprünglich ins Auge gefasste **dreiinstanzliche** Schiedsverfahren wurde aufgegeben (vgl. BT-Drs 13/5274, 74; Kopp/Schenke VwGO § 173, Rn 31). § 173 S 3 VwGO greift hinsichtlich der Bestimmung des OVG als Beschwerdeinstanz auch, wenn das erstinstanzliche

Schiedsgericht nicht auf der Grundlage von § 173 S 3 VwGO, sondern aufgrund speziellerer Regelungen (§ 38a VermG, § 71 WVG, § 83 TierSG, § 16i TierSchG, § 22h FlHG, § 24 GFlHG) bestimmt wurde (Sodan/Ziekow/Schmid VwGO § 173, Rn 4).

§ 174 [Befähigung zum Richteramt]

(1) Für den Vertreter des öffentlichen Interesses bei dem Oberverwaltungsgericht und bei dem Verwaltungsgericht steht der Befähigung zum Richteramt nach dem Deutschen Richtergesetz die Befähigung zum höheren Verwaltungsdienst gleich, wenn sie nach mindestens dreijährigem Studium der Rechtswissenschaft an einer Universität und dreijähriger Ausbildung im öffentlichen Dienst durch Ablegen der gesetzlich vorgeschriebenen Prüfungen erlangt worden ist.

(2) Bei Kriegsteilnehmern gilt die Voraussetzung des Absatzes 1 als erfüllt, wenn sie den für sie geltenden besonderen Vorschriften genügt haben.

Die Norm enthält Sonderbestimmungen über die Ernennungsvoraussetzungen (Rn 1)für den Vertreter des öffentlichen Interesses (Rn 2) auf Landesebene und ergänzt § 37 Abs 2 Hs 2 VwGO.

A. Privilegierung der Befähigung zum höheren Verwaltungsdienst (Abs 1)

1   § 174 VwGO ergänzt § 37 Abs 2 VwGO und bezieht sich auf eine Ernennungsvoraussetzung der Vertreter des öffentlichen Interesses. Für den Vertreter des öffentlichen Interesses bei dem Oberverwaltungsgericht oder dem Verwaltungsgericht stellt § 174 VwGO die Befähigung zum höheren Verwaltungsdienst der Befähigung zum Richterdienst nach dem DRiG gleich. Diese Gleichstellung galt ursprünglich auch für die Verwaltungsrichter (s dazu die Übergangsvorschrift des § 110 DRiG). Mit § 89 Nr 6 DRiG vom 8.9.1961 (BGBl 1961 I 1665) wurde diese generelle Gleichsetzung jedoch aufgehoben und die Norm erhielt ihre heutige beschränkte Reichweite. Liegen die Befähigungsvoraussetzungen für das Amt des Vertreters des öffentlichen Interesses nicht vor, bleibt diese Verletzung für das gerichtliche Verfahren ohne Folgen. Es treten auch nicht die Folgen des § 138 Nr 4 VwGO in den Fällen ein, in denen der Vertreter des öffentlichen Interesses den Beklagten nach Maßgabe des Landesrechts vertritt.

2   Der Anwendungsbereich von § 174 VwGO wird zusätzlich durch § 122 Abs 5 DRiG beschränkt. § 122 Abs 5 DRiG verweist für die „Staatsanwälte und die Landesanwälte bei den Gerichten der Verwaltungsgerichtsbarkeit der Länder" auf § 122 Abs 1 DRiG, nach dem die Befähigung zum Richteramt als Voraussetzung für eine Ernennung genannt wird. § 122 DRiG ist im Vergleich zu § 174 VwGO die jüngere Vorschrift und für die Vertreter des öffentlichen Interesses, die den Status eines Staats- oder Landesanwalts haben, spezieller. Für die Vertreter des öffentlichen Interesses, die den Status eines Staats- oder Landesanwalts iSv § 122 Abs 5 DiRG haben, gilt daher im Ergebnis über § 122 Abs 1 DRiG wieder die Regel des § 37 Abs 2 Hs 1 VwGO – sie müssen die Befähigung zum Richteramt haben.

B. Privilegierung der Kriegsteilnehmer (Abs 2)

3   Abweichend von den Vorgaben des Absatzes 1 gelten Kriegsteilnehmer als für das Amt des Vertreters des öffentlichen Interesses befähigt, wenn sie den für sie geltenden besonderen Vorschriften genügt haben.

§ 175 (weggefallen)

Die Vorschrift normierte die Rechtsstellung der Verwaltungsrichter. Dies war für eine Übergangszeit notwendig, da die VwGO vor dem DRiG in Kraft trat. Die Norm ist mit Erlass des Deutschen Richtergesetzes und der Richtergesetze der Länder auch ohne förmliche Aufhebung gegenstandslos geworden. Sie wurde durch Art 1 Nr 45 des 4. VwGOÄndG vom 17.12.1990 (BGBl I 2809) ausdrücklich aufgehoben.

§ 176 (weggefallen)

Die Vorschrift enthielt eine Regelung, nach der es möglich war, einem Patentanwalt in Patentsachen vor dem Bundesverwaltungsgericht das Wort zu gestatten. Die Norm wurde durch § 188 Nr 5 Patentanwaltsordnung vom 7.9.1966 (BGBl I 557) ausdrücklich aufgehoben. An ihre Stelle ist § 4 PAO getreten.

§ 177 (weggefallen)

Die Norm sah die Möglichkeit für die aus dem preußischen Rechtskreis stammenden   **1**
Verwaltungsrechtsräte vor, vor dem BVerwG wie Rechtsanwälte aufzutreten. Diese Befugnis war bis zum 30.9.1960 befristet. Gleichzeitig gestattete die BRAO dem betroffenen Personenkreis, unter bestimmten Voraussetzungen die Zulassung zur Rechtsanwaltschaft zu beantragen (§ 232 Abs 2 BRAO). § 177 VwGO ist seit dem 1.10.1960 obsolet und wurde durch Art 1 Nr 45 des 4. VwGOÄndG vom 17.12.1990 (BGBl I 2809) ausdrücklich aufgehoben.

§ 178 (Änderungsvorschriften)

Die Norm passte den § 17 GVG an die in § 41 VwGO getroffene Regelung über die Rechtswegentscheidung an. Die Norm ist mittlerweile obsolet, da die geltende Fassung der §§ 17, 17a, 17b GVG sich aus Art 2 des 4. VwGOÄndG vom 17.12.1990 (BGBl I 2809) ergibt.

§ 179 (Änderungsvorschriften)

Die §§ 23–30 EGGVG über die Anfechtung von Justizverwaltungsakten und deren   **1**
Zuweisung zum Rechtsweg zu den ordentlichen Gerichten wurden durch § 179 VwGO in das EGGVG eingeführt. Später hat dann das Justizmitteilungsgesetz v 18.6.1997 (BGBl I 1430) die §§ 23 ff EGGVG in einem neu eingeführten dritten Abschnitt zusammengefasst.

§ 180 [Zeugen- und Sachverständigenvernehmung nach dem VwVfG oder dem SGB X]

[1]Erfolgt die Vernehmung oder die Vereidigung von Zeugen und Sachverständigen nach dem Verwaltungsverfahrensgesetz oder nach dem Zehnten Buch Sozialgesetzbuch durch das Verwaltungsgericht, so findet sie vor dem dafür im Geschäftsverteilungsplan bestimmten Richter statt. [2]Über die Rechtmäßigkeit einer Verweigerung des Zeugnisses, des Gutachtens oder der Eidesleistung nach dem Verwaltungsverfahrensgesetz oder nach dem Zehnten Buch Sozialgesetzbuch entscheidet das Verwaltungsgericht durch Beschluß.

§ 180 VwGO bezieht sich auf den seltenen Fall, dass in dem VwVfG des Bundes oder dem SGB X eine Pflicht der Zeugen/Sachverständigen zur Aussage/Erstellung des Gutachtens geregelt ist (Rn 6). Für diesen Fall erzwingt § 180 VwGO für die richterliche Vernehmung/Vereidigung nicht das Tätigwerden der Kammer, sondern ermöglicht den Verwaltungsgerichten, die Zuständigkeit eines Einzelrichters (Rn 7) vorzusehen. Die Norm besitzt, soweit ersichtlich, nur eine sehr geringe praktische Bedeutung. Ihre Anwendung auf die Landes-VwVfG ist umstritten (Rn 5).

A. Allgemein

I. Entwicklungslinien der Bestimmung

§ 180 VwGO hatte beim Erlass der VwGO einen ganz anderen Inhalt. Er regelte die   **1**
Verweisung durch das FG an das zuständige Gericht bei Unzulässigkeit des Rechtswegs. Die

Norm ist durch § 34 FGO gegenstandslos geworden. Mit Inkrafttreten des VwVfG zum 1.1.1977 (BGBl 1976 I 1253) bedurfte es einer Reihe von Anpassungen der VwGO, die in § 97 VwVfG vorgesehen waren. Hierzu zählte der § 180 VwGO in seiner heutigen Gestalt. Mit Erlass des SGB X ergab sich die Notwendigkeit, den § 180 VwGO mit Gesetz vom 18.8.1980 (BGBl I 1469) anzupassen („oder nach dem Zehnten Buch Sozialgesetzbuch"). Der Gesetzgeber hat mittlerweile § 97 VwVfG durch das 2. Gesetz zur Änderung verwaltungsverfahrensrechtlicher Vorschriften vom 6.8.1996 (BGBl 1996 I 2022) aufgehoben. Streng genommen wären auf diese Weise all die Bestimmungen mit aufgehoben worden, die diese Vorschrift damals in die VwGO eingefügt hatte: Dies wäre nur dann nicht der Fall, wenn die Vorschriften mittlerweile in irgendeiner Weise vom Gesetzgeber geändert worden wären und so einen von § 97 VwVfG selbstständigen Geltungsgrund erhalten hätten. Man kann darüber streiten, ob die Anpassung wegen des SGB X für diese Annahme ausreicht. Im Zusammenhang mit § 44a VwGO hat das BVerwG mittlerweile zu Recht entschieden, dass der Wille des Gesetzgebers nicht dahin ging, mit der Aufhebung des § 97 VwVfG auch die eingefügten Bestimmungen aufzuheben (BVerwG NJW 1999, 1729, 1730; s dazu Sodan/Ziekow/Ziekow VwGO § 44a Rn 1). Dies muss auch für § 180 VwGO gelten (im Ergebnis auch so Sodan/Ziekow/Guckelberger VwGO § 180 Rn 1).

II. Bezug zum VwVfG

2   § 180 VwGO ist auf die Verwaltungsverfahrensgesetze bezogen. Diese enthalten für Zeugen und Sachverständige grundsätzlich keine generelle Verpflichtung zur Aussage oder zur Erstellung eines Gutachtens. Allerdings bestehen Ausnahmen für das förmliche Verfahren (§ 65 VwVfG/ §§ 21 Abs 3, 22 SGB X), auf die sich § 180 VwGO bezieht.

III. Normzweck

3   Der Sinn des § 180 VwGO erschließt sich nur mit einem Blick auf dessen Entstehungsgeschichte. Da die Verwaltungsgerichtsbarkeit damals die Figur des Einzelrichters noch nicht kannte, aber die Befassung der Kammer für unnötig erachtet wurde, schuf man die Möglichkeit, dass die Gerichte die Aufgabe der Vernehmung und Vereidigung von Zeugen und Sachverständigen auf Antrag einer Behörde durch den Geschäftsverteilungsplan einem einzelnen Richter übertragen können (BT-Drs 7/910, 98; s Kopp, NJW 1976, 1961; Roth, NVwZ 1999, 155).

B. Die Beweisaufnahme iSv Satz 1
I. Anwendungsbereich

4   § 180 VwGO bezieht sich nur auf die Vernehmung und Vereidigung von Zeugen und Sachverständigen nach dem SGB X und nach dem Bundes-VwVfG. Auf Vernehmungen nach einem LVwVfG ist er nicht anwendbar (S/S/B/Stelkens/Panzer VwGO § 180 Rn 5; Kopp/Schenke VwGO § 180 Rn 2). Dieses Auslegungsergebnis ist zwar unsinnig, aber eindeutig. Eine Orientierung an § 10 EVwPO hätte diese Probleme vermieden. Das Auslegungsergebnis beruht auf zwei Gründen. Zunächst wurde § 180 VwGO durch § 79 BVwVfG eingefügt. Weiter spricht § 180 VwGO von „dem Verwaltungsverfahrensgesetz".

4.1   Sofern die Gegenmeinung § 180 VwGO auch auf die Landesverwaltungsverfahrensgesetze bezieht, begründet sie dies mit einem Hinweis auf den Sinn der Norm, der auf die landesrechtlichen Verwaltungsverfahrensgesetze genauso zutreffe wie auf das BVwVfG. Zudem spreche § 180 VwGO nicht explizit von dem BVwVfG. Schließlich sei angesichts der Subsidiaritätsklausel des § 1 Abs 3 BVwVfG nicht anzunehmen, dass der Bund den Ländern eine gleiche Regelungsmöglichkeit wie auf Bundesebene versperren wollte (Sodan/Ziekow/Guckelberger VwGO § 180 Rn 3).

5   Sofern einige Bundesländer in ihren Verwaltungsverfahrensgesetzen ausdrücklich § 180 VwGO für analog anwendbar erklären (s nur Art 65 Abs 8 BayVwVfG), sind diese Normen wegen fehlender Gesetzgebungskompetenz der Länder verfassungswidrig. Die Länder besitzen nicht die Kompetenz, die Regelung des § 5 VwGO zu modifizieren (S/S/B/Stelkens/ Panzer VwGO § 180 Rn 5; sa Kopp/Schenke VwGO § 180 Rn 2).

Auf Vernehmungen von Zeugen und Sachverständigen, die ihre Regelung außerhalb **6** des VwVfG/ SGB X gefunden haben, ist § 180 VwGO nicht anwendbar. Daher enthält etwa § 4 Abs 2 VereinsG eine spezielle Bestimmung zur Zeugenvernehmung anlässlich vereinsrechtlicher Ermittlungen. § 180 VwGO gilt auch nicht für die Vernehmung der Zeugen und Sachverständigen, die sich auf einen beim VG rechtshängigen Rechtsstreit beziehen.

II. Der zuständige Richter

Nach S 1 ist für die nach dem VwVfG oder dem Zehnten Buch SGB erfolgende Ver- **7** nehmung und Vereidigung von Zeugen und Sachverständigen der nach dem Geschäftsverteilungsplan dafür im Voraus bestimmte Richter zuständig. Der Geschäftsverteilungsplan wird gem § 4 VwGO iVm § 21e GVG vom Präsidium erstellt. Eine Bestimmung des zuständigen Richters durch Beschluss über die Verteilung der Geschäfte innerhalb des Spruchkörpers gem § 21g GVG ist ausgeschlossen (Kopp/Schenke VwGO § 180 Rn 3; Sodan/Ziekow/ Guckelberger VwGO § 180 Rn 2). Die verwaltungsprozessualen Vorschriften über den Einzelrichter (§ 5 Abs 3, § 6 VwGO) sind nicht anwendbar.

III. Verfahren

Die Vernehmung durch das VG setzt ein entsprechendes Ersuchen der Behörde voraus, **8** dessen Einzelheiten in §§ 65 Abs 2 S 3 iVm Abs 5 VwVfG, 22 Abs 4 SGB X normiert sind. Die Durchführung des Vernehmungs- und Vereidigungsverfahrens richtet sich nach der VwGO iVm den einschlägigen verwaltungsverfahrens- bzw sozialrechtlichen Bestimmungen. Gem. §§ 65 Abs 2 S 4 VwVfG, 22 Abs 1 S 4 SGB X muss das Gericht die Beteiligten von den Beweisterminen benachrichtigen. Das Gericht prüft weder die Erforderlichkeit der Vernehmung, noch ob die Voraussetzungen einer Beeidigung nach §§ 65 Abs 3 VwVfG, 22 Abs 2 SGB X vorliegen (S/S/B/Stelkens/Panzer VwGO § 180 Rn 7).

C. Die Beurteilung der Mitwirkungsverweigerung – Satz 2

S 2 bezieht sich ausschließlich auf die Beurteilung der Rechtmäßigkeit der Verweigerung **9** des Zeugnisses, des Gutachtens oder der Eidesleistung. Über diese wird durch Beschluss entschieden. Die Entscheidung trifft der Richter nach S 1 und nicht die Kammer, da dieser zugleich Verwaltungsgericht iSv § 65 VwVfG und iSv § 180 S 2 VwGO ist (S/S/B/ Stelkens/Panzer VwGO § 180 Rn 8; Sodan/Ziekow/Guckelberger VwGO § 180 Rn 5; a. A. Kopp/Ramsauer § 180 Rn 3). Für dieses Ergebnis spricht schon der mit § 180 VwGO angestrebte Zweck, die Kammern der Gerichte zu entlasten.

D. Rechtsbehelfe

Gegen die im Rahmen des § 180 VwGO getroffenen Entscheidungen ist die Beschwerde **10** nach § 146 Abs 1 VwGO statthaft. Die Erinnerung nach § 151 VwGO ist nicht statthaft (aA Kopp/Schenke VwGO § 180 Rn 6). Gegen verfahrensleitende Verfügungen im Rahmen der Vernehmung/Vereidigung der Zeugen oder Sachverständigen ist die Beschwerde gem § 146 Abs 2 VwGO nicht möglich (Sodan/Ziekow/Guckelberger VwGO § 180 Rn 6; S/ S/B/Stelkens/Panzer VwGO § 180 Rn 8).

§ 181 (Änderungsvorschriften)

Die Norm fügte die Regelung über die Zustellungen in einem anhängigen verwaltungs-, sozial- oder finanzgerichtlichen Verfahren in das VwVG ein (§ 8 Abs 4 VwVG aF [aufgehoben mit Wirkung vom 1.7.2002 durch Gesetz v 25.6.2001 (BGBl I 1206)]).

§ 182 (Änderungsvorschriften)

§ 182 VwGO fügte § 66a BRAGO, der die gebührenrechtliche Behandlung der anwaltlichen Tätigkeit bei der Anfechtung von Justizverwaltungsakten regelt und eine Folgevorschrift zu § 179 VwGO darstellt, in die BRAGO ein.

§ 183 [Nichtigkeit von Landesrecht]

[1] **Hat das Verfassungsgericht eines Landes die Nichtigkeit von Landesrecht festgestellt oder Vorschriften des Landesrechts für nichtig erklärt, so bleiben vorbehaltlich einer besonderen gesetzlichen Regelung durch das Land die nicht mehr anfechtbaren Entscheidungen der Gerichte der Verwaltungsgerichtsbarkeit, die auf der für nichtig erklärten Norm beruhen, unberührt.** [2] **Die Vollstreckung aus einer solchen Entscheidung ist unzulässig.** [3] **§ 767 der Zivilprozeßordnung gilt entsprechend.**

Die Vorschrift ist § 79 Abs 2 BVerfGG nachgebildet und stützt die Wirksamkeit (Rn 4) von gerichtlichen Entscheidungen (Rn 9), auch wenn deren Rechtsgrundlage auf Grund einer landesverfassungsgerichtlichen Entscheidung (Rn 6) aufgehoben wurde. Allerdings darf das in der Form der rechtswidrigen Entscheidung bestehende Unrecht nicht dadurch vertieft werden, dass die verwaltungsgerichtliche Entscheidung vollstreckt wird (Rn 17). Dieser allgemeine Rechtsgedanke gilt auch für Verwaltungsakte (Rn 29), deren Rechtsgrundlage ex tunc entfällt. Das Vollstreckungsverbot ist zutreffender Ansicht nach von Amts wegen (Rn 18) zu beachten. Zusätzlich erhält der Betroffene die Möglichkeit, das Vollstreckungsverbot im Wege der Vollstreckungsgegenklage (Rn 24) geltend zu machen.

Übersicht

A. Allgemeines
I. Ratio

1   § 183 VwGO stellt klar, dass die Nichtigkeitserklärung einer Norm durch das Verfassungsgericht eines Landes keine Auswirkung auf den Bestand unanfechtbarer Urteile und Beschlüsse des Verwaltungsgerichts hat, im Übrigen jedoch eine Vollstreckung aus diesen Entscheidungen ausgeschlossen ist. § 183 VwGO ist mithin eine **Konkretisierung des allgemeinen Gedankens**, nach dem die Verbindlichkeit und Beständigkeit einer Einzelfallentscheidung unabhängig ist von der Weitergeltung der Norm, die ihre Rechtsgrundlage bildete. Allerdings soll das Unrecht, das durch die Anwendung der Norm, die erst nachträglich als nichtig erkannt wurde, nicht noch durch Vollstreckungsmaßnahmen weiter vertieft werden. Der Gesetzgeber hat sich bei § 183 VwGO an **§ 79 Abs 2 BVerfGG orien-**

tiert (vgl BT-Drs III/55, 49). Die Vorschrift ist seit ihrem Erlass unverändert. § 157 FGO ist inhaltsgleich, das SGG enthält keine entsprechende Regelung.

II. Verfassungsrechtliche Bewertung

§ 183 S 1 VwGO beruht auf der **Gesetzgebungskompetenz des Bundes** zur Rege- 2 lung des Verwaltungsprozessrechts, vgl Art 74 Abs 1 Nr. 1 GG -gerichtliches Verfahren (Sodan/Ziekow/Heckmann VwGO § 183 Rn 5). Da die Nichtigerklärung des Landesverfassungsgerichts nicht Regelungsgegenstand, sondern nur Anknüpfungspunkt ist, normiert die Norm materiell kein Landesverfassungsprozessrecht, sondern die Reichweite der Rechtskraftwirkung bestimmter verwaltungsgerichtlicher Entscheidungen mitsamt dem inzidenten Ausschluss eines Wiederaufnahmegrundes (S/S/B/Pietzner VwGO § 183 Rn 20). Zum Vorbehalt zu Gunsten des Landesgesetzgebers unten Rn 14.

§ 183 VwGO differenziert zwischen drei Personengruppen, die von einer rechtswidrigen 3 und für ungültig erklärten Norm betroffen sein können.

- Die erste Gruppe bilden diejenigen, denen gegenüber eine **verwaltungsgerichtliche rechtskräftige Entscheidung ergangen** ist, die schon vollstreckt wurde (Folge: die Entscheidung und die Vollstreckung bleiben bestehen);
- die zweite Gruppe sind diejenigen, denen gegenüber eine noch **nicht vollstreckte verwaltungsgerichtliche rechtskräftige Entscheidung ergangen** ist (Folge: die Entscheidung bleibt bestehen, aber die Vollstreckung wird unzulässig)
- und schließlich gehören zur dritten Gruppe diejenigen, denen gegenüber **noch keine oder noch keine rechtskräftige verwaltungsgerichtliche Entscheidung ergangen ist** (Folge: Entscheidung ist bzw wäre rechtswidrig und aufhebbar).

Diese Differenzierungen sind mit dem Gleichheitssatz aus Art 3 Abs 1 GG vereinbar (Sodan/Ziekow/Heckmann VwGO § 183 Rn 6; S/S/B/Pietzner VwGO § 183 Rn 13).

B. Gültigkeit unanfechtbarer Entscheidungen – S 1

I. Allgemein

§ 183 VwGO ist ebenso wie § 79 Abs 2 BVerfGG und § 157 FGO Ausdruck eines 4 allgemeinen Rechtsgedankens, demzufolge unanfechtbare fehlerhafte Akte weder vernichtbar noch vollstreckbar sind (S/S/B/Pietzner VwGO § 183 Rn 15).

II. Die erfassten Nichtigkeitsentscheidungen

Begriff des Landesverfassungsgerichts: § 183 VwGO setzt zunächst die Entscheidung eines 5 **Landesverfassungsgerichts** voraus, entscheidend ist dessen **Funktion** und nicht der Name (Landesverfassungsgerichte/Verfassungs- und Staatsgerichtshöfe). Auch ein OVG, dem gem § 193 VwGO Verfassungsstreitigkeiten zugewiesen werden, fällt darunter (s dazu Kommentierung zu § 193 VwGO). Bei Entscheidungen des BVerfG greift dagegen § 79 BVerfGG und nicht § 183 VwGO. Wird das Bundesverfassungsgericht dagegen gem Art 99 GG „als" Landesverfassungsgericht tätig, ist wiederum § 183 VwGO und nicht § 79 BVerfGG einschlägig (Sodan/Ziekow/Heckmann VwGO § 183 Rn 26 f.). Bei der verwaltungsgerichtlichen Normenkontrolle gilt § 183 VwGO gem § 47 Abs 5 S 3 VwGO. Die Verweisung ist konstitutiv, nicht deklaratorisch (aA BT-Drs 7/4324 S 12; S/S/B/Pietzner VwGO § 183 Rn 24). § 183 VwGO spricht von Landesverfassungsgerichten, so dass allein die Ausübung sog. materieller Verfassungsgerichtsbarkeit nicht ausreicht (offen gelassen Sodan/Ziekow/Heckmann VwGO § 183 Rn 27).

Entscheidung über die Norm: Das Landesverfassungsgericht muss die Norm **für nichtig** 6 **erklären**. Erforderlich ist somit eine Entscheidung über die Gültigkeit der Norm. Ob das Urteil über die Nichtigkeit die Nichtigkeit der Norm herbeiführt oder nur Voraussetzung dafür ist, dass sich jedermann auf die Nichtigkeit berufen kann, ist in der Lehre umstritten (ausführlich Sodan/Ziekow/Heckmann VwGO § 183 Rn 11 ff.; S/S/B/Pietzner VwGO § 183 Rn 5), für die Reichweite des § 183 VwGO aber ohne Bedeutung.

§ 183 VwGO verlangt entweder die Feststellung oder die Erklärung der Nichtigkeit der 7 überprüften Normen. Die „milderen" Urteilssprüche, wie etwa die Erklärung der Unvereinbarkeit mit der Verfassung werden im Wege der analogen Anwendung in den § 183 VwGO einbezogen (Sodan/Ziekow/Heckmann VwGO § 183 Rn 29; S/S/B/Pietzner VwGO § 183 VwGO Rn 22). Gleiches gilt für die die Verwerfung einer bestimmten Auslegungsvariante wegen Verfassungswidrigkeit (BVerfGE 115, 51 ff. – zu § 79 BVerfGG). Die bloß inzidente Normverwerfung durch Instanzgerichte meint § 183 VwGO nicht. Für dieses Ergebnis spricht sowohl der Normtext, der Umkehrschluss aus § 47 Abs 5 S 3 VwGO als auch die inter-partes-Wirkung solcher Entscheidungen (Sodan/Ziekow/Heckmann VwGO § 183 Rn 27; S/S/B/Pietzner VwGO § 183 Rn 23).

8   Entscheidung über Landesrecht: Bei der Norm, die für nichtig erklärt wird, muss es sich um **Landesrecht** handeln. Landesrecht ist das Recht, das von Landesorganen erlassen wird, unabhängig davon, ob dieses evtl auf einer bundesrechtlichen oder europarechtlichen Ermächtigung beruht. Erfasst wird das gesamte Landesrecht, das der jeweiligen Landesverfassungsgerichtsbarkeit unterliegt; auch Verfahrensrechte.

C. Rechtsfolge bei S 1

I. Verwaltungsgerichtliche Entscheidungen

9   Verwaltungsgerichtliche Entscheidungen: Das Vollstreckungsverbot bezieht sich auf Entscheidungen der **Verwaltungsgerichte**. § 183 VwGO erfasst seinem Normtext nach, anders als § 79 Abs 2 BVerfGG, nicht sämtliche unanfechtbare hoheitliche Entscheidungen. Entscheidungen der Verwaltungsgerichte iSv § 183 VwGO sind alle Entscheidungen, die unanfechtbar werden und die Grundlage einer Vollstreckung sein können, demnach vor allem Titel iSv § 168 Abs 1 Nr. 1 VwGO (Urteile, konstitutive verfahrensbeendende Beschlüsse und Gerichtsbescheide). Auch Beschlüsse des OVG nach § 47 VwGO fallen darunter, sofern sie auf Normen beruhen, die von einem Landesverfassungsgericht aufgehoben werden. Auf (Einstellungs-) Beschlüsse, die nicht konstitutiv wirken, ist § 183 VwGO nicht anwendbar (BVerwGE 57, 319, 324 im Zusammenhang mit § 79 BVerfGG; Sodan/Ziekow/ Heckmann VwGO § 183 Rn 34; S/S/B/Pietzner VwGO § 183 Rn 32). Auf Kostenentscheidungen iSv § 168 Abs 1 Nr. 5 VwGO ist die Norm zumindest analog anwendbar (Kopp/Schenke VwGO § 183 Rn 2).

10   „Gerichte der Verwaltungsgerichtsbarkeit" meint Gerichte aller drei Instanzen. Behörden des Verwaltungsverfahrens (auch des verwaltungsgerichtlichen Vorverfahrens) werden nicht erfasst.

II. Unanfechtbarkeit

11   Nicht mehr anfechtbar sind Entscheidungen, gegen die kein Rechtsmittel mehr eingelegt werden kann und die demnach **formell rechtskräftig** sind. Unerheblich ist, ob der Betroffene alle möglichen Rechtsmittel ausgeschöpft hat. Die Möglichkeit der Einlegung von außerordentlichen Rechtsbehelfen ändert an der Unanfechtbarkeit nichts (Sodan/Ziekow/ Heckmann VwGO § 183 Rn 38). Existiert im Augenblick der verfassungsgerichtlichen Entscheidung noch eine Anfechtungsmöglichkeit, greift § 183 S 1 VwGO nicht ein (S/S/B/ Pietzner VwGO § 183 Rn 34).

III. Auf der nichtigen Norm beruhend

12   Die gerichtlichen Entscheidungen „beruhen" dann auf der für nichtig erklärten Norm, wenn bei Nichtanwendung der betroffenen Norm oder Normauslegung das Gericht **zu einem für den Betroffenen günstigeren Ergebnis gelangt** wäre. Bezieht sich die Beanstandung auf eine Verfahrensnorm, reicht es, wenn das Gericht zu einem anderen Ergebnis hätte kommen können (Sodan/Ziekow/Heckmann VwGO § 183 Rn 40). Erweist sich die Entscheidung aus anderen Gründen als zutreffend, beruht sie nicht auf der angegriffenen Entscheidung. Diesen Einwand kann der Vollstreckungsgläubiger erheben, wenn der Betroffene sich im Vollstreckungsverfahren auf § 183 S 2 VwGO beruft (Sodan/Ziekow/ Heckmann VwGO § 183 Rn 40).

IV. Regelfolge – Rechtsbeständigkeit

Die Regelfolge des S 1 besteht darin, dass die Entscheidungen der Verwaltungsgerichte **13** trotz der Beanstandung ihrer Rechtsgrundlage **rechtlich bestehen** bleiben. Auch sofern sie schon zur Grundlage weiterer Durchsetzungsschritte, wie Erfüllung oder Vollstreckungsakte, gemacht wurden, bleiben sie rechtlich bestehen. Die Entscheidungen bestehen als Rechtsgrund fort. Sie sind die wirksame Grundlage für die aufgrund der Entscheidung erbrachten Leistungen. Rückabwicklungsansprüche, insbes Rückerstattungs- oder auch Folgenbeseitigungsansprüche, sind nicht möglich (S/S/B/Pietzner VwGO § 183 Rn 37). Auch eine Wiederaufnahme mit der Begründung, das Urteil beruhe auf einer für verfassungswidrig erklärten Norm, wird durch § 183 VwGO ausgeschlossen (Sodan/Ziekow/Heckmann VwGO § 183 Rn 42). § 79 Abs 2 S 4 BVerfGG stellt dies ausdrücklich klar. Daraus lässt sich aber nicht im Umkehrschluss schließen, dass dies bei § 183 VwGO anders sei. Der Ausschluss der Rückabwicklung gilt allerdings nur innerhalb der zeitlichen Grenzen des § 183 S 2 VwGO. Wird die Entscheidung erst nach der landesverfassungsgerichtlichen Entscheidung realisiert, kann diese rückabgewickelt werden (S/S/B/Pietzner VwGO § 183 Rn 38).

D. Vorbehalt landesrechtlicher Abweichungen – S 1 Hs 2

Den **Bundesländern** bleibt durch S 1 Hs 2 **vorbehalten**, die Folgen von Normen- **14** kontrollentscheidungen ihrer Verfassungsgerichte **abweichend zu regeln.** Bei diesem Vorbehalt dürfte es sich sachlich um eine ausdrückliche Ermächtigung des Landesgesetzgebers handeln (offen gelassen Sodan/Ziekow/Heckmann VwGO § 183 Rn 5). Nach überwiegender Ansicht ist dies auch bei der konkurrierenden Gesetzgebung zulässig, auch wenn Art 72 Abs 1 GG die Ermächtigung, anders als Art 71 GG, nicht erwähnt (BVerfG 21, 106, 114; Sachs/Degenhart GG Art 72 Rn 20 mwN).

Die Ermächtigung bezieht sich nur auf den S 1. Von den Rechtsfolgen des § 183 S 2 und **15** 3 VwGO können die Länder keine Abweichungen vorsehen (Kopp/Schenke VwGO § 183 Rn 1). So können etwa die Länder als Folge der Entscheidung ein Recht auf Wiederaufnahme vorsehen (Kopp/Schenke VwGO § 183 Rn 1). Auf dem Vorbehalt, eine eigene Regelung zu erlassen, beruhen etwa §§ 24, 26 Abs 1, § 31 Abs 3, § 36 Abs 2 SächsVerfGHG; § 46 SVerfGHG; § 26 Abs 3, 4 Rh-PfVerfGHG; § 40 Abs 3, 4 HStGHG.

Bundesrechtliche Sonderregelungen wären wegen der Gleichrangigkeit der förmlichen **16** (Bundes-) Gesetze zulässig, sofern sie speziellere Normen wären. Entsprechende Normen existieren zur Zeit aber, soweit ersichtlich, nicht (Sodan/Ziekow/Heckmann VwGO § 183 Rn 31).

E. Vollstreckungsverbot – S 2

I. Entstehung des Vollstreckungsverbots

§ 183 S 2 VwGO ordnet ein **Vollstreckungsverbot** an. Eine bereits begonnene Vollstre- **17** ckung darf nicht fortgeführt werden. Sie ist einzustellen. Eine bevorstehende Vollstreckung muss unterbleiben.

Es ist umstritten, ob aus § 183 VwGO S 2 und aus § 79 Abs 1 BVerfGG zu folgern ist, **18** dass das Vollstreckungsverbot **von Amts wegen** zu berücksichtigen ist. Der Sinn des § 183 S 2 VwGO spricht dafür, die Unzulässigkeit der Zwangsvollstreckung ipso jure eintreten zu lassen. § 183 S 2 VwGO würde in seinem Gehalt deutlich gemindert, wenn es möglich wäre, „sehenden Auges" Vollstreckungsmaßnahmen einzuleiten und die Initiative zur Wahrung des rechtmäßigen Zustandes dem Vollstreckungsschuldner zu überlassen. Daher kann es für die Berücksichtigung des Vollstreckungsverbotes auch nicht auf eine Vollstreckungsgegenklage ankommen. § 183 S 3 VwGO will bei dieser Auslegung die Rechte des Betroffenen erweitern und nicht einengen.

Das Vollstreckungsverbot greift **ab Erlass des Nichtigkeitsurteils** des Landesverfassungs- **19** gerichts, dh mit dessen Rechtskraft. Die Einleitung des verfassungsgerichtlichen Verfahrens reicht nicht. Das Vollstreckungsverbot gilt nur für eine noch nicht vollständig abgeschlossene Vollstreckung. Die vorläufige Vollstreckung oder Vollstreckungen, die angefochten wurden und deren Rechtsschutzverfahren noch nicht beendet sind, sind nicht abgeschlossene Vollstreckungen in diesem Sinne (vgl S/S/B/Pietzner VwGO § 183 Rn 39).

20   Die landesverfassungsrechtliche Entscheidung muss grundsätzlich nach der verwaltungsgerichtlichen ergehen. Ergeht sie vorher, ist sie von dem Verwaltungsgericht zu beachten und dessen Entscheidung darf nicht mehr auf die rechtswidrige Norm gestützt werden. Wird dies dennoch vorgenommen, ist die Entscheidung rechtswidrig und daher aufzuheben. § 183 VwGO greift in diesem Fall nicht.

21   Es ist umstritten, ob die verwaltungsgerichtliche Entscheidung vor der landesverfassungsgerichtlichen Entscheidung nur erlassen oder ihrerseits schon rechtskräftig gewesen sein muss. Würde man die zweite Variante verlangen, wäre das Vollstreckungsverbot ausgeschlossen, wenn der Betroffene versäumt, gegen die verwaltungsgerichtliche Entscheidung einen Rechtsbehelf einzulegen mit der Begründung, die der Entscheidung zugrunde liegende Norm sei aufgehoben worden. Der Betroffene könnte demnach bei unterlassener Rechtsbehelfseinlegung mit dem Recht aus § 183 S 3 VwGO präkludiert sein (Sodan/Ziekow/Heckmann VwGO § 183 Rn 46). Weder der Normtext, noch der Sinn verlangen nach einer solchen Einschränkung, so dass § 183 S 2 VwGO in diesen Fällen nicht präkludiert wird (so auch Sodan/Ziekow/Heckmann VwGO § 183 Rn 47; aA S/S/B/Pietzner VwGO § 183 Rn 34).

II. Begriff der Vollstreckung

22   Unter „Vollstreckung" im Sinne von § 183 S 2 VwGO fällt zunächst die Vollstreckung nach den §§ 167 VwGO ff iVm §§ 704 ZPO ff. Der Begriff ist aber **weit zu verstehen,** und erfasst auch jede andere hoheitliche Umsetzung der Gerichtsentscheidung (S/S/B/Pietzner VwGO § 183 Rn 41). Auch der Erlass rechtsgestaltender Verwaltungsakte wird vom Verbot erfasst. Als unzulässige Vollstreckung würde daher auch die Aufrechnung mit einer Forderung, die durch die Entscheidung bescheinigt wird und ihren Rechtsgrund in der für nichtig erklärten Rechtsvorschrift hat, gelten (Kopp/Schenke VwGO § 183 Rn 7; Sodan/Ziekow/Heckmann VwGO § 183 Rn 48).

23   Eine Ausnutzung unanfechtbar gewordener Genehmigungen durch einen Bürger zu Lasten eines Dritten fällt dagegen nicht unter das Vollstreckungsverbot. Dieses ist auf Hoheitsträger zugeschnitten (S/S/B/Pietzner VwGO § 183 Rn 44).

F. Statthaftigkeit der Vollstreckungsgegenklage – S 3

24   Verstößt der Hoheitsträger gegen das Vollstreckungsverbot, kann sich der Vollstreckungsschuldner mit der **Vollstreckungsgegenklage gem § 767 ZPO** dagegen wehren. § 183 S 3 VwGO erklärt diesen Rechtsbehelf – in Abweichung von § 79 Abs 2 S 3 BVerfG – ohne Einschränkungen für statthaft. Das auf die Vollstreckungsgegenklage ergehende Urteil besitzt nur eine Feststellungswirkung, da die Unzulässigkeit der Vollstreckung bereits ipso jure aus § 183 S 2 VwGO folgt. Ohne § 183 S 3 VwGO wäre daher nur die Erinnerung gemäß § 766 ZPO statthaft (S/S/B/Pietzner VwGO § 183 Rn 45; Sodan/Ziekow/Heckmann VwGO § 183 Rn 50).

25   Handelt es sich bei dem Vollstreckungstitel um einen Dauerrechtstitel, der auch für die Zukunft wirkt, kann für diese Wirkung in die Zukunft der Betroffene zusätzlich die Abänderungsklage gem § 173 VwGO iVm § 323 ZPO erheben (S/S/B/Pietzner VwGO § 183 Rn 47).

G. Analoge Anwendung

26   Auf vollstreckbare Titel i. S. v. § 168 Abs 1 VwGO, die nicht zugleich gerichtliche Entscheidungen sind, ist § 183 S 1, S 2 VwGO zumindest nicht unmittelbar anwendbar. Die analoge Anwendung dürfte weiter bei § 183 S 1 VwGO vollständig, nicht aber bei § 183 S 2 VwGO ausgeschlossen sein (S/S/B/Pietzner VwGO § 183 Rn 59). Bei vollstreckbaren Schiedssprüchen, die sich vergleichbar wie ein gerichtliches Urteil auf eine Norm stützen, ist von einer analogen Anwendung des § 183 S 2 VwGO auszugehen.

Dagegen ist bei den gerichtlichen Vergleichen iSv § 168 Abs 1 Nr. 3 VwGO zunächst zu **27** fragen, ob diese von den Parteien auch für den Fall der Ungültigkeit der Norm gewollt waren und daher vollständig wirksam bleiben. Haben die Parteien sich keine Gedanken gemacht, ist zwar § 183 S 2 VwGO nicht analog anwendbar, aber der darin zum Ausdruck kommende allgemeine Rechtsgedanke (Sodan/Ziekow/Heckmann VwGO § 183 Rn 36; für Analogie Kopp/Schenke VwGO § 183 Rn 4; S/S/B/Pietzner VwGO § 183 Rn 32, teilw. anders Rn 59).

Bei Titeln, die Grundlage für die Vollstreckung nach den Verwaltungsvollstreckungs- **28** gesetzen der Länder sind, dh Verwaltungsakte und Verwaltungsverträge, ist § 183 VwGO nicht analog heranziehbar. § 183 VwGO ist auf die Vollstreckung gem der VwGO zugeschnitten. Zudem liegt keine gerichtliche Entscheidung vor. § 183 VwGO gilt daher nicht analog bei der Vollstreckung aus bestandskräftigen **Verwaltungsakten**. Kommt § 183 VwGO über den Verweis des § 47 Abs 5 VwGO zur Anwendung, dehnt die hM diesen Verweis auch auf Verwaltungsakte aus (BT-Drs 7/4324 Anl 1, S 12; BVerwGE 56, 172, 176; Sodan/Ziekow/Ziekow VwGO § 47 Rn 380; aA Hufen Verwaltungsprozessrecht, Rn 617).

Ist die Analogie ausgeschlossen, so greift dennoch der dem § 183 S 2 VwGO zugrunde **29** **liegende allgemeine Rechtsgrundsatz ein,** nach dem das Unrecht, das in einem wirksamen, aber rechtswidrigen Vollstreckungstitel liegt, nicht durch Vollstreckung noch vertieft werden kann (Kopp/Schenke VwGO § 183 Rn 5; BVerfG FamRZ 2006, 253 für den Fall, dass die Nichtigkeit auf einer Verfassungswidrigkeit beruht). Dagegen richtet sich die Frage, ob aufgrund der Nichtigerklärung eine Wiederaufnahme nach § 51 VwVfG oder eine Rücknahme nach § 48 VwVfG möglich ist, nach allgemeinen Grundsätzen. Nach überwiegender Ansicht ist § 51 Abs 1 Nr 1 VwVfG bei einer ex-tunc-Aufhebung nicht gegeben (Kopp/Schenke VwGO § 183 Rn 6; Wolff/Decker/Decker, VwVfG § 51 Rn 22).

Bei **öffentlich-rechtlichen Verträgen,** bei denen sich der Bürger der sofortigen Voll- **30** streckung unterworfen hat (§ 61 VwVfG) ist § 183 VwGO unanwendbar, da die ergänzende Vertragsauslegung und ggf § 59 VwVfG vorrangig sind (Kopp/Schenke VwGO § 183 Rn 8; teilw aA Sodan/Ziekow/Heckmann VwGO § 183 Rn 37).

§ 184 [Sonderregelungen der Länder]

Das Land kann bestimmen, daß das Oberverwaltungsgericht die bisherige Bezeichnung „Verwaltungsgerichtshof" weiterführt.

Die Vorschrift ist seit Inkrafttreten der VwGO unverändert und knüpft an die Bezeichnung der Oberverwaltungsgerichte in einigen Bundesländern an, die diese bei Wiedereinführung der Verwaltungsgerichtsbarkeit in den Ländern 1946/47 eingeführt hatten. Von der Ermächtigung des § 184 VwGO haben die Länder Baden-Württemberg (§ 1 Abs 1 BW AGVwGO), Bayern (Art. 1 Abs 1 S 1 BayAGVwGO) und Hessen (§ 1 Abs 1 HAGVwGO), nicht aber Bremen Gebrauch gemacht. Zu einer Umbenennung eines Oberverwaltungsgerichts in „Verwaltungsgerichtshof" nach Erlass der VwGO ermächtigt § 184 VwGO nicht.

§ 185 [Sonderregelungen für Berlin, Brandenburg, Bremen, Hamburg, Mecklenburg-Vorpommern, Saarland und Schleswig-Holstein]

(1) In den Ländern Berlin und Hamburg treten an die Stelle der Kreise im Sinne des § 28 die Bezirke.

(2) Die Länder Berlin, Brandenburg, Bremen, Hamburg, Mecklenburg-Vorpommern, Saarland und Schleswig-Holstein können Abweichungen von den Vorschriften des § 73 Abs. 1 Satz 2 zulassen.

Die Norm berücksichtigt Besonderheiten im Verwaltungsaufbau der Länder für die Frage des Vorschlagsrechts der ehrenamtlichen Richter und für die Frage der Zuständigkeit der Widerspruchsbehörde.

A. Entstehungsgeschichte

1   § 185 VwGO wurde auf Vorschlag des Bundesrates in die VwGO aufgenommen (BT-Drs III/1094, 16). Den Kreis der in § 185 Abs 2 VwGO genannten Länder hat Art 7 des Gesetzes vom 24.6.1994 (BGBL I 1374) um die Länder Brandenburg und Mecklenburg-Vorpommern erweitert. Die beiden Absätze enthalten unterschiedliche Sachregelungen, die inhaltlich dadurch verknüpft sind, dass es in beiden Fällen um die Auswirkung einer vom dreistufigen Aufbau abweichenden Landesorganisation auf die VwGO geht.

B. Vorschlagsrecht für die ehrenamtlichen Richter (Abs 1)

2   Berlin und Hamburg sind in Bezirke und nicht in Kreise gegliedert. Das Vorschlagsrecht iSv § 28 VwGO ist daher von den Bezirken wahrzunehmen.

C. Sonderregelungen bei der Disponibilität der Widerspruchszuständigkeit (Abs 2)

3   Nach § 73 Abs 1 S 2 Nr 2 VwGO entscheidet die Ausgangsbehörde über den Widerspruch, sofern die nächsthöhere Behörde eine oberste Landesbehörde ist. Diese Norm ist auf einen dreistufigen Verwaltungsaufbau zugeschnitten. Bei Ländern mit zweistufigem Aufbau wäre nach § 73 Abs 2 S 2 Nr 2 VwGO immer die Ausgangsbehörde zum Erlass des Widerspruchsbescheids zuständig. § 185 VwGO ermächtigt die Länder festzulegen, wann die oberste Landesbehörde über den Widerspruch entscheiden soll. Eine Ausdehnung der Ermächtigung auf Länder, die in § 185 Abs 2 VwGO nicht genannt sind, ist nicht möglich. Eine bestimmte Rechtsform für die abweichende Regelung schreibt § 185 VwGO nicht vor, eine abweichende Regelung in Form einer Rechtsverordnung genügt demnach (S/S/B/ Dolde VwGO § 185 Rn 3). Von der Ermächtigung haben die meisten genannten Länder – meist durch ihre AGVwGO – Gebrauch gemacht.

§ 186 [Sonderregelungen für Berlin, Bremen und Hamburg]

[1] **§ 22 Nr. 3 findet in den Ländern Berlin, Bremen und Hamburg auch mit der Maßgabe Anwendung, daß in der öffentlichen Verwaltung ehrenamtlich tätige Personen nicht zu ehrenamtlichen Richtern berufen werden können.** [2] **§ 6 des Einführungsgesetzes zum Gerichtsverfassungsgesetz gilt entsprechend.**

§ 186 VwGO enthält zwei inhaltlich getrennte Sonderregelungen zu den ehrenamtlichen Richtern. Satz 1 erweitert die Hinderungsgründe (Rn 2) für ehrenamtliche Richter für die Stadtstaaten auf die ehrenamtlich in der Verwaltung Tätigen und Satz 2 erstreckt die allgemeine Übergangsregelung (Rn 3) des § 6 EGGVG für Rechtsänderungen im Bereich des Wahl- oder Ernennungsverfahrens für ehrenamtliche Richter auf die VwGO.

A. Entstehungsgeschichte

1   § 186 S 1 VwGO ist seit Erlass der VwGO unverändert und wurde auf Vorschlag des Bundesrates aufgenommen (BT-Drs III/1094, 16). § 186 S 2 VwGO wurde durch das Gesetz zur Vereinfachung und Vereinheitlichung der Verfahrensvorschriften zur Wahl und Berufung der ehrenamtlichen Richter vom 21.12.2004 (BGBl I 3599) mit Wirkung zum 1.1.2005 angefügt.

B. Ausschluss der ehrenamtlichen Tätigkeit – S 1

2   § 186 VwGO **erweitert** für die genannten Stadtstaaten den **Katalog an Hinderungsgründen** für ehrenamtliche Richter gem § 22 Nr 3 VwGO um die ehrenamtliche Tätigkeit in der Verwaltung. Geschützt wird die **richterliche Neutralität** (S/S/B/Stelkens/Panzer VwGO § 186 Rn 2). Der Begriff der „öffentlichen Verwaltung" wird so wie bei § 1 Abs 4 VwVfG verstanden (Sodan/Ziekow/Heckmann VwGO § 186 Rn 6). Erfasst wird jede

staatliche Tätigkeit außerhalb von Rechtsetzung und Rechtsprechung, bei der materiell Aufgaben der öffentlichen Verwaltung wahrgenommen werden. Die Rechtsform spielt keine Rolle. Ehrenamtliche Tätigkeit ist die unentgeltliche Mitwirkung bei der Erfüllung öffentlicher Aufgaben, die aufgrund behördlicher Bestellung außerhalb eines haupt- oder nebenamtlichen Dienstverhältnisses stattfindet, und die Tätigkeit als Ehrenbeamter (S/S/B/Stelkens/Panzer VwGO § 186 Rn 2; Sodan/Ziekow/Heckmann VwGO § 186 Rn 6). Wird eine ehrenamtlich tätige Person unter Verstoß gegen § 186 VwGO zum ehrenamtlichen Richter ernannt, so gelten die gleichen Folgen, die bei einem Verstoß gegen §§ 20, 21 VwGO greifen.

C. Verweis auf § 6 EGGVG – S 2

§ 6 EGGVG enthält eine **allgemeine Übergangsvorschrift** (intertemporale Regelung) **3** für das Recht der ehrenamtlichen Richter. Danach gelten im Grundsatz neue Vorschriften über die Wahl und Ernennung nicht für ehrenamtliche Richter, die bei Inkrafttreten der Neuregelung schon im Amt sind. Durch § 186 S 2 VwGO entfällt daher die Notwendigkeit, bei künftigen Änderungen der §§ 19 ff VwGO Übergangsregelungen vorzusehen. Satz 2 enthält eine von Satz 1 **selbständige Regelung,** die nicht auf § 22 VwGO beschränkt ist (Sodan/Ziekow/Heckmann VwGO § 186 Rn 10).

§ 187 [Disziplinar-, Schieds- und Berufsgerichtsbarkeit; Personalvertretungsrecht]

(1) Die Länder können den Gerichten der Verwaltungsgerichtsbarkeit Aufgaben der Disziplinargerichtsbarkeit und der Schiedsgerichtsbarkeit bei Vermögensauseinandersetzungen öffentlich-rechtlicher Verbände übertragen, diesen Gerichten Berufsgerichte angliedern sowie dabei die Besetzung und das Verfahren regeln.

(2) Die Länder können ferner für das Gebiet des Personalvertretungsrechts von diesem Gesetz abweichende Vorschriften über die Besetzung und das Verfahren der Verwaltungsgerichte und des Oberverwaltungsgerichts erlassen.

§ 187 Abs 1 VwGO ermächtigt die Bundesländer, Sonderregelungen für die besonderen Verwaltungsgerichte und zwar die Disziplinargerichts- (Rn 4) und (unechte) Schiedsgerichtsbarkeit (Rn 5) sowie für die Berufsgerichtsbarkeit (Rn 6) zu treffen, sofern es sich um landesrechtlich geregelte Verfahren handelt. Sie können diese Gerichte entweder der Verwaltungsgerichtsbarkeit organisatorisch angliedern (Rn 8) bzw teilweise weitergehend sogar vollständig eingliedern (Rn 7). Für Streitigkeiten im Bereich des Landespersonalvertretungsrechts (Rn 10) können sie die Regeln der VwGO modifizieren.

A. Allgemeines

I. Entstehungsgeschichte

Die Absätze 1 und 2 sind seit Inkrafttreten der VwGO unverändert, sind aber in anderer **1** Form als im ursprünglichen Regierungsentwurf Gesetz geworden (vgl BT-Drs III/55, 22; BT-Drs III/1094, 16 u. 75; zur Entstehungsgeschichte sa BVerfGE 29, 125, 139 ff). § 187 Abs 3 VwGO regelte den Ausschluss der aufschiebenden Wirkung von Rechtsbehelfen gegen Maßnahmen der Verwaltungsvollstreckung durch förmliches Landesgesetz. Dieser wurde durch Art 1 Nr 32 des 6. VwGOÄndG vom 1.11.1996 (BGBl I 1626) gestrichen. § 80 Abs 2 S 1 Nr 3 VwGO enthält dafür eine allgemeine landesrechtliche Öffnungsklausel und § 80 Abs 2 S 2 VwGO für einen speziellen Bereich.

II. Ratio

§ 187 VwGO ermöglicht den Ländern, für die drei in Abs 1 genannten Bereiche Sonder- **2** vorschriften vorzusehen. Alle drei Bereiche sind öffentlich-rechtliche Streitigkeiten nichtverfassungsrechtlicher Art, die aber eine besondere Verwaltungsgerichtsbarkeit bilden. Sie unterfallen nicht § 40 Abs 1 VwGO, da für sie Sonderregelungen bestehen, nach denen grundsätzlich selbständige Gerichte nach eigenen Verfahrensordnungen handeln (S/S/B/ Stelkens VwGO § 187 Rn 2; BVerfG BVerwGE 13, 150). Abs 2 gestattet den Ländern, für einen Bereich der allgemeinen Verwaltungsgerichtsbarkeit spezielle Regelungen zu schaffen. § 187 Abs 1 VwGO öffnet die Organisation der allgemeinen Verwaltungsgerichte, um den Ländern eine möglichst ökonomische Gestaltung der Verwaltungsgerichtsbarkeit zu ermöglichen und an bestehende Strukturen anzuknüpfen.

B. Öffnung der allgemeinen Verwaltungsgerichtsbarkeit (Abs 1)

I. Ermächtigungsadressaten

3   Die Ermächtigung ist nur an den **Landesgesetzgeber** adressiert und auf Sachbereiche des Landesrechts bezogen. § 187 VwGO ermächtigt deshalb nur zu einer abweichenden Gestaltung des gerichtlichen Verfahrens für solche Sachbereiche, für die die Länder die Gesetzgebungskompetenz in sachlicher Hinsicht haben. Daher gilt § 187 Abs 1 VwGO nur für das Landesdisziplinarrecht, nicht aber für Streitigkeiten nach der Bundesdisziplinarordnung. Auch die Schiedsgerichtsklauseln iSd Abs 1 sind nur solche, die auf Vorschriften des Landesrechts beruhen. Sämtliche Bundesländer haben von der Ermächtigung des § 187 Abs 1 VwGO Gebrauch gemacht (s im Einzelnen Sodan/Ziekow/Heckmann VwGO § 187 Rn 6, 16 f.). Auch hinsichtlich der Berufsgerichtsbarkeit werden nur solche Bereiche erfasst, für die den Ländern die Gesetzgebungskompetenz für das materielle Berufsrecht zusteht.

II. Erfasste Bereiche der besonderen Verwaltungsgerichtsbarkeit

4   Gegenstand der **Disziplinargerichtsbarkeit** sind Verletzungen von Pflichten aus Sonderstatusverhältnissen. Neben schuldhaften Dienstvergehen der Beamten gilt § 187 VwGO für die Bereiche der besonderen Pflichtverhältnisse im Soldaten-, Wehrpflicht- oder Zivildienstverhältnis und Hochschulverhältnis, nicht jedoch im Schulverhältnis und Richterverhältnis (Kopp/Schenke VwGO § 187 Rn 2).

5   Mit **Schiedsgerichtsbarkeit** sind nur Fälle gemeint, in denen die Zuständigkeit eines Schiedsgerichts durch eine Rechtsnorm, nicht aber durch Vereinbarung der Parteien begründet wird (unechte Schiedsgerichte, vgl Kopp/Schenke VwGO § 187 Rn 4; S/S/B/Stelkens VwGO § 187 Rn 6). Dabei wird die unechte Schiedsgerichtsbarkeit nicht als Ganzes, sondern nur in dem dort genannten Sachbereich, den Vermögensauseinandersetzungen öffentlich-rechtlicher Verbände, erfasst. Öffentlich-rechtliche Verbände sind Körperschaften, Anstalten und ggf. auch Stiftungen des öffentlichen Rechts. Die vermögensrechtlichen Streitigkeiten müssen dabei ebenfalls öffentlich-rechtlich sein.

6   Die **Berufsgerichtsbarkeit** der beratenden bzw freien Berufe entscheidet über Streitigkeiten um die Berufszulassung sowie über standes- und disziplinarrechtliche Angelegenheiten (auch: Ehren- oder Standesgerichtsbarkeit). Berufsgerichte können der Verwaltungsgerichtsbarkeit nur angegliedert, nicht aber eingegliedert werden (Sodan/Ziekow/Heckmann VwGO § 187 Rn 28).

III. Sachliche Reichweite der Änderungsbefugnis

1. Übertragung

7   § 187 Abs 1 VwGO unterscheidet deutlich zwischen der **Übertragung** und der **Angliederung**. Die Übertragung von Aufgaben auf die Gerichte der Verwaltungsgerichtsbarkeit bedeutet eine Eingliederung der betroffenen Landesgerichte in die allgemeine Verwaltungsgerichtsbarkeit. Wird die Disziplinargerichtsbarkeit in die allgemeine Verwaltungsgerichtsbarkeit eingegliedert, liegt keine besondere Verwaltungsgerichtsbarkeit mehr vor. Die Gerichte verlieren damit ihren eigenständigen Charakter. Anders als im Fall der Angliederung werden nicht besondere Verwaltungsgerichte tätig, sondern die allgemeine Verwaltungsgerichtsbarkeit (Sodan/Ziekow/Heckmann VwGO § 187 Rn 13).

2. Angliederung

Dagegen bleibt bei der Angliederung die **Selbständigkeit erhalten**. Gerichte der Län- 8
der, die den Verwaltungsgerichten lediglich angegliedert sind, bleiben organisatorisch selbständig. Es bleibt beim besonderen Rechtsweg; es ist nicht der allgemeine Verwaltungsrechtsweg nach § 40 Abs 1 VwGO einschlägig (vgl Sodan/Ziekow/Heckmann VwGO
§ 187 Rn 14). Die betroffenen Gerichte bleiben besondere selbständige Verwaltungsgerichte, denen lediglich die Geschäftseinrichtungen des Gerichts, dem sie angegliedert sind, zur
Verfügung stehen. Die Länder können alle drei in Absatz 1 genannten besonderen Verwaltungsgerichte der allgemeinen Verwaltungsgerichtsbarkeit angliedern, da die Übertragung
iSd Absatzes als „Minus" auch die bloße Angliederung umfasst (Sodan/Ziekow/Heckmann
VwGO § 187 Rn 14).

3. Verfahren und Besetzung

In allen drei Bereichen dürfen die Länder die **Gerichtsbesetzung und das Verfahren** 9
selbständig und abweichend von den sonstigen verwaltungsgerichtlichen Streitigkeiten regeln. Zulässig wären daher etwa Bestimmungen über besonders zusammengesetzte Diszipli-
narkammern mit ehrenamtlichen Beisitzern aus dem Kreis der Betroffenen und ähnliche
Gestaltungen (Kopp/Schenke VwGO § 187 Rn 3).

C. Personalvertretungsrecht (Abs 2)

Das **Personalvertretungsrecht** gehört zur allgemeinen Verwaltungsgerichtsbarkeit. Weil 10
die VwGO für diesen Sachbereich anwendbar ist, wird nur zur Abweichung von den
Vorschriften der VwGO ermächtigt. Auch § 187 Abs 2 VwGO setzt voraus, dass die Länder
für das Gebiet des Personalvertretungsrechts die Gesetzgebungskompetenz besitzen. Dies ist
bei den Bundespersonalvertretungssachen nicht der Fall. In diesem Bereich sieht das Bundesrecht teilweise Sonderregelungen vor.

§ 187 Abs 2 VwGO lässt die näher bezeichneten Abweichungen nur für die Verwaltungs- 11
gerichte und die Oberverwaltungsgerichte, nicht aber für das BVerwG zu. Die Länder
können etwa die Besetzung entsprechend § 84 Abs 2, 3 BPersVG regeln und das Beschlussverfahren nach dem ArbGG einführen (Sodan/Ziekow/Heckmann VwGO § 187 Rn 36; S/
S/B/Stelkens VwGO § 187 Rn 8).

§ 188 [Sozialkammern; Sozialsenate; Kostenfreiheit]

[1] **Die Sachgebiete in Angelegenheiten der Fürsorge mit Ausnahme der Angelegenheiten der Sozialhilfe und des Asylbewerberleistungsgesetzes, der Jugendhilfe,
der Kriegsopferfürsorge, der Schwerbehindertenfürsorge sowie der Ausbildungsförderung sollen in einer Kammer oder in einem Senat zusammengefaßt werden.**
[2] **Gerichtskosten (Gebühren und Auslagen) werden in den Verfahren dieser Art
nicht erhoben; dies gilt nicht für Erstattungsstreitigkeiten zwischen Sozialleis-
tungsträgern.**

§ 188 VwGO enthält eine Regelung der Geschäftsverteilung, nach der für die Streitigkeiten im Bereich der Fürsorge (Rn 3), für die die allgemeine Verwaltungsgerichtsbarkeit
zuständig ist, eine gemeinsame Spruchkörperzuständigkeit (Rn 4) vorgesehen werden soll.

A. Allgemeines

§ 188 S 1 VwGO wurde **mehrfach** fortgeschrieben. Einige Änderungen haben sich 1
mittlerweile wieder erledigt (vgl Gesetz vom 6.12.1985 (BGBl I 2146) und vom 17.12.1990
(BGBl I 2809)). Ursprünglich war von „allgemeiner öffentlicher Fürsorge, der Tuberkulose-
hilfe und der sozialen Fürsorge für Kriegsopfer" die Rede. Durch Gesetz vom 20.8.1975
(BGBl I 2189, 2229) wurde der Begriff der allgemeinen öffentlichen Fürsorge durch den der
Sozialhilfe ersetzt und damit einer modernen Terminologie angepasst. Durch die Zuständig-
keitsverlagerung für die Sozialhilfe von den Verwaltungsgerichten auf die Sozialgerichte

wurde eine weitere Anpassung erforderlich, die durch das Siebente Gesetz zur Änderung des SGG (7. SGGÄndG vom 9.12.2004 (BGBl I 3302)) mit Wirkung zum 1.1.2005 vorgenommen wurde. § 188 S 2 Hs 2 VwGO wurde durch das Gesetz vom 21.12.2001 (BGBl I 3987) zur Bereinigung des Rechtsmittelrechts im Verwaltungsprozess (RmBereinVpG) eingefügt.

B. Normregelung

I. Ratio

2   Die Norm will **eine gemeinsame Zuständigkeit** für **verwandte Rechtsgebiete** sicherstellen, um so die Bündelung von Fachwissen zu erreichen. § 188 VwGO ist nur für die Gebiete anwendbar, für die der Rechtsweg zu den allgemeinen Verwaltungsgerichten gegeben ist. Die Regelung bezieht sich ausschließlich auf die Geschäftsverteilung innerhalb des Gerichts. Für andere Streitigkeiten gilt § 188 VwGO nicht.

II. Tatbestand

3   Der Begriff der **Fürsorge** ist **weit zu verstehen** und umfasst alle staatlichen Hilfe- und Vorsorgetätigkeiten. Er fungiert als Kammerbegriff (Kopp/Schenke VwGO § 188 Rn 1). Die Sachbereiche, die wiederum im Wege der Ausnahme herausgenommen werden, bestimmen sich im Wesentlichen nach den für diese Bereiche geltenden Gesetzen (für die Jugendhilfe vgl SGB VIII und UnterhaltsvorschußG, für die Kriegsopferfürsorge vgl BVG, SVG, für die Schwerbehindertenfürsorge vgl SGB IX und SchwBehG, für die Ausbildungsförderung s BAföG). Die genaue Abgrenzung ist teilweise streitig (vgl Kopp/Schenke VwGO § 188 Rn 2–6).

III. Rechtsfolge

4   Es soll durch gerichtsinterne Regelungen sichergestellt sein, dass die Rechtsstreitigkeiten auf dem Gebiet der Fürsorge **in einem Spruchkörper zusammengefasst werden.** „Ein" ist nicht in dem Sinne gemeint, dass es nur einen Spruchkörper geben darf, bei großen Gerichten sind mehrere Spruchkörper zulässig. Hat der Spruchkörper noch Kapazitäten frei, dürfen ihm auch andere als Streitigkeiten im Bereich der Fürsorge zugewiesen werden. § 188 S 1 VwGO ist eine „Soll"-Vorschrift, die Vorgaben für den Regelfall vornimmt. In begründeten Ausnahmefällen sind Abweichungen möglich. Ein Verstoß gegen S 1 ist prozessrechtlich folgenlos (Kopp/Schenke VwGO § 188 Rn 1).

5   Im Anwendungsbereich von S 1 werden nach S 2 Hs 1 keine Gerichtskosten erhoben. Prozesskostenhilfe kann dennoch gewährt werden, da diese für die Anwaltskosten noch einen Sinn besitzt. Bei Erstattungsstreitigkeiten zwischen Sozialhilfeträgern existiert keine sachliche Rechtfertigung für eine Kostenbefreiung. Die Beteiligten sind nicht bedürftig.

§ 189 [Fachsenate für Entscheidungen nach § 99 Abs. 2]

Für die nach § 99 Abs. 2 zu treffenden Entscheidungen sind bei den Oberverwaltungsgerichten und dem Bundesverwaltungsgericht Fachsenate zu bilden.

Die Vorschrift wurde durch das RmBereinVpG vom 20.12.2001 (BGBl I 3987) in die VwGO eingefügt. Ratio der Norm ist, den Kreis der Geheimnisträger, die über In-Camera-Verfahren gem § 99 Abs 2 VwGO entscheiden, möglichst gering zu halten. Der daraus zuweilen gezogene Schluss, bei dem jeweiligen Gericht könne nur ein einziger Senat gebildet werden (vgl Kopp/Schenke VwGO § 189 Rn 1; aA S/S-A/P/Clausing VwGO § 189 Rn 5), ist nicht zwingend, entspricht aber der Praxis. Feststeht dagegen, dass jedenfalls ein Fachsenat gebildet werden muss; ein Ermessen besteht nicht.

1   Die Mitglieder des Fachsenats sind zur Geheimhaltung verpflichtet (vgl § 99 Abs 2 S 10 VwGO). Sie müssen ebenso wie ihre drei Vertreter Richter auf Lebenszeit sein (vgl § 4 S 3 VwGO). Die Besetzung der Fachsenate weicht von dem an sich geltenden Jährlichkeitsprinzip (vgl § 21e Abs 1 GVG) ab; gem § 4 S 2 VwGO werden die Mitglieder und ihre Vertreter vom Präsidium jeweils für die Dauer von vier Jahren bestimmt. Auch diese

Regelung dient dem Ziel des Geheimschutzes und dem Erhalt erworbener Kompetenzen im Umgang mit Verfahren gem § 99 Abs 2 VwGO (zu Details solcher Verfahren vgl die Kommentierung zu § 99 Abs 2 VwGO Rn 31 ff). Einzelheiten der Besetzung und der Amtsperiode bei Wechseln sind umstritten.

Fraglich ist zum einen, ob die Bildung eines „überbesetzten" Senats – also mit mehr als **1a** drei Mitgliedern oder Vertretern – zulässig ist; das wird von der herrschenden Meinung verneint (Eyermann/Geiger VwGO § 189 Rn 2; Kienemund NJW 2002, 1231, 1236; aA S/S-A/P/Clausing VwGO § 189 Rn 7 f für die Mitglieder, nicht aber die Vertreter; vgl etwa die Besetzung beim OVG Münster laut Geschäftsverteilungsplan mit vier Mitgliedern und fünf Stellvertretern – unzulässig).

Problematisch ist zum anderen, wie mit der Amtszeit von regulär vier Jahren bei einem **1b** Nachrücken umzugehen ist. Einmütigkeit besteht insoweit zunächst, dass bei Ausscheiden eines Mitglieds oder Vertreters unverzüglich für Ersatz zu sorgen ist; ein Rückgriff auf allgemeine Regelungen des Geschäftsverteilungsplans ist ausgeschlossen. Umstritten ist aber, ob die Amtszeit des „Nachrückers" mit der regulären Periode des Fachsenats zusammenfällt (so Eyermann/Geiger VwGO § 189 Rn 2; S/S-A/P/Clausing VwGO § 189 Rn 15) oder ob sie individuell zu bestimmen ist (B/F-K/K VwGO § 189 Rn 427); aufgrund des Wortlauts des § 4 S 2, der auf die Personen und nicht auf den Spruchkörper abstellt, trifft die letztgenannte Auffassung zu.

Fachsenate können in der Besetzung auch identisch mit den für andere Sachgebiete **2** zuständigen Spruchkörpern sein, wobei dem Fachsenat (der als solcher im Geschäftsverteilungsplan bezeichnet werden muss) selbst keine weiteren Zuständigkeiten zugewiesen werden dürfen. Probleme können allerdings dadurch entstehen, dass Richter der Fachsenate in Hauptsacheverfahren mit den Akten konfrontiert werden, über deren Geheimhaltungsbedürftigkeit sie zuvor im Fachsenat entscheiden mussten.

Solche Konstellationen begründen zwar keine Ausschließung eines Richters gem § 54 **2a** VwGO iVm § 41 ZPO (der dahingehende Vorschlag ist nicht Gesetz geworden); sie können aber im Einzelfall die Besorgnis der Befangenheit hervorrufen (§ 54 VwGO iVm § 42 ZPO). Deshalb wird zu Recht vorgeschlagen, Kollisionsfälle dadurch zu vermeiden, dass nur Richter für die Besetzung des Fachsenats ausgewählt werden, die in Sachgebieten tätig sind, in denen es typischerweise nicht zu Streitigkeiten über die Aktenvorlage kommt (B/F-K/K VwGO § 4 Rn 27; Sodan/Ziekow/Lang VwGO § 189 Rn 9; aA Holznagel MMR-Beil 12/2003, 34, 36).

§ 190 [Fortgeltung bestimmter Sonderregelungen]

(1) Die folgenden Gesetze, die von diesem Gesetz abweichen, bleiben unberührt:

1. **das Lastenausgleichsgesetz vom 14. August 1952 (Bundesgesetzbl. I S. 446) in der Fassung der dazu ergangenen Änderungsgesetze,**
2. **das** *Gesetz über die Errichtung eines Bundesaufsichtsamtes für das Versicherungs- und Bausparwesen* **vom 31. Juli 1951 (Bundesgesetzbl. I S. 480) in der Fassung des Gesetzes zur Ergänzung des Gesetzes über die Errichtung eines Bundesaufsichtsamtes für das Versicherungs- und Bausparwesen vom 22. Dezember 1954 (Bundesgesetzbl. I S. 501),**
3. **(weggefallen)**
4. **das Flurbereinigungsgesetz vom 14. Juli 1953 (Bundesgesetzbl. I S. 591),**
5. **das** *Personalvertretungsgesetz* **vom 5. August 1955 (Bundesgesetzbl. I S. 477),**
6. **die Wehrbeschwerdeordnung (WBO) vom 23. Dezember 1956 (Bundesgesetzbl. I S. 1066),**
7. **das** *Kriegsgefangenenentschädigungsgesetz (KgfEG)* **in der Fassung vom 8. Dezember 1956 (Bundesgesetzbl. I S. 908),**
8. **§ 13 Abs. 2 des Patentgesetzes und die Vorschriften über das Verfahren vor dem Deutschen Patentamt.**

(2) (weggefallen)

(3) (weggefallen)

Die Verwaltungsgerichtsordnung bemüht sich, das Prozessrecht umfassend zu kodifizieren. Für eine Reihe von Bereichen hielt der Gesetzgeber prozessrechtliche Sonderregelungen dennoch für sinnvoll. Der Vorbehalt des Absatzes 1 gilt auch für spätere Änderungen der betroffenen Gesetze. Eines Rückgriffs auf den Grundsatz lex posterior derogat legi priori bedarf es daher nicht (ausf S/S/B/Rudisile VwGO § 190 Rn 3 f). Die Norm wurde mehrfach verändert. Abs 1 Nr 3 wurde durch § 85 Abs 2 des G v 20.5.1968 (BGBl I 444 mWz 1.7.1968) aufgehoben, der Eingangssatz durch G v 17.12.1990 (BGBl I 2809 mWz 1.1.1991) neu gefasst. Die Abs 2 und 3 hat ebenfalls das G v 17.12.1990 aufgehoben, ihre auf die Rechtsbehelfsverfahren bezogenen Regelungen hatten sich durch die Reformen auf diesem Gebiet erledigt.

§ 191 [Revision bei Klagen aus dem Beamtenverhältnis]

(1) (Änderungsvorschrift)

(2) § 127 des Beamtenrechtsrahmengesetzes und § 54 des Beamtenstatusgesetzes bleiben unberührt.

§ 191 Abs 1 VwGO fügte den § 126 Abs 3 BRRG in das BRRG ein, der vor allem für die Leistungs- und Feststellungsklage die vorherige Durchführung eines Vorverfahrens vorsieht. Mit Wirkung zum 1.4.2009 erhielt § 191 Abs 2 VwGO seine gegenwärtige Fassung (vgl BGBl I 2008, 1010, 1022). Eine sachliche Änderung ist dadurch nicht eingetreten. § 127 BRRG gilt trotz der Aufhebung des BRRG weiter (§ 63 Abs. 2 S. 2 BeamtStG). § 125 BRRG enthält eine Sonderregelung für die Revision (sie kann auch auf die Verletzung von Landesrecht gestützt werden) und § 54 BeamtStG verlangt in allen beamtenrechtlichen Verfahren ein Vorverfahren.

§ 192 (Änderungsvorschrift)

§ 192 VwGO passte das Wehrpflichtgesetz an die Verfahrensvorschriften der VwGO an. Die Norm ist durch die Neufassung des Wehrpflichtgesetzes überholt. Das Wehrpflichtgesetz kennt heute noch eine Reihe von Abweichungen von der VwGO (vgl nur S/S/B/Pietzner VwGO § 192).

§ 193 [Oberverwaltungsgericht als Verfassungsgericht]

In einem Land, in dem kein Verfassungsgericht besteht, bleibt eine dem Oberverwaltungsgericht übertragene Zuständigkeit zur Entscheidung von Verfassungsstreitigkeiten innerhalb des Landes bis zur Errichtung eines Verfassungsgerichts unberührt.

Die Regelung beruht auf einem Vorschlag des Innenausschusses des Bundestages (BT-Drs III/1094, 17). Sie trägt den bei Erlass der VwGO teilweise bestehenden Zuweisungen landesverfassungsrechtlicher Streitigkeiten zum OVG Rechnung. Da die Länder für die Regelung der Landesverfassungsgerichtsbarkeit die Gesetzgebungskompetenz haben, besitzt § 193 VwGO nur klarstellende Funktion in dem Sinne, dass die Regelung über die Oberverwaltungsgerichte durch die VwGO nichts an deren Zuständigkeit für das Landesverfassungsrecht ändern soll. Da in allen Ländern eigenständige Landesverfassungsgerichte existieren, seitdem auch in Schleswig-Holstein ein eigenes Verfassungsgericht errichtet wurde (G v 17.10.2006 GVOBL, 220) und § 193 VwGO nur greift, wenn diese nicht existieren, besitzt die Norm nach gegenwärtiger Rechtslage keine Bedeutung. § 193 VwGO greift auch, wenn unter der Geltung der VwGO ein Land ein Landesverfassungsgericht abschaffen sollte und die Streitigkeiten wieder dem OVG zuweisen möchte. Diese Auslegung legt zwar der Normtext nicht nahe, ist aber durch den Normzweck gerechtfertigt und herrschend.

§ 194 [Übergangsvorschriften für Rechtsmittel]

(1) Die Zulässigkeit der Berufungen richtet sich nach dem bis zum 31. Dezember 2001 geltenden Recht, wenn vor dem 1. Januar 2002

1. die mündliche Verhandlung, auf die das anzufechtende Urteil ergeht, geschlossen worden ist,
2. in Verfahren ohne mündliche Verhandlung die Geschäftsstelle die anzufechtende Entscheidung zum Zwecke der Zustellung an die Parteien herausgegeben hat.

(2) Im Übrigen richtet sich die Zulässigkeit eines Rechtsmittels gegen eine gerichtliche Entscheidung nach dem bis zum 31. Dezember 2001 geltenden Recht, wenn vor dem 1. Januar 2002 die gerichtliche Entscheidung bekannt gegeben oder verkündet oder von Amts wegen an Stelle einer Verkündung zugestellt worden ist.

(3) Fristgerecht vor dem 1. Januar 2002 eingelegte Rechtsmittel gegen Beschlüsse in Verfahren der Prozesskostenhilfe gelten als durch das Oberverwaltungsgericht zugelassen.

(4) In Verfahren, die vor dem 1. Januar 2002 anhängig geworden sind oder für die die Klagefrist vor diesem Tage begonnen hat, sowie in Verfahren über Rechtsmittel gegen gerichtliche Entscheidungen, die vor dem 1. Januar 2002 bekannt gegeben oder verkündet oder von Amts wegen an Stelle einer Verkündung zugestellt worden sind, gelten für die Prozessvertretung der Beteiligten die bis zu diesem Zeitpunkt geltenden Vorschriften.

(5) § 40 Abs. 2 Satz 1, § 154 Abs. 3, § 162 Abs. 2 Satz 3 und § 188 Satz 2 sind für die ab 1. Januar 2002 bei Gericht anhängig werdenden Verfahren in der zu diesem Zeitpunkt geltenden Fassung anzuwenden.

Die Norm regelt das Übergangsrecht für die Umgestaltung des Rechtsmittelrechts durch das Rechtsmittelrechtsbereinigungsgesetz. Die Norm ist zeitlich überholt.

A. Entstehungsgeschichte

§ 194 VwGO enthielt in der Ursprungsfassung die so genannte Berlin-Klausel. Die **1** heutige Fassung des § 194 VwGO ist durch das Rechtsmittelrechtsbereinigungsgesetz vom 20.12.2001 (BGBl I 2987) eingefügt worden. Sie normiert die Übergangsvorschriften für die am 1.1.2002 in Kraft getretenen Änderungen der VwGO durch das Rechtsmittelrechtsbereinigungsgesetz.

B. Normgeltung

Die Norm ist zwar formal noch in Kraft, es ist aber nicht davon auszugehen, dass noch Verfahren anhängig sind, für die sie eine Bedeutung besitzt. Für die Kommentierung sei daher auf die Vorkommentierungen vor 1.6.2013 verwiesen.

§ 195 [Inkrafttreten, Außerkrafttreten]

(1) (Inkrafttreten)

(2) bis (6) (Aufhebungs-, Änderungs- und zeitlich überholte Vorschriften)

(7) Für Rechtsvorschriften im Sinne des § 47, die vor dem 1. Januar 2007 bekannt gemacht worden sind, gilt die Frist des § 47 Abs. 2 in der bis zum Ablauf des 31. Dezember 2006 geltenden Fassung.

Abs 1 legt das Inkrafttreten des Gesetzes auf den 1.4.1960 fest. Die Ermächtigungen zum Erlass von Rechtsverordnungen traten am Tag nach der Verkündung in Kraft. Die Abs 2 bis 5 zählten die durch die VwGO aufgehobenen prozessualen Vorschriften auf alter Grundlage auf und Abs 6 enthielt eine darauf bezogene detaillierte Übergangsregelung. Mit dieser Vorschrift verdeutlichte der Gesetzgeber seinen Willen, durch die Kodifikation eine Rechtsvereinheitlichung herbeizuführen. Die Vorschriften haben heute zumindest keine Bedeutung mehr, teilweise aber auch keine Geltung mehr. Abs 7 wurde mit Wirkung vom 1.1.2007 durch G v 21.12.2006 angefügt (BGBl I 3316).

Sachverzeichnis

Sachverzeichnis

Sachverzeichnis

Sachverzeichnis

Sachverzeichnis

Sachverzeichnis

Sachverzeichnis

Sachverzeichnis

Sachverzeichnis

Sachverzeichnis

Sachverzeichnis

Sachverzeichnis

Sachverzeichnis

Sachverzeichnis

Sachverzeichnis

Sachverzeichnis

Sachverzeichnis

Sachverzeichnis

Sachverzeichnis

Sachverzeichnis

Sachverzeichnis

Sachverzeichnis

Sachverzeichnis

Sachverzeichnis

Sachverzeichnis

Sachverzeichnis

Sachverzeichnis